大寶積經

第一冊

第一會～第七會

〔印〕菩提流志◎譯
廣吉◎點校

綫裝書局

凡例

一、《大寶積經》，凡四十九會，一百二十卷，是一部叢書式的經集。大部分單會譯本從魏晉南北朝時期就已陸續出現，直至唐代菩提流志編集舊譯本二十三會，并新譯二十六會，終將全經首尾完具。

二、本書經文以海印寺再雕版《高麗大藏經》爲底本，中國書店二〇〇九年版《乾隆大藏經》（以下簡稱龍藏）、中華書局二〇一八年版《宋版思溪藏》（以下簡稱思溪藏）爲對校本；并參考宫内廳書陵部之《福州藏》、東京大學綜合圖書館之《嘉興藏》、和裕出版社一九九六年版《大寶積經》（以下簡稱和裕本）、上海佛學書局二〇〇四年版《大寶積經》（以下簡稱上海佛學書局本）、中州古籍出版社二〇一六年版《大寶積經》（以下簡稱中州本），及中華電子佛典協會（CBETA）之《大寶積經》各會别譯本（同本异譯）。

三、本書卷第一百一十，以龍藏爲底本，對校思溪藏和嘉興藏。高麗藏的本卷文字與（唐）地婆訶羅所譯的《大乘顯識經》卷下同，疑與上卷一百九非同一譯

者；本書將其列於附録以供參考。

四、本書斷句采用圈斷方式。斷句參考和裕本、上海佛學書局本、中州本等。

五、文中校勘處統一標碼①②③④等，校注放於每卷卷尾。若校勘情况重複出現，僅於同卷第一次出現處列出校注，後再出現用＊標識，不再出注。

六、經查證、判斷，底本有脱、訛、衍、倒者，據校本修正，出注；疑底本有誤而證據不充分者，不改，出注；底本無誤而校本更善者，依校本更改，出注；底本無誤而校本有誤者，一律不改不出注；底本與校本文异而兩通者，不改，儘量出注，若遇底本『答言』『身捨好服』『一切諸佛名字』、校本相應『答曰』『身捨妙服』『一切佛名字』之類的差异，不出注。

七、校注引用《一切經音義》（唐·慧琳）、别譯本等原文時，無標點的添加標點，有標點的予以核正。特此説明。

八、底本第三十五會、第三十八會之一、第四十一會、第四十二會、第四十六會之一的題名首有『大寶積經』四字，其他會均無，本書予以删除，不再出注説明。

九、底本一卷内有多品内容時，僅首品題名由『會名加品名』組成，其後僅有『品名』。本書在後品題名前補加會名，以明確文字層級所屬，不再出注説明。

一〇、文中的『丹本』小字，是底本自有的與《契丹藏》的校勘記。本書予以保留。

一一、底本混淆之『巳、已』『若、苦』『菩、善』，及偏旁部首『木、扌』混淆之『權、擢』等，斷定是非後徑改，不出注。

一二、本書的繁體字形主要采用《規範字與繁體字、异體字對照表》（國務院二〇一三年六月發布，以下簡稱《對照表》）中推薦的字。若特定語境下不能對等替换，則保持底本字形不變。

一三、底本异體字改爲《對照表》推薦的字，如『寳』改爲『寶』、『脩』改爲『修』。若《對照表》未列出，則儘量改爲現代通行度較高的字。（此處『异體字』特指在本書語境下音義相同、記詞職能相同、僅僅字形不同，且能互相替代的字。）

一四、底本中的古今字、通假字等，一般保持底本原形不作轉换，如『然』通

『燃』（『燃燒』義下）、『支』通『肢』（『四肢』義下），本書保留底本『然』『支』不變。個別酌情改爲現代通行度較高的字，如：在『肚臍』義下，『齊』『臍』爲古今字關係，本書『齊』作『臍』；在『職事』義下，『士』『事』爲通假字關係，本書『士』作『事』。

一五、本書具體用字情況，詳見書末所附《本書用字説明》。其中的《改字表》，呈列改動底本的用字；《底本用字示例表》，儘量呈列保留底本不變的古今字、通假字等，及底本并用的人名、地名、物名等（同一語境下作同一義項解者）。

一六、本經中的各會多有別譯本。爲便於學習查閱，書末附録列有《各會別譯本易檢表》。該表的製作參考《閱藏知津》《佛光大辭典》等資料。

一七、書中個別生僻字，參考《漢語大字典》（崇文書局二〇一〇年版）、《王力古漢語字典》（中華書局二〇〇〇年版），於字右側添加拼音。

目録（第一册）

大寶積經并序[1]

大唐太上皇製

朕聞。天之爲大也高。上下之容可紀。地之爲大也廣。縱橫之數可推。則知無去無來。不生不滅。拯沉淪於沙劫。救焚灼於塵區。毒龍懼其威光。醉象憚其神力。其大則包於宇宙。其小則隱於毫芒。七十二君。先在陶鈞之内。萬八千載。即爲俄頃之間。漢日載其通暉。周星彰其降誕。鷲頭峰下演金口之微言。鷄足山中舒玉毫之瑞[2]色。干戈不用。梵志摧鋒。甲冑無施。波旬潰旅。闢圓明之净域。啓方便之禪門。慧晷耀於昏衢。慈雲清於朽宅。無得而稱者。其惟正覺乎。然則教自西方。法流東夏。馬鳴龍樹肇闡瓊編。羅什道安承宣寶偈。關中道俗雖傳貝葉之文。江左黎元未極蓮花之旨。又以元

魏迷於釋典。宇文扇於魔風。開皇之初暫爲修建。大業之末遽即分崩。我大唐之有天下也。

睿聖重光。文思御曆。吞沙静孽。練石稱神。巢燧執鞭。羲農擁篲。懸法王之鏡。轉梵帝之輪。被正朔於蟠桃。混車書於細柳。三藏沙門菩提流志者。南天竺國净行婆羅門種。姓迦葉氏也。年十有二。外道出家。事波羅奢羅。學聲明僧佉等論。并曆數咒術及陰陽等。年逾耳順。遽乃心歸。知外法之乖違。悟釋教之深妙。隱居名岳。積習頭陀。初就耶舍瞿沙三藏學經論。其後遍游五天竺國。

高宗天皇大帝聞其遠譽。挹其道風。永淳二年。遣使迎接。

天后聖帝。應乾司契。當宁(zhù)③披圖。令住東都居④福先寺。譯佛境界。寶雨。華嚴等經一十一部。

中宗孝和皇帝。循機履運。配永登樞。神龍二年。令住京下。於⑤崇福寺翻譯此經。俄屬靈祐虧徵。綿區集禍。喬岳之仙長往。茂陵之駕不還。朕以庸虛。謬膺丕構。敬遵前旨。勖就斯編。法師尋繹故文。發揮新句。炎涼不懈。曉夕忘疲。舊翻新翻凡有四十九會。總其部帙一百二十卷成。以先天二年六⑥月八日畢功進内。法師戒珠在握。慧炬明心。爲法門之棟梁。啓僧徒之耳目。伏願上資七廟。八百之祚長延。下及萬方。億兆之甿恒逸。遠邇寧謐。朝野歡娱。致澆俗於淳源。歸迷生於壽域。暫乘紫機之暇。聊題緗帙之前。所有會名。具於其目。云爾。

校注

①『并』，龍藏、思溪藏、和裕本無。
②『瑞』，思溪藏作『爲』。
③『宁』，底本作『宇』，依龍藏、思溪藏、和裕本改。
④『居』下，龍藏、思溪藏、和裕本有『大』字。
⑤『於』下，龍藏、思溪藏、和裕本有『大』字。
⑥『六』，龍藏、思溪藏、和裕本作『四』。

大寶積經述①

唐②朝議郎行河南府告成縣主簿徐鍔撰

夫日月出矣而輝耀十方。時雨降矣而澡漉萬物。況我身常樂。湛虚空之相。妙覺圓明。融心行之本。唯噉唯昧③。不生不滅者哉。是以闢無學之地聿修迦蘭。啓息言之津亶作羅柰。智勝菩薩起方便之緣。净居天人發成就之力。稱謂所絶者其第一義乎。自恒星夜掩。仙虹晝爍。青鉢傳其睟容。寶棺現其金臂。法山摧仞。拂魔箭於危屏。直水横流。係慈航於彼岸。烏呼。妙藏不可以常秘。戒輪不可以終鏊。雖雙林下耆示於泥洹。逮一千年適被於聲教。龍持貝葉亟傳摩竭之城。象負蓮華遂滿真丹之境。三十七品慈悲於火宅。一④十二經引喻於沙界矣。大寶積經者。後漢迦葉摩騰。竺法蘭。及

今朝玄奘法師。菩提流志等。咸自西天竺所致也。如來昔在鷲峰利建平等。金口注海。酌之而不竭。寶言如綸。振之而有緒。炯茲瑞憲。久翳鴻都。原壑屢非。市朝多變。歷代侚齊之主競興參譯。跋陀授記之言罕能丕就。洎我唐之有天下也。功横鐵圍。化綿忉利。苑禦千界。提⑤封萬刹。張四攝之扉。廣納諸有。騁六道之驥。冥濟群惑。太上皇以澤深智海。掌耀禪珠。神皇帝以勛格梵空。胸懸法印。肅敷玄誥。昭灑鴻波。歷選緇徒。明敡yì列宷。博考同异。聿興刊緝。勇振頽綱。嚴持絶紐。⑥爰有沙門大德思忠。東天竺國婆羅門大首領臣伊舍羅等譯梵文者。求善住緣。悟無生忍。博聞强識。精而譯之。復有天竺沙門波若屈多。沙門達摩證梵義者。開忍辱場。破煩惱衆。弼諧神侶。明而辯之。復有沙門大德履方。⑦宗一。普敬。慧覺等筆授

者。令問孔膠。威儀不忒。手握仙札。受而字之。復有沙門大德深亮[8]。勝莊。塵外。無著。慧迪等證義者。國之大師。佛之右臂。探諸了義。演而證之。復有大德沙門承禮。雲觀。神暕。道本等次文者。庇影多林。息肩香窟。勤修精進。纂而次之。復有潤文官者。銀青光禄大夫邠王傅上柱國固安縣開國伯盧粲。銀青光禄大夫太子詹事崇文館學士兼修國史上柱國東海縣開國公徐堅。朝議大夫守中書舍人崇文館學士上柱國野[9]王縣開國男蘇晉。朝議郎給事中內供奉崔璩等。位列鳳墀。聲流鷄圃。分別二諦。潤而色之。復有銀青光禄大夫守侍中兼太子左庶子兼修國史上柱國鉅鹿縣開國公魏知古。兵部尚書上柱國郭元振。銀青光禄大夫檢校中書令上柱國范陽縣開國男張說。銀青光禄大夫行中書侍郎同中書

門下三品監修國史上柱國興平縣開國侯陸象先等。朝踐瑣闥。夕游珠域。護持四法。總而閱之。爾乃杖錫之士。端珪之俊。麻列定筵。林攢樂土。蔭祥雲而演譯。倏換炎涼。吸甘露而勤求。載淹⑩衡晷。大乘章句義不唐捐。小品精微拯無遺溺。能事畢矣。佛何言哉。今所新翻經。凡有四十九會。七十七品。合一十二帙。以類相從撰寫咸畢。以先天二年六月三十日進太上皇。八月二十一日進皇帝。禁闈曉闢。真教上聞。仙宁zhù克怡。宸襟允穆。竦鈞陳於白日。親御靈臺。落雲雨於形霄。薦加殊尉。賢愚稽首。以爲利見仁王。真俗歸心。以爲潛登覺道。次有清信佛弟子。前少府監丞李式顔等。皇朝金紫光禄大夫兵部尚書贈侍中隴西公迥秀子也。復有清信佛弟子。前右拾遺徐鐇等。皇朝銀青光禄大夫太子賓客昭文館學

士高平公子也。咸屬彼穹降禍私門墜構。陟遥岵hù而崩心。瞻冥途而獻福。於是胠篋探笥。檀波羅蜜。廣疊簡箋。首崇書寫。不變槐火。遽盈苕帙。然後裝之鏤軸。綴[11]以瓊籤。羅彩簟diàn而霓舒。播珠函而錦縟。方使猛風吹岳。長存妒路之文。劫火燒天。不壞多羅之典。

校注

①此《述》高麗藏無，以龍藏爲底本，對校思溪藏。

②『唐』，思溪藏無。

③『昧』，和裕本作『味』。

④『一』，思溪藏作『二』。

⑤『提』，思溪藏作『隄』。

⑥『紐』，思溪藏作『紉』。

⑦『方』，思溪藏作『正』。

⑧『亮』，思溪藏作『高』。

⑨『野』，思溪藏作『舒』。

⑩『淹』，思溪藏作『法』。

⑪『綴』，思溪藏作『輟』。

大寶積經卷第一[1]

大唐三藏法師菩提流志奉　詔譯

三律儀會第一之一

如是我聞。一時佛住王舍城耆闍崛山。其山高峻。嚴麗可觀。持諸雜種猶如大地。衆華卉木悉皆茂盛。其中復有天。龍。夜叉。毗舍闍。緊那羅等常所游止。復有種種异類諸獸。所謂師子虎狼。麒麟象馬。熊羆之屬止住其中。復有無量百千衆鳥。所謂孔雀鸚鵡。鴝(qú)鵒[2]羅鳥。梟雁鴛鴦。命命等類依之而住。是諸衆生。以佛威力。不爲貪欲瞋痴所惱。不相茹食。共相親愛猶如母子。是山王中多諸雜樹。叢林蓊鬱。枝葉繁榮。謂天木香樹。庵摩羅樹。甄叔迦樹。尼俱陀樹。

栴檀沉水。如是等樹無不備有。復有水陸無量雜華。所謂阿提目多華。瞻婆香華。波吒羅華。婆師迦華。蘇曼那華。由提迦華。優鉢羅華。波頭摩華。俱物頭華。芬陀利華。迦羅娑華。摩訶迦羅娑華。如是等類諸雜名華。光飾山王處處充遍。是山王中常於夜半興大密雲。輕雷細雨。從初至末漸遍其山。八功德水流滋普洽。如𤛓(gòu)乳頃廓然消散。涼風微動適悅身心。是山王中所住衆生及諸卉木。滋潤光澤如妙華鬘。微加水灑。光色鮮明倍更增勝。此山王中衆生草木。含滋發暉亦復如是。而此山中生諸軟草。靃(suǐ)靡右旋色香具足。青緑暉映如孔雀咽。其香喻若婆師迦華。其觸又類輕兜羅綿。枝葉華果繁榮茂盛。未嘗有一不具足者。山地柔軟無傷趾步。下

足之時陷深四指。舉足之時還復如故。其中多有陂泉池沼。清冷盈滿生雜蓮華。青黄赤白紅紫頗梨金火等色。大如車輪。香氣普熏一逾繕那。是山王頂生於大妙寶蓮華座。無降伏寶帝青金剛以爲其莖。大吠琉璃爲諸寶鐸。贍部檀金爲廣净葉。順時清净栴檀爲臺。瑪瑙寶王③以爲其鬚。其華縱廣猶如大海。十億阿修羅王常所執持。十億雜色摩尼寶網彌覆其上。十億龍王雨妙香雨。十億金翅鳥王口銜繒彩。十億緊那羅王至誠瞻仰。十億摩睺羅伽王虔恭俯視。十億乾闥婆王歌咏贊嘆。十億百千諸大天帝興布瑞雲。而雨末香燒香。衣服華鬘。幢幡寶蓋。十億梵王曲躬恭敬。十億净居天衆合掌頂禮。十億轉輪人王七寶侍從來至其所。十億

海王從大海出而敬禮之。十億光明摩尼寶以爲照曜。十億净福摩尼寶珠爲勝莊嚴。十億遍照摩尼寶爲無垢藏。十億妙光摩尼寶爲大照明。十億雜色摩尼藏寶而爲遍照。贍部幢寶爲善安持。十億金剛師子摩尼寶難勝莊嚴。十億日藏摩尼寶間錯厠填廣大嚴飾。十億不思議摩尼寶出種種色爲妙莊嚴。十億如意寶出無盡莊嚴。是大蓮華從於如來超過世間善根所生。菩薩志意之所愛慕。遍現諸方。從如幻法出。善法業生。以無諍法性理趣莊嚴如夢法性。以④無行法印順無着理。遍滿十方一切法界。是順佛境功德所致。若於無量阿僧祇劫嘆其色相功德莊嚴。不可窮盡。爾時世尊於其華上結跏趺坐。與大比丘衆八千人俱。其名曰。尊者

阿若憍陳如。尊者阿濕婆氏多。尊者摩史波。摩訶男。優陀夷。耶舍。富那。無垢。善臂。憍梵鉢提。優樓頻螺迦葉。那提迦葉。摩訶迦葉。舍利弗。大目乾連。阿那律。須菩提。離波多。富樓那彌多羅尼子。優波離。羅睺羅。難陀等而爲上首。悉皆覺悟自性諦理。現證實際。入法本性。度諸有海。行於如來虚空之行。悉能永斷隨眠結縛。而於攝藏住無所住。行空寂静。於如來所永斷疑惑。入佛智海勝信道中。利益世間爲不請友。常能衛護一切衆生。與諸有情爲不捨友。通達佛法所行境界。守護聖法。誓願受持諸佛正教。現前得生如來種性。善能趣向一切智智。

復有菩薩摩訶薩衆八千人俱。普賢菩薩。文殊師利菩薩等而爲

上首。所謂最上智智菩薩。最上寶智菩薩。一切語言智菩薩。無著智菩薩。花上智菩薩。日上智菩薩。月上智菩薩。無垢上智菩薩。金剛智菩薩。遠塵智菩薩。光幢菩薩。妙高幢菩薩。寶幢菩薩。無礙幢菩薩。華幢菩薩。浄幢菩薩。日幢菩薩。端嚴幢菩薩。離垢幢菩薩。遍照幢菩薩。陀羅尼威德菩薩。寶威德菩薩。大威德菩薩。金剛智威德菩薩。無垢威德菩薩。日威德菩薩。月威德菩薩。福山威德菩薩。智照威德菩薩。普勝威德菩薩。地藏菩薩。虛空藏菩薩。蓮華藏菩薩。寶藏菩薩。日藏菩薩。清浄功德藏菩薩。法海藏菩薩。遍照藏菩薩。齊藏菩薩。勝蓮華藏菩薩。日眼菩薩。浄眼菩薩。無垢眼菩薩。無礙眼菩薩。普明眼菩薩。善利智眼菩薩。金剛眼菩薩。寶眼菩薩。虛

空眼菩薩。普眼菩薩。天冠菩薩。照法界摩尼冠菩薩。妙菩提摩尼冠菩薩。照十方冠菩薩。出現一切佛藏冠菩薩。超一切世間冠菩薩。普照冠菩薩。無映蔽冠菩薩。執持一切如來師子座冠菩薩。普照法界虛空冠菩薩。梵王髻菩薩。龍王髻菩薩。一切佛變化影像髻菩薩。妙菩提髻菩薩。一切願海音聲摩尼王髻菩薩。放一切如來圓光摩尼寶雷聲髻菩薩。一切虛空無差別表示摩尼寶網覆髻菩薩。一切如來法輪聲髻菩薩。一切三世名輪聲髻菩薩。大光菩薩。無垢光菩薩。寶光菩薩。離塵光菩薩。⑤法光菩薩。寂靜光菩薩。日光菩薩。神變光菩薩。天光菩薩。福光菩薩。智光菩薩。法光明菩薩。神通光菩薩。光照菩薩。華光菩薩。寶光菩薩。覺光明菩薩。梵光

菩薩。普照光菩薩。梵音菩薩。海音菩薩。地吼音菩薩。世間王音菩薩。山王音菩薩。山王相擊音菩薩。遍法界音菩薩。一切法海雷音菩薩。摧伏諸魔音菩薩。大悲理趣雲雷音菩薩。遍息一切世間苦惱音菩薩。法勝涌菩薩。殊勝涌菩薩。智勝涌菩薩。福須彌勝涌菩薩。功德最勝涌菩薩。名聞勝涌菩薩。普光勝涌菩薩。大慈勝涌菩薩。智照勝涌菩薩。如來種姓勝涌菩薩。光德菩薩。勝德菩薩。法涌德菩薩。遍照德菩薩。法德菩薩。月德菩薩。虛空德菩薩。寶德菩薩。⑥光德菩薩。智德菩薩。婆羅帝王菩薩。法帝王菩薩。象帝王菩薩。梵帝王菩薩。山帝王菩薩。衆帝王菩薩。天帝王菩薩。寂靜帝王菩薩。不動帝王菩薩。最勝帝王菩薩。菩提寂靜聲菩薩。無著聲菩薩。地

聲菩薩。大海聲菩薩。音聲菩薩。照法聲菩薩。虛空聲菩薩。一切聲菩薩。善根雷聲菩薩。發悟本願聲菩薩。摧一切魔軍聲菩薩。智須彌覺菩薩。虛空覺菩薩。清凈覺菩薩。無礙覺菩薩。開寤覺菩薩。照三世覺菩薩。寶覺菩薩。廣大覺菩薩。普光覺菩薩。法界理趣照覺菩薩。如是等菩薩摩訶薩八千人俱。皆悉安住普賢願行。所行無著者。普遍一切諸佛刹故。變無邊身者。親近一切佛如來故。所緣無際限境界清凈者。了知一切佛神變故。趣無量者。往詣諸佛現等覺處無休息故。無邊光明者。於一切法實相海中得無邊智光明故。無邊劫中說功德無盡者。辯才清凈故。等虛空界者。智所行境清凈故。無所依者。隨世意樂現色身故。能離翳者。了知無有衆

生界故。虛空智慧者。放光明綱遍法界故。究竟寂靜者。最寂靜心故。一切陀羅尼種性智境界者。於三摩地勇猛無畏者。眼住法界盡其際者。於一切法住無所得者。游無邊智海者。已度智彼岸者。般若波羅蜜多者。般若波羅蜜多到一切世間波羅蜜者。於三摩地彼岸得自在者。

復有五百比丘尼俱。其名曰。摩訶波闍波提比丘尼。瞿曇彌比丘尼。安隱比丘尼。優鉢羅華比丘尼。瘦瞿曇彌比丘尼。耶輸陀羅比丘尼等而爲上首。復有五百優婆塞俱。其名曰。善威德優婆塞。天威德優婆塞。慧光優婆塞。名稱威德優婆塞。超名稱威德優婆塞。善慧優婆塞。月德優婆塞。月歡喜優婆塞。大歡喜優婆塞。羅睺賢

優婆塞。大賢優婆塞等而爲上首。復有五百優婆夷俱。其名曰。大光優婆夷。善光優婆夷。善身優婆夷。可樂身優婆夷。賢德優婆夷。月光優婆夷。光明優婆夷。勝光優婆夷。善眼優婆夷等而爲上首。及餘無量天。龍。夜叉。乾闥婆。阿修羅。迦樓羅。緊那羅。摩睺羅伽等圍繞恭敬。而爲説法。所謂廣説三律儀品。一切如來毗柰耶法。開現一切諸菩薩行。明照法界。入諸法門。能净莊嚴一切佛刹。摧諸邪論。降伏魔怨。令衆生界心得歡喜。開曉有情稠林之心。隨衆生意而爲宣説。開示照曜衆生諸根。令其轉趣。

爾時尊者摩訶迦葉從坐而起。偏袒右肩。右膝著地。合掌向佛。白佛言。世尊。若諸衆生求於佛法力無畏者。攝受何法而修行之。攝

受何法增長成熟諸如來道。攝受何法取諸功德。增長證入阿耨多羅三藐三菩提。得不退轉。佛告大迦葉言。善哉善哉。迦葉。汝今所問。多所安隱哀愍世間。義利饒益安樂人天。乃能問佛如是之事。汝今諦聽。善思念之。吾當爲汝分別解說。時大迦葉及諸大衆受教而聽。佛告迦葉。若諸衆生求佛智慧力無畏者。是等衆生無有少法爲其可得。無所依倚。種諸善根。迦葉。菩薩乃至求於阿耨多羅三藐三菩提時有所得者。即爲著想。若著想者。於佛法外起有爲想。於有爲外起無爲想。即於佛法而生想著及起解執。起解執時。於佛法中堅住不捨。當知是人不名爲向無上佛道。何以故。以於佛法起想執我而作勤修。則與我執數相應故而不捨離。則

分別所分別。由是分別所分別處則爲所害。若爲所害則便馳騁。若馳騁者則有流轉。若流轉者則有貫穿。有貫穿者則有妄想。有妄想者則有分別。有分別者則增妄想。若增妄想則有遍計。若有遍計則離寂靜。若離寂靜則有隨逐。若有隨逐則有游行。若有游行則便失壞。云何失壞。謂失安隱。云何安隱。謂無分別。若失壞者則便常入。若常入者則便親近。若親近者則有隨眠。若有隨眠則有相續。若有相續則增相續。若增相續則遍相續。若遍相續語則狂亂。語若狂亂則便誑惑。若有誑惑則便憂惱。有憂惱者則有悔恨。若有悔恨則依倚無明爲憂喜⑦損害。而於是中無有少法可爲依倚。然從妄想流澍生故。爲想繫縛。從想繫縛則想相續。故名想

縛。無有實處。一切貪處。忿瞋痴處。皆是虛妄遍計。分別增分別。計⑧度增計度。是故彼人不能速得阿耨多羅三藐三菩提。迦葉。是名愛處。何名愛處。無有定法名之爲愛。名爲愛者。名愛處所。然有愛者但由堅著。若堅著時爲虛空愛。若虛空愛生執著者。彼人即當得愛執著。我愛執著者。衆生愛執著者。善不善愛執著者。迦葉。是人則於一切空法起非空分別。則於非物而生物想。何謂爲物。謂以菩提。若以菩提爲其物者。彼彼衆生由我想故而有我想。即非菩薩。於是中想若不可得。彼中想者亦不可得。是名我想無真實句。此即增語。所謂我想。若復有能圓滿薩埵。則圓滿菩提。何謂菩提。所謂圓滿猶如於幻。云何如幻。謂說大我想者。大命想者。若復

以想依止想者。則由非想依止非想。若以非想依非想者。則由狂醉故醉。若由狂醉故醉。則以苦逐苦。若以苦逐苦者。則彼如來皆說安住狂言馳騁者。何故名住狂言馳騁者。謂增作意。若增作意則有貢高。若有貢高則有言說。若有言說則便增說。若有增說。如來記之。是言說者。教授者。所持者。是故諸法皆從作意而得生長。迦葉。如上空中有雲聚起。不從東西南北四維上下而來。是故如來名實語者。知是雲聚非十方來。如實說之。以其義說。理相應說。以實理說。言雲聚者。則爲非聚。故名雲聚。何名雲聚。以其各別起相狀故。云何種類各別相狀。以種種相皆是廣大迷惑相續。而於其中無少⑨大相以爲可得。汝觀雲聚起廣大相。則爲非相。若非

想者。但由畢竟廣大之相。非實雲聚。迦葉。譬如有人語他人曰。可共往詣蔭處坐耶。智者言曰。我不往坐。彼作是言。我於今者不作是説。但言是蔭。爾時智者復語彼言。汝言蔭者即是非蔭。迦葉。汝觀彼人乃至隨俗猶能覺了。如是如是。迦葉。如來如實了知諸法真實理性。於大衆中正師子吼。

復次迦葉。如來樂欲於隨順法住非順想。於諸衆生所有我想。於如來所是第一義。何以故。如來今者已知彼想。悉知一切衆生想者即爲非想。此是最勝秘密之言。或有愚夫而生違背與如來諍。是故我言。世與我諍。我不與世諍。云何名世。所謂衆生。何故衆生名之爲世。如來了知如是世間。是故衆生名之爲世。如彼愚夫异

生之解。則便壞滅。極爲所害。此是彼等常得信住。隨其世俗。所謂無明。何以故。彼居大暗名住世者。若住世者則便有貪。若有貪者則便有瞋。若有瞋者則便有痴。若有痴者則爲不净。若不净者則便相違。與誰相違。所謂如來及聲聞衆。若相違者則便乖背。若乖背者則重相違。重相違者則樂於有。樂於有者心則求之。求於有者則便遍求。若遍求者則不知足。不知足者則多所作。多所作者則便多欲。若多欲者。彼則隨眠於三界中。若隨眠三界則令他隨眠。令他隨眠者。彼則隨流。亦隨流行者。若是隨流隨流行者則趣於死。若趣死者則不趣涅槃。不趣涅槃者則至非行處。至非行處者則趣地獄。如是迦葉。由不祥法與之相應。瞋忿毒心及不覆蔽。

不覆蔽者不觀我想。不觀察者作一合想。不能銷滅我及我所。何名爲我執。不實故。住種種想造諸世業。若如是者。彼執我相以爲其我。何名我所。謂貪欲。故名爲我所。以於諸欲與身和合即起貪心。起貪著已能壞戒蘊。便於他所生不善心。由瞋覆蔽互相輕毀。及於財物攝爲己有。親近守護。是名我所。有我所者則有流轉。有流轉者則有迷惑。有迷惑者則有誹謗。有誹謗者則便有瞋。有瞋恚者則有呑害。有呑害者則爲所燒。爲所燒者則便遍燒。如是等過皆由貪欲。起男女想及以命想是我所有。名爲我所。以是義故。說我所者則罵己身。一切愚夫。以我隨眠爲愚夫法。是故說之以爲我所。迦葉。若有衆生不聞此法。而說菩提及菩薩行。則爲非行。

言菩薩行者。實無所行是菩薩行。
復次迦葉。若諸菩薩得行圓滿無有缺減。清净極清净遍清净者。是人則能説此大法。名有勢力勇猛精進。其所説法等於虚空而無積聚。爲如理者。有功德者。能修行者。終不爲彼不如理者。無功德者。不修行者。汝等應當受持此法。於是法中勿生執著。何以故。如來所説最爲第一。爲於最上應供有情而發問故。我以勝法而爲解説。云何勝法。謂無法想。迦葉。如是菩薩具足護持最初净戒。心不貢高。不造無間業。不犯比丘尼。亦不親近諸俗人家。遠離殺生及不與取。欲邪行法。離虚誑語。離間。粗惡。雜穢語言。遠離欲貪。瞋恚。邪見。既不自惱亦不惱他。不與欲俱亦不受欲。不爲博戲亦

不教化。終不親近不男之人。不往淫女寡婦處女之家。不近他妻。亦不親近羅捕魚鳥。畋獵。魁膾。旃荼羅等。於飲酒人不執其手而與鬥諍。離此諸事。如避惡狗旃荼羅輩。由住慈心。於彼一切所遠離者。乃至不起一念惡心。有二十處應當遠離。何等二十。謂離女人。亦不與他調戲。粗言。論義。諍訟。於父母處及佛法僧。離不恭敬。若諸女人減二十衆。不爲説法。除有男子。終不往詣比丘尼尼⑩僧説法會處。不應問訊諸比丘尼。不與女人作其書疏。或爲他人傳書送彼。應付丈夫。勿付婦女。於一切時親族別請終不受之。不以欲心經須臾頃住女人前。又亦不應捨離本居。往其屏處。而與女人共爲談説。不得隨逐比丘尼行。若比丘尼所施衣服不應受用。

除在四衆演説法時。爲説法故有施衣者。應生是心猶如大地。然後受之。不應別觀施者之面。若聞有尼勸導施衣。不應受用。若比丘尼勸請受食。設令病苦終不受之。況復無病。若有寡婦而來請食。僧數不滿亦不受之。又亦不應入尼衆内。不應喚彼比丘尼來。若比丘尼來喚菩薩。應離住處。拱手仰頭。背而捨去。若説法時有比丘尼來禮其足。無令足動。但應目視雙手掌中。善男子。不應唯身修習精進。亦當勤心正念一處。於諸境界勿起貪瞋。爲求一切智故起堅牢誓。聞是法已。成就信心。應當修學。迦葉。若有趣菩薩乘善男子善女人等適聞此法。不能生於如實深信。終不能得阿耨多羅三藐三菩提。何以故。由修學故證彼菩提。非不修學而能

得證。若不修習得菩提者。猫兔等類亦應證得無上菩提。何以故。不正行者。不能證得無上覺故。何以故。若不正行得菩提者。音聲言説亦應證得無上菩提。作如是言。我當作佛。我當作佛。以此證[11]故。無邊衆生應成正覺。迦葉。若有衆生修學此行。甚爲難有。猶尚不能經一晝夜專念在心。何況一劫乃至千劫。是故如來出現於世。甚爲難事。迦葉。假使三千大千世界一切衆生。若經一[12]劫百劫千劫。乃至億百千劫。爲一衆生同唱是言。汝應作佛。汝應作佛。是諸衆生悉共圍繞相續唱言。當得成佛。當得成佛。如是次第。出息入息猶可斷絶。彼所發言曾無間斷。如是之言。尚不能熟初菩提心。何況能證無上佛果。若能證者。無有是處。迦葉。我滅度後末法

之時。及與汝等已般涅槃。不爲諸天之所信護。當於爾時。多有衆生聞我功德發菩提心。於中或有諸比丘等。雖發無上菩提心已。而便安住二十法中。何等二十。所謂親附諸比丘尼。受不净食。貪著美味。受比丘尼勸化飲食。迦葉。譬如今世多聞比丘。住阿蘭若或聚落中。勤修習法。於當來世諸比丘等。亦復如是。於聚落間或阿蘭若。與比丘尼聚集言談。問答法義。彼諸比丘及比丘尼。多生染心。少生法心。迦葉。汝觀是輩得菩薩名。墮大危險。取於惡趣。當於爾時。初爲法緣而相親附。互相見已欲火燒心。動於唇口表其欲念。彼相近時初爲弟子。以阿闍梨法而申禮敬。自此之後當漸遣使。通致語言。道路期會。或於街衢。或在寺内。遥相瞻視。於出入

時問其所由。互稱親族結爲姊妹。彼等由是數相見故而相習住。既習住已生於染心。生染心已共爲穢事。爲穢事已更以非梵行名而相呼召。由行非法退失菩提及以善趣。遠離涅槃。弃捨如來。違背正法。厭惡於僧。在於屏處。起欲恚害諸惡尋思。是人無有菩薩勝業四浄梵行。譬如今時勤修梵行諸菩薩衆。於未來世起欲恚害惡尋思者。亦復如是。迦葉。當於爾時住是種類。所謂惡行賊行矯行。汝觀爾時毁禁戒者。聞是等經便生誹謗。若有已能住戒布施。生於歡喜。發菩提心。後聞是經復生謗毁。汝觀爾時有此相貌。可爲記驗。若聞是經而生誹謗。於中智者。修浄戒者。持正法者。知是經内説此比丘名不知法。即應捨離如是等人。此輩無心愛

敬法故。

大寶積經卷第一

校注

①『卷第一』，底本無，依龍藏、思溪藏補。
②『鴿』，底本作『鳭』，依龍藏、思溪藏改。
③『王』，龍藏、思溪藏作『玉』。
④『以』，底本無，依龍藏、思溪藏、和裕本補。
⑤『薩』下，龍藏、思溪藏有『照光菩薩』四字。
⑥『薩』下，龍藏、思溪藏有『實德菩薩』四字。
⑦『喜』，龍藏、和裕本作『惱』。
⑧『計』上，龍藏、思溪藏、和裕本有『遍』字。
⑨『少』，龍藏作『小』。
⑩『尼』，龍藏、思溪藏無。
⑪『證』，龍藏、思溪藏作『語』。
⑫『一』，底本污殘，依龍藏、思溪藏補。

大寶積經卷第二

大唐三藏菩提流志奉　制譯

三律儀會第一之二

復次迦葉。當於爾時。有人詐現修菩薩行。便自顯揚。生於放逸。生放逸已。謂勝獨覺及阿羅漢。住於非理。名不可治。當墮惡趣。復次迦葉。未來有人住於非業。作非業故。取衆生相爲説法故。處處游行。唯修似行。極似布施持戒安忍精進靜慮般若波羅蜜。熾盛流布。若有如實説是經者。則爲他人憎嫌捨弃。於是經中起邪見想。是愚痴人。不知此經呵責破戒。迦葉。當於爾時。皆爲賊行之所穢污。是故彼人不思己過。能甚破壞正等菩提。由覆藏故懷羞而謗

無上佛果。

復次迦葉。當爾之際。不隨順僧。不知恩報而行開發。云何開發。謂開發他心。如來説彼數以語言誑惑他故。招致飲食。迦葉。當於爾時。不護語言。訶毀如來别解脱戒。復與不護語人同其事業。不攝威儀住不净處。爲住不净處者説諸法門。此法漸當爲人輕賤。如是漸漸多有女人弃捨丈夫。入於寺舍。爲聞法故而便就坐。時有比丘即爲宣説相似涅槃。迦葉。我觀爾時。有五百數非法之門。不修行人常當隨順。五百煩惱悉無所减。諸有所爲與俗無别。當有如是大可畏事。而復於中希望利益。是故求菩提者。不應親近諸比丘尼。亦不應行如是之行。常當捨離一切交游。應一切時捨諸

利養。受行乞食。捨所愛服。受糞掃衣。弃捨一切樓閣房宇床鋪卧具。應住溪澗岩窟樹下。捨離一切病緣醫藥資具所須。依陳弃藥。知諸衆生昔爲親屬。行大慈心。常應忍受捶打呵罵。終不捶打毁罵他人。捨離一切知友施主諸眷屬家。應當隨順自業行智。不應同彼在家俗人。常應順奉波羅提木叉教。迦葉。世若有人於别解脱起違背想。則爲於佛力無所畏而生違背。彼若於佛力無所畏生違背者。則於去來現在諸佛而生違背。由此未來所受异熟無量大苦。假使三千大千世界一切衆生受地獄苦。比前衆生所受苦毒。百分不及一。千分不及一。百千俱胝乃至算數譬喻。優波尼沙曇分亦不及一。若欲遠離如是苦惱。應當遠離如是種類惡行

比丘。縱遠相去千逾繕那。亦應遙避。何况近耶。若但聞名。尚應弃捨。何况見聞而不遠離。是故應當親近一法。何等一法。謂一切法悉無所有。若得諸法無所有忍。則不親近供養承事如是惡人。是人復應親近二法。云何爲二。謂求諸法本無所有。及求諸法性。而亦不應起於求心。應云何求。如所求者都不可得。不可得中不應起無所得心。猶如邪見。如是離一切三界心。順菩提行。離一切相心。順菩薩行。菩薩行者。謂前所説爲菩薩行。是故聞此法已。應捨離之。則於來世親得奉事彌勒世尊。心不貢高。亦不卑劣。作是唱言。快哉安樂。我得解脱魔之羂網及諸惡趣。迦葉。若於後時聞是經典。不驚不怖。及見己身於中隨順。復能發心受持此教。佛知是

人定當守護我之正法。迦葉。譬如長者財寶無量。子於家中。乃至見一盛水之器。起父財想。彼於异時。其父喪亡。資財散失。忽見其器。尋自念言。是我父物。將置身邊或時藏舉。迦葉。當於爾時。諸比丘輩亦復如是。聞此經已作是念言。此是如來柔軟微妙大梵音聲之所演説。復有比丘聞已誹謗。持法比丘作如是言。此最真實如來所説。彼持法者。人衆微少。住處劣弱。將如是經晝夜藏舉。極遭誹謗。如是等人我亦知見。悉皆付囑彌勒世尊。於最後時當爲衛護如來法城。次後當爲無礙大施。復次迦葉。若善男子聞是法已。隨其智慧而修行之。成就深信正見衆生。於當來世遇彌勒佛。初會之中具修梵行。於最後時亦當衛護如來法城。迦葉。我今普

觀。乃至不見一人不親近我。於當來世五十年中。聞是經典不生誹謗。則能受持讀誦之者。無有是處。若於此時得見我身。及以奉事供養之者。彼於來世五十年中。當得讀誦受持是經。不待於我嘆其功德。彼等自成一切智智。同一體時。隨念於我。心生歡喜。作如是言。希有奇特釋迦牟尼佛。善能攝受護念我等。是故迦葉。應學此法。學此法者。隨所樂求一切功德皆不難證。

爾時大迦葉白佛言。世尊。我已究竟無復志求。於此法中。退於阿耨多羅三藐三菩提。我於是中極爲知足。終不能成一切智智。世尊。無上菩提是希有事。於我聲聞難爲證得。佛告大迦葉言。我不爲汝說。然今因汝爲他敷演。汝今勿於如是大事而生疑惑。汝等

亦當速證無上正等菩提。復次迦葉。若諸衆生成渴法心。成求法心。漸次皆證無上菩提。既證得已。爲斷一切希求心故。與諸衆生宣説正法。迦葉。菩薩應當成就四法。發大精進。何等爲四。云何精進。所謂不求色受想行識。求無漏法。謂無地界。無水火風界。不説地界。不説水火風界。所有言説悉名表示。是表示法皆非實有。菩薩不應取表示法以爲堅實。時大迦葉白佛言。世尊。我等於如來所實無疑惑。若他問言。是表示法非真實者。佛之音聲言説表示爲虚妄耶。若有此問。當云何答。佛告大迦葉言。於未來世有諸比丘。不修身戒心不識義理。瞋恚熾盛。言辭粗獷。於是經典不能受持如法讀誦。何以故。彼住色受想行識生心故。未來比丘住是經

典表示法中。如住色受想行識生故。復有一類諸比丘等。住在家法。於勝義諦無復志求。如生盲人以金華鬘冠飾其首而不自見。當於爾時。諸比丘輩亦復如是。聞是等經言説文字尚不受持。況復能入所修勝義。譬如幼童若男若女。爲大丈夫之所訶叱。此幼男女於後异時。聞是人名驚恐怖畏。當於爾時。諸比丘等亦復如是。聞此等經如實説過。知已不悔。樂好衣服。返於是經而生怖畏。迦葉。如繫蝦蟆在獼猴手。而此獼猴面不回顧。當於爾時。諸比丘等亦復如是。聞此等經違背不顧。不住其前。迦葉。譬如野干爲狗所逐。走趣冢間窟穴深坑。當於爾時。諸比丘輩亦復如是。聞説此經如野干走。野干走者。謂犯禁戒。誹謗是經。聞是經已。退道還家。

馳求欲境。趣向女人。趣於鬥諍喧雜醫術及以斷事。而於其中多犯禁戒。我説此等如趣冢間。身壞命終墮於惡趣。如趣窟穴。馳騁劍葉刀刃槍林諸大地獄。如趣深坑。迦葉。當於爾時。諸比丘輩成就如是野干之法。不能悟入如是等經。但能毀謗。稱揚過失。身壞命終墮大地獄。

復次迦葉。若有比丘作如是言。若表示法非真實者。如來言説亦非實耶。彼若説言。佛之表示名爲真實。諸表示法亦應名實。有智比丘應問之曰。大德今者爲執何事。爲執空耶。爲表示耶。彼若説言。我執表示。應報之曰。汝即是佛。何以故。汝有言説表示法故。彼若説言。我執於空。應問彼言。當爲我説執何等空。何以故。不可言

說。名之爲空。若執表示以爲空者。或於我。我所。衆生。壽者非空執空。又問彼言。汝意云何。樂一切法空不。彼若答言。我不喜樂一切法空。智者言曰。汝久忘失沙門釋子。何以故。佛說一切空無我故。不說有我。衆生。壽者。數取趣故。彼若說言。一切法空。我樂空性。應語彼言。汝心尚樂一切法空。況復如來應正等覺。復次尊者。爲眼是如來。耳鼻舌身意是如來。彼若說言。眼是如來。耳鼻舌身意是如來。應語彼言。汝於今者亦是如來。彼若說言。眼非如來。耳鼻舌身意亦非如來。應語彼言。仁者。汝作是言。眼表示非如來。乃至意表示非如來。即非表示是如來也。我於此處豈不悟耶。彼若說言。眼非如來。亦不離眼而有如來。乃至意非如來。亦不離意而有如

來。應語彼言。如來所説十二處者。[1]謂眼處色處。乃至意處法處。此即衆生及衆生名字。仁者。爲眼是如來非如來耶。乃至法是如來非如來耶。彼若答言。眼是如來。乃至法是如來。應告之曰。如仁者言。一切衆生及山林大地應是如來。彼若答言。眼非如來。乃至意非如來。復應告曰。如仁者言。如來即法及以非法。彼若説言。色非如來。乃至法非如來。應告彼言。若如是者。豈以非法爲如來乎。彼若説言。即以非法以爲如來。應告之曰。若如是者。所有衆生。不孝父母。不敬沙門婆羅門及諸尊宿。殺害生命。犯不與取。行欲邪行。虚誑離間。粗惡雜穢。貪瞋邪見。應是如來。彼若説言。非非法而是如來。應告之曰。非法非非法應是如來。若非法非非法是如來者。

則無表示。仁者。無可表示是如來耶。迦葉。應當如是折伏愚人。我不見有世間人天。能與如是如法說者而共對論。唯除瞋恚愚痴之人不堪忍者。雖爲開示。不生信心。毀呰空法。弃捨而去。迦葉。汝等應當受持是經。於未來世有諸比丘持是經者。當得三名而爲表示。何等爲三。謂說斷滅。無物無蘊及無恭敬。當爾之時。如是經典爲他誹謗。汝觀爾時。不恭敬佛。不恭敬法。但依表示名字語言。虛荷僧名而無實德。雖稱佛號。於他開示而不能解。云何可得瞻奉如來。雖說佛法。而不能知如來意趣。云何得名爲善說法。四雙八輩是佛弟子。聲聞之僧。但知其名。於彼功德不知其義。不能領受依名實德。爲於衣服飲食卧具病藥緣故。毀謗於法。菩薩於中

應勤精進。於是等經深生希有樂欲之心。受持讀誦。何以故。是人來世爲護法城。迦葉。我念過去九十一劫空無法時。如是等經不復流布。又念過去超於千劫有佛出世。號休息熱惱。住世八萬四千劫。成熟菩薩。利益世間。又念過去。復有如來號無邊力。住世二十億劫。於二十億劫行菩薩道。然後證阿耨多羅三藐三菩提。迦葉。汝觀於佛。修習幾何難作之行。攝諸衆生。

復次迦葉。劫濁盡世。我等不應輕賤己身。何以故。於劫濁中。乃至一人能於我所信解此法。甚爲希有。一切衆生不持刀杖追逐我等。亦爲希有。何以故。此法即是善丈夫法。謂於諸行爲無行想。難了知故。若有我見。衆生見。命見。數取趣見。有見。若依諸蘊起於戒

見。若多聞見。佛見。法見。涅槃見。若有起於涅槃見者。如來悉知見②爲邪見。何以故。佛於涅槃而無分別。亦無所得。若於涅槃起於分別及有所得。如來盡説名爲邪見。若邪見者則名無智。若無智者名爲損害。若損害者名曰愚夫。名愚夫者。於大菩提則無樂欲。乃至遠離生天勝道。迦葉。於未來世當有比丘。年紀二十三十四十乃至百歲。爲老所侵。莊嚴衣服。雖剃鬚髮。毀壞威儀。老病衰朽。無有威光。趣向邪法。臨命終時。由罪意樂之所障蔽。熟思已犯。懈怠不修。而於三處示現證得。何等爲三。或矯現威儀。或復詐現修持净行。或舉手自稱言我無與等。以此三處示現有證。斯人咸墮增上慢中。臨命終時心生追悔。既命終已。生地獄中。是故迦葉。我今

分明宣告汝等。我爲汝等真善知識。樂欲利益哀愍汝輩。不令於後受大熱惱。如慕理迦(唐言尾宿)。畔地迦(唐言路生)。波利婆羅理迦(唐言女梵志)受諸苦毒。迦葉。我終不聽執著我見。衆生見。壽者見。補特伽羅見者。於我法中而得出家。我若不許。强出家者。皆爲是賊。食重信施。亦不成就真比丘戒。迦葉。寧當絶食至於六日。不於我法得出家已。食重信施。起於我見。衆生壽者數取趣見乃至涅槃見。是故菩薩應發精勤。不應執著我衆生壽者③數取趣見。有見。涅槃見。爲斷一切見故。應當説法。迦葉。如是等經。我今付囑諸菩薩等。何以故。彼等意樂同於我故。若彼意樂同於我者。是我伴侶。我伴侶者。則便堪能受我付囑。爾時世尊而説頌曰。

衆苦所逼迫　都無能救護　唯除世導師　無有戲論者
諸苦惱衆生　修下劣邪道　漸增諸欲貪　由斯墮惡趣
無導無救護　住之嶮曠遠　趣向邪道中　終無安隱處
譬如人持財　求利行遠道　於中群賊起　劫盡諸貲財
失財已空歸　爲利增熱惱　所貸他人財　被債倍生苦
斯等亦如是　爲法故出家　本所持法財　白業皆銷滅
唯净剃鬚髮　愚墮諸見中　執著我衆生　補特伽羅想
說空法比丘　不著數取趣　於此起謗心　速墮於地獄
以瞋恚因緣　遞互相誹謗　自犯畏人知　妄宣他過失
身惡及口惡　意業多諛諂　顛倒隨見流　斯人生惡趣

造諸惡業已　速疾往三塗　衆苦所燒然　無能救護者
未來有比丘　卒暴多瞋恚　逼惱諸出家　趣向菩提者
此諸可畏衆　誹謗如是經　不復能信受　釋師子之教
互起瞋恚心　遞共相苦切　更相揚過失　惡名遍十方
虛加惡唱他　於己便生耻　柔和者劣弱　邪友勢力增
是知正法衰　惡人多勢力　我之所愛子　謂諸善比丘
應趣向餘方　往求安隱處　從惡得解脱　於此起悲心
宜於是經中　當自審思念　佛有如是教　當樂住餘方
正法滅壞時　柔和者難得　相隨俱往詣　如來稱嘆所
或有言此處　可離不可居　當詣大仙人　得大菩提地

復有稱仁者　汝實善爲言　繞塔以求真　是名世尊教
寧當至於彼　悅意菩提地　不可恒此居　没於瞋迫所
比丘當詣彼　爲我故應行　見佛所游方　昔曾安止處
經行宴坐地　若石及空閑　集已共咨嗟　爲之數啼泣
言是彼大仙　經行受用處　昔日曾游止　轉無上法輪
有爲悉無常　我等今不見　人及非人等　天龍皆會集
善化令歡喜　何乃見空虛　時往道場中　最勝菩提地
同來集會已　當如理思惟　世尊於是處　成無上佛果
驚怖惡魔軍　猶如野干衆　是爲道場地　大覺所端居
過去及未來　一切諸佛座　安處大雄尊　億天所敬禮

七日加趺坐　諦視菩提樹　瞻觀供養畢　次往鹿林中
言此轉法輪　聲聞於梵志④　彼諸比丘等　當爲數悲啼
爲欲調五人　導師來至此　五人初見佛　各起憂惱心
立制自相要　我等勿爲起　時大悲世尊　哀愍群生類
爲五比丘説　甘露果時成　禮轉法輪方　心悲數啼泣
次往涅槃處　感佛最後身　於此雙林下　利益群生類
碎身分支節　於兹般涅槃　嗚呼大聖尊　釋迦大寂滅
今但聞其名　惜哉我不見　大師復於此　最後度善賢
能以智先知　此爲最後度　或修時壽盡　或發趣命終
或修已身亡　彼皆生善趣　從於彼時後　深廣法沉淪

持戒毀禁人　皆當得供養　受他重信施　速墮惡趣中
汝觀諸比丘　有如是差別　智者修雖後　速受人天身
是等照世燈　憐愍世間者　大智諸菩薩　慈心利衆生
常作勤修事　勇躍心歡喜　當成大覺尊　亦逢事彌勒
供養彼如來　衆中蒙授記　隨心所憶念　爲彼大威神
我説誠實言　安慰如是輩　彼雖不見佛　而與見佛同
我昔求菩提　禮敬於諸佛　若諸女人等　趣無上菩提
我及無量佛　皆當安慰彼　速成男子身　得見於彌勒
供養彼如來　所求悉如意　應學諸智者　净信而出家
堅固樂欲心　多聞學持戒　於彌勒佛前　得受其記莂

是故聞勝利　起信修善賢　安住堅固心　攝諸衆生類
誰於如是處　求而不得之　有慧及精勤　菩提不難證
修習慈悲念　捨離諂曲心　常樂在空閑　是則菩提道
若人於是法　空説不能行　衆皆禮敬之　此爲可畏賊
若人爲飲食　及諸利養事　受持正法門　互共相傳説
斯惡活命人　名爲空過世　於此捨人身　惡趣受衆苦
或於佛法内　假名爲比丘　誹謗於契經　善説解脱禁
言我具弘宣　所有木叉教　雖爲比丘像　終失人天身
若誹謗人天　及毁一切智　如是謗法人　得罪復過彼
善防身語意　令不起諸惡　能除此三行　必當得涅槃

復次迦葉。如來滅後。昔於佛所深種善根諸比丘等悉般涅槃。具勝意樂諸衆生類命終復盡。後五十⑤歲正法滅時。當有比丘性懷貪著。猛利貪欲映蔽其心。樂離間語毒害於他。言詞粗獷慘勵聲蹙。住三法中。何等爲三。所謂醫道。販易。親近女人。住此三法。退失四事。何等爲四。謂退戒蘊。善趣。果證。如實見佛。由退此四。復成四法。不生厭離。熾盛增長。云何爲四。所謂嫉妒增長熾盛。瞋恚惡心增長熾盛。耽著種族增長熾盛。貪著飲食積聚衆味。愛樂衣服。映蔽心故置之篋笥。專行此事以爲常業。於沙門法空無所獲。亦不發生沙門證道。聞是等經當墮四處。何等爲四。謂墮謗法。佛所不許而反説之。獨爲女人宣説法要。毀謗如來別解脱戒。聞是等經

轉加壞法。而墮生長惡業之中。迦葉。譬如惡狗以苦膽灌鼻。於意云何。彼狗倍生凶惡心不。迦葉白佛言。世尊。如是如是。佛告迦葉。彼等惡人猶如惡狗及毗舍遮。見有比丘住净意樂持是法者。説是法者。住於真實少欲之者。嘆少欲者。於是人所不生歡喜而起厭背。心懷怯劣復生熱惱。以其瞋恚障蔽心故。作是念言。我等住在非時非處。於非時中而爲他人輕毁我等。是故聞説如是等經。起於誹謗面加毁辱。瞋恚粗言此非佛教。此輩受用多欲因緣。非少欲者。迦葉。我種種名贊嘆少欲及以喜足。名爲易養。亦名易滿。名净除者。行頭陀者。極端嚴者。我亦贊嘆住阿蘭若者。發精進者。遍净命者。汝等不應多修貯聚箱篋等法。何以故。應當修習如是

法故。汝等不應猶如銅鈸空有其聲。應順如來修行此法。又亦不應起重瞋恚。亦復不應攝取事物。應當住於無事無物。勿於處所生住著心。應無所住。不應自贊。亦不應畜牛驢等類。不應成就住懈怠處。應當發起殊勝精進。捨離不善。攝受善法。迦葉。我種種名贊嘆寂静。住阿蘭若不處憒鬧。今於是中種種名説極净除行。若有不住極净除者。具大欲者。成罪惡者。即當誹謗諸有安住極净除者。迦葉。譬如愚夫於四月中服蘇患渴。尋詣池⑥所求水而飲。他人謂曰。汝已服蘇。勿復飲水而致命終。是時愚夫瞋蔽心故。毀呰駡詈不順他言。飲水而死。迦葉。如是如是。未來比丘貪著有見。住不善行。有持法者作是教言。此是應作。此不應作。彼惡比丘瞋蔽

心故。毁呰駡詈謗是經典。迦葉。今時尚有於如來所多興諍競。何況未來。汝且觀是賢護比丘。如來制戒。令諸比丘受一坐食。瞋蔽心故。於夏三月不至我所。迦葉。今於我前尚有如是輕梵行者。況佛滅後。貪著飲食衣鉢病藥。睡眠所覆。瞋恚猛利。如是比丘聞是法已。尚不恭敬如來大師。豈能敬彼持法比丘。迦葉。名爲不善。亦名極惡。如是法寶即當隱没。於中若有求大利益善男子善女人信我教者。後滓濁世極覆藏時。善人難得。時聞如是等甚深法已。應爲如理者説。不爲不如理者。爲信者説。非不信者。我今亦爲如理者説。非不如理者。爲信者説。非不信者。迦葉。譬如惡馬不受被甲。若同良馬爲被甲者反生驚怖。何況更聞螺貝鼓聲。能堪受者

無有是處。如是如是。破戒比丘無有時分堪能忍受善丈夫法。猶如惡馬反生驚怖。迦葉。破戒比丘乃至聞説一言諸法無我。執我想故。於中便生怖畏諍競。何况聞説被善甲耶。若被甲已。即能降伏百億魔軍。而令畢竟不生鬥諍。諸善比丘被精進甲。不破根本頭陀功德。浄除根本無貪恚痴根本無嫉妒根本離欲根本。獨處性根本。窟寤根本於一切時一切種中。不應發起恚貪之心。於種種物無所希求。如是被甲名無根本。若被如是種種甲已。應發無上菩提之心。於一切處不應執著。况起我想。是故不應起於我想。衆生想。壽者想。數取趣想。女想。男想。地水火風想。欲界色界無色界想。持戒想。破戒想。空性想。取要言之。一切諸想皆不應起。以一

切想無所得故。迦葉。貪若實有則應了知。近之令滅貪愛之心。非住一處。無住可得。唯除妄語。是故如來名實語者。如來說之諸所有貪皆爲非我。如是諸法是沙門法。諸沙門法皆無所得。若復有人著此想者。是人則爲著我想等如須彌山。退失聖教。諸沙門法少不可生。亦復不能住沙門法。如是廣大最勝之法。於彼愚夫痴所衰損。少不應說。何以故。若執少法。則當攝受極怖畏處。大地獄中住之一劫。迦葉。汝觀俱迦利比丘(唐言惡時者)。提婆達多比丘(唐言天授)。騫荼達羅比丘(唐言鈌財)。迦盧底輸比丘(唐言器鬼宿)。母達羅多比丘(唐言海授)。阿濕繁比丘(唐言馬騰)。布那婆蘇比丘(唐言柳宿)。蘇氣怛羅比丘(唐言善星)。是我給侍。親對我前。聞我說法。見我經行。見我端坐。見我神足游處虛空。見我降伏多千外道。於

大衆中摧彼邪法。如是等人。尚於我所不生信樂。於步步間恒欲毁我。由是步步漸增其惡。復次。若説佛名。信爲實者。應持上器如須彌山。盛栴檀末而散其上。應作傘蓋猶如三千大千世界。持在空中而覆其上。何以故。爲信佛故。何況信已捨欲出家。無所依倚修諸静慮。迦葉。如是衆生。於中忍可極爲希有。能善護持佛所制戒。則能了知彼甘露法。如大衆中。以其皮革及餘臭穢共製人像。或造種種諸雜面相。彩畫莊飾令極端嚴。有人持之置於面上。或以衣物纏裹游行。豈以相貌謂爲好耶。審知穢惡便生厭離。如是如是。諸惡比丘。以如來威德容儀嚴整審諦觀察。方知極惡。由自他我想而生貪愛。若人了知我想非實。聞是等經不生瞋恚。何以

故。由爲他人毀呰違逆。聞此等經倍增厭離。若有衆生心懷執著。當知即是邪見之人。若起邪見。於是等經如實教誨。即生瞋恚。何以故。有我想者有瞋恚故。若有比丘比丘尼優婆塞優婆夷。聞是等經。瞋恚毀壞誹謗之者。即非沙門。雖復説有沙門名字。非我聲聞。我非彼師。何以故。是我聲聞則不妄語。我非妄語之師。何以故。如來是實語者。能如實説一切法空者。迦葉。如來能破我執與之鬥諍。若與如來諍者。名爲惡魔。如來不許魔衆出家受具足戒。如有人言。青雀小鳥生大龍象。於意云何。如是之言爲可信不。迦葉白言。不也。世尊。佛告迦葉。於意云何。爲等類不。迦葉白言。非爲等類。復次迦葉。又如説言。妙翅鳥王生於飛鳥。於意云何。爲可信不。

爲等類不。迦葉白言。不也。世尊。亦爲非類。復次迦葉。又如說言。螢火小蟲負須彌山飛空而去。於意云何。爲可信不。爲等類不。迦葉白言。不也。世尊。亦爲非類。佛告迦葉。如是惡人。若住我想乃至涅槃想者。稱我爲師。轉爲非類。迦葉。如有帝王安住國界。撫育群生快樂無極。種種飲食自然成辦。傍有侍臣奉王正化。時有一人衆未曾識。爲財利故隨學臣法。不禀王命。自於大臣王等衆中詐宣王制。作如是言。汝等應當止住於此。或言。汝等作如是事。迦葉。如來法王亦復如是。王大千界。攝化一切三乘衆生。十力功德圓滿成就。作諸佛事安樂無邊。飲食供養自然豐足。於中一類衆未曾識。爲活命故。說我衆生乃至涅槃。不受如來無我聖教。作如是言。

如來所説。此事應作。此不應作。於中有人信佛順教不誹謗者。聞其所説。謂是勝妙清浄福田。輟己資財及妻子分。殷重信心如法施與。乃至未覺諸過已來。初無斷絶。如是惡人。同於衆人所未識者。飲食既終。於聚鬧處日日談説王事。賊事。食事。淫事。女人事。醫方事。飲酒事。日月薄⑦蝕事。王者來去事。種族事等。或言吉日應行他所。當得飲食。如是等類種種言談。推度晝夜。還僧伽藍。或經二宿乃至六夜。隨所住處亦常談説如是等事。無正念慧。失壞威儀。昏痴睡眠。涎唾流溢。隨所想像睡夢中見。或見己身往詣他所。疾行緩行種種諸事。既寤寤已。互相向説。或夢汝身如是行坐。從如是處有得不得。復有説言。此夢吉祥。宜時速往村邑王城。至他家

處出入往來。搖動面目。苦逼惱故心不安和。無等引定貢高自舉。諸根穢雜與俗無殊。言不應時心多馳散。樂游俗里諸族姓家。不能奉持別解脱戒。獨爲女人宣説法要。於説法時心住貪染。而於是中增獲利養。染著之心猶如噬嚙。愚痴耽愛增住⑧增著。不生悔故。於別離時啼泣而去。又於二處開示他人。云何爲二。得净好施便贊嘆之。得非净好即便毀呰。相會遇時互看所得。復相問言。施主今者爲施何物。爲施與誰。飲食資財幾多幾少。迦葉。當知是謂不修行者。乃至命終之所言説。不修行者復有餘過。生惡意樂謂謗正法。迦葉。應於如是諸比丘輩生憐愍心。何以故。以其當受苦惱果故。爾時世尊而説頌曰。

愚夫緣活命　隨學帝王臣　故往詣餘處　詐宣王制令
至彼傳密言　勿致王瞋罰　愚人於此處　亦以活命緣
何况最勝佛　於多百劫中　捨身支節等　及作多難事
我非法王家　僮僕被謫罰　亦無問者能　爲作爲不作
施與比丘房　上妙美珍饌　及施上妙衣　一切恭敬與
勤苦求財物　奉施持戒人　不以自供身　亦不將供子
不如法住者　食之便捨去　共相會遇時　言我快意啖
所在聚集處　説王事賊事　闘邏鎮守事　種種飲食論
説日月薄蝕⑨　及王來去事　或言當得勝　或説當敗亡
此非所應言　常共數論説　極妙卧具上　晝夜耽睡眠

晝往善人家　求多富有處　言此施非少　亦非爲最上
尋思是事已　安敷空坐談　愚惰不勤修　如驢恒負重
而於眠夢中　見所分別相　覺已宣示他　相向益談說
言勿憂勿笑　汝當得安樂　此事宜速成　勿復生憂惱
數往於村邑　動止無威儀　喻若行獼猴　回轉於面目
入於聚落内　爲女說法言　弃捨佛契經　及善别解脱
既從施家出　觀其物少多　見少則駡他　亦毁他眷屬
於相會遇時　發言互相問　得何物何食　相問答何事
略說如是事　經於百年中　如是所尋思　以爲自活命
争蒲桃酒味　及以香華等　爲藥療其身　求之少病惱

假令有百佛　無能奈彼何　弃捨所修行　與在家無异
於身生保愛　不離於我人[10]　彼作是修行　由斯墮惡趣
若人謗正法　重苦所燒然　無覺慧愚夫　與在家無別
若諸釋師子　修實行聲聞　不以活命緣　毀犯微少戒
智者不貪食　常生重擔想　不净觀修心　以還施主債
捨離欲漏故　了知一切想　我聽如是等　此教中出家
智人不誹法　於所説空性　數數起勤求　不可得堅實
勇健大智人　了知空性理　能怖畏魔軍　彼堪銷供養
若能離貪染　不毀於空性　佛子勇健人　兩足中應供
正法不久住　生世多愚痴　少柔和比丘　求不放逸者

智者應生憂　不久自磨滅　後於晝夜間　談説曾有我
世間無救護　唯除兩足尊　修行學處人　悉皆當滅没
彼不了如是　所有密意言　則不恭敬佛　及無上正法
正法當盡滅　應速發精勤　乃至少時間⑪　聽聞當不久

大寶積經卷第二

校注

①『者』，底本作『有』，依龍藏、思溪藏、和裕本改。
②『見』，龍藏、思溪藏、和裕本作『是』。
③『者』，底本無，依龍藏、思溪藏、和裕本補。
④『志』，底本作『世』，依龍藏、和裕本改。
⑤『十』，龍藏作『百』。
⑥『池』，龍藏、思溪藏作『他』。
⑦『薄』，底本作『博』，依龍藏、和裕本改。
⑧『住』，底本污殘，依龍藏、思溪藏補。
⑨『薄』，底本作『博』，依龍藏、思溪藏、和裕本改。
⑩『人』，龍藏作『法』。
⑪『間』，龍藏作『所』。

大寶積經卷第三

大唐三藏菩提流志奉　詔譯

三律儀會第一之三

爾時尊者摩訶迦葉白佛言。甚奇世尊。如是人等。聞此等經不生厭離。佛告大迦葉言。若有衆生成就四法。聞説此經不生厭離。云何爲四。多放逸故不能深信。業异熟故亦不深信。大地獄故不能審信。我當死故。若人成就如是四法。不生厭離。迦葉。復有衆生成就四法。不生厭離。何等爲四。年盛壯時自恃强力。耽著欲樂。貪嗜諸酒。不能了知明思惟觀。若人成就如是四法。不生厭離。迦葉。若有比丘成就四法。謗佛菩提。何等爲四。本造惡業已成就故。毀壞

正法。如是比丘不自發露不善异熟諸惡業故。於比丘尼行穢欲故。彼有和上或阿闍梨。多人所敬。謗佛菩提。如是弟子隨學於師亦生誹謗。是寡聞者。由嫉妒故謗毁諸佛。比丘成就如是四法。謗佛菩提。迦葉。若有一法。得成沙門及婆羅門。何者爲一。於一切法心無所住。如是一法。得成沙門及婆羅門。譬如有人墮高山頂。謂無大地樹木叢林。唯起空想。出入息斷。迦葉。著諸法者亦復如是。若執眼想及以眼相。執耳鼻舌身意想乃至意相。若執色受想行識想。執净持戒。多聞。慚愧。經行往來。得菩提想。如此等法皆悉非作沙門婆羅門。若起想者則爲所害。爲誰所害。謂貪瞋痴。若執眼相。由著可愛不可愛色相故。爲眼所害。如是執著耳鼻舌身意相。

乃至由著可愛不可愛法相故。乃至爲意所害。若被害者。則於地獄。畜生。餓鬼。人。天界中極爲所害。何緣被害。由想執著。何名想著。謂執我想及我所想。女想。男想。地水火風想。骨想。壞想。青瘀想。血塗想。色變想。離散想。勝解脱想。彼有少分得勝解脱想。此有少分不得勝解脱想。有無量種宿住隨念現證作想。我隨念想。异於過去异於現在。我是過去我是現在。於諸法中起想執著。乃至涅槃想。我得涅槃想。迦葉。以要言之。諸執著者處處起想。乃至於空性中起一切想。皆悉非作沙門婆羅門法。非沙門行。非婆羅門行。迦葉。如來説言沙門婆羅門法者。譬如虚空及以大地。何以故。虚空之法。終不念言我是虚空。如是迦葉。沙門婆羅門者。終不自謂我

是沙門是婆羅門。是故諸法亦不自謂是作沙門婆羅門法。沙門法者不作不除。是爲沙門及婆羅門。迦葉。譬如有人於夜暗中。掉弄手臂。摇動面目。作如是言。我弄世間。我弄世間。於意云何。彼爲弄誰。迦葉白言。世尊。是人自弄。何以故。於中無人爲可弄故。佛告大迦葉言。如是如是。若有比丘至阿蘭若。或至樹下空室露處。作如是想。眼是無常。耳鼻舌身意悉是無常。復作思惟。色是無常。聲香味觸法亦悉無常。作是思惟。我趣涅槃。如是等類爲自劬勞。非沙門行。何以故。以有若干諸邪執故。知眼相已。爲滅眼故勤勞修習。如是能知耳鼻舌身意相已。乃至爲滅意故勤修習之。若於三處了知信受。則於三處而生分别。若於諸見起分别者。云何能得

心一境性。迦葉。甚深菩提難入難趣。難具資糧。心一境性者。爲以幾何名心一境性。周遍推求。乃至一法亦不可得。所謂於眼不可得實。於耳鼻舌身意亦不得實。於一切法皆不得實。何以故。本性如是。心性不生。一切諸法無實可得。是故彼心不可得也。若過去未來現在無所得故。無所作故。是謂無所作。何名無所作。若新若故俱不可作。名無所作。是中過去心不解脱。現在心不解脱。未來心不解脱。隨所有心無所得者。是爲心一境性。此即名入心之數也。迦葉。未來當有比丘比丘尼優婆塞優婆夷。執著眼等説爲滅壞。於諸蘊中起於物想。如來説蘊猶如於夢。然彼説言夢爲實有。由世間中説有是夢。若無夢者。我等不應有夢想事。以有表示。是

故我等於其眠夢起於夢想。如是如是。蘊有所因故說如夢。若無蘊者不應說蘊猶如於夢。彼諸愚夫謂夢爲實。聞是等經便生誹謗。於中當有比丘尼等。於施主家妄稱我是阿羅漢果。或依淺智說現證得。若優婆塞優婆夷等。聞經律頌說我現證。迦葉。當於爾時。若有比丘或二十年三十年中。常樂居止阿蘭若處精勤修習。爲佛法故。來詣初信一日優婆塞邊。唯以空言互相唱說。言空空故。我已遍知。我已遍知。或有比丘聞是經等相向談說。有人聞之便生怖畏。復作是言。若諸在家出家人等。不應親近。應當遠離。此非教師。何以故。彼等所知不相親附。復有宣說甚深法者。爲諸在家出家人等弃捨輕賤。何以故。我今宣說勝妙梵行。尚少知者。況

未來世。乃至最少知者。亦皆滅没。當爾之世。説法比丘千人之中。能如實解信入法者。一亦難有。乃至二千亦復如是。於中或有餘比丘等。下至不能暫發言詞。况能解了。迦葉。當於爾時。在家出家共輕此教。若有比丘發勤精進。爲滅不善生善法故。初夜後夜減省睡眠。精進修學。則爲他人譏嫌弃捨。或斷命根。如是等經即當毀滅。住法比丘亦皆滅盡。於中智者深勝無染解了之者。應當尊重。深心恭敬。共集會已住阿蘭若。爾時世尊而説頌曰。

我所説善法　第一義相應　言蘊無堅實　應觀察如夢

爾時諸比丘　鬥諍心紛擾　無禮别尊卑　唯有空名相

比丘所發言　俗亦如是説　如斯之教法　道俗語皆同

比丘謂俗言　汝解法希有　是謂佛菩提　已發初地果
彼心謂見法　親近在家人　數奉施比丘　與其最上供
如斯比丘說　無异語皆真　與彼共相親　言我能見法
生於彼時者　爲施故出家　不住正法中　毁壞菩提道
我示汝道者　近我勿親餘　不久汝得之　還如我所得
此最寂靜位　共汝相向言　和合大衆中　毁壞我教法
猶如劫村賊　性懷凶險心　破壞諸國城　及以大聚落
比丘亦如是　無智多愚痴　少慧起諸非　著命數取趣
離我所說教　依止諸見心　說是羅漢人　盡懷增上慢
於大和合會　諸比丘衆前　說已慧名聞　於中一難得

或時有比丘　安住如實者　被說惡名聞　言非佛弟子
法王大菩提　于時被誹謗　天衆懷憂戚　相向數悲啼
對彼信心天　身自投于地　觀斯釋師子　無上法輪摧
嗟嘆佛如來　快哉所說法　奇特福田僧　佛之所愛子
我等不復聞　法王之所說　牟尼今滅度　無覺抱迷心
地居天次後　出于大音聲　唱令告諸天　法炬今將滅
汝等得聞佛　不親近如來　勿致後天龍　而當懷悔恨
經於無數劫　爲自及爲他　遍受於衆苦　爾乃方成佛
此是諸世尊　爲諸衆生類　所說善法門　今皆當隱没
矯亂人興世　可畏造諸非　魔使及惡魔　恣情惡言說

諂詐多痴鈍　誑惑劣愚夫　若瞋與不瞋　毀師及勝教
聞地天聲已　上天皆慘然　人及四王天　悉亦懷憂惱
夜叉衆來集　阿吒筏底城　皆發可畏聲　滿面流悲泪
天居衆寶飾　城郭妙莊嚴　皆悉失光暉　猶如於聚土
國城非似本　堪生愛樂心　今見寶嚴城　須臾不可樂
諸天同詣彼　善逝本生國　躃踴而號咷　轉增大悲苦
我從天降地　往詣諸國城　真法盡沉淪　遍觀皆不見
下至閻浮境　見法大崩摧　逼惱諸出家　發聲大號哭
勝城七日内　處處失光暉　天亦七日中　數悲數啼泣
嗚呼大雄健　昔曾親面奉　何期今不見　言説亦成空

曾住舍衛城　來已皆恭敬　於其地界内　數悲而數啼
見佛所坐林　言佛曾於此　轉四諦法輪　我等親聞聽
世間還黑暗　更互不相尊　己造諸罪因　往生三惡趣
天衆多宮殿　今者悉空虛　贍部諸衆生　無主無救護
言佛經行處　毁壞悉荒蕪　法王已涅槃　世間不可樂
三十三天主　帝釋立其中　苦惱發憂愁　高聲大悲慟
諸忉利天等　舉手共哀號　適聞園苑中　其次便馳走
是等諸天衆　恒嘆佛如來　自嗟離世尊　曾爲説法者
不能食甘露　亦絶歌樂聲　如是等諸天　心憂經六月
阿修羅聞説　教法空無主　於是即相呼　興師伐忉利

贍部諸王等　毀壞佛制多　當於爾時中　天與修羅戰
多有諸比丘　及多比丘尼　生諸惡趣中　備受衆苦毒
在家犯諸罪　近事壞尸羅　互相揚惡名　以之生苦趣
女人行不善　皆亦入三塗　如是事興時　世間不安靜
或時行聚落　或投竄山林　人衆以波逃　壽命便夭促
多有賊盜起　亦復有饑荒　苗稼不時登　蝗蟲起灾暴
若於饑饉世　人有壽命終　便生餓鬼中　具受多辛苦
所有施塔廟　及與四方僧　爾時諸比丘　悉共分張取
於我滅度後　如是衆苦興　應速發精勤　勿復更迴顧
諸有愚夫類　而無智慧人　愚夫業已成　速生諸惡趣

應樂讀誦説　智慧從此生　人修智慧心　速能升善趣
常以智慧觀　如我如是學　永離衆繫縛　速至於涅槃
正法不久留　應發堅精進　我已如是説　宜速正思惟
此劫過去已　滿於六十劫　當不聞佛名　何能生信樂
若人相會遇　飢餓苦所侵　母子是時中　互相食其肉
彼時所生子　慞惶行不安　住在己家中　猶生大怖畏
見聞此事已　知其生死燒　誰有智慧人　於中生愛樂
無明是生根　女人是欲根　蘊爲苦惱根　是故應捨苦
世有愚衆生　耽著於女欲　人能離痴者　疾當得涅槃
宣暢此法時　不遭於惡果　不説果有漏　故墮惡趣中

所有無漏法　空空無所有　寂静本無堅　宜應速了悟

復次迦葉。若有比丘或餘衆生。由能成就此第一法求無漏者。應作是言。於一切法心無所住。

復次迦葉。菩薩應爲堅固修習。云何堅固。云何修習。言堅固者。謂堅固心。堅固精進。何者名爲堅固之心。菩薩念言。乃至供養恒河沙佛。然後乃發一念之心而求佛道。次後復經恒河沙劫一佛現世。以發恒河沙等心故。一得人身。以恒河沙等人身聞一句法智慧光明。於阿耨多羅三藐三菩提作大利益。應發如是堅固之心。又以種種方便攝佛智慧。種種苦行以爲希求。種種苦行攝受佛智。復有如是堅固之心。復次迦葉。我今爲汝宣説譬喻。由此喻故。

諸有智人而能解了爾①所説義。由是種種難行苦行能得菩提。於恒河沙劫不應休廢。若於恒河沙劫學不休廢。則能現證無上菩提。應發如是堅固之心。以爲勢力。以作策勤。終不捨離阿耨多羅三藐三菩提。復有如是堅固之心。迦葉。若有菩薩發是心者。何以②攝受。謂不取處不取非處。何故不取處非處耶。若有取於處非處者。於無上覺則爲障礙。以不取於處非處故。速得無上正等菩提。迦葉。譬如有人。以滿三千大千世界珍寶持用布施。若有如是種種經典如來所説。隨順菩提。受持教法。以信安住。所生福聚倍多於彼。迦葉。菩薩復有堅固之心。乃至堅固心亦不可得。是故修行不可休廢。言修習③者。謂多修行。有幾多耶。隨有若干多修習法。若

起一心不能解了。何以故。彼法不可爲表示故。然是最勝修習之法。謂堅固心性。爾時世尊即説頌曰。

無心起心想　當有大怖畏　我當成不成　是事爲云何
而常起尋伺　住在於一邊　誹謗於正道　不可得菩提
此是懈怠心　非是菩提相　斯人疑一切　諸佛及聲聞
不行而希望　賢聖諸佛法　非但由言説　能成安樂果
要有信樂心　能成廣大法　亦非唯心量　能獲勝堪任
由一法能成　諸有所作事　知其殊勝已　爲佛故應修

復次迦葉。菩薩以能成就此法。亦不親近供養諸佛。而自記言。我當得作如來應正等覺。迦葉。在家菩薩有三種修。能於菩提而作

利益。何等爲三。爲一切智故深生愛樂。不墮本業。堅持五戒。具此三支能成六法。何等爲六。謂得聖處。不啞不吃不聾不失聰聽。身變端嚴。速得深信。於甚深法不生怖畏。隨所聞法。不用功勞而能領解。速得不退。於此六法應當善知。有五障轉。何等爲五。謂離間語。一切妄語。意樂不成。心懷嫉妒。耽著諸欲。如是五法爲障礙轉。復有三法應當修行。何等爲三。謂常興心欲出家故。於持戒沙門婆羅門所尊重恭敬。若非同類説法之者。應遠離之。何以故。菩薩不應修學彼法。若修學者如負芻草。何以故。非佛道故。若擔負者即爲執著。同諸愚痴。是故不應修學彼法。復次迦葉。菩薩又應受學三法。何等爲三。謂常隨順諸佛如來。爲他演説勤自修行。於衆

生所修習慈心。於此三處受已應學。復次。應當親近三法。何等爲三。謂離捶打。不毀他人説云卑賤。於怖畏者施其無畏。應當親近如是三法。爾時世尊而説頌曰。

不親下劣人　見不正直者　見已當遠離　猶如避毒蛇
不應隨學他　不禮應遠離　猶如見惡狗　以生惡趣中
有懷執著人　學之同惡趣　聞説勝空法　應生愛樂心
及樂空比丘　亦應起尊敬　增長多聞道　而生利智心
親近勝菩提　有情應敬禮　疾行受其教　速生諸善根
增長智慧心　如蓮生在水　宜多聽受法　所增善速增
以增智慧心　能斷於諸漏　大威德無畏　大智大精勤

爲欲利益他　自身盛利益　在家應捨離　捶楚打衆生
發趣求菩提　於法得不退　無病最端正　人皆愛敬之
若修習慈心　捨離諸惡道　三十三天上　五欲自歡娛
從天若命終　不墮於三惡　生處於人世　種族豪貴家
形貌最端嚴　人無能毀者　天龍所守護　隨法正修行
受於勝妙處　爲人所愛重　善得安隱眠　寤亦心安隱
以爲天擁護　終無怖畏心　此之廣大法　有如是勝相
在家或出家　更有大饒益　令發悟憶念　多人諸善根
怖者以施安　趣向菩提果　更不事餘天　唯除一切智
是人得正道　諸智共相應　以此諸善根　捨離三惡趣

得智獲三明　善學於三學　如所作功德　如其所禮敬
獨爲衆生尊　人多恭敬禮　禮敬如來者　衆中爲最上
住於在家地　若發菩提心　爲彼説法言　及餘汝當聽

復次迦葉。在家菩薩應成三法。何等爲三。應離世間嬉戲放逸互相贈遺。及以選擇良日吉辰。應常清潔。離多納受。復當精進修學多聞。菩薩應成如是三法。復有三法應受修行。何等爲三。於説法者不爲障礙。應當勸請説法之人。恒然燈燭。常應作是三種之行。復次迦葉。有三種法終不應作。若有作者則受女身。何等爲三。不應障母聽聞正法及見比丘。不應障妻見諸比丘及聞正法。乃至不應於己妻所犯其非路。如是三法終不應作。若有作者便受女

身。

爾時世尊而説頌曰。

常應以信心　燃燈燭光曜　便獲無塵垢　清浄之佛眼
由依此眼故　了諸所知法　若能了所知　以知過去法
知現在亦然　不分別未來　無有三種相　有斯二④種相
捨離於第三　相即名無相　皆同爲一義　佛所説諸根
然法無根本　於斯起分別　便失勝菩提　浄修佛眼已
現證一切法　此句即菩提　如上所開示　法無有能示
亦無能毁者　諸法如虚空　是故説開示　導師宣此義
以爲在家人　常燃燈燭光　得佛眼明了　不斷他説法
釋師子之教　終不往三塗　不受生盲果　能常勸請他

宣揚最勝教　以此善根力　轉無上法輪　若人於母所
爲作法留難　受鄙陋女身　盲傴多衆罪　不曾睹衆色
亦不少聞聲　住於幽暗間　猶如蝙蝠類　於妻生妒忌
與作障法緣　從兹速命終　當爲極陋女　髮黄眼睛緑
黧黯目盲冥　足跛懷毒心　耳聾多口舌　如斯種類處
速受衆惡身　常爲欲因緣　丈夫生嫉妒

復次迦葉。在家菩薩有三種法所不應作。何等爲三。若他施物。設有微少蘇醍醐等。乃至或多難施之物。主若不請不應行施。他欲出家不應留難。未出家者。應當勸喻令使出家。見有建立如來塔廟。當助修營。不應緣此取其財物。如是三法。在家菩薩所不應作。

爾時世尊而説頌曰。

他施功德財　不應與非處　於重便獲罪　所施不能遮
信者詣施前　合掌儼然立　於中人力少　樂欲給侍僧
應隨施主言　助其少人力　水漿湯飲等　及餘輕物類
無違施主心　不令他怨恨　若有欲出家　或子或親屬
菩薩於是中　不應作留難　願有情安樂　願得證涅槃
我勝意樂然　願説無上法　知其過失已　不應穢自身
勿長夜憂嗟　爲煩惱所染

復次迦葉。在家菩薩有三種法不應修行。何等爲三。不應販賣男子女人。又亦不應與他非藥。若有作者不應親近。爾時世尊而説

頌曰。

應離販賣男　亦離販賣女　非藥勿與他　若與者應離
爲苦衆生故　天等所同訶　隨趣諸方維　憂箭所中害
長夜增憂惱　衆苦逼其身　夭壽自銷亡　是故不應作
此過及餘失　我悉了其因　爲諸菩薩等　略說其少分

復次迦葉。在家菩薩有三種法所不應作。何等爲三。不應往彼淫女之家。不應親近諸媒媾者。不住屠殺牛羊等處。如是三法所不應作。爾時世尊而說頌曰。

不至淫女家　專行穢欲者　速致世譏嫌　親近下欲故
尊者知其往　便即起嫌訶　招疾害其身　以之令壽盡

常不應親近　媒媾男女人　他娶女爲婚　近之被誹謗
亦不應往詣　諸爲屠宰家　菩薩勝依人　皆所不稱贊
此諸深過患　如來悉了知　爲不正行人　我今如實説
世尊所有教　我弟子能知　斯人於佛前　能詣所行處
衆生住聖道　將速至涅槃　佛爲如是人　非爲惡行説

復次迦葉。在家菩薩應成三法。何等爲三。住在家中觀己身命如客使想。於已施物起積聚想。於未施者如遠離我百由旬想。不爲妻子作積聚想。在家菩薩應當成就如是三法。爾時世尊而説頌曰。

常修於死想　我命速當終　於其所積財　應修取堅實

財不爲妻子　亦不爲己身　速疾得堅牢　身命及財物
殷重求佛道　不起貢高心　若捨饒益門　常遭諸損害
猶如於戲童　少嘗非飽足　法味尚輕微　雖信非堪保
修行非猛勵　相去⑤實全遥　弘揚若不休　名爲究竟法
迦葉我今說　如斯諸法門　人能解了之　名爲一切智
以智善觀察　於身生厭離　常自正思惟　想之如對我

復次迦葉。在家菩薩成就三法。得不退轉於阿耨多羅三藐三菩提。何等爲三。父母不信令其住信。父母毀戒勸令住戒。父母慳貪勸令住捨。贊嘆無上正等菩提。爲他說法。是爲第一得不退轉無上菩提。復次迦葉。在家菩薩知可供養不可供養。可供養者而供

養之。若不可者即不供養。然於彼所修習慈心。由成如是第二法故。得不退轉無上菩提。復次迦葉。在家菩薩勤苦積財。不令虛費。無令散失。不浪與他。宜堅舉置。而於净戒沙門。婆羅門。諸衆生所平等施之。與同法者無所障礙。由成如是第三法故。得不退轉無上菩提。爾時世尊而說頌曰。

若在家菩薩　求無上菩提　生三根本慧　此爲最上覺
若父及與母　惡慧無信心　勸令生信樂　令其住勝法
慳犯住戒捨　無慧教令慧　亦常勸於是　爲菩提勝法
應往於四方　遍求說法者　法施以教人　由斯增智慧
犯戒令住戒　無信令信心　無慧教令慧　得成不退轉

若逢慧比丘　持戒多聞者　恭敬親近之　數往而咨問
在家由此法　得不退菩提　知彼勝德人　多聞具諸智
慧解堪尊重　可持身肉施　此爲信心相　如我前所言
無信則不能　發大菩提意　聰明見勝事　速成深利益
於諸殊妙法　取證不爲難　知自及與他　如斯勝饒益
與出離相應　是故增智慧　本來恒積集　所有諸資財
爲與持戒俱　共貯當來物　是無有异語　彼亦不虛言
勇進堅施成　當證如來果　持戒易共往　勇健獲深慈
布施攝衆生　如先後無异　清净最上施　無所有希求
若金若與銀　無有不施者　勇猛施一切　宿世所行檀

希求無上乘　甚深最勝位　非法而供養　一切諸天人
不如能順法　供養一衆生　勇健爲法求　以法能了法
聰明由勝道　獲無上菩提

復次迦葉。在家菩薩發阿耨多羅三藐三菩提心已。成就三法。於聲聞乘而般涅槃。何等爲三。此有一類。怖三惡道。於大菩提起重擔想。已集善根不專思念。不好善求。爲心所害便生苦想。以成如是第一法故退失菩提。於聲聞乘而般涅槃。復次迦葉。此有一類。於所行施不生喜心。行布施已便生追悔。復不迴向佛之智慧。由成如是第二法故退失菩提。速於聲聞乘而般涅槃。復次迦葉。此有一類。不勤精進專求多聞。以下劣善根速般涅槃。由成如是第

三法故退失菩提。速趣聲聞乘而般涅槃。爾時世尊而説頌曰。

發菩提心已　不正隨順行　退失於佛乘　入於聲聞道

菩提非不信　及以懈怠心　無智守慳貪　則爲有障礙

知恩住浄戒　常樂廣行檀　菩提不難得　由心造諸惡

心亦善行檀　衆生心若堅　當爲世間塔　若能離三法

心趣大菩提　當爲世間尊　成無上應供

復次迦葉。在家菩薩由成三法退失菩提。於獨覺乘而般涅槃。何等爲三。此有一類。雖已發趣大菩提心。於法慳吝。復有一類。耽著觀望。及取世間吉凶之相。復有一類。發菩提心。以懈怠故。不能遍求菩提分法。由成如是三種法故。一一皆能退失菩提。於獨覺乘

而般涅槃。爾時世尊而説頌曰。

慳吝於正法　不教誨他人　得獨覺菩提　退失無上道
由斯三[6]種義　失利衆苦生　親近而修行　疑惑菩提道
思惟大乘法　就吉以避凶　此非正信心　爲佛所弃捨
有能專意樂　堅固向菩提　終不禮餘尊　唯除世間塔
若有净信心　不事餘天等　是爲成最上　號曰天中天
若有樂菩提　不事餘天等　在在所生中　色力恒具足

復次迦葉。在家菩薩由成三法受身黑暗。何等爲三。如來塔所取其燈明。於他諍訟而現瞋恚。於他黑人不預己事横加毀呰。由此三法其身黑暗。爾時世尊而説頌曰。

塔所燃燈明　斷取是光焰　身便爲黑暗　猶如烏毯毛
毀呰於黑人　我白汝身黑　由其輕毀他　受身便黑暗
宜善護其語　業終不敗亡　隨其所造業　當爲彼業器

復次迦葉。在家菩薩由成三業生工匠家。何等爲三。菩薩自身能持五戒。若有親屬從遠而來與酒令飲。或勸他人而令飲酒。即當生彼工匠之家。名第一法。復次迦葉。在家菩薩自修梵行。和合他人令行穢欲。緣造此業積集成故。而當生彼工匠之家。名第二法。復次迦葉。菩薩見他精勤讀誦。然己家內起作興功。尋語彼言。汝且休廢讀誦之業。宜時爲我營辦所成。以是業緣積集成故。而當生彼工匠之家。名第三法。爾時世尊而說頌曰。

持酒勸他人　及與諸親屬　以成狂飲故　便爲饒語匠
不解作刀針　及餘工巧處　唯能坐摇手　爐前鼓橐囊
自能修梵行　爲他稱贊淫　此業异熟時　當爲饒語匠
不解作刀針　不能鼓風橐　唯解奮長槌　砧前而鍛鐵
令他弃捨法　從兹而命終　速生工巧家　禀識常愚暗
初不見囊橐　亦不見鉗槌　其業報應然　悉破壞衆器
迦葉應防意　及善護其言　永勿教他人　一切不善法
輪迴生死苦　由愛故增生　善法可勤修　應訶諸不善

復次迦葉。在家菩薩成就三法。當生刹利豪族之家衆同分中。顔貌端嚴。人所愛敬。聰慧巧便。不爲懶惰。何等爲三。謂睹未曾見沙

門婆羅門。即生信心。供養禮敬。言是福田。以清净心。延請供養衣服飲食卧具醫藥一切所須。在家菩薩成此初法。當生刹利豪族之家衆同分中。復次迦葉。在家菩薩堅住本誓。如説修行。終不妄語。成就如是第二法故。當生刹利豪族之家衆同分中。復次迦葉。在家菩薩於具戒藴沙門婆羅門所修供養時。而能攝受堅固之法。由成如是第三法故。當生刹利豪族之家衆同分中。爾時世尊而説頌曰。

諸有智慧等　見持戒多聞　應生歡喜心　往彼而請命
既爲請命已　如法供養之　無有厭悔心　所施無挂閡
是取堅牢法　所爲親近者　種種智相應　於難而速得

如斯深信意　趣向大菩提　是智之所行　佛道非難證
恒爲上活命　應受最勝財　希求殊妙法　證無上涅槃
當生豪族家　顏貌甚端嚴⑦　得上妙衣服　證最上涅槃
如佛所稱譽　行於最上乘　以佛乘能證　清涼⑧妙涅槃
是爲最勝果　如其所造業　獲果亦等流　設經百億劫
是業終無壞

復次迦葉。在家菩薩成就三法。種諸善根。乃至證得無上菩提。終不受於五欲世樂。何等爲三。在家菩薩受持五戒。不向他人贊五欲樂。勤修自業。不使女人。及發是心。我止親近一切女人。乃至證得無上菩提。願我不逢五欲世樂。由成如是最初法故。乃至菩提

不受五欲。復次迦葉。在家菩薩聞是等經。而生深信求趣涅槃。雖復受持如是等教。隱蔽不行。有能演說及發起者。若人聞已即當捨離諸惡作處。以此善根得無礙辯。得無著辯。若於現在及命終時速得見佛。命終之後往生天上。不久證得阿耨多羅三藐三菩提。由成如是第二法故。乃至菩提不受五欲。復次迦葉。在家菩薩所有善根悉皆迴向無上菩提。不樂色聲香味觸法財封尊貴。不愛眷屬。以無爲心無爲果報。速證無上正等菩提。由成如是第三法故。乃至菩提不受五欲。爾時世尊而說頌曰。

在家修五戒　堅守善護持　不親近女人　於中生厭惡

如是等法門　勤求無厭足　所有惡作處　應速捨離之

一切諸善法　悉迴向菩提　以此諸善根　速離於五欲
常獲勝多聞　爲衆生説法　發生大慈⑨意　求無上菩提
是故聞此利　應生賢善心　不近於諸欲　速疾轉法輪

爾時大迦葉白佛言。世尊。今此經法以何爲名。我等今者云何奉持。佛告迦葉。是經名曰説三律儀。亦名宣説菩薩禁戒。亦名同入一切諸法。

佛説此經已。尊者大迦葉及諸大衆。一切世間天。人。阿修羅。乾闥婆等。聞佛所説。皆大歡喜。信受奉行。

大寶積經卷第三

校注

①『爾』，龍藏、思溪藏作『今』。
②『以』，龍藏、思溪藏作『所』。
③『習』，龍藏作『行』。
④『二』，龍藏、和裕本作『三』。
⑤『去』，思溪藏作『法』。
⑥『三』，底本作『二』，依龍藏、思溪藏、和裕本改。
⑦『嚴』，思溪藏作『正』。
⑧『凉』，龍藏、思溪藏作『淨』。
⑨『慈』，思溪藏作『悲』。

大寶積經卷第四

大唐三藏菩提流志奉　詔譯

無邊莊嚴會第二之一[1]·無上陀羅尼品第一之一

如是我聞。一時佛住王舍城迦蘭陀竹林。與大比丘衆及無量無數菩薩摩訶薩俱。此諸菩薩皆是一生補處。從异佛刹而來集會。爾時世尊。大衆圍繞供養恭敬。而爲説法。時彼衆中有一菩薩。名無邊莊嚴。從座而起。偏袒右肩。右膝著地。向佛合掌。而白佛言。世尊。我有少疑。今欲咨問。唯願如來哀愍聽許。爾時佛告無邊莊嚴菩薩摩訶薩言。善男子。如來應正等覺恣汝所問。當隨汝疑而爲解説。令汝歡喜。時無邊莊嚴菩薩摩訶薩白佛言。世尊。我爲趣求

無邊智慧被精進甲諸菩薩等。求大方便善巧地者。趣無邊義智善巧者。決定大智初發起者。於菩提道已安住者。世尊。我爲如是諸菩薩故請問如來。亦爲利樂有情之類。心無等喻。思惟諸法清淨智義。甚深大智方便。簡擇得無量義善巧決定。爲欲趣求大師子座。升一切智師子之座。正初發起勇猛勤修。獲不退轉。言詞善巧積集精進被甲冑者。爲如是等諸菩薩故請問如來。世尊。若有菩薩。於諸有情願欲超升到於彼岸。復有志求無礙無畏。住無畏中方便隨機演諸法義。善巧分別。不增不減。又於諸法本性自性如實宣揚。世尊。復有趣入無等喻心。最勝之心及無上心。得自在故。爲如是等請問如來。世尊。若諸有情求自然智及無師智。破無

明殼超於天人。最爲殊勝。有希利樂一切世間。當欲趣求大智無畏。除自然智。欲示無邊知見善巧。將説無量決定之法。欲以光照世間天人。復有爲諸衆生樂欲。開示無上無礙大智方便。欲行究竟清淨智見。求一切智善巧地者。我今爲彼諸菩薩故欲問如來。世尊。若諸菩薩住是地已。速能圓滿成如來地。及能證得不可思議方便善巧波羅蜜多。以少功用成熟衆生。現前能得如是智慧。令諸衆生捨離惡法。增長善法。示菩提道諸佛種性。及能安立無量衆生於阿耨多羅三藐三菩提皆不退轉。世尊。彼諸菩薩能開覺路。於佛法中令心歡喜。我爲斯輩請問如來。世尊。此諸大衆皆悉已集。説微妙法今正是時。唯願如來開示演説如是法門。授諸

菩薩。令得圓滿不思議願及一生補處所有善根。世尊。如是善巧陀羅尼門。如來隨時應當授與。使諸菩薩能持無量法門理趣善巧決定。及以言詞演説諸義。復有志樂當證菩提。安住無邊大神通業。成熟無量無數衆生。攝受如來善巧之智。唯願開示如是法門。當令衆生證菩提道。世尊往昔於長夜中已發弘誓。令無數衆生安住佛智及自然智。如是陀羅尼門應當演說。令諸菩薩成自善根。及以如來威加之力。持彼無上不思議願。世尊。如來應正等覺已證無量方便善巧。得不思議。住無畏地。了諸衆生意樂差別。無量億劫蘊諸覺慧。世尊。此諸大衆瞻仰如來無時暫捨。於一切智智及諸法藏志求不怠。欲樂無厭。願聞如來決定之義。世尊安

住一切智境。皆已知此諸菩薩願及發趣善巧成熟。世尊。是諸法門陀羅尼門。圓滿句義。一切諸法決定善巧。如是法門如來應說。令諸菩薩未成熟者。悉令成熟。已成熟者。速得神通及一切智心解脱智見。世尊。若諸菩薩住不定地。是諸菩薩預聞法已。而得成就一切智境。世尊。我以此緣敢申巨問。唯願大慈威加守護。攝諸菩薩。説如是法。世尊。於後末世諍論起時。執著有情更相賊害。三毒增長。壞亂正法。令諸菩薩於彼時中。以大慈悲堪忍斯事。流布此法而無諍論。由順無諍則能攝受大慈大悲。及當積集諸善根力。世尊。我今敢緣斯義。請問如來無礙法門決定之義。世尊。云何彼諸菩薩無量法門。法光明門及一切法方便發起。復願如來説

不滅壞寂静法門。兼演無邊微密法藏。具足成就念力無斷。降伏魔怨及諸异論。而不爲彼之所摧伏。唯願如來演説正法。令諸衆生積集善根。亦令積集無邊善巧。於一切智智示現出生。隨念結集無量法要。得諸辯才清净具足。相續不亂無等句義。欲令證得無量法門及陀羅尼真實方便。又令衆生發起意樂。爲説先後兩際加行。示見去來現在諸法。於因自在。法無所住。願諸菩薩了知十方如來本事。以神通無畏遍諸佛刹。授彼衆生清净法眼。亦爲開示不思議法。成熟佛智方便善巧。我緣斯義敢有所請。唯願世尊説如來地廣大方便甚深之法。爲一切智。攝諸善巧無量不思議法理趣。令彼菩薩願及方便善巧圓滿。此諸菩薩預聞法已。悉

皆獲證大法光明。成就菩提殊勝善巧。及彼弘誓悉令圓滿。
爾時佛告無邊莊嚴菩薩摩訶薩言。善哉善哉。無邊莊嚴。汝今爲諸菩薩住清凈願方便善巧。亦爲哀愍諸衆生故。以决定慧善問如來。汝之功德無有限量。諦聽諦聽。如實思惟。我今爲汝分别解説。令諸菩薩於佛智境出生無量種種功德。無邊莊嚴菩薩言。唯然世尊。我等樂聞。爾時佛告無邊莊嚴。若諸菩薩爲求無邊善巧願者。應知諸佛秘密語言。受持思惟。如理觀察。云何觀察。無邊莊嚴。如來之智攝諸善巧。有所宣説無不清凈。是諸菩薩應當進修此之法要。諸佛所説皆是平等。安住大悲普於群生。决定成熟諸有情類。或於下乘志希解脱於聲聞道。有於真實最勝涅槃弘誓

圓滿成一切智。我今安住無上解脱。遠離餘乘下劣之法。善入諸佛秘密語言。及説如來無比詞句。廣大清凈攝受諸法。令諸有情隨彼根性解脱成熟。然於是法皆悉平等。不增不減。無缺無漏。乃至無色及無等色。無邊無際。自性清凈。諸佛世尊之所演説。自性本性如實了知。而無有法了不了者。何以故。一切諸法皆是如來假名説故。若彼諸法由假名者。是則不可以法施設。亦無示現。無示現故。如來所説皆真勝義。隨法同入一切諸法。於一切法不住分别。亦非不住。以分别法及無分别。如實平等證一切法無有差别。法無有生。如是生法無所有故。法無有法。生妄分别遍計度故。法無有起。不自在故。法無觀待。捨圓滿故。法無作用。無去來故。法

無自性。超過一切自性法故。法本平等無有差別。無戲論故。隨所作法起殊勝願。無不成就。而於其中無有作者。乃至無有少法所得。皆歸於空。是故如來說一切法如幻如夢。無有高下。我當以此清淨弘誓攝衆生時。實無少法而可著者。無邊莊嚴。此是諸菩薩等法光明門。由斯門故。於殊勝願而得增長。如日出現。光明普照。如是善男子等。於此法門能信解者。與諸衆生作法光明。無邊莊嚴。若諸菩薩内正思惟。外無散亂。安住能斷諸障礙者。隨念菩薩普光三昧及能信解甚深法者。應當觀察此諸法門。一切諸法如來悉知。以緣起門開示宣說。如是緣起虚妄不實。自性本性皆悉空寂。是緣起性亦非真實。能令衆生雜染清淨。於十方求皆不可

得。無所得故。無有攝受。無攝受故。於我所說尚應捨離。何况非法。所言捨離。彼亦非有。亦無所取。無有功用。本性清浄。一切諸法無有分別。了知分別如實性故。一切諸法無有所住亦不可見。無异性故。是故諸法無住無依。但以名字施設而有。彼皆空寂。無有自性。無住而住。是故諸法無有住處。處無有故。盡故。滅故及變易故。如來但以异名宣說。如是密意應當了知。不應執著善與不善。若執善法。彼不善法亦當執著。由執如是不善法故。生諸苦惱。佛以异名於此示説爲苦聖諦。由不執著善不善故。彼諸愛②滅。如來於此善法所斷。异名示說爲集聖諦。第二聖諦能了知故。滅故。盡故。無憶想故。厭離觀察無所有故。無喜想受。無分別故。如來於此异

名言說爲苦滅諦。了知第三滅聖諦故。是所求道。如實悟入一切法地。超過一切憶想分別戲論之境。八支相應。修習正見乃至正定。苦滅趣道聖諦了知。佛以异名於此宣說爲第四諦。諸佛世尊於此施設。知苦斷集。證滅修道。苦集苦滅及滅趣道。此苦無有。以世俗故假名施設。是無明等。一切皆是無智攀緣。何以故。於彼無智。亦無有少攀緣可取。無有所證。無有光明。不可了知。亦不可得。而於其中當有何物。一切皆是虛妄壞法。無有堅實。於中若以實物施設。彼即於常應有執著。若以無分別執著。彼即於斷應有執著。是故於苦不應分別。以智慧故應當了知。無智自性即苦自性。由與無明共相應故。無明亦不與物相應或不相應。彼亦無有。由

彼不相應故。是故無明非分別非不分別。不作不壞。亦無作者。施設作者不可得故。

無邊莊嚴。此是諸菩薩了知悟入無明自性順明法門。由是門故。能捨一切無明黑暗。現前證得隨順明法。於菩提分能善修習。於諸聖諦能善了知。是諸菩薩於此法門能得清淨。所謂由不生故。苦得清淨。不攀緣故。集得清淨。由滅盡故。滅得清淨。由修習故道得清淨。信平等故。道即平等。如是諸法异名差別。應當解了。了已應斷應證應修。於如來言若能解了。彼即遍知。彼即隨斷。彼即作證。彼即修習。是故聖者如是知已。於一切法不取不捨。便得安住四諦法門。

無邊莊嚴。一切諸法無有分別。亦不增長。亦不積集。聖者如實善了知故。不起分別。不行戲論。能如實見。不毀不著。由道斷故。於諸善法不起分別。亦無戲論。況不善法。由無分別共相應故。亦復不住法非法斷。若遍知斷。即無法結及非法結。彼能了知結法虛妄。此虛妄法空無所有。此是彼等所入諦門。由是門故。不愛不恚。證捨圓滿。能斷諸結。安住正道。到於彼岸。證法自性而無入出。無邊莊嚴。汝今當觀一切諸法。本性皆空。自性寂静。無有作者。諸法非實與結相應。非不相應。於彼無性法中不應執著。亦復不應離性非性而起分別。既能了知因緣清凈。不應戲論。諸有一切因緣生法。彼緣性空究竟清凈。如是因緣非互相應。諸法展轉。無有所作。

無有所行。無有事業。如是思惟一切諸法。互相空故無有自性。無依無住。無邊莊嚴。汝於此中應當悟入。則能增長不可損壞普遍光明清净法門。由攝受故當得清净。無戲論故當作光明。超過結使。無所著故當得出離。無邊莊嚴一切諸法。唯有名相開示宣說。何謂名相。相謂四大所造諸色。名謂一切非色之蘊。如是名相。一切皆悉虚妄不實。以顛倒故而有執著。或色是我。色是我所。相分別故有名示説。如是名色二俱不實。一切皆是虚妄壞法。如幻如夢。色體不堅。如夢所見。乃至四蘊亦非真實。但以世俗文字施設。如是知時。不見有苦。由實諦故無有攀緣。無攀緣故心無所有。無所有故。何有與彼攀緣相應。由此而能於涅槃界。得超過想及所

知滅。無邊莊嚴。三界由想。作意所生。是故説言三界虚妄。想及作意亦非真實。彼所有想即色執著。所有作意皆與受想行識相應。諸法本性亦無相應非不相應。乃至非想。亦非作意。想及作意本性皆空。所有言説亦皆虚妄。但假施設。令性寂静。無邊莊嚴。諸法本性以假名故。如是所説亦皆平等。

無邊莊嚴。於此法中證於實諦。諸菩薩等應當了知。謂諸如來一切結使皆捨離故。凡所演説終不唐捐。汝等於此應善思惟。無令執著。於一切法勿生分别。離諸戲論。了一切法無有自性。而於衆生起慈悲想。思惟悟入如是法門。爲利一切開示演説。云何法門。謂了無明諸有爲法。悟智見等諸無爲法。應遍清净證入一切有

爲無爲無戲論智。非數入數。非數住數。隨順如是非數法故。證入無爲清浄法門。獲得遍持光明智慧。攝受諸法令不失壞。能以覺慧方便善巧。廣爲衆生演説諸法。無邊莊嚴。此是諸菩薩等入陀羅尼門。由是門故。出生廣大差別覺慧。及能發起演諸法義善巧之智。無邊莊嚴。此中何者是彼陀羅尼門。由是菩薩於諸法中能得總持方便善巧。無邊莊嚴。此中菩薩住遍清浄善巧之智。行於辯才。由義覺慧觀察諸法本性自性。然一切法自性無住。無名。無相。無所建立。無遍③建立。不可宣示。但以世俗言詞演説。所有諸法本性自性皆不可説。無來無去。無有文字。文字清浄無有功用。何以故。諸法本性等虚空故。一切諸法亦復如是。無作無起。無相清

净。以虛空開示演說。此則諸法無門之門。門清净故。究竟無染。亦不隨染。何以故。諸法究竟不生不起。所有自性亦不生起。是故當知。三世所說一切諸法自性無性。亦不應執諸法無性。此是諸菩薩無所執著陀羅尼門。爲諸菩薩門清净故。如是開示說一切法。有形相者。所說形相即非形相。不作不壞。不愛不恚。是故當知。形相門者則爲非門。門清净故。由是能得入無形相清净法門。爲欲了知此形相門無所有故。不以有義如是宣說。無所作故入無形相。無邊莊嚴。如是所說無形相門。爲陀羅尼清净故轉。無邊莊嚴。所言門者。猶如虛空。一切諸法依於虛空而有生滅。彼生滅者性皆平等。作是觀時。無有生滅。無所攝受。於一切法應如是知。一切

諸法亦非攝受非不攝受。非等非不等。乃至無有少法而可得者。由是能了此形相門。爲得無相門清净故。開示演説。無邊莊嚴。言無相者。所謂無身及身施設。無名無句亦無示現。於此教義應當了知。彼無形相。與虚空等。言虚空者。亦無虚空及空示説。此是無明隨順明智力聚法門。菩薩能證陀羅尼門理趣方便。由證入故無有諍論。無有忘失。隨入無斷秘密語言陀羅尼門。譬如有龍名無熱惱。降澍大雨。流澍無斷。

無邊莊嚴。所言陀羅尼者。是何句義。無邊莊嚴菩薩摩訶薩白佛言。世尊。陀羅尼者。即是隨順諸法秘密方便假名。即是隨念遍持之業。即是説法語言之句。由智聚力。得入如是陀羅尼數。以善覺

慧。應當受持無量無邊菩提之力。世尊。如我所解。此無邊智演說方便。爲欲利益諸衆生故。開示流布令法不斷。世尊。此陀羅尼門。是大虛空。是大方廣。以是義故能廣宣說。由說平等能攝受故。名隨教法。善巧開示廣大流布。文字差別得圓滿故。通達辯才而得成就。由觀察義善巧說故。於義辯才而得圓滿。決定諸法善開示故。於法辯才而得圓滿。哀愍衆生。以大慈悲而能攝受。由攝受故。次第調伏令得清浄。無諸戲論。而能演說平等捨法。世尊說此陀羅尼秘密方便法門品時。無量無邊善巧之義從佛口出。爾時佛告無邊莊嚴菩薩摩訶薩。所言門者。即是如來一切智智門之增語。於此門中。由語言故。而得演說一切諸法。如來安住無邊清浄。

究竟清浄自然智見。以無所住無所建立。流注廣大甚深之法。無邊莊嚴。如來嘗説一切諸法皆是佛法。以於諸法能善了知。名爲佛法。諸法本性與佛法等。是故諸法皆是佛法。由能了知法非法故。説能了知一切諸法。能了知者。即能了知陀羅尼門。此陀羅尼而能遍入一切諸法。所謂語言演説談論。一切語言演説談論。皆由文字表示宣説。是中文字。阿字爲初。荷字爲後。猶如入胎受胎持胎以母爲先。又如種子長養以父爲先。如蘊積集以生爲先。次後建立餘分差別。六處諸根次第成熟。如是字母爲先。一切文字差別和合。如是字母爲先。光④發長養。所謂阿字爲先。荷字爲後。諸餘文字在其中間。隨彼相應和合而轉。此即能入演説語言陀羅

尼門。又當了知一切諸行皆悉壞滅。如彼文字書學成已尋當除滅。如是一切有支建立皆當壞滅。如彼諸行和合故生。彼不和合應知壞滅。如是二種相應和合。建立一切諸有愛結。亦由如是二種和合。建立一切有爲諸法。如是觀察。漸次能净無作法門。由此能入演説生滅陀羅尼門。令諸菩薩方便善巧速得圓滿。猶如字母。阿字爲初。荷字爲後。如是作已。應以語言演説談論。善入一切秘密言詞。又應了知無障礙法開示宣説。無邊莊嚴。猶如字母。阿字爲初。乃至諸餘一切文字分別作已。作意相續入於書寫。荷字之後。更無文字而可建立。由是二種作意。能生一切有爲之行。彼二分別無有真實。以於真實無少文字。本性自性亦無分別及不

分別。而於其中亦復無有少分所作。無邊莊嚴。一切諸法以智所知。是智皆從文字建立而得生起。由是文字不成就故。彼智亦復無有形相可得。何以故。以於真實無有形相。由入如是無形相故。捨離一切所作事業。無所作故。捨離一切有爲之事。無邊莊嚴。此是陀羅尼清浄善巧遍持法門。若諸菩薩於此學時。能起一切無癡⑤事業。爲諸衆生宣説正法。令不缺減。不住諸想覆蓋著心。及能遠離想及作意。以能趣入諸法覺慧。證無邊智理趣善巧。無邊莊嚴。若諸菩薩遍取名已。了一切法唯有種種積集言説所起之名。而無真實。如是知者。應當隨入陀羅尼門理趣善巧。云何應入陀羅尼門理趣善巧。知所有名而無住處。不住諸法内外中

邊。於一切處都不可得。但依積集種種言説而假施設。於施設名如實隨覺。是如實句。以此實句。應當了知一切諸法無名無説。此是諸佛力無畏地。於所有法。應以此門開示演説。如來所説一切諸法。非一性。非异性。諸法無有一异性故。此一切法非生非有。如是宣示諸法亦空。法若空者。彼即無相。若無相者。即無願求。若法是空無相無願。則不可知。不可遍知。不應説彼若有若無。言有無者但是言説。不應於中而生執著。何以故。如來常説。若不執著一切法者。是真勝義。若有著者。由是著故。於彼彼法隨生執著。如是執著一切皆空。是敗壞法。但唯虚妄戲論分别。無邊莊嚴。汝應當觀演説諸法。而於彼法實無示説。豈於此中有能説者而爲他説。

無邊莊嚴。此清浄法。從諸如來之所演出。能了知者甚爲希有。無邊莊嚴。汝等今於我前聞如是法。能善了知。住清浄信。能生勝解雖復衆多。而於後世希有衆生。於此法中能遍了知。唯除今時親於我所發弘誓言。願於來世利益安樂諸衆生故。而當受持如來法教。若曾往昔於如來所。承事供養。深生信解。愛樂希求。於甚深法理趣善巧願聽聞者。此諸菩薩當能獲得陀羅尼法。

無邊莊嚴。由於往昔供養如來。復得值遇無量諸佛承事供養。於甚深法因緣理趣深信解者。善求於法多勝解者。趣行深廣求大乘者。聲聞乘人厭離三界。於甚深法勤修行者。此諸人等。未曾聽聞此甚深法。無邊莊嚴。如來爲欲利益安樂此諸有情。令證甚深

廣大無量難見難解種智覺故。而復宣說甚深之法。此非愚夫無聞執著不求法者之所行地。有如理修行。善根具足。於微少過生大怖畏。於諸怖畏而求解脫。是此等類之所依處。

無邊莊嚴。如來今爲汝等天人世間。常演說法不生勞倦。由佛往昔行菩薩道時。於無量億劫精勤修學此甚深法。既修學已方便迴向。云何爲諸有情當轉無上微妙法輪。及爲有情而得示現無上大智。令一切智智種性不斷。無邊莊嚴。此由如來往昔願力。爲令一切種性不斷。及威加此陀羅尼句。開示演說此甚深法。廣令流布。使諸有情於佛法中當能悟入。令一切智種性不斷。光闡弘宣此諸法教。無邊莊嚴。汝等今欲隨學如來。有諸衆生希求法者。

開示演說勿生勞倦。無邊莊嚴。諸菩薩等如所聞法。於大衆中當廣開演所有法行。由是當得近於佛智。能速證獲陀羅尼門。由證陀羅尼故。以少功力。而能受持光明照耀清净法門。無邊莊嚴。一切諸法本性清净。若法本性。非彼相應非不相應。非和合住非不和合。於諸法中而無有法。若無有者。則無有處而可示說。唯除因盡。因盡故即離。離故即滅。我爲有情了知故。說一切諸法本性自性。於彼無因即無因盡。無因盡故無離無滅。無邊莊嚴。汝觀如來之所說法如是清净。若有以法觀如來者。彼於如來見不清净。何以故。如來非法。亦非非法。如來尚不安住少法。何况非法。若住非法。無有是處。如來超過諸表示法。不可宣說。一切語言皆清净故。

是故如來最極甚深。廣大無量。無邊莊嚴。如是如來非色表示。非受想行識之所表示。如來亦非色盡解脱。非受想行識盡解脱。由是如來絶諸表示。與色等法非共相應非不相應。而於一切有爲無爲能遍解脱。不起分別。無有戲論。如來不與色取相應。亦復不與受想行識諸取相應。永斷一切取蘊根本而亦遠離諸法根本。謂無戲論。不入不出。超度瀑流。不住無上諸佛智境。亦非不住。應説如來不住少法。不取不捨。如説如來説法亦爾。如來不相應故。如來之法亦不相應。如如來法。諸法亦爾。依如實理。諸法皆如。是故世尊説一切法悉是真如。一切法如與佛真如無二無別。非一非异。如來安住無分別法。非遍計故。

無邊莊嚴。如來説法。終不超過一切諸法。何以故。無有少法可超過故。無邊莊嚴。如來於彼某時證得無上正等菩提。然於彼時實無有法而可得者。以一切法及諸隨法不可得故。不起分別。亦復不起法與非法及作意想。於彼本性清净法性。而不安住亦不建立。如是了知簡擇法時。亦無了知及簡擇者。無邊莊嚴。此所演説第一⑥義句。即是如來非句之句。句清净故。以是義故。諸菩薩等得一切句清净之智。由是能入無邊理趣陀羅尼門。亦無少法而可證入。不來不去。無邊莊嚴。所言句者。無句可得。非句句故。於一切句應如是知。如是諸句是厭離句。若厭離句是虛妄句。若虛妄句即厭離句。彼一切句是滅盡句。若滅盡句即真如句。若真如句即

究竟句。若究竟句是盡離滅句。若盡離滅句即涅槃句。若涅槃句即非世俗。無句施設。亦無示說。無邊莊嚴。言一句者。於一切善不善法中平等趣入。云何一句。所謂離句。於厭離中無有少句。是一切句猶如厭離句。亦非句。句清淨故。若句清淨即涅槃清淨。若涅槃清淨即句清淨。如是諸句皆不可說。若以語言宣示句者。而彼諸⑦言。於十方界求不可得。誰爲誰說。故諸言說一切皆空。彼若空者即無有義。不應於中戲論分別。出生如是諸句義者。一切皆是無分別句。無戲論句。是故修觀行者。尋求觀察一切句時。當知皆爲離滅涅槃。如是諸句不异涅槃。亦不可說。然非不异。由言說句皆虛妄故。爲清淨句。宣說善巧表示諸句。非實表示。若非表示非

不表示。則處中道。若處中道。則無分別。以於此中分別斷故。於此法性平等入時。而無有處行少惡行。無所得故。如是不行。亦不遍行。不等近行。若如是行。諸佛説爲菩薩乘者。無有少法而可行時。彼行菩薩地。安住無上清净陀羅尼故。無邊莊嚴。我今當説陀羅尼句。由是句故。令諸菩薩得陀羅尼。而能開示無邊法藏。應説此等住無諍地。以能摧破諸他論故。極寂静故。廣演法故。此中何者是彼法門陀羅尼句。

哆姪他若曳(一) 微若曳(二) 隖計(三) 烏迦(上) 筏底(丁以反)(四) 阿(引)⿰口路計(五) 阿(引)⿰口路迦(上) 筏底(丁以反)(六) 鉢囉(二合)(上) 陛(七) 鉢囉(二合)(上) 婆(上) 筏底(丁以反)(八) 娜喇設儜(尼頂反)(九)⑧ 你那⑨喇設曇筏底(十) 遏替(十一) 遏他筏底(十二) 戍闥儜(十三) 鞞戍闥儜(十四) 鉢喇戍闥儜(十五) 吃

唎(二合)耶(十六上聲)吃唎(二合)耶筏底(十七)嗢哆囉尼(十八上聲)珊哆囉尼(十九上聲)摩訶毗社曳(二十)
麼訶毗社耶筏底(丁以反二十一)阿怒珊地(上二十二)阿鉢囉(上二合)底(丁以反)珊地(上二十三)庾伽(上)
磨阦榇陀(上二十四)悉地(二十五)悉馱遏挮⑩(二合二十六)悉陁(上)遏他(上)筏底(丁以反二十七)麼底(丁以反二十八)
麼底(丁以反)鉢囉(二合)鞞(二十九)嗢哆唎(三十)嗢哆囉筏底(丁以反三十一)弭磨唎(三十二)彌磨囉怒
散地(三十三)薩黎(三十四)薩囉筏底(三十五)薩囉(引)怒伽底(三十六)娑冥(上三十七)娑麼嚧婆(上)
弭伽底(三十八)羯底(丁以反三十九)阿你伽底(四十)阿鉢囉(上二合)底(丁以反)你筏底(四十一)彌勢囇
(四十二)彌勢囇筏底(四十三)阿(上)磨醯你(四十四)你磨醯你(四十五)鉢囉(二合)磨醯你(四十六)鄔(引)
荷鄔哆囉嚀(四十七)麼囉鉢娜曳(四十八)阿(上)勢鎩(去四十九)阿怒跛勢鎩(五十)阿怒伽
迷(五十一)阿鉢囉(二合)底伽迷(五十二)阿伽(上聲呼)帝(五十三)阿娜伽(上聲呼)底(五十四)伽底弭戍馱
你(五十五)鉢唎戍第(五十六)薑(去)竭差(初假反二合)掣(尺曳反)娜你夜帝(五十七)麼底(丁以反)鉢囉(二合)避

帝五十八麽底毗戌駄你五十九三縵多引怒羯帝六十三縵多鉢喇縛房可反嚟六十一三縵多毗戌駄六十二你阿怒跛仡囉二合呬六十三阿你仡囉二合呬帝六十四呬那引囉挮*二合六十五阿囉他二合毗戌地鉢囉冥六十六奚都你地珊寧鉢囉二合避底六十七鉢囉二合避多筏底丁以反六十八毗你設者二合曳六十九避你設者二合耶引怒羯帝七十阿難多囉挮*七十一阿難多苾仡囉二合奚七十二麽社毗戌地七十三阿怒竭囉奚七十四鉢囉二合竭囉荷毗戌駄你七十五阿地耶二合引多麽二合毗竭帝七十六麽呬囉駄二合毗戌駄你七十七苾地耶二合引怒竭底丁以反七十八苾地耶二合引怒散地七十九鉢喇戌駄你八十

無邊莊嚴。此是陀羅尼摽釋之句。諸菩薩等由是句故而能隨念無量如來所有法藏。亦能爲諸有情開示演説住無諍地。復能隨入一切義句理趣善巧。善能了知無量廣大差別智覺。隨其所願

皆得圓滿。

大寶積經卷第四

校注

①『無邊莊嚴會第二之一』，底本作『第二無邊莊嚴會』，依龍藏、思溪藏改。
②『愛』，龍藏作『受』。
③『遍』，底本作『邊』，依龍藏、思溪藏、和裕本改。
④『光』，龍藏、思溪藏、和裕本作『先』。
⑤『痴』，龍藏、和裕本作『礙』。
⑥『一』，底本污殘，依龍藏、思溪藏補。
⑦『諸』，龍藏、思溪藏作『語』。
⑧『尼頂反』，底本此三字在『你』字下，此處龍藏作『尼頂切』，思溪藏作『尼頂反』，依思溪藏改。龍藏、思溪藏『你』字下無音釋小字。
⑨『那』，龍藏、思溪藏作『娜』。
⑩『挮』，龍藏、思溪藏作『梯』。本卷下文例同，用*標識，不再出注。

大寶積經卷第五

大唐三藏菩提流志奉　制譯

無邊莊嚴會第二之二①·無上陀羅尼品第一之二

爾時佛告無邊莊嚴菩薩言。我當説彼陀羅尼門理趣差別智慧善巧。令諸菩薩得陀羅尼善巧方便。由證此故。當能了知隨法秘密善巧理趣。云何了知。無邊莊嚴。於眼所見色陀羅尼。乃至意所知法陀羅尼門。無邊莊嚴。云何六内諸法所取外法陀羅尼門。無邊莊嚴。若諸菩薩眼見色已。而由不可映奪智力及念善巧不迷忘故。了知遍持色是無常。生滅不住。皆盡離滅。由此復能於内眼界而不執著我及非我。善巧安住眼處清净。於色攀緣不攝受故。

而能清浄陀羅尼門。善能觀見盡厭離滅。則無戲論。由不戲論總持善巧。住無妄念無有積集。所行道中而能捨離眼與眼識及所知法。無有分別。由如實見得清浄故。亦能隨念諸法如幻。於能所識清浄善巧得總持時。善能攝取不共世間廣大智蘊。如是略説。乃至意所知法陀羅尼門。菩薩以意了知法已。而由不可映奪智力及念善巧不迷忘故。而能總持諸法無常。生滅不住。盡厭離滅。於内意處安住總持。亦不執著我及非我。善於内住意識地者。隨能妙觀總持善巧。次善安住意處清浄。於外法處不攝受故。能得清浄陀羅尼門。由内外法及餘結使不相應故。能隨觀見盡厭離滅。不作戲論。由不戲論總持善巧。住無妄念無有積集。趣行之道

而能捨離意及意識并所知法。無有戲論。不起分別。以如實見得清淨故。而能隨念諸法如幻。亦能總持於識所識清淨善巧。而能攝取不共世間殊勝福慧。又能如是於去來今及諸内外一切法中。由隨義覺。攝取方便善巧智力。不於少法起無因見。而不於因起於緣見。亦不於緣而起因見。了一切法各不相應。如實隨入諸法本性。此一切法本性清凈。展轉寂静。若一切法展轉依持。隨種類持。由於遍持共相應故得安住者。應知彼法不由依持共相應故而得安住。不生不起而不流轉。亦非言説之所能得。彼所有義。一切諸法。各不同分。非共相應。非不相應。以一切法無有作者令作者故。無有壽者。無有衆生。無補特伽羅。此説法句。非如其實。非

不如實。一切諸法不攝受故。同於涅槃。無有執著。斷於執著。遠離執著。無邊莊嚴。此是諸菩薩演説陀羅尼差別善巧。如内外法。於一切法應當了知。如是説時。彼諸菩薩捨離内句亦不取外。及能觀察無有始終。乘生死輪墮在世間。入無明室。處無明觳。周遍流轉。彼雖如是生死輪轉。於中亦無生死可得。亦無真實生死之輪。雖復隨順生死輪轉。墮在世間於中可得。然諸衆生不能了知此諸法故。於生死中游行馳走。周遍馳走。又不能了虚妄顛倒。於非衆生起衆生想。若衆生想所繫縛者。彼於諸法不能了知。隨入破壞極破壞法。爲虚妄②執之所執著。

佛告無邊莊嚴。若諸菩薩於此法中能解了者。速疾獲得智慧光

明。隨證法門。辯才清浄。修習忍辱。而能精勤起大慈悲。志無懈倦。善能安住秘密言詞演説方便。亦能了知一切諸法异名差别最勝語言。隨所憶念往昔住③處能善贊説。無少相違。令諸衆生住無諍論。能壞一切外道諸論。爲破衆生諸黑暗故。宣説法時。而爲十方無量世界諸佛如來之所稱嘆。放法光明。作不思議法之施主。善能開示諸佛法藏。無有迷惑。及能攝取殊勝大願。如其所願皆令滿足。得不思議方便善巧。令諸衆生意樂開發。及能示現前後際因。亦能示現去來方便。無邊莊嚴。是中菩薩於能發起三摩地門應勤修習。既修習已。而能證入陀羅尼門。於陀羅尼門得自在已。於諸秘密廣大异名而能演説。及能入於异名之智。能隨順入

甚深理趣。善能了知言說示現。令無少處而生疑惑。不由他教住於忍地。無邊莊嚴。若諸菩薩能善發起勇猛精進。爲欲哀愍諸衆生故。求諸法智證入通達。無有餘乘而不成就。得佛大智。超過一切世間之智。究竟清净一切智智。未足爲難。無邊莊嚴。於此演說陀羅尼門甚深方便法品之中所有諸法。爲欲攝取諸菩薩故開示發起。我今當說。令諸菩薩普遍開悟。善能攝取秘密言教。凡有所作皆能了知一切語言音聲之義。復能證入差別覺慧善巧之智。何者是彼所有之法。無邊莊嚴。是諸菩薩具净尸羅。安住實諦加持之力。則能增長布施方便。求無我所無攝受法。修習方便。證一切法真實理趣。得不退法及善安住不退轉地。速疾具足無礙

辯才。智慧增廣猶如大海。無邊莊嚴。當於後時。無有餘人頗能恭敬受持此法。唯除菩薩希求甚深如實法者。爲欲開示如來法藏希求樂欲增上心者。調善意樂正思惟者。彼等於此甚深法中。精勤修學入此理趣。則能了知异名演説。亦能了知一切諸法自性本性。無邊莊嚴。假使如來以種種名演説諸法。然於諸法本性自性亦不相違。如來開示諸法本性不相違法。説一切法無所造作。凡所演説。無有所説及能説者。

無邊莊嚴。如來已得演説善巧勝波羅蜜。如來亦無少法可得。亦無隨得。亦不遍得。如來不爲少法安住故。不捨離故。不爲生故而能説法。亦不爲得少分法故。亦非不得故。如來行無所得。如來不

行亦非不行。亦不應説諸佛如來行如實行。何以故。無有少法説名如來。此是如來住如是住。行如是行。若彼如來以名字故名如來者。如來與名非异非不异。非异非不异故。不應説言如來若來若去。如來非戲論者。超過戲論亦無超過。如來無有超過。超過亦無如來。如是如來與如來性。非即非離。不虚妄性。不變异性。亦復如是。如是稱揚如來體性。無有少法開示演説。亦無示現。如來證得一切諸法如實本性。然一切法所有本性不可宣説。一切諸法無所有故。如是如來説一切法。無有所作亦無變异。不生不滅不出不離。一切諸法究竟清净故。非得非遍得。於一切法無有所得。無所得故無有可證。如是無有少法可得。若法可得。於諸法中應

有受者。既無受者。是故當知一切諸法由不生故無有得者。如來名號亦由聖教假名施設。如是言説性清净故。聖者於中不得少法。然於聖者亦無有法及與非法。亦無有法名爲聖者及非聖者。無有少法與彼相應或當相應。於此如來所有演説皆應了知。亦復不應隨俗而轉。如來能説法及非法。亦不建立有法非法。如來能説善不善法。亦不建立有善不善。如來能説一切諸法。亦不建立有一切法。如來能説法無表示。亦不建立有無表示。無邊莊嚴。如來所説此甚深法。無净業者不能了知。若有樂求無上菩提。於生死中求解脱者。應當覺了諸佛如來所演説法。無邊莊嚴。若諸菩薩於此法中能解了者。應無猶豫。不取不捨。亦不見有少法生

滅。無有戲論。非無戲論。則能演説此真實法。於此演説真實法中。亦不執著。無邊莊嚴。譬如須彌山王。與諸福德善根衆生所用宮殿作依止處。衆生於彼而受歡樂。如是如是。作善根者諸菩薩等。於此法寶積集教中而能聽受。由此法寶。菩薩能得一切智智。無邊莊嚴。此契經法。能隨順入無上法智。爲欲開示如來法藏陀羅尼故。如是流布此陀羅尼。能攝一切所有廣大真實之法。諸佛如來所説之法。皆悉從此無邊陀羅尼門之所流出。此陀羅尼爲欲清浄一切法門。是故如來開示演説。此陀羅尼能攝一切契經等法。不成不壞。無初中後。此陀羅尼如來護念。遍於十方諸佛世界。能作無量無邊佛事。

無邊莊嚴。於此最初陀羅尼品。説義品。理趣品中。而能攝受一切諸法。無邊莊嚴。彼中諸菩薩等。欲隨覺了此教法者。欲流注法令不斷者。欲入諸法無住印者。欲隨覺了無有障礙秘密門者。欲隨發起趣向加行大精進者。欲隨覺了諸法性相説此法者。應當受持諸佛如來所演言教。既受持已。隨應了知一切所有秘密言詞。欲隨趣入總相演説文字智者。欲隨覺了演説諸法差别理趣者。欲隨憶念一切諸法簡擇智者。爲欲利益安樂一切諸衆生故。施設勝義。善隨機根授與衆生。令得利益。若稱揚法。若流傳法。若演説法。以資糧心哀愍利益。求佛之智。不於少法而生執著。由不執著無有所取。亦不觀察無二法智。亦不示現内智外智。不於少法

而生厭足。亦不應以下劣精進希求上智。勤修一切甚深之法。所有難問隨義而説。應住自利及以利他。應善觀察自他之想。入一切法皆悉無我。我清净已。隨入一切諸法清净。愛樂開示演説言教。若問不問乃至少法不生慳吝。菩薩應作如是四無量心。我爲利益諸衆生故。隨與勝施最上之施。所謂無上法寶之藏。我今當令一切衆生與不可説法寶相應。假令衆生作諸重惡。終不於彼生慳法心。離諸慳惜。能爲捨施。爲法施主。我今當作如來之事一切智事。令諸衆生捨離重擔。於大瀑流。當以法船運度群品。能令衆生得於一切安樂資具。菩薩當以如是悲心發生覺慧。速疾證於殊勝之法。於此契經陀羅尼門。演説諸法差别總持。當得成就

捨離生死。不爲他論之所攝受。能破一切外道諸論。降伏魔軍。爲欲滅壞諍論法故應如是住。

無邊莊嚴。此陀羅尼門一切如來之所攝受。善作憶念。譬如後身菩薩住於三十三天。夜摩天。兜率陀天。樂變化天。他化自在天中。兜率陀宮一切諸天承事供養。一切衆生咸生愛樂。成熟善根。攝諸勝福。餘有一生。施戒福蘊具足清净。成就一切殊勝智蘊。於此三千大千世界一切衆生所不能及。而能映蔽一切有情所有善根。亦爲一切諸有情等恭敬贊嘆。現前獲得一切智智。若彼菩薩從兜率宫下閻浮時。即於中國無怖畏地最勝妙處。在大城内一切衆生衆會之中。降生出現。爲諸衆生瞻仰禮拜。供養恭敬。此陀

羅尼契經之門亦復如是。入於一切諸法之中而得安住。一切諸法皆從此生。亦從此滅。菩薩於此得安住已。成熟增長。於一切法而得安住。一切法中而得自在。爲其主故。菩薩最後受身生於人中。以無觀視一切法印三摩地力。普遍觀察一切有情。及遍觀察一切三千大千世界。由得法陀羅尼醍醐之味。以廣大心善住廣大智慧境界。終不貪愛一切欲樂玩好資具。亦不希求一切染法端嚴相續。由住彼空三摩地覺。能善觀察一切諸法。隨得無相方便善巧。而於一切無所執著。能善了知一切三界有爲之法。無非過患。安可貪著。應求出離。速得寂靜極寂靜界。及勝解脱勝出離界。然於彼識不住不著。觀察生滅積集散壞。於諸有情起大慈悲。

爲成熟故生出離覺。以覺理趣隨宜方便。能隨順入最勝智慧。隨念一切有情。善巧方便而得自在。隨得諸法無有障礙陀羅尼善巧理趣。以善巧智簡擇觀察一切有情。及善觀察不思議法決定理趣。雖復少年端嚴美麗。於諸欲境曾不愛樂。捨離所有一切資財珍玩衆具親戚眷屬。思惟觀察。以厭離心希求寂静。從家出已趣於非家。既出家已。而能成就不思議覺甚深方便。隨所作業積集資糧。趣向無上菩提道場。隨願莊嚴。獲得無上陀羅尼印甚深方便最勝尊頂。由是清浄陀羅尼門善巧理趣。得一切法自然之智。及無障礙一切智智遍持善巧。彼既得於一切智智陀羅尼門。隨得決定一切智智善清浄已。安住無上一切智智加持之力。能

轉無上清净法輪。亦能隨得一切法智巧妙言詞諸法。譬如盛日光明照曜。如是法聲光明遍示一切天人之類。無邊莊嚴。菩薩住於一切智智陀羅尼已。得阿耨多羅三藐三菩提。彼陀羅尼門句義差別。諸餘菩薩所不能知。若一生補處菩薩坐於道場。以清净覺無師自悟。此陀羅尼而得現前。亦猶菩薩爲菩提故。無量劫中積集善根。於其長夜久修梵行得深法忍。哀愍一切諸衆生故。大慈悲心方得現前。無邊莊嚴。菩薩由是陀羅尼故。坐於道場。當證阿耨多羅三藐三菩提。我今於汝不可示說。汝得菩薩智慧現前。能證彼法。當於爾時。諸菩薩等自應解了。爾時菩薩得無邊門。無量門。因門。無譬喻門。悉皆現前。而得④門者不可

宣說。超過世間。不共一切天。人。魔。梵。及諸沙門。婆羅門等。逮得最上清浄之法。一切智智及自然智。菩薩由是能入清浄自然之智。能轉無上清浄法輪。漸次爲於無量衆生。攝取無上一切智智。於諸法門及涅槃門得清浄故。開示演説無量種種善巧理趣。而能發生持蘊善巧。亦能示現持蘊清浄善巧之智。界處緣起亦復如是。又令衆生發生趣入聖諦法門。亦能示現聖諦清浄善巧之智。又能發生三十七品菩提分法差別善巧。亦能示現菩提分法清浄之智。而能發起持奢摩他毗鉢舍那善巧之智。亦能示現持奢摩他。毗鉢舍那清浄善巧。又能發起持三摩地三摩鉢底善巧之智。亦能示現禪三摩地三摩鉢底清浄善巧。又能發起持無迷惑

功不唐捐善巧之智。亦能示現持無迷惑功不唐捐清净智慧。又能發起持厭離盡無生之智。亦能示現持厭離盡無生清净善巧之智。又能發起持明解脱善巧之智。亦能示現持明解脱清净善巧。而能演説大涅槃門。亦能住持一切句義。捨離清净善巧方便。於有爲無爲。有漏無漏。世出世法。以無量名表示宣説。法門清净故。爲諸衆生開示無上决定之法。及持清净微妙智因。無邊莊嚴。如來説此大陀羅尼遍持方便。爲一切智陀羅尼善巧之力。得安住故。隨諸衆生一切本願示如是行。令入隨覺理趣差别。善能開示陀羅尼威力無上法藏。而能流注降灑法雨。潤洽一切枯槁有情。施以妙法咸令滿足。汝等應當隨如來學。於此甚深决定之法。

不應違逆。汝等於此一切智智大陀羅尼。不久當得遍持自在住陀羅尼。爲諸衆生。當作如是無量義利。如我今者。汝等當以無量异名開示演説此陀羅尼决定諸法甚深智慧。

無邊莊嚴。此中應當希求勝解。不應捨離菩提資糧。云何應當希求勝解。謂諸菩薩應當解了一切諸法不生不滅。不動不住。不來不去。自性空寂。於彼空性亦不執著。何况於相起執著想。彼空性中無有相想。若彼空中無有相者。能入如來説有爲空。無我我所。一切我。人。衆生。壽者。如是空性非染著非不染著。非污非不污。非迷惑非不迷惑。非愛非不愛。不住於空。亦不遍住。亦不建立。若空厭離。彼即寂滅無有分别。無遍分别。無勝分别。無普分别。無有功

用。乃至無有少法可取。自性清浄。彼即諸法本性自性。一切有爲本性皆空。乃至一切善不善法。有爲無爲。世出世間亦復如是。菩薩攝受如是勝解。得入解脱解脱智見。及能攝受普浄無垢解脱之處菩提資糧。云何名爲菩提資糧。謂戒清浄。智慧清浄。三昧清浄。解脱清浄。解脱智見清浄。施波羅蜜清浄。戒波羅蜜清浄。忍波羅蜜清浄。精進波羅蜜清浄。禪波羅蜜清浄。慧波羅蜜清浄。若彼清浄即普清浄。若普清浄即無垢法門。性浄之心。光明照耀無有煩惱。彼心常住本性空寂。亦無照曜。客隨煩惱三種染污。彼皆不實。空無所有。如是心性。不與煩惱清浄相應。何以故。是心無二亦無二⑤分。本性清浄。若能如是了知心性。非煩惱染之所染污。非内

非外。不在中間。皆不可得。唯除妄想因緣和合。雖有心生亦不可見。十方推求了不可得。亦無有心能見於心。如是攀緣非心和合。心亦不與攀緣和合。亦非因緣與心相應。心亦不與因緣相應。唯由心故。彼一切法與心相應。凡所有法與心相應。非互相知。亦不可見。何況諸法非心相應。以第一義思惟觀察。無有少物可相應者及不相應。何以故。無有少法與少法相應及不相應。一切諸法自性寂靜。自性亦不與少物相應及不相應。一切諸法所有自性即是本性。若是本性彼⑥無自性。汝今當知。若以言説得一切法本性自性。無有是處。於諸法中無有少法名爲諸法本性自性。一切諸法本性皆空。一切諸法自性無性。若空無性。彼則一相。所謂無

相。以無相故彼得清淨。若空無性。彼即不可以相表示。⑦如空無性不可以相表示。乃至一切諸法亦復如是。是空無性。非染非淨。然是一切諸法本性。若是一切諸法本性。非由染淨之所建立。無住無起。無邊莊嚴。汝今當觀一切諸法。無住無起。無所建立。本性清淨。云何衆生於中迷惑。此由世間乘虛妄輪。爲虛妄輪之所迷惑。所言乘者。亦無有乘亦非無乘。而此世間乘虛空輪。爲虛空輪之所繫縛。然虛空輪亦無所有。此諸衆生爲大愚癡之所迷惑。而於其中無有愚癡亦無迷惑。

無邊莊嚴。汝觀衆生以愚癡故。於此法中不能了知。住於諍論。無邊莊嚴。住諍論者即爲非住。然諸世間以迷惑故。不能了知彼即

清浄。若不住者即名爲住。是則不住清浄善根。無邊莊嚴。如是如來秘密法門難解難入。唯除汝等能於長夜修行善法而得了知。無邊莊嚴。如來嘗説住諍論者則爲非住。云何爲住。所謂不善。然不善者是無所有。若有於此無所有中。不能了知住與不住無有別异。是則名爲住於諍論。若復有住清浄善根則不名住。若不住者無有過失。無過失故則能了知。如是法門若不清浄。無有是處。若諸衆生無有智慧。爲大煩惱之所覆蔽。無智慧故。假使少有明了順説。尚不能解。何况秘密非隨順説。若不住者是則清浄。云何不住。謂不住善法及出離界。何以故。無出離界及界施設。於涅槃界若不住者。名得涅槃。此涅槃名但假施設。如是涅槃無有所得。

亦復無有得涅槃者。若有得者。則應滅後更有如來。若無得者。則應滅後無有如來。若滅度後。言有如來及無如來。俱不可說。此不可說亦是如來假施設句。有諸衆生於甚深法不勤修行而生疑惑。若有説言如來有色。滅度之後應有如來。若有説言如來無色。滅度之後應無如來。乃至滅後非有如來非無如來。亦復如是。若法不生不滅。彼法滅後不應説有説無。如是如來不生不滅。彼亦滅後不應説有説無。乃至邊無邊等。如來説彼俱不可説。若説有邊則無有中。若説有中則無有邊。所言中者非有非無。若復於中實有實無。是則便與緣起相違。若復有法非從緣起及非緣起。彼法不滅。若有若無俱不相違。所有一切從緣起法。及緣起法。此無

中邊。非有非無。若非有無云何可說。無邊莊嚴。如來以大方便安住彼中。爲諸衆生破無明鷇。開示演說不違緣起。一切諸法皆入緣起。若入緣起。是則無有中邊之說。若離言說。乃至無有少法可得。無邊莊嚴。汝今當觀無所有法。無有邊法說名中道。以於方便說有覺慧能持諸法。然持法者亦不可得。不可得故無有言說。無邊莊嚴。汝等智者應如是知。一切諸法真實之相。不來不去。無分無斷。不一性不异性。到一切法第一彼岸。無有少法不到彼岸。到彼岸者即是涅槃。一切諸法悉涅槃相。是故當知不可宣說。唯除世俗說爲中道。如是中道。彼即趣向大涅槃路。亦無涅槃是彼所趣。若有涅槃是彼所趣。而於諸法應有去來。一切諸法性皆平

等。是故涅槃名無所趣。無邊莊嚴。此名中道。然此中道即非中道。何以故。無增無減故。無邊無取故。法若無邊。云何有邊。謂無處所是無邊法。凡夫衆生於無處所執爲邊處。見邊處故不得解脱。以於真實無處所故。無邊莊嚴。汝觀如來以善方便決定覺慧。乃能演説如是中道。無邊莊嚴。諸佛如來於一切法無有疑惑。無忘失念。諸佛世尊心常在定。得三摩地無礙自在。常善觀察。安住最勝三摩呬多。而説語言。無量知見不住非處。説清浄法。説究竟法。説寂静法。如來所説無有遺餘。無邊莊嚴。如有寶珠名種種色。在大海中。雖有無量衆多駃⑧流入於大海。以珠火力令水銷滅而不盈溢。如是如來應正等覺證菩提已。由智火力能令衆生煩惱銷滅。

亦復如是。無邊莊嚴。若復有人於日日中稱説如來名號功德。是諸衆生能離黑暗。漸次當得燒諸煩惱。如是稱念南無佛者。語業不空。如是語業名執大炬。⑨能燒煩惱。若復有人得聞如來及佛名號。離諸黑暗。與彼衆生爲涅槃因。無邊莊嚴。我爲信於如來。衆生及諸衆生煩惱滅故。降澍法雨。無邊莊嚴。如來所説是法真實。以真實故。無有少法開示演説。而於是法無實無虚。無邊莊嚴。如來是實語者。住真實法。能演説此陀羅尼門。無邊莊嚴。此真實法誰當能了。唯除菩薩如實見者。具足見者。作善業者。於甚深法餘無能了。無邊莊嚴。於此義中應當隨順。自於此法繫念現前。不信樂餘。從他生智。爲欲利益安樂衆生。於此法中應生隨順。若於此中

生隨順忍。是則不住不隨順中。無邊莊嚴。無聞衆生無隨順忍。於此法教不能了知。或復有餘异見所行。乘异路者。趣惡道者。不作善者。親近諸餘行异行者。彼等不能入此法門。

無邊莊嚴。汝今當觀。若有説此無障礙藏法光明時。所有一切無聞衆生。未善調伏凡夫心故。無有威儀。由此遠離如是法教。若有衆生能修習身。於此法中。假使無有能隨順忍。尚不遠離。何況有能生無漏忍。無有執著。於此衆會能轉無障無礙法輪。何以故。此等皆住無障礙地。無邊莊嚴。我爲成就善根衆生。及爲如來加持衆生。於無礙法見清净故。亦欲利益哀愍一切故。演説此陀羅尼門。無邊莊嚴。若有於此法門能悟入者。應知彼已住菩薩地。能速

疾證無生法忍。不久當得授菩提記。無邊莊嚴。汝等於此甚深法門應生勝解。無邊莊嚴。汝今當知如是法門。無執著者。無得忍者。以之爲地。若有供養往昔諸佛。能於長夜勤心修習。善身威儀。善護語業。善調伏心。平等智慧隨憶念者。心無所住。於此法中善受持者。不顧身命。彼人則能流傳此經。當於後時。若有衆生於此法中爲聽聞故。勤修習者。尚難可得。何況有能書寫受持讀誦通利。開示流布。爲他廣説。是人不久獲得清凈陀羅尼門。速疾逮得清凈智慧。當能入於一切智智。無邊莊嚴。汝觀如來爲諸菩薩得一切智智故。開示演説如是法藏。然於其中無有少法而不演説。如是所説。無説而説。能生清凈及能開示清凈法門。一切諸法等虚

空相。云何爲等。以一切法與虚空等。而是虚空非等不等。一切諸法亦復如是。如空無邊。諸法亦爾。一切諸法邊不可得。不可得故無有邊際。無邊際故説爲無邊。若能於中如是住者。是即名爲住如來法。住如來法則無所説。若無所説。於一切法以假名相隨應了知。不應於中而起執著。若不執著即不墮邊。若不墮邊則不墮中。若墮於邊則墮於中。是故應當離於中邊。若離中邊即離一切。若離一切則無所説。由此獲得清净智慧。於一切法無所取著。無有所取及能取者。何以故。諸法無我。我無所得故。我性自性無所有故。如是如是。無邊莊嚴。如佛所説諸行無常。如是演説無變异義。不相應義。如佛所説諸有苦義。如是演説涅槃義。厭離義。如佛

所説涅槃寂靜。如是演説一切有爲皆捨離義。或無常故。或諸苦故。或無我故。或涅槃故。如是等門。此是如來之所演説。此亦開示一切諸法本性自性。無邊莊嚴。如來以種種名。以種種門。種種語言演説諸法。如來亦不异於諸法本性施設。非一性。非异性。一切諸法非一非异。不可見故。速疾證入虚空自性。趣一切法無所有相。無邊莊嚴。此陀羅尼門。爲諸菩薩本性清净自性調伏。是故發起。言調伏者。爲欲調伏貪瞋痴故。調無明故。及令趣入如是平等。以貪瞋痴能調伏者亦不可得。若不可得即是調伏。無邊莊嚴。或貪瞋痴。如理推求亦不可得。以貪瞋痴空無所有虚妄不實。誑惑愚夫無所安住。彼亦如是。無有住處亦不可得。是貪瞋痴。從於彼

生即於彼滅。本性空寂。應如是知。云何應知。如其不生。彼則不實。亦不顛倒。是貪瞋痴皆以無明黑暗爲首。從彼所生。由彼所生。一切皆悉虛妄不實。是貪瞋痴本性清凈。如是見者。能生清凈不思議門。及能獲得陀羅尼門。若有能於如是法中思惟觀察。是名獲得陀羅尼業及智慧業。是名平等了知之智。是名清凈菩提資糧。是名精進不放逸地。是名調伏憍慢⑩放逸地。是名不壞戒見威儀。是名清凈身語意業。是名隨順無我智相。是名能斷能滅離想。是名出生無量無邊善巧方便。無邊莊嚴。汝今當觀。於此信解出離法中。開示演説一切諸法本性自相。及能開示此諸法門。説一切法等虛空性。能説法者亦不

可說。所爲説者亦不可得。無邊莊嚴。我今説此諸菩薩等悟入句門。若諸菩薩於此學已。能得甚深如海智慧。一切他論無能摧伏。隨得一切智所趣行。善説法要不由他教。得不思議平等智慧。由智慧故無有所著。能演説此無名無相一切法門。能得鄰近諸佛如來一切智智及自然智所有名號。逮得一切名相清净。隨證速疾普遍音聲。得悦意聲。得殊妙聲。得清净聲。爲諸衆生信受語言。親近咨問。以决定慧能善巧答。所謂時語。如理語。利益語。柔軟語。義决定語。以一義説。能令衆生了知多義。無邊莊嚴。汝今當觀。諸菩薩等於此修行。而能覺了諸佛菩提。能得如是無量功德。斷諸愛恚憂惱愚痴。能辨所作。得差别智。於一切處已善修學。獲具足

忍不退失法。意樂清凈住於大願。於諸衆生善言問訊。無邊莊嚴。若諸菩薩於此法中。已不勤修。今不勤修。當不勤修。於諸如來殊勝功德無有少分。無邊莊嚴。若有菩薩於此法中。能勤修習。志求一切。如其所願。如其所行。如所發趣。如所意樂。當滿足者。少極少難。得極難得。若有於此甚深法中。能住能忍觀察簡擇者。當得證於無盡神通大神通智。超過一切世間智。自然智。無邊智。無量智。無邊莊嚴。此出離法陀羅尼門。若有於此勤修學者。當得近於菩提道場。爲諸衆生安住發起大慈大悲。作諸佛事。

大寶積經卷第五

校注

①『無邊莊嚴會第二之二』，底本作『第二無邊莊嚴會』，依龍藏、思溪藏改。

②『妄』，底本作『空』，依龍藏、思溪藏、和裕本改。

③『住』，龍藏作『依』。

④『得』，龍藏、思溪藏作『彼』。

⑤『二』，底本污殘，依龍藏、思溪藏補。

⑥『彼』，思溪藏作『故』。

⑦『表示』，底本污殘，依龍藏、思溪藏補。

⑧『駃』，龍藏、思溪藏、和裕本作『駛』。

⑨『大』，龍藏、思溪藏、和裕本作『火』。

⑩『慢』，底本無，依龍藏、思溪藏補。

大寶積經卷第六

大唐三藏菩提流志奉　詔譯

無邊莊嚴會第二之三①·出離陀羅尼品第二

爾時無邊莊嚴菩薩摩訶薩白佛言。世尊。云何名爲出離諸法陀羅尼門。佛言。無邊莊嚴。此是出離一切文字印法。一切諸法悉入其中。云何名入。以平等故。一切諸法皆入平等。亦不見法入於平等。不可了知。不可得故。於一切法自性如實不分別時。一切諸法悉入其中。離於無作及有作故。由諸文字及以語業演説諸法。如是二種不如實故。性平等故。所有文字及以語業皆悉平等。於諸法中所有言説皆非如實。此是諸法如實句義。所有文字及以語

業。此二皆無。以無有故。無有真實開示演說。所言文字及以語業無真實者。即是諸法無差別句。無增勝句。無建立句。此甚深法不可宣說。一切諸法皆非真實非不真實。何以故。諸法本性。非以文字語業宣説可見可得。一切諸法皆無本性。如是諸法。非作非不作。非等非不等。非寂靜非不寂靜。然於諸法。亦住寂靜及不寂靜。所言住者。亦無所住。亦不變异。亦復不住不變异法。何以故。法無住故。不入算數。非由算數建立言教。而能令法入於算數。一切文字語業演説皆不可得。不住於處及一切處。如是文字及以語業。無所從來。去無所至。不住中邊。一切文字及於語業。業非業故。非功用故。以於一切文字語業自性空故。文字語業亦復皆空。亦以

文字語業他性空故。他性亦空。乃至自他性空故。自他性亦空。自他空故。彼則寂静。若寂静者。彼則寂滅。若寂滅者。彼一切法即寂滅門。由彼彼門得説法名。若説文字。若説語業。彼一切門亦不可得。門清淨故。無所有故。由彼彼門演説諸法。而於此門究竟清淨。能平等入於一切法。如是厭離。云何厭離。謂貪本性。貪本性者。彼則清淨。若清淨者。彼則究竟。若究竟者。云何有貪。云何有説。無邊莊嚴。如是略説。無有分別。無有戲論。法門清淨陀羅尼門。入是門故。能破無明黑暗重障。能隨憶念明法種性。於一切法。得入光明清淨法眼陀羅尼門。及能證得文字差別演説法門。由是門故。便得入於一切智智。及得近於諸佛如來。於諸法中得爲勇健。能破

外道降伏魔軍。令諸衆生增長善根。入於如來秘密之法。隨得法門陀羅尼門。由是法門。於十力中獲大法光。速疾成就如來之力。無邊莊嚴。諸佛如來以十力爲力。爲無上力。超過一切世間之力。能於衆中作師子吼。何等名爲如來十力。無邊莊嚴。如來於此。以無上上一切智智。於處非處。以處非處如實了知。此是如來第一之力。由此力故處大仙位。爲諸衆生演説正法。及能爲轉無上法輪。唯除如來。天人世間先無有能如法轉者。復次。如來以無分別一切智智。如實了知過去未來現在諸業。業攝取因善與不善無量行相。無著無礙。此是如來第二之力。復次。如來以無分別一切智智無著無礙。能善了知一切有情無量諸行。此是如來第三之

力。復次。如來以無上上一切智智。如實了知種種勝解。無量勝解。各各勝解。所有分别及妄分别。此是如來第四之力。復次。如來能如實知無量界。種種界。無量緣。種種緣。世間住處。此是如來第五之力。復次。如來能如實知若因若緣。知見趣道。此是如來第六之力。復次。如來以於天眼無礙智見。及以無上一切智智。如實了知諸有情等生死之智。此是如來第七之力。復次。如來能如實知静慮。解脱。等持。等至。離染。清浄。能出入智。此是如來第八之力。復次。如來宿住憶念作證明智。如實了知。此是如來第九之力。復次。如來漏盡智。證明智。如實了知。此是如來第十之力。無邊莊嚴。如是無量無上一切智力。以是智力悉成就故。爲諸菩薩及諸衆生。於

諸佛智得攝受故。於諸法智證清净故。開示演此無邊法藏。佛復告無邊莊嚴菩薩摩訶薩言。善男子。汝今當觀如來所說。如是甚深。如是難了。一切智智力清净故。所有諸法。説名如來及如來力。然於彼法亦不可見。亦不可說。無邊莊嚴。所言力者。此是如來不可摧伏無上法門。於彼安住。開示演説此法理趣。由斯理趣建立力故。能演説此一切諸法無建立性。以之爲力。如是諸力無生起性。無有自性。離②於自性。如是如來十力圓滿。而能開示無量無邊甚深之義。無邊莊嚴。此是諸佛無上法門。住斯門已。便能演説如來十力。及能説此力清净門。普清净門。無邊莊嚴。我當復爲諸菩薩等。能於法門得清净故説陀羅尼。汝應聽受。陀羅尼曰。

怛姪(地也反)③他鉢囉(二合)牟折寧(一)你牟折寧(二)牟折寧(三)毗鉢囉(二合)悶折你(四)

阿折黎(五)阿毗耶(二合引)咤你(六)鉢囉(二合)婆怒揭帝(七)帝誓(八)摩訶帝誓(九)阿

鉢囉(二合)底耶(二合)末囉尼(十)阿那(引)靺囉尼(十一)阿(引)靺囉拏毗戍達你(十二)你馱

那鉢囉(二合)吠設你(十三)突囉阿你乞屣④鉢你(十四)靺虞(十五)靺虞薩嚩黎(十六)薩嚩

囉尾戍憚你(十七)母達囉(二合十八)母達囉(二合)尾戍憚你(十九)薩鉢喇縛嚟(二十)三漫

多鉢嚟嚩嚟(二十一)阿揭囉(引二合)弩麼底(二十二)遏他(二合)娑憚你(二十三)僧羯羅(二合)尼

麼掣憚你(二十四)戍嚟(二十五)戍囉寐喇曳(二合二十六)阿(引)褐囉(二合)尼(二十七)烏波那末底

(二十八)你那嚟(二合)設你(二十九)三曼多波嚟普里也(二合)揭帝(三十)馱羅(引)弩揭帝(三十一)

阿你迷設你(三十二)阿傘你迷設你(三十三)陁(引)囉尼揭帝(三十四)你馱那鉢喇戍

憚你(三十五)阿弩達囉毗婆臬你(三十六)跛瞰囇(二合三十七)跛達囉(二合)筏帝(三十八)莫异

三十九莫企筏底四十珊馱引囉尼四十一烏筏馱引唎尼四十二阿難多鉢囉二合皤吠四十三鉢囉二合步引多鉢唎嚩嚟四十四設你四十五鉢唎二合些設你四十六摩訶嚩迦引世四十七阿迦引捨娑牟薩囉尼四十八弭底彌囉迦囉尼四十九薩婆若鉢他上毗輸達你五十涅槃那鉢他上珊那唎設你五十一莎訶五十二

無邊莊嚴。此是陀羅尼印法教法門。一切諸法悉入其中。若諸菩薩於此法中如說修行。具勝辯才。差別智慧。能善了知最勝出離陀羅尼句。云何名爲勝出離句。陀羅尼曰。

娑上揭囉阿上鉢演多一蘇迷上嚧囉怛那娑揭囉珊你折耶二阿毗怛你三阿三毗怛你四阿卑鞞嚟五拔折囉二合珊你六涅陛設你七阿乞芻二合毗你八阿僧乞芻二合毗你九阿乞沙二合耶十阿避夜已二合十一乞沙二合耶阿鉢

演帝十二阿乞師二合去那乞沙演多薩姪里二合世平⑤十三阿鉢喇乞沙二合曳十四阿毗乞疏二合避你十五阿毗揭嚟十六阿毗揭羅若那揭囉尼十七莎訶十八

無邊莊嚴。此勝出離陀羅尼句。若有菩薩於此法中精勤修習。則能增長智慧如海。能以大慈慰喻衆生言。我授汝廣大法藥。破滅汝等無明黑暗。拔除汝等無始無終生死煩惱憂苦毒箭。亦令汝等愛縛當解。超度一切生死瀑流。作大法光。使諸衆生善根生長。能得究竟永拔濟故。如是善人爲善導首。能令入於一切智智。亦復不令有一衆生從此無上大智退失。能以大慈普遍一切。令諸衆生於未聽受與義相應。寂滅厭離。無生智門。得無礙辯。無邊莊嚴。若諸菩薩欲說法時。云何於此陀羅尼句繫念現前。令法不斷。

謂諸菩薩處師子座。以無礙辯思惟如來無量功德。由於方便廣大智慧。令善巧地極清淨故。若諸衆生於聽法所來雲集時。當於彼所發生大悲。於諸衆生起大慈心。以廣大智決定理趣。如實開示令不增减。知諸衆生意樂差別。以善分明决定語業及文字句廣爲宣說。由是說故。能令自身善根增長。以清淨法攝受衆生。如來能以無量譬喻。開示演說如是法聚陀羅尼門。汝等若能如是宣說無上正法。是則住於佛所作事。速疾圓滿四無所畏。無邊莊嚴。如是菩薩以大方便清淨智慧。善能修習起神通業。所有諸法即能攝取廣大智聚。此中何者起神通業。無邊莊嚴。若諸菩薩住神足中。以如虛空無所依想。善能分析大種積聚。如來成

就無礙智見。無邊智見。以智見力於一切法得善巧智。能善決定。無有少法而可了知。住無所得。住無等等。亦不與俱。住阿蘭若。住無執著。住清净智。無有少法不知不見。遠離黑暗。無有障礙。善住無量無邊智見。是故如來平等見覺一切諸法如幻如夢。及能開示無名⑥法想。是故我等應隨佛學。如來智慧無有障礙。能善了知一切衆生上中下根。令諸菩薩安住平等起神通業。由是成就神足現前。由是神足加持之力。於戒定慧及以解脱智見。净施法智善能安住。由此能得真實加持。攝受無量差别神變。於梵世間而得自在。處師子座。擊大法鼓。令諸衆會皆悉歡喜。及爲衆生作大利益。無邊莊嚴。譬如大鐵輪圍山王。以諸衆生業增上力。於此世

界圍繞而住。不令衆生嗅地獄香。聞地獄聲。見於地獄。如是菩薩於此法中善修學已。爲諸衆生除滅一切有障礙法。授與一切無障礙法。如是菩薩以金剛智攝受善巧。於此法教悟入甚深。住無所得甘露灌灑。云何名得甘露灌灑。謂煩惱魔。蘊魔。天魔所不能損。縱於死時雖有死魔。亦得自在不起死想。何以故。由彼正士住於空性無相無願。於一切法無所分別。不生不滅。不墮不起。不來不去不住。不染不净。亦不怯弱。無有障礙。無有所得。捨離憍慢其心謙下。内離迷惑善了於外。見聞覺知所不能攝。了知諸法皆悉平等。如實入於如來法中。以不虛妄無有變异安住真如。此即名爲諸菩薩等所入般若波羅蜜門。於此住已。則能成就無邊智慧。

由是慧力。能使入於不思議智及諸如來秘密言説。於一切法能善了知。隨覺無間等菩提故。隨覺無間不可思議。等於菩提不可思議。隨覺無間無所分別。等於菩提無所分別。了知無間及菩提法無所得故。彼亦不作無間差別。不作菩提平等之想。無間菩提不作不壞。不集不散。於此義中能作業者。於此所説寂静法門而不執著。亦不分别諸業果報。能善了知業果平等。以平等故不得業果。亦不分别。亦不執著。何以故。彼於煩惱及以業障。獲得輕安。遠離結因。於諸法門能得照曜。於此陀羅尼品能得光明。彼住如是清净門故。能於十方世界游化。具清净行無所住著。不爲世法之所染污。於諸世間天人之中。堪爲福田親近供養。

無邊莊嚴。我説供養住第八地諸善男子功德無量。何況菩薩於如是法而修行者。若於菩提及以衆生。衆生之法乃至世間之法。無有所得。亦不分別。及諸戲論。彼人則能了知此法。如説修行。能消世間廣大供養。應以如來供養而供養之。無邊莊嚴。若諸菩薩修學此法。於諸供養。一切所有皆悉具足。離諸怖畏。乃至能捨一切身命。彼於諸法無所攝受而能攝受廣大之法。處無畏座。作師子吼。降伏外道及外道法。摧滅波旬及魔軍衆。能除衆生一切覆障。當以法船渡諸衆生。當示衆生一切智道。當能安住一切衆生於隨順道。當能令彼一切衆生隨順聖諦。不相違逆。當爲衆生開示一切菩提分法。當以法施慰喻衆生。當令衆生能得法喜。無邊

莊嚴。若有於此陀羅尼門能忍信受。則與得受菩提記人等無有异。彼既聞法。當於己身而自授記。如來法王施設此法。開此法藏。而能安立此陀羅尼印。及能建立此諸法門。攝受我等。是我等父。哀愍我者。無邊莊嚴。若有菩薩以勝意樂能於我所起於父想。彼人當得入如來數。如我無异。無邊莊嚴。於此陀羅尼門法品之中。此是第二出離陀羅尼印演説法藏。

無邊莊嚴會第二之三・清净陀羅尼品第三之一

爾時世尊觀察四方。作如是類種種神通。以神通力。令此衆會諸菩薩等見於十方無量諸佛。及聞諸佛所説之法。爾時佛告無邊莊嚴。汝觀如來於一切法無有所作。無數離數及寂静數。能作如

是自在神通。如來之力。無畏如是。無邊莊嚴。如來之性。不一不异。非不一异。無所有故。非有非無。無有自性。非無自性。應如是知如來之性。乃至無有少法可得。如是見者。亦復無有少法可見。若不可見。則無所有。亦無所取。無邊莊嚴。如來之性。無少真實。少不真實。若少真實。少不真實。是則應言有如來性。無如來性。如來之性離有離無。亦不曾離。無邊莊嚴。一切諸法自性本性。猶如虛空。如是法門。諸佛如來未出世時所未曾説。無邊莊嚴。若諸菩薩於此法中如是解者。則能發生無量辯才。於諸法中能爲照曜。於佛無畏而作光明。無邊莊嚴。言無畏者。謂得如來最上無畏。能於少法不攝受故。不增長故。不可得故。不遍得故。不隨得故。如來出世。若

不出世。法不增減。不遍增減。諸法自性。本性常住。法界住性。法界定性。無邊莊嚴。一切諸法住法定性。如是無有。不可得故。一切諸法皆妄分別。不以業報而得成就。是故能入一切諸法無業報門。如是諸法無自性故。不如實故。諸業於果非生滅因。於滅趣道亦復非因。如來但以世俗施設。説一切法有因非因。因自在故。無有因故。此是如來無畏之地。如來具足無量辯才故。能得入大無畏地。無邊莊嚴。云何無畏。謂諸如來四無所畏。此四無畏。緣覺尚無。何況聲聞及餘世間。何等爲四。一者唱言。我是如來應正等覺。一切知者。一切見者。或有一切天人世間。立論於我。言我不能覺了諸法。無有是處。由此能得最上無畏。於衆會中正師子吼。我能演

說無上甚深廣大法教。二者唱言。我是一切諸漏盡者。或有一切天人世閒。立論於我。諸漏不盡。無有是處。由此能得住於安樂。我開示此無量俱胝劫所積集無上法藏。三者。我所宣說出離覺了。於彼修習正苦滅盡。或天世閒立論於我。若苦盡道不出離者。無有是處。我不見此相。我不見此相時得安樂住。爲諸衆生示現此法種性。於衆會中作師子吼。四者。我所宣說諸障礙法。於此或有天。人。魔。梵。沙門。婆羅門衆。立論於我。於彼習行無障礙者。無有是處。我不見此相時得增上安樂住。我於衆中正師子吼。我能轉此無上法輪。一切外道諸天世閒所不能轉。無邊莊嚴。此是如來四無所畏。此中菩薩勤修學時。速疾獲得無畏之地。於人天中最爲

殊勝。

無邊莊嚴。若諸菩薩由善修習虚空相故。則能發生不可思議遍清净門。由是門故。於一切法最初了知。見一切法等虚空相。無二無別。一切諸法亦復如是。然於虚空亦不分别。亦不戲論得義善巧。無少法界所從將來。亦不將去。亦不積集。乃能觀察一切諸法無有積集。不來不去。於一切法行無所行。燃大法炬。爲諸衆生作法照曜。無邊莊嚴。汝觀此法能爲菩薩幾許利益。幾許事業。謂佛十力。四無所畏。亦復無有少法可得。亦非不得。無邊莊嚴。一切諸法等虚空相。爲得義利。開示演説業所依事及彼業因。於中亦無義利可得。無邊莊嚴。此甚深法。一切世間之所難信。一切世間皆

是滅壞虚妄建立。由是於此法毗柰耶不能信受。亦非世間能知世間。皆悉非法。以執著故。言有世間及安住處。假使乃至法想執著。亦無有法而可執著。由於非法起執著故。則與如來及所説法共興諍論。又不能了一切諸法自性本性。復與無生法等相違。是故於此甚深法教不能解了。無邊莊嚴。我爲一切天人所信。如實語者。無諍論者。如來世尊息諍論故。捨離蘊故。開示演説如是法教。於中無蘊亦無蘊盡。無邊莊嚴。一切有者。所謂一切善不善法。於中都無善不善法。善不善法皆悉寂靜。善不善法各不相知。善不善法不相映蔽。以善不善執著因緣。是故如來説一切法皆悉無記。⑦以彼真實善不善法不可得故。若不可得。則無有記。何以故。

於中無因。無因可見。無邊莊嚴。汝今當觀一切諸法皆悉無記。若諸菩薩如是覺已。於一切法無記言説。亦不可得。如是法門。爲諸菩薩於不善法如實見故。得捨圓滿。於法不住。以無記門證入諸法。是無記門彼則非門。若非門者則不可得。若不可得彼則清净。此是諸菩薩所入陀羅尼清净法門。由是門故。得一切法光明照曜。於諸法中無有愚暗迷惑猶豫。及能獲得無礙法智慧眼清净。無邊莊嚴。於此法中應生願樂。云何願樂。謂於諸法無所取故。無有執著。究竟離捨。超過攝藏。無希求故。於善不善一切有爲及世間法不觀待故。此是無上不放逸地。離攀緣地。於諸法中無有所住。不來不去。無所建立。此則説名慧眼清净。究竟遠離。無所取故。

善能觀察。捨離一切自性本性。此名慧眼。言慧眼者。所謂盡滅厭離智性。如是智性。無生無作。本性寂靜。亦復不與寂靜相應。斷相應故。亦復非斷。亦非無斷。無缺無減。此則名爲清净慧眼無戲論道。由是慧眼得成就故。以大慈悲攝諸衆生。令其發心住緣衆生無盡妙行。及能覺了一切諸法無有我。人。衆生。壽者。彼若證得大菩提時。决定當能開示演説無上法藏。及能清净陀羅尼門。爲諸衆生種性教法不斷盡故。應置法印。

佛復告無邊莊嚴菩薩摩訶薩言。此陀羅尼清净法門。一切諸佛常所護念。攝受開演。住於十方三世諸佛。亦皆宣説如是法門。爲諸菩薩開示三世平等法性。由是能於三世諸法如實悟入此之

法門。成就菩薩清浄三世總持慧故。彼諸菩薩無有世想。於善不善了知無二。而能生長種種善根。身語意業悉皆清浄。能遍清浄無量法門。爲得清浄總持慧故。亦能開演無起作性清浄法教。復能開示一切諸法畢竟空寂猶如虚空。又能示現廣大慧光。而爲開示清浄智故。亦能開示一切諸法及與菩提如虚空性。而爲示現一切智智道清浄故。又能開示清浄道法即是菩提。隨其所願得圓滿故能正了知。演出實諦方便善巧。而能宣説無分別諦故。能善開示諸佛智慧。隨順覺了一切義故。無邊莊嚴。若諸菩薩於此法中善修學者。能速清浄菩提資糧。得住菩提。無有遠近。不與少法共相違背。亦不於此所説諸法而見遠近。不以法及非法隨

見菩提。通達菩提絶諸顯示。能以平等無顯示義了知菩提。及觀諸法寂静義時不分别菩提。亦不見寂静不寂静義。非寂静外見不寂静。無有少分能觀見想。於一切處能清净見。亦無少有可能清净。此是諸菩薩清净智門。由此門故。而能隨念諸佛如來無邊法藏陀羅尼門。能遍了知諸有情類自性本性。爲諸有情開示演説此諸法藏。能遍清净諸智慧業諸所願求。於阿耨多羅三藐三菩提現等覺已。增上意樂終不退轉。及能隨念善⑧清净願。於一⑨切法速得自在而能習行。諸佛如來大慈大悲。一切如來善巧法藏。皆現在前。及能示現無量無邊大法光明。身常安住諸佛智境。無邊莊嚴。此無量無邊法門。誰之增語。無邊莊嚴。無量無邊者。謂一

切法。地水火風虛空識界。皆無量故。欲界色界及無色界。諸有情界無有量故。然無少分諸有情界可得可[10]了知。有情無故。如是如是。此有情界不可得。不可了知。界無有故。是故諸法等涅槃界。趣入涅槃。一切諸法皆同趣入不可說處。於涅槃界無有少分而可說故。涅槃界中無有障礙。亦無蓋覆障礙。蓋覆永清淨故。是故涅槃界清淨最清淨。是涅槃界。界亦非界。遠離界故。無有界故。超過界故。然以似界方便顯說。所言界者。安住非界及非非界。於言說中亦無有界。但以語言顯說諸法。所有言說及能說者。皆不可得。不可了知。一切言說即非言說。如是一切言說。如虛空性。等入虛空。由是地界不能言說。無能說力。乃至空界不能言說。無能說力。

言識界者。由是但以語言顯説諸法。而彼識界。界亦非界。不入諸界。不與界相應非不相應。從虛空生。入於虛空。如是識界。不在内不在外不在中間。隨其空分之所攝受。趣入虛空。不可施設。不可睹見。若不可施設。彼無所作。除[11]緣相應説有識界。此是菩薩之所入門。一切諸法本性自性猶如虛空。以依法界開示演説。而亦無有諸法之界。界非界故。一切諸法猶如虛空。是故如來説一切法皆是虛空。量難得故。顯一切[12]法皆虛空性。諸法本性如虛空故。但以語言開示演説。無邊莊嚴。汝觀如來智所演説。爾所清浄。彼無法可生。亦無法授與。如是清浄法教。是諸菩薩不顛倒智。是故汝等。應當願樂不由他緣智。得無分別。不增分別。及能清浄。不可言

說理趣法門。由一切法智清淨故。

佛告無邊莊嚴。諸飛鳥類於何所行。無邊莊嚴白佛言。世尊。行於虛空。佛復問言。虛空復何所行。答言。世尊。如是虛空無有所行。佛言。如是如是。一切諸法猶如虛空。無有所行。行無所行。法不可得。是故諸法無有所行。亦復不行。諸法本性無有可行及無可說。而此法門爲諸菩薩得虛空智清淨故轉。此是無邊光明法門。普遍照耀無量無邊。猶如虛空。彼之光明普遍照耀。亦不可見。菩薩得是門已。能遍觀察十方世界。及能隨見一切世間。無邊莊嚴。此是菩薩智所知地。通達智地。而非一切他論者地。彼不能說故。此法理趣是不可說法印。語言顯示不可得故。是故一切諸法不印。亦

不增印。了知不印。修習善巧故。以虛空印印一切法。以無相印。能示現彼虛空無相。無有爲相。無語言相。以空無故說此虛空。所言虛空。彼無實體故說爲空。以真勝義。應知諸法無言彼岸。無邊莊嚴。我於此中當說陀羅尼印能清淨句。爲虛空句。智清淨故。如空無句。無句清淨。如是應當了無⑬諸句。其句云何。即說咒⑭曰。

毗筏嚟(一) 毗筏囉(引) 弩娑呬諦(二) 鉢囉(引二合) 弩你(三) 你珊那(上) 尾筏囉尼(上四) 阿毗夜(二合) 筏迦(引) 賒珊棕設你(五) 鉢囉(二合) 皤(去) 嚟(六) 鉢囉(二合) 皤(去) 囉弭輸達你(七) 涅毗羯鞞(八) 阿(引) 迦(去) 賒三摩筏娑⑮囉尼(上九) 你省⑯霓(十) 省(上) 伽(上) 波揭底(十一) 省(上去) 伽(去) 毗⑰牟⑱折你(十二) 阿(引) 娜(上) 馱你(十三) 阿(引) 馱(去) 曩毗揭帝(十四) 薑(去) 乞沙(二合) 掣(去) 那鉢喇羯麼(十五) 遏掣(去) 泥(十六) 阿弩鉢掣泥(十七) 阿三(去) 冥(十八)⑲ 地毗耶(二合十九)⑳ 若曩阿(引) 呵囉寧(二十) 鉢

囉(二合)攘斫芻毗輸馱你(二十一)設黎耶(二合引)播那耶你(二十二)地孕(二合)祇烏怛囉尼
(上)㉑(二十三)阿喻鷄(二十四)阿毗喻鷄(二十五)阿三鉢囉(二合)喻鷄(二十六)阿毗鉢囉(二合)喻鷄(二十七)阿
紇囉(二合)鉢馱涅賀嚟(二十八)涅提賖鉢馱毗輸達你(二十九)阿底多(引)那揭多鉢
囉(二合)底逾(二合)般那毗輸達你(三十)訖唎(二合)多鉢唎(二合)羯麼毗你諦(三十一)曩多(引)囉
他(二合)弩揭諦(三十二)阿僧羯囉(二合)冥(三十三)阿訖囉鉢馱毗輸達你(三十四)鉢馱鉢囉(二合)
陛馱攘那毗輸達你(三十五)涅皤斯(三十六)阿(去)皤(去)㉒婆㉓毗輸達你(三十七)三漫多棕
賖地賖毗耶(二合)㉔筏盧羯寧(三十八)弭囉(引)瘧(上)鉢馱涅訶嚟(三十九)鉢囉(二合)若弭㉕輸
地(四十)嗚(上)皤(去)娑阿鉢囉(二合)冥迦囉尼(四十一)阿矩羅波(二合)達摩棕唎設那弭輸
達你(四十二)步多(去)遏囉他(二合)珊棕唎設你(四十三)阿怒耄馱遏他(二合)弭輸誕你(四十四)
娑竭囉質多弩鉢囉吠世(四十五)謎嚧鉢唎僧薩他(二合引)寧(四十六)囉濕弭(二合)鉢

囉二合多鉢你四十七薩婆路迦引地鉢帝耶攘囊尾輸誕你四十八阿鉢囉二合底褐多四十九阿僧伽攘那椋唎二合設寧五十

佛言。無邊莊嚴。此諸陀羅尼印能清净句。演説虛空分段之句。無有分段遍無分段。無分段故於中無句。無句清净。由一切法句清净故。爲彼發趣住大乘者。希求甚深清净法者。由如來力所加持故。此諸咒句而得流布。無邊莊嚴。若善男子愛樂現證大菩提者。欲爲衆生作利益者。於此咒句雖未曾聞而能悟解。若有非人或净居天。持此咒句當授與彼。若有發趣阿耨多羅三藐三菩提者。諸天子等亦持此咒而授與之。即説咒曰。

烏波僧荷嚓一娑荷嚓二紇唎二合三室唎二合地唎二合底弭輸誕你四羯量曩遏

他二合涅弟閃鉢囉二合底皤底五質多末弩弭攘那弭輸誕你六阿引地耶二合怛麼二合麼呬遏馱鉢喇輸誕你七揭底臬蜜里二合底末底八阿引褐囉你岌多九岌多鉢底十薩嚟十一薩囉筏底十二

佛言。無邊莊嚴。有諸天神住雪山中。彼等天神若如來力之所加持。而能授與諸説法者法之光明。即説咒曰。

末底弭輸誕你一蘇育多寐喇曳二合二阿竭囉二合呬多鉢馱涅荷嚟三阿枳邏引臬你四阿弭邏臬你五欝他引曩三半寧六弭你多三麼引那鉢底七末底阿揭羅二合怒蘖諦八

大寶積經卷第六

校注

①『無邊莊嚴會第二之三』，底本作『第二無邊莊嚴會』，依龍藏、思溪藏改。
②『離』，龍藏作『應』。
③『地也反』，龍藏無。
④『屣』，龍藏、思溪藏作『縱』。
⑤『平』，龍藏無。
⑥『名』，龍藏、和裕本作『明』。
⑦『記』，思溪藏作『説』。
⑧『善』，龍藏、和裕本作『等』。
⑨『一』，底本污殘，依龍藏、思溪藏補。
⑩『可』，底本無，依龍藏、思溪藏、和裕本補。
⑪『除』，底本作『餘』，依龍藏、思溪藏、和裕本改。
⑫『一切』，思溪藏作『説諸』。
⑬『無』，思溪藏作『知』。
⑭『即説咒』，龍藏、思溪藏作『陀羅尼』。

⑮『娑』，龍藏、思溪藏作『婆』。
⑯『省』下，龍藏、思溪藏有小字『上』。
⑰『毗』下，龍藏有小字『去』。
⑱『牟』，龍藏無。
⑲『十八』下，龍藏、思溪藏有『阿娑麼娑迷』和小字『上十九』。
⑳『二合十九』，龍藏、思溪藏作『二合』。
㉑『上』，龍藏無。
㉒『去』，龍藏、思溪藏無。
㉓『婆』，龍藏、思溪藏作『娑』。
㉔『二合』，龍藏作『三合』。
㉕『弭』，思溪藏作『耶』。

大寶積經卷第七

大唐三藏菩提流志奉　制譯

無邊莊嚴會第二之四①・清净陀羅尼品第三之二

爾時佛告無邊莊嚴。有諸天神住鷄羅娑山。彼等天神能令諸説法者六根清净。於諸演説開示法時。助其語業令相續説。即説咒曰。

鉢囉(二合)多鉢怛底(一)呋嚧折那筏底(二)没陁末底(三)嚩蘇末底(四)達摩末底(五)遏三鉢囉(二合)謀(上)沙筏底(六)粤皤珊榛唎設曩筏底(七)烏波僧荷囉涅弟賒筏底(八)

佛言。無邊莊嚴。有諸天神住娑羅林。彼等天神能令諸説法者身

語意業皆悉清淨。及能令彼言音清徹。謂美妙聲。可愛樂聲。及能授與愛語。不相違語。即説咒曰。

涅囉引藍婆阿孽囉合二羯嚓一乞曬麼毗制曳二涅皤娑筏底三涅荷囉筏底四烏闍筏底五烏波曩酪底六烏波僧荷囉羯囉尼七上阿引尾捨他八伊荷馱囉尼目谿九達摩目谿十達摩波吒嚓十一

佛言。無邊莊嚴。有諸天神住雪山南面。彼等天神爲説法者。於此法中勤修行者。樂求法者。愛樂法者。益其精氣。即説咒曰。

羯唎耶合二曩遏他合二微薩若你一驕賒唎耶合二怒孽帝二嗚播引耶僧仡唎合二呬引帝三微寧目帝四扇引多鉢那微薩囉你五烏皤上引婆②耶賒筏底六③

佛言。無邊莊嚴。有諸天神住大海岸。彼等天神爲聞法故。爲諸法

師而作安樂。如來爲欲利益彼故。説此咒句。及天帝釋亦能授與此諸咒句。此是能攝帝釋等句。即説咒曰。

麼弃鉢底一 麼蘇莽底二 泥引婆上 阿囉二合 若三 舍至鉢底四 薩婆阿蘇囉曩五 涅羅二合 伽引 多你六 末而曬二合 野七 素鉢囉二合 底瑟耻多八 鉢囉二合 莽阿囉二合 娜怒上 比九 阿素囉上 喃十 泥嚩南上 阿地鉢砧知臨反十一 薩上十二④ 那布囉塞仡喇二合 睹引 呬涅十三 泥微呬庶上 皤上 細十四 嚩引 娑嚩薩那十五 布爛棕囉十六 都十七多引 閉肆十八 阿素囉二合 薩那十九 墮喏上 阿迄其迄反 林二十 多嚩二合 鉢施埵二十一 微圖孕二合 肆多二十二 麼訶素囉二十三 阿素麗那囉二合 鉢囉演底二十四 避引 多⑤ 囉二合 悉多二合二十五 那⑥ 輸地賒二十六 那莽勃陁肆也二合二十七 巳曷底二合 使曳二合二十八 曩麼獄去多囉二合二十九 摩訶野舍三十 泥嚩引 阿素囉肆酩三十一 僧孽囉二合 名上三十二 勃陁攝

陁(三十三)阿耨多囉(三十四)室囉(二合)末斯(三十五)泥嚩微誓耶(三十六)那麼勃陁(引)底曩(引)

莽斯(三十七)僧(上)羯囉(二合)麼闌(引)那(去)斯末捻(引)(三十八)勃陁囊(引)銘曩嚩呬多(三十九)微

誓曳素(四十)多多泥嚩(四十一)阿素囉室者(二合)(四十二)微寧多嚈(四十三)訖里(二合)多(引)帝

(四十四)囉乞沙(二合)泥嚩(引)南(上)(四十五)麼努沙(引)南(四十六)囉乞沙(二合)三(上)尾那(四十七)曳翳訶

(四十八)達麼你泥世(四十九)污多囒(二合)底(五十)素(引)鉢囉(二合)底瑟耻(二合)多(五十一)寧疙(魚近反)里(二合)

呬多(五十二)多嚩(二合)夜(引)阿素(引)囉(五十三)阿囉(二合)去灑(二合)娑藥叉緊那囉(五十四)曩(引)

伽鳩盤吒步多*你(五十五)毗舍(引)遮那曩嚩⑦多他(五十六)阿者羅悉他(上)(二合)曩(五十七)⑧

鉢囉(二合)鉢睹肆(五十八)印那囉(二合)印那囉(二合)(五十九)布囉(二合)塞訖里(二合)多(六十)阿底嚴

毗(引)囉(六十一)扇(引)旦(引)者(六十二)阿孽囉(二合)布嚕沙(六十三)細(引)尾囊(六十四)鉢囉(二合)攘漫

睹(引)肆(六十五)泥末那囉(二合)⑨(六十六)勃地麼(引)多他微庶路(二合)多(六十七)阿(引)末捨翳訶

六十八素多囉二合肆氏六十九阿囉二合乞沙二合三上末娜呬多七十娑訶薩囉二合泥多
囉二合七十一素引目佉罨播娑二合麗七十二鉢唎嚩引履多七十三污波悶攘汝陽反薩嚩二合
甘羯忙七十四布囉二合迷呬睹肆銘七十五野訖唎二合檐七十六阿底鉢始遮七十七阿
努鉢囉二合沒多七十八阿者羅素鉢唎二合底瑟耻二合多七十九訖里二合膽呬八十據舍
藍布囉二合迷八十一麼怒世⑩數八十二忙呬引鉢底八十三布囉嚩二合虛牟肆八十四泥嚩引
南上八十五布嚕⑪印底八十六答嚩忙努引沙上八十七勃陁肆野二合訖唎二合得嚩⑫二合八十八薩
得迦二合藍八十九布闍陛煞底九十帝莫呼九十一摩訶嚩莽寧九十二微者藍皤嚩
南者九十三素庶引皤底九十四泥嚩來野肆去九十五莽地野二合肆氏九十六野去疏二合呬
九十七播履嚩履睹九十八鉢囉二合灩磨九十九呵唎磨鉡者一百多嚩肆迦一百一微舍那
阿疙囉二合嚩引呬一百二娑哆底麼底一百三素囉多鉢囉二合底一百四娑囉多娑多

他(一百五)鉢囉(二合)部(引)薩建陁(一百六)阿你囉者莽囉者(一百七)摩訶磨霓(一百八)摩訶薩建(引)陁(一百九)摩訶計都(一百十)素鉢囉(二合)地者(一百十一)摩訶磨囉(一百十二)翳帝藥叉(一百十三)摩訶帝喏(一百十四)阿囉(二合)乞羼(二合)底皤嚩南多嚩(一百十五)摩護藥叉鉢唎(二合)嚩(引)嗠(一百十六)曳那輸皤肆嚩娑嚩(一百十七)摩素薩嚩嚩素底喏(一百十八)摩訶帝喏摩訶仰你(一百十九)摩訶鉢囉(二合)訶囉怒制嚩(一百二十)阿尾呬(上)娑那耶(引)多替嚩者(一百二十一)素名嚧暮囉陁(二合)⑬你⑭(一百二十二)多嚩嚩娑嚩(一百二十三)薩嚩泥嚩(一百二十四)布囉塞訖唎(二合)睹(一百二十五)庶(去引)⑮婆底(一百二十六)婆嚩曩污婆(引)娑(一百二十七)鉢囉(二合)磨悶者肆(一百二十八)底喏娑(一百二十九)

佛言。無邊莊嚴。此是能攝帝釋等句。若善男子趣菩提者。於彼後時。有諸衆生攝受法者。及爲衆生攝法善巧得安住者。由是諸句。

天帝釋等而當授與此等諸[16]句。佛言。無邊莊嚴。何者是能攝[17]四天王并眷屬句。而說頌曰。

於彼住夜叉　無忿無擾亂　多聞之長子　及父咸恭敬
删闍耶夜叉　及諸勝軍旅　而常擁護彼　愛樂此法者
持國大神王　恒將諸眷屬　彼亦常衛護　善說此經者
醜目之眷屬　自身與軍衆　若能住此教　一切當擁護
增長王亦爾　軍旅及諸衆　愛樂此法者　普皆作衛護
幢幡大幢力　此住於東方　大稱羅刹斯　彼皆攝入此
而於此法門　有能受持者　自身與眷屬　常親近守護
藍婆毗羯遮　并及悉馱多　奚離末底等　此皆住南[18]方

侍衛於帝釋　彼皆攝入此　擁護益精氣　一切智者說
劍離三蜜多　及伽羅繫翅　并與蜜室多　名稱羅刹斯
皆住於西方　此等皆攝來　說法了義者　一切常擁護
實諦有實諦　名稱羅刹斯　深信於此法　彼住於北方
佛爲擁護故　攝彼來入此　由如來威力　一切合掌住

佛言。無邊莊嚴。何者是能攝四⑲天王。并諸眷屬侍從內宮令入之句。即說咒曰。

散寧微舍你一⑳摩訶引薩嚟二摩訶揭你三摩訶揭若你四鉢囉合二步引多微誓曳五馱嚩合二社阿孽囉六污播嚩引薩你七阿你邏引細曩睹娑呵八曩曩筏囊棕賒你舍九折埵唎引路引迦播引囉你十睹肆銘囉引若曩

污折他㉑十一阿(引)吠設娜十二伊呵薩曼嚩(引)呵囉他(去)十三勿囉(二合)嚐寧孽囉(二合)呵十四薩迷折突地捨十五

佛言。無邊莊嚴。何者是摧伏魔波旬句。汝應諦聽。善思念之。即説咒曰。

蜜底麗(二合)一蜜多囉嚩底二迦路寧三迦路曩嚩底四微步(引)底五微步(引)多嚩底六鉢囉(二合)牟折你七鉢囉(二合)牟折曩嚩底八訖唎(二合)多訖唎(二合)多嚩底九阿怒仰酪十阿怒仰莽嚩底十一鄔播(引)多掣娜你十二伽(引)麼微嚩攘你十三底唎(二合)瑟曩(二合)娑牟姝(去)煞你十四你孽唎(二合)呬(引)多忙(引)囉嚩藍十五嗢多囉曩嚩底十六鉢囉(二合)底與(二合)多囉嚩底十七鄔閉(引)去沙㉒怒娑呬帝十八阿(引)濫麼曩微輸馱你十九寧那囉(二合)舍曩二十阿三(引)暮(引)訶你二十一你瑟㉓(二合)鉢囉(二合)半(引)

者寧二十二

佛言。無邊莊嚴。此是摧伏魔波旬句。由是句故。不令天魔及諸軍衆而得其便。佛言。無邊莊嚴。何者是能攝彼大梵天句。汝今諦聽。善思念之。即説咒曰。

阿地鉢底一摩訶悉他去引二合曩上筏底二娑嚩二合琰訖唎二合多三悉他引二合曩酪底四曩曩摩護微尾馱五鉢囉二合底與二合播薩他二合曩伽囉曩六阿地伽薩他二合曩鉢底七庶馱薩他引二合曩孽睹八娑含引鉢底九阿地羯爛引二合多十微庶引馱曩十一庶婆鉢唎十二鉢囉二合庶皤引地目多十三鉢囉二合勃多二合室唎二合多十四你嚩引娑曩十五鉢囉二合步引多十六鉢囉二合皤十七你孽囉二合蹊引多伽上麽十八娑嚩二合悉底二合伽引麽十九鉢囉二合底與二合播薩他引二合曩二十㉔

佛言。無邊莊嚴。此是能攝大梵天句。由是句故。大梵諸天能授與彼諸説法師清净妙善等。引梵行圓滿文句。佛言。無邊莊嚴。何者是净居諸天法光明句。汝今諦聽。善思念之。即説咒曰。

微輸(引)馱曩嚩底(一)案底麽伽(引)嚕你(二)伽(引)麽磨嚩(三)鄔娑(引)多(上)你(四)鉢囉(二合)涅酪多(引)你(五)鉢喇(二合)演多(六)鉢囉(二合)底與(二合)波悉他(二合)曩鉢耶(引七)嚩娑(引)曩(八)阿(引)賴耶微輸(引)馱你(九)阿(引)攘鉢演多伽囉你(十)案底麽泥(上)舍(十一)鉢囉(二合)底與(二合)播悉他(引二合)寧(十二)

佛言。無邊莊嚴。此是净居諸天法光明句。由是咒句。而能授與諸善男子我諸法藏。㉕佛言。無邊莊嚴。若有天王。人王。阿修羅王。迦樓羅王及諸龍王。或大威德小威德者。若信不信諸衆生等。我皆授

與陀羅尼句。令其信者於此法中獲增上信。其不信者默然捨之。不令得起語言諍論。說此法時。若有來作障礙留難而悉摧伏。此中何者是能攝取淨信者句。即說咒曰。

愚嚧那上嚟一阿者鉢麗二娑嚩二合毗涅呵引囉三句末泥四涅攘曩鉢囉二合
底微嚧异寧五只多珊者曩你六只多鉢喇二合羯酪七只多三上鉢囉二合
娑引那㉖你八麼曩肆也二合九呵喇灑二合伽囉你十微攘曩肆也二合十一阿怒娑
嚩二合底十二阿怒達麼努閉去灑二合寧十三呬都珊那喇舍你十四多他阿去煞二合
囉鉢那十五涅泥上舍十六輸引地多上嚩底十七野他引孽多十八野他努句路上播
麼十九鄔播莾涅泥上引舍㉗二十微庶引地多二十一怛多囉二合伽引麗二十二曩者羯答
微闍二合二十三三上㉘鉢囉二合娑引娜遏他二合睹娑麼二十四野他引怒句懶者目佉

二十五鄔波僧賀囉喻你㉙舍二十六阿引舍耶肆也二合二十七微庶引地耶二十八野他庶引地底二十九羅去灑二合曩羅去灑二合你三十羅去灑二合曩嚩底三十一羅去灑二合曩微輸馱你三十二鉢囉底吠馱遏他三十三珊那唎二合舍你三十四句舍囉冒他薩謎呵三十五鉢囉二合微者曳三十六娑麼娑囉你三十七訖唎多引怒阿囉二合去史二合三十八薩底也二合遏替三十九薩底也二合南上*四十素微輸引地帝四十一

佛言。無邊莊嚴。此是能攝淨信者句及授與句。由是當能授與說此法師善品及義。

善男子。我今復說摧伏不信者句。即說咒曰。

去灑二合迷一去灑麼嚩底二迷多囉二合鉢唎二合羯麼三鉢囉二合底與二合波娑他二合引寧四伽嗠曩鉢囉二合底邏引婆*五呬多努劍跛六散喏曩你七僧揭囉二合

呵嚩薩睹（二合八）呬多嚩薩睹（九）散那囉（二合）舍你（十）鉢唎（二合）嚩喏你耶（十一）嚩喏你（十二）簸跛咩多囉（二合十三）細嚩你（十四）曩坦多囉（二合）泥世薩他（二合）答微耶（二合十五）野多囉（二合）尾揭囉（二合）呵嚩底怒（十六）薩摩孽爛（二合）陁（十七）鉢囉（二合）那（引）邏你（十八）鄔波蔗㉚囉珊那唎舍你（十九）你舍囉（二合）夜微庶（引）馱你（二十）阿（引）多麼（二合）怒伽酪（二十一）鉢囉（二合）鄔波僧呵囉（二合）你（二十二）涅酪多（引）你（二十三）阿怒囉去沙（二合二十四）鉢囉（二合）底與（二合）波娑他（引二合）寧（二十五）

佛言。無邊莊嚴。此是調伏不信者句。由是不令造諸過惡。直爾善法尚多憎嫉。何況於此無上法教。是故此諸咒句。爲滅一切諸過惡故。爲斷一切煩惱故轉。無邊莊嚴。我見衆生心無净信。或欲鬥諍。或欲損害。或欲惱亂。而來親近如來。知彼心所動作。隨其種類。

以諸法門而作覺悟。令其捨離不善尋思。及令發起諸善根因。無邊莊嚴。如來安住於十八種不共法中。能善了知衆生心行。及能了知心所攝法。無邊莊嚴。何等名爲十八佛不共法。無邊莊嚴。所謂如來於某時夜。現覺阿耨多羅三藐三菩提。乃至入於無餘涅槃。於其中間無有誤失。無卒暴音。無忘失念。無不擇捨。無種種想。無不定心。精進無退。念無退。志欲無退。等持無退。慧無退。解脱無退。解脱智見無退。一切如來身業智爲前導。隨智而轉。一切如來語業智爲前導。隨智而轉。一切如來意業智爲前導。隨智而轉。如來智見於過去世無著無礙。如來智見於未來世無著無礙。如來智見於現在世無著無礙。無邊莊嚴。如來成就此等十八不共法

故。無量智見力悉皆成就故。能開演此陀羅尼門清浄法品。爲於不信一切有情生浄信故。爲浄信者於此法門得清浄智。無邊莊嚴。如來隨所樂欲。以諸無量種種語言分別解説此陀羅尼門。亦不能説此陀羅尼門斷疑理趣百分之一。乃至俱胝百千算數及譬喻分。何以故。此諸法門是無量門。不思議門。此所有門能得一切智智轉故。復次無邊莊嚴。由此如來以無量異名。今爲汝等開示演説此諸法門。欲令汝等普遍了知無量法門。得陀羅尼故。即説咒曰。

怛姪他阿引唎曳一阿引唎耶二合嚩底二阿引唎耶二合怒上揭帝三你馱引寧四你馱㉛曩嚩底五嚩睹鉢囉二合酩六嚩囉睹二合篋掣那上伽囉你七阿引伽引

舍微輸引馱你八阿怒去鑁二合簸你九阿寧去鑁二合簸你十阿微孽多鉢囉酪十一阿怒播孽上底你十二涅畔引曩鉢他微輸引馱你十三微耶二合波你去史二合鉢底十四阿怒播引那十五寧[口*路]引馱播囉酪十六薩嚩攘涅畔引曩去㉜寧那囉二合舍寧十七㉝

佛告無邊莊嚴菩薩言。此諸陀羅尼印能清净句。异名説句。由受持此陀羅尼法門。以少功用。證菩薩位差别妙智。及近大悲。由隨義覺。證得悟入一切法智。無邊莊嚴。此陀羅尼句是大良藥。以能除破諸重病故。復能除滅無明無智極黑暗障。隨順明法圓滿轉故。隨何明法圓滿而轉。謂隨順明法智圓滿故。而能現證宿住智明。隨順明法智善巧故。而得出生天眼智明。隨順捨離諸煩惱故。

能現證得漏盡智明。由此復能獲得一切所學波羅蜜多。無上智見。一切智智見。一切智智地。無邊莊嚴。汝觀如來善能如許廣大説法。於諸方便善巧圓滿。無邊莊嚴。如來如是成就大智。能善安住一切智智。力。無畏等。此無上寶藏。於無量俱胝那由他劫所修善根之所積集。以是緣故。能善安住此諸法門。今爲汝等成熟佛法。於法理趣出生善巧。開示演説此陀羅尼清淨法品。若善男子善女人等。發心求趣大菩提者。而欲隨我正修學者。於我法教欲擁護者。於諸如來無量法藏欲受持者。於此法中當勤修習。志樂精進。住不放逸。不著三界。於一切智智心作意善加持者。於諸色緣清净善巧善修習者。於受想行識清净善巧勤修習者。於實諦

句出生清凈勤修習者。於諸法中應可樂求諸清凈智。無邊莊嚴。由内清凈故。一切法清凈。由内寂静故。一切法寂静。由内寂滅故。一切法寂滅。由内無所取故。一切法無所取。由内不住故。諸法不住。由内滅故。一切法滅。由内無所作故。一切法無所作。由内無來去故。一切諸法亦無來去。無邊莊嚴。此諸門句。令諸菩薩内清凈轉。由外本性無分别故。不起分别。然能受持清凈陀羅尼門。捨離貪恚。心不貢高。爲諸如來之所稱嘆。於諸衆生最爲殊勝。作無上主。當能證得無礙智説歡喜辯才。於前後際得清凈智。能遍記莂而能隨念中道之性。及能證得無生法忍。能證緣起願殊勝性。及於諸願能遍清凈。當能遍持不共一切法智善巧。所發語言衆皆

信受。能於當來雨大法雨。無邊莊嚴。菩薩由得陀羅尼故。必定當證無生法忍。逮得一切法清浄智。及能出生如是法智。謂一切法不生不滅。而復證得如是法智。謂虚妄生。生不成就。不成就者即便散壞。散壞法者而無所趣。此一切法皆滅壞門。此滅壞門同無生相。若是無生彼即無滅。如實觀察一切諸法遠離相已。則不執著。則不戲論。無邊莊嚴。此是諸菩薩無生智門。善巧觀察。而能入此諸陀羅尼。由是速能獲無生忍。辯才具足。爾時世尊欲重宣此義。而説頌曰。

若法虚妄生　生已必滅壞　諸法離於有　於誰可遍持

諸法既非有　無有無可取　若法不可得　於何而遍持

若不了諸法　自性不可得　彼則行於相　不得陀羅尼
諸法如虚空　由是説開示　虚空及開示　二俱無所有
此二離於有　諸法亦空無　如是解法者　彼能獲總持
隨覺無初始　不分別中後　諸法離分別　一切悉空無
若處無堅實　不實亦非有　依諸法真理　云何得遍持
如是了諸法　自性無所有　我今略説彼　得清净總持
諸法如虚空　亦等於空曠　以慧常觀察　彼能獲總持
諸法無所有　不生亦不起　無有無可取　此云何遍持
一切法無相　自性無戲論　一切皆離相　説法無所有
若能如是解　一切法如理　彼則無分別　而能得遍持

諸法以自性　無故不可得　解了無有義　彼成就總持
若如是觀察　一切法不染　智不分別空　彼能持諸法
無常義空義　苦義及厭離　若以慧了知　彼智得增長
示説無所取　涅槃如理義　堅無分別意　亦不分別法
由是能受持　諸法不堅固　無有無所取　寂静空難見
若解法已説　於説不分別　無著無分別　能持此法門
若解了相已　能了於無相　彼亦於諸法　不起捨離想
彼能了此義　正覺之所説　善巧説秘密　彼能隨我覺
若如理觀察　無量一切法　彼捨離諸量　能覺此理趣
若能觀察法　無名及無相　能了達此義　彼能增長忍

諸願與殊勝　及如理觀察　所願并諸色　不住能違彼
了此法門義　能如理觀察　於諸法理中　彼亦無疑惑
若以慧觀察　一切諸法相　決定解了者　彼則入無相
彼於此理趣　能了善安住　如是無畏者　能速證佛法
於法不戲論　平等無分別　了法相應已　於厭離無惑
於滅不分別　蘊盡寂靜義　彼於法平等　得如理辯才
能修習慈悲　利益諸衆生　善住相應者　彼覺了無上
若離衆生相　能了法無我　法無戲論義　如理不戲論
若聞此法已　能速得净信　彼當見正覺　彌勒兩足尊
彼令我歡喜　於此衆會中　若有聞此法　彼能作賢愛

敬愛如來者　是則無破壞　由聞此法已　能爲善賢愛
若於賢劫中　欲見諸如來　修學此法門　能令諸佛喜
無量壽威光　阿閦大名稱　若欲見彼者　當學此法門
若欲成菩提　寂靜最勝法　或求轉輪位　當學此法門
若樂求最上　善巧總持門　當於此法學　常應不放逸
若欲成廣大　最上殊勝願　求證菩提者　當學此法門
此經之所説　陀羅尼法門　能開示諸法　此印最無上
諸法内真實　以總持開示　此虚空法門　善決無邊義
所説諸善門　此法能開示　總持義善巧　陀羅尼力故
總持説爲慧　能持一切法　總持義善巧　以慧能了知

於此异多釋　已善説佛法　以義正開示　無上菩提分
差別智善巧　於斯正開示　若於此法學　證無上菩提
於此教開示　無上善法門　得方便智已　應當説此法
未曾説諸法　此無上種性　於此義當學　開示甘露句
智者若欲求　諸佛無礙慧　若於此義學　當獲最上智
我於往昔時　無量無數劫　若不學此法　不證寂理趣
由我曾供養　無量百千佛　爲是能了知　説此無上法
我爲諸衆生　作無邊義利　汝等應當作　得此陀羅尼
若能了知此　陀羅尼門印　智者由一句　能入此法門
我智慧無上　亦無有數量　由我具智蘊　能開示此法

智者於此求　隨覺菩提義　於此義法門　無畏當勤學
智者若欲求　廣大智慧性　於佛生尊重　當學此法門
若欲轉法輪　及吹大法螺　智者應如理　當學此法門
若欲放光明　普照無邊際　求於佛法時　於此如理學
於天人世間　若欲爲上首　彼可學此經　決定一切法
欲求廣大智　發起諸功德　樂求佛慧時　於此應隨學
欲開示法門　樂求於最勝　無戲論佛智　於此義當學
若欲樂開示　無礙智所説　修學此法已　應説甘露句
若欲照俱胝　無量無邊界　彼等於此教　應當善修學
此無上法門　能净除諸法　一切法清净　於此經中説

種智兩足尊　演此廣大法　於爲菩薩說　此經最無上
佛告無邊莊嚴。是故諸菩薩於此法教生愛樂已。爲攝此法令久住故。復爲哀愍諸衆生故。於此法教應當書寫。受持讀誦。無邊莊嚴。若復有人於彼時中聞此法已。於如來所。以愛樂心而常思念。彼諸人等。當得如來無邊法藏諸陀羅尼。辯才具足。於一切法速得自在。能具攝受不可思議佛刹莊嚴聲聞菩薩。無邊莊嚴。若諸菩薩住一切法無戲論者。由陀羅尼清浄門故。此諸法門常得現前。皆能攝受無量不可思議殊勝功德。無邊莊嚴。此是第三陀羅尼門清浄法品。無邊莊嚴。於彼後時。若有菩薩欲隨我學此陀羅尼法門者。當親近善友。遠離惡友。爲遍擁護此諸法門。當捨身命。

受持陀羅尼清凈法印。譬如迦利邸迦月圓滿時。光明照耀。於衆星中最爲殊勝。如是此陀羅尼印三品。攝受所有法門亦復如是。於一切契經中。此法光明最爲殊勝。一切菩薩皆大尊重。故能出生無量辯才。此無量辯才。應知即是不放逸地。何者是㉞於不放逸地。謂於此法作意思惟。如理觀察。不生妄念。如是能令遍忍清凈。若諸菩薩精勤志求不放逸者。於此法門應善修習。爲令此法得久住故。心常謙下尊重於法。書寫經卷不離身手。見有志樂希求法者。發心趣向大菩提者。應當爲彼開示流布。教授讀誦。書寫經卷。乃至隨義而爲解釋。如其受持所有法門不應藏匿。願諸衆生得此無上佛法利益。我等當令一切衆生於諸佛法常不缺減。如

是菩薩。於法無吝。常樂施人。於義不秘。盡皆爲説。無少法門而不開示。無邊莊嚴。應爲利益安樂諸衆生故。汝當受持此法門品陀羅尼門能清浄句。

爾時世尊復告尊者阿難陀曰。汝當受持此法門品。我諸弟子承事我者。亦當受持如是經典。時阿難陀白世尊言。以佛神力。我已受持。我由成就此法門故。無量法門皆得現前。佛言。阿難陀。如是如是。如汝所説。由佛威力。及此法門遍清浄故。諸有受持此法門者。及親事我能受持者。無量法門皆得現前。是故阿難陀。汝當受持如來法教無量法藏。説此法時。於衆會中。無量菩薩即便獲得大法光明。得法光故。無量諸佛所説法門皆得現前。及得近於一

切智智。如所樂求勝願莊嚴悉能成就。阿難陀。汝觀諸法本性甚深。如是如來能於無名相法作名相說。又能開示諸法本性。亦復淨除。令見清淨。雖說諸法無法可說。亦無能說。佛言。阿難陀。若能如是觀諸法性。便得發生無量智慧。說此法時。無數菩薩證無生法忍。無量衆生發阿耨多羅三藐三菩提心。於阿僧祇劫當證無上正等菩提。復能出生無量辯才。爾時世尊加持此陀羅尼門。放大光明。其光普照無量無邊諸佛世界。由此光明。彼諸世界所有菩薩。皆悉得聞此陀羅尼。聞此法已。能遍成熟菩提法分。於彼復有無量衆生。皆發阿耨多羅三藐三菩提心。當於爾時。一切衆生皆得安樂。是時復有諸天雨天波頭摩華。於大衆會諸菩薩中。唱

如是言。願一切衆生得佛智慧。爾時無量辯才菩薩白佛言。世尊。當何名此法門。我當云何奉持。佛告無量辯才菩薩言。此法門名陀羅尼王。亦名陀羅尼印。亦名三品所攝善巧。汝當受持。此是無邊辯才。攝一切義善巧法門。由此法門。而能照了一切諸法。斷一切疑。是故諸菩薩於此法門應當奉持。爾時一切大衆爲供養法故。以五色華散於佛上。佛說此經已。諸菩薩摩訶薩。一切衆會。及天。人。阿修羅。乾闥婆等。聞佛所說。皆大歡喜。信受奉行。

大寶積經卷第七

校注

①『無邊莊嚴會第二之四』，底本作『第二無邊莊嚴會』，依龍藏、思溪藏改。
②『婆』，龍藏、思溪藏作『娑』。本卷下文例同，用*標識，不再出注。
③『六』，思溪藏無。
④『上十二』，龍藏、思溪藏此三小字位於『那』字下。
⑤『多』下，龍藏、思溪藏有『多』字。本卷下文例同，用*標識，不再出注。
⑥『那』下，龍藏、思溪藏有『羅地』二字。
⑦『嚩』，龍藏作『囉』。
⑧『五十七』下，龍藏、思溪藏有小字『二合』。
⑨『二』，思溪藏作『三』。
⑩『世』下，龍藏、思溪藏有小字『引』。
⑪『嚐』下，龍藏、思溪藏有小字『下音逝』。
⑫『嚩』，龍藏作『縛』。
⑬『二合』，龍藏、思溪藏無。
⑭『一』上，龍藏、思溪藏有小字『二合』。

⑮『去引』，龍藏作『佉引』。
⑯『諸』下，龍藏、思溪藏有『咒』字。
⑰『攝』下，龍藏、思溪藏有『取』字。
⑱『住南』，底本污殘，依龍藏、思溪藏補。
⑲『四』下，龍藏、思溪藏有『大』字。
⑳『一』，底本污殘，依龍藏、思溪藏補。
㉑『他』，龍藏作『地』。
㉒『沙』下，龍藏、思溪藏有小字『二合』。
㉓『瑟』下，龍藏有『吒』字。
㉔『二十』，思溪藏無。
㉕『佛』上，龍藏、思溪藏有『爾時』二字。
㉖『那』下，龍藏、思溪藏有小字『上』。
㉗『舍』，思溪藏作『合』。
㉘『上』，龍藏、思溪藏無。本卷下文例同，用*標識，不再出注。
㉙『你』，龍藏無。

㉚『蔗』下，龍藏、思溪藏有小字『引』。
㉛『馱』下，龍藏有小字『引』。
㉜『去』，龍藏作『十七』。
㉝『十七』，龍藏作『十八』。
㉞『於』，龍藏、和裕本作『爲』。

大寶積經卷第八

西晋三藏竺法護奉　詔譯

密迹金剛力士會第三之一

聞如是。一時佛游王舍城靈鷲山。與大比丘衆俱四萬二千。菩薩八萬四千。一切大聖神通以達。各在十方异佛國會。故來集此。皆得法忍。至不退轉。一生補處。逮致總持。辯才無礙。周流十方無數佛土。神通自娱。弃諸外學。降伏衆魔。消諸怨敵。等心衆生。睹一切原。曉了三界衆生根本。普入一切諸度無極。常處閑静。善權方便靡所不通。諸佛咨嗟宣揚其德。修無數劫奉開士行。積功纍德億載兆姟。從無限世心平如地。諸佛土境不可限量。所行清净。弃衆

挂礙除諸陰蓋。其身堅强猶如鈎鎖。得金剛志致道聖性。大師子吼獨步衆會。體解所入得無所畏。光蔽日月闡曜真法。等于三世。去來今得寤惑决疑。深入微妙。下於緣起開化剛强。捐捨斷滅有常之想。一切禪思三昧正受。將護暢達處處所入。十方聞聲受無重①問。不斷三寶訓誨言教。積德無量興隆道寶。過諸聲聞緣覺之地。行無盡慈。遵無極哀。攝四梵行。四恩普濟隨時開度。過三脱門至三達智。周旋三界猶如日月。往來四域如轉輪聖王。以勇猛慧度生老死。出入五趣如炬照冥。心無所著。猶如蓮華生於污泥。行無增損。猶如虚空無所憎愛。頒宣三藏。如國明君賜報印綬拜與官號。超俗八法不以戚忻。游入八難化衆危厄。以慧成就轉不退

輪。解衆廢亂。顯示正真本無之法。發訓超分至一切智。三界爲震。
佛十八法誨諸愚冥。離於三毒如吹浮雲。以道法舟往度衆生。勸②
十二海脱生死輪。往來三處濟十二因。諸會菩薩具足功勛。其名
曰。月施菩薩。月英菩薩。寂英菩薩。首英菩薩。光英菩薩。光首菩薩。
首積。首寂。鈎鎖。龍忻。龍施。執像。蜜天。緣勝。緣手。常舉手。常下手。寶
印手。寶掌。普世。宿王。金剛意。金剛步。不動行迹。過三世度。無量迹。
無量意。海意。堅意。上意。持意。增意。常慘。常笑。喜根。善照威。離垢。弃
惡趣。去衆蓋。極精進。智積。常觀。光世音。大勢至。山頂。虚空藏。不眴。
不慕樂。寶上。寶心。善思。善思義。珠結。總豪王。净王。嚴土。寶事。恩施。
帝天。水天。帝罔。明罔。喻天。積快。臂善。白象。香手。衆香手。師子。英普。

利意。妙御。大御。寂意。慈氏。普首。童真。其八萬四千菩薩號各如是。爾時於是三千大千佛土大尊巍巍。釋。梵。四天王。諸天。龍。神。阿須輪。迦留羅。真陀羅。摩休勒。揵沓和。諸王官屬咸來集會。阿耨達龍王。和輪龍王。摩那斯龍王。多朱龍王。雪色龍王。無量色龍王。須深龍王。及餘無數百千龍王。并其官屬皆來在會。閑居阿須輪。須摩質阿須輪。决河阿須輪。順樹阿須輪。瓔珞阿須輪。狂惑阿須輪。斷絶阿須輪。執鬼阿須輪。各與無數眷屬圍旋。皆來在會。摩竭國王萍沙及宫人眷屬。皆來在會。諸比丘。比丘尼。清信士。清信女。主天地神。欲行天。色行天。净居天。悉來在會。

彼時世尊與無央數百千之衆眷屬圍旋而爲説經。頒宣菩薩諸

大士業。其法名曰浄濟。廣布道義。何謂菩薩業。以行布施。開化衆生。救濟危厄。修禁戒業。周滿所願十善之事。行忍辱業。備悉諸相。八十種好嚴飾己身。行精進業。所造德本一切具足。無所缺漏。行禪思業。志性和安成無思議。行智慧業。斷衆塵勞。成就聖明化諸不達。行博聞業。致無礙辯。所説如流聽者輒受。行功德業。勸益衆生無限之福。行聖明業。緣致無量至真辯才。行寂然業。所興發衆不可思議。行正觀業。弃捨邪行無益之事。行慈心業。常修仁和未嘗懷害。行哀之業。欲濟衆生不厭終始。行喜之業。樂法之樂而以自娱。亦化衆生使慕道法。行於護業。斷無量釁（xìn）。示其罪福。以法兼③利。聽法會業。去衆陰蓋令不自大。行出家④業。捐捨恩愛戀恨之心

世俗之習。行閑居業。所立要義不失一心。行有志業。逮得總持。念法不忘以化衆庶⑤。行思念業。其意曉了靡不通達。行游步業。解義所趣有益不損。行意止業。觀身痛癢心意諸法。行意斷業。皆斷一切衆罪惡法。普修道義諸行妙法。行神足業。輕其身心。往來趣厄救衆下劣。行諸根業。具足寂静。眼耳鼻口身心使定不亂。行諸力業。消衆塵勞瑕穢之非。常能自制亦化衆庶。行覺意業。暢自然法以達正己。行於道業。越衆邪徑九十六種。行真正業。致仁義事無有瞋喜。行解辯業。見衆生心而爲開闡。行自歸業。己身自達不須仰人。行善友業。通功勛門濟以慧德。行純性業。普和三世無有欺惑。行應時業。皆能具足越一切難。行聖賢業。所往殊特與衆超异。

行宴坐業。如所聞法常奉行之。行四恩業。合聚於衆爲演經法。行正法業。順三寶教令不斷絶。曉勸助業。勤化衆生嚴净佛土。權方便業。普用具足一切愍智。世尊如是廣爲一切宣菩薩業。名曰清净。

於是金剛力士。名曰密迹。住世尊右。手執金剛前白佛言。至未曾有如來至真。快説菩薩號净濟業經典之要。如向大聖頒宣斯法⑥。我察思議是一切業。皆入菩薩衆德慧業。所以者何。其妙功德悉諸菩薩之所娱樂。所化變示。以是所樂攝導衆生。其慧業者。菩薩雅詞多所悦可。若有菩薩曉了舉要功德之業。修慧⑦明業。是行第一真實至誠。所以者何。其功德業。則是菩薩善權方便。所度無極

具足福慶。其斯慧業。則是菩薩智度無極。衆行備悉。以是二業。普備一切諸菩薩道而恩廣濟。諸魔官屬莫能當者。以度魔界。菩薩如是至不退轉。當成無上正真之道。計於法本。諸不退轉近佛世尊。皆致如來秘密要藏。恣意頒宣未曾覆匿。於時寂意菩薩謂密迹金剛力士。密迹。所云有二事業。近於如來慧。仁能樂住。宣於如來秘密之業。非諸聲聞緣覺之地所能及逮。況餘凡庶之所及乎。時密迹金剛力士默然不報。時寂意菩薩前白佛言。密迹力士豈能屈意爲斯衆會。隨時敷演諸菩薩密如來秘要。一切衆會普共渴仰。欲得聞之。若聞所説。心中坦然。忻喜大悦奉菩薩行。具足成就此要密事。心性調和入無極慈。佛告密迹金剛力士。仁能重任。

爲此衆會説菩薩密如來秘要。千佛勸嘆。卿宣諸菩薩道品諸行。衆會樂聞。密迹金剛力士前白佛言。少能堪任爲諸衆會。宣菩薩密如來秘要。假使如來勸佐威神而見扶接。乘大慧光承佛聖旨。乃敢宣布諸菩薩密如來秘要。猶如世尊。夜暗冥時依燈火明。得見形色往來好醜東西南北所當進退。如是世尊。若見建立承佛聖旨。所知少小粗舉嘆説。佛言。善哉。便時宣之。時密迹力士語寂意菩薩。仁者且聽。及諸來會。聞諸菩薩密如來秘要。勿恐勿怖。無以懷怖。時寂意菩薩告諸會者。如來所宣布四不思議。以是得成無上正真之道。逮最正覺。何謂爲四。所造立業不可思議。志如龍王行不可計。禪思一心不可稱限。諸佛所行無有邊際。是爲四事。

仁者當知。是四不可思議。佛道所行不可思議。爲最至尊以成正覺。是故名曰四不可思議。諸仁集會。若聞菩薩諸佛世尊不可思議。不當恐怖而懷畏懼。益加踴躍倍抱恭恪。乃達大道。爾時寂意即如其像三昧正受。令一切衆會聞如來法無誹謗者。各心忻豫。一切來集衆會場地。天雨衆華。諸心念華若干種品。散於佛上及衆會上以用供養。於是密迹力士語寂意曰。諦聽諦聽。善思念之。今當宣布諸菩薩密如來秘要。夙夜寂然而修惔怕⑧如來菩薩所言至誠。無分别决乃授道别。從是以往順從菩薩五行。菩薩無有諛諂。不爲匿訑tuó。不自貢高。現相應時自在變化。以自在心不計邪佞非法之業。謹慎身行威儀禮節。開化衆生。口無所説不妄有辭。

菩薩威儀不可限量。又次寂意。隨衆生行。因可開化一切威儀禮節之事。所行學問禪思禮節。使學若干音響言辭各令明了。男女所行舉動進止威儀禮節。各以大小乳下嬰孩。應見化者各慎威儀。長老中年少小之類。所可應化威儀禮節。尊卑豪賤明愚所行開塞達騃。所行多少威儀禮節。因依訓誨應得度者而開化之。地獄。餓鬼畜生之類。諸天。龍。神。阿須輪。迦樓羅。真陀羅。摩休勒。若人非人。所應開化而誘導之。比丘。比丘尼。清信士。清信女。釋。梵。四天王。大神妙天。所應開化而訓誨之。菩薩皆知深淺厚薄難度易化。應病與藥而爲説法。使諸貪淫不貪財業。建立威儀隨其禮節。菩薩在彼無爲寂然。以身修行。不捨静默顯身威儀。若有貪嫉各爲

示現。不惜身命隨時救濟。身行清净體演光明。諸在⑨地獄。餓鬼。畜生勤苦之患。濟其危厄。立在安處令無衆難。若有衆生多所吝業。隨其所好。現若干種珍寶財業。各使得所。頭目肌肉骨節支體髓腦。妻子群從車馬奴僕衣裘。從志所樂皆施與之。若求甘膳上好衣被。皆令充意各得其所。受諸衆生無央數身。法界無量。舉安無處。飽滿一切。道智無窮。各現其身。在於十方不可限極。因緣方便亦不可盡。以無數身隨時現體。開化衆生各令得所。若有衆生多貪欲者。淫想情色。化現女像端正殊妙。其人見之喜悦敬向。與共相娱。視之無厭。如寶明珠。卒便臭穢。顔色甚惡。睹是所變。心患厭之。便示死亡。益用惡見。因爲説法無常苦空。一切三界猶如幻化。

無一真諦。聞之則達。便發無上正真道意。逮不退轉。又彼菩薩以一寶蓋。覆斯三千大千世界。靡不周遍。復能內之於一芥子。若劫燒時皆舉一切著其一掌。斯身不大亦不增減。其身供養。周於十方諸佛世尊。復變化華如須彌山。懷之裓上。成爲華蓋貢上如來。化一香爐如千佛土。作一燈炬如須彌山。供奉如來。照恒河沙諸佛國土。以貢上佛。以細帛氎裹覆其身。灌用麻油以爲燈火。自然己身演其光明。照遍三千大千佛土。若衆生見。怪之所以。或得⑩想念菩薩境界。睹此變化。無央數衆皆發道心。得悦可意。充實飽滿。被弘誓鎧。現和羅⑪勢。執於無極。手持金剛力士侍佛而自顯懼⑫。衆人恐怖。自歸作禮菩薩大士。聽受經法。示大力士在於冢間。大聚

衆人自現身死。形體廣長弃大冢間。又諸禽獸食噉其肉。四足兩足服食其體。壽終之後皆得生天。緣是爲本乃至滅度。悉是菩薩本願殊特之所致也。所以者何。其彼菩薩本發意時。心自要誓。設使有人。禽獸。飛鳥。見我身死來噉肌肉。壽終生天度世得道。奉持禁戒所願者得。如是寂意。當作是觀。菩薩所行隨時之儀而開化之。

密迹金剛力士謂寂意菩薩。乃往過去久遠世時。是閻浮利天下廣大。周合一域。有八萬四千國。其餘郡縣丘聚無數百千。人民熾盛不可計限。爾時多有財寶衣食。自然周匝充滿。衆奇寶樹交絡屋宅。斯諸衆生有若干疾。不安衆患多羸瘦者。金痍瘵瘡疽痛惡

疾。又有無數百千良醫所不能療。衆人得疾積有年歲。無能自安。求哀自歸。當是衆人遭是其厄則無救護。各自稱怨。呼天。龍。神。揵陀羅。真陀羅。摩休勒。人與非人。誰能療治消我病厄。菩薩爾時爲一切首。現爲良醫療衆人疾。常用慈心。專精走使侍從其後。猶如奴僕給所當得。以報恩慈濟人危厄。是故寂意。乃往古世。今斯世尊當爾世時作天帝釋。名曰善自。在於天上遥見衆人得若干病。困厄難言。以天耳聞衆人厄困呻呼悲嗟[13]。見聞如是。興大悲哀。心自念言。今此衆人委厄甚困。無所歸依。今吾應宜濟衆困厄。其無救者爲立善救。無所依者爲設衆依。無所歸者爲造受歸。爾時天下閻浮利中。有一大國城。名曰具留。彼時天帝菩薩去國不遠。化

作一蟲獸。名曰仁良。自然化生在其國界。時天帝釋住⑭在虛空。以偈告語天下閻浮利人。

去此國土不大遠　而有一蟲名仁良　其有服食此蟲肉
則得免濟一切厄　汝等勿恐莫懷懼　睹其蟲身恣取肉
終不抱瞋無厭穢　斯是神妙好良藥

密迹金剛力士復語寂意菩薩。爾時彼大國城郡縣村落丘聚衆疾。諸彼⑮病人聞此音聲。咸皆集詣具留大國。到其蟲所。取其肌肉。各賫來歸。以救療病。各得除愈。其蟲身肉如故不減。時其國界空野中蟲。說是頌曰。

以斯之言要　令衆成佛道　使吾妙智慧　究竟無窮盡

周⑯習學禁戒　取肌肉施與　以是至誠辭　速逮正真道

密迹金剛力士曰。如是寂意。其天下閻浮利諸有病者。皆往取是仁良蟲肉。悉服食之。療體之病。靡不得瘳（chōu）。於時其蟲愍慈衆生。其身如故亦不增減。各各截取復生如故。其身完具亦不缺漏。郡國縣邑州城大邦諸有苦患。敢來食此仁良蟲肉。皆得安隱。七日之中。使天下人無復疾病衆患之難。唯去身病。未消心疾淫怒痴疢（chèn）⑰。時天下人男女大小。皆得安隱無復身患。各心念言。今我等身。以何方便報答仁良所育慈養。乃能被荷衆病得愈。身得安隱永無衆患。諸病愈者普共集會。詣具留國。到仁良蟲所。皆共叉手。爲仁良蟲說此偈言。

仁爲是救護　仁身良醫藥　咸令我除患　以何報仁養

爾時仁良蟲自没其身。現天帝形。爲大衆人而説頌曰。

如吾今日身　不用衆居業　不以飲食供　金銀及珍寶
不以好象車　不快馬細車　男女諸大小　咸共心和同
皆改往修來　身奉行十善　各相向慈心　展轉相愍傷
相見如骨肉　猶如父母子　心不懷害念　乃報其慈養

密迹金剛力士語寂意菩薩。時彼衆人聞其訓誨。宿福所化。皆共奉行是十善業。具足清净不令缺漏。如是寂意。時天下人男女大小。奉行十善。終身没已。不墮惡趣三厄之難。壽終之後自然得生忉利天上。又天帝釋爲講説法。開示大業。皆發無上正真道意。應

時悉立不退轉地。寂意當了。是則菩薩所修密行。護身清淨不惜身命。以己用施。開化救濟無數衆生使至大道。佛告寂意。菩薩身所行衆密堅固牢强。不可破壞猶如金剛。其身散以衆人所學。從志律故。雖欲毀之不能破壞。衆生以學。從學法住一切不壞。所宣言教。火不能燒。刀不能傷。其身堅强。要不可毀。猶如。寂意。其菩薩身。身順法律調⑱化衆生。其菩薩心。不以寂然。不懷妄想。一切衆生身悉本無。其己亦然。亦復本空。以了本無。己身本無。一切諸法亦復本無。諸法本無。又解己身以歸本無。一切諸法亦復本無。諸法本無。己身自然亦歸本無。己以本無。過去當來今現在法亦復本無。去來今法以了本無。又復己身亦復本無。過去本無。當來本無。

而不錯亂。當來本無。不與過去本無相違也。過去本無。不與現在本無相違也。現在本無。不與過去本無相違也。現在本無。不與過去當來本無⑲相違也。過去當來本無。不與現在本無相違也。其當來本無。不與現在本無相違也。去來今現本無。不與現在本無而相違也。其去來今本無。行者諸陰。諸種。諸入。衆衰。四大。未曾相違也。設使生死及與無爲自然本無。生死本無。以無所行本無自然。無行本無。不違本無。諸行本無自然。又族姓子。所謂本無。其本無者等無有异。不離於欲。無所成立。本無諍訟。是諍訟者與諸諍訟亦無所諍。以無所諍。其本無者亦無所諍。是則名曰如來本無。如來無像。歸斯本無。是則名曰如來形像。普現一切諸所色像。是故

形像。如來形像像一切本空。是則名曰如來之像。是故菩薩現一切像。如來未曾造現形像。無像無諍。爾乃普現一切衆像。不以本無有所成立。以本無業自觀其身。諸身本無。自察法身。一切諸身。皆無有身。觀如來身。曉一切身從因緣生。以了法身本所從行。因與法身乃成法身。無陰種諸入。則曰法身行平等業。消除衆生所見之緣。若有所聞。所更粗細。猶如。寂意。耆域醫王合集諸藥。以取藥草作童子形。端正姝好世之希有。所作安諦所有究竟。姝⑳异無比。往來周旋住立安坐卧寐經行。無所缺漏所顯變業。或有大豪國王。太子大臣。百官貴姓長者。來到耆域醫王所。視藥童子。與共歌戲。相其顏色。病皆得除。便致安隱寂静無欲。寂意且觀。其耆域醫

王療治世間。其餘醫師所不能及也。如是寂意。若菩薩奉行法身。假使衆生淫怒痴盛。男女大小欲相慕樂。即共相娱。貪欲塵勞悉得休息。以得休息於内息想。謂離熱欲。因斯受化。皆是菩薩所願具足。如是寂意。若菩薩行善修法身。斯諸菩薩則是法身。示以飲食充實斯體。不服摶食以安其身。以斷衆膳。愍傷衆生而現復食。不以飯食入於體裏。不著身中。又其法身力不增損。菩薩法身不知所生。亦無有死。無終無始。而隨習俗現有生死。雖現終没。解一切法悉無所行。示現所生。暢一切法無爲無會。一切諸法。雖有所生。悉無所生。皆曉[21]諸行。自現其身。諸根闕減。而所游行。不毁法身。則以法身法食法力。以法自歸。了如來身。寂意。欲知如來身者。即

虛空身而無等倫。處於三界爲最至尊。施於衆生。身無所歸。不可譬喻而無比類。其身清浄。捨垢無塵。其身本浄而無沾污。自然鮮明永無塵冥。本性仁和悉無所生。其身寂然。不爲心意識所見拘繫。其身自然。猶如幻化野馬水月。其身已度空無相願。其身普周十方虛空。心悉平等了三界本。一切衆生無有吾我。其身無底不可限量。無作無想。斯身㉒無著無所思念。所住真諦致不可還。其身無像。自然現像。無痛現痛。自然無想而現有想。無生死識而自然現諸生死識。無地水火風。因其示現地水火風四大之身。解諸世間一切現法皆虛不實。眼無所見。耳無所聞。鼻無嗅香。舌不在味。身不倚行。永消衆識。意無所受。心無轉移。無心意識。解了真諦未

曾進退。爾時。寂意。如來法身。若有菩薩以能逮斯如來等身。靡不周普奉菩薩行。在此三千大千世界。諸四方域郡國縣邑州城大邦。悉化其身皆遍現之。一切衆魔㉓不能見知菩薩所爲。現若不現。悉能明了微妙之業。雖無所現。普現一切未曾念行。見聞知識有所修行。開化衆生。不以身行失四意止。爲衆生類。因現其身無常苦空非身之義。解達諸身本法悉寂。爲衆生現身歸壞敗。其以報應求於身者。以是退轉。以是求報。隨四顛倒。其有解睹無作無見。曉知其身猶如草木墻壁瓦石。爲諸衆生現清淨身。如是。寂意。曾爲菩薩。從錠光佛授決以來。致於密身清淨之體。正使菩薩口有所宣。悉無言説。又有。寂意。如來所説隨時之宜。因其想念。説菩薩

密身之寂靜。從是轉進而得拔濟。所至無際。所謂菩薩身之秘密由得自在。菩薩以宣己身寂密。粗舉其要。假欲具說。江河沙劫不能究暢。

密迹金剛力士謂寂意菩薩。何謂言密。其言清浄。隨衆生類墮畜生中多少限數。菩薩亦現若干音響言語。其察音響現若干辭。順其衆生章句言語而演言教。隨時頒宣而與談語。說其苦樂善惡之處。其菩薩音。一切普入靡所不達。或有歌戲幻化瞋喜演其音句。隨其衆生言辭音響而入訓誨。因其一切身意所信。心所好樂。菩薩悉解而分別之。各使聞了。寂意菩薩問密迹力士。菩薩所化音響如何。密迹答曰。從其衆生一切音響。又菩薩音所順無限。猶

如衆生所生之處心念各异。五趣音辭各各不同。不可稱計。菩薩如是各從音辭。亦無言辭。是則名曰隨衆生音無不達之。曉無所有。當作是觀。一切衆響所宣言辭。終竟一切不可思議。言無窮極。是爲菩薩所化隨時。不可喻盡。自恣頒宣不可計響。或演釋梵。四天王音。或復恣宣諸天。龍。神。阿須輪。迦樓羅。真陀羅。揵沓和。摩休勒。人與非人。隨衆生音上中下聲粗細好醜。而演音響。喜悦一切。於是頌曰。

以如言辭　多所解决　敷演無數　所説言教　療以慈心
達入慇哀　宣布廣説　喜悦護意　天帝合集　柔軟和調
若有聞斯　蔽衆音響　因從伎樂　所㉔演悲聲　頒宣斯出

經典訓誨　諸真陀羅　思好雅頌　其音喻此　普悉具足
聞令[25]欲止　淫心不興　一切山神　皆好音樂　計於欲界
衆諸妙音　諸伎樂出　諸天聲響　皆悉起此　誠可愛悦
其法音聲　隨時方便　所宣歌頌　消瞋恚欲　除去痴慢
自大之行　分别暢了　行所歸趣　以聞道術　宣傳之故
其在色界　一切諸天　皆能悦可　斯諸天意　因得聽聞
殊异言教　在世發意　當成佛道　龍揵陀羅　摩休勒等
一切妓樂　若干種品　德海若宣　微妙音教　衆生皆悦
心豫踴躍　入無[26]央數　若干音響　閻浮天下　所居人民
其音普遍　入斯衆生　若得聞者　悉得度脱　虚空天神

及此地祇　其聲通達　咸至彼間㉗　皆得聞教　莫不悅豫
僉然決疑　悉心歡忻　哀鸞鵠雁　赤嘴鴉音　山鳥孔雀
鸚鵡鶡鷄　雁殊异鳥　耆域鴛鴦　若聞此聲　皆可意悅
師子虎狼　熊羆猿猴　麙㉘鹿騾驢　野狐諸兔　象馬狗犬
牛羊猪類　聞其音聲　可意喜悅　四足二足　諸有形貌
其多諸足　諸無足者　皆樂聞是　解知音聲　宣布受誨
捨衆邪業　於斯三千　諸國有音　最上中間　及豪下賤
地獄餓鬼　至畜生類　諸天人民　衆諸音響　行無妄見
惟念至真　亦無想求　未曾諍訟　奉行所業　志存道心
頒宣令現　當應時節　己以專一　忍衆生諍　以音教告

百億國土　從是通達　江㉙河沙數　不倚財業　心無所行
諸佛國土　所有衆魔　此等得聞　斯大和聲　悲哀將護
所救如是　出入行步　悉爲興禮　正使衆生　有百千億
其心各抱　若干志念　聞是言辭　不以蔽礙　又其十指
稽首作禮　卧寐聾啞　口不能言　跛蹇無足　諸大疾病
彼若聞此㉚　微妙善語　宣暢柔和　至好音教　心常懷念
塵勞危厄　口所宣説　億載塵勞　其得聞是　清净法音
開化烏鳥　致於清涼　口所宣布　衆生悉聞　諸佛經法
及諸聖衆　布施禁戒　行忍辱事　精進一心　智慧之法
説意所存　功勛衆行　億百千劫　不能暢盡　本際無底

其意無量　演於佛音　所往無極

大寶積經卷第八

校注

①『重』，龍藏、思溪藏作『量』。

②『勸』，思溪藏作『觀』。

③『兼』，底本污殘，依龍藏、思溪藏補。

④『家』，龍藏、思溪藏作『寂』。

⑤『庶』，底本污殘，依龍藏、思溪藏補。

⑥『法』，底本污殘，依龍藏、思溪藏補。

⑦『慧』，底本污殘，依龍藏、思溪藏補。

⑧『惔怕』，『惔』，安静；『怕』，音 bó，恬淡。（《王力古漢語字典》）

⑨『在』，龍藏、和裕本作『有』。

⑩『得』，龍藏、思溪藏作『復』。

⑪『和羅』，唐言威德也。（唐·慧琳《一切經音義》）

⑫『懼』，底本作『耀』，依龍藏、思溪藏、和裕本改。該句『手持金剛力士侍佛而自顯懼』，异譯本《佛説如來不思議秘密大乘經》（北宋·法護共惟净等譯）譯作：『其中所有憍慢貢高諸有情類。菩薩即現大力那羅延身或金剛手菩薩可畏

之相。』

⑬『呼悲嗟』，底本污殘，依龍藏、思溪藏補。

⑭『住』，底本作『往』，依龍藏、和裕本改。

⑮『彼』，龍藏、思溪藏作『被』。

⑯『周』，思溪藏作『同』。

⑰『疢』，龍藏、思溪藏、和裕本作『疹』。

⑱『調』，龍藏、思溪藏、和裕本作『訓』。

⑲『本無』，底本、校本無，依上下文補。

⑳『姝』，龍藏、思溪藏作『殊』。

㉑『曉』，思溪藏作『脱』。

㉒『斯身』，底本污殘，依龍藏、思溪藏補。

㉓『魔』，龍藏作『生』。

㉔『所』，底本污殘，依龍藏、思溪藏補。

㉕『令』，龍藏、思溪藏作『貪』。

㉖『無』，底本污殘，依龍藏、思溪藏補。

㉗『間』，龍藏、思溪藏作『聞』。

㉘『麑』，龍藏作『麑』。

㉙『江』，龍藏作『恒』。

㉚『此』，底本污殘，依龍藏、思溪藏補。

大寶積經卷第九

西晉三藏竺法護奉　詔譯

密迹金剛力士會第三之二

密迹金剛力士語寂意菩薩。菩薩所説。口未曾宣污染惡言。不仁之辭。瞋恚痴言。亦無諛諂。無剛結言。崎嶇之語。調戲俳説。無益之文。語不妄笑。讒言。兩舌。不顧男女。言①不堅硬。無有粗辭卒暴之性。不有懷害。無取捨心。不失儀節志。亦無結心。無所著。無鬥訟言。無所倚。無塵勞。無所舉。無輕放逸。無自恣。無橫理無宜之行。無非時辭。無貪欲。無非惡。無所愛樂。無有處所。亦無非浄。無違時。無失節。諸根無毁。音聲無瑕。心不懷害。亦無偏黨。無恣誕。無覆蔽。不諍言

語。不有怨嫌。無有結恨。不妄受邪非。無自歸。不計吾我。不嬈他人。不惱彼己。不宣傷害。無殃罪法。不失所言。無不受行。無不順業。無不可忍。所宣言和。無種姓事。無輕調之教。去非法之行。不毀法行。不越時節。不違宜度。不宣須臾。不自嘆類。不壞他伴。於己得譽不以喜悅。見嘆他人亦不愁憒。謹慎守節不輕慢人。不説非宜。不毀有宜。不誹密言。常隨時護。不謗明智。不呵賢聖。言不虛妄。不非證明。不入人罪。不求他短。所言轉教不傷筋骨。不稱他惡。志願無上。不相顔色。不求异黨。不念業便。不行逆事。心常柔順。密迹力士語寂意。是爲菩薩言行相應。以空慌忽②神勇爲力。功德報應所作果實。宣至誠辭從所作報。假使有人行詣大樹下。若復住立作是觀

樹。以觀轉問他人言。男子。能知此樹所生葉數爲有幾枚。有大智人。不觀樹木亦未計數。知彼樹葉便口出辭。其數如是。與侶俱坐。亦不計之。既未能度。至於道德即知其數。來在一切而演若干。其人語詞等無有异。若有來問大江河沙能有幾沙。一一計之。能得幾枚幾百千億兆載垓數。水有幾升斗斛限數。不可以喻量度。不觀其限。亦不數之。悉知江河沙之多少幾億兆載。皆知水升斗斛限。各各爲演若干品語。唯大聖知。天不能證。諸龍。鬼神。阿須輪。迦樓羅。真陀羅。犍沓和。摩休勒。人與非人。聲聞。緣覺。悉不能證明。獨佛世尊乃能知之。以是觀之。如來至真等正覺慧不可計量。宣萬億音。衆生皆聞各得開解。密迹金剛力士語寂意菩薩。乃往過去

久遠世時。有一神仙。名曰樓夷。爾時之世。有一梵志。名曰寂然。時國有一大樹。名曰仁賢。其樹枝葉華實茂盛。其樓夷神仙常處其下。具足十二歲。數其樹葉而復觀之。彼於後日。寂然梵志從城中出。往至仁賢樹所晝夜游觀。飯食已後數樹莖葉。又以聖明一心數之。又曰何謂告啓神仙。我當數之。知有幾枚。時寂然梵志不觀其樹。不數其葉。尋時説頌曰。

有八千姟　八千億葉　節有九千　六百二十　觚有五枚
二百五十　痱瘤六千　六百六十　聖師欲知　葉有若干
數其樹莖　分布所在　并所知解　啓曰如是　今無放逸
有疑數之

樓夷神仙嗟而說言。善哉至言。諦辭無欺。吾十二年坐計限之。其樹葉數亦不數之。悉知本末葉有若干。唯願梵志爲我說之。其音聲行何所以類。寂然即曰。神仙聽之。天不助我亦非世人。以至誠故傳大正行。皆以真淨③無所諍訟。樓夷神仙。舍利弗是。寂然梵志。釋師子是。當執持此至真言教。住於至誠以應法宜。密迹金剛力士謂寂意。是則菩薩至密之業。清淨之元。其無極慧。深入無量。巍巍無限。隨時示現。至真無形。不可說名。

密迹金剛力士復謂寂意菩薩。何謂心密。心行清淨。不失神通。造立慧業。神通自娱。在所示現。正住神通。建立大哀無極之業。以神通化無央數變。一切普顯。以誠諦通。智慧爲室。現目睹見一切諸

法。是則菩薩正真之法。慧通無極。普御一切。其神通慧皆顯衆像。解暢諸色本無有色。其以神通普入諸音。等本音響。皆能觀察一切衆生心念所行。因見本浄。常見一切。隨時開化。常念識之未曾忽忘。斷去來心。普現神足。無所挂礙。獨步三界。不以爲拘。悉無所有。不造立行。其神通明。盡一切漏。曉了隨時。不失其節。現生死難。示度世業。所察玄遠。其神通明。皆超聲聞一切縁覺。深入微妙。坐佛樹下降伏魔官④。解暢一切諸佛道法。而轉順時道法聖輪。開化一切十方衆生。使入法律至阿維顔⑤。轉一切法。

寂意欲知。是爲菩薩心密之業。心行清浄。若心真浄。永無所歸。亦無不喜。性安調和。隨行極良。則以普慧三昧定意而行正受。不永

滅度。不厭欲界。設生其中。無所繫著。不爲所縛。所生現決。未曾有結。所以者何。以度一切虛空妄想。解衆塵結顛倒所受。心無所著。由是之故。得脱生老病死。雖有所生。悉無所生。以大乘本成就一切諸佛道法。斯諸佛法救護十方。求之無處而不可得。乃了一切諸佛之法。一切諸法悉歸佛法。是諸佛之法悉一切法。是一切法及與佛法。不是是法。亦非非法。所以者何。求一切法本末處所而不可得。若求諸法悉無處所。則無有數。超諸住數一切諸法。知一切法。則不依倚⑥諸法。以不依倚一切諸法。其求利義便致大衰⑦。其無思求。彼則無利。亦無衰折。轉進學前。其見利義。心無憂戚。亦不喜歡。其心無憂。志無挂礙。則無所住。其無所住。乃無雜碎。其無雜

碎。則無所向。其無所向。如是乃向。如是乃向者。爾乃無向。其無所向。乃無吾我。其無吾我。則無所受。其無所受。則無諍訟。其無諍訟。則無鬥亂。其無鬥亂。是沙門法。其心平等猶如虛空。住其平等如虛。不隨⑧欲界。不處色界。不著無色。若以一切悉無所著。無譽無毀。其無譽無毀謂一切法。斯等皆解如是深義。以能知是六事之業。宣暢分別亦復如是。以何等故解暢分別。以是之故。一切諸法不可得也。其能解暢分別諸法。本無所處。三界悉虛。乃能解暢悉以分別。是爲心密。密迹金剛力士復謂寂意菩薩。其心行密。斯行慈愍。不計吾我故。其行悲哀。無有衆生故。以行歡喜。則無命故。以能濟護。乃達無壽故。行四布施。心無慳故。奉行禁戒。調和其心故。斯

忍辱行。盡心之業故。若修精進。思惟寂靜故。其寂一心。弃心所在故。其知聖心。無所行故。其四意止。無意無念故。若四意斷。其心以了。以不起不滅故。其神足飛。心廣無際故。以行篤信。心無挂礙故。若修精進。心行寂靜故。其意已念。心行得自在故。其定意者。斯平等心無有若干故。其智慧根。心無想故。其勢力者。順流心本故。若以覺意。心分別慧故。奉行道業。心無所想故。其寂然者。惔怕靜思故。其觀法心。見無著故。修行賢聖。究竟[9]解心故。心念於佛。其明慧者。心不妄想故。其心思道。志不可量故。其思念法。心平等故。思念聖衆。心無所住訓誨衆生故。其心湛净。護於正法故。其法諸界。心無所壞故。佛土清净。心等如空故。衆相具足。心無別形相故。逮致

忍辱。心無顛倒故。阿惟越致。心不復迴還故。莊嚴道場在於三界。心不墮故。降伏魔業。心攝衆生故。道所訓誨。一切法心平等覺故。以轉法輪。諸法無轉。用心不還故。現大滅度。解生死原。以心平等自然之故。密迹金剛力士謂寂意曰。菩薩若得不起法忍。心則甚密。心亦清淨。心已清淨。便解一切衆生心淨。普無不入。其衆生心入于道心。一切衆生心趣道心而被照明。猶如虛空普悉平等。遍入一切有形無形道心。如是一切皆入衆生心行。密迹金剛力士說是菩薩身口心密不可思議時。七萬二千諸天人衆皆發無上正真道意。三萬二千菩薩逮得無所從生法忍。萬四千人遠塵離垢。諸法眼淨。八千比丘意解無漏。是三千大千世界六反震動。其

大光明普照十方。上虛空中天雨衆華。箜篌樂器不鼓自鳴。其妓樂音中演出如是。其有聞是密迹金剛力士所説法誼。若有樂信。是等之人得立授決。愛喜經典。受持讀誦。廣爲人説。不失道心。積功德本。終不虛妄。曾以供養無央數佛殖衆德本。益於衆生靡不蒙濟。

於是世尊告寂意。汝寧聞彼伎樂所暢言響乎。答曰。已聞。世尊。唯然大聖。誰之威神。佛語寂意。有菩薩名雷音。從雷音王如來佛國發。其國土名兩⑩氏。來詣忍界。欲見吾身。稽首作禮啓問法要。欲聽説是如來秘要法教。在於虛空不現其身。供養如來及斯經典。故雨天華。作諸伎樂。從其伎樂出是輩聲。佛説未久。雷音菩薩從虛

空下。稽首佛足。繞佛七匝。住於佛前。白天師言。唯然世尊。雷音王如來敬問無量。興起輕便。游步康寧。爾時世尊告問雷音菩薩。善來正士。快哉顧義。故致奉現。寧欲聽受如來秘要經典之慧。今密迹金剛力士。承佛威神而頒宣之。於是衆會或有菩薩。心自念言。斯密迹金剛力士。在於何世積衆德本。在何佛所而發道心。本何誓願。所逮辯才。廣大無極巍巍如是。時佛悉知是諸菩薩心中所念。告寂意菩薩。乃往過去久遠世時。無央數劫不可思議。爾時有佛。名無量勛寶錦净王。出現于世。如來。至真。等正覺。明行成爲。善逝。世間解。無上士。道法御。天人師。號佛。世尊。世界曰莊嚴。劫名善見。其佛國土有异威德。人民熾盛皆得安隱。五穀豐收。土地大盛。

咸共快樂。天人繁熾。地悉平等猶如砥掌。無沙塵穢。荆棘瓦石。唯琉璃水精明月珠玉。珊瑚虎珀硨磲馬瑙遍布其地。其地柔軟猶如天衣。有甘美香。光色甚好。生其好草如天綩綖。以足蹈上足下四寸。舉足如故。其土快樂。無有大寒亦不大熱。人民仁慈。性行和調。身口心定。香芬熏地。紺琉璃色。彼國人民普得自在。皆受訓誨。淫怒痴薄。安隱寂靜。悉有威力。聞説法言。皆識議理。其佛世尊時。諸聲聞衆有十二垓。諸菩薩三千⑪二億。其佛壽命三十六億歲。無中夭者。斯莊嚴國其中四城。名曰快見。甚大廣長。風雨時節。五穀豐饒。人民安寧。强不淩弱。各得其所。一一方城廣長各八十萬里。相去四百里。有一大國。一一大國。各有千郡縣。及諸村落丘聚。其

土人民身長四里。是時大城快見四方大城。復有大城名曰清淨。王所治處土地廣長。其城東西長二千五百六十里。南北廣千二百八十里。郡國縣邑各有一萬。具足快樂。諸游觀園各有一萬。極甚清淨。七寶合成。時有轉輪聖王。名曰勇郡王。有七寶。一曰金輪。二曰白象。有六牙。三曰紺色馬朱髦尾。四曰明月神珠。五曰玉女妻。六曰主藏聖臣。七曰主兵大將軍。主四天下。供過去佛。殖衆德本。威神難量。發無上正真之道心。逮不退轉。在城中央立一屋宅。廣長高大。長廣各六百四十里。以七寶立七重墻壁。欄楯七重。交道七重。寶幔七重。七重深塹。其宅裏内。有四大果園生若干華。一名妙華。二名功勛阿。三名山河。四名春安。有池水滿。廣長各二十

里。皆以衆寶而作欄楯。紫金爲池。紫金琉璃以爲底沙。滿八味水合生寶華。鳧雁鴛鴦异類之鳥游戲其中。一浴池名施財。二名上寤。三名上香。四名妙御。中宫婇女七萬六千。如天玉女。各有好相端正殊好。非世之有。其王正后玉女寶及諸婇女。皆發無上正真道意。王有千子。具足勇猛。與衆殊异。端正超絶。二十八相嚴飾其身。志性仁和。亦俱同心發大道意。爾時其佛游在清净大國。其王勇郡。供養無量勛寶罽净王如來。具足億歲。諸菩薩衆聲聞等。衣被飲食床卧醫藥。一切所安。園觀浴池屋宅講堂。房室精舍。高臺樓閣。一一比丘與二侍使給所當得。其王諸子。志性安和。無放逸行。常以至心供奉如來。聽受經典。不樂愛欲戲笑邪業。以無放逸。

聽受經典。不以生心。不久即逮興五神通。以得神通踊在虛空。猶如雁王飛行自在無所挂礙。從其一觀復至一觀。從縣至縣。從國游國。從一天下至一天下。普行游觀。以是要偈爲大衆說。

諸佛興出世　玄遠甚難值　人生在世間　亦甚難得遇
諸人咸同志　俱信樂聽經　於億百千劫　甚復不可遭
今人中之雄　以出于世間　欲令寂然定　故說經法義
從安住世尊　咨[12]受教訓誨　求于大聖明　奉啓佛至言
以聽受經法　弃捐于惡趣　以逮聞正法　得坐極安處
以逮聞正法　消除衆塵勞　因其聽受慧　得致正真法
彼時布宣訓　而演是甘香　緣其斯瑞應　地六反震動

普布告天人　諸天舉[13]嘆曰　即時雨天華　其華若干種
衆生皆來集　不可稱計數　最勝之開化　皆入于道法
前稽首足下　禮於天人尊　皆俱以叉手　恭恪而住立
其最勝聖師　是逮得是心　隨時順義理　而爲説經法
斯等之伴侣　得聞安住法　三十六億俱　悉發大道心
其三百億衆　具足不減一　皆以得清净　極上之法眼
其心以厭患　於俗之家業　悉共在彼世　弃家行學道
諸人無數衆　億載兆姟人　咸啓受經戒　皆作清信士[14]
以逮聞經法　稽首佛足下　各各前辭别　悉自還歸家

佛告寂意。爾時王太子并共父王。以栴檀造立樓閣。廣長清净好

挍飾之。作諸窗牖以衆寶成。以牛頭栴檀香一升燒氣遍天下皆有美香。以是栴檀造立樓閣。廣長高大。高四百里。莊嚴挍飾。威神顯現。巍巍無量。正四方好四角四柱。所作平正安不傾斜。其王勇郡。因欲往到無量勛寶罽净王如來所。奉視⑮稽首。咨問聽受經典。勸王眷屬。人命難得。佛興難值。億載時有。經道難聞。宜往奉視⑯咨受經典。王及太子。夫人婇女。大臣百官。人民大小。皆入挍露高臺樓閣。坐於百千嚴飾寶床。以衆華香雜香。衣服寶蓋幢幡。鼓諸妓樂。以恭恪心奉事尊敬。寶珠挍露高臺樓閣以貢上之。一切同心仁和之意。上在虚空猶鳳凰王。與諸衆俱無所掛礙。飛行浮疾往詣佛所。其寶挍露高臺樓閣以到大會。前詣佛所。斯寶挍露高臺

樓閣。繞佛七匝。還住一面。王及大衆各下以出。前禮佛足及禮聖衆。繞佛七匝。因在前住。白世尊曰。久服聖音。國有多事。不尋奉現。慚愧無顏。飢虛之情今日乃果。時佛大聖見王真心。宮人眷屬故來聽法。則以隨觀。從其心本。應病與藥。頒宣經法。佛告大王。志建大乘有四事法。所游殊特不違大道。何謂爲四。若學大乘篤信重人。所游殊特不違道意。何謂爲信。若以喜樂奉諸賢聖。所不當造終不行之。大王恭敬則學大乘。所游殊特不違大道。若謙恪聽於賢聖經。至心入耳。聞則受持。以不自大學于大乘。所游殊特不違大道。以不自大觀見衆聖。稽首作禮。一心歸命。若尊精進學于大乘。所游殊特不違大道。以用精進輕身口心舉動便宜。行以越度

於一切行。是爲四事。佛告王曰。復有四事。見無放逸。所見擁護。何謂爲四。將護諸根。見愛欲難。曉一切受想知無常。因法得生命根第一。是爲四事。菩薩有四事。名曰法王⑰。何謂爲四。一曰不捨道心。二曰亦復勸化他人發意。三曰以諸德本勸助道心。所可聞者意廣無極。四曰一切釋梵及四天王。其諸聲聞并緣覺地。至于無極無壞弘廣無窮之業。是爲四事。是故大王。當行無放逸。常修篤信。好喜無量道法之義。常受正法。以法之樂而以自娛。若以精進求于道法。大王所行不貪境界。所以者何。大王當解。貪欲無厭猶飲鹹水。其見賢聖智慧之明乃知限節。人命甚短。安少苦多。生無不終。當就後世。常畏將來。心不可保。今日大王所供養佛。因是德本。

以有四事具足勸助。何謂爲四。世世財富不可限量。功德福報不可盡極。聖明之慧而無涯底。辯才之智悉無窮盡。是爲四。復有四事而當勸助。何謂爲四。身行清浄功德之業。言行清浄戒禁具足。心行清浄博聞無厭。其法清浄聖明無⑱黨。是爲四。復有四事勸助德本。何謂爲四。善權方便。修清浄行。訓誨衆生。智度無極。以清浄業降伏魔官。誓願清浄。言行相應。一切諸佛法悉清浄。積功纍德逮見諸佛。是爲四。爾時世尊爲勇郡轉輪聖王説經中慧分别深義。其王心解。即時忻然。便解身頸無數百千奇珍珠瓔以貢上佛。舉國事佛。給所當得。奉持五戒。盡其形壽浄修梵行。其王中宮夫人婇女。從佛聞法心中喜悦。隨時之心抱柔和意。無陰蓋心。脱身

衣被奇异寶瓔以覆佛上。啓白報王。欲得捨家出爲沙門。浄修梵行。盡其形壽奉持禁戒。王即聽之。如是寂意。其勇郡王奉無極法。逮法財富。稽首佛足。繞佛七匝。與中宫婇女及其官屬。入大高臺樓閣挍露。便涌出上於虛空中。須臾之間即便[19]還復[20]清浄大國。於是聖王以十五日月盛滿時若干種華。出入行到游觀之園。中宫眷屬觀見好地。彼時聖王在游觀園作衆妓樂。其二正夫人一名不行步。二名無虛損。從宫中出。洗身沐浴。適還去已。以香熏衣。坐蓮華臺妙勝床席。有二孩童自然來上夫人膝上。結加趺坐。端正殊好。非世所見。有二十八大人之相莊嚴其身。適自然現。即時虛空中百千諸天舉聲嘆曰。是二孩童則法神聖。一名法意。二名法

念。是二孩童適自然現。時其名法念孩童。坐不移夫人膝上。其法意孩童子。化生㉑無損夫人膝上。適加趺坐。异口同音而説頌曰。

若有守己身　能發菩提心　斯等之學士　爲致善福慶
以爲曾睹見　護吼興現世　常以歡悦心　一志供事佛
爲大神通業　快得受救護　得消生死輪　疾滅無所生
若發菩提心　未曾忽忘之　以救攝衆生　壞破生死難
其上方境界　不可計佛土　彼土而有佛　號名曰時節
從彼佛土來　以用法故舉　亦欲見功勛　國土之所有
於時二孩童　各從所坐起　因便從母膝　移下在于地
俱發進其路　行詣天人尊　前稽首佛足　却退叉手住

四方宣佛德　今故來聽經　佛法甚難致　聞受亦難遇
以得聞是法　當啓人尊勝　至誠於佛道　無上正真業
諸佛之道法　爲甚難得值　愛樂經義者　亦復倍難遭
今日以閑静　用親友好法　隨順之威則　奉敬信法教
慕[22]嘉於精進　所行無放逸　以得爲沙門　如是處閑居
愍念住如是　質樸等無量[23]　常抱慚愧心　知博聞難遇
其慈普具足　愍念於衆生　以能達深法　乃可逮法忍
計諸威力勢　其心無怯羸　攝救諸衆生　開化一切難
若在於獨處　造業無思議　以不貪其身　壽命根亦然
於學禁無厭　我思於道法　以是能曉了　逮功勛若斯

若能學如是　第一甚難得　其法王之業　咨嗟此最上
斯諸法之要　報應普備足　當發往俱到　聖安住佛所
其斯諸明智　受菩薩道行　奉行清白法　以用宣布教
隨時而閑静　逮到五神通　因其識皆念　所行法惔怕
其王二太子　與夫人婇女　斯二明智等　行菩薩之法
以獲神通慧　經行虛空中　往到世尊所　功勛智慧海
前稽首佛足　自歸人中尊　一切悉和同　俱往叉手禮
法意前啓[24]佛　并餘一切衆　唯願大聖尊　爲我說道法
最勝知是等　心中之所念　則爲分別說　深妙之法義
是一切諸法　皆從因緣起　本無主師教　從造化現生

其解内以空　外則無因緣　是一切諸法　慌忽悉空虛
以能察本末　無作見[25]清淨　計之猶虛空　常不可護持
佛以無數便　爲此等頒宣　分別敷演此　深奥之正真
七十六姟人　及二億載衆　一時皆得成　柔順之法忍

是時轉輪聖王勇郡。中宮太子眷屬萬民繞佛作禮。供養世尊及與聖衆。晝夜七日畢竟還歸其宮。於是勇郡轉輪聖王獨處宴坐。在於清淨高閣挍露。自心念言。是吾諸子皆發無上正真道意。今當試之。何所太子先當逮致無上正真之道。爲最正覺者。便敕工師作七寶瓶極好團圓。作七寶甈顯現微妙。又高七刃爲四十[26]九尺。使諸千太子各各疏名。作七寶籌著瓶中。舉瓶著甈上。咸共夙

夜七日供養。以天華香。擣香。雜香。華蓋。幢幡。作衆伎樂。供養寶瓶所疏名號。十千天子來佐勸助供養名號。時轉輪王過七日後。取是七寶瓶。在中宮夫人婇女諸太子衆前。舉著紫金案上。使人舉瓶。令諸太子各各探籌。有太子名曰净意。得第一籌。適得此籌。於時三千大千國土六反震動。中宮夫人婇女一切妓樂不鼓自鳴。於寂意所念云何。彼時净意太子豈异人乎。莫造异觀。所以者何。則拘留孫如來是也。從次太子名離名聞兵。則拘那含牟尼佛是也。次有太子名寂根。則迦葉如來是也。次有太子名一切苦利。則吾身是也。次有太子名雨室。則彌勒如來是也。次有太子名明月珠服。將來作佛名曰師子。次有太子於將來世成佛。名曰妙英。次

有太子名賢氏。將來成佛名曰供養。次有太子名曰光首。後成佛時號曰妙華。次有太子名曰蓮華氏。後成佛時號曰奉養。次有太子名離垢光。後成佛時號曰善目。次有太子名兵氏。後成佛時號曰快臂。次有太子名曰意妙。後成佛時號曰焰光。次有太子名曰淨復淨。後成佛時號曰焰味。次有太子名曰富黨。後成佛時號無退沒。次有太子名曰離垢淨。後成佛時號曰執德。次有太子名曰堅强。後成佛時號曰寶事。次有太子名曰寶稱。後成佛時號曰無欺世。於是寂意。取要言之。次廣具足。有太子名曰甘鎧莊嚴。第九百九十九。千不滿一。後成佛時號曰無量德寶稱。在是賢劫立㉗興來世。佛言。如是寂意。有太子名意無量。得最後籌。是王太子當在

最後成行覺[28]道。時其諸太子輕易調戲數數笑之。衆等各言。我當成佛時。降魔官屬。轉于法輪。開化度脱無量衆生。令至滅度。假衆生盡。後何所設。當何救濟。其後太子名意無量。目自睹見。得最後籌。窮底成佛。應時愁惱。吾獨何舋(xìn)窮底得籌。五體投地猶太山崩。口自宣言。諸佛道法不可稱量。衆生之界亦無有限。所願殊特不可思議。尋即立一切願。令我兄弟千人成佛後。所教弟子。所度多少。其壽長短。計合是等一切壽命。與我成佛道時。所壽久長若干適同。仁等所有一切聖衆。我成佛時聖衆獨爾。頒宣經法所化度脱一切衆生。亦復如是。與仁千人功勛巍巍。適等無异。不可限量。假使吾身所言至誠。合成不虛。三千大千世界爲吾現瑞。六反震

動。天雨衆華。箜篌樂器不鼓自鳴。時意無量國王太子適立斯誓。尋時三千大千世界六反震動。天雨衆華。箜篌樂器不鼓自鳴。上虛空中諸天百千。而嘆頌曰。當如所願最後成佛。名曰樓由如來至真等正覺。佛言。寂意。何故名之樓由。爾時愁慼自投於地。用得下籌自積誓願。由斯世尊號之樓由（樓由者晋言涕泣）。於彼世時。其王太子誓願已竟。說此偈言。

是諸佛道法　猶等如虛空　意覺若如幻　衆生不可盡
所願誓吉祥　戒禁成清凈　諸仁且聽是　我所欲誓願
合集諸仁君　所壽之有限　諸重尊聖王　一切皆盡見
計是諸佛名　與我一壽㉙等　成佛名樓由　比丘衆如是

其王太子感　故宣是言辭　諸天立虛空　舉聲嘆頌曰

如今清净人　所願必當成　因以衆生故　會成所要誓

佛告寂意菩薩。欲知爾時意無量太子乎。答曰。不及。佛言。在是賢劫最後成佛。號曰樓由。於賢劫中。所與諸佛千不滿一。所度衆生。諸菩薩學比丘聖衆。不及樓由。最後成佛而壽半劫。所度衆生。菩薩聲聞一切聖衆。竟於賢劫。與九百九十九佛所度適等無有差特。佛告寂意。且觀菩薩善權方便。成就禁戒而有殊特。具足誓願獨步獨坐。周旋三界曾無休廢。所以者何。樓由如來獨以一身開化衆生。與千佛興所度無异。所益無限巍巍若斯。如是寂意。王千太子。其後二子各心念言。汝等正士所志云何。法意太子曰。吾自

要誓。諸人成得佛時。當作金剛力士。常親近佛。在外威儀。省諸如來一切秘要。常委托依。普聞一切諸佛秘要密迹之事。信樂受憙。不懷疑結。法念太子曰。諸正士聽。吾心自誓言。諸仁成佛道。身當勸助使轉法輪。適見相勸輒轉法輪。寂意。欲知爾時勇郡轉輪聖王乎。答曰。不及也。佛言。則往過去定光如來是也。其時諸子。此賢劫中千佛興者是也。從拘留孫爲始作佛。至樓由竟千佛也。其法意太子。則今金剛力士名密迹是也。其法念太子者。今識其梵天是也。彼時聖王中宮夫人婇女。今諸來會者是也。彼世之時。王諸太子所勸出家作沙門者。及所教化。皆此賢劫稍漸受決。當次第成最正覺。寂意。且觀十二緣起。不亂德本獲報應果。諸所發意不

失其功。斯等正士十力普備悉獲所願。是故寂意。若有菩薩疾欲逮成無上正真道爲最正覺。當學斯等諸正士業。勤修奉行悉存佛道。彼何謂佛道。不以害心加㉚於衆生。興乎慈心奉度無極。習行四恩。常修梵行。遵道品法。具進神通。行權方便。成就德本。是爲佛道。佛復告寂意。其道心浄。斯性通達。其道和雅。志性安隱。其道質樸。而無諛諂。其道廣普。無所挂礙。其道平等。心無偏黨。其道無畏。不犯衆惡。其道財富。施度無極。其道豐饒。戒度無極。其道不咨。忍度無極。其道離處。進度無極。其道不亂。寂度無極。其道善擇。智度無極。道歸己慧。奉于大慈。道不曲意。至于大哀。道受喜悦。行以大喜。道歸妙御。至於大護。其道以除衆苦之惱。消去貪害瞋恚之想。

其道趣安。心不懷色[31]。道化難調。刈色聲香味細滑之法。道降魔官屬。令化去心自大及衆怨賊。道消除陰種諸入。悉無所著。道捨魔事。在衆塵勞而得自在。道歸上心。離於聲聞緣覺之念。道習諸去來所行。致平等覺。道御大寶。順一切智。道常分別無礙慧明。道宣善行。攝善親友。道廢[32]坑塹。消衆結著。道弃塵勞。越瞋諍地。道歸安隱。捐衆非[33]惡。道歸吉祥。趣泥洹業。是爲菩薩行佛道業三十二事。菩薩住此。疾成無上正真之道。逮最正覺。

大寶積經卷第九

校注

①『言』，底本無，依龍藏、思溪藏、和裕本、中州本補。

②『慌忽』，龍藏、和裕本作『恍惚』，思溪藏作『恍忽』。《新集藏經音義隨函録》（後晉·可洪撰）釋『恍惚』作『虚幻不實也』。

③『凈』，龍藏、和裕本作『諦』。

④『官』，思溪藏作『宫』。

⑤『阿維顔』，《法華玄論》（隋·吉藏撰）卷第五有『阿維顔者，十地頂人也』。

⑥『倚』下，龍藏有『一切』二字。

⑦『衰』，思溪藏作『哀』。

⑧『隨』，龍藏、和裕本作『墮』。

⑨『竟』，龍藏、和裕本作『意』。

⑩『兩』，龍藏、思溪藏作『雨』。

⑪『千』，龍藏、思溪藏作『十』。

⑫『咨』，龍藏、思溪藏作『恣』。

⑬『舉』，龍藏作『譽』。

⑭『士』，龍藏、思溪藏作『女』。
⑮『視』，龍藏、思溪藏作『現』。
⑯『視』，龍藏、思溪藏作『覬』。
⑰『王』，龍藏、思溪藏作『生』。
⑱『無』，底本作『爲』，依龍藏、思溪藏、和裕本改。
⑲『便』，底本作『復』，依龍藏、和裕本改。
⑳『復』，底本作『服』，依龍藏、和裕本改。
㉑『生』，龍藏、思溪藏作『坐』。
㉒『慕』，龍藏、和裕本作『募』。
㉓『質樸等無量』，龍藏、思溪藏作『資財等無异』。
㉔『啓』，龍藏、思溪藏作『稽』。
㉕『見』，龍藏、和裕本作『是』。
㉖『十』，思溪藏作『丈』。
㉗『立』，龍藏作『出』。
㉘『覺』，龍藏、思溪藏作『學』。

㉙『壽』，龍藏、思溪藏作『籌』。
㉚『加』，底本無，依龍藏、和裕本補。
㉛『色』，龍藏、和裕本作『危』。
㉜『廢』，龍藏、思溪藏作『發』。
㉝『捐衆非』，思溪藏作『損衆悲』。

大寶積經卷第十

西晉三藏竺法護奉　詔譯

密迹金剛力士會第三之三

爾時寂意復問密迹金剛力士。如來有幾事秘要。一切聲聞諸緣覺地所不能及也。何況凡庶暗蔽之類。善哉密迹。願[1]意樂任[2]。頒宣如來秘要。普入一切衆會。咸欲聞之。密迹力士謂寂意曰。諦聽諦聽。善思念之。今當敷演如來秘要。有三事。何謂爲三。一曰身密。二曰口密。三曰意密。何謂身密。如來於斯無所思想。亦不惟念。普現一切威儀禮節。或有諸天人民自憙經行。見睹如來經行之時。諸天人民心自念言。世尊爲上。斯等逮見如來身密。佛之所念亦不

思望。一切衆生睹見如來至真妙德威儀。若諸天人憙坐。見如來坐。若諸天人憙卧。見如來卧。若憙聽經。見如來説經。若憙寂靜。見如來默然。若憙禪思。見如來三昧。若天人民目視不眴者。見如來目③未曾眴。若意自在有憙光者。便見如來光無所閡④。憙紫金色者。亦見紫磨金色。若諸天人民憙銀色。水精色。琉璃色。馬瑙色。硨磲黄⑤色。真珠正白。正赤。黄白紅紫色。或取明月珠色。暴亂色。炎光。日。月。四天王。釋。梵。阿須倫。或中分色。須彌華色。或思妙色。或藥形色。或碧石色。或無憂華旃匐色。或思夷華色。或青蓮⑥紅黄白華色。或了忉利天色。或毗沙門王顔。或四天王形。首藏青帝。黄帝。赤帝。白帝。或虚空净。或天人民心志無量品色各异。亦見如來若干品種

功勛德色。如是。寂意。正使江⑦河沙等諸佛世界滿中衆生有含命類。展轉相愛。展轉相生。皆决⑧罪畢得爲人形。從思想生。其中一人正使所生。亦猶如彼一切衆生。如來亦見若干品色。威儀禮節。心所好樂。不可限量。悉欲察知本末言行。亦復如是。如來至真。有以是緣。各於衆生現如來像威儀禮節。言行使然。猶如一人心得解脱。不與二人俱共同也。欲宣至實心得解脱乃至乎道。如來至真。乃能可悦一切衆生。以悦衆生顯示色像。威儀禮節言行亦然。猶如。寂意。清净明鏡。隨其色貌以往照之。則現其像。不失本類。等示無异。未曾變改。明鏡照形亦無想念。如來如是。雖以法濟一切衆生。無有想念。無利養心。可悦一切衆生心行。隨上中下深淺之法。

開化度脱三界迷惑。是爲如來身行秘要。
密迹金剛力士復謂寂意菩薩。如來秘要亦不分別陰種諸入。不歸罪福。不生塵勞。不成父母。無四大胞胎。亦無骨肉。所聞功勛。無塗華香。悉無所有。不繫在色。無出入息。壽命滅盡。欲知佛身則是法身。身無有色。無衆妄想。所現色相。爲貪慕好求豪尊位衆生之故。而示形相令目⑨睹矣。法相静寂。爲敬慧故。一切衆生使趣天眼。
密迹復謂寂意。若有衆生俱在一會。各見佛身。以緣意睹。其遠住觀。住本不見。其住本也見。住遠不見者。無意緣也見者。以亂意緣不見也。若以意緣不得見者。若以己身而察見之。用見他人故。不見之也。又見他人故。復能見者。用見己心故。不見之也。其在夢中

有所見者。從夢覺已則無所見也。定意所見起無所見。起往所見定無所見。其空靜所見不靜不見。其在空靜則無不見。其見無業。離於無業無所見之。其離無業乃有所見。一無所見。密迹復謂寂意。其如來身從無數事。各隨顯現。其色行天。身行寂然。威儀禮節。而心自定。然後復亂。[10]斯如來身無有邊際。亦無限礙。亦無妄想。不可想節。如來身者不可限取。無若干像。如來身者亦復如是。無所不遍。猶如虛空。不有妄想。如來若斯。永無思想。猶如虛空。皆以遍入一切形色。如來若斯。悉以周遍照諸衆生。猶如虛空。普入諸色周遍[11]其裏。如來之身亦復如是。普照衆生靡所不遍。猶如虛空。皆長一切百穀草木。如來若斯。至真之體長育德本。猶如虛空。不計

有常及與無常。亦無晝夜。如來若斯。身不有常。不云無常。不能見頂。

又復寂意。諸佛世尊。佛以普見天上世間。魔王。梵天。無敢當佛睹其頂者。諸天。龍。神。揵沓和。阿須倫。迦樓羅。真陀羅。摩休勒。人與非人。聲聞緣覺。若諸菩薩。莫能堪任見如來頂。所以者何。佛成道未久時。轉法輪游波羅奈。東方去是世界甚遠。乃得思夷華佛土。世界曰懷調。有菩薩名曰應持。來詣忍界奉覲⑫世尊。稽首作禮。敬問供事。禮足下已。繞佛七匝。則往其前。應持菩薩時心念言。我欲度知如來身限。自變其身高三百三十六萬里。觀如來身五百四十三萬兆姟二萬億里。則心念言。我獲神足。神通自娛。我寧可復測

度佛身所入云何。佛以威德。以神足力。上方去此百億江*河沙諸佛國土。有世界名蓮華嚴。其土有佛名蓮華上如來至真等正覺。現在説法。應持菩薩往在其前。不能睹之。在上而立遥視。永不逮見世尊大聖能仁佛頂。欲見頂相永不得見也。不知佛身高長廣遠幾千億載江*河沙佛土。時應持菩薩往詣蓮華上佛所。稽首佛足。右繞三匝。住於佛前。而白佛言。我身所來去是遠近。佛言。去此百億江*河沙佛土。卿族姓子從彼到斯。應持菩薩白佛言。我上過到若干佛土。不能得見釋迦文佛頂。不知高長幾百千億江*河沙佛土。彼佛荅曰。假族姓子。以是方便聖明之慧。斯神足力。從此轉上江*河沙劫。忽以越過上所⑬喻佛土。尚不能得見於世尊釋迦文

頂。亦不可得其身邊限。又族姓子當知。佛身無限巍巍如是。不可譬喻。諸佛世尊不可稱載。又族姓子。用無侶故名不可喻。如來禁戒亦無譬喻。三昧定意。智慧解脫。度知見品。身口心業。色相衆好悉不可喻。一切衆生以若干品引譬舉喻。咨嗟如來禁戒無極。定慧解脫。度知見品。身口心業。色相威好。猶如虛空不可得邊。如來之身無際若斯。於時應持菩薩聞蓮華上如來所說。忻然大悅得未曾有。即禮佛足。繞聖七匝。没彼佛國。承佛聖旨。蒙己神力。發意之頃到此佛土。往詣佛所前。稽首禮釋迦文佛足。右繞七匝。則住佛前。以偈頌曰。

欲解達佛身　猶如喻虛空　樂得知邊際　以捨所造作

過此百千億　無量江*河沙　上越若干土　欲見佛身頂
過到無限土　至蓮華佛界　樂得身邊限　不睹見佛頂
其彼國土佛　名曰蓮華上　見我心所念　便以分別説
假使引衆喻　講諸佛世尊　便不順佛教　則爲誹謗聖
若欲知譬喻　諸佛法平等　頒宣虚空限　實無有邊際
設猶如虚空　佛戒禁若斯　定意智慧業　解脱度知見
猶虚空無際　色身亦如是　欲觀世護頂　等譬如虚空
如虚空所周　佛身遍如是　如虚空所遍　光明照亦然
其光照所至　有言辭若茲　如言辭所至　心遍亦復如
如心所遍至　慈心布如是　如慈心所遍　慧周等無异

如慧之所周　身所周若斯　功德亦如是　道心無有二
如道心功德　解色亦如是　充滿于虛空　所度復越是
如一切衆生　所受福德品　其發道心福　一人德如是
如其發道心　功德業名稱　若受正法者　功德過於彼
一切諸佛興　頒宣百億劫　嘆[14]持正法功　不得其邊際
其興於道心　而護諸正法　好樂解空無　十六不獲一
以樂解空無　則不失道心　執持尊上法　是慧乃和同
逮得斯法趣　菩薩則勇猛　獲致佛功勛　奉修佛道行
說是頌偈時　震動億佛土　諸天億百千　鼓億千伎樂
無數億千人　悉發大道心　因聞大法故　應持之所嘆

是處[15]不可議　無上不可限　諸佛普示現　自在之秘業

密迹力士謂寂意曰。是如來身秘要。若彼衆生皆集一會。或有能見如來身者。或不見者。其能見者歡喜觀之。其不見者默然而觀。如來不食。衆生悉見如來服食。又寂意。如有天名精力。初化受道。取如來食而器受之。濟諸窮乏。衆人皆見如來而食。見如來舉食著於口中。自然還器。諸天子取往古宿世如來所種殖衆德本而有餘殃。在在所生就與羸劣。使服食之。飢乏困厄不得食者。如來愍此以食授之。是衆生等食斯飯已。身體安隱。消除塵勞。衆想休息。心性仁和。志存無上。以平等覺發不可思議。以是之故當作是觀。如來不食。如來至真以法爲食。所以者何。如來之身成[16]鈎鎖體。

猶如金剛鏗然堅强。不可破壞。其如來身無有生藏。亦無熟藏。復無堅軟。亦無不净大小諸便。咳唾之穢。又如來身如紫金色。無怯無弱。不有恐畏。寂意。且觀於如來身。曠然無極。甚妙堅固猶如金剛。而身柔軟如細天衣。或時上妙顯微妙身。天人玉女稽首足下。禮如來身。觸如來足。柔軟極細不可爲喻。悉發無上正⑰真道意。永無衆塵。若貪淫人。瞋恚愚痴若有等分。見如來身適値目睹。其淫怒痴所有等分。一切身行悉爲消除。無復衆塵。若有慳貪犯戒。瞋恚懈怠。亂心愚痴。使布施持戒。忍辱精進。一心智慧。取要言之。若有離於清白之法。見如來身。弃不善想。皆修德本。以不妄想觀於如來。乃曰真道。是爲。寂意。如來身秘要。若有布施。如來瑞應所化

自在。以律開化衆生不受長育。解衆生想而爲頒宣建立應度。如來於彼觀無所業。又無所行。如來至真未曾念是。我當化形。所當化者若方當化。心自念言。又化所觀。如來至真在此業前。乃至世界所説土地無數世界。如來所化往來所至。如來在彼觀無所想。其如來者。從身放光明。若干種色。無央數色。不可計限百千曜色。其光所照江*河沙等諸佛國土。光明遠照。所奉行業。衆生皆從彼開化之。以是無業所作行無。是故寂意。如來身秘要。諸所念行。所頒宣説。所成就發無上正真道意。又如來身秘不可稱計。説是如來身行秘要時。十千人發無上正真道意。八千菩薩逮得無所從生法忍。諸天人民。阿須輪。世間人贊嘆密迹。善哉善哉。諸天伎樂

不鼓自鳴。雨於天華。世尊以右紫磨金色手。舉著密迹金剛力士頂上。嘆曰。善哉善哉。密迹。快善說是如來身秘要。今所宣說。如佛所教而無有二。

密迹力士謂寂意。何謂爲如來口秘要。其夜如來逮無上正真道。成最正覺。至無餘界泥洹之界。滅度日夜。於其中間。施一文字以能頒宣。一一分別無數億載。講演布散無限義理。所以者何。如來常定。如來至真無出入息。無所思念。亦無所行。無復思想。悉無所行。雖口所宣。無想無行。如來所行無應不應。無言無說。不想有人。世尊所說。一切超越三昧正受。皆以文字而分別說。頒宣文字而自倚著。一切衆生如是周旋往來。如來爲我講說經法。是則名曰

如來在彼亦無想念。如來所觀而知止足。其舌之門口宣音響。聞所宣音莫不悅喜。而演如來言辭之教。散一音聲。悉普周遍衆生所想衆生心念。是則如來從口敷演。如來言辭出六十品。各异音聲。何謂六十。吉祥音。柔軟音。可樂音。悅意清浄音。離垢音。顯曜音。微妙音。明聽音。無亂音。無憒音。師父音。無剛鞕音。無粗獷音。善順音。安重音。身所吉和音。隨心時音。空悅音。與愛安想音。無惱熱音。方正音。識達音。親近音。意好音。歡悅音。和教音。曉了音。精勤音。忍和音。重了音。其響去穢音。應師子音。龍鳴音。雨好音。海雷龍王音。真陀羅伎音。哀鸞音。鷹暢音。鶴鳴音。耆域音。英鳥音。雷震音。不卒音。不暴音。普入響音。去非時音。無乏音。無怯音。悅豫音。通暢音。戒

禁音。美甘音。進行音。廣普音。具足音。諸根無瑕[18]音。不輕疾音。無住音。響普入衆會音。宣諸德音。密迹金剛力士謂寂意菩薩。是爲如來六十品音。其如來音。普通十方諸佛世界。可悦一切衆心性行。如來所觀無有妄想。如來道心不作是念。吾當爲其口宣經法。通聞經。德經。所演經。分別經。頌詩經。藏經。於是順經。生經。方等經。未曾有法經。譬喻經。章句經。若説古喻。若有引喻。有頒宣言論談語。諸無上講諸事敷演衆事。有所處當分布遠近。開通其本自解曉了。宣暢其義而爲開化。又衆會等。如來至真所宣法典。親近佛坐。入比丘衆。比丘尼。清信士女。諸天。龍。神。揵沓和。阿須輪。迦留羅。真陀羅。摩休勒。若人非人衆會之黨。隨衆生根所行精進。從所樂法

而令入道。以順入道。求衆生無因開化之。樂法音響亦復如是。斯諸衆生心自念言。從如來口出。不以各各説法。隨心别异言行應時。各各聞法而得開解。是則名曰如來口密要也。

又有。寂意。無數衆生行不可計。其所言辭八萬四千暗處下劣。誘進此輩無明衆生。入如來法而蒙開化。又衆生行不可限量。若有貪淫。隨時因彼衆生所行。由入其中便救濟之。怒痴衆生及等等分行三事。蔽衆生之類。隨其三界思想之頃。莊嚴拔之令無所住。而無异心。入衆生類罪福之行。而爲分别。現如來壽而有限盡。不知衆生所行罪福。以權方便各説异法。如來善權。衆生無限。不可計量。所行不同。便爲頒宣若干品法。又以衆生。在於我所面現相

值。如來所説悉遍入心。隨其本行。宣布道業。各解入道。是則名曰如來秘要。若有菩薩入如來秘要。是等不知。謂於如來至真演有爲之門。而如來法悉是無爲。又有如來宣一品音。衆生想念坐有所説。唯憶想樂如來音者。望⑲想所説。不當作是觀。而如來口永無所説。所以者何。或有衆生聞如來音。眉間之相謂之在頂。若有想髮。知之紺色從天中跱⑳。目善明好。人不堪任諦視如來。所以施與。消除諸非。弃諍訟門。無危害心。若頸㉑肩臂去衆陰事。若諸指事。若以身脅。若有宣頌。從背至足。若以腹。若以臍。又陰馬藏。若以膝腨無瞋休息。若以有相及成種好。於世最上。若有想知如來至真聞其音響。隨其所好諸根厚薄。從其應度而開化之。演斯音訓悉使

入律。雖爾。如來所觀開化亦無想念。㉒猶如。寂意。或譬如伎樂以調其音。以手鼓之。其聲悲和。無有在彼作是聲者。皆由方便緣合。而有殊特悲和之音。如是寂意。如來言辭化衆生心。緣其暢教。如來在彼有所演説無有偏黨。皆是宿緣所造立行而有殊特。如來至真在於衆生。超絶巍巍由本殊特。猶如。寂意。呼聲之響。其音遠徹。其音所出。不在於內。亦不處外。不在中間。如來若斯。宣音訓誨衆生之心。其辭言教不從身出。亦不從心。不內不外。不從中間。猶如大海之中如意明珠。演其光曜可一切衆。若寶明珠繫在幢頭。遍照城市。從衆生心所欲志願。其明月珠出寶。衆人各得所欲。斯明珠寶亦無想念。如來若斯。其有寶心。志存清净執大哀幢。從衆生

性根。無所不應。各使開解。雖顯是教。亦無想念。是則如來所宣秘要。

密迹金剛力士復謂寂意菩薩。吾今普觀天上世間。諸魔。梵天。沙門。梵志。諸天人民。都不能限如來所宣音響文辭。所以者何。我身憶念。如是世尊在靈鷲山。與諸菩薩眷屬圍繞。而有法典名净音場。廣爲衆生而頒宣此。時慈氏菩薩之所建立。當爾之時。賢者大目連心自念言。吾欲試知如來音響所徹遠近。時大目連自於其坐忽然不現。住須彌頂聞如來音。如在目前。自以神力即游於是三千大千世界。最在其邊。越衆須彌諸四方域一㉓切鐵圍山。住在極邊大鐵圍山頂聞如來音。如故無异。如近不遠。佛自念曰。是大

目連欲試如來清浄音場。吾今寧可顯其神足。於是世尊發現神足。時大目連承佛聖旨。蒙己神足。西方界分去是懸遠。然過九十九江河沙等諸佛國土。有佛世界名光明幡。又其土佛名光明王如來至真等正覺。今現在説法。目連到彼。㉔住其佛土。故聞佛音。如人對住聽所語辭。其光明幡佛土有大光明。佛身長四十里。諸菩薩身長二十里。其諸菩薩所食鉢器。其高一里。目連行鉢際上。時諸菩薩白世尊曰。唯然大聖。此蟲何所從來。被沙門服行鉢際上。於時彼佛言。諸族姓子。慎勿發心輕慢此賢。所以者何。今斯耆年名大目連。是釋迦文佛諸聲聞中大弟子。神足第一。時光明王佛告大目連。吾土菩薩及諸聲聞。見卿身小咸發輕慢。仁當自顯現

神足力。承釋迦文佛威德聖勢。時大目連往詣光明王佛所。稽首足下。右繞七匝。却在前住。白其佛言。又今是身。我欲加趺坐。此地容不。佛告之曰。如意所樂。時大目連踴在虛空億百諸仞。在彼寶域便作一床。加趺而坐。從其床座。垂衆名寶珠瓔億百千姟。一一珠瓔一一珠中演百千光。一一光明各有蓮華。一切蓮華現釋迦文身坐蓮華上。其所說音如釋迦文音響。清浄頒宣經典等無有异。時大目連顯神足力已。復往佛前。時諸菩薩得未曾有。怪之所以。前白佛言。是大目連。以何等故詣此世界。世尊告曰。欲試釋迦文佛音響所徹遠近。故到此土。時光明王佛告賢者大目連。仁者不宜試。如來至真音響無限。無有遠近。豈欲知限。卿甚大誤。假使

目連仁以神足。過江*河沙劫西行不休。不能得知如來音響所聞。諸佛世尊音響曠遠超絶無限。巍巍無量不可爲喻。時大目連在彼世尊自投足下。自懺悔過。唯然世尊。我身不敏。佛音無量而横生心。欲知其限所聞遠近。其光明王告目連曰。汝雖遠來過九十九江*河沙諸佛世界到此佛土。復白佛言。甚遠甚遠。天中之天。身甚勞極。不能復還至其本土。世尊告曰。於目連意所在云何。以己神力到此世界。莫作是觀。故是世尊釋迦文佛威德所立到此世界。當遥自歸稽首作禮於釋迦文佛。其佛聖旨將仁本土。假使卿身以己神足欲還本國。一劫不至。卿既未[25]至。到不見能仁佛滅度時[26]。於目連意所念云何。我從何方。東方南西北方乎。目連答曰。不

知何方也。今以迷惑。不知本土何所在處。爲在何方。世尊告目連。釋迦文佛在於東方。時大目連右膝著地。向釋迦文佛所在東方叉手自歸。爾時頌曰。

唯天人之尊　見垂力愍念　威德大巍巍　天人所恭敬

音響徹無量　其慧無邊際　願顯其國土　今欲還斯土

如是寂意。諸佛世尊音聲無際。不可限量。釋迦文佛游在靈鷲山。時舍利弗聞賢者大目連宣揚大音。怪之所以。賢者阿難前白佛言。誰爲於今宣揚大音遥自歸命。佛語阿難。耆年大目連在西方境。去是九十九江*河沙佛土。世界名光明幡。其土佛號光明王如來至真。今現説法。耆年大目連到彼佛土。意中欲還歸斯國土。故

遥宣揚此大洪音。阿難又問。以何因緣到彼佛土。佛告阿難。大目連至。當問其意。時大衆會各白佛言。欲樂得見光明幡世界及光明王佛如來至真等正覺。睹大目連游在其國。爾時世尊見諸衆會勸助意。時從眉間相。有大光明名俱受。照九十九江*河沙等諸佛世界。至光明幡佛土。其大光明普遍衆會。悉睹其土光明王如來至真。大目連見之。自投其地。稱宣大音。爾時世尊釋迦文佛告賢者大目連。承其光明來還此土。時目揵連依佛光明。發意之頃還到此土。稽首佛足。右繞七匝。則住佛前。悔過自歸。重自剋責。我甚迷誤。如來音響不可限量。而欲試之。我所至到極爲曠遠。所至到處聽音適等。近不覺遠。如來音響巍巍無際。佛言。如是目連。如

汝所云。如來音響徹遠。無以爲喻。欲知如來音響遠近。猶限虛空欲得邊際。所以者何。猶如虛空普周無邊。如來言辭響徹無際。迴㉗遠如是。寂意。當説目連往反品時。尋於彼會。一萬人皆發無上正*真道意。是爲如來言辭秘要。

密迹金剛力士言。於寂意所知云何。一切衆生心各所念。寧可知乎。寂意答言。一人心念思想難限。正使三千大千世界衆生。一劫共計觀察多少。不能知之。何況一切衆生心念思想。不可稱限乃如是也。今故語汝殷勤囑累。計如一切衆生心想。所演音響無限若斯。何況一切衆生心性。是無形想。不可計喻。於是頌曰。

三千界衆生　皆使成緣覺　一人一劫中　心念不能知

一切心所念　佛悉知志思　以無想之心　佛悉了此[28]念
其一切衆生　三世所想念　世護口所言　所布各得解
佛隨之所念　宣音講經典　斯音響在心　乃演其道宜
如一切衆生　所思諸名色　世雄一毛孔　所演光如是
如一切衆生　名色及心念　如來演音響　過於彼衆想
佛頒宣一切　引喻計諸想　其音不休廢　不得佛言際
無色誰能得　愍無言之辭　無色無有言　消滅無色塵
假使塵無色　一切不可得　以是無色塵　究竟不可獲
設言虛無實　無內亦無外　塵勞虛空等　故曰無內外
如使不得辭　佛言通十方　塵勞亦無際　斯建立所處

一切衆生言　上中下之辭　無身口心事　不捨無所立
想應如倡妓　諸天之音樂　亦無身言辭　而音響普周
如是本甚净　衆生心若斯　佛皆頒宣之　其心無所想
猶如呼聲響　無内亦無外　人尊言如是　乃無内無外
無想如妙寶　所説悦衆生　其言無妄想　可一切萌類

密迹金剛力士謂寂意曰。是則如來口言秘要。又如來密要。隨其音聲而爲衆生説法開化。斯三千大千世界。設若干種。如來至真宣布訓誨。從其音辭。以不可計諸有名號。化立至誠。若往[29]無業。斯則名曰苦習盡道。名曰地神擁護。其心堅固意本。於是[30]咒曰。

阿禆　阿婆牟黎　加阿[31]呵那移　阿[32]迦優頭

是咒[33]護一切。是神咒[34]乃名曰苦習盡道。其虛空中。一切諸天悉嘆所言。各宣咒曰。

活知　阿活知　阿活吒迦彌　阿和尼抳黎

救[35]一切。是則名曰苦習盡道。其四天王諸天復咒曰。

伊泥彌泥　多閉多多閉　維盧

救一切衆生。是則名曰苦習盡道法。彼忉利天上諸天咒曰。

是諸[36]咒護一切其迴轉　貫習　主滅盡　爲盡不相舉要

第三焰諸天而復咒曰。

首黎　道羅　斯和尼　道羅　犀雖耶[37]　道犀雖耶*被和尼

第四兜率天咒曰。

獨犯面觸　固[38]轉種[39]畜業

是諸咒護一切。

第五樂無慢天説咒曰。

所度　俱所度　護所度　主度女

是諸咒護一切。

第六他化自在諸天咒曰。

呵呼事業　呼和泥移　啊羅尼含

是[40]咒護一切。

第七諸梵天咒曰。

有事業　事業種　因緣樹以因緣度

是*咒護一切。

第八梵身諸天咒曰。

清明　造清净　清净風　動清净

是神咒護一切。

第九梵滿諸天咒曰。

無極氏　俱將去　道御主　念堅要

是神咒護一切。

第十梵度著諸天咒曰。

和那和那散提　和那呵呵那　和那拘摩那

是神咒護一切。

第十一大梵諸天咒曰。

木密　木密鞕㊶彼亦鞕*印氏

是神咒護一切。

第十二光曜諸天咒曰。

伊諎諎　將諎去　親近

是神咒護一切。

第十三少光諸天咒曰。

是取去　不將去　不使去　無所至

是神咒護一切。

第十四無量光諸天咒曰。

貫諧　俱供諧　諧滅盡　諧無量
是神咒護一切。
第十五光音諸天咒曰。
以斷終　自在斷　順從和　常清净
是神咒護一切。
第十六約净諸天咒曰。
所至趣　所可歸　近所到　以近所到
是神咒護一切。
第十七少净諸天咒曰。
清净　清净氏　净復净　歸清净

是神咒護一切。

第十八無量净諸天咒曰。

無我氏　無吾我氏　非貢高歸自大

是神咒護一切。

第十九净難逮諸天咒曰。

解脱以遮[42]　迹解度　本近解

是神咒護一切。

第二十應[43]果天。第二十一御辭天咒[44]曰。

以無作　無所作　除所作　所作究竟

是神咒護一切。

密迹金刚力士言。是則名曰苦習盡道。所當奉行。所應開化。而隨律教。顯現微妙無極之業。第二十二離辭諸天。第二十三假使諸天。第二十四善見諸天。第二十五一究竟諸天。净居有四天。謂所⑮奉行决了一處究竟天。真究竟天。無瞋恚天。不親近天。是爲寂意。諸天立至誠誓慧衆。如是諸夜叉。鬼神。揵沓和。阿須輪。迦樓羅。真陀羅。摩休勒。迦盧迹鬼神。持花鬼神。其言辭教各各别异。又寂意。是閻浮利天下大國。具足有一千。各有大郡。其十六大國。以用治政而相攝護。各自咨嗟。一切諸人及與非人。言語各异。音聲不同。辭有輕重。如來聖慧從其音響隨時而入。皆悉化之立正真業。各有種號。釋種。安息。月支。大秦。劍浮。擾動。丘慈。于闐。沙勒。禪善。烏耆。

前後諸國。匈奴。鮮卑。吴蜀秦地。諸麼夷狄。他羅多愚民野人。及諸須曼耶咒女人處國。牟兜吒國。因緣國。波羅柰國。數樹國。金本國。脾羅本國。倚脾沙國。益本國。上本國。他談國。北方异國。西方所持國。海中諸神。衆蟲魚鱉。諸山中神。有形含血之類。阿拘羅。摩拘羅。阿那散。諸牧羊。諸禽獸。所負諸瘻種。心不平正。前曾生者。處在世者。如是寂意。如斯千國周匝充滿。於閻浮利天下。各自异居。又是諸人及非人類。言語各异。志操不同。音聲各別。如來至真隨其言音而入其中。因開化之立於正真。密迹金剛力士謂寂意菩薩曰。此三千大千世界。有八十四億百千姟衆生之類。言辭各异。計是一切皆歸一誼㊻。至真之慧至誠無怒。如是寂意。是則如來言辭秘

要。又。寂意。如來言辭。決於一切衆生疑網。令無餘結。十方一切所有衆生。衆生種類多於地土。此衆生之類所行各异。與本不同。罪皆使畢。逮得人身。以得人身。從思想生。是諸衆生逮得智慧。辯聖勇猛如舍利弗。合斯智慧爲一人聖。如是比像。普使衆生皆得智慧。各如前一聖明。以是聖明在於一劫。若過一劫。智慧禪思以察衆想。求其本末。如其一人智慧禪思。不復訓誨。從第二人咸[47]受言教。智慧聖達各有大明。以是比像。斯衆生等各各所[48]疑。往詣如來。如來一時彈指之頃悉説本末[49]。大聖如是。常以一心入於一切衆生心念。皆能分别慧明所在。以一言辭悉決結網。各各處當慧本所在。各令欣然而得其所。所聞如來智慧明達。如來悉令明了。又

次寂意。如來悉決一切衆生前後所疑。令無餘結。是爲如來言辭秘要。所入音響。又其言教是不足言。如來言辭不可限量。無以爲喻。説是如來秘要言辭時。二萬二千衆生皆發無上正真道意。一切衆會得未曾有。普聞密迹金剛力士宣如來言辭秘要之業。各懷悦豫。各從坐起。稽首自歸㊿。

大寶積經卷第十

校注

①『願』，龍藏、思溪藏作『顧』。

②『任』，龍藏、和裕本作『住』。

③『目』，底本污殘，依龍藏、思溪藏補。

④『闋』下，龍藏、思溪藏有『有』字。

⑤『黄』下，龍藏、思溪藏有『金』字。

⑥『蓮』下，龍藏、思溪藏有『華』字。

⑦『江』，龍藏作『恒』。本卷下文例同，用*標識，不再出注。

⑧『决』，龍藏、思溪藏作『使』。

⑨『目』，思溪藏作『因』。

⑩『其色行天。身行寂然。威儀禮節。而心自定。然後復亂』，异譯本《佛説如來不思議秘密大乘經》（北宋·法護共惟净等譯）譯作：『彼色界天子。身相寂静所行寂静。善威儀道住等引心。善寂善調然目睢動。亦復不能觀如來身分量色相。』

⑪『周遍』，底本作『間闒』，依龍藏、和裕本、中州本改。

⑫『覲』，龍藏、思溪藏作『現』。
⑬『所』，底本作『無』，依龍藏、思溪藏、和裕本改。
⑭『嘆』，龍藏、思溪藏作『難』。
⑮『處』，龍藏、思溪藏作『虛』。
⑯『成』，龍藏、思溪藏作『或』。
⑰『正』，龍藏作『至』。本卷下文例同，用*標識，不再出注。
⑱『瑕』，思溪藏作『班』。
⑲『望』，龍藏、思溪藏、和裕本、中州本作『妄』。
⑳『跱』，立也（龍藏音釋）。思溪藏作『時』。
㉑『頸』，底本污殘，依龍藏、思溪藏補。
㉒『想』，底本作『相』，依龍藏、思溪藏改。
㉓『切』，龍藏作『大』。
㉔『住』，龍藏、思溪藏作『往』。
㉕『既未』，龍藏、思溪藏作『現來』。
㉖『卿既未至。到不見能仁佛滅度時』，异譯本《佛說如來不思議秘密大乘經》（北

宋·法護共惟净等譯）譯作『或復未至彼土中間而入涅槃』。
㉗『迴』，思溪藏、上海佛學書局本作『迴』。
㉘『此』，龍藏、思溪藏作『所』。
㉙『往』，思溪藏作『生』。
㉚『是』下，龍藏有『神』字。
㉛『阿』，龍藏、思溪藏作『何』。
㉜『阿』，龍藏、思溪藏作『柯』。
㉝『咒』，底本無，依龍藏、思溪藏補。
㉞『神咒』，龍藏、思溪藏無。
㉟『救』，龍藏、思溪藏作『是神咒救護』。
㊱『諸』，龍藏、思溪藏作『神』。
㊲『耶』，龍藏作『邪』。本卷下文例同，用*標識，不再出注。
㊳『固』，龍藏、思溪藏作『迴』。
㊴『種』，龍藏、思溪藏作『積』。
㊵『是』下，龍藏、思溪藏有『神』字。本卷下文例同，用*標識，不再出注。

㊶『鞕』，龍藏、思溪藏作『鞭』。本卷下文例同，用*標識，不再出注。
㊷『遮』，龍藏、思溪藏作『度』。
㊸『應』，龍藏、思溪藏作『廣』。
㊹『咒』，底本作『净』，依龍藏、思溪藏、和裕本、上海佛學書局本改。
㊺『謂所』，龍藏、思溪藏作『所謂』。
㊻『誼』，龍藏作『義』，思溪藏作『議』。
㊼『咸』，龍藏作『咨』。
㊽『所』，龍藏、思溪藏作『無』。
㊾『末』，龍藏、思溪藏作『來』。
㊿『歸』下，底本有『密迹金剛力士』六字，依龍藏、思溪藏、和裕本刪。

大寶積經卷第十一

西晉三藏竺法護譯

密迹金剛力士會第三之四

密迹金剛力士復謂寂意菩薩。何謂爲如來心秘要。其業清浄。所以因緣一切諸天子所生。以一識慧壽八萬四千劫。又其神識不轉不變。以爲餘識乃至定意還得壽命。從彼終没。因其所行受身而生。如是寂意。如來從其夜得成佛道。至滅度日。於其中間。如來無疑亦不迴轉。心無思行。心無游行。心無不堅。心無所合。心無所散。心無亂。心無移。心無游。心無護。心無寂。心無失時。心無迷。心無求理。心無暗。心無生。心無喜。心無怯。心無住。心無往。心無想。心無

望。心無求想。心無消滅。心無所觀。心無御識。心無住處。心無觀他。心目無睹。耳無所聽。無鼻口身。心無想念。意不倚色。無聲香味細滑。心不依法。心無樂處。心不非樂。心不住内亦不住外。心不入法。心不越慧。心不觀過去。心不觀當來。心不觀現在。心如來聖。心清净巍巍。其心不造罪福之業。於一切法。慧無挂礙而普示現已。心清净。不見他人心不清净。其所見者亦無所觀。若所觀者亦無妄想。察無放逸。睹所觀見亦無馳騁。觀有所見。永無所見。如來所見。不肉眼視。不天眼睹。不慧眼察。不法眼看。不佛眼觀。不合①天耳聽。不合*觀他心。不雜念識過去世事。不依神足而爲變化。不倚所有。諸漏已盡。於一切法悉無合會。應於諸法無所挂礙。其無吉祥。無

有衆業。永無所行。其慧所住。猶若本無。皆知一切衆生心行。十種力業。四無畏慧。十八不共諸佛之法。是亦若斯。進退無業。捨心意識。不離如來三昧定住。普造一切諸佛道事。一切諸法慧無挂礙。悉無所著。猶如虛空②。寂意。如來至真化如來像。其化如來。無心意識身口意。其行所在至真示現。隨時能作佛事。化亦無想。亦無求念。如是寂意。道心如斯。猶如來化等無有异。其所化者所念無念。無身口心。因緣進退。目睹見之。皆作佛事。亦無所有。所謂化者悉無所行。諸法如化。如來解是。成最正覺已成正覺。如來慧識不住五陰。無十八種。亦無諸入。不住內外。無善無不善。無現世無度世。無有漏。無不漏。無塵勞諍訟之厭。不住無爲有數無數。無有三世

去來今行周旋往反。不住有爲有所觀察也。不住無爲觀也。其慧亦如是。悉無所住。如來至真。處於一切衆生志性。顯仁慈慧。無所傷害。救濟危厄。寂意當知。是如來秘要。若有所入。其所班宣無不普達。又有寂意。如來秘要不可限量。所宣秘密不可得底。

密迹金剛力士説如來秘要品時。無央數諸佛世界六反震動。其大光明照於十方。睹於十方無量佛土。天雨衆花。箜篌樂器不鼓自鳴。無央數人皆發無上正覺③道意。不可計菩薩逮得無所從生法忍。不可限人逮得柔順法忍。倍復不可計菩薩得一生補處。德本淳淑。以是因緣故。十方所在諸佛國土。各各在諸佛世尊。於賢劫中衆菩薩等净修梵行。是諸菩薩以法供養。皆各散花。奉事貢

上密迹金剛力士。其所散花化成花蓋。承佛威神。是諸花蓋一切咸來在於佛所。而繞佛及密迹金剛力士三匝。普覆衆會。又其寶蓋住虛空中。當於佛上。從寶蓋出如是無[4]比好妙音聲。唯然世尊。賢劫菩薩遣我等來。供養大聖及密迹金剛力士。奉法供養。及[5]班宣是如來至真不可思議所說秘要。皆佛威變之所爲也。爾時一切諸來衆會聞說是法。欣然大悅。皆共叉手。咸禮稽首密迹金剛力士。益加恭敬。現若干變。宣說是言。我等世尊。爲得善利。獲無極慶。乃逮得見密迹金剛力士。值聞如來不可思議秘要言教。若有衆生得致聞是經典之要而信樂者。以近道業不懷狐疑。未曾猶豫入佛訓誨。則當觀之。爲不退轉。當至無上正真道也。時佛嗟嘆

密迹金剛力士言。善哉善哉。快說是言。誠如宣⑥意。復告寂意菩薩。大士。如來功勛。甚奇真諦。四無所畏。是經典者。如密迹金剛力士所可咨嗟。快說至訓。斯諸正士。諸佛尊法道慧巍巍如是。其聞是法。不恐不怖。心不懷懼。解義所趣。若復受持。能諷誦學。廣爲人說。不久受決。當作是觀。疾逮無上正真之道。成最正覺。爾時彼衆會場地。正其中間。於世尊前。地尋時劈裂。深六十八百千由旬。自然出水滞大如車釭。上虛空中高至梵天。灑三千大千世界。佛告寂意。汝寧見此其大滞水上虛空中。灑乎三千大千世界地乎。對曰。已見。天中之天。唯然大聖。垂愍唯說。何所先瑞。佛告寂意。仁當知此。今斯水滞。地無思想。無所裂壞。水自然出。諸法師等亦復若斯。

若以受持是經至要。住如上教而奉行法。皆當裂壞六十二見衆邪疑網。逮得於此不可盡明法辯才之慧。斯諸正士爲諸衆生。快説正法普悦衆心。又寂意。知是經典者。盡脱衆惡三塗之難。

于⑦時賢者舍利弗前白佛言。今賢劫中諸菩薩衆。在於十方諸佛世界浄修梵行。云何於是密迹金剛力士。斯諸菩薩後成佛時。皆當手執金剛侍從後乎。佛言。且止。舍利弗。是不可思議。諸天世人得聞是言。將無怪惑。菩薩所行或能不信。舍利弗復白佛言。若有學人殖衆德本。當信樂之。我等咸當受如來命。佛言。汝寧見此密迹金剛力士住侍佛後乎。答曰。已見。佛言。以神通力本願所致。常當供養諸菩薩衆。於賢劫中當成佛時。密迹力士常應侍之。亦如

侍我也。是舍利弗。密迹金剛力士。皆於賢劫諸菩薩衆常當侍衛。賢劫諸佛以神通力。皆是本宿自在誓願。佛言。舍利弗。正使三千大千世界一切衆生將來成佛。皆當須侍。得佛道時。亦執金剛悉衛侍後。而自示現。雖爾變化。又此正士神足之德。建立聖威未曾損耗。舍利弗。寧見彌勒菩薩。今密迹金剛力士常侍其後。答曰。已見。世尊。以是之故承佛聖旨。從古以來未曾聞斯。佛告舍利弗。常侍彌勒。汝等不見也。亦在他方諸佛國土諸菩薩來。天帝釋梵及四天王。見密迹金剛力士侍於彌勒菩薩之後。又時⑧其餘賢劫之中。彌勒菩薩及餘菩薩化作億百千姟諸菩薩衆。皆在其後而侍化人。開度衆生。以是正士所建立威。不可思議神足威變巍巍如

是。具足衆德。六通慧力。不可限量。
於是寂意菩薩謂密迹金剛力士曰。豈能屈意班宣如來修勤苦行。莊嚴道樹。降伏魔官。而轉法輪造立至諦。仁者所明。具説意旨。密迹金剛力士謂寂意曰。其功德勛不可限量。假使住命一劫。稱其至德。不能具宣講論意旨。承佛威神粗舉其要。又曰。寂意。菩薩所行。不以一事修勤苦行。菩薩行法爲外异學。欲濟危厄故示現義。各以隨宜從其身行。多少明宣顯其威儀。因而得化外學衆邪。現身最勝。尊豪難逮。所行勤苦甚不可及。示現菩薩威儀禮節。一切外學衆邪异業所不能逮。菩薩在彼。住一章句解無量義。或現上方。或現日月周旋往反。或現神通飛行仙人隱處。或現儒林國

師居士。或現宗長聖帝四王。或現帝釋梵天轉輪聖王。或以自現行不具足。或現其身卧荆棘上。或現卧𦵔草上。或卧土上。或現所卧。或畏。或無所畏。或現卧處。或現坐食果。或現弊衣。或卧泡上。或現赭衣。或現裸形所共游居。或現服食猶孝子睒。或現惡食。或現食豆穀。或現食麻米。或現食蘿菔若芋蕪菁。或以食餔若食菜茹。或食荆棘。或服葉花實。或現食棗果。或能一食。或再食。或現常食。或現七日一食。或現十五日一食。或有一月一食。或服一渧蘇。或服一渧油。或服一渧蜜。或服一渧水。或服一渧乳。或現不食。或現常住。或現常坐。如是寂意。是及餘行不可稱計威儀禮節。是爲菩薩所現苦行。菩薩所現勤苦之行。具足六年。不但一行威儀禮節。

行若干種示現具足。復以超是堅固勤修精進。又諸衆生不見如來若干品威儀禮節。亦不能知菩薩所爲。若有衆生能修行道。如其所行舉動進止威儀禮節。以是開化使得度脱。若見菩薩威儀禮節。乃能睹之。菩薩所行觀無妄想。是爲菩薩所行勤苦。具足開化六十姟人三百萬諸天人民。皆入道業。爾時菩薩行微妙業。又菩薩行在於所生。坐寶挍露高閣之臺。而示現生無衆患難。永得安隱三昧常定。而反示現六年苦行。復見起去。彼時諸天求於法樂。若⑨志經典不慕世俗。住菩薩邊無有异業。唯班宣法是爲菩薩。時有菩薩名曰法種。好樂大乘。入于大哀。復有法典。名入不可思議法門。又號普攝。降伏衆邪一切諸魔。入苦難慧。永獲大安。密迹

金剛力士謂寂意菩薩。菩薩勤行竟六年已。輒如所現精進威儀。從其坐起。詣於尼連閑静河邊。順示從世故。到閑静流河水際。洗身清净度河水去。往至他處而獨立焉。有彌迦女名善蔭。⑩犛千頭牛而取其乳。展轉相飲。取後淳湩(dòng)⑪用作湩糜。在釜跳上數十丈。女怪所以。梵志占之。臨成佛者乃應服耳。時女賚往詣菩薩所。及六萬天。龍。鬼神。揵沓和等。各各賚食奇异甘膳。詣菩薩所。各自啓曰。唯願垂愍受是供養。于時菩薩受善蔭彌迦女乳糜服食。亦取一切六萬天。龍。鬼神。揵沓和妻飯。示現皆食。諸來施者各各自見獨受其食。不見他人。他人亦不知之。時一一人各自念言。菩薩獨念取我供食。當逮無上正真之道。成最正覺。以是喜悦發大道意。應

時得立不退轉地。是爲名曰受供膳食。開化衆生故。現六年勤苦行業。密迹金剛力士謂寂意曰。是爲菩薩隨其世俗受供而食。使身氣力充備安和。往詣樹下。又有地神名善地天子。告諸天子及餘地行天神。持地不動莫令肅震。斷衆愛欲及諸結著。菩薩已到於樹王下。嚴凈其地。次第諸施[12]。歡[13]然三千世界自然清凈。散花燒香。香水灑地。迦留迹天。持花鬼神下其天宫。住虚空中。見菩薩欣然雨種種華。其四天王與其眷屬。至四方域。以紫磨金網縵妙帳。周遍覆蓋三千佛土以供養佛。天帝釋梵前有大神足。莊嚴如意。咨嗟三千世界。忉利天焰天各紫磨金帳而挍露之。紺[14]琉璃帳覆三千大千佛土供養。兜率天珠校露帳挍飾。供養如來巍巍堂堂。

及諸天王微妙甚好如紫磨金。其心大悅。供養如來。雨好真珠。化善天王以明月珠光明晃耀。白玉銀帳。演其和音流布十方。令三千世界莫不悅豫。乃至諸天清浄衆寶威神。無量無垢顯明。他化自在天化作一帳。衆寶合成。普奉事佛。諸天。龍。神。阿須倫。迦樓真陀羅。摩休勒。各以神足聖力示現莊嚴。修治一切欲界。力士謂寂意。爾時有大梵天王。名曰威神自在。主三千世界。極尊無量。其菩薩行往睹佛樹。又是天王告諸梵天。諸仁當知。是菩薩大士。於過去佛修治正行。殖衆德本。稽首歸命無數諸佛。大願不動。堅强意固。志不患厭。皆興一切諸菩薩行。奉修諸度。所度無極。悉於其地而得自在。志性普和。善修清浄。盡入一切衆生根本。皆通一切

如來秘要。悉度魔事。其⑮衆德本不依仰人。爲諸如來善修建立無上道法。爲大導師救濟衆生。班宣經典。一切衆生合一勇猛。拔乎魔境。永無魔業。曉了道法。爲大醫王療衆生病。服解脱冠爲大法王。演智慧光無極聖帝。不爲世俗八法所拘。猶如蓮華不著塵水。執持諸法未曾忽忘。猶如江海智不可限。如須彌山不可動摇。浄洗其心如水洗垢。終不自大常行謙下。如明月珠去冥衆濁。於一切法而得自在。積衆德本。猶如梵天天上第一。往詣樹下降伏衆魔。逮得無上正真之道。爲最正覺。具足諸佛十種力。四無所畏。十八不共諸佛之法。轉大法輪爲師子吼。充滿一切潤以法施。欲浄一切衆生道眼。攝取諸法。弃外邪業九十六種。具足本願。好見諸

佛十方境界。大聖威德游得自在。第一諸度所濟無極。汝等仁者。常當謙恪恭諸菩薩。於是自在梵天於諸天前説是頌曰。

清净正行　決上妙法　愍傷世間　哀及諸天　天中之天
天人中尊　大聖今往[16]　詣[17]佛樹下　當降伏魔　及與官屬
逮得正覺　成一切智　已樂備悉　最正覺業　便復以轉
正法之輪　大智無窮　大師子吼　可悦一切　衆生之心
以清净故　致妙法眼　導師往詣　於佛樹下　降弃衆魔
消外异學　皆悉具足　本宿誓願　正覺法身　所見無倦
其時導師　往詣佛所　善哉一切　皆共和同　當好莊嚴
三千界地　是以校飾　於其欲界　色無色界　莊嚴如是

善哉梵天　其心仁和　此三千國　一切嚴净　如是欲界
以清净好　所見供養　復過於彼　名香木櫁　衆花順義
斯寶光明　鼓衆伎樂　其有睹者　莫不欣喜　而梵天王
普三千界　從梵天王　至迦尼吒　各各梵天　平正清净
在虛空中　神尊復尊　有天中天　見净復净　六十億載
諸天來會　爲於菩薩　嚴金剛場　下諸天花　而雨供養
衆香香水　以用灑地　衆寶妙床　施設諸座　嚴净校飾
佛樹下坐　我等導師　一切咨嗟　隨所安處　令其清净

時密迹金剛力士謂寂意菩薩。時菩薩往而⑱坐樹下。於其足底生千輻相。從出光明。其光遍照斯佛國土。靡不周至。一切地獄畜生

餓鬼。一切衆生[19]苦惱休息。又大光照黑耳地獄。時黑耳地獄蒙世尊光。歡喜踴躍。衆雲集焉。於時諸天咸説頌曰。

紫磨金色光　從天中眉出　來照我等身　令心中欣然
我值過去佛　睹見好瑞應　大雄必不疑　佛定出世間
善哉雜飾鬘　香花及塗熏　紫金明珠成　右手執持衣
鼓其妙伎樂　而豎[20]彩幡蓋　亦豎其大幢　供養於世尊
諸地獄中人　蒙光普清净　以供奉於佛　承事於大聖

於時黑耳大地獄中。王與中宮俱。其所集衆。一切各持花香雜香澤香。衣服幢蓋幡彩伎樂。出其宮宅上虛空中。化作寶雲。雨明月珠。名香木櫁及栴檀香。衆花真珠。承龍大神神足變化。詣菩薩所。

稽首足下。右繞三匝。與其眷屬各以所執供養之具。進上菩薩。作其伎樂。以是頌偈而嘆世尊。

猶如有寶地　莊嚴雜豐妙　佛樹花果茂　獲坐其道場
如河定不流　若月住虛空　成佛普一切　降伏魔官屬
世尊衆祐曜　猶如日盛光　若如重六通　蜂王宣和音
演其光明慧　如梵天須輪　今日衆祐現　充滿藏無限
日月珠火光　天帝釋梵曜　能仁光適出　皆覆蔽其明
光現我宮殿　知佛興乎世　顯瑞應歡喜　知今佛出現
見聞拘留孫　拘那牟尼佛　迦葉詣佛樹　適聞音供之
見於無等倫　瑞應與彼同　心生歡喜悅　今必當有佛

世尊我善利　得廣供養佛　以四事世光　奉信行恭敬

所積功德福　具足奉明眼　是世光明曜　成佛無等倫

爾時菩薩往到迦鄰龍王所止土界。龍王見佛。心中欣然。自出其室往詣佛樹。住佛之右。又有一人名曰吉安。遥住視佛。因求好草。手執此草。觀菩薩至詣佛樹下。諸天宣暢柔軟微妙咨嗟德音。安隱巍巍可意快樂無上之德。繞佛轉進。其草香好。香風流布。靡麗光澤。好細無量。猶如天衣。如是好草。以時執持往到其所。以此好草貢與菩薩。稽首足下。右繞七匝。以仁和心至不退轉。發無思議無上正真之道。心自念言。不當作是非宜之行。所觀若斯。無吉不來。乃至吉安。以時施與菩薩之草。當發無上正真道意。所以者何。

本願所致。寂意當知。吉安乃往宿世本願作是。所以者何。我憶識念。寂意菩薩。乃往過去無央數世。經九十一劫。維衛佛時興出乎世。如來。至真。等正覺。明行成爲。善逝。世間解。無上士。道法御。天人師。號佛。世尊。其佛世時。有千比丘浄修梵行。彼時世尊授是千比丘決。在賢劫中當成無上正真之道。爲最正覺。時於會中有一長者。名曰有志。聞授菩薩決。心自念言。我於賢劫當成如來。逮最正覺。則不違宜。吾於彼世見施好草時。布師子座。甚妙嚴浄。仁和安然。緣是則發無上正真之道。寂意。欲知爾時有志長者。今吉安是也。以是之故㉑。當作是觀。如其本願致吉安行。彼以隨時施與好草。所可因號。後成佛時。名如來至真寶浄師子。爾時菩薩以授好草

布佛樹下。又上樹神乃至虛空一萬天女。各以衣裓盛好天華。各取香花雜香澤香往迎菩薩。稽首作禮。各持衆花香幡蓋供養菩薩。以此贊曰。

無恐無所畏　無怯不懷難　建立難得值　無染無痴惡
無凶禍之罪　無慳嫉無愚　離欲以解脱　願稽首大聖
以律化得度　粗獷及邪行　善爲俗良賢[22]　療治衆苦疾
見諸無救護　無燈光[23]自歸　今佛興出世　濟脱於三世
諸天之大衆　各心抱踴悦　一切普雨花　衆花若干種
諸天所造供　衣被及細好　當成爲佛道　皆發歡喜心
以坐樹王下　心不懷恐怖　以甘露之味　壞裂塵勞網

覺了乎寂然　致最尊佛道　如過去諸佛　曉了最勝法
其所奉行要　修無央數劫　以積累苦行　欲度於衆生
昔願已得成　今正是其時　逮得尊佛道　唯演布慈愍

密迹金剛力士謂寂意菩薩。佛以時取草往詣道樹。以此好草布其樹下。稽首作禮。右繞七匝。適布座竟。應時八萬四千諸天子等。睹菩薩布座。心中欣然。尋設八萬四千師子之座。座甚微妙。若干殊异。極高廣長。衆寶合成。以奇珍爲欄楯。周迴興立挍露之帳。以紫金飾。則用真珠垂珞其間。明月夜光雜厠羅列。瑰奇之寶以用作鈴。懸之甚鳴。其音和雅無量調合。無數天衣而布其上。菩薩應時自變其身。普遍八萬四千師子之座。是諸天子各不相見。亦不

相知。一一天子心自念言。菩薩獨處我師子座。成最正覺。以是悅心至不退轉。然後皆當逮得無上正真之道也。

密迹力士謂寂意。於時菩薩建立威神。使魔知之。與無央數不可稱計億百千姟鬼神俱發。眷屬圍繞。皆被鎧甲。顯大神足。興最勢力。將衆鬼兵。周三百三十六萬里。顏貌各异。所從不同。各現威勢。無數衆難。若干種像。兵仗嚴整。頭首各异。志願各別。飯食所行志操不同。言聲各別。辭談音异。皆詣菩薩。時魔波旬與大眷屬甚可畏懼。不順仁義。所作大非。興反逆事。不可見聞。不怙道德。各執兵仗稱叫大呼。揚其音聲驚動三界。假使凡夫未離欲者。得聞此音。輒當沸血從面孔出。或恐怖死。其時菩薩不以此難而有畏矣。亦

無挂礙。于時菩薩興大悲哀。可畏音響自然消滅。不知所湊。所以者何。欲安衆生不令被嬈。無危害患。菩薩逮承奉净道心善權方便。雖聞此音了之本虛。本無有聲。衣毛不竪。見魔衆來。光顔益榮。大明顯發。宣四事業。志無所畏。以十六事興己辯慧。隨所可樂摧折大難。而告魔曰。且止。波旬。用爲興發如斯色像無益之事。而懷瞋毒。還自危身。長夜不安。所以者何。波旬。今日發心欲壞菩薩。菩薩弘仁。以大勇猛無盡大哀。懷無極慈。降伏惡逆。欲亂菩薩。菩薩本净。消除垢濁羸劣闇心弊惡之塵。今日波旬反成菩薩。欲以螢火越日月光明。菩薩已免無限之底。演大柔和深妙道味甘露正覺。諸小蟲獸欲驚師子。魔今欲蹦大無極樹。以使摧折拔其根本。

以牛迹水欲比大海。反長怨賊。無益之城起凶敵心。今日魔王當與度怨。言談説事。横興反禍。惡鬼爲倫。當斸迷惑。取道伴黨。令至平等而無殊特。弃非法王。自歸聖道嚴净微妙。生無上慧仁義法味。捨衆邪曲㉔。令心質樸。今日波旬心當惟念。過大曠野。最後究竟盡生死源。而反馳騁入大海中。當乘大舟度終始流。今遇習學。值被㉕劫燒。并灾樹木衆雜藥草。莫復毀壞大金剛術。當歸大道然後得佛。度脱十方衆生人物。密迹力士謂寂意。於時諸天嘆咏佛德。巍巍如是而無比像。其魔波旬。以得嘆佛聞是十六事。好樂所慕。心存大猷(yóu)。於是密迹力士謂寂意菩薩。菩薩自念。吾不可計劫功勛普著。因行成就。從無央數百千億姟積功纍德。皆是宿本世世

本[26]法。每生自剋。愍念眾生三界之厄。故行柔軟平正鮮明。致清净業。誰敢毀壞獨地證明。於時菩薩從袈裟裏出紫磨金色手。普摩己身。不捨大哀。志性調和欲度眾生。常行安徐。舉其右手向十方界。自[27]見諸佛適至乎地。三千大千世界六反振動。有自然音。其音宣徹十方佛土。其魔波旬聞斯音聲。及魔官屬在虛空中。亦聞斯音響。咸共自責。飢虛禁戒。樂乎勤修。又時大聖加[28]施無畏。愍傷眾生。應時八十姟魔及鬼神伏向菩薩。自然躃地。心自歸命。唯見擁護。諸在眾中。與魔眷屬破壞亡去。自然迷惑不知所湊。所以菩薩演大光明。愍哀斯等。各離恐畏。皆歸天宮。以是之故。菩薩大士現降魔王及眾官屬。八十[29]億姟鬼神皆發無上正真道意。九十二億

載人。以仁和心立不退轉。八萬四千諸天子等宿殖德本。逮得無所從生法忍。密迹力士謂寂意曰。以是比像所降衆魔。諸天世人不可稱載。受化得濟。其諸天人追魔波旬。若人以見菩薩所行。或見坐於寶净蓮花師子之床。或見在地。或在虛空師子座上。或復見在貝多樹下。或見在忉利天上晝夜樹下。或以見在衆寶樹下。或復普見一切諸人七尺諸佛樹下。或諸天見坐佛樹下。處在師子半仞座上。或在七仞。或復十里。或二十里。或四十里。或諸天人悉見八萬四千由旬佛樹下座。或復現在四萬二千由旬坐師子床。如是寂意。諸菩薩不可稱計境界難限。諸菩薩衆由是道場歸乎殊特。菩薩所行有若干種歡樂之業。㉚八百千行。菩薩所現不同。

各從本性而開化之。發賢聖意。㉛成最正覺至一切智。隨時音響而班宣法。供所當奉。菩薩於彼以若干品其所咨嗟。皆是菩薩本宿所行。菩薩所因勸樂示義。咸來咨嗟而供養之。雖爾菩薩心無所著。無有魔難。以捨衆害。普逮一切諸佛道法。須臾一時發心之頃。等行智慧悉當知此。逮致佛道。爲最正覺。以達一切逮最正覺。住在一切十方世界。見不可計無限如來。授其右掌。盡問佛道。又咨永安道德之源。道慧微妙無有患厭。講論至道慧得自在。宣布平等入無邪業。分別示衆無央數行。剖判三寶使不斷絶。敷演大哀。於一切法而得自在。入于豪勢無窮之業。若有衆生諸根淳熟。悉能了是菩薩所行。若諸根亂。不知所趣。菩薩適成如來道法。夙夜

七日悉存法樂。觀佛道樹不以爲厭。目未曾眴。百千億天來嘆供養。百千玉案貢上甘膳。咸發無上正真道意。睹見如來威儀禮節。已成佛道如來至真。時四天王各往執鉢奉上如來。如斯刹土一四方域。三千大千世界爲中國土。大千國土各有百億。諸四方域四百億四大天王。皆各執鉢往授如來。如來悉受。佛顯威神。使諸天王各不相見。各自心念。佛受我鉢。當以飯食。以此忻喜。心中坦然。咸發無上至真道心。至不退轉。佛以成道。提謂波利五百賈客。佛欲度之。現車馬頓。賈客伴黨及餘而不自前。怪之所以。天於虚空告言。佛興在世。可往供養。聞之忻然。各上蜜麨醍醐。八萬四千諸天子衆亦貢供膳。[33]如來受之。其本宿世曾建至願。如來成道。我

等第一進奉供膳。欲遂本願。各不相見不知所在。一一各念。獨供養佛。餘無進者。以是忻預逮不退轉。然後當得無上正真之道。爲最正覺。度衆危厄。

大寶積經卷第十一

校注

①『合』，龍藏作『令』。本卷下文例同，用*標識，不再出注。
②『虛空』，底本無，依龍藏、思溪藏、和裕本補。
③『覺』，龍藏、思溪藏作『真』。
④『無』，底本無，依龍藏、思溪藏補。
⑤『及』，龍藏、思溪藏作『乃』。
⑥『宣』，龍藏、思溪藏作『寂』。
⑦『于』，底本作『乎』，依龍藏、思溪藏改。
⑧『時』，龍藏作『侍』。
⑨『若』，龍藏、思溪藏作『苦』。
⑩『搆』，底本作『構』，依龍藏、和裕本改。
⑪『湩湩』，説文云乳汁也。（唐·慧琳《一切經音義》）
⑫『施』，龍藏、和裕本作『地』。
⑬『歡』，龍藏、思溪藏作『欻』。
⑭『紺』，龍藏、思溪藏作『綱』。

⑮『其』，龍藏、思溪藏作『具』。
⑯『往』，龍藏、思溪藏作『住』。
⑰『詣』，龍藏、思溪藏作『諸』。
⑱『而』，龍藏作『詣』。
⑲『生』，底本作『人』，依龍藏、和裕本、中州本改。
⑳『竪』，底本作『受』，依龍藏、和裕本、中州本改。
㉑『之』，龍藏作『念』。
㉒『賢』，龍藏、思溪藏作『醫』。
㉓『燈光』，龍藏、思溪藏作『鎧先』。
㉔『曲』，龍藏、思溪藏作『典』。
㉕『被』，龍藏作『彼』。
㉖『本』，龍藏、思溪藏作『奉』。
㉗『自』，龍藏作『目』。
㉘『加』，思溪藏作『如』。
㉙『十』，龍藏作『千』。

㉚『八』，龍藏、思溪藏作『入』。
㉛『意』，思溪藏作『寂』。
㉜『前』，底本作『在』，依龍藏、思溪藏、和裕本、中州本改。
㉝『膳』，思溪藏作『養』。

大寶積經卷第十二

西晉三藏竺法護譯

密迹金剛力士會第三之五

爾時密迹力士謂寂意曰。菩薩往詣佛樹以成佛道。如來至真未轉法輪。開導衆生巍巍如是。所化無量。多於初發行道時心。及坐佛樹所濟衆生。豈可訾哉。以故知之。當作是觀。若有菩薩坐在法床。疾近無上正真之道。所度衆生益復加倍。適成佛道。妙式梵天王與六十八萬億姟百千眷屬圍旋往詣佛所。稽首足下。右繞七匝。側住佛前勸助世尊。唯垂大哀。轉乎法輪。宣布道化。多有衆生應在法器。聞佛説法能解受行。如是寂意。妙式梵天王勸助如來。

使轉法輪。殷勤若兹。住在佛前。本宿所願得見天尊。其一天王名提頭羅（晋曰勇護）。與其子俱。勇出本誓。我當普勸賢劫千佛一切如來。使轉法輪。欲知妙式梵天王獨勸助佛。使轉法輪乎。莫作是觀也。所以者何。與十億梵衆眷屬俱。十億天帝及十億百千垓諸菩薩衆。勸助如來使轉法輪。世尊適然。當轉法輪。妙式梵天王詣波羅柰鹿苑之野神仙所游。布師子座。高三千二百八十里。若干種品文飾微妙。衆珍嚴挍。妙式梵天王適爲如來布師子座。其十億梵天。十億天帝。十億百千兆垓諸菩薩。亦爲世尊布師子座。高廣俱等。各自心念。如來當坐我師子座。轉于法輪。密迹力士謂寂意言。爾時如來詣波羅柰鹿苑之野神仙所游。坐師子床。梵。釋。四天王及

諸菩薩各自心念。如來獨坐我師子床。如來遍[①]坐師子床已。應時十方無限佛土六反震動。爾時世尊以無極界三昧正受。即時三千大千世界皆悉平正。等如手掌。此三千大千世界地獄畜生。若在餓鬼。天上。世人。普獲安隱。一切衆生無淫怒痴。消三毒病。清浄無塵。慈心相向。如父如子。如母如女。十方無限諸佛世界不可計數諸菩薩。來聽佛説經。三千大千世界大神。無極諸天。龍。神。揵沓和。阿須輪。迦樓羅。真陀羅。摩休勒。人若非人。皆詣佛所。欲聽經法。諸來會者皆遍充滿。於此三千大千世界。無如毛髮空不周者。皆共同心飢虚於法。悉欲稽顙(sǎng)咨受大道。於時世尊見大衆會皆來雲集。請[②]轉法輪。爲諸沙門。异學梵志。諸天。魔王。上梵天王及其世

俗。宣布正法。又有寂意。于時如來適轉法輪。隨時之宜。從衆生心各令得解。因其雲集。各各爲宣宿本所習。令心開達。悉遵法行。如來至真適説斯法。爲重分別。拘鄰③欲知。眼悉無常。了眼無常則隨律業。計眼有常不喜無常。聞眼無常眼苦毒痛。計眼吾我。不好無身。了無吾我。以聞於眼無有吾我。乃隨律教解其音響。眼如幻化。野馬。水中之月。如夢已覺。猶若形影。山中之響。隨此律教。乃奉行法。空無相願。其眼無行惔怕寂寞。聞眼靜默。眼從緣起。以聞緣起。耳鼻舌身心亦復如是。皆歸無常。以聞無常解意爲苦。睹無吾我。寂然惔怕。空無相願。用不達故。從因緣起。五陰無常。其計有陰。不了無陰。雖説諸種悉歸無常。以得聞説諸種無常。心無所著。心得

聞說五陰無常。悉解空耳。計有諸入。不解諸入無常之誼。以聞諸入歸於無常。五陰。諸入。四大諸種亦復如是。聞四意止。四意斷。四神足念。五根。五力。七覺。八品道行。以得聞是三十七品。解無常空。若聞寂然。頒宣道法乃隨律教。若聞所觀。其可聲聞不樂緣覺。樂聞緣覺不志聲聞。若慕二乘。不說大乘。若宣大乘聞其義趣。不好聲聞緣覺之辭。如是寂意。如來以斯隨衆生心所可愛樂而轉法輪。各令得所。如來以是爲衆生講。轉于法輪。時耆年舍利弗於百千歲思惟本行道義所入處。不能限知。何况於餘衆生無底。時佛說是菩薩苦行。莊嚴道樹。降伏魔官。轉法輪時。八萬四千人皆發無上正真道意。

爾時密迹金剛力士前白佛言。唯然大聖。我向所宣如來秘要。將無違失毀謗如來。儻不順法。如來秘要甚爲玄妙。廣大無際。一切世間所不能信。下劣雖説如來秘要。心自憶之。如來至慧入我身中。非我威勢聖猛之力。佛言。如是。如密迹言。如來道慧所入至處。莫不蒙安。敢④佛弟子班宣經典。皆承如來威神聖旨。以入如來空法之身。道慧玄妙靡不通達。所以者何。欲使衆生奉承建立。如來聖旨宣柔順義。未之有也。卿審真諦承如來慧。得無所畏。今演斯法所云真諦。正謂此法。所以者何。所謂正諦。去來今佛普世布信。靡不篤樂。其行無上正真之道。假使班宣此經典要。如法不違。皆當成佛。若有聞説是如來秘要經法之典而信樂者。斯等之類。普

世一切皆信敬之。設使有人以頂若肩戴須彌山在虛空中。是事尚可。⑤無德之士不能堪任聞是經典。既聞不信。不能愛樂。況復受持諷誦講説。未之有也。若聞是經。受持諷誦。爲他人説。前世宿本。以曾供養無央數億百千兆載諸佛世尊。斯等正士殖衆德本。志存大乘。受決無疑。何況至真能奉行者。

爾時寂意菩薩前白佛言。唯然大聖。所云寂然惔怕之義。爲何謂也。佛告寂意。所云寂然惔怕義者。謂消塵勞。惔怕衆穢。以消塵勞。爾乃名曰去於貪欲衆想希望。以去欲想。便無所思。以無所思。便不著界。以不著界。便無報應因緣之對。以無報應因緣之對。便無無明所有恩愛。以消無明所有恩愛。便消吾我。以無吾我。便消名

色。以無名色。便消斷滅計常之業。以無斷滅計常之業。便消貪身。佛告寂意。諸因緣報。隨於諸見顛倒之業。便成塵勞。皆由貪身而生斯患。以無貪身。便捨諸見六十二疑。以無貪身。便寂衆緣。以無貪身。一切貪欲自然惔怕。以無貪身。一切諸願寂然消滅。猶如。寂意⑥拔樹。根株莖節枝葉花實一時并除。永無有樹。行者如是。以消貪身。便無諸見六十二疑。以無貪身。皆去一切諸所受法。五陰六入塵勞之患。以無貪身。無有五陰塵勞諸患。唯然大聖。不斷貪身故有吾我。佛告寂意。住吾我故不斷貪身。住人壽命故不斷貪著。其所見者。不住内外。諸見無處。一切所至永無所見。以無所住見慧無所住。是則名曰斷貪身見。貪身悉空。以能解空。柔順法忍不

受彼見己身無想悉無所行。無生無起亦無所興。乃名之曰柔順法忍。不受諸見是斷貪身。寂意。欲知若不貪身。解脱身無身。何謂無身。身四大成。本亦無名。以了是者意解虛僞。故曰不真而不可得。皆由不真妄想而興。若無所求。不懷妄想。不迷不惑。不作不住。若無所住。則無瞋諍。其無瞋諍乃曰寂然。爲行惔怕。何所消滅名曰寂然。消衆因緣乃曰寂然。所以者何。從其因緣令心熾然。以無因緣則無熾然。猶如。寂意。從其緣對而生有火。兩木相揩因火然熾。無對無火則不然熾。如是寂意。從其緣對令心然熾。以無緣對則不然熾。又彼。寂意。菩薩大士以權方便。曉了隨時消寂⑦因緣。而不消滅衆德根本。不興塵勞因緣之對。興發諸亂諸度無極。弃捨

魔事衆邪之業。不捨諸佛道行緣業。捨因泥洹。不捨道業三十七品。心不志樂聲聞緣覺。不捨菩薩至真道意。用觀空無。以興大哀。察衆因緣。以無相緣宣講至德。不以妄想失乎道心。以無願緣厭於三界。因對諸對惟⑧無生緣。不捨所生無猶豫緣。因諸所行。修其德本。入道業行。是爲菩薩權智入净逮得自在。

無常緣哉。不厭生死而得自由。無所畏故。有苦緣哉。建立衆生存滅度安。使得立故。無我緣哉。建立愍心安於衆生。行大哀故。虚無緣哉。心得八正如來净身故。緣欲行哉。爲諸貪愛病清净藥故。頒宣其法哉。令心堅住故。緣瞋恚哉。使衆怒行宣慈心藥。志住⑨無病故。緣愚冥哉。爲衆痴行施十二因緣藥。治其心病。使不動移故。等

分緣哉。等於三事化衆生行。建立其心。講無常藥故。緣無欲哉。心以存立化開聲聞故。離瞋恨哉。使心得立緣覺之乘故。離愚冥哉。開化其心立乎大乘故。色像緣哉。其心等住。逮得如來像身故。緣音響哉。心以住在如來言聲故。緣衆香哉。心以存立如來戒勛故。緣衆味哉。心以住存[10]如來道味故。緣大人相哉。心行以住得莊嚴故。緣細滑哉。心以存立得於如來手足柔軟故。緣經法哉。心以住在逮得如來無所生意故。緣布施哉。心以住在相好具足故。緣持戒哉。心以存在佛土嚴净故。緣忍辱哉。心以住在逮梵音響故。緣精進哉。心以存立度於衆生故。緣禪思哉。心以住在興大神通故。緣智慧哉。心以存立斷衆邪見六十二疑挂礙之因[11]故。緣慈心哉。

心以住在等志衆生而不懷害故。緣愍哀哉。心以存立救濟衆生故。緣喜悦哉。心以住在好樂聽法故。緣於護哉。心以存立弃捨衆結危厄之患故。緣四恩哉。心以存在開導衆生故。緣貪恚哉。心以存立一切所有訓施衆生故。緣犯惡哉。心以存立如來戒品清净行業故。緣諍穢哉。心以住在如來忍諍故。緣怨害哉。心以存立如來十力四無所畏故。緣亂憒哉。心以住存逮佛三昧故。緣邪智哉。心以存立無所挂礙。智度無極具足衆生故。緣下乘哉。心以住在積功纍德志好大乘故。緣⑫順應哉。心以存立志和安然。不犯衆惡。一切非宜故。緣惡趣哉。心以住在救護一切衆生惡趣墮八難故。緣諸天哉。心以存立解諸合會。皆當別離故。緣衆人哉。心以住在

一切妙善故。緣念佛哉。習見諸佛故。緣念法哉。心以存立奉行道法。捨無益宜故。緣念衆哉。逮致便御不退轉法故。緣施與哉。心以住在不捨衆生故。緣禁戒哉。具足所願故。緣念天哉。心以存立備悉功德一生補處故。緣身行哉。逮致佛身故。緣口言哉。心以住在致佛言教諸經典故。緣其心哉。心以存立獲乎佛意故。緣有爲哉。心以住在積功纍德。具足自剋故。緣無爲哉。心以住在聖慧具足故。如是寂意。不以無緣化至道乘。皆由緣心得至佛道。導一切智。若有菩薩皆由緣故導一切智。是爲菩薩善權方便。皆由見諸法。悉懷來導。猶如三千大千世界含受土地。十方衆生。草木五穀。諸水河海。毛髮之形。靡不苞之。一切咸仰而得生活。如是寂意。一切

衆緣。皆由菩薩善權方便。行最第一衆行之英。至一切智。猶如衆色。諸⑬形貌皆有四大。菩薩如是執權方便。所造行緣皆至佛道。所以者何。一切衆生所興殃罪。爲無反復。菩薩緣是行施度無極。輒能具成戒度無極。若人瞋恚。心懷毒害。於時菩薩行忍度無極。尋時充備進度無極。若見衆生在於憒鬧。不能安心。緣是菩薩行禪度無極。忽以具成智度無極。若有衆生存在諸蔽。立冥冥室窈昧之厄。菩薩爲斷衆縛挂礙衆結之網。若有衆生能勤修業。便爲消除一切所著。有求咨嗟。稽首嘆之。示其自師⑭。喜誹謗者。亦隨順意。令不起心。若見勤苦被無數惱。菩薩則時爲興大哀。見在安者。則以大悅而救攝之。菩薩隨時若見剛强難化之類。開訓導示。興發

覺意。見仁和人菩薩在彼修治至業。發起道心。若有衆生力勢。在緣菩薩則隨興顯。將護證發意⑮心。若有力士報應業行。菩薩尋順攝取訓誨。顯起道意。是曰隨緣而得自在。菩薩隨順善權方便。曉了衆生。應時宣法在報應力。志欲愛慕開化剖判。各使坦然。勤進大道聖慧。爲論深遠無逮之義。其存側慧。廣爲敷演至真之道。漸爲班宣示斯道因。解別章句。以一句法暢若干慧。樂寂然者。因爲分別。普觀一切。好於⑯觀者。以觀解脱三昧定意。講説禁戒不可究竟。復爲宣講地獄餓鬼畜生。以聞其法。爲解無常無救護事。使求道護。若有定意。爲論慧度。慕在閑居。因行化之。静身口心。知限足者。顯發智根聖賢之業。在於自大愚冥之思。當爲宣布勤學博聞。

好貪欲者。示其不浄無益之患。喜於瞋恚。勸發慈心不懷厄[17]害。若存愚惑。顯化其心十二緣起生死之法。其存等分。爲演無常苦空非身。勸志色欲。各化不浄。仁慈至無。解愚冥者。爲誨瑕穢緣起事。或作諸見。因其決了空無之慧。其懷希望。演無想行。志存要誓。訓以無願。訓慕諸蓋。剖析諸陰。想如幻化。虚僞不真。貪著諸種。爲了四大十八諸種。猶如形影行照而現。其倚衰入。講説諸入内外十二皆非我有。猶夢所睹。覺不知處。其依欲界。爲人分别暢説一切萬物皆歸無常。若恃[18]色界。敷演一切衆[19]行悉苦惱根。設怙無色界。宣布道教。一切諸法而無吾我。難化之人。常令勤習賢聖之法。易安化者。當爲開示無極之辭。志存天人。欲往心懅[20]。咨嗟戒品清浄

無垢。樂聲聞乘。指示四諦苦習盡道。若慕緣覺乘。則爲開示十二緣起以痴爲本。覺[21]大乘業。因其流布六度無極。四等四恩而訓導之。初發心者。觀其志性而訓喻之。備悉衆行。不厭生死。示以無難令立不轉。爲不退轉者。因分别説佛土清净。一生補處菩薩大人。顯示至真佛樹道場。如是寂意。若有菩薩逮得自在。從其緣化所宣道法無有罪釁。以善言辭可悦衆生。説是語時。有一萬人發無上正真道意。五百菩薩皆悉逮得無所從生法忍。

時彼衆會有諸菩薩各心念言。密迹金剛力士。久如當逮無上正真之道。爲最正覺。得佛道時所號爲何。其佛國土。嚴净功勛。爲何等類。諸菩薩衆成就云何。爾時世尊知衆菩薩心念本末。尋時即

笑。無央數億百千光明從佛口出。照於十方無限世界。蔽日月光。蓋魔宮殿。光還繞佛無央數匝。從頂上入。時寂意菩薩即從坐起。偏出右臂。叉手禮佛。以偈嘆佛而問笑意。

巍巍猶紫金　妙光捨衆垢　意寂然堅住　如日在虛空
其光大盛明　悉消諸幽冥　今所以顯現　人中尊宣之
惔怕如蓮花　生立淤泥中　其莖根在水　稍長無垢穢
功勛甚馨香　意念轉廣遠　唯安住說之　何故而欣然
其意慧永安　寂然以柔和　慈愍日增益　消除衆垢穢
以智慧光明　蠲去諸暗冥　安住如蓮花　弃捨衆狐疑
加哀修道場　奉行得自在　口面演光明　乾竭衆愛欲

開化於衆生　令其眼清净　安住消逆賊　除去衆瑕疵
曉了生死無　衆生之性行　以訓覺所有　諸天世間人
一切普衆會　觀大聖顔貌　今所笑現義　唯爲分别説

佛告寂意菩薩。見密迹金剛力士乎。白曰。已見。世尊。佛言。是密迹金剛力士。已當供養賢劫諸如來衆。將護正經。受而持之。道利開益無量衆生。從是没已。生阿閦佛土。在妙樂世以生彼土。其阿閦佛。爲諸菩薩宣千八百印。皆當逮是。歸於道義。往反周迴。然後來世。見不可計無數如來。稽首自歸。净修梵行。然後來世。過此劫數積纍德本。逮致無上正真之道。成最正覺以得至佛。號金剛步。出現於世。如來。至真。等正覺。明行成爲。善逝。世間解。無上士。道法御。

天人師。號佛。世尊。世界曰普浄。劫曰嚴浄。又彼寂意。普浄世界神妙豐熾安隱。五穀卒賤。自然無價。衆民滋盛。天人甚多。合以七寶。金銀琉璃水精車璖馬瑙珊瑚真珠。以成佛土。城有八交道。平等若掌。其地柔軟。如天綩綖。如兜率天。被服食飲。宫殿屋宅。園觀浴池。挍露樓閣。其佛國土巍巍如是。諸天人民自然顯發。如天妓樂。懸諸彩幡。竪好幢蓋。燒衆名香。雨寶衆花遍散其土。上虚空中羅列衆蓋。和雅妓樂。其佛國土無有惡趣三苦之毒。亦無八難不閑之處。所有諸業如兜率天。被服飲食。宫殿園觀。挍露樓閣等無有异。天人不別。諸天人民皆慕微妙。唯志佛道。又其佛土無有二乘。無有聲聞緣覺之名。純諸菩薩。其如來尊宣不退轉菩薩大法。其

金剛步世尊。諸菩薩衆不可稱計。無能限量。億百千載。其佛國土無有惡姓㉒疽嫉之行。無有毀戒墮邪見者。此國土人皆至究竟。好慕佛法。無有盲聾瘖啞癭瘇。性行和雅。悉二十八相莊嚴其身。又其如來現在世時。壽八小劫。其諸天人臨欲壽終。如來至真常爲講法。演身光明。皆照三千大千世界。時諸天人蒙斯光明。悉决衆疑。嘆法隨佛。各心念言。當往詣佛咨受經典。或以己身神足之力往詣佛所。或有學人承佛聖旨往詣佛所。佛住虛空。去地百千仞。在其世界於四衢路周一大座。告於十方可悦一切諸來衆會。以如來辭爲諸菩薩敷演經道。唯宣大乘無極大道。其佛國土無有一人違逆世尊教。亦無誹謗駡詈毀辱者。一切衆生諸根明利。其

慧通達。土無君王。唯佛世尊以爲法王。其土人民無有吾我。無受業處。悉無我所。不主田宅。諸天人民皆悉如是。其金剛步如來至真。所欲受食。以愍傷故。先宿㉓晡時現佛身像。著衣持鉢住其門前。其家則知。便心念言。佛愍念我。欲就我食。即夜莊嚴施設床座。清净布具。甘美供膳若干種味。明旦早往。日時以到。佛與聖衆往入其舍。飲食畢訖。行澡水竟。佛爲施家隨時説經。其人逮得不退轉法。當成無上正真道已。乃爲説訖。佛從坐起還歸精舍。若佛宴坐在於静室。時諸菩薩各從本行所逮三昧而自修已。如是寂意。其佛世界功勛快善。無量巍巍殊特如是。土地嚴净。普平博好。快不可量。佛説是經法。授密迹金剛力士決時。應時會中二萬人皆發

無上正真道意。諸來會者各各心念。願生其土。佛即記說。金剛步成佛道時。諸願見者皆生彼土。其佛授决。亦皆當成無上正真之道。爲最正覺。爾時密迹金剛力士從佛聞斯所授决已。歡喜踴躍。以持金剛投之虛空。適投空中。應時三千大千佛土六反震動。光照十方。天雨衆華紛紛如雪。箜篌樂器不鼓自鳴。一切衆會各在右手。自然有華香若干種品。幢蓋衆飾各執持行。於時密迹金剛力士以寶花香。幢蓋繒幡周匝繞佛。以偈嘆曰。

廣法普自在　法藏不可盡　曉了分別法　導利益衆生

以付授我義　常樂以法施　極奉行正法　住道願自歸

智慧能清净　明了所行業　其名聞三世　功勛度無極

其智通三處　能仁無所著　以度衆挂礙　班宣快濟厄
清净猶月净　顏貌甚鮮明　斯曜極遠照　喻於日火光
其音殊妙好　和聲喻梵天　宣布於愍哀　稽首衆生寶
自顯現其身　示有形壽命　唯願班宣法　演布文字音
雖講説經法　亦無有法想　度脱於衆生　亦無有人想
世尊所開化　誰能報佛恩　設一切衆生　積行無量劫
唯啓受佛教　志不在餘業　己身能奉行　復化他人衆

於時密迹金剛力士繞佛衆會竟七匝已。手執衆花及與寶蓋。供上散佛。適供散佛。應時四天下一切方域。自然化生若干品花。莊嚴挍飾八重交道。八味池水。承佛威神靡不周遍。巍巍難限。

爾時寂意菩薩問密迹金剛力士。如來以授仁者道決。答曰。族姓子。以見授決。所受道決。自然如夢。又問。仁者受決爲何所逮。答曰。族姓子。所受決者爲無所逮。又問。何所不逮。答曰。不逮吾我。不得人壽命。不得五陰。六衰。四大。不見現世度世之業。不逮諸罪及與不罪。無漏不漏。塵勞瞋恨。有爲無爲。生死無爲。悉不逮是。此族姓子。乃曰受決。寂意又問。設無所逮。誰爲受決。答曰。無所逮者乃曰爲逮。又問。若無吾我。誰爲受決。誰授決者。答曰。其有受決及授決者。適俱平等。本際無二。又問密迹。若無本際。彼誰受決。答曰。本際無生。亦無所滅。無有二際。以是本際。今日受決。又問。住何本際而受決也。住於自然。無二本際。無我本際。無人壽命。住於自然乃曰

受決。又問。吾我本際住在何所。答曰。如來所住。又問。無所識知爲何所知。答曰。其所識知爲無所知。又曰。若無所告語爲無所語。又問。設無所語。爲何所教。答曰。教無所教。又問。何謂教無所教。答曰。一切諸法悉無所教。又問。説無所教。云何知之。答曰。設無所教。所知若斯。又問。云何教所知。答曰。不問所知。又問。云何不問所知。答曰。識無放逸。又問。何謂識無放逸。答曰。自歸要誼。又問。何謂自歸要誼。答曰。不見無誼。又問。何謂不見無誼。答曰。不以於誼。亦非無誼。乃曰爲誼。又問。何謂不以於誼。亦非無誼。乃曰誼乎。答曰。其不以誼。亦非無誼。彼則進㉔誼。又問。若以無誼。不成法義乎。答曰。其法義者。云何義乎。所以者何。其趣義者則爲非法。不成爲法。又問。何

謂爲法。答曰。法無音響。乃曰爲法。又問。法無音響。何謂爲法。答曰。其於彼法無有文字。乃曰爲法。其無所得。彼法無音。無有言辭。又問密迹。何謂所逮。答曰。族姓子。如所可逮。是乃名曰一切無逮。離於所得。又問密迹。是曰我所逮得如來。其習諸法乃能逮得。又問。豈能寂然吾我之心。一切所宣智慧之明。因其文字宣如來業。不以無逮。不以當逮。又問。其所逮者何所不可。答曰。口之所説爲不可也。又問。口之所説。心倚文字。則爲不可。又問。何謂爲可。答曰。其無所逮。彼無所教。其無所教。知則不自知。不知他人。其不自知。不知他人。乃曰爲可。又問。不可誰爲是本。可誰爲是本。答曰。所受是本。又問。所受誰是其本。答曰。所倚爲本。又問。所倚誰是其本。答曰。

虛僞妄想即是其本。又問。虛僞妄想。誰是其本。答曰。虛僞妄想塵勞是本。又問。虛僞妄想塵勞。何所是本。答曰。慕著是本。又問。慕著何所是本。答曰。色聲香味細滑所著是本。又問。何所著本。答曰。恩愛結集。是曰著本。於是諸著而無所慕。乃曰無著。是爲寂意。諸恩愛結。求於所著。永無所著。諸佛世尊爲班宣法。重説是法。授密迹金剛力士決時。五百比丘衆漏盡意解。二百菩薩得無所從生法忍。

大寶積經卷第十二

校注

①『遍』，龍藏作『適』。

②『請』，龍藏作『輒』。

③『拘鄰』，思溪藏作『拘那』。《一切經音義》（唐·慧琳撰）釋有『本際第一解法者』『已知正言解了』『初五人者之一』。

④『敢』，龍藏、和裕本作『教』。

⑤『尚』，底本作『當』，依龍藏、思溪藏、和裕本改。

⑥『寂意』，龍藏、思溪藏無。

⑦『寂』，龍藏、思溪藏作『滅』。

⑧『對惟』，龍藏、和裕本作『難唯』。

⑨『住』，思溪藏作『往』。

⑩『存』，龍藏、思溪藏作『在』。

⑪『因』，龍藏作『綱』。

⑫『緣』，思溪藏作『以』。

⑬『諸』下，龍藏、思溪藏有『現』字。

⑭『師』，龍藏、和裕本作『歸』。
⑮『證發意』，龍藏、和裕本作『發其道』。
⑯『好於』，龍藏、和裕本作『如非』。
⑰『厄』，龍藏、思溪藏作『危』。
⑱『恃』，龍藏、思溪藏作『持』。
⑲『衆』下，龍藏、思溪藏有『生』字。
⑳『懅』，龍藏、思溪藏、和裕本作『據』。
㉑『覺』，龍藏、和裕本作『學』。
㉒『姓』，龍藏、思溪藏作『性』。
㉓『宿』，思溪藏作『宣』。
㉔『進』，龍藏、和裕本作『道』。

大寶積經卷第十三

西晉三藏竺法護譯

密迹金剛力士會第三之六

於是密迹金剛力士所願已備。得受佛決。所望已畢。欣然大悅。叉手白佛言。唯佛大聖。就我曠野之界鬼王國土。在密迹宮舍七日受請。諸菩薩等及大聲聞。唯見垂愍顧意不忽。當於佛所在。於曠野鬼王土地。在於鄙舍。垂意小食。化鬼神衆妖魅反足之物。揵沓和。摩休勒及餘所居衆生。見如來尊。聽聞斯經法。長夜安隱。無有衆患。一定無難。便當弃捐瞋恚毒害。無懷逆心。其四天王一切眷屬。游在曠野鬼神王界。若見如來。聞所説法。常獲安和。不遭危難。

時佛默然。受密迹請七日供養。用①愍念故。并欲開化無數衆生。使殖德本。爾時密迹見佛默然以受其請。歡喜踴躍。稽首佛足。右繞三匝。禮退而去。忽然不現。還曠野國。因歸其宫。時密迹力士心自念言。當爲大聖莊嚴宫殿。欲行天人色行天人。得未曾有。十方世界諸菩薩等皆當歡喜。心自念言。吾憶識念。往故一時夜懷志願。所尊道法不可思議。今亦當然。即時三昧正受。宣不可限。彼時高座無央數億百千兆載師子衆座自然普現。以寶作脚及奇珍欄楯。以百千天衣而布其上。清净妙華。真珠瓔珞在八交道。以寶蓮華覆蓋其上。適三昧正受。東方去是恒②河沙佛國。有世界名無量寶德净。佛號净王。當致彼净王如來所。莊嚴净師子之座。欲授萬

菩薩决。其佛國土所見嚴净。越無央數諸天人民所有嚴净。我今寧可往彼佛土莊嚴高座。爾時密迹力士以净寶王三昧正受。適三昧已。自然莊嚴現好高座。高廣好净。如無量寶德净佛土師子高座等無有异。忽然以至在於曠野鬼神界土。所施高座巍巍如是。甚高廣長。東西二千四百八十里。南北千二百八十里。紺琉璃水精車渠爲地。吉祥藏寶。無量名香雜香熏之。竪立無數衆寶香爐燒殊妙香。散諸天花若干品物。極好巍巍。光色煒曄。可悦人心安和其身。從心應時。行菩薩法不失其節。功勛無際。所嘆妙德而無崖底。又其高座所化自然。有億百千垓不可計數諸師子座。以寶爲脚。寶爲欄楯。無數天衣而布其上。諸寶蓮華净珠校露立八

交道。以用衆寶而布其上。建在地上。一切普具。於時密迹力士如是比像不可思議。設諸高座高廣嚴净。殊特無量師子之座。安然庠序從三昧起。即於宿夜。設若干種甘膳飲食。尊奉菩薩。和調性行。興發如來報應之果。衆供已辦。夜未向明。告四天王。諸人當知。世尊今日詣我宫食。請竟七日。諸菩薩衆及諸聲聞皆當來集。仁等恭恪設無放逸。大聖難遇。億世時有。咸皆一心。捨俗慕道。恭恪奉事。除去生死。弘慈至道。時亦難遭。法不可聞。三界無怙。唯道可恃。普如虚空。無所復礙。勿懷亂心。爲放逸行。眷屬徒使。妻子僕從。供養七日。勿倚身心。唯道爲本。莫順他業損違道教。專精一心供養如來。常當下意加敬無二。令其曠野鬼神之處。王者。土地。鬼神。

妖魅。反足諸鬼。揵沓和等。皆歸命佛密議道法。其四天王及餘衆生。皆不失時普蒙濟度。諸仁當了。已請天尊。稽首歸命供養佛已。勤聽經典宣布八方。使一切蒙益③乃報佛恩。爾時密迹力士有一太子名曰密兵。而告之曰。汝往遍令地神及虚空神。告四天王。忉利天。焰天。兜率天。無憍慢天。他化自在天。上至魔天。各令使知世尊今日在於曠野鬼王土界。受密迹金剛力士請於宫舍。當就飲食。菩薩聲聞亦復同然。若欲見佛聽聞道教。咸皆往至。太子金剛兵受教宣命。須臾令遍。其第二子名曰善分。而告之曰。子。汝今自往。己力神足告諸梵天。梵迦夷天。梵滿天。梵度著天。大梵天。有光天。少光天。無量光天。光音天。清净天。少净天。無量净天。净難逮天。

净離穢天。順行天。少順行天。無量行天。行果實天。亦然天。於是天。善願天。善現天。至一善天。悉遍令之。今日世尊游於曠野鬼王國土密迹金剛力士宮舍就請。諸人欲見。悉共往會。善分受教。宣令如是。須臾之頃。欲行天人④。色行天人。皆共集會。在於虛空。廣縱四萬里。上下俱然亦四萬里。周遍諸天各次第坐。於是密迹金剛力士莊嚴場地。供膳辦已。叉手向佛所在。遥啓白言。今時已到。願佛大聖垂光迴意。而説頌曰。

丈夫尊雄屈　人中上願顧　蓮花正士發　大聖人時到
兩足尊枉神　大⑤人聖祠祀　人中尊屈意　聖明時以至
戒如蓮華盛　精進轉增長　覆護上慚愧　最勝唯顧意

建立於聖諦　慈哀加弘恩　無我無所施　最勝師子顧
戒行博聞業　茂盛覺意花　解脱具足實　殊勝樹願來
功勛海唯枉　其意深且廣　清水定爲意　熾盛精進業
奉哀道場業　智慧瓔珞嚴　明本慧開覺　聖達降慈⑥顧
第一明無動　以藥樹療病　學不學盛明　最勝唯屈神

於是世尊見密迹金剛力士白時已到。告諸比丘。皆早嚴服著衣持鉢。并敕護寺。密迹金剛力士來啓時到。各自建行七日就請。其諸聲聞衆菩薩等。若得神足。以己神力往追侍佛。其無神足。入如來光承其威明。佛愍念之皆得往就。於時世尊適發進路。諸菩薩皆於前而導。諸聲聞衆在後侍從。諸天龍神花香妓樂在虚空侍。

諸天玉女而嗟嘆佛。因説頌曰。

歡喜發光明　妓樂自然鳴　震動佛剎土　天雨於衆花
佛之大威德　神足度無極　聖變化無限　娛樂佛無底
佛吉祥無際　佛神聖無量　佛威儀無底　佛功勛⑦無限
游靈鷲之山　在於八山中　於上虛空中　無礙如鷹⑧王

於時欲行天人。色行天人見佛世尊從虛空來。猶如日光現於水中。如月盛滿衆星獨明。猶若天帝諸天中尊。若如梵王照乎衆會。見是變化大悦欣然。雨天青紅黃白若干諸雜蓮華供養散佛。意花。大意花。柔軟花。大柔軟花。晝夜樹花。有果大實。及諸轉輪王離垢之華百葉千葉。又百千葉。樂歡喜生。味興起光照一切香華。善

妙香。常薰香。烏虛延香。常有花。樂華。自⑨樂如是衆花興雲致雨。雨衆雜香。鼓天妙⑩樂。諸天玉女眷屬百千。爾時須臾至於曠野鬼王國土。毗沙門天王界。在其宫殿。一切聲聞諸菩薩衆眷屬圍繞。佛適下住。地大震動。光照十方。安和柔軟。不嬈衆生。時四天王見佛世尊到大曠野鬼王之國。速疾速疾與其宫人及諸眷屬。花香雜香澤香。繒彩幢蓋妓樂。行列吹貝。各持此供往詣佛所。稽首佛足。繞佛三匝。却住一面。以持所賫供養⑪佛上。見佛大悦。心中欣然。供散佛已。却住一面。叉手自歸。爾時世尊因四天王應病隨時班宣經法。萬三千鬼神妖魅厭鬼之屬。皆發無上正真道意。一萬玉女亦復發是無上大意。時密迹力士與宫人婇女諸子眷屬。花香雜

香擣香幢蓋妓樂。從其宮中詣毗沙門天王宮舍。至世尊所。稽首佛足。右繞七匝。各從所執皆供散佛上。毗沙門天王宮中次第而坐。鼓衆伎樂。自入清净。心無所著。所將侍從各自就座。如來高座獨顯巍巍。清净妙極。密迹諸子舉所莊嚴校露之帳師子高座。從虚空下。安著于⑫地。寂然不動。諸菩薩衆及諸聲聞。故坐本位。時欲行天人。色行天人睹其設座高廣嚴好。得未曾有。怪之難及。心自念言。密迹力士何所得睹斯寶高廣師子之座。玄妙無極。殊特難喻。於時承佛威神。於虚空中自然聞音。仁欲知者。東方去是界分。過江⑬河沙諸佛國土。有世界名無⑭限净。佛號净王如來至真等正覺。密迹金剛力士曾見其土微妙嚴净。今以法故。遣此殊妙巍巍

高座。時佛適入上處師子高廣之座。應時曠野鬼王。國土鬼神妖魅。反足之鬼。犍沓和。迦樓羅。真陀羅。摩休勒。往詣佛所。稽首足下。退住一面。叉手歸佛。

爾時密迹金剛力士語四天王及諸來會諸賢。屈意咸共和心。飲食已辦。各手斟酌。勤供養佛菩薩聖衆。所以者何。如佛所説。若能歡悦佐助興功。供養蒙祐得福無量。於本施主其福不減。諸仁者等以是勸助佐其所施。得受功祚不可限量。於是密迹金剛力士與其宫人婇女。一切諸子及諸眷屬。手自斟酌百種肴膳。不可計味。心佐開士求如來福。供養大聖加謙恪心。佛及菩薩諸聲聞衆皆悉充滿。飲食畢訖。行澡水竟。密迹金剛力士更取小床。於佛前

坐。白世尊曰。唯加弘慈應時演法。宣入法門。使衆生類了於道心。行⑮所從生。其未發心。興斯道心。已發道心。至不退轉。令此鬼神妖魅。揵沓和等。長夜永安。使無衆患。多所安和。多所愍傷。諸天及人三界衆生。得殊特願。與世超殊⑯。

爾時世尊告密迹金剛力士及諸大會。諦聽諦聽。善思念之。若族姓子族姓女行入法門。堅住於斯。至殊特願。無所分別。不至損耗。密迹力士與諸大衆受教而聽。佛告密迹力士。若族姓子及族姓女。當奉篤信善從道法。多諸順宜。欲見賢聖樂聽於法。心不慳嫉不縮財業。舒手布施捨俗所習。好所施福不望其報。心不懷害其志清净。專精一心而不暴亂。信報應果。好善⑰真業。不以狐疑未曾

猶豫。睹清白理。知不亡果。寧失身命不犯非義。仁慈不殺。不與不取。不爲邪淫。不犯妄言。兩舌。惡口。綺語。嫉妒。恚。痴。不犯十惡。身行十善亦勸人行。常奉等信。見諸沙門奉戒具法。勤精修行。志存思道。常應義節。寂然調和。心存惔怕。受無所著。不受邪語。志性仁慈。弃捐惡法。行不卒暴。明如炬火。不愚如獸⑱。言無所毀。心性平和。絶却睡眠。弃搪揬心。捐其重擔。數數惠施。見諸善友一切諸佛及佛弟子。常行恭恪。如是比像。常追侍從沙門梵志。謙下作禮。習與相隨。不失其意。常奉斯等諸善知識。以愛樂故。加用法施救濟危厄。以班宣法而勸化人。演所報應。施致大富。持戒生天。博聞大智。修行合道。各爲説報。布施大財。慳貪餓鬼。持戒忍辱精進一心智慧。

稍入道元[19]。犯戒地獄。瞋恚醜陋。懈怠廢道。亂意墮罪。愚痴投冥。是爲由身由言由意惡行之報。是身口意善惡之果。犯是三[20]事。長夜不安。投於地獄餓鬼畜生。護斯三業。生天人間。十方佛前。長夜永安。無有衆患。各爲開示罪福之報。善惡所趣。若見應器。爲演深法。空無相願。行無所行。至無所至。無我無人無壽無命。分別幽奥十二緣起。若倚是事便有生矣。若不倚是則無有生。從是致是。不從不致。從無明致行。從行致識。從識致名色。從名色致六入。從六入致更。從更致痛。從痛致愛。從愛致取。從取致有。從有致生。從生致老死。從老死合大苦陰。成四大身。痴滅無行。行滅無識。識滅無名色。名色滅無六入。六入滅無更。更滅無痛。痛滅無愛。愛滅無取。取

滅無有。有滅無生。生滅無老病死大苦陰合。不受四大。則常永安。長無衆患。以滅盡者則無所有。所以者何。起是生是。無是則無。猶如種樹。始生芽根莖節枝葉花實。拔樹無芽。何從有是莖節枝葉花實。解無無明。心無所著則無牽連。十二緣起皆從緣對。無緣無對。一切三界皆悉本無。悉從無生。從有而死。不達無故。謂有致生。不知有空。倚是我故便致死矣。解無不生。了有不死。爲罪所追。塵勞所逮。顛倒苦惱痴冥不實。爲宣真諦應其儀節。所觀如法。而於諸法無所造作。不得所造則不有退。亦不無退。不有往來周旋之難。假使意法意無所著。信受本空。一切諸本悉净惔怕。置是人者。若菩薩大士常得見佛未曾遠離。不失聞法。不違聖衆。在在所生

常見諸佛。雖有所生。不生無佛之土。生以見佛。行無放逸。慕求真正精進之法。勤修此已。不用家業。善奉净行。不用妻子男女奴婢僕使守護宅舍。速疾持法。無以戲逸自恣愛欲。諸佛世尊所施言教。以篤信故捨家爲道。信捨家已。爲善親友真正伴侣。以受真業。性行微妙。聞玄妙法。以行爲要。不歸嚴飾。覺意第一而不厭足。求於博聞。如所聞法廣爲人説。無冀養心。不以己言有所依仰。講説經典從所聞慧。因其行住而爲人説。使聽法者興隆大慈。而於衆生發無盡哀。以致博聞無所愛吝。不貪身命。少欲少求而知止足。以善重業至快供養。好樂閑居。專精守節。從所聞法觀其義趣。自歸正義思惟奉行。不歸嚴飾。其所導御天上世間。不但爲己而有

所行。爲衆生故求上大乘。至慕佛道自在之乘。成無放逸。何謂無放逸。以達境界。眼不見色。不受妄想。不著文飾。了色之難。雖以慕樂。便捨之逝。曉之本無。若耳聞聲。鼻香衆想。舌嗜美味。身更心法。亦復如是。所言無逸。己心無生。護他人心。弃愛欲樂入於法樂。不行欲想。無瞋恚想及危害想。無貪瞋恚愚痴之業。無是惡本。身不行惡。口不説非。心不行穢。不爲反念。不犯一切諸不善法。是曰無放逸。以無放逸常應節行。曉了有無。知無無有。彼何謂有何謂無。行平等者有賢聖脱。修邪行者無賢聖脱。又次亦有罪福之報。或有無罪福之報。或有眼。或無眼。或耳鼻舌身。或有意。或無意。又能了色無常苦空别離之法。是謂名有。志學於道。計色有常長存永

立無別離法。以無平等住。有是念故。有痛想行識。有了無常苦空別離之法。又從無明緣便生不善。若無無明則無有行。從生緣故有老病死。若無生緣便無老病死。施致大福。貧無放[21]捨。窮有貪嫉。慳無大財。奉法至道。不順義則不至道業。精進菩薩得至大慧。懈怠菩薩不得至道。不自大者真得异決。其貢高者不至滅度。若普入寂至於空無。計吾我人。貪身壽命。不至道慧。是爲人者應順時儀。佛言。若族姓子族姓女修普明智。或致所知。若在於世。若無於世。普智計斯。不有所知。彼有天食而無所著。若無天食亦無所著。

一切如來皆以敷演入於順義一切諸法。

如來明證下四法故[22]。何謂爲四。一曰。一切萬物皆歸無常。二曰。一

切諸有悉爲苦毒。三曰。一切諸法皆無有我。四曰。一切有形悉至於空無。爲泥洹寂。所以言曰。一切萬物皆歸無常。衆生愚惑自想有常。如來説法斷諸計常。一切所有悉爲苦毒。衆生暗塞計想有樂。故爲説法斷除諸樂。一切諸法皆無有我。而衆生心計有吾我。故爲説法斷諸我想。一切有形悉歸於空。衆生沉冥反想悉有。故爲説法斷有著想。寂然泥洹。一切衆生懷自大者。如來説法。使自大者不復貢高。捐去倚著。以聞無常。解音悉空。爾乃曉了無常之義。其義何謂。都不生不增。不起不滅。是乃名曰入永無常。以聞苦音。入除㉓所願。五陰空無所起。是名曰苦義。以聞諸法皆無我音。奉空脱門。於我不我無是二相。是非我義。以聞泥洹寂志造無想。不

然不滅爲都滅定。無終始。是乃名曰解了空義。不以無想㉔而爲取證。如是賢者。若有菩薩能行是者。未曾違失一切諸行道品之法。以無想*行。普周備悉諸佛道法三十七品。於時世尊在密迹金剛力士宮殿應病演法。尋時彼會二萬天人皆發無上正真道意。不可計人悉受五戒。

爾時四天王前白佛言。唯哀愍説。我等云何護於世間。佛告四天王。仁等宜以當行十法。護世㉕衆生。何謂爲十。一曰。不害一切命類。二曰。不竊取他財寶。三曰。不犯他人妻室。四曰。不兩舌鬥亂於人。五曰。不妄言欺詐於人。六曰。不惡口以辭傷人。七曰。一切所説未曾綺飾。八曰。不懷嫉妒。生彼此心。九曰。在於善惡業不發瞋恚。十

曰。常修正見。不隨邪疑。是爲十。諸仁者等。以是十事護於世間。乃應法教。佛復告四天王。又諸仁者。復有八法。護於天下。何謂爲八。一曰。言行相應。未曾相違。二曰。奉敬尊長。不懷輕慢。三曰。言辭柔軟。不宣粗獷。四曰。謙下恭順。常執遜意。五曰。常行質樸。不爲諛諂。六曰。常修仁和而無佞飾。七曰。一切諸惡悉無所犯。八曰。以諸德本將順世間。是爲八。佛告四天王。復有六事。護於天下。何謂爲六。一曰。身常行慈。不害衆生。二曰。口宣仁慈。不演惡言。三曰。意念慈心。不抱[26]增損。四曰。以得利養等御於業。五曰。等護禁戒而無所犯。六曰[27]。等以正見開導曲戾。是爲六。佛告四天王。復有四事。常爲法首護於世間。何謂爲四。一曰。有所立行。未曾貪嫉。二曰。不懷瞋恚

加害於人。三曰。不用愚冥蔽加不逮。四曰。所行至處不懷恐懼。是爲四事。佛告四天王。復有二事。以用護法世間人民。何謂爲二。一曰。慚耻從無數劫不應道法。二曰。懷愧自責不深入法救護一切。是爲二。佛言。諸仁。當行是法以護天下。以能建立如是法行。乃能護世間。

爾時密迹金剛力士以寶校露用貢覆佛。復白佛言。菩薩云何無瞋恚法。至於無上正真之道。佛言。族姓子。菩薩有十事。行無瞋恚法。至無上正真之道。何謂爲十。一曰。常行慈心。不犯傷害。二曰。不厭衆難。常修大哀。三曰。所作事業常勤精進而有殊特。四曰。常奉空行。逮致三昧。五曰。從因緣發入於智慧。六曰。以權方便普入一

切。七曰。解達三世浄過去來今。八曰。以真諦見。無所挂礙。九曰。遵奉道業入一切法。十曰。一切諸法皆悉歸空。是爲十。

密迹金剛力士復白佛言。菩薩有幾法。聞佛不可思議法不以恐懼。佛言。族姓子。菩薩有八法。聞佛不可思議心無恐懼。何謂爲八。一曰。所造功德常能究竟。二曰。一心禪思暢達不亂。三曰。以爲善友而見將順。四曰。心常篤信樂微妙法。五曰。以解諸法悉如幻化。六曰。曉一切法不可思議。七曰。而了諸法不可成就猶入虛空。八曰。暢一切法狂惑放逸虛僞之相。是爲八。

密迹金剛力士復白佛言。何謂菩薩而得自在。於一切業開士之法。佛言。菩薩有四事法而得自在。何謂爲四。一曰。遵行如幻三昧

暢一切法。入五神通而特超越。二曰。以三脱門過於四禪。三曰。以智度無極修四梵行。四曰。行權方便。具六度無極。是爲四。

密迹金剛力士復白佛言。族姓子。菩薩有幾法入於法門。佛言。族姓子。菩薩有四事法入於法門。何謂爲四。一曰。入禪思門。具足曉了一切衆生根本。二曰。入智慧門。分别一切章句義理。爲衆敷演。三曰。入總持門。一切所執常念不忘。四曰。入辯才門。因能可悦諸衆生心。是爲四。

密迹金剛力士復白佛言。菩薩爲有幾力致開士行。又斯道力。無能當者降伏衆魔。佛言。族姓子。菩薩有八力。莫能當者降伏衆魔。何謂爲八。一曰。道心之力性行清浄。二曰。精進行力而不退轉。三

曰。博聞行力奉無極慧。四曰。忍辱行力護衆生故。五曰。無所生力不懷瞋恚。六曰。不虛妄力具足解脱。七曰。修道行力備悉智慧。八曰。以大哀力開化衆生。是爲八。佛説是法時。密迹金剛力士及五百子。悉逮得無所從生法忍。以得法忍。前白佛言。唯願大聖。以是八法經典之要。使流天下。用愍我等。是密迹宮使自然廣。以是德本光明普照。如來滅已。令遍流布而不沒盡。於時世尊睹密迹諸子等心中所念勸助啓佛。佛告密迹金剛力士。密迹堪任斯諸章句。我詣佛樹下。汝於彼時與諸菩薩。魔將兵來。卿以威勢至擁護我故降魔兵。即時想㉘念諷誦通利。今復當護將來末世。令法流布遍閻浮利。周於十方。令所施教。使法久存。持制一切諸外异學。於

時密迹金剛力士觀佛世尊以見勸告。即從座起。長跪叉手。應時於是言辭章句。用宣咒曰。

醢黎　休留休留　其強飈聚　各羅眼動摇歸救　忍力力盡　寂怕作角鵖伊犁　佉丘　佉犁佉犁　護無擇　住勝生往還　無曲以慈受之調和成　施持已㉙

諸天龍告鬼神揵沓和。妖魅。若人非人。常吉安隱。動於山王。亦震天㉚地。亦擾水王。用説此咒故。攝伏外道。法君所救。晃曜法炎。篤信是句。聞此咒已。諸天衆各各舉聲而嘆曰。

正法住甚久　動三千佛土　一切衆會同　自投人王前
歸命使無罪　施此無恐難　其㉛持是言教　令正法永存

爾時世尊從曠野鬼王土密迹金剛力士宮受供七日。開化無數衆生。七日之中。忽没曠野宮踴在虚空。與諸菩薩及聲聞衆。一切諸天於上普共供養佛及聖衆。諸玉女衆咸共咨嗟。演大光明。諸天人伎百種自鳴。空中雨華。佛土大動。顯佛大變。佛没密迹力士宮殿。猶鳳凰王還住靈鷲山。佛在靈鷲山。與比丘衆俱。及諸菩薩眷屬周旋。各思道教。

爾時王阿闍世出羅閱祇大城。與篤信慕樂長者梵志俱。一國人民聞佛還國。各集晡時亦出其城。往詣靈鷲山到佛所。稽首佛足。右繞七匝。却住一面。王前白佛。我曾立坐有所參議。時諸比丘到太子所。口自宣言。今日世尊往到曠野鬼王土界。詣密迹金剛力

士舍食。唯然世尊。我得聞是。怪之難及至未曾有。諸佛世尊不可思議。乃能大哀垂愍衆生。如來行慈普濟衆生。猶如虛空言無偏獨。周㉜一切故。往到曠野鬼王土界。就密迹金剛力士舍食。佛大弘志至不可喻。無辭可盡。若有得蒙如來講法。宣傳道訓決疑之律。靡不得安。又復世尊。其密迹力士。爲有幾事在於平等。而逮正覺。最爲至重。殖衆德本。乃能有是妙大辯才。佛言。大王。是事究竟而不可逮。其至德本無能過上。王白佛言。實爲至真。種其德本故獲此果。若有信者。其功德云何。佛言。大王。假使十方各如江*河沙數。一一沙尚可知限。密迹金剛力士所見諸佛不可計數。盡其崖際供養奉事。緣是行故合㉝積大辯。當作是觀。皆有本末。

佛告王曰。乃往過去無央數劫不可限量。爾時有佛。號曰息意如來。至真。等正覺。明行成爲。善逝。世間解。無上士。道法御。天人師。號佛。世尊。世尊世界曰選主。劫名不移。其息意佛純化一切諸菩薩衆。皆令精進。言作菩薩法無懈怠。心無厭倦。弃身壽命不以爲吝。唯志道法。時有菩薩名曰勇力。即從座起。往詣息意佛所。稽首足下。前白佛言。如大聖宣。我承解議。若有菩薩心自念言。我當疾逮無上正真之道。爲最正覺。念是菩薩。名曰懈怠。所以者何。若菩薩不用精進。厭患生死。不與此心成佛大道。若有菩薩見生死難則見縛結。不至滅度。唯化衆生。乃成正覺。所以者何。唯然世尊。菩薩之法普行勤修。在在生死常所在處。開導利益無量衆生。悉令滅度。亦

無所教。是故世尊。菩薩作行。宜重生死。不敬滅度。菩薩造行。重生死已。奉無限佛。導利開化無量衆生。聞無數法。入衆生念。所行志性敬泥洹行。重於衆觀。便自墮落没在小節。若有菩薩畏於生死而懷恐難。樂泥洹行。當作是觀。如是菩薩則爲墮落。以無行墮失如來行。於諸衆生則有釁咎。何謂菩薩而不順行。樂於聲聞緣覺地者。自觀其行欲化衆生。是故名曰無開士行。其行聲聞。無菩薩行。所以者何。諸聲聞行畏生死苦。菩薩游於無量生死不以爲拘。時息意如來讚勇力菩薩曰。善哉善哉。正士。仁快説此教言㉞淳淑。菩薩行道捨身之安。不捨他人。常省己身不求他漏。又問。何謂菩薩所行。佛言。族姓子。自正己行。而爲衆生宣成敗事生死之難。受

於無量生死之患。而無恐畏。不樂聲聞緣覺之地。習菩薩行。不近禪思在於三界。曉了禪定。分别惡趣。習乎方便盡了禪智。功德聖慧而不可盡。發無生慧。爲人班宣一切本無慧無所生。知其所受。了諸衆生而無吾我。以慧開化一切衆生。曉諸法寂。解護諸法。暢諸佛土。了於一切。自然虚空。佛國清净。其慧鮮明。以慧聖達一切法無。增益相好入於莊嚴。慧無所行。因其奉遵一切德本。未曾忘捨。少惱鮮事。有爲衆生所可造作。常行拔難身心惔怕。積功纍法無所穢厭。興發禪思曉了長寂。正定一心。方便覺達深妙之法。若以宣布若干品教。分别諸觀護於德果。開化聲聞緣覺之律。愛樂如來所解脱業。降菩薩行。示現如來所行之本。是爲。族姓子。如來

所行之業。王當知之。爾時勇力菩薩於彼如來所。聞說是法所行清浄。復白彼佛。甚難。世尊。至未曾有。於今如來至真之言。宣斯菩薩之所應行。又復世尊。如佛所說。我察解議善權方便。是諸菩薩一切諸法由己所行。猶如世尊察於虛空含受一切。十方萬物爲一切色。顯現己體不可稱計。現苞一切有形之類。虛空行業已無所礙。如是世尊。善權方便。是諸菩薩在一切法而得自在。諸學之法及未學法。凡夫之法。最正覺法皆悉由之。猶如。世尊。若火所遇草木百穀靡不被燒。菩薩如是。於一切法自在所行。以智慧炎燒諸愚冥。三界無烟。猶如。世尊。大怒丈夫瞋恚熾盛。逆害他人無所顧難。菩薩如是。以權方便自在由己。智度無極。斷除一切衆生塵

勞。猶如。世尊。清水寶珠著濁水中。尋時清徹。菩薩如是。以權方便消一切塵三垢穢濁。猶如。世尊。有大威藥名曰消除。若著毒中消一切毒。永無有餘。菩薩如是。以權方便游於一切三界之難。執權智業。滅去衆生塵勞愛欲。以是之故。世尊當作斯觀。善權方便。是諸菩薩一切諸法自在己行。如是大王。勇力菩薩説是語時。不可計人皆發無上正真道意。王欲知之。爾時勇力菩薩豈异人乎。莫造斯觀。所以者何。則今密迹金剛力士身是也。此正士身堅强精進。被弘誓德無極大鎧。巍巍如是。供養諸佛不可稱限。光光若斯無以爲喻。

爾時阿闍世王心自念言。是密迹金剛力士所執金剛爲重幾所。

以承大力謂應執持乎。時密迹金剛力士知王阿闍世心之所念。以持金剛下著地上。適置地上。三千大千世界六反震動。密迹金剛力士謂王阿闍世。王試舉此。時阿闍世王以大力士力盡勢舉之。而不能摇離地如毛髮。時王怪之。得未曾有。前白佛言。我身世尊㉟。有大力士之力㊱。被極异鎧。牽捉大象。舉鼻投身在所無礙。今日舉此小金剛杵。不能動移大如毛髮。時王阿闍世益用懷疑。何故。世尊。乃如是乎。佛言。大王。是金剛者。入在重德。不可用被鎧力及象力而舉移此也。爾時密迹謂天帝釋。仁者名號執持金剛拘翼。今日仁者且從地舉此金剛杵。時天帝釋以無限神力。極闡神足。欲舉其金剛。了不能舉。爾時天帝釋前白佛言。吾等之身及諸天

俱。與阿須輪鬥以一手指。舉維質阿須輪所在。投之如一圓丸。皆令奔馳不知所湊。又是金剛其形小小而不能動乎。佛言。拘翼。是金剛者。入在重德。不可以比阿須輪三百三十六萬里身在所可投。於拘翼心所知云何。須彌山王爲重不乎。白言。甚重。世尊。不可計喻。佛言。拘翼。假有勇士大神無極。取是金剛右手執持。以是金剛著須彌山邊。藏之在中。纔現形取[37]。俱舉二形。須彌山王尚復微輕。不如金剛重。若天帝釋。密迹金剛力士以是金剛擊鐵圍山。大鐵圍山及金剛山。令碎如塵。雖爾正士。未盡現力。不可喻極。

大寶積經卷第十三

校注

①『用』，龍藏作『因』。
②『恒』，龍藏、思溪藏作『江』。
③『益』，底本無，依龍藏、和裕本補。
④『人』，底本無，依龍藏、和裕本補。
⑤『大』，龍藏作『天』。
⑥『慈』，底本作『怨』，依龍藏、思溪藏、和裕本改。
⑦『勛』，龍藏作『德』。
⑧『鷹』，龍藏作『雁』。
⑨『華。自』，底本作『眼目』，依龍藏、和裕本改。
⑩『妙』，龍藏、思溪藏作『妓』。
⑪『養』，龍藏、思溪藏作『散』。
⑫『于』，龍藏作『平』。
⑬『江』，龍藏作『恒』。本卷下文例同，用*標識，不再出注。
⑭『無』，底本作『爲』，依龍藏、思溪藏、和裕本改。

⑮『行』，龍藏、思溪藏作『無』。
⑯『殊』，龍藏、思溪藏作『絶』。
⑰『善』，龍藏、思溪藏、和裕本作『喜』。
⑱『獸』，思溪藏作『狩』。
⑲『元』，龍藏、和裕本作『法』，思溪藏作『無』。
⑳『三』，底本污殘，依龍藏、思溪藏補。
㉑『放』，龍藏、和裕本作『施』。
㉒『故』，龍藏、和裕本作『施』。
㉓『除』，底本作『際』，依龍藏、思溪藏、和裕本改。
㉔『想』，龍藏、思溪藏、和裕本作『相』。本卷下文例同，用*標識，不再出注。
㉕『世』，思溪藏作『於』。
㉖『抱』，龍藏、和裕本作『暴』，思溪藏作『施』。
㉗『曰』，底本作『者』，依龍藏、思溪藏、和裕本改。
㉘『想』，思溪藏作『相』。
㉙『寂怕作角鴟伊犁　佉丘　佉犁佉犁　護無擇　住勝生往還無曲以慈受之調和

成　施持已』，龍藏作『寂怕作角鴟伊犁佉丘　佉犁　佉犁　護無擇　住勝生往還無曲以慈受之調和成施持已』，思溪藏作『寂怕作角鴟伊犁　住丘住犁住犁護無擇　往勝生往還無曲以慈受之調和成施持已』。

㉚『天』，龍藏、思溪藏、和裕本作『大』。

㉛『其』，思溪藏作『甚』。

㉜『周』，底本作『用』，依龍藏、思溪藏、和裕本改。

㉝『合』，龍藏、思溪藏、和裕本作『今』。

㉞『言』下，龍藏、思溪藏有『義』字。

㉟『我身。世尊』，龍藏作『世尊我身』。

㊱『之力』，底本無，依龍藏、和裕本補。

㊲『取』，龍藏、和裕本作『耳』。

大寶積經卷第十四

西晉三藏竺法護譯

密迹金剛力士會第三之七

爾時密迹金剛力士謂賢者大目揵連。耆年目連。世尊所嘆神足第一。仁且從地舉是金剛。時大目連前舉金剛。以無極力。以四大海水上沃曰。其勢又牽曾到野馬世界。無所不至。道力顯變。奮其神足而欲移之。此三千大千世界震動上下。而不能摇金剛大如毛髮。時大目連怪未曾有。投佛足下。白世尊曰。唯①。大聖嘆我於聲聞中神足第一。自試神足。動是三千大千世界。如挑小鉢舉擲他方佛土。我身開化降伏難頭和難龍王。能食大梱如須彌山。不能

動是小金剛乎。發意之頃捉牽日月。使止不行。以手摩之。不能動是小金剛杵大如毛髮。有何意也。將無我身失神足力也。佛言。目連。不失神足。又目揵連。菩薩神足威力所感。一切聲聞及與緣覺所不能逮也。假使恒河沙等諸佛世界。諸須彌山合成一須彌尚可震動。不可動是金剛杵也。菩薩威神所建立行。不可思議巍巍如是。

爾時賢者大目揵連得未曾有。口自宣言。難及大聖。菩薩大士威力所致。是密迹金剛力士承於金剛杵乎。又此密迹今所有力。父母遺體之力也。爲②神足力乎。佛言。父母遺體之力也。假使菩薩行神足力。普能示現。悉達天上世間。佛告密迹金剛力士言。卿自舉

是金剛。於時密迹動三千大千世界。以己右手舉取金剛投于虛空。在於虛空七反迴旋。還立密迹力士右手而住。彼時諸來一切衆會得未曾有。咸悉叉手自歸禮之。③異口同音各自說言。難及難及。密迹金剛力士其力甚妙乃如是乎。使諸衆生得斯大力無窮之勢也。於是王阿闍世前白佛言。菩薩有幾法行。逮如是力無極之勢。佛言。菩薩有十大法。逮如是象無極大力。何謂爲十。一曰。寧弃身命勤受正法。二曰。未曾自大謙恪下意禮敬衆生。三曰。見於剛强難化衆生。立之忍辱。四曰。見饑饉人。以好美膳而充施之。五曰。睹諸恐懼。勸慰安之。六曰。若有衆生得於重疾。療以良藥。七曰。若有羸劣人所輕慢。敬念戀之。令無忽易者。八曰。以净泥水塗如

來廟。補其虧缺。九曰。見孤苦人貧匱困厄常負重擔。使去其難極重之殃。十曰。若有無護無所歸依。常將濟之。所語如言而不變失。是爲十事法。王復問佛言。菩薩仁和爲有幾法。往反周旋。常存和雅。不興粗心。佛言。菩薩仁和有八事法。何謂爲八。一曰。志性質直而無諛諂。二曰。性行和雅。常無佞僞。三曰。心④存淳熟。永無虛妄。四曰。心行堅要。亦無羸劣。五曰。無迷惑志。存於仁和。六曰。爲世衆祐。受异德行。七曰。心行了達而無所著。八曰。思惟罪福。心無所念。是爲八事。佛言。復有四事法。志性淳熟。往來周旋。何謂爲四。一曰。在於人間爲轉輪聖王。逮見諸佛興不捨道心。二曰。在於天上。作天帝釋。諸天中天。常見諸佛不違經道。三曰。若在梵天王⑤而得自在。

殖於道業不壞道心。四曰。而常生在清凈佛土。面見諸佛世尊説法。是爲四事。王阿闍世復問佛言。何謂信坐。佛言。大王。善友所坐。又復問佛。施何所坐。佛言。大王。布施處在。大富饒財多寶。其持戒者。得生天上。坐其忍辱者。面色凈悦常得端正。其精進者。勤修通達。與衆超异。其禪思者。常得寂定。諸根不亂。其智慧者。斷諸塵勞衆垢之患。其博聞者。得生大智。若每事問。决衆狐疑。令無餘結。其勤學者。合集入道無上正真。其察無常。無我寂然。所存坐處。消除顛倒。是爲信坐。又問。順時之念。爲何所坐。佛言。大王。觀無常苦寂。坐在正見。不隨邪業。身心清凈。坐在禪思。興發神通。又問。道在何所。答曰。存坐無脱。成於道果。無三界難。又問。無脱坐在何所。答曰。

其無脱者。坐在解脱生死衆患。又問。佛興何坐。答曰。坐在所習三十七道品之法。無所破壞。轉於法輪。而不斷絶三寶之教。又問。誰興佛乎。答曰。大王。能興篤信了本無者也。又問。誰興篤信乎。答曰。若有能發菩薩心者也。又問。誰發菩薩心乎。答曰。其有志性定不亂者也。又問。誰有志性定不亂乎。答曰。其行大哀未曾絶者也。又問。誰不絶大哀乎。答曰。其不弃捨一切衆生者也。又問。誰不捨衆生乎。答曰。其安己身并安一切者也。又問。誰安己身并及一切衆生乎。答曰。其興隆道不斷三寶者也。又問。誰不斷三寶乎。答曰。弃於塵勞。乃不斷三寶也。王阿闍世前白佛言。至未曾有。世尊。如來班宣入於法律。如來布教所可宣法至於柔順。弃乎斷滅有常之

業。而不忘失報應之果。入於所造立行無所亂。無善無⑥惡净不净業。勤修果實無所違失。唯然世尊。誰入是願决衆狐疑。順於如來正真法教。誰聞是法而發猶豫。唯有宿世不殖德本者也。隨於惡友。不信誹謗。我等世尊。前世宿命曾殖德本。非無功福。吾今蒙聽所聞正法。欲報恩養。至意不能。諸佛世尊。文殊師利慈德。乃爲我等决衆狐疑。顯大光明。世尊善言具悉梵行。至善親友。得大人慈。上⑦友黨故。

於是寂意菩薩前問密迹金剛力士曰。仁以爲建立是經法。於將來世流布一切。答曰。建立是經典要。最於末世如來滅度之後。普布天下閻浮利地。令諸法師正士之等靡不蒙耀。密迹復曰。今族

姓子。佛以建立是經典要。諸佛皆護。所以者何。其能護者則善學法。不生文字。言辭不盡。無能中斷。又族姓子。如來至真不廢諸法。所以者何。彼無所生。其無所生則無所壞。以是之故。如來言曰。如來興出爲無所生。如來所住立於法界。法住如法。有佛無佛。佛法常住如故。以如是住。十二緣起爲不錯勃。不亂緣起。不亂正法。又察其法常無言説。故曰正法以無言説。寂意問曰。密迹。其護正法被弘誓鎧。以是被鎧。又問。寂意。被弘誓鎧將護正法。不亂諸法。不以是法。所以者何。是正法者。一切諸法悉無所亂。彼護正法。又問。何謂亂於正法。答曰。依倚恐畏爲成迷亂。又族姓子。究竟無亂謂義無⑧亂。爾乃名曰將護正法。又問。密迹金剛力士。寧有方便。一切

世亂因護正法乎。曰。族姓子。因亂將護。所以者何。其以因世倚於邪疑六十二見故。菩薩所行以空爲本。是故與世一切爲亂。又族姓子。其世俗者。以諸計有常。立倚吾我以爲净安。菩薩常了無常苦空非身之法。是故名曰與世共諍。隨世沒流。菩薩方便逆流盡源。反生死流。現在重世。菩薩敬重積功纍德。以是之故與世諍亂。世人依倚陰衰諸入十八諸種。行菩薩業心無所著。是故與世而諍亂矣。所以者何。不同塵故。以故⑨寂意。菩薩將護一切正法。便與世諍。又問。密迹。行者云何護於正法乎。答曰。族姓子。以受正法而護己身。亦護衆生人壽命形。護一切法。爲無所護。又問。云何受之。答曰。寂然吾我。衆生惔怕。衆生已寂。三世便默。三世已默。佛法便

默。佛法已默。佛土便寂。佛土已寂。諸法便寂。其於諸法無所歸趣。是則名曰將護正法。爾時世尊嘆密迹金剛力士曰。善哉善哉。是則名曰將護正法。其護諸法。爲無所護。無所忘失。又護正法者。斯受一切。於一切想而無妄想。已無有想。於諸妄想無行放逸。是則名曰於諸一切法而無放逸。乃名道法。

爾時會中有一天子。名曰賢王。前白佛言。唯然世尊。諸佛言辭甚爲寂然。⑩其見者何所是也。佛言。言辭正教寂然之義。一切所樂行寂然耳。彼以加忍。已能加忍故能然熾。已能然熾故曰晃曜。已能晃曜故曰寂然。成爲惔怕。則是如來將護正法。是乃名曰諸如來衆總持。佛道所持如是。若不持法。又不捨法。宣如是行。説如是語。⑪

答賢王天子時。具足千比丘漏盡意解。千天子遠塵離垢。諸法眼生。於時寂意菩薩謂賢王天子言。從何所得此辯才也。天子答曰。若能斷除一切挂礙。悉無所得。得第一義者。因無所倚。是曰辯才。自了解之。神識不轉。不經他識。亦無所立。乃曰辯才。其意不逸。游在所著。若能奉行無所著法。乃逮此辯。若以思惟一切諸法。往反示現。皆當知之。神識信休。乃逮辯才。是族姓子。如是行者逮致辯才。其無所住。無有應行。度于流波四瀆之難。其無所生無所起者。亦無所滅。無能滅者。乃曰爲度。逮辯才耳。

爾時寂意菩薩前白佛言。是賢王菩薩從何所來至於此土乎。乃有斯辯。佛言。從阿閦佛土而來。没彼生此妙樂世界。舉欲得見聞

如來秘要所演經典。寂意當知。是賢王天子逮入法室。總持其心。若一劫。若復過一劫。宣其功德。而不可盡辯才之際。又問佛言。何謂法室總持乎。是天子令所逮致遵法也。佛言。族姓子。所云得至逮法室總持者。入於聰慧文字無盡。一切諸法皆入此室。於一切法悉無所作。解了法室。奉行法室。於諸文字。宣以音響。口之所說。作屋舍事。不思⑫舍事。亦不知之。宣布一切音響之事。是則名曰入於法室總持之業。又寂意。法所可入者。又復諸法而不可得。所可曰入。所出智慧其文字者。無所從來。入於內室。又其文字不現內室。亦不現出。又無所向。亦無方面。又其文字展轉所湊。亦不想念。字不順法。亦無非法。無斯想念。其文字者。悉無有說。亦無非說。亦

無增損。又文字者。不見有起。無所滅者。無作文字。亦無所失。又復寂意。若如文字文字之數。心數亦然。一切如是諸法之數。有所歸趣。若諸法數彼則無數。所以者何。不歸法數。無有數者。乃曰法數。以隨法數。如是乃曰入於法室。不入過去。入於不生無所起[13]法。其無所生。以無所起*。何所入乎。以無所入。若有入是諸所數者。如是如是。乃能逮於法門。自睹本無。便得安住。入於法室總持之業。入衆生心。以入衆生心。隨衆生心應當度者而爲説法。若受總持。乃曰寂意。寂意。菩薩心以離垢。其心清净嚴和甚明。其性超越所住安詳。智慧無失所願堅固。所當度者魔不能壞。諸外异業無不摧伏。降消塵勞除諸怨賊。其身力盛心無怯弱。辯才無盡所説無量。

所歸無限。慧無挂礙。入乎覺意。其明甚遠。班宣深妙真正之辭。其所博聞猶如江海。斯三昧定。如須彌山處在大海。在於大衆若如師子。不倚俗法。猶若蓮花不著塵水。無所憎愛心。若如地。百穀草木因其得生。萬民得安。洗浄衆塵若如清水。開化衆生燒衆⑭毒難。譬如火熾燃諸草木。普誨衆生。猶如大風靡所不吹。行平等心。若月盛滿照於星宿。消淫怒痴。譬如日光照於衆冥。伏心意識。譬如勇將摧折嚴敵。調和其心猶如龍王。淳熟隨時。譬如淳陰雷震乃雨。菩薩如是調和其心。敷演法雨潤澤三界。宣甘露水浄除心穢。若如天雨洗諸風塵。療治衆疾淫怒痴病。若如良醫治衆人病。志存無爲奉行正法。則是法王君訓十方。亦如國王治於萬民。護化

一切生老病死。猶如四天王君四天下。猶天帝釋處忉利宮主誘教天人。菩薩如是。在於欲界化衆生類。色聲香味細滑之法。净如明珠。能伏心意而得自在。若如梵王主於天民。其心清净無所倚著。譬如飛鳥飛行虛空。無所觸礙。御安其行。猶如鹿王從衆群屬。敬承法教。愛於真行。如母戀子令得安隱。曉諸妓術。猶如嚴父化導子孫。聞趣諸法。如息意王德自莊嚴。以三十二福相交飾。用八十好若干品媚。一切世間所共戴仰。不爲邪見而被繫縛。具足七財無貧匱業。爲十方佛所見擁護。諸明智者所見咨嗟。總達衆黨所共嘆譽。及上諸天所見守養。諸善親友所念攝救。於衆講法最爲上選。具六神通而得自在。又普遍入衆生性行。而遍周入一切

諸根。班宣經典未曾懈厭。永不志慕於諸利養。樂布法訓不以吝惜。其志[15]清淨無所犯負。忍辱解明無所越失。所作事業能令究竟。清淨精進心性安和。一心清淨蠲除諸垢。覺意坦然智慧清淨。修四梵行而無放逸。以成度世禪定三昧至於正受。逮於無上菩薩道佛道。普能成就所當行業不中懈止。至阿惟顏。是爲寂意。菩薩大士入於法室[16]。逮得總持。功勛無量巍巍如是。寂意當知。假使菩薩住在世間。不修餘事。於百千歲咨嗟難宣其總持行。諸菩薩衆不能窮盡逮[17]總持行諸菩薩德。

爾時寂意菩薩謂賢王天子曰。仁者大利。無極善慶。今者如來相嘆譽德。光光如是。天子答曰。又族姓子。於此諸法無真究竟可得

處所也。咨嗟功勛。又族姓子。其無色。無有像。無形貌。如是行者咨嗟功勛。無能暢盡。於是賢王天子前白佛言。一切諸法不可受取。亦無吾我而無所屬。以是之故不可授人。亦不可奪。⑱唯然大聖。若使有人修行樂是。當行平等。若勤奉行修平等訓。訢⑲逮法門。猶如。世尊。現此大地。土在水上。水在風上。假使地種斯土處所周布天下。設使有人穿鑿其地。出去塵土。極其功力乃致水耳。不置⑳遠去。以水給渴。如來聖慧普入一切衆生性行。如來脱者隨向法門而修精進。從是方便致大慧光。其精進者不見侵欺。猶如去土穿地大深。因得其水。若復有人於如來世奉行精進㉑。是興㉒大慧光明。是故世尊。若族姓子及族姓女欲求佛道。常行精進。以何精進。當以

用是於諸法門而詣㉓法門。猶如。世尊。從生而盲。又其男子初不見色。假使有人不行精進。則名愚暗盲冥之侶。不見諸法所生本末。猶如。世尊。有目之士蒙光有見。不有光出。冥夜無睹。外仙天眼亦復如是。離於善友無所開化。不曉諸觀見所受法。猶如天眼。若有男子有自然慧。不用光明以成就眼。以有大智德其行如是。猶如。世尊。曠野飛鳥游廣澤地。不見空野。有所增損。一切菩薩精進所行如是。不見佛道有所增損。一切菩薩入道品法。猶如。世尊。其彼雪山雨雪㉔生長樹木。不爲諸風所見災害。菩薩如是隨時應行。生慧光明照於一切。不於衆生有所計數。所游居處無所忘失也。猶如。世尊。轉輪聖王生種姓家。七寶則現。何謂爲七。一曰。紫金輪有

千輻。二曰。白象有六牙。三曰。紺色神馬。烏頭朱髦。四曰。明月化珠㉕八角。五曰。玉女后口優鉢香。身栴檀香。六曰。主藏聖臣。七曰。主兵大將軍御四域兵。如是大聖。菩薩大士以七寶現於世時㉖。自然道寶現於世間。何謂爲七。一曰施度無極寶。戒忍精進一心智慧。善權方便度無極寶。出現於世度濟一切。猶如轉輪聖王游四方域。不可計人民有若干念。菩薩如是。以四恩㉗法救攝衆生。不想衆生有若干品。解之本無。猶如轉輪聖王所舉事業。坐於正座。無鬥諍者。無理曲直。衆民自然而順其命。菩薩如是。處佛法座。無鬥諍者。何所從來。魔諸官屬雖抱惡意。自然爲降。猶如於此三千大千世界前第一立鐵圍。大鐵圍山。須彌山王。如是大聖。學者菩薩如是。

先建大乘。次立大哀。志性仁和最住無極。譬如日初出時。其大光明先照鐵圍。大鐵圍山。須彌山王。乃照其餘。菩薩如是。演慧日明。㉘普曜三界。以仁和心先照衆生。大乘光明去三毒之冥皆得神通。猶如。世尊。一切諸樹郡國縣邑樂依於地。一切所生百穀草木皆悉仰地。所生萬物而得自在。菩薩如是。一切德本悉因道心。長育聖慧而成正覺也。

爾時世尊贊賢王菩薩曰。善哉善哉。仁族姓子。解引其譬。說功勛業。快乃如是。又族姓子。如衆生界及與法界。逮得總持菩薩聖慧。亦復如是。一切萬物皆歸無常。引喻說相皆能堪任。取要言之。未曾患厭亦復如是。悉能敷演其所說者。所以者何。皆無口辭。亦無

所說。若有菩薩未得總持。無有言教所造因緣。又其菩薩無有挂礙。不興辯才。其餘聲聞無此辯才。不思觀本乃爲説法。所以者何。此菩薩衆得無礙辯。言不可盡。無有陰蔽。無閑無休。分别辯才。諸佛世㉙尊前説經法。不怯無弱。菩薩如是。佛所建立逮總持門故有所說。不懷怯劣。菩薩如是得三無礙。何謂爲三。一曰。總持無所挂礙。二曰。辯才無所挂礙。三曰。道法無所挂礙。是爲三。復有三事。得入清净業。何謂爲三。一曰。自然清净。二曰。本無清净。三曰。本際清净。是爲三。復有三事。得入無盡矣。何謂爲三。一曰。經法不可窮盡。二曰。文字之義而不可盡。三曰。所宣訓誨而不可盡。是爲三。又復得入三無住處。何謂爲三。一曰。聖慧而無住處。二曰。言辭文飾亦

無住處。三曰。所修建立亦無住處。是爲三。又復逮得三卒決對。何謂爲三。一曰。應機㉚宣慧。二曰。尋發辯才。三曰。應時智慧。是爲三。復有三疾得歸慧。何謂爲三。一曰。決疑令無餘結。二曰。斷猶豫使無沉吟。三曰。可悦一切衆生心意。是爲三。説是語時。八千菩薩逮得總持。

於是密迹金剛力士前白佛言。願佛世尊建立法典。然後如來滅度之時。最後末世。遍布天下閻浮利地。使得久存令不滅盡。爾時世尊周觀四方。觀察已竟。時説頌曰。

降根自然勝　寂根無所害　無本斷其無　伏魔兵衆黨

解脱解清浄　無恐解所畏　捨弃於重擔　醫神咒上師

降制外异學　以法而救攝　護於行法者　神咒佛所説
無我以除我　其義宜以度　斯於四天王　説無澤之句
勇持章句勛　净復净正等　梵天釋天帝　作是如此乘
慈氏彼通忍　以觀哀所察　愛敬睹梵天　此者無所犯
曠野離空曠　無根法曰净　降伏魔官屬　故説此神咒
人中尊建立　是經善義辭　爾時普流布　隨器能受者
以説此咒術　其地則大動　諸魔皆悉來　各口宣是言
用言護頭首　是曰爲法師　若手得斯經　歸逮佛所説

爾時佛告密迹金剛力士。以建立竟是經典要。今建立是。無能亂者。所以者何。佛憶識念過去世時。有佛名寶月。興出於世。如來。至

真。等正覺。明行成爲。善逝。世間解。無上士。道法御。天人師。號佛。世尊。世界曰無悦。其佛世時。有二比丘而爲法師。一名智寂。二名持至誠。威神變化高德無極。大尊巍巍。受彼如來是章句咒而奉持之。如來滅度之後半劫持法。其彼三千大千世界百千億魔皆見開化。承無上正真之道。密迹。欲知爾時二比丘爲法師者。豈异人乎。莫造斯觀。所以者何。其智寂法師㉛者。則我身是也。持至誠法師比丘者。則密迹金剛力士是也。此諸章句令是經法。多所饒益成護正法。彼時世尊觀於四面一切衆會。而口宣言。汝等正士。爲能堪任。於斯如來。從無數劫億百千姟積功纍德。總持無上正真之道。以持擁護無所挂礙。從是以來至今蒙濟。去來今佛之所由生。

於是菩薩衆會之中。三萬二千菩薩即從坐起。叉手而住。稽首禮佛。說是偈言。

弃其身壽命　思惟好寂然　受持是經法　世護之所嘆[32]
其是經如藥　療治一切病　受持所言教　發生世尊意

爾時賢王天子之等五百天子說是偈言。

用一切衆生　以故想積德　受持是經典　最勝特深妙

於是密迹金剛力士時說頌曰。

是議無文字　而反宣文字　人中尊所作　班宣我當持

爾時世尊告識[33]氏梵天。如來有三不可限量無上供養德無有極。何謂爲三。一曰。至心仁和。發其[34]道心。二曰。以發道心。護於正法。三

曰。如所聞法。爲人解説。身行如是。是爲至不可計德。梵天當知。如來以是三事積纍功勛。假使其壽住世一劫。廣分別説。不能究暢。是故梵天。當以隨順恭敬奉事如來至真。是爲三事。梵天。供養如來。受四句頌。是去來今佛世尊之所説法。受而擁護。所以者何。諸佛世尊皆從是法生。故當供法。供法不用衣食。以法供養。諸供㉟養中尊。爲上爲長。爲無儔匹。爲無等倫。是故梵天當以正法而相供養。是供*養真諦。無以衣食。佛自憶念。梵天王。過去曾生爲王太子。名曰意行。生於王家。以是見教。諦樂道法。時臥夢中聞是四句頌。

本行放逸無脱路　以衆生故志於道
心在㊱空閑隨順念　無所貪受本悉安

佛語梵天。彼時聞是頌教。從夢中覺。思惟了了。惟是忻然大悦。心中解暢。即時以偈而嘆頌曰。

快哉安上樂㊲　得法藏無盡　當充滿衆生　諸貧天人民

佛告善安大梵天。時王太子㊳得安諦藏。曉文字無。心自念言。以是偈義。充滿衆生貧匱之人。往語父母。寧有金銀琉璃水精車渠馬瑙明珠藏乎。欲濟窮乏。以是歡喜。父母報言。一切財業非是真寶。五家水。火。盜賊。怨家。債主。縣官。惡子分耳。博聞之慧。無衣食求。甚爲難得。父母言。善。如子所志。便取廣施與諸乏者。了三界空。令得難致無盡之慧。以故梵天。聞是一四句偈。化八千人勸入道意。無數衆生當生天上。以故梵天。其有受是深妙之法。持諷誦讀。爲人

廣說。聞之歡喜。若奉行是。德不可量。逮無極藏。假使梵天行大乘業。有三事法。多益菩薩。何謂爲三。一曰。聞行得立。受之無厭。二曰。以聞建立。以行爲要。守口第一。不以害心加於衆生。三曰。不捨大哀。是爲三。以故梵天益於衆生。當加勸助是經典要。復有二事。所造行願無所忘失。何謂爲二。一曰。佛初成道。勸助如來。使轉法輪。二曰。梵天當勸助是賢劫中當來具千如來至真等正覺。使轉法輪。令化出家衆人作菩薩行。如佛世尊爲自在法王。善教訓誨少有能及。難逮如是。以故梵天。如是比像多所親立。一切衆人。除老病死至無爲業。於色無著。以解了是能忍衆苦。忍無所求。主諸天人造立三忍。執持正法。受諷誦讀是乃甚難。受是經者當作是觀。

受我身億百千姟劫。修清净行嚴净佛土。擁護正法疾成正覺。佛告賢者阿難。受是經典。持諷誦讀。爲他人說。阿難曰。諾。當受持之。令其堅固。佛言。阿難。勿持是法授非法器。莫得授與諸惡知友。當施善友慕樂學者。授是經法。常當奉護。阿難。是經不歸非法。當歸應器。能奉行法。常慈心衆。又是經者。無有妄想。瑞應現前。精進所致。行是經典有是福報。阿難白曰。當受是經。承佛威神。常令普流。若受是法。承佛威神。其光遠照。是等不隨無器之業。又是經者。所號爲何。云何奉行。佛言。是經名曰佛所訓誨。阿難。又有號曰密迹金剛力士所宣布義。當持奉行。又名如來功勛報應。當奉持之。又復名曰如來秘要經法之品。爲他分別無冀養心。歸於無量功德

而順法律。當奉持之。所以者何。若有奉持是經法者。令以佛眼普見佛土及十方國。從地以上高至三十三天思想天。滿中七寶百種衆膳。貢施如來。若有受是經。學持奉行。以無冀養爲他人說。是德最多。又以衣食供養是經典要。宣如來德。得福無量不可爲喻。說是經時。無量衆生發大道心。不可計菩薩逮得法忍。復無央數菩薩逮一生補處。佛說如是。賢者阿難。密迹金剛力士。寂意菩薩及大聲聞一切衆會。及諸天人。諸阿須輪。揵沓和及世間人。聞佛所說。莫不歡喜。稽首而去。

大寶積經卷第十四

校注

①『唯』下，底本有『願』字，依龍藏、和裕本删。
②『爲』，龍藏、和裕本作『假』。
③『之』，龍藏、思溪藏作『足』。
④『心』，龍藏、思溪藏作『志』。
⑤『王』，龍藏、和裕本作『上』。
⑥『無』，底本作『不』，依龍藏、思溪藏、和裕本改。
⑦『上』，龍藏、和裕本作『善』。
⑧『無』，底本無，依龍藏、思溪藏、和裕本補。
⑨『故』，龍藏、思溪藏無。
⑩『其』下，龍藏、思溪藏有『所』字。
⑪『語』，底本作『證』，依龍藏、和裕本改。
⑫『思』，底本無，依龍藏、和裕本補。
⑬『起』，龍藏、和裕本作『趣』。本卷下文例同，用*標識，不再出注。
⑭『衆』，龍藏、思溪藏作『諸』。

⑮『志』，龍藏、思溪藏作『心』。
⑯『室』，底本作『空』，依思溪藏改。
⑰『逮』，底本無，依龍藏、思溪藏、和裕本補。
⑱『奪』，龍藏、思溪藏作『集』。
⑲『訢』，龍藏、和裕本作『斯』。
⑳『置』，龍藏、和裕本作『致』。
㉑『進』下，龍藏、思溪藏有『從』字。
㉒『興』下，龍藏、思溪藏有『立』字。
㉓『詣』，龍藏、思溪藏作『諸』。
㉔『雪』下，龍藏、和裕本有『墮露』二字。
㉕『珠』下，龍藏有『有』字。
㉖『時』，思溪藏作『持』。
㉗『恩』，思溪藏作『思』。
㉘『明』，龍藏、思溪藏作『月』。
㉙『世』，底本無，依龍藏、思溪藏補。

㉚『機』，底本作『譏』，依龍藏、思溪藏、和裕本改。
㉛『智寂法師』，底本作『法寂』，依龍藏、和裕本改。
㉜『嘆』，思溪藏作『欲』。
㉝『識』，龍藏、思溪藏、和裕本作『釋』。
㉞『其』，龍藏作『真』。
㉟『供』，底本無，依龍藏、思溪藏、和裕本補。本卷下文例同，用*標識，不再出注。
㊱『在』下，底本有『山』字，依龍藏删。
㊲『安上』，龍藏作『大安』，思溪藏作『安大』。
㊳『太』，底本作『大』，依龍藏、思溪藏改。

大寶積經卷第十五

西晋三藏竺法護譯

净居天子會第四之一

如是我聞。一時佛住王舍城耆闍崛山中。與大菩薩比丘衆六萬人俱。皆悉住於阿耨多羅三藐三菩提。其諸聲聞。衆所知識。爾時世尊於中食後。入於三昧。此三昧威神力故。震動三千大千世界。時諸釋梵天。護世四①王等來詣佛所。到已。頭面禮足。在一面立。合掌向佛。以此三昧威神力故。爾時净居天歡喜天子。善歡喜天子。大歡喜天子。賢歡喜天子。善受②天子。兜率陀天。自在天。大自在天。一切諸天大衆。净居天等。各詣世尊所。頭面禮足。在於一面。一心

而住。爾時净居天衆白世尊言。大德世尊。菩薩所行相貌。攝受諸法。過去諸佛之所説者。唯願演説分别顯示。爲利益安樂多衆生故。憐愍世間。利安天人。爲未來諸菩薩。於如來般涅槃後。聞此法者生欲樂心。於阿耨多羅三藐三菩提如實自知。不生疑悔。究竟安住不放逸行。值③遇於苦不生退轉。時净居天衆及兜率陀天。向於世尊説是語已。默然而住。時有天子名金剛摧。爲諸天衆請於世尊。而説偈言。

百福德滿故問此　人天敬愛故問此　住不放逸故問此

多衆醫王故問此　無過法句願顯説　諸音最勝世明慧

能斷百千諸疑悔　能放衆明故問此　猶日能破諸黑暗

如月净明除鬱蒸　於怨於親生平等　難忍能忍猶如地
亦如净水洗塵垢　如火能燒煩惱網　三有意净故問此
無礙智辯望宣説　如醫療治衆生病　如毗沙門多財寶
賑給窮下貧[4]苦者　如雲能滅三種熱　是句最勝唯願説
若破煩惱衆苦箭　煩惱衆垢奸諂詐　善能調伏施安樂
念衆生故故問此　慚愧明慧念堅固　大尊無奸離諂曲
無相德聚故問此　瞋恚怨嫌永寂滅　於諸衆生安樂忍
和顔悦色視衆生　常以歡喜先意語　於諸衆生親友想
度諸衆生至彼岸　合十指爪一心請　十力善逝衆生寶
唯願時説斷衆疑　天人聞此道行已　見於第一諸相貌

使彼得知大丈夫

爾時世尊告金剛摧菩薩摩訶薩言。金剛摧。汝諦聽。善思念之。當爲汝說所有相貌。使菩薩摩訶薩得知如是。大德金剛摧菩薩言。我聽受是因緣。世尊作如是言。有百八相。金剛摧。菩薩乘人應當知。何等爲百八夢中所見。已有夢見如來身共語見妙身。復次夢見如來默然。復次夢見如來覆頭坐。復次夢見如來背坐。復次夢見如來身紅色。復次夢見如來彩色畫身。復次夢見如來去。復次夢見如來爲他說法。復次夢見如來神通虛空中行。復次夢見如來般涅槃。復次夢見闍維如來身。復次夢得如來舍利。復次夢得如來髮。復次夢見如來未曾見塔。復次夢見如來寶莊嚴塔。復次

夢見如來神通塔。復次夢見如來光。復次夢聞如來聲不見身。復次夢見如來身。復次自夢見花鬘香塗覆如來上。復次自夢見如來著垢膩衣。復次自夢聞未曾聞法。復次自夢爲人説未曾聞法。瘖已無所顯示。乃至不念。又見未曾見法師。復次自夢坐法座爲他説法。復次自夢得無畏。復次自夢見道場。復次夢見如來經行。復次夢見如來轉法輪。復次夢見如來般涅槃塔。復次夢得如來衣。復次夢得如來鉢。復次夢獨見一如來。復次夢見如來多人圍繞。復次夢見如來蓋。復次夢見如來革屣。復次夢見如來坐。復次自夢與如來食。復次自夢與如來衣。復次自夢與如來花。復次自夢入山。復次自夢裸形。復次自夢四維行。復次自夢見未曾方。復

次自夢濁水中行。復次自夢見雲雨。復次夢見地旋。復次自夢在豺狼野干中行。復次自夢病。復次自夢墮山無所依仗。復次自夢被縛將殺。復次自夢刀劍中行。復次自夢虛空中行。復次自夢手捉炬火。復次夢見菩薩逾宮出城。復次自夢得經。復次自夢聞陀羅尼聲。復次自夢聞三昧聲。復次自夢聞方廣經聲。復次夢某甲法師聲。復次自夢夢中得偈。復次自夢夢中得經說。復次自夢聞法藏聲。復次自夢聞他方世界如來名。復次自夢聞他方世界某甲菩薩名。復次自夢入海去。復次自夢集寶。復次自夢在須彌山頂。復次自夢上山。復次自夢上到山頂。復次自夢上樹。復次自夢見龍象。復次自夢乘龍象。復次自夢乘馬。復次自夢發

真實誓願。復次自夢見果樹。復次自夢見花樹。復次自夢見末曾見城。復次自夢見阿耨大池。復次自夢見天子。復次自夢見龍。復次自夢見餘閻浮提去。復次自夢見著白衣。復次自夢寶鬘在頭。復次自夢見花鬘在頭。復次自夢取散花。復次自夢打鼓餘人作樂。復次自夢見日蝕月蝕。復次自夢以不净自塗。復次自夢作王。復次自夢作王輔相在大衆中行。復次自夢乘乘往園林中去。復次自夢見末曾見方土。聚落。僧坊。房舍。人衆。復次自夢得蓋。復次自夢爲多人説法。復次自夢入聚落。復次自夢施繫橋梁。復次自夢集船。復次自夢見雲雷電。復次自夢得刀⑤著鎧仗。復次自夢得器物。復次自夢示衆生道。復次自夢入園林中。復次自夢見衆穀

聚。復次自夢治衆生病。復次自夢受記聲。復次自夢覺道。復次自夢得滿瓶。如是金剛摧。是名百八相。

若見如來覆頭坐者。是人見善知識修善説法因緣。爲作留難。應以無礙心修集説法所須。此是説初相。

復次金剛摧。夢中見如來背坐者。前爲出家人作留難。爲聽法人作留難。此人令⑥常當敷施法座。勸多衆生聽法。如是得除業障。是七地初相。亦是從初地至七地處處地相。

復次金剛摧。若夢見如來泥像。是菩薩初地相。是人曾毀呰説法師故。此人應於經像前。若如來塔前。以無礙心頂戴燈供養。如是用净業障。

復次金剛摧。菩薩夢中見如來畫像者。此菩薩是見五地中處處相。是人應以花香供養佛像。此是菩薩六地處處地見相。

復次金剛摧。菩薩若夢中見如來行者。此人應勤修精進。當勤修受學讀誦。此是菩薩三地見相。此人常應法施。又應掃如來塔。破除憍慢。以此净業障。見餘菩薩詣如來所是何相。見如來向食之處。此是初地相。見如來向經行處。是第二地相。見如來向説法處。是第三地相。見如來默然坐。是第四地相。見如來静處坐。此是五地相。見如來行唄者。是六地相。見如來疾走。是七地相。若見如來作神通。是八地相。見如來變化。變化去者。是九地相。見如來行去回顧共語説空。是十地相。

復次金剛摧。菩薩夢中自知爲衆生説法。不知所説。是第二地相。是人於如來般涅槃後。毀呰説法師。不自知過。此人當求善知識。供養聽聞善法。不求其過。如是净除業障。聞佛説施是初地相。聞説戒是二地相。聞説忍是三地相。聞説精進是四地相。聞説禪是五地相。聞説般若慧是六地相。聞説大悲是七地相。聞説無礙是八地相。聞説三昧是九地相。聞説成就力是十地相。

復次金剛摧。菩薩夢中見如來虚空中神通行者。此是七地相。聞受道記。此人常應修尊重默然。修習成就甚深忍。如是疾成正覺。見如來在虚空中是初地相。見如來食是第二地。見光是第三地。見説法是第四地。見現神通是第五住地。見入三昧是第六住地。

見放光。見如來虛空中行去是第七住地。

復次金剛摧。菩薩夢見如來般涅槃者。此人前謗法。出家諂曲求利。應勤供養三寶。奉施説法之人。一心三時精進。如是以凈除業障。見前五地處處相。

復次金剛摧。菩薩夢見闍維如來。是人口惡知識。見毁法隨喜。此菩薩初地。此人發菩提心不久。是人應於七日七夜中持燈。若説法人前。若如來塔前一心懺悔。於日中晝三時勸衆人聽法。以此凈除業障。

復次金剛摧。菩薩夢中得如來舍利。此説菩薩三地。夢中親近如來。聞受記得度。夢住餘地得如來舍利。如是相。得如來髮是初地。

夢得如來爪是第二地。夢得舍利是第三地。夢得齒第四地。夢得牙第五地。夢得白毫第六地。夢得手第七地。夢得冠第八地。夢見闍維如來全身不散第九地。見如來全身第十地。

復次金剛摧。菩薩夢見得如來髮不散。此是菩薩第九住地。夢佛前授菩提記。除生死業障。夢得在家時髮是初地。夢得出家時髮第二地。夢市中得髮說第三住。於城中得髮第四住。於城門⑦中得說第五住。於外得第六地。於園觀中得第七地。於乘上得第八地。於虛空中得第九地。於三昧中得第十地。

復次金剛摧。菩薩夢中見塔。此菩薩少業障。少許魔業。若親近善友。善解法忍。得陀羅尼。此是一切十地相。見如來泥塔。此說是菩

薩初地。見石塔第二地。見石泥像。説是第三住地。見欄楯塔第四住地。見石柱圍繞。是説第五住地。見金覆塔。是説第六住地。見寶塔是第七地。見鈴網覆塔是第八地。見若七地初見。是覺魔業。若九地十⑧地見。是不顛倒見。

復次金剛摧。菩薩夢中見如來莊嚴塔。不久覺菩提道。爲諸天憶念。此是菩薩第八住。

復次金剛摧。菩薩夢中見如來神通塔。此生當净業障。此是菩薩第八住地。若菩薩憶念此。應離惡知識。應初住修信。二住修智。三住地多修信解。四住地久修行。五住地修净信解。六住地修平等心。七住地第一義解。第八住地修莊嚴佛土。第九住地授持。十*住

地住不顛倒。若住餘初住。當知是魔業。若七住人。不可欺誑。無巧方便。

復次金剛摧。菩薩夢中聞如來聲不見形。是菩薩四地。以住自在地。破見佛地衆生出家。諂曲説法。此人應晝三時夜三時修净心。如是净除業障。

復次金剛摧。菩薩夢中供養如來。説是菩薩初地乃至九地。如是菩薩能成就陀羅尼。是菩薩諸佛所念。此菩薩應修平等心。如是疾成無上道。若夢住供養如來。此説菩薩初地相。若坐與者。是説二住地。若莊嚴與。此説是三住地。共自眷屬與者。是説四住地。與多人共與。是説五住地。若與自眷屬及與多人共與。是説六住地。

一切莊嚴成就與。是說七住地。若稱贊與。是說八住地。若作神通與。是說第九住地。覺一切魔事。

復次金剛摧。菩薩若夢中自見以花鬘香末栴檀供養如來塔。此是菩薩見初地五地處處地。是前少行檀波羅蜜。覺已。憶念此相。生長施心。此說是初地相。生長戒心。說是二地。生長忍。說是三地。生長精進。是見四地。生長禪。是見五地。生長無礙心。疾遍一切不退轉地。

復次金剛摧。菩薩夢中見如來著垢膩衣。此菩薩多法障。是初地處處。見一向憎嫉迴向緣。是見初地。離憎愛迴向。是見二地。若身見。第三地。若心見。是第四地。若夢中見。是第五地。若成就菩薩。夢

中少夢見受報。

復次金剛摧。菩薩夢聞未曾聞法。此菩薩曾供養多佛。多世中作説法師。此説見初地處處乃至七地。此如説修行。此疾覺菩提。若聞種種説。是見初地。若有疑心。猶欲更聽。是見第二地。若聞已斷疑。是見第三地。若聞説陀羅尼。是見第四地。若聞説佛相者。是見第五地。若聞第一義諦。是見第六地。若聞説一切法。是見第七地。如是地地知。

復次金剛摧。菩薩若夢中得未曾學法。學已不忘不失不見。若忘失。此菩薩前身爲利養心。不清净心法施。今應以清净供給攝取學人。以無諂曲心求一切物。供給説法學問人。以此净除業障。若

初地二地聞法不失。是見初地。若覺失。是見二地。此覺魔業業障。復次金剛摧。菩薩夢中見未曾見法師。此菩薩爲諸菩薩所憶念。少業障。覺已得見明此菩薩説。是六地初地。若説偈不説經。是説初地。若説經。是説二地。若説經説偈。是説三地。若説種種。是説四地。若説甚深。是説五地。若説無礙。是説六地。

復次金剛摧。菩薩若夢中自夢在法座説法。此菩薩前身爲佛敷法座。此菩薩是甚深法忍器。是見第八地初相。若夢樂説。是説初地。若非樂説。是説第二地。若忍樂説。是説第三地。若無辯説。是説第四地。若説凡夫界。是説第五地。若説聲聞界。是説第六地。若説菩薩界。是説第七地。若説佛界。是説第八地。

復次金剛摧。菩薩若夢中自知得無畏。此菩薩過一切業障。過八地見九地處處。若夢得無所畏。所説衆人樂聞。此菩薩是見初地。若夢得無畏説法得財。此菩薩見第二地。若得法利無畏。此菩薩見第三地。若見善知識無畏。此菩薩見第四地。若思善心無畏。此菩薩見第五地。若得身安樂無畏。此菩薩見第六地。若心樂無畏。此菩薩見第七地。若得通無畏。此菩薩是見第八地。若得記無畏。此菩薩見第九地。

復次金剛摧。菩薩若夢中見道場。此菩薩純善。心向道不退轉。是十地處處見。若見道場不見樹。是説初地。若見樹不見菩薩。是説第二地。若見多樹圍繞。是説第三地。若見葉具足成就。此菩薩是

說第四地。若見花葉具足。此菩薩見第五地。若見果成就。此菩薩見第六地。若見敷坐。此菩薩是見第七地。若見人圍繞。此菩薩是見第八地。若見龍圍繞。此菩薩見第九地。若見天圍繞散花。聞歡喜聲。此菩薩見第十地。

復次金剛摧。菩薩若夢中見如來經行。此菩薩應勤修精進。勤修法施。安慰眷屬。不求其過。若菩薩是七地處處見。若見如來不净地經行。此菩薩是初地。若見净地經行。此菩薩見第二地。若見敷座經行。此菩薩是見第三地。若坐者。此菩薩見第四地。若見樹圍繞。此菩薩見第五地。若見散花。此菩薩見第六地。若見高座覆上者。此菩薩見第七地。

復次金剛摧菩薩。若菩薩夢中見如來轉法輪。此菩薩是不退轉。是七地初地。見處處地浄無業障。若見座。是菩薩是見初地。若見敷座。是菩薩是見二地。若見敷雜色座。是菩薩見三地。若見散花於座。此菩薩是見四地。若見種種寶覆蓋高座。此菩薩是見五地。若聞空中歌頌稱嘆聲。此菩薩是見六地。若見白蓋以寶網覆上。此菩薩見⑨七⑩地。

復次金剛摧菩薩。若菩薩夢中見如來般涅槃塔。此菩薩是初地八地處處見近無上道。少於業障。若見塵土坌塔。此菩薩是見初地。若見浄無塵者。是菩薩見二地。若上生草。此菩薩是見三地。若見青草覆上。此菩薩是見四地。若見種種雜花樹園繞。此菩薩是

見五地。若見花果樹圍繞覆上。此菩薩是見第六地。若見種種雜姓衆生圍繞。此菩薩是見七地。若見幢蓋聚集。此菩薩是見八地。復次金剛摧菩薩。若菩薩夢中得如來衣。此菩薩是見初地八地處處地相。此菩薩應勤修成就念佛智。此菩薩少於業障。若得如來垢膩衣。此菩薩是見初地相。若得如來净衣。是見二地。若得如來染衣。此菩薩是見三地相。若得如來打衣。此菩薩是見四地相。若得如來放光衣。此菩薩是見五地相。若得如來一衣。此菩薩是見六地相。若得如來三衣。此菩薩是七地相。精進相。不精進相除魔業。是菩薩有疑。

復次金剛摧。菩薩夢中得如來鉢。此菩薩佛所憶念。是見八地。此

菩薩是聞明法器。修無業障忍。如是趣無上道。若得污不净鉢。此菩薩是初地。若得空净鉢。此菩薩是二地。若得滿鉢味。此菩薩是三地。若得滿鉢花。此菩薩是四地。若得滿鉢果。此菩薩是五地。若得滿鉢食。此菩薩是六地。若得滿鉢香。此菩薩是七地。若得滿鉢花鬘香。此菩薩是八地。若得如來衣鉢。此菩薩是九地。若虚空中得如來鉢。此菩薩是十地。此菩薩應覺魔業。除初業不勤修。

復次金剛摧。菩薩夢中見一如來。應静處勤修空三昧。此菩薩是八地雜業障。應勤修净心。

復次金剛摧。菩薩若於夢中見如來。多人衆中見如來身。此應忍樂攝取多人。此菩薩一切地處處見。相應勤進修道。若見居士雜

姓人圍繞如來。此菩薩是初地。若見王者衆圍繞如來。此菩薩是二地。若見婆羅門圍繞如來。此菩薩是三地。若見王⑪圍繞如來。此菩薩是四地。若見龍圍繞如來。此菩薩是五地。若見四大天王圍繞如來。此菩薩是六地。若見帝釋圍繞如來。此菩薩是七地。若見梵天圍繞如來。此菩薩是八地。若見净居天圍繞如來。此菩薩是九地。若見菩薩圍繞如來。此菩薩是十地。除魔業。

復次金剛摧。菩薩夢中得如來蓋者。此菩薩最後地處處見地。解魔業雜業。求利養疾趣向。若見草葉蓋。此菩薩是初地。若見竹蓋。此菩薩是二地。若見樺皮蓋者。此菩薩是三地。若見大蓋者。此菩薩是四地。若見鐵疊蓋者。此菩薩是五地。若見銅蓋者。此菩薩是

六地。若見金蓋者。此菩薩是七地。若見七寶蓋者。此菩薩是八地。若見鈴網蓋垂下者。此菩薩是九地。應覺六地魔業。

復次金剛摧。菩薩夢中見如來革屣。見一切十地。此菩薩應勤修精進趣向。此菩薩受記。繫在受記界。若向村間見革屣者。此菩薩是初地。若僧坊中見革屣者。此菩薩是二地。若[12]園觀中見革屣者。此菩薩是三地。若經行處見革屣者。此菩薩是四地。若房中見革屣者。此菩薩是五地。若坐禪中見革屣者。此菩薩是六地。若河水中見革屣者。此菩薩是七地。若山中見革屣者。此菩薩是八地。若空中見革屣者。此菩薩是九地。若神通見革屣者。此菩薩是十地。除魔業。

復次金剛摧。菩薩夢中見如來坐。此菩薩是初地六地。此菩薩應樂修寂靜。少於業障。未成就業。無敷座。此菩薩是初地。敷座。此菩薩是二地。顯現敷座。此菩薩是三地。若敷種種座坐。此菩薩是四地。畢竟敷座。此菩薩是五地。若善敷好座。此菩薩是六地。應覺魔業。

復次金剛摧。菩薩若夢中與如來食。此菩薩是七地見初地相。應勤修精進趣向道。此菩薩少於業障。若見如來入家中立施食者。此菩薩是初地。若在家中坐施食者。此菩薩是二地。若門外立施食者。此菩薩是三地。若市中施食者。此菩薩是四地。若城門中施食者。此菩薩是五地。若僧房中施食者。此菩薩是六地。若房中施

食者。此菩薩是七地。除魔業。

復次金剛摧。菩薩若於夢中自知施如來衣者。此菩薩是六地初地。此菩薩應勤修無相三昧趣向菩提。若恭敬心施如來衣者。此菩薩是初地。若施如來白衣者。此菩薩是二地。若施染衣者。此菩⑬薩是三地。若施如來雜色衣者。此菩薩是四地。若施如來金色衣者。此菩薩是五地。若施如來雜寶衣者。此菩薩是六地。若施如來色衣者。此菩薩是七地。若施如來天衣者。此菩薩是八地。

復次金剛摧。菩薩夢中自知施如來花。此菩薩是六地處處相。此人多業障。善根難生。若夢中施如來曼陀羅花。此菩薩是初地。若散花施者。此菩薩是二地。若種種雜色花施者。此菩薩是三地。若

以花著如來上。此菩薩是四地。若自手以花著如來手中。此菩薩是五地。若以天花施如來。此菩薩是六地。除魔業。除二種人。初業。多疑悔者。

復次金剛摧菩薩。若菩薩夢中夢入山。生疑心生謗。當知多有業障。多有病痛。少於智慧。此人應於一切衆生生無礙心。以此心趣向菩提。此菩薩是五地初地見。此菩薩應七年中晝夜六時起清净心。初地明慧相。當勤具安樂具供給。二地第三地。供養三寶第四地。應勤修甚深法忍第五地。

復次金剛摧。菩薩若夢中自見裸形。當知自無業障。當知見初地。若城中自見裸形。是見第二地。若阿練若處見裸身。是見第三地。

若山中見裸形。此見第四地。當知魔業。
復次金剛摧菩薩。若菩薩夢見自趣四維去。此菩薩捨善知識。是見初地。少於智慧。懈怠多憂多惱。爲多人所笑。多於病痛。心多狂癲。爲善根故求於出家。復還入俗。*貧苦無有財物。多病。爲利養故謗毀法師。謗法不信不解。當還生正直心親近法師。勤修一切施無礙心。趣向菩提。此菩薩乃至解於六地。此菩薩以軟中上心。除害過罪。
復次金剛摧。菩薩夢中見趣向未曾見方。此有魔業業障。此菩薩三地處處見地。應勤修浄根。供養三寶浄初地。若勤修空見第二地。修法忍見第三地。乃至住六地。自知此菩薩見初地。出入⑭多於

善根。亦多不善根。此捨命不生愁惱。捨惡知識。親近信解知法人。無奸僞。如是净於業障。彼以奸詐心盜法。當親近善知識。此菩薩自夢見在濁水中去。是見初地。若自見在濁水沫中行。此是見二地。若見涌没水中行。此是見第三地。若涸水中行。見第四地。若夢在清水中行。是見第五地。

復次金剛摧。菩薩若夢中見雲雨。此菩薩多魔業。此菩薩是初地七地見。此以自在力嬈説法師。前出家爲利養故。呵責法師。若法師如法教誨[15]。常違反師語。應勤修忍辱。生信解心。離於利養。一向爲利他。以此净業障。若見塵土雲雨。此菩薩是初地。若見黑雲。此菩薩是二地。若見亂雲。此菩薩是三地。若見雷雲。此菩薩是四地。

若見電雲驚怖。此菩薩是五地。若見雨雹。此菩薩是六地。魔業地地應知。

復次金剛摧。菩薩夢中見地摇。此菩薩是初地。久行初業多。初業多初業障。多恐怖衆生。應修無畏施衆生。守護三業。以此净除業障。彼若常見地摇。是初業初地。破城池。燒人衆。此菩薩二地。若地久動。是三地。發真實誓。是四地。魔業。是五地六地。勤修總持。是七地。大威德諸天悉來集會。是八地。諸龍來增益氣力。是九地。是梵天來。是十地。聞如來秘密語。地摇動地地應覺知。

復次金剛摧。菩薩夢中自見在鬥訟中。是菩薩是四地初地。若見上地。是魔業。乃至七地。不勤修習攝取伏非法人。先時爲利養故。

違説法人。奸詐説法自活。當學方便。當善心修六波羅蜜。以此净除業障。若被呵瞋生驚畏心。是初地。夢被刀斫。是二地。若被土塊杖。是三地。若被惡罵。是四地。魔不解不勤修。

復次金剛摧。菩薩夢中見自病。此菩薩是二地處處地見相。世間出世間多作艱難。欲多法施復還斷絶。欲多財施復還斷絶。應當供給修行法人。修無礙心。修不放逸慢。修不自在慢。以此净除業障。若見在餘處地病。此覺魔業。

復次金剛摧。菩薩夢中墮山。無所依止。先時於善心一向詐奸。多不信解。多於業障。魔業增盛。身心羸劣。受法疾得。尋復忘失。生欲樂心。中間放捨。若見財封捨離。若見佛法捨離。捨離忍辱。親近惡

行。不近善法。於深信解人邊。不生信解。此菩薩是見二地初地。若自見刀山中行。是見初地。若自知石山中墮。是見二地。住餘地無業障無魔業。應生信心。於三月中晝三時夜三時懺悔。應觀世間因緣法。應修供養。如是以除業障。

大寶積經卷第十五

校注

①『世四』，龍藏作『四天』。
②『受』，龍藏、思溪藏作『愛』。
③『值』，龍藏、思溪藏作『得』。
④『貧』，底本作『貪』，依龍藏、思溪藏、和裕本改。本卷下文例同，用＊標識，不再出注。
⑤『刀』，底本作『力』，依龍藏、思溪藏、和裕本改。
⑥『令』，龍藏、和裕本作『今』。
⑦『門』，龍藏、思溪藏無。
⑧『十』，底本污殘，依龍藏、思溪藏補。本卷下文例同，用＊標識，不再出注。
⑨『見』，思溪藏無。
⑩『七』，底本作『十』，依龍藏、思溪藏、和裕本改。
⑪『王』，底本污殘，依龍藏、思溪藏補。
⑫『若』，龍藏無。
⑬『菩』，底本污殘，依龍藏、思溪藏補。

⑭『入』，底本作『人』，依龍藏改。

⑮『誨』，底本作『悔』，依龍藏、思溪藏、和裕本改。

大寶積經卷第十六

西晋三藏竺法護譯

净居天子會第四之二

復次金剛摧。菩薩夢中自見被縛將殺。此菩薩魔業增盛。非業障。彼應修無礙定。修於慈心。以此净除業障。此菩薩是見六地初地。若夢被繫在死尸中。是見五地。若被縛至親里圍繞。是六地。是魔業。不勤修。初地羸劣。爲無上道應修增上進。復次金剛摧。菩薩若夢中自知在刀中。此菩薩是初地五地。多惡知識。多艱難。應静無忿怒。無障礙心。一向勤利他人。以此净除業障。前曾在上位。惱亂持戒人。見人持種種刀。自見在中。此菩薩初

地見。若見人持一刀在中。是第二地。見捉杖在中。是見三地。若見捉石在中。此見四地。見在空手衆中住。是五地。除魔業。復次金剛摧。菩薩夢自見在空中。此菩薩在信地。得無生法忍。此菩薩諸天所念。應修好威儀。應常修精進。勸發衆生求無上道。不應常住一處。如是清浄。此菩薩是初地七地見處處地。若見虛空中行施。此是初地。若空中見仙人此見第二地。若見沙門。此見第三地。若見龍。第四地。若見天。第五地。若見梵天。是第六地。若見菩薩如來。是第七地。除魔業。

復次金剛摧。菩薩若夢中自見捉炬。應勤修明慧。此菩薩是初地五地。此菩薩應不顧身命。不觀飲食。應行禪不生疑悔。如是趣向。

住初地樂修對治。住二地樂修禪。住三地樂修慈。住四地樂修悲。住五地樂修捨。住初地應修念佛爲明見。住二地應修放解。住三地應修聞。住四地應修持。住五地應修空。如是應得明。

復次金剛摧。菩薩若夢中見菩薩逾宫出。此菩薩初地六地處處見。增加精進得不退轉。在菩提記界疾近無上道。若見步出。是見初地。見乘牛車出。是見二地。見乘馬車出。是見三地。見乘象車出。是見四地。若見乘人車出。是見五地。若見乘空中車出。是見六地。除魔業。

復次金剛摧。菩薩若夢中得經。此菩薩是初地三地處處地見。此人多諸因緣。多諸謗毁。數數多諸艱難。應一心修悔過。常修精進。

若夢得世俗典籍聲聞經法。此是初地。夢得檀相應經。是見二地。夢得甚深相應。是見三地。不勤修。乃至七地。若諸天與。若菩薩與。如來與法藏。

復次金剛摧。菩薩夢中聞得法功德聲。此菩薩是初地六地見處處地。見前得佛總持。此菩薩少於業障。魔業增盛。應施於辯才。不求人過。如是清净。聞出香陀羅尼聲。此菩薩是初地。聞文字陀羅尼。是第二地。聞書寫陀羅尼。是八地初地見處處地。此不應愛著三界。勤修獨處。彼少於業障。少於魔業。煩惱增盛。應聽種種法。應修多觀。如是相應。有覺觀三昧。是初住地。無覺少觀。是三住地。無覺無觀。是四住地。梵處空處三昧。是五住地。現一身三昧。是六住

地。大通三昧。是七住地。出生佛莊嚴三昧。是第八住地。
復次金剛摧。菩薩若夢中聞方廣經聲。此菩薩是六地初地。應修信解法決定忍。此菩薩少於障。緩趣無上道。勤問持戒之相。應尊重師長。如是趣向菩提。聞檀波羅蜜經聲。是初地。聞戒經聲。是二地。聞忍經聲。是三地。聞精進經聲。是四地。聞禪經聲。是五地。聞般若波羅蜜聲。是六地。除不勤修人。佛所持善心成就者。
復次金剛摧。菩薩若夢中聞說法比丘字聲。此菩薩是四地初地。此應依止善知識。此菩薩多諸艱難。多諸疑悔。少於智慧。應修無礙心。應方便勸一切衆生修無疑悔心。如是清浄。若見前所聞法師名。此初地。若聞不見法師名。見第二地。若聞他异世界法師名。

是第三地。若聞一生補處菩薩。若聞樂上地聲。是第四地。
復次金剛摧。菩薩若夢中得信辯。此菩薩是初地三地。此菩薩是辯器。若遠離三法疾得明。何等三。見他得利心生嫉妒。爲利養故。奸詐親近。如是三法當遠離。然後趣向。説少偈頌。是初地。能説種種偈。是二地。説甚深偈。是三地。多説上地偈。
復次金剛摧菩薩。若菩薩夢中得經辯。是初地八地見。此有多功德因緣。當勤依修戒。當修勝供養。供養凈行人。不應修智慢。如是夢中當受業障。少受苦報。彼出初地四辯。説方等經。是説二地。説種種經。是三地。説前因緣。是四地。説三世。是五地。説波羅蜜。是六地。説甚深經。是七地。説一切決定。是八地。

復次金剛摧菩薩。若菩薩夢中聞陀羅尼聲。彼是七地。此菩薩受諸煩惱。少業障。應問智者修静默處趣解脱。如是趣向。夢在村中。是初地。在房中。是二地。在僧房中。是三地。在阿練若處坐。是四地。若夢坐。是五地。若園觀中。是六地。夢在山頂。是七地。

復次金剛摧菩薩。若菩薩夢中聞他方世界未曾聞如來名。此菩薩是受記初地八地。憍慢自在故。不趣向道。多魔業。爲供養故。修不净威儀。然後趣向。修捨①。是初地。夢戒慢。是二地。聞慢。是三地。方便慢。是四地。疑慢。是五地。智慢。是六地。所説慢。是七地。受持慢。是八地。

復次金剛摧。菩薩若夢中聞某世界某菩薩聲。此菩薩是五地初

地。此菩薩爲菩薩所憶念。少煩惱。應離憍慢。勸多人修智。如是相應得陀羅尼。是聞初地。夢出家。是聞二地。夢苦行。是三地。夢道場降魔。是四地。夢覺道。是五地。聞見上多聞見不定羸劣善心。是見初地。住於疑心。是二地。退心放逸。是三地。增上放逸。是四地。多定。是五地。

復次金剛摧。菩薩夢在海中。此菩薩精進是八地見處處地。應修多聞精進慧解。若夢中無所依止。是初地。若在海際。是二地。若在船乘。是三地。夢往去。是四地。夢上船。是五地。夢水中坐。是六地。在船中坐。是七地。夢船中滿寶。在上坐。欲出海。是八地。

復次金剛摧。菩薩若夢中集寶。此菩薩是初地三地見處處地。此

菩薩多逢苦惱。應樂修净業。不求人短。於説法者知恩。如是趣向。夢掘地中得寶。初地。雜土得寶。是見二地。雜草得寶。是見三地。是不勤進相是魔業。若六地若四地。不勤方便。魔業業障。

復次金剛摧。菩薩夢中在②須彌山頂。此人不退轉。是見初地五地。彼有少功德。親近惡友。因緣奸詐。無信親近善知識。今應修不奸詐。多修信解。如是趣向。若夢在須彌山。當知上六住。夢住須彌山。是七地。夢四顧望。是八地。夢坐者。是九地。夢山動。是十地。此初地乃至見五地。勤進修善心。在善知識手③。是魔業。

復次金剛摧。菩薩夢中自見上山。此菩薩是初地五地。害一切煩惱業障。於説法人不生恭敬。應修不諂曲。净除業障。如是趣向菩

提。初地增長三時勤進。二地勤修念佛。三地修空。四地修大悲。五地修慧。夢自上山。是初地。在山中。是二地。在山上。是三地。夢觀看。是四地。坐者。是五地。

復次金剛摧。菩薩若夢上山。此菩薩見是七地初地。此菩薩少於業障。魔業增盛。應捨一切所愛物供養智慧者。於智慧人邊。應自伏憍慢。若夢度七大山乃至須彌山。是七地。

復次金剛摧。菩薩若夢中夢上樹。此菩薩是初地四地處處地見。應覺業障魔業。應親近依止善知識。得於慧明。時時當决斷法義覺知。如是趣向。見樹枝葉具足陰凉。是初地。見香樹。是二地。見花樹。是三地。見果樹。是四地。是勤進相。若不勤進是魔業。若見高處

樹枝葉花果具足。除業報。
復次金剛摧。菩薩若夢中見龍象。此菩薩是初地六地處處地見。此菩薩行施不行慧。困乏善根。應當修信。當修善念如是相應。彼初地見不清净龍象。二地見白龍象。三地見六牙白龍象。四地見莊嚴龍④象。五地見捉幡蓋龍象。六地見歡戲龍象⑤。
復次金剛摧。菩薩自夢上龍象。此菩薩是見初地七地。一生當得如來應供。有入法智。多希望。應修恭敬。勸發菩薩離於幻僞奸詐。應⑥處處知足。修適意施。如是清净。夢上象。是初地。夢自著白衣上象。是二地。若夢染衣。是三地。若夢種種色衣。是四地。若夢香染衣。具足莊嚴。是五地。若夢著冠。是六地。若夢捉莊嚴蓋。是七地。除魔

業。不勤進上地相。見一切具足。

復次金剛摧。菩薩若夢中上馬。此菩薩是初地四地。此應修依止戒波羅蜜度。彼魔業增盛。少於業障。當多修空慧。勤修生信。如是清淨。自夢上住馬。是初地。夢上行馬。是二地。夢上走馬。是三地。上莊嚴馬。第四地。除上地魔業。此菩薩增上慢魔業。

復次金剛摧。菩薩若夢中作成實誓。此菩薩一切地十地處處地見。彼於業障多增盛魔業。多諸方術行。善修出生三昧。應正修威儀。不多積聚。如是淨業障。作成實施誓。此是初地。爲解繫縛。是二地。爲解病。是三地。爲城池。是四地。爲王。是五地。爲閻浮提。是六地。爲四天下。是七地。爲千世界。是八地。爲三千世界。是九地。日出時

地游雨天花。是十地。除魔業初地六地。

復次金剛摧菩薩。若菩薩夢中見藥樹。是菩薩是見初地七地。滿足成就受記法。應修不望報施。正直不求人過。如是清凈。夢見少果樹。是初地。若見多果樹。是二地。若見苦果樹。是四地。見藥樹。是五地。若見天樹。是六地。若見甘果樹。是七地。

復次金剛摧菩薩。若菩薩夢中見花樹。此菩薩是七地初地。應作種種善根。不親近四衆。如是趣向。見多花樹無香。是初地。見香花樹。是二地。夢見多香花樹。是三地。見雜花果樹。是四地。見無葉花樹。是五地。見天花樹。是六地。若見菩提樹。是七地。除在惡知識手。慢緩不勤精進魔業。上地一切成就見。

復次金剛摧。菩薩若夢中見未曾有城。此是六地初地。此菩薩有業障。此無生法忍。先修堅固三昧。空三昧。無礙心極苦行。如是清淨。夢見初起城。是初地。見作竟城。是二地。見城中街市成就。是三地。見游戲處成就。是四地。見池水成就。⑦是六地。除在惡知識手。慢緩不精進魔業。上地具足見。

復次金剛摧菩薩。若菩薩夢中見阿耨龍王池。此是八地初地。少衆煩惱。彼疾出生明。若無奸詐。勤修進行不顧身命。一切所須滿適他意。如是清淨。若見阿耨龍池岸際。此是初地。若見池中。是二地。若一切見。是三地。若手觸水。是四地。若洗。是五地。若岸際坐。是六地。若見阿耨龍王。是七地。若入龍宫增與氣力。是八地。除魔業。

九地。

復次金剛摧菩薩。若菩薩夢見天子。此菩薩上地五地見處處地。彼少業障少魔業。猶如微滴。應三月勤修寂靜。除業障得明淨。如是人應念十方佛。應修不愁惱。彼若見四大天王衆。是見六地。見三十三天。是七地。見兜率天。是八地。見梵天衆。是九地。見淨居天。是十地。初地相應。一切見魔業。成就善心。見一切十地。

復次金剛摧。菩薩若夢見龍。此是見八地處處見。當成就慎⑧忍。雖勤精進。數數廢稽。勤修方便。數復放捨。彼所有財封。當以供給法師。乃至所愛之物悉以捨與。然後趣向。若山上見龍。是初地。若曠野見。是二地。若池岸上見。是三地。若林中見。是四地。若人衆中見。

是五地。若王城中見。是六地。若多人衆圍繞見。是七地。若空中見。是八地。除魔業業障。初地六地。

復次金剛摧。菩薩若夢自見向餘方閻浮提。是初地六地。若得忍。彼少於障。若不勤修。不得於明。若懈怠奸詐親近。彼若生信。如是清浄。若不樂見閻浮提。是初地。若樂見。是二地。若見村落城邑可愛。是三地。若見園觀雜花。是四地。若見大衆喜樂。是第五地。若相娛樂。是六地。除魔業。

復次金剛摧。菩薩夢著白衣。此菩薩是見八地初⑨地。此業障清浄。魔業增盛。彼生樂法心。數復退減功德。多諸艱難。一切物不應慳惜。如是清浄。若自見一切所須。一切敷具。人所憙者。不惜身命。多

聞修善根。若著久故好衣。是初地。若見長領新衣。是二地。若見長領衣。是三地。若見打治衣。是四地。若見打治摩衣。是五地。若見染衣。是六地。若見象色衣。是七地。若見天衣。是八地。

復次金剛摧。菩薩若夢得寶鬘。此是初地九地。彼無業障。無魔業。當自責己過不責於他。求修聞法。不作鬥訟。如是清净。若一種寶鬘。是初地。如是二種乃至七種寶鬘。是七地。若得轉輪王摩尼寶鬘。是八地。若見天寶鬘。是九地。除魔業。是見初地起業相。若戲笑懈怠。親近戲笑懈怠。不省録人。應當覺知。

復次金剛摧。菩薩若見頭著花鬘。是八地初地。此實有業障。若初中後生定善心。捨一切物不生愁惱。如是清净。若得一色鬘。是初

地。若得惡色鬘。是二地。若得種種色鬘。是三地。若得一切花鬘。是四地。若得龍花鬘。是五地。若得天花鬘。是六地。若得天種種花鬘。是七地。若得雜天人花鬘。是八地。

復次金剛摧。菩薩若夢取得亂花。此菩薩是見六地初地。此菩薩應勸化菩薩。若有自在力勢。不侵枉餘人。若取有色無香花。是初地。若取有色香花。是二地。若取金色花。是三地。若種種色花。是四地。若取水陸花。是五地。若水陸種種雜花。是見六地。如是相勸修精進。若魔業。若上地。若四地。一切適意龍所持來。

復次金剛摧。菩薩若夢中打鼓作伎。彼是九地見處處。業障魔業增盛。此應勤修多聞精進。於一切衆生生平等心。如是清净。若夢

空中打鼓。是初地。若平地見。是二地。若村中見。是三地。若大城中見。是四地。若大衆中見。是五地。若屋上見。是六地。若山中見。是七地。若須彌山頂見。是八地。若虛空中見。是九地。除勤修智魔業。

復次金剛摧。菩薩若夢中見日月蝕。是菩薩初地六地。毀滅善法。多諸煩惱。成就惡業。應以一切物施。不望業報。如是清净。見日月初出。是見初地。二地。見雲。三地。見聚雲。四地。見散雲⑩。五地。見無塵霧。六地。見日月中時。除魔業業障。

復次金剛摧。菩薩夢中見不净塗身。是菩薩見初地三地。於前身毀罵賢聖。修惡行菩薩。此菩薩應三年中晝夜三時勤修懺悔。自後更不於餘人生輕慢心。應多修信解。如是清净。以青淤泥自塗

身者。是初地。若塗半身。是二地。若處處被塗。是三地。乃至六地。應覺魔業。

復次金剛摧。菩薩若自夢見作王。此菩薩一切十地見處處地。有厚善根。亦有厚艱難。不應於他希望。供養於他不起奸詐。修質直施。所有持戒與他共。不自贊。不毀於他。如是以覺道。若在村中恐怖者。是初地。若在僧房中。是二地。若在園觀中。是三地。若天祀中。是四地。若在大城中。是五地。若在山中。是六地。若作閻浮提王。是七地。若作轉輪王。是八地。若在海中。是九地。若在須彌山頂。是十地。除魔業不勤精進。應念諸佛菩薩也。

復次金剛摧。菩薩若夢王前。若輔相前。若大衆中。是菩薩是八地

見。此雜煩惱。彼應教化衆生。應修供養。自修清浄。如是清浄。彼初地施雜衆煩惱。二地戒。三地聞。四地定。五地持。六地通。七地説法。八地眷屬成就。

復次金剛摧。菩薩若夢騎乘在園林中。此菩薩是九地初地見。此菩薩不知是世間利養飲食。爲魔所牽縛。少於業障。應供給法師。供養所須。應習寂默。如是趣向。彼初地無智行。二地無慧。三地無決定智。四地無禪智。五地無無礙智。七地無出生智。八地無莊嚴智。九地無願智。

復次金剛摧。菩薩若夢[11]見所未見有村落僧坊人衆。此菩薩是初地六地。彼多艱難。應修念佛。如是清浄。修信心施。修一切信解。見

如是行相者。是初地。若卒有所作。是二地。若莊嚴。是三地。若見莊嚴竟。是四地。若見四衆聚會。是五地。若見天衆。是六地。

復次金剛摧菩薩若夢中得蓋。是初地七地見。佛所持。多艱難不爲所屈。彼於説法人不應起惡意。如是清浄。若見花蓋。是初地。若見琉璃蓋。是二地。若見花及蓋。是三地。若見物蓋。是四地。若見畫莖蓋。是五地。若鈴網蓋。是六地。若見寶網蓋。寶網垂覆。是七地。除魔業不勤精進。

復次金剛摧菩薩。若菩薩自夢與多人説法。此菩薩一切十地見。彼地地應覺知魔業業障。欲得決定辯。當出推求。於一切物不應愛著。於求法人生清浄信心。修六和敬戒。如是清浄。若夢説云何

修行施。此是初地。云何十善法。是二地。云何聞。是三地。云何頭陀德。是四地。云何説空。是五地。云何説訶責習。是六地。云何説無染著。是七地。云何説莊嚴定。是八地。云何説莊嚴佛。是九地。云何説妙時。是十地。初地施財。二地戒財。三地方便財。四地具七財。五地奉給財是。六地決斷財。七地決定財。八地通無礙財。九地行財。十地得財。彼初地善根增上。二地戒增上。三地方便增上。四地所作增上。五地十二因緣增上。六地甚深忍增上。七地壞智增上。八地壞教化衆生增上。九地調伏增上。十地壞净國土增上。

復次金剛摧。菩薩若自夢見初立城郭。此菩薩是八地。受不退轉記。應親近供養甚深信解人。多決定疑悔法障。彼應供養法師。得

除疑悔。如是清净。彼中住。初地。疑道爲得佛。爲不得佛。是二地。教化衆生智疑。是三地。出生定疑。是四地。應作智疑。是五地。道果疑。是六地。出生疑。是七地。游戲疑。是八地。

復次金剛摧。菩薩若夢縛筏濁水中過。彼是七地初地。業障魔業增盛。應生增上欲心。堅固不壞。和合相應。無生明净。若智方便艱難。是初地。若欲修勤善身懈怠。是二地。若心非時。是三地。或時明。是四地。若少無畏。是五地。若教化艱難。是六地。若佛法艱難。是七地。

復次金剛摧。菩薩若自夢乘⑫船。此菩薩是六地。若平等行六波羅蜜有艱難。當行無依六波羅蜜。如是清净。若夢作船未竟。是初地。

作船竟。是二地。若夢二船并。是三地。若并縛二船。是四地。見大衆上船。是五地。見入船去。是六地。

復次金剛摧。菩薩若自夢見雲雷放電。是菩薩五地初地。彼魔業增上。少於業障。當多思善念。捨所愛物。集陀羅尼。如是清浄。若見雲雨電驚怖。是初地。若不驚怖。是二地。若憶念法。是三地。若住山頂憶念。是四地。若空中念。是五地。除魔業。若上地龍來集會。奉事所作。不生驚怖。

復次金剛摧。菩薩若夢莊嚴得刀。此菩薩是初地三地。此魔業業障增盛。彼應親近忍波羅蜜。毗梨耶波羅蜜。般若波羅蜜。如是清浄。若是垢膩刀。是初地。得無垢刀。是二地。得利刀。是三地。

復次金剛摧。菩薩若夢中得器物。此菩薩是七地。如是相應當修行。彼不定有魔業業障。應勤行四攝法。如是清净。應净除六地退法。得增上七地。

復次金剛摧。菩薩若自夢示衆生道。此是一切十地相。此如是初相。應覺業障煩惱障。應供養親近法師。捨一切物勤修精進。如是趣向。若見乘在道轉動。是初地。示趣園觀道。是二地。示趣城道。是三地。示阿練若道。是四地。示山道。是五地。示趣海道。是六地。示天道。是七地。示聲聞道。是八地。示菩薩道。是九地。示佛道。是十地。説示道竟示地初地。覺魔業。覺煩惱業。此前六地無過也。

復次金剛摧。菩薩若夢中入園林中。此菩薩八地初地。彼夢中受

魔業煩惱業。夢驚怖。悟已生愁苦。此應當修空聽甚深法。應當默然離於睡眠。應親近決定說道法者。如是清凈。若自夢退失王位心生驚怖。是初地。夢破戒驚怖。是二地。夢法没盡驚怖。是三地。夢法師無常驚怖。是四地。若夢爲火所燒驚怖。是五地。夢被驚怖。是六地。夢墮山驚怖。是七地。夢見世尊入涅槃驚怖。是八地。不勤進六地。覺魔業。

復次金剛摧。菩薩若夢中見五穀聚。此菩薩是八地上地。住初地第二地如是見。不勤進。見魔業不要談説。前身曾供養諸佛。多諸艱難。不依一切世間。不觀於捨。守護三業。如是清凈。夢見聚穀。是七地。夢聚三千大千世界穀。是八地。若夢五穀聚熟。是九地。若夢

刈穀。是十地。

復次金剛摧。菩薩若夢中見治衆生病。此菩薩是八地。少於業障。魔業增盛。應修大悲。勸勸化。不生疑悔。如是相應。夢治小兒。是初地。若夢治女人。是二地。若夢治大人。是三地。若夢治熱病。是四地。若夢治白癩病。是五地。若夢治自殘病。是六地。若夢治乾消病。是七地。若夢治鬼病。是八地。除魔業。應修集忍行。成就菩薩大悲善心。

復次金剛摧。菩薩若自聞授菩提記。此菩薩是見十地。此受記。魔業業障應覺知。受十地記。初地受道記。二地受菩薩行記。三地受忍記。四地受願記。五地受三昧記。六地受慧記。七地受方便記。八

地受出過聲聞辟支佛地一切知記。九地受一生補處記。十地受佛灌頂記。彼修大悲般若波羅蜜。善權方便。親近如是趣向。復次金剛摧。菩薩若夢中覺道。此菩薩是初地。應覺大悲。應勤修精進。應信善心。如是趣向。覺知是八地。動三千大千世界。是九地。夢放光。諸天大聲歌頌喜嘯⑬。是十地。初地七⑭地。不勤進。魔業如是相。

復次金剛摧。菩薩若夢中得滿瓶。此菩薩見一切十地。當如是知。若村中得。是初地。若門中得。是二地。若道中得。是三地。若樹下得。是四地。若住得。是五地。若坐得。是六地。若山頂頭得。是七地。若空中得。是八地。若食時得。是九地。若莊嚴乘騎。若園觀。是十地。此地

地魔業業障應覺。如是清净趣向。爾時世尊而説偈言。

如是相所得　決定無有疑　大士應如是　莫見他少短
人德難可量　大海可熾火　火中可生水　此一一有相
若退於菩提　終無有是處　若以於兩肩　頂戴於須彌
游至於十方　恒河沙世界　如是之相貌　此事猶可作
如此菩提心　終無有退轉　大地可反覆　菩提心退轉
終無有是處　此中少功德　若有善心人　以向無上道
有四法無量　世間無智者　虚空界難知　如是衆生界
佛知菩提心　⑮愚者應當知　諸菩薩所行　不應生輕毀
可以一小草　測量於大海　衆生之所行　不可得思議

假使大海水　盡融爲洋銅　爲己身命故　猶尚可飲盡
於諸菩薩行　終不可輕毀　如飲洋銅苦　其苦不可數
或有業障礙　或爲魔所亂　彼人受生處　終無有憂悔
若人爲樂故　於惡色愚痴　破戒可厭惡　不可恭敬者
如是等人所　不應生輕慢　衆生之所行　甚難可得知
猶如舍利弗　寂默入禪定　能於一心中　唯知五十心
猶如諸世尊　一念知無量　不應於諸佛　而生於疑心
猶如阿羅漢　不知自境界　況復當能知　衆生之境界
是故一切人　不應作是言　我能知衆生　心中之所念
我見染服人　須臾著白衣　如是念念間　念念有變异

況誰能復知　真實者愚患　譬如阿闍世　殺害於己父
又於如來所　而生惡逆心　還於一念中　深悔過罪心
即能除罪報　脱於惡道苦　況有能自生　清净善心者
此心或時縛　此心或時解　此身是無記　亦無有所知
云何令此身　而有於過惡　是身亦不應　親近於身色
亦復所不應　殺害他人身　譬如真净金　墮於不净中
本性常清净　不净不能損　彼人雖貪樂　行於世間法
彼人實功德　善心無損減　王子長者子　衆中作戲笑
一切諸大王　見者悉喜樂　此衆生中行　或在天人中
或食毒不死　或捉⑯火不燒　況於知覺者　世間愚痴人

不能奪痴行　緣覺及聲聞　不如施菩薩　清净心福田
平等猶如佛　菩薩等如佛　見善心甚深　譬如恒河沙
諸佛世界中　滿中七寶施　若書持此經　欲比其功德
倍數無比喻　善得於命[17]利　菩提心不失　若人爲財故
入於大海中　必當獲大利　若持一切經　能爲多人説
不聞於此經　不知衆生行　以是因緣故　應當知勝如
不自贊己德　不應謗毀他　善心行清[18]行　若欲速覺悟
第一菩提道　樂阿練若處　常護諸情根　勤修於精進
遠離於親里　修第一義慈　如是當速疾　得於菩提道

爾時世尊説此經時。六萬天人得不退於阿耨多羅三藐三菩提。

十八那由他天人未發心者。令發菩提之心。聞此經故。除捨八十劫生死之罪。是故若欲不捨菩提者。當受持此經。讀誦通利。善思念之。勤於方便忍受。歡喜奉行。爾時衆中十千菩薩欲退菩提心。生於疑悔。欲還歸家。不知障及魔業過。聞説此經。捨除罪過。於世尊前生少信心。於此世界當與彌勒菩薩一時成佛。净除二十劫魔業。不起此坐。住一生補處。當生他方世界。彌勒成佛時。當一時成佛。彼除二十劫魔業及煩惱故[19]。菩薩但聞此經。尚能多作利益。況受持讀誦顯説。佛説此經已。天人。阿修羅歡喜奉行。

大寶積經卷第十六

校注

①『捨』，龍藏、和裕本作『慢』。
②『在』，龍藏、和裕本作『有』。
③『手』，龍藏、思溪藏作『乎』。
④『龍』，底本無，依龍藏、思溪藏、和裕本補。
⑤『象』下，龍藏、思溪藏有『是七地』三字。
⑥『應』，思溪藏無。
⑦『就』下，龍藏有『是三地見游戲處成就是四地見池水成就』十七字。
⑧『慎』，龍藏、和裕本作『順』。
⑨『初』，思溪藏作『得』。
⑩『四地。見散雲』，底本無，依龍藏、和裕本補。
⑪『夢』，龍藏、思溪藏無。
⑫『乘』，底本作『集』，依龍藏、思溪藏、和裕本改。
⑬『嘯』，龍藏作『笑』。
⑭『七』，龍藏、思溪藏作『十』。

⑮『愚』，龍藏、思溪藏作『遇』。
⑯『捉』，龍藏、思溪藏作『投』。
⑰『命』，龍藏、思溪藏作『大』。
⑱『清』，龍藏、思溪藏作『净』。
⑲『故』下，龍藏、思溪藏有『若』字。

大寶積經卷第十七

大唐三藏菩提流志奉　詔譯

無量壽如來會第五之一

如是我聞。一時佛住王舍城耆闍崛山中。與大比丘衆萬二千人俱。皆是諸大聲聞。衆所知識。其名曰。尊者阿若憍陳如。馬勝。大名。有賢。無垢。須跋陀羅。善稱。圓滿。憍梵鉢提。優樓頻蠡迦葉。那提迦葉。伽耶迦葉。摩訶迦葉。舍利弗。大目揵連。摩訶迦旃延。摩訶劫賓那。摩訶注那。滿慈子。阿尼樓馱。離波多。上首王[1]。住彼岸。摩俱羅。難陀。有光。善來。羅睺羅。阿難陀等。而爲上首。復有菩薩摩訶薩衆。所謂普賢菩薩。文殊師利菩薩。彌勒菩薩。及賢劫中諸菩薩摩訶薩

衆。前後圍繞。又與賢護等十六丈夫衆俱。所謂善思惟義菩薩。慧辯才菩薩。觀無住菩薩。善化②神通菩薩。光幢菩薩。智上菩薩。寂根菩薩。慧願菩薩。香象菩薩。寶幢菩薩等。而爲上首。咸共遵修普賢之道。滿足菩薩一切行願。安住一切功德法中。到諸佛法究竟彼岸。願於一切世界之中成等正覺。又願生彼兜率陀天。於彼壽終降生右脅。見行七步。放大光明。普佛世界六種震動。而自唱言。我於一切世間最爲尊貴。釋梵諸天咸來親奉。又見習學書計。曆數。聲明。伎巧。醫方。養生。符印。及餘博戲。擅美過人。身處王宮厭諸欲境。見老病死悟世非常。捐捨國位。逾城學道。解諸纓絡及迦尸迦。被服袈裟六年苦行。能於五濁刹中作斯示見。順世間故。浴尼連

河。行趣道場。龍王迎贊。諸菩薩衆右繞稱揚。菩薩爾時受草。自敷菩提樹下。結加趺坐。又見魔衆合圍將加危害。菩薩以定慧力降伏魔怨。成無上覺。梵王勸請轉於法輪。勇猛無畏。佛音震吼。擊法鼓。吹法螺。建大法幢。然正法炬。攝受正法及諸禪定。雨大法雨澤潤含生。震大法雷開悟一切。諸佛刹土普照大光。世界之中地皆震動。魔宮摧毀驚怖波旬。破煩惱城③隳(huī)諸見網。遠離黑法生諸白法。於佛施食能受能消。爲調衆生宣揚妙理。或見微笑放百千光。升灌頂階受菩提記。或成佛道見入涅槃。使無量有情皆得漏盡。成熟菩薩無邊善根。如是諸佛刹中皆能示見。譬如幻師善知幻術。而能示見男女等相。於彼相中實無可得。如是如是。諸菩薩等

善學無邊幻術功德故。能示見變化相應。能善了知變化之道故。示諸佛土見大慈悲。一切群生普皆饒益。菩薩願行成就無疆。無量義門通達平等。一切善法具足修成。諸佛刹中平等趣入。常爲諸佛勸進加威。一切如來識知印可。爲教菩薩作阿闍梨。常習相應無邊諸行。通達一切法界所行。能善了知有情及土。亦常發趣供諸如來。見種種身猶如影像。善學因陀羅網能破魔網。壞諸見網入有情網。能超煩惱眷屬及魔侶魔人。遠出聲聞辟支佛地。入空無相無願法門。而能安住方便善巧。初不樂入二乘涅槃。得無生無滅諸三摩地。及得一切陀羅尼門。廣大諸根辯才決定。於菩薩藏法善能了知。佛華三昧隨時悟入。具一切種甚深禪定。一切

諸佛皆悉見前。於一念中遍游佛土。周旋往返不异其時。於難非難邊能了諸邊。敷演實際。差別善知。得佛辯才住普賢行。善能分別衆生語言。超過世間一切之法。善知一切出世間法。得資具自在波羅蜜多。荷擔有情爲不請友。能持一切如來法藏。安住不斷一切佛種。哀愍有情能開法眼。閉諸惡趣開善趣門。普觀有情能作父母兄弟之想。又觀衆生如己身想。證得一切贊嘆功德。波羅蜜多能善了知。贊嘆如來一切功德。及餘稱贊諸功德法。如是菩薩摩訶薩衆無量無邊。皆來集會。

爾時尊者阿難從坐而起。整理衣服。偏袒右肩。右膝著地。合掌向佛。白言。大德世尊。身色諸根悉皆清净。威光赫奕④如融金聚。又如

明鏡凝照光暉。從昔已來初未曾見。喜得瞻仰生希有心。世尊今者入大寂定。行如來行皆悉圓滿。善能建立大丈夫行。思惟去來現在諸佛。世尊何故住斯念耶。爾時佛告阿難。汝今云何能知此義。爲有諸天來告汝耶。爲以見我及自知耶。阿難白佛言。世尊。我見如來光瑞希有故發斯念。非因天等。佛告阿難。善哉善哉。汝今快問。善能觀察微妙辯才。能問如來如是之義。汝爲一切如來應正等覺。及安住大悲利益群生。如優曇花希有大士出見世間。故問斯義。又爲哀愍利樂諸衆生故。能問如來如是之義。阿難。如來應正等覺善能開示無量知見。何以故。如來知見無有障礙。阿難。如來應正等覺欲樂住世。能於念⑤頃住無量無數百千億那由他

劫。若復增過如上數量。而如來身及以諸根無有增減。何以故。如來得三昧自在到於彼岸。於一切法最勝自在。是故阿難。諦聽。善思念之。吾當爲汝分別解説。阿難白佛言。唯然世尊。願樂欲聞。爾時佛告阿難。往昔過阿僧祇無數大劫。有佛出現。號曰然燈。於彼佛前極過數量。有苦行佛出興于世。苦行佛前復有如來。號爲月面。月面佛前過於數量。有旃檀香佛。於彼佛前有蘇迷盧積佛。盧積佛前復有妙高劫佛。如是展轉。有離垢面佛。不染污佛。龍天佛。山聲王佛。蘇迷盧積佛。金藏佛。照曜光佛。光帝佛。大地種姓佛。光明熾盛琉璃金光佛。月像佛。開敷花莊嚴光佛。妙海勝覺游戲神通佛。金剛光佛。大阿伽陀香光佛。捨離煩惱心佛。寶增長佛。勇

猛積佛。勝積佛。持大功德法施神通佛。映蔽日月光佛。照曜琉璃佛。心覺花佛。月光佛。日光佛。花瓔珞色王開敷神通佛。水月光佛。破無明暗佛。真珠珊瑚蓋佛。底沙佛。勝花佛。法慧吼佛。有師子吼鵝雁聲佛。梵音龍吼佛。如是等佛出現於世。相去劫數皆過數量。彼龍吼佛未出世前無央數劫。有世主佛。世主佛前無邊劫數有佛出世。號世間自在王如來。應正等覺明行圓滿。善逝。世間解。無上丈夫。調御士。天人師。佛。世尊。阿難。彼佛法中有一比丘。名曰法處。有殊勝行願及念慧力增上。其心堅固不動。福智殊勝。人相端嚴。阿難。彼法處比丘往詣世間自在王如來所。偏袒右肩。頂禮佛足。向佛合掌。以頌讚曰。

如來無量無邊光　舉世無光可能喻　一切日月摩尼寶
佛之光威皆映蔽　世尊能演一音聲　有情各各隨類解
又能現一妙色身　普使衆生隨類見　戒定慧進及多聞
一切有情無與等　心流覺慧如大海　善能了知甚深法
惑盡過亡應受供　如是聖德惟世尊　佛有殊勝大威光
普照十方無量刹　我今稱讚諸功德　冀希福慧等如來
能救一切諸世間　生老病死衆苦惱　願當安住三摩地
演説施戒諸法門　忍辱精勤及定慧　庶當成佛濟群生
爲求無上大菩提　供養十方諸妙覺　百千俱胝那由他
極彼恒沙之數量　又願當獲大神光　倍照恒沙億佛刹

及以無邊勝進力　感得殊勝廣浄居　如是無等佛刹中
安處群生當利益　十方最勝之大士　彼皆當往生喜心
唯佛聖智能證知　我今希求堅固力　縱沉無間諸地獄
如是願心終不退　一切世間無礙智　應當了知如是心

復次阿難。法處比丘讚佛德已。白言。世尊。我今發阿耨多羅三藐三菩提心。惟願如來爲我演説如是等法。令於世間得無等等成大菩提。具攝清浄莊嚴佛土。佛告比丘。汝應自攝清浄佛國。法處白佛言。世尊。我無威力堪能攝受。唯願如來説餘佛土清浄莊嚴。我等聞已。誓當圓滿。爾時世尊爲其廣説二十一億清浄佛土具足莊嚴。説是法時經于億歲。阿難。法處比丘於彼二十一億諸佛

土中。所有嚴净之事悉皆攝受。既攝受已。滿足五劫思惟修習。阿難白佛言。世尊。彼世間自在王如來壽量幾何。世尊告曰。彼佛壽量滿四十劫。阿難。彼二十一俱胝佛刹。法處比丘所攝佛國超過於彼。既攝受已。往詣世間自在王如來所。頂禮雙足。右繞七匝。却住一面。白言。世尊。我已攝受具足功德嚴净佛土。佛言。今正是時。汝應具説。令衆歡喜。亦令大衆皆當攝受圓滿佛土。法處白言。唯願世尊大慈留聽。我今將説殊勝之願。

若我證得無上菩提。國中有地獄餓鬼畜生趣者。我終不取無上正覺。

若我成佛。國中衆生有墮三惡趣者。我終不取正覺。

若我成佛。國中有情若不皆同真金色者。不取正覺。
若我成佛。國中有情形貌差別有好醜者。不取正覺。
若我成佛。國中有情不得宿命。⑥乃至不知億那由他百千劫事者。不取正覺。
若我成佛。國中有情若無天眼。乃至不見億那由他百千佛國土者。不取正覺。
若我成佛。國中有情不獲天耳。乃至不聞億那由他百千逾繕那外佛說法者。不取正覺。
若我成佛。國中有情無他心智。乃至不知億那由他百千佛國土中有情心行者。不取正覺。

若我成佛。國中有情不獲神通自在波羅蜜多。於一念頃不能超過億那由他百千佛刹者。不取正覺。

若我成佛。國中有情起於少分我我所想者。不取菩提。

若我成佛。國中有情若不決定成等正覺。證大涅槃者。不取菩提。

若我成佛。光明有限。下至不照億那由他百千及算數佛刹者。不取菩提。

若我成佛。壽量有限。乃至俱胝那由他百千及算數劫者。不取菩提。

若我成佛。國中聲聞無有知其數者。假使三千大千世界滿中有情及諸緣覺。於百千歲盡其智算亦不能知。若有知者。不取正覺。

若我成佛。國中有情壽量有限齊者。不取菩提。唯除願力而受生者。

若我成佛。國中衆生若有不善名者。不取正覺。

若我成佛。彼無量刹中無數諸佛不共咨嗟稱嘆我國者。不取正覺。

若我證得無上覺時。餘佛刹中諸有情類聞我名已。所有善根心心迴向願生我國。乃至十念若不生者。不取菩提。唯除造無間惡業。誹謗正法及諸聖人。

若我成佛。於他刹土有諸衆生發菩提心。及於我所起清净念。復以善根迴向願生極樂。彼人臨命終時。我與諸比丘衆現其人前。

若不爾者。不取正覺。

若我成佛。無量國中所有衆生聞説我名。以己善根迴向極樂。若不生者。不取菩提。

若我成佛。國中菩薩皆不成就三十二相者。不取菩提。

若我成佛。於彼國中所有菩薩。於大菩提咸悉位階一生補處。唯除大願諸菩薩等。爲諸衆生被精進甲。勤行利益修大涅槃。遍諸佛國行菩薩行。供養一切諸佛如來。安立恒沙衆生住無上覺。所修諸行復勝於前。行普賢道而得出離。若不爾者。不取菩提。

若我成佛。國中菩薩每於晨朝。供養他方乃至無量億那由他百千諸佛。以佛威力。即以食前還到本國。若不爾者。不取菩提。

若我成佛。於彼刹中諸菩薩衆。所須種種供具。於諸佛所殖諸善根。如是色類不圓滿者。不取菩提。

若我當成佛時。國中菩薩説諸法要。不善順入一切智者。不取菩提。

若我成佛。彼國所生諸菩薩等。若無那羅延堅固力者。不取正覺。

若我成佛。周遍國中諸莊嚴具。無有衆生能總演説。乃至有天眼者不能了知所有雜類形色光相。若有能知及總宣説者。不取菩提。

若我成佛。國中具有無量色樹。高百千由旬。諸菩薩中有善根劣者。若不能了知。不取正覺。

若我成佛。國中衆生讀誦經典。教授敷演。若不獲得勝辯才者。不取菩提。

若我成佛。國中菩薩有不成就無邊辯才者。不取菩提。

若我成佛。國土光净遍無與等。徹照無量無數不可思議諸佛世界。如明鏡中現其面像。若不爾者。不取菩提。

若我成佛。國界之内地及虚空有無量種香。復有百千億那由他數衆寶香鑪。香氣普薰遍虚空界。其香殊勝超過人天珍。奉如來及菩薩衆。若不爾者。不取菩提。

若我成佛。周遍十方無量無數不可思議無等界衆生之輩。蒙佛威光所照觸者。身心安樂超過人天。若不爾者。不取正覺。

若我成佛。無量不可思議無等界諸佛刹中菩薩之輩。聞我名已。若不證得離生。獲陀羅尼者。不取正覺。

若我成佛。周遍無數不可思議無有等量諸佛國中所有女人。聞我名已得清淨信。發菩提心。厭患女身。若於來世不捨女人身者。不取菩提。

若我成佛。無量無數不可思議無等佛刹菩薩之衆。聞我名已得離生法。若不修行殊勝梵行。乃至到於大菩提者。不取正覺。

若我成佛。周遍十方無有等量諸佛刹中所有菩薩。聞我名已五體投地。以清淨心修菩薩行。若諸天人不禮敬者。不取正覺。

若我成佛。國中衆生所須衣服隨念即至。如佛命善來比丘。法服

自然在體。若不爾者。不取菩提。
若我成佛。諸衆生類纔生我國中。若不皆獲資具。心净安樂。如得漏盡諸比丘者。不取菩提。
若我成佛。國中群生。隨心欲見諸佛净國殊勝莊嚴。於寶樹間悉皆出現。猶如明鏡見其面像。若不爾者。不取菩提。
若我成佛。餘佛刹中所有衆生聞我名已。乃至菩提諸根有闕。德用非廣者。不取菩提。
若我成佛。餘佛刹中所有菩薩聞我名已。若不皆善分別勝三摩地名字語言。菩薩住彼三摩地中。於一刹那言説之頃。不能供養無量無數不可思議無等諸佛。又不現證六三摩地者。不取正覺。

若我成佛。餘佛土中有諸菩薩聞我名已。壽終之後。若不得生豪貴家者。不取正覺。

若我成佛。餘佛刹中所有菩薩聞我名已。若不應時修菩薩行。清浄歡喜。得平等住。具諸善根者⑦。不取正覺。

若我成佛。他方菩薩聞我名已。皆得平等三摩地門。住是定中常供無量無等諸佛。乃至菩提終不退轉。若不爾者。不取正覺。

若我成佛。國中菩薩隨其志願。所欲聞法自然得聞。若不爾者。不取正覺。

若我證得無上菩提。餘佛刹中所有菩薩聞我名已。於阿耨多羅三藐三菩提有退轉者。不取正覺。

若我成佛。餘佛國中所有菩薩若聞我名。應時不獲一二三忍。於諸佛法不能現證不退轉者。不取菩提⑧。

爾時佛告阿難。彼法處比丘於世間自在王如來前發此願已。承佛威神而説頌曰。

今對如來發弘誓　當證無上菩提日　若不滿足諸上願
不取十力無等尊　心或不堪常行施　廣濟貧窮免諸苦
利益世間使安樂　不成救世之法王　我證菩提坐道場
名聞不遍十方界　無量無邊异佛刹　不取十力世中尊
方趣無上大菩提　出家爲求於⑨欲境　於彼念慧行無有
不作調御天人師　願獲如來無量光　普照十方諸佛土

能滅一切貪恚痴　亦斷世間諸惡趣　願得光開净慧眼
於諸有中破冥暗　除滅諸難使無餘　安處天人大威者
修習本行已清净　獲得無量勝威光　日月諸天摩尼火
所有光暉皆映蔽　最勝丈夫修行已　於彼貧窮爲伏藏
圓滿善法無等倫　於大衆中師子吼　往昔供養自然智
多劫勤修諸苦行　爲求最勝諸慧蘊　滿足本願天人尊
如來知見無所礙　一切有爲皆能了　願我當成無與等
最勝智者真導師　我若當證大菩提　如斯弘誓實圓滿
願動三千大千界　天衆空中皆雨花　是時大地咸震動
天花鼓樂滿虛空　并雨栴檀細末香　唱言未來當作佛

佛告阿難。彼法處比丘。於世間自在王如來。及諸天。人。魔。梵。沙門。婆羅門等前。廣發如是大弘誓願。皆已成就世間希有。發是願已。如實安住種種功德。具足莊嚴。威德廣大。清净佛土。修習如是菩薩行時。經於無量無數不可思議無有等等億那由他百千劫內。初未曾起貪瞋及痴欲害恚想。不起色聲香味觸想。於諸衆生常樂愛敬猶如親屬。其性温和易可同處。有來求者不逆其意。善言勸諭。無不從心。資養所須取⑩支身命。少欲知足常樂虛閑。禀識聰明而無矯妄。其性調順無有暴惡。於諸有情常懷慈忍。心不詐諂亦無懈怠。善言策進求諸白法。普爲群生勇猛無退。利益世間大願圓滿。奉事師長敬佛法僧。於菩薩行常被甲胄。志樂寂靜離諸

染著。爲令衆生常修白法。於善法中而爲上首。住空無相無願。無作無生。不起不滅。無有憍慢。而彼正士行菩薩道時。常護語言。不以語言害他及己。常以語業利己及人。若入王城及諸村落。雖見諸色心無所染。以清浄心不愛不恚。菩薩爾時於檀波羅蜜起自行已。又能令他行於惠施。於尸波羅蜜乃至般若波羅蜜。起前二行皆悉圓滿。由成如是諸善根故。所生之處有無量億那由他百千伏藏自然涌出。復令無量無數不可思議無等無邊諸衆生類。安住阿耨多羅三藐三菩提。如是無邊諸菩薩衆起諸妙行。供養奉事於諸⑪世尊乃至成佛。皆不可以語言分別之所能知。或作輪王。帝釋。蘇焰摩天。兜率陀天。善化天。他化自在天。大梵天王。皆能

奉事供養諸佛。及能請佛轉於法輪。若作閻浮提王及諸長者。宰官。婆羅門。刹帝利等。諸種姓中皆能尊重供養諸佛。又能演説無量法門。從此永弃世間。成無上覺。然彼菩薩能以上妙衣服卧具。飲食醫藥。盡形供養一切如來。得安樂住。如是種種圓滿善根。非以語言能盡邊際。口中常出栴檀妙香。其香普熏無量無數乃至億那由他百千世界。復從一切毛孔。出過人天優鉢羅花上妙香氣。隨所生處。相好端嚴。殊勝圓滿。又得諸資具自在波羅蜜多。一切服用周遍無乏。所謂諸寶香花。幢幡繒蓋。上妙衣服。飲食湯藥。及諸伏藏珍玩所須。皆從菩薩掌中自然流出。身諸毛孔流出一切人天音樂。由是因緣。能令無量無數。不可思議諸衆生等。安住

阿耨多羅三藐三菩提。阿難。我今已説法處菩薩本所修行。

爾時阿難白佛言。世尊。彼法處菩薩成菩提者。爲過去耶。爲未來耶。爲今現在他方世界耶。

佛告阿難。西方去此十萬億佛刹。彼有世界名曰極樂。法處比丘在彼成佛。號無量壽。今現在説法。無量菩薩及聲聞衆恭敬圍繞。阿難。彼佛光明普照佛刹。無量無數。不可思議。我今略説。光照東方如恒河沙等國土。南西北方四維上下。亦復如是。唯除諸佛本願威神所加。悉皆照燭。是諸佛光。或有加一尋者。或有加一由旬。乃至億那由他百千由旬光者。或普照佛刹者。阿難。以是義故。無量壽佛復有异名。謂無量光。無邊光。無著光。無礙光。光照王端嚴

光。愛光。喜光。可觀光。不思議光。無等光。不可稱量光。映蔽日光。映蔽月光。掩奪日月光。彼之光明清净廣大。普令衆生身心悦樂。復令一切餘佛刹中。天。龍。夜叉。阿修羅等。皆得歡悦。阿難。我今開示彼佛光明。滿足一劫説不能盡。復次阿難。彼無量壽如來。諸聲聞衆不可稱量知其邊際。假使比丘滿億那由他百千數量。皆如大目揵連神通自在。於晨朝時周歷大千世界。須臾之頃還至本處。彼經億那由他百千歲數。欲共計算無量壽佛初會之中諸聲聞衆。盡其神力。乃至滅度。於百分中不知其一。於千分。百千分。乃至鄔波尼殺曇分中亦不知其一。阿難。譬如大海深八萬四千由旬。以目極觀不知邊際。若有丈夫析一毛端爲五十分。以其一分於

大海中沾取一滴。阿難。彼之水滴比於大海。何者爲多。阿難白言。假使取千由旬水。猶以爲少。況以毛端一分而可方之。佛告阿難。假使比丘滿億那由他百千數量。皆如大目揵連。經百千億那由他歲。皆共算數彼無量壽如來初會聲聞。所知數量如彼毛端一滴之水。餘不測者猶如大海。諸菩薩摩訶薩衆亦復如是。非以算計之所能知。阿難。彼佛壽命無量無邊。不可知其劫數多少。聲聞菩薩及諸天人。壽量亦爾。阿難白佛言。世尊。彼佛出世于今幾時。能得如是無量壽命。佛告阿難。彼佛受生經今十劫。復次阿難。彼極樂界無量功德具足莊嚴。國土豐稔。天人熾盛。志意和適。常得安隱。無有地獄畜生及琰魔王界。有種種香周遍芬馥。種種妙花

亦皆充滿。有七寶幢周布行列。其寶幢上懸諸幡蓋及衆寶鈴。具足百千諸妙雜色。阿難。彼如來國多諸寶樹。或純黃金白銀。琉璃頗梨赤珠馬瑙玉樹。唯一寶成不雜餘寶。或以二寶乃至七寶莊嚴。阿難。彼金爲樹者。以金爲根莖。白銀爲葉及以花果。白銀之樹。銀爲根莖。黃金爲葉及以花果。馬瑙之樹。馬瑙根莖。美玉爲葉及以花果。美玉樹者。玉爲根莖。七寶爲葉及諸花果。或有金樹。黃金爲根。白銀爲莖。琉璃爲枝。頗梨爲條。赤珠爲葉。馬瑙爲花。美玉爲果。或有銀樹。以銀爲根。黃金爲莖。餘枝果等飾同金樹。琉璃樹者。琉璃爲根。黃金爲莖。白銀爲枝。頗梨爲條。赤珠爲葉。馬瑙爲花。美玉爲果。頗梨真珠馬瑙等樹。諸寶轉飾皆若琉璃。復有玉樹。玉爲

其根。黄金爲莖。白銀爲枝。琉璃爲條。頗梨爲葉。赤珠爲花。馬瑙爲果。復有無量摩尼珠等寶莊嚴樹。周遍其國。是諸寶樹光輝赫弈。世無能比。以七寶羅網而覆其上。其網柔軟如兜羅綿。復次阿難。無量壽佛有菩提樹。高十六億由旬。枝葉垂布八億由旬。樹本隆起高五千由旬。周圓亦爾。其條葉花果常有無量百千種種妙色。及諸珍寶殊勝莊嚴。謂月光摩尼寶。釋迦毗楞伽寶。心王摩尼寶。海乘流注摩尼寶。光輝遍照超過人天。於其樹上有諸金鎖。垂寶瓔珞。周遍莊嚴。謂盧遮迦寶。末瑳寶。及赤白青色真珠等寶以爲瓔珞。有師子雲聚寶等以爲其鎖。飾諸寶柱。又以純金真珠。雜寶鈴鐸以爲其網。莊嚴寶鎖彌覆其上。以頗梨萬字半月寶等互相

映飾。微風吹動出種種聲。令千世界諸衆生等隨樂差別。於甚深法證無生忍。阿難。彼千世界諸有情等聞此音已。住不退轉無上菩提。及無量無數有情得無生法忍。

復次阿難。若有衆生見菩提樹。聞聲嗅香。嘗其果味。觸其光影。念樹功德。由此因緣。乃至涅槃。五根無患。心無散亂。皆於阿耨多羅三藐三菩提得不退轉。復由見彼菩提樹故。獲三種忍。何等爲三。一者隨聲忍。二者隨順忍。三者無生法忍。此皆無量壽佛本願威神見所加。及往修靜慮無比喻故。無缺減故。善修習故。善攝受故。善成就故。

大寶積經卷第十七

校注

①『王』，龍藏作『正』。
②『化』，龍藏、思溪藏作『華』。
③『城』，龍藏、思溪藏作『賊』。
④『弈』，龍藏、和裕本作『奕』。
⑤『念』，思溪藏作『食』。
⑥『命。乃』，底本作『念下』，依龍藏、和裕本改。
⑦『者』，底本無，依龍藏、思溪藏補。
⑧『提』下，思溪藏有『四十八願』四字。
⑨『於』，龍藏作『捨』。
⑩『取』，底本作『趣』，依龍藏、思溪藏、和裕本改。
⑪『於諸』，龍藏、思溪藏作『諸佛』。

大寶積經卷第十八

大唐三藏菩提流志奉　詔譯

無量壽如來會[1]第五之二

復次阿難。彼極樂界。無諸黑山。鐵圍山。大鐵圍山。妙高山等。阿難白佛言。世尊。其四天王天。三十三天。既無諸山。依何而住。佛告阿難。於汝意云何。妙高已上有夜摩天乃至他化自在天。及色界諸天等。依何而住。阿難白佛言。世尊。不可思議業力所致。佛語阿難。不思議業汝可知耶。答言。不也。佛告阿難。諸佛及衆生善根業力。汝可知耶。答言。不也。世尊。我今於此法中實無所惑。爲破未來疑網故發斯問。佛告阿難。彼極樂界。其地無海而有諸河。河之狹者

滿十由旬。水之淺者十二由旬。如是諸河深廣之量。或二十。三十乃至百數。或有極深廣者至千由旬。其水清冷具八功德。浚流恒激出微妙音。譬若諸天百千伎樂。安樂世界其聲普聞。有諸名花沿流而下。和風微動出種種香。居兩岸邊多栴檀樹。修條密葉交覆於河。結實開花芳輝可玩。群生游樂隨意往來。或有涉河濯流嬉戲。感諸天水善順物宜。深淺寒溫曲從人好。阿難。大河之下地布金砂。有諸天香世無能喻。隨風散馥。雜水流馚。天曼陀羅花。優鉢羅花。波頭摩花。拘物頭華。芬陀利花彌覆其上。復次阿難。彼國人衆。或時游覽同萃河濱。有不願聞激流之響。雖獲天耳終竟不聞。或有願聞。即時領悟百千萬種喜愛之聲。所謂佛法僧聲。止息

之聲。無性聲。波羅蜜聲。十力四無所畏聲。神通聲。無作聲。無生無滅聲。寂靜聲。邊寂靜聲。極寂靜聲。大慈大悲聲。無生法忍聲。灌頂受位聲。得聞如是種種聲已。獲②得廣大愛樂歡悅。而與觀察相應。厭離相應。滅壞相應。寂靜相應。邊寂靜相應。極寂靜相應。義味相應。佛法僧相應。力無畏相應。神通相應。止息相應。菩提相應。聲聞相應。涅槃相應。

復次阿難。彼極樂世界。不聞諸惡趣名。邊無障礙煩惱覆蔽名。無有地獄琰摩畜生名。邊無八難名。亦無苦受不苦不樂受名。尚無假設。何況實苦。是故彼國名爲極樂。阿難。我今略説極樂因緣。若廣説者窮劫不盡。復次阿難。彼極樂世界所有衆生。或已生。或現

生。或當生。皆得如是諸妙色身。形貌端正。神通自在。福力具足。受用種種宮殿園林。衣服飲食。香華瓔珞。隨意所須悉皆如念。譬如他化自在諸天。

復次阿難。彼佛國中有微細食。諸有情類嘗無啖者。如第六天隨所思念。如是飲食即同食已。色力增長而無便穢。復有無量如意妙香。塗香。末香。其香普熏彼佛國界。及散花幢幡亦皆遍滿。其有欲聞香者隨願即聞。或不樂者終無所受。復有無量上妙衣服。寶冠環釧。耳璫瓔珞。花鬘帶鎖。諸寶莊嚴。無量光明百千妙色悉皆具足。自然在身。復有金銀真珠妙寶之網。懸諸寶鈴周遍嚴飾。若諸有情所須宮殿樓閣等。隨所樂欲高下長短廣狹方圓。及諸床

座妙衣敷上。以種種寶而嚴飾之。於衆生前自然出現。人皆自謂各處其宮。復次阿難。極樂國土所有衆生無差別相。順餘方俗有天人名。阿難。譬如下賤半挓迦人。對於輪王則無可諭。威光德望悉皆無有。又如帝釋方第六天。威光等類皆所不及。園苑宮殿。衣服雜飾。尊貴自在。階位神通及以變化不可爲比。唯受法樂則無差別。阿難應知。彼國有情猶如他化自在天王。阿難。彼極樂界於晨朝時。周遍四方。和風微動。不逆不亂。吹諸雜花種種香氣。其香普熏周遍國界。一切有情爲風觸身。安和調適。猶如比丘得滅盡定。其風吹動七寶樹林。華飄成聚高七人量。種種色光照曜佛土。譬如有人以花布地。手按令平。隨雜色花間錯分布。彼諸花聚亦

復如是。其花微妙。廣大柔軟如兜羅綿。若諸有情足蹈彼花。没深四指。隨其舉足還復如初。過晨朝已。其花自然没入於地。舊花既没。大地清浄。更雨新花。還復周遍。如是中時。晡時。初中後夜。飄花成聚亦復如是。阿難。一切廣大珍奇之寶。無有不生極樂界者。阿難。彼佛國中有七寶蓮花。一一蓮花有無量百千億葉。其葉有無量百千珍奇异色。以百千摩尼妙寶莊嚴。覆以寶網轉相映飾。阿難。彼蓮花量或半由旬。或一二三四乃至百千由旬者。是一一花出三十六億那由他百千光明。一一光中出三十六億那由他百千諸佛。身如金色。具三十二大丈夫相。八十隨好。殊勝莊嚴。放百千光普照世界。是諸佛等。現往東方爲衆説法。皆爲安立無量有

情於佛法中。南西北方四維上下亦復如是。復次阿難。極樂世界無有昏暗亦無火光。涌泉陂湖彼皆非有。亦無住著家室林苑之名。及表示之像幼童色類。亦無日月晝夜之像。於一切處標式既無亦無名號。唯除如來所加威者。阿難。彼國衆生若當生者。皆悉究竟無上菩提到涅槃處。何以故。若邪定聚及不定聚。不能了知建立彼因故。阿難。東方如恒沙界。一一界中如恒沙佛。彼諸佛等各各稱嘆阿彌陀佛無量功德。南西北方四維上下諸佛稱贊。亦復如是。何以故。他方佛國所有衆生。聞無量壽如來名號。乃至能發一念净信歡喜愛樂。所有善根迴向願生無量壽國者。隨願皆生。得不退轉乃至無上正等菩提。除五無間。誹毀正法及謗聖者。

阿難。若有衆生於他佛刹發菩提心。專念無量壽佛。及恒種殖衆多善根。發心迴向願生彼國。是人臨命終時。無量壽佛與比丘衆。前後圍繞現其人前。即隨如來往生彼國。得不退轉。當證無上正等菩提。是故阿難。若有善男子善女人。願生極樂世界。欲見無量壽佛者。應發無上菩提心。復當專念極樂國土。積集善根應持迴向。由此見佛。生彼國中。得不退轉乃至無上菩提。阿難。若他國衆生發菩提心。雖不專念無量壽佛。亦非恒種衆多善根。隨己修行諸善功德。迴向彼佛願欲往生。此人臨命終時。無量壽佛即遣化身。與比丘衆前後圍繞。其所化佛。光明相好與真無异。現其人前攝受導引。即隨化佛往生其國。得不退轉無上菩提。阿難。若有衆

生住大乘者。以清净心向無量壽如來。乃至十念念無量壽佛願生其國。聞甚深法即生信解。心無疑惑。乃至獲得一念净心。發一念心念無量壽佛。此人臨命終時。如在夢中見無量壽佛。定生彼國。得不退轉無上菩提。阿難。以此義利故。無量無數。不可思議。無有等等無邊世界諸佛如來。皆共稱贊無量壽佛所有功德。佛告阿難。東方如恒河沙界。一一界中有如恒沙菩薩。爲欲瞻禮供養無量壽佛及諸聖衆來詣佛所。南西北方四維上下。亦復如是。爾時世尊而説頌曰。

東方諸佛刹　數如恒河沙　如是佛土中　恒沙菩薩衆

皆現神通來　禮無量壽佛　三方諸聖衆　禮覲亦同歸

彼於沙界中　道光諸辯論　住深禪定樂　四無所畏心
各賚衆妙花　名香皆可悦　并奏諸天樂　百千和雅音
以獻天人師　名聞十方者　究竟威神力　善學諸法門
種種供養中　勤修無懈倦　功德智慧景　能破諸幽冥
咸以尊重心　奉諸珍妙供　彼觀殊勝刹　菩薩衆無邊
願速成菩提　浄界如安樂　世尊知欲樂　廣大不思議
微笑現金容　告成如所願　了諸法如幻　佛國猶夢響
恒發誓莊嚴　當成微妙土　菩薩以願力　修勝菩提行
知土如影像　發諸弘誓心　若求遍清浄　殊勝無邊刹
聞佛聖德名　願生安樂國　若有諸菩薩　志求清浄土

了知法無我　願生安樂國

復次阿難。極樂世界所有菩薩。於無上菩提皆悉安住一生補處。唯除大願。能師子吼。擐大甲冑摩訶薩衆。爲度群生修大涅槃者。復次阿難。彼佛刹中諸聲聞衆。皆有身光能照一尋。菩薩光照極百千尋。除二菩薩光明常照三千大千世界。阿難白佛言。世尊。彼二菩薩名爲何等。佛告阿難。汝今諦聽。彼二菩薩。一名觀自在。二名大勢至。阿難。此二菩薩從娑婆世界捨壽量已。往生彼國。阿難。彼極樂界所生菩薩皆具三十二相。膚體柔軟。諸根聰利。智慧善巧。於差別法無不了知。禪定神通善能游戲。皆非薄德鈍根之流。彼菩薩中有得初忍或第二忍者無量無邊。或有證得無生法忍。

阿難。彼國菩薩乃至菩提不墮惡趣。生生之處能了宿命。唯除五濁剎中出現於世。阿難。彼國菩薩。皆於晨朝供養他方無量百千諸佛。隨所希求種種花鬘。塗香末香。幢幡繒蓋及諸音樂。以佛神力皆現手中。供養諸佛。如是供具廣大甚多。無數無邊。不可思議。若復樂求種種名花。花有無量百千光色。皆現手中。奉散諸佛。阿難。其所散花。即於空中變成花蓋。蓋之小者滿十由旬。若不更以新花重散。前所散花終不墮落。阿難。或有花蓋滿二十由旬。如是三十。四十乃至千由旬。或等四洲。或遍小千中千乃至三千大千世界。此諸菩薩生希有心得大喜愛。於晨朝時。奉事供養尊重讚嘆無量百千億那由他佛。及種諸善根已。即於晨朝還到本國。此

皆由無量壽佛本願加威。及曾供養③如來。善根相續無缺減故。善修習故。善攝取故。善成就故。

復次阿難。彼極樂界諸菩薩衆。所説語言與一切智相應。於所受用皆無攝取。遍游佛刹無愛無厭亦無希求。不希求想。無自想。無煩惱想。無我想。無鬥諍相違怨瞋之想。何以故。彼諸菩薩於一切衆生有大慈悲利益心故。有柔軟無障礙心。不濁心。無忿恨心。有平等調伏寂静之心。忍心。忍調伏心。有等引澄净無散亂心。無覆蔽心。净心。極净心。照曜心。無塵心。大威德心。善心。廣大心。無比心。甚深心。愛法心。喜法心。善意心。捨離一切執著心。斷一切衆生煩惱心。閉一切惡趣心故。行智慧行已成就無量功德。於禪定覺分

善能演説。而常游戲無上菩提勤修敷演。肉眼發生能有簡擇。天眼出現鑒諸佛土。法眼清浄能離諸著。慧眼通達到於彼岸。佛眼成就覺悟開示。生無礙慧爲他廣説。於三界中平等勤修。既自調伏。亦能調伏一切有情。能令獲得勝奢摩他。於一切法證無所得。善能説法言辭巧妙。勤修供養一切諸佛。摧伏有情一切煩惱。爲諸如來之所悦可。而能如是如是思惟。作是思惟時。能集能見一切諸法皆無所得。以方便智修行滅法。善知取捨理非理趣。於理趣非理趣中皆得善巧。於世語言心不愛樂。出世經典誠信勤修。善巧尋求一切諸法。求一切法增長了知。知知法本無實不可得。於所行處亦無取捨。解脱老病。住諸功德。從本已來安住神通勤修

深法。於甚深法而無退轉。於難解法悉能通達。得一乘道無有疑惑。於佛教法不由他悟。其智宏深譬之巨海。菩提高廣喻若須彌。自身威光超於日月。凡所思擇與慧相應。猶如雪山其心潔白。光明普照無邊功德。燒煩惱薪方之於火。不爲善惡之所動揺。心静常安猶如大地。洗滌煩惑如清净水。心無所主猶如火。不著世間猶如風。養諸有情猶如地。觀諸世界如虛空。荷載衆生猶如良乘。不染世法譬之蓮花。遠暢法音猶如雷震。雨一切法方之大雨。光蔽賢聖猶彼大仙。善能調伏如大龍象。勇猛無畏如師子王。覆護衆生如尼拘陀樹。他論不動如鐵圍山。修慈無量如彼恒河。諸善法王能爲前導如大梵天。無所聚積猶如飛鳥。摧伏他論如金翅

王。難遇希有如優曇花。最勝丈夫其心正直。無有懈怠能善修行。於諸見中善巧決定。柔和忍辱無嫉妒心。論法無厭求法不倦。常勤演説利益衆生。戒若琉璃内外明潔。善聞諸法而爲勝寶。其所説言令衆悦伏。以智慧力建大法幢。吹大法螺。擊大法鼓。常樂勤修建諸法表。由智慧光心無迷④惑。遠衆過失亦無損害。以淳净心離諸穢染。常行惠施永捨慳貪。稟性温和常懷慚耻。其心寂定智慧明察。作世間燈破衆生暗。堪受供⑤養殊勝福田。爲大導師周濟群物。遠離憎愛心净無憂。勇進無怖爲大法將。了知地獄調伏自他。利益有情拔諸毒箭。爲世間解。爲世間師。引導群生捨諸愛著。永離三垢游戲神通。因力。緣力。願力。發起力。世俗力。出生力。善根

力。三摩地力。聞力。捨力。戒力。忍力。精進力。定力。慧力。奢摩他力。毗鉢舍那力。神通力。念力。覺力。摧伏一切大魔軍力。并他論法力。能破一切煩惱怨力及殊勝大力。威福具足相好端嚴。智慧辯才善根圓滿。目淨修廣人所愛樂。其身清潔遠離貢高。以尊重心奉事諸佛。於諸佛所植衆善本。拔除憍慢離貪瞋痴。殊勝吉祥應供中最。住勝智境赫弈慧光。心生歡喜雄猛無畏。福智具足無有滯限。但說所聞開示群物。隨所聞法皆能解了。於菩提分法勇猛勤修。空無相願而常安住。及不生不滅諸三摩地。行遍道場遠二乘境。阿難。我今略說彼極樂界所生菩薩摩訶薩衆真實功德。悉皆如是。阿難。假令我身住壽百千億那由他劫。以無礙辯欲具稱揚彼

諸菩薩摩訶薩等真實功德。不可窮盡。阿難。彼諸菩薩摩訶薩等。盡其壽量亦不能知。

爾時世尊告阿難言。此是無量壽佛極樂世界。汝應從坐而起。合掌恭敬。五體投地。爲佛作禮。彼佛名稱遍滿十方。彼一一方恒沙諸佛皆共稱讚。無礙無斷。是時阿難即從坐起。偏袒右肩。西面合掌。五體投地。白佛言。世尊。我今欲見極樂世界無量壽如來。并供養奉事無量百千億那由他佛及菩薩衆。種諸善根。時無量壽佛即於掌中放大光明。遍照百千俱胝那由他刹。彼諸佛刹所有大小諸山。黑山。寶山。須彌盧山。迷盧山。大迷盧山。目真鄰陀山。摩訶目真鄰陀山。鐵圍山。大鐵圍山。叢薄園林及諸宮殿天人等物。以

佛光明皆悉照見。譬如有人以浄天眼觀一尋地。見諸所有。又如日光出現。萬物斯睹。彼諸國中比丘。比丘尼。優婆塞。優婆夷。悉見無量壽如來如須彌山王照諸佛刹。時諸佛國皆悉明現如處一尋。以無量壽如來殊勝光明極清浄故。見彼高座及諸聲聞菩薩等衆。譬如大地洪水盈滿。樹林山河皆没不現。唯有大水。如是阿難。彼佛刹中無有他論及异形類。唯除一切大聲聞衆一尋光明。及彼菩薩摩訶薩逾繕那等百千尋光。彼無量壽如來應正等覺光明。映蔽一切聲聞及諸菩薩。令諸有情悉皆得見。彼極樂界菩薩。聲聞。人天衆等。一切皆睹娑婆世界釋迦如來。及比丘衆圍繞説法。

爾時佛告彌勒菩薩言。汝頗見具足清凈威德莊嚴佛刹。及見空中樹林園苑。涌泉池沼不耶。汝見大地。乃至色究竟天。於虛空中散花樹林以爲莊嚴。復有衆鳥住虛空界出種種音。猶如佛聲普聞世界。是諸衆鳥皆是化作。非實畜生。汝見是耶。彌勒白佛言。唯然。已見。佛復告彌勒菩薩言。汝見此諸衆生入逾繕那百千宮殿已。游行虛空無著無礙。遍諸刹土供養諸佛。及見彼有情於晝夜分念佛相續不耶。彌勒白言。唯然。盡見。佛復告言。汝見他化自在天與極樂諸人受用資具有差別不。彌勒白言。我不見彼有少差別。佛告彌勒。汝見極樂世界人住胎不。彌勒白言。世尊。譬如三十三天。夜摩天等。入百由旬。若五百由旬宮殿之內游戲歡樂。我見

極樂世界人住胎者。如夜摩天處於宮殿。又見衆生於蓮華内結加趺坐。自然化生。時彌勒菩薩復白佛言。世尊。何因緣故。彼國衆生有胎生者。化生者。佛告彌勒。若有衆生墮於疑悔。積集善根。希求佛智。普遍智。不思議智。無等智。威德智。廣大智。於自善根不能生信。以此因緣。於五百歲住宮殿中。不見佛。不聞法。不見菩薩及聲聞衆。若有衆生斷除疑悔。積集善根。希求佛智乃至廣大智。信己善根。此人於蓮華内結加趺坐。忽然化生。瞬息而出。譬如他國有人來至。而此菩薩亦復如是。餘國發心來生極樂。見無量壽佛奉事供養。及諸菩薩聲聞之衆。阿逸多。汝觀殊勝智者。彼因廣慧力故受彼化生。於蓮花中結加趺坐。汝觀下劣之輩。於五百歲中

不見佛。不聞法。不見菩薩及聲聞衆。不知菩薩威儀法則。不能修習諸功德故。無因奉事無量壽佛。是諸人等。皆爲昔緣疑悔所致。譬如刹帝利王。其子犯法。幽之内宮。處以花觀。層樓綺殿。妙飾奇珍。寶帳金床重敷茵褥。名花布地燒大寶香。服御所資悉皆豐備。而以閻浮金鎖繫其兩足。佛告彌勒。於意云何。彼王子心寧樂此不。答言。不也。世尊。彼幽縶時常思解脱。求諸親識。居士。宰官。長者。近臣。王之太子雖希出離。終不從心。乃至刹帝利王心生歡喜。方得解脱。佛告彌勒。如是如是。若有墮於疑悔。種諸善根。希求佛智乃至廣大智。於自善根不能生信。由聞佛名起信心故。雖生彼國。於蓮花中不得出現。彼等衆生處花胎中。猶如園苑宮殿之想。何

以故。彼中清浄。無諸穢惡。一切無有不可樂者。然彼衆生於五百歲。不見佛。不聞法。不見菩薩及聲聞衆。不得供養奉事諸佛。不得問於菩薩法藏。遠離一切殊勝善根。彼等於中不生欣樂。不能出現修習善法。往昔世中過失盡已然後乃出。彼於出時。心迷上下四方之所。若五百歲無疑惑者。即當供養無量百千俱胝那由他佛。并種無量無邊善根。汝阿逸多當知。疑惑與諸菩薩爲大損害。

爾時彌勒菩薩白佛言。世尊。於此國界不退菩薩當生極樂國者。其數幾何。佛告彌勒。此佛土中有七十二億菩薩。彼於無量億那由他百千佛所。種諸善根成不退轉。當生彼國。況餘菩薩由少善根生彼國者。不可稱計。阿逸多。從難忍如來佛國。有十八億不退

菩薩當生極樂世界。東北方寶藏佛國中。有九十億不退菩薩當生彼土。從無量聲如來國中。有二十二億不退菩薩當生彼土。從光明如來國中。有三十二億不退菩薩當生彼土。從龍天如來國中。有十四億不退菩薩當生彼土。從勝天力如來國中。有十二千不退菩薩當生彼土。從師子如來國中。有五百不退菩薩當生彼土。從離塵如來國中。有八十一億不退菩薩當生彼土。從世天如來國中。有六十億不退菩薩當生彼土。從勝積如來國中。有六十億不退菩薩當生彼土。從人王如來國中。有十俱胝不退菩薩當生彼土。從勝花如來國中。有五百菩薩具大精進發趣一乘。於七日中能令衆生離百千億那由他劫生死流轉。彼等亦當生極樂

界。從發起精進如來國中。有六十九億不退菩薩當生彼土。到彼國已。供養禮拜無量壽如來及菩薩衆。阿逸多。我若具説諸方菩薩生極樂界。若已到。今到。當到。爲供養禮拜瞻仰無量壽佛等者。但説其名。窮劫不盡。阿逸多。汝觀彼諸菩薩摩訶薩善獲利益。若有聞彼佛名。能生一念喜愛之心。當獲如上所説功德。心無下劣亦不貢高。成就善根悉皆增上。阿逸多。是故告汝及天人世間。阿修羅等。今此法門付囑於汝。應當愛樂修習。乃至經一晝夜受持讀誦生希望心。於大衆中爲他開示。當令書寫執持⑥經卷。於此經中生導師想。阿逸多。是故菩薩摩訶薩欲令無量諸衆生等。速疾安住不退轉於阿耨多羅三藐三菩提。及欲見彼廣大莊嚴攝受

殊勝佛刹圓滿功德者。應當起精進力聽此法門。假使經過大千世界滿中猛火。爲求法故。不生退屈諂僞之心。讀誦受持書寫經卷。乃至於須臾頃爲他開示。勸令聽聞。不生憂惱。設入大火不應疑悔。何以故。彼無量億諸菩薩等。皆悉求此微妙法門。尊重聽聞不生違背。是故汝等應求此法。阿逸多。彼諸衆生獲大善利。若於來世乃至正法滅時。當有衆生殖諸善本。已曾供養無量諸佛。由彼如來加威力故。能得如是廣大法門。一切如來稱贊悦可。若於彼法攝取受持。當獲廣大一切智智。隨意所樂種諸善根。若善男子善女人等。於彼法中廣大勝解之者。當能聽聞獲大歡喜。受持讀誦。廣爲他説。常樂修行。阿逸多。無量億數諸菩薩等。求請此法

不曾厭背。是故汝等諸善男子及善女人。於今來世能於是法。若已求現求當求者。皆獲善利。阿逸多。如來所應作者皆已作之。汝等應當安住無疑。種諸善本。應常修學使無疑滯。不入一切種類珍寶成就牢獄。阿逸多。如是等類大威德者。能生廣大佛法异門。由於此法不聽聞故。有一億菩薩退轉阿耨多羅三藐三菩提。阿逸多。佛出世難。離八難身亦爲難得。諸佛如來無上之法。十力無畏無礙無著甚深之法。及波羅蜜等菩薩之法。能説法人亦難開示。阿逸多。善説法人非易可遇。堅固深信時亦難遭。是故我今如理宣説。汝等修習應如教住。汝阿逸多。我以此法門及諸佛法囑累於汝。汝當修行無令滅没。如是廣大微妙法門。一切諸佛之所

稱贊。勿違佛教而弃捨之。當令汝等獲不善利。淪没長夜備衆危苦。是故我今爲大囑累。當令是法久住不滅。應勤修行。隨順我教。

爾時世尊而説頌曰。

若於福德初未修　終不聞斯微妙法　勇猛能成諸善利
當聞如是甚深經　彼人曾見諸世尊　能作大光拯濁世
多聞總持如巨海　彼獲聖賢喜愛心　懈怠邪見下劣人
不信如來斯正法　若曾於佛殖衆善　救世之行彼能修
譬如盲人恒處暗　不能開導於他路　聲聞於佛智亦然
況餘有情而悟解　如來功德佛自知　唯有世尊能開示
天龍夜叉所不及　二乘自絶於名言　若諸有情當作佛

行超普賢登彼岸　敷演一佛之功德　時逾多劫不思議
於是中間身滅度　佛之勝慧莫能量　是故具足於信聞
及諸善友之攝受　得聞如是深妙法　當獲愛重諸聖尊
如來勝智遍虛空　所說義言唯佛悟　是故博聞諸智士
應信我教如實言　人趣之身得甚難　如來出世遇亦難
信慧多時方乃獲　是故修者應精進　如是妙法已聽聞
常念諸佛而生喜　彼人往昔真吾友　善能樂欲佛菩提

爾時世尊說是經已。天人世間有萬二千那由他億衆生。遠塵離垢。得法眼淨。二十億衆生得阿那含果。六千八百比丘諸漏已盡。心得解脫。四十億菩薩於無上菩提住不退轉。被大甲冑當成正

覺。有二十五億衆生得不退忍。有四萬億那由他百千衆生。於無上菩提未曾發意。今始初發種諸善根。願生極樂世界見阿彌陀佛。皆當往生彼如來土。各於异方次第成佛。同名妙音。有八萬億那由他衆生。得授記法忍成無上菩提。彼無量壽佛昔行菩薩道時成熟有情。悉皆當生極樂世界。憶念儔昔所發思願皆得成滿。

爾時三千大千世界六種震動。并現種種希有神變。放大光明普照世界。無量億那由他百千天人。同時音樂不鼓自鳴。雨天曼陀羅花没至于膝。乃至阿迦膩吒天。皆作種種殊妙供養。佛説經已。彌勒菩薩等及尊者阿難。一切大衆聞佛所説。皆大歡喜。

大寶積經卷第十八

校注

①『如來』，底本無，依前標題『無量壽如來會第五之一』補。

②『獲』，龍藏作『復』。

③『養』，底本無，依龍藏、思溪藏補。

④『迷』，龍藏作『疑』。

⑤『供』，底本作『利』，依龍藏、思溪藏、和裕本改。

⑥『持』，龍藏作『此』。

大寶積經卷第十九

大唐三藏菩提流志奉　詔譯

不動如來會第六之一·授記莊嚴品第一

如是我聞。一時佛在王舍城耆闍崛山。與大比丘衆千二百五十人俱。皆是阿羅漢。衆所知識。諸漏已盡。無復煩惱。心慧解脱。自在無礙猶如大龍。所作已辦。捨於重擔。逮得己利。盡諸有結。正教通達到於彼岸。唯有阿難住於學地。爾時尊者舍利弗從座而起。偏袒右肩。右膝著地。合掌向佛。白言。世尊。云何往昔諸菩薩摩訶薩發趣阿耨多羅三藐三菩提。修行遍清浄行。被精進甲功德莊嚴。是諸菩薩由被甲故。於阿耨多羅三藐三菩提得不退轉。世尊。如

是行願及以發心。惟尊大慈開示演説。世尊。彼諸菩薩摩訶薩。爲利益安樂天人世間。精勤修習遍清净行。被精進甲。由是利益安樂一切衆生。及爲現在未來菩薩。當作佛法光明。贊揚功德證獲善根故。使諸菩薩聞此法已。於真如法性精勤修學。當得阿耨多羅三藐三菩提。佛言。善哉善哉。舍利弗。汝能問過去未來菩薩摩訶薩净行光明。廣大甲冑。闡揚功德。爲攝受未來菩薩摩訶薩故。諦聽諦聽。如理思惟。當爲汝説。舍利弗言。唯然世尊。願樂欲聞。佛告舍利弗。從是東方過千世界。彼有佛刹名曰妙喜。昔廣目如來應正等覺出現於彼。與諸菩薩摩訶薩説微妙法。從六波羅蜜爲首。舍利弗。彼時有一比丘從座而起。偏袒右肩。右膝著地。向佛合

掌。白言。世尊。如佛所説菩薩法教。志願修行。佛言。善男子。汝今當知。菩薩教法難可修習。何以故。菩薩於諸衆生不生瞋害心故。時彼比丘白佛言。世尊。我從今日發阿耨多羅三藐三菩提心。以無諂無誑。實語。不异語。求一切智智。乃至未得無上菩提。若於衆生起瞋害心者。則爲違背無量無數無邊世界中現在説法諸佛如來。世尊。我今發此一切智心如是迴向。於其中間。若發聲聞獨覺心者。則爲欺誑一切諸佛。世尊。我今發此一切智心如是迴向。乃至未得無上菩提。若於衆生起愛欲瞋痴之心。或與惛沉貢高惡作相應。則爲欺誑一切諸佛。世尊。我今發此一切智心安住迴向。乃至未得無上菩提。若生疑惑心。如是或起殺害。不與取心。或起

邪見及非梵行。妄語兩舌粗語相應。或與損害相應。則爲欺誑一切諸佛。舍利弗。時有异比丘作如是念。此菩薩摩訶薩。由初發心被精進甲。於一切衆生不爲瞋等之所摇動。舍利弗。時彼菩薩因此念故。妙喜國中號爲不動。時廣目如來應正等覺。見彼菩薩得不動名。隨喜贊①善。四大天王釋梵世主聞彼名已。亦皆隨喜。舍利弗。彼不動菩薩摩訶薩於彼佛前作如是言。世尊。我今發此一切智心。如是迴向阿耨多羅三藐三菩提。乃至未證無上正覺。所修行業或違此言者。則爲欺誑無量無數世界諸佛如來安住説法者。世尊。我今發此大心如是迴向。乃至未證菩提。若於一一語言。不與念佛及一切智相應。則爲欺誑一切諸佛。世尊。我今如是發

心迴向。乃至未證無上菩提。生生在家不出家者。則爲違背一切諸佛。世尊。我今發此一切智心。乃至未得無上菩提。生生出家。若不乞食。不一坐食。不節減食。再食不食。不持三衣。不著糞掃衣。不隨所而坐。不常坐。不住阿蘭若。不安止樹下。不露坐。不住冢間。則爲欺誑一切諸佛。世尊。我今發此大菩提心如是迴向。乃至未得一切智智。若不成就無礙辯才説諸妙法。則爲欺誑無數諸佛。世尊。我今如是發心。乃至未得無上菩提。若不住三威儀。或立或坐。或復經行。則爲欺誑無量諸佛。世尊。我今發如上心。乃至未得一切智智。或於衆生犯根本罪。或作妄語及餘世俗憒鬧之言。或起摧伏他論相應之心。則爲欺誑無數諸佛。世尊。我今發此一切智

心。安住迴向阿耨多羅三藐三菩提。或與婦人説法。若不起無常苦空無我之相②。而取彼相及露齒而笑。則爲欺誑一切諸佛。世尊。若我發此一切智心。安住迴向阿耨多羅三藐三菩提。於説法時顧指輕躁。或見餘菩薩不生大師之想。則爲欺誑無數諸佛。世尊。我今發此一切智心。乃至阿耨多羅三藐三菩提。若坐聽法及禮外道沙門。婆羅門。唯除諸佛沙門弟子。則爲欺誑一切諸佛。世尊。我今發此大心。至無上覺。若行財法施時情有彼此。應供養所生簡异心。則爲欺誑一切諸佛。世尊。我今發一切智心。乃至無上菩提。若見諸罪人將被刑罰。不捨身命而救護彼。則爲欺誑一切諸佛。舍利弗。時彼菩薩修此大行。乃至未證無上菩提。無一衆生將

被刑罰不救護者。舍利弗。爾時有一比丘作如是念。如來於此行者當爲作證。彼天。人。阿修羅等亦爲證見。舍利弗。時廣目如來應正等覺。知彼比丘心之所念。告言。如是如是。如來應正等覺之所證見。彼諸世間天。人。阿修羅等亦爲證見。比丘。若復有菩薩摩訶薩被如是等大精進甲。趣向阿耨多羅三藐三菩提。彼皆當成無上正覺。舍利弗。時不動菩薩摩訶薩白佛言。世尊。我今發此一切智心。乃至未證無上菩提。於其中間。若比丘。比丘尼。優婆塞。優婆夷有諸罪釁。若説其所犯。則爲違背諸佛如來。世尊。我修是行。願成無上正等菩提。使我刹中廣大清浄。諸聲聞衆悉無過失。世尊。若我發此一切智心。若未證得無上菩提。乃至夢中若生欲想而

有所泄。則爲違背諸佛如來。世尊。我修是行證無上覺。使彼國中出家菩薩。彼於夢間亦無漏泄。世尊。若我發此一切智心。乃至證得無上菩提。我佛刹中若諸女人。有女過失如餘土者。終不取正覺。若取正覺。則爲欺誑一切諸佛。舍利弗。若菩薩以此大願種子成就者。念隨出生如是諸法。能爲衆生説種種教。

舍利弗。時有比丘白不動菩薩言。大士。若此誠心不退至言無妄者。願以足指摇動大地。時不動菩薩以佛威神及本願善根力故。令彼大地六種摇動。所謂動。大動。遍動。摇。大摇。遍摇。舍利弗。彼不動菩薩摩訶薩如昔所願今已成辦。是故菩薩摩訶薩欲證阿耨多羅三藐三菩提者。應學不動菩薩摩訶薩。若有菩薩善修其行。

當獲如彼佛刹。及能速證阿耨多羅三藐三菩提。爾時舍利弗白佛言。世尊。不動菩薩初發心時。幾何天子而來集會。佛告舍利弗。彼時三千大千世界。所有四大天王及與帝釋。魔王。娑婆世界主梵天王等。皆歡喜合掌作如是言。今此所聞被功德甲。我等昔未曾聞。世尊。彼不動菩薩當成佛時。於彼刹中所有衆生。不以下劣善根而得成就。舍利弗白佛言。世尊。如佛所說。不動菩薩被甲功德。諸餘菩薩所未曾有。佛告舍利弗。如是如是。諸餘菩薩被大甲冑。發趣無上菩提。無有如不動菩薩摩訶薩者。舍利弗。彼不動菩薩成就功德。於賢劫中一切菩薩皆悉無有。舍利弗。爾時廣目如來。授不動菩薩摩訶薩阿耨多羅三藐三菩提記言。善男子。汝於

來世當得作佛。號曰不動如來。應。正等覺。明行圓滿。善逝。世間解。無上丈夫。調御士。天人師。佛。世尊。如然燈佛與我授記。舍利弗。不動菩薩得授記時。有大光明普照世界。是時大地六種震動。如我往昔證一切智時。此大千界六種③震動。

復次舍利弗。彼時三千大千世界所有卉木叢林。皆向菩薩傾靡。亦如我昔證菩提時。一切草木傾向於我。復次舍利弗。不動菩薩蒙佛記時。彼大千界所有天。龍。夜叉。阿修羅。迦樓羅。緊那羅。摩睺羅伽。皆悉合掌頂禮菩薩。如我於此證大菩提。娑婆世界所有天龍等。皆悉合掌頂禮於我。復次舍利弗。彼不動菩薩摩訶薩得授記時。彼世界中所有女人懷孕。皆得安和分釋無諸苦難。盲者得

視。聾者能聞。如我成佛時等無有异。
復次舍利弗。彼不動菩薩摩訶薩發趣阿耨多羅三藐三菩提。及廣目如來應正等覺授菩提記。於彼二④時。一切衆生無横死者。亦如我證一切智時。無有异也。復次舍利弗。彼不動菩薩得授記時。有悦意香普熏世界。亦如我昔證大菩提。妙香遍聞適意無异。爾時舍利弗白佛言。世尊。彼不動菩薩摩訶薩成就如是廣大功德。佛告舍利弗言。彼不動菩薩蒙佛授記。非唯有此功德。又能到無邊功德彼岸。復次舍利弗。彼不動菩薩由廣目如來與授佛記。彼時天人世間阿修羅等。心皆悦慶柔順調善。亦如我證無上菩提。諸天人等皆同歡喜。

復次舍利弗。彼不動菩薩獲授記時。有大夜叉手持金剛侍衛菩薩。如我無异。復次舍利弗。不動菩薩蒙佛記時。諸天及人散諸名花塗香末香於菩薩上。亦如我證大菩提時散諸香華。復次舍利弗。彼不動菩薩得授記時。有諸天人各二十億。皆發阿耨多羅三藐三菩提心。得廣目如來授佛菩提記。復次舍利弗。彼不動菩薩蒙佛記時。優鉢羅花。波頭摩華。紛陀利華遍滿大地。亦如我道場諸華遍覆。復次舍利弗。彼不動菩薩得授記時。有無量諸天在虛空中。散諸天衣覆菩薩上。咸作是言。願此菩薩速證無上正等菩提。亦如我昔得一切智。諸天散衣。無有异也。復次舍利弗。彼世間天。人。阿修羅等。見不動菩薩得授阿耨多羅三藐三菩提記。皆大

歡喜。甚於世間父母生子。猶如我證一切智時。諸天人等皆大歡悦。復次舍利弗。彼三千大千世界所有天人。以佛神力。皆聞不動菩薩授菩提記。各施種種上服名衣。珍奇美膳。譬如比丘加提月滿。一切諸人悉皆供養。舍利弗。彼不動菩薩得授記時。欲界衆生持諸上味。并奏天樂而以供養。舍利弗。彼不動菩薩摩訶薩得授記已。有如是等功德成就。

時尊者舍利弗白佛言。世尊。如來應正等覺甚爲希有。善説諸佛境界不可思議。如是禪定境界及諸龍境界不可思議。諸業果報不可思議。世尊。彼不動菩薩住初發心。攝受如是殊勝功德。得如來記。又成此等不可思議諸大功德。佛告舍利弗。如是如是。如汝

所説。爾時尊者阿難白舍利弗言。大德。彼初發心菩薩被精進甲冑。世尊略説少分功德。猶故未盡。舍利弗言。如是如是。如來略説。何以故。彼菩薩住初發心被精進甲。成就不可思議無量功德。時舍利弗復白佛言。世尊。今已略讚不動菩薩被甲精進殊勝功德。唯願世尊。爲攝受現在未來諸菩薩故。廣爲宣説。佛告舍利弗。不動菩薩住初發心被精進甲。如是功德不可思議。吾今爲汝説其少分。諦聽諦聽。善思念之。舍利弗言。唯然世尊。願樂欲聞。佛言。彼不動菩薩發如是願。假使虛空而有變异。我之弘誓終無退轉。由此願故。不動菩薩所有功德皆速成就。舍利弗。我不見有於賢劫中諸菩薩輩。被精進甲如不動菩薩者。舍利弗。寶幢菩薩所修之

行。比於不動菩薩。於少分中乃至歌羅分亦不及一。舍利弗。不動菩薩所被精進甲冑。無量千菩薩悉無與等。舍利弗。不動菩薩摩訶薩以此堅固誓願。證得阿耨多羅三藐三菩提。今現住於妙喜世界。號爲不動如來應正等覺。復次舍利弗。彼不動如來往昔行菩薩行時。諸有乞求頭目髓腦。手足支節。不逆其意悉皆施與。舍利弗。彼不動如來從初發心。乃至未證無上菩提。由此因緣。無風黄痰及頭痛等和合諸病。舍利弗。彼不動如來往昔行菩薩道時。得如是等未曾有法。舍利弗。彼由往昔於生生處供養奉事諸佛如來。於彼佛所常修梵行。由是因緣生生之處。還復本名號爲不動。從一佛刹至一佛刹。生有佛世。常見如來。舍利弗。譬如刹利灌

頂大王。於世間中得勝自在。從一宮殿至一宮殿。足不履地受五欲樂。彼不動菩薩往昔行菩薩行時。生生之處常修梵行。供養諸佛。隨所説法示教利喜。皆與波羅蜜相應。少與聲聞地相應。能令諸菩薩趣入安住阿耨多羅三藐三菩提。由此發心於無上菩提故。獲此廣大功德利益。又以法施善根迴向菩提。發如是願。願我成佛[5]於彼刹中。一切菩薩以佛威力。聞我説法。受持讀誦。及能歷事諸佛如來。從一佛刹至一佛刹。乃至未證無上菩提。常不遠離諸佛世尊。譬如於我。唯除至兜率天宮補處之位。何以故。諸菩薩摩訶薩法爾如是。若從兜率天衆[6]降神母胎。右脅生時。大地震動。舍利弗。最後身菩薩摩訶薩有如是瑞相。舍利弗。譬如比丘具諸

神足。入宫殿内。猶處虚空。住諸威儀。皆無障礙。彼後身菩薩亦復如是。雖在母胎而住虚空。一切胎垢不净不能污染。臭穢之氣彼亦不聞。舍利弗。彼不動如來往昔行菩薩道發如是願。若我當證無上菩提。於彼佛刹行菩薩乘及聲聞乘者。皆斷諸魔業。諸衆生類。於一切種。於一切時。令諸魔衆不得其便。亦猶於我行菩薩行時斷一切魔業。而彼諸菩薩乃至未成諸大功德。常勤攝受修菩提行。舍利弗。彼不動如來應正等覺。往昔行菩薩行。演説諸法及聽聞時。身之與心不生疲倦。何以故。彼初發心修菩薩行時。得法身威力故。舍利弗。不動如來應正等覺。往昔行菩薩行時。作如是願。我佛刹中所有菩薩摩訶薩。皆得法身圓滿。如我無异。

不動如來會第六之一・佛刹功德莊嚴品第二

爾時舍利弗白佛言。世尊。如佛已説不動如來修菩薩行時所有功德。復願世尊開示廣説不動如來見今刹土功德嚴勝。何以故。使諸補特伽羅行菩薩乘者。聞彼功德生愛樂心。欲見彼佛禮拜供養。住聲聞地補特伽羅證無學者。聞彼刹土功德莊嚴。亦希瞻禮供養奉事。佛告舍利弗。善哉善哉。汝今乃能問如是義。諦聽諦聽。善思念之。今當爲汝分別解説。舍利弗言。唯然世尊。願樂欲聞。佛告舍利弗。彼不動如來應正等覺證一切智時。放大光明普照三千大千世界。是時大地六種震動。彼世界中所有衆生。知不動如來證無上覺。經七晝夜無有食想。無飢渴想。亦無疲倦宴處睡

眠之想。唯有安樂歡喜愛樂善心。而於彼時。世界之中所有衆生及欲界天無有淫欲。何以故。由彼如來本願力故。彼諸衆生現世攝受此諸功德。舍利弗。不動如來應正等覺證一切智時。彼世界中所有衆生。皆至誠合掌向不動如來。由渴仰如來故。能於現世攝受如是無量功德。

復次舍利弗。彼佛世界功德莊嚴。無量佛國悉無與等。舍利弗。由彼如來修菩薩行時發斯弘誓願。此佛刹殊勝莊嚴。如我於今本願成就。舍利弗。彼不動如來應正等覺證無上菩提時。於其刹那或須臾頃。三千世界所有衆生。若有天眼。若無天眼。彼皆得見不動如來。舍利弗。此亦如來本願成就。令諸有情獲此功德。

復次舍利弗。不動如來坐菩提道場證無上覺時。天魔波旬不生障礙之想。復有無數百千諸天。以諸香花及天伎樂供養如來。各持細末栴檀而散佛上。是諸香末及彼花鬘。於虛空中合而成蓋。舍利弗。此皆不動如來本願之力。今得成滿。

復次舍利弗。彼佛得菩提時。大光普遍三千世界。日月諸天光悉不現。此亦不動如來昔願圓滿。今獲斯瑞。時舍利弗白佛言。世尊。彼不動如來昔行菩薩道。誠有廣大精進甲冑。能發如是弘誓之心。由彼往修菩薩行願。能令無數百千衆生殖諸善本於無上菩提。又以善根迴向阿耨多羅三藐三菩提清净佛刹。如是如是。迴向願力悉皆圓滿。

復次舍利弗。彼佛刹中有菩提樹。成以七寶高一由旬。樹身周圍半拘盧舍。條葉垂蔭周一由旬。下有基陛周四由旬。佛坐其上證菩提道。道樹四邊有多羅樹及蘇漫那樹周遍行列。微風吹動出和雅音。世間音樂所不能及。

復次舍利弗。彼佛刹中無三惡趣。何等爲三。所謂地獄畜生剡魔王界。一切衆生成就十善。地平如掌而作金色。無有溝坑荊棘瓦礫。其地柔軟如兜羅綿。足所履時其地即下。隨舉其足還復如初。舍利弗。彼佛刹中無三種病。云何爲三。謂風黄痰所起之病。舍利弗。彼佛土中一切有情無虚妄語。亦無醜陋。身無臭穢。於貪瞋痴皆悉微薄。亦無牢獄囚繫衆生。舍利弗。彼佛刹中無有外道异學

之衆。所生諸樹常有華果。復有奇樹時號劫波。上出名衣皆備五色。光花鮮潔异氣芬芳。於一切時常無變易。譬如天花種種芬馥。彼衣香氣亦復如是。諸服用者身所出香與衣無异。譬如此界富樂之人。名衣自豐服用如意。舍利弗。彼土衆生所須飲食。如三十三天應念而至。無有便利穢惡不净。舍利弗。彼國所居宮殿樓閣。皆以七寶而嚴飾之。於其四邊多諸池沼。八功德水受用隨心。園觀又多。悉皆清净。諸衆生輩多以法樂而居。舍利弗。彼刹人倫無有嫉妒。一切女人超諸女寶。獲天功德此無能比。假令况之。百分不及一。千分不及一。百千分不及一。百千俱胝那由他算數譬喻。乃至鄔波尼殺曇分亦不及一。舍利弗。彼刹諸人隨其業報感諸

床座。皆七寶成嚴麗具足。其所偃息以兜羅綿枕。此皆由不動如來往昔願力。成就如是種種嚴好。舍利弗。彼刹諸人所資飲食。色香味等不异諸天。譬如鬱單越人無別王者。彼妙喜國亦復如是。唯有不動如來以爲法主。又如三十三天奉事帝釋。彼諸人等咸事如來。舍利弗。汝應知彼不動佛刹功德莊嚴。舍利弗。彼土衆生心無放逸。何以故。亦由不動如來本願力故。時一比丘聞佛讚揚不動如來佛刹功德。心生貪著。而白佛言。世尊。我今願生不動佛刹。佛告比丘。汝之愚迷。豈得生彼。何以故。不以愛著之心而得往生。唯有殖諸善本。修諸梵行。得生彼故。

復次舍利弗。彼土衆生隨其所樂。有清淨池應念而見。八功德水

充滿其中。飲漱洗沐皆適人意。有不樂者即便不見。舍利弗。彼佛剎中。香風和暢悅可衆心。而彼香風爲諸天人作諸香事。曲從人心。有至不至。舍利弗。此皆不動如來本願力故功德莊嚴。復次舍利弗。彼佛剎中女人衣服及莊嚴具。從樹而生隨意受用。彼國女人無女過失。不如此界諸女等心多嫉妒兩舌惡口。又彼懷孕之時至於誕育。母子安適亦無穢污。何以故。此皆不動如來本願力故。舍利弗。彼佛剎中有如是等安隱快樂。舍利弗。彼不動如來應正等覺佛剎土中。無有市易商賈。亦無田業農作。常得快樂。舍利弗。彼佛剎中歌咏游戲。無有淫欲相應。彼諸人等唯受法樂。舍利弗。彼佛剎中所有蘇漫那樹及多羅樹而爲行列。微風吹動出和

雅音。假使天人音樂不如彼樹。舍利弗。若菩薩摩訶薩欲攝佛土者。應當攝受如是功德。及净修佛國。如不動如來行菩薩行。攝受佛刹功德莊嚴。舍利弗。彼佛土中無諸黑暗。雖有日月不現暉光。何以故。不動如來常有光明普照佛刹故。舍利弗。譬如高大樓閣密閉户牖。以摩尼寶置於室中。其内有情雖經晝夜常睹光耀⑦。彼佛刹中諸衆生類。見如來光亦復如是。舍利弗。大樓閣者。彼⑧方妙喜世界。摩尼寶者。此喻不動如來。摩尼寶光者。喻佛光明。閣中有情。譬妙國土諸群生等。舍利弗。不動如來隨所行住。有千葉蓮花自然承足。是華金色世無可喻。舍利弗。此亦不動如來應正等覺殊勝願⑨力之所成就。

時舍利弗復白佛言。世尊。彼不動如來若入室中。金色蓮花爲承足不。佛告舍利弗言。斯事微淺。何勤致問。彼佛世尊若入村坊舍宅。其千葉華即隨而現。若有善男子善女人作如是念。若如來降尊入此室者。足下蓮花應聚一處。隨其所念花則爲聚。若復有人願花住空。即如彼念在空中住。由彼如來威神力故。舍利弗。彼承足蓮華與諸人等爲塔供養。舍利弗。彼佛世尊爲演法故。遍游三千大千世界。隨所行處其花即現。又復⑩如來隨所化現他方刹土。其金色花亦現於彼。以佛威力故。三千大千世界。皆以金色千葉蓮花莊嚴其土⑪。

不動如來會第六之一·聲聞衆品第三

復次舍利弗。彼不動如來於説法時。能善調伏無量衆生。皆令現證阿羅漢果。安住靜慮八解脱者其數甚多。舍利弗。彼不動如來應正等覺。有無量無數諸聲聞衆。我不見若算師算師弟子。有能算數彼聲聞衆爾許。頻婆⑫羅。殑伽羅。波頭摩。阿羅吒。若干阿頻婆。阿部多。舍利弗。如此算數無有能知彼聲聞衆定其數量若干名者。舍利弗。如我此刹。諸善男子獲預流果。斯陀含果。阿那含果。則無其數。於彼刹中證阿羅漢亦復如是。舍利弗。譬如懈怠預流果人⑬七返受生。爲其説法方獲勝果。我説名爲七返生人。舍利弗。若有於不動如來初説法時獲預流果。第二説法證斯陀含。第三説

法證阿那含。第四說法證阿羅漢者。此諸人等非一坐[14]定得盡諸漏。名懶惰人。舍利弗。彼佛剎中得預流者。於此現身而得漏盡。非如此界經七返生。斯陀含者。即於現生能盡苦際。匪如此界經一往來名斯陀含。阿那含者。彼於現身成阿羅漢。非如此界往上地生不還來此名阿那含。舍利弗。不動如來於彼剎中說諸聲聞行位差別。乃至安立如是聖果。若善男子善女人能了此法。不住諸識及於學地。而身歿亡住無學地方取滅度。舍利弗。無學地者。是阿羅漢地假名建立。言無學者。是阿羅漢假名建立。舍利弗。彼不動如來諸聲聞衆。清淨具足。安住堅固。舍利子。此是不動如來諸聲聞衆假名建立。所謂大阿羅漢。諸漏已盡。所作已辦。弃捨重擔。

逮得己利。盡諸有結。正教解脱。是諸羅漢多住静慮八解脱中。舍利弗。彼不動如來有如是等諸聲聞衆。具足功德之所莊嚴。復次舍利弗。彼佛刹中。以金銀琉璃三寶爲階。從閻浮提至忉利天。舍利弗。三十三天若欲樂見不動如來禮拜供養。彼諸天衆從寶階下至於佛所。時彼諸天見閻浮提人富盛具足。便生愛樂。作如是言。我等諸天有天福報。彼閻浮提人有人福報。我今所見殊勝之福與我無异。然閻浮提復有勝福過於天者。謂不動如來演説正法。是故天衆常樂人間。舍利弗。閻浮提人。若升天者了無愛樂。何以故。不動如來在於人間。常演正法饒益我等。然我之福報不异諸天。是故三十三天所不能及。舍利弗。彼界人天。以佛神力

互得相見。譬如此界閻浮提人見諸星月。舍利弗。彼諸人衆。仰觀上界諸天宮殿亦復如是。舍利弗。此亦是不動如來本修菩薩行時願力成就。舍利弗。彼佛説法之聲。普遍三千大千世界。聽法四衆間無空缺。舍利弗。彼聲聞衆唯希法食。無餘食想。於聽法時一心寂靜。若坐若立身心無倦。舍利弗。不動如來住虛空中爲衆説法。彼聲聞衆若得神通及不得者。以佛威力皆住虛空。以三威儀而聽法要。何等爲三。謂行住坐。是聲聞輩若欲涅槃。結加趺坐而便滅度。爾時大地爲之震動。既滅度已。一切天人皆來供養。或有阿羅漢將欲滅度。身中出火而自闍維。或有自然化滅。無遺舍利。或有於滅度時。游行空中如五色雲。須臾消散滅無遺迹。或住虛

空。如降時雨至地消盡。舍利弗。此亦不動如來應正等覺。本修菩薩行時作如是願。若我得證無上菩提。諸聲聞衆以三威儀而取滅度。

復次舍利弗。彼佛國中諸聲聞衆。多獲四無所畏。得四神足者復多於此。舍利弗。彼剎土中諸聲聞衆。成就如是具足功德。時舍利弗白佛言。世尊。彼不動如來應正等覺。諸聲聞衆功德熾盛。廣大成就。

大寶積經卷第十九

校注

①『贊』，龍藏、思溪藏作『嘆』。
②『相』，龍藏、思溪藏、和裕本作『想』。
③『種』，底本作『動』，依龍藏、思溪藏改。
④『二』，思溪藏作『三』。
⑤『願我成佛』，龍藏作『我成佛時』。
⑥『衆』，龍藏作『中』。
⑦『耀』，龍藏、思溪藏作『輝』。
⑧『彼』，龍藏作『北』。
⑨『願』，底本無，依龍藏、思溪藏補。
⑩『復』，龍藏、思溪藏作『彼』。
⑪『土』，龍藏作『上』。
⑫『婆』，龍藏、思溪藏作『波』。
⑬『人』，底本作『入』，依龍藏、思溪藏、和裕本改。
⑭『坐』，龍藏作『生』。

大寶積經卷第二十

大唐三藏菩提流志奉　詔譯

不動如來會第六之二・菩薩衆品第四

爾時尊者舍利弗作如是念。世尊今者已説聲聞功德。復願説諸菩薩具足功德。何以故。一切功德從此出生。爾時世尊知其所念。告舍利弗。彼佛刹中有無量百千億諸菩薩衆皆來集會。所有出家菩薩。以佛神力隨所聽聞。皆能領悟受持讀誦。舍利弗。我於此界説法至少比不動如來所説法藏。百分。千分。百千分。億百千分。算分。數分。迦羅分。鄔波尼殺曇分亦所不及。舍利弗。此皆不動如來應正等覺修菩薩行時發如是願。願我成佛。彼刹土中所有菩

薩。以我威力隨所聽聞。皆能領悟受持讀誦。舍利弗。是諸菩薩由彼如來本願神力。於佛所聞悉能領受諷誦通利。

復次舍利弗。若彼菩薩自心欲樂往异佛土。擧心便至。形服言音善同方俗。於彼如來禮拜供養。聽聞正法。善爲問難。能事已周還歸佛所。舍利弗。此賢劫中有九百九十六佛當出於世。若有菩薩樂見此如來者。應願生彼不動佛刹。舍利弗。若善男子善女人。從此佛刹及餘佛刹。於命終後。若已生。若今生。若當生不動如來佛刹中①者。必不信住諸聲聞地。何以故。彼行佛道常遇如來。天魔波旬不得其便。於二乘地永斷相續。必定當得無上菩提。常在如來諸大集會。舍利弗。汝應當知。若住不動如來清浄佛刹者。彼諸衆

生終不退墮。不可引攝。亦不退還。住無上菩提。有大勢力不可搖動。永無退轉。舍利弗。若有善男子善女人。於此世界或他世界。若命終後生於彼土。即於生時得如是念。我已入如來室。住無畏城。舍利弗。彼諸菩薩所有言議。皆與般若波羅蜜相應。互相遵敬起導師想。

復次舍利弗。彼佛刹中諸菩薩衆。在家者少出家者多。皆以佛神力隨所聽聞。即能領悟受持諷誦。舍利弗。若在家菩薩摩訶薩雖不繫念。於法會中隨在方所若坐若立。以佛神力皆能聽聞。領悟受持讀誦通利。彼出家菩薩亦復如是。諸在异方乃至諷誦無別。是諸菩薩捨身受身。於所聞經終不忘失。於諸佛土隨願受生。舍

利弗。彼亦是不動如來本願功德之所莊嚴。舍利弗。若菩薩於一生中。欲見無量百千億那由他諸佛者。應當願生不動如來之所。若菩薩於彼生已。即見無量諸佛種諸善根。復能爲無數百千衆生演説法要。令諸衆生增長善根。舍利弗。此賢劫中諸佛世尊當出於世。若諸菩薩以衣服飲食。卧具醫藥。種種資具供養如來。便即出家。既出家已。於諸佛所净修梵行。以此善根。方餘菩薩於不動如來之所。於一生中與波羅蜜相應。所有福聚百分不及一。千分不及一。算分。迦羅分。數分。喻分。鄔波尼殺曇分亦不能及。舍利弗。此亦不動如來清净佛刹功德莊嚴。舍利弗。若有菩薩從此世界或餘世界於壽終後。若已生現生當生不動如來佛刹者。一切

皆得不退轉位。何以故。彼佛刹中天魔波旬不爲障礙。亦無魔業之所嬈亂。舍利弗。譬如毒蛇。神咒所伏不能爲害。一切諸蟲見彼毒蛇亦無憂懼。然此毒蛇雖無毒害。由本業故受此蛇身。故名毒蛇。舍利弗。彼魔波旬亦復如是。由不動如來往修菩薩行時。本願善根如是迴向。願我當證無上菩提。調伏諸魔不爲障惱。彼諸菩薩。聲聞。凡夫。乃至三千大千世界亦不爲障惱。然由先業所感受此魔身。生彼天中而自悔責。無始故業獲此身名。雖得自在常生厭患。於彼如來説法之時。諸魔眷屬常預聽聞。聞已心浄。於聲聞衆而生愛樂。云何當得住於寂静少欲知足。彼諸魔衆常起出家之心。而無障礙之想故。彼國中聲聞菩薩及凡夫衆。皆由彼佛往

昔精勤弘誓威力得安樂住。舍利弗。此亦不動佛剎殊勝莊嚴。時舍利弗白佛言。世尊。若有善男子善女人。以七寶滿三千大千世界持用布施願生彼國。由茲行願。此善男子善女人。終不退墮聲聞辟支佛地。從一佛剎至一佛剎。歷事供養諸佛如來。於諸佛所聽聞正法。雖未證得無上菩提。而能見彼無量百千乃至億那由他百千諸佛。於諸佛所種諸善根。世尊。若善男子善女人由此方便。以七寶滿三千大千世界持用布施。由茲善捨②往生彼國。佛告舍利弗。如是如是。彼善生善往。如是諸菩薩摩訶薩滿彼剎中。舍利弗。譬如金礦精加鑄煉。除去砂礫唯有真金。造諸飾好嚴身之具。舍利弗。彼佛剎中菩薩摩訶薩。住於真實亦復如是。然彼菩薩

摩訶薩清净集會。汝今應知。復次舍利弗。彼佛刹中所有菩薩。若已生。若現生。若當生。如是菩薩皆行一行。所謂住如來行。舍利弗。云何如來行。所謂超過聲聞辟支佛地。言行一行者。是彼假名。是故舍利弗。若菩薩摩訶薩樂行一行者。應當願生彼佛刹土。舍利弗。我所授記得不退轉菩薩摩訶薩。此輩應生不動佛所。舍利弗。是諸菩薩生彼佛刹者。我不捨離。譬如刹利灌頂大王。有敵國來欲侵財位。王既聞已作是思惟。我之妃后愛子不堪禦敵。及諸財寶收入宫城。不爲怨敵之所侵害。王之國祚安静無虞。威震强敵不憂灾難。舍利弗。我不捨離諸菩薩者。亦復如是。如彼王之寶物愛子妃后。修菩薩行者應如是知。彼佛刹中無有畏懼猶如宫城。

彼敵王者即魔波旬。於菩薩行人難③爲障礙。如彼灌頂大王不被怨敵之所侵擾。如來亦復如是。不爲天魔之所擾惱。舍利弗。譬如有人畏於債主。遠適邊國。不爲債主及於他人之所陵奪。何以故。由路遠險絶。債主家人不能達彼。彼諸菩薩生妙喜國者。波旬路絶亦復如是。舍利弗。此三千大千世界天魔波旬。常爲菩薩聲聞作諸障礙。妙喜刹中諸天魔衆不爲魔業。彼諸菩薩若已生現生當生。常無恐怖。何以故。由彼如來本行菩薩道時。所有善根如是迴向。我證無上正等覺時。彼天魔衆不爲障惱及作魔事。舍利弗。譬如丈夫善服毒藥能使消化。方爲食事。無有諸毒。彼刹天魔亦復如是。常加利益不爲損害。舍利弗。彼佛刹土成就如是無量功

德。爾時舍利弗作是思惟。我今欲見彼佛世界不動如來應正等覺及聲聞衆。爾時世尊知舍利弗心之所念。則以神力。不起于座皆令得見。告舍利弗言。汝今見不。答言。已見。佛告舍利弗。汝見彼諸天人微有勝劣殊异相不。答言。不見。何以故。我見妙喜國人衣服飲食及諸珍玩。皆是諸天樂具。彼不動如來處衆説法。猶若金山光明赫弈。諸聲聞衆無量無邊。譬如有人游於大海。中流四望涯際莫知。觀彼聲聞亦復如是。是諸聲聞隨所聽法。身心不動如入禪定。匪如此界入定之人時或摇動。世尊。若善男子善女人。以七寶滿三千大千世界持用布施。由兹善捨*。彼諸菩薩善得往生妙喜世界。何以故。彼亦如是得不退轉。世尊。譬如王使遠適他國。

執持符印經途來往。關防主司莫能爲礙。何以故。以王印力人無遮止。彼諸菩薩摩訶薩亦復如是。或從此界若他世界壽命終後。於彼佛刹若已生。若現生。若當生。皆不退轉於阿耨多羅三藐三菩提。從一佛刹至一佛刹。常不遠離諸佛世尊。皆當速證無上菩提。時舍利弗復白佛言。世尊。彼界所生菩薩摩訶薩。與此世界預流果人無有差別。何以故。如預流果人不墮惡趣。彼界菩薩若已生現生當生④。亦皆斷諸惡趣及聲聞辟支佛地。乃至未證無上菩提。從一佛刹至一佛刹。不離諸佛及聲聞衆。佛告舍利弗。如是如是。是諸菩薩摩訶薩受生彼國。不墮聲聞辟支佛地。乃⑤至未證無上菩提。從一佛土至一佛土。常得現前供養諸佛。及當證得佛菩

提果。舍利弗。譬如預流果人。決定當得聲聞菩提。終不墮惡趣。是諸菩薩亦復如是。或從此世及以他世。命終之後受生彼刹。彼皆決定當證阿耨多羅三藐三菩提。從一佛刹至一佛刹。於諸佛所。常不遠離阿耨多羅三藐三菩提。時舍利弗復白佛言。世尊。於此世界。所有一來向及一來果。乃至住阿羅漢向及羅漢果。與彼佛刹所生菩薩摩訶薩等無有异。佛告舍利弗。汝勿作此言。何以故。於此佛刹。菩薩摩訶薩佛授記者。與彼所生菩薩等無有异。復次舍利弗。於此世界坐道場菩薩。與彼所生菩薩等無有异。何以故。彼諸菩薩行如來行。不爲天魔之所得便。於二乘地永斷相續。從一佛刹至一佛刹。常能供養一切如來。乃至證得無上正覺。爾時

阿難作如是念。我今應察長老須菩提辯才之力。作是念已。白須菩提言。我等應觀不動如來及聲聞衆兼彼佛土。時須菩提告阿難言。汝欲見彼如來者。今應且觀上方。爾時阿難觀上方已。白須菩提言。我極觀上方。皆空寂靜。須菩提言。彼不動如來諸聲聞衆及彼佛土。亦復如是。如見上方。爾時舍利弗白佛言。世尊。如佛所説。此世獲記菩薩與彼所生菩薩等無有异。世尊。我今不知以何爲等。佛告舍利弗。以法界等故得無有异。

不動如來會第六之二・涅槃功德品第五

爾時尊者舍利弗復作是念。世尊已説不動如來應正等覺修菩薩道功德無邊。又説彼土及聲聞菩薩殊勝德業廣大莊嚴。復願

世尊於茲開示彼佛滅度化迹如何。爾時世尊知舍利弗心之所念。告言。舍利弗。不動如來般涅槃日。化身分布一切世界。於地獄中説諸妙法。以法調伏無量有情。皆當證得阿羅漢果。然此時獲果方滅度。前證無學人轉增其數。即於此日。授香象菩薩摩訶薩記云。汝於我滅度後當得作佛。號曰金蓮如來應正等覺。復次舍利弗。彼金蓮如來佛刹功德聲聞衆數。與不動如來等無有异。復次舍利弗。不動如來入般涅槃。是時大地普皆震動。一切三千大千世界震吼發聲。其聲上徹乃至阿迦尼吒天。諸天聞已即知彼佛入於涅槃。復次舍利弗。彼佛刹中所有叢林及諸藥草。皆悉傾向不動如來涅槃之處。是時天人悉以華鬘雜香及諸衣服而散

佛上。所散香花周匝圍繞高一由旬。復次舍利弗。彼涅槃時。三千大千世界所有天。龍。夜叉。乾闥婆。阿修羅。迦樓羅。緊那羅。摩睺羅伽等。皆向不動如來合掌作禮。他方諸天以佛神力。悉皆得見入般涅槃。是諸天人經七晝夜心懷悲惱。不受人天嬉戲娛樂。亦無欲想。互相謂言。不動如來爲世光明。作衆生眼。今⑥取滅度一何速哉。舍利弗。若菩薩摩訶薩從此世界或餘世界。於命終後生彼佛刹。若現生彼。皆得授阿耨多羅三藐三菩提記。非可以百數而數。彼以千數及百千數。舍利弗。是百千菩薩摩訶薩數者。應知入如來數皆入佛數。皆入佛數入一切智性數。若有菩薩摩訶薩當生彼刹者。亦皆得入如來等數。舍利弗。除彼不退菩薩摩訶薩。所餘

菩薩於此世界。若不聞稱讚不動如來功德法門者。皆爲惡魔之所攝受。復次舍利弗。不動如來般涅槃後。乃至正法住世。彼佛刹中所生菩薩摩訶薩亦當入其數。所以者何。由彼如來本願力故。是諸菩薩。若於後時受生彼者。應當讀誦百八法門。讀誦茲已。方能受持彼一切法。不動如來之所安立一百八法門本性。我滅度後。若有菩薩摩訶薩當生彼刹者。亦當讀誦一百八法門。及能受持一切法門。舍利弗。不動如來應正等覺。善能攝受諸菩薩摩訶薩。佛雖滅度。其説法聲及莊嚴功德。與佛在世等無有异。復次舍利弗。彼不動如來應正等覺。從身出火而自闍維。舍利遺形皆作金色。譬如低彌羅樹。隨分斷處皆有卍⑦萬音⑧字之文。如來舍利亦復

如是。復次舍利弗。不動如來所有舍利分分周圓。表裏皆有吉祥之相（相表之文其狀如下）卍。舍利弗。譬如補羅迦樹。隨解之處中表皆有吉祥之文。彼佛舍利亦復如是。舍利弗。彼國衆生爲供舍利起七寶塔。遍滿三千大千世界。又以金色千葉蓮華而爲供養。其大千世界即以塔華而爲嚴飾。復次舍利弗。若諸菩薩於不動佛國將滅度者。臨壽終時曾不失念。而見如是種種瑞相。或有菩薩見當生土。無有如來自方作佛。或見彼有佛。當即奉事。或見菩薩入於母胎。或見菩薩被大甲冑。或見捨家趣於非家。或見坐於道場降伏魔軍。或見菩薩證一切智智。或見菩薩於某世界成等正覺。轉於法輪。或有菩薩住虛空中。自身漸滅不遺少分。譬然濕草烟氣上騰。漸

以消散至于滅盡。舍利弗。是諸菩薩既滅度已。一切天人備修供養。復次舍利弗。不動如來以大涅槃。般涅槃已。正法住世經百千劫。時舍利弗白佛言。世尊。不動如來正法所住。是何等劫。佛告舍利弗。二十小劫以爲一劫。彼住如是百千劫數。舍利弗。正法滅已。有大光明照十方界。地皆震動發大音聲。然彼非天魔之所能壞。亦非如來及聲聞衆而自沉隱。但由彼時人少有聽聞。多無欲樂。能說法者皆悉遠之。既於正法寡聞。轉增不信。不信增長。則無精勤。知法比丘自當退靜。觀無樂欲不復弘宣。彼佛微言漸當隱没。

不動如來會第六之二·往生因緣品第六

爾時尊者舍利弗白佛言。世尊。菩薩摩訶薩以何因緣善根之力。

於彼佛刹而得受生。佛告舍利弗。若菩薩摩訶薩欲生妙喜世界者。應學不動如來往昔行菩薩行。發弘誓心願生其國。如是行願能作因緣生彼佛刹。復次舍利弗。菩薩摩訶薩行檀波羅蜜時。以此相應善根迴向無上菩提。願與不動如來共相會遇。舍利弗。以此因緣當生彼界。如是菩薩摩訶薩行尸波羅蜜乃至般若波羅蜜。亦復如是。復次舍利弗。不動如來光明普照三千大千佛之刹土。願於來世當見此光證無上覺。因見光已成大菩提。復以身光遍滿世界。舍利弗。菩薩以是因緣當生彼土。復次舍利弗。彼不動如來應正等覺諸聲聞衆無量無邊。願我當見。見已起如是行。證佛菩提。證菩提時。亦有如是無量無數諸聲聞衆。舍利弗。以是因

緣故。菩薩摩訶薩於彼佛刹而得受生。復次舍利弗。彼佛刹中菩薩摩訶薩無量無邊。我當欲見此諸菩薩。行禪定行。願當隨學。與諸菩薩處處結集。同學同乘同俱究竟。願當會遇欲求圓滿大慈悲者。欲求菩提及沙門者。捨離二乘心者。安住真實空性者。於佛如來一切智性及法僧名號念住相續者。舍利弗。若善男子善女人。聞是色類菩薩名者。於彼佛刹當得受生。何況與般若波羅蜜⑨相應善根。迴向不動如來應正等覺。舍利弗。以是因緣。是人於彼佛土決定當生。復次舍利弗。若菩薩摩訶薩願生彼佛刹者。於東方無量世界。諸佛如來説微妙法及聲聞衆。應以其像隨念在前。願我當證菩提説微妙法。及聲聞衆皆如彼佛。舍利弗。是諸菩薩

應修三種隨念善根。願與一切衆生平等共習。以此善根迴向阿耨多羅三藐三菩提。舍利弗。如是菩薩迴向善根無有限量。假使一切衆生。各持一器量等虛空。作如是言。丈夫。彼之善根分與於我。舍利弗。此諸善根若有色相。給與衆生皆滿其器各各持去。而彼善根亦無窮盡。以迴向阿耨多羅三藐三菩提。無有限量。不可移轉故。舍利弗。彼三隨念所成迴向一切種智。以此善根三寶隨轉。舍利弗。若有菩薩成此善根。應知不墮一切惡趣。而能摧伏波旬及諸魔衆。於彼⑩佛刹隨樂受生。乃至南西北方四維上下。亦復如是。皆得隨願受生。是故菩薩摩訶薩於此隨念善根應當積集。彼積集已應迴向不動如來故。於彼刹當得受生。復次舍利弗。不

動如來佛剎功德廣大莊嚴。於無量佛剎中彼皆無有。是故菩薩摩訶薩應當發如是心。我以此善根願當見彼土。彼土莊嚴願當攝受。亦願當見彼諸菩薩。舍利弗。以此因緣。菩薩當生彼國。舍利弗。菩薩摩訶薩願生彼佛剎者。應發增上樂欲之心。舍利弗。若善男子善女人發增上心。我皆與記於彼佛剎而得受生。舍利弗。譬如有城。無有樓閣園林池沼。亦無象馬游行之處。彼城之王雖有力安處。而城無樓閣諸功德故。則非莊嚴。舍利弗。我此佛剎亦復如是。無彼功德故。則非嚴飾。舍利弗。我此剎中若有如是功德莊嚴。則如不動如來佛剎嚴勝。舍利弗。若菩薩摩訶薩願當攝受清净佛剎者。應如不動如來往修菩薩行。植衆德本嚴净佛剎已。及

當如是攝取功德。復次舍利弗。如我今時得阿耨多羅三藐三菩提已。調伏無量衆生。於二乘道皆獲果證。及我聲聞所調伏者悉皆積聚。方彼如來諸聲聞衆。百分不及一。千分不及一。百千分。億百千分。數分。算分。喻分。鄔波尼殺曇分亦不及一。何以故。由數無量故。若言解脱。則無有异。且止斯事。舍利弗。彼彌勒如來當出於世。諸聲聞衆。及彼調伏所餘聲聞。以方不動如來聲聞之數。不及之分如上。應知。舍利弗。由彼如來於一説法。善能調伏無量有情。然彼世尊之所攝受。無有能知其數量者。舍利弗。我之聲聞及彌勒如來諸聲聞衆。乃至賢劫諸佛世尊所有聲聞。及彼聲聞當所調伏餘聲聞衆。彼皆積聚。比不動如來諸聲聞衆。百分不及一。乃

至鄔波尼殺曇分亦不及一。何以故。其數多故。解脱無异故。時舍利弗白佛言。世尊。如我解佛所説義者。應知彼阿羅漢刹。非愚夫刹。何以故。彼佛刹中阿羅漢多故。佛告舍利弗。如是如是。如汝所説。彼佛刹中多漏盡阿羅漢故。復次舍利弗。此三千大千世界星宿數量。不如彼佛聲聞衆多。由彼如來於一説法。無量有情得阿羅漢。舍利弗。此三千大千世界星宿猶有數量。彼一一會。無量有情得阿羅漢故。諸會聲聞無有數量。復次舍利弗。彼刹天人殖衆善本。餘界人天縱以天眼亦不能見。舍利弗。假令餘界諸天及人。往彼刹中善男子善女人所。盡其天眼亦不得見。若人聞此功德稱揚法門。聞已受持。讀誦通利。彼善男子等。皆於不動如來往昔

行菩薩行時。皆已見聞。是故聞此法門即得信心清淨。舍利弗。東方一切世界諸刹土中。若菩薩乘人。或聲聞乘人。於此法門讀誦通利者。其數甚多。彼諸菩薩及聲聞人。由願力故於不動刹中。若已生現生當生。唯除不退菩薩。由彼菩薩於諸刹中當得阿耨多羅三藐三菩提故。南西北方四維上下。亦復如是。舍利弗。彼不動如來於妙喜世界及他方刹土。在菩薩等乘中而爲上首。舍利弗。若有善男子善女人。聞不動如來功德法門。善能受持。讀誦通利。願生彼刹者。乃至命終。不動如來常爲護念。不使諸魔及魔眷屬退轉其心。舍利弗。應知是善男子或善女人。乃至無上菩提。無有退轉之怖。亦無水火刀杖惡獸毒蟲之所損害。亦不爲人非人等

之所怖畏。何以故。由不動如來常加護念。於彼佛刹當受生故。舍利弗。譬如日輪雖復遥遠。與閻浮提衆生而作光明。不動如來亦復如是。雖在遥遠。能與他界諸菩薩衆而作光明。舍利弗。譬如比丘有天眼者。能見遠方諸善惡色。不動如來雖在彼刹。餘世界中諸菩薩衆所有形類⑪等色皆悉能見。舍利弗。又如比丘得心自在。獲彼神通波羅蜜者。雖在遥遠。了知一切有情之心。不動如來亦復如是。能知餘界諸菩薩心。舍利弗。譬如比丘證得天耳。身雖在遠能聞諸聲。不動如來亦復如是。餘世界中所住衆生作如是言。我於彼刹願當生者。彼佛皆聞。舍利弗。如是色類善男子善女人所有姓名。不動如來皆悉了知。若有受持讀誦通利此功德法門

者。此諸人等。皆爲不動如來之所知見及已護念。時舍利弗白佛言。希有世尊。乃至彼佛世尊護念彼諸菩薩摩訶薩。如是白已。佛告舍利弗。如是如是。如汝所言。彼菩薩摩訶薩。如來之所護念。何以故。由護念菩薩故。一切衆生皆得護念。舍利弗。譬如刹利灌頂大王。多有倉廩盈儲穀豆。嚴誡主司善令監守。何以故。於饑饉世當濟群生。舍利弗。是諸菩薩於彼如來滅度之後。當證無上正等菩提。能於正法饑饉之時作大豐稔。如來亦復如是。善能覆護此諸菩薩。舍利弗。於此世界有諸菩薩。當聞不動如來功德法門。能善受持。讀誦通利。於彼佛刹願欲受生。應知此人得不退轉。舍利弗。若餘菩薩於此法門。善能受持讀誦通利。爲無量無數百千衆

生開示演説。亦令諸有情如是殖衆善本。使當親近無上菩提。舍利弗。若菩薩願速證無上菩提者。應當受持讀誦通利如是法門。爲諸衆生開示演説。何以故。菩薩摩訶薩應如是演説此功德門大智慧業。當如是如是發起積集。彼諸人等由發起積集故。於其現身諸漏當盡。舍利子。是故聲聞乘者。若聞彼法門。應當受持讀誦通利。廣爲衆生開示演説。何以故。此善男子善女人。由受持如是正法。於其現身當證無學。舍利弗。若有浄信男子女人。於此功德稱贊法門。應當爲他時時演説。彼諸人等不越兩生。當於現身得盡諸漏。復次舍利弗。此不動如來所有功德稱贊法門。非愚淺者之所能受。其有智慧深廣方能受持。舍利弗。彼善男子善女人

當見諸佛。於此功德稱贊法門必當身得。舍利弗。譬若無價寶珠從海持來。於意云何。此無價寶何人先得。舍利弗白佛言。世尊。有諸國王。王子。大臣。此人先得。佛告舍利弗。彼佛功德法門亦復如是。菩薩先得。是諸菩薩當不退轉。若聞此法。必能受持。讀誦通利。爲無上菩提。於真如性當勤修學。舍利弗白佛言。世尊。若諸菩薩欲住不退地者。聞此稱贊法門。應當受持。讀誦通利。何以故。菩薩摩訶薩住此法門。於法性中當不退轉。佛告舍利弗。假使有人終[12]以金寶滿閻浮提持用布施。冀聞此法終亦不聞。何以故。此功德法。非薄福衆生當執持故。復次舍利弗。若聲聞乘人聞此功德法門受持讀誦。爲無上菩提及真如相應故精勤修習。彼於後身當

得成就。或於二生補處。或復三生。終不超過。當成正覺。彼若聞此稱贊法門讀誦通利。復爲無量百千衆生開示演說。舍利弗。如轉輪王以先業感七寶見前。不動如來亦復如是。以本願力。我今說此功德法門。舍利弗。若諸菩薩摩訶薩於此稱贊法門。若已聞若當聞者。彼皆由不動如來往昔行菩薩行時慈悲願力。或當於賢劫中諸佛世尊之所。預聞開示此之法門。如我於今演說開示。不增不減名數若干。舍利弗。是故菩薩摩訶薩欲速證無上菩提者。於此功德稱贊法門。應當受持。讀誦通利。爲他廣說。復次舍利弗。若善男子善女人爲求此法門故。於彼村落城邑。聽聞受持。讀誦通利。雖出家菩薩居白衣家。我說無過。亦隨聽住。何以故。彼善男

子善女人於命終後。欲令此法當不隱没。舍利弗。若彼村邑在於遥遠。是諸菩薩亦當應往。及住彼中。受持讀誦。開示演說。舍利弗。彼善男子善女人。於已流布稱贊法門。或於他人有是經卷。應可詣彼而書寫之。彼人若有願求。汝當斷食[13]。或使經行若坐若立。汝[14]等應曲隨教命書寫是經。若於彼村求不能得。應詣鄰境書寫受持。讀誦通利。復爲他人開示演説。若往餘方勤求不獲。彼人應發如是誓心。我於無上菩提。不應生於退轉之相[15]。由我已聞不動如來法門名號。是人於我欲爲利益。令我聽聞。舍利弗。如是稱贊法門。有能演説及預聞者。皆由如來威神之力。時舍利弗白佛言。世尊。如來滅後。由誰威力而當得聞。舍利弗。我滅度後。由不動如來

威神之力當復得聞。或由四大天王。釋提桓因等當勤加護。令諸法師宣揚此法。及彼菩薩本業成熟。四天王等威加策進。令諸菩薩而得聽聞。舍利弗白佛言。世尊。如此法門能成就廣大功德。佛告舍利弗。如是如是。如汝所言。舍利弗。若於國中雨雹爲灾。非時霹靂及餘種種可怖之事。彼善男子善女人等。應當專念不動如來及稱名號。是諸灾害皆得消除。由彼如來往昔弘濟百千諸龍解脱衆苦。又由慈悲本願誠諦不虚。迴向善根要期圓滿故。稱彼名號憂患自消。唯除有情宿業成熟。舍利弗白佛言。世尊。是諸菩薩現身欲證無上菩提者。應如不動如來往修願行。佛告舍利弗。如是如是。如汝所言。舍利弗。少有菩薩摩訶薩已能如是具修净

剎及當净修。如不動如來者。舍利弗。彼諸菩薩皆當證得阿耨多羅三藐三菩提。而於佛性及一切智。攝受佛國悉皆同等。菩薩聲聞非無優劣。而於解脱則無有异。

爾時欲界諸天及梵衆天等。皆向彼如來合掌頂禮。而三唱言。南無不動如來應正等覺。甚爲希有。又歸命此界釋迦牟尼如來應正等覺。善能説彼稱贊法門。爾時欲界諸天以曼陀羅花及諸天香以散佛上。所散香華於虚空中合而成蓋。復以諸天花香遥散彼佛以爲供養。時天帝釋作如是念。我此四衆及欲界諸天。皆欲見彼不動如來應正等覺。爾時世尊知彼釋天心之所念。結加趺坐。安處虚空。是諸大衆以佛神力亦住空中。皆遥見彼妙喜世界

不動如來及聲聞衆。衆皆見已。右膝著地。向不動如來應正等覺。爾時此界衆人皆作是念。豈非三十三天爲見彼佛而來集會。禮拜供養。是時帝釋作如是念。彼界諸天以人相而住。我見彼諸人等服玩資具。與彼諸天無少優劣。爾時世尊攝神通已。告天帝言。彼諸人民皆受天樂。汝應愛樂。是諸人等見彼如來及愛樂彼受天資具者。彼諸衆生從餘世界命終以後。皆得往生不動佛刹。爾時舍利弗告帝釋言。汝見釋迦牟尼佛及不動如來。由此緣故。汝於此身得大善利。況汝已得過人之法。時天帝釋作如是念。彼諸衆生聞此法門亦得善利。何況得生不動佛刹。爾時佛告天帝釋言。彼菩薩乘人當生彼佛刹者。亦得善利。何以故。彼諸菩薩皆應

得住不退轉故。若餘菩薩於其現身願生彼佛國者。應知皆是住不退轉。佛説此法門時。五百比丘於無漏法心得解脱。五千菩薩。六千比丘尼。八千優婆塞。十千優婆夷及欲界中無量天子。於彼佛刹皆願受生。如來是時皆與授記。於彼佛刹當獲往生。若餘有情當願生者。如來亦當與記生彼佛刹。是時三千大千世界六種震動。所謂動。遍動。等遍動。摇。遍摇。等遍摇。震。遍震。等遍震。由此法門所加持故。佛説此經已。舍利弗等。及諸世間天。人。阿修羅。乾闥婆。迦樓羅。緊那羅。摩睺羅伽。聞佛所説。皆大歡喜。信受奉行。

大寶積經卷第二十

校注

①『中』，龍藏作『等』。

②『捨』，龍藏作『根』。本卷下文例同，用*標識，不再出注。

③『難』，底本作『勤』，依龍藏、思溪藏、和裕本改。

④『生』下，龍藏有『生』字。

⑤『乃』，底本作『及』，依龍藏、思溪藏改。

⑥『今』，思溪藏作『令』。

⑦『卍』，底本『卐』，二者同。《楞嚴經正脉疏》（明·真鑒述）：『卍者，彼方萬字也。如來胸前萬德吉祥紋也，光從此出。亦表所開智萬德圓備。』《翻譯名義集》（宋·法雲編）引《華嚴音義》：『案卍字，本非是字。大周（武則天）長壽二年，主上權制此文，著於天樞，音之爲萬，謂吉祥萬德之所集也。』

⑧『音萬』，龍藏無。

⑨『者。於彼佛刹當得受生。何况與般若波羅蜜』，思溪藏無。

⑩『彼』下，底本有『彼』字，依龍藏、思溪藏删。

⑪『類』，思溪藏作『顯』。

⑫『終』，龍藏、思溪藏作『純』。
⑬『食』，龍藏作『貪』。
⑭『汝』，底本無，依龍藏、和裕本補。
⑮『相』，龍藏、思溪藏作『想』。

大寶積經卷第二十一

大唐三藏菩提流志奉　詔譯

被甲莊嚴會第七之一

如是我聞。一時佛住王舍城迦蘭陀竹林。與大比丘衆及諸菩薩摩訶薩俱。悉從種種佛刹來集。爾時世尊。無量百千衆所圍繞。供養恭敬。時彼衆中有菩薩摩訶薩。名無邊慧。即從坐起。偏袒右肩。右膝著地。稽首作禮。合掌向佛。白言。世尊。我有少疑請問如來。願垂聽許。爲我宣説。爾時無邊慧菩薩摩訶薩而説偈言。

大雄大丈夫　世間無與等　我爲衆生故　少疑當請問
不起師子座　現身遍十方　一切异論中　無能傾動者

智藏無邊際　諸力無有量　世尊一一力　普能度世間
善住一切智　善住於十力　無畏大師子　最勝無上尊
十八不共法　如來之所有　照明於世間　摧伏諸外道
了知一切法　是故無過上　無失大導師　我疑當請問
無邊離垢智　大海不動智　境界無礙智　我疑當請問
世尊善修集　於道無疑惑　安隱大導師　我疑當請問
已度諸暴流　已斷諸結縛　能拔衆毒箭　我疑當請問
已破無明縠　已息煩惱熱　清涼善安住　我疑當請問
無畏無上智　無著無礙智　法海一切智　如來已證得
佛無量功德　智證悉圓滿　盡一切有漏　破諸煩惱見

世尊多積集　無量大功德　不思議法王　我疑當請問
世尊殊勝智　普能照世間　演暢法光明　無邊功德海
導師法光故　遍照於世間　是故世間中　佛法光明現
法海一切智　辯才無有上　精進不思議　清净離諸見
佛眼無邊故　智境亦無邊　世間無等尊　我疑當請問
法王大牟尼　能斷衆生惑　導師我當問　願隨其意樂
我觀一切處　天上及人間　無有等如來　普遍照明者
善住諸功德　莊嚴大丈夫　不思議法王　仙中照曜者
譬如大雪山　衆寶端嚴處　世尊安法座　端嚴亦如是
妙音大精進　能宣悦意聲　衆生若得聞　善根悉清净

世尊人中勝　時演法光明　以是諸衆生　隨意便開覺①
知時知衆會②　知人大導師　敷演法光明　以③時智慧者
梵音大精進　願賜清净言　如天雨大④地　法潤遍沾洽
世尊處衆會　普宣法雨已　於此法悕望　衆生皆滿足
最上勝安住　如王處妙高　惠施諸衆生　能令衆歡喜
大雄兩足尊　不思議境界　一切諸衆生　無有能知者
無量大丈夫　衆會已和合　依怙大牟尼　志求佛境界
我於佛境界　發趣故來集　導師無礙智　如何疾開覺
我隨其意樂　瞻顏欲請問　世尊願開示　爲斷諸疑惑
若聞無上法　便得心歡喜　踴躍充遍身　能斷衆疑網

法王無上尊　一切智無畏　一切知見者　我疑當請問
佛於一切法　無有少疑惑　精進大導師　我疑當請問
無上斷疑者　於法不疑惑　無邊功德海　我疑當請問
無邊大光明　無邊大功德　無邊清淨智　我疑當請問
無邊精進智　無邊境界智　無邊饒益智　我疑當請問
世尊無邊智　離邊及無邊　能斷一切疑　我疑當請問
不思議法王　垂哀聽我問　見許我當問　牟尼爲宣説
請問一切智　釋迦名稱尊　若垂聽許我　願决我疑網

爾時世尊告無邊慧菩薩摩訶薩言。無邊慧。汝今於我渴仰志求。欲於如來幾何所問。若有問者。我當解説。爾時世尊而説偈言。

告無邊慧　汝欲何問　悉應問之　我當解說　如彼所問
一一發明⑤　隨其樂欲　速爲開示　我爲汝說　一切無疑
如汝志求　稱汝所問　汝今時問　如時如義　以時問故
我決定說　如汝意樂　問所應問　我皆隨順　爲汝說之
汝今時問　我亦時說　斷汝疑網　當得無疑　我爲法王
了義究竟　於一切法　得無疑惑　我於諸法　正覺難思
如衆生意　所問爲說　我於諸法　悉無有疑　時而問者
速當爲說　我時爲說　無有疑惑　如其意樂　釋彼所疑
我常了知　時及衆會　諸衆生等　意趣所⑥同　亦常觀察
一切衆生　有欲無欲　彼皆明見　若有智者　能善修行

我皆以時　正法開悟　若無智者　愚痴迷亂　彼無慧明
不尊重法　若無尊重　於法不求　雖聞此法　無大明智
法善巧者　於法希求　若聞此法　得大明智　樂大乘者
求人中尊　聞斯法已　得大明智　佛無上智　不思議智
而發趣者　聞皆滿足　樂無礙智　求最上尊　彼聞此法
得大饒益　若有智性　求不思議　彼聞此法　得無上智
若有衆生　求佛道場　轉無上輪　得⑦法歡喜　愛樂精進
於法尊崇　聞離垢法　欣然踴躍　若有衆生　樂善修習
以法光明　說無上法　荷諸重擔　無邊策修　彼聞法已
歡喜充滿　若有希願　善法思惟　於彼慈哀　爲之開釋

哀愍汝等　隨汝所問　我能決定　當斷汝疑　我多千歲
修行善巧　疑惑已除　知汝意樂　若有疑者　恣汝所問
當爲汝說　斷諸疑惑　若有疑者　恣汝所問　如其樂欲
我當說之　若有疑者　恣汝所問　我住於法　得無動摇

爾時無邊慧菩薩摩訶薩白佛言。世尊。如來應正遍知。我於菩薩乘中少有所疑。今當請問。何等善丈夫遠離於怖畏。一心正念。爲諸衆生被大甲冑。於大甲冑而莊嚴之。起大愛樂而尊重之。以不放逸乘此大乘。以大清净平正之道。無諸堆阜。瓦石荊棘。衆惡雜穢。諸見稠林。亦無毒刺苦惱坑陷⑧。亦無繫執怖懼艱難。正直無曲如理平道。無障礙道。剪諸稠林。裂一切網。遠離黑暗。蠲除愛著。捨

和合故。而發趣於阿耨多羅三藐三菩提。世尊。如來應正遍知。我於此義故致斯問。何等善丈夫。何等大甲冑。被此甲冑乘於大乘。以斯大道而當發趣。世尊。應説諸菩薩摩訶薩甲冑莊嚴。安住於道。安住諸法理趣善巧。於法理趣住善巧故。而能起於諸法理趣善巧光明。法光明故。不捨甲冑。乘於大乘。以不退轉精進之力。無忘念根。相續慧力。速能成就法界理趣分明善巧。往詣道場轉于法輪。爲諸衆生演説法故。一切衆生如其所願。如其發趣解脱生死。世尊。如來應正遍知。此之⑨大乘。我欲利益安樂衆生故問斯義。世尊。如來一切知者。一切見者。以何等法成就諸菩薩摩訶薩一切諸法海印三昧。以三昧故。令諸菩薩摩訶薩。乃至未證阿耨多

羅三藐三菩提猶不退轉。世尊。如來知見成就未曾有法。善諸衆生智慧之藥。故我問耳。爾時無邊慧菩薩摩訶薩而說偈言。

爲諸菩薩故　我問兩足尊　一切知見者　甚深佛法義
大乘所修行　何定能發趣　我今皆請問　饒益諸衆生
云何善丈夫　能被無邊甲　如是被甲已　云何當發趣
云何起樂欲　云何愛於彼　云何大精進　云何不放逸
云何諸菩薩　乘於此大乘　乘已復云何　此事應當說
云何乘大乘　發趣菩薩道　唯願世尊⑩師　速爲我宣說
云何平正道　平等而發趣　於諸見稠林　剪伐恒無倦
於諸境界中　云何得超越　云何以平等　裂於貪愛網

云何除黑暗　得大智光明　彼諸菩薩等　云何當發趣
云何能觀察　遠離衆結縛　云何諸菩薩　離縛善安住
云何諸菩薩　超過大怖畏　善巧諸法義　發趣於無上
菩薩被何等　無邊大甲冑　被斯甲冑已　乘於此大乘
云何諸菩薩　發趣平正道　我今所問者　世尊應演説
菩薩云何得　莊嚴大甲冑　莊嚴無上乘　世尊應演説
安住於斯道　及彼道莊嚴　諸法之善巧　世尊應演説
云何能了知　法界之理趣　法善巧光明　世尊應演説
云何諸菩薩　得此法光明　究竟一切法　世尊應演説
云何諸菩薩　得法光明已　不捨大甲冑　由是而發趣

云何諸菩薩　乘於此大乘　精進不退轉　由是而發趣
云何諸菩薩　志念常堅固　能以智慧力　而得善調伏
云何得法界　理趣之善巧　法王不思議　世尊願宣說
云何能速往　至於菩提場　轉于大梵輪　世無能轉者
云何無所動　演説於諸法　爲一切衆生　如其昔所願
演説諸法故　解脱於生死　云何令衆生　究竟獲安樂
饒益衆生故　我問世導師　一切知見者　願爲我宣説
當以何等法　成就諸菩薩　一切法大海　所作印三昧
樂求佛法者　渴仰大菩提　若聞此法者　舉身悉充悦

爾時世尊告無邊慧菩薩摩訶薩言。善哉善哉。無邊慧。汝於往昔

供養承事無量諸佛。種諸善根。集諸功德。不可稱量。於此深法欣求渴仰。以大志樂成就衆生。而興大悲問於如來。汝今諦聽。善思念之。吾當爲汝。説諸菩薩摩訶薩以功德成就。而發趣於阿耨多羅三藐三菩提。唯然世尊。願樂欲聞。爾時世尊告無邊慧菩薩摩訶薩言。無邊慧。諸菩薩摩訶薩。爲阿耨多羅三藐三菩提被甲冑者。爲欲攝取諸衆生故被大甲冑。爲諸衆生布施清淨故被大甲冑。爲諸衆生持戒清淨故被大甲冑。爲諸衆生忍辱清淨故被大甲冑。爲諸衆生精進清淨故被大甲冑。爲諸衆生禪定清淨故被大甲冑。爲諸衆生智慧清淨故被大甲冑。爲諸衆生獲安樂故被大甲冑。爲諸衆生起饒益事相應心故被大甲冑。爲諸衆生貪瞋

痴病作對治故被大甲冑。爲大功德作善巧故被大甲冑。爲無上智善圓滿故被大甲冑。爲諸衆生生死怖畏作救護故被大甲冑。爲欲顯現無等等智善圓滿故被大甲冑。於此三千大千世界所有諸魔。若魔眷屬。若魔使者。住魔業者。及行諸見稠林險徑。一切外道諸遮羅迦出家。吠陀烏摩利迦。路伽耶陀。及此外道相應之輩。與交戰故。被大甲冑。諸菩薩摩訶薩如是被於大甲冑已。不捨甲冑起大精進。能入一切衆生界中。以忍安住。遠離怖畏。不驚不懼。不動不亂。而復被於無邊甲冑。所謂救護一切衆生甲冑。剪一切見稠林甲冑。破諸魔軍甲冑。能授智慧甲冑。無邊津梁甲冑。度諸重擔甲冑。增長浄信甲冑。安住尸羅甲冑。浄治業藏甲冑。一切

清净力藏甲冑。方便善巧力藏甲冑。能斷一切執著甲冑。不退不悔智慧甲冑。諸菩薩摩訶薩被於如是大甲冑已。亦不捨離。乃至盡邊際。堅固精進力曾不動摇。而發趣於阿耨多羅三藐三菩提。

爾時世尊而説偈言。

菩薩被甲冑　爲攝諸衆生　衆生無邊故　被甲亦無邊

布施清净故　一切令充悦　爲利諸衆生　乃被斯甲冑

持戒清净故　饒益於世間　爲利諸衆生　乃被斯甲冑

忍辱清净故　勇猛善安住　爲利諸衆生　乃被斯甲冑

精進清净故　成就不退轉　爲利諸衆生　乃被斯甲冑

禪定清净故　所行境亦然　爲利諸衆生　乃被斯甲冑

智慧清净故　無漏無過上　爲利諸衆生　乃被斯甲胄
一切諸衆生　樂具悉當與　善知此義故　乃被斯甲胄
菩薩於衆生　能爲饒益事　以清净四攝　普遍諸有中
若病貪瞋痴　而爲對治者　授諸衆生藥　所患令消除
由是諸菩薩　善能被甲胄　於功德資糧　獲無邊善巧
衆生生死苦　逼迫不安隱　我當爲救護　被甲胄無邊
無邊生死苦　我能令解脱　愛見網所縛　一切皆當斷
於此煩惱網　一切能斷者　堅固精進力　勇猛而被甲
一切諸衆生　令住安樂道　以是趣涅槃　安隱而無上
以大精進力　乃被斯甲胄　當共一切魔　敵戰嘗無倦

若住於諸見　稠林而行者　路伽耶陀等　被甲利於彼
及餘無量衆　行諸非道者　於彼咸利益　故被甲無邊
如是被甲已　不捨於甲冑　起大精進力　被甲勝堅固
入於生死[11]界　以忍得安住　成就堅固忍　被甲無過上
遠離於怖畏　亦無有驚懼　被無邊甲冑　一切勤修習
善住於甲冑　常能正了知　寂然不動摇　不亂不退轉
被如是甲已　智者復當被　救護衆生甲　破壞衆魔甲
無邊津梁甲　一切悉當被　勇猛勝智人　被已得安住
爲大重擔故　被甲無有上　度一切衆生　苦擔悉令脱
增長清净信　善住於六根　戒得共相應　被甲無過上

成就勇猛智　菩薩能安住　威儀戒相應　被甲無所動
於昔勝尊衆　清浄修諸業　是故被甲冑　而常不怯弱
以愛衆生慧　饒益諸世間　通達於方便　被甲善安住
於巧方便智　菩薩能通達　如是被甲已　斷除衆結縛
遠離一切執　正信不違背　被甲之智人　發趣於無上
菩薩能決定　自利及利他　以善精進力　堅固無退轉

復次無邊慧。諸菩薩摩訶薩於無量劫荷諸重擔。被大甲冑。如是甲冑。若魔。若魔眷屬。或魔使者。及行邪見稠林惡磧諸衆生等。所不能見。何以故。無有形色。不可示現。無對無相。捨相離相。無名字故。無邊慧。假使飛箭量如須彌。攢鋒激射無能中者。設以三千大

千世界所有衆生。一一爲魔。各有若干魔軍眷屬。競共俱時發諸利箭。亦如須彌。彼終不能壞。諸菩薩摩訶薩如是甲胄。乃至不能損一毛端。於諸菩薩摩訶薩意。尚猶不能令有异念。何况身也。諸菩薩摩訶薩若以一心摧伏彼者。能令衆魔退散消滅。善能安住如是甲胄而不動摇。一切衆生無能壞者。何以故。以無相故。非諸衆生見所行故。一切衆生不能見知。諸菩薩摩訶薩而能了知一切法故。如實知見被大甲胄。爲欲救護諸衆生故。於一切法無所執著。爲欲饒益諸衆生故。於一切法亦無所得。是故衆生不能見知。如是甲胄無有形相。無有示現。無言説故。不與色相應。不與受想行識相應。不與内相應。不與外相應。不與亦内亦外相應。不與

非内非外相應。不與界相應。不與處相應。不與地界相應。不與水界相應。不與火風空界相應。不與欲界相應。不與色無色界相應。不與有作相應。不與無作相應。不與亦有作亦無作相應。不與非有作非無作相應。不與聲聞地相應。不與獨覺地相應。不與佛地相應。不與語言道相應。亦不與色因相應。不與色相相應。不與受想行識因相應。不與受想行識相相應。亦不與相非相相應。亦不與一切法相應。非不相應。無有繫縛。無有解脱。亦非算數譬喻可知。以一切法過諸數故。如是甲冑。一切法見皆不可得。色見不可得。受想行識見不可得。乃至無少法見可得。如是甲冑。不與一切法相應。非不相應。不與色相應。非不相應。不與受想行識相應。非

不相應。於一切法若相應不相應。彼皆遠離。如是甲胄。亦無有作。作者無故。亦無有相。相非有故。無處所相。無和合相。無有分別。無有動搖。無有攀緣。無性可見。被甲胄者亦不可得。如是被甲亦不可見。何以故。諸菩薩摩訶薩被甲胄時。而不見有誰爲被甲。何處被甲。從何被甲。亦不見有我能被甲。我所被甲。亦不見有此處被甲。他處被甲。亦不見有如是被甲所爲。衆生於一切法無所行故。無所有故⑫。諸菩薩摩訶薩被如是甲胄。則被如來所被甲胄。身不可得。心不可得。意不可得。不可得故。遠離分別。諸菩薩摩訶薩若住少法。若得少法。現被甲胄。當被甲胄。不應説名被大甲胄。若心超過。乃可説名被不思議大甲胄也。諸菩薩摩訶薩不爲少衆生

故被大甲胄。亦不爲一劫衆生故被大甲胄。亦不爲百千劫。百千俱胝劫。百千那由他俱胝劫諸衆生故被大甲胄。爲於無量無數劫中諸衆生故被大甲胄。是故説名被於無量大甲胄也。諸菩薩摩訶薩被甲胄時。被於不住衆生想甲胄。不起我想甲胄。離衆生想甲胄。滅我想甲胄。知衆生性甲胄。知我性甲胄。過想受甲胄。知一切法無作相甲胄。空相甲胄。無相⑬相甲胄。無願相甲胄。知一切法無生相甲胄。無滅相甲胄。知一切法差別性相甲胄。無差別性相甲胄。知一切法事相甲胄。無事相甲胄。無邊慧。若住於事而被甲胄。終不説名被大甲胄。以諸菩薩摩訶薩不住於事求大智慧。是故説爲被大甲胄。爾時世尊而説偈言。

無量千劫中　被大無邊甲　爲欲令衆生　解脱諸苦惱
如是大甲冑　若魔若魔使　作諸魔業者　眼所不能見
及餘衆生等　行見稠林者　甲冑不思議　亦非彼所見
無色無形像　無對無相待　甲冑不思議　故非眼所見
無名亦無相　遠離一切相　甲冑無有邊　故無相見者
假如須彌箭　攢鋒⑭來中射　甲冑不思議　令箭自摧折
世界所有魔　亦以須彌箭　於斯大甲冑　競共來激射
然於大甲冑　不損如毛端　甲冑不思議　無能摧壞者
由是諸菩薩　身心無變异　甲冑不思議　誰能傾動者
若以一念心　摧伏諸魔衆　菩薩不思議　魔軍咸退散

如是大甲冑　未嘗有動摇　一切諸衆生　而無能見者
一切諸衆生　不知甲冑相　是故諸衆生　眼所不能見
菩薩爲依怙　能知一切法　猶若勝金剛　斯爲善被者
不受一切法　救護諸衆生　順諸佛法故　斯爲善被者
甲冑無所取　隨順一切法　甲冑不思議　斯爲善被者
甲冑無示現　净治一切法　諸法離言説　無能示現者
不與色相應　不與受相應　不與想行識　相應及和合
不與内相應　不與外相應　不與内外俱　相應及和合
不與界相應　不與處相應　若界若處中　亦無有和合
不與地相應　不與水相應　不與火風空　相應及和合

不與欲相應　不與色相應　不與無色界　相應及和合
一切無所得　不與諸有作　不與諸無作　相應及和合
甲胄不思議　無住無和合　無縛無解脱　亦無不相應
甲胄無邊際　不共聲聞地　不共獨覺地　相應及和合
乃至諸佛地　及與一切法　一切不相應　一切不和合
種種語言道　而無能及者　甲胄無有邊　無體難思故
不與一切法　相應不相應　甲胄不思議　超過一切數
甲胄無有上　無縛無非縛　亦無有色相　受想行識相
不與彼諸相　相應及和合　不與諸法相　相應不相應
亦不與無相　相應及和合　甲胄無有上　無縛無解脱

一切諸法中　不墮一法數　一切諸法中　甲胄不可得
是故無有上　說名不思議　甲胄無有色　無受亦無想
無行亦無識　非諸蘊所攝　如是勇猛者　被斯大甲胄
身心無所得　不見微少法　過諸思擇故　清淨心安住
而常無怯弱　說名不思議　堅固被甲胄　其心無所動
不計諸劫量　說名不思議　甲胄無有量　不取法非法
以無時量故　說名不可量　不起衆生想　亦無有我想
能知此想故　一切想不生　亦知一切法　此法皆無相
如是被甲胄　說名不思議

復次無邊慧。此大甲胄名曰妙法嚴具莊嚴。亦名最上。不可壞故。

亦名一切法無差別。不於少法作差別故。諸菩薩摩訶薩被此甲冑。持大慧力。乘於大乘。最上之乘。無等等乘。大攝受乘。無邊攝受乘。一切衆生乘此乘者。於此乘中無不容受。然於此乘不增不減。能令衆生安樂而住。亦令衆生安樂而出。若有衆生乘此決定安樂乘者。無有身心疲倦勞苦。無邊慧。此乘映蔽一切世間天。人。阿修羅。聲聞緣覺及餘諸乘。而當出離。此乘無來無去。無住無見無知。前際不可得。後際不可得。中際不可得。三世平等。猶如虛空。不雜⑮塵染。無有相待。無有障礙。亦無執著。以此乘故。而當出離。此乘無量。不可量故。本無礙相。不住相故。最上第一。乘此乘者。無怯弱心。而發趣於阿耨多羅三藐三菩提。無邊慧。此乘如燈。如日月輪。

爲諸衆生作大光明。此之大乘亦復如是。光照三千大千世界。無能映蔽。無能障礙。能以無邊大功德海。而發趣於阿耨多羅三藐三菩提。無邊慧。此乘離暗。能除一切世間之病。超過一切世間之法。攝大衆生。非諸下劣所能乘也。唯除能被大甲冑者。如我所説。於無量劫救護衆生。供養諸佛種種⑯善根。資糧清淨之所能乘。聲聞緣覺及餘下劣。繫縛世間。世間相應。或增上慢。慢所⑰調伏。一切外道無信之輩。尚不欲聞此乘之名。何況而能乘此乘也。若有衆生游戲不可思議境界。乘此乘已。如其勝願。而發趣於阿耨多羅三藐三菩提。無邊慧。此乘無際。初中後際不可了知。此乘際斷。際不可得。無邊際是乘際。無量際是乘際。無邊慧。乘無邊際。亦無中

際。無有少際而可斷者。言際斷者。以無少際說爲際斷。不分別際說爲際斷。如是名爲此乘際斷。際無所有說爲中際。際無所有說爲邊際。際無所有以際說之。於彼際中際不可得。不可得故。邊際中際無際無斷。入於際門。入際門故。此乘超過。於彼超過亦無所得。無邊慧。何者爲際。謂斷常際。入語言故。際則非際。彼斷常際無有邊際。以彼際相相無邊故。所言際者。無有分別。分別斷故。超過於際。遠離斷常。無邊慧。有身見者。則於際門有所依止。若無身見。則於際門無所執著。無執著故。於斷常際乃能超過。無邊慧。斷常際者而無有實。但誑語言。於三有中分別二際。於彼二際。若不攝取。若不相應。乃能超過。斷身見故。於二際門而無所執。無邊慧。若

諸菩薩摩訶薩未離身見。則不名爲被大甲胄乘於大乘。於彼際門則爲執著。設欲斷際起斷際想。於前後際而有分別。若諸菩薩摩訶薩已離身見。是則名爲被大甲胄乘於大乘。於彼際門則無所執。過二際已。以安樂乘。而發趣於阿耨多羅三藐三菩提。無邊慧。諸菩薩摩訶薩以大慧力。能於一切住際之法不斷不破。善巧方便攝取止觀。修習無相得無相證。則爲諸佛授法光明。法光明故。一切際斷。於彼際斷亦無所執。無有少際。於彼際門。若相應。若不相應。若憶念。若不憶念。於一切法善巧方便安住止觀。便獲無邊大法光明。法光明故。遠離黑暗怖畏毛竪。建大法幢。出大梵音。大師子吼。告衆生言。汝等速來。於此大乘。大安樂乘。大調御乘。大

發趣乘。而發趣於阿耨多羅三藐三菩提。爲諸衆生演法光明。法光明故。能令衆生被大甲冑。乘此大乘。無邊慧。諸菩薩摩訶薩於此大乘此大甲冑勿生慳吝。當願衆生發菩提心。被此甲冑乘此大乘。於此大乘此大甲冑亦勿慳吝。而能展轉勸諸衆生。復願衆生被此甲冑乘此大乘而當出離。諸菩薩摩訶薩住是行時。攝取佛國。清净佛國。攝取聲聞及諸菩薩圓滿功德。以此無邊大功德海。而發趣於阿耨多羅三藐三菩提。無邊慧。此之大乘等于法界。此岸彼岸無可得者。然能運載一切衆生。從此至於法界之中。無處相應。法界相應。甲冑相應。若於此乘等于法界勤修習者。而發趣於阿耨多羅三藐三菩提。無邊慧。譬如法界無有塵染。無能壞

者。無能染者。此之大乘亦復如是。無壞無染。無壞染故。而當趣於一切智智。是故此乘説爲大乘。此乘無礙。一切世間天。人。阿修羅不能退轉。以無著故而當趣於一切智智。是故此乘説爲大乘。言大乘者。謂大莊嚴。一切莊嚴無不入此大乘中者。

爾時無邊慧菩薩摩訶薩白佛言。世尊。於此乘中。豈有有爲諸莊嚴耶。爾時世尊告無邊慧菩薩摩訶薩言。如是如是。無邊慧。我隨世俗。於此乘中亦説一切有爲莊嚴。無邊慧。若轉輪王。帝釋梵王。無不皆從此大乘出。若已出者。若當出者。雖住轉輪釋梵尊位。不爲生死煩惱過失之所染著。能於諸欲一一稱量。既稱量已則便厭捨。於出離道而能了知。無邊慧。若諸菩薩摩訶薩乘此乘者。雖

受生死。於一切處不爲染污。能見過患。能知出離。若我於此未說諸法及諸莊嚴。以此乘相。於彼諸法及諸莊嚴亦能了知。而發趣於阿耨多羅三藐三菩提。爾時世尊而說偈言。

大乘無上乘　此乘不思議　若有乘此乘　彼皆當出離
是大依止處　此乘不思議　無量無邊際　故名爲大乘
一切諸衆生　乘於此乘者　此乘無有減　亦復無有增
一切諸衆生　乘於此乘者　安樂而發趣　於中無苦惱
若諸菩薩等　於此乘發趣　直進無他行　身心不疲倦
照明於世間　天人阿修羅　當於此大乘　無上而發趣
映蔽諸緣覺　及以聲聞乘　亦於此大乘　無上而發趣

無來亦無去　無住無前際　後際及中際　無得無所見
三世悉平等　猶若净虛空　此乘亦如是　遠離諸煩惱
此乘無相待　無障無挂礙　一切悉能救　所向無執著
此乘無有量　亦無一切相　自性不可得　無畏不思議
若有乘此乘　得無所畏者　乃於佛法中　無障無挂礙
以此乘發趣　普明於世間　如日百千光　無時而不照
此乘不可壞　無能映蔽者　無量德資糧　無上而發趣
此乘超世間　出過於三界　遠離諸黑暗　能趣於無漏
此乘唯攝取　一切諸菩薩　其餘⑱衆生類　於中不容受
若有智慧者　無量千劫中　方便勤修習　乃乘於此乘

非諸聲聞衆　及以諸緣覺　一切外道輩　而能乘此乘
若有諸衆生　趣於非道者　斯人鮮福德　不堪聞此乘
若有諸衆生　於不思議法　善巧而游戲　安住於此乘
隨其所建立　殊勝之誓願　住斯正道中　無上而發趣
此乘無邊際　亦無有中際　邊際及中際　一切不可得
以際不可得　此乘無有際　一切際斷故　安樂而發趣
此乘無邊際　無邊是乘際　此乘無量際　無量是乘際
此乘無際斷　無際爲際斷　於際不分別　斷亦不可得
乘際無邊際　亦無有中際　亦無無際際　際性無所有
於際無際相　非際爲際相　於彼諸際中　際相無所有

非際説際門　此乘已超過　於彼所過量　相應不可得
我説斷常際　有邊無邊際　如是一切際　彼際悉非際
一切際無邊　際相無所有　一切際自性　於中不分別
如是諸際中　以斷於分別　邊際無邊際　一切悉能斷
若有有身見　則説諸際門　執著此諸際　爲無依怙者
若無有身見　不著諸際門　不執一切際　爲能照明者
一切際非際　諸際非真實　一切際性相　彼皆無所有
不受一切際　於際悉超過　不著諸際門　能斷有身見
若於有身見　不斷不遠離　不被大甲冑　不乘於大乘
以受於諸際　分別諸際相　前際及後際　一切皆分別

若於有身見　一切已能斷　乃被無邊甲　乘於無上乘
不著諸際門　爲世智慧者　能於種種際　一切悉超過
由是佛法中　安樂而發趣　菩薩善觀察　能以大慧力
不得少有法　可斷可除滅　常以善方便　善攝於止觀
一相了知故　諸相皆了知　安住於正法　得大法光明
以是法光明　決了彼諸際　不見少有際　若際及非際
於彼可相應　一切無所著　若見苦衆生　慰諭而告言
汝來於此乘　安樂而出離　一切受生處　能作法光明
被甲乘大乘　亦以此開示　此乘此甲胄　於彼勿慳吝
亦令諸衆生　被甲乘大乘　乘此安樂乘　無上而發趣

如是諸菩薩　安住此修行　能於佛法中　以速而發趣
清净佛國土　攝受諸聲聞　及諸菩薩等　功德莊嚴事

大寶積經卷第二十一

校注

①『覺』，底本污殘，依龍藏、思溪藏補。
②『會』，底本污殘，依龍藏、思溪藏補。
③『以』，底本污殘，依龍藏、思溪藏補。
④『大』，底本污殘，依龍藏、思溪藏補。
⑤『明』，龍藏、思溪藏作『問』。
⑥『所』，龍藏、思溪藏、和裕本作『不』。
⑦『得』，龍藏、思溪藏作『聞』。
⑧『陷』，龍藏作『坎』。
⑨『之』，底本污殘，依龍藏、思溪藏補。
⑩『尊』，龍藏、思溪藏作『導』。
⑪『生死』，龍藏、和裕本作『衆生』。
⑫『有』，龍藏、思溪藏作『見』。
⑬『相』，底本作『想』，依龍藏、思溪藏、和裕本、中州本改。
⑭『鋒』，底本作『鑽』，依龍藏、思溪藏、和裕本改。

⑮『雜』，底本作『離』，依龍藏、思溪藏、和裕本、中州本改。

⑯『種』，龍藏、思溪藏作『諸』。

⑰『所』下，龍藏、思溪藏有『謂』字。

⑱『餘』，龍藏作『於』。

大寶積經卷第二十二

大唐三藏菩提流志奉　詔譯

被甲莊嚴會第七之二

復次無邊慧。我念往昔修菩薩行時。被如是甲冑。乘如是大乘。超過諸際。能滅黑暗。能除怖畏。以大精進。乃於無量百千俱胝那由他佛所。聞此菩薩摩訶薩甲冑莊嚴。大乘莊嚴。踴躍歡喜。觀此法時。於佛世尊恭敬尊重。不作是念。我被如是甲冑。我有如是甲冑。我得如是法。我有如是法。我有如是種類之法。我於爾時無有我想。遠離身見。遠離我慢。心無高下亦無分別。為欲攝受一切眾生。護持諸佛如來法藏。成熟無量百千俱胝那由他眾生。曾無一念

勞倦之心。我於爾時不捨甲冑。乘無邊乘。世世生中能破魔軍。魔諸眷屬退敗消滅。魔之使者怖畏馳散。一切异道。諸遮羅迦。路伽耶陀。波利婆羅遮伽。及此外道相應之輩。我皆降伏爲作安隱。一切异論悉已摧殄。一切外道悉已降伏。邪趣衆生令於此乘住衆善軛。爲諸衆生開示甲冑。甲冑莊嚴。亦爲衆生演説如是種類之法。安樂大乘。住此乘者。便獲一切安樂資具。所謂有爲安樂資具。轉輪聖王安樂資具。帝釋梵王安樂資具。及得無爲安樂資具。爲諸衆生説此法時。令諸衆生入此法中。生聖種性。建大法幢。作師子吼。而發趣於阿耨多羅三藐三菩提。無邊慧。諸菩薩摩訶薩應被如是大甲冑已。如理觀察而選擇之。當於何法而發趣之。於一

切法盡能知見。無有分別。何以故。諸菩薩摩訶薩安住正道。如理知故。正道發趣。如理見故。如理清淨。則不分別非不分別。而於分別不分別中平等知見。若見有法可求可覓。則不平等。不住如理清淨知見。以無分別無不分別。於彼分別不分別中而無執取。以無執取遠離分別及不分別。於此道中無有憐愍。無有施爲。亦無增益。亦無取捨。住平正道。亦不分別過現未來。遍能了知一切分別。所有隨眠。於一切法得住平等。無顛倒義。乃得名爲住斯道者。無邊慧。何等爲道及道清淨。所謂說名八支聖道。正見。正思惟。正語。正業。正命。正精進。正念。正定。正見能斷薩迦耶見。超過一切見所行境。一切諸見於一切處悉得清淨。而能了知一切分別。若勝

分別。若遍分別。則無分別。無勝分別。無遍分別。不住邪思。斷邪思惟。能見正命。見正命想。見命清淨。住清淨命。如理能見清淨身業。清淨語業。清淨意業。住於正業。正見語業。於語業①者悉能見知。住於正語。能淨對治。正精進見善攝精進。住正精進。正見憶念而無有念。亦無作意無所執取。以清淨念住於正念。正見三昧。於三昧中無所依止。而能清淨三昧之見住於正定。無邊慧。諸菩薩摩訶薩如是見時。得一切處清淨正見。住清淨道。此清淨道爲善丈夫之所修行。智者尊重。衆聖悦可。如來稱贊。非一切魔。魔民。魔使。魔天大衆之所行處。亦非一切愛著外道。依止諍論。行見稠林。趣諸非道路伽耶等之所行處。亦非一切愛涅槃者之所行處。何以故。

住無爲者。則於涅槃有所分別。涅槃分別。則諸行分別。何以故。涅槃界中。超過一切動念分別。尚無無爲。況有有爲。此道能浄一切分別。乃無少有無爲分別。寧有一切有爲分別。若於聖道有分別者。則不名爲住於聖道。若斷一切動念分別。是則名爲住於聖道。住無畏道。住安隱道。住安樂道。此道能至無老病死憂苦之處。此道能至無有自性超過性處。此道能至遠離一切性非性處。此道能至無示現相非色相處。此道如空遍一切處。能至無上大宮殿中。如是去者。不復退還。便獲若干安隱快樂。彼大宮殿不可示現。無諸事相。無少有爲。無少無爲。已滅有爲。已捨無爲。不與衆生有爲安樂。無爲安樂。無邊慧。諸有欣樂有爲涅槃。彼尚不求有爲安

樂。況有能於大宮殿者。大宮殿中無有施設。清涼寂靜。故名涅槃。滅貪瞋痴。斷諸隨眠。裂愛見網。竭無明流。拔衆毒箭。盡不善法。故名涅槃。遠離一切憍慢病疾衆苦逼惱。故名涅槃。非心意識心所所行。故名涅槃。息諸諍論一切結使乃至法想。故名涅槃。絶諸意樂意樂所求。亦無分別所分別相。故名涅槃。無邊慧。是爲大般涅槃體性。涅槃無邊。不可宣説。若有所趣則非是道。道亦無言。不可宣説。諸菩薩摩訶薩若以此道趣於涅槃大宮殿時。亦令無量百千衆生住於斯道。

無邊慧。諸菩薩摩訶薩於此道中而發趣時。無有勞倦亦無憂惱。隨欲所求。隨欲莊嚴。隨莊嚴處一一莊嚴。隨攝衆生而爲説法。令

諸衆生皆得歡喜。何以故。此道無等。能浄對治。所作究竟。諸佛世尊。聲聞緣覺。皆於此道而發趣之。不相違背。未到彼地。未如其願。終不相離。何者爲地。謂涅槃地。大宮殿地。譬如虛空不可爲喻。唯除虛空以喻虛空。廣大空寂名曰虛空。涅槃宮殿亦復如是。爲大空寂。無有主宰亦無我所。一切衆生設入其中。無能攝取一毛端量。廣大空寂。廣大無量。名大涅槃。名大宮殿。

無邊慧。諸菩薩摩訶薩此殊勝道。非諸聲聞緣覺所有。住此道者。成就一切功德資糧。得不退轉。爲諸衆生作大饒益。以殊勝行爲大莊嚴。以是道故而發趣之。如彼莊嚴。亦非聲聞緣覺所有。諸菩薩摩訶薩住此道時。若作輪王。無所顧吝。有大威德神通變現。而

能了知世出世間。若作帝釋。大梵天王。無所耽著。遠離憍慢。樂見諸佛。樂聞正法。成熟無量百千諸天。趣於阿耨多羅三藐三菩提。

爾時世尊而說偈言。

菩薩殊勝道　世間無有上　衆聖及二乘　皆趣於斯道
一切諸菩薩　發趣大菩提　爲得道莊嚴　以斯道開示
若於斯道中　已趣今趣者　彼皆以正見　安住於斯道
一切諸菩薩　若住平等見　行於斯道中　安樂而發趣
斯道最殊勝　斯道爲無上　如實能誘進　於中無所執
若住於斯道　行於斯道中　一切諸智人　其意不傾動
不說於斯道　少有傾動者　由是無所動　於動常遠離

我說於斯道　無動無施爲　亦無有增益　斯道故無上
一切諸菩薩　善住於斯道　斯道無有愛　亦復無有憎
斯道非過去　斯道非未來　彼際不分別　如是而修習
斯道無煩惱　斯道無分別　於義不乖違　如是而安住
住於最勝道　無住爲安住　住於斯道者　能獲清净性
我說八支道　衆聖之所行　住於斯道者　菩提不難得
菩薩依怙者　如是住斯道　能得道清净　一一而進趣
斯之最上道　善士所修行　如來所稱贊　此智爲無上
魔及魔軍衆　魔之所攝者　外道餘衆生　非其所行處
分別涅槃者　不住斯勝道　愚爲分別害　不能趣涅槃

超過分別者　無想無分別　於斯大道中　以是而發趣
衆聖之勝道　愚夫皆遠離　若行此法者　斯道爲無上
斯之最勝道　能至無上處　其中無衰惱　無畏無灾難
斯之無上道　無色無形相　不可以色相　而能示現者
斯之安隱道　正直無所畏　以斯道發趣　究竟大涅槃
斯之最净道　猶若太虛空　一切無挂礙　常趣於涅槃
若至涅槃者　一往無復退　斯之大涅槃　最上勝安樂
涅槃大宮殿　空寂不可量　故名大涅槃　亦名大宮殿
斯大涅槃中　三毒煩惱滅　若至其中者　無退無受生
涅槃大空寂　猶若太虛空　廣大空寂故　於中無挂礙

涅槃大宮殿　永離苦憂惱　無邊境界處　説名爲涅槃
涅槃無數量　數量不可得　寂滅清涼性　説名爲涅槃
涅槃無施設　趣道亦無上　無量無分別　分別不可得
我爲諸菩薩　開示於斯道　若住斯道者　彼近於涅槃
若住於斯道　世間勝安樂　一切皆當得　説名無畏者
善住於斯道　其心無所染　由是道清凈　説名無畏者
以見平正道　一切能隨覺　一切資具中　一切不貪著
菩薩依怙者　殊勝真實道　饒益諸衆生　勇猛而發趣
若得無上道　最上道莊嚴　令世悉歡喜　斯道而發趣
斯道最殊勝　能令意清凈　隨其所樂求　一切當發趣

若得聖王位　轉輪大軍旅　能捨大王位　出家行學道
若得天帝釋　大梵天王位　於彼無耽著　斯爲善順道②
世間諸學處　一切能明了　住於斯道中　乃爲實語者

復次無邊慧。諸菩薩摩訶薩於此道中而發趣時。爲欲攝取八正道故。修行一法。所謂不作諸不善法。又爲攝取八正道故。修行二法。一者。於内隨何善法如理思惟。二者。於外隨何善法如理請問。又爲攝取八正道故。修行二法。一者。如事了知諸法。二者。了知無事無住無所分别。又爲攝取八正道故。修行二法。一者。於内隨順覺知。二者。於外無所執著。又爲攝取八正道故。修行二法。一者。自信無所分别。二者。衆生若未有信。我令安住於此道中。又爲攝取

八正道故。修行二法。一者。能於所作之業如實知見。二者。能於所作之業而無執著。又爲攝取八正道故。修行三法。一者。於諸苦取蘊中一一了知。二者。於諸無苦取蘊勤求至樂。三者。於諸和合法中專修遠離。又爲攝取八正道故。修行三法。一者。宣說最上之法。語不乖違。隨說法義心無諍論。二者。不著一切文字。三者。攝取一切諸法。又爲攝取八正道故。修行四法。一者。於義正方便事。二者。隨義而作相應正方便事。三者。順法而作觀察正方便事。四者。不起一切執著正方便事。又爲攝取八正道故。修行四法。一者。能以堅誓自守。如說而行。二者。能以六根善巧於道發趣。三者。能令意樂清浄。四者。能住不放逸行。

無邊慧。諸菩薩摩訶薩以此法行攝取道故。乃可名爲隨順道者。觀一切法性空故。無名故。無相故。無願故。無生故。無作故。厭故。離故。滅故。出故。得法光明。觀生盡時。不於無生而起生想。便於爾時超升離生。出過非法。得道清浄。獲無生忍。道清浄故。過一切想。不住非想。滅於道想。離於法想。出無明網。以明修習所應得法悉能得之。明所修習得何等法。謂明修習得想受滅。得一切法決定善巧。得隨秘密順於法性。諸菩薩摩訶薩行此道時。不住於處。不爲相覆。知一切法同於虛空。生如空生。性如空性。無有少相而爲挂礙。此道清浄。不畏灾患。被大甲胄不爲執縛。乘於大乘無所迷惑。離諸障難猶如虛空。於此道中而發趣之。爲諸衆生作大光明。無

邊慧。是爲諸菩薩摩訶薩殊勝之道。非諸聲聞緣覺所行。爾時世尊而説偈言。

爲攝八正道　演説諸法行　若住此道中　斯爲大精進
善法修行者　能於一切時　不作不善法　斯行攝於道
菩薩修習者　於内如理思　於外求請問　斯行攝於道
菩薩觀察者　如事正了知　如理如法住　斯行攝於道
菩薩依怙者　於内隨覺知　於外無所執　斯行攝於道
菩薩無畏者　自信無分別　令他住净信　斯行攝於道
菩薩思惟者　净諸所作業　於業無所執　斯行攝於道
菩薩無繫者　常知苦取蘊　求無苦取蘊　斯行攝於道

菩薩善智者　修離和合行　能離於和合　斯行攝於道
菩薩思義者　隨義能了知　演説無違諍　斯行攝於道
菩薩具慧者　不著於文字　攝持一切法　斯行攝於道
菩薩行法者　能與法相應　亦隨義相應　斯行攝於道
菩薩順道者　正住於堅誓　如説而修行　斯行攝於道
菩薩道清净　善净於意樂　住法不放逸　斯行攝於道
菩薩一切時　勤修此諸行　身心獲安樂　斯行攝於道
菩薩正念者　住於清净道　了知一切法　皆空無有相
菩薩觀察者　能令願清净　亦不住無願　遠離於諸相
菩薩如理觀　理趣悉平等　於諸法不生　無有少疑惑

菩薩妙智者　能觀一切法　厭離寂滅故　明見而發趣
菩薩觀法者　如理見法生　不於生見生　不於盡見盡
菩薩精進者　如是觀察時　出離於非法　超升正位中
菩薩妙智者　斯道爲清净　速至大安隱　成就無上忍
菩薩妙智者　隨順觀諸法　超過一切想　常住於無想
菩薩妙智者　斯道能净治　遠離於道想　亦不住法想
菩薩妙智者　斯道净治故　出於無明網　獲大法光明
菩薩妙智者　能以③明修習　教授諸衆生　由是而發趣
菩薩明修習　爲得一切法　决定甚深義　善巧大方便
菩薩明修習　方便離諸想　隨順秘密法　能知决定義

菩薩妙智者　以大法光明　能滅於想受　由是而發趣
菩薩妙智者　不住於斯道　不住斯道故　於道而發趣
菩薩無畏者　能知一切法　猶若净虛空　諸相無所覆
菩薩知諸法　其性同虛空　諸法如空故　清净而無垢
菩薩如是住　不爲相所礙　速爲諸衆生　演説而教授
菩薩妙智者　一切道清净　於道無灾患　無礙而發趣
如是清净道　速往大菩提　能於無爲證　平等而發趣
菩薩大甲冑　大乘及大道　如空無挂礙　清净而發趣
趣斯乘及道　如趣太虛空　遠離於衆相　無相而發趣
大乘平等乘　廣大如虛空　於斯清净道　此乘當發趣

一切諸菩薩　尊重於斯法　爲諸衆生故　勇猛而發趣
若諧大菩提　住斯殊勝道　非諸二乘等　於此能發趣
菩薩正憶念　能令道清净　以斯清净道　最上而發趣

復次無邊慧。諸菩薩摩訶薩如是發趣之時。能以善巧而正了知無量念處。正斷。根。力。覺分。解脱。等持。等至。神足。止觀。無量功德殊勝莊嚴。爲欲降伏諸世間故被大甲胄出三界故乘於大乘。攝受天。人。阿修羅故安住斯道。而發趣於阿耨多羅三藐三菩提。無邊慧。諸菩薩摩訶薩被大甲胄。乘於大乘。住斯道時。不以慈悲喜捨遍照衆生。於諸衆生不愛如己。如是甲胄大乘大道。而於大地所不堪受。一切衆生不任親近。若以哀愍利益衆生。被大甲胄。乘於

大乘。安住斯道。如是甲冑大乘大道。一切世間天。人。阿修羅所不能行。一切愚夫耽著世間住世間者。亦不能見。又諸菩薩摩訶薩哀愍一切諸衆生故被大甲冑。能以甲冑加持地界。水火風界。令此地界而不傾覆。一切衆生不生恐怖。能令水界火界風界隨彼所應。作所應作。又諸菩薩摩訶薩始自初心發趣甲冑。乃至今被斯大甲冑。乘此大乘。以清净道而發趣於一生補處。詣菩提樹坐道場時。此三千大千世界之中。金剛所成堅固場地。若不加持。踴没傾覆。雖以堅固金剛所成。無堪荷負斯大甲冑大乘大道。又諸菩薩摩訶薩往昔誓願。於諸衆生趣④慈悲故。十方諸佛諸大菩薩共稱贊故。設復金剛大輪圍山。須彌盧山。一切寶山及餘山王。若

不加持。亦無堪荷斯大甲冑大乘大道。又諸菩薩摩訶薩本願力故。諸佛如來本願力故。於諸衆生不爲惱故。不爲害故。不爲損故。不爲怨故。不爲仇故。不淩恃故。不逼迫故。爲令衆生獲安樂故。被大甲冑乘於大乘住斯道中。而發趣於阿耨多羅三藐三菩提。無邊慧。諸菩薩摩訶薩被甲冑時。被慧甲冑。持慧刀仗。大慧迴向。乘迴向乘。起慧光明。住光明道。以慧明眼觀察諸法。而發趣[5]於一切智智。爲欲攝取一切智智。爲諸衆生修行般若波羅蜜。檀那波羅蜜。尸羅波羅蜜。羼提波羅蜜。毗梨耶波羅蜜。禪波羅蜜。一切皆以慧爲先導。慧爲修習。慧爲攝持。迴向阿耨多羅三藐三菩提。

爾時無邊慧菩薩摩訶薩白佛言。希有世尊。諸菩薩摩訶薩若干

智慧。遍一切處悉能攝持。成就無量諸佛之法。爾時世尊告無邊慧菩薩摩訶薩言。無邊慧。如是如是。如汝所說。諸菩薩摩訶薩若干智慧。遍一切處攝一切法。被大甲冑乘於大乘住斯大道。一一皆以慧爲先導而發趣之。無邊慧。設有智慧。無慧先導。於此道中不能發趣。若有智慧。以慧先導。遍一切處。隨轉隨行。以慧攝持。以慧防禦。爾時乃名被大甲冑乘於大乘住斯大道。以安隱法饒益世間。能開慧眼。以眼觀察。慧身朗照放大光明。而發趣於阿耨多羅三藐三菩提。無邊慧。是爲諸菩薩摩訶薩所被甲冑。甲冑莊嚴。所乘大乘。大乘莊嚴。所行大道。大道莊嚴。而發趣於阿耨多羅三藐三菩提。無邊慧。諸善丈夫甲冑莊嚴。大乘莊嚴。大道莊嚴。一切

功德種種莊嚴。我若具說。於無量劫不可窮盡。爲令汝等而了知故。亦爲未來諸善丈夫甲冑莊嚴。大乘莊嚴。大道莊嚴。無邊功德資糧莊嚴。我今於此略說少分。彼善丈夫若聞我法。亦當被大甲冑。乘於大乘。住斯大道。功德莊嚴而發趣之。爾時世尊而說偈言。

我說一切斷　亦說四念住　一切善方便　斯由不放逸
具足正憶念　法善巧相應　勇進而出離　斯由不放逸
根力菩提分　被甲乘大乘　以此爲侍衛　菩薩當發趣
禪定勝解脱　等持及等至　以此爲侍衛　菩薩當發趣
大慈悲喜捨　被甲乘大乘　以此爲侍衛　菩薩當發趣
成就於止觀　神足及神變　以此爲侍衛　菩薩當發趣

無量諸功德　被甲乘大乘　於道無疲倦　菩薩當發趣
精進不放逸　被甲乘大乘　了知彼念處　菩薩當發趣
光明大甲冑　降伏諸世間　被斯甲冑已　乃名爲智者
正趣一切智　出過三界中　乘斯大乘已　乃名爲智者
大道清浄道　映蔽諸世間　天人阿修羅　乃名遍聞者
如是諸菩薩　普爲諸衆生　能於一切時　精進被甲冑
菩薩不修習　大慈及大悲　大喜大捨等　大地不堪受
菩薩不修習　於彼諸衆生　知時饒益事　大地不堪受
菩薩不修習　於彼諸衆生　愛之如己者　大地不堪受
菩薩不修習　以慈乘大乘　諸山及大海　大地不堪受

菩薩不修習　慈念諸衆生　乘於此大乘　衆生不親近
若被斯甲胄　慈光不照明　於彼大甲胄　衆生不親近
若被斯甲胄　功德海無邊　加持四大界　彼乃堪荷負
攝取衆生故　普照以慈光　加持四大界　彼乃堪荷負
攝取衆生故　成就大菩提　加持四大界　彼乃堪荷負
不識惱衆生　被斯大甲胄　大乘而出離　斯名爲智者
善巧大方便　一切悉加持　無上而出離　斯名爲智者
由是此大地　不没亦不傾　水火風界等　能作所應作
然諸大菩薩　被甲乃無邊　乘於此大乘　以道而發趣
成就一生處　至於最後身　往詣樹王下　坐于堅固地

於此道場處　安住如金剛　身心不疲倦　現證一切智
菩薩無畏者　若不以加持　彼地當傾覆　壞已無復成
一切大地界　若不以加持　假使金剛成　無不傾覆者
菩薩於往昔　大誓願莊嚴　於諸衆生所　已起大慈念
現在十方界　諸佛刹土中　遍知兩足尊　一切皆護念
設復餘石山　須彌盧寶山　金剛輪圍山　堅固嶷然住
菩薩智慧者　若不以加持　於斯大甲冑　不堪爲荷負
諸佛諸菩薩　神力所加持　衆生及大地　堪近堪荷負
被斯大甲冑　不爲惱衆生　甲冑無有上　以乘當發趣
被斯大甲冑　不爲害衆生　甲冑不思議　以乘當發趣

被斯大甲胄　不爲仇衆生　爲除衆生病　以乘當發趣
具足殊勝道　無上最净治　不惱不仇怨　不害正安住
被慧大甲胄　乘慧迴向乘　甲胄不可壞　迴向無過上
菩薩依怙者　住道慧光明　以慧觀諸法　無上而發趣
菩薩殊勝道　甲胄及大乘　斯由慧光起　是故心清净
乘諸波羅蜜　趣佛大菩提　慧攝慧清净　以慧爲先導
一切波羅蜜　以此慧爲先　慧攝慧清净　能授無上智
菩薩不思議　能起慧光明　能然大慧燈　安樂而發趣
起慧光明故　慧眼由是開　於佛無上智　明見而發趣
菩薩勇猛者　甲胄乃無邊　無邊莊嚴故　名爲大甲胄

菩薩大智者　大乘大莊嚴　於佛一切智　無染而發趣
菩薩大智者　大道大莊嚴　殊勝不思議　清净而發趣

大寶積經卷第二十二

校注

①『業』，底本作『語』，依龍藏、思溪藏、和裕本、上海佛學書局本改。

②『道』，龍藏、思溪藏作『者』。

③『以』，龍藏、和裕本作『於』。

④『趣』，龍藏、和裕本作『起』。

⑤『趣』，底本作『起』，依龍藏、思溪藏、和裕本、上海佛學書局本改。

大寶積經卷第二十三

大唐三藏菩提流志奉　詔譯

被甲莊嚴會第七之三

復次無邊慧。諸菩薩摩訶薩乃於無邊甲冑境界。無邊大乘境界。無邊大道境界而發趣之。何以故。於一切處能隨入故。諸菩薩摩訶薩爲欲隨入一切法故被大甲冑。爲欲隨入一切法故乘於大乘。爲欲隨入一切法故住斯大道。於一切法得平等故而發趣之。然此甲冑不得少法若内若外。若粗若細。若遠若近。過現未來。有爲無爲。住不住者。若此甲冑於一切法不能選擇。不能決了。不能遍知。不能隨入。不能作證。不能超過。不可名爲被大甲冑。於一切

法若能選擇。若能決了。若能遍知。若能隨入。若能作證。若能超過。乃可名爲被大甲冑。又此大乘亦無少法若内若外。乃至迴向一切智智。遍知隨入作證超過。是故此乘名爲大乘。法善巧乘。至涅槃乘。無上上乘。無等等乘。又此大道亦無少法若内若外。乃至能於一切諸法平正大道而發趣之。此平正道無有少法不遍知者。是故此道名無上道。無數量道。無等等道。

無邊慧。諸菩薩摩訶薩被大甲冑。遍能隨入一切衆生心心所行。遍能清净一切衆生雜染煩惱。乘於大乘。增長衆生一切善根。住斯大道。勸化衆生一切善法。無邊慧。諸菩薩摩訶薩爲一一衆生。一一心行。盡生死際長時流轉求智慧樂。不捨甲冑。而能堅固被

大甲胄。無量甲胄。難思甲胄。清净甲胄。無邊甲胄。無取甲胄。知衆生想甲胄。知無衆生甲胄。知無我甲胄。知衆生自性甲胄。隨覺衆生自性甲胄。知我自性甲胄。隨覺我自性甲胄。知内自性甲胄。隨覺内自性甲胄。知外自性甲胄。隨覺外自性甲胄。知内外自性甲胄。隨覺内外自性甲胄。知一切法自性甲胄。隨覺諸法自性甲胄。知一切法無所得甲胄。知一切法自性無所得甲胄。了知一切諸法甲胄。無邊甲胄。無中甲胄。無中邊甲胄。非過去甲胄。非未來甲胄。非現在甲胄。無作甲胄。無作者甲胄。無邊慧。諸菩薩摩訶薩於此甲胄亦無所被。亦不隨覺。亦不決了。亦不出離。亦不現證。無甲胄故而被甲胄。不隨覺故而能隨覺。不決了故而能決了。不出離

故而能出離。不現證故而能現證。無所乘故而乘大乘。不於大乘而有施設。無所施設而爲施設。然於大乘無少施設。若有施設則非施設。於彼施設不可得故。不可見故。亦無有乘以乘安住。以無所得而住大乘。遠離趣向。不至究竟。不到涅槃。不可得故非道爲道。於道發趣以平正故。此平正道無所施設。誰爲施設。何處施設。從何施設。亦無有作。亦無作者。亦非和合。非不和合。一切厭離。一切不求。何以故。此平正道與一切法不异不同。不相應故。不起法想。離一切法。無垢無净。法性亦爾無垢無净。是故此道名無染道。以不可趣而爲進趣。以不可攝而爲攝取。此道甚深。無生無起。無出無作。無得無行。無處無住。無障無事。於一切事而能顯了。於一

切事而無差別。不隨事轉。以無事故至無上處。無邊慧。諸菩薩摩訶薩於此甲胄此乘此道。應如是知。然此甲胄此乘此道無所可見。無所可知。不可得故。誰爲被甲。誰乘此乘。誰行此道。亦不可見。亦不可知。亦不可得。無邊慧。若諸菩薩摩訶薩聞斯法已。不驚不怖。讀誦宣說。於法理趣無所乖違。隨順修行而生愛樂。入於勝解。爲斯法故應勤精進。若於斯法決定理趣。善巧方便有堪能者。被此甲胄。乘於此乘。行於此道。於此深法無所得故而發趣之。盡生死岸。爲正覺者。能以無邊功德莊嚴出現世間。無邊慧。諸菩薩摩訶薩於此法中應生愛樂。起大精進而無放逸。若有衆生於此深法纔生愛樂。我説彼人得大饒益。況能精勤不爲放逸。戒行清浄

而發趣者。無邊慧。汝觀斯法若干廣大。若干殊勝。若干清浄。我於此法殷勤稱贊。欲令衆生而生愛樂。當得長夜利益安樂。爲厭離故。寂滅故。遍知故。無邊慧。汝當復觀斯法。能授世間出世間具足安樂。諸有若干匱乏衆生。於此深法而退失故。遠離世間及出世間一切具足豐饒安樂。無邊慧。汝當復觀如來現前此深法寶。若干豐饒。若干易得。汝今於此甚深之法應勤修習。諸有愚夫。於我演説此法寶時尚不欲聞。況能受持如來現前法寶豐饒。不樂聽聞。不欲咨問。若於末世後五百歲正法滅時。佛及法寶及持法者三不現前。何能欲聞愛樂咨問。無邊慧。然於後時。若爲如來善加持者。此深法寶亦令可得。無邊慧。彼怖畏時。此深法寶實無損減。

亦無滅盡。但於此法無聽聞者。無受持者。唯除我前渴仰聽聞被甲胄者。當於彼時乃能愛樂聽受斯法。彼時衆生聞此法已。能生浄信。我説彼人當得成就斯廣大法。況於今時於此法中能生浄信勤修行者。無邊慧。諸菩薩摩訶薩被無上甲胄。無量甲胄。大甲胄時。應作是念。我爲一切匱乏衆生。所謂乏於戒者。乏於聞者。乏於慧者。乏解脱者。乏於解脱知見者。以此大法而豐足之。由是大法豐足之故。一切匱乏皆令捨離。戒財。聞財。慧財。解脱財。解脱知見財皆令富饒。貪瞋痴火皆令息滅。一切衆病皆令除愈。無上良藥皆令服之。服斯藥故衆病消除。獲大安樂。永離有餘。證清涼性無上涅槃。無復有餘思惟觀察。不求一切有爲無爲。何以故。以此

涅槃最上安樂。一切所求更無餘故。所求永息已滅盡故。無邊慧。諸菩薩摩訶薩被於如是大甲胄已。又爲哀愍攝取一切諸衆生故乘此大乘。此大乘者。過去諸佛已乘出離。未來諸佛當乘出離。現在諸佛今乘出離。無有去者。亦無有乘。亦無出離。何以故。以空無相無願無生無作者故。非已出離。非今出離。非當出離。乘此乘者如是出離。爲善出離而無執著。於一切法非有和合。非無和合。無來無去。此乘於道而出離時。亦非和合。無來無去。此乘此道於大甲胄而出離時。亦非和合。非不和合。無來無去。不可得故。無邊慧。諸菩薩摩訶薩以此甲胄此乘此道而發趣之。又此甲胄此乘此道而發趣時。不作是念。若凡夫法。若聲聞法。若緣覺法。若諸佛

法。彼法於我若遠若近。亦不作念。若空無相無願。無生無作。彼法於我若遠若近。亦不作念。若厭若離若滅。乃至大般涅槃。彼法於我若遠若近。無邊慧。此大甲冑此乘此道。一切菩薩。一切聲聞。一切緣覺。一切衆生所不能動。而發趣於阿耨多羅三藐三菩提。無邊慧。諸佛世尊於此甲冑此乘此道。得不動已而般涅槃。何以故。一切諸法不可動故。一切法性。法性之相。相遠離故。相清淨故。遍清淨故。不可以相而爲觀察。爲勝觀察。爲遍觀察。一切法相。法相之性。不可以性而爲觀察。爲勝觀察。爲遍觀察。一切諸法無性無相。不可顯示。不可言説。是爲諸法真實性相。無邊慧。如此甲冑此乘此道。真實之相不可顯示。不可言説亦復如是。爲令衆生當了

知故。增長一切法光明故。於此甲胄此乘此道。假以施設而略説之。汝今若欲於此甲胄此乘此道隨義行者。勿以施設。勿以顯示。勿以言説。應隨義行。隨義行者。無少應行。無少隨行。若於非義不應隨行。若於是義則應隨行。隨義行時。不隨聲行。不隨字行。不隨語行。不隨行者。不隨彼轉。何者爲義。謂秘密説。於秘密説應隨覺了。應以信行。以信行者。於是義中無所分別。於無分別乃應隨行。應隨行者。乃爲不行。亦不隨行。何以故。於是義中無少有①行。無少隨行。無少遍行。遠離行故。不應隨行。不隨菩提相應而行。不隨流轉相應而行。於彼相應及不相應。皆非作意。皆非正念。念清净故。故不應行。

無邊慧。於是義中汝應隨行勿异有行。若异隨行則爲妄[2]失。隨逐音聲。隨逐文字。隨逐語言。於彼語言不能捨離。遍知音聲。超過文字。隨覺語言。則不隨行。則不流轉。於是義中如是隨行。如是隨入則無少行。行止息故。無邊慧。於義行時。勿復以行而行於義。若不以行而行於義。則爲不來不復退還。若得不來不復退還。於此甲冑此乘此道。隨順趣於阿耨多羅三藐三菩提。爲諸衆生作大饒益。無邊慧。若於此法如是説者。隨義行者。能隨入者。心不顛倒。無有疑惑。成就勝解。於此甲冑此乘此道。若未攝取能攝取之。速當發趣。若有未被斯甲冑者則能速被。若有未乘於此乘者則能速乘。若有未住於此道者則能速住。無邊慧。彼諸衆生當攝廣大福

德資糧。爲佛世尊之所護念。於法無違。與僧同行。無邊慧。汝已攝取無量善根。於後末世當以此法攝諸衆生。爲諸衆生荷負重擔。所獲福德其量難説。爾時世尊而説偈言。

菩薩無畏者　如是被甲時　爲利諸③衆生　乃被無邊甲
衆生若貧乏　弊苦無法財　無戒無多聞　無慧無解脱
被此無邊甲　令法致豐饒　以法豐饒故　一切獲安樂
爲捨諸貧苦　演説無上法　聞者皆離塵　住斯安樂道
戒蘊備充足　多聞如大海　便得最上慧　由斯能斷縛
解脱遍照明　解脱正知見　若能現證者　一切獲安樂
貪瞋痴大火　恒燒遍熾然　衆生由是苦　彼火我令滅

授諸衆生藥　一切病皆除　若病消除已　得至涅槃界
永捨一切餘　趣於安樂處　從彼安樂中　無有退還者
一切有爲樂　於彼不復求　無上大安樂　於彼皆當證
以無戲論法　成熟諸衆生　究竟大安樂　一切皆當得
如是發趣者　一往不復還　出過於發趣　常得勝安樂
於大安樂中　樂欲不樂欲　發趣無發趣　一切皆當斷
如是被甲已　當乘於此乘　爲愍諸衆生　一切皆攝取
過去正遍知　此乘已出離　未來正遍知　此乘當出離
現在佛世尊　此乘今出離　故於此大乘　無不皆乘者
一切諸最勝　世間大依怙　以此乘出離　不起於乘想

非乘以爲乘　非道以爲道　非出以爲出　出離故無上
此乘出離時　曾無少出離　以空無有相　無願無作故
非乘非出離　乃名爲大乘　一切悉平等　由是而發趣
此乘無和合　亦無不和合　發趣無上道　現證大安樂
此乘無相應　亦無不相應　無處無所依　由是而發趣
此道無有來　此道亦無去　行④斯正道者　寂靜而發趣
我說於此道　此乘此甲冑　於法無所依　寂靜最無上
一切凡夫法　一切聲聞法　一切緣覺法　一切不可得
於佛一切法　離垢無上法　不遠亦不近　一切不可得
於空無相法　無願無作法　不遠亦不近　一切不可得

於厭離滅法　涅槃寂静法　不遠亦不近　一切不可得
此乘此甲冑　此道無所取　無上不可動　畢竟不可得
一切法自性　真實希有相　不可以施設　諸法性空故
此乘此甲冑　此道無顯示　如諸法自性　彼性亦如是
一切諸法中　相性不可得　於無相性法　我略爲開示
一切諸法中　一切自性相　於我如是説　畢竟無所有
此乘及此道　甲冑自性相　於彼求言説　畢竟亦非有
言説非有故　是爲希有相　於彼言説中　語相亦非有
諸法不可量　無勝無邊[5]量　一切不可測　是故法無上
此乘此甲冑　此道亦如是　於彼無相中　如是應隨入

爲令諸衆生　遍知勤修習　速逮法光明　故我如是說
諸法無語言　一切不可說　於彼諸法中　一切應隨入
以法無言故　於彼應隨行　行無少有行　一切法無行
無求而樂求　無行而隨行　如是隨行者　於義不觀察
汝今於實義　一切應隨行　音聲及語言　於彼勿隨轉
音聲語言中　若得不隨轉　於義乃隨行　是爲求義者
何者名爲義　應知秘密說　以信無分別　是義乃隨行
明了如是義　能於秘密說　無執無所著　不行不隨轉
若有隨行者　彼則隨執著　若無隨行者　一切不隨轉
由是正憶念　遠離於隨轉　菩提及生死　二俱不相應

於彼亦無念　無念爲正念　於念清净故　説爲清净者
若异此修行　遠離無上法　汝應於是義　如説而修習
若隨語言者　是則隨音聲　於彼不超過　同於世間法
音聲及文字　不應隨彼轉　應知真實義　無行以隨行
實義無音聲　亦無有文字　超過語言故　乃名爲實義
是義應隨行　隨行無所有　以行止息故　乃名爲實義
於真實義中　不行以爲行　斯則不退轉　不捨於甲冑
隨順大甲冑　大乘及大道　趣於安樂處　利益諸衆生
此諸安隱法　我今爲汝説　汝當隨義行　能斷汝疑惑
若乘此乘者　乘已當發趣　速詣大菩提　現證無上覺

於此最上乘　不乘爲速乘　於道於甲冑　其義亦如是
於此無上法　精勤修習者　彼諸衆生等　爲佛之護念
於後怖畏時　汝當開此法　廣爲諸衆生　而作利益者
於後怖畏時　若能開此法　所生無上福　其數不可量

無邊慧。諸菩薩摩訶薩所被甲冑名曰大勝。亦名無邊勝。亦名大莊嚴。所乘之乘名曰大商。亦名無邊光。亦名妙莊嚴。所行之道名曰無量莊嚴資糧。亦名無量方便資糧。以是道故。諸善丈夫而發趣於阿耨多羅三藐三菩提。

復次無邊慧。乃往古昔過無量劫。復倍是數。有佛出世。號栴檀香光明如來。應供。正遍知。明行足。善逝。世間解。無上士。調御丈夫。天

人師。佛。世尊。劫名電光。國名光明。時彼刹土地平如掌。無諸雜穢瓦礫荊棘。黄金白銀而爲沙聚。行列國界。睹者欣悦。時四天下。其洲皆廣二億由旬。一一洲中復有四萬八千大城。其城一一廣十由旬。長二十由旬。垣墻周迴。嚴麗峻極。一一城[6]有八俱胝人止住[7]其中。十千聚落一千園苑圍繞莊嚴。而此國界復有種種花樹果樹。香樹衣樹。上味之樹及金剛樹間錯莊飾。池沼泉流。涯岸端直。八功德水盈滿其中。優鉢羅花。波頭摩花。拘物頭花。芬陀利花。雜色輝映靡不周遍。彼栴檀香光明如來壽六十八俱胝那由他歲。復有六十俱胝那由他諸聲聞衆以爲眷屬。彼時人民顔貌端正。安隱快樂。薄貪瞋痴。易可開示。以少勸化而能遍知諸法性相。無

邊慧。復於彼時有轉輪王。名一切義成。七寶具足。四天歸化。彼閻浮洲有一大城。其城縱廣四十由旬。人民熾盛。安隱豐樂。宮城之内廣五由旬。間以七寶而爲莊飾。妙多羅樹垂諸鈴鐸。真金羅網彌覆其上。王之正殿純紺琉璃。廣一由旬。四面千柱。其殿之上復有千樓。高峻嚴麗。衆寶裝飾。於其殿前。有大香池周環澄徹。其傍復有十六香光小池。七寶所成。布列圍繞。一一池間流渠激注。出妙音聲如奏衆樂。一一小池有八階道。香光大池三十二道。一一階道純金所成。寶樹行列。寶網彌覆。上妙香氣遍滿城中。故號彼池名曰香光。

無邊慧。彼轉輪王有四夫人。一名無邊音。二名賢善音。三名衆妙

音。四名鵝王音。一一夫人各有二子。一名不空勝。二名賢勝。三名龍勝。四名勝音。五名妙音。六名梵音。七名勝雲。八名雲音。婇女六億。諸子十千。爾時彼王於內宮中。與其眷屬娛樂嬉戲。忽於空中見一如來妙色之身。時彼如來即告王言。大王應被無上甲冑。乘無上乘。而發趣於阿耨多羅三藐三菩提。授諸衆生智慧之藥。勿得貪著人天五欲。此大甲冑而能攝受無上安樂。此無上乘而能誘入無上園苑。入此中者不復退還。一切人天種種諸欲。皆是無常變壞之法。勢不久住。須臾磨滅。無邊慧。爾時一切義成大王聞此説已。於彼如來而白言曰。其誰能示斯大甲冑。如彼甲冑而嚴被之。其誰能示斯之大乘。如彼大乘而乘御之。其誰能示斯之大

道。如彼大道而發趣之。時彼如來告一切義成大王言。大王當知。有栴檀香光明如來王應詣彼。當爲大王演説斯法。被大甲胄。乘於大乘。趣於大道。時彼如來如是説已。欻然不現。無邊慧。爾時一切義成大王睹斯事已。悚栗毛竪。發希有心。便生怖畏。不樂人天種種欲樂。厭捨一切諸行有爲。求大甲胄大乘大道。即與八子及四夫人。并餘諸子婇女侍從俱。往詣彼栴檀香光明如來所。既到彼已。與其眷屬恭敬作禮。稽首佛足。即以一百檀盧那七寶雜花散於如來應正遍知。復以無量支婆羅奉獻如來及聲聞衆。復以一切安樂資具滿十千歲而供養之。從是以後。弃捨王位。與其眷屬於栴檀香光明如來法中出家。無邊慧。時彼栴

檀香光明如來。知一切義成比丘及其眷屬至樂之心。便爲開示甲冑莊嚴。大乘莊嚴。彼既聞已。發堅固心。爲深法故。盡其軀命。端坐思惟。精勤無退。常近如來。而於世間一切諸欲得無動念。無邊慧。時彼如來問一切義成比丘言。善男子。汝於今時被大甲冑乘於大乘發趣道耶。以是道故。而能成就一切智智。無等等智。汝當如理精勤修習。彼一切義成比丘白栴檀香光明如來言。世尊。我於今時乃不見有名甲冑法。亦不見有能被甲冑者。亦不見有被甲所從。亦不見有被甲之處。世尊。我不見有名乘之法。亦不見有乘大乘者。亦不見有乘之所從。亦不見有乘大乘處。世尊。我不見有名道之法。亦復不見由此道故已發趣者。今發趣者。亦不

見有道之所從。亦不見有道之處所。世尊。我於阿耨多羅三藐三菩提若遠若近。若去來今。無得無見。如我今者作是觀時。實無少法而可親近而可證者。若我無證。世尊寧當而問我言。被大甲冑乘於大乘發趣道耶。世尊一切知者。一切見者。如我等比於法修行。唯有如來乃能了知。非諸聲聞緣覺境界。無邊慧。彼一切義成比丘於如來前作是説時。與其眷屬便得菩薩無生法忍。得法忍故皆不退轉。爾時栴檀香光明如來悉爲授記。過五百阿僧祇劫。當證阿耨多羅三藐三菩提。彼聞授記歡喜踴躍。上升虛空高七多羅。即以偈頌讚如來曰。

無量大名稱　挺特如山王　世尊一切智　能演諸功德

佛眼悉明見　猶如日照臨　尊嚴大會中　我禮如來足
無量德資糧　佛智已圓滿　我等亦當得　世尊無上智
無上大光明　普照於人天　開示諸法藏　無邊功德海
智慧常無失　正覺離煩惱　慧光大精進　我禮深功德
大龍大莊嚴　衆相以嚴身　安住如須彌　御衆無倫匹
能爲世導師　映蔽人天衆　演説無所畏　我禮勝丈夫
世尊大牟尼　無邊功德海　能開我法眼　令我被甲冑
然我一切時　爲乘大乘者　常於此勝道　發趣更無餘
牟尼勇猛尊　覺知一切法　世無有過者　我等咸歸命
無邊慧。彼栴檀香光明如來應正遍知説此法時。成熟無量無數

衆生。一切義成比丘從是已後。與其眷屬供養承事無量無數諸佛世尊。過五百阿僧祇劫。證阿耨多羅三藐三菩提。號曰超無邊境界王如來。彼佛刹土所有功德廣長之相。亦如栴檀香光明如來應正遍知光明世界。無有异也。諸聲聞衆其數無量王之夫人。諸子眷屬。亦過五百阿僧祇劫。皆證阿耨多羅三藐三菩提。無邊慧。諸菩薩摩訶薩被大甲冑乘於大乘。於此道中持大法炬。作大法明。放大法光。建大法幢。擊大法鼓。乘大法船。以攝大法而發趣之。善丈夫戲而游戲之。霔以法雨潤於衆生。皆令歡喜。精勤勇進。而發趣於阿耨多羅三藐三菩提。無邊慧。諸菩薩摩訶薩住此道時得法光明。以光明故。能見一切諸法緣起。自性本空。自性無相。

自性無起。不於色中而見於色。受想行識亦復如是。不於識中而見於識。异識緣起。了知識相自性本空。自性無相。自性無起。但屬衆緣。見緣和合。衆緣亦空。無相無起。作是見時。不於眼中而見於眼。耳鼻舌身意亦如是。不於意中而見於意。异意緣起。了知意相自性本空。自性無相。自性無起。乃至地界。水界。火界。風界。空界。欲界。色界及無色界。無有作者。無有受者。不於少法見有少法。异緣而起。屬衆因緣。自性無相。自性無起。緣性亦空。無相無起。無邊慧。是爲諸菩薩摩訶薩住此道觀察緣起。作是觀已。能以智慧於緣起中證真實際。以斯一切法光明故。如來十力。四無所畏。十八不共。大慈大悲。大喜大捨。乃至一切諸佛之法速得圓滿。爾時世尊

而說偈言。

菩薩無畏者　如是能安住　作大法光明　妙智而發趣
建于大法幢　此幢無有上　一切佛法中　正念而發趣
智慧善游戲　法施諸衆生　霔於大法雨　無畏而發趣
以法潤衆生　皆令得歡喜　以是諸菩薩　妙善而發趣
如是諸菩薩　得大法光明　能於正法中　勇猛善安住
由是法光明　了知一切法　以衆緣故起　一切無堅實
諸法自性空　自性無有相　自性無有生　自性無有體
諸法以衆緣　和合而共起　衆緣和合故　自性無所有
菩薩能觀察　了衆緣亦空　衆緣自性空　自性無有相

亦無有生起　亦非有所作　如是觀察者　於法勤修習
諸起無體故　衆緣亦非緣　如是如理觀　能知一切法
觀諸色受想　行識亦如是　皆以衆因緣　由斯諸蘊起
諸蘊無有實　自性本來空　性空故無相　一切無所起
諸蘊遠離相　離相則無生　無生則無滅　諸蘊如是相
無相妄有相　彼相從何有　諸法無體故　斯蘊亦無性
界處亦如是　一切從緣起　自性本來空　無相無有體
一切諸法中　法體不可得　了知一切法　名義思惟者
欲色無色界　一切從緣起　自性本來空　無相亦無體
觀此能觀智　何能知彼境　此智及彼境　自性常遠離

所起及衆緣　此二俱無作　能作如是知　斯爲真實相
無相以相説　菩薩由斯入　而亦不分別　若相及無相
如斯善智者　能見真實相　於諸法界中　不作少法相
若法及法界　此二俱無相　諸法遠離相　説名爲法界
説名法界者　無界無非界　雖名爲法界　然實不可得
思惟此義時　不念不可得　離諸分別故　獲大法光明
諸法無性故　光明亦無性　由斯觀察故　復得法光明
不見能觀智　斯見亦不見　見法虚妄故　説此名爲觀
光明不思議　無邊無有量　見諸法皆空　説名不分別
若法有諸相　常無證入者　聞斯净法音　應生大歡喜

若法無有生　常無分別者　聞斯净法音　寂然獲安樂
若後末世時　聞斯無上法　應説彼衆生　久集諸功德
若後末世時　聞斯無上法　當於此法中　以速而發趣

大寶積經卷第二十三

校注

①『少有』，思溪藏作『有少』。

②『妄』，龍藏、和裕本、上海佛學書局本作『忘』。

③『諸』，龍藏、思溪藏作『益』。

④『行』，龍藏、和裕本作『得』。

⑤『邊』，思溪藏作『遍』。

⑥『城』，底本污殘，依龍藏、思溪藏補。

⑦『止住』，底本污殘，依龍藏、思溪藏補。

大寶積經卷第二十四

大唐三藏菩提流志奉　詔譯

被甲莊嚴會第七之四

復次無邊慧。諸菩薩摩訶薩如是觀察一切法時。便於諸法得法光明。不於空中而見於空。亦不離空而見於空。不見少法與空相應若不相應。不以空空。不見於空。不見不空。亦不以見觀一切法。作是見時。不於無相而見無相。不异無相而見無相。亦無少法而與無相若相應若不相應。不於無相以無相見。不於有相以有相見。非有相見。非無相見。無生無作亦復如是。不於盡中而見於盡。亦不异盡而見於盡。不見少法與盡相應若不相應。亦不於盡而

以盡見。亦不於盡以無盡見。亦非盡見。非無盡見。諸菩薩摩訶薩作是見時。無有少法若可得見。不可得見。若可顯了。不可顯了。若可趣入。不可趣入。若可覺知。不可覺知。無邊慧。是爲菩薩摩訶薩安住斯道大法光明。法光明故。見一切法悉無有邊。於邊於中亦無所執。無所執故。於佛法中而發趣之。爾時世尊而説偈言。

不於空見空　不异空見空　能作如是見　説名爲見空
不住於少法　亦不見少法　於彼空相應　及以不相應
空以自性空　於空無所取　以無所取故　能知一切法
於見無所取　於觀無所執　能知見與觀　此二俱不受
於見悉清净　於觀不可得　如是觀諸法　畢竟無所執

不以無相見　不以無相觀　亦不於無相　而作無相觀
無相無所顯　無願不可得　無有少法體　而可修習者
不念於無相　亦不念無願　如是無分別　顯了相無相
不趣於無相　亦不入無相　無趣無所入　顯了平等住
智人不見相　亦不見無相　不見不思惟　一切無顯了
若人常思惟　無思無顯了　於思及顯了　平等平等住
如是於無相　無作亦復然　雖顯無所顯　思惟了知故
無生亦如是　曾無少法生　自性無所有　顯了而無體
若生若無生　有作及無作　亦無少所執　智者不分別
念慧無所動　顯了無思擇　有體及無體　平等離諸性

不於盡見盡　亦不見無盡　顯了無所見　盡智無過上
若盡若無盡　二俱不分別　以無分別故　無念平等住
於盡無盡見　亦無無盡見　如是見盡時　不執盡無盡
若於盡無盡　一切無所執　以無所執故　盡智當顯了
盡智之境界　無畏之所得　顯了斯法故　菩薩善安住

爾時衆中復有菩薩摩訶薩。名曰勝慧。從坐而起。偏袒右肩。右膝著地。合掌向佛。白言。世尊。諸菩薩摩訶薩爲欲攝取諸法智故。起於修行。乃能得此大法光明。於法光明無少可見。法光明故。了一切法有爲無爲。世間出世間。若順若逆。若有戲論若無戲論。世尊。此法光明。豈諸菩薩摩訶薩無所①修行而當得耶。

爾時世尊告勝慧菩薩摩訶薩言。勝慧。諸菩薩摩訶薩無少修行。無勝修行。不隨修行。不遍修行。能得無邊大法光明。諸菩薩摩訶薩尚不可得不可見耳。況菩薩行而當可得當可見乎。如何乃見若干劫行。能得無邊大法光明。諸菩薩摩訶薩一切行息[2]。所行清净得法光明。法光明行。非數量行。非隨相行。從何施設一切諸行。然所修行。非施設行而亦不離。勝慧。諸菩薩摩訶薩住此行時。捨一切行。無所執取。具斯行者。非數量行。非隨相行。無相無行。乃能得此大法光明。爾時世尊而説偈言。

菩薩無所行　而亦無有行　得無有行者　無畏而發趣
未曾有勝行　亦無有遍行　無行無勝行　平等而發趣

此行無示現　示[3]無有諸相　無相無行者　斯爲行之相
菩薩無相行　不住於諸事　無行無所住　智者乃成就
無行則無動　斯行爲無上　能行不動行　勇進而發趣
菩薩不可得　行亦不可見　亦不見色身　斯爲善順者
無色無形相　故無一切行　於見無所取　斯爲無比行
菩薩無上行　不墮於施設　亦無有遷變　於中無所執
行無施設故　乃爲無上行　若得如是行　獲大法光明
菩薩所修行　無言無劫量　能以無量劫　顯説於諸行
菩薩行清净　清净妙安住　悉捨一切行　曾無攝取者
菩薩恒住捨　守護於諸行　已捨一切行　於捨妙安住

菩薩無邊行　離邊及無邊　彼行無所動　名爲無上行
菩薩無相行　斯行爲無上　修行此行時　超越諸魔界
菩薩無相行　明了於無相　若相及無相　一切無所依
菩薩住此智　此行善成就　無有少所行　説名不行者
菩薩常清凈　於行無所畏　正念而發趣　斯爲善安住

爾時勝慧菩薩摩訶薩復白佛言。希有世尊。諸善丈夫若干修行。乃爲甚深。非諸愚夫有相有爲所修行者。少能行之。世尊。無有少法入此行中。是故此行爲善丈夫平等之行。世尊。善丈夫行。非諸數量邊際能測。爾時勝慧菩薩摩訶薩即以偈頌讚如來曰。

大雄正等覺　無上兩足尊　演説甚深行　饒益諸菩薩

世尊妙辯才　其量頗難測　無邊辯才者　最勝大丈夫
法王息譏論　斯由正遍知　乃爲諸菩薩　説此無上行
世尊能演説　滅行之方便　於行悉超過　智人當發趣
大龍不思議　無邊智境界　遍知兩足尊　善開斯妙行
世尊所開示　牟尼不動行　此行無能動　故名無比行
大雄大牟尼　往昔所修行　設以多劫行　無人能到者
菩薩聞斯法　雖住於世間　而於諸種智　不久亦當證
我等愍衆生　當於末世中　於此無上法　能爲護持者
我等聞斯法　當於末世中　爲諸衆生故　能行亦能説
我等以光明　當於末世中　爲諸求法者　而興大利益

我等發誓願　當於末世中　爲諸衆生故　護持而建立
我等常思念　當於末世中　供養佛法海　願持無上法
我等於法藏　當爲勝丈夫　願持此法門　守護令久住
我等於法水　誓願悉能飲　而於此法門　當爲守護者
我等聞法已　當於末世中　願爲大丈夫　受持佛正法
我等寧失命　不捨無上法　願於此法中　而爲持法者
我等持此法　未曾生喜足　渴聞斯甚深　决定契經故
我等於末世　爲求諸法者　當演斯正法　能令悉歡喜
法王叵思議　能作大依怙　願垂加護我　念我持法者

爾時世尊告勝慧菩薩摩訶薩言。善哉善哉。勝慧。汝能於後末世

之中。爲欲護持此諸法故。被大甲冑。亦如往昔諸菩薩摩訶薩於最勝所供養承事。種諸善根。久修梵行。被大甲冑。護持諸佛世尊法者而無异也。爾時世尊而説偈言。

於後怖畏時　汝當持此法　爲利諸④衆生　以此法開示
於後末世時　汝持最勝法　若聞斯法者　悉當生愛樂
於後末世時　汝爲持法者　我説甚深法　汝當悉受持
秘密修多羅　汝聞當憶念　於斯理趣中　勿復有疑惑
决定甚深義　汝聞當憶念　饒益諸衆生　爲持法藏者
以法施一切　普潤諸衆生　聞已令充悦　身心遍歡喜
爲諸菩薩道　所行之理趣　及彼修多羅　究竟受持故

汝當能廣度　無量諸衆生　一切世間中　所不能度者
汝持此法故　饒益諸世間　獲勝衆福聚　以是而發趣
我今説此法　汝當悉受持　於後末世中　爲諸聰慧説
現在未來世　能持斯法者　則爲能受持　千佛之正法
爲諸衆生故　護持斯法門　於後末世中　而興大饒益
若能於末世　護持斯法者　彼不於一佛　親近而承事
若能於末世　護持斯法者　彼已多承事　善説斯法者
能於此法中　無有少疑惑　末世護持法　斯爲聰慧者
被大無邊甲　敵戰爲殊勝　而於末世中　乃能持此法
彼於佛正法　疑網悉已除　聞法無所畏　乃能持此法

是故勝慧。若有善男子善女人。勤求最勝大功德者。於末世中爲深法故。應被甲胄。受持讀誦。解説其義。

復次勝慧。我念往昔過無量劫復倍是數。有佛出世。號曰遍照如來。應供。正遍知。明行足。善逝。世間解。無上士。調御丈夫。天人師。佛。世尊。劫名超勝。國名離垢。其地平正廣博嚴净。七寶所成。時彼大洲廣長延衺七萬由旬。於中復有六萬大城。一一大城縱廣正等十六由旬。垣墻周匝樓雉嚴飾。門刹殊勝。睹者歡悦。妙多羅樹行列圍繞。百千園苑而共莊嚴。諸園苑中。臺座床敷處處嚴設。池沼渠流一一盈滿。涯岸階砌飾以衆寶。周迴平正。出入安隱。於其岸邊。沉水栴檀多摩羅等雜香之樹扶疏布列。彼一一城。各有十千

俱胝人民止住其中。彼諸衆生悉已成就十善業故。一切皆受如是安樂。時彼如來。始從初劫超二百劫於中出現。是故彼劫名曰超勝。於彼劫中。有五百如來次第出現。一一刹土皆七寶成。其佛滅後。正法住世各十千歲。如是五百如來現化於世。多有聲聞菩薩法會。一一法會各有俱胝那由他數無量菩薩。趣一乘道獲無生忍。

時彼劫中有轉輪王。名勇猛軍。七寶成就。王四天下。於閻浮提有一大城。其城周迴六十由旬。復有八萬俱胝人民止住其中。安隱快樂。豐饒熾盛。七重隍塹。七重行樹。七重街道。七重表刹。七重鈴網。一千園苑所共圍繞。莊嚴大城。一一園苑縱廣正等二十由旬。

其中各有七重垣墻。七重羅網。種種莊嚴。一一微妙衆寶珍玩猶如諸天。各各復有一百池沼。毗琉璃寶以爲堤岸。馬瑙雜玉以爲階砌。衆華敷榮。寶樹行列。於大城中。王之正殿量七由旬。黄金青寶間錯所成。周以寶竿。飾以琉璃。摩尼珠網彌覆其上。諸多羅樹暉映莊嚴。二十淵池園繞縈帶。底布真金。覆以金網。雜琉璃寶以爲津橋。純妙黄金而爲階道。於其池中。優鉢羅華。拘勿頭華。芬陀利花敷榮遍滿。彼轉輪王。二千婇女。六萬諸子。與其眷屬於彼園中五欲娱樂。竊作是念。諸欲無常。不久變壞。我當決定志求佛法。若聞法已。如教修行。令我長夜利益安樂。適思惟已。忽然有天現虚空中。告彼王言。善哉丈夫。今有遍照如來出現於世。演説正法。

初中後善。王應速詣於彼佛所。當聞正法。令王長夜利益安樂。成就佛法。圓滿佛法。王聞天言。踴躍歡喜。與其眷屬侍從圍繞。即往遍照如來之所。頭面禮足而白佛言。世尊。以何等法。能攝諸法善巧方便。能令梵行速得圓滿。我當修行。如是問已。時彼如來廣爲開示。王聞法已。與其眷屬悉捨安樂資生之具。恭敬供養遍照如來及諸大衆滿二萬歲。於遍照如來法中出家修行正法。以聞法故。於時獲得受法善根。持法善根。說法善根。有所聞法思惟不忘。無量功德精勤修習。乃發誓願。願持如來三時正法。爲諸衆生種種宣說。作是願已。於勝超劫諸如來所。一一親近供養承事。彼諸如來現前正法。中時正法。後時正法。悉能受持。教化成熟四萬八

千俱胝那由他衆生。趣於阿耨多羅三藐三菩提。方便調伏無量衆生。住於聲聞辟支佛乘。

彼劫之中最後如來。號曰電光。勇猛軍比丘聞電光如來説法之時。獲無生忍。電光如來即爲授記。汝勇猛軍。於未來世供養無量千佛世尊。受持如來三時正法。利益無量無數衆生。安立百千俱胝那由他衆生於阿耨多羅三藐三菩提。無量衆生住聲聞乘。如是乃過阿僧祇劫。證阿耨多羅三藐三菩提。號曰無邊精進光明功德超勝王如來。其佛刹土積集無量清浄功德。安隱豐樂。人民充滿。多有聲聞及菩薩衆。其佛壽命至五小劫。滅後正法住一小劫。法教流布。天人受持。舍利塔廟遍諸刹土。是故勝慧。諸菩薩摩

訶薩於此清净甚深之法。應當尊重。受持修習。以法嚴具莊嚴其身。法莊嚴故。證得如來金剛所成大那羅延堅固之身。假使三千大千世界一切衆生盡其軀力。而欲破壞堅固之身。乃無有能摧伏之者。一切世間天。人。阿修羅衆中。演法光明。亦無有能敵論之者。若有衆生於此深法受持讀誦。精勤修習。隨其意樂生於清净大族姓家。乃至坐於菩提樹下。名稱具足。世界殊妙。不雜异道。尚無梵志遮羅迦名。况有惡見邪求之輩。諸不善法亦嘗未聞。寧有習行不善根者。能以足指放大光明。遍照無邊一切世界。一切衆生遇斯光者皆得安樂。當證阿耨多羅三藐三菩提。是故勝慧。若諸菩薩摩訶薩於我法中勤修行者。當獲如是殊勝功德。我若具

說。不可窮盡。

爾時世尊告無邊慧菩薩摩訶薩言。無邊慧。若有住斯菩薩道者。勤修如是清淨深法。與空相應。寂靜相應。得法光明。以法光明見一切法自性無异。性無异故所見清淨。見清淨故則無法見。亦無有法。離自性見。法見清淨。亦無清淨。無清淨者。無清淨時。能得清淨智之境界。見諸法界非界非非界。界見清淨。遠離諸界種種性想。離性想故。於界理趣秘密言辭而能覺了。亦能遍知諸法非界。以見法界無差別故。不可壞故。不變异故。便獲一切法界理趣善巧方便。以善方便遍能了知法界理趣。以等持力。於諸法界差別理趣隨順能入。住此行時。以一切法善巧方便。於一切法無住無

著。無所著故。能於一切法界理趣。隨其所應種種開示。等持力故。復能出生靜慮。解脱。等持。等至。游戲神通。變一爲多。變多爲一。山石墻壁。飛行自在而無挂礙。善巧能知四界和合不住於界。知一切界與空界合。於虚空界無著無繫。以界和合善巧智故。於一切界方便修習。以修習故决了水界。能於水界或令起烟。或令發焰。或復於中烟焰俱熾。乃至無量種種變現。爲諸衆生作大饒益。以能安住法界理趣善巧方便而無所動。隨其意樂。隨何佛刹。能於諸有轉胎藏形受化生身。常見十方一切世界諸佛如來。彼諸如來如是名號。如是族姓。如是衆會。如是説法。悉分別知。

爾時衆中復有菩薩摩訶薩。名無邊勝。前白佛言。世尊。諸菩薩摩

訶薩住何等法。如佛所說。能得如是最勝功德。爾時世尊告無邊勝菩薩摩訶薩言。無邊勝。諸菩薩摩訶薩於一切法無所住者。如我所說。能得如是最勝功德。無邊勝。諸菩薩摩訶薩若住於色受想行識。若住地界水界火界風界空界。若住欲界色界無色界。我於此經。則不說有斯諸功德。然諸菩薩摩訶薩於一切法而無所住。不入不出。故我說彼當得無邊大功德海。何以故。諸菩薩摩訶薩無有少法可得可住。亦無少法若入若出。善能安住諸法理趣而無所動。何以故。諸菩薩摩訶薩無住無動。以無動故無高無下。無高下故。遠離於高。不住於下。以不住故名善處住。善處住者於無處住。無處住者不住於處。諸菩薩摩訶薩不於少法若有安立。

若有積集。無處無住。無起無作。何以故。處不可得。以無處故則無分別。無分別故。不動處住。如法界住。無有處住則無有住。於處無處無所執著。名爲善住。無邊勝。諸菩薩摩訶薩於法理趣而安住者。如是安立。住於無住。無住處住。見一切法無有分別。住於如是無分別行。以如是行。見一切法而無所動。則與如理而住相應。則與如理不動相應。則與如理不取相應。爾時世尊而説偈言。

菩薩正憶念　於義善思惟　不住諸法中　説名爲智者

未曾有少法　可爲安立者　以無安立故　無畏而發趣

不立於諸色　亦不立諸受　諸想及諸行　識等亦如是

不住於諸蘊　諸界及諸處　若處若非處　亦常無所住

不住於地界　亦不住水界　火界及風界　亦常無所住
不住於欲界　色界無色界　得無安立故　不住於三界
及於⑤虛空界　於彼無所住　以無有所住　平等而發趣
故無有少法　於中而可住　若得無所住　斯爲妙智者
妙智無所住　無住爲善住⑥　能得如是住　則住法界中
無住相應故　彼常能善住　無住無依止　於法得安住
若得不依止　則常無所動　不入亦不出　平等善安住
於法如是住　斯爲勇猛者　一切法無高　一切法無下
如是無所動　法界善安住　安住不動故　便得無上住
不住住相應　斯爲勇猛者　不住於住處　於處無所動

成就無住處　而得善安住　若處若非處　一切無所動
住於不動處　乃名爲不動　若住不動處　一切無所住
不念處非處　常住無分別　不住於處故　則無有所動
於處無所動　一切得無住[7]　若得不住處　處非處不動
若於處不動　乃善住於處　善住處安住　則住無所住
能見一切法　住法相應住　如是見諸法　種種無所住
無住無安住　善巧於法住　常住於諸法　而無有分別
離諸分別故　斯爲不動者　若能住不動　於行無分別
遠離處非處　斯爲觀察者　若能觀不動　一切無所動
諸法常平等　如是而發趣　如理住相應　如理而不動

得無動處者　常住於無處

爾時無邊勝菩薩摩訶薩復白佛言。希有世尊。乃能安立諸菩薩摩訶薩於法理趣。無有繫縛。無有解脱。世尊。諸菩薩摩訶薩於法理趣善巧安立。不與少法若相應若不相應。若和合若不和合。若攝取若不攝取。若有所歸若無所歸。若貪離貪。若瞋離瞋。世尊。諸菩薩摩訶薩於一切法理趣之中善巧安立。設有衆生供養恭敬。不生貪愛。毀辱逼惱。不生瞋恚。無種種想。離一切法。不見少法能與少法若相應若不相應。超過相應不相應故。遠離相應不相應想。了知相應不相應想。超過了知。不於少法若進若退。若有所趣若無所趣而作相應。於一切法理趣之中而無妄念。亦無所取。以

善方便不壞法性。世尊。諸菩薩摩訶薩於一切法如是住時。能以善巧宣說一切法界理趣。一切佛法速得圓滿。

爾時世尊告無邊慧菩薩摩訶薩言。無邊慧。諸菩薩摩訶薩於佛法中無所安立。無所住時。則見佛法。無有安立。無有所住。亦無勝住。亦無遍住。見佛法住。不傾動故。不流轉故。不變异故。一切法界相應而住。乃名一切法界理趣善巧安立。無邊慧。諸菩薩摩訶薩於佛法中無住。無不住。無勝住。無遍住。無處住。無非處住。亦無所動。亦無分別。無勝分別。無遍分別。乃名一切法界理趣善巧安立。無邊慧。諸菩薩摩訶薩不見少法能與少法而爲安立。亦不見有一切法處爲勝安立。亦無分別。無勝分別。無遍分別。乃名一切法

界理趣善巧安立。無邊慧。諸菩薩摩訶薩不見少法若住若去。亦無分別。無勝分別。無遍分別。見一切法如淨虛空。光明顯照。遠離煩惱。於一切法光明照故。乃名一切法界理趣。得善方便。不以安立而觀法界。何以故。不於法界少安立故。譬如虛空及以風界。無有處所。亦無可見。無安立處。無依止處。無可示現。法界亦爾。無可入處。無可見處。無安立處。無依止處。亦無了知。亦無示現。諸菩薩摩訶薩無示現故。與如如界相應而住。無邊慧。一切法界無生無命。無老無死。無升無沉。無示現界。是爲法界。無變异界。是爲法界。而法界者遍一切處。無邊慧。法界無去。亦無去處。無去處故。乃名法界相應而住。如如法界。於中無處。亦無非處。何以故。如如法界。

如如自性。無所有故。無邊慧。諸菩薩摩訶薩聞我此説。則於一切法界理趣。便獲無邊大法光明。以法光明得無生忍。速能圓滿如來十力。十八不共。一切佛法。爲欲成熟一切衆生廣大善根勝資糧故。如來種性無斷絶故。速詣道場轉于法輪。蔽諸魔宫。摧伏异論。作善丈夫。大師子吼。爲諸衆生演説妙法。隨其樂欲。隨其志願。隨其發趣正解脱故。皆令趣於阿耨多羅三藐三菩提。爾時世尊而説偈言。

一切菩薩　不住諸法　於佛法中　無所安立　一切菩薩
無安立故　於佛法中　無畏發趣　一切菩薩　見諸佛法
無住無處　妙善安立　一切菩薩　不住於處　能見諸法

無住無退　一切菩薩　見法無住　不動佛法　不求佛法
一切菩薩　見法不异　不動佛法　亦不推尋　一切菩薩
見法如是　於法善巧　方便而住　一切菩薩　見常平等
不住佛法　亦非不住　常無住處　亦非無處　常不分別
非不分別　種種分別　常無所有　一切菩薩　無住相應
於諸時處　而無所動　一切菩薩　於法理趣　平等住時
名爲善住　一切菩薩　於法理趣　不見少法　可平等住
一切菩薩　能見諸法　無有處所　亦不離處　得無所動
亦無親近　一切菩薩　於一切法　理趣善巧　方便安住
住無所住　名爲菩薩　一切菩薩　不於少法　若去若來

分別而住　爾時乃住　諸法理趣　一切菩薩　於法理趣
種種安住　能起無邊　大法光明　以法光明　住平等見
見一切法　及法理趣　如浄虛空　如影如像　平等無垢
一切菩薩　於見了知　亦無了知　遠離自性　一切菩薩
如是觀察　於一切法　理趣而住　能於法界　堅固勤修
說名法界　理趣方便　一切菩薩　不住法界　觀諸法界
畢竟非有　一切菩薩　決了法界　見一切法　如虛空風
無有安立　遍一切處　法界亦爾　遍一切處　法界難思
無可示現　於諸智者　不作親近　無示現界　乃爲法界
無有住處　名爲住者　法界無生　無命無老　無死無沉

亦無出離　法界難思　無來無去　法界非藴　非界非處
亦不離處　而無所動　法界如如　自性非有　一切菩薩
如是了知　法界難思　得法光明　由是發趣　往詣道場
而於佛法　無有疑惑　不爲所動　以法光明　令諸衆生
獲大安樂

無邊慧。諸菩薩摩訶薩能於如是甚深之法勤修行者。乃得如是大法光明。以此智慧而發趣於阿耨多羅三藐三菩提。

大寶積經卷第二十四

校注

①『所』，底本無，依龍藏、思溪藏、和裕本、中州本補。

②『息』，龍藏、和裕本、上海佛學書局本作『慧』。

③『示』，龍藏、思溪藏作『亦』。

④『諸』，龍藏、思溪藏作『益』。

⑤『於』，底本作『以』，依龍藏、思溪藏、和裕本、中州本改。

⑥『善住』，底本作『菩薩』，依龍藏、思溪藏、和裕本改。

⑦『住』，思溪藏作『作』。

大寶積經卷第二十五

大唐三藏菩提流志奉　詔譯

被甲莊嚴會第七之五

復次無邊慧。我念往昔過二阿僧祇劫。爾時有佛出現世間。號曰月燈王如來。應供。正遍知。明行足。善逝。世間解。無上士。調御丈夫。天人師。佛。世尊。劫名甘露。國名清净。彼佛世界頗梨所成。常有光明遍照其土。若有衆生遇斯光者。净妙端嚴。是故世界名爲清净。無别城邑聚落之名。交道殊妙。金繩界飾。諸交道間。一一等量半俱盧舍。一一道間。光明寶柱雜多羅樹。各八十四。輝映行列。復有四池。堤塘圍繞。七寶臺觀。人民止住。覆以鈴網。懸諸繒帶。花飾珍

玩猶如諸天。彼界衆生寂静安樂。十善業道悉已成就。顔貌端嚴。壽命長遠。薄貪瞋痴。易可開悟。以少方便廣知諸法。彼佛壽命千①俱胝歲。滅度之後。正法住世一俱胝歲。十會説法。諸聲聞衆住學地者。一一法會各有二十俱胝那由他。諸菩薩衆趣一乘者。其數無量。無邊慧。彼月燈王如來寶菩提樹。周五十由旬。高一百由旬。珊瑚爲根。琉璃爲幹。黄金爲枝。馬瑙爲葉。道場縱廣一百由旬。基陛周匝。欄楯圍繞。妙多羅樹布植行列。金鈴寶網彌覆莊嚴。大菩提座高三由旬。細軟敷具張施其上。妙衣百千間飾垂下。幢幡二十樹列其傍。月燈王佛於此座上證阿耨多羅三藐三菩提。時彼國界無三惡趣及惡趣名。亦無諸難及諸難名。月燈王佛常於一

切諸世界中化現其身。轉于法輪。無邊慧。彼月燈王如來有二菩薩。一名雲音。二名無邊音。是二菩薩於彼如來白言。世尊。云何諸菩薩摩訶薩於一切法理趣之中。而得善巧方便安立。時彼如來欲令諸菩薩摩訶薩於一切法理趣之中。而得善巧方便安立。爲二菩薩廣説斯法。時諸菩薩摩訶薩聞斯法已。於一切法理趣之中。便獲善巧方便安立。是二菩薩從是已後。於二萬歲無有睡眠。無欲恚惱。不起食想。不生卧想。亦無病緣湯藥等想。不樂世間游觀談戲。於彼如來説法之時。即於法座得無生忍。時彼如來而問之曰。善男子。於一切法理趣之中。如是善巧方便安立。汝今求耶。是二菩薩即白佛言。世尊。我尚不

見有一切法理趣善巧安立之名。亦復不見有一切法理趣善巧安立之法。況一切法理趣善巧方便安立。世尊。我亦不得一切諸法。我亦不得諸法安立。於一切法無住無不住。世尊。我如是見。寧復説言於一切法理趣之中。如是善巧方便安立。爲求耶。爲不求耶。世尊。我亦不見於一切法理趣之中。如是善巧方便安立而作求者。亦不見有若内若外。若二中間。若一切法。若法理趣善巧方便而安立者。亦不見法若内若外。若二中間。若一切法。若法理趣善巧方便而可安立。世尊。我亦不見乃至少法内外中間。理趣善巧方便安立而可趣向。而可親近。世尊。既無少法而可趣向。而可親近。我於其中當何安立。世尊。我亦不見過現未來爲安立處。若

安立處無所有者。我於何處而可安立。世尊。無安立故。非住相應。非不住相應。無盡相應。無生相應。世尊。我亦不見從誰由誰。何處何時。我心意識若生若滅。當何說言。以心意識。於一切法理趣善巧方便安立。

無邊慧。是二菩薩於如來前如是說時。一千菩薩得無生忍。千俱胝菩薩發菩提心。爾時月燈王如來復告之曰。善男子。汝以無住而住無處。而住於一切法理趣善巧方便安立。善男子。一切諸法亦復如是。如來隨順世俗道故。現證阿耨多羅三藐三菩提。若於如來不隨世俗。現證阿耨多羅三藐三菩提。亦復如是。善男子。諸法無處亦非無處。若處無處皆隨世俗。若隨世俗。則於其中無有

少法而可生者。而可了者。是故善男子。應加精勤。速於諸法逮得解脱。是二菩薩於如來前聞斯法已。飛騰虚空。即以偈頌贊如來曰。

法王不思議　得未曾有法　遍知兩足尊　佛法無過上
以法無上故　如來世無等　一切法無生　我今獲此忍
我常不分別　若生若無生　如是亦不念　一切無分別
法王大牟尼　功德離言念　願説清净法　令衆皆歡喜
於佛勝功德　欲知其邊際　設經無量劫　而亦不可得
功德無邊故　最勝無過上　一切法無生　我亦不分別
我於佛法中　未曾有毁壞　不謂衆善根　云何當可得

諸法無示現　無生亦無相　如是無相忍　於此亦皆證
我今所得忍　畢竟無退轉　故於一切智　以此生歡喜
我於如來法　決定不猶豫　亦於一切法　遠離衆疑惑
無上佛法中　我今得此忍　我亦不分別　亦無不分別

無邊慧。是二菩薩説此偈已。於月燈王如來右繞三匝。以天妙花栴檀末香而散佛上。時彼如來即爲授記。而告之曰。汝雲音等。過二萬劫。當證阿耨多羅三藐三菩提。是二菩薩聞如來記。踴躍歡喜。諦觀如來。入於諸禪游戲神通。出没自在。烟焰暉發。復爲衆生説法開示。令二十四俱胝人天趣於阿耨多羅三藐三菩提。是二菩薩。乃至盡命勤修梵行。於彼如來中時正法。後時正法悉能護

持。復於爾時。教化成熟四俱胝衆生趣於阿耨多羅三藐三菩提。是二菩薩。次第供養親近承事多百千佛。及諸如來三昧正法一一受持。過二萬劫。復值寶幢如來。隨轉法輪。教化成熟無量衆生趣於阿耨多羅三藐三菩提。寶幢如來刹土清浄。無諸聲聞。唯有一生補處菩薩。寶幢如來將滅度時乃爲授記。我滅度後。雲音菩薩次當現證阿耨多羅三藐三菩提。號曰日燈王如來。其佛刹土成就莊嚴。積集無量無邊功德。菩薩聲聞大衆圓滿。日燈王如來滅度之後。無邊音菩薩次當現證阿耨多羅三藐三菩提。無邊慧。以此法門無所得故。無言説故。不可示現。無生無滅。諸菩薩摩訶薩當應如理精勤修習。若有菩薩住一切法理趣善巧方便安立。

以無所得獲無生忍。圓滿佛法無量功德以爲莊嚴。而發趣於阿耨多羅三藐三菩提。無邊慧。我曾不説諸菩薩摩訶薩離此法外。別有少法速能成就一切智智。若有於此無生無滅甚深空法勤修行者。速得菩薩法界理趣善巧方便及陀羅尼。具足辯才。無上攝化。諸佛世尊之所稱贊。以法嚴具而莊嚴之。能圓滿施。住清净戒。得清净忍。無上精進。無緣禪定。以大智慧而發趣於阿耨多羅三藐三菩提。於諸勝中最爲殊勝。速得名爲一切智者。坐于道場。四大天王持蓋來詣。請轉法輪。爲諸人天作大光明。皆令趣於阿耨多羅三藐三菩提。

復次無邊慧。若諸菩薩摩訶薩。於一切法海印三昧勤修行者。見

一切法同於法界。如是見時。不於法界見一切法。不於諸法見於法界。精進修習。以一切法諸界和合善巧方便。於一切法諸界和合無所執著。亦無所動。於一切法諸界和合善巧方便亦無執著。亦無分別。能於一法和合之中而見一切諸法和合。能於一切諸法和合而復見於一法和合。不於一切諸法和合而親近於一法和合。不於一法和合之中親近一切諸法和合。以能了知此一法故。亦能了知一切諸法。以能了知一切法故。於此一法應了知處亦能了知。不以諸法親近一法。於諸取蘊和合之中悉能了知。不於取蘊種種性相若有和合若無和合而生執著。諸菩薩摩訶薩如是行時。若有諸法以衆因緣和合而生。若有諸法以衆因緣和

合而成。於彼諸法悉能了知。若有諸法因緣和合。以種種性相應而起。於彼諸法亦能了知亦無執著。隨順了知一切諸法施設之相。亦能了知若相無相。亦能了知諸界差別。諸界種種性相差別。亦能了知以誰爲因。不以煩惱親近趣向諸緣起法。亦於世間出世間法不相違背。隨順了知世間出世間一切諸法。世間相印皆遍了知。以一法門而能了知一切法門。以諸法門復能了知一法之門。不以一切諸法之門而親近於一法之門。亦復不以一法之門而親近於諸法之門。如是法門悉能浄治。無邊慧。諸菩薩摩訶薩於此法中勤修習者。以一理趣言教之門而能了知一切諸法性同一味。於一切法得勝無諍。如理寂靜。不相違背。能於大會贊

説斯法。精勤修習。得一切法海印三昧。如是修習。若有諍論。若無諍論。皆令寂静。如理而住。隨順斷除憍慢放逸。於決定説善能受持。差别名言亦能覺了。法界理趣方便勤修。於諸法門善寂思念。當以何法。何法相應。若不相應。能以方便於决定義住清净念。無邊慧。諸菩薩摩訶薩於此法門如是住者。以少加行得一切法海印三昧。以此無量法海三昧而發趣於阿耨多羅三藐三菩提。爾時世尊而説偈言。

汝觀一切法　流入法界中　諸法同法界　理趣悉平等

復觀於法界　流入諸法中　法界同諸法　理趣亦平等

不於法界中　觀察一切法　亦不離法界　而見於諸法

不於諸法中　觀察於法界　亦不離諸法　而見於法界
了知種種界　法界種種性　一切法和合　善巧無所住
一切時及處　種種性和合　無住無所依　亦無有所取
和合差別性　分別不分別　於彼二俱無　智者平等見
知一和合故　則知諸和合　知諸和合故　則知一和合
和合不和合　一性差別性　不近不分別　無執無所著
了知一切法　彼法無和合　亦不念和合　無執無所著
了知一切種　彼法施設相　亦不念親近　無執無所著
業及業果報　一切悉能知　於彼不相違　斯爲精進者
業及業作者　此二和合相　知彼相無相　斯爲精進者

於諸界和合　諸界差別性　知彼常平等　斯爲精進者

因果相繫屬　一切悉能知　於彼諸緣法　被甲如理住

能知出世法　於諸世間法　無有少相違　如是平等住

亦知世間法　於諸出世法　亦無少相違　如是平等住

世間所應作　一切諸相印　隨順能觀察　遍知平等住

能以一法門　了知諸法門　亦以諸法門　了知一法門

不以一法門　親近諸法門　不以諸法門　親近一法門

一切法門中　平等遍清浄　於法無异相　斯爲觀察者

於諸法言教　而能平等説　常住平等性　斯爲觀察者

於諸法言教　如理能知見　便得善相應　斯爲方便者

不起於諍論　不作諍因緣　一切不相違　斯爲相應者
常起於無諍　無諍得相應　平等不相違　斯爲智慧者
於法理趣中　永息諸諍論　被甲如理修　斯爲勇猛者
如是遍觀察　純一無違諍　能於法會中　贊説無上法
如是諸菩薩　成就一切法　大海印三昧　斯爲正念者
如是勤修習　純一無違諍　息諍論相應　成就此三昧
如理而安住　能知秘密説　知我及我慢　斷慢絶矜高
決定言教中　成就善方便　亦知差別名　斯爲有智者
諸法理趣中　如理勤修習　能見諸法門　斯爲見法者
如是勤修習　能知一切法　何法共相應　何法不相應

一切諸法中　念業清净者　能於决定義　而得善方便
一切諸法中　精進思惟者　了知一切法　乃獲此三昧

復次無邊慧。諸菩薩摩訶薩於此法中勤修習者。復有能攝三昧之法。諦聽諦聽。善思念之。吾當解説。唯然世尊。願樂欲聞。爾時世尊告無邊慧菩薩摩訶薩言。無邊慧。有諸菩薩摩訶薩法光明門。而能出生諸法理趣善巧方便。亦能出生一切法印。能入一切法印之門。於一切法所應作者能了能入。於法光明能得能説。以法光明隨順趣入諸法句門。何者名爲法光明門而能出生善巧光明。謂能了知异名教門。秘密教門。异名事門。攝取事門。諸差别門。云何於彼而得了知。乃能出生三昧之門。一切法界理趣之門。入

於一義。能隨解了諸法光明。無邊慧。諸菩薩摩訶薩於此甚深諸法理趣善巧方便。若現修行。若當修行。若現求者。若當求者。聞此法門。以少加行得大光明。入諸法門。從此法門復起光明。以是光明隨何法門。隨何所行。應入應行。如其理趣。以三昧力觀諸法門。於三昧門出生智慧。而能了知如實理趣三昧力故。觀法門故。生智慧故。以三昧門了知法界。住善方便。能起一切法門光明。得一切法海印三昧。無邊慧。云何法門。謂阿字印。印一切法。無明所作。行得圓滿。阿字爲首。無明止息。無所作故。諸菩薩摩訶薩應入無相印門。以榱阿可反字印印一切法。業异熟果。業所應作。業果和合。了知業果和合緣

故。諸菩薩摩訶薩應入無業無果無有和合無緣印門。以諸行印印一切法。於種種業。業所應作。起一切法智光明故。諸菩薩摩訶薩應入一切諸行善巧印門。以棙那可反字印印一切法。以麼字助。施設名言與種種法而作相應。了知棙麼而相助故。諸菩薩摩訶薩應入無合無助無名印門。以無邊印印一切法。一切分別而不可得。離分別故。諸菩薩摩訶薩應入無分別印門。以無際印印一切法。際不和合。盡於際故。諸菩薩摩訶薩應入無尋無伺無言說印門。以無種種自性之印印一切法。以一自性起作之相。斷除種種自性想故。諸菩薩摩訶薩應入種種自性印門。以欲相應和合之印印一切法。現起有爲。諸行圓滿。離欲寂靜。無和合故。諸菩薩摩

訶薩應入盡欲智見無和合印門。無邊慧。是爲[2]菩薩摩訶薩印門印一切法。以此印門而應入於一切法中。

無邊慧。復有無障礙門。無和合門。諸菩薩摩訶薩應隨悟入。云何無障礙門。無和合門。謂虛空印印一切法。諸菩薩摩訶薩應入無著印門。以空閑印印一切法。諸菩薩摩訶薩應入無二印門。以寂靜印印一切法。諸菩薩摩訶薩應入止息印門。以無門印印一切法。諸菩薩摩訶薩應入不動印門。以無處印印一切法。諸菩薩摩訶薩應入無染印門。以性空印印一切法。諸菩薩摩訶薩應入無得印門。以無相印印一切法。諸菩薩摩訶薩應入善巧修習方便印門。以無願印印一切法。諸菩薩摩訶薩應入善寂靜願光明印

門。以無貪印印一切法。諸菩薩摩訶薩應入遍知分別如實印門。以無生印印一切法。諸菩薩摩訶薩應入生正智見無生印門。以寂滅印印一切法。諸菩薩摩訶薩應入離蘊印門。以盡相印印一切法。諸菩薩摩訶薩應入生盡印門。以法界印印一切法。諸菩薩摩訶薩應入顯現法界善巧印門。以無念印印一切法。諸菩薩摩訶薩應入實無分別平等印門。以離性印印一切法。諸菩薩摩訶薩應入遍知一切自性印門。以涅槃印印一切法。諸菩薩摩訶薩應入如實寂靜順滅印門。無邊慧。是爲諸菩薩摩訶薩於一切法無障礙門。不和合門。超過一切斷常見門。無邊際門。前後際門。以厭離故。寂滅故。止息故。清涼故。諸菩薩摩訶薩於此一切法印之

門隨學隨入。以善修行此諸法門。得一切法海印三昧。此三昧者。如實相應。能攝諸法善方便智。是故諸菩薩摩訶薩於此印門應善修習。住一切法海印三昧。觀一切法。而能出生無量無邊大法光明。

無邊慧。譬如大海。水乃無量。而無有能測其量者。一切諸法亦復如是。終無有能測其量者。又如大海。一切衆流悉入其中。一切諸法入法印中亦復如是。故名海印。印一切法。悉入諸法海印之中。於此印中。見一切法同於法印。又如大龍及諸龍衆。諸大身衆。能有大海能入大海。於彼大海以爲住處。諸菩薩摩訶薩亦復如是。而於無量百千劫中善修諸業。乃能入此三昧印門。於彼印門以

爲住處。爲欲證得諸佛法故。善巧圓滿一切智故。成就如是諸法印門。諸菩薩摩訶薩精勤修學此法門時。則能修學一切法門。見諸法門在此門故。而能發起諸法光明。入於一切法海之中。是故此法名一切法海印三昧。又如大海。是大珍寶積集之處。此三昧者亦復如是。是一切法及法善巧積集之處。

無邊慧。若有衆生爲得無上佛之知見。於此三昧若已求者。若當求者。若現求者。彼則能求一切法海圓滿智慧。以是義故。我此法印付囑於汝。汝於末世後五十③歲正法滅時。以此法印印諸衆生。爲此法印而印之者。皆於阿耨多羅三藐三菩提得不退轉。成就佛法。速詣道場。轉無上輪。紹隆佛種。隨順住於一切智地。能於無

上大般涅槃而般涅槃。令諸天人受持正法。無邊慧。諸菩薩摩訶薩若欲攝取如④是無量殊勝功德。於此深法精勤愛樂而無放逸。復次無邊慧。我念往昔過大無量阿僧祇劫復倍是數。爾時有佛出現世間。號曰超過須彌光王如來。應供。正遍知。明行足。善逝。世間解。無上士。調御丈夫天人師。佛。世尊。劫名善住。國名悦意。時彼劫中。衆生壽命不可限量。安隱豐饒。住衆善法。是故彼劫名爲善住。彼佛國界廣博嚴飾。多諸美妙。見者和樂。悦意名香周流普遍。是故彼國名爲悦意。時四洲中。三洲等量八萬由旬。一一洲中有二萬城。一一城量各十由旬。唯有閻浮一洲。廣量俱胝由旬。有八萬城。一一城量二十由旬。重樓表刹。垣墻周匝。種種衣樹。種種味

樹。諸雜花樹。寶多羅樹而莊嚴之。國界安樂。人民充滿。其中復有最大都城。周百由旬。二萬園苑而圍繞之。諸園苑中。澄潭溯流處處盈注。華蕊甘實一一榮茂。名香普熏。聞者欣悅。鳥獸和鳴。其聲雅亮。爾時彼佛住一園中爲衆説法。無邊慧。超過須彌光王如來壽十小劫。滅度之後。正法住世滿一小劫。時彼如來四會説法。一一法會。諸聲聞衆住學地者。各有五百俱胝那由他。諸阿羅漢及菩薩衆。各有五十俱胝那由他。時彼如來有二菩薩。一名勇猛軍。二名勇猛力。是二菩薩具足神通得無生忍。前白佛言。世尊。以何等法成就菩薩摩訶薩一切諸法海印三昧。時彼如來以此句門廣爲宣説。説此法時。十千菩薩得無生忍。是二菩薩證一切法海

印三昧。及證菩薩一切三昧。以證諸法海印三昧及證菩薩諸三昧故。能於一切佛刹土中現大神變。放大光明。出妙梵音。爲諸衆生演説正法。而能成熟八俱胝人趣於阿耨多羅三藐三菩提。時彼如來即爲授記。過一百劫。皆當證於阿耨多羅三藐三菩提。百劫之中。於一一劫供養承事五百如來。於彼如來中時正法。後時正法悉能受持。爲諸衆生作大饒益。一一劫中一心不亂。一一生處皆受化生。一一生中不退三昧。神變説法度諸衆生。過百劫已。復值無邊功德如來。供養親近。善能游戲無量三昧。神變解脱。是二菩薩於彼佛所。一名離憂。二名善住。能隨如來轉于法輪。教化無量無數衆生令住三乘。時彼如來復爲授記。我滅度後。離憂當

證阿耨多羅三藐三菩提。號曰無邊辯才如來。滅度之後。善住當證阿耨多羅三藐三菩提。號曰最勝光明如來。共壽一劫。刹土積集無量功德。是二菩薩於如來前受斯決已。次第證於阿耨多羅三藐三菩提。無邊慧。若諸菩薩摩訶薩爲一切法海印三昧。應生愛樂。起大精進。不惜身命。以不放逸而修行之。

時彼衆中復有菩薩摩訶薩。名曰慧義。即從坐起。前白佛言。希有世尊。乃能爲諸菩薩摩訶薩得一切法智善巧故。及得如來一切智故。說一切法海印三昧。世尊。若得諸法海印三昧。決定當得諸法理趣善巧方便。速詣道場。以此無邊功德大海。而發趣於阿耨多羅三藐三菩提。常見諸佛。勤修正法。與僧同行。能消如來最上

之供。超過聲聞緣覺之地。

爾時世尊告慧義菩薩摩訶薩言。如是如是。如汝所説。慧義。諸菩薩摩訶薩得一切法海印三昧。則得無量殊勝功德。若住諸法海印三昧。能以諸法海印三昧善巧方便。决定趣於阿耨多羅三藐三菩提。慧義。譬如須彌山王衆寶所成。出于大海。量高八萬四千由旬。巋然安住。最極光明。諸菩薩摩訶薩亦復如是。以此三昧善發趣故。出于一切法藏大海。映蔽一切世間天人。無上安住。最極光明。又如滿月。衆星圍繞。諸菩薩摩訶薩亦復如是。能於一切世間天人大衆之中作大光明。慧義。汝觀斯法。其誰於此不生愛樂。不起精進而爲放逸。唯除下劣薄福衆生。若諸衆生有大智慧。而

能成就此廣大法。廣大法者。具足功德。諸善丈夫之所攝取。如我所說。若能攝此廣大法財。爲諸天人之所侍衛。十方諸佛諸大菩薩之所護念。

爾時世尊告無邊慧菩薩摩訶薩言。無邊慧。諸菩薩摩訶薩若於此法勤⑤修學者。能爲衆生作大饒益。除一切疑。解一切結。捨諸習氣。斷諸隨眠。超諸喜愛。渡諸有海。永滅黑暗。永離驚怖。速以善巧能知一切衆生之心。

爾時世尊說是語已。放大光明。其光遍照無數世界。映奪一切日月光明。放斯光已。復告無邊慧菩薩摩訶薩言。無邊慧。諸菩薩摩訶薩若能勤修海印三昧。亦當如是現大神變。放大光明。大師子

吼演説斯法。超過三界作大照明。如我今日而無异也。時無邊慧菩薩摩訶薩白佛言。世尊。唯願如來加持此法。於後末世。若有衆生聞斯法名。當獲無量無邊功德。

爾時世尊爲欲加持此法門故。又放光明。復以一指遍動三千大千世界。令諸衆生得大安樂。于時會中。天。龍。夜叉。乾闥婆。阿修羅。迦樓羅。緊那羅。摩睺羅伽。如是衆等。散天妙花及天妙衣。天諸妓樂俱時而作。無量諸天手執天衣。摇裔⑥翩翻滿虚空中。同聲唱言。奇哉奇哉。諸佛境界不可思議。若有受持此深法者。當知堪受一切衆生恭敬作禮。

爾時世尊復告無邊慧菩薩摩訶薩言。無邊慧。後末世時。薄福衆

生不得聞此甲冑莊嚴。三昧莊嚴。若諸衆生有善方便。攝大資糧。於後末世乃聞斯法。若於斯法勤修行者。則爲三世諸佛世尊之所攝受。無邊慧。於後末世大⑦怖畏時。我此法門付囑汝等。我於無數俱胝那由他劫。積集⑧無上諸法寶藏。具足功德無邊安樂。汝今皆得。一切苦蘊汝今皆捨。汝以無邊功德大海。而速趣於阿耨多羅三藐三菩提。

爾時無邊慧菩薩摩訶薩。與五百菩薩摩訶薩及諸居士。賢護商主等而爲上首。頂禮佛足。白言世尊。我隨力能當持如來大菩提法。於後末世。爲諸衆生作大饒益。爾時諸菩薩摩訶薩各從坐起。以諸雜花散於如來。脱身妙衣。持以供養。作如是言。世尊。以此善

根。我皆迴向一切衆生。願諸衆生悉得圓滿菩提分法。成就如來一切法智。於後末世一切衆生。所有善根願皆成就。

爾時世尊爲令一切菩薩摩訶薩生歡喜故。而説偈言。

爲諸衆生故　當興大饒益　持我菩提法　法王師子吼
於後末世中　若諸求法者　聞斯廣大法　一切獲安樂
如我之所説　若有見此乘　聞斯契經法　得隨其所樂
若有智慧者　修習善方便　聞斯最上法　身心大歡喜
若在於此會　現前見我説　得聞斯法已　善能愛樂者
於後末世中　生汝大福聚　無數無有量　廣大無邊際
於後末世中　若能受持此　法王所説法　爲佛之攝受

於後末世中　持我菩提法　則爲無量佛　最後持法者

爾時世尊説此法已。無量菩薩得無生忍。無量衆生成熟善根。無邊慧菩薩摩訶薩及諸菩薩摩訶薩。一切世間天。人。阿修羅等。聞佛所説。皆大歡喜。信受奉行。

大寶積經卷第二十五

校注

①『千』，龍藏作『十』。
②『爲』下，龍藏、思溪藏有『諸』字。
③『十』，龍藏作『百』。
④『取如』，底本污殘，依龍藏、思溪藏補。
⑤『勤』，底本污殘，依龍藏、思溪藏補。
⑥『裔』，龍藏、思溪藏作『曳』。
⑦『大』，底本污殘，依龍藏、思溪藏補。
⑧『集』，思溪藏作『習』。

〔印〕菩提流志◎譯　廣吉◎點校

大寶積經

第四册

第十六會餘~第三十一會

綫裝書局

目録（第四册）

大寶積經卷第七十三

北齊三藏那連提耶舍譯

菩薩見實會第十六之十三・六界差別品第二十五之一

爾時浄飯王及諸眷屬。見阿修羅。迦樓羅。龍及龍女。鳩槃荼。乾闥婆。夜叉。緊那羅。摩睺羅伽。呵羅竭闍天。四天王天。三十三天。夜摩天。兜率陀天。化樂天。他化自在天。梵摩天。光音天。遍浄天乃至廣果天。見彼供養及聞授記。又聞浄居諸天説偈贊佛。復聞外道亦得授記。浄飯王作是思惟。是事希有不可思議。世尊如是善説。一切世間聞已。咸皆欣喜。是時浄飯王以愛戀子故。情意殷勤。爾時世尊告父王言。我所説法。初善中善後善。其義深邃。其味亦善。淳净無雜。清白無染。顯説梵行法。何者梵行。所謂分別六界法門。王今諦聽。善思念之。當爲王説。王言。善哉。我今諦聽。唯願説之。佛言。大王。何者爲分別六界法門。大王。所言六界者即是丈夫六觸入亦是丈夫十八意識境界亦是丈夫。大王。我所言六界即是丈夫者。我何故如是說。大王。何者是六界。所謂地界。水界。火界。風界。空界。識界。大王。此名六界。所言六界是丈夫者。所謂此也。我言六觸入名爲丈夫。何故如是說。大王。所言觸入何者是①。謂眼觸入見諸色故。如是耳鼻舌身亦如是。意觸入爲知法故。我言六觸入是丈夫者。謂此也。我言十八意識境界是丈夫者。何故如是說。大王。此十八意識境界何者是。謂眼見可意色。以憶想分別而生思覺。見不可意色已。亦憶想分別而生思覺。見捨處色已。亦憶想分別而生思覺。耳鼻舌身亦如是。意知法。可意處法知已。思想分別。不可意處法知已。亦思想分別。捨處法知已。亦思想分別。大王。我言十八意識境界是丈夫者。謂此也。

大王。地界有二種。有內。有外。大王。何者爲內地界。謂自身內所有。彼彼身內所有得有取。堅者强者。所謂髮毛爪齒。塵垢皮肉。筋骨髓脾腎肝肚②。大腸小腸。大便脬pāo膜腦胲。大王。是等名爲身內地界。大王。何者是身外地界。謂身外所有。不得不取。堅者强者。大王。是名身外地界。大王。身內地界生時無所從來。滅時無所去。大王。有時女人自分別我是女人。自分別我是女人已。見外丈夫復生分別。彼是丈夫。是女人分別彼是丈夫已。即生欲想。生欲想已。樂欲和合。於彼男子而生染愛。彼男子亦作是分別。我是男子。自分別我是男子已。見外女人復生分別。彼是女人。此男子作是分別已。於彼女人而生染愛。是男子女人俱生染愛已。而便和合。以和合故。而有歌羅羅。大王。彼丈夫分別及所分別事。二俱不可得。女人。女人性。亦不可得。男子。男子性。亦不可得。以是不相續而生分別。彼分別亦自性不可得。如分別自性不可得。如是和合。和合性。亦不可得。如和合。和合性不可得。如是歌羅羅。歌羅羅性不可得。若自性不可得者。彼云何能生堅强。大王。當知因分別故而生有堅者强者。彼堅强生時。無所從來。大王。有時此身終。爲冢間死尸。彼死尸堅强相③變壞時。不向東方。亦不向南西北方四維上下。大王。如是當知爲内身地界。大王。有時世間居處悉皆空虛。復生梵天七寶宫殿。彼宫殿堅强相生時。無所從來。如是他化自在諸天。七寶宫殿堅强生時。無所從來。如是化樂天。兜率陀天。夜摩天。三十三天。四天王天。所有七寶宫殿堅相生時。無所從來。鐵圍山。大鐵圍山。堅固牢實同一金剛。堅强生時。無所從來。如是須彌山。尼民達山。育乾達山。伊沙達山。佉提羅迦山。鞞達略山。毗那多迦山。阿葉波竭那山。鐵圍山。大鐵圍山。蘇達舍那山。摩訶蘇達舍那山。優常④伽羅山。雪山。香山。諸餘黑山。及三千大千世界若成時。彼一切堅强生時。無所從來。此大地厚一百六十萬由旬。生已而住。大王。

彼堅强生時。無所從來。大王。又時此世界壞。是世界欲壞時。此大地或爲火所燒。或爲水所漂。或爲風所吹。悉皆散滅。彼地爲火燒時。乃至烟灰都無所見。大王。譬如蘇油爲火所燒。無有遺餘。大王。如是此三千大千世界燒已。灰燼不現。後爲水所漂時。亦無遺餘可見。大王。譬如以鹽投水。消滅無餘。大王。如是如是。三千大千世界爲水漂已。亦無遺餘。大王。如是三千大千世界風吹壞時。無有遺餘。大王。譬如毗嵐猛風吹諸飛鳥。彼鳥散滅無有遺餘。大王。如是如是。此三千大千世界爲毗嵐猛風之所吹壞。一切散滅無有遺餘。大王。彼地界成時無所從來。壞時無所去。大王。如是如是。內身地界生時亦無所從來。滅時亦無所去。大王。彼地界生時亦空。

住時亦空。生住二時體性俱空。
大王。彼水界亦有二種。有内。有外。大王。是内身水界。謂自身内所有。及餘彼彼⑤身内所得所攝。若水。若水性。若水體。若潤。若潤性。若潤體。所謂此身中泪汗洟唾。膿血瘡污⑥。肪膏髓乳。痰⑦小便。大王。如是等物。名身内水界。大王。何者是身外水界。身所不得不攝者。水及水性水體。潤及潤性潤體。大王。此名身外水界。大王。彼身内水界生時無所從來。滅時無所去。大王。謂如見所愛人眼中流泪。苦惱所逼亦復流泪。聞法敬信亦復流泪。若遇風寒亦復流泪。眼赤痛時亦復流泪。大王。彼泪出時無所從來。滅時無所去。大王。又時身内水界增長。增長已益彼水界。能滅身内火界。彼火界滅時。去無所至。大王。彼身內外界生時。亦無所從來。滅時亦無所去。大王。彼身內外界生時亦空。滅時亦空。其水界性自是空。大王。有時彼內火界增盛。增盛已能竭身內水界。彼水界燒竭之時。去無所至。大王。彼身內水界生時。無所從來。滅時亦無所去。大王。彼身內水界生時亦空。滅時亦空。體性自空。大王。又時此世界壞。大王。此世界欲壞時。於虛空中興三十二重雲而住。遍興三十二重雲住已。遍覆三千大千世界。遍覆三千大千世界已。經五中劫。天降大雨流注不絕。如象王尿。其後復經五中劫。降粗大雨。當於爾時。其水積滿上至梵天。大王。彼大水界初生之時。無所從來。大王。又時此世界居處壞時。此世界中第二日出。二日出時。小河泉源悉皆枯盡。大王。又時此世界第三日出。第三日出時。大池[8]江河悉皆枯竭。
大王。又時此世界第四日出。第四日出時。四大河本源亦悉枯盡。
大王。世界又時第五日出。第五日出已。大海中水一由旬。二由旬。
三由旬。四五乃至十由旬悉皆枯盡。二十三十四十五十由旬海
水枯盡。一百由旬。二百由旬。三百乃至千由旬亦皆枯盡。二千三
千四千乃至一萬由旬悉亦枯盡。二萬三萬乃至四萬四千由旬。
大海水盡皆枯涸。大王。又時大海之中餘殘之水。四萬由旬餘殘
水在。三萬二萬一萬由旬餘殘水在。後復漸盡。九千八千乃至一
千由旬。九百八百乃至一百由旬餘殘水在。九十由旬。八十七十。
六十五十。四十三十二十。乃至十由旬。九由旬。八由旬。乃至一由

旬餘殘水在。五里下至十多羅樹。九多羅乃至一多羅。十人乃至一人。餘殘水在。於一人身齊咽。至腋。至臍。至腰。至胯。至腨。至踝。餘殘水在。乃至牛迹水在。大王。當爾之時。大海之中唯有少濕相。如粗雨時乍濕乍乾。大王。譬如粗雨滞滞。如有濕未周匝。大海之水亦復如是。大王。又時大海之中所有濕處。唯潤一指面。大王。彼水界漸滅之時。去無所至。亦不詣於東西南北四維上下。大王。彼水界生時亦空。住時亦空。滅時亦空。如是大王。彼水界性不可得。唯有但用。然彼但用非男非女。

大王。火界亦二種。一內。二外。大王。何者是內火界。大王。身內所有。及他身內所有所取。火。火體。火相。熱⑨。熱體。熱相。所謂能消飲食者。

身中所有温暖蒸熱入於熱數者。大王。此名身內火界。大王。何者爲身外火界。身外所有不取不受者。所謂火。火體。火相。温暖蒸熱。大王。此名身外火界。大王。又時迦羅羅⑩胞胎中。身內火界增盛。水界漸微。是故迦羅羅*漸稠漸堅。大王。譬如鐵器煎煮餳xíng餔。以火力故。漸漸稠强。大王。如是如是。以火力故。迦羅羅*漸稠漸堅。迦羅羅*漸稠漸堅故。名遏浮陀。遏浮陀以火力成故。名爲卑尸迦。卑尸迦以火力成故。名爲堅固。堅固爲火成故。生於五支。如是如是。大王。彼水界爲火界成熟。如是如是。彼水界漸稠漸堅故。成於肉團。大王。彼火界生時無所從來。而能燒滅於彼水界。大王。又時當有病人。身內火界悉皆滅盡。彼病人身內火界既滅盡已。所食之物不復消化。其彼病人不能消故。於後不復更能進食。不能食故。身內火界悉皆滅盡。以彼人不能進食。身內火滅故。必當命終。大王。火界滅時。不至東方南西北方四維上下。大王。彼火界生時亦空。滅時亦空。而彼火界從本已來體性自空。大王。有時世界壞。世界壞時。身外火界增盛洞一。洞一已遍燒三千大千世界。大王。彼身外火界生時。無所從來。大王。又時彼大火聚遍燒三千大千世界已。還復滅盡。大王。彼火滅時。不至東方南西北方四維上下。大王。彼身外火界生時亦空。滅時亦空。彼大火界體性自空。非有。不可得。唯是但用。然彼但用非男非女。

大王。風界亦二種。一內。二外。大王。何者是身內風界。自己身內及他身内所有風界。所受所取風。風體。風名。速疾。不速疾體。速疾名。所謂住身四支者是風。住胃者是風。行五體者是風。行諸子支者亦皆是風。遍行大小支者亦是風。出入息者亦是風。略而言之。遍身行悉皆是風。大王。此名身内風界。大王。又時身内風界增盛集合。彼增盛集合時。能枯燥水界。亦能損減火界。于時枯燥水界。損減火界已。令人身無潤澤。亦無温暖。心腹鼓脹。四支掘⑪强。諸脉洪滿。筋節拘急。彼人爾時受大苦惱。或復命終。大王。彼身内風界生時無所從來。大王。又時彼病人遇值良醫。醫觀彼病人已。應病處藥。隨病與藥故。風病除愈。大王。彼風界滅時亦無所去。大王。彼身内風界生時亦空。滅時亦空。身内風界體性自空。大王。何者是身

外風界。身外所有。身所不取不受者。風。風體。風名。速疾。速疾體。速
疾名。大王。此是外風界。大王。又時彼外風界增盛。增盛故風界集
合。集合時落葉折枝條。折樹拔根。崩摧山峰。倒壞大山。破析分段。
漸次散壞乃至微塵。而此三千大千世界。爲風所吹周迴旋轉。大
王。譬如陶師以杖轉輪。三千大千世界爲風所轉亦復如是。如少
麥麨爲風所吹。碎末爲塵。難可得見。如是大王。此三千大千世界
爲風所吹。破析作末已。成於微塵。成微塵已亦不可見。大王。譬如
大猛風輪起。以一把土隨風散之。乃至微塵亦不可見。如是大王。
此三千大千世界爲風所吹。分析作末。分析作末已。乃至無一餘
殘微塵可見。大王。彼外風界生時無所從來。大王。又時夏初。彼外

風界皆悉隱滅。隱滅故。暑熱無風。於草木上無露。以無露故。一切草木無有濕潤。大王。彼外風界滅時亦無所去。大王。彼風界生時亦空。滅時亦空。彼風界體性自空。大王。彼內風界及外風界。二俱皆空。體性自離。相亦自離。性亦不可得。滅相亦離。何以故。彼風界非作。無作者故。

大王。何者是虛空界。虛空界亦二種。有內。有外。大王。何者是內虛空界。若自身內。若他身內。所受所取。所謂虛空。虛空體。虛空名。此身內所生。入於陰數。亦入入數。亦入界數。所有空孔竅。大王。此名身內虛空界。大王。何者外虛空界。外所所有非色者。乃至無有如毛等虛空處。名爲虛空。大王。此名外虛空界。大王。又時由業因緣故生諸入。彼入等生已。圍繞空界。是時得名入內虛空界數。大王。如是一一法中推求。無一眼入可得。唯有但用。大王。何以故空。地界清淨故。如地界清淨空故。如是水火風界清淨故空。彼無所從來。大王。又時一切諸色悉皆壞滅以爲虛空。何以故。虛空界無盡故。大王。唯內虛空界安住不動。大王。譬如無爲涅槃界安住不動。當知如是虛空界遍一切處。大王。譬如有人於空澤曠野掘作泉池陂井。大王。於意云何。彼諸虛空從何而來。王言。世尊。無所從來。佛言。大王。若使彼人還以土塡。大王。於意云何。彼虛空界去何所至。王言。無所去也。何以故。世尊。彼虛空界無來無去。何以故。彼虛空界非男女故。佛言。大王。外虛空界亦復不動。性無變易。虛空界空。

非是有法。何以故。虛空界非男非女故。大王。何者是識界。如眼爲主攀緣於色。對色知故眼識生。或能知青黃赤白雜色。亦知長短粗細。如是一切所有色等物眼識所能睹者。名爲眼識界。如是若知聲。若知香。若知味。若知觸。若知法。或知六根所緣所知。是名意識界。大王。又此識界不依諸根。亦不依界。何以故。大王。非地净色爲眼入。非水火風净爲眼入。何以故。非地界清净及諸餘法。以爲眼入及具眼入者。如是乃至非水火風界清净色及諸餘法。以爲眼入具眼入者。何以故。諸法無知故。無了別故。無堪能故。非初非中非後故。非内非外。亦非中間。大王。如此識界了前事已。即便謝滅。不復更生。彼識生時無所從來。及其滅時亦無所至。大王。何謂爲眼入。謂四大所成清净色。若使諸法體性自空。何者是清。何者是濁。於諸法中無有净穢。云何於中而見净穢。如是大王。是故當知。眼入之⑫體性畢竟空寂。前際後際皆不可得。何以故。未來未至故不可得。過去已滅故不可得。未來未來事不可得。彼眼處亦不可得。自性離故。若體性不可得者。亦無男女性可得。既無男女性。何有我我所。大王。若有我我所者。是魔境界。無我我所者。是名諸佛如來境界。何以故。一切諸法離我我所故。大王。如實了知眼入空。眼入自性空。何以故。此眼入相不可得。是故此眼入體性空寂。此空離於眼入相。是名無相。於相無求。故名無願。大王。是名於眼入中三空解脱門現在前。大王。何者是耳入界乃至身入。大王。此一切法對三解脱門現前。決定趣法界。究竟遍虚空。不可名。不可説。不可用。不可示。無有諍論。無有語言。不可測量。大王。以眼對色者名爲顛倒。如是略説耳聲鼻香舌味身觸意法。是故諸法説名意境界。大王。眼入對色者往矚取著。此眼三種礙。照矚順境生於愛想。若睹違境生於恚想。矚中容境生於捨想。如是諸餘耳鼻舌身皆亦如是。其意矚法亦復如是。若緣順境生於愛心。緣於違境則生瞋恚。於中容境生愚惑心。如是境界是意所行。意遍行。故名意境界。大王。彼意行於順色生於貪欲。行於違色則起恚怒。行中容色起於無明。如是聲香味觸意所緣法。亦行三事起貪瞋痴。謂意緣順境。意法生於貪欲。意緣違境。意法生於瞋恚。意緣中容境。意法生於無明。起於愚痴。大王。應當如是知。於諸根猶如幻化。知彼境界其猶如夢。

大王。如人夢中與諸婇女及衆人等共相娛樂。是人覺已。憶念夢中衆人婇女。大王。於意云何。夢中所見是實有不。王言。不也。大王。於意云何。是人所夢執謂爲實。是爲智不。王言。不也。世尊。何以故。夢中所見衆人婇女畢竟是無。亦不可得。何况共相娛樂。是人但自疲勞。都無有實。佛言。大王。如是愚痴無聞凡夫見可意色。眼見色已心生執著。生執著已起於愛重。起愛重已生染著心。生染著已作染著業。所謂身三口四意三種業。造彼業已即便謝滅。是業滅已。不依東方而住。亦復不依南西北方四維上下而住。如是之業。乃至臨死之時最後識滅。見先所作心想中現。大王。是人自分業盡。异業現前。大王。如似夢覺念夢中事。如是大王。最後識爲主。彼業因緣故。以此二緣。生分之中識心初起。或生地獄。或生畜生。或生閻魔羅界。或生阿修羅。或生天人中。前識既滅。生分識生。生分相續心種類不絕。大王。無有一法從於此世至於他世而有生滅。見所作業及受果報皆不失壞。無有作業者。亦無受報者。大王。彼後識滅時名爲死數。若初識生名爲生數。大王。彼後識起時無所從來。及其滅時亦無所至。其緣生時亦無所從來。滅時亦無所至。其業生時亦無所從來。滅時亦無所至。死時亦無所從來。滅時亦無所至。初識生時亦無所從來。滅時亦無所至。其生亦無所從來。滅時亦無所至。何以故。自性離故。彼後識。後識體性空。緣。緣體性空。業。業體性空。死。死體性空。初識。初識體性空。受。受體性空。世間。世間體性空。涅槃。涅槃體性空。起。起體性空。壞。壞體性空。大王。如是作業果報皆不失壞。無有作業者。無有受報者。但隨世俗故有。非第一義。大王。當知一切諸法皆悉空寂。一切諸法空者。是空解脫門。空無空相。名無相解脫門。若無於相。則無願求。名無願解脫門。如是大王。一切法皆具三解脫門。與空共行涅槃先道。遠離於相。遠離願求。究竟涅槃界。決定如法界。周遍虛空際。大王。當知諸根如幻。境界如夢。一切譬喻當如是知。

大王。猶如夢中與冤共鬥。是人覺已。憶念夢中而共冤鬥。於意云何。夢中所見是實有不。王言。不也。大王。於意云何。是人所夢執謂爲實。是爲智不。王言。不也。世尊。何以故。夢中畢竟無兎。何況鬥戰。是人徒自疲勞。都無有實。佛言。大王。如是愚痴無聞凡夫。眼見不愛之色。心不喜樂。於不喜樂而生執著。生執著已。便生瞋恚。生瞋恚已。其心濁亂。造作瞋業。所謂身三口四意三種業。造彼業已。即便謝滅。是業滅已。不依東方而住。亦復不依南西北方四維上下而住。如是之業。乃至臨死之時最後識滅。見先所作心想中現。大王。是人見已。心生恐怖。自分業盡。异業現前。大王。如似夢覺念夢中事。如是大王。最後識爲主。彼業因緣故。以此二緣。生分之中識心初起。或生地獄。或生畜生。或生閻魔羅界。或生阿修羅處。或生天人中。前識既滅。生分識生。生分相續心種類不絕。大王。無有一法從於今世至於後世而有生滅。見所作業及受果報皆不失壞。無有作業者。亦無受報者。大王。彼後識滅時名爲死數。若初識生名爲生數。大王。彼後識起時無所從來。及其滅時亦無所至。其緣生時亦無所從來。滅時亦無所至。其業生時亦無所從來。滅時亦無所至。死時亦無所從來。滅時亦無所至。初識生時亦無所從來。滅時亦無所至。其生亦無所從來。滅時亦無所至。何以故。自性離故。彼後識。後識體性空。緣。緣體性空。業。業體性空。死。死體性空。初識。初識體性空。受。受體性空。世間。世間體性空。涅槃。涅槃體性空。起。起體性空。壞。壞體性空。大王。如是作業果報皆不失壞。無有作業者。無有受報者。但隨世俗故有。非第一義。大王。當知一切諸法皆悉空寂。一切諸法空者。是空解脱門。空無空相。名無相解脱門。若無相者。則無願求。名無願解脱門。如是大王。一切法皆具三解脱門。與空共行涅槃先道。遠離諸相。遠離願求。究竟涅槃界。決定如法界。周遍虚空際。大王。當知諸根如幻。境界如夢。一切譬喻當如是知。

大王。猶如有人於其夢中爲鬼所嬈。心生恐怖。是人覺已。憶念夢中所夢之鬼。於意云何。夢中所見是實有不。王言。不也。大王。於意云何。是人所夢執謂爲實。是爲智不。王言。不也。世尊。何以故。夢中所見畢竟無鬼。何况怖也。是人但自疲勞。都無有實。佛言。大王。如是愚痴無聞凡夫。眼睹色已。於捨處色妄生執著。生執著已。作執著業。所謂身三口四意三種業。造彼業已。即便謝滅。是業滅已。不依東方而住。亦復不依南西北方四維上下而住。如是之業。乃至命根欲盡。臨死之時最後識滅。見先所作心想中現。大王。是人見已心生怖懼。自分業盡。异業現前。大王。如似夢覺念夢中事。如是大王。最後識爲主。彼業因緣故。以此二緣。生分之中識心初起。或生地獄。或生畜生。或生閻魔羅界。或生阿修羅處。或生天人中。前識既滅。生分識生。生分相續心種類不絕。大王。無有一法從於今世至於後世而有生滅。見所作業及受果報皆不失壞。無有作業者。亦無受報者。大王。彼後識滅時名爲死數。若初識生名爲生數。

大王。彼後識起時無所從來。及其滅時亦無所至。其緣生時亦無所從來。滅時亦無所至。其業生時亦無所從來。滅時亦無所至。死時亦無所從來。滅時亦無所至。初識生時亦無所從來。滅時亦無所至。其生亦無所從來。滅時亦無所至。何以故。自性離故。彼後識。後識體性空。緣。緣體性空。業。業體性空。死。死體性空。初識。初識體性空。受。受體性空。世間。世間體性空。涅槃。涅槃體性空。起。起體性空。壞。壞體性空。大王。如是作業果報皆不失壞。無有作業者。無有受報者。但隨世俗故有。非第一義。大王。當知一切諸法皆悉空寂。一切諸法空者。是空解脱門。空無空相。名無相解脱門。若無相者。則無願求。名無願解脱門。如是大王。一切法皆具三解脱門。與空共行涅槃先道。遠離於相。遠離願求。究竟涅槃界。決定如法界。周遍虛空際。大王。當知諸根如幻。境界如夢。一切譬喻當如是知。

大寶積經卷第七十三

校注

①『是』，底本無，依龍藏、和裕本補。
②『肚』，龍藏作『肺』。
③『相』，底本作『想』，依龍藏、思溪藏改。
④『常』，龍藏、思溪藏作『帝』。
⑤『彼』，龍藏、思溪藏無。
⑥『污』，龍藏、思溪藏作『汁』。
⑦『痰』，底本作『膾』，依龍藏改。
⑧『池』，龍藏作『地』。
⑨『熱』，底本無，依龍藏補。
⑩『迦羅羅』，龍藏作『歌羅邏』。本卷下文例同，用*標識，不再出注。本經卷第五十五云：『如是中陰初受胎時。名歌羅邏。』
⑪『掘』，龍藏作『倔』。
⑫『之』，龍藏、思溪藏作『定』。

大寶積經卷第七十四

北齊三藏那連提耶舍譯

菩薩見實會第十六之十四・六界差别品第二十五之二

大王。如人夢中見於國中第一端正最勝女人。於彼女邊得聞微妙可愛音樂。彼人聞已。以彼樂音而自娛樂。受五欲樂。是人覺已。憶念夢中可愛音樂。於意云何。夢中所見是實有不。王言。不也。大王。於意云何。是人所夢執謂爲實。是爲智不。王言。不也。世尊。何以故。夢中所見最勝女人可愛音樂畢竟是無。況五欲樂。是人但自疲勞。都無有實。佛言。大王。如是愚痴無聞凡夫。見最勝女人及以音樂。稱可其意。心生執著。生執著已。起於愛樂。既愛樂已。生染著心。生染著已。作染著業。所謂身三口四意三種業。造彼業已。即便謝滅。是業滅已。不依東方而住。亦復不依南西北方四維上下而住。如是之業。乃至臨死之時最後識滅。見先所作心想中現。大王。是人見已心生忙怖。自分業盡。异業現前。大王。如似夢覺念夢中事。如是大王。最後識爲主。彼業因緣故。以此二緣。生分之中識心初起。或生地獄。或生畜生。或生閻魔羅界。或生阿修羅處。或生天人中。前識既滅。生分識生。生分相續心種類不絕。大王。無有一法從於此世至於他世而有生滅。見所作業及受果報皆不失壞。無有作業者。亦無受報者。大王。彼後識滅時名爲死數。若初識生名爲生數。大王。彼後識起時無所從來。及其滅時亦無所至。其緣生時亦無所從來。滅時亦無所至。其業生時亦無所從來。滅時亦無所至。死時亦無所從來。滅時亦無所至。初識生時亦無所從來。滅時亦無所至。其生亦無所從來。滅時亦無所至。何以故。自性離故。彼後識。後識體性空。緣。緣體性空。業。業體性空。死。死體性空。初識。初識體性空。受。受體性空。世間。世間體性空。涅槃。涅槃體性空。起。起體性空。壞。壞①體性空。大王。如是作業果報皆不失壞。無有作業者。無有受報者。但隨世俗故有。非第一義。大王。當知一切諸法皆悉空寂。一切諸法空者。是空解脱門。空無空相。是無相解脱門。若無相者。則無願求。名無願解脱門。如是大王。一切法皆具三解脱門。與空共行涅槃先道。遠離於相。遠離願求。究竟涅槃界。決定如法界。周遍虛空際。大王。當知諸根如幻。境界如夢。一切譬喻當如是知。

大王。耳聞惡聲生於惡心。大王。如人夢中親愛別離。生大苦惱。悲號啼哭。或離父母妻子所愛眷屬。是人覺已。憶念夢中親愛別離悲哭等事。於意云何。夢中所見是實有不。王言。不也。佛言。大王。於意云何。是人所夢執謂爲實。是爲智不。王言。不也。世尊。何以故。夢中所見親愛別離畢竟是無。何況悲泣。是人徒自疲勞。都無有實。佛言。大王。如是愚痴無聞凡夫。見聞惡聲而生執著。生執著已。起不愛心。以不愛故。生於瞋心。生瞋心故。造作瞋業。所謂身三口四意三種業。造彼業已。即便謝滅。是業滅已。不依東方而住。亦復不依南西北方四維上下而住。如是之業。乃至臨死之時最後識滅。見先所作心想中現。大王。是人見已。心生憂怖。自分業盡。异業現前。大王。如似夢覺念夢中事。如是大王。最後識爲主。彼業因緣故。以此二緣。生分之中識心初起。或生地獄。或生畜生。或生閻魔羅界。或生阿修羅。或生天人中。前識既滅。受生分識生。生分相續心種類不絕。大王。無有一法從於今世至於後世而有生滅。見所作業及受果報皆不失壞。無有作業者。亦無受報者。大王。彼後識滅時名爲死數。若初識生名爲生數。大王。彼後識起時無所從來。及其滅時亦無所至。其緣生時亦無所從來。滅時亦無所至。其業生時亦無所從來。滅時亦無所至。死時亦無所從來。滅時亦無所至。

初識生時亦無所從來。滅時亦無所至。其生亦無所從來。滅時亦無所至。何以故。自性離故。彼後識。後識體性空。緣。緣體性空。業。業體性空。死。死體性空。初識。初識體性空。受。受體性空。世間。世間體性空。涅槃。涅槃體性空。起。起體性空。壞。壞體性空。大王。如是作業果報皆不失壞。無有作業者。無有受報者。但隨世俗故有。非第一義。大王。當知一切諸法皆悉空寂。一切諸法空者。是空解脱門。空無空相。名無相解脱門。若無相者。則無願求。名無願解脱門。如是大王。一切法皆具三解脱門。與空共行涅槃先道。遠離於相。遠離願求。究竟涅槃界。決定如法界。周遍虛空際。大王。當知諸根如幻。境界如夢。一切譬喻當如是知。

大王。耳聞捨聲起於捨相。大王。如人夢中聞不了句義聲。是人覺已。憶念夢中所聞之聲。於意云何。夢中聞聲是實有不。王言。不也。大王。於意云何。是人所夢執謂爲實。是爲智不。王言。不也。世尊。何以故。夢中畢竟無有音聲可得。何況當有了義及不了義句。是人空自疲勞。都無有實。佛言。大王。如是愚痴無聞凡夫。聞於捨聲而生執著。生執著已。而生迷惑。生迷惑已。造作痴業。所謂身三口四意三種業。造作業已。便即謝滅。是業滅已。不依東方而住。亦復不依南西北方四維上下而住。如是之業。乃至臨死之時最後識滅。見先所作心想中現。是人見已。心生執著。自分業盡。异業現前。大王。如似夢覺念彼夢中不了句義之聲。大王。如是最後識爲主。彼業因緣故。以此二緣。生分之中識心初起。或生地獄。或生畜生。或生閻魔羅界。或生阿修羅。或生天人中。前識既滅。受生分識生。生分相續心種類不絕。大王。無有一法從於今世至於後世而有生滅。見所作業及受果報皆不失壞。無有作業者。亦無受報者。大王。彼後識滅時名爲死數。若初識生名爲生數。大王。彼後識起時無所從來。及其滅時亦無所至。其緣生時亦無所從來。滅時亦無所至。其業生時亦無所從來。滅時亦無所至。死時亦無所從來。滅時亦無所至。初識生時亦無所從來。滅時亦無所至。其生亦無所從來。滅時亦無所至。何以故。自性離故。彼後識。後識體性空。緣。緣體性空。業。業體性空。死。死體性空。初識。初識體性空。受生。受生體性空。世間。世間體性空。涅槃。涅槃體性空。起。起體性空。壞。壞體性空。
大王。如是作業果報皆不失壞。無有作業者。無有受報者。但隨世
俗故有。非第一義。大王。當知一切諸法皆悉空寂。一切諸法空者。
是空解脫門。空無空相。名無相解脫門。若無相者。則無願求。名無
願解脫門。如是大王。一切諸法皆具三解脫門。與空共行涅槃先
道。遠離於相。遠離願求。究竟涅槃界。決定如法界。周遍虛空際。大
王。當知諸根如幻。境界如夢。一切譬喻當如是知。
大王。如人夢中以栴檀香。或多摩羅葉香。及諸種種餘香用塗己
身。是人覺已。憶念夢中栴檀之香。及多摩羅葉香。并餘香等。於意
云何。如夢中所見是實有不。王言。不也。大王。於意云何。是人所夢

執謂爲實。是爲智不。王言。不也。世尊。何以故。夢中畢竟無有諸香。況塗其身。是人徒自疲勞。都無有實。佛言。大王。如是愚痴無聞凡夫。觸聞妙香便生愛著。生愛著已。復更深樂。生深樂已。起染著心。生染著已。作染著業。所謂身三口四意三種業。造彼業已。即便謝滅。是業滅已。不依東方而住。亦復不依南西北方四維上下而住。如是之業。乃至臨死之時最後識滅。見先所作心想中現。大王。如似夢覺憶念夢中所聞諸香。如是大王。最後識爲主。彼業因緣故。以此二緣。生分之中識心初起。或生地獄。或生畜生。或生閻魔羅界。或生阿修羅。或生天人中。前識既滅。受生分識生。生分相續心種類不絕。大王。無有一法從於今世至於後世而有生滅。見所作業及受果報皆不失壞。無有作業者。亦無受報者。大王。彼後識滅時名爲死數。若初識生名爲生數。大王。彼後識起時無所從來。及其滅時亦無所至。其緣生時亦無所從來。滅時亦無所至。其業生時亦無所從來。滅時亦無所至。死時亦無所從來。滅時亦無所至。初識生時亦無所從來。滅時亦無所至。其生亦無所從來。滅時亦無所至。何以故。自性離故。彼後識。後識體性空。緣。緣體性空。業。業體性空。死。死體性空。初識。初識體性空。受生。受生體性空。世間。世間體性空。涅槃。涅槃體性空。起。起體性空。壞。壞體性空。大王。如是作業果報皆不失壞。無有作業者。無有受報者。但隨世俗故有。非第一義也。大王。當知一切諸法皆悉空寂。一切諸法空者。是空解脱門。空無空相。名無相解脱門。若無相者。則無願求。名無願解脱門。如是大王。一切諸法皆具三解脱門。與空共行涅槃先道。遠離於相。遠離願求。究竟涅槃界。決定如法界。周遍虚空際。大王。當知諸根如幻。境界如夢。一切譬喻當如是知。

大王。如人夢中夢見死蛇死狗死人等尸繫著於頸。是人覺已。憶念夢中所見死蛇死狗死人之尸。心生怖畏。大王。於意云何。如是夢中。或以一尸繫著於頸。是真實不。王言。不也。世尊。佛言。是人執於夢中所見之尸。寧爲智不。王言。不也。世尊。何以故。夢中畢竟無有死蛇死狗死人之尸。況將繫頸。是人徒自疲勞。都無有實。佛言。大王。如是無聞愚痴凡夫。既見臭惡而生執著。生執著已。起不愛心。以不愛故。生於瞋心。生瞋心故。造作瞋業。所謂身三口四意三種業。造彼業已。便即謝滅。是業滅已。不依東方而住。亦復不依南西北方四維上下而住。如是之業。乃至臨死之時最後識滅。見先所作心想中現。大王。是人見已。心生厭惡。自分業盡。异業現前。大王。如似夢覺念夢中事。如是大王。最後識爲主。彼業因緣故。以此二緣。生分之中識心初起。或生地獄。或生畜生。或生閻魔羅界。或生阿修羅。或生天人中。前識既滅。受生分識生。生分相續心種類不絕。大王。無有一法從於今世至於後世而有生滅。見所作業及受果報皆不失壞。無有作業者。亦無受報者。大王。彼後識滅時名爲死數。若初識生名爲生數。大王。彼後識起時無所從來。及其滅時亦無所至。其緣生時亦無所從來。滅時亦無所至。其業生時亦無所從來。滅時亦無所至。死時亦無所從來。滅時亦無所至。初識生時亦無所從來。滅時亦無所至。其生亦無所從來。滅時亦無所至。何以故。自性離故。彼後識。後識體性空。緣。緣體性空。業。業體性空。死。死體性空。初識。初識體性空。受生。受生體性空。世間。世間體性空。涅槃。涅槃體性空。起。起體性空。壞。壞體性空。大王。如是作業果報皆不失壞。無有作業者。無有受報者。但隨世俗故有。非第一義也。大王。當知一切諸法皆悉空寂。一切諸法空者。是空解脫門。空無空相。名無相解脫門。若無相者。則無願求。名無願解脫門。如是大王。一切法皆具三解脫門。與空共行涅槃先道。遠離於相。遠離願求。究竟涅槃界。決定如法界。周遍虛空際。大王。當知諸根如幻。境界如夢。一切譬喻當如是知。

大王。如人夢中夢鼻根壞。是人覺已。憶念夢中所壞鼻根。於意云何。夢中所見是實有不。王言。不也。大王。於意云何。是人所夢執謂爲實。是爲智不。王言。不也。世尊。何以故。夢中畢竟無有鼻根。況復壞也。是人徒自疲勞。都無有實。佛言。大王。如是愚癡無聞凡夫。見鼻根壞。便生執著。生執著已。起於恐懼。既恐懼已。生染著心。生染著已。作染著業。所謂身三口四意三種業。造彼業已。即便謝滅。是業滅已。不依東方而住。亦復不依南西北方四維上下而住。如是之業。乃至臨死之時最後識滅。見先所作心想中現。大王。是人見已。心生忙怖。自分業盡。异業現前。大王。如似夢覺念夢中事。如是大王。最後識爲主。彼業因緣故。以此二緣。生分之中識心初起。或生地獄。或生畜生。或生閻魔羅界。或生阿修羅。或生天人中。前識既滅。受生分識生。生分相續心種類不絕。大王。無有一法從於今世至於後世而有生滅。見所作業及受果報皆不失壞。無有作業者。亦無受報者。大王。彼後識滅時名入死數。若初識生名入生數。大王。彼後識起時無所從來。滅時亦無所至。其業生時亦無所從來。滅時亦無所至。死時亦無所從來。滅時亦無所至。初識生時亦無所從來。滅時亦無所至。其生亦無所從來。滅時亦無所至。何以故。自性離故。彼後識。後識體性空。緣。緣體性空。業。業體性空。死。死體性空。初識。初識體性空。受生。受生體性空。世間。世間體性空。涅槃。涅槃體性空。起。起體性空。壞。壞體性空。大王。如是作業果報皆不失壞。無有作業者。無有受報者。但隨世俗故有。非第一義。大王。當知一切諸法皆悉空寂。一切諸法空者。是空解脱門。空無空相。名無相解脱門。若無相者。則無願求。名無願解脱門。如是大王。一切法皆具三解脱門。與空共行涅槃先道。遠離於相。遠離願求。究竟涅槃界。決定如法界。周遍虚空際。大王。當知諸②根如幻。境界如夢。一切譬喻當如是知。

大王。如人夢中自身飢渴。得百味饌。恣意而食。是人覺已。憶念夢中百味飲食。於意云何。是人所夢是真食③不。王言。不也。佛言。大王。

於意云何。是人所夢執謂爲實。是爲智不。王言。不也。世尊。何以故。夢中畢竟無有飲食。況復食也。是人徒自疲勞。都無有實。佛言。大王。如是愚痴無聞凡夫。見百種食已。心生執著。生執著已。起貪樂心。既貪樂已。心生染著。生染著已。作染著業。所謂身三口四意三種業。造彼業已。即便謝滅。是業滅已。不依東方而住。亦復不依南西北方四維上下而住。如是之業。乃至臨死之時最後識滅。見先所作心想中現。大王。是人見已。心生貪樂。自分業盡。异業現前。大王。如彼夢覺念夢中事。如是大王。最後識爲主。彼業因緣故。以此二緣。生分之中識心初起。或生地獄。或生畜生。或生閻魔羅界。或生阿修羅。或生天人中。前識既滅。受生分識生。生分相續心種類不絕。大王。無有一法從於今世至於後世而有生滅。見所作業及受果報皆不失壞。無有作業者。亦無受報者。大王。彼後識滅時名入死數。若初識生名入生數。大王。彼後識起時無所從來。及其滅時亦無所至。其緣生時亦無所從來。滅時亦無所至。其業生時亦無所從來。滅時亦無所至。死時亦無所從來。滅時亦無所至。初識生時亦無所從來。滅時亦無所至。其生亦無所從來。滅時亦無所至。何以故。自性離故。彼後識。後識體性空。緣。緣體性空。業。業體性空。死。死體性空。初識。初識體性空。受生。受生體性空。世間。世間體性空。涅槃。涅槃體性空。起。起體性空。壞。壞體性空。大王。如是作業果報皆不失壞。無有作業者。無有受報者。但隨世俗故有。非第一義。大王。當知一切諸法皆悉空寂。一切諸法空者。是空解脱門。空無空相。名無相解脱門。若無相者。則無願求。名無願解脱門。如是大王。一切法皆具三解脱門。與空共行涅槃先道。遠離於相。遠離願求。究竟涅槃界。決定如法界。周遍虛空際。大王。當知諸根如幻。境界如夢。一切譬喻當如是知。

大王。如人夢中爲飢所逼。遇得苦瓠hù并拘奢得子。及絍婆子④等而便食之。是人覺已。念於夢中所食苦瓠子等。於意云何。是人所夢是真食苦瓠以⑤不。王言。不也。大王。於意云何。是人所夢執謂爲實。便生瞋恚。是爲智不。王言。不也。世尊。何以故。夢中畢竟無有苦瓠及拘奢得子等。況復食也。是人徒自疲勞。都無有實。佛言。大王。如是愚痴無聞凡夫。夢爲飢所逼。心生執著。生執著已。作執著業。所謂身三口四意三種業。造彼業已。即便謝滅。是業滅已。不依東方而住。亦復不依南西北方四維上下而住。如是之業。乃至臨死之時最後識滅。見先所作心想中現。大王。是人見已。心生妄想。自分業盡。异業現前。大王。如彼夢覺念夢中事。如是大王。最後識爲主。彼業因緣故。以此二緣。生分之中識心初起。或生地獄。或生畜生。或生閻魔羅界。或生阿修羅。或生天人中。前識既滅。受生分識生。生分相續心種類不絕。大王。無有一法從於今世至於後世而有生滅。見所作業及受果報皆不失壞。無有作業者。亦無受報者。大王。彼後識滅時名入死數。若初識生名入生數。大王。彼後識起時無所從來。及其滅時亦無所至。其緣生時亦無所從來。滅時亦無所至。其業生時亦無所從來。滅時亦無所至。死時亦無所從來。滅時亦無所至。初識生時亦無所從來。滅時亦無所至。其生亦無所從來。滅時亦無所至。何以故。自性離故。彼後識。後識體性空。緣。緣體性空。業。業體性空。死。死體性空。初識。初識體性空。受生。受生體性空。世間。世間體性空。涅槃。涅槃體性空。起。起體性空。壞。壞體性空。大王。如是作業果報皆不失壞。無有作業者。無有受報者。但隨世俗故有。非第一義也。大王。當知一切諸法皆悉空寂。一切諸法空者。是空解脱門。空無空相。名無相解脱門。若無相者。則無願求。名無願解脱門。如是大王。一切法皆具三解脱門。與空共行涅槃先道。遠離於相。遠離願求。究竟涅槃界。決定如法界。周遍虛空際。大王。當知諸根如幻。境界如夢。一切譬喻當如是知。

大王。如人夢中夢舌根壞。是人覺已。憶念夢中舌根毀敗。於意云何。是人所夢是真壞不。王言。不也。大王。於意云何。是人所夢執謂實壞。是爲智不。王言。不也。世尊。何以故。夢中畢竟無有舌根。況復壞也。是人徒自疲勞。都無有實。佛言。大王。如是愚痴無聞凡夫。見舌根壞。心生執著。生執著已。生不愛心。生不愛已。作染著業。所謂身三口四意三種業。造彼業已。即便謝滅。是業滅已。不依東方而住。亦復不依南西北方四維上下而住。如是之業。乃至臨死之時最後識滅。見先所作心想中現。大王。是人見已。心生怖懼。自分業盡。异業現前。大王。如彼夢覺念夢中事。如是大王。最後識爲主。彼業因緣故。以此二緣。生分之中識心初起。或生地獄。或生畜生。或生閻魔羅界。或生阿修羅。或生天人中。前識既滅。受生分識生。生分相續心種類不絶。大王。無有一法從於此世至於他世而有生滅。見所作業及受果⑥報皆不失壞。無有作業者。亦無受報者。大王。彼後識滅時名入死數。若初識生名入生數。大王。彼後識起時無所從來。及其滅時亦無所至。其緣生時亦無所從來。滅時亦無所至。其業生時亦無所從來。滅時亦無所至。死時亦無所從來。滅時亦無所至。初識生時亦無所從來。滅時亦無所至。其生亦無所從來。滅時亦無所至。何以故。自性離故。彼後識。後識體性空。緣。緣體性空。業。業體性空。死。死體性空。初識。初識體性空。受生。受生體性空。世間。世間體性空。涅槃。涅槃體性空。起。起體性空。壞。壞體性空。大王。如是作業果報皆不失壞。無有作業者。無有受報者。但隨世俗故有。非第一義也。大王。當知一切諸法皆悉空寂。一切諸法空者。是空解脫門。空無空相。名無相解脫門。若無相者。則無願求。名無願解脫門。如是大王。一切法皆具三解脫門。與空共行涅槃先道。遠離於相。遠離願求。究竟涅槃界。決定如法界。周遍虛空際。大王。當知諸根如幻。境界如夢。一切譬喻當如是知。

大王。猶如夢中自睹國中最勝之女共相抱持。是人覺已。憶念夢中所得細觸。於意云何。是人所夢是真實不。王言。不也。大王。於意云何。是人所夢執謂眞實。是爲智不。王言。不也。世尊。何以故。夢中畢竟無有此女。況受細觸。是人徒自疲勞。都無有實。佛言。大王。如是愚痴無聞凡夫。見可意色。眼見色已。心生執著。生執著已。起於愛欲。起愛欲已。生染著心。生染著已。作染著業。所謂身三口四意三種業。造彼業已。即便謝滅。是業滅已。不依東方而住。亦復不依南西北方四維上下而住。如是之業。乃至臨死之時最後識滅。見先所作心想中現。大王。是人見已。心生愛喜。自分業盡。异業現前。大王。如彼夢覺念夢中事。如是大王。最後識爲主。彼業因緣故。以此二緣。生分之中識心初起。或生地獄。或生畜生。或生閻魔羅界。或生阿修羅。或生天人中。前識既滅。受生分識生。生分相續心種類不絕。大王。無有一法從於此世至於他世而有生滅。見所作業及受果報皆不失壞。無有作業者。亦無受報者。大王。彼後識滅時名入死數。若初識生名入生數。大王。彼後識起時無所從來。及其滅時亦無所至。其緣生時亦無所從來。滅時亦無所至。其業生時亦無所從來。滅時亦無所至。死時亦無所從來。滅時亦無所至。初識生時亦無所從來。滅時亦無所至。其生亦無所從來。滅時亦無所至。何以故。自性離故。彼後識。後識體性空。緣。緣體性空。業。業體性空。死。死體性空。初識。初識體性空。受生。受生體性空。世間。世間體性空。涅槃。涅槃體性空。起。起體性空。壞。壞體性空。大王。如是作業果報皆不失壞。無有作業者。無有受報者。但隨世俗故有。非第一義也。大王。當知一切諸法皆悉空寂。一切諸法空者。是空解脱門。空無空相。名無相解脱門。若無相者。則無願求。名無願解脱門。如是大王。一切法皆具三解脱門。與空共行涅槃先道。遠離於相。遠離願求。究竟涅槃界。决定如法界。周遍虛空際。大王。當知諸根如幻。境界如夢。一切譬喻當如是知。

大寶積經卷第七十四

校注

①『壞』，底本污殘，依龍藏、思溪藏補。

②『諸』，底本作『識』，依龍藏、思溪藏改。

③『食』，龍藏作『實』。

④『苦瓠并拘奢得子。及紙婆子』，『苦瓠』，味苦者，有毒不堪食，可入藥用；『拘奢得子及紙婆子』，此等皆梵語，樹名也，其葉苦，可煮爲飲，治頭痛疾。（唐·慧琳《一切經音義》）

⑤『以』，龍藏無。

⑥『果』，底本作『异』，依龍藏、思溪藏改。

大寶積經卷第七十五

北齊三藏那連提耶舍譯

菩薩見實會第十六之十五・六界差別品第二十五之三

大王。如人夢中自持熱銅鍱纏被其身。是人覺已。憶念夢中所被銅葉。於意云何。是人所夢是真實不。王言。不也。大王。於意云何。是人所夢執謂真實。是爲智不。王言。不也。世尊。何以故。夢中畢竟無有銅葉。況以衣身。是人徒自疲勞。都無有實。佛言。大王。如是愚痴無聞凡夫。見恐懼事。心生執著。生執著已。起於怖畏。起①怖畏已。作怖畏業。謂身三口四意三種業。造彼業已。即便謝滅。是業滅已。不依東方而住。亦復不依南西北方四維上下而住。如是之業。乃至臨死之時最後識滅。見先所作心想中現。大王。是人見已。心生忙懼。自分業盡。异業現前。大王。如彼夢覺念夢中事。如是大王。最後識爲主。彼業因緣故。以此二緣。生分之中識心初起。或生地獄。或生畜生。或生閻魔羅界。或生阿修羅。或生天中。或生人中。前識既滅。受生分識生。生分相續心種類不絕。大王。無有一法從於今世至於後世而有生滅。見所作業及受果報皆不失壞。無有作業者。亦無受報者。大王。彼後識滅時名入死數。若初識生名入生數。大王。彼後識起時無所從來。及其滅時亦無所至。其緣生時亦無所從來。滅時亦無所至。其業生時亦無所從來。滅時亦無所至。死時亦無所從來。滅時亦無所至。初識生時亦無所從來。滅時亦無所至。其生亦無所從來。滅時亦無所至。何以故。自性離故。彼後識。後識體性空。緣。緣體性空。業。業體性空。死。死體性空。初識。初識體性空。受生。受生體性空。世間。世間體性空。涅槃。涅槃體性空。起。起體性空。壞。壞體性空。大王。如是作業果報皆不失壞。無有作業者。無有受報者。但隨世俗故有。非第一義也。大王。當知一切諸法皆悉空寂。一切諸法空者。是空解脱門。空無空相。名無相解脱門。若無相者。則無願求。名無願解脱門。如是大王。一切法皆具三解脱門。與空共行涅槃先道。遠離於相。遠離願求。究竟涅槃界。決定如法界。周遍虚空際。大王。當知諸根如幻。境界如夢。一切譬喻當如是知。

大王。如人夢中見身根壞不覺諸觸。是人覺已。憶念夢中敗壞之相。於意云何。是人所夢是真實不。王言。不也。大王。於意云何。是人所夢執謂爲實。是爲智不。王言。不也。世尊。何以故。夢中畢竟無有身根。況敗壞也。是人徒自疲勞。都無有實。佛言。大王。如是愚痴無聞凡夫。自見身根敗壞。心生執著。生執著已。起恐怖心。起恐怖心已。作恐怖業。所謂身三口四意三種業。造彼業已。即便謝滅。是業滅已。不依東方而住。亦復不依南西北方四維上下而住。如是之業。乃至臨死之時最後識滅。見先所作心想中現。大王。是人見已。心生怖懼。自分業盡。异業現前。大王。如彼夢覺念夢中事。如是大王。最後識爲主。彼業因緣故。以此二緣。生分之中識心初起。或生地獄。或生畜生。或生閻魔羅界。或生阿修羅。或生天中。或生人中。前識既滅。受生分識生。生分相續心種類不絕。大王。無有一法從於今世至於後世而有生滅。見所作業及受果報皆不失壞。無有作業者。無有受報者。大王。彼後識滅時名入死數。若初識生名入生數。大王。彼後識起時無所從來。及其滅時亦無所至。其緣生時亦無所從來。滅時亦無所至。其業生時亦無所從來。滅時亦無所至。初識生時亦無所從來。滅時亦無所至。其生亦無所從來。滅時亦無所至。何以故。自性離故。彼後識。後識體性空。緣。緣體性空。業。業體性空。死。死體性空。初識。初識體性空。受生。受生體性空。世間。世間體性空。涅槃。涅槃體性空。起。起體性空。壞。壞體性空。大王。如是作業果報皆不失壞。無有作業者。無有受報者。但隨世俗故有。非第一義也。大王。當知一切諸法皆悉空寂。一切諸法空者。是空解脱門。空無空相。名無相解脱門。若無相者。則無願求。名無願解脱門。如是大王。一切法皆具三解脱門。與空共行涅槃先道。遠離於相。遠離願求。究竟涅槃界。決定如法界。周遍虚空際。大王。當知諸根如幻。境界如夢。一切譬喻當如是知。

大王。如人夢中夢見幻師幻作五欲。自見己身與彼圍繞共相娱樂。是人覺已。不見五欲。便憶夢中五欲之樂。於意云何。是人所夢是真實不。王言。不也。大王。於意云何。是人所夢執謂真實。是爲智不。王言。不也。世尊。何以故。夢中畢竟無有幻師。況復幻作五欲遮相娛樂。是人徒自疲勞。都無有實。佛言。大王。如是愚癡無聞凡夫。見是幻師幻作五欲。心生執著。生執著已。起於愛重。起愛重已。生染著心。生染著已。作染著業。所謂身三口四意三種業。造彼業已。即便謝滅。是業滅已。不依東方而住。亦復不依南西北方四維上下而住。如是之業。乃至臨死之時最後識滅。見先所作心想中現。大王。是人見已。心生愛著。自分業盡。异業現前。大王。如彼夢覺念夢中事。如是大王。最後識爲主。彼業因緣故。以此二緣。生分之中識心初起。或生地獄。或生畜生。或生閻魔羅界。或生阿修羅。或生天人中。前識既滅。受生分識生。生分相續心種類不絶。大王。無有一法從於今世至於後世而有生滅。見所作業及受果報皆不失壞。無有作業者。亦無受報者。大王。彼後識滅時名入死數。若初識生名入生數。大王。彼後識起時無所從來。及其滅時亦無所至。其緣生時亦無所從來。滅時亦無所至。其業生時亦無所從來。滅時亦無所至。初識生時亦無所從來。滅時亦無所至。其生亦無所從來。滅時亦無所至。何以故。自性離故。彼後識。後識體性空。緣。緣體性空。業。業體性空。死。死體性空。初識。初識體性空。受生。受生體性空。世間。世間體性空。涅槃。涅槃體性空。起。起體性空。壞。壞體性空。大王。如是作業果報皆悉不壞。無有作業者。無有受報者。但隨世俗故有。非第一義。大王。當知一切諸法皆悉空寂。一切諸法空者。是空解脱門。空無空相。名無相解脱門。若無相者。則無願求。名無願解脱門。如是大王。一切法皆具三解脱門。與空共行涅槃先道。遠離於相。遠離願求。究竟涅槃界。決定如法界。周遍虚空際。大王。當知諸根如幻。境界如夢。一切譬喻當如是知。

大王。如人夢中夢見大水漂蕩己身。妻子。眷屬。既見漂已。心生無量種種憂惱。是人覺已。憶念夢中爲水所漂憂苦之事。於意云何。是人所夢是真實不。王言。不也。佛言。大王。是人所夢執謂真實。是爲智不。王言。不也。世尊。何以故。夢中畢竟無有大水。况復漂蕩生大憂惱。是人徒自疲勞。都無有實。佛言。大王。如是愚痴無聞凡夫。見水漂蕩。心生執著。生執著已。其心不喜。心不喜故。作不喜業。所謂身三口四意三種業。造彼業已。即便謝滅。是業滅已。不依東方而住。亦復不依南西北方四維上下而住。如是之業。乃至臨死之時最後識滅。見先所作心想中現。大王。是人見已。心生忙怖。自分業盡。异業現前。大王。如彼夢覺念夢中事。如是大王。最後識爲主。彼業因緣故。以此二緣。生分之中識心初起。或生地獄。或生畜生。或生閻魔羅界。或生阿修羅。或生天中人中。前識既滅。受生分識生。生分相續心種類不絕。大王。無有一法從於今世至於後世而有生滅。見所作業及受果報皆不失壞。無有作業者。亦無受報者。大王。彼後識滅時名入死數。若初識生名入生數。大王。彼後識起時無所從來。及其滅時亦無所至。其緣生時亦無所從來。滅時亦無所至。其業生時亦無所從來。滅時亦無所至。死時亦無所從來。

滅時亦無所至。初識生時亦無所從來。滅時亦無所至。其生亦無所從來。滅時亦無所至。何以故。自性離故。彼後識。後識體性空。緣。緣體性空。業。業體性空。死。死體性空。初識。初識體性空。受生。受生體性空。世間。世間體性空。涅槃。涅槃體性空。起。起體性空。壞。壞體性空。大王。如是作業果報皆不失壞。無有作業者。無有受報者。但隨世俗故有。非第一義也。大王。當知一切諸法皆悉空寂。一切諸法空者。是空解脱門。空無空相。名無相解脱門。若無相者。則無願求。名無願解脱門。如是大王。一切法皆具三解脱門。與空共行涅槃先道。遠離於相。遠離願求。究竟涅槃界。决定如法界。周遍虛空際。大王。當知諸根如幻。境界如夢。一切譬喻當如是知。

大王。如人夢中自見己身飲酒惛醉無所覺知。不識罪福善惡尊卑優劣。是人覺已。憶念夢中飲酒迷亂。於意云何。是人所夢是真實不。王言。不也。大王。於意云何。是人所夢執謂真實。是爲智不。王言。不也。世尊。何以故。夢中竟無有酒。況飲惛亂不識尊卑善惡優劣。是人徒自疲勞。都無有實。佛言。大王。如是愚痴無聞凡夫。夢見飲酒惛醉。心生執著。生執著已。起染愛心。起染愛心已。作染愛業。所謂身三口四意三種業。造彼業已。即便謝滅。是業滅已。不依東方而住。亦復不依南西北方四維上下而住。如是之業。乃至臨死之時最後識滅。見先所作心想中現。大王。是人見已。心生愛著。自分業盡。异業現前。大王。如彼夢覺念夢中事。如是大王。最後識爲主。彼業因緣故。以此二緣。生分之中識心初起。或生地獄。或生畜生。或生閻魔羅界。或生阿修羅。或生天中人中。前識既滅。受生分識生。生分相續心種類不絕。大王。無有一法從於今世至於後世而有生滅。見所作業及受果報皆不失壞。無有作業者。亦無受報者。大王。彼後識滅時名入死數。若初識生名入生數。大王。彼後識起時無所從來。及其滅時亦無所至。其緣生時亦無所從來。滅時亦無所至。其業生時亦無所從來。滅時亦無所至。死時亦無所從來。滅時亦無所至。其生亦無所從來。滅時亦無所至。何以故。自性離故。彼後識。後識體性空。緣。緣體性空。業。業體性空。死。死體性空。初識。初識體性空。受生。受生體性空。世間。世間體性空。涅槃。涅槃體性空。起。起體性空。壞。壞體性空。大王。如是作業果報皆不失壞。無有作業者。無有受報者。但隨世俗故②有。非第一義也。大王。當知一切諸法皆悉空寂。一切諸法空者。是空解脱門。空無空相。名無相解脱門。若無相者。則無願求。名無願解脱門。如是大王。一切法皆具三解脱門。與空共行涅槃先道。遠離於相。遠離願求。究竟涅槃界。決定如法界。周遍虚空際。大王。當知諸根如幻。境界如夢。一切譬喻當如是知。

菩薩見實會第十六之十五·四轉輪王品第二十六之一

爾時佛告浄飯王言。大王。如上所説之法。繫心精勤。當自觀察修行。勿隨於他。此法乃是過去未來現在諸佛菩提。能超一切世間自在。能除一切渴愛。降伏我慢。滅除罪過。一切諸法而得平等。彼非凡夫地。一切聲聞所不能到。一切辟支佛非其境界。一切菩薩之所修行。一切諸佛之所證得。大王。於此法中應當安意。應作是念。我當云何於天人中得爲眼目。得爲燈明。得爲大炬。得爲船筏善知水路。得爲導師。得爲商主。得爲導首。我當云何得自度已復能度他。自既解脱。令他解脱。自得安隱。令他安隱。自證涅槃。令他涅槃。大王當知。不應觀過去世際所經豪富自在。大王。諸根如幻。無滿足時。亦無能滿者。境界如夢。於色聲香味觸無有厭足。大王。過去之世有轉輪王。名無量③稱。大王。彼無量*稱王具足無量衆寶。輦輿。軍衆。象馬。無礙輪寶七寶具足。所有軍乘無能壞者。於先佛所殖諸善根。意力成就隨念即辦。大王。彼無量稱王有所憶念無不隨意。何以故。具足成就善根力故。大王。爾時無量稱王作如是念。我今自試福德之力。時無量稱王即作是念。以我威力。令此四天下所有樹木。常有花果。用之無盡。大王。彼無量稱王作是念已。於四天下所有樹林。花果繁茂。用無窮盡。大王。無量稱王復作是念。令四天下所有人民。諸所欲願隨意無違。大王。彼無量稱王作是念已。四天下中一切人民。一切所願悉得充滿。大王。無量稱王復作是念。我當更試善根之力。若我有福。令四天下降注香水。作是念已。於四天下尋降香雨。大王。爾時無量稱王復作是念。我今當更自試福力。大王。時無量稱王即作是念。若我福力。令四天下普雨妙花。作是念時。於四天下尋雨妙花。大王。爾時無量稱王復作是念。我今當更自試福力。若我有福。令四天下普雨妙衣。作是念已。於四天下尋雨天上劫貝樹衣。大王。彼無量稱王復作是念。我今自試福力。若我有福。令四天下普雨銀雨。作是念已。於四天下尋降銀雨。大王。彼無量稱王復作是念。我今當更自試福力。復作是念。若我有福。令四天下普雨金雨。作是念已。於四天下尋雨金雨。何以故。無量稱王所願從意。皆由過去於一切衆生修共業善。大王。爾時此閻浮提地。縱廣正等一萬八千由旬。當爾之時。此閻浮提有六十千萬諸大城郭。大王。爾時於此閻浮提中。置立隍城。名寶莊嚴。其城縱廣十二由旬。四面平正妙巧所成。街巷莊嚴。界分分明。於其城外有多羅樹七重行列。其多羅樹四寶合成。所謂金銀琉璃頗梨。莊飾端嚴。甚可愛樂。其金樹者。根莖枝條悉皆是金。其葉花果悉是白銀。其銀樹者。根莖枝條悉皆是銀。其葉花果皆是黃金。毗琉璃樹。根莖枝條悉是琉璃。其葉花果皆是頗梨。其頗梨樹。根莖枝條悉是頗梨。其葉花果皆毗琉璃。大王。爾時彼寶莊嚴城。周匝七重懸寶鈴網。種種莊嚴微妙第一。復以種種衆寶羅網彌覆其上。於其城外有七重寶塹。彼一一塹深半由旬。廣一由旬。其七重塹底岸平正。八功德水清凈盈滿。衆鳥易飲。復有諸花。所謂優鉢羅花。拘物頭花。波頭摩花。分陀利花。彌滿其中。底布金沙。其塹四邊周匝階道四寶莊嚴。所謂金銀琉璃頗梨。

種種微妙甚可愛樂。彼諸階道四寶合成。黃金爲階。白銀爲蹬。白銀爲階。黃金爲蹬。琉璃頗梨間錯上下。交互莊飾。周匝欄楯七寶所成。端嚴無比。一一階道有七重寶門。種種莊嚴。微妙最上。一一階道於其兩邊金芭蕉樹。其塹四邊周匝階道。於其兩頭一一皆有七寶妙座。彼諸所有種種莊嚴。皆悉是彼無量稱王福德所致。其寶莊嚴城外周匝而有八萬園林。無量稱王作此園林。不起愛著我所之心。悉施衆生共同受樂。是一一園有八大池。一一大池縱廣半由旬。於其池中有種種花。優鉢羅花。波頭摩花。拘物頭花。分陀利花。如是衆花彌覆其上。一一池邊有八階道。一一階道四寶所成。端嚴殊妙。其階道頭建七寶幢門。所謂金銀琉璃及馬瑙等。其階兩邊閻浮檀金爲芭蕉樹。莊飾嚴麗。八功德水彌滿池中。衆④鳥堪飲。其池四邊植諸妙花。所謂阿提目多伽花。薝蔔花。阿輸伽花。拘羅婆花。波吒梨花。迦膩迦羅花。婆拘羅花。婆利師迦花。末利迦花。蘇摩那花。摩樓多花。池⑤毱師迦花。如是等陸地生花。無量稱王爲令諸人受適樂故。種植如是種種妙花。是諸人民游戲其中。歡娛受樂。大王。彼寶莊嚴城所有寶鈴羅網寶多羅樹。微風吹動出和雅音。譬如有人善作五種微妙音樂。其聲和雅甚可愛樂。彼無量稱王所有宮城鈴網寶樹園林樂具。所出妙音甚可愛樂。亦復如是。大王。爾時寶莊嚴王城中所有人民。以彼妙音娛樂受樂。時彼寶莊嚴城豐樂安隱。人民充滿。豪富自在。處處皆有優鉢羅花。波頭摩花。拘物頭花。分陀利花。大王。彼無量稱王又於异時復作是念。我今當往西瞿陀尼。作是念已。王及四兵俱升虛空。往瞿陀尼。王既至彼。彼諸小王皆來奉迎。各以國土奉獻。大王。時無量稱王於彼止住。百千萬歲於彼王領。大王。彼無量稱王復作是念。我今當往東弗婆提。作是念已。即與四兵俱升虛空。往弗婆提。王既至彼。彼土小王亦皆奉迎。復以國土奉上。大王。無量稱王於彼止住。百千萬歲於彼王領。大王。彼無量稱王復於异時作是思惟。我當往彼北鬱單越。作是念已。即與四兵上升虛空。詣鬱單越。王既至彼。彼諸人民歡喜歸化。王於彼住多百千歲。王領受樂。教已眷屬。

大王。彼無量稱王於彼久時復作是念。我曾聞有三十三天住須彌頂。我今宜往忉利天上。作是念已。即乘龍象。復與四兵飛升虛空。上須彌山。大王。爾時無量稱王即問御臣。汝見須彌及以大海并四天下。其事云何。御臣答王。我見須彌及大海水四天下等。悉皆旋轉。猶如陶師以杖轉輪。我見須彌及四天下。悉皆旋轉亦復如是。王告御臣。此龍象王大行未止。大王。爾時無量稱王復更前進。問御臣言。汝見須彌大海及四天下。復更云何。御臣答言。我見須彌及大海水四天下等悉皆振動。王答臣言。今將欲到須彌山頂。此龍象王小行猶未止。大王。彼無量稱王復更前行。問御臣言。汝見須彌及大海水并四天下相復云何。御臣答王。我見須彌及大海水四天下等不動不轉。王告臣言。此龍象王今已到彼須彌山頂。大王。爾時無量稱王及與四兵。尋即到彼須彌山頂。大王。爾時帝釋遥見無量稱王。歡喜來迎而作是言。善來大王。即分半座命王令坐。王即就坐。在彼天上經無量歲。與彼天主分半而治。大王。爾時無量稱王復於久時作如是念。我今寧可退彼天主。即住其中獨爲天王。作是念已。無量稱王及以四兵。從彼三十三天即便退落。還閻浮提寶莊嚴城。墮七寶園中。爾時寶莊嚴城中人民出於城外。至寶篋園中。見無量稱王及諸四兵從天而墮在彼園中。衆人見已。速疾入城。告城中人。作如是言。今有天子并及四兵。從天而來在寶篋園中。爾時寶莊嚴城中。復有一王名曰作愛。

秉執國事。彼作愛王。聞有天子并及四兵。從天而墮在寶篋園。聞已速疾嚴敕四兵駕御善乘。與諸城人從寶莊嚴城出詣寶篋園。王及城人見無量稱王。怪未曾有。爾時作愛王尋敕速辦種種香花。末香塗香。疾至無量稱王所。偏袒右肩。右膝著地。合掌長跪。向無量稱王而作是言。汝爲是誰。王即答言。汝於昔來。頗曾聞有無⑥量稱王以不。時作愛王及諸臣民皆云。我昔曾從先舊人聞。本有大王名無量稱。王四天下與其四兵升忉利天。無量稱王即答之言。如汝所聞。無量稱王即我身是。爾時無量稱王初從天下。聞彼人間飲食精氣。心不愛樂。不能堪忍。身體沉惛。猶如醍醐投熱沙中。尋即沉沒不得暫停。無量稱王於閻浮提飲食諸味不生愛樂。

身心沉没亦復如是。爾時作愛王見無量稱王不堪人中香氣飲食。身心頓弊。不能止住。便作是語。無量稱王有何善言。我於來世何所傳説。大王。時無量稱王告作愛王言。汝今當知。無量稱王從昔已來。王四天下威德自在。有所須念無不隨意。樹林花果及隨意果。能除一切衆生苦惱。隨諸衆生所須之具皆令如意。我復又能降天香。雨天衣天花。雨銀雨金。王四天下豪富自在。升忉利天。帝釋分坐共治天事。貪無厭故。於天退没。下閻浮提。遂便終没。時無量稱王告作愛王言。如上衆事。汝於未來當如是説。無量稱王豪富自在。貪求無厭自取命終。作是語已。即便命終。佛言。大王當知。勿作异觀。莫生猶豫疑惑之心。爾時無量稱王。豈异人乎。我身是也。大王。是故當知諸根如幻。境界如夢。大王。如是應當繫心正觀。勿信於他。爾時世尊即說偈言。

常樂法自在　數數策其心　貪欲自在中　智心應遠離
離欲自在已　住法自在中　若能降伏心　則能伏煩惱
若能降煩惱　即得離業道　若離業道已　則爲世間塔
不爲欲穢染　顯示煩惱過　念饒益衆生　故號爲支提
聞貪欲過已　便能離貪欲　一切智净心　故號爲支提
最勝大丈夫　念滅衆生惡　解脱彼瞋恚　故號爲支提
最勝大丈夫　念滅衆生痴　脱彼愚痴心　故號爲支提
調御天人師　念滅衆生慢　净彼衆生心　故號爲支提

大寶積經卷第七十五

校注

①『起』，龍藏、思溪藏作『於』。
②『故』，底本無，依龍藏補。
③『量』，底本作『邊』，依龍藏改。本卷下文例同，用*標識，不再出注。
④『衆』，龍藏、思溪藏作『烏』。
⑤『池』，龍藏作『陀』。
⑥『有』，底本作『本』，依龍藏、思溪藏改。

大寶積經卷第七十六

北齊三藏那連提耶舍譯

菩薩見實會第十六之十六·四轉輪王品第二十六之二

大王。過去有王名曰地天。如法爲王。名爲法王。七寶具足。所謂輪寶。象寶。馬寶。明珠寶。玉女寶。長者寶。主兵寶。是名七寶。大王。彼地天王。父名曰地生。彼地生王臨命終時。其地天最爲長子。其地生命終之後。輔相大臣灌地天頂以爲大王。即爲刹利灌頂大王。時地天王既爲刹利灌頂王已。於十五日月盛圓滿受齋之日。沐浴洗頭。剪除鬚鬢及以爪甲已。著新净衣。以諸花鬘。種種瓔珞。天冠臂印。環釧耳璪莊嚴其身。在高樓上婇女圍繞。即於東方有金輪

寶。千輻不減。轂輞具足。光明照耀。縱廣七肘。純是真金。大王。時地
天王見是事已。即作是念。我昔曾聞先舊人說。若剎利灌頂王。於
十五日月圓滿時受齋之日。沐浴洗頭。剪除鬚鬢及除爪甲。著不
污衣。以諸花鬘種種瓔珞。天冠臂印。環釧鉺①璖莊嚴其身。在高樓
上。婇女圍繞。若於東方有金輪寶。轂輞具足。千輻不減而來應者。
當知是王定當得作轉輪聖王。復作是念。我今豈可作輪王耶。我
今當試。大王。爾時地天王即從坐起。偏袒右肩。整理衣服。右膝著
地。對輪合掌。向彼天輪作如是言。寶輪可下在地而住。作是語已。
彼天寶輪從空下地。住在王前。時地天王即以妙香用塗其手。勝
妙好衣以拭輪寶。以其右手接取輪寶置左手中。復以右手摩拭

其輪。作如是言。汝今應當降伏東方。作是語已。時金輪寶飛升虛空。左右旋轉。即往東方至彼往昔轉輪王道。其道平正。布散諸花。甚可愛樂。輪所經處。皆悉平正。無有高下。以王福力。河池井泉枯竭之處。八功德水悉皆盈滿。一切所有樹林花果枯悴之者悉皆敷榮。已敷榮者更增鬱茂。大王。爾時地天轉輪聖王。即與四兵隨輪而去。輪寶若住。王亦隨住。王所至處所有國土。大小諸王與其臣民。各以金盤盛滿銀粟。或以銀盤盛滿金粟。奉迎大王。各作是言。善哉大王。善來大王。此諸國土安隱豐樂。人民熾盛。唯願大王。受此國土攝化人民。我等皆當奉給左右。唯願止住。爾時地天轉輪聖王。告彼諸國王及臣民等。作如是言。我今不須國土寶物。汝自受用。汝今若欲隨順我者。應離殺生。亦莫偷盜。亦莫邪淫。亦莫妄語。亦莫兩舌。亦勿惡口。亦莫綺語。亦莫貪欲。亦莫瞋恚。亦莫邪見。汝等應當自住十善。亦教他人令住十善。我則知汝歸從於我。受我教敕。我觀汝等猶如我子。汝等常應供養父母師長。及諸沙門婆羅門等。莫作非法不善惡行。亦勸他人令行善法。若能如是。我知汝等一切國土所有人民。悉皆歸從降伏於我。又復告言。汝等常應孝養父母。恭敬師長及諸沙門諸婆羅門。莫作非法不善惡行。亦勸他人令行善法。若能如是。我知汝等一切國土所有人民。悉皆歸從降屬於我。爾時聖王及諸四兵。如是漸漸度於大海。降弗婆提過盡人境輪寶乃住。如是乃至南西北方及鬱單越。悉降伏已。度彼北海盡人境已。王及輪寶還閻浮提本宮門上。在虛空中停住不動。爾時地天轉輪聖王如是降伏四天下已。還閻浮提。即便止住。地天大王及與輪寶還來至此閻浮提。時彼四天下變成七寶。端嚴姝特。何謂七寶。所謂金銀琉璃頗梨車渠赤珠馬瑙。爾時輪寶於四天下周迴旋轉已。一切地獄畜生餓鬼八難消滅。於四天下所有一切不善惡聲悉皆除滅。況有造作諸惡業者。何以故。皆是地天聖王本願力故。又復輪寶周旋轉時。四天下中不假種植。處處皆生自然粳米。净無糠獪。又復輪寶周旋轉時。四天下中自然而生天樹寶衣。又復輪寶周旋轉時。四天下中一切病患悉皆除愈。唯除三患。何等爲三。一者求欲。二者段食。三者衰老。又復輪寶旋轉之時。四天下中所有人民壽千萬歲。又復輪寶周旋轉時。四天下中一切人民所有苦惱自然消滅。如是等無量無邊希有不可思議之事出現於世。

爾時地天大王復於久時作如是念。我今於此受諸快樂。五欲衆具頗更有處勝此以不。復自思念。我昔曾聞須彌頂上有三十三天。五欲資具其事云何。爾時地天大王未除愛欲。厭惡人間所有五欲資財之具。欣彼天中上妙之樂。我今寧可往彼天上。爾時地天大王作是念已。王及四兵忽然之頃至忉利天。爾時帝釋遥見地天大王。作如是言。善來大王。善哉大王。即分半座命王令坐。王即就坐。爾時地天在彼天上。經無量百千歲分位而治。

爾時地天大王復於久時生大貪心。作如是念。我今應當退彼天主。獨爲天王。作是念已。即從帝釋半座而墮。并及四兵。至閻浮提安隱城中。爾時地天大王久在天上受勝妙樂。心生耽樂。忽至人間。不能堪受人中資具。身心沉没。猶如醍醐置熱沙中。尋即消化。莫知所在。地天大王身心沉没。不能堪忍人中所有飲食精氣。亦復如是。爾時地天大王身心疲頓。而說偈言。

諸王大自在　不能除渴愛　如乾草遇火　是故應捨欲

常行於淫欲　未曾滿足時　如渴飲鹹水　終不能除渴

如衆流歸海　終無有滿足　愛欲亦如是　曾無滿足時

如火焚草木　無有厭足時　愛欲亦如是　終無有滿足

猶如深谷響　隨聲無休息　聞聲亦如是　亦無休息時
亦如盛香篋　受香無簡擇　嗅香亦如是　亦無有厭足
如杓撓美食　終無知止足　舌貪嗜美味　亦無於止足
如鏡現面像　亦無有厭足　如是行欲人　於欲無厭足
如虛空受風　未曾有厭足　身常受諸觸　終無厭足時
如夢中飲水　終不能除渴　意所受諸法　亦無有厭足
貪求愛欲人　復增長愛欲　觀於諸境界　愛無厭足時
見欲增苦惱　猶如火焚薪　滅除諸愛欲　亦如水滅火

佛言。大王。汝知爾時地天大王。豈异人乎。大王當知。勿作异觀。地天王者。即我身是。大王當知。彼地天大王。往昔之時豪富自在。貪求無厭。遂便命終。何以故。諸根無厭。境無能滿。諸根如鏡。境如光影。諸根如幻。境界如夢。大王。應當安心此法。深自觀察。勿隨他教。大王。此法乃是過去未來現在諸佛世尊無上菩提。大王。應當遠離一切豪貴。應當消竭一切渴海。倒憍慢山。遠離一切衰禍。於一切法平等。非一切凡夫地。亦非聲聞之所能行。又非一切緣覺境界。乃是一切菩薩所行。一切諸佛正覺所證。王當安心。勿令散亂。應作是念。我當云何於未來世。一切世間天人之中。得爲燈明。爲炬。爲光。爲船。爲導。爲師。得爲商主。爲首。爲無上。自度度彼。自脱脱彼。自安安彼。自得涅槃。令他涅槃。大王。莫觀先際所更豪富自在。大王當知。諸根如幻。無有厭足。無能滿者。境界如夢。不能令滿。

佛言。大王。過去有王名曰頂生。有大威德。有大神足。有大威勢。從父烏哺沙王頂上而生。久積善根。曾見無量無數諸佛。修諸善根。於諸世尊恭敬供養。積集善本。於四天下豪貴自在。大王。時頂生王灌頂受位七日已。得七寶具足。爲轉輪王。何者爲七。一者金輪寶。千輻不減。轂輞具足。自然而有。縱廣七肘而來應②之。二者白象寶。六牙具足。七肢拄地。白如雪山。自然而至。三者馬寶。其色紺艷而來應之。此上象馬從旦至食。於四天下周遍八方。盡大海際還住本處。四者珠寶。大如人髀。純青琉璃。其光照曜。周匝八方各一由旬。五者長者寶。豐饒財寶。巨富無量。隨王所念。皆能辦之。自然而應。六者玉女寶。形容端正。微妙第一。不長不短。不白不黑。身諸

毛孔出栴檀香。口氣净潔如青蓮花。其舌廣大。出能覆面。形色細
薄如赤銅鍱。身體柔軟猶如無骨。冬温夏凉。其心慈悲。常出軟語。
以手觸王。即知王心所念之處。七者主兵寶。自然而出。勇猛策謀。
武略第一。預知王心七日所念。善知四兵鬥戰之法。未集者令集。
已集者令散。千子具足。勇健端正。能降怨敵。
大王。爾時頂生轉輪聖王七寶具足。王四天下。如法化世。令四天
下豐樂安隱。人民熾盛。城邑聚落次第相近。鷄飛相及。爾時大地
一切無有沙礫荆棘。多饒衆寶。具足無量園林泉池。端嚴姝妙甚
可愛樂。何以故。皆是頂生聖王安住法力。當爾之時。若天若人。受
欲樂中最爲第一。大王。爾時頂生大王所住之城名阿逾闍。其城

東西十二由旬。南北長七由旬。其城七寶。衆寶羅網彌覆其上。懸衆寶鈴。其城内外種種莊嚴。悉皆如上無量稱王寶莊嚴城等無有异。亦如忉利得勝之堂。大王。頂生大王造三種殿。一名月出殿。於盛夏熱時王居其中。其第二殿名毗琉璃藏。於春月時王居其中。其第三殿名日威德起。於冬寒時王居其中。爾時頂生與玉女寶并諸婇女。前後圍繞入月出殿。時身體清涼。猶如牛頭栴檀塗其身體。王與眷屬前後圍繞。若入彼毗琉璃殿時。身心調適。猶如多摩羅葉香用塗其身。大王。其頂生大王復與眷屬婇女圍繞。入彼日威德殿時。身體和暖。猶如沉水香用塗其身。入彼殿時身體和暖亦復如是。大王。是頂生王隨欲自在。令諸殿等隨其時節而生樂觸。隨意出風。隨意出雨。種種音樂隨意而至。資生所須亦隨意現。大王。爾時頂生於其宮內。七日之中天雨金銀。過七日已。作如是念。甚奇希有。不可思議。如此清净之業。所獲果報隨意而現。充滿我意。福德所致。無差違也。誰有得見如是果報。於修福德而生知足。

大王。頂生聖王於閻浮提。經百千歲已。作如是念。我今於此閻浮大洲。安隱豐樂。人民熾盛。悉皆歸屬。於我宮內七日雨寶。我今當往西瞿陀尼。作是念已。頂生大王即與四兵上升虛空。從閻浮提漸次至彼西瞿陀尼。王既至彼。於無量百千歲在彼王領。頂生大王依報過人。未得天報。大王。頂生聖王於瞿陀尼。隨意雨寶滿其宮內。如閻浮提等無有异。大王。爾時頂生復於後時。作如是念。我王閻浮提。豐樂安隱。人民熾盛。又於宮內隨意雨寶。此瞿陀尼亦皆安隱豐樂。人民熾盛。又於宮內隨意雨寶。我今亦知東有大洲。名弗婆提。我今當往。作是念已。即與四兵俱升虛空。從瞿陀尼漸次而往東弗婆提。王既至彼。於弗婆提止住王領。無量千歲受五欲樂。依報過人。未得天報。大王。頂生聖王於弗婆提隨意雨寶滿其宮內。如閻浮提等無有异。大王。爾時頂生復於後時。作如是念。我閻浮提豐樂安隱。人民熾盛。又於宮內隨意雨寶。及瞿陀尼亦皆安隱豐樂。人民熾盛。亦於宮內隨意雨寶。此弗婆提皆悉安隱豐樂。人民熾盛。亦於宮內隨意雨寶。我今③亦知北有大洲名鬱單越。其中人民無我我所。雖復如此。我當往彼自誡④眷屬。頂生大王作是念已。與其四兵俱升虛空。從弗婆提漸次而往北⑤鬱單越。王既至彼。於鬱單越無量千歲教誡眷屬。

復於久時作如是念。我閻浮提豐樂安隱。已雨七寶。及瞿陀尼人民熾盛。安隱雨寶。東弗婆提亦皆如是。隨意雨寶。此⑥鬱單越悉亦安隱。我曾聞有三十三天住須彌頂。我今當往躬自觀之。爾時頂生作是念已。即與四兵俱升虛空。往⑦須彌山頂。當爾之時。釋提桓因與三十三天。集善法堂論人天事。爾時帝釋遙見頂生從遠而來。即出迎之。作如是言。善來大王。善來至此。即分半座命王令坐。王即就座。時頂生王坐半座時。即有十種勝事映蔽諸天。何等爲十。一者。壽命勝天。二者。容色勝天。三者。名稱勝天。四者。受樂勝天。五者。王領自在勝天。六者。形貌勝天。七者。音聲勝天。八者。香氣勝天。九者。食味勝天。十者。細觸勝天。大王。爾時頂生與彼帝釋。形容相貌行動威儀等無差別。飲食衣服資生之具悉無有异。唯有視瞬爲別异耳。而諸天等分別識知。天王人王二種之別。佛言。大王。甚奇希有。帝釋頂生人天既別。形容相貌等無有异。大王當知。福德之力其事如是。誰於福德而生足也。大王。爾時頂生在忉利天。無量千歲爲增上自在。

大王。爾時頂生於四天下豪富自在。復於忉利天上豪富自在。帝釋分治猶不厭足。復作是念。我今寧可獨爲天主。何用帝釋。宜應退之。大王。爾時頂生作是念已。從天退下。還閻浮提。於阿逾闍城最上園中。王當下時。威光照曜遍閻浮提。一切諸方映蔽日光。亦如日出月無光明。日光在空無復光明。王光映蔽亦復如是。如日輪出映蔽月輪。頂生威光映彼日輪亦復如是。大王。爾時阿逾城人出城游觀。見彼頂生并及四兵。從天而退墮其園中。彼人見已。怪未曾有。即入城中遍告城人言。今有天子并及四兵從空而下。墮彼王最上園中。大王。爾時城中王及臣民。辦具種種歌舞伎樂。塗香末香。寶幢幡蓋。花鬘瓔珞。身體衣服悉皆清净。速疾出城詣彼園中。大王。爾時頂生從天墮時。一切大地六種震動。當爾之時。一切人中所有莊嚴。最勝妙香用塗其身。悉至園中頂生王所。爾時頂生耽著天中上妙資產。不能堪忍人中資具所有香氣。沉惛在地。喻如生蘇醍醐投極熱沙中。不得停住。爾時頂生沉惛不住亦復如是。爾時城中王及臣民內外人衆。見頂生王在彼園中沉惛在地。即便問言。天爲是誰。爾時頂生即告彼王及諸人民言。汝昔曾聞有頂生大王不。爾時國王及諸人民咸皆答言。我昔曾從耆舊人所。聞有大王名曰頂生。不捨人身。將諸眷屬并及四兵而升天上。爾時頂生告諸人言。昔頂生者。我身是也。我及四兵從天而墮。爾時國王及城內外所有人衆。即以偈頌問頂生曰。

我從舊人所　聞有威德王　號名曰頂生　極有大名稱
己身及四兵　從此升天上　并及諸眷屬　法王如法治

人天勝王言　無常力所害　退天樂受苦　頂生者我是
諸人皆合掌　頂禮大王足　有何希有事　未來當傳説
從天而退者　受苦王説言　汝聽希有事　欣樂莫放逸
頂生大王者　統領四天下　受樂過天人　欲無厭致死
於其後宮内　七日雨珍寶　如法治天下　欲無厭而死
與彼天帝釋　分半座而坐　惡覺所惱亂　多欲故退墮
於其生死海　無智故沉没　樂著五欲者　天欲無厭死
如渴夢飲水　不能除其渴　受五欲亦爾　終無有厭足
智慧諸衆生　斷除愚痴暗　彼智者知足　正觀諸有趣
智觀察有趣　慧見老病死　斷除諸渴愛　捨有趣無著

觀觸如火燒　便捨於渴愛　觀受亦如是　知受⑧是非善
如擊衆音樂　根境界亦然　聖教中調伏　能捨根自性
一切五種入　從於名色生　識於中分别　則生於思覺
聖者作是觀　於趣⑨有不著　智者慧滿足　證滅如薪盡
頂生向彼王　臣民説是已　示諸有無常　即便取終没

佛告大王。汝知爾時頂生王者。豈异人乎。勿作异觀。莫生疑惑。我身是也。我昔曾爲頂生王時。統領人天。豪貴自在。貪欲無厭而取終没。是故大王。應捨豪富憍慢自在。住不放逸。若能住於不放逸行。是人即能修諸善根。大王。若不放逸者。復能入於法界平等。大王。若人能離放逸者。成就利益。大王。有爲無爲界。非男非女。非過去非未來非現在。大王。當於此法安住自心。勿隨他教。大王。此法乃是過去未來現在諸佛世尊無上菩提。大王。應當遠離一切豪貴。消竭一切渴海。倒憍慢山。遠離一切衰禍。於一切平等。非一切凡夫地。亦非聲聞之所能行。又非一切緣覺境界。乃是一切菩薩所行。一切諸佛正覺所證。王當安心。勿令散亂。應作是念。我當云何於未來世一切世間天人之中。得爲燈明。爲炬。爲光。爲船。爲導。爲師。得爲商主。爲首。爲無上。自度度彼。自脱脱彼。自安安彼。自得涅槃。令他涅槃。大王。觀先際所經豪富自在。大王當知。諸根如幻。無有厭足。無能滿者。境界如夢。不能令滿。

大王。過去有王名曰尼彌。了達諸法。如法爲王。重不放逸。若所作事離諸放逸。大王。是尼彌王。常觀三世平等。又觀一切諸法猶如三世平等。觀過去一切諸法遠離自性。觀未來一切諸法遠離自性。觀現在法亦復如是遠離自性。大王。彼尼彌王觀一切三世法平等已。於諸法不生取著。彼尼彌王觀一切世間爲四顛倒之所顛倒。於不净法中而起净想。於苦法中而生樂想。於無常法中而起常想。於無我法中而生我想。見世如是。便作是念。世間則⑩壞。甚大敗壞。如此衆生。一切諸法自性空寂而不覺知。大王。爾時尼彌王復作如是念。我當以四攝法攝諸衆生。若我四法攝衆生者。是諸衆生隨順於我。受我言教。爾時尼彌大王先作是方便已。即以四攝攝諸衆生。攝諸衆生已。尼彌大王即教人民一切諸法平等。

作如是言。汝諸衆生。一切諸法離於自性。若一切法離自性者。彼法亦非過去非未來非現在。何以故。彼法自性無實故。若法離自性者。彼法亦不可說是過去未來現在。大王。爾時彼尼彌王於彼衆生所教是三世平等法已。彼諸衆生。八十千萬那由他無量百千衆生。得無生法忍。大王。

爾時三十三天在善法堂聚集而坐。作是議言。善哉善哉。鞞提呵國人大獲善利。是尼彌王。解了諸法。如法爲王。具足方便。於顛倒衆生所。以善方便示不顛倒法也。爾時釋提桓因在於餘處。去善法堂遠。即以天耳聞彼天說。聞已尋來詣善法堂就座而坐。既就座已。問彼天言。汝諸天等在善法堂何所論說。作是問已。時諸天等報帝釋言。唯然天主。聽我所説。我等向來集善法堂所論之事。説彼鞞提呵國人善得利益。是尼彌王解了諸[11]法。如法爲王。具足方便。於顛倒衆生所。以善方便示不顛倒法也。所謂顯示諸法自性。彼諸天等作是語已。爾時帝釋報諸天子作如是言。是尼彌王。具足成就不可思議善巧方便。汝等在此忉利天上。欲得見彼尼彌王不。爾時諸天咸皆同聲作如是言。唯然天主。我等在此欲得見彼尼彌大王。爾時帝釋天主即告御臣名摩多梨言。汝當前來。可疾[12]嚴備諸天千馬寶車。往閻浮提鞞提呵國尼彌王所。説如是言。此是諸天千調馬車。遣來迎王。唯願大王。升此寶車。勿生怖畏。三十三天悉皆願樂欲見大王。若上車已。作如是言。大王。我今將王從何道去。詣彼天上。爲從住顛倒地衆生道而去。爲從住不顛倒地衆生道而去也。爾時摩多梨答帝釋言。唯然受教。聞此語已。即便嚴備千調馬車。自升其上。從彼忉利下閻浮提。至鞞提呵國尼彌王所。語尼彌王。作如是言。忉利諸天今送千調馬車。王可升車勿生怖畏。忉利諸天願樂見王。

爾時尼彌大王以無畏心便即登之。即升車已。摩多梨作如是言。我今將王從何道去。爲從住顛倒地衆生道去。爲從住不顛倒地衆生道去。王即報言。汝可將我從彼二道中間而去。爾時摩多梨即將尼彌王。從顛倒地衆生所。不顛倒地衆生所二處而去。大王。爾時尼彌王語摩多梨言。汝可少時停車而住。我當觀彼顛倒衆生所住之處。時摩多梨即受王教。暫止馬車。爾時尼彌王於少時間。令八十千萬衆生安住見實三昧中。何以故。是王於少時間。令如是衆住見實三昧中。此王善習不放逸行故。令此衆生住三昧者。於後悉得無生法忍。是時摩多梨都不覺知王所爲作。爾時摩多梨又復將王到須彌頂。爾時尼彌王遙見青茂叢林。告摩多梨言。彼林定是不顚倒衆生所居之處。摩多梨言。大王。此是忉利諸天善法之堂。彼忉利天衆集在堂上欲得見王。惟願大王。勿生怖畏。當升此堂。爾時尼彌王心不恐懼。便升堂上。爾時帝釋遙見尼彌王來。即作是言。善來大王。便分半座命王令坐。時尼彌王即就帝釋半座而坐。爾時帝釋即以美言共相慰問言。大王。快獲善利。

能令佛法熾然增長。爾時帝釋向忉利天衆。作如是言。此尼彌王。成就具足不可思議善巧方便。是王於少時間。能令八十千萬衆生住佛法中。然摩多梨都不覺知。爾時尼彌王即爲忉利諸天。廣説種種勝妙之法。利益天衆已。白帝釋言。我今欲得還閻浮提。何以故。於閻浮提爲欲護持佛正法故。帝釋報言。今正是時。復敕御臣摩多梨言。汝可還駕千調馬車。送尼彌王還歸閻浮。其尼彌王到閻浮提已。成就大悲⑬善巧方便。令無量衆生安住佛法。

大王。莫作异疑。勿生异觀。昔尼彌王者。我身是也。大王。當觀不放逸力難可思議。尼彌大王升帝釋座尚無貪著。是故大王。於佛法中。當勤精進修不放逸。大王。何謂佛法。大王。一切諸法皆是佛法。

爾時淨飯王聞此語已。即白佛言。若一切法是佛法者。一切衆生亦應是佛。佛言。若不顛倒見衆生者。即是其佛。大王。所言佛者。如實見衆生也。如實見衆生者。即是見實際。實際者即是法界。大王。法界者不可顯示。但名但俗。但是俗數。但有言説。但假施設。應如是觀。大王。一切法無生。此是陀羅尼門。何以故。此名陀羅尼門。於此一切法無動無揺。無取無捨。是名陀羅尼門。大王。一切諸法不滅。是陀羅尼門。何以故。不滅是陀羅尼門。於中一切法無動無揺。無取無捨。彼陀羅尼門。無有相貌。無有自性。無可施設。無作無造。無來無去。無衆生。無命。無人。無養育。非對治。無形無狀。無纏無離。無穢無淨。無愛無憎。無縛無解。無命者。無出無退。無得無住。無定無亂。無知非無知。非見非不見。非戒非犯。非悔非不悔。非喜非不喜。非猗非不猗。非苦非樂。非定非不定。非實非倒。非涅槃非不涅槃。非愛非離愛。非見非不見。非解脱非不解脱。非智非不智。非視非不視。非業非不業。非道非不道。大王。應當以此六十七法門入一切法。

大王。是色自體。非曾有。非當有。非今有。如是受想行識體性亦復如是。非曾有。非當有。非今有。大王。如鏡中像非有非無。是色體性亦復如是。非曾有。非當有。非今有。受想行識亦復如是。非曾有。非當有。非今有。大王。譬如響聲。非曾有。非當有。非今有。大王。如是色體性亦復如是。非曾有。非當有。非今有。受想行識亦復如是。非曾有。非當有。非今有。大王。譬如陽焰。非曾有。非當有。非今有。是色體性亦復如是。非曾有。非當有。非今有。大王。譬如聚沫無有堅實。非曾有。非當有。非今有。是色體性亦復如是。非曾有。非當有。非今有。大王。如是受想行識體性亦復如是。非曾有。非當有。非今有。大王。譬如夢中夢見國中最勝女人。是夢所見。亦非曾有。非當有。非今有。是色體性亦復如是。非曾有。非當有。非今有。如是受想行識體性亦復如是。非曾有。非當有。非今有。大王。譬如石女夢見生子。是夢所見。亦非曾有。非當有。非今有。是色體性亦復如是。非曾有。非當有。非今有。如是受想行識亦復如是。非曾有。非當有。非今有。大王。色無所依。乃至識亦無所依。大王。譬如虛空無所依。如是大王。

色無所依。乃至識亦無所依。大王。色無有生。乃至識亦無有生。大王。色無有滅。乃至識亦無有滅。大王。如涅槃界無有生。亦無有滅。大王。如是色亦無生無滅。乃至識亦無生無滅。大王。譬如法界亦無生無滅。大王。如是色亦無生無滅。乃至識亦無生無滅。如是大王。一切法是如來境界。不可思議亦是如來境界。不共法亦是如來境界。不共一切凡夫境界故。是故一切聲聞緣覺。不毁不讚。不得不失。非覺非不覺。非知非不知。非識非不識。非捨非不捨。非修非不修。非說非不說。非證非不證。非顯示非不顯示。非可聞非不可聞。何以故。大王。彼法無有如是法。可得扶舉。可得摧倒。何以故。一切諸法離自性故。大王。今可於此法中而安其心。深觀此法。勿信於他。

爾時浄飯王作是念。於諸法中無法可得。無有如是法。得證是法號爲佛者。諸法實不可得。佛爲衆生但假言説。爾時世尊説是法時。浄飯王等七萬釋種得無生法忍。爾時世尊知諸釋種得深信已。而現微笑。爾時慧命馬勝比丘以偈問曰。

大雄尊導師　爲世現微笑　惟願世明炬　演説微笑事
十力一切智　何因現微笑　願説彼笑因　斷世諸疑網
佛爲釋衆故　而現微笑瑞　爲諸人天衆　速除諸疑網
得聞大雄説　世間離諸疑　其心皆欣喜　安住佛法中
世尊諸子等　得知微笑事　堅固住誓願　智慧必通達

唯願尊導師　斷除大衆疑　衆等除疑已　必得廣大樂

爾時世尊以偈答馬勝曰。

我現寂滅笑　馬勝當諦聽　我今如實説　釋種決定智
諸法不可得　釋種皆得知　是故於佛法　決定心安住
名稱大釋種　依於無所得　當得上菩提　曉知一切法
人中命終已　此釋種決定　得生安樂國　面奉無量壽
住安樂國已　無畏成菩提　能趣十方界　供養無量佛
安住一佛土　能供十方佛　愍諸衆生故　而求無上道
游歷諸佛國　供養彼佛等　皆已神力到　隨佛所出處
無量僧祇劫　供養諸導師　以種種妙供　後當成佛道

一一成佛已　能度無量衆　令得成佛道　復化諸衆生
彼國衆生輩　皆當成佛道　彼諸世尊等　不度聲聞衆
一一諸佛等　俱壽一劫歲　彼佛正法住　無量阿僧祇
彼佛滅度後　大智菩薩衆　持法化於世　億歲阿僧祇
彼諸佛子等　教化無量衆　置於無上道　説法悉空寂
令住不放逸　修集空寂法　能得一切智　樂不放逸事⑭
聞是釋種趣　世尊所説者　天人咸欣喜　志求於佛道

爾時世尊告慧命舍利弗。舍利弗。此是菩薩見真實三昧。汝當爲阿毗跋智諸菩薩説之。何以故。舍利弗。此三昧不可得説。而如來於彼三昧中不得一法。若不得者。彼不可覺。若不可覺者。彼則不可説。若不可説者。彼則不可知。彼不可知者。即是過去未來現在諸佛之法。舍利弗。我今付囑於汝⑮。此是菩薩見⑯實三昧。應當受持讀誦⑰。廣爲顯説。舍利弗。若有善男子善女人住大乘者。經歷十劫修行五波羅蜜。離般若波羅蜜。若復有人得聞是菩薩見實三昧者。所得福德復過於彼。若復有善男子善女人。暫得聞菩薩見真實三昧。若復有人得聞是菩薩見真實三昧已。爲一人説者。此人得福復勝於彼。若復善男子善女人。經歷十劫聞已爲他解説。若復有人乃至一刹那間。修此菩薩見真實三昧者。所得福德復過於彼。是故舍利弗。汝應以此菩薩見真實三昧經。爲諸菩薩説教示修行。舍利弗。若修此菩薩見實三昧者。當獲無生法忍。舍利弗。

於此會中。我所授記無上道中諸菩薩者。悉得安住此菩薩見真實三昧中。是時一切諸菩薩聲聞天人。一切大衆。阿修羅。乾闥婆。人非人等。聞佛所說。欣喜奉行。

大寶積經卷第七十六

校注

①『鉺』，龍藏、思溪藏作『金』。

②『應』，底本污殘，依龍藏、思溪藏補。

③『今』，底本污殘，依龍藏、思溪藏補。

④『誡』，底本作『試』，依龍藏、思溪藏、和裕本改。

⑤『北』，龍藏作『此』。

⑥『此』，龍藏作『北』。

⑦『住』，龍藏、思溪藏作『往』。

⑧『受』，龍藏、思溪藏作『愛』。

⑨『趣』，龍藏作『取』。

⑩『則』，龍藏、思溪藏作『敗』。

⑪『諸』，龍藏、思溪藏作『説』。

⑫『疾』，龍藏、思溪藏作『莊』。

⑬『悲』，龍藏、思溪藏作『慈』。

⑭『事』，龍藏、思溪藏作『輩』。

⑮『汝』，底本污殘，依龍藏、思溪藏補。

⑯『見』下，龍藏有『真』字。

⑰『讀誦』，底本污殘，依龍藏、思溪藏補。

大寶積經卷第七十七

後秦三藏鳩摩羅什譯

富樓那會第十七之一・菩薩行品第一

如是我聞。一時佛住王舍城竹園中。與大比丘衆俱。及大菩薩摩訶薩其數無量。爾時慧命富樓那彌多羅尼子從坐而起。偏袒右肩。右膝著地。合掌向佛。白佛言。世尊。我欲少有所問。唯願如來垂愍聽許。佛告富樓那。隨意所問。吾當解説。令汝歡喜。富樓那言。我今爲諸行上功德。名聞高遠。常爲衆生求安樂者。諸菩薩摩訶薩故。有所咨請。爾時富樓那以偈頌曰。

行最上功德　名稱極高遠　净戒樂法者　我問其所行

云何修治心　云何廣行施　云何度衆生　喜心常行道

富樓那白佛言。世尊。我今爲是諸大士故。問如是事。菩薩云何修集多聞。猶如大海不可竭盡。云何能集多聞寶藏。能於諸法得決定義。於諸語言善了章句。而説偈言。

菩薩云何求　多聞如大海　於法得定義　能善知佛道

云何於一言　而解無量義　能以智慧力　通達一切法

多聞無窮盡　問難心不動　慈愍故説法　以斷衆生疑

富樓那白佛言。世尊。我今隨地智力請問如來。諸菩薩摩訶薩。云何能於阿耨多羅三藐三菩提不退轉。而説偈言。

云何離衆難　得值遇諸佛　得值諸佛已　速得清净信

得無上信已　難捨而能捨　弃捨一切已　力行無礙道

云何樂出家　閑静修空智　云何不逆法　願具答是事

富樓那白佛言。世尊。我等悉知佛已具足一切智慧。已度一切神通彼岸。於三界中第一高尊。得無有比微妙大智。於諸法中行無障礙。是故我今請問是事。以偈贊曰。

佛住上功德　已度神通岸　得無障礙智　我爲勇猛問

善學一切法　功德最高勝　破暗生慧明　令衆悉歡喜

怨親無憎愛　無憂無欺誑　大戰勝死王　摧破魔軍衆

不執於刀杖　降伏諸怨敵　常有慈悲心　堅住清净戒

世尊無諂曲　無慢無戲調　得證明解脱　功德中最勝

如本所行道　所得勝智慧　願今爲我説　云何行得佛

爾時佛告富樓那言。善哉善哉。汝能咨問如來是事。諦聽諦聽。善思念之。當爲汝説諸菩薩發心所行。修集一切無量佛法。爾時世尊以偈頌曰。

我今説菩薩　初發菩提心　常以勇猛力　樂行菩薩道

諸菩薩所行　種種深心行　於佛得受記　是事當略説

深心樂法心　無量無有邊　種種現諸行　不以一事成

喜心内充滿　而行於布施　施已心無悔　其意益歡悦

菩薩作是念　衆生常貧窮　無有多聞財　我當爲求之

衆生常貧窮　皆由於懈怠　我當勤精進　從是得菩提

我當爲衆生　加心行忍辱　惡言駡捶打　默受而不報
當念誰駡我　駡者不可得　駡詈瞋恨者　皆悉是空事
如是思惟已　心無有瞋恨　常修行忍辱　從是成佛道
衆生無善心　當爲作世燈　令其得歸趣　無財足以財
衆生可愍傷　皆共行邪道　我當度脱之　令住於涅槃
衆生皆貧窮　無有智慧財　我得一切智　令其得充足
如是諸菩薩　爲度衆生故　發心求菩提　行如是等願

佛告富樓那。諸菩薩摩訶薩種種因緣示現其心。不住一法。所以者何。諸菩薩學一切法。然後得道。菩薩有四大希有事。不見餘法勝此事者。何等四。菩薩能於懈怠衆生勤行精進。是名希有。能於强梁瞋恚衆中修行忍辱。是名希有。見諸衆生行於邪道。自勤正道。是名希有。爲度衆生轉生死故。而以深心發阿耨多羅三藐三菩提。是名希有。富樓那。此四希有。是名菩薩最大希有。爾時世尊以偈頌曰。

見懈怠衆生　勤心發精進　我不應效彼　行諸非法事
不應效瞋恚　瞋恚非佛道　常修慈悲心　菩提從是生
衆生樂邪徑　依止於邪徑　菩薩求正道　令衆住正道
見生死過患　一心求佛智　我得無上財　當度諸衆生
如是希有事　餘更無勝者　以是故當知　得離障礙法
設使燒身衣　頭然猶不救　懈怠心若生　即應速除滅

佛告富樓那。菩薩有四法能生喜心。何等四。見諸衆生安處生死不能精進。自見其身在於佛道修行精進。便生喜心。見諸衆生心常懈怠。自見其身在於佛法勤行精進。便生喜心。見諸衆生瞋恨嫉妒。自見其身無有恚嫉常懷慈悲。便生喜心。不見餘人勤行佛法與我等者。便生喜心。爾時世尊以偈頌曰。

見衆生懈怠　己身行精進　是故此菩薩　自得歡喜心
見生死過患　而生厭離心　怖畏三界獄　勤心求捨離
衆生樂瞋恨　自住慈悲心　是故此菩薩　生歡喜悅樂
衆生所可作　皆所不應作　是故我當求　無有上佛道
是名真實智　諸佛所稱嘆　我當學是智　衆生得歸趣

是故此菩薩　常得歡喜心　從有爲空僞　當生真實法

佛告富樓那。菩薩有四法得離諸難。值無難處。值已不失。能修佛法。何等四。一者。菩薩謙遜。其心柔軟。凡見衆生常言善來。和顔悦色先意問訊。與之共語。言常含笑。二者。一心求法常樂咨問。勤求善利無有厭足。三者。當①樂空閑。遠離。獨處。四者。自身安住佛菩提道。亦化衆生令住佛道。菩薩有是四法得離諸難。值無難處。值已不失。能修佛法。爾時世尊以偈頌曰。

具足柔軟心　常樂行慈悲　若與衆生語　謙下心和悦

常求佛所嘆　甚深微妙法　常持清净戒　樂行頭陀事

雖行頭陀法　亦行深妙智　是故此菩薩　離難值無難

常於諸佛所　咨問諸深法　是故智增長　不生諸難處
常樂在空閑　清净行頭陀　是故此菩薩　離難值無難
諸有智慧者　親近此四法　能離一切難　得值遇諸佛
得值諸佛已　具足不壞信　能發上精進　以求於佛智
是故求智者　應當學正法　若能學正法　得佛道不難

富樓那會第十七之一·多聞品第二

佛告富樓那。菩薩有四法。則能修集多聞。猶如大海不可竭盡。常能修集多聞寶藏。能於諸法得决定義。於諸語言善了章句。何等四。菩薩求法。所謂十二部經。修多羅。祇夜。受記經。伽陀。憂陀那。尼陀那。如是諸經。本生經。方廣經。未曾有經。阿波陀那。論議經。求已誦讀。誦讀已正憶念。正憶念已如所説行。富樓那。菩薩有此初法。則能修集多聞。猶如大海不可竭盡。常能修集多聞寶藏。能於諸法得決定義。於諸語言善了章句。

復次富樓那。菩薩於一切法中無所依止。雖入禪定而無所依。無所依故。於諸法中得不住智。得不住智已。於諸法中得無礙知見。何以故。富樓那。無法可貪作障礙者。菩薩有此三法。則能修集多聞。猶如大海不可竭盡。能常修集多聞寶藏。能於諸法得決定義。於諸語言善了章句。

復次富樓那。菩薩以法因緣念佛及念佛法。是人以法因緣念佛念佛法時。不見有法可貪受②者。是人不貪受*故。於一切法心無所著。是人於一切法無所著故。於諸問難隨所問答而無有礙。菩薩有此三法。則能修集多聞。猶如大海不可竭盡。能常修集多聞寶藏。能於諸法得決定義。於諸語言善了章句。

復次富樓那。菩薩成就無所得慈。於行無礙。無所得慈者不受諸事。何以故。富樓那。住此相者。或生貪欲。或生瞋恚。或生愚癡。住彼相者。亦或生貪欲。或生瞋恚。或生愚癡。住事相物相。陰相入相界相。法相非法相者。亦或生貪欲。或生瞋恚。或生愚癡。是故富樓那。所有受相皆名邪見。菩薩悉滅一切諸相修集慈心。衆生敗壞故相亦敗壞。相敗壞故事亦敗壞。事敗壞故見亦敗壞。菩薩爾時壞一切法修集於慈。如是慈者名爲無所得慈。如是無所得慈名爲法慈。如是法慈名爲佛慈。富樓那。何名佛慈。無作無壞。是名佛慈。
復次富樓那。如實通達一切諸法。是名佛慈。世尊。云何名爲如實
通達一切諸法。佛告富樓那。所通達者。不言是法。不言非法。何以
故。富樓那。若言有法。即是非法。若有無法。無有非法。則於其中無
有戲論。若無戲論是名涅槃。汝具觀之。極遠極近。富樓那言。不遠
不近。何以故。世尊。如是義者。無方無處。無内無外。佛言。如是。富樓
那。於法作數。世尊。於何等法爲之作數。富樓那。如諸凡夫所著之
法。如來不得不修不證不通達。如是法者爲之作數。富樓那。是諸
法數不爲分別法故。富樓那。今爲汝説。如是第一寂滅法者能攝
佛道。富樓那。當來有人欣赴世利。若聞此經。不樂聽受。富樓那。我

此菩提。汝等但以音聲章句少知之耳。其中義趣汝所不知。此義玄遠不可言宣。唯有智者可以内知。爾時世尊而説偈言。

不能知義者　聞佛法憂苦　若能知義者　如來爲作師
若人佛爲師　是則求涅槃　無有諍訟心　能正思量法
此中無法生　亦無有法滅　無生無有滅　是諸法實相
若法無有生　即無有作起　是非與一异　此法中皆無
是名爲涅槃　中無有滅者　若言極遠近　是二俱爲空
若能知空者　即名知涅槃　若知涅槃者　是名我弟子

富樓那。菩薩有此四法。則能修集多聞。猶如大海而不竭盡。能常修集多聞寶藏。能於諸法得決定義。於諸語言善了章句。爾時世尊以偈頌曰。

常欲求多聞　諸佛所稱嘆　能得定實義　是故如大海

能於一字中　及與一句義　於千萬億劫　說之而不盡

故當求正法　求已正思量③　勿貪取法相　不貪佛所贊

憶念諸如來　及念於正法　不以貪競心　而求於導師

常於諸衆生　修行慈愍心　而不著衆生　散滅一切法

大名稱菩薩　修習如是法　疾得陀羅尼　多聞從是生

猶如虛空性　無增無有減　法性亦如是　無增無有減

我以智慧力　無量劫說法　所說無央數　猶亦不名說

盡諸衆生性　皆使得人身　普共行出家　多聞如阿難

陀羅尼菩薩　爲是一切人　千億劫說法　智慧猶不盡
佛智慧無等　同虛空無量　虛空無生起　智慧亦如是
如龍不取水　而能雨大水　是水無住處　所雨無窮盡
菩薩亦如是　得此陀羅尼　諸法無住處　是緣說不盡
故應求多聞　求已正思惟　以法緣念佛　多聞從是生
慈普覆衆生　散滅衆生相　亦滅諸法相　多聞從是生

富樓那會第十七之一·不退品第三

佛告富樓那。菩薩成就四法。能於阿耨多羅三藐三菩提不退轉。何等四。菩薩聞未聞法。思量義理。不即言非。菩薩成就此初法者。則於阿耨多羅三藐三菩提不退轉。爾時世尊以偈頌曰。

聞所未聞法　其心逮不逆　思量其義理　不即言非法
若聞於空法　常求其義理　是故智增長　佛道從是生
聞所未聞法　應求其義理　不退於菩提　智慧得增長
聞所未聞法　不隨惡慢心　不生於諂曲　生則非菩提
聞所未聞法　應求解其義　先雖未曾聞　一心應思念
是人求法時　能得聞正法　常值遇諸佛　不退失菩提
得見諸佛已　則能正問難　聲聞人得聞　咸以爲歡喜
是人甚希有　能作如是問　我等尚無心　况能聞是事
聲聞稱希有　天神皆歡喜　諸佛稱其名　此是多聞果
若有所問時　佛答其所問　無量諸大衆　皆得大饒益

得聞是多聞　菩薩所問答　無量衆皆得　無上之法眼

佛告富樓那。以是因緣。當知菩薩聞未聞法。信受不逆。正心思量。不即言非。則能饒益無量衆生。富樓那。乃往過去無量無邊不可思議阿僧祇劫。爾時有佛。號一切功德光明王如來。應供。正遍知。明行足。善逝。世間解。無上士。調御丈夫。天人師。佛。世尊。富樓那。是一切功德光明王佛壽八十億歲。其佛一會聲聞弟子。不受諸法。漏盡解脱。恒河沙數此不可計。是諸阿羅漢皆得共解脱。菩薩衆數亦復如是。富樓那。其佛滅後。法住六萬歲。欲涅槃時。百億菩薩皆與④神力。爲護法故。悉遍百億閻浮提内。一一閻浮提各有一菩薩。富樓那。一切功德光明王佛滅度之後。諸弟子衆漸皆懈怠。不復誦持如是深經。諸法空經净戒頭陀經漸皆滅盡。以其不能讀誦說故。其法廣大有八百四萬法藏。一一法藏有六十八百萬億那由他修多羅。一一修多羅中有三萬六千憂陀那。一一憂陀那中有七百六萬億偈。富樓那。最後末世法欲滅時。於此爾所佛法藏中。餘但有一修多羅憂陀那。時有比丘法師名那羅延。於此閻浮提中。佛與神力。爲護法故。是那羅延法師多聞廣博。善能說法。嚴飾文辭。義理明了。每常樂說所未聞法。當說法時。多有人衆違逆毀破。那羅延法師便作此念。是諸人衆。所未聞法。聞不能信。不樂聽受。若聽不解。心不隨順。聞已違逆。破壞出過。而作是言。此非佛語。非大師教。所以者何。我等未曾從師和上聞如是經。又諸長老比丘亦復不言從師和上展轉所聞。今諸比丘唯有一餘修多羅憂陀那。我今何不獨處閑靜。富樓那。那羅延法師作是念已。獨入深山。爾時閻浮提中從劫初來。有六萬八千大城。城長十二由旬。廣七由旬。莊挍嚴飾。街巷相當。人民充滿。豐樂安隱。其後續造八十四億小城。有廣七由旬。或六五四三二由旬。其最小者廣一由旬。富樓那。爾時閻浮提中有一大城名爲安樂。中有長者名爲闍匿。有一子名摩訶耐摩陀。是長者子在空閑處。有一天來。爲説偈言。

汝當勤求法　求已正思惟　功德王如來　已記汝作佛

富樓那。天説偈已。忽然不現。時長者子即詣父所。頭面禮足。作如是言。我欲出家。於一切功德光明王佛法中修習梵行。爾時闍匿長者以偈答曰。

我家多財寶　金銀無有量　閻浮提所無　我家悉具有
我所求財寶　爲子受*欲樂　云何行出家　爲世所輕賤

爾時長者子偈答父言。

我樂常求法　求已正思惟　不樂受富樂　當爲世作佛
不須家業寶　我欲求少欲　所出之法財　今當行出家
諸佛出世難　佛說法亦難　我今值佛法　云何當捨離

富樓那。時長者子頭面禮父足。繞已而出。說此偈言。

設有一億父　及有百億母　猶尚不能遮　今我出家心

我捨身壽命　父母親族財　唯不捨佛法　當行出家求

富樓那。時長者子說此偈已。出家爲道。即詣那羅延法師。求欲聽法。時那羅延法師即爲演說所未聞經。時摩訶耐摩陀比丘聞所未聞經已。問那羅延法師言。我於此經先所未聞。如是諸經。誰讀誰誦。誰受持者。從何處聞。那羅延言。我以宿命善根因緣故。亦以一切功德光明王佛威神力故。如是深經自然在心。富樓那。是摩陀比丘聞說此已。加心思念。智力即生。以大智慧方便力故。難問那羅延法師。那羅延隨義答已。而作是言。一切功德光明王佛時。有一比丘問佛是事。如汝今問。佛如是答。時是比丘聞已歡喜。富樓那。是摩訶耐摩陀比丘復問那羅延法師。那羅延言。一切功德光明王佛時。有一比丘問如是事。如汝今問。佛如是答。時是比丘聞已歡喜。富樓那。時摩陀比丘語那羅延法師言。正士。昔日從佛聞如是幾問答事。那羅延言。置此勿問。是事難信。餘人身未證增上法亦復難信。第二第三亦如是問。摩訶耐摩陀問言。正士。昔日從佛聞是幾問答事。那羅延言。置此勿問。不得已者。今當爲汝譬喻解説。諸有智者譬喻得解。比丘。我於一切功德光明王佛所。得聞衆生之性多於地種。比丘。假使一切三千大千世界衆生。若有色若無色。若有想若無想。若非有想非無想。皆盡其數。令得人身有智慧力。一一衆生於彈指頃能起恒河沙等問。然其所問各各不同。比丘。如是展轉。乃至十方無餘世界一切衆生。若一劫若過一劫起此諸問。復有一人。能彈指頃起爾所人一切諸問。差別各异。如是一人。復盡一切無餘衆生。若一劫若減一劫起種種問。於汝意云何。是所起問。寧爲多不。答言。甚多。非是譬喻所能得及。那羅延語摩陀比丘言。我今明了告汝。勿生疑悔。如彼一切無餘衆生。若於一劫若減一劫所起疑問。我從佛聞一法門中所答多彼。如是二門三四五門。十二十三四五十。乃至百千萬億門。比丘。我當略説一切所有算數名字。無量無盡。不可思議。過是諸數我盡誦持。比丘。此諸答者悉皆總在一法門中。我悉知之。所謂一切功德光明王如來説是道句。門句。印句。本事句。金剛句。重句。不可動句。難得底句。比丘。於一門中攝一切法。謂無作門。一切諸法一切諸句。是門爲本皆入是門。一切修多羅憂陀那皆入門句。分別一字能入多字。比丘。如是能入七萬八千諸陀羅尼。是中有九萬二千諸根差別。是衆生行門中。有八萬億形色於諸道差別。是諸形色我知其名。一一色中我知百名。如是二百名字三百名字。乃至知千名字。皆在閻浮提中。又復過是十方佛國。其中所有各各緣。各各名字我皆得知。舉要言之。佛所有力。於諸法中各各差別。問答差別。我皆知之。皆是一切功德光明王如來威神之力。

富樓那。時摩陀比丘語那羅延法師言。唯願正士還詣聚落城邑。隨轉一切功德光明王如來法輪。願受我請。我當衛護。爲受法者。那羅延言。且置勿說。今世比丘悉皆懈怠。集善法中無有深欲。摩陀復言。我從今日當於善法深生欲心。爲求是法不敢懈怠。富樓那。摩陀比丘即請那羅延還入聚落。令説正法。*當隨衛護。咨聽未聞。富樓那。爾時摩陀比丘多爲人衆供養恭敬。時人皆謂持戒。智慧。多聞最上。功德無量。時摩陀比丘入城邑聚落。稱贊那羅延法師。爲令衆生入於正法。又使佛法普得流布。富樓那。時摩陀比丘多導人衆。使供養法。恭敬守護那羅延法師。爲聽法故。富樓那。其後那羅延法師爲摩陀比丘所守護已。後入城邑聚落。種種廣説一切功德光明王如來阿僧祇劫所修菩提。令普流布。如是富樓那。摩陀比丘於百歲中常隨那羅延法師。所問諸法常是新异。未曾重説。富樓那。那羅延法師得是摩陀比丘所護助故。使無量衆生住聖法中。無量衆生住佛菩提。富樓那。汝謂爾時那羅延法師。守護法者。善說法者。豈异人乎。即彌勒菩薩是。富樓那。摩陀比丘守護法師。佐助勸請。以是福德力。命終之後。即生下方第十世界上衆佛所。於彼佛前問斷一切衆生疑經。佛時稱贊百千善哉。即爲演說斷一切衆生疑經。說是經時。無量衆生初發阿耨多羅三藐三菩提心。即入必定。富樓那。摩陀比丘命終之後。復值須彌山佛。於彼佛前。問攝出一切法經。時佛稱贊百千善哉。即爲廣說攝出一切法門經。說是經時。無量衆生必定得阿耨多羅三藐三菩提。命終之後。復值山王佛。於彼佛前問諸法門經。時佛稱贊百千善哉。即爲廣說一切法門經。說是經時。無量衆生必定阿耨多羅三藐三菩提。命終之後。復值梵音聲佛。於彼佛前問請攝一切法經。佛時稱贊百千善哉。即爲廣説攝一切法經。説是經時。無量衆生必定阿耨多羅三藐三菩提。富樓那。摩陀比丘如是展轉。所值諸佛。值已問經。所度衆生令住阿耨多羅三藐三菩提。我若以劫若以過劫説諸佛名。衆生所住阿耨多羅三藐三菩提者。不可得盡。富樓那。是摩陀比丘凡所護持諸佛正法。恒沙可數。是諸佛者。若現在世。若已滅度。不可稱計。是故富樓那。當知菩薩摩訶薩聞未聞法。思惟義理。得如是等大功德利。富樓那。汝謂爾時摩訶耐摩陀比丘。於那羅延法師所聞未聞法隨其義趣者。豈异人乎。即橋越兜菩薩是。時摩訶耐摩陀比丘守護正法。聞所未聞。隨其義趣。不著言辭。以是因緣。值無量佛。值已聞諸深妙經。以是往昔善根因緣。今於我所亦問攝一切法大海法門經。我爲說時。無量衆生得大饒益。爾時世尊欲重明此事。而説偈言。

菩薩聞未聞　應思其義理　不應作是言　我昔未曾聞
聞所未聞法　正念思其義　是故慧增長　如海受衆流
多聞轉增上　智慧亦復爾　能問諸佛事　廣利諸衆生
集多聞如海　智慧不可盡　善能知章句　差別中第一
是故應當聞　所未曾聞法　求所未聞法　得如是果報

復次富樓那。菩薩摩訶薩於求多聞深生欲心。於空閑處深生樂心。一心勤求阿耨多羅三藐三菩提。求已爲斷瞋恚修集慈觀。爲斷貪欲修不净觀。爲斷愚痴修因緣觀。富樓那。何等是菩薩精進。菩薩云何修集精進。富樓那。若有菩薩。若於一劫若減一劫。若行若坐。常發精進。富樓那。如是不名真實精進。有菩薩若於一劫若減一劫。修行净戒。苦行難行具足頭陀。隨所緣事深生欲心。而離諸法實相。如是不名真實精進。富樓那白佛言。世尊。何者是菩薩真實精進。諸佛所贊。世俗智者所不譏嫌。佛告富樓那。菩薩於所未聞。應深空法。無有微相。合第一義。如是深經不違不逆。明了其義。勤發精進。心不退没。聽受讀誦。爲人解説。是名菩薩真實精進。謂聞深經。通達其義。不違不逆。如是精進諸佛所贊。世間智者所不能訶。是故富樓那。菩薩應發如是莊嚴。世間衆生不能得底。我於此中當盡其底。世間衆生所可没處。我於此中不應沉没。世間衆生所可畏處。我於此中不應怖畏。所以者何。我發莊嚴。不與世合。爲離世法故而發莊嚴。不以行世法故而發莊嚴。爲不行世法故而發莊嚴。不爲隨世法故而發莊嚴。爲轉世法故而發莊嚴。富樓那。是名菩薩摩訶薩真實精進。菩薩成就此第二法。則於阿耨多羅三藐三菩提不退轉。爾時世尊欲明了此義。而説偈言。

菩薩求深法　常勤發精進　思量其義理　不隨於音聲
菩薩不隨言　知皆是虚誑　知諸法空故　但求於善語
若於千萬億　無量諸劫數　晝夜常行坐　加心行苦行

於所未聞經　不信非精進　能得深義底　不名爲懈怠
如是精進者　諸佛所稱嘆　世間不得底　菩薩得其底
世間所畏没　菩薩不畏没　勤心常欲求　空寂真妙法
空法中無畏　亦無有退没　住我相法相　故生怖畏没
散壞一切法　名爲菩提道　勤心發精進　疾成多聞海

復次富樓那。菩薩善知五陰。善知十二入。善知十八界。善知十二因緣。善知五陰十二入十八界十二因緣故。則能成就無依止智。得無依止智故。則於一切法不念不分別。以不念不分別爲衆生説法。破一切見。令拔身見。菩薩成就此第三法。則於阿耨多羅三藐三菩提不退轉。爾時世尊以偈頌曰。

菩薩知五陰　十二入皆空　分別十八界　通達十二緣
不隨於五陰　知身是虛誑　於諸內外入　悉知其性空
如是知諸法　知已爲人説　是故此菩薩　智慧轉高大

復次富樓那。菩薩摩訶薩如所結戒。如所説戒。善能隨學無所缺犯。何等是菩薩學戒。學一切法是菩薩學戒。何以故。富樓那。菩薩學一切法得一切法智。以是法智得無分別慧。以是無分別慧能知一切事。云何知一切事。菩薩悉知一切內事。一切外事。一切內外事。富樓那。何故名內。內名凡所有受可貪著處。謂是內身從十二因緣生。是中但有世俗假名。所謂此眼此耳此鼻此舌此身此意。富樓那。是名爲內。是法凡夫所貪著故。名之爲內。作是言。我當得如是眼。不作如是眼。得如是耳鼻舌身意。不作如是耳鼻舌身意。是中但以所起業緣有果報生。是故名內。其中差別。凡夫貪著。謂是眼是耳鼻舌身⑤意。皆名爲內。復次富樓那。內名爲二。此事虛誑。諸凡夫人貪著受取而生諍訟。富樓那。如來於此從本已來。如實知之而不貪著。云何如來如實知之而不貪著。如來於此法中不作歸。誰不作歸。謂是愛結。此眼不作歸。離眼不作歸。耳鼻舌身意不作歸。離意不作歸。何以故。富樓那。如來於法不得內不得外。是故如來於此法中不作歸。如來是實語者。作是言。比丘。眼非汝等。亦非他人。何以故。本體不可得故。何法是眼。是眼屬誰。何法是耳鼻舌身意。是意屬誰。何以故。本體不可得故。富樓那。眼者今當推撿。耳鼻舌身意今當推撿。於法無所貪受。何以故。若有受法則生苦惱。苦惱生故則無有樂。是故富樓那。於法有受。皆受苦惱。若受苦惱則不離苦。富樓那。是名推撿眼。推撿耳鼻舌身意。無有入處。何以故。富樓那。若有入處則有出處。是故如來於經中說眼是空。無我無我所。本性自爾。耳鼻舌身意是空。無我無我所。本性自爾。是性無性。如是無性。無作無壞。富樓那。如是法性。若諸佛生。若佛不生。是性常住。如來於諸法生知是不生。是故如來是實語者。作是言。若有佛生。若佛不生。是性常住。富樓那。云何名無生。云何名無生智。富樓那。諸法平等名爲無生。道名無生智。苦盡名無生。道名無生智。是名如來說有二諦。謂世諦。第一義諦。富樓那。如來所説苦相。即是説無相。云何名苦相。謂是無爲相。無爲即是無相。
智者知無爲是無相。富樓那。智者云何知無爲是無相。謂知無爲。
法空。知是寂滅。知是歸處。知第一利。知無熱惱。智者如是知無爲。
於是智中亦不生相。富樓那。智者離諸相得第一義利。無作無壞。
富樓那。若人有作即是壞。若無作則無壞。無壞相是空。無壞相是
無相。無壞相是無願。富樓那。空法無有人作。無有人壞。無相無願
無有人作。無有人壞。富樓那。是名諸佛阿耨多羅三藐三菩提不
壞相。何等是諸佛阿耨多羅三藐三菩提。謂諸如來所不得是⑥。富
樓那白佛言。世尊。何等法是諸如來所不得。佛言。富樓那。一切法
是諸如來所不得。世尊。以是故。一切法是諸佛菩提耶。佛言。如是。

富樓那。一切法是諸佛菩提。而是菩提不名一切法。言一切法是諸佛菩提者。但是世俗假名言而說。不精進者難解難知。所以者何。不精進者不能修習諸法平等。若不平等則與佛諍。富樓那。何人不能修行平等。富樓那。一切世間行不平等。諸佛菩提是中無等亦無不等。富樓那。我以是道得阿耨多羅三藐三菩提。以是因緣。我經中說一切諸法於正位中皆入必定。是名必定入菩提門。是故富樓那。一切法皆是菩提。

爾時富樓那白佛言。希有世尊。是諸佛阿耨多羅三藐三菩提。亦定亦不定。亦入文字亦不入文字。亦入語言亦不入語言。何以故。世尊。我今從佛聞說是經。於諸法中普得決定光明。世尊。我今如是於諸法中得決定光明。於一事中知一切事。於⑦一切事中知一事。爾時佛贊富樓那言。善哉善哉。富樓那。汝能如是疾入諸佛一切法利。當知汝已曾於過去世供養諸佛。種諸善根。親近咨問。富樓那。我念過去於此土地虛空分中。汝已曾於六萬八千諸佛所得聞是經。以是善根功德因緣。汝於諸法普得決定光明。世尊。若我已於若干⑧佛所得聞是經。我何故乃不以一念發阿耨多羅三藐三菩提。佛告富樓那。我念過去世。汝曾一劫發阿耨多羅三藐三菩提心。不雜⑨餘心而還退失。以是福德因緣。我今說汝於諸法師爲最第一。富樓那白佛言。世尊。我本作何罪障。於一劫中發阿耨多羅三藐三菩提心而還退失。佛言。富樓那。隨逐依止惡知識故。又不能廣流布法故。汝於阿耨多羅三藐三菩提心而還退失。富樓那。有四法退失阿耨多羅三藐三菩提。成聲聞乘。何等四。菩薩親近惡知識故。能於善根增惡遠離。作是言。何用如是發菩提心。生死長遠苦惱無量。往來五道。值無難難。值諸佛難。净信復難。雖得值佛出家復難。汝今得值無難。勿復還失。汝於諸佛未受阿耨多羅三藐三菩提記。善根未定。不得涅槃。輪轉五道。是人聞説是已。心則退没。於菩提道懈怠不樂。富樓那。菩薩有是初法。退失菩提成聲聞乘。復次富樓那。菩薩不聞應菩薩經。謂菩薩藏經。發菩薩心經。攝菩薩事經。應六波羅蜜經。以不聞故不如説行。不如説學。是人不知菩薩何法應親近。何法應遠離。何法應受。何法不應受。何法是菩薩法。何法是聲聞法。如是不知不分別故。應親近法而不親近。不應親近法而反親近。是人應親近法而不親近。不應親近法而親近故。則便退失諸佛菩提。心弱懈厭。廢捨本願。富樓那。菩薩有此二法。退失菩提成聲聞乘。復次富樓那。菩薩計得諸法。貪著吾我。行於邪見。墮在邊見。没在惡邪。難可拔出。得聞深經。應第一義。無有微相。違逆不信。不能通達。起破法罪。以是因緣。生在難處。不得值佛。不得聞法。不值諸佛所教化法。不得善知識。是人不見佛故不聞法。不聞法故。不值諸佛所教導法。不值諸佛所教導法故。不得善知識。不得善知識故。失無難處。生在難處。在難處故。離善知識。遇惡知識。與惡知識共從事故忘失本念。是人失本念故捨菩薩心。捨菩薩乘而便退轉。永失菩提念。但行生死法。不能修習大乘行法。富樓那。菩薩有此第三法。退失菩提成聲聞乘。復次富樓那。菩薩得聞如是等經。不能深心教化他人。其心退沒。但樂獨行。慳吝惜法。心不欲說。不能以法廣攝人衆。以是不善根因緣故失智慧念。失智慧念已。不共他人讀誦經法。不能以法與他共同。是人轉身失菩薩心忘菩薩念。富樓那。菩薩有此第四法。退失菩提。成聲聞乘。爾時世尊欲明了此事。而說偈言。

親近惡知識　懈怠於菩提　以是因緣故　失上菩提心

深生惡我見　墮在邊邪見　而起破法罪　生在於難處

生於難處已　則斷菩提心　忘失本憶念　是故失菩提

是人不得聞　生菩提心法　是心若增長　能成於菩提
得廣大妙法　慳吝不欲説　以是因緣故　退失於菩提
求大乘菩薩　應知是四法　若知此四法　菩提得以生
是故應遠離　如此四惡法　勤修行空法　得近善知識
得如是經已　不應慳吝惜　勤心爲人説　從是生菩提

佛告富樓那。菩薩成就四法。隨迴向菩提心不退失。隨迴向諸善根亦不退失。何等四。菩薩持戒清净。憶念成就。有念安慧。勤心精進而不懈退。成就多聞生慧。富樓那。菩薩有此四法。隨迴向菩提心不退失。隨迴向諸善根亦不退失。爾時世尊欲明了此義。而説偈言。

菩薩具持戒　所憶念深遠　勤心當精進　多聞莊嚴慧

菩薩常親近　如是之四法　隨心所起事　皆能得成就

是故應常持　净戒勤精進　不斷憶念法　常勤求多聞

持戒净生處　憶念能净智　精進净佛法　多聞生大慧

是故諸菩薩　當學是上法　學是上法已　當轉無上輪

復次富樓那。菩薩有四法。則能利益菩提。持戒則是利菩提法。忍辱則是利菩提法。精進則是利菩提法。多聞則是利菩提法。富樓那。是名四法利益菩提。爾時世尊欲明了此義。而説偈言。

菩薩净持戒　利益於菩提　精進及忍辱　多聞亦如是

清净持戒者　所願皆得成　戒净多利益　菩提不爲難

菩薩行忍辱　身相智慧成　是故當行忍　求佛相智慧
精進亦復能　多利益菩提　常行精進者　菩提則不難
多聞亦能利　聞已得近法　遠離於非法　菩提則不難
四法是種子　從是生菩提　是故諸菩薩　應近是利法

復次富樓那。菩薩摩訶薩成就四法。則得身色具足。財物具足。眷屬具足。終常不生諸惡難處。常值諸佛。諸佛所贊。何等四。菩薩行慈。不瞋不惱一切衆生。富樓那。何謂菩薩行慈。不瞋不惱一切衆生。菩薩行慈。於諸衆生起我救慈。見諸衆生身苦心苦。當作是念。我當勤行精進度是衆生於生死苦。是諸衆生。我應與樂。我應拔濟離生死苦。於諸衆生應發是心。發是心已。勤行精進。修習六波羅蜜。布施持戒忍辱精進禪定智慧。富樓那。菩薩因般若波羅蜜。
得具足六波羅蜜。何等爲菩薩般若波羅蜜。菩薩云何因般若波
羅蜜勤發精進。富樓那。菩薩作是思量。何法名我。何法名我所。如
是思量時。不見法是我。不見法是我所。作是念。作是念已。於此法
中無我法。無我所法。菩薩離我我所故知身空。身空故衆生空。何
以故。諸法中我我所尚空。何況衆生。菩薩如是離我我所故知衆
生空。衆生空故知色陰空。色陰空故受想行識陰空。菩薩如是離
我我所故知身空。身空故知衆生空。衆生空故知諸陰空。諸陰空
故知種亦空。謂地水火風虛空識種。地種地種相空。水火風虛空
識種識種相空。是種無作者。無使作者。若無作者。是法即空。富樓

那。菩薩於此離我我所故知身空。身空故知衆生空。衆生空故知諸陰空。知諸陰空故知諸種空。諸種空故知諸入空。諸入空故諸入相空。諸入無作者無使作者。若法無作者無使作者。是法即空。富樓那。菩薩以是觀一切法空。觀一切法空時。不見諸法本體可生瞋處。富樓那。是名菩薩摩訶薩大慈。知身空慈。衆生空慈。陰入種空慈。菩薩若能行如是慈。是名行一切法空慈。富樓那。是名菩薩行於大慈。如是菩薩離我我所。心深生欲心於阿耨多羅三藐三菩提。生大悲心於諸衆生。若有衆生不知如是諸法實相。爲令知故。發大莊嚴。是名菩薩行於大悲。我救故名慈。我作故名悲。菩薩成就如是大慈。能爲衆生作救作歸。作舍作洲。能作究竟。是故菩薩應如是修行大慈。不貪著衆生。亦不生瞋恨。是名菩薩衆生空慈。無有瞋恚。富樓那。若菩薩因慈因離⑩因空。能入一切諸法不生不滅。是名菩薩常行大慈。菩薩如是通達諸法。諸魔魔民及魔所使皆不能壞。菩薩成就是初法者。能斷一切功德中縛。斷功德縛故得平等波羅蜜。爾時世尊欲明了此事。而説偈言。

菩薩常如⑪是　修慈而觀空　知陰入界離　是中無有我
我我所二法　決定不可得　爲不得諸法　而修行慈心
不依止諸法　亦非不依止　是名諸佛道　諸不依止法
能得無上忍　忍諸法實相　諸法無生滅　能善通其理
諸有大智者　親近於是法　常得妙身色　亦得樂説辯

常得值諸佛　知諸法義利　是故此菩薩　得無爲上道

復次富樓那。菩薩摩訶薩精勤供養諸佛塔寺。敬心以好花香瓔珞。塗香末香。幡蓋伎樂。種種供具而以供養。菩薩成就此第二法。能得具足一切功德。爾時世尊欲明了此義。而説偈言。

菩薩以上妙　供養上智塔　花香及幡蓋　以求上智慧
以此功德緣　受身常端正　饒財多寶珍　眷屬具成就
必定於菩提　常安住於法　在在所生處　功德轉高增
諸王所恭敬　天龍神常念　一切諸衆生　亦皆共恭敬
若人供養佛　現在若滅後　所生得供養　常在無難處

復次富樓那。菩薩摩訶薩常當勤心供養於法。云何名爲法。云何名供養法。名四念處。四正勤。四如意足。四禪。五根。五力。七覺意。八聖道。止觀。明解脱。三解脱門。盡智。無生智。是名爲法。云何供養。於是法中如所説行隨順不逆。生欲精進。具足修習。是名供養法。復次富樓那。供養法。法名如是等經。信解思惟。分別隨順。心不違逆。是名供養法。菩薩成就此第三法。能得具足一切功德。爾時世尊欲明了此義。而説偈言。

常勤供養法　如所説中住　聞深空妙法　其心不違逆

故身常端正　亦得樂説辯　如我所讚法　以此轉高增

復次富樓那。菩薩摩訶薩勤心供養如來聖衆。若花若香。若以瓔珞。若以末香。若以塗香。若以幡蓋。衣服飲食卧具。醫藥資生之物。

若起僧坊。若立園林。若經行處。若以浴池。若以井泉。若以人使。如是等餘供養具。種種供養如是聖衆。菩薩成就此第四法。能得具足一切功德。爾時世尊欲明了此義。而説偈言。

無上供養具　供養如來衆　以此功德緣　所生多財寶

身色常端正　亦得樂説辯　具足諸功德　智慧轉高增

供養正直心　無我我所者　以此智因緣　生處得供養

諸佛所稱讚　四法常親近　所生常尊貴　功德轉高增

大寶積經卷第七十七

校注

①『當』，龍藏作『常』。本卷下文例同，用*標識，不再出注。

②『受』，龍藏、思溪藏、和裕本作『愛』。本卷下文例同，用*標識，不再出注。

③『量』，龍藏作『惟』。

④『與』，龍藏、思溪藏作『興』。

⑤『鼻舌身』，底本作『身鼻舌』，依龍藏改。

⑥『是』，龍藏、思溪藏無。

⑦『於』，底本作『知』，依龍藏、思溪藏改。

⑧『干』，底本作『千』，依龍藏、思溪藏、和裕本、上海佛學書局本、中州本改。

⑨『雜』，龍藏、思溪藏作『離』。

⑩『離』，龍藏作『利』。

⑪『如』，龍藏、思溪藏作『知』。

大寶積經卷第七十八

後秦三藏羅什譯

富樓那會第十七之二·具善根品第四

爾時佛告富樓那。菩薩摩訶薩發於大乘。常當修習親近四法。則能具攝一切善法。亦能具足一切善根。何等四法。富樓那。善男子善女人發大乘心。修習親近行忍辱法。如是修行忍辱法時。如心平等故。則得平等波羅蜜。亦得一切衆生平等波羅蜜。是菩薩成就心平等波羅蜜。智平等波羅蜜。若行若立。若坐若卧。若覺若睡。時有人來。若持屎瓶。若持毒瓶。若持沸湯瓶。若諸糞掃。若持火炭。若持屎尿。若持熱灰。塠①其頭上。若塠*其身。菩薩於此不應瞋恨。令心散亂而生忿恚。不應自言我有何罪。又不應以惡心視彼。但應一心求自利法。於所修事專心不捨。應當如是調伏其心。是人爲以何因緣故。持此屎瓶毒瓶灰火來加我身。我身不以此物因緣而得痛惱。菩薩是時應如是觀衆因緣法。誰與此物。此物與②誰。以何物與。是人如是如實思惟。不見有法誰是與者。誰是受者。何者是法。如是正念思惟觀時。此彼不可得故。一切諸法皆不可得。皆不可見。是菩薩不得不見一切法故。不生瞋恨。富樓那。若菩薩如是思惟。猶有瞋恨心起。復應如是正念思惟。何觸因緣使我身痛。是諸觸者爲觸何處。爲在於身。爲在於心。若在身者。身如草木瓦石影像。無覺無知。非我非彼。若在心者。心無形色。念念生滅。須臾不住。非我非彼。但以虚妄憶想分別。説言是苦。是樂。不苦不樂。我今不應生此虚妄憶想分別。我今應觀平等實相。我當修習賢聖所作。不應隨逐凡夫所作。何等爲是賢聖所作。謂於諸法遠離解脱。我爲遠離故學。不爲和合故學。如是虚妄憶想分別是皆和合。爲誰和合。爲是貪欲和合。爲是瞋恚愚痴和合。云何名爲貪欲瞋恚愚痴和合。以身痴故。身見痴故。貪身見故。身受苦時瞋恚他人。是名瞋恚和合。有以身見痴故。貪身見故。不隨意故瞋恚他人。是名愚痴和合。若人如是三毒所縛。或起如是罪業因緣。諸佛不救。何况餘人。我應善觀諸因緣法。觀於空法。菩薩如是隨順正觀諸因緣法。不見有法誰與誰受。以何物與。爾時菩薩當作是念。一切諸法從衆緣生。自性本空。定不可得。我當云何於無所得虛妄法中。得法作業而生瞋恚。起行因緣。我今應生無瞋恨心。修行無作無起無生之法。當觀空法不隨我心。我今應觀不作不起無生之法。不應依止起作之法。我應如實思惟諸法。我今不應於此虛妄無所有中而强作法。虛妄强作謂是瞋恨。所以者何。依止法體則有瞋恨。諸法實相畢竟空中。無法本體可依止者。菩薩如是思惟諸法。其心寂然。瞋恨不起。又是菩薩。若行若立。若坐若卧。若覺若睡。時有人來。以好美香末香塗香。以好名花散其身上。若以上妙香花瓔珞。瞻蔔花。鬘婆梨師花。鬘衆花瓔珞以覆其身。若以上妙細軟衣服。謂加尸衣。若拘攝衣。若拘珍婆衣。若憍施耶衣。若芻摩衣。若劫貝衣。若細欽婆羅。若細繒衣。以如是等柔軟細衣以覆其身。若以上妙繒蓋幢幡張施其上。若以諸天名花香。妙衣珍寶瓔珞以覆其身。若以天上甘美飲食而以進上。菩薩於此種種供養。不應生愛令心貪著。不以此緣親附其人。隨順其意往來問訊。不應偏心而起愛著。菩薩於此應以等心。通達一切諸法平等。應作是念。我於衆生不應瞋恨。不應愛念。所以者何。憎愛二事。俱是煩惱。我今於此不應生愛。應善通了諸法如實。所以者何。諸煩惱中。愛緣所合此最爲重。如是煩惱深徹骨髓。謂於能生結使法中愛心染著。所以者何。所貪著事若不隨意則生瞋恨。人皆自欲貪愛其身。有侵惱者則生瞋恨。是故當知瞋恚則是染愛果報。貪著則是愚痴果報。我今當離染愛惡心。於諸法中無所貪著。我等不爲貪欲故學。不爲瞋恚故學。不爲愚痴故學。我當廣學諸法真實。於諸法相如實觀之。隨所説中當如實行。但應依止業報因緣。於諸供養苦惱事中。當知皆是宿業行緣。是故於諸隨順法中不生喜愛。違逆法中不生瞋恨。但應清净其心無所忿恚。不令隨愛隨瞋隨痴惡法得生於心。富樓那。菩薩成就此初法者。能得具足一切功德。爾時世尊欲明了此義。而説偈言。

我常讚智慧　亦讚持戒者　稱揚行忍辱　亦常讚多聞

我讚行善法　慈心愛語者　爲饒益衆生　隨宜讚衆德

我常訶五欲　瞋恨愚痴人　嫉妒慢諂曲　濁亂嬈衆生

懈怠懶惰心　憹戾難與語　背恩無反復　小事發大恚
貪求於利養　我當得利養　不欲令人得　是等我不贊
小智於利養　自欲嫉彼得　於他家生苦　是等我不贊
爲求得利養　轉易威儀行　此命非清凈　離我法甚遠
不修行道者　有此諸過咎　是等惡道緣　無一事可贊
不斷惡我見　貪愛心則多　貪愛心多故　勤求於利養
菩薩作是念　行忍益衆生　摧伏剛强心　疾得成佛道
我當行慈心　忍辱愍衆生　而知諸法空　從緣無所屬
何緣有諸法　是法興於心　妄想生瞋恚　不念則皆空
妄想生三界　相續身不絶　不分別妄想　則無如是過

常思量諸法　知皆從緣生　常觀諸法空　而能度一切
離戒苦衆生　憍慢所傷害　爲説滅苦法　多有所饒益
若人從東來　南西北四維　執持屎毒瓶　以塠*其頭上
我不生瞋心　誰與誰受者　何法名爲我　觀以勤精進
不惡色視彼　何罪而見加　但發堅强思　慈心覆於彼
知是宿業緣　今受此果報　償已更不作　安住佛道中
餘人無有此　輕毀苦惱事　此必是業緣　雖久而不失
衆生在世間　常起善惡業　我今受此苦　當知是業緣
若還以惡報　後復受苦果　寧可以惡事　而加於彼人
當求無上法　求已爲人説　度脱衆生類　一切諸苦惱

若人以香花　瓔珞供養我　不應生愛心　當習平等觀
憎愛則非道　常應行捨心　當正觀諸法　誰與誰受者
空與空受耶　内空外亦空　空無與無受　一切皆無我
空無有貪離　空無有煩惱　亦無有清净　離垢净是空
空中無分别　空中無諸性　空常空無相　是比清净道
若使有人來　段段解我身　於中不生恚　知從業緣有
衆生起善惡　隨業自受果　我必先世惡　今受此苦報
今受此惡報　觀身如影像　水沫幻化炎　無空畢竟空
若人支解身　有人將養我　當念報恩者　不以爲歡喜
利養不以喜　惡罵不瞋恨　二皆是障礙　非佛正真道

當離諸一切　貪愛瞋恚心　常當修空寂　悉斷諸障礙
忍辱十力本　諸佛神通原　無礙智大悲　皆以忍爲本
四諦念正勤　根力覺道分　皆以忍爲本　何智不修忍
我於波羅奈　轉無上法輪　亦以忍爲本　諸佛常贊忍
汝等亦應修　空忍無生滅　諸法相常爾　乃得佛功德

復次富樓那。菩薩摩訶薩能離五欲。常樂出家。心順出家。趣向出家。不貪五欲。得出家已。離諸憒閙。遠處山林。不失善法。菩薩成就此第二法。則能具足一切功德。爾時世尊以偈頌曰。

心常樂出家　而能常出家　常樂在山林　增益功德處
親近在空閑　即離五欲著　此中無衆閙　失諸善法緣

無有諸語言　往來問訊事　空閑寂然快　諸佛所稱贊
是故諸菩薩　所應常親近　勿貪樂聚落　近生利養心
若得利養喜　失則生憂惱　此人供養佛　不名爲供養
欲除如是過　當離諸利養　遠離在空閑　修習於空法

復次富樓那。菩薩常學求法。求已讀誦。謂求净戒頭陀細法。不求多欲無厭足法。求滅貪欲。不益貪欲。求破瞋恚。不增瞋恚。求斷愚痴。不益愚痴。求破憍慢。不求起慢。求破我慢。不求長慢。求斷我我所法。不求增我我所法。求無我法。不求依止我人衆生壽命法。常求能得大智慧法。不求退失大智慧法。常求爲得無等慧法。不爲求得小慧法。求得具足一切諸法。不求不具足諸功德法。求如是求世利。乃至不求法。求已讀誦。思惟正觀。如所說行。爲人演說。不求世利乃至不求法。求已讀誦。思惟正觀。如所說行。爲人演說。

能得稱贊善哉。教多衆生令住是法。富樓那。菩薩成就此第三法。能得具足一切功德。爾時世尊以偈頌曰。

菩薩樂出家　持戒行頭陀　以是增智慧　智雨益衆流③

得是深浄法　正念思其義　於如所說中　能如所聞行

常以清浄心　爲人廣解說　饒益諸衆生　心無所悕望

得諸功德味　自住是法中　亦令餘人住　是故增佛法

若於無量劫　所集諸功德　令皆現在前　攝入菩薩道

故應求深法　佛所稱贊者　常爲衆生說　功德從是生

富樓那。菩薩摩訶薩安住持戒頭陀法中。能具一切善根福德。富樓那。過去久遠無量無邊不可思議阿僧祇劫。爾時有佛。號彌樓揵馱如來。應供。正遍知。明行足。善逝。世間解。無上士。調御丈夫。天人師。佛。世尊。佛壽六十④歲。一會説法。八十億比丘得阿羅漢道。富樓那。彌樓揵馱佛滅後。法住五百歲。般涅槃後七日之中。諸大弟子皆亦隨佛入於涅槃。富樓那。是佛出於五濁惡世。如我今也。諸大弟子滅度之後。多有衆生皆作是念。沙門法中安隱快樂。我等何不各共出家。作是念已。咸剃鬚髮。法服出家。出家之後唯行三事。一常周旋往來白衣舍。二唯貪著利養自活。三長肌肥無有福慧。行是三事不修餘業。百歲之後諸大弟子皆悉滅盡。是等比丘多與白衣和合。佛諸深經。持戒頭陀細行妙法。多皆廢捨。不復讀誦。富樓那。當爾之時。諸比丘衆樂行五欲。貪嗜飲食。爾時國王唯有一子。名陀摩尸利。王甚愛重。時於静處而作是念。彌樓揵馱佛爲得何法。今諸弟子皆共放逸。與諸白衣所行無异。作是思惟疑時。有天神來至其所。隱身不現而作是言。王子。彌樓揵馱佛所得深法清净决定。爾時王子聞天所説。即作是言。彌樓揵馱佛所得深法清净决定。其事云何。答言。王子。是法無色。無受想行識。無陰界入。無有五欲。亦無欲心。彌樓揵馱佛得是深法清净决定。爲衆生説。爾時王子復問天言。我等可得聞是法不。可得解知如説行不。天言。王子。汝能一心勤行精進。得之不難。富樓那。爾時王子即作是念。今是天神開悟我意。我當出家求是深法。即詣父母。頭面作禮。白父母言。我今欲於彌樓揵馱佛法中出家爲道。父母報言。汝今何用捨我出家。今諸道人於佛法中白衣無异。爾時父母以偈答言。

今諸比丘衆　放逸受五欲　耕種行販賣　白衣無有异
貧窮多苦惱　不能自活者　如是諸人等　求活故出家
汝今生王家　富樂受五欲　多諸珍寶物　何用出家爲

陀摩尸利王子以偈答父母言。

我不求榮位　若得當捨離　我今唯欲求　佛法深净戒
有天開悟我　勸進我出家　佛所説深法　我冀當得知
我聞天所説　心中大歡喜　佛法今欲滅　我當助護持

父母以偈答陀摩尸利言。

深經已滅盡　無有持誦者　汝今當何從　得聞佛深法

若於四衆中　有誦深義者　汝先從彼受　然後可出家

陀摩尸利以偈答父母言。

我今勤精進　净戒行頭陀　遠處山林中　求佛深净法

富樓那。陀摩尸利説此偈已。頭面作禮。辭行出家。父母默然不能制止。即詣比丘。剃除鬚髮。著袈裟受戒。以恭敬心問諸比丘。彌樓揵馱佛云何説法教諸弟子。我得聞已當如説修行。富樓那。諸比丘語陀摩尸利比丘言。我等不聞佛所説法。但隨和尚諸師所行。汝今亦應行如是法。爾時陀摩尸利比丘答諸比丘言。汝等必從貧賤出家。是故今者但貴衣食。所行如是白衣無异。汝等今應與我共求佛深净法。時諸比丘以偈答陀摩尸利比丘言。

我等所爲者　是事皆已得　衣食極豐足　免離王使役
安隱甚快樂　無敢輕慢者　白衣時苦惱　今皆無復有
是即名涅槃　第一快安樂　過是事以外　我皆不復用
我等多衣鉢　湯藥物甚多　白衣常給施　檀越家亦多

富樓那。爾時陀摩尸利比丘聞諸比丘説此偈已。心則悲惱。涕零啼泣。詣餘精舍。復以是事問諸比丘。彌樓揵馱佛云何説法教諸弟子。我得聞已當如説行。諸比丘衆亦如是答。爾時陀摩尸利比丘即便捨離此諸比丘。獨入山林幽遠之處。精誠一心欲求深法。

先時彌樓揵馱佛諸弟子中。有大弟子名爲堅牢。修空閑行。獨住深山。少欲知足。心樂遠離。所作已辦。六通三明大阿羅漢。亦如我今摩訶迦葉。是堅牢比丘所住深山石窟壁上。書此偈言。

生死不斷絶　貪欲嗜味故　養怨入丘冢　唐受諸辛苦

身臭如死尸　九孔流不净　如厠蟲樂糞　愚貪身無异

憶想妄分別　則是五欲本　智者不分別　五欲則斷滅

邪念生貪著　貪著生煩惱　正念無貪著　餘煩惱亦盡

富樓那。堅牢比丘石窟壁上書此四偈。陀摩尸利比丘經歷深山。見此石窟壁上四偈。見已讀誦思惟其義。未久之間得五神通。至彌樓揵馱佛本所燒處。到已作禮圍繞三匝。結加趺坐發誓願言。

我不見佛。不聞餘法。不起於此。富樓那。彌樓揵馱佛所説經名八百千門。釋提桓因誦持是經。釋提桓因知陀摩尸利比丘深心愛法。從忉利天上來下至其所。爲説八百千門經。又與四多聞本句。七種重句。十四門句。陀摩尸利比丘聞已誦持。於諸法中得智慧明。彌樓揵馱佛所説清净應空應離諸深妙經自然在心。又彌樓揵馱佛爲現其身。及比丘衆。并所住處。精舍床榻。大會四衆。天。龍。夜叉。揵闥婆。阿修羅。迦樓羅。緊那羅。摩睺羅伽。人非人等。一切衆會悉令得見。陀摩尸利比丘於諸法中得智慧眼。從坐處起漸漸游行。還至本國到父母所。爲説清净應空應離諸深妙經。稱揚贊佛法衆功德。富樓那。爾時陀摩尸利比丘父母宫人。大臣官屬。聞是法已。信心恭敬。語陀摩尸利比丘言。唯願大德濟度我等。得於彌樓揵馱佛法中出家。富樓那。爾時八萬四千人俱。隨逐國王及王夫人一時出家。出家之後。皆號陀摩尸利語諸比丘衆。富樓那。是陀摩尸利比丘。還令彌樓揵馱佛法續復熾盛。使多衆生得住其中。是其宿命大慈悲心願護法故。於是陀摩尸利比丘從一聚落至一聚落。從城至城。從國至國。游行稱讚彌樓揵馱佛及弟子功德。又以清净應空應離諸深經法。爲諸衆生廣演解説。爾時陀摩尸利比丘多爲衆人供養恭敬。尊重讚嘆。名聞流布。富樓那。陀摩尸利比丘如是廣益諸衆生已。後則命終。其諸弟子比丘。比丘尼。優婆塞。優婆夷。皆共和合。以一切香木爲積⑤供養燒身。共起塔廟縱廣十里。以衆花香末香塗香。瓔珞幡蓋。供養恭敬。尊重讚嘆。富樓那。陀摩尸利比丘臨命終時。願還生此閻浮提內。即得隨願生在王家。名爲得念。於彌樓揵馱佛後第三百歲法中出家。以其本願宿命智故。諸門句陀羅尼句自然還得。以得陀羅尼力故。先未聞經能爲衆生敷演廣説。不説前身曾所説者。富樓那。時諸陀摩尸利比丘衆中。深智明利厚善根者。聞得念所説諸經。心皆隨喜。信受恭敬。供養守護得念比丘。其中比丘無有威德鈍根者。頑鈍暗塞薄善根者。聞得念比丘所説新法。不信不受。違逆説過。作是言。如是等經。我等不從和上諸師所聞。本亦不從陀摩尸利大師所聞。富樓那。其中深智依止義者不隨語言。以依義故心不違逆。不違逆故則護彌樓揵馱佛法。恭敬守護得念比丘。富樓那。爾時比丘。比丘尼。優婆塞。優婆夷。有八十那由他人隨順得念比丘所説經法。富樓那。時陀摩尸利諸弟子衆別爲二部。一名陀摩尸利諸比丘衆。二名得念諸比丘衆。得念比丘不説我是陀摩尸利。所以者何。陀摩尸利比丘。人皆謂得阿羅漢道。非是菩薩。若自説者。人則疑惑。得念比丘。人皆知是菩薩。非阿羅漢。富樓那。得念比丘如是廣利諸衆生已。後復命終。諸弟子衆以一切香木爲積*供養燒身。四衆普集。爲欲供養大師菩薩。共起塔廟縱廣五里。以衆香花末香塗香。瓔珞幡蓋。供養恭敬。尊重贊嘆。

富樓那。得念比丘臨命終時。還復願生此閻浮提。隨願得生大長者家。名爲耶舍。以本願故得識宿命。於彌樓揵馱佛第四百歲。始年七歲出家爲道。得諸陀羅尼。陀羅尼力故。能爲人説所未聞經。於是得念諸比丘衆。陀摩尸利諸比丘衆。其中厚善根者。得聞耶舍所説諸法。心大歡喜。皆得法樂。富樓那。是諸比丘依止於義不隨語言。是故聞耶舍比丘聞所未聞應空深經。合第一義。信受不逆。能受持誦。如所説行。富樓那。中有比丘頑鈍暗塞薄善根者。從耶舍比丘聞所未聞。所未合第一義應空深經。不信不受。違逆毀壞。而作是言。如是法者。我等不從和尚諸師所聞。亦復不從得念菩薩大師所聞。富樓那。諸從耶舍比丘聞法歡喜心信受者。皆爲陀摩尸利比丘。得念比丘等憎嫉輕慢。不聽住止。不共讀誦講説經法。反更謗言。此非佛法。非大師教。富樓那。爾時耶舍比丘廣宣流布彌樓揵馱佛法。從一聚落至一聚落。爲衆生說。多所饒益。教化八十億那由他人發阿耨多羅三藐三菩提心。耶舍比丘所饒益如是。後復命終。其諸隨逐耶舍比丘有七萬人。爲耶舍比丘起七萬塔。以衆香花塗香末香。瓔珞幡蓋。供養恭敬。尊重贊嘆。富樓那。耶舍比丘臨命終時。還復願生此閻浮提。命終之後。即得隨願復生王家。生時諸天發大聲言。今王所生。多益衆生。即隨此聲。字爲導師。至年十四。於彌樓揵馱佛法第五百歲出家學道。是導師比丘廣誦經書。多聞深入。文詞清辯。善巧說法。富樓那。是導師比丘。從一聚落至一聚落。從城至城。從國至國。流布彌樓揵馱佛法。多所饒益。爾時陀摩尸利。得念。耶舍諸比丘衆皆來合集。造詣導師。欲共毀破。爾時導師比丘知諸比丘來。作是言。汝諸比丘問難何事。以何事問。云何而問。諸比丘等聞是語已。憂愁不樂。默不能答。不能障礙導師比丘。富樓那。隨此菩薩壽命在世。佛法熾盛。隨其終後。佛法則滅。是導師比丘末後惡世法欲滅時。從一聚落至一聚落。從城至城。從國至國。爲多衆生敷説清浄應空深經。化八百萬人。令發阿耨多羅三藐三菩提心。是人命終皆生天上。富樓那。是導師比丘所益如是。今夜命終。明日夜法滅。富樓那。彌樓揵馱佛法滅故。諸深清浄應空經法皆悉滅盡。富樓那。如是菩薩摩訶薩。以是深經守護佛法。能自具足善根福德。富樓那。是導師菩薩命終之後。即生彼土上方第十世界。時彼佛號善眼多陀阿伽陀。阿羅訶。三藐三佛陀。即復出家。宿世善根福德因緣。深慧明利。辯才無盡。捷利無礙。是導師比丘於善眼佛法中。八萬四千歲修諸善法。命終更生值第二佛。號日增肩。於是佛所出家修集善根。求阿耨多羅三藐三菩提。命終之後還生此土。復值後佛。號不空行多陀阿伽陀。阿羅呵。三藐三佛陀。於佛法中復行出家。七萬歲中勤修善根。求阿耨多羅三藐三菩提。時名首羅不空行。佛授其記言。我滅之後。是首羅比丘當得作佛。號無礙眼多陀阿伽陀。阿羅呵。三藐三佛陀。富樓那。菩薩成就是第三法。能得具足一切功德。爾時世尊欲明了此義。而說偈言。

菩薩聞甚深　清净決定法　身自能安住　亦復教餘人
世間不得底　菩薩而不没　住於净戒中　廣利諸衆生
本事及譬喻　示衆以佛道　諸佛之所説　此是決定法
菩薩能行利　亦能利衆生　守護諸佛法　教衆以菩提
衆生如法事　菩薩皆爲作　教衆以佛道　是則近菩提
護持諸佛道　亦廣利衆生　諸天龍鬼神　天⑥人所敬養
是故聞清净　諸空深妙法　一心應思求　是則智增長

復次富樓那。菩薩摩訶薩具足諸行。諸行具故。則能具足善根福德。何等爲行。富樓那。菩薩親近善知識。行布施持戒忍辱精進禪定智慧方便。何等爲菩薩善知識。菩薩所從聞如是經。及教化方便。諸佛。阿羅漢。及有深心求佛道菩薩。皆名菩薩善知識。菩薩成就此第四法。則能具足一切功德。爾時世尊以偈頌曰。

我說諸菩薩　所當應行法　施已心歡喜　無有諸悔恨
云何爲歡喜　謂樂悉遍身　常以此喜心　而行菩薩道
菩薩所布施　迴向於菩提　饒益諸衆生　自利無有量
若見有乞者　心生於佛想　念是人今來　施遺我佛道
我因於是人　得浄佛國土　是人示我佛　教化我佛道
我今值此人　快得大吉利　歡樂遍滿身　更不樂餘事
若有人來詣　遥見而問訊　仁者須何物　我當盡相與
若言無所須　菩薩亦歡喜　爲欲教化我　故言無所須

此賢以所樂　少欲知足法　今來開悟我　使得菩提緣
我今因此人　復得教以法　汝言無所須　是語爲善哉
若言須此物　以是可與我　菩薩若有者　歡喜言汝取
若行布施已　於後無所悔　以念佛道故　心常得歡喜
布施已迴向　衆生皆有分　普令無所乏　盡使得知足
若行菩薩道　衆生聞我名　自然知止足　不生慳貪心
今我國衆生　順道皆知足　捨諸五欲著　皆樂行出家
如是無量行　以施而迴向　願常行布施　衆生亦效我
菩薩行布施　以慈覆衆生　一切諸世間　無有如是樂
如大富長者　多財饒珍寶　唯正⑦有一子　積年久遠行

長者聞子還　歡樂遍滿身　久別而今歸　便若如更生
菩薩見乞人　其心大歡喜　長者歡喜分　十六不及一
若得施行已　心則大歡喜　慈心所生樂　此樂無有比
如王治罪人　敕使支節解　殺者將殺處　舉刀垂當下
王恕賜榮位　是人大歡喜　猶不及菩薩　施貧得歡樂
菩薩行道時　不求於福田　有乞則便與　故得大歡樂
菩薩若值佛　羅漢辟支佛　敬心知難遇　故往供養施
菩薩有威德　明利心調順　樂功德求道　供養佛及衆
不以深恭敬　奉事諸天神　唯除於諸佛　及諸佛弟子
若有辟支佛　自然得涅槃　亦行而供養　有是諸功德

菩薩亦能知　福田善不善　世間諸智者　不敬惡外道
安住持戒品　慈心覆衆生　精進無有比　忍智多聞廣
行是諸功德　於世爲高尊　能證佛菩提　轉無上法輪
菩薩能修行　如是上四法　一切諸善根　悉皆現在前
無量億數劫　所修諸功德　悉皆攝入此　所行菩薩道
是故諸菩薩　應常修慈心　出家處山林　樂在空閑處
常求諸清净　甚深决定法　具足菩薩行　以此自增長

富樓那會第十七之二·神⑧力品第五

爾時世尊以神通力。從身一一毛孔俱放百千萬億光明。又從一一毛孔出如須彌山等大猛火炎。又從一一毛孔出恒河沙等諸佛説法。時會大衆普見如是大神通力。爾時世尊現神力已。還復如故。語富樓那言。汝見如來從諸毛孔出是神力不。已見。世尊。富樓那。如來常有如是神力。無有休廢。今諸弟子但知如來在此説法。而我實於十方恒河沙等世界常作佛事。無有休息。亦於十方世界如是説法。富樓那。若人實語。何者是無等等。無比人。兩足福田極深難測。無邊行者舉足一步。一切衆生不能得知。不能思量。何心何行舉足下足。當説我是。富樓那。一切衆生不能思量。如來爲以何思何心何行舉足下足。爾時世尊欲明了此義。而説偈言。

世尊以何思　何行舉下足　動不動衆生　常不知此事

神通力無量　行處亦無量　功德無量故　第一極高尊

大神慧無量⑨　無能盡知者　假令一切人　智慧神通力
皆如舍利弗　及與目揵連　亦不能知我　舉足下足事
正使一切人　皆作辟支佛　不知我一步　況餘深佛法
假無量日月　合爲一日輪　不能及如來　一毛孔光明
假使七萬億　那由他世界　日輪縱廣等　遍照無量土
如是諸大日　如十方恒沙　合以爲一日　一光如須彌
如是諸大日　常照十方界　比於佛光明　不現如焦樹
是諸大日光　不能徹樹葉　諸山河石壁　皆悉能障礙
如來光所照　一切須彌山　鐵圍金剛山　徹過無有障
光明神通力　威德無有量　誰見不發心　唯除於不信

衆生見如是　光明大神力　多發無上心　我等亦當得

時佛則微笑　阿難即問訊　世尊何故笑　無礙智願答

時佛答阿難　衆生今見我　所現大神力　發心願作佛

衆中三萬人　願護持是法　我等於佛後　贊誦如是經

是人我滅後　得聞是經法　中時及後時　聞已如說行

發道心者難　深樂佛法難　後世能持誦　是等經復難

千萬億數劫　諸佛出甚難　於後末世中　說是經復難

爾時佛告阿難。我以如是等經倍囑累汝。所以者何。閻浮提內隨有如是菩薩藏經。則有佛法。阿難。如是等深經滅故。如說行法亦滅。如說行法滅故。佛法則滅。阿難。汝今當以第一供養具供養於我。云何爲弟子以第一供養具供養於我。汝心勿謂名花好香末香塗香。幡蓋瓔珞。衣服伎樂。讚嘆如來爲上供養。阿難。如是不名第一供養。若人得聞如是等深經。受持讀誦如所説行。是名以第一供養具供養恭敬尊重讚嘆於佛。何以故。諸佛皆共供養恭敬尊重於法。不貴世間諸供養具。是故阿難。今以此經鄭重殷勤囑累於汝。何以故。阿難。我學如是等經。今得阿耨多羅三藐三菩提。轉無上法輪。過去諸佛本行菩薩道時。亦學如是等經。得阿耨多羅三藐三菩提。轉無上法輪。未來諸佛亦學如是等經。當得阿耨多羅三藐三菩提。轉無上法輪。現在十方世界諸佛本行菩薩道時。亦學如是等經。得阿耨多羅三藐三菩提。今轉法輪。是故阿難。

是菩薩藏經。名爲轉法輪經。當奉持之。我於波羅奈國梨師山鹿園中。與聲聞弟子轉於法輪。阿難。我今於此竹園中。轉此菩薩藏經不退轉輪。斷一切衆生疑。阿難。過去諸佛亦皆於此虛空地分說是菩薩藏經。未來諸佛亦皆於此虛空地分說此菩薩藏經。我今得阿耨多羅三藐三菩提。亦於此虛空地分說此菩薩藏經。是故當知。此地是佛大塔。天人世間所供養處。阿難。此地獨有不共功德。所謂過去諸佛於此說諸深經。阿難。所有貪欲瞋恚愚痴衆生。入此竹園不發貪欲瞋恚愚痴。阿難。如來雖住諸餘精舍。而皆無有如是功德。何以故。阿難。今此迦蘭陀竹林。畜生入者不發淫欲。衆鳥入者非時不鳴。摩竭洴沙澆頂大王昔初登位。與諸婇女入此園中共相娛樂。入以自覺。心無淫欲娛樂戲事。諸婇[10]女衆亦皆自覺。心無有欲。不樂戲樂。時王歡喜。每作是念。願世有佛出於我國。我當得見。見已心信。信已供養。當以是園奉上於佛。佛於中住。我當聞法。何以故。可供養者應住此園。非五欲人所應得住。阿難。洴沙王入此竹園生是善心。皆以過去諸佛住此園中說此菩薩藏經。是故此園所有功德不與餘共。一切世間天人阿修羅皆應禮敬。阿難。是園無有虺[11]蛇蜈蚣蚑虻毒螫。若住其中無復毒心。亦是竹園不共功德。我若百歲稱說此園所有功德。猶不能盡。何以故。阿難。今此竹園精舍成就無量功德。餘處不爾。阿難白佛言。我本不知竹園乃有如是功德。世尊。我本不欲爲佛侍者。我今懺謝如是過罪。佛告阿難。汝初於法得法眼净。爾時已爲除滅是罪也。

大寶積經卷第七十八

校注

①『塠』，底本作『搥』，依龍藏改。本卷下文例同，用*標識，不再出注。

②『與』，底本作『异』，依龍藏、思溪藏改。

③『衆』，底本作『終』，依龍藏、思溪藏、和裕本、上海佛學書局本、中州本改。

④『十』，龍藏作『千』。

⑤『積』，龍藏、思溪藏作『積』。本卷下文例同，用*標識，不再出注。

⑥『天』，底本作『大』，依龍藏、思溪藏改。

⑦『正』，龍藏作『止』。

⑧『神』下，龍藏、思溪藏有『通』字。

⑨『神』，龍藏、思溪藏作『智』。

⑩『娐』，底本作『淫』，依龍藏、和裕本改。

⑪『虺』，龍藏、思溪藏作『蚖』。

大寶積經卷第七十九

後秦三藏羅什譯

富樓那會第十七之三・大悲品第六

爾時大目犍連作是念。希有世尊。世尊成就如是大悲。善能解說諸菩薩事。所以者何。菩薩具足修集佛法。爲無生滅示悟衆生。爾時佛知目連所念。而告之曰。如是如是。目連。諸佛成就大悲之心。若我弟子聞說此悲具足義者。心則迷悶。無所復樂。目連。且置如來大悲。若我具說爲菩薩時所有大悲。汝亦迷悶。無所復樂。爾時目連白佛言。善哉世尊。願說本行菩薩道時大悲少分。佛告目連。汝今諦聽。善念持之。當爲汝說本行菩薩道時大悲少分。當以譬喻解說其義。本行菩薩道時。所行大悲說不可盡。而是大悲依於四事。何等爲四。是菩薩大悲。菩薩隨所住悲能修佛法。名爲大悲。目連。我本於衆生有如是大悲。有如是大願。所有衆生於阿鼻大地獄受諸苦惱。黑繩大地獄。僧伽陀地獄。活地獄。叫喚地獄。大叫喚地獄。炙地獄。大炙地獄。我常代此衆生受諸大地獄中苦。乃至罪畢。受諸苦時心無憂悔。目連。若可有是因緣得度衆生。我能盡代。令諸衆生出大地獄。我代受苦一入地獄。盡諸衆生所作罪業。我於爾時心無憂悔。目連。我發如是大願。精進咨問有智。所謂佛及弟子。可有如是道理因緣代受苦惱。令諸衆生出地獄不。目連。智者聞已。但爲我贊說多聞。深發道心。布施持戒忍辱精進。贊說親近善知識。目連。我聞是已大發精進。爲求法故深生欲心。求得成就諸佛大法。勤行精進具諸波羅蜜。深行忍辱。目連。我本云何深行忍辱。本爲菩薩時發如是心。十方所有衆生若有色若無色。若有想若無想。若非有想若非無想。假使是諸衆生。盡得人身來詣我所。作是言。仁者發阿耨多羅三藐三菩提心。我等多所乏短五欲樂具資生之物。汝若不能悉與我者。不得阿耨多羅三藐三菩提。若是衆生時皆惡口。苦切罵詈。妄説過惡。不稱意故。以刀杖瓦石加害我身。我於爾時不應生恚。不應悔退。我應如是調伏其心。是諸衆生愚痴。不知起愚痴業。若我於此愚痴衆生起瞋恨者。與此何异。此不入道。我入善道。我今於此衆生忍受諸苦。不起瞋業。心當如地。等受好醜。目連。我本深行如是忍辱。復次目連。我常長夜於一切衆生如視一子。如大長者饒財巨富。多諸珍寶奴婢人使。行百種戒。求得一子。深心愛念。情無厭足。目連。是長者於子常求好事。常與好事。常與利益。不與衰惱。如是目連。我常長夜於諸衆生視如一子。我常長夜爲諸衆生求諸好事。而以饒益。不與衰惱。目連。我於長夜失道衆生邪道衆生示以正道。令住正道。目連。以是因緣。當知如來長夜。於諸衆生深心愛念。視如一子。目連。於過去世有賈客衆。夜行失道入於邪徑。夜黑暗故不知所趣。皆作是言。我等失道。無救無歸。無所依止。誰諸衆生。若天若龍。若夜叉神。若人非人。示導我等令得正道。誰能憐愍饒益我等。於此夜暗邪隘道中與我光明。目連。爾時空林澤中。有外道仙人草庵中住。於夜暗中聞諸賈客悲喚音聲。而作是言。今諸賈客夜暗於此空林中失道。若我不救則爲非理。是諸賈客或爲虎狼師子。大象野牛。諸惡獸等惱害奪命。目連。仙人即時以大音聲告諸賈客。汝等勿畏。我今相救。當作光明示汝正道。爾時仙人安慰告諸賈客已。即以疊①衣纏裹兩臂。以油遍灌。以火然之。與諸賈客光明示道。目連。時諸賈客皆作是念。今此仙人甚爲希有。爲我等故不惜身命。目連。時是仙人以臂光明照示賈客道已。於諸衆生悲心轉增。作是念。我得阿耨多羅三藐三菩提時。邪道衆生爲作法明。示以正道。目連。我於爾時雖然兩臂。身心不异。何以故。目連。深心菩薩於求他利不貪身命。以净心布施因緣。臂還平復無有瘡瘢。諸賈客等即得正道。至天明旦。見仙人兩臂無有瘡瘢。生希有心。今是仙人有大神力。能於竟夜然其兩臂。爲照我等使得正道。然其手臂都不燒然。必成大行。必有大德。目連。時諸賈客語仙人言。善哉仙人。能爲第一難行苦行。今以是行。欲願何事。仙人答言。諸賈客。我以此事。願得阿耨多羅三藐三菩提已。當度汝等於生死苦。邪道衆生爲説正道。時諸賈客心大歡喜。皆作是言。我等當以何事報此仙人。仙人言。汝等當共專行善法。愼勿放逸。諸賈客言。敬從所誨。諸賈客等恭敬歡喜。於是別去。目連。汝謂爾時外道仙人爲諸賈客然臂照道。豈异人乎。勿作是念。即我身是。諸賈客者。

今千二百五十比丘是。目連。如來長夜怖畏衆生施以無畏。邪道衆生示以正道。無眼衆生令得浄眼。病重衆生能治令瘥。以是因緣。當知如來長夜於諸衆生深有大悲。

復次目連。過去久遠。於此閻浮提中大病劫至。衆生普爲大病所惱。爾時閻浮提王名摩醯斯那。有八萬四千大城。王於此中威勢自在。時王最大夫人懷妊。若以身手觸諸衆生。病皆除瘥。月滿産男。生已即言。我能治諸病人。又亦生時。閻浮提内諸天鬼神皆共唱言。今王所生便是人藥。以是音聲普流聞故。字爲人藥。時人皆將病人示此王子。諸病人至。王子手觸。若以身觸。即皆得瘥。安隱快樂。如是展轉閻浮提内。皆將病人以示王子。王子手觸。病皆除瘥。安隱快樂。目連。人藥王子於千歲中如是治病。後則命終。命終之後諸病人來。聞其已死。憂愁涕泣。誰復度我病痛苦惱。諸病人言。人藥王子②於何燒身。問知所在。趣其燒處。出骨擣末以塗其身。即皆得瘥。作是唱言。人藥王子於今猶能治諸病人。目連。如是因緣治諸病人。骨漸消盡。骨盡之後至然身處。取地灰炭各塗其身。病皆得瘥。目連。如是人藥王子於大病劫。以是方便治諸病人。目連。汝謂爾時人藥王子。豈异人乎。勿作是念。即我身是。我於多病苦惱衆生無救無依。療治其病。我今得阿耨多羅三藐三菩提。亦以大智慧藥治諸衆生。畢竟盡苦。目連。我爲衆生受身。隨可饒益即便饒益。目連。以是因緣。當知故爲衆生受身而作饒益。

復次目連。過去久遠我曾獨行。時有惡獸來奪我命。欲噉我肉。我臨死時。心發是願。我今死後。當生於此空林澤中作大畜身。若諸惡獸奪我命者。悉皆令得充足飽滿。所以者何。是諸惡獸常害小蟲以噉其肉。多起殺罪而不飽足。我時發願。當生於此作大畜身。令諸噉肉飲血衆生皆得飽足。即時死已。於中化生作大畜身。令諸惡獸飲血噉肉皆得充足。如是展轉百千萬億那由他世。故爲受身饒益衆生乃至一劫。目連。若我自說本行道時。飢渴衆生以身血肉施令飽滿。若以一劫若減一劫。說不可盡。目連。我本如是於諸苦惱衆生深生悲心。

復次目連。過去久遠我念本身。見諸苦惱衆生即作是念。我今不應捨而不救。即至其所而問之言。汝有何苦。何所須欲。答言。仁者。我等今者甚大飢渴。我聞是已即語之言。汝等今須何等飲食。答言。我等唯欲飲血啖肉。若能以身血肉與我。我則快樂無復病痛。我即許之。便自割肉出血與諸衆生。目連。我於爾時心無悔惜。不愁不沒。但作是念。我今割肉亦滅爾所生死苦分。我常長夜樂如是施。如是施已。深得歡樂。以是因緣。當知如來於諸衆生深有大悲。

目連。我念過去。時世有王。名爲大力。有大德力。厚種善根。時大力王而作是念。我今何不設大施會充滿衆生。作是念已。設大施會。恣所求欲。須食與食。須飲與飲。有須衣服卧具。金銀寶物。車乘錢財。有須車梁馬瑙。頗梨琉璃。珊瑚虎珀等寶。悉能與之。花香瓔珞。塗香末香。繒彩幢蓋。男女大小。奴婢人使。象馬牛羊。田地產業。皆悉與之。目連。是大力王如是大施。爾時帝釋而作是念。我今何不與此國王作障礙事。令其不果。時即自化作婆羅門。往詣王所而問王言。今大會中何所布施。答言。婆羅門。我所有物悉以布施。無所愛惜。婆羅門言。汝所志願。我今所乞能見與不。大力王言。我既發言。所有盡與。婆羅門言。王如是者。我今須王身分。王便念言。是婆羅門不須財物。今來直欲破我大施。我若不以身分與者。我則自破大會施事。作是念已。語婆羅門言。與汝身分。截取持去。婆羅門言。大王今者作如是語。將無悔耶。大力王言。我心不悔。但以今者多有乞人四方來集。我皆應使悉得滿足。婆羅門言。我今一人尚不充足。何論餘人。目連。時大力王即以利刀。自割其臂與婆羅門。汝可取是一臂。目連。其大力王自割臂時。心無變异。無有悔恨。如是一心布施故。能捨一切故。臂還平復。時大力王以刀割身分與婆羅門。與已還生。目連。爾時帝釋以是因緣。天福則盡。心熱苦惱大喚。現身即墮阿鼻大地獄中。目連。汝謂爾時大力國王以身施者。豈异人乎。勿作是念。即我身是。爾時帝釋欲障礙我大施會者。豈异人乎。勿作是念。即調達是。目連。是時調達痴人生嫉恚心。欲障我施而不能壞。墮大地獄。我今得阿耨多羅三藐三菩提。設大法施。調達痴人猶生恚嫉。貪利養故。謀合人衆欲共殺我。我時經行在於耆闍崛山下。自上山上機關發石。自破善根於我生惡。自失利養豪尊勢力。身墮阿鼻大地獄中。目連。我於調達痴人無有身口意惡。而於長夜以我爲怨。世世障我修集善法。而亦不能障我行善。我常長夜慈悲覆潤。而不能使以我爲親。目連。調達世世不識我恩。我今舉手。如調達等亦復不識天人世間阿修羅恩。如是等人入邪定位。目連。調達於後臨入阿鼻大地獄時。於我乃生深實好心。此亦是如來威神之力。調達第一不知恩義。臨入阿鼻大地獄時。聞大聲言。痴人調達。瞋恚於佛。不可殺人。而欲横起殺害因緣。以是罪故。今墮阿鼻大地獄中。聞是大怖。心即摧伏。而作是言。我今唯以肉骨一心歸命於佛。心即得樂。於佛生信。作大音聲。即入阿鼻大地獄中。以是因緣。後出地獄得生人中。出家學道得辟支佛。號曰骨髓。目連。我今授調達記作辟支佛。則爲已度於生死苦。目連。我度調達如我本願。所以者何。我於先世要度調達。我當度汝。餘無度者。目連。調達但於我所種涅槃因緣。不於餘種。調達從是已後。亦復不於餘種善根。但於我所信心清净。言歸命佛。以是善根因緣。後得辟支佛道。

目連。我常長夜於諸衆生如父母想。愍其孤窮無有財物。往來生死險難惡道。愚痴無智。常盲無目。誰能示導。誰能救護。唯我一人應示應救。目連。我念是已。若有衆生惡口罵我。我不還報。苦切責我。我亦不報。若瞋若打。我終不報。所以者何。我應常與一切衆生畢定安樂。應除一切苦惱衰患。今我不應與諸苦惱。是諸衆生誰能忍者。唯我能忍。我今當學衆生忍法。善寂滅法。柔和順法。當如調伏大象。不如不調伏象。目連。譬如調伏大象入戰陣時心不退縮。能忍鼓聲螺聲角聲大叫喚聲。聞如是等可畏音聲。不驚不畏。能忍寒熱。蚊虻毒蟲。風雨飢渴。能忍種種鋒劍所傷。弓弩箭矟。刀矛戟劍。鐵輪鞭打。皆能忍受。不驚不畏。直衝戰陣。不退不縮。目連。調伏大象不作是念。我於賊陣不能衝入。但作是念。我當勝此賊陣。目連。我本行菩薩道時。發大心願亦復如是。於諸衆生調伏其心。若諸衆生惡口罵我。我不加報。於我有諍。我亦不報。若以刀杖瓦石加我及奪我命。我於爾時心不退轉於阿耨多羅三藐三菩提。亦不分別是則可受。是不可受。是應親近。是不應近。於是事中無憂無悔。無有恚恨。於菩薩道心無厭離。不作是念。我今不能入大賊陣。但作是念。我能破是大惡賊陣。當得阿耨多羅三藐三菩提。度脫三界無量衆生。目連。我本行菩薩道時所行忍辱。於諸衆生所有慈悲。若以言說不可得盡。

復次目連。過去久遠有外道仙人名爲忍力。受如是法。我於衆生不生瞋恨。爾時有魔名爲惡意。而作是念。我今何不往詣仙人。壞其忍法。令發起瞋恨。退捨忍心。即遣巧罵千人前後圍繞。惡口罵詈。妄說其過。穢言鄙詞苦切備至。行時亦罵。到聚落亦罵。入聚落亦罵。食時亦罵。食已亦罵。從座起亦罵。從聚落出亦罵。還至住處林樹亦罵。立亦罵。坐亦罵。卧亦罵。經行時亦罵。乃至息入息出亦罵。常隨逐罵。種種不净醜惡罵詈。無有休息。目連。爾時千人爲魔所使。於八萬四千歲惡口罵詈忍力仙人。爾時惡意魔於忍力仙人入聚落時。自以屎灌其頭上。著鉢中。塗衣鉢。塗③身。以糞掃灑其頭上。時忍力仙人八萬四千歲。健罵千人惡口罵詈輕賤。心終不瞋恨。乃至不生退没之心。亦不自言我有何罪。終不生怨恨。八萬四千歲亦不以惡眼視惡意魔。亦不自言我有何罪。目連。是健罵千人罵於忍力仙人。過八萬四千歲已。知不可壞。生净信心懺悔除罪。作是言。汝以是事欲求何法。我亦願得是法。目連。是健罵千人於仙人所得清净心。供養恭敬。尊重讚嘆。仙人既受供養而亦不生貪愛之心。目連。汝謂爾時忍力仙人。豈异人乎。勿作是念。則我身是。我時受是忍辱法。惡意魔所遣千人。惡口罵詈。不休不息。常輕於我。亦不能令我心异。目連。健罵千人於忍力仙人生清净心已。懺悔罵罪。隨學忍力仙人。發阿耨多羅三藐三菩提心。我時教化令住佛法。是千人具足是六波羅蜜。次第成佛。皆已入於無餘涅槃。目連。汝謂爾時惡意魔常遣千人罵詈我者。豈异人乎。勿作是念。即調達是。

復次目連。我念過世。自以其身施與衆生。爲世間人而作奴僕。爾時衆人種種使我。有人使我分除屎尿。有人使我作除糞人。有人使我除土。有人使我取草。有人使我取穀米乳酪蘇油蜜。有人使我取薪炭火水。如是等種種事務皆使我取。目連。我不憶爾時生如是心。有人使我分除屎尿不隨去者。有人使我取花香瓔珞。塗香末香。飲食果瓜而便隨去。目連。我不憶爾時所好作務隨去。不好作務而不隨去。目連。我不念爾時隨刹利不隨婆羅門。婆羅門不隨刹利。隨逐毗舍不隨首陀羅。隨逐首陀羅不隨毗舍。隨逐刹利婆羅門。不隨毗舍首陀羅。隨逐毗舍首陀羅。不隨刹利婆羅門。亦不念有如是差別。是人大是人小。隨逐是人不隨是人。目連。但隨先喚我者。歡喜隨去。目連。我念本行菩薩道時。不念有人以如法事使我令作。終無有力而不爲作。目連。我念本行菩薩道時。無有爲事而不究竟。無有作善而善不終訖。舉要言之。我念本行菩薩道時。未曾貪身。何況財物。我行菩薩道時。於財物中不生我物想。我但以先業果報有財。於是財物生如是念。此物當與衆生共用。於此物中我有分者。衆生亦有。目連。隨我行菩薩道得近佛法。不作是念。於我物中言我有分。衆生有分。但念所有物是衆生物。我無有分。目連。隨我得近佛法。則於其中樂不貪著。不攝不取。樂遠離諸法。不樂受諸法。樂一切空法。不樂一切法有。樂一切法寂。不樂諸法事相。樂本性無所有。不樂本性有所有。目連。我念本行菩薩道時。無量百千萬世。於夜暗中自然其身。失道衆生照示道處。目連。我念本行菩薩道時。無量百千萬世。啖肉衆生割肉施與。目連。我念本行菩薩道時。無量百千萬世。飲血衆生刺血施與。

令得飽滿快樂。目連。舉要言之。於世間中。若諸財物資生所用。於諸衆生終不貪惜。皆爲不惱不害衆生。智者所許。賢聖所讚。我常如是。長夜於諸衆生深行悲心。

復次目連。我念過去作賈客主名爲吉利。入於大海取大珍寶。安隱而出。還達本國。是人入城到家門前。是時城中多有乞兒。圍繞在前。作如是言。善來安隱。吉利大檀越。我等欲有所乞。若見許者。我等當乞。目連。爾時吉利語諸乞人。汝等可乞我所有物。能以相與。無所貪惜。時諸乞人語吉利言。汝從大海所得寶物盡以與我。我等若爾皆得吉利。如是目連。吉利即時以諸珍寶盡與乞兒。凡有八十億摩尼珠。一一皆直百億兩金。目連。是吉利以是多物施已。心無有異。不生疑悔。爾時吉利以多寶物與乞人已。不入其家。
復還至海采取珍寶。入海之後倍得寶物。過八十歲還到本國。欲
入城時。見犯罪人殺者執縛。打惡聲鼓街巷唱令。將至殺處加以
刑戮。時應死者遥見吉利。作是言。賈客主施我無畏。救我死罪。與
我壽命。汝是大檀越賢善好人。吉利聞已。語應死者。咄人。我今施
汝無畏。救汝死罪。即至殺者所。人人皆與一摩尼珠。價直一億兩
金。汝今小住。待我今者至王邊還。爾時吉利疾至王所。白言。大王。
我欲以好珍寶買此人命。王答吉利。是人罪不可恕。不可得買。若
必欲買。汝所有物盡以與我。并自伏死。乃可得脱。目連。爾時吉利
聞已歡喜。我得大利。得滿所願。能救此人。得稱我意。即時吉利得

救此人免於死罪。即以居家所有財物。及於大海所得珍寶。無量千億金銀寶物皆送與王。白大王言。可放此人。我所有物盡現在此。王受物已。語殺者言。將吉利殺。答言。爾諾。受王命已。即縛吉利。將至殺處。右手舉刀。欲斫吉利。手直不下。驚怪恐怖。即將吉利白王此事。目連。王聞此語。即自執刀欲殺吉利。舉刀欲斫。其王即時兩臂落地。得大衰惱發聲而死。目連。汝謂爾時吉利賈客主。豈异人乎。勿作是念。即我身是。爾時王者。即調達痴人是。目連。爾時調達欲奪我命。不能得奪。至於今世。我得阿耨多羅三藐三菩提。欲奪我命而亦不能。何以故。如來一切世間天人阿修羅中無能害者。何況調達痴人。調達於今謀集惡人來欲殺我。亦自方便欲得殺我。而失利養名聞勢力。生身直入阿鼻地獄。目連。我本行菩薩道時。不見利益衆生如調達者。而調達不知恩義。我本修菩薩道時。於衆生中猶如父母。以是因緣。當知如來於諸衆生悲心深厚。復次目連。過去久遠雪山王邊有五百群象。於中有一大象王爲主。體貌可愛。大力有智。時是象群宿出在山嶮隘難之處。唯有一道。爾時獵師見此象群。即夜於嶮道中大作坑坎。作是念。此諸群象當墮此中。得屬於我。隨我所取。夜作坑已。驅逐群象向嶮道坑。群象欲出。見有大坑不能得過。目連。時象群主以身横在坑上爲橋。使五百群象於脊上過。群象過已。作勢踴跳。爾時山神説是偈言。

惡人作深坑　中有智象王　度彼亦自度　唐勞作深坑

目連。汝謂爾時象王利根大力者。豈异人乎。勿作是念。即我身是。時五百群象。今五百比丘爲調達所壞者是。爾時獵者。調達等五百比丘是。所謂蹇陀達多。迦樓羅提舍。三聞陀達多。拘迦梨提婆達多。目連。我常長夜見怖畏衆生。施以無怖畏。見苦惱衆生施與安樂。貧窮衆生施以財物。墮邪道衆生示以正道。病痛衆生除其病苦。飢餓衆生施以飲食。食肉飲血衆生以身肉血施與。目連。我隨所願皆作不虛。我許衆生不生懈怠。目連。我發阿耨多羅三藐三菩提。於其中間。所有誠言終不有异。所作精進。懈廢休息。我不得阿耨多羅三藐三菩提耶。目連。我隨語而行。隨行而語。

富樓那會第十七之三・答難品第七

爾時會中有一比丘。名曰象手。從座而起。偏袒右肩。右膝著地。合掌白佛言。世尊。我從如來聞此難事。身毛爲竪。涕泪流下。我今欲問一事。世尊自言。我爲菩薩時隨語而行。隨行而語。世尊從初願度一切衆生。若作是願。於今所度衆生未盡。當入涅槃。如來滅後。或有人來難諸比丘。汝等大師本願。當度一切衆生。衆生未盡而自滅度。若有是難當云何答。佛告象手比丘。若有如是難者。應還問彼。汝以何法爲衆生。彼人若言。陰入界是衆生。應還問彼。爲陰入界和合是衆生。爲離散是衆生。彼人若言。陰入界和合是衆生。應還語彼。汝自答已。所以者何。和合是衆生。陰入界非衆生。佛所說法爲離散故。不爲和合。世尊樂離散行。不樂和合。和合中無衆生。彼人若言。但陰入界是衆生。應還問言。若爾者。一切草木瓦石皆是衆生。所以者何。汝說陰入界是衆生。是中亦有陰入界。彼人答言。是中無心。無心數法。故非衆生者。應還問彼。若爾者。一切衆生應是一衆生。何以故。如來不說陰入界有异。彼人若言。如來經中說有衆生。是故有衆生。應還語彼。汝自答已。何以故。如來經說離有離無。彼人若言。若爾者。無有道果。應還問彼。汝以何爲果。彼人若言。我說決定第一義爲果。應還問彼。決定第一義中無音聲語言。無音聲語言中。不得言決定有無。汝說決定第一義爲果。是決定第一義中。無衆生無衆生名字。是故汝說有衆生。此語自破。

復次象手。如來經說於諸法中無有滅者。但滅苦惱。我如是通達諸法實相。隨所得法爲衆生說。爲無貪取。爲遠離。爲無戲論。爲無作起。象手。若人如是知我法義。是人即能不爲有無而起行業。若人不爲有無而起行業。是人云何見有衆生。見無衆生。象手。是名常住諸法實相。是中無有憶想分別。無垢無淨。無來無去。無道無道果。無長無短。無方無圓。無形無色。是故說諸法一門。謂是定門。象手。是名見法門。入是見法門。名爲能見佛。象手。於是云何。隨以何法見佛。是法已滅今滅當滅滅相耶。不也。世尊。於意云何。隨以何法見佛。是法已生今生當生生相耶。不也。世尊。象手。若爾者。如來不名爲滅。如是世尊。象手。彼人若言。所有身相。我爲是故言如來滅入涅槃已。不復轉還。但見身相不轉還故名如來滅。應還問彼。汝説身相成就爲如來耶。彼人若言。我説身相成就名爲如來。應還答彼。如佛經中不説身相名爲如來。若説身相是如來者。一切瓦石山河草木皆是如來。彼人若言。一切瓦石山河草木。無有三十二大人相名如來者。應答彼言。汝説有三十二相名如來者。轉輪聖王則是如來。何以故。轉輪聖王身有三十二相。彼人若言。相入相法。知相婆羅門説當作佛。是事爲實。應答彼言。若有三十二相即應是佛。而汝自説相師見有三十二相記當得作佛。汝今説佛相。彼人若言。我説佛十力。四無所畏。十八不共法。無漏根。力。覺。道。禪定。解脱。三昧等是爲佛相。應答彼言。汝説十力等是佛相者。今應説佛體性。彼人若言。佛與是相异耶。應答彼言。汝自言是佛相。佛相非佛。彼人若言。更有無形無色法是佛十力等爲相。應答彼言。無形無色法。云何以有形有色爲相。又汝若説無形無色法名爲佛者。餘無形無色法皆可是佛。若是等法亦是佛者。是十力。四無所畏。十八不共法。根。力。覺。道。禪定。解脱。三昧等。亦應與是爲相應。象手。我諸弟子應當如是降伏痴人。

復次象手。我本願得阿耨多羅三藐三菩提。度脱一切衆生。我坐道場。得阿耨多羅三藐三菩提已。不得衆生。不得衆生名字。我坐道場。但通達十二因緣法。是事有故是事有。是事無故是事無。何事有故有何事。何事無故無何事。所謂無明因緣故有諸行。諸行因緣故有識。識因緣故有名色。名色因緣故有六入。六入因緣故有觸。觸因緣故有受。受因緣故有愛。愛因緣故有取。取因緣故有有。有因緣故有生。生因緣故有老死。老死因緣故有憂悲苦惱。如是展轉。但是大苦聚集。無明滅故諸行滅。諸行滅故識滅。識滅故名色滅。名色滅故六入滅。六入滅故觸滅。觸滅故受滅。受滅故愛滅。愛滅故取滅。取滅故有滅。有滅故生滅。生滅故老死滅。老死滅故憂悲苦惱滅。是中但是大苦聚滅。我於是中生眼智明覺。通達如是無中無後無壞解脱。如來通達是解脱故。不得餘法。但得衆因緣生法。象手。如來是通達諸法。隨以如是爲衆生説。象手。若諸佛生。若諸佛不生。諸法性相常住不异。謂名色不失。不相違背。不生不起。象手。我常如是說法。汝等亦應隨我意知。我爲汝等說如是法。汝等但當勤修行之。象手。大師所應爲弟子事事。我盡作已。汝等如所說行。於諸法中當得智明。

爾時象手白佛言。世尊。若有人言。如來所說正法滅故。誰當示導。無說導故名正法滅。正法滅故名如來滅。如是亦名不度一切衆生。佛告象手。若人如是難問。應如是答。佛是一切智人。皆知皆見。常待衆生可度時節。雖入涅槃。猶能有益。又佛今與未來世佛授記作佛。是則佛種相續不絕。一切佛法是一佛法。是故說名如來法。如來法者即是佛法。是故當知。如來本行菩薩道時。隨語而行。隨行而語。象手白佛言。希有世尊。如來善能通達推求一切諸法。

善能通達一切法故。身口意業智慧爲首。皆隨智慧。世尊本行菩薩道時。隨語而行。隨行而語。佛告象手。如是如是。象手。如汝所說。我本行菩薩道時。隨語而行。隨行而語。象手。若人實說。誰不錯謬。出於世間。饒益衆生。安樂天人。一切大師説正道者。正智解脱。無有戲論。到於彼岸。度未度者。如來世尊當説我是。是爲實語者。象手。若人實語。誰是不誑者。知恩報恩者。當説我是。是我爲實語。若有衆生小事於我。是事不失。象手。我從初發阿耨多羅三藐三菩提心已來。於其中間心無退轉。亦不憶念貪樂聲聞辟支佛乘。我當得是法。但一發心。欲教弟子求辟支佛。象手。過去久遠。我時作外道仙人。智慧明利。多聞辯才。得深法忍。時有五百年少婆羅門。

見在居家五欲過患。見出家利。出家學道。皆來詣我。即爲説法。得辟支佛道。具六神通。心得自在。具如意足。常以神力飛入城邑聚落乞食。供養於我。我作是念。如是成就大净智人。我則不應受其供養。是諸仙人我教化故。得如是法。而我不得。爲得是法。未證當證。故勤行精進。象手。我勤精進爲證是法。時净居天來現其身而告我言。莫貪是智。汝應當得阿耨多羅三藐三菩提。應度無量無邊衆生。象手。我時聞已。不復修道。心得第一歡喜快樂。半月静坐樂悉遍身。象手。菩薩成就四法。諸天開悟得歡喜心。自知當得阿耨多羅三藐三菩提。何等四。一者。菩薩自深發阿耨多羅三藐三菩提心。亦教他人令深發心。二者。見發大乘人。心不生嫉。不作是念。阿耨多羅三藐三菩提唯我當得。餘不應得。三者。衆生所行隨時而誨。好意共語。將護其善。四者。常自勤心廣求諸法。爲他人說。無所慳吝。象手。菩薩摩訶薩成就此四法。諸天開悟。知當作佛。爾時世尊欲明了此事。而說偈言。

菩薩以堅心　住於無上乘　亦能化衆生　令住於此乘
本行菩薩時　常無嫉恚心　勤行發精進　喜心轉增益
見諸衆生惡　知時而化喻　常以慈悲心　而無有瞋恚
常勤行求法　流布與衆生　以法充一切　如雨普流潤
行是四法者　諸天所開悟　汝當得作佛　勿生疑惑心
菩薩聞是已　勇猛發精進　是事必應實　我定當作佛

如是諸菩薩　以精進及願　憶念智與慧　而自轉高大
若有諸如來　出現於世間　是菩薩則有　如是諸功德
天[4]人所恭敬　諸王及臣民　皆生歡喜心　知是有道者
經書章句義　文頌算數事　皆悉善通達　衆生中最上
聰達有智慧　造事不以力　但以其策謀　而能有所成
摧伏諸戰陣　不以身手力　但以智慧力　自然而降伏
諸王及臣民　皆嘆未曾有　憐愍衆生故　生在於世間
諸人僉皆知　謂與天共語　何故知如此　以知我心故
是菩薩常得　值遇見諸佛　往詣咨請問　能大益衆生
諸佛答問已　斷了[5]所疑惑　能利諸衆生　皆使得歡喜

佛示神通力　受記當作佛　是故此菩薩　心得大歡喜
所愛貴重物　內外無貪惜　是故大歡喜　自知當作佛
普慈覆一切　常無瞋恨心　是故大歡喜　自知當作佛
諸佛所稱讚　已得深妙忍　是故大歡喜　自知當作佛
不依止諸法　知法不可依　得如是智慧　身能飛虛空
其心不在內　亦復不在外　出過一切想　故得無上忍
長夜以慈悲　普念諸衆生　以是福德故　得見無量佛
一切身皆是　佛身無差別　能得如是忍　以法自增長
發心菩提者　誰不隨而學　堅住於正法　得如是功德
是故求道者　常應勤求法　以法求自利　增益於菩提

富樓那會第十七之三·富樓那品第八

爾時富樓那彌多羅尼子白佛言。希有世尊。世尊過去世行菩薩道時。善能堅住種種善法。佛言。如是如是。富樓那。我長夜行菩薩道時堅住善法。爾時世尊欲明了此事。而說偈言。

求法能得法　是爲佛道本　常勤修習法　遠離於非法
常行於正道　遠離諸邪道　常修習諸佛　所可親近道
是則離諸難　能得無難處　得無難處已　精進必不虛
在二最尊貴　諸形色中上　眷屬具成就　於諸一切勝
堅心常安住　戒品忍辱品　亦住精進品　增長於禪智
於諸衆生中　常能爲上首　功德中亦勝　了義無所畏

爾時富樓那白佛言。世尊。如是妙法誰當不學。但念我等本昔懈怠。不望佛智。不自信得如是佛慧。以聲聞乘而自出度。世尊。我從今日示教利喜諸菩薩衆令住佛法。何以故。諸佛世尊行難行者。世尊本行菩薩道時。爲衆生故。常行如是甚難大事。如是事者。一切阿羅漢辟支佛尚無。況餘衆生。世尊。如是甚難大事。唯諸菩薩摩訶薩等。憐愍饒益一切衆生故。行菩薩道時。有如是等無量無邊阿僧祇甚難大事。世尊。諸菩薩行如是甚難大事。得阿耨多羅三藐三菩提已。能轉法輪。度脫苦惱衆生。佛言。如是如是。富樓那。如汝所說。諸菩薩摩訶薩深發阿耨多羅三藐三菩提心。爲一切衆生求利安樂。於一切衆生有大慈悲。爲一切衆生故。行菩薩道時。有如是等無量無邊阿僧祇甚深極難大願大事。佛説經已。慧命富樓那。時會四衆。天。人。龍神。乾闥婆。阿修羅等。皆大歡喜。信受佛語。

大寶積經卷第七十九

校注

①『疊』，龍藏作『氎』。

②『王』，底本污殘，依龍藏、思溪藏補。

③『塗』，底本無，依龍藏、思溪藏補。

④『天』，底本作『大』，依龍藏、思溪藏改。

⑤『了』，思溪藏作『子』。

大寶積經卷第八十

隋三藏法師闍那崛多譯

護國菩薩會第十[1]八之一

如是我聞。一時婆伽婆在王舍城耆闍崛山中。與大比丘衆千二百五十人俱。菩薩摩訶薩五千人。一切皆得無礙辯才。大忍成就降伏魔怨。近於佛智一生補處。皆得陀羅尼無邊辯才。力無所畏。自在神通。乃至一切功德皆悉具足。其名曰普賢菩薩。普眼菩薩。普明菩薩。普光菩薩。圓光菩薩。上意菩薩。無邊意菩薩。廣意菩薩。無盡意菩薩。持地菩薩。持世菩薩。益意菩薩。咒手菩薩。文殊師利等六十不思議菩薩。賢護等十六菩薩。如是等菩薩摩訶薩五千人俱。復有娑婆世界主梵天王。及釋提桓因。護世四王。功德天子。正意天子。一切天王。一切龍王。一切緊那羅王。一切乾闥婆王。一切夜叉王。一切阿修羅王。一切迦樓羅王。如是等王。各各皆與百千眷屬俱。悉來集會。

爾時世尊坐功德藏師子寶座。於大衆中色象顯現如須彌山。普照世間如日天子。顯現世界如月天子。其德寂靜如梵天王。威德難瞻如天帝釋。七菩提分皆悉具足如轉輪王。宣說無相空無願法。心無所畏如師子王。身光照耀如大火聚。又放光明猶如諸天最勝無上摩尼寶珠。普照三千大千世界。以大梵音令諸衆生悉得歡喜。於一切法解其深義。於大衆中而爲說法。初中後善。其義微妙。具足無雜清凈梵行。爾時衆中有一菩薩摩訶薩。名曰喜王。在衆中坐。睹見如來坐師子座放大光明。如百千日普照一切。令天人光隱蔽不現。見是事已。踴躍歡喜。遍滿身心。不能自勝。即從座起。合掌向佛。以偈贊曰。

世尊覆蔽此大衆　天龍修羅乾闥婆　菩薩聲聞無威德
普照一切如金山　猶如須彌諸天俱　處於大海佛亦然
世尊住於慈悲海　放大光明百千種　住於梵行猶梵王
光明威德過諸天　安住禪定解脱中　照耀世間勝衆生
猶如帝釋在天衆　色象光明最爲勝　佛過世間亦復然
諸相莊嚴功德具　猶如輪王典四域　照曜世間説法時

令諸衆生入聖道　世尊顯現慈悲意　光明障蔽火摩尼
猶如秋日行虛空　佛比千日最爲勝　佛日普照於世間
如夜暗時秋滿月　佛光清浄亦復然　面部圓滿猶如月
覆翳一切天人光　猶如山頂夜火聚　清浄顯現無邊界
能滅一切無明暗　世尊智慧光普照　佛音遍滿山谷中
能伏外道猶師子　宣説無我空無願　令諸外道皆恐怖
威光猶如摩尼王　映奪一切摩尼光　如來軀體真金色
普照世間勝諸光　如來世間無與等　况復有勝世尊者
福智精進方便等　一切功德無能過　救護世間大丈夫
我今睹見功德海　令我歡喜生尊重　是故頂禮世尊足

我已贊嘆勝調御　功德圓滿世間燈　我今所有諸功德
令諸衆生證菩提
爾時喜王菩薩摩訶薩偈贊佛已。合十指掌。諦觀佛身。目不暫捨。
觀察法界甚深難解難行難入。不可思惟難知寂靜微細之法。不
可思量諸佛境界。内心觀察周遍法界。觀如來智世尊境界無有
等等。作是觀已。入如來智不思議境方便行中。諸佛世尊同一法
性而無有异。思惟觀察諸佛世尊無所染著猶如虚空。作是觀時。
入於實證真如體性。一切諸法性皆如是。生如是信。愛樂諸佛如
來無礙解脱之門。知常樂我净。知佛之身。作是思惟。如來之身遍
一切刹。現衆生前。諸佛功德於無量劫説不可盡。喜王菩薩作是

念已。默然而住觀於法界。

爾時有一慧命菩薩比丘。名曰護國。在舍婆提城受夏安居三月過已。執持衣鉢。共諸年少初學比丘游行諸國。至王舍城耆闍崛山。爾時慧命護國菩薩到世尊前。頂禮佛足。右繞三匝。却住一面。合掌向佛。以偈讚曰。

敬禮最勝放光者　敬禮意如虛空者　敬禮能決他疑網
敬禮超過三界尊　十方無數刹土中　聞讚如來功德事
彼國所有諸菩薩　歡喜皆來供養佛　菩薩如法供養已
一心聽佛所説法　聞法歡喜還本土　讚嘆如來諸功德
如來積行爲衆生　經於無量無邊劫　爲他求於菩提時

其心初無有疲倦　世尊行檀持戒堅　羼提精進游諸禪
智慧方便皆具足　是故稽首大聖尊　如來具足四如意
諸根諸力諸解脱　又知衆生心意識　是故頂禮大智海
知諸衆生心所念　身口所作善惡業　亦知解脱方便等
世尊知已爲説法　貪欲恚痴迷衆生　能令入於三惡道
如來知已教斷除　令彼衆生生善趣　過去一切諸世尊
天人魔梵所恭敬　未來功德具足者　世尊皆悉了了知
諸佛浄土所生處　菩薩聲聞及緣覺　天人眷屬與種姓
壽命長短皆悉知　滅度已後正法住　供養舍利起廟塔
受法藏人若干種　調御丈夫皆悉知　十力智慧無障礙

悉能了達三世事　入於一切法智中　故我稽首大智海
佛無等等況有過　諸相莊嚴如來身　譬如星宿在虛空
是故我禮勝丈夫　如來妙色無與等　映蔽大會天人光
釋梵威德在佛邊　一切隱没皆不現　身如金山無垢穢
紺髮柔軟而右旋　佛頂顯現如須彌　無量功德光明聚
眉間毫相放大光　無量無邊無有數　佛眼修廣如青蓮
以大慈悲視衆生　如秋滿月行虛空　如來面部亦復爾
衆生觀者無厭足　是故我禮面中王　猶如師子鵰孔雀
安行徐步如象王　游止震動於大地　敬禮十力大苦行
手指臑纖無不愛　綱縵珊瑚赤銅色　臂肘修長立過膝

敬禮如來金色身　足下輪相羅網具　行時足迹猶采畫
若有頂禮世尊者　佛光照耀得生天　法王具足七財寶
常以法施調伏心　教照②衆生以法行　我今頂禮於法王
慈悲爲鎧念爲刀　持戒爲弓智慧箭　以此能破煩惱怨
生死有愛增長種　自度度他億衆生　解脱一切諸繫縛
能示無畏安隱路　令其得至常樂道　行此乘者斷生死
無有恩愛别離苦　得至微妙無爲處　慈心説法爲衆生
贊嘆最勝世尊已　一切法中自在者　以此贊嘆勝善根
令諸衆生證菩提

爾時護國菩薩偈贊佛已。合十指掌。而白佛言。世尊。我心有疑。欲問如來。唯願聽許。爾時佛告護國菩薩比丘。恣汝所問。我當爲汝分別解說。斷汝所疑。令汝歡喜。爾時護國既蒙聽許。即白佛言。菩薩摩訶薩修行何等。於一切法增長功德。到究竟處而得自在。證捷疾智。得決定智。於法明了入一切智。教化衆生能決疑網。解一切智。以巧方便濟度衆生。如言而行常宣真實。得念佛三昧。善能咨問一切深義。聞已能持。速疾證得一切種智。爾時護國菩薩欲重宣此義。而説偈言。

菩薩行行常決定　真實決定從何生　智慧大海分別處
願勝丈夫爲我説　佛身微妙猶真金　人天中勝大福聚
慈愍我等大歸依　清净之行爲我説　云何而得無盡利

覺道總持甘露生　云何清淨智慧海　而斷衆生諸疑惑
無量億劫在生死　而無疲倦悔厭心　觀諸衆生逼切苦
常爲衆生作利益　清淨刹土佛眷屬　最勝國土及壽命
一切衆事微妙處　願説清淨菩提行　降伏衆魔破邪見
枯竭愛海得解脱　法行相續無絶斷　無上最勝爲我説
色力財寶及四辯　哀愍軟言令衆喜　慈悲雲雨潤一切
願爲我説佛境界　願出迦陵頻伽聲　大梵雷音破邪見
衆會渴仰爲法來　願施解脱甘露漿　我今欲成微妙道
若不樂法則不請　聞法時至恭敬待　唯願爲説大法寶
世尊我願成菩提　如來深知我志樂　非爲惱亂故問佛

善哉願説最勝行

爾時世尊告護國菩薩言。善哉護國。汝今乃能問如是義。利益多人。安樂天人。亦大饒益於未來世。攝諸菩薩。諦聽諦受。當爲汝説。護國白言。善哉世尊。願爲我説。佛言。護國。菩薩有四法。能成如上清浄之事。何等爲四。一者。真實心無諂曲。二者。於諸衆生行於平等。三者。心念行空。四者。如言而行。護國當知。如此四種能得菩薩清浄之法。爾時世尊欲重宣此義。而説偈曰。

若有菩薩心無諂　而常不退菩提道　亦無佷戾貢高意
彼則名爲無邊智　見諸衆生無救護　生老病死所逼切
發心欲度於有海　能爲一切作法船　調伏平等於衆生

觀諸衆生如一子　皆當救度令解脱　最勝丈夫發此心
行住坐卧念空門　壽者我想皆悉無　一切世間都如幻
衆生愚痴所迷惑　大智菩薩所言説　依之行行無違失
調伏寂静離諸過　能求菩提名佛子

佛説偈已。告護國菩薩言。善男子。菩薩摩訶薩復有四種無畏之法。何等爲四。一者。所謂得陀羅尼。二者。值善知識。三者。得深法忍。四者。戒行清净。是名菩薩四無畏法。爾時世尊欲重宣此義。而説偈言。

菩薩大名稱　由得總持故　受持最妙法　如來所宣説
恒常無忘失　增長於智慧　彼等智無礙　超過一切法

常遇善知識　增於助道法　常說於菩提　諸佛所行處
惡知識如火　畏燒故遠離　若聞空相法　勇猛堅其心
菩薩離我人　一切諸見等　持戒無缺漏　其心調寂靜
教化諸衆生　安住於佛戒

佛說偈已。復告護國。諸菩薩衆行圓滿到究竟處。有四功德令心歡喜。何等爲四。一者。菩薩見佛而生歡喜。二者。聞正法而生歡喜。三者。捨一切而生歡喜。四者。順法忍而生歡喜。是爲四法生於歡喜。爾時世尊重說偈言。

菩薩所生處　常見最勝人　威光遍一切　照曜於世間
見已心恭敬　如天奉帝釋　爲度衆生故　求於菩提時

從佛聞正法　不怖而歡喜　一心信敬已　隨順於佛教
聞於隨順法　得忍心無疑　諸法無衆生　我想亦復爾
常觀如是已　捨相生歡喜　既不取我相　見乞心踴躍
城邑與大地　妻子及壽命　一切布施時　其心初無悔

佛説偈已。復告護國。菩薩作如是言。有四種法應當弃捨。何等爲四。一者。菩薩弃捨居家。二者。既出家已。不貪利養。三者。離諸檀越。四者。不惜身命。是爲四法應當弃捨。爾時世尊重説偈言。

菩薩見家過　捨之而出家　游止於山林　無人寂静處
遠離男與女　眷屬及大衆　單己無等侶　譬如犀一角
專意求净道　得失心無憂　少欲及知足　離諂除憍慢

精進爲衆生　布施調伏心　苦行修禪定　一心求佛智
不惜身與命　遠離愛眷屬　堅心求菩提　其志猶金剛
若人來割截　無有恚恨想　勇猛心增長　求於一切智

佛説偈已。復告護國。菩薩有四種無悔之法。何等爲四。一者。不破禁戒無悔之法。二者。住阿蘭若處無悔之法。三者。行四聖種無悔之法。四者。多聞無悔之法。是爲四種無悔之法。爾時世尊重説偈言。

持戒净無垢　猶如摩尼珠　不生貢高心　言我能持戒
復以此戒善　轉教於多人　常懷如是望　成就於佛戒
彼等住空閑　清净蘭若處　亦不生我想　及以壽者想

觀察男女色　猶如於草木　不生男女想　及以吾我想
彼住四聖種　無懈怠諂曲　至心恒修行　遠離於放逸
求多聞功德　精勤常修習　願成一切智　最上功德處
衆生處牢獄　無有救護者　輪轉於生死　求財以自給
我當求法船　濟度彼生死　煩惱海衆生　令其至彼岸
衆生無歸依　亦無救護者　衆生在有爲　無能令其出
我當作導師　救之令解脱　是故我發心　求於菩提道

佛説偈已。復告護國。菩薩有四種調伏之行。應當行之。何等爲四。一者。願生善處常值諸佛。二者。供養師長而不求報。三者。常樂空閑。弃捨利養。四者。得無礙辯頭陀忍法。是爲四種調伏之法。爾時世尊重説偈言。

菩薩勇猛樂山林　常不從人求利養　恒得深智無礙辯
善能通達諸法相　常當供養諸師長　隨順師教無違背
隨所生處值諸佛　供養恭敬求菩提　常生勝處名高遠
若生天上天中尊　又得成就菩提道　教諸衆生行十善
念佛功德常歡喜　我亦不久成佛道　既成正覺功德滿
度脱衆生生死苦

佛説偈已。復告護國。菩薩有四種法净菩提③行。何等爲四。一者。行菩提時心無瞋恨。二者。弃捨眷屬宫殿財寶。樂處山林。亦不稱説己之功德。三者。雖行布施不求果報。四者。精勤樂法。不見師過。是爲四法浄菩提行。爾時世尊重説偈言。

其心清浄無怨恨　亦不求人之過罪　自不諂曲無染著

行於大道求菩提　深觀居家是苦本　親近惡友無正念

是故弃捨行出家　處於山林求解脱　游行空閑寂静樂

永斷眷屬恩愛念　不惜於身及壽命　獨步無畏猶師子

乞食支身常知足　猶如飛禽無儲積　不樂生天及人中

唯求無上菩提道　獨行無侣唯一己　恒不恐怖如師子

畏諸煩惱如野獸　若得利養心不喜　觀諸衆生恒放逸

慈悲誓願爲破之　我爲救護諸衆生　常當熾然勤精進

凡所出言恒哀愍　於憎愛人常含笑　不著一切亦如風

唯當求於丈夫行　常樂行於空無相　觀有爲法如幻化
調伏諸根意廣大　行住常樂甘露法　常依佛教行大道
恒當清净於内心　求陀羅尼及辯才　荷負諸苦求菩提
菩薩常觀如是行　見④前利益生歡喜　若不愛樂於菩提
是人無惡而不造

佛説偈已。復告護國。菩薩有四種墮落之法。何等爲四。一者。不恭敬他。二者。背恩諂曲。三者。多求利養名聞。四者。詐善揚德。是爲四種墮落之法。爾時世尊重説偈言。

彼於父母及師長　常懷憍慢不恭敬　違背恩養心諂曲
諸根散亂多愚痴　常念利養不休息　諂曲詐現精進相

自謂持戒及苦行　一切無有如己者　惡口粗言喜鬥諍
常求人過不休息　彼恒違離沙門行　營理田作及販賣
未來世中諸比丘　弃捨功德及戒行　以懷嫉妒鬥諍故
覆滅損壞我正法　彼去菩提甚懸遠　亦復遠離七聖財
違背解脫八正路　流轉五道生死中

爾時世尊說此偈已。復告護國菩薩有四種障道之法。何等爲四。一者。懈怠。二者。不信。三者。我慢。四者。瞋恚。是爲四種障道之法。爾時世尊重說偈言。

懈怠不信暗鈍心　常爲我慢及瞋恚　見有忍辱諸比丘
驅逐儐出於塔寺　若得利養心歡喜　各言我是常住者

恒作方便求人短　何人有過我治罰　如是等人去法遠
憎嫉功德墜三塗　厭惡諸佛微妙法　是人當入猛火中
彼人造惡不休息　必當具受苦中苦　是故汝等求菩提
無令後悔墮惡道　無量億劫佛乃出　爲諸衆生作利益
汝等既得善趣身　應捨放逸求解脱

爾時世尊説此偈已。復告護國。菩薩須捨四種福伽羅。不得親近。何等爲四。一者。不得親近惡知識。二者。不得親近執見之人。三者。不得親近謗法之人。四者。不得親近貪利養人。是謂四種之人不得親近。爾時世尊重説偈言。

能捨惡知識　親近善知識　菩提道增長　猶月漸圓滿

遠離執見人　及捨我壽等　爲求佛道故　弃之如毒器
誹謗於佛法　寂靜甘露味　若欲求菩提　應避如糞穢
遠離貪利養　亦捨惡行人　是等不應近　猶如避火坑
若欲降衆魔　轉無上法輪　欲求第一利　速遠惡知識
捨愛及憎惡　利譽亦嫉妒　若求無上道　常修於佛智

爾時世尊説此偈已。復告護國。菩薩有四種法受未來苦。何等爲四。一者。輕慢有智之人。二者。常懷嫉妒之心。三者。於一切法無有信心。四者。於净智法。常疑無忍而求利養。是謂四法受未來苦。爾時世尊重説偈言。

侍佛之人有智者　一切天人應供養　而反貢高懷憍慢

是故彼受無邊苦　於净法中心無忍　所求利養皆非法
常懷憍慢而貢高　見有智者不恭敬　於佛法中無信解
於賢聖衆亦復然　此人常游三惡道　若在人中多愚痴
彼捨人間壽命已　在大地獄受劇苦　若此劫盡生餘方
畜生餓鬼亦復然　若欲求作世間燈　能盡諸苦勝丈夫
常當遠離三塗業　修諸功德成菩提

爾時世尊説此偈已。復告護國。菩薩有四繫縛。何等爲四。一者。輕慢於他。是菩薩繫縛。二者。於世俗定。其心樂著。不求究竟。是菩薩繫縛。三者。不守自心。智慧未成。而行放逸。是菩薩繫縛。四者。爲求利養而入他家。是菩薩繫縛。護國。當知是謂菩薩四種繫縛。爾時世尊重說偈言。

恒常輕慢他　樂住世間善　貪著諸見纏⑤　如象没深泥
樂入白衣家　常懷於放逸　暗鈍無智慧　此行名繫縛
欲斷諸有苦　遠離老病死　當捨於憍慢　常行菩薩道
受於無邊苦　弃捨諸樂事　亦離於憎愛　成佛無染著
汝等常應行六度　諸地諸智諸力等　一切功德若成就
常得解脱死羅網　我於往昔無量劫　爲諸衆生求菩提
常行布施以調伏　捨離恩愛住正道　恒不捨離阿蘭若
苦行羸瘦求菩提　熾然精進無懈怠　求於最勝丈夫智
見諸衆生在有獄　輪轉生死五道中　慈念一切起大悲

是故求於菩提道　捨於愛子及妻妾　亦捨資財七寶等
壽命國土及大地　爲求菩提佛智故　我昔處於勝山林
時作仙人名忍辱　爲王歌利截鼻耳　血變爲乳無恚恨
往昔亦曾作睒子　慈孝供養於二親　時被迦夷箭所中
爾時亦無瞋恚想　不惜身命投高岩　爲求諸佛善言故
爾時亦無身命想　爲成菩提大事故　往昔慈愍於飢獸
身肉充濟於八虎　爾時空中諸天衆　贊言善哉大丈夫
往昔樂行大布施　曾作净行婆羅門　憐愍衆生貧苦故
入海求於如意珠　還爲海神所盜竊　我時勇猛抒大海
尋時得珠還閻浮　用濟貧苦諸群生　亦曾作王名蘇摩

乃至失命不妄語　諸王因我皆解脱　名聞廣流於十方
我昔曾見貧窮人　時我爲王以身施　令彼巨富多財寶
是故號我一切施　我昔曾爲尸毗王　有鴿恐怖來投我
我以身肉代彼命　令彼得離於恐怖　我昔作王名師子
身遇重病醫授藥　時有病人乞此藥　我不愛命先施與
我昔修行爲衆生　曾作王子蘇達拏　時有人來乞妻子
我不愛惜盡施與　曾作菩薩名嚴熾　爲化才德國王故
經於八萬四千年　勤行精進始受化　亦作王子名净威
於佛塔前自然身　恭敬供養於十方⑥　無上最勝兩足尊
曾作國王名月光　時有梵志名可畏　從我求索於身首

我無愛惜以頭施　又作國王名福德　於諸聚落街巷中
積滿醫藥及飲食　擬施一切諸衆生　曾作大王名日净
端正伎女有千人　七寶瓔珞莊嚴體　心不愛惜用布施
又作國王名寶髻　七寶天冠莊嚴首　最妙花香而嚴飾
亦用布施一切人　又作國王名知足　手脚柔軟如兜羅
色妙清净如蓮花　亦以布施衆生等　又作商主名師子
有羅刹女欲害人　能以方便驅遣彼　安置商人於洲渚
又作商主名善眼　將衆五百采七寶　有諸羅刹像美女
亦令商人脱彼難　曾作王子名福焰　妻妾妓女有數億
端正殊妙猶天女　捨之出家無愛戀　又作商主名金色

時有如來號無垢　於彼佛前然十指　供養最勝兩足尊
又作國王號花眼　一切瞻仰心無厭　如是妙眼用布施
憐愍一切衆生故　又作菩薩名多髮　見有婦人喪其夫
晝夜思念不能捨　纏綿裸形心發狂　菩薩爾時生慈悲
化作死夫⑦言喪妻　漸漸教化彼狂婦　還令醒悟得本心
又作菩薩名普瞻　見有一人病羸困　我於爾時生慈悲
以己血肉用施彼　又作國王名花敷　見有一人病困篤
我於彼人起慈心　破於骨髓療彼病　又作國王名成利
見有一人甚貧窮　施以一切諸財寶　及捨愛命心無戀
又作國王名信幢　兩手柔軟具輪相　時有人來乞我手

爲求菩提用施彼　又作國王名普現　有四天下多財寶
豐樂安隱男女盛　爲求菩提用布施　又作王女名智意
其身白净甚柔軟　慈悲歡喜割股肉　及以血施心無悔
又作女人名銀色　金色城中有婦女　新産飢渴欲食子
我割兩乳用施之　又作國王名聞德　多饒最勝諸瓔珞
金銀七寶諸車乘　世間難捨皆能施　又作王子名知恩
有人墮海名無恩　無恩爲寶壞我眼　我於爾時心不恨
又念過去作戰夫　在大陣中心無殺　寧自喪身不害人
乃至蟻子無殺想　又念過去曾作雉　恭敬供養於尊者
同類老小皆給恤　爾時亦無傲慢心　又念過去作猿猴

在山逢值於獵師　諸獼猴衆皆歸我　我懷慈心救彼命
又念過去作象王　時被國王所執縛　我念父母盲無目
分捨身命飢不餐　又念過去受羆身　有人失道我救養
彼將獵師反害我　我於爾時亦無恨　又念過去作象王
時被獵者箭所著　我求菩提功德故　以牙奉施於彼人
又念過去作雉身　在於曠野缺林裏　彼林爲火所焚燎
時我救林天雨花　我昔曾作九色鹿　飲水食草恒河邊
其水深廣漂流急　有人墮河我救之　其人貪財受王募
多將兵衆來害我　我求菩提行慈悲　於彼人所亦無恨
又念過去曾作龜　濟度商人令過海　五百商人食我肉

我時亦無瞋恨想　我念過去行菩提　曾作魚身游水裏
憐愍一切捨身命　百千衆生來食我　我見百千衆生病
化身爲藥猶如山　欲令衆生除病苦　變作蟲身名爲月
又念曾作師子王　巨身大力仍有慈　時被毒箭所中射
於彼人所起慈愍　又念過去作馬王　身色白净猶珂雪
常在大海高山頂　度諸商人羅刹難　又念過去求菩提
曾作國王名居邪⑧　見於五欲多諸患　不隨淫女諂誑言
又念過去曾作兔　常化諸兔以善事　時與仙人同居處
捨身投火救仙飢　又念過去作鸚鵡　常處多饒花果林
報枯樹恩不捨離　釋變枯樹生花果　又念曾作獼猴王

見諸獼猴被龍害　遂教獼猴竹筒飲　獼猴悉免諸龍難
又復重念作鸚鵡　取人稻穀養二親　稻主執我生瞋恚
云何盜我熟苗稼　我即報言汝種時　云施一切衆生等
我今取以養父母　是故不名爲偷盜　稻主即時生歡喜
我是禽獸汝爲人　善哉鸚鵡有智慧　能懷孝養供父母
我從今去以稻施　任汝供養於二親　如是過去無量事
無有苦行而不作　未曾有懷疲倦意　以求無上清净道
若内若外所有物　無有一種而不起　持戒忍辱精進禪
無量方便及智慧　皮肉骨髓及以血　以施一切諸衆生
往昔住於山林中　勇猛精進身枯竭　爲求佛説大小乘

教示衆生令入道　常樂在於頭陀所　曾所修行無弃捨
如是一切難苦行　我於往昔無不行　我說未來衆生等
聞我此等生輕笑　不信受行一句偈　反更毁謗如是法
斯由貪著衣食等　心常覺觀多睡眠　諂曲毁法無慚愧
破壞正教無功德　聞此微妙寂静法　各共相諍非佛語
我師多聞猶如海　能講能說最第一　彼亦不行如此法
决定非是佛所說　次前亦有耆老等　從昔已來諸名德
亦未受行如是法　汝等勿求虚妄事　於中無我無壽命
亦不說有富伽羅　唐自疲勞無福祐　徒修精勤苦行等
既言有法名大乘　云何復言空無我　以無衆生無作者

是故於中不須求　此等文句假設作　亦如外道邪意說
如來不說如是事　呵罵毀辱諸比丘　此等不善無羞耻
奸僞欺誑無不作　來世於我教法中　而作形相諸比丘
內懷嫉妒慢覆心　手足擾動失威儀　袈裟恒常垂兩角
身被法服常在村　游於俗間恒酒醉　身著法衣親俗人
弃捨正教功德聚　樂爲俗人通信使　畜養牛馬諸畜等
奴婢作人不净物　種蒔田園恒亂心　心樂諸惡無善行
亦不親近善知識　口恒不擇於語言　身中惡行無不作
貪取佛塔衆僧物　何況己物而肯施　見他持戒諸比丘
謗毀言非真梵行　不護禁戒無威德　樂處俗家侵他妻

白衣畜婦猶懷愧　彼惡比丘貪轉甚　畜養妻子求不厭
與諸俗人無有別　若有檀越請供養　施與衣食湯藥等
受他信施無善念　唯增貪欲侵彼妻　心常繫念女色邊
隨順煩惱無聖行　方便誘誑諸婦女　教化俗人令斷欲
謂貪欲者墮惡道　地獄及以畜生等　然於自身不依教
云何傳欲教化他　此人三業不如法　所有眷屬亦復爾
晝夜聚語無休息　唯論五欲諸世事　受畜門徒唯驅使
終無教誨以善道　多受弟子自圍繞　顯己德大招名利
外現异相詐慈悲　攝諸徒衆不求利　門徒眷屬多疾患
乾枯病癩癬瘡等　唯是雜類下人輩　終不教示聖種⑨等

戒聞定慧悉弃捨　不行比丘所作事　非道非俗無所名
猶如爛壞腐朽木　於諸律儀生輕賤　布薩毗尼亦復然
自在游行背師教　搪揬如象醉無鈎　或時詐現在山林
心常念於聚落事　三毒煩惱恒熾然　暫時不能寂静住
忘失諸佛教誡事　及以頭陀功德等　我慢貢高滿身中
墮於可畏阿鼻獄　晝夜恒論國土事　亦復論説於賊盜
身心專營親緣事　捨離禪定及智慧　設有所作樂粗事
心存自安故營造　假使營理僧伽藍　貪著房舍眉恒蹙
自身口意不調柔　徒衆相學亦復爾　彼惡比丘設造寺
專爲己身及眷屬　若有比丘順從彼　即便安置攝受住

若有持戒諸大德　方便善能説法利　自能調伏亦調他
如是比丘終不受　此房現今我受用　餘房是我弟子住
自外己屬諸同學　汝去此中無處停　現今所有床鋪者
各以付他有所屬　更無剩長可相容　亦無衣食汝須去
暫時所須尚不與　况借房舍及諸物　如是不行僧次法
彼惡比丘如俗人　多畜錢財眷屬等　我諸弟子如法者
處處驅遣不聽住　彼時憶念我所説　各懷悲傷入山林
嗚呼我師微妙法　不久悉滅不復現　現有比丘求多利
身無法行嫉有德　設有具戒功德者　爲彼惡賤無利養
皆自傷嘆去城邑　常住空静山林中　痴慢貢高諸惡行

常行鬥諍兩舌者　欺誑世人得利養　自謂與聖等無异
我此法教功德藏　具足一切妙功德　來世破壞不復現
以無持戒我慢故　又如寶藏爲他壞　又如花池枯乾竭
猶如寶輿自摧折　我法未來亦復然　彼惡比丘難調伏
滅我法行無有餘　未來如是惡世中　破壞我法甚可畏
如是樂喜諸惡者　遠離天人及善行　從於此身捨命已
墮於地獄畜生中　於彼無量億千歲　具受一切諸苦惱
於後假使得人身　多苦穢惡恒不净　若盲若聾若眼瞎
恒常身體懷疾病　顔色醜惡見不喜　常懷畏懼承事他
難得心意無親愛　所説語言無信受　若有如是惡行者

在所呵責驅出衆　彼人多饒諸病苦　常被杖石打驅逐
常爲飢渴惱其身　他人見者常輕賤　若聞如是衆多苦
應捨諸惡心調伏　於諸衆生行善行　勿令於後生悔心
若有愛敬佛世尊　聖衆持戒頭陀法　汝應勤求如是行
應捨眷屬及名利　此皆顛倒如幻化　應觀有爲如泡夢
恩愛合會必別離　一切有爲不久住　莫捨正勤諸力等
勤求諸地波羅蜜　乃至未覺妙菩提　常應修集一切行

爾時佛復告護國菩薩言。善男子。於未來世。行大乘菩薩富伽羅等有如是等過患應自遠離。自不勤求。而與此人共相習近。不勤正行。自行諂曲。親近行諂曲者。自無智慧。隨順無智慧者。貪求世利恒無厭足。慳惜他家嫉妒勝己。諂曲詐僞無羞無慚。詐現聖相自尊自重。徒衆眷屬各相譽贊以求名利。求利養故常入聚落。既不憐愍一切衆生。亦不爲教化諸衆生故。常自説言我有平等。恒作是念。云何他知我是衆生真善知識。知我多聞。實於佛法無恭敬心無求法心。猶如破器無所復用。如懈怠人無有成辦。相求過失行於方便。無智懈怠唯惡覺觀。各各論説破法等事。固執惡心至死不悔。多集慳貪。所畜眷屬亦學是師。以自圍繞在我法中。如是行者。凡所作事。不問明哲。不求佛法。以無精進行故生貧窮家。從貧窮家而得出家。於我教中得少利養。心生歡喜而無慚愧。彼等尚無懺悔之心。何能自覺勝智。彼等弃捨諸佛功德。而取現在名利。以得現在利故。自言我是沙門也。護國。我於如是富伽羅。如是人等。我不説其有隨順俗忍。何况能有諸佛大智。彼等遠於人天道。况成佛道。護國。如是等人。我説有八種法障礙於菩提。何等爲八。一者。當生三惡道。二者。當生邊地下賤。三者。當生貧窮⑩。四者。顔色不正。五者。愚痴無智。六者。常與惡知識相會。七者。多諸病患。八者。得大惡病以取命終。護國。此等八法是障礙菩提。所以者何。護國。我亦不説但以有言説而得菩提。我亦不説詐現聖者有清净行也。我亦不説有諂曲者有菩提行也。我亦不説多貪利養者有供養佛行也。我亦不説有我慢者有清净般若行也。我亦不説無智慧者能决他疑行也。我亦不説有妒嫉者有净心行也。我亦不說不精進者能得諸陀羅尼行也。我亦不說不樂功德者而得善道行也。我亦不說慳惜他家者有身心清净行也。我亦不說詐現威儀者能值遇佛會也。我亦不說樂在俗家者有清净口業行也。我亦不說不恭敬者有心清净行也。我亦不說有不知足者有樂法行也。我亦不說惜身命者有求法行也。護國。我雖呵罵毀呰六師。然彼諸外道在我法外。入我法中作諸惡業。我若毀辱。過患倍彼六師。何以故。彼等但爲自口言我是比丘。而以無行欺誑一切天人世間故。爾時世尊欲重宣此義。而說偈言。

威儀濁亂無恭敬　唯增我慢貪名譽　煩惱覆蔽心迷醉
此等遠離妙菩提　耽著名利及懈怠　懈怠增長失正念

若無正念失持戒　若無持戒失善道　彼人生在貧窮家
得出家已著利養　如人弃捨於真金　擔負草穢以爲寶
爲求名利住山林　至彼更求諸等侶　弃捨神通辯才智
求現名利及眷屬　若彼命終墮惡道　或生貧窮下賤中
懈怠惡色無威德　斯等皆由我慢受　彼既遠離諸善行
亦由放逸失正念　在於長遠大惡道　億千劫中未能脫
若求名利得菩提　提婆達多應是佛　毗嵐猛風吹壞物
懈怠無戒亦復然　自無善行貪女色　戒行不净失功德
於我法中無所用　無智猶如朽爛木　若爲菩提求佛法
何得不依解脱行　猶如黐膠縛獮猴　我慢求道亦復然

我昔爲求一句法　弃捨身命爲菩提　彼人懈怠捨我教
如是無利於我法　我昔爲求善教故　投身高崖及火聚
我得聞已如法行　弃捨一切愛憎等　彼人聞我功德法
曾不愛樂於一句　無法云何得菩提　猶如盲前説道路

大寶積經卷第八十

校注

①『十』上，底本有『一』字，依前後會名删。
②『照』，龍藏作『詔』。
③『提』，底本作『薩』，依龍藏改。
④『見』，龍藏、思溪藏作『現』。
⑤『纏』，龍藏、思溪藏作『縛』。
⑥『方』，龍藏、思溪藏作『力』。
⑦『夫』，底本作『女』，依龍藏、思溪藏改。
⑧『邪』，龍藏、思溪藏作『耶』。
⑨『種』，龍藏作『衆』。
⑩『窮』，龍藏、思溪藏作『家』。

大寶積經卷第八十一

隋三藏法師闍那崛多譯

護國菩薩會第十八之二

爾時佛復告護國言。護國。我念往昔過無量阿僧祇劫。復過阿僧祇。不可稱量。不可思惟。無有譬喻。不可計算。不可得説。是時有佛出世。名曰成利慧多陀阿伽度。阿羅訶。三藐三佛陀。明行足。善逝。世間解。無上士。調御丈夫。天人師。佛。世尊。爾時有王名曰焰意。護國。彼焰意王治化之時。此閻浮提縱廣一萬六千由旬。護國。彼時此閻浮提內有二萬諸城。彼一一城有千俱致家。護國。時彼焰意王自所住城名曰寶光明。東西十二由旬。南北七由旬。七寶所成。

寶墻七重以爲圍繞。一一墻間相去八步。牢固難壞。護國。彼國衆生壽命十俱致那由他歲。護國。爾時彼焰意王初生一子。名曰福焰。端正殊特。身色具足。世間無雙。瞻者無厭。護國。時彼王子初生之日。於其生處有七寶藏自然出現。其王宮内亦有七寶藏自然出現。上高七人。護國。彼王子生時。閻浮提内一切衆生皆大歡喜。踴躍無量。若有衆生被繫閉牢獄枷鎖著身者。自然解脱。護國。彼福焰王子世間所有工巧術藝。於七日内皆悉學成。護國。彼福焰王子於日初分。時有净居諸天。來告彼王子言。童子。汝莫放逸。應善觀無常。童子。命不久停。至於後世如是速疾。恒須觀察生大怖畏。造業必受。如影隨形。時净居諸天復爲童子説此偈言。

童子謹慎莫放逸　亦莫隨順放逸者　弃捨放逸佛所贊
若受放逸諸佛訶　常自調順不放逸　一切能施無妒嫉
慈悲念於諸衆生　彼人不久當作佛
過去無量佛　現在及未來　一切從善起　住不放逸道
飲食及衣服　金銀瓔珞等　俱致劫布施　爲求無上道
手足耳鼻等　求者歡喜施　真心求功德　不久得成佛
王位威勢力　妻子及眷屬　有爲如幻化　速捨莫戀著
壽命不久停　如坯器易壞　假借世不久　此亦無常定①
父母及眷屬　惡道無能救　衆生造善惡　如影恒逐形
多求於欲海　相害不爲利　而無濟拔者　虚受疲勞苦

今欲作他利　求寂無上道　乾枯皮肉髓　汝莫以爲苦
諸佛出世難　寂滅法難聞　勤事善知識　能破諸魔衆
捨離惡知識　能住於正道　遮蔽惡邪徑　善哉精進住
汝莫惜身命　持心如金剛　正問諸師道　莫捨正信意
一切過去佛　常樂阿蘭若　汝應順彼學　應樂在空閑
弃捨於恩愛　妻子眷屬等　己身及壽命　以求廣大智

爾時世尊復告護國菩薩言。善男子。其福焰王子從彼諸天聞此偈已。於十年内未曾睡眠。未曾戲笑。未曾歌舞。未曾喜樂。未曾踴躍。未曾放逸。不入園苑。不樂眷屬。不貪王位。於資財城郭不生樂心。如是一切内外諸物皆悉弃捨。唯入禪定。住於静室而自思惟。

一切法無常。無强無力。無有堅牢。暫現而滅。王位無味。無有自在。恩愛别離。怨憎相會。無可貪著。妄生愛樂皆由愚痴。虚妄誑惑無一實也。唯有解脱寂滅爲樂。而諸凡夫愚痴所醉。常樂處之。横生優劣之相。我今在此凡愚衆中。應住默然。思不放逸。護國。爾時彼焰意大王。爲此童子更别立城。名勝喜樂。有七重寶墻以爲圍繞。其城南北有七百街巷。其街墻壁七寶所成。金鈴羅網以覆其上。更以真珠衆寶羅網重覆其上。一一巷首皆有八萬四千寶柱。於諸寶柱上繫六萬寶繩共相鈎連。諸寶繩間懸十四俱致寶多羅樹。微風吹動出妙音聲。猶如百千音樂不鼓自鳴。一一諸街巷首安置五百童女。盛②壯少年善解歌舞。爲一切衆生愛樂之故。其焰意王復更告令一切。汝等諸人從今已去。晝夜莫作餘事。唯作歌舞嬉戲。令諸衆生歡喜受樂。四方來者悉令歡喜。乃至不聽出一粗言。欲令王子心生愛樂。復於巷首安置種種布施之具。所謂衣服。飲食瓔珞。床敷氈褥。車乘輦輿。象馬牛羊。五行之具。金銀琉璃。車璩馬瑙。珊瑚虎魄。真珠等寶。塗香末香。燒香薰香。種種花鬘等。若須衣者與衣。須食與食。須飲與飲。須乘與乘。隨其所須而施與之。更於處處安諸珍寶等聚。擬諸衆人之所受用。又於城中造作宮殿。擬爲王子游戲之處。其地皆以衆寶間錯。於其城上起大高樓。衆寶莊嚴。於城中央造一大殿。殿內安置千萬床敷。於殿四邊造諸園苑。其園苑內有諸樹木。一切花果諸喜樂樹具足充滿。護國。彼園苑中造七寶池。其池四面有四寶階道。何等爲四。所謂金銀琉璃頗梨。於一方面有二師子。百寶所成。彼二師子各吐香水入彼池内。其池四邊復各有二寶師子。各各引水而出其池。常有優鉢羅花。波頭摩花。俱物頭花。奔陀利花。其池四岸寶樹圍繞。復有樹木諸花果等周匝遍滿。復有八百寶樹。是諸寶樹以諸寶繩共相連繫。一一寶樹各懸繒幡。其池四面復有億數寶多羅樹。於其樹間繫以寶繩懸諸金鈴。微風吹動。出微妙音。如百千樂不鼓自鳴。恐諸埃塵。以大寶網彌覆地③上。於彼殿内安置千萬七寶床敷。諸寶床上各敷五百種褥。於殿中間敷一高座。其座七寶所成。高於七人。復於座上敷八萬俱致微妙衣服。其高座前置寶香爐。

燒沉水香。夜三晝三散諸名花。以金羅網彌覆殿上。其羅網邊懸金蓮花。復以真珠羅網覆金網上。復有八萬明淨珍寶以爲光明。於其園内又置九百萬寶聚。一一寶聚高一由旬。出大光明照彼世界。護國。於彼園内復有諸鳥。所謂鸚鵡。鸜鵒。鴻鶴。俱繫羅鳥。孔雀。鵝雁。及以鴛鴦。俱那羅鳥。迦陵頻伽鳥。命命鳥。彼等諸鳥若欲鳴時。皆作人聲。微妙和雅。猶如諸天歡喜園内諸鳥之音。凡所出聲。皆欲令王子生歡喜故。又復別爲王子建立厨膳。日別辦具五百種味以供王子。

爾時大王又敕國内諸城邑一切童子普告令集。童子之數凡有八十俱致。其諸童子。或年始二十。或有過者。悉能善解一切工巧伎藝。嚴飾鮮潔。皆令入於勝喜樂城。而彼童子等各有父母。復將千萬俱致婇女。擬諸童子驅馳使役。童子眷屬亦皆奉獻千萬童女以爲給使。乃至國内大富長者及以人民。亦各送千萬俱致婇女。是諸婇女年始十六。不長不短。不白不黑。不粗不細。皆悉端正。世間無比。善解音樂及以歌舞。善於戲笑。言語調柔。顔色和悦。若老若少皆能慰喻。一切伎能。悉善通達。身相具足。其口香氣如優鉢羅花。身諸毛孔出栴檀香。微妙清潔猶如天女。福焰王子處此宮内。婇女衆等常作音樂種種供養。爾時王子聞此音樂已。作如是念。今者此等爲我作大怨仇。奪我善法。我應弃捨。王子爾時見諸樂事不喜不樂。譬如丈夫臨被刑戮。雖見色欲。不生歡喜。如是如是。福焰王子在彼女衆之時心無歡喜。在彼城内與諸眷屬同會聚集亦不歡喜。從是已來經於十年。不取色相。不取聲香味觸等相。唯作是念。我今何時脱此怨仇。我於何時行不放逸。當得解脱。爾時諸女白焰意王言。大王④。當知今此王子共我等聚。不相喜樂。亦不受樂。佛言。護國。爾時焰意王與八萬小王前後圍繞。詣向福焰王子所。到已。流泪滿面。遍身戰掉。不能自勝。憂愁苦惱。迷悶躃地。須臾復起。起⑤向福焰王子而説偈言。

汝有最妙大果報　有誰爲汝作不善　而不受於最勝樂

汝不受樂我憂苦　願汝受樂施我喜　若有觸擾向我説

我能與彼極重罪　汝觀此城妙蓮花　是我思惟爲汝作

世間所少速當説　我能示現如帝釋　汝今面目如青蓮
云何顰眉不暢適　今此婇女甚殊特　微妙清净等諸天
各各善解諸伎術　歌舞音樂悉能通　汝應與此相娛樂
云何憂愁如毒箭　汝今應當快受樂　非是憂愁苦惱時
園林池苑甚茂盛　花果枝葉鬱扶疏　寬博如天妙果⑥林
汝今正是上⑦年時　顔色憔悴如枯花　但應受樂莫憂苦
流泉浴池猶如天　微妙香水洗浴身　諸花開敷群蜂繞
汝今云何不愛樂　鵝雁鸚鵡及鴻鶴　命命俱那微妙聲
香山雪山無有异　誰有見聞不愛樂　衆寶勝殿真珠網
琉璃嚴净如天宫　寶座莊嚴妙衣覆　金鈴羅網出妙音

種種音聲甚殊特　街衢道路及巷首　千數婇女作音樂
猶如喜園天玉女　何故迷亂不受樂　童子婇女如天身
爲汝受樂故聚集　父母爲汝泣墮泪　我如喪失所愛子
愁憂悵怏何可住⑧

爾時福焰王子以偈報父王言。

如彼具足功德者　觀諸有爲生死苦　厭離煩惱欲求脱
弃捨一切世間欲　見諸衆生没⑨死網　常求解脱遠欲樂
思惟菩提最爲勝　唯願父王聽我説　無人爲我作惡事
我自不樂諸欲樂　一切恩愛如怨仇　增長煩惱向惡趣
此諸婇女愚人樂　增長魔業繫縛纏　遠離功德增不善

又令未來墮惡趣　諸聖呵責此五欲　我今云何樂苦本
如此婇女假外色　唯有皮囊盛筋骨　肉血屎尿内不净
此真死尸云何樂　歌舞音樂伎術等　如幻如夢誑愚痴
愚痴分别失正道　我豈隨順作愛業　園林花果至冬時
枯悴萎黄皆墮落　無常散壞不久留　壽命無定痴放逸
心如大海不知足　恩愛增長求無厭　常爲諸欲相殘害
我如須彌風不動　父母兄弟姊妹等　妻子朋友諸眷屬
王位百官及勢力　若墮惡道無能救　我等今者如草露
亦如電光不暫停　心意散亂無定所　思惟見是不放逸
咄哉少年不久住　咄哉壽命如浚流　咄哉有爲如浮雲

咄哉三界求王位　智者來教莫放逸　無有菩薩貪世間
若欲作佛救拔他　父王放逸不作佛　若隨諸欲爲愛奴
彼失功德無善路　若於今身貪殺生　如鳥在網欲求活
境界猶如惡毒蛇　諸陰猶如怨害賊　其心著有無利益
猶如空村無依怙　父王園林如毒樹　無常瀑水悉漂没
我今云何而可樂　我見世間無正行　猶如劫盡盛火燃
衆生於中受大苦　我爲是等解脱故　當速成辦如法船
衆生久睡無自覺　病來長久我欲治　爲拔毒箭令安樂
除彼邪徑住正道　繫縛三界無能出　我爲説法令脱免
衆生貧窮無法財　我施善教令其富　惡趣道中迷没者

我當教示以善導　我欲摧拔諸愛樹　行諸慈悲燃智燈
令見三界大火聚　又興慈悲起大雲　如波羅蜜普遍覆
利益衆生如電光　道品總持以爲雨　清凉能滅熱惱焰
我爲是故生王家　在於有爲不樂欲　我爲利益衆生故
隨世受生求菩提　一向不樂諸有樂　父王我在怨仇中
智者云何樂此路　有眼不墮於高岸　若求菩提捨放逸
一切世間順諸趣　唯我當欲逆彼行　大王我言終不虚
唯願父王還本宫　願捨世間王位等　隨彼須者所受用
若受放逸貪王位　億數王位我不欲　若處宫内無得道
唯當寂静無畏處　若樂五欲無能辦　我向山林處寂静

至於彼所求菩提　三世如來在蘭若　正覺菩提不在欲

爾時世尊説此偈已。告護國菩薩言。善男子。爾時彼福焰王子爲父王説偈已。在於宮殿與諸婇女。相隨經行而心不安。唯住三種威儀而住。何謂爲三。所謂若行若住若坐而不眠卧。處在高樓第八重上。夜半時間於上空中。見净居諸天在空⑩而行。讚佛功德乃至法僧功德。護國。時彼福焰王子聞彼諸天讚嘆佛已。身毛皆竪。遍體戰栗。合十指掌。以偈告彼諸天言。

善哉諸天輩　憐愍我等苦　莫生疲倦心　我欲有所問

汝行於虛空　讚嘆誰功德　我聞此讚聲　心生大歡喜

佛告護國。爾時彼天以偈報福焰王子言。

童子汝不聞　如來出興世　佛名吉利意　無歸爲作歸
能知人心行　福智具足滿　聖衆具禪定　百千那由他

爾時福焰王子復以偈告彼諸天言。

我未睹彼色　汝爲我説相　我若得見聞　問彼菩提道
云何化衆生　云何當來世　於衆生中尊　爲我解説之

爾時浄居諸天以偈報福焰王子言。

世尊髮潤澤　右旋而青色　頂高如雪山　白毫等浄日
清浄如琉璃　妙色而右旋　耳目甚修廣　色如青蓮花
方頰如師子　唇如頻婆果　口齒甚齊密　清浄如珂雪
具足滿四十　四牙甚鋒利　舌長能覆面　威德大自在

爲諸衆生等　放億數光明　遍滿三千界　乾竭諸惡道
無上最勝尊　妙聲覆真實　能令聞者喜　滿諸衆生願
勝彼如意珠　不缺減功德　隨順於道分　莊嚴於法鬘
音聲百千種　演暢無虚説　勝於一切天　過諸梵天音
他聞發歡喜　勝諸緊陀羅　迦陵倶翅羅　鴛鴦及鴻鶴
倶那羅梵聲　和合種種聲　音詞不雜亂　能令義顯現
妙浄如琉璃　能令智者樂　教令發道心　心浄生踴躍
隨順他心智　能決疑者問　彼尊法王者　自在大世尊
有是勝法音　項直肩圓滿　肘臂牖過膝　指掌縵網長
七處皆平滿　慈悲舉勝手　安慰諸衆生　身色如真金

一一毛右旋　臍輪深且密　陰藏如馬王　髀如象王鼻
鹿王纖長腨　足下蓮花文　千輻網具足　迴顧如象王
游步如師子　舉身皆相稱　猶如釋天杖　空中雨天花
於上變成蓋　去住恒隨逐　法王希有事　若得利無利
若得樂及苦　若得名不名　若讚若毀呰　一切無染著
猶如花在水　亦如師子王　衆生中無比

爾時世尊告護國菩薩言。護國。爾時福焰王子。從彼諸天聞說嘆佛功德乃至法僧功德已。歡喜踴躍。不能自勝。護國。爾時福焰王子復作是念。如是諸佛世尊。有如是大衆。成就如是覺證最勝妙法。如是聖衆弟子成就我不得見。我今值遇生死諸惡苦惱。如是生死無有義利。諸凡夫輩執著我見。在家多諸過患。貪欲無厭。智者呵毀。放逸無明黑暗之所覆蔽。如是諸行難可穿徹。如是識心甚難降伏。如是名色甚深難覺。如是六入而不自在。如是惡觸果報受持。如是愚痴多諸過患。如是渴愛堅縛不捨。如是諸取甚難捨離。如是諸有無有聖道。如是生者甚難解脱。如是老者能壞少⑪年。如是病者損減壯色。如是死者無有潤澤。如是生者多諸衰惱。如是往來無有利益。如是微妙如來正教甚可愛樂。何可以愛好⑫故。爲諸煩惱迷惑其心。爲諸惡覺濁亂不净。心常放逸。常與愚痴等輩而爲朋友。不善思惟。心常染著煩惱生死。樂惡知識。常與如是諸惡俱者。尚⑬不能辦世間净善。何况能得阿耨多羅三藐三菩提也。如我今者。即於此樓東面投身而去。若從門出。恐諸眷屬爲作障礙。佛告護國。爾時福焰王子欲向吉利意如來邊。即向彼如來方面絶身。復作是言。若彼如來是一切知見者。亦應念我。護國。爾時吉利意如來。阿羅呵。三藐三佛陀。即伸右手放大光明。照福焰王子。即於光中出一蓮花。大如車輪。有百千葉。然彼蓮花放百千光明。其光明盛照福焰王子身。爾時福焰王子即自見身處彼蓮花。既住花中。合十指掌。曲躬向吉利意如來。多陀阿伽度。阿羅呵。三藐三佛陀。口三唱言。南無佛陀耶。南無佛陀耶。護國。爾時吉利意如來還攝光明。福焰王子即乘佛光至如來前。舉身投地如大樹倒。禮彼如來一千拜已。護國。爾時福焰王子以偈白世尊言。

我久得重病　今值大醫王　於苦厄難中　世尊濟拔我
願尊爲我説　云何住法中　當得大福利　唯願尊顯説
世尊我於先　夜半諸天來　教我莫放逸　聞此天教已
恐怖來此處　今問大世尊　云何不放逸　我今失正道
願爲作商主　我今如生盲　願爲我作眼　我今臨險岸
願尊救濟度　唯願大慈悲　令我生正信　如病困篤者
願尊速療治　我今如貧人　願尊見攝受　我今被繫縛
願尊能爲解　我心大疑惑　願決我痴網　示我修行處
云何得菩提　我今没大水　願示度濟我　我處大暗中
願燃大法炬　我身有大瘡　願治速令瘥　我身有毒箭

願尊能爲拔　常墮諸惡道　願慈救濟我　諸有執著者
迴邪住正道　我沒憂戚河　願度至彼岸　得住八聖道
我壽命短促　求善多障礙　願從今去後　得住真如命
我今身閑靜　已離於諸難　作福必獲報　願爲我決疑
世尊爲我説　菩薩不放逸　而向無上道　未來證菩提
能解諸有縛

爾時佛告護國菩薩言。護國。爾時吉利意如來知福焰王子心已。爲其廣説諸菩薩行。其福焰王子聞此法已即得陀羅尼。名曰解脱。亦得五神通。即時上升虛空。化作衆花。以散佛上。如是重散。護國。爾時福焰王子從空下已。即以偈讚彼吉利意如來言。

敬禮金色尊　面净如滿月　敬禮智無比　離垢三界尊
髮净光潤澤　頂高如須彌　觀者無厭足　眉間白毫相
清净妙光明　目如青蓮花　微妙甚殊特　慈悲心哀愍
觀示諸世間　如來廣長舌　軟薄如赤銅　出能遍覆面
説法教道衆　敬禮微妙聲　齒白如珂雪　堅實如金剛
齊密具四十　熙怡微笑時　教化無量衆　敬禮美實言
尊色世無比　放光照諸刹　梵天及護世　彼光悉不現
鹿王纖牖䏝　行步如象王　亦復如師子　安祥游步時
地動諸山震　世尊具身相　皮膚軟妙澤　身如紫金色
威光無與比　觀者無厭足　苦行無數劫　樂施無疲倦

慈心向衆生 故禮大悲父 尊常樂施戒 堅住忍精進
禪定及般若 總持智無比 是故我敬禮 世尊説法時
降伏諸外道 處衆如師子 醫王除三垢 聞者皆歡喜
是故我今禮 身口意清净 三界無染著 如蓮花處水
尊聲如梵天 如迦陵伽音 度過三界岸 是故我敬禮
尊觀諸世間 如幻亦如夢 復如伎兒戲 説諸法無我
衆生及命者 亦如水中月 空寂無生處 如是知世已
爲彼作方便 百千諸法門 慈悲攝教衆 衆生多諸患
諸毒常熾然 觀察熱惱已 猶如大醫王 常行於世間
拔濟無數衆 生老病死苦 愛離怨憎會 憂悲苦惱等

觀世苦惱已　慈悲能度脱　常行於世間　世界如車輪
天人或畜生　地獄餓鬼中　迷惑無導師　世尊爲彼等
示現最勝導　過去有諸佛　法王離世間　亦説此聖道
如今世尊説　清净無穢濁　勝於大梵天　亦勝揵闥婆
及與諸天女　如是等諸音　如來聲最勝　爲世間解説
真實潤益忍　種種方便説　具足諸功德　百千那由數
諸衆生聞已　證三乘寂滅　若有供養彼　得勝上妙樂
無量天人等　當得正真道　或得於人王　大富長者等
或領一天下　二三四天下　轉輪聖帝王　十善化衆生
七寶具足樂　皆由供養佛　或作釋梵王　四天大王處

兜率化樂天　他化須夜摩　斯由供養佛　來世作正覺
如是供養佛　或見或聞聲　無有空過者　除多衆生苦
得證甘露處　最妙無老病　世尊知正道　善說正道處
能斷諸惡道　令住無畏路　無垢大聖道　能爲衆生依
若人求福德　須於佛邊種　以是因緣故　當得無盡藏
多數俱致劫　彼福不可盡　乃至未成佛　當得清凈刹
微妙如他化　得已大歡喜　彼妙刹土中　所有衆生輩
身口意清凈　如是等功德　斯由供養佛　若彼衆生輩
求天及涅槃　及以人中樂　福報等無量　斯皆不可盡
大名勝供養　復於百刹中　無量百千衆　當說大名稱

斯由⑭嘆佛德　如來除熱惱　能令衆解脱　慈悲見歡喜
諸根寂清净　人中最勝王　無量功德聚　是故我頂禮
我已得五通　虚空能飛上　聽尊妙音聲　未來若作佛
爲衆宣微妙　度脱無量衆　我贊功德聚　無垢清净福
天人諸龍等　夜叉乾闥婆　雜類衆生輩　來世願成佛

爾時世尊説此偈已。復告護國菩薩言。護國。爾時焰意大王過彼夜已。聞彼童子宫内哭聲。聞已馳向勝喜樂城。到已問諸彩女輩言。汝等今者爲何哭耶。時彼諸女白大王言。大王當知。福焰王子於今夜中忽然不見。護國。爾時焰意王聞此語已。迷悶躃地如大樹倒。須臾乃起。大聲悲泣。啼哭懊惱。巡繞彼城經百千匝。護國。爾時彼處護城天神告焰意王言。大王當知。東方去此。有佛世尊名曰成利慧。大王。王子今在彼處。頂禮承事。供養彼佛世尊。爾時焰意王聞天告已。即時與童子。宮内諸彩女等。及王部從八萬四千俱致百千那由他衆。向於東方。往詣成利慧如來阿羅呵三藐三佛陀所。到已頂禮佛足。却住一面。以偈嘆佛。

敬禮功德智慧海　人中丈夫無等等　三界最勝無有比
天王修羅皆供養　衆中殊特最極尊　觀佛色相無厭足
三十二相莊嚴身　猶如須彌寶清浄　佛身微妙紫金色
見者無厭我頂禮　無量百千億數劫　如來苦行無厭倦
無量劫數供養佛　百千俱致不可數　往昔布施難思議

是故身光⑮甚嚴浄　布施持戒禪定慧　忍辱精進善方便
世尊身色⑯甚清浄　勝於日月摩尼光　釋梵光明隱不現
佛現妙色爲世間　或現在於兜率天　或復示現欲下生
或現清浄白象身　夢中右脅入母胎　佛身現處如虛空
如影水月夢幻化　佛身應現亦如是　又復示現初生時
或行七步示丈夫　唱言天人我最上　我能救脱諸苦衆
於諸法中無疑惑　爲衆示現始學書　成就禪定寂静處
示現在於婇女中　捨於父母及妻子　眷屬宗親戀慕啼
捨家處林恒獨步　俱致數天恒圍繞　恒常讚嘆不生厭
久已降伏四種魔　此刹示現始降伏　久已轉於無始⑰輪

今以慈悲示初轉　觀於世間著常想　在衆唱言我涅槃
見諸世間樂生死　世尊爲説寂滅處　福智方便無比喻
身放光明照多刹　諸方菩薩尋光來　頂禮世尊不思議
法王爲説微妙法　心生歡喜證清净　爲衆現身同世間
佛身無來亦無去　如來住法如幻化　是故頂禮大丈夫
善哉世尊説妙道　爲衆顯於菩提路　爲我顯示勝法門
是故我今證此法　如來爲我所示現　我證皆爲衆生説
佛智無惱三界尊　我今嘆佛證⑱功德　願共世間諸衆生
速證寂滅無上道

爾時世尊説此偈已。復告護國菩薩言。護國。爾時彼成利慧如來知焰意王深信心已。如應説法。令住不退轉地於阿耨多羅三藐三菩提中。護國。爾時彼福焰王子白成利慧如來言。世尊。我今欲請如來及比丘僧入我城内。唯願世尊慈愍聽許。爾時成利慧如來憐愍王子故默然受請。護國。爾時福焰王子知佛許已。白其父母。告諸眷屬并婇女等言。尊等當知。我今以勝喜樂城并莊嚴具。悉以奉施彼如來及比丘僧。終無悔也。唯願父母及諸眷屬生隨喜心。爾時父母眷屬一時同聲唱言。善哉善哉。我皆隨喜。護國。爾時福焰王子。即時更好莊嚴勝喜樂城奉施如來。爾時王子爲佛及僧。日別辦具五百種味上妙飲食。供佛及僧。復爲比丘造僧伽藍。皆以七寶莊嚴其房。舍内敷置雜色種種繒褥數百千重。又爲比丘僧日別造新净衣。布施衆僧隨意所樂。復更爲造經行之處。皆以衆寶莊嚴其地。上覆寶網經行兩邊。種諸樹木花果種種諸花。謂憂鉢花。波頭摩花。分陀利等。一切衆花無不具足。時彼王子如是供養佛及衆僧。經三億俱致歲。於其中間未曾睡眠。不愛身命。唯念供養佛及衆僧。其間無貪欲心。無瞋害心。於王位處不生樂心。於一切處弃捨身命。況復餘物。復於如來有所説法。皆悉受持終無忘失。乃至一句未曾重問如來。於其時間亦不洗浴。亦不以蘇油塗摩其身。亦不洗足。亦不坐卧。唯除食時及大小便利。乃至終無疲倦之想。而彼如來涅槃時。自取赤真檀爲積聚。闍毗如來身。於闍毗如來身處。以種種上妙供具供養舍利。又於閻浮提內處處。以諸華鬘名香。種種音樂。乃至幡蓋寶幢供養舍利。如是供養已。爲其舍利。復更別造九十九俱致寶塔。彼諸塔等七寶所成。復以雜寶真珠羅網以覆塔上。又爲諸塔造七寶蓋。彼一一塔奉施五百寶蓋。又於一一塔所奉施音樂數百千種。於閻浮提內處處。悉令種諸妙花樹。於一一塔所前然百千燈。一一燈器盛千斛油。又復更以一切諸香。塗香。末香。燒香。及諸花鬘等供養彼塔。爾時福焰王子如是供養經俱致歲已。於後出家。既出家已。唯畜三衣。常行乞食。樂於頭陀。恒坐不臥。於餘時間未曾睡眠。亦不從人有所求索。施與一切。心不望報。常爲他人解説正法。如是經四俱致歲。乃至若有以一善言讚嘆者。心尚不受。何況受人利養之物。若聽法時無疲倦想。常有諸天承事供養。爾時彼國土内王與大臣。夫人婇女。一切人民并諸眷屬。悉皆隨從學彼王子出家修道。護國。爾時净居諸天子等見是事已。作如是念。今此國内一切人民。并學王子出家。今此國内盡是三寶。我等今者應作檀越供養彼等。即是⑲供養三寶利益世間。彼如來涅槃後。正法住世經六萬四⑳俱致歲。皆是福焰比丘之所住㉑持。其福焰比丘。從此已來常如是供養。如是次第供養九十四俱致諸佛。彼一一佛悉皆如上供養之行。護國。於汝意云何。其焰意王。豈異人乎。莫作异見。則今無量壽如來是也。護國。於汝意云何。彼福焰王子。豈异人乎。莫作异見。則我身是也。爾時其守護城天神者。豈异人乎。則阿閦佛是也。

爾時世尊復告護國菩薩言。護國。是故若諸菩薩摩訶薩。若欲得阿耨多羅三藐三菩提者。應當學彼福焰王子。深心至誠所修諸行。能捨一切憎愛心。是故我常勤修如是苦行故。得成於阿耨多羅三藐三菩提。然未來世有諸比丘。愛重名利。貪著眷屬。於諸善法自然損減。常爲我慢怨賊之所損害。甚可憐愍。以貪利故遠離正法。虛然出家污沙門行。但有口言我是菩薩。然其內心純行諂曲。身心昏濁沒煩惱泥。纔有形相違於本道。捨己誓願。貪著衣服飲食房舍。臥具湯藥等事。心無慚愧。不避恥辱。無有威儀。離佛境界。心恒貪著。護國。若有得聞如是法者。應當覺知彼惡知識。惡知識者。求名貪利。不應親近。爾時世尊欲重宣此義以偈頌曰。

多行於放逸　遠離十力處　心常貪利養　及諸眷屬等
弃捨佛菩提　千種諸功德　詐聖求名利　惡性無慚耻
奸諂無羞愧　彼專爲利事　入於佛法中　隨順諸煩惱
速疾墮惡趣　口言我大德　勝在阿蘭若　心恒念聚落
彼等爲貪故　心多諸覺觀　彼人遠解脱　猶如天與地
行者應遠離　如畏惡毒蛇　彼不樂佛法　并諸功德僧
弃捨離善道　常行於邪徑　失於無量善　爲諸有覆蔽
聞我往昔行　真實誠心信　應當學我行　多俱致劫數
如是法難得　應發大忍心　我有所説處　勤劬當奉行

若當欲成佛　妙勝大乘中　應念彼王行　諸功德無量
思惟真實已　應住彼教中　如是菩提道　當見如佛説
深思諸功德　聖人種性處　當應如教行　若捨如是教
則失功德味　當生惡趣中　愚痴無有別　生彼已當悔
勸住山林者　愼莫自讚譽　亦勿毀他行　寧常自呵責
昔背億數佛　斯由我慢心　莫惜己身命　恩愛處悉捨
如我説此經　法中生敬心　若能如説行　菩提不爲難
此乘大仙説　聞已莫生疑　是故佛法中　應住如聖教
精勤捨身命　如我教莫違　若不信此教　於後悔無益

爾時世尊説此偈已。復告護國菩薩言。護國。若有菩薩常行五波羅蜜無有休息。若有菩薩於此經中能如法行。能如教住。復自唱言。我如教住。我如教行。於前行五波羅蜜功德者。欲比此功德百分不及一。百千分不及一。百千俱致分不及一。算數過算數分不及一。哥羅分不及一。譬喻分不及一。憂波尼沙陀分不及一。佛說此經時。三十那由他天及人。阿修羅等。未曾發阿耨多羅三藐三菩提心者。皆悉發心。得不退轉於阿耨多羅三藐三菩提。復有七千比丘盡諸有漏。心得解脫。爾時長老護國菩薩白佛言。世尊。此法本有何名。我等云何奉持。作是請已。爾時佛告護國菩薩。善男子。言此法本名不空誓清净行。如是受持。亦名善丈夫游戲菩薩行決定毗尼。如是受持。亦名真實義具足。如是受持。亦名福焰菩薩大士往昔本行。如是受持。佛説是法已。長老護國菩薩及諸天。人。阿修羅。揵闥婆等。聞佛所説。歡喜奉行。

大寶積經卷第八十一

校注

①『定』，龍藏、思溪藏作『浄』。

②『盛』，底本污殘，依龍藏、思溪藏補。

③『地』，龍藏、思溪藏作『池』。

④『王』，底本作『天』，依龍藏改。

⑤『起』，龍藏作『趣』。

⑥『果』，思溪藏作『車』。

⑦『上』，龍藏作『少』。

⑧『住』，龍藏、思溪藏作『任』。

⑨『没』，龍藏作『投』。

⑩『空』，思溪藏作『宫』。

⑪『少』，思溪藏作『上』。

⑫『好』，龍藏、思溪藏作『奴』。

⑬『尚』，龍藏作『常』。

⑭『由』，龍藏作『有』。

⑮『光』，龍藏作『色』。
⑯『身色』，龍藏作『色身』。
⑰『始』，龍藏、思溪藏作『垢』。
⑱『證』，龍藏、思溪藏作『諸』。
⑲『是』，龍藏作『時』。
⑳『四』下，龍藏、思溪藏有『千』字。
㉑『住』，龍藏作『任』。

大寶積經卷第八十二

曹魏三藏法師康僧鎧譯

郁伽長者會第十九

如是我聞。一時佛在舍衛國祇陀林中給孤窮精舍。與大比丘僧千二百五十人俱。菩薩五千人。彌勒菩薩。文殊師利菩薩。斷正道菩薩。觀世音菩薩。得大勢菩薩。如是等而爲上首。爾時世尊與於無量百千大衆。恭敬圍繞而演説法。爾時郁伽長者與五百眷屬出舍衛大城。詣祇陀林給孤窮精舍。到已禮佛足。繞三匝已。却坐①一面。爾時復有法施②（丹本愛敬）長者。名稱長者。善與長者。耶奢達多長者。善財長者。愛行長者。給孤窮長者。龍德長者。實喜長者。是等各與五百長者。俱出舍衛大城。詣祇陀林給孤窮精舍。到已禮佛足。繞三匝已。却坐一面。是等一切及與眷屬皆向大乘。厚種善根。決定至於無上正道。

爾時郁伽長者知諸長者皆悉集已。承佛神力。向佛合掌。白佛言。世尊。欲有所問。願垂聽許。說是語已。世尊告曰。長者。如來常③聽。恣汝所問。隨汝所疑。我隨汝問而當演說。悅可汝心。時郁伽長者聞是語已。白佛言。世尊。若善男子善女人發阿耨多羅三藐三菩提心。解向大乘。信於大乘。欲集大乘。欲乘大乘。知於大乘。護諸衆生。安慰撫喻一切衆生。爲欲安樂一切衆生。堅固莊嚴。我要當度於未度者。脱未脱者。無安慰者當安慰之。未涅槃者當令涅槃。荷擔一切作大橋船。聞無量佛智。欲修佛智。發大莊嚴。知生死中無量苦患。於無量阿僧祇劫心無憂惱。於無量劫流轉生死而心無倦。世尊。是中若有住菩薩乘善男子善女人。或有出家修集法行。或有在家修集法行。善哉。世尊哀愍人天。阿修羅。世尊守護大乘。不斷三寶。爲一切智久住世故。世尊。唯願演説在家菩薩戒德行處。云何在家菩薩住在家地。如來所敕。隨順修行而不損壞助菩提法。於現法中無纏覆業得增勝行。世尊。云何出家菩薩捨所珍愛而行出家。當教是等。云何行法。云何修善。出家菩薩云何可住。云何不住。如是請已。

爾時世尊告郁伽長者。善哉善哉。長者。如汝所問。是汝等所宜。長者諦聽。善思念之。今爲汝説在家出家菩薩所住學得勝行。郁伽白言。如是世尊。受教而聽。佛言。長者。在家菩薩應歸依佛。歸依法。歸依僧。以此三寶功德。迴向無上正真之道。長者。云何在家菩薩歸依於佛。我要得成於佛身。三十二相以自莊嚴。持此善根集三十二丈夫相。爲集此故。勤行精進。長者。是名在家菩薩歸依於佛。長者。云何在家菩薩歸依於法。長者。而是菩薩恭敬於法及説法者。爲法欲法。樂法極樂。助法住法。持法護法。堅住於法。贊嘆於法。住於法行。增法求法。以法爲力。施法器仗。唯法爲務。我成阿耨多羅三藐三菩提已。當以正法等施一切人。天。阿修羅。長者。是名在家菩薩歸依於法。長者。云何在家菩薩歸依於僧。長者。若是菩薩見須陀洹。斯陀含。阿那含。阿羅漢。及與凡夫。若見聲聞乘。皆悉敬順。速起承迎。好語善音。右繞彼人。應當④如是思念。我等得無上正真道時。爲成聲聞功德利故而演説法。雖生恭敬心不住中。長者。是名在家菩薩歸依於僧。長者。在家菩薩成就四法。歸依於佛。何等四。不捨菩提心。不廢勸發菩提之心。不捨大悲。於餘乘中終不生心。長者。是名在家菩薩成就四法歸依於佛。長者。在家菩薩成就四法。歸依於法。何等四。於法師人親近依附。聽聞法已善思念之。如所聞法爲人演説。以此説法功德迴向無上正真之道。長者。是名在家菩薩成就四法歸依於法。長者。在家菩薩成就四法。歸依於僧。若有未定入聲聞乘。勸令發於一切智心。若以財攝。若以法攝。依於不退菩薩之僧。不依聲聞僧。求聲聞德心不住中。長者。是名在家菩薩成就四法歸依於僧。復次長者。在家菩薩見如來已。修於念佛。是名歸依佛。聞於法已。修於念法。是名歸依法。見於如來聲聞僧已。而不忘失菩提之心。是名歸依僧。復次長者。若菩薩願常與佛俱而行於施。是名歸依佛。守護正法而行於施。是名歸依法。以此布施迴向無上道。是名歸依僧。

復次長者。在家菩薩作善丈夫業。不作不善丈夫之業。長者。云何名爲善丈夫業。非是不善丈夫之業。長者。是在家菩薩如法集聚錢財封邑。非不如法。平直正求。非粗惡求。不逼切他。如法得封。起無常想。不生慳⑤想。意捨無吝。給事父母妻子奴婢諸作使者。以如

法財而給施之。所謂親友眷屬知識。然後施法。復次長者。在家菩
薩荷負重擔。發大精進。所謂一切諸衆生等五陰重擔。捨於聲聞
緣覺之擔。教化衆生而無疲倦。自捨己樂爲衆生故。利衰毀譽稱
譏苦樂而不傾動。超過世法。財富無量而無憍逸。失利名稱。無有
憂戚。善觀業行。守護正行。見毀禁者。而不生瞋。諸有所趣。善住所
覺。除去輕躁滿足智慧。助成他務。捨己所作。無所希望。有所爲作
而不中捨。知恩念恩。善爲所作。施貧封祿。有勢力者折大憍慢。於
無勢力而慰喻之。除他憂箭。忍下劣者。除捨憍慢及增上慢。恭敬
尊重親近多聞。咨問明慧。所見正直。所行無爲。無有幻惑。於諸衆
生無有作愛。修善無足。多聞無厭。所作堅固。與賢聖同。於非聖者

生大悲心。親友堅固。怨親同等。等心衆生。於一切法無有吝惜。如聞開示。思所聞義。於諸欲樂生無常想。不貪愛身。觀命如露。觀於財物如幻雲想。於男女所如閉⑥獄想。於眷屬所生於苦想。於在田宅生死尸想。於所求財毁善根想。於其家中生繫閉想。於親族所生獄卒想。於夜於晝生無异想。於不堅身生堅施想。於不堅命生堅施⑦想。於不堅財生堅施想。彼云何名於不堅身生堅施想。他有所作悉皆爲之作務使命。名不堅身生堅施想。不失本善增現善根。是不堅命生堅施想。降伏慳吝而行布施。是不堅財生堅施想。長者。是名在家菩薩如是修集善丈夫行。於諸如來無一切過。名相應語。名爲法語。無有异想。向無上道。

復次長者。在家菩薩應受善戒。所謂五戒。彼樂不殺。放捨刀杖。羞愧堅誓不殺一切諸衆生等。不惱一切。等心衆生。常行慈心。彼應不盜。自財知足。於他財物不生希望。除捨於貪。不起愚痴。於他封禄不生貪著。乃至草葉不與不取。離彼邪淫。自足妻色不希他妻。不以染心視他女色。其心厭患。一向苦惱。心常背⑧捨。若於自妻生欲覺想。應生不净驚怖之想。是結使力是故爲欲。非我所爲。常*生無常想。苦無我想。不净之想。彼人應作如是思念。我當乃至不生欲念。況二和合體相摩觸。應離妄語。諦語實語。如説如作不誑於他。善心成就先思而行。隨所見聞如實而説。守護於法。寧捨身命終不妄語。彼應離酒。不醉不亂。不妄所説。不自輕躁。亦不嘲嘩。不相牽掣。應住正念。然後知之。若心欲捨一切財賄。須食與食。須飲施飲。若施他時應生是念。念⑨是檀波羅蜜時。隨彼所欲我當給施。又我當使求者滿足。若施彼酒。當攝是人。得於正念。令無狂惑。何以故。悉滿他欲是檀波羅蜜。長者。是故菩薩以酒施人。於佛無過。長者。若在家菩薩以此受持五戒功德。迴向阿耨多羅三藐三菩提。善護五戒。又復⑩應當離於兩舌。若有諍訟應當和合。離於惡言出愛軟語。先語問訊。不毀辱他。利益他語。法語時語。實語捨語。調伏語。不戲笑語。如説如作。不生貪痴。常安一切。心不毀壞。常修忍力以自莊嚴。常應正見。離諸邪見。不禮餘天。今⑪當供佛。

復次長者。在家菩薩若在村落城邑郡縣人衆中住。隨所住處爲衆說法。不信衆生勸導令信。不孝衆生。不識父母沙門婆羅門。不識長幼。不順教誨。無所畏避。勸令孝順。若少聞者勸令多聞。慳者勸施。毀禁勸戒。瞋者勸忍。懈怠勸進。亂念勸定。無慧勸慧。貧者給財。病者施藥。無護作護。無歸作歸。無依作依。彼人應隨如是諸處念行是法。不令一人墮於惡道。長者。如是菩薩一一勸導。乃至第七。欲令衆生住於德行。隨如是處不能令住。而是菩薩於此衆生應生大悲。堅發一切智慧莊嚴。作如是言。我若不調是惡衆生。我終不成無上正真道。何以故。我爲是故發誓莊嚴。不爲以調無諂無僞。具戒德行。發大莊嚴⑫。我當勤發如是精進。令所作不空。衆生見我即得信敬。長者。若菩薩在如是城邑村落中住。不教衆生。令墮惡道。而是菩薩諸佛所訶。長者。是故菩薩應當如是莊嚴大莊嚴。我今應當修行是行。住諸城邑村落郡縣。不令一人墮於惡道。長者。猶如城邑有善明醫。令一衆生病毒而死。多衆訶責。如是長者。若是菩薩隨所住處。不教衆生。令墮惡道。而是菩薩則爲諸佛之所訶責。

復次長者。在家菩薩善修學行。所謂家者。名殺善根。名不捨過。害助善業。是故名家。云何名在。一切結使在中住故。故名爲在。又復住於不善覺故。住不調伏。住無慚愧愚小凡夫。住不善行諸惡過咎。是故名家。又復在家。一切苦惱悉在中現。害先善根。故名在家。又復家者。在是中住。無惡不造。在是中住。則於父母沙門婆羅門不好敬順。是名爲家。又復家者。長愛枝條憂悲苦惱悉在中生。招集殺縛。呵打瞋駡。惡言出生。是故名家。未作善根掉動不造。已作善根悉令散滅。智者所呵。謂諸佛聲聞若住是中墮於惡道。若住是中墮貪瞋痴。是故名家。若住是中。妨廢戒聚。定聚。慧聚。解脱聚。解脱知見聚。是故名家。若住是中。父母妻息。姊妹親友。眷屬知識。貪愛所攝。常思念財。貪欲無滿。如海吞流終不滿足。若在家住。如火焚薪。思處無定如風不住。在家消身猶如服毒。一切衆苦皆悉來歸。是故應捨。如離怨家。若住在家。聖法作障。多起諍緣。常相違逆。住在家中。善惡緣雜多諸事務。在家無常。不得久住。是不停法。在家極苦。求守護故。多諸憂慮。謂怨親所。在家無我。倒計我所。在家誑惑。無有實事現似如實。在家離別。多人住⑬處。在家如幻。多容集聚無實衆生。在家如夢。興衰代故。在家如露。速破落故。家如蜜滴。須臾味故。家如刺網。貪著色聲香味觸故。家如針口蟲。不善覺食故。家如毒蛇。互相侵故。家多希望。心躑躅故。在家多怖。王賊水火所劫奪故。家多論議。多過患故。如是長者。在家菩薩名善知家。復次長者。在家菩薩住在家中。善調伏施。分別。柔軟。應作是觀。若施彼已則是我有。餘家中者非是我有。已施者堅。餘者不堅。已施後樂。餘者現樂。已施不護。餘者守護。若已施者非愛所縛。餘者增愛。若已施者非我所心。餘者我有。已施無怖。餘者怖畏。若已施者是道基柱。餘是魔柱。已施無盡。餘者有盡。已施者樂。餘守護苦。已施離結。餘者增結。已施大封。餘者非封。若已施者是丈夫業。其餘在者非丈夫業。若已施者諸佛所贊。其餘在者凡夫所贊。如是長者。在家菩薩應堅住施。

復次長者。在家菩薩若見乞者應起三想。何等爲三。善知識想。他世富想。菩提基想。復有三想。順如來教想。欲果報想。降伏魔想。復有三想。於求者所起親眷屬想。於四攝法起攝取想。於無邊生起出離想。應當如是生是三想。復有三想。何等爲三。除貪欲想。除瞋恚想。除愚痴想。生是三想。何以故。長者。是人貪欲瞋恚愚痴俱得微薄。長者。云何三事俱得微薄。若施財時心無貪著。是名貪薄。於乞者所生於慈心。是名瞋薄。若布施已迴向無上正真之道。是名痴薄。長者。是名施者貪瞋痴薄。復次長者。在家菩薩見乞者已。修趣滿足六波羅蜜想。何等爲六。若是菩薩隨所有物無不施心。是名修趣滿檀波羅蜜。依菩提心施。是名修趣滿尸波羅蜜。於求者所不生瞋訶。是名修趣滿忍波羅蜜。若布施時。不生自己乏少之想。是名修趣滿進波羅蜜。若布施已。心不憂悔倍生歡喜。是名修趣滿禪波羅蜜。若布施已。不得諸法。不望果報。是明⑭慧者不住諸法。隨無所住。向無上道。是名修趣滿般若波羅蜜。是名菩薩見乞求者。修趣滿於六波羅蜜。

復次長者。在家菩薩於世八法應生放捨。彼人於家財賄妻子不生憂喜。假使忘失不生憂愁。應如是觀。有爲如幻。是妄想相。父母妻子。奴婢使人。親友眷屬。悉非我有。我不爲是造不善業。此非我宜。是現伴侶非他世侶。是樂伴侶非苦伴侶。我非護彼我之所護。施調人慧。進不放逸。助菩提法諸善根等。此是我有。隨我所至彼亦隨去。何以故。父母妻子。男女親屬。知識作使。不能救我。非我歸依。非我舍宅。非我洲渚。非我蔭覆。非我我所。是陰界入。非我我所。況父母妻子當是我所。父母妻子是業所爲。我善惡業亦隨受報。彼亦隨業受善惡報。長者。而是菩薩去來坐起常觀是事。不爲父母妻子眷屬奴婢作使。造身口意惡不善業猶如毛分。是故長者。在家菩薩於己妻所應起三想。何等三。無常想。變易想。壞敗想。長者。是名在家菩薩於己妻所生於三想。在家菩薩於己妻所復生三想。何等三。是娱樂伴。非他世伴。是飲食伴。非業報伴。是樂時伴。非苦時伴。長者。是名在家菩薩於己妻所生於三想。復生三想。何等三。不好想。臭穢想。可惡想。是名三。復生三想。何等三。怨家想。魁膾想。詐親想。是名三。復生三想。何等三。羅刹想。毗舍遮想。鬼魅想。是名三。復生三想。何等三。非我所想。非攝受想。乞求想。是名三。復生三想。何等三。持身惡行想。持口惡行想。持意惡行想。是名三。復生三想。何等三。欲覺想。瞋覺想。害覺想。是名三。復生三想。何等三。黑暗想。污戒想。繫縛想。是名三。復生三想。何等三。障戒想。障定想。障慧想。是名三。復生三想。何等三。諂曲想。羂網想。猫伺想。是名三。復生三想。何等三。灾患想。熱惱想。病亂想。是名三。復生三想。何等三。妖媚想。作衰想。霜雹想。是名三。復生三想。何等三。病想。老想。死想。是名三。復生三想。魔想。魔女想。可畏想。是名三。復生三想。憂想。哭想。苦惱想。復生三想。大雌狼想。摩竭魚想。大雌貓想。復生三想。黑蛇想。尸守魚想。奪⑮精氣想。復生三想。無救想。無歸想。無護想。復生三想。母想。姊想。妹想。復生三想。賊想。殺想。獄卒想。復生三想。瀑水想。波浪想。洄澓想。復生三想。淤泥想。溺泥想。混濁想。復生三想。盲想。杻想。械想。復生三想。火坑想。刀坑想。草炬想。復生三想。無利想。刺想。毒想。復生三想。繫獄想。謫罰想。刀劍想。復生三想。鬥諍想。言訟想。閉繫想。復生三想。怨憎會想。愛別離想。病想。略說乃至一切鬥諍想。一切滓濁想。一切不善根想。長者。在家菩薩於己妻所應生如是相貌觀念。

復次長者。在家菩薩於自子所不應極愛。長者。若於子所生於極愛。非他人所則爲自毀。應以三法而自呵責。何等三。菩提道是平等之心。非不平等心。菩提道是正行所得。非是邪行。菩提道是無异行得。非雜行得。復應呵己心。於自子所生怨家想。惡知識想。非善知識想。違逆佛智平等之慈。害我善根。彼應隨處自調於心。如愛其子。一切亦然。如愛自身。一切亦然。應修是觀。我异處來。子异處來。何以故。一切衆生曾爲我子。我亦是彼諸衆生子。終不生念我子彼非。何以故。去至六趣而復爲怨。或復爲子。我其當作等親非親。我以何故於其所親倍生愛與。於非親所一切不與。我若生於愛不愛心。不於非親所一切不與。我若生於愛不愛心。不能趣法。何以故。不等之行至不等處。行平等行至於等處。我不應行是不等行。我學等心一切衆生。疾至一切智。

長者。在家菩薩於諸財物。不生我所想。攝護想。不繫於彼。不想不愛。不生結使。復次長者。在家菩薩若有乞者來至其所。有所求索。隨所施財應至心念。我所施財及不施財。俱當散滅。不滿所願。必當歸死。我不捨財。財當捨我。我今當捨。令作堅財。然後乃死。捨此財已。死時無恨。歡喜無悔。若不能施。應以四事白於乞者。今我力劣。善根未熟。於大乘中我是初行。其心未堪自在行施。我是著相。住我我所。善大丈夫。今向汝悔。勿生嫌恨。我當如是勤行精進。滿足一切衆生所願。長者。在家菩薩應當如是白於乞者。

復次長者。在家菩薩聞過去佛語。若不值佛及與聖僧。彼應敬禮十方諸佛。諸佛本行乃至成佛。悉生隨喜。如是晝夜各三時。浄身口意業。浄於慈善。具足慚愧清浄之服。所集善根。以菩提心而生隨喜。柔軟善作。恭敬斷慢。修行三分。誦三分法。專心悔過諸不善業。更不造新。一切福業悉生隨喜。集滿相好。勸請諸佛轉於法輪。於説悉受持一切法。願佛久壽增長善根。令我國土亦復如是。

復次長者。在家菩薩受持八戒。修沙門行。應當親近浄戒德行沙門婆羅門。依止給使。不見其過。若見沙門越於戒行。不應不敬。又佛如來是應供。正遍覺。戒行所熏。定。慧。解脱。解脱知見所熏袈裟無有滓濁。一切結染皆悉捨離。仙聖之幢倍生恭敬。於彼比丘生大悲心。彼不應爲如此惡行。諸佛世尊名寂調伏。一切悉知。聖幢相服不寂不調。不伏不知。作此非法。如世尊說。不輕未學。非是彼過。是結使咎。以結使故現造是惡。此佛法中有於出法。是人能出。則有是處。若解是結。修行正觀得至初果。定趣無上正真之道。何以故。智能害結。世尊又說。人則不應妄輕量人。則爲自傷。如來所知非我所知。是故不應瞋嫌害彼。

復次長者。在家菩薩若入僧坊。在門而住。五體敬禮然後乃入。當如是觀。此處即是空行之處。無相行處。無作行處。慈悲喜捨四梵行處。是正行正住所安之處。我當何時捨於家垢。我當何時住如是行。應生如是欲出家心。無有在家修集無上正覺之道。皆悉出家趣空閑林。修集得成無上正道。在家多塵污。出家妙好。在家具縛。出家無礙。在家多垢。出家捨離。在家惡攝。出家善攝。在家没於愛欲淤泥。出家遠離愛欲淤泥。在家凡俱。出家智俱。在家邪命。出家净命。在家多垢。出家無垢。在家衰減⑯。出家無減*。在家處憂。出家歡喜。在家則是衆惡梯隥。出家離隥。在家繫縛。出家解脱。在家畏懼。出家無畏。在家謫罰。出家無罰。在家多患。出家無患。在家煩熱。出家無熱。在家多求苦。出家無求樂。在家掉動。出家無動。在家貧苦。出家無苦。在家怯弱。出家無怯。在家下賤。出家尊貴。在家熾然。出家寂静。在家利他。出家自利。在家之人無潤精氣。出家之人有大滋潤。在家結樂。出家滅樂。在家增刺。出家無刺。在家成小法。出家成大法。在家不調。出家調伏。在家離戒。出家護戒。在家增長涓乳血海。出家乾竭涓乳血海。在家之人諸佛聲聞緣覺所呵。出家之人諸佛聲聞緣覺所讚。在家無足。出家知足。在家魔喜。出家魔憂。在家不降伏。出家降伏。在家奴僕。出家爲主。在家生死際。出家涅槃際。在家墮落。出家拔墮。在家暗冥。出家明照。在家之人根不自在。出家之人諸根自在。在家狂逸。出家不逸。在家不相應。出家相應。在家下觀。出家上觀。在家多營。出家少營。在家少力。出家大力。在家諂曲。出家正直。在家多憂。出家無憂。在家箭俱。出家除⑰箭。在家病患。出家無病。在家老法。出家壯法。在家放逸命。出家修慧命。在家誑詐。出家無詐⑱。在家多作。出家無作。在家毒器。出家甘露器。在家灾患。出家無灾害。在家不捨。出家放捨。在家之人取於毒果。出家之人取無毒果。在家之人不愛相應。出家不與不愛相應。在家痴重。出家智輕。在家失方便。出家淨方便。在家失正意。出家淨正意。在家失至意。出家淨至意。在家之人不能作救。出家作救。在家造窮劣。出家不造窮。在家非舍。出家作舍。在家非歸。出家作歸。在家多怒。出家多慈。在家負擔。出家捨擔。在家不盡一切諍訟。出家盡諍。在家有過。出家無過。在家匆務。出家閑務。在家熱惱。出家離熱。在家多仇。出家無仇。在家貯聚。出家無聚。在家財堅。出家德堅。在家憂俱。出家寂憂。在家損耗。出家增益。在家易得。出家之人億劫難得。在家易作。出家難作。在家順流。出家逆流。在家處流。出家船筏。在家結河。出家越度。在家此岸。出家彼岸。在家纏縛。出家離纏。在家嫌恨。出家寂恨。在家王法。出家佛法。在家愛染污。出家離染。在家生苦。出家生樂。在家淺近。出家深遠。在家易伴。出家難伴。在家妻伴。出家心伴。在家匆務。出家離務。在家逼他苦。出家樂他⑲。在家財施。出家法施。在家持魔幢。出家持佛幢。在家巢窟。出家離巢。在家非道。出家離非道。在家稠林。出家離林。

如是長者。在家菩薩漸次思念。我恒河沙等設於大祀⑳。爲諸衆生一日悉施。善調法中生出家心。是則堅實。施已畢足。我今應當堅修戒聞。彼入僧坊。禮如來塔。生於三想。我亦當得如是供養。我亦當得慜一切衆生留於舍利。我如是學。如是行。如是精進。疾得阿耨多羅三藐三菩提。設作一切佛諸事已。如佛如來入於涅槃。是入僧坊觀於一切諸比丘德。誰是多聞。誰是説法。誰是持律。誰持阿含。何等比丘持菩薩藏。誰阿練兒。何等比丘少欲乞食。著糞掃衣獨處離欲。誰是修行。誰是坐禪。誰是營事。誰是寺主。悉觀彼行。隨誰㉑人欲不生譏呵。若在寺廟及往聚落。有所言説善護口業。若有比丘乏於衣鉢病藥所須。隨應給與不令起瞋。何以故。諸天及人有妒嫉結。應倍護彼。凡夫人心非阿羅漢。凡夫起過非阿羅漢。彼近多聞。爲修聞故。親説法者修行決定。近持律者調伏結使不墮犯中。親近持於菩薩藏人。於學修行六波羅蜜及修方便。近阿練兒修學獨處。親近修行修學端坐。若有比丘未定位者。須衣施衣。須鉢施鉢。勸彼比丘發無上心。何以故。此非勝處財法攝彼。如是長者。在家菩薩如是善知沙門之行。若有沙門鬥訟諍競而和合之。捨於身命守護正法。長者。在家菩薩見病比丘。捨自肉血令彼病愈。長者。在家菩薩未開施心。不先請他㉒。施已心悔。一切善本以菩提心而爲上首。長者。在家菩薩住在家地。如佛教行。不忘不失助菩提法。現法無染。得增勝法。

爾時郁伽長者及諸長者。一切同聲歡喜讚嘆。希有世尊。善說在家過患。而猶未知出家戒行。出家功德。世尊。我等亦觀在家多過。出家德大。唯願世尊。哀愍我等願得出家。說是語已。佛告長者。出家甚難一向净行。時諸長者白言。世尊。實如聖教。唯願世尊聽我出家。當如教行。爾時世尊即聽出家。告彌勒菩薩。一切净菩薩。汝善丈夫令是等出家。時彌勒等令九千長者悉皆出家。是長者等受出家戒。是時復有千長者等。發阿耨多羅三藐三菩提心。爾時郁伽長者白言。世尊。已説在家過患功德。善哉世尊。願説出家菩薩戒聞功德之行。云何菩薩善妙法中調伏出家。禮拜起住。去來進止。

佛告長者。善思念之。當爲汝説。出家菩薩應如是學。如是住行。唯然世尊。受教而聽。佛言。長者。出家菩薩應如是學。我以何緣捨業出家。爲修慧故。勤加精進如救頭然。應作是念。我今應住於四聖種。樂行頭陀。長者。云何出家菩薩修四聖種。是出家菩薩隨所有衣應生知足。嘆美知足。不爲衣故而行妄語。若不得衣。不想不念。不生憂惱。設令得衣心不生著。雖服著衣而無繫著。不貪不住。知其過咎。知於出離。隨是知足。不自稱譽不毀他人。長者。出家之人隨所乞食。隨所敷具。亦當知足而生嘆美。不爲敷具而起妄語。不得不念。不生憂惱。得不染著。無染心畜。不吝不繫。知其過咎。知出離行。隨是知足。終不自稱。毀於他人。樂斷。樂離。樂於修習。於此樂斷樂離樂修不自稱譽。長者。是名出家菩薩住四聖種。

復次長者。出家菩薩以十功德持著身衣。何等十。爲慚恥故。爲覆形故。爲蚊虻故。爲風暴故。不爲軟觸。不爲好故。爲於沙門表戒相故。此染色衣令諸人天阿修羅等生塔想故而受持之。解脱而染。非欲染衣。寂静所宜。非結所宜。著此染衣。不起諸惡。修諸善業。不爲好故著染服衣。知聖道已我如是作。於一念頃不持染結。長者。是名出家菩薩十事功德持著身衣。

復次長者。出家菩薩見十事故。盡其形壽不捨乞食。何等十。我今自活不由他活。若有衆生施我食者。要令安住於三歸處。然後受食。若不施食。於是衆生生大悲心。爲彼衆生勤行精進。令是衆生所作辦已。後食其食。又我不違佛所教敕。爲殖滿足根本因故。依降伏慢積聚無見頂因緣故。不爲女人丈夫男女共和合故。平等乞食。於諸衆生生平等心。集一切智莊嚴具故。長者。出家菩薩見此十利。盡壽不捨於乞食法。若有至心敬信來請。爾時應去。若有請者不至心請。觀有自利利彼因緣。即便應去。

復次長者。出家菩薩見十利故。終不捨於阿練兒處。何等十。自在除去故。無我持故。捨臥具愛故。寂無愛故。處無可利故。阿練兒處捨身命故。捨衆鬧故。如來法中所作作故。寂定適意故。專念無留難故。長者。是名出家菩薩見十德利。盡壽不捨阿練兒處。長者。若阿練兒欲聽法故。有和上阿闍梨因緣事故。爲問病故至村聚中。當作是念。今夜還去。若爲讀誦在房舍住。應作是念。我今故在阿練若處。住阿練兒處。與法相應。於一切物無有諍想。於一切法無障礙想。集法無厭。長者。出家菩薩在阿練兒處作如是觀。我以何緣住阿練兒處。非但空處名爲沙門。是中多有不調不寂。不堅不相應亦住是中。所謂獐鹿獼猴。鳥獸師子虎狼。賊旃陀羅。是等無有沙門功德。是故我應具阿練兒。行沙門義利。謂繫念不亂。得陀羅尼。修大慈大悲。五通自在。滿六波羅蜜。不捨一切智心。修行方便。常以法施攝取衆生。教化衆生。不捨攝法。修行六念。勤進修聞。繫念修集正相應行。不證果智。守護正法。信於業報。是名正見。斷於一切妄想分別。是正思惟。隨所解法而爲演説。是名正語。除盡業滿㉓。是名正業。斷除結習。是名正命。勤趣於定。是名正進。不忘諸法。是名正念。得一切智知。是名正定。解空不驚。無相不怖。無願不怯。心不執有。依義不依語。依智不依識。依法不依人。依了義經不依不了義經。長者。是名出家菩薩住沙門法。
復次長者。出家菩薩不應親近多人衆中。我應捨彼。我之善根。終不捨於一切衆生故修於善根。長者。出家菩薩有四親近。如來所許。何等爲四。長者。出家菩薩親近聽法。是佛所許。親近成熟一切衆生。是佛所許。供養如來。是佛所許。親近不捨一切智心。是佛所許。長者。是名出家菩薩四種親近。如來所許。長者。親近是四。勿親近餘。
復次長者。出家菩薩住阿練兒處。應如是念。我以何故來在此處。我來至此爲怖何事。畏誰故來。畏衆鬧故。畏親近故。畏貪瞋痴故。畏狂慢故。畏惱熱故。畏慳貪故。畏於色聲香味觸故。畏於陰魔煩惱魔死魔天魔故。無常常畏。無我我畏。苦中樂畏。不浄浄畏。心意識畏。現在捶打畏。我見畏。我我所畏。惡知識畏。利養畏。非時語畏。不見言見畏。不聞言聞畏。不念言念畏。不識言識畏。沙門垢畏。欲界色界無色界畏。一切諸道生死處畏。地獄畏。畜生畏。餓鬼畏。我今怖懼如是等畏。來至於此阿練兒處。不住在家憒鬧衆中。若不修行。不修念處。則不相應。脱是畏故來至此處。過去無量菩薩摩訶薩。一切皆住阿練兒處。解脱諸畏。得於無畏。得無畏阿耨多羅三藐三菩提。未來菩薩亦復如是。住阿練兒處。脱一切畏。得於無畏無上正道。現在菩薩摩訶薩亦復如是。住阿練兒處。修行無畏。得於無畏阿耨多羅三藐三菩提。脱一切畏。是故我今欲得無畏。

脱一切畏。住阿練兒處。

復次長者。出家菩薩住阿練兒處。無怖無畏。應如是學。若有畏者。皆由著我。皆由執我。我爲初首。皆由愛我。起我。見我。想我。持我。妄想於我。守護於我。若住阿練兒處不捨執我。是爲失利長者。若住阿練兒處。無有我想。是住阿練兒處。無有見著。是住阿練兒處。不住我我所。是住阿練兒處。長者當知。無涅槃想。是住阿練兒處。況煩惱想。長者。謂阿練兒處者。不依著於一切諸法。不住諸法。於諸法無礙。不依色聲香味觸住。住一切法平等無垢。住善調心。弃一切畏住於無畏。住脱一切結流大河。住於聖種。住於少欲。住於知足易滿易養。住充滿智。住如聞修行。住於解脱。觀空無相無作門故。住解脱知見。斷繫縛故。住於邊際。順因緣故。住所作㉔已辦。究竟净故。長者。猶如空處。藥木叢林不怖不畏。如是長者。出家菩薩住阿練兒處。應自生心猶如草木墻壁等想。猶如幻想。是中誰畏誰怖。是故㉕應以無畏觀身。此身非我。非我所。無衆生。無壽命。無人。無丈夫。無少年。所言畏者。空名無實。我今不應以無實生畏。如彼空處藥木叢林無主㉖無護。應如是知一切法已。如是善住阿練兒處。何以故。斷憂諍故名阿練兒。無生無護名阿練兒。

復次長者。出家菩薩住阿練兒處。應如是學。漸順戒聚。次修定聚。住阿練兒處集於慧聚。住阿練兒處習解脱聚。住阿練兒處生解脱知見聚。住阿練兒處敷助菩提法。住阿練兒處集於十二頭陀功德。住阿練兒處諦方便故。住阿練兒處善知陰故。住阿練兒處等法界故。住阿練兒處削除諸入故。住阿練兒處不忘菩提心故。住阿練兒處觀空無畏故。住阿練兒處不失一切諸善根故。住阿練兒處佛所贊嘆。住阿練兒處菩薩所贊。住阿練兒處諸聖所譽。住阿練兒處欲解脱者之所依故。住阿練兒處欲一切智者應住是處。

復次長者。出家菩薩住阿練兒處。以少許事滿六波羅蜜。何以故。住阿練兒處不惜身命。是名出家菩薩住阿練兒處修習滿於檀波羅蜜。長者。出家菩薩住頭陀戒身口意戒。是名出家菩薩住阿練兒處修習滿於尸波羅蜜。長者。云何出家菩薩住阿練兒處㉗修

習滿於忍波羅蜜。於諸衆生無瞋恚心。忍一切智。長者。是名出家
菩薩住阿練兒處修習滿於忍波羅蜜。長者。云何出家菩薩住阿
練兒處修習滿於進波羅蜜。而是菩薩應如是學。我不離是處。要
當得於無生法忍。長者。是名出家菩薩住阿練兒處修習滿於進
波羅蜜。長者。云何出家菩薩住阿練兒處修習滿於禪波羅蜜。長
者。出家菩薩住阿練兒處。捨於禪定。教化衆生。修諸善根。長者。是
名出家菩薩住阿練兒處修習滿於禪波羅蜜。長者。云何出家菩
薩住阿練兒處修習滿於般若波羅蜜。長者。是出家菩薩住阿練
兒處。應如是學。如我此身。空處亦爾。如我此身。菩提亦爾。如如無
妄想。如空無妄想。長者。是名出家菩薩住阿練兒處修滿般若波

羅蜜。長者。出家菩薩住阿練兒處。如是修滿六波羅蜜。長者。出家菩薩成就四法。知阿練兒處。何等四。净戒。多聞。思惟相應。如法修行。是名出家菩薩知住阿練兒處。復次長者。出家菩薩若結增上不應親彼。住阿練兒處應摧伏結。復次長者。出家菩薩住阿練兒處。應修五通。爲化天。龍。夜叉。乾闥婆故。復次長者。出家菩薩應如佛教住阿練兒處。是中我應滿於一切清净之善。善法所熏。後至城邑聚落説法。長者。是名出家菩薩如是四法住阿練兒處。

復次長者。出家菩薩從阿練兒處起。受法讀誦。詣於和上阿闍梨所。上中下坐。是我福田。不應懈怠。是我自業。不嫉於彼。應爲彼使。

應如是觀。如來應供正遍覺。一切天人⑱魔梵。沙門。婆羅門供養福田。佛是一切衆生之父。佛不生心求於給使。我今欲學。我亦當爲一切衆生作於給使。我不求他爲我給使。何以故。長者。若有比丘重於給使。失法功德。若以財攝。彼當云何。欲使我作故。以財攝我。非爲法故。自失己信。若財攝給使。無大報利。若向和上阿闍梨所。知其心意應如所作。莫令和上阿闍梨不信於我。不敬愛我。彼捨身命爲讚誦法故。稱滿其意爲功德利。捨於利養。讚嘆於法。長者。若是菩薩於他人所。受持讀誦一四句偈。施戒忍進定慧相應集菩提道。於是師所爲法恭敬。如上諸師受持文字章句偈頌。於無量劫應爲彼使。不生諂僞一切供養。長者當知。不報其恩。況不敬法。長者。若信起善念。念佛法僧。念於無漏。念寂調伏。於無量劫給侍。使令供養和上。猶不報滿和上之恩。長者應如是知。長者當知。若聞法已。有無量報。得無量智。我應無量供養和上。

復次長者。出家菩薩如出家法住。長者。云何名爲如出家法住。是出家菩薩聞净戒已。應如是學修四净戒。何等爲四。謂住聖種。樂於頭陀。不親近於在家出家。不諂曲住阿練兒處。復次長者。出家菩薩聞净戒已。復應如是學四净戒。何等四。謂身净戒亦不得身。謂口净戒亦不得口。離於諸見。發一切智心。長者。是名四净戒。復次長者。出家菩薩聞净戒已。應如是學於四净戒。何等四。離於我想。弃於我所。遠斷常見。解因緣法。長者。是名四净戒。復次長者。出家菩薩聞净戒已。應如是學於四净戒。何等四。謂陰無所有。界如法界。入如空聚。不住假名。長者。是名四净戒。復次長者。出家菩薩聞净戒已。應如是學於四净戒。何等四。知㉙我不得我。聞㉚覺於他令心清净。心不樂住一切法等。無有動揺。長者。是名四净戒。復次長者。出家菩薩聞净戒已。應如是學於四净戒。何等四。所謂解空。不畏無相。一切衆生起於大悲。入於無我。長者。是名出家菩薩四種净戒。

復次長者。出家菩薩聞净三昧已。應如是學。何等净三昧。謂一切法無所有。無有二心。正業心。一處心。無動揺心。無戲論心。無亂鬧心。無依止心。於心自在無有馳散。不住心界。見心如幻。觀一切法等如法界。無行無住。又亦無起。不得内外。三昧同等。住如是法。説名三昧。如是長者。是名出家菩薩觀浄定聚。復次長者。出家菩薩聞浄慧聚。聞已應觀。何等名爲清浄慧聚。是菩薩應如是修學。知於緣法分別智。辯智。疾智。衆生智。攝外衆生智。如是長者。出家菩薩觀浄慧聚。復次長者。出家菩薩應如是學。所謂慧者名無繫縛。以無身故。無所執持。無動無住。無形無相。無生無行。如虚空故。長者。若如是觀。名爲菩薩住於出家。説是法時。八千衆生發阿耨多羅三藐三菩提心。是諸長者得無生法忍。三萬二千衆生遠塵離垢。得法眼浄。

爾時郁伽長者歡喜踴躍。以價直百千衣奉上供佛。白言。世尊。以此善根普施一切諸衆生等。令諸在家菩薩摩訶薩。成就如佛所教戒法。諸出家菩薩願令滿足一切諸法。亦令滿足如佛所教。世尊。云何在家菩薩住在家地學出家戒。如是問已。佛告長者。在家菩薩具足五法。住在家地學出家戒。何等爲五。長者。菩薩住在家地中。不吝一切所有財物。與於一切智心相應。不望果報。復次長者。在家菩薩住在家地。具浄梵行。不習欲想。況二和合。復次長者。在家菩薩至於空處。修習四禪。以方便力不入正位。復次長者。在家菩薩住在家地。應極精進學於智慧。一切衆生以慈相應。復次長者。在家菩薩住在家地。守護於法亦勸他人。長者。是名在家菩薩住在家地。具足五法學出家戒。

爾時郁伽長者白言。世尊。我在家中如世尊教。當如是住增廣佛道。諸出家戒我亦當學。爾時世尊即便微笑。諸佛常法。若微笑時。種種色光。青黃赤白從面門出。遍照無量無邊世界。上過梵世。蔽日月光。還繞身三匝。入如來頂。爾時阿難見佛微笑。從坐而起。整於衣服。偏袒右肩。右膝著地。而白佛言。大德世尊。以何緣笑。諸佛世尊非無緣笑。佛告阿難。汝今見是郁伽長者供如來不。欲修行法作師子吼。阿難白言。已見世尊。已見。善逝。阿難。是郁伽長者住在家地。是賢劫中如來應供正遍覺出現於世。常在家供養恭敬是諸如來。護持正法。常在家中住出家戒。廣聞如來無上菩提。爾時大德阿難語郁伽長者。汝見何利樂在家中。有聖智不。答言。大德。不成大悲。不應自謂我是安樂。大德阿難。菩薩摩訶薩忍一切苦不捨衆生。說是語已。佛告阿難。是郁伽長者住在家地。是賢劫中多化衆生。非出家菩薩百劫百千劫。何以故。阿難。百千出家菩薩所有功德。不如是郁伽長者所有功德。大德阿難白佛言。世尊。此經何名。云何受持。佛告阿難。是經名郁伽長者所問。亦名在家出家菩薩戒。亦名殷重給事師長品。阿難。若有菩薩得聞是經。是大精進。非下精進。住於梵行。百千萬倍所不能及也。是故阿難。欲自住進。欲勸他進。欲自住於一切功德。欲勸他住。應聽此經。受持讀誦。廣爲人說。如說修行。阿難。我以是法付囑於汝受持讀誦。何以故。阿難。此法具足一切功德。阿難。若有菩薩與是法相應。則不離與如來相應。阿難。若有菩薩離於是法。則爲離佛。若有菩薩離於是法。離受持讀誦如說修行。是離見於一切諸佛。何以故。阿難。佛出世㉛事皆於此經而顯示之。阿難。假令三千大千世界滿中大火。應從中過爲正覺故。往聽此經。受持讀誦。如說修行。阿難。若令三千大千世界滿中七寶恭敬奉施。爲聞此法。受持讀誦。如說修行。阿難。若爲過去一切諸佛起七寶塔。以一切供而供養之。阿難。若現在佛及聲聞僧。以諸樂具盡壽供養。阿難。未來諸佛及諸菩薩。悉爲奴僕及爲弟子而供養之。不聞是經。不受不持。不讀不誦。不轉不住。離是等法。不名供養諸佛如來。阿難。若有菩薩聞於是經。受持讀誦。爲他廣說。如說修行。而是菩薩已爲供養三世佛已。

何以故。阿難。如說修行則是如來調伏之法。說是語已。大德阿難。郁伽長者。乾闥婆。世間天。人。阿修羅等。聞佛所說。皆大歡喜。

大寶積經卷第八十二

校注

①『坐』，龍藏作『住』。

②『法施』，龍藏、思溪藏作『愛敬』。

③『常』，龍藏作『當』。本卷下文例同，用*標識，不再出注。

④『當』，思溪藏作『常』。

⑤『慳』，底本作『堅』，依龍藏、和裕本、上海佛學書局本、中州本改。

⑥『閉』，龍藏、思溪藏作『聞』。

⑦『施』，底本作『命』，依龍藏、和裕本、上海佛學書局本、中州本改。

⑧『背』，龍藏作『皆』。

⑨『念』，龍藏、思溪藏作『今』。

⑩『復』，龍藏、思溪藏作『倍』。

⑪『今』，龍藏作『令』。

⑫『不爲以調無諂無僞。具戒德行。發大莊嚴』，別譯本《郁迦羅越問菩薩行經》（西晋·竺法護譯）此處譯作『不爲直信無諛諂人。又無僞慢。戒法完具。有德之人。被大僧那之鎧』。

⑬『住』，底本作『傳』，依龍藏、和裕本、上海佛學書局本、中州本改。
⑭『明』，龍藏作『名』。
⑮『奪』下，龍藏、思溪藏有『魔』字。
⑯『減』，龍藏作『滅』。本卷下文例同，用*標識，不再出注。
⑰『除』，龍藏、思溪藏作『俱』。
⑱『詐』，龍藏、思溪藏作『誑』。
⑲『他』下，龍藏有『樂』字。
⑳『祀』，龍藏、思溪藏作『禮』。
㉑『誰』，龍藏、思溪藏作『諸』。
㉒『他』，龍藏作『化』。
㉓『滿』，龍藏作『漏』。
㉔『作』，底本作『住』，依龍藏、思溪藏、和裕本改。
㉕『故』，底本作『以』，依龍藏、思溪藏、和裕本、上海佛學書局本、中州本改。
㉖『主』，龍藏作『住』。
㉗『處』，底本無，依龍藏、思溪藏補。

㉘『人』，底本作『世』，依龍藏改。

㉙『知』，思溪藏作『如』。

㉚『聞』，龍藏作『開』。

㉛『世』，龍藏作『家』。

大寶積經卷第八十三

大唐三藏菩提流志奉　詔譯

無盡伏藏會第二十之一

如是我聞。一時佛在王舍城耆闍崛山。與大比丘衆一千人俱。皆悉成就殊勝功德。能師子吼。菩薩摩訶薩五百人。一切皆得陀羅尼門。辯才無礙。證無生忍。住不退轉。具諸三昧游戲神通。善知衆生心行所趣。其名曰日幢菩薩。月幢菩薩。普光菩薩。月王菩薩。照高峰菩薩。毗盧遮那菩薩。師子慧菩薩。功德寶光菩薩。一切義成菩薩。成就宿緣菩薩。成就願行菩薩。空慧菩薩。等心菩薩。喜愛菩薩。樂衆菩薩。戰勝菩薩。慧行菩薩。電得菩薩。勝辯菩薩。師子吼菩薩。妙言音菩薩。能警覺菩薩。巧轉行菩薩。寂滅行菩薩。如是等菩薩摩訶薩而爲上首。復有釋提桓因。四大天王。娑婆世界主梵天王。及大威德諸天。龍。夜叉。乾闥婆。阿修羅。迦樓羅。緊那羅。摩睺羅伽。如是等無量諸大衆俱。爾時電得菩薩見諸大衆寂然清浄。諸大龍象皆悉已集。即從座起。偏袒右肩。右膝著地。合掌向佛。白言。世尊。我有少疑今欲咨問。唯願如來見垂聽許。

爾時世尊告電得菩薩言。如來應正等覺恣汝所問。當爲汝說。電得菩薩白佛言。世尊。菩薩摩訶薩成就何法。能滿衆生一切所欲。不爲諸過之所染著。隨其根性方便引導。令彼衆生身壞命終不墮惡趣。決定當得證於平等。處世無染猶如蓮花。不動法界游諸佛剎。常不離佛不見色身。住三解脱不入正位。隨衆生欲嚴浄佛土。於剎那頃速能成就阿耨多羅三藐三菩提。爾時電得菩薩摩訶薩。即於佛前以偈問曰。

無上人中尊　無邊知見者　安住於共法　利益諸世間
等心視衆生　爲世所依怙　示諸邪正道　令畢竟安樂
積集勝功德　猶如衆寶聚　世間智慧日　三界應供尊
願説最上乘　成就菩薩道　面相如滿月　具足奢摩他
開示寂静法　能滅諸煩惱　願説菩薩行　饒益諸衆生
佛剎并壽命　色身與眷屬　三業及諸法　一切皆清浄
唯願如來説　清浄菩薩行　云何降伏魔　云何而説法

云何不忘失　唯願爲宣説　云何勇進者　遍入於生死
安住一相中　於法常無動　云何諸佛所　親近而供養
常觀佛色身　畢竟離諸相　雖證三解脱　如鳥飛空界
未具諸功德　終不入涅槃　知諸根性欲　隨順無所畏
亦不生染著　成熟彼衆生　先施世間樂　後令發净心
具足殊勝智　證無上菩提　如是深妙義　唯願如來説

爾時世尊告電得菩薩摩訶薩言。善哉善哉。善男子。乃能問佛如是之義。利益安樂無量衆生。攝受現在世間天人。及未來世諸菩薩等。是故電得。應當諦聽。善思念之。當爲汝説。電得菩薩言。唯然世尊。願樂欲聞。佛告電得。菩薩摩訶薩有五種伏藏。大伏藏。無盡伏藏。遍無盡伏藏。無邊伏藏。菩薩具足如是伏藏。永離貧窮。即能成就如上所説殊勝功德。以少功力速疾當得阿耨多羅三藐三菩提。云何爲五。所謂貪行伏藏。瞋行伏藏。癡行伏藏。等分行伏藏。諸法伏藏。

電得。云何名爲菩薩摩訶薩貪行伏藏。謂諸衆生貪行相應。顛倒繫縛。隨行諸相種種分別。於色聲香味觸法等諸境界中。執著堅固。耽樂昏迷。菩薩於彼諸衆生等種種心行應如實知。彼諸衆生何所樂欲。於何境界染習增强。具足成就何等信解。往昔曾種何等善根。於何乘中當得發趣。所有善根久如成熟。菩薩爲斷諸衆生等一切欲故。令彼善心常相續故。審諦觀察而爲療治。電得當知。衆生根行差別難識。一切聲聞辟支佛所不能知。何況凡夫及諸外道。是故電得。或有衆生雖著諸欲。亦能成熟阿耨多羅三藐三菩提。或有衆生纏觸欲境。或以染心發於語言。便得成熟無上明脫。或有衆生睹諸妙色心生欲染。彼色變壞即便覺知。欲惱便息。深念無常。則能成熟無上明脫。或有衆生雖見女人不生貪著。於後思念方起染心。想彼形容而生愛戀。或有衆生於其夢中見可意色。心生貪著。繫念追求。或有衆生聞女人聲便生貪愛。有時暫見離貪染心。便得成熟無上明脫。是故電得。菩薩於是種種貪病及以貪藥善巧了知。而於法界無有二相。於此迷惑法界衆生起大悲心。電得。若貪瞋痴。若法界智。無有少法而可得者。菩薩作是念言。如我所見。是諸衆生。於此無相自性空寂假名安立和合法中。起於貪欲瞋恚愚痴。我當於此如實觀察。爲彼迷惑貪欲衆生住於大悲。成滿昔願。不動法界。以無功用智而成熟之。若有丈夫於彼女人。妄生凈想起重貪染。菩薩即便示現女身。端正殊妙色相具足。珍寶瓔珞種種莊嚴。猶如天女昔所未見。隨彼衆生令其愛著。極貪戀已。量彼堪任。方便拔其貪欲毒箭。以自在力還變女身。現其人前而爲説法。令彼衆生通達法界。便没不現。若有女人於彼丈夫心生愛染。菩薩便爲現丈夫身。乃至拔其貪欲毒箭。而爲説法令入法界。便没不現。電得。是諸貪行二萬一千。及彼諸行八萬四千。菩薩無功用智出生無量億千法門。開曉衆生悉令解脱。而亦不念我爲衆生如是説法。亦無衆生得解脱者。電得。譬如無熱龍王以業力故。於其宮内出四大河。爲諸衆生水陸住者。夏時熱惱而作清涼。潤澤花果。滋實五穀。令諸衆生安隱快樂。而彼龍王不作是念。我今令此河水流出。已出當出。然於四河常自泛滿爲衆生用。菩薩亦復如是。成就昔願。以無功用智説四聖諦。滅除一切生死熱惱。普施人天聖解脱樂。而是菩薩亦不念言。我今説法。已説當説。任運住於大悲之心。觀察衆生隨應説法。復次電得。譬如帝釋有十二那由他諸天女等。以彼帝釋自在力故現其多身。令諸天女於彼欲樂皆得滿足。各自念言。我今獨與帝釋歡娱。而是帝釋實無所染。菩薩亦復如是。於諸衆生應可度者。隨其意樂而成熟之。然是菩薩亦無染著。復次電得。譬如日輪出山峰時。光明普遍照閻浮提。所照之處。青黃赤白種種形色皆悉顯現。而彼日輪一色一光無差別相。菩薩亦復如是。智慧日輪照於法界。出彼衆生執著山峰。所緣一相。隨其意樂而爲說法。然於法界無有二相。電得。是名菩薩摩訶薩貪行伏藏。菩薩證得此伏藏已。或於一劫。或過一劫。隨諸衆生種種意樂現無量身。以種種言詞而爲說法。然於法界亦無二相。復次電得。譬如真金。由工巧力。隨意所作種種瓔珞莊嚴之具。其相各异。而彼金性無有差別。菩薩亦復如是。善觀法界。隨諸衆生種種意樂現無量身。以種種言詞而爲說法。然於法界亦無二相。是爲常入法界一相。菩薩獲得如是伏藏。能爲衆生種種説法。彼聞法已。具足富有無盡聖財。生死貧窮悉皆永斷。

復次電得。云何名爲菩薩摩訶薩瞋行伏藏。謂諸衆生憍慢相應。計我我所。住自他相。從久遠來不修慈忍。瞋恚熱惱自壞其心。於佛法僧不生憶念。瞋毒所覆。迷惑於法。菩薩於彼多瞋衆生。終不起於損害傷惱。唯作是念。奇哉衆生。愚痴迷惑。乃於諸法本性寂靜。無垢濁。無和合。無違諍。遠離法中。顛倒相應妄生瞋恨。如是念已。住大悲心常自懇惻。設有支解其身分者。爲欲調伏瞋行衆生。安住忍辱。若彼無量瞋行衆生。互相違背。心懷恚恨。是業成已。當墮毒蛇惡趣之中。住忍菩薩以慈念力化此衆生。能令不受惡趣之報。決定當得證於平等。是名菩薩善巧方便。滅除衆生瞋恚之行。復次電得。菩薩若見瞋惱衆生。作是念言。一切諸法本性清净。此諸衆生隨相而行妄生分別。於此平等無違法中而起瞋心。彼諸衆生於法界性不能了知。若此衆生見法性者。終不於他而生忿害。以不了知法界本性。是故生瞋。菩薩於彼多瞋衆生倍增慈愍。住於大悲。成滿昔願。以無功用智。爲壞衆生瞋恚行故。開示演說種種法門。而亦不念我爲衆生除瞋說法。何以故。菩薩善觀法界相故。是爲菩薩安住法界無差別相。滅煩惱行。電得。譬如不除黑暗得現光明。亦非無能除黑暗者。如是黑暗及光明性。皆如虛空無有差別。菩薩亦復如是。依此法界無差別智。善巧說法。摧滅種種瞋行衆生。不於法界而作差別。電得。譬如日輪所出光明。隨所照處皆日輪攝。菩薩亦復如是。爲欲調伏滅除瞋行。所有言説皆是法輪。不於法界而作差別。如是瞋行二萬一千。及彼諸行八萬四千。菩薩成就無功用智。隨彼衆生種種瞋行而爲説法。不作是念。我爲衆生今現説法。已説當説。是名菩薩摩訶薩瞋行伏藏。菩薩證得此伏藏已。若於一劫。若過一劫。隨諸衆生種種意樂。以種種文字語言方便演説。不能得其瞋行邊際。而是菩薩智慧辯才亦不可盡。是名菩薩善説法界無差別相。獲得如是瞋行伏藏。復次電得。云何名爲菩薩摩訶薩痴行伏藏。電得。諸菩薩等如是之行。甚爲難事。謂諸衆生隨惑行者。惱害他者。無明胎𦸕所纏裹者。如蠶處繭自繫縛者。於法界中無方便者。不善觀察所應行者。著我見者。行邪道者。住鈍行者。難出離者。爲如是等迷惑衆生。從初發心起大加行。不生疲苦亦無懈怠。如是思惟。應以何緣。何等勝解。云何說法。令此衆生入菩薩行而得解脫。菩薩往昔善觀法界。以無功用智住於大悲。知彼衆生迷法界已。隨力所堪而爲說法。悉令調伏。亦不念言。我今說法。已說當說。以彼往昔誓願力故。善觀緣起。自然演出百千法門。斷除衆生無明業行。令得解脫。電得。譬如良醫善療衆病。先善綜習醫方諸論。纔見病相皆悉了知。咒藥所施。無不除愈。菩薩亦復如是。善觀法界。以無功用智。爲彼積集痴行衆生。隨其根性開示演說百千法門。悉令明了。電得。是名菩薩摩訶薩痴行伏藏。菩薩證得此伏藏已。善觀緣起。爲如是等痴行衆生。若於一劫。若過一劫。隨其性欲。以種種文字語言善巧演説。不能得其痴行邊際。而是菩薩智慧辯才亦不可盡。是名菩薩於一切法無差別相善巧宣説。獲得如是痴行伏藏。如是痴行二萬一千。及彼諸行八萬四千。菩薩爲斷如是行故。開示演説百千法門。是名菩薩痴行伏藏。

復次電得。云何名爲菩薩摩訶薩等分行伏藏。譬如四面鏡輪。清徹明净。無諸垢翳。懸於四衢。所對色像皆於中現。無有增減。而此明鏡亦不念言。我能現此種種色像。然善磨瑩此鏡輪已。一切諸相自然而現。菩薩亦復如是。法界鏡輪善磨瑩已。住無功用三昧。

隨諸衆生心行差别。開示演説百千法門。悉令了知。皆得解脱。不起法相及衆生相。何以故。菩薩善觀法界相故。於此四行相應衆生如實了知。隨其根性而爲説法。而於法界及衆生界。如實觀察無有二相。爾所法界及衆生界。明見無二無差别故。電得。譬如虚空無有種種差别之相。亦無建立。菩薩亦復如是。善觀法界。了一切法入於一相。亦由往昔誓願力故。隨衆生行種種説法。而於法界無有差别。電得此等分行二萬一千。及彼諸行八萬四千。菩薩觀察悉皆明了。譬如良醫知病授藥。以無功用智種種説法。是名菩薩摩訶薩等分行伏藏。菩薩證得此伏藏已。爲諸衆生若一劫若過一劫。隨其志樂。以種種言詞善巧宣説。不能得其諸行邊際。

菩薩智慧辯才亦不可盡。是名菩薩善説法界無差別相。獲得如是等分行伏藏。

大寶積經卷第八十三

大寶積經卷第八十四

大唐三藏菩提流志奉　詔譯

無盡伏藏會第二十之二

復次電得。菩薩成就如是智已。於諸衆生根行意樂善巧了知。若見多貪衆生。爲欲調伏療其病故。示同凡夫現受諸欲。具有妻子家業資生。猶如蓮花而不染著。有諸衆生痴無智慧。不知菩薩善巧方便。而作是念。何有智者貪受諸欲。不异凡夫。便謂菩薩遠離菩提。如是衆生心不净故。起大瞋忿不生敬信。由此業故。身壞命終墮大地獄。復以菩薩密化因緣罪報畢已。决定當得入於平等。電得。譬如猛火隨投草木一切熾然悉成於火。菩薩亦復如是。智火熾然。所有衆生若貪瞋痴。若善不善。菩薩於彼與之同行。一切熾然皆成智慧。是名菩薩不共之法。又如須彌山王不共之相。所謂四面四寶所成。隨諸衆生青黃赤白種種色相。彼若往詣琉璃面者。皆同一色如彼琉璃。詣金色面皆如金色。銀頗梨色悉皆同等。菩薩亦復如是。得不共法。隨諸衆生若貪瞋痴。若善不善。至菩薩所。與之同行。一切皆令入菩薩智。彼心不净自惡業故。或墮地獄。餓鬼。畜生。閻摩羅界。以是菩薩不共功德及願力故。罪報畢已。決定當得阿耨多羅三藐三菩提。

電得。過去無量無邊阿僧祇劫五濁世時。有佛出現。號曰寶聚功德聲如來。應供。正遍知。明行足。善逝。世間解。無上士。調御丈夫。天人師。佛。世尊。時世壽命百二十歲。如我今日。彼諸衆生極重貪欲瞋恚愚痴。煩惱覆蔽。違逆父母兄弟朋友。不順和上及阿闍梨。不知恩德。常懷毒害奸詐賊心。互相破壞。非理而行。於佛法僧不生敬信。慳吝鄙弊。行餓鬼法。彼佛刹中有如是等諸惡衆生難可調伏。時彼世尊亦以往昔誓願力故。於此惡世得阿耨多羅三藐三菩提。其佛復有二萬二千大聲聞衆。彼時有王名曰廣授。自在王化統閻浮提。於佛法中信心清凈。請彼如來及比丘衆。於夏安居廣設供養。爾時有一法師比丘名爲無垢。具足辯才。善巧説法。衆所樂聞。開示衆生常不疲倦。凡所説法無有希求。容相熙怡先言問訊。色力具足顔貌端嚴。爲諸衆生之所樂見。供養恭敬。尊重贊歎。復有新學年少比丘。常隨無垢出入王宮。無有障礙。種種供養衣服飲食。卧具醫藥。時彼衆中多有比丘。不知修習身戒心慧。不敬佛法及以衆僧。常見斷見及我見等。謗於佛法。輕躁難調。不攝諸根住於非法。無沙門行自稱沙門。身口意業悉皆邪僻。時彼世尊過安居已便入涅槃。其王廣授以赤栴檀闍維供養。造立八十俱胝寶塔。以赤栴檀而爲欄楯。四面皆有金色蓮花。無垢比丘。佛所記別多聞第一。於佛滅後弘宣正法。隨所游行城邑聚落。教化無量百千衆生。皆令住於阿耨多羅三藐三菩提。爾時多有諸惡比丘。不知修行。常懷嫉妒。爲魔所惑。詣彼王所而作是言。王所師敬無垢比丘。出入王宮無有禁制。而彼比丘未離貪欲。非時而食。

香鬘嚴身。實非梵行。不應供養。我爲此事來告於王。莫於過後佛正法中而生不信。時有一魔名爲極惡。即自變身作比丘像。復詣王所如前重說。時廣授王數聞此語。即作是念。無垢比丘精勤有智。我所尊重。若有此事。終無是處。作是念已。爾時魔衆於虚空中便現半身。向彼王所而説偈言。

王應學伎藝　善識於機宜　廣授不能知　非是人王相

佛羅漢弟子　已具於大智　如是語不依　云何隨斷見

比丘爲利益　告汝以誠言　斷見惡趣人　實非修梵行

彼人於宫内　共婇女娱樂　王應與侍從　親睹離疑心

王聞如是事　心生大驚怖①　即便將侍從　速疾詣宫中

無垢時在宮　演説第一義　諸法自性空　無我無壽者
王與諸兵衆　俱爲魔所惑　見宮中婇女　圍繞於比丘
瞋猛如醉象　便敕旃陀羅　比丘污我宮　當治以苦法
臣佐及眷屬　皆爲魔所持　於無罪比丘　隨忿而生害
魁膾持刀進　無垢便悲泣　王語汝非法　何故而復悲
無垢白王言　是事難自表　且待須臾間　我當有明證
王聞比丘言　即止於魁膾　當試作何事　汝應速宣説
成就勝意樂　行慈利世者　合十指爪掌　而發於誓言
大王汝當知　若實無此事　願地六種動　空中雨妙花
當發如是言　大地六種動　空界雨天花　魔衆懷憂惱

王時[2]生净信　禮足求歡喜　我當墮地獄　無依願覆護
咄哉遇此惡　如何起毒心　無覆無所依　所從唯惡友
十方我無護　唯有於大師　我當捨王位　盡壽歸依住
比丘知彼王　及眷屬志樂　爲説第一義　王聞得正信
與百億眷屬　捨王位出家　修習頭陀行　不受他人請
時王後宮内　婇女八萬人　聞説第一義　皆住不退轉
王依於佛教　二十四年中　日夜常懺悔　罪業猶不盡
百俱胝眷屬　惡心向法師　由此命終後　墮於無間獄
多億年受苦　罪畢遇如來　以昔恐怖因　餘報常羸劣
次第轉修習　供養千億佛　各於餘國中　悉皆成正覺

俱同一名字　號功德名稱　時彼廣授王　慈忍比丘所
由起毒害意　於多億歲中　受昔惡業對　墮大叫地獄
畢此業報已　還得於人身　值普眼如來　親近常供養
由此轉奉事　八十俱胝佛　然後成正覺　今則我身是
彼比丘欲害　無罪法師者　當來得作佛　彌勒菩薩是
時彼王宮内　八萬諸婇女　净信植衆德　承事無量佛
於今復發行　大願利衆生　當奉千億佛　各成等正覺
我今告汝等　一切勿生害　修慈佛所贊　速得大菩提

是故電得。於諸衆生根性志樂不能善知。應一切時勿生害心。電得。譬如諸山。須彌爲最。如來智慧亦復如是。於諸智中最尊無上。

譬如一切諸水之中。海爲最勝。如來智慧亦復如是。於諸智中最爲深大。又如諸國王中。轉輪聖王最爲尊上。如來智慧亦復如是。於諸智中爲無上上。電得。如來成就如是智故。一切衆生貪瞋痴行心心轉變。如來悉知。一彈指頃皆能攝受。電得。如來成就一切種智。如明眼人自觀掌中五庵羅果。不用功力明了無疑。如來亦爾。了知一切衆生心行。於大衆中種種説法。無量無邊③數佛世界中貪行相應諸衆生等。爲貪熱惱晝夜尋思。虛過於時。我悉知見。爲貪熱惱。起於身口種種之業。我悉知見。瞋行衆生瞋忿覆心。互相憎嫉。以毒害故墮無間處。我悉知見。痴行相應諸衆生等。無明暗④迷惑執著。樂隨邪見。我悉了知。有堪任者。不堪任者。有增進者。

有退失者。於如來乘種善根者。於緣覺乘種善根者。於聲聞乘種善根者。我悉了知。如來成就如是智慧。處大衆中能了衆生心行差別。知非時故默然捨住。但作是念。此諸衆生於法迷惑不能解了。如來具足殊勝根力。善知時故。堪調伏者。勝志樂者。能堪忍者。受善言者。我悉了知。如是知已。於彼衆生攝受利益。是故電得。初業菩薩未入正位。於諸衆生勝志樂行不能善知。若在家若出家。皆不應起嫌害之心。勿於長夜自致衰惱。是故菩薩從初發心。當於一切住大乘者生於佛想。於餘衆生。雖復見彼作諸惡業。而亦不起損害之心。何以故。如來常說。若諸衆生於白净法有少缺減。終不能得入於涅槃。菩薩若見貪行衆生。應作是念。彼爲貪欲熱惱所燒。是我過咎。見彼瞋恚及以愚痴熱惱燒者。皆悉念言。是我之罪。何以故。我見一切衆生病苦。應爲求藥方便療治。我先誓願除衆生病。而今捨置。是我過咎。菩薩成就如是意樂。自省其過。於諸衆生深起慈心。若遇殺害割截身分。於彼怨所生反報心。無有是處。電得。菩薩如是正修行時。過去所有不善之業永盡無餘。未來不善終不更起。

電得。乃往古昔無量阿僧祇劫然燈佛前。有佛名勝生如來。應供。正遍知。明行足。善逝。世間解。無上士。調御丈夫。天人師。佛。世尊。出現於世。世界名光明。在安隱王城林中而住。爾時有旃陀羅名爲可畏。凶險好殺。安忍無慈。手塗於血。見者皆懼。時旃陀羅繫牛其舍。方入欲殺。牛見驚怖。掣繩奔走。往於勝生如來林所。時旃陀羅持刀隨逐。彼牛惶怖。墜於深坑。其命將終。楚痛號吼。時旃陀羅見是牛已。更增忿怒。便入坑中持刀欲殺。未下之頃。爾時勝生如來於彼林中。無量百千大衆圍繞。廣爲分別緣起法門。所謂無明緣行。行緣識。識緣名色。名色緣六入。六入緣觸。觸緣受。受緣愛。愛緣取。取緣有。有緣生。生緣老死憂悲苦惱。如是因緣。一切皆是純大苦集。電得於此緣中。無明於行無思無覺。行於無明亦無思無覺。乃至生於老死無思無覺。老死於生亦無思無覺。如是諸法性不可得。無行無念。無我我所。本性清凈。各不相知。凡夫不聞如是法故。執色是我。我有諸色。色屬於我。乃至受想行識亦復如是。由此執著我我所故。無常計常。苦計爲樂。不净計净。無我計我。生四顛倒。顛倒見故。無明迷惑。不正思惟。隨心染著。不能破壞。有愛繫縛。生死輪迴相續不斷。智者善觀法界相故。不見有少我。人。衆生。乃至壽命。生老病死。繫縛殺害而可得者。電得。爾時可畏旃陀羅於是時中。遥聞如來説法之聲。即便覺悟。尋止殺心。弃所持刀。從坑而出。往詣佛所。頂禮雙足。却住一面。白言。世尊。我今願欲於佛法中出家爲道。佛言。可爾。善來比丘。即成沙門得具足戒。爾時勝生如來知彼意樂漸已成熟。廣爲演説諸菩薩行。可畏聞已證無生忍。於佛法中永不退轉。彼牛得聞如來所説緣起法句。其聲微妙心生喜悦。命終之後生兜率天。得見彌勒成就正信。如是電得。諸衆生行甚深微密。難識難知。是故電得。菩薩欲求阿耨多羅三藐三菩提者。應當善知衆生根行。於一切衆生中住平等心。無礙之心。於一切法常無染著。捨諸所有。修持淨戒。安住忍辱。發起精進。入諸禪定。如實觀察一切法性。電得。菩薩圓滿如是六法。速能證得阿耨多羅三藐三菩提。云何圓滿。所謂依止一切智智而修行故。

電得。何者是諸菩薩法伏藏。所謂菩薩見一切色如實了知。本來不生。自性清淨。菩薩於色得善巧故。則能成就四無礙辯。何等爲四。所謂義無礙。法無礙。詞無礙。樂説無礙。義無礙者。於諸色義無挂礙故。云何色義。謂第一義。云何第一義。謂色不可得故。成就如是第一義智。名義無礙。法無礙者。於諸色法如實觀察。如實了知。名法無礙。詞無礙者。謂於諸色以無礙智。善巧言詞。種種分別。名詞無礙。樂説無礙者。謂於諸色隨衆生機開示演説。無染無著。名樂説無礙。菩薩成就如是智已。普於一切迷惑執著色法衆生。隨其性欲。以無功用智如應説法。而於法界不作二相。廣説乃至香味觸法亦復如是。電得。是名諸菩薩摩訶薩法伏藏。菩薩證得此伏藏已。爲欲調伏於如是等諸境界中迷惑衆生。隨其意樂於一一處。若一劫。若過一劫。以種種言詞善巧宣説。亦不能得諸處邊際。菩薩智慧亦無損減。不離法界隨順無二無差別故。是名菩薩善巧演説一切諸法無差別相。獲得如是法伏藏已。能爲衆生如應説法。令得具足無盡法財。生死貧窮悉令永斷。電得。是名菩薩摩訶薩五種伏藏。大伏藏。無盡伏藏。遍無盡伏藏。無邊伏藏。菩薩成就如是伏藏。圓滿殊勝諸功德故。少用功力。速得阿耨多羅三藐三菩提。説此伏藏法門時。電得菩薩得陀羅尼。五百菩薩得電光明三昧。三萬六千天子發阿耨多羅三藐三菩提心。

爾時月幢菩薩白佛言。世尊。如佛所説無功用智。是義云何。佛告月幢。若有菩薩於善法中身心相應。攀緣造作。是名功用。若有菩薩身心調柔。無念無依。離修行相。以彼成就往昔願智。億千佛刹所可施爲種種示現。而於法界亦無所動。常演説法。無少法相。以四攝法成熟衆生。亦無衆生而可度者。嚴浄一切諸佛刹土。而亦

不見不净佛刹。常念諸佛。不觀色相。游諸佛刹。不離法界。是名菩
薩無功用智。菩薩成就如是智故。滿足衆生一切希望。而於所作
亦無染著。爾時世尊説此無功用智時。三千大千世界六種震動。
釋提桓因與忉利天。於上空中雨曼陀羅花。優鉢羅花。拘物頭花。
波頭摩花。分陀利花。栴檀末香而散佛上。天鼓自鳴。大光遍照。昔
未曾見。衆生遇者身得清凉。爾時世尊告電得菩薩言。過去如來
應正等覺。皆於此處開示演説如是法門。未來諸佛當出於世。亦
於此處開示演説如是法門。現在無量阿僧祇世界中諸佛如來。
爲此法門不斷絶故。放大光明。爾時長老阿難從座而起。偏袒右
肩。右膝著地。合掌向佛。白言。世尊。當何名此經。我當云何奉持。佛

告阿難。此經名爲無盡伏藏。亦名説一切法無差別相。以是名字汝當奉持。佛説此經已。電得菩薩。長老阿難及諸四衆。一切世間天。人。阿修羅。乾闥婆等。聞佛所説。皆大歡喜。信受奉行。

大寶積經卷第八十四

校注

①『怖』，龍藏、思溪藏作『惱』。

②『時』，龍藏作『聞』。

③『邊』，龍藏、思溪藏無。

④『暗』下，龍藏、思溪藏有『蔽』字。

大寶積經卷第八十五

大唐三藏菩提流志奉　詔譯

授幻師跋陀羅記會第二十一

如是我聞。一時佛在王舍城耆闍崛山中。與大比丘衆千二百五十人俱。皆阿羅漢。衆所知識。菩薩摩訶薩五千①人。得大神通。變現自在。證無生忍及陀羅尼。其名曰師子菩薩。師子慧菩薩。妙栴檀菩薩。調御菩薩。大調御菩薩。光勝菩薩。光現菩薩。光威菩薩。光嚴菩薩。明覺菩薩。衆上菩薩。調御衆生菩薩。及賢劫中一切菩薩。彌勒菩薩摩訶薩。文殊師利法王子等而爲上首。復有四大天王。釋提桓因。娑婆世界主大梵天王。并諸無量天。龍。夜叉。阿修羅。乾闥婆。緊那羅。摩睺羅伽等衆所圍繞。如來世尊大名稱故。普聞世間。所謂如來。應供。正遍知。明行足。善逝。世間解。無上士。調御丈夫。天人師。佛。世尊。一切知者。一切見者。成就十力。四無所畏。四無礙解。十八不共法。大慈大悲。五眼具足。記說神變。教誨神變。神通神變。皆悉圓滿。能以三千大千世界大地城邑。草木叢林。須彌山等。大海江河。諸天宮殿。置一毛端。令住虛空。或經一劫。或過一劫。隨念所期。而不傾動。時王舍城國王大臣。婆羅門居士。一切人民。皆於如來深生尊重。以諸上妙飲食衣服。臥具湯藥。恭敬供養。於彼城中有一幻師。名跋陀羅。善閑异論工巧咒術。於諸幻師最爲上首。摩竭提國唯除見諦之人。及於正信優婆塞優婆夷等。諸餘愚人皆被幻惑。無不歸信。時彼幻師聞於如來功德名稱。便生是念。今此城中一切衆生。悉皆於我生尊重心。唯有瞿曇沙門猶未信伏。我今應當往彼較試。彼若歸我。摩竭提人必皆於我倍加恭敬。時彼幻師宿殖善緣。成熟時至。及由世尊威德力故。從王舍城往耆闍崛山。睹佛光明逾百千日。面輪嚴好猶如滿月。身相圓滿如尼拘陀樹。毫相清净如摩尼光。其目紺色如青蓮花。乃至梵天無能見頂。以六十種清净音聲爲衆説法。而此幻師雖睹如來威德特尊。猶懷邪慢。復更念言。我今應當試驗於彼。若是一切知見之者。應知我意。作是念已。前禮佛足。而作是言。願於明日受我微供。爾時世尊觀彼幻師。及王舍城諸衆生等根熟時至。爲成熟故。默然受請。時彼幻師既見世尊受其請已。復作是念。今此瞿曇不識我意。定知非是一切智人。即便辭退。作禮而去。尊者目連時在會中。既睹斯事。前白佛言。此跋陀羅欲於如來及比丘衆有所欺誑。唯願世尊勿受其請。佛告目連。莫作是念。然貪瞋癡能爲誑惑。我於是事久已斷滅。證得諸法本無生故。我於長劫安住正行。何有人能欺誑我者。汝今當知。彼之所作非真幻化。如來所作是真幻化。所以者何。現證諸法皆如幻故。假使一切諸衆生類。皆成幻術如跋陀羅。比於如來百分千分乃至算數譬喻所不能及。復告目連。於意云何。彼之幻師。頗能變現三千大千所有世界令嚴飾不。答言。不也。目連當知。我今能於一毛端中。變現莊嚴恒沙世界。猶未盡於如來神力。目連當知。有大風輪名爲碎壞。彼能破壞三千世界。復有風輪名毗嵐婆。能壞世界。復能成立。復有風輪名爲鼓動。彼風常能旋轉世界。復有風輪名爲安住。彼風能行有頂之處。復有風輪名爲飄散。彼能飄散須彌山王及黑山等。復有風輪名爲猛焰。劫火燒時。能飄猛焰上至梵天。復有風輪名爲止息。劫火燒時。彼能止息劫火所燒。復有風輪名爲清涼。能使一雲普覆三千大千世界。復有風輪名爲遍霔。劫火燒時。普於世界降霔大雨。復有風輪名爲乾竭。劫水漂時。能令彼水悉皆枯涸。如是風輪。我若具說。窮劫不盡。目連當知。於意云何。此之幻師。能於如是諸風輪中暫安住不。答言。不也。佛言。目連。如來能於如是風輪。行住坐卧得無摇動。又復能以如是風輪内②芥子中。現諸風輪所作之事。然於芥子無增無損。而諸風輪不相妨礙。目連當知。如來成就幻術之法無有限極。

爾時尊者大目乾連及諸大衆。聞於如來作是説時。生希有心。頂禮佛足。同聲唱言。我等今者遇大威德神通導師。獲大饒益。若有得聞如來世尊如是神力。深生信解。此人必當獲大善利。發於阿耨多羅三藐三菩提心。時彼幻師即於其夜詣王舍城。於最下劣穢惡之處。化作道場寬廣平正。繒彩幡蓋。種種莊嚴。散諸花香。覆以寶帳。復現八千諸寶行樹。其寶樹下。一一皆有師子之座。無量敷具悉皆嚴好。爲欲供養諸比丘故。而復化爲百味飲食。并現五百給侍之人。服以白衣。飾以嚴具。作是化已。時四天王來至會中。告幻師言。汝於明日爲供如來。化作如是無量嚴具。由是因緣獲大功德。我今爲欲助於汝故。供養如來。於此化爲第二道場。頗能聽不。時彼幻師聞是語已。生奇特心。即便聽許。於是四王即便變現無量殊妙莊嚴之具。倍於幻師幻化之事。時天帝釋復與三萬諸天子等來詣道場。語幻師言。我今亦欲因汝供養莊嚴道場。幻師驚悚。又便聽許。於是天帝爲如來故。化作堂宇。猶如三十三天殊勝之殿。又復化作波利質多。俱鞞陀羅。天妙樹等。次第行列。幻師爾時見斯事已。嗟嘆驚悔。欲攝所化。盡其咒術。幻化之事宛然如故。便自思念。此爲甚奇。我從昔來於所變化隱現從心。而於今時不能隱沒。必由爲彼如來故然。時天帝釋知彼心念。告幻師言。汝於今者爲如來故。莊嚴道場。無能隱沒。以是當知。若復有人於如來所。乃至發於一念之心。由斯善本。畢竟能作般涅槃因。彼聞天帝作如是說。心甚歡喜。過夜分已。往如來所。白言。世尊。我於今時營辦已訖。願垂哀愍。

爾時世尊於晨朝時著衣持鉢。與諸大衆恭敬圍繞。入王舍城。赴彼幻師道場之所。摩竭提國外道梵志婆羅門等。咸願如來爲於幻師之所幻惑。爲欲見故。皆來集會。諸比丘。比丘尼。優婆塞。優婆夷。樂欲見聞如來神變及師子吼。亦皆集會。爾時如來以佛神力。令彼幻師。帝釋。四王。各見世尊在於己所莊嚴之處。彼時幻師既見是已。捨於憍慢。前禮佛足。白言。世尊。今於如來悔過發露。我先於佛妄生欺誑。幻化種種莊嚴之事。後雖漸③悔。無能隱没。爾時世尊告幻師言。一切衆生及諸資具皆是幻化。謂由於業之所幻故。諸比丘衆亦是幻化。謂由於法之所幻故。我身亦幻。智所幻故。三千大千一切世界亦皆是幻。一切衆生共所幻故。凡所有法無非是幻。因緣和合之所幻故。汝今應以幻化飲食隨次而行。時彼幻師與四天王。釋提桓因并來眷屬。及所幻化給侍人等。即持飲食施佛及僧。同會衆人悉皆充足。爾時摩訶迦葉而説偈曰。

知食是幻化　受者亦復然　了此平等時　乃名爲净施

大目乾連曰。

知座是幻化　坐者亦復然　了此平等時　乃名爲净施

舍利弗曰。

如化給侍人　受者心亦然　施者能如是　乃名爲净施

須菩提曰。

勿以施爲施　勿以受爲受　施者能如是　乃名爲净施

阿難陀曰。

所施如虛空　受者不可得　遠離於身心　其施最清净

光幢菩薩曰。

譬如彼幻師　幻化莊嚴事　諸法皆如是　愚人不覺知

光嚴菩薩曰。

如座及諸樹　皆幻心所爲　幻心與虚空　何有少差别

師子菩薩曰。

野干未曾聞　師子所哮吼　其心無所懼　嘷叫林樹間

適聞師子聲　藏竄而無所　幻師亦如是　不對如來前

常於外道中　自贊超過佛　幻師雖造作　幻術有其邊

如來所成就　幻術無窮盡　一切諸天魔　莫能知邊際

師子慧菩薩曰。

了知給侍人　飲食并食者　一切皆幻化　善施無過上

彌勒菩薩曰。

如火得蘇油　展轉而增盛　世尊對幻師　幻化亦如是

文殊師利菩薩曰。

此會衆善事　如本未曾爲　一切法皆然　常等於前際

爾時世尊爲欲成熟彼幻師故。化一長者入於會中。謂幻師曰。汝今於此欲何所作。幻師答言。我爲供養沙門瞿曇。設諸飲食。長者告言。莫作是說。如來今者與諸比丘。在闍王宮受供而食。佛神力故。令彼幻師見於如來與諸比丘在彼而食。又復化作第二長者。謂幻師言。汝何所作。幻師答言。我爲供養沙門瞿曇。長者復言。莫作是說。如來今者與諸比丘。在於梵志里巷之中巡行乞食。佛神力故。令彼幻師還見如來與諸聖衆在里巷中巡行乞食。又復化作第三長者。告幻師言。如來今者。在彼醫王耆婆園中。爲諸四衆宣說妙法。佛神力故。令彼幻師皆見如是。④次復化作釋提桓因。來詣幻師。而復告言。如來今在三十三天爲衆說法。彼時幻師復見如來在天衆中演諸法要。爾時幻師復於林樹花葉之間。及諸一切師子座上。并王舍城里巷垣墻。室宅堂殿及諸勝處。皆見如來具諸相好。亦於一切諸如來所。自見己身悔過發露。彼時幻師唯見佛身。餘無所見。歡喜踴躍。而便獲於念佛三昧。從三昧起。合掌向佛而說偈言。

我昔於閻浮　幻化無過上　今比佛神通　無能及少分
由是方了知　諸佛難思力　隨心能變現　化佛如恒沙
所見諸如來　皆具於相好　願尊爲顯示　何者是真佛

於此諸如來　我欲修供養　願尊爲我説　何者爲勝果
若人於佛所　不生尊重心　如是諸凡夫　退失於安樂
今於世尊前　發露先所犯　妄試如來罪　永願滅無餘
梵釋并大衆　願皆證知我　爲度諸群生　今發菩提心
以智慧光明　覺悟於世間　施與甘露法　悉皆令充滿
若人於佛所　見如是神變　及聞悦意言　勝行無礙智
何有明慧者　不發菩提心　願示菩提道　及遍清净行
何等爲修行　二乘不能入　云何所行處　尊重而供養
云何具威儀　及離諸疑悔　云何於多聞　無厭修堅實
云何爲人説　令樂於正法　無希利養心　及善知恩報

云何於衆生　常爲不壞友　云何近善友　捨離惡知識
云何值諸佛　供養心無倦　云何爲學處　尊重及清净
云何定種姓　成就如理心　及捨不如理　具足正思惟
云何無怯弱　不爲魔所攝　思惟於義理　不捨諸衆生
云何不應捨　不取而攝取　得入於正行　具足善方便
云何修慈悲　成就諸神通　證於無礙辯　及得陀羅尼
云何獲法忍　清净之辯才　當捨應捨法　得入甚深義
云何於誓願　一切皆圓滿　於諸波羅蜜　而得不退轉
我於如是法　當願勤修行　唯願大悲尊　爲我廣宣説

爾時世尊以偈答曰。

若了一切法　皆同於幻化　是人則能現　百億諸佛身
往於俱胝刹　度脱諸衆生　譬如跋陀羅　無色現衆色
不生亦不滅　無住無去來　世尊變化身　及與比丘衆
亦無有生滅　乃至於涅槃　此皆是如來　不思議神變
亦如幻化者　現象馬軍陣　迷惑諸衆生　妄見爲真實
如是象馬軍　無性亦無生　諸佛無色相　無去亦無來
住於我見人　妄生於佛想　不應以色相　種族及生處
乃至梵音聲　而欲觀如來　亦難以心識　分别於諸佛
諸佛法性身　超過於三世　自性離諸相　不墮於法數
所現諸如來　自性無生起　亦無蘊界處　住於無所依

如是佛法身　非五眼能見　若謂我見佛　是則不能見
以無見爲見　如空中鳥迹　如汝所見佛　及餘未見者
平等如虚空　一相無差別　戒定慧解脱　及解脱知見
一切諸如來　功德無差別　皆住於空性　於法無所著
一切皆幻化　無性亦無生　供養一如來　則供於⑤多佛
諸佛之法身　平等無差別　如是一切佛　咸能生福利
普施諸如來　皆獲於大果　同證於平等　清净之法性
是故諸如來　無種種差別　如汝先所問　何者爲真佛
當捨散亂心　諦聽我宣説　應住正念慧　觀察於諸法
一切皆無生　妄見爲真實　色相若有生　則應亦有滅

是故諸如來　畢竟無有生　彼亦非已生　亦無有散滅
由是觀如來　以無見爲見　如汝所見佛　不依止方所
一切諸凡夫　皆依於五蘊　應當於彼蘊　如佛而觀察
諸佛及諸法　乃至於衆生　以無相爲相　無有依止者
若作是觀察　速證於菩提　諸法皆非有　由妄分别生
因緣體性空　離作者性故　如是能了達　因緣作者空
彼則能了知　離染清净法　以清净法眼　得見諸如來

時彼幻師聞是説已。得順法忍。五千衆生發阿耨多羅三藐三菩提心。二百菩薩證無生忍。爾時世尊飯食已訖。欲滿幻師所施願故。復説偈言。

能於所施物　施者及受人　等無分別心　是則施圓滿

爾時阿難白佛言。世尊。我等願於如來以佛神力加持幻師。令所施設莊嚴之事。於七日中令不隱没。是時如來爲衆請故。令彼幻師幻化道場。滿足七日嚴飾如故。爾時如來與諸比丘及大菩薩。天。龍。夜叉。乾闥婆等恭敬圍繞。還耆闍崛山爲衆説法。爾時幻師復往佛所。頂禮佛足。右繞三匝。却住一面。而白佛言。世尊。願爲演説諸菩薩道。勤修行者速當得至菩提道場。佛言。諦聽。善思念之。當爲汝説。幻師白言。唯然世尊。願樂欲聞。佛言。善男子。有四種法是菩薩道。若能修行。速當得至菩提道場。云何爲四。一者。於菩提心永不退失。二者。於諸衆生常無弃捨。三者。一切善根求無厭足。

四者。護持正法起大精進。善男子。菩薩復有四法遍清净行。云何爲四。一者。律儀清净。二者。意樂清净。三者。智慧清净。四者。受生清净。復有四法。唯菩薩行。非彼二乘之所能入。云何爲四。一者。修習禪定而不隨生。二者。於甚深義心能簡擇。三者。於諸衆生起大悲心。四者。種種辯才演法無礙。復有四法。所行之處。云何爲四。一者。樂住閑寂。二者。厭於憒鬧。三者。於諸衆生起大慈⑥心。四者。能了諸行無有去來。復有四法。尊重供養。云何爲四。一者。不惜身命。二者。心常歡悦。三者。捨離憍慢。四者。如説修行。復有四法。威儀具足。一者。知時。二者。知處。三者。寂静。四者。真實。

復有四法。能離疑悔。云何爲四。一者。於惡作事應預防護。二者。於諸智人當樂親近。三者。於所聞義常善思惟。四者。不以慈心不舉他過。復有四法。多聞無厭。云何爲四。一者。增長自他正智慧故。二者。於他疑惑能斷除故。三者。於佛正法能攝受故。四者。於諸如來贊無盡故。復有四法。多聞堅實。云何爲四。一者。聞正法已能善解了。二者。聞正法已不作諸惡。三者。聞正法已爲他開示。四者。聞正法已迴向菩提。復有四法。説法利益。云何爲四。一者。常受他人香味飲食。二者。恒受衣服種種供養。三者。令魔眷屬勢力羸弱。四者。諸天護持。魔不得便。復有四法。令他信樂所説之法。云何爲四。一者。心少欲故。二者。常知足故。三者。語柔軟故。四者。身順法故。復有四法。能演正法。無有希望。云何爲四。一者。於生死中恒懷怖畏。二者。不求世間利養親友。三者。於諸衆生常生擁護。四者。於諸聖種而能修習。復有四法。知恩報恩。云何爲四。一者。勸諸衆生趣菩提故。二者。知所作業不失壞故。三者。慈愛衆生如己身故。四者。善能修行菩薩事故。復有四法。於諸衆生爲不壞友。云何爲四。一者。能被忍辱大甲冑故。二者。福利衆生不求報故。三者。於大悲心常不退故。四者。雖多惱害亦不捨故。復有四法。於諸善友應當親近。云何爲四。一者。成就善巧方便。二者。成就殊勝意樂。三者。成就菩薩正行。四者。成就勸贊菩提。復有四法。於諸惡友應當捨離。云何爲四。一者。贊説二乘。二者。令退菩提。三者。增長惡法。四者。損壞諸善。復有四法。得值諸佛。云何爲四。一者。恒以一心專念佛故。二者。稱讚如來諸功德故。三者。所受律儀遍清淨故。四者。以勝意樂發弘願故。復有四法。供養諸佛心無懈倦。云何爲四。一者。應自慶快。我今供養最上福田。二者。由我供養。一切衆生亦當供養。三者。因供養已。於菩提心當得堅固。四者。睹於如來三十二相善根增長。復有四法。於諸學處生尊重心。云何爲四。一者。超過惡道。二者。得生善趣。三者。尊重如來。四者。圓滿諸願。復有四法。所應學處。云何爲四。一者。於菩提心常不捨離。二者。於諸衆生心行平等。三者。於波羅蜜精進修行。四者。聞無量法不生恐怖。復有四法。學處清淨。云何爲四。一者。不造諸惡。二者。深解空性。三者。不謗諸佛。四者。滅壞諸見。復有四法。三昧種姓。云何爲四。一者。離憒鬧故。二者。樂寂靜故。三者。心無亂故。四者。善根增故。復有四法。如理之心應當成就。云何爲四。一者。所修善法迴趣菩提。二者。心常宴寂無有執著。三者。於解脱門常勤修習。四者。曾不求證二乘涅槃。復有四法。不如理心應當捨離。云何爲四。一者。於諸生死有所怖畏。二者。於所修行不生信受。三者。於秘密教不求勝解。四者。於諸善根而不修習。復有四法。正思惟心應善修學。云何爲四。一者。菩薩乃至爲一衆生。於無量劫受生死苦。二者。應先了知一切衆生根性差別。而爲説法。令捨煩惱。三者。應當斷一切惡。修一切善。降伏魔軍。證於阿耨多羅三藐三菩提。四者。當爲三千大千世界無量衆生。以一梵音演諸法要。復有四法。無怯弱心。魔不能摧。云何爲四。一者。觀一切法猶如幻化。二者。常與如理正智相應。三者。於一切法無所分別。四者。於一切相無所執著。復有四法思惟於義。云何爲四。一者。知一切法從因緣生。二者。知無少法名爲起者。三者。知緣生法彼即無起。四者。知法無生亦無滅壞。復有四法。不捨衆生。云何爲四。一者。不捨弘願。二者。忍於疲苦。三者。不惜身命。四者。恒修四攝。復有四法。不應捨離。云何爲四。一者。於諸布施而不捨離。二者。成熟衆生而不捨離。三者。常自覺察而不捨離。四者。增長他善而不捨離。復有四法。常應攝受。云何爲四。一者。微少善根亦當修習。二者。增長他善心無懈怠。三者。聞説施戒則能信受。四者。不求一切利養名譽。復有四法。入於正行。云何爲四。一者。成就通智。二者。住大三昧。三者。修習空性。四者。無所執著。復有四法。善巧方便。云何爲四。一者。菩薩於諸發心。以菩提心而爲上首。乃至煩惱猶令順趣無上菩提。何况發起諸善心等。二者。觀諸衆生。乃至住於邪見之者。皆爲法器。三者。了知諸法無有自性。四者。修習解脱。於三昧門無執著想。復有四法。修大慈心。云何爲四。一者。修大慈心救護衆生。二者。修大慈心度脱衆生。三者。修大慈心覺悟衆生。四者。修大慈心爲令衆生入涅槃故。復有四法。修大悲心。云何爲四。一者。修大悲心。爲令衆生離諸惡道。住善趣故。二者。修大悲心。爲令衆生捨諸惡行。習善法故。三者。修大悲心。爲令衆生離於小乘。入大乘故。四者。修大悲心。爲令衆生離於生死。得涅槃故。復有四法。成就神通。云何爲四。一者。不惜身命。無愛戀故。二者。了一切法如幻化故。三者。於諸衆生起尊重故。四者。修奢摩他無散亂故。復有四法。得無礙辯。云何爲四。一者。隨順於義。不隨於文。二者。隨順於法。不隨於人。三者。了達諸法離於文字。四者。依了文字演説無盡。復有四法。得陀羅尼。云何爲四。一者。於諸多聞無有厭足。二者。於多聞者恭敬供養。三者。以種種名説眞實義。四者。隨秘密教能正趣入。復有四法。能得法忍。云何爲四。一者。多修勝解。二者。無有退轉。三者。資糧圓滿。四者。精勤無倦。復有四法。得淨辯才。云何爲四。一者。於説法人無所違逆。二者。尊重法師恭敬聽受。三者。不以多聞而自憍慢。四者。於少聞者不生輕賤。復有四法。應當捨離。云何爲四。

一者。於貪瞋痴應當捨離。二者。於聲聞乘應當捨離。三者。於緣覺乘應當捨離。四者。於善法想應當捨離。復有四法。入甚深義。云何爲四。一者。於有爲法深達緣起。二者。於秘密義能正了知。三者。於諸法性深生正解。四者。於一切法了達空義。復有四法。令願圓滿。云何爲四。一者。尸羅清凈。二者。凈除惡業。三者。無有諂誑。四者。增長善根。復有四法。於諸波羅蜜而得不退轉。云何爲四。一者。以善巧方便。能於一波羅蜜遍通諸波羅蜜。二者。以善巧方便。隨了一切衆生。遍了一切衆生。三者。以善巧方便證於一法清凈。遍證一切諸法清凈。四者。以善巧方便。了知一佛。遍能了知一切諸佛。何以故。由於法性無差別故。

佛説如是菩薩四法門時。幻師跋陀羅證無生忍。心懷踴悦。即升虛空。其身去地七多羅量。爾時世尊熙怡微笑。從其面門放無量光。其光普照諸佛世界。還於如來頂上而没。爾時尊者阿難作是念言。如來應正等覺。現此微笑非無因緣。即從座起。偏袒右肩。右膝著地。合掌向佛。以偈問曰。

普聞三界遍知尊　威德智處難思者　已達菩提功德岸
今現微笑有何緣　十方五趣諸衆生　心行種性上中下
如來於彼悉能了　今現微笑有何緣　人天八部諸大衆
所出種種妙音聲　比於如來清浄音　乃至不及歌羅分
世尊光明遍十方　普照無量諸佛刹　日月摩尼梵天光

無有能比如來者　已了性空甚深法　無我無人及衆生
有無二邊皆捨離　善知三際如水月　今誰趣於最上乘
紹繼如來法種性　生於廣大三寶中　微笑因緣願宣説
如來所現微笑光　爲彼諸乘有差別　於膝於肩而没者
如斯爲彼二乘人　今者所放無量光　此光入於如來頂
天中勝者爲何人　於此佛乘當授記

爾時世尊告阿難言。汝今見是跋陀羅不。白言。已見。佛告阿難。此善男子。過於九萬二千劫。於大莊嚴士善化劫中當得成佛。號曰神變王如來應正等覺。彼佛國土人民熾盛。安隱豐樂。地平柔軟如兜羅綿。花果諸樹次第行列。幢幡寶蓋以爲莊嚴。衆樂自鳴。妙香充遍。所須飲食應念而至。諸所受用資生之具。如忉利天而無有异。彼國常現種種莊嚴。是故號爲大莊嚴土。於彼國內一切人民皆住大乘。深信堅固。彼神變王如來壽十⑦千歲。正法住世滿百億年。臨涅槃時。授名稱菩薩阿耨多羅三藐三菩提記。告言。汝於來世。次當作佛。號一切最勝如來應正等覺。時跋陀羅聞於如來如是記已。從空而下。頂禮佛足。而作是言。我今歸命如來應正等覺及法比丘。如是殷勤無量俱胝數百千遍。復作是言。如佛世尊以於真如無有异故。説一切法不异真如。乃至無有差別。無有缺減。無有分別。無生無作。我今歸依亦復如是。爾時尊者阿難謂跋陀羅言。汝若如佛所説真如而歸依者。汝今豈於佛法性中有所得耶。幻師答言。我身即是如來法性。所以者何。我及如來無二無別。一切諸法皆真如故。言真如者。則一切法無差別性。一切衆生亦復如是。尊者當知。言無二者。無所分別是爲無二。何以故。遍知諸法。但有名字。是佛智故。尊者阿難前白佛言。奇哉世尊。此跋陀羅乃有如是智慧辯才。昔以幻化惑亂世間。今時復以智慧惑亂。佛告跋陀羅言。善男子。汝實爾耶。跋陀羅言。如佛所作惑亂之事。我亦如是惑亂世間。所以者何。謂佛世尊於無我中。說有衆生及壽命者。此於世間是大惑亂。如於如來證菩提已。不見少法是生死往來。而說生死往來。如我意者。唯有如來是大惑亂。佛言。善男子。善哉善哉。如汝所說。諸佛如來於無我中。乃至無有生死往來。

而隨世俗說衆生等。亦無少法名爲涅槃。然爲證得涅槃法故。說於涅槃。時跋陀羅聞是說已。前白佛言。我願出家。作於比丘。爾時世尊告彌勒菩薩摩訶薩言。汝當與是善男子剃除鬚髮。授具足戒。彌勒菩薩承佛教旨。即與出家。受於具戒。既出家已。復白佛言。世尊。此出家者。唯形相耳。非真出家。若諸菩薩真出家者。謂離諸相。處於三界。成熟衆生。方可名爲真出家也。說是語時。五千衆生發阿耨多羅三藐三菩提心。皆於諸漏心得解脫。爾時阿難白佛言。世尊。當何名此經。我等云何奉持。佛告阿難。此經名爲授幻師跋陀羅記法門。亦名漸證菩提法門。若有衆生於未來世。欲見如來。及爲衆生作佛事者。當於此經受持讀誦。廣爲人說。所以者何。

是人則爲已見如來。亦已爲他施作佛事。是故阿難。若於此經受持讀誦流通之者。則爲哀愍利樂衆生。若欲發趣無上菩提。亦於此經當勤修習。此經能出無上菩提。此經能生無上菩提。是故此經亦復名爲出生菩提。若有受持此經典者。當知諸佛止住其身。何況於中如理修行。時跋陀羅復白佛言。世尊。此經亦名發覺善根。何以故。今於佛所得聞是經。一切善根皆現前故。佛説是經已。尊者阿難及跋陀羅。天人大衆。阿修羅。乾闥婆等。聞佛所説。皆大歡喜。信受奉行。

大寶積經卷第八十五

校注

①『千』，底本作『十』，依龍藏、思溪藏、和裕本、上海佛學書局本及參别譯本《幻士仁賢經》（西晋·竺法護譯）文義改。

②『内』，龍藏作『納』。

③『漸』，龍藏、思溪藏作『慚』。

④『是』，龍藏作『來』。

⑤『於』，思溪藏作『養』。

⑥『慈』，龍藏作『悲』。

⑦『十』，龍藏、思溪藏作『七』。

大寶積經卷第八十六

大唐三藏法師菩提流志奉　詔譯

大神變會第二十二之一

如是我聞。一時佛在舍衛國祇樹給孤獨園。與大比丘衆千二百五十人倶。菩薩摩訶薩八千人。文殊師利與商主天子倶在會中。爾時商主天子白佛言。世尊。如來常以幾種神變調伏衆生。佛告天子。我以三種神變調伏衆生。一者説法。二者教誡。三者神通。云何名爲説法神變。所謂如來無礙大智。見未來世一切衆生心行差別。於三寶所有信不信。及業果報皆悉了知。如佛所説。若現在世所行惡因當墮惡趣。隨業受報決定無差。若彼衆生善業因緣誓願力故。從惡趣出。生人天中。或以聲聞辟支佛乘及以大乘而得解脱。經爾所劫受苦受樂。當得涅槃。當得值遇若干諸佛。如是等業決定無差。若彼衆生善業因緣誓願力故。當生欲界色界無色界。經爾所劫。以如是乘而得解脱。以如是行。當得見佛承事供養。如是一切上中下品善不善業。乃至一念。如來悉知而爲説法。是名説法神變。云何名爲教誡神變。若如是教諸持戒者。是應作。是不應作。是應信。是不應信。是應親近。是不應親近。是法雜染。是法清凈。乃至攝受一切功德善道資糧。行如是道得聲聞乘辟支佛乘。行如是道成就大乘。非法應離。如法應住。如佛所教決定無差。是地獄業。是傍生業。是餓鬼業。是人天業。不善應捨。善法應修。

此是聖道應如是學。此等衆生人天往返。漸入涅槃。如是示教。終不空過。是名教誡神變。云何名爲神通神變。若爲調伏憍慢衆生。或現一身而作多身。或現多身而作一身。山崖墻壁出入無礙。身上出火。身下出水。身下出火。身上出水。入地如水。履水如地。日月威德以手捫摩。或現大身至於梵世。乃至廣大遍覆三千大千世界。隨所應現調伏衆生。是名神通神變。

爾時商主天子白佛言。世尊。頗有神變能過此耶。佛告天子。如來復有殊勝神變。即語文殊師利。汝可演說。令諸菩薩得深法忍。摧伏衆魔。亦令如來菩提之法久住於世。文殊師利白佛言。世尊。如來若以三千世界四大海水置於掌中。水性衆生無所嬈動。如是神變未爲殊勝。若如來於一切法不可言說。無名無相。無色無聲。無行無作。無文字。無戲論。無表示。離心意識。一切語言道斷。寂靜照明。而以文字語言分別顯示。一切世間所不能解。沙門婆羅門聞者驚怖。是名諸佛最大神變。復次。如來若以三千大千世界內於口中。於四天下無所障礙。日月光明亦不隱蔽。如本而住。其中衆生亦不覺知往來方所。世尊。如是神變未爲殊勝。若如來於一切法不可說。無文字。無名相。乃至離心意識。一切語言道斷。寂靜照明。而以文字語言宣説顯示。是名諸佛最大神變。復次。如來不共之身神通力故。隨諸衆生種種示現。悉令歡喜。如是神變未爲殊勝。所謂如來大神變者。無我説我。無衆生説衆生。無人説人。無養育説養育。無名説名。無色説色。無受想行識説受想行識。無處説處。無界説界。雖説眼空眼不言空。雖説色空色不言空。説眼識空識不言空。乃至意空及以法空。意識空等亦復如是。説①如是等無名無相。無動無知。無言之法。摧滅一切生滅之相。是則如來最大神變。如是神變。不與眼相應。不與色相應。不與眼識相應。不與耳聲耳識。鼻香鼻識。舌味舌識。身觸身識。意法意識相應。如是神變。不與身合。不與心合。無行無作。離諸境界。一切世間所不能信。何以故。言世間者。名爲五蘊。凡夫於此妄生執著。或説蘊常。或説無常。以是義故。一切世間妄見蘊常。聞説無常不能生信。妄見蘊樂。聞説蘊苦不能生信。妄見蘊我。聞説無我不能生信。妄見蘊浄。

聞説不净不能生信。計蘊我所。説無我所不能生信。計五蘊實。聞説不實不能生信。以是義故。如來神變出過心相。聞者不欣。一切世間所不能信。復次。超眼境界非色法故。是名神變。超耳境界非聲法故。乃至超意境界非意法故。不可顯示。非智所知。是名神變。復次。空無相願不可言説。而説於空無相無願。是名神變。無起無作。無性無相。無生無滅。本來涅槃不可言説。而説涅槃。是名神變。復次。布施清净。净②三輪故。是名神變。何等爲三。謂離我相及衆生相。不念菩提。持戒清净。是名神變。所謂身口意業無所作故。忍辱清净。是名神變。刹那壞滅無所著故。精進清净。是名神變。無去無來身心不動故。禪定清净。是名神變。心無所依内外寂静故。智慧清净。是名神變。照明諸法。滅一切見故。復次。法無出相説出離法。是名神變。法無差別文字分別。是名神變。法無所行説有修行。是名神變。法無來去説有來去。是名神變。於一道證建立諸果。是名神變。於一味法分別三乘。是名神變。一切諸佛唯是一佛。説無量佛。是名神變。一切佛土唯一佛土。説無量土。是名神變。無量衆生即一衆生。説無量衆生。是名神變。一切佛法唯一佛法。説無量法。是名神變。法不可示。顯示諸法。是名神變。法無所得。修習作證。是名神變。

爾時商主天子白文殊師利言。如我所解仁所説義。於一切法所有言説。悉名神變。文殊師利言。如是如是。一切言説實無所説。名大神變。説是法時。一萬二千天子發阿耨多羅三藐三菩提心。五百菩薩得無生法忍。

爾時長老舍利弗語商主天子言。汝聞此神變不驚怖耶。天子答言。我即神變。云何驚怖。舍利弗言。天子以何密意而作是言。天曰。一切諸法若善不善。無動而動。名大神變。是故舍利弗。作善業者。生於天上有大威德。如是善業不可思議。一切衆生往來生死亦不可思議。不可思議者。名大神變。如佛所説。四種境界不可思議。一者。業境界不可思議。二者。龍境界不可思議。三者。禪境界不可思議。四者。佛境界不可思議。以是義故。説一切法名大神變。不應驚怖。復次舍利弗。若如來説此神變。虚空界寧有怖耶。答言。不也。

天曰。若虛空不怖。云何問言汝不驚怖。舍利弗言。汝豈同虛空耶。天曰。如佛所說。若內空外空是虛空不。答言。如是。天曰。是故一切衆生是虛空性。舍利弗言。天子。如汝所說。不久亦當現此神變。何以故。超過一切境界。是大神變故。

爾時舍利弗白佛言。世尊。此商主天子。往昔供養諸佛世尊及文殊師利。乃能成就如是辯才。佛告舍利弗。如是如是。如汝所說。是文殊師利之所成熟。舍利弗。乃往古世過無量劫。有佛名等須彌如來。應供。正遍知。明行足。善逝。世間解。無上士。調御丈夫。天人師。佛。世尊。出現於世。國名安樂。劫名歡喜。舍利弗。彼佛世界一切衆生具足安樂。乃至無有少苦惱聲。彼佛國土四寶所成。金銀琉璃及以頗梨地平如掌。清浄柔軟如天妙衣。無諸難處。天人充滿。安隱熾盛。快樂無量。是故名爲安樂世界。彼佛法中純是菩薩。精進勇猛。智慧光明。得修多羅王陀羅尼。辯才無盡。善巧方便。分別説法。神通智慧。摧破惡魔③。解脱無礙。成就定忍。善知根性。應病與藥。具大福德智慧資糧。爲諸衆生不請之友。以神通力遍游佛刹。入智行海。安住施戒智慧多聞。無邊善根方便迴向。住於十力四無所畏一切佛法。游戲三昧諸禪解脱。彼佛世尊以如是等諸大菩薩而爲眷屬。於彼世界。有轉輪王名浄莊嚴。正法化世。王四天下。七寶具足。王有千子。悉發阿耨多羅三藐三菩提心。浄莊嚴王及其後宫。亦皆已發阿耨多羅三藐三菩提心。彼等須彌如來壽七十俱胝歲。爾時淨莊嚴王於百千歲中。承事供養彼佛如來及菩薩衆。衣服飲食一切樂具。王與千子及其後宮得清淨信。愛法歡喜。更無异心。常於佛前手自供養。親近聽法。過百千歲已。時王千子及以内宮獲得四念。何者爲四。一者。念佛菩薩。二者。念施。三者。念戒。四者。不忘菩提之心。得此念故。若晝若夜常得見佛及諸菩薩。後於一時。淨莊嚴王及其眷屬。爲聽法故往至佛所。時彼如來爲欲教化諸菩薩故。於大衆中現種種神變。爾時淨莊嚴王前白佛言。世尊。頗有神變能過此耶。佛告大王。如來復有殊勝神變。所謂了知過去已滅。現在不住。未來未生。無心心所而説三世心心所法。於一味中説三解脱。於一滅證説四聖諦。開示諸法空無相願。成熟④顛倒苦惱衆生。説無相無爲成就菩提。於不取不捨説檀波羅蜜。於無住無作説尸波羅蜜。於無我法説羼提波羅蜜。身心寂静説毗離耶波羅蜜。不亂不攝説禪波羅蜜。離彼此岸説般若波羅蜜。無所動念而行方便。離依怙相修習於慈。以無作法修習於悲。以離欣悦而修於喜。以不住法而修於捨。以無所見起於天眼。無所聞故起於天耳。無所攀縁起他心智。離於前際起宿命智。身心不動起於神足。不住於法修於念處。以無生滅修四正勤。非根説根。非力説力。諸法寂静説菩提分法。無差别修八聖道。不住寂静修奢摩他。遠離法相修毗鉢舍那。本來寂滅而説涅槃。彼佛世尊爲净莊嚴王千子眷屬説此神變法時。八萬四千衆生發阿耨多羅三藐三菩提心。净莊嚴王及以千子證於法忍。以佛神力。即於佛前以偈贊曰。

如須彌山　映于大海　如來威光　蔽諸大衆　如日初出
破一切暗　世尊毫相　遍照佛刹　如月圓滿　光明熾盛
佛德圓滿　慧光普照　譬如蓮花　不著於水　佛處于世
無所染著　如師子王　吼於林野　人中師子　吼於性空
説一切法　非有非無　令離邊見　名師子吼　於一切相
若生若滅　説無生滅　名師子吼　分別此岸　或示彼岸
不住諸法　名師子吼　分別二相　是染是净　諸法性净
名師子吼　貪瞋痴行　從分別生　不起分別　名師子吼

說生死法　無常無我　從顛倒起　名師子吼　生死涅槃
本來寂靜　是大菩提　名師子吼　諸見所縛　流轉世間
開示性空　名師子吼　如來導師　所現神變　悉能開示
名師子吼
於一切違順　其心不傾動　常住於平等　名隨順法忍
隨順佛所說　甚深寂靜法　亦不於中證　名隨順法忍
遠離諸過惡　增長於善法　於中無所著　名隨順法忍
說諸法空聲　及一切見聲　二俱無所著　名隨順法忍
無邊佛法聲　種種煩惱聲　不起聲分別　名隨順法忍
於施戒多聞　精進及定慧　如法而修行　名隨順法忍

不捨菩提心　平等觀一切　清净菩提道　名隨順法忍
如來自意語　開示諸佛法　於此無疑惑　名隨順法忍
若我證菩提　當大師子吼　演說此神變　如今佛所說
我於不思議　無上大福田　已植於種子　終無有退轉
假令大地壞　大海悉枯竭　我所種善根　永無有退失
了知衆生心　其性如虛空　深植菩提種　得無邊福德
如我今志樂　唯佛能證知　天人乾闥婆　無有能知者
我今終不求　諸天勝妙報　我當得智慧　如佛人中尊
我於百千歲　親近供養佛　發趣菩提故　修此無邊業
我今與千子　及後宮眷屬　願常供養佛　爲成熟菩提

我今得善利　善見於諸佛　善得聞此法　愛樂於菩提
若愛樂菩提　則爲愛樂法　憐愍衆生故　不捨於佛乘

爾時衆中有菩薩名法速疾。語淨莊嚴王言。大王。汝不隨順如來神變。亦非發趣無上菩提。何以故。大王。菩提者。住於法界。不來不去。無知無行。非色非相。不取不捨。如畫虛空無所觸礙。本性清淨。大王。菩提者。入一切處。諸法平等故。菩提無分別。離諸相故。菩提寂靜。止息相故。菩提性淨。離計著故。菩提不動。無雜亂故。大王。菩提者。名心平等。無所起故。菩提者。名衆生平等。本無生故。菩提者。名不生生。因緣無性故。菩提者。不可顯示。離心意識故。大王。菩提無所行。過諸境界故。菩提無戲論。離尋思相故。菩提爲空。性相空故。菩提無相。離一切相故。菩提無願。無所住故。菩提無作。無業報故。菩提無爲。離三相故。大王。菩提者。性相如是。若於此法有所願求。徒自疲勞。何以故。如菩提性。菩薩應行。能如是行。名爲正行。爾時淨莊嚴王白法速疾菩薩言。願爲我説菩薩正行。法速疾言。大王。捨諸所有是菩薩行。衆生平等無分別故。頭陀學戒是菩薩行。戒性平等無所行故。離瞋熱惱是菩薩行。忍性平等無心相故。堅固勇猛是菩薩行。精進平等離心行故。三昧解脱是菩薩行。禪定平等無所緣故。聞慧資糧是菩薩行。慧性平等無所念故。生於梵住是菩薩行。染淨平等二俱離故。起諸神通是菩薩行。神通平等不生念故。具足辯才是菩薩行。法義平等離心相故。成就勝解是菩薩行。法界平等無所動故。修七覺分是菩薩行。觀照平等不懈怠故。起四攝法是菩薩行。諸法平等同其事故。等心衆生是菩薩行。心性平等無分別故。莊嚴佛土是菩薩行。清淨平等如虚空故。三十二相是菩薩行。觀法無相入平等故。淨身口意是菩薩行。離於三業性平等故。隨喜衆生是菩薩行。一切衆生等無我故。不厭生死是菩薩行。了知如夢性平等故。常修善業是菩薩行。知業平等無業報故。堅固修行是菩薩行。觀一切法如幻化故。安忍衆苦是菩薩行。了知平等苦不生故。親近善友是菩薩行。於友非友心平等故。勤修深心是菩薩行。果報平等無所求故。多聞無厭是菩薩行。説法聽法俱平等故。不慳吝法是菩薩行。平等説法不希求故。攝受正法是菩薩行。平等成熟諸佛法故。常求實智是菩薩行。第一義諦性平等故。謙下其心是菩薩行。等心謙下諸衆生故。普攝一切諸善功德是菩薩行。功德平等無所念故。

爾時浄莊嚴王聞説如是諸菩薩行。歡喜踴躍。生愛樂心。即脱衣服嚴身之具與法速疾菩薩。時王千子亦各脱身莊嚴之具。用上菩薩。作如是言。願令一切衆生成菩薩行。得是辯才。我等今者快得善利。得見如是真善知識。恭敬供養。爾時法⑤速疾菩薩告浄莊嚴王。汝所供養甚爲下劣。當知復有殊勝供養。時法速疾菩薩以偈頌曰。

大千界衆生　皆發趣菩提　假令盡一劫　男女以奉施

若人發道意　以信而出家　隨佛而修學　其福勝於彼
過去未來世　一切諸如來　無有不捨家　得成無上道
三世一切佛　稱贊出家法　若樂供養佛　當依佛出家
設滿恒沙界　珍寶供養佛　不如一日中　出家修寂静
彼則近菩提　摧破魔軍衆　出家不放逸　白法恒增長
不壞衆善根　遠離諸煩惱　捨於家業累　順道聖所贊
捨家離惱縛　除惱離魔縛　心解行無染　不久證菩提

爾時净莊嚴王聞此偈已。於自在王位一切愛欲皆悉捨離。即白佛言。世尊。我願於佛善法律中出家受戒。時等須彌如來告言。大王。出家無患。我常勸贊。樂著居家。非我所許。汝於王位猶有愛者。⑥

我當教汝如法而住。爾時浄莊嚴王告千子言。汝等誰能紹繼王業。諸子咸言。我等亦樂出家。願垂聽許。父王告言。汝等若悉出家。此四天下國土人民誰當養育。若汝等大悲堅固。應爲作王。普令衆生安住善法。時千子中有一王子。名念大悲。即以偈頌答父王言。

父王於佛法　所得諸功德　我悲受王位　亦當如是學
我常修梵行　盡形持八戒　我當不飲酒　不塗飾香花
身去莊嚴具　不卧金床座　足不躡金屣　首不飾寶冠
不著天妙衣　不觀諸妓樂　不玩奇鳥獸　不從宮女人
周巡四天下　宣行十善道　呵責家過患　讚嘆出家法

捨自在憍慢　親近佛法僧　不退菩提心　常厭於三界
以施愛利益　同事攝衆生　普令於大乘　悉當得成熟
晝夜六時分　當往於佛所　爲聽聞法故　供養彼如來

爾時等須彌如來贊念大悲王子言。善哉善哉。善男子。汝見平等法故。住於大悲出家正信。於在家菩薩最爲殊勝。與出家功德等無有异。爾時净莊嚴王即立念大悲紹於王位。與九百九十九王子從佛出家。既出家已。等須彌如來爲説如是神變之法。於後不久獲五神通。得念總持。多聞智慧。時念大悲於十五日受灌頂位。亦以是法爲四天下一切衆生宣示教化。九十二俱胝衆生發阿耨多羅三藐三菩提心。悉於等須彌如來法中出家修道。住於大乘。得不退轉。舍利弗。汝觀是法無量功德。成熟一切善根衆生。舍利弗。彼净莊嚴王者。豈异人乎。今商主天子是也。法速疾菩薩者。今文殊師利是也。彼千子者。此賢劫中千佛是也。念大悲王子者。我身是也。舍利弗。是諸菩薩深心正行。不放逸故。得阿耨多羅三藐三菩提。説此往昔修行法時。三萬二千天人發阿耨多羅三藐三菩提心。

爾時舍利弗語文殊師利言。仁與商主天子久修梵行。多供養佛。種諸善根。文殊師利言。大德。夫梵行者。名八聖道。是有爲法。我即無爲。是故我不久修梵行。夫梵行者。名有所行。我無所行。是故我不久修梵行。又梵行者。名爲二相。我無二相。是故我不久修梵行。

又梵行者。名滅煩惱。我無煩惱。亦無所滅。是故我不久修梵行。馳騁五欲説於梵行。我於五欲本無所行。是故我不久修梵行。超過魔道名爲梵行。我常⑦安住諸魔道中。是故我不久修梵行。成就善法名爲梵行。我於善惡都無所得。是故我不久修梵行。聲聞緣覺所住正位名爲梵行。我無所證。是故我不久修梵行。修涅槃道名爲梵行。我於涅槃無所願求。是故我不久修梵行。復次舍利子。汝所説我多供養佛。汝謂如來可供養耶。所以者何。如來非色。亦不可見。云何而得供養如來。如來非受。息一切受。如來非想。離一切結。如來非行。畢竟無作。如來非識。出過心意。云何可得供養如來。復次。如來行於性空非眼色界。住無相際非耳聲界。離於二相非鼻香界。無可知相非舌味界。無障礙相非身觸界。入於平等非意法界。云何可得供養如來。又如來者。名爲法界。名曰如如。入於實際。住於大空。不動本性。斷諸戲論。無所攀緣。不住於識。不依三界。亦不住於今世後世。常寂極寂。離身口意。無形無相。無毀無譽。無漏無失。猶如虛空遍一切處。云何可得供養如來。復次舍利弗。如汝所説種諸善根。此善根者。非身見根。非貪瞋根。非顛倒根。非五蘊六入七識住根。非八邪九惱十不善根。彼善根者。非戒學根。非心學根。非慧學根。非正趣道根。非明解脱根。非四諦六通根。非九次第定。十無學根。非五根。五力。七菩提分。八聖道根。又善根者。非結使根。非障礙根。非惡作根。非生滅見根。非斷常見根。非我見人見衆生見壽者見根。非蘊魔煩惱魔死魔天魔根。彼善根者。非妄念根。非無明根。非行識名色六入觸受愛取有生老死憂惱根。彼善根者。非欲界色界無色界根。非布施持戒忍辱精進禪定智慧根。非慈悲喜捨根。非聲聞緣覺所證之根。菩薩善根者。所謂心無所住一切智根。無自作他作根。忍辱調伏根。莊嚴身口意根。大慈大悲根。成熟一切衆生根。攝受一切法根。成就⑧一切佛法根。不斷三寶種根。捨一切所有不求果報根。積集衆善不求釋梵根。發大精進不樂小乘根。修習禪定不味著根。以無所捨行智慧根。遍入諸行修方便根。具足十力四無畏根。得陀羅尼無礙辯根。獲神通力净佛土根。趣菩提樹轉法輪根。時文殊師利説此三種决定義已。一切大衆咸稱善哉。以種種花。散於世尊及文殊師利上。作如是言。若佛刹中無文殊師利。佛不出世。非文殊師利。不能成熟一切衆生廣大善根。若有得聞文殊師利所説法門。不驚不怪⑨。遠離一切魔業障礙。於此大乘得清净光明。

大寶積經卷第八十六

校注

①『説』，思溪藏作『識』。
②『净』，龍藏、思溪藏無。
③『惡魔』，龍藏、思溪藏作『魔怨』。
④『熟』，龍藏作『就』。
⑤『法』，底本無，依龍藏、思溪藏補。
⑥『者』，龍藏、思溪藏作『著』。
⑦『常』，龍藏作『當』。
⑧『就』，龍藏作『熟』。
⑨『怪』，龍藏、思溪藏作『怖』。

大寶積經卷第八十七

大唐三藏菩提流志奉　詔譯

大神變會第二十二之二

爾時世尊於大衆中贊商主天子。善哉善哉。如汝所言。天子。汝聞文殊師利所說神變。而能了知於餘神變。更無驚怖。何以故。一切世間大驚怖者。所謂於常想中說無常想。於樂想中說於苦想。於我想中說無我想。於净想中說不净想。於有想中說於無想。於諸見中而說空想。寂静想中說於無想。於三界中說無願想。於我我所說無著想。若於是中不驚不怖。是則名爲住正調伏。何以故。若生驚怖。則於是法不能受持。所謂執著於我及以我所。若無執著則無所住。無所住則無所動。無所動則無來去。無來去則無所受。無所受則無所取。無所取則無顛倒。無顛倒則無邪見。無邪見則無正信。無正信則無正見。無正見則無正定。無正定則無亂心。無亂心則無住處。無住處則無建立。無建立則無識相。無識相則無思惟。無思惟則無所得。無所得則無攀緣。無攀緣則無分別。無分別則不見自他。不見自他故則無相續。無相續故則無熱惱。無熱惱故則無煩惱因。無煩惱因故得見光明。見光明故則得智慧。得智慧故得廣大心。得廣大心故魔不得便。摧伏魔故則無障礙。無障礙故則爲現前得一切佛法。如是天子。於一切法無生無作。開示演說。是則名爲說大神變。

爾時舍利弗白文殊師利言。如我所問。仁者皆以秘密説耶。文殊師利言。舍利弗。一切諸法。文字合集假名安立。文字無盡隨樂而説。諸法無性。如應得解。舍利弗。一切法自性離。無積集。無所見。但隨樂欲如應演説。而此法者。無所從來。亦無所去。不在方。不離方。無集無散。若以文字説一切佛法。一切衆生法。不從身出。不從心出。從因緣生。如彼文字無有積集。心心所法亦無積集。如心心所無有積集。一切煩惱障礙亦無積集。如煩惱障礙無有積集。智慧亦無所積集。是故煩惱智慧二俱捨離。煩惱智慧無所住故。是則名爲説大神變。

爾時商主天子白文殊師利言。何等是菩薩智。文殊師利言。苦智。

不厭諸蘊故。集智。積集善根故。滅智。示有生故。道智。離惡道故。因智。所作不壞故。緣智。斷生死故。佛智。令入證故。緣生智。無所著故。蘊智。除蘊魔故。界智。法界平等故。處智。善觀空聚故。施智。無非時故。戒智。攝諸破戒故。忍智。守護衆生故。精進智。作善業故。禪定智。不離定心故。智慧智。了知諸法故。方便智。成熟衆生故。慈智。拔諸有故。悲智。無疲倦故。喜智。愛樂法故。捨智。成就佛法故。觀察智。住念處故。正勤智。順平等故。神足智。無作用故。信根力智。離一切著故。精進根力智。摧破一切煩惱故。念根力智。不失念故。定根力智。一切法平等故。慧根力智。知諸根性故。菩提分智。自然覺故。道智。拔諸惡趣故。盡智。善根無盡故。無生智。得無生忍故。念佛智。成就佛身故。念法智。轉法輪故。念僧智。入平等衆故。念捨智。不捨一切衆生故。念戒智。圓滿一切願故。念天智。離一切惡故。衆生根智。了知無量故。圓滿智。於戒無缺故。衆生藥①智。如實相應故。處非處智。不見處故。十力智。攝諸聲聞緣覺故。無畏智。了知障非障故。過去世無礙智。無所著故。未來世無礙智。一切法無所趣故。現在世無礙智。無所住故。一切衆生受無量身智。從語言生故。一切衆生言音差別智。從心生故。一切衆生心所動智。能覺了故。無過失智。了知一切衆生過失故。無卒暴智。能息一切諸鬥諍故。不失念智。安住亂心衆生故。攝衆生智。攝諸懈怠故。佛不共智。知應化故。大方便智。依般若故。天子。是名諸菩薩智。以是智故。當得如來無礙大智。

爾時商主天子白文殊師利言。希有希有。是菩薩智於三界中最爲殊勝。不可以少莊嚴而能成就。若能發生是智慧者。爲大神變。文殊師利。云何菩薩能於此法具足莊嚴。文殊師利言。天子。若聞一切衆生本來寂滅。不生驚怖。是名菩薩具足莊嚴。天子言。文殊師利。云何名菩薩。答言。若行菩提而無所住。是名菩薩。又問。云何名摩訶薩。答曰。已度諸行圓滿大智。爲摩訶薩。又問。云何說爲殊勝衆生。答曰。以智慧故不著於法。以方便力攝受一切。是故說爲殊勝衆生。又問。云何名爲清净衆生。答曰。不與一切煩惱住故。爲除衆生煩惱病故。發大精進。是名清净衆生。又問。云何名爲極清净衆生。答言。若爲度脱一切衆生净修道品。是名極清净衆生。又問。云何菩薩爲世導師。答曰。若能安住所行之道。成熟無量無邊衆生。是名導師。又問。云何菩薩住於調伏。答曰。若於所應調伏衆生。能令安住究竟調伏。是名調伏。又問。云何菩薩而得勇猛。答曰。若能成熟一切衆生。摧破魔怨。令出生死。是名勇猛。又問。云何菩薩難可沮壞。答曰。若能成滿往昔誓願。不求聲聞緣覺道證。是名菩薩難可沮壞。又問。云何菩薩勝出一切。答曰。以智方便護持正法。成熟衆生。一切天人靡不瞻仰。是名勝出。又問。云何説法。答曰。依佛所説。摧滅一切衆邪异論。是名説法。又問。云何説律。答曰。自住於戒。能斷衆生煩惱惡業。是名説律。又問。云何具足利益衆生。

答曰。所集善根迴向一切。是名具足利益衆生。又問。云何直心。答曰。於貪恚癡諂曲衆生不生恚礙。又問。云何不諂。答曰。所言誠實。又問。云何離誑。答曰。諦思後言。又問。云何離慢。答曰。於一切衆生不起貢高。又問。云何大施。答曰。所集難得無上菩提猶施衆生。何況世間所有之物。又問。云何具戒。答曰。乃至失命終不捨於菩提之心。又問。云何爲忍。答曰。能忍逼迫。不逼惱他。又問。云何精進。答曰。簡擇諸法。無少可得。又問。云何禪定。答曰。不見欲界。又問。云何智慧。答曰。無所分別。又問。云何住慈。答曰。觀衆生界空無所有。云何住悲。答曰。知諸法空而不捨精進。云何住喜。答曰。住大寂樂。求法無厭。云何住捨。答曰。不染世法。能救世間。云何身清浄。答曰。隨意生身。於一切衆生平等示現。云何語清淨。答曰。凡所説法。終不空過。悉能滿足一切衆生。云何意清淨。答曰。一切衆生所有心念。於一心中悉能了知。云何天眼。答曰。能見一切色相光明而無所著。云何天耳。答曰。聞一切聲離諸聲相。云何他心。答曰。了知諸心生滅流注。云何宿命。答曰。不動實際。了知前際。云何神通。答曰。不動魔業。摧破諸魔。云何調伏。答曰。能調一切難調伏者。云何爲護。答曰。不爲諸根之所擾亂。云何調順。答曰。一切諸法所不能動。云何寂靜。答曰。處煩惱火而不爲燒。度煩惱者而演説法。云何淨信。答曰。若説佛身是色相法。終不信受。不爲所壞。云何菩薩善巧方便。答曰。若見衆生煩惱過失等於菩提。是名菩薩善巧方便。説此法時。萬二千衆生發阿耨多羅三藐三菩提心。五百菩薩得無生法忍。爾時世尊讚言。善哉善哉。文殊師利。善能演説諸菩薩行。則爲已攝一切菩薩無量功德。

爾時商主天子白文殊師利言。仁於往昔恭敬供養幾佛世尊得是辯才。文殊師利言。譬如幻人心數已滅。天曰。衆生心相尚不可得。何況幻人而有心滅。答曰。諸佛如來性相如是。我依是法供養如來。天曰。仁者行檀波羅蜜爲久近耶。答曰。如佛所化人。若有問言久近行檀波羅蜜。當云何答。天曰。無可答也。文殊師利言。我亦如是。云何乃問久近行耶。天曰。汝住慳耶。答言。如是。又問。汝意云何。答曰。我不捨佛法及一切衆生。是故爲慳。天曰。如文殊師利所說義者。亦破戒耶。答言。如是。天曰。汝意云何。答曰。夫破戒者則墮惡趣。我爲度脱苦衆生故。入惡趣中。故名破戒。又問。汝起害心耶。答言。如是。天曰。汝意云何。答曰。夫害心者。名爲不愛。我於煩惱及以二乘都無所愛。故名害心。又問。汝懈怠耶。答言。如是。又問。汝意云何。答曰。我不起身口意業。無所進求。不取不捨。故名懈怠。又問。汝散亂耶。答言。如是。天曰。汝意云何。答曰。夫散亂者。非謂不住解脱心耶。天曰。如是。答曰。我爲成熟一切衆生。不住解脱。故名亂心。又問。汝無智耶。答曰。如是。又問。汝意云何。答曰。夫無智者。同諸愚惑不怖生死。豈不爾耶。天曰。如是。答曰。我於生死不驚不怖。爲欲成熟愚惑衆生。同其事業。故名無智。天曰。汝爲世間堪供養者。答曰。我於一切生殺害心。又問。汝意云何。答曰。我殺害彼貪欲瞋癡故。爲世間堪供養者。天曰。如汝所說。令諸世間悉當驚怖。答言。天子。若實際驚怖。則世間驚怖。何以故。一切世間即實際故。又問。若復有人謗毀此說。當何所至。答曰。當至涅槃。又問。以何意耶。答曰。聖解脱中無有文字。是故毀於言説。得至涅槃。以是義故。一切諸法本來解脱。不復解脱。又問。是義云何。答曰。已解脱者。寧更解脱。又問。謗正法者。豈不入地獄耶。答曰。若已解脱。則離諸垢。云何趣地獄耶。天曰。文殊師利。如汝所説無贊助者。答曰。空無相願中何所贊助。又問。修空行者。當何所住。答曰。當住於慈。所以者何。衆生如幻。自性空故。天曰。文殊師利。云何了知諸衆生界。答曰。見一切衆生從因緣起。不斷不常。是故遍知衆生界也。又問。衆生界者。爲何義耶。答曰。衆生界者。即是法界。又問。云何法界。答曰。自性空界名爲法界。又問。何謂空界。答曰。超過一切境界是虛空界。又問。何等是超過界。答曰。是佛境界。又問。何謂佛境界。答曰。眼界是佛境界。然佛境界非眼眼色眼識境界故。耳界是佛境界。然佛境界非耳耳聲耳識境界故。乃至意界是佛境界。然佛境界非意意法意識境界故。色界是佛境界。然佛境界非色境界故。受想行識界是佛境界。然佛境界非受想行識境界故。無明界是佛境界。然佛境界非無明界故。乃至老病死界是佛境界。然佛境界非老病死境界故。欲界是佛境界。無貪相故。色界是佛境界。非對除貪故。無色界是佛境界。非非無明見故。無爲界是佛境界。無二相故。有爲界是佛境界非三相故。天子。是名佛境界。如是境界入一切界。若邊無邊。皆悉攝受。菩薩善入是境界故。常行世間一切境界。超過魔界。佛界魔界如實了知。寂靜平等。是則名爲最大神變。復次。菩薩不住平等。以平等法成熟衆生。云何平等及非平等。一切諸法自性空寂。如是了知名住平等。不能入於諸法性空。名非平等。菩薩成熟如是衆生。而亦不住空平等故。一切諸法。無願平等。無作平等。無生平等。無滅平等。離染平等。寂靜平等。無性平等。滅平等。涅槃平等。彼不了知是平等法。菩薩成熟如是衆生。而亦不住於平等故。是故菩薩不住平等。不離平等。是菩薩行。

爾時商主天子白文殊師利言。願爲我説諸菩薩行。文殊師利言。天子。菩薩行者。不可思議。天子言。云何菩薩行不可思議。文殊師利言。貪行是菩薩行。貪不可思議故。瞋行是菩薩行。瞋不可思議故。癡行是菩薩行。癡不可思議故。不②慳吝是菩薩行。無施想故。不毀戒是菩薩行。不取戒相故。不恚害是菩薩行。無忍想③故。不懈怠是菩薩行。離精進念故。不散亂是菩薩行。不住定故。離愚癡是菩薩行。不作智想故。無煩惱是菩薩行。無所斷故。無貪愛是菩薩行。離身相故。悲愍心是菩薩行。捨女人慈故。無染污是菩薩行。呵責五欲故。離非法是菩薩行。積集善根故。無吝惜是菩薩行。捨身命故。滅諸惡是菩薩行。無熱惱故。無所著是菩薩行。離愛非愛故。無所壞是菩薩行。正觀煩惱故。不怖畏是菩薩行。入無邊生死故。大精進是菩薩行。荷負一切衆生故。不退轉是菩薩行。成滿昔願故。衆寶行是菩薩行。攝三寶故。一切行是菩薩行。勤修助道法故。無障礙是菩薩行。離二邊故。無過失是菩薩行。智者所贊故。安住心是菩薩行。念一切衆生故。無分別是菩薩行。等觀一切故。善丈夫是菩薩行。荷擔無倦故。勇猛是菩薩行。摧破一切煩惱故。堅固是菩薩行。所作不中廢故。勝出是菩薩行。精進不退故。隨順是菩薩行。於諸同侶無違逆故。歡喜是菩薩行。於行惡者令歡喜故。信樂是菩薩行。見佛聞法事師欣悦故。金剛甲胄是菩薩行。不毁律儀故。莊嚴佛土是菩薩行。净其心故。超過一切是菩薩行。入最上乘故。知恩報恩是菩薩行。不斷佛種故。智慧方便是菩薩行。攝受無斷故。說此菩薩行時。五百菩薩得無生法忍。

爾時商主天子白文殊師利言。快哉。善說此菩薩行。若諸菩薩能如是行。則爲已受如來記別。佛告天子。如是如是。如汝所言。我昔得此行時。然燈世尊與我授記。我時獲得無生法忍。是名如來最大神變。若久成就清淨業者。乃能修習此菩薩行。爾時商主天子白佛言。世尊。云何名無生。云何當得此無生忍。佛言。無生者。非先有生。後說無生。本自不生。故名無生。非先有起。後說無起。本來不起。故名無起。非先有相。後說無相。本來無相。故名無相。非先有作。後說無作。本自無作。故名無作。非先有衆生。後說於空。衆生性空。

故說爲空。如是了知無生無滅本無所染。是名無生。云何爲忍。如是忍可。一切衆生一切刹土本來不生。是名爲忍。如是忍可。一切聲聞辟支佛本來不生。是名爲忍。如是忍可。一切菩薩一切諸佛本來不生。是名爲忍。如是忍可。一切諸法本來不生。是名爲忍。天子。以諸法不生故。刹那刹那空。以刹那空故。名爲無相。刹那無相故。色刹那空。色刹那空故。受想行識刹那空。識刹那空故。界刹那空。界刹那空故。處刹那空。若刹那空。則無所有。無所有故。則無所染。無所染故。則自性離。自性離故。是名一切法本來寂靜。能如是忍。入於平等。是則名爲得無生忍。受菩提記。得此忍者爲無所得。云何名爲有所得者。見我我所二相可得。名有所得。見衆生壽者養育我人二相可得。名有所得。何謂無所得。見我自性及我所性。了知無二。名無所得。是則名爲成就於忍。天子。菩薩於無數劫修行此忍。是名如來最大神變。説此忍時。三千大千世界六種震動。大光遍照一切世界。百千音樂不鼓自鳴。於虛空中雨衆妙花。四萬二千衆生皆發阿耨多羅三藐三菩提心。九萬菩薩得隨順法忍。以佛神力。令此娑婆世界如然燈佛入蓮花城時。等無有异。爾時世尊即便微笑。無量百千種種色光從佛口出。遍照無量無邊世界乃至梵世。日月光明悉不復現。繞佛三匝。還從頂入。

爾時慧命阿難即從座起。偏袒右肩。右膝著地。合掌恭敬。即於佛前而説偈言。

我問光莊嚴　光明無與等　破諸煩惱暗　微笑何因緣
摧破衆魔怨　降伏諸外道　我問十力者　何緣現微笑
如來殊妙色　具三十二相　十方所尊敬　微笑何因緣
智海智慧樹　開導諸群生　功德無有邊　何緣現微笑
名稱遍三世　離垢具三明　已度三解脱　何緣現微笑
破生死醫王　足下輞輪具　金剛身不壞　微笑何因緣
誰能具此忍　誰修此净行　志求佛功德　由是尊微笑
導師所示現　是必有因緣　善哉演梵音　令衆咸歡喜

佛告阿難。我説此法門時。七萬二千衆生發阿耨多羅三藐三菩提心。三萬二千菩薩獲無生忍。阿難。汝見是商主天子不。阿難白言。唯然已見佛言。阿難。此商主天子已曾供養無數諸佛。勸發無量衆生於阿耨多羅三藐三菩提。阿難。此商主天子過三百阿僧祇劫。當得阿耨多羅三藐三菩提。號功德王光明如來。應。正等覺。明行足。善逝。世間解。無上士。調御丈夫。天人師。佛。世尊。國名清凈。劫名無垢。其土皆以七寶所成。地平如掌。有八階道。寶網彌覆。種種莊嚴。彼佛刹土無有聲聞辟支佛名。及餘外道勒迦波利羅。婆若迦等。無諸魔事壞正法者。亦無八難及諸非法苦惱之聲。隨心所念。飲食自然。彼土衆生衣服珍玩。猶如他化自在諸天。身皆金色三十二相。住阿耨多羅三藐三菩提。是故名爲清凈世界。彼功德王光明如來壽四十小劫。彼佛法中有六十二俱胝菩薩。以願力故隨佛涅槃。阿難。若有菩薩發阿耨多羅三藐三菩提心。得如是忍。一切當生清浄世界。爲功德王光明如來授阿耨多羅三藐三菩提記。

爾時會中有天子名曰觀察。以天曼陀羅花散如來上。作如是言。若功德王光明如來成無上道時。我當生彼清浄世界。爲轉輪王。承事供養彼佛世尊諸菩薩衆。次補佛處。得阿耨多羅三藐三菩提。

佛告阿難。此觀察天子。當於彼功德王光明如來法中作轉輪王。名曰善見。以無量供具恭敬供養彼佛如來。具足圓滿助菩提法。當於彼土成阿耨多羅三藐三菩提。號普光明如來。應。正等覺。阿難。彼善見王立其長子紹王位已。於彼佛所出家修道。彼佛世尊臨涅槃時。便與授記。此善見菩薩於我滅後。次當得成阿耨多羅三藐三菩提。佛授記已。便入涅槃。

爾時舍利子告商主天子言。如來已授汝菩提記。天子言。大德。如佛所化人而與授記。我亦如是。如真如性不增不減。如來授記亦無增減。

爾時世尊告阿難言。如是法門。汝當受持。廣爲人說。利益安樂無量衆生。攝受未來諸菩薩故。阿難白佛言。世尊。我已頂受。當何名之。云何奉持。佛告阿難。此經名爲說大神變。亦名文殊師利所說密語。亦名商主天子所問。如是受持。阿難。若善男子善女人。能於此經信受讀誦。爲他廣説。則爲已攝一切功德。佛説此經已。慧命阿難并餘比丘。商主天子。及無量無邊阿僧祇那由他諸天子等。文殊師利及無量阿僧祇十方世界諸來集會菩薩摩訶薩衆。及一切世間天人。阿修羅等。聞佛所説。歡喜奉行。

大寶積經卷第八十七

校注

①『藥』，龍藏作『業』。

②『不』，底本無，依龍藏、思溪藏、和裕本、中州本補。

③『想』，龍藏、思溪藏作『相』。

大寶積經卷第八十八

元魏優禪尼國王子月婆首那譯

摩訶迦葉會第二十三之一

如是我聞。一時婆伽婆在舍婆提城祇樹給孤獨園。與大比丘僧五千人俱。菩薩摩訶薩八千人俱。其名曰文殊師利菩薩。觀世音菩薩。大勢至菩薩。德藏菩薩。彌勒菩薩。如是等菩薩摩訶薩而爲上首。爾時世尊與百千大衆。恭敬圍繞而爲説法。爾時摩訶迦葉在大衆中。從坐而起。偏袒右肩。右膝著地。合掌恭敬。白佛言。世尊。我欲少問如來應正遍知。若佛聽許。乃敢咨問。佛告迦葉。恣汝所問。如來悉能爲汝分別。斷汝疑心。令得歡喜。

爾時摩訶迦葉白佛言。世尊。若有善男子善女人欲求涅槃。於正法中出家。當云何學。云何行。云何修觀。爾時世尊告摩訶迦葉。善哉善哉。迦葉。汝今善能問於如來如是之義。如汝所問。爲利一切諸天世人令得安樂。汝今諦聽。善思念之。吾當爲汝分別解說。爾時摩訶迦葉白佛言。世尊。如是。願樂欲聞。佛告迦葉。善男子善女人欲求涅槃。於正法中出家。應學净戒。具律儀戒。具正法教。於清净戒微細不犯。應如是學。隨順正法。離諂曲心。遠離貪欲。具足慚愧。常畏生死。樂求遠離。厭離生死。常念涅槃。若在樹下。若山岩間。若在静室。若在窟中。初修正意。念於如來。應①。正遍知。明行足。善逝。世間解。無上士。調御丈夫。天人師。佛。婆伽婆。生具足種姓。具足善根。具足無量淨戒。無量三昧。無量智慧。無量解脱。無量解脱知見。具足一切無邊佛法不可思議。具足無等無邊功德。實語真語。所言無二不誑衆生。爲大醫王。能拔毒箭。爲不請友。具大慈悲。爲大導師。説甚深法。令入甚深。説寂滅法。令得寂滅。空無衆生。無相斷相。無願離願。無有戲論。離諸戲論。甚深難見難覺。其性遠離。離於有無。無行斷行。無説離説。無相平等。離垢清淨。無取無捨。能滅諸苦。能斷渴愛。令至涅槃。迦葉比丘如是一日。若過一日。在於靜室心念如來。作是思念。我得人身。得出家道。得比丘法。親近如來。不應懈怠。所以者何。於此修戒當得道果。以是因緣。於未來世。若佛出世當得見佛。佛出世難如優曇花。迦葉比丘修行應學慧命須菩提之所修行。迦葉。如來應正遍知難得見聞。於正法中而得出家。具比丘戒。甚爲希有。善男子善女人於正法中出家者。爲二事故。何等爲二。一者。爲現得道果故。二者。爲見未來佛故。迦葉。有諸痴人。受著袈裟違背如來。自謂我得道果聖人。是人若在静室。若在窟中。貪心思念。一切施主施我衣鉢。作如是念。如來不知我。不覺我。不見我。迦葉。比丘若在静室。若在窟中。若行若坐若卧。若念貪欲。若念瞋恚。及餘種種諸惡覺觀。隨所住處。其中諸神知彼比丘。心生愁憂作如是念。此諸比丘非法非宜。於正法中得出家已。思惟如是不善之法。迦葉。彼諸神等知彼比丘。各作方便令不安隱。迦葉。彼諸天神以少善根得少智慧。尚知他心。况復如來百千萬億阿僧祇劫具行智慧。迦葉。如來無所不知。無所不見。無所不覺。無所不證。迦葉。如來具足無礙智慧。於三世法皆悉了知。是故迦葉。善男子善女人。於正法中得出家者。應作是念。諸佛如來悉知我心。十方世界現在諸佛亦知我心。莫於佛法作沙門賊。迦葉。云何名沙門賊。沙門賊有四種。何等爲四。迦葉。若有比丘整理法服。似像比丘而破禁戒作不善法。是名第一沙門之賊。二者。於日暮後。其心思惟不善之法。是名第二沙門之賊。三者。未得聖果。自知凡夫。爲利養故。自稱我得阿羅漢果。是名第三沙門之賊。四者。自讚毀他。是名第四沙門之賊。迦葉。是名四種沙門之賊。迦葉。譬如有人具大勢力。於閻浮提一切衆生所有珍寶金銀琉璃。真珠珊瑚虎珀等寶。刀杖加害皆悉奪取。迦葉。於汝意云何。此人得罪寧爲多不。迦葉白佛言。甚多世尊。佛告迦葉。若有凡夫未得聖果自知凡夫。爲利養故。自稱我得須陀洹果。若受一食。罪多於彼。爾時摩訶迦葉白佛言。希有世尊。如來説此律儀之法。誰聞此法。未得聖果自説得道。受一盞水。佛告迦葉。如是如是。如汝所説。若欲離生死者。應如是行。如救頭燃。迦葉。若復有人身具大力。於四天下衆生資身之具。加以刀杖悉皆奪取。迦葉。於意云何。彼人以此劫奪因緣。得罪多不。迦葉白佛。甚多世尊。甚多善逝。佛告迦葉。若凡夫人未得聖果。爲利養故。自稱我得斯陀含果。受一食施。罪多於彼。迦葉。若復有人於千世界所有衆生一切資具。金銀琉璃。真珠珂貝。虎珀珊瑚。種種諸寶。無價寶衣。騎乘宮殿。飲食之具。刀杖加害悉皆劫奪。迦葉。於意云何。彼人以是劫害因緣。得罪多不。迦葉白佛。甚多世尊。甚多善逝。佛告迦葉。若有衆生未得聖果。自知凡夫。爲利養故。自稱我得阿那含果。受人信施乃至一食。罪多於彼。迦葉。若復有人身具大力。於中千世界一切衆生。若天。龍。夜叉。乾闥婆。阿修羅。迦樓羅。緊那羅。摩睺羅伽。人非人等一切樂具。刀杖加害悉皆劫奪。迦葉。於意云何。彼人以是加害因緣。得罪多不。迦葉白佛。甚多世尊。甚多善逝。佛告迦葉。若有衆生未得聖果。自知凡夫。爲利養故。自稱我得阿羅漢果。受人信施乃至一食。罪多於彼。迦葉。寧奪三千大千世界衆生一切樂具。不應自稱我得聖果。受人信施乃至一食。迦葉。我觀沙門法中。更無有罪重於妄稱得聖果者。

迦葉。聲聞之人有四惡欲。何等爲四。一者。求見未來世佛。二者。求作轉輪聖王。三者。願生刹利大姓。四者。願生婆羅門大姓。是名四種惡欲。若有所求乃至涅槃。亦名惡欲。是名如來秘密之説。迦葉。聲聞之人有四種性。於一切時一切事所不應作。何等爲四。一者。著我。二者。著人。三者。犯戒。四者。求未來佛法。此四種性。聲聞之人於一切時一切事所不應作。迦葉。若有沙門婆羅門持浄戒者。我爲彼説阿耨多羅三藐三菩提。終不爲彼惡欲人説。爲持戒人心不諂曲求涅槃者。令其安隱。是故爲説。迦葉。我今更説。令諸行者聞已歡喜。迦葉。若復有人以一切樂具供養四天下一切衆生。若一劫。若減一劫。迦葉。若復有人以一器水施於持戒正命之人。彼善男子善女人所得功德勝前布施。無量無邊。迦葉。是惡欲人。若受人施傷害於人。過於一切惡友怨敵。迦葉。出家之人微細煩惱。復有四種。具彼煩惱。如負重擔入於地獄。何等爲四。一者。見他得利。心生嫉妒。二者。聞經禁戒而反毀犯。三者。違反佛語。覆藏不悔。四者。自知犯戒。受他信施。迦葉。是名四種微細煩惱。出家之人具此煩惱。如負重擔入於地獄。迦葉。有四種相似沙門。何等爲四。一者。惡戒。二者。我見。三者。誹謗正法。四者。斷見。是名四種相似沙門。迦葉。出家之人有四放逸。入於地獄。何等爲四。一者。多聞放逸。自侍多聞而生放逸。二者。利養放逸。得利養故而生放逸。三者。親友放逸。依恃親友而生放逸。四者。頭陀放逸。自恃頭陀自高毀人。是則名曰四種放逸。迦葉。出家之人具四放逸。墮於地獄。爾時摩訶迦葉白佛言。世尊。當來末世後五百歲。有相似沙門。身被袈裟。毀滅如來無量阿僧祇劫所修集阿耨多羅三藐三菩提。爾時世尊告摩訶迦葉。汝莫以此問於如來。何以故。迦葉。彼愚痴人實有過惡。如來不說。以惡欲故。其心妄執邪行諂曲。一切魔事皆悉信受。彼愚痴人實有過惡。如來不說。

爾時摩訶迦葉白佛言。世尊。唯願如來久住世間。爲我說法。佛告迦葉。如來不久當般涅槃。迦葉白佛言。世尊。唯願世尊住世一劫。

若減一劫。守護正法。爾時世尊告摩訶迦葉。彼諸痴人。假使千佛出興於世。種種神通説法教化。彼愚痴人。於彼惡欲不可令息。迦葉。當來末世後五百歲。有諸衆生具足善根。其心清净。能報佛恩。守護我法。爾時摩訶迦葉白佛言。世尊。我寧頂戴四大天下一切衆生。山河石壁。城邑聚落。滿於一劫若減一劫。不能聞彼愚痴衆生不信之音。世尊。我寧坐於一胡麻上。滿於一劫若減一劫。不能聞彼不信痴人破戒之音。世尊。我寧在於大劫火中。若行若立若坐若卧百千億歲。不能聞彼不信痴人破戒之音。世尊。我寧受於一切衆生瞋恚駡辱。撾打加害。不能聞彼不信痴人偷法大賊毁禁之聲。世尊。我修少行。智慧微淺。如是重擔我不能堪。世尊。唯有菩薩堪能荷負如斯重擔。世尊。我於此中欲說譬喻。世尊。譬如有人。年耆極老。年百二十。身嬰長病臥在床席。不能起止。時有一人巨富饒財。賫持珍寶至病人所。而語之言。我有緣事當至他方。以寶相寄。爲我守護。或十年還。若二十年。待我還時。汝當歸我。彼老病人臥在床席。無有子息。唯獨一身。彼人去已。未久之間。時彼病人困②至命終。所寄財物悉皆散失。彼人行還。求索無所。世尊。聲聞之人亦復如是。智慧微淺。修行甚少。又無伴侶。不能久住在於世間。若付正法。不久散滅。

爾時世尊讚迦葉言。善哉善哉。迦葉。我已了知而故付汝。令彼癡人得聞此已。生於悔心。爾時摩訶迦葉白佛言。世尊。我今更欲說第二喻。世尊。譬如有人身力盛壯。無諸患苦。離一切病。壽命無量百千萬歲。生大種姓。具足財寶。善持净戒。有大慈悲。内懷歡喜。能捨一切衆生煩惱。其心勇猛。利益多人令得安樂。利益天人。時有一人賷持寶物來至其所。而語之言。我有緣事當至他方。以寶相寄。當好守護。若十年還。若二十年。待我來時。當見相還。其人得寶。藏積守護。彼人行還。即便歸之。世尊。菩薩摩訶薩亦復如是。若以法寶付諸菩薩。無量千億那由他劫終無失壞。利益無量無邊衆生。不斷佛種。不斷法輪。僧寶具足。世尊。如是之事我不能持。唯有菩薩乃能堪受。世尊。此彌勒菩薩摩訶薩俱在此會。如來付之。於當來世後五百歲法欲滅時。如來無量阿僧祇劫所集阿耨多羅三藐三菩提法。悉能守護。流演廣説。何以故。世尊。此彌勒菩薩摩訶薩。於當來世。當證如來阿耨多羅三藐三菩提。世尊。譬如國王第一太子灌頂受位。當爲王事如法治世。王諸群臣悉皆朝宗。世尊。彌勒菩薩摩訶薩亦復如是。治法王位。守護正法。

爾時世尊讚摩訶迦葉。善哉善哉。如汝所説。爾時世尊即申右手。猶如金色微妙光明。無量阿僧祇劫善根所集。其指掌色猶如蓮花。以摩彌勒菩薩摩訶薩頂。作如是言。彌勒。我付囑汝。當來末世後五百歲正法滅時。汝當守護佛法僧寶。莫令斷絶。爾時如來申金色手。摩彌勒菩薩頂時。於此三千大千世界六種震動。光明遍滿三千大千世界。爾時地天及虛空天。上至阿迦膩吒天。悉皆合掌。白彌勒菩薩摩訶薩言。如來以法付囑聖者。唯願聖者。爲利一切諸天人故。受此正法。爾時彌勒菩薩從坐而起。偏袒右肩。右膝著地。合掌恭敬。白佛言。世尊。我爲利益一一衆生。尚受無量億劫之苦。況復如來付我正法而當不受。世尊。我今受持。於當來世。演説如來無量阿僧祇劫所③集阿耨多羅三藐三菩提。彌勒菩薩説此語時。三千大千世界六種震動。爾時彌勒菩薩摩訶薩復白佛言。世尊。不應於餘衆生而起諍論及增上慢。何以故。世尊。正事業者。謂護正法。世尊。若聲聞辟支佛。不能荷負菩薩重擔。爾時世尊讚彌勒菩薩摩訶薩言。善哉善哉。彌勒。如汝今日至於我前。作師子吼。受持守護如來正法。如是恒河沙等過去諸佛前諸大菩薩。

亦復如是。作師子吼守護正法。

爾時彌勒菩薩摩訶薩白佛言。世尊。唯願世尊說當來世愚癡人輩。自稱菩薩。自稱沙門。爲名利故。惱亂施主知識親屬。唯願世尊說其過惡。何以故。若世尊說其過惡。我得聞已。自攝心行。彼愚癡人聞如來說。或得信解。如來知我。如來覺我。爾時世尊告彌勒言。善哉。諦聽。善思念之。當爲汝說彼癡人過。彌勒。當來末世後五百歲。有諸衆生。自稱說言我是菩薩。彼諸惡欲我今說之。彌勒。具四法者自稱菩薩。何等爲四。一者。求利養。二者。求名聞。三者。諂曲。四者。邪命。彌勒。具此四法。是故自稱我是菩薩。佛告彌勒。當來末世後五百歲。自稱菩薩而行狗法。彌勒。譬如有狗前至他家。見後狗

來。心生瞋嫉。嗤喋吠之。內心起想謂是我家。佛告彌勒。當來末世
後五百歲。亦復如是。自稱菩薩行於狗法。至他施主家中生己家
想。既起此想便生貪著。前至他家見後比丘。瞋目視之心生嫉恚。
而起鬥諍。互相誹謗言。某甲比丘有如是過。某甲比丘有如是過。
汝莫親近某甲比丘。汝若親近某甲比丘。則爲衆人之所輕賤。增
長罪垢。如是之人心生嫉妒。行餓鬼因貧賤之因。爲自活故。妄稱
己身以爲菩薩。爲衣食故。讚嘆如來智慧功德。令餘衆生生於信
仰。內自犯戒。惡欲惡行。佛告彌勒。汝觀來世。有如是等大怖畏事。
師子之獸。應師子吼作師子業。非野干鳴作野干業。讚嘆能捨一
切財物。而自慳吝不能離貪。讚嘆慈愍。自行瞋恚。讚嘆忍辱。自行

不忍。贊嘆四攝。自不能行布施愛語利益同事。但有言語。而不能學樂精進菩薩之行。

彌勒。往昔過去無量無邊不可稱計不可思議阿僧祇劫。爾時有佛。號曰智上如來。應供。正遍知。明行足。善逝。世間解。無上士。調御丈夫。天人師。佛。婆伽婆。彌勒。彼佛出於五濁惡世。時佛法中有一菩薩比丘。名樂精進。具足念慧。少欲知足。順如來教。游諸村邑。爲人説法。國王大臣。一切人民之所知識。尊重恭敬。時彼比丘欲入城邑。先自觀察。若得尊重愛語贊嘆。然後入城。復游邪見不信之處。於彼不得善語供養。唯得瞋恚罵詈撾打。而彼比丘被忍辱鎧。安住大悲。不捨衆生。亦不瞋恚。不生悔心。彌勒。樂精進菩薩所化衆生。悉爲比丘而作施主。奉施衣食卧具湯藥。佛告彌勒。於意云何。時彼比丘不至餘家。有嫉妒不。彌勒白佛。不也。世尊。佛告彌勒。汝觀樂精進菩薩利益之心。少欲知足。大悲觀察。城邑聚落不得食處則止不入。化邪見人。爲餘比丘而作檀越。更不重入。化諸邪見不信之處④。令其正信。瞋恚打罵。心不瞋恨。如是彌勒。過去之世。諸大菩薩入於村邑。爲化衆生。不爲自活。彌勒。莫作异觀。爾時樂精進菩薩。豈异人乎。我身是也。彌勒。是故菩薩若入村邑。欲化衆生。當學樂精進菩薩摩訶薩。復應學餘大菩薩行。莫學狗法。佛告彌勒。當來末世後五百歲。有諸比丘自言菩薩。爲衣食故入於聚落。不爲教化衆生入於聚落。唯爲財物遞相誹謗。自得便喜。見他得利愁憂瞋恚。自求不得便生愁憂。見他不得便生歡喜。彌勒。汝觀彼人如是顛倒。爲菩薩法。所有樂具應悉捨與一切衆生。何以故。以大悲心故。發廣大願。令諸衆生悉得樂故。彌勒。譬如長者居士。唯有一子。顏貌端正。敬順父命。愛之甚重。以少因緣。繫在牢獄。父時聞之。親自入獄。彌勒。於汝意云何。如是長者入於牢獄。爲何事故。彌勒菩薩白佛言。世尊。爲見子故入於獄中。求出解脫。佛告彌勒。言牢獄者。即是生死。長者居士喻諸菩薩。言一子者。如諸菩薩摩訶薩於諸衆生如一子想。彌勒。如彼長者居士入於牢獄。爲見其子。愍而救之。菩薩摩訶薩亦復如是。入於聚落。不爲飲食衣服卧具。爲化衆生令得解脫。佛告彌勒。當來末世後五百歲。有諸比丘不修身。不修心。不修戒。不修慧。彼諸比丘入於聚落。持諸香花與人作信。以求衣服卧具飲食。佛告彌勒。比丘之法。不應如是作下賤業入於村邑。若入村邑。應爲求法。求善知識。莫懷諂曲。莫起憍慢。應作法語。莫説世事。莫説田宅苦樂得失。王事賊事。城邑聚落軍衆之事。莫説男女婚會之事。唯應説法。贊佛功德。嘆説正法。嘆説聖僧。説於布施持戒忍辱精進禪定智慧之法。佛告彌勒。若滿三千大千世界珍寶樂具。若善男子善女人。以此珍寶樂具施諸衆生。若有善男子善女人。爲他人説一四句偈。令其得聞。彼善男子善女人所得功德。勝前功德無量無邊阿僧祇數。佛告彌勒。觀此比丘。入於村邑有大利益。彌勒。若入城邑。勿得遠離贊嘆三寶論説世事。何以故。彌勒。若金銀琉璃。眞珠馬瑙。珊瑚諸寶及諸樂具。不能令人離於生老病死憂悲苦惱。彌勒。唯有正法能大利益。離於生老病死憂悲苦惱。是名如來微密之法。爾時世尊而説頌曰。

三千大千界　珍寶滿其中　以此用布施　所得功德少
若説一偈法　功德爲甚多　三界諸樂具　盡持施一人
不如一偈施　功德爲最勝　此功德勝彼　能離諸苦惱

佛告彌勒。若有菩薩摩訶薩。以滿無邊世界珍寶施諸佛如來。若有菩薩以大悲心爲一衆生説四句偈。功德勝彼。爾時世尊而説頌曰。

若恒沙世界　珍寶滿其中　以施諸如來　不如一法施
施寶福雖多　不及一法施　一偈福尚勝　況多難思議
爾時世尊告彌勒菩薩言。彌勒。如來有光。名曰一切功德莊嚴。在右掌中。我以此光。能令三千大千世界衆生所須一切樂具悉皆充足。須食與食。須飲與飲。須衣與衣。須乘與乘。須寶與寶。如是等事我悉能與。彌勒。一切衆生雖得此樂。於生死中不能解脱。彌勒。是故如來不施衆生世間樂具。但與出世無上法寶。衆生聞已畢竟離苦。是故彌勒。汝等悉應學於如來無上法施。莫重世間資生施也。彌勒。當來末世後五百歲正法滅時。有諸比丘自稱菩薩。身作不善。口作不善。意作不善。身犯禁戒。口犯禁戒。意犯禁戒。造不善業。無沙門果。彌勒。我爲發菩提心善男子善女人説菩薩善根。不墮地獄畜生餓鬼。及餘難處。善男子善女人應勤精進。具足慚愧。常畏生死。諸有生處常懷怖畏。我當云何令諸三界六道衆生速得解脱。何以故。彌勒。菩薩摩訶薩發願許度三界六道一切衆生。令得解脱。不安隱者。令得安隱。未涅槃者。令得涅槃。彌勒。我觀一切世界。若天若人。若魔若梵。若沙門婆羅門中。不見一人有能荷負如是重擔如菩薩者。彌勒。譬如有人。頂戴三千大千世界山河石壁。有人告言。善男子。汝今以此三千大千世界頂戴一劫。若減一劫。若百千劫。頂戴不息。彌勒。於汝意云何。如是之人爲大力不。彌勒白佛言。世尊。甚大。世尊。甚大。善逝。佛告彌勒。菩薩摩訶薩精進之力復勝於彼。菩薩發願許度一切衆生。皆令得住涅槃之樂。彌勒。譬如有人於三千大千世界一切衆生所有作業。彼人一時悉能成就。彌勒。於汝意云何。此人所作事業寧爲大不。彌勒白佛。甚大。世尊。佛告彌勒。菩薩所作事業復過於此。菩薩發言。三界衆生受苦惱者。我令解脫。彌勒。譬如長者。唯有一子。容顏端正。年在幼稚。孝順父母長者及子。妻妾眷屬。奴婢財物。悉入王獄。爾時大王語長者言。去此一百由旬。有城名某。汝去七日。令至彼城。復行七日還至我所。汝能如是。捨汝妻子眷屬財物。悉皆還汝。及賜官物。若過七日。從於彼城不至此者。當斷汝命及汝一子。親屬財物悉入於官。佛告彌勒。於意云何。如是長者勉力勤進。爲愛自身。

爲愛一子。爲惜妻妾奴婢財物。而從彼城勤苦至此。彌勒菩薩白佛言。世尊。如我解佛所説義者。彼人不念飲食睡眠。唯念速行。何以故。世尊。如是之人自惜命故。是故速行。

佛告彌勒。若一切衆生勤行精進。悉如彼人。一切衆生如是精進。欲比菩薩精進。百分不及一。千分不及一。百千分不及一。億分不及一。百千億分不及一。百千億那由他乃至不可數分不及一。何以故。彌勒。一切衆生順生死流。菩薩逆生死流。令其住於不動涅槃。彌勒。譬如有人。勇猛大力轉勝於前。取四大海及諸河水。悉還置於阿耨大池。彌勒。於意云何。是人所作爲希有不。彌勒菩薩白佛言。世尊。如是之事甚爲希有。佛告彌勒。菩薩精進。難作希有復過於此。菩薩以大悲心化一切衆生。令住阿耨多羅三藐三菩提。是事爲難。若能信有佛法及僧。此事爲難。若有能信善惡業果。此事爲難。貪瞋痴起能令滅者。是事爲難。能捨親屬。發少欲心。而求出家。行至七步。此事爲難。身披袈裟。於正法中正信出家。離於欲火。此事爲難。不犯禁戒。此事爲難。能離憒鬧。修遠離行。此事爲難。信諸法空。此事爲難。於深法中得柔順忍。此事爲難。證三解脱門。此事爲難。證須陀洹果乃至阿羅漢果。此事亦難。何以故。彌勒。所謂難者。於正法中以信出家。得沙門果。

彌勒。當來末世後五百歲。有諸衆生發菩薩心。於正法中出家學道。空無所得。捨菩薩業。作凡愚行。彌勒。何等是菩薩業。彌勒。菩薩業者有二十法。若有菩薩不成就此二十法者。則不能得坐於道場。何等二十。一者。離慳心。二者。修布施。三者。離熱惱。四者。修净戒。五者。離瞋恚。六者。修忍辱。七者。離懈怠。八者。大精進。九者。離亂心。十者。念慧修無依定。十一者。修甚深忍。十二者。具足般若波羅蜜。十三者。行無相行。十四者。行空行。十五者。行無願行。十六者。成無願境界。十七者。不捨一切衆生。十八者。修行大悲。十九者。不念聲聞緣覺之乘。二十者。心樂成就如來智慧。是名菩薩摩訶薩二十種業。菩薩成就此二十業。能坐道場。彌勒。菩薩摩訶薩有四種畢定誓。何等爲四。一者。畢定成佛。轉於法輪。二者。生死衆生令得解脱。三者。令無量衆生住阿耨多羅三藐三菩提。四者。捨自身樂。令諸衆生得無漏樂。是名四種畢定之誓。佛告彌勒。譬如二人。善解醫方。善解咒術。善別毒藥。善識甘露。爾時一人於大衆中。即取毒藥而自食之。現希有相。食已受苦。身不安隱。復求甘露咒術。望除毒氣。爾時彼人求不能得。毒氣熾盛。遂便命終。時第二人作如是言。我今不能食於毒藥。不食毒藥。不須甘露。不欲處衆作希有想。令身苦惱。彌勒。當來末世後五百歲。有諸在家出家菩薩亦復如是。作如是言。如我説法。能除諸罪。如是語已。轉集惡業。復作是言。我還懺悔。我説彼人於正法中名爲死人。何故名死。謂於正法墮落退沒。是名爲死。彌勒。復有菩薩其心清净。作如是言。我不作罪。不須懺悔。我當懺悔過去未來一切諸罪。現在不作。亦如彼人不食毒藥。不須甘露。彌勒。所言毒者。於正法中犯於戒律。是名爲毒。彌勒。汝等莫作食毒之人。

佛告彌勒。復有四法。能令菩薩離薩婆若。離聲聞果。況薩婆若。何等爲四。一者不知恩。二者諂曲。三者妄語。四者犯戒。彌勒。此四種法。能令菩薩離薩婆若。亦離聲聞。況薩婆若。彌勒。復有四法。菩薩應急走捨離過百由旬。何等爲四。一者利養。二者惡友。三者惡衆。四者同在一處。或作戲笑或瞋或鬥。當速捨離過百由旬。菩薩於餘菩薩不應惡心。彌勒。若有菩薩。打罵割截三千大千世界一切衆生。彌勒。於汝意云何。菩薩以是打罵割截一切衆生。得罪多不。彌勒菩薩白佛言。世尊。打一衆生得罪尚多。何況三千大千世界一切衆生。何以故。世尊。一切菩薩。於衆生不應起於瞋恚之心。爾時世尊告彌勒言。若有菩薩打罵割截三千大千世界一切衆生。得罪尚少。若有菩薩。於餘菩薩起瞋恚心。退於菩提。復爾所劫。彌勒。譬如木柱。若以草土不能斬截。必以利斧乃能斬之。菩薩善根亦復如是。餘不能盡⑤。若於菩薩起瞋恚心。能滅諸善。彌勒。是故菩薩應學恭敬。於初發心諸菩薩等。心生尊重。如世尊想。爾時彌勒菩薩摩訶薩白佛言。世尊。我當修行尊重恭敬一切衆生。何況菩薩。何以故。世尊。應捨瞋恚。行於忍辱。離於諂曲。行清净心。遠離有爲。行於無我無取之行。不貴財寶。當重法行。不求衣食。當求法財。捨離嫉妒。見人巨富心助歡喜。非唯求名以爲沙門。當學沙門一切功德。我非口說。當修實行。捨於利養。少欲知足。求佛功德。不爲財利入於聚落。念薩婆若入於聚落。不爲衣食入於村邑。行諂曲行。當行正行。贊四聖種。不學凡夫下劣之心。當學佛行。不觀他過。但自調伏。修奢摩他。毗婆舍那。離三業惡。常修三業清淨之行。離於破戒。當學波羅提木叉。不依佛法僧而自活命。贊嘆如來真實功德。不爲求施。爲求法故。常贊正法。修如法行。贊嘆聖僧。依不退僧。不依世間有爲之僧。不求一切世間資身之具。唯求正法。不求世事。求出世法。離於諂曲。行真實行。不樂一處。當如野鹿無所依止。離世間樂。求佛功德。當離睡眠。初夜後夜讀誦經典。捨於憒鬧。當行遠離。於諸功德不生厭想。求諸功德心不暫息。當離狗法。當行師子所吼之法。爲究竟友。不應暫友。捨無反復。當行報恩。不以財利而作親友。當以净心而作親友。捨虚誑心。行真實行。捨下劣法。當求成就無上佛身。於如來所當行恭敬。不起憍慢。捨於兩舌心口相違。當行誠實無二之言。不作菩薩而行諂曲。當以净心行奢摩他毗婆舍那。捨於我慢。當行恭敬。離不净食。當净持戒。食人之施。當捨邪念。念諸佛法。離於人見。行於空行。離於妄覺。行無相行。離身諂曲。當行三業清净之行。不求財利而演説法。以大悲心而説正法。不以財物而作親友。以法親友。不爲自利。爲利他人。令不損害。行阿蘭若。離於諂曲。不作諂曲而行乞食。不行諂曲著糞掃衣。所以者何。具十二頭陀者。不求一切世間利養。

爾時世尊贊彌勒菩薩摩訶薩言。善哉善哉。彌勒。汝求佛功德。心無厭足。作師子吼。已於過去佛所種諸善根。能説此法。説此功德。爾時彌勒菩薩摩訶薩説此法時。衆中五百比丘從坐起去。爾時摩訶迦葉問諸比丘。今聽説法。汝等比丘欲詣何所。諸比丘言。大德迦葉。如彌勒菩薩摩訶薩所説之法。甚深難得。我等作如是念。我等不能修得此法。欲還歸俗。何以故。信施之食。難可消故。爾時文殊師利菩薩贊諸比丘。善哉善哉。善男子。是汝所應。若不能消信施之食。寧可一日百數歸俗。不應破戒受人信施。爾時文殊師利白佛言。世尊。何等之人應受信施。爾時世尊告文殊師利菩薩。善男子。若有修禪解脱者。我聽彼人受信施食。爾時文殊師利告五百比丘。汝等今者應速修行。佛世難值。當住佛法。爾時五百比丘問文殊師利言。文殊師利。我等云何修行。文殊師利告諸比丘言。汝等應如是觀。無一法合。無一法散。無一法生。無一法滅。不受一法。不捨一法。不增一法。不減一法。若如是行。於法無得。無得則無去。無去故無來。無來則無住⑥。比丘。是名無來無去。無住無不住。爾時文殊師利說是法時。五百比丘於諸漏中心得解脫。

大寶積經卷第八十八

校注

①『應』下，龍藏、思溪藏有『供』字。
②『困』，龍藏作『因』。
③『所』下，龍藏、思溪藏有『修』字。
④『處』，龍藏作『家』。
⑤『盡』，思溪藏作『捨』。
⑥『住』，底本作『去』，依龍藏、和裕本、中州本改。

大寶積經卷第八十九

元魏優禪國王子月婆首那譯

摩訶迦葉會第二十三之二

爾時摩訶迦葉白佛言。世尊。當來末世後五百歲。何等菩薩行於諂曲。爾時世尊告迦葉言。迦葉。多有衆人行於諂曲。親近惡友。少讀誦經。爲求衣食。爾時摩訶迦葉白佛言。善哉世尊。唯願世尊利益多人。説彼諂曲不勤修行菩薩之過。令彼菩薩聞此過已。自攝心行。令得清净。爾時世尊告摩訶迦葉言。迦葉。當來末世後五百歲。有諸菩薩親近惡友。少讀誦經。唯作供養舍利之業。以香花瓔珞幡蓋燈明。供養如來舍利塔廟。迦葉。我爲在家無智衆生令種善根。説供養舍利。彼諸痴人不解我意。但作此業。迦葉。我於一切天人之中常説此法。修奢摩他。毗婆舍那。以自調伏。世間當有信樂婆羅門居士供養舍利。迦葉。彼諸痴人捨於讀誦修禪智慧。供養舍利。因之活命。迦葉。若有菩薩以滿三千大千世界。上至梵天。香花燈明。一一燈炷如須彌山。以如是等供養如來。若有菩薩淨心持戒。於師尊所受持讀誦一四句偈。淨心修行乃至七步。功德勝彼無量無邊。迦葉。若有菩薩以滿三千大千世界花香末香。於百千歲。晝夜六時供養如來。若有菩薩捨於憒鬧。深畏三界。爲利衆生發心趣向阿蘭若處。舉足七步。勝前功德無量無邊。迦葉。於意云何。如來化衆生故作是説耶。迦葉。莫作此見。如來實説。所以者何。如來現見明了知故。佛告迦葉。過去無量無邊不可思議無數阿僧祇劫。爾時有佛。號妙花如來。應供。正遍知。明行足。善逝。世間解。無上士。調御丈夫。天人師。佛。婆伽婆。其劫亦名妙花。迦葉。妙花如來有九十六億百千聲聞大衆。爾時有轉輪聖王名曰尼彌。如法治世。主四天下。迦葉。時尼彌大王千子具足。勇健威猛。迦葉。爾時大王具千子已。復有二子。結加趺坐。忽然化生。一名達摩。二名善法。迦葉。爾時大王請妙花如來及比丘僧。滿八萬四千歲。供養衣服卧具。飲食湯藥。捨諸家事唯修供養。七日之後。一切比丘各施新衣。種種飲食隨心所樂。廣造精舍隨心樂住。一一比丘。給使七人。施百味食。迦葉。爾時大王造立精舍。方八十由旬。彩畫微妙。出過世間。妙花如來及比丘僧。坐彼精舍。從於地下出衆妙花。令彼精舍華至於膝。迦葉。爾時大王於不思議功德精舍。供養妙花如來。滿八萬四千歲。恭敬供養尊重贊嘆。迦葉。爾時大王供養如來。滿八萬四千歲已。最後一日。妙花如來飯食之後。達摩善法二子眷屬。及諸四衆。至妙花如來正遍知所。頭面作禮。白佛言。世尊。頗有布施功德善根。勝此尼彌大王功德善根者不。迦葉。時二王子禮如來時。大千世界悉皆震動。迦葉。爾時妙花如來侍者弟子。名通達法。從坐而起。頂禮佛足。白佛言。世尊。何因緣故大地震動。以何因緣。此二王子禮佛而住。

爾時妙花如來告通達法。善男子。何用此問。若佛如來説此王子净心深忍。大悲之心。禮如來足。一切天人皆當迷没。迦葉。爾時妙花如來告一聲聞神足弟子那羅延言。善男子。汝示神力起二童子。迦葉。爾時那羅延比丘從坐而起。即以右手捉一童子。復以左手捉一童子。欲扶令起而不能動。時那羅延盡大神通。扶二童子欲令其起。不能動彼。如分一毛爲千萬分。不動一分。迦葉。爾時三千大千世界地皆震動。山河石壁悉亦大動。而不能動彼二童子。迦葉。爾時那羅延以妙花如來威神力故。令於下方恒河沙等諸佛世界悉皆震動。而亦不動彼二童子毛之一分。迦葉。爾時那羅延比丘禮妙花佛。白言。世尊。我將不失神通力耶。何以故。世尊。此二童子生來未久。在於佛前。頭面著地。我盡神力不能令起。爾時妙花如來告那羅延比丘言。善男子。汝不失通。善男子。菩薩境界不可思議。一切聲聞緣覺所不能動。不能思量。善男子。若滿三千大千世界一切衆生具大神力。如汝不异。至於億劫。不能動此二童子起。迦葉。爾時妙花如來説此語時。衆中四百二十萬衆生。發阿耨多羅三藐三菩提心。彼諸衆生作如是念。菩薩神力甚爲希有。未得一切智神力。乃爾大聲聞神力不能令動。况成佛道。是故我等應行菩薩道。願證如來無上智慧。迦葉。爾時四百二十萬衆生作是念已。於無上菩提心得堅住。迦葉。爾時彼衆有一菩薩。名曰善慧。在大衆中從坐而起。偏袒右肩。頂禮佛足。白妙花如來言。世尊。唯願世尊起二童子。如彼所問。願佛解説。佛告迦葉。爾時妙花如來從虛空中出大音聲。其聲遍滿乃至十方恒河沙等諸佛世界。聲至之處。世界地皆六種震動。放大光明。遍照十方。迦葉。時二童子聞此聲已。從地而起。迦葉。童子起時。於此三千大千世界。人天伎樂不鼓自鳴。於虛空中雨衆妙花。迦葉。時二童子從地起已。至如來所。右繞三匝。頂禮佛足。合掌恭敬。瞻仰如來。迦葉。爾時妙花如來告善慧菩薩言。善男子。此二童子禮我足已。作如是問。世尊。頗有布施福德善根。勝此尼彌大王功德善根者。此二童子禮我足已。發問而住。迦葉。爾時善慧菩薩白妙花如來言。世尊。願佛解說二童子問。令諸天人得安樂故。

爾時妙花如來告善慧菩薩。善男子。汝今諦聽。當爲汝說。善男子。

尼彌國王所作功德。若有菩薩住阿蘭若行遠離行。少知諸法得無生忍。功德勝彼無量無邊。善男子。若三千大千世界一切衆生。一一衆生所作功德如尼彌王。如是三千大千世界一切衆生所有福德。不如菩薩修行遠離住於净心。正念相應解諸法空無來無去。如是少忍功德。勝前功德百分不及一。千分不及一。億分不及一。百億分不及一。千億分不及一。百千億分不及一。百千那由他億分不及一。乃至算數不及其一。善男子。如恒河沙等一切世界所有衆生。一一衆生悉作福德如尼彌王。彼諸衆生所作福德。至恒河沙劫常修福德。善男子。於意云何。彼善男子得福多不。迦葉。爾時善慧菩薩白妙花如來言。希有世尊。如來説喻不可思議。

如此善根不可思議。迦葉。爾時妙花如來告善慧菩薩。善男子。我今告汝。有智慧人成就深忍。能信此語。彼一切衆生所集善根。不如此二童子。以净心故禮如來足。勝前一切衆生善根。百分不及一。千分不及一。百千分不及一。億分不及一。百億分不及一。千億分不及一。百千億分不及一。百千億那由他分不及一。乃至算數譬喻所不能及。迦葉。爾時妙花如來大衆之中。八萬四千比丘同聲發言。世尊。我等隨喜彼人功德。成就深法忍。信諸法空。心樂遠離。趣阿蘭若。舉足七步。發阿耨多羅三藐三菩提心。成就智慧。我等隨喜。迦葉。爾時妙花如來贊諸比丘。善哉善哉。諸善男子。汝等以此隨喜之業不思議善根。當作恒河沙等轉輪聖王。然後得成阿耨多羅三藐三菩提。

爾時摩訶迦葉及諸大衆。一時同聲白佛言。世尊。我等隨喜彼人發心。成就深忍。信諸法空。遠離寂滅。自性清凈。爾時世尊告摩訶迦葉言。迦葉。爾時達摩善法二童子白妙花如來言。世尊。菩薩具何等法。施不望報。不生嫉妒。心不慳吝。不生貪著。見人行施心不希望。成就如來無上之行。得深法忍。成無上智。迦葉。爾時妙花如來告達摩①善法二童子言。善男子。菩薩具足四法。施不望報。不嫉妒。不慳吝。不生貪。見人施不希望。成就如來無上之行。得甚深忍。見無上智。何等爲四。一者。信諸法空。二者。遠離。三者。深忍。四者。正念。善男子。菩薩具此四法。施不望報。心不嫉妒。不慳吝。不生貪。見人施不悕望。成就如來無上之行。成就深忍。具無上智。善男子。復有四法。若菩薩具此四法。施不望報。心不嫉妒。不慳吝。不生貪。見人施不希望。成就如來無上之行。成就深忍。滿無上智。何等爲四。善男子。菩薩求多聞。得多聞已。游於城邑聚落。説法無所希望。乃至不受一言善贊。心無所貪。諸佛所説一切施中。法施第一。住第一施。其心歡喜。不求世間財物布施。何以故。善男子。十方無數阿僧祇諸佛世界。諸佛如來及比丘僧。不求②世間資生之具。若有菩薩住清净戒。修於正法。具大悲心。不求利養。一切諸佛之所憶念。若有能説一四句偈。説偈文字皆自性空。一切諸法亦復如是。皆自性空。此善男子善根功德。勝前善根。百分不及一。千分不及一。

百千分不及一。億分不及一。百億分不及一。千億分不及一。百千億分不及一。百千那由他億分不及一。乃至阿僧祇分亦不及一。迦葉。爾時妙花如來告二童子。善男子。菩薩具足四法。得成如來無上之行。何等爲四。一者。行無上處。二者。説無上法。三者。施無上物。四者。信無上法。善男子。是名四法。菩薩成就此四法者。得成如來無上之行。迦葉。時妙花如來爲二童子説是法時。彼二童子聞此法已。踴在空中。高七多羅樹。同聲贊佛。

如來知諸行　教衆生行施　而不著於施　此施無上施
能成無上忍　此中無有我　衆生命及人　希有大精進
演説如是法　成就甚深忍　及得無上行　得無上菩提

永滅諸欲惱　大智慧清净　更不受後有　説於遠離行
令住阿蘭若　修於空解脱　亦不生分別　常勤行布施
不生於分別　此是無垢際　遠離諸名字　説清净尸羅
令行寂滅處　此是第一戒　覺知寂滅處　常修行於忍
不分別衆生　此是清净忍　離一切分別　修堅固精進
離一切有爲　佛説此精進　能成遠離法　焚燒一切事
斷於諸有無　此無分別禪　不起諸煩惱　非此亦非彼
中間亦不住　此第一智慧　遠離於三世　修習寂滅想
復觀於此想　此想何處生　是故知無想　贊嘆佛功德
演説第一法　其心不异念　聽受於正法　説名字無盡

自性體不成　觀境界無實　其心則解脱　若起如是想
我爲説法者　彼則被魔縛　不知於法相　若欲得菩提
及求聲聞者　求緣覺菩提　當修學此法　説於一解脱
智慧無邊量　勿作下劣願　當願上菩提　若求如是身
相好自莊嚴　如佛金色身　當求上菩提　作生一切法
作者不可得　諸法從緣生　無自性自性

迦葉。時二童子在虚空中説此偈時。尼彌大王從城而出。及諸地神。虚空諸神。皆悉來集。爾時衆中八萬四千衆生。發阿耨多羅三藐三菩提心。阿僧祇衆生種於善根。迦葉。爾時達摩善法二童子等從空中下。詣妙花如來所白言。世尊。我等歸依佛。歸依法。歸依僧。發阿耨多羅三藐三菩提心。以比丘形行菩薩道。世尊。真發心者信一切法無生。世尊。真發心者不著諸法。何以故。世尊。若有著則法不生。是故世尊説離著心得彼無生。世尊。此無生亦不應説是無生。何以故。有言説者則有生滅。若具浄智則無生滅。無生滅處是畢竟盡。是故世尊。以平等際發阿耨多羅三藐三菩提心。不念於法。亦無法得。亦無不得。如是得平等。無得平等。何以故。一切諸法本性浄故。迦葉。爾時妙花如來爲二童子説此法時。衆中十千衆生得無生法忍。尼彌大王并及千子五千大臣。悉發阿耨多羅三藐三菩提心。佛告迦葉。爾時妙花如來飯食既訖。澡洗鉢已。於大衆中告大王言。尼彌大王。我今説法。王及大衆聞佛説法。踴躍歡喜。迦葉。爾時達摩善法二童子聞佛説法。以浄信心離於欲火。欲求出家。從城而出來至佛所。至佛所已。而説頌曰。

一切諸如來　讚嘆出家法　在家多垢穢　壞滅白浄法
增長不善法　毀滅於善法　在家多過失　出家離染污
設使百億劫　受欲無厭足　受欲無厭足　在家而死滅③
如海受衆流　而無有厭足　凡夫亦如是　受欲無厭足
如火燒乾草　而無厭足時　凡夫亦如是　受欲無厭足
貪欲網所縛　滅壞於世間　是故應離縛　爲發出家故
在家具衆過　不得無上道　出家修遠離　爾乃得菩提
過去諸如來　已入於涅槃　住阿蘭若法　獲得大菩提

是故學諸佛　趣向阿蘭若　捨愛離居家　然後得安隱
一切三千界　珍寶滿其中　以此珍寶聚　在家施諸佛
若以無惱心　知於在家過　學諸佛如來　出家求智慧
既求出家已　遠離諸欲火　舉足行七步　勝以三千施
三千之功德　不如此一分　是故出家者　如來之所贊
成就大智慧　遠離諸繫縛　離一切諸著　乃證無上道
速住寂靜處　斷除諸欲愛　一切毒熾心　悉滅無有餘
學諸佛如來　如實知諸法　速遠離在家　住阿蘭若法
若欲求佛道　修於遠離行　應學阿蘭若　不應樂在家
此是諸佛境　聖人所住處　能住此道者　則能得菩提

欲等惱衆生　若求遠離者　應離在家法　修習阿蘭若
欲證甘露法　轉無上法輪　摧伏諸魔怨　當習阿蘭若

迦葉。爾時達摩善法二童子說此頌已。從城而出。往詣妙花如來所住之處。到已頭面禮足。右繞三匝。白言。世尊。我等今者。於如來所欲求出家。唯願世尊。哀愍聽許令得出家。迦葉。爾時妙花如來知二童子信心清净求出家法。是時如來即聽出家住比丘法。迦葉。爾時大王聞二童子得出家已。即以太子令紹王位。王與九百九十九子。八萬四千夫人。五千大臣。及諸人民。以净信心離於欲火。捨家出家。一切俱往詣妙花佛。到已頂禮佛足。白妙花佛言。世尊。我等欲求出家。願佛聽許。令得出家。迦葉。時妙花佛知諸大衆信心清净。悉聽出家住比丘法。迦葉。爾時大王第一太子。登位七日。内自思惟。我終不捨薩婆若心。何用如是王位寶財。爲欲所縛。我終不捨無上菩提。作是念已發心出家。於十五日游四天下。説此偈言。

我父及親屬　皆悉已出家　無量億衆生　爲法亦出家
我今樂出家　不樂住五欲　一心求出道④　欲詣導師所
若發心出家　離諸欲火者　應速隨我法⑤　離難甚難得
不發出家心　不遠離欲火　安心在居家　安住於實法

迦葉。時彼太⑥子説此偈時。四天下中。無一衆生樂在家者。皆悉發心願求出家。迦葉。時妙花如來知諸衆生心信清净求出家已。妙花如來於四天下一切城邑村落。悉作化佛及比丘僧。迦葉。時四天下一切衆生。無有一人住在家者。以浄信心離於欲火。悉得出家。彼諸衆生既出家已。不須種殖。其地自然生諸粳米。諸樹自然生諸衣服。一切諸天供侍給使。迦葉。爾時達摩善法二比丘勇猛精進。於其六十三億歲中。不坐不卧。但勤精進求薩婆若。念薩婆若。於六十三億歲勤精進已。得遍至三昧。所坐之地名金剛處。其地皆是金剛所成。十方一切諸佛説法。悉聞受持。聞已復能爲他解説。迦葉。時四天下一切衆生。若有修學聲聞乘者。無一衆生凡身命終。極懈怠者得阿那含。從此命終生浄居天。共彼同行求緣覺者。從此命終。當生他方無佛之處。生大種姓。諸根具足。以過去世善根力故。離於欲火。而行出家。七日之後成緣覺道。利益無量無邊衆生。入般涅槃。菩薩乘者成就五通。具四無量無礙辯才。得陀羅尼。迦葉。莫作异念。爾時尼彌大王。豈异人乎。則我身是。時太子者。今彌勒菩薩是。迦葉。莫作异見。何以故。達摩童子。今文殊師利是。善法童子者。虛空藏菩薩是。迦葉。汝觀彼佛國土清净。如是善根衆生之所住處。

爾時摩訶迦葉白佛言。世尊。妙花如來壽命幾時。佛告迦葉。妙花如來壽命八劫。迦葉。妙花如來般涅槃後。正法住世滿足一劫。一切諸天供養舍利。無在家人。迦葉。時二比丘少欲知足。不供舍利。不禮佛塔。迦葉。爾時諸天。新學比丘。百千大衆各相謂言。此二比丘邪見。不信於佛舍利。不興供養。不禮佛塔。迦葉。爾時諸天及諸比丘百千大衆説此語時。達摩善法二比丘問衆人言。於汝意云何。云何供養是真供養如來。以何事故。如來舍利而得供養。諸比丘言。修戒。定。智慧。解脱。解脱知見故。舍利得供養。二比丘言。修戒。定。慧。解脱。解脱知見。是真供養。非供舍利。諸比丘言。如是如是。如汝所言。云何戒相。禪定。智慧。解脱。解脱知見。復何等相。達摩善法二比丘言。無作相。是戒相。乃至解脱知見。無作相是知見相。迦葉。時二比丘語衆人言。於意云何。無作能供養無作不。諸比丘言。不也。達摩善法二比丘言。真供養者。無佛想。無見佛。何況供養。若供養佛。當供養自身。諸比丘言。云何供養自身。二比丘言。應如如來應正遍知供養自身。一切衆生之所供養。如佛所學。應如是學。護持禁戒。集諸善法。思惟諸法。莫取法相。若能如是自供養者。當得天人之所供養。若欲供養佛舍利者。當自供養。如佛如來具諸功德。舍利得供養。若能成就如是功德。名供養佛。不起想相。名供養佛。若多若少不生分別。名供養佛。非後世去。非今世來。非此岸⑦非彼岸。非常非斷。非取非捨。是則名曰供養如來。非增非減。非生非滅。非盡非不盡。是則名曰供養如來。非心非心數法。非憶想非我。非取非受。非諍論非不諍論。非毀非贊。非二非入。是則名曰供養如來。亦非有爲。亦非無爲。是則名曰供養如來。身無所作。口無所作。意無所作。於身口意求不可得。是則名曰供養如來。無過去想。

未來現在想不可得。無依無著。無所求想。亦不分別。是則名曰供養如來。無佛想。無法想。無僧想。無人無自無他想。是則名曰供養如來。真如來身無生無⑧相。不可以生而修供養。真如來身名無作相。不以作相而修供養。真如來身名無二相。不應二相而修供養。真如來身名無漏相。不以有漏而修供養。真如來身名曰空相。不以身見命見。斷見常見。我見我所見。有見無見供養如來。真如來身名無相相。不可以相而修供養。真如來身名無願相。不可以願而修供養。真如來身名無有相。不可以有而修供養。真如來身名不動相。不可動相而修供養。真如來身名無行相。不可以行而修供養。真如來身名離貪相。不可以貪而修供養。真如來身名離瞋相。不可以瞋而修供養。真如來身名離痴相。不可以痴而修供養。真如來身具戒。定。慧。解脫。解脫知見。不可以破戒亂心愚痴而修供養。真如來身慈悲喜捨。不可以瞋心惱心妒心散心而修供養。真如來身具布⑨施持戒忍辱精進禪定智慧。不可以慳破戒瞋恚懈怠亂痴而修供養。

迦葉。達摩善法於大衆中說此法時。四百二十萬衆生得無生法忍。八萬四千衆生得清浄智阿那含果。二百三十萬衆生發阿耨多羅三藐三菩提心。迦葉。汝觀達摩善法二比丘等如是浄心。迦葉。汝應學彼正士甚深之忍及巧方便。迦葉。彼二比丘於大衆中說此法時。諸比丘聞此法已。皆住深忍。悉行少欲知足之行。不供養舍利及佛塔廟。何以故。彼諸比丘悉樂深法。迦葉。彼七日後。一切佛塔悉皆隱没。及諸舍利所在器中。亦悉隱没。迦葉。汝應如是學彼正士甚深之忍。佛告迦葉。當知末世後五百歲。有諸菩薩及諸比丘。不修身。不修心。不修戒。不修慧。爲活命故。供養佛塔及佛舍利。不爲涅槃。不爲離欲而修供養。自犯禁戒。愚痴無智。如來舍利具戒定慧解脱解脱知見之所熏修。爲活命故供養尊重。具貪瞋痴。於佛如來應正遍知離貪瞋痴所有舍利。爲活命故而興供養。自身具足慳貪嫉妒瞋恚懈怠亂心愚痴。若大施主正住一心。爲活命故化令供養如來舍利。迦葉。我爲教化初始發心諸善男子善女人等。以神通力。留此舍利。令供養者。受人天樂。爲未來因。

乃至涅槃。彼愚痴人於我法中。雖得出家。不解我法。捨出家行。而但供養塔廟舍利。爲自活故。爲得衣鉢。爲利養故。爲名聞故。爲此事故。供養舍利。何等名爲比丘之業。迦葉。如上所説沙門之業。則有二種。一者修禪。二者習誦。如是説者。爲入道故。非究竟説。迦葉。若有作業能盡業者。名沙門業。無作無誦無禪。無作無無作。無念無不念。無盡無生。證三脱門。不住三界。無來無去。是沙門業。彼衆生等離斯正業更習餘業。彼福業者爲化在家人。如是在家順如來教。當得阿那含果。彼愚人輩於我法中而行出家。尚不修行隨順之法。況復能得。若有得者。無有是處。迦葉。於當來世後五百歲。有相似沙門。衣服形貌似像沙門。戒不相似。定不相似。慧不相似。

迦葉。譬如有人善知醫方及諸咒術。即以咒術咒一袈裟。與人令著。彼見生貪即便著之。若至七日。若至八日。其身熾然。猶如火聚。如彼咒已。取之與人。彼人見已便生貪著。比丘亦爾。見好衣服受取而著。若至七日。若至八日。若在舍内。若在巷中。若在林中。彼所著衣熾然如火。燒人善根。迦葉。於汝意云何。彼著袈裟。有利益不。迦葉白佛言。世尊。無所益也。佛告迦葉。如是如是。我袈裟者。戒。定。智慧。解脱。解脱知見。無量阿僧祇善根所集。迦葉。於當來世有愚痴人。著聖人衣似像沙門。入於村邑中。有信心婆羅門長者居士。見被法服謂爲沙門。皆共尊重供養讚嘆。彼愚痴人因袈裟故而得供養。便生歡喜。身壞命終墮於地獄。生地獄已。大熱鐵鍱以爲衣服。吞啖鐵丸。飲洋沸鐵。坐熱鐵床。迦葉。汝觀袈裟威德如是。彼愚痴人著於袈裟。受樂放逸。自作惡業。身壞命終墮於地獄。迦葉。我常說言。寧以燒熱鐵鍱爲衣。不以破戒之身而著袈裟。寧吞熱鐵。不以破戒之身食人信施。迦葉。汝觀破戒之人食他信施。有如是過。是故汝等應當修學清净戒法。

迦葉。於汝意云何。若天。若龍。若夜叉。若乾闥婆。若阿修羅。若迦樓羅。若緊那羅。若摩睺羅伽。若人。若非人。能作如來色身像不。迦葉白佛言。不也。世尊。如來色像不可思議。無色像故。是故此等皆不能作。佛告迦葉。於當來世後五百歲。有諸比丘不修身。不修心。不修戒。不修慧。若於疊⑩上墻壁之下。造如來像因之自活。以此業故。

自高慢人。爾時摩訶迦葉白佛言。世尊。波斯匿王造如來像。得福多不。佛言。迦葉。得福甚多。波斯匿王造如來像。施無價衣。不求衣服飯食之報。迦葉。彼愚癡人爲活命故造立形像。迦葉。若賣畜生猶尚不善。況彼癡人作如來像。於白衣前而衒賣之。以自活命。迦葉。譬如有人幼小無知。捨弃甘露而飲毒藥。迦葉。彼愚癡人亦復如是。造如來像爲資生故而便賣之。是名爲毒。迦葉。所言毒者。於正法中貪是其毒。迦葉。彼愚癡人以貪心故而起瞋恚。遞相鬥諍。互相誹謗。各言我行供養。因彼諍論墮於地獄。迦葉。譬如有人無巧方便入敵戰時。所持刀劍而反自傷。迦葉。愚癡之人亦復如是。無方便故。因於法故而墮地獄。迦葉。若有善男子善女人以七寶造如來塔。莊嚴成就。一一寶塔高廣嚴好如須彌山。遍滿恒沙諸佛世界。譬如甘蔗竹葦。迦葉。於汝意云何。彼善男子善女人得福多不。迦葉白佛言。世尊。造如來像如四指者。得福無量。況復造像如須彌山。所得功德不可思議⑪。佛告迦葉。若有菩薩内觀佛身。得深法忍。功德勝彼無量無邊。迦葉。若復有人住於浄戒。以四句偈爲他人説。解其義趣。所得福德無量無邊。迦葉。云何觀於如來之身。迦葉。若菩薩欲觀如來者。當學大精進菩薩。迦葉。乃往古昔無數阿僧祇劫。有佛世尊。號曰光明如來。應供。正遍知。明行足。善逝。世間解。無上士。可化丈夫調御師。天人師。佛。婆伽婆。迦葉。光明如來般涅槃後。有一菩薩名大精進。婆羅門種。端正無比。迦葉。光明如來正法之中。有諸比丘。少欲知足。住如法行。迦葉。彼諸比丘皆悉造立如來形像。爾時有一比丘於白疊*上畫如來像。衆彩莊嚴。悉皆具足。持至大精進菩薩所。爾時大精進菩薩見此畫像。心大歡喜。作如是言。如來形像。妙好乃爾。況復如來正遍知身。願我來世得成如是妙色之身。爾時大精進菩薩作如是念。我今不能住在居家。若在家者。不能成就如是之身。迦葉。爾時大精進菩薩年始十六。諸根具足。至父母所。頭面敬禮。白父母言。我今欲於如來正法出家學道。願爲隨喜。父母答言。莫作是說。何以故。我今年老。唯汝一子。汝若出家。我等當死。大精進言。我當方便令父母存。我得出家。父母問言。欲作何業。子白父母。我從今日不食諸味。不升床坐。不食蘇油。不飲漿水。若善若惡口不言說。乃至得出家。迦葉。大精進菩薩如是誓已。默然而住。如是默然一日不食。爾時父母誦諸咒術。持百味食而授與之。亦不肯食。亦不言說。迦葉。大精進菩薩如是默然過第二日。爾時父母與母知識五百人等。持百味食來至其所。誦諸咒術。望其餐設。尚不顧視。況復食之。迦葉。時大精進於第三日。父親五百。持種種食勸之令食。亦復如是默然不語。不飲不食亦不顧視。於第四日。五百同友持百味食。誦諸咒術。令從己志。時大精進默然而住。於第五日。爾時父母悉出寶藏。金銀琉璃種種寶物。及諸婇女八萬四千上妙嚴飾。將至其所。父親母親及其同友。各五百人。勸大精進作如是言。汝當⑫在家。以此財寶布施。自恣作福。與諸婇女共相娛樂。時大精進於大衆中默然而住。曾不瞻眄。於第六日。斷諸憶想不起食念。但念⑬如來應正遍知。迦葉。爾時父母及其知識。八萬四千諸妙婇女同時悲泣。禮大精進。時大精進亦不顧視。迦葉。爾時大精進菩薩所住之處有一宅神。於虛空中現大神力。而說頌曰。

精進心堅固　難動如須彌　不捨出家心　爲得菩提故
大地可傾動　火可在水居　如是等可轉　菩薩不可動
汝等莫勤⑭苦　而作不善業　衆生無慧眼　久遠處生死
爲利諸群生　是故求菩提　其心樂出離　必成無上道
不爲世間報　而行菩薩道　願成大覺智　救濟苦衆生

三千大千界　珍寶滿其中　及諸上妙土　其心不貪著
汝等愚痴心　所作不善業　汝當自悔過　菩薩不處俗

迦葉。時大精進菩薩父母眷屬知識及諸婇女。聞天神語。悉皆悔過。告菩薩言。隨意出家。汝當飲食。勿令殞絕。迦葉。時大精進不食七日。光明暉悅。顏色不變。唯心憶念正遍知身。一切諸天散花供養。時大精進過七日已。捨諸家業。如弃涕唾。爾時父母。同友。知識。及諸婇女八萬四千。皆悉悲泣隨而送之。爾時大精進菩薩持畫疊*像。入於深山寂靜無人禽獸之間。開現畫像。取草爲坐。在畫像前結加趺坐。正身正念。觀於如來。諦觀察已。作如是念。如來如是希有微妙。畫像尚爾端嚴微妙。況復如來正遍知身。復作是念。云何觀佛。爾時林神知彼菩薩心之所念。白菩薩言。善男子。汝如是念云何觀佛。若欲觀佛。當觀畫像。觀此畫像不异如來。是名觀佛。如是觀者名爲善觀。時大精進作如是念。我今云何觀此畫像與如來等。復作是念。如來像者非覺非知。一切諸法亦復如是非覺非知。如是像者。但有名字。一切諸法亦復如是但有名字。如是名字。自性空寂無所有。如來之身其相如是。如此畫像。非證非得非果。非證者。非得者。非得果者。非住者。非去非來。非生非滅。非垢非净。非色非非色。非貪盡。非瞋盡。非痴盡。非陰界入。非初非中非後。一切諸法亦復如是。如來身相亦復如是。如此畫像。非覺非作。一切諸法亦復如是。如來身相亦復如是。如此畫像。非見非聞。非嗅非嘗。非觸非知。非出息。非入息。一切諸法亦復如是。無有知者。如此畫像。非欲界攝。非色無色界攝。一切諸法亦復如是。如此畫像。非初非中非後。非此非彼。非行非非行。非取非捨。非作非誦。非實非虛。非生死。非涅槃。一切諸法亦復如是。如來身相亦復如是。菩薩如是觀如來身。結加趺坐。經於日夜。成就五通。具足⑮無量。得無礙辯。得普光三昧。具大光明。成就天眼。過於人眼。以此天眼見於東方阿僧祇佛。得浄天耳。諸佛世尊所說之法。悉能聽受。天耳浄故。一一諸佛所說之法。聽聞受持不相障礙。迦葉。時大精進勤行精進。滿足七日。以智爲食。不食世供。一切諸天散花供養。迦葉。時大精進不被袈裟亦不見佛。不受禁戒。心但憶念學薩婆若。迦葉。

菩薩應如是觀如來身。非觀非非觀。迦葉。菩薩應如是觀如來畫像。如大精進菩薩摩訶薩觀如來像。如是觀已。成大智慧。以此智慧。悉見十方阿僧祇佛。聞佛説法。迦葉。爾時大精進菩薩從山而出。來至村落爲人説法。一會説法。二萬衆生住阿耨多羅三藐三菩提。無量阿僧祇衆生住於聲聞緣覺功德。父母親屬皆住不退阿耨多羅三藐三菩提。迦葉。莫作异念。爾時大精進菩薩摩訶薩者。豈异人乎。我身是也。迦葉。是故菩薩摩訶薩。應學大精進菩薩摩訶薩。亦應學餘諸大菩薩。迦葉。當來末世後五百歲。有求菩薩諸善男子。無方便心。多諸貪著。於牆壁下畫如來像而求利養。彼作是説。我獨供養。人無供養。以修少善自高慢人。因此供養以自活命。迦葉。彼時衆生不修三昧。不誦正典。但作此業。因此業故。於施主邊獲得衣服飲食。卧具湯藥。以自活命。迦葉。汝觀彼破戒菩薩。住不净戒。自稱多聞。迦葉。彼破戒人不誦經典。供養形像因而自活。

爾時摩訶迦葉白佛言。世尊。希有世尊。希有善逝。世尊廣説愚痴凡夫諂曲之失。世尊。若有善男子善女人。聞如是説。何有不住清净之戒。世尊。願於未來此法久住。令彼善男子善女人聞已慚愧。如來知我。如來覺我。所作邪法。永令休息。爾時世尊告摩訶迦葉。如來所説爲善男子。聞我此法修行離惡。我爲此人説如是法。爾時世尊説此經已。摩訶迦葉。彌帝隸菩薩。文殊師利童子。一切世間天人。阿修羅。乾闥婆等。聞佛所説。皆大歡喜。

大寶積經卷第八十九

校注

①『達摩』，底本無，依龍藏、思溪藏補。

②『求』，龍藏、思溪藏作『少』。

③『受欲無厭足　在家而死滅』，龍藏作『在家如死滅　受欲無厭足』。

④『道』，龍藏作『家』。

⑤『法』，龍藏、思溪藏作『去』。

⑥『太』，底本作『童』，依龍藏、和裕本、中州本改。

⑦『非此岸』，底本無，依龍藏、和裕本補。

⑧『無生無』，龍藏作『名無生』。

⑨『布』，底本無，依龍藏補。

⑩『疊』，龍藏作『氎』。本卷下文例同，用*標識，不再出注。

⑪『議』，龍藏、思溪藏作『量』。

⑫『當』，思溪藏作『常』。

⑬『但念』，底本無，依龍藏、思溪藏補。

⑭『勤』，底本污殘，依龍藏、思溪藏補。

⑮『足』，龍藏作『四』。

大寶積經卷第九十

大唐三藏菩提流志奉　詔譯

優波離會第二十四

如是我聞。一時佛在舍衛國祇樹給孤獨園。與大比丘衆千二百五十人俱。菩薩摩訶薩五十萬人。爾時世尊如龍象王顧視觀察。告諸菩薩摩訶薩言。善男子。汝等誰能於後末世護持正法。攝受如來百千萬億那由他阿僧祇劫所集阿耨多羅三藐三菩提法。安住秘密。種種方便成熟衆生。爾時彌勒菩薩從座起。偏袒右肩。右膝著地。合掌白言。世尊。我能堪任於後世時。護持如來百千萬億那由他阿僧祇劫所集阿耨多羅三藐三菩提法。師子慧菩薩曰。我能堪任安住秘密。種種方便成熟衆生。無盡意菩薩曰。我能堪任以廣大願。度脱無盡諸衆生界。跋陀羅菩薩曰。我能堪任令諸衆生得聞我名。皆悉成熟。無空過者。妙德菩薩曰。我能堪任於諸衆生隨所願求。悉令滿足。無畏菩薩曰。我能堪任攝受無邊世界衆生而作饒益。金剛菩薩曰。我能堪任於惡趣中度諸衆生。令得解脱。除障菩薩曰。我能堪任①解脱衆生煩惱繫縛。智幢菩薩曰。我能堪任滅除衆生無明暗蔽。法幢菩薩曰。我能堪任*常行法施度脱衆生。日幢菩薩曰。我能堪任恒以安樂成熟衆生。月幢菩薩曰。我能堪任*以諸功德成熟衆生。善眼菩薩曰。我能堪任與諸衆生自性安樂。觀自在菩薩曰。我能堪任於諸惡趣拔濟衆生。得大

勢菩薩曰。我能堪任度諸惡趣未度衆生。普賢菩薩曰。我能堪任*
令諸衆生憶念過去經歷受苦。便得解脱。善數菩薩曰。我能堪任
調伏一切難調衆生。妙意菩薩曰。我能堪任樂小法者。度令成熟。
善順菩薩曰。我能堪任成熟下劣少智衆生。光積菩薩曰。我能堪
任拔濟墮於畜生趣者。令得解脱。不思議菩薩曰。我能堪任愍念
成熟餓鬼衆生令得解脱。大威力菩薩曰。我能堪任爲諸衆生閉
惡趣門。無諍論菩薩曰。我能堪任爲諸衆生示解脱道。賢吉祥菩
薩曰。我能堪任究竟斷除衆生苦惱。月光菩薩曰。我能堪任與諸
衆生畢竟安樂。日光菩薩曰。我能堪任於諸衆生未純熟者。令得
成熟。無垢菩薩曰。我能堪任令諸衆生所有志樂。皆得圓滿。斷疑

菩薩曰。我能堪任度脱一切下劣衆生。無畏菩薩曰。我能堪任攝受衆生稱贊利益。慧勝菩薩曰。我能堪任隨順種種勝解衆生。皆得成熟。光明菩薩曰。我能堪任恒以正勤拔濟衆生。無量菩薩曰。我能堪任爲諸衆生於一切法示無爲道。無畏菩薩曰。我能堪任隨諸衆生種種志樂。皆能示現。寶勝菩薩曰。我能堪任示諸衆生妙珍寶聚。妙慧菩薩曰。我能堪任令諸衆生見者歡喜。皆得成熟。寶藏菩薩曰。我能堪任度脱衆生離諸障礙。寶賢菩薩曰。我能堪任令諸衆生自識宿命。皆得成就。寶手菩薩曰。我能堪任以諸珍寶惠施衆生。令得安樂。勝意菩薩曰。我能堪任令諸衆生永離貧窮。喜見菩薩曰。我能堪任施諸衆生一切樂具。金剛菩薩曰。我能堪任爲諸衆生開示正道。福相菩薩曰。我能堪任悦可衆生②令得度脱。法超菩薩曰。我能堪任浄除衆垢。而演説法。無垢菩薩曰。我能堪任愛護衆生。悉令成熟。法現菩薩曰。我能堪任常以正法度脱衆生。空寂菩薩曰。我能堪任令諸衆生滅煩惱毒。月勝菩薩曰。我能堪任爲諸衆生示法方所。師子意菩薩曰。我能堪任常以法施利益衆生。童子光菩薩曰。我能堪任從卑下處拔出衆生。覺吉祥菩薩曰。我能堪任開示正道。閉惡趣門。金光菩薩曰。我能堪任示現身相成熟衆生。吉祥菩薩曰。我能堪任與諸衆生常作利益。持世菩薩曰。我能堪任爲諸衆生閉地獄門。甘露菩薩曰。我能堪任令諸衆生超度生死。網明童子曰。我能堪任於後末世爲諸衆生示現光明。滅除煩惱。

爾時舍利弗聞諸菩薩作如是等勇猛弘誓。成熟衆生。歎未曾有。白佛言。希有世尊。此諸菩薩摩訶薩不可思議。具足大悲方便善巧。勇猛精進而自莊嚴。一切衆生無能測量。不可沮壞。所有光明無能障蔽。世尊。我當稱贊是諸菩薩未曾有事。所謂堪任。有來求索頭目耳鼻身體手足。一切諸物無所吝惜。世尊。我常思惟。若有人能逼迫如是諸菩薩等。從其求索若內若外一切財物。心無怯弱。當知皆是不可思議解脱菩薩。佛言。舍利弗。如是如是。如汝所言。是諸菩薩智慧方便三昧境界。一切聲聞及辟支佛所不能知。舍利弗。此諸菩薩摩訶薩。能現諸佛神通變化。滿足衆生諸所欲樂。而於諸法心無所動。若有衆生樂爲居士。憍慢放逸。菩薩爾時爲成熟故。現大居士威德之身而爲説法。若有衆生恃大勢力而自憍慢。菩薩爾時爲調伏故。現那羅延大力之身而爲説法。若有衆生志求涅槃。菩薩爾時爲度脱故。現聲聞身而爲説法。若有衆生樂觀緣起。菩薩爾時爲度脱故。現緣覺身而爲説法。若有衆生志求菩提。菩薩爾時爲度脱故。即現佛身令入佛智。如是舍利弗。是諸菩薩種種方便成就衆生。悉令安住於佛法中。所以者何。唯有如來智慧解脱究竟涅槃。更無餘乘而得度脱。以是義故名爲如來。如來如實覺了如故。名爲如來。知諸衆生種種欲樂。悉能示現。故名如來。成就一切善法根本。斷於一切不善根本。故名如來。

能示衆生解脱之道。故名如來。能令衆生遠離邪道。住於正道。故名如來。演説諸法真實空義。故名如來。舍利弗。菩薩如是知諸衆生種種志樂。隨應説法。令得解脱。爲諸愚夫開示實智。不動法界能現種種幻化莊嚴。令諸衆生次第當得趣涅槃岸。

復次舍利弗。在家菩薩住於慈愍不惱害心。應修二施。何者爲二。一者。法施。二者。財施。出家菩薩應修四施。何等爲四。一者。筆施。二者。墨施。三者。經本施。四者。説法施。無生法忍菩薩應住三施。何等爲三。所謂王位布施。妻子布施。頭目支分悉皆布施。如是施者名爲大施。名極妙施。

舍利弗白佛言。世尊。是諸菩薩於貪瞋痴不怖畏耶。佛言。舍利弗。

一切菩薩有二犯戒。何等爲二。一者。瞋相應犯。二者。痴相應犯。如是二犯名大破戒。舍利弗。因貪犯者。爲過微細。難可捨離。因瞋犯者。爲過粗重。易可捨離。因痴犯者。爲過深重。復難捨離。所以者何。貪結能爲諸有種子。生死蔓莛連持不絕。以是義故微細難斷。因瞋犯者。墮於惡趣。可速除斷。因痴犯者。當墮八種大地獄中。難可解脱。

復次舍利弗。若有菩薩犯波羅夷者。應對清淨十比丘前。以質直心殷重懺悔。犯僧殘者。對五淨僧殷重懺悔。若爲女人染心所觸。及因相顧而生愛著。應對一二清淨僧前殷重懺悔。舍利弗。若諸菩薩成就五無間罪。犯波羅夷。或犯僧殘戒。犯塔犯僧。及犯餘罪。

菩薩應當於三十五佛前。晝夜獨處。殷重懺悔。應自稱云。我某甲。

歸依佛。歸依法。歸依僧。

南無釋迦牟尼佛　南無金剛不壞佛

南無寶光佛　南無龍尊王佛

南無精進軍佛　南無精進喜佛

南無寶火③佛　南無寶月光佛

南無現無愚④佛　南無寶月佛

南無無垢佛　南無離垢佛

南無勇施佛　南無清凈佛

南無清凈施佛　南無娑留那佛

南無水天佛
南無栴檀功德佛
南無光德佛
南無那羅延佛
南無蓮花光游戲神通佛
南無德念佛
南無紅炎帝⑤幢王佛
南無鬥戰勝佛
南無周匝莊嚴功德佛
南無寶蓮花善住娑羅樹王佛

南無堅德佛
南無無量掬光佛
南無無憂德佛
南無功德花佛
南無財功德佛
南無善名稱功德佛
南無善游步功德佛
南無善游步佛
南無寶花游步佛

如是等一切世界諸佛世尊常住在世。是諸世尊當慈念我。若我此生。若我前生。從無始生死以來所作衆罪。若自作。若教他作。見作隨喜。若塔若僧。若四方僧物。若自取。若教他取。見取隨喜。五無間罪。若自作。若教他作。見作隨喜。十不善道。若自作。若教他作。見作隨喜。所作罪障。或有覆藏。或不覆藏。應墮地獄餓鬼畜生。諸餘惡趣。邊地下賤。及蔑戾車。如是等處。所作罪障。今皆懺悔。

今諸佛世尊。當證知我。當憶念我。我復於諸佛世尊前作如是言。若我此生。若於餘生。曾行布施。或守净戒。乃至施與畜生一摶之食。或修净行所有善根。成就衆生所有善根。修行菩提所有善根。及無上智所有善根。一切合集。挍計籌量。皆悉迴向阿耨多羅三藐三菩提。如過去未來現在諸佛所作迴向。我亦如是迴向。

衆罪皆懺悔　諸福盡隨喜　及請⑥佛功德　願成無上智

去來現在佛　於衆生最勝　無量功德海　我今歸命禮

如是舍利弗。菩薩應當一心觀此三十五佛而爲上首。復應頂禮一切如來。應作如是清浄懺悔。菩薩若能滅除此罪。爾時諸佛即現其身。爲度一切諸衆生故。示現如是種種之相。而於法界亦無所動。隨諸衆生種種樂欲。悉令圓滿皆得解脱。

復次舍利弗。菩薩若入大悲三昧。則能示現地獄畜生閻魔羅界成熟衆生。菩薩若入大莊嚴三昧。則能示現長者之身成熟衆生。若入殊勝三昧。則能示現轉輪王身成熟衆生。若入熾然威光三昧。則能示現帝釋梵王殊妙色身成熟衆生。菩薩若入一向三昧。則能示現聲聞之身成熟衆生。菩薩若入清净三昧。則能示現辟支佛身成熟衆生。菩薩若入寂静三昧。則能示現諸佛色身成熟衆生。菩薩如是入一切法自在三昧。隨其志樂。現種種身成熟衆生。或現帝釋身。或現梵王身。或現轉輪聖王身。皆爲成熟諸衆生故。而於法界亦無所動。何以故。菩薩雖復隨順衆生種種示現。不見身相及衆⑦生相。無所得故。舍利弗。於意云何。如師子王大哮吼時。諸小野干能堪任不。舍利弗言。不也。世尊。又舍利弗。如大香象其所負重。驢堪任不。不也。世尊。又如帝釋及梵天王威德自在。貧賤之人能堪任不。不也。世尊。又如大力金翅鳥王翱翔運動。諸餘小鳥能堪任不。不也。世尊。佛言。舍利弗。是諸菩薩所有善根勇猛之力。依出離智浄諸罪垢。遠離憂悔。得見諸佛及得三昧。亦復如是。如斯罪障。非諸凡夫聲聞緣覺所能除滅。菩薩若能稱彼佛名。晝夜常行是三種法。能滅諸罪。遠離憂悔。得諸三昧。

爾時優波離從禪定起。往詣佛所。頂禮佛足。右繞三匝。却住一面。白佛言。世尊。我於靜處獨坐思惟。作如是念。世尊所說波羅提木叉清浄戒學。爲聲聞緣覺菩薩乘者。作是說言。寧捨身命。終不捨戒。世尊。若佛在世。若滅度後。云何名爲聲聞緣覺波羅提木叉。云何名爲菩薩乘者波羅提木叉。世尊說我於持律中最爲第一。我當云何能了毗尼善巧之義。若我從佛親聞受持。逮無所畏。然後乃能爲他廣説。今此大衆諸來菩薩及比丘僧。悉皆集會。善哉世尊。唯願廣説決定毗尼。斷除疑悔。

爾時世尊告優波離。汝今當知。聲聞。菩薩學清淨戒。所發心所修行異。優波離。有聲聞乘持清淨戒。於菩薩乘名大破戒。⑧有菩薩乘持清淨戒。於聲聞乘名大破戒。云何名爲聲聞乘人雖持淨戒。於菩薩乘名大破戒。優波離。聲聞乘人。乃至不應起於一念更受後身。是名聲聞持清淨戒。然於菩薩名大破戒。云何菩薩持清淨戒。於聲聞乘名大破戒。菩薩摩訶薩修行大乘。能於無量阿僧祇劫。堪忍受身不生厭患。是名菩薩持清淨戒。於聲聞乘名大破戒。以是義故。爲菩薩乘説不盡護戒。爲聲聞乘説盡護戒。爲諸菩薩説開遮戒。爲諸聲聞説唯遮戒。爲菩薩乘説深心戒。爲聲聞乘説次第戒。云何菩薩持不盡護戒。聲聞乘者持盡護戒。菩薩乘人雖持淨戒。於諸衆生應當隨順。聲聞乘人不應隨順。是故菩薩持不盡護戒。聲聞乘人持盡護戒。云何名爲菩薩持開遮戒。聲聞乘人持唯遮戒。若諸菩薩於大乘中發趣修行。日初分時有所犯戒。於日中分不離一切智心。如是菩薩戒身不壞。若日中分有所犯戒。於日後分不離一切智心。如是菩薩戒身不壞。若日後分有所犯戒。於夜初分不離一切智心。如是菩薩戒身不壞。若夜初分有所犯戒。於夜中分不離一切智心。如是菩薩戒身不壞。若夜中分有所犯戒。於夜後分不離一切智心。如是菩薩戒身不壞。若夜後分有所犯戒。於日初分不離一切智心。如是菩薩戒身不壞。以是義故。菩薩乘人持開遮戒。設有所犯。不應失念妄生憂悔自惱其心。於聲聞乘有所犯者。便爲破壞聲聞净戒。何以故。聲聞持戒。斷除煩惱如救頭然。所有志樂但求涅槃。以是義故。名聲聞乘持唯遮戒。復次優波離。云何菩薩持深入戒。聲聞乘人持次第戒。菩薩乘人於恒沙劫受五欲樂。游戲自在。未曾捨離菩提之心。如是菩薩不名失戒。所以者何。菩薩善能守護安住菩提之心。乃至夢中一切結使不爲其患。而是菩薩所有煩惱漸漸當盡。不應一生便盡諸結。聲聞乘者。成熟善根如救頭然。乃至一念不憙受生。以是義故。大乘之人持深入戒。説有開遮。名不盡護。聲聞乘人持次第戒。名曰唯遮。名爲盡護。何以故。優波離。求大乘者。於阿耨多羅三藐三菩提。甚爲難得。具大莊嚴乃能成就。是故菩薩雖於無量阿僧祇劫往來生死。終不生於厭離之心。以是義故。如來觀察爲大乘人不應一向説厭離法。不應一向説於速證涅槃之法。應當爲説慈喜相應甚深微妙無染之法。遠離憂悔無繫著法。無障無礙性空之法。菩薩聞已。於生死中而無厭倦。決定圓滿無上菩提。

爾時優波離白佛言。世尊。若有菩薩貪心相應而犯於戒。或有菩薩瞋心相應而犯於戒。或有菩薩癡心相應而犯於戒。世尊。如是菩薩於三犯中何者爲重。

爾時世尊告優波離言。若諸菩薩修行大乘如恒沙劫。貪心相應而犯戒者。其罪尚輕。若一瞋心而犯於戒。其罪甚重。何以故。因貪犯戒攝受衆生。因瞋犯戒弃捨衆生。優波離。所有諸結能攝衆生。菩薩於此不應生畏。所有諸結能捨衆生。菩薩於此應生怖畏。優波離。如佛所⑨說。貪欲難捨爲過微細。瞋恚易捨爲過粗重。痴難捨離過復粗重。優波離。於煩惱中。若難捨離小犯之罪。是諸菩薩應當堪忍。若易捨離大犯之罪。如是煩惱。乃至夢中不應忍受。以是義故。大乘之人因貪犯戒。我説是人不名爲犯。因瞋犯戒爲大犯戒。名大過患。名大墮落。於佛法中是大留難。優波離。若諸菩薩於毗尼中無善方便。貪相應犯便生怖畏。瞋相應犯不生怖畏。若諸菩薩於毗尼中有善方便。貪相應犯不生怖畏。瞋相應犯生大怖畏。

爾時文殊師利法王子在大衆中白佛言。世尊。一切諸法畢竟毗尼。何所調伏。佛告文殊師利。若諸凡夫了知諸法究竟毗尼。如來終不説於調伏。以不知故。如來爲令覺了諸法畢竟毗尼。漸次爲説諸毗尼法。爾時優波離白佛言。世尊。如來説此決定毗尼。文殊師利於是法中未有所説。善哉世尊。願令文殊師利爲少解説。佛告文殊師利。汝今當説究竟毗尼善巧之義。是優波離願樂欲聞。爾時文殊師利法王子語優波離言。一切諸法畢竟寂滅。心寂滅故。名究竟毗尼。一切諸法我不可得。無染著故。名不悔毗尼。一切諸法本性清净。無顛倒故。名最勝毗尼。一切諸法如如實際。離諸見故。名清净毗尼。一切諸法不來不去。無分別故。名不思議毗尼。
一切諸法無住無著。念念滅故。名净諸趣毗尼。一切諸法住虚空
際。離諸相故。名自性遠離毗尼。一切諸法無去來今。不可得故。名
三世平等毗尼。一切諸法不可安立。心平等故。名永斷疑惑毗尼。
優波離。是爲⑩法界究竟毗尼。諸佛世尊依此成道。若善男子。於是
法中不善觀察。則爲遠離如來净戒。時優波離白佛言。世尊。文殊
師利所説諸法不可思議。爾時世尊告優波離言。文殊師利所説
之法。依不可思議無礙解脱。以是義故。凡所説法離諸心相。謂心
解脱。增上慢人令得離於增上慢故。
優波離白佛言。世尊。云何聲聞及菩薩乘增上慢者。佛告優波離。

若有比丘作是思惟。我斷貪欲。名增上慢。我斷瞋恚及以愚痴。名增上慢。貪欲法异。諸佛法异。名增上慢。瞋恚法异。諸佛法异。名增上慢。愚痴法异。諸佛法异。名增上慢。謂有所得。名增上慢。謂有所證。名增上慢。謂有解脱。名增上慢。見諸法空。名增上慢。見於無相。名增上慢。見於無願。名增上慢。見於無生。名增上慢。見無所作。名增上慢。見有諸法。名增上慢。見法無常。名增上慢。謂諸法空何用修習。名增上慢。優波離。是名聲聞乘人增上慢者。云何名爲菩薩乘人增上慢者。若諸菩薩作是思惟。我當發心求一切智。名增上慢。我當修行六波羅蜜。名增上慢。唯依般若波羅蜜而得解脱。更無餘法而得出離。名增上慢。此法甚深。此非甚深。名增上慢。此法是净。此法非净。名增上慢。此諸佛法。此緣覺法。此聲聞法。名增上慢。此法應作。此不應作。名增上慢。此是深法。此非深法。名增上慢。此是近法。此非近法。名增上慢。此是正道。此是邪道。名增上慢。我於阿耨多羅三藐三菩提。爲疾得耶。不疾得耶。名增上慢。一切諸法不可思議。無能知者。我能了知。名增上慢。乃至於不可思議阿耨多羅三藐三菩提。而起思惟爲大執著。是名菩薩增上慢者。爾時優波離白佛言。世尊。云何比丘離增上慢。佛告優波離。若於一切不思議法無所執著。是名究竟無增上慢。爾時世尊欲重宣此義。而説偈言。

一切戲論從心起　不應分別法非法　如是見法不思議

彼人處世常安樂　凡夫迷惑隨心轉　多劫輪迴諸有中
若知法性皆無性　是名真實不思議　若有比丘念諸佛
非善思惟非正念　於佛妄生分別想　而此分別無真實
若有思惟於空法　如是凡夫住邪道　但以文字說於空
文字與空何可得　若有思惟寂靜法　是心非有本無生
心行覺觀皆戲論　無念名爲見諸法　一切諸法無思念
有心有念盡皆空　若人愛樂觀察空　於此無念勿生念
法同草木無知覺　若離於心不可得　衆生自性無所有
一切諸法皆如是　如因日光眼能見　夜則緣離無所睹
若眼自能見色者　何故待緣方能了　眼常因彼諸光明

能見種種青黃色 當知見性依衆緣 是故知眼不能見
設有聞諸悦意聲 聞已即滅而無住 推其去處不可得
以分别故生聲想 一切諸法但言聲 文字於中假安立
是聲無有法非法 凡愚不知妄生著 我爲世間嘆布施
而施根本不可得 無所説中而演説 是故佛法不思議
我常嘆説持浄戒 亦無衆生破戒者 破戒之性猶虚空
清浄持戒亦如是 我説忍辱爲最勝 無見無生爲忍性
實無少法可瞋者 由是説名殊勝忍 我説晝夜常精進
寤寐恒覺爲無上 雖經多劫勤修行 然於所作無增減
禪定解脱及三昧 開示世間如實門 法性本來無所動

隨順假説諸禪定　觀察覺了名智慧　了知諸法名智人
諸法自性無所有　亦無觀察了知者　我常嘆説修苦行
愛樂頭陀寂静法　能知諸法不可得　是名清净知足人
我説地獄諸苦事　死入大怖惡道中　無量衆生起厭心
實無惡趣可來往　刀杖矛矟衆苦具　亦無有能造作者
由分別故而見有　無量楚毒迫其身　園林種種妙花敷
宮殿衆寶相輝映　亦無有人能作者　皆從分別妄心生
虛僞之法誑世間　凡夫繫著生顛倒　猶如分別諸幻焰
於此取捨悉皆空　我説發趣菩提心　利益世間最殊勝
而實菩提不可得　亦無發趣菩提者　心性清净常光明

真實無僞無愛⑪染　凡夫分別生貪著　而彼煩惱本來空
諸法自性常寂靜　何有貪欲及瞋痴　不見生貪離欲處
爾乃名爲得涅槃　了知諸法如虛空　常處世間無所畏⑫
其心未曾生染著　由是成就大菩提　於無數劫修衆行
度脱無量諸衆生　衆生自性不可得　實無衆生可度者
譬如世間大幻師　化作無邊千億衆　還復害此諸化人
於此幻化無增損　一切衆生如幻化　求其邊際不可得
若知如是無邊性　斯人處世無疲厭　了知諸法如實相
常行生死即涅槃　於諸欲中實無染　調伏衆生言離欲
大悲利益諸衆生　而實無人無壽者　不見衆生而利益

當知此事甚爲難　如以空拳誘小兒　示言有物令歡喜
開手拳空無所見　小兒於此復號啼　如是諸佛難思議
善巧調伏衆生類　了知法性無所有　假名安立示世間
以大慈悲勸説言　於我法中最安樂　汝應出家捨恩愛
當得沙門殊勝果　既已出家勤修習　如所修行得涅槃
復觀諸法如實相　實無諸果而可得　果無所有而得證
於此方生希有心　快哉大悲人師子　善説相應如實法
一切諸法如虚空　安立百千名句義　或説名爲禪解脱
或名根力或菩提　而此根力本無生　禪定菩提亦非有
無色無形不可取　但以方便示衆生　我説修行有所證

當知遠離一切相　若謂於中有所得　是則非證沙門果
諸法自性無所有　當於何處言得證　所説得證爲無得
如是了知乃名得　衆生得果名殊勝　我説衆生本不生
尚無衆生而可得　云何當有得果者　譬如良田無種子
於中終不有芽生　如是衆生不可得　當於何所而言證
一切衆生性寂滅　無有得其根本者　若能了知如是法
斯人滅度永無餘　過去無數百千佛　無有能度衆生者
若此衆生真實有　畢竟無能得涅槃　一切諸法皆寂滅
未曾有法可生者　若能如是見諸法　彼人已出於三界
是則無礙佛菩提　於中究竟無所有　若能了知如是法

我說名爲離欲人

爾時世尊說此偈已。二百比丘增上慢者。諸漏永盡。心得解脱。六萬菩薩得無生忍。爾時優波離白佛言。世尊。當何名此經。我等云何奉持。佛告優波離。此經名爲决定毗尼。亦名摧滅心識。汝應受持。佛説此經已。尊者優波離。諸比丘衆。文殊師利并諸菩薩摩訶薩。及一切世間天。人。阿修羅等。聞佛所説。皆大歡喜。信受奉行。

大寶積經卷第九十

校注

①『任』，底本作『忍』，依龍藏、和裕本、中州本改。本卷下文例同，用*標識，不再出注。

②『生』，龍藏、思溪藏作『心』。

③『火』，思溪藏作『炎』。

④『現無愚』，思溪藏作『不空見』。

⑤『帝』，思溪藏無。

⑥『請』，龍藏作『諸』。

⑦『衆』，底本無，依龍藏補。

⑧『有』，思溪藏作『於』。

⑨『所』，思溪藏作『先』。

⑩『爲』，龍藏作『名』。

⑪『愛』，龍藏、思溪藏作『塵』。

⑫『了知諸法如虛空　常處世間無所畏』，底本無，依龍藏、思溪藏、和裕本、中州本及參別譯本《佛說决定毗尼經》（東晉・失譯）文義補。

大寶積經卷第九十一

三藏法師菩提流志奉　詔譯

發勝志樂會第二十五之一

如是我聞。一時佛在波羅㮈城仙人住處施鹿苑中。與大比丘衆滿足千人。復有五百諸菩薩衆。是時衆中多有菩薩。業障深重。諸根暗鈍。善法微少。好於憒鬧。談説世事。耽樂睡眠。多諸戲論。廣營衆務。種種貪著。爲所不應。忘失正念。修習邪慧。下劣精勤。行迷惑行。爾時彌勒菩薩摩訶薩在於會中。見諸菩薩具足如是不善諸行。作是念言。此諸菩薩於無上菩提圓滿道分。皆已退轉。我今當令是諸菩薩覺悟開曉。生歡喜心。作是念已。即於晡時從禪定起。

往到其所共相慰問。復以種種柔軟言詞。爲説法要令其歡喜。因告之曰。諸仁者。云何汝等於無上菩提圓滿道分而得增長不退轉耶。是諸菩薩同聲白言。尊者。我等今於無上菩提圓滿道分。無復增長。唯有退轉。何以故。我心常爲疑惑所覆。於無上菩提不能解了。云何我等當作佛耶。不作佛耶。於墮落法亦不能了。云何我等當墮落耶。不墮落耶。以是因緣善法欲生。常爲疑惑之所纏覆。爾時彌勒菩薩而告之曰。諸仁者。可共往詣如來應供正遍知所。而彼如來。一切知者。一切見者。具足成就無障礙智。解脱知見。以方便力善知一切衆生所行。當爲汝等隨其根性種種説法。是時五百衆中有六十菩薩。與彌勒菩薩行①詣佛所。五體投地。頂禮佛足。悲感流泪不能自起。彌勒菩薩修敬已畢。退坐一面。爾時佛告諸菩薩言。善男子。汝等應起。勿復悲號生大熱惱。汝於往昔造作惡業。於諸衆生以暢悦心瞋駡毁辱。障惱損害。隨自分别。不能了知業報差别。是故汝等今爲業障之所纏覆。於諸善法不能修行。時諸菩薩聞是語已。從地而起。偏袒右肩。右膝著地。合掌恭敬而白佛言。善哉世尊。願爲我等説此業障。我等知罪。當自調伏。我從今日更不敢作。爾時佛告諸菩薩言。善男子。汝曾往昔於俱留孫如來法中出家爲道。自恃多聞修持凈戒。常懷憍慢傲逸之心。又行頭陀少欲知足。於是功德復生執著。爾時有二説法比丘。多諸親友名聞利養。汝於是人以慳嫉心。妄言誹謗行淫欲事。是時法師親友眷屬。由汝離間説其重過。皆令疑惑不生信受。彼諸衆生於是法師無隨順心。斷諸善根。是故汝等由斯惡業。已於六十百千歲中生阿鼻地獄。餘業未盡。復於四十百千歲中生等活地獄。餘業未盡。復於二十百千歲中生黑繩地獄。餘業未盡。復於六十百千歲中生燒熱地獄。從彼殁已還得爲人。五百世中生盲無目。以殘業故。在在所生常多蒙鈍。忘失正念。障覆善根。福德微少。形容醜缺。人不憙見。誹謗輕賤戲弄欺嫌。常生邊地貧窮下劣。喪失財寶資生艱難。不爲衆人尊重敬愛。從此殁已。於後末世五百歲中法欲滅時。還於邊地下劣家生。匱乏飢凍爲人誹謗。忘失正念不修善法。設欲修行多諸留難。雖暫發起智慧光明。以業障故尋復還没。汝等從彼五百歲後。是諸業障爾乃消滅。於後得生阿彌陀佛極樂世界。是時彼佛當爲汝等授阿耨多羅三藐三菩提記。

爾時諸菩薩等聞佛所説。舉身毛竪。深生憂悔。便自抆泪。前白佛言。世尊。我今發露悔其過咎。我等常於菩薩乘人輕慢嫉恚及餘業障。今於佛前如罪懺悔。我等今日於世尊前發弘誓願。世尊。我從今日至未來際。若於菩薩乘人見有違犯舉露其過。我等則爲欺誑如來。世尊。我從今日至未來際。若於菩薩乘人。戲弄譏嫌恐懼輕賤。我等則爲欺誑如來。

世尊。我從今日至未來際。若見在家出家菩薩乘人。以五欲樂游戲歡娛。見受用時。終不於彼伺求其過。常生信敬起教師想。若不爾者。我等則爲欺誑如來。

世尊。我從今日至未來際。若於菩薩乘人。慳親友家及諸利養。惱彼身心令其逼迫。我等則爲欺誑如來。

世尊。我從今日至未來際。若於菩薩乘人。以一粗言令其不悅。我等則爲欺誑如來。

世尊。我從今日至未來際。若於菩薩乘人。晝夜六時不勤禮事。我等則爲欺誑如來。

世尊。我從今日至未來際。爲欲護持此弘誓故不惜身命。若不爾者。我等則爲欺誑如來。
世尊。我從今日至未來際。若於聲聞及辟支佛。以輕慢心謂於彼等不勝於我。我等則爲欺誑如來。
世尊。我從今日至未來際。若不善能摧伏其身。生下劣想。如旃陀羅及於狗犬。我等則爲欺誑如來。
世尊。我從今日至未來際。若自贊嘆。於他毀呰。我等則爲欺誑如來。
世尊。我從今日至未來際。若不怖畏鬥諍之處。去百由旬如疾風吹。我等則爲欺誑如來。
世尊。我從今日至未來際。若於持戒多聞。頭陀少欲知足。一切功德。身自炫曜。我等則爲欺誑如來。世尊。我從今日至未來際。所修善本不自矜伐。所行罪業慚愧發露。若不爾者。我等則爲欺誑如來。

爾時世尊讚諸菩薩。善哉善哉。善男子。善説如是覺悟之法。善發如是廣大誓願。能以如是決定之心安住其中。一切業障皆悉消滅。無量善根亦當增長。佛復告彌勒菩薩摩訶薩言。彌勒。若有菩薩爲欲清净諸業障者。當發如是廣大誓願。

爾時彌勒菩薩白佛言。世尊。頗有善男子善女人等護持此願。當得圓滿不退轉耶。佛告彌勒菩薩言。②有善男子善女人等行菩薩道護持此願。寧捨身命。終不缺减令其退轉。

爾時彌勒菩薩復白佛言。世尊。若有菩薩於後末世五百歲中法欲滅時。成就幾法。安隱無惱而得解脱。佛告彌勒菩薩言。彌勒。若有菩薩於後末世五百歲中法欲滅時。當成就四法。安隱無惱而得解脱。何等爲四。所謂於諸衆生不求其過。見諸菩薩有所違犯終不舉露。於諸親友及施主家不生執著。永斷一切粗獷之言。彌勒。是爲菩薩於後末世五百歲中法欲滅時。成就四法。安隱無惱而得解脱。爾時世尊欲重宣此義。而説偈言。

不求他過失　亦不舉人罪
離粗語慳吝　是人當解脱

彌勒。復有菩薩於後末世五百歲中法欲滅時。當成就四法。安隱無惱而得解脱。何等爲四。所謂不應親近懈怠之人。捨離一切憒鬧之衆。獨處閑静常勤精進。以善方便調伏其身。彌勒。是爲菩薩於後末世五百歲中法欲滅時。成就四法。安隱無惱而得解脱。爾時世尊欲重宣此義。而説偈言。

當捨於懈怠　遠離諸憒鬧　寂静常知足　是人當解脱

爾時世尊説此偈已。告彌勒菩薩言。彌勒。是故菩薩於後末世五百歲時。欲自無惱而解脱者。除滅一切諸業障者。應當捨離憒鬧之處。住阿蘭若寂静林中。於不應修而修行者。及諸懶墮懈怠之屬。皆當遠離。但自觀身。不求他過。樂於恬默。勤行般若波羅蜜多相應之行。若欲於彼諸衆生等。深生憐愍多所饒益。應以無希望心清净説法。

復次彌勒。若菩薩以無希望心行法施時。不著名聞利養果報。以饒益事而爲上首。常爲衆生廣宣正法。當得成就二十種利。云何名爲二十種利。所謂正念成就。智慧具足。有堅持力。住清净行。生覺悟心。得出世智。不爲衆魔之所得便。少於貪欲。無有瞋恚。亦不愚痴。諸佛世尊之所憶念。非人守護。無量諸天加其威德。眷屬親友無能沮壞。有所言説人必信受。不爲冤家伺求其便。得無所畏。多諸快樂。爲諸智人之所稱嘆。善能説法。衆人敬仰。彌勒。是爲菩薩當得成就二十種利。不著名聞利養果報。行饒益事而爲上首。常爲衆生以無希望心清净説法。

復次彌勒。若菩薩以無希望心行法施時。不著名聞利養果報。以饒益事而爲上首。常爲衆生廣宣正法。又能成就二十種利。云何名爲二十種利。所謂未生辯才而能得生。已生辯才終不忘失。常勤修習得陀羅尼。以少功用善能利益無量衆生。以少功用令諸衆生起增上心恭敬尊重。得身口意清浄律儀。超過一切惡道怖畏。於命終時心得歡喜。顯揚正法。摧伏异論。一切豪貴威德尊嚴。猶自不能有所窺望。何况下劣少福衆生。諸根成就無能映蔽。具足攝受殊勝意樂。得奢摩他毗婆舍那。難行之行皆得圓滿。發起精進。普護正法。速疾能超不退轉地。一切行中隨順而住。彌勒。是爲菩薩當得成就二十種利。不著名聞利養果報。行饒益事而爲上首。常爲衆生以無希望心清浄説法。

佛告彌勒。汝觀未來後五百歲。有諸菩薩甚爲無智。行法施時。若有利養生歡喜心。若無利養不生歡喜。彼諸菩薩爲人說法。作如是心。云何當令親友檀越歸屬於我。復更念言。云何當令在家出家諸菩薩等。而於我所生淨信心。恭敬供養衣服飲食卧具湯藥。如是菩薩以財利故爲人說法。若無利養心生疲厭。彌勒。譬如有人志樂清淨。或爲死蛇死狗死人等尸。膿血爛壞繫著其頸。是人憂惱深生厭患。以違逆故迷悶不安。彌勒。當知於後末世五百歲中。說法之人亦復如是。於諸一切無利養處。不順其心無有滋味。便生厭倦弃捨而去。彼諸法師作如是念。我於此中說法無益。何以故。是諸人等於我所須衣服飲食卧具醫藥。不生憂念。何緣於此徒自疲勞。彌勒。是諸法師自求供養給侍尊重。攝受同住及於近住。不爲於法及利益事而攝受之。是諸法師自求飲食衣服卧具。詐現异相。入於王城國邑聚落。而實不爲利益成熟於諸衆生③。彌勒。我不説言。有希求者爲法施清净。何以故。若心有希求。則法無平等。我不説言。貪污心者能成熟衆生。何以故。自未成熟能成熟他。無有是處。彌勒。我不説言。尊重供養安樂其身。貪著攝受不净物者爲利益事。何以故。爲求自身安隱豐樂。攝受衆會。不能令其安住正信。彌勒。我不説言。矯詐之人住阿蘭若。薄福德者而爲少欲。貪勝味者名易滿足。多求美膳以爲乞食。彌勒。我不説言。乞求種種上妙衣服。謂如是等持糞掃衣。彌勒。我不説言。在家出家無識知者爲離憒鬧。彌勒。我不説言。諂曲之人值佛興世。求他短者爲如理修行。多損害者名戒藴清浄。增上慢者爲多聞第一。彌勒。我不説言。好朋黨者名住律儀。心貢高者名尊敬法師。綺語輕弄爲善説法。與俗交雜。能於僧衆離諸過失。彌勒。我不説言。簡勝福田爲施不望報。求恩報者爲善攝諸事。求恭敬利養爲志樂清浄。多妄計者以爲出家。彌勒。我不説言。分別彼我名樂持戒。不尊敬者名爲聽法。樂著世典咒詛言論以爲受④法。彌勒。我不説言。於諸空性無勝解者。能出離生死。多執著者爲離諸行。彌勒。我不説言。於菩提分住有所得名爲證智。彌勒。我不説言。無勢力者忍辱成就。無嬈觸者被忍辱甲。少煩惱者名律儀清浄。邪方便者爲如說修行。彌勒。我不說言。愛言說者爲一心住。好營世務於法無損。志樂清淨墮諸惡趣。修習智慧爲憒鬧行。彌勒。我不說言。方便相應名爲諂曲。不求利養而爲妄語。無執著者誹謗正法。護正法者而惜身命。所行下劣爲無勝慢。如是彌勒。於後末世五百歲中。當有菩薩鈍根小智。諂曲虛誑。住於賊行。汝應護之。

爾時彌勒菩薩白佛言。世尊。最後末世五百歲中。唯此六十諸菩薩等業障所纏。爲復更有餘菩薩耶。佛告彌勒菩薩言。彌勒。於後末世五百歲中。有諸菩薩多爲業障之所纏覆。是諸業障。或有消滅。或復增長。彌勒。於此五百諸菩薩中。有二十菩薩業障微少。後五百歲還來生此。城邑聚落廛閈hàn⑤山野。種姓尊豪有大威德。聰明智慧善巧方便。心意調柔常懷慈愍。多所饒益。顏貌端嚴。辯才清妙。數術工巧皆能善知。自隱其德。安住頭陀功德之行。在在所生捨家爲道。已於無量阿僧祇俱胝劫中。積集阿耨多羅三藐三菩提。護持正法不惜身命。住阿蘭若空閑林中。常勤精進不求利養。善入一切衆生心行。咒術言論悉能了知。於諸義理少聞多解。辯才智慧皆悉具足。彼諸菩薩於是法中。精勤修習。得陀羅尼無礙辯才。於四衆中宣説正法。以佛威德加被力故。於佛所説修多羅。祇夜。受記。伽陀。優陀那。尼陀那。阿波陀那。伊帝越多伽。闍多伽。毗佛略。阿浮陀達摩。優波提舍⑥皆得辯才。無礙自在。彌勒。彼諸二十善巧菩薩。從於和上阿闍梨所。得聞無量百千契經。皆能受持。當說是言。我此法門。從某和上阿闍梨所親自聽受。無有疑惑。彌勒。於彼時中。當有在家出家諸菩薩等。無有智慧善巧方便。於此受持正法菩薩所說之法。却生譏笑。輕毀謗言。如是之法。皆由汝等善巧言詞隨意製造。實非如來之所宣說。我等於中。不能信樂發希有心。彌勒。當爾之時。無量衆生於是法師皆生誹謗。捨之而去。互相謂言。是諸比丘無有軌範。多諸邪說。不依契經。不依戒律。猶如倡伎戲弄之法。汝等於中。莫生信樂發希有心。非正法也。彌勒。彼諸愚人爲魔所持。於是法中不能解了。謂非如來之所演說。於是持法諸比丘所。生於誹謗。作壞法業。以是因緣。當墮惡道。是故彌勒。若諸智慧善巧菩薩欲護正法。當隱其德。於多分別諸衆生所。應須護念。莫令於汝生不善心。
爾時彌勒菩薩而白佛言。希有世尊。於後末世五百歲中。有諸菩
薩甚爲無智。於大衆中誹謗正法及持法者。復於其中。當於辯才
及陀羅尼。而於是法不能信受。世尊。譬如有人渴乏須水。往詣泉
池而欲飲之。是人先來。投諸糞穢於此水中。後不覺知欲飲其水。
便取嗅之。既聞臭已。不飲其水。彼之自污更說其過。乃至嘆言。奇
哉。此水甚大臭穢。是人過失都不覺知。而於是水反生怨咎。世尊。
如泉池者。當知即是持法比丘。由佛神力。於此法眼善能解說。又
復如彼愚痴之人。若於泉池自投糞穢。後不覺知欲飲水者。世尊。
最後末世五百歲中。有諸無智諸菩薩等亦復如是。於彼正法及

持法者生誹謗已。復於是人聽受法味。彼人自失都不覺知。以疑惑過污染意根。彼持法者當被戲弄。或受譏笑。乃至嘆言。奇哉。此法爲諸過失之所染污。彼無智人於此正法及是法師不能聽受。伺求其短。謗言污辱。生厭離心。捨之而去。

爾時世尊贊彌勒菩薩言。善哉善哉。彌勒。善能演説如是譬喻。無能伺求説其短者。彌勒。以是因緣。汝應當知有四辯才。一切諸佛之所宣說。有四辯才。一切諸佛之所遮止。云何名爲有四辯才一切諸佛之所宣說。所謂利益相應。非不利益相應。與法相應。非不與法相應。煩惱滅盡相應。非與煩惱增長相應。涅槃功德相應。非與生死過漏相應。彌勒。是爲一切諸佛之所宣説四種辯才。

彌勒。若比丘。比丘尼。優婆塞。優婆夷。欲説法者。應當安住如是辯才。若善男子善女人等有信順心。當於是人而生佛想。作教師想。亦於是人聽受其法。何以故。是人所説。當知皆是一切如來之所宣説。一切諸佛誠實之語。彌勒。若有誹謗此四辯才。言非佛説。不生尊重恭敬之心。是人以怨憎故。於彼一切諸佛如來所説辯才皆生誹謗。誹謗法已。作壞法業。作壞法已。當墮惡道。是故彌勒。若有净信諸善男子。爲欲解脱誹謗正法業因緣者。不以憎嫉人故而憎嫉於法。不以人過失故而於法生過。不以於人怨故而於法亦怨。彌勒。云何名爲四種辯才一切諸佛之所遮止。所謂非利益相應。不與利益相應。非法相應。不與法相應。煩惱相應。不與煩惱滅盡相應。生死相應。不與涅槃功德相應。彌勒。是爲一切諸佛之所遮止四種辯才。

爾時彌勒菩薩白佛言。世尊。如佛所説。若有辯才增長生死。非諸如來之所宣説。云何世尊説諸煩惱能爲菩薩利益之事。又復稱贊攝取生死而能圓滿菩提分法。如是等辯。豈非如來之所説耶。佛告彌勒菩薩摩訶薩言。彌勒。我今問汝。隨汝意答。若有説言。菩薩爲欲圓滿成就菩提分故攝取生死。又復説言。以諸煩惱爲利益事。如是説者。爲與利益相應。非利益相應。爲與法相應。非法相應。彌勒菩薩白佛言。世尊。若正説者。則與義利相應。與法相應。能令菩薩菩提分法得圓滿故。佛言。彌勒。若説菩薩爲欲圓滿菩提分故攝取生死。說諸煩惱能爲菩薩利益之事。如是辯才諸佛如來之所宣說。何以故。彌勒。此諸菩薩得法自在。所起煩惱無有過失。是爲菩薩善巧方便。非諸聲聞緣覺境界。彌勒。若有煩惱。不能爲他作利益事。亦不能滿菩提分法。而發起者。不與義利相應。不與法相應。但爲下劣善根因者。菩薩於中寧捨身命。亦不隨彼煩惱而行。何以故。彌勒。有异菩薩得智力故。於諸煩惱現有攀緣。有异菩薩無智力故。於諸煩惱增上執著。爾時彌勒菩薩白佛言。世尊。如我解佛所說義。若諸菩薩於後末世五百歲中。樂欲離諸業障纏縛。自無損害而得解脫。是人當於菩薩行中深生信解。於他過失不生分別。志求如來真實功德。佛言。如是如是。彌勒。是故當於諸菩薩等方便行中深生信解。何以故。慧行菩薩方便之行難信解故。彌勒。譬如須陀洹人示凡夫行。如是凡夫。與須陀洹位各差別。凡夫愚人以貪瞋癡之所纏故。墮諸惡道。而須陀洹於貪瞋癡善能了達。終不墮落三惡道耳。彌勒。慧行菩薩亦復如是。於貪瞋癡習氣未斷。彼亦別餘初業菩薩。何以故。其心不爲煩惱所覆。不同初業諸菩薩等。鈍行菩薩無有善巧。同諸凡夫不能出離。彌勒。慧行菩薩一切重罪。以智慧力悉能摧滅。亦不因彼墮於惡道。彌勒。譬如有人於大火聚投以薪木。數數添之。如是添已。其焰轉熾。彌更增明。無有盡滅。彌勒。慧行菩薩亦復如是。以智慧火燒煩惱薪。數數添於煩惱薪木。如是添已。智慧之火轉更增明。無有盡滅。彌勒。如是如是。慧行菩薩智慧之力。善巧方便難可了知。

大寶積經卷第九十一

校注

①『行』，龍藏、思溪藏作『往』。

②『有』上，龍藏有『若』字。

③『生』下，龍藏、思溪藏有『而行法施所以者何』八字。

④『受』，龍藏、思溪藏作『愛』。

⑤『閈』，龍藏作『市』。

⑥『修多羅。祇夜。受記。伽陀。優陀那。尼陀那。阿波陀那。伊帝越多伽。闍多伽。毗佛略。阿浮陀達摩。優波提舍』，即『十二部經』。一修多羅，此云契經，亦稱法本；二祇夜經，此云重頌偈；三受記經，梵云和伽羅那；四伽陀經，此云頌偈；五優陀那經，此云無問自説；六尼陀那經，此云因緣經；七阿波陀那經，此云譬喻；八伊帝越多伽經，此云本事經；九闍陀伽經，此云本生經；十毗佛略經，此云方廣經；十一阿浮陀達摩，此云未曾有；十二優波提舍，此云論議經。（唐·慧琳《一切經音義》）

大寶積經卷第九十二

大唐三藏法師菩提流志奉　詔譯

發勝志樂會第二十五之二

爾時彌勒菩薩摩訶薩白佛言。世尊。初業菩薩既出家已。未得慧力而欲得者。當捨何法。當修何法。未生慧力能令出生。已生慧力能令增長。佛告彌勒菩薩言。彌勒。初業菩薩既出家已。欲令慧力而得增長。當於利養知其過失。應須捨離。若好憒鬧世俗言話。耽著睡眠。廣營衆務。樂諸戲論。如是過失皆應遠離。是故應捨利養。修於少欲。捨諸憒鬧樂於寂靜。捨諸世話觀於實義。初夜後夜遠離睡眠。觀察思惟隨行修習。捨於衆務及諸戲論。修出世道慈念

衆生。彌勒。初業菩薩既出家已。未得慧力而欲得者。是法應捨。是
法應修。何以故。彌勒。彼諸菩薩既出家已。未得慧力而欲得者。不
捨利養。不修少欲。未生慧力當令出生。已生慧力能令增長。無有
是處。不捨憒鬧。不住寂靜。未生慧力當令出生。已生慧力能令增
長。亦無是處。不捨世話。不觀實義。未生慧力當令出生。已生慧力
能令增長。無有是處。初夜後夜耽著睡眠。曾不覺悟繫念思惟。不
捨衆務。好諸戲論。於出世道不能修行。於諸衆生不生慈念。未生
慧力當令出生。已生慧力能令增長。亦無是處。彌勒。是故菩薩未
得慧力而欲得者。應捨諸法當須捨離。應修諸法當須修習。何以
故。菩薩智慧從因緣生。若無因緣終不能生。因緣和合爾乃得生。

爾時彌勒菩薩白佛言。世尊。云何名爲利養中過。若觀察時。能令菩薩樂於少欲。不生熱惱。佛言。彌勒。初業菩薩當觀利養。生貪欲故。當觀利養。壞失正念生瞋恚故。當觀利養。念其得失生愚痴故。當觀利養。能生高下嫉妒心故。當觀利養。於親友家慳吝耽著。生誑惑故。當觀利養。成就愛味生諂曲故。當觀利養。捨四聖種無慚愧故。當觀利養。一切諸佛所不許可。數習憍逸生高慢故。當觀利養。於勝福田起於輕慢。爲魔黨故。當觀利養。衆惡根本。諸善壞故。當觀利養。多所貪著猶霜雹故。當觀利養。於親友家瞻候顏色。生憂惱故。當觀利養。愛物損壞憂心亂故。當觀利養。於四念處多所忘失。白法羸故。當觀利養。於四正勤多有退失。能令一切他論勝故。當觀利養。自言已得神通智慧。違背生故。當觀利養。先得後①失怨憎生故。當觀利養。互相瞋嫌説其過惡。多覺觀故。當觀利養。爲於活命營諸世業。計度思惟安樂滅故。當觀利養。乃至禪定解脱三昧三摩鉢底。心如淫女能退失故。當觀利養。捨離智斷。墮於地獄餓鬼畜生閻摩羅界諸惡道故。當觀利養。與提婆達多。烏陀洛迦同於法住。墮惡道故。彌勒。初業菩薩如是觀察利養過失。樂於少欲。不生熱惱。何以故。彌勒。少欲菩薩於一切過皆悉不生。堪爲諸佛清净法器。而不繫屬在家出家。住於真實最勝意樂。不爲卑下。亦不驚怖。離諸惡道墮落畏故。無能映蔽捨耽味故。衆魔境界得解脱故。一切諸佛之所稱贊。諸天及人亦當愛羡。於諸禪定而不染著。住邊際故。其心質直無有諂曲。於五欲中亦不放逸。見其過故。如說修行能住聖種。同梵行者亦當愛樂。彌勒。若有菩薩智慧聰敏。於此功德能如是知。以勝意樂當捨利養。以勝意樂住於少欲。爲斷貪愛而發起故。

爾時彌勒菩薩白佛言。世尊。云何名爲憒閙中過。若觀察時。菩薩獨處閑靜。不生熱惱。佛言。彌勒。初業菩薩應當觀察。憒閙過失有二十種。若觀察時。能令菩薩獨處閑靜。不生熱惱。彌勒。云何名爲樂於憒閙二十種過。一者。不護身業。二者。不護語業。三者。不護意業。四者。多饒貪欲。五者。增長愚痴。六者。耽著世話。七者。離出世語。八者。於非法中尊重修習。九者。捨離正法。十者。天魔波旬而得其便。十一者。於不放逸未曾修習。十二者。於放逸行常懷染著。十三者。多諸覺觀。十四者。損減多聞。十五者。不得禪定。十六者。無有智慧。十七者。速疾而得非諸梵行。十八者。不愛於佛。十九者。不愛於法。二十者。不愛於僧。彌勒。是爲菩薩觀於憒鬧二十種過。爾時世尊重說偈言。

捨離諸貪瞋　不住於憒鬧　若有專住彼　是過不應作
憍慢及覺觀　皆由憒鬧生　壞行無戒人　稱嘆於憒鬧
愚人樂世論　退失第一義　放逸多覺觀　是過不應作
比丘捨多聞　言論不如理　損減諸禪定　常思惟世間
耽著思惟者　何得於寂靜　其心常散逸　永離於正觀

速得非梵行②　喧雜無儀撿　亦不曾愛佛　及愛於聖衆
弃捨離欲法　耽著非法言　我常捨千③身　支分及頭目
爲求無上道　聞法無厭足　是諸非法人　少聞便厭捨
我昔作國王　爲求四句偈　妻子及財寶　悉皆能施與
何有於智者　而不勤聽法　我嘗④捨一切　非法之戲論
爲於百千劫　難得解脱故　汝等應欣樂　志求微妙法
若樂於解脱　最勝功德者　世間諸事業　皆所不應問
衣食無勝利　亦不證涅槃　當稱嘆最勝　善來諸比丘
應敷座令坐　互説諸法要　人身甚難得　隨分行白法
讀誦及禪定　汝應如是問　如來入涅槃　遺法當滅壞

比丘多放逸　樂衆弃閑静　爲飲食利養　晝夜談世話
愚人於夢中　驚怖而漂溺　自知多毀犯　當墮三惡道
應生歡喜心　獨處於閑寂　若在阿蘭若　志求無上道
不應見人過　自謂最尊勝　憍恣放逸本　莫輕下劣人
彼於遺法中　漸次而解脱　比丘雖破戒　深信於三寶
是則解脱因　不應見其過　摧伏貪瞋難　勿驚於放逸
餘習法應爾　是故不須説　若清净比丘　伺他人過失
是最非真實　不名修正法　如理修行者　當須自觀察
求道諸比丘　捨離惡言論　常以歡喜心　獨處於閑静

爾時彌勒菩薩復白佛言。希有世尊。耽著憒閙。乃有如是無量過惡。退失功德。無有利益。增長煩惱。墮諸惡趣。遠離白法。何有菩薩求善法者。聞是過失。而不樂於獨處閑靜。⑤

爾時彌勒菩薩白佛言。世尊。云何名爲世話中過。若觀察時。菩薩應住決定之義。由觀是義不生熱惱。佛言。彌勒。初業菩薩應當觀察世話過失有二十種。若觀察時。能令菩薩住決定義。由觀是義不生熱惱。彌勒。云何名爲樂於世話二十種過。一者。心生憍恣。不敬多聞。二者。於諸諍論多起執著。三者。失於正念如理作意。四者。爲所不應。身多躁動。五者。速疾高下。壞於法忍。六者。心常剛强。禪定智慧曾不熏修。七者。非時而語。言論所纏。八者。不能堅固證於聖智。九者。不爲天龍之所恭敬。十者。爲辯才者常懷輕賤。十一者。

爲身證者之所呵責。十二者。不住正信常懷悔恨。十三者。心多疑惑搖動不安。十四者。猶如倡伎隨逐音聲。十五者。染著諸欲隨境流轉。十六者。不觀眞實。誹謗正法。十七者。有所希求常不稱遂。十八者。其心不調。爲人弃捨。十九者。不知法界。隨順惡友。二十者。不了諸根繫屬煩惱。彌勒。是爲菩薩樂於世話二十種過。爾時世尊重說偈言。

憍傲於多聞　執著諸諍論　失念不正知　是名世話過
遠離正思惟　身心不寂静　退失於法忍　是名世話過
其心不調順　遠離奢摩他　及毗鉢舍那　是名世話過
不尊敬師長　愛樂於世論　智慧不堅固　是名世話過

諸天不恭敬　龍神亦復然　退失於辯才　是名世話過
聖者常呵責　如是耽著人　唐捐於壽命　是名世話過
諸行皆缺減　遠離大菩提　命終生憂苦　是名世話過
疑惑心動摇　猶如風吹草　智慧不堅固　是名世話過
譬如倡伎人　贊説他勇健　彼人亦復然　是名世話過
隨逐世語言　染著諸欲境　常行於邪道　是名世話過
希求心不遂　諂曲多諍論　遠離於聖行　是名世話過
愚人得少利　其心常摇動　如猿猴躁擾　是名世話過
智慧多退失　無有覺悟心　愚者所攝持　是名世話過
迷惑於眼耳　乃至意亦然　常與煩惱俱　是名世話過

愚人樂世話　盡壽常空過　不如思一義　獲利無有邊
譬如甘蔗味　雖不離皮節　亦不從皮節　而得於勝味
皮節如世話　義理猶勝味　是故捨虛言　思惟於實義
智慧諸菩薩　能知世話過　常愛樂思惟　第一義功德
法味及義味　解脱第一味　誰有智慧者　心生不⑥欣樂
是故應弃捨　無利諸言話　常樂勤思惟　殊勝第一義
如是第一法　諸佛所讚嘆　是故明智人　當樂勤修習

爾時彌勒菩薩復白佛言。希有世尊。乃能善説世話過失。思惟勝義利益功德。世尊。何有菩薩求於如來真實智慧。而復樂於虛誑世話。

爾時彌勒菩薩而白佛言。世尊。云何名爲睡眠中過。若觀察時。菩薩應當發起精進。不生熱惱。佛言。彌勒。初業菩薩應當觀察睡眠過失有二十種。若觀察時。能令菩薩發起精進。意樂無倦。彌勒。云何名爲樂於睡眠二十種過。一者。懈怠懶惰。二者。身體沉重。三者。顏色憔悴。四者。增諸疾病。五者。火界羸弱。六者。食不消化。七者。體生瘡疱。八者。不勤修習。九者。增長愚痴。十者。智慧羸劣。十一者。皮膚暗濁。十二者。非人不敬。十三者。爲行愚鈍。十四者。煩惱纏縛。十五者。隨眠覆心。十六者。不樂善法。十七者。白法減損。十八者。行下劣行。十九者。憎嫌精進。二十者。爲人輕賤。彌勒。是爲菩薩樂於睡眠二十種過。爾時世尊重説偈言。

身重無儀撿　懈怠少堪任　顏色無光澤　是樂睡眠過
彼人常病惱　風黃多積集　四大互違反　是樂睡眠過
飲食不消化　身體無光潤　聲嘶不清徹　是樂睡眠過
其身生瘡疱　晝夜常昏睡　諸蟲生機關　是樂睡眠過
退失於精進　乏少諸財寶　多夢無覺悟　是樂睡眠過
痴網常增長　樂著於諸見　熾盛難療治　是樂睡眠過
損減諸智慧　增長於愚痴　志意常下劣　是樂睡眠過
彼住阿蘭若　常懷懈怠心　非人得其便　是樂睡眠過
蒙憒失正念　諷誦不通利　說法多廢忘　是樂睡眠過
由痴起迷惑　住於煩惱中　其心不安樂　是樂睡眠過

功德皆損減　常生憂悔心　增長諸煩惱　是樂睡眠過
遠離諸善友　亦不求正法　常行非法中　是樂睡眠過
不欣求法樂　損減諸功德　遠離於白法　是樂睡眠過
彼人心怯弱　恒少於歡喜　支分多羸瘦　是樂睡眠過
自知身懈怠　嫉妒精進者　樂説其過惡　是樂睡眠過
智者了其過　常離於睡眠　愚人增見網　無利損功德
智者常精進　勤修清净道　離苦得安樂　諸佛所稱嘆
世間諸伎藝　及出世工巧　皆由精進力　智者應修習
若人趣菩提　了知睡眠過　安住精進力　覺悟生慚愧
是故諸智者　常生精進心　捨離於睡眠　守護菩提種

爾時彌勒菩薩而白佛言。希有世尊。樂著睡眠。乃有如是無量過失。若有聞者。不生憂悔厭離之心。發起精進。當知是人甚大愚痴。若有菩薩。爲欲志求阿耨多羅三藐三菩提者。聞説如是真實句義功德利益。於諸善法而生懈怠。不起精進住菩提分。無有是處。爾時彌勒菩薩白佛言。世尊。云何名爲衆務中過。若觀察時。令諸菩薩不營衆務。勤修佛道。佛言。彌勒。初業菩薩應當觀察樂營衆務二十種過。若觀察時。能令菩薩不營衆務。勤修佛道。彌勒。云何名爲二十種過。一者。耽著世間下劣之業。二者。爲諸讀誦修行比丘之所輕賤。三者。亦爲勤修禪定比丘之所呵責。四者。心常發起無始生死流轉之業。五者。虚食居士及婆羅門净心信施。六者。於諸財物心懷取著。七者。常樂廣營世間事務。八者。念其家業常懷憂嘆。九者。其性佷戾發言粗獷。十者。心常憶念勤修家業。十一者。愛著諸味增長貪欲。十二者。無利養處不生歡喜。十三者。多生惱害障礙之業。十四者。常樂親近諸優婆塞及優婆夷。十五者。但念衣食而度晝夜。十六者。數問世間所作事業。十七者。常樂發起非法語言。十八者。恃營衆務而起憍慢。十九者。但求人過不自觀察。二十者。於說法者心懷輕賤。彌勒。是爲菩薩樂營衆務二十種過。

爾時世尊重說偈言。

安住下劣業　遠離殊勝行　退失大利益　是名衆務過

樂讀誦比丘　及修禪定者　一切皆呵責　是名衆務過

常行生死業　捨離解脱因　虚受於信施　是名衆務過
樂受諸財寶　不得生憂惱　住於下劣行　是名衆務過
是人多愛染　往來淫女家　如鳥入樊籠　是名衆務過
常憂嘆家業　恒懷熱惱心　出言人不信　是名衆務過
不受尊者教　違拒而輕賤　毁犯清净戒　是名衆務過
其心多憶想　勤營於世業　不能修智斷　是名衆務過
貪心恒熾盛　樂著於諸味　曾無知足心　是名衆務過
得利生歡喜　無利便憂惱　貪吝無仁心　是名衆務過
惱害無慈愍　增長諸惡業　愛蔓相纏縛　是名衆務過
遠離於師長　親近惡知識　擯斥持戒人　是名衆務過

晝夜無餘想　唯念求衣食　不樂諸功德　是名衆務過
常問世間智　不樂出世言　耽愛於邪説　是名衆務過
自恃知衆務　輕慢諸比丘　猶如狂醉人　是名衆務過
常伺求他短　不自見其過　輕毁有德人　是名衆務過
如是愚痴者　無有善方便　輕慢説法者　是名衆務過
如是下劣業　具足諸過失　何有智慧人　愛樂而修習
清净殊勝業　具足諸功德　是故有智人　愛樂常修習
若樂下劣業　智者當呵責　如人捨多財　貪求於少分
是故明智人　當捨下劣業　應求勝上法　諸佛常稱嘆

爾時彌勒菩薩而白佛言。希有世尊。彼諸菩薩捨離殊勝精進之業。而乃發起下劣之事。當知是人甚爲少智。覺慧微淺。佛告彌勒菩薩言。彌勒。我今實言告汝。若有菩薩不修諸行。不斷煩惱。不習禪誦。不求多聞。我說是人非出家者。彌勒。若有勤修智斷行者。智出生者。智成就者。不作世業營衆務者。我說是人住如來教。若有菩薩樂作世業營於衆務。爲所不應。我說是人住於生死。是故菩薩不應親近。彌勒。若有菩薩多營衆務。造七寶塔遍滿三千大千世界。如是菩薩不能令我而生歡喜。亦非供養恭敬於我。彌勒。若有菩薩於波羅蜜相應之法。乃至受持一四句偈。讀誦修行。爲人演說。是人乃爲供養於我。何以故。諸佛菩提從多聞生。不從衆務而得生也。彌勒。若有菩薩勤營衆務。令彼讀誦修行演說諸菩薩等營於衆務。當知是人增長業障。無諸福利。何以故。如是所說三種福業。一切皆從智慧而生。是故彌勒。營事菩薩於彼讀誦修行演說諸菩薩所。不應障礙爲作留難。讀誦修行演說菩薩。於修禪定諸菩薩所。不應障礙爲作留難。彌勒。若一閻浮提營事菩薩。於一讀誦修行演說菩薩之所。應當親近供養承事。若一閻浮提讀誦修行演說諸菩薩等。於一勤修禪定菩薩。亦當親近供養承事。如是善業。如來隨喜。如來悦可。若於勤修智慧菩薩承事供養。當獲無量福德之聚。何以故。智慧之業無上最勝。超過一切三界所行。是故彌勒。若有菩薩發起精進。於智慧中當勤修習。

爾時彌勒菩薩白佛言。世尊。如來善説初業菩薩樂於憒鬧。世話。

睡眠。衆務過失。世尊。云何名爲戲論中過。若觀察時。菩⑦薩當得住於寂靜。無諸諍論。佛言。彌勒。初業菩薩戲論過失無量無邊。我今略説有二十種。云何名爲二十種過。一者。於現在生多諸苦惱。二者。增長瞋恚退失忍辱。三者。爲諸怨對之所惱害。四者。魔及魔民皆生歡喜。五者。未生善根皆悉不生。六者。已生善根能令退失。七者。增諸鬥諍怨競之心。八者。造作地獄惡趣之業。九者。當得醜陋不善之果。十者。舌不柔軟言詞謇澀。十一者。所受教法不能憶持。十二者。於未聞經聞之不悟。十三者。諸善知識皆悉捨離。十四者。諸惡知識速當值遇。十五者。修行於道難得出離。十六者。不悦意語數數常聞。十七者。在在所生多諸疑惑。十八者。常生難處不聞正法。十九者。修行白法多有障礙。二十者。於所受用多諸怨嫉。彌勒。是爲菩薩耽著戲論二十種過。爾時世尊重説偈言。

現生常苦惱　離忍多瞋恚　怨仇生害心　是名戲論過
魔及魔眷屬　皆生歡喜心　喪失諸善法　是名戲論過
未生善不生　常住於鬥諍　造於惡趣業　是名戲論過
身體⑧多醜陋　生於下劣家　發言常謇澀　是名戲論過
聞法不能持　或聞不入耳　常離諸善友　是名戲論過
值遇惡知識　於道難出離　常聞不順語　是名戲論過
隨彼所生處　常懷疑惑心　於法不能了　是名戲論過
常生八難中　遠離無難處　具足無利益　是名戲論過

於善多障礙　退失正思惟　所受多怨嫉　是名戲論過
如是諸過失　皆因戲論生　是故有智人　速疾當遠離
如是戲論者　難證大菩提　是故有智人　亦應不親近
戲論諍論處　多起諸煩惱　智者應遠離　當去百由旬
亦不近於彼　造立諸舍宅　是故出家人　不應住諍論
汝等無田宅　妻子及僮僕　乃至榮位等　何緣興諍論
出家住寂靜　身被於法服　諸仙咸敬事　當修忍辱心
如是戲論者　增長毒害心　當墮於惡趣　是故應修忍
因禁及繫縛　刑害而捶楚　如是等諸苦　皆由諍論生
如是戲論者　常遇惡知識　名稱不增長　曾無歡喜心

若捨於諍論　無能伺其便　眷屬不乖離　當遇於善友
於乘得清淨　業障盡無餘　摧伏於魔軍　勤修忍辱行
諍論多諸過　無諍具功德　若有修行者　當住於忍辱

爾時彌勒菩薩復白佛言。希有世尊。乃能善說如是過失。令諸菩薩生覺悟心。世尊。於後末世五百歲中。頗有菩薩聞說如是諍論過失。能生憂悔離煩惱不。佛告彌勒菩薩言。彌勒。於後末世五百歲中。少有菩薩能生憂悔。捨離煩惱。多有菩薩其心剛強。不相尊敬。懷增上慢互相是非。聞說如是甚深義趣殊勝功德。雖復受持讀誦演說。由是菩薩業障深重。不能得生殊勝功德。便於是經疑惑不信。不復受持爲人演說。時魔波旬見是事已。爲誑惑故。作比丘像。來到其所。說如是言。此諸經典皆是世俗善文詞者之所製造。非是如來之所宣說。何以故。此經所說功德利益汝皆不得。由魔波旬如是誑惑。於此空性義利相應甚深契經。心生疑惑。起諸諍論。不復受持讀誦演說。彌勒。彼諸愚人不能了知。由自業故。不能獲⑨彼殊勝功德。自業消已。決定當得如是功德。

爾時彌勒菩薩白佛言。世尊。如佛所說阿彌陀佛極樂世界功德利益。若有衆生發十種心。隨一一心。專念向於阿彌陀佛。是人命終當得往生彼佛世界。世尊。何等名爲發十種心。由是心故。當得往生彼佛世界。佛告彌勒菩薩言。彌勒。如是十心。非諸凡愚不善丈夫具煩惱者之所能發。何等爲十。一者。於諸衆生起於大慈無損害心。二者。於諸衆生起於大悲無逼惱心。三者。於佛正法不惜身命樂守護心。四者。於一切法發生勝忍無執著心。五者。不貪利養恭敬尊重淨意樂心。六者。求佛種智於一切時無忘失心。七者。於諸衆生尊重恭敬無下劣心。八者。不著世論於菩提分生決定心。九者。種諸善根無有雜染清淨之心。十者。於諸如來捨離諸相起隨念心。彌勒。是名菩薩發十種心。由是心故。當得往生阿彌陀佛極樂世界。彌勒。若人於此十種心中隨成一心。樂欲往生彼佛世界。若不得生無有是處。爾時尊者阿難白佛言。希有世尊。乃能開示演說如來真實功德。發起菩薩殊勝志樂。世尊。當何名此經。我等云何受持。佛告阿難言。此經名爲發起菩薩殊勝志樂。亦名彌勒菩薩所問。以是名字汝當受持。佛說此經已。彌勒菩薩及諸聲聞。一切世間天。人。阿修羅。乾闥婆等。聞佛所說。皆大歡喜。信受奉行。

大寶積經卷第九十二

校注

①『得後』，龍藏作『後得』。

②『非梵行』，思溪藏作『於寂静』。

③『千』，龍藏作『於』。

④『嘗』，龍藏、思溪藏作『常』。

⑤『静』，龍藏作『寂』。

⑥『生不』，龍藏、思溪藏作『不生』。

⑦『菩』上，龍藏、思溪藏有『令諸』二字。

⑧『體』，龍藏、思溪藏作『形』。

⑨『獲』，底本作『護』，依龍藏、思溪藏改。

大寶積經卷第九十三

後秦三藏法師羅什譯

善臂菩薩會第二十六之一

如是我聞。一時佛在王舍城迦蘭陀竹園。爾時有菩薩摩訶薩善男子。名曰善臂。來至佛所。頭面禮佛足。禮已却坐一面。爾時世尊告善臂菩薩言。善男子。是六波羅蜜。菩薩常當具足。何等六。檀波羅蜜。尸波羅蜜。羼提波羅蜜。毗梨耶波羅蜜。禪波羅蜜。般若波羅蜜。善男子。是六波羅蜜。菩薩常當具足。

善臂。云何菩薩具足行檀波羅蜜。善臂。菩薩於諸聚落。正命求財。非邪命求。隨順不逆。不困逼衆生。以求財物而行布施。非爲恭敬供養名稱等故而行布施。非羞畏故。非果報故。非生天故。非諛諂故。於持戒毀戒不起毀譽。或是所識。或非所識。而於其中以平等心供養恭敬。尊重贊嘆。亦於持戒毀戒。若親不親。所識不識。若怨非怨。恒以深重敬愛信樂。是菩薩隨其所有。常應惠施。有少施少。有多施多。有粗施粗。有細施細。有妙施妙。有不妙施不妙。若以上饌甘饌飲食價直十萬。持用施人。或分一錢爲十六分。持一分用施。其心歡喜。等無差別。善男子。是菩薩於諸乞食者。須食施食。爲具足一切智力故。須飲施飲。爲斷衆生渴愛力故。須衣施衣。爲得無上慚愧衣故。須乘施乘。爲得菩薩乘佛乘故。須香施香。爲得正覺持戒香故。須華施華。爲得如來七覺花故。須末香者施以末香。

爲得除滅一切衆生不善香故。須塗香者施以塗香。爲得無缺戒香身故。須蓋施蓋。爲斷衆生煩惱火故。須革屣①者施以革屣*。爲受無量智慧樂故。須床施床。爲令衆生得釋梵聖床快樂力故。須坐處者施以坐處。爲坐菩提樹下。諸魔結使不能壞亂其坐處故。須舍施舍。爲令衆生得覆護處。無所怖畏得無我力故。以好園觀奉②施佛僧。爲得無上寂靜禪定力故。持妙供具種種莊嚴。施諸佛塔廟。爲得三十二相八十種好大丈夫力故。若於佛塔及暗道中然燈施明。爲得無量佛眼明故。以種種伎樂供養三寶。爲得無量天耳故。以衣鉢施。爲得無上端嚴持戒故。以扇澡盥③持用施人。爲令衆生得涼清浄故。以紙筆墨及高座施。爲得無上大智慧故。施病者藥。爲除衆生結使病故。以地施他。爲令衆生得三乘分甘露界故。造塔形像。爲令衆生聽正法故。所有之物。速以施人。爲得神通捷疾力故。布施清浄。爲於無上道中不留難故。常施不絶。爲得無斷辯才力故。隨意布施。爲令衆生得大悲故。不逼人求財持用布施。爲令諸魔外道不能壞亂。自然得成無上道故。菩薩布施。應如上所説而行惠施。若菩薩欲作如上施者。或自無財當生心施。欲得開示無量無邊一切衆生。有力無力如上布施。是我善行。我是妙勝。是我寶物。能令一切世間衆生所有快樂悉得成就。所謂得和合樂。能捨一切。無有狐疑。諸所有願。悉皆成就。得安樂行。若諸世間所有衆生悕望欲得所須之物。我當滿足與之。珍寶金銀衣服錢財猶如山積。飲食之具如大巨海無量無邊。是菩薩於晝夜各三時中。以己所作財施法施所得果報。願與一切衆生共之。令過去未來現在一切有行衆生。生妙國界及出世樂。是人雖作如是布施。終不悕望求其果報。開示如是方便。爲化衆生入於善法。是菩薩布施時。願令一切衆生得度得解脱。爲得一切智。具足一切佛法故。若布施。布施已。亦願衆生得度得解脱。爲得一切智。具足一切佛法故。如此布施。若無有力。不能學之。不能捨財。是菩薩應如是思惟。我今當勤加精進。時時漸漸斷除慳貪吝惜之垢。我當勤加精進。時時漸漸學捨財施與。常令我施心增長廣大。乃至生有終不懈怠。心常歡喜。如是菩薩發菩提心。念菩提心。修菩提心。悕望菩提。願求菩提。是名菩薩無量阿僧祇大施大捨大出。何以故。如是布施。於諸施中最勝第一。令我未來之世。於一切世間所有衆生中。雨法雨。雨甘露雨。施法雨。施甘露雨。出法雨。出甘露雨。善譬。菩薩摩訶薩如是行施。不以爲難。以爲喜樂。速疾具足檀波羅蜜。善男子。菩薩不能自以身體支節施於乞者。若自割。若教他割。何以故。若成是業。令彼乞者於大地獄受無量罪故。菩薩摩訶薩不應自惜身體支節。所以者何。欲令乞者遠離廣大不善業故。若有乞士來從菩薩乞索所須。是時菩薩若自無財。不應强逼父母妻子眷屬親戚奴婢。取其財物。令其貧匱持以施人。何以故。菩薩摩訶薩欲於一切衆生中行平等慈④心故。若菩薩摩訶薩不逼父母妻子眷屬親戚奴婢財物持用惠施。菩薩爾時於衆生中得慈悲心。善男子。菩薩不應於他衆生有慳吝心。以逼他衆生取財惠施。諸佛世尊所不贊嘆。何況自割支節施於他人。是名菩薩具足檀波羅蜜。

善臂。云何菩薩摩訶薩具足尸波羅蜜。善臂。是菩薩於一切衆生。乃至盡形。自不殺生。教他不殺。願不殺生。自不偷盜。教人不偷盜。願不偷盜。自不邪淫。教人不邪淫。願不邪淫。自不妄語。教人不妄語。願不妄語。乃至盡形。自不飲酒。教人不飲酒。願不飲酒。是菩薩於此五戒中常堅持專念。不緩不缺。勤加精進。如是恐怖他人。繫縛囚執。鞭杖刑戮。於此事中永斷遠離。及兩舌惡口。妄語綺語。亦復如是。是菩薩如是思惟。我應於一切衆生生愛念心。猶如父母愛念一子。若我父母以種種苦事弓箭刀杖加害於我。我於是中終不生報。我於一切衆生。應如父母愛念一子。譬如父母妻子。別離既久。一旦相見。其心歡喜。踴躍無量。如是菩薩見一切衆生。其心歡喜亦復如是。是菩薩持不殺戒。欲令衆生得住無學不殺戒故。是菩薩持不盜戒。欲令衆生得住無學不盜戒故。是菩薩持不邪淫戒。欲令衆生得住無學不淫戒故。是菩薩持不妄語戒。欲令衆生得住無學實語戒故。是菩薩持不飲酒戒。欲令衆生得住無學不飲酒戒故。是菩薩持不恐怖戒。爲得成就金剛定故。是菩薩持不繫縛戒。欲令一切衆生斷結使縛故。是菩薩持不因執戒。欲令衆生出五道故。是菩薩持不鞭杖戒。爲欲遠離諸魔結使留難。得法定故。是菩薩持不刑戮戒。爲令身口意得不護業故。是菩薩持不兩舌戒。爲得不壞和合衆故。是菩薩持不惡口戒。爲得五種梵音聲故。是菩薩持不綺語戒。爲得發言説法無障礙故。是菩薩持求畏死衆生戒。欲令一切衆生脱生老病死憂愁悲惱恐怖斷故。是菩薩愛護他物不令漏失戒。爲得無上菩提覺定故。有他衆生婦女妻子或被拘録。爾時菩薩於中救脱。爲得不缺法定故。是菩薩若勸他令放。爲得心自在故。是菩薩若自放。或勸他令放。爲坐菩提樹下破壞一切魔結使故。是菩薩若見繫獄衆生。若自放。若勸他令放。爲得心自在無障礙故。是菩薩若見衆生當得鞭杖。

若自放。若勸他令放。爲得四無所畏故。是菩薩若見衆生當被刑戮。若自放。若勸他令放。爲得四種法身故。是菩薩持不誑戒。爲坐菩提樹下師子座處。一切魔結使不能留難。得法定故。是菩薩善和鬥諍。專生歡喜。爲得不壞大聖衆故。是菩薩持愛語戒。欲令一切衆生耳聞好語心得歡喜樂故。是菩薩隨愛語説。欲令言不虛故。是菩薩持讀⑤佛文詞戒。爲得聖人威德成就大衆故。是菩薩受持於三時中。五體歸命。一切世間在在處處過去未來現在。無量無邊諸佛法僧菩薩戒。爲得菩提樹下師子座處不可破壞。專住信精進念定慧。得法定故。是菩薩受持於三時中。掃灑繞塔戒。爲得具足一切佛法故。是菩薩持贊法戒。爲得轉於無上法輪故。是菩薩持贊僧戒。爲得大衆圍繞故。是菩薩持三時歸依三寶戒。欲令一切衆生得無上歸依故。是菩薩受持於三時中。願使一切世間常有佛法僧菩薩不空者戒。爲得無上菩提樂故。是菩薩受持於三時中。勸請一切諸佛一切說法戒。爲得十住雨法雨故。是菩薩受持於三時中。懺悔諸罪捨出諸惡穢污戒。爲得斷滅一切愛習氣故。是菩薩受持於三時中。和合一切善根戒。爲令一切波羅蜜滿足故。是菩薩受持於三時中。念一切世間在在處處過去未來現在。諸佛聲聞緣覺聖衆菩薩。下至六趣衆生。所有善根願戒。爲得無上菩提資用故。是菩薩受持於三時中。願求菩提⑥戒。爲得無上菩提正决定故。是菩薩於三時中受持一切善根無上道戒。

爲得畢定如來力無所畏故。是菩薩受持供給父母師長戒。爲得無勝法定故。是菩薩若見恐畏貧窮之人。受持不恐怖供施戒。爲得無破壞難論方便故。是菩薩受持救護縣官盜賊水火戒。爲得諸力波羅蜜故。是菩薩若見佛緣覺聲聞菩薩神足變化隨而持戒。爲得無上神足力故。是菩薩受持護他心身口意業戒。爲得如來無量知他心力故。是菩薩若見放逸失念者。所謂失現在未來三乘義者。願起念持不失故。是菩薩持聽法集法説法戒。爲得具足四無礙辯故。是菩薩持一切身口意業善根攝受奉行。欲令一切衆生得度得解脱。爲得一切智。具足一切佛法故。如是善根。願爲一切衆生受行。爲令衆生得解脱。得一切智。具足一切佛法故。

如是持戒。不缺不破不荒。若無力勢能修學者。是菩薩應如是思惟。今我當勤加精進。時時漸漸遠離殺害諸不善法。我⑦復倍加精進。時時漸漸善學持戒。令增長滿足。乃至生有終不懈怠。不生憂愁。善臂。如是菩薩摩訶薩發起菩提心。念菩提心。修菩提道。悕望菩提。願求菩提。是名無量無邊持戒善根。何以故。如此持戒。一切善戒中最勝第一。受持是戒。欲令一切世間所有衆生發起無漏戒。發起無學戒。生無漏戒。生無學戒。善臂。如是菩薩摩訶薩於此持戒。不以爲難。以爲喜樂。速疾具足尸波羅蜜。

善臂。云何菩薩摩訶薩具足羼提波羅蜜。是菩薩若自眷屬。若他衆生。來奪菩薩命者。菩薩爾時於此事中。終不生於瞋報之心。或有他人來奪菩薩財物。乃至妻子。若說兩舌惡口妄言綺語。若有恐怖繫縛囚執鞭杖刑戮。以種種苦加於菩薩。菩薩爾時亦復不生還報之心。若奪命根及一切物。乃至妻子。若說兩舌惡口妄言綺語。恐怖繫縛囚執鞭杖刑戮。是菩薩思惟如是諸事。是我惡行不善業報。自作自受。或過去世。或現在世。若先作已今受果報。我今云何於自果報而瞋於他。復次善臂。菩薩如是思惟。若有他人奪我命根及諸財物。乃至妻子。若說兩舌惡口妄言綺語。若有恐怖繫縛囚執鞭杖刑戮。我於此中。不應瞋害加他。繫縛冤家。何以故。我今現世受少苦惱。尚不愛憙不可適意。云何生瞋加害於他。於當來世受諸罪報。無量無邊百千萬億苦惱甚多。不喜不愛不可適意諸果報也。

復次善臂。菩薩如是思惟。有命根故斷截命根。有財物故剋奪財物。有妻子故奪其妻子。有耳根故聞兩舌惡口妄言綺語。有此身故。有恐怖繫縛因執鞭杖刑戮。今我自受命根耳根身受苦入。云何以瞋加害於他。復次善臂。菩薩摩訶薩如是思惟。眼根即是地大。即是自物。即是法界。即是自性。濕性水。熱性火。動性風。即是己物。即是法界。即是自性。如是一切命。即是壞法滅法盡法。如是一切諸根。是苦法。是苦觸法。是受苦法。一切身即是苦法。是苦觸法。是受苦法。即是己物。即是法界。即是己性。我今此命。即是壞法滅法盡法苦法。此六根即是苦觸法。即是惡觸觸。我今云何自於此命壞法滅法盡法。而生瞋恚侵害於他。繫縛冤家。何以故。即是己物。即是法界。即是自性。復次善臂。菩薩摩訶薩如是思惟。內眼耳鼻舌身意。非我非我所。外眼耳鼻舌身意。亦非我非我所。云何明智之人。於此六根非我非我所中莊嚴愛著。生於瞋恚加害他人。復次善臂。菩薩摩訶薩如是思惟。人中苦少。餓鬼苦多。畜生中苦轉復增多。地獄苦惱無量無邊不可計倍。人中少苦。尚不欲受。何況於未來世中。受三惡道無量苦惱。是故我今不應生瞋加害於他。復次善臂。菩薩摩訶薩如是思惟。我今若能利益一人。尚不應瞋加害於他。繫縛冤家。何況我當以甚深法義。利益一切世間無量衆生。發大莊嚴。大莊嚴已。得受記別。趣於大乘。而得具足無上佛法。是佛法中。不應不忍侵害於他。憎嫉鬥訟。此中應行忍辱利益於他。善和鬥訟。不懷嫉妒。善臂。若有善男子善女人。乃至阿鼻地獄受諸苦痛。於寃家許。尚不應生瞋加害侵毀。何况人中受少苦惱當生瞋害於他。是善男子善女人。爲他所瞋。駡詈訶責。誹謗輕毀。稱揚惡名。如是諸惡。悉應忍之。起慈悲心純净無垢。欲得如來心故。是菩薩受諸鞭杖恐怖。繫縛囚執。於此事中。悉應忍之。起慈悲心。爲於一念中間破一切無明暗障㲉故。是菩薩受行忍辱慈悲心。欲令一切衆生斷愛恚故。若割耳時。亦行忍辱起慈悲心。欲令一切衆生聞法信故。若割鼻時。亦行忍辱起慈悲心。爲受端嚴無上持戒香故。若截足時。亦行忍辱起慈悲心。爲得如來四神足故。若截手時。亦行忍辱起慈悲心。爲欲攝取一切衆生得寂靜故。若分解支節時。亦行忍辱起慈悲心。爲令具足六波羅蜜故。若挑眼時。亦行忍辱起慈悲心。爲得慧眼故。若斬首時。亦行忍辱起慈悲心。爲得如來一切智首故。是菩薩如是忍辱趣向思惟。願令一切衆生得度得解脱。爲得一切智具足一切佛法故。如是忍辱。令我今趣向思惟已。願令一切衆生得度得解脱。爲得一切智。具足佛法故。如是忍辱。不破不缺不荒。若無力勢不能學者。是時菩薩應如是思惟。我今當勤加精進。時時漸漸遠離斷滅不忍之法。今我勤加精進。時時漸漸勤學忍辱。令此忍辱增廣具足。乃至生有終不懈怠。不生憂愁。如是菩薩摩訶薩發菩提心。念菩提心。修菩提心。悕望菩提。願求菩提。是菩薩發起正行。如是等無量無邊阿僧祇善忍。欲令一切世間所有衆生。發起無漏忍辱。發起無學忍辱。生無漏忍辱。生無學忍辱。善臂。如是菩薩摩訶薩行於忍辱。不以爲難。以爲喜樂。速疾具足羼提波羅蜜。

善臂。云何菩薩摩訶薩具足毗梨耶波羅蜜。善臂。是菩薩應如是思惟。今此十方。一一方面有無量世界。一一世界有無量無邊衆生集聚。無有邊際。我今當發莊嚴。令此衆生得大利益。亦令得樂。復次。觀知無量衆生利益快樂所緣之法故。發起善根法故。我於無量晝夜。若心放逸。或生餘念。若睡眠時。常念念中增益福德。於一一念中發起無量無邊善根菩提資用。我今當知一一念中發起增益無量善根故。成阿耨多羅三藐三菩提則不爲難。今我以此緣故。我見菩薩甚爲易得。是故欲得無上道者。乃至盡形不應懈怠。復次善臂。菩薩摩訶薩如是思惟。若菩薩於無量無邊世界衆生中。能令一世界衆生得離一切諸苦者。我尚於一一念中發起增益無量善根。何況乃令無量無邊世界衆生遠離斷除生老病死。恩愛別離。冤憎集會。三惡道苦。復次善臂。菩薩摩訶薩如是思惟。若菩薩摩訶薩於一念中。欲令無量無邊世界所有衆生遠離斷除一切諸苦者。此菩薩亦於一念之中得發起增益無量善根。況當欲令未來無量無邊阿僧祇劫。無量無邊世界衆生遠離斷除生老病死。恩愛別離。冤憎集會。三惡道苦。復次善臂。菩薩摩訶薩應如是思惟。若有人欲得聲聞緣覺法。是人尚得於一一念中發起增益無量無邊善根。何況有善男子善女人欲成就具足佛法無量無邊威德力勢者。善男子善女人四因四緣四境界。於晝夜中若心放逸。或生餘念。若睡眠時。於一一念中修集四無量無邊善根。發起增益菩提資用。我今當知。一一念中發起增益四無量善根。成阿耨多羅三藐三菩提則不爲難。以是緣故。我見菩提甚爲易得。是故欲得菩提道者。乃至盡形不應懈怠。譬如四大海。若南若北。若上若下。易得邊際。如是四無量善根大海菩提資用。難得其邊。我今何故不於一一念中發起增益四無量善根大海菩提資用。是故欲成無上道者。乃至盡形不應懈怠。復次善臂。

菩薩摩訶薩如是思惟。若有師子狐狼。鷲鵰烏鳥。蚊虻蠅蚤。如是等類尚得無上道已。況我今者生於人中。而應懈怠。是故欲成無上道者。乃至盡形不應懈怠。復次善臂。菩薩摩訶薩如是思惟。乃至百人千人猶尚得成無上道已。而我今者獨不得成。況復十方如恒河沙等現在未來諸佛世尊。已成當成。是故我今乃至盡形不應懈怠。是菩薩復應如是思惟。若有法是佛所說。若聲聞說。若菩薩說。乃至狂愚人爲佛故說。所謂檀波羅蜜。尸波羅蜜。羼提波羅蜜。毗梨耶波羅蜜。禪波羅蜜。般若波羅蜜。是菩薩爲具足佛法。欲成無上道。欲得一切智。於此法中勤加精進如救頭然。學持通利。思惟分別爲他解說。智慧精進。一心思惟。是菩薩若一切衆生有說法之處。乃至刀杖之難。要至其所聽其所說。或有衆生修樂報業。若現世樂。若後世樂。菩薩爾時即以善法妙義如法佐助。於此善法亦復勤加精進。是菩薩自以己身施於衆生。令得自在。譬如四大。一切衆生於中自在。隨所須用。菩薩摩訶薩以身施人。令他自在。亦復如是。智慧精進。乃至刀杖之難。常於佛法僧中。及諸師長。羸老病苦。貧窮無護。增益供養恭敬。使令勤加精進如救頭然。隨衆生心。布施愛語利益同事。隨所攝之。欲得聲聞乘者。調伏安置於聲聞乘。欲得緣覺乘者。調伏安置於緣覺乘。欲得菩薩乘者。調伏安置於菩薩乘。智慧精進如救頭然。是菩薩爲善法故。六波羅蜜因緣故。不計寒熱飢渴。蚊虻毒螫。風飄日曝。惡觸誹謗罵詈。種種苦惱。疲極睡眠。於此事中。乃至盡形。終不憶念。智慧精進如救頭然。乃至刀杖之難。亦不懈怠。是菩薩爲無上道因緣故。能受種種苦。所謂阿修羅人三惡道苦。不以爲難。智慧精進如救頭然。是菩薩牢强精進意勇堅固。欲出於世。成佛無上精進之力。是菩薩欲得毗梨耶波羅蜜。趣向毗梨耶波羅蜜。願令衆生得度得解脱故。爲得一切智。具足一切佛法故。我今趣向毗梨耶波羅蜜已。願令衆生得度得解脱故。爲得知一切智。具足一切佛法故。如是精進。不破不缺不荒。若無力勢不能具足學者。是菩薩如是思惟。我今當勤加精進。時時漸漸斷除懈怠懶惰。復當勤加精進。時時漸漸善學精進。令此精進增廣具足。乃至生有終不懈怠。不生憂愁。如是菩薩發起菩提心。念菩提心。修菩提心。悕望菩提。是名無量無邊阿僧祇善精進波羅蜜。何以故。如是精進。於餘善法精進中。最勝第一。欲令一切世間在在處處所有衆生。發起無漏精進。發起無學精進。生無漏精進。生無學精進。善臂。如是菩薩摩訶薩行於精進。不以爲難。以爲喜樂。速疾具足毗梨耶波羅蜜。

大寶積經卷第九十三

校注

①『屣』，底本、思溪藏作『簁』，依龍藏改。本卷下文例同，用*標識，不再出注。
②『奉』，龍藏、思溪藏作『布』。
③『盥』，龍藏作『鑵』。
④『慈』下，龍藏有『悲』字。
⑤『讀』，龍藏作『贊』。
⑥『提』，龍藏、思溪藏作『薩』。
⑦『我』下，龍藏、思溪藏有『今』字。

大寶積經卷第九十四

後秦三藏法師羅什譯

善臂菩薩會第二十六之二

善臂。云何菩薩摩訶薩具足行禪波羅蜜。菩薩若眼見色不取其相。或時眼根爲外緣所牽。應正行守護不令隨緣。不留心於無明貪著世間。護持是戒。爾時具足得眼根戒。耳聞聲。鼻嗅香。舌嘗味。身覺觸。意知法。亦如是。是菩薩若行住坐卧。若説法。若默然。終不遠離寂定之心。善護手足無有散亂。常懷慚愧善護口業。安詳直視。心常寂靜不憙戲笑。善御身口意業令其寂靜。若屏猥處及現露處。無有异心。於所須物。衣服飲食。卧具醫藥。心常知足。易養易滿。易可使令。善行寂静。遠離憒鬧。於利衰毀譽稱譏苦樂。心無有异。不高不下。命及非命亦無异心。無瞋無愛。等視冤家猶如赤子。於忍不忍心常平等。聖聲凡聲寂聲亂聲。亦復如是。憎愛色中心不高下。離染瞋恚愛不愛者。聲香味觸法。亦復如是。是菩薩觀欲如骨瑣。邪憶想故。發起此心。觀欲如肉團。多怨憎故。觀欲如炬火。染著苦法遠離樂故。觀欲如樹上果。多人愛著故。觀欲如假借。不得自在故。觀欲如夢。念念滅故。觀欲如癰。於苦倒中生樂想故。觀欲如鈎。行諸惡法墮惡道故。觀欲如灰河。增益欲染不知足故。是故菩薩如是觀已。離欲惡不善法。有覺有觀。離生喜樂。成初禪行。離覺觀。内净信。心在一處。無覺無觀。定生喜樂。成二禪行。離喜行捨念正智一心。身行樂諸聖人能行能捨。成三禪行。捨苦樂意。先滅憂喜。行捨念净。成四禪行。於一切衆生思惟樂想。成就無量無邊慈心。於衆生中思惟苦想。成就無量無邊悲心。於衆生中思惟喜想。成就無量無邊喜心。於衆生中捨苦樂想。成就無量無邊捨心。是菩薩不思惟色想。成就空處寂靜行。不思惟空想。成就識處寂靜行。不思惟識想。成就無所有處寂靜行。不思惟無所有處想。成就非有想非無想處寂靜行。是菩薩於入息出息。若隨若住。長時知長。短時知短。成就入息出息寂靜行。是菩薩思惟觀身不净想。成就不净寂靜行。是菩薩思惟無常想生老病過。成就無常想寂靜行。思惟食中起無量過患想。成就食不净想寂靜行。於諸世界城邑聚落種種嚴飾中。思惟分別必歸壞敗想。成就世間不可樂寂靜行。是菩薩内有色想。外觀色少。若好若醜取其相貌。成就初勝處行。是菩薩内有色想。外觀色多。若好若醜取其相貌。成就第①二勝處行。是菩薩若死若燒。風吹日曝成爲灰土。爲水所漂。若碎滅磨滅。若斷三有。是名内無色想外觀②色少。若好若醜取其相貌。成就第三勝處行。是菩薩内無色想。外觀色多。若好若醜取其相貌。成就第四勝處行。是菩薩内無色相。外觀色青無量無邊。愛樂取相。成就第五勝處行。是菩薩内無色想③。外觀色赤無量無邊。愛樂取相。成就第六勝處行。是菩薩内無色相。外觀色黄無量無邊。愛樂取相。成就第七勝處行。是菩薩内無色相。外觀色白無量無邊。愛樂取相。成就第八勝處行。是菩薩入是無量無邊地一切處。不念异相。成就初一切處行。是菩薩入無量無邊水火風青黄赤白虛空識一切處。不念异相。成就十一切入處行。是菩薩入苦法時。心緣一切善根。所謂大慈大悲。攝持正法。不斷三寶。莊嚴佛身。清净梵音。本昔誓願教化衆生。净佛世界。坐菩提樹。轉妙法輪。除斷一切衆生結使。其心所緣境界如是。是菩薩入禪定時。離四識住處。不依地大水大火大風大空大識大。亦不依止今世後世。入如是定。都無所依。是菩薩入禪其心愛樂。爲欲入於無上解脱定故。是菩薩修行禪定。願令一切衆生得度得解脱故。爲得一切智。具足一切佛法故。若思惟若思惟已。願令一切衆生得度得解脱故。爲得一切智具足一切佛法故。於此禪定若無力能學。是菩薩應如是思惟。我今應時時漸漸。勤加精進遠離亂心。時時漸漸。勤加精進④學一心。令此一心增廣具足。乃至生有。終不懈怠不生愁憂。是菩薩發起菩提心。念菩提心。修菩提心。悕望菩提。願求菩提。是名菩薩摩訶薩無量無邊善根禪定。欲令一切世間在在處處所有衆生。發起無漏禪定。發起無學禪定。生無漏禪定。生無學禪定。菩薩摩訶薩行是禪定。不以爲難。以爲喜樂。速疾具足禪波羅蜜。

善臂。云何菩薩摩訶薩具足般若波羅蜜。善臂。若有聰明智慧之人。學已能持。聞已誦習。善學諸法甚深相義。亦能分別如所聞法。

聞已思義。有如是等者。菩薩爾時則應親近。恭敬供養。尊重贊嘆。乃至刀杖不應遠離。是菩薩因學問故。因了義故。因思義故。供養恭敬師和上故。乃至近死。終不避難諸苦惱事。所謂飢渴寒熱。蚊虻毒螫。風吹日曝。諸惡觸等。罵詈誹謗。是菩薩於正法中起寶聚想。於説法者起寶藏想。於聽法者起難遭想。於問義者起慧命想。於多學者斷除無明起智慧想。於分別諸法起百千生生慧眼想。是菩薩聞是諸法。受持修學廣分別已。知陰。界。入。四聖諦。十二因緣。三世。三乘。得如是知。云何知界。知二界。有爲界。無爲界。是名二界。云何有爲界。若法生住滅者。是名有爲界。云何無爲界。若法無生住滅。是名無爲界。是名知有爲無爲界。復次。知三界。善界。不善界。無記界。云何善界。若不貪共不貪。若不恚共不恚。若不癡共不癡。是名善界。云何不善界。若貪共貪。若瞋共瞋。若癡共癡。是名不善界。云何無記界。除善不善。若有餘法。是名無記界。復次。知三界。所謂欲界。色界。無色界。云何欲界。地獄。畜生。餓鬼。阿修羅。人。四天王天。三十三天。夜摩天。兜率陀天。化樂天。他化自在天。若於此中欲染貪著。瞋恚愚癡悕望。欲得心所作業。是名知欲界。云何色界。梵天。梵輔天。梵衆天。大梵天。光天。少光天。無量光天。光音天。淨天。少淨天。無量淨天。遍淨天。果實天。少果天。廣果天。無量果天。無想天。無熱天。無惱天。善見天。好⑤善見天。阿迦膩吒天。若於此中。色染愚癡悕望。欲得心所作業。是名色界。云何無色界。空處天。識處天。

無所有處天。非有想非無想處天。若於此中。無色染污愚痴悕望。欲得心所作業。是名無色界。是名三界。復次。知四界。欲界。色界。無色界。無爲界。是名知四界。復次。知六界。所謂欲界。恚界。害界。出界。不恚界。不害界。是名知六界。復次。知六界。所謂地水火風空識界。是名六界。觀地大無常變壞。無堅無牢相。若無常即是苦。若是苦即無我。水⑥火風空識大。無常變壞無堅牢相。若無常即苦。若苦即無我。是名知六界。

是菩薩聞如是法已。受持修學廣分別已。即知五陰。所謂色陰。受想行識陰。色如水沫。即是生滅不得久住。受如水泡。即是生滅不得久住。想如野馬。即是生滅不得久住。行如芭蕉。即是生滅不得久住。識如幻化。即是生滅不得久住。是名知五陰。

是菩薩聞是法已。受持修學廣分別已。即知內入。所謂眼入。耳鼻舌身意入。是名內六入。眼入即是苦法老法死法。空無我無我所。熾然三毒。生老病死。憂悲苦惱。亦能熾然諸苦惱法。耳鼻舌身意亦如是。熾然三毒乃至諸苦。是名知內六入。復次知外六入。眼所見色。是名外六入。耳所聞聲。鼻所嗅香。舌所嘗味。身所覺觸。意所知法。是名外六入。眼所見色是外入。不堅牢性。無所依止。亦無勢力。一切無常。如實非不如實。如幻如化。耳所聞聲。鼻所嗅香。舌所嘗味。身所覺觸。意所知法亦如是。是名知外六入。

是菩薩聞如是法已。受持修學廣分別已。即知四聖諦。所謂苦聖諦。集聖諦。滅聖諦。道聖諦。是名四聖諦。云何苦聖諦。若五陰。六界。內六入外六入。是名苦。此苦無常。喻如怨賊。如癰如箭。如獄閉繫。如器壞敗。是不自在即是無我。得如是知已。是名知苦聖諦。云何集聖諦。所謂貪恚痴慢我慢專取於我。決定計我常住不壞。我即是色。我異於色。我即是想。我異於想。我是想非想。我異想非想。我即是陰。我異於陰。我中有陰。陰中有我。我即是界入。我異界入。我中有界入。界入中有我。我即是受。我異於受。我即是知。我異於知。我是無受。我異無受。我是色少。我異色少。我是色多。我異色多。我是常。我是無常。我是常無常。我是非常非無常。我是有邊。我是無邊。我是有邊無邊。我是非有邊非無邊。死後如去。死後不如去。死後亦如去亦不如去。死後非如去非不如去。命即是身。身即是命。
此衆生從何處來。去至何處。此諸衆生。即是斷滅非有相續。自作
自受。他作他受。計有我者即有我所。有我所者即是有我。如是攝
取我見身見。若結若使。若我我所。我受貪恚癡本。若總身口意業。
若福業。若罪業。若欲界業。若色無色界業。是名集聖諦。云何滅聖
諦。若貪恚癡盡。我我所盡。受取有盡。是名滅聖諦。云何道聖諦。若
見苦集盡。思惟一切有爲過患。見涅槃寂靜。所作已辦。住如是法
時。正見正思惟。正語正業。正命正精進。正念正定。是名道聖諦。如
是知四聖諦。是菩薩分別思惟四聖諦時。見有爲法是苦。是無常。
是空。是無我。見無爲法能爲覆護。是舍是依。雖作是觀不證涅槃。

如是知四聖諦。是菩薩聞如是法已。受持修學廣分別已。即知十二因緣。所謂無明緣行。行緣識。識緣名色。名色緣六入。六入緣觸。觸緣受。受緣愛。愛緣取。取緣有。有緣生。生緣老死。是名十二因緣。若不知不見四聖諦十二因緣。是名無明。若有身口意業。若福業。若罪業。若欲界繫色無色界繫。是名行。若有心意識。是名識。若有受想思觸思惟。是名名。若有四大。四大所造色。從歌羅羅乃至化生。若作色非作色。是名色。名色合故⑦名名色。若眼耳鼻舌身意。是名六入。若眼緣色生眼識。三法和合故生觸。是名觸。若有苦受樂受。不苦不樂受。是名受。若有愛染。是名愛。若有愛見戒取。是名取。若有色受想行識。是名有。若此有發起。是名生。若此有衰變。是名老。若此有滅壞。是名死。菩薩如是分別思惟十二因緣。見聞覺知地非是我不生愛著。我非地不生愛著。亦非悕望。水火風空識亦如是。見聞覺知涅槃非我不生愛著。我非涅槃不生愛著。亦非悕望。是菩薩見諸法從因緣起。知三解脫門。廣修學見諸法空無相無作。是菩薩見諸法從因緣起。知寂滅樂。精勤修學廣分別已則無明滅。無明滅則行滅。行滅則識滅。識滅則名色滅。名色滅則六入滅。六入滅則觸滅。觸滅則受滅。受滅則愛滅。愛滅則取滅。取滅則有滅。有滅則生滅。生滅則老死滅。如是菩薩。雖觀十二因緣起滅。而不證於滅。菩薩如是知十二因緣。

是菩薩聞是法已。一心受持修學。廣分別已即知三世。所謂過去未來現在。云何過去世。若法生已滅。是名過去世。云何未來世。若法未生未起。是名未來世。云何現在世。若法生已未滅。是名現在世。是菩薩念過去世諸不善根。輕毀可惡背捨離之。未來不善根。當受不善果報。不喜不愛。不可適意。現在不善根。當令不起。是菩薩能攝護身口意業及六情根。常起善業無有中間。於過去善根。是菩薩菩提心。專念菩提。悕望菩提。欲得菩提。以深重愛樂願一切衆生得度得解脱。爲得一切智具足一切佛法故。未來世現在世亦如是。常不離是心。終不懈怠失念放逸。若過去世陰界入等。即是滅盡。不實不在。無我無我所。若未來世陰界入等。是未生未起。無我無我所。若現在陰界入。是念念不住。何以故。世法無有一念住者。若有一念。是一念中亦有生住滅。是生住滅亦復不住。如生住滅中有內外陰界入。是內外陰界入亦有生住滅。若如是不住者。即是非我非我所。若過去世滅盡。不實不在。非我非我所。若未來世未生未起。非我非我所。若現在念念不住。是非我非我所。若見三世非我非我所。是名實智慧者。不見我我所是我我所。是即於諸有行無我無我所。行離欲想。行斷想。行滅想。雖作是行不證涅槃。是名知三世。

是菩薩聞是法已。受持修學。廣分別已。即知三乘。所謂天乘梵乘聖乘。云何天乘。初禪二禪三禪四禪。是名天乘。云何梵乘。慈悲喜捨是名梵乘。云何聖乘。正見正思惟。正語正業。正命正精進。正念正定。是名聖乘。是菩薩時時修集天乘梵乘聖乘。教化衆生令住三乘。是時自身不證解脱。是名知三乘。復次。知三乘。所謂聲聞乘。緣覺乘。大乘。云何聲聞乘。軟根解脱。於一念中離三有窟宅。樂欲出世。欲得涅槃見寂滅處。勤加精進如救頭然。若其未解四聖諦者。欲以智箭射四諦的。欲證欲解以深欲精進。是名聲聞乘。云何辟支佛乘。中根解脱。欲得寂靜獨在一處。而自利益入寂靜定。方便分別十二因緣。欲得緣覺道。欲證緣覺。是名緣覺乘。云何大乘。上根解脱。欲令一切衆生得度得解脱。爲得一切智具足一切佛法六波羅蜜。欲利益一切世界。欲斷一切衆生苦惱。於一切世界五欲樂中。心尚輕賤。何況世間無量諸苦。欲令衆生持無上戒。欲得聞見大乘經典。受持修學。思惟分別。讀誦令利。勤加精進。若有菩薩修四攝法。應往親近。欲令衆生攝真智慧。安住四攝。常欲得聞諸深法要。受持分別。欲令一切入於禪定。自捨己樂利益衆生。欲以自力隨他所樂。令住三乘。雖作是化。常自安住無上道中。不壞不動。心如金剛。常願欲得無上菩提。願求菩提。是名大乘。是名知三乘。

是菩薩聞是法已。受持修學廣分別已。即知方便。於佛法僧五體投地。以此爲業。於其所作願無上道。如是歸依發菩提心。若行若住。若坐若卧。若飲食洗浴。於此事中更無餘心。但願無上菩提。常作如是廣博修學。是菩薩若始入定。若入定已。常願一切衆生得度得解脱故。爲得一切智具足一切佛法故。欲於世界中尊⑧。欲調伏一切衆生。欲於一切衆生中無能勝者。欲得最勝。欲教誡一切衆生。欲令一切衆生得寂滅。欲於一切法得成正覺。具足一切佛法發菩提心。常作如是廣博修⑨學。是菩薩若一切所作善根。願一切衆生無有恐怖。出三惡道。滅無量苦。斷諸煩惱。令得涅槃。現在未來欲得聲聞乘者。願令具足⑩。現在未來欲得緣覺乘者。願令具足。現在未來欲得大乘者。願令具足。願請一切世間所有現在未來諸佛世尊。住世一劫説法。令聖人衆隨佛在世而得和合。是菩薩如是思惟。若在在處處所有衆生所修善根。若欲生人中天上。若住聲聞乘。若住辟支佛乘。若愛語布施利益同事。願令具足。是菩薩以是法故。於三時中讀誦通利思惟此法。所謂我今歸依一切世間在在處處所有諸佛佛法僧。菩薩。頭面禮敬。諸佛威德無能勝者。其相甚妙。菩薩常應作如是念。諸佛法僧。願令世間在在處處無有空處。所在方面常有諸佛。令我勸請留住一劫。說微妙法。呵責諸惡。若已作。若今作。我今已得離一切惡。乃至一念中間。當願以一切善根。令諸衆生壽命無量。住於一切諸善法中。如諸菩薩速轉法輪。令諸聖人得戒。定。慧。解脱。解脱知見。願令佛法常住於世利益衆生。生五道者悉得善根。乃至敬禮諸佛。常住⑪是願。是諸菩薩所有善願。令他衆生及其己身。得妙威德。善妙威德。若未來現在一切世間佛法僧寶。令住一劫無諸留難。及諸菩薩寶。

速令具足六波羅蜜。疾成阿耨多羅三藐三菩提。亦無留難。欲令一切衆生斷除苦惱怖畏。行於喜樂。斷一切不善根。成就一切善根。隨如所願成就三乘。速疾成就諸波羅蜜。壽命無量而得解脱成無上道。乃至敬禮諸佛。常作是願。是菩薩欲令一切衆生斷諸苦惱。若一切世間在在處處所有諸佛乃至法身。願我以⑫身奉施彼佛。欲令一切衆生得度成無上道。在所生處信敬三寶。以天香花奉⑬養恒河沙等諸佛世尊。亦供養法僧及諸菩薩。令所奉寶如須彌山。一切世間在在處處所有衆生。若有所須。七寶房舍。衣服飲食。醫藥卧具。悉當給與。令無所乏。若有樂於忍辱精進持戒者。我當隨其所樂而爲解説。使成就勝法。令三寶具足。修六波羅蜜。

疾成佛道。離諸惡法。善行實義。身口意業不退菩提。樂於菩提。在在處處見佛菩薩常學善根。安止衆生於善法中。是菩薩自知及他所有善根。趣向智慧。思惟智慧。願欲令一切衆生得度得解脱故。爲得一切智具足一切佛法故。是菩薩趣向思惟已。願令一切衆生得度得解脱故。爲得一切智具足一切佛法故。是菩薩如是智慧。若無力能學。應如是思惟。我今當勤加精進。時時漸漸斷於無明。我今復當倍加精進。時時漸漸學此智慧。令此智慧增廣具足。乃至生有。終不懈怠生於憂愁。如是菩薩發菩提心。念菩提心。修菩提心。悕望菩提心。是菩薩無量無邊善智慧。何以故。此慧於餘善慧中。最勝第一。令一切世間衆生。發起無量智慧。發起無學智慧。生無漏智慧。生無學智慧。善臂。如是菩薩行此智慧。不以爲難。以爲喜樂。速疾具足般若波羅蜜。佛説是經已。善臂菩薩歡喜贊言。善哉善哉。信受奉行。

大寶積經卷第九十四

校注

①『第』，底本無，依龍藏、思溪藏補。

②『外觀』，底本作『觀外』，依龍藏改。

③『想』，龍藏、思溪藏作『相』。

④『進』下，龍藏、思溪藏有『勤』字。

⑤『好』，龍藏、思溪藏作『妙』。

⑥『水』下，龍藏、思溪藏有『大』字。

⑦『故』下，龍藏有『是』字。

⑧『尊』，龍藏作『專』。

⑨『足一切佛法發菩提心。常作如是廣博修』，底本無，依龍藏、思溪藏補。

⑩『得涅槃。現在未來欲得聲聞乘者。願令具足』，底本無，依龍藏、思溪藏、和裕本補。

⑪『住』，龍藏作『作』。

⑫『我以』，龍藏、思溪藏作『以己』。

⑬『奉』，龍藏作『供』。

大寶積經卷第九十五

大唐三藏法師菩提流志奉　詔譯

善順菩薩會第二十七

如是我聞。一時佛在舍衛國祇樹給孤獨園。與諸大衆五百聲聞。十千菩薩恭敬圍繞。時舍衛城有一菩薩。名曰善順。已於過去無量佛所種諸善根。承事供養。於阿耨多羅三藐三菩提得不退轉。住於大慈。心不瞋恚。住於大悲。弘濟無倦。住於大喜。善安法界。住於大捨。苦樂平等。節量時食。少欲知足。常爲衆生之所樂見。恒以五戒及八齋法。於某①城中憐愍教化。然後復勸布施持戒。忍辱精進。禪定智慧。慈悲喜捨。清净梵行。

爾時善順菩薩爲令衆生見佛聞法。與諸人衆前後圍繞。將詣佛所。時天帝釋以浄天眼見此菩薩。住上②精進行頭陀行。具浄尸羅弘濟堅固。便自念言。今此善順於諸梵行曾不懈息。將不爲求帝釋處耶。或貪王位及欲樂耶。作是念已。即便化作四丈夫身。至菩薩前。種種惡言毀罵菩薩。復以刀杖及於瓦石打擲加害。爾時菩薩住慈忍力。皆忍受之。曾無瞋恨。時天帝釋復更化作四大丈夫。來語菩薩。咄哉善順。彼諸惡人以不善言罵辱於汝。及以瓦石刀杖之屬横相打害。何不令我爲汝仇報。我當爲汝斷彼命根。爾時菩薩告彼人言。善男子等。莫作是語。若殺害者成就惡業。假使有人於我此身節節支解。猶如棗葉。我終不生殺害之心。何以故。殺害之人墮於地獄餓鬼畜生。乃至雖得人身。所生父母猶不愛念。恒爲衆人之所憎惡。善男子。一切諸法凡有二種。一者善法。二者不善法。由不善法墮於惡趣。若依善法獲於福利。爾時善順菩薩欲重宣此義。而說偈言。

善惡猶種植　皆隨業所生　何有苦子因　成熟甘果者

現見法如是　智者應思惟　苦報酬惡緣　爲善常安樂

爾時天帝所化之人聞是言已。自念不能令彼菩薩爲殺害業。忽然不現。爾時天帝復更化作金銀寶聚。令諸丈夫至菩薩所。作如是言。汝可方便取此珍寶。隨意所用。

爾時菩薩告彼人言。諸善男子莫作是說。所以者何。夫盜業者。能令衆生貧窮下劣。無依無怙。假使我貧命不存濟。終不行於不與取法。諸君當知。凡夫愚冥。貪求覆蔽。何有智人行不與取。爾時善順菩薩而説偈言。

積財雖千億　貪著心不捨　智者説此人　在世恒貧苦
彼雖無一物　安住捨離心　智者説斯人　世間最富貴
智者離諸惡　一切皆端嚴　愚夫由作罪③　舉身皆醜陋
智者勸修善　愚夫恒爲惡　寧受智毀罵　不用愚稱讚

時彼天帝所化之人聞是言已。悵然而去。

爾時天帝復自親試。持俱胝金。至菩薩所。作如是言。我先於此舍衛大城。波斯匿王與餘丈夫有所諍論。須得一人爲我曲證。汝能爲我作證人者。當用此金而以相奉。爾時菩薩告帝釋言。仁者當知。夫妄語者。爲不善業。既誑自身。亦誑天龍。夜叉。乾闥婆。阿修羅。迦樓羅。緊那羅。摩睺羅伽。由於妄語。能爲一切惡之根本。趣不善道。毀清净戒。能壞色身。口氣常臭。所出言詞爲人惡賤。爾時菩薩重說偈言。

妄語之人　口氣常臭　入苦惡道　無能救者　夫妄語者
誑於自身　亦誑天龍　摩睺羅等　當知妄語　爲諸惡本
毀清净戒　死入三塗　汝設與我　滿閻浮金　我終不能
作於妄語

時天帝釋聞說是已。忽然不現。

爾時天帝復令舍支夫人。日光夫人及於五髻諸夫人等。往菩薩所。重加試煉。壞其禁戒。時舍支等即與五百盛年女人。以香塗身。花妝藻飾。於後夜分至菩薩前而作是言。我等女人年色姝盛。願親枕席相與爲歡。爾時菩薩以無染眼觀彼諸女。告之言曰。地獄畜生閻羅王界。諸狂亂者。不正心者。耽昏臭穢膿血不浄。愛惡羅刹是汝親友。非諸天人清浄眷屬。爾時菩薩重説偈言。

愚人昏迷念不浄　耽染臭穢膿血身　諸欲迅滅歸無常

永沉地獄閻羅界　假令變化如汝等　色身殊勝滿世間

我無一念貪染心　常生如夢如怨想

時舍支等雖盡變態。而彼菩薩曾無貪染。各還天宮。白帝釋言。我觀善順志願堅固。當成正覺無有疑也。所以者何。彼於我等無少貪愛。但生厭離。爾時帝釋雖聞此言。猶懷憂惱如箭中身。恒作是念。彼人必當毀奪於我。無有疑惑。我今應往重加試之。於諸願中。的何所願。作是思已。至菩薩前。捨去憍慢頭頂禮足。以偈問曰。

仁今勤修浄梵行　於諸欲願何所求
爲求日月釋梵天　爲求三有諸王位

爾時善順菩薩以偈答曰。

我觀日月釋梵天　世間王位三有報
一切無常不堅固　何有智者爲兹願

爾時天帝聞此頌已。復白菩薩。若如所言。爲求何願。於是菩薩以偈答曰。

我本不貪世間樂　但求不生不滅身
勤修方便濟群生　願同登彼菩提路

爾時天帝聞是頌已。心生安樂。必知菩薩不求釋位。歡喜踴躍。以偈嘆曰。

汝言弘濟爲群生　此心廣大無與等
願破魔軍證甘露　由斯恒轉勝法輪

爾時天帝說是偈已。恭敬旋繞。禮菩薩足。忽然不現。爾時善順菩薩於其晨朝。入舍衛城游化往來。得劫初時閻浮金鈴。其鈴價直過閻浮提。

爾時菩薩持此金鈴。於四衢中高聲唱言。此舍衛城誰最貧窮。當以此鈴而施與之。時有最勝耆舊長者。聞是語已奔走而來。白菩薩言。我於此城最爲貧窮。可持此鈴而施於我。爾時菩薩語長者言。汝非貧者。所以者何。於此城中。有善男子貧中最貧。應以此鈴而施與之。長者問言。誰爲此人。菩薩答言。波斯匿王於此城中最爲貧者。時彼長者謂菩薩言。莫作是說。何以故。波斯匿王富貴多財。庫藏盈溢。珍奇賄貨用無窮盡。云何乃言貧中最貧。爾時菩薩於大衆中以偈答言。

設有伏藏千億餘　以貪愛心無厭足
猶如大海吞衆流
如斯愚人最爲貧　由此復令貪增長
展轉滋蔓相續生

於現在世及未來　彼無智者常貧匱

爾時善順菩薩説此偈已。與諸大衆即便往詣波斯匿王。於時彼王方與長者五百餘人。算數校計庫藏財寶。菩薩爾時前白王言。我於此城往來游化。得劫初時閻浮金鈴。其鈴價直過閻浮提。我於彼時竊作是念。於此城中有最貧者。當持此鈴而施與之。復更思惟。城中最貧莫過王者。今賫此鈴。願以相奉。王既貧窮。爲我受之。爾時菩薩作是言已。重説偈言。

若人多貪求　積財無厭足　如是狂亂人　名爲最貧者

王恒多賦税　横罰無過人　愛著於國城　不觀來世業

於世得自在　不能蔭群生　見諸貧苦人　曾無憐愍念

耽染於女人　不懼於惡道　邪亂未常覺④　豈非貧窮者
若人知净信　歸依佛法僧　於身及命財　常念不堅固
知不堅固已　於彼不迷惑　能於身命財　永得常堅固
若能勤念住　樂於不放逸　彼人名富貴　善財常安樂
如火焚燒時　不厭於林樹　王今亦如是　貪愛無厭足
水不厭於雲　海不厭於水　王今亦如是　何有厭足時
日月常巡歷　不厭於四方　王今亦如是　終命無休息
如火焚燒時　不厭於草木　智人亦如是　未嘗不行善
如水不厭雲　如海不厭水　智人亦如是　不厭善增長
王位雖自在　畢竟歸無常　一切皆不净　智者應捨離

爾時波斯匿王聞斯語已。內懷慚愧。謂菩薩曰。善哉仁者。汝雖善勸。我猶未信。今汝斯言。爲汝自説。爲有證乎。菩薩答言。汝不聞耶。如來應正等覺具一切智。今者現與無量天人乾闥婆阿修羅等。在於舍衛大城祇樹給孤獨園。當證大王是貧窮人。王言。仁者。若如汝説。我願相與往見如來。聽聞教誨。歸依供養。菩薩答言。大王當知。如來境界非諸凡愚之所能測。破煩惱慢。哀愍衆生。已於聖智能知此世及於來世。若有善根勝意樂者。雖在極遠。佛常加護。若知我心。欲令大王於我生信。必當來此爲我作證。爾時菩薩即於王前偏袒一肩。右膝著地合掌恭敬。即以偈頌請如來曰。

如來真實智　悲愍諸群生　願知我深心　垂哀爲作證

爾時菩薩説偈請已。於彼大地忽然震裂。五百聲聞。十千菩薩。梵釋諸天及於龍鬼。無量衆生圍繞如來。從地踴出。善順菩薩合掌恭敬。前白佛言。世尊。我先於此舍衛城中游化往來。得劫初時閻浮金鈴。其鈴價直過閻浮提。我於爾時便作是念。若有衆生於舍衛城最貧窮者。當以此鈴而施與之。復自思惟。波斯匿王於此城中最爲貧者。何以故。恃於王位。於諸衆生未嘗憐愍。殘剥欺奪。横加侵損。貪愛覆蔽。不知厭足。我以此王爲最貧者。欲⑤將金鈴而施與之。王問我言。謂我貧窮。誰爲證者。我又答云。如來大師應正等覺。捨離煩惱瞋垢無餘。於諸衆生悉皆平等。當爲作證。唯願世尊示教利喜。

爾時世尊爲欲調伏波斯匿王。而告之曰。大王當知。或有於法。善順貧窮。王爲富貴。或有於法。王爲貧窮。善順富貴。所以者何。身登王位。於世自在。金銀摩尼車渠珊瑚。庫藏盈滿。當於此⑥時。善順貧窮。王爲富貴。勤修梵行。樂浄尸羅。捨家多聞。離諸放逸。八齋五戒。弘濟無疲。有一於此。王實貧窮。善順富貴。王今應知。驕薩羅國一切衆生財物庫藏。比於善順五戒八齋堅固清浄。百分千分不及其一。至俱胝分亦不及一。爾時波斯匿王親聞如來真實教誨。捨所憍慢。合掌慇勤。瞻仰善順。而説偈言。

善哉摧伏我憍慢　當得如來最勝身　以此王位捨於汝

願恒爲汝菩提衆　我實貧窮汝爲富　今知此説非妄言

王位徒爲衆苦因　背於白法生惡趣

爾時波斯匿王説是偈已。白佛言世尊。我於今者發於無上大菩提心。願於衆生安樂解脱生死繫縛。我今願以財物庫藏金銀之屬。分爲三分。一分奉施如來世尊及比丘衆。一分施與舍衛城中貧窮苦惱無依怙者。一分財物留資國用。凡我所有園池花果。悉願奉施最勝如來并比丘衆。唯願世尊垂哀納受。爾時驕薩羅國五百長者睹斯事已。皆發無上大菩提心。

爾時善順菩薩白佛言世尊。唯願如來爲諸大衆説於法要。令諸衆生遇如來者。爲不空過。爾時世尊告衆人言。善男子等。有三無量功德資糧。於諸如來雖有稱説猶不能盡。況於聲聞諸三⑦乘等。

何者爲三。一者。護持正法。二者。發菩提心。三者。勸諸衆生起無上願。復有三十二法。若善男子若善女人能勤修者。則爲見於如來不空過也。一者。於諸如來生不壞信。二者。護持正法令得久住。三者。於尊重僧而不輕慢。四者。於應供人恭敬親近。五者。於愛於憎心常平等。六者。恒於正法樂聞恭敬。七者。安住寂靜離於喧鬧。八者。於如來乘演説無倦。九者。若説法時不爲名利。十者。志求眞實如理勤修。十一捨施。十二持戒。十三忍辱。十四精進。十五禪定。十六正慧。十七於諸衆生隨樂護念。十八成熟衆生不忘失法。十九恒於己身善自調伏。二十以善法要調伏於他。二十一不染煩惱。二十二常樂出家。二十三住阿蘭若。二十四聖種喜足。二十五勤行頭陀。二十六捨不善法。二十七弘誓堅固。二十八蘭若無懈。二十九殖衆善本。三十常不放逸。三十一遠二乘見。三十二贊嘆大乘。於是五百比丘聞斯法已。遠塵離垢。得法眼浄。及萬二千衆生。同發阿耨多羅三藐三菩提心。

爾時世尊以法教化。令諸衆生獲善利已。與諸比丘并餘來衆忽然不現。爾時波斯匿王既睹斯事。踴躍歡喜。便以二衣價直百千兩金。而以施於善順菩薩。作是言曰。善哉仁者。願垂哀納。善順菩薩告於王言。大王當知。我於此衣不應受之。所以者何。然我自有百衲之衣。恒挂樹枝以爲箱篋。一切衆生無欺奪想。我既自身無慳吝心。亦令他人不生愛著。其有施者。名清浄施。時波斯匿王復作是言。汝若不受。願當爲我以足踏之。令我長夜安樂利益。菩薩爾時爲於王故。即以雙足踏此二衣。時波斯匿王謂菩薩言。今此之衣。便於汝身爲我受訖。我何所用。善順菩薩告於王言。汝持此衣。施於城中貧窮苦惱無依怙者。爾時波斯匿王如菩薩教。持此二衣。會諸貧人而施與之。時諸貧人觸斯衣者。狂者得心。聾者得聞。盲者得見。根不具者悉得具足。由於菩薩威神力故。彼時衆人俱發聲言。我今以何報菩薩恩。爾時空中有聲告曰。諸人當知。善順菩薩不可以於花香飲食爲報恩者。唯當速發菩提心耳。是時五百貧人聞於空中有如是聲。咸說偈言。

我等今者　發菩提心　當成正覺　說諸勝法　於諸衆生

施以安樂　我樂菩提　得佛法故

爾時波斯匿王白菩薩言。善哉仁者。汝若詣彼。將見如來。願時報我。我當隨從。善順菩薩言。大王當知。諸佛難值。正法難聞。豈獨大王而自往耶。當爲衆生作於善友。王應於此舍衛城中。敕諸人民悉令隨從。違王教者王法治之。所以者何。凡諸菩薩猶有眷屬圍繞莊嚴。況於王乎。

時波斯匿王白菩薩言。誰者是於菩薩眷屬。菩薩答言。勸菩提心是菩薩眷屬。令覺悟故。勸見如來是菩薩眷屬。不虛妄故。勸聞正法是菩薩眷屬。獲多聞故。勸見聖衆是菩薩眷屬。得善友故。四攝是菩薩眷屬。攝衆生故。六波羅蜜是菩薩眷屬。增長菩提故。三十七品是菩薩眷屬。趣向道場故。菩薩有斯眷屬。莊嚴侍衛。能摧魔軍。至師子吼。登最勝處。

爾時波斯匿王及諸大衆歡喜踴躍。九千衆生離煩惱垢。得清淨眼。佛説是經已。善順菩薩。波斯匿王。及諸天人乾闥婆阿修羅等。聞佛所説。歡喜⑧奉行。

大寶積經卷第九十五

校注

①『某』，龍藏、思溪藏作『其』。
②『上』，龍藏、思溪藏作『止』。
③『罪』，龍藏、思溪藏作『業』。
④『常』，龍藏、思溪藏作『嘗』。
⑤『欲』，龍藏作『故』。
⑥『此』，底本污殘，依龍藏、思溪藏補。
⑦『三』，龍藏、思溪藏作『二』。
⑧『說。歡喜』，底本污殘，依龍藏、思溪藏補。

大寶積經卷第九十六

大唐三藏法師菩提流志奉　詔譯

勤授長者會第二十八

如是我聞。一時佛在舍衛國祇樹給孤獨園。與大比丘衆千二百五十人俱。皆是阿羅漢。諸漏已盡。無復煩惱得上調伏。猶如大龍。所作已辦。弃諸重擔。逮得己利。盡諸有結。正智解脫。心得自在。最上應供。衆所知識。唯有阿難。猶在學地。其名曰阿若憍陳如。摩訶迦葉。摩訶迦旃延。摩訶阿濕波。舍利弗。大目乾連。摩訶劫賓那。摩訶拘絺羅。摩訶梵頗。羅睺羅。難陀。如是等而爲上首。復有菩薩摩訶薩五百人俱。皆得三昧及陀羅尼。

爾時舍衛大城有一長者。名勇猛授。富有財寶。倉庫盈溢。金銀琉璃。車渠馬瑙。珊瑚虎珀。摩尼真珠。象馬牛羊。奴婢僕使商估等類。一切衆多。時勇猛授與五百長者游宴聚會。作是議言。諸仁者。佛出世難。人身難得。時亦難遇。於佛法中以信出家是事亦難。成比丘性亦復甚難。如法修行是亦爲難。知恩報恩少恩不忘是人難得。能於佛法生信樂心是人難得。信樂成就是事復難。莊嚴佛法是事亦難。解脱生死倍復爲難。我等爲於聲聞辟支佛乘而求滅度。爲當發趣最上佛乘。咸復唱言。我等寧於無上佛道而趣涅槃。作是議已。前後圍繞。出舍衛城向祇陀林。詣如來所。頂禮佛足。右繞三匝。却坐一面。

爾時世尊知而故問。告長者言。汝等何緣今來我所。時勇猛授與五百長者從座而起。偏袒右肩。右膝著地。合掌向佛。白言。世尊。我等諸人同時集會。作是議言。佛世難遇。人身難得。乃至解脱生死倍復爲難。我等爲於聲聞辟支佛乘而求滅度。爲當發趣最上佛乘。咸作是言。我等寧於無上佛道而趣涅槃。由此議故。今詣如來應正等覺世尊。菩薩摩訶薩志求阿耨多羅三藐三菩提者。應云何學。應云何住。云何修行。佛言。善哉善哉。汝等發趣阿耨多羅三藐三菩提。來詣我所。應當諦聽。善思念之。如諸菩薩應學。應住。應所修行。當爲汝説。時諸長者受教而聽。

佛告長者。菩薩摩訶薩於阿耨多羅三藐三菩提勝志樂者。當於一切衆生起大悲心。應廣修行。應勤熏習。是故菩薩於身命財。及以妻子。倉庫舍宅。飲食衣服。車乘卧具。花鬘塗香。一切樂具。應無所著。何以故。以諸衆生執著於身而生惡業。由惡業故墮地獄中。若於衆生起大悲心。於身命財則不執著。便生善趣。是故菩薩摩訶薩於阿耨多羅三藐三菩提勝志樂者。於諸衆生起慈悲已。應修大捨而不求報。不求報者。應住戒律。三戒清凈。應具忍辱。能忍諸惡。應起精進。不惜身命。應修一心安住禪定。應修智慧善巧方便。應於我人衆生壽命皆悉捨離。爲衆生故。應行布施。護持凈戒。爲衆生故。應修忍辱。發起精進。爲衆生故。應入禪定。修習智慧善巧方便。

時諸長者復白佛言。世尊。我等於身及彼妻子。一切財寶資生之具。心常愛惜。世尊。菩薩摩訶薩云何觀察。於身命財能無貪吝。爾時世尊告長者言。善男子。菩薩摩訶薩於阿耨多羅三藐三菩提勝志樂者。應觀此身無量過患。微塵積集。生住异滅。念念遷流。九漏瘡門。猶如毒蛇所住窟穴。其中無主如空聚落。畢竟破壞如坯瓦瓶。惡露盈溢猶如穢器。受諸不净猶如圊厠。不可觸動猶如惡瘡。貪美爲患如雜毒食。不識恩德如未生怨。欺誤於人如惡知識。痴愛爲害如友獼猴。斷智慧命猶如殺者。奪諸善法猶如劫賊。常求人便猶如怨仇。無有慈心猶如魁膾。難可承事如暴惡人。如箭著身觸之則痛。如朽腐舍常務修治。如老弱乘難可驅策。如毒蛇篋不可附近。如逆旅館疲苦所集。如孤獨舍無所攝屬。如獄卒伺害。如王者憂國。如邊城警畏。如惡國多災。如破器難持。如祠火無厭。如陽焰虛誑。如幻化惑人。如析芭蕉中無堅實。如水聚沫不可執持。如水上泡速起速滅。如河岸樹臨危動摇。如駃河流終歸死海。

復告長者。次觀此身前後因緣。初從欲愛和合而生。爲長養故咽於摶食。至於生藏痰陰消之。次至黄藏將欲熟時。則變爲酢。次至風藏風分汁滓。各别流行成大小便。汁變爲血。血變爲肉。肉處生脂。脂處爲骨。骨中生髓。如是身緣前後不净。若諸菩薩作是觀時。復應思惟。如此身者。三百六十骨聚所成。如朽壞舍。諸節支持。以四細①脉周匝彌布。五百分肉猶若泥塗。六脉相繫。五百筋纏。七百細脉以爲編絡。十六粗脉鈎帶相連。有二肉繩長三尋半。於内纏結。十六腸胃繞生熟藏。二十五氣脉猶如窗隙。一百七關穴如破碎器。八萬毛孔如亂草覆。五根七竅不净盈滿。七重皮裹六味長養。猶如祠火吞受無厭。如是之身。一切臭穢自性潰爛。誰當於此愛重憍慢。唯應觀察。如借他器。猶車運載。但爲養育至菩提故。爾時世尊而説偈言。

是身衆穢器　猶如貯糞瓶　凡夫無智慧　恃色生憍慢

鼻中洟恒流　口氣常臭穢　眼眵蟲遍身　誰當生净想

如人執持炭　磨瑩欲令白　假使至盡時　體色終無變

設欲浄其身　傾河以自洗　身盡莫能浄　其事亦如是

於時世尊説此偈已。復告五百諸長者言。若諸菩薩發勝志樂。趣於阿耨多羅三藐三菩提者。應觀此身四十四種。何等名爲四十四種。一者。此身可厭。性無和合故。二者。此身臭穢。膿血常流故。三者。是身不堅。畢竟敗壞故。四者。是身羸弱。支節相持故。五者。是身不浄。穢惡流溢故。六者。是身如幻。誑惑凡愚故。七者。是身瘡門。九處常流故。八者。是身火然。欲火盛故。九者。是身爲火。瞋火猛故。十者。是身遍然。痴火遍故。十一者。是身盲冥。貪瞋痴故。十二者。是身墮網。愛網覆故。十三者。是身瘡聚。瘡遍滿故。十四者。是身不安。四百四病故。十五者。諸蟲住處。八萬户蟲故。十六者。是身無常。畢竟歸死故。十七者。是身頑痴。於法無知故。十八者。猶如瓦器。生住壞故。十九者。是身逼迫。多憂惱故。二十者。無有救護。必壞滅故。二十一者。是身險惡。諂誑難知故。二十二者。如無底坑。諸欲難滿故。二十三者。如火受薪。貪色無厭故。二十四者。身無厭足。貪受五欲故。二十五者。如被捶打。隨損害故。二十六者。是身不定。盛衰增減故。二十七者。身隨心轉。不正思惟故。二十八者。身不知恩。必弃冢間故。二十九者。身爲他食。狐狼所啖故。三十者。身如機關。筋骨相持故。三十一者。身不可觀。膿血糞穢故。三十二者。身不自由。依飲食生故。三十三者。身妄纏裹。終敗壞故。三十四者。身爲惡友。多逆害故。三十五者。身爲殺者。自殘害故。三十六者。身爲苦器。苦所逼故。

三十七者。身爲苦聚。五蘊生故。三十八者。身爲無主。衆緣生故。三十九者。是身無命。離男女相故。四十者。是身爲空。應觀蘊界處故。四十一者。是身虛妄。如夢中故。四十二者。是身不實。如幻化故。四十三者。身爲幻惑。如陽焰故。四十四者。身爲欺誑。如影像故。是爲四十四種。菩薩作是觀時。所有身命愛欲執著。妻子舍宅。飲食衣服。車乘香鬘。一切樂具。皆悉厭離無所顧戀。速能成就六波羅蜜。疾得阿耨多羅三藐三菩提。爾時世尊而說偈言。

善得人身甚爲難　莫爲此身造衆惡　畢竟冢間喂狐狼
勿爲惡見生貪愛　凡愚迷惑痴狂故　由愛此身造諸業
此身亦復不知恩　晝夜唯增衆苦緣　機關動轉常疲困

洟唾便利恒充滿　飢渴寒熱相煎迫　何有智者愛此身
此身無厭如大坑　徒能長養衆怨害　由此身故常作惡
於無量劫受諸苦　應念定死修勝福　正信生於佛法中
飲食衣服及塗香　長養此身來已久　誰能執持令不壞
應知無益勿耽迷　牟尼世尊難可遇　無量劫中時出現
當於佛法生净信　惡道可畏勿隨行　設令壽命千億歲
猶懼無常生厭離　何況須臾不可保　爲彼沉淪惡趣中
或有惡友來相勸　人身難得今已得　多求財寶受娛樂
及此盛年恣嬉游　何有求財而樂者　設得守護猶勤苦
如此愚人徒妄言　是故智者應觀察　財物如幻亦如夢

愚痴衆生被誑惑　剎那時得剎那失　何有智者生愛心
譬如幻師幻化事　乾闥婆城種種色　財寶如是誑凡愚
於虛妄中何有實　種種苦惱求財利　水火王賊常侵奪
由此能爲衆苦因　何有智者生愛樂　有諸常懷貪愛者
馳逐財利無厭時　能於父母無慈心　乃至親屬生怨害
言語善順心乖違　造作種種欺誑緣　或學邪論邪咒等
誇衒伎藝如淫女　或復諂誑現柔和　或復剛强示威猛
如是無量衆惡業　莫不皆由財利生　珊瑚金玉摩尼珠
是物本來如泡沫　不能了知如幻化　爲此虛誑墜三塗
彌勒世尊出現時　一生次當補我處　國界黄金而布地

是等爲從何所來　劫盡世間悉燒壞　須彌河海盡燋枯
畢竟磨滅歸虛空　而此寶物何從去　種種惡業求財物
養育妻子謂歡娛　臨命終時苦逼身　妻子無能相救者
於彼三塗怖畏中　不見妻子及親識　車馬財寶屬他人
受苦誰能共分者　父母兄弟及妻子　朋友僮僕并珍財
死去無一來相親　唯有黑業常隨逐　智人終不爲親愛
作諸惡業入阿鼻　唯除業盡方得出　親屬無有能代者
閻羅使者唯考業　不問親緣及友朋　汝得人身不捨惡
極苦今應甘忍受　閻羅常告彼罪人　無有少罪我能加
汝自作罪今自來　業報自招無代者　父母妻子無能救

唯當勤修出離因　是故應捨枷鎖業　善知遠離求安樂
於家妻子應生怖　恒依佛教正修行　在家熾燃爲苦本
猶如炎爐甚可畏　身心燋熱鎮燒燃　誰有智者生貪著
愛樂修行諸佛教　無所營求爲快樂　愚暗凡夫不覺知
家爲苦本横貪愛　於彼皮筋骨肉中　迷惑妄生夫婦想
不能了知如幻化　凡夫於此生貪著　智者能知此過患
世間欲樂皆捐弃　樂法當如求藥想　應速捨離居家縛

爾時五百長者聞此法已。得無生忍。歡喜踴躍而説偈言。

慶哉獲大利　諸利中最上　我等於佛法　皆生欣樂心
發趣於菩提　利樂衆生類　以善而養命　覺慧自安心

憐愍諸衆生　願當成佛道　我等皆已發　無上菩提心
金色相莊嚴　照明於世界　樂菩提心者　當得如來身
大心菩提心　諸心中最上　解脱一切縛　具足諸功德
少福諸衆生　於此無欣樂　不觀生死過　不樂菩提心
菩提心功德　若有色方分　周遍虚空界　無能容受者
恒河沙數等　諸佛刹土中　假使布珍寶　供養於諸佛
有能一合掌　迴向菩提心　其福過於彼　邊際不可得
非唯供養福　餘福亦復然　如是菩提心　最勝仙所説
菩提心最勝　如阿伽陀藥　能除一切病　與一切安樂
我見諸衆生　三火所熱惱　智者無量劫　勤苦常修習

如醫王勇猛　具足菩提行　救拔衆生苦　永離諸憂惱
於一切生處　終不捨是心　勤修諸行願　勇猛求佛法
我等得善利　我等心欣樂　今遇釋師子　當得如來身

爾時世尊即便微笑。從其面門放種種光。青黄赤白紅紫頗黎。照於無量無邊世界。乃至梵世日月威光皆悉隱蔽。還繞三匝。從佛頂入。爾時尊者阿難即從座起。偏袒右肩。右膝著地。合掌向佛。白言。世尊。有何因緣現此微笑。如佛所現。非無因緣。即於佛前而説偈言。

諸佛最上之導師　不以無因現微笑　哀愍世間利益者
願説所爲之因緣　貧乏衆生無法財　應説最上大乘施

能作世間盲冥眼　願說微笑之因緣

於時世尊告阿難曰。汝見此五百長者。今於我所發阿耨多羅三藐三菩提心不。阿難白言。唯然已見。佛告阿難。此五百長者。已於往昔百千億那由他諸佛所。承事供養。種諸善根。今聞是法得無生忍。此諸長者。從是已後不生惡趣。於人天中常受快樂。復於來世彌勒佛所。供養恭敬。尊重讚嘆。及賢劫中一切諸佛。悉皆承事恭敬供養。於諸佛所聽聞正法。受持讀誦爲他廣說。過二十五劫。各於諸佛刹中成無上菩提。皆同一字。號勝蓮花藏如來應正等覺。

爾時尊者阿難白佛言。世尊。希有世尊。希有善逝。當何名此廣大法門。云何奉持。佛告阿難。是法門名菩薩瑜伽師地。亦名勇猛授長者所問。如是名號汝當受持。佛說此經已。尊者阿難及諸比丘。五百長者。諸菩薩衆。天。人。阿修羅等。聞佛所說。皆大歡喜。信受奉行。

大寶積經卷第九十六

校注

①『細』，龍藏、思溪藏作『網』。

大寶積經卷第九十七

大唐三藏菩提流志奉　詔譯

優陀延王會第二十九

如是我聞。一時佛在拘睒彌國瞿師羅園。與大比丘衆千二百五十人俱。爾時優陀延王第一夫人名曰舍摩。常於如來及諸聖衆深信恭敬。親近供養。及常稱贊如來功德。時王復有第二夫人名爲帝女。常懷諂妒。往彼王所。妄説如來并諸弟子於大夫人有所非法。王聞是語。極生瞋怒。即以箭射舍摩夫人。爾時夫人哀愍王故。入慈三昧。時所放箭遂即却還。至王頂上空中而住。其箭焰赫猶如火聚甚可怖畏。乃至三發。箭皆如是。爾時優陀延王既睹斯事。舉身毛竪。驚忙悔恨。謂夫人曰。汝爲天女。爲龍女耶。爲復夜叉。乾闥婆女。毗舍遮女。羅刹女耶。夫人答言。我非天女。乃至亦非羅刹之女。大王。當知我於佛所聽聞正法。受持五戒作優婆夷。哀愍大王入慈三昧。王雖於我生不善心。由我慈願得無傷損。因嘆①王言。善哉大王。當於如來應正遍知歸命頂禮。必獲安隱。優陀延王便作是念。彼於佛所聽聞正法作優婆夷。尚有如此威神之力。何況如來應正等覺。作是念已。即往佛所。頂禮佛足。右繞三匝。白言。世尊。我由欲染因緣。爲彼女人虛妄言説之所誑惑。遂於如來及諸聖衆生毒害意。具陳上已。復白佛言。唯願如來及諸聖衆施我歡喜。聽我懺悔。如斯罪愆令速消滅。

爾時世尊告彼王言。如汝所説。謂於如來及諸聖衆。如凡愚人有諸過患。遂於福田妄起瞋毒。汝今若能依聖法律。自悔其罪。無覆藏心。盡未來世不復更犯。我當攝受。令汝當來善法增長。優陀延王復白佛言。世尊。我爲女人之所迷倒。狂亂無知。因此發生粗猛瞋毒②。由斯罪業當墮地獄。唯願世尊利益安樂諸衆生故。慈悲開示女人諂曲虛誑過患。勿令我等親近女人。當於長夜得免諸苦。佛言。且置斯事。何要問此。不問餘耶。王言。世尊。我無异問。女人令我造地獄業。我於今者。唯爲了知女人過患。女人諂曲虛誑邪媚。願爲開示。乃至三請亦如是説。佛言。王應先知丈夫過患。然後觀察女人過失③。優陀延王。唯然世尊。願樂欲聞。

佛言。一切丈夫皆由四種不善諐過。爲諸女人之所迷亂。何者爲四。一者。於諸欲染耽著無厭。樂觀女人而自縱逸。不知親近沙門及婆羅門。具清净戒修福業者。以不親近如是等人。則於净信及净尸羅。多聞。施。慧悉皆退失。彼由無有信。戒。多聞。施。慧等法。非善丈夫。行餓鬼法。無有智慧。耽欲放逸。欲之所執。欲所繫縛。欲所活命。親近愚夫。遠諸智者。惡友爲伴。行非所宜。貪著女人不净境界。便爲女人之所調伏。猶如奴僕。繫屬墮落諸女人所。無慚無愧。親近游止諸瘡漏門。膿血穢污。洟唾常流。猶如冢間不净境界。至於父母違背恩養。捨離沙門及婆羅門。不生殷重恭敬供養。習行畜生所行之法。於佛法僧不生净信。於涅槃界永當退失。如是等人。

當入衆合乃至阿鼻諸大地獄。亦復當墮鬼界畜生。無有救護。雖聞我教。猶數思念邪惡女人歌舞戲笑。不生厭離。當知彼習愚人之法。不樂修行善丈夫事。大王。當知丈夫親近女人之時。即是親近惡道之法。此是丈夫第一過患。爾時世尊而説偈言。

諸欲皆苦　下劣穢惡　膿血不净　深可厭畏　衆多過患
之所集處　何有智人　於此忻樂　猶如廁中　不净盈溢
亦如死狗　若死野干　及尸陀林　穢污充遍　欲染之患
可厭亦然　諸愚痴輩　愛戀女人　如犬生子　未嘗捨離
亦如蠅見　所吐飲食　又若群猪　貪求糞穢　女人能壞
清净禁戒　亦復退失　功德名聞　爲地獄因　障生天道

何有智人　於此忻樂　又如有人　服食毒藥　身心痛惱
不能運動　由是欲因　能爲苦本　如身有毒　愚不了知
亦如不了　幻化之法　妄有尋求　但自疲苦　愚夫亦爾
常於欲染　疲苦貪求　墮諸地獄　或設飲食　歌舞伎樂
婚娶他女　將爲己妻　積集衆多　無利苦法　愚夫造此
無利之業　增長諸罪　退失善根　於無利中　不惜身命
由斯墜墮　惡道深坑　便招地獄　猛焰鐵丸　鋒刃刀山
毒箭諸苦　女人能集　衆多苦事　假以花香　而爲嚴好
愚人於此　妄起貪求　親近稱譽　下劣之法　退失智慧
墮落三塗　此由愚痴　之所迷惑　如海疲鳥　迷於彼岸

又如愚夫　取於熱鐵　置之頸項　如牛被軛　欲如諸酒
狂亂於人　如何愚夫　不知苦本　或於父母　不識恩慈
皆由欲染　生此過患　常於如是　邪欲之法　稱贊習行
無有慚愧　彼由愚痴　所迷亂故　作是罪已　當趣三塗
耽重於欲　惛醉之人　父母之恩　亦能弃捨　若有貪染
親近欲者　則爲違背　福德上田　無量俱胝　妄想煩擾
展轉逼惱　從此而生　或復悕求　世間財位　以是非法
展轉相勸　由此現招　捶打苦事　死必當墮　阿鼻地獄
現見衆苦　皆來集身　善友乖離　天宫永失　何有智人
於此忻樂　寧投鐵獄　馳走刀山　眠卧焰爐　不親女色

若常貪染　邪欲之者　退失衆多　諸利樂事　女人能作
衆苦之因　欲能滅壞　一切安樂　惡法積集　善友乖離
皆以耽求　女人爲本　若有得聞　我之所説　能於女人
深生厭離　則爲莊嚴　清净天道　亦當速證　無上菩提

復次大王。夫父母者。皆願利樂所生子故。難作能作。能忍一④切難忍之事。假令種種不净穢惡皆能忍之。又欲令子色力之身速增長故。令見閻浮勝妙之事。乳餔養育無疲厭心。或爲令子獲諸妙樂。艱辛經求所得財物。供給營辦資生所須。及往他家結求婚娶。既婚娶已。於他女人愛戀耽著。由耽著故昏醉纏心。或見父母漸將衰老。違逆輕欺。所有資財無慚費用。或令父母不住於家。如是皆由欲所迷倒。大王。當知以此因緣。於己父母弃背恩養。於他女人尊重承事。種種供給無疲厭心。即是成就地獄之本。此是丈夫第二過患。爾時世尊而説偈言。

汝等當知　尊重供養　於父母者　是人常有　梵釋護世
之所扶持　能令居家　安隱快樂　或因貿易　大海遠方
安隱往來　獲諸財利　此即説爲　無價大寶　現能與果
名最上田　如是現世　果報珍寶　皆因供養　父母而得
復於來世　當得遠離　駝驢等身　負重驅役　亦復不受
尸⑤糞灰河　刀山鋒刃　鎔銅等苦　又於來世　生在人中
富有財寶　豐饒穀帛　妻子眷屬　悉皆和穆　或復當來

得生天上　宮殿園苑　音樂自然　縱意歡娛　受諸妙樂
何有智者　聞是法音　於父母田　不勤供養

復次大王。若諸丈夫由於邪見。不知自身速當壞滅。造作諸惡而自欺誑。彼愚痴人虛度長夜。猶如木石雕刻所成。雖形似人而無所識。習諸欲者。即是成就往惡趣業。此是丈夫第三過患。爾時世尊而說偈言。

丈夫爲欲　之所迷亂　由斯造作　種種諸罪　倒見暗障
隱蔽其心　乘此當生　惡趣牢獄　邪行之者　當復遠離
一切賢聖　亦不恭敬　諸沙門等　由顛倒見　乃至歸命
山河邪魅　爲於貪欲　或復殺害　一切禽獸　祭祀神祇

倒見爲因　非法求福　由斯永離　一切安樂　若於是中
造惡之者　不知浄信　凶險無慚　如是之人　永離賢聖
彼必當墮　嘷叫地獄　或爲於欲　逼惱於他　當墮燒然
極燒然獄　復由倒見　於佛法僧　不能親近　恭敬供養
正教法寶　而不聽聞　遠離賢聖　墮諸惡趣　是故智者
既得人身　勿復作斯　顛倒妄見　勤修布施　及浄尸羅
當得生天　證菩提道

復次大王。或有丈夫爲於身命。極自勞苦積集珍財。後爲女人所纏攝故。如彼僮僕敬事供承。由是因緣慳惜財寶。不施沙門及婆羅門。亦復堪忍王法治罰。輕毀淩辱悉能受之。或被女人捶打呵叱。或至怖懼屈意瞻奉。見其憂戚即自念言。我今云何令彼歡悦。當觀此人是欲僮僕。於斯不净下劣之境。而生净想起於愛染。親近如是女人之時。即是圓滿惡趣之業。此是丈夫第四過患。爾時世尊而説偈言。

耽欲惽醉人　彼實無安樂　親近惡法故　不名善丈夫
若人自縱逸　無有禁戒者　隨心之所爲　失壞於福利
彼無智慧人　行於畜生法　馳趣於女色　猶猪樂糞穢
愚者不能觀　欲染之過患　妄生殷重想　猶若盲冥人
爲色所繫縛　增長於欲愛　猶如於野干　不離尸冢間
於聲香味觸　而生愛著心　輪轉生死中　如獼猴繫柱

無明纏覆故　爲女所迷亂　如市求利人　矯詐來親附
愚人親近欲　是入魔境界　猶若翳茶迦⑥　耽嗜於糞穢
亦如霔雹雨　能損於稼穡　窑師常近火　多爲所焚燒
諸未見諦者　爲欲失白法　如風吹微糠　其義亦如是
假如善丈夫　爲殺者所執　寧受斯逼害　不應親女人
若樂觀女色　貪求轉復多　取相之凡夫　增長於欲愛
如於炎夏時　游行曠野中　渴逼飲鹹水　飲已渴彌增
未見真實者　愚痴徒自活　親近於女人　貪欲愛堅固
若人觸毒蟲　便爲毒所害　如是諸凡夫　犯欲亦如是
譬如彩畫瓶　内盛以惡毒　是中實可畏　外相現端嚴

嚴飾於女人　謂彼爲姝妙　是中甚穢惡　如氣滿皮囊
又如以繒彩　纏裹於利刀　莊嚴彼女人　其義亦如是
如火滿深坑　無烟能燒害　女人亦如是　暴惡無哀愍
如死狗死蛇　穢惡而壞爛　亦如燒糞穢　人皆厭惡之
死蛇糞狗等　雖甚可厭惡　如是諸女人　可厭復過彼
譬如劫壞時　大地皆火起　叢林諸草木　一切悉燋然
大身者所居　海水盡乾竭　須彌等寶山　世界遍燒壞
如是劫燒時　焚燎於山海　無有諸衆生　能爲救護者
因茲女欲故　燒害諸愚夫　猶如劫火然　一切皆燒盡
不净常流注　涎洟膿血身　奈何彼愚夫　於此而耽著

骸骨相支柱　皮肉以覆之　臭穢甚可惡　如弃殘宿食
亦如倉廩門　糠麮恒狼藉　此身諸穢惡　充滿亦復然
胃脾腎肝膽　及腸肺糞穢　并髓腦膿血　八萬户諸蟲
在中常唼食　盲冥諸愚夫　痴網自纏覆　於是不能了
雜食所餘穢　九孔常流注　如是過患身　由先不净業
愚夫於女人　繫戀彼聲色　由斯生染著　曾不如實知
如蠅見於吐　而生愛著心　愚夫貪女人　境界亦如是
顛仆於女色　恒自穢其身　如何彼愚夫　於此樂游止
如鳥爲求食　不知避網羅　貪愛於女人　被害亦如是
譬如水中魚　游泳網者前　便爲他所執　豈非自損傷

女若捕魚人　諂誑猶如網　男子同於魚　被網亦如是
殺者之利刀　雖復甚可畏　女人刀可畏　傷害復過彼
如蛾投燈炬　及火燒屋時　蟲等被焚燒　無依無救者
迷醉於女人　貪火所燒害　由斯墮惡趣　無依怙亦然
邪行諸愚夫　愛戀他妻室　妄生欣悅想　猶如於家鷄
亦如曠野雉　妄游殺害所　損傷因自生　而無救濟者
捨離於佛法　親近彼女人　由是業因緣　墜墮於惡道
又如諸獮猴　跳躑岩樹間　必致自損傷　豈不由愚惑
如是耽欲者　於彼諸女人　爲痴網所羅　數受生死苦
如世之罪人　處以尖摽苦　耽醉淫欲者　當懸劍樹林

譬如以猛火　燒然彼鑊湯　投之以麻麥　隨沸而漂没
如是耽欲人　不識於善路⑦　死當墮惡道　煎煮鑊湯中
鑊湯之大數　六十四俱胝　諸造惡之人　以彼爲居處
如是一一鑊　量各一由旬　猛火遍燒然　底及四周際
或有滿百年　或二三四百　受煎煮之苦　皆由自業爲
獄卒以利鉤　時復舉令出　皮肉皆爛墮　其骨白如珂
於是諸獄卒　復將置鐵槽　以杵而擣之　無能救護者
爾時諸骨髓　盡碎末爲塵　由業風所吹　死已復還活
若有侵逼他　妻妾童女等　當緣鐵刺樹　并受斧杵殃
有三股鐵叉　或四五岐者　侵擾他妻室　當受此刑治

復有鐵嘴烏　深⑧啄於髓腦　野干等諸獸　競來食啖之
如是邪欲人　當墮尸*糞獄　及走於鋒刃　亦復上刀山
如是邪欲人　顛墜炎熱獄　既被燒害已　復趣於寒冰
如是邪欲人　亦墮極炎熱　嘷叫及大叫　并往黑繩中
如是邪欲人　當没鹹熱河　復經歷煻煨　未至底便死
地獄有蒺䔧　五角極銛(xiān)利　彼爲狗所逼　忙怖走其中
愛戀於女人　墮於大怖處　或吞於鐵丸　或飲洋銅汁
有二熱鐵山　彼此來相合　昔時耽欲者　於中受苦殃
受斯苦楚時　都無救護者　得如是罪報　皆由自業緣
昔同歡愛者　今於何所在　我獨受其殃　而不來相救

由於先世中　自作如是業　假令父母等　無能相救者
由於先世中　自作如是業　假令男女等　無能相救者
由於先世中　自作如是業　假令兄弟等　無能相救者
由於先世中　自作如是業　假令姊妹等　無能相救者
由於先世中　自作如是業　假令朋友等　無能相救者
愚夫爲邪欲　貪求於女人　無間地獄中　受如是諸苦
説此不清净　穢惡之女人　愚夫所游行　智者皆遠離
親近彼女人　最爲極下劣　是惡中之惡　何足爲欣樂
耽著⑨諸凡夫　常抱於糞囊　由此業因緣　當受無量苦
愚夫爲女人　受種種刑罰　因繫及捶打　而無厭離心

愚夫爲女人　被種種燒害　能忍受斯苦　而無厭離心

或置在尖摽　或殺或沉水　或擲於大坑　備受諸苦毒

雖見如是苦　猶於淫欲中　稱贊於女人　曾不生厭離

或有少智人　知爲衆苦本　見已還親近　如胡膠見火

聞佛之所説　雖復生信受　仍多畜女人　其衆如群羊

或聞諸佛教　纔興厭悔心　須臾貪復生　如惡毒還發

猶如被怖猪　暫止須臾頃　若見於糞穢　貪愛還復生

愚夫聞法已　暫爾心驚怖　後見諸欲色　貪愛還復生

猶如有丈夫　從其自身首　弃擲金花鬘　翻戴於熱鐵

愚夫耽欲故　弃捨諸佛教　貪求下劣法　造作諸罪業

迷醉諸欲者　墮閻羅界中　常吞熱鐵丸　復飲洋銅汁
迷醉於欲者　背善而行非　捨離於清浄⑩　永趣閻羅界
若有智慧人　聞我說是法　應捨一切欲　速求於出離

爾時世尊說是偈已。優陀延王即白佛言。今此所聞希有希有。如來應正等覺善能說是諸欲過患。我今歸依佛法僧寶。從今已往。乃至盡形歸佛法僧。作優婆塞。唯願世尊攝受於我。佛說此經已。優陀延王及諸大衆。天人世間。阿修羅。乾闥婆等。聞佛所說。歡喜奉行。

大寶積經卷第九十七

校注

①『嘆』，龍藏、思溪藏作『勸』。
②『毒』，龍藏作『恚』。
③『失』，龍藏作『患』。
④『一』，底本污殘，依龍藏、思溪藏補。
⑤『尸』，龍藏、思溪藏作『屎』。本卷下文例同，用*標識，不再出注。
⑥『翳荼迦』，蟲名。食糞，蜣螂之類。（唐・慧琳《一切經音義》）
⑦『路』，龍藏作『惡』。
⑧『深』，龍藏、思溪藏作『探』。
⑨『著』，龍藏、思溪藏作『欲』。
⑩『浄』，龍藏、思溪藏作『凉』。

大寶積經卷第九十八

妙慧童女會第三十

大唐三藏法師菩提流志奉　詔譯

如是我聞。一時佛在王舍城耆闍崛山中。與大比丘衆千二百五十人。菩薩摩訶薩十千人俱。時王舍城有長者女。名爲妙慧。年始八歲。面貌端正。容色姝好。諸相具足。見者歡喜。曾於過去無量諸佛親近供養。種諸善根。時彼女人詣如來所。頂禮佛足。右繞三匝。長跪合掌而說偈言。

無上等正覺　爲世大明燈　菩薩之所行　唯願聽我問

佛告妙慧。今恣汝問。當爲解說。令斷疑網。爾時妙慧即於佛前以偈問曰。

云何得端正　大富尊貴身　復以何因緣　眷屬難沮壞
云何見己身　而受於化生　千葉蓮花上　面奉諸世尊
云何能證得　自在勝神通　遍往無量刹　禮敬於諸佛
云何得無怨　所言人信受　净除於法障　永離諸魔業
云何命終時　得見於諸佛　聞説清净法　不受於苦惱
大悲無上尊　唯願爲我説

爾時佛告妙慧童女言。善哉善哉。善能問此深妙之義。諦聽諦聽。善思念之。當爲汝説。妙慧白言。唯然世尊。願樂欲聞。佛言。妙慧。菩薩成就四法受端正身。何等爲四。一者。於惡友所不起瞋心。二者。

住於大慈。三者。深樂正法。四者。造佛形像。爾時世尊而説偈言。

瞋壞善根勿增長　慈心樂法造佛形
當獲具相莊嚴身　一切衆生常樂見

復次妙慧。菩薩成就四法得富貴身。何等爲四。一者。應時行施。二者。無輕慢心。三者。歡喜而與。四者。不希果報。爾時世尊而説偈言。

應時行施無輕慢　歡喜授與不希求
能於此業常勤修　所生當獲大財位

復次妙慧。菩薩成就四法得眷屬不壞。何等爲四。一者。善能弃捨離間之語。二者。邪見衆生令住正見。三者。正法將滅護令久住。四者。教諸有情趣佛菩提。爾時世尊而説偈言。

捨離間言及邪見　正法將滅能護持

安住衆生大菩提　當成不壞諸眷屬

復次妙慧。菩薩成就四法。當於佛前得受化生。處蓮花座。何等爲四。一者。捧諸①花果及細末香。散於如來及諸塔廟。二者。終不於他妄加損害。三者。造如來像安處蓮花。四者。於佛菩提深生凈信。爾時世尊而説偈言。

花香散佛及支提　不害於他并造像

於大菩提深信解　得處蓮花生佛前

復次妙慧。菩薩成就四法。從一佛土至一佛土。何等爲四。一者。見他修善不爲障惱。二者。他説法時未嘗留礙。三者。然燈供養如來之塔。四者。於諸禪定常勤修習。爾時世尊而説偈言。

見人修善説正法　不生謗毀加留難

如來塔廟施燈明　修習諸禪游佛刹

復次妙慧。菩薩成就四法。處世無怨。云何爲四。一者。以無諂心親近善友。二者。於他勝法無嫉妒心。三者。他獲名譽心常歡喜。四者。於菩薩行無輕毀心。爾時世尊而説偈言。

不以諛諂親善友　於人勝法無妒心

他獲名譽常歡喜　不謗菩薩得無怨

復次妙慧。菩薩成就四法。所言人信。何等爲四。一者。發言修行常使相應。二者。於善友所不覆諸惡。三者。於所聞法不求過失。四者。

於説法者不生惡心。爾時世尊而説偈言。

發言修行常相應　己罪不藏於善友

聞經不求人法過　所言一切皆信受

復次妙慧。菩薩成就四法。能離法障速得清浄。何等爲四。一者。以深意樂攝三律儀。二者。聞甚深經不生誹謗。三者。見新發意菩薩生一切智心。四者。於諸有情大慈平等。爾時世尊而説偈言。

以深意樂攝律儀　聞甚深經能信解

敬初發心如佛想　慈心普洽障消除

復次妙慧。菩薩成就四法。能離諸魔。云何爲四。一者。了知法性平等。二者。發起精進。三者。常勤念佛。四者。一切善根皆悉迴向。爾時世尊而說偈言。

能知諸法平等性　常起精進念如來
迴向一切諸善根　衆魔不能得其便

復次妙慧。菩薩成就四法。臨命終時諸佛現前。何等爲四。一者。他有所求施令滿足。二者。於諸善法深生信解。三者。於諸菩薩施莊嚴具。四者。於三寶所勤修供養。爾時世尊而說偈言。

他有所求令滿足　信解深法捨嚴具
三寶福田勤供養　臨命終時佛現前

爾時妙慧童女聞佛說已。白言。世尊。如佛所說菩薩諸行。我當奉行。世尊。若我於是四十行中。闕於一行而不修者。則違佛教。欺誑如來。爾時尊者大目犍連告妙慧言。菩薩之行甚難可行。汝今發斯殊勝大願。豈於是願得自在耶。爾時妙慧白言。尊者。若我弘願真實不虛。能令諸行得圓滿者。願此三千大千世界六種震動。天雨妙花。天鼓自鳴。說是語時。於虛空中花散如雨。天鼓自鳴。三千大千世界六種震動。是時妙慧重白目連。以我如是真實言故。於未來世當得成佛。亦如今日釋迦如來。於我國中無有魔事及以惡趣女人之名。若我此言非虛妄者。令斯大衆身皆金色。說是語已。衆皆金色。爾時尊者大目犍連即從坐起。偏袒右肩。頂禮佛足。白言。世尊。我今先禮初發心菩薩及諸菩薩摩訶薩衆。

爾時文殊師利法王子告妙慧言。汝住何法發斯誠願。妙慧答言。

文殊師利。非所問也。何以故。於法界中無所住故。又問。云何名爲菩提。答曰。無分別法是名菩提。又問。云何名爲菩薩。答曰。一切諸法等虛空相。是名菩薩。又問。云何名爲菩提之行。答曰。猶如陽焰谷響之行。是菩提行。又問。依何密意作如是說。答曰。我於此中不見少法密非密者。又問。若如是者。一切凡夫應即菩提。答曰。汝謂菩提异凡夫耶。莫作是見。何以故。此等皆同一法界相。非取非捨。無成壞故。又問。於此義中能解了者。其數幾何。答曰。如若干幻化心心所量。若干幻化衆生能了斯義。文殊師利言。幻化本無。何有如是心心所法。答曰。法界亦爾。非有非無。乃至如來亦復如是。爾時文殊師利白佛言。世尊。今此妙慧甚爲希有。乃能成就如是法忍。佛言。如是如是。誠如所言。然此童女已於過去發菩提心經三十劫。我乃發趣無上菩提。彼亦令汝住無生忍。

爾時文殊師利即從座起。爲其作禮。白妙慧言。我於往昔無量劫前已曾供養。不謂今者還得親近。妙慧告言。文殊師利。汝今莫起如是分別。何以故。以無分別得無生忍故。又問妙慧。汝今猶不轉女身耶。妙慧答言。女人之相了不可得。今何所轉。文殊師利。我當爲汝除斷疑惑。由我如是真實語故。於當來世得阿耨多羅三藐三菩提時。於我法中諸比丘輩。聞命善來出家入道。我國土中所有衆生身皆金色。服用資具如第六天。飲食豐饒隨念而至。無有魔事及諸惡趣。亦復無有女人之名。有七寶林②上羅寶網。七寶蓮花覆以寶帳。如文殊師利所成浄刹。裝挍嚴飾等無有异。若我此言非虚妄者。令此大衆身皆金色。我之女身變成男子。如三十歲知法比丘。説此語時。此諸大衆皆作金色。妙慧菩薩轉女成男。如三十歲知法比丘。是時地居天衆展轉讃言。大哉大哉。妙慧菩薩摩訶薩能於來世得菩提時。嚴浄佛刹功德如是。爾時佛告文殊師利。此妙慧菩薩。於當來世成等正覺。號殊勝功德寶藏如來。出現於世。佛説此經時。三十俱胝衆生於阿耨多羅三藐三菩提住不退轉。八十俱胝衆生遠塵離垢得法眼浄。八千衆生皆獲智證。五千比丘行菩薩乘心欲退轉。因見妙慧菩薩意樂善根威德殊勝故。各各脱身所著上服以施如來。如是施已。發弘誓言。我等以此善根。決定願成阿耨多羅三藐三菩提。彼諸善男子等。以此善根迴向無上菩提故。超九十劫生死之苦。不退轉於阿耨多羅三藐三菩提。爾時世尊即記之曰。汝等於當來世過千劫。後於無垢光明劫中。陽焰世界難忍佛刹。於一劫中相次成佛。皆同一字。號辯才莊嚴如來。出現於世。文殊師利。如是法門有大威德。能令菩薩摩訶薩及聲聞乘者獲大利益。文殊師利。或有善男子善女人。爲求菩提無方便善巧。行六波羅蜜足滿千劫。若復有人經於半月。時一書寫讀誦此經。所獲福聚比前功德。百分。千分。百千俱胝。乃至算數譬喻所不能及。是故文殊師利。如是微妙法門。即諸菩薩契經之本。我今付囑於汝。汝當來世。受持讀誦。爲人解說。譬如轉輪聖王出現於世。所有七寶皆悉在前。王滅之後寶隨[3]隱没。如是微妙法門流行於世。即諸如來七菩提分等法眼不滅。若不流行正法當滅。是故文殊師利。若善男子善女人等爲求菩提。應當發起精進。書寫此經。受持讀誦。爲人演説。此是我教。勿於後世生悔恨心。佛説此經已。妙慧菩薩。文殊師利菩薩。及諸大衆。天。人。阿修羅。乾闥婆等。聞佛所説。皆大歡喜。信受奉行。

恒河上優婆夷會第三十一

大唐三藏菩提流志奉　詔譯

如是我聞。一時佛在舍衛國祇樹給孤獨園。時舍衛城有優婆夷。名恒河上。從其住處來詣佛所。頂禮佛足。退坐一面。

爾時世尊問恒河上。汝從何來。彼優婆夷即白佛言。世尊。若問化人汝從何來。如是問者當云何答。世尊告言。夫化人者無有往來。亦無生滅。云何當說有所從來。又問。諸法豈不皆如化耶。佛言。如是如是。如汝所說。恒河上言。若一切法皆如化者。云何問言汝從何來。世尊告曰。是幻化人不往惡趣。不生天上。不證涅槃。恒河上。汝亦爾耶。白言。我若見身异於幻化。乃可說言往善惡趣。證於涅槃。我不見身异於幻化。云何說言往諸惡趣乃至涅槃。

復次世尊。如涅槃性。畢竟不復生善惡趣及般涅槃。我觀己身亦復如是。佛言。汝豈不趣涅槃界耶。恒河上言。如以此問問無生者。應云何答。佛言。無生者即涅槃也。恒河上言。諸法豈不皆同涅槃。

佛言。如是如是。世尊。若一切法同涅槃者。云何問言汝豈不趣涅槃界耶。

復次世尊。譬如化人謂化人曰。汝豈不趣涅槃界耶。彼於是問當云何答。世尊告言。此所問者無有攀緣。恒河上言。如來豈以有所攀緣而致斯問。世尊告言。然我所問亦無攀緣。但爲此會有善男子及善女人應可成熟。故發斯問。何以故。如來於彼諸法。名字猶不可得。何有諸法及彼能趣般涅槃者。恒河上言。若如是者。云何爲菩提故積集善根。若諸菩薩及彼善根皆不可得。積集之時即無心故。非積集時亦復如是。恒河上言。所說無心。欲明何義。世尊告曰。此法非思惟之所能知。亦非思惟之所能得。何以故。此中心尚不可得。何況心所生法。以心不可得。是即說名不思議處。此不思議處無得無證。非染非浄。何以故。如來常說一切諸法猶如虛空無挂礙故。恒河上言。若一切法如虛空者。云何世尊說有諸色受想行識。及於界處。十二因緣。有漏無漏。是染是浄。生死涅槃。佛告恒河上。譬如說我雖有言說。而實無有我相可得。我說諸色實亦無有色相可得。乃至涅槃亦復如是。又如陽焰無水可得。我說諸色乃至涅槃亦復如是。恒河上。於我法中修梵行者。見一切法皆無所得。乃可說名真修梵行。增上慢者說有所得。是則不名住真梵行。我說如是增上慢人。聞此深法生大驚疑。不能解脫生老病死憂悲苦惱。恒河上。若我滅後。有能宣說如是甚深斷流轉法。有愚痴輩由惡見故。於是法師生瞋害心。以是因緣墮諸地獄。

恒河上言。如佛所説斷流轉法。以何義故名爲斷流轉。世尊告言。斷流轉者。所謂實際不思議界。此法不可穿鑿沮壞。是故説名斷流轉法。

爾時世尊熙怡微笑。從其面門放種種光。青黃赤白紅④頗梨色。其光普照無量國界。上至梵世。還從如來頂上而入。

爾時尊者阿難見是事已。心自念言。如來應正等覺非無因緣而現微笑。作是念已。即從座起。偏袒右肩。右膝著地。合掌向佛而作是言。以何因緣現此微笑。佛言。我念往昔。有千如來亦於此處説如是法。彼諸衆會。各各亦有恒河上優婆夷而爲上首。彼優婆夷及諸大衆聞是法已。皆悉出家。於無餘涅槃而得滅度。阿難白佛言。當何名此經。我等云何受持。佛言此經名爲離垢清浄。以是名字汝當受持。説此經時。七百比丘衆。四百比丘尼衆。諸漏永盡心得解脱。

爾時欲界諸天子。化作種種天諸妙花而散佛上。作如是言。此優婆夷甚爲希有。能與如來共相酬對。得無所畏。是人已曾無量佛所。親近供養。種諸善根。佛説是經已。恒河上優婆夷。及諸天。人。阿修羅。乾闥婆等。聞佛所説。皆大歡喜。信受奉行。

大寶積經卷第九十八

校注

①『諸』下，龍藏有『妙』字。
②『林』，龍藏作『座』。
③『隨』，思溪藏作『皆』。
④『紅』下，龍藏有『紫』字。

目録（第五册）

大寶積經卷第九十九

元魏三藏法師佛陀扇多譯

無畏德菩薩會第三十二

如是我聞。一時婆伽婆住王舍大城耆闍崛山中。與五百比丘衆俱。菩薩摩訶薩無量無邊。復有八千菩薩摩訶薩而爲上首。皆得三昧及陀羅尼。善入空無相無願三解脱門。善巧諸通得無生法忍。所謂彌樓菩薩。大彌樓菩薩。常入定菩薩。常精進菩薩。寶手菩薩。常喜根菩薩。跋陀波羅菩薩。寶相菩薩。羅睺菩薩。釋天菩薩。水天菩薩。上意菩薩。勝意菩薩。增上意菩薩摩訶薩。八千人等而爲上首。

爾時婆伽婆依王舍城住。若王。王子。諸婆羅門。長者。居士。尊重讃嘆而供養佛。爾時世尊具有無量百千萬衆。恭敬圍繞而爲説法。爾時尊者舍利弗。尊者大目犍連。尊者大迦葉。尊者須菩提。尊者富樓那彌多羅尼子。尊者離波多。尊者阿濕卑。尊者優波離。尊者羅睺羅。尊者阿難。如是等無量聲聞。於其晨朝整衣持鉢。入王舍城。從家至家如法乞食。更無餘緣。時諸聲聞如是乞食。漸漸遂到阿闍世王所住宫殿。至王所已。却立一面默然而住。不言乞食及不乞食。

爾時阿闍世王有女名無畏德。端正無比。無匹無雙。無并無類。成就最勝殊妙功德。年始十二。在其父王堂閣之上。著金寶屐彼處而坐。時無畏德見諸聲聞。不起不迎。默然而住。不共問答。不迎不禮。不讓床座。阿闍世王見無畏德默然而住。即告之言。汝豈不知。此等皆是釋迦如來上足弟子成就大法也。世間福田耶。以爲愍念諸衆生故而作乞食。汝今既見。何故不起不迎不禮。不共相問。復不讓坐。汝今者睹見何事故而不起迎。

爾時無畏德白父王言。不審大王。頗見頗聞轉輪聖王見諸小王而起迎不。王言不也。復言大王。頗見頗聞師子獸王見野干時爲起迎不。王言不也。復言大王。頗見頗聞帝釋天王迎餘天不。大梵天王有曾禮敬餘天衆不。王言不也。復言大王。頗見頗聞大海之神禮敬江河池等神不。王言不也。復言大王。頗見頗聞須彌山王禮敬諸餘小山王不。王言。不也。復言。大王。頗見頗聞日月光神有曾禮敬螢火蟲不。王言。不也。女言。大王。如是菩薩發心趣向阿耨多羅三藐三菩提。轉輪聖王以大慈悲初發心已。云何禮敬離大慈悲小乘聲聞。大王。頗見①已求無上正真正覺之道師子獸王。而禮小乘野干人耶。大王。頗有已求大梵道處而發進者。而當親近微少善根聲聞人耶。大王。頗有欲到大智之海。欲求善知大法之聚。而求牛迹聲聞人耶。以彼從他聞音聲故。大王。頗有欲至佛須彌山。爲求如來無邊色身。而欲更求小芥子中空三昧力諸聲聞人而禮敬耶。大王。頗有得聞諸佛如來功德智慧如日月光。如是聞已。方乃禮敬諸聲聞人螢火蟲耶。以諸聲聞唯能自潤自照。從他聞聲而[2]得解故。

大王。佛入涅槃。尚不禮敬諸聲聞人。何況今者世尊在世。何以故。大王。若有親近聲聞人者。是人即發聲聞之心。若人親近緣覺人者。是人即發緣覺之心。若有親近正真正覺。即發阿耨多羅三藐三菩提心。無畏德女如是説已。以偈報父阿闍世言。

譬如人至海　而取一文錢　我見諸聲聞　所行亦如是
至大法海已　捨大乘寶聚　而起狹劣心　修行小乘道
如人親近王　出入無障礙　從王乞一錢　彼人徒親王
敬心近輪王　從乞百千財　潤無量貧窮　是名善親王
如人求一錢　聲聞亦如是　不求真解脱　而取小涅槃

若起狹劣心　自度不度他　猶如小醫師　唯自治己身
譬如大醫王　療治衆多人　善起慈悲心　得恭敬名稱
彼醫得世利　以達醫方故　自度不度他　智者不恭敬
如善巧醫王　通達衆方已　救無量千億　病苦諸衆生
彼醫得世間　恭敬及名稱　發菩提心者　普治煩惱病
大王蓖麻林　花香影不妙　聲聞如蓖麻　不救世發心
如至樹王所　多衆得利益　諸菩薩亦爾　能益一切衆
不以秋陽焰　能竭諸小水　至於大海已　能潤無量衆
聲聞道狹劣　猶如牛蹄迹　不能滅衆生　所有諸煩惱
非上諸小山　而現金色身　唯升須彌山　悉見金色身

大王諸菩薩　亦如須彌山　以彼住世故　世間得解脱
皆是一色身　一切智具足　聲聞智不爾　其猶如朝露
不能潤於世　以不證法故　如地多增長　潤益無量衆
聲聞如花露　菩薩如大雨　親近得大法　如海之潤勢
猶如躑躅花　無彼③微妙香　男女所不樂　唯喜薝蔔花
如求青蓮花　花香甚奇妙　躑躅如聲聞　彼智不潤衆
猶如薝蔔花　諸菩薩亦爾　愍念衆生故　能化衆生衆
大王頗曾知　何者大奇特　一人在曠野　如利多人是
若欲善安隱　度無量衆生　應發菩提心　勿取二乘道
世間曠野中　能濟失道衆　如彼善導師　諸菩薩亦爾

大王頗曾見　小筏度大海　唯乘彼大舶　能度無量衆
大王聲聞筏　菩薩如大舶　修道法熏已　令渡飢渴海
大王頗曾見　乘驢堪入陣　唯見乘象馬　鬥戰便得勝
聲聞如驢乘　菩薩如龍象　降魔坐道樹　度無量衆生
猶如夜虛空　見諸星不現　滿月顯現故　能照閻浮提
聲聞如星宿　菩薩如滿月　愍念衆生故　示現涅槃道
不以螢火光　能令有所作　日光照閻浮　令作種種事
聲聞如螢火　不能多利益　佛具解脱光　愍念一切衆
不以野干聲　能令獸王恐　唯有師子王　一吼飛鳥落
大王諸聲聞　不發菩提心　不爲益衆生　除一切煩惱

大王見此故　不發聲聞心　既發大心已　云何得發小

大王善得身　能發無上心　救拔一切衆　弃捨小乘道

善得世間身　復得世間利　善來在世間　而發無上心

悕求無上道　救拔諸衆生　若能自他利　彼人善可嘆

亦得世名稱　及得究竟道　以是故我今　不禮敬聲聞

爾時阿闍世王語無畏德女言。汝④大我慢。云何而見諸大聲聞而不奉迎。女言。大王。勿作此語。大王亦慢。云何不迎王舍城内諸貧窮者。王語女言。彼非我類。我云何迎。女言。大王。初心菩薩亦復如是。一切聲聞緣覺非類。王語女言。汝豈不見諸菩薩等。皆悉禮敬一切衆生。女言。大王。菩薩爲度憍慢瞋惱諸衆生等。令彼得起迴向之心。是故禮敬一切衆生。爲長衆生諸善根本。是故菩薩禮敬衆生。而諸聲聞無瞋恨心。又復不能增長善根。大王。假使百千諸佛如來爲説妙法。而彼所得戒定三昧無有增益。大王。聲聞如琉璃。菩薩如寶器。大王。譬如瓶滿。天降雨時而不受一滴。如是大王。諸聲聞等。假使百千諸佛如來爲説妙法而無受潤。不能增益戒定慧等。亦不能令衆生發心至一切智。大王。譬如大海能受諸河及雲雨等。何以故。以大海是無量器故。大王。諸大菩薩摩訶薩等演説法時。隨所聞者得大福利。增長一切諸善根本。何以故。以諸菩薩皆是無邊言説器故。

爾時阿闍世王聞女語已。默然而住。爾時尊者舍利弗作如是念。

此無畏德女得大辯才而能如是無盡言說。我於今者前至其所。少少問之。我且問之。汝⑤得忍不。作是念已。前問女言。汝今爲住聲聞乘耶。答言不也。汝今爲住緣覺乘耶。答言不也。汝今爲住大乘心耶。答言不也。舍利弗言。若如是者。爲住何乘而能如是師子吼耶。女答尊者舍利弗言。若使我今有所住者。則不能作師子吼也。我無所住。是故我能作師子吼。而舍利弗作如是言。爲住何乘。如舍利弗所證得法。彼法豈有乘分別耶。此是聲聞緣覺之乘至大乘耶。舍利弗言。汝聽我說。我所證法。無乘非乘差別之相。以一相故。所謂無相。無畏女言。尊者舍利弗。若法無相。云何可求。舍利弗言。無畏德女。諸佛之法與凡夫法。有何勝負差別之相。女語尊者舍利弗言。空與寂靜有何差別。舍利弗言。無差別也。無畏德言。舍利弗。如空寂靜無有差別勝負之相。諸佛之法與凡夫法。無有勝負差別之相。又舍利弗。亦如虛空能受諸色而無差別。諸佛之法與凡夫法。無有差別。亦無异相。

爾時尊者大目犍連語無畏德女言。汝見佛法與聲聞法有何差別。而見如是諸大聲聞不起奉迎。不與酬對。不讓床坐。無畏德女答目連言。假使星宿遍滿三千不能照了。聲聞亦爾。以入定智而能照知。若不入定則不覺知。大目連言。若不入定。則不能知衆生之心。女言。目連。佛不入定。而於恒河沙等世界如應說法。度諸衆生。善知心故。何况微少星宿光明諸聲聞耶。此是諸佛如來勝事。

又大目連。一切聲聞頗有能知幾世界成。幾世界壞。大目連言。不能知也。女言。目連。聲聞頗知幾數諸佛已入涅槃。幾數諸佛未來當入。幾數諸佛現在今入。目連答言。不能知也。女言。目連。聲聞頗知幾數衆生多貪欲者。幾數衆生多瞋恚者。幾數衆生多愚痴者。幾數衆生等分行者。目連答言。不能知也。女言。目連。聲聞頗知幾數衆生受聲聞乘。幾數衆生受緣覺乘。幾數衆生受於佛乘。目連答言。不能知也。女言。目連。聲聞頗知幾數衆生聲聞度之。幾數衆生緣覺度之。幾數衆生佛能度之。目連答言。不能知也。女言。目連。聲聞頗知幾數衆生在於定聚是正見者。幾數衆生住邪定聚。目連答言。不能知也。女言。目連。唯有如來正真正覺。如實善知諸衆生界而爲説法。如是之事。非諸聲聞緣覺境界。況餘衆生。目連。當知此是如來殊勝之事。如來具得一切智故。一切聲聞緣覺所無。時無畏女復語尊者大目連言。世尊常記大目犍連於神通中最爲第一。目連神通能知能至香象世界。知彼世界一切諸樹皆出上妙栴檀香不。目連答言。今始得聞彼世界名。云何能往至彼世界。目連問女。彼佛何名。而在彼處世界説法。女即答言。彼佛號曰放香光明如來應正遍知。在彼説法。目連語女。今者云何得見彼佛。時無畏女不起于座。不動威儀而作誓願。若使菩薩初發心時。能過一切聲聞緣覺。以此誓願。願彼放香光明如來現身於此。令諸聲聞緣覺見彼香象世界。及嗅上妙栴檀香樹。時無畏女發此誓已。於是放香光明如來從身放光。以放光故。時諸聲聞皆得見彼香象世界。及佛菩薩諸衆圍繞。羅網隱身。爲衆説法。彼所説法此處悉聞。佛神力故。復得嗅彼諸樹微妙栴檀之香。彼世界佛作如是言。如是如是。如無畏女之所説也。菩薩如是初發心時。已過聲聞緣覺境界。説此法時。彌勒菩薩摩訶薩白佛言。世尊。彼妙樹香何因緣來。佛言。彌勒。是無畏女共諸聲聞如法論議及發誓願。彼佛知已。故以神力現如是香及彼世界。而彼上妙栴檀之香。遍此三千大千世界。時無畏女語目連曰。若見如是不可思議諸勝功德。而能發起狹劣小乘聲聞之心。唯自度者。當知善根甚爲微少。誰見成就無量功德菩薩之事。而不發於菩提之心。目連。頗知彼佛世界去此幾何。答言。不知。女言。目連。乘諸神通經百千劫。能知能見彼佛世界。無有是處。譬如一切竹葦叢林不可算數。過如是等諸佛世界。方乃有彼香象世界。爾時彼佛卷攝光明。既攝光已。香象世界及彼如來忽然不現。

爾時尊者摩訶迦葉謂無畏言。汝*曾見彼香象世界及彼如來應正遍知耶。女即答言。大迦葉。如來可見不。如佛所說。若以色見我。及以聲求我。彼盡行邪道。不能見如來。以諸如來體即是法身。佛法非可見聞。云何可知見。隨何方便衆生樂者。佛則示現無障礙身。住方便故。然大迦葉謂我言曰。見彼世界及見彼佛等正覺不。我見彼佛。非肉眼見。以非肉眼所睹色故。非天眼見。以無受故。非慧眼見。以離想⑥故。非法眼見。離諸行故。非佛眼見。離識睹故。大迦葉。我見如來。亦如尊者迦葉所見。以滅無明愛見心故。大迦葉。我見彼佛。亦如尊者迦葉所見。又復亦見我我所等。迦葉言女。若法永無。云何而起無明及愛及我我相。所有衆生不可見故。女言。大迦葉。如是一切諸法永無。彼云何見。大迦葉言。若一切佛法畢竟是無。云何可見。女言。大迦葉。見諸佛法增長義不。大迦葉言。我尚不知諸凡夫法。何況佛法。無畏女言。是故尊者大迦葉。彼法不成就。云何有斷續而不證者見。大迦葉。諸法永無。不可示現。是故大迦葉。一切法皆無。若法本無。云何可見彼清淨法界。大迦葉。若欲見淨如來。彼善男子善女人應淨自心。時大迦葉語無畏言。云何善淨自心。女言。大迦葉。如自身真如及一切法真如。若信彼者不作不失。如是見自心清淨故。迦葉問言。自心以何爲體。女言。空爲體。若證彼空信自身故。即信真如空。以一切法性寂靜故。

爾時尊者大迦葉語無畏女言。汝從何佛聞如是法而得正見。如佛所説。發正見者有二因緣。從他聞法及內思惟。女言。大迦葉。藉彼外聲。聞外聲故。後內思惟。大迦葉。菩薩大士不假他説不假音聲。云何而言住於寂滅。迦葉言。女⑦。隨所聞法而觀察故。名爲觀行。

時大迦葉復問女言。菩薩云何內自思惟。女言。大迦葉。若共諸菩薩説法同事。而不起衆生相。菩薩如是內觀。是故名爲成就內觀。

大迦葉。一切諸法具足本際及中後際。以一切法真如體故。一切法現在真如體故。若是觀者。是菩薩名爲成就内觀應知。迦葉言女⑧。云何安此諸法。女言。大迦葉。如是應作。如彼真如見無縛無解。大迦葉言。云何而見名曰正見。女言。大迦葉。若離二邊見故。不作非不作。如是見而不見。是名正見。大迦葉。法者唯有名字。而離名字故。以永不證故。時大迦葉復問女言。云何得自見。無畏女言。如尊者大迦葉所見。大迦葉言。我不見自身及見我所。女語尊者大迦葉言。應當如是見一切法。以無我我所故。

說此法時。尊者須菩提心大歡喜。語無畏女言。善得大利而能成就如是辯才。時無畏女即語尊者須菩提言。須菩提。法有可得有不可得。而可求耶。而語我言善得辯才。我有此辯。若我說無有所覺知。若内若外。則有辯才。時須菩提即語女言。女*何所證。何所得法。而有如是快妙辯才。女即答言。不自知故。不從他知。所得善法及不善法差別之相。如是知法。不見染净。有漏無漏。有爲無爲。世間出世間及凡夫法。以不見故。以彼法體是佛佛法。而得佛法。而不見佛。須菩提。若如是者。無所覺見有此辯才。須菩提言。云何辯才。女言。須菩提。如仁所得。如是除滅。女語尊者舍利弗言。如彼法體無聞無得而有所説。女語尊者須菩提言。法體可住不。不復可增減不。而能有此辯才。時須菩提即語女言。若證無漏。及法無有差別。及無辯説。以彼法體不可説故。女語尊者須菩提言。於一切法。云何而生如是念言。善得其利。得如是辯。須菩提言。女*以得辯故說。爲不得故說。女語尊者須菩提言。信如佛說。一切諸法如響不耶。須菩提言。我信此事。女言。影響爲有辯才無辯才耶。須菩提言。以內聲故而有外響。女言。須菩提。以緣有聲而有彼響。彼響爲有何性相耶。然彼響聲無有性相。何以故。若以緣生。彼無生義。須菩提言。一切法緣生。無畏女言。一切諸法體性不生。須菩提言。若一切法體性如是畢竟無者。云何如來作如是說。恒河沙等諸佛當成正覺。女言。法界爲可生不。須菩提言。不可生也。無畏女言。諸佛如來一切皆是法界性相。須菩提言。不見一切諸法界也。無畏女言。諸有所說言語無漏。而說恒河沙等諸佛當得正覺。此言何趣。何以故。法界不生不滅故。一切說非說。以畢竟淨故。以彼非事不可言説。離於實際。須菩提言。汝*甚奇哉。既是在家。而能如是善巧説法。復有如是無盡辯才。無畏女言。須菩提。菩薩無有取以不取。聞以不聞。若在家若出家。而有辯才。何以故。以心浄故而令智顯。以智顯故而顯辯才。女語尊者須菩提言。今可善説菩薩之行。須菩提言。汝説我聽。無畏女言。須菩提。菩薩成就八種法行故。不得言在家出家。何等八法。須菩提。一者。菩薩得身清浄。定信菩提。二者。成就大慈大悲而不捨衆生。三者。成就大慈悲故。善巧世間一切諸事。四者。能捨身命分。及成就方便善巧。五者。善巧無量發願。六者。成就般若波羅蜜行。離一切見故。七者。大勇猛精進。以修諸善業而無厭足故。八者。得無障⑨智。以得無生法忍故。須菩提。菩薩成就如是八法故。不得言在家出家。隨何威儀住菩提中無有障礙。

爾時尊者羅睺羅語無畏女言。此言乃是不净言説。汝蹈寶屐復坐高床。而能如是共諸聲聞往復論義。汝豈不聞。爲不病⑩者不得説法。及不得爲高床座人而説法耶。時無畏女即語尊者羅睺羅言。頗如實知净不净耶。尊者羅睺羅。是世間净不。羅睺羅言。無净不净。無畏女言。如來制戒隨而受行。而犯彼戒爲净不净。若復有人不犯彼戒。非净不净。無畏女言。且止且止。勿作是説。若如説法。若如制戒。而修行者。彼説不净。羅睺羅。以彼證得無漏法故。彼則無有犯以不犯。彼亦無有净與不净。何以故。以諸聲聞過諸説法。

過諸制戒。如來爲諸聲聞學者。來於三界。爲彼故說。而彼聲聞已過三界。以是義故說過不過。諸界如是。以彼不能覺知戒故。說浄不浄。而虛空者唯有言說。唯智力見。是故得說浄不浄也。羅睺羅言。浄與不浄有何差別。無畏女言。譬如真金遠離諸垢。作莊嚴具及不作者。色何差別。羅睺羅言。無有差別。無畏女言。浄與不浄唯有名字以爲差別。無餘差別。何以故。一切法性離一切垢。無染無著。女語尊者羅睺羅言。坐高廣床。不應說法。一切菩薩坐於草敷勝坐高床。勝於聲聞在於梵天。羅睺羅言以何義故。女言羅雲。頗見菩薩坐於何座而得菩提。羅睺羅言。坐於草座。女言。菩薩坐於草座。所有三千大千世界釋梵護世四天王等。及餘天子。乃至阿迦尼吒天等。悉來禮拜。合十指爪掌。至菩薩所。禮菩薩足。羅睺羅言。如是如是。時無畏女問羅雲言。成就如是法。菩薩而坐草座。勝於坐彼高廣大床。及勝聲聞在於梵天。

爾時阿闍世王語無畏女言。汝可不知此是釋迦如來之子。於學戒中最爲第一耶。時無畏女語父王言。且止。大王。勿作是說。言羅睺羅是如來子。大王。頗見頗聞以不。師子之王生野干不。王言。不見。女言。大王。頗見頗聞轉輪聖王禮敬諸餘小王以不。答言。不見。女言。大王。如是如來師子之王。轉大法輪。聲聞圍繞。大王。若依正⑪法而說。何者是爲如來真子。則應答言諸菩薩是。是故大王。不得說言。如來有子。如來無子。若說如來有真子者。應言若發阿耨多羅三藐三菩提心者是如來子⑫。說此法門時。阿闍世王宮內二萬諸女發菩提心。二萬天子滿足彼法。聞此女師子吼已。發菩提心。王復語言。此是過去未來現在諸佛之子。離諸煩惱學聲聞戒云何真子。爾時彼諸天子以花散佛遍王舍城。以爲供養無畏女故。時無畏女下彼床已。然後禮敬諸大聲聞。而施種種微妙飲食。若舐若嗅若唼。如法供養彼諸聲聞。供養已訖。作如是言。不審尊者諸大聲聞。何故晨朝離如來所而來至此。應聽法已。然後乞食。尊者且去。我正爾間須臾到彼。無畏德女於晨朝時。共阿闍世王并女之母。及王舍城無量人衆。導從圍繞。至如來所。禮如來足。却坐一面。彼諸聲聞亦至佛所。禮佛足已。却坐一面。

爾時尊者舍利弗白佛言。世尊。此無畏德女。如是奇哉。得大福利。佛語尊者舍利弗言。此無畏女已於過去九十億佛發菩提心。於彼佛所種諸善根。爲求無上佛菩提故。舍利弗言。世尊。此女能轉女身不耶。佛言。舍利弗。汝見彼女。豈是女耶。汝今不應作如是見。何以故。以是菩薩發願力故。示現女身爲度衆生。於是無畏德女作是誓言。若一切法非男非女。令我今者現丈夫身。令一切大衆皆悉睹見。説此語已。即滅女身。現丈夫身。升於虛空高七多羅樹。住而不下。

爾時世尊即語尊者舍利弗言。汝舍利弗。見彼無畏德菩薩不。在於虛空住而不下。舍利弗言。已見。世尊。佛言。舍利弗。此無畏德菩薩復過七千阿僧祇劫得成正覺。號曰離垢如來應正遍知。彼佛世界名曰光明。佛壽百劫。正法十劫。純菩薩僧。三萬不退轉菩薩。彼佛世界浄琉璃地。八道莊嚴蓮花所覆。無有一切諸惡道名。天人充滿。舍利弗。如兜率天受微妙樂及勝法味。彼諸天子受如是樂。

爾時無畏德菩薩母。號曰月光。與阿闍世王俱。合十指爪掌。往至佛所。白言世尊。我得大利。我於九月懷娠此子。然此善男子今作如是大師子吼。我今迴此善根向阿耨多羅三藐三菩提。過此已後。於彼離垢光世界而成無上正真正覺。於是佛告尊者舍利弗言。舍利弗。汝今見不。答言。已見。佛言。舍利弗。此月光女捨是身已。

生忉利天。號曰光明增上天子。若彌勒菩薩得菩提時。是彼見王上足之子。於彼供養彌勒佛已。便即出家。彼見王子於彌勒佛所說之法。初中後說盡能憶持。次第皆見賢劫諸佛。悉得供養。如是漸次供養佛已。然後於彼離垢如來得菩提時得作大王。具足七寶。號曰持地。彼見王子供養如是諸如來已。亦乃得成阿耨多羅三藐三菩提。號曰遍光如來應正遍知。具足成就。佛之世界如上所說。

爾時月光夫人歡喜踴躍。即脫價直百千兩金妙寶瓔珞而供養佛。語大王已。受五百正戒。具修梵行。

爾時無畏德菩薩在如來前作如是言。以此誓願因緣力故。令我未來得菩提時。諸菩薩亦皆被法服。一切化生。以此誓願因緣故。願令如來猶如年少八臘比丘。無畏德菩薩如是現身說此語已。被正法服。即成⑬比丘。具足威儀。

爾時無畏德菩薩語自父王阿闍世言。大王。一切諸法皆如是。即時忽化⑭生相。離諸分別所起之相。無諸顛倒。大王。還⑮即此時復現女身。王見不也。王言已見。而我非以色身相見。我今現見比丘身已。復見女身。佛問王言。何者是實。大王。應當作如是學。住一切法中。正見一切。衆⑯生煩惱所燒故。以不達法力故。以不達故。於非疑處而生疑悔。當應數數親近如來及文殊師利童子菩薩。以彼菩薩威德力故。而令大王得受悔過。

爾時世尊告阿難言。汝受持此無畏德菩薩受記法門。讀誦勿忘。阿難。若有善男子善女人等。具足七寶。施滿三千大千世界諸佛如來。若復有人能受持此無畏德菩薩受記法門一句一偈。聞已受持。得福過彼。何況具足若讀若誦。廣爲人説。如法修行。如來説此無畏德菩薩受記法門時。月光夫人無畏德母。并諸天。龍。阿修羅等。聞佛説已。皆大歡喜。信受奉行。

大寶積經卷第九十九

校注

①『見』，龍藏、思溪藏作『有』。
②『而』，思溪藏作『如』。
③『彼』，龍藏作『比』。
④『汝』，龍藏作『女』。本卷下文例同，用*標識，不再出注。
⑤『汝』，龍藏、思溪藏作『女』。本卷下文例同，用*標識，不再出注。
⑥『想』，龍藏、思溪藏作『相』。
⑦『女』，龍藏作『汝』。
⑧『女』，龍藏、思溪藏作『汝』。本卷下文例同，用*標識，不再出注。
⑨『障』，龍藏、中州本作『礙』。
⑩『病』，龍藏、和裕本、上海佛學書局本作『净』。别譯本《佛説阿闍世王女阿術達菩薩經》（西晋·竺法護譯）相應文義處作『人無疾病不得處高床及卧聽而説經法』。
⑪『正』，底本作『王』，依龍藏、思溪藏、上海佛學書局本改。
⑫『來』下，龍藏有『真』字。

⑬『成』，思溪藏作『戒』。

⑭『化』，思溪藏作『現』。

⑮『還』，思溪藏作『以』。

⑯『衆』，底本作『亦』，依龍藏、和裕本、上海佛學書局本改。

大寶積經卷第一百

西晉居士聶道真譯

無垢施菩薩應辯會第三十三·序品第一

如是我聞。一時佛游舍衛國祇樹給孤獨園。與大比丘衆千人俱。皆是阿羅漢。諸漏已盡。無復煩惱。於諸法中皆得自在。所作已辦。捨於重擔。逮得己利。盡諸有結。得正智解脱。心得善解脱。慧得善解脱。其心調伏如大象王。心得自在到於彼岸。入八解脱。唯除阿難一人。復有諸菩薩摩訶薩。皆大莊嚴。衆所知識。逮不退轉。盡一生補處。其名曰。寶手菩薩。德藏菩薩。慧嚴菩薩。稱意菩薩。觀世音菩薩。文殊師利法王子。悦音法王子。不思議解脱行法王子。思惟諸法無障礙法王子。彌勒菩薩。施無憂菩薩。無痴見菩薩。離惡趣菩薩。無礙①行菩薩。斷幽冥菩薩。除諸蓋菩薩。辯嚴菩薩。寶德智威菩薩。金花光明德菩薩。思無礙菩薩。如是等菩薩摩訶薩萬二千人俱。

爾時大德舍利弗。大德目犍連。大德摩訶迦葉。大德須菩提。大德富樓那彌多羅尼子。大德離越。大德阿那律。大德阿難。及文殊師利法王子。無痴見菩薩。寶相菩薩。離惡趣菩薩。除諸蓋菩薩。觀世音菩薩。辯嚴菩薩。無痴行菩薩。如是等八大菩薩及八大聲聞。晨朝執持衣鉢。欲入舍衛城乞食。時於道中各作是念。共論斯事。爾時大德舍利弗言。我當入如是定已。詣舍衛城乞食。願令城中

一切衆生聞四聖諦。大德目犍連言。我當入如是定。詣舍衛城乞
食。願令城中一切衆生無有魔事。摩訶迦葉言。我當入如是定。詣
舍衛城乞食。願令城中衆生其施我者。令獲無盡之報乃至泥洹。
大德須菩提言。我當入如是定。詣舍衛城乞食。願城中衆生其見
我者。以此因緣。令彼衆生天上人中受諸快樂。得盡苦際。大德富
樓那彌多羅尼子言。我當入如是定。詣舍衛城乞食。願令城中一
切外道梵志尼揵子等悉得正見。大德離越言。我當入如是定。詣
舍衛城乞食。願令城中一切衆生得無諍樂。大德阿那律言。我當
入如是定。詣舍衛城乞食。願令城中一切衆生識宿業報。大德阿
難言。我當入如是定。詣舍衛城乞食。願令城中一切衆生。先所聞

法皆悉現前。文殊師利法王子作是念言。我當令舍衛城中一切門户窗牖yǒu墻壁器物。樹木枝葉花果。衣服瓔珞。皆令出空無相無願。無所有。無我。無戲論。無性之聲。無痴見菩薩作是念言。我當令舍衛城中若有衆生應得阿耨多羅三藐三菩提者。其所見物皆是如來像。又令決定於阿耨多羅三藐三菩提。寶相菩薩作是念言。我當令舍衛城中一切族姓室宅之中寶藏勇出。具諸七寶。離惡趣菩薩作是念言。我當令舍衛城中若有衆生應墮惡趣者。盡使現世輕受。速脱苦惱。除諸蓋菩薩作是念言。我當令舍衛城中衆生盡除五蓋。觀世音菩薩作是念言。我當令舍衛城中衆生牢獄繫閉速得解脱。臨當死者即得濟命。恐怖之者即得無畏。辯嚴菩薩作是念言。我當令舍衛城中衆生其見我者皆得辭辯。以諸妙偈互相問答。無癡行菩薩作是念言。我當令舍衛城中若有衆生其見我者得無癡見。決定於阿耨多羅三藐三菩提。如是等八大菩薩及八大聲聞共論上事。遂至舍衛城門。

爾時城内波斯匿王女。名曰無垢施。始年八歲。顔貌端嚴。世所希有。其女於二月八日佛（丹本 沸）星現日。與五百婆羅門俱。持滿瓶水。出至城外浴洗天像。爾時五百婆羅門見諸比丘在門外立。見已皆爲②不吉。時婆羅門衆中最長宿者年百二十。名曰梵天。謂無垢施女言。今諸比丘在門外立。此事不吉。我等宜還入城。不須見此。若見此已。於祀祠宜利吉祥等事皆爲不吉。爾時無垢施女以偈答婆羅門言。

此等皆無受[3]　第一所應贊　能爲多衆生　洗除一切惡

此等皆清浄　盡見四聖諦　外道非清浄　爲痴冥所覆

兩足尊福田　施此報無量　種於此中者　於三有無盡

戒行浄具足　出淤泥無著　行世如良醫　治救病衆生

佛爲世中勝　是諸法之王　此等是佛子　成辦阿羅漢

如是行菩薩　慧人云何離　行此妙行者　世人所應贊

此等是慧人　久遠常行施　梵志敬此者　衆事吉無疑

贊此具相者　心浄良福田　梵志若信者　得喜無憂樂

爾時梵志復以偈答無垢施女言。

勿隨愚小心　祠莫見沙門　剃髮被袈裟　求樂者莫近
汝父母不喜　我等懷慚愧　汝若欲行施　其事亦不吉
善哉勿恭敬　此等諸比丘

爾時無垢施女以偈報梵志言。

我若墮惡道　父母諸眷屬　財寶及勇健　盡所不能救
除彼威德衆　誰能救我者　敬佛法衆故　捨身及壽命
除尊三寶已　更無可依道

爾時梵志問無垢施女言。汝未曾見佛及僧。亦未曾聞法。何由有此信。無垢施女報梵志言。我初生七日時。處高殿上。在金足床。見五百天子飛行虛空。以無量功德讚嘆佛法僧。我時得聞。復有一天子。未曾見佛聞法及睹衆僧。問諸天子言。佛者何似也。彼諸天子知我至心。并答一天子所問。爲生喜悦故而説偈言。

其髮如紺青　清净而右旋　佛面如滿月　百葉蓮花色
毫相如珂雪　右旋人樂觀　黑蜂繞青蓮　眉目亦如是
頰車如師子　眼眴如牛王　唇如頻婆果　齒白密齊平
其猶白④鵝行　舌廣而覆面　暢音甚清净　聞者皆歡喜
孔雀鵝雁聲　音如琉璃琴　緊那衆鈴聲　迦陵頻伽音
拘那羅鳥音　命命拘吉羅　及種種音樂　佛聲亦如是
其吼如師子　能破諸競論　除去諸垢惱　實語斷諸見
處在於大衆　能盡諸問疑　不謬而和柔　悦可於衆心

去離於二邊　正說於中道　恒說適意音　聞音皆歡喜
口行無諂曲　隨語各得解　佛語慧莊嚴　如雜妙花鬘
項圓臂修直　掌平輪相浄　手指纖長妙　爪如赤銅色
佛身堅平滿　細腰師子體　深臍而圓好　陰藏如馬王
其身如金山　一孔一毛生　右旋而上向　其喻如龍象
膞胜鹿腨腸　踝平鉤鎖骨　足平輪相現　千輻具分明

梵志。爾時諸天子在虛空中。以如此事贊嘆如來。復次。如來應供度一切有至於彼岸。得大慈悲。如大醫王護諸衆生。憎愛不染。如蓮花在水。於世尊功德。我嘆少分耳。梵志。我生適七日。聞世尊如是實功德。自爾已來。恒無睡眠。亦無欲覺瞋恚覺惱覺。自是已來。

我於父母兄弟姊妹親屬。財寶瓔珞衣服。城邑園觀及己身壽命。盡無戀愛之心。唯除念佛。如來在在處處有所説法。繫心往聽悉皆受持。若文若義不失一句。梵志。我於日夜未嘗不見諸佛世尊。梵志。我觀佛無厭。聽法無足。供衆無倦。爾時無垢施女如是種種讚佛法衆。時梵天婆羅門等五百人。皆發阿耨多羅三藐三菩提心。時無垢施女即下車步。進詣諸菩薩聲聞所。到已盡頂禮其足。以恭敬尊重心詣大德舍利弗所。到已前立。謂舍利弗言。我是女人。智慧微淺。多諸煩惱。又多放逸樂卑下事。爲不順思惟所牽。善哉大德舍利弗。爲憐愍我故。説微妙法。我得聞已。長夜利益增長安樂。

始論此事。王波斯匿來至其所。聞其所說。王命無垢施女言。汝諸快樂悉無所少。何爲憂色而不睡眠。不樂世樂。時王波斯匿即爲其女而説偈言。

端嚴如天女　澡浴塗香服　瓔珞等具足　何憂不睡眠
國富多財寶　父母得自由　有何不可樂　而不睡眠耶
汝悦衆親意　諸人悉敬望　我種種莊嚴　汝何爲不樂
汝見聞何事　而懷此憂戚　善哉何所願　汝語我此事

爾時無垢施女以偈答父王言。

王不覺家中　陰界入諸贏　居世如幻妓　人命無暫停
飲毒誰能眠　處死誰有歡　墜岩何望活　世相皆如是

如人處蛇間　何有睡與欲　四大如毒蛇　何有歡樂心
爲諸怨所繞　如飢何有樂　爲諸怨國者　父王何有樂
自從見世尊　發心願成佛　王我未見聞　菩薩暫放逸

無垢施菩薩應辯會第三十三·聲聞品第二

爾時無垢施女謂舍利弗言。大德。我欲少有所問。願爲解說。以憐愍故。世尊記仁者智慧中最爲第一。此慧是有爲耶。是無爲耶。若是有爲。虛誑非實法。若是無爲。無爲法者則無有生。無生之法則無有起。以無起故。大德智慧則無所有。舍利弗即便默然。大德目犍連謂舍利弗言。大德。何爲不答無垢施女所問。舍利弗答目犍連言。此女不問有爲之法。乃問第一義諦。第一義中則無言說。是故不可以言而答。時無垢施女謂目犍連言。世尊記大德於神足人中最爲第一。大德乘神足時。爲衆生想耶。爲作法想耶。若住衆生想者。衆生無實。彼神足亦無實。若住法想者。法無變异。若無變异則無所得。若無所得則無分別。大德目犍連即便默然。摩訶迦葉謂目犍連言。大德。何爲不答無垢施女所問。目犍連言。此女不問分別神足。諸如來菩提無作無分別。此則不可言說。時無垢施女謂摩訶迦葉言。世尊記大德頭陀人中最爲第一。又復大德憐愍衆生故。入八解脱已而受施。乃至一念而受他施。以身報耶。以心報耶。若以身報。身性無記。喻如草木墻壁瓦礫等無异。是故不能必報施恩。若以心報。心念念不停。亦不能報。若除身心。則無爲法。若無爲法。誰能報者。摩訶迦葉即便默然。大德須菩提謂摩訶迦葉言。何爲不答無垢施女所問。摩訶迦葉答須菩提言。此女所問。問法真際。此理不可以言宣答。時無垢施女謂須菩提言。世尊記大德於無諍人中最爲第一。此無諍行。入有性耶。入如性耶。若入如性。如非生相。如非滅相。若不生相。若非滅相。則是平等。若是平等則是如爾。若是如爾則是無作。若是無作則無言說。若無言說則不可思議。若不可思議則不可宣表。若在有性。有性虛誑。若是虛誑。非聖所行。大德須菩提即便默然。富樓那彌多羅尼子謂須菩提言。何不答無垢施女所問。須菩提答富樓那言。我於理不應有答。唯有默然是我樂處。此女所問。問無戲論法。若有言說則生過患。法性無說是無諍行。時無垢施女謂富樓那言。世尊記大德於說法人中最爲第一。若說法時。說有境界法耶。無境界法耶。若說有境界法。則與凡夫等。所以者何。以凡夫說有境界法故。是以大德不離凡夫法。若無境界則無所有。若無所有。何名說法人中最爲第一。富樓那即便默然。大德離越謂富樓那言。大德。何爲不答無垢施女所問。富樓那答離越言。此女不問有爲問第一義。第一義中則無言說。是故無理可答。時無垢施女謂離越言。世尊記大德於行禪人中最爲第一。大德禪時。依有心禪耶。無心禪耶。若依心入禪。心如幻化不實。此定亦復不實。若無心入禪。諸外法草木枝葉花果等亦應得禪。所以者何。以彼同無心故。大德離越即便默然。大德阿那律謂離越言。何不答無垢施女所問也。離越答阿那律言。此女所問諸佛行處。是非聲聞所答。時無垢施女言。諸佛法。聲聞法有异耶。若是有异。無爲有二耶。諸賢聖皆行無爲。無爲之法則無有生。若無有生則是無二。若是無二則是如爾。如爾無二。是故大德離越。何爲作是説耶。時無垢施女謂阿那律言。世尊記大德於諸天眼人中最爲第一。大德以天眼所見。爲有物耶。爲無物耶。若見有物則爲見常。若見無物則爲見斷。若離二邊則爲無見。大德阿那律即便默然。大德阿難謂阿那律言。何爲不答無垢施女所問。阿那律答阿難言。此女所問爲壞假名。是故不可以假名而答。時無垢施女謂阿難言。世尊記大德於多聞人中最爲第一。此多聞法。爲是實義耶。爲是文字耶。若是實義。義不可說。若不可說法。則非耳識所知。若非耳識所知。復不可說。若以文字。世尊說言依於了義。不依文字。是故大德阿難亦非多聞。亦非了義。大德阿難即便默然。文殊師利法王子謂大德阿難言。何爲不答無垢施女所問也。阿難言。此女所問多聞離於文字。此則不可以音聲而答。問於平等。平等非心。離心相故。此非學地人法。我何能答耶。此是諸如來法王至彼岸處。

無垢施菩薩應辯會第三十三・菩薩品第三

爾時無垢施女謂文殊師利法王子言。世尊記汝於深解菩薩中最爲第一。汝爲以十二因緣深爲深耶。爲以真深爲深耶。若以十二因緣深爲深。無有衆生成十二因緣深者。所以者何。以十二因緣無來無去故。非眼識所知。非耳鼻舌身意識所知。此中十二因緣非是行法。若以真深爲深。真深則非深。亦無得真深者。文殊師利答無垢施女言。以始際深故深。無垢施女問文殊師利言。始際則非際。是故汝知亦非知。文殊師利答無垢施女言。以無知得無得。故言始際耳。無垢施女問文殊師利言。無得之中無有言分。過言語道無有所説。文殊師利答無垢施女言。説假文字説耳。無垢施女語文殊師利言。諸佛菩提過字句言説。是故菩提則不可説。爾時無垢施女謂無痴見菩薩言。汝善男子作是言。⑤我作是念。詣舍衛城。願令城中衆生必定應得阿耨多羅三藐三菩提者。其所見物盡是如來像。又令決定於阿耨多羅三藐三菩提。若見如來時。爲色身觀耶。爲用法身觀耶。若以色身觀者。則不見佛。如世尊說。若見我色身。聞我音聲者。彼人邊見。非爲見我。若以法身。法身不可見。所以者何。法身離見聞。不可取故。是以不可見聞。時無痴見菩薩即便默然。寶相菩薩謂無痴見菩薩言。善男子。何故不答無垢施女所問。無痴見菩薩言。無垢施女所問無性法。此無性法不可說。是故不答。無垢施女言。善男子。我不問無性法。無性法不可問。學已而答則無有礙。爾時無垢施女謂寶相菩薩言。善男子。汝言。我當作是念。詣舍衛城。願令城中一切種族居家寶藏勇出。具足七寶。汝施寶之心。爲有染著耶。無染著耶。若有染著。則與凡愚同。所以者何。以凡夫有愛著故。若無愛著。無愛著中無有施寶。
時寶相菩薩即便默然。時無垢施女謂離惡趣菩薩。善男子。汝言。
我*作是念。詣舍衛城。願令城中若有衆生應墮惡趣者。盡使現世
輕受。速脱苦惱。如來説業不可思議。此不可思議業可速斷耶。若
可斷者。則違如來所説。若不知⑥。云何而能輕受速斷。若能斷者。於
無主法中汝則是主。若能斷者。亦當能不斷。離惡趣菩薩答無垢
施女言。我以願力故。能令輕受速斷。無垢施女問離惡趣菩薩言。
善男子。諸法如性。不可以願力而受。時離惡趣菩薩即便默然。爾
時無垢施女謂除諸蓋菩薩。善男子。汝言。我當作是念。願令舍衛
城中衆生盡除五蓋。汝作是念。入是定已。能令衆生不爲五蓋所

覆。於此定中己自在耶。他自在耶。若己自在。無由及彼。一切諸法無至彼者。云何汝入禪定去他五蓋。若他自在。則不能利益於他。除諸蓋菩薩答無垢施女言。此行以慈爲首。無垢施女問除諸蓋菩薩言。諸佛皆行慈行。善男子。亘有佛因衆生不以五蓋爲患者也。除諸蓋菩薩即便默然。時無垢施女謂觀世音菩薩。善男子。汝言。我當作是念。願令舍衛城中衆生牢獄繫閉速得解脱。臨當死者即得濟命。恐怖之者即得無畏。夫言畏者。是有取耶。無取耶。若是有取者。凡愚之人亦復有取。是故不然。若是無取則無所施。無施法中何得有除。觀世音菩薩即便默然。辯嚴菩薩謂觀世音菩薩。善男子。何爲不答無垢施女之所問耶。觀世音菩薩言。此女不問生滅法。是故不可答。無垢施女問觀世音菩薩言。亘有是無生無滅問耶。觀世音答無垢施女曰。無生無滅中乃無文字言説。無垢施女問觀世音言。諸智慧者。於無文字假説文字。然不著文字。法性無礙。是故慧者不礙文字。時無垢施女謂辯嚴菩薩。善男子。汝言。我當作是念。願令舍衛城中衆生其見我者皆得辭辯。以諸妙偈互相問答。善男子。汝此所施辭辯者。以覺起耶。若以覺起者。一切有爲皆由覺觀而起。是故非寂静。若以愛起者。所施則虛。辯嚴菩薩答無垢施女言。此是我初發菩提心時。願其見我者皆得辭辯。以諸妙偈互相問答。時無垢施女問辯嚴菩薩言。善男子。汝今即有發菩提心願耶。若即有者。則是常見。若今無者。不可以施彼。是故所願則虛。時辯嚴即便默然。爾時無垢施女謂無痴行菩薩。善男子。汝言。我作是念。願令舍衛城中若有衆生其見我者得無痴見。決定於阿耨多羅三藐三菩提。此菩提爲是有耶。爲是無耶。若是有者。是有爲菩提執於邊見。若是無者。則是虛妄。亦墮邊見。時無痴見菩薩答無垢施女言。此菩提者。名之爲智。無垢施女問無痴見菩薩言。此智名爲生耶。爲無生耶。若名爲生。則非是善順思惟所生。是有爲智。凡愚所知。若名無生。無生中無所有。若無所有則無分別。菩薩聲聞辟支佛諸如來菩提無有分別。凡愚之人分別菩提。智慧之人則無分別。時無痴見菩薩即便默然。爾時大德須菩提謂諸大德聲聞并諸大菩薩言。諸大德。我等宜還。不須入舍衛城乞食。所以者何。無垢施女所説即是智者法食。我等今日樂於法食。不須摶食。無垢施女問須菩提言。如説諸法無上無下。於此法中當有何求而行乞耶。大德。不戲論法是比丘所行。不可樂於戲論。此是無依之法。非依止者所行。賢聖所行無有退轉。爾時八大聲聞。八大菩薩。梵天等五百婆羅門。無垢施女。波斯匿王及諸大衆。俱詣佛所。到已頂禮佛足。右繞三匝。却坐一面。無垢施女別繞七匝。頂禮佛足。合掌而立。以偈問佛。

我問無等尊　應供無量稱　施衆甘露喜　菩薩云何行
云何在道樹　破魔降勞怨　云何動天地　山王及林藪
云何放光明　顯發無量稱　願大悲世尊　説應菩提行

云何得總持　如來妙音聲　云何能修持　清净妙勝定
云何諸行人　能得神足力　今勸請世尊　説諸人實行
云何得專念　及與堅固心　云何得應辯　微妙成具足
云何得順理　含衆義圓足　善⑦説微妙法　慧者無所礙
云何樂施慧　净戒及忍辱　善精進禪定　智慧照世間
云何憶宿命　天眼明了見　天耳他心智　神足過諸刹
云何不處胎　化生蓮花中　恒於諸佛前　説空無我法
云何等怨親　斷愛及荒穢　志行無高下　其猶如風地
利衰及毀譽　稱譏與苦樂　云何捨八法　行世猶如日
云何不諂諍　除我捨憍慢　寂静處禪定　智者樂實義

云何不愛樂　妻子及財寶　云何諸行人　樂於閑静處
云何如飛鳥　亦如麟一角　云何樂正法　及樂喜悦心
云何諸智人　觀地水火風　無傾動分别　處禪如虚空
不行非法行　不樂觀他行　寧捨於身命　終不捨離法
云何於菩提　生想如世尊　生世尊想已　能發菩提願
云何得净土　及與清净僧　智者得長壽　稱名獲安樂
方便至彼岸　見諦不取證　能度無量衆　勸樂行善根
云何得端正　及得於化生　智慧多財寶　能知衆生心
云何憶宿命　常與諸佛會　於千萬億劫　恒不生難處
云何得種好　及三十二相　云何善辭辯　及得於應辯

云何修净土　成就比丘衆　隨所願樂處　能得生於彼
導者作何行　能得色名稱　得力精進等　云何得不壞
云何不猶豫　能行菩薩道　去離諸掉悔　爲衆生説法
於佛法衆中　云何得最勝　寧捨己身命　而不誹謗法
世尊無不知　今世及未來　願大智世尊　次説菩薩行

無垢施菩薩應辯會第三十三·菩薩行品第四

爾時世尊贊無垢施女言。善哉善哉。汝爲多安樂利益諸衆生故。憐愍世間諸天人故。問於如來諸菩薩摩訶薩如斯之行。諦聽諦聽。善思念之。吾當爲汝分別解説。時無垢施女及諸大衆皆稱。善哉。願樂欲聞。爾時世尊即便爲説。菩薩成就四法。能破諸魔。何等爲四。於他利養不生憎嫉。去離兩舌。勸多衆生令種善根。於一切衆生生慈愍心。無垢施女。是爲菩薩成就四法。能破諸魔。爾時世尊欲重宣此義。而説偈言。

不生憎嫉心　及以兩舌語　能教多衆生　種善法根栽

能修廣慈心　普及於十方　善行此行者　能摧諸魔怨

無垢施女。若菩薩成就四法者。能放光明過無量佛土。何謂爲四。能施燈明。法欲滅時護持正法。能爲放逸及墮難處衆生故。往其所而爲説法。能以寶飾瓔珞施佛塔廟。是爲菩薩成就四法。能放光明過十方刹。爾時世尊欲重宣此義。而説偈言。

若能施燈明　法末中護法　開導難放逸　寶飾施佛廟

是故諸菩薩　能放净光明　過無量佛土　所照無邊涯
蒙光皆安樂　即發無上心

無垢施女。若菩薩能成就四法者。能振動無量無邊諸佛刹土。何謂爲四。如所説行。得深法忍。堅持善法。化無量衆生行阿耨多羅三藐三菩提。是爲菩薩成就四法。能震動無量無邊諸佛刹土。爾時世尊欲重明此義。而説偈言。

如所説修行　善解深法忍　欲得白净法　堅持諸妙行
能教無量衆　發於菩提心　行此四法者　能動無量刹

無垢施女。若菩薩成就四法者。得陀羅尼。何謂爲四。能施净妙種種所須。莊嚴諸婇女須者便施與。常以種種法贊嘆諸如來。親近多修習般若波羅蜜。是謂菩薩成就四法。得諸陀羅尼。爾時世尊欲重明此義。而說偈言。

若行種種施　能得陀羅尼　莊嚴好婇女　隨意之所須
悉皆能充足　常讚嘆如來　修諸實⑧智慧　世尊之所許
以此四事者　即得陀羅尼　於百千億劫　所聞終不忘
十方佛所說　盡能受憶念

無垢施女。若菩薩成就四法者。能得三昧。何謂爲四。多厭患生死。常樂閑靜處。常勤精進。善能成就諸所作業。是爲菩薩成就四法。能得三昧。爾時世尊欲重宣此義。而說偈言。

捨離諸有生　獨行如騏驎　善男子勤行　成就所作業

慧者能成就　此四勝妙法　親近於菩提　求諸最勝法
有寂静意者　能得諸三昧　覺了勝菩提　諸佛之行處

無垢施女。若菩薩成就四法。能得神足。何謂爲四。身輕故。心輕故。於一切法中無依止故。受四界爲空界故。是爲菩薩成就四法。能得神足。爾時世尊欲重明此義。而説偈言。

身心輕亦爾　智者不著法　受此諸四界　與空界同等
具此四法者　能得乘神足　一念過億刹　供養爾所佛

無垢施女。若菩薩成就四法。得殊妙端正。何謂爲四。去諸荒穢。不行瞋恚。樂净佛塔廟。妙飾以供養。住威儀持戒。常先意問訊。不譏説法者。恒生世尊想。是爲菩薩成就四法。得殊妙端正。爾時世尊欲重宣此義。而説偈言。

不瞋惱他人　去離荒穢行　掃灑世尊廟　恭敬獻飾寶
常持於净戒　發意先問訊　於法師無礙　敬心如世尊
行此四善事　是謂勇健者　殊妙最第一　見者莫不歡

無垢施女。若菩薩成就四法。能得化生。何謂爲四。雕刻蓮花坐佛形像。以優鉢羅花。鉢頭摩花。拘末頭花。分陀利花。及餘種種雜妙諸花。滿掬以散如來及諸塔廟。志願利益無量衆生。恒行和敬。不譏彼短。所種善根爲利益安樂多衆生脱生死苦惱。願成阿耨多羅三藐三菩提故。是爲菩薩成就四法。能得化生。爾時世尊欲重宣此義。而説偈言。

刻花坐尊像　種種花供養　利益不惱衆　化生諸佛刹

恒發弘誓願　度十方衆生　以此四妙行　恒生諸佛刹

無垢施女。若菩薩成就四法。得大財富。何謂爲四。乞者不逆。於所施物不生愛惜。恒願衆生獲多財寶。捨離諸見。順於正信。是爲菩薩成就四法。得大財富。爾時世尊欲重明此義。而説偈言。

施心無所逆　於財無吝惜　信解諸佛法　生生獲財富

信解無諂嫉　不訟彼過患　專心一向信　是故得財寶

無垢施女。若菩薩成就四法。得大智慧。何謂爲四。於他法中不生憎嫉。説除過法令無疑悔。勤精進者勸不令廢。己身常樂多修空法。是爲菩薩成就四法。得大智慧。爾時世尊欲重宣此義。而説偈言。

不嫉於正法[9]　教他除疑悔　常將導衆生　修佛諸空行

智者樂此法　得智慧名稱　善解諸佛語　速成兩足尊

無垢施女。若菩薩成就四法。憶識宿命。何謂爲四。學問誦習有所忘失者。爲作憶念忘者爲說。恒出適意好聲。令人樂聞。常行法施。不令有廢。爲脱生死趣向泥洹故。願如善財入禪方便。是爲菩薩成就四法。能憶宿命。爾時世尊欲重宣此義。而說偈言。

廢忘令憶念　恒出適意音　說法不疲倦　常修諸定相

以此四法者　咸得識宿命　能憶無量劫　速悟佛行處

無垢施女。若菩薩成就四法。常遇諸佛。何謂爲四。寧捨身命。不誹謗法。寧捨身命。不謗菩薩。寧捨身命。不親近惡知識。憶念諸佛。無有厭足。是爲菩薩成就四法。常遇諸佛。爾時世尊欲重宣此義。而說偈言。

不謗於菩提　亦不毀菩薩　樂離惡知識　念諸佛無厭
大德行此行　得值遇諸佛　未成正覺頃　恒與諸佛會

無垢施女。若菩薩成就四法。得三十二相身。何謂爲四。采諸珍寶散佛塔廟。以種種香油塗塔基座。以雜花鬘嚴飾塔廟。以種種伎樂而以供養。常給侍賢聖。初不違離。是爲菩薩成就四法。得三十二相。爾時世尊欲重宣此義。而說偈言。

采寶散塔廟　又以香油塗　雜花衆伎樂　給侍適賢聖

具相莊嚴身　端妙殊特好　以此得衆相　以嚴人中尊

無垢施女。若菩薩成就四法。得八十隨形好。何謂爲四。脱衆妙衣以敷法座。給侍一切終無疲厭。詣説法處無勝論心。恭敬大衆。但生世尊想。勸多衆生發菩提心。是爲菩薩成就四法。得八十隨形好。爾時世尊欲重宣此義。而説偈言。

敷座衆妙衣　供養無疲厭　不與持法競　勸衆發道心

能行此法者　速得成衆好　菩薩親近行　具好八十種

無垢施女。若菩薩成就四法。得善應辯。何謂爲四。受持親近菩薩法藏。晝夜六時誦三陰經。諸佛菩提無生無滅。世所難信。然能受持讀誦。廣爲他説。令得喜悦。不愛身命。是爲菩薩成就四法。得善應辯。爾時世尊欲重宣此義。而説偈言。

護持菩薩藏　勇猛誦三陰　無生世相追[10]　方便説令喜

不愛於身命　持十力正法　無疑慮而行　最上勝菩提

修此甚深法　便能得應辯　譬如雜華鬘　天人所樂見

無垢施女。若菩薩成就四法。得清淨土。何謂爲四。不嫉妒故。等心故。護菩提行故。不親近四部衆故。是爲菩薩成就四法。得清淨土。爾時世尊欲重宣此義。而説偈言。

不嫉於他人　見彼得利喜　等心行大慈　化衆無染著

行此四無量　智者善守護　得淨土無難　速成無上道

無垢施女。若菩薩成就四法。得清淨衆。何謂爲四。不悕望他徒衆故。不和合者攝令和解。學問誦習者給其所須。捨離兩舌。是爲菩薩成就四法。得清浄衆。爾時世尊欲重宣此義。而説偈言。

終不望他衆　離者能令合　給學人所乏　不離別衆生
能行此四事　便得清浄衆　爲清衆故行　極苦亦不捨

無垢施女。若菩薩成就四法。所願佛土隨願得生。何謂爲四。於他名譽利養法中不生憎嫉。專心修習六波羅蜜。於一切菩薩生世尊想。從初發心乃至道場常等心觀。終不爲利養名譽諂曲虛贊故。是爲菩薩成就四法。隨所願土即得往生。爾時世尊欲重宣此義。而説偈言。

不憎他名利　求清浄六度　等尊觀菩薩　終不諂求名

菩薩行此善　能見十方界　隨心之所願　即得生其中

爾時無垢施女白佛言。世尊。如所説菩薩行。我當奉行之。如世尊所説諸菩薩行。於此法中不行一法。則爲欺誑十方現在説法諸佛。爾時大德目連謂無垢施女言。汝敢於佛前大師子吼。菩薩難行豈不知耶。終不以女身而得阿耨多羅三藐三菩提。爾時無垢施女答大德目連言。我今佛前作誠實願。若於來世必得成佛。如來。無所著。等正覺乃至佛世尊。天人師。以此誠實之願。使此三千大千世界六變震動。於諸衆生令無惱亂。如世尊所説諸菩薩行。我盡形行者。以此實願。於虛空中雨衆天花。百千伎樂不鼓而鳴。使我變此女身成十六童子。無垢施女發此誠實願已。即時三千大千世界六變震動。於虛空中雨衆天花。百千天樂不鼓自鳴。無垢施女即變女身成十六童子。時大德目連偏袒右肩。右膝著地。合掌向佛而白佛言。世尊。我今面禮⑪諸佛菩薩。從初發意乃至道場。世尊。此女人乃有如是大威德神足力。能發大願。既發願已。隨願皆成。佛告目連。如是如是。如汝所言。菩薩從初發意乃至道場。天人所禮。如佛塔廟。是諸聲聞辟支佛無上福田。於時世尊熙怡微笑。諸佛常法。若微笑時。口中即出青黄赤白⑫紫頗黎等種種色光。照於無量無邊諸佛剎土。諸天魔宮日月精光皆不復明。還攝光明從頂上入。爾時大德阿難即從坐起。更正衣服。偏袒右肩。右膝著地。合掌向佛。以偈問曰。

天龍梵音師子吼　迦陵頻伽雷震聲　除貪瞋痴生喜悦
願十力海説笑緣　六變震動無所嬈　雨天妙花悦衆情
世尊摧伏諸外道　猶如師子伏野干　唯願世尊爲我説
所以微笑之因緣　萬億日月珠電光　天龍梵王諸光明
釋迦口出净光明　遏諸光明佛光勝　眉間毫相如珂月
圓滿柔軟喻天衣　白毫放光照無量　願説何故放斯光
世尊齒净無垢穢　方平齊密白如雪　佛口應出雜色光
青黄赤白紫頗黎　假使界壞日月落　地滿虚空無居處
水性可使變爲火　火性亦可變爲水　大海盡可令枯竭
如來實語終不二　生十方趣諸衆生　假令一時成緣覺

一一緣覺集諸問　百千萬種經億劫　盡共集會如來前
各以异音同時問　如來即以一音報　能斷彼衆無量疑
成就智慧至彼岸　一切智慧所莊嚴　具三十二最勝尊
大威德者願解説　世尊何緣而微笑　授何衆生菩提記
諸天世人咸欲聞　願如來演微笑音

爾時佛告阿難。汝見是無垢施菩薩以誠實之願。動此三千大千世界不耶。阿難白佛言。世尊。唯然已見。佛言。此無垢施菩薩發心已來。八萬阿僧祇劫行阿耨多羅三藐三菩提行。此無垢施菩薩修菩薩行經六十劫。然後文殊師利法王子乃發菩薩心。阿難。如文殊師利等八萬六千諸大菩薩所有功德莊嚴佛土。與爾所菩薩等無有异。爾時大德目連謂無垢施菩薩言。善男子。汝已久發阿耨多羅三藐三菩提心。何以不轉女人身也。無垢施菩薩答目連言。世尊記大德於神足人中最爲第一。何爲不轉男子身也。大德目連即便默然。無垢施菩薩謂大德目連言。亦不以女身得阿耨多羅三藐三菩提。亦不以男身得阿耨多羅三藐三菩提。所以者何。菩提無生。是以不可得。

無垢施菩薩應辯會第三十三·授記品第五

爾時文殊師利法王子白佛言。未曾有也。世尊。此無垢施菩薩乃能善解甚深之法。以誓願力成就諸願。佛告文殊師利言。如是如是。如汝所言。此無垢施菩薩曾於六十億佛所修空三昧。於八十億佛所修無生法忍。於三十億佛所問甚深法。曾以衣服飲食供養八十億諸佛。及問此分別辯印三昧。又文殊師利。若有善男子善女人爲菩提故。如恒河沙等諸佛刹土滿中珍寶持用布施。不如受持此經。讀誦通利。廣爲人說。乃至但書持功德最上最勝。況如說修行。所以者何。以能受持諸菩薩菩提行法故。文殊師利白佛言。世尊。當何名斯經。云何奉持之。佛告文殊師利。當名爲分別說應辯。亦名說三昧門。當如是奉持之。佛說是經時。八萬億衆生諸天及人。皆發阿耨多羅三藐三菩提心。必定不退轉。爾時辯嚴菩薩白佛言。世尊。此無垢施菩薩何時當成阿耨多羅三藐三菩提。佛告辯嚴。善男子。此無垢施菩薩過於數劫。供養過數佛已。當得成佛。號無垢光相王如來。應供。正遍知。明行足。善逝。世間解。無上士。調御丈夫。天人師。佛。世尊。世界號曰無量德莊嚴。無聲聞辟支佛。微妙嚴飾勝諸天處。無垢施菩薩親從如來聞受記名。心净踴躍。踴在虛空。高八十億多羅樹。放大光明。照百千億諸佛刹土。當世尊頂上。化作八萬四千種種天寶莊嚴殊妙寶蓋。即於空中以無量神足力供養禮拜無量十方諸佛已。還至佛所。在一面立。爾時婆羅門梵天。及五百婆羅門。聞授無垢施菩薩記。及見神足變現。踴躍歡喜。一時同聲以偈贊佛。

能恭敬佛者　得世第一利　發心求菩提　爲佛第一智

我等昔造惡　今生邪見家　得見佛及僧　發口出惡言

我今誠心悔　惡口所犯罪　見諸賢佛子　謂爲是不吉
若不見如來　兩足中最尊　唐受此人身　唐食人所食
我及無垢施　出爲祀祠故　施女見佛子　敬重而贊嘆
我等見贊嘆　即呵其可嘆　我等即問之　汝曾見佛耶
於時答我言　我生適七日　聞天嘆佛名　女贊嘆如來
真實無差异　我等聞嘆已　即發最勝心　求無上善根⑬
我聞佛名故　於宿業得悟　即來禮救世　爲求勝法故
見佛禮敬已⑭　聞最無上法　見人中尊仙　永離諸苦際
佛之所説法　真實能度世　我等於中學　爲無上法故
聞菩薩所行　爲得佛法故　我等亦應習　爲得佛道故

說出要道門　菩薩所應行　我亦趣此門　爲世所敬禮
佛知彼誠心　熙怡而微笑　阿難即白佛　願説笑因緣
爾時佛以偈告阿難曰。
此諸婆羅門　及梵志梵天　同共一劫中　次第成正覺
曾於過去世　具供五百佛　從今以妙⑮行　當見億數佛
於八十億劫　終不墮難處　於一一劫中　當覲億數佛
然後乃當成　最勝兩足尊　皆當同一號　號曰梵光明
壽命亦同等　壽八十億歲　刹土皆同等　各八十億僧
化度無量衆　利益衆生已　當入於泥洹　證寂靜滅度
佛説經已。無垢施菩薩摩訶薩。及諸大衆。梵天。梵志等。五百菩薩大士。波斯匿王。諸大聲聞弟子。諸天八部。人及非人。聞佛所說。皆大歡喜。

大寶積經卷第一百

校注

①『礙』，龍藏、思溪藏作『痴』。

②『爲』，龍藏、思溪藏作『謂』。

③『受』，龍藏、思溪藏作『愛』。

④『猶白』，底本作『髮如』，依龍藏、思溪藏、和裕本改。

⑤『我』下，龍藏、思溪藏有『爲』字。本卷下文例同，用*標識，不再出注。

⑥『若不知』，別譯本《得無垢女經》（北魏·般若流支譯）作『若仁不能思議業者』。

⑦『善』，底本作『美』，依龍藏、思溪藏、和裕本改。

⑧『實』，龍藏作『寶』。

⑨『不嫉於正法』，別譯本《得無垢女經》（北魏·般若流支譯）作『智人不懷嫉』。

⑩『追』，龍藏作『違』。

⑪『面禮』，龍藏作『南無』。

⑫『白』下，龍藏、和裕本有『紅』字。

⑬『善根』，龍藏、思溪藏作『菩提』。

⑭『已』，底本作『心』，依龍藏、思溪藏、和裕本改。

⑮『妙』，龍藏、思溪藏作『涉』。

大寶積經卷第一百一

功德寶花敷菩薩會第三十四

大唐三藏菩提流志奉　詔譯

如是我聞。一時佛在王舍城耆闍崛山。與大比丘衆千二百五十人俱。復有無量諸菩薩衆。爾時會中有菩薩。名開敷功德寶花。即從坐起。偏袒右肩。右膝著地。合掌向佛而作是言。世尊。我於如來欲有咨問。唯願哀愍。見垂聽許。佛告功德花菩薩言。善男子。恣汝所問。當爲汝説。爾時功德花菩薩白佛言。世尊。十方世界頗有現在諸佛如來。若善男子善女人等受持名號。速能證得阿耨多羅三藐三菩提不。佛言。善哉善哉。功德花。汝今爲欲利益安樂天人世間。及未來世諸菩薩等。問於如來如是之義。諦聽諦聽。善思念之。當爲汝説。功德花言。唯然世尊。願樂欲聞。爾時佛告功德花菩薩言。善男子。東方有世界。名一切法功德莊嚴。劫名普集一切利益。彼現有佛。號無量功德寶莊嚴威德王如來。壽命無數。其佛衆會無量無邊。皆是清浄諸大菩薩。若有浄信善男子善女人受持彼佛名者。即能滅除六十千劫生死之罪。轉身得陀羅尼。名爲樂説無礙。凡所説法。常爲十俱胝刹諸佛世尊授以辯才。令得無畏。爾時世尊而説偈言。

若人受持彼佛名　當獲如是諸功德
亦能成就餘勝法　速證無上佛菩提

復次功德花。南方有世界。名功德寶莊嚴。劫名廣大功德。彼現有佛。號功德寶勝莊嚴威德王如來。若有净信善男子善女人受持彼佛名者。轉身當得日輪光明遍照三昧。於諸佛刹隨願往生。亦當攝受無量功德莊嚴佛土。生彼刹已。具三十二相。獲無斷①辯才。轉身當得阿耨多羅三藐三菩提。爾時世尊而説偈言。

若人受持彼佛名　轉身當得難思定
三十二相以莊嚴　一生當證菩提果

復次功德花。西方有世界。名離一切憂暗。劫名能勝王。彼現有佛。號一切法殊勝辯才莊嚴如來。若有净信善男子善女人受持彼佛名者。毒不能害。刀不能傷。火不能燒。水不能溺。捨此身已當受化生。獲陀羅尼。名爲百旋。爾時世尊而說偈言。

若人受持彼佛名　水火刀毒無能害
轉身當受化生報　成就百旋陀羅尼

復次功德花。北方有世界。名離塵暗。劫名持大名稱。彼現有佛。號積集無量辯才智慧如來。若有净信善男子善女人受持彼佛名者。則爲奉事六十俱胝那由他佛。得遍一切處陀羅尼。無盡藏陀羅尼。乃至未成無上菩提。終不更入三惡趣中。常得往生諸佛刹土修菩薩行。度脱無量惡趣衆生。當於阿耨多羅三藐三菩提得不退轉。爾時世尊而說偈言。

若人受持彼佛名　所獲功德無有邊

決定當得陀羅尼　成就無上菩提果

復次功德花。東南方有世界。名勝妙莊嚴。劫名出生功德。彼現有佛。號千雲雷吼聲王如來。若有净信善男子善女人受持彼佛名者。轉身得佛四無所畏。四種神足。大慈大悲。十八不共法。所得國土功德莊嚴。亦如西方極樂世界無有异也。若有女人能受持者。皆悉轉爲丈夫之身。爾時世尊而説偈言。

若人受持彼佛名　獲不思議勝功德

彼常見於無量佛　女人當得丈夫身

復次功德花。西南方有世界。名無量莊嚴。劫名能生妙法。彼現有佛。號最上妙色殊勝光明如來。若有净信善男子善女人受持彼佛名者。則爲奉事九十俱胝諸佛如來。得度脱一切衆生三昧。何故名爲度脱一切衆生三昧。若善男子善女人依此三昧演説法時。能令三千大千世界之中惡趣衆生悉皆解脱。得生人天。普獲安樂。決定當得阿耨多羅三藐三菩提。猶如悦意如來刹中所有衆生常受安樂。爾時世尊而説偈言。

若人受持彼佛名　所生常具大威德
諸根色力皆殊勝　智慧無邊無所著

復次功德花。西北方有世界。名爲離垢。劫名廣族。彼現有佛。號種種勝光明威德王如來。若有净信善男子善女人受持彼佛名者。轉身得無量辯才莊嚴陀羅尼。悉能受持八十俱胝如來所説之法。所得國土功德莊嚴。亦如西方極樂世界無有异也。爾時世尊而說偈言。

若人受持彼佛名　國土猶如無量壽

成就甚深諸法智　一生當證佛菩提

復次功德花。東北方有世界。名曰無憂。劫名辯才莊嚴。彼現有佛。號無數劫積集菩提如來。若有净信善男子善女人受持彼佛名者。即爲供養八十俱胝諸佛世尊。轉身具足六十種言音辯才。爾時世尊而說偈言。

若人受持彼佛名　智慧無邊到彼岸

如供八十俱胝佛　轉生當證妙辯才

復次功德花。上方有世界。名無量功德莊嚴威德。劫名無量吼聲。彼現有佛。號虛空吼聲浄妙莊嚴光明照如來。若有浄信善男子善女人受持彼佛名者。所生之處。種族尊豪。識性聰慧。善能通達世俗文詞。凡所發言人皆信受。於諸地中。具足清浄戒。定。智慧。解脱。②解脱知見。獲宿命智。得五神通。亦當得佛十八不共。速成阿耨多羅三藐三菩提。爾時世尊而説偈言。

若人受持彼佛名　所生未曾離諸佛
具足八種梵音聲　速證無上菩提果

復次功德花。下方有世界。名種種音聲。劫名積集智慧。彼現有佛。號一切法門神變威德光明照耀如來。若有浄信善男子善女人受持彼佛名者。轉身得陀羅尼。名成就正覺。當能受持九十俱胝諸佛如來所説之法。一生當得阿耨多羅三藐三菩提。爾時世尊而説偈言。

若人受持彼佛名　得成正覺陀羅尼
受持無量諸佛法　一生當證大菩提

爾時開敷功德寶花菩薩及一切功德辯才音菩薩得陀羅尼門。八萬俱胝菩薩皆悉趣向無上菩提。得不退轉。三那由他諸天及人發阿耨多羅三藐三菩提心。佛説此經已。功德花菩薩。及一切世間天。人阿修羅。乾闥婆等。聞佛所説。皆大歡喜。信受奉行。

善德天子會第三十五

大唐三藏菩提流志奉　詔譯

如是我聞。一時佛在舍衛國祇樹給孤獨園。與大比丘衆一千人俱。菩薩摩訶薩十千人。并欲色界諸天子等。是時文殊師利菩薩摩訶薩與善德天子俱在會中。爾時世尊告文殊師利。汝當爲此諸天大衆及諸菩薩。演説諸佛甚深境界。文殊師利白佛言。唯然世尊。若善男子善女人欲知佛境界者。當知非眼耳鼻舌身意境界。非色聲香味觸法境界。世尊。非境界是佛境界。以是義故。如佛所得阿耨多羅三藐三菩提。爲何境界耶。佛言。空境界。諸見平等故。無相境界。一切相平等故。無願境界。三界平等故。無作境界。有作平等故。無爲境界。有爲平等故。文殊師利言。世尊。何等是無爲境界。佛言。無念是無爲境界。文殊師利言。世尊。若無爲等是佛境界。爲無念者依何而說。無所依故則無所說。無所說故則不可說。世尊。諸佛境界不可說也。佛言。文殊師利。佛境界當於何求。曰。於一切衆生煩惱中求。何以故。衆生煩惱性不可得。非聲聞緣覺之所能知。是則名爲諸佛境界。佛言。文殊師利。佛境界有增減耶。曰。無增減也。佛言。云何了知一切衆生煩惱本性。曰。如佛境界無有增減。煩惱本性亦無增減。佛言。云何名爲煩惱本性。曰。煩惱本性是佛界本性。世尊。若煩惱性异佛境界。則不說佛住一切法平等性中。以煩惱性即佛界性故。說如來住平等性。又問。汝見如來住何平等。曰。如我所解。衆生現行貪瞋癡者。所住平等爲如來住。佛言。衆生現行三毒煩惱。住何平等。答曰。住空無相無願平等性中。佛言。文殊。彼性空中。云何復有貪瞋癡耶。文殊師利言。於彼有中。有性空處。有貪瞋癡。佛言。於何有中說有性空。曰。於文字語言中說有性空。有性空故。有貪瞋癡。如佛所說。諸比丘有無生無爲無作無起。若無生無爲無作無起不有者。亦不可說有生有爲有作有起。是故比丘以有無生及無所起。由此得說有生有起。如是世尊。若無性空無相無③願。則不可說貪瞋癡等一切諸見。佛言。文殊師利。以是義故。如汝所說。住煩惱者是住性空。文殊師利言。世尊。若觀行者。離於煩惱而求性空。則不相應。云何別有性空異於煩惱。若觀煩惱即是性空。爲正修行。佛言。文殊師利。汝住煩惱。離煩惱耶。文殊師利言。所有煩惱悉皆平等。如是平等。我正修行入此平等。則不離煩惱。不住煩惱。若沙門婆羅門自謂離欲。見他煩惱。彼隨二見。云何二見。謂有煩惱名爲常見。謂無煩惱名爲斷見。世尊。正修行者。不見自他有無之相。何以故。明了一切法故。佛言。文殊師利。依何正修行。曰。正修行者爲無所依。佛言。不依於道而修行耶。曰。若有所依而修行者。則是有爲。若行有爲則非平等。所以者何。不離生住壞故。佛言。文殊師利。無爲中頗有數耶。文殊師利言。世尊。若無爲有數。即是有爲。非謂無爲。佛言。若聖者得證無爲。則有此法。寧無數耶。曰。法無數故。聖遠離數。爲無數也。佛言。文殊。

汝證聖法。爲不證耶。文殊師利言。世尊。若問化人。汝證聖法爲不證者。彼云何答。佛言。文殊。夫化人者。則不可說有證非證。文殊師利言。佛豈不說一切諸法皆如化耶。佛言。如是如是。曰。若一切法皆如化者。云何問言汝證聖法爲不證也。佛言。文殊。汝於三乘證何平等。曰。佛界平等。我如是證。佛言。汝得佛境界耶。曰。若世尊得者。我亦當得。爾時尊者須菩提語文殊師利言。如來不得佛境界耶。文殊師利言。汝於聲聞境界有所得耶。須菩提言。聖者解脫。非得非不得。曰。如是如是。如來解脫。亦非有境界。非無境界。須菩提言。文殊師利。汝不將護新發意菩薩而演說法。文殊師利言。須菩提。於意云何。若有醫人將護病者。不與辛酸苦澀等藥。而彼醫人於彼病者。爲與其瘥。爲與死耶。須菩提言。是與死苦。非施安樂。文殊師利言。其説法者亦復如是。若將護於他④。恐生驚怖。隱覆如是甚深之義。但以雜句綺飾文辭而爲演説。則授衆生老病死苦。不與無病安樂涅槃。説此法時。五百比丘不受諸法。漏盡意解。八千天人遠塵離垢⑤。於諸法中得法眼浄。七百天子發阿耨多羅三藐三菩提心。作是願言。我等於未來世。當如文殊師利得是辯才。

爾時長老須菩提語文殊師利言。汝豈不以聲聞乘法爲聲聞説耶。曰。一切乘法是我所乘。須菩提言。汝爲是聲聞。爲辟支佛。爲應正等覺耶。曰。我爲聲聞。不因他聲而生解故。我爲辟支佛。不捨大悲無所畏故。我爲應正等覺。不捨本願故。須菩提言。汝云何作聲

聞。曰。彼諸衆生未曾聞法令得聞故。我爲聲聞。又問。汝云何爲辟
支佛。曰。衆生法界令信令覺。是故説我爲辟支佛。又問。汝云何爲
應正等覺。曰。一切諸法法界平等。如是了知。是故我爲應正等覺。
須菩提言。文殊師利。汝決定爲住何地。曰。住一切地。須菩提言。汝
豈亦住凡夫地耶。文殊師利言。我亦決定住凡夫地。須菩提言。汝
何密意作是説乎。曰。一切諸法自性平等。故説如是。須菩提言。若
一切法皆悉平等。當於何所建立諸法。此聲聞地。辟支佛地。菩薩
佛地耶。文殊師利言。譬如十方虛空界中。説言此是東方虛空。南
西北方四維上下亦如是説。如是言説種種差別。非於虛空而有
异也。是故仁者。依一切法畢竟空中。建立種種諸地之相。亦非空

性而有差別。須菩提言。文殊師利。汝已證入正性離生耶。曰。我已證入而亦復出。須菩提言。云何證入而復還出。文殊師利言。仁者當知。此是菩薩智慧方便。於正性離生如實證入。方便而出。須菩提。譬如有人善於射術。有一怨敵念欲害之。射師有子。憐愛甚重。時彼愛子在曠野中。其父謬謂是所怨仇。放箭射之。子便大喚言。我無咎。何爲見害。時彼射師有速疾力。急往子所。却取其箭。菩薩亦復如是。爲調伏聲聞辟支佛。故入正位還於彼出。不墮聲聞辟支佛地。以是義故。名爲佛地。須菩提言。云何菩薩而得此地。文殊師利言。若諸菩薩住一切地而無所住。爲得此地。若一切地悉能演說。而不住於下劣之地。爲得此地。若有修行爲盡一切衆生煩惱。而法界無盡。雖住無爲而行有爲。於生死中如園觀想。不求涅槃。爲得此地。所有志願悉令圓滿。得無我忍成熟衆生。爲得此地。得佛智慧。而不於彼無智人所生瞋恨心。爲得此地。爲求法者轉於法輪。而於法界亦無差別。如是修行。爲得此地。復次。若諸菩薩摧伏魔怨而現作四魔。爲得此地。須菩提言。文殊師利。此菩薩行一切世間甚爲難信。文殊師利言。如是如是。如汝所說。是諸菩薩行於世間。超過世法。須菩提言。文殊師利。當爲說此超過世間。文殊師利言。夫世間者。名爲五蘊。於此蘊中。色聚沫性。受水泡性。想陽焰性。行芭蕉性。識幻性。如是當知世間本性。聚沫陽焰泡幻芭蕉。是中無蘊。無蘊⑥名字。無衆生。無衆生名字。無世間。超過世間。若於五蘊如是正知。名爲勝解。若正勝解。則本來解脱。若本來解脱。則不著世法。若不著世法。則超過世間。復次須菩提。五蘊本性空。若本性空。則無我我所。若無我我所。是則無二。若本無二。則無取捨。無取捨故。則無所著。無所著故。則超過世間。復次須菩提。是五蘊者。屬於因緣。若屬因緣。則不屬我。不屬衆生。若不屬我。不屬衆生。是則無主。無主則無取。無取則無諍。無諍論者是沙門法。如手畫空無有觸礙。修行如是空平等性。超過世間。復次須菩提。五蘊法界同入法界。是則無界。若是無界。則無地界水火風界。無我無衆生無壽命。無欲界及色無色界。無有爲無爲生死涅槃界。入是界已。則與世間俱而無所住。若無所住。則超過世間。説此超過世聞法時。二百比丘不受諸法。漏盡意解。各各脱鬱多羅僧衣。以覆文殊師利。作如是言。若不於此法門生信解者。彼無所得。亦無所證。

爾時須菩提告彼諸比丘言。長老。汝等少有所得有所證耶。諸比丘言。若增上慢者。則可説言有得有證。無增上慢沙門法者。無得無證。彼於何處生此動念而自謂言。我如是得。我如是證。若於其中有動念者。則是魔業。須菩提言。長老。如汝所解。何得何證作是説乎。諸比丘言。唯佛世尊及文殊師利知我所得。知我所證。大德。如我所解。若不了知苦相。作是説言苦我應知。爲增上慢。如是集應斷。滅應證。道應修。爲增上慢。彼不了知苦集滅道相故。作是説言。乃至道我已修。爲增上慢。云何苦相。謂無生相。如是集滅道相。若無生相。即是無相無所得。於其中無有少苦可知。集可斷。滅可證。道可修。若於此說聖諦義中不驚不怖不畏者。非增上慢。若生驚怖。爲增上慢。

爾時世尊贊彼諸比丘言。善哉善哉。告須菩提。此等比丘於迦葉佛法中。曾聞文殊師利演說如是甚深之法。此等比丘往昔修行是深法故。今聞隨順速能了知。如是次第於我法中。聞是深法生信解者。一切當於彌勒法中得入衆數。

爾時善德天子白文殊師利言。仁者於此閻浮提中數數說法。我等願請仁者往兜率陀天。彼諸天子亦有久殖廣大善根。彼若聞法則應解了。以著樂故。不能來至佛所聽法而自損減。爾時文殊師利即現神變。令善德天子及一切衆會。皆悉自謂入兜率陀天宮。見彼園林。宮殿樓觀。欄楯窗牖。間錯莊嚴。其諸寶臺層級高廣至二十重。衆寶網幔天花遍布。异類衆鳥翔集和鳴。於虛空中有諸天女散曼陀羅花。歌咏贊嘆游戲快樂。善德天子見是事已。白文殊師利言。希有文殊。云何我等如是速疾已到兜率陀天宮。見此園林及諸天衆。文殊師利願爲説法。

爾時長老須菩提告善德言。天子。汝不離會中而往餘處。是文殊師利神通變化。令汝自見入兜率天宮。

爾時善德天子白佛言。希有世尊。文殊師利游戲三昧神通變化。

於一刹那中示現此會悉入兜率天宮。佛言。天子。汝於文殊師利神通變化。豈是見耶。如我所知。文殊師利若欲以恒河沙等諸佛刹土功德莊嚴集一佛國。悉皆能現。或以指端舉恒河沙諸佛刹土。過於上方如恒河沙諸佛土已。置於虛空。又諸佛刹所有四大海水入一毛孔。水性衆生亦不迫迮。而皆自見不離海中。所有世界諸須彌山王。皆悉置於芥子之內。依須彌住諸天子等。而皆自謂在其本宮。又諸佛刹所有五道衆生。悉皆安置於其掌中。衆妙資具猶如一切樂莊嚴國。咸令得見。又諸世界所有火聚。悉皆安置一兜羅中。復次諸佛世界所有日月。於一毛孔悉能覆蔽。隨應所作咸皆作之。

爾時惡魔化作比丘白佛言。世尊。我等欲見文殊師利現前作此神通變化。何用如此虚誕之言。一切世間所不能信。

爾時世尊告文殊師利言。汝當於此衆會示現神變。爾時文殊師利不起于座。入心自在一切法莊嚴三昧。于時如佛所説神通變化皆悉示現。魔與衆會及善德天子一切皆見。爾時大衆見此神變。嘆未曾有。作如是言。善哉善哉。由佛出現有此正士。於世間中開是法門。現諸神變。爾時惡魔以文殊師利威神力故。作如是言。希有世尊。文殊師利有此神通。今此衆會亦爲希有。於文殊師利神通變化而得信解。世尊。設有如恒河沙等諸魔。不能於此信解善男子善女人而作留難。我亦惡魔波旬。恒求佛便。惱亂衆生。我從今往自立誓願。若於此法門流行之處。有生信解。愛樂受持。讀誦演說。於四面百由旬外。不於中過。世尊。然我眷屬有欲斷滅如來法故。令修行者其心散亂。我爲降伏。說陀羅尼。若善男子善女人於此法門書寫讀誦。爲人演說。諸天魔衆當得善利。令說法者身心悅豫。精勤修習。與無礙辯才及陀羅尼。承事供給衣服飲食臥具湯藥。令無所乏。即說咒曰。

怛姪他一阿末麗二毗末麗三替哆低四阿羯椑五是多設堵嚕六誓曳杜野筏低七部多筏低伽米麗八哨⑦低九蘇普低十普普細十一地唎蘇溪十二慣提十三可詣十四米洗禮十五央矩麗跋麗十六呼盧忽黎十七索醯十八輸戍米提地唎十九阿那筏低底底使咤泥二十吃唎多唎低二十一吃利多費低二十二肥盧

遮都費低漫怛囉悖駝那駝嘚迦二十三阿去聲跋羅目多曀嚩蘇唎耶⑧二十四

世尊。若善男子善女人專精受持此陀羅尼。心不散亂。常爲諸天。龍神。夜叉。乾闥婆。阿修羅。迦樓羅。緊那羅。摩睺羅伽等之所守護。一切惡鬼無能得便。彼魔波旬説此咒時。三千大千世界六種震動。爾時世尊告魔波旬。善哉善哉。汝之辯才。當知⑨是文殊師利神通境界。於是文殊師利現神通力。及魔波旬説咒之時。三萬二千天人發阿耨多羅三藐三菩提心。時文殊師利還攝神力。令此衆會皆悉自見如本而住。

爾時文殊師利告善德天子言。善男子。汝往兜率陀天遍告天衆。我當來彼。時善德天子聞是語已。禮世尊足。并諸菩薩。大德聲聞。

與其眷屬恭敬圍繞。於衆會前忽然不現。須臾已至兜率陀天。爾時善德遍告諸天子言。汝等應知。文殊師利憐愍汝故。欲來至此。汝等應當捨諸欲樂。遠離憍慢。恭敬尊重隨順聽法。爾時善德天子如所應辦莊嚴道場。即便合掌作如是言。文殊師利。今正是時。於是文殊師利與一萬菩薩。五百聲聞。及天。龍。夜叉。乾闥婆等。前後圍繞。禮佛足已。於會中沒。現兜率陀天。與諸菩薩聲聞大衆。於彼道場隨敷而坐。時諸大衆悉聞四天王宮。三十三天。夜摩。兜率。及以化樂。他化自在諸天子等。魔衆。梵衆。乃至有頂。互相唱言。文殊師利今在兜率陀天方欲說法。諸天聞已。無數百千皆來集會。盡此欲界天宮所不容受。時文殊師利即以神力。令彼諸天自見寬廣。不相妨礙。爾時善德天子白文殊師利言。大衆已集。願爲説法。文殊師利告善德天子言。有四種法。菩薩住於不放逸者。則能攝取一切佛法。何等爲四。一者。住於戒律而具多聞。二者。住於禪定而行智慧。三者。住於神通而起大智。四者。住於寂靜而常觀察。天子。有八種法入於戒律。何等爲八。一者。身清净。二者。語清净。三者。意清净。四者。見清净。五者。頭陀功德清净。六者。命清净。七者。捨離一切詐現异相以利求利清净。八者。不捨一切智心清净。是名八法入於戒律。天子。復有八法入於多聞。何等爲八。一者。尊重。二者。下心。三者。發起精進。四者。不失正念。五者。隨聞受持。六者。心善觀察。七者。如聞轉教。八者。不自贊毁他。是名八法入於多聞。天子。

復有八法入於禪定。何等爲八。一者。寂靜住阿蘭若。二者。捨離憒鬧。三者。不染境界。四者。身心輕安。五者。心緣定境。六者。絶諸聲相。七者。減食支身。八者。不取聖樂。是名八法入於禪定。天子。復有八法入於智慧。何等爲八。一者。蘊善巧。二者。界善巧。三者。處善巧。四者。緣起善巧。五者。諦善巧。六者。三世善巧。七者。一切乘善巧。八者。一切佛法善巧。是名八法入於智慧。天子。復有八法入於神通。何等爲八。一者。天眼通。見無障礙故。二者。天耳通。聞無障礙故。三者。他心通。觀一切衆生心故。四者。宿命通。憶念前際故。五者。神足通。示現一切神變故。六者。漏盡通。盡一切衆生漏故。七者。不住煩惱不取解脫。方便力故。八者。不依聲聞解脫而入涅槃。是名八法入於神通。復有八法能入於智。何等爲八。一者。苦智。二者。集智。三者。滅智。四者。道智。五者。因智。六者。緣智。七者。三世智。八者。一切智。是名八種。復有八法入於寂靜。何等爲八。一者。内寂靜。二者。外寂靜。三者。愛寂靜。四者。取寂靜。五者。有寂靜。六者。生寂靜。七者。一切煩惱寂靜。八者。三界寂靜。是名八法。復有八法入於觀察。何等爲八。一者。戒。二者。聞。三者。禪定。四者。智慧。五者。神通。六者。智。七者。寂滅。八者。不放逸。天子。是名八法。菩薩安住不放逸故。諸佛菩提及菩提分法一切當得。

是故天子。應當依是不放逸住。汝等天子依不放逸。則三種樂常不損減。何等爲三。一者。天樂。二者。禪樂。三者。涅槃樂。復次諸天子。

依不放逸住者得離三苦。何等爲三。所謂行苦。苦苦。壞苦。又不放逸者超三種畏。何等爲三。所謂地獄。餓鬼。畜生。又不放逸者得超三有。何等爲三。所謂欲有。色有。無色有。復次諸天子。依不放逸住者得離三垢。何等爲三。所謂貪垢。瞋垢。痴垢。又不放逸於三學處當得圓滿。何等爲三。所謂增上戒。增上心。增上慧。不放逸者常得親近供養三寶。何等爲三。所謂佛寶。法寶。僧寶。復次。依不放逸住者。得離三種波羅蜜障。何等爲三。一者。自慳。二者。於行施人心生憎嫉。三者。隨順慳人。自破戒。憎嫉持戒者。隨順破戒人。自瞋。憎嫉忍辱者。隨順瞋恚人。自懈怠。憎嫉精進者。隨順懈怠人。自散亂。憎嫉禪定者。隨順散亂人。自無智慧。憎嫉智慧者。隨順無智人。汝等諸天子。是名依不放逸住者。當得遠離三波羅蜜障。復次諸天子。依不放逸住者。當得三種波羅蜜伴助。何等爲三。所謂施增長。不求果報。迴向菩提。戒增長。不求生天。迴向菩提。忍辱增長。於一切衆生不生害心。迴向菩提。精進增長種種善根無有厭足。迴向菩提。禪定增長心不散亂。迴向菩提。智慧增長。常修善業。迴向菩提。是名依不放逸住得此波羅蜜三伴助。是故諸天子。住不放逸增長一切善法。佛所印可。復次。一切法如虛空。是四正勤應當觀察。何等爲四。所謂諸法無作。未生不善法爲不生故發起精進。法性清淨。已生不善法爲除滅故發起精進。諸法寂靜。未生善法令得生故發起精進。一切法無處無行。已生善法住不失故發起精進。

天子。是諸菩薩四正勤。佛所印可。復次諸天子。法性平等無生無滅。依此法性。無所得故不作諸惡。順法性故勤修衆善。如是修者。爲無所修。復次。於一切法不取不捨。是名正勤。復次諸天子。應觀四念處。所謂無身住處。無受住處。無心住處。無法住處。無住處。無建立處。是名念處。復次。應觀四如意足。一者。身心不懈樂修善法故。二者。爲成就⑩一切衆生。發起精進斷貪欲故。三者。一切法不可得而證諸佛法故。四者。心如幻化。法無所依。超過一切取著故。復次。應觀五根。一者。信根。決定安住於諸法中爲上首故。二者。精進根。遍修諸行成就佛身故。三者。念根。具足諸法。心善調柔。無忘失故。四者。定根。遠離攀緣。不隨昏睡故。五者。慧根。決斷諸法。正觀現前不隨他故。何謂諸力。所謂安住如是諸法性中。一切煩惱無能沮壞。是名爲力。住是力故便得勝法。如實了知非异非如。說名覺分。若於諸法隨順覺了。由是道故次第修行。通達秘密於法不動。說名聖道。是故諸天子。應如是修三十七品菩提分法。出過諸行無復障礙。智慧熾然究竟寂靜。云何名爲究竟寂靜。謂諸法無起亦無所盡。無所盡故則無所作。無所作故亦非無作。無受。無受者。無施設。是名究竟寂靜。說此法時。一萬二千天子於諸法中得法眼凈。

爾時善德天子白文殊師利言。菩薩云何修習於道。文殊師利言。天子。若諸菩薩不捨生死。而令衆生入於涅槃。不捨愛取。而拔出衆生令立聖道。是名菩薩修習於道。復次天子。修習道者。善巧安住清浄性空。何以故。菩薩以寂静心。見一切法自性清浄。爲諸衆生樂著諸見。安住隨眠無方便者。演説諸法自性空義。所以者何。是諸衆生於自性空中而生見故。是菩薩以無相無願無所作。一切法自性不生。爲諸凡夫久習煩惱生滅見者。於此無生令得信樂。而於生滅亦無所動。天子。是名菩薩修習於道。復次天子。應見菩薩去來之道。諸天子言。文殊師利。云何菩薩去來之道。文殊師利言。天子。菩薩證菩提而去。如應説法而來。得諸禪⑪解脱而去。現生欲界中來。入於聖道故去。大悲成熟衆生故來。得無生法忍而去。忍受衆生故來。於一切法出離故去。拔出衆生故來。誓願堅固而去。誓願無自性而來。三解脱門而去。故受生而來。菩提道場故去。爲安立衆生於菩提故來。天子。是名諸菩薩去來之道。説此菩薩道時。五百菩薩得無生法忍。

爾時善德天子白文殊師利言。我等曾聞有世界名一切功德光明。爲在何處。何等如來於中説法。文殊師利言。天子。彼一切功德光明世界。在於上方過十二恒河沙佛刹。普賢如來於中説法。諸天子言。我等願欲見彼世界及彼如來。爾時文殊師利即入光明莊嚴三昧。以三昧力放大光明。過十二恒河沙佛刹。遍照一切功德光明世界。時彼菩薩問。此光明從何所來。彼佛告言。善男子。下方過十二恒河沙佛刹。有世界名娑婆。彼土有佛名釋迦牟尼如來應正等覺。在世說法。彼有菩薩名文殊師利。入光明莊嚴三昧。放大光明遍照十方無量佛刹。是其光明來照此會。彼諸菩薩即白普賢如來。我等願見釋迦牟尼世尊及文殊師利菩薩。時普賢如來放大光明。照十二恒河沙佛刹至娑婆世界。令彼菩薩分明見此菩薩衆會。時彼世尊告諸菩薩。誰能往彼娑婆世界。爾時持法炬菩薩摩訶薩白佛言。世尊。我能往彼娑婆世界。佛言。今正是時。爾時持法炬菩薩與十億諸菩薩俱。於彼國沒。現兜率陀天。放大光明遍照世界。時諸天。龍。夜叉。乾闥婆。阿修羅。迦樓羅。緊那羅。摩睺羅伽。釋梵護世諸天子等。及諸聲聞菩薩大衆。得未曾有。作如是言。此諸菩薩游戲神通甚爲希有。爾時衆會因此光明。見一切功德光明世界。及見普賢如來國界莊嚴。於一劫中說不能盡。當此文殊師利現神變時。七那由他諸天子等發阿耨多羅三藐三菩提心。爾時持法炬菩薩白文殊師利言。可共禮覲釋迦如來。時文殊師利於彼天子應可度者皆悉度已。與持法炬諸菩薩衆。及大聲聞。天。龍。夜叉。乾闥婆等。往詣佛所。到已頂禮佛足。却住一面。爾時持法炬菩薩白佛言。世尊。普賢如來問訊世尊。少病少惱。起居輕利。安樂行不。爾時世尊告彼諸菩薩言。善男子。此文殊師利及持法炬正士。神通變化智慧光明。成熟衆生。奉事諸佛。一切菩薩不能知其智慧方便深入邊際。汝善男子。應當學此文殊師利及持法炬正士。并諸菩薩所有神通辯才智慧。奉事諸佛。成熟衆生。此諸正士無數劫來。從一佛刹至一佛刹。常作佛事。若諸衆生入此正士境界。當來不復墮於魔界。爾時世尊告長老阿難。汝善持此法門。不斷三寶種故。爾時持法炬菩薩摩訶薩從此會起。與其眷屬還本佛刹。佛説此經已。善德天子。長老阿難。一切世間天。龍。乾闥婆。阿修羅等。聞佛所説。皆大歡喜。

大寶積經卷第一百一

校注

①『斷』，龍藏作『礙』。

②『解脱』，底本作『及於』，依龍藏、思溪藏、和裕本改。

③『無』，龍藏、思溪藏無。

④『他』，參別譯本《文殊師利所説不思議佛境界經》（唐·菩提流志譯），此處指『初學心』。

⑤『遠塵離垢』，龍藏作『遠離塵垢』。

⑥『藴』下，思溪藏有『無藴』二字。

⑦『喟』，龍藏、思溪藏作『嗡』。

⑧『耶』，思溪藏作『那』。

⑨『知』下，龍藏、思溪藏有『皆』字。

⑩『就』，龍藏、思溪藏、和裕本作『熟』。

⑪『禪』下，龍藏、和裕本有『定』字。

大寶積經卷第一百二

隋三藏達摩笈多譯

善住意天子會第三十六之一[1]·緣起品第一

如是我聞。一時婆伽婆住王舍城耆闍崛山内。與大比丘衆六萬二千人俱。皆是大德。具足神通。諸大聲聞而爲上首。

爾時復有四萬二千菩薩摩訶薩。其名曰。文殊師利菩薩。師子幢菩薩。彌勒菩薩。觀世音菩薩。大勢至菩薩。大辯聚王菩薩。陀羅尼自在王菩薩。善丈夫菩薩。須彌頂菩薩。須彌幢菩薩。不可動菩薩。善思義菩薩。善思義意菩薩。善思惟菩薩。思心菩薩。勇意菩薩。善思菩薩。寶髻菩薩。山相擊王菩薩。寶手菩薩。寶意菩薩。寶印手菩薩。常舉手菩薩。常下手菩薩。常精進菩薩。度衆生菩薩。上精進菩薩。如言行菩薩。上願菩薩。燈手菩薩。心平等菩薩。除惡道菩薩。除諸憂暗菩薩。不捨重擔菩薩。日藏菩薩。月藏菩薩。金剛步菩薩。無邊步菩薩。無量步菩薩。不動行步菩薩。虛空藏菩薩。勝意菩薩。益意菩薩。增上意菩薩。成行菩薩。持地菩薩。月光菩薩。月幢菩薩。光德菩薩。明照菩薩。勇步菩薩。師子奮迅吼音菩薩。無礙辯菩薩。相應辯菩薩。捷疾辯菩薩。最勝菩薩。翳日月光菩薩。無攀緣菩薩。無著意菩薩。常笑菩薩。喜根菩薩。除諸障蓋菩薩。轉女身菩薩。摩尼珠菩薩。燈明菩薩。毗盧遮那菩薩。火焰菩薩。衆勝王菩薩。深說者菩薩。如是等菩薩摩訶薩而爲上首。爾時復有四天大王。忉利天王。娑婆世界主大梵天王。如是等而爲上首。與六萬諸天衆俱。復有善住意天子。善德天子。大自在天子。如是等而爲上首。與三萬諸天衆俱。於菩薩道皆已久住。復有二萬阿修羅王。羅睺阿修羅王。須彌阿修羅王。如是等而爲上首。亦皆已住於菩薩道。復有六萬諸大龍王。阿那婆達多龍王。勝月龍王。如是等而爲上首。亦皆已住於菩薩道。并餘無量天。龍。夜叉。乾闥婆。阿修羅。迦樓羅。緊那羅。摩睺羅伽億百千衆。乃至一切比丘。比丘尼。優婆塞。優婆夷。無量大衆皆來集會。

爾時世尊以如是等無量百千大衆圍繞。於説法時。文殊師利菩薩摩訶薩即於己室入彼無諍除心三昧。寂然不動。於是文殊師利一心安詳從三昧起。應時十方無量無邊諸佛世界六種振動。時文殊師利起三昧已。作如是念。彼無量無邊諸世界中。乃有一佛如來應供正遍覺出興於世。如優曇花希復現耳。如是諸如來應供正遍覺。世間希有。出現甚難。所可說法。盡諸有生。寂滅涅槃。不可思量。無有分別。甚深無譬難解難知。然以諸佛不出世故。不可得聞。以不聞故。諸衆生苦難可窮盡。我今應當詣於如來正遍覺所咨問是義。問斯義故。令諸衆生成就善根。亦令一切行菩薩者。於彼甚深不可思議諸佛法中無復疑惑。皆得成滿佛菩提事。然此娑婆世界諸衆生等。多有貪欲。具足瞋恚。成就愚痴。斷除白法。頑鈍詿詐。無有慚愧。我慢貢高。遠離諸佛。違背法僧。令彼衆生得聞如是甚深妙法。獲净智眼。

爾時文殊師利復作是念。我今應當大集十方諸菩薩衆。令皆得聞如來所説是妙法門。證深法忍。爾時文殊師利如是念已。即入普光無垢莊嚴三昧。入此三昧已。放大光明照於東方如恒河沙等諸佛世界。普皆柔和。潤澤清净。明朗無垢。微妙難稱。而此光明遍照南西北方四維上下十方世界。其間所有一切暗冥幽隱之處。山崖樹林。大小諸山。目真鄰陀山。摩訶目真鄰陀山。鐵圍山。大鐵圍山。及餘黑山。須彌山。大須彌山。如是一切光明朗徹無有障礙。

爾時十方恒河沙世界所有諸佛現説法者。彼諸弟子各請其佛言。世尊。何因緣故乃有如是大瑞光明現於世間。世尊。我從昔來初未聞見如是光明。如是清浄。如是微妙。世尊。此何光明。而令我等大喜遍身。心得清浄。亦令衆生無復貪欲瞋恚愚痴。煩惱衆惡一切不行。世尊。今此光明誰之所作。誰所加持。而來現此。彼諸侍者如是請已。彼諸世尊默然無報。當爾之時。十方世界一切所有諸種音聲。所謂若天聲。若龍聲。若夜叉聲。若乾闥婆聲。若阿修羅聲。若迦樓羅聲。若緊那羅聲。若摩睺羅伽聲。若人聲。若非人聲。若象馬聲。若諸獸聲。如是等聲咸皆止息。若風聲。若火聲。若水聲。若大海波聲。若音樂聲。若歌贊聲。當爾之時。如是諸聲以佛力故。亦皆止息。一切寂然。時彼十方諸佛侍者復請彼佛言。世尊。唯願大慈。憐愍一切諸天人故。安樂一切諸天人故。利益一切諸天人故。爲我宣説如是光明所從來處。而能普照諸佛國土。爾時十方諸佛。即以十方恒河沙數世界所有一切諸如來聲。悉同梵音。如一如來口業所説。其所説事亦無差殊。用是妙聲。各皆報告己之侍者。當彼諸佛出聲告時。一切佛刹悉皆振動。百千樂音一時皆作。乃至一切天。人。阿修羅所有音樂不鼓自鳴。又彼樂音衆聲之中出諸法音。所謂無常聲。苦聲。無我聲。空聲。無相聲。無願聲。離欲聲。解脱聲。法界聲。如如聲。實際聲。檀波羅蜜聲。尸波羅蜜聲。羼提波羅蜜聲。毗梨耶波羅蜜聲。禪波羅蜜聲。般若波羅蜜聲。大慈聲。大悲聲。大喜聲。大捨聲。和合聲。利益聲。出離聲。②出如是等種種百千諸法之聲。又彼種種諸聲出時。無量阿僧祇億那由他百千衆生。皆得住於不退轉阿耨多羅三藐三菩提。復有成就辟支佛者。成聲聞者。乃至得成大梵天王。天帝釋。轉輪王等。

爾時十方諸佛世尊咸各告其侍者弟子言。諸善男子。汝今不應請問是事。何以故。此光明因緣。一切聲聞辟支佛等非其境界。我若説者。乃至世間天。人。阿修羅皆即迷没。是故不應請問斯事。諸佛如來若説如是光明因緣。乃是能生成就不可思議諸勝善根。亦緣如是不思議諸勝善根而得出生。所謂布施持戒忍辱精進禪定智慧諸度等行。如是諸行即是光明之所出生。亦爲光明之所成就。是故我等諸佛如來。若於一劫。若減一劫。讚説如是光明功德終不能盡。又以如是慈悲喜捨諸善根力共相熏修。令此光明能生歡喜。時彼十方諸佛侍者。各自殷勤再三啓請白言。唯願世尊憐愍一切諸天人故。安樂一切諸天人故。利益一切諸天人故。成熟菩薩諸善根故。爲我等説光明因緣。彼諸菩薩如是請已。於是十方諸佛世尊復各告其侍者弟子言。諸善男子。汝宜諦聽。吾爲汝説。諸侍者言。唯然世尊。願樂聽聞。爾時彼佛各各告其侍者言。善男子。有世界名曰娑婆。其土有佛。號釋迦牟尼如來。應供。正遍覺。明行足。善逝。世間解。無上士。調御丈夫。天人師。佛。世尊。出五濁世。彼土衆生多有貪欲瞋恚愚痴。衆惱所迫。彼諸衆生無有恭敬。不識慚耻。都無羞愧。所爲行業多諸不善。能於如是濁惡世中。成就阿耨多羅三藐三菩提。然今現在處衆説法。善男子。彼世界中釋迦如來有一大弟子菩薩摩訶薩。名文殊師利。有大功德。具足智慧。精進勇猛。有大威神。能令菩薩咸得歡喜故。能令菩薩具足修行故。令諸菩薩增長威力故。令諸菩薩發勤勇猛故。能善分別一切法句故。能達無礙智慧彼岸故。能具足得無礙辯才故。又於諸陀羅尼得自在故。已具成滿一切菩薩不思議功德故。令③彼菩薩將欲請問釋迦牟尼如來應供正遍覺甚深法門。爲諸菩薩善根成就故。爲行菩薩乘人④得滿足彼不思議諸佛法故。善男子。又彼文殊師利放斯光明。欲令十方世界無量阿僧祇諸菩薩衆大集故。令彼諸菩薩得勝法故。以是因緣。彼文殊師利放大光明照諸佛土。爾時十方世界諸佛侍者。復各請問彼諸佛言。世尊。彼文殊師利住何三昧放此光明。爾時十方諸佛咸各告其侍者弟子言。諸善男子。彼文殊師利入普明無垢莊嚴三昧故。放斯光明。侍者菩薩復白諸佛言。世尊。我初未見如是光明。如是清淨。如是能令身心歡喜。諸佛復告諸菩薩曰。彼將不欲教諸菩薩起修行耶。彼將不欲大集諸菩薩衆耶。彼將不欲集諸菩薩宣說如斯妙經典耶。

爾時十方無量不可思議恒河沙等諸佛世界。一一世界中有無量阿僧祇諸菩薩衆。各自詣彼諸世尊所。頂禮佛足。禮已即復請白彼諸佛言。世尊。誰有是光。誰有斯德。我等昔來未曾見聞。忽現是光照諸世界。時彼諸佛復告彼諸菩薩衆曰。諸善男子。彼有世界名曰娑婆。其佛號釋迦牟尼如來應供正遍覺。今現說法。彼有菩薩名文殊師利。具大威德。其爲大集一切菩薩摩訶薩衆故。放斯光明。時彼諸菩薩復白彼諸佛言世尊。我等今者願詣娑婆世界。意欲奉見釋迦如來。禮拜恭敬故。供養承事故。請問義理故。并欲見彼文殊師利及餘菩薩摩訶薩故。彼諸世尊即便告彼諸菩薩言。諸善男子。欲往隨意。汝應知時。

爾時十方無量阿僧祇不思議不可計不可稱不可量。億那由他。百千頻婆羅菩薩摩訶薩各禮佛足已。猶如壯士屈伸臂頃。各於彼世界沒。而來現此娑婆國土。是時十方諸來菩薩摩訶薩衆。皆詣世尊釋迦如來應供正遍覺所。其間或有能雨衆香。所謂塗香末香及以香鬘。來詣世尊釋迦如來應供正遍覺所。或有菩薩雨諸妙花。所謂優鉢羅花。鉢頭摩花。拘物頭花。分陀利花。瞻波迦花。波吒利花。陀奴迦利花。阿他目多迦花。蘇摩那花。婆利師迦花。曼陀羅花。摩訶曼陀羅花。波盧沙花。摩訶波盧沙花。旃陀羅花。摩訶旃陀羅花。微妙旃陀羅花。斫迦羅花。摩訶斫迦羅花。最妙斫迦羅花。雨如是等種種花鬘。來詣世尊釋迦如來應供正遍覺所。或有菩薩摩訶薩。能出百千上妙諸音。來詣世尊釋迦如來應供正遍覺所。復有菩薩摩訶薩。能以一音遍滿三千大千世界。歌贊佛德。來詣世尊釋迦如來應供正遍覺所。以如是等種種莊嚴。咸詣世尊釋迦如來應供正遍覺所。時彼十方諸來菩薩摩訶薩衆。大集於此娑婆世界。而此三千大千世界所有衆生。地獄畜生餓鬼。若閻魔界。悉皆寂然。身心安樂。無有貪欲瞋恚愚癡。遠離衆毒嫉妒諂誑我慢熱惱。一切衆生皆起慈心。具足歡喜。何以故。以彼十方諸大菩薩威神力故。其事若是。爾時十方無量百千億那由他諸大菩薩摩訶薩等。咸集世尊釋迦如來應供正遍覺所。到佛所已。頭面禮敬。右繞三匝。住於虛空。即入菩薩隱身三昧。入三昧已。隨意所生無量百千種種妙色大蓮花座。結加而坐。悉皆隱身令不復現。爾時尊者摩訶迦葉見彼殊特希有瑞相大神通事。復見彼衆大雨花香。亦見彼作無量樂音。又復見彼放大光明。又亦見此三千世界諸四天下皆雨妙花。積至于膝。又復見彼一切大衆。天。龍。夜叉。乾闥婆。阿修羅。迦樓羅。緊那羅。摩睺羅伽。人。及非人。乃至所有比丘。比丘尼。優婆塞。優婆夷等。一切皆悉具足成就金色相身。於是尊者摩訶迦葉從座而起。正持威儀。偏袒右臂⑤。右膝著地。合掌恭敬。以偈贊曰。

歡喜常與一切樂　圓滿無垢清净顔　十力雄猛諸大人
具足金剛百福相　游於三界人天間　一切無能如佛者
不可思議難測度　唯願除斷我疑心　過那由他百千劫
常行布施攝世間　遠離執著無所依　净持禁戒無倫比
具足修忍超世間　一切力中十力最　功德備滿無過者

唯願永絶我疑心　過百千劫修衆行　以見衆生受諸苦

勇猛精進終無疲　常生歡喜無有量　頭目髓腦持與人

弃捨男女及妻妾　厭離國城及衆具　唯願除解我疑網

世尊往昔行施時　象馬輦輿不可數　過那由他上衣服

常以歡喜惠世間　世尊常以先心施　如是雜物及衆珍

飲食湯藥并田宅　是故今日我咨問　往昔割身及耳鼻

内心無垢不生瞋　若他詰問如法言　猶能巧説忍辱力

以能通達深空法　心意微妙難稱量　能施他樂功德人

是故今我問無垢　諸漏久盡患悉除　深見衆生没諸苦

黑暗所覆愚痴者　生於垢濁及我人　憐愍諸有起慈心

過百千劫勤修行　開發正覺菩提岸　唯願除斷我今疑
善能出入神通門　隱顯自在巧行住　證得無我破我相
毀壞諸法亦非空　佛於世中無染著　真實正行及正思
微妙寂滅離諸垢　唯願爲我決此疑　世尊昔日修行時
施戒忍進無暫廢　禪定智慧亦常修　利益群生無有比
諸功德聚難思量　深大如海無窮盡　善能往來亦善住
唯願爲我作歸依　往昔無垢修大慈　怖鴿歸投救不捨
剜身割股血滂流　秤肉與鷹而代之　全身上秤謂敵彼
而鴿尚重身猶輕　大明善巧以行慈　唯願爲我決疑惑
須彌動摇衆星落　諸天宮殿盡破亡　四大海水一朝枯

阿修羅宮處天上　假使日輪墜於地　明月處空忽暝⑥冥
諸佛正覺兩足尊　所言真誠無有二

爾時尊者摩訶迦葉説偈讃已。復白佛言。大德世尊。何因縁故。世間有是微妙光明。復何因縁。忽現如是未曾有瑞。衆相明了。爾時世尊告大迦葉言。迦葉。汝今不應咨問是事。何以故。如是境界非諸聲聞縁覺所知。若我説是光明義者。一切世間天人。阿修羅皆當驚疑入迷没處。是故汝今不應問也。時大迦葉復白佛言。世尊。唯願大慈。憐愍一切諸天人故。利益一切諸天人故。安樂一切諸天人故。説此光明甚深因縁。令我開解。爾時世尊告迦葉言。汝宜諦聽。善思念之。吾爲汝説。大迦葉言。善哉世尊。願樂欲聞。唯垂敷演。時佛復告大迦葉言。迦葉。今我文殊師利入彼普明無垢莊嚴三昧。三昧力故放斯光明。遍照十方過恒沙等諸佛國土。爲大集彼無量無邊不可數不可量阿僧祇諸大菩薩摩訶薩等。而來至此娑婆世界。彼等皆已頂禮我足。右繞三匝。處在虛空⑦高一多羅樹。皆各於彼大蓮花座結加而坐。

爾時尊者大迦葉復白佛言。世尊。今有何等菩薩摩訶薩威神德力。而雨如是微妙花香。復出如是百千音樂。不鼓自鳴。佛告大迦葉言。迦葉。是爲十方諸菩薩等威神力故。而雨如是勝妙花香。乃至於上虛空之中無量樂音皆自鳴也。迦葉復言。世尊。我於是中乃至不見彼一菩薩。云何世尊更言十方諸菩薩等。迦葉。一切聲聞辟支佛等。終不能見彼諸菩薩摩訶薩衆。何以故。迦葉。是中聲聞辟支佛等。於大慈悲非其所住故。若能住是慈悲地中。斯則能爲利益他事。則亦能行布施持戒忍辱精進禪定智慧諸波羅蜜等。若已受正位。終不能行此諸菩薩所行之處。迦葉。斯諸菩薩摩訶薩等。一切皆入隱身三昧。是故一切聲聞辟支佛不能見彼諸菩薩等。唯除諸佛及大菩薩住斯地者乃能見耳。迦葉。初住大乘諸菩薩等尚不能見。何況一切聲聞辟支佛而能得見。若得見者。無有是處。

爾時大迦葉復白佛言。世尊。菩薩摩訶薩具足幾法。修何善根。獲何功德而能入是隱身三昧。佛言。迦葉。菩薩摩訶薩成就十法。即能獲是隱身三昧。何等爲十一者。志性和柔。深住正信。二者。恒不捨離一切衆生。三者。畢竟成滿大慈悲心。四者。覺了一切。不著衆相。五者。雖復思求一切佛法。終不妄取。六者。亦不思想一切聲聞辟支佛智。七者。世間所有盡皆能捨。乃至身命尚無吝惜。豈況餘物而不施者。八者。雖行無量生死煩惱。而不染著諸有爲行。九者。常修無量布施持戒忍辱精進禪定智慧。而不分別諸波羅蜜。十者。常生是心。我當安立一切衆生於菩提已。然後方當坐佛樹下。不取菩提及衆生相。迦葉。是爲菩薩摩訶薩具足十法。便能獲得隱身三昧。

爾時尊者大迦葉復白佛言。希有世尊。快説斯事。世尊乃能作如是說。世尊。一切聲聞辟支佛尚皆未曾一發是心。我當安置一切衆生於阿羅漢地。況佛法乎。佛言。迦葉。如是如是。是故一切聲聞辟支佛。悉無能入菩薩所行隱身三昧。此三昧名尚自不知。云何能入。若能入者。無有是處。

爾時尊者大迦葉復白佛言。世尊。我等今者。深願見彼諸大菩薩摩訶薩等。所以者何。斯諸大士難可會遇。佛言。迦葉。汝宜且住。當須待我文殊來者。彼諸菩薩當從定出。汝等然後乃見之耳。雖然。迦葉。汝亦得是無量百千諸三昧門。今當攝心求彼菩薩摩訶薩等爲在何處。住何威儀。作何事業。時大迦葉蒙聖教已。承佛威神及己通力。即入二萬諸三昧門。如是思求彼諸菩薩今在何所。住何威儀。爲行步耶。而竟不見爲住立耶。而亦不見爲倚卧耶。而亦不見爲端坐耶。而亦不見乃至不知以何語言作何事業。來何所從。去何所至。於是起定。前白佛言。甚奇世尊。甚奇世尊。我已經歷二萬定門。求諸菩薩竟無所見。世尊。彼諸菩薩摩訶薩等尚未證知薩婆若處。已得如是微妙三昧。何況當證無上菩提。世尊。諸善男子善女人。其有見聞如斯神變。而不疾發阿耨多羅三藐三菩提心者。無有是處。世尊。能得如是隱身三昧菩薩摩訶薩。爲欲度彼一切衆生被精進鎧。然終不得離是妙定。佛告迦葉。如是如是。如汝所説。是中一切聲聞辟支佛尚非境界。況餘衆生。

爾時尊者舍利弗作如是念。世尊稱我聲聞人中智慧第一。我今寧可求諸菩薩今在何所。住何威儀。作何事業。若得睹見不亦善乎。時舍利弗如是念已。承佛威神及自力故。即入三萬諸三昧門。周旋觀察彼諸菩薩今爲何所。住何威儀。乃至不知如毫厘相。爾時尊者須菩提作如是念。我今亦當求諸菩薩爲何所在。住何威儀。造作何事。若睹見者不亦善乎。時須菩提作是念已。承佛威神及自力故。即入四萬諸三昧門。周遍推求彼諸菩薩爲何所在。住何威儀。乃至不見行住坐卧。從何所來。去何所至。然後出定。前至佛所。頭面禮足。白言。世尊。世尊記我聲聞人中無諍三昧最爲第一。是三昧門我亦已得。如是世尊。我若入定。正使有人具大神力。能以百億四天下爲一大鼓。取須彌山爲一大槌。於我定時。令一大人住在我前。執彼大槌撾zhuā擊大鼓。無暫休廢乃至經劫。如是鼓聲尚不入耳。何況亂心能令我出。若彼鼓聲能爲定患牽我起者。永無是處。世尊。我今所得無諍三昧。弘普若是。我向經歷四萬三昧。周遍推求彼諸菩薩。終不能見。乃至不睹一人暫時往來之相。如是世尊。有諸菩薩摩訶薩輩。念求如是不思議智。爲一一衆生。於恒河沙劫生地獄中備受衆苦。世尊。彼求菩薩道故。雖經衆苦而不捨離如是甚深不思議智。如是世尊。若我今日漏心未盡。未得解脱。於諸佛法有所未知者。令我當來常在生死。更不捨離彼不思議大妙乘也。於是世尊贊須菩提言。善哉善哉。誠如汝言。汝以信故作如斯説。令汝此身不取涅槃者。以斯善根。於當來世過恒沙劫。汝當得作轉輪聖王。正法治世。然後乃成阿耨多羅三藐三菩提。又須菩提。今此三千大千世界衆生數類寧爲多不。須菩提言。甚多世尊。甚多世尊。佛言。如是如是。須菩提。是諸世界所有衆生。成就智慧如舍利弗。解空第一如須菩提。苦行超倫如大迦葉。即令如是諸大聲聞共盡知見求彼菩薩。若於一劫。若於百劫。若於千劫。乃至無量恒河沙劫亦不能見。若能見者。無有是處。何以故。須菩提。彼諸菩薩凡所爲作。非是一切聲聞辟支佛所行境界。是故二乘終不能見。説此法時。是衆會中八萬四千天人。皆發阿耨多羅三藐三菩提心。三千世界六種震動。

爾時文殊師利於己住室如是思惟。今此十方⑧億百千數諸大菩薩皆已集會。吾當復召諸天大衆咸令雲集。如是可乎。時文殊師利既思惟已。即以神力如意化成八萬四千億那由他妙寶蓮花。大如車輪。純金爲莖。白銀爲葉。勝藏羅網。毗琉璃寶。是諸花中皆有化佛及諸菩薩。結加趺坐蓮花臺上。身紫金色。三十二相。八十種好。威德巍巍。光明普照。時彼蓮花上升四天王天。三十三天。夜摩天。兜率天。化樂天。他化自在天。及諸梵天乃至有頂。如是略說。遍此三千大千世界。乃至百億須彌。百億四天下。欲界天宮。色界天宮。彼化蓮花無不遍至。是諸化佛⑨及菩薩衆。出大音聲遍告三千大千世界。而說偈言。

世尊明慧日　希有出世間　譬如⑩憂曇花　難遇復過是

釋師子人雄　今者現於世　班宣深妙法　永拔衆苦源
諸天雖快樂　誰能保長久　任業還三塗　復受衆苦毒
所習諸欲事　貪愛獨增長　三界本無樂　而愚耽著之
已獲最上難　所謂諸佛出　愚痴放逸人　焉覺苦不斷
汝等當速求　見佛聞正法　若聖涅槃已　雖悔難可追
魔網深可怖　汝等爲放逸　既被羈羅已　寧有解脱期
獨有求佛法　汝爲衆生資　汝等但速求　三十二妙相
佛能救世間　餘無可依者　世雄甚希有　大慈難思量
無量億數劫　所行不可量　集功德智慧　成就釋師子
闡揚微妙法　甚深難覺知　何處有衆生　及我人壽命

如是破常見　斷已自無餘　放捨一切相　爲衆生説此
宣明真實際　世間絶心行　唯彼空無相　無願亦無作
虛空本無形　不起亦不滅　無來亦無去　智者之所説
無盡無所生　本浄無所有　無相貌可見　無思想能説
衆生本無生　云何得言死　寂滅無衆生　衆生在何處
言音爲説法　法不住言音　亦不可⑪文字　世尊如斯説
諸處遍推求　不見風水火　地亦無分別　慧眼之所宣
色受及與想　行識同虛空　假言彼五陰　其實無積聚
眼耳鼻舌身　心意等諸根　雖説本性空　空亦不可得
色聲香味觸　及以種種法　斯由分別生　分別體空寂

欲界與色界　及彼無色天　皆説如幻化　虚僞不真實

如是諸世尊　爲衆生説法　欲求出衆苦　速歸大導師

彼諸化佛説此偈時。於是三千大千世界咸得聞之。有九十六億欲色諸天遠塵離垢。⑫得法眼净。二萬天子厭離衆欲。三萬二千天子皆發阿耨多羅三藐三菩提心。一萬行菩薩乘諸天子得無生法忍。爾時彼化如來所可勸召。無量無邊阿僧祇億那由他百千諸天大衆。於須臾間悉皆雲集釋迦如來應供正遍覺所。稽首足下。右繞三匝。退住一面。以天花香。所謂優鉢羅花。鉢頭摩花。拘物頭花。分陀利花。曼陀羅花。摩訶曼陀羅花。及諸花鬘。末香塗香。奉散世尊及餘供養。復以種種天妙樂音。歌咏稱贊。滿彼虚空。時大集衆其數甚多。難可稱計。周遍充滿此四天下。無有空地如一杖頭而不遍者。是諸天人具大威德。所散諸花滿四天下。積至于膝。

大寶積經卷第一百二

校注

①『善住意天子會第三十六之一』，底本作『第三十六善住意天子會』，依龍藏、思溪藏改。
②『出離聲』，思溪藏無。
③『令』，思溪藏作『今』。
④『人』，龍藏、思溪藏作『入』。
⑤『臂』，龍藏、思溪藏作『肩』。
⑥『瞑』，龍藏、思溪藏作『暗』。
⑦『虛空』，底本作『空虛』，依龍藏、和裕本、上海佛學書局本改。
⑧『方』，龍藏作『萬』。
⑨『佛』，底本作『處』，依龍藏、思溪藏、和裕本改。
⑩『如』，龍藏、思溪藏作『彼』。
⑪『可』，龍藏作『在』。
⑫『遠塵離垢』，龍藏作『遠離塵垢』。

大寶積經卷第一百三

隋天竺三藏達摩笈多譯

善住意天子會第三十六之二・開實義品第二

爾時大集衆中有上首天。所謂善住意天子。善寂天子。慚愧天子。與如是等九十六億諸天子俱。一切皆行菩薩之道。咸共往詣文殊師利所。至其門外右繞七匝。繞七匝已。然後雨天曼陀羅花。其所雨花遍覆虛空。高十由旬。成花網臺。形如寶塔。時文殊師利持此花臺供養世尊。供養已。即以神力令此三千大千世界一切國土虛空之中花網遍覆。是花光明普照三千大千世界。皆大明盛。復雨天曼陀羅花。爾時文殊師利菩薩摩訶薩閑雅安詳。從精舍出。更以神力令所居地自然而有七寶妙座。其座巍巍具足莊嚴。文殊師利斂容整服升此寶座。時善住意天子見文殊師利升寶座已。即以頂禮文殊師利足。退住一面。一切諸天亦皆頂禮文殊師利足。爾時文殊師利如是思惟。誰於今日堪任與我在世尊前對揚深法。誰爲法器能受如是不思議句。甚難證句。無處所句。無所著句。無戲論句。不可得句。不可説句。甚深句。眞實句。無礙句。不可壞句。空句。無相句。無願句。如如句。實際句。法界句。無形貌句。不取句。不捨句。佛句。法句。僧句。智慧滿足句。三界平等句。一切法無所得句。一切法無生句。師子句。勇猛句。無句句。如斯説已。誰聽者乎。於是文殊師利復更思惟。今此唯有善住意天子。已於過去供養多佛。入深法忍。具足辯才。當能與我處世尊前共談實義。爾時文殊師利如是念已。即語善住意天子言。天子。汝今已得甚深法忍。又能具足無礙辯才。今當與我詣世尊所。對論如是深妙義乎。時善住意天子報文殊師利言。大士。我如是說。彼若於我無有語言。不爲演說。不存咨問。亦無報答。無佛法衆。斷滅三乘。無生死無涅槃。不合不散。不啓不發。不出聲音①。除諸文字。如是說者。我當共談。文殊師利語善住意天子言。天子。我如是說。彼能於我無聽無聞。無讀無誦。無受無②持。不思不念。不取不捨。不覺不知。不聞我言。不爲他說。所以者何。諸佛菩提本無文字。無心離心。無有覺悟。雖假名說。其名亦空。善住又言。大士。今者且爲諸天子說。斯諸天子於大士説樂欲聽聞。文殊師利言。天子。我終不爲樂聽者説。又亦不爲聞受者説。所以者何。凡有聽受則爲取著。云何取著。所謂我著。人著。衆生著。壽命著。士夫著。以取著故便有聽受。如是聽受。當知彼住三種縛中。何謂三縛。一見我縛。二見衆生縛。三見法縛。天子。若無如是三種見縛而聽法者。當知彼住三種浄中。何謂三浄。一不見自身。不分別。不思念。不證知。二不見説者。不分別。不思念。不證知。三不見所説。不分別。不思念。不證知。天子。是則名爲三種浄也。天子。若有能作如是聽者。是平等聽。非不平等。

爾時善住意天子贊文殊師利言。善哉善哉。快作斯説。大士。若有能作如是説者。當知即是不退轉説。文殊師利言。且止。天子。汝今不應妄想分別菩薩退轉。何以故。若使菩薩有退轉者。彼終不能成等正覺。所以者何。是菩提中無退法故。善住復言。大士。若如是者。當於何處有斯退轉。文殊師利言。天子。當知從貪欲故有退轉。從瞋恚故有退轉。從愚痴故有退轉。從有愛故有退轉。從無明故有退轉。乃至從十二有分生死所生故有退轉。從因故有退轉。從見故有退轉。從名故有退轉。從色故有退轉。從欲界故有退轉。從色界故有退轉。從無色界故有退轉。從聲聞行故有退轉。從辟支佛行故有退轉。從分別故有退轉。從執著故有退轉。從相故有退轉。從取相故有退轉。從斷見故有退轉。從常見故有退轉。從取故有退轉。從捨故有退轉。從我想故有退轉。從衆生想故有退轉。從壽命想故有退轉。從士夫想故有退轉。從福伽羅③想故有退轉。從思想故有退轉。從繫縛故有退轉。從顛倒故有退轉。從我見故有退轉。從我見爲根本六十二見故有退轉。從諸蓋故有退轉。從諸陰故有退轉。從諸入故有退轉。從諸界故有退轉。從佛想故有退轉。從法想故有退轉。從僧想故有退轉。如是乃至我當成佛。我當說法。我度衆生。我當破魔。我得智慧。從是諸想故有退轉。如是天子。若能不分別如來十力。不分別四無所畏。不分別十八不共法。不分別一切根力覺道。不分別諸相好。不分別莊嚴佛國。不分別聲聞。不分別菩薩。乃至不分別一切分別退轉者。是名不退轉。

爾時善住意天子復白文殊師利言。大士。若如是者。當於何處得不退轉。文殊師利言。天子當知。從通達佛慧故得不退轉。從空故不退轉。從無相故不退轉。從無願故不退轉。從如如故不退轉。從法性故不退轉。從實際故不退轉。從平等故不退轉。善住意言。大士。若如是說。一切諸分別無分別。二俱不异。所以者何。皆從思惟分別生故。是故得言彼有退轉。又問。如是退轉爲有法耶。爲無法乎。文殊師利言。非有非無如是退轉。善住意言。大士。若爾。何處退轉。文殊師利言。若有若無。是虛妄取。是顛倒取。是不如取。彼則不取。亦非不取。以是義故得言退轉。而彼退法不可說有。不可說無。何以故。若有無中有退轉者。彼即爲過。所以者何。若有法退轉則墮常邊。無法退轉則墮斷邊。然世尊說不住常中。不住斷中。非非斷非常世尊所說。天子。若彼於先不真實想。而彼證知。則名非斷非常。天子。是爲菩薩退轉法門。說是法時。十千天子得無生法忍。

善住意天子會第三十六之二·文殊神變品第三

爾時善住意天子白文殊師利言。大士。今可俱行詣如來所。奉見頂禮。咨受未聞。亦因此時如法問難。文殊師利言。天子。汝莫分別取著如來。善住意言。大士。如來何在而言莫著。文殊師利言。即在現前。善住意言。若如是者。我何不見。文殊師利言。天子。汝今若能一切不見。是則名爲真見如來。善住意言。若現前者。云何誡我莫取如來。文殊師利言。天子。汝謂今者現前何有。善住意言。有虛空界。文殊師利言。如是天子。言如來者即虛空界。何以故。諸法平等如虛空故。是故虛空即是如來。如來即是虛空。虛空如來無二無別。天子。以是義故。若人欲求見如來者。當作斯觀。如實真際覺了。是中無有一物可分別者。

爾時文殊師利菩薩摩訶薩復以神力。化作三十二所重閣寶堂。輦軒具足。四面正方四角有柱。周匝欄楯寶網交絡。殊特妙好高顯巍巍。具足莊嚴甚可愛樂。諸堂閣內咸有勝床。衆寶所成天衣覆上。其床各有化菩薩坐。具三十二大人之相。爾時文殊師利普現如是莊嚴事已。遂更與彼蓮花化佛并化菩薩。及此寶輦重閣殿堂諸菩薩衆。俱往佛所。繞佛七匝。并亦圍繞比丘衆已。踴在虛空。光明普照衆會道場。四面而住。爾時文殊師利後善住意④發。忽然在前。先至佛所。善住意天子反更後到。白言。大士。吾發在前。更在後至。仁從何路乃至於斯。文殊師利言。天子。假使供養滿恒河沙諸如來等。稽首爲禮。終不見吾往來進止。爾時花臺諸化菩薩及寶堂中諸菩薩衆。同聲説偈讃嘆如來。

已曾供養過恒沙⑤　不可思議諸世尊　熾然修行求菩提
是故超出天人上　光明妙色三界雄　牟尼衆相實奇特
爲衆宣説甚深法　無有壽命及人我　世尊行施持净戒
忍辱精進具修禪　智慧清净三界表　我禮彼岸最勝尊
其有發意求菩提　則受天人妙供養　若於深空無疑惑
當紹出世大法王　過去諸佛等正覺　現在一切兩足尊

常說如是諸法空　本來無相亦無作　衆生體性不可得
何有生者及死滅　本既無來亦無去　一切諸法如虛空
如彼化人觀衆事　雖復示現而無真　世尊說法亦如是
斯皆虛誑同幻夢　恒沙世界滿中寶　持以布施一切人
若能修忍善說空　如是行施超於彼　復於恒沙諸劫中
供養諸佛天人上　奉獻香花及衆具　爲求菩提離世間
得聞如是甚深法　無有衆生及命人　當知彼得明净忍
是爲供養十方佛　於無數劫行布施　衣食象馬及衆珍
當知彼非解脱因　以有我人衆生想　歸命滅度人中尊
救濟衆生無量數　諸法皆空本清净　如是解脱智莊嚴

諸佛出世甚難值　得聞正法生信難　人身難得今已獲
善哉佛法汝順行　已得蠲juān除斯八難　永絶迫窄處空閑
於諸正法得信行　應當勇猛發精進　若聞法已應正思
不可聞聲即取著　汝等常行阿蘭若　必當速疾成人雄
近善知識及法師　應速遠離諸惡友　汝於衆生平等想
慎勿妄起我人心　常樂多聞持禁戒　捐弃舍宅坐林間
腐藥治病莫詐善　亦恒乞食受糞衣　一切有爲即無爲
等同一相如陽焰　若了實際見真如　疾成無上菩提道
當觀五陰猶如幻　内外諸入如空舍　世尊常説如斯法
法等於彼莫生著　貪欲瞋恚性自空　愚痴我慢分别起

彼法已滅今亦無　如是知者得成佛

如是諸化菩薩説是偈時。彼會衆中二萬二千衆生皆發阿耨多羅三藐三菩提心。五百比丘漏盡意解。心得解脱。三⑥百比丘尼遠塵離垢。得法眼净。七千優婆塞優婆夷。二萬五千諸天子亦離塵垢。法眼清净。三百菩薩得無生法忍。於是三千大千世界大地六種振動。所謂動。遍動。等遍動。震。遍震。等遍震。涌。遍涌。等遍涌。乃至吼。起。覺等。亦復如是。

善住意天子會第三十六之二·破魔品第四

爾時尊者舍利弗白佛言。世尊。今此瑞相誰之所爲。能令如是三千大千世界大地六種振動。又是寶輦殿堂蓮花座上諸菩薩等。

放大光明照斯衆會。演説如是微妙深法。復令如是無量億數諸天子衆皆來集會。復有億數諸菩薩等亦來集也。
爾時佛告舍利弗。斯乃文殊師利威神之力。故現如是妙莊嚴事。亦令菩薩諸天雲集。所以者何。舍利弗。是文殊師利與善住意天子。將諸大衆欲來我所。請問如是破散諸魔三昧法門。具足成就諸不思議甚深佛法故。時舍利弗復白佛言。世尊。若如是者。何因緣故我觀此衆。竟不見彼文殊師利。佛告舍利弗。汝宜且待。今文殊師利已與一切魔王一切魔衆一切魔宮。作大衰耗。所爲神變極妙莊嚴。將至我所。汝當自見。於是文殊師利即入破散諸魔三昧。三昧力故。即時三千大千世界百億魔宮。朽故暗冥若將毀壞。

其變已現。無復威光。令一切魔不樂其所。各自見身惛耄羸瘠。柱杖而行。諸天女輩變成老母。一切衆魔見是事故。心大憂愁。身毛皆竪。惶怖思念。是何變怪。令吾内外不祥若斯。將無死没時至。果報離散耶。爲是世間將壞劫災事乎。彼諸魔衆如是念時。文殊師利復以神力。即現百億天子住在魔前。告魔衆曰。汝勿憂懼。此非汝災。亦非劫盡。所以者何。今此適有住不退轉菩薩大士。名文殊師利。有大威神。道德超世。即時正入破散諸魔三昧法門。以彼大士三昧威神。其事若此。非有他也。諸化天子説是語時。一切魔王及諸魔衆聞諸化天説文殊師利大士名號。更增惶恐。戰悼不安。一切魔宫皆大震動。時諸魔王答化天曰。唯願仁慈救我危厄。諸化天子復語魔言。勿怖勿怖。汝等今宜速疾往詣釋迦牟尼佛世尊所。所以者何。彼佛如來有大慈悲。若諸衆生憂恐煎迫。但往歸依。皆蒙安樂。除諸憂苦。時諸化天如是語已。即於其處忽然不現。爾時一切魔王及諸魔衆聞化天教。莫不歡欣。皆共同心。於須臾頃羸弊柱杖。皆來往於釋迦牟尼佛前。同聲白言。大德世尊。願見救護。願見救護。免茲變怪困苦大厄。世尊。我等寧受百千萬億諸佛名號。不願聞彼文殊師利一菩薩名。何以故。我即聞是文殊師利菩薩名時。便大驚恐。若喪自身。

爾時世尊告諸魔言。波旬。汝今何忽發如是言。所以者何。是文殊大士。凡所開導利益衆生。億百千佛昔所未作。今亦不作。當亦不作。唯此文殊師利去來現在。常爲衆生建斯大事。衆生熟已置解脱中。是故汝等雖復聞彼百千佛名。不生苦惱。亦無驚怖。云何而言。我今忽聞一文殊師利名。皆大驚恐。時彼魔衆白言。世尊。我誠慚耻此弊老身。加以惶懼發斯言耳。世尊。我等從今歸依正覺。唯願哀愍。復我本形。佛告之曰。且待須臾。文殊師利亦既來已。自除汝耻。於是文殊師利從三昧起。遂與無量百千天衆。復與無量百千諸大菩薩摩訶薩等。及無量百千諸龍。夜叉。乾闥婆。阿修羅。迦樓羅。緊那羅。摩睺羅伽等。前後圍繞。復作無量百千微妙樂音。復雨如是無量妙花。所謂優鉢羅花。鉢頭摩花。拘物頭花。分陀利花。具大莊嚴。有大神通。威德無極。倶來佛所。頭面禮敬。右繞三匝。退住一面。

爾時世尊告文殊師利言。文殊師利。汝入如是破散諸魔三昧耶。文殊師利白言。世尊。唯然已入。佛言。文殊師利。汝從何佛聞是三昧。修經幾時而得成滿。文殊師利言。世尊。我本未發菩提心時。從佛得聞如是三昧。又問。文殊師利。彼佛世尊名號何等。說是三昧令汝得聞。文殊師利白言。世尊。我憶過去無量無邊不可思議阿僧祇劫。爾時有佛。號曼陀羅花香如來。應供。正遍知。明行足。善逝。世間解。無上士。調御丈夫。天人師。佛。世尊。出現世時。宣說如是破散諸魔三昧。我於彼時初得聽聞。佛告文殊師利。如是三昧云何修得。文殊師利白言。世尊。若菩薩摩訶薩具足成就二十種法。則能得是破魔三昧。何等二十。所謂一者。訶毀貪欲。破壞貪心。二者。訶毀瞋怒。破壞瞋心。三者。訶毀愚痴。破壞痴心。四者。訶毀嫉妒。破壞妒心。五者。訶毀憍慢。破壞慢心。六者。訶毀諸蓋。破壞蓋心。七者。訶毀熱惱。破壞惱心。八者。訶毀想念。破壞想心。九者。訶毀諸見。破壞見心。十者。呵毀分別。破分別心。十一。呵毀取事。破壞取心。十二。訶毀執著。破壞執心。十三。訶毀諸相。破壞相心。十四。訶毀有法。破壞有心。十五。呵毀常法。破壞常心。十六。訶毀斷法。破壞斷心。十七。訶毀諸陰。破壞陰心。十八。訶毀諸入。破壞入心。十九。訶毀諸界。破壞界心。二十。訶毀三界⑦。壞三界心。世尊。是爲菩薩摩訶薩具二十法。畢竟成就如是三昧。世尊。菩薩摩訶薩復有四法。具足修行得是三昧。何等爲四。一者。建立心行清净調柔。二者。心性淳直無諸諂曲。三者。心無攀緣入深法忍。四者。外内所有一切能施。是爲菩薩摩訶薩具足四法成就三昧。世尊。菩薩摩訶薩復有四法能得三昧。何等爲四。一者。畢竟深信。二者。成就實語。三者。常樂空閑。四者。不取諸相。是爲菩薩具足四法成就三昧。復有四法菩薩成就得是三昧。何等爲四。一者。親近善友。二者。常知止足。三者。獨坐思惟。四者。不樂喧猥。是爲菩薩具足四法成就三昧。復有四法菩薩成就得是三昧。何等爲四。一者。不破壞戒。二者。不缺犯戒。三者。無所依戒。四者。不望報戒。是爲菩薩具足四法成就三昧。復有四法菩薩成就得是三昧。何等爲四。一者。捨聲聞心。二者。離緣覺心。三者。住菩薩忍。四者。不捨衆生。是爲菩薩具足四法成就三昧。復有四法菩薩成就得是三昧。何等爲四。一者。修空捨我。二者。無相離相。三者。無願除願。四者。捨諸所有。是爲菩薩具足四法能得三昧。世尊。時彼曼陀羅花香如來應供正遍覺説此破散諸魔法門。我從彼佛聞已初修。次復有佛。號一切寶電蔽日月光如來應供正遍覺。我時於彼具足成就。彼佛世尊説此⑧門時。彼衆會中十千菩薩皆得成就此三昧門。

爾時尊者舍利弗白佛言。希有世尊。今此文殊師利。乃能久遠成就如是降魔三昧。三昧力故能令波旬及諸魔衆髮白老耄。形志俱衰。一至斯也。佛告舍利弗。於意云何。汝今言此文殊師利。獨是三千大千世界。變此衆魔如斯老耄耶。舍利弗。汝今不應作如是見。所以者何。舍利弗。今者十方如恒河沙等諸佛世界所有諸魔。一切皆悉如是變壞。盡是文殊師利威力所爲。於是世尊告文殊師利言。文殊師利。汝今當且攝汝神力。令彼衆魔得復本形。爾時文殊師利受佛教已。告諸魔曰。衆仁者。實爲厭患此身儀耶。諸魔報曰。唯然大士。文殊師利言。若如是者。汝今亦當厭患貪欲。勿著三界。諸魔報曰。善哉大士。敬聞嘉誨。豈敢有違。唯願少假威神除此慚苦。文殊師利遂攝神力。令一切魔復彼天形。莊嚴如故。爾時文殊師利告諸魔言。波旬。汝所有眼。何者爲眼。何者眼想。如是。何處是眼著。是眼相。是眼攀緣。是眼障礙。是眼思。是眼我。是眼依止。

是眼喜樂。是眼戲論。是眼我所。是眼護。是眼念。是眼取。是眼捨。是眼分別。是眼思量。是眼成就。是眼生。是眼滅。乃至是眼來去。如是等法。爲汝境界魔業障礙。如眼。乃至身意亦如是。又如色乃至觸法。爲汝境界魔業障礙。亦復如是。汝等皆應如實了知。復次波旬。汝所有眼。即爲非眼。亦爲無眼。爲無眼想。無眼著。無眼相。無眼攀緣。無眼障礙。無眼思。無眼我。無眼依止。無眼愛。無眼戲論。無眼我所。無眼護。無眼念。無眼取。無眼捨。無眼分別。無眼思量。無眼決定。無眼生。無眼滅。無眼去。無眼來。如是等法。非汝境界。汝於是中不能爲主。無法無力。不得自在。亦無取著。如眼。乃至身意亦如是。又如色乃至觸法亦如是。汝等皆應如實了知。文殊師利説是法時。

衆中一萬魔王波旬皆發阿耨多羅三藐三菩提心。八萬四千諸魔眷屬遠塵離垢⑨。得法眼净。

善住意天子會第三十六之二·菩薩身行品第五

爾時尊者摩訶迦葉白佛言。世尊。我等願請文殊師利令我睹見彼諸菩薩摩訶薩等。所以者何。世尊。斯諸大士難可值遇。爾時世尊即告文殊師利言。汝應當知。今此大衆咸皆渴仰。思願睹見十方所有諸來菩薩摩訶薩身。今正是時。汝應顯現。於是文殊師利蒙聖教已。即便告彼法輪菩薩。月光菩薩。除⑩魔菩薩。妙音菩薩。離垢菩薩。寂滅菩薩。選擇菩薩。法王吼菩薩。如是等無量菩薩摩訶薩言。諸大士。汝等今宜各於宮殿自顯其身。分明現汝本國形狀也。文殊師利發斯語已。於是諸菩薩衆從三昧起。各現本身。令諸大衆一切咸見。或有菩薩。其身高大若須彌山王。或有菩薩。身大八萬四千由旬。或有身大百千由旬。或九十千。乃至五十四十三十二十千者。或有身大十千由旬。乃至或有五千四千三千二千者。或有身大一千由旬。乃至或有五百四百三百二百者。或有身大一百由旬。乃至或有五十四十三十二十者。或有身大十由旬者。乃至或有五四三二一由旬者。如是乃至或有菩薩。身量大小長短寬狹如此娑婆世界人身無异。當爾之時。此三千大千世界大衆充滿。無有空處如杖頭許。其中所有諸大菩薩摩訶薩衆。一切多是功德巍巍。智慧深遠。具足威力。成就神通。放大光明遍照十方無量百千諸佛世界。乃至一切大威德天。及諸天龍。夜叉乾闥婆。阿修羅。迦樓羅。緊那羅。摩睺羅伽。人非人等。大小諸王。皆悉充滿。爾時文殊師利從座而起。整理衣服。偏袒右髆⑪。右膝著地。合掌向佛。白言世尊。我於今者。欲少咨問如來應供正遍覺所有心疑。未審世尊見垂聽不。佛告文殊師利。如來應供正遍覺恣汝所問。當爲汝釋。決汝所疑。令汝心喜。文殊師利言。唯然世尊。願爲宣說。我當聽受。文殊師利言。世尊。云何名爲菩薩摩訶薩。言菩薩者。義何謂也。佛告文殊師利。汝問云何爲菩薩。菩薩有何義者。以能覺了一切法故。名爲菩薩摩訶薩也。文殊師利。彼一切法菩薩覺者。所謂言說。文殊師利。菩薩云何覺一切法。所謂覺眼。覺耳。覺鼻。

覺舌。覺身。覺意。文殊師利。云何菩薩覺眼覺耳乃至覺意。文殊師利。所謂菩薩覺彼眼法本性空故。如是覺已。終不生念我能覺知。如是覺耳乃至覺意皆本性空。如是覺已。亦不生念我能覺知。菩薩如是覺眼等已。復覺彼色本性自空。如是覺已。亦不分別我能覺知。如是覺聲乃至覺法皆本性空。亦不分別我能覺知。是爲菩薩覺一切法也。

復次文殊師利。云何菩薩覺彼五陰。所謂菩薩觀見陰體本性自空。如斯覺故觀無相。如斯覺故觀無願。如斯覺故觀無欲。如斯覺故觀寂静。如斯覺故觀遠離。如斯覺故觀無所有。如斯覺故觀無實。如斯覺故觀無動。如斯覺故觀無生。如斯覺故觀無來。如斯覺故觀無去。如斯覺故觀無真。如斯覺故觀無主。如斯覺故觀無證。如斯覺故觀無知。如斯覺故觀無見。如斯覺故觀無人。如斯覺故觀無想。如斯覺故觀不可説。如斯覺故觀⑫但有名。如斯覺故觀無我。如斯覺故觀分別起。如斯覺故觀從緣生。如斯覺故觀如幻。如斯覺故觀如化。如斯覺故觀如夢。如斯覺故觀如鏡像。如斯覺故觀如聲響。如斯覺故觀如芭蕉。如斯覺故觀不久住。如斯覺故觀不牢固。如斯覺故觀虛妄。如斯覺故觀無物。如斯覺故。是爲菩薩覺一切法。

復次文殊師利。云何菩薩摩訶薩覺貪恚痴。所謂覺彼貪欲因分別起故。覺⑬彼瞋恚因分別起故。覺彼愚痴因分別起故。而亦覺彼分別空無所有。無物無戲論。不可説不可證故。是爲菩薩覺一切法。

復次文殊師利。云何菩薩摩訶薩覺於三界。所謂覺彼欲界無我人故。覺彼色界無所作故。覺無色界空無有故。覺彼三界皆遠離故。是爲菩薩覺一切法。

復次文殊師利。云何菩薩摩訶薩覺衆生行。所謂覺是衆生貪欲行故。覺是衆生瞋恚行故。覺是衆生愚痴行故。覺是衆生等分行故。如是覺已。如是證知。如是爲説。如是教化衆生。如是令得解脱。是爲菩薩覺一切法。

復次文殊師利。云何菩薩摩訶薩覺一切衆生。所謂覺一切衆生但有其名。離彼名已無別衆生。是故一切衆生即一衆生。彼一衆生即一切衆生。如是衆生即非衆生。若能如是無分別者。是爲菩薩摩訶薩覺一切法。又復云何覺一切法。能如是覺菩薩⑭道故。是爲菩薩摩訶薩覺一切法。爾時世尊重明此義。以偈頌曰。

覺眼及與耳　自體常空寂　不言我能覺　是名爲菩薩
觀鼻及與舌　本性無所有　不分別我覺　是名爲菩薩
智慧觀察身　亦覺意自然　覺已爲他說　是名爲菩薩
色聲香味觸　意所樂諸塵　覺知本性空　是名爲菩薩
覺色及受想　諸行與識心　一切斯同幻　是名爲菩薩
五陰聚如夢　覺彼無一相　不分別我知　是名爲菩薩

不生亦不出　無作復無言　如是説唯名　彼名亦非物⑮
覺貪欲瞋恚　斯由分別起　彼分別無體　畢竟終自空
痴亦分別生　分別因緣生　緣此生諸見　諸見不可得
覺察三界空　一切無真實　於彼不可動　故名爲菩薩
欲界不成就　皆緣分別起　色有無色有　一切不牢固
衆生之所行　智者悉明了　貪欲與瞋恚　及彼愚痴等
一切諸衆生　即彼一衆生　智者無所覺　不念彼衆生
諸法之所起　悉因顛倒生　覺彼顛倒者　知顛倒真相
智慧甚微妙　不取諸音聲　覺已無所著　故名爲菩薩
能捨己肉身　終亦無依止　如是覺真實　乃名爲菩薩

至持戒彼岸　亦不念彼岸　覺戒行法如　無生亦無盡
慈心遍衆生　不得衆生相　覺彼衆生際　但以假言宣
勇猛大精進　深心厭有爲　見三界空虛　證無上等覺
常入微妙禪　無著無所依　無住無攀緣　智者定如是
能以利智刀　斷除諸見縛　觀察法界性　無割亦無傷
若人真覺了　一切法如實⑯　應時利衆生　乃名爲菩薩

大寶積經卷第一百三

校注

①『音』，思溪藏作『香』。
②『無』，底本作『不』，依龍藏、思溪藏、和裕本、上海佛學書局本改。
③『福伽羅』，龍藏、思溪藏作『補伽羅』。即補特伽羅。
④『意』，底本無，依龍藏、和裕本補。
⑤『沙』，底本作『河』，依龍藏、思溪藏改。
⑥『三』，龍藏作『五』。
⑦『界』下，龍藏、思溪藏有『破』字。
⑧『此』下，龍藏有『法』字。
⑨『遠塵離垢』，龍藏作『遠離塵垢』。
⑩『除』，龍藏、思溪藏作『降』。
⑪『髆』，龍藏、思溪藏、和裕本、上海佛學書局本作『肩』。
⑫『觀』，底本作『覺』，依龍藏、思溪藏改。
⑬『覺』，底本污殘，依龍藏、思溪藏補。
⑭『薩』，龍藏、思溪藏作『提』。

⑮『非』，龍藏作『無』。
⑯『實』，思溪藏作『是』。

大寶積經卷第一百四

隋天竺三藏達磨笈多譯

善住意天子會第三十六之三·破菩薩相品第六

爾時文殊師利白佛言。世尊。如佛所説。菩薩摩訶薩初發心者。以何義故名初發心。佛告文殊師利。若有菩薩等觀三界一切想生。如是得言最初發心。文殊師利。是名菩薩初發心也。文殊師利復白佛言。世尊。如我所解佛説義者。若有菩薩貪欲心生是初發心。瞋恚心生是初發心。愚癡心生是初發心。世尊所説。將無謂是爲初發心。爾時善住意天子問文殊師利言。大士。若諸菩薩起貪恚癡名初發心者。所有一切具縛凡夫皆即名爲發心菩薩。所以者何。彼諸凡夫從昔至今。常發如是貪恚癡等三毒心故。文殊師利語善住意言。天子。汝言一切凡夫從昔已來常能發是三毒心者。是義不然。何以故。一切凡夫心力羸劣不能發起是貪恚癡。唯有諸佛世尊。一切阿羅漢。辟支佛。不退轉地諸菩薩等。乃能發是貪恚癡耳。是故凡夫不能得發。善住意言。大士。仁今何故作如斯說。令此會衆不識不知。陷諸疑網。深可怖畏。

爾時文殊師利語善住意言。天子。於意云何。如彼飛鳥往來空中。彼鳥足迹在虛空中。有發行乎。無發行也。善住意言。非無發行。文殊師利言。如是如是。天子。以是義故我作此說。若有能發貪欲恚癡。唯彼諸佛。聲聞。緣覺。不退菩薩乃能發耳。天子當知。無有依處是名爲發。無有取著是名爲發。既無依處又無取著。是即無句斯謂爲發。是無分別句斯謂爲發。是不可生句斯謂爲發。是不實句斯謂爲發。是非物句斯謂爲發。是不來句斯謂爲發。是不去句斯謂爲發。是無生句斯謂爲發。是無攀緣句斯謂爲發。是無證句斯謂爲發。是不諍句斯謂爲發。是不思句斯謂爲發。是不壞句斯謂爲發。是無言句斯謂爲發。是不破句斯謂爲發。是無字句斯謂爲發。是無執句斯謂爲發。是無住句斯謂爲發。是不取句斯謂爲發。是不捨句斯謂爲發。是不拔句斯謂爲發。天子當知。是爲菩薩初發心也。天子。發心菩薩若於如是一切諸法。不愛著。不思想。不見不知。不聞不識。不取不捨。不生不滅。是則名爲真發心也。天子。是菩薩摩訶薩若能依止如是法界。如是平等。如是實際。如是方便。則彼貪欲瞋恚愚痴等發。又若決能如是依止。則彼眼耳及意等發。則彼色取乃至識取等發。如是則一切諸見發。無明有愛發。乃至十二因緣有分發。五欲衆事發。愛著三界發。我見發。我所見發。我見爲根本六十二見發。佛想發。法想發。僧想發。自想發。他想發。地想發。水想發。火想發。風想發。空想發。識想發。四顛倒發。四識住發。五蓋發。八邪發。九惱發。十惡業道發。天子當知。我今舉要言之。一切分別。一切分別處。一切語言。一切諸相。一切進趣。一切希求。一切取著。一切思想。一切意念。一切障礙。菩薩皆當發。汝應如實知。天子。以是義故。汝今若能於此諸法不愛著不思想者。是則名爲真實發也。爾時世尊讚文殊師利言。善哉善哉。文殊師利。汝今乃能爲諸菩薩具宣如是初發心義。文殊師利。汝於往昔已曾供養無量無邊過恒沙數諸佛世尊。能説斯耳。

爾時尊者舍利弗白佛言。世尊。今此文殊師利所説菩薩最初發心及獲無生法忍。先後二事平等無差耶。佛告舍利弗。如是如是。如汝所説。舍利弗。昔然燈世尊授我記言。摩那婆。汝於未來過阿僧祇劫當得成佛。號釋迦牟尼如來應供正遍覺。舍利弗。我於彼時亦不離此心得無生忍。如是舍利弗。汝當知彼一切菩薩初發心義如文殊師利所言。無有异也。爾時文殊師利白佛言。世尊。如我解佛所説義者。皆是初發。何以故。如世尊説。一切初發皆是不發。其不發者即是菩薩最初發心。説是法時。二萬三千菩薩證無生忍。五千比丘於諸法中漏盡解脱。六十億諸天子遠塵離垢①。得法眼净。

爾時尊者大迦葉白佛言。世尊。今此文殊師利乃更爲斯能作難作。宣説如是甚深法門。令諸衆生多所利益。文殊師利謂迦葉言。大德迦葉。我實不爲難作之事。所以者何。一切諸法皆無所作。亦復無有已作今作當作。唯大迦葉。我於諸法非作不作。其義亦爾。又大迦葉。我於衆生無有度脱。亦無繫縛。所以者何。一切諸法無所有故。迦葉。云何於世尊前發如是言能作難作。又大迦葉。我無所作。愼勿言我能作難作。又大迦葉。我實不作。非獨我不作。如來亦不作。辟支佛亦不作。阿羅漢亦不作。又大迦葉。有何等人能作難作。若欲正言能作難作。但彼一切嬰兒凡夫。如斯説者是名善説。所以者何。如諸如來皆悉無有已得今得當得。乃至一切聲聞辟支佛亦無所得。唯彼凡夫一切皆得。時大迦葉復白文殊師利言。大士。一切諸佛不得何等。文殊師利言。一切諸佛不得我。不得福伽羅。不得衆生。不得壽命。不得士夫。不得斷。不得常。不得諸陰。不得諸入。不得諸界。不得諸名色。不得欲界。不得色界。不得無色界。不得分別。不得思惟。不得念處。不得因生。不得顛倒。不得貪恚癡。不得此世。不得彼世。不得我。不得我所。乃至不得一切諸法。大德迦葉。如是一切諸法次第不得。亦復不失。不縛不解。不取不捨。

不近不遠。是故迦葉。應當覺了如是法門。若諸佛世尊皆不得者。則彼等非法無②聞凡夫一切斯得。是故凡夫能作難作。非諸佛作。非辟支佛作。非阿羅漢作。是乃名爲凡夫作也。迦葉復問。作何等也。文殊師利言。作斷作常。作染著。作依止。作憶念。作取捨。乃至作彼一切戲論。分別隨順高下等事。是故大德迦葉。如是諸法。諸佛世尊皆無所作。無有已作今作當作。唯彼凡夫能作難作。

爾時文殊師利復白佛言。世尊。所言無生忍者。云何名爲無生忍也。世尊。復以何義而更名爲法無生忍。菩薩云何得斯忍法。佛告文殊師利言。實無有人於生法中得無生忍。所言得者。但有語言名字。何以故。以無生法不可得故。離攀緣故。不得法忍。得無所得。

無得無失。是故言得無生法忍。復次文殊師利。彼無生法忍者。所謂一切法無生如是忍故。一切法無來如是忍故。一切法無去如是忍故。一切法無我如是忍故。一切法無主如是忍故。一切法無取如是忍故。一切法無捨如是忍故。一切法無所有如是忍故。一切法無實如是忍故。一切法無等如是忍故。一切法無等等如是忍故。一切法無比如是忍故。一切法無染如虛空如是忍故。一切法無破壞如是忍故。一切法無斷如是忍故。一切法無垢如是忍故。一切法無净如是忍故。一切法空如是忍故。一切法無相如是忍故。一切法無願如是忍故。一切法離貪恚痴如是忍故。一切法如如如是忍故。一切法法性如是忍故。一切法實際如是忍故。如是一切法。無分別。無相應。無憶念。無戲論。無思惟。無作無力。羸劣。虛誑。如幻。如夢。如響。如影。如鏡像。如芭蕉。如聚沫。如水泡。如是忍故。所可忍者。亦無可忍。非法非非法。但以名字說斯法耳。然彼名字亦不可得。本性自離。如是言忍。信解樂入。無惑無疑。無驚無怖。無動無没。遍滿身已。正受而行。不得其身。亦無住處。文殊師利。是爲菩薩摩訶薩於諸法中得無生忍。乃至不行一切想故。

爾時文殊師利復白佛言。世尊。所謂忍者。云何爲忍。乃至不爲境界所壞故名爲忍。時彼善住意天子問文殊師利言。大士。何等不爲境界所壞。文殊師利言。天子。所謂眼。何法壞眼。謂彼善色惡色是能壞眼。如色壞眼。彼聲壞耳。乃至法壞意亦如是。天子。若菩薩眼見色。不取相。不耽好。不分別。不思惟。不愛不厭。知本性空。無有念想。不爲衆色之所傷敗。乃至意法亦如是。天子。若其六情。無著無縛。無壞無傷。如是菩薩住於法忍。住法忍故。於一切法無所分別。無生不生。無漏不漏。無善不善。無爲不爲。不念世法及出世法。不分別不思惟。是則名爲無生法忍。説此法時。有六萬三千衆生發阿耨多羅三藐三菩提心。一萬二千菩薩得無生法忍。

爾時善住意天子復白文殊師利言。大士。云何菩薩摩訶薩發起勝行。超越轉增入諸地也。文殊師利言。天子。誰於其間能發勝行。而言諸地有超轉者。善住意言。大士。仁豈不知諸菩薩等所行殊勝彼彼轉增。乃至超越能滿十地乎。文殊師利語善住意言。不然。

天子。我聞佛說。一切諸法猶如幻化。汝不信耶。善住意言。大士。世尊誠言。誰敢不信。文殊師利言。天子。如彼幻人及幻。豈有勝行超越轉入乃至具足十地耶。善住意言。不也。大士。文殊師利言。如是天子。若使幻人及幻能有超行轉入者。則吾等亦當如是超越轉入。何以故。如世尊說。一切諸法皆如幻化。故無轉入。天子。是故若說諸地有轉入者。即非轉入。我亦不言地有轉入。所以者何。一切諸法無轉入故。是故法於法中不得轉入。所謂色於受中不得轉入。受於色中不得轉入。想於行中不得轉入。行於想中不得轉入。識於色中不得轉入。色於識中不得轉入。天子。如是乃至於一切法。皆應如是作四句說。又眼不於耳中轉入。耳不於眼中轉入。鼻不於舌中轉入舌不於鼻中轉入身不於意中轉入意不於身中轉入。所以者何。一切諸法。其性各异。行自境界。頑痴無知無有覺識。亦如草木墻壁瓦石。如鏡中像。如幻如化。不可證觸。一相無相。以是義故。一切諸法無有超轉。不出不入。無去無來。天子當知。若諸菩薩如是解知彼一切法無超轉者。不復更有諸地分別。亦無入道。無有捨地。亦無退轉。於彼菩提超轉之中無有失滅。何以故。若人見彼陰界諸入是真實者。彼無超轉。所以者何。以一切法性本净故③。天子。是名菩薩超越道地。天子。譬如幻師化作十重④輿宫閣。即令化人居處其內。天子。於意云何。彼人宫閣有定所不。善住意言。無也。大士。文殊師利言。如是如是。天子。見菩薩地有超轉者。其事若此。

善住意天子會第三十六之三·破二乘相品第七之一

爾時善住意天子復問文殊師利言。大士。或時有人至大士所求出家者。大士爾時當云何答。云何爲說出家度法。云何授戒及教持戒。文殊師利言。天子。若其有人來至我所求出家者。我當教彼如是言曰。諸善男子。汝今不應發出家心。汝若不發出家心者。我當教汝真出家法。所以者何。天子。若求出家。則求欲界。亦求色界。求無色界。復求世間五欲之樂。及求未來果報諸事。若善男子有所求者。彼不證法。不證法故彼則見心。是故天子。若無所取。彼爲證法。以證法故則不見心。不見心故則不出家。不出家故則無出家心。無出家心故彼則不發。以不發故則無有生。以無生故彼則盡苦。以盡苦故則畢竟盡。畢竟盡故彼則無盡。以無盡故則不可盡。不可盡者則是虛空。天子。我時於彼善男子所作如是教。復次天子。若復有人來詣我所求出家者。我復教彼如是言曰。諸善男子。汝今莫發出家之心。所以者何。彼心無生不可得發。汝莫爲异而保此心。復次天子。若更有人來詣我所求出家者。我復教彼如是言曰。諸善男子。汝今若不斷除鬚髮。如是汝則真實出家⑤。

爾時善住意天子復白文殊師利言。大士。以何義故作如斯説。文殊師利言。天子。世尊説法無所斷除。善住意復問言。何等不斷。亦復不除。文殊師利言。天子。色法不斷亦不除。受想行識不斷亦不除。天子。若復有人作如是念。我除鬚髮乃爲出家。當知彼人則住我相。住我相故則不見平等。又見我故則見衆生。見衆生故則見鬚髮。見鬚髮故生剃除想。天子。彼若不見有我相者則不見他相。無他相故則無我慢。無我慢故則無吾我。無吾我故則無分別。無分別故則無動摇。無動摇故則無戲論。無戲論故則無取捨。無取捨故無作不作。無斷不斷。無離無合。無減無增。無集無散。無思無念。無説無言。如是則名安住真實。善住意言。大士。實義云何。文殊師利言。天子。所言實者即是虚空。如是虚空得名爲實。無起無盡。無減無增。以是故言虚空爲實。性空爲實。如如爲實。法界爲實。實際爲實。如是實者。則亦不實。何以故。以彼實中不可得故。名爲不實。爾時文殊師利語善住意言。天子。若復有人來詣我所求出家者。我當教彼如是言曰。諸善男子。汝今若能不取著彼袈裟衣者。吾則以汝爲真出家。善住意言。大士。以何義故復如斯說。文殊師利言。天子。諸佛世尊無有取法。凡所宣說不爲取著。善住意言。不取何等。文殊師利言。天子。謂不取色若常無常。乃至不取識若常無常。不取眼若常無常。乃至不取意若常無常。不取色乃至不取法。不取貪欲。不取瞋恚。不取愚痴。不取顛倒。天子。如是乃至一切諸法皆悉不取而亦不捨。不合不離。天子。若取袈裟。當知彼即大有見相。天子。是故我說不以取著袈裟而得清净及得解脱。所以者何。天子。諸佛世尊大菩提處無有袈裟。善住意言。大士。何法是袈裟。文殊師利言。天子。汝問何法爲袈裟者。貪欲是袈裟。瞋恚是袈裟。愚痴是袈裟。因是袈裟。諸見是袈裟。名色是袈裟。妄想是袈裟。執著是袈裟。取相是袈裟。語言是袈裟。如是乃至戲論一切諸法皆是袈裟。若知諸法無善不善。無思無念。是名無袈裟。若無袈裟則無所有。若無所有則無垢濁。若無垢濁則無障礙。無障礙故亦無有作。是謂思量。善住意言。大士。所言思量。思量者。以何義故名曰思量。文殊師利言。天子。彼思量者。於法平等。無有增減。無作不作。故言思量。天子。若能於法不作增減。如世尊説。不應復起想念分別。故言思量。善住意言。何等名爲不作增減。文殊師利言。天子。

過於平等。過平等已。法不可得。所謂過去不可得。未來不可得。現在不可得。彼法非如。無增減作。無吾我作。無有人作。無衆生作。無壽命作。無有斷作。無有常作。無有分別陰入界作。無有分別佛法僧作。亦無有念是持戒作。是破戒作。是煩惱作。是清浄作。是得果作。是須陀洹作。是斯陀含作。是阿那含作。是阿羅漢作。是辟支佛作。乃至此是空作。是無相作。是無願作。是明解脱作。是離欲作。如是天子。此皆爲彼無聞凡夫思量分別説斯法耳。汝應當知。此是最下痴人。求欲得法。妄想取著。是故如來爲斷彼著。而演説是思量分別作不作事。於是善住意天子贊文殊師利言。善哉大士。快説如是甚深法門。爾時世尊亦復贊可文殊師利言。善哉善哉。文殊師利。汝今乃能作如是説。

爾時文殊師利復語善住意言。天子。若復有人來詣我所求出家者。我當教彼作如是言。諸善男子。汝今若能不受具戒。如是則名真出家也。善住意言。大士。以何義故作如是語。文殊師利言。天子。如世尊説。唯有二種受具戒法。何等爲二。一受正平等戒。二受邪不等戒。是中何者邪不等戒。謂墮我見。墮人見。墮衆生見。墮壽命見。墮士夫見。墮斷見。墮常見。墮邪見。墮憍慢。墮貪欲。墮瞋恚。墮愚痴。墮欲界。墮色界。墮無色界。墮取著分別。天子。是爲略説墮於一切不善法中。墮⑥逐惡知識。妄取一切法。墮不知出要解脱之處。天子當知。是名受邪不等戒也。天子。是處何者是受正平等戒。謂空是平等。無相是平等。無願是平等。天子。若能如是入三解脱門。如實覺知。不分别不思念。於一切法無有退轉。天子。是名受正平等戒也。復次天子。若貪欲發。若瞋恚發。若愚痴發。若愛無明發。我見發。我見爲根本六十二見發。三邪行發。四顛倒發。乃至八邪九惱十不善業道等發。故名受正戒也。天子。譬如一切種子草木樹林。皆依大地而得生長。其地平等無心念作。如是天子。若佛法中正受戒故。具足成就。天子。譬如一切草木種子。依大地住而得增長。天子。當應如是具受正戒。所以者何。住於戒故。道法增長。如彼種子。戒亦復然。又如種子增長得名成就。如是住於戒故。所有一切助菩提分法出生增長得名成就。天子。是爲過去未來現在諸佛世尊一切聲聞受正戒也。所謂入彼三解脱門。一切戲論語言滅處。天子當知。若能如是受具戒者。是名受正。非不正也。爾時文殊師利復語善住意天子言。天子。我今更於如是出家。如是受具。如是教曰。諸善男子。汝今若能不持禁戒。如是則爲眞實持也。善住意言。大士。以何義故作如斯説。文殊師利言。天子。一切諸法悉無所取。故無可持。云何此戒而獨有持。天子。戒若可持。則持三界。天子。於汝意者。以何爲戒。善住意言。大士。若能具足波羅提木叉者。是名爲戒。文殊師利言。天子。云何名爲波羅提木叉。善住意言。大士。所謂持身及以口意三業具足。是則名爲波羅提木叉也。文殊師利言。天子。於意云何。今是現前。何處有是身業可作。如是過去未來亦無有作。彼皆無作。無有像貌。可得言有或青或黃或赤或白及頗梨色耶。善住意言。不也。大士。文殊師利言。天子。彼名何等。云何而說。善住意言。彼名無爲。實不可說。如是乃至意作亦然。文殊師利言。天子。於意云何。彼無爲者可作有爲乎。善住意言。不也。大士。文殊師利言。天子。以是義故我如斯說。彼若不持名真持戒。天子。若言增上戒學。增上心學。增上慧學者。爲學實際。當如是知。無所持故言增上戒學。無所知故言增上心學。無所⑦見故言增上慧學。如是心不分別故。不憶念故。不生殊异故。名最上心學。如心學。戒慧亦爾。天子。若不得心則不念戒。若不念戒則不思慧。若不思慧則無復起一切疑惑。既無疑惑則不持戒。若不持戒。是則名爲真持戒也。天子當知。彼持戒者則無所欲。無所欲故則無退還。無退還故彼則清凈。彼清凈故則得解脱。彼解脱故則得精進。彼精進故則無有漏。彼無漏故則住正行。住正行故則無像貌。無像貌故即是虚空。何以故。以彼虚空無形相故。是故天子。若有人能如是學者則爲不學。彼無學故則爲真學。於何處學。謂無處學。云何無處。謂空平等。天子。若能正住空平等者。是則名爲真住戒學。爾時文殊師利復語善住意天子言。天子。若人能作如是出家。如是受具。我復⑧教彼如是言曰。諸善男子。汝今若能受彼一切三千大千世界篤信檀越供養衆具。而能於中不起分别。不念報恩。是乃名爲清凈持戒。善住意言。大士。以何義故作如斯説。文殊師利言。天子。所謂若人取彼施者受者財物三事故。是爲報恩。又若見彼是爲報恩。若思惟彼是爲報恩。若分別彼是爲報恩。天子。若不見彼。不取彼。不思惟彼。不分別彼者。有何可報。何以故。以從本來畢竟清净。如是報故。天子。彼若取若見。若思惟若分別及念報者。是謂凡夫。非阿羅漢。所以者何。是諸凡夫於一切時常行取著。思量分別此受彼與彼垢此净。以是分別故有報恩。云何報恩。謂諸凡夫於生死有。取後生身。是故於彼欲行報恩。天子。諸阿羅漢不受後有。畢竟不見不思量不分別。無有此彼。更不受身。當於何處而報恩也。天子。若受彼施。當行三净然後乃受。何謂三净。一不見己身。即無施者。二不見他人。即無受者。三不見財物。即無施事。天子。如是三净則畢竟净。如斯净已復何用報。天子。以是義故我如是說。若受三千大千世界篤信檀越一切衆具。不分別不念報者。是名世間真勝福田。是真出家。是净持戒。

爾時文殊師利復語善住意天子言。天子。我與彼人如是出家。如是戒已。當復教言。諸善男子。汝今若能不行阿蘭拏。不在聚落。不處近。不住遠。不獨坐。不衆居。不多言。不杜默。不乞食。不受請。不事糞掃衣。不受他衣鉢。不多貪⑨。不少欲。不多求。不知足。不樹下。不露地。不服腐爛藥。不受肉與蘇。善男子。汝若能於一切頭陀不起分別。如是行者。則名具足行頭陀也。何以故。若以憶念分別行者。即是我慢心見諸相。天子。若如是行。則如是念。我受糞掃衣。我行乞食。我住樹下。我坐露地。我行阿蘭拏。我服腐爛藥。我少欲。我知足。我行頭陀。天子。若正行者不生如是念。所以者何。爲彼無有一切分別故。彼於爾時尚不見我。況當計有頭陀功德。若見有者。無有是處。天子。是故若有如是行頭陀。不憶念。不分別。我則說爲真頭陀也。何以故。天子。若斯人者。拂去貪欲。拂去瞋恚。拂去愚痴。拂去三界。拂去五陰。拂去十二入。拂去十八界。如是我說爲真頭陀。何以故。以彼頭陀。不取不捨。不思不念。不修不行。非法非非法。是故我說真頭陀也。

爾時文殊師利復語善住意天子言。天子。我與彼人如是出家。如是行已。當復教言。諸善男子。汝今若能不觀四聖諦。不修四念處。

不修四正勤。不修四如意足。不修五根。不修五力。不修七覺分。不修八聖道。不修三十七助菩提法。莫證三解脱門。何以故。天子。彼聖諦者入無生相。不可念知。不可修證。所以者何。彼無生中云何言證。天子。是故我言。夫念處者。非念非思一切諸法。故言念處。天子。若比丘不住欲界。不住色界。不住無色界。故言比丘不住四念處思修四念處。云何思修。如彼不思不修。故言思修。如是次第乃至三十七種助菩提法。應如是知。天子。若彼禪行比丘於一切法悉無所得。無所得故。不思念。不分別。不修不證。何以故。天子。彼諸法但有名。如三十七助菩提法。彼雖有名而不可得。唯以分別因緣故生。一相無相。以如是名故如是説。其説亦無。故彼雖復名字證知。終不可得。是則名爲如實覺知三十七種助菩提法。時彼善住意天子復白文殊師利言。大士。所言禪行比丘。何等名爲禪行比丘耶。文殊師利言。天子。若彼比丘於一切法但取一行極隨順者。所謂無生。是爲禪行。又復無有少法可取。是爲禪行。又不取何法。所謂不取此世彼世。不取三界。乃至不取一切諸法。如是平等。是爲禪行。天子。如禪行者。乃至無有一法相應。無合無散是爲禪行。

爾時彼會大衆多有無量百千衆生。咸有疑心。今此文殊師利所説如是。云何得與聖説相應。所以者何。世尊恒説。若人能入三解脱門。名爲涅槃。又如佛説。若有修行三十七種助菩提法。便證涅槃。然而今者文殊師利更如是說。不應修是助菩提行。亦莫入彼三解脱門。將非文殊師利虛妄説耶。於是文殊師利知諸比丘及以衆會咸皆有疑。即語尊者舍利弗言。大德。汝於今者最可證信。世尊記⑩汝智慧第一。大德。汝於何時⑪證離欲法。且當證法時。豈不見四諦耶。舍利弗言。不也。豈不修三十七助菩提分法耶。曰。不也。豈不入三解脱門耶。曰。不也。大士。我於爾時乃至無有一法可見可除。可修可證。可選擇者。所以者何。一切諸法無爲。無生。無言。是空。若是空者。有何可證。説此法時。衆中有三萬比丘於法漏盡心得解脱。

大寶積經卷第一百四

校注

①『遠塵離垢』，龍藏作『遠離塵垢』。
②『無』，龍藏作『非』。
③『若人見彼陰界諸入』至『净故』，别譯本《聖善住意天子所問經》（北魏·毗目智仙譯）作：『若人見有陰界入體。非彼轉行。非是失滅。以一切法性本净故。』
④『重』，龍藏、思溪藏作『種』。
⑤『家』下，思溪藏有『人』字。
⑥『墮』，龍藏作『隨』。
⑦『所』，思溪藏無。
⑧『復』，龍藏作『當』。
⑨『貪』，龍藏、思溪藏作『食』。
⑩『記』，龍藏、思溪藏作『説』。
⑪『時』，龍藏作『者』。

大寶積經卷第一百五

隋天竺三藏達磨笈多譯

善住意天子會第三十六之四・破二乘相品第七之二

爾時善住意天子讚文殊師利言。善哉善哉。大士仁今真是聰辯利智。快説如斯甚深空忍。文殊師利言。天子。我非如是聰辯利智。夫利智者。則是一切嬰兒凡夫。何以故。天子。一切凡夫是名利智。何等利智。所謂地獄利智。畜生利智。餓鬼利智。閻摩利智。乃至三界一切利智。如是取著相應。得言利智。所以者何。不知生死煩惱先際故。天子。是故彼諸凡夫。著貪欲利。著瞋恚利。著愚痴利。乃至與彼諸見名色取著相應。故言利智。非謂諸佛世尊及聲聞緣覺得忍菩薩有斯利智。是乃名爲一切凡夫取相利智也。於是善住意天子復問文殊師利言。大士。仁今所説。欲顯智耶。文殊師利言。不也。善住意言。欲隨行耶。文殊師利言。不也。善住意言。欲隨句耶。文殊師利言。如是如是。天子。我由字句。善住意言。大士。仁今何故如斯説耶。文殊師利言。天子。若諸菩薩於一字一句初不移動。然彼字句義門處所近遠淺深皆如實知。謂知空處。知無相處。知無願處。知遠離處。知無所有處。知無生處。知如如處。而於其間無受無作。無解無知。是故得言唯字句耳。

爾時世尊贊文殊師利言。善哉善哉。文殊師利。汝今已得陀羅尼故。乃能如是分別説也。文殊師利白佛言。世尊。我實不得彼陀羅尼。何以故。世尊。若有得是陀羅尼者。斯則名爲愚痴凡夫。非佛世尊及諸菩薩得陀羅尼。所以者何。世尊。彼諸凡夫痴衆生等。有取著故得陀羅尼。取著何等。所謂取著我故得陀羅尼。取著人故得陀羅尼。取著壽命故得陀羅尼。取著丈夫故得陀羅尼。取著斷滅故得陀羅尼。取著常恒故得陀羅尼。取著貪欲故得陀羅尼。取著瞋恚故得陀羅尼。取著愚痴故得陀羅尼。取著無明故得陀羅尼。取著有愛故得陀羅尼。取著身見故得陀羅尼。取著五陰故得陀羅尼。取著十二入故得陀羅尼。取著十八界故得陀羅尼。取著憶念故得陀羅尼。取著分別故得陀羅尼。取著六十二見故得陀羅尼。如是乃至取著一切諸行故得陀羅尼。是故凡夫得陀羅尼。所以者何。若法爲彼愚痴取著。是則凡夫所得。非謂佛得。非聲聞得。非辟支佛得。非菩薩得。以是義故。唯彼凡夫得陀羅尼。何以故。彼諸凡夫。以愚痴故言有取得。非佛世尊及菩薩等。

爾時善住意天子復白文殊師利言。大士。仁若不得陀羅尼者。將無墮彼頑鈍位乎。文殊師利言。如是天子。我真頑鈍。何以故。夫頑鈍者。謂無所知。我所行處不可知故。是故一切諸佛世尊及諸聲聞緣覺菩薩皆墮頑鈍。非諸凡夫。所以者何。一切凡夫在於數中。諸餘智人盡入頑鈍。如須陀洹障礙行故。貪欲心行尚墮數中。何況愚痴諸凡夫等而非數也。天子。是故得言我爲頑鈍。我實不得彼陀羅尼。何以故。乃至一法我無所得故。

說是法時。彼大衆中有五百比丘聞此法門不能信受。生大恐怖。起誹謗心。發惡心已。弃捨而去。即自見身墮大地獄。爾時尊者舍利弗白文殊師利言。大士。仁今且住。勿説如此甚深經典。所以者何。今此會中五百比丘聞此法門不能信受。生大怖畏。起誹謗心。即自見身已處地獄。文殊師利語舍利弗言。舍利弗。汝今不當妄起分別。何以故。乃至無有一法墮地獄者。所以者何。一切諸法無所生故。汝今云何忽發斯言。令我休止勿宣是法。舍利弗。若善男子善女人依止我見。依止人見。依衆生見。依壽者見。依諸見已。雖復供養恒沙如來應供正遍覺及比丘僧。一切衆具隨須奉給。如是供養盡其形壽無有休廢。若復有人聞我所説甚深法門。一切世間所不能信。謂空。無相。無願。無作。寬大寂靜。無生。無滅。無我。無人。無衆生。無壽命。無常。苦。無我。如是諸法聞已誹謗。墮於地獄。然舍利弗。即此善男子善女人得聞如是甚深法已。雖墮地獄。從地獄出速得涅槃。若善男子善女人雖復供養恒沙數如來應供正遍覺。以取著我。不聞如是甚深經法。終不解脱速證涅槃。

爾時世尊讚文殊師利言。善哉善哉。文殊師利。如是如是。誠如汝言。若有得聞如是甚深微妙經典與值佛出世等無有異。何以故。若有欲證須陀洹果。要由此經。欲證斯陀含。欲證阿那含及阿羅漢。要聞此經。所以者何。以不著我乃能證法。證此法時無有所見。無所得故。爾時世尊告尊者舍利弗言。舍利弗。汝當知此五百比丘雖墮地獄。後從獄出速證涅槃。非彼愚痴凡夫之人。没於見得。墮墜疑心。供養如來能得解脱。舍利弗。是諸比丘還復因此乃至解脱速得涅槃。非是餘人能速解脱。所以者何。以不聞此深法門故。舍利弗。若有善男子善女人得聞如是甚深法門。一經於耳。雖不信受。墮於地獄。然速解脱。其有墮見入地獄者。未能解脱。

善住意天子會第三十六之四·破凡夫相品第八

爾時善住意天子復白文殊師利言。大士。仁今許我修梵行乎。文殊師利言。如是天子。汝今若能不念作求。不思進趣。如是吾將許汝梵行。善住意言。大士。以何義故如斯説耶。文殊師利言。天子。若有爲作。可名梵行。若無爲作。何名梵行。又復天子。若有見得。可名梵行。若無見得。何名梵行。善住意言。大士。仁今寧當無梵行耶。文殊師利言。如是如是。天子。我無梵行。所以者何。夫梵行者。則非梵行。非梵行故我名梵行。時善住意天子贊文殊師利言。善哉善哉。大士。仁以具足樂説辯才。能作如是無障礙説。文殊師利言。天子。若吾具足無礙辯者。即成障礙。何以故。凡是取著我及我所。皆由分別。一切分別無非障礙故。

爾時文殊師利復語善住意天子言。天子。汝今若能斷除一切衆生命根。然不執刀。不持杖。不把棓bàng不捉塊。而行事者。吾當同汝修於梵行。善住意言大士。復以何義如斯説耶。文殊師利言。天子。言衆生者。於意云何。善住意言。大士。我言衆生。衆生者。乃至一切。但有名字。皆想取故。文殊師利言。天子。是故我言。汝今當須殺害我想。殺害人想。殺衆生想。殺壽命想。乃至滅除名字等想。如斯殺也。善住意言。大士。當以何殺具而行殺乎。文殊師利言。天子。吾常用彼利智慧刀而行殺害。當行殺時。彼利智刀應如是執。當如是害。然亦無有執持之想及以害想。天子。以是義故。汝當善知殺害我想及衆生想。是名真殺一切衆生。如是吾當許汝梵行。

爾時文殊師利復語善住意天子言。天子。我復語汝。汝若修行十惡業道。復能成就黑濁垢法。放損①一切十善業道。破壞離散清白法者。我當共汝修於梵行。善住意言。大士。以何義故復如是說。文殊師利言。天子。所有一切染濁清白皆悉平等。彼平等者。我得如此同汝梵行。天子。於意云何。汝以何法爲染濁平等。善住意言。以不貪不作不退不墮。是謂染濁平等。文殊師利言。天子。復以何法爲白净平等。善住意言。以如。法性。及與實際。三解脱門。是謂白净平等。文殊師利言。天子。吾即令汝真法界中具足修行周旋往返。其事可乎。善住意言。不也。大士。文殊師利言。天子。以是義故我作斯説。染濁清白一切等者。然後方可共修梵行。

爾時文殊師利復語善住意天子言。天子。汝今若能取應死人手執利刀斬其頭者。吾當許汝如是梵行。善住意言。大士。以何義故復作此説。文殊師利言。天子。可殺者誰。何者是頭。誰能行殺。天子。汝今當知。須殺貪欲。須殺瞋恚。須殺愚痴。如是乃至我慢。嫉妒。欺誑。諂曲。執著取相及受想等。天子。是爲可殺。天子。若人一心專精自守。貪欲心發即應覺知。方便散除還令寂靜。云何散除。應作是念。此是空。此不净。求此欲心生處滅處。從何所來去至何所。是中誰染。誰受染者。誰爲染法。如是觀時。不見能染。不見所染。不見染事。以不見故則無有取。以不取故則無有捨。以不捨故則無有受。不捨不受則名離欲寂滅涅槃。如是乃至一切受心亦如是說。天子當知。如是殺法。即殺即生。是故得言彼行殺時。先斬其頭是爲真殺。以是義故我如此說。

爾時文殊師利復語善住意天子言。天子。汝今若能違背諸佛。毀謗法僧。吾將同汝如是梵行。善住意言。大士。仁今何故復如是說。

文殊師利言。天子。如汝意者。以何爲佛。善住意言。大士。如如法界。我言是佛。文殊師利言。天子。於意云何。如如法界可染著乎。善住意言。不也。大士。文殊師利言。天子。以是義故我如是說。汝今若能毀謗諸佛。吾將同汝如是梵行。文殊師利言。天子。如汝意者。以何爲法。善住意言。大士。離欲寂靜。我名爲法。文殊師利言。天子。於意云何。彼寂靜法可染著乎。善住意言。不也。大士。文殊師利言。如是天子。以此義故我如是說。汝今若能誹謗正法。吾將同汝如是梵行。文殊師利言。天子。如汝意者。以何爲僧。善住意言。大士。無爲法者是名聖僧。如世尊說。一切聖人以無爲得名。故無爲法名聲聞僧。文殊師利言。天子。於意云何。是無爲法可執著乎。善住意言。不也。大士文殊師利言。如是天子。以此義故我如是説。汝今若能破壞聖僧。吾將同汝如是梵行。文殊師利言。天子。若人見佛。彼則著佛。若人見法。彼則著法。若人見僧。彼則②著僧。何以故。以佛法僧非可得故。天子。若人不見佛。不聞法。不識僧者。彼爲不背佛。不謗法。不破僧。何以故。以其不得佛法僧故。天子。若人愛佛愛法愛僧。彼爲染著佛法及僧。天子當知。若人不著佛法僧者。是則名爲離欲寂滅。天子。以此義故我如是説。汝今若能於佛法僧不染著者。我則同汝如是梵行。

爾時善住意天子復白文殊師利言。大士。希有希有。今日乃能宣説如是甚深義處。我於大士以何報恩。文殊師利言。天子。汝莫報恩。善住意言。大士。我今云何得不報也。文殊師利言。天子。汝莫報恩。所以者何。天子。汝能如是不報恩者。即爲報也。善住意言。大士。仁今寧可無報恩乎。文殊師利言。天子。如是如是。我不報恩。亦非不報。善住意言。大士。仁以何義更作是說。文殊師利言。天子。凡愚之人造種種法。起種種見。行種種行。以作如是種種見行。是故念言我當報恩。天子。此非正行善男子也。其有正行善男子者。乃至無有少作。或作不作。彼終不言我念報恩。又復天子。不報恩者。如佛世尊宣說平等。謂一切法悉無所作。無有作處。皆入平等。無有轉還。亦無超越。非自非他。無作不作。是故我爲無報恩也。

爾時善住意天子復白文殊師利言。大士。仁住何處作如是說。住忍説乎。住法説也。文殊師利言。天子。我所住者。非忍非法。善住意言。大士。實住何處故如是説。文殊師利言。天子。我無所住。如化人身。我如是住。善住意言。大士。彼化人者復依何住。文殊師利言。天子。如如如住。化如是住。天子。若如是者。汝云何言住在何處。爲忍爲法。如斯問也。天子。是故我所言忍。但有其名。名無住處。法亦如是。無有住處。無有動轉。亦無分別。天子當知。一切諸法悉無住處。而言住者。是謂如來爲諸衆生作如是説。所以者何。如佛所説。如來住彼如如法中。一切衆生亦復如是。住於如如。初不移動。如衆生如即如來如。如來如即衆生如。衆生如來無二無別。

爾時善住意天子復白文殊師利言。大士。所言沙門那。沙門那者。

義何謂也。文殊師利言。天子。若非沙門非婆羅門。是則名爲真沙門也。所以者何。以彼不著欲界。不著色界。不著無色界。是故我言真沙門也。天子。若眼不漏。耳不漏。鼻不漏。舌不漏。身不漏。意不漏者。我復説爲真沙門也。天子。若不依止説。不依止證。不依止處者。我復説爲真沙門也。天子。若無去處。無來處。無傷無瘡者。我復説爲真沙門也。天子。是以彼句非沙門非婆羅門。我乃説爲真沙門也。

爾時善住意天子讚文殊師利言。善哉善哉。大士。實未曾有。仁者志若金剛。其所宣説無有章句。亦無處所。心咸了達。無所遺餘。文殊師利言。天子。我心不剛。所以者何。吾自放意。心安柔忍。是故不剛。善住意言。大士。是義云何。文殊師利言。天子。吾以恣心入聲聞地。處緣覺境。是謂放心③。吾又恣心入諸塵勞生死之内。而亦不惡貪恚痴等煩惱過患。是謂放心*。時善住意天子復讚文殊師利言。善哉善哉。希有大士。仁由過去久供諸佛。殖衆德本。故能宣説妙若斯也。文殊師利言。天子。吾無供佛。不殖善根。所以者何。吾初不見宿昔所更。又亦不知當來所作。雖有所作。亦無有作。於諸佛法未曾建立。云何能有殖衆德本。

善住意天子會第三十六之四·神通證説品第九

爾時善住意天子復白文殊師利言。大士。我昔曾聞如幻三昧。唯願垂慈。顯此正受。文殊師利言。天子。汝欲見聞如幻三昧甚深境界乎。善住意言。大士。我誠願見。時文殊師利如言即入如幻三昧。應時十方如恒沙等諸佛國土。一切境界自然現前。於是善住意天子悉見東方恒沙佛土。其中所有種種衆事。或見比丘稱揚宣說如是經典。或見比丘尼像。或見優婆塞優婆夷像。或見大梵天王。天帝釋。四天大王。或見人間轉輪聖王。或見一切天。龍。夜叉。乾闥婆。阿修羅。迦樓羅。緊那羅。摩睺羅伽。乃至或見一切鳥獸。種類若干。形貌好醜。皆爲說法。如此東方。南西北方四維上下一切十方。咸有如是恒河沙等諸佛國土所有事業。亦皆如是。等無有异。盡是文殊師利威神力也。時善住意天子既見如是十方佛土一切境界。歡喜踴躍。不能自持。於是文殊師利從三昧起。善住意天子一心敬仰。白文殊師利言。大士。向見十方諸佛國土無量境界。佛事亦殊。而各宣說如斯經典。

爾時文殊師利問善住意天子言。天子。於意云何。汝向所見東方所有一切境界。可謂實乎。善住意言。不也。大士。文殊師利言。如此東方及餘九方。如是十方所有境界。復爲實乎。善住意言。大士。一切皆虛。無有實也。所以者何。一切諸法本無有生。其猶幻化欺誑世間。一切諸法轉變推移無常存者。皆是虛妄顯現所爲。窮其體實了不可得。不作不生。不起不滅。於是文殊師利贊善住意言。善哉善哉。天子。誠如汝言。

爾時會中有五百菩薩。已得四禪。成就五通。然是菩薩依禪坐起。

雖未得法忍。亦不誹謗。時諸菩薩宿命通故。自見往昔所行惡業。或殺父殺母。殺阿羅漢。或毀佛寺。破塔壞僧。彼等明見如是餘業。深生憂悔常不離心。於甚深法不能證入。我心分別。彼罪未忘。是故不能獲深法忍。

爾時世尊爲欲除彼五百菩薩分別心故。即以威神覺悟文殊師利。文殊師利承佛神力從座而起。整理衣服。偏袒右髆。手執利劍直趣世尊。欲行逆害。時佛遽告文殊師利言。汝住。汝住。不應造逆。勿得害我。我必被害。爲善被害。何以故。文殊師利。從本已來。無我無人。無有丈夫。但是内心見有我人。内心起時。彼已害我。即名爲害④。時諸菩薩聞佛說已。咸作是念。一切諸法悉如幻化。是中無我。

無人。無衆生。無壽命。無丈夫。無摩奴闍。無摩那婆。無父。無母。無阿羅漢。無佛。無法。無僧。無有是逆。無作逆者。豈有墮逆。所以者何。今此文殊師利。聰明聖達。智慧超倫。諸佛世尊稱贊。此等已得無礙甚深法忍。已曾供養無量百千億那由他諸佛世尊。於諸佛法巧分別知。能説如是真實之法。於諸如來等念恭敬。而忽提劍欲逼如來。世尊遽告。且住。且住。文殊師利。汝無害我。若必害者。應當善害。所以者何。是中若有一法和合集聚。決定成就。得名爲佛。名法。名僧。名父。名母。名阿羅漢。定可取者。則不應盡。然而今此一切諸法。無體無實。非有非真。虚妄顛倒。空如幻化。是故於中無人得罪。無罪可得。誰爲殺者而得⑤受殃。彼諸菩薩如是觀察明了知已。即時獲得無生法忍。歡喜踴躍。身升虛空高七多羅樹。以偈嘆曰。

諸法如幻化　斯由分別起　是中無所有　一切法皆空

顛倒虛妄想　愚痴取我心　計念我昔愆　所作業中甚

過去爲大逆　殺父母良田　殺羅漢比丘　是爲極重惡

以彼惡業故　我當受大苦　没疑網衆生　聞法悔惑除

大名拔我毒　破散我疑心　我已覺法界　衆惡無所有

諸佛巧方便　善知我等意　方便度衆生　爲解諸疑縛

何處有諸佛　法僧亦復然　父母本自無　阿羅漢空寂

是處無有殺　云何有業果　如幻無所生　諸法性如是

文殊大智人　深達法源底　自手握利劍　馳逼如來身

如劍佛亦爾　一相無有二　無相無所生　是中云何殺

說此執劍妙法門時。十方如恒沙等諸佛世界六種振動。時彼十方諸佛世界一切諸佛現前說法。彼佛侍者各於本國大衆會中從座而起。咸請其佛言。世尊。今此神變是誰威德。而令世間大地振動。時十方諸佛各各告其弟子曰。諸善男子。今有世界名曰娑婆。彼土有佛號釋迦牟尼如來應供正遍覺。現在說法。然彼世界有一上首菩薩摩訶薩。名文殊師利。久已不退於阿耨多羅三藐三菩提。爲欲破壞新學菩薩執著心故。躬秉利劍。馳走趣彼釋迦如來。顯發深法。以是因緣故。令大地如是振動。彼佛世尊因智劍故說甚深法。⑥復令無量無邊阿僧祇衆生法眼清淨。心得解脫。證深法忍。安住菩提。

爾時世尊建立如是大神變時。以方便力。令彼衆中一切諸來新學菩薩。善根微少。未離分別取相衆生。皆悉不睹彼執劍事。亦不得聞其所説法。爾時尊者舍利弗白文殊師利言。大士。仁今已造極猛惡業。欲害如是天人大師。是業若熟。當於何受。時文殊師利告舍利弗言。如是大德。如汝所説。我今唯能造作如是極重惡業。而實不知於何處受。然舍利弗。如吾見者。當若化人幻業熟時。我如斯受。所以者何。彼幻化人無心分別。無有念想。一切諸法皆幻化故。又舍利弗。我今問汝。隨汝意答。於意云何。如汝意者。實見劍耶。舍利弗言。不也。文殊師利曰。又定見彼惡業可得耶。舍利弗言。

不也。文殊師利曰。又定見彼受果報耶。舍利弗言。不也。文殊師利言。如是舍利弗。彼劍既無。復無業報。誰造斯業。誰受報者。而反問我受報處乎。舍利弗言大士。以何義故復如是說。文殊師利言。如我所見。實無有法業報熟者。所以者何。一切諸法無業無報。無業報熟故。

爾時十方世界諸來菩薩摩訶薩等。同請佛言世尊。唯願世尊以威德力。加是文殊師利。令至十方諸佛世界說如斯法。令彼衆生咸得聽聞。如我無异。於是文殊師利菩薩摩訶薩語彼十方諸菩薩言。諸善男子。汝今宜各一心觀察自佛世界也。時彼十方諸菩薩衆從文殊師利聞是語已。即各觀本自佛世界。皆睹文殊師利處其佛前。爲諸大衆説如斯法。復各見彼皆有善住意天子問是法門。又各見彼十方佛國諸菩薩等悉皆大集。又皆見彼諸天子衆。其數多少與此不殊。又各見彼佛界清净莊嚴微妙與此無异。彼諸菩薩摩訶薩衆如是見已。生殊特心。得未曾有。同聲贊言。甚奇甚特。今此文殊師利道德巍巍。處斯世界安住不動。而能普現十方佛前。爾時文殊師利告彼十方菩薩衆言。諸善男子。汝今當聽。譬如幻師既善學已。不離本座而能幻作種種色像。菩薩摩訶薩亦復如是。既能善學般若波羅蜜如幻法已。即於一切如幻法中。隨其十方諸佛國土。欲現形像作諸佛事。如意即能。所以者何。一切諸法皆如幻化。以是義故所作隨心。譬如日月宫輪住虚空處。初不曾下入諸器中。其光普照靡不周遍。菩薩如是安住不動。隨心普現十方佛前。或現聲聞緣覺等身。或現梵王帝釋等像。或現四天轉輪王事。或現國主大臣政化。如是乃至示現一切惡趣衆生形類。隨意即能。而亦初無興作之想。

善住意天子會第三十六之四・稱贊付法品第十

爾時世尊告文殊師利言。文殊師利。若有得聞此修多羅甚深法門。與值佛興世等無有异。文殊師利。若聞此經。與證須陀洹無异。與證斯陀含無异。與證阿那含無异。與證阿羅漢無异。何以故。以彼如如無异故。文殊師利。又若聞此經心生信解。與彼後身菩薩菩提樹下坐於道場必成正覺一等無异。何以故。如斯法門。即是三世諸佛世尊之要道故。於是文殊師利白佛言。世尊。如是如是。如佛所說。如空無异。如無相無异。如無願無异。如如如無异。如法界無异。如實際無异。如平等無异。如解脱無异。如離欲無异。爾時文殊師利白佛言。世尊。唯願如來護持如是甚深法門。於後末世五百歲時。當使此經於閻浮提遍行流布。令諸善男子善女人等咸得聞之。文殊師利作是請時。即令三千大千世界一切音樂不鼓自鳴。一切諸樹自然鬱茂。一切衆花咸悉開敷。又此三千大千世界六反振動。放大光明遍照三千大千世界。奪日月光令不復現。百千億天歡喜踴躍。得未曾有。住於虚空雨天花香。種種諸花及諸花鬘。塗香末香。如雨而下。香氣氛馥充滿十方。作天樂音。其聲和雅。一切咸共叉手合掌。同聲稱贊。希有希有。奇特法門。今此文殊師利大士所說。令我等聞。我爲福會。從生至今再遇閻浮轉大法輪。有諸衆生具足善根。然後乃得聞此深法。若諸衆生聞已信行。當知是人已曾供養一切諸佛。亦爲已得甚深法忍。若有衆生聞此經典。不驚不怖。不退不没。深心愛樂。當知是人不經二乘善根中來。

爾時文殊師利白佛言。世尊。今此奇瑞。將無爲是法門。於未來世閻浮提中。遍行流布住持不滅耶。佛言。如是如是。向所現瑞。唯爲是經於閻浮提遍行流布住持不滅故。文殊師利言。世尊。唯願世尊更建誠實⑦。令此經典後世流行。熾然不滅。佛言。文殊師利。若三解脱門能證涅槃是誠實者。於後末世五百歲時。此經法門弘閻浮提。熾然不滅。爲誠實語。文殊師利。若苦無常。若空無我。是實言者。於後末世五百歲時。此經法門弘閻浮提。熾然不滅。爲誠實語。文殊師利言。世尊。如世尊説。無我。無人。無衆生。無壽命。無丈夫。無摩奴闍。無摩那婆。無煩惱。無清净是實言者。於後末世五百歲時。此經法門弘閻浮提。熾然不滅。是誠實語。如世尊説。無生死。無涅槃。無貪欲。無瞋恚。無愚痴。無名無色。無因無果。無有無知。無身無身證。無心無心果。無念無念處。無發無發處。無色無受無想無行無識。無眼無色。無耳無聲。無鼻無香。無舌無味。無身無觸。無意無法。無欲界。無色界。無無色界。無斷無常。如是等法是實言者。於後末世五百歲時。此經法門弘閻浮提。熾然不滅。是誠實語。如世尊說。無須陀洹。無須陀洹果。無斯陀含。無斯陀含果。無阿那含。無阿那含果。無阿羅漢。無阿羅漢諸法。無辟支佛。無辟支佛諸法。無如來。無如來諸法。無證平⑧等。無力。無畏。無智果。無聖證。無空。無無相。無無願。無離欲處。無得本性。無有平等。無有證⑨處。無暗無明。無縛無解。無彼岸。無此岸。無中間。無念無覺。如此等法是實言者。於後末世五百歲時。此經法門弘閻浮提。遍行流布熾然不滅。是誠實語。如世尊說。於此⑩法門無有衆生信解脱得果。相應不相應。不合不散。如是等法爲實言者。於後末世五百歲時。此經法門弘閻浮提。遍行流布熾然不滅。是真實語。如世尊說。過去諸如來應供正遍覺作如斯說。無有一法能令衆生於生死中滅除煩惱解脱涅槃。亦無衆生有法生滅。乃至無有過失。無出無動。如過去佛所說。如是未來現在所說亦然。若此等法是實言者。於後末世五百歲時。此經法門弘闊浮提。遍行流布。是真實語。又如世尊說此法時。無有菩薩得是三昧諸陀羅尼門。亦復無彼諸佛所說語言句義。乃至不說一文字句。無人聽聞。無人得解。無人成佛。如此等法是實言者。於後末世五百歲時。此經法門弘闊浮提。遍行流布熾然不滅。是真實語。如世尊說。無有戒身。無有三昧。無有智慧。無有解脱。無有解脱知見。如此等法是實言者。於後末世五百歲時。此經法門弘闊浮提。普宣流布熾然不滅。是真實語。如世尊說。諸菩薩等不行布施。不持禁戒。不修忍辱。不發精進。不入禪定。不得般若。不求菩提。不轉諸地。不得佛道。不得諸力。不得無畏。不得諸相。不獲諸辯。不轉法輪。不度衆生令取正覺。如此等法是實言者。於後末世五百歲時。此經法門弘閻浮提。普宣流布熾然不滅。爲真實語。文殊師利宣此誠實誓時。三千大千世界大地六種振動。

爾時彌勒菩薩摩訶薩白佛言。世尊。有何因緣。今此世界如是大動。佛告彌勒菩薩言。彌勒。汝今不應問如是事。所以者何。來⑪世衆生鈍根少信。聞不能解。墮於疑慢。長夜不安。於是彌勒菩薩復白佛言。世尊。唯願説之。世尊若説。能多利益一切世間天人大衆故。佛告彌勒。如是經典。往昔已有七十四億百千那由他諸佛世尊。

於此方所稱揚贊説。皆因文殊師利及善住意天子等問答咨論也。彌勒菩薩復白佛言。世尊。是文殊師利及善住意天子。聞此法門其久近耶。佛告彌勒。乃往過七阿僧祇劫。有佛世尊號普花最上師子游步勝功德聚如來應供正遍覺所。是善男子等從彼佛所初聞此經也。説是經時。衆中有若干恒河沙衆生。皆發阿耨多羅三藐三菩提心。復倍前數衆生得住不退轉忍。復倍前數衆生遠塵離垢得法眼净。

爾時世尊説此經已。於是文殊師利與善住意天子。及彼十方諸菩薩衆。及彼一切諸天子衆。及尊者舍利弗。尊者摩訶迦葉。諸比丘衆乃至所有天。人。阿修羅。諸龍。鬼神一切衆等。聞佛所説。皆大歡喜。信受奉行。

大寶積經卷第一百五

校注

①『損』，龍藏、思溪藏作『捐』。

②『則』，底本作『爲』，依龍藏、和裕本改。

③『放心』，別譯本《佛説如幻三昧經》（西晉・竺法護譯）作『放意』。本卷下文例同，用*標識，不再出注。

④『不應造逆』至『害』，別譯本《佛説如幻三昧經》（西晉・竺法護譯）作：『勿得造逆。當以善害。所以者何。皆從心發。因心生害。心已起頃。便成爲殺。』

⑤『得』，龍藏、思溪藏作『復』。

⑥『復』，龍藏作『得』。

⑦『更建誠實』，別譯本《聖善住意天子所問經》（北魏・毗目智仙譯）作『實作住持』。

⑧『平』，龍藏作『果』。

⑨『證』，底本作『餘』，依龍藏、思溪藏、和裕本改。

⑩『此』，龍藏、思溪藏、和裕本作『諸』。

⑪『來』，龍藏、思溪藏作『末』。

大寶積經卷第一百六

阿闍世王子會第三十七

大唐三藏菩提流志奉　詔譯

如是我聞。一時佛在王舍城耆闍崛山中。與大比丘衆千二百五十人俱。爾時阿闍世王所愛之子名爲師子。與其同友五百人俱。皆已趣向阿耨多羅三藐三菩提。各持種種幢幡寶蓋。從王舍城往耆闍崛山。到如來所禮拜供養。於是王子合掌恭敬而白佛言。唯願如來爲我宣説諸菩薩行。爾時王子即説頌言。

云何得端正　蓮花中化生　云何知宿命　願佛爲宣説

爾時如來了達諸行究竟彼岸。隨問而答。即説頌曰。

忍辱得端正　施蓮花化生　法施知宿命　汝當如是解

王子又問。

云何得成就　三昧陀羅尼　凡有所發言　皆令人信受

世尊答曰。

修心得三昧　忍獲陀羅尼　敬重於衆生　發言人信受

王子又問。

云何得正念　具足智慧生　如法而修行　堅固不可壞

世尊答曰。

不諂得正念　巧觀智慧生　尊重所修行　護法心堅固

王子又問。

云何成妙相　具足三十二　八十隨形好　觀者樂無厭

世尊答曰。

由施得諸相　行慈獲隨好　等心於衆生　觀者無厭足

王子又問。

云何得梵音　迦陵頻伽聲　云何令世間　見者皆歡喜

世尊答曰。

誠言獲梵音　迦陵由軟語　離綺言兩舌　見者皆歡喜

王子又問。

由何等業行　得生諸佛前　能請微妙義　唯願如來説

世尊答曰。

於諸法施中　不曾爲障礙　因此故恒得　值遇諸如來

王子又問。

云何離諸難　而生於善趣　云何世世中　性常無放逸

世尊答曰。

净信離諸難　持戒生善趣　由修習於空　所生無放逸

王子又問。

云何獲神通　及證宿命智　能永盡諸漏　願佛爲開演

世尊答曰。

施乘得神通　教授成宿命　捨離於二邊　由是盡諸漏

王子又問。

云何净業成　魔網不能羂　而於世世中　爲衆之所愛

世尊答曰。

勝解成净業　精進摧伏魔　如説而修行　所生令衆愛

王子又問。

云何得長壽　獲少病之身　感難壞眷屬　願牟尼宣説

世尊答曰。

不害得長壽　除他憂少病　諍訟使和安①　得難壞眷屬

王子又問。

云何得財富　資具無損減　於世世所生　成就大威德

世尊答曰。

不嫉獲財富　無慳資具增　謙下成尊貴　有威德自在

王子又問。

云何獲大力　衆魔不能害　威勢常超勝　唯願人尊說

世尊答曰。

恒施上味食　恐怖令安隱　由斯得大力　威勢常超勝

王子又問。

云何得成就　天眼及天耳　云何能了知　種種衆生心

世尊答曰。

施燈感天眼　奉樂成天耳　遠離於二邊　故獲他心智

王子又問。

云何得净土　及以衆圓滿　獲隨體圓光　功德海當説

世尊答曰。

由願得净土　忍力衆成就　施衆妙寶帳　得周遍圓光

王子又問。

云何所生處　菩提心不壞　乃至於夢中　亦無有忘失

世尊答曰。

凡所游行處　城邑聚落中　化衆趣菩提　菩提心不壞

王子又問。

云何大牟尼　爲衆之所愛　攝取一切法　唯願人尊説

世尊答曰。

勝志樂具足　不退菩提心　由此攝諸法　爲衆之所愛

爾時王子與諸大衆聞是偈已。咸作是言。如佛所説此諸妙行。我等從今盡當修學。是時如來即現微笑。放大光明遍照無量無邊世界。於是彌勒菩薩白佛言。世尊。以何因緣現此微笑。願爲宣説。斷除疑惑。爾時佛告彌勒菩薩摩訶薩言。善男子。此王子等五百同友。皆於往昔爲求無上正等菩提。恭敬供養十那由他八十億諸佛。而我往在然燈佛時。作婆羅門子成熟於彼。然彼諸人於未來世彌勒佛等諸世尊前。恒受化生。親承供養。如是奉事十億如來滿三百劫。其最後佛號無邊智。善學諸法。時無邊智佛知彼諸人心之欲樂。各隨所應。爲授阿耨多羅三藐三菩提記。同於安樂光嚴劫中成等正覺。皆號智慧幢相。此諸佛剎所有莊嚴。亦如西方無量壽國等無差別。善男子。若有衆生聞此所説而生信解。發願當成大菩提者。應知是人所獲功德。於三世中無有倫匹。善男子。若有人能六百劫中。恒以衆寶遍於諸剎②奉施如來。若復有人聞是經典所生善根。比前功德。算數挍計所不能及。

説是法時。衆中八十億衆生一時趣向阿耨多羅三藐三菩提。又此三千大千世界皆悉震動。天雨妙花。爾時王子與五百同友聞授記已。歡喜踴躍。咸作念言。我等定當成無上覺。於是王子及諸同侶。既興供養。獲五神通。即於佛前種種變現。出家爲道。爾時諸菩薩摩訶薩及諸天人。所有趣向大菩提者。見彼王子與諸同友隨衆所樂示現神變。皆大歡喜。咸作是言。師子王子所問疑惑。如來法王悉爲除斷。如是世尊不可思議。如來正法及能信受。乃至果報不可思議。如來功德無量無邊。於一切法靡不明達。爲世導師度未度者。普能遍於十方世界。悉已了知三世諸法。誰有智者。得聞如是生安樂處功德之聚。而不發起猛利信樂趣求菩提佛說是經已。師子王子等五百同友。歡喜奉行。

大乘方便會第三十八之一

東晉天竺居士竺難提譯

如是我聞。一時佛在舍衛國祇樹給孤獨園精舍。與大比丘八千人俱。皆學無學大聲聞衆。菩薩摩訶薩萬二千人。皆得神通。衆所知識。得陀羅尼無礙辯才。得諸法忍。無量功德皆悉成就。爾時如來從三昧起。無量百千萬億衆生恭敬圍繞而爲説法。爾時衆中有菩薩摩訶薩名曰智勝。即從座起。偏袒右肩。右膝著地。合掌向佛而白佛言。世尊。欲問一事。唯願聽許。若佛聽者。乃敢咨請。佛告智勝菩薩。善男子。恣汝所問。當爲汝説。斷汝所疑。爾時智勝菩薩白佛言。世尊。所言方便。何等爲菩薩方便。世尊。云何菩薩摩訶薩行於方便。如是問已。佛讚智勝菩薩言。善哉善哉。善男子。汝爲諸菩薩摩訶薩故問方便義。多所利益。多所安樂。愍念世間。利益安樂唯天世人。爲攝未來諸菩薩智慧。及去來現在諸佛法故。善男子。當爲汝説。諦聽諦聽。善思念之。智勝菩薩受教而聽。善男子。行方便菩薩。以一摶食給施一切衆生。何以故。行方便菩薩以一摶食施與下至畜生。願求一切智。以是菩薩與一切衆生共之。迴向阿耨多羅三藐三菩提。以是二因緣攝取一切衆生。所謂求一切智心及願方便。善男子。是名菩薩摩訶薩行於方便。復次善男子。菩薩摩訶薩行於方便。若見行施之人生隨喜心。以此隨喜善根願與一切衆生共之。迴向阿耨多羅三藐三菩提。是方便菩薩亦願施者受者不離一切智心。假令受者是二乘人。亦願不離一切智心。是名菩薩摩訶薩行於方便。復次善男子。菩薩摩訶薩行於方便。若見十方世界中無主花樹及種種香。合集願以供養諸佛。若見十方世界中有主花香若香若葉。風所吹者。一切合集。願以供養十方諸佛。以是善根。若自爲。若爲一切衆生具一切智心。以是善根因緣故。得無量戒。定。慧。解脱。解脱知見。是名菩薩摩訶薩行於方便。復次善男子。菩薩摩訶薩行於方便。若見十方世界衆生受諸樂報。見已作如是念。願一切衆生得一切智樂。若見十方世界衆生受諸苦報。爲諸衆生懺悔諸罪。作是大莊嚴。如是衆生所受苦惱。我悉代受。令彼得樂。以是善根願成一切智。除一切衆生苦惱。以是因緣故。畢竟不受一切諸苦。純受諸樂。是名菩薩摩訶薩行於方便。復次善男子。菩薩摩訶薩行於方便。若禮一佛。恭敬供養尊重贊嘆。作是念。一切如來同一法界。一法身。一戒。一定。一慧。一解脱。一解脱知見。作是念已。當知若禮一佛。恭敬供養。尊重讚嘆。即是禮拜供養恭敬尊重讚嘆一切諸佛。若供養一佛。即是供養十方諸佛。如是供養十方佛已。是名菩薩摩訶薩行於方便。復次善男子。菩薩摩訶薩行於方便。若鈍根者不應自輕。乃至若能通利一四句偈。作是念。若解一四句偈義。即知一切佛法。一切佛法皆攝在此一偈義中。如是通達已。心不懈怠。若至諸國城邑聚落。以慈悲心廣爲人說。不求利養名聞讚嘆。作如是願。此四句偈願令他聞。以是善根因緣方便。願已令一切衆生多聞皆如阿難。及得如來辯。是名菩薩摩訶薩行於方便。復次善男子。菩薩摩訶薩行於方便。若生貧窮家。是菩薩乃至乞食。若得一摶食用③施僧。若施一人不以爲愧。應作是念。如佛所說。心增廣大勝以財施。我財施雖少。以一切智心。願是善根成一切智。令諸衆生悉得寶手。猶如如來。以是緣故。具足施戒禪定福處。是名菩薩摩訶薩行於方便。復次善男子。菩薩摩訶薩行於方便。若見聲聞緣覺多得利養尊重讚嘆。是菩薩自以二緣慰喻其心。何等爲二。所謂因菩薩故有諸如來。因如來故有聲聞緣覺。如是思惟。二乘之人雖得利養。我猶勝彼。彼所食者是我父物。云何於中而生希望。是名菩薩摩訶薩行於方便。復次善男子。菩薩摩訶薩行於方便。行施之時具六波羅蜜。何等爲六。善男子。菩薩行方便時。若見乞兒除慳惜心。具足大施。是名檀波羅蜜。自持禁戒。施持戒者。見破戒人勸令持戒。勸持戒已。然後給施。是名尸波羅蜜。自除瞋恚行於慈愍。心無穢濁。利益衆生。等心而施。是名羼提波羅蜜。若施飲食湯藥。即時具足身心精進。去來進止。屈伸俯仰。是名毗梨耶波羅蜜。若行施已。其心得定。歡喜悦預。專念不亂。是名禪波羅蜜。如是施已。分別諸法。施者是誰。誰爲受者。誰受報者。如是觀已。無有一法名爲施者。若受施人及受報者。是名般若波羅蜜。善男子。是名菩薩摩訶薩行於方便具六波羅蜜。

爾時智勝菩薩白佛言。世尊。未曾有也。菩薩摩訶薩行於方便。即於施時。以此施故。攝一切佛法及諸衆生。佛告智勝菩薩。善男子。如汝所説。菩薩摩訶薩行於方便。以方便力故。雖行少施。所得福德無量無邊阿僧祇。佛復告智勝菩薩。善男子。菩薩摩訶薩雖至不退轉地。亦以方便而行於施。是名菩薩行於方便。善男子。有時惡知識教菩薩言。汝何用久處生死。可於此身早入涅槃。菩薩知已。即應離之。我如是大莊嚴教化一切衆生。是人爲我作諸留難。若我不在生死中者。何能教化無量衆生。智勝菩薩白佛言。世尊。若有衆生以妄想故犯四重罪。佛告智勝菩薩。善男子。若出家菩薩以妄想故犯四重罪。行方便菩薩能盡除滅。我今亦說無有犯罪及受報者。智勝菩薩白佛言。世尊。云何菩薩犯罪。佛告智勝菩薩。善男子。菩薩雖行解脱戒。於百千劫中啖果食草。能忍衆生善惡之語。若與聲聞緣覺共思惟法。善男子。是名菩薩摩訶薩犯於重罪。善男子。如聲聞人犯於重禁。非即此身得入涅槃。善男子。菩薩如是不除聲聞緣覺共思惟法。不捨不悔者。終不得成阿耨多羅三藐三菩提。若得佛法。無有是處。

爾時尊者阿難白佛言。世尊。我今晨朝入舍衛城次第乞食。見衆尊王菩薩與一女人同一床坐。阿難說是語已。即時大地六種震動。衆尊王菩薩於大衆中上升虛空高七多羅樹。語阿難言。尊者。何有犯罪能住空耶。阿難。可以此事問於世尊。云何罪法。云何非罪。爾時阿難憂愁向佛。右膝著地。手執佛足。世尊。我今悔過。如是大龍。我說犯罪。如是菩薩。我求其過。世尊。我今悔過。唯願聽許。佛告阿難。汝不應於大乘大士求覓其罪。阿難。汝聲聞人。於障處行寂滅定。無有留難斷一切結。阿難。行方便菩薩如是成就一切智心。雖在中宮婇女共相娛樂。不起魔事及諸留難。而得阿耨多羅三藐三菩提。何以故。阿難。行方便菩薩無有受如是衆生不以三寶勸化。若阿耨多羅三藐三菩提。阿難。若學大乘善男子善女人。不離一切智心。若見可意五欲。即便在中共相娛樂。阿難。汝應作是念。如此菩薩即是能成如來根本。佛告阿難。汝今諦聽。諦聽。以何緣故。衆尊王菩薩摩訶薩與此女人同一床坐。阿難。彼女人者。曾於過去五百世中。爲衆尊王菩薩作婦。彼女人本習氣故。見衆尊王菩薩心生愛著。繫縛不捨。此衆尊王菩薩威德端正持戒力故。見已歡喜踴躍。在一獨處。生如是心。若衆尊王菩薩能與我共一床坐者。我當發阿耨多羅三藐三菩提心。阿難。爾時衆尊王菩薩知彼女人心之所念。如是知已。即於晨朝著衣持鉢入舍衛城次第乞食。至彼女家。即入其舍。尋時思惟如是法門。若内地大。若外地大。是一地大。以地大心執女人手共一床坐。衆尊王菩薩即於坐上而説偈言。

如來不贊嘆　凡夫所行欲　離欲及貪愛　乃成天人師

佛告阿難。時彼女人聞此偈已。心大歡喜。踴躍無量。即從坐起。向衆尊王菩薩接足敬禮。説是偈言。

我不貪愛欲　貪欲佛所呵　離欲及貪愛　乃成天人師

説是偈已。作如是言。我先所生惡欲之心。今當悔過。即生善欲。發菩提心。願欲利益一切衆生。佛告阿難。爾時衆尊王菩薩勸彼女人。令發阿耨多羅三藐三菩提心已。即從坐去。阿難。汝觀是女人專心福報。我今以正遍知記彼女人。於此命終得轉女身。當成男子。於將來世九十九劫。供養百千無量阿僧祇諸佛。具足一切佛法。得成爲佛。號無垢煩惱如來應供正遍知。彼佛成道已。當是世時無有一人起不善心。阿難當知。行方便菩薩所攝眷屬。終不墮三惡道。爾時衆尊王菩薩從空中下。頂禮佛足。禮已白佛言。世尊。菩薩行於方便。若爲一人起大悲心合集善法。若似犯罪。若實犯罪。於百千劫墮大地獄。世尊。此菩薩堪受諸惡及地獄苦。以此善根願不捨一人。爾時世尊贊衆尊王菩薩言。善哉善哉。善男子。菩薩成就如是悲心。雖受五欲不犯重罪。離於諸罪及遠一切墮惡道業。

善男子。我念過去阿僧祇劫復過是數。時有梵志名曰樹提。於四十二億歲在空林中常修梵行。彼時梵志過是歲已。從林中出入極樂城。入彼城已。見有一女。彼時女人見此梵志儀容端嚴。即起欲心。尋趣梵志。以手執足。即時躃地。善男子。爾時梵志告女人曰。姊何所求。女曰。我求梵志。梵志言。姊。我不行欲。女曰。若不從我。我今當死。善男子。爾時樹提梵志如是思惟。此非我法。亦非我時。我於四十二億歲修淨梵行。云何於今而當毀壞。彼時梵志強自頓拙得離七步。離七步已。生哀愍心。如是思惟。我雖犯戒墮於惡道。我能堪忍地獄之苦。我今不忍見是女人受此苦惱。不令是人以我致死。善男子。爾時梵志又如是思惟已。還至女所。以右手捉。作如是言。姊起。恣汝所欲。善男子。爾時梵志於十二年中共爲家室。過十二年已。尋復出家。即時還具四無量心。具已命終生梵天中。善男子。汝勿有疑。爾時梵志即我身是。彼女人者今瞿夷是。善男子。我於爾時爲彼女欲暫起悲心。即得超越十百千劫生死之苦。善男子。汝如是觀。若餘衆生由愛欲故墮於地獄。行方便菩薩由生梵天。是名菩薩摩訶薩行於方便。

佛復告智勝菩薩。善男子。若舍利弗大目犍連等行方便者。不令瞿伽離墮於地獄。何以故。善男子。我念過去世鳩留孫佛時。有一比丘名曰無垢。在空林野止住窟中。去窟不遠有五仙人。當爾之時。卒起大雲而降大雨。時有貧女。道遇暴雨。寒裸恐怖。即入無垢所住窟中。時雨既止。無垢比丘共此女人從窟而出。時五仙人見此事已。心生荒穢。各相謂言。無垢比丘心懷奸諂。作不净行。時無垢比丘知彼仙人心之所念。即踴身虛空。高七多羅樹。時五仙人見無垢比丘上升虛空。見已復相謂言。我等所見書記經論。若人作不净行。不能如是飛升虛空。若修净行則能如是。彼時仙人即向無垢五體投地。合掌悔過。不敢覆藏。

佛告智勝菩薩。善男子。爾時無垢比丘若不作如是方便飛升虛空者。此五仙人即此生身入於地獄。善男子。爾時比丘豈异人乎。即彌勒菩薩是。善男子。汝今當知。舍利弗目犍連若作如是方便飛升虛空者。瞿伽離比丘不墮地獄。善男子。汝今當知。如諸菩薩摩訶薩所行方便。聲聞緣覺之所無有。善男子。譬如淫女善知六十四態。爲財寶故。媚言誘他。詐許捨身。所重之物無所匱惜。後得彼物。得彼物已。驅逐令去不生悔心。善男子。行方便菩薩能知隨宜行於方便。如是教化一切衆生。隨其所欲而爲現身。於所須物心無吝惜。乃至捨身爲衆生故。愛樂善根不求果報。知諸衆生作善根已。心無退轉。即於爾時心生捨離。所現五欲永無戀著。善男子。譬如黑蜂在畜生中。於一切花雖經④香味。而於其中無依止想。無所愛著於花葉莖香不持而去。善男子。菩薩摩訶薩行於方便。亦復⑤如是。爲化衆生。處於五欲。見法無常。不以常想而起於愛。又不自害。亦不害他。善男子。如小種子。雖生於芽。然其本色無所虧損。不生异物。善男子。如是空無相無作無我智慧種子。菩薩雖有煩惱。於五欲娛樂不生三惡道芽。不損善根之色。亦不退轉。善男子。譬如魚師以食塗網投之深淵。既滿所求。即尋牽出。善男子。行方便菩薩亦復如是。以空無相無作無我智慧熏修其心。結以爲網。一切智心以爲塗食。雖投五欲污泥之中。如其所願牽出欲界。命終之後生於梵世。善男子。譬如有人善知咒術。爲官所執被五繫縛。此人自以咒術力故。即斷五縛隨願而去。善男子。如是菩薩摩訶薩行於方便。雖處五欲共相娛樂。爲化衆生。如其所求。以一切智咒斷五欲縛。生於梵世。善男子。譬如士夫善知戰法。藏一利刀衛送行人。而彼衆中無有一人能知此人密懷奇謀而反輕之。更生憐愍無敬重心。各相謂言。彼人既無器仗。亦無伴黨。此非健士。復無勢力。自身不救。何能濟人。此若壞賊。無有是處。彼人必當受諸困厄。時彼士夫遂至空澤。群賊俱發。爾時士夫牢自莊嚴。尋時即出所藏之刀。始一擲刀群賊喪命。諸賊既壞。復還藏刀。善男子。行方便菩薩善藏智刀。而以方便處於五欲共相娛樂。爲化衆生。聲聞見此方便菩薩處於五欲共相娛樂。不知方便故生濁心。或復憐愍謂爲放逸。如是之人尚不自度。況能救度一切衆生。若能壞魔。無有是處。爾時菩薩善用方便智慧之刀。如其所求。斷諸煩惱盡令摧滅。以智慧刀至淨佛土。無諸女人乃至無有一念欲想。

爾時有菩薩名曰愛作。入舍衛城次第乞食。漸漸遂至一長者家。長者有女。名曰德增。住高樓上。彼時女人聞菩薩聲。尋持食出向愛作菩薩。女見菩薩。取其形容相好音聲。欲心即起。爲欲所燒。即時命終骨節解散。愛作菩薩見德增女。亦起惡覺淫欲之心。于時愛作菩薩即自思惟。云何彼法。法者爲著。云何彼眼。何者此眼。眼性非知。但是肉團。不愛不知。不思不覺。無所分別。其性本空。耳鼻舌身意法亦復如是。薄皮厚皮。血肉脂肪。髮毛爪齒。骨髓筋脉。從足至頂。如是觀已。若内若外。無有一法而可愛著。若瞋若痴。於一切法如實觀。即離欲心得無生忍。得無生忍已。其心歡喜。踴躍無量。即升虛空。高一多羅樹。繞舍衛城七匝。爾時世尊見愛作菩薩飛騰虛空。猶如鵝王無所挂礙。佛見是已。告阿難言。阿難。汝見愛作菩薩飛騰虛空。猶如鵝王無所礙不。阿難言。唯然已見。佛告阿難。是愛作菩薩。因起欲心推求諸法。即壞魔衆。當轉法輪。時德增女命終之後生三十三天。轉于女身得成男子。自然處於七寶宮殿。縱廣正等十二由旬。有萬四千諸天婇女以爲侍衛。是德增天子得識宿命。推先業行。以何業緣而來生此。如是思惟已。見舍衛城中作長者女。因見愛作菩薩生淫欲心。欲心熾盛即身命終。便轉女身得成男子。我以是事得無量神力。爾時德增天子如是思惟。因起淫欲得如是報。今我於愛作菩薩心甚清净。禮敬供養。我今若往先受⑥五欲。此非我宜。如是思惟已。當詣如來。并欲見於愛作菩薩禮敬供養。時德增天子與其眷屬。持天花香塗香末香。即於初夜來至佛所。自以光明普照祇洹。入覲世尊及見愛作。即以天花末香塗香供養於佛。頂禮佛足及愛作菩薩。一切大衆右繞三匝。合掌向佛即説偈言。

天人之尊　不可思議　菩薩所行　亦不可議　如來之法
不可思議　大名稱者　亦不可議　我昔舍衛　曾爲童女
在長者家　名曰德增　其年幼少　顔貌端正　父母愛念
爲作遮護　如來世尊　無有輕戲　有子愛作　有大威德
入舍衛城　而行乞食　漸到我父　所止之舍　我時聞其

好妙音聲　心大歡喜　即持食出　尋時向於　行大心者

如來之子　愛作菩薩　見菩薩時　已在我心　觀其净妙

心生染欲　我若不得　内心所願　便當即時　身命殞没

我於爾時　口不能言　手所持食　不能與之　内心懷熱

而發淫欲　是時身熱　尋便命終　我時命終　經一念頃

尋得上生　三十三天　離於最下　女人之身　得成男子

爲人所贊　勝妙宫殿　自然而出　種種妙寶　人之所珍

具足一萬　四千婇女　如是眷屬　是我所有　我以此緣

尋觀宿命　而自思惟　即知往因　因發欲心　得如是報

我以染心　視於愛作　由見菩薩　得喜光明　我身所出

光明之焰　因彼業緣　得如是報　我終不願　求於二乘

所願之處　唯佛知之　淫欲之心　得報尚爾　何況能作

善心供養　如我於今　向於世尊　發如是願　求一切智

假使所行　劫如恒沙　終不退轉　於佛智慧　遇善知識

愛作菩薩　今我當以　真法供養　若餘供養　非爲供養

唯發菩提　是真供養　行於菩提　最勝最尊　更不以欲

視諸女人　我願如是　離於女身　向諸佛說　四無所畏

我之父母　尋曉見我　身壞碎爛　悲號啼哭　父母謂之

比丘所爲　稱怨啼哭　呵罵比丘　佛之神力　令彼天子

至父母所　呵責諫喻　於此比丘　勿生瞋恚　莫於長夜

受諸苦惱　德增女人　先命終已　即得上生　三十三天
離於女身　得成男子　爲天人身　光明遠照　父母今當
詣世尊所　先不善心　今應悔過　若除如來　諸佛世尊
更無有人　可歸依者　以無畏心　勸喻父母　即時父母
得聞佛名　尋共和合　至於釋迦　牟尼佛所　至佛所已
頭頂敬禮　二足之尊　今者悔過　本瞋恚心　恭敬尊重
人中之尊　今者應問　如來自知　云何供養　佛法及僧
云何修習　行於善行　如是所問　願爲説之　若得聞已
專心修行　佛知父母　其心決定　天人之師　説如是言
若欲供養　一切諸佛　專心堅固　發菩提心　德增父母

及諸眷屬　其數具足　滿五百人　聞天人師　如是之言
發菩提心　而作大願　爾時佛告　賢者阿難　汝今善聽
我之所説　菩薩所行　不可思議　無上智慧　及以方便
愛作菩薩　數數發願　女人見我　若發欲心　尋時得離
於女人身　得成男子　爲人所尊　阿難汝觀　德力如是
若犯非法　應墮惡道　健士行之　得壞魔衆　令彼生天
得爲天人　今此天子　供養於我　其心恭敬　正向菩提
彼當供養　無量世尊　來世成佛　號曰善見　此五百人
向菩提者　亦當作佛　爲天人師　佛有是德　誰不供養
是處深信　得無量樂　非一女人　非二非三　無量百千

那由他億　見於愛作　發淫欲心　尋即命終　得爲男子
大醫藥王　有大名稱　如是菩薩　誰不尊敬　雖生欲心
更得快樂　況於菩薩　生恭敬心

大寶積經卷第一百六

校注

①『安』，龍藏、思溪藏作『合』。
②『遍於諸刹』，龍藏、思溪藏、和裕本作『遍諸佛刹』。
③『用』上，龍藏、思溪藏、和裕本有『持』字。
④『經』，龍藏、思溪藏作『著』。
⑤『復』，底本作『得』，依龍藏、思溪藏改。
⑥『受』，龍藏作『愛』。

大寶積經卷第一百七

東晋天竺居士竺難提譯

大乘方便會第三十八之二

爾時尊者阿難白佛言。世尊。譬如須彌山。若諸雜色至其邊者。同一金色。世尊。若有衆生至菩薩邊者。若瞋心。若浄心。若欲染心。如是一切悉皆同一薩婆若色。世尊。我從今日於諸菩薩生尊重心如須彌山。世尊。如有藥王名曰悉見。若有瞋心及清浄心。服此藥者皆得除愈。彼藥能除一切諸毒。世尊。菩薩亦如是。若有瞋心浄心至菩薩所者。菩薩悉能爲除一切貪恚痴病。爾時世尊讚阿難言。善哉善哉。如汝所説。

爾時摩訶迦葉白佛言。世尊。未曾有也。菩薩摩訶薩最尊第一。若菩薩摩訶薩修諸禪定。修禪定已。還入欲界教化衆生。雖行空無相無作用化衆生。令成聲聞緣覺。以大慈悲。自終不離薩婆若心。世尊。菩薩摩訶薩所行方便不可思議。如是雖受色聲香味觸縛。而於其中無所愛著。世尊。我今以樂説辯才説諸菩薩少分功德。

佛告迦葉。恣汝所説。

世尊。譬如大餓空澤。有大高墻至無色界。彼大餓空澤唯有一門。而此澤中多有衆生。去澤不遠有一大城。豐樂熾盛。端嚴净妙。若有衆生入彼城中。無老病死。向城之道唯廣一尺。①其路端直。彼澤衆中有一智人。聰利②睿智。欻(xū)然起心。以大慈悲欲利益安樂一切衆生。此人即於空澤之中高聲唱言。諸人當知。去此不遠有一大城。豐樂熾盛。端嚴凈妙。多有天人所居止處。若有衆生入彼城中。無老病死。亦能説離老病死法。仁等可來。當共詣彼。我與諸人作大導師。彼空澤中有下劣衆生。生悕望心。欲得求解。作如是言。若能令我住此澤中。我當受教。若欲令我出此澤者。則不能受。有上衆生作如是言。我當共汝至所去處。此空澤中薄福衆生聞如是唱。聞已不信。不隨智人。世尊。爾時智人從空澤出。四向顧望。見有一道。唯廣一尺*。迫迮狹小。其道左右有大深坑深百千肘。其智慧人於道左右以板榑之。其人於此匍匐而進。不視左右。怨賊在後隨而怖之。其人爾時亦不顧後。其心勇鋭不生怖畏。漸得過已遂見彼城。既見城已心無怖畏。入城之後無老病死。亦大利益無量衆生。爲説離老病死之法。世尊。大餓空澤者。是生死餓也。有大高墻至無色界者。是無明有愛也。而此澤中多有衆生者。是一切生死凡夫人也。向城之道唯廣一尺*者。一支③道也。彼澤衆中有智人者。是菩薩摩訶薩也。下劣衆生悕望欲解。於澤不動者。是聲聞緣覺也。有上衆生作如是言我當共汝至所去處者。是餘菩薩也。薄福衆生聞不信者。是一切邪見外道及其弟子也。大空澤中出者。是勤修一切智心者也。一尺*迮④道者。是法性門也。其道左右有大深坑深百千肘者。是聲聞緣覺乘也。於道左右以板榑之者。智慧方便也。匍匐而進者。是菩薩以四攝法攝一切衆生也。怨賊在後而隨怖者。是魔及魔民深起六十二見衆生并輕謗菩薩者也。不顧後者。是忍辱波羅蜜專心具足也。不視左右者。是不贊聲聞緣覺乘也。大城者。是一切智心也。漸得過已遂見彼城。既見城已心無怖畏者。是菩薩見佛及佛所行。一心敬佛智慧威德。善學般若波羅蜜。方便漸漸隨宜附近一切衆生無有疑難也。入城無老病死者。是菩薩利益無量衆生離老病死也。説法者。是如來應供正遍知也。世尊。我今敬禮一切菩薩。説是語已。十千人天發阿耨多羅三藐三菩提心。爾時世尊贊摩訶迦葉言。善哉善哉。汝能勸發諸菩薩摩訶薩。汝能成就無量功德。菩薩摩訶薩。若業能自害及以害他。終不爲之。若有言説能自害害他。亦所不爲。

爾時德增菩薩摩訶薩白佛言。世尊。若業若言能自害害他。一切菩薩所不爲者。世尊。何故昔於迦葉佛時。行菩薩道餘一生在。作大梵志名曰樹提。作如是言。菩提之道甚爲難得。何有秃人能辦此事。我不欲見。世尊爾時作如是言。有何等義。佛告德增菩薩。善男子。汝於如來菩薩莫生疑也。何以故。佛及菩薩成就不可思議方便。佛及菩薩住種種方便而教化衆生。善男子。汝今諦聽。善思念之。有經名方便波羅蜜。今當爲汝説之。爾時菩薩從然燈佛來漸學方便。今亦當爲汝少開示分別。善男子。菩薩摩訶薩見然燈佛時。即得無生法忍。從是已來無有錯謬戲笑失念。無不定心。智慧不減。善男子。菩薩摩訶薩如其本願得無生忍。七日之後。便能得成阿耨多羅三藐三菩提。若欲百劫亦能得成。菩薩摩訶薩爲衆生故受一切有。隨所在處以智力故。隨其所求得畢所願。而後乃成阿耨多羅三藐三菩提。

善男子。菩薩摩訶薩以方便力。無量億劫住於世界。亦無憂愁爲不厭離。是名菩薩摩訶薩行於方便。

復次善男子。菩薩摩訶薩所有禪定。若聲聞入者。身心不動。心便自謂入涅槃已。若菩薩入者。身心精進無有懈怠。以四攝法攝取衆生。大慈悲故。以六波羅蜜教化衆生。是名菩薩摩訶薩行於方便。

復次善男子。菩薩如其本願處兜術天宮。能得阿耨多羅三藐三菩提。轉于法輪。非爲不能。菩薩於兜術天上如是思惟。閻浮提人不能至此兜術天上聽受法教。兜術天人能下閻浮提聽法。是故菩薩捨兜術天。於閻浮提成阿耨多羅三藐三菩提。是名菩薩摩訶薩行於方便。

復次善男子。菩薩如其本願從兜術天來。不入母胎。亦能即成阿耨多羅三藐三菩提。若不入者。諸衆生或當生疑。作如是言。是菩薩從何處來。若天。若龍。若鬼神。若乾闥婆。若變化作。如是疑已。不能聽法。不能修行斷諸煩惱。是故菩薩摩訶薩非不入母胎。成阿耨多羅三藐三菩提。是名菩薩摩訶薩行於方便。

善男子。勿謂菩薩實處母胎。生如是見。何以故。菩薩摩訶薩實不入母胎。所以者何。菩薩入無垢定。不起此定。從兜術天下。乃至坐於菩提樹下。兜術天人作如是念。菩薩命終已。更不還此。菩薩是時在兜術天實自不動。而現入胎。受於五欲。若生出家及以苦行。一切衆生以之爲實。而於菩薩皆是變化。菩薩變化入胎。受欲。現自娛樂。出家苦行。悉是菩薩變化所爲。何以故。菩薩爾時所行清净。更不入胎。久以厭離故。是名菩薩摩訶薩行於方便。

以何緣故。身似白象示入母胎。善男子。於此三千大千世界菩薩最尊。成就白净法故。現似白象入於母胎。更無天人鬼神能作如是入母胎者。是名菩薩摩訶薩行於方便。

以何緣故。菩薩處胎足滿十月然後乃出。善男子。有餘衆生或生是心。若不滿十月。此童子身或不具足。是故菩薩現處胎中滿足十月。從初入胎至滿十月。於其中間常有諸天來在母邊禮敬圍繞。是時諸天見菩薩身所處高樓。純以七寶莊嚴。非天所有。見是瑞已。有二萬四千天子發阿耨多羅三藐三菩提心。是名菩薩摩訶薩行於方便。

以何緣故。菩薩從右脅入胎。善男子。或有衆生作如是疑。謂菩薩從父母精和合而生。爲斷彼疑。欲現化生。故從脅入。既入脅已。無有入處。而摩耶夫人昔來未曾得也。如是身心快樂。是名菩薩摩訶薩行於方便。

以何緣故。菩薩空閑處生。非於家中及以城内。善男子。菩薩先來常樂空閑處。贊嘆空處。贊嘆山林閑靜之處。行於寂滅。菩薩若處家中生者。天。龍。鬼神。乾闥婆等。不持花香末香塗香。諸天百千無量伎樂而來供養。時迦毗羅城所有人民。其心荒迷。放逸自高。不能供養菩薩。是故菩薩在空閑處生。不於城内及以家中。是名菩薩摩訶薩行於方便。

以何緣故。菩薩母仰攀絳賴叉樹枝而生菩薩。善男子。有情⑤生疑。摩耶夫人生菩薩時。受諸苦惱如餘女人。示彼衆生受快樂故。仰攀樹枝而生菩薩。是名菩薩摩訶薩行於方便。

以何緣故。菩薩以正念從右脅出。非餘身分。善男子。菩薩净行於三千大千世界最尊最勝。不因女根住。不因女根出。是一生菩薩示現如是。非餘梵行人。是故菩薩從右脅出。既出生已亦無出處。如前後亦如是。是名菩薩摩訶薩行於方便。

以何緣故。菩薩初生時。釋提桓因以寶衣承取。非餘天人。善男子。釋提桓因昔發此願。菩薩若生。我當以寶衣承取。以菩薩善根妙故。增益餘天信敬供養。是名菩薩摩訶薩行於方便。

以何緣故。菩薩生時即行七步。非六非八。善男子。必定菩薩有大神力勤精進大丈夫相欲示現衆生。餘人不能如是示現。若以七步益餘衆生者。菩薩行於六步。若以八步益餘衆生者。即行七步。是故菩薩無人扶持。令行七步。非六非八。是名菩薩摩訶薩行於方便。

以何緣故。菩薩行七步已。唱如是言。我於世界中最尊最勝。離老病死。善男子。爾時衆中釋梵諸天及諸天子心懷憍慢。自言是世界中尊。彼諸天子傲慢自高。心無恭敬。爾時菩薩作如是念。彼諸天子有是慢心。以慢心故。長夜墮在三惡道中。是故菩薩說如是言。我於世界最尊最勝。離老病死。菩薩爾時唱如是言。其音遍聞三千大千世界。或有諸天。菩薩生時未來集者。聞此聲已皆悉來集。爾時欲色界天合掌恭敬向菩薩禮。各相謂言。未曾有也。是故菩薩行七步已。作眞實言。我於世中最尊最勝。離老病死苦。是名菩薩摩訶薩行於方便。

以何緣故。行七步已而便大笑。善男子。菩薩不爲欲故笑。不爲慢

故笑。不爲輕故笑。爾時菩薩如是思惟。是諸衆生如本有欲恚癡
及諸煩惱。今亦如是。我本已勸令發阿耨多羅三藐三菩提。我今
已成。而彼衆生懈怠懶惰。故在生死苦惱海中未斷煩惱。如此衆
生與我同時發菩提心。我今已成阿耨多羅三藐三菩提。而彼衆
生懈怠懶惰。故在生死苦惱海中。是下劣衆生爲利養故。不勤精
進求一切智。是諸衆生今猶禮敬供養於我。我於爾時生大悲心。
我今已滿所願。以是因緣菩薩大笑。是名菩薩摩訶薩行於方便。
以何緣故。菩薩生時身體清净。先無垢穢。釋提桓因及梵天王洗
浴菩薩。善男子。菩薩欲令釋梵諸天興供養故。亦以世法如初生
嬰兒應洗浴故。是故菩薩雖身無垢。而令釋梵洗浴。是名菩薩摩

訶薩行於方便。

以何緣故。菩薩在空閑處時不即至道場而還入宮。善男子。欲令諸根具足故。示處宮殿五欲自娛。然後捨四天下而行出家。復爲欲化餘人令捨五欲。剃除鬚髮。法服出家。故作是示現。是故菩薩復還入家。不於空閑之處即詣道場。是名菩薩摩訶薩行於方便。

以何緣故。菩薩適生七日。摩耶夫人尋便命終。善男子。此是摩耶夫人命根盡故。非菩薩咎也。菩薩先在兜術天時。以天眼觀摩耶夫人命根滿十月已餘有七日在。爾時菩薩便從兜術天來。菩薩以方便知摩耶夫人命根欲盡。故來下生。非菩薩咎。是名菩薩摩訶薩行於方便。

以何緣故。菩薩善學書論。博弈。射御。軍策。計謀種種伎藝。善男子。學世法故。菩薩於三千大千世界中。無有一事而不知者。若偈。若辭辯。若應辯。若呪術。若戲笑。若歌舞作樂。若工巧。菩薩生時已一切善知。是名菩薩摩訶薩行於方便。

以何緣故。菩薩納妃婇女眷屬。善男子。菩薩不以欲故。何以故。菩薩是離欲丈夫。爾時菩薩若不示現妻婦男女者。衆生當謂菩薩非是男子。衆生若作是疑。得無量罪。欲斷彼疑。故取釋種女。示現有羅睺羅。若人謂羅睺羅是父母和合生者。莫造斯觀。而羅睺羅天上命終來下⑥入胎。非是父母和合故生。又羅睺羅有本願故。若有一生補處菩薩。我當爲作子。瞿夷本於然燈佛時作如是言。從今已後。願爲此梵志乃至一生補處。常爲我夫。我爲其妻。爾時菩薩即受七枝優鉢羅花已。作如是言。我雖不受。今當滿此善女人願。作是願已。不離七花善根。是故菩薩納以爲妃。復次。一生菩薩成就示現。處於宮殿婇女之中。爾時菩薩成就妙色。諸天供養成就出家。釋種女悉見如是衆事具足。其心專一。作如是願。發菩提心。願我具足如是衆事。是故菩薩爲令瞿夷發此心故納以爲妻。復次。有大心衆生處在居家。五欲財寶僮僕眷屬。種種受已。菩薩爲彼衆生。令捨居家五欲財寶僮僕眷屬而行出家。故示是事。是故菩薩示處居家。五欲財寶僮僕眷屬捨而出家。衆生見已。如是思惟。菩薩所受五欲最妙無上。尚能捨之出家。何況我等而不出家。
復次。菩薩所有妻婦男女。皆是本行菩薩道時。以諸善法所可化者。此諸衆生亦作是願。若以此菩薩乃至一生。常當爲作妻子眷屬。亦欲增益如是諸人白浄法故。是故菩薩處妻子眷屬。
復次。菩薩處宮殿者。爲欲教化四萬二千婇女。令發阿耨多羅三藐三菩提心。亦令餘人不墮惡道。是故菩薩處在宮殿妻子眷屬。
復次。一切女人盡爲欲火所燒。若見菩薩即離淫欲。復次。菩薩變作諸身。顔貌修短與本無异。彼諸女人與化菩薩共相娛樂。各各自謂與實菩薩共相娛樂。彼時菩薩常在禪定修安樂行。如化菩薩受於五欲無有欲想。真實菩薩亦復如是。從然燈佛來。乃至一生已離淫欲。是名菩薩摩訶薩行於方便。車匿揵陟本願亦復如是。

以何緣故。菩薩在閻浮提樹下思惟。善男子。爲欲教化七億諸天故。復次。菩薩欲令父母知。菩薩必定剃除鬚髮。法服出家。復次。菩薩欲示現增益智慧。閻浮樹隨蔭菩薩。欲令衆生增益善根故。是故菩薩在閻浮樹下坐禪思惟。是名菩薩摩訶薩行於方便。

以何緣故。菩薩不以五欲自樂而出城游觀。善男子。欲示現見老病死人故。令諸眷屬知菩薩畏老病死故出家學道。非爲貢高損減眷屬故出家。欲利益眷屬故出家。菩薩見在家過患。是故出家。而此菩薩爲示一切衆生老病死苦。是故菩薩不樂五欲出城游觀。是名菩薩摩訶薩行於方便。

以何緣故。菩薩夜半出家。善男子。欲示現利益衆生善根。菩薩隨所住處增益衆生善根。善男子。亦爲白净法故捨離五欲。不告眷屬而便出家。離諸歡樂。終不離於白净之法。是故菩薩夜半出家。是名菩薩摩訶薩行於方便。

以何緣故。菩薩以睡眠覆蓋宫人伎女然後出家。善男子。欲令出家之過悉在諸天故。有眷屬諸親或見菩薩出家。便生瞋憤之心。若菩薩如是思惟。是人有惡心於我。便當長夜受苦。墮三惡道。彼眷屬諸親作如是知。此是諸天以睡眠覆故。開門引道升空而去。非菩薩過也。爾時諸人增益信心。於諸天所生不信心。是故菩薩見如是過。以睡眠覆蓋宮人伎女然後出家。是名菩薩摩訶薩行於方便。

以何緣故。菩薩遣車匿白馬及寶衣瓔珞而送還家。善男子。欲令眷屬知菩薩不貪在家名衣上服及諸寶瓔。復次。菩薩如是觀。我今作如是學。亦令諸人學我捨諸所有。於佛法出家。諸人如是學已。遠離一切所愛之物。持四聖種行。唯不聽父母不放而得出家。是名菩薩摩訶薩行於方便。

以何緣故。菩薩以刀自下其髮。善男子。於三千大千世界中。無有天。龍。鬼神。乾闥婆。人非人能當近菩薩威德者。何況能與剃髮。復次。菩薩示現欲令衆生深信菩薩欲出家故。自持刀下髮。復次。菩薩爲净飯王故。爾時净飯王生於惡心。自恃豪族傲慢而言。誰剃我子髮。我當誅戮。爾時净飯王聞菩薩自持刀下髮。王聞是已惡心即滅。是名菩薩摩訶薩行於方便。

善男子。汝今善聽。以何緣故。菩薩苦行六年。善男子。非是菩薩宿業餘報受此苦也。欲令衆生於一切惡業報中能生患心歸向菩薩。

復次善男子。昔迦葉佛時。菩薩爾時作如是言。我不欲見此秃頭道人。何有秃人能得菩提。菩提之道甚深難得。如此之輩亦是菩薩示行方便。此所説者當知其義。以何緣故。菩薩作是粗惡之言。善男子。爾時迦葉佛出於世時。有婆羅門子名曰樹提。有親友五人皆是大婆羅門子。先學大乘。彼時五人久來親近惡知識故。失菩提心。善男子。彼時五人於迦葉佛時。奉事外道。不信佛法。解外道語。不解佛語。解外道法。不解佛法。彼時五人事外道師。彼師自言。我是佛世尊。是一切智。我亦有菩提道。爾時樹提梵志行於方便。欲誘引五人還成寶器故。欲轉彼五人外道邪心。以方便故至瓦師所。作如是言。我今欲見禿頭道人。何有禿人能得菩提。菩提之道甚深難得。善男子。說是語已。復經少時。樹提梵志與彼五人在一屏處。爾時瓦師便至其所。至其所已。即向樹提梵志贊迦葉佛如來應正遍知。復向樹提作如是言。汝可與我共至佛所。善男子。爾時樹提梵志如是思惟。此五人者善根未熟。若我當贊迦葉佛非外道師者。而此五人心當生疑。若至佛所無有是處。爾時樹提自護本願故。般若波羅蜜報行方便故。作如是言。我不欲見此禿頭道人。何有禿人能得菩提。菩提之道甚深難得。云何般若波羅蜜報菩薩行。般若波羅蜜無有菩提想。無有佛想。爾時不見佛。不見菩提。亦不於內見菩提。亦不於外見菩提。亦不於內外見菩提。如是悉知菩提空無有法。爾時樹提知一切法無所有故。行於方便作如是言。我不欲見禿頭道人。何有禿人能得菩提。菩提之道甚深難得。善男子。復於异時。樹提梵志與彼五人至河水邊。爾時瓦師承佛神力。爲化五人故復至其所。向樹提梵志作如是言。汝可共我至於佛所。禮拜供養恭敬。尊重贊嘆。諸佛世尊出世甚難。彼樹提梵志聞瓦師嘆故不肯去。彼時瓦師尋前以手捉梵志髮。强牽將去向於佛所。彼時五人傾心隨逐樹提梵志。遂至佛所。時國常法。若捉他髮。設其告官。捉者應死。爾時五人生邪見。見樹提梵志拖⑦捉其髮。心傾隨逐。彼如來法有何功德。乃令瓦師不計死罪。捉樹提髮將至佛所。禮拜供養恭敬。尊重讚嘆。爾時五人其心傾向至迦葉佛所。既得見佛。本願還發。生信敬心。生信敬心已。即於佛前訶責樹提。如是世尊有如是威德。如本聞已。何得心不信敬。善男子。爾時五人見迦葉佛威德。又聞辯才。還發阿耨多羅三藐三菩提心。爾時迦葉佛見五人已得專心。爲説菩薩藏不退轉輪陀羅尼金剛句無生法忍。次第而説。爾時五人即得無生法忍。善男子。我今已得具足佛智。彼時樹提梵志若當贊嘆迦葉佛。不贊外道師。若彼五人到佛所者。無有是處。况生信敬心耶。善男子。樹提梵志爲化五人學菩薩乘。故以般若波羅蜜果報行於方便。作如是言。我不欲見禿頭道人。何有禿人能得菩提。菩提之道甚深難得。善男子。不退菩薩於佛無疑。於菩提無疑。於佛法無疑。是名菩薩摩訶薩行於方便。

復次。菩薩爲教化五人及自示業報。以業障故六年苦行。非如餘衆生不知不見。持戒沙門婆羅門故説如是惡言。若知若不知。若解若不解。彼諸衆生長夜受諸苦惱。不得利益。墮三惡道。爲彼衆生自現作業。亦現受報。是故如來現受是報。菩薩無有一切障礙

業報。以有衆生誹謗持戒沙門婆羅門。憂惱覆心不得解脱。不得
道果。爲除衆生憂惱心故。現受如是業報。彼諸衆生作如是念。一
生菩薩誹謗迦葉佛。而彼菩薩尚得解脱。況我不知而作惡言。是
故我今當自悔過。一切惡業更不得作。復次善男子。爲調伏諸外
道故六年苦行。非實業障礙。何以故。世間沙門婆羅門日食一麻
一米。謂得清浄解脱。菩薩爲調伏彼故。示現日食一麻一米。菩薩
若食粗澀。尚不能得聖道。何況清浄解脱。是故菩薩作如是言。我
不欲見秃頭道人。何有秃人能得菩提。菩提之道甚深難得。是故
菩薩以此緣故現六年苦行。爲調伏五十二百千粗行諸天。及外
道神仙。粗行菩薩。是名菩薩摩訶薩行於方便。

大寶積經卷第一百七

校注

①『尺』，龍藏、思溪藏、和裕本作『赤』。本卷下文例同，用*標識，不再出注。
②『利』，龍藏、和裕本作『明』。
③『支』，龍藏、思溪藏作『枝』。
④『迮』，龍藏、和裕本作『窄』。
⑤『情』，龍藏、思溪藏作『衆』。
⑥『下』，底本污殘，依龍藏、思溪藏補。
⑦『拖』，底本作『他』，依龍藏改。

大寶積經卷第一百八

東晋天竺居士竺難提譯

大乘方便會第三十八之三

以何緣故。菩薩食已。得氣力充足至菩提樹。不以羸瘦至菩提樹。善男子。菩薩能不飲食。身體羸异。成阿耨多羅三藐三菩提。况食麻米耶。爾時菩薩爲愍當來衆生故。食此上妙食。何以故。衆生善根未熟。不啖飲食而欲求道。彼諸衆生飢渴苦故。不能得智慧。若安樂行能得智慧。照明諸法。非苦行也。是故菩薩示衆生行安樂行而得智慧。亦愍當來衆生故。欲令衆生效我食此妙食。是故食修舍佉女①食已。成三十七助菩提法。得阿耨多羅三藐三菩提。施食女人亦成就助菩提法。復次。菩薩在一禪中生歡喜心。於百千劫不食能住。是名菩薩摩訶薩行於方便。

以何緣故。菩薩從吉安天子求草敷坐。善男子。過去諸佛敷解脫坐。不以綩綖妙物。亦欲成就吉安天子助菩提法。爾時吉安與菩薩草已。發阿耨多羅三藐三菩提心。善男子。今我當與受記。彼吉安天子於未來世當得成佛。號曰無垢如來應正遍知。是名菩薩摩訶薩行於方便。

以何緣故。菩薩坐菩提樹下。使惡魔波旬至菩提樹下。不欲令菩薩即成阿耨多羅三藐三菩提。善男子。魔本不能至菩提樹下。若我不召而能來此者。無有是處。善男子。爾時菩薩坐菩提樹下如是思惟。於四天下誰爲最尊第一。此四天下今爲屬誰。菩薩即知惡魔波旬欲界最尊。今我與魔共鬥。魔若不如。一切欲界所有衆生悉皆不如。爾時當有諸天大衆和合而來。到菩提樹下。到已必生信心。魔衆。天衆。諸龍。鬼神。乾闥婆。阿修羅。迦樓羅。緊那羅。摩睺羅伽。如是一切衆來繞菩提樹。彼諸衆等見菩薩師子游戲。見已或發阿耨多羅三藐三菩提心。或發菩薩②心。或生信心。彼人乃至見菩薩因緣故。盡得解脱。善男子。菩薩如是思惟已。放眉間白毫相光。能令波旬宫殿黑暗。爾時三千大千世界以光明照故普令大明。此光明中出如是聲。彼釋種子出家學道。今當成阿耨多羅三藐三菩提。過魔境界勝出魔衆。減損當來一切魔衆。今彼菩薩與魔共戰。善男子。爾時波旬聞是聲已。心大憂愁。如箭入心。時魔波旬嚴四種兵。滿三十六由旬。一切皆來圍菩提樹。欲爲菩薩作大留難。爾時菩薩住大慈悲及大智慧。以智慧執③金色之手而以拍④地。拍*已。一切魔衆尋時散壞。魔衆壞已。八萬四千億天。龍。鬼神。乾闥婆。阿修羅。迦樓羅。緊那羅。摩睺羅伽。拘槃茶等。如是大衆見菩薩威德。身體微⑤妙。容顏端嚴。威力勇健。發阿耨多羅三藐三菩提心。是名菩薩摩訶薩行於方便。

以何緣故。如來於七日七夜不捨結加趺坐。仰觀菩提樹目不暫眴。善男子。爾時有色界天行寂滅行。彼諸天等。見如來結加趺坐。心生歡喜。生歡喜已。如是思惟。今我當求沙門瞿曇。心何所依。彼諸天人於七日七夜作是求已。不得如來一念依處。彼時諸天倍增喜悅。有三萬二千天子發阿耨多羅三藐三菩提心。作如是願。我等於未來世當得如是寂滅之行。仰觀菩提樹。是故如來得成道已。於七日七夜結加趺坐。仰觀菩提樹目不暫眴。是名如來方便。

以何緣故。如來本行菩薩道時。修⑥無量阿僧祇行願。諸一切衆生與解脱樂。何以方待梵王請然後説法。善男子。如來有如是知。多有天人歸依梵王。尊重梵王。彼諸衆生作如是知。梵天王化生我等。世界最尊。若除梵王。更無有能造世界者。善男子。爾時如來如是知已。今我當待梵王勸請。若彼梵王一傾首者。諸可歸依梵王衆生悉皆歸依。當相謂言。梵王勸請如來説法。非爲不請。善男子。如來有大威德故。梵王來至我所。勸請説法。轉於法輪。善男子。若我不以神力令梵王請者。然彼梵王先無有心能來請佛。善男子。由諸衆生依梵王故。欲令衆生離於梵王。待其勸請。以梵王爲證故。善男子。爾時梵王勸請如來轉於法輪。彼時六十八百千梵天發阿耨多羅三藐三菩提心。作如是言。此真是佛。於衆生中最尊最勝。作如是願言。我來世得成就如是智慧威德。是名如來方便。善男子。我先於説示現衆生十業因緣。或是菩薩。或是如來。於此十中示現方便。唯有智者能知是義。善男子。不應生念。謂菩薩當有微細之罪。若菩薩成就如是微細不善之法。坐於道場成阿耨多羅三藐三菩提者。無有是處。何以故。善男子。如來成就一切善法。斷一切不善法。無有生死業報習氣。若有遺餘不斷滅者。無有是處。何況有障礙業報。善男子。若有衆生謂無業報。不信業報。爲是衆生示現業報因緣。如來實無業報。我是法王。尚受業報。況餘衆生而不受耶。爲彼衆生作如是示現。是故如來自現業緣。善男子。如來無有一切業障。譬如書師善學書論教諸幼童。隨諸幼童贊諸書章。非是書師於諸書章有障礙也。書師作如是念。彼諸幼童當隨我學。善男子。彼書師非爲不達故。作如是唱。善男子。如來亦復如是。於一切法善學已。如是説。如是示。爲餘衆生令行業清净故。善男子。譬如大藥師。善能療治一切諸病。自無有病。見諸病人。而於其前自服苦藥。諸病人見是藥師服苦藥已。然後效服。各得除病。善男子。如來亦復如是。自除一切煩惱病已。於一切法無有障礙。能示現一切法。以是不善業故。得如是報。現如是緣。欲令衆生除一切身口意業障。行於净行。善男子。譬如長者子。若居士子。父母愛念。與其乳母。時此乳母無有病痛。爲嬰兒故。自服苦藥。欲令乳得清净。善男子。如來亦復如是。是一切世界之父。爲教化不知業報衆生故。如來無病。而爲衆生示現作病。以是業故。得如是報。以此業故。得如是報。衆生聞已心生驚畏。除諸惡業。不作惡緣。佛復告智勝菩薩。善男子。乃往過去世遇然燈佛。時有五百賈人爲求珍寶入於大海。善男子。時賈人中有一惡人。多懷奸僞。常行惡業。初無悔心。善知兵法恒爲寇賊。奪他財物以爲產業。狀如賈人。共諸賈人同載一船。時彼惡人如是思惟。此諸賈人大得珍寶。我今當殺此諸賈人。取其珍寶還閻浮提。如是思惟已。欲殺諸人。善男子。爾時有人名曰大悲。於彼衆中作大導師。時彼導師於夜夢中。見海鬼神來作是言。汝此衆中有一惡人。如是相貌。恒爲寇賊。劫他財物。彼人今生如是惡心。我當殺此五百人已。取其財物還閻浮提。若此惡人得遂本心殺五百人者。作大惡逆業。何以故。此五百人皆是向阿耨多羅三藐三菩提不退轉菩薩。若此惡人殺諸菩薩。以此業緣障礙罪故。一一菩薩從初發心。乃至成阿耨多羅三藐三菩提。爾時惡人於其中間常在地獄。汝爲導師。可作方便。令彼惡人不墮地獄。彼五百菩薩亦復可得全其身命。善男子。爾時大悲導師如是思惟。作何方便令彼惡人不墮地獄。五百菩薩全其身命。作如是思惟已。乃不向一人說是事也。爾時待風。餘有七日當還閻浮提。七日過已。如是思惟。更無方便。唯有除此一惡人者。爾乃可令此五百人得全身命。復作是念。若我向餘人說。此五百人當生惡心。生惡心已。殺此惡人。彼諸人等當墮惡道。善男子。大悲導師如是思惟。我今當自殺之。我以殺此人故。雖百千劫墮惡道中受地獄苦。我能忍之。不令惡人害五百菩薩。作此惡緣受地獄苦。善男子。爾時大悲導師生哀愍心。作是方便。吾護五百人故害此惡人。是時導師即以䂎矛刺殺惡人。令諸賈人安隱得還至閻浮提。善男子。汝勿有疑。爾時導師。則我身是也。五百賈人。此賢劫中五百菩薩是也。當於此劫中成阿耨多羅三藐三菩提。善男子。我於爾時行方便大悲故。即得超越百千劫生死之難。時彼惡人命終之後。生善道天上。善男子。汝今當知。勿謂菩薩有如是障礙業報。而得超越百千劫生死之難。即時是菩薩方便力也。

善男子。如來爲一切衆生故。而作是方便。示現佉達羅刺。善男子。爾時佉達羅刺刺如來足。善男子。佛神力故令刺入足。何以故。如來金剛之身無能壞者。善男子。昔舍衛城中有二十人。皆是最後邊身。彼二十人更有怨家二十人。各各思惟。我當爲作親友。而至其舍奪其命根。不向人説。善男子。彼時二十最後身者。及二十怨家人。以佛神力故共至佛所。善男子。如來爾時爲調伏是四十人故。於大衆中告大目揵連言。今此地中出佉違羅刺。欲刺吾右足。未至足之間。此佉違羅刺即從地出長一肘。當出之時。目連白佛言。世尊。我今當取此刺擲著他方世界。佛告目連。非汝所能。此佉違羅刺今在此地。汝不能拔。爾時目連以大神力前拔此刺。于時三千大千世界皆大震動。一切世界隨刺而舉。不能動刺乃至一毛。善男子。爾時如來以神通力上四天王天。⑦彼佉違羅刺亦隨佛去。爾時如來復至三十三天。夜摩天。兜術天。化樂天。他化自在天。刺亦隨去。乃至梵天亦復如是。爾時如來從梵天還至閻浮提舍衛城中本所坐處。刺亦逐還至此地中竪向如來。爾時如來即以右手捉佉違羅刺。左手安地右脚踏之。爾時三千大千世界皆大震動。時尊者阿難即從坐起。偏袒右肩。爲佛作禮。合掌向佛而作是言。世尊。往昔作何等業得如是報。佛告阿難。我過去世入大海中。持矟刺人斷其命根。阿難。以此業緣得如是報。善男子。我説是業緣已。彼時二十怨賊欲害二十人者。作是思惟。如來法王尚得如是惡業之報。况我等輩不受此報。是二十人即從座起。頭面禮佛。作如是言。我等今日向佛悔過。不敢覆藏。世尊。我先惡心欲害彼人。今重悔過不敢覆藏。爾時世尊爲彼人故。説作業緣及盡業緣。時二十人聞是法已。即得正解。及四萬人亦得正解。是故如來示佉違羅刺刺足。是名如來方便。

以何緣故。如來先無諸病。而從耆域藥王索優鉢羅花嗅之令下。

善男子。爾時如來制解脱戒未久。時有五百比丘是最後身。常在餘諸林中修道。彼諸比丘得如是病。陳故之藥所不能治。彼諸比丘敬慎佛戒。不求餘藥。不服餘藥。善男子。爾時如來如是思惟。作何方便聽服餘藥。若我聽者。彼諸比丘當求餘藥。當服餘藥。何以故。若如來不聽者。後諸人輩當犯聖法。是以如來行方便故。從耆域藥師求優鉢羅花嗅之令下。時净居天即至彼比丘衆中。作如是言。大德。可求餘藥。莫守病而死。比丘答言。我等不敢違世尊教。我等不得自在。我等寧死不違佛教。我等不求盈長好藥。如是説已。净居天子語諸比丘言。大德。如來法王求餘好藥。捨陳故藥。諸大德可求餘藥。諸比丘聞語⑧已。除去疑心。更求餘藥。更服餘藥。然後除病。除病已不過七日。證阿羅漢果。善男子。若如來不求餘藥。彼諸比丘亦不求餘藥。若不求餘藥。能除諸病及斷諸結證於阿羅漢果者。無有是處。是名如來方便。

以何緣故。如來入城乞食空鉢而出。善男子。如來無有業障。爾時如來矜愍護念當來比丘。或有比丘入於城邑聚落乞食。自無福德。乞食不得。彼比丘當作是念。如來世尊功德成就。入城乞食空鉢而出。何況我等善根微薄。我等不應以乞食不得而生憂惱熱。是故如來示現入城乞食空鉢而出。善男子。汝若謂惡魔波旬能覆蔽城中長者婆羅門心故。乃至不與一摶食者。善男子。莫作斯觀。何以故。惡魔波旬不能斷絶如來食也。爾時佛神力故。令惡魔波旬覆蔽彼城中人。非是惡魔力之所能。我於爾時都無業障。爲化彼衆生故。示現空鉢而出。爾時我及比丘僧不得食已。一切魔天及諸餘天作如是念。佛及衆僧不得食已。頗有憂耶。即於其夜見佛及僧。乃至無有一念憂惱。心亦不高亦復不下。如前後亦如是。善男子。爾時有七千天子。傾向如來生信敬心。我於是時即爲說法。於一切法得法眼净。善男子。彼時婆羅門長者。其後不久又聞世尊有大威德。生渴仰心。即至佛所。頭面作禮。向佛悔過。彼時如來即爲其說四聖諦法。一說法時。有二萬人於一切法中得法眼净。是故如來入城乞食空鉢而出。是名如來方便。以何緣故。旃遮婆羅門女以木杅繫腹誹謗如來。而作是言。由沙門瞿曇令我妊身。應當與我衣被飲食。善男子。如來於此事中都無業障。若有業障。我能擲此旃遮婆羅門女。置恒河沙世界之外。如來以方便故。現此業障。爲化不知解衆生故。何以故。當來之世有諸比丘。於我法中出家學道。爾時或爲他人所謗。以是緣故心生慚愧。或不樂佛法。捨戒還俗。彼諸比丘若被謗已。當念如來。如來成就一切善法。具大威德。尚被誹謗。而况我等不被誹謗。思念是已則除慚愧。除慚愧已。當得修習净妙梵行。善男子。旃遮婆羅門女常爲惡業所覆故。性多不信。今此女身於佛法中不得調伏。

常爲惡業之所覆蔽。乃至夢中亦生誹謗。覺已心喜。此女人中命終當墮地獄。善男子。我能以餘方便。除此女人諸不善業。令度生死。能爲作救。善男子。或時如來不救餘人。何以故。如來於一切衆生無有偏心。是名如來方便。

以何緣故。諸婆羅門殺婆羅門女孫陀利。埋祇洹園塹中。善男子。如來是時知有是事。捨而不説。如來成就一切智心。無有障礙。能以神力可令此刀不入女身。我於爾時知孫陀利女命根將盡。必爲他殺。以此方便。令諸外道不善彰露。墮不如處。如此諸事唯佛知之。安住是事。令多衆生生清浄心。增益善根。爾時如來七日不入舍衛大城。不入城已。爾時調伏六十億天過七日已。諸天世人集會共來至於我所。爾時如來爲四衆說法。聞說法已。有八萬四千人於諸法中得法眼淨。是名如來方便。

以何緣故。如來及僧在於婆羅門毗蘭若聚落。三月之中食馬麥耶。善男子。我於昔時知此婆羅門必捨初始請佛僧心。不給飲食。而故往受請。何以故。爲彼五百馬故。此五百馬於先世中已學菩薩乘。已曾供養過去諸佛。近惡知識。作惡業緣。惡業緣故。墮畜生中。五百馬中有一大馬。名曰日藏。是大菩薩。是日藏菩薩於過去世在人道中。已曾勸是五百小馬發菩提心。爲欲度此五百馬故現生馬中。由大馬威德故。令五百馬自識宿命。本所失心而令還得。善男子。我愍彼五百菩薩墮馬中者。欲令得脫離於畜生。是故如來知故受請。善男子。是時五百馬減所食麥。半持施僧。大馬半分奉施如來。爾時大馬爲五百馬以馬音聲而爲説法。亦教悔過。今當禮佛及比丘僧。説此事已。復作是言。汝等當以所食半分供養於僧。爾時五百馬悔過已。於佛及僧生净信心。過三月已。其後不久。是五百馬命終生於兜術天上。彼五百天子即從天來至於佛所。供養如來。爾時如來即爲説法。聞説法已。必定得成阿耨多羅三藐三菩提。彼時五百馬子善調伏其心。於將來世得辟支佛。彼日藏大馬於當來世供養無量諸佛。得成助菩提法。然後作佛。號曰善調如來應供正遍知。善男子。無有世中上妙美味而如來不得。善男子。如來雖食草木土塊瓦礫。三千大千世界中。無如是味似如來所食草木土塊瓦礫味者。何以故。善男子。如來大人得味中上味相。若如來以最粗食著口中已。其所得味勝天妙食。善男子。以是故知如來所食最是勝妙。善男子。爾時阿難心生憂惱。轉輪聖王種出家學道。如下賤人食此馬麥。我於爾時見阿難心。見阿難心已。即與阿難一粒麥。語阿難言。汝嘗此麥味爲何如。阿難嘗已生希有心。白佛言。世尊。我生王家。長大王家。未曾得如是之味。阿難食此麥已。七日七夜更不飲食。無飢渴想。善男子。是故當知。是如來方便。非是業障。善男子。有沙門婆羅門持戒如我。受他請已。而知請主荒迷不能供給。或不肯住。以是緣故。如來已所許處現必就請。及欲示現業報緣故。善男子。當知如來常法。雖受他請不得供給。不令請主墮於惡道。善男子。若彼五百比丘共如來夏安居食馬麥者。有四百比丘多見浄故。生貪欲心。彼諸比丘若食細食。增益欲心。若食粗食。心則不爲貪欲所覆。彼諸比丘過三月已。離淫欲心。證阿羅漢果。善男子。爲調伏五百比丘。度五百菩薩故。如來以方便力。受三月食馬麥。非是業報。是名如來方便。以何緣故。如來十五日説戒時。告長老迦葉。我今背痛。汝今説七覺支⑨法。善男子。爾時有八千天子以聲聞法而自調伏。在彼衆中和合共坐。善男子。彼諸天子於過去世。是大迦葉所教化者。於佛法僧而不放逸。彼諸天子數聞迦葉比丘説七覺法。善男子。此諸天子。除迦葉比丘。若百千諸佛爲其説法不能令解。爾時迦葉爲諸天子廣説七覺法。諸天子從迦葉比丘聞七覺法已。得法眼浄。善男子。若有衆生病苦纏身。不能得至於説法之處聽法恭敬。彼諸人等當作是念。佛是法王。尚聽七覺法而得除病。何況我等不往聽法。不恭敬法。善男子。爲調伏諸天除人苦患故。又示現敬重於法。是故如來作如是言。迦葉。我今背痛。汝當説七覺法。何以故。尊重法故。如來無有粗重四大之身。何況有病。是名如來方便。以何緣故。釋種破時。如來自言我頭痛耶。善男子。或有衆生作如是言。世尊不能利益親族。亦不矜愍。不欲安隱而出家已。種族意斷不欲救護。是諸衆生以不知故作如是言。善男子。如來於諸苦本已到其邊。如來知是衆生心所念故。坐舍耶樹下自言頭痛。善男子。吾於爾時尋向阿難説我頭痛。時有斷見三千天子。復有無量好殺生者。皆共集會。爲彼斷見天子及好殺者。示現業障故作是言。吾以眼見他殺生心隨喜故。今得頭痛。説是法已。七千人天皆得調伏。是名如來方便。

以何緣故。頗羅墮婆羅門以五百種罵詈佛。如來聞已能忍。善男子。如來能以神力擲此婆羅門置餘世界。亦能以神力令婆羅門乃至不能出於一言罵詈之聲。善男子。時彼衆中多有人天。見如來能忍惡罵。不説不答。生於捨心。等心。利益心。堪忍心。前如後。後如前。爾時有四千人發阿耨多羅三藐三菩提心。如來見如是義。又頗羅墮婆羅門以五百種惡罵已。見佛世尊生於捨心。善男子。

是婆羅門見如是已。生信敬心。歸依佛法僧。種解脱根。是名如來方便。

善男子。提婆達多與菩薩世世共生一處。此輩亦是菩薩方便。何以故。我因提婆達多故。具滿六波羅蜜。亦多利益無量衆生。云何知爾。善男子。爾時衆生快樂。不知行施。不知受者。菩薩爾時欲教行布施。是時提婆達多起嫉妒心。至菩薩所。求國城妻子及頭目手足。爾時菩薩歡喜施與。時有無量衆生見菩薩施。心生歡喜。信解布施。作如是言。如菩薩施。我亦如是。行於布施。願成菩薩。⑩善男子。提婆達多或見菩薩持戒清净。知已欲破菩薩所持之戒。爾時菩薩不毁净戒。時有無量衆生見菩薩持戒。亦效持戒。菩薩持戒。

或爲他人輕毀惡駡不生惡心。爾時具足羼提波羅蜜。有無量衆生見菩薩以忍調心。亦效菩薩行於忍辱。善男子。當知提婆達多大利益菩薩。善男子。如今提婆達多放大醉象欲害如來。亦於耆闍崛山推下大石。俱是如來方便示現。非業報罪。何以故。由此方便利益無量衆生。

善男子。如來總説十業因緣。皆是如來方便示現。非是業報。何以故。衆生不知業因所得果報。爲衆生故。如來示現如是業報。此業作已得如是報。彼業作已得如是報。作如是業得如是報。衆生聞已。作如是業。離如是業。離不善業。修習善業。善男子。今説方便已。示現方便已。此諸方便堅持秘藏。不應爲下劣之人薄善根者説。

何以故。此經非聲聞辟支佛之所行處。況下劣凡夫能信解耶。何以故。此人不能學諸方便。所以者何。此方便經非其所用故。非餘瓦⑪器所能受持。唯有菩薩於此方便法能説能學。善男子。譬如夜暗然大明燈。得見室中一切所有。善男子。菩薩聞如是諸方便已。即見一切菩薩所行之道。於此法中我所應學。於一切如來行及菩薩行已到彼岸。善行菩薩道者不以爲難。善男子。我今當説。欲得菩提道諸善法者。所謂善男子善女人。聞過百千由旬有説此方便經處。當往彼聽。何以故。若菩薩聞此方便經已得光明行。一切法中除疑悔心。

爾時四衆及諸人天成寶器者。説此經時悉聞悉知。非寶器者。雖在此會不[12]聞不知。於此經中耳尚不聞。況能口說。非寶器故。是以如來說是法時不聞不知。不蒙佛神力故。說此經已。七萬二千人發阿耨多羅三藐三菩提心。爾時尊者阿難白佛言。世尊。當何名此經。云何奉持。佛告阿難。是經名爲方便波羅蜜。亦名轉方便品。亦名說方便調伏。如是奉持。佛說是已。智勝菩薩心生歡喜。及學聲聞辟支佛乘。學菩薩乘比丘。比丘尼。優婆塞。優婆夷。并諸天。龍。鬼神。乾闥婆。阿修羅。迦樓羅。緊那羅。摩睺羅伽。人非人等。聞說是已。讚言善哉善哉。今說大乘方便經竟。

大寶積經卷第一百八

校注

①『修舍佉女』，底本作『修舍佉尼』，依龍藏、思溪藏、和裕本改。梵語，牧牛女名，如來初成道之時奉獻乳糜者也。（唐·慧琳《一切經音義》）

②『薩』，龍藏作『提』。

③『執』，龍藏作『報』。

④『拍』，龍藏、思溪藏作『指』。本卷下文例同，用*標識，不再出注。

⑤『微』，龍藏作『姝』。

⑥『修』，龍藏、思溪藏、和裕本作『於』。

⑦『天』，底本無，依龍藏、思溪藏補。

⑧『語』上，龍藏、思溪藏、和裕本有『是』字。

⑨『支』，龍藏、思溪藏、和裕本作『之』。

⑩『薩』，龍藏、思溪藏作『提』。

⑪『瓦』，龍藏、思溪藏、和裕本作『凡』。

⑫『不』上，龍藏、思溪藏、和裕本有『此』字，福州藏有『而』字。

大寶積經卷第一百九

隋天竺三藏闍那崛多譯

賢護長者會第三十九之一

如是我聞。一時佛在王舍大城。住迦蘭陀長者竹園。與諸比丘衆千二百五十人俱。所作已辦。不受後有。長老舍利弗爲衆之首。時諸比丘圍繞世尊。欲聽受法。身心調順。無有睡眠。當於爾時。如來世尊面貌容色。猶如初日開敷蓮花。端嚴顯耀。微笑熙怡。爾時彼諸比丘等作如是念。今婆伽婆欲宣說何等法門。面相乃然如是光顯。當於彼時。有一最大巨富商主長者之子。名跋陀羅波梨（隋言賢護）。與其一千眷屬圍繞。威力欲似①震動大地。安詳徐步向世尊前。爾時賢護長者之子。宿福因緣受天果報。身體柔軟。猶如初出新嫩花枝。詣於佛所。到佛所已。觀見如來最勝最妙容色。寂靜澄定。功德藏身。猶如金樹光耀顯赫遍滿竹林。是時賢護即於佛所生净信心。合十指掌。作如是念。於世間中得大名聞。此不虛說。謂言薩婆若。多陀阿伽度。阿羅呵。三藐三佛陀②者。斯真實也。爾時賢護即便低頭。頂禮佛足。兩膝著地。一心舉頭。諦視世尊。目未曾瞬。如是瞻仰如來之時。其身儼然。不傾不動。

爾時世尊見跋陀羅波梨長者內心如是生渴仰已。如來即更身放妙光。而彼光明出照之時。其跋陀羅波梨長者即得無畏。從地而起。繞佛三匝。復更頂禮佛世尊足。禮已長跪而白佛言。唯願世尊哀愍於我。唯願世尊教示於我。大聖世尊。我於佛邊信心未久。是故世尊但當爲我隨逐現事說一法門。我今渴仰。欲聞諸法。以生死中煩惱所逼。多有疑惑。心恒分別。以是義故。唯願世尊慈悲憐愍。爲我說法。令我決疑。大聖世尊。我無正知故有迷惑。不知出離生老病死煩惱海津。唯大聖尊是一切智世間希有。猶如意珠。能與一切衆生諸樂。令成就故。又復世尊猶如父母。爲令一切諸衆生等得善果報。即是根本。

爾時世尊告跋陀羅波梨長者。作如是言。跋陀羅波梨。若有疑者。今恣汝問。我當爲汝分別解說。爾時跋陀羅波梨長者蒙佛印可。內懷歡喜。欲問心疑。即便起立。却住一面。住一面已。其身威光圓滿具足。爾時長老阿難比丘既見彼已。即白佛言。希有世尊。此長者子跋陀羅波梨。身光德力勝諸王威。殊妙絶群。端正可愛。於世間内獨無有雙。

爾時世尊告阿難言。長老阿難。汝今欲聞此跋陀羅波梨長者家中所有衆樂事乎。乃至具足説其受於快樂果報。雖復忉利帝釋天王猶不能及。況復人間。此閻浮提能得及者。無有是處。唯除一人。長者童子名蘇摩浮帝(隋言真月)。爾時阿難即白佛言。唯然世尊。此跋陀羅婆梨長者家宅之中有何殊勝。世尊乃爾稱譽。爾時佛告長老阿難。汝當至心諦聽諦受。是長者子所有資財善根廣大。我今爲汝次第宣説。阿難。是長者子。凡有六萬最大商主恒隨其後。彼諸商主各有無量奇异財寶。種種富饒。其䟦陀羅波梨家內。恒常鋪設六萬上妙六合床榻。雜色被褥以覆其上。復以真緋雜色繒彩用爲倚枕。持來③兩邊雜色妙衣憍奢耶④等。一一之處皆有四具。又火浣布及以粗⑤紵。諸是四方土地所出。種種衣服。衆雜异物。皆悉具足。莊嚴其家。彼之衣裳悉皆柔軟。猶如手掌清潔光潤。其宅處處周遍。皆懸真珠瓔珞以爲挍飾。復有六萬婇女。端正殊絶。身體柔軟細滑。閑於戲笑。善巧語言。姿態艷美。承接人意。嗔恚見之自然歡喜。憂戚遇者便生欣慰。調譃音詞開心悦目。并皆孝順。瞻仰己夫。婦禮具足。於餘男子遠離欲心。或復有時。自知慚愧羞耻。合掌低眉。曲躬恭敬。專向其夫。無復餘顧。或復有時。各各爲其夫婿别憐愛故。心生妒嫉。争鬥相嫌。皺眉蹙頞。⑥猶如深鈎。假此爲戲。實無妒心。手爪纖長。指節圓牖。踝腕細密。以欲醉身。妖冶顧眄。行步庠序。進止逶迤。髮彩紺青。細潤柔軟。巧爲結梳。能驚惑人。在於如是等諸婇女之中。或侍或憑。彼諸婇女皆專奉夫。清浄名聞。處處流布。然此婇女種姓最大。處其家中亦好名聞。并堪匹偶大家爲嫡婦。有如是種種等莊嚴。長者賢護家中不可稱量。宅甚寬曠。又其長者欲食之時。則有六萬雜種羹臛飯食。微妙香美。猶若天厨。無有异也。其飯悉是粳糧。色味充盈。具八功德。隨意進啖。入口便銷。食已隨順。無所妨礙。果報感致。稱心自然。又復食已。身體光鮮。無諸臭穢。又其長者家内。復有六萬輦輿。各以種種珍奇莊嚴。

真珠間錯。上下正等。悉有妙衣以覆其上。又以香花各各布散。水灑於地。無有塵埃。清浄潤澤。又其家内。復有種種最上音聲。手打指彈及以氣吹。其響微妙。嗚亮入神。歌曲正得。猶白鴿聲。心所樂聞。如此微妙莊嚴其家。又其家内。園林樹木扶疏茂盛。花卉交加紅紫鮮潔。其樹林間復有諸鳥。各各出好音聲。其音和雅。猶如天宮。約須彌山衆寶合成龍窟無异。又然種種燈明。其燈光明無風動摇。處處洞徹。朗夜赫弈。與晝不殊。又復其家所住國界有六萬城。其城各有街巷相當。樓櫓却敵悉皆具足。彼城處處諸國商人往來聚集。種種形狀。種種語言。種種珍奇。衆雜寶貨。共相貿易。填咽城市。百千萬衆不可勝計。又彼諸城周匝四邊。園圃雜樹數百千種。花果繁茂。枝葉扶疏。蜂衆競來采其香味。又彼諸城多有象馬及諸車乘。阿難。彼諸城内所有大富長者。居士。商主及以商人。恒常一心。皆共稱嘆跋陀羅波梨所有功德。合十指掌。頂禮贊咏。況彼名聞。心皆願樂。欲得睹見。又其國主波斯匿王。見跋陀羅波梨長者資財富饒。形勢福德。自身卑悉猶如貧人。羡其財寶。阿難。其彼真月長者童子。每一食時。即有千種珍味。晨昏左右所須自然。又有五千婇女。圍繞承奉以爲娱樂。阿難。是真月長者童子所受快樂。比天帝釋已勝千倍。匹於跋陀羅波梨形貌顏色庫藏資財。受樂果報。百倍不及其一。復次阿難。是跋陀羅波梨長者有一妙車。名爲奪意。奇巧精麗。人間所無。而此車中有天寶座。其車純以天諸雜寶雕飾間錯。彼諸天寶。馬瑙金剛。真珠珍貝。光明顯曜如虛空星。莊嚴如是。其車行時迅疾如風。阿難。跋陀羅波梨意欲至於海内采珍寶時。坐彼車中。如意即至。受快樂已。若欲還家。應念便至。

爾時阿難頂禮佛足。合掌恭敬而白佛言。希有世尊。此跋陀羅波梨長者。往昔造何等善根。今世乃爾受斯果報。爾時世尊告阿難言。長老阿難。汝欲知者。應當諦聽。此之因緣。皆由過去於諸佛邊種殖善根。今得如是勝上果報。阿難。我念往昔有一如來出現於世。名曰樂光多陀阿伽度。阿羅訶。三藐三佛陀。阿難。爾時此跋陀羅波梨長者。於彼佛邊作聲聞僧。名爲法髻。持戒不完。多有毁缺。

而善宣說諸佛教法。開示未聞。是大法師。一聞總持修多羅藏。亦持律藏。爲諸衆生常說法要。博識辯聰。義味甚深。音聲朗徹。令人樂聞。得聽法者心生歡喜。永即不復墮諸惡道。阿難。彼以如是法施因緣。九十一劫恒生天人。端正富貴。阿難。是長者子所得妙車因緣報者。我更爲汝次第解說。阿難。是跋陀羅波梨長者。於彼樂光佛世作法師時。見諸梵行持戒比丘。羸瘦頓乏。力弱無堪。凡有所須悉皆布施。復造鞋襪靴履等物。歡喜施與。藉此功德。今感妙車如意果報。

復次阿難。往昔有佛。號曰迦葉多陀阿伽度。阿羅呵。三藐三佛陀。

爾時彼佛告長者言。於未來世有佛。名曰釋迦牟尼多陀阿伽度。

阿羅呵。三藐三佛陀。彼佛世尊當授汝記。阿難。此跋陀羅波梨長者。我須教之。令其生解。爾時阿難重白佛言。希有世尊。此長者子如是富饒。多蓄財産。而性柔和。不生貢高。在於五欲。不染其心。佛告阿難。汝今當知。凡是智者。不以資財及諸五欲心生憍傲。阿難。此長者子以妙法因。多受種種無盡福報。

爾時跋陀羅波梨長者蒙佛許可。欲問所疑。即便一心在於佛前。長跪合掌而白佛言。大慈世尊。攝受一切衆生。哀愍衆生。我今心中有疑欲問。唯願世尊爲我解説。使得斷疑。爾時佛告跋陀羅波梨長者子言。跋陀羅波梨。汝心有疑欲斷除者。今正是時。恣汝所問。我當爲汝分別解説。

爾時跋陀羅波梨長者即白佛言。世尊。諸衆生等知有神識。而是神識猶如寶篋未開之時。不知其中是何等寶。世尊。此之神識。相貌云何。復何因緣名爲神識。世尊。云何人死無手脚眼⑦。命終之時。諸根欲滅諸大欲分。而此神識云何從此身中而得移出。世尊。而此神識復云何色。復云何體。從於身中云何得離。此識云何捨於此身成就別身。云何捨此諸大諸入向於後世。云何成就各各別身。世尊。人今既死。未來諸入云何隨順。云何此世作諸善根。於未來世受於果報。既是此世諸入陰等造作善根。其人云何更復於後別諸陰中受其果報。云何此識彼處得身。云何諸入體隨彼處。

爾時世尊讚長者言。善哉善哉。跋陀羅波梨。如是如是。如汝所問。

汝今至心諦聽諦受。我當爲汝説神識去來移滅。跋陀羅波梨。猶如風大。雖無形色不可睹見。然由因緣而現形色。現形色者。其義云何。譬如風吹動諸樹木。發起山壁水崖。觸已作聲。以冷熱因緣所生。是故能受。然彼風體不可得見手足目等。亦復如是不可得見於諸色上增益勝處或黑或白。⑧跋陀羅波梨。如是如是。此神識界亦復如是。不可以色得見。亦不至色體。但以所入行作體而現色。此識界亦復然。當須知云何於彼處此識界得名受觸法界耶。復云何此識界捨此身已後受愛觸等。譬如風界能移香氣。故知此花香從風吹來。而其風界實不持花香而來。亦非無風而花香能來。彼香無色。彼風亦無色。其彼聞香根亦無色。跋陀羅波梨。如

是如是。彼死人識欲移。持觸受等及諸界已。有於彼世以父母和
合故。然後可知有識。其識有故。即知有受有觸和合而成。猶如勝
人。識强勝故有香根。香根勝故有勝香。復有二身勝故。有二事勝
可見。二事勝者。所謂色觸。其風多故花香亦多。如是如是。以識大
故受亦大。受大故識亦大。識大故諸界亦大。然知此善此惡也。譬
如畫師既善成就板。隨欲出向作即能爲。善意解故。隨色能作。然
彼畫師若無色。不可現色。如是如是。此識成就六色身。所謂因眼
見色。所有識智。因眼見色者。實無有色。因耳聞聲者亦無色。因鼻
聞香者亦無色。因舌知味者亦無色。因身覺觸者。彼觸亦無色。因
意有諸大者。彼亦無色。所有知者亦無色。當知彼境界内亦無有

色。如是次第。此識當知皆亦無色。當應如是觀。而汝問此識。云何捨此身至於彼世者。跋陀羅波梨。夫命終時。此識以業持故。此業及命盡時。譬如入寂滅三昧。人有識身體。此識身體滅已。然後入寂滅内住。如是如是。此識於死人邊捨身及以諸大。捨已唯有念力。如是知我是彼某甲。凡人捨身之時有二種。觸正念⑨。何等爲二。一者正念。二者觸。而彼人命終之時。於身有觸二受。一身受。二念受。死後念有觸。

復次。汝問識者何義。然有子能生芽。從智生識。即名爲念。是故智及子故名爲識。然後還受於觸。苦樂智知。故名爲識。後復受善惡。亦能知善惡境界。故名爲識。猶如從子生芽。其身成就。故名爲識。

復次跋陀羅波梨。汝又問言。此識云何捨身已移向彼者。譬如鏡中照現身形。又如泥團模内鑄出身形。又復如日出時能滅諸暗。其日没已還復生暗。然而彼暗無有常定。非無常定之處。然彼暗無色無受不可見。如是此識生身已。如暗離明。身生亦然。其人不見此識。然識受此身。譬如婦人受胎。然不知此我懷胎爲男爲女。或黑或白。或諸根具以不具。或手足正等以不。然彼在胎之者。或以熱食觸故。覺已即動。如是如是。此識來去伸縮。共眼開閉。昔所造諸業故。所有境界即笑語言等。諸有所生得色身内住識。然諸衆生不知我身内所住識有何體。跋陀羅波梨。此識善成就故。流至於一切諸有。然諸有不染著。跋陀羅波梨。諸有及識。六根境界是六界處。有四大處。有五陰處。跋陀羅波梨。如是識等境界汝當知。跋陀羅波梨。譬如木人以一機關作一切諸事。走跳現種種諸伎。跋陀羅波梨。於汝意云何。彼木人有何因緣作如是事。跋陀羅波梨白佛言。世尊。如來所問非我境界。我無智能答。佛復言。跋陀羅波梨。彼者由巧智慧力作種種事。而彼巧業無有色。以智所生。如是如是。此身人由識巧故生。而此種種身由識所作。此識造身故生。而此識無有可盡。猶法界修熏故。往昔諸身憶念意成就。猶如日光。此識應須當見。譬如日光照於穢濁臭惡諸尸。亦不爲其所染。而其臭穢不離日光所生。如是如是。此識欲初生在糞穢所食諸不净。又在猪狗等腹内受胎。然彼識不爲臭穢所染。

復次跋陀羅波梨。此識捨身已。隨善惡所行。此義何也。此識捨此身體。即受彼罪福。譬如風界從山首出至於瞻婆林。因觸故受微妙香。至臭穢之處。或至諸尸臭處。跋陀羅波梨。彼風隨至多處而取多氣。至彼即多。猶如彼風界將彼香氣過。而彼風界無有色。及彼香亦無色。如是如是。此識捨身已。將善惡而移。如是次第而去。彼識欲移。猶如睡夢人知一切諸物。有身不移本處。如是如是。有福亦生。欲移識時。猶如夢見諸事。然此識不從咽喉出。亦不從諸孔出。其識出時。亦復不求諸孔。

爾時跋陀羅波梨頂禮佛足。白佛言。世尊。云何或鷄卵鵝卵在㲉內。其㲉無孔。云何知識。別而㲉不破。其識云何移徙。佛告跋陀羅波梨。譬如以瞻婆等諸花熏烏麻。善熟然後壓取油。而言此是瞻婆等花油。如彼香不破壞烏麻而香氣移徙。彼香不著烏麻。因麻及花共和合故。香氣相著。然彼香氣不從麻子邊求孔然後入。因彼二故。其香移徙。如是如是。此識不破壞卵㲉。妙香移徙。此識轉移亦復如是。汝當如是知。復次。此識不⑩移徙。猶如日火摩尼寶等⑪光明⑫。應如是見。復次。此識移徙。猶如種子所至地方種子。而彼種子擲置地內。生芽莖葉花果子。或白或赤或黑。各有自味力成熟。而彼地界是一。水火風大亦然。如是如是。此識有一法界。一切諸有中成就身然後生。或黑或白或赤等色。或本性剛強。或本性調柔。復次。跋陀羅波梨。命終之時。此神識捨身已。成後身種子因。欲作手足等體。而當時未有身分。而彼捨地分。取法界分。而彼諸界共念和合。然彼念以信敬力故。法界念和合取識。不離識而法界可見。亦不離法界識有因。然彼識風爲助。自餘法界皆爲微妙。所謂念界受界法界色界。

爾時跋陀羅白佛言。世尊。彼識云何有色。佛告跋陀羅波梨。凡有二種色。一者内。二者外。言内色者何。所謂眼也。外者是色。若有眼識。彼名内色。耳内聲外。鼻内香外。舌内味外。身内觸外。意内法外。跋陀羅波梨。譬如生盲之人。夜睡眠中。夢見種種天妙諸色最勝最上。而彼人見已。生最勝喜樂。睡眠覺已。便即不見。及至天曉而向他說。諸人輩。聽我昨夜眠中夢也。我見最妙最上端正婦女之形。復見丈夫百千數衆。復見園林。此中彼處我皆夢見。或有人身體柔軟。手足端嚴。臂膊傭長。身體纖細。腰胯正等。而彼生盲夢中所見諸人。身體形容及莊嚴瓔珞皆悉具說。爾時彼生盲人如是所說形體。生識不見。於汝意云何。彼生盲之人睡眠所夢。云何得見。跋陀羅波梨白佛言。善哉世尊。唯願爲我解說此事。云何得見。佛告跋陀羅波梨。跋陀羅波梨。汝當知以內⑬眼因智力。彼生盲人在夢中見。非實眼見。跋陀羅波梨。如夢中人見色少時正念。其死人見內色亦復如是。復次跋陀羅波梨。更爲汝解。其死人神識如種子移。譬如種子散於地上。受取四大。如是此識受正念已。受受已。受善及不善已。捨身已然後移。跋陀羅波梨復問世尊。云何此識受善及不善。識然後移。佛告跋陀羅波梨。譬如蓮華色摩尼寶隨色影變。若置黑影形即變黑。若置白中即變爲白。隨其影形所在之處。彼摩尼寶即同其色。所安置處。隨其地分。色即隨變。如是此識受善及惡而即移去。亦復如是。

爾時跋陀羅波梨復問佛言。世尊。此神識何體而現。佛告跋陀羅波梨。此神識無形。無聚處。無積貯處。畢竟不可得。不可得言。此神識有生有滅有惱。亦不可言。跋陀羅波梨。譬如從子生芽。亦不可得爛子生芽。亦非壞子生芽。而彼好子乃生芽成就。跋陀羅波梨。於汝意云何。彼子芽住何處。或在莖。或在葉。或在根。爲彼子在樹枝。如是如是。此識於身體無處倚住。不在眼。不在耳。不在鼻。乃至亦不在意。猶如從子生芽。所生子芽者。以取受爲本。彼處取故即便受胎。受胎已即有觸。如生芽已。依時即有枝葉花。有枝葉花即有子。如是如是。此識先成就身體。身體成就已。其神識無處可住。亦不離神識有身。如彼種子。從樹熟已然後有子。非生果有子。如是如是。此身命終之時。從身體中此神識顯現。以受和合。以愛相縛。以念相執。善攀緣和合。或非善攀緣和合。以風界相持。智熏逐業。緣父母和合。然後此識顯現。跋陀羅波梨。譬如善成就好明鏡見面形。非無其面得見面形。亦非無明鏡可有面形。如明鏡及面兩緣和合得有面形。而其面形無有色。亦無受。亦無有識。但隨身轉動。其鏡內形亦轉動如身。言語移徙轉動申縮俯仰。隨所作者。

其鏡内面形亦作如是事相顯現。跋陀羅波梨。於汝意云何。其面形因何事故而現形鏡中。跋陀羅波梨白佛言。世尊。因人身體故現彼鏡中如是形。隨其身色。面亦有如是色。彼形亦如是色。或諸根具足。或不具足。彼面形於明鏡中亦復如是現其形相。跋陀羅波梨。如彼明鏡成就面形。以有身故。彼明鏡中現形。如是此身因識有受有取。有識有諸行思念成就身體。言彼明鏡者。彼緣父母和合。當知如身滅已。無有識形。如彼明鏡現面形已。又清水中更見面形。如此識捨此身形已。至於彼復受餘諸陰。譬如尼拘陀樹子。或優曇婆羅等諸樹子。雖復細小。而能生極大樹枝。生大樹枝已。捨彼形復更餘處生。而彼子界捨樹形已。隨時乾枯。無復本味。

其本味滅已。彼樹便即乾枯萎悴。如是此識微細。無定色形。生諸身已。更復捨。更成就前別體。猶如大麥小麥烏麻小粒大粒等子。隨所地方散處。於彼地方即便著根。如是如是。此識所有衆生身內移於彼處。即有取有受而住。或受福或受罪。從此世移至彼世。猶如蜜蜂覓⑭其味於花內。取其味香而捨其花。更移別花。或捨惡花移至好花。坐花上已。樂著彼花。取彼香味。如是如是。此神識以多善根。或受天身。受天身已。以惡果故。或復受地獄畜生餓鬼等身。受已復受別身。而此神識云何須觀。譬如鬱金香子。或紅藍花子。或分陀利花子。其體本隨分色不定。而彼子內不可見芽。亦無定色。而彼子入地。得水潤澤。即便生芽。有芽已。然後生花。而彼色不可以子得見。亦不離子有芽及色。如是如是。此識捨此身已欲成彼身。彼肉團內未有諸根。何況諸入。既無諸根及入。豈可有天眼天耳及香味觸。體得有知。理豈可知。我於彼時作如是諸業。我過去如是身體。但因識而受。譬如蠶蟲以自身口出於絲縷作繭。纏繞其身。於中即死。如是如是。此識自生身已。還自造業。猶如蠶蟲出絲纏繞。即自滅身移向於彼。譬如蓮花生於水中。即有妙色香味。而彼花內無水正體而可得見。彼花滅已。所有地方置子於中。即有色香所住。如是如是。此識所移之處。諸根境界無共移者。受亦無移。其所移者唯有法界。譬如如意珠。隨所至之處。有須之物即隨念得。猶如日天光明。自隨逐日而行。日所至處。光亦至彼。

如是如是。此神識所移至處。受想法界等相隨不離。復次。此識捨身已。取一切諸有。聚集取已。無肉無骨來就後身。彼取色身有及諸觸等事。以天眼觀見善惡受取。譬如小棗。千年棗。庵摩羅果。迦毗陀等果成就時。各有一味。或苦或酢。或甘或鹹等諸六味。而彼諸果熟已。在所地方。其味在內。子移彼處。各自有味。如是如是。此識子所移之處。彼自有觸隨。福及無福以有及念自隨而移。復次。此識捨身時作如是念。如我今捨此身。故名此念識爲識。知善業不善業。知此業隨我而行。知我隨此業而行。如是等知。故名爲識。復次。此身知造一切諸業。故名爲識。猶如風界。或時冷。或時熱。或時隨臭有氣。或時因香有氣。故知爲風。如是此識體無有色。以取因色故。或欲取因故。或見取因故。或持戒求報取因故。乃至有受。受因故。受身體色成就故。言爲識。

爾時彼衆中有一長者童子。名曰蘇摩浮坻（音多尼反。隋言真月）。從座而起。合十指掌而白佛言。世尊。其色云何須觀。取云何須觀。欲取云何須觀。見取云何須觀。戒取云何須觀。佛告真月。凡有智者。欲知汝所問。當如是知。真月。若有善色。若有非善色。從肉團時。須觀筋血。脉及氣脉。髑髏縫腦。大腸小腸。肺心肝腎。脾膽諸藏。脂膟（sān）髓血。痰陰涕唾。不净臭穢。非常可畏。毛髮髭鬢。皮膚裹覆聚集。聚已所有諸色皆爲四大所成。四大者。取色以成身。故名取色。蘇摩浮⑮坻。彼身以父母和合成牢鞕者。彼即是地大。所有稀軟者。彼名爲水大。所有暖成熟者。彼名爲火大。所有搖動屈申者。彼名爲風大。所有知者。彼名聲香味觸等界。所念知者。故名爲識。

爾時蘇摩浮坻復白佛言。世尊。云何死時捨彼色界。云何彼識從彼身出。云何彼身捨已。作如是知。此是我身。佛報真月言。真月。受此身正住之時。身業既盡。捨於諸大。譬如以乳和水。以火煎煮。以得熱氣。乳水各別。而彼乳⑯所有脂膩味。彼無有色。真月。如是如是。死人身別。諸大亦有別。神識亦有別。然彼識取諸大及取法界已。以法界熏念。取善及惡至於來世。譬如摩訶迦良那藥蘇（隋言大真藥蘇）。取種種藥味力煎。其內或有辛。或有苦。或有醋。或有鹹。或有淡。或有甜。取諸味已。入體成熟。色香等味取已。彼蘇體捨移而成藥味。此識亦復如是。捨身已取善及惡及取法界。此識移去。言彼蘇味體者。即以喻身。言彼諸藥和合聚集者。喻彼諸根。言諸藥色香味觸者。喻識移去故言識。諸味將去者。即是識移。應當如是觀。言人色別异者。或善色或惡色。或入體大真藥蘇熟消。即是喻善業。當如是觀。若言因彼大真蘇食已出瘘黃色。即是喻不善業。當如是觀。如大摩訶迦良那藥蘇寶者。如是此識。應當觀如摩訶迦良那藥蘇取諸藥色味。取已成大真藥蘇。而彼蘇無有手足及諸根。但取彼味。如是如是。此識捨身已及捨諸界。唯取法界。取受已。取善及惡而去。真月。彼人捨身已。於來世得正念。得天念。或見六欲諸天。或見十六大地獄。或見身體諸根具足。彼於爾時作如是知。此是我身也。彼人命終之時。彼念見種種相。或見微妙輦輿。或見微妙園林。其園林內有種種樹木新生。蓊鬱可愛。或有妙池。或見種種成就諸事。彼見如是等諸相。心生歡喜。生歡喜已。安隱如法取命終。而彼人神識猶如乘馬。應當如是觀。言乘馬者。譬如有人在戰場內。身著好牢鎧甲。善持馬控轡。速疾騙騎。如是此識。著攀緣鎧甲善果報。速疾乘出入息。捨諸界諸入等。捨已取後生諸梵天。乃至阿迦膩吒等天微妙之處。

大寶積經卷第一百九

校注

①『似』，龍藏作『以』。

②『薩婆若。多陀阿伽度。阿羅呵。三藐三佛陀』，『薩婆若』譯作一切智，『多陀阿伽度』譯作如來，『阿羅呵』譯作應供，『三藐三佛陀』譯作正遍知。（義參丁福保《佛學大辭典》）

③『來』，龍藏、思溪藏作『夾』。

④『憍奢耶』，絹衣名，取野蠶繭之絲所作之衣。（丁福保《佛學大辭典》）

⑤『粗』，龍藏、思溪藏作『麻』。

⑥『以』，龍藏、思溪藏、和裕本作『似』。

⑦『人死無手脚眼』，別譯本《大乘顯識經》（唐·地婆訶羅譯）作：『衆生死時手足亂動。眼色變异。制不自由。』

⑧『然彼風體不可得見』至『或黑或白』，別譯本《大乘顯識經》（唐·地婆訶羅譯）作：『風無手足面目形容。亦無黑白黄赤諸色。』

⑨『觸正念』，疑衍。

⑩『不』，疑衍。

⑪『等』，底本污殘，依龍藏、思溪藏補。

⑫『復次。此識不移徙。猶如日火摩尼寶等光明』，別譯本《大乘顯識經》（唐·地婆訶羅譯）作：『識之遷運。如日流光。如摩尼照。如木生火。』

⑬『內』，龍藏、中州本作『肉』。

⑭『覓』，底本作『見』，依龍藏、思溪藏、和裕本改。

⑮『浮』，底本無，依龍藏、思溪藏、和裕本補。

⑯『乳』，龍藏作『水』。

大寶積經卷第一百一十①

隋北天竺三藏法師闍那崛多譯

賢護長者會第三十九之二

爾時衆中有一王子菩薩摩訶薩。名爲大藥。從座而起。整理衣服。合掌向佛而白佛言。世尊。彼神識從此身移。當有何色。佛讚彼大藥菩薩言。善哉善哉。大藥。如是如是。汝之所問此義。其義甚深。唯諸如來乃能知耳。然此識除於如來。更無有人而能知者。爾時跋陀羅波梨白佛言。世尊。希有。此大藥王子能問甚深之事。最微最細。甚深甚密。佛報跋陀羅波梨言。如是。跋陀羅波梨。此大藥王子。於往昔已曾供養毗婆尸世尊。種善根故。跋陀羅波梨。此大藥王子。昔五百世曾作外道。當於爾時嘗問此識義。然此大藥王子當於爾時。於此識中亦不能了知此識何來何去。此義不了。我今應當爲其決了此義。爾時跋陀羅波梨長者子贊大藥王子言。大藥。善哉善哉。仁者智慧廣大無有邊際。乃能問世尊甚深之義。我今勸請大藥。願問世尊此義。入一切難智者巧解深意。勿令此蘇摩浮坻娛樂少事。而先問佛。所以者何。其故數數惱亂。不善問於世尊。但佛世尊出世甚難。世間如此法會聚集復難。是故汝今應當勸請世尊。解釋甚深義處。爾時大藥王子菩薩摩訶薩瞻仰世尊。而見世尊喜悅微笑。清淨猶如初秋蓮華始開。見已歡喜。爾時大藥王子菩薩白佛言。世尊。我渴仰故。樂聞正法。慮恐世尊不具與我顯説法要。不決我疑。又恐世尊不久當取涅槃。又恐諸衆生不能了知善惡業報。恒受生死煩惱。不能捨離。佛告大藥言。大藥。我於往昔故爲此偈。從大山崖投身布施。復行無量無邊難行苦行。百千億等種種諸事。大藥。汝所有疑。但當問我。莫以爲難。我隨汝意當分別説。

爾時大藥復白佛言。世尊。此識何色。佛告大藥言。大藥。此識如幻師火。如人水内影。如風輪無定。無有定色。如衆生眼見虚空。如似愛。大藥復問。其愛云何。佛言。猶如人射。以有眼根見箭去時。如人執明凈鏡。於其鏡内見已面形。若除鏡已。形便不見。此識亦爾。從人身移。其識界唯見罪福。譬如生盲人。不見日天出時中時後時。

夜亦不見月天出時暗時。并皆不見。此神識亦復如是。於其身內不可得見。大藥。此身內愛著及取及想。智者但有識。所有此身和合集聚諸界諸入諸陰等。所有色者眼耳鼻舌及色等。諸受或苦或樂。意等。所有諸色者。是名爲識。大藥。如人以舌知味。或苦或辛。而彼人舌有色。彼味無色。此身內所有骨髓肉血是有色。所受者是無色。是名爲識受罪福者。

爾時跋陀羅波梨頂禮佛足而白佛言。世尊。受罪福者是誰。佛告跋陀羅波梨。汝諦聽諦受。我爲汝說。有見實者。彼見此識。而此識不可得如庵婆羅果掌中可見。此識不住眼道。亦非以眼能得見。彼如恒河沙數如來見此識。我亦然無色可見。唯愚痴輩不知不見故。我爲説但有識名。不可以見。跋陀羅波梨。此識如受罪福。我爲汝説。汝當諦聽。譬如有人著陰鬼。或羊顛鬼。或乾闥婆鬼。或天神。跋陀羅波梨。於汝意云何。彼人身内有彼諸鬼或陰鬼等可見以不。跋陀羅波梨言。世尊。彼鬼在人身中。或内或外。實不可見。但彼諸鬼在人身内亦無有色。跋陀羅波梨。如彼天神最勝在人身中。取最妙香華塗香末香。并諸華鬘及以飲食。皆取最上殊勝。如是此身取最勝業時。以識故受。或取王位治化自在。或取富饒大長者家。或受天果報。如是此識受福如此。最勝天神靈在人身内。受最勝祭祀。或受王位。或受富饒。潤彼人身。令使歡喜。如是此識受福果報。亦復如是。跋陀羅波梨。如彼不浄毗舍闍鬼神倚在人身中。受不净諸物臭穢。或在圊屏内受諸祭祀。得祭祀已。即生歡喜。而彼人被不净鬼神力故。常樂臭穢不净之處。心既愛樂。得臭穢物便生歡喜。如是此識得惡果報生不净意。或生貧賤家。或生下劣家。或生餓鬼。恒食糞穢之物。心生歡喜。然此識如是受惡果報。如彼勝天神靈雖無色形。但受最勝最上祭祀。如是此識雖無有色。但受最勝最妙果報。隨業受身。如彼無色富多那鬼倚著人身。恒樂食諸糞穢。如是此識在不净業中。恒樂下賤之處。跋陀羅波梨。汝當知此不净識如是。跋陀羅波梨。如彼鬼形在人身中而無有色。此識受善不善果報如彼鬼神。汝應當如是知見。

爾時大藥王子白佛言。世尊。凡受欲云何。佛答大藥言。當見有人

各各和合故生欲想。譬如以木鑽火。因人身力然後出火。欲受於
欲。因於男子意感於觸。後生欲事。譬如因華成子。然彼華內初無
有子。有華故。然後結子可見。如是此身生已。然後識可見。而此身
內亦無識可見。以識故身內有骨髓肉血等不净之物。如彼種子。
種已生華。因華而受色香味等。既成果已。還滅如是。此識成身已。
亦復還滅。但取善惡受心想意識至於彼世。趣彼男女和合生歡
喜心。因彼交會相持出於不净。出不净已還各相離。而彼二人受
欲樂時心生歡喜。既受欲已無復欲想。還各相離。或生厭離欲想。
如是如是。此識因身攀緣。生歡喜心增長受想。猶如人身因見女
色。即生欲想各各著身。受欲訖已。還復厭離而去。此識亦然。既受

身已。還復捨去生厭離想。復次。因父母欲事來。中陰受身攀緣業。此識有從中入。欲因成就身。而彼業無色。其男子女人因亦無色。但因受攀緣故生欲想而即有色。是故言受欲想也。色受欲想。故名爲受欲。

復次大藥。因持戒攀緣故受後果報。此事云何。我爲汝說。言持戒者。身斷殺生。不盜他物。不行邪淫。不妄言。不飲酒鬥亂。謹慎不放逸。是爲攀緣欲受後世須陀洹果。斯陀含果。即受後有。或天身或人身。而彼有善業。或有漏或無漏。成就諸陰等。潤彼處識。受持或善或不善諸業。②成就識等。受諸欲事已。還自厭離。是故名此因持戒故受後果報也。

爾時大藥王子白佛言。世尊。此識云何受天身。復云何受地獄身。
佛告大藥王子菩薩言。大藥。汝今諦聽。我當爲汝解説此事。大藥。
此識以法界持故生作天心見。而彼天見不在肉眼。彼見體所見
即是受因。故名見受因也。而此人所見天見者。即是福攀緣善成
就。即見天宮。於欲天中受種種五欲樂事。如是見已。便生欲心。因
即如是起念智。我今應須至彼處耳。彼生如是欲心已。而發染著
念。心取有相。復見其故身弃在尸陀林内。彼如是見已。便作是念。
是我天識也。此造善根已。我當欲向天上。爾時大藥王子復白佛
言。世尊。彼識既如是著故尸。云何不即入故尸。佛告大藥王子言。
大藥。譬如有人剃除鬚髮。既見鬚髮落地。作如是念。我此鬚髮好

黑香潔。願我此髮還著頭上如舊。大藥。於汝意云何。彼之頭髮還能更著頭以不。大藥言不也。世尊。佛言大藥。如是如是。彼人神識捨其身已。還欲入中更依住者。無有是處。

爾時大藥王子復白佛言。世尊。此識既是微細。無有正色。廣大無邊。云何能來就大白象身。復能破金剛之身。既無千象力。云何人生即能持千象力。佛告大藥。譬如風界。無色不可見。住山谷間。而彼風從彼山谷出已。能摧折崩倒如須彌等高大之山。使其破裂。大藥。於汝意云何。彼風界有何色。彼山復何色也。大藥白佛言。世尊。彼風柔弱。復無色身。當如是見。佛復告大藥言。大藥。如彼風界軟弱無色體。彼識亦復然軟弱復無色身。然其無妨能成就大身。

能成就微細小身。而彼識。蚊子及象一種不异。大藥。譬如小燈燭光。或在壁或在室。能滅大黑暗分。此識亦復如是。雖復微小。能成大小形色。而皆因業受故。

爾時大藥復白佛言。世尊。彼業有何色。有何體。幾種因應當可觀。佛報大藥言。諸業境界者。是微妙受快樂受得天飲食。譬如有二人同共游行。至於曠野。然彼二人。一人忽值凉冷清水而得飲之。一人飢渴命終。而彼水不能自入彼人之口。亦無於此一人不與飲者。但以因緣故。一人值水凉冷飲之。一人不值。如是如是。此善不善諸法亦復如是。如黑月白月。善不善應須當見。譬如生果熟已。變成别色。然彼色以火力多故。令其成熟。如是如是。此身以福力故。生於大富長者家。多饒財寶。現受快樂。在於天宮。顯現受天快樂。然後失天自在勢。即顯現無福之勢。猶如種子於地上種。生樹以後。其種子於樹上不現。亦不從枝移枝。亦不在樹內顯現。亦無有人手執彼子置於樹上。亦不從根移。彼種子可現。如是如是。此諸業若善若惡。倚住身內而不顯現。如從種子然後有華。從華然後有子。其華不在於種子內。其子亦不在於華內。子華無有二別體。如是如是。此身內諸業有。從業有身。其身不在業內可見。業不在身內可見。如華成熟然後成子。如是身成熟已。諸業可現。如種子何地方有。彼地方即有華。有華然後有子。如是如是。此身所有生處。於彼之處見善及惡便即有現。然彼諸業根無有色。如人

因身有影。而彼影無定無色。還隨人而行。而彼影不倚住於人。亦
不離身有影可現。如是此身內現善惡相隨而不相離。身行之處
隨逐而行。其業處處隨逐。其業不離身有。亦不離身業可有現。如
諸藥若辛若甜若苦等。人飲服已能除諸病。既除其身諸惡。成其
柔軟。現好顏色。衆人見者。形相可知。此人身值甘藥。然彼諸藥等
味及力無有色。其味力色不可得現。唯在人身形色端正可現耳。
如是如是。此善業無色而至人身。以美飲食故。身著好服故。其人
諸根具足故。身受快樂。復以金銀珍寶莊嚴此身。有富貴形勢。此
皆是善業境界。其失勢無有福業。貧窮困苦遠離資財。恒常乏少
規求他物。飲食粗澀。行住坐卧悉皆下劣。無好福報養育身體。所

生醜陋。此皆是不善業境界。猶如明鏡。以其明故。面形姸醜分明顯現。而彼鏡内影無有色。如是如是。由善惡力故。此識顯現於人中。若地獄餓鬼畜生中。大藥。此諸業隨於此識。大藥。應須如是知如是見。

大藥復白佛言。世尊。此識云何成就諸根受大身。云何捨諸根。佛告大藥。譬如獵師入深山林。手執强弓。即取毒藥塗其箭鏃。以射大象。而彼毒滴雖少。入皮至血。毒氣移行遍滿身中。至一切諸根境界。令根閉塞屈折諸節。令血變色遍諸身分。遂即捨身。其毒還至本所入處。自然出外。大藥。其毒藥一滴極甚微小。其象身極大。於汝意云何。大藥報佛言。世尊。計毒藥極微小。其象身如須彌山。

藥毒移行。所以遍體。佛告大藥。如是此神識捨身之時。捨諸根。捨諸界。次第亦復如是如是。

大藥復白佛言。世尊。云何受如是廣大身不曾畏難。佛告大藥。譬如須彌山。高八萬四千由旬。而彼山有二龍王。一名難陀。二名優波難陀。繞之三匝住持彼山。而彼龍王喘息之氣。海水不堪飲。彼龍王出入息時。彼須彌山即動。如彼龍王身廣大多力。彼婆修吉德叉迦龍王亦復然。大藥。於汝意云何。彼龍王等識。欲與蚊子識一等以不。汝勿別見。大藥王子白佛言。世尊。如我意所見。彼之龍王及蚊子識一等無异。佛復告大藥。如有一毒名婆蹉那婆。復有毒藥名訶羅訶羅。將如芥子與難陀。波難陀等食。即速疾命終。大藥。於汝意云何。龍毒藥毒。何毒力大。爲龍毒大。爲藥毒大。大藥報言。世尊。如我意見。其難陀。波難陀毒多。其婆蹉那婆毒少。佛告大藥。如是如是。雖有大身敵九千象力。無妨其識雖小無定色不可見。但此識因業緣成就大身。大藥。譬如尼拘陀子。其形雖小。無妨能成就大樹。枝條長廣覆蓋數百千地。大藥。於汝意云何。其子形及樹身二種。何者是大。大藥報佛言。世尊。如以小孔比於虚空。佛復告大藥。而彼樹不可在子内見。亦不離子而生於樹。大藥。如彼微細子有廣大樹。如是如是。無色識成就大色身。因識故現色身。不離識色身可見。

爾時大藥復白佛言。世尊。其識牢固猶如金剛。云何成就羸弱之身。佛告大藥。譬如有人貧窮不能自濟。忽然值遇如意寶珠。彼人得珠。執已所造如意。即得稱成樓觀池臺。城門坑塹。周匝高門。園林華果枝葉蓊鬱。彌覆其上。及餘資財諸物。皆悉如心自然化作。大藥。彼等諸事悉皆羸弱。速疾破壞離散之法。然後彼人手執如意珠忽然失落。彼等樂事即滅不現。大藥。如彼如意珠。千金剛破終不可壞。有此功能隨意所念皆悉剋果。如是如是。此識牢固猶如金剛。而受身者此不堅牢也。

爾時大藥復問世尊。彼識既是軟弱。云何破壞堅牢之身而移至彼世③。佛告大藥。譬如水流注下。在於山內。還穿山而出。大藥。於汝意云何。彼水有何堅牢。大藥報佛言。世尊。其山體是堅鞕牢如金剛。而彼水滴本性柔軟。猶如夢爲觸者安樂。如是如是。彼識本體柔軟。能破大身即得出去。

爾時大藥復問佛言。世尊。凡有衆生從衆生界捨身命終之後。云何受諸天之身。云何復受諸趣之身。佛告大藥言。大藥。汝諦聽。我當爲汝解説此事。大藥。凡有衆生捨衆生體。命終之後。以行福業之事以受身。還捨彼身。其識捨人身見。得天身見。彼既得天眼已。即見六欲諸天。又見六欲天宮。而見彼人身破時。復見天上園林歡喜林。壞亂林等。彼處有高座。天衣覆上。處處臺殿微妙樹林。處處有端正玉女聚。而彼識見常有華莊嚴諸事。心喜見者。種種瓔珞耳璫臂釧。而彼見座上有天童子。其玉女及天子二人歡喜共見。而彼天童子生已。復更見生天之童女。彼天童子見童女已。即生欲心。生欲心已。即得歡喜。得歡喜已。即得遍體心意歡喜。心意歡喜已。彼於爾時即變身色。面色猶如蓮華。其人命終之時。即得不顛倒見。鼻不喎（wāi）綟（liè）。口氣不臭。彼人耳目似青蓮華色。身分支節④更不離解。彼亦不流血。亦不生糞尿。身諸毛孔亦不揩折。諸甲無復青色。手無黃色。手脚不動亦不申縮而取命終。大藥。彼人命終之時。預有天相。所謂現前見輦輿。彼輦輿有千數柱莊嚴。懸諸鈴網。其鈴出好微妙音聲。有種種微妙香華而散其上。又出好妙香氣。復有種種瓔珞莊嚴其上。復有無量諸天童子。彼見如是已。生大歡喜心。彼生歡喜心已。於身生二相⑤。齒白浄。猶君陀華顯現。其兩目不甚大開。不甚大閉。其聲微妙哀美。二足下猶如蓮華色。而彼死尸命終之後。身心不冷不熱。彼亡人有眷屬不甚悲戀。而彼人欲依法取命終之時。其時正日初出。諸方無有黑暗。了了睹見衆色。諸方復有善妙香氣遍滿而來。其人臨欲終時兩目不閉。其所見諸方無有迷惑。若見如來像。即得信心。發清净意。復見心所喜愛諸眷屬。以歡喜心抱其身。猶如人死已還活。亦如遠行人歸。慰喻諸眷屬。作如是言。諸眷屬等莫憂莫愁。一切諸有生者。皆有如是別離法也。大藥。彼衆生若福業强。若内發布施心。其辯才數數自贊嘆歌咏布施功德。或種種功德因緣。而彼人作如是語已。意樂欲睡眠。身心得安樂。遍滿其體。安隱捨身命。捨身命時。上見諸天共同榻坐。見同坐已。其玉女將手置其身上。其玉女兩手掬滿香華。既掬華已。白彼天言。大善大善。願有吉利事。欲生天童子時至。而彼玉女作是語已。手即索華。索已復索。索華之時。而彼衆生即取命終。彼捨諸根共識捨諸根境界。捨諸大時⑥。四陰無定體無色。如人欲騎馬。或如日天。或如明珠。或如火炎。或如水月。或如幻化身。攀緣善業。速疾如筒出氣移去。而彼神識欲生彼處。因彼華見父母坐天榻上。見彼天和合。其神識於華內有形出。彼時有微妙風。甘露味和合而吹。而彼起已。彼識於七日內頭戴天冠。生天童子。

爾時大藥菩薩復白佛言。世尊。彼神識既無有色。云何爲因緣而成就色。云何爲因緣而現見。佛言。大藥。譬如二木和合。各各相揩而出於火。而彼火不在木内可見。不離木而可得火。亦非一因而能生火。亦非無因而得出火。非是木上即得見色。以因故出。出乃見色。亦非離木而别有色可得。如是如是。大藥。彼識以父母和合故成就受身。其識亦不在身内可見。亦不離身而有彼識。大藥。譬如火出已然後見色。亦非熱故可見有色。亦非赤故可言見色。如是大藥。彼神識以成就身故言有識。亦不由受故可見。亦不由諸行故可見。大藥。譬如日天圓滿。光明照曜。大有威光顯赫可見。而諸凡夫輩不見正色。或言黑色。或言白色。或言黄白色。或言緑色。大藥。不可以身不見神識或黑或白等。猶如日喻。不可以暖可見光明。其可見者。但出没行時。如是須觀。大藥。此神識凡欲觀時。但取其諸性。大藥復白佛言。世尊。其識有何諸性也。佛言。大藥。彼性受性。取性。諸行性。憂愁性。思惟性。惱性。喜性。不喜性等。是識諸性。應當如是觀。復次。神識有本性可觀。何等爲本。所謂善心不善心等爲本⑦。

爾時大藥復白佛言。世尊。彼神識從此身出已。云何速疾而受彼生處。云何從此身出已。未至彼身受生之時。於何處住。此之神識當云何觀。佛答大藥言。譬如有人其臂纖長。手足上下一切正等。乘微妙速疾駿馬馳走入陣。入陣已。被刀槊弓箭所傷。其心惱亂。在彼陣内。其心迷悶墮馬倒地。而彼人善解戎仗。倒地已速疾而起。手執其馬即便騙上。譬如彼人倒地之時。速疾得馬。得馬已即乘彼馬。如彼馬速疾得速疾乘。彼神識亦如是。應當知。如彼人被賊趁。心生恐怖。乘彼馬速疾而走。此神識初捨身欲至彼亦復然。欲生天即攀緣天念。見天父母在一座上。見已攀緣速疾即得受生。復次大藥。汝問凡人初移識時。其識未至。彼時在何處住。其性當云何觀者。大藥。譬如人影在於水中。雖復現色。非人正形色。當如是觀。大藥。彼人影上下手足正等。成就色時在於水中。亦不作如是念言。我有熱惱。我有寒凍。我身疲乏。彼無如是心言。我是真體如前在胎肉塊。而彼影無有擾亂處。而彼人身影在水中之時。無有聲出。或苦聲或樂聲。大藥。此神識從此身捨已。未至彼身。有如是形。有如是性。大藥。凡有福神識。初欲取天身時作如是受。
爾時大藥菩薩復白佛言。世尊。此神識欲取地獄生。云何受。佛告大藥。汝今諦聽。如無福衆生欲取地獄生者。我爲汝説。大藥。凡有衆生。若造不善業。以彼業攀緣所攝。而彼衆生此處欲捨其身。捨身之時生如是念。我即是彼人。從此地獄捨身。此是我父母。而彼人捨身之時。一等成就色身如本性有。成就彼人如本身體。即見身分。而彼人初捨身。被憂愁所流。即見種種地獄。彼神識初捨身已。在彼地獄。即成就有業。即見彼地獄。或有他方見如血灑。而彼即心生染著相。生染著相已即成地獄身。而彼神識猶如下濕臭爛地因故生蟲身。譬如屏臭穢爛故生蟲。譬如酪内臭壞有諸蟲生。大藥。衆生欲生地獄亦復如是。

爾時跋陀羅波梨合掌向佛而白佛言。世尊。諸衆生輩在地獄。其身有何色。云何而受身體。佛告跋陀羅波梨言。若有衆生染著血處。彼等身體生血色。若有衆生染著毗羅尼河。彼等身體即生不白不黑雲色。若有衆生染著灰河。彼等身體生斑駁色。而彼等諸衆生於彼處身體柔軟。猶如王子安樂養育其身。跋陀羅波梨。於彼處諸衆生受身廣大長八肘半。其髭鬢頭髮甚長。其足可畏。反向於後。若有閻浮提人欲往地獄觀者。見彼地獄人。即便怖死。復次跋陀羅波梨。地獄衆生雖復有食。無暫時樂。爾時大藥復白佛言。世尊。彼諸衆生食時。有何等食。佛報大藥菩薩言。大藥。彼衆生輩在地獄游歷時。遥見赤色或鎔銅或鎔鍮石。見已各相唱言。嗚呼。仁者。誰欲得食。近來相共食此。聞是聲已聚一處。向鎔銅所會⑧堂而住已。求食故張口欲食。而彼鎔銅及以鍮石。熾盛放光作如是聲。多吒多吒。入其口然其全身。大爇。彼諸衆生以爲食故受如是苦事。復次大爇。彼地獄中衆生於彼時。其神識唯在骸骨内。而彼等神識不離骸骨。神識不離骸骨故不取命終。雖然而彼等衆生猶尚飢惱。彼處亦無食事。於彼處有微妙園林。彼等眼見種種華果。種種樹木蓊鬱青色。亦見微妙廣大地方。柔軟青草所覆。彼等見如是園林地方微妙。各各歡喜微笑。各各起念。各各相喚。汝等人輩。如是園林微妙可受快樂。又有凉冷微風。彼等聞見此事已速來聚集。即共入彼園林之內。入已少時受樂。於彼樹上所有華果及諸葉等悉皆成鐵。彼衆生等即被彼鐵枝葉華果擘裂其身。彼地獄衆生被枝葉華果猶如竹根擘裂身時。口大叫喚。處處馳走。如是之時。其後有諸閻羅王人。手執利鈇或執大鐵杖。其目可畏。牙齒極利。頭髮火然。其炎高大。全身燒然。手執種種器杖。罪人隨業所生。彼人順後趁逐。口唱是言。人等住住。莫走。汝等自業所作此園林。何故苦走。不在此受斯業也。大藥。彼諸衆生在於地獄受如是苦惱。當如是觀。復次大藥。其地獄人過七日後。具足受地獄苦。猶如蜂采華造蜜。所以者何。種種諸有因故成。神識始受取地獄諸苦。而彼神識初捨身不自由。被諸苦所逼。心中不樂。初見大黑暗。至彼處。猶如有人被賊所逼牽挽。心作如是念。嗚呼。我今何故捨微妙閻浮提。弃所愛諸親侶。向地獄速疾而行。今不見天上之路。其於彼時。猶如蠶蟲被絲所纏。速疾求受生處。彼不自由。被業所纏縛。不能得住。大藥。其地獄衆生有如是因緣。有受如是等諸苦惱之事。爾時大藥王子及跋陀羅波梨長者子聞此事已。身毛皆竪。合十指掌。向佛歸依。其大藥王子等發心作如是願。藉此聞法因緣。在流轉生死煩惱內。願莫生惡道。願莫受地獄苦也。

爾時跋陀羅波梨復白佛言。世尊。我更欲問佛前所心疑。佛告言。跋陀羅波梨。隨汝所疑。恣汝意問。跋陀羅波梨白佛言。世尊。何者名聚。何者名積。何者名陰。何者名移。佛言。跋陀羅波梨。凡有四種法界成就此身。何者爲四。諸界和合。智慧。見。意。無明。諸境界識。此是總義。我已説言。聚者即是六界諸入境。於六界內。粗者三。一者入。復有二種取。其內有髮髭鬚衆毛。皮肉膿血涕唾脂。五藏。手足頭面。身分支節。和合故名爲聚。譬如諸穀積聚。或烏麻。或大小麥。或豆豌豆。以聚集故名積聚。如是如是。此身有身分有支節聚集故。名爲積聚。言六界。何等爲六。一地界。二水界。三火界。四風界。五空界。六識界。言六入者。何等爲六。一眼。二耳。三鼻。四舌。五身。六意。言六入境界者。何等爲六。一色。二聲。三香。四味。五觸。六法。此名爲六入境界。言諸粗界本體三。何者爲三。一者欲。二者恚。三者痴。彼等發起有三。何等爲三。一者風。二者黄白痰。三者涕唾。言諸入取者有二。何等爲二。一者持戒。二者信。復有六。何等爲六。一者施。二者財。三者精進。四者禪定。五者善。六者非善。言陰者。云何名陰。一者受。二者想。三者諸行。四者識。此四陰是無色。言受者。即是受用。言想者。即是知別樂苦。言諸行者。見聞觸受。此名爲識。爲身作主。能得自在。一切諸物中自在故。言移者。善成就清净戒。身業口業意業。受根取命終時。於彼時彼識捨諸陰。更不受有生。更不迴故。一向受樂。故名爲移。是名爲移。離此者。不名爲有移。如是次第別者。不名爲移。作如是語已。跋陀羅波梨及大藥菩薩頂禮佛足。而作是言。善哉世尊。善能爲我說如是義。真實一切智。世尊。於未來世。此法門爲諸迷惑愚癡衆生當作潤益。佛報彼二人言。跋陀羅波梨。此諸如來智者無有虛妄。非一切智亦不能知此真實體。我於過去行無量苦行。熏修此智光明。如今日所說無有异也。此是智光明法。自處處流布功德名聞一切智海藏。爲諸衆生教化故說。所在之處。所說之處。於彼之處非人護持。及諸天。修羅。摩睺羅伽。人非人等。來彼護持處。頂禮於彼之處。無諸恐怖。縣官不能作惡。劫賊當不能害。佛告諸比丘。汝等諸比丘若知。從今去。此法門不得無信人邊說。亦不得覓過失人邊說。亦不得外道尼乾等邊說。亦不得尼乾陀聲聞邊說。在阿蘭若空閑者邊亦不得說。亦不得不至心請人邊說。所以者何。恐其求過失。如來實無過失。若有出家比丘。或在家俗人。信受隨順此事者。彼人應須當順彼人邊。應須起慈悲心。一如如來一種。須發如是心。此人持諸佛庫藏也。

爾時世尊而說偈言。

發心出家故　應當行佛法　降伏魔軍衆　如象壞竹舍

若能行此法　謹慎放逸事　滅⑨生死煩惱　當盡一切苦

佛說此經已。其跋陀羅長者子。大藥王子。菩薩及大比丘衆。天。龍。阿修羅。乾闥婆等。聞佛所說。歡喜奉行。

大寶積經卷第一百一十

校注

① 本卷底本爲龍藏，對校思溪藏和嘉興藏。高麗藏此卷與別譯本《大乘顯識經》（唐·地婆訶羅譯）卷下同，現列於書末附録中。

② 『即受後有。或天身或人身』至『或不善諸業』，別譯本《大乘顯識經》（唐·地婆訶羅譯）作：『以是因故獲於勝有。謂受人天等身。斯皆是有漏善。非無漏善。無漏之善無陰熟果。今此戒取是有漏種植之。於識執善惡業。』

③ 『彼識既是軟弱。云何破壞堅牢之身而移至彼世』，別譯本《大乘顯識經》（唐·地婆訶羅譯）作：『柔妙之識云何穿入粗鞕色中。』

④ 『支』，思溪藏作『諸』。

⑤ 『二相』，思溪藏作『相二』。

⑥ 『時』，思溪藏作『將』。

⑦ 『復次。神識有本性可觀。何等爲本。所謂善心不善心等爲本』，別譯本《大乘顯識經》（唐·地婆訶羅譯）作：『復有善不善業。熏習爲種。作用顯識。』

⑧ 『會』，思溪藏作『食』。

⑨ 『滅』，思溪藏作『減』。

大寶積經卷第一百一十一

净信童女會第四十

大唐三藏菩提流志奉　詔譯

如是我聞。一時佛在舍衛國祇樹給孤獨園。與大比丘衆五百人俱。菩薩摩訶薩八千人。一切皆是衆所知識。得陀羅尼辯才無礙。具足諸忍。降伏魔怨。逮諸如來所得之法。其名曰。持世菩薩。持道菩薩。持地菩薩。持大地菩薩。樂慧菩薩。令信樂菩薩。妙色莊嚴菩薩。寶焰菩薩。寶幢菩薩。寶思菩薩。寶處菩薩。寶慧菩薩。寶德菩薩。寶光菩薩。復有賢劫諸菩薩等。彌勒菩薩而爲上首。復有六十無等喻心諸菩薩等。文殊師利而爲上首。復有十六大士。賢護菩薩而爲上首。復有二萬兜率天子俱在會中。是時世尊處大莊嚴藏師子之座。無量百千大衆圍繞。光明照曜猶如日月。威德殊勝如釋梵王。高出衆表如須彌山。光焰猛盛猶大火炬。顧視安詳如大象王。説法無畏如師子吼。蓋諸大衆如羅睺羅王。相好莊嚴。威光熾盛。出梵音聲遍滿三千大千世界。爲欲覺悟一切衆生。普令安住決定勝義。於大衆中而演説法。

時波斯匿王所生愛女。名曰浄信。年在幼稚。顔貌端嚴。爲諸衆生之所樂見。宿植善本。修習大乘。與五百童女前後圍繞。各持金蔓。出舍衛城。詣祇陀林。至如來所。頂禮佛足。右繞三匝。却住一面。即於佛前而説偈言。

久積福善清净業　滿足無邊功德海　令衆信樂皆歡喜
故我頂禮牟尼尊　顯現威光相奇特　開示法門衆寶處
身光一尋常照曜　我禮大慧清涼池　功德大樹福無盡
人中最尊世所贊　本願戒行已圓滿　故我頂禮應供尊
安住妙法常寂然　等心世間如一子　智慧善巧知諸行
示平坦路如導師　若有堅固勇進者　慈悲利益衆生類
如是菩薩正修行　唯願如來爲宣説　云何當得堅固力
安住生死降魔衆　云何當得平等法　云何成熟諸衆生
云何如地如虛空　如風如水亦如火　云何得信住於法
如彼須彌師子王　云何遠離憎愛心　净意質直無誑諂

云何出生施戒忍　精進禪定及解脱　智慧破諸煩惱暗
而常安住大方便　三昧總持無礙辯　住四無量五神通
云何得在諸佛前　常受化生知宿命　頭陀無諍住蘭若
調伏其心滅煩惱　持戒修習菩提道　證甘露滅降魔怨
施衆安樂轉法輪　如是正道願宣説

爾時世尊告净信童女言。菩薩若能成就八力。於生死中堅固勇猛而無疲倦。何等爲八。一。志樂力。無諂誑故。二。勝解力。離諸惡故。三。加行力。常修善故。四。净信力。深信業報故。五。菩提心力。不求小乘故。六。大慈力。不害衆生故。七。大悲力。堪忍諸惡故。八。善友力。時時警覺故。童女。是名八力。菩薩成就如是力故。堅固勇猛。於生死中無所染著。爾時世尊重說偈言。

志樂勇猛　離諸諂誑　常行質直　正趣菩提　以勝解力
遠離衆惡　純修善行　住於正勤　加行具足　恒善觀察
精進堅固　安樂衆生　净信力故　了知業報　信於佛智
攝受世間　菩提心力　遠離小乘　不斷佛種　安住法性
大慈力故　等觀衆生　無愛無憎　不生恚害　大悲力故
堪忍衆惡　不染生死　亦無疲厭　以善友力　常相警悟
心不退没　安住菩提　彼勇進者　得是八力　當坐道場
破諸魔衆

復次童女。菩薩成就八種法故。住於平等。何等爲八。一者。一切衆生平等。本無我故。二者。一切法平等。諸法寂靜故。三者。一切刹平等。入空界故。四者。一切智平等。平等説法故。五者。一切行平等。因緣無性故。六者。一切乘平等。等無爲故。七者。心平等。心如幻故。八者。諸魔平等。煩惱爲先不可得故。是爲八法住於平等。爾時世尊重説偈言。

衆生本無我　念念不可得　住於平等者　應當如是觀

一切法平等　本性常空寂　文字有分別　諸法本無差

十方諸刹土　邊際不可得　其性如虛空　佛國常平等

三世諸如來　住法界平等　無邊智解脱　佛佛皆如是

衆生本緣起　一切皆平等　善知其所行　如應爲開悟

眾生若干種　了知如幻化　内外無所取　自性常清净
諸乘種種説　無爲性平等　導師善方便　分別説三乘
現住煩惱魔　煩惱無所有　天魔及蘊死　境界悉皆空

復次童女。菩薩成就八種法故。離諸憎愛。何者爲八。一慈。二悲。三者。常行利益。四者。不染世法。五者。不著自身。六者。常修定心。七者。捨離身命。八者。觀察煩惱。修此八法能離憎愛。爾時世尊重説偈言。

堅被慈心鎧　哀悲於一切　安住平等心　則不生憎愛
智人行利益　常施他安樂　得利不自高　輕毁不生恨
不爲八風動　則不生憎愛　於己若於他　不生憎愛想

諸想悉捨離　境界無所著　常自觀其身　不惜於軀命
智者於苦樂　不動如虛空　善觀察煩惱　我我所俱離
持行恒如地　則不生憎愛

復次童女。菩薩成就八種法故。於生死中無有疲倦。何等爲八。一者。善根廣大故。二者。觀察衆生故。三者。常得見佛修供養故。四者。得見無量諸佛刹故。五者。常求佛智故。六者。了知生死猶如夢故。七者。於殊勝法無怯弱故。八者。觀察前際及以後際如實際故。爾時世尊重説偈言。

若諸行道者　修善無瑕垢　如空月清净　度脱苦衆生
攝諸功德故　生死無疲倦　觀察衆生性　堅固行精進

於無量佛刹　恭敬供養佛　是故十力者　生死無疲倦
無量無邊世　説不思議法　不斷三寶種　當成於法王
堅持禁戒者　生死無疲倦　了知生死性　如夢如雲電
於法得解脱　生死無疲倦　安住於菩提　喜心常悦豫
度於方便岸　生死無疲倦　常修殊勝法　如空月增長
愛樂佛功德　生死無疲倦　生死無邊際　常住於實際
一念慧相應　生死無疲倦

復次童女。成就八法。心界平等。何者爲八。一者。心如地故。二者。心如水故。三者。心如火故。四者。心如風故。五者。心如虚空故。六者。心等法界故。七者。心等解脱故。八者。心等涅槃故。是名八種心界平等。爾時世尊重說偈言。

等心如地　荷負一切　於善於惡　無所增減
等心如水　洗諸垢穢　養育世間　除煩惱渴
等心如火　燒滅煩惱　大炬光明　無所不燎
等心如風　無處無依　飄戒聞香　流遍三世
等心如空　離見清净　遍入一切　而不隨魔
等心法界　善得安住　不增不減　常入平等
聲聞緣覺　所得解脱　無有縛者　亦無解者
生死涅槃　無來無去　安住寂静　遍游三世

復次童女。有八種法。菩薩成就。出生菩提。何等爲八。一者。施出生。捨諸有故。二者。戒出生。無所犯故。三者。忍出生。無瞋恚故。四者。精進出生。不懈退故。五者。禪出生。行方便故。六者。慧出生。持戒多聞故。七者。梵住出生。解脱寂静故。八者。神通出生。常在定故。爾時世尊重説偈言。

常修行施者　離諸貪熱惱　不希求果報　迴向佛菩提
持戒爲大乘　割截無瞋恨　志求大安樂　除習證真滅
菩薩行精進　多劫爲衆生　忍苦游世間　精進力增長
修行禪定者　遠離諸戲論　到諸禪彼岸　而不隨禪生
大慧無等倫　永離諸邊見　了知世空寂　痴暗滅無餘
寂静修梵住　净除諸惡道　常爲釋梵王　勤修諸義利
神通游佛刹　侍佛聽聞法　善知諸性欲　説法度衆生

復次童女。菩薩成就八種法故。得陀羅尼。辯才無礙。何等爲八。一者。尊重法故。二者。承事和上阿闍梨故。三者。求法無厭故。四者。如聞演説故。五者。不慳吝法故。六者。不揚他惡故。七者。愛敬法師如和上故。八者。不見他過勸離過故。是名八法。菩薩成就具足總持辯才無礙。爾時世尊重説偈言。

志樂常求法　事師親善友　遠離惡知識　得無盡藏持

多聞無厭足　勇猛勤求法　如聞而演説　不希求利養

得清淨辯才　能令衆歡喜　欣樂行法施　遠離於慳嫉

行法無所著　獲得陀羅尼　護戒自觀身　不求他過失

慈悲爲依止　發語不非時　當得無礙辯　度言説彼岸

於善説法者　愛敬如師想　隱過勸離惡　獲無盡海持

復次童女菩薩成就八種法故。於諸佛前蓮花化生。何者爲八。一者。乃至失命不説他過。二者。勸化衆生令歸三寳。三者。安置一切於菩提心。四者。梵行無染。五者。造立佛像置蓮花座。六者。憂惱衆生令除憂惱。七者。於貢高人常自謙下。八者。不惱他人。爾時世尊重説偈言。

假令苦逼身　終不説他過　常稱嘆三寳　化生諸佛前

勸發菩提心　令求一切智　常修於梵行　化生諸佛前

黄金嚴佛像　坐寳蓮花座　除衆生憂惱　化生諸佛前

於彼憍慢人　謙卑如弟子　不令他生惱　化生諸佛前

復次童女。有八種法。菩薩成就頭陀功德。常樂住於阿蘭若處。何等爲八。一者。少欲。二者。知足。三者。滿足善法。四者。以善自養。五者。常持聖種。六者。見生死患。心常厭離。七者。恒觀無常苦空無我。八者。深信堅固不隨他教。爾時世尊重説偈言。

少欲知足不放逸　法喜衆善爲資養　愛樂常修於聖種
見生死患生怖心　由是常樂行頭陀　如犀一角獨無侶
有爲之法苦無我　慧心深信住正勤　自見於法不隨他
常處空閑佛所贊　頭陀遠離無惱患　無諸諍論衆過失
遠離眷屬絶稱譽　由是樂住阿蘭若

復次童女。菩薩成就八種法故。摧伏魔怨。何等爲八。一者。入於性空。二者。信於無相。三者。信於無願。四者。了知無作。五者。内無疑惑。六者。忍於無生。七者。決了無性。八者。於一切法方便觀察不壞於如。爾時世尊重說偈言。

於空無相及無願　得三解脱降魔怨　有爲無爲無二相
證於無生得解脱　諸法無生如是忍　彼等降伏諸魔怨
於此無生無滅中　蘊界無我猶如幻　決定了知法無性
不壞於如巧方便　分別諸法爲魔業　捨離分別則降魔
智慧方便二俱行　若有若空無所住　修習如是殊勝法
得善方便妙色身

復次童女。菩薩成就八種法故。不離菩提。何者爲八。一者。正見。成熟邪見衆生故。二者。正念。悲愍邪念衆生故。三者。正語。愍諸邪語故。四者。正業。攝諸邪業故。五者。正精進。度邪勤者故。六者。正命。不捨邪命衆生故。七者。正思惟。令離邪思惟故。八者。正定。發起增進邪定者故。爾時世尊重說偈言。

成就正見者　化彼諸邪見　常修行正念　哀悲邪念者
清凈正言説　愍諸邪語者　安住於正業　攝諸邪業者
常修於正勤　不捨邪勤者　相應正凈命　攝諸邪命者
智者正思惟　哀愍邪思者　常住於正定　攝諸邪定者
無上八正道　安隱度暴流　復渡漂流者　是大菩提道
聲聞及緣覺　草筏唯自渡　菩薩廣運濟　如彼大船師

復次童女。菩薩成就八種法故。證甘露道。何等爲八。一者。住於無諍之法。二者。善守無障礙心。三者。常觀如實之義。四者。住菩提心修習六念。五者。精勤修習諸波羅蜜。六者。積集善根成熟衆生。七者。住於大悲攝受正法。八者。得無生忍住不退轉。爾時世尊重説偈言。

常修無諍行　住大沙門法　遠離瞋恚過　積集諸善根
善觀如實義　得諸無盡辯　安住菩提心　常念於無念
一切波羅蜜　勤修無退轉　得諸方便力　由是度衆生
能以法王財　悲心施一切　速證無生忍　不退轉菩提
若能如是行　佛法不難得　不久降魔衆　證最上菩提

爾時淨信童女聞是法已。歡喜踴躍。白佛言。世尊。成熟①幾法能轉女身。佛告童女。成就八法當轉女身。何等爲八。一者。不嫉。二者。不慳。三者。不諂。四者。不瞋。五者。實語。六者。不惡口。七者。捨離貪欲。八者。離諸邪見。童女。修此八法。速轉女身。爾時世尊重說偈言。

不嫉妒他人　離慳常樂法　不行於諂誑　厭患女人身
慈心捨離瞋　常修於實語　除貪離惡口　安住正見中
若厭女人身　應修如是法　便當速得轉　受善丈夫身

復次童女。成就八法能轉女身。何者爲八。一者。尊重於佛。深樂於法。二者。恭敬供養戒忍多聞沙門婆羅門。三者。於夫男女及以居家不生愛著。四者。受持禁戒。無所缺犯。五者。於一切人不生邪念。

六者。增上意樂厭離女身。七者。住菩提心大丈夫法。八者。觀世家業如幻如夢。爾時世尊重説偈言。

敬佛深樂法　尊重戒多聞　不生貪愛心　女身速當轉

持戒具慚愧　不妄念他人　安住菩提心　不樂餘乘法

由是速能轉　不净女人身　勝志得厭心　一切皆如幻

諸法本無動　因緣性空寂　勤修如實法　速得丈夫身

爾時净信童女以所持金鬘散於佛上。於虚空中變成真金宫殿樓閣。於宫殿中有化如來坐於金座。時五百童女各各解身莊嚴之具散彼佛上。亦於空中變金樓閣。寶帳寶蓋種種莊嚴。爾時五百童女見大神變。异口同音而説偈言。

世尊人中最殊勝　哀愍利益諸衆生　我今已發菩提心
志樂相應住調伏　爲世導師施安樂　我當供養人中尊
聞法已離於塵垢　我等無復諸疑惑　方離女身衆染污
永破煩惱降魔怨　十方無量俱胝佛　我當歡喜常供養
安住施戒勤精進　忍辱禪定善調心　智慧方便攝衆生
當證最上菩提道　利益無量人天衆　悉令發起大乘心
我等當能師子吼　我等當作人天師

爾時世尊便現微笑。諸佛常法。種種色光。青黄赤白紅紫頗梨從佛口出。遍照無量無邊世界乃至梵世。繞佛三匝還從頂入。爾時長老阿難從座而起。白佛言。世尊。何因何緣現此微笑。佛告阿難。

汝見净信童女不。阿難白言。唯然已見。佛言。阿難。是净信等五百童女人中壽盡。當捨女身生兜率陀天。承事供養彌勒世尊。及賢劫中一切如來。是净信童女過八萬四千俱胝那由他劫。於電光世界當得作佛。號光明莊嚴王如來。劫名常光。其佛壽命如兜率陀天十二千歲。其國純以無量無邊大菩薩衆而爲眷屬。是五百童女於此衆中最爲上首。猶如我今六十菩薩。文殊師利而爲上首。阿難。若有女人得聞此經。受持讀誦。盡此女身。後不復受。速證阿耨多羅三藐三菩提。佛説此經已。净信等五百童女。及一切世間天。人。阿修羅。聞佛所説。皆大歡喜。信受奉行。

彌勒菩薩問八法會第四十一

元魏三藏菩提留支譯

如是我聞。一時婆伽婆住王舍城耆闍崛山中。與大比丘衆千二百五十人俱。并諸菩薩摩訶薩十千人等。爾時彌勒菩薩摩訶薩即從座起。偏袒右肩。右膝著地。合掌向佛。白佛言。世尊。我今欲以少法問於如來應正遍知。不審世尊聽許以不。爾時世尊告彌勒菩薩摩訶薩言。彌勒。隨汝心念問於如來應正遍知。我當爲汝分別解說。令汝心喜。爾時彌勒菩薩摩訶薩白佛言。世尊。如是。願樂欲聞。世尊。諸菩薩摩訶薩畢竟成就幾法。不退阿耨多羅三藐三菩提。於勝進法中不退不轉。行菩薩行時降伏一切諸魔怨敵。如實知一切法自體相。於諸世間心不疲倦。以心不疲倦故不依他智。速疾成就阿耨多羅三藐三菩提。

爾時世尊告彌勒菩薩摩訶薩言。善哉善哉。彌勒。汝今乃能問於如來如是深義。佛復告彌勒菩薩摩訶薩言。汝今應當一心諦聽。吾當爲汝分別解説如是深義。即時彌勒菩薩摩訶薩白佛言。世尊。如是。願樂欲聞。佛復告彌勒菩薩摩訶薩言。彌勒。若諸菩薩摩訶薩畢竟成就八法。不退阿耨多羅三藐三菩提。於勝進法中不退不轉。行菩薩行時降伏一切諸魔怨敵。如實知一切法自體相。於諸世間心不疲倦。以心不疲倦故不依他智。速疾成就阿耨多羅三藐三菩提。何等爲八。彌勒。所謂諸菩薩摩訶薩成就深心。成就行心。成就捨心。成就善知迴向方便心。成就大慈心。成就大悲心。成就善知方便。成就般若波羅蜜。彌勒。云何諸菩薩摩訶薩成就深心。彌勒。若諸菩薩摩訶薩聞贊嘆佛及毀呰佛。其心畢竟於阿耨多羅三藐三菩提堅固不動。聞贊嘆法及毀呰法。其心畢竟於阿耨多羅三藐三菩提堅固不動。聞贊嘆僧及毀呰僧。其心畢竟於阿耨多羅三藐三菩提堅固不動。彌勒。如是諸菩薩摩訶薩畢竟成就深心。彌勒。云何諸菩薩摩訶薩成就行心。彌勒。若諸菩薩摩訶薩遠離殺生。遠離偷盜。遠離邪淫。遠離妄語。遠離兩舌。遠離惡口。遠離綺語。彌勒。如是諸菩薩摩訶薩畢竟成就行心。彌勒。云何諸菩薩摩訶薩成就捨心。彌勒。若諸菩薩摩訶薩是能捨主。

是施主。施諸沙門及婆羅門。貧窮乞丐下賤人等。衣食卧具隨病湯藥所須之物。彌勒。如是諸菩薩摩訶薩畢竟成就捨心。彌勒。云何諸菩薩摩訶薩成就善知迴向方便心。彌勒。若諸菩薩摩訶薩所修善根。謂身口意業。皆悉迴向阿耨多羅三藐三菩提。彌勒。如是諸菩薩摩訶薩畢竟成就善知迴向方便心。彌勒。云何諸菩薩摩訶薩成就大慈心。彌勒。若諸菩薩摩訶薩畢竟成就大慈身業。畢竟成就大慈口業。畢竟成就大慈意業。彌勒。如是諸菩薩摩訶薩畢竟成就大慈心。彌勒。云何諸菩薩摩訶薩成就大悲心。彌勒。若諸菩薩摩訶薩畢竟成就不可譏呵身業。畢竟成就不可譏呵口業。畢竟成就不可譏呵意業。彌勒。如是諸菩薩摩訶薩畢竟成就大悲心。彌勒。云何諸菩薩摩訶薩成就善知方便。彌勒。若諸菩薩摩訶薩善知世諦。善知第一義諦。善知二諦。彌勒。如是諸菩薩摩訶薩畢竟成就善知方便。

彌勒。云何諸菩薩摩訶薩成就般若波羅蜜。彌勒。若諸菩薩摩訶薩如是覺知。依此法有此法。依此法生此法。所謂無明緣行。行緣識。識緣名色。名色緣六入。六入緣觸。觸緣受。受緣愛。愛緣取。取緣有。有緣生。生緣老死憂悲苦惱。如是唯有大苦聚集。彌勒。此法無故此法無。此法滅故此法滅。所謂無明滅則行滅。行滅則識滅。識滅則名色滅。名色滅則六入滅。六入滅則觸滅。觸滅則受滅。受滅則愛滅。愛滅則取滅。取滅則有滅。有滅則生滅。生滅則老死憂悲苦惱滅。如是唯有大苦聚集滅。彌勒。如是諸菩薩摩訶薩畢竟成就般若波羅蜜。

彌勒。是名諸菩薩摩訶薩畢竟成就八法。不退阿耨多羅三藐三菩提。於勝進法中不退不轉。行菩薩行時降伏一切諸魔怨敵。如實知一切法自體相。於諸世間心不疲倦。以心不疲倦故不依他智。速疾成就阿耨多羅三藐三菩提。佛說此經已。彌勒菩薩摩訶薩。及餘諸菩薩摩訶薩。比丘。比丘尼。優婆塞。優婆夷。天。龍。夜叉。乾闥婆。阿修羅。迦樓羅。緊那羅。摩睺羅伽。人非人等。一切大衆聞佛所說。皆大歡喜。信受奉行。

彌勒菩薩所問會第四十二

大唐三藏菩提流志譯

如是我聞。一時佛在波羅奈國施鹿林中。與大比丘衆五百人俱。一切皆爲衆所知識。其名曰。阿若憍陳如。摩訶迦葉。優樓頻螺迦葉。伽耶迦葉。那提迦葉。舍利弗。大目揵連。阿難。羅睺羅等而爲上首。復有菩薩摩訶薩一萬人俱。其名曰。善意菩薩。增上意菩薩。堅固意菩薩。師子意菩薩。觀世音菩薩。大勢至菩薩。辯積菩薩。美音菩薩。勝幢菩薩。信慧菩薩。水天菩薩。帝勝菩薩。帝天菩薩。無攀緣菩薩。具辯才菩薩。神通妙華菩薩。彌勒菩薩。文殊師利法王子等而爲上首。

爾時世尊。無量百千大衆圍繞。供養恭敬。而爲說法。是時彌勒菩薩摩訶薩在衆會中。即從座起。偏袒右肩。右膝著地。合掌頂禮而白佛言。世尊。我有少疑。今欲咨問。唯願如來見垂聽許。佛告彌勒菩薩言。若有所疑。今恣汝問。當爲解說令得歡喜。爾時彌勒菩薩聞佛許已。歡喜踴躍而白佛言。世尊。菩薩成就幾法。離諸惡道及惡知識。而能速證阿耨多羅三藐三菩提耶。佛告彌勒菩薩言。善哉善哉。彌勒。汝今爲欲哀愍一切。利益安樂天人世間。能問如來如是深義。汝應諦聽。善思念之。吾當爲汝分別解說。彌勒菩薩即白佛言。唯然世尊。願樂欲聞。佛告彌勒言。菩薩成就一法。離諸惡道及惡知識。速能證得阿耨多羅三藐三菩提。云何爲一。所謂發勝意樂菩提之心。是名爲一。彌勒。復有二法。離諸惡道及惡知識。速能證得阿耨多羅三藐三菩提。云何爲二。一者。於奢摩他常勤修習。二者。於毗鉢舍那而得善巧。是名爲二。彌勒。復有三法。離諸惡道及惡知識。速能證得阿耨多羅三藐三菩提。云何爲三。一者。成就大悲。二者。修習空法。三者。於一切法不生分別。是名爲三。彌勒。復有四法。離諸惡道及惡知識。速能證得阿耨多羅三藐三菩提。云何爲四。一者。安住淨戒。二者。離諸疑網。三者。樂阿蘭若。四者。起正見心。是名爲四。彌勒。復有五法。離諸惡道及惡知識。速能證得阿耨多羅三藐三菩提。云何爲五。一者。住於空法。二者。不求他過。三者。常自觀察。四者。愛樂正法。五者。攝護於他。是名爲五。彌勒。

復有六法。離諸惡道及惡知識。速能證得阿耨多羅三藐三菩提。云何爲六。一者。無有貪欲。二者。不生瞋恚。三者。不起愚痴。四者。常離粗語。五者。住於空性。六者。心如虚空。是名爲六。彌勒。復有七法。離諸惡道及惡知識。速能證得阿耨多羅三藐三菩提。云何爲七。一者。住於正念。二者。成就擇法。三者。發起精進。四者。常生歡喜。五者。身得輕安。六者。住諸禪定。七者。具足行捨。是名爲七。彌勒。復有八法。離諸惡道及惡知識。速能證得阿耨多羅三藐三菩提。云何爲八。一者。正見。二者。正思惟。三者。正語。四者。正業。五者。正命。六者。正勤。七者。正念。八者。正定。是名爲八。彌勒。復有九法。離諸惡道及惡知識。速能證得阿耨多羅三藐三菩提。云何爲九。一者。遠②離諸

欲惡不善法。安住初禪尋伺喜樂心一境性。二者。遠離尋伺。安住
二禪内净喜樂心一境性。三者。遠離於喜。安住三禪捨念慧樂心
一境性。四者。遠離憂苦及以喜樂。安住四禪捨念清净無苦無樂
心一境性。五者。超過色想無异攀緣。安住無邊虛空處定。六者。超
過無邊空處定已。而能安住無邊識定。七者。超過無邊識處定已。
而能安住無所有定。八者。超過無所有處定已。安住非想非非想
定。九者。超過非想非非想處定已。而能安住滅受想定。是名爲九。
彌勒。復有十法。離諸惡道及惡知識。速能證得阿耨多羅三藐三
菩提。云何爲十。一者。善能成就金剛三昧。二者。成就處非處相應
三昧。三者。成就方便行三昧。四者。成就遍照明三昧。五者。成就普

光明三昧。六者。成就普遍照明三昧。七者。成就寶月三昧。八者。成就月燈三昧。九者。成就出離三昧。十者。成就勝幢臂印三昧。是名爲十。彌勒。菩薩成就如是法已。離諸惡道及惡知識。速能證得阿耨多羅三藐三菩提。爾時彌勒菩薩得聞是法。心大歡喜。偏袒右肩。右膝著地。合掌恭敬。即於佛前以偈贊曰。

佛於過去劫　捨所愛妻子　頭目及骨髓　到於施彼岸
佛常護禁戒　如牦牛愛尾　最勝無倫匹　到於戒彼岸
佛以忍辱力　捨離於違諍　不求人過惡　到於忍彼岸
佛以精進力　得無上寂靜　究竟常安樂　到於勤彼岸
佛以禪定力　能滅諸罪垢　爲天人導師　到於定彼岸

佛以智慧力　善了知諸法　自性無所有　到於慧彼岸
佛於菩提樹　降伏諸魔軍　具足最勝智　成就無上道
導師無畏力　於波羅奈國　轉清浄法輪　摧破諸外道
無上大智慧　出過於世間　能放浄光明　善説諸法要
如來清浄色　智慧及功德　超過諸世間　能到於彼岸

爾時阿難白佛言。世尊。是彌勒菩薩甚爲希有。而能成就無量辯才。隨衆生念平等説法。而於文字無所繫著。佛告阿難。如是如是。如汝所説。阿難。彌勒菩薩豈唯今日能於我前以偈讚佛。乃往過去十無數劫。爾時有佛。號焰光游戲妙音自在王如來。應供。正遍知。明行足。善逝。世間解。無上士。調御丈夫。天人師。佛。世尊。爾時有一婆羅門子。名曰賢壽。諸相具足。見者歡喜。從園苑出。見彼如來端正殊妙。諸根寂静。得奢摩他。如清净池無諸垢穢。三十二相。八十種好而自莊嚴。如娑羅樹其花開敷。如須彌山出過一切。面貌熙怡如月盛滿。威光赫弈如日顯曜。形量周圓如尼俱陀樹。是時賢壽睹佛如來殊勝之相。心生净信。作是思惟。希有世尊。乃能成就如是無量功德莊嚴。我亦願於當來之世。成就如是功德之身。發是願已。投身於地。復自念言。若當來世得佛身者。唯願如來足蹈我上。爾時彼佛知賢壽意。即以其足蹈賢壽身。當下足時得無生法忍。世尊回顧告諸比丘。汝等勿以足蹈賢壽。何以故。此是菩薩摩訶薩。今已證得無生法忍。復能成就天眼。天耳。他心。宿住神境智通。爾時賢壽即於佛前以偈贊曰。

佛於十方界　最尊無有上　超過諸世間　我今稽首禮
如來大光明　掩蔽於日月　超過諸世間　我今稽首禮
譬如師子吼　諸獸咸怖畏　世尊大威德　摧伏諸外道
眉間白毫相　猶如頗梨光　普照于世間　超過於一切
世尊無與等　足蹈千輻輪　清淨化世間　能動於大地
成就出離道　超過煩惱海　以諸功德財　隨意皆施與
如來清淨戒　猶如於大地　出生諸功德　無有愛憎想
以智慧力故　了知諸法空　衆生及壽者　分別不可得
善了衆生性　心行及所趣　爲世作明燈　饒益於一切

世間苦逼迫　漂溺於暴流　常爲諸衆生　起大精進力
世尊離煩惱　生老及病死　處世如虛空　一切無所染
智慧大威光　能破一切暗　永離貪瞋痴　我今稽首禮

佛告阿難。賢壽菩薩所獲神通。從是已來不復退失。於意云何。爾時賢壽豈异人乎。今此會中彌勒菩薩摩訶薩是。阿難白佛言。世尊。若彌勒菩薩久已證得無生法忍。何故不得阿耨多羅三藐三菩提耶。佛告阿難。菩薩有二種莊嚴。二種攝取。所謂攝取衆生。莊嚴衆生。攝取佛國。莊嚴佛國。彌勒菩薩於過去世修菩薩行。常樂攝取佛國。莊嚴佛國。我於往昔修菩薩行。常樂攝取衆生。莊嚴衆生。然彼彌勒修菩薩行經四十劫。我時乃發阿耨多羅三藐三菩提心。由我勇猛精進力故。便超九劫。於賢劫中得阿耨多羅三藐三菩提。阿難。我以十法得證菩提。云何爲十。一者。能施所愛之物。二者。能施所愛之妻。三者。能施所愛之子。四者。能施所愛之頭。五者。能施所愛之眼。六者。能施所愛王位。七者。能施所愛珍寶。八者。能施所愛血肉。九者。能施所愛骨髓。十者。能施所愛支分。是名爲十。我行此法。能得阿耨多羅三藐三菩提。

阿難。復有十法能證菩提。云何爲十。一者。獲③戒功德。二者。成就忍力。三者。發起精進。四者。得諸禪定。五者。有大智慧。六者。於諸衆生常不捨離。七者。於諸衆生起平等心。八者。於諸空法而常修習。九者。善能成就真實空性。十者。善能成就無相無願。是名爲十。我行此法。能得阿耨多羅三藐三菩提。阿難。彌勒菩薩往昔行菩薩道時。不能捨施手足頭目。但以善巧方便安樂之道。積集無上正等菩提。爾時阿難白佛言。世尊。云何彌勒往昔行菩薩道時。但以善巧方便安樂之道。而能積集無上菩提。佛告阿難。彌勒往昔行菩薩道。晝夜六時。偏袒右肩。右膝著地。合掌頂禮。於諸佛前說是偈言。

我今歸命禮　十方一切佛　菩薩聲聞衆　大仙天眼者

亦禮菩提心　遠離諸惡道　能得生天上　乃至證涅槃

若我作少罪　隨心之所生　今對諸佛前　懺悔令除滅

我今身口意　所集諸功德　願作菩提因　當成無上道

十方國土中　供養如來者　及佛無上智　我今盡隨喜
有罪悉懺悔　是福皆隨喜　我今禮諸佛　願成無上智
十方大菩薩　證於十地者　我今稽首禮　願速證菩提
得證菩提已　摧伏於魔軍　轉清净法輪　饒益衆生類
常願住世間　無量俱胝劫　擊于大法鼓　度脱苦衆生
我没於欲泥　貪繩之所繫　種種多纏縛　願佛垂觀察
衆生雖垢重　諸佛不厭捨　願以大慈悲　度脱生死海
現在諸世尊　過去未來佛　所行菩薩道　我今願修學
具足波羅蜜　成就六神通　度脱諸衆生　證於無上道
了知諸法空　無相無自性　無住無表示　不生亦不滅

又如大仙尊　善了於無我　無補特伽羅　乃至無壽者

於諸布施事　不執我我所　爲安樂衆生　施與無慳吝

願我所施物　不假功用生　觀察了知空　具施波羅蜜

持戒無缺減　得佛净尸羅　以無所住故　具戒波羅蜜

忍辱如四大　不生分别心　以無瞋恚故　具忍波羅蜜

願以身心力　發起大精進　堅固無懈怠　具勤波羅蜜

以如幻如化　及勇猛精進　金剛等三昧　具禪波羅蜜

願證三明④智　入於三脱門　了三世平等　具慧波羅蜜

諸佛妙色身　光明大威德　菩薩精進行　願我皆圓滿

彌勒名稱者　勤修如是行　具六波羅蜜　安住於十地

佛告阿難。彌勒菩薩安住如是善巧方便。積集阿耨多羅三藐三菩提。阿難。我昔求道受苦無量。乃能積集阿耨多羅三藐三菩提。何以故。乃往古昔時有太子。名見一切義。端正殊妙。諸相具足。見者歡喜。出游園苑。見一病人受諸重苦。生悲愍心。便問之言。汝今此病豈無有藥能療治耶。爾時病人即以偈頌白太子言。

我病藥難求　世間不可得　國王亦無有　何況病惱者

通達於諸論　善說醫方者　雖欲爲療治　其藥難可得

爾時太子復以偈頌告病人言。

金銀摩尼珠　乃至於象馬　所求皆當說　爲汝除憂惱

爾時病人復以偈頌白太子言。

若飲太子血　我必得安樂　願生歡喜心　施我無憂惱

爾時太子復以偈頌告病人言。

我爲諸衆生　墜墮無間獄　多劫猶能忍　何況於身血

爾時太子即取利刀刺身出血。令彼病人隨意所用。不生一念悔恨之心。阿難當知。爾時太子見一切義者豈异人乎。今我身是。四大海水猶可測量。我於往昔行菩薩道。捨己身血不可稱計。佛告阿難。乃往古昔時有太子。名曰妙華。端正殊勝。諸相具足。見者歡喜。從園苑出。見一病人身體羸瘦。生悲愍心。便問之言。汝今此病豈無有藥能療治耶。爾時病人即以偈頌白太子言。

世雖有良醫　無藥療我病　唯願生慈愍　爲我除憂惱

爾時太子即以偈頌告病人言。

我爲利世間　一切咸施與　身分及珍寶　須者皆當説

爾時病人復以偈頌白太子言。

譬如大藥王　隨意療衆病　亦如日月光　普照諸世間

若能出身髓　遍塗於我身　是病乃消除　長夜得安樂

爾時太子復以偈頌告病人言。

若有諸衆生　碎我身出髓　爲利於世間　心不生憂惱

爾時太子即自碎身。取其骨髓與彼病人隨意所用。不生一念悔恨之心。阿難當知。爾時妙華太子豈异人乎。今我身是。四大海水猶可測量。我於往昔行菩薩道。捨身骨髓不可稱計。

佛告阿難。乃往古昔時有國王。名爲月光。端正殊妙。諸相具足。見者歡喜。從園苑出。見一盲人貧窮乞丐。生悲愍心。便問之言。汝何所須。我當施汝。或飲食衣服莊嚴資具。金銀摩尼及諸珍寶。隨汝所欲皆當與之。爾時盲人即以偈頌而白王言。

大王猶日月　光明照世間　具足勝功德　不久生天上
一切淨妙色　我今悉不見　願王起慈悲　施我所愛眼

爾時大王即以偈頌告盲人言。

汝速來取眼　令汝得安樂　願我當來世　得佛清淨眼
我行菩薩道　一切皆當捨　若我不施汝　是則違本願

爾時月光王即取利刀。自挑其眼。與彼盲人隨意所用。不生一念悔恨之心。阿難當知。爾時月光王者豈异人乎。即我身是。須彌山王猶可度量。我於往昔行菩薩道。捨所愛眼不可稱計。阿難。彌勒菩薩往修行菩薩道時。作是願言。若有衆生薄淫怒癡成就十善。我於爾時乃成阿耨多羅三藐三菩提。阿難。於當來世有諸衆生。薄淫怒癡成就十善。彌勒菩薩當爾之時。得阿耨多羅三藐三菩提。何以故。由彼菩薩本願力故。

佛告阿難。我於往昔行菩薩道。作如是言。願我當於五濁惡世。貪瞋垢重諸惡衆生。不孝父母。不敬師長。乃至眷屬不相和睦。我於爾時當成阿耨多羅三藐三菩提。阿難。以是願故。我今所入城邑聚落。多有衆生毀罵於我。以斷常法招集衆會。若行乞食。坌以塵土。和諸雜毒與我令食。或以女人誹謗於我。阿難。我於今者以本願力。爲如是等諸惡衆生。起大悲心而爲說法。

爾時阿難白佛言。世尊。如來應正等覺能作難作。能忍難忍。不調伏者悉令調伏。荷擔如是罪垢衆生而爲說法。佛告阿難。如是如是。如汝所說。何以故。如來大悲之所攝故。爾時阿難白佛言。世尊。我聞如來堅固誓願。身毛皆竪。世尊。當何名此經。我等云何受⑤持。佛告阿難。是經名爲彌勒所問。亦名往昔本願因緣。以是名字汝當受持。佛說是經已。彌勒菩薩。尊者阿難。一切世間天。人。阿修羅。乾闥婆等。聞佛所說。皆大歡喜。信受奉行。

大寶積經卷第一百一十一

校注

①『熟』，龍藏、思溪藏作『就』。

②『遠』，底本作『速』，依龍藏、思溪藏、和裕本改。

③『獲』，龍藏作『護』。

④『明』，龍藏作『昧』。

⑤『受』，龍藏作『奉』。

大寶積經卷第一百一十二

失譯附秦録勘同編入

普明菩薩會第四十三

如是我聞。一時佛在王舍城耆闍崛山中。與大比丘衆八千人俱。菩薩摩訶薩萬六千人。皆是阿惟越致①。從諸佛土而來集會。悉皆一生當成無上正真大道。爾時世尊告大迦葉。菩薩有四法退失智慧。何謂爲四。不尊重法。不敬法師。所受深法秘不説盡。有樂法者爲作留難。説諸因緣沮壞其心。憍慢自高卑下他人。迦葉。是爲菩薩四法退失智慧。復次迦葉。菩薩有四法得大智慧。何謂爲四。常尊重法。恭敬法師。隨所聞法。以清净心廣爲人説。不求一切名聞利養。知從多聞生於智慧。勤求不懈如救頭然。聞經誦持。樂如說行。不隨言說。迦葉。是爲菩薩四法得大智慧。

復次迦葉。菩薩有四法失菩提心。何謂爲四。欺誑師長。已受經法而不恭敬。無疑悔處令他疑悔。求大乘者。訶罵誹謗廣其惡名。以諂曲心與人從事。迦葉。是爲菩薩四法失菩提心。復次迦葉。菩薩有四法。世世不失菩提之心。乃至道場自然現前。何謂爲四。失命因緣不以妄語。何況戲笑。常以直心與人從事。離諸諂曲。於諸菩薩生世尊想。能於四方稱揚其名。自不愛樂諸小乘法。所化衆生皆悉令住無上菩提。迦葉。是爲菩薩四法。世世不失菩提之心。乃至道場自然現前。

復次迦葉。菩薩有四法。所生善法滅不增長。何謂爲四。以憍慢心讀誦修學路伽耶經[2]。貪利養心詣諸檀越。憎毀菩薩。所未聞經違逆不信。迦葉。是爲菩薩四法。所生善法滅不增長。復次迦葉。菩薩有四法。所生善法增長不失。何謂爲四。捨離邪法。求正經典六波羅蜜菩薩法藏。心無憍慢。於諸衆生謙卑下下。如法得施知量知足。離諸邪命安住聖種。不出他人罪過虛實。不求人短。若於諸法心不通達。作如是念。佛法無量。隨衆所樂而爲演説。唯佛所知。非我所解。以佛爲證。不生違逆。迦葉。是爲菩薩四法。所生善法增長不失。

復次迦葉。菩薩有四曲心所應遠離。何謂爲四。於佛法中心生疑悔。於諸衆生憍慢瞋恨。於他利養起嫉妒心。訶罵菩薩廣其惡名。迦葉。是爲菩薩四曲心所應遠離。復次迦葉。菩薩有四直心之相。何謂爲四。所犯衆罪終不覆藏。向他發露心無蓋纏。若失國界身命財利。如是急事終不妄語。亦不餘言一切惡事。罵詈毀謗。撾打繫縛種種傷害。受是苦時但自咎責。自依業報。不瞋恨他。安住信力。若聞甚深難信佛法。自心清浄能悉受持。迦葉。是爲菩薩有四直心之相。

復次迦葉。菩薩有四敗壞之相。何謂爲四。讀誦經典而生戲論。不隨法行。不能奉順恭敬師長。令心歡悦。損他供養。自違本誓而受信施。見善菩薩輕慢不敬。迦葉。是爲菩薩有四敗壞之相。復次迦葉。菩薩有四善順之相。何謂爲四。所未聞經聞便信受。如所說行。依止於法。不依言說。隨順師教能知意旨③。易與言語。所作皆善。不失師意。不退戒定。以調順心而受供養。見善菩薩恭敬愛樂。隨順善人稟受德行。迦葉。是爲菩薩有四善順之相。

復次迦葉。菩薩有四錯謬。何謂爲四。不可信人與之同意。是菩薩謬。非器衆生說其④深法。是菩薩謬。樂大乘者爲贊小乘。是菩薩謬。若行施時但與持戒。供養善者不與惡人。是菩薩謬。迦葉。是爲菩薩四謬。復次迦葉。菩薩有四正道。何謂爲四。於諸衆生其心平等。普化衆生等以佛慧。於諸衆生平等說法。普令衆生等住正行。迦葉。是爲菩薩有四正道。

復次迦葉。菩薩有四非善知識非善等侶。何謂爲四。求聲聞者但欲自利。求緣覺者喜樂少事。讀外經典路伽耶毗。文辭嚴飾。所親近者但增世利不益法利。迦葉。是爲菩薩有四非善知識非善等侶。復次迦葉。菩薩有四善知識四善等侶。何謂爲四。諸來求者是善知識。佛道因緣故。能説法者是善知識。生智慧故。能教他人令出家者是善知識。增長善法故。諸佛世尊是善知識。增長一切諸佛法故。迦葉。是爲菩薩四善知識四善等侶。

復次迦葉。菩薩有四非菩薩而似菩薩。何謂爲四。貪求利養而不求法。貪求名稱不求福德。貪求自樂不救衆生以滅苦法。樂聚徒衆不樂遠離。迦葉。是爲四非菩薩而似菩薩。復次迦葉。菩薩有四真實菩薩。何謂爲四。能信解空亦信業報。知一切法無有吾我而於衆生起大悲心。深樂涅槃而游生死。所作行施皆爲衆生不求果報。迦葉。是爲四種真實菩薩福德。

復次迦葉。菩薩有四大藏。何謂爲四。若有菩薩值遇諸佛。能聞六波羅蜜及其義解。以無礙心視説法者。樂遠離行心無懈怠。迦葉。是爲菩薩有四大藏。復次迦葉。菩薩有四法能過魔事。何謂爲四。常不捨離菩提之心。於諸衆生心無恚礙。覺諸知見。心不輕賤一切衆生。迦葉。是爲菩薩四法能過魔事。復次迦葉。菩薩有四法攝諸善根。何謂爲四。在空閑處離諂曲心。諸衆生中行四攝法而不求報。爲求法故不惜身命。修諸善根心無厭足。迦葉。是爲菩薩四法攝諸善根。復次迦葉。菩薩有四無量福德莊嚴。何謂爲四。以清淨心而行法施。於破戒人生大悲心。於諸衆生中稱揚贊嘆菩提之心。於諸下劣修習忍辱。迦葉。是爲菩薩有四無量福德莊嚴。復次迦葉。名菩薩者。不但名字爲菩薩也。能行善法行平等心名爲菩薩。略説成就三十二法名爲菩薩。何謂三十二法。常爲衆生深求安樂。皆令得住一切智中。心不憎惡他人智慧。破壞憍慢。深樂佛道。愛敬無虛。親厚究竟。於怨親中其心同等至於涅槃。言常含笑。先意問訊。所爲事業終不中息。普爲衆生等行大悲。心無疲倦。多聞無厭。自求己過不説他短。以菩提心行諸威儀。所行慧施不求其報。不依生處而行持戒⑤。諸衆生中行無礙忍。爲修一切諸善根故勤行精進。離生無色而起禪定。行方便慧。應四攝法。善惡衆生慈心無畏。一心聽法。心住遠離。心不樂著世間衆事。不貪小乘。於大乘中常見大利。離惡知識親近⑥善友。成四梵行。游戲五通。常依真智。於諸衆生邪行正行俱不捨弃。言常决定。貴真實法。一切所作菩提爲首。如是迦葉。若人有此三十二法。名爲菩薩。

復次迦葉。菩薩福德無量無邊。當以譬喻因緣故知。迦葉。譬如一切大地。衆生所用。無分別心。不求其報。菩薩亦爾。從初發心至坐道場。一切衆生皆蒙利益。心無分別。不求其報。迦葉。譬如一切水種。百穀藥木皆得增長。菩薩亦爾。自心净故。慈悲普覆一切衆生。皆令增長一切善法。迦葉。譬如一切火種。皆能成熟百穀果實。菩薩智慧亦復如是。皆能成熟一切善法。迦葉。譬如一切風種。皆能成立一切世界。菩薩方便亦復如是。皆能成立一切佛法。迦葉。譬如月初生時。光明形色日日增長。菩薩净心亦復如是。一切善法日日增長。迦葉。譬如日之初出一時放光。普爲一切衆生照明。菩薩亦爾。放智慧光。一時普照一切衆生。迦葉。譬如師子獸王。隨所至處不驚不畏。菩薩亦爾。清净持戒真實智慧。隨所⑦住處不驚不畏。迦葉。譬如善調象王。能辦大事。身不疲極。菩薩亦爾。善調心故。能爲衆生作大利益。心無疲倦。迦葉。譬如有諸蓮花生於水中。水不能著。菩薩亦爾。生於世間。而世間法所不能污。迦葉。譬如有人伐樹。根在還生。菩薩亦爾。方便力故。雖斷結使。有善根愛還生三界。迦葉。譬如諸方流水。入大海已皆爲一味。菩薩亦爾。以種種門集諸善根。迴向阿耨多羅三藐三菩提。皆爲一味。迦葉。譬如須彌山王。忉利諸天及四天王皆依止住。菩薩菩提心亦復如是。爲薩婆若所依止住。迦葉。譬如有大國王。以臣力故能辦國事。菩薩智慧亦復如是。方便力故皆能成辦一切佛事。迦葉。譬如天晴明時。淨無雲翳必無雨相。寡聞菩薩無法雨相亦復如是。迦葉。譬如天陰雲時。必能降雨充足衆生。菩薩亦爾。從大悲雲起大法雨利益衆生。迦葉。譬如隨轉輪王所出之處。則有七寶。如是迦葉。菩薩出時。⑧三十七品現於世間。迦葉。譬如隨摩尼珠所在之處。則有無量金銀珍寶。菩薩亦爾。隨所出處。則有無量百千聲聞辟支佛寶。迦葉。譬如忉利諸天入同等園。所用之物皆悉同等。菩薩亦爾。真净心故。於衆生中平等教化。迦葉。譬如咒術藥力。毒不害人。菩薩結毒亦復如是。智慧力故不墮惡道。迦葉。譬如諸大城中所弃糞穢。若置甘蔗蒲桃田中則有利益。菩薩結使亦復如是。所有遺餘皆是利益薩婆若因緣故。

如是迦葉。菩薩欲學是寶積經者。應⑨修習正觀諸法。云何爲正觀。所謂真實思惟諸法。真實正觀者。不觀我。人。衆生。壽命。是名中道真實正觀。復次迦葉。真實觀者。觀色非常亦非無常。觀受想行識非常亦非無常。是名中道真實正觀。復次迦葉。真實觀者。觀地種非常亦非無常。觀水火風種非常亦非無常。是名中道真實正觀。

所以者何。以常是一邊。無常是一邊。常無常是中無色無形無明⑩無知。是名中道諸法實觀。我是一邊。無我是一邊。我無我是中無色無形無明⑪無知。是名中道諸法實觀。復次迦葉。若心有實是爲一邊。若心非實是爲一邊。若無心識。亦無心數法。是名中道諸法實觀。如是善法不善法。世法出世法。有罪法無罪法。有漏法無漏法。有爲法無爲法。乃至有垢法無垢法亦復如是。離於二邊。而不可受。亦不可説。是名中道諸法實觀。復次迦葉。有是一邊。無是一邊。有無中間無色無形無明*無知。是名中道諸法實觀。復次迦葉。我所説法十二因緣。無明緣行。行緣識。識緣名色。名色緣六入。六入緣觸。觸緣受。受緣愛。愛緣取。取緣有。有緣生。生緣老死憂悲苦惱。如是因緣。但爲集成是大苦聚。若無明滅則行滅。行滅故識滅。識滅故名色滅。名色滅故六入滅。六入滅故觸滅。觸滅故受滅。受滅故愛滅。愛滅故取滅。取滅故有滅。有滅故生滅。生滅故如是老死憂悲衆惱大苦皆滅。明與無明無二無別。如是知者。是名中道諸法實觀。如是行及非行。識及所識。名色可見及不可見。諸六入處及六神通。觸及所觸。受與受滅。愛與愛滅。取與取滅。有與有滅。生與生滅。老死與老死滅。是皆無二無別。如是知者。是名中道諸法實觀。

復次迦葉。真實觀者。不以空故令諸法空。但法性自空。不以無相故令法無相。但法自無相。不以無願令法無願。但法自無願。不以無起無生無我無取無性故令法無起無取無性。但法自無起無取無性。如是觀者。是名實觀。復次迦葉。非無人故名曰爲空。但空自空。前際空。後際空。中際亦空。當依於空。莫依於人。若以得空便依於空⑫。是於佛法則爲退墮。如是迦葉。寧起我見積若須彌。非以空見起增上慢。所以者何。一切諸見以空得脱。若起空見則不可除。迦葉。譬如醫師授藥令病擾動。是藥在内而不出者。於意云何。如是病人寧得瘥不。不也世尊。是藥不出。其病轉增。如是迦葉。一切諸見唯空能滅。若起空見則不可除。譬如有人怖畏虚空。悲嘷椎胸。作如是言。我捨虚空。於意云何。是虚空者可捨離不。不也世尊。如是迦葉。若畏空法。我説是人狂亂失心。所以者何。常行空中而畏於空。譬如畫師自手畫作夜叉鬼像。見已怖畏迷悶躃地。一切凡夫亦復如是。自造色聲香味觸故。往來生死受諸苦惱而不自覺。譬如幻師作幻人已還自殘食。行道比丘亦復如是。有所觀法皆空皆寂無有堅固。是觀亦空。迦葉。譬如兩木相磨便有火生。還燒是木。如是迦葉。真實觀故生聖智慧。聖智生已還燒實觀。譬如然燈。一切黑暗皆自無有。無所從來去無所至。非東方來去亦不至。南西北方四維上下。不從彼來去亦不至。而此燈明無有是念。我能滅暗。但因燈明法自無暗。明暗俱空。無作無取。如是迦葉。實智慧生。無智便滅。智與無智二相俱空。無作無取。迦葉。譬如千歲冥室未曾見明。若然燈時。於意云何。暗寧有念我久住此不欲去耶。不也。世尊。若然燈時。是暗無力。而不欲去。必當磨滅。如是迦葉。百千萬劫久習結業。以一實觀即皆消滅。其燈明者。聖智慧是。其黑暗者。諸結業是。

迦葉。譬如種在空中而能生長。從本已來無有是處。菩薩取證亦復如是。增長佛法終無是處。迦葉。譬如種在良田則能生長。如是迦葉。菩薩亦爾。有諸結使。離世間法能長佛法。迦葉。譬如高原陸地不生蓮花。菩薩亦復如是。於無爲中不生佛法。迦葉。譬如卑濕淤泥中乃生蓮花。菩薩亦爾。生死淤泥邪定衆生能生佛法。迦葉。譬如有四大海滿中生蘇。菩薩有爲善根甚多無量亦復如是。迦葉。譬如若破一毛以爲百分。以一分毛取海一渧。一切聲聞有爲善根亦復如是。迦葉。譬如小芥子孔所有虛空。一切聲聞有爲智慧亦復如是。迦葉。譬如十方虛空無量無邊。菩薩有爲智慧甚多爲力無量亦復如是。迦葉。譬如刹利大王有大夫人。與貧賤通。懷妊生子。於意云何。是王子不。不也。世尊。如是迦葉。我聲聞衆亦復如是。雖爲同證以法性生。不名如來眞實佛子。迦葉。譬如刹利大王與使人通。懷妊生子。雖出下姓。得名王子。初發心菩薩亦復如是。雖未具足福德智慧。往來生死隨其力勢利益衆生。是名如來眞實佛子。迦葉。譬如轉輪聖王而有千子。未有一人有聖王相。聖王於中不生子想。如來亦爾。雖有百千萬億聲聞眷屬圍繞。而無菩薩。如來於中不生子想。迦葉。譬如轉輪聖王有大夫人懷妊七日。是子具有轉輪王相。諸天尊重過餘諸子具身力者。所以者何。是胎王子必紹尊位。繼聖王種。如是迦葉。初發心菩薩亦復如是。雖未具足諸菩薩根。如胎王子。諸天神王深心尊重。過於八解脱[13]大阿羅漢。所以者何。如是菩薩名紹尊位不斷佛種。迦葉。譬如一琉璃珠勝於水精如須彌山。菩薩亦爾。從初發心便勝聲聞辟支佛衆。迦葉。譬如大王夫人生子之日。小王群臣皆來拜謁。菩薩亦爾。初發心時。諸天世人皆當禮敬。迦葉。譬如雪山王中生諸藥草。無有所屬。無所分別。隨[14]病所服皆能療治。菩薩亦爾。所集智[15]藥無所分別。普爲衆生平等救護。迦葉。譬如月初生時。衆人愛敬逾於滿月。如是迦葉。信我語者。愛敬菩薩過於如來。所以者何。由諸菩薩生如來故。迦葉。譬如愚人捨月禮事星宿。智者不爾。終不捨離菩薩行者禮敬聲聞。迦葉。譬如諸天及人一切世間善治僞珠。不能令成琉璃寶珠。求聲聞人亦復如是。一切持戒成就禪定。終不能得坐於道場成無上道。迦葉。譬如治琉璃珠。能出百千無量珍寶。如是教化成就菩薩。能出百千無量聲聞辟支佛寶。

爾時世尊復告大迦葉。菩薩常應求利衆生。又正修習一切所有福德善根。等心施與一切衆生。所得智藥遍到十方。療治衆生皆令畢竟。云何名爲畢竟智藥。謂不净觀治於貪淫。以慈心觀治於瞋恚。以因緣觀治於愚痴。以行空觀治諸妄見。以無相觀治諸憶想分别緣念。以無願觀治於一切出三界願。以四非⑯倒治一切倒。

以諸有爲皆悉無常治無常中計常顛倒。以有爲苦治諸苦中計樂顛倒。以無我法⑰治無我中計我顛倒。以涅槃寂治不净中計净顛倒。以四念處治諸依倚身受心法。行者觀身順身相觀不墮我見。順受相觀不墮我見。順心相觀不墮我見。順法相觀不墮我見。是四念處。能厭一切身受心法。開涅槃門。以四正勤能斷已生諸不善法。及不起未生諸不善法。未生善法悉能令生。已生善法能令增長。取要言之。能斷一切諸不善法。成就一切諸善之法。以四如意足治身心重。壞身一相⑱令得如意自在神通。以五根治無信懈怠失念亂心無慧衆生。以五力障諸煩惱力。以七覺分治諸法中疑悔錯謬。以八正道治墮邪道一切衆生。迦葉。是爲菩薩畢竟智藥。菩薩常應勤修習行。

又大迦葉。閻浮提內諸醫師中。耆域醫王最爲第一。假令三千大千世界所有衆生皆如耆域。若有人問心中結使煩惱邪見疑悔病藥尚不能答。何況能治。菩薩於中應作是念。我終不以世藥爲足。我當求習出世智藥。亦修一切善根福德。如是菩薩得智藥已。遍到十方。畢竟療治一切衆生。何謂菩薩出世智藥。謂知諸法從緣合生。信一切法無我無人無衆生壽命知見。無作無受。信解通達無我我所。於是空法無所得中不驚不畏。勤加精進而求心相。菩薩如是求心。何等是心。若貪欲耶。若瞋恚耶。若愚癡耶。若過去未來現在耶。若心過去。即是盡滅。若心未來。未生未至。若心現在。則無有住。是心非內非外亦非中間。是心無色。無形無對。無識無知。無住無處。如是心者。十方三世一切諸佛。不已見不今見不當見。若一切佛過去來今而所不見。云何當有。但以顛倒想故。心生諸法種種差別。是心如幻。以憶想分別故。起種種業。受種種身。又大迦葉。心去如風。不可捉故。心如流水。生滅不住故。心如燈焰。衆緣有故。是心如電。念念滅故。心如虛空。客塵污故。心如獼猴。貪六欲故。心如畫師。能起種種業因緣故。心不一定。隨逐種種諸煩惱故。心如大王。一切諸⑲法增上主故。心常獨行。無二無伴。無有二心能一時故。心如怨家。能與一切諸苦惱故。心如狂象。踏諸土舍。能壞一切諸善根故。心如吞鉤。苦中生樂想故。是心如夢。於無我中生我想故。心如蒼蠅。於不净中起净想故。心如惡賊。能與種種考掠苦故。心如惡鬼。求人便故。心常高下。貪恚所壞故。心如盜賊。劫一切善根故。心常貪色。如蛾投火。心常貪聲。如軍久行樂勝鼓音。心常貪香。如猪憙樂不净中卧。心常貪味。如小女人樂著美食。心常貪觸。如蠅著油。如是迦葉。求是心相而不可得。若不可得。則非過去未來現在。若非過去未來現在。則出三世。若出三世。非有非無。若非有非無。即是不起。若不起者。即是無性。若無性者。即是無生。若無生者。即是無滅。若無滅者。則無所離。若無所離者。則無來無去無退無生。若無來無去無退無生。則無行業。若無行業。則是無爲。若無爲者。則是一切諸聖根本。是中無有持戒。亦無破戒。

若無持戒無破戒者。是則無行亦無非行。若無有行無非行者。是則無心無心數法。若無有心心數法者。則無有業。亦無業報。若無有業無業報者。則無苦樂。若無苦樂。即是聖性。是中無業無起業者。無有身業。亦無口業。亦無意業。是中無有上中下差別。聖性平等如虛空故。是性無別。一切諸法等一味故。是性遠離。離身心相故。是性離一切法。隨順涅槃故。是性清净。遠離一切煩惱垢故。是性無我。離我我所故。是性無高下。從平等生故。是性真諦。第一義諦故。是性無盡。畢竟不生故。是性常住。諸法常如故。是性安樂。涅槃爲第一故。是性清净。離一切相故。是性無我。求我不可得故。是性真净。從本已來畢竟净故。

又大迦葉。汝等當自觀内。莫外馳騁。如是大迦葉。當來比丘如犬逐塊。云何比丘如犬逐塊。譬如有人以塊擲犬。犬即捨人而往逐之。如是迦葉。有沙門婆羅門。怖畏好色聲香味觸故。住空閑處獨無等侶。離衆憒閙。身離五欲而心不捨。是人有時或念好色聲香味觸。貪心樂著而不觀内。不知云何當得離色聲香味觸。以不知故。有時來入城邑聚落。在人衆中。還爲好色聲香味觸五欲所縛。以空閑處持俗戒故死得生天。又爲天上五欲所縛。從天上没。亦不得脱於四惡道。地獄餓鬼畜生阿修羅道。是名比丘如犬逐塊。又大迦葉。云何比丘不如犬逐塊。若有比丘爲人所罵而不報罵。打害瞋毁亦不報毁。但自内觀求伏其心。作如是念。罵者爲誰。受者爲誰。打者害者毁者瞋者亦復爲誰。是名比丘不如犬逐塊。迦葉。譬如善調馬師。隨馬懭悷即時能伏。行者亦爾。隨心所向即時能攝。不令放逸。迦葉。譬如咽塞病即能斷命。如是迦葉一切見中唯有我見即時能斷於智慧命。譬如有人隨所縛處而求解脱。如是迦葉。隨心所著。應當求解。

又大迦葉。出家之人有二不净心。何謂爲二。一者。讀誦路伽耶等外道經書。二者。多畜諸好衣鉢。又出家人有二堅縛。何謂爲二。一者。見縛。二者。利養縛。又出家人有二障法。何謂爲二。一者。親近白衣。二者。憎惡善人。又出家人有二種垢。何謂爲二。一者。忍受煩惱。二者。貪諸檀越。又出家人有二雨雹壞諸善根。何謂爲二。一者。敗逆正法。二者。破戒受人信施。又出家人有二癰瘡。何謂爲二。一者。求見他過。二者。自覆其罪。又出家人有二燒法。何謂爲二。一者。垢心受著法衣。二者。受他持戒善人供養。又出家人有二種病。何謂爲二。一者。懷增上慢而不伏心。二者。壞他發大乘心。

又大迦葉。謂沙門者。有四種沙門。何謂⑳爲四。一者。形服沙門。二者。威儀欺誑沙門。三者。貪求名聞沙門。四者。實行沙門。何謂形服沙門。有一沙門形服具足。被僧伽梨㉑。剃除鬚髮。執持應器。而便成就不浄身業。不浄口業。不浄意業。不善護身。慳嫉懈怠破戒爲惡。是名形服沙門。何謂威儀欺誑沙門。有一沙門具足沙門身四威儀。行立坐卧一心安詳。斷諸美味。修四聖種。遠離衆會出家憒鬧之衆。言語柔軟。行如是法。皆爲欺誑。不爲善浄。而於空法有所見得。[22]於無得法生恐畏心。如臨深想。於空論比丘生怨賊想。是名威儀欺誑沙門。何謂名聞沙門。有一沙門以現因緣而行持戒。欲令人知自力讀誦。欲令他人知爲多聞。自力獨處在於閑靜。欲令人知爲阿練若。少欲知足。行遠離行。但爲人知。不以厭離。不爲善寂。不爲得道。不爲沙門婆羅門果。不爲涅槃。是爲名聞沙門。復次迦葉。何謂實行沙門。有一沙門。不貪身命。何況利養。聞諸法空無相無願。心達[23]隨順。如所説行。不爲涅槃而修梵行。[24]何況三界。尚不樂起空無我見。何況我見衆生人見。離依止法而求解脱一切煩惱。見一切諸法本來無垢。畢竟清浄。而自依止。亦不依他。以正法身尚不見佛。何況形色。以空遠離尚不見法。何況貪著音聲言說。以無爲法尚不見僧。何況當見有和合衆。而於諸法無所斷除。無所修行。不生㉕不生死。不著涅槃。知一切法本來寂滅。不見有縛。不求解脱。是名實行沙門。

如是迦葉。汝等當習實行沙門法。莫爲名字所壞。迦葉。譬如貧窮賤人假富貴名。於意云何。稱此名不。不也。世尊。如是迦葉。但名沙門婆羅門。而無沙門婆羅門實功德行。亦如貧人爲名所壞。譬如有人漂没大水。渴乏而死。如是迦葉。有諸沙門多讀誦經。而不能止貪恚痴渴。法水漂没。煩惱渴死墮諸惡道。譬如藥師持藥囊行。而自身病不能療治。多聞之人有煩惱病亦復如是。雖有多聞。不止煩惱。不能自利。譬如有人服王貴藥。不能將適。爲藥所害。多聞之人有煩惱病亦復如是。得好法藥。不能修善。自害慧根。迦葉。譬如摩尼寶珠墮不净中。不可復著。如是多聞貪著利養。便不復能利益天人。譬如死人著金瓔珞。多聞破戒比丘被服法衣受他供養亦復如是。如長者子剪除爪甲。净自洗浴。塗赤栴檀。著新白衣。頭著華鬘。中外相稱。如是迦葉。多聞持戒被服法衣受他供養亦復如是。

又大迦葉。四種破戒比丘似善持戒。何謂爲四。有一比丘具足持戒。大小罪中心常怖畏。所聞戒法皆能履行。身業清净。口業清净。意業清净。正命清净。而是比丘説有我論。是初破戒似善持戒。復次迦葉。有一比丘誦持戒律。隨所說行。身見不滅。是名第二破戒比丘似善持戒。復次迦葉。有一比丘具足持戒。取衆生相而行慈心。聞一切法本來無生。心大驚怖。是名第三破戒比丘似善持戒。復次迦葉。有一比丘具足修行十二頭陀。見有所得。是名第四破戒比丘似善持戒。復次迦葉。善持戒者。無我無我所。無作無非作。無有所作亦無作者。無行無非行。無色無名。無相無非相。無滅無非滅。無取無捨。無可取無可弃。無衆生無衆生名。無心無心名。無世間無非世間。無依止無非依止。不以戒自高。不下他戒。亦不憶想分別此戒。是名諸聖所持戒行。無漏不繫不受三界。遠離一切諸依止法。爾時世尊欲明了此義。而說偈言。

清净持戒者　無垢無所有　持戒無憍慢　亦無所依止
持戒無愚痴　亦無有諸縛　持戒無塵污　亦無有違失
持戒心善軟　畢竟常寂滅　遠離於一切　憶想之分別
解脱諸動念　是净持佛戒　不貪惜身命　不用諸有生
修習於正行　安住正道中　是名爲佛法　真實净持戒
持戒不染世　亦不依世法　逮得智慧明　無暗無所有
無我無彼想　已知見諸相　是名爲佛法　真實净持戒
無此無彼岸　亦無有中間　於無此彼中　亦無有所著
無縛無諸漏　亦無有欺誑　是名爲佛法　真實净持戒
心不著名色　不生我我所　是名爲安住　真實净持戒

雖行持諸戒　其心不自高　亦不以爲上　遇戒求聖道
是名爲真實　清浄持戒相　不以戒爲最　亦不貴三昧
過此二事已　修習於智慧　空寂無所有　諸聖賢之性
是清浄持戒　諸佛所稱贊　心解脱身見　除滅我我所
信解於諸佛　所行空寂法　如是持聖戒　則爲無有比
依戒得三昧　三昧能修慧　依因所修慧　逮得於浄智
已得浄智者　具足清浄戒

説是語時。五百比丘不受諸法。心得解脱。三萬二千人遠塵離垢。得法眼浄。五百比丘聞是深法。心不信解。不能通達。從坐起去。爾時大迦葉白佛言。世尊。是五百比丘皆得禪定。不能信解入深法故從坐起去。佛語迦葉。是諸比丘皆增上慢。聞是清净無漏戒相。不能信解。不能通達。佛所説偈其義甚深。所以者何。諸佛菩提極甚深故。若不厚種善根。惡知識所守。信解力少。難得信受。又大迦葉。是五百比丘。過去迦葉佛時爲外道弟子。到迦葉佛所欲求長短。聞佛説法得少信心。而自念言。是佛希有。快善妙語。以是善心。命終之後生忉利天。忉利天終生閻浮提。於我法中而得出家。是諸比丘深著諸見。聞説深法不能信解隨順通達。是諸比丘雖不通達。以聞深法因緣力故得大利益。不生惡道。當於現身得入涅槃。爾時佛語須菩提言。汝往將是諸比丘來。須菩提言。世尊。是人尚不能信佛語。況須菩提耶。佛即化作二比丘。隨五百比丘所向道中。諸比丘見已。問化比丘。汝欲那去。答言。我等欲去獨處修禪定樂。所以者何。佛所說法不能信解。諸比丘言。長老。我等聞佛說法亦不信解。欲至獨處修禪定行。時化比丘語諸比丘言。我等當離自高逆諍心。應求信解佛所說義。所以者何。無高無諍是沙門法。所說涅槃名爲滅者。爲何所滅。是身之中有我滅耶。有人有作有受有命而可滅耶。諸比丘言。是身之中無我無人無作無受無命而可滅者。但以貪欲瞋痴滅故名爲涅槃。化比丘言。汝等貪欲瞋痴爲是定相可滅盡耶。諸比丘言。貪欲瞋痴不在於內。亦不在外。不在中間。離諸憶想。是則不生。化比丘言。是故汝等莫作憶想。若使汝等不起憶想分別法者。即於諸法無染無離。無染無離者。

是名寂滅。所有戒品。亦不往來亦不滅盡。定品。慧品。解脱品。解脱知見品。亦不往來亦不滅盡。以是法故。説爲涅槃。是法皆空。遠離亦不可取。汝等捨離是涅槃想。莫隨於想。莫隨非想。莫以想捨想。莫以想觀想。若以想捨想者。則爲想所縛。汝等不應分別一切受想滅定。一切諸法無分別故。若有比丘滅諸受想得滅定者。則爲滿足。更無有上。化比丘説是語時。五百比丘不受諸法心得解脱。來詣佛所。頭面禮足。在一面立。爾時須菩提問諸比丘言。汝等去至何所。今何從來。諸比丘言。佛所説法。無所從來去無所至。又問。誰爲汝師。答言。我師先來不生。亦無有滅。又問。汝等從何聞法。答言。無有五陰十二入十八界。從是聞法。又問。云何聞法。答言。不爲縛故。不爲解脱故。又問。汝等習行何法。答言。不爲得故。不爲斷故。又問。誰調伏汝。答言。身無定相。心無所行。是調伏我。又問。何行心得解脱。答言。不斷無明不生明故。又問。汝等爲誰弟子。答言。無得無知者。是彼弟子。又問。汝等已得。幾何當入涅槃。答言。猶如如來所化入涅槃者。我等當入。又問。汝等已得己利耶。答言。自利不可得故。又問。汝等所作已辦耶。答言。所作不可得故。又問。汝等修梵行耶。答言。於三界不行亦非不行。是我梵行。又問。汝等煩惱盡耶。答言。一切諸法畢竟無盡相故。又問。汝等破魔耶。答言。陰魔不可得故。又問。汝等奉如來耶。答言。不以身心故。又問。汝等住福田耶。答言。無有住故。又問。汝等斷於生死往來耶。答言。無常無斷故。又問。汝等隨法行耶。答言。無礙解脱故。又問。汝等究竟當至[26]何所。答言。隨於如來化人所至。須菩提問諸比丘時。有五百比丘不受諸法心得解脱。三萬二千人遠塵離垢。得法眼净。

爾時會中有普明菩薩。白佛言。世尊。菩薩欲學是寶積經者。當云何住。當云何學。佛言。菩薩學是經。所説皆無定相。而不可取亦不可著。隨是行者有大利益。普明。譬如有[27]乘坯[28]船欲渡恒河。以何精進乘此船渡。答言。世尊。以大精進乃可得渡。所以者何。恐中壞故。佛告普明。菩薩亦爾。欲修佛法。當勤精進倍復過是。所以者何。是身無常。無有決定。壞敗之相。不得久住。終歸磨滅。未得法利恐中壞故。我在大流。爲度衆生斷於四流故。當習法船。乘此法船往來生死。度脱衆生。云何菩薩所習法船。謂平等心。一切衆生爲船因緣。習無量福以爲牢厚清浄戒板。行施及果以爲莊嚴。浄心佛道爲諸材木。一切福德以爲具足堅固繫縛。忍辱柔軟憶念爲釘。諸菩提分堅强精進。最上妙善法林中出。不可思議無量禪定。福德業成善寂調心以爲師匠。㉙畢竟不壞大悲所攝。以四攝法廣度致遠。以智慧力防諸怨賊。善方便力種種合集。四大梵行以爲端嚴。四正念處爲金樓觀。四正勤行四如意足以爲疾風。五根善察離諸曲惡。五力强㉚浮。㉛七覺覺悟。能破魔賊。入八真正道。隨意到岸。離外道濟。止爲調御。觀爲利益。不著二邊。有因緣法以爲安隱。大乘廣博無盡辯才。廣布名聞。能濟十方一切衆生。而自唱言。來上法船。從安隱道至於涅槃。度身見岸至佛道岸。離一切見。如是普明。菩薩摩訶薩應當修習如是法船。以是法船。無量百千萬億阿僧祇劫。在生死中度脱漂没長流衆生。又告普明。復有法行能令菩薩疾得成佛。謂諸所行真實不虛。厚習善法。深心清浄。不捨精進。樂欲近明。修習一切諸善根故。常正憶念。樂善法故。多聞無厭。具足慧故。破壞憍慢。增益智故。除滅戲論。具福德故。樂住獨處。身心離故。不處憒鬧。離惡人故。深求於法。依第一義故。求於智慧。通達實相故。求於真諦。得不壞法故。求於空法。所行正故。求於遠離。得寂滅故。如是普明。是爲菩薩疾成佛道。説是經時。普明菩薩。大迦葉等。諸天。阿修羅及世間人。皆大歡喜。頂戴奉行。

大寶積經卷第一百一十二

校注

①『阿惟越致』，梵語，古譯文質，或云阿毗跋致，唐云不退轉也。（唐·慧琳《一切經音義》）

②『路伽耶經』，梵語，此名惡論議，正梵音云路迦耶底迦。此則順世外道，隨順世間凡情所説執計之法——是常是有等。（唐·慧琳《一切經音義》）

③『旨』，底本污殘，依龍藏、思溪藏補。

④『其』，龍藏、中州本作『甚』。

⑤『不依生處而行持戒』，別譯本《佛説大迦葉問大寶積正法經》（北宋·施護譯）作『所生戒德滅諸輪迴』。

⑥『親近』，底本污殘，依龍藏、思溪藏補。

⑦『隨所』，底本污殘，依龍藏、思溪藏補。

⑧『迦葉。菩薩出時』，底本污殘，依龍藏、思溪藏補。

⑨『應』上，龍藏、思溪藏、和裕本有『常』字。

⑩『明』，龍藏、思溪藏作『名』。

⑪『明』，龍藏作『名』。本卷下文例同，用*標識，不再出注。

⑫『若以得空便依於空』，別譯本《佛説摩訶衍寶嚴經》（晋・失譯）作『若有依空倚此空者』。倚，此處作『偏著』解。

⑬『脱』，底本無，依龍藏、和裕本、上海佛學書局本補。

⑭『隨』，底本污殘，依龍藏、思溪藏補。

⑮『智』，底本污殘，依龍藏、思溪藏補。

⑯『非』，底本作『顛』，依龍藏、和裕本改。

⑰『法』，龍藏、思溪藏無。

⑱『相』，龍藏、思溪藏作『切』。

⑲『諸』，底本污殘，依龍藏、思溪藏補。

⑳『謂』，底本污殘，依龍藏、思溪藏補。

㉑『僧伽梨』，此云複衣，即今僧之大衣是也。下從九條，上至二十五條，但取奇數。佛制入王宫時、入聚落時、摧伏外道時、見猛獸時應着此衣。（唐・慧琳《一

切經音義》）

㉒『有所見得』，《寶積經講記》（釋印順著）解曰：『有所執見，以爲有法可得。』

㉓『達』，思溪藏作『遠』。

㉔『不爲涅槃而修梵行』，《寶積經講記》（釋印順著）解曰：『二乘爲了願求涅槃，而修行佛法。實行沙門是信解生死涅槃不二，於涅槃法無知無得，所以不爲願求涅槃而修梵行。』

㉕『生』，龍藏、中州本作『住』。

㉖『至』，底本作『生』，依龍藏、思溪藏、和裕本改。

㉗『有』下，龍藏有『人』字。

㉘『坯』，底本作『杯』，依龍藏、思溪藏改。

㉙『匠』，底本污殘，依龍藏、思溪藏補。

㉚『强』，龍藏、思溪藏、中州本作『彌』。

㉛『七』，底本污殘，依龍藏、思溪藏補。

大寶積經卷第一百一十三

北凉[1]沙門釋道龔譯

寶梁聚會第四十四之一[2]·沙門品第一

如是我聞。一時佛在王舍城耆闍崛山中。與大比丘衆八千人俱。菩薩摩訶薩萬六千人。皆不退轉於阿耨多羅三藐三菩提。盡是一生補處。悉從十方諸佛世界而來集會。

爾時摩訶迦葉白佛言。世尊。所言沙門。云何爲沙門。佛告迦葉。所謂沙門者。寂滅故。調伏故。受教故。戒身净故。入禪定故。得智慧故。解如實義得解脱故。於三脱門無所疑故。安住聖人所行法故。善修四念處故。離一切不善法故。安住四正勤故。善修四如意足故。

成就信根故。信佛法僧故。成就堅信於佛法僧故。不信餘道法故。勤行離一切煩惱故。善修七菩提分。離一切不善。如實修一切善法故。善知正念正智方便故。專念一切諸善法故。善知定慧方便故。成就五力故。不爲一切煩惱之所亂故。善修七菩提分故。善知一切法中因緣方便故。善知聖道方便故。善知正見正定方便故。得四辯力。不信外道故。依義不依語。依智不依識。依了義經不依不了義經。依法不依人故。離四魔故。善知五陰故。斷一切煩惱故。得最後身故。離生死道故。離一切愛故。勤行知苦斷集證滅修道故。善見四聖諦故。於佛法中不信餘道故。所作已辦故。斷一切漏故。修八背捨故。釋梵天王之所贊故。從本已來專心行道故。樂阿蘭若處故。安住聖法中故。樂佛法儀式故。心不傾動故。不親近出家在家衆故。心樂獨行如犀角故。畏於人衆多惱亂故。樂住獨處故。常怖畏三界故。得實沙門果故。離一切悕望故。離世八法故。所謂利衰毀譽稱譏苦樂。堅心不動如地故。護彼我意無所犯故。不濁故。正行故。心行成就如虛空故。於諸形相心無染著。如虛空中動手無所礙故。迦葉。若能成就如是行法。是名沙門。

爾時摩訶迦葉白佛言。世尊。未曾有也。如來善説沙門德行。世尊。若未來世有諸沙門。非實沙門自言我是沙門。非梵行人自言我有梵行。如是之人。即已侵損如來無量阿僧祇劫所修集阿耨多羅三藐三菩提。佛告迦葉。如是侵損如來菩提之罪。説不可盡。迦葉。我滅度後。汝及餘大弟子等亦皆滅度。又此世界諸大菩薩皆至他方諸佛世界。爾時於我法中。當有比丘於諸所行心多諂曲。迦葉。我今當說沙門之垢。沙門過罪。迦葉。後末法中當有比丘。不修身。不修戒。不修心。不修慧。痴如小兒。向於暗冥而無所知。心不調伏。成沙門垢。迦葉。云何沙門垢。迦葉。沙門垢有三十二。出家之人所應遠離。何等三十二。欲覺是沙門垢。瞋覺是沙門垢。惱覺是沙門垢。自贊是沙門垢。毀他是沙門垢。邪求利養是沙門垢。因利求利是沙門垢。損他施福是沙門垢。覆藏罪過是沙門垢。親近在家人是沙門垢。親近出家人是沙門垢。樂於衆鬧是沙門垢。未得利養作方便求是沙門垢。於他利養心生悕望是沙門垢。自於利養心不知足是沙門垢。於他利養中心生嫉妒是沙門垢。常求他過是沙門垢。不見己過是沙門垢。於解脱戒而不堅持是沙門垢。不知慚愧是沙門垢。無恭恪意。心慢掉動。無有羞耻。是沙門垢。起諸結使是沙門垢。逆十二因緣是沙門垢。攝取邊見是沙門垢。不寂滅不離欲是沙門垢。樂於生死不樂涅槃是沙門垢。好樂外典是沙門垢。五蓋覆心起諸煩惱是沙門垢。不信業報是沙門垢。畏三脱門是沙門垢。謗深妙法。不寂滅行是沙門垢。於三寶中心不尊敬是沙門垢。迦葉。是名沙門三十二垢。若能離此諸垢。是名沙門。

迦葉。又有八法覆沙門行。何等八。一者。不敬順師長。二。不尊敬法。

三。不善思惟。四。所未聞法聞已誹謗。五。聞無衆生無我無命無人法已。心生驚畏。六。聞一切行本來無生已。而解有爲法不解無爲法。七。聞説次第法已。墮大深處。八。聞一切法無生無性無出已。而心迷没。迦葉。是名八法覆於沙門行。如是八法。出家沙門應當遠離。迦葉。我不説剃頭法服名爲沙門。所謂有功德儀式具足者。乃名爲沙門。迦葉。沙門身服袈裟。心應遠離貪恚痴行。何以故。心無貪恚痴行。我乃聽著袈裟。迦葉。若心有貪恚痴法而身著袈裟。除專心持戒。餘不持戒人則爲燒滅袈裟。何以故。聖人表式。隨順寂滅。行慈悲心。離欲滅者之所應服。

迦葉。汝今聽我説。聖人表式有十二事。何等十二。迦葉。持戒是聖人表式。禪定是聖人表式。智慧是聖人表式。解脱是聖人表式。解脱知見是聖人表式。入四聖諦是聖人表式。能解十二因緣是聖人表式。行四無量心是聖人表式。行於四禪是聖人表式。行四無色定是聖人表式。入四向正定是聖人表式。斷一切漏是聖人表式。迦葉。是名聖人十二表式。迦葉。若有比丘不具足聖人十二表式身服袈裟者。我説此比丘是邪法行。非寂滅行。離佛法行。不近涅槃。順生死行。爲魔所鈎③。不度生死。於正法退而行邪法。迦葉。是故出家比丘身服袈裟時。若未得沙門果者。應以八法敬重袈裟。何等八。於身袈裟應起塔想。世尊想。寂滅想。慈想。敬如佛想。慚想。愧想。令我來世離貪恚痴具沙門法想。迦葉。是名八法敬重袈裟。迦葉。若有於四聖種不行知足離沙門法。亦不以此八法敬重袈裟者。而彼別有似沙門數墮小地獄。迦葉。彼地獄中似沙門者於中受罪。衣鉢支體皆悉熾然。坐卧之處凡有所用物。亦皆熾然如大火聚。似沙門者受如是罪。何以故。成就不净身口意業故墮是罪處。

迦葉。若非沙門自言我是沙門。非梵行者自言我有梵行。若有持戒功德具足人所右繞恭敬尊重者。若破戒比丘受其禮敬供養而不自知惡。彼惡比丘以是不善根故得八輕法。何等八。一。作愚痴。二。口喑啞。三。受身矬陋。四。顔貌醜惡。其面側戾見者嗤笑。五。轉受女人身。作貧窮婢使。六。其形羸瘦。夭損壽命。七。人所不敬。常有惡名。八。不值佛世。迦葉。是破戒比丘受持戒者禮敬供養。得如是八種④法。迦葉。破戒比丘聞如是法已。應當不受持戒比丘禮敬供養。

迦葉。若有非沙門自言我是沙門。非梵行自言我有梵行。於此大地乃至無有涕唾分處。況舉足下足去來屈伸。何以故。過去大王持此大地。施與持戒有行德者。令於中行道。迦葉。是破戒比丘舉足下足處。一切信施不及此人。況僧坊及招提僧舍經行之處。若有房舍床敷園林。所有衣鉢卧具醫藥。一切信施所不應受。

迦葉。我今當説。若有非沙門自言我是沙門。非梵行自言我有梵行。不能必報信施如一毛端。何以故。聖衆福田猶如大海最妙最勝。於中若有施主浄心信故。以施種子種福田中。如此施主起無量施想。迦葉。若有破戒比丘。如分一毛以爲百分。若惡比丘受信施如一毛分。隨所受毛分即損失施主爾所大海福報之分。不能畢報。迦葉。是故應浄其心受他信施。迦葉。應如是學。

爾時衆中有浄行欲⑤離扼比丘二百人。聞説是已抆泪而白世尊。我今當死。不欲以不得沙門果。受他信施乃至一食。佛言。善哉善哉。善男子。汝如是慚愧畏於後世。喻如金剛。即是現世瓔珞。善男子。我今當説。世有二人應受信施。何等二。一者。勤行精進。二者。得解脱者。佛告比丘。若有比丘得解脱者。行善法者。如我所説堅持戒者。觀一切行無常苦。一切法無我者。觀涅槃寂滅願求欲得。如是比丘受他信施摶如須彌。必能報是信施之福。若有比丘受信施主施。令此施主得大利益。得大果報。何以故。常生福德。有三種福。一。常施食。二。僧坊舍。三。行慈心。此三福中慈心最勝。佛告比丘。若有比丘從施主受施。若衣鉢卧具飲食湯藥受已。若入無量定。令彼施主得無量福。得無量報。迦葉。譬如三千大千世界所有大海尚可竭盡。而此施主所得福報不可得盡。迦葉當知。破戒比丘損於施主爾所福德。若受施主施已。行於惡法。損他信施。

迦葉。如是說沙門垢。沙門過罪。沙門諂曲。沙門中賊。迦葉。持戒比丘應當專念。遠離如是一切惡法。迦葉。所謂沙門者。眼不流色中。耳鼻舌身意不流法中。是故謂之沙門。選擇六入。了達六通。專念六念。安住六敬法。行六重法。是謂沙門。

寶梁聚會第四十四之一·比丘品第二

爾時佛告迦葉。所言比丘。比丘者。能破煩惱故名比丘。破我想。衆生想。人想。男想。女想。是謂比丘。復次迦葉。有修戒修慧。是名比丘。復次迦葉。離恐畏故。度三有四流故。見有及流諸過患故。離一切有及流故。安處無畏道故。是名比丘。迦葉。若有比丘自知不成就如是之法及餘善法。又離是法行於餘道。迦葉。彼比丘非我弟子。我非彼師。

迦葉。多有惡比丘壞我佛法。迦葉。非九十五種外道能壞我法。亦非諸餘外道能壞我法。除我法中所有痴人。此痴人輩能壞我法。

迦葉。譬如師子。獸中之王。若其死已。虎狼鳥獸無有能得食其肉者。迦葉。師子身中自生諸蟲。還食其肉。迦葉。於我法中出如是等諸惡比丘。貪惜利養。爲貪利所覆。不滅惡法。不修善法。不離妄語。迦葉。如是比丘能壞我法。迦葉。有四法成就。當知是惡比丘。何等四。貪。恚。痴及我慢者。是名惡比丘。復有四法成就。當知是惡比丘。何等四。傲慢自大。無慚。無愧。不慎口過。是名惡比丘。復有四法成就。當知是惡比丘。何等四。掉動。輕他。貪求利養。多行非法。是名惡比丘。復有四法成就。當知是惡比丘。何等四。多有奸僞。幻惑於人。多行邪命。多説惡言。是名惡比丘。復有四法成就。當知是惡比丘。何等四。現受他恩不知報之。小恩於他責望大報。先受他恩而不憶念。侵損親友。是名惡比丘。復有四法成就。當知是惡比丘。何等四。受人信施失他福報。不善護戒。輕所受戒。不堅持律。是名惡比丘。復有四法成就。當知是惡比丘。何等四。有我論。有衆生論。有命論。有人論。是名惡比丘。復有四法成就。當知是惡比丘。何等四。不敬佛。不敬法。不敬僧。不敬戒。是名惡比丘。復有四法成就。當知是惡比丘。何等四。若僧和合而心不悅。不樂獨處。樂於衆中。常論世俗所有言説。是名惡比丘。復有四法成就。當知是惡比丘。何等四。求於利養。求大名稱。求多知識。不住聖種。是名惡比丘。復有四法成就。當知是惡比丘。何等四。繫屬於魔。爲魔所害。多於睡眠。作善不喜。是名惡比丘。復有四法成就。當知是惡比丘。何等四。於佛法中朽敗。心懷諛諂。爲煩惱所害。離沙門果。是名惡比丘。復有四法成就。當知是惡比丘。何等四。爲淫欲所燒。瞋恚所燒。愚痴所燒。亦爲一切煩惱所燒。是名惡比丘。復有四法成就。當知是惡比丘。何等四。多游淫里。不知過惡。不知知足。雖多學問。不知知足。於所須物常懷嫉⑥心。不能施他。是名惡比丘。復有四法成就。當知是惡比丘。何等四。從暗入暗。從痴入痴。不見聖諦。多生疑惑。常爲生死之所繫縛。閉涅槃門。是名惡比丘。復有四法成就。當知是惡比丘。何等四。身多奸行。口多奸行。意多奸行。儀式多奸行。云何身多奸行。安詳而行⑦是身奸行。不左右視是身奸行。若左右視不過一尋是身奸行。邪命著衣是身奸行。諛諂行於空閑之處。不求空閑所行之法。諛諂乞食。不觀乞食相。諛諂著糞掃衣。不知爲慚愧故。諛諂行於山窟樹下。不知分別十二緣行。諛諂服於陳故弃藥。不求甘露法藥。迦葉。是名身多奸行。迦葉。云何口多奸行。他識我。他請我。如所求我已得。我不求利養而他送與我。細妙供養我皆得。多利養我亦得。我常行善法應受供養。我善問答。我能順法相。我能逆法相。我於一切法解義非義。他若如是問我。我能如是答。答已伏彼。令其默然。我説是已。能令大衆一切喜悦。亦令一切嘆言善哉。令彼衆人請我供養得供養已。復令施主請言⑧數來。迦葉。若有不調伏口而有所説。一切所言皆非正言。是口多奸行。迦葉。是名口多奸行。迦葉。云何意多奸行。心所牽連貪求利養。衣鉢卧具飲食醫藥。而口説言一切利養我所不須。心實多求而詐言知足。是名意多奸行。爾時世尊而説偈言。

心求利養　口言知足　邪命求利　常無快樂　其心多奸
欺誑一切　如此之心　都不清净　諸天龍神　有天眼者
諸佛世尊　咸共知見

迦葉。如是惡比丘。離善法儀式。作邪命行。墮三惡道。

寶梁聚會第四十四之一・旃陀羅⑨品第三

佛告迦葉。云何旃陀羅沙門。迦葉。譬如旃陀羅。常於冢間行求死尸。無慈悲心視於衆生。得見死尸心大喜悦。迦葉。如是沙門旃陀羅常無慈心。至施主家行不善心。所求得已生貴重心。從施主家受利養已。不教施主佛法毗尼。爲利養故親近在家。不爲法故。亦無慈心。常求利養。迦葉。是名沙門旃陀羅。迦葉。如旃陀羅爲一切人之所捨離。所謂大臣長者及諸小王。刹利婆羅門并餘庶民。乃至下賤之所遠離。不欲共作知識。迦葉。如是沙門旃陀羅。亦爲一切之所遠離。所謂持戒有德人所敬者。比丘。比丘尼。優婆塞。優婆夷。天。龍。鬼神及乾闥婆。知其破戒行惡法故。迦葉。是名沙門旃陀羅。迦葉。如旃陀羅所有衣服飲食諸所用物。盡非好人之所愛樂。亦不受用。迦葉。如是沙門旃陀羅。若有衣鉢所用之物。皆是破戒非法身口意業諛諂所得。持戒沙門婆羅門捨不愛樂。亦不受用。於此人所生哀愍心。迦葉。是名沙門旃陀羅。迦葉。如旃陀羅。以愧耻心持所用器從他乞食。迦葉。如是沙門旃陀羅。以愧耻心入於房舍。及至他家。或到衆中。亦以愧心至於佛所。亦以愧心禮如來塔。亦以愧心去來屈伸。亦以愧心行住坐卧。一切所行皆有愧心。覆藏惡法故。迦葉。我今當說。旃陀羅人所至之處不到善處。何以故。自行惡法故。迦葉。如是沙門旃陀羅所至之處亦不到善道。多作惡業無遮惡道法故。迦葉。是名沙門旃陀羅。

迦葉。云何沙門敗壞。迦葉。譬如好酒香味具者。⑩是酒之醍醐。接⑪取已盡下有糟滓。人所惡賤無所施用。迦葉。如是敗壞沙門。離於法味取煩惱滓。人所惡賤無所施用。離持戒香嗅諸煩惱。若有至處。不能自利亦不益他。迦葉。是名敗壞沙門。迦葉。敗壞者。如有所食變爲糞穢。臭惡不净。人所厭離。迦葉。如是敗壞沙門猶如糞穢。以身口意業不清净故。迦葉。是名敗壞沙門。迦葉。譬如敗種種大地中。終不生芽實。迦葉。如是敗壞沙門。雖在佛法⑫。不生善根。不得沙門果。迦葉。是名敗壞沙門。

迦葉。云何沙門篋。迦葉。譬如畫篋巧工所成。中盛臭穢種種不净。迦葉。如是沙門篋。外現成就似沙門行。内有種種垢穢行諸惡業。迦葉。是名沙門篋。

迦葉。云何沙門構欄茶。迦葉。譬如構欄茶華色貌鮮好。其體堅鞕猶如木石。其氣臭穢猶如糞塗。有智之人若見此華。不近不觸。遠避而去。愚人若見。不知過患近而嗅之。迦葉。如是沙門構欄茶。現似沙門行而有粗獷傲慢自高臭穢不净。又作破戒無儀式行。破於正見。迦葉。如是沙門構欄茶。智者不親近。不禮敬右繞。以惡人故而遠離之。迦葉。若有痴如小兒。彼諸痴人之所親近。禮敬右繞。信受其語。如構欄茶華爲痴人所捉。迦葉。是名沙門構欄茶。

迦葉。云何沙門求利。迦葉。譬如諛諂之人。心常慳惜爲貪所覆。若見他財物悕望欲得。畜利刀杖。無慚愧心。無哀愍心。常有害心。若行空澤山林聚落發如是心。於他財物希求欲得。常自藏身不令他見。迦葉。如是沙門求利。心常慳惜爲貪所覆。於所得利心無知足。於他財物悕望欲得。有所至處聚落城邑。常爲利養不爲善法。覆藏諸惡。謂善比丘知我破戒。知已若說戒時。或驅我出。於善比丘但生恐畏。心常諛諂現行儀式。一切天龍鬼神有天眼者知此比丘。來時賊來。去時賊去。行時賊行。坐時賊坐。卧時賊卧⑬。取衣時賊取衣。著衣時賊著衣。入聚落時賊入聚落。出聚落時賊出聚落。食時賊食。飲時賊飲。剃髮時賊剃髮。迦葉。如是痴人去來儀式。皆爲天龍鬼神之所知見。見已訶罵。如此惡人即爲壞滅釋迦牟尼佛法。作是訶責諸惡比丘。又彼諸天龍鬼神見持戒梵行沙門婆羅門。增益信心。禮敬尊重。此人於佛法中應受利養者。迦葉。此沙門求利。於佛法中出家。不能生一念寂滅離欲之心。况得沙門果。若有得者。無有是處。迦葉。是名沙門求利。

迦葉。云何稗沙門。迦葉。譬如麥田中生稗麥。其形似麥不可分別。

爾時田夫作如是念。謂此稗麥盡是好麥。後見穗生爾乃知非。不得名言一切是麥。迦葉。如是稗沙門在於衆中。似是持戒有德行者。施主見時謂盡是沙門。而彼痴人實非沙門言是沙門。非梵行人自言梵行。先來敗壞。離於持戒。亦不入衆數。於佛法中無智慧命。當墮惡道。猶如稗麥在好麥中。爾時天龍鬼神有天眼者。見彼痴人墮於地獄。見已各相謂言。此是痴人。先似沙門。行不善法。今當墮於大地獄中。從今已後。終不能得沙門德行及沙門果。猶如稗麥在好麥中。迦葉。是名稗沙門。

迦葉。云何逋生沙門。迦葉。譬如逋⑭生稻苗。以不熟故名爲逋*生。以無實故風所吹去。無堅重力。似稻非稻。迦葉。如是逋*生沙門。形似沙門。無人教呵。無有德力。爲魔風所吹。亦無血氣持戒之力。離於多聞。損失定力。亦遠於智。不能破壞諸煩惱賊。名如是人輕劣無力。繫屬於魔。爲魔所鈎*。沒在一切煩惱之中。爲魔風所吹如逋生稻。迦葉。逋生之稻。不中爲種。亦不生芽。迦葉。如是逋生沙門。於佛法中無道種子。於賢聖法中不得解脱。迦葉。逋生沙門者。所謂破戒行惡。是名逋生沙門。

迦葉。云何似⑮沙門。迦葉。譬如巧工以金塗銅。其色似金。價不同金。若揩磨時乃知非金。迦葉。如是似*沙門者。好自嚴飾。常澡浴身。齊整著衣。沙門儀式一切具足。去來屈伸常正儀式。而彼常爲貪恚癡所害。亦爲利養禮敬贊嘆所害。亦爲我慢增上慢一切煩惱所害。雖爲人所貴。無貴重法。常勤嚴身。悕望飲食。不求聖法。不畏後世。現見尊重。非將來尊重。但長肌肥。依於利養。非依於法。種種繫縛。勤作家業。順在家心亦隨所⑯。受苦時受苦。樂時受樂。爲愛憎所害。於沙門法無心欲行。離諸儀式。必當墮於地獄餓鬼畜生。彼人無沙門實。無沙門稱。不與沙門等。迦葉。是名似*沙門。

迦葉。云何失沙門血氣。迦葉。譬如男子若女人。若童男若童女。非人飲其血氣。彼人羸瘦無有色力。由失血氣故。迦葉。如是之人失血氣故。諸藥咒術及諸刀杖所不能治。必至於死。迦葉。如是沙門無有持戒。定。慧。解脱。解脱知見血氣。及慈悲喜捨血氣。亦無行施調伏護身口意業血氣。亦無安住四聖種血氣。無有儀式血氣。亦無淨身口意血氣。迦葉。是名沙門失於血氣。迦葉。如失血氣沙門。雖受如來法藥。不以自度。法藥者。所謂若起淫欲應觀不淨。若起瞋恚應行慈心。若起愚癡應觀十二因緣。於諸煩惱應正思惟。離於樂衆。捨我所有。出家三事應當愛護。三事者。所謂持戒清淨。其心調伏。入定不亂。迦葉。如是法藥。我之所說。我所聽服。雖受此藥。不以自度。迦葉。又有出世法。所謂空觀無相無作觀。陰界入知。四聖諦及十二因緣。迦葉。如是法藥。彼人亦復不以自度。迦葉。如是沙門臭穢不淨。以破戒故。薄福德故。生極下處。以憍慢故。於此命終不生餘處。必當墮在大地獄中。如人失於血氣。必定至死。如是沙門於此命終必墮地獄。迦葉。是名失血氣沙門。

如是説已。五百比丘捨戒還俗。爾時有諸比丘呵彼比丘言。若大德於佛法中退還家者。如是非善。如是非法。佛告諸比丘。莫作是語。何以故。若如是者。名爲順法。若比丘不欲受人信施退還家者。是名順法。彼諸比丘信解心多故生悔心。説此語時。彼得聞已作如是念。我等或能行不净行受他信施。應生悔心退而還家。迦葉。我今説此諸比丘等。於此命終生兜率天彌勒菩薩所。彌勒如來出於世時。彼諸比丘在初會數中。

寶梁聚會第四十四之一·營事比丘品第四

爾時摩訶迦葉白佛言世尊。云何比丘能營衆事。佛告迦葉。我聽二種比丘得營衆事。何等二。一者。能净持戒。二者。畏於後世。喻如金剛。復有二種。何等二。一者。識知業報。二者。有諸慚愧及以悔心。復有二種。何等二。一者。阿羅漢。二者。能修八背捨者。迦葉。如是二種比丘。我聽營事。自無瘡疣。何以故。迦葉。護他人意。此事難故。迦葉。於佛法中種種出家。種種性。種種心。種種解脱。種種斷結。或有阿蘭若。或有乞食。或有樂住山林。或有樂近聚落清浄持戒。或有能離四扼。或有勤修多聞。或有辯説諸法。或有善持戒律。或有善持毗尼儀式。或有游諸城邑聚落爲人説法。有如是等諸比丘僧。營事比丘善取如是諸人心相。

迦葉。若阿蘭若比丘樂空閑處。營事比丘一切役使不應令作。有時阿蘭若比丘在比丘僧次役使。而營事比丘應當代作。若自不作。應請他人令代爲之。不應役使阿蘭若比丘。若非行道時。可少令作。迦葉。若有乞食比丘。彼營事比丘於乞食比丘應與好食。若有比丘能離四扼。營事比丘隨所須物應當供給。所謂衣服飲食卧具醫藥。若離扼比丘所住之處。營事比丘於其住處不應高聲大喚。亦不令他高聲大喚。欲防護離扼比丘故。營事比丘於離扼比丘應生尊敬如世尊想。生如是念。如是比丘於佛法中能作法柱。當隨所須而供給之。迦葉。若有勤修多聞比丘。營事比丘應當勸喻。作如是言。大德勤修多聞。讀誦令利。我當爲諸大德供給使令。若諸大德勤修多聞。於比丘僧中是好瓔珞。能升高座廣説正法。亦自生智慧。營事比丘不應非時役使。應當擁護令修多聞。迦葉。若有説法比丘。營事比丘應事事供給。應將説法比丘至城邑聚落。勸喻諸人令就聽法。説法之處亦應供給。爲説法人敷好高座。若有比丘强自以力欲壞説法者。營事比丘應往和解。亦應數往説法人所稱言善哉。迦葉。若有比丘善持戒律。善持毗尼義。營事比丘應往其所數數問義。我云何營事。令不得罪。自無所損。不害於他。持毗尼義比丘應觀營事者心。隨所營事而爲説法。所謂是應作。是不應作。營事比丘於持律人所。一心生信禮敬供養。若比丘僧所有分物。應當隨⑰時供給於僧。不應藏舉。隨僧所須。應當分與。應與時與。不惡心與。不以非法與。非欲心與。非瞋心與。非痴心與。非畏心與。隨僧法行。非隨在家行。隨僧制行。非自隨制行。

不於僧物生自在想。乃至小事與僧共斷。非自在斷。若所用物。所謂常住僧物及與佛物。若招提僧物。彼營事比丘應當分別。常住僧物不應與招提僧。招提僧物不應與常住僧。常住僧物不應與招提僧物共雜。招提僧物不(18)與常住僧物共雜。常住僧物招提僧物不與佛物共雜。佛物不與常住僧物招提僧物共雜。若常住僧物多而招提僧有所須者。營事比丘應集僧行籌索欲。若僧和合。應以常住僧物分與招提僧。迦葉。若如來塔或有所須。若欲敗壞者。若常住僧物若招提僧物多。營事比丘應集僧行籌索欲。作如是言。是佛塔壞。今有所須。此常住僧物招提僧物多。大德僧聽。若僧時到僧忍聽。若僧不惜所得施物。若常住僧物。若招提僧物。我今持用修治佛塔。若僧和合。營事比丘應以僧物修治佛塔。若僧不和合。營事比丘應餘勸化在家人輩。求索財物修治佛塔。迦葉。若佛物多者。營事比丘不得以佛物分與常住僧及招提僧。何以故。於此物中應生世尊想。佛所有物乃至一綫。皆是施主信心施佛。是故諸天世人於此物中生佛塔想。而況寶物。若於佛塔先以衣施。此衣於佛塔中寧令風吹雨爛破盡。不應以此衣貿易寶物。何以故。如來塔物無人能與作價者。又佛無所須故。迦葉。有如是善淨營事人者。三寶之物不應令雜。又於自利養心常知足。三寶物中不生我所有想。

迦葉。營事比丘若生瞋心。而於持戒大德。人所右繞禮敬之者。以自在故驅令役使。是故營事比丘以瞋心緣故。墮大地獄。若得爲人。作他奴僕。常爲其主苦驅役使人所鞭打。復次迦葉。若營事比丘以自在故。更作重制。過僧常限。謫罰比丘。非時令作。是營事比丘以此不善根故。墮於多釘小地獄中。生此中已。以百千釘釘挓zhé其身。其身熾然出大火焰。如大火聚。若於持戒有大德者。以重事怖之。以瞋心語故。彼營事比丘生地獄中。其所得舌長五百由旬。以百千釘而釘其舌。一一釘中出大火焰。迦葉。若營事比丘數得僧物。慳惜藏舉。或非時與僧。或復難與。或困苦與。或少與。或不與。或有與者或不與者。營事比丘以此不善根故。墮穢惡餓鬼。常食糞丸。此人命終當生是中。爾時更有餓鬼以食示之而復不與。此鬼爾時悕望欲得。諦視此食目不曾眴。受飢渴苦。於百千歲中常不得食。或時得食變爲糞屎。或作膿血。何以故。有持戒人。人所敬禮。僧所有物以自在故而難與之。迦葉。若營事比丘以常住僧物。若招提僧物及以佛物輒自雜用。得大苦報。若受一劫若過一劫。何以故。以侵三寶物故。迦葉。若營事比丘聞如是罪。知如是罪。而故生瞋心於持戒者。我今說此。諸佛世尊所不能治。迦葉。是故營事比丘聞如是非法罪已。應當善護身口意業。自護亦護他。迦葉。營事比丘寧自噉身肉。終不雜用三寶之物作衣鉢飲食。

爾時摩訶迦葉白佛言。世尊。未曾有也。如來自以慈心說如是法。爲無慚愧者說無慚愧法。有慚愧者說慚愧法。

大寶積經卷第一百一十三

校注

①『涼』，底本作『梁』，依龍藏、思溪藏改。

②『之一』，底本無，依龍藏、思溪藏補。

③『鈎』，龍藏作『拘』。本卷下文例同，用*標識，不再出注。

④『種』，龍藏作『輕』。

⑤『欲』上，底本有『少』字，依思溪藏刪。

⑥『嫉』，龍藏、和裕本、中州本作『愱』。

⑦『安詳而行』，《四分比丘尼戒本注解》（釋佛瑩編）有文可參：『所謂身多奸者，僞現威儀，安詳漫步。』

⑧『言』，龍藏、思溪藏作『我』。

⑨『羅』下，龍藏有『沙門』二字。

⑩『者』，龍藏作『足』。

⑪『接』，龍藏作『醉』。
⑫『法』下，龍藏、思溪藏有『中』字。
⑬『卧』下，龍藏、和裕本、中州本有『起時賊起』四字。
⑭『逋』，龍藏作『蒲』。本卷下文例同，用*標識，不再出注。
⑮『似』上，龍藏、和裕本、中州本有『形』字。本卷下文例同，用*標識，不再出注。
⑯『所』，底本無，依龍藏、思溪藏、和裕本補。
⑰『隨』下，思溪藏有『三』字。
⑱『不』下，龍藏有『應』字。

大寶積經卷第一百一十四

北凉沙門釋道龔譯

寶梁聚會第四十四之二①·阿蘭若比丘品第五

爾時摩訶迦葉白佛言。世尊。若有比丘自言阿蘭若比丘。世尊。齊幾所名阿蘭若比丘。齊幾所名乞食比丘。齊幾所名畜糞掃衣比丘。齊幾所名樹下比丘。齊幾所名冢間比丘。齊幾所名露處比丘。

佛告迦葉。阿蘭若比丘必樂阿蘭若處。住阿蘭若處。迦葉。若阿蘭若處。所謂無大聲。無衆鬧聲。離獐鹿虎狼及諸飛鳥。遠諸賊盜及牧牛羊者。順沙門行處。如是阿蘭若處。應於中修行。彼比丘若欲至阿蘭若處。應當思惟八法。何等八。一者。我當捨身。二者。應當捨命。三者。當捨利養。四者。離於一切所愛樂處。五者。於山間死當如鹿死。六者。阿蘭若處當受阿蘭若行。七者。當以法自活。八者。非以煩惱自活。迦葉。是名八法。阿蘭若比丘所應思惟。思惟已。當至阿蘭若處。迦葉。阿蘭若比丘至阿蘭若處已。行阿蘭若法。以八行行慈。於一切衆生生慈心。何等八。一者。以慈利益。二者。以慈樂。三者。無恚慈。四者。正慈。五者。無异慈。六者。順慈。七者。觀一切法慈。八者。净如虛空慈。迦葉。以如是八行。於諸衆生生慈心。迦葉。阿蘭若比丘至阿蘭若處已。應如是思惟。我雖至遠處。獨無伴侶。若我行善。若行不善。無人教呵。復作是念。此有諸天龍鬼神。諸佛世尊。知我專心。彼爲我證。我今在此行阿蘭若法。我不善心不得自在。若我至此極遠之處。獨無伴侶。無親近者。無我所有。我今②當覺欲覺恚覺惱覺。餘不善法亦應當覺。我今不應不異於樂衆者。亦不應不异近聚落人。若如是不异。我即爲誑諸天龍鬼神已。諸佛見我亦不歡悦。我今若如阿蘭若法。則諸天龍鬼神不見呵責。諸佛見我即亦歡悦。迦葉。阿蘭若比丘住阿蘭若處。行阿蘭若法。一心堅持解脱禁戒。善護戒衆。净身口意。無諛諂行。净於正命。心向諸定。如所聞法。應憶念之。勤正思惟。趣向離欲寂滅涅槃。畏於生死。觀五陰如怨家。觀四大如毒蛇。觀六入如空聚。善知方便。觀十二因緣。離斷常見。觀無衆生無我無人無命。解法空相。行於無相。漸損所作而行無作。心常驚畏於三界行。常勤修行如救頭然。常行精進。

終不退轉。觀身實相。應生如是心。觀如是法。當知苦本。斷一切集。證於滅盡。勤修於道。行於慈心。安住四念處。離不善法。入善法門。安住四正勤。入四如意足。護五善根。於五力中③而得自在。覺七菩提分。勤行八聖善道分。受持禪定。以慧分別諸法之相。迦葉。說如是法以嚴飾阿蘭若比丘。作是嚴飾已。住於山林。初夜後夜勤修諸行。不應睡眠。常念欲得出世之法。迦葉。阿蘭若比丘凡所住處常修行道。不自嚴身及諸衣服。拾乾枯草以用敷坐自用坐具。離常住僧及招提僧物。於阿蘭若處。衣服知足。趣④得覆身。爲行聖道故。

迦葉。阿蘭若比丘若爲乞食至城邑聚落。應作是念。我從阿蘭若處至是城邑聚落。若得食若不得。心無憂喜。若不得食者。應生喜心。念宿業報。我今當勤修習福業。又念如來乞食亦不⑤得。彼阿蘭若比丘入於城邑聚落乞食。應以法莊嚴。法莊嚴已然後乞食。云何法莊嚴。若見適意色不應染著。見不適意色亦不生瞋。若聞適意聲不適意聲。若嗅適意香不適意香。適意味不適意味。適意觸不適意觸。適意法不適意法。心無染著亦不生瞋。攝護根門。諦視一尋。調伏其心。本所思法不令離心。不以食污心而行乞食。應次第乞食。若得食處不應生著⑥。不得食處不應生瞋。若至十家。若過十家。不得食者不應生憂。應作是心。此諸長者及婆羅門。多有諸緣不與我食。又此長者諸婆羅門。乃至未曾生心念我。況與我食。

迦葉。阿蘭若比丘若能如是。於乞食中不生驚畏。迦葉。阿蘭若比丘乞食時。若見衆生。若男若女。若童男童女。乃至畜生。應於是中生慈悲心。我行如是精進。作如是願。若衆生見我及與我食者。皆生天上。迦葉。阿蘭若比丘若得粗食。若得細食。受是食已應觀四方。此村邑中誰貧窮者。當減此食以施與之。若見貧人所可乞食即分半與。若不見貧者。應生是心。我眼所不見衆生。我所得食於中好者願施與之。我爲施主。彼爲受者。

迦葉。阿蘭若比丘乞食。得受食已。持至阿蘭若處。净洗手足。净沙門儀式。具一切净法。如法取草已結加趺坐。坐已而食。心無愛著亦無貢高。無有瞋心。無濁亂心。臨欲食時如是思惟。今此身中有八萬户蟲。蟲得此食皆悉安樂。我今以食攝此諸蟲。我得阿耨多羅三藐三菩提時。以法攝取。迦葉。又時阿蘭若比丘食或不足。應作是念。我今身輕。能修忍辱。斷除諸惡。少大小便。得身輕已。亦得心輕。又得少睡。亦不起欲想。應作如是思惟。迦葉。阿蘭若比丘若乞食得多。應生知足想。應於食中減取一摶置净石上。如是思惟。有諸鳥獸能啖食者。我以施之。彼爲受者。

迦葉。阿蘭若比丘食已洗鉢。漱口洗手。净滌應器。手拭令乾。舉僧伽梨依⑦阿蘭若處行。不離本所思惟法相。迦葉。阿蘭若比丘行阿蘭若行時。若是凡夫未得沙門果。或時虎狼來至其所。若見不應生畏。作如是念。我本來至阿蘭若處時已捨身命。我不應驚畏。應修慈心。離一切惡。亦離怖畏。若諸虎狼斷我命根。噉我身肉。當生是念。我得大利。以不堅身當得堅身。此諸虎狼我不與食。今噉我肉已。身得安樂。迦葉。阿蘭若比丘行阿蘭若法。應如是捨身命。迦葉。阿蘭若比丘行阿蘭若法。若有非人或作好色或作惡色來至其所。於此非人不生愛心。不生瞋心。迦葉。或有曾見佛諸天來至阿蘭若所作諸問難。問難已。阿蘭若比丘隨力所能。隨所學法爲諸天説。或時諸天有深問難。阿蘭若比丘若不能答。不應生於憍慢之心。應作是言。我不多聞。汝莫輕我。我今當勤修學佛法。或時我得通佛法已。能一切答。又應勸請諸天。汝等今當爲我説法。我當聽受。又應如是報謝言。願勿嫌也。

復次迦葉。阿蘭若比丘行阿蘭若法。善修阿蘭若想。猶如草木瓦石無主無我。亦無所屬。此身亦爾。無我無命無人無衆生。無諍訟。此法皆從緣合而生。於此法中若善思惟。我當得斷一切諸見。常應思惟空無相無作法。迦葉。阿蘭若比丘行阿蘭若法時。若草藥⑧草及諸樹林。云何和合。云何散滅。如此外物。無主無我無有我所。亦無諍訟。自生自滅無生滅者。迦葉。如草木瓦石。無我無主亦無所屬。此身亦爾。無我無命無人無衆生。無諍訟。從衆緣生。緣離則滅。此如實中無有一法若生若滅。迦葉。如是法。阿蘭若比丘至阿蘭若處所應修行。

迦葉。阿蘭若比丘行如是法。若學聲聞乘。疾得沙門果。若有障法現世不得沙門果者。不過見一佛二佛三佛。必定得斷一切諸漏。若學菩薩乘。現世得無生法忍。得無障法。必見未來諸佛。疾成阿耨多羅三藐三菩提。

說此阿蘭若品時。有五百比丘斷一切漏。心得解脫。

寶梁聚會第四十四之二·乞食比丘品第六

佛告迦葉。云何比丘乞食。迦葉。若有比丘先安住本誓。我依乞食出家。我今住先誓。彼比丘專念。無有諛諂。離一切請食。離一切僧中供養。堅自莊嚴。乞食比丘於一切味中不應生好味想。又於上妙食中自勸其心生如是想。我如旃陀羅。應净身心。不應净飲食。何以故。食好食已。一切爲糞。臭穢不净故。我不應求好食。如是調伏心已。若入城邑聚落次第乞食。不應生如是想。男子與我食非女人。女人與我食非男子。童男與我食非童女。童女與我食非童男。應得細食非粗食。應得美食非不美食。應⑨故與食非不故與⑩。應易得食非不易。應速得食非不速。若入人村。應得恭敬非不恭敬。應得新食非宿食。應得富家食非貧家食。男子女人衆應來迎我。迦葉。乞食比丘。如是不善法不應思惟。迦葉。乞食比丘應如是自莊嚴。此是乞食常所行法。若乞食時。得與不得無有憂喜。不應生於粗細食想。何以故。多有衆生貪著美味。由著味故。作諸惡業。惡業因緣故。墮於地獄畜生餓鬼。若知足者。不貪美味。應捨細食受取粗食。除舌著味。其心知足。得極粗食亦當知足。彼若命終生於天上。或生人中。生天上已。食天美食。迦葉。如是乞食比丘。離於味愛以調伏心。若七日啖豆亦不生憂。何以故。趣活身故。我今食已足以修道。以是故食。迦葉。乞食比丘得此食分墮鉢中者。如法所得。如法利養。應與梵行比丘共食此食。

迦葉。乞食比丘或時有病。無有使人。不能乞食。此應如是調伏其心。我獨無侶。一身出家。法是我伴。我應念法。今我病苦。如世尊說。諸比丘應念於法。我所聞法應善思惟。云何善思惟。如實觀身。如實觀身已。有智慧者。若獨一心。能得初禪。則有是處。得初禪樂。若一日若二日乃至七日。以禪爲食。其心歡悅。迦葉。乞食比丘行如是法。若不得禪。應如是勤行安住善法中。有多人所知。諸天龍神送食與之。此是離扼報故。迦葉。或乞食比丘值天大雨或大風塵不能乞食。爾時以慈爲食而自莊嚴。於所行法安住思惟。若二夜三夜不得食者。應生是念。有多衆生墮餓鬼中。作惡業故苦惱所切。乃至百歲不得一唾。我今安住諸法門中。應生是念。身心羸劣。今我堪忍飢渴。勤修聖道。不應退轉。

迦葉。乞食比丘不應親近在家之人。男子女人童男童女。迦葉。若乞食比丘令在家人擇去食中諸不浄物。於坐處坐。應爲説法。乃至食浄。還受食已。從坐起去。迦葉。乞食比丘不應自現諛諂。云何自現諛諂。若爲他人説如是言。我今乞得粗惡之食。又復不足與多衆共食。我食少。我今飢渴。身力羸劣。迦葉。是名自現諛諂。迦葉。

乞食比丘如是之事應當遠離。

迦葉。乞食比丘於一切事應生捨心。若食墮鉢中。若粗若細。若少若多。若净若不净。一切應受。心無憂喜。常應净心觀諸法相。趣得活身爲行聖道。是故受食。迦葉。乞食比丘或時入於城邑聚落次第乞食。若不得食空鉢而出。應念如來有大威德。捨轉輪王位而行出家。斷一切惡法。成一切善法。入村乞食尚空鉢出。况我薄福不種善根。不空鉢還也。是故不應生憂。何以故。不種善根能得粗食細食。無有是處。我不得食。或自有魔。或魔所使。或魔覆蔽諸婆羅門居士。令我乞食不得。我當勤修。離於四魔。斷一切煩惱。若我勤修如是道已。非魔波旬非魔所使能作留難。迦葉。乞食比丘應如是受持聖種。

寶梁聚會第四十四之二·糞掃衣比丘品第七

佛告迦葉。畜糞掃衣比丘。拾糞掃物作如是想。爲慚愧故。非以衣自嚴飾故。爲障風吹日曝蚊虻蟆子諸惡觸故。安住佛教故。非求净好故。於糞掃中拾取弃物。取時應生二種想。何等二。一者。知足想。二者。易養想。復生二想。一者。無慢想。二者。持聖種想。復生二想。一者。不以嚴身。二者。令心净故。迦葉。畜糞掃衣比丘。於糞掃中拾取弃物時。若於是處見諸親族知識。見已即止不取。而作是念。此諸人輩或呵責我言。汝是不净人。迦葉。我説是比丘不得净行。何以故。畜糞掃衣比丘心堅如石。外物不入亦不能動故。迦葉。畜糞掃衣比丘拾糞掃中物。應浄浣濯令無垢膩。浣已好染。染已作僧伽梨。善合善綴善縫善受。受已應著。莫令綻壞。迦葉。畜糞掃衣比丘安住不浄觀中著糞掃衣。爲離欲故。慈心著糞掃衣。爲離瞋恚故。觀十二因緣著糞掃衣。爲離痴故。正思惟著糞掃衣。爲斷一切煩惱故。攝護諸根著糞掃衣。爲知六入故。不諛諂著糞掃衣。爲令諸天龍神喜悦故。迦葉。何故名糞掃衣。迦葉。譬如死灰⑪。人所不貪。不生我所心。法應除弃。迦葉。如是糞掃衣。非我非我所。是易得。非邪命。不求他。不觀他顔色。捨弃之物糞掃無异。亦無所屬。是故名糞掃衣。迦葉。糞掃衣是法幢。以大仙人故。是姓。以聖人故。是安住。以聖種故。是專念。以善法儀式故。是善護。以戒衆故。是向門。以定眾故。是安住。以慧眾故。是身。以解脱眾故。是順法。以解脱知見眾故。迦葉。如是畜糞掃衣得大福德。無所希求。無所貪著。能離慢心。能捨重擔。迦葉。若有比丘畜糞掃衣。以知足故。諸天龍鬼神貪樂欲見。迦葉。畜糞掃衣比丘若入禪定。釋梵四天王長跪合掌。頭面作禮。況餘小天。迦葉。若有惡比丘勤求衣服以嚴飾身。外現净行而內具足貪欲恚痴。雖作如是好嚴飾身。而諸天龍神不至其所禮敬供養。何以故。知此比丘勤求衣服以嚴飾身。不除心心數法垢。諸天知故。則遠捨去。

迦葉。汝見周那沙彌拾不净臭穢糞掃中物。乞食已。至阿耨大池欲浣濯之。爾時池邊有常住諸天。皆遠奉迎。頭面作禮。彼諸天等皆樂净潔。而取周那沙彌所捉不净糞掃衣而爲浣之。令無垢穢。
又取浣汁自以洗身。諸天知周那能持净戒。入諸禪定。有大威德。
是故奉迎恭敬作禮。迦葉。汝見須跋陀梵志著净潔衣乞食已。欲
至阿耨大池時。常住諸天於池四面面各五里。遥遮梵志不令近
池。恐以不净食及以殘食污此大池。迦葉。汝今現見此事。以聖人
正行威德故得是果。周那沙彌所有不净糞掃中物。而諸天取之
爲浣。亦以浣汁自洗其身。須跋陀梵志去池五里不令近之。迦葉。
誰聞是已。於聖法中不勤修學。彼諸聖人。諸天世人皆來頭面禮
敬供養。迦葉。欲求如是聖德故。畜糞掃衣。
迦葉。畜糞掃衣比丘。安住聖種不應生憂。於糞掃衣應生塔想。應

生世尊想。應生出世想。應生無我無我所想。如是觀已著糞掃衣。應如是調伏其心。由心净故得身净。非身净故得心净。迦葉。是故當净其心。莫嚴飾身。何以故。由心净故。於佛法中得名梵行。迦葉。如是畜糞掃衣比丘能如是學。則爲學我。亦學於汝。迦葉。若汝能畜如是粗衣。則便知足行於聖種。迦葉。汝僧伽梨若著床上。若在坐處。著憂多羅僧⑫經行。則有千萬諸天禮汝僧伽梨。此僧伽梨是戒定慧所薰者覆身之衣。迦葉。當知汝衣尚得如是尊重禮敬。况汝身耶。迦葉。我捨轉輪王位出家學道。先所著好上妙繒衣。頭羅衣。好細疊衣。諸上妙衣。一切著已。我今知足行於聖種。爲餘人故。身捨好服。畜冢間衣。若當來比丘聞我此法。即得學我。迦葉。汝本有金縷上衣。我從汝索。汝持與我。迦葉。我愍汝故即爲汝受。非以貪故。非以嚴身故。迦葉。有惡比丘不能學我。亦不學汝。爲貪所覆。多畜衣鉢。積聚飲食。藏舉不捨。亦畜金銀琉璃。穀米牛羊。鷄猪驢馬。車乘犁具。家業所須皆求畜之。迦葉。有智之人雖在於家能增善法。非痴人出家得是善分。云何智人在家能增長善法。迦葉。若有出家以袈裟繞項。無沙門行。多有緣事。種種繫縛。求好衣食。著袈裟已。在家人見。禮敬給施衣服飲食卧具湯藥。來去迎送。迦葉。在家之人得如是善法。彼出家人無有是事。何以故。彼出家人多求所須。不能施他故。

迦葉。當來有比丘多畜衣鉢。多有諸物。時彼比丘多爲諸在家人所見禮敬。尊重讚嘆。何以故。謂是比丘多受他施或持與我。我有所須能時時與迦葉。或有比丘持戒。見世過患。勤修善法。離一切漏如救頭然。其心知足。少諸緣事。勤修自利。離於一切習惡緣者。而彼比丘無人往至其所。無親近者。無禮敬尊重讚嘆者。何以故。彼在家人輕躁淺薄。見現世利。不見後世利。彼在家人生如是心。此比丘邊不得利益。用親近爲。用禮敬尊重讚嘆爲。除貧窮人少善根者。宿緣應敬者。迦葉。如是人等親近禮敬尊重讚嘆持戒比丘以爲善知識。迦葉。如是説已。稱可二種人意。何等二。一者。若見四聖諦。二者。若見生死過患。復有二。一者。勤行欲離四扼。二者。欲得沙門果。復有二。一者。專念業報。二者。欲知諸法相義。迦葉。我今閉塞一切懈怠者門。所謂不知業不知業報者。離善儀式者。不見後世過惡。喻如金剛。見現世利。不見後世利。不生一念向解脱門者。迦葉。我今説彼惡比丘不應希望。若説如是法。若遇如是法。聞如是法已。自知所行。不解深法而誹謗之。謂非佛説。是論師作。或魔所説。用教餘人。彼惡比丘如是自害。亦復害他。自染垢污。亦垢污他。是惡比丘不能自⑬利。亦不利他。

爾時摩訶迦葉白佛言。世尊。如諸佛大悲故。説專行比丘於諸法中得自在者。如來於此經中已廣説竟。世尊。若有衆生聞此經已。信解讀誦。向如實法。當知是諸衆生已爲諸佛之所攝取。

爾時佛告阿難。若有受持是經者。已於先佛種諸善根故。今欲得此經讀誦通利。欲得解脱。所謂善男子善女人。若出家學。若在家學。此法門能斷諸漏。亦得涅槃。阿難白佛言世尊。我欲受持此經。當何名此經。云何受持。佛告阿難。此經名選擇一切法寶。亦名安住聖種儀式。亦名攝取持戒者。亦名節解破戒者。亦名寶梁。亦名寶取[14]。亦名寶藏。亦名諸寶法門。

摩訶迦葉問大乘寶梁經竟。諸比丘衆聞佛所説。歡喜奉行。

大寶積經卷第一百一十四

校注

①『之二』，底本無，依龍藏、思溪藏補。
②『今』，底本污殘，依龍藏、思溪藏補。
③『中』，底本污殘，依龍藏、思溪藏補。
④『趣』，底本污殘，依龍藏、思溪藏補。
⑤『不』下，龍藏、和裕本、中州本有『時』字。
⑥『著』，龍藏作『喜』。
⑦『依』，龍藏、思溪藏、和裕本作『衣』。
⑧『草』，龍藏、思溪藏、和裕本作『果』。
⑨『應』上，底本有『時』字，依龍藏、思溪藏、和裕本、中州本刪。
⑩『與』，底本無，依龍藏、思溪藏、和裕本補。
⑪『灰』，龍藏、思溪藏、和裕本、中州本作『尸』。
⑫『憂多羅僧』，此譯云上著衣也。言於常所服中最在其上，故以名也。或云覆左肩衣也。（唐·慧琳《一切經音義》）
⑬『自』，底本污殘，依龍藏、思溪藏補。
⑭『取』，龍藏作『聚』。

大寶積經卷第一百一十五

無盡慧菩薩會第四十五

大唐三藏菩提流志奉　詔譯

如是我聞。一時佛在王舍城耆闍崛山。與大比丘衆千二百五十人俱。爾時復有一萬菩薩摩訶薩俱。所謂慧幢菩薩。法幢菩薩。月幢菩薩。日幢菩薩。無邊幢菩薩。復有十六在家菩薩。跋陀婆羅而爲上首。復有六十無比喻心菩薩摩訶薩。文殊師利而爲上首。復有賢劫中一切菩薩摩訶薩。彌勒菩薩而爲上首。復有六萬菩薩摩訶薩。無盡慧菩薩而爲上首。

爾時無盡慧菩薩即從坐起。偏袒右肩。右膝著地。合掌向佛。頭面禮敬。以衆寶華奉散於佛。而白佛言。世尊。所言菩提心者。以何義故說菩提心。菩薩復以幾法成就菩提心。云何是菩提心。菩提中心不可得。心中菩提亦不可得。離菩提。心不可得。離心。菩提亦不可得。菩提者無色無相。不可言說。心亦無色無相。不可顯示。衆生亦爾。皆不可得。世尊。諸法如是。當依何義而得修行。佛言。善男子。汝今諦聽。我說菩提者。本無名字言說。何以故。於菩提中名字言說不可得故。心及衆生亦復如是。若如是知。名菩提心。菩提者。非過去未來現在。心及衆生亦非過去未來現在。若知此義是名菩薩。然於其中亦不可得。於一切法都無所得。是名得菩提心。如阿羅漢得阿羅漢果。而於此中都無所得。唯除隨俗說言得果。於一切法皆無所得。得菩提心亦復如是。爲欲引攝初業菩薩故說菩提心。然於其中無心無心名。無菩提無菩提名。無衆生無衆生名。無聲聞無聲聞名。無獨覺無獨覺名。無菩薩無菩薩名。無如來無如來名。無有爲無有爲名。無無爲無無爲名。無現得無當得。善男子。我今依言說如是敷演。若有諸衆生善根廣大超諸衆生。如須彌山出過一切。是初發心。爲施波羅蜜因。猶如大地善能安住一切事業。是第二發心。爲戒波羅蜜因。志意勇猛。安受煩惱。如師子王威伏衆獸身無怖畏。是第三發心。爲忍波羅蜜因。勢力雄迅能伏煩惱。如那羅延摧伏异衆。是第四發心。爲精進波羅蜜因。功德善根種種開發。如波利質多俱鞞陀羅樹其華開敷。是第五發心。

爲禪波羅蜜因。除去痴暗。猶如日輪光明無邊。是第六發心。爲般若波羅蜜因。功德意樂一切莊嚴皆得圓滿。如大商主豐足財物。能以巧便拔衆險難。是第七發心。爲方便波羅蜜因。障礙除滅。意樂具足如浄滿月。是第八發心。爲力波羅蜜因。佛土衆生皆悉嚴浄。善法備足。所作成辦。譬如貧人得無盡藏所願圓滿。是第九發心。爲願波羅蜜因。福智無邊猶如虚空。於法自在如轉輪王。已受灌頂。是第十發心。爲智波羅蜜因。善男子。若此十種發心修習成就。名爲菩薩。名爲最勝衆生。無障礙衆生。非下劣衆生。然以實義不可得故。故於其中無衆生。無心。無菩提。

復次善男子。菩薩行施波羅蜜。以十法爲首。一者。信根。二者。信力。

三者。意樂。四者。增上意樂。五者。饒益衆生。六者。大慈。七者。大悲。八者。行四攝法。九者。愛樂佛法。十者。求一切智。是爲十。善男子。菩薩行戒波羅蜜。以十法爲首。一者。身業清净。二者。語業清净。三者。意業清净。四者。無怨害心。五者。净除惡趣。六者。遠離八難。七者。超諸聲聞辟支佛地。八者。安住佛功德。九者。滿諸希望。十者。成就大願。是爲十。善男子。菩薩行忍波羅蜜。以十法爲首。一者。捨離瞋恚。二者。不計其身。三者。不計其命。四者。信解。五者。成熟衆生。六者。慈力。七者。隨順法忍。八者。甚深法忍。九者。廣大勝忍。十者。破無明暗。是爲十。善男子。菩薩行精進波羅蜜。以十法爲首。一者。隨諸衆生所作而作。二者。身口意業常生隨喜。三者。無懈怠。四者。務進趣。五者。

修正勤。六者。修念處。七者。破煩惱怨。八者。觀察諸法。九者。成熟一切衆生。十者。求一切智。是爲十。善男子。菩薩行禪波羅蜜。以十法爲首。一者。安住善法。二者。心緣一境。三者。緣境等至。四者。正定。五者。禪解脱。六者。定根。七者。定力。八者。壞煩惱怨。九者。定聚圓滿。十者。護法三昧。是爲十。善男子。菩薩行般若波羅蜜。以十法爲首。一者。善觀察諸陰。二者。善觀察界處。三者。正見。四者。正念。五者。了知聖諦。六者。捨離諸見。七者。慧根。八者。無生法忍。九者。慧力。十者。無障礙智。是爲十。善男子。菩薩行方便波羅蜜。以十法爲首。一者。入諸衆生心行欲樂。二者。以力加諸衆生。三者。大慈大悲。四者。成熟衆生而無厭倦。五者。捨離聲聞辟支佛地。六者。殊勝智見。七者。修習諸波羅蜜。八者。如實觀諸法。九者。攝不思議力。十者。不退轉地。是爲十。善男子。菩薩行力波羅蜜。以十法爲首。一者。知一切衆生心行稠林。二者。知一切衆生煩惱行稠林。三者。知一切衆生意樂勝解行稠林。四者。知一切衆生根行稠林。五者。知一切衆生種種界行稠林。六者。知一切衆生隨煩惱行稠林。七者。知一切衆生死生行稠林。八者。知一切衆生三世業報行稠林。九者。知一切衆生習氣煩惱行稠林。十者。以無疲倦心成熟衆生諸根行稠林。是爲十。善男子。菩薩行願波羅蜜。以十法爲首。一者。知一切法無生。二者。知一切法無相。三者。知一切法無滅。四者。知一切法無所有。五者。於一切法無執著。六者。知一切法無來。七者。知一切法無去。八者。知一切法無自性。九者。知一切法無初中後平等。十者。於一切法初中後無分別。是爲十。善男子。菩薩行智波羅蜜。以十法爲首。一者。於一切法善能了知決擇。二者。善能圓滿白法。三者。積習菩薩無量資糧。四者。成就廣大福智資糧。五者。大悲圓滿。六者。入種種差別世界。七者。入一切衆生諸煩惱行。八者。作意入如來境界。九者。趣入十力無畏不共佛法殊勝境界。十者。受灌頂位。成就一切智最勝之相。是爲十。善男子。是爲諸菩薩摩訶薩行十波羅蜜皆以十法爲首。

復次善男子。云何爲波羅蜜義。所謂明示超過一切聲聞獨覺所行故。廣大圓滿如來智故。於有爲無爲不執著故。如實了知生死過故。諸未覺者悉令覺故。得如來無盡法藏故。得無礙解脱故。以布施度脱諸衆生故。以持戒圓滿本誓願故。以忍辱具足端嚴相故。以精進究竟諸佛法故。以禪定出生四無量故。以般若滅除諸煩惱故。以方便積集諸佛法故。以願能令佛法圓滿故。以力能令衆生浄信故。以智具足如來一切智故。得無生法忍故。得不退轉地故。浄治佛刹故。成熟衆生故。於菩提道場圓滿一切如來智故。降伏衆魔故。游四神足故。於生死涅槃俱無住故。超過一切聲聞獨覺菩薩功德故。摧伏一切諸异論故。成就十力四無所畏不共佛法故。證得無上正等覺故。轉十二種法輪故。如是一切是波羅蜜義。

復次善男子。菩薩摩訶薩將住初歡喜地先有是相。見三千大千世界中。所有百千億那由他衆寶伏藏。菩薩將住第二離垢地先有是相。見三千大千世界地平如掌。無量百千億那由他衆寶蓮花清净嚴飾。菩薩將住第三明地先有是相。見於自身被甲持杖。勇猛堅固。摧伏怨敵。菩薩將住第四焰地先有是相。見四方風吹種種名華布散於地。菩薩將住第五難勝地先有是相。見於女人首戴阿提目多華鬘。婆利師迦華鬘。瞻蔔迦華鬘。身佩種種衆莊嚴具。菩薩將住第六現前地先有是相。見於華池八功德水澄净盈滿。底布金沙。寶階四道。又於池中有優鉢羅花。波頭摩花。拘勿頭花。復見分陀利花而爲莊嚴。復見自身於中游戲。菩薩將住第七遠行地先有是相。見於自身左右兩邊皆有地獄。從彼超過無所傷害。菩薩將住第八不動地先有是相。見自身兩肩被師子王相。一切諸獸悉皆怖畏。菩薩將住第九善慧地先有是相。見於自身爲轉輪王。以正法教化。爲無量百千億那由他諸王之所圍繞。種種寶嚴鮮白之蓋蓋菩薩上。菩薩將住第十法雲地先有是相。見於自身爲真金色。具足如來三十二種大丈夫相。圓光一尋。安處高廣師子之座。無量百千億那由他梵天前後圍繞。恭敬供養而聽說法。善男子。菩薩摩訶薩以三昧力。顯現如是十地先相。

復次善男子。初地菩薩圓滿施波羅蜜。二地菩薩圓滿戒波羅蜜。三地菩薩圓滿忍波羅蜜。四地菩薩圓滿精進波羅蜜。五地菩薩圓滿禪波羅蜜。六地菩薩圓滿般若波羅蜜。七地菩薩圓滿方便波羅蜜。八地菩薩圓滿力波羅蜜。九地菩薩圓滿願波羅蜜。十地菩薩圓滿智波羅蜜。

復次善男子。菩薩初發心得現寶三昧。第二發心得善住三昧。第三發心得不動三昧。第四發心得不退轉三昧。第五發心得寶花三昧。第六發心得日輪光明三昧。第七發心得成就一切義三昧。第八發心得智炬三昧。第九發心得現證佛法三昧。第十發心得首楞嚴三昧。

復次善男子。菩薩於初地中得殊勝加持陀羅尼。第二地中得無能勝陀羅尼。第三地中得善住陀羅尼。第四地中得不可壞陀羅尼。第五地中得無垢陀羅尼。第六地中得智輪燈陀羅尼。第七地中得殊勝行陀羅尼。第八地中得清浄分別陀羅尼。第九地中得示現無邊法門陀羅尼。第十地中得無盡法藏陀羅尼。

爾時會中有一天子。名無礙光明師子幢。從坐而起。偏袒右肩。右膝著地。合掌向佛。白佛言。希有世尊。希有善逝。如是法門甚深廣大。而能含攝一切佛法。於是佛告無礙光明師子幢言。如是如是。如汝所説。善男子。若有菩薩於此法門暫能聽受。必不退轉阿耨多羅三藐三菩提。何以故。彼善男子善女人曾種諸善根故。成熟諸善根故。得聞如是經典。爲是經典之所印故。善男子。若有男子女人聞此經典。所種善根悉皆清浄。當得不捨離見佛聞法供養衆僧。成熟衆生。得不捨離海印陀羅尼。得不捨離出現無盡陀羅尼。得不捨離入衆生欲樂心行陀羅尼。得不捨離清淨日光幢陀羅尼。得不捨離無垢月光幢陀羅尼。得不捨離息一切結陀羅尼。得不捨離摧滅無邊堅如金剛山煩惱陀羅尼。得不捨離入平等法性言說陀羅尼。得不捨離入真實語言音聲陀羅尼。得不捨離如虛空顯現無邊清淨印所印陀羅尼。得不捨離成就顯現無邊佛身陀羅尼。善男子。若菩薩成就如是諸陀羅尼。能於十方一切刹土。變現佛身教化衆生。然於法性而無來去。亦復無有教化衆生。於所說法不著文字。平等無動。雖現身生死而無起滅。亦無少法有去來者。了知諸行本來寂靜。安住佛法。何以故。彼一切諸法無分別故。說是法時。衆中三萬菩薩得無生法忍。無量菩薩於阿耨多羅三藐三菩提獲不退轉。無量衆生發菩提心。無量比丘得法眼浄。佛說此經已。無盡慧菩薩。及諸比丘。世間天。人。阿修羅。乾闥婆等。皆大歡喜。信受奉行。

文殊師利①說般若會第四十六之一

梁三藏曼陀羅仙譯

如是我聞。一時佛在舍衛國祇樹給孤獨園。與大比丘僧滿足千人。菩薩摩訶薩十千人。俱以大莊嚴而自莊嚴。皆悉已住不退轉地。其名曰。彌勒菩薩。文殊師利菩薩。無礙辯菩薩。不捨擔②菩薩。與如是等大菩薩俱。文殊師利童真菩薩摩訶薩。明相現時從其住處來詣佛所。在外而立。爾時尊者舍利弗。富樓那彌多羅尼子。大目揵連。摩訶迦葉。摩訶迦栴延。摩訶拘絺羅。如是等諸大聲聞。各從住處俱詣佛所。在外而立。佛知衆會皆悉集已。爾時如來從住處出。敷座而坐。告舍利弗。汝今何故於晨朝時在門外立。舍利弗白佛言。世尊。文殊師利童真菩薩先已至此住門外立。我實於後晚來到耳。爾時世尊問文殊師利。汝實先來到此住處。欲見如來耶。文殊師利即白佛言。如是世尊。我實來此欲見如來。何以故。我樂正觀。利益衆生。我觀如來如如相。不異相。不動相。不作相。無生相。無滅相。不有相。不無相。不在方。不離方。非三世。非不三世。非二相。非不二相。非垢相。非净相。以如是等正觀如來。利益衆生。佛告文殊師利。若能如是見於如來。心無所取。亦無不取。非積聚。非不積聚。爾時舍利弗語文殊師利言。若能如是。如汝所説見如來者。甚爲希有。爲一切衆生故見於如來。而心不取衆生之相。化一切衆生向於涅槃。而亦不取向於涅槃相。爲一切衆生發大莊嚴。而心不見莊嚴之相。爾時文殊師利童真菩薩摩訶薩語舍利弗言。如是如是。如汝所説。雖爲一切衆生發大莊嚴。心恒不見有衆生相。爲一切衆生發大莊嚴。而衆生界亦不增不減。假使一佛住世若一劫若過一劫。如此一佛世界。復有無量無邊恒河沙諸佛。如是一一佛。若一劫若過一劫。晝夜説法心不暫息。各各度於無量恒河沙衆生皆入涅槃。而衆生界亦不增不減。乃至十方諸佛世界亦復如是。一一諸佛説法教化。各度無量恒河沙衆生皆入涅槃。於衆生界亦不增不減。何以故。衆生定相不可得故。是故衆生界不增不減。舍利弗復語文殊師利言。若衆生界不增不減。何以故菩薩爲諸衆生求阿耨多羅三藐三菩提。常行説法。文殊師利白佛言。若諸衆生悉空相者。亦無菩薩求阿耨多羅三藐三菩提。亦無衆生而爲説法。何以故。我説法中無有一法當可得故。爾時佛告文殊師利。若無衆生。云何説有衆生及衆生界。文殊師利言。衆生界相如諸佛界。又問。衆生界者是有量耶。答曰。衆生界量如佛界量。又問。衆生界量有處所不。答曰。衆生界量不可思議。又問。衆生界相爲有住不。答曰。衆生無住。猶如空住。佛告文殊師利。如是修般若波羅蜜時。當云何住般若波羅蜜。文殊師利言。以不住法爲住般若波羅蜜。佛復問文殊師利。云何不住法名住般若波羅蜜。文殊師利言。以無住相即住般若波羅蜜。佛復告文殊師利。如是住般若波羅蜜時。是諸善根云何增長。云何損減。文殊師利言。若能如是住般若波羅蜜。於諸善根無增無減。於一切法亦無增無減。是般若波羅蜜性相亦無增無減。世尊。如是修般若波羅蜜。則不捨凡夫法。亦不取賢聖法。何以故。般若波羅蜜不見有法可取可捨。如是修般若波羅蜜。亦不見涅槃可樂。生死可厭。何以故。不見生死。況復厭離。不見涅槃。何況樂著。如是修般若波羅蜜。不見垢惱可捨。亦不見功德可取。於一切法心無增減。何以故。不見法界有增減故。世尊。若能如是。是名修般若波羅蜜。世尊。不見諸法有生有滅。是修般若波羅蜜。世尊。不見諸法有增有減。是修般若波羅蜜。世尊。心無悕取。不見法相有可取者。是修般若波羅蜜。世尊。不見好醜。不生高下。不作取捨。何以故。法無好醜。離諸相故。法無高下。等法性故。法無取捨。住實際故。是修般若波羅蜜。佛告文殊師利。是諸佛法得不勝乎。文殊師利言。我不見諸法有勝如相。如來自覺一切法空。是可證知。佛告文殊師利。如是如是。如來正覺自證空法。文殊師利白佛言。世尊。是空法中當有勝如而可得耶。佛言。善哉善哉。文殊師利。如汝所説是真法乎。謂文殊師利言。阿耨多羅是名佛法。文殊師利言。如佛所説。阿耨多羅是名佛法。何以故。無法可得名阿耨多羅。文殊師利言。如是修般若波羅蜜。不名法器。非化凡夫法。亦非佛法。非增長法。是修般若波羅蜜。復次世尊。修般若波羅蜜時。不見有法可分別思惟。

佛告文殊師利。汝於佛法不思惟耶。文殊師利言。不也世尊。如我思惟。不見佛法。亦不可分別是凡夫法。是聲聞法。是辟支佛法。如是名爲無上佛法。復次。修般若波羅蜜時。不見凡夫相。不見佛法相。不見諸法有決定相。是爲修般若波羅蜜。復次。修般若波羅蜜時。不見欲界。不見色界。不見無色界。不見寂滅界。何以故。不見有法是盡滅相。是修般若波羅蜜。復次。修般若波羅蜜時。不見作恩者。不見報恩者。思惟二相。心無分別。是修般若波羅蜜。復次。修般若波羅蜜時。不見般若波羅蜜。復次。修般若波羅蜜時。不見是佛法可取。不見是凡夫法可捨。是修般若波羅蜜。復次。修般若波羅蜜時。不見凡夫法可滅。亦不見佛法而心證知。是修般若波羅蜜。佛告文殊師利。善哉善哉。汝能如是善説甚深般若波羅蜜相。是諸菩薩摩訶薩所學法印。乃至聲聞緣覺學無學人。亦當不離是印而修道果。佛告文殊師利。若人得聞是法不驚不畏者。不從千佛所種諸善根。乃至百千萬億佛所久殖德本。乃能於是甚深般若波羅蜜不驚不怖。文殊師利白佛言。世尊。我今更説般若波羅蜜義。佛言。便説。世尊。修般若波羅蜜時。不見法是應住。是不應住。亦不見境界可取捨相。何以故。如諸如來不見一切法境界相故。

乃至不見諸佛境界。況取聲聞緣覺凡夫境界。不取思議相。亦不取不思議相。不見諸法有若干相。自證空法不可思議。如是菩薩摩訶薩。皆已供養無量百千萬億諸佛。種諸善根。乃能於是甚深般若波羅蜜不驚不怖。復次。修行般若波羅蜜時。不見縛。不見解。而於凡夫乃至三乘不見差別相。是修般若波羅蜜。

佛告文殊師利。汝已供養幾所諸佛。文殊師利言。我及諸佛如幻化相。不見供養及與受者。佛告文殊師利。汝今可不住佛乘耶。文殊師利言。如我思惟。不見一法。云何當得住於佛乘。佛言。文殊師利。汝不得佛乘乎。文殊師利言。如佛乘者但有名字。非可得亦不可見。我云何得。佛言。文殊師利。汝得無礙智乎。文殊師利言。我即無礙。云何以無礙而得無礙。佛言。汝坐道場乎。文殊師利言。一切如來不坐道場。我今云何獨坐道場。何以故。現見諸法住實際故。佛言。云何名實際。文殊師利言。身見等是實際。佛言。云何身見是實際。文殊師利言。身見如相。非實非不實。不來不去。亦身非身。是名實際。舍利弗白佛言。世尊。若於斯義諦了決定。是名菩薩摩訶薩。何以故。能聞如是甚深般若波羅蜜相。心不驚不怖。不沒不悔。彌勒菩薩白佛言。世尊。得聞如是般若波羅蜜。具足法相。是即近於佛坐。何以故。如來現覺此法相故。文殊師利白佛言。世尊。得聞甚深般若波羅蜜。能不驚不怖。不沒不悔。當知此人即是見佛。爾時復有無相優婆夷白佛言。世尊。凡夫法。聲聞法。辟支佛法。佛法。

是諸法皆無相。是故於所從聞般若波羅蜜。皆不驚不怖。不没不
悔。何以故。一切諸法本無相故。佛告舍利弗。善男子善女人若聞
如是甚深般若波羅蜜。心得决定。不驚不怖。不没不悔。當知是人
即住不退轉地。若人聞是甚深般若波羅蜜。不驚不怖。信樂聽受。
歡欣不厭。是即具足檀波羅蜜。尸波羅蜜。羼提波羅蜜。毗梨耶波
羅蜜。禪波羅蜜。般若波羅蜜。亦能爲他顯示分別。如説修行。
佛告文殊師利。汝觀何義。爲得阿耨多羅三藐三菩提。住阿耨多
羅三藐三菩提。文殊師利言。我無得阿耨多羅三藐三菩提。我不
住佛乘。云何當得阿耨多羅三藐三菩提。如我所説即菩提相。佛
讚文殊師利言。善哉善哉。汝能於是甚深法中巧説斯義。汝於先

佛久種善根。以無相法淨修梵行。文殊師利言。若見有相則言無相。我今不見有相。亦不見無相。云何而言以無相法淨修梵行。佛告文殊師利。汝見聲聞戒耶。答曰。見。佛言。汝云何見。文殊師利言。我不作凡夫見。不作聖人見。不作學見。不作無學見。不作大見。不作小見。不作調伏見。不作不調伏見。非見非不見。舍利弗語文殊師利言。汝今如是觀聲聞乘。若觀佛乘當復云何。文殊師利言。不見菩薩法。不見修行菩提及證菩提者。舍利弗語文殊師利言。云何名佛。云何觀佛。文殊師利言。云何爲我。舍利弗言。我者但有名字。名字相空。文殊師利言。如是如是。如我但有名字。佛亦但有名字。名字相空即是菩提。不以名字而求菩提。菩提之相無言無說。何以故。言說菩提二俱空故。復次舍利弗。汝問云何名佛。云何觀佛者。不生不滅。不來不去。非名非相。是名爲佛。如自觀身實相。觀佛亦然。唯有智者乃能知耳。是名觀佛。

大寶積經卷第一百一十五

校注

①『師利』，底本無，依該會下品名稱補。

②『擔』，龍藏作『誓』。

大寶積經卷第一百一十六

梁三藏曼陀羅仙譯

文殊師利説般若會第四十六之二

爾時舍利弗白佛言。世尊。如文殊師利所説般若波羅蜜。非初學菩薩所能了知。文殊師利言。非但初學菩薩所不能知。及諸二乘所作已辦者。亦未能了知。如是説法無能知者。何以故。菩提之相。實無有法而可知故。無見無聞。無得無念。無生無滅。無説無聽。如是菩提性相空寂。無證無知。無形無相。云何當有得菩提者。舍利弗語文殊師利言。佛於法界不證阿耨多羅三藐三菩提耶。文殊師利言。不也。舍利弗。何以故。世尊即是法界。若以法界證法界者。

即是諍論。舍利弗。法界之相即是菩提。何以故。是法界中無衆生相故。一切法空故。一切法空即是菩提。無二無分別故。舍利弗。無分別中則無知者。若無知者。即無言無説。無言説相。即非有非無。非知非不知。一切諸法亦復如是。何以故。一切諸法不見處所。決定性故。如逆罪相不可思議。何以故。諸法實相不可壞故。如是逆罪亦無本性。不生天上。不墮地獄。亦不入涅槃。何以故。一切業緣皆住實際。不來不去。非因果非不因果。何以故。法界無邊無前無後故。是故舍利弗。若見犯重比丘不墮地獄。清浄行者不入涅槃。如是比丘。非應供非不應供。非盡漏非不盡漏。何以故。於諸法中住平等故。舍利弗言。云何名不退法忍。文殊師利言。不見少法有生滅相。名不退法忍。舍利弗言。云何復名不調比丘。文殊師利言。漏盡阿羅漢是名不調。何以故。諸結已盡。更無所調。故名不調。若過心行。名爲凡夫。何以故。凡夫衆生不順法界。是故名過。舍利弗言。善哉善哉。汝今爲我善解漏盡阿羅漢義。文殊師利言。如是如是。我即漏盡真阿羅漢。何以故。斷求聲聞欲及辟支佛欲。以是因緣故。名漏盡得阿羅漢。

佛告文殊師利。諸菩薩等坐道場時。覺悟阿耨多羅三藐三菩提不。文殊師利言。菩薩坐於道場。無有覺悟阿耨多羅三藐三菩提。何以故。如菩提相。無有少法而可得者。名阿耨多羅三藐三菩提。無相菩提。誰能坐者。亦無起者。以是因緣。不見菩薩坐於道場。亦不覺證阿耨多羅三藐三菩提。文殊師利白佛言。世尊。菩提即五逆。五逆即菩提。何以故。菩提五逆無二相故。無覺無覺者。無見無見者。無知無知者。無分別無分別者。如是之相名爲菩提。見五逆相亦復如是。若言見有菩提而取證者。當知此輩即是增上慢人。

爾時世尊告文殊師利。汝言我是如來。亦謂我爲如來乎。文殊師利言。不也世尊。我不謂如來爲如來耶。無有如相可名爲如。亦無如來智能知於如。何以故。如來及智無二相故。空爲如來。但有名字。我當云何謂是如來。

佛告文殊師利。汝疑如來耶。文殊師利言。不也。世尊。我觀如來無決定性。無生無滅。故無所疑。佛告文殊師利。汝今不謂如來出現於世耶。文殊師利言。若有如來出現世者。一切法界亦應出現。佛告文殊師利。汝謂恒沙諸佛入涅槃耶。文殊師利言。諸佛一相不可思議。佛語文殊師利。如是如是。佛是一相不思議相。文殊師利白佛言。世尊。佛今住世耶。佛語文殊師利。如是如是。文殊師利言。若佛住世。恒沙諸佛亦應住世。何以故。一切諸佛皆同一相不思議相。不思議相者無生無滅。若未來諸佛出興於世。一切諸佛亦皆出世。何以故。不思議中無過去未來現在相。但衆生取著謂有出世。謂佛滅度。佛語文殊師利。此是如來。阿羅漢。阿鞞跋致菩薩所解。何以故。是三種人聞甚深法。能不誹謗。亦不贊嘆。文殊師利白佛言。世尊。如是不思議。誰當誹謗。誰當贊嘆。

佛告文殊師利。如來不思議。凡夫亦不思議。文殊師利白佛言。世尊。凡夫亦不思議耶。佛言。亦不思議。何以故。一切心相皆不思議。文殊師利言。若如是説。如來不思議。凡夫亦不思議。今無數諸佛求於涅槃。徒自疲勞。何以故。不思議法即是涅槃。等無異故。文殊師利言。如是凡夫不思議。諸佛不思議。若善男子善女人久習善根。近善知識。乃能了知。佛告文殊師利。汝欲使如來於諸衆生爲最勝耶。文殊師利言。我欲使如來於諸衆生爲最第一。但衆生相亦不可得。佛言。汝欲使如來得不思議法耶。文殊師利言。欲使如來得不思議法。而於諸法無成就者。佛告文殊師利。欲①使如來説法教化耶。文殊師利白佛言。欲使如來説法教化。而是説及聽者皆不可得。何以故。住法界故。法界衆生無差別相。佛告文殊師利。汝欲使如來爲無上福田耶。文殊師利言。如來是無盡福田。是無盡相。無盡相即無上福田。非福田非不福田。是名福田。無有明暗生滅等相。是名福田。若能如是解福田相。深殖善種。亦無增無減。佛告文殊師利。云何殖種不增不減。文殊師利言。福田之相不可思議。若人於中如法修善。亦不可思議。如是殖種名無增無減。亦是無上最勝福田。爾時大地以佛神力六種振動。現無常相。一萬六千人皆得無生法忍。七百比丘。三千優婆塞。四萬億優婆夷。六千億那由他六欲諸天遠塵離垢。於諸法中得法眼净。爾時阿難從坐而起。偏袒右肩。右膝著地。白佛言。世尊。何因緣故。如是大地六種振動。佛告阿難。我説福田無差別相。故現斯瑞。往昔諸佛亦於此處作如是説福田之相利益衆生。一切世界六種振動。舍利弗白佛言。世尊。文殊師利是不可思議。何以故。所説法相不可思議。佛告文殊師利。如是如是。如舍利弗言。汝之所説實不思議。文殊師利白佛言。世尊。不思議不可説。思議亦不可説。如是思議不思議性俱不可説。一切聲相非思議。亦非不可思議。佛言。汝入不思議三昧耶。文殊師利言。不也世尊。我即不思議。不見有心能思議者。云何而言入不思議三昧。我初發心欲入是定。而今思惟。實無心相而入三昧。如人學射。久習則巧。後雖無心。以久習故。箭發皆中。我亦如是。初學不思議三昧。繫心一緣。若久習成就。更無心想。恒與定俱。舍利弗語文殊師利言。更有勝妙寂滅定不。文殊師利言。若有不思議定者。汝可問言更有寂滅定不。如我意解。不可思議定尚不可得。云何問有寂滅定乎。舍利弗言。不思議定不可得耶。文殊師利言。思議定者是可得相。不思議定者不可得相。一切衆生實成就不思議定。何以故。一切心相即非心故。是名不思議定。是故一切衆生相及不思議三昧相等無分別。佛贊文殊師利言。善哉善哉。汝於諸佛久殖善根。净修梵行。乃能演説甚深三昧。汝今安住如是般若波羅蜜中。文殊師利言。若我住般若波羅蜜中能作是説。即是有想。便住我想。若住有想我想中者。般若波羅蜜便有處所。般若波羅蜜若住於無。亦是我想。亦名處所。

離此二處。住無所住。如諸佛住。安處寂滅非思議境界。如是不思議。名般若波羅蜜住處。般若波羅蜜處。一切法無相。一切法無作。般若波羅蜜即不思議。不思議即法界。法界即無相。無相即不思議。不思議即般若波羅蜜。般若波羅蜜即法界。無二無別。無二無別即法界。法界即無相。無相即般若波羅蜜界。般若波羅蜜界即不思議界。不思議界即無生無滅界。無生無滅界即不思議界。文殊師利言。如來界及我界即不二相。如是修般若波羅蜜者。則不求菩提。何以故。菩提相離。即是般若波羅蜜故。世尊。若知我相而不可著。無知無著。是佛所知。不可思議。無知無著即佛所知。何以故。知體本性無所有相。云何能轉法界。若知本性無體無著者。即名無物。若無有物。是無處所。無依無住。無依無住即無生無滅。無生無滅即是有爲無爲功德。若如是知。則無心想。無心想者。云何當知有爲無爲功德。無知即不思議。不思議者是佛所知。亦無取無不取。不見三世去來等相。不取生滅及諸起作。亦不斷不常。如是知者。是名正智不思議智。如虚空無此無彼不可比類。無好惡。無等等。無相無貌。佛告文殊師利。若如是知。名不退智。文殊師利言。無作智名不退智。猶如金礦。先加錘打方知好惡。若不治打無能知者。不退智相亦復如是。要行境界不念不著。無起無作。具足不動。不生不滅。爾乃顯現。爾時佛告文殊師利言。如諸如來自説已智。誰當能信。文殊師利言。如是智者。非涅槃法。非生死法。是寂滅行。是無動行。不斷貪欲瞋恚愚痴。亦非不斷。何以故。無盡無滅。不離生死。亦非不離。不修道非不修道。作是解者。名爲正信。佛告文殊師利言。善哉善哉。如汝所說。深解斯義。

爾時摩訶迦葉白佛言。世尊。於當來世。若說如是甚深正法。誰能信解。如聞受行。佛告迦葉。今此會中比丘。比丘尼。優婆塞。優婆夷。得聞此經者。如是人等於未來世。若聞是法必能信解。於甚深般若波羅蜜乃能讀誦信解受持。亦能爲他人分別演說。譬如長者失摩尼寶。憂愁苦惱。後若還得。心甚歡喜。如是迦葉。比丘。比丘尼。優婆塞。優婆夷等亦復如是。有信樂心。若不聞法。則生苦惱。若得聞時。信解受持。常樂讀誦。甚大歡喜。當知此人即是見佛。亦即親近供養諸佛。佛告迦葉。譬如忉利天上波利質多羅樹皰[2]初出時。是中諸天見是樹已。皆大歡喜。此樹不久必當開敷。若比丘。比丘尼。優婆塞。優婆夷得聞般若波羅蜜。能生信解亦復如是。此人不久亦當開敷一切佛法。於當來世。有比丘。比丘尼。優婆塞。優婆夷。聞般若波羅蜜。信受讀誦。心不悔沒。當知是人已從此會聽受是經。亦能爲人聚落城邑廣説流布。當知是人佛所護念。如是甚深般若波羅蜜中。有能信樂心無疑惑者。是善男子善女人。於過去諸佛。久已修學殖諸善根。譬如有人以手穿珠。忽遇無上真摩尼寶。心大歡喜。當知是人必已曾見。如是迦葉。若善男子善女人修學餘法。忽然得聞甚深般若波羅蜜。能生歡喜亦復如是。當知此人已曾聞故。若有衆生得聞甚深般若波羅蜜。心能信受。生大歡喜。如是人等亦曾親近無數諸佛。從聞般若波羅蜜已修學故。譬如有人先所經③見城邑聚落。後若聞人贊嘆彼城所有園苑。種種池泉。花果林樹。男女人民皆可愛樂。是人聞已即大歡喜。更勸令説。是城園苑衆好嚴飾。雜花池泉多諸甘果。種種珍妙一切愛樂。是人得聞重甚歡喜。如是之人皆曾見故。若善男子善女人有聞般若波羅蜜。信心聽受。能生歡喜。樂聞不厭而更勸説。當知此輩已從文殊師利曾聞如是深般若波羅蜜故。迦葉白佛言。世尊。若將來世善男子善女人。得聞是甚深般若波羅蜜。信樂聽受。以是相故。當知此人亦於過去佛所曾聞修學。文殊師利白佛言。世尊。

佛説諸法無作無相。第一寂滅。若善男子善女人有能如是諦了斯義。如聞而説。爲諸如來之所贊嘆。不違法相。是即佛説。亦是熾然般若波羅蜜相。亦名熾然具足佛法。通達實相不可思議。佛告文殊師利。我本行菩薩道時修諸善根。欲住阿鞞跋致地。當學般若波羅蜜。欲成阿耨多羅三藐三菩提。當學般若波羅蜜。若善男子善女人欲解一切法相。欲知一切衆生心界皆悉同等。當學般若波羅蜜。文殊師利。欲學一切佛法。具足無礙。當學般若波羅蜜。欲學一切佛成阿耨多羅三藐三菩提時。相好威儀無量法式。當學般若波羅蜜。欲知一切佛不成阿耨多羅三藐三菩提。一切法式及諸威儀。當學般若波羅蜜。何以故。是空法中不見諸佛菩提等故。若善男子善女人欲知如是等相無疑惑者。當學般若波羅蜜。何以故。般若波羅蜜不見諸法若生若滅。若垢若净。是故善男子善女人應作如是學般若波羅蜜。欲知一切法無過去未來現在等相。當學般若波羅蜜。何以故。法界性相無三世故。欲知一切法同入法界。心無挂礙。當學般若波羅蜜。欲得三轉十二行法輪。亦自證知而不取著。當學般若波羅蜜。欲得慈心遍覆一切衆生而無限齊。亦不作念有衆生相。當學般若波羅蜜。欲得於一切衆生不起諍論。亦復不取無諍論相。當學般若波羅蜜。欲知是處非處十力無畏。住佛智慧得無礙辯。當學般若波羅蜜。

爾時文殊師利白佛言。世尊。我觀正法無爲無相。無得無利。無生無滅。無來無去。無知者。無見者。無作者。不見般若波羅蜜。亦不見般若波羅蜜境界。非證非不證。不作戲論。無有分別。一切法無盡離盡。無凡夫法。無聲聞法。無辟支佛法。佛法。非得非不得。不捨生死。不證涅槃。非思議非不思議。非作非不作。法相如是。不知云何當學般若波羅蜜。爾時佛告文殊師利。若能如是知諸法相。是名學般若波羅蜜。菩薩摩訶薩若欲學菩提自在三昧。得是三昧已。照明一切甚深佛法。及知一切諸佛名字。亦悉了達諸佛世界。無有障礙。當如文殊師利所説般若波羅蜜中學。

文殊師利白佛言。世尊。何故名般若波羅蜜。佛言。般若波羅蜜。無邊無際。無名無相。非思量。無歸依。無洲無渚。無犯無福。無晦無明。

如法界無有分齊。亦無限數。是名般若波羅蜜。亦名菩薩摩訶薩
行處。非行處非不行處。悉入一乘名非行處。何以故。無念無作故。
文殊師利白佛言。世尊。當云何行。能速得阿耨多羅三藐三菩提。
佛言。文殊師利。如般若波羅蜜中所說行。能速得阿耨多羅三藐
三菩提。復有一行三昧。若善男子善女人修是三昧者。亦速得阿
耨多羅三藐三菩提。文殊師利言。世尊。云何名一行三昧。佛言。法
界一相。繫緣法界。是名一行三昧。若善男子善女人欲入一行三
昧。當先聞般若波羅蜜。如說修學。然後能入一行三昧。如法界緣。
不退不壞。不思議。無礙無相。善男子善女人欲入一行三昧。應處
空閑。捨諸亂意。不取相貌。繫心一佛。專稱名字。隨佛方所。端身正

向。能於一佛念念相續。即是念中能見過去未來現在諸佛。何以故。念一佛功德無量無邊。亦與無量諸佛功德無二。不思議佛法等無分別。皆乘一如成最正覺。悉具無量功德無量辯才。如是入一行三昧者。盡知恒沙諸佛法界無差別相。阿難所聞佛法。得念總持辯才智慧。於聲聞中雖爲最勝。猶住量數。則有限礙。若得一行三昧。諸經法門一一分別。皆悉了知。決定無礙。晝夜常說。智慧辯才終不斷絶。若比阿難多聞辯才。百千等分不及其一。菩薩摩訶薩應作是念。我當云何逮得一行三昧不可思議功德無量名稱。佛言。菩薩摩訶薩當念一行三昧。常勤精進而不懈怠。如是次第漸漸修學。則能得入一行三昧。不可思議功德作證。除謗正法。

不信惡業重罪障者所不能入。復次文殊師利。譬如有人得摩尼珠。示其珠師。珠師答言。此是無價真摩尼寶。即求師言。爲我治磨。勿失光色。珠師治已。隨其磨時。珠色光明映徹表裏。文殊師利。若有善男子善女人。修學一行三昧不可思議功德無量名稱。隨修學時知諸法相。明達無礙。功德增長。亦復如是。文殊師利。譬如日輪光明遍滿無有滅相。若得一行三昧。悉能具足一切功德無有缺少。亦復如是。照明佛法如日輪光。文殊師利。我所説法皆是一味。離味。解脱味。寂滅味。若善男子善女人得是一行三昧者。其所演説亦是一味。離味。解脱味。寂滅味。隨順正法無錯謬相。文殊師利。若菩薩摩訶薩得是一行三昧。皆悉滿足助道之法。速得阿耨多羅三藐三菩提。
復次文殊師利。菩薩摩訶薩不見法界有分別相及以一相。速得阿耨多羅三藐三菩提相不可思議。是菩提中亦無得佛。如是知者。速得阿耨多羅三藐三菩提。若信一切法悉是佛法。不生驚怖。亦不疑惑。如是忍者。速得阿耨多羅三藐三菩提。文殊師利白佛言。世尊。以如是因。速得阿耨多羅三藐三菩提耶。佛言。得阿耨多羅三藐三菩提。不以因得。不以非因得。何以故。不思議界。不以因得。不以非因得。若善男子善女人聞如是說不生懈怠。當知是人已於先佛種諸善根。是故比丘。比丘尼聞說是甚深般若波羅蜜。不生驚怖。即是從佛出家。若優婆塞。優婆夷得聞如是甚深般若波羅蜜。心不驚怖。即是成就真歸依處。文殊師利。若善男子善女人不習甚深般若波羅蜜。即是不修佛乘。譬如大地。一切藥木皆依地生長。文殊師利。菩薩摩訶薩亦復如是。一切善根皆依般若波羅蜜而得增長。於阿耨多羅三藐三菩提不相違背。爾時文殊師利白佛言。世尊。此閻浮提城邑聚落。當於何處演說如是甚深般若波羅蜜。佛告文殊師利。今此會中若有人聞般若波羅蜜。皆發誓言。於未來世常得與般若波羅蜜相應。從是信解。未來世中能聽是經。當知是人不從餘小善根中來。所能堪受。聞已歡喜。文殊師利。若復有人從汝聽是般若波羅蜜。應作是言。此般若波羅蜜中。無聲聞辟支佛菩薩④法。佛法。亦無凡夫生滅等法。文殊師利白佛言。世尊。若比丘。比丘尼。優婆塞。優婆夷來問我言。云何如來説般若波羅蜜。我當答言。一切諸法無諍論相。云何如來當説般若波羅蜜。何以故。不見有法可與諍論。亦無衆生心識能知。復次世尊。我當更説究竟實際。何以故。一切法相同入實際。阿羅漢無別勝法。何以故。阿羅漢法。凡夫法。不一不异故。復次世尊。如是説法。無有衆生已得涅槃。今得當得。何以故。無有决定衆生相故。文殊師利言。若人欲聞般若波羅蜜。我當作如是説。其有聽者。不念不著。無聞無得。當如幻人無所分別。如是説者是真説法。是故聽者莫作二相。不捨諸見而修佛法。不取佛法。不捨凡夫法。何以故。佛及凡夫二法相空。無取捨故。若人問我。當作是説。如是安慰。如是建立。善男子善女人應如是問。作如是住。心不退沒。當知法相隨順般若波羅蜜說。

爾時世尊贊嘆文殊師利。善哉善哉。如汝所說。若善男子善女人欲見諸佛。應學如是般若波羅蜜。欲親近諸佛如法供養。應學如是般若波羅蜜。若欲言如來是我世尊。應學如是般若波羅蜜。若言如來非我世尊。亦應學如是般若波羅蜜。若欲成阿耨多羅三藐三菩提。亦應學如是般若波羅蜜。若欲不成阿耨多羅三藐三菩提。亦應學如是般若波羅蜜。若欲成就一切三昧。應學如是般若波羅蜜。若欲不成就一切三昧。亦應學如是般若波羅蜜。何以故。無作三昧無異相故。一切法無生無出故。若欲知一切法假名。

應學如是般若波羅蜜。若欲知一切衆生修菩提道。不求菩提相。心不退沒。應學如是般若波羅蜜。何以故。一切法皆菩提相故。若欲知一切衆生行非行相。非行即菩提。菩提即法界。法界即實際。心不退沒。應學如是般若波羅蜜。若欲知一切如來神通變化。無相無礙。亦無方所。應學如是般若波羅蜜。

佛告文殊師利。若比丘。比丘尼。優婆塞。優婆夷欲得不墮惡趣。當學般若波羅蜜。一四句偈受持讀誦。爲他解說。隨順實相。如是善男子善女人。當知決定得阿耨多羅三藐三菩提。則住佛國。若聞如是般若波羅蜜。不驚不畏。心生信解。當知此輩佛所印可。是佛所行大乘法印。若善男子善女人學此法印。超過惡趣。不入聲聞辟支佛道。以超過故。爾時帝釋三十三天。以天妙花。優鉢羅花。拘物頭花。分陀利花。天曼陀羅花等。天栴檀香及餘末香。種種金寶。作天伎樂。爲供養般若波羅蜜。并諸如來及文殊師利。以散其上。作是供養已。願我常聞般若波羅蜜法印。釋提桓因復作是願。願閻浮提善男子善女人。常使得聞是經。決定佛法。皆令信解。受持讀誦。爲人演說。一切諸天爲作擁護。

爾時佛告釋提桓因言。憍尸迦。如是如是。善男子善女人當得決定諸佛菩提。文殊師利白佛言世尊。如是受持善男子善女人。得大利益功德無量。爾時以佛神力。一切大地六反震動。佛時微笑。放大光明遍照三千大千世界。文殊師利白佛言。世尊。即是如來印般若波羅蜜相。佛言。文殊師利。如是如是。說般若波羅蜜已皆現此瑞。爲印般若波羅蜜故。使人受持。令無贊毁。何以故。無相法印不可贊毁。我今以是法印。令諸天魔不能得便。佛說是經已。爾時諸大菩薩。及四部衆。聞說般若波羅蜜。歡喜奉行⑤。

大寶積經卷第一百一十六

校注

①『欲』上，龍藏有『汝』字。

②『疱』，龍藏、思溪藏作『胞』。

③『經』，底本作『遥』，依龍藏、和裕本改。

④『菩薩』，底本無，依龍藏、思溪藏、和裕本補。

⑤『歡喜奉行』，思溪藏作『皆大歡喜頂戴奉行』。

大寶積經卷第一百一十七

西晉三藏竺法護譯

寶髻菩薩會第四十七之一

聞如是。一時佛在羅閱祇靈鷲山。與大比丘衆四萬二千。菩薩八萬四千俱。各從十方諸佛世界而來集會。皆已通達。一生補處。得無所著。無所挂礙。從勇猛伏三昧出生。獲上蓮花三昧。金剛道場三昧。善堅住三昧。淳淑修三昧。幢英王三昧。金剛三昧。淨德事三昧。分别權行。皆得親近諸佛之法。在佛樹下多所降伏。度諸魔界。而得建立諸佛之土。逮成無盡所説總持。得知衆生一切根原。以妙辯才可悦諸心。爲師子步猛無所畏。若入衆會。應順時宜宣文字句。成就諸行。則以威相而自嚴飾。捨於世財。弃諸外道。功勛顯布。聲徹十方。諸佛咨嗟。德不可量。悉從布施持戒忍辱精進一心智慧而成。從無數劫百千那術修治道業。睹見一切衆生之疾。應病與藥皆令瘳愈。入於深妙明緣起法。以捨斷滅有常之事。其行清净。志無瑕穢。心性鮮明。開化群生。各各攝護令得其所。曉了教誨。意得自在。勢力堅强。不毁慈心。信。戒。聞。施。慚愧。智慧。具足七財。欲化衆生。以善方便現處閑居。所用修力善誓諸願。聖德無量。心如虚空。其名曰。光觀菩薩。常明曜菩薩。光世音菩薩。大勢至菩薩。師子意菩薩。師子步菩薩。師子雷音菩薩。尊意菩薩。金剛意菩薩。金剛步菩薩。金剛幢菩薩。金剛志菩薩。步不動迹菩薩。獨步世菩薩。善明菩薩。蓮花目菩薩。蓮花净菩薩。寶净菩薩。鈎鎖菩薩。寶幢菩薩。寶事菩薩。寶印手菩薩。德曜王菩薩。净王菩薩。執離意王菩薩。電光嚴菩薩。虚空藏菩薩。濡音菩薩。雨音菩薩。不離音菩薩。意净菩薩。電①音菩薩。解縛菩薩等。十六正士溥首之等。六十聖士衆香首等三十有二清净行士慈氏之等。皆是賢劫諸菩薩也。降魔天子。净復净天子。善妙天子。賢護天子。獲勝天子。意勝天子。寂化音天子。善思天子等類二萬。皆悉②大乘。四天王天。帝釋。忍迹梵天。魔子導師。濡美天子。并餘諸天。龍。神。揵沓和。阿須倫。迦留羅。真陀羅。摩睺勒等及人非人。不可稱計。

彼時世尊與無央數百千之衆眷屬圍繞而爲説經。坐大清净師子之床。勇猛無畏爲師子吼。如日普照。若月盛明。如火③消冥。其座暉赫。威光巍巍。超逾釋梵。佛身特顯。猶須彌山現于大海。所説經典上中意語靡不妙善④。義美具足。究竟清净。常修梵行。廣演恩慈。宣菩薩行。講菩薩法。所當遵修名曰净行。

爾時東方去此佛國九百二十萬佛土。世界名善變。其佛號净住如來至真等正覺。現在説法。時佛左右有一菩薩。名羅陀鄰那朱（晋曰寶髻）。與八千菩薩俱。於其佛土忽然不現。至此忍界住于梵天。以一寶蓋覆斯三千大千忍土。普雨天華。其色若干。在於梵天而説頌曰。

諸天人民獲善利⑤　心願見佛釋師子　爲消惱熱諸俗事

心願堅固志佛道　無數菩薩如江沙　以精進力行超越
降伏魔衆億百千　得成佛道離垢憂　吾從東方而發來
其世界名曰善變　在彼净住佛左右　欲得稽首釋師子
假使有人欲聽法　若睹十方諸菩薩　設欲歸禮彼世尊
速疾來到靈鷲山　諸導師衆難得遇　經典之要甚難值
人身難得及閑暇　篤信禁戒誠亦難　假使今時造德本
則見衆生處邪冥　便能開心令滅度　速行俱詣於最勝
若欲解弃三惡道　獲致安隱天人處　逮得無爲消生死
則當往詣無等倫　爲良醫王施甘露　尊猶導師示正路
彼爲法王執尊寶　降伏一切衆生趣

於時寶髻説斯頌已。以此頌音告于三千大千世界。賢者舍利弗聞説斯頌。前白佛言。唯然世尊。此妙頌義爲從何出。佛言。東方去此九百二十萬佛界名善變。⑥佛號净住如來至真等正覺。現在説法。其佛左右有菩薩名寶髻。與八千菩薩俱。到此忍界欲來見佛。稽首問訊。咨受經典。并欲見十方諸會菩薩。故住梵天説此頌耳。斯頌之音。普聞三千大千世界。令無央數衆生之類殖衆德本。俱來詣佛。於是寶髻與八千菩薩。及無央數諸天子衆周匝圍繞。鼓百千伎。雨諸妙花。演大光明。動三千界。往詣佛所。稽首足下。各繞七匝。正住佛前。八千菩薩亦復如是。諸天子衆悉皆侍從。寶髻菩薩前白佛言。唯然世尊。净住如來敬問無量。所志康寧。住於輕便。

勢力安乎。蒙天中天。鄙身詣此。願垂恩慈。爲諸菩薩大士之衆。班宣道教所當應行。菩薩住此。得究竟成。具足清凈。而普被服一切德鎧。積纍衆善平等之行。凈修其身。皆見一切群生所念。觀其相行而隨開化。則以智慧爲淫怒痴而講說法。令致妙行。若有衆人住於邪法。便爲演示平等之教。爲諸如來所見覆蓋。衆生之類皆得蒙賴。一切諸魔不能得便。逮睹諸佛。無所挂礙。敢可遵修皆成如來清凈之行。如此之義何因致乎。

佛告寶髻。善哉善哉。族姓子。乃問如來如此之義。諦聽諦聽。善思念之。吾當解說諸菩薩等所行清凈。寶髻菩薩與諸大衆受教而聽。佛告族姓子。菩薩有四事法所行清凈。何謂爲四。一曰。行度無極。二曰。常當遵修諸佛道品。三曰。具足神通。四曰。開化衆生。是爲四。行度無極。所可勸助。靡不周普。入衆德本。道品法者。游于大慈。曉了應時。慧之所入。具神通者。分別人民心念所行善惡之業。化衆生者。大哀堅固。明識志性之所歸趣。

佛告族姓子。何謂菩薩施度無極所行清淨。謂所可習慳貪之心。皆弃捐之。習布施心。已能放捨壞於貪懿瑕穢之事。興勸布施。一切所有惠而不吝。彼行施已。而於四事不造若干。何謂爲四。一曰。衆生之類無有若干。二曰。一切經法不各各异。三曰。所可勸助亦無差別。四曰。志性所施亦無若干。彼何謂於諸衆生無有若干。不興此念。吾當施某。不施於甲。施某福多。施甲福少。厚施於某。薄施於甲。好供施某。趣施於甲。常當施某。時一施甲。親自斟酌授與於某。不自勞身授與於甲。盡用施某。粗施於甲。此人奉戒。斯人毀禁。此人衆祐。斯人寡⑦祐。此人能畢衆祐之德。斯人不能。此人修正。斯人行邪。此人奉行平等之業。斯人墮落反邪之業。佛言。如是族姓子。菩薩布施。皆當弃捐如是輩心。修平等志。不懷若干。常念衆生。等心應之。而以開化。平意識戒。慈悲喜護無所遺忘。所謂等者。猶如虚空都⑧無增減。是謂衆生無有若干。佛告寶髻。何謂諸法不各各异。假使説法而宣平等。亦不念言。奉修法者。吾當與經。不能順法則不授也。若使普備一切法者。吾當與之。不能具法。吾不與也。欲興道教行法施者。施於凡夫不謂損耗。施於聖賢不謂長益。又計諸法本悉清净等無差特。以是之故所施當等。是於諸法不各各异。彼所施與供養之具。有所勸助亦無若干。若布施時不作此念。吾當獲福。望於帝釋梵天人位。不願國主豪尊長者。亦不慕求色聲香味細滑之法。不志⑨饒財珍寶重貨眷屬侍從。亦不貪羡五趣生死所周旋處。不求聲聞緣覺之乘。敢可所施。則用志求無上正真之道。是謂勸助而不差別。諸可放捨。志性在道。無差特心。合會別離。初無增减。不望相報。唯欲開度諸不及者越于彼岸。其心質樸而無諛諂。懷抱篤信内性淳淑。未曾悔變。施所珍愛其心歡喜。若有來求。意能惠與。益用悦豫。是族姓子。志性所施亦不別异。斯謂菩薩施度無極無有若干。

佛言。復有八事。弃捐邪徑。行布施業。何謂爲八。不見吾我。不見有人。不見有壽。不見斷滅。不睹有常。不住三處。不見無處。若布施者。則當嚴净於⑩是八事。菩薩布施弃四住業。何謂爲四。一曰。捨於非法。則以經典開化凡夫。二曰。捨聲聞意。志于大道。三曰。捨緣覺法。修於平等。四曰。遠於止處諸所倚著。是爲四。當復離於四事思想。何謂爲四。一曰常想。二曰安想。三曰净想。四曰我想。是爲四。復有四事。爲清⑪净施。何謂爲四。一曰身净。二曰言净。三曰心净。四曰性净。是爲四。復有三事施。越諸挂礙。何謂爲三。一曰。捨於悕望。二曰。弃捐懷恨。三曰。離於小乘。是爲三。復有三事。捨於應施。離諸恐懼。何謂爲三。一曰貢高。二曰輕慢。三曰魔業。是爲三。復有四施。以法見印。何謂爲四。一曰内空。二曰外空。三曰人空。四曰道空。是爲四。復有四施。專惟精進。何謂爲四。一曰。飽滿衆生。二曰。具足諸佛之法。三曰。備悉成就相好嚴容。四曰。净治佛土。是爲四事。復有四施。心常不捨。何謂爲四。一曰。意常念道。二曰。常欲見佛。三曰。修于大慈。四曰。滅除衆生塵勞之穢。是爲四。復有三施。嚴净道場。何謂爲三。一曰。净我。二曰。⑫净人。三曰。至道場净。是爲三。復有四施。所與清净。何謂爲四。一曰。以慧布施。二曰。則能可悦衆生之心。三曰。曉了勸助。四曰。明解觀察經典。是爲四。佛告族姓子。是爲菩薩所可修法。施度無極致清净行。

佛告族姓子。菩薩行戒度無極。有一事致于清净。何謂爲一。解菩薩心而無等倫。其心超過一切世間。最尊無比。越諸聲聞緣覺之意。心能降伏一切諸魔。入於衆生。所至名德爲無量寶。諸遵習法。普有所護。心未曾忘。是爲一。復有二事戒度無極爲清净行。何謂爲二。一曰。常懷慈愍。無害衆生。二曰。心志於道。調柔性行。是爲二。復有三事戒無極净。何謂爲三。一曰。身净⑬。净身三事。戒無闕漏。究竟備悉。二曰。言净。一切所説無有諛諂。三曰。意净。蠲除諸穢貪欲危害。是爲三。復有四事戒無極净。何謂爲四。一曰。其⑭戒清净。二曰。奉禁不毀。三曰。以此戒法教化衆生。四曰。見持戒人敬之如佛。是爲四。復有五事戒無極净。何謂爲五。一曰。不嘆己身。二曰。不毀他人。三曰。捨聲聞志。四曰。離緣覺意。五曰。無所貪著。是爲五。復有六事戒無極浄。何謂爲六。一曰。常念於佛。不毁禁戒。二曰。常念經法。順修其行。三曰。常念聖衆。不違佛教。四曰。常念於施。普捨塵欲。五曰。常念禁戒。不復貪慕一切五趣。六曰。常念諸天。宣衆德本。是爲六。復有七事戒無極浄。何謂爲七。一曰。篤信樂諸佛法。二曰。常自念慚。爲衆重任。三曰。念愧。思道品法而不自大。四曰。仁和。不惱彼我。五曰。無害。畏於後世殃罪之患。六曰。不煩擾人。止心憂慼。七曰。見諸衆生在苦惱者。而愍哀之。是爲七。復有八事戒無極浄。何謂爲八。一曰。無有諛諂。二曰。無希冀心。三曰。不貪利養。四曰。捨於慳懿。無所依倚。五曰。己身所有而知止足。六曰。行賢聖禪。具足澹怕⑮。七曰。處於閑居。不惜身命。八曰。樂於獨處。遠離衆會。好於道法。畏懼三界。不取無爲。是爲八。復有九事戒無極净。何謂爲九。一曰。無所趣律。教化衆生而令得度。二曰。稍漸習定。修治其原。三曰。令心究竟。不懷惱熱。四曰。求於静漠。止心所念。五曰。習行威儀禮節之正。六曰。超度禁戒。不見己身。七曰。未曾欺惑。愍哀群生。具足大乘。八曰。究竟成就。戒法之業。使不缺漏。九曰。心常懷念勸助德本。是爲九。復有十事戒無極净。何謂爲十。一曰。净身三事。二曰。净口四事。三曰。净意三事。四曰。念弃諛諂。志性質直而不細碎。五曰。心性普入。靡不蒙度。六曰。一切所覺而知節限。愍哀爲本。悉解諸結。七曰。心無剛鞕。教化衆生悉調和業。八曰。常修己身。見諸等類恂恂恭敬。九曰。於諸衆祐勸示法事。十曰。奉以衣食。使離世業。是爲十。

復有二事戒無極净。何謂爲二。一曰。有毀辱者。寧失身命終不毀戒。不興想念。不慕財業。二曰。無所周旋。亦不貪求一切諸法。戒空無像。復有二事。何謂爲二。一曰。内净。除諸衰入。二曰。外净。捨諸境界。是爲二。復有二事。一曰。净其道心。解自然相故。二曰。戒品清净。無諸相故。佛告族姓子。是爲菩薩戒度無極清净之行。

佛告族姓子。何謂菩薩忍度無極所行清净。若駡詈者。默而不報。是口清净。若撾捶者。受而不校。是身清净。若瞋恚者。哀而不慍。是心清净。若毁辱者。而不懷恨。是性清净。又若聞人發粗獷辭。以護衆生。不興忿恨。設有刀杖加身瓦石打擲。護於後世。而不懷害。節節解身。不以憂慼。將順道故。見人求乞。不起瞋恚。濟四恩故。發于慈心。不惱⑯恚者。親佛道故。造悲哀心。具足願故。功勛流布。莫不奉命。多所愍故。仁心德稱。所可布施。爲道法行。弃魔天故。又念佛道而行忍辱。成佛身故。若念覺意而行忍辱。具十力故。若念於惠⑰而行忍辱。欲備三達無挂礙故。設念愍傷而行忍辱。成大慈故。念度虛妄而行忍辱。究大哀故。念如師子無恐懼者而行忍辱。無所畏故。念無見頂而行忍辱。處於衆生不自大故。念具相好而行忍辱。普欲救濟一切世故。具諸佛法而行忍辱。成通惠*故。佛告族姓子。有二事法净忍辱力。一曰。精修道⑱業。二曰。合集義力。彼所可言。若能忍辱身心無倚。是集義力。於一切法而無所著。行忍辱者。是修道義。有净忍者能忍衆生。了知無人堪任⑲諸法。悉爲澹怕。是爲净忍。所以者何。於彼亦無可忍及與非忍。於一切法無所逮得。乃名曰忍。計於忍者亦不可獲。於一切法無所著者。乃名曰忍。其無所倚。忍無處所。不受諸法。是曰爲忍。不以所取爲忍辱也。其有不計我人壽命之法。是曰忍辱。不著身命。察如墻壁瓦石之數。乃曰爲忍也。佛告族姓子。菩薩有二忍。一曰。曉了身分散事。二曰。明識諸法皆悉本無。乃成忍辱。是爲菩薩忍度無極行清净也。

佛告族姓子。何謂菩薩進度無極爲清净行。不捨道心。所可興業未曾怯弱。常遵勤修而不睡寐。不離德本積纍功德。不以退還於度無極。若造行者方便求法。堪任爲人講説經典。護于正法。多所度脱。不厭大慧。開化衆生。嚴净佛土。度于小乘。具足本願。究竟聖慧。未曾違失施戒博聞。親近權慧已至福家。當以何意勉濟群生令無憍慢。是謂精進。彼何謂浄。若曉了身猶如影響。所言柔軟識不以倦。其慧究竟而心浄寂。明於所行永不可盡。分別諸滅以慧消化。而成一心慧無所起。彼以三事離於精進。一曰。倚著因緣。二曰。行顚倒事。三曰。望想之滅。若於三界無所倚著。是爲精進。復有三事。何謂爲三。眼無所著。不倚於色。不貪於識。耳聲識。鼻香識。舌味識。身軟[20]識。意法識。亦復如是悉無所著。彼無所受。亦無所習。故曰精進。無施不慳。無戒不犯。無忍不諍。無進不殆。無禪不亂。無智不愚。不造德本。亦無不善。不求佛道。不得聲聞緣覺之地。其無所行。[21]亦無不行。則便逮成二精進浄。何謂二。一曰。内無所住。興諸因緣。二曰。捨於外見。衆想諸識。是爲二精進。復有二浄。何謂二浄。一曰。於内寂定。二曰。不游於外。亦無放逸。是爲二浄。其根精進。於諸所行而無所行。亦不輕戲。是爲菩薩進度無極清浄之行。

佛告族姓子。何謂菩薩寂度無極清浄之行。殷勤合集一心之事。觀所應察而以正受。彼若一心。禪不著色。弃捐痛癢思想生死識。彼若禪者。不著眼耳鼻舌身意識。彼若禪者。不貪色聲香味細軟法。彼若禪者。不著地水火風空。不著帝釋日月梵天尊豪之位。不著欲色無色之界。不倚今世及與後世。不住於身亦無所處。不倚言辭。心不疲懈。悉無所住。無卒無暴。不住邊際。得無所念。彼若禪者。不計有身。不興諸見。不貪我人壽命。不見微妙可不可事。不見斷滅。不睹無常。不見生滅有處無處。彼若禪者。亦不永盡衆漏之源。不著諸佛。不入寂滅果證之迹。亦不長處於無所行。若行禪者。一心解空。不以空爲證。求於無相無願。不以無相無願爲證。被大德鎧行無極慈。住於大哀。一切具足奉行空事。何謂具足行空。不想布施持戒忍辱精進一心智慧。不想善權諸所開化。不想慈悲喜護。亦不悕望入於聖慧。不想道心有所觀察。不想志性意有所應。不想四恩慧施仁愛利人等利一切救濟。不想其意安詳而有所存。不想意止意斷。神足。根力。覺意。及八由行。不想寂默而觀察法。不想調定柔濡之行。不想慚愧有所羞耻。常住佛道未曾斷絕。隨法眼教執於炬曜。從聖衆戒常修鮮潔。立觀衆生成就佛身。以德莊嚴。而從世雄。聞具足音。奉佛三昧。獲於正覺神足之辯。受十種力。住無所畏。逮於微妙十八不共諸佛之法。不與聲聞緣覺合同。拔去止處諸欲塵穢。不離神通開導衆生。四分別辯。精進明了。現世度世之法。教化衆生。與衆超异。質直出家。度於駛水而過泛流。斷諸所有所可住處。自然靜寞。法教澹怕。觀於身法。無所貪愛。志於佛法。了自然想。越諸住行。默口言辭。有所説者常宣佛語。以此至誠消滅常然。開化衆生。是曰具足行空。佛告族姓子。譬若三千大千世界所有人民悉爲畫師。各有所習。巧能不同。所善不等。或工畫屋宅不工畫體。或便摸者不能博彩。㉒或工於手足巧於耳目。或頭首不端身形姝好。或有不能。所習各异。或能可人。或不可人。所知殊别。容貌不同。王盡召畫師。應時皆至。王令畫作三界諸形。而告之曰。各自畫像以持示吾。皆合衆師聚於一處。各各畫形。一師最上。悉得其體。族姓子。所憶云何。爲能普備諸所能不。答曰。唯能。佛言。借引爲喻。當解斯義。如一畫師悉圖諸形。各各得體。不失其旨。其學此法亦復如是。殷勤精進。净修梵行。逮成佛法。以一正行悉具衆事。由此之故。具足空行。靡所不達。便得成就一切佛道。皆除塵欲顛倒衆想貢高自大。不樂放逸。雖處衆穢不與合同。是謂菩薩具足空行。説是語時。八千菩薩普備空行。逮得法忍。是爲菩薩寂度無極清净之行。

佛告族姓子。何謂菩薩智度無極清净之行。有十二事爲清净行。

何等十二。見於過去慧無挂礙。見於當來慧無挂礙。見於現在慧無挂礙。有爲無爲皆能曉了。一切世間所有術藝。當可造業。明解度世。分別説於真諦之義。知其所習。宣其本末。一切衆生諸根所趣。柔劣明達。中容之人。去來之慧無所挂礙。其聖巍巍。超逾世智。悉見衆生志性所行。形色變异。難解難逮深奥之義。消化諸見。離於衆邪諸所住處挂礙之事。入于聖慧。普周衆生。入於法慧。明解聖藏義之所歸。了真所入。其明所照無所錯亂。亦無所礙。觀察時節。所樂無量。所見諸事咸皆了了。無所違失。覺識誠諦實不滅盡。彼所觀察一切無拒。以用一行而無所行。皆見衆生之所奉行威儀禮節。世間人民心志所趣。菩薩悉見。不離於世而皆㉓超度諸世

境界。尚未成就佛之土地。皆越一切所作因緣。開化衆生。過於諸
行。而普究竟衆德之行。廣度一切因緣心行。皆見衆生心之所念。
護世間法。莫不周遍。不捨世俗所行。信入衆生之念。計其智慧無
有卒暴。不犯巇嶮。諸根寂定。未曾疲懈。不以爲亂。永觀聖慧。常與
德合。詣於佛樹而坐道場。降伏衆魔捨於外道。行有所受。聖曜普
徹。亦無所取。大聖所逮㉔。得諸佛住。可悦衆生。悉見定慧。普入衆義。
一切諸法皆爲同味。執權方便智度無極。越於彼岸。不可限量。此
乃名曰智度無極。皆能曉了一切因緣。所興衆想。瑞應怪變。心行
所念。令得過度。是則名曰度於彼岸。又計此慧有二清净。一曰。無
礙慧想清净之行。二曰。嚴净。莫能有人當其慧相。復有二净。一曰。

净除顛倒。二曰。净去諸見。又彼菩薩所行智慧。靡不普入聖明備悉。曉了衆生。達識經典。其菩薩者。以此智慧解無所有。皆入塵勞[25]親化愛欲。在諸所生處于諸界。建立智慧游諸境土。皆了境界。誠諦智慧。不度彼此不處中間。其慧普入。見於十方無所挂礙。用無蔭蔽致無邊際。見誠諦慧。明曉一切諸法本末部黨時節。已能識別真諦智慧。義之所歸。無應不應。無合無別。無懈無進[26]。不雙不隻。計於諸法亦無應合。又族姓子。菩薩若行智慧事者。以慧爲舍。則成福堂。篤信名德道法之室[27]。住於總持。分別智辯。一切備悉。具足慧事。是族姓子。菩薩奉修智度無極清净之行。説此語已。彼時會中二萬二千人皆發無上正真道意。八千菩薩逮得無所從生法忍。五千比丘漏盡意解。一萬天子遠塵離垢諸法眼净。時諸天子舉聲嘆曰。若有衆生逮得聞是諸度無極清净之行道法門者。則爲諸佛所見授記。何况有聞能奉受持諷讀誦行如上教乎。佛告寶髻。何謂菩薩佛道品法清净之行。自觀其身知本無身是爲意止。則以二事而立其志。何謂爲二。一曰。察於荒穢。二曰。觀清净行。何謂荒穢。此身無常積滿不净。是身薄力劣而無勢。是身化立如傾危屋。何謂觀净。吾當以此不净之身精勤解空。得如來身法身。法身巍巍德身無限。爲諸衆生示現色像。悦可一切。是族姓子。觀身二事以立其意。又族姓子。菩薩觀身了無身已。得净二法。何謂爲二。一。見無常。二。察有常。是身無常不得久立。老病俱合會當歸死。已達此義。不用身故而造邪業。以不會㉘身則修堅要。行三堅法。一曰身要。二曰命要。三曰財要。此身無常。一切衆生以爲貴重。何所益乎。當行愍傷。何謂身要。身不犯惡。謙卑恭順稽首博智。何謂命要。歸命三寶。奉修十德六度四等。何謂財要。捐己布施。給諸貧乏。身非我有。口之所言皆多有失。從致諛諂。粗辭不正。用是之故。悉弃此行不復爲非。已見無身。不保壽命。假使被害不犯惡事。曉身非常爲分離法。不犯非宜。一切所有施無所貪。已解無身。所獲善德功勛顯著。不可稱限。何謂有常。設使觀身了無身者。以時攝取心所了慧。勸㉙一切智。不違佛教。不失法言。不壞聖衆。勸化群黎執御人民。是謂有常。所以言常。不可盡故。所言無盡。謂無爲也。與道合同。無終無始玄妙永存。此謂無爲。其無爲者乃爲常耳。菩薩在彼。以諸德本觀諸通慧至於無爲。是謂有常。所以言常。以空無相無願之故。修菩薩道常奉空行。觀於無相。不著無願。普具一切精進之行。是謂有常。所言常者。謂如虚空。菩薩等心。如空無异。無有思想。如是行者乃爲菩薩。是謂有常無上正真。

佛告族姓子。菩薩觀身了本無身。則曰意止。一切人身皆悉本空。以解身空。意無所著。觀衆生身立在佛身。當作是觀。若如來身無有諸漏。吾身亦然。察於諸法。奉行道義。不失佛教。得無漏身而觀衆生分別諸相。以無漏身。無漏清净。本際亦净。如其德本。興立諸行。勸助德本。亦無諸漏。以能逮成無漏法者。能住諸漏。何謂諸漏。

一曰欲漏。二曰有漏。三曰見漏。彼斷欲漏。設生欲界開化衆生。若斷有漏。游在生死。於諸所受教授人民。又見漏者。則是無明痴冥之漏。菩薩於彼精進不懈。究竟精進拔其根原。彼若觀身奉修意止。超度往古諸不應行。離於衆穢而遵澹怕。乃爲觀身。便無所度。亦無所生。則無所爲。乃爲觀身。假使觀已不見有身。亦無所察。捨於貪身不計吾我。已無吾我則無所貪。已無所貪則無所諍。已無所諍則無殃釁。已無殃釁逮得法忍。已得法忍則無所歸。已無所歸則無卒暴。已無卒暴不住自大。則住於法。已住法者不行非法。順法行者常與法俱。修道法者則逮法慈。已受法慈則聞法音。已行法音不聞界音。已寂界音便逮三昧。而已正受則觀審諦。已觀審諦則無所想。已無所想則無所作。已無所作則無非作。已於諸作無作非作。致正真法。便等諸法。已等諸法。便逮通慧一切之智。是族姓子。菩薩觀身了本無身。意止行净。

佛告族姓子。何謂菩薩痛癢意止。㉚。謂觀痛癢本無痛癢。乃爲意止。睹諸苦痛。皆見衆生諸在患難。爲之雨泪逮成大哀。作是惟念。衆人在惱。若得安者乃無痛癢。則爲斷除一切危害。乃致觀痛知本無痛。意止所行。已滅痛癢。爲諸群生被大德鎧。先自消身非法之行。亦不想念滅已痛癢。若有遭痛。普爲一切執御大哀。爲示永安。長消衆患。爲貪欲人興發大哀。先除己貪不爲欲縛。設身遇苦不以爲難。爲瞋恚人興發大哀。斷己恚結。彼則觀見不苦不樂之痛癢也。爲愚行人興發大哀。滅己痴縛。彼觀痛樂則無所著。消壞諸結而自由安。若得苦痛不以憂慼。捨諸有爲。則能遵修令無苦樂。以壞愚痴。若㉛遇樂痛無所積聚。若遭衆患了身非常。觀苦痛癢。察痛無我。彼觀樂痛修行安隱。其觀苦痛則爲瘡病。以是之故。名曰不樂不苦。設使觀見諸所有安㉜皆歸無常。其有衆苦。計於苦者不苦不樂。則亦無我。菩薩若見諸安樂事。明識一切本則無安。是觀痛癢。知痛無本。適起尋滅。曉了諸法不得久存。察於萬物焰生忽沒。視一切法所生如影。從何所來而尋散滅。觀諸法本如瞻手掌。從何所來。去至何所。即便了之。無所從來。去無所至。以觀諸法不以爲患。普見一切。篤信㉝休息。因此成道。以成於道。亦無所得。不復退還。所以者何。以能逮見一切衆人根本所興。則求滅盡。不爲己身而求滅也。是族姓子。菩薩大士。善權方便執御大哀。觀於痛癢。了本無痛意止之行。消諸所見。明識於此。不以遇㉞於三界諸痛滅取證際也。彼於衆痛觀佛嘆本。曉了諸痛。寂默恬澹。本無所有。亦無遭患。永無遭患。諸法皆空離於吾我。徒見合會依於因緣。悉無有主亦無吾我。捨諸所見無所長育。彼觀如是。則真諦見。因緣所合皆不可得。已不可得。便作是察。如因緣空。從是興立諸法亦空。已達空義。乃爲觀痛本無痛癢。爲意止也。所謂寂寞。身澹怕故。選擇諸義道聖慧。是族姓子。菩薩觀身痛癢了本無痛。意止净行。

佛告族姓子。菩薩觀心了本無心爲意止行。立於道心。以得立心。

以己意慧求其心本。不見内心。不見外心。不住内外。察其心本。不見五陰。無諸種。無諸入。其心寂定。求其持處從何所起。則更思惟心從㉟緣起。尋復思惟其心爲异。因緣异乎㊱。即復自了。設因緣异。其心异者。則有二心。設使因緣是心。心是因緣。以是之故。心不見心。計於心者非不見心。猶如虚僞無實諸塵住於虚空。利刀傷指本時爲瘡。指瘡已瘥無所患苦。如是族姓子。心亦如是。由是之故。心不見心。心所見者則無所見。應觀如是。心所住處亦不起罪。不見斷滅。不念常存。亦無有身。身如墻壁。因緣不亂。不離愍傷。亦不有是。亦不有异。是爲心也。持心如是。心動爲法。心無所住亦無所行。心不可見。心相自然。作是曉了。所見若兹不離所見。其心寂然。明識無本。是爲菩薩觀心無心爲意止也。又族姓子。設心不起而不可見。則無有想無應不應。亦無輕慢。則不放逸。是爲觀心知本無心爲意止也。又如心無色。其因緣合及與辯才。亦復如是。德本無色。如心無爲。德亦無色。所勸*道心亦復無色。設使道心及與勸助無有形色。道亦如是。悉無所有。是故言曰。如其心者。行亦如之。計若勸助道心亦如。如其道心。人心本浄亦復如是。道心本浄。一切諸法亦復如斯。如此心者曉了普入。是爲菩薩觀心無心爲意止也。衆患所惱未曾停住。猶如獼猴及河駛水。亦若油燈光曜所出。忽然遠游。無有身形而易退轉。貪吝諸界六情之患以爲屋宅。須臾變异各隨所應。心無有處而獨游行。無有堅要亦無不要。寂然獨觀。是謂觀心無心意止清淨。心所入慧。心之法界。慧心所住。其明本淨。鮮潔無穢。知心真諦。心了現在。目之所見。心法平等。慧亦如心。心等三世。已能平等。便知真正。心慧自然。無能護持。觀不可見。是謂觀心無心爲意止也。計其本淨則爲自然。心亦本淨。了衆生心。以心淨故開化人民爲其説法。以能解知己心自然。一切衆生亦復自然。若能分别心如是者。見其心相而爲説法。如心相自然。衆生心相自然如此。若能達斯相者。爲其説法。己心則空。衆生之心亦復爲空。已解此空爲其説法。等御己心。若能等御而爲説法。已身則等。已等己心則等衆生。已等衆生則等諸法。已等諸法則等諸佛。曉此真諦。不令其心離於貪欲。不處於欲。心已止者。則入法界趣於自然。心無所住。於法無動。是謂菩薩觀心無心意止清浄。

佛告族姓子。菩薩觀法知本無法爲意止行。即自念言。法起則起。法滅則滅。計於本末。亦無我身人壽有命。人與非人。生老病死。終没所趣。於此諸法。諸法合會。因其合會而爲習俗。設無緣合則無有此。從其習樂因成緣會。則興善本及與惡本。以歸無常無有緣會。不從無習而起諸法。彼觀如是曉了諸法。見所歸趣亦無所有。空無相無願。所作功德及無功德。彼諸所行如幻無常。當奉精進。設興因緣。有十尊行極上無蓋。除去因緣志于大法。何謂爲十。身浄無穢。諸相種好。無能見頂。超度一切諸所侵枉。志性清浄。具足十事。其心清净。具足正行。六十億音口之所説。可悦衆生。其心净者常懷慈仁。愍念一切無所加害。其意常定未曾有亂。辯才清净。有所講説應于法義。辯不可盡。大慈清净。勸化衆生。一切令樂泥洹之界。大哀清净。無央數劫不厭生死。净十種力。曉了衆生根原所念各各不同。清净無畏。分别執御無央數法衆生積聚。欲具諸佛不共之法。去來今慧三世無礙。諸佛法净。用能自在。歸聖慧故。是爲十。彼已逮此尊妙極上無蓋大法十事之行。稱量思惟不以厭倦。積纍功勛而不毀墮無德之行。殷勤精進。何謂諸法根原所來令無處所。度於所住諸宿塵勞。已曉萬物一切無常。便能興成無常三昧。得是定者無堅要想。不亂三昧。從其本願示所向生。來有所入而復出生。則以班宣功德之行開化衆生。是族姓子。菩薩大士善權方便。普説經典。觀於諸法達本無法爲意止也。其有致道遵修經典。若能曉了道品之法。不作衆善。不見有常。亦無所著。不除惡法。道心所見。所在無斷。亦不計常。不墮斷滅。若有菩薩弃捐見常斷滅之事。執心平等而無所住。處於中間。何謂中間。不應念行。無明衆冥。悉除去此。是謂中間。無有教令。無可誨授。無言無説。是謂中間。取要言之。無明。行。識。名色。六入。觸。痛。愛。取。有。生。老病死憂戚之患惱。無可會皆已除盡。是謂中間。其所教者無有智慧。亦無處所。是謂中間。其中間者。無有驛使。亦無遺者。如是宿處。計彼所有。無有教令無訓誨者。計是本末不可決了。未有所處。不可捉持。則無所著。寂寞澹怕忽然已滅。是謂中間。譬族姓子。呼響所出無有處所。其趣親近。音生於對㊲。若見諦者墮於真僞。是爲中間。無言無説。彼則無見亦無所處。如是族姓子。所因興發識色之事及所教令所因合成。從二緣對。其中間者無教無説。是謂中間。因緣合成。不用義理。其義理者則不可得。其不可得則不重來。其不重來是謂中間。又計我者。則了無我。滅寂於此。於我不我。自然清净。是處中間。計人壽命。於人壽命而無所見。清净自然。是謂中間。於想無想而無想樂。是謂中間。所興顛倒所得之事而無所有。是爲中間。虚妄愚痴至誠之教。悉不可得。是謂中間。此岸彼際消化己身。令無所著。有爲無爲不行諸習。是謂中間。蠲除生死而去泥洹。悉無言教。是處中間。

佛告族姓子。其觀於法了法本無爲意止者。不壞法界。其意自然而得意止。彼導法界曉了諸法。計其法界及與人界。於彼法界亦無所壞。不毀人界人界法界此二事者。等如空界。彼以一界普見諸法。以慧眼見。則用法界觀佛所行。假使有人不選擇法。彼則無見。以是之故。諸法若干見無本法。不觀若干。若以觀法見本無者。不肉眼見。不天眼見。不慧眼見。所以者何。計使眼者。不受於想。不肉眼見。彼眼不墮生死之行。若以天眼無所見者。不用彼眼行於放逸。若以慧眼無所見者。彼爲觀法了法本無。普見諸法無有處所。法無所住。已見諸法無所住者。則行法意。便不違失往古所誓。

是爲菩薩隨諸佛教而自立意。敢可觀察深妙之法。不捨道心諸通慧矣。是爲族姓子。菩薩大士觀本無法意止浄行。

佛告族姓子。是四意止行四精進。何謂爲四。觀身無身。弃捐計實不浄爲浄顛倒之想。觀痛無痛。弃苦爲樂顛倒之想。觀心無心。蠲除無常計有常想。觀法無法。捨遠無我爲我想者。於四顛倒而修平等。則無所著。菩薩若能行平等者。則能清浄一切諸行。菩薩奉此平等清浄微妙行者。便逮法忍。名四意斷。亦得法忍。何謂意斷清浄。行者講説道法。以此因緣。善本法行自然隨順。不從惡本。不發瑕穢。諸不善本萌芽未生不令興起。爲奉精進。諸惡適㊳起非法之事。尋便滅之。爲修精進。諸善法事未興起者。勸令發生。以㊴興善法。益加精進。令其具足。不使忘失。爲行精進。又復菩薩本行净業能自制護。不失善法得自在住。漸稍長育顯揚善法。善法已興不復忘失。彼族姓子。如是行净。此四意斷。其菩薩行心得自在。不亂精進。其净垢濁不與俱合。清净無垢。不違佛慧。則從道教。行于大哀。心心相見。睹其所念。不失精進。已行平等。曰得意斷。所以者何。從等安祥不用反邪。以因安祥不從反邪。便逮意斷平等三昧。已得三昧。名曰平等四意斷也。

佛告族姓子。若能修行此四意斷。則能奉行具四神足。斷除貪欲。奉行精進。則令道心静然無穢。所思薄鮮。已去非法。則逮輕便。致成大哀。精進輕舉。獲權方便。已誡輕舉。因是之故。成四神足。升于道堂。得四自在。何謂爲四。於壽自在。已得長命。由已無限在短命中。具無量壽勸化衆生。在長命中聽省説法。或有厭倦現於短命。使渴仰法。殷勤求義。在在所生天上人間。各得自在於其壽命。是爲第一逮得自在。又族姓子。身口自在。其人身口逮致由己。心不倚身。逮意現形。隨其容貌而示色像。因其衆生威儀禮節。體之好醜長短善惡。思惟正定。以何律儀㊵而可開化。菩薩則從變其形貌。坐起進止發意之頃。化一切人。蚑行喘息人物之士。身形顔色皆爲一類。而爲説法。是爲第二而得自在。又復於法而得自在。在於三界執御度世之正典。不行俗法。則隨習俗普現變化。亦不捨遠度世之慧。亦無所失。至無礙慧深奥之道。十二緣起因緣之法。而見迷惑。若生天上及與世間。隨其語言。令無數人皆隨律教。從其所好上中下願各得其所。所得自在巍巍如斯。是爲第三而得自在。又有菩薩建立其心。使得由已。其自在者。攝三千大千世界諸有大海。合入一海而建立之。亦無往來而現變化。三千世界諸須彌山立爲一山。使四天王及忉利天不知合散去來所趣。因而現變三千世界而爲建立諸有民人。計皆知數樹木華實。令虛空中滿其水火。或化衆寶。從其所變而建立之。已能建立。發意之頃靡不蒙度。忽然如故。是爲第四而得自在。又族姓子。菩薩以是四神足行而自修立。與十方佛共俱言談。坐起經行不離左右。與諸釋梵及四天王。天。龍。鬼神。揵沓和。阿須倫。迦留羅。真陀羅。摩休勒。人與非人一切衆生。俱共相隨談言説事。坐起行步。所以者何。菩薩神足微妙巍巍。卓然有异。往古修行善法之義。無有缺漏。因獲致此。何謂神足。往古修行善法之義。輕便其身恭敬尊長。奉事衆祐。趨走給使不以爲難。謙卑下意。不懷自大。口説善言。悦可衆人。莫不敬愛。自歸稽首。禮節備悉。言行相應。其心輕便。不懷慢恣。無危害意。彼修謙恭。自伏其意。聽受尊言。順教跪拜。執心柔軟而制其志。精進修行未曾捨離。其人具足戒之禮節。身所造行與衆殊特。心不懈慢亦不放逸。從其貪欲而起瑕穢瞋恚愚痴心。蠲除此已無有貪嫉。饕餮自除。志性不起。則病瘳愈。度於衆事。所負重擔。由因羸劣而致此患。陰蓋衆事爲去其擔。五事所受施以恩惠。依橋道度。以大船度四瀆。具度一切衆生之類越於泛流。有所開化超然有异。亂者正之。逸者定之。癖者立之。毁者笑之。不礙迴波。决諸狐疑。所説殊异。安諸動摇。救念諸界。覺諸不寤。所可愛重㊶每以惠施。後無所悔。將濟衆生。勸助道意。若見他人積纍德本。代其歡喜。未曾嘆己爲身獲安。見他人安。歡悦善之。易養知足。不望他利。愛樂出家。勸人出學。修大弘㊷慈。常懷道心。等怨親友樂如虚空。見疲極者設以車乘。則以無畏加於衆生。見學問者敬之如佛。其未學者不以輕慢。其貧匱者施以財業。若疾病者救以醫藥令得濟命。見救護者爲行恩報而以孝順。行禁戒者能自修慎。供養事之不失其意。無恭恪者勸救濟之。度於世法。所經游行不犯諸惡。於諸世事而無所著。奉行諸德。是族姓子。修諸神足微妙巍巍。持行如是不失神足。常與其俱至成佛道。是爲菩薩神足净行。

大寶積經卷第一百一十七

校注

①『電』，龍藏作『雷』。
②『悉』，龍藏、思溪藏作『志』。
③『火』，底本污殘，依龍藏、思溪藏補。
④『善』，思溪藏作『喜』。
⑤『善利』，思溪藏作『欲事』。
⑥『佛界』，龍藏作『佛土界』，思溪藏作『土界』。
⑦『寡』，思溪藏作『冥』。
⑧『都』，龍藏、思溪藏、和裕本作『睹』。
⑨『志』，龍藏、思溪藏作『望』。
⑩『於』，龍藏、思溪藏作『施』。
⑪『清』，龍藏、思溪藏無。
⑫『二』，底本作『一』，依龍藏、思溪藏、和裕本改。
⑬『净』，龍藏、思溪藏作『清』。
⑭『其』，龍藏、思溪藏作『具』。

⑮『澹怕』，『澹』，恬淡、安定，淡薄；『怕』，音bó，恬淡。（《王力古漢語字典》）
⑯『惱』，龍藏、思溪藏作『忿』。
⑰『惠』，龍藏、思溪藏作『慧』。本卷下文例同，用*標識，不再出注。
⑱『修道』，思溪藏作『進』。
⑲『任』，龍藏作『忍』。
⑳『軟』，底本作『暖』，依龍藏、思溪藏、和裕本改。
㉑『行』，思溪藏作『得』。
㉒『彩』，龍藏、思溪藏、和裕本作『采』。
㉓『皆』，龍藏、思溪藏作『習』。
㉔『逮』，龍藏作『建』。
㉕『塵勞』，底本作『勞塵』，依龍藏、思溪藏改。
㉖『進』，龍藏、思溪藏作『退』。
㉗『室』，龍藏、思溪藏作『至』。
㉘『會』，龍藏、思溪藏作『貪』。
㉙『勸』，龍藏、思溪藏作『觀』。本卷下文例同，用*標識，不再出注。

㉚『痛癢意止』，别譯本《大方等大集經·寶髻菩薩品》（北凉·曇無讖譯）作『受念處』。
㉛『若』，思溪藏作『苦』。
㉜『諸所有安』，龍藏、思溪藏作『所有安樂』。
㉝『信』，思溪藏作『何』。
㉞『遇』，龍藏、思溪藏作『過』。
㉟『從』，龍藏、思溪藏作『起』。
㊱『其心爲异。因緣异乎』，别譯本《大方等大集經·寶髻菩薩品》（北凉·曇無讖譯）作：『如是心緣爲异不异。』
㊲『對』下，龍藏、思溪藏有『治』字。
㊳『適』，龍藏作『言』，思溪藏作『這』。
㊴『以』，龍藏、思溪藏作『已』。
㊵『儀』，龍藏、思溪藏作『義』。
㊶『所可愛重』，龍藏、思溪藏作『所愛重物』。
㊷『弘』，龍藏、思溪藏作『强』。

大寶積經卷第一百一十八

西晉三藏竺法護譯

寶髻菩薩會第四十七之二

佛告族姓子。何謂菩薩五根净行。不受諸法而修道義①。是爲信根。願度彼岸不須御②人。爲精進根。不捨道意爲一切故。是爲意③根。執御大哀欲濟危厄。是爲定根。若能奉受一切諸法而修寂寞。是智慧根。又族姓子。篤信一切諸佛之法。順從道迹。是爲信根。奉諸佛法未曾懈倦。是精進根。念諸佛法。聖義存心未曾忘捨。是爲意根*。修習佛定初不懈廢。是爲定根。能除一切衆生疑結。無所念④願。是爲慧根。又慕佛道不懷猶豫。是爲信根。其性調柔。順修精進無有退還。是精進根。勸助德本長而無損。是爲意*根。等演光明。照於衆生。救脱憒亂。是爲定根。分别一切人之原本而爲説法。是爲慧根。超越一切諸所挂礙而無所著。是爲信根。解衆生結令無諸縛。是精進根。志所奉行而無所著。獨步三界卓然有异。是爲意*根。知諸挂礙因緣所由。是爲定根。了諸著猗智靡不達。是爲慧根。又使所遵而無所惑。是爲信根。化人不惑。捨於非時常懷悦豫。是精進根。所從法教。常行清澄。微妙之法。不迷衆穢。不忘道義。日日增修。是爲意根。其心清净奉行平等而以正受聖慧均平而得度矣。是爲定根。若於法界了無所礙。去諸非時住解明法。是智慧根。滅除一切諸非善本。修行衆德。是爲信根。遵諸善本順從經典。是精進根。

積纍衆善不違失法。是爲意根。定意歡悦不貪樂安。分別衆生諸德之本。是爲定根。奉行衆善。從其方便。等修道法。是爲慧根。又信勤修。捨諸懈廢。意無所求。無所忘失。將護定意令不迷惑。奉行智慧開化愚痴。又行信者。弃捐邪法。行精進者。放捨吾我。其心專一。度於貪身。以能行定。裂壞諸綱六十二見。其慧智者。蠲除一切猗著恩愛。是族姓子。菩薩所修五根净行。

佛告族姓子。何謂菩薩行五力净。若計於此能立五根。奉行不捨。降弃四魔。不從聲聞緣覺之乘。從於大乘未曾退還。消衆愛欲塵勞之穢。其願堅固。心得自在志存勇猛。其身康寧强而有勢。諸根澹泊不壞篤信。是族姓子。名曰信力。所不當作而不爲之。制御其性而令均調。是精進力。所當修者而皆行之。其意勢強。是爲意力。
所造道業未曾忘失。以度一切。是爲定力。不爲色聲香味細滑衆
念所危。超度一切猶豫衆結。意之所住。是爲慧力。又信力者。不從
他教而有所受。精進力者。所當執持而不忘捨。其意力者。逮得總
持。不失⑤道意。其定力者。説法平等不從偏黨。其慧力者。決諸狐疑。
解散衆生結網之縛。又信力者。則能具足誠信之勢。精進力者。解
脱堅強度未度者。其意力者。具足解慧度知見力。其定力者。具足
究竟志性之力。其慧力者。具足一切衆行之原。又信力者。能制慳
貪垢穢之難。精進力者。皆能放捨一切所有。其意力者。所顯德本
勸助道心。其定力者。等心遵行。捨諸所求。其慧力者。諸可修行未

曾望報。又信力者。釋除一切毀戒之聚。精進力者。殷勤修禁未曾違失。其意力者。具足道心令不闕漏。其定力者。輒得歸趣仁和之地。其慧力者。於諸所行皆斷生死。又信力者。離於諍訟瞋恚之本。精進力者。正念所行遵修忍辱。其意力者。具足道行亦不毀法。其定力者。先自制心令不放逸。擁護一切衆生之類。其慧力者。不計吾我亦無人想。又信力者。弃捐懈怠衆穢塵垢。精進力者。皆得超度一切因緣。不爲惡事之所見迷。其意力者。修行於道而令具足。其定力者。身得休息。能諧降魔。其慧力者。於諸所作無作⑥不作。又信力者。消化諸垢衆邪之行。精進力者。合會衆生而開化之。其意力者。常一其志而勸助之。其定力者。常行靜寂未曾憒亂。其慧力者。曉了諸人所行之法。又信力者。弃於諸見所識衆垢。精進力者。常勤修行求於博聞。其意力者。嚴净思念所行如應。其定力者。心無所生乃能逮得。其慧力者。精學堪任令致成就。又信力者。常得至誠七財之貨。精進力者。曉了分別致七覺意。其意力者。心常整齊未曾憒亂。其定力者。則致超度七識之住。其慧力者。過於八邪而無著也。無能破壞心常清净。是爲信力。奉行清净而不退還。無净不净。無應不應。是精進力。清净其意。合集群類道品之法。無意無念。是爲意力。其心精進修於寂寞乃爲正受。是爲定力。若能清净。不爲諸見之所迷惑。奉諸德本。是爲慧力。是族姓子。菩薩所行五力清净。

佛告族姓子。何謂菩薩七覺品净。彼以發顯意覺品者。而得自在。不失*道慧。法覺品者。觀察所行。則隨應時而無所著。精進覺品。所勤修行至無挂礙。歡悦覺品者。心成無所樂。信覺品者。身意休息得至究竟。定覺品者。離於志味而得達至。觀覺品者。所可造業而悉成辦。又求道心。亦無所得。亦無所失。是意覺品。若將護法精進日新。是法覺品。開化衆生不以厭倦。是精進覺品。設樂法樂殷勤思議。是悦覺品。若化人民。滅除塵勞建立於道。是信覺品。若住等意心不懷亂。是定覺品。若能察行聖賢之慧。建立衆人。是觀覺品。無憂不念若如師子。過於聲聞緣覺之乘。是意覺品。一切諸法皆悉清净。曉了此者。是法覺品。其行清净。護身口意而無所犯。是精進覺品。浄無所著離於危害。是悦覺品。嚴修所行。所當爲者而悉成辦。是信覺品。未曾順從世之同塵。平等色像。是定覺品。未曾住於二法之行。離於漂流常見。將護救於衆生。是觀覺品。

佛告族姓子。所以名曰覺品者何。了了曉諸法。靡所不達。分别稱量識知所趣。解其威儀禮節所歸。開化衆生。彼所住處。已身勤修。廣行道義。除去結縛諸所拘綴。是意覺品。斯則爲是賢聖之行。非是愚夫所修。説其聖行。非魔所行。非是貢高自大所行。聖賢行者。此則非是外道异學之所及逮。賢聖所行。不行色聲香味細滑之法。賢聖行者。則無衆想⑦因緣之著。賢聖行者。便無選擇處所方面有所忘失。賢聖行者。無心意識念言之行。賢聖行者。離於見聞念知識法。賢聖行者。無有泥洹造念思想。於一切法無所行者。是賢聖行。修於經典。一切無有應與不應。念與不念。亦無他想。是賢聖行。於一切法悉無所住。不慕尊處所。是賢者⑧行。於一切法而不錯亂。順行正義各令得所。是賢聖行。於一切法未曾諍訟。和同止住。是賢聖行。奉行諸法無諸法想。不失道意。是賢聖行。此族姓子。修七覺品聖賢清⑨净之行。

佛告族姓子。何謂菩薩修八道法清净之行。所謂八道行者。一曰。正見。何謂正見。若能奉行一切諸法。於我不我不住空觀。所以者何。察身吾我等無差特。亦復不住觀身人空。所以者何。身人及空亦復等耳。亦復不住觀人壽命與空別也。所以者何。人壽命空。觀心平等。亦復不觀所有生死。離於終始空無⑩之義。所以者何。所有生死及終始患。所見空者悉亦等耳。不住觀空斷滅常見。有吾有我。所以者何。斷滅常見悉亦等矣。亦不計身及所觀空。亦不住此。所以者何。身吾我空悉亦等耳。亦復不住見佛法衆觀空之行。所以者何。見佛法衆及所觀空悉亦等矣。是族姓子。有彼此見觀至滅度。是爲正見。見佛法衆。其邪見者。不離顛倒也。若於諸見無所想念⑪。上妙中間。是謂正見。所以者何。如彼等觀則亦無耶⑫。以何爲見。其⑬見者當觀平等。見凡夫法以爲卑賤。所學法者以爲尊高。如是觀者則爲邪觀⑭。見凡夫法穢行未消。菩薩法者無有塵勞。如是觀者則爲邪見。見凡夫法以爲是漏。無所學法以爲無漏。如是觀者則爲邪見。見凡夫法有求衣食。緣覺之法不望供養。如是觀者則爲邪見。見有小意有所悕望。菩薩之意無所悕望。如是觀者則爲邪見。見凡夫法以爲放逸。菩薩之法以爲無欲。如是觀者則爲邪見。見凡夫法悉有爲事。佛之正法是無爲道。如是觀者則爲邪見。佛告族姓子。有能察凡夫法。一切法皆本净。其學法亦本净。觀諸法悉自然。乃爲正見也。凡夫法所學法亦空。了學法空。乃爲正見。凡夫法者等於因緣。曉了如此緣覺之法。因緣亦等。乃爲正見。凡夫法者則爲静默。菩薩之法亦爲澹泊。乃爲正見。凡夫之法無所成就。諸佛之法亦無究竟。乃爲正見。其正見者。心不入二。不見二者。人亦無二。不見吾我。則爲正見。無若干見。不以若干爲异見⑮

者。爲平等觀。則不想念一切諸法有上中下。於一切法無所想見。乃爲正見。其正見者。無若干見亦無所見。無所見者。乃爲正見。所可察者無有形色。以見諸法無形色者。乃爲正見。是族姓子。觀一切法曉如是者。斯乃名曰班宣法律。説是語時。五百比丘漏盡意解。

佛告寶髻菩薩。所謂正念。蠲除諸念與不念俱合集寂然。而觀智德。至澹泊法。曉了所觀。見於諸法。所念信者。何謂爲法。何謂非法。解知諸法各各別异。不相親近。以曉了是。不念平等。況于信邪。未之有也。於一切念無念不念。無所復思。無應不應。是爲正念。

佛告族姓子。所謂正言。其所説者不自見身。不見他人。不著彼我。

不危己身亦不危他。是謂正言。又正言者。等解諸法。知一切法至於滅盡。知一切法歸賢聖法及與解脱。是謂正言。奉行慈心。重加愍哀。親仇無別。正言亦空。等演諸法。無相不願。悉無所作。不生不起。諸法言等。一切諸法無常苦空非身之教。其正言者。一切諸法無人壽命。等説諸法。從意緣起。如其所種各得其實。菩薩等示衆生宣其經法。令行佛道。其正言净。則爲一切十方諸佛之所擁護。是爲正言。

佛告族姓子。所謂正業。消化一切諸所造業。未曾復作諸所原基。所修業者滅衆苦惱。諸可常業悉令立虛。不興邪業。離於塵勞無有穢濁。是謂正業。若有菩薩曉了此業及與諸法。於諸善本而無所造以修德行。是謂無作則爲造行。爲虚無要空虚之宅。是謂菩薩行上尊[16]道爲正業也。

佛告族姓子。所謂正命。不計有我。不計有人。是謂正命。其正命者。亦不積聚一切塵勞。菩薩正命。則能净修衆生志性。已净志性。不自計身。亦無壽命等。爲彼我及與法故行清净義。是謂正命。

佛告族姓子。所謂正便。於此不爲非法之事。心不捨德。所作方便安無怯弱。修於正行淳淑近之。是謂正便。其正便者不爲邪便。所作方便如其所言。不計諸法等與[17]不等。無作不作。如諸法住。順其所行而設方便。計如此法。諸佛之法亦復如是。如其寂然因爲方便。諸法平等無有差特。所行亦等。爲諸衆生除其邪便。則以勸助於諸通慧。是爲菩薩所行正便。
佛告族姓子。所謂正意。謂憶佛道。念施。持戒。忍辱。精進。一心。智慧。
慈悲喜護。是謂正意。念於殷勤。不聽一切塵勞之穢。不從魔便。其所念者。在所向生不墮邪見。工御其意制其所念。如監門者知閉開時。除去一切諸不善念所⑱思想。不聽邪念。是謂正意。菩薩已處於此正意。不於此中寂滅道性而取果證。是爲菩薩正意淨行。
佛告族姓子。所謂菩薩正定。隨賢聖行。知於苦諦。斷集諦種。證盡諦種。奉道諦種。是爲正定。彼若正受。等於己身亦等諸法。己身清淨諸法亦淨。己身則空諸法亦空。定意正受能如是者。則入平等不墮滅盡。是爲菩薩正定淨行。發心之頃所行平等。具足智慧一切聖福。覺了諸法。是爲菩薩正定浄行。佛説是正定覺時。千六百天與人弟子行者。好樂小乘。已入其法。改⑲發無上正真道意。

佛告族姓子。何謂菩薩護覺意。將養其心令不起生。除淫怒痴。去於色著痛想行識。在於三處而無所著。獨步三界。過三脱門。至三達智。睹去來今無所挂礙。開度衆生除諸穢垢。猶如日明無所不曜。善權智慧隨時示現。游於三世如水蓮花。開化一切使發道意。是爲菩薩護覺道意清浄之行。

佛告寶髻。何謂菩薩成就神通爲清浄行。又以五事具備徹視。何謂爲五。逮得光明。名曰天眼。普照十方消盡窈冥。靡不睹耀。見一切佛。所可開化。多所度脱。故曰天眼。遥睹衆生終始所趣。莊嚴其志。名曰天眼。皆見十方一切形色像貌種類好醜長短。其天眼者。無所挂礙。意念寂滅。其相無爲。過諸天。龍。神及揵沓和。聲聞。緣覺。見其本末。靡所不達。是族姓子。如是比類致五神通。逮此天眼爲菩薩眼。是爲菩薩天眼之净。佛告族姓子。復以五事成其徹聽。靡所不聞。何謂爲五。聞於人聲。亦復徹聞非人之聲。亦聞地獄餓鬼畜生辛苦之音。一切十方諸佛説法悉亦聞之。一切十方諸有言語。音辭不同。各各别异億萬種音皆能聽了。是爲五事菩薩神通徹聽清净。佛告族姓子。復以五事知人心念。何謂爲五。悉能逮知諸天人民地獄餓鬼畜生之類。本末所因。心念善惡。方當來世若更⑳受身。知去來今心念所趣。决定來處歸於邪業㉑。衆生心念善惡所行皆了知之。察其心意。或懷貪淫瞋恚愚痴。隨其本行如應説法。是爲菩薩知諸心念清浄之行。佛告族姓子。何謂菩薩知過去神通清浄。謂以五事了知古世。其有受於淫怒痴者。悉自然受。不熟思惟致此事耳。復解己身無央數世。便更專惟布施。持戒。忍辱。精進。一心。智慧。慈悲喜護。緣其定意而逮得此。亦從己致。其受吾我念心因緣諸相之觀。其相因緣。亦從己爲而自然受。思惟其心自觀其志。其入痴門亦自然受念識此已。隨其色像。眷屬。勢力。名稱。豪貴。貧賤。苦樂。亦己身爲。皆自然行而受此患。是爲菩薩知往心念清浄神通。佛告族姓子。何謂菩薩具備神足。則以五事而逮神足。何謂爲五。示現色身。神通自在。神識音響。神足悉達。心意所行。神足普周。一切衆生心所娯樂。神足皆別。親近所見。神足咸至。坐見十方無數國土。周遍一切諸佛境界。隨其習俗現其形體。身遍一切十方衆生。爲其說法。令得開解發大道意。是族姓子。菩薩所行神足清净。

佛告族姓子。菩薩慧眼具天眼净。其天眼者。住於神識亦無所著。則致天耳本末清净。住無挂礙。尋即知衆生心念。靡不通達。悉知過去當來處所。悉能證明。住無所行。皆盡諸漏生死之行。便净神足。諸通明徹。所謂神通。則諸漏盡聖慧之門。菩薩於彼。以此五通而自娯樂。其心不住盡諸漏慧。佛告族姓子。譬如去於居邑百千俞旬玄迥之路。有大國城。其路艱險。衆難難計。阻邃曲隘。寇賊抄掠。師子虎狼還相食啖。若出此路能到彼國。入大城者悉脱衆患。安隱無量。時有一人聞彼國城恩德功勛。快樂遠著。其人生年唯有一子。甚愛重念。視之無厭。聞彼國名捨子而往。盡力勤行。忍諸艱苦衆難之患。晝夜不懈得值陰凉。六藝備體。執持五兵。便得越度。到其城門住門梱上。稍復進前至第二門。開其城門而獨住立。即便憶念所生一子獨不得來。以子恩情不入大城。尋更還反將其子來。共至樂國。佛告族姓子。菩薩如是被無極鎧。以大精進堅固志性。精誠所致。顯發大道。浄治心業淳淑之行。諸漏得盡。興大哀心。開化衆生爲其説法。慧斷生死。得至無漏究竟成就。哀愍衆生欲救護故。則復來還現凡夫地。佛告族姓子。其城者。喻聖慧巍巍。諸漏已盡。涉難遠行百千俞旬玄迴路者。謂游無量生死諸難。救脱衆生不以爲拘。盜賊虎狼者。謂衆魔邪見非法之難。相食啖者。謂三界中陰哀之患。值陰凉者。謂平等行。六藝五兵。謂六度無極五神通也。其人者。菩薩也。到其城住門梱上。從外門稍復進至中門。住不前者。謂菩薩而從有爲至於無爲。諸漏已盡。其心明徹。不捨本願欲度十方。如念一子也。不入城還反者。菩薩愍傷一切衆生。中心念之如一子父。滅除生死諸漏之難。超住法頂。雖出生死。不盡諸漏尋復來還。在於五趣開化衆生。是爲菩薩善權方便大哀之行。

爾時寶髻菩薩前白佛言。至未曾有天中天。菩薩大士志㉒懷大哀不樂解脱。欲度衆生如觀己掌。反還生死而不惡厭。復問佛言。菩薩遵修何法不厭生死。佛告族姓子。菩薩有二十事不厭生死。何謂二十事。奉行德本至無極慈。執持大慈以攝大危。懷抱大哀攝不弘愍。開化衆生度脱一切。常以精進攝諸怯劣。以和調性攝諸懷結。以權方便攝不知節。則以智慧攝諸愚冥。而以一心攝諸放逸。能以神通攝諸不暢。能以聖明攝諸暗塞。能以隨時攝諸無義。其意專惟攝諸煩憒。遵奉道心攝諸不學。而行四恩攝諸無護。以布施攝貧窮。以敬戒攝無禮。以博聞攝少智。以總持攝喜忘。以辯才攝頑訥。以上德攝少福。由是之故乃成大慧。是族姓子。菩薩所行二十事不厭生死也。寶髻菩薩復問佛言。何謂菩薩宜於生死。

爲無數人而有加益。佛告族姓子。若使菩薩以德莊嚴。宜於生死。以福潤澤窮乏危厄。博聞莊嚴。宜於生死。則以辯才多所饒益。能執其意而不忽忘。逮得總持。宜於生死。令一切人各各聞慧。逮得寶掌。以好布施而自莊嚴。財不耗減。用此財寶多所饒益。又不放逸。宜於生死。講法不倦。多所饒益於一切人。又等集諸相。宜於生死。修慧莊嚴。於諸衆生。言行相應。宜於生死。所爲應時不失其節。多所饒益於諸衆生。一切所有施而不吝。宜於生死。隨時開化。各得其所。施度無極。多所饒益於諸衆生。奉清净戒。宜於生死。莊嚴持戒。多所饒益於諸衆生。忍辱精進一心智慧。宜於生死。六度無極。多所饒益於諸衆生。

佛告族姓子。乃去往古無央數劫長遠無量。爾時有佛。名普壞世如來。至真。等正覺。明行成爲。善逝。世間解。無上士。道法御。天人師。號佛。世尊。世界名曰天觀。劫名欣豫。何故其劫名曰欣豫。於彼劫中六萬佛興。時净居天聞無數音班宣佛德。於是劫中有六萬佛。時天世人皆共歌頌。此咨嗟聲其有聞之。靡不歡喜善心生焉。以是之故。劫名欣豫。佛告族姓子。其佛世界安隱快樂。其德巍巍。諸天人民觀之無厭。以故世界名曰天觀。其土微妙至誠莊嚴。以雜種香而成其地。堪任執本於千世界。又其佛土所出香熏。則能周遍十方無量無數之國。栴檀烟陰。於其土地。自然生起無極蓮花。名光明曜。其蓮花光。常以大暉照彼世界。人民大小皆有神足。宿德所居香爲樓觀。講堂精舍。軒户窗牖。床榻茵蓐。微妙綩綖。其佛之土亦無國邑郡縣村落。又彼人民悉得神通經行虛空。樓閣講堂亦處于空。坐斯樓堂專精念道諷誦講論。彼無女人亦無胞胎。人皆化生。不聞女名。亦無三塗惡趣之名。又無衆惱勤苦之患。一切衆人禪定歡悦以爲飲食。篤信微妙。志求大乘。彼無异乘聲聞緣覺之名也。其土人民皆著冠幘。衣服顔色猶如天人。假使出學。塵勞愛欲尋皆捨離。無有憂累。又彼如來亦不敕告諸菩薩等使被法服。所以者何。其人不生穢濁心故。而彼如來形體威顔現如梵天。諸菩薩衆威儀禮節靡不備悉。坐起安詳。講説經道。設使十方諸佛之土。有無極變神通菩薩。詣天觀世界者。通過諸國來覲如來。稽首歸命聽說經典。見彼佛土無有倫匹。其[23]德超殊巍巍無量。怪未曾有。舉聲嗟嘆。爾乃捨去。佛告族姓子。若彼如來爲諸菩薩班宣道化。踴升虛空。去地六十六丈。坐於微妙清淨莊嚴師子之座。爲諸菩薩論上法教。粗舉其要。不廣分別屢練[24]中義。如吾於此多說殷勤。所以者何。斯諸正士悉入聖慧。以一章句輒能解入百千之義。是故如來約宣經教。不以多言。其佛爲說四清淨行。度無極淨。道品法淨。神通行淨。化衆生淨。是爲四也。

佛告寶髻。時彼佛土有一菩薩名曰珍寶。即自啓問壞世如來。何謂菩薩宜在生死。多所饒益於諸衆生。於時如來便爲菩薩廣分別說此兩句義。於斯大慧道莫能當。菩薩所行恒在生死。逮得慧曜多所潤益。佛適說是。六萬菩薩得柔順忍。佛告寶髻。珍寶菩薩復問。何謂菩薩嚴净道場坐於佛樹。壞世如來告珍寶曰。以無放逸嚴净道場坐於佛樹。於彼何謂無放逸者。其佛告曰。奉行經典。又問。何謂奉行經典。告曰。言行相應是無放逸。又無放逸不自馳騁。修於無量大德之鎧。不與陰合越於五陰。布施無量。不可盡故。持戒無量。爲末學故。忍辱無量。堪衆苦故。精進無量。正士業故。禪定無量。無退落故。智慧無量。無挂礙故。慈心無量。開化衆生不可限故。悲哀無量。愍傷衆生濟匱乏之故。行喜無量。以法歡㉕悦衆生之故。行護無量。救濟將養群生之故。生死無量。長育一切佛道法故。化無量人。安彼我故。正法無量。將順隨時堅精進故。德慧無量。執權方便等應時故。奉無量佛。具足慧故。求無量聞。智卓然故。心入無量。睹見衆生志性行故。節德無量。志存閑静有限之故。閑居無量。將順心故。寂默無量。所察廣普。速疾具成諸通慧故。佛告珍寶。是無放逸所當遵法。菩薩行此無放逸者。嚴浄道場坐於佛樹。則其義也。又族姓子。其無放逸。諸道品法所立之本。致無放逸聖慧之原。逮堅要法。以無放逸積纍德本。能不放逸。未曾忘失往古久遠所聽聞法。普能執懷一切經典。消化塵勞無量陰蓋。於諸道義無所挂礙。無放逸者。則能燒盡曠野積聚愚痴之冥。悉能將護一切經法。滅除衆相抑制諸根。無放逸者。退捨邪徑奉行衆善。力勢超殊。具足十力。力如虚空而無等雙。無放逸者。得無所畏。具足成就一切佛法。歸其原頂。無放逸者。便能獲致佛諸通慧。佛告族姓子。彼佛説此無放逸時。萬二千菩薩逮得無所從生法忍。於族姓子。所憶云何。時珍寶菩薩豈异人乎。莫作是觀。所以者何。則汝身是。由斯緣故。當作此觀。若使菩薩無放逸者。乃爲應宜嚴净道場坐佛樹下。入如來道。不可限量。

佛復告寶髻菩薩。所謂菩薩開化衆生。若菩薩行清净者。見衆生行心懷善惡。便能開化無量難限不可思議衆生之類。各使奉行無極之法。其菩薩者。志性調柔入於審詳。自在開化幾何人民。彼族姓子。人根不同。所見各异。是故菩薩隨時示現而誘進之。或能有人堅正禁戒。乃成開化。或從毁戒因得受教。或以衣物往來交接。緣受道化。或以柔軟。或以粗獷。或懷毒心。或以恐怖。或以苦惱。或以安隱而受開化。或在言語。或從得勝。或從因生。或從志性。或從逼惱。或從順意。或從所有。或從無所有。或從興盛。或從所受。或無所受。或從財業治生。或從靜然無所易取。或從貪慕求妙顏容。或從惡色。或從色聲香味細滑之法而致開化。或從瞋罵臭氣惡味粗堅穢法而得開解。或從共居宿止受化。或從往來數數相見。或從聞佛法聖衆。或從歡喜。或從憂慼。或從無我。或從寂音。或從布施持戒忍辱精進一心智慧之音而受開化。或從衆生有爲之惱。或從聽聞天上世間所遭安隱而受開化。或聽聲聞所説乘教。或緣覺乘。或聞大乘而受開化。或從常喜不以憂惱。或從愁㉖慼不因欣豫。或從貨利。或從踴躍不見愛敬。或從得利。或因衰耗。或復有人而從四恩因而開化。或從內業。或從外業。或從眼耳鼻口㉗身體手足而受開化。或以娛樂歌戲。或以花香而受開化。或從其身專遭苦患。或從常樂而受開化。或從其心得靜方便。或從化作比丘形像。或復變現比丘尼。優婆塞。優婆夷像而受開化。或復現作佛像容貌而開化之。或如釋梵轉輪聖王像貌而開化之。佛告族姓子。若使不現若干種變。觀其性行。㉘行其心念而開化者。不能度之。當曉了知衆生性行。應病與藥。所度乃廣。設令菩薩行度無極。則能奉受佛道品法。亦能明了神通之慧。然後寂然開化衆生。菩薩有四事法開化衆生。何謂爲四。一曰。不厭終始之患導示未及。二曰。不貪安己願安一切。三曰。常以時宜宣示道教。四曰。分別衆類心性所行。是爲四。復有四。一曰。所説柔和。言辭可敬。二曰。奉戒清淨。猶如日明。三曰。顔色常悦。未曾懷恨。四曰。常懷慈心。復有四。一曰。心不懷害。二曰。志於大哀。三曰。意多愍傷。四曰。常調其心。復有四。一曰。性行清淨。二曰。無有諛諂。三曰。精進堅强。四曰。忍於苦樂善惡。是爲菩薩四法開化衆生。當作此觀。乃能堪任救濟一切。

佛告族姓子。往昔過去無央數劫。長遠無量不可思議。爾時有佛。名離垢光如來。至真。等正覺。明行成爲。善逝。世間解。無上士。道法御。天人師。號佛。世尊。世界曰寂然。劫名愛敬。寂然世界豐樂安隱。

五穀平賤。快樂難量。天人孳盛。離垢光佛。其聲聞衆九十六億。菩薩八萬四千。其佛壽三十三萬六千歲。時有梵志爲大國王。王有太子名曰業首。端正姝好見者無厭。厥年十六。惑於顏貌。迷於豪貴。荒亂自大。不肯往詣離垢光佛。不修恭敬稽首爲禮。佛心念言。太子業首。云何忽失無上正真道意。勸助德本。不識宿本㉙而計吾我。荒迷容色財業豪貴。及懷自大不數詣佛。既來至此不肯歸命。違失禮節。設爲殷勤宣其本行者。必識宿命。數詣如來稽首受教。於時離垢㉚光如來皆悉請會八萬四千菩薩。使㉛行法籌。誰能堪任詣太子業首所。八萬四千歲教化説法者。而不患厭一切苦惱所見逼迫。雖往教彼。不見接待。座席言談。但得罵詈毀辱誹謗耳。佛告族姓子。時雖行此籌。八萬四千諸菩薩中。無一菩薩肯受法籌。時彼會中有一菩薩名極妙精進。即從坐起。偏露右肩。長跪叉手。前白佛言。我能堪任八萬四千歲。往來太子業首數數相見。捨一切安。皆忍衆苦。雖遭諸厄不以爲患。極妙精進適發此言。三千大千世界應時六反震動。百千天人住於虛空。舉聲嘆曰。善哉善哉。無極精進。被弘誓鎧。於時極妙精進菩薩。往詣業首太子門前而住。太子方見。罵詈毀辱。瞋恚誹謗。言語衝口無有其限。撮土坌之。瓦石打之。刀杖加之。於時菩薩被辱如是。不懷瞋恚。不以爲恨。亦不悔還。遂堅其心被精進鎧。智力益增。興發大哀而愍傷之。如是千歲。乃得自前入第一門。從所苦困輕毀之難。不以患厭。至于萬歲。轉復進至王宮第一之庭。又二萬歲至第二庭。如是之比。八萬四千歲。至第七庭。七日七夜。太子業首。時復見之。尋便質問。比丘何來。詣此所求。菩薩答曰。故來相詣。相稱名勛。於時太子心自念言。怪未曾有。今此比丘。戒德難量無能逮者。被諸毀辱未曾懈耻。極妙精進歡㉜悦業首。尋説頌曰。

太子吾今無所求　不用飲食及衣服　宜當顯發無怖心
吾以法來故至此　人中尊號離垢光　大聖現世多所益
講説經法除苦患　若有人聞逮甘露　諸佛興出甚難值
無數千劫難可遇　執御衆人令受法　則爲世間之炬曜
反以欲得而放逸　貪於財色自娛樂　迷荒豪貴及王位

不肯往詣見法王　財業無常命難保　佛說人壽如朝露
太子自察亦常然　云何聞佛復放逸　仁者以曾志佛道
召請衆生欲度脱　於今何因爲欲使　放逸安可度衆生
吾且欲還詣最勝　當降伏心滅塵欲　仁興精進愍一切
將無後恨懷憂惱　時國王子聞斯頌　即自下意發恭敬
禮極精進稽首足　吾今自悔辱仁罪　我當弃捨㉝一切事㉞
不慕豪貴貪國土　吾當往至安住所　弃捐瑕穢求見益
即與一億八萬人　各執衆花擎諸香　俱往詣於最勝所
見離垢光人中上　已皆悉到安住所　前稽首足而供養
退在一面住佛邊　於時太子說此言　極妙精進是我師

心不患厭和顏勸　此之恩德無以加　如是供養不足報
歸悔首過救護世　違失法王之教命　我今都悉自歸誠
願佛納受所首情　於是發意悉求佛　用一切故興愍傷
不復造邪爲放逸　今我立德成佛道　爾時太子弃榮位
與人一億八萬四　於最勝所作沙門　發意志求於佛道
時佛知其所志願　爲説最上佛道業　諸聞净法逮柔順
諸高士住無我法

佛告寶髻菩薩。欲知爾時極妙精進。我身是。太子業首。彌勒是。族姓子。過去菩薩開化衆生不以懈倦。威德巍巍無量如此。所學日深精進無侣。是故菩薩欲度衆生。當念修學如彼往世極妙精進菩薩之德。

佛告族姓子。菩薩有四業而得自在。以此四業攝取諸佛道法。何謂爲四。一曰。超越諸魔靡不歸伏。二曰。念净佛土令修净教。三曰。嚴身口意順開士本。四曰。合集一切諸佛道品。是爲四法自在之業。復有四事爲菩薩業。何謂爲四。一曰。其慧曉了所入志性。二曰。普見衆生根原所歸。三曰。分別一切諸趣所由。應病與藥。四曰。明識一切徑路所行。令得寂寞不懷瞋恚。是爲四事菩薩所行自在道業。於是寶髻菩薩。從無數劫殖於難限百千德本髻中明月珠。其價當此三千佛土。以奉如來。口宣此言。以頂上寶貢獻如來。因是德本致無能睹其頂相者。逮成諸佛不可思議聖慧之頂。佛即時笑。五色光明從其口出。照無央數諸佛國土。尋即來還。繞佛三匝。忽没頂上。於是會中有菩薩。名曰捷辯。從坐而起。偏露右肩長跪叉手。贊嘆世尊。以頌問曰。

最尊無等倫　超世俗之上　無垢以離穢　三界稱其德
其慈無儔匹　超越須彌山　今者何欣笑　願慧爲我説
真諦戒調定　執性人敬言　令我志趣安　善修快寂然
天人尊在此　其志甚堅妙　爲以何感應　哀愍而今笑
十方總勢强　光明福曜威　勇師子壞冥　游衆無所畏
三界無有侣　何能有殊者　法宅爲解説　何故而欣笑
離垢性游安　顔色常和悦　名德通虚空　馳逸不可限

消除諸窈冥　光明靡不照　安住唯爲解　何故而欣笑
修德心清净　願如金寶山　常訓誨不及　世人普供養
則爲最良田　衆祐聖超世　釋師子現要　所演如虚空
諸天及人民　無與妙等者　等心甚堅强　慚愧祥豐盛
巍巍德百千　相如花茂盛　最勝能仁笑　願爲發遣之
其慧無挂礙　流布於三世　處若干身意　其心無所著
一時悉曉了　如應當行化　仁師子屬笑　其義爲何義
諸天住空中　意内懷悦豫　地上諸人民　叉手而自歸
能仁勝唯説　殊特甘露味　諸天神人聞　消滅塵勞冥

佛告捷辯菩薩。汝㉟爲豈見寶髻不乎。以此寶髻珠奉上如來。志願無上正真道意。則爲供養佛之原慧。對曰。唯然。已見。世尊。佛言。是族姓子。寶髻菩薩於恒河沙劫。供養恒沙如來至真。常修梵行。開化無數衆生之類立於三乘。過十阿僧祇劫當得作佛。號曰寶成如來。至真。等正覺。明行成爲。善逝。世間解。無上士。道法御。天人師。號佛。世尊。世界名離垢光。劫曰無垢。其離垢光世界七寶合成。咸出光明。照於十方無量佛土。其光紫金。假使衆生值此光者。一切塵勞悉蒙消滅。其土豐樂。皆諸菩薩。悉無所著。無有异學相發起者。普修道寶。以故如來名曰寶成。此諸菩薩皆得神通。咸有辯才。其土諸天人民悉當淳淑。遵平等覺。無有不及無智之名。其土亦無君主。唯以世尊爲無上法王。諸天人民自然化生。無有女人。無愛欲名。其士人民皆殖德本。無無福者。諸根悉具。皆以相好莊嚴其身。爾時如來諸菩薩衆不可稱數。佛壽十四劫。初無異談。所説唯宣菩薩之慧諸度無極。辯才大哀淳一品教。是諸菩薩皆曾被訓。諸根明達。能以一句普入一切諸佛之道。如來爲説總持言教。慈心如地。何謂總持言教。以一絶句普入諸章。何謂一句。謂妙聖句。不可究盡道品之法。何謂無盡句。謂於佛道不可窮盡。何謂無盡。論於無者。謂無盡句。已能入無。普入文字。是爲一句。一切文字而不可盡。復有二字。本所未聞。亦未行也。而宣説言出於一字。其一字者。不與二字而同勢也。是以一字而宣訓誨。設使宣布斯訓誨者。無念不念。無應不應。此句無念亦無不念。以無念句而成開化。是爲族姓子㊱入總持教。寶成如來爲諸菩薩説總持言句。於彼學入此一句者。便得普入一切佛意。我於一劫若復過劫。分別咨嗟離垢光世界功德之稱。不能究盡得其邊際。寶成如來講説經道德稱之慧。不可思議亦不可賜。其佛大德國土清浄。巍巍超絶。上不可及。寶髻菩薩聞佛授決。歡喜踴躍。以頌讚佛。

普知悉能見　度諸法無極　如來皆超越　一切諸瑕穢
大慧未曾有　皆知我往古　供養諸佛數　佛悉具説之
去來今現在　本末爲如是　復知鄙末世　及與一切人
爲佛所授决　不復懷狐疑　開化度世間　諸根㊲之本末
於是㊳一切地　日月尚可墮　佛口所可宣　終不有改變

佛出至誠言　所演無有虛　授以尊*覺道　成佛人中上
如我志所願　嚴浄於佛土　所言亦如是　悉知我心念
彼聞此教已　悦顔無猶豫　所修行爲尊　欲度衆生故
如我之所行　當復增無量　嚴治其本際　我身奉浄行
興發行得佛　度諸法無極㊴　勤力無怯弱　由從精進至
堪任所布施　皆知我往古㊵　未曾捨精進　至大哀如來
爲以諸衆生　本末爲如是　吾當悉開化　得佛度异學

寶髻菩薩説此偈時。七萬二千人皆發無上正真道意。悉願生彼離垢光世界。同時發聲俱説是言。寶成如來得佛道時。普令吾等生彼佛土。佛皆記説當生其國。

爾時世尊告賢者阿難。受是經典。持諷誦說。廣爲衆人宣傳其旨。殷勤勸助。是經典要。天上世間之所歸伏而共供養。所以者何。其聞此經。我悉授決。其不信者本宿德薄。其受是經德本非凡。趣聞此經世世值佛。何況聞持而奉行說。功勛無限。族姓子族姓女。若以七寶滿此三千大千世界。隨時㊶布施。如是比類於百千歲。其聞此經歡喜信持。功德逾彼。阿難白佛。此經名何。云何奉持。佛言。名曰菩薩浄行寶髻所問。當奉持之。佛說如是。寶髻及十方諸會菩薩。賢者阿難。天。龍。鬼神。揵沓和。阿須倫。世人。聞佛所說。莫不歡喜。

大寶積經卷第一百一十八

校注

①『不受諸法而修道義』，別譯本《大方等大集經·寶髻菩薩品》（北涼·曇無讖譯）作『菩薩信心不可動轉』。
②『御』，龍藏、思溪藏作『仰』。
③『意』，龍藏作『念』。本卷下文例同，用*標識，不再出注。
④『念』，龍藏作『志』。
⑤『失』，底本作『共』，依龍藏、和裕本改。本卷下文例同，用*標識，不再出注。
⑥『作』，底本無，依龍藏、和裕本補。
⑦『想』，龍藏作『相』。
⑧『者』，龍藏、思溪藏作『聖』。
⑨『清』，底本無，依龍藏、思溪藏補。
⑩『無』，龍藏作『想』。
⑪『念』，龍藏作『命』。
⑫『耶』，底本作『邪』，依龍藏、思溪藏、和裕本改。
⑬『其』下，龍藏有『所』字。

⑭『觀』，龍藏作『見』。
⑮『二』，龍藏作『一』。
⑯『尊』，龍藏、思溪藏作『遵』。本卷下文例同，用*標識，不再出注。
⑰『與』，龍藏、思溪藏作『异』。
⑱『所』上，龍藏有『無』字。
⑲『改』，龍藏、思溪藏作『故』。
⑳『更』，龍藏、思溪藏作『見』。
㉑『決定來處歸於邪業』，別譯本《大方等大集經·寶髻菩薩品》（北涼·曇無讖譯）作：『知是衆生是正定聚。是邪定聚。是不定聚。』
㉒『大士志』，龍藏作『大士心』，思溪藏作『大志』。
㉓『其』，底本污殘，依龍藏、思溪藏補。
㉔『練』，龍藏作『申』。
㉕『歡』，龍藏、思溪藏作『勸』。
㉖『愁』，龍藏、思溪藏作『憂』。
㉗『口』，龍藏作『舌』。

㉘『行』，龍藏作『從』。
㉙『宿本』，龍藏、思溪藏作『本宿』。
㉚『垢』，底本污殘，依龍藏、思溪藏補。
㉛『使』，底本污殘，依龍藏、思溪藏補。
㉜『歡』，思溪藏作『勸』。
㉝『捨』，龍藏、思溪藏作『捐』。
㉞『事』，底本作『士』，依龍藏、和裕本改。
㉟『汝』，底本污殘，依龍藏、思溪藏補。
㊱『子』下，龍藏、思溪藏有『爲』字。
㊲『諸根』，底本污殘，依龍藏、思溪藏補。
㊳『於是』，底本污殘，依龍藏、思溪藏補。
㊴『度諸法無極』，龍藏作『不從懈怠致』。
㊵『皆知我往古』，龍藏作『受我以道意』。
㊶『隨時』，底本污殘，依龍藏、思溪藏補。

大寶積經卷第一百一十九

大唐三藏菩提流志奉　詔譯

勝鬘夫人會第四十八

如是我聞。一時佛在舍衛國祇樹給孤獨園。時憍薩羅波斯匿王及末利夫人初證法已。共相謂言。我女勝鬘。慈晤聰慜。多聞智慧。若見如來。於甚深法速能解了。無諸疑惑。我今應當令善諭者發其誠信。作是議已。王及夫人即便作書。稱揚如來真實功德。時遣一使名真提羅。奉持王書詣無鬥城。授勝鬘夫人。時勝鬘夫人發書尋繹。頂受忻慶。生希有心。向真提羅而説偈言。

我聞如來聲　世間頗難遇　斯言若真實　當賜汝衣服

若彼佛世尊　爲利世間現　必應見哀愍　令我睹真相
言念須臾頃　佛於虛空中　現不思議身　普放大光明
勝鬘及眷屬　皆悉來集會　合掌瞻仰禮　稱讚大導師
如來妙色身　世間無與等　無比不思議　是故今敬禮
如來色無盡　智慧亦復然　一切法常住　是故我歸依
善調心過惡　及與身四種　到不思議地　故我今敬禮
知諸爾炎法　智身無挂礙　於法無忘失　故我今敬禮
稽首過稱量　稽首無倫等　稽首法自在　稽首超思惟
哀愍覆護我　令法種增長　逮及最後身　常在如來前
我所修福業　此世及餘生　由斯善根力　願佛恒攝受

時勝鬘夫人説此偈已。及諸眷屬一切大衆。頂禮佛足。爾時世尊即爲勝鬘而説偈言。

我昔爲菩提　曾已開示汝　今復值遇我　及來世亦然

説此偈已。即於會中授勝鬘夫人阿耨多羅三藐三菩提記。汝今稱嘆如來殊勝功德。以此善根。當於無量阿僧衹劫天人之中爲自在王。諸所受用皆悉具足。所生之處常得遇我。現前稱嘆如今無异。復當供養無量無數諸佛世尊。過二萬阿僧衹劫當得作佛。號曰普光如來應正等覺。彼佛國土無諸惡趣衰老病苦。亦無不善惡業道名。其中衆生形色端嚴。具五①妙境。純受快樂。蔽於他化自在諸天。彼諸衆生皆趣大乘。諸有如是學大乘者。悉來生彼。時勝鬘夫人得授記已。無量天人心懷踴躍。咸願往生彼佛世界。是時世尊皆與授記。當生彼國。時勝鬘夫人聞佛記已。於如來前合掌而立。發十弘誓。作如是言。世尊。我從今日乃至菩提。於所受戒不起犯心。世尊。我從今日乃至菩提。於諸師長不起慢心。世尊。我從今日乃至菩提。於諸衆生不起恚心。世尊。我從今日乃至菩提。於諸勝已及諸勝事不起妒心。世尊。我從今日乃至菩提。雖有少食不起慳心。世尊。我從今日乃至菩提。不自爲己受畜財物。凡有所受。爲濟貧苦有情之類。世尊。我從今日乃至菩提。不求恩報行四攝事。無貪利心。無厭足心。無限礙心。攝受衆生。世尊。我從今日乃至菩提。見諸衆生無有依怙。幽繫疾惱。種種危厄。終不捨離。必願安隱。以善饒益令免衆苦。世尊。我從今日乃至菩提。若見一切諸惡律儀。毀犯如來清浄禁戒。凡我所攝城邑聚落。應調伏者而調伏之。應攝受者而攝受之。何以故。以調伏攝受故。則正法久住。正法久住故。天人充滿惡道減少。能令如來法輪常轉。世尊。我從今日乃至菩提。攝受正法終不忘失。何以故。忘失正法則忘大乘。忘大乘者則忘波羅蜜。忘波羅蜜者則捨大乘。若諸菩薩有於大乘不決定者。攝受正法則不堅固。便不堪任超凡夫境。則爲大失。世尊。現在未來攝受正法諸菩薩等。具足無邊廣大利益。發斯弘誓。聖主世尊雖復證知。而諸有情善根微薄。或起疑網。以十弘誓難成就故。彼或長夜習不善法。受諸苦惱。爲欲利益如斯衆生。今於佛前發誠實誓。世尊。我今發此十弘誓願。若實不虛。於大衆上當雨天花。出天妙音。勝鬘夫人於如來前作斯言已。時虛空中即雨天花。出天妙音。嘆言。善哉。勝鬘夫人。如汝所説。真實無异。爾時衆會既睹斯瑞。無諸疑惑。生大歡喜。同聲唱言。願與勝鬘夫人所生之處同其願行。時佛世尊悉記大衆。如其所願。爾時勝鬘夫人復於佛前發三弘願。以兹願力利益無邊諸有情類。第一願者。以我善根。於一切生得正法智。第二願者。若我所生得正智已。爲諸衆生演説無倦。第三願者。我爲攝受護持正法。於所生身不惜軀命。爾時世尊聞斯願已。告勝鬘言。如一切色悉入空界。如是菩薩恒沙諸願悉入兹願。此三願者真實廣大。

爾時勝鬘夫人復白佛言。世尊。今當承佛威神辯才之力。欲說大願。幸垂聽許。佛言。勝鬘。恣汝所說。勝鬘夫人言。菩薩所有恒沙諸願。一切皆入一大願中。一大願者。所謂攝受如來正法。如是攝受正法。真實廣大。佛言。善哉勝鬘。汝久修習。智慧方便甚深微妙。有能解了汝所說義。彼於長夜植諸善本。如汝所說攝受正法。皆是過去未來現在諸佛已說今說當說。我得無上正等菩提。亦復常以種種相說攝受正法。如是稱揚攝受正法。所有功德無有邊際。如來智慧亦無邊際。何以故。是攝受正法有大功德。有大利益。時勝鬘夫人復白佛言。世尊。我當承佛威神之力。更復演說攝受正法廣大之義。佛言。聽汝所說。勝鬘夫人言。攝受正法廣大義者。爲得無量一切佛法。乃至能攝八萬行蘊。譬如劫初興諸色雲。雨衆寶雨。如是攝受正法善根之雲。能雨無量福報之雨。世尊。又如劫初大水之中。能生三千大千界藏。及四百億種種類洲。如是攝受正法。出生大乘無量界藏。并諸菩薩神通之力。種種法門。一切世間及出世間安樂具足。一切天人所未曾有。又如大地荷四重擔。何等爲四。一者大海。二者諸山。三者草木。四者衆生。如是攝受正法諸善男子及善女人。堪能荷負四種重任逾彼大地。何等爲四。謂離善友無聞非法諸有情類。以人天善根而成熟之。求聲聞者授聲聞乘。求獨覺者授獨覺乘。求大乘者授以大乘。是名攝受正法諸善男子及善女人。堪能荷負四種重任逾彼大地。世尊。如是攝受正法善男子善女人等。建立大地。堪能荷負四種重任。普爲衆生作不請友。大悲利益哀愍有情。爲世法母。又如大地。是四種寶所生之處。何等爲四。一者無價。二者上價。三者中價。四者下價。如是攝受正法善男子善女人。建立大地。有情遇已。獲四大寶。一切寶中最爲殊勝。何等爲四。謂諸有情遇斯善友。或有獲得人天善根。有證聲聞及辟支佛。或無上乘善根功德。是名攝受正法善男子善女人。建立大地。有情遇已便能獲得四種大寶。世尊。出大寶者。名爲真實攝受正法。世尊。言攝受正法者。謂無异正法。無异攝受正法。正法即是攝受正法。世尊。無异波羅蜜。無异攝受正法。攝受正法即是波羅蜜多。②何以故。攝受正法善男子善女人。應以施成熟者以施成熟。乃至捨身。隨順彼意而成熟之。令彼有情安住正法。是名施波羅蜜。應以戒成熟者。守護六根净身語意。乃至威儀。隨順彼意而成熟之。令彼有情安住正法。是名戒波羅蜜。應以忍成熟者。若彼有情罵詈毀辱。誹謗擾亂。以無恚心及利益心最上忍力。乃至顏色亦不變异。隨順彼意而成熟之。令彼有情安住正法。是名忍波羅蜜。應以精進而成熟者。於彼有情不起懈怠下劣之心。起大樂欲。最上精進。於四威儀。隨順彼意而成熟之。令彼有情安住正法。是名精進波羅蜜。應以静慮而成熟者。於彼有情以無散亂成就③正念。曾所作事終不忘失。隨順彼意而成熟之。令彼有情安住正法。是名静慮波羅蜜。應以智慧而成熟者。彼諸有情爲利益故。問諸法義。以無倦心而爲演説一切諸論。一切明處乃至種種工巧之處。令得究竟。隨順彼意而成熟之。令彼有情安住正法。是名智慧波羅蜜。是故世尊。無异波羅蜜。無异攝受正法。攝受正法即是波羅蜜。時勝鬘夫人復白佛言。世尊。我今承佛威神辯才之力。復説大義。佛言。云何大義。世尊。攝受正法者。無异攝受正法。無异攝受正法者。攝受正法善男子善女人。則是攝受正法。何以故。若攝受正法善男子善女人。爲正法故。捨身命財。如是人等以捨身故。證生死後際。遠離老病。得不壞常。無有變易。究竟寂静。不可思議如來法身。以捨命故。證生死後際。永離於死。得無邊常。成就不可思議諸善功德。安住一切佛法神變。以捨財故。

證生死後際。超過有情。無盡無減果報圓滿。具不思議功德莊嚴。
爲諸有情尊重供養。世尊。捨身命財。攝受正法善男子善女人等。
爲諸如來之所授記。世尊。若善男子善女人。正法欲滅。有諸比丘。
比丘尼。優婆塞。優婆夷。互相朋黨起諸諍訟。以不諂曲不欺誑心。
愛樂正法攝受正法。入善朋中。入善朋者。必爲諸佛之所授記。世
尊。我見攝受正法有斯大力。如來以此爲眼。爲法根本。爲引導法。
爲通達法。
爾時世尊聞勝鬘夫人所説攝受正法有大威力。嘆言。如是如是。
善哉勝鬘。如汝所説。攝受正法大威德力。如大力士。微觸末摩。生
大苦痛更增重病。如是勝鬘。假令少分攝受正法。令魔波旬痛切

愁惱。悲號嘆息。亦復如是。勝鬘。我常不見餘一善法令魔愁惱。猶
如少分攝受正法。勝鬘。譬如牛王形色端正。身量殊特蔽於諸牛。
如是勝鬘。修大乘者。設令少分攝受正法。即能蔽於聲聞獨覺一
切善法。勝鬘。又如須彌山王。高廣嚴麗。蔽於衆山。如是勝鬘。初趣
大乘。以饒益心不顧身命攝受正法。便能超過顧其身命久住大
乘一切善根。是故勝鬘。當以攝受正法開示教化一切有情。如是
勝鬘。攝受正法獲大福利及大果報。勝鬘。我於無數阿僧祇劫。稱
贊如是攝受正法所有功德。不得邊際。是故攝受正法成就如是
無量功德。佛告勝鬘。汝今復應演我所說攝受正法。一切諸佛共
所愛樂。勝鬘白言。善哉世尊。攝受正法者。則名大乘。何以故。大乘

者。出生一切聲聞獨覺。世出世間所有善法。如阿耨達池出八大④河。如是大乘出生一切聲聞獨覺世出世間所有善法。世尊。又如一切種子草木叢林。皆依大地而得生長。如是一切聲聞獨覺。世出世間所有善法。皆依大乘而得生長。是故世尊。住於大乘。攝受大乘。即住攝受聲聞獨覺世出世間所有善法。如佛世尊所說六處。謂正法住。正法滅。別解脱。毗奈耶。正出家。受具足。爲大乘故說此六處。所以者何。正法住者爲大乘說。大乘住者即正法住。正法滅者爲大乘說。大乘滅者即正法滅。別解脱。毗奈耶。此之二法義一名异。毗奈耶者即大乘學。所以者何。爲佛出家而受具足。是故大乘戒蘊是毗奈耶。是正出家。是受具足。世尊。阿羅漢者無有出家及受具足。何以故。阿羅漢不爲如來出家受具足故。阿羅漢有怖畏想。歸依如來。何以故。阿羅漢於一切行住怖畏想。如人執劍欲來害己。是故阿羅漢不證出離究竟安樂。世尊。依不求依。如諸衆生無有歸依。彼彼恐怖。爲安隱故。求於歸依。世尊。如是阿羅漢有恐怖故。歸依如來。是故阿羅漢及辟支佛。生法有餘。梵行未立。所作未辦。當有所斷。未究竟故。去涅槃遠。何以故。唯有如來應正等覺證得涅槃。成就無量不可思議一切功德。所應斷者皆悉已斷。究竟清净。爲諸有情之所瞻仰。超過二乘菩薩境界。阿羅漢等則不如是。言得涅槃。佛之方便。是故阿羅漢等去涅槃遠。世尊。説阿羅漢及辟支佛。觀察解脱四智究竟得蘇息者。皆是如來隨他意語不了義説。何以故。有二種死。何等爲二。一者分段。二者變易。分段死者。謂相續有情。變易死者。謂阿羅漢及辟支佛。自在菩薩隨意生身。乃至菩提。二種死中。以分段死説阿羅漢及辟支佛。生於我生已盡之智。由能證得有餘果故。生於梵行已立之智。一切愚夫所不能作。七種學人未能成辦。相續煩惱究竟斷故。生於所作已辦之智。世尊。説生不受後有智者。謂阿羅漢及辟支佛。不能斷於一切煩惱。不了一切受生之智。何以故。是阿羅漢及辟支佛有餘煩惱不斷盡故。不能了知一切受生。煩惱有二。謂住地煩惱及起煩惱。住地有四。何等爲四。謂見一處住地。欲愛住地。色愛住地。有愛住地。世尊。此四住地能生一切遍起煩惱。起煩惱者。刹那剎那與心相應。世尊。無明住地。無始時來心不相應。世尊。四住地力能作遍起煩惱所依。比無明地。算數譬喻所不能及。世尊。如是無明住地。於有愛住地。其力最大。譬如魔王色力威德及衆眷屬。蔽於他化自在諸天。如是無明住地蔽四住地。過恒沙數煩惱所依。亦令四種煩惱久住。聲聞獨覺智不能斷。唯有如來智所能斷。世尊。如是如是。無明住地其力最大。世尊。如取爲緣。有漏業因而生三有。如是無明住地爲緣。無漏業因能生阿羅漢及辟支佛。大力菩薩隨意生身。此之三地隨意生身及無漏業。皆以無明住地爲所依處。彼雖有緣。亦能爲緣。世尊。是故三種隨意生身及無漏業。皆以無明住地爲緣。同於有愛。世尊。有愛住地不與無明住地業同。無明住地异四住地。异四住地唯佛能斷。何以故。阿羅漢辟支佛斷四住地。於漏盡力不得自在。不能現證。何以故。世尊。言漏盡之增語。是故阿羅漢辟支佛及最後有諸菩薩等。爲無明地所覆蔽故。於彼彼法不知不見。以不知見。於彼彼法應斷不斷。應盡不盡。於彼彼法不斷不盡故。得有餘解脱非一切解脱。得有餘清净非一切清净。得有餘功德非一切功德。世尊。以得有餘解脱非一切解脱。乃至有餘功德非一切功德故。知有餘苦。斷有餘集。證有餘滅。修有餘道。

爾時勝鬘夫人復白佛言。世尊。若復知有餘苦。斷有餘集。證有餘滅。修有餘道。是名少分滅度。證少分涅槃。向涅槃界。若知一切苦。

斷一切集。證一切滅。修一切道。彼於無常敗壞世間。得證常寂清涼涅槃。世尊。彼於無護無依世間爲護爲依。何以故。於諸法中見高下者。不證涅槃。智平等者。解脱等者。清净等者。乃證涅槃。是故涅槃名等一味。云何一味。謂解脱味。世尊。若無明地不斷不盡。不得涅槃一味等味。何以故。無明住地不斷不盡故。過恒沙等一切過法。應斷不斷。應盡不盡。過恒沙等一切過法不斷不盡故。過恒沙等諸功德法不了不證。是故無明住地。與於一切所應斷法諸隨煩惱爲生處故。從於彼生。障心煩惱。障止煩惱。障觀煩惱。障静慮煩惱。如是乃至障三摩鉢底。加行。智。果證。力。無畏。所有過恒沙等一切煩惱。如來菩提佛金剛智之所能斷。諸起煩惱。一切皆依無明住地。無明住地爲因緣故。世尊。此起煩惱。刹那刹那與心相應。世尊。無明住地。從無始來心不相應。世尊。若復過恒河沙如來菩提佛金剛智所應斷法。一切皆是無明住地依持建立。譬如一切種子叢林。皆依大地之所生長。若地壞者。彼亦隨壞。如是過恒沙等如來菩提佛金剛智所應斷法。一切皆依無明住地之所生長。若彼無明住地斷者。過恒沙等如來菩提佛金剛智所應斷法。皆亦隨斷。如是過恒沙等所應斷法。一切煩惱及起煩惱皆已斷故。便能證得過恒沙等不可思議諸佛之法。於一切法而能證得無礙神通。得諸智見。離一切過。得諸功德。爲大法王。於法自在。證一切法自在之地。正師子吼。我生已盡。梵行已立。所作已辦。不受後有。是故世尊以師子吼。依於了義一向記說。世尊。不受後有智有二種。何謂爲二。一者。謂諸如來以調御力摧伏四魔。超諸世間。一切有情之所瞻仰。證不思議清净法身。於所知地得法自在。最勝無上。更無所作。不見更有所證之地。具足十力。登於最勝無畏之地。於一切法無礙觀察。正師子吼。不受後有。二者。謂阿羅漢及辟支佛。得度無量生死怖畏。受解脱樂。作如是念。我今已離生死怖畏。不受諸苦。世尊。阿羅漢辟支佛如是觀察。謂不受後有。不證第一蘇息涅槃。彼等於未證地不遇法故。能自解了。我今證得有餘依地。决定當證阿耨多羅三藐三菩提。何以故。聲聞獨覺皆入大乘。而大乘者即是佛乘。是故三乘即是一乘。證一乘者得阿耨多羅三藐三菩提。阿耨多羅三藐三菩提者即是涅槃。言涅槃者即是如來清浄法身。證法身者即是一乘。無异如來。無异法身。言如來者即是法身。證究竟法身者即究竟一乘。究竟一乘者即離相續。何以故。世尊。如來住時無有限量。等於後際。如來能以無限大悲無限誓願。利益世間。作是説者。是名善説。若復説言。如來是常。是無盡法。一切世間究竟依者。亦名善説。是故能於無護世間。無依世間與等後際。作無盡歸依。常住歸依。究竟歸依者。謂如來應正等覺。法者是一乘道。僧者是三乘衆。此二歸依非究竟依。名少分依。何以故。説一乘道。證究竟法身。於後更無説一乘道。三乘衆者有恐怖故。歸依如來求出修學。有所作故。向阿耨多羅三藐三菩提。故二依非究竟依。是有限依。若諸有情。如來調伏。歸依如來。得法津潤。由信樂心歸依於法及比丘僧。是二歸依。由法津潤信入歸依。如來者。非法津潤信入歸依。言如來者。是真實依。此二歸依以真實義。即名究竟歸依如來。何以故。如來不異此二歸依。是故如來即三歸依。何以故。說一乘道。如來最勝。具四無畏。正師子吼。若諸如來隨彼所欲。而以方便說於二乘。即是大乘。以第一義無有二乘。二乘者同入一乘。一乘者即勝義乘。

世尊。聲聞獨覺初證聖諦。非以一智斷諸住地。亦非一智證四遍知諸功德等。亦非以法能善了知此四法義。世尊。於出世智無有四智漸至漸緣。世尊。出世間智無漸至法。如金剛喻。世尊。聲聞獨覺以於種種聖諦之智斷諸住地。無有出世第一義智。唯有如來應正遍知。非諸聲聞獨覺境界。以不思議空性之智。能破一切諸煩惱𣪍。世尊。破煩惱𣪍究竟之智。是名出世第一義智。初聖諦智。非究竟智。是於趣向阿耨多羅三藐三菩提智。世尊。真聖義者即非二乘。何以故。聲聞獨覺唯能成就少分功德。名之爲聖。世尊。言聖諦者。非諸聲聞獨覺之諦及彼功德。而此諦者。唯有如來應正等覺初始了知。然後爲彼無明𣪍藏世間衆生開示演説。故名聖諦。

世尊。此聖諦者。甚深微妙。難見難了。不可分別。非思量境。一切世間所不能信。唯有如來應正等覺之所能知。何以故。此説甚深如來之藏。如來藏者。是佛境界。非諸聲聞獨覺所行。於如來藏說聖諦義。此如來藏甚深微妙。所說聖諦亦復深妙。難見難了。不可分別。非思量境。一切世間所不能信。唯有如來應正等覺之所能知。若於無量煩惱所纏如來之藏不疑惑者。於出一切煩惱之藏如來法身亦無疑惑。世尊。若有於此如來之藏及佛法身。不可思議佛秘密境。心得究竟。於彼所說二聖諦義能信能了。能生勝解。何等名爲二聖諦義。所謂有作及以無作。作聖諦者。是不圓滿四聖諦義。何以故。由他護故。而不能得知一切苦。斷一切集。證一切滅。修一切道。是故不知有爲無爲及於涅槃。世尊。無作諦者。是說圓滿四聖諦義。何以故。能自護故。知一切苦。斷一切集。證一切滅。修一切道。如是所說八聖諦義。如來但以四聖諦說。於此無作四聖諦義。唯有如來應正等覺作事究竟。非阿羅漢及辟支佛力所能及。何以故。非諸勝劣下中上法能證涅槃。云何如來於無作諦得事究竟。謂諸如來應正等覺遍知諸苦。斷諸煩惱及超⑤煩惱所攝苦集。能證一切意生身蘊所有苦滅。及修一切苦滅之道。世尊。非壞法故。名爲苦滅。何以故。言苦滅者。無始無作。無起無盡。常住不動。本性清浄。出煩惱㲉。世尊。如來成就過於恒沙具解脱智不思議法。說名法身。世尊。如是法身不離煩惱。名如來藏。世尊。如來藏者。即是如來空性之智。如來藏者。一切聲聞獨覺所未曾見。亦未曾得。唯佛了知及能作證。世尊。此如來藏空性之智復有二種。何等爲二。謂空如來藏。所謂離於不解脱智一切煩惱。世尊。不空如來藏。具過恒沙佛解脱智不思議法。世尊。此二空智。諸大聲聞由信能入。世尊。如是一切聲聞獨覺空性之智。於四倒境攀緣而轉。是故一切聲聞獨覺所未曾見。亦未曾證。一切苦滅唯佛現證。壞諸煩惱。修苦滅道。

世尊。此四諦中。三諦無常。一諦是常。何以故。如是三諦入有爲相。有爲相者則是無常。言無常者是破壞法。破壞法者非諦非常。非歸依處。是故三諦以第一義。非諦非常。非歸依處。世尊。一苦滅諦離有爲相。離有爲相則性常住。性常住者非破壞法。非破壞者是諦是常。是歸依處。世尊。是故苦滅聖諦以勝義故。是諦是常。是歸依處。世尊。此苦滅諦是不思議。過諸有情心識境界。亦非一切聲聞獨覺智所能及。譬如生盲不見衆色。七日嬰兒不見日輪。苦滅諦者亦復如是。非諸凡夫心識所緣。亦非一切聲聞獨覺智之境界。凡夫識者。謂二邊見。一切聲聞獨覺智者。名爲净智。言邊見者。於五取藴執著爲我。生异分別。邊見有二。何者爲二。所謂常見及以斷見。世尊。若復有見生死無常。涅槃是常。非斷常見。是名正見。何以故。諸計度者見身諸根。受者思者。現法滅壞。於有相續不能了知。盲無慧目起於斷見。於心相續刹那滅壞。愚暗不了意識境界。起於常見。世尊。然彼彼義過諸分別及下劣見。由諸愚夫妄生异想顛倒執著。謂斷謂常。世尊。顛倒有情於五取藴。無常常想。苦爲樂想。無我我想。不浄浄想。聲聞獨覺所有浄智。於如來境及佛法身所未曾見。或有衆生信如來故。於如來所起於常想。樂想。我想及於浄想。非顛倒見即是正見。何以故。如來法身是常波羅蜜。樂波羅蜜。我波羅蜜。浄波羅蜜。若諸有情作如是見。是名正見。若正見者名真佛子。從佛口生。從正法生。從法化生。得佛法分。世尊。言浄智者。則是一切聲聞獨覺智波羅蜜。此之浄智。於苦滅諦尚非境界。況苦滅諦是四入流智之所行。何以故。三乘初業不愚法者。能於彼義當證當了。世尊爲何義故説四入流。世尊。此四入流是世間法。世尊。唯一入流。於諸入流爲最爲上。以第一義是爲入流。是爲歸依。是苦滅諦。

世尊。生死者依如來藏。以如來藏故説前際不可了知。世尊。有如來藏故。得有生死。是名善説。世尊。生死者。諸受根滅。無間相續未受根起。名爲生死。世尊。生死二法是如來藏。於世俗法名爲生死。世尊。死者諸受根滅。生者諸受根起。如來藏者則不生不死。不升不墜。離有爲相。世尊。如來藏者常恒不壞。是故世尊。如來藏者。與不離解脱智藏。是依是持。是爲建立。亦與外離不解脱智諸有爲法依持建立。世尊。若無如來藏者。應無厭苦樂求涅槃。何以故。於此六識及以所知如是七法。刹那不住。不受衆苦。不堪厭離願求涅槃。如來藏者。無有前際。無生無滅。法受諸苦。彼爲厭苦。願求涅槃。世尊。如來藏者。非有我人衆生壽者。如來藏者。身見有情。顛倒有情。空見有情。非所行境。世尊。如來藏者是法界藏。是法身藏。出世間藏。性清淨藏。此本性淨。如來藏者。如我所解。縱爲客塵煩惱所染。猶是不可思議如來境界。何以故。世尊。刹那刹那善不善心。客塵煩惱所不能染。何以故。煩惱不觸心。心不觸煩惱。云何不觸法而能得染心。世尊。由有煩惱有隨染心。隨煩惱染難解難了。唯佛世尊爲眼爲智。爲法根本爲尊爲導。爲正法依。如實知見。

爾時世尊嘆勝鬘夫人言。善哉善哉。如汝所說。性清淨心隨煩惱染。難可了知。復次勝鬘。有二種法難可了知。何等爲二。謂性清淨心難可了知。彼心爲煩惱染亦難了知。如此二法。汝及成就大法菩薩乃能聽受。諸餘聲聞由信能解。勝鬘。若我弟子增上信者。隨順法智。於此法中而得究竟。順法智者。觀根識境。觀察業報。觀羅漢眠。觀心自在。愛樂禪樂。觀聲聞獨覺聖神變通。由成就此五善巧觀。現在未來聲聞弟子。因增上信隨順法智。善能解了性清淨心。煩惱所染而得究竟。勝鬘。是究竟者爲大乘因。汝今當知。信如來者。於甚深法不生誹謗。爾時勝鬘夫人白佛言。世尊。復有餘義能多利益。我當承佛威神之力。演說斯事。佛言。善哉。今恣汝說。勝鬘夫人言。有三種善男子善女人。於甚深法離自毀傷。生多功德。入大乘道。何等爲三。若善男子善女人等。能自成就甚深法智。或有成就隨順法智。或有於此甚深法中不能解了。仰推如來。唯佛所知。非我境界。除此三種善男子善女人已。諸餘有情於甚深法。

隨己所取執著妄說。違背正法習諸外道。腐敗種子。設在餘方。應往除滅。彼腐敗者。一切天人應共摧伏。勝鬘夫人說是語已。與諸眷屬頂禮佛足。時佛世尊讚言。善哉。勝鬘。於甚深法方便守護。降伏怨敵。善能通達。汝已親近百千俱胝諸佛如來。能說此義。爾時世尊放勝光明普照大衆。身升虛空高七多羅量。以神通力足步虛空。還舍衛城。時勝鬘夫人與諸眷屬。瞻仰世尊目不暫捨。過眼境已。歡喜踴躍。遞共稱嘆如來功德。一心念佛還無鬥城。勸友稱王建立大乘。城中女人七歲已上化以大乘。友稱大王亦以大乘化諸男子七歲已上。舉國人民無不學者。

爾時世尊入逝多林。告尊者阿難及念天帝。時天帝釋與諸眷屬應念而至。住於佛前。爾時世尊告帝釋言。憍尸迦。汝當受持此經。演說開示。爲三十三天得安樂故。復告阿難。汝亦受持。爲諸四衆分別演說。時天帝釋白佛言。世尊。當何名斯經。云何奉持。佛告天帝。此經成就無邊功德。一切聲聞獨覺力不能及。況餘有情。憍尸迦當知。此經甚深微妙。大功德聚。今當爲汝略說其名。諦聽諦聽。善思念之。時天帝釋及尊者阿難白言。善哉世尊。唯然受教。佛言。此經讚嘆如來真實功德。應如是持。說不思議十種弘誓。應如是持。以一大願攝一切願。應如是持。說不思議攝受正法。應如是持。說入一乘。應如是持。說無邊諦。應如是持。說如來藏。應如是持。說佛法身。應如是持。說空性義隱覆真實。應如是持。說一諦義。應如

是持。說常住不動寂静一依。應如是持。說顛倒真實。應如是持。說
自性清净心煩惱隱覆。應如是持。說如來真子。應如是持。說勝鬘
夫人正師子吼。應如是持。復次憍尸迦。此經所說斷一切疑。決定
了義。入一乘道。憍尸迦。今以所說勝鬘夫人師子吼經付囑於汝。
乃至法住。於十方界開示演說。天帝釋言。善哉世尊。唯然受教。時
天帝釋。尊者阿難。及諸大會天。人。阿修羅。健闥婆等。聞佛所說。皆
大歡喜。信受奉行。

大寶積經卷第一百一十九

校注

①『五』，龍藏、中州本作『天』。
②『多』，龍藏、思溪藏無。
③『就』，龍藏、思溪藏作『熟』。
④『八』，龍藏作『四』。
⑤『超』，龍藏、思溪藏作『起』。

大寶積經卷第一百二十

大唐三藏菩提流志奉　詔譯

廣博仙人會第四十九

如是我聞。一時佛在無鬥戰城恒河岸上。時有無量諸比丘衆。尊者阿難。摩訶迦葉。舍利弗。薄拘羅。離婆多。阿若憍陳如等。所作已辦。離諸塵染。諸漏已盡不復退轉。禪誦經行無暫懈息。或如群雁①游止寂靜。或在林間常處禪定。安住如來光明教門。調伏諸根得無所畏。時娑羅鷄林枝葉繁茂香花布地。拘枳羅鳥。迦陵伽鳥。鵝王群蜂栖集和鳴。能令衆生離諸昏墮。爾時如來告諸比丘。汝等應當勤作所作。以於戒儀而自蔭覆。是時西方忽然輝耀如日輪光。尊者阿難未離欲故。白言。世尊。今此光明是何之相。佛言。阿難。是五通仙最勝上者黑香之子。名曰廣博。節食羸瘦。身無光潤。與其同行五百人俱。所謂不白仙人。天人仙人。苦波野那仙人。丹荼野那仙人。迦摩野那仙人。迷佉那斯仙人。疑味仙人。度羅仙人等。前後圍繞。當來詣我。爾時廣博仙人遥睹世尊身意寂靜處在林藪。爲諸比丘之所侍衛。即自思惟。奇哉尊貴。一切智處色相具足。捨去群臣轉輪王位六萬彩女如弃毒食。苦行山林。離諸欲樂。名稱普聞。誠不虚也。時彼衆中有一仙人。字那剌陀。遥瞻如來。心生歡喜。即説頌曰。

瞻彼青花樹林下　猶紫金聚者何人

彌樓妙寶流焰光　亦如秋月無氛翳

爾時諸仙皆懷悅豫。合掌恭敬。漸詣佛所。於時世尊告諸比丘。汝等觀彼閻浮洲中諸仙人等。蓬髮上靡。栖止林莽。塗灰却粒。或月半月節食羸瘦。鹿皮樹皮以充衣服。不剪髮爪。蹲處露地。或如烟炭黑蜂之色。咒術祭火以爲吉祥。空地樹下隨處而居。或墜高岩。或投深水。炎火赫日炙身苦體。恃其種姓。離無上智。比丘當知。此諸仙人見不清淨。耽著諸有。輪迴生死不能出離。時諸比丘聞佛世尊作是説已。同聲白言。我等今者。由依如來勤修梵行。於諸有中永當出離。

爾時廣博仙人與其同類漸至佛所。睹諸羅漢威德尊嚴。内懷傾悚曲躬低視。各結散髮。身佩白繩。顏容黑暗。兩目黄緑。頭髮枯燥。執三拒木。身形卑陋。或行虛空。或談俗典。至如來前。白言。世尊。今此衆會。願佛知時。佛言。廣博。我已了知諸有受生及於自性。時阿難陀白言。世尊。此何仙人。衆所圍繞。詞慧通敏。頂髮上靡。佛言。阿難。此是廣博。作圍陀典。奉持習行賒羯羅教。造諸種種世俗文字。爾時諸羅漢等共相謂言。而此仙人有何所得。苦行如是。於生死中而不解脱。復自思惟。此仙人衆今來佛所。當何所問。爲因緣耶。爲無我耶。爾時廣博仙人合掌向佛。白言。世尊。佛出現難。衆會亦難。我於今者有少疑問。願垂哀愍。佛言。大仙。恣汝所問。當爲解説。廣博仙言。云何爲施。何者施義。云何施主。施主何義。云何施者不名施主。云何施主不名施者。云何行施於受施者而獲福報。云何施已。若現在世。若命終後。施福隨行爲積爲聚。世尊。如來滅後供養塔廟。誰爲受者獲於福報。佛言。大仙。汝今所問甚爲希有。爲欲覺悟新發意者。時舍利弗在於衆中。髮白面皺。以其右手擡眉顧視。久而言曰。我昔曾聞廣博仙人世所稱讚。云何今者不知言問如小童子。云何不問因緣無我深妙之義。而乃問於施之果報。尊者阿難前禮佛足。白言。世尊。彼之仙人於施貪著。我願爲彼解説施義。佛言。阿難。若問如來。聲聞答者。非如來教。時舍利弗復白佛言。今此仙人有彼彼疑。我願解説。佛言。不爾。汝於聲聞最爲上首。若於我前有所解説。令諸衆生墮於惡趣。謗云如來非決定智。或云如來覺性了已猶有我慢。

爾時諸比丘聞佛世尊作是説已。生净信心。白言。世尊。廣博仙人有所疑問。願爲除斷。爾時佛告廣博仙言。汝今諦聽。施之果報及業差別。若諸受者能令施主生於果報。是爲施義。若有衆生發清净心。以己財寶令執事人隨所施者。其財寶主名爲施主。其執事人名爲施者。若復有人自持己物净心施者。得爲施主。亦名施者。復次大仙。三十二種不净之施。汝今諦聽。若復有人倒見施者。不名净施。因報恩者。不名净施。不哀愍者。不名净施。爲色欲者。不名净施。若施火中。不名净施。擲水中者。不名净施。恐怖施者。不名净施。施五家者。不名净施。以毒施者。不名净施。施刀杖者。不名净施。

殺害施者。不名净施。爲攝他故。不名净施。爲稱譽者。不名净施。爲倡伎者。不名净施。因占相者。不名净施。求飾好者。不名净施。結朋友者。不名净施。於莊宅中鳥獸來吃不歡欣者。不名净施。學工巧者。不名净施。因病施醫②。不名净施。先因打罵。後施財物。不名净施。若懷疑惑。言我今施爲有報耶。爲無報耶。如此施者。不名净施。若捨施已。内懷熱惱。慳戀悔恨。不名净施。若言受者後當爲我作牛畜者。不名净施。若言福報我自受者。不名净施。若人少壯無净信心。後遭病苦。或臨死路。楚毒在身。肢節分解。閻羅使者調弄於前。親屬平生悲泣相視。如此之時方始施者。不名净施。或有念言。令餘城邑知我施者。不名净施。若懷嫉妒增上施者③。不名净施。慕他豪族。爲求婚姻。持諸金銀繒彩衣服而施與者。不名净施。若求男女及餘雜緣而施與者。不名净施。若有念言。我於今施來世受報。不名净施。見貧窮者不生哀愍。翻持錢財施富貴人。不名净施。或貪花果而施與者。不名净施。善男子。此三十二愛染之施。猶如有人携持種子。於荒穢田隨所種殖。然彼種子依大地界。遇天雨潤決定生芽。至於花實少得收獲。

爾時廣博仙人復白佛言。如何施與。持戒毁戒而不滅壞。佛言。大仙。若復有人净信因果發歡喜心。爲諸衆生無有悔吝。亦不分别持戒破戒。復次善男子。有五種施名爲大施。何者爲五。一者時施。二者道行之者。三者病人及看病者。四者説正法人。五者詣他國者。復有五種。一者法施。二者食施。三者居住。四者燈明。五者香花。廣博復言。何等清净。佛言。若發信心。爲諸衆生内懷哀愍。迴向菩提遍净解脱。得爲清净。復有五種無上之施。何者爲五。一者施於如來。其施無上。二者施於衆僧。其施無上。三者施説法者。其施無上。四者施父。其施無上。五者施母。其施無上。復有施者名爲大施。所謂失位國王。名爲大施。若爲縣官之所逼迫無所依怙。及爲疾病之所痛惱。施如此人。名爲大施。若爲王者所弃。臨刑之時及餘命難。捨己之命救於彼命。名爲大施。或於疾病之人施與醫藥。亦名大施。或於具戒衆僧以時而施。亦名大施。或施求智慧者。亦名大施。或於傍生之儔蝦蟆蛭烏及餘烏獸而施與者。亦名大施。或於乏劣之者施令充足。亦名大施。若復有人。勸他浄施及能④隨喜。亦名大施。

復次大仙。汝先所問。於我滅後云何種植獲福報者。善男子。諸如來者皆是法身。非是色身。若復在世或復滅後。所有供養福無有异。如轉輪王於其大地唱如是言。我之國界。不應有人殺害衆生及於妄語。其國之人。雖未見王兼親侍衛。但聞教敕即便遵奉。王於是人必生歡喜。是人由王不殺害故獲生天報。其有違者墮於惡趣。如是大仙。雖有衆生見我色身。不護其戒何所得耶。如提婆達多。雖遇於我猶墮地獄。若復有人於來世中勤修我教。則爲希有。如見我身。無有异也。

復次大仙。如汝所問。福德因緣爲積聚者。如萩⑤葦中因燒出焰。而此光焰不可得言爲積爲聚。如是施主積集資糧猶影隨形而無見者。亦如蒲萄甘蔗末押之時汁不可見。彼於一節二節之中求汁積聚了無見者。然於彼汁不從外得。福德果報亦復如是。不在施主手中心中及於身中。亦不相離。亦如尼拘陀子未成熟時芽不可見。譬於商人持少財物往詣大城。有所貿易廣獲財利。福報亦爾。如蜂采花不損其色。雲涵雨潤誰見積聚。於其出生必自成辦。

爾時廣博仙人白言。世尊。施之差別我已了知。云何此識住於身中有所愛著。佛言。大仙。猶如國王住於城中。懼他軍來預作濠塹。

積聚糧貯。教養戰士。建諸幡旗。調習醉象。嚴誡衆兵。唱言警備。著於衣甲。專情鬥戰。執利刀仗。露刃而住。王福盡故。他軍强盛。遂即滅壞。如是識王住於身城。見於六處無常侵害。穿信濠塹。被正念甲。御醉法象。調習意馬。告六處云。今有無常威力軍來。宜應速疾被於施⑥甲。持於智刃。辦慚愧弩。安戒堤防。時彼六處爲無常軍漸相逼迫。爾時彼識如福盡王。弃城而走別住城國。廣博仙人復白佛言。云何了知是福德城。非福德城我當捨之。佛言。大仙。猶如有人乘大舟船欲渡大海。時遇風濤鼓涌飄蕩。黿鼉鯨鯢互爲嶮害。是人因船遂達彼岸。既得無畏。繞船三匝恭敬祭祀。唱言。善哉。我由此船得渡大海。如是大仙。有福衆生命終之後。作是思惟。我今此身善趣天上。所得人身爲不空過。乘此身船渡惡趣海。善哉。前生甚可恭敬。若復有人墮惡趣者。猶如渡海乘朽爛船。於大海中或沉或浮。摇揚傾覆。是人殘命雖至岸上。復遇師子虎狼充滿。罵言。咄哉。此朽故船倒行大海。令我怖畏見如此苦。墮惡趣識亦復如是。毁罵其身。我徒養育遭此惡報。我久於世擔負穢草。如蠶作繭徒自纏縛。如何令我沉溺若此。

爾時彼識於第二身適住母胎。纔七日中能作是念。我從彼滅而來生此。由善業者其心歡喜。能令彼母有三種相。所謂母面熙怡。顔容端妙。無諸皯gǎn䵳。右脚壓地倍重常時。復以其手數摩右脅。被白色衣增加姝麗。造惡業識亦七日中作是憶念。我從某城曾作某罪。作是念已便生悲惱。能令其母現諸惡相。所謂身體臭穢。羸瘦萎黃。常懷悲愁。數數變吐。禍橫盈門。灾難逼迫。饒諸疾病。將產之時。或損母命或復自死。

爾時廣博仙人復白佛言。世尊。彼識初入胎時得何念慧。佛言。而此之識初⑦入胎已。見閻浮洲園苑樹林。宮殿池沼遍滿莊飾。親族聚會。情極慕樂。復以天慧光明。隨念憶知無量百千彼彼生處。彼是我母。曾五百世生育於我。作是念已。生厭離心。唱言。咄哉。於此世間生死足矣。劬勞諸有永願休息。時廣博仙人復白佛言。世尊。彼識既能如是厭離。豈不出離生死中耶。佛言。不也。大仙。彼識無出離之相。能得解脫。無有是處。而彼識界於生死中雖爾厭離。能出離者不應受生。若不爾者。或有修福及於造罪。一切皆應趣向涅槃。如汝所言。識思惟者。是識增上非智增上。所以者何。識能分別。智能了知。識智和合乃如汝説。爾時世尊欲重宣此義。而説偈言。

能防諸怨賊　積集煩惱者　了智與無智　及慧共愚痴
見慢并無明　如是等一切　無有少離智　由識能了知
識智不相離　和合我常説　一輪不爲車　二輪亦不成
亦不由於餘　要假人與牛　并具於輻轄　二輞相資備
轅軛兼絡繩　爾乃得名車　身車亦如是　諸界和合生
諸根悉備具　由識能牽挽　肢節相綴連　筋脉恒遍滿

髑髏皮髮覆　腸肺并心脾　肝胃衆和合　建立假爲身
識王處其中　非身爲調御　了知諸體性　是名智識俱

復次大仙。此識微細不可色見。無有諸根亦不相離。若諸丈夫有所怯弱。或生恐怖。或起尋思。皆識增上。非智作用。

爾時廣博仙人復白佛言。世尊。云何觀察一切衆生從地獄趣而來生者。乃至天⑧趣而來生者。何業差別。生於天人傍生餓鬼及於地獄。佛言。大仙。衆生本性没此生彼。是佛境界。非五通仙之所能知。亦非天人。魔。梵。色究竟等。并餘聲聞之所覺了。大仙。若於我法獲離三垢。得初果時所有境界。尚非帝釋。那羅延天。汝諸仙等之所能知。爾時如來作是説已。廣博仙人便自思惟。此輪迴中。聖智境界未曾會遇。禮佛雙足。白言。世尊。我於今者衰朽失念不能獲果。無任負荷住持菩提。歸依佛法及離垢僧。我從今日與諸弟子及於眷屬歸佛法僧。唯願世尊示教利喜。以聖智日常住世間除煩惱翳。善哉世尊。願爲演説一切衆生從天墜者。佛言。諦聽。今正是時。若有衆生堅固成就施香花鬘。此人必當生持鬘天。臨終之時身發妙香及感鮮華。而復自見種種色華來散其上。或有見於樓閣宫殿。懸諸鈴綵⑨。雜華嚴飾。百千天女而處其中。命終之後見持鬘天父母和合如贍部人。便爲愛風飄入胎藏。時彼天母懷妊七日。於右脅下遂誕其子。彼適生已。於其胸前天悦意花自然爲鬘。具七種色。所謂白。黑。黄。赤。天紺。紅蓮及如火銅。光明炫耀。香氣因風遍一由旬。故號彼天謂爲持鬘。宮中有樹。其汁香美猶如甘露。園苑果實有八上味。大如頻螺。彼天所食皆是甘果。非餘摶食。凡有飢想。果自現樹。所履之地無諸荆棘。鮮花柔草周布清净。或有宮殿如白花聚。或以黄金爲屋鴟吻。彼之天女光容藻飾。眺望軒檻相與娛樂。其所壽命天二百年。將終殁時有二種相。所居之樹。其葉凋悴。枝條垂下。其花香氣自然隱没。所著花鬘忽然萎黄。清凉之風變爲毒熱。最勝天城弃捨而去。時諸天女見此衰相圍繞悲號。嘆言。咄哉。何彼無常無少慈悲。今於我等愛重之者。制不由己。將捨我等在於須臾。時彼天子漸爲熱病之所逼迫。遍體火現。炎焰雖加而無熱惱。心猶快樂。從彼而没。人間受生。在於胎中。

能令其母愛香花鬘及諸果實。又於夢中常見城邑場肆嚴飾遍垂花瓔。亦既生已。形容光潤。白服花鬘常所眷愛。好游親屬。耽著欲樂。情戀女人。往來輕躁。名衣上服及諸園林靡不貪樂。見富貴者倍生喜悅。

復次大仙。四天王天趣向之者。若有衆生以憐愍心。見貧窮者施於衣食。及諸病人隨與醫藥。或造井泉。或施池沼。其人將終。形不羸瘦。容色無變。身無垢汗。聲不甏破。亦不遺瀝大小便利。六塵充足。諸根無損。能見自身在天衆中。命既終已。色如紅蓮。口出妙香。復有清風吹妙花香拂其尸上。於是彼識見四天界父母歡游。耽醉情欲。時彼天父以其右手摩天母背。即於母脞而得受胎。經七日已遂即誕生。天飾具足。大仙當知。四天王天所居之地。縱廣八萬四千由旬。黃金白銀雌黃雄黃間錯莊飾。百千天女充滿其中。百千花果如人形像。於彼園苑。天摩尼光常所明照。樹林枝莖垂劫波衣及妙繒彩。其樹滑潤。見者欣悅。於其龕室常懸樂具。簫笛之儔自然發聲。彼天童子摶食爲力。香美粳稻色如紅蓮。味逾甘露。其所食器具於二種。一者金器。二者銀器。隨意所樂色香美味皆於中現。復有天漿名爲花酒。香冷殊特。設有嗅者亦自然醉。彼之天人各有寢殿。名曰初秋。遍垂花條。金銀雜寶。娑蘭鷄樹。數有百千合覆其上。復有種種坐臥敷具。六萬天女顏容殊妙。被服光鮮。其聲寥亮。韵合天樂。爲諸欲神之所造化。歌舞倡妓言笑往來。

能令見者增其染愛。其宮殿前樹以刹柱。金銀間錯。繒彩莊嚴。懸諸寶幡。隨風搖揚。有四天王。一曰持國。二曰增長。三曰廣⑩目。四曰多聞。此四天王於彼天界。吟嘯歌舞。宴會嬉游。具足安樂。時彼衆中諸天童子。力藝殊勝具天妙身。垂臂往來猶如醉象。身香郁烈遍一由旬。其所壽命天五百年。無中夭者。園苑林樹榮色光潔。迦潭婆花而以莊嚴。咸悉芬馥。無諸臭穢。四面階道雜寶所成。百千天女常爲歌伎。諸寶器中出妙音聲。善男子。彼等天人壽欲盡時有三種相。一者。身光隱没。二者。花無香氣。三者。不聞天女奏諸伎樂。常所歡游園林宮苑。鳥聲和雅。是憙好處皆不愛樂。花鬘萎悴。天女悲號。衣生垢穢。瞻視昔來欣玩之具復增悶絶。身上汗流。眼變枯燥。如取水魚置夏日中。熱惱所逼宛轉于地。時諸女等見彼天男愁苦如此。皆來圍繞同聲號哭。唱言。苦哉苦哉。我所愛者奈何如是。所好憙事翻爲愁苦。今之云何捨我等輩及游宴處。時天女等以偈嘆曰。

種種妙莊嚴　仁者所游宴　最上福德城　四面具樓閣
天女恒充滿　園林鎮榮茂　云何捨歡愛　苦哉此無常

爾時諸天女等説此偈已。相視哽咽。各以右手取諸雜花遥散其上。復作是言。仁者。汝具福故當生人間。彼是福地。應以信心植諸善種。爾時彼天見諸女等皆已背捨。重增熱惱。身心熾然。如以蘇滴置炎鐵上。欻自銷滅。餘微灰燼。復爲業風之所吹散。如鄰虛塵爲千億分更不可見。於是彼識從天降下。見受生處父母和合。心懷喜悅便入胎藏。纔處胎時。母即相現飲食增多。不啖血肉。樂著緋衣。愛聚會處。於諸親屬倍加眷念。雖懷其子曾無痛惱。口無流涎。身不沉重。亦既生已。人相端嚴。其眼紺色。如天青寶。衆所樂見。聞於上界四天王事。自然欣悅。常樂捨施。愛妙香衣。性好數食。常憙歌舞園林女色。靡不留戀。

復次大仙。若有衆生以净信心。遠離殺害及於偷盜。持諸飲食上妙資具衣服財寶而行捨施。勤誠散花禮拜佛塔。壽命盡時。身無疾苦垢膩臭穢。念所習業曾不忘失。面如金色。鼻不陷曲。心不驚惱。喉不閉塞亦不喘息。不爲風刀之所解截。聲不甕破。寢膳安寧。

大仙當知。如斯之人毒不能害。飲食消化折傷夭枉皆所遠離。其人命終。以天識故。見三十三天百千樓閣。金摩竭魚莊飾門柱。地⑪勝栴檀香水塗灑。其地柔潔。白逾霜雪。净如頸珠。黄檀香樹。天寶燈燭雜錯行列。天諸男女游戲園林。耽染狂醉。既睹斯已遂生歡樂。猶如貫珠爲人將取。入天母手以爲胎藏。時母手掌因即生華。持示天父共相慶悦。復以兩手摩挼其華。子即誕孕。時彼天母告天父曰。我於今日誕一童子。增長勝種。便會親族以爲歡賀。生滿七日天相具足。憶念前生。從某處滅今來生此。某是我父。某是我母。曾修某善。作是念時聳然歡欣。便於諸欲而生痴愛。於天界中宫苑園林。自然了見。貪憙愛著。爾時童子垂臂傭長猶如象鼻。其胸峻實如師子臆。腰腹圓細無有垂皺。背脊端平無高下骨。兩脞圓相如芭蕉莖。肌肉光潔無諸黧皯。無有耏(ér)毛及雜臭穢。上妙香氣從身流出。花鬘瓔珞。天衣輕密。不假外求自然被體。時宮殿中所有天女無天男者。見此童子共來圍繞。咸作是言。善來仁者。此之宮殿皆是汝有。我等諸女先無依怙。願相侍從。其中或云此輩盛年。乳如金瓶。面猶紅蓮。此園苑中如是天樹拘毗羅林垂覆榮好。六萬天女前後周遍。善哉仁者。可與我等永以娛樂。如雲中電不常而有。或有宮殿。簫鼓琵琶諸雜天樂自然發聲。上妙敷具及師子座。嚴飾珠瓔。垂以繒彩。而諸繒彩非是繭蠶之所作者。時彼童子睹斯珍飾。如灌頂王升座而坐。既升座已。諸所珍玩咸出聲

言。此善業人從閻浮洲修天福故。而來生此。諸人應當來此承事
歌舞娛樂。令此福人歡喜無厭。出此聲已。園林宮殿六萬彩女。捧
持天花被服光耀。身所發香如蒲萄酒蜜酒花酒。聞其香者令人
昏醉。同聲唱言。汝積天福。願時充奉。於是童子與群天女。游歡喜
林及雜花林。黄毯石林。極光嚴林。日宮園苑。泉聲園苑。音樂園苑。
叢花園苑。游如是等上妙林苑。悦樂清涼無諸惡風。花香芬馥。青
摩尼寶以爲燈明。諸蜂鳥王出微妙音⑫。其鳥毛羽猶如雜寶。天吠
琉璃以爲其嘴。飛翔群嬉遍滿林樹。復次大仙。彼界有池隨月增
減。具八功德。悦意無垢清冷澄澈。百葉香花開敷其内。岸樹行列
雜花充遍。而彼池中衆多天女游戲娛樂。諸寶器等隨意而現。色

香妙食名天甘露。如拘摩花白逾珂雪。甘香具足亦易消化。無諸苦澀雜惡等味。
復次大仙。有諸天人報不純者。雖同器食。或感赤色。或感蒼色。乃至黄黑諸雜等色。天容無别。唯食有异。大仙當知。彼諸衆生先雖捨施後復悔恨。由斯報故獲果如是。復有園苑名曰合楈。枝條花葉雜糅莊飾。百千叢林清净柔軟。猶如水精。花果常茂。其林樹間。諸寂静身離欲牟尼是所栖集。天之男女常所入者。皆不爲於貪愛欲樂。
大仙當知。我之弟子最上聲聞驕梵鉢提。是婆羅門清净族子。住於禪定慈悲之心。以彼等持開敷慈眼入三摩地。每經七日。方乃一度現出入息。彼入定時。有隨意風應念而至。假使劫火燒於大地成一炎焰。於彼禪身無能損害如芥子分。而彼支體如彌樓山常所鎭壓。難陀龍王及跋難陀有大力勢。鼓氣猛烈。彌樓山王爲之摇動。鼓作呼吸。四大海水變爲鹹味。驕梵鉢提入定之時。彼二龍王盡其威力無能嬈亂。我此弟子在合楈林。而諸天女雖耽欲愛。睹斯尊者發清净心。以曼陀花及諸蓮花而散其上。合掌恭敬。三十三天諸童子等亦來圍繞。持天甘露資給供養。而此尊者常爲諸天於合楈林説修多羅。及未曾有。無問自説。本事。本生。因緣。方廣。諷誦。論議。重頌。授記。譬喻等經。時諸天人聞斯法要。莫不殷勤。恭敬尊重。

復次大仙。三十三天有聚會堂。其堂有柱八萬四千。皆以金。銀。跋
闍羅寶。馬瑙。美玉并栴檀心結構所成。懸鈴垂鐸出微妙聲。列諸
天衣建諸幡幢。簫笛琵琶箜篌琴瑟鞞鐃螺鼓妙聲振發。天之男
女互相愛敬。和顏慈悅恒所聚會。於彼堂中以摩尼寶而嚴飾之。
緑潤琉璃浄滑如鏡。塗香末香雜花周遍。亦無飄風及諸炎熱。毒
蛇蚊虻皆所遠離。其所居者。無有惛睡懈怠之想。微風清和遍入
林觀。其諸樓閣𢘿網垂覆。懸妙寶瓔散諸花香。百千天女雖則愛
染。而無嫉妒及於鬥諍。面貌端正猶如滿月。花鬘寶珠嚴飾身首。
妙歌清浄往來不輟。復次大仙。彼天會堂周迴方整。長廊寬廣。高
樹周密猶如陰雲。其堂四面復有園苑。皆百由旬。間錯種種金蓮

雜花。出妙歌聲。聞者欣悅。拘迦那陀樹。波梨野多樹。拘毗陀羅樹以爲叢林。大仙。善法會堂資玩之具。皆是金銀諸寶玉⑬等。積聚琉璃以爲臺榭⑭。珍奇寶物充滿庫藏。宮殿百千莊飾園苑。鄰接遠近常聞安樂。無諸疾苦及餘禍患。彼之天人於諸園林游戲既已。還集此堂受於娛樂。復次大仙。三十三天復有別殿。名曰善見。皎如白日。淨猶明鏡。四面周匝皆以花綵懸布莊嚴。有千天女藻綴雜花。輝耀珠鐸。金翠網旒以爲冠飾。象馬車乘踐踏往來。飛揚金塵處處黄色。而於彼殿有六萬柱。櫨栱重疊遞相輝映。間錯奇珍。繪以丹彩。栴檀沉水及蘇合香氛氲郁烈。用塗其地。釋提桓因持金剛杵。與百千女前後圍繞。來升寶殿娛玩歡樂。

大仙當知。三十三天中有天王名因陀羅。其力勇健敵九千象。垂臂纖好如天象鼻。體如净金。筋肉堅密。骨脉不露。臆如師子。肚不凸垂。其腰束細。金綫貫瓔以爲頭飾。珠璫晃耀。天服修委。天之聲明久已通達。撰造書論。飲食甘露。往來常乘伊跋羅象。復次大仙。彼之天帝然其色身非諸骨肉。純花所成。喉聲清美。身香殊特。假令狂象聞其香氣。皆自調善。形貌端嚴猶如佛身。其所輝艷映諸金聚。奪其精光皆令黑暗。廣博仙言。如來今者贊美天帝甚爲希有。爾時世尊告廣博曰。彼天帝者。是無常身。下劣之身。如脆草器。如假剪花。亦如畫師圖飾彩繪。亦如工人刻木形像。又如結花不久散滅。何足稱嘆。復次大仙。我之弟子有神通者。名阿那律。但以父母所生之身。節節支體一分之力猶過帝釋。時阿那律在於座中。聞於如來説如是言。便作是念。今者世尊覺悟於我。即入三昧。身光赫弈如天新金。戴殊勝冠。珠光輝映。其面潤澤過於醍醐。其眼紺青如吠琉璃。摩尼馬瑙及日光珠以爲臂飾。身光香熏普遍輝耀。時廣博仙既睹斯相。心大驚愕。即從坐起。合掌瞻仰生希有心。高聲唱言。奇哉善哉。我得人身爲不唐捐。今遇世尊發揮聚會。昔所未睹今乃得見。爾時世尊告廣博言。彼帝釋身與阿那律誰爲勝劣。廣博仙言。彼帝釋身比阿那律。假使百分不及其一。乃至千分亦不及一。佛言。大仙。於如是身不足希有。獲福德者。隨其所願身相成就。

爾時衆會生歡喜心。咸白佛言。唯願世尊更爲我等説於天趣。佛言。三十三天彼之天帝。最大夫人名曰舍支。住歡喜園。天之婇女百千圍繞。容色姝妙猶花開敷。頰如紅蓮面如金色。著諸鮮明細軟衣服嬉游園苑。天妙寶花以爲首飾。珠瓔環珮動出妙聲。額廣平正垂金旒鎖。其眼纖長如花將開。堅誠傾注在於天帝。曾無瞋恚鬥諍嚬妒。亦復離諸懷胎之患。大仙當知。彼之夫人耽愛垢重倍餘天女。志意驕倨。猶於彌樓及漫陀山幽邃難仰。不肥不瘦不長不短。體質香潔無諸穢惡。風送妙花結而成蓋。而此夫人常能發揮如來種性。

復次大仙。三十三天無雜患累。而恒游戲樓閣宮殿。其所壽命天一千歲。壽將終時有五惡相。一者清冷池沼浄如頗胝。有所觸者令人欣悦。微風輕揺雜花暉映。如此池中將欲洗沐變成脂膩。時彼天人見此相已。心生怖懼。從水跳出奔走林中。時諸天女見彼惶遽。亦疾隨從止一樹下。心生憂惱喉中哽噎。同聲告言。仁者。如何速捨我等孤居若此。時彼天男聲漸哀切。作如是言。我從昔來未曾有此垢膩現身。作是言已。其兩腋下忽然流汗。彼諸天女見此衰相皆即遠離。於是彼天見諸女去。憂惱喘息内增熱毒。頭上花鬘颯便萎悴。所著天衣忽復垢膩。天之床敷雜玩等物皆不愛樂。彼諸天女睹如是相知必定死。惡聞穢氣但遥相視。發聲戀泣哽噎酸楚。嘆言。苦哉。此細軟身昔與我等游行宴樂。於天池中猶如鴛鴦。於善法堂猶如鵝王。歡喜園中如迦蘭鳥。游漫陀河同於香象。在波耶園及拘羅園猶如蜂王。處雜樹林如天花冠。今者云何爲五衰相之所加害。捨離我等將何處去。時彼天人聞是悲嘆。復增恚惱。生大怖畏。便爲熱病之所纏攝。舉身枯悴。眼目慞惶。猶如商人失其徒侶。猶如涉海舟船破壞。亦如有人失如意珠。又如危峰朽壞之樹。爲彼猛風搖動吹擊。復如龍子爲金翅鳥之所銜啄。迴惶戰懼。合掌告彼諸彩女言。汝等進來。願能以手摩觸於我令少蘇息。雖作是語。而諸女等但遥悲泣。無有進者。各執樹枝遥擲心上。作如是言。汝天福盡。當速生彼閻浮提中。於是彼天聞是言已。知被弃捨。發聲怨唱。奇哉奈何。我於此中種種資具園苑宫

殿。與諸女等眷屬⑮纏縛。今時命終將行死路。乃何遥立但謂我言
當於閻浮而受生耶。爾時彼天作是語已。復睹常時所游之處。念
念思惟恌⑯舉哀嘆。發大聲言。嗚呼。善法堂。嗚呼。歡喜園。嗚呼。雜樹
園。嗚呼。黄毯石園。嗚呼。波露沙園。嗚呼。波梨耶園。嗚呼。光勝園等。
嗚呼。縵陀大河及諸宫殿堂室樓閣。我於今時制不由己。奄相捨
離。從此墜落。憂嘆未終。復見諸女驚惶去來。以手拭泪。歔欷咨嗟。
容顔怖懼。復傷怨言。嗚呼。愛者。嗚呼。親者。如何見我將行死路。曾
不與語。我今臨兹生死長路。不垂執別。我與汝曹不復見矣。嗚呼。
我今福業盡故。見此住居謂如黑暗颯然空曠。嗚呼。天樂爲不奏
耶。如何我今寂無所聞。嗚呼。天中最爲悦樂。一切諸天及乾闥婆

所侍衛處。妙色堅固持金剛者。嗚呼。我今豈復得見千眼之相在衆中耶。嗚呼。波利耶花。拘毗羅花。在我頭上何故萎悴。時諸天衆睹斯天人悲惱如是。悉皆憂嘆。

爾時妙耳瑠者。釋提桓因與諸天衆百千圍繞。并舍支夫人。諸餘婇女及乾闥婆等。奏美音樂隨從游行。見於彼天爲五衰相之所逼害。將趣死路。皆生哀憐。同聲嘆言。嗚呼。奇哉。彼之無常無少悲愍。暴惡毒害。釋提桓因以梵音聲告彼天言。止。止。天子。我等皆當同歸斯路。勿生戀著墮於惡趣。時諸天衆亦同告言。仁者。應當具作諸善往生人間。一切衆生修福業地。於是彼天聞如是言。便自思惟。我於今時决定墜落。合掌向彼諸來天言。汝等諸人住天中者。與我歡喜。而我於今墜落時至。作是言已。長嘆瞻視。復現二相。一者。眼如赤蓮花。二者。身莊嚴具忽皆隱沒。其餘諸天見此之相。各持天花而散其上。及奏天樂。時臨死者。見餘天衆鼓樂幡花以爲贈送并相勸往。即便樂生閻浮提中。涕泪哀感自此而絶⑰自此已後是毗耶娑問經。下文命盡死已。伽阿那風吹彼死天。彼風善香吹之令散。如是散已。即時遠離三十三天。不知所在。無有處所。不能生他若想若知。彼既退已。生於人間。在胎藏中。母則相現喜笑歌舞。心喜染欲。心常歡喜。喜樂華果樹林之處。樂著種種雜色衣服。常喜飲食。雖住藏內。母脅不苦。不樂邪欲。心喜善香華鬘莊嚴。臥則善夢非顛倒見。大仙當知。三十三天退生此時。住母藏中有如是相。大仙當知。其母爾時一切藏過皆悉遠離。後則出生。大仙當知。彼時童子既出生已。身分平正。掌文成就。可喜柔軟。腰細齒密。身體柔軟。其心愛樂勝功德欲。性愛欲事。心愛細衣。樂林戲處。身有勝香。大富豐財。金寶具足。大姓種族。常行施戒。欲心多者則生貧家。心喜布施。不黑不白。手足齊平。一切見者皆悉愛敬。性愛論議。其心柔軟。少於瞋心。樂行他妻。於自妻妾不生愛樂。於諸親舊兄弟眷屬心不愛戀。大仙當知。三十三天退生人中。本性如是。世尊說已。毗耶娑仙（即新經中廣博仙也。唐梵二音方言异耳）一切仙衆心生歡喜。嘆言善哉。（比因披讀睹斯文闕。三藏泥洹詢疑無所。遂撿舊藏經內獲得。毗耶娑經。與此梵本是同。先後譯异。兩文對勘。二理無殊。故以舊文續斯新闕。後尋覽者幸無惑焉。開元戊辰歲西京崇福寺沙門智昇述記）

大寶積經卷第一百二十

校注

①『雁』，龍藏、思溪藏作『鹿』。

②『因病施醫』，别譯本《毗耶娑問經》（北魏·般若流支譯）作：『有人身有病患。恐命盡故捨物與醫。』

③『若懷嫉妒增上施者』，别譯本《毗耶娑問經》（北魏·般若流支譯）作：『若與餘人迭相憎嫉。見彼捨物多行布施。見已心慢不能堪忍。以嫉彼故捨物布施。』

④『能』，底本作『餘』，依龍藏、和裕本改。

⑤『萩』，龍藏、思溪藏作『荻』。

⑥『施』，龍藏作『衣』。

⑦『初』，底本作『亦』，依龍藏、思溪藏、和裕本改。

⑧『天』，底本作『人』，依龍藏、思溪藏、和裕本改。

⑨『綵』，龍藏作『鐸』。

⑩『廣』，底本作『威』，依龍藏、和裕本改。

⑪『地』，底本作『蛇』，依龍藏、思溪藏、和裕本、上海佛學書局本改。

⑫『音』，思溪藏作『香』。

⑬『玉』，龍藏、思溪藏無。

⑭『榭』，思溪藏作『樹』。

⑮『屬』，龍藏、思溪藏作『愛』。

⑯『恌』，龍藏、思溪藏作『掉』。

⑰『自』至卷末四百四十二字，龍藏、思溪藏無。

附録一：大寶積經卷第一百一十（高麗藏）

隋天竺三藏闍那崛多譯

賢護長者會第三十九之二

爾時會中有月實勝上童真。從座而起。合掌白佛言。世尊。云何見色因。云何見欲因。云何見見因。云何見戒取因。佛告月實。智見智境。愚見愚境。智者見諸姝麗美色。了知穢惡。唯是肉段。筋骨膿血。大脉小脉。大腸小腸。𦟛液腦膜。腎心脾膽。肝肺肚胃。生藏熟藏。黄痰涕唾。髮鬚毛爪。大小便利。薄皮裹之。不凈污露。可畏可惡。凡所有色。皆四大生。是爲色因。月實。如父母生身。身之堅鞕爲地大。流潤爲水大。暖熱爲火大。飄動爲風大。有所覺知念及聲香味觸等界。斯皆爲識。

月實童真復白佛言。世尊。將死之時。云何識捨於身。云何識遷於身。云何識知今捨此身。佛告月實。衆生隨業獲報。識流相續。持身不絕。期畢報終。識弃捨身。隨業遷受。譬如水乳和煎。以火熱力。乳水及膩各各分散。如是月實。衆生命盡。以業力故。形骸與識及諸入界各各分散。識爲所依。以取法界及法界念并善惡業。遷受他報。月實。譬如大吉善蘇。以衆良藥味力熟功和合爲之。大吉善蘇弃凡蘇性。持良藥力。辛苦酸鹹澀甘六味以資人身。便與人身作色香味。識弃此身。持善惡業及法果等。遷受餘報亦復如是。月實。蘇質如身。諸藥和合爲大吉善。如諸法諸根和合爲業。衆藥味觸資成於蘇。如業資識。服大吉善。悦澤充盛。光色美好。安隱無患。如善資識獲諸樂報。服蘇違法。顔容變惡。慘無血氣。色死土白。如惡資識獲諸苦報。月實。吉善寶蘇無手足眼。能取良藥色香味力。識亦如是。取法界受及諸善業。弃此身界。受於中陰。得天妙念。見六欲天。十六地獄。見己之身手足端嚴。諸根麗美。見所弃尸。云此是我前生之身。復見高勝妙相天宮。種種莊嚴。花果卉木。藤蔓蒙覆。光明赫麗。如新煉金。衆寶鈿飾。彼見此已。心大歡喜。因大喜愛。識便托之。此善業人捨身受身。安樂無苦。如乘馬者。弃一乘一。譬如壯士武略備具。見敵兵至。著堅甲冑。乘策驥駿。所去無畏。識資善根。弃出入息。捨界入身。遷受勝樂。亦復如是。自梵身天。爰至有頂。生於其中。

爾時會中大藥王子。從座而起。合掌白佛言。世尊。識捨於身。作何色像。佛言。善哉善哉。大藥。汝今所問。是大甚深。佛之境界。唯除如來。更無能了。於是賢護勝上童真白佛言。大藥王子所問甚深。其智微妙。敏利明決。佛告賢護。此大藥王子。已於毗婆尸佛所。植諸善根。曾於五百生中生外道家。爲外道時。常思識義。識者云何。云何爲識。於五百生。不能決了。識之去來。莫知由緒。我於今日。爲破疑網。令得開解。於是賢護勝上童真謂大藥王子言。善哉善哉。仁今所問。微妙甚深。月實之問。其義淺狹。猶如孾兒。心游外境而不知內。正法希聞。諸佛難遇。佛圓廣智無測深慧至妙之理應專啓請。時大藥王子見佛熙怡。顏容舒悅如秋蓮開。踴躍歡喜。一心合掌而白佛言。世尊。我愛深法。渴仰深法。常恐如來入般涅槃不聞正法。而於末濁衆生之中愚無所知。不識善惡。於善不善。孰與不熟不能覺了。迷惑輪轉生死苦趣。佛告大藥王子。如來正法難遇難得。我於往昔爲半伽他。登山自墜。弃捨身命。爲求正法。經歷無量百千萬億種種苦難。大藥。汝所希望。皆恣汝問。我當爲汝分別解說。大藥王子白佛言。唯然奉教。世尊。識相云何。願垂開示。佛告大藥。如人影像現之於水。此像不可執持。非有無辨。如芻洛迦形。如渴愛像。大藥王子白佛言。世尊。云何渴愛。佛言。如人對可意色。眼根趣之。名爲渴愛。猶持明鏡視己面像。若去於鏡。面像不現。識之遷運亦復如是。善惡業形與識色像皆不可見。如生盲人。日出日沒。晝夜明暗。皆悉不知。識莫能見亦復如是。身中渴愛。受想與念。皆不可見。身之諸大諸入諸陰。彼皆是識。諸有色體眼耳鼻舌及身。色聲香味觸等。并無色體受苦樂心。皆亦是識。大藥。如人舌得食物。知甜苦辛酸鹹澀等六味。皆辨舌與食物俱有形色。而味無形。又因身骨髓肉血覺知諸受。骨等有形。受無形色。知識福非福果亦復如是。

時賢護勝上童真禮佛雙足。白佛言。世尊。此識可知福非福耶。佛言。善聽。非未見諦而能見識。識不可視。非如掌中阿摩勒果。識不在於眼等之中。若識在於眼等之中。剖破眼等應當見識。賢護。恒沙諸佛見識無色。我亦如是見識無色。識非凡愚之所能見。但以譬喻而開顯耳。賢護。欲知識之罪福。汝今當聽。譬如有人爲諸天神或乾闥婆等。及塞建陀等鬼神所著。賢護。於意云何。其爲天等鬼神所著。其著之體求於身中。可得見不。賢護白佛言。不也。世尊。天等鬼神所著。其著之體無色無形。

身内外求皆不可見。賢護。其爲福勝諸大天神之所著者。即須好香花。燒衆名香香美飲食清净安置。祭解供具咸須香潔。如是此識爲福資者。便獲尊貴安樂之果。或爲人王。或爲輔相。或豪望貴重。或財富自在。或爲諸長。或作大商主。或得天身受天勝果。由識爲福資身獲樂報。如彼福勝天神所著。得勝妙花香香美飲食。便即歡喜病者安隱。今得尊貴豪富自在。當知皆是由福資識。身獲樂果。賢護。其爲富丹那等下惡鬼神之所著者。便愛糞垢腐敗涕唾諸不净物。以此祭解。歡喜病愈。其人以鬼神力。隨鬼神欲。愛樂不净臭朽糞穢。識以罪資亦復如是。或生貧窮。或生餓鬼及諸食穢畜生之中種種惡趣。由罪資識。身獲苦果。賢護。勝上天神其著之體。無質無形。而受種種香潔供養。識福無形。受勝樂報亦復如是。富丹那等下惡鬼神爲彼著者。便受不净穢惡飲食。識資罪業。獲識苦報亦復如是。賢護當知。識無形質。如天等鬼神所著之體。供具飲食所獲好惡。如資罪福得苦樂報。

大藥王子白佛言。世尊。云何見欲因。佛言。大藥。互因生欲。猶如鑽燧。兩木互因。加之人功而有火生。如是因識及因男女色聲香味觸等而有欲生。譬如因花生果。花中無果。果生花滅。如是因身顯識。循身求識。識不可見。識業果生。身便謝滅。身骨髓等不净諸物咸悉銷散。又如種子。持將來果味色香觸遷植而生。識弃此身。持善惡業受想作意受來生報。亦復如是。又如男女愛欲歡會分離而去。識身和合。戀結愛著。味玩慳吝。報盡分離。隨業受報。父母因緣中陰對之。以業力生。識獲身果。愛情及業俱無形質。欲色相因而生於欲。是爲欲因。

大藥。云何見戒取因。戒謂師所制戒。不殺。不盜。不邪淫。不妄語。不飲酒等行。取謂執取是戒。作如是見。因是持戒。當得須陀洹果。斯陀含果。阿那含果。以是因故。獲於勝有。謂受人天等身。斯皆是有漏善。非無漏善。

無漏之善無陰熟果。今此戒取是有漏種。植之於識。報善惡業。識不淳淨。煩惱因故。受熱惱苦。是爲見戒取因。

大藥白佛言。云何識取天身乃至取地獄身。佛言。大藥。識與法界持微妙視。非肉眼所依以爲見因。此微妙視與福境合。見於天宮欲樂嬉戲。見已歡喜。識便繫著。作如是念。我當往彼。染愛戀念而爲有因。見已故身卧弃尸所。作如是念。此尸是我大善知識。由其積集諸善業故。令我今者獲於天報。大藥白佛言。世尊。此識於尸既有愛重。何不托止。佛言。大藥。譬如剪弃鬚髮。雖見烏光香澤。寧可更植於身。令重生不。大藥白佛言。不也。世尊。已弃鬚髮。不可重植於身。令其更生。佛言。如是大藥。已弃之尸。識亦不可重托受報。大藥復白佛言。世尊。此識冥寞玄微。無質可取。無狀可尋。云何能持象等大身。衆生縱身堅固猶若金剛。而能貫入壯夫之身。力敵九象而能持之。佛言。大藥。譬如風大無質無形。止於幽谷或竅隙中。其出暴猛。或摧倒須彌碎爲塵粉。大藥。須彌風大色相云何。大藥白佛言。風大微妙。無質無形。佛言。大藥。風大微妙。無質無形。識亦如是。妙無形質。大身小身咸悉能持。或受蚊身。或受象身。譬如明燈。其焰微妙。置之於室。隨室大小衆暗咸除。識亦如是。隨諸業因任持大小。大藥白佛言。世尊。諸業相性。彼復云何。以何因緣而得顯現。佛言。大藥。生諸天宮。食天妙饌。安寧快樂。斯皆業果之所致也。如人渴乏巡游曠野。一得清涼美水。一無所得受渴乏苦。得冷水者無人持與。受渴乏者亦無遮障不許與水。各以業因受苦樂報。大藥。應當以是見善惡業。如空中月白黑二分。又如生果。由火大增熟便色異。如是此身由福增故。生勝族家。資産豐盈。金寶溢滿。勝相顯盛。或生諸天宮。快樂自在。斯皆善業福相顯現。譬如種子植之於地。果現樹首。然其種子不從枝入枝而至樹首。剖析樹身亦不見子。無人持子置於枝上。樹成根固。求種不見。如是諸善惡業咸依於身。求之於身亦不見業。如因種有花。種中無花。因花有果。花中無果。花果增進。增進不見。因身有業。因業有身。身中無業。業中無身。亦復如是。如花熟落其果乃現。身熟謝殞業果方出。如有種子花果之因具有。如是有身善惡業因備在。彼業無形亦無熟相。如人身影無質無礙。不可執持不繫著人。進止往來隨人運動。亦不見影從身而出。業身亦爾。有身有業。而不見業繫著於身。亦不離身而能有業。如辛苦澀殊味諸藥。能滌净身除一切病。令身充悅顏色光澤。人見之者。知服良藥。藥味可取。熟功無形。視不可見。執不可得。而能資人膚容色澤。業無形質能資於身。亦復如是。善業資者。飲食衣服内外諸資豐饒美麗。手足端正。形容姝好。屋宅華侈。摩尼金銀衆寶盈積。安寧快樂。歡娱適意。當知此爲善業之相。生於下賤邊地貧窮。資用闕乏。希羨他樂。飲食粗惡或不得食。形容弊陋。所止卑下。當知此爲惡業之相。猶如明鏡鑒面好醜。鏡像無質。取不可得。如是識資善不善業。生人天中。或生地獄畜生等中。大藥。應當如是見業與識和合遷化。大藥言。世尊。云何微識能持諸根。能取大身。佛言。大藥。譬如獵者入於山林。持弓毒箭而射香象。箭毒沾血。毒運象身。支體既廢。根境同喪。毒流要害。身色青赤。猶如瘀血。毒殺象已。便即遷化。於意云何。毒與象身多少大小可得比不。大藥白佛言。世尊。毒與象身多少大小。其量懸殊不可爲對。猶如須彌比之芥子。大藥。如是識弃此身以取諸根。弃此諸界隨業遷化。亦復如是。大藥復白佛言。世尊。云何微細之識任持大身而不疲倦。佛言。大藥。須彌山王高八萬四千由旬。難陀烏波難陀二大龍王各繞三匝。二龍大息搖振須彌。內海中水咸變成毒。此二龍王長大力壯。和修吉龍。德又迦龍。二大龍王亦與之等。於意云何。四龍王識與蚊蚋識寧有异不。大藥言。世尊。四龍蚊蚋其識無异。大藥。如一小渧跋錯那婆入四龍口。四龍便死。於意云何。小滯藥毒。龍口中毒。何毒爲大。大藥白佛言。龍口毒大。小滯藥毒甚爲微少。大藥。大身衆生力敵九象。微妙之識無色無形非分別量。隨業任持。亦復如是。如尼瞿陀子極微細。種之生樹。婆娑廣大。枝條百千。於意云何。其子與樹大小類不。大藥言。世尊。其子與樹大小相懸。如藕絲孔比虛空界。如是大藥。樹於子中求不可得。若不因子。樹則不生。微細尼瞿陀子能生大樹。微細之識能生大身。識中求身。身不可得。若除於識。身則無有。

大藥復白佛言。云何金剛堅固不可壞識。止於危脆速朽身內。佛言。大藥。譬如貧人得如意寶。以寶力故。高宇雕樹。妙麗宮室。園林鬱茂。花果敷榮。象馬妓侍資用樂具自然而至。其人於後失如意寶。衆資樂具咸悉銷滅。如意神寶堅固貞牢。縱千金剛不能毀壞。所生資用虛假無常。速散速滅。識亦如是堅固不壞。所生之身速朽速滅。大藥言。世尊。柔妙之識云何穿入粗鞕色中。佛言。大藥。水體至柔。激流懸泉能穿山石。於意云何。水石之質鞕軟如何。大藥言。世尊。石質堅鞕。猶若金剛。水質柔軟。爲諸樂觸。大藥。識亦如是至妙至柔能穿剛鞕大身之色。遷入受報。大藥復白佛言。世尊。衆生捨身。云何生諸天中。乃至云何生於地獄等中。佛言。大藥。衆生臨終之時。福業資者。弃本之視得天妙視。以天妙視見六欲天。爰及六趣見身搖動。見天宮殿及歡喜園雜花園等。又見諸天處蓮花殿。麗妓侍繞。笑謔嬉戲。衆花飾耳服憍奢耶。臂印環釧種種莊嚴。花常開敷。衆具備設。見天天女心便染戀。歡喜適意。姿顔舒悅。面若蓮花。視不錯亂。鼻不虧曲。口氣不臭。目色明鮮如青蓮葉。身諸節際無有苦痛。眼耳鼻口又無血出。不失大小便利。不毛驚。孔現掌不死黃。甲不青黑。手足不亂。亦不捲縮。好相顯現。見虛空中有高大殿。彩柱百千。雕麗列布。垂諸鈴網。和風吹拂。清音悅美。種種香花莊嚴寶殿。諸天童子衆寶嚴身。游戲殿内。見已歡喜。微笑齒現。如君圖花。自不張開亦不合閉。語音和潤。身不極冷亦不極熱。親屬圍繞亦不憂苦。日初出時當捨其壽。所見明白無諸黑暗。异香芬馥四方而至。見佛尊儀歡喜敬重。見已親愛歡喜離詞。猶如暫行便即旋返。安慰親知不令憂惱。有流法爾生必當死。勿以分別而生苦惱。大藥善業之人臨命終時。好樂布施。種種伽他種種頌嘆。種種明因。重重稱説正法之教。如睡不睡安隱捨壽。將捨壽時。天父天母同止一座。天母手中自然花出。天母見花顧謂天父。甚爲福吉希奇勝果。天今當知。子慶之歡時將不久。天母遂以兩手摇弄其花。弄花之時命便終盡。無相之識弃捨諸根。持諸境業。弃捨諸界。持諸界事遷受异報。猶如乘馬弃一乘一。如日愛引光。如木生火。又如月影現澄清水。識資善業遷受天報。如脉風移。速托花内。天父天母同座視之。甘露欲風吹花七日。寶瑠嚴身。曜動炫焕。天童朗潔現天母手。大藥白佛言。世尊。無形之識。云何假因緣力而生有形。云何有形止因緣内。佛言。大藥。如木和合相觸生火。此火木中求不可得。若除於木亦不得火。因緣和合而生於火。因緣不具火即不生。木等之中尋火色相竟不可見。然咸見火從木中出。如是大藥。識假父母因緣和合生有形身。有形身中求識不得。離有形身亦無有識。大藥。如火未出火相不現。亦無暖觸。諸相皆無。如是大藥。若未有身。識受想行皆悉不現。大藥。如見日輪光明照曜。而諸凡夫不見日體。是黑是白黄白黄赤。皆不能知。但以照熱光明出没循還諸作用事而知有日。識亦如是。以諸作用而知有識。大藥白佛言。云何爲識作用。佛言。大藥。受覺想行思憂苦惱。此爲識之作用。復有善不善業熏習爲種。作用顯識。大藥白佛言。云何識離於身便速受身。識捨故身新身未受。當爾之時識作何相。佛言。大藥。如有丈夫長臂勇健。著堅甲胄。馬疾如風。乘以入陣。干戈既交。

心亂墜馬。武藝捷疾。還即跳上。識弃於身。速即受身。亦復如是。又如怯人。見敵怖懼。乘馬退走。識資善業。見天父母同座而坐。速托生彼。亦復如是。大藥。如汝所問。識弃故身新身未受。當爾之時識作何相。大藥。譬如人影現於水中無質可取。手足面目及諸形狀與人不异。體質事業影中皆無。無冷無熱及與諸觸。亦無疲乏肉段諸大。無言聲身聲苦樂之聲。識弃故身新身未受。相亦如是。大藥。是資善業生諸天者。

大藥白佛言。云何識生地獄。佛言。大藥。行惡業者入於地獄。汝當諦聽。大藥。此中衆生積不善根。命終之時作如是念。我今於此身死。弃捨父母親知所愛。甚大憂苦。見諸地獄及見己身應合入者。見足在上頭倒向下。又見一處。地純是血。見此血已心有味著。緣味著心便生地獄。腐敗惡水臭穢。因力識托其中。譬如糞穢臭處臭酪臭酒。諸臭因力蟲生其中。入地獄者托臭物生。亦復如是。賢護勝上童真合掌白佛言。地獄衆生作何色相。身復云何。佛言。大藥。其愛血地生地獄者。遍身血光身如血色。生湯隍者。身如黑雲。生乳湯河者。身點斑雜作種種色。體極軟脆。猶如貴樂孾孩之身。其身長大過八肘量。鬚髮身毛并長垂曳。手足面目虧曲不全。閻浮提人遥見便死。大藥白佛言。地獄衆生以何爲食。佛言。大藥。地獄衆生食無少樂。惶懼馳走。遥見鎔銅赤汁。意謂是血。衆奔趣之。又有聲呼。諸有飢者可速來食。便走向彼。至已而住。以手承口。獄卒以熱銅汁寫手掬中。逼之令飲。銅汁入腹。骨節爆裂。舉身火起。大藥。地獄衆生所食之物。唯增苦痛。無少安樂。地獄衆生苦痛如是。識不捨之。亦不毁壞。身如骨聚。識止不離。非業報盡。苦身不捨。飢渴苦逼。便見園林。花果敷榮。廣博翠茂。見已喜笑。互相謂言。此園翠茂。清風涼美。衆急入園。須臾暫樂。樹葉花果咸成刀劍。斬截罪者。或中破身分爲兩段。或大叫呼。四面馳走。獄卒群起。執金剛棒。或執鐵棒鐵斧鐵杖。嚙唇瞋怒。身出火焰。斫棒罪者。遮不令出。斯皆己業見如是事。獄卒隨罪者後。語罪者云。汝何處去。汝可住此。勿復東西。欲何逃竄。今此園者汝業莊嚴。可得離不。如是大藥地獄衆生受種種苦。七日而死還生地獄。以業力故。如游蜂采花還歸本處。罪業衆生應入地獄。初死之時見死使來。繫項驅逼身心大苦。入大黑暗。如被劫賊執捉將去。作如是言。訶訶禍哉苦哉。我今弃閻浮提種種愛好親屬知友。入於地獄。我今不見天路。但見苦事。如蠶作絲自纏取死。我自作罪爲業纏縛。羂索繫項牽曳驅逼。將入地獄。賢護。罪業衆生生地獄者。苦相如是。

爾時賢護與大藥王子聞説是已。身驚毛竪。俱起合掌作如是言。我等今者俱歸依佛。請垂救護。願今以此聞法功德。未脱有流處生死輪。不落三塗入於地獄。賢護復白佛言。欲有請問。唯願聽許。佛言。如汝希望。恣汝所問。賢護白佛言。世尊。云何爲積。云何爲聚。云何爲陰。云何爲身不遷。佛言賢護。智界。見界。意界。明界。以此四界和合成身。四界境識名之爲積。聚謂六界。六入。六入境。三界。二入因。即髮鬚毛爪。皮肉膿血。涕唾黄痰。脂髓液。手足面目。大小支節和合崇聚。名之爲聚。猶如穀豆麻麥積集聚貯而成高大。謂之爲聚。其地水火風空識。名爲六界。眼耳鼻舌身意名爲六入。色聲香味觸法。名六入境。即貪瞋痴。名三界。因又風黄痰。亦名三因。二入者謂戒與信。又有二因謂捨與施。又有二因謂進與定。又有二因謂善不善。其受想行識。此四名無色陰。受謂領受苦樂等相。及不苦不樂之相。想謂知苦樂相。行謂現念作意及觸。識者是身之主。遍行諸體。身有所爲莫不由識。不遷者謂身語意浄證獲道果。此人死已。識弃有陰。不重受有。不流諸趣。極樂而遷。不復重遷。是名不遷。於是賢護與大藥王子禮佛雙足。白言世尊。佛一切智説此法聚。當於未來作大利益。安樂衆生。佛言如來法聚常住非新。一切智者知而不爲。我經無量勤苦積集智光。今説此經。此正法日。爲諸衆生作大明照。德譬普流一切智海。爲能調心流注者説。此經所在之處讀誦解説。皆天。鬼神。阿修羅。摩睺羅伽咸悉擁護。皆來拜禮。水火王賊等怖皆不能害。諸比丘從今已往。於不信前勿説此經。求經過者愼勿示之。於尼乾子尼乾部衆諸外道中亦勿説之。不恭敬渴請亦勿爲説。若違我教虧損法事。此人則爲虧損如來。諸比丘若有禮拜供養此經典者。應當恭敬供養是人。斯人則爲持如來藏。爾時世尊而説偈言。

當勇超塵累　勤修佛正教　除滅死軍衆　如象踐葦蘆
持法奉禁戒　專精勿虧怠　以弃生流轉　盡諸苦有邊

佛説此經已。賢護勝上童真。大藥王子。并諸比丘。菩薩摩訶薩。天。人。阿修羅。乾闥婆等。普大會衆。聞佛所説。歡喜奉行。

大寶積經卷第一百一十

附録二：本書用字説明

本書對用字的處理思路主要有以下四種：

（一）使用《規範字與繁體字、异體字對照表》（以下簡稱《對照表》）推薦的繁體字或傳承字。若特定語境下不能對等替换，則保持底本字形不變。

（二）底本中《對照表》未列出的异體字，儘量改爲現代通行度較高的字。（此處『异體字』特指在本書語境下音義相同、記詞職能相同、僅僅字形不同，且能互相替代的字，不含古今字、通假字等。）

（三）底本中的古今字、通假字等，一般保持底本不變，但有些易産生歧義，則酌情改爲現代通行度較高的字。

（四）底本中的地名、人名或物名，有多個名稱并用時，通常保留底本原形。

根據以上幾點，將改動底本的用字列於《改字表》（見下表）。該表不再列出《對照表》中的异體字，儘量列出《對照表》之外的异體字；通假字、古今字等亦儘量列出。又列《底本用字示例表》於《改字表》之後。將保留底本原形而未加改動的古今字、通假字及底本并用的人名、地名、物名等（同一語境下作同一義項解者），儘量呈列於此表中，用於展示底本用字情況。若讀者遇到與現今用法不同的字、詞，或發現地名、人名不統一而疑惑時，可參考此表以利理解。

此二表所列單字，多以字對形式出現。字對，并不代表底本并用，而是暗含二字之間有异體、古今或通假關係。若字對之間是异體關係，多用『二者同』來説明（僅限本書語境下）；若字對之間是通假、古今關係，會列出二字相通的特定義項（僅限本書語境下）。

此二表按漢語拼音字母順序排列，聲母韵母相同的字按聲調排序，讀音相同的按筆畫數從少到多排序。

本書用字的判斷，除了查閱各種古代的字書韵書外，還參考了《漢語大字典》（崇文書局二〇一〇年版）、《王力古漢語字典》（中華書局二〇〇〇年版）、《常用古今字、通假字字典》、《古代漢語通假字大字典》、《佛學大辭典》（宗教文化出版社二〇一五年版）等工具書。

改字表

A

礙、导——二者同，底本『导』，本書作『礙』。

傲、慠——在『驕傲，傲慢』義下同，底本『傲、慠』并用，本書作『傲』。

底本示例：慠慢自高心無恭敬

B

卑、卑——二者同，底本『卑』，本書作『卑』。

被、被——二者同，底本『被、被』并用，本書作『被』。

本、夲——二者同，底本『本、夲』并用，本書作『本』。

閉、閇——二者同，底本『閉、閇』并用，本書作『閉』。

蔽、蔽——二者同，底本『蔽、蔽』并用，本書作『蔽』。

髀、髀——二者同，底本『髀』，本書作『髀』。

補、補——二者同，底本『補、補』并用，本書作『補』。

步、步——二者同，底本『步』，本書作『步』。

C

參、叅——二者同，底本『叅』，本書作『參』。

餐、湌——二者同，底本『餐、湌』并用，本書作『餐』。

蠶、蝅——二者同，底本『蝅』，本書作『蠶』。

曾、曽——二者同，底本『曽』，本書作『曾』。

剎、刹——二者同，底本『刹』，本書作『剎』。

瘥、差——在『病愈』義下同，底本『差』，本書作『瘥』。

底本示例：衆生病皆除差

纏、緾——二者同，底本『緾』，本書作『纏』。

疢、疹——二者同，底本『疹』，本書作『疢』。

騁、騁——二者同，底本『騁』，本書作『騁』。

嗤、蚩——在『譏笑』義下同，底本『蚩』，本書作『嗤』。

底本示例：見者蚩笑

鴟、鵄——二者同，底本『鵄』，本書作『鴟』。

遲、遅——二者同，底本『遅』，本書作『遲』。

敕、勅——二者同，底本『勅』，本書作『敕』。

蟲、虫——二者同，底本『蟲、虫』并用，本書作『蟲』。

醜、醜——二者同，底本『醜』，本書作『醜』。

臭、臰——二者同，底本『臭、臰』并用，本書作『臭』。

初、初——二者同，底本『初、初』并用，本書作『初』。

芻、蒭——二者同，底本『蒭』，本書作『芻』。

處、處——二者同，底本『處』，本書作『處』。

傳、傳——二者同，底本『傳』，本書作『傳』。

幢、憧——在『幢』義下，底本『巾、忄』部首混用，本書作『幢』。

底本示例：摧倒邪慢憧

吹、炊——在『合攏嘴唇用力出氣』義下同，底本『吹、炊』并用，本書作『吹』。
底本示例：弟子能善炊糖
垂、垂——二者同，底本『垂』，本書作『垂』。
槌、搥——在『槌』義下，底本『木、扌』部首混用，本書作『槌』。
底本示例：執彼大搥撾擊大鼓
純、純——二者同，底本『純、純』并用，本書作『純』。
刺、刺——二者同，底本『刺』，本書作『刺』。
匆、怱——二者同，底本『怱』，本書作『匆』。
聰、聦、聡——三者同，底本『聦、聡』并用，本書作『聰』。
從、従——二者同，底本『從、従』并用，本書作『從』。
叢、藂——二者同，底本『藂』，本書作『叢』。
悴、悴——二者同，底本『悴、悴』并用，本書作『悴』。
撮、撮——二者同，底本『撮』，本書作『撮』。

D

達、達——二者同，底本『達、達』并用，本書作『達』。
袋、帒——二者同，底本『帒』，本書作『袋』。
耽、躭、躭——三者同，底本『耽、躭、躭』并用，本書作『耽』。
擔、檐——在『擔』義下，底本『木、扌』部首混用，本書作『擔』。
底本示例：出家多慈在家負檐
倒、到——在『顛倒』義下同，底本『倒、到』并用，本書作『倒』。

底本示例：在家無我到計我所

德、徳——二者同，底本『德、徳』并用，本書作『德』。

低、佤——二者同，底本『佤』，本書作『低』。

坻、坘——二者同，底本『坘』，本書作『坻』。

底、底——二者同，底本『底』，本書作『底』。

顛、顚——二者同，底本『顛、顚』并用，本書作『顛』。

篤、蔦——二者同，底本『篤、蔦』并用，本書作『篤』。

妒、妬——在『忌妒，忌恨』義下同，底本『妬』，本書作『妒』。

底本示例：於人勝法無妬心

段、叚——二者同，底本『叚』，本書作『段』。

鍛、鍜——二者同，底本『鍜』，本書作『鍛』。

鈍、鈍——二者同，底本『鈍、鈍』并用，本書作『鈍』。

奪、奪——二者同，底本『奪、奪』并用，本書作『奪』。

E

惡、悪——二者同，底本『悪』，本書作『惡』。

F

發、發——二者同，底本『發、發』并用，本書作『發』。

肥、肥——二者同，底本『肥』，本書作『肥』。

豐、豊——二者同，底本『豊』，本書作『豐』。

敷、敷——二者同，底本『敷』，本書作『敷』。

負、貣——二者同，底本『貣』，本書作『負』。

富、冨——二者同，底本『富、冨』并用，本書作『富』。

G

乾、乹——二者同，底本『乾、乹』并用，本書作『乾』。

高、髙——二者同，底本『髙』，本書作『高』。

功、切——二者同，底本『切』，本書作『功』。

狗、猗——二者同，底本『狗、猗』并用，本書作『狗』。

穀、穀——在『莊稼和糧食的總稱』義下同，底本『穀』，本書作『穀』。

底本示例：草木五穀

顧、頋——二者同，底本『顧、頋』并用，本書作『顧』。

瓜、苽——二者同，底本『苽』，本書作『瓜』。

規、槼——二者同，底本『槼』，本書作『規』。

關、關、関——三者同，底本『關、関』并用，本書作『關』。

軌、軏——二者同，底本『軌、軏』并用，本書作『軌』。

歸、帰——二者同，底本『歸、帰』并用，本書作『歸』。

H

害、宻——二者同，底本『害、宻』并用，本書作『害』。

和、咊——二者同，底本『和、咊』并用，本書作『和』。

鶴、鸖——二者同，底本『鶴、鸖』并用，本書作『鶴』。

黑、黒——二者同，底本『黒』，本書作『黑』。

橫、撗——在『橫』義下，底本『木、扌』部首混用，本書作『橫』。

底本示例：涕泣撗流

弘、弜、弘——三者同，底本『弜、弘』并用，本書作『弘』。

厚、厚——二者同，底本『厚、厚』并用，本書作『厚』。

虎、虒——二者同，底本『虎、虒』并用，本書作『虎』。

互、𠀋——二者同，底本『𠀋』，本書作『互』。

畫、畵——二者同，底本『畵』，本書作『畫』。

壞、壊——二者同，底本『壊』，本書作『壞』。

環、環——二者同，底本『環』，本書作『環』。

惠、恵——二者同，底本『惠、恵』并用，本書作『惠』。

會、會——二者同，底本『會』，本書作『會』。

誨、悔——在『教導』義下同，底本『誨、悔』并用，本書作『誨』。

底本示例：若法師如法教悔常違反師語應勤修忍辱

惛、惽——二者同，底本『惛、惽』并用，本書作『惛』。

或、㦯——二者同，底本『或、㦯』并用，本書作『或』。

惑、或——在『疑惑，煩惱』義下同，底本『惑、或』并用，本書作『惑』。

底本示例：聞法悔或除

J

吉、吉——二者同，底本『吉』，本書作『吉』。

嫉、疾——在『嫉妒』義下同，底本『疾』，本書作『嫉』。

幾、㡬——二者同，底本『㡬、幾』并用，本書作『幾』。

奸、姧——二者同，底本『姧』，本書作『奸』。

韉、韀——二者同，底本『韀』，本書作『韉』。

簡、𥳑——二者同，底本『簡、𥳑』并用，本書作『簡』。

建、𢀖——二者同，底本『建、𢀖』并用，本書作『建』。

劍、劒——二者同，底本『劒』，本書作『劍』。

叫、呌——二者同，底本『叫、呌』并用，本書作『叫』。

皆、𣅜——二者同，底本『𣅜』，本書作『皆』。

揭、掲——二者同，底本『掲』，本書作『揭』。

捷、㨗——二者同，底本『捷、㨗』并用，本書作『捷』。

矜、矝——二者同，底本『矝』，本書作『矜』。

景、㬐——二者同，底本『㬐』，本書作『景』。

競、竸、競——三者同，底本『竸、競』并用，本書作『競』。

拘、抅——二者同，底本『拘、抅』并用，本書作『拘』。

局、㞮——二者同，底本『㞮』，本書作『局』。

倦、惓——在『疲勞，勞累』義下同，底本『倦、惓』并用，本書作『倦』。

底本示例：不生疲惓及輕慢

角、捔——在『角逐，競力』義下同，底本『捔』，本書作『角』。

底本示例：逐諸外道論義捔勝

K

開、開——二者同，底本『開、開』并用，本書作『開』。

看、看——二者同，底本『看、看』并用，本書作『看』。

渴、渴——二者同，底本『渴』，本書作『渴』。

坑、坈、坑——三者同，底本『坈、坑』并用，本書作『坑』。

胯、跨——在『腰和大腿之間的部分』義下同，底本『胯、跨』并用，本書作『胯』。

底本示例：腰跨正等

寬、寬——二者同，底本『寬』，本書作『寬』。

礦、鉚——二者同，底本『礦、鉚』并用，本書作『礦』。

L

老、𠃔——二者同，底本『老、𠃔』并用，本書作『老』。

類、類——二者同，底本『類』，本書作『類』。

黎、黎——二者同，底本『黎、黎』并用，本書作『黎』。

曆、曆——二者同，底本『曆』，本書作『曆』。

煉、鍊——二者同，底本『鍊』，本書作『煉』。

涼、涼——二者同，底本『涼、涼』并用，本書作『涼』。

亮、亮——二者同，底本『亮』，本書作『亮』。

淩、淩——二者同，底本『淩、淩』并用，本書作『淩』。

陵、陵——二者同，底本『陵、陵』并用，本書作『陵』。

留、畱——二者同，底本『留、畱』并用，本書作『留』。

流、流——二者同，底本『流、流』并用，本書作『流』。

卵、夘——二者同，底本『夘』，本書作『卵』。

裸、倮——在『赤身露體』義下同，底本『裸、倮』并用，本書作『裸』。

底本示例：倮者得服

M

滿、滿——二者同，底本『滿』，本書作『滿』。

慢、縵——在『怠惰、懈怠，緩慢，疏慢』義下同，底本『慢、縵』并用，本書作『慢』。

底本示例：正勤無緩縵常具大精進

莽、莾——在『叢生的草』義下同，底本『莾』，本書作『莽』。

底本示例：林莾

矛、牟——在『一種直刺兵器』義下同，底本『矛、牟』并用，本書作『矛』。

底本示例：以矟牟刺煞惡人

矛、鉾——二者同，底本『矛、鉾』并用，本書作『矛』。

貌、貇——二者同，底本『貌、貇』并用，本書作『貌』。

美、羙——二者同，底本『美、羙』并用，本書作『美』。

虻、蝱——二者同，底本『蝱』，本書作『虻』。

眄、眄——二者同，底本『眄、眄』并用，本書作『眄』。

民、民——二者同，底本『民、民』并用，本書作『民』。

明、朙——二者同，底本『明、朙』并用，本書作『明』。

模、摸——在『模子』義下同，底本『摸』，本書作『模』。

底本示例：泥團摸内

没、沒——二者同，底本『没、沒』并用，本書作『没』。

默、嘿——在『寂静，不語』義下同，底本『默、嘿』并用，本書作『默』。

底本示例：嘿然

默、黙——二者同，底本『黙』，本書作『默』。

牟、牟——二者同，底本『牟』，本書作『牟』。

N

惱、惚——二者同，底本『惚』，本書作『惱』。

腦、腦——二者同，底本『腦』，本書作『腦』。

鬧、丙——二者同，底本『丙』，本書作『鬧』。

尼、𡰪——二者同，底本『尼、𡰪』并用，本書作『尼』。

泥、埿——二者同，底本『泥、埿』并用，本書作『泥』。

昵、暱——二者同，底本『昵、暱』并用，本書作『昵』。

念、念——二者同，底本『念』，本書作『念』。

涅、湼——二者同，底本『涅、湼』并用，本書作『涅』。

孽、蘖、孼——三者同，底本『蘖、孼』并用，本書作『孽』。

櫱、枿——在『樹木被砍或倒下後再生出來的枝芽』義下同，底本『枿』，本書作『櫱』。

底本示例：栽枿

凝、凝——二者同，底本『凝、凝』并用，本書作『凝』。

佞、佞——二者同，底本『佞』，本書作『佞』。

弄、挵——二者同，底本『弄、挵』并用，本書作『弄』。
暖、煗、煖——三者同，底本『暖、煗、煖』并用，本書作『暖』。

P

坯、坏——在『未燒過的陶瓷等』義下同，底本『坏』，本書作『坯』。
底本示例：如坏器易壞
譬、辟——二者同，底本『譬、辟』并用，本書作『譬』。
騙、騸——二者同，底本『騸』，本書作『騙』。
漂、澼——二者同，底本『漂、澼』并用，本書作『漂』。
憑、凴——二者同，底本『凴』，本書作『憑』。

Q

奇、竒——二者同，底本『竒』，本書作『奇』。
耆、耈——二者同，底本『耆、耈』并用，本書作『耆』。
臍、齊——在『肚臍』義下同，底本『臍、齊』并用，本書作『臍』。
底本示例：深齊而圓好
乞、乬——二者同，底本『乞、乬』并用，本書作『乞』。
綺、綺——二者同，底本『綺』，本書作『綺』。
器、噐——二者同，底本『器、噐』并用，本書作『器』。
愆、僁——二者同，底本『愆、僁』并用，本書作『愆』。
塹、壍——二者同，底本『塹、壍』并用，本書作『塹』。
鞘、鞩——二者同，底本『鞩』，本書作『鞘』。

卿、卿——二者同，底本『卿』，本書作『卿』。

清、淸——二者同，底本『清、淸』并用，本書作『清』。

請、倩——在『請求』義下同，底本『請、倩』并用，本書作『請』。

底本示例：應倩他人令代爲之

權、擭——在『權』義下，底本『木、扌』部首混用，本書作『權』。

底本示例：諸根善擭

R

仁、人——在『仁德』義下同，底本『仁、人』并用，本書作『仁』。

底本示例：諸人者如日欲出先現瑞相

刃、刄——二者同，底本『刄』，本書作『刃』。

任、任——二者同，底本『任』，本書作『任』。

若、若——二者同，底本『若』，本書作『若』。

S

澀、澁——二者同，底本『澀、澁』并用，本書作『澀』。

殺、煞——在『殺死，致死』義下同，底本『殺、煞』并用，本書作『殺』。

底本示例：殺害於己父、煞害行陰及與命

商、商——二者同，底本『商、商』并用，本書作『商』。

上、丄——二者同，底本『上、丄』并用，本書作『上』。

賒、賖——二者同，底本『賖』，本書作『賒』。

舍、舎——二者同，底本『舎』，本書作『舍』。

涉、涉——二者同，底本『涉』，本書作『涉』。

神、神——二者同，底本『神、神』并用，本書作『神』。

屎、屎——二者同，底本『屎、屎』并用，本書作『屎』。

事、士——在『事情，職事』義下同，底本『事、士』并用，本書作『事』。

底本示例：我當弃捨一切士、不思外事

釋、釋、釋——三者同，底本『釋、釋、釋』并用，本書作『釋』。

收、收、収——三者同，底本『收、収』并用，本書作『收』。

壽、壽——二者同，底本『壽』，本書作『壽』。

疏、踈、疏——三者同，底本『踈、疏』并用，本書作『疏』。

數、數——二者同，底本『數』，本書作『數』。

腨、踌——二者同，底本『腨、踌』并用，本書作『腨』。

雙、雙——二者同，底本『雙』，本書作『雙』。

私、私——二者同，底本『私』，本書作『私』。

宿、宿——二者同，底本『宿、宿』并用，本書作『宿』。

塑、塐——二者同，底本『塑、塐』并用，本書作『塑』。

算、筭、筭——三者同，底本『筭、筭』并用，本書作『算』。

碎、砕——二者同，底本『碎、砕』并用，本書作『碎』。

穗、穟——在『穀類結實的頂部』義下同，底本『穟』，本書作『穗』。

底本示例：謂此稗麥盡是好麥後見穟生爾乃知非

鎖、鏁——二者同，底本『鏁』，本書作『鎖』。

T

踏、蹹——在『踐踏，踩』義下同，底本『蹹』，本書作『踏』。

底本示例：蹹諸土舍

痰、淡——在『下呼吸道分泌出來的黏液』義下同，底本『痰、淡』并用，本書作『痰』。

底本示例：黄淡

袒、袓、䄷——三者同，底本『袒、袓、䄷』并用，本書作『袒』。

逃、逓、迯——三者同，底本『逃、逓、迯』并用，本書作『逃』。

鐵、鐡——二者同，底本『鐡』，本書作『鐵』。

陀、陁——佛教專有名詞中，底本『陀、陁』并用，本書作『陀』。

柁、拕——在『柁』義下，底本『木、扌』部首混用，本書作『柁』。

底本示例：瞿陁樹

底本示例：拕那

W

枉、抂——在『枉』義下，底本『木、扌』部首混用，本書作『枉』。

底本示例：以法御世不行邪抂

網、綱——二者同，底本『綱』，本書作『網』。

妄、忘——在『虚妄，不實，無根據；胡亂，任意』義下同，底本『妄、忘』并用，本書作『妄』。

底本示例：明慧者心不忘想故

微、㣲——二者同，底本『微、㣲』并用，本書作『微』。

舞、儛——二者同，底本『舞、儛』并用，本書作『舞』。

瘖、瘖——二者同，底本『瘖、瘖』并用，本書作『瘖』。

X

吸、噏——二者同，底本『吸、噏』并用，本書作『吸』。

析、拆、柝——三者同，底本『析、拆、柝』并用，本書作『析』。

義、羲——二者同，底本『羲』，本書作『義』。

喜、憘——二者同，底本『喜、憘』并用，本書作『喜』。

隙、隙——二者同，底本『隙、隙』并用，本書作『隙』。

纖、纖——二者同，底本『纖』，本書作『纖』。

癇、癎——二者同，底本『癎』，本書作『癇』。

鹹、醎——二者同，底本『鹹、醎』并用，本書作『鹹』。

陷、陥——二者同，底本『陷、陥』并用，本書作『陷』。

象、為——二者同，底本『象、為』并用，本書作『象』。

笑、笑——二者同，底本『笑、笑』并用，本書作『笑』。

脅、脅、脇——三者同，底本『脅、脇』并用，本書作『脅』。

寫、寫——二者同，底本『寫、寫』并用，本書作『寫』。

辛、辛、辛——三者同，底本『辛、辛、辛』并用，本書作『辛』。

釁、疊——二者同，底本『疊』，本書作『釁』。

興、與——二者同，底本『與』，本書作『興』。

休、休——二者同，底本『休、休』并用，本書作『休』。

嗅、齅——二者同，底本『嗅、齅』并用，本書作『嗅』。

須、湏——二者同，底本『湏』，本書作『須』。
蓄、稸——二者同，底本『蓄、稸』并用，本書作『蓄』。
熏、熏——二者同，底本『熏』，本書作『熏』。
熏、勳——在『熏染』義下同，底本『勳』，本書作『熏』。
薰、薰——二者同，底本『薰』，本書作『薰』。
循環、循環——二者并用，本書作『循環』。
訊、訙——二者同，底本『訙』，本書作『訊』。

Y

壓、壄——二者同，底本『壄』，本書作『壓』。
芽、牙——在『萌芽』義下同，底本『牙』，本書作『芽』。
底本示例：牙莖枝葉花果
啞、瘂——二者同，底本『瘂』，本書作『啞』。
延、延——二者同，底本『延、延』并用，本書作『延』。
掩、揜——二者同，底本『掩、揜』并用，本書作『掩』。
厭、猒——二者同，底本『猒』，本書作『厭』。
腰、署——二者同，底本『腰、署』并用，本書作『腰』。
咬、齩——二者同，底本『咬、齩』并用，本書作『咬』。
藥叉、藥乂——二者并用，本書作『藥叉』。
夜叉、夜乂——二者并用，本書作『夜叉』。
宜、宜——二者同，底本『宜、宜』并用，本書作『宜』。

倚、倚——二者同，底本『倚』，本書作『倚』。

役、伇——二者同，底本『伇』，本書作『役』。

逸、逸——二者同，底本『逸』，本書作『逸』。

囈、寱——在『説夢話』義下同，底本『寱』，本書作『囈』。

底本示例：寱言

蔭、廕——二者同，底本『廕』，本書作『蔭』。

齦、齗——在『牙根肉』義下同，底本『齗』，本書作『齦』。

底本示例：齗際上下皆齊整

隱、隠、隐——三者同，底本『隠、隐』并用，本書作『隱』。

癮、瘾——二者同，底本『瘾』，本書作『癮』。

迎、迎——二者同，底本『迎、迎』并用，本書作『迎』。

癰、癕——二者同，底本『癕』，本書作『癰』。

游、遊——二者同，底本『遊』，本書作『游』。

幼、㓜——二者同，底本『㓜』，本書作『幼』。

瘀、淤——在『積血』義下同，底本『瘀、淤』并用，本書作『瘀』。

底本示例：猶如淤血

臾、臾——二者同，底本『臾』，本書作『臾』。

諛、諛——二者同，底本『諛』，本書作『諛』。

輿、轝——在『車』義下同，底本『輿、轝』并用，本書作『輿』。

底本示例：車乘輦轝

庾、庚——二者同，底本『庚』，本書作『庾』。
寃、宼——二者同，底本『宼』，本書作『寃』。
鴛、鴐——二者同，底本『鴐』，本書作『鴛』。
圓、圎——二者同，底本『圎』，本書作『圓』。
緣、縁——二者同，底本『縁』，本書作『緣』。
苑、菀——在『養禽獸植樹木的地方』義下同，底本『苑、菀』并用，本書作『苑』。
底本示例：出游園菀
悦、悅——二者同，底本『悅』，本書作『悦』。
匀、勻——二者同，底本『勻』，本書作『匀』。
蘊、薀——在『積集，許多物事聚集一起』義下同，底本『蘊、薀』并用，本書作『蘊』。
底本示例：謂説斷滅無物無薀及無恭敬

Z

哉、㦲——二者同，底本『哉、㦲』并用，本書作『哉』。
贊、讃——二者同，底本『讃』，本書作『贊』。
贓、臧——在『非法取得的財物，贓物』義下同，底本『臧』，本書作『贓』。
底本示例：若納臧財若損害
棗、枣——二者同，底本『枣』，本書作『棗』。
增、増——二者同，底本『増』，本書作『增』。
憎、憎——在『憎恨，嫌惡』義下同，底本『憎、增』并用，本書作『憎』。
底本示例：增毀菩薩

召、㕣、名——三者同，底本『召、㕣、名』并用，本書作『召』。

兆、坣——二者同，底本『兆、坣』并用，本書作『兆』。

支、搘——二者同，底本『支、搘』并用，本書作『支』。

胝、胣——二者同，底本『胣』，本書作『胝』。

祇、袛——二者同，底本『袛』，本書作『祇』。

旨、㫖——二者同，底本『㫖』，本書作『旨』。

志、恙——二者同，底本『恙』，本書作『志』。

竺、笁——二者同，底本『笁』，本書作『竺』。

終、殁——二者同，底本『終、殁』并用，本書作『終』。

鑄、鑄——二者同，底本『鑄』，本書作『鑄』。

莊、庄——二者同，底本『莊、庄』并用，本書作『莊』。

咨、諮——在『商議，詢問』義下同，底本『咨、諮』并用，本書作『咨』。

底本示例：問答諮論

鬆、鬉——二者同，底本『鬉』，本書作『鬆』。

總、惣、揔、捴——四者同，底本『惣、揔、捴』并用，本書作『總』。

縱、緃——二者同，底本『縱、緃』并用，本書作『縱』。

穳、穳——二者同，底本『穳』，本書作『穳』。

醉、酔——二者同，底本『醉、酔』并用，本書作『醉』。

琢、琢——二者同，底本『琢』，本書作『琢』。

坐、㘴——二者同，底本『坐、㘴』并用，本書作『坐』。

底本用字示例表

A

阿蘭若、阿練若、阿練兒、阿蘭拏——四者并用，本書依底本。

阿羅訶、阿羅呵——二者并用，本書依底本。

阿僧祇、阿僧企——二者并用，本書依底本。

阿素洛、阿修羅、阿須羅、阿須輪、阿須倫——五者并用，本書依底本。

阿維顔、阿惟顔——二者并用，本書依底本。

安詳、安祥、安庠——三者并用，本書依底本。

B

班宣、頒宣——二者并用，本書依底本。

包、苞——在『容，含』義下同，本書依底本并用。

底本示例：其大則包於宇宙、現苞一切有形之類

髀、胜——在『大腿』義下同，本書依底本并用。

底本示例：髀腨周圓漸次斂、兩臂兩胜及頭

標、摽——在『標志，標幟；標示』義下同，底本『摽』，本書依底本。

底本示例：不求邪師及邪摽幟

擯、儐——在『排斥，抛弃』義下同，本書依底本并用。

底本示例：擯斥持戒人、驅逐儐出於塔寺

波羅奈、波羅柰、波羅㮈、婆羅痆斯——四者并用，本書依底本。

補特伽羅、福伽羅、富伽羅——三者并用，本書依底本。

哺、餔——在『哺育』義下同，底本『餔』，本書依底本。

C

彩、采——在『彩色』義下同，本書依底本并用。

底本示例：彩畫於佛像、行時足迹猶采畫

婇女、彩女——二者并用，本書依底本。

測、惻——在『揣測，推想』義下同，本書依底本并用。

底本示例：微妙難測、非愚能惻

硨磲、車渠——二者并用，本書依底本。

澈、徹——在『水澄清』義下同，本書依底本并用。

底本示例：清冷澄澈、有大香池周環澄徹

瞋、嗔——在『忿怒怨恨』義下同，本書依底本并用。

底本示例：瞋恚、嗔恚

搥、椎——在『用棍棒或拳敲打』義下同，本書依底本并用。

底本示例：搥打呵罵、悲嘷椎胸

詞、辭——在『話語，語句』義下同，本書依底本并用。

底本示例：言詞善巧、言辭巧妙

醋、酢——在『味酸』義下同，本書依底本并用。

底本示例：鹹淡苦醋、或苦或酢或甘或鹹

D

大虚、太虚——二者并用，本書依底本。

怠、殆——在『鬆懈，怠惰』義下同，本書依底本并用。

底本示例：懈怠懶惰、無進不殆

澹泊、澹怕、憺怕、惔怕——四者并用，本書依底本。

導、道——在『引，帶領』義下同，本書依底本并用。

底本示例：我當教示以善導、説法教道衆

滴、渧——在『水滴』義下同，本書依底本并用。

底本示例：取一滴水、服一渧水

渡、度——在『過河，通過水面；通過』義下同，本書依底本并用。

底本示例：小筏度大海、我由此船得渡大海

懟、對——在『怨恨』義下同，本書依底本并用。

底本示例：無有忿懟、除滅一切諸惡怨對

惰、墯——在『懶惰，懈怠』義下同，本書依底本并用。

底本示例：懈怠懶惰、懈怠懶墯

墮、隨——在『掉，落』義下同，本書依底本并用。

底本示例：四種墮落之法、住其平等如虛不隨欲界不處色界

E

而、耏——在『頰毛』義下同，底本『耏』，本書依底本。

底本示例：無有耏毛及雜臭穢

F

反、返——在『回』及『反而，相反』義下同，本書依底本并用。

底本示例：經千拘胝反、於千歲中未曾一返屈身蹲踞，應得安隱反生畏、樂好衣服返於是經而生怖畏

非、匪——在『不，不是』義下同，本書依底本并用。

底本示例：非如此界、匪如此界

分陀利花、芬陀利花、芬陀利華、紛陀利華、奔陀利花、奔荼利花——六者并用，本書依底本。

芬、馚——在『香氣』義下同，本書依底本并用。

底本示例：譬如天花種種芬馥、隨風散馥雜水流馚

G

垓、姟——作數詞時，本書依底本并用。

底本示例：十億百千垓諸菩薩衆、六十八萬億姟百千眷屬

骨鎖、骨瑣、骨璅——三者并用，本書依底本。

挂閡、挂礙——二者并用，本書依底本。

觀世音、光世音——二者并用，本書依底本。

H

訶、呵——在『大聲喝叱，斥責』義下同，本書依底本并用。

底本示例：訶責、呵責

和尚、和上——二者并用，本書依底本。

狠、佷——在『凶狠，殘忍』義下同，底本『佷』，本書依底本。

底本示例：瞋恚佷戾

虎珀、虎魄——二者并用，本書依底本。

花、華——二者并用，本書依底本。唯除卷第八十九，佛號『妙花如來、妙華如來』并出，依上下文將此卷四處『妙華如來』統改作『妙花如來』。

輝、暉——在『光芒，光輝』及『照耀』義下同，本書依底本并用。

底本示例：光輝、光暉，輝映、暉映

洄澓、迴澓——二者并用，本書依底本。

毀訾、毀呰——二者并用，本書依底本。

惠、慧——在『贈送、賜予，恩惠，好處』及『聰明，智慧』義下同，本書依底本并用。

底本示例：能令他行於惠施、所行慧施不求其報，諸音最勝世明慧、安住堅惠中

昏、惛——在『神志不清，頭腦迷糊；昏聵，糊塗；昏迷，失去知覺』義下同，本書依底本并用。

底本示例：晝夜常昏睡、長夜惛睡，昏醉纏心、飲酒惛醉

J

伎、妓——二者并用，本書依底本。

記別、記莂、記剪——三者并用，本書依底本。

迦樓羅、伽樓羅、迦留羅、揭路荼——四者并用，本書依底本。

跏趺、加趺——二者并用，本書依底本。

簡擇、揀擇——二者并用，本書依底本。

校、挍——在『考度，考察；計算，計數』及『裝飾』義下同，本書依底本并用。

底本示例：校計、挍計，校飾、挍飾

較、校——在『比較，較量』義下同，本書依底本并用。

底本示例：我今應當往彼較試、與己校量不見一切與我等者

結加而坐、結跏而坐——底本『結加而坐』，本書依底本。

羯羅藍、歌羅羅、歌羅邏——三者并用，本書依底本。

緊那羅、緊捺洛、緊㮈洛、緊奈洛、緊陀羅、真陀羅——六者并用，本書依底本。

警悟、驚悟——二者并用，本書依底本。

静慮、净慮——在『禪定』義下同，本書依底本并用。

底本示例：精進静慮般若、得具净慮波羅蜜

鳩槃荼、鳩槃茶、究槃茶、拘槃茶——四者并用，本書依底本。

俱、具——在『全，都，皆』義下同，本書依底本并用。

底本示例：及天栴檀末香俱散佛上、無量衆生具各起是無量貪相

俱胝、俱致、拘胝——三者并用，本書依底本。

俱翅羅、拘枳羅——二者并用，本書依底本。

罥、羂——在『捕捉鳥獸的網』義下同，本書依底本并用。

底本示例：解脱諸魔罥、魔羂所縛

K

誑、狂——在『迷惑，欺騙』義下同，本書依底本并用。

底本示例：在家誑惑無有實事現似如實、暢一切法狂惑放逸虚僞之相

L

煉、練——在『熔冶金石，使純净或堅韌』義下同，本書依底本并用。

底本示例：煉金、練石稱神

淩、陵——在『侵犯，欺侮』義下同，本書依底本并用。

底本示例：淩逼、陵逼

瞭、了——在『明白』義下同，底本『了』，本書依底本。

M

瑪瑙、馬瑙——二者并用，本書依底本。

牦牛、氂牛——二者并用，本書依底本。

秘要、密要——二者并用，本書依底本。

蔑戾車、篾戾車——在『邊地，下賤種』義下同，本書依底本并用。

愍、慜——在『憐恤，哀憐』義下同，本書依底本并用。

底本示例：愍念於衆生、我亦當得慜一切衆生留於舍利

歿、没——在『終，死』義下同，本書依底本并用。

底本示例：從彼歿已還得爲人、衆生本性没此生彼

寞、漠——在『寂静，無聲響』義下同，本書依底本并用。

底本示例：自然静寞、求於静漠止心所念

目揵連、目犍連、目乾連——三者并用，本書依底本。

N

納、内——在『納入，交入』義下同，底本『内』，本書依底本。

尼乾、尼揵——二者并用，本書依底本。

P

披、被——在『覆蓋』義下同，本書依底本并用。

底本示例：身披袈裟、身被袈裟

毗利耶、毗梨耶——二者并用，本書依底本。

顰、嚬——在『皺眉』義下同，本書依底本并用。

底本示例：顰眉、嚬妒

頗梨、頗黎、頗胝——三者并用，本書依底本。

瀑流、暴流——二者并用，本書依底本。

Q

七覺法、七覺支法——二者并用，本書依底本。

麒麟、騏驎——二者并用，本書依底本。

乾闥婆、揵闥婆、健闥婆、健達縛、犍沓和、揵沓和——六者并用，本書依底本。

伽陀、伽他——二者并用，本書依底本。

拳縮、捲縮——二者并用，本書依底本。

缺、闕——在『缺損，空缺，殘缺，缺少』義下同，本書依底本并用。

底本示例：闕減、缺減、緣闕、空缺

R

燃、然——在『點燃，燃燒』義下同，本書依底本并用。

底本示例：救頭燃、救頭然

擾、嬈——在『煩擾，擾亂』義下同，本書依底本并用。

底本示例：擾惱、嬈亂

仞、刃——在『古代長度單位』義下同，本書依底本并用。

底本示例：或在七仞或復十里、又高七刃爲四十九尺

褥、蓐——在『坐卧的墊子』義下同，本書依底本并用。

底本示例：繒彩茵褥、上加綿蓐

輭、濡——在『柔順，柔軟』義下同，本書依底本并用。

S

三摩鉢底、三摩半那、三摩跋提——三者并用，本書依底本。

色相、色像、色象——三者并用，本書依底本。

善軛、善扼——二者并用，本書依底本。

奢摩他、舍摩他——二者并用，本書依底本。

舍利弗、舍利子——二者并用，本書依底本。

伸、申——在『伸直，伸展』義下同，本書依底本并用。

底本示例：若屈若伸、顧視屈申端嚴殊异

獅、師——在『獅子』義下同，底本『師』，本書依底本。

底本示例：復遇師子虎狼

受、授——在『接受，承受；得到』及『給予，付予；傳授』義下同，本書依底本并用。

底本示例：我皆與受記、聞佛授記、各自受記莂、見不動菩薩得授阿耨多羅三藐三菩提記

矟、槊——在『長矛』義下同，本書依底本并用。

底本示例：利刀劍矟、刀槊弓箭

酥、蘇——在『酥油』義下同，本書依底本并用。

底本示例：和合生酥酪、不受肉與蘇

蘇摩浮帝、蘇摩浮坻——二者并用，本書依底本。

T

唐突、搪揬——在『衝突』義下同，底本『搪揬』，本書依底本。

底本示例：絶却睡眠弃搪揬心

涕、洟——在『鼻涕』義下同，本書依底本并用。

底本示例：涕唾、洟唾

銅鍱、銅葉——二者并用，本書依底本。

柁那、陀那、檀那——三者并用，本書依底本。

W

惟願、唯願——二者并用，本書依底本。

葦、篳——在『蘆葦』義下同，本書依底本并用。

底本示例：如象踐葦蘆、甘蔗竹篳稻麻叢林

紋、文——在『紋理』義下同，底本『文』，本書依底本。

底本示例：足下蓮花文

鄔波尼殺曇分、優波尼沙曇分、優波尼商分——三者并用，本書依底本。

鄔波陀耶、鄔波柁耶——二者并用，本書依底本。

無量勛寶錦净王、無量勛寶罽净王——二者并用，本書依底本。

悟、寤——在『醒悟，明白』及『睡醒』義下同，本書依底本并用。

底本示例：智者悟菩提、彼能寤解無上道，夢驚怖悟已生愁苦、行住坐卧睡寤

X

希、悕——在『希望，企求』義下同，本書依底本并用。
底本示例：希望、悕望，希求、悕求

喜、憙——在『快樂，喜悦』義下同，本書依底本并用。
底本示例：喜樂、憙樂

險、嶮——在『阻難』義下同，本書依底本并用。
底本示例：以巧便拔衆險難、即夜於嶮道中大作坑坎

現、見——在『顯露，出現』義下同，本書依底本并用。
底本示例：爲諸衆生示現色像、示見去來現在諸法

向、嚮——在『面向，朝向』及『從前，舊時』義下同，底本『向』，本書依底本。

消滅、銷滅——二者并用，本書依底本。

消散、銷散——二者并用，本書依底本。

消化、銷化——二者并用，本書依底本。

欣、忻——在『喜悦，高興』義下同，本書依底本并用。
底本示例：歡欣、歡忻

修習、修集——二者并用，本書依底本。

需、須——在『要求，尋求』義下同，底本『須』，本書依底本。
底本示例：彼土衆生所須飲食、須飲施飲

熏、薰——在『熏襲，熏染』義下同，本書依底本并用。
底本示例：忿恨密烟之所熏焞、香氣普薰

Y

壓、押——在『**從上往下加重力**』義下同，本書依底本并用。

底本示例：壓取油、未押之時汁不可見

閻浮利、閻浮提——二者并用，本書依底本。

陽焰、陽炎——二者并用，本書依底本。

耀、曜——在『**光明照耀**』義下同，本書依底本并用。

底本示例：西方忽然輝耀如日輪光、光明晃曜

耶、也——作語氣詞時，本書依底本并用。

底本示例：凡夫能信解耶、叵有佛因衆生不以五蓋爲患者也

倚、猗——在『**依，靠着**』義下同，本書依底本并用。

底本示例：遠於止處諸所倚著、了諸著猗智靡不達

以、已——在『**表時間、方位等界限**』及『**已經，停止；用**』義下同，本書依底本并用。

底本示例：從是以後、從今已後，以興善法益加增進、已發道心至不退轉

奕、弈——在『**光明**』義下同，底本『**弈**』，本書依底本。

底本示例：身光赫弈

義、議、誼——在『**義理，意義，意思**』義下同，本書依底本并用。

底本示例：隨時順義理、皆識議理、不解諸入無常之誼

翼、翊——在『**輔助**』義下同，本書依底本并用。

底本示例：大苾芻僧左右翼從、及内宫女人民翊從

蔭、陰——在『**蔭覆，遮蓋；蔭積**』義下同，本書依底本并用。

底本示例：蔭蓋、陰蓋

瓔、纓——在『珠玉綴成的飾物』義下同，本書依底本并用。

底本示例：懸妙寶瓔、珠纓垂布

硬、鞕、鞕——三者并用，本書依底本。

壅、擁——在『阻塞』義下同，底本『擁』，本書依底本。

底本示例：爲盲暗愛水隍池之所擁閉

涌、踴、勇——在『像水升騰那樣冒出，升起』義下同，本書依底本并用。

底本示例：百千伏藏自然涌出、鉢特摩花自然踴出、室宅之中寶藏勇出

猶、由——在『由于，因爲；同，和……一樣』義下同，本書依底本并用。

底本示例：猶如來入如是無根無住故證得菩提、猶如有人救頭燃、彼報由如夢

于、於——作介詞時，本書依底本并用。

逾繕那、俞旬、由旬——三者并用，本書依底本。

底本示例：佛出興于世、如來應正等覺出現於世

豫、預——在『安樂，快樂』及『遲疑』義下同，本書依底本并用。

底本示例：諸仙皆懷悦豫、唯以實法悦預子，猶豫、猶預

源、原——在『來源，根源』義下同，本書依底本并用。

底本示例：亦不永盡衆漏之源、究竟精進拔其根原

Z

旃檀、栴檀、真檀——三者并用，本書依底本。

瞻蔔、薝蔔、瞻婆、瞻博迦、瞻波迦——五者并用，本書依底本。

仗、杖——在『**兵器，棍狀物**』義下同，本書依底本并用。

底本示例：刀仗、刀杖、器仗、器杖

貞、真——在『**真實**』義下同，底本『**貞**』，本書依底本。

底本示例：貞實善權

震、振——在『**震動**』義下同，本書依底本并用。

底本示例：震動、振動

肢、支、枝——在『**肢體**』義下同，本書依底本并用。

底本示例：楚毒在身肢節分解、而彼支體如彌樓山、畫作白象身枝節皆相似

值、直——在『**價值，價格**』義下同，底本『**直**』，本書依底本。

底本示例：價直百千兩金妙寶瓔珞

植、殖——在『**培養，樹立**』義下同，本書依底本并用。

底本示例：植諸善本、殖衆德本

智、知——在『**智慧**』義下同，本書依底本并用。

底本示例：如來以如實智或安住一三摩地中、如來以如實知於八解脱或順次入

種性、種姓——二者并用，本書依底本。

拄、柱——在『**支撑，頂着**』義下同，本書依底本并用。

底本示例：爪掌拄地、柱杖而行

澍、霔——在『**時雨灌注**』義下同，本書依底本并用。

底本示例：降澍法雨、霔以法雨潤於衆生

裝、莊——在『**裝飾**』義下同，本書依底本并用。

底本示例：裝挍嚴飾等無有异、枝條花葉雜糅莊飾

壯年、狀年——二者并用，本書依底本。

尊、遵——在『**敬重**』義下同，本書依底本并用。

底本示例：應當尊重、互相遵敬

座、坐——在『**坐具**』義下同，本書依底本并用。

底本示例：即從座起、即從坐起

附録三：各會別譯本易檢表

會目	卷次	卷數	譯者	別譯本	別譯本譯者
三律儀會第一	1—3	3	唐·菩提流志	大方廣三戒經	北凉·曇無讖
無邊莊嚴會第二	4—7	4	唐·菩提流志		
密迹金剛力士會第三	8—14	7	西晋·竺法護	佛説如來不思議秘密大乘經	北宋·法護共惟净等
净居天子會第四	15—16	2	西晋·竺法護		
無量壽如來會第五	17—18	2	唐·菩提流志	佛説無量清净平等覺經	後漢·支婁迦讖
				佛説無量壽經	曹魏·康僧鎧
				佛説阿彌陀三耶三佛薩樓佛檀過度人道經	吴·支謙
				佛説大乘無量壽莊嚴經	北宋·法賢
不動如來會第六	19—20	2	唐·菩提流志	佛説阿閦佛國經	後漢·支婁迦讖
被甲莊嚴會第七	21—25	5	唐·菩提流志		
法界體性無分別會第八	26—27	2	梁·曼陀羅		

續表

會目	卷次	卷數	譯者	别譯本	别譯本譯者
大乘十法會第九	28	1	元魏·佛陀扇多	佛説大乘十法經	梁·僧伽婆羅
文殊師利普門會第十	29	1	唐·菩提流志	佛説普門品經	西晋·竺法護
出現光明會第十一	30—34	5	唐·菩提流志		
菩薩藏會第十二	35—54	20	唐·玄奘	佛説大乘菩薩藏正法經	北宋·法護
佛爲阿難説處胎會第十三	55	1	唐·菩提流志	佛説胞胎經	西晋·竺法護
佛説入胎藏會第十四	56—57	2	唐·義浄		
文殊師利授記會第十五	58—60	3	唐·實叉難陀	文殊師利佛土嚴浄經	西晋·竺法護
				大聖文殊師利菩薩佛刹功德莊嚴經	唐·不空
菩薩見實會第十六	61—76	16	北齊·那連提耶舍	父子合集經	北宋·日稱
富樓那會第十七	77—79	3	後秦·鳩摩羅什		
護國菩薩會第十八	80—81	2	隋·闍那崛多	佛説護國尊者所問大乘經	北宋·施護
郁伽長者會第十九	82	1	曹魏·康僧鎧	郁迦羅越問菩薩行經	西晋·竺法護
				佛説法鏡經	後漢·安玄共嚴佛調譯

續表

會目	卷次	卷數	譯者	别譯本	别譯本譯者
無盡伏藏會第二十	83—84	2	唐·菩提流志		
授幻師跋陀羅記會第二十一	85	1	唐·菩提流志	幻士仁賢經	西晋·竺法護
大神變會第二十二	86—87	2	唐·菩提流志	商主天子所問經	隋·闍那崛多
摩訶迦葉會第二十三	88—89	2	元魏·月婆首那		
優波離會第二十四	90	1	唐·菩提流志	佛説决定毗尼經	東晋·失譯
				佛説三十五佛名禮懺文	唐·不空
發勝志樂會第二十五	91—92	2	唐·菩提流志	發覺净心經	隋·闍那崛多
善臂菩薩會第二十六	93—94	2	後秦·鳩摩羅什		
善順菩薩會第二十七	95	1	唐·菩提流志	佛説須賴經	曹魏·釋白延
				佛説須賴經	前凉·支施侖
勤授長者會第二十八	96	1	唐·菩提流志	菩薩修行經	西晋·白法祖
				佛説無畏授所問大乘經	北宋·施護
優陀延王會第二十九	97	1	唐·菩提流志	佛説優填王經	西晋·釋法炬
				佛説大乘日子王所問經	北宋·法天

續表

會目	卷次	卷數	譯者	别譯本	别譯本譯者
妙慧童女會第三十	98	1	唐·菩提流志	佛說須摩提經	西晉·竺法護
				佛說須摩提菩薩經	後秦·鳩摩羅什
恒河上優婆夷會第三十一			唐·菩提流志		
無畏德菩薩會第三十二	99	1	元魏·佛陀扇多	佛說阿闍世王女阿術達菩薩經	西晉·竺法護
無垢施菩薩應辯會第三十三	100	1	西晉·聶道真	佛說離垢施女經	西晉·竺法護
				得無垢女經	北魏·般若流支
功德寶花敷菩薩會第三十四	101	1	唐·菩提流志		
善德天子會第三十五			唐·菩提流志	文殊師利所說不思議佛境界經	唐·菩提流志初譯
善住意天子會第三十六	102—105	4	隋·達摩笈多	聖善住意天子所問經	北魏·毗目智仙
				佛說如幻三昧經	西晉·竺法護
阿闍世王子會第三十七	106—108	半卷	唐·菩提流志	太子刷護經	西晉·竺法護
				太子和休經	西晉·失譯
大乘方便會第三十八		二卷半	東晉·竺難提	慧上菩薩問大善權經	西晉·竺法護
				佛說大方廣善巧方便經	北宋·施護

續表

會目	卷次	卷數	譯者	別譯本	別譯本譯者
賢護長者會第三十九	109—110	2	隋·闍那崛多	大乘顯識經	唐·地婆訶羅
净信童女會第四十	111	1	唐·菩提流志		
彌勒菩薩問八法會第四十一	111	1	元魏·菩提流支	佛説大乘方等要慧經	後漢·安世高
彌勒菩薩所問會第四十二	111	1	唐·菩提流志	彌勒菩薩所問本願經	西晋·竺法護
普明菩薩會第四十三	112	1	失譯者名	佛遺日摩尼寶經	後漢·支婁迦讖
				佛説摩訶衍寶嚴經	晋·失譯
				佛説大迦葉問大寶積正法經	北宋·施護
寶梁聚會第四十四	113—114	2	北凉·釋道龔		
無盡慧菩薩會第四十五	115—116	半卷	唐·菩提流志		
文殊師利説般若會第四十六	115—116	一卷半	梁·曼陀羅仙	大般若波羅蜜多經第七會曼殊室利分	唐·玄奘
				文殊師利所説般若波羅蜜經	梁·僧伽婆羅
寶髻菩薩會第四十七	117—118	2	西晋·竺法護	大方等大集經·寶髻菩薩品	北凉·曇無讖
勝鬘夫人會第四十八	119	1	唐·菩提流志	勝鬘師子吼一乘大方便方廣經	劉宋·求那跋陀羅
廣博仙人會第四十九	120	1	唐·菩提流志	毗耶娑問經	北魏·般若流支

圖書在版編目（C I P）數據

大寶積經 / (印) 菩提流志譯 ; 廣吉點校 . -- 北京 : 綫裝書局 ,2024.4
ISBN 978-7-5120-5961-0

Ⅰ. ①大… Ⅱ. ①菩… ②廣… Ⅲ. ①大乘－佛經－古籍整理 Ⅳ. ① B942.1

中國國家版本館 CIP 數據核字 (2024) 第 050116 號

大寶積經

作者 （印）菩提流志譯　廣吉點校
責任編輯 張倩
裝幀設計 廣吉
出版發行 綫裝書局
地址 北京市豐臺區方莊日月天地大廈B座一七層
郵編 一〇〇〇七八
電話 五八〇七六九三八　五八〇七七一二六
網址 www.zgxzsj.com
經銷 新華書店
印刷 福州勝行印務有限公司
字數 一〇九五千字
印張 一三三
版次 二〇二四年四月第一版第一次印刷
印數 五〇〇〇套
定價 九九八圓（全五册）

ISBN 978-7-5120-5961-0

綫裝書局官方微信

大寶積經

〔印〕菩提流志◎譯　廣吉◎點校

第二册

第八會～第十二會

綫裝書局

目録（第二册）

大寶積經卷第二十六

梁三藏法師曼陀羅譯

法界體性無分別會第八之一

如是我聞。一時佛在舍衛國祇陀林給孤獨園。與大比丘八千人俱。菩薩摩訶薩萬二千人。從無量佛土而來集會。復有三萬二千天子悉向大乘。時大衆中有菩薩摩訶薩名文殊師利童子。及寶上天子。爾時寶上天子作是思惟。若今世尊告文殊師利演説於法。若告已説。令諸魔宮皆悉暗蔽。無復威德。使魔波旬憂惱不悦。令諸魔衆悉善調伏。諸增上慢者破增上慢。自記所得善修行者獲沙門果。已得果者轉更增上。使佛法僧種相續不斷。令多衆人①

發菩提心。此如來無量阿僧祇劫所集菩提令得久住。若如來在世及滅度後。常聞說此法。隨所向乘。疾得滅度。

爾時世尊於寶上天子所念。即告文殊師利童子。於此衆中可少說法。今此大衆欲從汝聞。爾時文殊師利童子即白佛言。世尊。當說何法。佛言。說於法界體性因緣。文殊師利言。世尊。一切諸法界說法界體性。世尊。出法界外無有所聞。世尊云何言因法界演說於法。佛言。文殊師利。憍慢衆生若聞此法。生於驚怪。文殊師利言。世尊。法界體性無有驚怪。世尊。是驚怪者。即法界體性。爾時大德舍利弗問於文殊師利童子。文殊師利。若一切法皆法界體性。衆生何處有污染净。法界體性無污净故。文殊師利言。大德舍利弗。是

諸衆生身見顛倒。安住我勝我所勝。是凡夫人發起我想。是衆生等執著我想及著他想。起心心數法。是心心數法。造作諸業若善不善。是諸衆生行業因故。獲得果報。大德舍利弗。若已有生。即有染污。是污染者。法界體性。大德舍利弗。若知污染是法界體性。是名白净。然第一義無有污净。若污染法。若白净法。文殊師利説是法時。出②百比丘悉斷諸漏。得無漏心。爾時大德舍利弗語文殊師利童子言。所説法界無有錯謬。説是法已。過百比丘悉斷諸漏。得無漏心。

文殊師利言。大德舍利弗。此法界者。本是繫縛。今得解耶。舍利弗言。文殊師利。是法界者。非本繫縛。今得解脱③。大德舍利弗。是諸比

丘。今於何處心得解脱。舍利弗言。文殊師利。如來④甚多調伏聲聞。皆斷諸漏。心得解脱。文殊師利言。大德舍利弗。汝是世尊聲聞不耶。舍利弗言。文殊師利。如是如是。如汝所説。我是世尊聲聞人也。文殊師利言。大德舍利弗。汝斷諸漏。得於無漏解脱心耶。舍利弗言。我得無漏解脱之心。文殊師利言。大德以何等心得於解脱。爲過去心。爲未來心。現在心耶。大德。過去世心已滅之想。未來世心未至之想。現在世心不住之想。云何大德心得解脱。舍利弗言。文殊師利。非過去心得於解脱。非未來現在心得於解脱。文殊師利言。大德。汝云何言心得解脱。舍利弗言。文殊師利。住世諦説心得解脱。第一義中。都無有心繫縛解脱。文殊師利言。大德舍利弗。汝

欲令法界體性有於世諦第一義諦耶。舍利弗言。文殊師利。法界體性無有世諦第一義諦。文殊師利言。大德。汝云何說住於世諦心得解脫。舍利弗言。文殊師利。寧無有心得解脫耶。文殊師利言。大德舍利弗。若心有内有外中者。是得解脫。大德。而是心者無内外中。無繫縛解脫。

爾時衆中有二百比丘。聞於文殊師利所說。即從坐起。說如是言。若無解脫。無解脫心。我等何故出家修道。若無出世。何故修道。是諸比丘說粗語已。背衆而去。爾時文殊師利童子欲調伏是諸比丘故。知諸比丘所去道。前化一比丘。是諸比丘到化比丘所。在化比丘前如是問言。大德。從何處來。是化比丘答諸比丘。大德。我於

文殊師利所説。不解不知。不信不向。以是緣故從彼衆來。是諸比丘即復語此化比丘言。大德。我等亦爾。不解不知。不信不向。以是緣故從彼衆來。化比丘言。大德。於文殊師利所説法中。云何不適。違逆汝意。從衆出來。諸比丘言。大德。以文殊師利説無向果。無有證果。又無解脱。我等聞已。作如是念。若無向果。無有證果。無解脱者。我等何義修行梵行。若無出者。何故修道。思是義故出彼衆來。是化比丘作如是言。大德。汝不解故。爲誹謗故。爲罵詈故。出彼衆來。諸比丘言。我等亦不誹謗罵詈。但以不見於解脱故。出彼衆來。是化比丘即便稱嘆諸比丘言。善哉善哉。大德。我等今當善共思議。若非罵詈。則非諍訟。非諍訟者。是第一義沙門法也。汝等心者

何等相耶。爲青黄赤白紫頗梨色。實耶不實耶。常耶無常耶。色耶非色耶。諸比丘言。大德。心者非色。而不可見。無有形照。亦無觸對。無處無教。化比丘言。大德。而是心者。實非是色。而不可見。無有形照。亦無觸對。無處無教。而是心者。内住外住。内外住耶。是諸比丘答言。不耶。化比丘言。大德。汝心非色。而不可見。無有形照。無有觸對。無處無教。非内外中。是正成就不。是諸比丘答言。不也。化比丘言。大德。汝心非色而不可見。無有形照。無有觸對。無處無教。非内外中。是正成就不。諸比丘答言。不也。化比丘言。大德。若心不實。無成就者。云何解脱。是諸比丘答言。不也。化比丘言。大德。以是義故。文殊師利説法界體性無污染净。大德。汝凡夫顛倒故。執我我所

而起於心。行諸境界起攀緣心。是盡能滅一切攀緣生滅。不住變易之法。若心緣出家。受具足戒。修道得果。是心體性空無有實。從妄想起。若不實妄想。則是不生不住不滅。若其非是生住滅者。無有繫縛。亦無解脱。無向無得。大德。以是義故。文殊師利説法界體性無污染净。亦無向得。無解脱者。是化比丘如是説時。諸比丘等無漏解脱。得解脱已。即便還向文殊師利所。到已各脱鬱多羅僧⑤。以用供養文殊師利。説如是言。文殊師利。汝今善能守護我等。我等不信向是甚深調伏法故。遠離捨去。

爾時大德須菩提如是問言。諸大德等。爲何所得。爲何所覺。各各脱於鬱多羅僧。以爲供養文殊師利。諸比丘言。大德須菩提。我等

今者無得無覺。是故我等供養文殊師利童子。大德須菩提。我等以有所得想故。於此衆中從坐起去。我等已能捨離得想。是故還此。須菩提言。何故汝等説如是語。諸比丘言。大德須菩提。著名爲動摇愛著。若有動摇有愛著者。無向無得。大德須菩提。若無向得。即於此處能斷一切動摇愛著。須菩提言。誰調伏汝。諸比丘言。大德須菩提。無有所得。無所覺者。是調伏我。是人不生。亦不滅度。亦非禪定。又非亂心。須菩提言。誰調伏汝。諸比丘言。可問文殊師利童子。爾時大德阿難問文殊師利言。此諸比丘誰所調伏。文殊師利言。大德阿難。無陰界⑥入者。亦非凡夫。非緣覺。非聲聞。非菩薩。非如來。非身相應。非言相應。非心相應。阿難言。文殊師利。爾説誰耶。

文殊師利言。大德阿難。若如來化化。而是化者有相應乎。阿難言。文殊師利。化無有法可與相應不相應者。文殊師利言。大德阿難。一切諸法體性是化。阿難言。文殊師利。如汝所說。一切諸法體性是化。文殊師利言。大德阿難。是化調伏此諸比丘。大德阿難。如化調伏者。一切聲聞亦復如是。大德阿難。如是調伏者正是調伏。若不解如是調伏者。當知名爲增上慢者。

爾時大德阿難問於文殊師利童子。文殊師利。是增上慢比丘可識知也。文殊師利言。大德阿難。戒聚清凈。即是動揺。當知此即是增上慢。定聚慧聚解脱聚解脱知見聚清凈。即是動揺。當知此即是增上慢。我得我證。如是思惟。動揺妄想。當知此即是增上慢。驚

畏身見。亦空如空。入一道亦空。此説是正説。當知此即是增上慢。
復次大德阿難。若比丘云。身見是空。乃至入一道空。如是之空是平等空。當知此即是增上慢。何以故。大德阿難。身見異空。異故身見即是空。空與异道不异。道者即是空。復次大德阿難。若有驚畏無明有愛。喜明解脱。當知此即是增上慢。何以故。若有二相非是解脱。復次大德阿難。若有比丘畏貪瞋痴。喜三解脱。驚畏四倒。喜於四相。驚畏五蓋。喜於五根。驚畏六入。喜於六通。驚畏七識住。喜七助道法。驚畏八邪。喜八聖道。驚畏九衆生居。喜九次第定。驚畏十不善。喜十無漏善。驚畏有爲界。喜無爲法。當知此即是增上慢。何以故。大德阿難。而是一切皆是動摇。皆是戲論。大德阿難。若有

動搖。若有戲論。心即自高。自在攝取。依止妄想。堪忍成就。如是等法名爲自在。自在故生於憍慢。大德阿難。如是比丘。當知名有增上慢也。所以者何。大德阿難。云何有爲界空。是空入空。當知此比丘有增上慢。

大德阿難問文殊師利。云何比丘無增上慢。文殊師利言。大德阿難。若有比丘寂静於内。則外寂静。一切境界若平等非平等。若有若無。若有爲無爲。無有動搖。亦無妄想無不妄想。無二無一。無莊嚴無不莊嚴。非有戲論。不執著。始見於一切諸法平等。亦無平等無不平等。無有一法能作平等非平等者。如是不動不搖。無有妄想無不妄想。又不執著。亦不見妄想。何況向解⑦得果智證。有動搖

者無有是處。大德阿難。如是比丘。無增上慢侶。亦無戲論。遠自他伴。捨諸愛著。一切愛著非愛著故。離諸攀緣。覺觀思惟。思惟解脱。解脱向。無有取者。悉皆寂静。因寂静緣。是我身我所身度到彼岸。不見有法解向斷證。若有比丘如是修行。無增上慢。空平等故。解知一切諸法平等。無有上下。若善不善。可作不可作。有漏無漏。若世出世。有爲無爲。如是等上下動摇。無不妄想。亦不見知。如是諸法悉見平等。喻如虚空。大德阿難。若有比丘如是解者。名善解脱。如是比丘無增上慢。以是義故。如來説言。若有比丘解諸法平等。喻如虚空。如動于虚空。無所觸著。沙門法者亦復如是。説是語時。二百比丘悉斷諸漏。得於無漏解脱之法。

爾時寶上天子問文殊師利。云何菩薩無增上慢。願如實說。文殊師利言。天子。若有菩薩一切智心。無等等心。三界最勝心。過諸聲聞及緣覺外諸境界。以安住心。然亦修行一切善根。爲增上故。化衆生故。攝正法故。爲餘衆生。爲他人説一切智心。是心如實解本始平等。如隨所聞其心體性。解知一切衆生體性。解知一切諸法體性故。解知一切善根體性。解知一切善根體性故。解知演説菩薩體性。天子。是菩提薩埵如實説受記。

復次天子。若菩薩布施。隨所施與隨所願施及諸餘施。一切無礙。施無所依。不著。無覺。無有解。無有解故即是空也。若能如是解施體性。解施體性故。解如實始體性。解如實始體性故。解諸法體性。

解諸法體性故。解諸一切衆生體性。解諸一切衆生體性故。説菩薩體性。天子。是名菩薩施清凈。故説授記也。

復次天子。若有菩薩解知身者。即解知戒。解知口者。即解知戒。解知心者。即解知戒。解身口者。解覺寂靜。解覺寂靜故。解衆生寂靜。解衆生寂靜故。解一切法寂靜。解一切法寂靜故。解如實始寂靜。解如實始寂靜故。得寂靜法。因寂靜。緣寂靜。隨有所聞一切諸法。能説寂靜。天子。是名菩薩戒清凈。故如實説授記。

復次天子。若有菩薩知於法性畢竟是空。知於法性畢竟自在。於諸衆生能忍衆惡。心不起忍。不思外事。不背衆生。能滅一切衆惡。如諸衆生性。忍體性亦爾。如忍體性。菩提性亦爾。如菩提性。一切

諸法體性亦爾。如知一切諸法體性。如實如法亦爾。⑧如如所聞同盡法性。法性界畢竟空。法性畢竟空説行順忍。天子。是名菩薩真實浄忍。説授記也。

復次天子。菩薩知慎一切法行。離諸思惟。無諸莊嚴。成捨進行。如有所爲。亦無所作。其知堅固。一切能離。内性寂靜。外化衆生。知精進寂故。知菩提寂。知菩提寂故。亦知一切諸法寂靜。知諸法寂故。知如實始。如所聞法。精進性寂故。一切能説。天子。是名菩薩清浄精進。如實知授記。

復次天子。若菩薩入諸法平等無增減禪。以禪力故。其心安住。心⑨安住故。識無所住。識無所住故。七覺心平等。七覺心平等故。得禪

定平等。得禪定平等故。知菩提平等。知菩提平等故。知一切衆生平等。知識一切衆生平等故。知諸法平等。若如是知諸法平等。隨所聞法。能説諸法體性平等。天子。是名菩薩清凈禪定。如實説受記。

復次天子。若有菩薩慧眼清凈。如實知見於一切法。隨所見法皆無所見。無有動摇。得無動智。無行無因無緣行。亦不行諸威儀法則。亦非不行。不行不行因緣。知諸法平等。不救不行。何以故。若不行者。即無分别。斷諸妄想悕望貪著。是菩提薩埵離諸所有。亦行一切衆生行處。爲欲教化諸衆生故。聚集一切助菩提法故。攝取正法故。不斷三寶種故。如來所行者。於一切法清凈體性無所分别。以

此般若體性净故。知菩提體性净。知菩提體性净故。知衆生體性净。知衆生體性净故。知一切法體性净。知一切法體性净故。於諸法體性得如實智。得如實智故。隨所聞事。是法界性。説無分別。天子。是名菩薩慧眼清净。如實説受記。

復次天子。菩薩觀身行身念處。知過去身無有邊際。知未來身無趣向者。現在身者。猶如草木瓦石墻壁。身亦如是。若能如是觀身身行。是身體性痴行寂静。思惟并行亦無發起。不思惟。不起自在。是名離我。識無所住修身念處行。亦無有法可修行者。亦非不修。知一切法無有體性。非不有性。如是觀身修於身行。觀心如幻化。知心如響應。如實知心。受樂不愛。受苦不苦。受不苦樂不失正念。

不執無明。離受於受不爲所牽。是名如實知見受念處。若能如是觀受行者。於諸受法心無所行。心不安住。是一切心亦不放捨。菩提之心亦不失念。亦不遠離。是名觀心行心念處。善知法知見法行法。無念無思惟。入於法性。無身受心。非觀法相。發起見行入於法性。是名觀法行法念處。是一切法體性和合。聚集無物猶如虚空。如所聞事。無念無思惟。自然説法念處。天子。是名知於浄法念處説受記也。

復次天子。又是菩薩一切智心而得自在。如所教誨。正住不施。不亂不失念。於初發一切善根無垢心行。隨所行處一切能捨。訶犯戒心。不依止戒。忍無諍訟。身口心意。於諸衆生不生瞋心。不起聲

聞緣覺精進乘進。不念思惟一切善法。不依諸禪定次第定。心無所行。不見行諸見。不行諸法入一切法。如諸聖人。於諸境界而無所行。雖近非聖。身口意業未曾被訶。不以信故求於善法。獨行無侶。欲自過世行精進行。永斷貪欲瞋痴結故。心無煩惱。不破戒故。亦不親近行惡行者。無有諛諂。內行凈故。無散亂語者。口業凈故。無所求者。自財知足故。非驅使者。非邪命活故。無積聚者。隨有所得皆知足故。無悕望者。離三界欲故。是知足者。離惡求故。是寂靜者。解一切法皆寂靜故。現瞋痴者。捨世行故。無戲論者。斷諸戲論故。是不還者。斷欲瞋痴故。貪嗜法者。調伏憍慢故。是易解者。善調心故。善守護者。護戒聚故。心善解脫者。慧聚淨故。是不捨者。行聖

種故。無退轉者。發菩提心畢究竟故。無所用者。一切世行故。無諍訟者。等一切衆生故。善自護者。護他人故。調自心者。不求他過故。離諸悕望者。護浄戒故。廣説法者。無吝惜故。是愛護者。護於一切衆生心故。初發心者。集一切善法故。無异行者。於一切法得一味故。不動摇者。斷諸動故。不觀種性者。教化衆生故。等衆生者。攝取一切諸衆生故。初觀空者。一切法故。調諸見者。善教化故。無想行者。調伏行想諸衆生故。知無願者。所願滿足善調伏故。一切知者。觀無作故。是行善者。不知足故。無物觀物者。示現非物而是物故。不思惟觀者。我寂静故。無自我者。觀化衆生以無我故。無非道行者。化諸衆生離結使故。方便之心得畢竟者。修行般若故。定住⑩無

去者。終不證觸一切聲聞緣覺乘故。離道非道者。第一義故。離行非行者。一切凡夫證正行故。無莊嚴無不莊嚴者。無不悕望諸法故。不自贊者。不戲論他故。無等等智者。具佛法故。無生法忍者。一切諸法無生無滅忍故。天子。是名菩薩得於自在。

天子。菩薩者。隨所生處。非不知故生。以知故生。而是菩薩攝取生死得自在故。亦得具足成就佛法。而是菩薩非生死流轉。以願力故。在在處生。得自在智。是名菩薩得自在智。菩薩非以得邊際故。名自在智。若不斷絶一切善根。是名菩薩得自在智。菩薩非得諸善根故。名自在智。於諸善根無厭足故。名自在智。菩薩非不生三界。得名自在。爲化衆生故生三界。名爲自在。菩薩非以離自結故。

得名自在。爲諸衆生斷結使故。勤修精進。是名菩薩得自在智。菩薩不以爲己身故。得名自在。爲於寂静一切衆生諸苦惱故。名爲自在。菩薩非以捨故自在。攝取教化衆生故。名爲自在。菩薩非斷自貪瞋痴。得名自在。斷諸衆生貪欲瞋痴諸結使故。名爲自在。菩薩非自證滅法故。得名自在。爲諸衆生證滅法故。得名自在。菩薩非自斷漏故。得名自在。菩薩爲諸善根增長。不斷漏法。名得自在。菩薩非證三解脱故。名得自在。菩薩解了三解脱故。名爲自在。菩薩非自在寂滅五陰。名得自在。爲捨一切衆生重擔⑪。名爲自在。菩薩非以滅六根故。名得自在。知諸衆生上下根故。名爲自在。菩薩非以生分盡故。名得自在。菩薩不以斷絶生故。名爲自在。菩薩非

得過於聲聞緣覺解脱。名得自在。菩薩道場得解脱果。受用一切諸衆生故。名爲自在。

演説如是自在品時。於是衆中三萬二千諸天子等。皆發無上正真道心。爾時世尊讚於文殊師利童子。善哉善哉。善説一切菩薩受記。文殊師利。若有菩薩聞説如是菩薩受記。一向信解。不生驚畏。諸佛世尊爲説真實無上道記。

爾時寶上天子語文殊師利童子。汝今演説於受記也。文殊師利言。天子。我説受記。我有是法。有覺了者。我説受記。天子。我今不得。乃至一法亦無覺了。云何説受記。天子言。文殊師利。恒河沙等諸佛世尊。豈無解向而得果耶。文殊師利言。天子。諸佛世尊無解向

得果。天子。諸佛世尊不爲解向得果説法。天子言。文殊師利。諸佛世尊云何説法。文殊師利言。天子。諸佛世尊亦不分别體性而説法也。無生無滅。無因無緣。無去無來。無有衆生非無衆生。無污染無白浄。無生死無涅槃。天子。諸佛世尊如是説法。天子問文殊師利言。諸佛世尊不爲涅槃而説法者。何以故名爲佛出世耶。

大寶積經卷第二十六

校注

①『人』，龍藏、思溪藏作『生』。
②『出』，龍藏、思溪藏、和裕本、上海佛學書局本作『五』。
③『脱』，底本作『耶』，依龍藏、和裕本、上海佛學書局本改。
④『來』，龍藏、和裕本、中州本作『是』。
⑤『鬱多羅僧』，梵語也，此云上著衣，即七條也。（和裕出版社《大寶積經·音釋》）
⑥『界』，思溪藏無。
⑦『解』下，龍藏、思溪藏有『脱』字。
⑧『如』，龍藏、思溪藏無。
⑨『心』，龍藏、思溪藏、上海佛學書局本作『止』。
⑩『住』，龍藏作『性』。
⑪『擔』下，龍藏、思溪藏有『故』字。

大寶積經卷第二十七

梁三藏法師曼陀羅譯

法界體性無分別會第八之二

文殊師利言。天子。覺了身見之體性故。名佛出世。天子。示現無明有愛體性。名佛出世。覺了貪瞋癡體性故。名佛出世。天子。示現顛倒體性平等。名佛出世。天子。覺了諸見之體性故。名佛出世。天子。示陰界入法界體性。名佛出世。天子。佛出世者。諸法無生。是名演說無生法也。是無生法都無生死。亦無涅槃。天子言。文殊師利。當爲衆生說莊嚴無上正真道法。何以故。文殊師利。諸佛出世無所增長。文殊師利言。天子知恩報恩者。天子言。有所作者。當知報恩。

文殊師利言。天子。汝欲使如來有所作也。天子言。文殊師利。如來者。無有所作。諸佛如來到於無爲。無爲之道無有所作。文殊師利言。天子。汝許[1]無爲者。無報恩非不報恩。天子言。文殊師利。如此法者。不應爲初發意者説。何以故。若聞是法。生於驚畏。便當退轉。文殊師利言。天子。若有菩薩初發無上菩提之心。驚畏退轉。是人則住於退轉也。天子言。文殊師利。何故説是。文殊師利言。天子。若有菩薩初發道心。驚畏聲聞緣覺地。則便退轉。若慳惜破戒。瞋恚亂痴。住於不退。天子言。文殊師利。云何住也。文殊師利言。天子。若有菩薩初發道心。安住法界平等中故。是名善住初發心菩薩。名之爲住。天子言。文殊師利。菩薩齊幾名初發心。文殊師利言。天子。若

有菩薩初發心者。修行於空無相無作。解一切法無生無滅。是名菩薩初發心也。天子言。文殊師利。云何菩薩名爲久行。文殊師利言。天子。一切凡夫名爲久行。於生死中不知始故。天子復問。文殊師利。云何菩薩名久行者。文殊師利言。天子。若有菩薩行於愛染。爲化愛染諸衆生故。而亦不共是愛染住。名菩薩久行。行於瞋恚。爲化瞋恚諸衆生故。不共瞋住。亦行愚痴。爲化愚痴諸衆生故。不共痴住。亦行等分。爲化等分諸衆生故。而亦不共一切結住。天子。若有菩薩化衆生故。觀一切相。亦不分別法界體相。名菩薩久行者。天子言。文殊師利。云何菩薩名爲不退轉。文殊師利言。天子。若有菩薩觀一切法無灾無不灾。觀法界體性無灾無不灾。是名菩

薩不退轉也。復次天子。若有菩薩亦退不退。是名菩薩不退轉也。所以者何。退者欲界退諸善故。復次天子。菩薩不知不解故退。以知解故無有諍訟。是名不退。何以故。解一切性法性。我以能解了一切法性更不復退。是名不退。於佛法無疑。不信他語。離是不是。初心清浄。無有嫉妒。亦無動摇。智慧明照。於一切法而得自在。解了佛法。是名菩薩不退轉也。天子言。文殊師利。云何菩薩名爲一生。文殊師利言。天子。菩薩若知一切諸生而亦不生。亦知一切衆生生死。於諸生中善能説法。教化衆生生處無取。亦取諸生。離生死取。不去不來。不上不下。一切諸法悉平等故。亦知因緣和合增長。一切衆生身口心意悉皆平等。一切衆生無有境界。住佛境界。

入於法界。法界平等故。平等解了衆生之心。善解知時至於道場。
是名一生。天子。是則名爲菩薩一生。
爾時寶上天子問於文殊師利童子。云何名菩薩不生。亦於一切而得自在。文殊師利言。天子。若有菩薩知於行業。非憍慢故。是菩薩不生。亦於一切而得自在。復次天子。菩薩能捨一切所有。菩提之心。畢竟不退。是名不生。若不共諸嫉妒結住。是名一切而得自在。若有菩薩威儀法則。諸功德戒具成就行。是名不生。不共犯戒住。是名一切而得自在。心不捨背一切衆生。是名不生。不共一切無明瞋恚諸結使住。是名一切而得自在。於諸善根堅住不動。是名不生。於善根中發勤進勇意。是名一切而得自在。入諸禪定及

次第定。是名不生。不味禪樂。是名一切而得自在。若勤精進求般若慧。學問無厭。是名不生。不共痴住。是名一切而得自在。不瞋惱諍。是名不生。不共瞋惱諸諍訟住。是名一切而得自在。若如實語。是名不生。若如實住。名得自在。若內寂靜。是名不生。若不污染外諸境界。名得自在。若能究竟一切智心。是名不生。不求下乘。名得自在。覺諸業果[2]。是名不生。降伏魔業。名得自在。得世光明。是名不生。世法不污。名得自在。不逆所住。是名不生。不墮所作。名得自在。若離諸慢放逸勢力。是名不生。若智慧識成就聖樂。名得自在。不退所誓。是名不生。所誓出世。名得自在。順行緣生。是名不生。不執緣生法。名得自在。若以盡智觀一切空。是名不生。具諸善根。名得

自在。若方便智發起所作。生大悲心修勤進行。是名不生。若能安住諸解脱法。名得自在。若不污染於一切法。名爲不生。若斷諸見而爲説法。名得自在。若善思惟不見諸法。是名不生。得力不證一切諸法。名得自在。若觀一切諸法性空。是名不生。若不放捨一切衆生。名得自在。若不住三界。是名不生。爲衆生故不入涅槃。名得自在。復次天子。若有言語。是動摇語。是妄想語。是執著語。是有發起。天子。於一切法無有言語。不行不動。無諸戲論語。不捨衆生。亦不滅度。無所言説。天子。若無言説。亦無文字。則無所説。若有用者。則有發起言説文字。天子。以是義故。菩薩之行不可説用。不可行念。是名慈心。是名不殺。於諸聖中得名自在。説是法已。世尊贊言。

善哉善哉。文殊師利。善爲諸菩薩説不生自在。文殊師利。若菩薩行如是法。自在無礙。是菩薩疾得諸佛授無上道記。③聞此法時。於是衆中有五百菩薩得無生法忍。爾時世尊即與無上正真道記。各各佛土。各各名字。某甲如來。

爾時衆中有一④天子如是思念。是寶上天子。當於幾時成無上道。佛名何等。佛土云何。以佛力故。爾時大德阿難白佛言世尊。是寶上菩薩。當於幾時得成無上正真之道。佛土云何。得成道已。其佛何名。佛告阿難。是寶上天子於百千劫。當成無上正真之道。號寶莊嚴如來。於此東方。其佛國土名寶莊嚴。劫名寶來。阿難。是寶莊嚴佛土豐樂。甚可欣樂。饒諸財寶。多諸人民。無有諸難。亦無惡道。

阿難。是佛土中。無諸瓦石。沙土荊棘。山谷堆阜。地平如掌。三寶所成。閻浮檀金。琉璃頗梨。互相間錯。甚可愛樂。以金網覆上。阿難。如化樂天宮殿園池。衣服豐饒。行來往返。是寶莊嚴佛土人民亦復如是。是土無聲聞緣覺乘名。唯有菩薩。受種種法樂。入種種禪定莊嚴。作於種種神通以自娛樂。無有餘樂。唯除法喜悅預之樂。是故世界名寶莊嚴。彼佛壽命六十六億歲。出家菩薩僧六十六億。在家菩薩無量無邊。是莊嚴如來爲諸菩薩演說法時。上升虛空高八十億多羅之樹。結加趺坐滿千國土。出千光明照彼佛土。雨於天花天香末香。天樂各各有百千種。說法音聲普聞佛土。說無盡主陀羅尼法。何謂無盡主陀羅尼法。一切諸法寂靜主故。顯示身

心寂静之想。一切諸法觀照主故。顯示分別於一切法。一切諸法善思惟主故。顯示一切諸法寂静。一切諸法善行主故。顯示一切可作之法光明照曜。一切諸法智光明照平等主故。顯示諸法無有增減。一切諸法決定主故。顯示一切諸法增長。一切諸法智慧主故。顯示一切法無諍訟。一切諸法善觀主故。顯示一切諸法無瞋。一切諸法正念主故。顯示一切法不失念。一切諸法導引主故。顯示一切諸法相義。一切諸法慧分別主故。顯示一切法清净意。一切諸法空寂主故。顯示諸法斷諸見道。一切諸法無相主故。顯示一切諸法寂静。一切諸法無願主故。顯示諸法斷於諸道。一切諸法無作主故。顯示諸法離於作者。一切諸法無出主故。顯示一

切諸法無出。一切諸法無生主故。顯示一切諸法無盡。一切諸法離欲主故。顯示一切諸法無錯。一切諸法無二主故。顯示一切法現在智。一切諸法無二主故。顯示一切諸法離二。一切諸法無依主故。顯示一切諸法不動。一切諸法無衆生主故。顯示諸法衆生平等。一切諸法寂静主故。顯示一切諸法不變。一切諸法不得主故。顯示一切諸法無行。一切諸法無居主故。顯示一切諸法離處。一切諸法無定主故。顯示一切無法自在。一切諸法因緣生⑤故。顯示一切諸法出過。一切諸法勇猛主故。顯示一切諸法不出。一切諸法無過主故。顯示一切諸法無起。一切諸法如主故。顯示一切諸⑥法無不如。一切諸法如始寶⑦主故。顯示一切諸法無壞。一切諸

法法性主故。顯示一切諸法一味。一切諸法如實主故。顯示諸法三世平等。一切諸法不可說主故。顯示不執一切諸法言語談論。一切諸法禪定主故。顯示一切諸法寂靜。一切諸法法性主故。顯示一切諸法無人。一切諸法菩提主故。顯示一切諸法平等。一切諸法無⑧願主故。阿難。寶莊嚴如來坐空未起。此無盡主陀羅尼。陀羅尼主。爲諸菩薩廣演說之。彼土無量阿僧祇菩薩摩訶薩皆得法忍。爾時大德阿難白佛言。世尊。未曾有也。若諸如來自然無作。過去未來現在法中。得無礙智。佛言。阿難。我今爲汝說諸如來自然無作。過去未來現在法中。得無礙智。

爾時大德阿難語寶上天子言。天子。汝得大利。如來說汝無上道

記。天子言。大德阿難。都無有法。不説受記。何以故。色非菩薩。非説色記。受想行識非菩薩。非説識記。地界非菩薩。非説地界記。水火風界亦非菩薩。非説風界記。眼非菩薩。非説眼記。耳鼻舌身意非菩薩。非説意記。名色非菩薩。非説名色記。過去未來現在非菩薩。非説三世平等之記。因見非菩薩。非説因見記。生滅非菩薩。非説生滅記。大德阿難。菩薩名者即是假名。是寂静句。若法究竟是寂静者。無有受記。大德阿難。夫受記者。攝取一切言所説法。大德阿難。亦無有法菩薩可執。若内若外。若善若不善。若有爲無爲。然後受記。大德阿難。菩薩記者。一切諸法無有所屬。名爲受記。一切法不取。是名受記。一切法無處。是名受記⑨。一切法無居。是名受記。一

切法無出。是名受記。一切諸法無有妄想。是名受記。大德阿難。夫菩薩者。如是受記。

爾時世尊贊寶上天子言。善哉善哉。天子。菩薩通達是諸法故。則能如是説於受記。如諸佛世尊説於無上菩提道記。説是法時。魔王波旬與諸眷屬。各有所乘。來至佛所。到已却住一面。説如是言。世尊。何因緣故説菩薩記。不説聲聞。波旬問已。佛即答言。波旬。是菩薩者。三千大千世界國土所有人天。悉善知之。以是因緣故説菩薩記。聲聞者。非人天所識。是故不記。説菩薩記。多諸衆生發菩提心。以是因⑩緣故説菩薩記。説聲聞記者。菩薩退轉。是故不説。爾時文殊師利童子語波旬言。汝今何故來至此衆。波旬答言。文殊

師利。以佛世尊爲寶上天子説無上道記。汝當作佛。號寶莊嚴如來應供正遍知⑪。不説記聲聞。我宮殿樓觀欄楯。寶樹園林娛樂處。互相棖觸。出如是音云。釋迦如來應供正遍知。爲寶上天子説無上道記。又聞是音。波旬。汝今往至衆所。勿令更受記菩薩來生汝宮。文殊師利語波旬言。説菩薩記。汝今不喜也。魔言。文殊師⑫利。我實不喜。爲閻浮提一切衆生説羅漢記。我無愁惱。説一菩薩無上道記。我之愁惱不可言也。何以故。文殊師利。若説菩薩無上道記。我諸魔宮暗蔽不明。而是菩薩以三乘法。拔濟無量阿僧祇諸衆生等出於三界。文殊師利。我以是事受諸憂惱。文殊師利言。波旬。汝還所止。汝無力勢能留難遮。畢竟向於菩提之道。成就方便具

足般若波羅蜜行者。何以故。是諸菩薩離諸魔縛。成畢竟行。善知方便。行般若波羅蜜。時佛神力令魔波旬問文殊師利。云何菩薩修畢竟行。善知方便。行般若波羅蜜。文殊師利答言。波旬。若有菩薩離於一切諸少分行。是名菩薩成畢竟行。若見一切結使魔業。悉能利益於無上道。是名菩薩善知方便。不共一切諸結使行。是名菩薩行般若波羅蜜。復次波旬。若菩薩心畢竟拔濟諸衆生故。以大莊嚴而自莊嚴。是名菩薩畢竟心行。若以四攝攝諸衆生。是名菩薩善知方便。若畢竟觀一切衆生體性寂滅。是名菩薩行般若波羅蜜。復次波旬。若有菩薩捨於内外一切能施。菩提之心畢竟究竟。是名菩薩畢竟心行。菩薩若爲一切衆生起受者心。是名

菩薩善知方便。若有菩薩乞者受者。知如實始行平等行。是名菩薩行般若波羅蜜。復次波旬。若有菩薩於諸善法。從初發心終不退轉。是名菩薩畢竟行於菩提之心。若有菩薩不爲他逼。能捨自利。是名菩薩善知方便。菩薩念義。不念文字。是名菩薩行般若波羅蜜。復次波旬。若見乞者不背捨之。是名菩薩畢竟心行。若有菩薩集諸善根。願求一切智。是名菩薩善知方便。菩薩善知諸法體性。是名菩薩行般若波羅蜜。

爾時寶上天子語文殊師利言。是魔波旬眷屬及乘。⑬可以神力內之腹中。或能令諸善男子善女人向大乘者。爲作留難。文殊師利言。天子。不如汝言內魔波旬置菩薩腹。復次天子。汝所受持佛相

莊嚴第一受樂。令魔波旬坐師子座。以佛力故佛辯説法。爾時波旬聞是語已。欲隱身出衆。而不能隱。文殊師利之所持故。爾時文殊師利作是念已。魔王波旬作佛身相。坐師子座。是時一切大衆見知是魔波旬。文殊師利復言。波旬。汝今得諸如來道耶。成佛色身坐師子座。以文殊師利力所持故。魔波旬言。文殊師利。世尊尚不得於菩提。況我得也。所以者何。菩提者。是報恩相。非離欲得。非解向得。又菩提者。得無爲相。彼得無爲相故。覺知空相。是名菩提。非空覺知空故。覺知無相相。是名菩提。非以無相覺知無相相故。覺知無願相。是名菩提。非無願相覺知無願相故。覺知法界之體性者。是名菩提。非以體性覺知體性故。覺知於如。無分別相。是名

菩提。非如覺知如故。覺知住於如實始故。是名菩提。非住如實始覺知住於如實始故。覺無我。無有衆生。無命。無人丈夫體性。是名菩提。無覺知者故。文殊師利。若有菩薩聞說如是菩提之相。聞已能於諸法體性無所分別。即名爲佛。魔以佛辯說是法時。五百菩薩得無生法忍。

爾時大德舍利弗語文殊師利言。未曾有也。汝力持故。令魔波旬作如來身。身相具足。坐師子座。說是深法。文殊師利言。大德舍利弗。一切草木樹林無心。可作如來。身相具足。悉能說法。我亦能令大德舍利弗作如來身。身相具足。以佛辯說法。爾時大德舍利弗即作是念。我今可於此衆中沒。文殊師利或能使我作如來身。身

相具足。戲弄於我。令聲聞人作世尊相。文殊師利神力持故而不能隱。時文殊師利知大德舍利弗心所念。變大德舍利弗爲如來身。身相具足。坐師子座。一切衆會亦悉見知。爾時文殊師利童子語大德舍利弗。汝可與魔波旬共説。猶如如來共如來説。爾時大德舍利弗如是問言。波旬。夫菩提者。何等體性。波旬答言。覺知一切諸法平等。是菩提體性。覺知二法。是菩提體性。一切智觀。是菩提體性。非不體性。非行非不行。永斷一切諸行非行。非道非不道。是名諸佛世尊菩提。波旬問言。大德舍利弗。諸佛如來住於何處。舍利弗言。住生死中平等。住涅槃不動。住一切諸見如實之性。住於一切衆生結使。亦住一切諸法根本。住於有爲無爲二法。諸住

不住。無有住故。波旬。諸佛如來如是住也。時舍利弗問波旬言。菩提者。當何處求。波旬答言。大德舍利弗。從身見根本求於菩提。無明有愛求於菩提。顛倒起結求於菩提。障礙覆蓋求於菩提。舍利弗言。波旬。何因緣故如是説也。波旬答言。大德舍利弗。如實覺知如是諸法。是名菩提。説是法時。八百比丘悉斷諸漏。得無漏心。諸天子等信舍利弗。魔波旬故。三萬二千諸天子等。發阿耨多羅三藐三菩提心。爲欲調伏諸天子故。文殊師利童子令魔波旬及大德舍利弗。作如來身。身相具足。文殊師利還攝神力。大德舍利弗及魔波旬身復本相。

爾時四方出千菩薩。從諸佛土乘空而來。至於佛所。頂禮佛足。右

繞如來。住一面已。白佛言。世尊。我等聞說法界體性無分別經。聞已來此守護正法。世尊。我等受持守護此經。讀誦通利。爲他廣說。攝取正法。爾時大德阿難白佛言。世尊。是諸菩薩從何處來。佛告阿難。是諸菩薩各各集在諸佛國土。此等菩薩皆是文殊師利童子本所教化。常爲說此法界體性無分別經。以開化之。是諸菩薩知報經恩故來至此。及見如來。禮敬圍繞。亦欲供養禮拜文殊師利童子。又願護此經。是故來此。阿難。我涅槃後。是諸菩薩於此閻浮提。當廣流布護此正法。阿難。是諸菩薩於百千佛所。志意勇猛護持正法。是時衆中有釋梵護世諸天王等。白言。世尊。我等若此若彼。有護持法者。是善丈夫善男子女人等。我當守護供給。使令

得無苦惱。爾時世尊贊釋梵護世諸天王言。善哉善哉。汝能勇猛守護是諸愛護正法善丈夫等。即是供養過去未來現在諸佛。并愛護正法。爾時佛即告於文殊師利童子。汝受持此經。後末世時。於閻浮提當廣流布。文殊師利言。世尊。火灾起時。[14]而此虛空都無受持。亦不被燒。世尊。[15]如虛空體性。是一切法亦復如是。而是諸法不生不滅。若法無生無有滅者。亦無受持。諸法體性無受持故。如法體性。受持諸法亦復如是。文殊師利即白佛言。唯願世尊受持此經。爲善男子善女人等種善根故。若供養法者貪樂此經。世尊。如是如是。受持此經。調伏憍慢諸怨憎故。無能留難。於當來世。此閻浮提廣行流布。爾時世尊身放光明。是光遍照三千大千佛之

世界皆作金色。爾時佛告文殊師利童子。如來光明一切普照。而此經者亦復如是。心行無礙者。於佛法究竟。是善男子善女人等手執此經。爾時世尊復告阿難。阿難。受持此經。讀誦通利。爲他廣說。阿難。汝則供養去來現在諸佛世尊。爾時阿難白佛言。世尊。此經何名。云何受持。佛告阿難。汝受持此經。名說法界體性無分別。亦名寶上天子所問。亦名文殊師利童子所說。善受持之。佛說是經已。大德阿難。文殊師利童子。寶上天子。及諸佛土諸來菩薩。天人。阿須羅及世間人。皆大歡喜。頂戴奉行。

大寶積經卷第二十七

校注

①『許』，龍藏、和裕本作『説』。

②『業果』，龍藏、思溪藏、和裕本作『魔業』。

③『記』，底本無，依龍藏、和裕本補。

④『一』，底本作『於』，依龍藏、思溪藏、和裕本、上海佛學書局本改。

⑤『生』，龍藏、思溪藏作『主』。

⑥『諸』，底本無，依龍藏、和裕本、上海佛學書局本補。

⑦『寶』，龍藏、上海佛學書局本、中州本作『實』。

⑧『無』，底本無，依龍藏、思溪藏、和裕本、上海佛學書局本補。

⑨『是名受記』，底本污殘，依龍藏、思溪藏補。

⑩『因』，底本無，依龍藏、和裕本、上海佛學書局本補。

⑪『如來應供正遍知』，佛之三號。《大智度論》（後秦·鳩摩羅什譯）：『如實道來故，名爲如來。應受一切世間供養故，名爲應供人。成就不顛倒智慧故，名正遍知。』

⑫『殊師』，底本污殘，依龍藏、思溪藏補。

⑬『及乘。可』，龍藏、思溪藏作『乃可乘』。
⑭『時』，底本污殘，依龍藏、思溪藏補。
⑮『尊』，底本污殘，依龍藏、思溪藏補。

大寶積經卷第二十八

元魏三藏法師佛陀扇多譯

大乘十法會第九

如是我聞。一時婆伽婆住王舍大城耆闍崛山中。與大比丘衆五百大阿羅漢俱。菩薩摩訶薩無量無邊。爾時會中有一菩薩摩訶薩。名凈無垢寶月王光。即從坐起。整服右肩。右膝蹦跪蓮花臺上。至如來所。合掌向佛白言。世尊。行大乘。住大乘比丘。云何行大乘。云何住大乘。世尊。以何義故。此大乘名爲大乘。復以何義。名爲住大乘。爾時世尊告凈無垢寶月王光菩薩摩訶薩言。善哉善哉。凈無垢寶月王光。善男子。汝善能問此甚深義。諦聽諦聽。善思念之。

我今爲汝分別解說。時淨無垢寶月王光菩薩摩訶薩聞佛聽許。即白佛言。唯然世尊。頂受聖教。佛言。善男子。菩薩摩訶薩成就十法。是行大乘。是住大乘。何等爲十。一者信成就。二者行成就。三者性成就。四者樂菩提心。五者樂法。六者觀正法行。七者行法慎法。八者捨慢大慢。九者善解如來秘密之教。十者心不悕求聲聞緣覺乘。

時淨無垢寶月王光菩薩摩訶薩白佛言。世尊。云何菩薩摩訶薩信成就。佛言。善男子。菩薩摩訶薩行不諂行。得柔軟行。彼菩薩信諸如來正真正覺無上菩提。信諸如來於一念中說三世事。信如來藏不老不死。無量無邊。不生不滅。不常不斷。信諸佛實際。法界。

一切智。一切智人所知。力。無所畏。不共佛法。信諸如來無見頂相。信諸如來三十二相八十種好莊嚴其身。身有圓光。信聲聞所說。緣覺所說。菩薩所說。及信所有善言說者。信此世過世。信正行者住正行者。若有沙門若婆羅門。信善業果甚可愛樂。微妙最勝。所謂若天天主。若人人主。信不善果不可愛樂。苦惱無量。或在地獄。或在餓鬼。或在畜生。彼菩薩如是信已。得離三法。一疑。二惑。三不決定。善男子。菩薩摩訶薩成就如是信。名爲信成就。爾時世尊爲顯此義。偈重說言。

信爲增上乘　信者是佛子　是故有智者　應常親近信

信是世間最　信者無窮乏　是故有智者　應常親近信

若不信之人　不生諸白法　猶如燒種子　不生根芽等

善男子。云何菩薩摩訶薩行成就。善男子。菩薩摩訶薩信[1]成就故。剃除鬚髮被正法服。捨家出家。既出家已。修學菩薩戒行等事。修學聲聞戒行等事。修學緣覺戒行等事。彼[2]菩薩如是學已。身口意等惡業悉滅。何者名爲身不善業。所謂殺生。偷盜。邪淫。瓦石刀杖欺擲他人。傷手足等。若來若去行欺淩事。善男子。如是等名身不善業。善男子。何者名爲口不善業。所謂妄言。綺語。兩舌。惡口。不善言說。誹謗正法甚深經典。說諸和上阿闍梨等住正法者所有過短。如是等名口不善業。善男子。何者名爲意不善業。所謂妒。吝。邪見。增上妒吝。樂利。樂稱。樂親愛等。家慢。色慢。恃少壯慢。恃無病慢。

恃壽命慢。恃多聞慢。恃修行慢。欲覺。害覺。瞋惱覺等。及國土覺。衣服等覺。著處。著乘。著敷具等。著飲。著[3]食。及著兒女犁牛耕種諸所作等。憂奴。憂婢。憂諸作者穀帛庫藏諸財物等。彼菩薩如是著已。於向所説種種事中。若失一事。其心則生憂悲苦惱。彼菩薩以愛潤心。是故生於後有芽心。善男子。略説意業。猶如輪轉。如是名爲意不善業。彼菩薩離身等業。於和上所起於尊想。於阿闍梨起和上想。於餘若老若少。起止恭敬。彼菩薩在於獨處作是思惟。我不應爾。我已起度一切衆生救一切衆生心。令一切衆生住正定行中。彼菩薩作是思惟。我今自身不調諸根。不勤修行。不覆諸根。不調諸根。彼菩薩作是思惟。今我已作如是修行。是諸衆生既見我

已。心即調伏。隨順我教。諸佛歡喜。及諸天。龍。乾闥婆等悉皆歡喜。善男子。如是等行④名菩薩慚。彼菩薩作是思惟。勿令若道若俗。於我若身若口若意等業諸威儀中。訶責我者。所謂毀壞戒行。或作見行。或作行行。或行邪命。彼行菩薩如是慚已。日夜繫心觀察戒行。觀戒行已。無諸憂悔。離諸障礙。菩薩如是正修行已。於諸如來正法之中而修諸行。善男子。如是等行名菩薩愧。善男子。菩薩摩訶薩成就如是行。名爲行成就。爾時世尊爲顯此義。偈重說言。

行爲增上乘　諸佛緣覺等　是故智者修　彼⑤等微妙事
菩薩大名稱　無畏行成就　是故證菩提　諸佛本所說

善男子。云何菩薩摩訶薩性成就。善男子。菩薩摩訶薩性自少欲。

少瞋少痴。不吝不澀。不粗獷。不我慢。不卒暴。調和柔軟。善言軟語。易共同止。彼菩薩於一切上勝供養。如心行施。所有諸事。衣服飲食分捨與他。如是施已。即生歡喜遍滿身心。如是乃至捨上身分。善男子。彼菩薩行如是行。若見如來。若見聲聞。見已即生歡喜之心。善男子。菩薩摩訶薩成就如是法。名爲性成就。爾時世尊爲顯此義。偈重說言。

相烟即知火　見鴛鴦知水　异相知菩薩　菩薩大智慧

不澀不惱衆　捨諸諂曲行　善信衆生故　是名菩薩性

善男子。云何菩薩摩訶薩樂菩提心。善男子。菩薩摩訶薩以有菩提相故。發菩提心。未發菩提心時。或諸如來。或諸聲聞。勸發菩提

心。善男子。此是菩薩初發菩提心相。善男子。彼菩薩聞有菩提。聞菩提心有大功德。聞發阿耨多羅三藐三菩提心。此是菩薩第二發菩提心相。善男子。彼菩薩見諸衆生。無主無親。無救無護。無能度之令至彼岸。菩薩即爲彼諸衆生。起慈悲心而作是言。我當於彼無主無親無救無護諸衆生等。而作救護。爲彼因緣故。發阿耨多羅三藐三菩提心。此是菩薩第三發菩提心相。善男子。彼菩薩以見如來相具足身。生歡喜心。生勇悅心。心生歡喜。以是因緣故。發阿耨多羅三藐三菩提心。此是菩薩第四發菩提心相。善男子。彼菩薩爲彼衆生令得利益安隱樂故。修行布施。持戒。忍辱。修行精進。禪定。般若。善男子。云何菩薩修行布施。善男子。菩薩作是思

惟。我當云何行於布施。即生念言。須食施食。須飲施飲。須床敷者施與床敷。須衣服者施與衣服。指環臂釧若寶冠等。所須之物皆施與之。善男子。菩薩乃至割自身肉施於衆生。如是行施。願取阿耨多羅三藐三菩提。而不取著受者財物。不住事等。是名菩薩修行布施。善男子。菩薩云何修持於戒。善男子。彼菩薩先自調順身業。調順口業。調順意業。菩薩所有自身惡業一切捨離。所有口惡業一切捨離。所有意惡業一切捨離。持戒不缺不漏不雜。菩薩如是持禁戒已。迴向阿耨多羅三藐三菩提。而心終不取著於戒。是名菩薩修持於戒。善男子。云何菩薩修行忍辱。善男子。菩薩爲聞若道若俗。乃至毀罵。聞說其惡。若打繫閉。若截手足。皆能忍受。爲

彼前人起忍辱心。菩薩如是修行忍已。迴向阿耨多羅三藐三菩提。不以彼忍而起慢心。是名菩薩修行忍辱。善男子。菩薩云何修行精進。善男子。菩薩作是思惟。如虛空界無量無邊。衆生界亦無量無邊。唯我一人獨無等侶。令入無餘涅槃界中。如是菩薩爲彼因緣發精進行。初持自身。持身行已。觀受心法。如是正觀受心法已。行持心行。菩薩既行持心行已。次復修行見法等行。菩薩如是持心意已。爲令未生惡不善法斷不生故。起欲勤精進。爲令未生善法生故。起欲勤精進。菩薩如是次復修行初如意足。如是修行第二第三。乃至第四如意足分。修如是行。不起慢心。是名菩薩修行精進。善男子。菩薩云何修行禪定。善男子。菩薩不著欲故。不著

滅故。不著離欲故。不著自身故。不著他身故。不著色受想行識。不著欲界。不著色界。不著空。不著無相無願。不著此世界。不著未來世界。而行布施。不依止施。不依止戒。不依止忍。不依止精進。不依止禪。如是修行禪定。迴向阿耨多羅三藐三菩提。而不分別。是名菩薩修行禪定。善男子。菩薩云何修行般若。善男子。菩薩常作如是思惟而化衆生。化衆生已。復作是念。我化無量無邊衆生界。令入無餘涅槃界中。而無一衆生入涅槃界者。何以故。如佛所說。一切諸法無我。無衆生。無命。無養育。無富伽羅。如是修慧。而以彼慧迴向阿耨多羅三藐三菩提。作如是願。而於智慧不生分別。是名菩薩修行般若。善男子。菩薩摩訶薩如是發菩提心。名爲菩薩樂

菩提心。爾時世尊爲顯此義。偈重説言。

猶如真寶珠　光明不捨離　又如礦中金　治已轉增明
如是菩提⑥性　轉明菩提心　二邊清净已　魔所不得便

善男子。云何菩薩摩訶薩樂法。善男子。菩薩摩訶薩性自樂法。喜法潤法。若見沙門。若婆羅門。知⑦法人已。隨所有物而以奉上。若飲食等一切施與。乃至合掌生恭敬心。生恭敬已。從彼聞於未曾聞法。菩薩如是求正法已。如實修行。菩薩於彼持法法器。生於尊想。生和上想阿闍梨想。起如是意。我從昔來久失導師。今忽遇之。生導師想。又作是念。我常縛在世間牢獄。無解無救。無推訪者。今忽遇之。生推覓想。又作是念。我久遠來睡於世間。愚痴盲目。忽於今

者令我目開。即起覺想。起開示想。又作是念。我久遠來没深泥中。無拔濟者。今忽遇之。生拔濟想。又作是念。我久遠來失於導師引導衆生。今忽遇之。起導師想。又作是念。我久遠來閉在世間。貧苦難處無救接者。今忽遇之。是故即生救接者想。又作是念。我久遠來遇難愈病。無有良醫能療治者。今忽遇之。起良醫想。又作是念。我久遠來爲貪欲火之所燒然。未蒙雲雨。今忽遇之。是故即起大雲雨想。菩薩如是爲彼因緣。忍寒熱等諸苦惱事。及諸衆生能惱人者。若蚊虻等皆能忍之。亦能忍受飢渴等事。見樂衆生不生著心。彼菩薩作如是念。我雖得受世間快樂。若我得聞一句法已。能成聞慧。生聞慧想。菩薩以是樂法因緣故。行布施不生憂愁。乃至

無有憂苦等事。菩薩如是遠離一切憂苦等事。起如是心。我爲得聞如來所説一句法故。乃至入於阿鼻地獄。壽命一劫。若百千劫無疲倦。無疲倦已。然修行一切種智。若有未得佛正法者。能令得之。善男子。菩薩摩訶薩如是樂法。名爲菩薩樂法。爾時世尊爲顯此義。偈重説言。

大智求法者　所謂諸菩薩　求法無厭足　以恭敬心故
常[8]求於正法　是名菩薩相　聞已常憶持　復如法修行

善男子。云何菩薩摩訶薩觀正法行。善男子。菩薩摩訶薩作如是觀。一切法如幻。誑凡夫故。愚痴覆心。無正慧故。一切法虛妄如夢。以唯念故。一切法如水中月。非有事故。一切法如鏡中像。無衆生

故。一切法如響。空聲生故。一切法生滅。因緣成故。一切法不生。真如性故。一切法不滅。以無生故。一切法無作。以無作者故。一切法如虛空。以無染故。一切法寂靜。體性無染故。一切法離垢。離一切垢故。一切法永滅。以本滅煩惱故。一切法無色。不可見故。一切法離心意意識。以無身故。一切法無住。滅一切阿梨耶故。一切法無求。離此彼親愛故。一切法無著。離一切煩惱境界故。一切法如蛇。以無方便咒術力故。一切法如芭蕉。以不實故。一切法如水沫。性無力故。善男子。菩薩摩訶薩如是觀正法行。名爲菩薩觀正法行。

爾時世尊爲顯此義。偈重說言。

一切法如幻　覆衆生心故　虛妄猶如夢　應如是受持

諸法如水月　以影像起故　諸法如鏡像　智何不覺知

善男子。云何菩薩摩訶薩觀法順法。善男子。菩薩摩訶薩觀色無常。而不以滅色故證於法界。以如實智於法界中所有諸法如實覺知諸法相已。善記善修彼法界中所有諸相。有所說者修者記者。自然如是入法界行。如是乃至受想行識。以如實觀正觀察已。而不滅識。不厭離識。證入法界。所有法界一切諸法。以實智慧如實證知。彼諸法中有諸名字。善說善知善修善記。以善知故。以善修故。以善記故。自然如是入法界行。如知無常。如是知苦無我不净亦復如是。觀色無常。如實善知。於彼色中。不復生於恐怖之想。何以故。如實知色虛妄生故。如是菩薩如實善知。受想行識悉皆

無常。皆苦無我及不净等。於彼識中。不復生於恐怖之想。何以故。如實知識是虛妄故。菩薩如是如實善知。善男子。譬如善巧幻師。幻師弟子。幻作種種四兵等事。所謂象兵馬兵車兵步兵。智者見已。不生恐怖。何以故。善知虛妄幻師⑨所作。誑惑衆生而示現之。善男子。菩薩如是觀色無常。觀無常已。於中不生恐怖之想。何以故。如實知色虛妄生故。菩薩如是如實善知。受想行識悉皆無常。觀無常已。則於識中不生恐怖。何以故。如實知識虛妄生故。菩薩如是如實善知。善男子。菩薩如是觀法順法。

爾時净無垢寶月王光菩薩摩訶薩白佛言。世尊。云何菩薩觀色無常而不離色說於法界。證於法界。習學法界。一切諸法以智慧

力如實證知。爾時世尊告浄無垢寶月王光菩薩摩訶薩言。善男子。爲汝問故。我今説喻。善男子。譬如世間有智之人持諸毒藥。持毒藥已。或煎或熬。或合餘藥。合餘藥已。爲財利故而衒賣之。而不自食。何以故。彼人思惟。勿令我身由此因緣而致斷命。善男子。菩薩摩訶薩心順向涅槃。心潤向涅槃。心潤流涅槃。心正取涅槃。菩薩摩訶薩而不證涅槃。何以故。菩薩思惟。勿令我身由此因緣退轉菩提。復次善男子。我更説喻。善男子。譬如有人奉事於火。彼事火已。尊重敬順。善將護之。而不生於如是之心。我供養火。尊重讚嘆善將護故。二手捉之。何以故。彼人作念。勿令我身由此因緣身苦心惱。善男子。菩薩摩訶薩雖心順向涅槃。心潤向涅槃。心潤向

涅槃流。心正取向涅槃。順向涅槃岸。而彼菩薩不證涅槃。何以故。菩薩思惟。勿令我身以此因緣退菩提智。爾時浄無垢寶月王光菩薩摩訶薩白佛言。世尊。如我解佛所説法義。菩薩應當常住世間。佛言。善男子。如是如是。菩薩常應住於世間。

時浄無垢寶月王光菩薩摩訶薩白佛言。世尊。云何菩薩住於世間。而不爲世間法之所染。佛言。善男子。我今爲汝以譬喻説。善男子。譬如有人善解方便捉諸禽獸。以咒力故共毒蛇戲。捉諸毒蛇。若含若磨。種種弄之。而終不以弄蛇因緣被害命終。何以故。以有善巧咒術力故。善男子。菩薩摩訶薩住於世間行世間法。以有善巧大智方便咒術力故。共諸煩惱惡毒藥戲。弄煩惱蛇。而不爲彼

煩惱因緣退於菩提。何以故。菩薩成就善巧方便智慧力故。爾時淨無垢寶月王光菩薩摩訶薩白佛言。世尊。甚奇世尊。奇哉善逝。最難有世尊。最難有善逝。世尊。是諸菩薩摩訶薩雖心向涅槃。而不證涅槃。雖在世間。而不爲世法之所染污。世尊。我今歸依諸菩薩。世尊。若有善男子善女人。得聞如此菩薩行已。生歡喜心者。彼人過去種諸善根。何以故。若聞此法門。乃至一彈指頃生希有心。世尊。彼諸善男子善女人。已爲如來之所記也。何以故。聞此法門。至心諦聽故。佛言。善男子。如是如是。說此法門時。五百比丘得無漏心。得無漏心已。從座而起。整服右肩。右膝著地。合掌向佛白言。世尊。世尊。諸菩薩可以正恭敬善逝。可以禮敬諸菩薩。佛言。諸比

丘。如是如是。善男子。菩薩摩訶薩如是觀法順法。名爲菩薩觀法順法。爾時世尊爲顯此義。偈重説言。

應敬大智慧　應敬大無畏　應敬正服者　應敬佛所生

以方便力故　智慧善巧故　超過聲聞地　菩薩大智慧

善知諸陰虛　生滅不定故　見世間火然　是故不證滅

善男子。如是名爲菩薩摩訶薩觀法順法。

善男子。云何菩薩摩訶薩離慢。大慢。善男子。所言慢者生如是心。我今所有。若家若姓若色。及以種種金銀珍寶諸寶藏等。象兵馬兵車兵步兵。不劣他人。若人如是起憍慢心。是名爲慢。以其不生恭敬心故。善男子。何者大慢。善男子。若有菩薩作如是念。唯我若

家若姓若色。若金銀寶藏。象兵馬兵車兵步兵。勝於他人。是故不生恭敬之心。是名大慢。善男子。如是憍慢及以大慢。菩薩摩訶薩悉已捨離。善男子。菩薩摩訶薩如是離慢。離於大慢。爾時世尊爲顯此義。偈重説言。

離慢離大慢　常行慈悲心　以彼潤心故　於世不放逸
雖行乞食事　諸菩薩大事　説義利益事　若諸天及人

善男子。云何菩薩摩訶薩善解如來秘密之教。善男子。菩薩摩訶薩於諸經中。所有隱覆甚深密義。於彼説中如實善知。善男子。何等是爲如來密教。善男子。我記聲聞得阿耨多羅三藐三菩提者。此不應爾。如言阿難。我患背痛。此不應爾。語諸比丘。我今老弊。汝

可爲我推覓侍者。此不應爾。語目連言。汝可往問耆婆醫王。我所有患當服何藥。此不應爾。善男子。如來處處逐諸外道。論義角勝。此不應爾。善男子。佉陀羅刺刺如來足。此不應爾。善男子。如來又説提婆達多是我宿怨。常相隨逐。求覓我便。此不應爾。善男子。如來昔日入舍衛城。於奢犂耶婆羅門村周遍乞食。空鉢而出。此不應爾。善男子。旃遮摩那。毗孫陀梨。木器合腹以謗如來。亦不應爾。善男子。如來昔在毗蘭多國。受毗蘭若婆羅門請。三月安居而食麥者。此不應爾。

爾時凈無垢寶月王光菩薩摩訶薩白佛言。世尊。此向所説。當云何取。世尊何故記諸聲聞得阿耨多羅三藐三菩提。佛言。善男子。

我記聲聞得阿耨多羅三藐三菩提者。以見聲聞有佛性故。時浄無垢寶月王光菩薩摩訶薩白佛言。世尊。此諸聲聞斷諸有漏離於三有。生分已斷而有性故。爲如來授阿耨多羅三藐三菩提記者。此事云何。佛言。善男子。我今爲汝説於譬喻。善男子。譬如灌頂轉輪聖王具足千子。隨最大者授其王位。然彼輪王以子根鈍。應初教者而中教之。應中教者而後教之。一切工巧咒術等事。然是王子以根鈍故。應初學者而中學之。應中學者而後學之。善男子。於意云何。彼輪王子如是學已。豈可非是王正子耶。時浄無垢寶月王光菩薩摩訶薩言。不也。世尊。不爾。善逝。是真王子。佛言。善男子。菩薩摩訶薩亦復如是。以根鈍故。應初學者而中學之。應中學

者而後學之。如是依觀衆生五陰。滅諸煩惱。煩惱滅已。然後得成阿耨多羅三藐三菩提。善男子。於意云何。彼諸聲聞以此因緣得成正覺。豈可得言聲聞不得成正覺耶。時浄無垢寶月王光菩薩摩訶薩言。如是世尊。我曾不見若人若天若魔若梵。是等衆中而有能説聲聞不得成正覺者。若有能説。無有是處。除一闡提⑩。爾時如來告浄無垢寶月王光菩薩摩訶薩言。善男子。我今爲汝更説譬喩。善男子。利根菩薩住第十地。除二無我坐道場者。爲除故坐。不除坐耶。時浄無垢寶月王光菩薩摩訶薩言。世尊。已除故坐。世尊。已除故坐。善逝。佛言。善男子。彼利根者以此因緣。豈可不得成正覺耶。時浄無垢寶月王光菩薩摩訶薩言。得成。世尊。得成。善逝。

爾時如來告浄無垢寶月王光菩薩摩訶薩言。善男子。此處亦如是。

爾時浄無垢寶月王光菩薩摩訶薩言。世尊。如來何故昔告阿難我患背痛。佛言。善男子。我觀後世。憐愍衆生作如是說。言我背痛。令諸病者作如是知。佛金剛身尚有背痛。何况我等及其餘者。以是事故。我說此言。而諸愚人如實取之。謂佛有病。有背痛等。則便自壞。亦令他壞。

如來復告浄無垢寶月王光菩薩摩訶薩言。善男子。我於昔日告比丘言。我今老弊。汝可爲我推覓侍者。善男子。我說此言。亦爲憐愍念後世故。作如是說。爲令後世聲聞弟子。年老朽弊應須給侍。

故說此言。我今老弊。須覓侍者。令未來世如是知已。不生退轉。以是義故。我說此言。我今老弊。汝可爲我推覓侍者。而諸愚人如實取之。如來老弊。故須侍者。

善男子。云何當知。佛告目連。令到耆婆大醫王所。問服藥法。善男子。此亦是我憐愍後世。故作是說。有諸聲聞假藥將身。彼當憶我佛金剛身猶尚服藥。何况我等及其餘者。以是事故。我說此言。汝到耆婆大醫王所。問服藥法。而諸愚人如實取之。謂如來身是病患身。善男子。如來昔告目連比丘。令彼目連問耆婆藥。耆婆無容。故不正答。唯作是言。但當服蘇。但當服蘇。然是如來示業果報。令諸弟子聞當憶知。而不退還。

善男子。如來處處逐諸外道尼乾子等。角勝論義。此事云何。善男子。我觀後世。愍念衆生。故作是事。令彼衆生作如是知。諸佛如來正真正覺。尚有怨家。何況我等及其餘者。而諸愚人如實取之。謂佛如來實有怨家。善男子。轉輪聖王以少福故。尚無怨家。何況[11]如來成就無量無邊功德。

善男子。佉陀羅刺刺如來足。是事云何。善男子。如來示現業果報故。令未來世作如是知。如來成就無量功德。而有業報。何況我等及其餘者。以是因緣令彼息惡。復爲因緣我作是説。有是業報。而諸愚人如實取之。佉陀羅刺刺如來足。

時净無垢寶月王光菩薩摩訶薩言。世尊。提婆達多是佛宿怨。覓

如來便。佛言。善男子。若無提婆善知識者。終不得知如來具有無量功德。善男子。提婆達多是善知識。共我諍勝。現作怨家。得顯如來無量功德。善男子。提婆達多善友知識。在於宮內語阿闍世王。令害如來。時王故放護財象王。令滅如來。善男子。如來見象即調伏之。爾時無量無邊衆生見象調伏。生奇特心。即生正信。歸依三寶。所謂佛寶法寶僧寶。顯三寶故。善男子。如此之事應如是知。提婆達多是善知識。久來隨逐示現怨家。而諸愚人如實取之。作如是言。提婆達多是害佛者。是怨家者。善男子。乃至過去五百世中所生之處。提婆達多是善知識。示怨家事。悉是示現。顯諸菩薩。及顯如來無量功德。而諸愚人如實取之。提婆達多是害佛者。是怨

家者。以是不善取義因緣。墮三塗中。所謂地獄餓鬼畜生諸苦惱處。何以故。善男子。提婆達多善知識者。善修無量諸勝功德。善修善根。親近諸佛宿殖德本。心向大乘。順向大乘。向大乘彼岸。近於阿耨多羅三藐三菩提。善男子。彼壞心故。於未來世。生於地獄餓鬼畜生諸惡道中。

爾時浄無垢寶月王光菩薩摩訶薩言。世尊。如來昔日入舍衛城。於奢犁耶婆羅門村周遍乞食。空鉢而出。此事云何。善男子。我此所作。亦爲愍念後世衆生。故示是事。令未來世作如是知。如來具足無量功德。尚空鉢出。何况我等及其餘者。善男子。復有說言。是魔波旬勸於婆羅門長者居士。令其不肯供養如來。此亦不爾。何

以故。善男子。魔王無力能勸長者。令不供養如來食故。善男子。此事不應如是取之。何以故。魔王無力而能遮障如來供養。乃是如來勸持魔王。令語長者婆羅門等而不供養。善男子。如來已滅一切障礙。成就無量諸勝功德。而有能障如來供養。無有是處。如來無有實業果報。爲彼衆生令得道故。如來示現如是方便善巧諸事。善男子。如來若斷一餐食已。令諸聲聞及魔波旬。天龍八部及諸天子。作如是念。無令眷屬生憂苦心。爲彼諸事。是故如來日夜示現如是等事。令發一念不善之心。乃是如來斷於諸有。如前示現。後亦如是。令未來世作如是知。如來斷有。尚有此事。何況我等及其餘者。現此事時。七萬天衆於如來所起清净心。如來爾時知

其心已。種種說法。彼聞法已。得法眼淨。善男子。我觀後世。故示是事。如來無有如是業報。

爾時淨無垢寶月王光菩薩摩訶薩言。世尊。旃遮摩那。毗孫陀梨。木器合腹以謗世尊。此事云何。佛言。善男子。此亦不爾。如來成就無量功德。無業報患。善男子。乃是如來威神之力。能令旃遮摩那。毗孫陀梨等。罝過無量恒河等世界之外。而被謗者。乃是如來以方便力示業果報。我諸弟子以薄福故。既得出家在我法中。以被謗故則退我法。以不思量如來言教。作如是說。我等今者已被謗故。不應得在佛正法中。令彼諸人聞教憶念。諸佛如來具足成就一切白法。滅諸惡法。尚有如是惡對被謗。何況我等及其餘者。如

是知已。不復退還。修净梵行。善男子。旃遮摩那。毗孫陀梨等起於惡心。以佛力故令夢開悟。我實謗佛。我若捨身。必墮三惡。善男子。如來若知可防護者。必防護之。是故示現如此之事。善男子。無一衆生如來捨者。故現此事。

爾時净無垢寶月王光菩薩摩訶薩言。世尊。如來昔在毗蘭多國。受毗蘭若婆羅門請。而食麥者。此事云何。佛言。善男子。我亦愍念後世衆生。故現是事。如來實知諸婆羅門居士等請而不供養。而受其請彼處安居。何以故。善男子。彼安居處有五百馬。所有食麥施與衆僧。令至三月。善男子。彼馬悉是大菩薩也。宿殖德本而值惡友。造諸惡業生畜生中。善男子。彼五百馬有調馬者。是日藏菩

薩。以願力故生在彼處。善男子。是日藏菩薩勸五百馬發菩提心。爲令得脱故生彼處。善男子。以彼善調馬主力故。彼五百馬皆憶宿命。得菩提心。還得本心。善男子。如來愍念彼五百馬故。受彼請。彼處安居。調馬人麥與如來食。五百馬麥諸弟子食。善男子。彼調馬者以馬音聲調五百馬。皆令懺悔。勸其發心。復令彼馬於佛法中。於三寶所起敬重心。善男子。過三月已。彼五百馬捨身生於三十三天。彼在畜生尚得是利。如來爾時爲彼説法。令得阿耨多羅三藐三菩提記。善男子。彼處所有調五百馬防護馬者。如來記彼。當得成就自調伏心緣覺之道。善男子。世間無有是可食物。如來食之而有不作微妙味者。善男子。假使如來食於土塊瓦石等物。

而無不作⑫微妙味食。善男子。如來所食皆作上味。無有世間三千大千世界之中所食之物而可比者。何以故。以如來得味中上味。得食上味。得大丈夫諸相好等。善男子。汝今應當如是正取如來所食。悉微妙味。無有可比。善男子。阿難比丘憐愍我故。而作是言。云何如來生轉輪聖王家。捨王位出家而能食麥。如來善知阿難心已。故與一麥告言。阿難。汝當知之。此是何味。阿難食已。生奇特心。即語我言。世尊。我生在王家。長養王家。而未曾得如是上味。善男子。阿難比丘以彼食味。身心得安。七日不食。善男子。以是事故。當知如來無有業報。然彼居士婆羅門。請諸有德清净比丘不供養者。諸比丘等受請往彼而不供養。示現業報。善男子。汝應當觀

如來神力。彼婆羅門請佛及僧而不供養。如來記彼不墮惡道。善男子。共佛受請彼處安居五百比丘。於中乃有四十比丘。多有貪心。不能觀察不净行故。若得稱意微妙食者。悉皆退轉。食馬麥故。不生欲心。過七日已。得阿羅漢果。善男子。如來善巧知衆生心。故受彼請。爲度彼故。善男子。菩薩摩訶薩。善巧成就如是甚深秘密法教示現之事。若如是知。名爲善解如來密教。爾時世尊爲顯此義。偈重説言。

善知漸法門　及以頓所説　内心善巧知　諸菩薩示現
善巧知秘密　遠離諸疑惑　善知諸佛説　所有秘密教

爾時净無垢寶月王光菩薩摩訶薩白佛言。世尊。云何菩薩摩訶

薩不求聲聞緣覺乘。佛言。善男子。菩薩摩訶薩在於地獄餓鬼畜生諸惡道中。雖在彼處受極重苦。不可具説。而心不求聲聞緣覺乘。亦無心求自得解脱。不念少欲。不念少作。不行少欲。不行少作事。善男子。菩薩於彼善業衆生而與同事。然是菩薩於彼衆生善勸化之。令其修行。發阿耨多羅三藐三菩提心。善男子。菩薩摩訶薩成就如是法故。不求聲聞緣覺菩提。爾時世尊爲顯此義。偈重説言。

常化諸衆生　心不生疲倦　於無上菩提　堅固不退轉

其心不可動　猶如妙山王　修行慈悲心　不求二乘道

爾時净無垢寶月王光菩薩摩訶薩白佛言。世尊。如來已説菩薩

成就如是等法。是故名爲行大乘。住大乘。而如來不説以何義故。此大乘名爲大乘。爾時世尊告净無垢寶月王光菩薩摩訶薩言。我今問汝。隨汝意説。善男子。於意云何。轉輪聖王所行之道。具四兵衆所行處道。以何而説。時净無垢寶月王光菩薩摩訶薩言。世尊。是名王道。是名大道。是無畏道。是無礙道。是勝一切諸國王道。佛語净無垢寶月王光菩薩摩訶薩言。善男子。諸佛如來正真正覺所行之道。彼乘名爲大乘。名爲上乘。名爲妙乘。名爲勝乘。名無上上乘。名無上上乘。名無等乘。名不惡乘。名爲無等等乘。善男子。以是義故。名爲大乘。時净無垢寶月王光菩薩摩訶薩白佛言。善哉世尊。善哉善逝。善哉世尊。快説如是大乘名義。

如來説是十法法門時。魔波旬作是念言。今日沙門瞿曇⑬過我境界。若我具備四種兵衆。惱彼瞿曇。令其不得説此法門。時魔波旬作是念已。即具四兵。至王舍城耆闍崛山。時浄無垢寶月王光菩薩摩訶薩。遥見波旬具四兵衆。爲惱如來。令不得説此法門故。欲來至此。時浄無垢寶月王光菩薩摩訶薩即現神通。現神通已。令魔波旬至王舍城四衢道頭。唱如是言。汝王舍城諸人民等。當知今日沙門瞿曇。在王舍城耆闍崛山。爲諸四衆具説正法。初中後善。文義倶深。淳備具足。清浄梵行。汝等諸人。可往詣彼沙門瞿曇。聽其説法。令汝長夜成大安樂諸利益事。

爾時王舍大城之中。諸婆羅門刹利長者及居士等。被魔勸已。手

執香花塗香。末香燒香。寶幢寶蓋。出王舍城。至耆闍崛山。到如來所。頂禮佛足。尊重讚嘆。却坐一面。時魔波旬亦具四兵。從王舍城出至耆闍崛山。到如來所。化作曼陀羅華。散如來已。與四兵衆却坐一面。時净無垢寶月王光菩薩摩訶薩。知魔波旬坐一面已。即語魔言。汝魔波旬。以何因緣將四兵衆。惱亂如來。并障如來説此法門。汝今應當於如來所生慚愧心。起懺悔心。無令汝於長夜得無利益。成大苦報。時魔波旬聞净無垢寶月王光菩薩語已。即合十指爪掌拄地。禮如來足。於如來所生慚愧心。起懺悔心。而作是言。我於今者。甚畏如來。甚奇善逝。唯願大慈受我懺悔。我甚愚痴。無有智慧。無善巧智。不自惜身。而於如來起於惡心。復欲令此法

門絶滅。善哉世尊。重受我懺。佛言。波卑椽⑭善哉善哉。長養善根。若我法中有善男子若善女人。起心懺悔以求清浄。善哉波卑椽。時魔波旬至佛所立。白言。世尊。如來諸經。皆斷惡語不善語耶。如來答言。如是如是。魔波旬言。云何如來法王法主得法自在。而語稱我言波卑椽。如是喚我。佛言。波卑椽。我今爲汝説於譬喻。善男子。譬如長者居士財富無窮。唯有一子甚愛念之。不用離目以命繫子。然彼一子。諸根不調。甚惡謟曲。長者居士愛念心故。以杖打之。或瓦或石。欲令此子息彼事故。善男子。於汝意云何。是長者居士撾打其子。有惡心不。魔波旬言。不也。世尊。欲令成就愛念子故。作如是事。佛言。波旬當知。如來正真正覺。善知衆生心性根欲。是故

觀察。應以惡言而得度者。即說惡言。應以默然無所言說而得度者。即爲默然。應以驅遣而得度者。即驅遣之。應以說法而得度者。即爲說之。應以攝受而得度者。即攝受之。應見色身而得度者。即現色身令彼見之。應聞聲香若得味觸而得度者。即爲現聲而爲說法。至香味觸現令得度。時魔波旬歡喜踴躍。復合十指爪掌頂禮佛足。白言。世尊。隨所有處。若村若城若在王都。說此法門。我爲聽受此法門故。當往其所。護此法門。亦爲護彼持法法器。世尊。我至彼時必有衆相。諸衆寂定。離睡眠蓋。復令諸方上勝法器而來問法。若讀若誦。若受持者。身心俱安。不起慢心。隨說此法。若廣說者。若略說者。於如來所生歡喜心。又復如來。於諸衆生起歡喜心。

彼諸衆生心歡喜已。善根增長。惡法消滅。時大衆中有諸外道尼乾子等。聞魔波旬如是懺悔。心大歡喜。踴躍無量。得無生忍。爾時尊者阿難白佛言。世尊。以何因緣説此法時。此諸外道得無生忍。佛言。阿難。乃往過去過無量劫。此王舍城耆闍崛山。爾時有佛。名上力足正真正覺。在此説法。佛説法已。有諸外道來向佛所。欲惱如來。復欲障説此法門故。來至佛所。既聞法已。心生歡喜。即言。世尊。快説此法。於如來所生奇特心。以是因緣。六十劫中不墮地獄。餓鬼。畜生。唯生人天所生之處。憶念彼佛。雖憶念佛。而無善友。阿難。於意云何。彼諸外道尼乾子等。豈異人乎。今此衆中諸外道是。何以故。此諸善男子。當爾之時具足惡見故。欲惱如來并障

此法。彼既聞法生大歡喜。以是因緣今蒙佛記。是諸外道當得阿耨多羅三藐三菩提。何况於今得無生忍。説此法門時。萬二千衆生遠塵離垢。得法眼净。二萬衆生發阿耨多羅三藐三菩提心。爾時尊者阿難白佛言。世尊。若有善男子若善女人。於此法門起一念信。功德無量。况復讀誦受持擁護。廣爲人説。佛言。阿難。若有善男子善女人。勸無餘衆生界。令發阿耨多羅三藐三菩提心。若復有善男子善女人。於此法門起一念信。若讀若誦。廣爲他説。此人得福過前説者。何以故。阿難。以此法門是一切智智道處。阿難。若有男子女人聞此法門。及見持此法門法師。若起惡心得罪過前。爾時净無垢寶月王光菩薩摩訶薩言。若有男子女人謗此經

者。如來已説得罪過前。佛告淨無垢寶月王光菩薩摩訶薩言。若男子女人。一時挑却一切衆生所有眼目。若復有男子女人。於此法門及持法者起一惡心。得罪過彼。何以故。阿難。以此法門名爲光明。能施一切衆生慧目。尊者阿難白佛言。世尊。此法門不應於不信男子女人前説。何以故。須護衆生故。世尊。我見如是謗法業緣。生於地獄餓鬼畜生惡道中故。佛言。阿難。應説此法門。不應不説。何以故。以此名爲彼者因故。令修行已。得阿耨多羅三藐三菩提故。阿難白佛言。世尊。當以何名名此法門。云何奉持。佛言。阿難。阿難當知。以説十法。是故名爲十法法門。如是受持。亦名淨無垢寶月王光菩薩所問。如是受持。佛説此法門時。尊者阿難。淨無垢

寶月王光菩薩摩訶薩。并衆會中諸大菩薩。及聲聞衆。天龍八部。聞佛所説。皆大歡喜。頂受奉行。

大寶積經卷第二十八

校注

①『信』，底本作『行』，依思溪藏改。

②『彼』，底本作『修』，依龍藏、思溪藏、和裕本、上海佛學書局本改。

③『飲。著』，底本污殘，依龍藏、思溪藏補。

④『行』，龍藏、思溪藏無。

⑤『彼』，龍藏作『行』。

⑥『提』，龍藏、和裕本作『薩』。

⑦『知』，底本作『如』，依龍藏、思溪藏、和裕本改。

⑧『常』，底本作『當』，依龍藏、思溪藏、和裕本改。

⑨『師』，底本無，依龍藏、思溪藏、和裕本補。

⑩『一闡提』，斷善根人也，經云信不具，故名一闡提。（唐·慧琳《一切經音義》）

⑪『况』，底本作『故』，依龍藏、和裕本、上海佛學書局本改。

⑫『作』，底本作『退』，依龍藏、和裕本改。

⑬『瞿曇』，梵語也，此云純淑，亦云地最勝。（和裕出版社《大寶積經·音釋》）

⑭『波卑椽』，梵語也，亦云波旬，正言波卑夜。此云殺者，亦云極惡。斷人善因，故名殺者。違佛亂僧罪莫之大，故名極惡也。（和裕出版社《大寶積經·音釋》）

大寶積經卷第二十九

大唐三藏菩提流志奉　詔譯

文殊師利普門會第十

如是我聞。一時佛在王舍城耆闍崛山中。與大比丘衆八百人俱。菩薩摩訶薩四萬二千。時有菩薩名無垢藏。與九萬二千諸菩薩衆。恭敬圍繞。從空而來。爾時世尊即告大衆。彼諸菩薩。爲遍清淨行世界普花如來勸發。來此娑婆世界。令於我所。聽受普入不思議法門。其諸菩薩亦當集會。説是語已。無量無邊他方此界諸菩薩衆。悉來集會耆闍崛山頂。禮佛足。却住一面。

爾時無垢藏菩薩手持七寶千葉蓮花。至如來所。頭面禮足。白佛

言。世尊。遍清净行世界普花如來。以是寶花奉上世尊。致問無量。少病少惱。起居輕利。安樂行不。作是語已。即升虛空。結加趺坐。

爾時文殊師利菩薩摩訶薩。於大衆中即從座起。偏袒右肩。右膝著地。合掌恭敬而白佛言。我念過去久遠世時。曾於普燈佛所聞説普入不思議法門。我於爾時。即便獲得八千四百億那由他三昧。[1]又能了知七十七萬億那由他三昧。善哉世尊。願垂哀愍。爲諸菩薩説此法門。

爾時佛告文殊師利。汝今諦聽。善思念之。當爲汝説。文殊師利言。唯然世尊。願樂欲聞。佛言。若諸菩薩欲學此法。應當修習諸三昧門。所謂色相三昧。聲相三昧。香相三昧。味相三昧。觸相三昧。意界

三昧。女相三昧。男相三昧。童男相三昧。童女相三昧。天相三昧。龍相三昧。夜叉相三昧。乾闥婆相三昧。阿修羅相三昧。迦樓羅相三昧。緊那羅相三昧。摩睺羅伽相三昧。地獄相三昧。畜生相三昧。閻魔羅界三昧。貪相三昧。瞋相三昧。痴相三昧。不善法三昧。善法三昧。有爲三昧。無爲三昧。文殊師利。若諸菩薩於如是等一切三昧。善通達者。是則已爲修學此法。文殊師利。云何名爲色相三昧。即說頌曰。

觀色如聚沫　中無有堅實　不可執持故　是名色三昧

復次文殊師利。云何名爲聲相三昧。即說頌曰。

觀聲如谷響　其性不可得　諸法亦如是　無相無差別

了知皆寂靜　是名聲三昧

復次文殊師利。云何名爲香相三昧。即説頌曰。

假令百千劫　常嗅種種香　如海納衆流　而無有厭足

其香若是實　則應可滿足　但有假名字　其實不可取

以不可取故　鼻亦無所有　了知性空寂　是名香三昧

復次文殊師利。云何名爲味相三昧。即説頌曰。

舌根之所受　鹹醋等諸味　皆從衆緣生　其性無所有

若能如是知　因緣和合起　了此不思議　是名味三昧

復次文殊師利。云何名爲觸相三昧。即説頌曰。

觸但有名字　其性不可得　細滑等諸法　皆是從緣生

若能知觸性　因緣和合起　畢竟無所有　是名觸三昧

復次文殊師利。云何名爲意界[2]三昧。即說頌曰。

設集三千界　無量諸衆生　一心共思求　意界不可得

不在於内外　亦不可聚集　但以於假名　說有種種相

猶如於幻化　無住無處所　了知彼性空　是名意三昧

復次文殊師利。云何名爲女相三昧。即說頌曰。

四大假爲女　其中無所有　凡夫迷惑心　執取以爲實

女人如幻化　愚者不能了　妄見女相故　生於染著心

譬如幻化女　而非實女人　無智者迷惑　便生於欲想

如是了知已　一切女無相　此相皆寂靜　是名女三昧

復次文殊師利。云何名爲男相三昧。即說頌曰。

自謂是男子　見彼爲女人　由斯分別心　而生於欲想
欲心本無有　心相不可得　由妄分別故　於身起男想
是中實無男　我說如陽焰　知男相寂靜　是名男三昧

復次文殊師利。云何名爲童男相三昧。即說頌曰。

如樹無根枝　花則不可得　以花無有故　其果亦不生
由無彼女人　童男亦非有　隨於分別者　假說如是名
了知彼女人　及童男非有　能如是觀察　是童男三昧

復次文殊師利。云何名爲童女相三昧。即說頌曰。

如斷多羅樹　畢竟不復生　何有智慧人　於中求果實

若有能了知　諸法無生者　不應起分別　童女爲能生
又如焦穀種　其芽本不生　女人亦復然　是童女三昧
復次文殊師利。云何名爲天相三昧。即説頌曰。
因清浄信心　及以衆善業　受諸天勝報　端正殊妙身
珍寶諸宮殿　非由造作成　曼陀羅妙花　亦無種植者
如是不思議　皆因業力起　能現種種相　猶若浄琉璃
如是殊妙身　及諸宮殿等　皆從虚妄生　是名天三昧
復次文殊師利。云何名爲龍相三昧。即説頌曰。
受此諸龍身　由不修於忍　興澍大雲雨　遍滿閻浮提
不從前後際　亦不在中間　而能生此水　復歸於大海

如是諸龍等　積習性差別　起於種種業　業亦無有生
一切非眞實　愚者謂爲有　能如是了知　是名龍三昧
復次文殊師利。云何名爲夜叉相三昧。即説頌曰。
是大夜叉身　從於自心起　是中無有實　妄生於恐怖
亦無有怖心　而生於怖畏　觀法非實故　無相無所得
空無寂靜處　現此夜叉相　如是知虛妄　是夜叉三昧
復次文殊師利。云何名爲乾闥婆相三昧。即説頌曰。
彼實無所趣　名言假施設　了知趣非趣　乾闥婆三昧
復次文殊師利。云何名爲阿修羅相三昧。即説頌曰。
修羅相所印　其相本無生　無生故無滅　阿修羅三昧

復次文殊師利。云何名爲迦樓羅相三昧。即説頌曰。

無身以爲身　名字假施設　名相無所有　迦樓羅三昧

復次文殊師利。云何名爲緊那羅相三昧。即説頌曰。

法無作而作　説爲緊那羅　了知此不生　緊那羅三昧

復次文殊師利。云何名爲摩睺羅伽相三昧。即説頌曰。

彼由於名字　隨世而安立　是中無有法　而妄起分別

了知此分別　自性無所有　彼相寂静故　摩睺羅三昧

復次文殊師利。云何名爲地獄相三昧。即説頌曰。

地獄空無相　其性極清净　是中無作者　從自分別生

我坐道場時　了此無生相　無相無生故　其性如虛空

此相皆寂靜　是地獄三昧

復次文殊師利。云何名爲畜生相三昧。即說頌曰。

如雲現衆色　是中無有實　能令無智人　於此生迷惑
於彼畜生趣　而受種種身　猶如虛空雲　現於諸色像
了知業如幻　不生迷惑心　彼相本寂靜　是畜生三昧

復次文殊師利。云何名爲閻魔羅界三昧。即說頌曰。

造作純黑業　及以雜業者　流轉閻羅界　受於種種苦
實無閻羅界　亦無流轉者　自性本無生　諸苦猶如夢
若能如是觀　閻羅界三昧

復次文殊師利。云何名爲貪相三昧。即說頌曰。

貪從分別生　分別亦非有　無生亦無相　住處不可得
貪性如虛空　亦無有建立　凡夫妄分別　由斯貪染生
法性本無染　清淨如虛空　十方遍推求　其性不可得
不了性空故　見貪生怖畏　無畏生畏想　於何得安樂
譬如愚痴人　怖畏於虛空　驚懼而馳走　避空不欲見
虛空遍一切　於何而得離　愚夫迷惑故　顛倒分別生
貪本無自性　妄生厭離心　如人欲避空　終無能脱者
諸法性自離　猶如於涅槃　三世一切佛　了知貪性空
住此境界中　未曾有捨離　於貪怖畏者　思惟求解脱
如是貪自性　究竟常清淨　我證菩提時　了達皆平等

若執貪爲有　於彼當捨離　由妄分別故　而言捨離貪
此唯分別心　實無有捨離　其性不可得　亦無有滅壞
平等實際中　無解脱分別　若於貪解脱　於空亦解脱
虛空及與貪　無盡無差別　若見差別者　我說令捨離
貪實無有生　妄起生分別　彼貪本性空　但有假名字
不應以此名　而生於執著　了貪無染故　是則畢竟空
不由滅壞貪　而得於解脱　貪法與佛法　平等即涅槃
智者應當知　了貪寂靜已　入於寂靜界　是名貪三昧

復次文殊師利。云何名爲瞋相三昧。即說頌曰。

以虛妄因緣　而起於瞋恚　無我執爲我　及由粗惡聲

起猛利瞋心　猶如於惡毒　音聲及瞋恚　究竟無所有
如鑽木出火　要假衆緣力　若緣不和合　火終不得生
是不悅意聲　畢竟無所有　知聲性空故　瞋亦不復生
瞋不在於聲　亦不身中住　因緣和合起　離緣終不生
如因乳等緣　和合生酥酪　瞋自性無起　因於粗惡聲
愚者不能了　熱惱自燒然　應當如是知　究竟無所有
瞋性本寂靜　但有於假名　瞋恚即實際　以依真如起
了知如法界　是名瞋三昧

復次文殊師利。云何名爲痴相三昧。即說頌曰。

無明體性空　本自無生起　是中無少法　而可說爲痴

凡夫於無癡　而妄生癡想　於無著生著　猶若結虛空
奇哉愚癡人　不應作而作　諸法皆非有　雜染分別生
如欲取虛空　安置於一處　設經千萬劫　終無有積聚
愚夫從本來　經不思議劫　所起於癡結　而無少分增
如彼取虛空　終無有增減　多劫集於癡　增減亦如是
又如於橐(tuó)籥(yuè)　受風無際限　愚癡著欲樂　無有厭足時
是癡無所有　無根無住處　以根非有故　亦無癡可盡
以癡無盡故　邊際不可得　是故諸眾生　我不能令盡
設我一日中　能度三千界　所有諸眾生　皆令入涅槃
復經不思議　無量千萬劫　日日如是化　眾生界不盡

痴界衆生界　是二俱無相　彼皆如幻化　故不能令盡
痴性與佛性　平等無差別　若分別於佛　彼則住愚痴
痴及一切智　性皆不可得　然彼諸衆生　皆與痴平等
衆生不思議　痴亦不思議　以不思議故　不應取③分別
如是思惟心　思量不可得　痴亦不可量　以無邊際故
既無有邊際　從何而得生　自性無生故　相亦不可得
了痴無有相　觀佛亦復然　應當如是知　一切法無二
痴性本寂静　但有於假名　我證菩提時　亦了痴平等
能作如是觀　是名痴三昧

復次文殊師利。云何名爲不善三昧。即説頌曰。

知彼貪瞋痴　種種諸煩惱　所有諸行相　虛妄無真實
能如是觀察　是不善三昧
復次文殊師利。云何名爲善法三昧。即説頌曰。
汝等應當知　諸善意樂者　心行各差別　皆同於一行
以一出離相　了知於一切　皆悉寂靜故　是名善三昧
復次文殊師利。云何名有爲三昧。即説頌曰。
汝等應當知　一切有爲法　非是所造作　亦無可稱量
我了知諸行　性無有積集　一切皆寂靜　名有爲三昧
復次文殊師利。云何名無爲三昧。即説頌曰。
無爲性寂靜　於中無所著　亦復無出離　但有假名字

爲執著衆生　而説彼名字　能如是了知　名無爲三昧

爾時世尊説如是等不可思議微妙偈時。九萬二千菩薩得無生法忍。三萬六千比丘而於諸漏心得解脱。七十二萬億那由他諸天。及六千比丘尼。一百八十萬優婆塞。二千二百優婆夷等。皆發阿耨多羅三藐三菩提心。

爾時文殊師利菩薩復白佛言。唯願世尊。爲諸菩薩演説種種三昧名字。令其聞者諸根通利。而於諸法得智慧明。不爲一切邪見衆生之所摧伏。亦令證得四無礙辯。於一文字。而能了知種種文字。於諸文字了一文字。復以無邊辯才。爲諸衆生善説法要。亦令證得甚深法忍。於一刹那了一切行。是一切行。各各復有無邊行

相。皆能了知佛言。文殊師利。有三昧名無邊離垢。若菩薩得此三昧。能現一切諸清浄色。復有三昧名可畏面。得此三昧。有大威光。映蔽日月。復有三昧名出焰光。得此三昧。能蔽一切釋梵威光。復有三昧名爲出離。得此三昧。令諸衆生出離一切貪恚愚痴。復有三昧名無礙光。得此三昧。則能照曜一切佛刹。復有三昧名無忘失。得此三昧。能持諸佛所説教法。亦能爲他敷演斯義。復有三昧名曰雷音。得此三昧。善能顯示一切言音。上至梵世。復有三昧名爲喜樂。得此三昧。令諸衆生喜樂滿足。復有三昧名喜無厭。得此三昧。其見聞者。無有厭足。復有三昧名專一境難思功德。得此三昧。而能示現一切神變。復有三昧名解一切衆生語言。得此三昧。

善能宣説一切語言。於一字中説一切字。了一切字同於一字。復有三昧名超一切陀羅尼王。得此三昧。能善了知諸陀羅尼。復有三昧名爲一切辯才莊嚴。得此三昧。善能分別一切文字種種言音。復有三昧名爲積集一切善法。得此三昧。能令衆生悉聞佛聲。法聲。僧聲。聲聞聲。緣覺聲。菩薩聲。波羅蜜聲。如是菩薩住三昧時。令諸衆生聞聲不絶。

爾時文殊師利白佛言。唯願世尊加威護念。令我獲得無礙辯才。説此法門殊勝功德。佛言。善哉。隨汝所願。文殊師利復白佛言。若有菩薩於此法門受持讀誦無疑惑者。當知是人於現身中。決定獲得四種辯才。所謂捷疾辯才。廣大辯才。甚深辯才。無盡辯才。於

諸衆生心常護念。隨所修行。欲毁壞者。皆能覺悟。令無毁壞。爾時世尊贊文殊師利菩薩言。善哉善哉。汝於斯義能善分別。如布施者獲大財富。持禁戒者决定生天。若能受持此經典者。現得辯才必無虚妄。如日光出能除諸暝。亦如菩薩坐菩提座。成等正覺决定無疑。受持讀誦是經典者。現得辯才亦復如是。文殊師利。若復有人。於現身中欲求辯才。當於此經心生信樂。受持讀誦。廣爲人説。勿生疑惑。

爾時無垢藏菩薩白佛言。世尊。若諸菩薩。佛涅槃後於此法門心無疑惑。受持讀誦。爲他廣説。我當攝受。加其辯才。

爾時天魔波旬愁憂苦惱。悲涕流泪。來詣佛所。而白佛言。如來昔

證無上菩提。我於爾時已懷憂惱。復於今者說此法門。倍生大苦。如中毒箭。若諸衆生聞是經典。決定當於阿耨多羅三藐三菩提。無有退轉。入般涅槃。令我境界皆悉空虚。如來應正等覺。能令一切諸苦衆生咸得安樂。願垂哀愍。④與大慈悲。不於此經加威護念。令我安隱。憂苦皆除。爾時世尊告波旬言。勿懷憂惱。我於此法不作加護。諸衆生等亦不涅槃。天魔波旬聞是語已。歡喜踴躍。憂惱悉除。即於佛前忽然不現。

爾時文殊師利菩薩前白佛言。如來今者有何密意。告波旬言。我於此法不作加護。佛言。文殊師利。以無加護加護此法。是故爲彼說如是言。以一切法平等實際。皆歸真如。同於法界。離諸言說。不

二相故。無有加護。以我如是誠實之言無有虛妄。能令此經於閻浮提廣行流布。爾時世尊説是語已。告阿難言。此經名爲普入不思議法門。若能受持如是經典。則爲受持八萬四千法門等無差別。何以故。我於此經善通達已。方能爲彼諸衆生等。演説八萬四千法門。是故阿難。汝於此法當善護持。讀誦流通。無令忘失。佛説是經已。文殊師利菩薩。無垢藏菩薩。尊者阿難。及諸世間天。人。阿修羅。乾闥婆等。聞佛所説。皆大歡喜。信受奉行。

大寶積經卷第二十九

校注

①『三昧』，意譯爲等持、定、正定、定意、調直定、正心行處等。即將心定於一處（或一境）的一種安定狀態。（《佛光大辭典》）

②『界』下，龍藏、和裕本、中州本有『相』字。

③『取』，龍藏、思溪藏、和裕本作『起』。

④『與』，龍藏、思溪藏、和裕本、中州本作『興』。

大寶積經卷第三十

大唐三藏菩提流志奉詔譯

出現光明會第十一[1]之一

如是我聞。一時佛在王舍城耆闍崛山。與大比丘衆五百人俱。一切皆悉得大自在。復有八十那由他菩薩摩訶薩。皆是一生補處。彌勒菩薩而爲上首。復有四十那由他諸大菩薩。文殊師利法王子等而爲上首。

爾時會中有一童子。名爲月光。即從坐起。偏袒右肩。右膝著地。頂禮佛足。合掌恭敬。而白佛言。世尊。如來往昔修何等業。能得如是決定光明。攝取光明。發起光明。顯現光明。種種色光明。無雜色光

明。狹小光明。廣大光明。清淨光明。遍清淨光明。無垢光明。極無垢光明。離垢光明。漸增長光明。鮮淨光明。極鮮淨光明。無邊光明。極無邊光明。無量光明。極無量光明。無數量光明。極無數量光明。速疾光明。極速疾光明。無住光明。無處光明。熾盛光明。照曜光明。愛樂光明。到彼岸光明。無能障光明。不動光明。正直光明。住無邊處光明。色相光明。種種色相光明。無量色相光明。青黃赤白色相光明。紅色相光明。頗梨色相光明。虛空色相光明。如是等種種光明。一一皆與五色光明和合顯現。乃至青黃赤白等事。一一亦與無量無邊種種色光和合顯現。爾時世尊即爲月光而說偈言。

我以不思議　善業因緣故　遠離諸迷惑　成就種種光

復以種種行　安住於佛道　以空無作慧　而現和合光
譬如外法中　種種相差別　於中空無我　無作無心意
又如內身中　空無我無作　於中能示現　種種諸音聲
由如是無作　現無邊色光　隨其所意樂　皆令得滿足
或於一光中　出生二種色　各有上中下　差別而顯現
或於一光中　出生三種色　各有上中下　差別而顯現
或於一光中　出生四種色　各有上中下　差別而顯現
或於一光中　出生五種色　各有上中下　從於淨業生
或於一光中　出生六種色　各有上中下　從於方便生
或於一光中　出生七種色　各有上中下　從於善業生

或於一光中　出生八種色　各有上中下　從於勝善生
或於一光中　出生九種色　各有上中下　從於資糧生
或於一光中　出生十種色　各有上中下　從於布施生
或於一事中　出生二十色　各有上中下　從於持戒生
或於一事中　出生三十色　各有上中下　從於忍辱生
或於一事中　出生四十色　各有上中下　從於精進生
或於一事中　出生五十色　各有上中下　從於禪定生
或於一事中　出生六十色　各有上中下　從於智慧生
或於一事中　出生七十色　各有上中下　從於慈心生
或於一事中　出生八十色　各有上中下　從於悲心生

或於一事中　出生九十色　各有上中下　從於喜心生
或於一事中　出生百種色　各有上中下　從於捨心生
或於一事中　出生千種色　各有上中下　從千功德生
或於一事中　出生萬種色　各有上中下　從福資糧生
或於一事中　現一俱胝色　各有上中下　從於净信生
或於一事中　現二俱胝色　各有上中下　從於隨喜生
或於一事中　現三俱胝色　各有上中下　從於輕安生
或於一事中　現四俱胝色　各有上中下　從尊重佛生
或於一事中　現五俱胝色　各有上中下　從尊重法生
或於一事中　現六俱胝色　各有上中下　從尊重僧生

或於一事中　現七俱胝色　各有上中下　從尊重戒生
或於一事中　現八俱胝色　各有上中下　從尊重定生
或於一事中　現九俱胝色　各有上中下　從普憐愍生
或於一事中　現十俱胝色　各有上中下　從無放逸生
又從一毛孔　所現諸光明　彼光種種名　今當爲汝説
我有一光明　名爲雲浄照　其光由積集　無量善根生
以於往昔時　見有衆生類　種種多病惱　皆生憐愍心
給施諸醫藥　令彼悉除愈　以此因緣故　得如是光明
我復有光明　名爲眼清浄　以燈明施佛　由是故得生
我復有光明　名爲耳清浄　以音聲供養　由是故得生

我復有光明　名爲鼻清凈　以香水供養　由是故得生
我復有光明　名爲舌清凈　以上味供養　由是故得生
我復有光明　名爲身清凈　以衣服供養　由是故得生
我復有光明　名爲心清凈　於佛常信樂　由是故得生
我復有光明　名爲色清凈　彩畫於佛像　由是故得生
我復有光明　名爲聲清凈　於法常稱贊　由是故得生
我復有光明　名爲香清凈　於僧常恭敬　由是故得生
我復有光明　名爲味清凈　隨意皆施與　由是故得生
我復有光明　名爲觸清凈　以塗香供養　由是故得生
我復有光明　名爲法清凈　以攝受諸法　由是故得生

我復有光明　名爲地清淨　塗掃佛僧地　由是故得生
我復有光明　名爲水清淨　以井泉供養　由是故得生
我復有光明　名爲火清淨　持火而奉施　由是故得生
我復有光明　名爲風清淨　持扇而奉施　由是故得生
我復有光明　名爲蘊清淨　以身供養佛　由是故得生
我復有光明　名爲界清淨　常修於慈心　由是故得生
我復有光明　名爲諦清淨　常離於妄語　由是故得生
我復有光明　名爲刹清淨　常行於布施　由是故得生
我復有光明　名爲聲清淨　以稱嘆諸佛　由是故得生
我復有光明　名爲念清淨　以稱嘆三昧　由是故得生

我復有光明　名爲辯清淨　以稱嘆總持②　由是故得生
我復有光明　名爲日和合　以和合乖諍　由是故得生
我復有光明　名爲顯現義　以通達空性　由是故得生
我復有光明　名爲青色相　以青蓮供養　由是故得生
我復有光明　名爲黃色相　以薝蔔供養　由是故得生
我復有光明　名爲赤色相　以真珠供養　由是故得生
我復有光明　名爲白色相　以金華供養　由是故得生
我復有光明　名爲勝功德　以衆彩嚴飾　由是故得生
我復有光明　名爲龍威力　以龍幡供養　由是故得生
我復有光明　名爲象威力　以象幡供養　由是故得生

我復有光明　名爲師子王　師子幡供養　由是故得生
我復有光明　名之爲牛王　牛王幡供養　由是故得生
我復有光明　名爲月清净　灑掃於佛塔　由是故得生
我復有光明　名爲龍調伏　以繒帶奉施　由是故得生
我復有光明　名夜叉調伏　以能諦觀察　由是故得生
我復有光明　名爲覺悟女　以離於女相　由是故得生
我復有光明　名爲覺悟男　以離於男相　由是故得生
我復有光明　名金剛威力　以業智清净　由是故得生
我復有光明　名爲顯現空　以開示世報　由是故得生
我復有光明　名覺悟真實　以離於顛倒　由是故得生

我復有光明　名顯示佛語　以贊於法界　由是故得生
我復有光明　名爲離諸過　以贊於勝解　由是故得生
我復有光明　名莊嚴普照　以贊施燈燎　由是故得生
我復有光明　名爲離恩愛　以贊於定慧　由是故得生
我復有光明　名爲離諸習　以贊前際智　由是故得生
我復有光明　名爲離諸著　以贊無生智　由是故得生
我復有光明　名爲離諸趣　以贊漏盡智　由是故得生
我復有光明　名爲捨離處　以贊於苦智　由是故得生
我復有光明　名爲佛神變　以贊神通力　由是故得生
我復有光明　名爲超戲論　以贊一切智　由是故得生

我復有光明　名爲現衆色　以贊於神足　由是故得生
我復有光明　名爲樂善友　以贊於覺性　由是故得生
我復有光明　名爲眼前際　以贊眼前際　由是故得生
我復有光明　名爲眼盡際　以贊於無盡　由是故得生
我復有光明　名之爲有際　以贊於無有　由是故得生
我復有光明　名爲不可壞　以贊於滅性　由是故得生
我復有光明　名爲無邊際　以贊於無際　由是故得生
我復有光明　名之爲無③相　以贊於無爲　由是故得生
我復有光明　名爲無變异　以贊無差別　由是故得生
我復有光明　名之爲不入　以贊於無著　由是故得生

我復有光明　名之爲不出　以贊於無起　由是故得生
我復有光明　名之爲無起　以贊不出現　由是故得生
我有光名無表示　而能成熟諸群生　我有光名法本性
其光能動俱胝刹　我有光名調伏魔　其光威德令魔怖
我有光名福德幢　持其名者離危厄　我有光名有力幢
持其名者離怨對　我有光名寂静幢　持其名者離貪欲
我有光名禪定幢　持其名者離邪行　我有光名名④聞幢
持其名者得稱贊　我有光名悦意幢　持其名者無憂惱
我有光名浄戒幢　持其名者離毀禁　我有光名妙香幢
持其名者無臭穢　我有光名法甚深　持其名者無疑惑

我有光名無所住　持其名者離諸有　我有光名離分別
持其名者無執取　我有光名妙高山　持其名者無能動
我有光名秘密行　持其名者無所著　我有光名解脱行
持其名者無繫縛　我有光名善調伏　持其名者得柔軟
我有光名無動摇　持其名者離貪染　我有光名善調順
持其名者戒圓滿　我有光名衆善行　持其名者無所染
我有光名多利益　聞其名者離諸過　我有光名勝知見
聞其名者無迷惑　我有光名求利益　聞其名者無瞋恚
我有光名心適悦　聞其名者得安樂　我有光名無熱惱
持其名者了空性　我有光名空無性　持其名者超戲論

我有光名無依止　持其名者不動搖　我有光名離迷惑

持其名者不猶豫　我有光名無住處　持其名者離愚暗

我有光名厭肉身　持其名者當不受　我有光名無所取

持其名者離文字　我有光名無有痴　持其名者離言説

我有光名無去處　持其名者知未來　我有光名普邊際

持其名者知過去　我有光名無與等　持其名者了無漏

我有光名證聖者　持其名者知最上　我有光名無垢染

持其名者離諸著　我有光名離塵坌　持其名者無暗蔽

我有光名無愛戀　持其名者離所依　我有光名最勝上

持其名者摧他論　我有光名少壯年　持其名者成六行

我有光名最勝尊⑤　持其名者成勝僧　我有光明名無相　持其名者獲無得　於多佛所修諸行　千俱胝刹微塵數　一一微塵諸光明　化作如來清净身　我有光明名爲佛　清净照曜無瑕垢

持其名者智無礙　我有光明名有相　持其名者離於慢　我有光明名念佛　爾乃得成如是光　如是無量俱胝刹　各有若干多⑥眷屬　演説甚深微妙法　令諸衆生住佛道　我有光明名爲僧

我有光明名速疾　持其名者了深法　我有光明名無生　爲諸如來之所贊　佛身所現諸光明　其數又如大海沙　其光遍往無佛刹　安住衆生忍辱中　我有光明名爲法　諸佛如來所稱嘆

我有光明名清净　其光殊勝甚難得　我有光明名爲華
利益衆生得成熟　我有光明名爲梵　或名帝釋或名天
名月名龍名夜叉　名阿修羅迦樓羅　或有名王名婦女
或名童女或童男　如是種種諸光明　各以善法化同類
能令無量俱胝衆　皆得成就於菩提　我有光明名智慧
或有名戒或名慈　或名悲喜或名燈　或號塗香或音樂
如是等類諸光明　各隨本行爲其稱　皆攝無量群生類
由是成就此光明　我有光明名尊重　諸佛如來之所贊
於佛教法常恭敬　由是成就此光明　佛眼所見衆生數
一毛孔現若干光　而彼一一諸光明　各有眷屬共圍繞

隨諸衆生心所念　蒙佛光明皆成熟　若有聞説此光明
能生歡喜深愛樂　是人往昔諸佛所　已曾得聞如是經
我有光明名最勝　眷屬八十俱胝數　昔曾一偈贊於佛
是故成就此光明　我有光明名無憂　眷屬八十那由衆
持一如來所説法　是故成就此光明　我有光明名勝净
眷屬八十俱胝數　若能受持一三昧　是故成就此光明
過去有佛　名爲最勝　彼佛住世　壽命無量　最初成道
法會之中　時有八十　那由他衆　爾時於此　閻浮提中
有一國王　名爲樂聲　其王復有　五百王子　顔貌端正
見者歡喜　是時父王　威德自在　於三寶所　深生信樂

其王所有　勝妙園苑　悉皆奉施　彼佛世尊　是園苑中
經行之處　復有無量　薝蔔迦樹　拘律陀樹　甄叔迦樹
優曇鉢羅　波羅波吒　及尸利沙　無憂樹等　其數各有
八十俱胝　如是諸樹　冬夏敷榮　華果枝葉　光色鮮茂
出微妙香　薰如來身　有諸比丘　身真金色　各各皆坐
是林樹下　勇猛精進　得陀羅尼　爾時彼佛　愍其父王
及諸王子　并餘大衆　演説如是　決定光經[7]　其王聞已
心生歡喜　以無量偈　稱贊如來　其王復以　八十俱胝
微妙寶蓋　奉獻於佛　一一寶蓋　以摩尼珠　於其網間
周匝嚴飾　是摩尼寶　一一價直　八十俱胝　閻浮檀金

是一一蓋　八十俱胝　摩尼寶珠　以爲瓔珞　是摩尼寶
色澤鮮凈⑧　無有晝夜　常放光明　一一光明　照百由旬
其光顯曜　蔽於日月　其蓋復以　八十俱胝　師子寶帶
八十俱胝　金縷寶鬘　四面嚴飾　復以種種　妙色珍奇
間錯莊嚴　真珠寶網　以如是蓋　周覆園苑　其上復有
蘇摩那花　阿提目多　目真鄰陀　優曇鉢羅　青蓮華等
如是種種　無量華蓋　一一皆悉　稱其寶網　復以金縷
俱吒摩衣　以爲繒蓋　而覆其上　復有金足　栴檀寶床
其數亦有　八十俱胝　其床復以　八十俱胝　繒彩茵褥
而嚴飾之　是時一切　諸衆生類　乃至有頂　皆來集會

於如來所　聽是經典　天龍夜叉　乾闥婆王　摩睺羅伽
阿修羅等　聞是經已　生歡喜心　以百千偈　稱贊如來
一切皆發　大菩提願　諸天龍神　及阿修羅　以殷浄心
雨曼陀華　真珠等寶　而爲供養　爾時復有　八十俱胝
大威力天　聞是經已　心生歡喜　發菩提願　於未來世
得斯光明　是時如來　知彼意樂　即授其記　當得作佛
爾時復有　八十俱胝　釋提桓因　并諸梵衆　聞説如是
現光經典　亦生歡喜　發菩提心　皆得授記　當來作佛
爾時復有　八十俱胝　那由他龍　聞是經已　發菩提心
皆蒙授記　爾時復有　八十俱胝　金翅鳥王　聞是經已

堅持五戒　亦授其記　爾時復有　八十俱胝　乾闥婆王
聞是經已　奏千種樂　出微妙聲　供養於佛　而得授記
復有八十　那由他數　夜叉鬼王　聞是經已　於佛智慧
深生浄信　一切皆得　受菩提記　月光當知　時樂聲王
種種供養　彼如來者　豈异人乎　即汝身是　汝因往昔
聞是經典　是故今者　還復咨問　若人於我　般涅槃後
法輪將欲　滅壞之時　於是教中　生浄信者　則能廣説
如是經典
若於未來説是經　則爲護持於我法　猶如衆商善導師
亦名護持於寶藏　若於末世聞此經　如彈指頃生欣樂

當知皆是佛威神　亦由文殊所加護　是人則爲見諸佛
授其秘法令聰慧　若人質直心柔軟　常勤供養於諸佛
修行無我生慈忍　是人愛樂於此經　若人常懷不善心
貪求利養無厭足　於諸寂静無欣慕　是人不樂於此經
若人供養諸如來　善能了知深妙法　於佛正智生净信
是人愛樂於此經　若人散亂無净心　常行魁膾難調伏
於諸欲境爲僮僕　是人不樂於此經　若人常樂阿蘭若[9]
獨處空閑心寂静　不著利養及親屬　是人愛樂於此經
若人隨順惡知友　損壞自他諸善法　彼於戒定多退失
是人不樂於此經　若人意樂極清净　常以智慧觀諸法

爲善知識之所護　是人愛樂於此經　若人繫著親友家
與之花果令歡喜　心無正直懷諂曲　是人不樂於此經
若人常念諸佛恩　於勝善根生愛樂　迴向菩提無諂曲
是人愛樂於此經　若人戀著於婦女　種種上服而嚴飾
常願與彼同游戲　是人不樂於此經　若人深心無所依
於諸欲境曾無染　不以飲食生諛諂　是人愛樂於此經
若人教導諸群生　而言淫欲無諸過　則爲誹謗三世佛
是人不樂於此經　若人信樂常堅固　發起精進求諸法
不生疲倦及輕慢　是人愛樂於此經　若人繫著諸婦女
常於欲境懷思念　不修智慧廣饒益　是人不樂於此經

若人宴坐山林中　修習智慧皆清淨　不貪一切資生具
是人愛樂於此經　若人於眼前後際　而常迷惑不能了
彼則愚痴爲魔罥　是人不樂於此經　若人於眼前後際
而常通達無迷惑　彼則解脱諸魔罥　是人愛樂於此經
若人於眼有無邊　而常迷惑不能了　彼則愚痴爲魔罥
是人不樂於此經　若人於眼有無邊　而常通達無迷惑
彼則解脱諸魔罥　是人愛樂於此經　若人於眼成壞相
而常迷惑不能了　彼則愚痴爲魔罥　是人不樂於此經
若人於眼成壞相　而常通達無迷惑　彼則解脱諸魔罥
是人愛樂於此經　乃至耳鼻舌身心　色聲香味并觸法

地水火風與體性　事物衆生及以苦　蘊界世生聲名諦
貪瞋痴慢愛覆憍　慳嫉諂誑并忿等　當知一一皆如是
若人於彼眼盡邊　而常迷惑不能了　彼則墮諸凡夫行
是人不樂於此經　若人於彼眼盡邊　而常通達無迷惑
彼則離諸凡夫行　是人愛樂於此經　若人於彼眼滅壞
而常迷惑不能了　彼則墮諸凡夫行　是人不樂於此經
若人於彼眼滅壞　而常通達無迷惑　彼則離諸凡夫行
是人愛樂於此經　若人於彼眼寂滅　而常迷惑不能了
彼則墮諸凡夫行　是人不樂於此經　若人於彼眼寂滅
而常通達無迷惑　彼則離諸凡夫行　是人愛樂於此經

若人於眼無去來　而常迷惑不能了　彼則墮諸凡夫行
是人不樂於此經　若人於眼無去來　而常通達不迷惑
彼則離諸凡夫行　是人愛樂於此經　若人不了眼無我
於眼盡性常迷惑　彼則墮諸凡夫行　是人不樂於此經
若人能了眼無我　於眼盡性常⑩通達　彼則離於凡夫行
是人愛樂於此經　若人不了眼無我　於忍行處常迷惑
彼則墮諸凡夫行　是人不樂於此經　若人能了眼無我
於忍行處常通達　彼則離諸凡夫行　是人愛樂於此經
若人不了眼盡性　彼不成就無依戒　以不成就無依戒
是人不樂於此經　若人能了眼盡性　彼則成就無依戒

以能成就無依戒　彼不成就無漏戒
若人能了眼盡性　是人愛樂於此經
以不成就無漏慧　彼則成就無漏慧
若人不了眼盡性　是人不樂於此經
彼則能生總持智　彼則成就總持智

是人愛樂於此經　以不成就無漏戒
彼則成就無漏戒　若人不了眼盡性
是人不樂於此經　以能成就無漏慧
於眼空性常迷惑　若人能了眼盡性
是人愛樂於此經　乃至無上無著智

若人不了眼盡性　是人不樂於此經
以能成就無漏戒　彼不成就無漏慧
若人能了眼盡性　是人愛樂於此經
彼不能生總持智　於眼空性常通達
若人了知眼盡性　是人愛樂於此經

若人不樂於此經　於眼盡性常迷惑　彼則退失諸禪定
證無上智實爲難　若人愛樂於此經　於眼盡性能通達
彼則成就諸禪定　證無上智不爲難　若人了知眼盡性
於無我相能通達　彼則常聞如是法　深生信解得無疑
若人思惟眼盡性　晝夜精勤無懈倦　彼則成就總持辯
常能演說於此經　若人思惟於此經　成就出現光明智
彼則顯發諸如來　於眼空性能通達　假使建立百千塔
供養一切諸世尊　若人思惟於此經　所獲功德復過彼
假使百千諸伎樂　供養如來之舍利　若人得聞於此經
所獲功德復過彼　佛眼所見諸衆生　皆同如來而供養

過於無量俱胝劫　不如受持於此經　若人於此契經中
受持演説四句偈　當於是人生恭敬　猶如最勝大悲尊
我於往昔百千劫　流轉三有生死中　曾於無量諸佛所
爲是經故而供養　或然無量百千燈　其炷各等由旬量
爲於此經得自在　是故供養大導師　或以薝蔔婆利花
蘇摩那花無憂花　以此花鬘及幢蓋　種種供養如來塔
我於往昔生死中　有來求者咸能施　或施花果諸林苑
或施橋梁及井泉　或施白象及騏驎　或施寶馬并彩女
或施金床珍寶帳　或施瓔珞雜花鬘　如是一一滿百千
爲此經故心無倦⑪

大寶積經卷第三十

校注

①『十』上，底本有『一』字，依龍藏、思溪藏及前後會名删。

②『總持』，梵語陀羅尼，譯言總持。『持善不失，持惡不使起』之義，以念與定慧爲體。（丁福保《佛學大辭典》）

③『無』，底本作『有』，依龍藏、思溪藏、和裕本改。

④『名』，龍藏、思溪藏、和裕本、上海佛學書局本作『多』。

⑤『勝尊』，龍藏、思溪藏作『尊勝』。

⑥『多』，龍藏作『諸』。

⑦『經』，龍藏作『明』。

⑧『净』，龍藏作『潤』。

⑨『阿蘭若』，譯云寂静處，或云無諍地。所居不一，或住砂磧山林壙野，或冢間寒林弃死尸處。皆出聚落一俱盧舍之外，遠離喧噪牛畜鷄犬之聲，寂静安心修習

禪定。（唐·慧琳《一切經音義》）

⑩『常』，龍藏作『情』。

⑪『倦』，龍藏作『㤓』。

大寶積經卷第三十一

唐天竺三藏菩提流志譯

出現光明會第十一之二

我昔爲是經　護持清净戒　常修於定慧　及施諸衆生
我昔爲是經　惡人來毀罵　我時生憐愍　於彼不加害
我昔爲是經　求者皆施與　各隨其所樂　悉令得歡喜
我昔爲是經　奉施諸宮殿　莊嚴衆寶網　供養於諸佛
我昔爲是經　捨種種珍玩　及以摩尼寶　供養於諸佛
我昔爲是經　有恩常憶念　乃至聞一偈　於彼恒尊重
我昔爲是經　尊重持戒者　乃至經行處　於彼常恭敬

我昔爲是經　或處於生死　乃至有少恩　於彼常懷報
我昔爲是經　不求利謗法　哀愍於親友　乃至諸衆生
我昔爲是經　具多聞善説　於法無所著　不慳親友家
我昔爲是經　若心生不善　速懺令除滅　終不使增長
我昔爲是經　身爲王太子　所得諸珍寶　塗香及末香
我時生净心　迴施於諸佛　我昔爲是經　愍諸囚徒類
種種加楚毒　以身而代受　我昔爲是經　捨諸五欲樂
常於月六齋　受持諸禁戒　我昔爲是經　常修行忍辱
乃至於妻室　亦不生貪吝　我昔爲是經　令諸貧乏者
皆悉得安樂　豐足諸財寶　我昔爲是經　攝受於一切

沙門婆羅門　種種群生類　我昔爲是經　利益於一切
常爲大施主　求者心無吝　或蒔於華果　不令人剪伐
普施諸衆生　隨意皆充足　我昔布施時　其心常平等
持戒具功德　破戒無慚愧　或證大神通　下至凡愚類
皆生希有心　恭敬而周給　我昔布施時　其心無高下
不求生善趣　志樂於此經　或令國界中　一切無怨敵
調伏諸龍衆　應時霔甘雨　月光汝當知　我於無量劫
爲求是經故　修習諸苦行　設於百千劫　宣説不能盡
汝已住浄信　當來末世時　應生正念心　演説是經典
我以佛眼觀　明見未來世　隨其種種行　一切皆了知

若有諸比丘　爲求無上智　能以浄信心　演説此經典
是人及方所　一切皆了知　若於末世時　聞是經愛樂
志願及方便　一切皆了知　若諸下劣人　不聞是經典
誹謗宣説者　一切皆了知　若有諸比丘　及諸比丘尼
得聞於是經　悲感而涕泣　我皆與受記　得見最勝尊
月光汝當知　諸佛神通力　若人意清浄　或有不清浄
乃至於信解　一切皆了知　若有諸衆生　志樂常寂静
安住諸禪定　不著生死中　乃至於習氣　究竟皆永斷
如是等功德　一切皆了知　或有諸衆生　耽著虛妄法
或有諸衆生　於佛生欣樂　如是未來事　一切皆了知

若有諸衆生　染著世間樂　於佛菩提種　不能善開發
以是因緣故　退失諸方便　若有能了知　諸佛菩提種
是人當獲得　清净無邊光　月光汝當觀　如是光明等
一一諸因緣　各各有差别　汝以智慧力　一切應了知
若捨惡知識　親近於善友　護持清净戒　成就佛光明
汝當護諸根　捨離無慚愧　修行於善法　隨護諸衆生
汝當捨違諍　了達於性空　不貪著利養　具多聞善説
汝當觀利養　猶如於糞穢　無以利養垢　染污清净心
常求於明脱　常①得無上利　汝當修佛道　觀佛同法性
常然大法炬　普照於世間　汝當如山王　其心安不動

毀罵及捶打　一切皆能忍　汝當爲衆生　作真實善友
應捨下劣心　常修於净業　汝以堅固心　演説無上法
如是微妙經　當授慈心者　欲求無上智　勿怖於生死
由此捨諸惡　當得於勝利　譬如明智人　善能用於火
成熟種種味　不爲火所燒　若諸愚痴人　無有善方便
將火置於掌　便爲火所燒　亦如人中毒　迷悶心狂亂
以火而灸療　因此得除愈　月光汝當知　智者亦如是
依意了意空　故處於生死　依眼了眼空　於眼無執著
若能如是知　住眼亦無惱　若了眼性空　成就真實智
以真實智故　當得出現光　若了眼性空　永滅於貪欲

以無貪欲故　當得出現光　如是瞋與痴　我執并覆惱
慳嫉無慚愧　不忍將貢高　憍慢及增上　諂誑兼放逸
乃至矯詐等　一一如貪說　若得真實智　了知眼寂滅
以知寂滅故　當得出現光　若得真實智　住佛理趣中
以住理趣故　當得出現光　若得真實智　住佛方便中
以住方便故　當得出現光　若不修實智　永離於障惱
成就出現光　我昔未聞見　若勤修實智　永離於障惱
能順於是行　當得出現光　若求最勝行　當學於此經
供養諸如來　得實智方便　若修真實智　當供養諸佛
成就出現光　猶如掌中果　若迷眼無我　退失沙門法

彼人不能得　如是出現光　若了眼無我　成就沙門法
彼人當證得　如是出現光　若了眼盡際　亦了耳生邊
由了耳生邊　是大沙門法　若不遍了知　眼性之邊際
於眼生邊際　亦不能遍知　彼人不能得　如是出現光
若能遍了知　眼性之邊際　於眼生邊際　亦能遍了知
彼人當證得　如是出現光　若不善了知　眼性之邊際
於眼生邊際　亦不能善知　彼人不能得　如是出現光
若能善了知　眼性之邊際　於眼生邊際　亦能善了知
彼人當證得　如是出現光　若不現了知　眼性之邊際
於眼生邊際　亦不能現知　彼人不能得　如是出現光

若能現了知　眼性之邊際　於眼生邊際　亦能現了知
彼人當證得　如是出現光　若不善了知　眼性之邊際
於眼生邊際　亦不能遍知　彼人不能得　如是出現光
若能善了知　眼性之邊際　於眼生邊際　亦能現了知
彼人當證得　如是出現光　若不善了知　眼性之清净
於耳性清净　亦不能善知　彼人不能得　如是出現光
若能善了知　眼性之清净　於耳性清净　亦能善了知
彼人當證得　如是出現光　乃至耳鼻舌　身意與色聲
香味并觸法　地水若火風　性事世間苦　蘊界世將生
及以聲名②等　一切皆如是

爾時世尊告月光童子言。善男子。若有衆生發趣大乘。爲欲圓滿成就如是出現光者。有八十種善根資糧。云何八十。所謂護念衆生。心無損害。於清净戒奉持無缺。其心平等。無有諂曲。亦無慳嫉貪誑之心。深信大乘微妙經典。亦不耽愛富貴憍逸。忍力具足。志願無退。意樂清净。住阿蘭若。不依眷屬利養名聞。安住諸禪現光三昧。於有戒者無諂承事。於同梵行起勝意樂。以敬法故。常於和上阿闍梨所深生尊重。了達契經。善巧宣説。所言誠諦。住正思惟。勤種善根。常行慧施。覺知魔業。密護諸根。言詞安審。善解真諦。亦能了知諸地自相。求無盡色。不惜身命。教於四衆。絶世思惟。離諸邪見。無後世法。不於未學矯現其相。常於已學任力開示。曾不贊

美歌咏音聲。亦不稱譽莊嚴資具。證入諸諦。具足多聞。捨離睡眠。勤求正法。於佛尊重。發菩提心。捨於世業。修諸學處。爲愛法故依於勝友。求諸善根心無厭足。愛樂出家。護持佛法。不起惡業。於教無疑。善説譬喻。開示秘密。於大菩提志求無倦。所受經典未嘗忘失。不捨自學。摧伏他論。求出離道。修無量行。於彼法智其心决定。明見因果相續輪迴。不著三有。離增上慢。於不③信者建立對治。了達未來果報差别。善知前際不假他緣。於遠離行精勤修習。於佛相好具足莊嚴。是爲八十。復次月光。此八十法入於五法。云何爲五。所謂知生死。知涅槃。知煩惱盡。知增上。知福果。復次月光。如是五法入於二法。云何爲二。所謂心清浄莊嚴。色清浄莊嚴。復次月

光。如是二法入於一法。云何爲一。所謂能成諸佛如來無礙解脱。復次月光。復有八十種法。善能成就諸佛如來無礙解脱。云何八十。所謂布施資糧。廣大智慧。修清净戒。離煩惱熱。摧伏憍慢。柔軟言詞。於種種事無不知時。亦知善友。發趣大乘。被精進甲。威儀利物。墮煩惱者令斷疑惑。毁諸不善。修行白法。不與惡人而爲伴侣。種諸善根無有厭足。發菩提心。勇猛精進。覺知魔事。證於諸諦。真實供養。决了無疑。心念衆生。常懷濟度。不著諸有。起於大心。不善衆生示其過惡。捨貪瞋痴。不求欲利。成熟衆生。修治佛塔。於諸聖者尊重恭敬。住大乘者親近承事。終不贊嘆下劣乘人。遠離聲聞。摧伏怨敵。於世尊所廣大供養。以殊勝心種種奉施。得無礙智。具

足辯才。以諸譬喻開示正法。而於性空不相違背。求法無懈。顯發深義。具大總持。説法無染。能廣流布。化導無厭。圓滿諸行。有大威德。辯才無滯。成就多聞。不贊惡人。修於善業。解了諸蘊。捨離諸見。通達因性。超過所行。遠離非境。生清淨信。住於正道。愛樂大乘。平等攝受。不著無我。不厭生死樂求涅槃。以少欲故住阿蘭若。常行乞食無有懈倦。隨有所得心生喜足。離無慚愧。親近於佛。善友同止。捨於非類。愍諸凡夫。同衆生行。於佛淨信。離於非器。有相違者不與言説。不來求者不爲開曉。若有來求如應爲説。於食平等。常施等施。開門大施。如是童子。此八十法。能得諸佛無礙解脱。爾時月光童子得聞是法。生大歡喜。即於佛前以偈贊曰。

如來了知眼盡邊
具足如來清淨光
以能出現清淨音
故能成就語清淨
如來了知眼性空
出現如來無量光
以知名字無邊故
即知眼空離文字
若人思惟眼無我
出現如來決定光

故能出現清淨智
如來了知眼無我
具足如來梵音相
以能成就語清淨
故能成就總持智
如來了知眼差別
出現如來無量光
以知眼空離文字
即了佛語爲真實
如來成就勝神通

以能出現清淨智
故能出現清淨音
佛於往昔利衆生
饒益無量諸世間
以能成就總持智
眼名差別亦無邊
佛知文字差別門
出現如來無量光
以能知佛語真實
即了無邊眼滅壞

以能了知眼滅壞　利益一切諸世間　大悲最勝兩足尊
了達無邊眼生起　如佛能知眼生起　願我不久亦當然
如是耳鼻舌身心　色聲香味并觸法　乃至世生聲名等
當知一切皆應作　大悲最勝兩足尊　已具布施波羅蜜
如佛布施波羅蜜　願我不久亦當然　大悲最勝兩足尊
已具淨戒波羅蜜　如佛淨戒波羅蜜　願我不久亦當然
大悲最勝兩足尊　已具忍辱波羅蜜　如佛忍辱波羅蜜
願我不久亦當然　大悲最勝兩足尊　已具精進波羅蜜
如佛精進波羅蜜　願我不久亦當然　大悲最勝兩足尊
已具禪定波羅蜜　如佛禪定波羅蜜　願我不久亦當然

大悲最勝兩足尊　已具智慧波羅蜜　如佛智慧波羅蜜
願我不久亦當然　大悲最勝兩足尊　已具法身波羅蜜
如佛法身波羅蜜　願我不久亦當然　大悲最勝兩足尊
已具無邊清淨色　如佛已具清淨色　願我不久亦當然
大悲最勝兩足尊　已具無邊清淨意　如佛已具清淨意
願我不久亦當然　大悲最勝兩足尊　已具無邊勝功德
如佛已具勝功德　願我不久亦當然　大悲最勝兩足尊
已具無邊諸色相　如佛已具諸色相　願我不久亦當然
大悲最勝兩足尊　已具無邊聲清淨　如佛已具聲清淨
願我不久亦當然　大悲最勝兩足尊　已具無邊大神變

如佛已具大神變
爲化衆生處三有
大悲最勝兩足尊
願我不久亦當然
如佛度於貪欲行
已度無邊瞋恚行
大悲最勝兩足尊
願我不久亦當然
如佛度於貪瞋行
已度無量瞋痴行

願我不久亦當然
如佛化彼衆生類
已度無邊生死行
大悲最勝兩足尊
願我不久亦當然
如佛度於瞋恚行
已度無量愚痴行
大悲最勝兩足尊
願我不久亦當然
如佛度於瞋痴行

大悲最勝兩足尊
願我不久亦當然
如佛已度生死行
已度無邊貪欲行
大悲最勝兩足尊
願我不久亦當然
如佛度於愚痴行
已度無量貪瞋行
大悲最勝兩足尊
願我不久亦當然

大悲最勝兩足尊　已度無量貪痴行　如佛度於貪痴行
願我不久亦當然　大悲最勝兩足尊　已度無邊等分行
如佛度於等分行　願我不久亦當然　導師已度於貪欲
普能饒益諸世間　如佛饒益諸世間　願我亦成如是智
導師已度於瞋恚　普能饒益諸世間　如佛饒益諸世間
願我亦成如是智　導師度於愚痴行　普能饒益諸世間
如佛饒益諸世間　願我亦成如是智　導師已度貪瞋行
普能饒益諸世間　如佛饒益諸世間　願我亦成如是智
導師已度瞋痴行　普能饒益諸世間　如佛饒益諸世間
願我亦成如是智　導師已度貪痴行　普能饒益於世間

如佛饒益諸世間　願我亦成如是智　導師已度等分行
普能饒益諸世間　如佛饒益諸世間　願我亦成如是智
如來具足殊勝智　調伏一切諸天衆　我亦願成如是智
得爲調御天人師　如來具足殊勝智　調伏一切諸龍衆
我亦願成如是智　得爲調御天人師　如來具足殊勝智
調伏一切夜叉衆　我亦願成如是智　得爲調御天人師
如來具足殊勝智　調伏一切乾闥婆　乃至無量鳩槃茶
所有若干諸眷屬　我亦願成如是智　得爲調御天人師
如來具足殊勝智　了知諸法真實義　我亦願成如是智
於彼真實得無疑　如來善[4]了苦盡[5]邊　利益一切群生類

我亦願成如是智　於彼苦盡得無疑　如來善了因盡邊
利益一切群生類　我亦願成如是智　於彼因盡得無疑
如來具足殊勝智　了達世間之所行　我亦願成如是智
於世間行得無疑　如來具足殊勝智　了達世間處非處
我亦願成如是智　利益一切諸世間　如來具足殊勝智
了達世間諸業果　我亦願成如是智　利益一切諸世間
如來具足殊勝智　了達世間種種性　我亦願成如是智
利益一切諸世間　如來具足殊勝智　了達一切諸趣行
我亦願成如是智　利益無量諸世間　如來具足殊勝智
了達世間諸勝解　我亦願成如是智　利益一切諸世間

如來具足殊勝智　了達一切諸根性
我亦願成如是智　利益一切諸世間
如來具足殊勝智　了達靜慮之所行
我亦願成如是智　利益一切諸世間
如來具足殊勝智　了達解脱之所行
我亦願成如是智　利益一切諸世間
如來具足殊勝智　了達等分之所行
我亦願成如是智　利益一切諸世間
如來具足殊勝智　了達等至之所行
我亦願成如是智　利益一切諸世間
如來善了於生死　流轉皆因煩惱生
我亦願成如是智　利益一切諸世間
如來一切皆了知　利益世間無與等
我亦願成如是智　利益一切諸世間
如來善住於等持　發起殊勝方便智

我亦願成如是智　利益一切諸世間　如來具足殊勝智
了達無邊宿住行　我亦願成如是智　利益一切諸世間
如來具足殊勝智　了達生死無有邊　我亦願成如是智
利益一切諸世間　如來具足殊勝智　了達一切煩惱盡
我亦願成如是智　利益一切諸世間　如來具足殊勝智
成就無上正等覺　我亦願成如是智　利益一切諸世間
如來具足殊勝智　離諸煩惱并習氣　我亦願成如是智
利益一切諸世間　如來具足殊勝智　了知欲染障菩提
我亦願成如是智　利益一切諸世間　如來具足殊勝智
了知出離生死法　願我亦成如是智　利益一切諸世間

如來善了於法義　覺悟無量諸衆生　我亦願成如是智
利益一切諸世間　如來善了於法性　如幻如夢如陽炎
我亦願成如是智　利益一切諸世間　如來善了於世間
一切文字并言説　我亦願成如是智　利益一切諸世間
如來具足勝辯才　開示甚深微妙法　我亦願成如是智
利益一切諸世間　如來善調身語意　一切皆隨智慧行
我亦願成如是智　利益一切諸世間　如來善了於三世
無取無著無挂礙　我亦願成如是智　利益一切諸世間
如來善修戒定慧　於彼一切無退轉　我亦願成如是智
得爲三界大悲尊　如來善修於解脱　解脱知見無退轉

我亦願成如是智　得爲三界大悲尊　如來善修於正觀
天人世間無等倫　我亦願成如是智　得爲三界大悲尊
如來具足殊勝智　於諸世法無所染　我亦願成如是智
得爲三界大悲尊　如來善了於世間　種種諸趣皆明見
我亦願成如是智　於彼諸趣得無疑⑥　如來善了盡生邊
是故於彼無迷惑　我亦願成如是智　於盡生性得無疑
如來善了寂靜邊　是故於彼無迷惑　我亦願成如是智
於彼寂靜得無疑　如來善了流轉邊　是故於彼無迷惑
我亦願成如是智　於彼流轉得無疑　如來善了前後際
是故具足無師智　我亦願成如是智　於前後際得無疑

如來善了轉生邊　是故具足無師智　我亦願成如是智
於彼生轉得無疑　如來善了前後際　於眼斷常無所執
我亦願成如是智　於前後際得無疑　如來善了盡生邊
於眼斷常無所執　我亦願成如是智　於盡生性得無疑
若人不了前後際　彼則於貪生取著　如來於彼能證知
是故於貪無所染　若人不了有無邊　彼則於貪生取著
如來於彼能證知　是故於貪無所染　若人不了盡無盡
彼則於貪生取著　如來於彼能證知　是故於貪無所染
若人不了轉無轉　彼則於貪生取著　如來於彼能證知
是故於貪無所染　瞋痴忿覆并嫉誑　諂曲貢高與慢憍

布施持戒將忍辱　禪定智慧皆如是

爾時世尊知月光童子深心所念。熙怡微笑。放金色光。其光普照無量無邊諸佛國土。於彼國界作利益已。繞佛三匝。還從如來頂上而入。是時彌勒菩薩即從座起。偏袒右肩。右膝著地。頂禮佛足。合掌恭敬。以諸偈讚而問佛言。

雲雷師子吼　迦陵頻伽聲　出大法鼓音　何緣現微笑
殊勝百千日　清净妙音聲　功德甚希有　何緣現此光
施戒忍精進　定慧等莊嚴　一切皆圓滿　何緣現此光
如來柔軟音　常遠離粗語　善療衆生病　何緣現此光
大悲兩足尊　知眼常空寂　以清净梵音　爲衆生演説

耳鼻舌身心　乃至聲名等　并諸集滅道　智忍亦如是
大悲兩足尊　知眼盡生際　寂静及流轉　一切皆空寂
耳鼻舌身心　色聲香味觸　乃至聲名等　一切皆如是
又説因緣法　遠離於斷常　非自非他作　衆緣之所生
或以種種門　開示於苦本　或以種種義　稱贊佛光明
以無量言詞　演説寂滅法　無人無壽者　無我無衆生
過去無量佛　亦以不思議　百千諸偈頌　演説如是法
如來所演説　真實功德法　無説無説者　所説法亦無
佛説最勝法　覺悟於群生　諸天及夜叉　聞者皆能了
一切阿修羅　意樂已清净　無量諸人衆　疑網悉皆除

了知貪自性　滅壞瞋與痴　愛慢及無明　諂嫉并戲論
乃至苦蘊等　一切皆捨離　如是諸句義　究竟悉清净
如來於一法　通達種種名　其數百千萬　乃至不思議
於無量佛所　善學如是法　而於一法中　演説無窮盡
如來善了達　種種諸法門　亦能分別知　名句上中下
修學於一切　種種异言詞　善巧而宣説　微妙第一義
如是清净音　因緣和合起　亦不依喉舌　乃至於身心
其地六種動　十方衆咸集　合掌瞻仰佛　願爲除衆疑
如來善了知　眼盡生邊際　自性常空寂　無去亦無來
無住無處所　深入於實際　佛眼無障礙　是故我今問

如來善了知　眼性前後際　盡無盡流轉　自性常空寂
開示諸法義　令世間歡喜　牟尼美妙音　何緣現微笑
佛知前後際　眼性常空寂　離分別言詞　何緣現微笑
佛知眼無量　種種言宣説　本性常空寂　何緣現微笑
佛知盡生邊　眼性常空寂　捨離諸煩惱　證佛菩提智
具足勝名聞　何緣現微笑　如來久修學　演説不思議
了達眼性空　離垢常清净　無量諸心行　一念皆了知
光明照世間　爲是何瑞相　大仙等正覺　最勝兩足尊
煩惱悉已除　其心常寂静　如來殊勝智　深達眼盡邊
復以何因緣　而今現微笑　耳鼻舌身心　六塵并四大

乃至聲名等　一切皆如是　佛知眼無我　亦達耳無常
及了鼻性空　何緣現微笑　佛知舌無我　亦達身無常
及了心性空　何緣現微笑　佛知色無我　亦達聲無常
及了香性空　何緣現微笑　佛知味無我　亦達觸無常
及了法性空　何緣現微笑　佛知地無我　亦達水無常
及了火性空　何緣現微笑　佛知風無我　亦達性無常
及了事性空　何緣現微笑　知世間無我　亦達苦無常
及了蘊性空　何緣現微笑　佛知界無我　亦達世無常
及了生性空　何緣現微笑　佛知聲無我　亦達名無常
及了道性空　何緣現微笑　佛知智無我　了寂靜無常

及衆生性空　何緣現微笑　佛知性無性　亦知我非我
及了意樂空　何緣現微笑　觀生死無我　亦達常無常
及了涅槃空　何緣現微笑　如來心解脱　名聞滿三界
帝釋與人王　龍神咸供養　如來善了知　眼盡生邊際
乃至於寂静　何緣現微笑　無量諸佛子　俱集於衆會
從佛口所生　從法變化生　皆來佛前住　合掌而尊重
爲於彼衆故　問此光因緣　如來善了知　眼性空無我
超過於一切　在家修學者　佛以平等智　了法無差別
如來意樂知　非是神通見　佛知眼無我　性空無去來
清净智無邊　何緣現微笑

大寶積經卷第三十一

校注

①『常』，龍藏、思溪藏、和裕本作『當』。

②『名』，龍藏作『香』。

③『於不』，底本作『爲於』，依龍藏、思溪藏、和裕本、上海佛學書局本改。

④『善』，底本作『若』，依龍藏、和裕本改。

⑤『盡』，龍藏作『無』。

⑥『疑』，底本作『礙』，依龍藏、思溪藏、和裕本改。

大寶積經卷第三十二

唐天竺三藏菩提流志譯

出現光明會第十一之三

如來已盡於生際　大悲普覆諸世間　法王最勝人中尊
願説何緣現微笑　無量無邊大菩薩　并餘威德諸天衆
悉於空中持妙蓋　而此大地皆振動　誰於往昔如來所
長夜修行諸善法　平等悦意大悲尊　願説何緣現微笑
誰於往昔供諸佛　得聞此法生歡喜　導師最勝人中尊
願説何緣現微笑　世尊音聲悦衆意　猶如雁王聲美妙
自然無量音和雅　願説何故放斯光　無量俱胝諷頌言

勸贊悅可相應語　拘抧羅聲殊勝類　願說何故放斯光
雷鼓深遠說法聲　普聞無邊千億界　慈心粗言或軟語
何故現斯金色光　了生無生盡無盡①　知眼性離無來去
爲世照明甘露法②　何故現斯金色光　知眼起作常空寂
無去無來無住處　猶如陽炎水泡沫　示現微笑何因緣
如是耳鼻舌身意　色聲香味并觸法　乃至音聲及名等③
當知一切亦復然　金剛常身不壞身　具足百千殊勝相
體無機關而運動　願說微笑何因緣　䏶腨④臃滿足跟長
腹相不現如師子　臍深妙好腰圓滿　願說微笑何因緣
金色净身離塵垢　一一衆毛紺青色　右旋上靡香芬馥

願説微笑何因緣　妙身圓滿常安住　猶如尼拘陀樹王
一切功德以莊嚴　音聲悦衆令欣樂　修臂傭圓肩妙好
項約圓滿螺文現　游步無邊百千刹　示諸衆生邪正道
齒白無垢如珂雪　舌相廣長周覆面　師子頰輔鼻修直
皆從方便净心生　優鉢羅香從口出　栴檀香氣遍於身
已於往昔廣修慈　清净意樂常相續　如來足下善安平
隨所履地無窊曲　猶如師子象王步　超過一切諸世間
千輻輪相妙端嚴　殊勝光文常炳著　所行善利諸群品
見者皆生净信心　一指能出百千光　普照無邊諸佛刹
往昔勤修衆善行　獲此種種相莊嚴　成就色身無等倫

面相端嚴最殊勝　神變利益諸世間　願説何緣現微笑

膊⑤臑平正如鹿王　身不低屈猶師子　出興爲世作燈明

願説何緣現微笑　馬王隱相無塵染　掌中平滿手過膝

希有最勝人師子　願説微笑何因緣　從身出現無邊光

妙色寂靜而恒照　其心清净常相續　演説無邊諸契經

非彼安住斷常人　所能净修如是法　若能捨離諸邊見

速成如來清净身⑥　天鼓雲雷聲遠震　迦蘭陀鴻響清徹

天樂音聲千萬種　願説何故現斯光　導師一音演説法

令諸毀戒斷相續　如來所説妙言音　皆是甚深希有法

牛王眉間白毫相　遍至百千諸佛刹　妙眼猶如紺青色

頂相空天無能見　齒白齊密具四十　猶如清淨頗胝寶
皆從無量善業生　願說何緣現微笑　如來圓滿功德身
成就無邊微妙色　出現希有淨光明　願說何緣現微笑
大悲最勝兩足尊　了達衆生心志樂　已得無礙妙辯才
願說何緣現微笑　如來已到於彼岸　具足三明及六通
示現無邊清淨光　願說何緣現微笑　佛於往昔無量劫
供養百千諸世尊　如是因果不敗亡　願說何緣現微笑
佛於往昔無量劫　安住微妙諸等持　知眼生邊及盡邊
願說何緣現微笑　過去未來現在世　導師於彼悉能了
淨智無礙不思議　願說何緣現微笑

爾時世尊於大衆中以金色手摩月光頂。而說偈言。

童子諦聽　吾今付汝　此菩提法　出現光經　於後惡世
法欲滅時　當爲衆生　開示演説　我以佛眼　見未來世
於是微妙　甚深經典　若樂不樂　皆悉了知　若有衆生
志求佛道　常念諸佛　當授此經　若壞净信　樂於憒鬧
長夜惛睡　不樂斯經　於我法中　雖得出家　於涅槃法
不生欣樂　如是痴人　虚食信施　聞有爲法　多諸過患
猶著世間　不生驚怖　如是痴人　智者呵責　雖服法衣
而無智慧　牟尼所説　真實之言　無智若聞　不能信受
如是愚人　勿與同止　若有得聞　此殊勝法　不生歡喜

愛樂之心　如是等人　我所呵責　雖得人身　則爲空過
若有得聞　此甚深法　能生歡喜　愛樂之心　是人已曾
值遇諸佛　决定當得　無上菩提　若人愚痴　惡見所害
斷於慧命　遠離菩提　是故應當　捨惡知識　親近恭敬
明慧之人　一切世間　無量過患　衆生常没　三惡趣中
皆從痴惑　因緣所起　隨惑流轉　不得自在　弃捨正法
行於非法　是故當離　愚小之人　猶如御者　自折其軸
既作惡業　生地獄中　口出惡言　恒自傷害　如持利斧
自伐其身　不知諸法　因緣所造　隨業受報　無能救者
親近世仙　以爲善友　而便自謂　修習於空　已證無爲

生斷滅見　如身器破　心亦隨滅　多所樂説　綺飾言辭
於此味著　終無義利　雖爲毒蛇　之所螫害　終不令人
墮於惡趣　愚者説法　壞人善根　令無量衆　墮於地獄
汝等大衆　應當觀察　如是童子　今在我前　往昔已曾
供養無量　恒河沙數　諸佛世尊　堅固修行　求無上智
心不依止　一切諸有　知眼生邊　畢竟清浄　離諸戲論
無所染著　爲欲利益　無量衆生　演説無上　現光經典
愚人不能　修學是法　於修行者　見其過失　是故應捨
愚痴之人　不應親近　修學是法　愚痴之人　樂於諍論
不能勤修　無諍論行　彼諸人等　無如理心　是故不應

恭敬稱讚　愚痴之人　懈怠懶墮　常行不善　身語意業
無有净戒　智慧多聞　常思欲境　樂於憒鬧　汝等應觀
如是愚人　種族及身　皆悉鄙惡　瞋恚佷戾　形貌醜陋
設生善處　身常下劣　執著我相　迷於真理　無有智慧
分別語言　聞性空法　不生愛樂　如來世尊　久已遠離
一切世間　語言戲論　凡夫於此　深生染著　盡其壽命
不能了知　雖讚持戒　不修梵行　口說於法　身行非法
自說是律　常行非律　佛教弟子　著壞色衣　破戒之人
而披此服　增長憍慢　放逸之心　所食信施　如吞猛火
既捨居家　無五欲樂　又於佛法　無勝妙樂　樂於雜行

不離二邊　所有意樂　皆不清淨　如是愚人　處在大衆
猶如野干　入師子群　雖説如是　寂靜之法　不能了知
真實空義　爲衆稱讚　生貢高心　不念大師　慚愧謙下
受不淨物　如得摩尼　歡喜執持　心無暫捨　是輩下劣
雖復出家　守護威儀　執持衣鉢　但有形像　無實智慧
雖復剃髮　不捨惡心　墮於倒見　非沙門法　退失寂靜
涅槃之道　亦無沙門　所證之果　無明煩惱　不滅⑦微塵
游行聚落　自稱寂靜　愚人無智　不知正趣　心所樂欲
皆爲不善　因利養故　住阿蘭若　不爲修習　涅槃之因
惛沉憙睡　但念安身　常樂修行　如是等事　雖住蘭若

經歷多年　以倒見故　失涅槃道　終不能得　沙門道果
毀破正見　違犯禁戒　愛好衣服　莊嚴其身　於諸欲樂
常生愛染　若入城邑　現憍慢相　放縱身業　不住威儀
或入城邑　游行自説　彼阿蘭若　山窟之中　汝等當知
是我所住　徐行低視　進止安庠　發言詭异　現羅漢相
令白衣衆　咸相謂言　蘭若比丘　是真聖者　或復在彼
阿蘭若處　見有人來　即便指示　我於是處　晝夜經行
或施軟草　宴坐之所　或入聚落　詣白衣家　詐現殷勤
問訊安隱　説於世俗　王賊之事　或以染心　於女人前
種種方便　自贊其德　我能爲世　作大福田　我捨王位

出家修道　宮人婇女　皆悉生天　彼人聞已　益加恭敬
衣服飲食　種種供養　大德哀愍　數來我所　貪著美味
不知過患　爲魔得便　如黿墮網　於蘭若衆　矜高利養
輕毀誹謗　精進比丘　心迷名利　轉生貪著　爲活命故
常行欺誑　增長身語　不善之業　若有施主　净心供養
由懈怠故　損減其福　如是愚人　常生惡欲　於此空法
無順忍心

若於我法中　能離如是過　勤修不放逸　得此法非難
於利與非利　稱譏苦樂等　世法不能動　得此法非難
觀身不净想　諸蘊瘡疣想　受食塗瘡想　得此法非難

雖受好衣服　亦不生憍慢　爲遮慚耻故　得此法非難
不矜持⑧色力　於食無貪著　爲存壽命故　得此法非難
了知諸有空　於欲無取捨　常修空寂行　得此法非難
去一由旬山　獨坐修禪定　觀有爲無我　得此法非難
觀眼盡生邊　及眼流轉相　勤修眼净道　得此法非難
耳鼻舌身心　色聲香味觸　乃至音聲名　一切皆如是
如是未來世　無量諸比丘　精勤懈怠者　一切皆應了
彼遇善惡友　修習不修習　生信及不信　一切皆應了
彼遇善惡友　於諸根盡道　修習不修習　一切皆應了
若愛樂菩提　或一二三月　後時還退失　一切皆應了

若人聞此法　能生愛樂心　設令時退失　還得於浄信
若人聞此法　不能離放逸　便生是念言　此經非佛説
若人聞此法　爲魔所攝持　初雖起信心　後則還弃捨
於法無欣樂　虛誑⑨求名利　游行於聚落　贊説陀羅尼
三昧總持光　彼實不能了　纏縛於五欲　貪求諸世業
以分别言説　誹謗修空者　無有念慧心　盡壽爲空過
愚人捨空法　是則爲破戒　當墮阿鼻獄　終不得生天
若於一刹那　造立於千塔　不如聞是經　受持四句偈
以百千華鬘　供養於佛塔　不如聞是經　思惟四句偈
若人造寶塔　其數如恒沙　不如刹那頃　思惟於此經

於百億佛刹　散華以供養　不如刹那頃　思惟於此經
袈裟百萬億　奉施於諸佛　不如刹那頃　思惟於此經
佛眼勝清浄　無所不知見　若愛樂此經　當得如來眼
過去無數劫　有佛名然燈　我爲摩納仙　持華來供養
便記我成佛　號釋迦牟尼　當坐於道場　演説此經典
汝時爲童子　聞我得受記　歡喜生浄心　合掌而發願
若摩納成佛　我當助宣化　乃至滅度後　護持於法藏
如彼然燈佛　所説現光經　摩納與童子　爾時俱聽受
我曾於往昔　以優鉢羅華　供養於彼佛　汝時在此會
即發如是願　於我末法中　受持此經典　廣宣説流布

若有聞是法　心不生瞋恚　能受持讀誦　是名善丈夫
汝當於後世　持此難聞法　廣爲諸衆生　分別其義趣
我亦於過去　正法欲滅時　持此現光經　廣爲衆生說
愚人不勤修　於此生誹謗　我雖聞此言　亦不生瞋恚
我常修忍力　饒益諸世間　由忍力成就　相好莊嚴身
童子汝當觀　佛身妙圓滿　金色最清浄　皆從忍力生
我足指按地　震動無邊刹　衆生不顛墜　皆從忍力生
我從一毛孔　出百千光明　清浄照一切　皆由勝忍力
羅刹甚可畏　吸人精氣者　常慈心敬我　皆由勝忍力
我所有眷屬　善能調伏心　尊重於如來　皆由勝忍力

百千諸音樂　遍於大衆中　稱贊佛功德　皆由勝忍力
百千諸龍王　瞋毒甚可畏　見佛生歡喜　皆由勝忍力
羅叉夜叉等　持百千華鬘　悉來供養我　皆由勝忍力
無量百千刹　現在諸如來　稱贊我功德　皆由勝忍力
八千鳩槃荼　及阿吒嚩迦　散華供養我　皆由勝忍力
六十百俱胝　諸夜叉王等　悉來供養我　皆由勝忍力
復有千龍王　摩那娑⑩伽等　赤真珠奉我　皆由勝忍力
百千兜牟盧　及與尸弃毗　音樂供養我　皆由勝忍力
百千鳩槃茶　毗盧釋迦等　香華供養我　皆由勝忍力
持大地龍王　示現於半身　合掌恭敬我　皆由勝忍力

有百千俱胝　無身羅怙等　净心供養我　皆由勝忍力
童子汝當觀　如來光所照　離苦得安樂　皆由勝忍力
百千三暮多　風天遍虛空　雨香供養我　皆由勝忍力
百千諸天衆　散天華供養　悉捨諸愛著　親近於如來
汝觀佛神通　所説施戒聲　周聞於一切　皆由勝忍力
演説蘊界聲　及四諦音聲　周聞於一切　皆由勝忍力
由我神通力　聞空中演説　眼盡邊寂静　生邊亦復然
由我神通力　聞空中演説　眼從因緣生　無來亦無去
由我神通力　聞空中演説　眼觀察寂静　諸佛由是生
由我神通力　聞空中演説　眼盡邊寂静　諸佛由是生

由我神通力　聞空中演説　眼邊際寂静　諸佛由是生
由我神通力　聞空中演説　眼生邊寂静　諸佛由是生
由我神通力　聞空中演説　眼流轉寂静　諸佛由是生
由我神通力　聞空中演説　眼無生寂静　諸佛由是生
由我神通力　聞空中演説　眼寂滅寂静　諸佛由是生
耳鼻舌身心　色聲香味觸　乃至音聲名　一切皆如是
貪瞋痴忿覆　嫉妒及諂誑　貢高憍慢等　廣説亦復然

爾時月光童子聞説如是最勝之法。歡喜合掌而白佛言。世尊。我於明日欲請如來并諸大衆。唯願哀愍而受我食。爾時世尊知彼童子意樂清净。亦知饒益無量衆生。起大慈心。默然受請。是時童

子即從坐起。頂禮佛足。右繞三匝。歡喜還家。與其眷屬。及諸天。龍。夜叉。羅刹。鳩槃茶等。皆共嚴飾王舍大城。於四衢道張施彩幔。其幔高廣。普覆一切。金繩交絡。珠纓垂布。師子幡帶。金華鈎鬘。百千萬種而校飾之。復有寶華。其色殊特。叢厠錯糅以爲華鬘。薝蔔迦華鬘。目真鄰陀華鬘。如是種種無量無數。於寶帳間周匝垂下。普遍大會一切莊嚴。又於其下敷諸床座。燒衆寶香。畢力迦香。都摩遮香。栴檀鬱金。清净悦意。如是種種和合妙香而爲供養。復以香水遍灑街道。雜華覆地。處處充滿。爾時諸天童女。阿修羅女。摩睺羅女。其數無量。心生歡喜。爲欲成就菩提因故。俱來嚴飾最勝大城。月光童子知是城中普遍嚴净。食時已到。前白佛言。願爲利益⑪

諸衆生故。入是城。爾時如來與其大衆前入城門。當下足時。城中大地普皆震動。周遍十方百千億刹悉亦震動。於是時中。盲者能視。苦者得樂。聾者能聽。色下劣者得妙好色。無財物者而得財物。無子得子。無衣得衣。無金寶者得諸金寶。無親屬者得諸親屬。若乏一切嚴身具者。普皆令得嚴身之具。復有諸鳥。拘抧羅鳥。鸚鵡孔雀。舍利迦羅。是諸衆鳥見如來已。生歡喜心。出勝妙音。聞是音者。能令意悦。如來復以神通之力。化作無量薝蔔迦樹。百千衆生持彼净華并餘妙香。散佛供養。復有百千阿修羅女。摩醯首羅。持赤真珠及栴檀末。於如來上歡喜奉散。阿修羅衆及餘諸天執持寶蓋。皆是黄金白銀之所挍飾。於虚空中覆如來上。世尊復以神

變之力。化作無量栴檀香樹。百千金剛樹。寶器衣服。如是等樹無量無邊。珍寶莊嚴。華葉繁茂。一切衆生福德之果而共成熟。微風吹動最勝妙香。流溢普遍無量佛土。百千衆生俱持散佛。如是無量情與非情。皆是如來神通道力之所變化。若有希求。以神變故隨彼意樂悉令充足。佛入城時。一切大衆於虛空中聞殊妙聲。其聲演暢不可思議。亦復不知彼從何出。以百千頌宣說諸法。

爾時世尊方入城　空中有聲如是說　了貪盡邊常空寂
證其實性得菩提　爾時世尊方入城　空中有聲如是說
了貪生邊常空寂　證其實性得菩提　爾時世尊方入城
空中有聲如是說　了貪邊際常空寂　證其實性得菩提

爾時世尊方入城　空中有聲如是說　了貪寂靜常空寂
證其實性得菩提　爾時世尊方入城　空中有聲如是說
了貪流轉常空寂　證其實性得菩提　爾時世尊方入城
空中有聲如是說　了貪無有常空寂　證其實性得菩提
爾時世尊方入城　空中有聲如是說　了貪無生常空寂
證其實性得菩提　爾時世尊方入城　空中有聲如是說
了貪寂滅常空寂　證其實性得菩提　瞋痴忿覆并嫉誑
諂曲貢高憍慢憂　苦集滅道及有情　童男童女并婦女
丈夫養育兼六根　六塵四大性事物　世間苦蘊界世生
音聲名等亦如是　法王演說微妙音　一切衆生悉歡喜

諸天世人共聞已　樂欲住於如來乘　爾時世尊方入城
空中有聲如是説　佛於施力深愛樂　由施力故證菩提
爾時世尊方入城　空中有聲如是説　佛於净戒深愛樂
由净戒力證菩提　爾時世尊方入城　空中有聲如是説
佛於忍辱深愛樂　由忍辱力證菩提　爾時世尊方入城
空中有聲如是説　佛於精進深愛樂　由精進力證菩提
爾時世尊方入城　空中有聲如是説　佛於禪定深愛樂
由禪定力證菩提　爾時世尊方入城　空中有聲如是説
佛於智慧深愛樂　由智慧力證菩提　神通福德智住力
方便色力名稱力　業因緣力⑫净信聞　施相應力寂靜力

調伏實際諦善力　所畏歡喜利愛樂　慈悲喜捨忍無惱
空無相等亦如是　十力聖主天中尊　功德名聞無等量
當入勝城初下足　廣爲饒益諸衆生　昔於三有修净業
增長諸天衆善行　一切世間普宗仰　聞我此説咸歡喜
如來入城當下足　城邑大地皆震動　咸睹世尊清净光
靡不渴仰生欣躍　世尊入城廣饒益　人天大衆心歡喜
地及空行三有中　皆嘆如來善安樂　世尊足輪初按地
净光普照未曾有　善馬城中出妙聲　衆鳥於空亦歡喜
復有清净女人衆　手足環釧及瓔鬘　如是種種寶莊嚴
不擊自生微妙響　各各互來相慶美　同聲共嘆勝吉祥

聾盲殘缺得諸根　皆是如來殊勝果　世尊入城咸慶悦
天人散華以供養　普遍空中出妙聲　無量諸天大歡喜
復有失念諸衆生　狂亂已除相慶慰　女人懷妊生憂懼
蒙光離苦得安樂　或有慚愧諸男女　爲説離於垢染法
皆生歡喜清凈心　頂禮最勝牟尼足　或求如來無上道
或求菩薩聲聞乘　猶入最勝栴檀城　瞻仰尊容自欣慶
佛慧善了於他行　隨順世間作饒益　殊勝法財與菩薩
上妙珍寶施衆生
世尊當入城　空中如是説　若愛眼盡邊　於佛能尊重
世尊當入城　空中如是説　若愛眼盡邊　於佛生凈信

若愛眼盡邊　得佛不壞信　於净信相續　由觀眼盡邊
若愛眼盡邊　得法不壞信　於净信相續　由觀眼盡邊
若愛眼盡邊　得僧不壞信　於净信相續　由觀眼盡邊
若愛眼盡邊　得戒無取著　於净戒相續　由觀眼盡邊
若愛眼盡邊　離惡趣貪欲　捨離貪相續　由觀眼盡邊
若愛眼盡邊　離惡趣瞋恚　捨離瞋相續　由觀眼盡邊
若愛眼盡邊　離惡趣愚痴　捨離痴相續　由觀眼盡邊
若愛眼盡邊　則住菩提智　菩提智相續　由觀眼盡邊
乃至眼生邊　邊際及流轉　寂静并無有　無生將寂滅
如是等諸門　皆同眼盡説　若愛眼盡邊　彼常無疑惑

以無疑惑故　即得佛神通　若愛眼生邊　彼常無疑惑
以無疑惑故　即得佛神通　若愛眼邊際　彼常無疑惑
以無疑惑故　即得佛神通　若愛眼流轉　彼常無疑惑
以無疑惑故　即得佛神通　若愛眼寂靜　彼常無疑惑
以無疑惑故　即得佛神通　若愛眼無生　彼常無疑惑
以無疑惑故　即得佛神通　若愛眼無有　彼常無疑惑
以無疑惑故　即得佛神通　若愛眼寂滅　彼常無疑惑
以無疑惑故　即得佛神通　耳鼻舌身心　色聲香味觸
乃至音聲名　一切皆如是　知眼生無邊　發起無邊智
以智無邊故　說此法亦然　知眼盡無邊　於眼無障礙

以無障礙故　得佛無礙智　耳鼻舌身心　色聲香味觸
乃至音聲名　一切皆如是　世尊入城時　百千衆生類
聞空聲説法　於佛德無疑　或雖起貪欲　於佛智不壞
或有起貪欲　退失佛功德　或雖起貪欲　而求無上智
勤修不共法　不樂聲聞乘　愚人修習禪　樂於禪定樂
便起增上慢　謂得沙門果　愚人修習禪　無眼盡邊智
設於百千劫　彼終無解脱　一切受⑬生者　於中皆染著
若了生性空　所見常清浄　若復修四禪　無眼盡邊智
設經百千劫　於禪不清浄　若證於等引　無證盡邊智
不知證盡故　常行於證漏　若執著於想　無想盡邊智

不知想盡故　常行於想漏　若樂著世間　無世盡邊智
不知世盡故　常行於世漏　若住有漏心　無心盡邊智
不知心盡故　常行於心漏　若住有漏法　無法盡邊智
不知法盡故　常行於法漏　若具頭陀法　無眼盡邊智
不知眼盡故　非實頭陀者　雖著壞色衣　無眼盡邊智
不知眼盡故　非實應法服　雖生貴族家　無眼盡邊智
不知眼盡故　彼非家清净　雖多畜眷屬　無眼盡邊智
速墮惡趣中　眷屬無能救　雖善聲明論　無眼盡邊智
不知眼盡邊⑭　非達聲明者　雖善諸工巧　無眼盡邊智
不知眼盡故　彼非工巧者　雖於多問難　一字廣分別

無眼盡邊智　彼非隨義説　雖學智者説　不知密非密
無眼盡邊智　於法無所得　雖了種種言　世論及諸法
無眼盡邊智　如墜險攀藤　雖善於聲明　推步吉凶相
及文字音韵　讀誦皆窮了　不知眼盡邊　彼等終無智
雖明女人相　邪語令迷惑　按摩觸勞法　秘密之幻術
不知眼盡邊　彼等終無智　雖演説百宗　一字無遺失
不知眼盡邊　所説終無義　如是眼生邊　邊際與流轉
乃至於寂滅　當知亦復然　耳鼻舌身心　色聲香味觸
乃至音聲名　一切皆如是　雖讀誦聲論　而悉了其義
不知眼盡邊　彼終爲下劣　雖誦四圍陀　及咒皆通利

不知眼盡邊　彼終爲下劣　如是眼生邊　邊際與流轉
乃至於寂静　當知亦復然　耳鼻舌身心　色聲香味觸
乃至音聲名　一切皆如是

大寶積經卷第三十二

校注

①『盡』，思溪藏作『蓋』。

②『法』，底本作『滅』，依龍藏、思溪藏、和裕本、上海佛學書局本改。

③『等』，思溪藏作『字』。

④『腨』，底本作『膊』，依思溪藏改。

⑤『膊』，龍藏作『腨』。

⑥『身』，思溪藏作『心』。

⑦『滅』，龍藏、思溪藏作『减』。

⑧『持』，龍藏、思溪藏作『恃』。

⑨『誑』，底本作『空』，依龍藏、思溪藏、和裕本改。

⑩『娑』，龍藏、思溪藏作『婆』。

⑪『華』，底本作『藥』，依龍藏、和裕本、上海佛學書局本改。

⑫『力』，底本作『友』，依龍藏、思溪藏、和裕本改。

⑬『受』，龍藏、思溪藏作『愛』。

⑭『邊』，龍藏、思溪藏作『故』。

大寶積經卷第三十三

唐天竺三藏菩提流志譯

出現光明會第十一之四

世尊入城時　無量諸衆生　聞空中所説　得眼盡邊智
世尊入城時　無量諸衆生　聞空中所説　了知眼自性
畢竟空無我　皆獲眼清浄　耳鼻舌身心　色聲香味觸
乃至音聲名　一切皆如是　貪瞋痴忿慢　慳嫉誑貢高
乃至於放逸　當知亦復然　世尊入城時　無量衆生類
於上虚空中　聞佛種種名　或聞滅壞貪　無有等比名
或聞滅壞瞋　利益世間名　或聞了愚痴　摧伏憍慢名

或聞示世間　寂静導師名　或聞現智慧　利益世間名
或聞現方便　饒益衆生名　或聞降伏魔　無有懟恨名
或聞以教法　示現解脱名　或聞廣度脱　諸苦衆生名
或聞人中尊　運濟①世間名　聞是諸名已　皆得眼清浄
虚空及海水　乃至於須彌　一切皆可量　佛智無窮盡
若於眼盡得決定　成就法身不爲難　若能成就勝法身
當獲無邊總持智　若獲無邊總持智　彼悟無量諸契經
若悟無量諸契經　於佛神通不難得　若於眼生得决定
成就法身不爲難　若能成就勝法身　當獲無邊總持智
若獲無邊總持智　彼悟無量諸契經　若悟無量諸契經

於佛神通不難得　如是耳鼻舌身心　色聲香味并觸法
乃至音聲及名等　當知一切亦復然　爾時大地皆震動
大海諸山亦如是　阿修羅衆及諸天　一切皆悉生歡喜
魔及魔軍摧諂曲　咸求成就佛莊嚴　諸天各處妙宮殿
净心歡喜相慶言　導師今已出世間　爲利一切人天衆
地居天衆在本宮　亦以净心相慶慰　善哉導師今出現
普爲世間安樂因　空行天衆聞是言　咸皆歡喜生净信
以悅意聲稱嘆佛　導師出現利世間　四王天衆聞是言
咸皆歡喜生净信　以殊勝音稱嘆佛　導師出現利世間
忉利天衆聞是言　咸皆歡喜生净信　以殊勝音稱嘆佛

導師出現利世間　夜摩天衆聞是言　咸皆歡喜生净信
以殊勝音稱嘆佛　導師出現利世間　我等當發菩提心
志求如來無上智　依止天人最勝尊　度脱一切衆生類
兜率天衆聞是言　咸皆歡喜生净信　以殊勝音稱嘆佛
導師出現利世間　如來往昔俱胝劫　修習無邊殊勝行
示苦衆生安隱道　令超生死證涅槃　化樂天衆聞是言
咸皆歡喜生净信　以殊勝音稱嘆佛　導師出現利世間
他化天衆聞是言　咸皆歡喜生净信　以微妙聲稱贊佛
導師出現利世間　如來已度於生死　降伏衆魔并外道
成就無上佛菩提　拯濟群生登彼岸　諸梵天衆聞是言

咸皆歡喜生净信　以微妙聲稱贊佛　導師出現利世間
如是展轉聲遞聞　諸梵眷屬皆欣慶　導師出現利世間
魔軍怖畏懷②憂戚　上至有頂諸天衆　聞佛出現利世間
如是展轉聲遍聞　修羅損減天增長　惡魔宫殿悉空虚
諸天眷屬皆充滿　以無畏力降邪衆　速成最勝大菩提
如是刹那天遍知　世尊出現利群品　善哉世間開導者
以清净眼施衆生
世尊入城時　貪欲逼惱者　聞説不净觀　貪欲滅無餘
世尊入城時　瞋恚逼惱者　聞説慈悲法　瞋恚滅無餘
世尊入城時　愚痴逼惱者　聞説智慧法　愚痴滅無餘

世尊入城時　憍慢逼惱者　聞說離慢法　憍慢滅無餘
世尊入城時　嫉妒逼惱者　聞說離嫉法　嫉妒滅無餘
世尊入城時　忿怒逼惱者　聞說離忿法　忿怒滅無餘
世尊入城時　慳吝逼惱者　聞說離慳法　慳吝滅無餘
若修調伏行　聞此無邊法　便入多聞海　成就總持門
又聞空中說　以華供養佛　成就勝功德　大悲神變說
又聞空中說　讚嘆如來身　生處及種族　言音悉殊勝
如彼衆生趣　神通隨類說　眼耳鼻舌身　若色若聲等
屈申或俯仰　所現皆殊勝　如來超世間　而作世燈炬
示現諸色像　皆佛神通力　凡夫樂著色　爲現種種身

隨彼衆生類　説色無堅固　若人多執著　如來現神力
隨彼器非器　爲説相違法　衆生無量世　未曾供養佛
剛强難調伏　爲説於地獄　若人迷業道　依見樂戲論
世尊令彼聞　息見戲論聲　又聞空中説　眼性決定空
無來亦無去　無相無所有　又百千衆生　聞空中演説
肉眼及慧眼　乃至於法眼　世尊神變力　聞説戒定聲
智慧及解脱　解脱知見聲　衆生若干種　如應現神變
以隨類言音　演説真實法　若有諸衆生　樂修施戒忍
神通隨類説　施戒忍辱聲　世尊神變力　隨衆生根性
皆爲廣分別　令受持演説　世尊神變力　聞説蘊界處

縛解若遠近　地位差別相　又聞說諸地　無量智光明
亦聞煩惱習　有離有非離　世尊神變力　聞說人天性
由業果不同　受生有差別　或於女人衆　化女莊嚴身
空聲說厭離　聞者除貪欲　若於舍利子　深心有浄信
大悲隨應現　爲說無上法　拘律陀迦葉　劫賓那難陀
摩訶迦葉波　及憍陳如等　隨彼所愛樂　聞說聲聞法
天及阿修羅　及諸夜叉衆　毗婁迦眷屬　無量鳩槃荼
以佛神力聞　陀羅弭挐咒③

一致徙一　畢致徙二④　豎囉上　蘇上　豎囉三⑤　污囊上⑥　徙四　曼去　囊上　徙五　污企上六　阿怒企上七　阿乞差羅忙曩夷八　陁囉尼你瑟咤你名上九　多迦你十　伊上

名滿多囉(十一)你呵(上引)囉(十二)阿不唎步底(十三)你囉阿(去)⑦察囉(十四)微耶乞里夜帝(十五)阿(去)*察囉縛囉耳帝(十六)迦(上)羅嚩呬(去)寧(十七)薩攘微蛇呢底攘曩(十八)鉢囉舍薩帝舍薩多(十九)鉢囉舍薩多(二十)多囉蘖多部名(上)(二十一)暗嚩囉暗嚩囉(二十二)麗羅嚩曩室者(二十三)質多微嚩耳多(二十四)質多阿難(上)多(二十五)烏閉囉呵嚩耳多部名(上)(二十六)曩南(上)(二十七)迦(上)尼(上)阿迦(上)尼(上)微嚩耳多(二十八)室麗瑟咤(二十九)阿麼羅寧麼羅(三十)弗(奔没反)理底曩囉始者(三十一)呵呵里(三十二)摩摩(上)里(三十三)吠囉妮(三十四)底瑟咤(三十五)斫芻伲呵囉(三十六)烏地哩多嚩枳(三十七)安吒哩(三十八)句吒哩(三十九)計都(四十)蘇計都(四十一)素頗囉妳(四十二)迦囉妳(四十三)句素磨(上)你曳(四十四)迦迦嚀(四十五)却佉嚀(四十六)嗚般羅暮嚀(四十七)底瑟咤呬(四十八)陁羅尼(四十九)那伽昵呵囉(五十)般囉羅也底(五十一)阿底般囉羅也

底(五十二)頞哆囉般提(五十三)安多囉多嚩地失遮(五十四)呵呬哩(五十五)摩佉里(五十六)

毉妮三婆(去)啤(五十七)底瑟咤呬(五十八)陁羅妮(五十九)⑧鴆(多霖反)蒲盧若提(六十)

又以毗沙門　提頭賴吒等　無數殊妙聲　說真實咒法

如是無量聲　善逝神通說　神通無有量　所說亦無邊

或於無佛剎　游戲神通力　佛身眾圍繞　亦如今所見

於不思議剎　現無量變化　初生行七步　捨王位出家

道場成正覺　思惟所得法　爲眾轉法輪　示現入涅槃

及以神變力　演說種種法　令無量眾生　成就殊勝智

爾時大悲現　諸梵眾圍繞　爲說修慈法　增廣於慈心

爾時大悲現　諸天眾圍繞　爲說四攝法　增廣四攝行

爾時大悲現　諸龍衆圍繞　爲説瞋恚過　令捨瞋恚心
爾時大悲現　夜叉衆圍繞　爲説損害過　令捨損害心
爾時大悲現　修羅衆圍繞　爲説鬥諍過　稱贊修忍心
爾時大悲現　迦樓羅圍繞　爲説乖違過　稱贊和合心
爾時大悲現　乾闥婆圍繞　以無邊愛語　稱贊於如來
爾時大悲現　摩睺衆圍繞　呵毁外道法　稱贊如來教
爾時大悲現　鬼神衆圍繞　廣稱贊如來　希有諸功德
大悲現神變　令百千衆生　聞説眼盡邊　究竟能通達
大悲現神變　令百千衆生　聞説眼生邊　究竟能通達
大悲現神變　令百千衆生　聞説眼邊際　究竟能通達

大悲現神變　令百千衆生　聞説眼流轉　究竟能通達
大悲現神變　令百千衆生　聞説眼寂静　究竟能通達
大悲現神變　令百千衆生　聞説眼無有　究竟能通達
大悲現神變　令百千衆生　聞説眼無生　究竟能通達
大悲現神變　令百千衆生　聞説眼寂滅　究竟能通達
大悲現神變　令百千衆生　聞説眼無我　究竟能通達
大悲現神變　令百千衆生　聞説眼無人　究竟能通達
大悲現神變　令百千衆生　聞眼無衆生　究竟能通達
大悲現神變　令百千衆生　聞眼無命者　究竟能通達
大悲現神變　令百千衆生　聞眼無養育　究竟能通達

大悲現神變　廣爲諸衆生　呵責於世智　不令起愛著
大悲現神變　廣爲諸衆生　呵責於世利　贊無爲功德
大悲現神變　廣爲諸衆生　呵責有漏智　贊諸無漏慧
大悲現神變　廣爲諸衆生　呵責世間禪　稱揚出世定
大悲現神變　廣爲諸衆生　呵責有漏戒　贊無漏學處
大悲現神變　廣爲諸衆生　呵責小心過　稱揚大心德
大悲現神變　稱贊修身戒　乃至於心慧　無漏無所依
大悲現神變　稱贊滅苦道　樂著戲論人　諸佛所呵責
大悲現神變　廣爲諸衆生　分別眼斷過　開示寂滅相
耳鼻舌身心　色聲香味觸　乃至音聲名　一切皆如是

大悲現神變　廣爲諸衆生　盛年少壯者　示以無邊過
大悲現神變　廣爲諸衆生　生處憍逸者　示以無邊過
大悲現神變　廣爲諸衆生　種姓憍逸者　示以無邊過
大悲現神變　廣爲諸衆生　受用放逸者　示以無邊過
大悲現神變　廣爲諸衆生　自在放逸者　示以無邊過
大悲現神變　廣爲諸衆生　於色放逸者　示以無邊過
大悲現神變　廣爲諸衆生　女人放逸者　示以無邊過
大悲現神變　廣爲諸衆生　衣服放逸者　示以無邊過
大悲現神變　廣爲諸衆生　於酒放逸者　示以無邊過
大悲現神變　廣爲諸衆生　爲王放逸者　示以無邊過

大悲現神變　廣爲諸衆生　於戒放逸者　示以無邊過
大悲現神變　廣爲諸衆生　智慧放逸者　示以無邊過
如是覺神通　禪巧增上慢　財説明眷屬　音樂及歌咏
是[9]名稱贊嘆　供養并利養　美妙誑諂憍　無慚及無愧
貢高具足慢　放逸貪亦然　大悲現神變　開示諸衆生
心意下劣者　爲説殊勝想　大悲現神變　開示諸衆生
自輕退屈者　爲説精進力　大悲現神變　開示諸衆生
貪著財物者　爲説知足法　又化香宮殿　及以華宮殿
皆挾妙樓閣　化佛於中坐　又化諸天女　住薝蔔華宮
皆現於半身　持華鬘供養　又化諸天女　住婆師華宮

皆現於半身　持金鬘供養　又化修羅女　住摩利華宮
皆現於半身　持花鬘供養　又化諸天女　住青蓮華宮
皆現於半身　稱贊佛功德　又化諸梵天　坐真金宮殿
而現於全身　慈聲稱嘆佛　又化諸天女　種種莊嚴身
環珮互揩觸　出微妙音聲　説諸有爲法　遷變無堅固
愚人妄分別　不能如實知　如是嚴具聲　不從身心出
無去亦無來　亦無有方所　乃至於色心　一切皆如是
愚者不能思　於此生疑惑　如是莊嚴具　所出妙音聲
聞于百千刹　解脱無量衆　汝等當觀察　導師自然智
無邊功德身　超過愛戲論　寂静無諸過　離見治心翳

相好以莊嚴　身意皆清净　汝觀佛入城　猶如師子步
鵝王象王行　滿足衆生願　成就殊勝福　真實相莊嚴
普令諸衆生　瞻仰無厭足　汝觀兩足尊　具大慈心者
雖以少物施　獲無量功德　能令諸衆生　於多百千劫
乃至證涅槃　果報無窮盡　汝觀兩足尊　成就無漏戒
令諸衆生等　恭敬而頂禮　無量諸天衆　各捨其宮殿
不眈樂游戲　親近於導師　汝觀魔及民　於佛生信樂
咸持金柄扇　侍奉於左右　五百諸魔子　以天悦意華
共散於如來　希求無上慧　曾於過去佛　稱贊而供養
今者遇世尊　各各懷欣慶　亦以無量辯　贊嘆於如來

爾時有魔子　名爲捨愛者　最初稱讚佛　能知眼盡邊
亦了眼生邊　乃至寂滅相　又知眼盡等　無邊名義句
以善巧言詞　爲衆生演説　而於名義中　無著無疑惑
了知無去來　無取亦無捨　自性常空寂　遠離於文字
亦無能受持　讀誦修行者　往昔諸如來　已曾廣開示
⑩但以假名字　而實無所説　如是自性空　超過藴界處
無妄無真實　亦無處非處　乃至言語斷　心行處亦滅
愚夫著相故　見佛有入城　世尊離諸相　愚人妄分別
世尊入城時　若人生歡喜　是則相分別　當必懷憂慼
若離相分別　則不見入城　乃至行動相　得無分別慧

若以相見佛　則見有入城　於生轉法輪　一切皆分別
若以相見佛　乃至生歡喜　彼人住魔行　魔境常現前
若以相見佛　當見於變异　是人懷憂戚　智者應憐愍
於法若見得　便有失法憂　於佛若見生　則有涅槃苦
若多劫修行　了知一切相　不分別入城　亦無涅槃想
若了心相空　則住佛行處　不分別入城　亦無涅槃想
若人如是知　則見於諸佛　亦能了性空　畢竟無生滅
世尊無量劫　修習諸苦行　爲證於性空　愚人不能了
世尊入城時　百千衆圍繞　人及非人等　净心而供養
若於刹那頃　思惟眼盡邊　了達諸相空　其福復過彼

乃至算數分　皆所不能及　如是眼生邊　邊際與流轉
乃至於寂滅　當知亦復然　耳鼻舌身心　色聲香味觸
乃至音聲名　一切皆如是

爾時世尊　當入城時　以足按地　普皆震動　諸山傾靡
悉向於佛　人天爲法　咸來恭敬　爾時世尊　當入城時
天主⑪人王　阿修羅衆　并諸夜叉　各捨本城　來詣佛所
歡喜供養　爾時世尊　當入城時　復有無量　异類諸鳥
鸚鵡孔雀　迦陵頻伽　睹佛如來　殊勝功德　於虛空中
歡喜游戲　皆出種種　微妙音聲　爾時世尊　當入城時
以佛功德　威神力故　能令無量　百千衆生　盲者能視

聾者能聽　不完具者　令得完具　不安樂者　令得安樂
爾時世尊　當入城時　於虛空中　聞如是説　若以諸相
分別如來　是人不名　供養於佛　亦不了知　眼盡邊性
若離諸相　殖衆德本　則能了知　眼盡邊性　以能了知
眼盡邊故　則能了知　諸佛功德　於眼盡邊　無有執藏
於眼生邊　無有依止　於眼寂靜　無有動念　是人則爲
見於如來　於眼生邊　無有分別　於眼邊際　無有意謂
於眼滅壞　無有表示　是人則爲　見於如來　於眼無有
無有染著　於眼無生　無有攝受　於眼寂滅　無有所執
是人則爲　見於如來　知眼盡故　於根修習　知眼邊故

於根決定　知眼生故　於根自在　是人則爲　見於如來
知眼無有　於色了達　知眼滅壞　於法觀察　知眼無生
於道修習　是人則爲　見於如來　如實了知　眼盡[12]邊故
於業差別　亦能了知　以能了知　業差別故　是人則爲
見於如來　如實了知　眼生[13]邊故　於苦差別　亦能了知
以能了知　苦差別故　是人則爲　見於如來　如實了知
眼滅壞故　於苦滅壞　亦能了知　以能了知　苦滅壞故
是人則爲　見於如來　如實了知　眼無有故　於離諸相
亦能了知　以能了知　離諸相故　是人則爲　見於如來
如實了知　眼無生故　於離習氣　亦能了知　以能了知

離習氣故　是人則爲　見於如來　又如實知　眼無常性
於離障礙　亦能了知　以能了知　離障礙故　是人則爲
見於如來　又如實知　眼無文字　於佛智力　亦能了知
以能了知　佛智力故　是人則爲　見於如來　又如實知
眼不來性　於離諸欲　亦能了知　以能了知　離諸欲故
是人則爲　見於如來　又如實知　修習禪定　於離煩惱
亦能了知　以能了知　離煩惱故　是人則爲　見於如來
彼人亦能　成就如是　眼前際智　眼無住智　眼無生智
佛神通智　眼下劣智　眼殊勝智　智下劣智　智清净智
戒清净智　身律儀智　聲清净智　語律儀智　心清净智

處差別智　諸心法智　心過失智　業清净智　心律儀智
智過失智　聲清净智　蘊差別智　蘊因緣智　眼遍知智
苦出生智　無漏戒智　戒因緣智　苦因緣智　苦因盡智
諸有爲智　盡無盡智　又如實知　十二因緣　有所行智
無所行智　有相無相　有爲無爲　建立攝受　自他心智
又如實知　眼盡生邊　邊際寂静　乃至流轉　無有無生
寂滅之性　令諸衆生　得清净智　諸勢力智　精進之智
又如實知　一异門智　一切衆生　意樂之智　又如實知
一切衆生　殊勝意樂　心清净智　業异熟智　諸根界智
心變异智　慧解脱智　遍解脱智　勝辯才智　又如實知

諸惡衆生　不樂法者　令渴仰智　又如實知　於諸理趣
知時修習　無懈怠智　又如實知　神通之力　分析諸法
無障礙智　又如實知　於廣大義　及以言教　隨解了智
又如實知　善友同處　衣服飲食　節量之智　又如實知
於諸無作　陀羅尼法　勤修習智　又如實知　身心無過
遠離增減　求無上智　又如實知　神通威力　於虛空中
現變化身　成就無量　百千衆生　皆令歡喜　發浄信智
於諸如來　樂尊重智　於離欲法　樂修習智　於諸聖衆
樂供養智　於大菩提　樂迴向智　於陀羅尼　樂演説智
於諸意樂　善觀察智　於聖者定　善了知智　於諸護念

能決定智　於無邊心　善趣入智　於無邊頌　能演説智
於諸欲結　能覺悟智　於下劣趣　不墮落智　於惡知識
應捨離智　於善知識　能親近智　於諸問答　能決擇智
於處非處　能解了智　於地非地　能了知智　於上中下
能分別智　有爲之智　無爲之智　事物之智　非事物智
攝受之智　非攝受智　修習之智　非修習智　眼非眼智
眼共相智　眼差別智　眼自性智　耳鼻舌身　乃至名等
二十五法　亦復如是　若人思惟　眼因緣性　真實空寂
畢竟無我　是人則能　成就如是　真實決定　心三摩地
若人思惟　眼因緣起　決定了知　眼無常相　是人則能

如實了知　眼及因緣　畢竟無有　耳鼻舌身　乃至名等
二十五法　亦復如是　爾時世尊　當入城時　以足按地
現希有事　我今略說　少分功德　普令衆生　聞者歡喜
天人導師　從一毛孔　出現無量　百千光明　一一光明
遍無量刹　爲諸衆生　而作佛事　若人往昔　供養諸佛
長夜修行　布施持戒　彼人得聞　如是所説　神變之事
歡喜愛樂　若能了知　諸佛神變　非諸聲聞　所行境界
彼人得聞　如是神變　當生信解　發希有心　天人導師
不思議力　現如是等　種種神變　能令無量　百千衆生
於諸如來　親近供養　天人導師　不思議力　演説無量

百千契經　令諸衆生　聞其所説　皆能信受　心生歡喜
爾時世尊　當入城時　以神通力　於虛空中　作如是説
知眼盡邊　乃至寂滅　眼性所因　無去無來　畢竟空寂
耳鼻舌身　乃至名等　二十五法　亦復如是　爾時世尊
當入城時　於虛空中　出微妙聲　稱讚如來　種種名號
令諸大衆　生信解心　今現在世　人中師子　名爲摧伏
魔軍法王　若有得聞　如是名者　則能降伏　一切邪衆
今現在世　人中師子　名爲摧滅　貪欲法王　若有得聞
如是名者　則能捨離　一切貪欲　今現在世　人中師子
名爲摧滅　瞋恚法王　若有得聞　如是名者　則能捨離

一切瞋恚　今現在世　人中師子　名爲摧滅　愚痴法王
若有得聞　如是名者　則能捨離　一切愚痴　今現在世
人中師子　名爲摧滅　憍慢法王　若有得聞　如是名者
則能摧滅⑭　一切憍慢　今現在世　人中師子　名爲摧滅
忿恚法王　若有得聞　如是名者　則能捨離　一切忿恚
今現在世　人中師子　名爲摧滅　嫉妒法王　若有得聞
如是名者　則能捨離　一切嫉妒　今現在世　人中師子
名爲摧滅　虛誑法王　若有得聞　如是名者　則能捨離
一切虛誑　今現在世　人中師子　名爲摧滅　諸見法王
若有得聞　如是名者　則能捨離　一切諸見　今現在世

人中師子　名爲摧滅　戲論法王　若有得聞　如是名者
則能捨離　一切戲論　今現在世　人中師子　名爲正法
清淨法王　若有得聞　如是名者　則能解了　清淨之法
今現在世　人中師子　名爲通達　諸業法王　若有得聞
如是名者　則能解了　一切諸業　今現在世　人中師子
名爲具足　神通法王　若有得聞　如是名者　則能成就
威德神通　今現在世　人中師子　名爲具足　諸度法王
若有得聞　如是名者　則能成就　六波羅蜜　今現在世
人中師子　名爲了達　諸行法王　若有得聞　如是名者
則能了達　一切諸行　今現在世　人中師子　名生清淨

光明總持　若有得聞　如是名者　則能成就　殊勝受生
今現在世　人中師子　名色清浄　光明總持　若有得聞
如是名者　則能成就　殊勝妙色　今現在世　人中師子
名身清浄　光明總持　若有得聞　如是名者　則能成就
殊勝色身　今現在世　人中師子　名性清浄　光明總持
若有得聞　如是名者　則能成就　殊勝種族　今現在世
人中師子　名爲名稱　光明總持　若有得聞　如是名者
則能成就　廣大名稱　今現在世　人中師子　名爲布施
持戒忍辱　精進禪定　智慧總持　若有得聞　如是名者
則能成就　布施持戒　乃至智慧　陀羅尼門　今現在世

人中師子　名爲成就　空性法王　若有能持　如是名者
則能演説　諸法空義　今現在世　人中師子　名爲成就
無我法王　若有能持　如是名者　則能演説　無生滅義
今現在世　人中師子　名眼清净　總持法王　若有能持
如是名者　則能演説　眼盡邊義　耳鼻舌身　乃至名等
二十五法　并華鬘香　燈傘衣服　悉皆如是

大寶積經卷第三十三

校注

①『運』，龍藏作『連』。
②『懷』，龍藏作『咸』。
③『拏』，依《漢語大字典》（第二版），此字爲多音字，故保留底本字形，未改爲通用規範漢字『拿』。
④『二』，底本污殘，依龍藏補。
⑤『三』，底本污殘，依龍藏、思溪藏補。
⑥『囊上』，龍藏、思溪藏顛倒。
⑦『去』，龍藏、思溪藏爲大字。本卷下文例同，用*標識，不再出注。
⑧『鴻』，龍藏、思溪藏作『鳩』。
⑨『是』，底本作『足』，依龍藏、和裕本、上海佛學書局本改。
⑩『但』，底本作『得』，依龍藏、思溪藏、和裕本改。
⑪『主』，龍藏作『王』。
⑫『盡』，思溪藏作『生』。
⑬『生』，思溪藏作『盡』。
⑭『摧滅』，龍藏作『捨離』。

大寶積經卷第三十四

唐天竺三藏菩提流志譯

出現光明會第十一之五

爾時世尊　當入城時　以不思議　神通之力　於虛空中
出微妙聲　演説種種　陀羅尼行　令諸大衆　聞如是言
是陀羅尼　於眼盡邊　生邊邊際　寂静流轉　乃至寂滅
如是諸法　皆能通達　究竟安住　以布施力　究竟攝取
以持戒力　究竟成就　以忍辱力　究竟莊嚴　以精進力
究竟發起　以智慧力　究竟宣説　離諸文字　語言音聲
乃至色心　究竟清浄　有漏無漏　若義若利　皆悉空寂

究竟清浄　亦不依止　一切諸有　究竟安住　總持三昧
無去無來　非善不善　乃至無記　自利利他　如是諸相
究竟清浄　亦不安住　自在威德　聲聞凡夫　諸佛之法
亦不安住　於眼盡邊　生邊邊際　乃至寂滅　如是諸行
究竟寂静　若生不生　是苦是樂　稱讚毀謗　皆悉捨離
究竟清浄　究竟照明　空陀羅尼　之所解了　此即住佛
所行之處　此即住佛　游戲之處　此即安住　諸佛神通
此即安住　諸佛智慧　安住如是　眼盡邊力　安住如是
眼生邊力　安住如是　眼邊際力　乃至安住　寂滅之力
耳鼻舌身　乃至名等　二十五法　亦復如是　是陀羅尼

成就如來　殊勝之力　是陀羅尼　成就如是　威德之力
入諸如來　一切行處　住諸如來　一切境界　令諸世間
於修羅衆　離堅固心　住梵天行　能令無量　百千夜叉
及鳩槃荼　皆生歡喜　亦令無量　乾闥婆衆　并諸羅刹
愛樂調伏　假使梵衆　以妙音聲　於其句義　不能宣說
非諸心法　之所計度　亦非心法　之所受持　是陀羅尼
非眼所得　是陀羅尼　亦不至身　是陀羅尼　非眼所得
亦不至於　眼所行處　耳鼻舌身　乃至名等　二十五法
亦復如是　又說於眼　盡邊生邊　邊際流轉　乃至寂滅
無我無人　衆生壽者　乃至無有　補特伽羅①　無相無爲

不來不去　如是等相　皆悉了知　又說了知　法性之眼
又說了知　法成就眼　智眼慧眼　梵眼天眼　梵生得眼
天生得眼　梵异熟眼　天异熟眼　梵因生眼　天因生眼
天神變眼　天精進眼　下劣生眼　殊勝生眼　捨離闍羅
世間之眼　龍夜叉眼　鳩槃茶眼　熱惱之眼　非熱惱眼
清净之眼　非清净眼　廣狹之眼　聲聞乘眼　禪定之眼
三摩地眼　境界之眼　想出生眼　貪出生眼　貪捨離眼
從因生眼　非因生眼　相應之眼　不相應眼　依門生眼
非門生眼　因緣生眼　因門生眼　非肉成眼　智清净眼
無所有眼　不可得眼　耳鼻舌身　乃至名等　二十五法

亦復如是　爾時世尊　於虛空中　復出無量　微妙音聲
演說殊勝　陀羅尼法　皆是如來　之所變化　陀羅尼曰
呬麗一麽麗麽麗二賜上弟三伊去泥四弭上泥五句路你庾二合六句路
你庾二合七句麗八麽麗九句拏上帝十阿囉二合藝十一阿呬麗十二弭弭麗帝十三
素弭麗十四弭麗弭麗十五弃比麗十六阿比麗十七素帝替十八馱妳十九麽妳二十伽上
妳二十一伽上唎帝二十二素伽上嚟二十三鉢唎二合野然曩泥二十四阿努盧弭計上二十五
微嚕迷去二十六素婆涅里二合世二十七阿施唎麗二十八薩麽鉢囉二合本帝二十九鉢
囉尾醯三十陀羅尼三十一底瑟耻呵三十二素底引阿替三十三步攘伽上伽曩三十四
躬去盤拏三十五嚩②娑引嚩曩三十六播唎妒引里野二合寧三十七鉢唎伽上拏寧三十八
麽曩娑三十九素路指多四十鉢那四十一惡察囉四十二阿毗羅引比野二合四十三鉢

囉二合底瑟吒訶四十四陀羅尼四十五阿引耳多四十六盧③泥去毗四十七

如是陀羅尼　諸佛之所得　具足大威神　智慧無邊量
遠離於執著　念處悉清凈　無色無去來　非方及方所
無相離言説　超過諸戲論　菩薩勤修習　究竟得清涼④
假使以百千　那由他偈頌　演説於一句　不能得其邊
衆聖之所贊　清凈無染著　一切諸衆會　皆悉生尊重
如是陀羅尼　善法威神力　能摧滅煩惱　令得於勝利
功德及智慧　廣大猶如海　成就忍辱力　其心安不動
菩薩常修習　智者所稱嘆　捨離於貧窮　當獲大財寶
如是陀羅尼　增長諸功德　常以空性等　真實句莊嚴

以捨於文字　名之爲空性　以捨於心識　名之爲法性
如是陀羅尼　離垢常清浄　安住於實智　現種種饒益
令諸衆生等　歡喜發浄心　無量夜叉衆　及於鳩槃荼
如是衆鬼王　亦生大歡喜　如是陀羅尼　寂靜無戲論
愛樂於衆生　普皆與安樂　於多百千劫　常在於諸趣
作無量利益　清浄無所染　或以百千偈　演説甘露法
令無量衆生　皆生大歡喜　往昔無量佛　以清浄意樂
於是陀羅尼　常思惟法性　釋梵諸天衆　龍王阿修羅
聞此陀羅尼　心生大歡喜　如是陀羅尼　所經諸國土
常無有灾難　病苦及憂惱　一切諸衆生　各各皆欣樂

願此陀羅尼　常住於我心　如是陀羅尼　隨所在身心
喉腭及唇舌　生無量功德　若能常受持　獲無量功德
利益多衆生　皆令得歡喜　如是陀羅尼　捨離諸過惡
演説微妙法　得無盡辯才　令百千衆生　皆斷除疑惑
摧破諸憍慢　獲無量功德　如是陀羅尼　甚深微密法
智者常思惟　勇猛勤修習　被於智慧甲　摧滅諸煩惱
增長功德心⑤　愛樂無厭足　如是陀羅尼　具廣大名稱
能了盡無盡　生邊無生邊　以如是智慧　種種自莊嚴
百千諸如來　尊重而供養　如是陀羅尼　明行爲兩足
依止於勝定　趣向菩提道　隨順於止觀　通達無漏慧

以净信根力　成就於二手　以精進忍辱　成就於兩乳
智慧波羅蜜　而爲其頂相　修多羅爲綫　貫穿四辯鬘
往昔所修行　種種諸功德　及無量譬喻　一切悉莊嚴
如是陀羅尼　具無量功德　於眼前後際　盡邊無盡邊
若生若無生　邊際非邊際　寂静不寂静　流轉非流轉
無有及無起　寂滅并無我　無人無壽者　乃至無衆生
如是無量門　一切皆解了　耳鼻舌身心　六塵并四大
乃至世生名　一切皆如是　如上所稱嘆　微妙陀羅尼
寂静勝功德　諸佛之境界　陀羅尼實義　非文字詮表
隨順於世間　但以假名説

爾時世尊與諸大衆到童子家。敷座而坐。是時月光童子知佛坐已。躬自賫持微妙供具。奉獻如來及諸大衆。其供純以禪定。福德。殊勝善根。不思議力之所成熟。如是施時亦不爲己。普令一切無量衆生發趣菩提。獲大善利。其供周遍。皆悉充足。

爾時世尊飯食已訖。於衆會中告月光童子言。童子。若善男子善女人等。住大乘者。行施資糧。有八十種殊勝功德。云何八十。所謂成熟衆生。善言攝受。妙相圓滿。諸根無缺。捨離生死。證於涅槃。盡諸結使。得勝自在。具足功德。莊嚴佛土。眷屬清浄。有大威德。具足智慧。成就最上殊勝之行。圓滿無上無等等行。除滅習氣。增長如來一切智行。身及舍利爲諸世間聲聞緣覺之所供養。摧破惡人。

能令人王。天龍夜叉阿修羅王。迦樓羅王。及梵天王皆生清⑥信。有大威德。宣説契經。應頌。受記。自説。諷誦。譬喻。因緣。本事。本生。方廣。希法。乃至論義。受持演説心無懈倦。於法無吝。安住佛道。世界最勝。名色清淨。證於法身。得無所畏。成就福德。蔽諸外道。具善人法。捨惡人行。信福智因。和合佛法。降伏衆魔。於佛所説安樂之法無有疑惑。摧破惡欲。具大威德。修菩薩行。得勝神通。捨離生死。成就衆生。贊無邊行。攝受功德。慰喻衆生。受用法樂。修行惠施。入大智門。住於暖法。種性決定。修行法忍。安住佛道。童子。若善男子善女人等。修施資糧。具足成就是八十種殊勝功德。爾時世尊復説偈言。

大智諸菩薩　具足施資糧　勝利有八十　我今已略說
復有諸功德　無量難思議　皆從布施生　今當少宣說
汝以平等施　普遍於大會　如是施資糧　智者應修習
此施能積集　福聚不思議　相好莊嚴身　一切皆圓滿
生處及種族　國土若居家　名稱與色心　一切皆清净
諸天神變事　及宫殿婇女　清净無礙辯　皆從布施生
布施勝資糧　諸佛咸稱嘆　此即是菩提　最初安住本
精進諸菩薩　於施無疑惑　安住决定心　勤修於布施
如是布施心　成就殊勝福　菩薩勤修習　當證佛菩提
由布施威力　成就勝神通　振動俱胝刹　不損諸衆生

由布施能引　净戒及多聞　正信與精進　三昧無漏慧
由布施能引　根力菩提分　正斷[7]及神足[8]　遠離諸習氣
由布施能引　清净妙音聲　於百俱胝刹　開示無邊法
由净信行施　速得諸神通　爲成就神通　應勤修布施
無量諸天衆　百千阿修羅　龍神及夜叉　眷屬共圍繞
咸乘妙樓閣　自在而游戲　如是等諸王　見勤行施者
皆當起遠迎　敷座而供養　如是行施人　具足大威德
自在神通力　攝受諸天王　鳩槃荼夜叉　皆悉來歸伏
及乾闥婆衆　亦獻諸音樂　賊害起慈心　惡人當遠離
珍財無損減　庫藏悉充盈　以修布施故　成就勝資糧

乃至於佛智　不行外道法　是人無病惱　守護陀羅尼
得諸殊勝力　皆由布施生　如是行施人　修習菩提道
不遇惡知識　得同類善友　復有諸菩薩　積集施資糧
成就不思議　陀羅尼智慧　以無量偈頌　演説於總持
一切無罣礙　不失於本義　廣大菩提心　志願常堅固
具足於净戒　捨離諸魔業　不著五欲樂　專精⑨求正念
心常無迷惑　亦不生貪愛　瞋恚諸煩惱　如實皆了知
於一切境界　不著不迷惑　是人善了知　如是諸煩惱
以因緣和合　能生諸過失　乃至於佛法　若因若因因
如是因作用　一切皆能了　是人能了知　眼盡邊因性

遠離諸迷惑　於眼無所染　是人能了知　眼生邊邊際
寂靜與流轉　無有及無生　乃至於寂滅　如是等因性
遠離諸迷惑　於眼無所染　是人能了知　眼前際言說
隨世假安立　於中無有實　是人能了知　眼後際言說
隨世假安立　於中無有實　是人能了知　眼生邊邊際
寂靜與流轉　無有及無生　乃至於寂滅　如是等言說
隨世假安立　於中無有實　是人能了知　眼前際言說
但因緣和合　於中無所著　是人能了知　眼後際言說
但因緣和合　於中無所著　是人能了知　眼生邊邊際
寂靜與流轉　無有及無生　乃至於寂滅　如是等言說

但因緣和合　於中無所著　是人能了知　眼前際言說
自性無表示　於中無所染　是人能了知　眼後際言說
自性無表示　於中無所染　是人能了知　眼生邊邊際
寂靜與流轉　無有及無生　乃至於寂滅　如是等言說
自性無表示　於中無所染　耳鼻舌身心　六塵并四大
乃至世生名　一切皆如是　是人能了知　貪欲即佛道
自性無差別　於貪無所染　一切諸佛道　當於煩惱求
知性無差別　是入總持門　說貪是總持　總持即是貪
知性無差別　是學總持門　如是供養貪　即爲供養佛
以供養佛故　成就總持門　是人能了知　瞋恚即佛道

自性無差別　於瞋無所染　瞋即是總持　總持即是瞋
知性無差別　是學總持門　如是供養瞋　亦爲供養佛
以供養佛故　成就總持門　是人能了知　愚痴即佛道
自性無差別　於痴無所染　若如實了知　痴性之邊際
是則修佛道　成就總持門　痴即是總持　總持即是痴
知性無差別　是學總持門　如是供養痴　即爲供養佛
以供養佛故　成就總持門　如是供養痴　即爲供養法
以供養法故　成就總持門　如是供養痴　即爲供養僧
以供養僧故　成就總持門　如是供養痴　即爲供養戒
以供養戒故　成就總持門　如是供養痴　即供養精進

供養精進故　成就總持門　如是供養癡　即供養讚嘆
供養讚嘆故　成就總持門　如是供養癡　即供養佛法
供養佛法故　成就總持門　如是供養癡　即供養法性
供養法性故　成就總持門　如是供養癡　即供養真如
供養真如故　成就總持門　如是供養癡　即供養無生
供養無生故　成就總持門　如是供養癡　即供養無滅
供養無滅故　成就總持門　如是供養癡　即供養無盡
供養無盡故　成就總持門　如是供養癡　即供養無有
供養無有故　成就總持門　如是供養癡　即供養無邊
供養無邊故　成就總持門　如是供養癡　即供養三有

供養三有故　成就總持門　如是供養癡　即供養寂靜
供養寂靜故　成就總持門　如是供養癡　即供養流轉
以供養轉故　成就總持門　如是供養癡　即供養無轉
供養無轉故　成就總持門　如是供養癡　即供養無有
供養無有故　成就總持門　如是供養癡　即供養無起
供養無起故　成就總持門　如是供養癡　即供養寂滅
供養寂滅故　成就總持門　如是供養癡　即供養不來
供養不來故　成就總持門　如是供養癡　即供養無行
供養無行故　成就總持門　如是供養癡　即供養有爲⑩
供養有*爲故　成就總持門　如是供養癡　即供養苦等

以供養苦等　成就總持門　如是供養痴　即供養苦智
供養苦智故　成就總持門　如是供養痴　即供養集智
供養集智故　成就總持門　如是供養痴　即供養滅智
供養滅智故　成就總持門　如是供養痴　即供養道智
供養道智故　成就總持門　如是供養痴　即供養法智
供養法智故　成就總持門　如是供養痴　即供養類智
供養類智故　成就總持門　如是供養痴　供養無生智
供養無生故　成就總持門　如是供養痴　即供養盡智
供養盡智故　成就總持門　如是於正斷　念住并神足
五根及五力　七覺八道支[11]　兼彼奢摩他[12]　毗般舍那[13]等

於斯九種法　一切皆如是

爾時世尊告月光童子言。善男子。若有衆生住於大乘。爲欲成就如上所説陀羅尼者。應當遠離八十種人。云何八十。所謂殺父。害母。殺阿羅漢。以屠害心出佛身血。破和合僧。賊住出家。無根二根。邪見。邪思惟。邪語。邪業。邪命。邪精進。邪念。邪定。不知處。不知時。不知法。不知道。不知量。不知自他。於佛法僧并諸學處不能尊重。於不放逸及殊勝境亦不宗仰。不知法。不知律。不知學處。不知其罪若重若輕。不知其戒是毀是缺。又不知行若細若粗。亦不知業未來現在。於下劣事亦不了知。讚聲聞乘。毀如來法。勸導開示辟支佛乘。遠離厭捨無上正道。破戒。破見。破諸威儀。行於非道。説有我

人。説有衆生。説有命者。説有補特伽羅。志意下劣。起貪。瞋。痴。斷見。常見。空無因見。不見有。不見無。不見業。不見精進。不知業。不知業因。不知异熟。不知异熟因。不知諸根。不知諸根因。不知界。不知界因。不知解脱。不知解脱因。不知道。不知道因。不知煩惱。不知煩惱因。不知施。不知施因。不知前際及於後際。不知前際及後際因。不知生死。不知生死因。不知有漏。不知有漏因。不知盡非盡。不知有非有。不知邊際非邊際。不知寂静非寂静。不知轉非轉。不知性非性。不知生非生。不知滅非滅。童子。若善男子善女人等。爲欲成就如上所説陀羅尼者。應當捨離是八十種非法之人。爾時世尊復説偈言。

若不了於眼　生盡之邊際　是人迷總持　智者應遠離
若能了於眼　無我無衆生　是人住總持　智者應親近
若能了於眼　生盡離文字　是人住總持　智者應親近
若能了於眼　寂静無所住　是人住總持　智者應親近
若能了於眼　自性無所住　是人住總持　智者應親近
若能了於眼　無轉無色相　是人住總持　智者應親近
若能了於眼　無生性寂滅　是人住總持　智者應親近
若能了於眼　自性離名相　諸佛無能説　稱嘆及表示
是人住總持　智者應親近　若能了於眼　自性離名相
無有能思惟　受持及演説　是人住總持　智者應親近

如是總持性　非文字詮辯　無有諸方所　亦非心所到
是法無歡喜　亦不住瞋恚　不動如山王　雖説無所得
總持實無有　乃至我亦無　若我自性空　總持亦無有
總持自性空　愚者計爲有　由是妄分別　不聞生憂惱
若分別貪性　及以總持空　如是二分別　畢竟不可得
若了空性空　總持亦非有　乃至菩提分　三摩地亦空
若有能了知　總持及空性　乃至三摩地　於眼亦了知
若於眼盡邊　如實善了知　則於總持門　究竟能成就
若於眼生邊　如實善了知　則於總持門　究竟能成就
若於眼邊際　如實善了知　則於總持門　究竟能成就

若於眼寂静　如實善了知　則於總持門　究竟能成就
若於眼流轉　如實善了知　則於總持門　究竟能成就
若於眼無有　如實善了知　則於總持門　究竟能成就
若於眼無生　如實善了知　則於總持門　究竟能成就
若於眼寂滅　如實善了知　則於總持門　究竟能成就
若於眼變异　如實知盡邊　則於總持門　究竟能成就
若於眼變异　如實知生邊　則於總持門　究竟能成就
若於眼變异　如實知邊際　則於總持門　究竟能成就
若於眼變异　如實知寂静　則於總持門　究竟能成就
若於眼變异　如實知流轉　則於總持門　究竟能成就

若於眼變异　如實知無有　則於總持門　究竟能成就
若於眼變异　如實知無生　則於總持門　究竟能成就
若於眼變异　如實知寂滅　則於總持門　究竟能成就
耳鼻舌身心　六塵并四大　乃至世生名　一切皆如是
若於眼前際　無變無异相　無取無分别　是住總持門
若於眼盡邊　無變無异相　無取無分别　是住總持門
若於眼生邊　無變無异相　無取無分别　是住總持門
若於眼邊際　無變無异相　無取無分别　是住總持門
若於眼寂静　無變無异相　無取無分别　是住總持門
若於眼流轉　無變無無异相　無取無無分别　是住總持門

若於眼無有　無變無异相　無取無分別　是住總持門
若於眼無生　無變無异相　無取無分別　是住總持門
若於眼寂滅　無變無异相　無取無分別　是住總持門
耳鼻舌身心　六塵并四大　乃至世生名　一切皆如是
貪瞋痴忿慢　嫉誑慳憂惱　過失垢毒箭　暴流黑白業
不生亦不滅　不去亦不來　不動亦不异　非作亦非行
非明亦非暗　非流捨暴流　無盡及無住　非行非不行
非字非攀緣　非出亦非入　分別妄想等　六十二諸門
各隨其義理　一切皆如是　若知眼前際　乃至於上下
無取無分別　是住總持門　若知眼盡邊　乃至於上下

無取無分別　是住總持門　若知眼生邊　乃至於上下
無取無分別　是住總持門　若知眼邊際　乃至於上下
無取無分別　是住總持門　若知眼寂静　乃至於上下
無取無分別　是住總持門　若知眼流轉　乃至於上下
無取無分別　是住總持門　若知眼無有　乃至於上下
無取無分別　是住總持門　若知眼無生　乃至於上下
無取無分別　是住總持門　若知眼寂滅　乃至於上下
無取無分別　是住總持門　耳鼻舌身心　六塵并四大
乃至世生名　一切皆如是　於地不變异　無取無分別
如是了知者　成就總持門　於地無生相　無取無分別

如是了知者　成就總持門　於地無滅相　無取無分別
如是了知者　成就總持門　於地證入相　無取無分別
如是了知者　成就總持門　於地出離相　無取無分別
如是了知者　成就總持門　於地無願相　無取無分別
如是了知者　成就總持門　於地無住相　不來亦不去
無邊與無盡　相應不相應　離名字計度　觀察與流轉
無有及修治　無言説表示　寂静無所依　念住并正斷
神足及根力　覺支無畏道　如是諸地法　無取無分別
如是了知者　成就總持門　若於我無入　無取無分別
如是了知者　成就總持門　若於我無出　無取無分別

如是了知者　成就總持門　若於我無相　無取無分別
如是了知者　成就總持門　若於我無願　無取無分別
如是了知者　成就總持門　若於我無住　無取無分別
如是了知者　成就總持門　若於我無生　無取無分別
如是了知者　成就總持門　若於我無滅　無取無分別
如是了知者　成就總持門　若於我文字　無取無分別
如是了知者　成就總持門　若我離文字　無取無分別
如是了知者　成就總持門　知眼前後際　遠離於斷常
因緣自性空　導師方便說　若演說法時　分別於眼相
是人妄分別　不名真說法　若思惟法時　分別於眼相

是人妄分別　不名思惟法　若修習法時　分別於眼相
是人妄分別　不名修習法　若了眼空性　即不趣菩提
諸佛於是人　常現前說法　若不了知眼　亦不了知色
若能了知眼　於色亦了知　若能了於眼　於色亦了知
若於色了知　於眼亦能了　耳鼻舌身心　六塵并四大
乃至世生名　一切皆如是　若演說法時　分別於因相
是人妄分別　不名爲說法　若演說法時　分別寂靜相
是人妄分別　不名爲說法　若演說法時　分別於道相
是人妄分別　不名爲說法　若演說法時　分別於空相
是人妄分別　不名爲說法　若演說法時　分別於積集

是人妄分別　不名爲説法　若演説法時　分別於事物
是人妄分別　不名爲説法　若演説法時　分別眼攝取
是人妄分別　不名爲説法　於眼不了知　是則生貪欲
若能了知眼　貪欲則不生　耳鼻舌身心　六塵并四大
乃至世生名　一切皆如是　若演説法時　分別種種界[14]
是人妄分別　不名爲説法　不退於志願　了達於性空
得諸三昧門　彼能善説法　不退於志願　於眼離分別
以無分別故　彼能善説法　不了眼性空　亦迷眼自性
以不了知故　是不應説法　若了眼性空　即知眼自性
以能了知故　是人應説法　不了眼性空　亦迷句自性

以不了知故　是不應説法　若了眼性空　即知句自性
以能了知故　是人應説法　不了眼性空　亦迷文自性
以不了知故　是不應説法　若了眼性空　即知文自性
以能了知故　是人應説法　不了眼性空　亦迷名自性
以不了知故　是不應説法　若了眼性空　即知名自性
以能了知故　是人應説法　不了眼性空　亦迷色自性
以不了知故　是不應説法　若了眼性空　即知色自性
以能了知故　是人應説法　不了眼性空　依世相分別
不能善隨順　調伏諸衆生　若了眼性空　不依相分別
即能善隨順　調伏諸衆生　不了眼有無　處衆而説法

是人貪利養　一切無信受　若了眼有無　處衆而説法
是人不貪著　一切皆信受　不了眼性空　而處於法座
雖説多譬喻　一切無信受　若了眼性空　而處於法座
所説諸譬喻　一切皆信受　耳鼻舌身心　六塵并四大
乃至世生名　一切皆如是

爾時世尊説是經已。月光童子及諸大衆。一切世間天人阿修羅乾闥婆等。聞佛所説。皆大歡喜。信受奉行。

大寶積經卷第三十四

校注

①『補特伽羅』，云數取趣，謂數數往來諸趣也。（唐·慧琳《一切經音義》）

②『嚩』上，龍藏有『阿』字。

③『盧』，龍藏、和裕本、上海佛學書局本作『虡』。

④『涼』，龍藏作『凈』。

⑤『心』，底本作『已』，依龍藏、思溪藏、和裕本改。

⑥『清』，龍藏、思溪藏、和裕本作『凈』。

⑦『正斷』，所謂未生不善法不令生、已生不善法令正斷、未生善法令發生、已生善法令增長。真實不妄，發精進心，令得圓滿。（宋·施護《佛説法集名數經》）

⑧『神足』，欲定、精進定、心定、慧定，從是得一切功德，是謂四神足。（尊者瞿沙《阿毗曇甘露味》）

⑨『精』，龍藏、思溪藏作『勤』。

⑩『有』，龍藏作『無』。本卷下文例同，用*標識，不再出注。

⑪『七覺八道支』，即『七覺支』與『八道支』。『七覺支』即擇法覺支、念覺支、定覺支、精進覺支、輕安覺支、捨覺支、喜覺支。『八道支』即正見、正思惟、正語、

正業、正命、正勤、正念、正定。（參宋・金總持等譯《佛説法乘義決定經》）

⑫『奢摩他』，此云止息，亦曰寂静，謂正定離沉掉也。（唐・慧琳《一切經音義》）

⑬『毗般舍那』，此云種種觀察，謂正慧決擇也。（唐・慧琳《一切經音義》）

⑭『界』，底本作『果』，依龍藏、思溪藏、和裕本改。

大寶積經卷第三十五

大唐三藏法師玄奘奉　詔譯

菩薩藏會第十二之一・開化長者品第一

如是我聞。一時薄伽梵於室羅筏國雨①安居②。過三月。浛舉已。作衣服竟。與大苾芻衆千二百五十人俱。游化諸國。是薄伽梵。成就廣大微妙名稱。出現世間。爲諸天人之所讚頌。所謂如來。應。正等覺。明行圓滿。善逝。世間解。無上丈夫。調御士。天人師。佛。薄伽梵。深住自證。具足神通。威德映蔽諸天世間魔王梵王阿素洛等。常爲衆生説微妙法。開示初善中善後善。文義巧妙。純一圓滿。清白梵行。時四部衆。國王。大臣。種種外道。沙門。婆羅門。及諸長者。天。龍。藥叉。

人非人等。以無量上妙衣服飲食。臥具醫藥種種供具。奉獻如來。爾時世尊大衆圍繞。供養恭敬。尊重讚嘆。漸次游行至摩揭陀國。詣王舍大城。住鷲峰山。時王舍城中有大長者。名曰賢守③。已曾親覲過去諸佛。宿殖善根。福感通被。大族大富。資産財寶無不具足。時彼長者聞大沙門出釋氏宮。證於無上正等菩提。與諸大衆來游此國。彼佛世尊。有如是等廣大名稱出現世間。十號具足。成就通慧。説微妙法。乃至圓滿清白梵行。時彼長者作是思惟。我今當往鷲峰山王。爲欲奉見彼如來故。若我見者。必獲善利。作是念已。與五百長者出王舍城。將往佛所。爾時世尊於日初分服僧伽胝④。執持衣鉢。諸苾芻僧侍從圍繞。在大衆前威儀嚴整。進止安庠。正

智而行。顧視屈申端嚴殊异。爲化衆生現乞食法。方欲入城處於中路。時賢守等五百長者遥見如來。威嚴超挺。衆所樂觀。成就金色之身。大丈夫相三十有二。諸根寂定。神慮憺怕bó⑤。逮得上勝調順寂止。攝護諸根如大龍象。清净無撓如澄泉池。足蹈七寶所成百千億葉紅蓮華上。爲諸無數天人藥叉之所供養。雨大天華散如來上。其華若流彌滿于地。諸長者等既睹世尊。以無量百千功德莊嚴從遠而來。嘆未曾有。以清净心往如來所。頂禮佛足。却住一面。

爾時賢守等五百長者白佛言。世尊。未曾有也。如來神力映奪天仙吉祥魔梵。如來威德具大名稱。圓光妙色蔽諸大衆。世尊體相

如大金山。容貌端嚴無等等者。世尊成就一切世間甚希奇法。我惟世尊威德如是。觀何等相。弃捨家法。悟大菩提。爾時賢守長者即於佛前而説頌曰。

我昔曾聞最勝尊　吉祥妙色大名稱　今睹威光勝所聞
如真金像備衆德　如來色像喻金山　高廣嚴净觀無厭
威德莊嚴苾芻衆　猶如滿月處衆星　世尊頂相無能見
高顯映發逾山王　頂髻周圓漸次斂　其相平偃猶天蓋
紺髮軟膩而右旋　如安繕色帝青寶　鮮净光逾孔雀項
我今瞻仰無厭足　面貌端嚴額平正　眉相皎净若天弓
白毫映徹無瑕穢　光潔照曜如星王　發喜净眼甚微妙

衆睹皆生欣樂心　我今奉觀無暫捨　頂禮净眼世間依
鼻相高平修且直　漸廣圓成如鑄金　唇相丹暉極清净
喻頻婆果末尼等　妙齒鮮白含光潤　等鶴牛乳蓮華根
堅密齊平極明净　調順奢摩他所感　齒及隨齒根深固
齦際上下皆齊整　佛牙光白最超勝　如彼雁行王處中
善逝廣長之舌相　覆面薄净如蓮華　赤銅赤色末尼寶
含暉皎鏡如初日　世尊耳相極端嚴　梵世天人不聞見
喬答摩種狻suān猊ní頷　無畏猶如師子王　我觀善逝咽喉相
能引世間甘露味　清净映徹無瑕穢　具大神力不思議
頸前横約修且直　處中都無纖雜文　現人中勝天中天

恒食味中第一味　肩髆充圓悉成滿　胸臆雄猛威容盛
人中尊相世未聞　如山頂日光流照　手足兩肩及項後⑥
七處光淨恒平滿　修臂傭圓象王鼻　雙掌垂下摩于膝
上身廣厚如獸王　瞿陀樹相周圓滿　那羅延力合成身
具足大力及忍力　無垢身毛皆上靡　隨現一孔一毛生
烟塵不污如蓮華　右旋相成而細軟　我昔傳聞隱密相
陰藏深如天馬王　髀腨周圓漸次斂　其相猶如天鹿王
足厚隆起跟圓長　手相網鞔(mán)⑦如雁王　平滿纖長二十指
赤銅甲色如蓮華　雙跖(zhí)千輻金輪相　光淨微妙具莊嚴
如來游步於世間　瞿拉坡⑧相不相觸　去地四指蹈空行

衆寶紅蓮隨足現　顧視安行象王步　進趣端肅如天主
大聖威嚴無所畏　處衆逾於師子王　妙色映蔽毗沙門
威光超勝百千日　梵世天人尚無等　何況出過如來者
行住説法度衆生　大⑨仙龍神咸恭敬　或散天華奏天樂
紛然繁會滿虚空　今睹世尊大神變　故我竊懷疑惑心
本觀何等勝功德　出家趣於無上道

爾時世尊告賢守長者曰。長者當知。我觀世間一切衆生。爲十苦事之所逼迫。何謂爲十。一者。生苦逼迫。二者。老苦逼迫。三者。病苦逼迫。四者。死苦逼迫。五者。愁苦逼迫。六者。怨恨逼迫。七者。苦受逼迫。八者。憂受逼迫。九者。痛惱逼迫。十者。生死流轉大苦之所逼迫。

長者。我見如是十種苦事逼迫衆生。爲得阿耨多羅三藐三菩提。出離如是逼迫事故。以净信心捨釋氏家。趣無上道。爾時世尊欲重宣此義。而説頌曰。

我觀諸凡夫　閉流轉牢獄　常爲生老病　衆苦所逼迫
愁憂及怨恨　死苦等所牽　爲除牢獄怖　令欣出離法

復次長者。我觀世間一切衆生。爲十惱害互相憎嫉。何謂爲十。一者。曾於我身作不饒益。心生惱害。二者。今於我身作不饒益。心生惱害。三者。當於我身作不饒益。心生惱害。四者。曾於我之所愛作不饒益。心生惱害。五者。今於我之所愛作不饒益。心生惱害。六者。當於我之所愛作不饒益。心生惱害。七者。曾於我所不愛而作饒

益。心生惱害。八者。今於我所不愛而作饒益。心生惱害。九者。當於我所不愛而作饒益。心生惱害。十者。於諸過失作不饒益。心生惱害。長者。我見如是十種惱害惱害世間一切衆生。爲得阿耨多羅三藐三菩提。出離如是惱害事故。以净信心捨釋氏家。趣無上道。

爾時世尊欲重宣此義。而説頌曰。

衆生互憎嫉　皆由十惱生　於我及我親　三世俱惱害

或於我非親　起諸饒益相　怨憎由此生　三世俱惱害

第十諸過失　生長怨憎苦　我觀如是過　厭患故出家

復次長者。我觀世間一切衆生。入於十種惡見稠林。由异見故不能自出。何謂爲十。一者。我見惡見稠林。二者。有情見惡見稠林。三

者。壽命見惡見稠林。四者。數取趣見惡見稠林。五者。斷見惡見稠林。六者。常見惡見稠林。七者。無作見惡見稠林。八者。無因見惡見稠林。九者。不平等因見惡見稠林。十者。邪見惡見稠林。長者。我見衆生。入於十種惡見稠林不能得出。爲得阿耨多羅三藐三菩提。永斷如是諸惡見故。以淨信心捨釋氏家。趣無上道。爾時世尊欲重宣此義。而説頌曰。

一切愚凡夫　入惡見稠林　我見有情見　及以壽命見

斷見與常見　依無作見等　爲安立正見　是故我出家

復次長者。我觀世間一切衆生。於無數劫具造百千那庾多拘胝過失。常爲十種大毒箭所中。何謂爲十。一者。愛毒箭。二者。無明毒

箭。三者。欲毒箭。四者。貪毒箭。五者。過失毒箭。六者。愚痴毒箭。七者。慢毒箭。八者。見毒箭。九者。有毒箭。十者。無有毒箭。長者。我見衆生。爲於十種毒箭所中。求阿耨多羅三藐三菩提。永斷如是諸毒箭故。以净信心捨釋氏家。趣無上道。爾時世尊欲重宣此義。而説頌曰。

愛箭毒衆生　過拘胝大劫　無明之所盲　從暗入於暗
欲箭中諸蘊　吸染名貪箭　悶亂過失箭　被服愚痴箭
淩高發慢箭　違諍起見箭　因有無有箭　墮有及無有
諸愚痴凡夫　鋒刃由其口　更相起諍論　此實此非實
爲拔毒箭故　如來興世間　救諸中箭者　出家成聖道

復次長者。我觀世間一切衆生。由十種愛建立根本。何者爲十。所謂緣愛故求。緣求故得。緣於得故便起我所。緣我所故起諸定執。緣諸定執故起欲貪。緣欲貪故起深耽著。緣深耽著故起慳吝。緣慳吝故起於聚斂。緣聚斂故起諸守護。緣守護故執持刀仗。諍訟譏謗。起種種苦。又因此故興別離語。長養諸惡不善之法。長者。我見衆生。由此十種愛根本法之所建立。求於阿耨多羅三藐三菩提。爲得無根無所依法故。以净信心捨釋氏家。趣無上道。爾時世尊欲重宣此義。而說頌曰。

愛所吞衆生　尋逐於諸欲　得利興我所　從此生定執

我當作所作　欲貪轉⑩增長　耽著慳吝等　相續次第生

慳過染世間　能起堅積聚　聚斂故守護　遍生無有間
守護在愚夫　刀仗相加害　種諸不善業　因此生衆苦
觀愛因緣已　衆苦則不生　無根無住覺　諸覺中最上

復次長者。我觀世間一切衆生。皆由十種惡邪性故建立邪定。何等爲十。一者。邪見。二者。邪思惟。三者。邪語。四者。邪業。五者。邪命。六者。邪精進。七者。邪念。八者。邪定。九者。邪解脱。十者。邪解脱智見長者。我觀衆生。由如是等十邪性故建立邪定。爲欲證得阿耨多羅三藐三菩提。出離如是諸邪性故。以浄信心捨釋氏家。趣無上道。

爾時世尊欲重宣此義。而説頌曰。

懷邪見衆生　邪思惟境界　宣説於邪語　及行諸邪業

邪命邪精進　邪念與邪定　成就邪解脱　及趣邪智見
邪性決定聚　愚夫之所依　爲令住正性　故趣無上道

復次長者。我觀世間一切衆生。由於十種不善業道而能建立安處邪道。多墮惡趣。何等爲十。一者。奪命。二者。不與取。三者。邪淫。四者。妄語。五者。離間語。六者。粗語。七者。綺語。八者。貪著。九者。瞋恚。十者。邪見。長者。我見衆生。由是十種不善業故。乘於邪道[11]。多趣多向多墮惡道。爲欲證得阿耨多羅三藐三菩提。超出一切諸邪道故。以净信心捨釋氏家。趣無上道。爾時世尊欲重宣此義。而説頌曰。

諸害命衆生　劫盜他財物　行諸邪欲行　速墮於地獄
粗言離間語　妄語乖寂静　綺語等凡夫　愚痴之所縛

貪著他資財　數起於瞋恚　興種種邪見　是人趣惡道
三種由身起　四種語業生　意能成三惡　故名惡行者
行諸惡業已　牽趣惡道中　吾今現世間　拔濟令出離

復次長者。我觀世間一切衆生。由於十種染污法故。處在煩惱。墮煩惱垢中。何謂爲十。一者。慳垢染污。二者。惡戒垢染污。三者。瞋垢染污。四者。懈怠垢染污。五者。散亂垢染污。六者。惡慧垢染污。七者。不遵尊教垢染污。八者。邪疑垢染污。九者。不信解垢染污。十者。不恭敬垢染污。長者。我見衆生。以如是等十染污法之所染污。爲得阿耨多羅三藐三菩提。證於無染無上法故。以凈信心捨釋氏家。趣無上道。爾時世尊欲重宣此義。而說頌曰。

世多分衆生　十染所逼迫　樂有爲煩惱　曾不生厭離
慳垢所染污　一切愚凡夫　犯戒非寂靜　不習三摩地
瞋垢背忍辱　懈怠退正勤　其心不專住　惡慧愚鈍者
於父母師長　不遵奉言教　疑見網衆生　不求照世覺
誹謗於甚深　佛所説妙法　被服無明蘊　聖蘊懷輕賤
觀是染污已　誰樂處有爲　當勤證寂滅　無爲無染污

復次長者。我觀世間一切衆生。爲十種纏縛之所纏縛。何謂爲十。一者。由慳嫉網之所纏縛。二者。由無明膜之所覆翳。三者。煩惱迷醉墮愚痴坎。四者。愛欲駛流之所漂没。五者。末摩⑫死節邪箭所中。六者。忿恨密烟之所熏焞。七者。貪欲盛火之所燒然。八者。過失毒

藥之所悶亂。九者。諸蓋毒刺之所遮礙。十者。常處生死流轉饑饉曠野。正勤疲怠。長者。我觀衆生。爲如是等十種纏縛所纏縛已。求阿耨多羅三藐三菩提。爲證無纏無縛法故。以净信心捨釋氏家。趣無上道。爾時世尊欲重宣此義。而説頌曰。

老吞少盛年　老壞净妙色　老損念定慧　終爲死所吞
病能摧勢力　劫奪勇猛心　壞諸根聚落　羸劣無依怙
死如羅刹女　猛健甚可畏　常隨逐世間　飲竭衆生命
我已厭世間　老病死逼迫　爲求無老死⑬　清安法出家
世爲三火燒　我觀無救者　雨甘露法雨　滅除三毒焰
觀諸失道者　生盲痴瞽等　爲與世間眼　示導故出家

衆生疑乳養　蘊蓋所蔽障　爲彼除悔惱　説法故出家
愚夫互違反　伺隙興加害　爲和怨憎故　利世故出家
於父母師長　力慢無恭敬　爲摧憍慢幢　是故我出家
觀貪障世間　由財相損害　爲得七聖財　斷諸法貧⑭者
或致相刑殘　利己終非益　我觀定捨身　求離三有獄
三有昔未知　真實利益事　爲開真實益　是故我出家
觀趣地獄者　惡業因熾然　受無邊重苦　爲脱故出家
觀諸畜生趣　互相加殺害　無依爲作依　悲心故出家
觀焰魔鬼趣　飢渴大苦逼　爲證妙菩提　施不死甘露
人道追求苦　諸天捨命苦　觀苦遍三有　爲濟故出家

我觀耽欲者　遠離諸慚愧　凌逼於尊親　荒淫甚猪狗
又觀諸愚夫　女媚所吞食　放逸造非義　爲捨故出家
觀劫濁衆生　惡法嬈魔使　我爲摧伏故　趣成無上覺
在家衆過本　出家趣菩提　故捨大地等　爲窮生死際

爾時五百長者聞佛所説。得未曾有。方知如來是真覺者。即於佛前异口同聲而説頌曰。

我等怖畏老死逼　願宣妙法盡其際　世尊諸有趣清净
離有性净超諸有　願拔諸有令不有　及在禁閉有家者
世雄離染最解脱　遠離塵垢心清净　調御法中大調御
願開微妙甘露門　備上妙色勝丈夫　天人世間無等者

世無等等最勝尊　願説妙法濟群生　三垢永滅吐諸過
慧眼清净翳障消　净塵離暗開痴網　願無等尊宣妙法
衆生苦聚無依怙　溺大有池無救者　願起慈悲廣濟心
速拔高升安隱岸　有河憍慢痴迴澓　鬥訟病苦波濤盛
衆生漂没無依救　願發慈心濟有流　朗日千億曜金山
佛身光盛逾於彼　願以勝妙梵音聲　宣布端嚴最上法
諸法自性本清净　體相洞徹等明珠　無有作者無受者
不從他聞遍照覺　自然具足力無畏　行妙净行稱無邊
無邊智解如游空　願大法王宣妙法

爾時世尊作如是念。是五百長者。善根已熟。堪任法化。我今當爲

如應說法。令諸長者即於此處。除捨俗相。以信出家。斷諸煩惱。得漏盡慧。作是念已。即升虛空。結跏趺坐。諸長者等既睹神變。嘆未曾有。於如來所倍生敬重信仰之心。

爾時世尊告諸長者。汝等善聽。世有十種逼迫苦事。所謂生苦。老苦。病苦。死苦。愁苦。怨苦。苦受。憂受。痛惱。生死。如是十種逼迫苦事逼迫衆生。汝等今者欲解脫不。復次諸長者。世有十惱害事。所謂曾於我身作不饒益。今於我身作不饒益。當於我身作不饒益。於我曾愛作不饒益。於我今愛作不饒益。於我當愛作不饒益。我曾不愛而作饒益。我今不愛而作饒益。我當不愛而作饒益。又於一切不饒益過心生惱害。如是十種惱害之事。汝等今者欲解脫不。

復次諸長者。世有十種异見惡見稠林。所謂我見。衆生見。壽命見。數取見。斷見。常見。無作用見。無因見。不平等見。邪見。如是十種惡見稠林。汝等今者欲解脱不。復次長者。世爲十種大毒箭所中。所謂愛毒。無明毒。欲毒。貪毒。過失毒。愚痴毒。慢毒。見毒。有毒。無有毒。如是十種大毒之箭。汝等今者欲解脱不。復次諸長者。世有十種愛根本法。所謂緣愛故求。緣求故得。緣於得故便起我所。緣我所故起諸定執。緣諸定執故起欲貪。緣欲貪故起深耽著。緣深耽著便起慳吝。緣慳吝故起於聚斂。緣聚斂故便起守護。緣守護故執持刀仗。譏謗諍訟。起別離⑮語。種種諸苦惡不善法并因斯起。如是十種愛根本法。汝等今者欲解脱不。復次諸長者。世有十種邪性。

所謂邪見。邪思惟。邪語。邪業。邪命。邪勤。邪念。邪定。邪解脱。邪解脱智見。如是十種邪性。汝等今者欲解脱不。復次諸長者。世有十種不善業道。所謂害命。不與取。行邪淫。妄語。離間語。粗惡語。綺語。貪恚。邪見。如是十種不善業道。汝等今者欲解脱不。復次諸長者。世有十種染污垢法。所謂慳垢。惡戒垢。瞋垢。懈怠垢。散亂垢。惡慧垢。不遵尊教垢。疑垢。不信解垢。不恭敬垢。如是十種染污垢法。汝等今者欲解脱不。復次諸長者。世有十種生死流轉大怖畏事。所謂纏縛慳嫉之網。覆翳無明之膜。墮墜愚痴深坑。漂没愛欲駛流。末摩邪箭所中。熏焞忿恨𡨥烟。焚燒貪欲盛火。迷悶過失毒藥。遮障諸蓋毒刺。饑饉流轉曠野。如是十種生死流轉大怖畏事。汝等今

者欲解脱不。爾時五百長者一心同聲白佛言。世尊。我等今者。願欲解脱所説十種逼迫苦事。所謂生。老。病。死。愁。怨。憂。苦。惱害。生死。如是廣説。乃至流轉饑饉曠野諸逼迫事。我等皆當願得解脱。爾時世尊告是五百諸長者曰。汝等善聽。吾今當説正法之要。諸長者。眼不求解脱。何以故。眼無作無用故。眼不能思。不能了別。是故諸長者。眼非是我。應如是持。如是耳鼻舌身意。意不求解脱。何以故。意無作無用故。意不能思。不能了別。是故諸長者。意亦非我。應如是持。復次諸長者。色不求解脱。何以故。色無作無用故。色不能思。不能了別。是故諸長者。色亦非我。應如是持。如是聲香味觸法。法不求解脱。何以故。法無作無用故。法不能思。不能了別。是故

諸長者。法亦非我。應如是持。復次諸長者。色蘊不求解脫。何以故。色蘊無作無用故。色蘊不能思。不能了別。是故諸長者。色蘊非我。應如是持。如是受蘊想蘊行蘊識蘊。識蘊不求解脫。何以故。識蘊無作無用故。識蘊不能思。不能了別。是故諸長者。識蘊非我。應如是持。復次諸長者。地界不求解脫。何以故。地界無作無用故。地界不能思。不能了別。是故諸長者。地界非我。應如是持。如是水界火界風界空界識界。識界不求解脫。何以故。識界無作無用故。識界不能思。不能了別。是故諸長者。識界非我。應如是持。

復次諸長者。諸法不實分別所起。依於衆緣。無能無力。從衆緣轉。若有衆緣。假設諸法。若無衆緣。則無假法。諸長者。一切諸法唯假

施設。此中都無生者老者死者盡者起者。唯有永斷諸趣。清淨寂滅可以歸依。是故汝等應如是知。是故諸長者。一切諸法不實分別之所生起。依於衆緣。羸劣無力。從衆緣轉。若有衆緣。假立諸法。若無衆緣。則無假法。諸長者。一切諸法唯是假立。此中都無生者老者死者盡者起者。唯有永斷諸趣。清淨寂靜可以歸依。如是諸長者。若有不實分別。則有假立不正作意。若無不實分別。則無假立不正作意。若有不正作意。則有假立無明。若無不正作意。則無假立無明。若有無明。則有假立諸行。若無無明。則無假立諸行。若有諸行。則有假立於識。若無諸行。則無假立於識。若有假識。則有假立名色。若無有識。則無假立名色。若有名色。則有假立六處。若

無名色。則無假立六處。若有六處。則有假立於觸。若無六處。則無假立於觸。若有於觸。則有假立於受。若無於觸。則無假立於受。若有於受。則有假立於愛。若無於受。則無假立於愛。若有於愛。則有假立於取。若無於愛。則無假立於取。若有於取。則有假立於有。若無於取。則無假立於有。若有於有。則有假立於生。若無於有。則無假立於生。若有於生。則有假立老死。若無有生。則無假立老死。如是諸長者。云何爲老。所謂情識惛耄。頭白髮落。皮緩面皺。壽命損減。諸根衰熟。諸行朽故。是名爲老。云何爲死。所謂喪滅轉世。休廢墮落。諸蘊散壞。委弃於地。捨衆同分。是名爲死。若老若死。合名老死。諸長者。生若是有。有假老死。生若是無。無假老死。云何爲生。所

謂是生等生趣起。諸蘊出現。及得諸處會衆同分。是名爲生。諸長者。有若是有。則有假生。有若是無。則無假生。云何爲有。所謂欲有色有及無色有。福及非福不動業等。是名爲有。諸長者。取若是有。則有假有。取若是無。則無假有。云何爲取。所謂欲取。見取。戒禁取。我取。故名爲取。諸長者。愛若是有。則有假取。愛若是無。則無假取。云何爲愛。所謂色愛。聲愛。香愛。味愛。觸愛。法愛。是名爲愛。諸長者。受若是有。則有假愛。受若是無。則無假愛。云何爲受。所謂眼觸所生受。耳觸鼻觸舌觸身觸意觸所生受。是名爲受。諸長者。觸若是有。則有假受。觸若是無。則無假受。云何爲觸。所謂眼觸。耳觸。鼻觸。舌觸。身觸。意觸。是名爲觸。諸長者。六處若有。則有假觸。六處若無。

則無假觸。云何爲六處。所謂眼處。耳處。鼻處。舌處。身處。意處。是爲六處。諸長者。名色若有。有假六處。名色若無。無假六處。云何爲名色。所謂受想思觸作意。四大界及四大界之所造色。是名名色。諸長者。識若是有。有假名色。識若是無。無假名色。云何爲識。所謂眼識。耳識。鼻識。舌識。身識。意識。是名爲識。諸長者。行若是有。則有假識。行若是無。則無假識。云何爲行。所謂色思。聲思。香思。味思。觸⑯思。法思。是名爲行。諸長者。無明若有。則有假行。無明若無。則無假行。云何爲無明。所謂前際無知。後際無知。前後際無知。內無知。外無知。內外無知。苦無知。集無知。滅無知。道無知。緣無知。緣起無知。於緣生法。若黑若白。有緣無緣。有光影無光影。有罪無罪。可親近不

可親近。無知無見。無對觀無達解。如是等相。是名無明。諸長者。不正作意若有。則有假立無明。若無不正作意。則無假立無明。云何名爲不正作意。所謂我於過去。是何等性。是何等處。是何等類。我往未來。是何等性。是何等處。是何等類。復於内身多起疑惑。云何名我。我爲是誰。爲有爲無。爲虛爲實。是何等性。是何等處。是何等類。我昔何處住於彼處。起如是等不正作意。從六見中隨生一見。執有我見。執無我見。或依我故而觀我見。或不依我而觀我見。又復虛妄起如是見。我即世間。或當緣起。爲常爲恒。不轉不變。永正住止。如是諸見。是名不正作意。諸長者。不實分別若有。則有假立不正作意。不實分別若無。則無假立不正作意。云何名爲不實分

別。謂我。有情。命者。丈夫。數取。生者。意生。摩納婆。作者。受者。是名不實。而諸無聞凡夫。妄起如是我分別。有情分別。命者分別。丈夫分別。數取分別。生者分別。意生分別。摩納婆分別。作者分別。受者分別等分別故。是爲不實分別。諸長者。如是不實分別若有。則有假立不正作意。不實分別若無。則無假立不正作意。諸長者。不正作意若有。則有假立無明。不正作意若無。則無假立無明。無明若有。則有假立諸行。無明若無。則無假立諸行。如是乃至生若是有。則有假立老死。生若是無。則無假立老死。

爾時佛告諸長者。汝今當知。一切諸法不實分別所起。依於衆緣。羸劣無力。從衆緣轉。衆緣若有。則有假法。衆緣若無。則無假法。諸

長者。一切諸法唯是假立。此中都無生者老者死者盡者及以起者。唯有永斷諸趣。清净寂滅可以歸依。諸長者。於意云何。譬如大池所生諸魚水族之屬。依何力住。長者白言。世尊。此諸魚等依水力住。佛言。如是如是。諸長者。此水頗有思念。爲有力不。長者白言。世尊。此水無力無能。何所思念。佛言。如是如是。諸長者。不實分別所起諸法亦復如是。但假施設。無力無能。從衆緣轉。衆緣若有則有假法。衆緣若無。則無假法。諸長者。一切諸法唯是假立。此中都無生者老者死者盡者起者。唯有永斷諸趣。清净寂滅可以歸依。是故諸長者。汝等應正觀察如是衆緣。非安隱處。難可保持。深生怖懼。逃走遠避。復應觀察此是何法。因怖何法而來至此。汝等如

是正觀察時。無法可得。無怖無捨。何以故。一切諸法皆不可得。一切種求不可得故。諸法無我。離塵垢故。諸法無衆生。遠離我故。諸法無命。出過生老病死愁憂苦惱逼迫等故。諸法無數取。三世斷故。諸法無字。一切言音不可説故。諸法無著。無所緣故。諸法寂靜。寂滅相故。諸法普遍。虛空性故。諸法性空。無定屬故。諸法無動。無所依故。諸法依實際住善住。無動相應故。諸法不可開闡。離相波浪故。諸法不可顯示。無相無形。無有光影。離諸行故。諸法非我所有。離我所故。諸法不可分別。離心意識故。諸法無有愛藏。超過眼耳鼻舌身意道⑰故。諸法不可舉移。離生住壞故。諸法無作無用。離心意識故。諸法屬緣。性羸劣故。諸長者。我説是眼。四大所造。無常

無住。無恒不堅之法。羸弱速朽。難可保信。衆苦所集。多病多害。汝諸長者。眼爲如是。不應依止。耳鼻舌身意亦復如是。不應依止。當如是觀。復次諸長者。眼如聚沫。不可撮摩。眼如浮泡。不得久住。眼如陽焰。業惑⑱愛生。眼如芭蕉。性不堅固。眼如幻術。從顛倒起。是眼如夢。唯虚妄見。是眼如響。繫屬衆緣。眼如光影。業光影現。眼如浮雲。聚亂散相。眼如流電。刹那便滅。是眼無主猶如地。是眼無我猶如水。眼非有情猶如火。眼非壽命猶如風。眼非數取猶如空。眼爲不實。依藏諸大。是眼爲空。離我我所。是眼無知。如草木土石。是眼無作。機關風轉。是眼虚假。朽穢所聚。是眼浮⑲僞。摧散破壞滅盡之法。眼如丘井。常爲老逼。眼無住際。終歸磨滅。諸長者。眼爲多過。應

如是觀。乃至於意。一切諸法亦復如是。

復次諸長者。一切諸法唯有妄欲。异生愚夫不知妄欲故。妄謂是眼。妄謂是耳。乃至妄謂是意。諸長者。但有妄欲。异生愚夫不知妄欲故。謂此是色。謂此是聲。香味觸法亦復如是。諸長者。但有妄欲。异生愚夫不知妄欲故。謂此色蘊。謂此受蘊。想行識蘊亦復如是。諸長者。但有妄欲。异生愚夫不知妄欲故。謂此地界。謂此水界。火風空識亦復如是。諸長者。一切諸法唯有妄欲。异生愚夫不知妄欲故。謂此有爲。謂此無爲。乃至一切諸法亦復如是。諸長者。汝等今者應捨妄欲。趣於無欲。於諸妻子家宅財物。深知虛妄。不應執著。不執著故。以净信心捨離家法趣於非家。當得無欲。諸長者。何

等名爲出家無欲。謂住尸羅⑳別解脱戒。具足攝持威儀行處。見於小犯生大怖畏。受學律儀成就戒蘊。諸長者。汝等若能奉持戒已。於是六根六境五蘊六界。深知虛假。皆不執著。以不著故。是名出家無欲之法。諸長者。若不著眼。乃至識界。以不著故。則不保護。何者不保護。眼不保護。耳鼻舌身意不保護。色不保護。聲香味觸法不保護。色蘊不保護。受想行識蘊不保護。地界不保護。水火風空識界不保護。以不保護。則無煩惱。若無煩惱。則名爲輕。云何爲輕。謂無所見。若無所見。則不依物起瞋害心。由無瞋害。則不自害。不思害他。不思俱害。以無害故。則於無餘大涅槃界。而便入證。諸長者。汝等應知。誰於寂滅而便入證。諸長者。眼不入寂滅。耳鼻

舌身意不入寂滅。然因於眼起諸妄執。或計爲我。或計我所。若遠離者。即是寂滅。遠離何等而爲寂滅。若遠離貪。即是寂滅。若遠離瞋。即是寂滅。若遠離痴。即是寂滅。若離無智。即是寂滅。復次諸長者。過去無智不可遠離。未來無智不可遠離。現在無智不可遠離。然要因於遠離無智。而正智起。諸長者。何等爲智。所謂盡智。何等盡智。過去非盡智。未來非盡智。現在非盡智。然諸長者。因離無智而此智生。此智不遠離智。因離眼無智而此智生。又諸長者。眼非我所。若非我所。則不取著。若不取著。即是最上。若是最上。即是解脫。何處解脫。於我執所而得解脫。有情執所。壽命執所。數取執所。斷常執所。一切執所。乃至分別執所而得解脫。行者若能於執解

脱。則不分別。若不分別。則非分別。非不分別。何等不分別。所謂不分別我及以我所。行者爾時於一切法離散不積。捨而不取。捨故寂滅。解脱。除遣。最勝解脱。離諸繫縛。於何等處名爲除遣。一切苦處而得除遣。汝諸長者。若求出離。勿於一法而生取著。何以故。若有取著。則有怖畏。若無取著。則無怖畏。

復次諸長者。眼非寂滅。耳鼻舌身意亦非寂滅。色非寂滅。乃至識界亦非寂滅。然諸長者。因於識界起不實執。或計爲我及以我所。若離於此。即是寂滅。遠離何等而得寂滅。謂遠離貪而得寂滅。離瞋離痴及以無智而得寂滅。復次諸長者。過去無智不可遠離。未來無智不可遠離。現在無智不可遠離。然離無智而得智生。諸長

者。何等爲智。所謂盡智。何等盡智。過去非盡智。未來非盡智。現在非盡智。然諸長者。因離無智而智得生。此智不遠離智。因離識無智故而智得生。而此識界非是我所。若非我所。則不取著。若不取著。即是最上。若是最上。是即解脫。何處解脫。於我執所而得解脫。有情壽命。乃至於一切分別執所而得解脫。行者若能於執解脫。則不分別。若不分別。則非分別。非不分別。何等不分別。謂不分別我及我所。行者爾時離散不積。捨而不取。捨故寂滅。解脫除遣。最勝解脫。離諸繫縛。於何除遣。一切苦處而得除遣。汝諸長者。若求出離。勿於一法而生取著。何以故。若有取著。則有怖畏。若無著者。則無怖畏。爾時世尊欲重宣此義。而說頌曰。

取著生怖畏　由斯趣惡道　觀此有怖處[21]　智者不應取
汝修諸聖道　應當善觀察　如是觀便得　异此則不可
一切處皆空　虛動非堅實　愛誑惑世間　勿於此生亂
我已知空法　了諸法不堅　湛然獲安泰　證無動妙樂
若如是了知　諸法唯空者　彼解脱衆苦　及滅於諍論
欲攝受一切　生諸災横者　攝受故取著　著故生諸有
從有生於生　由生遠寂滅　生者老病死　如是大苦逼
無欲故無取　無取故無有　無有故無生　老病死亦爾
聚集資生具　一時皆弃捨　并捨愛妻子　趣苾芻威儀
勿貪親與財　咄哉念知足　勿如旃荼羅　下賤心來往

勿自恃持戒　輕毀犯戒者　恃戒淩於人　是名真破戒
譬如鹿被弶jiàng[22]　若縛若致死　處魔羂慢者　縛害亦如是
慢能壞善心　又損自他善　故勿輕毀戒　況持戒梵行
當學大仙子　常住空閑處　勿顧於身命　趣寂靜解脱
應離無義本　順世尼乾論　愛敬演甚深　空相應妙法
內外十二處　我說心爲本　彼復因業生　業由思久住
眼色俱爲緣　而生起於識　緣闕則不生　譬無薪之火
如是生諸法　和合互相生　無作無受者　現作用如幻
一切內外法　我已知空幻　愚夫顛倒執　分別我我所
眼中無有情　外諸處亦爾　非我作壽者　諸法類應知

眼不思解脱　耳鼻舌亦然　身意等無作　諸法觀如是
譬如巨海中　鼓濤成沫聚　明眼者察知　審其非堅實
如是五蘊體　達者知非固　當解脱生老　愁憂災橫等
我法中出家　知諸法如幻　不虛彼信施　即名供諸佛

爾時五百長者聞是法已。即於此處遠塵離垢。於諸法中得法眼净。如無黑净衣置染器中。速受染色。如是諸長者法眼清净亦復如是。爾時世尊復爲長者宣説妙法。示教贊喜㉓。諸長者。我説此眼自性是苦。而復熾然。何等熾然。所謂貪火瞋火痴火之所熾然。生老病死。愁嘆憂苦。不安等法之所熾然。如是諸長者。我説此耳鼻舌身意自性是苦。而復熾然。何等熾然。所謂貪火瞋火痴火。生老

病死。愁嘆憂苦。不安等法之所熾然。諸長者。我説此色自性是苦。而復熾然。何等熾然。所謂貪火瞋火癡火之所熾然。乃至聲香味觸法亦復如是。諸長者。我説色蘊自性是苦。而復熾然。何等熾然。所謂貪火瞋火癡火之所熾然。乃至受想行識蘊亦復如是。諸長者。我説地界自性是苦。而復熾然。何等熾然。所謂貪火瞋火癡火之所熾然。如是乃至水火風空識界自性是苦。而復熾然。何等熾然。所謂貪火瞋火癡火。生老病死。愁嘆憂苦。不安等法之所熾然。是故諸長者。我今不執眼耳鼻舌身意。汝等亦應如是隨學。我今不執色聲香味觸法。乃至不執色等諸蘊。地等諸界。此世他世。汝等亦應如是隨學。諸長者。汝等若於眼耳鼻舌身意不執著者。則

不依眼住。不依耳鼻舌身意住。汝等不依色聲香味觸法時。汝等則不依於一切法住。汝等不依色蘊。乃至不依識蘊住者。則不依色蘊乃至識蘊住。汝等不依地水火風空識界時。則不依地界乃至識界住。汝等不依此世他世及以一切世間住者。如是汝等不取一切法時。則不依於一切法住。若能不依一切法住者。是則名爲非當有非不當有。汝等若悟非當有非不當有者。我說汝等解脱生老病死諸苦。爾時世尊欲重宣此義。而説頌曰。

生死所熾盛　燒然諸世間　受苦無能救　喪失於聖道

照世諸如來　時乃一興現　無刹那遠離　當起堅精進

修習於正行　慧觀應察知　如慧觀當得　异此非所獲

若於此修習　應知一切空　了達空法已　非心空菩提
貪瞋及與痴　是三毒大火　燒諸世愚者　長眠而不覺
生老病及死　愁嘆諸苦等　知世逼迫已　勿依諸法住
爾時五百長者白佛言。世尊。我等今者欲於佛所出家。受具足戒。修清淨行。未審世尊垂愍聽不。佛言。善來苾芻。即名出家。具足戒已。成苾芻法。爾時世尊欲重宣此義。而説頌曰。
袈裟執受已　其髮自然斷　一切皆持鉢　即座成羅漢
知得羅漢已　於苾芻衆前　及對諸天等　大師已問説㉔
昔於世依怙　廣行諸布施　隨其所生處　常感多安樂
彼今得見我　復生清淨心　由彼心清淨　故爲説妙法

聞說得羅漢　永離於我見　證空法現前　解脫諸生死

大寶積經卷第三十五

校注

①『雨』，龍藏作『而』。

②『雨安居』，又作安居、夏安居。爲僧衆修行制度之一。印度夏季雨期長達三個月，此期間，僧、尼禁止外出，以免踏殺草木小蟲，而聚居一處，坐禪修學，接受供養，稱爲雨安居。（《佛光大辭典》）

③『守』，底本污殘，依龍藏、思溪藏補。

④『僧伽胝』，此云複衣，即今僧之大衣是也。下從九條，上至二十五條，但取奇數。佛制入王宮時、入聚落時、摧伏外道時、見猛獸時應着此衣。（唐·慧琳《一切經音義》）

⑤『憺怕』，恬静無爲之貌。（和裕出版社《大寶積經·音釋》）

⑥『項』，龍藏作『頂』。

⑦『輓』，龍藏作『縵』。

⑧『瞿拉坡』，梵語也，此云兩踝骨。（和裕出版社《大寶積經·音釋》）

⑨『大』，龍藏、思溪藏作『天』。

⑩『轉』，底本作『縛』，依龍藏、思溪藏改。

⑪『道』，龍藏作『見』。

⑫『末摩』，此云死節。言人支節之中若被打被損身則死夭，故云死節。（唐·慧琳《一切經音義》）

⑬『老』，思溪藏作『生』。

⑭『貧』，龍藏、思溪藏、和裕本、上海佛學書局本作『貪』。

⑮『離』，底本作『種』，依龍藏、和裕本、中州本改。

⑯『觸』上，底本有『所』字，依龍藏、和裕本、中州本刪。

⑰『道』，龍藏、和裕本、中州本作『識』。

⑱『惑』，龍藏作『感』。

⑲『浮』，底本污殘，依龍藏、思溪藏補。

⑳『尸羅』，梵語，唐云戒，或云律，或總云戒律藏也。（唐·慧琳《一切經音義》）

㉑『處』，龍藏、思溪藏、和裕本作『畏』。

㉒『弶』，有二義：捕捉鳥獸的一種工具；用弶捕捉。（《漢語大字典》第二版）

㉓『喜』，底本作『善』，依龍藏、思溪藏、和裕本改。

㉔『已』，龍藏、上海佛學書局本、中州本作『無』。

大寶積經卷第三十六

大唐三藏法師玄奘奉　詔譯

菩薩藏會第十二之二·金毗羅天受記品第二

爾時世尊於彼中道不移其處。令諸長者建立聖果。以如來威勢入王舍城。四衆圍繞。容儀庠序。①時有護王舍城諸天藥叉大善神王。名金毗羅。作如是念。今者如來形相殊异。於世間中最勝難遇。堪受人天之所供養。我等今當應以種種上妙供具奉獻如來。作是念已。便以最勝飲食。具足香味。成就妙色。奉上於佛。爾時世尊愍其所獻。故爲納受。時金毗羅王所領大藥叉衆六萬八千。在虚空中咸生隨喜。以清遠音唱言。善哉善哉。時金毗羅即以此義告

其衆曰。我已奉佛上妙供具。汝等亦應以諸供養施苾芻僧。當令汝等於長夜中利益安樂。諸藥叉衆受王教已。即以上供。施苾芻僧。時諸僧衆哀受其供。

爾時世尊爲乞食故。入王舍城。既得食已。將還所止。時有無量千衆天。龍。藥叉。健達縛。阿素洛。揭路荼。緊捺洛。牟呼洛伽。及無量千人與非人。又有無量拘胝那庾多百千衆生。隨從佛後。爾時如來往彼最勝寬廣之地。敷如常座而坐其上。時金毗羅與其部從。即持種種天曼陀羅花。殟鉢羅花。鉢特摩花。拘貿陀花。奔荼利花。復持種種天栴檀末諸供養具而散於佛。所謂勝散。大勝散。妙散。大妙散。作如是等殷勤散已。合掌佛前。禮敬而住。爾時如來知金毗

羅及其大衆心之所念。即便微笑。諸佛常法。現微笑時。從其面門出種種無量色光。所謂青黄赤白。紅色銀色及水精色。其光遍照無量無邊一切世界。日月威光掩蔽不現。下照地獄。令彼悦樂。乃至上踴至於梵世。所應作已。而復還來。右繞七匝。或於世尊頂上而没。或從兩肩。或從兩膝而滅没者。諸佛常法。若授地獄衆生記時。爾時光明兩足下没。若授畜生。光從背没。若授鬼趣。從身前没。若授人道。從左脅没。若授天趣。從右脅没。若授聲聞。從兩膝没。若授獨覺。從兩肩没。若佛世尊授諸菩薩摩訶薩。阿耨多羅三藐三菩提記時。爾時光明從頂上没。時長老阿難陀。既睹世尊微笑光明。以七條衣覆左肩已。偏袒右肩。右膝著地。合掌禮足。以頌問曰。

照世依怙者　何故放光明　利益世間尊　何緣現微笑
誰今下聖種　爲佛菩提因　今爲誰授記　誰應住解脱
大雄猛導師　非無因而笑　願牟尼當説　現光之所爲

爾時世尊即便以頌報阿難曰。

金毗羅净心　奉獻諸供具　救世依怙者　故現斯微笑
捨神王報已　往三十三天　受彼天福盡　上生焰摩天
又生睹史多②　受諸天欲樂　福盡生人中　興爲智慧王
王四洲人主　自在轉輪帝　捨後人王已　便生梵世天
天上及人中　數往來不息　二十拘胝劫　常感諸妙樂
最後捨王位　出家求佛道　衆緣具足已　成究竟菩提

三萬諸藥叉　由奉養於佛　便捨藥叉報　生三十三天
後見慈氏尊　復獲阿羅漢　既蒙授道化　即各③供諸佛
滿千藥叉衆　爲住大菩提　由是善根故　不生諸惡趣
或有千藥叉　當供佛導師　求無上菩提　利益衆生故
或有二三千　持香花鬘等　當供養諸佛　爲得佛菩提
或有千拘胝　當供諸佛已　修自體清净　後證入④菩提
金毗子世羅　具大神通力　亦發大願心　我當成等覺
曾供養諸佛　遍起於弘誓　今復供養我　心趣無上道
由此善根力　捨諸弊惡趣　當見慈氏尊　又獻拘胝蓋
獻拘胝蓋已　復獻拘胝衣　獻拘胝衣已　爾時便出家

具滿五百歲　專修行梵行　求最上菩提　利益衆生故
當成彼願故　修行施戒等　如殑伽沙劫　精勤常不斷
如是汝當知　爲示現故説　彼修行勝行　倍增過上數
如前説譬喻　殑伽沙劫數　得見彼諸佛　當修大供養
奇哉勝妙智　奇哉無上心　諸衆大導師　名所不能顯
後當成正覺　一切衆生尊　號名曰醫王　普聞十方界
七十拘胝歲　説法度衆生　其兩足世尊　久當入寂滅
二十大集會　調伏衆生心　最後一大會　經二百億歲
如所説大會　度無量聲聞　如聲聞數量　菩薩衆亦爾
利益衆生已　如來方涅槃　正法住世間　經於百千歲

滿五百劫中　是苾芻成佛　於彼一一劫　千如來出現
諸有智慧者　當思法水灌　應生勇猛心　行多聞正理
遠於非正理　常修正理法　應修習多聞　由此慧增長
四根本法義　濟度諸菩薩　施戒聞捨法　賢善菩提道
爲衆說是法　最勝無上乘　演布聲聞道　善斷諸疑網
諸有請問者　我今悉開許　能說深妙法　照世者難遇

爾時金毗羅子世羅。即於佛前聞佛授記。歡喜踴躍。得未曾有。作如是念。今者世尊將往鷲峰山王。我當復應於如來所殖少善根。作是念已。告其衆曰。卿等當知。如來當發王舍大城升鷲峰山。卿等宜可發勇猛心。隨其力能辦諸供養。時彼世羅即與官屬。從王

舍城至鷲峰山中間道路。屏除草穢。磚瓦礫石。株杌⑤毒刺。極令遍淨。如明鏡面。又以香水沾灑其地。敷勝妙衣。遍于中路。散布名華。量與人等。燒妙堅香。順路普薰。列樹幢幡。懸諸寶蓋。於虛空中張施繒彩。條別間設。羅布其上。又作種種天諸音樂。前後充滿。其路極廣。盡一箭道。皆遍覆以水生諸花。所謂殟鉢羅花。鉢特摩花。拘貿陀花。奔荼利花。又以鴛鴦勝鳥。間錯其花。行列道側。於彼道上。又以金縷繒彩而用敷之。上施七寶所成殊妙等網。遍覆于道。時彼世羅。於佛由路。作如是等大莊嚴已。自化其身極令姝大。與諸官屬歡喜踴悅。倍生欣慶。發諸勝心。所謂暢適心。調善心。柔軟心。清淨心。離蓋心。充美心。歸依佛心。歸依法心。歸依衆心。不動菩提

心。不退轉心。無等心。無等等心。超過一切三界心。於一切衆生起大慈心。起大悲心。起大喜心。起大捨心。起一切佛法器心。堅心。固心。不可壞心。不朽敗心。捨離聲聞獨覺地心。成立一切菩薩地心。彼住如是諸勝心已。往如來所。頂禮佛足。右繞三匝。却住一面。合掌向佛而説頌曰。

我已爲世依　辦無上供養　佛爲世間尊　演最上法者
十力皆成就　安住諸無畏　利益衆生事　如導師所作
具相三十二　八十隨形好　世怙猶如日　流光遍於世
轉於妙法輪　最勝十二行　宣布深妙法　利益群生故
顯示諸神變　如佛之儀式　爲多拘胝衆　作諸利益事

未來諸大雄　祐世間如日　宣揚彼聖法　悟成無上智
爲舍爲救拔　爲道爲歸趣　爲諸生盲衆　導之施慧眼
五趣衆生類　我當作依怙　解脱諸苦聚　如先佛所離
我爲兩足尊　天中天日月　天帝那伽衆　阿素洛奉敬
所設諸供具　世無有等者　我作上妙業　無有相似者
如法主⑥世尊　具足三十二　上微妙福相　世無與等者

爾時世尊爲金毗羅子世羅而説頌曰。

諸供大師者　爲最上法因　彼有情中勝　菩提不難得
供養照世間　光性世依怙　諸天龍及人　所應供養者
悟上妙菩提　坐最勝道樹　摧伏諸惡魔　爲衆生説法

爾時世尊與無量百千天。龍。藥叉。羅刹。健達縛。緊捺洛。牟呼洛伽。人與非人。復有無量百千那庾多拘胝諸衆生等。前後圍繞。佛於其中最居衆首。以如來大威德故。大神通故。大宗勢故。種種自在大變化故。放大光明。震動大地。雨大蓮花滿虛空中。鼓於百千那庾多拘胝天諸伎樂。時諸大衆嘆未曾有。既睹神變。倍加恭敬。爾時如來足步蓮花大如車輪。隨莊嚴道往鷲峰山王。既到彼已。告長老阿難陀曰。汝爲如來敷置勝座。所謂最上之座。法座。微妙座。勝過一切三界座。尊勝座。佛座。如來之座。我當於此坐。爲欲利益一切衆生故。說大乘菩薩行所依經。名微妙吉祥大菩薩藏。此經能令一切衆生疑山崩墮。此經能令一切衆生疑網斷絶。此經能

令一切衆生疑根不生。此大乘經利益安樂諸衆生故。哀愍大衆及諸天人。是故如來方爲開闡。爾時長老阿難陀如佛所教。敷施法座。時彼衆中有六十八拘胝天子。各捨上衣。爲如來故。敷法座上。佛於其上。如常敷座。顧諸天子而説頌曰。

諸天敷衣服　最勝上微妙　救世大導師　安處此法座

到諸法彼岸　如來升座已　大地六種動　令衆皆歡喜

放光照佛土　并耀諸山王　世尊現神通　濟度樂法者

諸天龍及人　鳩槃荼餓鬼　布怛那等衆　互相見無障

百千那庾多　拘胝諸天等　睹佛放光明　此時甚難遇

頻毗婆⑦羅王　諸大臣圍繞　來詣世依怙　最勝如來所

佛知天龍人　大衆皆坐已　爲利諸衆生　顧視於四方
告諸有疑者　當問兩足尊　我將導世間　善斷諸疑網
爾時三千大千世界所有衆生。爲聽法者皆來集會。既聞如來説是法已。爲聞法故。静息外緣。心住一境。攝念而住。爾時世尊告長老大目犍連。汝今當知有誰苾芻。住在遠處。未來會坐。當召令集。時長老大迦葉。在大雪山南面而住。大目犍連憶念知已。以神通力往彼白言。如來今者在鷲峰山。於大衆前。爲諸天魔梵。沙門婆羅門。天人阿素洛等。當説妙法。正待仁者。可共往彼。勿令我等於法障礙。時大迦葉語大目犍連言。汝且前往。吾尋後至。作是語已。時大迦葉不起于座。化神通力入王舍城。將從四部。導衆而行。往

鷲峰山。頂禮佛足。於大衆中對於佛前。不遠而坐。時大目犍連睹斯化已。以神通力來至佛所。乃見迦葉先已處座。白迦葉言。尊者成就速疾大神通分⑧。乃能不起本座現斯神化。大迦葉言。世尊説汝神通第一。吾今微現。未可涉言。

菩薩藏會第十二之二·試驗菩薩品第三

爾時長老舍利子即從座起。以鬱多羅僧覆左肩上。偏袒右肩。以右膝輪而置於地。向佛合掌。恭敬而住。白佛言。世尊。我今欲有少問。唯願如來應正遍知哀愍聽許。爲我解説。佛告長老舍利子言。恣汝所問。如來今者。當爲解説。令汝心喜。舍利子白佛言。世尊。菩薩摩訶薩成就幾法。身業無失。語業無失。意業無失。成就幾法。身

業清浄。語業清浄。意業清浄。成就幾法。身業不動。語業不動。意業不動。不爲天魔及魔軍衆之所嬈轉。從初發一切智心。修行正行。地地增勝。善巧方便。爲一切衆生作勝導師。爲普導師。爲大照炬。爲大梯隥。爲橋爲船。爲濟度者。爲彼岸者。爲舍爲救。爲歸爲趣。而能不捨一切智心。爾時舍利子欲重宣此義。以頌問曰。

菩薩何等義　能住大菩提　何名德及法　由此悟無上
又行何等行　利益諸衆生　修習何法已　成佛人中勝
云何伏惡魔　住最勝菩提　震動拘胝土　悟無上正覺
菩薩者何義　如是句云何　云何爲菩提　及無上佛法
云何行世間　利益群生類　不染如蓮花　解脱拘胝衆

云何爲天龍　非人等供養　我諸所請問　慈悲願爲説

爾時佛告長老舍利子。善哉善哉。吾今當爲分別解説。舍利子。菩薩摩訶薩成就一法。則能攝受汝所問法。及餘無量無邊佛法。何者一法。謂菩提心。及備信欲。舍利子。是名菩薩摩訶薩成就一法。則能攝受無邊佛法。舍利子白佛言。世尊。何等名爲信欲具足。復以何義名菩提心。佛告舍利子。信欲具足者。是謂堅實。不可壞故。是謂牢固。不可動故。言不動者。無蹶失故。無蹶失者。能善住故。能善住者。不退轉故。不退轉者。觀衆生故。觀衆生者。大悲根本故。大悲根本者。不疲倦故。不疲倦者。成熟衆生故。成熟衆生者。善知自樂故。善知自樂者。無希望故。無希望者。不染資具故。不染資具者。

爲衆生依故。爲衆生依者。觀待下劣衆生故。觀待下劣衆生者。爲救濟故。爲救濟者。爲歸趣故。爲歸趣者。不卒暴故。不卒暴者。善觀察故。善觀察者。無怨嫌故。無怨嫌者。善調信欲故。善調信欲者。無所存故。無所存者。善清净故。善清净者。妙鮮白故。妙鮮白者。内離垢故。内離垢者。外善清净故。舍利子。如是堅實難壞。乃至内離於垢外善清净者。是名信欲具足也。

佛復告舍利子。菩提心者何相何貌。舍利子。菩提心者無有過失。不爲一切煩惱之所染故。菩提心者相續不絶。不爲餘乘中所證故。菩提心者堅固難動。不爲异論所牽奪故。菩提心者不可破壞。一切天魔不傾敗故。菩提心者常恒不變。善根資糧所積集故。菩

提心者不可摇動。必能獨證諸佛法故。菩提心者妙善安住。於菩薩地善安住故。菩提心者無有間斷。不爲餘法所對治故。菩提心者譬如金剛。善能穿徹佛深法故。菩提心者勝善平等。於諸衆生種種欲解無不等故。菩提心者最勝清净。性不染故。菩提心者無有塵垢。發明慧故。菩提心者寬博無礙。含受一切衆生性故。菩提心者廣大無邊。如虚空故。菩提心者無有障礙。令無礙智遍行一切。無緣大悲不斷絶故。菩提心者應可親近。爲諸智者所稱贊故。菩提心者猶如種子。能生一切諸佛法故。菩提心者爲能建立。建立一切喜樂事故。菩提心者發生諸願。由戒净故。菩提心者難可摧滅。由住忍故。菩提心者不可制伏。由正勤故。菩提心者最極寂

靜。由依一切大靜慮故。菩提心者無所匱乏。由慧資糧善圓滿故。復次舍利子。菩提心者。即是如來尸羅藴。三摩地藴。般羅若⑨藴。解脱藴。解脱智見藴之根本也。又菩提心者。即是如來十力。四無所畏。十八不共佛法之根本也。舍利子言。菩提心者。謂以此心用菩提爲生體故。名菩提心。如是舍利子。諸菩薩摩訶薩成就信欲菩提心故。是名菩提薩埵。是名廣大薩埵。是名極妙薩埵。是名勝出一切三界薩埵。是名身業無失。語業無失。意業無失。是名身業清净。語業清净。意業清净。是名身業無動。語業無動。意業無動。菩薩摩訶薩以具如是諸業净故。不爲天魔及魔軍衆之所嬈轉。從初發一切智心。修行正行。地地增勝。善巧方便。不爲一切世法所動⑩。

能爲衆生作大導師。作勝導師。作普導師。爲大照炬。爲大梯隥。爲橋爲船。爲濟度者。爲彼岸者。爲舍爲救。爲歸爲趣。舍利子。菩薩摩訶薩如是發一切智心故。魔及魔軍不能傾動。

爾時佛告舍利子。諸菩薩摩訶薩由具如是浄信欲故。發阿耨多羅三藐三菩提心已。心多浄信。樂睹賢聖。樂聞正法。樂不慳吝。開舒心手而行大施。欣樂大捨。樂均普施。於諸衆生心無挂礙。心無穢濁。心無憒亂。心不間雜。於業業報深心奉敬。無疑無慮。知黑白法。果報不壞。乃至命難。不起諸惡。永離殺生。不與取。邪淫行。妄語。乖離語。粗惡語。綺語。貪染。瞋恚。愚痴。邪見。爲斷如是不善業道。受持奉行十善業道。由具信故。於諸沙門。若婆羅門。正至正行。具德

具戒。其心純浄。成調順法。具足多聞。勤行咨問。修正作意。調善寂靜。親近寂滅。不起諍訟。非不愛語。善知信欲。非不善知。善法相應。遠諸惡法。不掉不高。性離躁動。性離粗言。語無浮雜。守念正住。心安妙定。善斷有本。不中毒箭。捨離重擔。超度疑慮及以後有。諸佛世尊。菩薩摩訶薩。聲聞獨覺。於如是等善知友所。如實覺已。親覲敬仰。奉事將遇。行者如是於善知友身行奉事。復以法施而攝受之。宣説妙法。示教贊喜。所謂若行柁那⑪得大財富。若行尸羅得生天樂。若好多聞獲得大慧。若修諸定便離繫縛。復爲開顯種種微妙清浄勝法。此是布施。此布施報。此是慳吝。此慳吝報。此是尸羅。此尸羅報。此是犯戒。此犯戒報。此是忍辱。此忍辱報。此是瞋恚。此

瞋恚報。此是正勤。此正勤報。此是懈怠。此懈怠報。此是靜慮。此靜慮報。此是亂心。此亂心報。此是智慧。此智慧報。此是惡慧。此惡慧報。此身妙行。此身妙行報。此身惡行。此身惡行報。此語妙行。此語妙行報。此語惡行。此語惡行報。此意妙行。此意妙行報。此意惡行。此意惡行報。此善。此不善。此應作。此不應作。此若作已。感得長夜義利安樂。此若作已。感得長夜非義非利非安樂果。舍利子。行者如是爲諸善友。宣説是法示教贊喜已。覺知堪任大法器者。即爲開示甚深微妙空相應法。所謂空法。無相法。無願法。無行法。無生法。無起法。無我法。無數取法。無壽命法。無衆生法。復爲開示甚深緣起。所謂此有故彼有。此生故彼生。無明緣行。行緣識。識緣名色。

名色緣六處。六處緣觸。觸緣受。受緣愛。愛緣取。取緣有。有緣生。生緣老死。愁嘆憂苦。身心焦惱。如是種種。生起純大苦聚。又此無故彼無。此滅故彼滅。謂無明滅故行滅。行滅故識滅。乃至生滅故老死滅。如是乃至純大苦聚滅。舍利子。又應爲説此中無有一法是有可得而可滅者。何以故。由彼諸法從因緣生。無有主宰。無有作者。無有受者。從因緣轉。又無一法流轉旋還。亦無隨轉。由痴妄故。假立三界。從煩惱苦之所流轉。但假施設。行者如是如實觀察痴妄之時。無有一法能作餘法。若於是中無有作者。作者不可得故。乃至無有一法流轉旋還。流轉旋還不可得故。舍利子。行者若聞如是甚深法已。無疑無慮。善入諸法無挂礙性。是人不著於色。不

著受想行識。不著眼色及以眼識。不著耳鼻舌身意法及以意識。皆不可得故。

復次舍利子。菩薩摩訶薩信受如是性空法已。不退見佛。不退聞法。不退奉僧。在在所生。不離見佛。不離聞法。不離奉僧。⑫面生佛前。猛勵正勤。志求善法。是人住正勤已。不戀居家。男女眷屬。奴婢僕使及諸資具。是人不爲淫欲所嬈。速於今生捨盛年樂。以净信心於佛法中出家入道。既出家已。得善知識。善伴善友。善住思惟。善住信欲。由善住信欲故。善聽聞法。堅奉修行。不但言説以爲宗極。覺慧成就。樂求多聞無有厭足。如所聞法。以無染心爲他廣演。於諸利養。恭敬。名譽。情無希望。不捨正義妄爲他説。如其所聞。如其

所住而爲説法。於聽法衆起大慈心。於諸衆生起大悲心。舍利子。行者如是有多聞故。不顧身命。少欲知足。寂静欣樂。易滿易養。樂處空閑。如所聞法觀察其義。依於實義。不依於文。爲諸天人阿素洛界之所依止。不專爲己。爲諸衆生求於大乘。所謂佛智。無等智。無等等智。勝出一切三界之智。舍利子。我説是人獲得第一不放逸法。舍利子。云何名爲不放逸法。所謂諸根寂静。何等諸根寂静。所謂眼見於色。不取相貌。如實覺知色味色患及色出離。如是耳所聞聲。鼻所嗅香。舌所嘗味。身所覺觸。意所識法。不取相貌。如實覺知法味法患及法出離。舍利子。如是名爲心不放逸。復次。不放逸者。調伏自心。善護他心。除樂煩惱。趣樂正法。不行欲覺。恚覺。害

覺。不行貪不善根。嗔不善根。痴不善根。不行身惡行。語惡行。意惡行。不行不如理作意。不行一切惡不善法。此則名爲不放逸也。如是舍利子。是諸菩薩摩訶薩既不放逸。能勤修習如理作意。若法是有。如實知有。若法是無。如實知無。觀察此中何者是有。何者是無。即以慧力如實能知。正修習者。聖解脱有。邪修習者。聖解脱無。無業報者。此則是有。有業報者。此則是無。⑬復次。眼爲是有。有眼者無。耳鼻舌身意。意爲是有。有意者無。復次。色爲無常苦變异法。此則是有。色爲常住不變不壞。此則是無。受想行識。無常苦變异法。此則是有。受想行識。常住不變不壞。此則是無。復次。無明爲緣。諸行則有。若無無明。諸行則無。乃至以生爲緣。老死則有。若無生者。

老死亦無。復次。施感大財。此則是有。施感貧窮。此則是無。持戒生天。此則是有。犯戒生天。此則是無。聞生大慧。此則是有。諸惡慧者能生大慧。此則是無。修定離縛。此則是有。修定繫縛。此則是無。復次。若如理作意而有繫縛。不如理作意離繫縛者。此二俱無。若諸菩薩發起正勤。菩提則有。若起懶惰。菩提則無。若無憍慢出家授記。是名爲有。若憍慢者寂滅則無。復次。遍一切處空性是有。遍一切處有我。數取。衆生。壽命。丈夫等類。此則爲無。如是舍利子。若諸菩薩摩訶薩行不放逸。能善修習如理作意。世間智者同知是有。施設爲有。世間智者同知是無。施設爲無。舍利子。若定説有。非正了知。若定説無。是亦名爲非正了知。何以故。諸佛世尊所説實義。

能隨覺了故。舍利子。諸佛世尊具大智力。總攝諸法。安處四種鄔柁南中。何等爲四。所謂一切行無常。一切行苦。一切法無我。涅槃寂滅。舍利子。所演一切行無常者。如來爲諸常想衆生斷常想故。所演一切行苦法者。如來爲諸樂想衆生斷樂想故。所演一切無我法者。如來爲諸我想衆生斷我想故。所演寂滅涅槃法者。如來爲諸住有所得顚倒衆生。斷有所得顚倒心故。舍利子。是諸菩薩摩訶薩。若聞如來說一切行爲無常者。即能善入畢竟無常。若有聞說一切行苦。則能興厭起離願心。若有聞說諸法無我。則能修習於三摩地妙解脫門。若有聞說寂滅涅槃。則能修習無相三摩地。而不非時趣入眞際。如是舍利子。若諸菩薩摩訶薩。能善修習

如是法者。終不退失一切善法。速能圓滿一切佛法。

大寶積經卷第三十六

校注

①『庠序』，謂安詳而有次序也。（和裕出版社《大寶積經·音釋》）
②『多』，龍藏、思溪藏作『天』。
③『各』，龍藏、思溪藏、和裕本、中州本作『名』。
④『入』，龍藏、思溪藏作『大』。
⑤『杌』，底本作『柧』，依龍藏、和裕本改。
⑥『主』，龍藏作『王』。
⑦『婆』，龍藏、思溪藏作『娑』。
⑧『分』，龍藏、思溪藏作『力』。
⑨『般羅若』，唐言慧，古譯云智慧。（唐·慧琳《一切經音義》）
⑩『動』，龍藏作『染』。
⑪『柁那』，亦云檀那，此云布施。（後晉·可洪《新集藏經音義隨函録》）
⑫『面』，龍藏、思溪藏、和裕本作『而』。
⑬『無業報者。此則是有。有業報者。此則是無』，别譯本《佛説大乘菩薩藏正法經》（北宋·法護譯）作『諸業有報即有。諸業無報即無』。

大寶積經卷第三十七

大唐三藏法師玄奘奉　詔譯

菩薩藏會第十二之三·如來不思議性品第四之一

爾時佛告舍利子。是諸菩薩摩訶薩。善住如是清淨信已。復能信受如來應正遍知十種不可思議法。諦奉清淨。無惑無疑。不異分別。倍復踴躍。深生歡喜。發希奇想。舍利子。何等名爲如來十種不思議法。舍利子。一者。信受如來不思議身。二者。信受如來不思議音聲。三者。信受如來不思議智。四者。信受如來不思議光。五者。信受如來不思議尸羅及以等觀。六者。信受如來不思議神通。七者。信受如來不思議力。八者。信受如來不思議無畏。九者。信受如來

不思議大悲。十者。信受如來不思議不共佛法。舍利子。是名十種不思議法。若有菩薩摩訶薩爲求法故。興起正勤。不怯不退。不生捨離。發如是心。我今未得不思議法。寧使風所轉身皮肉筋骨受大苦惱。或復血肉乾枯竭盡。要必勤行精進。中無暫廢。如是舍利子。已得信解諸菩薩摩訶薩。若聞如是如來十種不思議法。信受諦奉。清浄無疑。倍復踴躍。深生歡喜。發希奇想。爾時世尊欲重宣此義。而説頌曰。

佛身難思議　爲真法身顯　無相不可觀　唯佛子能信

諸趣雜種類　音聲不可思　隨音爲説法　信諸佛境界

一切種群生　三世諸根异　佛皆能覺了　信是不思議

諸佛無邊光　光網不思議　遍滿十方界　無邊佛土海
佛戒超世間　不依止世法　神足不思議　菩薩能信受
衆生不能知　如來之境界　如來常在定　解脱不思議
法界不相雜　唯佛力能知　大仙諸智力　猶若空無際
爲利一衆生　住無邊劫海　令其得調伏　大悲心如是
一切諸群生　種種問難海①　一音令悦解　無畏不思議
成一切種智　隨覺於諸法　及不共佛法　遍智皆能見
一切難思議　諸佛法如是　有能奉信者　是爲善住信

爾時佛告舍利子。云何菩薩摩訶薩。於如來不思議身。信受諦奉。清净無疑。倍復踴躍。深生歡喜。發希奇想。舍利子。所謂如來身者。

永斷一切惡不善法。何以故。由能成就一切微妙諸善法故。如來身者。遠離一切不净洟唾。痰癊膿血。大小便利。何以故。如來久已解脱一切骨肉筋脉故。如來身者。自性清徹。何以故。如來久已遠離一切煩惱諸垢穢故。如來身者。出過世間。何以故。不爲世法之所染污故。如來身者。無量功德。久已積集福智資糧。一切衆生慧命依止。如來身者。無量净戒之所熏修。無量等觀及無量慧。解脱解脱智見之所熏修。如來身者。諸功德華之所嚴飾。如來身者。如净鏡中微妙之像。如净水中明滿之月。又如光影之所照耀。如來身者。不可思議。等虚空界。極法界性。如來身者。清净無染。遠離一切諸染穢濁。如來身者。即是無爲。遠離一切諸有爲相。如來身者。

是虛空身。是無等身。無等等身。一切三界無與等身。如來身者。無譬喻身。無相似身。如來身者。清淨無垢。離諸煩惱。自性清徹。又舍利子。如來身者。不可以前際求。不可以後際求。不可以現在求。不可以生處種姓求。如來身者。不可以色求。不可以相求。不可以好求。如來身者。不可以心求。不可以意求。不可以識求。如來身者。不可以見求。不可以聞求。不可以念求。不可以了別求。如來身者。不可以蘊求。不可以界求。不可以處求。如來身者。不可以生求。不可以住求。不可以壞滅求。如來身者。不可以取求。不可以捨求。不可以出離求。不可以行求。如來身者。不可以顯色求。不可以相貌求。不可以形色求。不可以來求。不可以去求。如來身者。不可以淨戒

作意求。不可以等觀作意求。不可以正慧作意求。不可以解脫作意求。不可以解脫智見作意求。如來身者。不可以有相求。不可以無相求。不可以諸法相求。如來身者。不可以力增益求。不可以無畏增益求。不可以無礙辯增益求。不可以神通增益求。不可以大悲增益求。不可以不共佛法增益求。舍利子。菩薩摩訶薩欲求如來身者。當應如幻如焰。如水中月。如是自性求如來身。舍利子。如來身者。即是空無相無願解脫之身。無變异身。無動壞身。無分別身。無依止身。無思慮身。如來身者。即是安住善住得不動身。如來身者。即是無色色自性身。即是無受受自性身。即是無想想自性身。即是無行行自性身。即是無識識自性身。舍利子。如來身者。無

有無生。無四大身。如來身者。即是希有希有法身。如來身者。非眼所起。不在色中。亦不在外。不依於耳。不在聲內。亦不在外。非鼻所知。不在香中。亦不在外。非舌所顯。不在味中。亦不在外。不與身合。不在觸中。亦不在外。如來身者。不依心轉。不依意轉。不依識轉。安住不動。非是旋還。亦不隨轉。舍利子。如來身者。等量虛空。如來身者。極於法界。如來身者。盡虛空界。舍利子。是名第一如來不思議身。是諸菩薩摩訶薩。聞如來不思議身如虛空已。信受諦奉。清浄無疑。倍復踴躍。深生歡喜。發希奇想。爾時世尊欲重宣此義。而説頌曰。

拘胝那庾劫　行無量大行　善浄身三業　獲無等佛身

慈心遍十方　起大悲行施　常離邪淫行　得勝虛空身
於世尊福田　佛子廣行施　捨净珍服等　如無量殑沙
奉持於净戒　如牦牛護尾　假使碎身苦　於怨大忍生
正勤波羅蜜　修行極疲苦　發弘大誓願　求常住佛身
樂觀諸定境　樂廣慧方便　樂觀於法界　願等法界身
於佛行善已　成無等妙覺　獲大虛空身　清白離塵染
無我人性空　無相不可説　證是牟尼身　過諸眼境界
意净離色聲　本空無起作　見真如身者　則見十方佛
如種種幻化　象馬狂夫等　誑惑愚倒者　如是觀十力②
三世無量佛　同處法性身　無等等虛空　極清净法界

如是舍利子。是名如來不可思議身。菩薩摩訶薩信受諦奉。清净無疑。倍復踴躍。深生歡喜。發希奇想。

爾時佛告舍利子。云何菩薩摩訶薩。於如來不思議音聲。信受諦奉。清净無疑。乃至發希奇想。舍利子。如來出世。愍諸含識。敷演法化。所發音聲齊於衆會。由所調伏衆生力故。如來音聲普遍十方無量世界。令諸衆生心歡喜故。舍利子。然諸如來所出音聲。雖遍世界。不作是念。我爲苾芻衆説法。我爲苾芻尼衆説法。我爲鄔波索迦③衆。鄔波斯迦④衆。婆羅門衆。剎帝利衆。長者衆。天衆。梵衆。如是等衆而爲説法。亦不作是念。我今演説契經。應頌。記莂。伽他。自説。緣起。本事。本生。方廣。希法。譬喻。解釋。如是等趣十二分教。初未生

念。爲之敷演。舍利子。如來隨諸衆集。所謂苾芻乃至梵衆。如其所聞種種正勤而爲説法。是諸衆生樂聞法故。各自謂聞如來法聲面門而發。然是法聲於其所説種類言詞不相障礙。各别悟解自所了法。是則名爲不可思議。舍利子。諸佛如來先福所感果報音聲。其相無量。所謂慈潤聲。可意聲。意樂聲。清净聲。離垢聲。美妙聲。憙聞聲。辯了聲。不鞕yìng聲。不澀聲。令身適悦聲。心生踴躍聲。心歡悦豫聲。發起憙樂聲。易解聲。易識聲。正直聲。可愛聲。可憙聲。慶悦聲。意悦聲。師子王吼聲。大雷震聲。大海震聲。緊㮈洛歌聲。羯羅頻伽聲。梵天聲。天鼓聲。吉祥聲。柔軟聲。顯暢聲。大雷深遠聲。一切含識諸根喜聲。稱可一切衆會聲。成就一切微妙相聲。舍利子。如是等

如來音聲具足如是殊勝功德。及餘無量無邊功德之所莊嚴。舍利子。是名第二如來不思議音聲。是諸菩薩摩訶薩。聞如來不思議音聲具足無量殊勝功德。信受諦奉。清浄無疑。倍復踴躍。深生歡喜。發希奇想。爾時世尊欲重宣此義。而説頌曰。

導師演妙音　所謂梵音聲　由是法具足　令諸梵歡喜
牟尼演妙音　從大悲流涌　謂與慈相應　喜捨亦如是
如是具足音　滅衆生貪火　息除瞋恚毒　壞裂諸痴暗
假使贍部洲　無量種人聲　縱獲遍聞已　終不悟解脱
天地虚空聲　不悟亦如是　若聞聖主聲　必能證寂滅
二足及四足　多足及無足　悉同彼音聲⑤　悟之善惡法

三千世界内　下中上音聲　隨彼種類音　化令證解脱
演無分别聲　無縛無攝受　處定開真諦　聞者息煩惱
無邊衆生聞　佛法僧音聲　及施戒聞忍　如來聲如是
彼聲非有量　聲智俱無邊　信佛聲無疑　唯聽慧菩薩

爾時佛告舍利子。云何菩薩摩訶薩。於如來不思議大智信受諦奉。清净無疑。倍復踴躍。深生歡喜。發希奇想。舍利子。如來無礙智見不可思議。於一切法中依之而起。諸菩薩摩訶薩。則能信受諦奉。乃至發希奇想。舍利子。如來爲生信故。依如來智波羅蜜多廣説譬喻。諸有智者。便得開解。舍利子。假使有人。以殑伽沙等世界中。所有草木莖幹枝葉。下至量齊四指積爲大聚。以火焚之。乃變

成墨。擲置他方殑伽沙等世界海中。於百千歲就以磨之。盡爲墨汁。舍利子。如來成就如是無礙智見。以是智故。從彼如是大海之中取一墨滴。以智力故。分析了知是某世界如是樹成。某根某莖。某枝某條。花果葉等。類別所作皆悉了知。何以故。舍利子。由如來善通達法界故。而能如是了知此墨。從某世界某樹而來。如是次第乃至廣說。舍利子。是名如來應正遍知。具足如是大神通力。具足如是大威德力。具足如是大宗勢力。是故舍利子。若有善男子善女人。於如來大智清浄信受。又於佛所起愛敬心者。彼善男子善女人。所有善根。叵知其邊。速盡苦際。何以故。舍利子。如來善通達法界故。由通達故。若有衆生於如來所起微善者。盡於苦際。畢

竟不壞。舍利子。我今爲汝復説譬喻。令有智者因此喻故。於義解了。舍利子。如有男子壽命百年。此人持一毛端。散分以爲百五十分。取毛一分沾水一滴。來至我所。而作是言。敢以滴水持用相寄。後若須者。當還賜我。爾時如來取其滴水置殑伽河中。而爲彼河流浪洄澓之所旋轉。和合引注。至于大海。是人滿百年已。來至我所。而白我言。先寄滴水。今請還我。舍利子。如來成就不思議智。由是智故。如來應正等覺。知彼水滴在于大海。便以一分毛端就大海内。沾本水滴用還是人。舍利子。此譬喻者。義何謂耶。所謂衆生曾以一滴微善之水。寄置如來福田手中。久而不失。如是舍利子。若有善男子善女人。於如來不思議智。清净信受。起愛敬心。緣念

如來。興諸供養。又以名花散空奉獻。是人所有善根。叵知其邊。速盡苦際。何以故。舍利子。如來善通達法界故。若人於如來所起一念善心者。盡於苦際。畢竟不壞。

爾時長老舍利子白佛言。世尊。如來不思議大智。離識而轉不。佛言。不也。舍利子復白佛言。世尊。若如是者。云何爲智。云何爲識。佛言。舍利子。有四識住。識依此住故。名識住。何者爲四。所謂色識住者。識緣於色。識住色中。由如此故。生喜住著。轉加增長堅固廣大。受識住者。識緣於受。識住受中。由如此故。生喜住著。轉加增長堅固廣大。想識住者。識緣於想。識住想中。由如此故。生喜住著。轉加增長堅固廣大。行識住者。識緣於行。識住行中。由如此故。生喜住

著。轉加增長堅固廣大。舍利子。如是等相。名之爲識。復以何等名之爲智。所謂不住五受蘊中。了達識蘊。是名爲智。又舍利子。所言識者。謂能了別地界水界火界風界。是名爲識。所言智者。若有不住四大界中。能善通達識之法界。不相雜⑥者。是名爲智。又舍利子。所言識者。謂能了別眼所知色。耳所知聲。鼻所知香。舌所知味。身所知觸。意所知法。是名爲識。所言智者。於内寂靜。不行於外。唯依於智。不於一法而生分別及種種分別。是名爲智。又舍利子。從境界生。是名爲識。從作意生。是名爲識。從分別生。是名爲識。無取無執。無有所緣。無所了別。無有分別。是名爲智。又舍利子。所言識者。住有爲法。何以故。無爲法中。識不能行。若能了達無爲之法。是名

爲智。又舍利子。住生滅者。名之爲識。不生不滅。無有所住。是名爲智。舍利子。如是諸相。若識若智。是名如來第三不思議大智。若諸菩薩摩訶薩。聞如是不思議大智無障無礙。一切法中依之而起。信受諦奉。清净無疑。倍復踴躍。深生歡喜。發希奇想。爾時世尊欲重宣此義。而説頌曰。

無量殑伽沙　十方界草木　盡焚成墨灰　億載磨于海
十力智深妙　取滴示含生　如實分別知　此某界樹等
如是十方界　塵水示如來　佛智等虚空　遍曉無疑滯
十方衆生心　發貪瞋痴行　如實悉能知　無增減解脱
十力世尊智　照明於法界　無分別離思　佛子能信受

爾時佛告舍利子。云何菩薩摩訶薩。於如來不思議大光。信受諦奉。清淨無疑。倍復踴躍。深生歡喜。發希奇想。舍利子。諸佛如來善通達法界故。不可思議。由通達故。一切如來放大光明。遍照三千大千佛之世界而無障礙。舍利子。譬如空中無諸雲霧。日輪炎盛。放大光明。遍照於世。如是舍利子。如來應正等覺。放大光明遍照一切。亦復如是。又舍利子。如世間中燈油之光。於螢火光爲廣爲大。顯照明凈超過最勝。燭炬之耀超勝燈光。庭燎火聚又勝燭炬。藥草發光逾於火聚。星宿之光倍過藥草。滿月流光又過星耀。炎盛日光逾超於月。四天王天身所發光。宮殿光。墻壁光。莊嚴具光。倍勝於前不可爲喻。如是展轉。乃至他化自在天身。宮殿墻壁。身

莊嚴具。皆發光明又倍於上。梵身天光。梵輔天光。梵衆天光。大梵天光。如是少光。無量光。光净。少净乃至遍净。廣果。有想。無想。無煩。無熱。善現。善見。色究竟天。所有身光。宮殿光。墻壁光。莊嚴具光。比前諸光爲最第一。如是色究竟天所有光明。比於如來正遍知光。而如來光超過於彼。微妙顯照。最勝明净。廣大第一。不可爲喻。何以故。舍利子。如來光者。不可思議。從無量戒聚生。從等持聚生。慧聚。解脱聚。解脱智見聚生。從如是等無量功德之所由生。又舍利子。三千大千世界所有諸光。比如來光。百倍不及其一。乃至優波尼商倍不及其一。如是算數譬喻所不能及。復次舍利子。如贍部捺陀金置凡金中。令彼凡金猶如墨聚。失於明照。如是舍利子。於

此三千大千世界中所有光明。若於如來光前不能明照。亦復如是。又一切世間所有諸光。於如來光前不可說言有光。有净。有勝。有上。有無上也。

復次舍利子。汝今當知。如來不爲憐愍衆生。攝持此光令周一尋者。但以一分業所生光。則能遍照三千大千佛之世界。令日月光悉不復現。若如是者。不可分别有晝有夜。不可分别有月半月。及以時節歲數分齊。但爲憐愍諸衆生故。現周一尋。舍利子。若如來應正遍知發意。欲以光明遍滿無量無數無邊世界。則能遍照。何以故。舍利子。如來以得第一般若波羅蜜多故。舍利子。我今爲汝更説譬喻。重明此義。諸有智者。倍增顯了。舍利子。假使有人。以此

三千大千世界碎爲微塵。置衣襟中往至東方。過爾所微塵數世界乃下一塵。如是展轉盡此微塵。而此東方所有世界。未盡其邊。如是南西北方四維上下。亦復如是。舍利子。於汝意云何。頗有人能得是世界諸邊際不。舍利子言。不也。薄伽梵。不也。蘇揭多⑦。舍利子。是諸世界所有諸光。無量無邊。不可思議。而如來光最爲第一。彼一切光於如來光。百倍不及其一。乃至優波尼商分不及其一。如是算數譬喻所不能及。舍利子。如來發意。欲以光明遍照一切世界。則能遍照。何以故。由如來得第一般若波羅蜜多故。舍利子。如來光者。無有障礙。所有墻壁。若樹若木。若輪圍山。大輪圍山。乾陀摩達那山。目脂鄰陀山。大目脂鄰陀山。伊沙陀羅山。雪山。黑山

及蘇迷盧山王。如是等皆不能障。佛之光明悉能洞徹。遍照三千大千世界。舍利子。少智衆生。不能信解如來光者。或有衆生。見如來光唯照一尋。次有智者。見如來光照於二尋。次有智者。見如來光照拘盧舍。次大智者。乃至能見如來光明。遍照三千大千世界。舍利子。乃至百千世界主梵天王。能見如來光明遍照百千世界。如是展轉。乃至已登上地諸大菩薩摩訶薩。能見如來光明遍照無量無邊世界。舍利子。如來爲欲憐愍諸衆生故。又放光明遍照如虛空等諸衆生界。舍利子。是名第四如來不思議光。諸菩薩摩訶薩。聞如來説是大光不可思議。如虛空已。無惑無疑。清浄信受。倍復踴躍。深生歡喜。發希奇想。爾時世尊欲重宣此義。而説頌曰。

日月等光明　及諸釋梵等　乃至色究竟　無光等佛者
色究竟天光　遍照三千界　比佛一毛光　十六不及一
如來所放光　遍滿虛空界　諸大慧衆生　方能見如是
佛光無有邊　量等虛空性　隨所化衆生　見光有差別
如有生盲者　不見日光明　彼不見光照　謂日光無有
下劣諸衆生　不見佛光明　彼不見光照　謂佛光無有
或見光一尋　或見拘盧舍　或及一由旬　或滿三千界
已住於大地　大慧光菩薩　或住八九地　至于十地者
如來超彼地　光輪無有邊　不思議佛土　施作諸佛事
諸佛不思議　佛光不思議　信者及獲福　亦爾難思議

爾時佛告舍利子。云何菩薩摩訶薩。於如來不可思議净尸羅衆及三摩地衆。信受諦奉。清净無疑。倍復踴躍。深生歡喜。發希奇想。舍利子。汝等應知如是正説。若諸含識在于世間。奉持尸羅清净無染。由清净故。當知是人成就清净身業。成就清净語業。成就清净意業。是人雖復常處世間。而不爲彼世法所染。當知是人爲婆羅門。爲離諸惡。爲沙門者。爲寂静者。是名第一修静慮者。得第一三摩地波羅蜜多者。舍利子。如是含識則是如來。如是説者是名正説。何以故。舍利子。我初不見諸天世間。若魔若梵。若沙門。若婆羅門。及餘天。人。阿素洛等。具有如是無量無邊。不可思議清净尸羅三摩地衆等如來者。何以故。舍利子。如來以得第一尸羅三摩

地波羅蜜多故。舍利子。汝今欲聞佛説如來尸羅波羅蜜多譬喻不。舍利子言。今正是時。薄伽梵。今正是時。蘇揭多。世尊。若諸苾芻聞佛所説如來尸羅波羅蜜多譬喻者。如所聞已。當共受持。佛告舍利子。善哉善哉。吾當爲汝分別解説。舍利子。於汝意云何。諸衆生界與大地界。何者最多。舍利子言。如我解佛所説義者。衆生界多。非地界也。佛言。如是如是。舍利子。衆生界多。非如地界。舍利子。假使三千大千世界所有衆生。卵生胎生。濕生化生。若有色。若無色。若有想。若無想。若非有想非無想所有衆生。彼一切衆生於一刹那頃。或一牟呼羅多頃。或一羅婆頃。假使同時皆得人身。舍利子。彼一切衆生得人身已。於一刹那。乃至一羅婆頃。假使同時悉

成阿耨多羅三藐三菩提。是一一如來復化作爾所如來。是一一所化如來各有千頭。是一一頭各有千口。是一一口各有千舌。時彼一切諸化如來。皆悉成就如來十力。四無所畏。四無礙解。又成就佛無障無礙無盡辯才。舍利子。是諸如來以爾所舌。布演無礙無盡辯才。依一⑧如來尸羅波羅蜜多衆。無量稱讚。雖經拘胝那庾多百千大劫。如是稱讚。而如來戒衆猶不能盡。舍利子。如來戒衆。無量無邊。無有窮盡。不可思議。是諸如來無上智慧。無礙無障無盡辯才。亦無窮盡。不可思議。乃至諸化如來未至同時入大涅槃。讚說如來戒衆。亦不能盡。何以故。如來戒衆。及諸世尊無上智慧無礙辯才。此二俱是不可思議故。無量無數。與虛空界平等平等。

舍利子。且置三千大千世界所有衆生。假使東方殑伽沙等世界中所有衆生。如是南西北方四維上下。十方殑伽沙等世界中所有衆生。彼一切衆生於一刹那頃。乃至羅婆頃。同時皆得人身。俱成阿耨多羅三藐三菩提。如是廣説。乃至如來戒衆。及諸如來無上智慧無礙辯才。俱是不可思議。無量無數。與虛空界平等平等。何以故。舍利子。由如來證得第一尸羅波羅蜜多故。

爾時佛告舍利子。汝今欲聞佛説如來三摩地波羅蜜多譬喻不。舍利子言。今正是時。若諸苾芻聞佛所説如來三摩地波羅蜜多譬喻者。如所聞已。當共奉持。佛告舍利子。假使有時於此世間。劫將欲燒。由第七日彼日出故。三千大千世界一時燒然。如是極然。

遍極然。大洞然。舍利子。當知如來。於此大洞然等世界之內。隨於一處。假使如來在中。若依經行。若住若坐若卧。當知此處成就十種甚希奇法。不可思議。舍利子。何等名爲十希奇法。所謂如來游止之處。不加功力。坦然平正猶如掌中。舍利子。是名此處成就第一甚希奇法。復次舍利子。假使如上世界乃至大洞然等。如來在中。若依經行。若住坐卧。其處自然高踴顯敞。無雜瓦石。舍利子。是名此處成就第二甚希奇法。復次舍利子。假使如上世界乃至大洞然等。如來在中。若依經行。若住坐卧。其處自然平博嚴净。而爲如來之所受用。舍利子。是名此處成就第三甚希奇法。復次舍利子。假使如上世界乃至大洞然等。如來在中。若依經行。若住坐卧。

其處自然生諸香草。光色青翠卷軟右旋。具細滑觸如迦遮鄰地。⑨舍利子。是名此處成就第四甚希奇法。復次舍利子。假使如上世界乃至大洞然等。如來在中。若依經行。若住坐臥。其處自然八功德水出現於地。所謂一輕。二冷。三軟。四澄靜。五無穢。六清淨。七樂飲。八多飲無患。舍利子。是名此處成就第五甚希奇法。復次舍利子。假使如上世界乃至大洞然等。如來在中。若依經行。若住坐臥。其處自然涼風和暢。輕靡相發。此是如來先業所感。舍利子。譬如極炎熱時。於日後分。有一丈夫。熱所逼故。奔趣殑河。投于水中沐浴身體。熱乏既息清涼悅樂。往返游戲度至餘岸。經行往來。遙見不遠有大樹林。枝葉翠盛。陰影厚密。便往林中。復見施妙床座。敷

勝氍(qú)毹(shū)⑩。上加綿蓐。覆以迦遮鄰地之帔。輕妙鮮支重覆其上。排⑪軟倚枕置床兩頭。彼大丈夫。升于此床。若坐若卧。於床四面。清風微動。輕扇相續。如是舍利子。如來於此大洞然等世界之中。行住坐卧。自然涼風。微扇相續。亦復如是。舍利子。是名此處成就第六甚希奇法。復次舍利子。假使如上世界乃至大洞然等。如來在中。若依經行。若住坐卧。其處自然江河池沼。有水生花。種種出現。所謂殟鉢羅花。鉢特摩花。拘貿陀花。奔荼利花。其花芬馥。光彩映發。見者悦樂。舍利子。是名此處成就第七甚希奇法。復次舍利子。假使如上世界乃至大洞然等。如來於中行住坐卧。其處自然原陸陵阜。皆生妙花。種種出現。所謂阿底目多迦花。瞻博迦花。蘇末那花。

婆使迦花。阿輸迦花。波吒羅花。迦膩羅花。怛羅尼花。瞿怛羅尼花。
如是等花。開敷鮮榮。色香具足。衆生見者得未曾有。舍利子。是名
此處成就第八甚希奇法。復次舍利子。假使如上世界乃至大洞
然等。如來於中行住坐卧。其處自然金剛爲體。堅固難壞。舍利子。
是名此處成就第九甚希奇法。復次舍利子。假使如上三千大千
世界劫欲盡時。乃至燒。極燒。遍極燒。然。極然。遍極然。大洞然等。是
諸世界。如來在中。若依經行。若住坐卧。當知其處是佛靈廟。諸天
世間。若魔若梵。若沙門。若婆羅門。天及人民。阿素洛等。恭敬供養
尊重之處。舍利子。是名此處成就第十甚希奇法。
復次舍利子。汝今當知。如是十種甚希奇法。皆是如來先世業力

之所成就。何以故。舍利子。如來善通達法界故。由通達故。如來應正遍知。入是三摩地。依此定心受樂不退。雖經殑伽沙等諸大劫住。然如來未曾退起三摩地心。舍利子。如來應正遍知。依此定心經一食頃。或住一劫。百劫千劫。或住百千劫。或住一拘胝劫。百拘胝劫。千拘胝劫。百千拘胝劫。或復乃至過於上數。何以故。如來應正遍知。成就第一三摩地波羅蜜多故。由成就故。如來具足如是大神通力。具足如是大威德力。具足如是大宗勢力。舍利子。如彼非想非非想處諸天子生。識緣一境。經八萬四千劫住。乃至三摩地壽命未盡已來。此識不爲餘境界識之所移轉。舍利子。彼諸天子尚以世定之力經爾所時。何況如來三摩地波羅蜜多而無久

住。復次舍利子。如來應正遍知。初證阿耨多羅三藐三菩提夜。乃至入無餘大般涅槃界夜。於其中間。如來之心於三摩地未曾有起。故名此定無迴轉心。無所行心。無觀察心。無動慮心。無流蕩心。無攝衆⑫聚心。無散亂心。無高舉心。無沉下心。無防護心。無覆藏心。無欣勇心。無違逆心。無萎悴心。無動摇心。無驚喜心。無惛沉心。無分別心。無异分別心。無遍分別心。又此定者。不隨識心。不依眼心。不依耳鼻舌身意心。不依色心。不依聲香味觸法心。不趣諸法心。不起智心。不觀過去心。不觀未來心。不觀現在心。舍利子。如來應正遍知。住三摩地。如是離心。無有一法而可得者。於一切法中。無礙

智見生。以無功用故。又舍利子。如來不起於三摩地。離心意識。而能作諸佛事。以無功用故。如是舍利子。是諸菩薩摩訶薩。聞如來不思議尸羅及三摩地已。信受諦奉。清淨無疑。倍復踴躍。深生歡喜。發希奇想。爾時世尊欲重宣此義。而說頌曰。

無量無等百千劫　昔有趣中行覺行　戒聞定忍不放逸
導師能修妙覺因　最勝業果淨如是　妙廣淨戒超諸有
十力尊戒如空淨　難說無垢譬虛空　從佛初得菩提夜
至後入於寂滅夜　佛心無行無异行　大靜慮定未曾起
十力戒聚無退分　解脫神力亦如是　一心住經無量劫
大聖無思無异思　佛智如空非思境　明達無緣照三世

無心意思無改變　唯有佛子能信受

爾時佛告舍利子。云何菩薩摩訶薩。於如來不思議神力。信受諦奉。清净無疑。倍復踊躍。深生歡喜。發希奇想。舍利子。如來應正遍知所獲神通。不可思議。不可宣説。今當爲汝方便開顯。舍利子。如來常説。我聲聞衆中得神通者。所謂長老大目犍連最爲第一。舍利子。如是所得神通。若以稱量觀察聲聞神通。不見有與菩薩神通等者。若以稱量觀察聲聞菩薩所得神通。不見有與諸佛如來神通等者。舍利子。是名如來不可思議神通。是諸菩薩摩訶薩。爲欲證得如來神通者。倍應發起上品正勤。則能獲證。舍利子。汝等今者。欲於如來所。聞説不思議神通譬喻不。舍利子言。今正是時。

若諸苾芻。聞佛所説神通譬喻者。如所聞已。當共受持。佛告舍利子。諦聽諦聽。當爲汝説。舍利子言。如是世尊。願樂欲聞。佛告舍利子。於汝意云何。尊者大目犍連有大神通不。舍利子言。我昔從佛受持是語。尊者大目犍連。於聲聞僧中神通第一。佛言。如是如是。舍利子。今當爲汝廣説譬喻。假使三千大千世界滿中聲聞。皆得神通如大目犍連。譬如甘蔗竹葦稻麻叢林。是諸聲聞。以諸正勤迅速勢力神通變化顯現之時。欲比如來神通變化。百分千分。百千萬分不及其一。拘胝分。百拘胝分。千拘胝分。百千拘胝分不及其一。如是僧佉分。迦羅分。伽拿那分。漚波摩分。優波尼商分不及其一。何以故。如來應正遍知。以得第一神通變化波羅蜜多故。

復次舍利子。假使如來以一芥子投之于地。彼聲聞衆。以諸正勤迅速勢力神通變化大顯現時。終不能動所投芥子如毛端許。何以故。如來應正遍知。以得第一神通變化故。又舍利子。且置三千大千世界。假使東方乃至如殑伽沙等世界中所有衆生。如是十方殑伽沙等世界衆生。若卵生。若胎生。乃至非想非非想處。一切衆生俱是聲聞。成就第一神通變化。皆如尊者大目犍連。如是聲聞。以諸正勤迅速勢力神通變化大顯現時。終不能動所投芥子如毛端許。何以故。如來以得第一波羅蜜神通波羅蜜多故。舍利子。是名如來具足如是大神通力。具足如是大威德力。具足如是大宗勢力。

爾時薄伽梵復告長老舍利子言。舍利子。汝頗曾聞風劫起時。世有大風。名僧伽多。彼風所吹。舉此三千大千世界蘇迷盧山王。輪圍山。大輪圍山。及四大洲。八萬小洲。大山大海。舉離本處。高逾繕那。碎爲末不。舍利子言。我昔面於佛前。親聞受持如是之事。佛言。如是如是。舍利子。又風災起。更有大風名僧伽多。彼風所吹。舉此三千大千世界。并蘇迷盧山。輪圍山等。及諸大海。舉高百逾繕那已。碎末爲塵。或復舉高二百逾繕那。或高四百五百。乃至舉高千逾繕那。或高三千四千逾繕那已。碎末爲塵。乃至或高無量百千逾繕那已。碎末爲塵。而此諸塵。隨風散滅。了不可得。何況山石當有存者。此風又上。擊散壞滅焰摩天宮。乃至諸塵散滅。何況宮殿

當有存者。如是展轉次第而上。擊散壞滅睹史多天。樂變化天。他化自在天。魔羅衆天。娑摩天。净光天。遍净天所有宫殿。乃至彼諸微塵。亦皆散滅。不可而得。何况宫殿墻壁而可存者。舍利子。假使如上大風卒起摧壞世界。即以此風吹如來衣。一毛端際尚不能動。何况衣角及全衣者。何以故。如來應正等覺。成就不可思議神通。不可思議威儀。不可思議妙行。不可思議大悲故。復次舍利子。假使十方如殑伽河沙等世界。有如是等大風輪起。將欲吹壞此諸世界。爾時如來以一指端。持此世界往至餘處。或令風輪無力能吹。颯然還返。然於如來神通變化。及一切力無有退減。舍利子。如來神通不可思議。難聞難信。唯有諸大菩薩摩訶薩。乃能信受

諦奉。清浄無惑無疑。倍復踴躍。深生歡喜。發希奇想。爾時世尊欲重宣此義。而說頌曰。

假使三界諸含靈　一切變成聲聞衆　盡得神通波羅蜜
譬如尊者目犍連　獲大神通力如來　以一芥子投于地
一切聲聞現神通　未能搖轉毛端量　假使十方世界中
所有殑伽河沙等　吠嵐僧伽大猛風　吹碎如斯諸世界
如是諸風大猛盛　將吹一切智衣服　盡其勢力不能動
乃至如一毛端量　大牟尼尊以一毛　能障彼風令不起
佛具如斯大神力　等彼虛空無邊際

如是舍利子。是名如來不可思議大神通力。菩薩摩訶薩信受諦

奉。清净無疑。倍復踴躍。深生歡喜。發希奇想。

大寶積經卷第三十七

校注

①『海』，龍藏、思溪藏、上海佛學書局本、中州本作『法』。
②『力』，龍藏、思溪藏作『方』。
③『鄔波索迦』，唐云近善男，有部律近事男，亦云近宿男。爲近三寶而住宿承事也。或言清信士、善宿男者，義譯也。（唐·慧琳《一切經音義》）
④『鄔波斯迦』，唐云近善女，或云近事女，義同前。（唐·慧琳《一切經音義》）
⑤『聲』，龍藏作『轉』。
⑥『雜』，底本作『離』，依龍藏、和裕本、中州本改。
⑦『蘇揭多』，梵語，是如來尊號之一名也，此云善逝。（唐·慧琳《一切經音義》）
⑧『一』下，龍藏、思溪藏、和裕本有『切』字。
⑨『迦遮鄰地』，瑞鳥名也，身有細軟毛，非常輕妙，如綿緝績。（丁福保《佛學大辭典》）
⑩『氍毹』，毛毯之類。純毛或毛與其他材料混織而成。（《漢語大字典》第二版）
⑪『排』，龍藏、思溪藏、和裕本、中州本作『細』。
⑫『衆』，龍藏無。

大寶積經卷第三十八

大唐三藏法師玄奘奉　詔譯

菩薩藏會第十二之四・如來不思議性品第四之二

爾時佛告舍利子。云何菩薩摩訶薩。於如來不思議力。信受諦奉。清净無疑。倍復踴躍。深生歡喜。發希奇想。舍利子。諸佛如來具足成就如是十力。由成就故。如來應正等覺。於大衆中正師子吼。自稱我處大仙尊位。轉大梵輪。一切世間所有沙門婆羅門。若天若魔若梵等不能如法而轉。舍利子。何等名爲如來十力。所謂處非處智力。業報智力。種種界智力。種種解智力。種種根智力。一切遍行行智力。静慮解脱三摩地三摩鉢底雜染清净智力。隨念前世

宿住作證智力。死生作證智力。漏盡作證智力。舍利子。如來成就如是十力故。乃至於大衆中能轉梵輪。一切世間所不能轉。

復次舍利子。云何如來是處非處智力。舍利子。如來無上智力處非處者。所謂於是處。如實知是處。於非處。如實知非處。舍利子。何等爲是處。何等爲非處。舍利子。言非處者。無所攝受。謂身惡行。語惡行。意惡行。能感可喜可樂可愛可意報者。無有是處。言是處者。有所攝受。謂身惡行。語惡行。意惡行。能感不可喜不可樂不可愛不可意報者。斯有是處。又舍利子。言非處者。無所攝受。謂身妙行。語妙行。意妙行。能感不可喜不可樂不可愛不可意報者。無有是處。言是處者。有所攝受。謂身妙行。語妙行。意妙行。能感可憙可樂

可愛可意報者。斯有是處。復次舍利子。言非處者。無所攝受。謂由慳故。能感大富。由犯戒故。得生人天。由瞋恚故。感得端正。由懈怠故。能得對觀。謂心亂者。入正決定。由惡慧故。永斷一切相續習氣。如是說者。無有是處。言是處者。有所攝受。謂由慳故。能感貧窮。由毀犯戒。便感地獄畜生鬼趣。由瞋恚故。感醜陋報。由懈怠故。不得對觀。由心亂故。不入正定。由惡慧故。不斷一切相續習氣。如是說者。斯有是處。又舍利子。言非處者。無所攝受。謂由布施。能感貧窮。由持戒故。墮於地獄畜生鬼趣。由含忍故。感得醜陋。由正勤故。不得對觀。由心一緣。不入正定。由聖慧故。不斷一切相續習氣。如是說者。無有是處。言是處者。有所攝受。謂由布施。能感大富。由持戒

故。得生人天。由懷忍故。感得端正。由正勤故。能得對觀。由心一緣。入正決定。由聖慧故。永斷一切相續習氣。如是說者。斯有是處。

復次舍利子。言非處者。無所攝受。謂因殺生而感長壽。不與取者。能得大富。行邪欲者。感貞良妻。如是說者。無有是處。言是處者。有所攝受。謂殺生者。能感短壽。不與取者。能感貧窮。行邪欲者。妻不貞良。如是說者。斯有是處。又非處者。無所攝受。謂離殺者。能感短壽。離不與取。能感貧窮。離於邪欲。妻不貞良。如是說者。無有是處。言是處者。有所攝受。謂離殺者。能感長壽。離不與取。能感大富。離邪欲者。感貞良妻。如是說者。斯有是處。

復次舍利子。如是一切善不善業道。是處非處。今當略說。顯示其

要。謂妄語者。不感誹謗。無有是處。若能感者。斯有是處。離妄語者。能感誹謗。無有是處。不感誹謗。斯有是處。離間語者。若能感得不壞眷屬。無有是處。不能感者。斯有是處。遠離間語。感壞眷屬。無有是處。感不壞眷屬。斯有是處。粗惡語者。若得常聞可意之聲。無有是處。聞不可意聲。斯有是處。離粗惡語。聞不可意聲。無有是處。若不聞者。斯有是處。若懷綺語。感説言教令他信受。無有是處。若信受。斯有是處。若離綺語。所説言教令他不受。無有是處。若信受者。斯有是處。又舍利子。若貪著者。感財不散。無有是處。若感散失。斯有是處。若離貪著。感財散失。無有是處。若不能感。斯有是處。若心瞋恚。不趣地獄。無有是處。若有趣者。斯有是處。若離瞋恚。不生

善趣。無有是處。若往生者。斯有是處。若興邪見受邪見因。能得道者。無有是處。不能得道。斯有是處。謂正見者受正見因。不得聖道。無有是處。能得聖道。斯有是處。

復次舍利子。造無間者。心得安住。無有是處。若不安住。斯有是處。又舍利子。若戒净者。心不安住。無有是處。若得安住。斯有是處。又舍利子。若住有所得見。能得順忍。無有是處。若不得者。斯有是處。若信解空。不得順忍。無有是處。若有得者。斯有是處。又舍利子。若住惡作。得心安息。無有是處。若不能得。斯有是處。若繫心者。不得心安。無有是處。若能得者。斯有是處。又舍利子。若有女人爲轉輪王。爲釋天主。爲梵自在。無有是處。若丈夫作。斯有是處。若有女人

出世作佛。無有是處。轉女身已。出世作佛。斯有是處。又舍利子。若第八人。未證於果而出定①者。無有是處。證果已出。斯有是處。若至聖流。受第八有。無有是處。即此諸蘊而般涅槃。斯有是處。若一來人。受第三有。無有是處。即此諸蘊而般涅槃。斯有是處。若不還人。復還於此。無有是處。即於彼處而般涅槃。斯有是處。若阿羅漢。更續生有。無有是處。若不更續。斯有是處。又舍利子。若諸聖人。更求邪師受邪摽幟。無有是處。不求邪師及邪摽幟。斯有是處。又舍利子。若得無生法忍菩薩。有退轉者。無有是處。定得菩提無有退轉。斯有是處。

復次舍利子。言非處者。無所攝受。若諸菩薩安坐道場。不證菩提

中而起者。無有是處。言是處者。有所攝受。若諸菩薩坐於道場。證佛道已而便起者。斯有是處。又舍利子。言非處者。若謂如來習氣相續。無有是處。言是處者。一切如來習氣永斷。斯有是處。又舍利子。若謂如來智有礙者。無有是處。佛智無礙。斯有是處。又舍利子。若有能觀如來頂者。無有是處。無有能觀。斯有是處。又舍利子。若有能知如來心住。無有是處。若不能知。斯有是處。又舍利子。若言如來有不定心而可得者。無有是處。諸佛世尊心恒在定。斯有是處。又舍利子。若諸如來行不實語。無有是處。若諸如來是真語者。是實語者。是諦語者。不异語者。斯有是處。又舍利子。諸佛如來誤失可得。無有是處。由無誤失。故名爲佛及薄伽梵。斯有是處。舍利

子。如是四無所畏。十八不共佛法。亦應如是廣分別説。復次舍利子。言非處者。無所攝受。乃至如來於現在世。有障有礙智見轉者。無有是處。言是處者。有所攝受。佛薄伽梵於現在世。無障無礙智見轉者。斯有是處。舍利子。是名如來處非處智力。不可思議。無量無邊。譬如虛空無邊無際。如是如來處非處智力。無邊無際亦復如是。若有欲求如來應正等覺處非處智力邊際者。不异有人求虛空際。舍利子。菩薩摩訶薩。聞諸如來不可思議是處非處智力如虛空已。信受諦奉。清净無疑。倍復踴躍。深生歡喜。發希奇想。爾時世尊欲重宣此義。而説頌曰。

十方虛空無邊量　處非處智亦無邊　如實知處非處已

爲衆廣宣微妙法　解脱道器成就人　佛知其行方爲説
若非解脱道器者　知非處已便捨離　假使虛空可移動
十方大地同時裂　世出世間大聖尊　處非處智皆如實

舍利子。此謂如來第一處非處智力。由成就故。如來應正等覺。於大衆中正師子吼。自稱我處大仙尊位。轉大梵輪。於諸世間所有沙門婆羅門。若天魔梵等。一切不能如法而轉。

復次舍利子。云何如來業報智力。舍利子。如來應正等覺。以無上智力。如實能知去來今業。及於業受。若因若處。若諸異報。皆能了知。舍利子。云何如來如實知耶。所謂如來應正等覺如實能知。過去業受得於善因。遠離不善。於未來世當與善根爲因。若於過去

業受得不善因。遠離於善。在未來世當與不善根爲因。如是等相。如來於此如實知之。若諸業受於未來世當順劣分。若諸業受於未來世當順勝分。如是等相。如來於此如實知之。又舍利子。若諸業受於現在世順下劣分。於未來世當順勝分。若諸業受於現在世隨順勝分。於未來世順下劣分。若諸業受於現在世順下劣分。於未來世亦順劣分。若諸業受於現在世隨順勝分。於未來世亦順勝分。如是等相。如來於此如實知之。又舍利子。若諸業受於過去世狹劣方便。於未來世廣大方便。若諸業受少有所作獲大勝進。若諸業受廣有所作得少勝進。如是等相。如實知之。又舍利子。若諸業受當得聲聞性因。當得獨覺性因。當得佛性因者。如是等

相。如來於此如實知之。又舍利子。若諸業受現在世苦。能於未來感樂异報。若諸業受現在世樂。能於未來感苦异報。若諸業受現在世苦。能於未來感苦异報。若諸業受現在世樂。能於未來感樂异報。如是等相。如來於此如實知之。

復次舍利子。如來如實能知過去未來現在一切有情若業若因。若諸异報。若即若離。若有隨順不异分者。如是等相。如來知已。爲諸有情如實宣説。舍利子。如來應正遍知。去來今業及業受因處所异報智。無量無邊。不可思議。譬如虚空無邊無際。如是如來業异報智力。無邊無際亦復如是。若有欲求如來應正等覺業异報智力邊際者。不异有人求虚空際。舍利子。菩薩摩訶薩。聞諸如來

業异報智力如虛空不可思議已。信受諦奉。清净無疑。倍復踴躍。深生歡喜。發希奇想。爾時世尊欲重宣此義。而説頌曰。

如來善知因异報　明眼如實了諸業　最勝三世無有礙
有情諸行如實知　一切含靈於五趣　當得成諸苦樂因
若能轉因所轉苦　明照善逝如實知　黑白异報一切業
隨其所應因异報　猶若掌中如意寶　善逝了觀如實知
諸异報業因雖少　當來獲果無有量　或無量因感少果
善逝遍能如實知　若因當證聲聞果　及當證於獨覺果
能感無上妙智力　善逝無餘如實知　若業成熟因時苦
此業當獲於樂果　若業成熟因時樂　當獲苦果如實知

若業因果皆住苦　若業因果皆住樂　若業自體因自體
善逝相應如實知　苦果循環於三世　有情流轉五趣中
最勝圓滿菩提智　皆能不异如實知

舍利子。是名第二如來業异報智力。由成就故。如來應正等覺。於大衆中正師子吼。自稱我處大仙尊位。轉大梵輪。於諸世間所有沙門婆羅門。若天魔梵等。一切不能如法而轉。

復次舍利子。云何如來種種解智力。舍利子。如來應正等覺以無上智力。能如實知彼有情類。彼數取趣。非一欲解種種欲解。如來於此能并了知。舍利子。吾更爲汝廣分別説。彼數取者。或住貪欲起瞋恚解。或住瞋恚起貪欲解。乃至住於愚痴起貪瞋解。如是等

相。如來如實皆能了知。又舍利子。若數取者。住於不善起不善解。或住善法而起善解。是亦如來如實了知。若數取者。住於下劣方便起廣大解。或住廣大方便起下劣解。或由此解下劣方便當住勝進。或由此解勝進方便當住下劣。是亦如來如實了知。又舍利子。若由此解當殖邪定種。若由此解當殖正定種。若由此解當殖正定解脱種者。是亦如來如實了知。又舍利子。若由此解當趣欲界。或趣色界。或無色界。若由此解遍趣三界。是亦如來如實了知。又舍利子。若由此解順下劣分當獲勝進。或得勝進當住下劣。是亦如來如實了知。又舍利子。若由此解當於來世受種種生。受種種類種種受用。是亦如來如實了知。又舍利子。若由此解當退墮

頂。或由此解殖解脱種。是亦如來如實了知。既了知已。如其所應。廣爲有情如法演説。如是舍利子。如來非一解種種解智力。不可思議。無邊無際。與虛空等。是諸菩薩摩訶薩。聞如來種種解智力如虛空不可思議已。信受諦奉。清淨無疑。倍復踴躍。深生歡喜。發希奇想。爾時世尊欲重宣此義。而説頌曰。

世間種種解　過現無有量　彼種種解心　導師皆能了
若有貪解者　復當住瞋恚　或現住瞋恚　癡解如實知
住癡起貪解　心注不思議　間雜流轉起　導師悉能知
諸下劣方便　而起廣大解　或增上方便　導師悉能知
隨入於邪性　復入所不趣②　解脱三界解　如來悉能知

種種生及類　諸受用差別　若退墮於頂　兩足尊能知

知種種解已　導師如法説　是第三佛力　最勝子能信

舍利子。是名如來第三種種解智力。由成就故。如來應正遍知。於大衆中正師子吼。自稱我處大仙尊位。能轉梵輪。一切世間沙門婆羅門。及天魔梵。不能如法而轉。

復次舍利子。云何如來種種界智力。舍利子。如來應正等覺以無上智力。如實了知一切世間種種諸界。由此界故。世間含生。集起福行。集非福行。集不動行。或由此界殖出離種。如是等界。如來於此如實了知。又舍利子。如來如實了知眼界色界及眼識界。如是等界云何知耶。謂如實知由内空外空内外空故。乃至如實了知

意界法界及意識界。如是等界云何知耶。謂如實知由內空外空內外空故。又如實知地界水界火界風界。如是等界云何知耶。謂如實知如空界故。如是欲界色界及無色界如實了知。遍分別所起故。又如實知有爲界造作相故。無爲界無造作相故。雜染界煩惱所引相故。清淨界自體光淨相故。又如實知諸行界不順理無明相故。涅槃界順理明相故。如是諸界皆能明了。是故舍利子。若界能安立世間。此界世間之所依住。如是若界能發牽引。若界能興建立。若界能起方便。若界能生意欲。若界能起熾然。若界能爲依止。舍利子。如是等界無量無邊。是亦如來如實明了。既明了已。如其所應。廣爲有情如法演說。舍利子。如來非一界種種界智力。

不可思議。無有邊際。與虛空等。若有欲求如來種種界智力邊際者。不异有人求於空際。如是舍利子。是諸菩薩摩訶薩。聞如來種種界智力如虛空不可思議已。信受諦奉。清净無疑。倍復踴躍。深生歡喜。發希奇想。爾時世尊欲重宣此義。而説頌曰。

世間諸含生　依止種種界　隨其所流轉　最勝悉能知
福非福不動　及順於出離　住如是界已　證寂静涅槃
若眼界色界　及以眼識界　耳鼻舌身意　諸界悉能知
又知於法界　及以意識界　内外界悉空　佛能如實知
地界及水界　火界與風界　四界同空相　如是悉能知
若欲界色界　及以無色界　遍分別所起　佛能如實知

如虛空無邊　界無邊亦爾　佛皆能照了　不謂我能知
諸界本無生　亦無有滅者　是謂涅槃界　勝丈夫能知
如空量無邊　諸佛智如是　由智能了知　變异於諸界
已知種種界　調伏諸含生　是佛第四力　最勝子能信

舍利子。是名如來第四非一界種種界智力。由成就此力故。如來應正等覺。於大衆中正師子吼。自稱我處大仙尊位。能轉梵輪。一切世間沙門婆羅門。及天魔梵所不能轉。

復次舍利子。云何如來非一根種種根智力。舍利子。如來應正等覺。以無上智力故。如實能知。若他有情。若數取者。種種諸根差別之相。如來皆能分別了知。舍利子。如是等相云何知耶。所謂了知

鈍根。中根。利根。勝根。劣根。由隨遍分別根故。能知衆生起極重貪。起極重瞋。起極重痴。如是諸相③。是亦如來如實了知。又舍利子。由隨遍分別根故。如來能知。或起假立貪瞋痴。或起微薄貪瞋痴。或起顛倒貪瞋痴。或起摧伏貪瞋痴。如是等相。是亦如來如實了知。又舍利子。若不善因所生諸根。若由善因所生諸根。若不動因所生諸根。若出離因所生諸根。是亦如來如實了知。又舍利子。如來如實了知眼根。耳根。鼻根。舌根。身根。意根。女根。男根。命根。樂根。苦根。憂根。喜根。捨根。信根。正勤根。念根。慧根。三摩地根。未知當知根。知根。知已根。如是諸根差別之相。是亦如來如實了知。又舍利子。如來如實知彼諸根。因於眼根當住耳根。而不住彼鼻舌身根。或

因耳根當住鼻根。或因鼻根當住舌根。或因舌根當住身根。或因身根當住眼根。如是等根。如來於此如實知之。

復次舍利子。若諸有情住布施根修戒方便。爾時如來以勝劣根智爲説布施。若住戒根修施方便。爲説於戒。若住忍根修勤方便。爲説忍法。住正勤根修忍方便。爲説正勤。住靜慮根修慧方便。爲説靜慮。若住慧根修定方便。爲説正慧。如是一切菩提分法。諸根差別。如實了知。皆應廣説。又舍利子。若諸有情住聲聞根而返修於獨覺方便。如來以諸根智爲説下乘。住獨覺根而修聲聞智方便者。以諸根智爲説中乘。住大乘根而修二乘智方便者。以諸根智爲説大乘。住下劣根修大乘行。以諸根智爲説二乘。若諸有情

無堪任根。無堪任相。如來如實知無堪任非法器已而便捨置。若諸有情有堪任根。有堪任相。如來如實知有堪任是法器者。即便殷勤鄭重説法。令其悟入。如是舍利子。如來了知一切有情諸根純熟及不純熟。諸根出離及不出離。舍利子。諸有情根。如來如實一切了知。住如是相。如是方便。如是信解。如是本因。如是所緣。如是等流。如是究竟。舍利子。如來種種根智。不可思議。無邊無際。與虛空等。若有欲求如來諸根智力邊際者。不异有人求虛空際。諸菩薩摩訶薩。聞是根力如虛空已。信受諦奉。清净無疑。倍復踴躍。深生歡喜。發希奇想。爾時世尊欲重宣此義。而説頌曰。

到根彼岸含靈尊　　善達有情意性行　　隨諸衆生根所堪

人中師子爲説法　下中上根所堪任　善逝勝智根中起
觀彼解脱器心已　知行慧者爲説法　若人諸根能發起
至極相續微煩惱　善達彼人所有根　知行隨順爲説法
若諸丈夫有善根　隨勤信欲廣開示　又隨根行相差別
説諸勝義定慧等　若人發起於信欲　慧者隨根説浄道
知彼所行衆行已　爲説勝法超諸苦　有定住佛菩提④根
迷倒誤轉聲聞智　爲説大乘成正覺　此佛難伏第五力

舍利子。是名如來第五種種根智力。由成就此力故。如來於大衆中正師子吼。自稱我處大仙尊位。能轉梵輪。一切世間沙門婆羅門。及天魔梵。不能如法而轉。

復次舍利子。云何如來遍趣諸行智力。舍利子。如來應正等覺。以無上智力故。如實了知遍行諸行。舍利子。如是等相。云何了知。謂能了知有情性等。正定之性。不正定性及邪定性。舍利子。云何名爲正定之性。謂由因力先世方便。開智利根之所生故。若諸如來爲彼説法。若不説法。如來如實知彼有情前世因果堪任法器。隨應説法令速解脱。舍利子。云何名爲不定之性。由外緣力而成熟相。若得如法教授教誡。可得解脱。不得如法教授教誡。不得解脱。如來爲説隨順緣因相應之法。彼諸有情聞正法已。如理修行。證解脱果。爲如是等得義利故。諸佛世尊出興于世。舍利子。云何名爲邪定之性。謂有情性。煩惱所蔽不修净業。識性薄弱。愚痴深厚。

住邪見網。非正法器。若使如來爲彼説法。若不説法。終不堪任證於解脱。如來如實知彼有情非法器已而便捨置。是故舍利子。諸菩薩摩訶薩愍此有情。作利益故。被弘誓鎧。入邪見軍。教化摧伏。

又舍利子。如來如實了知三種貪行。或净美相起於貪行。或愛戀相起於貪行。或先世因起於貪行。又能了知三種瞋行。或損害相起於瞋行。委練觀察起於瞋行。先世隨眠起於瞋行。又能⑤了知三種痴行。或有痴行因無明生。或有痴行因妄有身見生。或有痴行因疑而生。如是一切。如來如實皆能了知。

復次舍利子。如來如實了知諸行。苦樂二行俱能速通。諸根利故。苦樂二行俱是遲通。諸根鈍故。又如實知。遲行遲通。捨所緣故。遲

行速通。道不息故。速行遲通。勇決進故。速行速通。非彼性故。又如實知。或有諸行簡擇力滿。非修習力。或有諸行修習力滿。非簡擇力。或有諸行簡擇修習二力俱滿。或有諸行簡擇修習力俱不滿。如是諸相。如來如實皆能了知。又如實知。或有諸行信欲具足。非方便具足。或有諸行方便具足。信欲不具足。或有諸行信欲方便俱不具足。或有諸行信欲方便二俱具足。如是一切皆能了知。又如實知。或有諸行身業清淨。非由語心。或有諸行語業清淨。非由身心。或有諸行心業清淨。非由身語。或有諸行非身語心。或有諸行由身語心而得清淨。舍利子。如是乃至一切有情所有諸行。或因流轉。或因不流轉。或因流轉及不流轉。如來以無礙智見故。於

如是等一切處轉。如是舍利子。如來遍趣⑥行智力。不可思議。無邊無際。與虛空等。諸菩薩摩訶薩。聞是智力不可思議如虛空已。信受諦奉。清凈無疑。倍復踴躍。深生歡喜。發希奇想。爾時世尊欲重宣此義。而説頌曰。

善逝如實了諸行　能知定因有情性　又知不定成熟相

及諸根因相應法　諸行三種貪相應　及與三種瞋痴合

無邊廣惑相應行　緣因大師如實知　諸有苦行而根利

及有此行而鈍根　諸有樂行根利鈍　世大依怙如實知

諸有鈍行及鈍修　或復行鈍而修利　或復行速而修遲

或有俱速非彼性　或有諸行簡擇生　不由修習道力起

或修習生非簡擇　俱生別异共相應　或有諸行信欲轉
清净而非方便净　或有返此俱不俱　佛遍智者皆[7]明了
復有净修於身業　非語非心業清净　或復語净及身净
而彼心體非清净　或有內心常清净　身語二業非清净
或復語净及心净　而彼身業未嘗净　或身語心净不净
諸行流轉及寂滅　遍智見者如實知　是爲如來第六力

舍利子。是名如來第六遍趣行智力。由此力故。如來自稱處仙尊位。轉大梵輪。乃至無有如法轉者。

復次舍利子。云何如來靜慮解脱三摩地三摩鉢底發起雜染清净智力。舍利子。如來應正等覺。以無上智力故。如實了知若自若

他。一切静慮解脱三摩地及三摩鉢底發起雜染清浄之法。舍利子。如是等相云何知耶。謂如實知。由因由緣。一切有情能令雜染。又如實知。由因緣故。一切有情能令清浄。舍利子。何因何緣能令雜染。舍利子。由不稱理作意爲因。無明爲緣。令諸有情發起雜染。如是無明爲因。諸行爲緣。諸行爲因。識爲其緣。以識爲因。名色爲緣。名色爲因。六處爲緣。六處爲因。諸觸爲緣。諸觸爲因。受爲其緣。以受爲因。愛爲其緣。以愛爲因。取爲其緣。以取爲因。有爲其緣。以有爲因。生爲其緣。以生爲因。老死爲緣。煩惱爲因。諸業爲緣。諸見爲因。愛爲其緣。隨眠爲因。諸纏爲緣。舍利子。由如此等諸因緣故。令諸有情發起雜染。如是等相。是亦如來如實了知。舍利子。何因

何緣能令清浄。舍利子。有二因二緣。能令一切有情清浄。所謂由他順音。及由内自如理作意。又奢摩他緣於一境。及毗鉢舍那善巧方便。復有二因二緣。能令清浄。謂不來智及不去智。復有二因二緣。能令清浄。謂無生觀及證正定。復有二因二緣。能令清浄。謂修解脱行具足及明無明解脱作證。復有二因二緣。能令清浄。謂隨覺諦及隨得諦。舍利子。如是諸因諸緣。能令一切有情清浄。是亦如來如實了知。

復次舍利子。如來如實知諸有情雜染境界。知諸有情清浄境界。或有雜染境界入於清浄境界。或有清浄境界入於雜染境界。如是皆由如實觀故。或有雜染境界入於雜染境界。或有清浄境界

入於清净境界。如是皆由增上慢執故。如來於中如實智轉。又舍利子。如來以如實知。於諸静慮。超越間雜差别中轉。所謂離欲惡不善法。有尋有伺。離生喜樂。具足安止最初静慮。如來安住初静慮已。從滅定出。如是乃至入滅定已。從初静慮出。又舍利子。如來以如實知。於八解脱。或順次入。或復逆入。或順逆入。或間雜入。舍利子。如是解脱。何等爲八。謂有色觀諸色。是初解脱。内無色想。外觀諸色。是第二解脱。於净解脱。或於净性起於净解。是第三解脱。虚空想處定。是第四解脱。識想處定。是第五解脱。無所有處定。是第六解脱。非有想非無想處定。是第七解脱。若想受滅。是第八解脱。又舍利子。如來以如實智。或安住一三摩地中。而復示現餘三

摩地及三摩鉢底。又復示現種種觀解。而諸如來於諸等持未曾混亂。又舍利子。諸佛如來不緣三摩地故。入於三摩地。或依一三摩地故。成就一切餘三摩地。或不起一三摩地。而能遍入諸三摩地。又諸如來心常住定。無展轉緣。又諸如來無不定心而可得者。諸佛如來住定深妙。無有能觀如來所得三摩地者。舍利子。聲聞所得三摩地。爲獨覺三摩地之所映奪。獨覺所得三摩地。爲諸菩薩三摩地之所映奪。菩薩所得三摩地。爲諸佛三摩地之所映奪。如來所得三摩地。無映奪者。何以故。以諸如來無映奪智常現轉故。舍利子。如來如實了知。如是教授。如是教誡。而能發起聲聞獨覺諸三摩地。又以如是教授教誡。而能發起諸菩薩等妙三摩地。

諸佛如來如實知已。便作如是教授教誡。舍利子。如來靜慮解脱三摩地三摩鉢底雜染清浄發起智力。不可思議。無邊無際。與虚空等。若有欲求如來定力邊際者。不异有人求空邊際。舍利子。諸菩薩摩訶薩。聞是諸定智力不可思議如虚空已。信受諦奉。清浄無疑。倍復踴躍。深生歡喜。發希奇想。爾時世尊欲重宣此義。而説頌曰。

由此有情興雜染　由此有情得清浄　大雄如是了知已
廣爲宣揚微妙法　由彼違理作意因　無明爲緣生雜染
復因無明諸行緣　乃至展轉生諸苦　違理作意及無明
爲彼有支生根本　諸佛如實了知已　隨其所應宣妙法

一切雜染之根本　所謂業行及無明　復從此緣生諸識
如是展轉興諸苦　由彼所説隨順音　及由内懷如理觀
如斯二因二緣故　一切含靈證清淨　由奢摩他如理因
及由毗鉢舍那緣　如是含靈證解脱　大師如實皆能了
行者安住淨尸羅　觀察諸法皆空寂　已善修習解脱門
遠離諸有迫迮苦　此皆諸佛如實知　一切有情清淨行
空無相願解脱門　善逝隨根而顯示　獨覺最勝及聲聞
順逆履游諸静慮　如來宣示彼所證　如有毒刺及怨仇
諸佛所證定解脱　究竟無怨無毒刺　當知第七如來力
不爲异證所摧伏

舍利子。是名如來第七諸定智力。由得此力故。如來自稱處仙尊位。轉大梵輪。乃至無有如法轉者。

復次舍利子。云何如來宿住隨念作證智力。舍利子。如來應正等覺。以無上智力故。隨所憶念如實了知。舍利子。如來如是如實了知。若自若他一切有情無量宿住。或念一生十生。百生千生。乃至無量拘胝那庾多百千生。悉皆隨念而能知之。又隨念知劫壞劫成。或劫成壞。或無量劫壞。無量劫成。無量劫成壞。或復隨念百拘胝劫。乃至無量百千拘胝那庾多劫。皆能了知。又能隨念我於先世。曾彼彼處如是名。如是姓。如是種類。如是飲食。如是色。如是相。如是形貌。如是壽量。如是久住。如是苦樂。我於彼彼處終。生彼彼

處。復於彼彼處終。來生此處。如是若自若他并諸形相處所流類。
無量宿住。悉能隨念而并知之。又舍利子。如來如實了知。一切有
情隨其往因。以此因故。如是有情來生於此。知此因已。隨應説法。
又能了知一切有情。於過去世諸心相續。此心無間緣如是境。如
是心生。由是所緣不具足故。如是心滅。如是一切。如來如實隨念
了知。又舍利子。若一有情心生展轉。從如是心無間次第。如是相
續。於如殑伽沙劫種種言説。不能令盡。如一有情心相如是。一切
有情其心亦爾。如來隨彼所有一切心相。隨念悉能如實了知。又
舍利子。如來依諸有情諸心展轉。盡於後際拘胝劫數説不能盡。
而如來智亦無有盡。

復次舍利子。如來宿住隨念作證智力。不可思議。無有等者。無等等者。無量無數。不可宣説。又不可説有邊盡際。舍利子。如來以佛神力加諸有情。令念宿住。而告之曰。汝今應念於過去世。已種如是諸善法根。或於佛所。或聲聞所。或獨覺所。或於正法種諸善根。如是善根悉當憶念。彼諸有情以如來力。隨念皆知。舍利子。如是如來以佛神力加彼有情。令知宿住無量善根所緣境已。如其所應。而爲説法。舍利子。若諸有情。於阿耨多羅三藐三菩提得不退轉。隨其欲解而求出離。或依聲聞乘。或依獨覺乘。或發阿耨多羅三藐三菩提心者。如是如來隨念智力如實了知。如是舍利子。如來宿住隨念作證智力。不可思議。無量無數。無有邊際。與虚空等。

諸有欲求如來宿住隨念邊際者。不异有人求空邊際。舍利子。諸菩薩摩訶薩。聞是宿住智力不可思議如虛空已。信受諦奉。無惑無疑。乃至踴躍歡喜。發希奇想。爾時世尊欲重宣此義。而説頌曰。

不思那庾拘胝劫　照世明燈悉隨念　亦念過往自他生
如觀掌内五庵果　隨念名姓色分別　住壽命盡諸生趣
含靈具足如是因　知時如應爲説法　諸過去世無邊際
衆生所有心心法　是心無間是心生　最勝大智皆能了
善逝了知一有情　過往無間心相續　如殑伽沙拘胝劫
不能説盡其邊際　乃至後際拘胝劫　演諸含靈往所行
而無⑧與等智無盡　是名諸佛智海量　一切有情善信欲

已曾供養諸世尊　佛威神力所加被　令緣過去修淨行
大師隨念彼所受　過去曾修諸福行　念彼所住三乘智
不退解脱所依處　善逝稱往無邊智　諸有情界難思議
無邊名稱第八力　最勝長子能信受

舍利子。是名如來第八宿住智力。由得是力故。如來自稱處仙尊位。轉大梵輪。乃至不能如法而轉。⑨

復次舍利子。云何如來天眼通作證智力。舍利子。如來應正等覺。以無上智力。清淨天眼。超過於人。觀諸有情。死此生彼。若劣若勝。好色惡色。如其習業。或往善趣。或往惡趣。如是等相。如來明見如實了知。又能如實知諸含靈所造業行。如是有情成就身惡行。成

就語惡行。成就意惡行。誹謗賢聖。起諸邪見。彼乘如是邪見業受因故。身壞命終。墮諸惡趣。或生地獄。或生畜生。或生鬼趣。如來又知如是有情。成就身妙行。成就語妙行。成就意妙行。不謗賢聖。修行正見。彼乘如是正見業受因故。身壞命終。往諸善趣。若生天上樂世界中。又復如來以淨天眼觀於十方。不可宣説過殑伽沙數。盡虛空際窮法界量。諸佛世界種種相狀。或復現見諸佛刹土有洞然者。或見刹土有正壞者。或見刹土有正成者。又復現見一切含識死時生時。或復現見諸大菩薩從睹史多天降神母胎。或復現見出母胎者。或觀諸方各行七步。或復現見入處內宮。或見出家現修苦行。或見諸佛悟大菩提。或復現見轉大法輪。或復現見

捨諸壽行入大涅槃。或復現見諸聲聞衆。一切畢竟入般涅槃。或復現見一切獨覺。示諸神通報浄施福而涅槃者。又諸有情非可現見。而爲如來天眼所見。亦非彼外五通仙眼之所能見。亦非聲聞獨覺菩薩等眼之所能見。彼一切如來天眼悉能現見。如是非所現見微細衆生如車輪量。如來以天眼觀之。多於三千大千世界所有人天。如是一切無量無邊。不可思議。如來悉能如實明見。舍利子。如來以浄天眼觀察一切無量佛土諸含靈性。何等衆生是如來化。何等衆生見如來已方調伏者。如來爾時隨應利見。即於前往令彼悟解。非餘衆生之所能知。如是舍利子。如來天眼隨念作證智力。不可思議。無有邊際。與虛空等。諸有欲求如來天眼

智力邊際者。不异有人求空邊際。舍利子。諸菩薩摩訶薩。聞如是力不可思議如虛空已。信受諦奉。乃至發希奇想。爾時世尊欲重宣此義。而說頌曰。

善逝天眼浄無垢　浄業修治無量劫　最勝由是觀十方
無垢難思諸佛土　或壞或成或成壞　乃至起住火洞然
或有佛住或無佛　自然尊眼悉能見　有情性廣難思議
乃至有色及無色　若墮惡趣善趣生　自然尊眼悉能見
或多拘胝佛現在　或現如來入涅槃　并及緣覺若聲聞
自然尊眼悉能見　或爲利生諸菩薩　或行近妙菩提行
住諸如來無障處　自然導師皆能見　善逝如是眼無垢

能見極細諸衆生　第九眼力不思議　最勝聰慧了⑩能信

舍利子。是名如來第九天眼智力。由此力故。自稱我處大仙尊位。轉大梵輪。乃至一切世間不能如法而轉。

復次舍利子。云何如來流盡作證智力。舍利子。如來應正等覺。以無上智力如實了知。爲盡諸流無流。心解脱。慧解脱。自然通慧作證具足而住。如實了知。我生已盡。梵行已立。所作已辦。不受後有。舍利子。如來流盡智力。清净無垢光潔圓照。永斷一切相續習氣。諸聲聞乘雖復流盡。唯能斷除少分習氣。諸獨覺乘雖復流盡。亦能斷除少分習氣。而遠離大悲及諸才辯。唯有如來諸流永盡。具一切種微妙佛法。斷除一切相續習氣。大悲所攝無畏才辯之所

觀察。一切世間諸有含識不能映奪。一刹那心而常具足相應無异。何以故。由如來無業。無煩惱。無忘失威儀諸習氣故。舍利子。譬如清浄虚空。不與一切烟塵雲霧而共住止。如是如來流盡智力。不與一切煩惱習氣而共住也。舍利子。諸佛如來住如是等流盡智已。復能爲彼有流有取一切衆生説流盡法。及説永斷一切取法。一切衆生諸流諸取。皆從虚妄遍分別起。如來如實觀察是已。欲令一切不復起故。如其所應。以諸譬喻而爲説法。令如實知諸流虚妄。由知是已。不取諸法。由不取故。則能畢竟入般涅槃。又舍利子。如來如實了知一切有情諸流起滅。諸流趣行。如是知已。爲諸有情如應説法。如是舍利子。如來流盡作證智力。不可思議。無

有邊際。與虛空等。若有欲求如來流盡智力邊際者。不异有人求於空際。舍利子。諸菩薩摩訶薩。聞如來流盡作證智力不可思議如虛空已。信受諦奉。心慮清净。無惑無疑。倍復踴躍。深生歡喜。發希奇想。爾時世尊欲重宣此義。而説頌曰。

導師流盡智無垢　無量廣大净無障　由成如是第十力

故説寂靜妙菩提　諸聲聞乘流盡智　有量習氣隨繫縛

人中最勝大導師　無量結習同灰燼　有證緣覺菩提者

遠離大悲才與辯　唯薄伽梵諸流盡　大悲才辯無有量

諸佛安住流盡智　了知衆生流取[11]相　皆從虛妄[12]諸法生

彼未解斯真理趣　如來起悲爲敷演　無常不净無我法

彼觀諸法空無性　當證如來寂靜地　無我無壽無數取
無人摩納作受者　虛妄遍入諸法中　起大悲心說令脫
善逝慈悲無厭倦　真智常流無忘失　由是最勝恒方便
爲利衆生開妙法　能伏他論第十力　無有邊際等虛空
世尊常住十力故　無等法輪恒轉世

舍利子。是名如來第十流盡智力。由成就此力故。如來應正等覺。自稱我處大仙尊位。於大衆中正師子吼。轉大梵輪。一切世間沙門婆羅門。諸天魔梵。不能如法而轉。如是舍利子。諸菩薩摩訶薩。由聞如來功德不可思議故。於如來十力。信受諦奉。心慮清浄。無惑無疑。倍復踴躍。深生歡喜。發希奇想。

大寶積經卷第三十八

校注

①『定』，底本作『受』，依龍藏、思溪藏、中州本改。

②『趣』，思溪藏作『起』。

③『相』，底本作『根』，依龍藏、和裕本改。

④『提』，思溪藏作『薩』。

⑤『能』，底本作『觀』，依龍藏、思溪藏改。

⑥『趣』，底本作『教』，依龍藏、思溪藏、和裕本、上海佛學書局本、中州本改。

⑦『皆』，龍藏、思溪藏作『能』。

⑧『無』，底本作『不』，依龍藏、思溪藏、和裕本、中州本改。

⑨『乃至不能如法而轉』，別譯本《佛説大乘菩薩藏正法經》（北宋·法護譯）作『乃至無與如來同其法者』。

⑩『了』，龍藏、中州本作『子』。

⑪『取』，龍藏、思溪藏作『盡』。
⑫『妄』，龍藏、思溪藏作『空』。

大寶積經卷第三十九

大唐三藏法師玄奘奉　詔譯

菩薩藏會第十二之五·如來不思議性品第四之三

爾時佛告舍利子。云何菩薩摩訶薩。於如來不思議無畏。信受諦奉。心志①清淨。無惑無疑。倍復踴躍。深生歡喜。發希奇想。舍利子。如來應正等覺。有四種不思議無畏。由成就是四無畏故。如來應正等覺。於大衆中自稱我處大仙尊位。正師子吼。轉大梵輪。一切世間沙門婆羅門。諸天魔梵不能如法而轉。舍利子。何等名爲四無所畏。舍利子。如來應正等覺。成就無上智力故。於大衆中自稱我是正等覺者。此中諸天世間。不見有能於如來前立如是論。汝於

此法非正等覺。舍利子。云何如來名正等覺。舍利子。如來能於一切諸法平等正覺。無非平等。若凡夫法。若諸聖法。若諸佛法。若諸學法。若無學法。若獨覺法。若菩薩法。平等平等。若世間法。若出世間法。若有罪無罪。有流無流。有爲無爲。如是等一切諸法。如來悉能平等正覺。是故名爲正等覺者。舍利子。云何名爲平等之性。舍利子。諸見自體與彼空性。其性平等。諸相自體與彼無相。其性平等。三界自體與彼無願。其性平等。生法自體與彼無生。其性平等。諸行自體與彼無行。其性平等。起法自體與彼不起。其性平等。貪性自體與彼無貪。其性平等。三世自體與彼真如。其性平等。無明有愛自體與明解脱。其性平等。生死流轉自體與彼寂静涅槃。其

性平等。如是舍利子。如來能於一切諸法平等正覺。是故如來名正等覺。

復次舍利子。此如來無畏不可思議。又以大悲而爲方便。真如平等。真性如性。非不如性。不變异性。無覆藏性。無怖畏性。無退屈性。無違諍性。由如是故。光顯大衆。能令悦豫。遍身怡適。心生净信。踴躍歡喜。舍利子。世間衆生。無有能於如來無畏起違諍者。何以故。由如來無畏不可爲諍故。如性平等。處法界性。流布遍滿諸世界中。無能違害。舍利子。如如來無畏。於一切甚深微細難可知法。能正等覺。如是如來安住大悲。種種言音。種種法門。爲彼有情開示妙法。若能依此修遠離行。速盡苦際。若諸含識。實非大師自稱大

師。非正等覺稱正等覺。以如來不思議無畏故。悉皆映奪。令彼衆生傲慢摧碎逃迸遠避。舍利子。如來無畏不可思議。無邊無際譬如虛空。若有欲求如來無畏邊際者。不异有人求空邊際。舍利子。諸菩薩摩訶薩。聞如來説是不思議無畏已。信受諦奉。清淨無疑。歡喜踴躍。發希奇想。舍利子。是名第一正等覺無畏。由如來成就此無畏故。於大衆中正師子吼。轉大梵輪。乃至一切世間所不能轉。

復次舍利子。如來應正等覺。成就無上智力故。於大衆中自稱我今諸流已盡。此中諸天世間。無能於如來前如法立論。汝有如是諸流未盡。舍利子。云何如來流盡之性。舍利子。如來於欲流中心

善解脱。永斷一切貪行習氣故。如來於有流中心善解脱。永斷一切瞋行習氣故。如來於無明流中心善解脱。永斷一切痴行習氣故。如來於見流中心善解脱。永斷一切煩惱行習氣故。以是因緣。故説如來諸流已盡。舍利子。如是説法。依世俗故。非爲勝義。於勝義中。無有一法住聖智前。可遍知可永斷可修習可作證者。何以故。舍利子。所言盡者。未嘗不盡。性究竟盡。不由對治。説名爲盡。如實性盡。如實性盡故。無法可盡。無法可盡故。即是無爲。以無爲故。無生無滅。亦無有住。是故説言。如來出世若不出世。常住法性。常住法界。即於其中聖智慧轉。雖如是轉。無轉無還。舍利子。由是法門故。無有諸流。亦無流盡而可得者。如是如來住大悲已。爲諸有

情説流盡法。

復次舍利子。如來無畏不可思議。復以大悲而爲方便。真如平等。真性如性。非不如性。不變异性。無覆藏性。無怖畏性。無退屈性。無違諍性。由如是故。光顯大衆。能令悦豫。遍身怡適。心生浄信。歡喜踴躍。舍利子。世間衆生。無有能於如來無畏起違諍者。何以故。由如來無畏不可爲諍故。真如平等。處法界性。流布遍滿諸世界中。無能違害。如是不可思議。無量無數。無有邊際。妙法成就。由如來大悲熏心。爲諸衆生説流盡法。欲令永斷彼諸流故。舍利子。如來無畏不可思議。無邊無際。譬如虚空。若有欲求如來無畏邊際者。不异有人求空邊際。舍利子。是諸菩薩摩訶薩。聞如來説是不思

議無畏已。信受諦奉。清淨無疑。乃至發希奇想。舍利子。是名第二流盡無畏。由成就此無畏故。如來於大衆中正師子吼。自稱我處大仙尊位。轉大梵輪。乃至一切世間所不能轉。

復次舍利子。如來應正等覺。成就無上智力故。於大衆中唱如是言。我説障法。決定能障。此中諸天世間。無能於如來前如法立論。汝説如是障法。不能爲障。舍利子。云何名爲能障礙法。舍利子。謂有一法能爲障礙。何等一法。謂心不清淨。復有二法能爲障礙。謂無慚。無愧。復有三法能爲障礙。謂身惡行。語惡行。意惡行。復有四法能爲障礙。由貪欲故行所不行。由瞋恚故行所不行。由愚痴故行所不行。由怖畏故行所不行。復有五法能爲障礙。謂殺生。不與

取。欲邪行。妄語。飲酒。復有六法能爲障礙。謂不恭敬佛菩提。不恭敬法。不恭敬僧。不恭敬律儀。不恭敬三摩地。不恭敬建立施設。復有七法能爲障礙。謂慢。勝慢。勝上慢。增上慢。邪慢。下慢。我慢。復有八法能爲障礙。何等爲八。謂邪見。邪思。邪語。邪業。邪命。邪勤。邪念。邪三摩地。復有九法能爲障礙。何等爲九。謂於我身去來今世作不饒益。生惱害事。於我所愛去來今世作不饒益。生惱害事。我所不愛於去來今而作②饒益③。生惱害事。復有十法能爲障礙。謂十不善道。是故略説是十種法能爲障礙。爲欲止息寂静。永斷如是障礙法故。如來爲諸有情敷演正法。舍利子。乃至一切違理④作意相應諸結。若由諸法住愛味觀。顛倒相應。違背出離。愛見執著。於有

味著。有所依事身語意業。彼一切相。如來了知皆是障礙。既了知已。如實説爲能障礙法。

復次舍利子。此如來無畏不可思議。以大悲爲方便。真如平等。真性如性。非不如性。無變异性。無覆藏性。無怖畏性。無退屈性。無違諍性。由如是故。光顯大衆。能令悦豫。遍身怡適。心生净信。踴躍歡喜。舍利子。世間衆生。無有能於如來無畏起違諍者。何以故。由如來無畏不可爲諍故。如性平等。處法界性。流布遍滿諸世界中。無能違害。如是無量無數。不可思議。無與等者。不可宣説。妙法成就。而如來大悲熏心。爲諸有情説障礙法。欲令止息寂静。永斷彼障法故。舍利子。如來無畏不可思議。無邊無際。譬如虛空。若有欲求

如來無畏邊際者。不异有人求於空際。舍利子。是諸菩薩摩訶薩。聞如來説是不思議無畏如虛空已。信受諦奉。清浄無疑。乃至發希奇想。舍利子。是名第三説障法無畏。由如來成就此無畏故。於大衆中正師子吼。轉大梵輪。乃至一切世間所不能轉。

復次舍利子。如來應正等覺。成就無上智力故。於大衆中唱如是言。我説聖出離所修。能正盡苦道。若諸有情修習此道。必定出離。此中諸天世間。無能於如來前如法立論。汝所説道不能出離。舍利子。云何名爲聖出離道。舍利子。所謂一正趣道。能令衆生畢竟清浄。復有二法能令衆生畢竟出離。謂奢摩他及毗鉢舍那。復有三法能令出離。謂空無相無願解脱之門。復有四法能令出離。謂

緣身生念。緣受生念。緣心生念。緣法生念。復有五法能令出離。謂信根。勤根。念根。三摩地根。慧根。復有六法能令出離。謂念佛。念法。念僧。念戒。念捨。念天。復有七法能令出離。所謂念等覺支。擇法等覺支。勤等覺支。喜等覺支。安息等覺支。三摩地等覺支。捨等覺支。復有八法能令出離。所謂聖八支道。正見。正思惟。正語。正業。正命。正勤。正念。正三摩地。復有九種悅根本法能令出離。所謂悅。喜。安息。樂。三摩地。如實智見。厭及離欲。解脱。復有十法能令出離。謂十善業道。如是如來爲諸有情如實開示聖出離行。舍利子。乃至一切所有正善菩提分法。或戒聚相應。或三摩地聚。慧聚。解脱聚。解脱智見聚相應。或聖諦相應。如是名爲能出離行。又舍利子。能出

離者。所謂正行。言正行者。於此法中無有一法若增若減。若來若去。若取若捨。何以故。非行正行者行一種覺。若能如實知見諸法皆不二性。是則名爲聖出離行。

舍利子。此如來無畏不可思議。以大悲爲方便。真如平等真性如性。非不如性。無變异性。無覆藏性。無怖畏性。無退屈性。無違諍性。由如是故。光顯大衆。能令悦豫。遍身怡適。心生净信。踴躍歡喜。舍利子。世間衆生。無有能於如來無畏起違諍者。何以故。由如來無畏不可爲諍故。如性平等。處法界性。流布遍滿諸世界中。無能違害。如是聖出離行。無量無數。不可思議。無與等者。不可宣説。妙法成就。而如來大悲熏心。爲諸衆生開示演説聖出離行。若有衆生

如實解了。修行正道。必能出離。速盡諸苦。舍利子。如來無畏。無邊無際。譬如虛空。若有欲求如來無畏邊際者。不异有人求於空際。舍利子。諸菩薩摩訶薩。聞是如來不思議無畏已。信受諦奉。清淨無疑。乃至發希奇想。舍利子。是名第四説聖出離道無畏。由如來成就此無畏故。於大衆中正師子吼。轉大梵輪。一切世間沙門婆羅門。諸天魔梵。不能如法而轉。舍利子。如來如是四種無畏。無邊無際。譬如虛空。一切衆生不能得盡其邊際者。諸菩薩摩訶薩。聞如來如是不思議無畏如虛空已。信受諦奉。清淨無疑。倍復踴躍。深生歡喜。發希奇想。爾時世尊欲重宣此義。而説頌曰。

自然正覺悟　諸法平等性　故遍見如來　説名正等覺

若諸凡夫法　及學無學法　最勝獨覺法　佛法悉平等
一切世間法　及諸出世法　善不善不動　涅槃路平等
若空若無相　若離諸願樂　無生無有爲　悉見平等性
覺平等性已　如所應宣説　解脱諸有情　大牟尼無畏
已解脱三有　復開示解脱　諸人天聖尊　顯第二無畏
最勝覺障法　習不證解脱　非清浄下劣　不具諸羞愧
未嘗有身護　及以語意護　貪瞋痴怖畏　害命損他財
行邪欲妄語　飲酒不恭敬　七慢八邪支　悉非解脱處
九惱害多過　十不善業道　不如理思惟　愚痴無解脱
顛倒修諸行　執虚妄放逸　佛知説障法　是第三無畏

清净門無量　修習證菩提　佛自然通達　説趣甘露法
乃至諸所有　衆多妙善法　助清净菩提　最勝所稱贊
若善修習已　不證諸解脱　必無有是處　十力者誠言
若如理思惟　息廣大煩惱　觀諸法平等　善修習聖行
不執著諸相　是法及非法　解脱諸憂怖　大净者所説
善知種種法　虚廓如净空　又如幻如夢　解脱諸有海
若放逸造業　輪迴諸有趣　大悲愍衆生　欲令證解脱
十力牟尼尊　處生死化法　是第四無畏　清净等虚空

如是舍利子。是名如來不思議無畏。菩薩摩訶薩信受諦奉。清净無疑。乃至發希奇想。

爾時佛告舍利子。云何菩薩摩訶薩。於如來不思議大悲。信受諦奉。乃至發希奇想。舍利子。諸佛如來大悲常轉。何以故。諸佛如來不捨一切衆生故。於一切時爲成熟一切衆生故。當知大悲常起不息。舍利子。此如來大悲。如是無量。如是不可思議。如是無等等。如是無邊。如是不可說。如是猛利。如是久遠。隨諸衆生。乃至如來一切語業。於是大悲亦難宣說。何以故。猶如如來證得菩提不可思議。如是如來於諸衆生大悲發起亦復如是不可思議。舍利子。云何如來證得菩提。舍利子。猶如來入如是無根無住故。證得菩提。舍利子。何等爲根。何等爲住。有身爲根。虚妄分別爲住。如來於此二法平等解了。是故説言。猶如如來入無根無住故。證得阿耨

多羅三藐三菩提。一切衆生不能解了如是二法。如來於彼發起大悲。我今定當開示。令其解了如是無根無住法故。復次舍利子。夫菩提者。其性寂靜。何等名爲寂靜二法。舍利子。於内爲寂。於外爲靜。何以故。眼性是空。離我我所。如是耳鼻舌身意。意性是空。離我我所。若如是知。名之爲寂。如實了知眼性空已。不趣於色。乃至如實了知意性空已。不趣於法。若如是知。名之爲靜。一切衆生於此寂靜二法不能解了。如來於彼發起大悲。我今定當開示。令其解了如是寂靜二法故。復次舍利子。我證菩提自性清净。云何名爲自性清净。舍利子。菩提之性體無染污。菩提之性與虚空等。菩提之性是虚空性。菩提

之性同於虛空。菩提虛空平等平等。究竟性净。愚痴凡夫不覺如是自性清净。而爲客塵煩惱之所染污。一切衆生於是自性清净不能解了。如來於彼發起大悲。我今定當開示。令其解了如是自性清净故。

復次舍利子。我證菩提。無入無出。何等名爲入出二法。舍利子。所言入者。名執諸法。所言出者。名不執諸法。如來明見無入無出平等法性。猶如如來明見無遠及無彼岸。何以故。以一切法性離遠及彼岸故。能證是法故名如來。一切衆生於此無入無出法性不能覺了。如來於彼發起大悲。我今定當開示。令其覺了如是無入無出法故。

復次舍利子。我證菩提。無相無境。何等名爲無相無境。舍利子。不得眼識名爲無相。不觀於色名爲無境。乃至不得意識名爲無相。不觀於法名爲無境。舍利子。無相無境。衆聖所行。何等所行。謂在三界愚痴凡夫。於衆聖所行不能行故。於無相無境不能覺了。如來於彼發起大悲。我今定當開示。令其覺了如是無相無境法故。復次舍利子。言菩提者。非去來今。三世平等。三相輪斷。何等名爲三相輪斷。舍利子。於過去世心無顧轉。於未來世識無趣向。於現在世意無起作。是心意識無有安住。不分別過去。不執著未來。不戲論現在。一切衆生不能覺悟三世等性。三輪清浄。如來於彼發起大悲。我今定當開示。令其覺悟如是三世三輪平等清浄故。

復次舍利子。我證菩提。無爲無性。何故名曰無爲無性。舍利子。是菩提性非眼識所識。乃至非意識所識。言無爲者。無生無滅。亦無有住。三相永離。故名無爲。舍利子。知無爲性。當覺有爲。何以故。諸法自性即是無性。夫無性者即體無二。一切衆生不能覺悟此無性無爲故。如來於彼發起大悲。我今定當開示。令其覺悟如是無性無爲故。

復次舍利子。我證菩提。無差別迹。何故名爲無差別迹。舍利子。真如法性。二俱名迹。性無別异。性無安住。名無差別。諸法實際。名之爲迹。性無動摇。名無差別。諸法空性。名之爲迹。性不可得。名無差別。諸法無相。名之爲迹。性不可尋。名無差別。諸法無願。名之爲迹。

性無發起。名無差別。無衆生性。名之爲迹。即體性無。名無差別。是虛空相。名之爲迹。性不可得。名無差別。其性無生。是名爲迹。其性無滅。名無差別。其性無爲。是名爲迹。性無行住。名無差別。爲菩提相。是名爲迹。其性寂靜。名無差別。爲涅槃相。是名爲迹。其性無生。名無差別。舍利子。一切衆生不能覺悟無差別迹。如來於彼發起大悲。我今定當開示。令其覺悟如是無差別迹故。

復次舍利子。言菩提者。不可以身證。不可以心證。何以故。身性無知。無有作用。譬如草木墻壁琢石之光。心性亦爾。譬如幻事陽焰水月。若能如是覺悟身心。是名菩提。舍利子。但以世俗言說。假名菩提。菩提實性不可言説。不可以身得。不可以心得。不可以法得。

不可以非法得。不可以真實得。不可以非真實得。不可以諦得。不可以妄得。何以故。由菩提性離言說故。亦離一切諸法相故。又以菩提無有形相。用通言說。譬如虛空。無有形處。故不可說。舍利子。如實尋求一切諸法皆無言說。何以故。由諸法中無有言說。於言說中亦無諸法。一切衆生不能覺悟如是諸法理趣。如來於彼發起大悲。我今定當開示諸法理趣。令其覺悟如是諦實義旨故。復次舍利子。言菩提者。無取無藏。何等名爲無取無藏。舍利子。了知眼故。名無所取。不觀色故。名曰無藏。舍利子。如來證是菩提無取無藏故。不取於眼。不藏於色。不住於識。乃至不取於意。不藏於法。不住於識。雖不住識。而能了知一切衆生心之所住。云何了知。

謂諸衆生心住四法。何等爲四。一切衆生心住於識。心住於受。心住於想。心住於行。如來如是如實了知住與不住。一切衆生不能覺悟無住實際。如來於彼發起大悲。我今定當開示。令其覺悟如是無住實際法故。

復次舍利子。言菩提者。空之异名。由空空故。菩提亦空。菩提空故。諸法亦空。是故如來如其空性覺一切法。不由空故。覺法空性。由一理趣智故。覺法性空。空與菩提性無有二。由無二故。不可説言此是菩提。此是空性。若有二者。則可言説此爲菩提。此爲空性。以法無二。無有二相。無名無相無行。畢竟不行。亦不現行。所言空者。遠離取執。勝義諦中無法可得。由性空故。説名爲空。如説太虛。名

爲虛空。而太虛性不可言說。如是空法。説名爲空。而彼空性不可言説。如是悟入諸法實無有名。假立名説。然諸法名無方無處。如名詮諸法。此法無方無處亦復如是。如來了知一切諸法從本已來。無生無起。如是知已。而證解脱。然其實性無縛無脱。諸痴凡夫不能覺悟此菩提性。如來於彼發起大悲。我當開示。令其覺悟如是菩提之實性故。

復次舍利子。菩提之性與太虛等。然太虛性無等不等。菩提亦爾。無等不等。猶如諸法性無真實。不可説等及不平等。如是舍利子。如來覺悟一切諸法。其性平等無不平等。如實覺悟無有少法可爲平等及不平等。如是如來如實智量。窮諸法量。何者名爲如實

智耶。謂知諸法本無而生。生已離散。無主而生。無主而散。若生若散。隨衆緣轉。此中無有一法若轉若還及隨轉者。故說如來爲斷諸徑說微妙法。一切衆生不能覺悟斷諸徑法。如來於彼發起大悲。我當開示。令其覺悟如是斷諸徑法故。

復次舍利子。言菩提者。即是如句。何等名爲如句之相。舍利子。如菩提相。諸色亦爾。同彼真如。無有退還而不遍至。受想行識亦復如是。如彼真如。無不遍至。舍利子。如菩提相同彼真如。四大之性亦復如是。如彼真如。無有退還而不遍至。如菩提性同彼真如。眼界色界及眼識界。乃至意界法界及意識界亦復如是。如菩提相但假施設。一切諸法蘊界處等。但假施設亦復如是。知如如是相。名

爲如句。又舍利子。如來一切如實覺悟。不顛倒覺。猶如前際。中後亦爾。何以故。前際無生。後際無趣。中際遠離。如是一切名爲如句。如是一句。一切亦爾。如是一切。一句亦爾。非如性中一性多性而是可得。一切衆生不能覺悟此之如句。如來於彼發起大悲。我當開示。令其覺悟如是眞如法句故。

復次舍利子。言菩提者。名入於行及入無行。何等名爲行及無行。舍利子。發起善法。名之爲行。一切諸法即不可得。名爲無行。住不住心。名之爲行。無相三摩地解脱門。名爲無行。舍利子。所言行者。稱量算數觀察於心。言無行者。過稱量等。云何名爲過稱量等。以一切處無有諸識作用業故。舍利子。所言行者。謂於是處觀察有

爲。言無行者。謂於是處證於無爲。愚痴凡夫不能覺悟入行非行。如來於彼發起大悲。我當開示。令其覺悟如是入行非行法故。復次舍利子。夫菩提者。無流無取。云何名爲無流無取。舍利子。離四流性。故曰無流。何謂爲四。離欲流性。離有流性。離無明流性。離見流性。舍利子。離四取性。故名無取。何等爲四。離欲取性。離有取性。離見取性。離戒取性。舍利子。如是四取皆由無明。而爲盲暗愛水隍池之所擁閉。由執我故。受蘊界處。如來於中如實了知我取根本。自證清淨。亦令衆生證得清淨。舍利子。如來既證是清淨故。於諸法中無所分別。何以故。舍利子。由此分別起不如理思惟。此但如理相應故。不起無明。不起無明故。不能發起十二有支。若不

發起十二有支。此即無生。若無生者。此即决定。若决定者。此即了義。若了義者。此即勝義。若勝義者。即無人義。無人義者。即不可説義。不可説義者。即緣起義。諸緣起義者。即是法義。諸法義者。即如來義。舍利子。若能如是觀緣起者。即是觀法。若觀法者。即觀如來。如是觀者。離真如外無有所觀。此中云何有所有耶。謂相及緣。如是二法。若能觀察無相無緣。即真實觀。如來覺悟如是諸法平等故平等。愚痴凡夫不能覺悟此無流無取性。如來於彼發起大悲。我當開示。令其覺悟如是無流無取性故。

復次舍利子。夫菩提者。其性清浄。無垢無執。云何名爲清浄無垢及以無執。舍利子。空故清浄。無相故無垢。無願故無執。又舍利子。

無生故清浄。無作故無垢。無取故無執。又舍利子。自性故清浄。遍
浄故無垢。光潔故無執。又舍利子。無戲論故清浄。離戲論故無垢。
戲論寂静故無執。又舍利子。真如故清浄。法界故無垢。實際故無
執。又舍利子。虚静故清浄。無礙故無垢。空寂故無執。又舍利子。内
遍知故清浄。外不行故無垢。内外不可得故無執。又舍利子。蘊遍
知故清浄。界自體故無垢。處損减故無執。又舍利子。過去盡智故
清浄。未來無生智故無垢。現在法界住智故無執。舍利子。如是清
浄無垢無執之性。同趣一句。言一句者。謂寂静句。諸寂静者。即極
寂静。極寂静者。即遍寂静。遍寂静者。名大牟尼。舍利子。猶如太虚。
菩提亦爾。如菩提性。諸法亦爾。如諸法性。真實亦爾。如真實性。國

土亦爾。如國土性。涅槃亦爾。故説涅槃諸法平等。亦名究竟。無邊際相故。無有對治。離對治相故。如是諸法本來清净。無垢無執。舍利子。如來於是色無色等一切諸法。如實覺悟。觀有情性。游戲清净無垢無執。發起大悲。我今定當開示。令其覺悟如是清净無垢無執法故。

復次舍利子。如是如來不可思議大悲。不由功用。任運常轉。流布遍滿十方世界無有障礙。舍利子。如來大悲不可思議。無邊無際猶如虚空。若有欲求如來大悲邊際者。不异有人求於空際。舍利子。是諸菩薩摩訶薩。聞如來不思議大悲同虚空已。信受諦奉。清净無疑。乃至發希奇想。爾時世尊欲重宣此義。而説頌曰。

諸佛證菩提　無根無所住　如佛所證已　爲諸衆生説
諸佛證菩提　寂静極寂静　觀眼等内空　色等外空性
有情不覺悟　寂静極寂静　如來知句義　於彼起大悲
菩提性光潔　清净等虛空　是衆生不了　於彼起大悲
諸佛證菩提　無去來取捨　是衆生不了　於彼起大悲
諸佛證菩提　無相無境界　衆聖之所行　非愚夫所履
諸凡夫不知　雖知不明達　如來於彼類　興起於大悲
無爲之自性　無生亦無滅　於彼亦無住　三輪長解脱
愚夫不能覺　諸有爲自性　於彼起大悲　開如是理趣
菩提非身證　亦不由心證　身自性無知　心如幻事等

愚夫不能覺　身心自體性　於彼起大悲　開如是妙理
諸佛自然證　廣大勝菩提　安坐樹王下　觀察含靈性
登上生死輪　循環種種趣　如來見彼已　興猛厲大悲
憍慢之所壞　見網恒纏裹　於苦生樂想　無常起常想
計净我衆生　命者見所壞　如來觀彼已　興猛厲大悲
一切衆生性　覆障於痴膜　無有慧光明　如重雲掩日
如來見彼已　興猛厲大悲　以無垢智光　當爲彼明照
既入諸惡趣　常迷失正道　或墮地獄趣　畜生鬼趣中
過去佛已知　導開前正路　今佛見彼已　興猛厲大悲
佛知一切法　真如及實性　清净等虚空　證成真解脱

諸衆生不知　如是浄妙法　如來見彼已　興猛厲大悲
如是舍利子。是名如來不思議大悲。諸菩薩摩訶薩。聞是不可思議大悲已。信受諦奉。清浄無疑。倍復踴躍。深生歡喜。發希奇想。

大寶積經卷第三十九

校注

①『志』，思溪藏作『至』。

②『而作』，龍藏、思溪藏作『世作不』。

③『我所不愛於去來今而作饒益』，本册卷第三十五同義文處作：『我曾不愛而作饒益。我今不愛而作饒益。我當不愛而作饒益。』

④『理』，底本作『罪』，依龍藏、思溪藏、和裕本、中州本改。

大寶積經卷第四十

大唐三藏法師玄奘奉　詔譯

菩薩藏會第十二之六·如來不思議性品第四之四

爾時佛告舍利子。云何菩薩摩訶薩。於如來不思議不共佛法。信受諦奉。清淨無疑。乃至發希奇想。舍利子。如來成就十八不共佛法。由成就故。如來應正等覺。於大衆中正師子吼。自稱我處大仙尊位。轉大梵輪。一切世間沙門婆羅門。諸天魔梵。不能如法而轉。舍利子。何等名爲十八不共佛法。舍利子。所謂如來處世無諸誤失。以無失故名爲如來。何等名爲無有誤失。舍利子。如來身業無有誤失。以無失故。一切世間若愚若智。不能立如法論。謂如來身

有誤失者。何以故。佛薄伽梵身業畢竟無誤失故。舍利子。諸佛如來游步世間。直視於前。轉身回顧。若屈若伸。服僧伽胝。攝持衣鉢。進止往來。行住坐卧。如來於中無失威儀。端嚴庠序。舍利子。如來若往城邑。若旋返時。雙足蹈空。而千輻輪現於地際。悦意妙香鉢特摩花。自然踴出承如來足。若畜生趣一切有情。爲如來足之所觸者。極滿七夜受諸快樂。命終之後。往生善趣樂世界中。舍利子。如來被服不著其身。如四指量。吠嵐婆風不能披①動。舍利子。如來身光極照無間。觸彼衆生令興樂受。舍利子。如是一切身無過相。故説如來身無誤失。如自所證身無誤失。亦爲衆生説如斯法。令其永斷身業誤失。舍利子。如來語業無有誤失。以無失故。一切世

間若愚若智。不能如法伺求如來語業誤失。何以故。舍利子。如來爲迦羅時語者。如來爲實語者。爲諦語者。爲三摩耶時語者。爲如語而作者。爲善訓釋詞語者。爲令衆生歡悅語者。爲無重述語者。爲文義莊嚴語者。爲隨發一音皆令信解歡悅語者。舍利子。如是一切語無過相。故說如來語業無失。如自所證語無誤失。亦爲衆生說如是法。令其永斷語業誤失。舍利子。如來之心無有誤失。以無失故。一切世間若愚若智。不能如法伺候如來心業誤失。何以故。舍利子。如來不捨甚深定法。而能發起作諸佛事。不役神慮。於一切法無礙智見任運而轉。故說如來心無誤失。如自所證心無失故。亦爲衆生說如斯法。令其永斷心業誤失。舍利子。如是身語

心業無有失故。是名如來第一諸業無有誤失不共佛法。復次舍利子。云何如來所發言音無有卒暴。舍利子。如來以無卒暴發言音故。一切世間若魔。若魔眷屬。及餘天子諸外道等。不能伺候②如來便者。何以故。舍利子。如來言音本無卒暴。無隨卒暴。何以故。久已永離諸愛恚故。一切衆生雖加尊敬而心不高。雖加輕侮而心不慼。又舍利子。如來無有所作過時及不究竟。非由此事而起追悔。及隨前事起卒暴音。又舍利子。如來無有與世諍訟。是故如來無卒暴音。如來常止無諍深定。無我所執。亦無有取。遠離諸縛。是故如來無卒暴音。舍利子。如是無量音無卒暴。如來於中悉皆證入。如佛所證音無卒暴。亦爲衆生說如斯法。令其永斷諸

卒暴故。舍利子。是名如來第二言無卒暴不共佛法。

復次舍利子。云何如來念無忘失。舍利子。如來正念無忘失故。不於一法而生愚亂。何以故。如來住於靜慮解脫三摩地三摩鉢底中不痴忘故。觀諸有情心行動轉無挂礙故。如其所應宣說妙法無忘失故。於諸義法訓詞辯才無礙解中無忘失故。於去來今無礙智見如是無量無忘失故。如自所證去來現在無礙智見無有忘失。亦爲有情說如斯法。令其證得無忘失念。舍利子。是名如來第三念無忘失不共佛法。

復次舍利子。云何如來無不定心而可得者。舍利子。如來若行若住。若坐若卧。若食若飲。若語若默。常處深定中無出離。何以故。由

如來證得甚深三摩地最勝波羅蜜多。成就無障無礙深靜慮故。舍利子。無有衆生處有情類若定不定。能觀如來心及心所。唯除如來威力加被而能得知。如自所證常處定心。亦爲有情依三摩地説如斯法。令其永斷散亂之心。舍利子。是名如來第四無不定心不共佛法。

復次舍利子。云何如來無諸异想。何以故。舍利子。由异想故。可有安住不平等心。如來心常安住平等故。於一切③無諸异想。舍利子。如來於諸佛土無諸异想。以彼佛土如虚空故。如來於諸有情無種種想。由彼有情性無我故。如來於諸佛所無種種想。由彼法性無有差別平等智故。如來於一切法無種種想。由離欲法性平等

故。如來於持戒者其心無愛。於犯戒者其心無恚。於有恩所無不酬報。於有怨所情無加害。於所調伏無不平等。於住邪定心不輕慢。於諸法中平等安住。故名如來無種種想。如自所證無异想故。亦爲衆生説如斯法。令其永斷種種异想。舍利子。是名如來第五無諸异想不共佛法。

復次舍利子。云何如來無簡擇捨。何以故。舍利子。如來已修聖道而證此捨。非未修道而有證故。如來已修於心。已修於戒。已修於慧而證此捨。非所未修而有證故。舍利子。如來捨者。隨智慧行。不隨痴行。如來捨者。是出世間。不墮世間。如來捨者。是聖是出離。非爲不聖。非不出離。如來捨者。能轉梵輪。悲愍衆生。常不捨離。如來

捨者。任運成就。不隨對治故。舍利子。如來捨者。無高不高。亦無下劣。得住不動。遠離二邊。超過一切思量簡擇。觀待於時。亦不過時。無動無思。無有分別。無異分別。無修無損。無有憍逸。無有示現。真性如性。不虛妄性。非不如性。如是無量。舍利子。如來如是大捨成就。爲諸衆生捨圓滿故。説如斯法。舍利子。是名如來第六無簡擇捨不共佛法。

復次舍利子。云何如來志欲無有退減。舍利子。何等志欲而無退減。所謂如來善法志欲。復有何義名爲志欲。舍利子。如來大慈志欲無減。如來大悲志欲無減。如來説法志欲無減。調伏衆生志欲無減。成熟衆生志欲無減。興於遠離志欲無減。教導菩薩志欲無

滅。紹三寶種令不斷絶志欲無減。一切如來不隨欲行。如來志欲智爲前導。如自所證志欲無減。亦爲衆生説如斯法。令彼證得圓滿無上一切智智之志欲故。舍利子。是名如來第七志欲無減不共佛法。

復次舍利子。云何如來正勤無有退減。舍利子。何等正勤而不退減。所謂不捨所化衆生正勤。於聽法衆不懷擯遺正勤。以如是等無有退没故。説如來正勤無減。舍利子。假使如來値遇如是樂聞法衆。堪任④法器。若能聽法經劫無倦。如來亦隨經劫不起于座。不緣食飲。相續説法中無暫廢。又舍利子。如來爲衆生故。假使過於殑伽沙等諸佛世界。唯一衆生是佛化限。爾時如來躬往其所。爲

説法要令其悟入正勤無厭。舍利子。如來身無疲倦。及以語心亦無疲倦。何以故。如來身語及心常安息故。舍利子。如來長劫發起精進。贊嘆精進。爲諸衆生説如是法。令彼勤修是精進故證聖解脱。舍利子。是名如來第八正勤無減不共佛法。

復次舍利子。云何如來於一切法⑤及一切種一切念無有退減。何以故。由諸如來念無退故。舍利子。如來證得阿耨多羅三藐三菩提。無間觀察一切衆生。去來諸心相續知已。如來於中畢竟了知。無有忘念。又如實知衆生行已。如來於中無復役智。而如來念曾無退減。又舍利子。如來安立三聚衆生。諸根悟入。意解趣行。審觀察已更不憶念。無重思惟不復觀察。常爲衆生宣説妙法無有斷

絶。何以故。由如來念無退減故。如自所證無退減念。亦爲衆生說如斯法。令其永斷諸念退減。舍利子。是名如來第九念無退減不共佛法。

復次舍利子。云何佛三摩地無有退減。舍利子。佛三摩地與一切法。其性平等無非平等。何以故。由一切法*及一切種法無有不平等性故。舍利子。何因緣故佛三摩地復無退減。舍利子。以真如平等故。即三摩地平等。以三摩地平等故。即如來平等。以能證入如是平等性故。三摩地者名爲等定。又舍利子。若貪際平等即離貪際平等。若瞋際平等即離瞋際平等。若癡際平等即離癡際平等。若有爲際平等即無爲際平等。若生死際平等即涅槃際平等。以

如來證入如是平等性故。於三摩地而無退減。何以故。平等之性。無退減故。舍利子。此佛三摩地非眼相應。亦非耳鼻舌身意相應。何以故。然彼如來諸根無缺故。又如來三摩地。不依地界。不依水火風界。不依欲界色無色界。不依此世及他世間。何以故。由無依故無退無減。是故如來如自所證諸三摩地無有退減。亦爲衆生說如是法。令彼證得諸三摩地故。舍利子。是名如來第十三摩地無有退減不共佛法。

復次舍利子。云何如來智慧無有退減。舍利子。何等名爲如來智慧。所謂了知諸法不緣他智。⑥爲他有情及以他人演妙法智。無盡善巧無礙解智。分別一切句智。悟入一句百千大劫說無盡智。如

其所聞斷疑網智。於一切處無障礙智。宣說安立聖三乘智。能遍了達八萬四千有情心行智。如應開示八萬四千諸法藏智。舍利子。此如來智慧。無邊無際。無有窮盡。由此智慧不可盡故。隨慧而說亦無有盡。故說如來智慧無有退減。如自所證智慧無減。亦爲衆生說如斯法。令其證得無盡智慧故。舍利子。是名如來第十一智慧無減不共佛法。

復次舍利子。云何如來解脱無有退減。舍利子。何等名爲如來解脱。舍利子。諸聲聞乘隨悟音聲故得解脱。諸獨覺乘隨悟衆緣故得解脱。佛薄伽梵遠離一切執著二邊故得解脱。是故說爲如來解脱。何以故。舍利子。如是解脱。前際無縛。後際無轉。不住現在故。

又舍利子。眼之與色二執解脱。如是耳聲鼻香舌味身觸二執解脱。攝受無執依止解脱故。又舍利子。心之與智自性光潔。體無瑕穢。是故諸佛由刹那心相應慧故。證得阿耨多羅三藐三菩提。以是如來隨所證覺。亦爲衆生説如斯法。令彼證覺如是法故。舍利子。是名如來第十二解脱無減不共佛法。

復次舍利子。云何如來一切身業。智爲前導。隨智而轉。何以故。舍利子。由能成就是身業故。一切有情若見如來。即便調伏。或聞説法亦皆調伏。是故如來或現默然調伏衆生。或現飲食調伏衆生。或現諸威儀調伏衆生。或現諸勝相調伏衆生。或現隨形好調伏衆生。或現無觀頂調伏衆生。或現觀視相調伏衆生。或現神光觸

照調伏衆生。或現游步舉足下足調伏衆生。或現往還城邑聚落調伏衆生。舍利子。以要言之。佛薄伽梵無有威儀而不調伏諸衆生者。故説如來一切身業。智爲前導。隨智而轉。亦爲衆生説如是法。令其證入如是智故。舍利子。是名如來第十三身業智導不共佛法。

復次舍利子。云何如來一切語業。智爲前導。隨智而轉。何以故。舍利子。佛薄伽梵不虛説法故。以智前導。所有記莂無不圓備。凡所宣説言詞顯妙。舍利子。如來語言隨現而轉。不可思議。今當略説。舍利子。如來語者。易解了語。易明識語。不高大語。不卑下語。非不勝語。不邪曲語。不謇jiǎn吃語。不繁亂語。不澀鈍語。不粗獷語。不隱没

語。柔和聲語。可欣樂語。不虛羸語。不輕掉語。不調疾語。不繁重語。不迅急語。善斷約語。善調⑦釋語。極妙和美語。勝妙音語。善唱導語。大清亮語。大雷震語。無遺逸語。飲甘露語。有義旨語。可親附語。廣大之語。可愛重語。無塵染語。離塵黷語。無栽穢語。無垢濁語。無魯鈍語。威嚴盛語。無障礙語。能教導語。明潔之語。有正直語。無怯憚語。無缺減語。非輕急語。能生喜樂語。令身怡適語。令心踴躍語。寂靜貪語。寂靜瞋語。壞滅痴語。吞啖魔語。調伏惡語。摧异論語。有表示語。天鼓音語。智者悅語。羯羅頻迦音語。上帝音語。梵天音語。海潮音語。雲雷音語。地山震吼音語。鴻鶴王音語。孔雀王音語。黃鸝音語。命命音語。鵝雁王音語。鹿王音語。箜篌音語。伐洛迦音語。鉢

拏縛音語。大螺⑧吼音語。長笛音語。易開解語。易了別語。暢明曉語。適悦意語。可聽聞語。深遠音語。無喑啞語。悦可耳語。生善根語。文句無缺語。善説文句語。義句相應語。法句相應語。時相應語。時捷對語。不過時語。知根勝劣語。莊嚴施語。浄尸羅語。教授忍語。練正勤語。令樂静慮語。悟入正慧語。慈善集語。悲無倦語。清浄喜語。證入捨語。安立三乘語。令三寶種不斷絶語。安立三聚語。浄三解脱語。遍修諦語。遍修智語。達者不毁語。聖者稱贊語。隨虛空量語。一切種妙成就語。舍利子。如是無量無邊微妙清浄如來之語故。説如來一切語業。智爲前導。隨智而轉。如自所證如是語業。亦隨諸有情而爲説法。令其證入如是語故。舍利子。是名如來第十四語

業智導不共佛法。

復次舍利子。云何如來一切意業。智爲前導。隨智而轉。舍利子。夫如來者。心意與識皆不可説故。舍利子。夫如來者。應以智求。智增上故説名如來。此如來智。隨至一切衆生之心。隨入一切衆生之意。不離一切衆生之識。梵蕩諸法諸三摩地。不從他緣。超過一切所緣境界。遠離緣生。滅三有趣。超諸慢種。解脱魔業。離諸諂誑。捨我我所。除滅無明痴暗之膜。善修道支。與虛空等。無有分別。與諸法界而無差別。舍利子。如來證入如是意業。爲如是相。智爲前導。隨衆生心而爲説法。令彼證入如來意故。舍利子。是名如來第十五意業智導不共佛法。

復次舍利子。云何如來於過去世。無著無礙智見轉。舍利子。何以此智名之爲轉。舍利子。如來以無礙智。能知如是無量無邊過去世中。所有諸佛國土若成若壞。彼一切事無量無數。如來方便悉能數知。如是乃至諸佛國中。所有卉木叢林衆藥。所攝彼一切事。如來於此悉能了知。如是乃至諸佛國中。諸衆生身。衆生假立。彼一切相悉能了知。又能了知彼中所有若干衆生種種性。種種色。乃至廣說。如來於此悉能了知。舍利子。如是彼中所有諸佛出現於世。彼一一如來所宣正法。如來於此悉能如實分別了知。如是乃至爾所衆生。於聲聞乘已調伏者。或獨覺乘已調伏者。或於大乘已調伏者。是亦如來悉能了知。又諸佛土差別之相。苾芻僧衆。

壽量。法住。入息出息。受用飲食。如是等類差別之相。如來於此悉能了知。舍利子。一切有情過去世相。若死若生。若界若趣。如來於此悉能分別。如實了知。又諸有情種種根性。種種行性。種種意解性。如是無量悉能了知。又能了知諸心相續。所謂如是如是心無間。如是如是心生起。彼諸心相若干非一。如來方便悉能數知。舍利子。如來或以現智。或種類智。證得如是過去謝往諸心相續。自既證是。智無不備。隨衆生心而爲説法。欲令證入如是智故。舍利子。是名如來第十六過去無礙智不共佛法。

復次舍利子。云何如來於未來世。無著無礙智見轉。舍利子。何以此智名之爲轉。所謂未來世中所有如來。或當出現。或當滅度。或

復當有。或復當無。彼一切相。如來於此悉能了知。如是乃至當來火劫燒。當來水劫壞。當來風劫壞。乃至一切諸佛國土。當住久近。若干等异。如來於此悉能了知。如是乃至當來諸佛國土。所有地界若干微塵。所有卉木叢林衆藥等事。乃至當來星宿色相若干非一。如來於此悉能了知。如是乃至遍滿一一諸佛土中。當來諸佛。獨覺聲聞。及以菩薩出現於世。所有受用。若飲若食。入息出息。行住威儀。無量等相。如來如實悉能了知。如是乃至一一如來化行差別。觀有情性。當證解脱。或乘聲聞乘。或乘獨覺乘。或乘大乘。當證解脱。如來一切悉能了知。如是遍滿未來之世一一佛土。爾所衆生生處差別。諸有情心心所有法。如來一切悉能了知。舍利

子。如來如是如實了知。非有來世遠心相續。然由如來觀於來世。如實了知。自既證已。亦與衆生演説斯法。欲令證入如是智故。舍利子。是名如來第十七未來無礙智不共佛法。

復次舍利子。云何如來於現在世。無著無礙智見轉。舍利子。何以此智名之爲轉。舍利子。如來於現在世十方一切諸佛土中所有。三種方便數知。如是了知。現在諸佛。諸菩薩衆。諸聲聞衆。諸獨覺衆。若干差别悉能了知。又能了知現在世中。星宿色相。卉木諸藥。叢林等事。乃至現在十方一切地界微塵分量。如來如實方便數知。舍利子。十方國土一切水界不可思議。如來以一毛端舉滴令盡。如是無量悉能明了。方便數知。又十方國土一切火界焰起差

別。如來於此方便數知。又十方國土一切風界依色處起。如來亦能方便了知。又十方國土諸大⑨虛界毛端際量若干非一。如來如實方便數知。舍利子。如來如是了知現在三種衆生界。乃至了知現在地獄衆生界。彼能生因及彼出因。又知現在畜生衆生界。生因出因俱能了知。焰魔界衆亦復如是。又能了知現在人間諸衆生界。生彼之因及終殁因俱能了知。又能了知現在天趣諸衆生界。生彼之因及終殁因俱能了知。又能了知現在衆生諸心相續。有煩惱性。離煩惱性。及以現在所化衆生諸根差別。及非所化一切衆生諸根差別。如是無量。如來如實悉能了知。舍利子。如來如是了知現在一切諸法。非如來智隨二識行。爲諸衆生悟入無二

而説斯法。令其覺悟如是之智。舍利子。是名如來第十八現在無礙智不共佛法。

復次舍利子。諸佛如來成就如是十八不共佛法故。圓滿無餘遍十方界。光明流照一切大衆。復由是法希有奇特。威光名稱功德法故。映奪一切天魔衆會。舍利子。如來不共佛法不可思議。無邊無際。猶如虛空。若有欲求如來一切不共佛法邊量者。不异有人求於空際。舍利子。是諸菩薩摩訶薩。聞如來不共佛法不可思議如虛空已。信受諦奉。志懷清浄。無惑無疑。倍復踴躍。深生歡喜。發希奇想。爾時世尊欲重宣此義。而説頌曰。

導師身語及意業　無有誤失亦無動　即以此法導衆生

是爲如來不共法　其心不高亦不下　究竟遠離於瞋愛
常住無諍諍永滅　是爲如來不共法　導師於法及與智
解脱所行無忘念　諸無礙解亦無失　是爲如來不共法
若住若食若經行　若坐若卧心常定　無亂亦無衆生想
是爲如來不共法　善逝於諸佛國土　有情及佛無异想
住平等性大意解　是爲如來不共法　最勝無諸簡擇捨
勝决定道善修故　無有分别异分别　是爲如來不共法
大師善欲無退減　常與慈悲方便俱　調伏衆生廣無量
是爲如來不共法　善逝精進曾無减　觀所化衆量無邊
三業調伏諸衆生　是爲如來不共法　諸佛大念曾無减

處菩提座成正覺　已覺諸法無重覺⑩　是爲如來不共法
無有分別异分別　自然住等三摩地　靜慮諸法無所依
是爲如來不共法　導師智慧最吉祥　了達一切衆生行
演説妙法隨意解　是爲如來不共法　隨聲而聞緣獨覺
及與諸佛勝解脱　無礙離垢譬虛空　善逝大捨難思慮
諸佛本來無有心　自性解脱心相續　如解脱法爲衆説
是爲如來不共法　衆生眼見佛威儀　若住若行入城邑
相好光明諸所現　莫不調伏而修善　真實薩埵放光明
多拘胝衆受安樂　光現無不度衆生　是爲最勝不共法
自然聖者演法音　皆得聽聞隨意解　所聞法聲如響應

是名最勝不共法　善逝導師無心業　諸行業轉皆由智
智入一切衆生心　是名最勝不共法　諸三摩地及靜慮
善修成滿離戲論　住平等性類虛空　是名最勝不共法
於過去世一切法　種種諸趣解脱智　善逝妙智無礙轉
是名最勝不共法　諸佛於彼未來世　世界當有及當無
衆生國土及最勝　無有遺餘正明了　善逝觀於未來世
心靜曾無散亂時　衆生及法如實知　是名最勝不共法
諸有流行現在世　最勝無障悉能知　導師境界等虛空
是名如來不共法　已説如來不共法　最勝十八不思議
真如實性等虛空　聽慧菩薩能信受

舍利子。是名如來成就如是十八不共佛法。由成就故。如來應正遍知。於大衆中正師子吼。自稱我處大仙尊位。能轉梵輪。一切世間沙門婆羅門。諸天魔梵不能如法而轉。舍利子。如是安住净信諸菩薩摩訶薩。於如來十不思議及十種不可思議法。信受諦奉。志懷清净。無惑無疑。倍復踴躍。深生歡喜。發希奇想。

大寶積經卷第四十

校注

①『披』，龍藏、思溪藏、和裕本作『揺』。

②『候』，龍藏、思溪藏作『獲』。

③『切』下，龍藏、思溪藏有『法』字。

④『任』，思溪藏作『住』。

⑤『法』上，底本有『一』字，依龍藏、思溪藏、和裕本、中州本删。本卷下文例同，用*標識，不再出注。

⑥『智』，底本作『知』，依龍藏、和裕本、上海佛學書局本改。

⑦『調』，龍藏、思溪藏、和裕本、中州本作『訓』。

⑧『螺』，底本作『蚤』，依龍藏、思溪藏、和裕本改。

⑨『大』，龍藏、思溪藏作『太』。

⑩『重』，龍藏作『量』。

大寶積經卷第四十一

大唐三藏法師玄奘奉　詔譯

菩薩藏會第十二之七・四無量品第五

爾時佛告舍利子。菩薩摩訶薩安住如是清浄信已。佛薄伽梵知是菩薩摩訶薩爲菩薩藏法門之器。知是諸佛正法器已。躬往其所。開發顯示菩薩之道。舍利子。汝今當知。如是法門差別之相。所謂菩薩摩訶薩安住浄信。佛薄伽梵知是菩薩爲菩薩藏法門之器。知是諸佛正法器已。躬往其所。開菩薩道。舍利子。如彼往昔。超越無數廣大無量不可思議阿僧企耶劫。爾時有佛出現於世。名爲大蘊如來。應。正等覺。明行圓滿。善逝。世間解。無上丈夫。調御士。

天人師。佛。薄伽梵。住自作證。具足神通。爲諸世間天人。魔。梵。沙門。婆羅門。阿素洛等無量大衆。宣説妙法。開示演暢。初中後善。文義巧妙。純滿清白。隨順梵行。舍利子。爾時大蘊如來應正等覺。有七十二那庾多聲聞弟子共會説法。皆是大阿羅漢。諸漏已盡。無復煩惱。乃至心得自在。到於第一究竟彼岸。舍利子。是時有王名最勝壽。如法治世。號持政王。所治大城名最勝幢。廣博嚴麗。安隱豐樂。甚可愛樂。人物充滿。喧嘩熾盛。舍利子。時勝壽王有子名精進行。年居童幼。形貌端嚴。成就第一圓滿净色。爲諸衆生之所樂見。已曾供養承事拘胝那庾多百千諸佛。親覲奉敬。殖諸善本。舍利子。爾時精進行童子與諸内宫出游園觀。時大蘊如來應正等覺。

知是童子爲菩薩藏法門之器。又是諸佛正法之器。便往彼園精進行所。既到彼已。上住空中。爲是童子開菩薩道。又復贊説三世諸佛。童子當知。云何名爲菩薩道耶。所謂菩薩摩訶薩。於諸有情精勤修習四無量心。何等爲四。所謂大慈波羅蜜。大悲波羅蜜。大喜波羅蜜。大捨波羅蜜。又勤精進。於諸攝法隨順修學。童子。若有菩薩如是修行。是名開菩薩道。

復次童子。云何菩薩摩訶薩。於諸衆生精勤修學大慈無量波羅蜜。所謂菩薩摩訶薩行菩薩道。爲阿耨多羅三藐三菩提故。盡衆生界慈心遍滿。以何等量爲衆生界。所謂盡虛空界是衆生量。童子當知。如虛空界無所不遍。如是菩薩摩訶薩大慈無量。亦復如

是。無有衆生含識種類而不充遍。童子當知。如衆生界無有限量。
如是菩薩摩訶薩所修之慈亦無限量。空無邊故衆生無邊。衆生
無邊故慈亦無邊。童子當知。衆生界多。非大地界。又非水界火界
風界。吾今爲汝廣説譬喻。令汝了知諸衆生界無限量義。童子當
知。假使十方各如殑伽河沙等世界數量。一切同時合成大海。滿
其中水。復有如上殑伽河沙等衆生。同共集會。析一毛端爲百五
十分。共以一分沾取海中第一滴水。復有餘殑伽河沙等衆生。如
前同會。取一分毛沾取海中第二滴水。復有餘殑伽河沙等衆生。
如前同會。取一分毛沾取海中第三滴水。童子當知。假使以是毛
滴方便。尚可沾盡此大海水。而衆生性邊量無盡。是故當知。衆生

之性無量無邊不可思議。而菩薩慈悉皆遍滿。童子。於汝意云何。如是無量無邊修慈善根。頗有能得其邊際不。精進行童子白佛言。不也。世尊。佛言。如是如是。童子。菩薩摩訶薩亦復如是。修慈善根遍衆生界爲無限量。復次童子。我今更説大慈之相。童子當知。此慈無量能護自身。此慈如是發起他利。於無諍論。慈最第一。慈能除斷忿恚根栽。慈能永滅一切過失。慈能遠離諸有愛纏。此慈如是。但見衆生清净勝德。而不見彼有諸愆犯。慈能超越熱惱所侵。慈能生長身語心樂。慈力如是。不爲一切他所惱害。慈性安隱離諸怖畏。慈善根力隨順聖道。慈能令彼多瞋暴惡不忍衆生發清净信。慈能濟拔諸衆生聚。以慈力故。於彼刀杖性無執持。慈能

將導一切衆生趣於解脱。是慈能滅諸惡瞋恚。是慈遠離詐現威儀。諛諂矯飾。逼切求索。而能增長利養恭敬名譽等事。以慈力故。梵釋天王之所禮敬。以慈嚴身所有威德。行慈之人爲聰慧者所共稱贊。慈能防護一切愚夫。是慈力故。超過欲界。順梵天道。開解脱路。慈爲大乘最居前導。慈能攝御一切諸乘。慈能積集無染福聚。慈善之力。一切有依諸福業事所不能及。慈能莊嚴三十二相及隨顯相。慈能離彼鄙賤下劣不具諸根。慈爲坦路善道涅槃歸趣之所。是慈能遠一切惡道及諸八難。是慈力故。喜樂法樂。不貪一切富貴王位受用樂具。是慈力故。於諸衆生等心行施。是慈能離種種妄想。慈爲門路。一切尸羅學之所由。慈能救濟諸犯禁者。

是慈能現忍辱之力。慈能遠離一切憍慢矜伐自大。慈能發起無動精進。慈能令修正方便行。速疾究竟。慈能爲諸靜慮解脱及三摩地三摩鉢底之所根本。慈能令心出離煩惱諸有熾然。慈爲一切智慧生因。由慈無量能聞持故。自他諸品皆悉决定。慈能除遣順魔煩惱。是慈力故。同住安樂。慈能令人起住坐卧密護威儀。慈能損減諸掉性欲。是慈猶如妙香塗身。是慈能塗慚愧衣服。是慈能遣一切諸難煩惱惡趣。慈能濟拔一切衆生。大慈無量捐捨自樂。能與一切衆生安隱快樂。如是無量不可思議大慈之相。吾今略説。童子。是名菩薩摩訶薩大慈無量波羅蜜。菩薩摩訶薩。由成就是大慈無量故。觀諸衆生常懷慈善。勤求正法無有疲倦。童子

當知。諸聲聞慈唯能自救。諸菩薩慈畢竟度脱一切衆生。童子當知。衆生緣慈。初發大心菩薩所得。法緣之慈。趣向聖行菩薩所得。無緣之慈。證無生忍菩薩所得。童子。是名菩薩摩訶薩大慈無量波羅蜜。若菩薩摩訶薩。安住大慈波羅蜜故。則於一切衆生慈心遍滿。

復次精進行童子。云何名爲菩薩摩訶薩大悲無量波羅蜜。童子當知。菩薩摩訶薩。爲欲證得阿耨多羅三藐三菩提故。應以大悲而爲導首。如人命根。出息入息而爲上首。如是童子。證得大乘菩薩摩訶薩亦復如是。必以大悲而爲導首。童子。如轉輪王所有衆寶。要以金輪而爲前導。如是童子。菩薩摩訶薩亦復如是。所有一

切諸佛正法。皆以大悲而爲導首。
復次童子。菩薩摩訶薩爲阿耨多羅三藐三菩提故。度諸衆生行於大悲。畢竟不捨一切衆生。童子。云何菩薩摩訶薩。於衆生所發起大悲。童子。菩薩摩訶薩行大悲時。觀諸衆生虚僞身見之所纏縛。爲諸惡見之所藏隱。菩薩摩訶薩如是觀已。於諸衆生發起大悲。我當爲彼説微妙法。令其永斷虚僞身見。種種纏縛諸惡見等。
復次童子。菩薩摩訶薩行大悲時。觀諸衆生安住不實虚僞顛倒。於無常中妄起常想。於諸苦中妄起樂想。於無我中妄起我想。於不浄中妄起浄想。童子。菩薩摩訶薩如是觀已。於諸衆生發起大悲。我當爲彼説微妙法。令其永斷虚妄不實諸顛倒故。

復次童子。菩薩摩訶薩行大悲時。觀諸衆生愚痴顛倒耽嗜愛欲。於母姊妹尚生陵逼。況復於彼餘衆生等。菩薩摩訶薩觀是事已。作如是念。苦哉世間。乃能容止非聖之聚。惡業無愧充滿其中。復作是念。咄哉苦哉。如是衆生曾處母胎。卧息停止。生由産門。如何無耻共行斯事。如是衆生深爲大失。極可憐愍。種種過患極可訶責。何以故。爲貪瞋痴之所害故。又爲無智所加害故。捨離正法。安住非法。修行惡法。墮在地獄畜生焰魔鬼趣。如是衆生惡業引故。所往之處行於非道。童子。譬如野干於彼冢間。爲諸群狗之所摶逐。逃迸走避臨大峻崖。窮途所逼夜中嘷叫。如是童子。彼諸衆生亦復如是。同於野干。復次童子。譬如生盲。群狗逼逐臨大坑澗。如

是童子。彼諸衆生亦復如是。同於生盲。復次童子。譬如圂猪。行處糞穢兼又食啖。初無厭惡。如是童子。彼諸衆生亦復如是。同於圂猪。如是衆生極可憐愍。淫惱所逼。於親非親。爲諸煩惱之所加害。行魔徒黨。魔羂所縛。纏裹惑網。陷没欲泥。童子。菩薩摩訶薩觀是事已。於彼衆生發起大悲。我當爲彼宣説妙法。令其永斷諸欲煩惱故。

復次童子。菩薩摩訶薩行大悲時。觀諸衆生五蓋所覆。欲箭所中。貪著六處。眼見色已。執著像貌。不能捨離。如是耳所聞聲。鼻所嗅香。舌所嘗味。身所覺觸。執著形相。皆不能捨。是諸衆生多於瞋恚。互相怨仇。若得義利。稱我善友。得非義利。便相加害。是諸衆生多

於惛沉及以眠睡。羸劣愚鈍。爲無智膜之所覆障。是諸衆生不善掉悔之所纏縛。常爲種種諸惡煩惱染污其心。是諸衆生疑網纏裹。於甚深法不能決定。童子。菩薩摩訶薩如是觀已。於諸衆生發起大悲。我當爲彼説微妙法。令其永斷諸蔭蓋故。

復次童子。菩薩摩訶薩行大悲時。觀諸衆生爲慢所害。過慢所害。我慢所害。增上慢所害。邪慢所害。於諸下劣計我爲勝。於彼等者計我最勝。或有衆生計色爲我。或復乃至計識爲我。於所未證計我已證。由恃此故。應可問訊而不問訊。應可禮拜而不禮拜。於諸長宿心無敬順。於尊重師不加祇zhī仰。於聰睿者而不請問。何等爲善。何等不善。何等應修。何等不修。何等應作。何等不作。何等有罪。

何等無罪。何等爲道。何等爲三摩地。何等爲解脱。如是等法曾未明了。但自計我爲勝爲尊。童子。菩薩摩訶薩如是觀已。於諸衆生發起大悲。我當爲彼説微妙法。令其永斷一切憍慢種故。

復次童子。菩薩摩訶薩行大悲時。觀諸衆生愛縛所縛。爲愛僮僕妻妾男女所共纏裹。爲無義利之所圍繞。爲諸衰禍之所繫縛。生死關鍵之所遮礙。不能出離地獄傍生焰魔鬼道。爲彼有縛之所拘撿。而不能得縱任自在。童子。菩薩摩訶薩如是觀已。於諸衆生發起大悲。我當爲彼説微妙法。令其獲得縱任自在。隨欲而行趣涅槃故。

復次童子。菩薩摩訶薩行大悲時。觀諸衆生遠離善友。爲惡知識

之所纏執。由彼昵近諸惡友故。耽著一切不善之業。所謂殺生。偷盜。邪行。妄語。離間。粗獷。綺語。貪。恚。邪見。諸如是等無量惡業熾然建立。童子。菩薩摩訶薩如是觀已。於諸衆生發起大悲。我當爲彼説微妙法。令其爲諸善友所攝。捨弃十種不善業道。令具受持十善業故。

復次童子。菩薩摩訶薩行大悲時。觀諸衆生爲諸愚痴之所覆蔽。無明暗膜[1]之所翳障。顛倒執著。於其自體有情。命者。生者。人者。少年。丈夫。及數取者。作者。受者。我及我所。如是諸見無邊無量。堅執不捨。童子。菩薩摩訶薩如是觀已。於諸衆生發起大悲。我當爲彼説微妙法。令聖慧眼得清浄故。又令永斷一切見故。

復次童子。菩薩摩訶薩行大悲時。觀諸衆生樂著生死流轉不息。五藴魁膾常恒尋逐。三界囹圄曾無遠離。桎梏枷鎖不思開釋。菩薩摩訶薩觀見是已。於諸衆生發起大悲。我當爲彼説微妙法。令彼解脱五藴魁膾。又令越度生死曠野。及以出離三界牢獄諸繫縛故。

復次童子。菩薩摩訶薩行大悲時。觀諸含識從不善生。如麴如輪轉圓不定。由此業故。從此世間至彼世間。又從彼世間至此世間。迅速流轉。馳向五趣。背涅槃道。童子。菩薩摩訶薩觀是事已。於諸衆生發起大悲。我應爲彼説微妙法。當爲開闢涅槃宮門。令其趣入。如是童子。菩薩摩訶薩行大悲時。觀衆生性發起十種大悲無

量。

復次童子。菩薩摩訶薩復有十種大悲轉相。所謂如是大悲。由於不諂而得生起。譬如虛空永出離故。如是大悲。由於不誑而得生起。從增上意而出離故。如是大悲。非由詐妄而得發起。從如實道。質直其心而出離故。如是大悲。由於不曲而得生起。極善安住無曲之心而出離故。如是大悲。由彼無有憍高怯下而得生起。一切有情高慢退屈善出離故。如是大悲。由護彼故而得生起。從自心净而出離故。如是大悲。由堅固慧而得生起。永離一切動不動心。妙住其心善出離故。如是大悲。由捨自樂而得生起。授與他樂善出離故。如是大悲。爲欲荷負諸衆生故而得生起。堅固精進善出

離故。
復次童子。菩薩摩訶薩大悲無量。復有如是十種轉相。所謂一切
大乘出離。皆因大悲而得出離。以是因故説名大悲。如是大悲。建
立一切布施。持戒。忍辱。精進。静慮。智慧。由是因故説名大悲。如是
大悲。建立念處。正斷。神足。如是大悲。建立根。力。覺支。隨念共法覺
支。及與道支。歡喜本業。諸定次第。十善業道。乃至諸相皆如是説。
以是因故説名大悲。如是大悲。建立如來自然智慧。以是因故名
爲大悲。童子當知。如是大悲。作自所作。善作所作。不變异作。爲諸
衆生作所應作。如是大悲。一切衆生如意圓滿。童子。是名菩薩摩
訶薩大悲無量波羅蜜。由成就是大悲波羅蜜故。菩薩摩訶薩觀

諸衆生處如是位。復於彼所重興悲愍。

復次精進行童子。云何名爲菩薩摩訶薩大喜無量波羅蜜。童子當知。菩薩摩訶薩爲衆生故。求阿耨多羅三藐三菩提時。修行大喜。如是喜者有無量相。童子當知。菩薩喜者名諸善法憶念歡悦清浄妙喜。何以故。於諸善法。無下戚性無退屈性無疲倦性故。是喜名爲遠離一切樂世間性。何以故。安住一切樂法樂性故。是喜能令内以歡悦。身力勇鋭。何以故。慧覺怡暢。心意踴躍故。是喜樂於如來之身。何以故。樂求相好。好②莊嚴故。是喜聞法無有厭倦。何以故。欣樂依法能正行故。由斯喜故。於法欣勇。於諸衆生心無損害。喜樂菩提。於廣大法悉能信解。發起遠離少分乘心。是喜名爲

制伏慳喜。何以故。於諸求者。行必施故。由斯喜故。於諸犯戒愛心攝受。於諸持戒心常清浄。又復能令自尸羅浄。是喜名爲超過一切惡道怖畏安隱之喜。是喜名爲忍受他人諸惡言詞鄙語路喜。是喜名爲無返報喜。何以故。若遇挑眼截手刖足斬支節時心堪忍受。是喜名爲敬尊重喜。何以故。於諸長宿具修威儀。曲躬恭敬。跪拜尊嚴故。是喜名爲恒舒顏喜。何以故。心志和泰。遠離顰蹙。先言問訊故。是喜名爲遠離一切詐現威儀諛諂矯誑逼求之喜。何以故。是喜趣向堅實正法之道路故。由此喜故。於諸菩薩起深愛樂。猶如大師。於正法所起愛樂心。如自己身。於如來所起愛樂心。如自己命。於尊重師起愛樂心。猶如父母。於諸衆生起愛樂心。視

如一子。於阿遮利耶受教師所起愛樂心。敬如眼目。於諸正行起愛樂心。猶如身首。於波羅蜜起愛樂心。猶如手足。於説法師起愛樂心。如衆重寶。所求正法起愛樂心。猶如良藥。於能舉罪及憶念者起愛樂心。猶如良醫。如是童子。是名菩薩摩訶薩大喜無量波羅蜜。諸菩薩摩訶薩住是大喜波羅蜜故。行菩薩行。常懷歡喜。勤求正法無有厭倦。

復次精進行童子。云何名爲菩薩摩訶薩大捨無量波羅蜜。童子當知。菩薩摩訶薩爲衆生故。發阿耨多羅三藐三菩提已。當行大捨。當知是捨有於三種。何等爲三。謂捨煩惱捨。護自他捨。時非時捨。何等名爲捨煩惱捨。童子當知。菩薩摩訶薩。於敬事所。其心不

高。於不敬事。心無卑下。若受利養。心不憍高。不得利養。心無紆鬱。於彼持戒及犯戒所。起平等覺。得勝名譽。心不悕樂。被諸毀謗。情無憂戚。若致譏訶。志無貶退。於稱贊所。善住法性。於諸苦事。有擇慧力。於諸樂事。有無常苦觀解之力。弃捨愛欲。斷諸瞋恚。於怨親所。其心平等。於善作惡作。其心無二。於有愛不愛。情無所觀。於善聞惡聞。不生執著。於善説惡説。心無愛恚。於諸欲味及過患所。平等稱量。於我自身及他衆生。起於平等信欲之意。於身命所。情無顧戀。於下中上諸衆生所。起平等照。於隱顯法。起平等性。於諦非諦。自體清净。如是童子。菩薩摩訶薩。若能自然起勝對治。是名菩薩摩訶薩捨煩惱捨。

復次童子。何等名爲護自他捨。童子當知。菩薩摩訶薩。若被他人節節支解割皮肉時。常自觀心。住於大捨。雖復支解割其身肉。然其内心唯住於捨。無所希望及以追求。縱於身語起諸變异。俱能堪忍。是則名爲護自他捨。爾時菩薩又觀二種心無損害。何等爲二。所謂不由眼相及以色相。乃至不由意相及以法相。心生損害。而住於捨。何以故。無損無害。是乃名爲護自他捨。復次。何等名爲護自他捨。被他所損不加報故。於自於他俱能忍受。是名爲捨。於諸有恩及無恩所。平等方便。是名爲捨。是捨名爲無諍極捨。滅自心捨。觀自體捨。不害他捨。於諸定事菩薩能捨。然佛世尊非所聽許。諸菩薩等唯修於捨。何以故。菩薩摩訶薩。尚應修習諸行作用。

日夜常念發起精進求諸善法。於時非時乃應修捨。
復次童子。何等名爲時非時捨。童子當知。菩薩摩訶薩具大智慧。
善能修習時與非時。謂非法器諸衆生所。應起於捨。不恭敬所。應
起於捨。於無利益譏毀苦惱。應起於捨。於聲聞乘趣正決定。應起
於捨。於修施時應捨修戒。於修戒時應捨修施。於修忍時應捨牽
引施戒精進。修精進時應捨修戒。修静慮時應捨施度。修習慧時
應捨緣發五波羅蜜多。童子。是名菩薩摩訶薩時非時捨。何以故。
由所不應作法無造作性故。是故菩薩深知非益而行於捨。若有
菩薩摩訶薩安住大捨波羅蜜行菩薩行。則於一切惡不善法能
興大捨。

童子。如是等相。是名菩薩摩訶薩大慈大悲大喜大捨。若諸菩薩摩訶薩安住如是四無量波羅蜜者。當知是則爲菩薩藏法門之器。又是諸佛正法之器。

如是舍利子。此薄伽梵大蘊如來。爲精進行童子廣開示此四無量已。復爲開解六波羅蜜多及諸攝法。令是童子隨順修學。舍利子。是精進行童子精勤修習如所聞法。廣如後說。

菩薩藏會第十二之七·陀那波羅蜜多品第六

爾時佛告舍利子。云何菩薩摩訶薩。爲阿耨多羅三藐三菩提故。精勤修習諸波羅蜜多行菩薩行。舍利子。菩薩摩訶薩行菩薩行者。即於如是六波羅蜜多精勤修學。是則名爲行菩薩行。舍利子。

何等名爲六波羅蜜多。舍利子。所謂柁那波羅蜜多。尸羅波羅蜜多。羼底波羅蜜多。毗利耶波羅蜜多。静慮波羅蜜多。般若波羅蜜多。舍利子。如是名爲六波羅蜜多。菩薩摩訶薩。依如是六波羅蜜多故。行菩薩道。

復次舍利子。云何名爲菩薩摩訶薩。依柁那波羅蜜多行菩薩行。舍利子。菩薩摩訶薩度衆生故。行柁那波羅蜜多時。爲諸衆生而作施主。若沙門婆羅門等。有來求者悉皆施與。須食與食。須飲與飲。珍异肴膳無不畫施。如是或求車乘。衣服花鬘。塗香末香。或求坐卧依倚。床席敷具。病藥燈明。音樂奴婢。或求金銀末尼。真珠琉璃。螺貝璧玉。珊瑚等寶。或求象馬車輅。園林池苑。男女妻妾。財穀

庫藏。或求四大有洲自在之王一切樂具。及諸嬉戲娛樂之物。或有來求手足耳鼻。頭目肉血。骨髓身分。菩薩摩訶薩見來求者。悉能一切歡喜施與。舍利子。以要言之。一切世間所須之物。菩薩摩訶薩行大施故。但見來求。無不施與。

復次舍利子。菩薩摩訶薩行柁那波羅蜜多故。復有十種清浄施法。何等爲十。一者。菩薩摩訶薩無有不正求財而行布施。二者。菩薩摩訶薩不逼迫衆生而行布施。三者。菩薩摩訶薩不以恐怖而行布施。四者。菩薩摩訶薩不弃捨邀請而行布施。五者。菩薩摩訶薩不觀顔面而行布施。六者。菩薩摩訶薩於諸衆生情無异想而行布施。七者。菩薩摩訶薩無貪愛心而行布施。八者。菩薩摩訶薩

無起瞋恚而行布施。九者。菩薩摩訶薩不求刹土而行布施。十者。菩薩摩訶薩於諸衆生起福田想。不以輕蔑而行布施。舍利子。是名菩薩摩訶薩行於十種清浄之施。爲滿柁那波羅蜜多故。復次舍利子。菩薩摩訶薩。行柁那波羅蜜多時。復有十種清浄行施。何等爲十。一者。菩薩摩訶薩不毁業報而行布施。二者。菩薩摩訶薩不以邪意而行布施。三者。菩薩摩訶薩無不信解而行布施。四者。菩薩摩訶薩無有厭倦而行布施。五者。菩薩摩訶薩無有現相而行布施。六者。菩薩摩訶薩勇勵熾然而行布施。七者。菩薩摩訶薩無有變悔而行布施。八者。菩薩摩訶薩於持戒者不以偏敬而行布施。九者。菩薩摩訶薩於犯戒所不以輕鄙而行布施。十者。

菩薩摩訶薩不希果報而行布施。舍利子。是名菩薩摩訶薩行於十種清浄之施。爲欲滿足柁那波羅蜜多故。復次舍利子。菩薩摩訶薩。行柁那波羅蜜多時。復有十種行清浄施。何等爲十。一者。菩薩摩訶薩不以毁呰而行布施。二者。菩薩摩訶薩不以背面而行布施。三者。菩薩摩訶薩無不清浄而行布施。四者。菩薩摩訶薩不現忿相而行布施。五者。菩薩摩訶薩不現嫉相而行布施。六者。菩薩摩訶薩不現恚相而行布施。七者。菩薩摩訶薩無不殷重而行布施。八者。菩薩摩訶薩無不自手而行布施。九者。菩薩摩訶薩不以許多後便與少而行布施。十者。菩薩摩訶薩不求來生而行布施。舍利子。是名菩薩摩訶薩行於十種清浄

之施。爲欲滿足柁那波羅蜜多故。
復次舍利子。菩薩摩訶薩。行柁那波羅蜜多時。復有十種行清净施。何等爲十。一者。菩薩摩訶薩無不常施。二者。菩薩摩訶薩無繫屬施。三者。菩薩摩訶薩無差別施。四者。菩薩摩訶薩無他緣施。五者。菩薩摩訶薩無微劣施。六者。菩薩摩訶薩不希財色及以自在而行布施。七者。菩薩摩訶薩無求生於釋梵護世諸大天故而行布施。八者。菩薩摩訶薩無有迴向聲聞獨覺地故而行布施。九者。菩薩摩訶薩無爲聰慧所譏訶故而行布施。十者。菩薩摩訶薩無不迴向薩伐若③故而行布施。舍利子。是名菩薩摩訶薩行於十種清净之施。皆爲滿足柁那波羅蜜多故。

復次舍利子。菩薩摩訶薩。行柁那波羅蜜多時。復有十種行清淨施。何等爲十。謂如前説十種法中。出離有爲。證得無爲。又舍利子。菩薩摩訶薩如是行施。能得十種稱贊利益上妙功德。何等爲十一者。菩薩摩訶薩由施食故。獲得長壽才辯。安樂妙色。雄力勇健。無不具足。二者。菩薩摩訶薩由施飲故。獲得永離一切煩惱渴愛。無不具足。三者。菩薩摩訶薩由施諸乘故。獲得一切利益安樂衆事。無不具足。四者。菩薩摩訶薩由施衣服故。獲得成就慚愧。皮膚清淨猶如金色。無不具足。五者。菩薩摩訶薩由施香鬘故。獲得淨戒多聞。諸三摩地。塗香聖行。無不具足。六者。菩薩摩訶薩由以末香塗香施故。當得遍體香潔。妙香聖行。無不具足。七者。

菩薩摩訶薩由施上味故。獲得甘露上味。大丈夫相。無不具足。八者。菩薩摩訶薩由以舍宅房宇施故。當得與諸衆生爲舍爲宅。爲救爲洲。爲歸爲趣。無不具足。九者。菩薩摩訶薩由愍病者施醫藥故。當得無老病死圓滿甘露不死妙藥。無不具足。十者。菩薩摩訶薩由以種種資生衆具施故。感得一切圓滿衆具。菩提分法。無不具足。舍利子。是名菩薩摩訶薩爲得菩提修行是施。獲得如是十種稱贊利益上妙功德。皆爲滿於柁那波羅蜜多故。

復次舍利子。菩薩摩訶薩。行柁那波羅蜜多時。修行布施。又復獲得十種稱贊利益上妙功德。何等爲十。一者。菩薩摩訶薩施燈明故。獲得如來清净五眼。無不具足。二者。菩薩摩訶薩施音樂故。獲

得如來清净天耳。無不具足。三者。菩薩摩訶薩以諸金銀。末尼真珠。琉璃螺貝。璧玉珊瑚。一切珍寶施故。感得圓滿三十有二大丈夫相。無不具足。四者。菩薩摩訶薩以種種雜寶及衆名花施故。獲得圓滿八十隨顯之相。無不具足。五者。菩薩摩訶薩以象馬車乘施故。獲得廣大徒衆眷屬繁多。無不具足。六者。菩薩摩訶薩以園林臺觀施故。獲得成就静慮。解脱。三摩地。三摩鉢底。無不具足。七者。菩薩摩訶薩以財穀庫藏施故。獲得圓成諸法寶藏。無不具足。八者。菩薩摩訶薩以奴婢僕使施故。獲得圓滿自在身心閑豫。無不具足。九者。菩薩摩訶薩以男女妻妾施故。獲得圓滿可愛可樂可意阿耨多羅三藐三菩提。無不具足。十者。菩薩摩訶薩以四洲

自在一切王位施故。獲得一切種微妙圓滿一切智智。無不具足。舍利子。菩薩摩訶薩如是行施。名爲攝受十種稱贊利益上妙功德。皆爲滿足柁那波羅蜜多故。

復次舍利子。菩薩摩訶薩。爲得阿耨多羅三藐三菩提故。行柁那波羅蜜多時。所修布施。又得十種稱贊利益。何等爲十。一者。菩薩摩訶薩以上妙五欲施故。獲得清凈戒定慧聚。及以解脱解脱智見聚。無不具足。二者。菩薩摩訶薩以上妙戲樂器施故。獲得清凈游戲法樂。無不具足。三者。菩薩摩訶薩以足施故。感得圓滿法義之足。趣菩提座。無不具足。四者。菩薩摩訶薩以手施故。感得圓滿清凈法手。拯濟衆生。無不具足。五者。菩薩摩訶薩以耳鼻施故。獲

得諸根圓滿成就。無不具足。六者。菩薩摩訶薩以支節施故。獲得清净無染威嚴佛身。無不具足。七者。菩薩摩訶薩以目施故。獲得觀視一切衆生清净法眼。無有障礙。無不具足。八者。菩薩摩訶薩以血肉施故。獲得堅固身命。攝持長養一切衆生貞④實善權。無不具足。九者。菩薩摩訶薩以髓腦施故。獲得圓滿不可破壞等金剛身。無不具足。十者。菩薩摩訶薩以頭施故。證得圓滿超過三界無上最上一切智智之首。無不具足。舍利子。菩薩摩訶薩爲得菩提行如是施。攝受如是相貌。圓滿佛法。稱贊利益上妙功德。皆爲滿足柁那波羅蜜多故。

復次舍利子。如是菩薩摩訶薩行柁那波羅蜜多時。其性聰睿。智

慧甚深。無量方便行於布施。以世間財求於無上正等菩提衆聖王財。以生死財而求甘露不死仙財。以虛僞財而求堅實賢聖之財。由如是故廣行布施。舍利子。是菩薩摩訶薩。爲求無上菩提及涅槃故。以世間財物修行施時。一切世間財物樂具無不盡捨。何以故。皆依無上正等覺故。舍利子。如世農夫依彼犂牛耕治地已便下種子。如是農夫依彼犂具無量功力展轉獲得金銀末尼一切寶物。及得種種上妙衣服。何以故。一切世間無有財物與穀等故。如是舍利子。菩薩摩訶薩有時有分依世間財。證覺無上正等菩提。亦復如是。

復次舍利子。譬如乳牛。或啖乾草。或啖濕草。或飲冷水。或飲暖水。

而能出於乳。酪。生蘇。熟蘇。及以醍醐。如是舍利子。菩薩摩訶薩依於無上正等菩提行世財施。隨所樂欲。有能獲得轉輪王報及獲帝釋梵王勝報。由成就是三種報故。菩薩十地速得圓滿。如來十力。四無所畏。因是施故速得圓滿。乃至具足千業所起十八不共佛法。又具千業所起六十種圓滿妙音。又具百業所起一一大丈夫相。又具二百業所起無見頂髻相。又過此百倍。圓滿成就如來大法螺相。又過拘胝百千倍。成就如來皓齒齊列不缺不疏平等之相。如是等相。無量功業之所合成。皆由如來業果報相施行所起。速得圓滿。

復次舍利子。菩薩摩訶薩。行柁那波羅蜜多時。於乞者所起大慈

心而行布施。此心續起殑伽沙等。方得成滿中無間絶佛三摩地。舍利子。如來應正等覺。住此三摩地已。能於一一毛孔而出百三摩地。猶如殑伽大河流化不絶而得自在。是故當知。如來所有一切神通變化。多由施行而得成就。舍利子。如是如來所有佛法皆由昔日行菩薩行。世間財施之所攝受。舍利子。是名菩薩摩訶薩行財施時。爲求甘露。爲求堅實。爲求菩提。爲求涅槃。應知如是法門差別。所謂菩薩摩訶薩依世財施。而與杝那波羅蜜多相應。證覺阿耨多羅三藐三菩提故。

復次舍利子。菩薩摩訶薩。行杝那波羅蜜多時。其相無量。吾今當說。往昔過去無數廣大無量不可思議阿僧企耶劫。於彼時分有

佛出世。號旁耆羅私如來。應。正等覺。明行圓滿。善逝。世間解。無上丈夫。調御士。天人師。佛。薄⑤伽梵。舍利子。彼佛住世。壽十千歲。與百千苾芻大聲聞衆同共集會。皆阿羅漢。離諸煩惱。具大勢力。乃至一切心得自在。逮勝究竟。舍利子。時彼世中有紡績者。名織紡綫。形貌端正。衆所樂觀。彼作業處去佛不遠。每日將晚欲還家時。往詣佛所。常以一縷微綫奉施如來。因白佛言。願薄伽梵哀愍我故。受此縷綫爲攝受處。以此善根於未來世。得成如來應正等覺。能攝一切。時彼世尊便爲納受。如是日施一縷。滿千五百。爲善攝受。由此福故。乃經十五拘胝劫中不墮惡趣。又經千拘胝反。爲轉輪王。又經千拘胝反。爲天帝釋。以此善根。柔和微妙欣愛等業。便得

奉覲千拘胝佛。於諸佛所供養恭敬。尊重贊嘆。又以諸花塗香末香。及以香鬘。繒蓋幢幡。衣服飲食。坐卧之具。病緣醫藥一切衆物。奉獻如來。從是已後。又經一阿僧企耶劫。出現於世。證覺阿耨多羅三藐三菩提。號善攝受如來。應。正等覺。明行圓滿。善逝。世間解。無上丈夫。調御士。天人師。佛。薄伽梵。住壽世間經二十拘胝歲。有二十拘胝那庾多大聲聞衆。一切皆是大阿羅漢。彼佛世尊成立安住五拘胝等菩薩摩訶薩於阿耨多羅三藐三菩提。演説妙法。利益安樂無量無數諸有情已。現入涅槃。彼薄伽梵滅度之後。正法住世滿一千年。廣布舍利流遍供養。亦如我今涅槃之後。舍利子。汝今當觀。由施微縷發大心故。次第展轉成滿佛法。舍利子。當

知此施。由心廣大。不由於縷。何以故。若施廣大不由心者。如向施主以微縷施。不應得心清净究竟。如是舍利子。當觀菩薩摩訶薩行柁那波羅蜜多時。依世財施。便得一切圓滿功德。舍利子。菩薩摩訶薩行柁那波羅蜜多時。其性聰睿。智慧甚深。因於少施多有所作。由智力故增上所作。由慧力故廣大所作。迴向力故無邊所作。爾時世尊欲重宣此義。而説頌曰。

行施不求妙色財　亦不願感天人趣　爲求無上勝菩提
施微便感無量福　行施不求名稱聲　未曾爲樂及徒衆
亦不求諸生死報　施微而獲於大果　布施飲食及衣服
不求諸有及諸趣　爲求開解甘露門　施如毛端福無量

既無掉動及高慢　亦離諂誑慳嫉心　懈怠諸緣皆悉捨
唯勤行施利於世　財穀王位及身命　歡喜捨已心無變
如斯善捨獲廣大　菩提解脱未爲難　愛樂諸來乞求者
如父如母如妻子　所獲財物常行施　見彼感財無妒心
行施之時衆繁雜　土塊杖木來加害　雖見曾無忿恚心
愛語如舊情欣悦　若施彼怨猶若親　於驚怖者施無畏
凡所有物皆能捨　而心未嘗生鄙吝　恒樂正求無上法
於世王位絶希求　出離世間嚴飾處　常勤奉行於法施
除彼樂求穢欲者　誰有能求天世王　是故智者不貪樂
諸欲王位生天樂　大名稱者所行施　恒求無上佛菩提

捨捐身命及餘事　速疾能感多安樂　聰慧菩薩行諸施
未曾遠離上菩提　不求妙色世間財　又不願樂生天樂
雖求涅槃無所依　遠離一切諸希願　若能如是善修習
則名知道開道者

舍利子。聰慧菩薩摩訶薩。於是布施具足成就。善能修行菩薩妙行。無有疑惑。舍利子。是名菩薩摩訶薩柁那波羅蜜多。若諸菩薩摩訶薩。爲阿耨多羅三藐三菩提故。精進修行是菩薩行。一切衆魔魔民天子。於此菩薩不能嬈亂。又不爲彼异道他論所能摧屈。

大寶積經卷第四十一

校注

①『膜』，底本污殘，依龍藏、思溪藏補。

②『好』，龍藏、思溪藏作『妙』。

③『薩伐若』，唐云一切智，舊曰薩婆若也。（唐·慧琳《一切經音義》）

④『貞』，龍藏、思溪藏、和裕本作『真』。

⑤『薄』，底本污殘，依龍藏、思溪藏補。

大寶積經卷第四十二

大唐三藏法師玄奘奉　詔譯

菩薩藏會第十二之八・尸波羅蜜品第七之一

爾時佛告舍利子。云何菩薩摩訶薩尸羅波羅蜜多。菩薩摩訶薩爲阿耨多羅三藐三菩提。依此勤修。行菩薩行。舍利子。菩薩摩訶薩行尸羅波羅蜜多故。有三種妙行。何等爲三。一者。身妙行。二者。語妙行。三者。意妙行。舍利子。何等名爲身妙行語妙行意妙行耶。舍利子。所謂菩薩摩訶薩遠離殺生。離不與取。離欲邪行。是名身妙行。舍利子。菩薩摩訶薩遠離妄語。遠離離間語。遠離粗惡語。遠離綺語。是名語妙行。舍利子。菩薩摩訶薩於諸貪著。瞋恚。邪見。皆

無所有。是名意妙行。菩薩摩訶薩具足如是三妙行故。是名尸羅波羅蜜多。

復次舍利子。菩薩摩訶薩行尸羅波羅蜜多時。如是思惟。云何身妙行語妙行意妙行耶。舍利子。菩薩摩訶薩如是思惟。若身不造殺生不與取欲邪行業者。是名身妙行。菩薩摩訶薩如是思惟。若語不造妄語離間粗惡綺語業者。是名語妙行。菩薩摩訶薩如是思惟。若意不造貪著瞋恚邪見業者。是名意妙行。由具如是正思惟故。是名菩薩摩訶薩行尸羅波羅蜜多。

復次舍利子。如是菩薩摩訶薩行①尸羅波羅蜜多時。作如是念。若業不由身語意造。此業爲可建立不。菩薩摩訶薩如是如理觀察。

若業不由身語意造。此業不可建立。若青若黃。若赤若白。若紅若頗胝色。此業又非眼所識。非耳所識。非鼻舌身意所識。何以故。舍利子。由於此業非能生非所生非已生。不可執受。都無有能了別此業。菩薩摩訶薩如是了知。此尸羅性不可爲作。若不可爲作。則不可建立。若不可建立。我等於中不應執著。如是菩薩摩訶薩由觀解力故。不見妙行及以尸羅。亦不見有具尸羅者。不見尸羅所迴向處。菩薩摩訶薩如是觀已。畢竟不起妄有身見。何以故。舍利子。有身見故可有觀察。此是持戒此是犯戒。如是觀已。於彼守護及以儀則。若行若境皆悉具足。正知而行。正知行故。名持戒者。菩薩摩訶薩不取著自。不取著他。而行於行。不毀尸羅。不取尸羅。而

行於行。若取著我即取尸羅。若不著我不取尸羅。若知尸羅是不可得。即不毀犯所有律儀。若於律儀無毀犯者。即不名爲毀犯尸羅。又亦不名執取尸羅。舍利子。以何因緣。於是尸羅而不執取。謂一切法知他相故。若由他相則無有我。若我是無。何所執取。爾時世尊欲重宣此義。而說頌曰。

若有身語意清凈　行時恒修一切凈　常住清凈諸禁戒
是名菩薩具尸羅　賢聖聰慧諸菩薩　能善護持十業道
不由身語及意作　如是智者說尸羅　若非造作非所生
非執無形亦無顯　由無有形有顯故　未曾可得而建立
尸羅無爲亦無作　非眼能見非耳聞　非鼻非舌亦非身

又非心意所能識　若非六根之所識　則無有能施設者
如是觀察尸羅净　曾未依執住尸羅　不恃持戒生憍慢
不計我想護尸羅　善護尸羅無戒想　具足尸羅行覺行
妄有身見已除遣　見與見者曾無有　無有能見無彼處
不觀持戒犯戒者　善入無護法理趣　威儀具足不思議
妙善正知能守護　除斯更無具戒者　無我想者無尸羅
無所依我能依戒　我説究竟常無畏　不執身我與尸羅
説無我者不取戒　説無我者戒無依　説無我者不希戒
説無我者戒無心　不毀尸羅不執戒　亦不計我起尸羅
無所依我及戒想　甚深慧行菩提行　如是尸羅無所畏

此人常不犯尸羅　若能不執有諸法　如是尸羅聖所贊
若住我見諸愚夫　計我具戒能持戒　彼受護戒果終已
於三惡趣常纏縛　若有斷盡諸我見　彼無有我及我所
是真持戒無見故　無復怖畏墮諸惡　若能如是知戒行
無有能見犯尸羅　尚不觀我及三有　況見持戒及犯戒

復次舍利子。如是行尸羅波羅蜜多菩薩摩訶薩。行菩薩行清淨戒時。具有十種極重深心。何等爲十。一者。發起深心信奉諸行。二者。發起深心勤加精進。三者。猛勵樂欲諸佛正法。四者。廣具崇重一切諸業。五者。深懷信②奉一切果報。六者。於諸賢聖深發敬心。七者。於諸尊重鄔波柁耶③。阿遮利耶④清浄侍奉。八者。於賢聖所興起

供養。九者。於諸正法勵意求請。十者。求菩提時不顧身命。舍利子。如是行尸羅菩薩摩訶薩。有如是等十深心法。菩薩摩訶薩安住深心修諸善法。何等名爲諸善法耶。所謂三種妙行。身妙行。語妙行。意妙行。若諸菩薩摩訶薩。安住如是三種妙行。爲欲勤求大菩薩藏微妙法門。何以故。以諸菩薩摩訶薩依此法門。能趣阿耨多羅三藐三菩提故。爾時世尊欲重宣此義。而說頌曰。

由身而發起　佛所贊善業　爲得聞法故　供養諸賢聖
於法及聖人　猛勵起恭敬　爲利諸衆生　慈心不嫉妒
當演智人言　無談不愛語　所說欣樂相　發語無粗鄙
意業常居善　曾無樂諸惡　恒觀察法性　恭敬住慈心

於如來聖教　敬心而聽法　於法恭敬已　速悟大菩提

舍利子。諸菩薩摩訶薩行尸羅波羅蜜多時。安住如是十最勝法。勤求菩薩藏法門故。於諸賢聖一切師長。勤加恭敬奉事供養。乃至施及貯水之器。

復次舍利子。菩薩摩訶薩行尸羅波羅蜜多時。應具如是十種發心。何等爲十。舍利子。菩薩摩訶薩觀是病身。諸界毒蛇恒相違害。多諸苦惱。多諸過患。癲狂癰癖。疽癬惡癘。風熱痰飲。衆病所聚。又是身者如病如瘡。如被箭刺。如暴水流。如魁膾者。搖動不息速起速滅。又觀是身虛僞羸弱。老朽疾壞。暫時停住。難可愛樂。狀若冢間。爾時菩薩復作是念。我此病身雖經此苦。曾不值遇如是福田。

我今得値。又復善感如此之身。我當依諸福田長養慧命。捨不堅身。獲於堅身。爲欲勤求大菩薩藏微妙法門故。於彼賢聖鄔波柁耶。阿遮利耶諸尊師所。奉事供養。乃至施及貯水之器。舍利子。是名菩薩摩訶薩第一發心。爾時世尊欲重宣此義。而説頌曰。

諸界暴毒蛇　展轉相依附　隨一興增動　生則致大患
所謂眼耳鼻　舌齒内腹藏　如是諸患惱　皆悉依身生
癰癤與癲狂　疽癬大疾癘　諸餘種種病　無不依身生
是身猶如病　如癰如中箭　如是毒害身　速壞暫時住
如趣彼冢間　悉是無常相　搖鼓爛壞身　衆病速生滅
我當修佛身　所因賢善業　以彼朽爛壞　衰老無常身

轉成於佛身　及難思[5]法身　以如是朽壞　遍常流穢身
當證得如是　無流無穢身　若人怖寒熱　遮障堅防護
畢爲老病死　諸苦同煎害　若人於寒熱　身遍能堪忍
莊嚴丈夫業　速成無上身　我當勤供養　世所同尊重
以不堅實身　當貿彼堅實

舍利子。諸菩薩摩訶薩行尸羅波羅蜜多時。發如是等第一心已。爲欲勤求大菩薩藏微妙法門故。於説法師倍復奉事。勤加供養。乃至施及貯水之器。

復次舍利子。菩薩摩訶薩行尸羅波羅蜜多時。發如是念。身是不堅。性非牢固。當假覆蔽洗濯按摩。而復終歸破壞離散摩滅之法。

舍利子。譬如陶師埏(shān)埴⑥瓦器。若大若小。終歸破壞。如是舍利子。身爲不堅。終歸破壞。如彼瓦器。又舍利子。譬如樹枝所依花葉果實。終歸墮落。如是舍利子。身爲不堅。必墮落法。勢非久住。如熟果等。又舍利子。譬如草端霜露凝滴。日光照灼。必不停住。如是舍利子。身爲不堅。如霜露滴。亦不久住。又舍利子。譬如大海及以衆流有泡沫聚。一切不堅。其性虚弱不可敱(chéng)⑦觸。如是舍利子。是身不堅猶如沫聚。本性虚弱亦復如是。又舍利子。如天大雨。流泡亂浮。速⑧起速*滅。如是舍利子。身爲不堅。如水上泡。其性輕薄亦復如是。舍利子。菩薩摩訶薩深自觀身。見是事已復作是念。我於長夜。感得如是不堅固身。曾未值遇如是福田。我今得值。又復善感如此之身。

我當依諸福田長養慧命。以不堅身貿易堅身。爲欲勤求大菩薩藏微妙法門故。於説法師奉事供養。乃至施及貯水之器。舍利子。是名菩薩摩訶薩第二發心。爾時世尊欲重宣此義。而説頌曰。

如世諸陶師　埏埴坯成器　皆當歸破壞　衆生命如是
譬如依樹枝　所有葉花果　皆歸墮落法　人命亦如是
如草端垂露　日光之所照　須臾不暫停　人命亦如是
如河海聚沫　其性本虚弱　如是不堅身　虚浮亦如是
譬如天大雨　生起水浮泡　剎那速消滅　不堅身亦爾
不堅起堅想　於堅想不堅　邪分別所行　不能證堅實
於堅起堅智　不堅知不堅　正分別所行　能證於堅實

爲修堅實想⑨　微施於水器　故以不堅身　貿易彼堅實

舍利子。諸菩薩摩訶薩行尸羅波羅蜜多時。發如是第二心已。爲欲勤求大菩薩藏微妙法門故。於說法師倍復奉事。勤加供養。乃至施及貯水之器。

復次舍利子。菩薩摩訶薩行尸羅波羅蜜多時。發如是心。我於長夜遠離善友。諸惡知識之所拘執。其性懈怠不修精進。下劣愚鈍多邪惡見。妄起如是痴不善心。無施無愛⑩亦無福祀。無有善作。及以惡作無作。增長諸業果報。菩薩摩訶薩作如是念。我爲貪欲之所惑亂。長夜流轉。造作種種惡不善業。由此不善惡業力故。感得穢惡自體報果。生鬼國中。乏之資生具。無有一切最勝福田。又我曾

生餓鬼趣中。恒食炭火經無量歲。又於衆多百千歲中。不聞水名。況復身觸。又作是念。而我今者值遇如是最勝福田。又感善身果報。成就多資生具。我當依諸福田廣修善業。不顧身命承事師長鄔波柁耶。阿遮利耶。爲欲勤求大菩薩藏微妙法門故。於說法師奉事供養。乃至施及貯水之器。舍利子。是名菩薩摩訶薩第三發心。爾時世尊欲重宣此義。而說頌曰。

如是善知識　常親近敬奉　便成如是性　故應數親近
爲惡友拘執　遠離賢善友　懈怠鄙精進　慳嫉多諂曲
無施等邪見　非撥於一切　我曾生鬼趣　受弊惡形質
於生死長夜　可畏大暗中　飢渴遍煎惱　多受於衆苦

於多百千歲　曾不聞水名　不見浄福田　不得無是難
我今感於此　難得之世間　又奉值賢明　獲無難具足
復離惡知識　得逢賢善友　誓不顧身命　當爲證菩提
以清浄善心　恭侍尊師長　亦當供諸佛　爲證菩提故

舍利子。諸菩薩摩訶薩行尸羅波羅蜜多時。發如是第三心已。爲欲勤求大菩薩藏微妙法門故。於説法師倍復奉敬。勤加供養。乃至施及貯水之器。

復次舍利子。菩薩摩訶薩行尸羅波羅蜜多時。發如是心。我於長夜遠離善友。惡友拘執。懈怠懶惰。下劣精進。無智愚痴。由如是見。由如是忍。謂有衆生受諸苦惱。如是悲泣號哭之時。復以身手妄

加捶打種種惱害。以此因緣。便生如是無量惡見。謂無惡業。無惡業報。復由瞋恚覆蔽心故。造作種種惡不善業。以是業報得穢惡身。生畜生中。乏資生具。無有一切最勝福田。菩薩摩訶薩作如是念。我於彼趣。或作馲駝及牛驢等。食噉芻草。加諸杖捶訶喝恐怖。情所不樂强令馱負。復作是念。我於往昔雖經此苦。曾不值遇如是福田。我今得值。又復善感如此之身。我當依諸福田。不顧身命。以不堅身貿易堅身。供事師長。爲欲勤求大菩薩藏微妙法門故。於説法師奉事供養。乃至施及貯水之器。舍利子。是名菩薩摩訶薩第四發心。爾時世尊欲重宣此義。而説頌曰。

我於彼長夜　未知登聖道　墮在駝牛驢　多受諸勤苦

我今得人身　當修賢善業　由此證菩提　是爲聰慧相
我當起恭敬　建立諸佛法　奉覲説法師　爲得菩提故
過去難思劫　循環生死輪　往來非義利　無福田養命
遠離善知識　常親近惡友　隨彼教誨轉　數墮諸惡處
我曾於傍生　閉縛驅打罵　由斯惡業故　受不愛苦果
遂墮於惡處　作馲駝牛驢　負重猶加杖　不親善友故
我今得難得　人身及善友　既蒙生善處　又得值無難
如龜久處海　欣遇浮木孔　身語善防護　精進心强盛
無諂事善友　長養慧命身　若有尊重師　發我慧心者
能宣説勝妙　菩提道大師　供養兩足尊　諸塗香末香

種種衣花鬘　我當承敬奉　現在十方佛　勝義常開示
無邊金色日　當修行供養　遍游諸佛土　廣供調御師
爲净菩提道　當升大覺座

舍利子。諸菩薩摩訶薩行尸羅波羅蜜多時。發如是等第四心已。爲欲勤求大菩薩藏微妙法門故。於説法師倍增奉事。勤加供養。乃至施及貯水之器。

復次舍利子。菩薩摩訶薩行尸羅波羅蜜多時。發如是心。我昔長夜遠離善友。惡友拘執。懈怠懶惰。下劣精進。無智愚痴。由興惡見。如是信忍。如是欲樂。妄作是念。若以一切有情一切衆生。或取身肉同煮一鑊。或取其身同銼爲膾。雖作如是不名非福。又興惡見。

不由此故而招於惡。不由此故而生於惡。由妄見故。又於大海此岸所有衆生。一切布施悉令充足。雖作如是不名非罪。妄生异計。不因此故而招於福。不因此故而生於福。以妄見故。又於大海彼岸所有衆生。一切斬害。亦不因此而招於惡。又不因此而生於惡。菩薩摩訶薩作如是念。我於往昔如是作已。不能了知是罪非罪。是福非福。習近惡見。愚痴所蔽。多造不善諸重惡業。由此業報。感得下弊穢惡地獄之身。於地獄中或啖鐵丸。或以鋸解。受於種種堅硬苦味。純苦無間相續不已。乃至經彼多百千歲。尚不聞樂聲。何况身觸。爾時菩薩復作是念。我於往昔雖經此苦。曾不值遇如是福田。我今得值。又復善感如是之身。我當依諸福田長養慧命。

以不堅身貿易堅身。不顧身命奉事師長。爲欲勤求大菩薩藏微妙法門故。於説法師奉事供養。乃至施及貯水之器。舍利子。是名菩薩摩訶薩第五發心。爾時世尊欲重宣此義。而説頌曰。

我曾親惡友　爲惡心欺誑　依止衆惡見　徒興造惡業
盡大海此岸　所住諸衆生　施飲食充滿　謂不招生福
盡大海彼岸　所住諸衆生　我悉加殺害　謂非招惡業
如是諸惡見　數習恒親近　墮極苦地獄　壓榨於身首
昔於三惡趣　徒盡百千身　未曾見諸佛　世間之導首
世善友名稱　其聲尚難聞　我幸人中利　當修賢善業
得人身甚難　既得長命難　正法聞難會　諸佛出世難

我已得人身　感兹危脆命　逢值佛興世　預如來正教
我不復當行　身語心惡業　勿令我未來　受不愛苦果
我以清净心　當修清净業　由身語及意　行世所難行
我終不違師　衆人所許教　又當興供養　爲佛菩提故
以我不諂誑　及無幻僞心　當開修直路　爲佛菩提道
無畏大菩薩　已發如是心　奉施貯水器　慧方便具足

舍利子。諸菩薩摩訶薩行尸羅波羅蜜多時。發如是第五心已。爲欲勤求大菩薩藏微妙法門故。於説法師倍增奉事。勤加供養。乃至施及貯水之器。

復次舍利子。菩薩摩訶薩行尸羅波羅蜜多時。發如是心。我於長

夜遠離善友。惡友拘執。懈怠懶惰。下劣精進。無智愚痴。由是惡見。如是信忍。如是欲樂。妄生是念。撥無迎逆。曲躬跪拜。合掌問訊。諸善業報。爲慢所蔽。多造惡業。由惡業報。在人趣中感鄙穢形。於諸福田。未曾長養清浄慧命。菩薩摩訶薩作如是念。我憶往昔。受於孤露貧窮下賤。繫屬於他奴婢等類。又受耽嗜色欲有情衆生。貪著一切諸色欲相。住不平等惡行之數。起於種種諸惡邪見。毁壞尸羅。毁壞正見。安住三種不善根中。安住四種不應行處。爲五種蓋之所覆蔭。於六尊重不懷恭敬。於七種法未能隨轉。八邪性中邪决定行。九惱害事之所惱害。十惡業道常登游践。地獄因道常面現前。於天因道背而不面。遠離一切諸善知識。爲諸惡友之所

執持。隨逐魔怨自在而行。遠諸善法。現行一切不善之法。又爲如是橫加鞭杖訶喝恐怖。情所不忍。强抑驅役供給於他。菩薩摩訶薩又作是念。我昔未值如是福田。故受諸惡。我今得值。又復善感如是⑪之身。我當依諸福田。以不堅身易於堅身。又當自養慧命。不顧身命奉事師長。爲欲勤求大菩薩藏微妙法門故。於說法師奉事供養。乃至施及貯水之器。舍利子。是名菩薩摩訶薩第六發心。

爾時世尊欲重宣此義。而說頌曰。

親近惡友增憍慢　經於無量多劫海　人趣受生奴婢身
於諸有流長夜轉　我今已得於難得　第一勇猛善人身
又得生於妙國土　值佛清凈無諸難　諸有⑫賢善最勝友

能宣菩薩行道者　心寶增長諸菩薩　多拘胝劫今乃值
無常無恒虛薄身　譬如水泡并聚沫　又似幻事及戲變
如夢所見囈言等　命如雲電不久住　於世念念將消滅
是命將逝刹那間　故以不堅易堅命　我憶往昔多時中
墮在慢山深險處　曾於過去被欺誑　經不思議百劫海
我今盡捨身貪愛　又無顧戀壽命心　當速捨離憍高慢
於尊重師深敬奉　又世所共同尊長　所謂父母諸兄等
當速捨離憍高慢　第一崇遵極恭仰　近妙菩提諸菩薩
與我同奉菩提行　應生堅固愛敬心　當樂供養專承事
昔具重慢慢增長　不知調御斷慢法　當以無上智金剛

令憍慢山永摧碎　菩提妙行圓成已　安止最勝菩提座
摧伏鬥諍魔軍衆　當度四流群生等　十方所有諸患人
卧自糞中爲衆厭　於彼興發慈悲意　爲作拔濟所歸趣
安住大施波羅蜜　於佛戒[13]德能防護　具足修成於忍行
發起正勤令現前　得具浄慮波羅蜜　此時調伏心令住
安住大慧善方便　當爲一切尊福田　增長盛福力如是
不可思議善智慧　若得第一自在智　乃至應時奉水器

舍利子。諸菩薩摩訶薩行尸羅波羅蜜多時。發如是第六心已。爲欲勤求大菩薩藏微妙法門故。於説法師倍復承事。勤加供養。乃至施及貯水之器。

復次舍利子。菩薩摩訶薩行尸羅波羅蜜多時。發如是心。我於長夜遠離善友。惡友拘執。懈怠懶惰。下劣精進。無智愚痴。由是惡見。如是信忍。如是欲樂。妄生是念。謂無黑業。無黑業報。無有白業。無白業報。無黑白業。無黑白報。無非黑白業。無非黑白報。又不請問沙門婆羅門。何者爲善。何者不善。何者有罪。何者無罪。何者應修。何者不應⑭修。何者應作。何者不應作。又不請問修何等行。於長夜中能感無義無利。及諸苦惱。又作何行。於長夜中能感有義有利。及諸安樂。菩薩摩訶薩作如是念。我於往昔。由於此慢及以勝慢所障蔽故。而能多造不善惡業。以此業報感得人身。諸根缺減。於勝福田未養慧命。雖處人中。等作覆器。童蒙嬉戲。愚戇zhuàng聾盲。於善

惡義無力無能了達宣暢。又作是念。我昔未遇是勝福田。故造諸惡。我今值遇。又復善感具諸根身。我當依諸福田增長慧命。又應不顧身命求諸力能。了達善說惡說之義。又當請問於說法師。何者爲善。何者不善。何者有罪。何者無罪。何者應修。何者不應修。何者應作。何者不應作。作何等行。令彼聲聞及獨覺法而現在前。作何等行。令諸佛法及菩薩法而現在前。舍利子。菩薩摩訶薩爲欲勤求菩薩藏故。依尸羅波羅蜜多行菩薩行。以不堅身易於堅身。於說法師承事供養。乃至施及貯水之器。舍利子。是名菩薩摩訶薩第七發心。爾時世尊欲重宣此義。而說頌曰。

於昔過去多百劫　遠離益我親善友　未曾請問善不善

有罪無罪諸業果　由增上慢自在力　墮於地獄鬼趣中
習近惡念爲同侣　經多百劫墜惡道　或習人趣多千劫
輪迴受身根不具　不知何善何不善　有罪無罪作業果
我獲人道猛健身　具足諸根處清净　遠離諸難得無難
如龜引頸遇浮孔　值世作明燈照者　聞説離欲諸聖教
時我請問世間尊　善與不善等業果　云何具慳墮諸趣
云何無慳爲施主　云何貪諂污尸羅　云何戒財全守護
云何忿恚憤亂人　云何無忿忍辱力　云何懈怠散亂心
云何精勤樂静慮　云何惡慧啞愚痴　云何有慧樂真實
云何專意行菩提　具足尋求賢聖行　云何流慈遍世間

云何拔濟諸惡趣　云何樂法無厭心　能求菩提諸行藏
云何往詣十方刹　現住諸佛世尊前　云何致敬修功業
云何請問普賢行　我今正應勤請問　法師尊重等尊重
云何於師樂敬養　云何令師意歡悅　佛子已生如是心
能集廣大妙福力　及勝自在智慧力　歡喜奉施至水器

舍利子。諸菩薩摩訶薩行尸羅波羅蜜多時。發如是第七心已。爲欲勤求大菩薩藏微妙法門故。於説法師倍復奉事。勤加供養。乃至施及貯水之器。

復次舍利子。菩薩摩訶薩行尸羅波羅蜜多時。發如是心。我於長夜遠離善友。惡友拘執。懈怠懶惰。下劣精進。痴鈍無識猶如啞羊。

捨離一切正義相應文句。正法相應文句。寂靜相應文句。滅止相應文句。正覺相應文句。諸沙門婆羅門般涅槃等相應文句。捨離如是諸文句已。反更受持讀誦思尋究達一切非義相應文句。非法相應文句。乃至非涅槃等相應文句。由如是故。妄興是見。謂無有力。無有精進。無丈夫果。無勢無勇。無行無威。或俱生念無有行威。又生是念。無因無緣可令有情而生染污。不由因緣有情雜染。又生是念。無因無緣可令有情而得清净。不由因緣有情清净。菩薩摩訶薩又作是念。我於長夜。由依如是不平等因無因見故。多造種種惡不善業。由此業報。我於往昔在人趣身。諸相不具。於諸福田未長慧命。雖處人中。等於覆器。童蒙嬉戲。愚惷(chōng)聾盲。無力無

能受持讀誦思惟究達正義相應文句。乃至涅槃相應文句。又作是念。我昔未遇是勝福田。故生妄見。我今值遇。乃至不顧身命。爲求力能。當於正義相應文句。正法相應文句。寂静相應文句。乃至涅槃相應文句。如是等正法文句。皆是大菩薩藏微妙法門之所攝者。我今受持讀誦思惟究竟。必當發起最上正勤。盡命承事於説法師。我今依尸羅波羅蜜多行菩薩行。爲欲於此菩薩藏法。能受能持。能讀能誦。修行供養故。又作是念。我當以不堅身易於堅身。當善造集若福若智二種資糧。由是二力。常恒親近菩薩藏法。菩薩摩訶薩如是思已。於説法師承事供養。乃至施及貯水之器。舍利子。是名菩薩摩訶薩第八發心。爾時世尊欲重宣此義。而説

頌曰。

若法真實義相應　隨順修習道支道　爲於寂滅而作證
而能流通涅槃路　我昔遠離如是法　反更流⑮習於諸惡
非法非義非寂静　乃至涅槃不相應　無有精進亦無力
無丈夫果無威勢　撥無諸行無勇猛　一切盡空無所得
無有諸佛亦無法　及無世間之父母　無有黑法與白法
若果若報悉皆無　於如是等諸惡見　無始世來恒習行
由斯墮於地獄中　純受極苦久難出　如是轉受傍生趣
及墮焰魔惡世間　或時得生人趣中　愚騃無智而喑啞
童蒙嬉戲與盲聾　暗鈍頑嚚yín無智識　從是復墮於地獄

受諸重苦增愚暗　我從久遠無量劫　未曾得是清浄身
已遇諸根皆具足　是時宜速加精進　諸法真實義相應
能爲寂静之助伴　趣菩提道與菩提　我宜及時求是法
諸大菩薩秘奥藏　甚深真實義相應　經彼百千俱胝劫
若得聞者爲希有　如是及餘諸佛法　無量無數不思議
我當精勤受已持　爲證諸佛菩提故　又當正勤起恭敬
承事供養説法師　所謂諸佛諸菩薩　當於彼聞無上法
諸無所畏大菩薩　發起如是勇猛心　智慧方便善成就
乃至施及貯水器

舍利子。諸菩薩摩訶薩行尸羅波羅蜜多時。發起如是第八心已。

爲欲勤求大菩薩藏微妙法門故。於説法師倍增承事。勤加供養。乃至施及貯水之器。

復次舍利子。菩薩摩訶薩行尸羅波羅蜜多時。發如是心。一切衆生爲無義行之所拘執。顧戀身命著無義行。不能勵意專修義利。舍利子。云何名爲著無義行。謂於身命有所顧戀。於覺分法情無希望。計我我所以爲前導。恒於其身防衛覆障。沐浴調治莊飾寶護。是則名爲著無義行。舍利子。復有著無義行。謂於身命有所顧戀。於覺分法情無希望。計我我所以爲前導。而於妻妾男女兄弟朋友。眷屬親戚防衛覆障。乃至一切諸受用具寶玩執著。是則名爲著無義行。舍利子。復有著無義行。謂於身命有所顧戀。於覺分

法情無希望。計我我所以爲前導。而於奴婢僮僕。防衛驅役桎梏守護。是則名爲著無義行。舍利子。云何名爲專修義利。謂於身命無所顧戀。於覺分法有所希望。妙菩提心以爲前導。專修勝善身業意業及以語業。是則名爲專修義利。舍利子。復有專修義利。謂於身命無所顧戀。於覺分法有所希望。妙菩提心以爲前導。專修引發栰那波羅蜜多。乃至般若波羅蜜多。是則名爲專修義利。舍利子。復有專修義利。謂於身命無所顧戀。於覺分法有所希望。妙菩提心以爲前導。而專修行布施。愛語。利益。同事。攝化一切諸衆生故。是則名爲專修義利。舍利子。復有專修義利。謂於身命無所顧戀。於覺分法有所希望。妙菩提心以爲前導。專修念處。正斷。神

足。根。力。覺分。如是道支。是則名爲專修義利。舍利子。復有專修義利。謂於身命無所顧戀。於覺分法有所希望。妙菩提心以爲前導。而於父母及諸師長。專修供養恭敬禮拜。曲躬合掌。謙下問訊。迎逆給事。并和順業。是則名爲專修義利。舍利子。復有專修義利。謂於身命無所顧戀。於覺分法有所希望。妙菩提心以爲前導。於三寶所隨順法教。專修敬事。舍利子。菩薩摩訶薩作如是念。一切衆生專著無義。爲無義行之所拘執。顧戀身命。放逸懈怠。而我今者專修義利。爲有義利之所守護。我當勤加精進。以身供事諸説法師。以不堅身易於堅身。當修福智二力資糧。以修福智力資糧故。當近無上微妙菩提。舍利子。菩薩摩訶薩依尸羅波羅蜜多行菩

薩行。爲求如是菩薩藏故。承事供養諸説法師。乃至施及貯水之器。舍利子。是爲菩薩摩訶薩第九發心。爾時世尊欲重宣此義。而説頌曰。

諸愚痴凡夫　常顧於身命　不願求菩提　起雜染三業
常爲利自身　及妻子眷屬　寶玩於無義　是名痴凡夫
驅役奴僕等　多畜養四足　寶著於無義　是名無智者
貯積多財穀　不施不食用　寶著於無義　名守藏愚夫
諸愚痴凡夫　專寶著無義　具妙慧菩薩　精求諸義利
不顧於身命　欣樂助菩提⑯　起種種善業　是名專義利
方便善修習　施戒忍正勤　静慮與妙慧　是名專義利

供養於父母　給侍諸師長　深敬奉三寶　是名專義利
於攝一切法　諸菩薩妙藏　誦持及開闡　是名專義利
如是專義利　諸佛之所讚　精進善相應　是勝無畏子
發如是念已　以清净信心　敬養尊重師　乃至奉水器

舍利子。諸菩薩摩訶薩行尸羅波羅蜜多時。發起如是第九心已。爲欲勤求大菩薩藏故。於説法師倍復承事。勤加供養。乃至施及貯水之器。

復次舍利子。菩薩摩訶薩行尸羅波羅蜜多時。發如是心。世間衆生邪僻自在。反執師教無所剋獲。不獲何等。所謂聖財。云何聖財。謂信。戒。聞。慚。愧。捨。慧。如是等法是謂聖財。彼諸衆生不獲此故。名

極貧窮。菩薩摩訶薩又作是念。我今應修妙善自在。於師教誨隨順敬受。所以者何。菩薩摩訶薩由妙自在。於師教誨隨順敬受。有所證得。何所證得。所謂聖財。何等名爲菩薩聖財。謂菩薩藏法門差別。了知菩薩妙善自在。即説法師妙善自在。於菩薩藏法門差別。廣爲衆生宣暢⑰敷演。辯了建立。開闡分別。顯示流布。菩薩摩訶薩安住如是菩薩藏已。獲聖法財。永斷貧窮。速疾證於阿耨多羅三藐三菩提。舍利子。菩薩摩訶薩依尸羅波羅蜜多行菩薩行。發是心已妙善自在。於師教誨隨順敬受。復作是念。我當以不堅身貿易堅身。爲欲勤求菩薩藏故。承事供養於説法師。乃至施及貯水之器。舍利子。是名菩薩摩訶薩第十發心。爾時世尊欲重宣此

義。而說頌曰。

世間下劣諸衆生　諛諂幻惑多奸僞　顛倒僻執不如理
專惡自在違師教　深知是已順師誨　便能分別廣敷演
由斯獲得仙聖財　信戒捨聞慚愧慧　如是七財無盡藏
知非器者勿開顯　世間多有善衆生　堪爲諸佛浄法器
無諂美言來請問　妙善自在而閑雅　常發勇猛勤精進
恭敬正法樂常聞　爲證諸佛妙菩提　不顧所愛之身命
知彼堪任正法器　復能受持深妙理　導師發起大慈悲
爲說無雜真法界　諸大菩薩妙法藏　依彼建立勝菩提
又於其中廣開示　諸佛堅固聖財寶　一切諸法爲空相

亦無相相無我相　無有壽命無變异　無諸戲論無受藏
一切諸法之自性[18]　不從緣生亦無相　曾無初起無終滅
無相真如之所顯　若善自在柔和者　於師教誨無倒執
自然最勝爲開示　本境所學解脱門　净信尸羅與慚愧
正聞捨施般羅若　爲彼分別廣敷顯　無盡七財之法藏
佛子和柔妙自在　隨順善友所誨言　我當承事説法師
爲證無上菩提故　菩薩適發是心已　於渴乏者生悲愛
乃至經營净瓦器　盛滿清水隨時施

舍利子。諸菩薩摩訶薩行尸羅波羅蜜多時。發起如是第十心已。爲欲勤求大菩薩藏故。於説法師倍增承事。勤加供養。乃至施及

貯水之器。

大寶積經卷第四十二

校注

①『行』，底本污殘，依龍藏、思溪藏補。

②『信』，底本污殘，依龍藏、思溪藏補。

③『鄔波柁耶』，梵語，唐云親教師。（唐·慧琳《一切經音義》）

④『阿遮利耶』，梵語也，唐云軌範師，或云受教師。（唐·慧琳《一切經音義》）

⑤『思』，思溪藏作『忘』。

⑥『埏埴』，和泥製作陶器。（《辭源》第三版）

⑦『敦』，同『扞』。撞。（《漢語大字典》第二版）

⑧『速』，底本作『徐』，依龍藏、和裕本改。本卷下文例同，用*標識，不再出注。

⑨『想』，龍藏作『慧』。

⑩『愛』，龍藏、思溪藏、和裕本作『受』。

⑪『是』，底本作『來』，依龍藏、思溪藏、和裕本、上海佛學書局本改。

⑫『有』，龍藏、思溪藏作『友』。

⑬『戒』，底本作『威』，依龍藏、和裕本、中州本改。

⑭『應』，底本無，依龍藏、思溪藏補。

⑮『流』，龍藏作『染』。
⑯『提』，龍藏、思溪藏、和裕本作『薩』。
⑰『暢』，龍藏、和裕本作『揚』。
⑱『性』，底本作『在』，依龍藏、思溪藏、和裕本、中州本改。

大寶積經卷第四十三

大唐三藏法師玄奘奉　詔譯

菩薩藏會第十二之九・尸波羅蜜①品第七之二

爾時佛告舍利子。菩薩摩訶薩行尸羅波羅蜜多時。成就如是善根力故。獲得四種廣勝處法。何等爲四。一者。於諸善法速能趣入。二者。爲説法師之所讚美。三者。修行成滿。無有毀犯。四者。於佛正法堅持不壞。舍利子。是爲菩薩摩訶薩獲得四種廣勝處法。又舍利子。菩薩摩訶薩由是力故。處在人中。復獲四種廣勝處法。何等爲四。一者。爲多衆生隨逐修學。於諸白法究竟安住。二者。於夷坦路營建逆旅。極當堅密。速令衆生獲得歡喜。三者。於長夜中得法

利故。歡泰之心無有退減。四者。臨終捨命無惑纏心。往生善趣安樂世界。舍利子。是爲菩薩摩訶薩處在人中。獲得四種廣勝處法。又舍利子。菩薩摩訶薩由是力故。處在天中。復獲四種廣勝處法。何等爲四。一者。以福感故。能攝天衆。二者。諸天集會。瞻仰面門。菩薩今者將何所演。我等聞已。當有開悟。三者。爲天帝釋及餘天子之所參覲。請法斷疑。而是菩薩不往其所。四者。現大宮殿。爲於菩薩之所受用。舍利子。是爲菩薩摩訶薩處在天中。獲得四種廣勝處法。舍利子。如是菩薩摩訶薩行尸羅波羅蜜多時。若在天上。若生人中。復得無量無邊百千萬億諸妙法門。皆爲滿足尸羅波羅蜜多故。爾時世尊欲重宣此義。而說頌曰。

菩薩處高座　諸天所禮敬　瞻仰彼尊顏　將宣何等法
一切皆恭敬　具慧除慳吝　處歡喜宮殿　釋天來請疑
天中命盡已　來生於人間　爲轉輪聖王　大力無慳吝
若人中命終　還復生天上　曾未更衆苦　奉養法師故
恒獲如是等　四種廣勝處　爲無下劣心　恭敬說法者
若以敬愛心　奉施於水器　則天龍及人　所應親供養

復次舍利子。是諸菩薩摩訶薩行尸羅波羅蜜多時。成就如是諸善根故。復於天中得四種法。何等爲四。一者。了知先世所經造業。二者。了知因此善故來生天上。及能了知退失善法。三者。了知從此命終當生某處。四者。爲諸天衆宣說妙法。示教讚喜。既利益已

便捨天身。舍利子。是爲菩薩摩②訶薩生在天中得四種法。皆由尸羅波羅蜜多故。

復次舍利子。菩薩摩訶薩行尸羅波羅蜜多時。成就如是諸善根故。復得四種圓成勝法。舍利子。何等爲四。一者。菩薩摩訶薩捨天宫已。還來人趣與戒俱生。二者。菩薩摩訶薩處在人中。獲得五種成勝生法。云何爲五。所謂得生勝家。得勝妙色。得勝净戒。得勝眷屬。於諸衆生得修勝慈。如是名爲獲得五種成勝生法。三者。菩薩摩訶薩處在人中。復得五種成不壞法。云何爲五。所謂得善知識不可破壞。所受之身終無中夭。所得財位中無退失。得菩提心無能壞者。於匱法時得自豐足。如是名爲獲得五種成不壞法。四者。

菩薩摩訶薩處在人中。又復獲得五種希有圓滿之法。云何爲五。菩薩摩訶薩於舍宅中安設空器。隨菩薩手所及之處。一切衆寶即皆盈滿。是名第一獲得希有圓滿之法。菩薩摩訶薩若遇渴時。即於其前具八德池自然涌現。是名第二獲得希有圓滿之法。菩薩摩訶薩福德持身。不爲外物之所侵害。所謂若毒若刀。若火若水。吸精氣者。或復藥叉及諸惡鬼。不能損害。是名第三獲得希有圓滿之法。菩薩摩訶薩於贍部洲諸災劫起。所謂若刀兵劫。若饑饉劫。若疾病劫。若火劫。若水劫。若風劫。若渴劫。若熱光劫。若藥叉劫。舍利子。如是别劫興起之時。爾時菩薩不生其中。便處天上受極快樂。受多極樂。是名第四獲得希有圓滿之法。菩薩摩訶薩即

以如是善根力故。永不復生諸難之處。不生惡趣。若悔纏心。即能見知。速疾遠離。是名第五獲得希有圓滿之法。舍利子。是名菩薩摩訶薩行尸羅波羅蜜多故。又復獲得四種希有圓成勝法。復次舍利子。菩薩摩訶薩行尸羅波羅蜜多時。成就如是善根力故。常不遠離四種妙法。云何爲四。一者。菩薩摩訶薩但見有苦諸衆生時。即便獲得大悲之心。二者。菩薩摩訶薩所有男女。皆於菩薩恭敬隨順。三者。菩薩摩訶薩能制衰老。不爲所侵。四者。菩薩摩訶薩資生作業。百倍獲利。或復過此二倍三倍。舍利子。是爲菩薩摩訶薩行尸羅波羅蜜多時。成就如是四種妙法。恒無遠離。復次舍利子。菩薩摩訶薩行尸羅波羅蜜多時。成就如是諸善根

故。不爲三法之所劫奪。何等爲三。一者。不爲貪欲之所劫奪。二者。不爲瞋恚之所劫奪。三者。不爲愚痴之所劫奪。舍利子。是爲菩薩摩訶薩行尸羅波羅蜜多故。遠離三種劫奪之法。

復次舍利子。菩薩摩訶薩行尸羅波羅蜜多時。成就如是諸善根故。獲得四種無病之法。何等爲四。一者。菩薩摩訶薩不爲長病之所纏逼。二者。菩薩摩訶薩支體鮮澤。未曾羸悴。三者。菩薩摩訶薩資生衆具無有損減。四者。菩薩摩訶薩不爲國王盜賊惡人。及餘衆生所加惱害。舍利子。是爲菩薩摩訶薩行尸羅波羅蜜多故。獲得四種成無病法。

復次舍利子。菩薩摩訶薩行尸羅波羅蜜多時。成就如是諸善根

故。獲得四種尊位之相。何等爲四。一者。菩薩摩訶薩爲轉輪王。威加四域。以法御世。名爲法王。七寶來應皆悉成就。何等爲七。所謂輪寶。象寶。馬寶。女寶。末尼珠寶。主家藏寶。主兵臣寶。千子滿足。形貌端嚴。威勢雄猛。降伏怨敵。是轉輪王爲四大洲之所朝宗。欽仰歸化。又爲宰相。群臣。守衛。衆會國界人民。及諸小王。共所遵敬。舍利子。是爲菩薩摩訶薩獲得第一尊位之相。又舍利子。菩薩摩訶薩於妙五欲不染樂著。所謂眼所識色。耳所識聲。鼻所識香。舌所識味。身所識觸。菩薩摩訶薩於是五欲不染著故。以净信心捨家入道。速獲五通。人及非人之所恭敬。舍利子。是爲菩薩摩訶薩獲得第二尊位之相。舍利子。菩薩摩訶薩在所生處。自然常得最上

覺。最上慧。最上辯。爲諸大王之所尊敬。如過去世大烏末荼爲王敬重。而是菩薩亦復如是。爲王敬重。請升御座。又爲宰相。群臣。守衛。衆會國界人民。所共尊仰。舍利子。是爲菩薩摩訶薩獲得第三尊位之相。又舍利子。菩薩摩訶薩既悟阿耨多羅三藐三菩提已。威德殊勝。圓滿第一。爲諸天。龍。藥叉。健達縛。阿素洛。揭路荼。緊捺洛。牟呼洛伽。人非人等一切有情同所歸敬。何以故。由是菩薩成就最勝戒定慧品。解脱解脱智見品。於此法中證得清净故。舍利子。是爲菩薩摩訶薩獲得第四尊位之相。舍利子。是名菩薩摩訶薩行尸羅波羅蜜多時。獲得四種尊位之相。皆爲成滿尸羅波羅蜜多故。

復次舍利子。如是菩薩摩訶薩行尸羅波羅蜜多時。具清净心。以貯水器。奉施鄔波柁耶及阿遮利耶二尊師故。獲得如是無量無邊功德妙法。所謂菩薩摩訶薩爲求法故。去來進止隨順於師。如其所言終不違逆。成就如是善根力故。復獲四種最勝資財。何等爲四。一者。菩薩摩訶薩所生之處。獲得大王所用資財。非餘衆生下劣資具。二者。菩薩摩訶薩所生之處。受離欲法。獲得仙財。以净信心捨家入道。名聖法財。三者。菩薩摩訶薩所生之處。得宿命念。名獲念財。由此念故。生生之處。終不忘失菩提之心。四者。菩薩摩訶薩證得阿耨多羅三藐三菩提已。名菩提財。常爲四衆。天。龍。藥叉。健達縛。阿素洛。揭路荼。緊捺洛。牟呼洛伽。人非人等前後圍繞。

舍利子。是名菩薩摩訶薩行尸羅波羅蜜多故。證得四種最勝資財。

復次舍利子。菩薩摩訶薩行尸羅波羅蜜多時。於説法師。乃至受持四句頌等。去來進止隨順教命。所謂是善是不善。是有罪是無罪。是應修是不應修。又如是教。乃至作此事已。於長夜中。能感無義無利諸苦惱法。若作此已。於長夜中。能感有義有利諸安樂法。如是等教隨師所命。不作不善。修習善法。無違無逆。由是菩薩摩訶薩成就如是善根力故。復獲四種成高勝法。何等爲四。一者。菩薩摩訶薩得具尸羅成高勝法。二者。菩薩摩訶薩所感形體。一切身分悉皆圓滿。三者。菩薩摩訶薩獲得大慧。涌慧。高慧。廣慧。捷慧。

利慧。速慧。深慧。决擇之慧。四者。菩薩摩訶薩身壞命終。生於善趣諸天世界。舍利子。是名菩薩摩訶薩行尸羅波羅蜜多時。獲得四種成高勝法。

復次舍利子。菩薩摩訶薩行尸羅波羅蜜多時。成就如是善根力故。又獲四種無能觀法。何等爲四。舍利子。菩薩摩訶薩成就如是善根力故。所在生處感得隱密陰藏之相。是名第一無能觀法。舍利子。菩薩摩訶薩成就如是善根力故。從初生已。若母若父。若餘眷屬。若天。若龍。藥叉。羅刹。健達縛。阿素洛。揭路茶。緊捺洛。牟呼洛伽。人非人等。所有衆生若清净心。若雜染心。皆不能見菩薩之頂。是名第二無能觀法。舍利子。菩薩摩訶薩成就如是善根力故。從

初生已。若母若父。乃至人非人等。所有衆生若清净心。若雜染心。於菩薩面無能修飾。瞻睹之者若有起心。我當瞻飾菩薩面者。便於兩足而現面像。何以故。舍利子。以是菩薩摩訶薩成就如是希奇法故。名善丈夫。又復成就最勝丈夫第一詞③辯。是名第三無能觀法。舍利子。菩薩摩訶薩成就如是善根力故。初生之時。無人扶侍。自立于地。遍觀四方。即便獲得明利之智。何以故。由是菩薩摩訶薩於過去世。以無諂心求聞法故。而是菩薩摩訶薩又復獲得無邪諂眼。由成就是無諂眼故。以净天眼超勝於人。乃至能觀三千大千世界所有衆生。又此菩薩摩訶薩獲得速疾廣大之智。由成就是廣大智故。而能了知一切衆生於三時中所積集心。何以

故。由是菩薩摩訶薩於彼往昔求法之時。作意攝心。勤加恭敬。於正法所起良藥想。起珍寶想。起難遭想。起妙善想。如其所念。求聞正法。聞已受持。菩薩摩訶薩又因是故。復獲捷疾簡擇之智。由成就是簡擇智故。善能稱量諸衆生戒。乃至善能稱量正聞。定。慧。解脫。解脫智見。又菩薩摩訶薩。善能稱量一切衆生尸羅同性。乃至善能稱量正聞。定。慧。解脫。解脫智見同性。又菩薩摩訶薩。善能稱量一切衆生戒之等流。乃至善能稱量正聞。定。慧。解脫。解脫智見等流。又菩薩摩訶薩。善能稱量一切衆生尸羅等流超勝之相。乃至善能稱量正聞。定。慧。解脫。解脫智見等流超勝之相。又菩薩摩訶薩。善能稱量一切衆生進止威儀。修行正行勇猛之相。舍利子。

菩薩摩訶薩如是展轉稱量思惟一切衆生諸功德已。而作是念。是諸衆生所有戒聞。乃至解脱。解脱智見。是諸衆生所有尸羅同性。乃至正聞。定。慧。解脱。解脱智見同性。是諸衆生所有尸羅等流。乃至正聞。定。慧。解脱。解脱智見等流。是諸衆生所有尸羅等流超勝之相。乃至正聞。定。慧。解脱。解脱智見等流超勝之相。是諸衆生所有進止威儀。修行正行勇猛之相。如是等相。皆是衆生所有功德。我今於中稱量觀察。不見與己有平等者。爾時菩薩又更思惟。一切衆生根本堅住。與己校量。不見一切與我等者。又舍利子。菩薩摩訶薩初生之時。於刹那頃。能速發起業報妙智。由此智故。一彈指頃。善能了知一切衆生千種心相。是時菩薩摩訶薩以智尋

思。此一切心。不見與己有平等者。菩薩摩訶薩如是正知。我今獨處最上尊位。如師子王安住無畏。如大龍王有大威德。足不踐地各行七步。念菩提座微妙業報。住在現前唱如是言。我於世間最爲尊大。我於世間最爲殊勝。我今當證生老死邊。我當度脱一切衆生生老病死。憂悲苦惱。我當爲諸衆生宣説廣大微妙最勝無上正法。舍利子。菩薩摩訶薩發是語時。中無有間。其聲遍告滿此三千大千佛之世界。其中衆生聞是聲已。驚怖毛竪。天鼓戰掉。數發大聲。而此世界皆悉震動。唯有菩薩所住之地。如車輪許嶷nì然安靜。即此地輪下依水聚。亦不爲彼大風摇動。是菩薩摩訶薩自觀己身。見無量光遍身而住。即證阿耨多羅三藐三菩提已。爲諸

衆生所共瞻仰。是名第四無能觀法。舍利子。是名菩薩摩訶薩獲得四種無能觀法。何以故。皆是菩薩摩訶薩於過去世。行尸羅波羅蜜多時。隨順法師。去來進止遵承教命無違逆故。

復次舍利子。菩薩摩訶薩行尸羅波羅蜜多時。成就如是諸善根已。復獲四種迅速之法。何等爲四。菩薩摩訶薩成佛之時。具足如是。諸佛如來所説之法。無有缺減。又所説法言無虚設。是名第一迅速之法。菩薩摩訶薩成佛之時。具足如是。諸佛如來若有所命。作如是言。進來苾芻。爾時衆生便進佛所。髮自斷落。被服袈裟。持鉢多羅。是名第二迅速之法。菩薩摩訶薩成佛之時。具足如是。諸佛如來善知衆生三時之心。是名第三迅速之法。菩薩摩訶薩成

佛之時。具足如是。諸佛如來善知衆生應病藥智。是名第四迅速之法。舍利子。是名菩薩摩訶薩獲得四種迅速之法。何以故。由於往昔行尸羅波羅蜜多時。以清净心奉施鄔波柁耶及阿遮利耶諸説法師之水器故。

復次舍利子。菩薩摩訶薩依尸羅波羅蜜多。具足如是善根力故。成佛之時。復得四種他不害法。何等爲四。舍利子。如來身者無依無受。何以故。如來之身。若爲火刀毒藥他物能損害者。無有是處。舍利子。是爲菩薩摩訶薩成佛之時。具尸羅故。獲得四種無損害法。

復次舍利子。菩薩摩訶薩依尸羅波羅蜜多。由具如是善根力故。

成佛之時。復得四種他無過法。何等爲四。一者。諸佛如來無依無受。所以者何。無有衆生於如來前能發是言。我爲如來說未聞法。乃至一句。若能說者。無有是處。二者。諸佛如來無依無受。所以者何。無有衆生於如來前如法立論。乃至一句。若立論者。無有是處。三者。諸佛如來無依無受。所以者何。無有④衆生能得如來乃至微分一不定心。若能得者。無有是處。何以故。舍利子。諸佛如來心恒在定。謂住慈悲喜捨等故。四者。諸佛如來無依無受。所以者何。無有衆生能取如來身色諸相。若取相者。無有是處。舍利子。諸佛如來具尸羅故。獲得四種他無過法。

復次舍利子。諸佛如來成就如是善根力故。獲得具足五無量法。

何等爲五。一者。諸佛如來尸羅無量。二者。諸佛如來正聞無量。三者。諸佛如來正定無量。四者。諸佛如來正慧無量。五者。諸佛如來解脱。解脱智見無量。舍利子。如是如來五無量法。皆由往昔行尸羅波羅蜜多時。於鄔波柁耶。阿遮利耶諸尊重所。隨順師教。去來進止無違逆故。

復次舍利子。諸佛如來具足尸羅波羅蜜多已。成就如是善根力故。獲得四種無障礙智。何等爲四。所謂諸佛世尊於過去世無障無礙智見轉。諸佛世尊於未來世無障無礙智見轉。諸佛世尊於現在世無障無礙智見轉。諸佛世尊善能發起平等之心。由起如是平等心故。能知三世平等之性。舍利子。是爲如來具尸羅故。獲

得四種無障礙智。

復次舍利子。諸佛如來又復善能成就正智。由正智故。不依屬他。而能悉知一切諸法。諸佛如來又能成就不思議智。由成就此不思議智故。而能了知諸風雨相。舍利子。如來善知世有大風。名烏盧博迦。乃至衆生諸有覺受。皆由此風所摇動故。此風輪量高三拘盧舍。於此風上虚空之中復有風起。名曰雲風。此風輪量高五拘盧舍。於此風上虚空之中復有風起。名瞻薄迦。此風輪量高十逾繕那。於此風上虚空之中復有風起。名吠索縛迦。此風輪量高三十逾繕那。又此風上虚空之中復有風起。名曰去來。此風輪量高四十逾繕那。如是舍利子。次第轉上。六萬八千拘胝風輪之相。

如來應正等覺。依止大慧悉能了知。舍利子。最上風輪名爲周遍。上界水輪之所依止。其水高量六十八百千逾繕那。爲彼大地之所依止。其地量高六十八千逾繕那。舍利子。是地量表有一三千大千世界。其中有佛。號曰弘蘊如來應正等覺。今現在彼住世施化。其佛壽量三十拘胝歲。聲聞弟子有三十拘胝那庾多。一切皆是大阿羅漢。諸漏已盡。無復煩惱。乃至證得諸心自在最上波羅蜜。爾時彼佛與如是等大聲聞衆同共集會。復有百拘胝等菩薩摩訶薩。皆悉證得菩薩藏法。於諸義理妙善決定。爲多聞海。爲大法師。住空無相及以無願。舍利子。我涅槃後具滿千歲。彼佛方乃入般涅槃。正法住世滿於千歲。流布舍利遍益世間。亦如我今般

涅槃後。舍利流布遍益之相。舍利子。如來無障礙智又能了知。過於彼佛世界之上。無量無邊風輪圓相。并諸佛土具足圓相。舍利子。又過此上有別世界。現無如來。而有百千獨覺所住。其中衆生。皆於獨覺而種善根。舍利子。如來依彼智故。復能了知此世界上。有殑伽沙等諸佛如來出興于世。今現在彼度諸衆生。如是十方無量無數。不可思議。不可稱量諸佛如來應正等覺出興于世。今現在彼度諸衆生。如來妙智悉能了知。舍利子。如來又能了知如上所説諸佛世界。現燒然等成壞之相。無量無邊。如來妙智皆悉明了。

爾時世尊説是語已。長老舍利子白佛言。世尊。如來應正等覺。成

就何等諸善根故。而能獲得如是無量不可思議無障礙智。佛告舍利子。如來由住尸羅波羅蜜多故。妙善自在。於正法所。發起恭敬尊重之想。起良藥想。起珍寶想。起難遭想。起善根想。如所應想。生深敬想。又能安住攝正法想。舍利子。如來由住尸羅波羅蜜多。敬重法故。獲得如是明利大智。如是大智又能了知無量無數過於前量。舍利子。諸佛世尊無斷之智。無量無數。不可思議。不可稱量。不可宣說往來之相。舍利子。諸佛如來具尸羅故。復得如是自在之力。是故如來如彈指頃。往殑伽沙等諸佛世界。而復旋返還本住處。舍利子。諸佛如來於是正法尸羅波羅蜜多所。以浄信解聽聞受持。由此獲得速疾解脱。由此解脱。我善解脱。於何法中而

得解脱。謂於諸苦善得解脱。

復次舍利子。若有菩薩摩訶薩於此四種恭敬住處。聞斯法已得清净信。行尸羅波羅蜜多故。發如是心。我如是住。我於此住。由我如是常安住故。我常不離諸佛正法。舍利子。菩薩摩訶薩受持是經法門章句。彼由如是善根力故。復獲四種慧所成法。何等爲四。一者。由具慧故。能發大慧。二者。由具慧故。逢值諸佛。親覲承事。三者。由具慧故。以净信心捨家入道。四者。由具慧故。速證阿耨多羅三藐三菩提。舍利子。是名菩薩摩訶薩行尸羅波羅蜜多時。獲得四種慧所作法。

復次舍利子。菩薩摩訶薩行尸羅波羅蜜多時。由成就是善根力

故。又獲四種多所作法。何等爲四。一者。受得人身。名多所作。二者。值佛出世。名多所作。三者。以净信心捨家入道。名多所作。四者。速證阿耨多羅三藐三菩提。名多所作。舍利子。是名菩薩摩訶薩行尸羅波羅蜜多時。獲得四種多所作法。

復次舍利子。菩薩摩訶薩行尸羅波羅蜜多時。由成就是善根力故。復獲四種支分之法。何等爲四。一者。菩薩摩訶薩獲轉輪支。謂處人中作轉輪王。二者。菩薩摩訶薩處於梵世爲大梵王。三者。菩薩摩訶薩處諸天衆而爲天帝。四者。菩薩摩訶薩證得阿耨多羅三藐三菩提已。於一切法具足圓滿。號爲法王。處世垂化。又復獲得吉祥諸力净衆生智神通境界。如是諸相皆能了知。爲諸世間

天人之眼。爾時世尊欲重宣此義。而說頌曰。

救世之明眼　諸群生最上　善解諸醫法　由斯證寂滅
往返隨師教　感報爲如是　未曾受衆苦　及不善自在
速往生天上　速還返人中　速奉見諸佛　速得離諸難
巨富豐大財　目觀諸伏藏　隨手之所及　衆寶皆盈滿
化現妙池沼　八德水常盈　未曾受憂惱　爲善自在果
手足不繚戾　又無醜短相　支體不乾枯　亦復無減少
不傴yǔ不缺目　指相無增減　首异於象頂　爲善自在果
儀貌皆圓滿　質重如金聚　端嚴衆樂觀　容相皆鮮妙
諸天龍鬼神　及以世人等　供養而尊敬　爲妙自在德

遠離諸惡道　往人天善趣　速悟大菩提　爲善自在果
若人悉能了　一切衆生心　各行七步已　妙音告世界
斯人智最上　斯人慧最上　解脱亦最上　衆生中最上
慧令慧清浄　慧依智安立　慧智與解脱　皆依諸佛證
由慧自性生　所知由智了　若有具智慧　所求無不遂
如是甚深義　我爲汝略説　無慧少欲人　寧當受此義
彼由痴所痴　衆惡所逼迫　發起於忿恚　不恭敬正法
若少欲衆生　於如是正法　不復興恭敬　更起諸餘事
不敬法衆生　忿恚所迷執　常懷染污心　不應爲宣説
諸老熟所及　衰邁摩訶羅　彼臨命終時　虚言住後有

諸老熟所及　衰邁摩訶羅　妄呑羅漢供　速墮於地獄
具戒尚難得　况阿羅漢果　信者營靈廟　復由沉惡趣
復次舍利子。菩薩摩訶薩行尸羅波羅蜜多時。如是精勤修行戒行。爲求菩薩藏故。以身承事正行諸師。獲得如上所説功德。又復獲得倍過前數無量無邊。不可思議功德利益。舍利子。當知菩薩摩訶薩安住如是菩薩藏故。行善自在妙清浄戒諸菩薩行。舍利子。云何名爲妙戒清浄。舍利子。菩薩摩訶薩行尸羅波羅蜜多故。獲得十種清浄尸羅。汝應知之。何等爲十。一者。於諸衆生曾無損害。二者。於他財物不行劫盗。三者。於他妻妾遠諸染習。四者。於諸衆生不興欺誑。五者。和合眷屬無有乖離。六者。於諸衆生不起粗

言。由能堪忍彼惡言故。七者。遠離綺語。凡有所言諦審説故。八者。遠離貪著。於他受用無我所故。九者。遠離瞋恚。善能忍受粗言辱故。十者。遠離邪見。由不敬事諸餘天仙及神鬼故。舍利子。是爲菩薩摩訶薩行尸羅波羅蜜多時。獲得十種清浄尸羅。當如是學。復次舍利子。菩薩摩訶薩行尸羅波羅蜜多時。復有十種清浄尸羅。汝今當知。何等爲十。一者。不缺尸羅。不由無智之所證故。二者。不穿尸羅。不平等生所遠離故。三者。不斑尸羅。一切煩惱所不雜故。四者。不染尸羅。唯爲白法所增長故。五者。應供尸羅。隨其所欲自在行故。六者。稱贊尸羅。諸聰慧者不訶毀故。七者。不呰尸羅。一切過惡不容受故。八者。善護尸羅。善能守護諸根門故。九者。善守

尸羅。自然正智恒現前故。十者。善趣尸羅。大菩提願爲助伴故。舍利子。是爲菩薩摩訶薩行尸羅波羅蜜多時。獲得十種清浄尸羅。當如是學。

復次舍利子。菩薩摩訶薩行尸羅波羅蜜多故。復有十種清浄尸羅。汝今當知。云何爲十。一者。少欲尸羅。如法清浄。善知量故。二者。知足尸羅。永斷一切諸貪著故。三者。正行尸羅。能令身心皆遠離故。四者。住静尸羅。於諸憒⑤鬧皆捨遠故。五者。杜多功德蠲除嗜欲尸羅。自在善根之所成故。六者。聖種知足尸羅。不顧他顔無希望故。七者。如説而行尸羅。幽明奉攝不欺人天故。八者。自省己過尸羅。常以法鏡照了自心故。九者。不譏他闕尸羅。將護彼意故。十者。

成熟衆生尸羅。不捨諸攝法故。舍利子。是爲菩薩摩訶薩行尸羅波羅蜜多故。獲得十種清淨尸羅。當如是學。

復次舍利子。菩薩摩訶薩行尸羅波羅蜜多時。復有十種清淨尸羅。汝今當知。云何爲十。一者。於佛淨信尸羅。離心栽蘖niè故。二者。於法淨信尸羅。守護正法故。三者。於僧淨信尸羅。恭敬聖衆故。四者。俯屈從事尸羅。不離思惟佛菩提故。五者。親近善友尸羅。覺分資糧善積集故。六者。遠離惡友尸羅。弃捨一切不善法故。七者。大慈波羅蜜多尸羅。成熟一切諸衆生故。八者。大悲波羅蜜多尸羅。困厄衆生令解脱故。九者。大喜波羅蜜多尸羅。於彼正法生喜樂故。十者。大捨波羅蜜多尸羅。於諸愛恚兩俱捨故。舍利子。是爲菩薩

摩訶薩行尸羅波羅蜜多故。當如是學。復次舍利子。菩薩摩訶薩行尸羅波羅蜜多時。獲得十種清净尸羅。汝今當知。何等爲十。一者。柁那波羅蜜多尸羅。復有十種清净尸羅。爲善成熟諸衆生故。二者。羼底波羅蜜多尸羅。善護一切衆生心故。三者。毗利耶波羅蜜多尸羅。於諸正行不退轉故。四者。静慮波羅蜜多尸羅。静慮資糧善滿足故。五者。般若波羅蜜多尸羅。聽聞根本無厭足故。六者。樂求聞法尸羅。常樂請求菩薩藏故。七者。不顧惜身尸羅。以無常想恒觀察故。八者。不寶重命尸羅。以如幻心常現觀故。九者。諸意滿足尸羅。從初發心善清净故。十者。佛戒和合尸羅。迴向如來一切戒故。舍利子。是爲菩薩摩訶薩行尸羅波羅蜜多故。獲得

清净尸羅。當如是學。

復次舍利子。是諸菩薩摩訶薩行尸羅波羅蜜多時。具足如是清净戒故。無有人天諸妙快樂。是諸菩薩而不受者。無有世間工巧業處。是諸菩薩所不知者。無有世間諸衆生等所受用具。是諸菩薩不獲感者。無有凡夫不互爲怨。而是菩薩於彼衆生曾無瞋恚⑥。無有世間虚誑妄語。菩薩於彼不生信受⑦。無有世間諸衆生等。菩薩於彼不起母想。無有世間諸衆生等。菩薩於彼不生父想。無有世間諸衆生等。菩薩於彼不生保任親附之想。無有一切有爲之法。菩薩於彼不起無常生滅之想。舍利子。菩薩摩訶薩了知諸行皆無常已。不顧身命修清净戒。行諸菩薩所行正行。皆爲成滿尸

羅波羅蜜多故。爾時世尊欲重宣此義。而説頌曰。

妙色妙音聲　能濟樂法者　菩薩末爲難　住淨尸羅故
面目皆圓淨　不生盲跛傴　諸身分端正　皆由淨戒生
具大力大勢　赫弈大威光　復由精進慧　令惡魔驚怖
諸王咸供養　天龍所尊敬　善斷諸疑網　深心⑧行大慈
安住於戒聚　法行大名稱　苦逼不生畏　終不墮惡道
衆生皆惛睡　菩薩能覺之　常無有暫眠　遍四方求法
安住於戒聚　爲求菩提道　捨最上名珍　妻子身肉等
求最勝法教　及無上佛法　於世間所依　應修諸供養
若訶責駡詈　惱害興惡行　加哀及讚美　斯由住忍故

如所説修行　言常不虛誑　安坐道場已　震動於大地
於佛法無疑　捨離邪天衆　恒事天所尊　謂佛⑨薄伽梵
世間諸衆生　刀杖等相加　能令彼和合　是爲聰敏相
衆生受重苦　多百拘胝劫　雖不來見求　若睹常無捨
善友交談論　義利由斯獲　而衆生不求　反更相加害
我以贍部洲　及諸佛國土　滿中珍寶聚　用資求善友
假使以利刀　割斷我支節　於彼衆生類　常行平等心
捨愚夫作業　爲佛法因緣　常守净尸羅　安住微妙法
修習法隨法　行菩提妙行　爲求佛菩提　三明慧甘露
安住於戒聚　修學諸佛法　是爲聰慧者　天世應修供

一切法無疑　善達諸工巧　深曉衆生意　弘揚美妙法
戒聚已清浄　安坐菩提樹　降伏惡魔軍　悟無上正覺
揚暉滿世界　猶如日月光　菩薩有情尊　能開聖慧眼
授手引群生　問道皆開示　常歡笑先言　曾無懷嫉恚⑩
捨無量自身　及施多財寶　未嘗有遠離　最上佛菩提
信戒已圓具　善住諦實言　曾無有幻僞　安住尸羅聚
諸來菩薩所　或設虛妄言　有聞皆信受　而恒依諦語
若有許菩薩　假言衣食施　終無有惠及　菩薩無恚心

大寶積經卷第四十三

校注

①『蜜』下，龍藏、思溪藏有『多』字。
②『摩』，底本污殘，依龍藏、思溪藏補。
③『訶』，底本作『訶』，依龍藏、思溪藏、和裕本、上海佛學書局本改。
④『有』，底本無，依龍藏、思溪藏、和裕本補。
⑤『憒』，龍藏、思溪藏作『闠』。
⑥『無有凡夫不互爲怨。而是菩薩於彼衆生曾無瞋恚』，别譯本《佛説大乘菩薩藏正法經》（北宋·法護譯）作：『菩薩行慈行時。與諸有情等行慈行。互相憐愍而無損害。』
⑦『無有世間虚誑妄語。菩薩於彼不生信受』，别譯本《佛説大乘菩薩藏正法經》（北宋·法護譯）作：『菩薩行菩薩行時。深信正法而無虚妄。』
⑧『心』，龍藏、思溪藏作『修』。
⑨『佛』，龍藏、思溪藏、上海佛學書局本作『供』。
⑩『恚』，龍藏作『妒』。

大寶積經卷第四十四

大唐三藏法師玄奘奉　詔譯

菩薩藏會第十二之十・尸①波羅蜜品第七之三

復次舍利子。菩薩摩訶薩行尸羅波羅蜜多時。具足如是清凈尸羅。於諸行中常恒發起不可樂想。於諸衆生起父母想。於彼有情起難保想。於妙五欲起非妙想。於受了別起無識想。舍利子。是菩薩摩訶薩作是觀已。不起平等不平等心。何以故。是菩薩摩訶薩作如是觀。若當發起心平等者。應起②出心入於寂滅。若當發起心不平等。應令染心轉不平等。如是眼色爲緣生於眼識。染心起滅。由隨眠故。彼心體生。於所緣境妄心計凈。若能了知彼不如理而

體不净。如是知已便得解脱。若彼解脱即盡於彼。彼何所盡。所謂貪盡瞋盡痴盡。如是盡者。即非貪盡瞋盡痴盡。何以故。若刹那貪有滅盡者。即應貪异盡异。若如是者。貪應是實。盡亦是實。若貪是實。不應滅盡。然舍利子。一切有情皆由不正思惟如理作意故。生於貪欲。夫貪欲者。分别所起。若無分别。計執斯斷。若斷計執。即無有實。由無實故。中無所貪。由無貪故。即是真實。若是真實。於中無苦。由無苦故。則無燒惱無燒惱故。即是真實。若是真實。於中無熱。由無熱故。是即清凉。是即涅槃。於涅槃中無有貪愛。何以故。舍利子。夫涅槃者。無有思慮。我當除滅如是貪愛。貪愛盡故。名得涅槃。若如是者。即能貪异。所貪亦异。涅槃復异。此若异者。則於彼爲彼。

若於彼爲彼。智者應當尋思彼實。如是求已。不得堅實。若無堅實。即爲是虛。若是虛者。即爲寂靜。若寂靜者。即爲是空。空無何法。謂我我所。若常若恒若住若變异法。則無有情。則無命者。由如是故。於貪瞋痴則無所起。舍利子。以何等故。有我我所。計此爲我。此我所有。起我我所。顛倒計我。故執我所。執我所故。便有所作。於所作中起四種行。云何爲四。謂身所作。語心所作。由意思惟發粗惡語。從此便生運身加害。舍利子。一切愚痴凡夫。由起自他別异想故。爲想所執。爲想所縛。菩薩摩訶薩行尸羅波羅蜜多故。於如是事知顛倒已。不與諸行而相習近。何以故。由習近故則生怖畏。菩③薩摩訶薩作如是念。我今④爲求無怖畏故度諸衆生。不宜於彼而生

怖畏。我當與之共爲親愛。

復次舍利子。云何菩薩摩訶薩依尸羅波羅蜜多故。於一切衆生起父母想。舍利子。菩薩摩訶薩行尸羅波羅蜜多時。作是思惟。無有衆生於彼過去久遠世來。非父非母。易可得者。何以故。一切衆生定曾爲我若父若母。然由於彼生貪心故。捨於母想。生瞋心故。捨於父想。流轉生死不能斷絶。是故舍利子。菩薩摩訶薩由斯事故。深思惟已。於諸衆生起眷屬想。舍利子。如彼過去超阿僧企耶廣大無量不可思議劫。爾時有佛名最勝衆。出現於世。如來。應。正等覺。明行圓滿。善逝。世間解。無上丈夫。調御士。天人師。佛。薄伽梵。彼佛住壽九拘胝歲。與九拘胝那庾多大聲聞衆同共集會。爾時

有一菩薩名爲得念。生在王宮。形貌端嚴。衆所樂見。成就第一圓净色相。然此菩薩初生之時。父母各以八萬四千童少婇女而以賜之。親友眷屬復以八萬四千諸妙彩女而用上之。父母知友復以彩女八萬四千奉於菩薩。爲欲生長常隨翼從。舍利子。時菩薩父爲是菩薩起三時殿。熱時雨時及以寒時。令彼菩薩居重殿上。隨時而住。又令無量百千伎樂圍繞菩薩而娱樂之。爾時菩薩聞諸樂音。將舉其聲。起生滅想而現在前。樂音暫止。便思此聲依何而起。何處而生。依何而息。何處而滅。爾時菩薩作是觀時。不起晝夜差別之想。唯恒發起無常之想。一切世間不可樂想。舍利子。爾時得念菩薩四萬歲中。未曾於樂而生耽⑤著。又四萬歲於諸欲中

未曾貪染。是時菩薩住深宮中。入四靜慮。發五神通。即從內宮以神足力身升虛空。往最勝衆如來應正等覺薄伽梵所。既到彼已。請問彼佛。得少善法。旋還本宮。舍利子。是得念菩薩。於彼如來入涅槃日。復往如來所住之處。問諸苾芻。最勝衆佛今爲何在。我今欲見。親覲供養。時諸苾芻告得念曰。善男子。汝不知耶。如來今者已般涅槃。爾時菩薩既知如來般涅槃已。即於是處舉身投地。涕泣悶絕。良久乃蘇。便説頌曰。

如是照世間　到諸法彼岸　我住放逸地　如何自欺誑
百千劫拘胝　如來乃一現　而我不奉事　誰當作依救
如我自惟忖　我母非親善　何不贊如來　令我初生見

父亦非親善　陷我於諸欲　既被所拘執　乖事世間依
不聞佛所説　六十妙音聲　生爲失大利　謂不事佛故
到諸法彼岸　利世大悲者　我憍逸所執　不事兩足尊
千億那庾劫　見諸佛甚難　我不修供養　滅後方來至
今我重思忖　父母俱非善　當我初生時　何不爲贊佛
令見最勝尊　常住如來所　廣修諸供養　及聽聞正法
如來所宣暢　六十妙音聲　而我未曾聞　滅後方來至
我今失大利　涅槃後方來　無爲演妙法　如先佛所説

舍利子。爾時得念菩薩即於是處悲啼而起。往最勝衆如來般涅槃床。既到彼已。哀慟悲噎。右繞如來滿百千匝。却住一面。而説頌

曰。

佛爲群生真實尊　顯揚無上微妙法　我今發起至誠心
爲獲最勝菩提故　我今敬禮如來足　世界真言大慧者
願我當獲如斯智　等最勝尊之所得　我昔羸劣無智慧
墮在魔羅品類中　安處居家多迫迮　不得奉事人中上
我已曾修勝妙福　由此暫得覲如來　然佛不垂開正法
故我於今受極苦　我今天龍等衆前　興發至誠真諦語
若我本期如實者　當依所言無不遂　願我當於未來世
諸佛出現人中尊　見甚深義廣大用　宣說無上真實法
爾時諸難我不生　既生諸欲不親近　女色自在無隨轉

摧壞魔羅之囹圄　生生常得見諸佛　無上正法現前聞
由睹諸佛净信生　生净信已修諸行　若我所發至誠言
必當諦實非虛者　由此如來還起坐　如從重睡欻然覺
菩薩適發誠言已　如來應時便起坐　百千拘胝諸天衆
以上妙衣而奉散　菩薩是時心喜悦　舉身上踴住虛空
既在虛空安住已　以妙伽他讚最勝　慈心利世大明照
第一説者大神通　覺悟愍念世間依　演宣無上正法者
舍利子。爾時得念菩薩宣説如是諸讚頌已。欲令大衆倍歡悦故。
復於佛前而説頌曰。
我於未來當作佛　示現授記人中尊　汝等大衆應隨學

於如來所興供養　世間依怙不思議　誰有於斯不生信
哀愍我等及衆生　已入涅槃還重起

舍利子。是得念菩薩。於最勝衆如來法中。大設供養殖諸善本。即以如是善根力故。於此命終。生彼善趣諸天世界。經二十大劫拘胝不墮惡趣。又經二十大劫拘胝不受欲樂。舍利子。是得念菩薩。於如是時親覲奉事七千諸佛。於諸佛所廣設供養。爲求阿耨多羅三藐三菩提故。常修梵行。於最後劫來⑥世之時。得勝上身。自善根力之所發起。成等正覺。號娑羅王如來。應。正等覺。明行圓滿。善逝。世間解。無上丈夫。調御士。天人師。佛。薄伽梵。出現於世。舍利子。是娑羅王佛。壽二十拘胝歲。與諸弟子再會説法。第一大會聲聞

弟子有二十拘胝。第二大會有四十千。一切皆是大阿羅漢。諸漏已盡。無復煩惱。獲大勢力。乃至得到諸心自在第一彼岸。舍利子。彼佛世尊般涅槃後。流布舍利廣起靈廟。正法住世滿十千歲。爾時薄伽梵欲重宣此義。而說頌曰。

舍利子當知　是得念菩薩　二十劫拘胝　未曾墮惡道
又經如是劫　不習諸貪欲　於是中間時　七千佛滅度
愛樂諸佛法　常修清浄行　最後悟菩提　號娑羅王佛
三十拘胝千　住無上正覺　悟上菩提已　利益諸衆生
二十拘胝歲　廣宣微妙法　二十拘胝衆　及餘四十千
一切盡諸漏　皆佛之仙衆　彼佛涅槃後　舍利廣流布

靈廟具足滿　六十千拘胝　滅後法住世　經於十千歲
聞佛説正教　皆生清浄信　如來所説法　智者不生疑
終不墮惡道　速證於寂滅

復次舍利子。如是菩薩摩訶薩行尸羅波羅蜜多故。清浄戒衆。⑦於諸衆生起父母想。何以故。我於往昔生貪心故。捨於母想。生瞋心故。捨於父想。我今行尸羅波羅蜜多。安住浄戒。於彼諸欲恒興起厭違背之心。是菩薩摩訶薩爲除貪故。以正作意。於諸欲中。起於真實違厭之想。舍利子。是菩薩摩訶薩由起如是正思惟故。能自了知諸欲之相。又能了知諸欲違厭。舍利子。云何名爲了知諸欲。及能了知諸欲違厭。舍利子。所言諸欲名爲貪愛。謂貪眼識所識

諸色。是名爲欲。貪愛耳識所識諸聲。是名爲欲。如是貪愛鼻識所識諸香。舌識所識諸味。身識所識諸觸。是名爲欲。舍利子。若有貪愛則有執著。夫執著者名之爲結。結名發起。發起名縛。又亦名爲不實戲論。如是舍利子。一切衆生皆爲不實戲論諸縛所縛。纏縛遍縛。增上遍縛。不得解脱。舍利子。一切衆生爲誰縛故。名之爲縛。所謂色縛所縛故。名之爲縛。乃至聲香味觸縛所縛故。名之爲縛。又何等故名爲色縛。謂於自身所得諸色。妄起我想。命者之想。數取趣想。常想。恒想。不變异想。實想。全想。一合之想。如是等想名爲色縛。舍利子。何等名爲色縛所縛。謂於所起我自體相。深親寶重。廣興我愛。於諸妻妾一切女色戀著不已。如是名爲色縛所縛。舍

利子。是諸衆生既得受用諸欲法已。造不善業。不如實知諸欲過失。云何名爲諸欲過失。舍利子。一切諸欲無非過失。是故智者於諸過失。不應生欲。然趣惡道是欲重過。吾當爲汝開示其相。舍利子。云何名爲能趣惡道諸欲重過。舍利子。我説一切習近欲時。無有少惡而不造者。彼若報熟。無有少苦而不攝受。是故舍利子。我觀一切千世界中。衆生大怨。無過妻妾女色諸欲。何以故。舍利子。夫有智者即是如來。言無智者謂群生也。若諸智者之所訶毀。是名眞實。若諸無智之所攝受。則非眞實。舍利子。諸無智者何所攝受。所謂攝受諸有爲法。攝受妻妾女色諸欲及男女等。彼無智者。又爲妻子諸女色等之所攝受。如是展轉更相攝受。則不攝受於

彼聖道。舍利子。彼無智者。爲於男女妻妾諸女色等所纏縛故。於諸善法多生障礙。何所障礙。所謂障礙出家。障礙尸羅。障礙靜慮。障礙天道。障礙涅槃。又能障礙諸妙善法。又舍利子。彼無智者。若有攝受男女妻妾諸女色等。略說則是攝受怨仇。即爲攝受地獄傍生焰魔鬼趣等。舍利子。如是攝受。取要言之。即是攝受一切惡不善法。障礙一切諸賢聖法。又若攝受男女妻妾諸女色等。乃至則於一切美食。亦能障礙。況餘勝事。舍利子。如是障礙略而言之。所謂障礙見佛。障礙聞法。障礙奉僧。障礙見佛所得淨信。障礙聞法所得淨信。障礙奉僧所得淨信。又略而言。障礙獲得具足無難。障礙信財。戒財。聞財。捨財。慧財。慚財。愧財。舍利子。若有攝受男女

妻妾諸色欲等。即爲攝受不信。惡戒。邪聞。慳吝。惡邪之慧。無慚。無愧。又復攝受病癰。毒箭。火聚。毒蛇。舍利子。若有樂處居家。耽嗜不捨。當知即是樂處冢間。是故我説樂處居家。如住冢間及曠野處。無所投告。即爲喪失諸白浄法。又舍利子。若有衆生味著男女妻妾諸女色欲。當知即是味著礫石之雹。即是味著利刀之刃。即是味著大熱鐵丸。即是味著坐熱鐵床。即是味著熱鐵機隥。舍利子。若有味著花鬘香塗。即是味著熱鐵花鬘。亦是味著屎尿塗身。舍利子。若有攝受居處舍宅。當知攝受大熱鐵瓮。若有攝受奴婢作使。當知攝受地獄惡卒。若有攝受象馬駝驢。牛羊鷄豕。當知攝受地獄之中黑駮bó諸狗。又是攝受百逾繕那禁衛之卒。取要言之。若

有攝受妻妾男女諸女色欲。當知即是攝受一切衆苦憂愁悲惱之聚。舍利子。寧當依附千踰繕那⑧量大熱鐵床。是床極熱遍熱猛焰洞然。於彼父母所給妻妾諸女色欲。乃至不以染愛之心遠觀其相。何况親附抱持之者。何以故。舍利子。當知婦人是衆苦本。是障礙本。是殺害本。是繫縛本。是憂愁本。是怨對本。是生盲本。當知婦人滅聖慧眼。當知婦人如熱鐵花散布於地。足蹈其上。當知婦人於諸邪性流布增長。舍利子。何因緣故名爲婦人。所言婦者。名加重擔。何以故。能使衆生負重擔故。能使衆生弊重擔故。能使衆生受重擔故。能使衆生持於重擔有所行故。能使衆生荷於重擔遍周行故。能令衆生於此重擔心疲苦故。能令衆生爲於重擔所

煎迫故。能令衆生爲於重擔所傷害故。舍利子。復以何緣名之爲婦。所言婦者。是諸衆生所輸委處。是貪愛奴所流没處。是順婦者所輸税處。是婦媚者所迷惑處。是婦勝者所歸投處。是屈婦者所憑仗處。婦自在者所放逸處。爲婦奴者所疲苦處。隨婦轉者所欣仰處。舍利子。以如是等諸因緣故。名是諸處以之爲婦。又舍利子。世間衆生由婦婦因緣不捨重擔。不捨何等之重擔耶。所謂五蘊。何等五蘊。色蘊。受蘊。想蘊。行蘊。識蘊。舍利子。世間婦人能令衆生不捨如是五蘊重擔。故名五蘊以之爲婦。舍利子。復何因緣世人名婦爲故第二。舍利子。如是女人。是犯尸羅第二伴故。是犯威儀第二伴故。是犯正見第二伴故。是飲食時第二伴故。是往地獄傍生

鬼趣第二伴故。能障聖慧。礙涅槃樂。攝一切苦第二伴故。是以名爲故第二也。舍利子。復以何故世人名婦以爲母衆。舍利子。一切女人生多過失。無邊幻誑。故名母衆。若有隨逐母衆自在。當知即墮魔羅手中自在爲惡。如是舍利子。當知世界一切女人生多過失。無邊幻誑。心多輕躁。心多掉動。其心流蕩。傾覆不住。心似山狖yòu⑨。心似猿猴。善能示現幻誑之術。如是諸相。故名女人以爲母衆。又舍利子。言母衆者。即母幻村。又亦名爲幻之城邑。幻王所都。幻客之亭。幻人之館。幻國。幻村。幻處。幻方。是幻世間。是幻世界。是無邊幻。是廣大幻。是無量幻。是不可思議幻。舍利子。由如是等諸欲重過能趣惡道。故號女人名母幻村。舍利子。譬如幻師善學幻術。於

大衆中示現種種幻誑之事。舍利子。母村亦爾。善學女人幻誑之術。能令丈夫若見若聞若摩若觸。皆被繫縛。又諸女人巧知惑媚。由知媚故勢力自在。凡有所作。歌舞戲笑。啼泣往來。若住坐卧。於一切時能令丈夫不得自在。隨彼女人繫縛驅使。舍利子。譬如世間成熟稻田。被大雹雨傷殘滋甚。如是舍利子。是母幻村。猶如大雹墮丈夫田。摧壞一切白法苗稼。消滅都盡。舍利子。諸如是等能趣惡道貪欲重過。一切世間愚痴凡夫。爲之幻惑不能覺了。而復攝受所愛妻妾諸女色欲。爲之迷醉。

復次舍利子。聰慧菩薩摩訶薩行尸羅波羅蜜多故。於是諸欲深知過已。便依正法起二種想。所謂於諸愚夫起惡人想。於佛菩薩

起善人想。菩薩摩訶薩作是觀已。便自思惟。我今應往善丈夫趣。不宜往彼惡丈夫趣。我不應往地獄傍生焰魔鬼趣。我不應往毀尸羅趣。我不應往犯戒住處。我今應往最勝無上離前諸法無障礙趣。我今應往諸佛如來大智慧趣。又作是念。我當逆流而行。非順流者。我當作師子吼。非野干鳴。我當示現金翅鳥王之大勢力。不應示現微細蜫蟲之所有力。我今應作賢良之人。不作險惡憒雜之人。我今應啖賢良勝士清净之食。不應啖彼無良下士不净之食。我應修行微妙靜慮。最勝靜慮。殊特靜慮。第一三摩地所得彼類靜慮。不應修行非彼類靜慮。非下少⑩靜慮。舍利子。菩薩摩訶薩又作是念。我應遊戲諸佛靜慮。不應遊戲聲聞獨覺一切愚夫

异生靜慮。我當修行無依靜慮。不應修行依色靜慮。又亦不依受想行識靜慮。不應修行依地界靜慮。又亦不依水界火界風界靜慮。亦不修行依欲界靜慮。又亦不依色界無色界靜慮。亦不修行依此世他世靜慮。又亦不依已見已聞已念已識已得已觸已證如是靜慮。舍利子。是菩薩摩訶薩復作是念言。我當修習無依靜慮。由修習故。當不自損。又不損他。亦不俱損。我當追求圓成佛智。豈復應求世間諸欲。

復次舍利子。如是聰慧菩薩摩訶薩行尸羅波羅蜜多時。作如是等諸正觀已。復應當發四種厭離。云何爲四。所謂能於諸欲而生厭離。於諸有中能生厭離。於不知恩諸衆生所而生厭離。於一切

行諸苦惱所而生厭離。舍利子。是名菩薩摩訶薩行尸羅波羅蜜多故。發起四種厭離之想。應如是學。

復次舍利子。菩薩摩訶薩行尸羅波羅蜜多時。觀諸有情處於惡道。見妙女色起貪心者。應起四種厭離之想。云何爲四。所謂退失想。顛墜想。行厠想。膿潰糞穢不净之想。如是舍利子。處諸惡道有情識者。見妙女色。尚應發起如是四想。何况於人。舍利子。安住大乘諸族姓子。厭離一切有爲行者。見妙女色。起於退失。顛墜。行厠。膿潰糞穢如是四想。若起此想猶生貪心。又應更起三種親想。所謂於母等類起於母想。姊妹等類起姊妹想。於女等類而起女想。

佛告舍利子。菩薩摩訶薩聞我所説能善解者。應當隨順如是經

典尸羅波羅蜜多。何以故。無有衆生是易可得久遠世來非我父母。所以者何。是諸衆生皆曾爲我而作父母。若有習近妻妾女人。則爲習近過去之母。舍利子。菩薩摩訶薩聞我説已。爲清净故。應當如是勵勤修學。

復次舍利子。一切世間愚痴凡夫。於彼正法違逆不信。菩薩不爾。隨順正法無有違逆。若有修行如是諸觀。猶爲貪心所隨逐者。菩薩復應如理觀察。所生貪心見何而生。若當於眼起貪心者。菩薩重應如理觀之。我爲於眼起染愛者。誰能見眼。爲眼見眼耶。則彼自體見自體耶。何以故。彼亦是眼。此亦是眼。皆爲四大之所造故。又爲大種之所生故。非由自體於此自體而起染愛。又非於我自

體而起染愛。何以故。彼則是此故。若有於彼起染愛者。應是於此而起染愛。以無差別故。一切世間愚痴凡夫無差別住。我今應求差別之法。何以故。以諸欲覺都無有德[11]故[12]。爾時世尊欲重宣此義。而説頌曰。

展轉同一義　都無差別性　由乖理邪執　起是貪愛心
云何四大生　還能染大造　諸法猶如幻　無由起貪愛
我等邪分別　妄起貪愛心　不肖者生貪　賢善人無愛
遍於十方界　無實貪可求　但虛妄分別　故起斯貪愛

復次舍利子。菩薩摩訶薩行尸羅波羅蜜多時。作是觀已。猶被貪心而隨逐者。若有聞佛所説諸法善根力故。復應隨順如是經典。

所謂眼如聚沫不可撮摩。何以故。彼聚沫等一切諸法本無有我。亦無有情。無有命者。無數取趣。無摩納婆。無丈夫。無意生。無作者。無受者。於如是等無作無受一切法中誰能染愛。又於何所而生染愛。舍利子。眼如浮泡。性非堅實。何以故。彼浮泡等一切諸法本無有我。亦無有情。無有命者。無數取趣。無摩納婆。無丈夫。無意生。無作者。無受者。於如是等無作無用諸法之中誰能染愛。又於何所而生染愛。舍利子。眼如陽焰。業惑愛生。何以故。彼陽焰等一切諸法本無有我。亦無有情。乃至誰能染愛。於何染愛。舍利子。眼如芭蕉。體非貞固。何以故。彼芭蕉等一切諸法本無有我。亦無有情。乃至誰能染愛。於何染愛。舍利子。是眼如夢。非如實見。何以故。彼

虚夢等一切諸法本無有我。亦無有情。乃至誰能染愛。於何染愛。舍利子。眼如傳響。繫屬衆緣。何以故。彼傳響等一切諸法本無有我。亦無有情。乃至誰能染愛。於何染愛。舍利子。眼如光影。依業影現。何以故。彼光影等一切諸法本無有我。亦無有情。乃至誰能染愛。於何染愛。舍利子。眼如浮雲。飄亂散相。何以故。彼雲等法本無有我。亦無有情。乃至誰能染愛。於何染愛。舍利子。眼如流電。念壞相應。何以故。彼電等法本無有我。亦無有情。乃至誰能染愛。於何染愛。舍利子。是眼如空。離我我所。何以故。彼空等法本無有我。亦無有情。乃至誰能染愛。於何染愛。舍利子。眼爲無知。如草木土石。何以故。無知等法本無有我。亦無有情。乃至誰能染愛。於何染愛。

舍利子。眼無作用。隨風機轉。何以故。無作等法本無有我。亦無有情。乃至誰能染愛。於何染愛。舍利子。眼爲虛誑。不浄朽爛之所積聚。何以故。虛誑等法本無有我。亦無有情。乃至誰能染愛。於何染愛。舍利子。眼爲虛僞。摧破壞散滅盡之法。何以故。虛僞等法本無有我。亦無有情。乃至誰能染愛。於何染愛。舍利子。眼如丘井。常爲老逼。何以故。丘井等法本無有我。亦無有情。乃至誰能染愛。於何染愛。舍利子。眼不久停。終於死際。何以故。彼非久停一切諸法本無有我。亦無有情。無有命者。無數取趣。無摩納婆。無丈夫。無意生。無作者。無受者。於如是等無作無用緣會所生諸法之中。誰能染愛。又於何所而行染愛。如是廣説一切內外諸根塵法。亦復如是。

舍利子。菩薩摩訶薩如是正觀察時。爲諸貪愛所牽引者。無有是處。若有菩薩摩訶薩作是觀者。當知是則於諸法中永離貪愛。舍利子。是名菩薩摩訶薩行尸羅波羅蜜多時。畢竟清浄。滅諸貪愛。爾時佛告舍利子。如是清浄行尸羅波羅蜜多菩薩摩訶薩。不行一切害衆生業。乃至命難。於諸衆生終不加害。不行一切不與取業。乃至命難。於他資具終不劫盗。不習一切淫荒邪行。乃至命難。於諸女色終不染趣。不説一切欺誑妄語。乃至命難。於諸衆生不行虚誑。不説一切粗獷之言。乃至命難。於諸衆生終不毁罵。不説一切離間之言。乃至命難。於諸衆生不行破語。於自眷屬生知足故。不傳一切浮綺談説。言必如量。乃至命難。終不綺繒异詞矯飾

文句。於他財物不起貪著。乃至命難。諸所受用終無愛染。於諸惱辱具忍成就。聞粗惡言善能堪耐。乃至命難。不生忿恚。於諸法中不生邪見。乃至命難。終不信事諸餘天神。唯於佛所淨心歸趣。舍利子。如是名爲菩薩摩訶薩尸羅清淨。

佛告舍利子。是菩薩摩訶薩行尸羅波羅蜜多故。具足成就無量無邊諸佛正法。舍利子。菩薩摩訶薩由行尸羅波羅蜜多故。具足成就不缺尸羅。不與無智相親近故。具足成就不穿尸羅。不平等生能遠離故。具足成就不斑尸羅。不近惡人諸煩惱故。具足成就不雜尸羅。唯爲白法所增長故。具足成就應供尸羅。如其所欲自在行故。具足成就稱贊尸羅。不爲智者所訶毀故。具足成就善守

尸羅。圓備正念及正知故。具足成就不呰尸羅。於諸過失所不生故。具足成就善護尸羅。於諸根門善防衛故。具足成就高廣尸羅。爲一切佛所憶念故。具足成就少欲尸羅。知浄量故。具足成就知足尸羅。欣樂斷故。具足成就正行尸羅。身心遠離故。具足成就處静尸羅。厭煩閙故。具足成就聖種善喜尸羅。不顧他顔無希望故。具足成就杜多功德少事尸羅。自在生長諸善根故。具足成就如説而行尸羅。不誑世間諸天人故。具足成就大慈尸羅。不害一切諸有命故。具足成就大悲尸羅。堪忍一切諸苦惱故。具足成就大喜尸羅。於彼法樂無退減故。具足成就大捨尸羅。一切愛恚畢竟斷故。具足成就常省己過尸羅。恒於内心善察照故。具足成就不

譏彼闕尸羅。於衆生心善隨護故。具足成就成熟衆生尸羅。究竟能到施彼岸故。具足成就善守護尸羅。究竟能到戒彼岸故。具足成就無憎害心尸羅。究竟能到忍彼岸故。具足成就不退轉尸羅。究竟能到正勤彼岸故。具足成就定分圓滿尸羅。究竟能到静慮彼岸故。具足成就正聞無厭尸羅。究竟能到大慧彼岸故。具足成就親近善友尸羅。覺分資糧善修集故。具足成就遠離惡友尸羅。弃捨不平等道故。具足成就不顧戀身尸羅。以無常想恒觀察故。具足成就不顧戀命尸羅。以其所重不常保故。具足成就不起悔尸羅。心善清净故。具足成就不詐現尸羅。方便善清净故。具足成就不惱熱尸羅。於增上意善清净故。具足成就不輕掉尸羅。永離

諸貪愛故。具足成就不高慢尸羅。和柔質直故。具足成就不强戾尸羅。性賢善故。具足成就善調伏尸羅。無憒恚故。具足成就寂静尸羅。性安攝故。具足成就善語尸羅。如其所説無違逆故。具足成就成熟有情尸羅。常不捨離諸攝法故。具足成就守護正法尸羅。於聖法財自不壞故。舍利子。聰慧菩薩摩訶薩。如是清净戒聚。具足成就尸羅波羅蜜多。爲阿耨多羅三藐三菩提故。善能修行菩薩妙行。舍利子。是名菩薩摩訶薩尸羅波羅蜜多。若諸菩薩摩訶薩精勤修行是菩薩行。一切衆魔魔民天子。於此菩薩不能嬈亂。又不爲彼异道他論所能摧屈。

大寶積經卷第四十四

校注

①『尸』下，龍藏、思溪藏有『羅』字。

②『起』，底本作『超』，依龍藏、思溪藏、和裕本改。

③『菩』，底本污殘，依龍藏、思溪藏補。

④『今』，底本污殘，依龍藏、思溪藏補。

⑤『耽』，龍藏、思溪藏作『味』。

⑥『來』，龍藏、思溪藏、和裕本作『末』。

⑦『衆』，龍藏、思溪藏作『聚』。

⑧『那』，底本無，依龍藏、和裕本補。

⑨『狖』，獸似猿爲狖。（和裕出版社《大寶積經・音釋》）

⑩『少』，龍藏、思溪藏作『劣』。

⑪『德』，龍藏、思溪藏作『得』。

⑫『以諸欲覺都無有德故』，别譯本《佛説大乘菩薩藏正法經》（北宋・法護譯）作：『如是色相非功德法。是欲思惟。』

大寶積經卷第四十五

大唐三藏法師玄奘奉　詔譯

菩薩藏會第十二之十一·羼底波羅蜜多品第八

爾時佛告舍利子。云何名爲菩薩摩訶薩羼底波羅蜜多。菩薩摩訶薩爲阿耨多羅三藐三菩提故。於如是法精勤修學。行菩薩行。舍利子。菩薩摩訶薩由住如是羼底波羅蜜多故。具足忍力。立性堅正。於諸寒熱飢渴。蛇蝎蚊虻。風日等觸。志①能堪忍。又能忍粗惡言説。鄙陋詞句。及以依身所起猛迅苦受。堅鞕辛楚。奪命至死。諸如是等所有苦受。并能堪忍。舍利子。若諸菩薩摩訶薩能具是者。是則名爲羼底波羅蜜多。

復次舍利子。我昔長夜未成佛時。行菩薩行常修忍辱。舍利子白佛言。世尊。云何世尊爲菩薩時。修集忍辱行菩薩行。佛告舍利子。我憶過去行菩薩行。多有衆生數來毀罵。非法訶責。面於我前出諸非法弊惡言說。舍利子。我於爾時行羼底波羅蜜多故。制伏其心。不生忿恚慳吝惱熱。但作是念。於諸行中無有少法。是易可得過於毀罵及訶責者。是故我今應當修捨。又我於彼應起慈悲。何以故。世間衆生。多分安住毀罵訶責。由斯業故。還復感得如是之相訶毀果報。在在所生常得醜陋可惡之身。我今不樂醜陋之事。豈應樂行毀罵訶責。何以故。如是訶毀諸惡業者。是則名爲不相應業。不稱理業。愚夫之業。是下劣業。非善人業。非賢聖業。由此業

故。墮於地獄傍生焰魔世界。又由此業。與諸惡趣而爲眷屬。由此業故。感得貧窮藥叉之身。又由此業。感貧藥叉根本果報。由此業故。感得貧窮餓鬼之身。又由此業。感貧餓鬼根本果報。由此業故。感得貧窮人趣之身。又由此業。感貧人趣根本果報。又由如此訶毀業故。感得下趣及以下趣根本果報。我今不應求下劣趣。所以者何。若我求作如是事者。與諸衆生有何差别。然彼衆生不順於理。我既順理不應同彼。舍利子。是諸菩薩摩訶薩行羼底波羅蜜多者。應當隨我修學是法。何以故。舍利子。是諸菩薩爲他毀駡訶責之時。便能依是正法作意思惟忍受。是菩薩摩訶薩由得如是忍辱力故。復獲無量諸妙善根。假使以諸珍寶滿佛世界四大洲

中持用布施。比前功德皆不能及。所以者何。是忍辱行。極善丈夫方能修習。何以故。一切衆生多爲毁罵訶責之所拘執。由如是故。生死流轉不能斷絶。

復次舍利子。是諸菩薩摩訶薩行羼底波羅蜜多者。應自勉勵審諦觀察。作如是念。我若被他訶毁之時。爲能思惟於佛菩提及法僧不。若能思惟。是則爲善。若不能思。不名爲善。復更以餘無量方便。思惟於佛。思惟菩提及以法僧。舍利子。菩薩摩訶薩作是思已。應當觀察。我今與一切衆生。有何差别殊异之相。何以故。彼諸衆生。現於我身起瞋害者。於佛菩提及以法僧。曾不思惟。我若同彼不思惟者。與諸衆生有何差別。有何殊异希奇之相。舍利子。是菩

薩摩訶薩又復思惟。若被他人現瞋恚時。心便生捨。於佛菩提及法僧等。曾無思念。此非我宜。又作是念。若我於彼起瞋恚者。則爲無智。無忍辱力。亦於本願而便弃捨。所以者何。若起瞋恚。則無是心。我當攝受一切衆生。我當不捨一切衆生。我若起瞋於一有情。不名菩薩攝化之法。誰請於我行菩薩道。而況往昔發如是願。我當速證阿耨多羅三藐三菩提已。廣爲衆生宣説正法。適發如是弘誓之時。諸佛世尊同共證我。便作是念。此族姓子。發心安住如是無上正等覺已。當爲衆生廣宣正法。又於今者。諸佛世尊無障礙智無障礙見現證知我。是故不應爲他毀罵訶責之時。若起瞋恚。於佛菩提法僧之所。若生捨者。不應憶念。何以故。現在東方殑

伽沙等諸佛世界。彼世界中。有殑伽沙等如來應正等覺現在住持。彼佛世尊亦證知我心生正願。南西北方四維上下。亦復如是。當我發是正願之時。諸佛同聲讚我忍力故。我不應作師子吼已。復作野干聲。師子吼者。謂我當證大忍辱力。野干聲者。謂於衆生而行瞋恚訶毀等相。舍利子。是菩薩摩訶薩復作是念。世間衆生。若得彼利方乃利他。我亦如是。得衆生利方利彼者。我與世間有何差別。有何殊异希奇之相。又作是念。世間衆生。若彼於此作無義利。此復於彼作無義利。我亦如是。衆生於我作無義利。我復於彼作無義利。若如此者。我與衆生有何希奇差別殊异。舍利子。菩薩摩訶薩於是法中應當修學。又作是念。世間衆生。互爲怨對。若

得彼利謂爲善友。若不得利更相殺害。我見如是深過失故。應當不觀一切衆生於我之身作諸利樂。及於我身作無義利。但作是念。我於今者。必當饒益一切衆生。爲欲滿足羼底波羅蜜多故。爾時世尊欲重宣此義。而説頌曰。

設彼於我爲無利　經於多百拘胝劫　見彼有情受衆苦
終無安住於捨心　設有互得世財利　更相稱贊爲善友
若互不得世財利　彼此怨對相殘害　假使以此贍部洲
或復三千佛世界　盛滿珍寶來相惠　常求我爲賢善友
假使執持利刀劍　來解我身諸支節　我當於彼諸衆生
平等利益心無二　於諸毁駡我當忍　亦忍一切諸難苦

當爲衆生贊忍力　亦自安住大忍中　世間暴惡諸有情
以刀毒等相加害　能和合彼爲善友　此則聖賢聰睿相
我當不學世愚夫　又應與彼而爲异　凡夫聖者之所行
流轉寂滅差别故

復次舍利子。菩薩摩訶薩行羼底波羅蜜多時。應作如是修學正法。舍利子。是菩薩摩訶薩復作是念。假使經於百千那庾多拘胝大劫。被諸衆生常以刀杖瓦石土塊種種加害。但使須臾得存微命。猶應欣慶作如是念。奇哉如是有情聖者。能於我命不見全斷。是菩薩摩訶薩從是已後轉增修學。又作是念。假使衆生行七步頃。斬截我首等殑伽沙。然我於彼終不發起若忿若恚。所以者何。

夫忿恚者。速能損害百千大劫所集善根。若我善根爲瞋害已。復當經於百千大劫方始勤苦修行聖道。若如是者。阿耨多羅三藐三菩提極難可得。是故我當被忍辱鎧。以堅固力摧忿恚軍。又舍利子。菩薩摩訶薩住大乘者。起忿恚心。魔得其便。既得便已。於阿耨多羅三藐三菩提能爲障礙。舍利子。忿恚心者。於菩提道能爲擾亂。擾亂心者。能發惡魔所有魔業。此中云何名爲魔業。若有菩薩。心住衣鉢不能捨離。當知魔業。心住乞食諸施主家不能捨離。當知魔業。心住名聞恭敬利養不能捨離。當知魔業。於出家法常生厭患。當知魔業。於白净法多生輕賤。當知魔業。於空寂處無志求心。當知魔業。不樂無上正等菩提。當知魔業。於餘智慧恒欣求

習。當知魔業。乃至於鄔波柁耶。阿遮利耶二勝師所。不修敬仰恭順之心。當知魔業。舍利子。諸如是等忿恚之心。能於菩提而爲擾亂。舍利子。是則名爲住擾亂心菩薩摩訶薩。爲諸惡魔之所使故。作諸魔業。

復次舍利子。菩薩摩訶薩行羼底波羅蜜多時。作如是念。於長夜中。諸衆生等爲諸惡魔伺求便者。所謂瞋恚。舍利子。我今爲汝廣説其事。我念過去爲大仙人名修行處。時有惡魔化作五百健罵丈夫。恒尋逐我興諸惡罵。晝夜去來。行住坐卧。僧坊静室。聚落俗家。若在街巷。若空閑處。隨我坐立。是諸化魔以粗惡言毁罵訶責。滿五百年未曾休廢。舍利子。我自憶昔五百歲中爲諸魔羅之所

訶毁。未曾於彼起微恨心。恒興慈救而用觀察。舍利子。我於爾時復作是念。若有諸善男子守護尸羅具衆善法。於貪瞋痴性輕少者。不唯於彼作諸利益。説我以爲行難行者。又亦不唯於彼作諸利益。能證無上正等菩提。何以故。若有衆生剛强難伏。毁犯尸羅具諸惡法。爲性濁重貪瞋痴者。若我於彼作諸利益。是則説我爲難行者。由我於彼作諸利益。速成無上正等菩提。先當令彼證寂滅故。舍利子。是諸菩薩摩訶薩若忿恚心現在前時。應生如是諸大正念。若生是念。諸利益事速得圓滿。舍利子。如來於過去世。由行如是羼底波羅蜜多菩薩行故。證得阿耨多羅三藐三菩提。是故菩薩摩訶薩欲求無上正等覺者。於諸忍力常具成就。堪受一

切寒熱飢渴。風日蚊虻。蛇蝎等觸。又能堪忍粗惡言説。鄙陋詞句。依身所生猛利諸苦。堅鞕楚辛。奪命至死。如是苦受并能堪忍。舍利子。是名菩薩摩訶薩安住是忍。速能成就羼底波羅蜜多故。復次舍利子。云何菩薩摩訶薩羼底波羅蜜多。菩薩摩訶薩依之修行。具足成滿忍法之相。舍利子。菩薩忍者。無有瞋恚。是菩薩忍。無有忿懟。是菩薩忍。無諸怒害。是菩薩忍。不起怨諍。是菩薩忍。無諸煩②惱。是菩薩忍。善能自護。是菩薩忍。善能護他。是菩薩忍。當善護身。是菩薩忍。當善護語。是菩薩忍。當善護心。是菩薩忍。如理觀察。是菩薩忍。厭離諸欲。是菩薩忍。依③净業報。是菩薩忍。身善清净。是菩薩忍。語善清净。是菩薩忍。心善清净。是菩薩忍。受諸天人圓

滿淨樂。是菩薩忍。如來相好圓滿莊嚴。是菩薩忍。如來言說梵音微妙。是菩薩忍。行菩薩行攝諸善本。令不壞失。是菩薩忍。出離衆生逼迫苦惱。是菩薩忍。除滅一切諸惡怨對。是菩薩忍。舍利子。略而言之。當知一切如來力。無所畏。不共佛法。大慈大悲。大喜大捨。無量圓滿諸佛妙法。皆是菩薩摩訶薩羼底波羅蜜多之所成就。復次舍利子。菩薩摩訶薩行羼底波羅蜜多時。應當具足諸忍正行。舍利子。菩薩摩訶薩若被罵詈終無返報。善達言語如響聲故。若被捶打終無返報。善達身形如影像故。若被忿怒終無返報。善觀其心如幻化④故。若被贊毀終無愛恚。善知自身德圓滿故。於得失利不生欣慼。調伏其心住寂静故。不希美稱。不犯惡名。善能觀

察廣大慧故。毀而不下。贊而不高。德善安住不傾動故。於諸苦事曾無厭惡。苦衆生所深懷戀故。於諸樂相曾無欣愛。知有爲樂性無常故。世間八法所不能染。不依一切有趣生故。於諸自苦善能堪忍。終不令他受苦惱故。於勝菩提心無退屈。覺分資糧善圓滿故。節節支解乃至斬首善能堪忍。希求如來金剛身故。屠割身肉善能堪忍。爲求如來妙相好故。諸變惡事善能堪忍。爲殖一切善業力故。舍利子。如是等相。名爲菩薩摩訶薩成就羼底波羅蜜多。應如是學。

復次舍利子。菩薩摩訶薩行羼底波羅蜜多時諸忍之相。所謂菩薩摩訶薩修行忍者。是則名爲畢竟堪忍。何以故。若謂我能堪忍

毁駡而起忍者。是則名爲俱生之忍。如是忍者非畢竟忍。若謂誰能起駡。復何所駡而起忍者。是則名爲挍計法忍。若謂是眼能駡眼耶而起忍者。是則名爲觀諸處忍。若謂此中無能所駡而起忍者。是則名爲悟入一切無衆生忍。舍利子。如是諸忍皆非菩薩畢竟之忍。又舍利子。若謂駡聲但有諸字。是則名爲響聲之忍。如是忍者非畢竟忍。若謂彼我俱無常者。是則名爲悟無常忍。若謂彼有顛倒。我無顛倒。是則名爲高下之忍。若謂彼非正理。我是正理。是名相應不相應忍。若謂⑤彼住邪道。我住正道。是則名爲二道别忍。如是忍者非畢竟忍。若謂我忍於空。不忍見趣。我忍無相。不忍諸覺。我忍無願。不忍志求。我忍無作。不忍諸行。我忍惑盡。不忍煩

惱。我忍諸善。不忍不善。我忍無罪。不忍有罪。我忍無漏。不忍有漏。我忍出世。不忍世間。我忍清净。不忍雜染。我忍涅槃。不忍生死。舍利子。如是諸忍。但得名爲治斷之忍。皆非菩薩畢竟忍也。

復次舍利子。云何菩薩摩訶薩行於羼底波羅蜜多時。修行菩薩畢竟之忍。舍利子。若隨順空不減⑥諸見。於彼空性亦無增益。如是忍者。是名菩薩畢竟之忍。若隨順空不減*求願。於無願性亦無增益。若隨順空不減*諸行。於無作性亦無增益。若隨順空不減*煩惱。於惑盡性亦無增益。若隨順空不減*不善。於彼善性亦無增益。若隨順空不減*有罪。於無罪性亦無增益。如是乃至若隨順空不減*生死。於涅槃⑦性亦無增益。舍利子。如是等相而生忍者。則名菩薩

摩訶薩畢竟之忍。舍利子。一切諸法。非能生。非所生。非已生。非現生。無有一法是可生起。無生起故則無有盡。若有能知此無盡者。則名菩薩摩訶薩畢竟之忍。舍利子。一切諸法。非是有爲。亦非無爲。無有增益。無損⑧無增。亦無長養。無盛無衰。無有作者。無有起者。由無起故。亦無有盡。如是忍者。則名菩薩摩訶薩無生之忍。舍利子。菩薩摩訶薩爲阿耨多羅三藐三菩提故。行菩薩行。若有具足成就如是忍者。是名菩薩摩訶薩羼底波羅蜜多圓滿成就。舍利子。若菩薩摩訶薩安住如是羼底波羅蜜多。精勤修學行菩薩行者。不爲諸魔魔衆天子之所擾亂。又亦不爲异道邪論所能摧伏。

菩薩藏會第十二之十一·毗利耶波羅蜜多品第九之一

爾時佛告舍利子。云何菩薩摩訶薩爲阿耨多羅三藐三菩提故。依毗利耶波羅蜜多行菩薩行。舍利子。菩薩摩訶薩於是正勤波羅蜜多精進修學。行菩薩行。舍利子。菩薩摩訶薩具足成就不退正勤。而能不顧所重身命。發大精進求菩薩藏微妙法門。殷重聽聞。受持讀誦。究竟研尋。通達義趣。廣爲他人敷演開示。或復書持。如理修學。是名菩薩摩訶薩行菩薩行。舍利子。云何名爲不顧身命。舍利子。菩薩摩訶薩行正勤波羅蜜多時。設爲於他所加恐怖。作如是言。若汝於此菩薩藏經受持讀誦。乃至廣爲他人開示書持如理修學者。我當以百具箭矟shuò貫舉汝身。除斷汝命。舍利子。菩

薩摩訶薩當於爾時。雖聞此言。曾不入心。無恐無怖。無驚無畏。發四堅固勇猛威勢。於菩薩藏微妙法門轉加精進。不弃不捨。不遠不離。具足成就猛利信解。堅固信解。堅固堪忍。堅固正勤。舍利子。我當爲汝說堅固忍堅固正勤方便譬喻。爲令菩薩得堅固忍。堅固正勤。行菩薩道不顧身命。舍利子。假使三千大千世界所有衆生有情所攝。若卵生。若胎生。若濕生。若化生。若有色。若無色。若有想。若無想。若非有想非無想。若可見。若不可見。彼諸衆生。乃至於刹那頃皆得人身。於菩薩所同結百千極重怨仇。彼諸怨等語菩薩言。汝若於是菩薩藏經差別文句受持讀誦。乃至廣爲他人開示書持如理修學者。我等諸人同時執縛。當斷汝命。舍利子。菩薩

摩訶薩行毗利耶波羅蜜多故。當於爾時。雖聞此語。都無發起一念怖心。但具攝持四種正法。專務尋求大菩薩藏微妙法門。舍利子。是名菩薩摩訶薩具足成就不退正勤波羅蜜多故。又復成就無邊勢力勇猛精進。正勤勇健。心意勇健。浄戒勇健。大忍勇健。等持勇健。大慧勇健。正行勝智皆悉勇健。舍利子。是菩薩摩訶薩行正勤波羅蜜多時。具足如是大忍力故。假使十方無量衆生。各競執持百千刀劍。於菩薩所興加逆害。菩薩爾時。於諸有情終不微發一念瞋心。舍利子。如是菩薩摩訶薩住忍力故。如大梵王。如天帝釋。如蘇迷盧四寶山王。不可傾動。常住慈悲。恒起意解。救療衆生。於諸所行終無退轉。而是菩薩心如大地。心如大水。心如大火。

心如大風。及以虛空。又能善修對治貪瞋痴等栽蘖根本。舍利子。若有菩薩摩訶薩。以殑伽沙等無量世界。盛滿一切無價珍寶。持用奉施無量如來應正等覺。又有菩薩摩訶薩行毗利耶波羅蜜多者。聽聞如是大菩薩藏微妙法門。聞是經已往空閑處。繫念思惟如是之法。精進修學。令未修學諸菩薩等愛樂習行。舍利子。如是菩薩摩訶薩行正勤故。攝持無量諸妙善根。非彼行施之所能及。何以故。舍利子。如是善根。繫屬阿耨多羅三藐三菩提故。是故諸菩薩摩訶薩於菩薩藏微妙法門。應當聽聞。受持讀誦。若復書寫。廣爲他說。發起正勤勇猛修習。

復次舍利子。發起正勤波羅蜜多菩薩摩訶薩。當應修行不行行

處。舍利子⑨。云何名爲不行行處。舍利子。不行行處。所謂涅槃。言不行者。諸惡天魔所⑩不行故。所言行者。正勤善人之所行故。言善人者。所謂諸佛獨覺及佛弟子。所以者何。諸登聖道所有善人及佛世尊。皆爲趣向般涅槃故。舍利子。一切衆生多行三處。何等三處。所謂隨順惡道。趣向惡道。將墮惡道。是故諸菩薩摩訶薩於雜染法終不隨順。唯求出離戒忍多聞白等諸法。舍利子。世間衆生多住無業。而恒自計住於有業。世間衆生多諸懈怠。而恒自謂發起正勤。是故舍利子。聰慧菩薩摩訶薩。終不與彼無業懈怠共相習近。又亦不墮於其數中。唯與同行發起正勤諸大菩薩而相習近。何以故。舍利子。無有衆生於彼最勝無染净相大般涅槃。生净信

解如菩薩者。舍利子。發起正勤波羅蜜多菩薩摩訶薩。不唯自爲證涅槃故。發勤精進。然爲攝受一切有情。令諸衆生得利樂故。修行正行發勤精進。開示教導安處衆生於聖道路故。説菩薩名善丈夫。爾時世尊欲重宣此義。而説頌曰。

正勤無緩慢　常具大精進　於菩薩藏法　聽睿恒受持
善思惟法義　於佛不思議　但勤求浄法　故名爲菩薩
正勤大慧者　坐妙菩提樹　摧怖惡魔軍　由般若精進
現守護禁戒　任持諸世間　爲利益衆生　常精進無限

復次舍利子。如是大乘大菩薩藏微妙經典。流布於世。能令衆生發大歡喜。又能引生福德智慧。感大財富。令其增長。能感諸天殊

勝快樂。能感一切圓滿具足。能生一切諸佛如來力。無所畏。無礙智解。大慈大悲。大喜大捨。不共佛法。略而言之。能引一切諸佛之法。摧怖魔怨。令心清淨。能發猛慧。窮生涯本。盡苦邊際。能近涅槃。舍利子。於當來世。我與汝等般涅槃後。後五百歲。爾時多有薄福衆生。當於是經不生信重。毁滅捨弃。復有無量福德衆生。欽奉是經。如理修學。勤加精進。爲求無上正等菩提故。爲求尸羅故。爲求多聞。爲求定慧解脱解脱智見故。爲求一切佛法利樂一切衆生故。爲捨邪見修行正見故。爲捨生死流轉修於聖道故。爲欲演説正法降伏天魔故。爲欲捨離貪愛。調伏瞋心。摧破愚痴。除滅無明。發慧明故。

復次舍利子。當來之世。若有衆生聞是法已。爲求一切諸善法故。當發增上勇猛正勤。以聞如是微妙法故。於諸佛法無有障礙決定無疑。舍利子。爾時復有無量衆生。福果所資住增上意。爲求無上正等覺故。聽是經典。聞已當獲廣大歡喜。於菩薩藏微妙法門。極善研習。如說修行。又舍利子。爾時當有於如來教樂聞法者。彼諸衆生隨以何等差別因緣。遇得聽聞如是經典。聞已當獲廣大歡喜。生歡喜已發堅精進。能於如是大菩薩藏微妙法寶取少寶[11]分。舍利子。譬如大海水上漂流無量種種熟果。色香美味皆悉具足。有一丈夫發起勇猛大精進力。便入海中運動手足。接取彼果若二若三。然是丈夫執持此果。從海而出往至一處。取而嘗之。乃

知其味淳美希有。即作是念。如是妙果具色香味。我從生來未曾得食。當更發勤精進。重入海中。運其手足斂收餘果。作是念已。來至海濱通遍觀之。了不復見。深起追悔生大憂惱。我先何爲不多收取。乃令失是無量妙果。如是舍利子。於我滅後後五百歲。無上正法將滅之時。當有無量諸衆生等。少信少施。少戒少慧。少修精進。隨以何等差別因緣。遇得聽聞如是經寶。既聞法已。於此經中但得少分微淺之義。乃至受持一四句頌。復爲惡魔嬈亂障蔽。不爲衆人之所敬問及以供養稱贊信奉。是持經者知彼衆人不敬重故。便於此經安住捨心。持先所聞經中句義微細少分。往一静處思惟觀察。心生歡喜而復悔恨。作如是言。嗚呼奇哉。我於今者

大失善利。諸佛如來無上正教。如何不多聽聞領受。又於如來起深重心。倍於先來發正念者。舍利子。當爾之時。有諸苾芻惡魔持故。聞是經已。於衆人前當起誹謗。言是經典。諸文華者之所造作。實非佛說。由如是故。有諸苾芻。於是經典全不聽受。爾時世尊欲重宣此義。而說頌曰。

聞是法已　當無障礙　於諸佛法　最上無疑　諸少福者
不得聽聞　諸多福者　聞是經典　少福之人　雖聞不信
多福聞已　頂戴如鬘　諸少福者　言非聖教　當墜惡趣
如盲墮坑　多福之人　聞生歡喜　當往善趣　如酥滴水
諸薄福者　聞生憂惱　受苦長夜　不脱黑暗　雖得少聞

復爲魔嬈　謗佛菩提　速入地獄

復次舍利子。諸佛如來具足成就清浄妙智。乃至能知四衆之心。若一苾芻。苾芻尼。鄔波索迦。鄔波斯迦。於當來世正法滅時。或有聽聞如是經典隨順領受。或有聞已輕毀誹謗。或有衆生全不聽聞。如是一切。如來浄智悉能了知。舍利子。若有菩薩摩訶薩及餘一切諸有衆生。聞已領受如是經典。精進修習。當得成就四種無障清浄之法。何等爲四。一者。成就尸羅無障清浄。二者。成就具足無難清浄。三者。成就逢值諸佛。親事供養無障清浄。四者。成就見慈氏佛。初得見已無障清浄。舍利子。彼諸衆生聞是經已。如上所説諸妙善根。隨其方便必當獲得。舍利子。是名菩薩摩訶薩修行

正勤波羅蜜多故。成就四種無上清净之法。
復次舍利子。於當來世正法滅時。有諸菩薩摩訶薩安住大乘。修行正勤波羅蜜多者。於是經典勤加修學。發大精進聽聞受持。書寫讀誦窮尋旨趣。廣爲他説敷揚開顯。爾時當有十障礙法出現世間。諸有智者深當覺知。不應隨轉。但當發起勇猛精進受持是經。舍利子。何等名爲十種障礙。智者覺知不應隨轉。舍利子。有諸苾芻發勤精進。於是經典求聞誦習。爾時惡魔令持經者口噤不語。便於是經不得建立。是名第一障礙之法。諸有智者深當覺知。不應隨轉。又舍利子。有諸苾芻發勤精進。於是經典求聞誦習。爾時惡魔令持經者患其眼目。便於是經不得建立。是名第二障礙

之法。諸有智者深當覺知。不應隨轉。又舍利子。有諸苾芻發勤精進。於是經典求聞誦習。爾時惡魔令持經者身諸支節一時皆病。便於是經不得建立。是名第三障礙之法。諸有智者深當覺知。不應隨轉。又舍利子。有諸苾芻發勤精進。於是經典求聞誦習。爾時惡魔令持經者於其住處心不喜樂。尋欲捨弃。便於是經不得建立。是名第四障礙之法。諸有智者深當覺知。不應隨轉。又舍利子。有諸苾芻發勤精進。於是經典求聞誦習。爾時惡魔令持經者互生忿恚。爲忿壞心相加殘害。便於此經不得建立。是名第五障礙之法。諸有智者深當覺知。不應隨轉。又舍利子。有諸苾芻發勤精進。於是經典欲求誦習。爾時惡魔令持經者起言諍事。起鬥訟事。

起譏刺事。起乖離事。起瞋罵事。由是事故。彼此口中互生矛稍。互相言訟。互相殘害。互相乖競。由起如是諍競事故。便生障礙。於是經典不得流轉。起意造作諸餘事業。是名第六障礙之法。諸有智者深當覺知。不應隨轉。又舍利子。有諸苾芻發勤精進。於是經典欲求誦習。爾時惡魔將壞滅故作諸形相。或俗人形。或出家形。來至其所嬈亂其意。令於是經不能受持。反加謗毀。復更起心樂餘事業。是名第七障礙之法。諸有智者深當覺知。不應隨轉。又舍利子。當來之世正法欲滅。爾時有諸年少苾芻。於是經典起清浄信。心生愛樂。在我法律中爲行毗利耶波羅蜜多故。發勤精進。於阿耨多羅三藐三菩提深心安住。又於是經恭敬聽聞。既得聞已生

大歡喜。時諸年少苾芻。當爲鄔波柁耶及阿遮利耶二本學師之所障礙。令於自法不生樂欲。是時二師而語之言。汝所持經。此非佛語。非佛菩提。非是正法。非毗奈耶。非大師教。時彼苾芻聞師教誨信受領解。於佛菩提即便弃捨。是時二師重語苾芻。汝等應當精進修學。如我所説若法若律。時諸苾芻信受領已。先所修習增上善根。爲師所壞。皆悉斷滅。舍利子。彼諸苾芻斷善根已。復爲惡魔之所誑惑。由誑惑故。於佛正教造障法業。臨命終時。惡境現前。惛痴迷亂。乃至夭⑫死。都皆集現。而復重興感地獄業。舍利子。如是當來諸不善事。如來於此悉能了知。又舍利子。當來之世。有諸年少苾芻。於是經典起諸惡見。誹謗不信。凡所游履經行往來。以種

種言常興謗毁。如來於此悉能了知。舍利子。菩薩摩訶薩發勤精進住大乘者。當於爾時應起四想。何等爲四。一者。應當發起自調伏想。二者。應觀自身所作事業。不應觀他所有諸事。三者。於彼有情起悲愍想。四者。住空閑處。於自他心起隨護想。舍利子。如是四想。住大乘者若被誹謗。應當發起。又舍利子。當來之世。無量衆生受諸邪見。於彼演説正法苾芻。信受者少。不懷敬重請問經義。又不供養親近往來。亦不承事。返生淩蔑。於説非法苾芻。信受者多。得大勢力。爲諸衆生所共敬重請問經義。供養稱贊是非法者。因此緣故。復於是經毁謗譏笑。舍利子。當爾之時。諸衆生等於是經典不欣樂者。聞斯毁謗倍不欣樂。諸欣樂者。被謗毁故。便於此經

捨離樂欲。教離樂欲。諸苾芻等轉更熾盛。致令轉讀是經典者。於衆會前不得開示。是名第八障礙之法。諸有智者應當覺知。不應隨轉。又舍利子。當來之世有諸苾芻。貪愛所蔽。多行劫盜。欣樂世間三種弊法。何等爲三。一者。欣樂追求世間衣鉢。二者。欣樂追求世間飲食。三者。欣樂追求世間戲論綺飾文頌。如是三法。是名第九障礙之法。諸有智者應當覺知。不應隨轉。又舍利子。當來之世正法滅時。有諸菩薩安住大乘。行毗利耶波羅蜜多故。於是經典發勤勇猛增上精進。書寫受持研尋讀誦。廣爲他人開示演說。彼諸人等。當爲諸魔之所執持。煩惱業障之所覆蔽。喜世間業。樂世間業。方便勤求世間事業。於世談論喜樂轉增。方便勤求世間談

論。喜樂睡眠。方便勤求。喜於衆亂。樂於衆亂。方便勤求樂著衆亂。於是經典不能受持。又不轉讀研尋其義。亦不爲他廣敷開示。舍利子。於佛教中無有所餘能爲内損。無有所餘能速毁滅。唯除懶惰諸惡苾芻。是名第十障礙之法。諸有智者應當覺知。不應隨轉。爾時世尊欲重宣此義。而説頌曰。

正法滅時多障礙　當興種種惡魔業　於白净法不修習
亦不樂求勝涅槃　薄少智慧具惡覺　不求安住於正法
備⑬行種種非法行　游諸惡趣定無疑　彼諸衆生臨命終
無有能爲救護者　又彼親教及傳授　命終當墮三惡趣
百千拘胝那庾劫　爲求世利涉諸苦　常爲三火所燒然

云何令彼速解脱　我已證成無等覺　轉於微妙梵法輪
諸天世間不能轉　今故爲轉度衆生　如是彼時諸群生
捨我世間難得法　習近惡魔諸品類　當受無邊極重苦
障彼習行施戒等　菩提聖道之因緣　若有精勤於佛教
當迷惑彼正道路　諸有聽聞如是法　宣説無我諸空理
安住此法正行時　惡魔當爲彼障礙　謂此最勝此真實
於非勝實勝實想　反加謗毁佛正教　當知速墮於地獄
若有衆生於佛所　深起堅牢愛恭敬　聽聞如是正法已
歡喜隨順而稱讚　惡魔知彼既生喜　與諸眷屬同愁怖
便興種種驚畏相　於彼人所生留難　或當變作苾芻形

詐現相親竊言議　謂此非正菩提道　何故在此而奔趣
有諸衆生於是經　將發堅固住正勤　又被誘附而輕弄
用斯廢捨不修學　既被魔羅所惑亂　隨魔意轉而拘執
乃告此經非正法　便於寂滅永弃捨　彼又弃捨大導師
復不勤求無上法　又復發生我愛已　速疾趣彼地獄中
爾時當有少衆生　樂欲勤求此空法　不得和合同修習
乃各流散他方土　如是無上最勝法　諸當聞者皆輕毀
持法者怖遠逃避　是相當興未來世　此國全無持法者
遠方雖有未爲多　縱有受持此經者　悉皆捐捨無咨問
世間依怙聖教中　如是甚深無上法　無量障礙在未來

了然猶如現在住　時有持法賢善者　不顧身命住空閑
修習演宣如是法　速疾往升於善趣

大寶積經卷第四十五

校注

①『志』，龍藏、思溪藏作『悉』。
②『煩』，龍藏、和裕本作『損』。
③『依』，龍藏、和裕本作『作』。
④『化』，底本作『幻』，依龍藏、思溪藏、和裕本改。
⑤『謂』，底本污殘，依龍藏、思溪藏補。
⑥『減』，龍藏、思溪藏、和裕本作『滅』。本卷下文例同，用*標識，不再出注。
⑦『槃』，底本污殘，依龍藏、思溪藏補。
⑧『損』，龍藏、思溪藏、和裕本作『殖』。
⑨『子』，底本污殘，依龍藏、思溪藏補。
⑩『所』，底本污殘，依龍藏、思溪藏補。
⑪『寶』，龍藏、思溪藏、和裕本作『實』。
⑫『夭』，龍藏、思溪藏、和裕本作『大』。
⑬『備』，思溪藏作『修』。

大寶積經卷第四十六

大唐三藏法師玄奘奉　詔譯

菩薩藏會第十二之十二·毗利耶波羅蜜多品第九之二

復次舍利子。當來之世法欲滅時。復有菩薩摩訶薩安住大乘。行毗利耶波羅蜜多者。見如是等諸惡衆生。誹謗毀滅是正法已。倍增振發勇猛正勤大精進力。於是經典大菩薩藏微妙法門。殷勤聽受。書持讀誦。廣爲他人開示演説。舍利子。如是菩薩摩訶薩當於爾時應起四想。何等爲四。舍利子。所謂我父寶藏不久當滅。由爲此故。佛薄伽梵。釋迦牟尼如來。應。正等覺。於百千那庾多拘胝無數大劫。精勤修習難行苦行。方乃獲是正法寶藏。是故我當發

勤精進。奉持此藏。遍持此藏。極當遍持廣通此藏。欲令法寶久不滅故。舍利子。譬如有人。唯有一子。憐念愛重。具大福相。觀無厭足。是人後時欲有所趣。而携此子將涉危難。恐顛墜故以手執持。又等遍持。極等遍持。勿令我子墮險難處。如是舍利子。彼善男子亦復如是。深懷奉信敬重於我。不捨如是無上法寶。志恒希求清淨寂滅。雖經惡世而能攝受最勝正法。舍利子。我今以此菩提因緣無上正法。付囑是人。又舍利子。譬如世間大軍戰時。少有衆生爲護衆故處於前陣。唯有果敢雄猛丈夫。合率驍勇抗拒勍[qíng①]敵。爲護己衆處大軍前。振威而住。如是舍利子。於當來世正法滅時。壞正法者當現前時。有諸衆生發起深心欣樂寂滅。而能於是無上法

寶。乃至受持少分要義。當知是人亦復如是。被於正勤堅固甲胄。
奮發勇猛大精進力。摧碎諸魔所有軍陣。何以故。舍利子。若有衆
生於是經典。乃至受持一四句頌。不生誹謗。隨喜贊嘆。言此經典
真是佛説。於多人前廣宣顯示者。當知是人即爲隨喜贊説去來
現在諸佛所説經法。舍利子。如來不説是人但得少分功德果報。
我説是人乃能成就如虚空量大功德聚。何以故。舍利子。我説是
等名爲善人。如是善人甚爲難得。謂知恩者及報恩者。舍利子。如
是知恩及報恩者。當知是爲人中珍寶。又舍利子。於當來世正法
滅時。諸惡魔等威勢現時。若有衆生於如來所信重不捨。受持是
經無有遠離。我説是人第一丈夫。爲善丈夫。爲勝丈夫。爲健丈夫。

爲大丈夫。當知是人則爲如來勝法朋侶。非爲詐現朋惡黨者。當知是人行實行者。如是舍利子。菩薩摩訶薩應當修習堅固正行。乃至命終中無暫廢。於諸佛所當勤衛護。乃至命終中無暫廢。於正法所當勤攝受。乃至命終中無暫廢。甚深空法當勤信解。乃至命終中無暫廢。舍利子。是爲菩薩摩訶薩於後惡世所起四法。若有成就如是四法。菩薩摩訶薩。於當來世法欲盡時。謗正法時。滅正法時。犯戒徒黨大强盛時。熾然追求順世外道惡咒術時。劫濁亂時。有情濁時。壽命濁時。煩惱濁時。諸見濁時。菩薩摩訶薩當於爾時應住三處而爲依止。何等爲三。所謂應住阿蘭若處。應住諍息滅處。應住佛菩提處。舍利子。是爲菩薩摩訶薩當來惡世住於

三處。應如是持。是則具足毗利耶波羅蜜多故。爾時世尊欲重宣此義。而説頌曰。

於最勝法不遠離　爲盡生老病死苦　常勤精進無妄念
當速成就自他利　若有於是善説法　聞已安住正思惟
當知我爲彼大師　彼則是我真弟子　若不聽聞如是法
設聞不住正思惟　是人當趣諸惡道　猶彼衆流歸大海
百千拘胝那庾劫　諸佛出現甚爲難　雖復暫遇不親奉
當隨惡魔自在轉

復次舍利子。乃往過去九十一劫。當於爾時有佛出世。名曰勝觀如來。應。正等覺。明行圓滿。善逝。世間解。無上丈夫。善調御士。天人

師。佛。薄伽梵。舍利子。彼佛法中有六苾芻。行諸惡行。恒相隨逐。一名善見。二名善樂。三名歡喜。四名調善。五名蘇逾遮。六名火天授。舍利子。是六苾芻恒説非法。有我有人有常有斷。結固周旋更相信任。趣深隱所同共謀議。我等應當各各誘化。人別百家用爲徒黨。又令百家傳告眷屬。如是展轉親姻傳告。或當至於五十百等。作是議已便往教化。若村若城郊野店肆。或至王都及餘邦國。一一諸家悉皆往趣。既到彼已。不説正法。於佛世尊先行毀謗。舍利子。彼惡苾芻云何毀謗。舍利子。諸惡苾芻告衆人言。世間決定有我。有衆生。有壽命者。有數取者。若諸世間定無有我及諸法者。誰去誰來。誰坐誰卧。誰語誰默。誰能行施。誰是所受。誰能受用。誰受

苦樂。誰有能受不苦不樂。若有人來語汝等言。世間決定無我。無衆生。無壽命者。無數取者。當知是人爲汝等怨。非汝善友。舍利子。爾時諸惡苾芻重更誘化婦人丈夫及以男女。作如是言。若有人説無我等法。當知其人爲不善者。爲暴惡者。是汝惡友。非汝善友。復更化言。汝等諸人是聰慧者。深能領解我所説義。自今已往。若諸惡友非善友來。當爲汝説世間決定無我等法。汝等不應輒相親昵。交顧往還。承事供養。舍利子。諸惡苾芻行如是化。於半月間。人各誘得滿五百家。歸從其見。舍利子。爾時有諸苾芻是阿羅漢。永離一切煩惱垢穢。而是勝觀如來應正等覺真實弟子。爲乞食等諸因緣故。詣彼諸惡苾芻所化之家。暫至其門。便爲婦人丈夫

及諸男女。所共毁罵。非理訶責。以粗惡言面陳挫辱。爲諸苾芻而說頌曰。

汝等不能知正法　汝等迷失於聖道
汝等退捨於净教　汝等皆當墮地獄

舍利子。彼諸人等說是語已。於阿羅漢倍更訶罵。既訶罵已。復以種種言詞而駡於佛。即於佛前說伽陀曰。

如來所說法②虛妄　所謂諸行悉無常　又說諸法皆無我
及以無恒無不變　諸行都無有堅實　皆爲虛僞妄失法
所說空花無所有　但能誑惑彼愚夫

舍利子。彼諸人等說如是語。輕毁佛已。倍增憤恚。又於佛前說伽

他曰。

如來所説一切法　決定無我無衆生　無有壽命無數取

亦無作者及受者　而今現見諸世間　有能行施及所受

并餘種種受用人　及覺廣大諸受等　當知宣説定無我

一切皆應墮惡道

舍利子。當爾之時。諸不善人同聲説是非法語者。大小男女有六十八拘胝千衆生。皆惡苾芻所化導故行是惡業。彼命終已。同生無間大地獄中。受身粗大。魚形人首。其舌長廣彌布於地。周遍下釘如殖薑田。又於舌上衆多鐵犁常以耕之。彼一一身。又爲一百極惡商佉③之所啑食。又於空中大熱鐵丸。猛焰赫然。光色熾盛。從

空而墮。常雨其身。是諸罪人以惡業故。受如是等種種楚毒。爾時世尊欲重宣此義。而說頌曰。

鐵丸猛焰如飛電　可畏無量百千種　常於其身而墮墜
熾然恒受種種苦　又於身內遍流轉　炎熾猛盛難逢近
騰焰高踴百由旬　流火遍出身毛孔　又彼衆生一一舌
盡爲無量鐵犁耕　一切舌分皆分裂　如是苦受恒纏繞
斯由親近惡友已　能感如斯大苦聚　又由遠離具戒者
致令速墮於惡道

舍利子。時彼非法六惡苾芻。由惡教故。命終之後。皆生阿毗大地獄中。一一受身縱廣等量三十逾繕那。彼一一身皆生千口。一一

口中各生二舌。是一一舌廣長量等四逾繕那。一一舌上有五百鐵犁。鐵牛挽之以耕其舌。是諸罪人雖受苦痛。大苦逼故不遑號叫。又於頭上各有萬億獄卒。手執害具刀鋸矛矟。斫刺破裂壞其身首。在此獄中壽萬億歲。如是展轉復往諸餘大地獄中。具受辛酸種種苦楚。何以故。由彼瞋毀佛聖教故。

舍利子。當於爾時。有大長者名曰安隱。財富無量。資產具足。多諸珍寶。金銀琉璃。珊瑚末尼。真珠貝玉。無不備有。又多僕使奴婢。財穀庫藏皆悉盈滿。是時長者爲惡苾芻之所教化。既受其語生於斷見。長者有妻名爲焰慧。容色盛美爲人所重。彼生一男。形貌端嚴。衆睹無厭。成就第一圓滿净色。曾於過去無量百千那庾多拘

胝佛所。植諸善本。當初生時三返微笑。又發是言。奇哉奇哉。云何今者生斷見家。其母聞已。驚恐惶懼。身毛爲竪。與諸女人弃之逃避。舍利子。時諸女人欲審悉故。還來近住。觀察是兒爲何等類。天耶。龍耶。爲藥叉耶。爲健達縛。爲阿素洛。爲揭路茶。爲緊捺洛。爲牟呼洛伽。爲究槃茶。爲畢舍遮。人非人耶。舍利子。時此嬰兒再發是言。告諸女曰。汝雖怖走。我甚安樂。時此嬰兒爲諸女人而説頌曰。

汝當樂義利　於義利勿怖　我當度汝等　令脱於邪道
汝安隱勿怖　應怖前惡友　我當度汝等　令脱於邪見

舍利子。時彼父母及餘大衆。聞是嬰兒説伽他已。便往兒所。是時嬰兒爲其父母而説頌曰。

家中凡所有　廣大諸財穀　速持來見與　供佛及聲聞
彼大聲聞衆　照世勝觀尊　三界圍輪中　都無與等者
彼大聲聞衆　照世勝觀尊　廣闡揚妙法　利益諸群品
彼大聲聞衆　照世勝觀尊　身具三十二　大丈夫威相
彼佛聲聞衆　猶如烏曇花　名稱甚難聞　過億拘胝劫

舍利子。時兒父母聞是法已。即取家中二十拘胝上妙財寶。將至兒所。而語之言。此諸財寶是汝父母所有之物。汝當取之。隨汝志意生信之所任持奉施。爾時父母即爲是兒而説頌曰。

此是汝父母　所致諸財寶　隨心所敬信　汝當持布施
若金若珍寶　家中甚豐積　隨心所敬信　汝當持速施

衣服坐卧具　花鬘及塗香　隨心所敬信　汝持歡喜施
於佛及法僧　無上福田所　爲利諸群生　當應行布施
舍利子。爾時嬰兒聞其父母所説頌已。復爲父母而説頌曰。
我今往勝觀　世間依怙所　當廣設供養　爲利群生故
諸有欲希求　天上人中樂　應隨我所詣　勝觀如來所
舍利子。爾時嬰兒以念正知觀視四方。白父母曰。父母當知。我今應往薄伽梵勝觀如來應正等覺所。於是衆人聞是語已。皆大驚愕。云何嬰兒當初生日。便能與人往返言議。又能徒步有所造詣。時有八萬四千衆生。聞是奇异皆來雲集。而作是言。我等當觀此嬰兒者。是何等類。爲天。爲龍。爲藥叉耶。乃至爲畢舍遮。人非人耶。

舍利子。爾時嬰兒與諸大衆八萬四千。前後圍繞。往詣勝觀如來所止之處。當此嬰兒往佛所時。以福德力。恐爲風日所損弊故。於上空中十千寶蓋自然而現。用覆其身。又於嬰兒所由之路。虛空之中羅布金綱。雨上妙花及細末香。超勝諸天常所散者。扇清凉風與天香合。周流飄散相續不斷。虛空諸天又於行路以諸香水而用灑之。覆以金羅種種珍服。又彼諸天雨花布道。光彩相曜積齊于膝。於其道側。無量百千清净池沼自然出現。八功德水具足盈滿。生諸妙花。所謂殟鉢羅花。鉢特摩花。拘貿陀花。奔荼利花。含發鮮榮彌滿池内。又有鳧雁鴛鴦异類衆鳥游戲水上。舍利子。時彼嬰兒所由之路。七寶欄楯以界道側。諸天伎樂具無量千。深遠

妙音自然而發。左右寶樹行列莊嚴。於大道中復施花路。現於身前爲供養故。以待嬰兒游履其上。於其花路承步諸花。舉足之時自然隱没。及將下足花便踴現。爾時嬰兒游此花道。經須臾頃。即便回顧觀諸大衆。説伽他曰。

汝等無理不應行　异我此路餘非理　而我常游此正理

故往有理最勝處　超過無量那庾劫　時復一福遇人身

時有一佛出世間　時勤修得浄信慧

舍利子。爾時嬰兒爲諸大衆説伽他已。於虚空中。有八萬四千諸大天子。同聲贊言。善哉善哉。便説伽他贊嬰兒曰。

善哉善哉大智慧　汝所宣説會正理

仁者後顧爲無理　有正理者當前趣

舍利子。爾時嬰兒又以伽他報諸天曰。

汝諸天等所宣説　有理無理之正言

我今問汝汝當答　有理無理之實義

舍利子。爾時諸天復以伽他報嬰兒曰。

若樂欲住諸財寶　不樂出離所行處　如是無理諸凡愚

安住地獄之前道　若樂捨家趣非家　當應捨欲弃財寶

是人於世有正理　不久便開解脱門

舍利子。爾時嬰兒復以伽他報諸天曰。

如汝所説理無理　觀汝全未能明曉

如是有理無理義　我深於此正開悟

舍利子。爾時嬰兒説是語已。即便前進。趣薄伽梵毗鉢尸如來應正等覺大會之所。既到彼已。頂禮佛足。右繞三匝。却住一面。於薄伽梵勝觀如來深生敬仰。即以伽他而贊頌曰。

常行利益諸世間　勝觀三明施甘露　如大龍象大師子
由是我今常敬禮　世間明照甚難得　猶如烏曇跋羅花
爲世依怙作光明　形色微妙甚圓具　世間衆苦所逼迫
不能了知真聖道　逾越正路而逃迸　譬等生盲處於世
願我此世當成佛　如今勝觀人中尊　當拔衆生無量苦
及救三火燒然者　如是無邊百千衆　皆隨我來至於此

唯願演宣微妙法　悉令安住上菩提

舍利子。爾時嬰兒説是頌已。白勝觀如來應正等覺言。世尊。願我來世於此世間。當成如來應正等覺。爲諸衆生顯揚正法。亦如今者勝觀如來。爲諸大衆廣説妙法。爾時會中有八萬四千衆生。復白勝觀如來言。世尊。我等亦願於當來世。得成如來應正等覺。爲衆生故顯揚正法。亦如今者勝觀如來。等無有异。爾時勝觀如來應正等覺。了知如是八萬四千人增上意已。即便微笑。舍利子。諸佛法爾。於微笑時有種種光。青黄赤白紅頗胝色。從佛面門自然而發。遍照無量無邊佛之世界。上至梵世。映蔽一切日月光明。其光遍照所應作已。而復還來右繞勝觀如來百千匝已。從薄伽梵

頂髻而入。舍利子。爾時勝觀如來有一侍者。睹佛神變現微笑已。從坐而起。偏覆左肩。以右膝輪安處于地。向佛合掌。曲躬禮敬。即於佛前以頌問曰。

我今問佛勝觀尊　端嚴希有生衆喜　何等因緣大善逝
現發微笑世間依　兩足世尊現微笑　其相非無有因緣
願演微笑因緣本　利益世間悲愍故　今有百千拘胝衆
現住牟尼世尊前　攝耳專注樂聽聞　願世間依愍衆說
佛爲一切衆生眼　爲舍爲救爲歸趣　能斷衆生諸有疑
憐愍世間利益者　如來善知諸過去　又能通達彼未來
於一切法不生疑　及以現在諸佛土　遍④智法王論自在

出過三世妙如來　我今請問世間依　何等因緣現微笑
佛能永斷他疑網　於一切法自無疑　八音暢宣微妙法
善拔衆生憂毒箭　我心喜踴難陳説　合十指掌懷恭敬
敢問法主⑤大聖尊　何等因緣現微笑

舍利子。爾時勝觀如來應正等覺告侍者曰。苾芻。汝今見是嬰兒在我前不。對曰。唯然。我今已見。勝觀佛言。此嬰兒者。往昔過去。曾於六十四拘胝那庾多百千佛所。供養恭敬。尊重讚嘆。以諸衣服飲食卧具。病緣醫藥及餘資物。持用奉施彼諸佛已。爲欲趣向三菩提故。又於過去十那庾多佛所。修行梵行。迴向阿耨多羅三藐三菩提。苾芻當知。今是嬰兒所將大衆八萬四千。於過去世。并是

嬰兒本生父母。何以故。此嬰兒者。曾於過去發如是願。願我經生在在處處所有父母。皆令安住於佛菩提。又令諸母更無第二再受女身。由是願故。彼諸衆生至于今日。隨逐嬰兒來至我所。又隨修學。發於無上正等覺心。爾時勝觀如來欲重宣此義。爲侍者苾芻而説是頌。

苾芻當觀此嬰兒　及現前住多千衆　其心踴躍發誠言
願我當來如法主⑥　當知曾於過去生　如上數量諸佛所
恭敬供養大導師　利益天人世間者　於十那庾諸佛所
依佛捨家持正法　常行最勝之所行　爲求無上菩提故
汝觀八萬四千衆　今現皆住如來前　曾於久遠過去世

悉是嬰兒之父母　又此嬰兒曾發願　諸有生生父母者
普令安住上正覺　更不重受女人身　彼皆隨學嬰兒行
發菩提心於我所　今我皆當授彼記　方將爲世兩足尊
由此因緣現微笑　彼昔勝行我能知　及以未來諸所作
當證人中大聖主　諸天龍神及人等　無量百千那庾多
聞佛爲彼授記已　於勝觀尊生大喜

舍利子。爾時嬰兒聞佛授記。心生歡喜。踴躍無量。悦意泰然。得未曾有。速疾往詣其父母所。説伽他曰。

如是多千衆　我前生父母　皆已住菩提　父母心何趣

舍利子。爾時父母復以伽他報其子曰。

如子志所趣　我心亦如是　當成一切智　此決定無疑
子已生我家　願後勿相捨　常當憶念我　令速證菩提

舍利子。爾時嬰兒復以伽他報父母曰。

我諸行⑦化導　皆願先成佛　最後我當成　照世人調御

舍利子。汝今當觀彼過去世勝觀如來法中嬰兒者。豈异人乎。勿作餘疑。今大自在天子是也。從是已後。又經拘胝那庾多劫更不退墮。過是劫後。生轉輪王聖種族中。彼當來父號曰名稱。如我今父浄飯大王。彼當來母號曰離暗。如我今母摩訶摩耶。彼當來子號曰無憂。如我今子羅睺羅。舍利子。彼既出家悟菩提已。得成爲佛。名曰大悲如來應正等覺。十號具足。其佛壽量滿百千拘胝歲。

佛身常光遍照所及十逾繕那。佛說法處大會充滿百逾繕那。大悲如來處世教化。爲度聲聞三會說法。第一大會度諸弟子有百拘胝。第二大會度諸弟子有那庾多拘胝。第三大會度諸弟子有百千那庾多拘胝。舍利子。其弟子中⑧滿一拘胝。皆是大⑨阿羅漢。諸漏已盡。無復煩惱。得自在慧。具八解脫。⑩成就靜慮及六神通。舍利子。大悲如來所度聲聞阿羅漢衆。如上所說三會數量。彼菩薩衆其數亦等。皆是往世所生父母。彼佛世尊宣說妙法。利益無數諸衆生已。然後涅槃。佛滅度後。正法住世滿拘胝歲。分布舍利饒益衆生。亦如我今般涅槃後。流布供養等無有異。舍利子。安住正勤菩薩摩訶薩亦復如是。修行毗利耶波羅蜜多時。爲求阿耨多羅

三藐三菩提故。能於是經修行正行。⑪倍增振發勇猛正勤大精進力。度脱無量諸衆生等。我説是人爲善丈夫。思覺觀察不倦不退。勇猛精進明繫在心。舍利子。⑫云何菩薩摩訶薩不倦精進。舍利子。菩薩摩訶薩爲衆生故求菩提時。不應限以數量而有所求。何以故。菩薩摩訶薩不作是念。於爾所劫我當流轉。於爾所劫我不流轉。以如是故。菩薩爾時被難思鎧。處於生死。作是念言。假使如我前際所經生死。如是更受勤苦。經於生死倍過前際。爲求菩提中無懈息。舍利子。菩薩摩訶薩具足如是堅固弘誓。則名成就不倦精進。

復次舍利子。菩薩摩訶薩云何修行勇猛精進。舍利子。假使三千

大千世界滿中熾火。發起勇猛正勤菩薩摩訶薩。爲欲往覲彼如來故。以精進力。於是熾火。從中而過不怯不退。又舍利子。勇猛正勤菩薩摩訶薩。爲求聽聞大菩薩藏微妙法門故。以精進力。雖逢是火。從中直過而無怯退。又舍利子。假使三千大千世界滿中熾火。勇猛正勤菩薩摩訶薩。爲欲宣説大菩薩藏深妙法故。以精進力。於是熾火。從中直過而無怯退。又舍利子。假使三千大千世界滿中熾火。勇猛正勤菩薩摩訶薩。爲欲生起善根因緣。以精進力。於是熾火。從中直過而無怯退。又舍利子。假使三千大千世界滿中熾火。勇猛正勤菩薩摩訶薩。爲欲利益諸衆生故。以精進力。能於中過。如是爲欲令他得寂静故。得調伏故。雖逢是火。皆由中過

而無怯退。又舍利子。發起勇猛不倦正勤菩薩摩訶薩。爲欲令他般涅槃故。以精進力。雖逢是火。能於中過而無怯退。舍利子。是名菩薩摩訶薩修行毗利耶波羅蜜多勇猛之相。

復次舍利子。發起勇猛不倦正勤菩薩摩訶薩。行毗利耶波羅蜜多時。由不懈倦堅固不退善根。所發無上大悲之所熏故。恒發勇猛大精進力。於諸衆生常行化導。又舍利子。如是發起勇猛不倦正勤菩薩摩訶薩。於一切時。擧足下足常不捨離大菩提心。於佛法僧恒生珍敬。繫念在前。於諸衆生恒遍觀察。爲利益故。不欲令被煩惱勢力之所逼奪。又舍利子。發起勇猛不倦正勤菩薩摩訶薩。所有已生諸妙善根。一切迴向無上菩提。令此善根畢竟無盡。

譬如少水投于大海。乃至劫燒中無有盡。舍利子。菩薩摩訶薩亦復如是。以諸善根迴向菩提亦無有盡。是名菩薩摩訶薩勇猛不倦大精進力。又舍利子。勇猛不倦精進菩薩摩訶薩。以平等行積集善根。於諸衆生起平等行積集善根。爲欲引生一切智智積集善根。爲欲利益諸衆生故積集善根。舍利子。如是無量諸大善根。皆是菩薩摩訶薩勇猛無倦大精進力之所集起。復次舍利子。如是勇猛不倦正勤菩薩摩訶薩。常應精進修學是法。所得福聚無量無邊。今當廣説福聚之相。舍利子。我觀世間一切衆生所有福聚無量無邊。如是乃至一切有學無學所有福聚。一切獨覺所有福聚。轉復無量不可思議。如上所有諸福聚等。假

使皆悉内置衆生一毛孔中。如是衆生一一毛孔。皆有如上福德之聚。無量無邊不可思議。如是假使一切衆生一切毛孔所有福聚合集。置一無關鍵會大法祠中。舍利子。如是法祠功德福聚。倍增于百。感得如來大丈夫身色相之一。如是一一大丈夫相。皆以如是功德所成。如是一切如來身中大丈夫相所有福聚。皆合成一眉間毫相。如是入一眉間毫相福聚。又過於此滿百千倍大功德聚。合成如來頂上無能觀見烏瑟膩沙⑬大丈夫相。如是入一肉髻大功德聚。又過於此滿於拘胝百千倍大功德聚。合成如來大法商佉之相。舍利子。由此如來大法螺相。爲無量種功德集成。以如是故。如來隨所意欲出大音聲。遍告無量無邊一切世界。爲諸

有情廣説妙法。如其根性。隨聞信解。悉令歡喜。何以故。皆由精進所修學故。舍利子。菩薩摩訶薩應作是念。如是無上正等菩提。雖極難得。我當不捨精進鎧甲。發大勇猛。必定速悟無上菩提。不足爲難。既成佛已。隨我意欲。於法螺相出大音聲。遍告無量無邊一切世界。爲諸衆生説微妙法。隨根信解⑭。皆令歡喜。舍利子。是名菩薩摩訶薩勇猛無倦正勤之相。

復次舍利子。勇猛無倦精進菩薩摩訶薩。依毗利耶波羅蜜多故。常應如是精進修學。由修學故。具足成就一切智慧。舍利子。假使三千大千世界所有衆生。一切成就隨信行智。即用此智。欲以比一成就隨法行智。百分不及一。千分不及一。百千萬分不及一。僧

佉分不及一。迦羅分不及一。伽拿那分不及一。烏波摩分不及一。烏波尼沙陀分不及一。復次舍利子。假使三千大千世界所有衆生。一切成就隨法行智。欲以比一第八人智。百分不及一。乃至烏波尼沙陀分不及一。復次舍利子。假使三千大千世界所有衆生。一切成就第八人智。欲以比一預流果智。百分不及一。乃至烏波尼沙陀分不及一。復次舍利子。假使三千大千世界所有衆生。一切成就預流果智。欲以比一乃至一來向智。如是一來果智乃至欲比不還果智。如是乃至欲比阿羅漢智。若獨覺智。若過百劫菩薩智。若成就不退轉菩薩智。如是乃至欲比繫屬一生菩薩智。皆應廣說。無量無邊算數譬喻所不能及。如是舍利子。假使十方無

量無邊一切世界所有衆生。皆悉成就繫屬一生菩薩之智。欲比如來十力之一處非處智。百分千分。百千萬分不及一。僧佉分不及一。迦羅分不及一。伽拿那分不及一。烏波摩分不及一。烏波尼沙陀分不及一。乃至算數譬喻所不能及。舍利子。是菩薩摩訶薩行毗利耶波羅蜜多故。聞如來如是甚深智解之時。其心不驚無有怖畏。於是智入⑮。生樂欲心。發起正勤中無廢捨。作如是念。我今修行勇猛精進。假使我身皮肉骨血。筋脉髓腦。皆悉枯燥爛壞無遺。未得如來如是處非處智力已來。於其中間。發大勇猛堅固精進。終無懈廢。舍利子。是名菩薩摩訶薩勇猛無倦正勤波羅蜜多堅固之相。應如是學。

復次舍利子。菩薩摩訶薩行毗利耶波羅蜜多故。發大勇猛無倦正勤。常應如是精進修學。由修學故。能滅衆生諸煩惱火。舍利子。假使一切衆生於過去世所有諸心。皆入衆生一心中轉。如是衆生一一諸心。乃至一切衆生一一各有爾所諸心。無量繁雜難可了知。如是一切衆生一一心中。各具無量貪瞋痴等諸惑繁雜。以此一切衆生所有煩惱。皆入一衆生一心中轉。舍利子。假使展轉一切衆生。皆具如是無量煩惱。難可了知。菩薩摩訶薩作如是念。我當策勵勇猛。發勤精進。尋求如是智慧資糧。隨我所發正勤之力。於諸衆生貪瞋痴火及餘熱惱。我要當令息滅無遺。斬除毒害。摧破散壞同於灰燼。速令衆生住涅槃道。舍利子。是名菩薩摩訶

薩勇猛無倦正勤波羅蜜多。應如是學。

復次舍利子。菩薩摩訶薩依毗利耶波羅蜜多故。安住勇猛無倦精進。常應如是正勤修學。以修學故。諸善身業無有休廢。諸善語業無有休廢。諸善心業無有休廢。乃至所有一切正勤。皆爲方便策進菩薩身語心業。舍利子。然諸世間但説菩薩身語二業精進第一。不説菩薩心精進相。舍利子。菩薩摩訶薩心精進相無量無邊。吾今略説。何等名爲心精進相。謂菩薩心修行正勤若進若止。如是爲相。舍利子。云何名爲正勤進止。舍利子。菩薩修行大精進者。爲菩提故勤行精進。所言進者。於諸衆生發起大悲。所言止者。謂無我忍。所言進者。攝諸衆生。所言止者。於法不取。所言進者。生

死無倦。所言止者。不得三界。所言進者。一切盡捨。所言止者。不厭
布施。所言進者。攝取淨戒。所言止者。不厭尸羅。所言進者。堪忍衆
苦。所言止者。心無毀壞。所言進者。起諸善法。所言止者。心常遠離。
所言進者。攝受靜慮。所言止者。心常寂滅。所言進者。聞法無厭。所
言止者。如理善巧。所言進者。聽説無倦。所言止者。無戲論法。所言
進者。求惠⑯資糧。所言止者。斷諸戲論。所言進者。增長梵信。所言止
者。真知⑰行捨。所言進者。具五神通。所言止者。遍知漏盡。所言進者。
修諸念處。所言止者。念無功用。所言進者。正斷方便。所言止者。善
惡俱捨。所言進者。引發神足。所言止者。任運作用。所言進者。諸根
善權。所言止者。觀非根性。所言進者。攝受諸力。所言止者。智無制

伏。所言進者。生菩提分。所言止者。智簡擇法。所言進者。求道資糧。所言止者。無來往性。所言進者。求奢摩他。所言止者。心住寂止。所言進者。資助勝觀。所言止者。伺察法性。所言進者。隨覺諸因。所言止者。諸因遍智。所言進者。從他聞音。所言止者。如法修行。所言進者。謂身莊嚴。所言止者。謂法性身。所言進者。謂語莊嚴。所言止者。聖默然性。所言進者。信解脫門。所言止者。無有發起。所言進者。遠離四魔。所言止者。捨煩惱習。所言進者。方便善巧。所言止者。觀察深慧。所言進者。觀察緣境。所言止者。無功用觀。所言進者。觀察假名。所言止者。了達實義。舍利子。諸如是等進止之相。是名菩薩摩訶薩唯心精進。若諸菩薩摩訶薩聞如是等心精進相。應當發起

勇猛無倦具足正勤。舍利子。如是名爲菩薩摩訶薩修行正勤波羅蜜多。無有厭倦勇猛精進修習之相。

大寶積經卷第四十六

校注

①『勍』，强勁；强大。（《漢語大字典》第二版）

②『法』，底本作『非』，依龍藏、思溪藏改。

③『商佉』，唐云贏貝，或曰珂。（唐·慧琳《一切經音義》）

④『遍』，底本作『通』，依龍藏、思溪藏、中州本改。

⑤『主』，龍藏作『王』。

⑥『主』，龍藏、思溪藏作『王』。

⑦『行』，龍藏、思溪藏作『所』。

⑧『中』，底本污殘，依龍藏、思溪藏補。

⑨『是大』，底本污殘，依龍藏、思溪藏補。

⑩『成』，底本污殘，依龍藏、思溪藏補。

⑪『行』，龍藏、中州本作『法』。

⑫『云』，底本污殘，依龍藏、思溪藏補。

⑬『烏瑟膩沙』，梵語也，如來頂相之號也。《觀佛三昧海經》云：如來頂上肉髻團圓當中涌起，高顯端嚴，猶如天蓋。又一譯云：無見頂相。（唐·慧琳《一切經

音義》）

⑭『信』，龍藏、中州本作『性』。

⑮『入』，底本作『人』，依龍藏、思溪藏、和裕本改。

⑯『惠』，龍藏、思溪藏、和裕本作『慧』。

⑰『知』，龍藏作『智』。

大寶積經卷第四十七

大唐三藏法師玄奘奉　詔譯

菩薩藏會第十二之十三·毗梨耶波羅蜜多品第九之三

復次舍利子。如是勇猛無倦正勤菩薩摩訶薩。成就五種增進之法。便能速悟阿耨多羅三藐三菩提。舍利子。何等名爲成就五種增進之法。所謂值佛出世。爲增進法。得近善友。爲增進法。得具無難。爲增進法。隨所修集①一切善法永不失壞。爲增進法。於彼安住律儀菩薩摩訶薩所隨從修學。爲增進法。舍利子。是爲菩薩摩訶薩修行毗利耶波羅蜜多故。成就五法。增進不退。速悟無上正等菩提。

爾時長老舍利子白佛言。世尊。頗有菩薩於是五法而損減不。佛言。有。曰。何謂也。大德薄伽梵。何者是也。大德蘇揭多。佛告舍利子。有五種法。菩薩成就便能損減。何等爲五。謂於佛世而不值遇。於彼善友不懷親近。具無難法而不獲得。修習善法多有失壞。於諸安住律儀菩薩心無隨學。由具如是損減法故。亦不速悟無上菩提。舍利子。何等五法菩薩成就。舍利子。在家菩薩。爲王師傅。以威勢力恐怖衆生。致有緣務祈請威福。若爲成辦如是事者。重相酬謝。而是菩薩睹世利故。心無正直便爲作之。凡所出言無非爲利。舍利子。由如是法損減善道。由如是法損減無難。如是在家菩薩爲養身故行諸惡行。不值佛世。乃至不疾證於阿耨多羅三藐三

菩提。舍利子。是名菩薩成就第一損減之法。

復次舍利子。在家菩薩住毀城法。何等名爲住毀城法。舍利子。若諸如來應正等覺出現世間。爲諸天人魔梵説法。開示宣暢初中後善。文義巧妙。純一圓滿。清白梵行。爾時當有四衆出現。所謂苾芻。苾芻尼。鄔波索迦。鄔波斯迦。時苾芻尼依附村城。郊野。館舍。國邑。王都。爲護戒故在中居止。彼諸在家菩薩。來是住處污其戒衆。以毀戒故名住毀城。犯是事已。不值佛世。乃至不能疾悟無上菩提。舍利子。是名菩薩成就第二損減之法。

復次舍利子。在家菩薩見諸有依善説法律演正法時。便於父母。兄弟。姊妹。妻妾。男女眷屬及諸衆生而爲法障。舍利子。在家菩薩

障礙法已。於長夜中自於法律常多障礙。不值佛世。乃至不能疾悟無上菩提。舍利子。是名菩薩成就第三損減之法。

復次舍利子。在家菩薩聞佛經中。如來贊説少欲知足出要相應。獨静山林離苦之法。心生不信。輕毁誹謗。亦教他人起如是見。是諸在家不善菩薩毁呰如來清净教已。還復沉溺可毁呰趣。何等名爲可毁呰趣。謂墮地獄畜生焰魔世界。或生邊地及篾戾車②惡邪見中。在家菩薩行是事故。不值佛世。乃至不悟無上菩提。舍利子。是名菩薩成就第四損減之法。

復次舍利子。在家菩薩依止國王。及諸大臣。乃至富貴有自在者。行弊惡行。恃爲勢力。譏訶毁駡輕蔑戲弄無量衆生。舍利子。在家

菩薩以成就此語惡行故。速能招集諸惡趣報。不值佛世。不遇善友。不得無難。失壞善根。不隨安住律儀菩薩修學正法。不能速悟無上菩提。舍利子。是名菩薩成就第五損减之法。爾時世尊欲重宣此義。而説頌曰。

菩薩成就五種法　如是智慧無增長　既不速疾見如來
亦不逢事人中上　或爲王者大師傅　欺詐誑惑諸衆生
由具如斯不善業　不遇世間依怙者　令多有情生怖畏
若納贓財若損害　興造如斯惡業已　終不奉值人中尊
或令諸尼凈戒聚　破壞摧滅生悲苦　當離無量億如來
亘得成就諸無難　於其父母妻子等　障礙不令修法行

又障聽聞於正法　速感愚痴覆蔽果　若人厭世樂出家
便致拘執緣留礙　當離無量最勝尊　叵得成就諸無難
若有聽聞如是法　所謂贊説住空閑　便生不忍忿恚心
謗毀謂爲非法説　謗毀如是正法已　常住生盲大劇苦
一切重障罪業中　方斯十六不及一　彼難奉見諸如來
設見不能懷信敬　受女黄門生盲身　又受駝驢猪狗等
若有於佛及菩薩　深生殷重愛敬心　遠離一切障礙已
相續修行賢聖道　父母妻子眷屬等　恒樂安勤正法中
衆生厭世求出家　贊美勸助令其果　若處眷屬正法中
當速往登賢善趣　有能贊勸出家者　速悟無上佛菩提

復次舍利子。出家菩薩復有五法。若成就者。不值佛世。不親善友。不具無難。失壞善根。不隨安住律儀菩薩修學正法。亦不速悟無上菩提。舍利子。何等名爲出家菩薩成就五法。一者。毀犯尸羅。二者。誹謗正法。三者。貪著名利。四者。堅執我見。五者。能於他家多生慳嫉。舍利子。如是名爲出家菩薩成就五法。不值佛世。乃至不獲無上正等菩提。舍利子。譬如餓狗慞惶緣路。遇值璅骨久無肉膩。但見赤塗言是厚味。便就銜之。至多人處四衢道中。以貪味故。涎流骨上。妄謂甜美。或咬或舐或嚙或吮。歡愛纏附初無捨離。時有刹帝利。婆羅門及諸長者。皆大富貴。來游此路。時此餓狗遥見彼來。心生熱惱作如是念。彼來人者。將無奪我所重美味。便於是人

發大瞋恚。出深毒聲。惡眼邪視。露現齒牙。便行嚙害。舍利子。於意云何。彼來人者應爲餘事。豈復求此無肉赤塗之骨瑣耶。舍利子白佛言。世尊。不也。世尊。不也。善逝。佛告舍利子。若如是者。彼慳餓狗以何等故。出深毒聲現牙而吠。舍利子言。如我意解。恐彼來人貪著美膳。必能奪我甘露良味。由如是意現牙吠耳。佛告舍利子。如是如是。如汝所言。當來末世有諸苾芻。於他施主勤習家慳。耽著屎尿妄加纏裹。雖值如是具足無難。而便委弃不修正撿。此之苾芻。我說其行如前痴狗。舍利子。我今出世憐愍衆生。欲止息故。專思此事。爲如是等諸惡苾芻說此譬喻。

復次舍利子。是諸菩薩摩訶薩爲欲利益安樂無量衆生故。求於

佛智。行毗利耶波羅蜜多。彼諸菩薩摩訶薩於己身肉尚行惠施。况復規求妄想惡肉。而於他家起諸慳嫉。舍利子。彼諸苾芻慳他家故。我說是人爲痴丈夫。爲活命者。爲守財穀奴僕隸者。爲重世財寶玩縛者。唯於衣食所欲尚者。爲求妄想貪嗜惡肉起慳嫉者。舍利子。我今更說如是正法。彼諸苾芻先至他家。不應見餘苾芻而生嫉妒。若有苾芻違我法教。見餘苾芻或作是言。此施主家先爲我識。汝從何來乃在此耶。我於此家極爲親密。調譃交顧。汝從何來輒相侵奪。舍利子。以何等故。彼慳苾芻於後來者偏生嫉妒。舍利子。由諸施家許其衣鉢飲食卧具。病緣醫藥。及供身等資生什物。彼作是念。恐彼施主將先許物施後來者。由如是故。即此苾

芻於施主家起三重過。一者。起住處過。見餘苾芻或起恨言。我於今者當離此處。二者。凡所習近當言未知應與不應。三者。於不定家妄起諸過。舍利子。彼慳苾芻於後來人發三惡言。一者。説住處過。以諸惡事增益其家。令後苾芻心不樂住。二者。於後苾芻所有實言反爲虛説。三者。詐現善相諂附是人。伺有微隙對衆治舉。舍利子。如是苾芻於他施家生慳嫉者。速滅一切所有白法。永盡無遺。

復次舍利子。若有苾芻住家慳者。我説是人爲不善者。則爲弃捨菩提資糧。又爲不能隨逐安住律儀菩薩修正法者。又舍利子。如是種相。我更當説。乃往昔時。過於無數廣大無量不可思議阿僧

企耶劫。有佛出世。名勝現王如來。應。正等覺。明行圓滿。善逝。世間解。無上丈夫。調御士。天人師。佛。薄伽梵。彼佛住壽九十拘胝歲。聲聞衆會九十拘胝那庾多。皆是大阿羅漢。諸漏已盡。乃至一切得心自在。第一究竟。舍利子。當於爾時。有大長者名爲善擇。其家巨富多饒財寶。資産僮僕無不充遍。有二子。一名律儀。二名住律儀。年在幼稚。容貌端正。净色圓滿。衆人喜見。舍利子。時勝現王如來應正等覺。於晨朝時服衣持鉢。大苾芻僧左右翼從。彼佛世尊居僧上首。爲福利故現乞食法。入彼長者所住大城。威儀庠序。諸根寂定。心意恬怕。③逮得調順奢摩他。及獲第一調順奢摩他。修攝諸根如大龍象。澄静無濁如深泉池。盛德巍巍如金樓觀。色相超挺

如紫金山。又如大海衆寶充盈。如帝釋主諸天圍繞。如大梵王心慮寂靜。舍利子。彼薄伽梵有如是等威相莊嚴。長者二子當於爾時。在重閣上。遥睹勝現王佛從遠而來。容貌威嚴色像第一。發歡喜心嘆未曾有。舍利子。彼住律儀童子以先睹佛喜踴内心。白其兄曰。從生已來。兄頗曾見如是端嚴含靈王不。兄報弟曰。我從生來。實未曾見如是端嚴含靈中王。弟白兄言。如我惟忖。於未來世定當作是含靈中王。舍利子。爾時住律儀童子即爲其兄而説頌曰。

如律儀兄今所見　我於當來定如是　大苾芻衆所圍繞
當復倍勝於今日　求菩提道因緣故　當誓不啖諸飲食

兄既樂居牢獄中　我意決定當超勝　如是一切衆生尊
譬等衆星之滿月　誰有見斯不生信　而樂居家不出離
舍利子。爾時律儀童子即以伽他報其弟曰。
弟當且止勿高聲　非但語言便遂事
我豈當發世語言　試誰在先成正覺
舍利子。爾時住律儀童子復以伽他白其兄曰。
如是無上菩提道　非但弊鄙慳心證　我當發大賢善聲
決定成佛人中上　夫懷慳者相如是　資産不欲令他知
今我豈復守沉默　尚捨身命況財寶　我以家資咸布施
爲求菩提道因緣　及以兄分家財寶　盡施佛田深敬故

誰見如是最勝尊　具三十二妙相者　而不發願趣菩提
唯除具諸下劣見　所有家宅及財寶　父母并諸眷屬等
我當一切皆捨離　速往善逝如來所　爲世依怙作光明
照世慈尊極難遇　百千拘胝那庾劫　如是勝相甚難聞
我見世尊入王都　大苾芻僧所圍繞　如盛滿月在清天
流光洞照諸依地　我見世尊游四衢　周遍莊嚴於一切
猶彼具足千光日　獨滿虛空常遍照　我見世尊居衆首
莊嚴顯發苾芻僧　如彼蘇迷盧山王　映諸寶山悉嚴麗
如來威光極熾盛　通照此土諸群生　圓成妙相兩足尊
榮光鎣飾諸大衆　如來住大神通力　善御天龍非人等

復興無量種變現　爲衆生故入王都　誰見如斯正法主
三十二相大莊嚴　而復希趣下劣乘　唯除不肖愚暗者
我今欣睹人中尊　發生難得清净信　爲利含識趣菩提
要當往覲如來所

舍利子。爾時律儀童子又以伽他報其弟曰。

我於途路非懈怠　而不速往如來所　待我下斯重閣已
當出外宇諦思惟　宜應捐捨於我想　又不顧惜吾身命
及求最上丈夫智　爾乃往詣如來所　父母家宅及財寶
於如是等生重愛　我今一時皆弃捨　爾乃往詣如來所
若有欲願當成佛　又深愛樂如來者　宜速捐諸珍寶聚

捨離家法趣非家

舍利子。爾時住律儀童子聞是語已。即於閣上下其階道。將往勝現王如來應正等覺所。未至之頃。其兄律儀又從重閣速疾而下。馳詣佛所。修敬已訖。時住律儀後乃方至。爾時律儀兄童子。即以十億無價寶衣奉獻如來。又於佛前而説頌曰。

我今不求於妙相　奉施如來無價衣　唯願當來所獲報
如今世尊等無异　一切含靈中最勝　一切妙法善安住
唯願當來所獲報　如今世尊等無异　具足無上智慧藏
諸力正勤善安住　三十二相身所持　願速當成人中上
成就諸佛十種力　四無所畏善安住　唯願當來所獲報

如今世尊等無异　如佛所知真净法　唯佛善住皆明照
願賜演通如是法　令我速悟上菩提　我今不求妙色相
奉佛無價勝上衣　唯希寂静妙菩提　爲利諸天世間故
如來所住微妙法　一切异論無傾動　我今爲求如是法
敢施無價勝上衣　諸法無生無老病　亦無憂愁悲嘆等
願爲開斯寂静法　導利諸天世間故　若法無有貪瞋痴
亦無諸慢及渴愛　願説菩提與佛性　無爲清凉甘露法
若法如來所安住　爲天龍等深敬禮　或有思慮或無思
願爲開斯寂静法　佛住是處能通照　無量四方諸佛土
如發大焰深暗中　願證如斯等甘露　若諸一切愛無愛

性常不依於欲界　色無色界亦無依　願説如斯勝妙法

舍利子。爾時住律儀童子聞兄律儀説是頌已。便以一具新妙寶

展奉施勝現王如來。即於佛前説伽他曰。

願我當爲諸群生　爲救爲趣爲依舍　更不履踐於邪徑

恒導群迷説正路　願常不習諸貪欲　此乃愚夫之所行

永離一切有爲法　恒值如來出興世　既逢明照世間者

便應供養兩足尊　勤求無上佛菩提　爲利一切群生故

當以無量香花鬘　高妙幢幡諸寶蓋　奉獻龍中之大龍

爲利一切群生故　復以種種上衣服　卧具飲食諸醫藥

俱持奉獻佛世尊　爲利一切群生故　擊大小鼓吹螺貝

及奏簫管清歌等　俱持奉獻照世尊　爲利一切群生故
厚味種種極淳濃　世間微妙所珍尚　俱持奉獻救世尊
爲利一切群生故　廣行如是供養已　利益無量諸群生
我於爾時便出家　精勵勤修於梵行　當安住斯八妙道
復安無量億衆生　願我爲諸有識依　常不履於邪曲徑
衆聖訶毁極下劣　所謂淫欲我能捐　又當弃捐諸放逸
於不放逸恒修學　願我永不生衆難　常得生諸净信家
生生常見人中尊　見已於佛生深信　既生信已修恭敬
以妙花鬘及塗香　種種音樂供養已　爲求諸佛深智慧
如是廣修諸供養　乃經無量拘胝劫　永斷欲法捨居家

精勤奉修清净行

舍利子。爾時住律儀童子説是頌已。即於所贊勝現王如來之處。爲彼如來以赤栴檀建立道場。高花綺飾四逾繕那。縱廣莊嚴。備諸雕麗。爾時童子既立道場莊嚴成就。即以奉施彼佛世尊。又於佛前而説頌曰。

佛所安住四種住　往昔最勝所稱譽　我今欣求如是住
唯願善逝慈哀許　若有安住是所住　心常了知無量衆
及知過去未來生　我今欣求如是住　若住是住至究竟
四種正勝四神足　及四最勝無礙辯　我今欣求如是住

舍利子。爾時薄伽梵勝現王如來哀此童子。受其所獻上勝道場。

與苾芻僧入中居止。時彼童子。既睹如來及苾芻僧受其施故。心大歡喜。踴躍無量。又以種種上妙供具而爲供養。倍加恭敬。尊重贊嘆。於半月間中無斷絶。過是已後。便於佛前除去鬚髮。被袈裟衣。以浄信心捨弃家法。趣於非家。專志精勤求諸善法。舍利子。時二童子求善法已。心正了知。於佛菩提俱發弘誓。其兄律儀作是誓言。願我最先成等正覺。其佛名曰世間依怙放大光明。其弟住律儀者又發誓言。願我最先成等正覺。其佛名曰大導商主天人中尊。舍利子。爾時律儀童子菩薩摩訶薩作是願已。即於勝現王如來前。合掌而立大誓莊嚴。説伽他曰。

我當不復更安坐　亦無放倚身眠卧　專精勤求菩提道

爲利一切群生故　我當不觀身與命　常捨懶惰勤精進
志求上妙菩提道　爲利一切群生故　假使血肉都乾竭
皮骨筋脉皆枯燥　要捨懈怠及身命　精勤爲趣上菩提

舍利子。爾時住律儀童子菩薩摩訶薩。聞兄律儀童子菩薩摩訶薩發是願已。歡喜踴躍。即於其前説伽他曰。

今當共契同和好　修行無上菩提行　興④發最勝勤精進
爲利一切群生故　我今薄濟於身命　隨彼血肉皆枯燥
發千精進隨兄學　爲求無上菩提故　我當獨處住空閑
山野林中勤精進　常求微妙最勝智　隨住莊嚴大法王

爾時佛告舍利子。彼過去世勝現王如來法中。律儀童子菩薩摩

訶薩。與住律儀童子菩薩摩訶薩。於彼佛所發大弘誓。行毗利耶波羅蜜多故。精勤不懈。修行正道。舍利子。彼二菩薩行精進時。於千歲中。乃至未曾如彈指頃被於睡眠之所逼奪。於千歲中。未曾起念欲卧息心。於千歲中。未曾起念欲樂坐心。於千歲中。未曾一返屈身蹲踞。唯除便利。若食飲時。便就住立。於千歲中。未曾再食。日止一食。食止一摶。飲水一器。於千歲中。未曾起念欣樂食心。如謂我今極爲飢渴。願當疾得。如是等念初無有生。於千歲中。未曾一⑤返過量飲啖。於千歲中。未曾起念稱量飲食。此鹹此淡。此甘此苦。辛酢美惡。初無興慮。於千歲中。每乞食時。一心正念。未曾觀彼授食人面。不生是念。誰與我食。爲丈夫耶。爲婦人耶。乃至童男童

女。皆不瞻視。於千歲中。居止樹下。未曾仰面觀於樹相。於千歲中。所著衣服未曾再易。於千歲中。未曾一念起於欲覺恚覺害覺。於千歲中。未曾起念緣親里覺。若父若母。兄弟姊妹及餘眷屬。皆不緣念。於千歲中。未曾起念於所居家發思覺心。於千歲中。未曾起念仰觀虛空日月星宿雲霞等色。於千歲中。未曾起念以身依倚若壁若樹。於千歲中。未曾起念以諸蘇油用塗支體。於千歲中。未曾起念身心驚怖。於千歲中。未曾起念身心疲倦。於千歲中。未曾起念懈怠懶惰放逸之心。唯興是念。我今修行阿耨多羅三藐三菩提。何時當證。何時當得。於千歲中。未曾一返身心痛惱。於千歲中。未曾起念我欲剃髮。唯除四天大王時來頭上。以其神力手摩

持去。於彼天宮起窣堵波[6]。衆寶莊嚴而爲供養。於千歲中。雖有天王若來若去。而心都無去來之想。於千歲中。未曾起念從陰影處至光景處。從炎熱處至清涼處。於千歲中。於嚴寒時。未曾起念覆厚暖衣而取温適。於千歲中。未曾起念論説世間無益之語。舍利子。是二菩薩於千歲中行如是等堅固精進。時有惡魔名愚痴念。如我今者出現世間。有惡魔羅愚痴念者。舍利子。彼時惡魔興壞亂故。於律儀菩薩所經行道。仰布利刀遍其行處。爾時律儀菩薩於彼刀道。微失本心。生利刃想。適生想已便即追悔。發大音聲再返唱言。咄哉奇事。我今如何住於放逸。舍利子。時彼菩薩所發音聲。遍告三千大千世界。於上空中有百千拘胝天魔徒黨。聞是菩

薩憶念音聲。即共同時語菩薩言。如汝今者普告之聲。深爲善說。
深爲善說。舍利子。如是天聲唯律儀聞。彼住律儀於諸天聲及此
菩薩普告大聲。初不聞之。爾時律儀菩薩聞天語已。奮發堅固大
精進。欲復前經行。再轉其心不緣刀刃。舍利子。時彼⑦菩薩摩訶薩
降魔怨已。住如是威儀。行如是妙行。修如是道迹。起如是大悲。興
發如是勇猛精進。未曾休廢。復次舍利子。彼二大士於彼法中行
毗利耶波羅蜜多故。俱成就是威儀行迹。大悲勇猛。又於千歲住
空閑林修佛隨念。過是已後。勝現王如來方入涅槃。爾時諸天便
來告曰。善男子。豈不知耶。如來今者已般涅槃。時二大士既聞天
告。即便往詣勝現王如來涅槃林所。既到彼已。合掌而立。瞻仰如

來目未曾捨。極懷戀慕。深生敬重。作是念言。如來出世大慈悲者。覆護衆生同於舍宅。如何一旦速般涅槃。令我等類無依無怙。舍利子。是二大士立如來前深懷戀仰。七日七夜足不移處。不勝哀感。遂立命終。往生梵世。既受梵身得宿智力。以大神通從上來下至涅槃會。爲勝現王如來應正等覺所有舍利起窣堵波。珍寶妙物極世莊嚴。四十千歲方得成就。以諸輪蓋安施其上。舍利子。時二菩薩爲彼如來起窣堵波已。心大歡喜。合掌而立。觀其福相倍加欣慶。如是又經七十千歲。方始致禮。因爾命終。俱生贍部洲中大轉輪王家。處太后胎。舍利子。彼初生已。便憶過去所經諸事。作如是言。我於今者。應當安住最上第一不放逸法。復以伽他而自

誡曰。

我今生處輪王家　廣大財食皆如意　於極放逸當捐捨
勤求無上佛菩提　財寶色欲及王位　無常迅速須臾頃
智者於斯不欣樂　勤求上妙佛菩提　若於財寶不生樂
爲利含識證菩提　應疾捨欲求出家　修行勝妙諸梵行
我昔過去無量劫　耽滯五欲爲功德　若生天上及人中
未曾於彼生知厭　故應捨欲及王位　父母眷屬諸財寶
及捨國城大軍衆　出家勤求證菩提

舍利子。時彼菩薩身相端正如十六少童。不樂俗網常思過患。即剃鬚髮。服袈裟衣。以清净信弃捨家法。趣於非家。二十千歲勤修

梵行。後命終已復生梵世。於彼壽盡還生贍部。舍利子。當於爾時於贍部洲有佛出世。名曰妙香如來。應。正等覺。明行圓滿。善逝。世間解。無上丈夫。善調御士。天人師。佛。薄伽梵。時彼菩薩既遇佛已。即於法中剃除鬚髮。服袈裟衣。以清浄信弃捨家法。趣於非家。滿拘胝歲修行梵行。如是次第十千如來出現於世。律儀菩薩皆得值遇。於諸佛所殖衆德本。常勤精進修行梵行。彼住律儀菩薩常與其兄同生一處。修諸聖道。唯於一佛不修梵行。以是因故。律儀菩薩先得成佛。出現於世。名曰熾然精進如來。應。正等覺。明行圓滿。善逝。世間解。無上丈夫。調御士。天人師。佛。薄伽梵。住世教化經九十拘胝歲。聲聞大衆有九十那庾多。共會説法。舍利子。熾然精

進如來興世之時。彼住律儀菩薩爲轉輪王。威加四域。福德所被。於熾然精進如來極起深信。以種種上妙衣服。肴膳飲食。病緣醫藥。什物衆具。供養恭敬。尊重讚嘆。於三月中奉獻彼佛及苾芻僧。舍利子。爾時熾然精進如來應正等覺。雖受供養。爲欲覺悟彼輪王故。令其憶念。説伽他曰。

若爲證得諸佛法　勇猛精進最爲上　貪著五欲諸含生
凡有所求難果遂　若求義利於五欲　智者當知無義利
汝今處在無義中　求勝義利不可得　我昔與汝爲兄弟
俱發弘誓趣菩提　爾時競列至誠言　誰速在初成正覺
今汝見我證菩提　轉勝梵輪於大衆　汝猶沉溺五欲家

淫荒女色恒守護　過去諸佛常宣説　智者不應保弊欲
是故我恒勤遠離　曾未追求行放逸　汝攝惡慧行無義
汝常安住無義業　欲法引苦汝長迷　離欲清浄聖所贊

舍利子。時彼輪王聞熾然精進如來説伽他已。生大覺悟。深見欲過。希求出家。竟不辭諸妻子眷屬。長者僚宰。大小諸王。亦不顧戀國邑人民。財寶府藏。即從坐起。往如來前。一心合掌。説伽他曰。

我當悉捨於家國　要往空閑至命終　寧使肌肉并乾枯
爲佛菩提因緣故　復當勇猛大精進　利益無量諸群生
弃捨家法趣非家　當住虚静無爲處　不欣緣附於五欲
弊惡誑惑彼愚夫　由我陷没欲泥中　故使掩面而隨後

諸欲財寶及王位　一切一時皆弃捨　即於如來聖教中
專務精修無上道　誰有智者當親附　誰行學藏有爲行
令我修行精進已　不速成佛耽諸欲　是故我捨諸欲樂
王位財寶皆除斷　要歸佛教趣非家　爲佛菩提因緣故

舍利子。爾時輪王説伽他已。即於熾然精進佛所。剃除鬚髮。服袈裟衣。以浄信心弃捨家法。趣非家道。往空静處勤修梵行。於時復有六十拘胝百千衆生。聞彼輪王出家學道。亦懷浄信除捨俗相。隨王出家修諸梵行。舍利子。時熾然精進如來處世垂化。久乃涅槃。輪王苾芻見佛滅度。悲感充塞。奉接如來遺身舍利。起窣堵波嚴飾供養。其後不久便致命終。生睹史多天。受天報盡。還生贍部

洲中。即於是劫成阿耨多羅三藐三菩提。名曰妙行如來。應。正等覺。明行圓滿。善逝。世間解。無上丈夫。調御士。天人師。佛。薄伽梵。其佛住世滿拘胝歲。聲聞弟子有拘胝那庾多而共集會。皆是大阿羅漢。諸漏已盡。乃至一切心得自在。已到究竟第一彼岸。妙行如來安住百千菩薩摩訶薩。令於阿耨多羅三藐三菩提不復退轉。又爲無量無數諸衆生等宣揚妙法。所應作已。入般涅槃。正法住世經餘一劫。流布舍利饒益衆生。亦如我今般涅槃後舍利廣流。等無有异。

爾時佛告舍利子。諸菩薩摩訶薩行毗利耶波羅蜜多故。安住正勤行菩薩道。應當依隨律儀菩薩摩訶薩。修學勇猛無倦精進波

羅蜜多。不應依附彼枯骨瑣住慳衆生而爲修學。舍利子。若有菩薩樂求菩提。不應他家而生慳吝。若復失念起慳吝時。應樂觀察三種怖畏。何等爲三。謂於他家數致來往。或因乞食。或復談話。纏綿不已遂成親好。見彼第二賢善苾芻。以貪著故便生慳嫉。或時微起一念恚心不相隨順。由是緣故當知攝受地獄諸苦業道。當知下生盲種於其心田。當知生邊地業具足攝受。舍利子。我今爲汝更説其相。謂彼菩薩見諸賢善清净苾芻來至其所。輒生嫉妒瞋恚之心。内雖忿結而外現清白。與交言論。心乃慳吝。而身恒將遇隨事供擬。或私處隱屏怒眼視之。或以不實事用加誣謗。舍利子。以是因緣。如是菩薩當知攝受地獄業道。生盲種子殖其中心。

雖生人道復在邊地。遭諸苦楚。受生盲報。多被誹謗。爲他役使。晝夜辛勤初無停息。舍利子。若諸菩薩設於他家起慳嫉時。應思惟此三種怖畏。爾時如來説是語已。長老舍利子白佛言。甚奇。世尊。未曾有也。是諸菩薩摩訶薩極爲希有。乃能善遇如來説是家慳出要之法。善哉世尊。願爲我等諸聲聞衆。説正法要。離家慳相。所以者何。我等於佛法中。非爲不願脱於地獄生盲邊地誹謗异[8]報。常願生於中國人趣。我等聲聞深欲樂聞離家慳法。唯願世尊捨無緣怨[9]。不捨我等。必爲宣説。

爾時佛告舍利子。善哉善哉。舍利子。甚爲希有。汝等乃能住無浮諂。請問如來如是之義。諦聽諦聽。當爲汝説。舍利子。若有衆生欲

隨如來修學佛法。我當爲彼如應顯説。何以故。以諸衆生能隨佛學。如來不違彼意。必現其前而爲説故。又舍利子。若有衆生不樂隨佛修學正法。若爲彼説。是人聞已。則當成立鬥諍根本。舍利子。如是成就浄信菩薩摩訶薩。行毗利耶波羅蜜多故。於諸佛法廣生浄信。長久大夜常樂觀察。爲欲救濟沉溺衆生故。往如來所。殷勤鄭重咨疑問義。凡所敷演樂欲聽聞。既聞法已。復獲廣大清浄深信。歡喜踴躍倍加精進。受持正法如説修行。又舍利子。當來之世我諸弟子。少有苾芻深心希樂趣般涅槃寂静之法。多依三事以爲常業。何等爲三。一者。常憙追求世間名利。二者。貪樂朋黨。追求食家。往還不絶。三者。憙樂追求花飾房宇。貯積財富什物資具。

是名依止追求三事。舍利子。是諸苾芻以依如是三種事故。終不解脱三種惡趣。舍利子。如是苾芻不樂解脱地獄。傍生。焰魔鬼趣。而返憙樂勤修滅盡趣天道法。又常勤修相言鬥訟。譏刺離間。諍論之事。復樂攝受心不浄信諸惡友等。捨空静林。依泊村落。白衣俗人而爲朋翼。舍利子。諸在家者作如是言。如是長老數來我家。與我同好。我當供給。施其衣服飲食卧具病緣醫藥。諸餘資具。彼住空閑諸長老等既於俗人素無周接。我等如何與之言問。以此事故。是諸苾芻與在家者轉相親狎。更互談説。但叙世事繁雜戲論。舍利子。是惡苾芻樂共無良之人同止游涉。久著住處曾無移轉。多覓朋黨及多食家。數數瞻視躬行慶吊。由此事故密懷親愛。

設有客苾芻來。都無供給。先行毀呰非法之言。而客苾芻實是賢聖。是惡苾芻亦不稱説。汝爲多聞具戒清浄。汝是預流一來不還阿羅漢果。如是等言全不稱説。舍利子。是惡苾芻在我法中不修我法。更無餘事。唯樂毀呰訶罵不息。舍利子。彼諸俗人爲朋黨者又作是言。諸客苾芻未曾與我共住久處。周旋還往。舊住苾芻與我久住。情事相委。通致使命。經理緣務。以是義故。我當與諸舊住苾芻共相護吝。假爲威勢。舍利子。以是等故。諸惡苾芻於是經典若解不解。一切時中皆悉誹謗毀呰不信。又舍利子。若復有人聽聞如來所説經典。如是文句差別法門。常樂聽聞。聞便信解無疑惑者。必能捨離如是衆生。及捨應往惡趣之業。如是舍利子。修行

無倦精進菩薩摩訶薩。聽聞如是慳嫉等相往惡趣業。既聞是已。便不自行家慳等事。況復爲他開示此法。舍利子。如是名爲菩薩摩訶薩精勤無倦修行毗利耶波羅蜜多。應如是學。

大寶積經卷第四十七

校注

①『集』，龍藏、思溪藏作『進』。

②『篋戾車』，此云垢濁種也，樂作惡業，下賤種類邊鄙不信正法垢穢人也。（唐·慧琳《一切經音義》）

③『恬怕』，『恬』，安然，恬淡；『怕』，音 bó，恬淡。（《王力古漢語字典》）

④『興』，底本作『與』，依龍藏、思溪藏改。

⑤『一』，底本污殘，依龍藏、思溪藏補。

⑥『窣堵波』，此即如來舍利磚塔也。或佛弟子緣覺、聲聞及轉輪王等身皆得作塔。或石或磚或木塔是也。（唐·慧琳《一切經音義》）

⑦『彼』，底本污殘，依龍藏、思溪藏補。

⑧『异』，龍藏、思溪藏、上海佛學書局本、中州本作『果』。

⑨『捨無緣怨』，别譯本《佛説大乘菩薩藏正法經》（北宋·法護譯）中舍利子尊者向世尊請此法時，世尊告之曰：無因緣故，且止是事。

大寶積經卷第四十八

大唐三藏法師玄奘奉　詔譯

菩薩藏會第十二之十四①·毗利耶波羅蜜多品第九之四

復次舍利子。菩薩摩訶薩精勤無倦修習毗利耶波羅蜜多時。於諸衆生起病者想。何以故。一切衆生常是病者。恒爲三種熱惱所燒惱故。舍利子。何等名爲三種熱惱。所謂貪欲熱惱。瞋恚熱惱。愚痴熱惱。菩薩摩訶薩作如是念。我等今者。應以如是無上正法阿竭陀膏藥。塗傅如是熱惱衆生。何以故。由是無上正法清涼微妙膏藥用塗傅故。一切衆生貪瞋痴等諸熱惱病。皆悉除滅。舍利子。諸菩薩摩訶薩以是正法良藥。塗傅衆生。令三毒滅故。是菩薩摩

訶薩無倦正勤修行毗利耶波羅蜜多。應如是學。

復次舍利子。菩薩摩訶薩修行毗利耶波羅蜜多。其相無量。我今當說。舍利子。菩薩摩訶薩常作是念。所謂一切衆生皆是病者。何以故。由爲三毒常熱惱故。若有衆生生地獄者。亦爲如是貪瞋癡等之所燒惱。如是生傍生者。焰魔世界。人中。天上。所有衆生無不爲是三毒燒惱。若有衆生成疑見等諸煩惱者。亦常爲於貪瞋癡等之所燒惱。舍利子。是諸衆生具煩惱病。非餘良醫及勝妙藥若塗若傅。能令貪瞋癡等熱惱靜息。唯除如來無上勝妙大法醫王及證法身菩薩摩訶薩。以大願力自嚴持身。爲良藥已。乃能除滅一切衆生貪瞋癡等諸熱惱病。

復次舍利子。汝應解了如是法門。所謂一切衆生貪瞋痴病。非餘醫藥而能瘥愈。唯有如來無上醫王。法身菩薩。以大願力而得除滅。舍利子。於汝意云何。衆生界多。地等界多。舍利子白佛言。世尊。如我解佛所説妙義。衆生界多。非大地界。亦非水界火界風界所能比類。佛言。如是如是。如汝所説。衆生界多。非大地界。乃至衆生界多。非彼風界。舍利子。我今更説如是之相。舍利子。有諸衆生身形微細。難可睹見。非佛法外諸神仙眼之所能及。亦非聲聞獨覺天眼境界。唯是如來清净天眼所能照了。舍利子。如來以净天眼。明見如車輪量所有微細含識衆生。其數無量。多於三千大千世界於人天趣諸受生者。舍利子。如是無量無邊諸有情界。乃至三

千大千世界一切有情。若卵生。若胎生。若濕生。若化生。若有色。若無色。若有想。若無想。若非有想非無想。若可見。若不可見。如是乃至所有假名建立諸有情界。設使於一刹那。或一羅婆。或一牟呼多頃。非前非後皆得人身。彼諸人等并成良醫。壽命一劫。明練方術。通閑醫道。爲大醫師。善療衆病。皆如今者時縛迦醫王。舍利子。彼諸醫王同共集議。作如是言。有一衆生懷貪瞋痴熱惱之病。我爲醫王。勤加功用。當爲除滅。如是舍利子。設使彼等一一諸醫皆持清涼妙藥。其量高廣如蘇迷盧山王。并又勤加功用。將欲滅一衆生貪瞋痴惱。又彼諸醫於是清涼藥分山王摩以爲末。盡其劫壽塗一衆生。一切醫王盡其功術。并悉疲倦。乃至藥分山王用末

塗盡。皆亦不能滅一衆生貪瞋痴等諸惱熱病。

復次舍利子。諸佛如來出興于世。見諸衆生具煩惱病。如來但說一不净觀無上正法阿竭陀膏藥。用以塗傅。無量衆生貪欲熱惱無不除滅。如是塗傅無量百衆生。無量千衆生。無量百千衆生。無量拘胝衆生。無量百拘胝。無量千拘胝。無量百千拘胝衆生。無量拘胝那庾多衆生。無量百拘胝那庾多。無量千拘胝那庾多。無量百千拘胝那庾多衆生。如是無量薑羯羅衆生。無量頻跋羅衆生。乃至無量不可說不可說衆生。以聞一不净觀故。貪欲熱惱同時靜息。舍利子。如來但說一慈悲觀無上正法清凉妙藥。用以塗傅。無量衆生瞋恚熱惱皆得除滅。乃至不可說不可說衆生瞋恚除

滅亦復如是。舍利子。如來但說一因緣觀無上正法清凉妙藥。用以塗傅。無量衆生愚痴熱惱皆得止息。乃至不可說不可說衆生愚痴止息亦復如是。又舍利子。證得法身菩薩摩訶薩。亦以大願自嚴持身。爲法良藥。善能息滅無量衆生三毒熱惱。乃至息滅不可說不可說無量衆生貪瞋痴等諸惱熱病。

復次舍利子。如我先説證得成就法身菩薩摩訶薩。願力持身而爲良藥。用滅無量不可說衆生煩惱熱病。如是等相。吾今更說。汝當諦聽。舍利子。我念往昔過無數劫。有佛興世。名曰然燈如來。應。正等覺。明行圓滿。善逝。世間解。無上丈夫。調御士。天人師。佛。薄伽梵。舍利子。爾時然燈如來應正等覺爲我授記。作如是言。汝摩納

婆。於當來世過阿僧企耶劫。當得作佛。號釋迦牟尼如來。應。正等覺。乃至佛。薄伽梵。舍利子。彼然燈佛授我記已。爾時便證法身成就。佛滅度後。我爲帝釋。名微妙眼。於三十三天。得大自在。具大神通。有大威德。宗族熾盛。舍利子。是時贍部洲中有八萬四千大城。有無量千村邑聚落市肆居止。復有無量百千拘胝那庾多一切衆生住如是處。人物繁擁極爲興盛。舍利子。當於爾時有大疫病。中劫出現。多有衆生遭遇重病。身體潰爛。癰腫痤癤。疥癬惡瘡。風熱痰癊。互相違返。以要言之。一切病苦無不畢集。於時復有無量百千諸醫藥師。爲欲救療如是病苦。勤加功用。極致疲倦。而衆生病無有愈者。舍利子。彼諸無量病苦衆生不遇良醫。爲病所弊。無

有救護。無有歸趣。皆共呼嗟。失聲號哭。涕泣横流。作如是言。我今受此無量重病。何處當有天。龍。藥叉。健達縛。及諸羅刹。人非人等。以大慈悲而能見爲除我病者。若有能除我病苦者。我當不吝一切財寶。厚報其恩。隨其教誨。舍利子。我於爾時。以净天眼超過於人。見諸衆生種種疫病逼惱其身。煩冤纏繞無有救濟。又以天耳清净過人。徹聽衆生號訴之聲。極爲悲怨。酸楚難聞。舍利子。我於彼時見聞是已。於是衆生深起大悲。即作是念。一何苦哉。如是無量無邊衆生。遭是重病。無舍無宅。無救無護。無歸依趣。無能療者。我今决定爲諸衆生。爲舍爲宅。爲救爲護。爲歸依處。爲醫療者。必令病惱普皆平復。舍利子。我於爾時。便隱帝釋高廣之形。於贍部

洲俱盧大城不遠。受化生大衆生身。名曰蘇摩。既受生已。住虛空中。以伽他頌遍告贍部洲内所有衆生。説其頌曰。

俱盧大城爲不遠　有大身者名蘇摩　若有衆生啖其肉
一切病惱皆除愈　彼無瞋恚諸忿害　爲作良藥②生贍部
汝當欣踴勿驚疑　隨意割肉除衆惱

舍利子。爾時贍部洲内所有諸城。八萬四千村落市肆。又無量千一切含識爲病惱者。聞是聲已。一時皆往俱盧大城蘇摩菩薩大身之所。競以利刀或割或截彼之身肉。舍利子。蘇摩菩薩行精進行。當被割時。於其身内③出大音聲。説伽他曰。

若此能實證菩提　智藏當成無盡者

隨我所發諦誠言　亦願身肉常無盡

舍利子。爾時贍部洲内一切衆生爲病逼故。段段割截菩薩之身。或擔持去。或就食者。雖被加害。以願力故。隨割隨生無有缺減。舍利子。是諸衆生噉食蘇摩菩薩肉已。一切病患悉皆除滅。病既除瘥。復令衆生心得安樂。形無變易。是諸衆生身心安樂。展轉聲告遍贍部洲。來食肉已。病皆除愈。無有變易。身心安樂。舍利子。爾時一切贍部洲中人民之類。若男若女。童男童女。食菩薩肉病除愈者。於是菩薩深懷恩慧④。競自思惟。是蘇摩者極有重恩。除我病苦。施我安樂。令無變易。我當云何施設供養酬斯厚澤。作是念已。咸共集會。詣俱盧大城蘇摩菩薩大身之所。既到彼已。皆共圍繞。感

戴其恩。不能自勝。説伽他曰。

仁爲舍宅爲救護　仁爲良醫妙藥者

唯願哀憐垂教敕　我等如何修供養

舍利子。我於爾時爲是大身。拔濟衆生如是病苦。知是無量諸衆生等銜我重恩。歸依我已。便滅所現蘇摩大身。復帝釋形住衆生前。威光顯盛而告之曰。卿等當知。若爲病苦由我身肉而得除瘥。卿等懷恩將思報者。卿等當知。我本不爲村城館邑。王都國土。田宅舍屋。住處等事。愍卿病苦行身肉施。我亦不爲金銀末尼。琉璃真珠。珂貝璧玉。珊瑚等寶行身肉施。我亦不爲象馬牛羊。放牧畜産行身肉施。我亦不爲婦人丈夫。童男童女。奴婢僕使行身肉施。

我亦不爲肴膳飲食。衣服卧具。病緣醫藥。及餘資蓄行身肉施。我亦不爲園林池苑。宮殿樓觀。愍卿病苦行身肉施。卿等當知。我本所以愍卿病苦行身肉施。爲令衆生離不善業。卿等但能爲我永斷永離殺生之業。永斷永離不與取業。永斷永離欲邪行業。如是永斷永離虚誑語業。離間語業。粗惡語業。綺飾語業。貪欲瞋恚諸邪見業。卿等於此永斷離者。是爲利益。是爲報恩。舍利子。爾時帝釋復爲大衆説伽他曰。

我非爲求珍寶聚　其量高廣等迷盧　亦不爲求天玉⑤女

及諸衣食床敷事　欲奉蘇摩大身者　但當尊重同和合

展轉慈心相敬視　專修净妙十業道　卿等當於十業道

但常和合堅防守　是名大興法供養　菩薩非求世財故
我不用諸世財寶　芳羞飲食妙衣服　象馬車乘牛羊等
床敷婇女資生具　卿等但共同和合　善持清净十業道
展轉發起大慈心　彼此熏修利義意

舍利子。爾時贍部洲内無量衆人聞我説是勸發之言。感恩德故頂禮我足。皆悉受持十種清净妙善業道。舍利子。我於爾時爲彼大衆廣宣正法。示教讚喜。便隱天身不現於世。如是舍利子。我正憶念。往昔世時贍部洲中所有人民食噉蘇摩菩薩肉者。從是已來。乃至無有一人墮於惡趣。彼命終已。皆生三十三天。宿業力故與我⑥俱生。舍利子。我於爾時。復爲彼天隨其所應。敷演法化。示教

贊喜。皆令安住聲聞乘中。或獨覺乘。或有安住阿耨多羅一切智乘。如是等衆聞我法故。或有已般涅槃。正般涅槃。當涅槃者。舍利子。汝觀如是安住法身菩薩摩訶薩。行毗利耶波羅蜜多故。成就如是大神通力。成就如是大威德力。成就如是大勢之力。乃能但捨一身之慧*。而大成熟無邊衆生。皆住三乘得不退轉。

爾時長老舍利子白佛言。世尊。云何菩薩摩訶薩行毗利耶波羅蜜多時。精勤修獲法身之相。唯然世尊。願爲解說。佛告舍利子。菩薩摩訶薩法身之相。無生無死。堅固難壞猶如金剛。不可思議。而諸法身菩薩摩訶薩。爲欲化度身壞衆生。故現壞身。又欲化諸身不壞者。現不壞身。然此法身圓成具足。非火所燒。非刀能割。如彼

金剛堅固難壞。舍利子。安住法身菩薩摩訶薩行毗利耶波羅蜜多故。無倦精進。非有功用。但以其身。則能成熟無量衆生。不假其心思量分別。即此菩薩。身自能知。了諸身相。隨入自身真如法性。自身真如隨入諸法真如。諸法真如隨入自身真如。自身真如隨入諸佛真如。諸佛真如隨入自身真如。自身真如隨入去來現在真如。去來現在真如隨入自身真如。又過去真如不違未來真如。亦非未來真如違過去真如。又過去真如不違現在真如。亦非現在真如違過去真如。又未來真如不違過去真如。亦非過去真如違未來真如。又未來真如不違現在真如。亦非現在真如違未來真如。又現在真如不違過去真如。亦非過去真如違現在真如。又

現在真如不違未來真如。亦非未來真如違現在真如。又去來現在真如即蘊界處真如。又蘊界處真如即染污清淨真如。又染污清淨真如即流轉寂滅真如。又流轉寂滅真如即加行真如。又加行真如即一切行真如。而一切行即是真如。而此真如即一切行。復次舍利子。夫真如者即是實性。即是如性。是非不如性。是不遠離性。是無發動性。是無嬈亂性。是不相違性。是無違諍性。又舍利子。夫真如者無所違諍。以無違諍名曰真如。然諸如來説名違諍。舍利子。真如説名隨順攝受。何因緣故如來乃説以爲違諍。舍利子。如來違於一切諍故。以是因緣。菩薩常現一切違諍。又諸如來本無違諍。亦未曾起。何以故。無違無諍説名如來。而常現諸色像

違諍。非唯如來而有動亂。諸菩薩摩訶薩以如實智觀如來身。於如來身平等法性。即觀自身平等法性。又於自身平等法性。觀察如來平等法性。又於自身平等法性。觀察諸身及以非身。於一切身及以非身。觀察於彼不思議身。菩薩摩訶薩於緣生法了一切身。既了知已引攝法身。舍利子。菩薩摩訶薩當於引攝此法身時。我說是等便證法身。既得證已。又能示現蘊界處身。當知是身法身所顯。是故舍利子。一切衆生若有値遇如是法身。若見若聞即皆調伏。觸彼身時。能令衆生作諸義利。

復次舍利子。如時縛迦大醫王者。聚集衆藥和爲形相。變成女像。妍質華美。凈色悦人。由是醫王善能作故。妙善成就。善加嚴飾。舍

利子。是藥女像。雖無思慮又無分別。而能示現往來住止。若坐若卧。諸有豪貴。大王王子大臣長者及諸小王有病惱者。至時縛迦大醫王所。爾時醫王觀其所治。即以藥女賜爲仇匹。彼諸人等既蒙所惠。便執藥女暫身交觸。一切患苦自然消除。無病安樂無有變异。舍利子。此時縛迦大醫之王。療治世間諸病妙智。餘有世醫無與等者。如是舍利子。法身所顯菩薩摩訶薩亦復如是。乃至一切衆生。若男若女。童男童女。有貪恚痴熱惱病者。至菩薩所暫觸其身。一切病苦皆得消滅。又覺其身離諸熱惱。何以故。由諸菩薩摩訶薩本發大願善清净故。

復次舍利子。法身菩薩摩訶薩不由食摶食故。身得安住。雖復了

知一切飲食本無所有。愍衆生故而現受食。雖現食之。情無耽著。於其自身未曾顧戀。何以故。法身之力無退無減。不以飲食安住其身。又舍利子。法身菩薩摩訶薩於諸生死難可了知。而示現身有生有死。何以故。爲欲成熟諸衆生故。示現終盡。然此菩薩摩訶薩了知諸法無有終盡。示現有生。了知諸法無有起作。雖現生起。了知諸法畢竟無生。又此法身以法爲食。法力所持。依止於法。本願力故。無有功用成熟衆生。舍利子。法身菩薩摩訶薩如是等相。皆由無倦精進修行毗利耶波羅蜜多故。而便證入。爾時世尊欲重宣此義。而説頌曰。

身如金剛不可損　知時設化故現生　毒惡刀火非燒害

見燒害者所化衆　有病則見爲良藥　飢渴衆生見飮食
以諸法性無分別　法身無身一理證　了知一法從緣生
無摩納婆意生等　衆緣有故苦輪運⑦　衆緣無故苦輪斷
了色不堅如聚沫　思惟諸受等浮泡　想如熱時陽焰動
芭蕉諸行應觀察　如世善幻舞戲者　刹那便現諸色像
了知識用亦如是　智者於彼皆無願　知世財如箭離弦
復似電飛山水瀑　暫聚還散類空雲　智者於彼皆無願
諸有都無有衆生　未曾不受天諸樂　復墮地獄更貧苦
佛子觀已不求天　彼心無依似游空　非有非無離依止
雖生諸有無生死　證無老死大我故

復次舍利子。無倦精進菩薩摩訶薩。修行毗利耶波羅蜜多時。當應如是正心修學。舍利子。世間雖有諸醫充滿世界。不能了知三種大患。何以故。彼皆不善又無智故。而不能識貪瞋痴等三種大患。舍利子。彼無智醫。非唯不識三種大患。又不了知三大良藥對治三患。何等爲三。所謂不能了知貪欲大患。不浄良藥而爲對治。瞋恚大患。慈心良藥而爲對治。愚痴大患。緣起良藥而爲對治。舍利子。如是諸醫唯能療治一二別病。不能普治一切衆病。唯能暫治少時降損。非爲盡病畢竟除瘥。菩薩摩訶薩作如是念。我今行毗利耶波羅蜜多故。修菩薩道。豈當隨學如是諸醫。我當依隨諸佛世尊。善達諸法無上大醫之王。畢竟療治一切病者。是大醫王。

我今隨從依憑修學。既修學已。我應普治一切病苦。豈當療治別別諸病。我應畢竟除衆病本。豈當暫瘥不除病本。舍利子。是菩薩摩訶薩復作是念。我應積集如是無上正法阿竭陀膏藥。當使一切衆生聞藥聲已。貪瞋痴等極重大患自然消滅。是故舍利子。無倦精進菩薩摩訶薩。行毗利耶波羅蜜多故。積集如是無上正法阿竭陀膏藥。塗傅一切有病衆生。不與聲聞獨覺法共。唯除如來無上大醫之王善達一切法者。以無上正法阿竭陀膏藥。遍塗所吹大法之螺。如是塗已便就吹之。其聲遍告三千大千世界。於中所有非一衆生聞是聲已。但使一切貪瞋痴等諸大重病皆悉除滅。如是除滅非一百衆生。非一千衆生。非一百千衆生。如是除滅

非一拘胝衆生。非一百拘胝。千拘胝。百千拘胝衆生。如是除滅非一拘胝那庾多衆生。非一百拘胝那庾多。千拘胝那庾多。百千拘胝那庾多衆生。非一薑羯羅衆生。如是除滅。乃至不可説不可説衆生所有三毒大患皆得除滅。

復次舍利子。如大雪山中有大藥王。名爲毗伽摩。若聞其聲。一切世間猛烈毒熱皆悉消滅。若藥所住百逾繕那。其威盛故。令諸惡毒皆無勢力。若以藥王塗大螺鼓。若擊若吹。其聲所及諸有衆生。或飲毒藥。或被毒螫shì。毒塗毒刺。衆毒惱者。但聞如是螺鼓之聲暫至於耳。一切諸毒皆得除滅。舍利子。如是毗伽摩大妙藥王。一切世醫皆不能識。唯除時縛迦大醫王者方知色性。如是舍利子。無

倦精進菩薩摩訶薩亦復如是。行毗利耶波羅蜜多故。積集如是無上正法阿竭陀膏藥。不與聲聞獨覺法共。唯除如來無上正法大醫之王。能滅衆生諸有病者。以無上正法阿竭陀膏藥。用塗大法之螺。塗已吹之。聲告三千大千世界。其中所有一切衆生。乃至不可說不可說等。聞是聲已。貪瞋痴等諸重大患悉得寂滅。無有遺餘。

復次舍利子。如是無上正法阿竭陀膏藥。從於何所而來集此。舍利子。當知如是膏藥。從大菩提法器中來。又舍利子。彼菩提器從何而來。當知從菩薩法財寶篋中來。又舍利子。如是菩薩寶篋從何而來。當知不异大菩薩藏法門中來。是故舍利子。無倦精進菩

薩摩訶薩。爲欲修行毗利耶波羅蜜多故。應極至誠尋求如是大菩薩藏法門經典。聽聞受持。若讀若誦。研究義理。廣爲衆生宣説開示。舍利子。汝又應知如是之相。吾今當説。重顯其義。若諸無倦精進菩薩摩訶薩。修行毗利耶波羅蜜多故。聞我説已。於是經典應極至誠尋究義理。爲他開示。

舍利子。乃往古世。過阿僧企耶劫。廣大無量不可思議難可度量。乃至過是等數。又復過是等量。當於爾時。於此世界有佛出現。名赤蓮花勝如來。應。正等覺。明行圓滿。善逝。世間解。無上丈夫。調御士。天人師。佛。薄伽梵。舍利子。彼佛聲聞弟子一大集會。其數具滿八十拘胝。皆是大阿羅漢。諸漏已盡。乃至獲得諸心自在最勝波

羅蜜。舍利子。彼佛壽量滿八十歲。便般涅槃。正法住世經五百歲。像法住世亦五百歲。舍利流布。如我今者般涅槃後。供養舍利當流布相。

舍利子。彼佛去世入涅槃後。將滿百年。有一菩薩他方界終。生此世界大王之家。適初生已。便唱是言。奇哉。今者生非法處。又作是言。奇哉。今者生非法處。如是唱已。復作是言。我於今者當行法行。我於今者當行法行。爾時衆人皆生疑怪。以其所述同共號之。名爲法行。舍利子。時法行王子漸漸長大。諸根成滿。狀年二十。净信捨家。趣無上道。既出家已。獨止幽閑空寂林中。宴處静室⑧。時虚空中有大天神來告之曰。苾芻當知。汝今若求如來佛果。聲稱高遠

尊上法者。但當勤學大菩薩藏微妙法門。若未獲者。勿捨精進。專志尋求。無令不果。舍利子。時法行苾芻從彼天神聞斯語已。心大歡喜。踴躍無量。身意悅豫。即行尋訪菩薩藏法。躬詣村城。王都國邑乃至亭館。展轉尋求了無所得。爾時法行苾芻復更經歷往諸僧坊。或見苾芻或苾芻尼。便至其所。作如是言。善哉仁者。何處當有大菩薩藏微妙法門。菩薩摩訶薩依之修學。出生無量諸佛妙法。彼便答言。苾芻當知。我初不聞何等名爲大菩薩藏微妙法門。我於今者因汝說故。方聞大菩薩藏法門名字來入我耳。舍利子。爾時法行苾芻重自思念。如是法門諸佛妙法。不應天神妄有所說。我於今者要當不捨勇猛精進。乃至未聞大菩薩藏法門已來。

中無懈廢。便更請問彼苾芻等。赤蓮花勝如來般涅槃時。焚身之地爲在何所。汝當示我此地方面。我當往彼行精進業。彼苾芻等即告之言。苾芻當知。如是方面。是薄伽梵赤蓮花勝如來焚身之地。爾時法行苾芻即往其所。到已頂禮。右繞無數。却退一面結加趺坐。一心攝念想對彼佛。作是誓言。我於此處結加趺坐。我若不從赤蓮花勝如來現前聽聞大菩薩藏微妙法門者。要當不解此坐。不起此處。舍利子。時法行王仙苾芻精進堅固發如是誓。結加趺坐。過七日已。東方世界有薄伽梵。名曰寶藏如來應正等覺。爲法行王仙苾芻故。從彼而來現其身前。爲説開示八門句法。因又告曰。王仙苾芻。汝今當隨八門句法大菩薩藏微妙法門精勤修

行。則諸佛法不難得遂。時王仙苾芻聞佛教已。精勤修習八門句法。於後不久便得成就不可思議無上多聞。即從地起離本坐處。爲欲廣行毗利耶波羅蜜多故。勇猛正勤。往諸村城王都國邑乃至亭館。從一一處至一一處。展轉宣説。顯通如是大菩薩藏微妙法門。滿六十歲。於如是時教化衆生天人等衆滿拘胝數。皆得安住於三乘中。

舍利子。彼王仙苾芻化衆生已。臨命終時。發如是言。願我還生此佛世界人趣之中。當修法行。作是願已。便就命終。以願力故。於此世界贍部洲中生居士家。彼初生日。便唱是言。我於今者當修法行。又作是言。我於今者當修法行。爾時衆人因其所述。爲立本號。

還名法行。舍利子。是法行童子形如八歲。浄信捨家。趣無上道。出家不久。以宿習故。大菩薩藏微妙法門無上深義。自然現前。法行苾芻安住如是大菩薩藏。六十歲中廣行法化。躬至村城王都國邑乃至亭館。處處施化。爲諸衆生開示是法。於六十歲教化天人滿拘胝衆。於三乘中皆已成熟。或住聲聞乘。或住獨覺乘。或住無上大乘之者。

舍利子。彼時法行苾芻化衆生已。臨命終時。復發是言。願我未來當得爲人。出家聞法。既命終後。以願力故。於此世界贍部洲中生於王家。彼初生日。於上空中。天神唱言。此衆生界。法勝菩薩出現於世。又唱是言。此衆生界。法勝菩薩出現於世。爾時衆人聞天告

已。便號王子以爲法勝。舍利子。法勝王子如是漸漸諸根成熟。壯年二十。净信捨家。趣於非家。既出家已。衆人便號法勝苾芻。舍利子。法勝苾芻大念慧力之所持故。大菩薩藏微妙法門自然現前。精勤修習。能善永斷衆生疑惑。六十年中躬事巡化。游歷村城王都國邑乃至亭館。爲諸衆生開示是法。於六十歲成熟拘胝諸天人衆。悉令安住阿耨多羅三藐三菩提心。

舍利子。法勝苾芻將欲命終。復發是言。願我來世生人道中。正信出家。適發願已。便就命終。還生此界贍部洲中大富長者家。彼初生時。復有天神大聲唱令。於此世界得念菩薩今日出現。如是再返。爾時衆人聞天告已。皆共號之名爲得念。舍利子。是得念菩薩

諸根成滿。壯如二十盛年之者。净信捨家。趣於非家。纔出家已。宿習力故。便得成就不可思議最勝無上不忘總持。多聞具足。六十年中身行化導。巡歷村城王都國邑乃至亭館。處處流化宣說正法。斷衆生疑。開示如是大菩薩藏微妙法門。過六十歲安置天人滿一拘胝。或住聲聞。或住獨覺。或復安住無上佛智。舍利子。是得念菩薩化衆生已。臨命終時。復發是言。願我未來生於人中。正信出家。彼命終已。還生此界大王之家。初生之時。復有天神大聲唱告。此有情界。依法菩薩出現於世。如是再返。爾時衆人聞天告已。便名王子以爲依法。舍利子。依法菩薩如是漸漸諸根成滿。壯二十歲。以信捨家。趣於非家。纔出家已。宿習力故。便得

成就無間斷念。念力持故。大菩薩藏微妙法門自然現前。舍利子。依法菩薩而作苾芻。五十年中游行教化。從一聚落至一聚落。從一村墟至一村墟。從城至城。從館至館。從國至國。從一王都至一王都。爲諸衆生開示如是菩薩藏法。斷除疑惑。於五十歲令四拘胝諸天人衆住聲聞乘。住獨覺乘。或住無上諸佛大乘。

舍利子。是依法菩薩摩訶薩從是命終。生於東方寶藏如來佛之世界。初生之時。即得成就不可思議無上多聞。教化示導六十八拘胝諸天人衆。皆得成滿安住三乘。舍利子。是依法菩薩摩訶薩。於彼寶藏如來法中化衆生已。命終還來於此世界赤蓮花勝佛土贍部洲中。生大王家。當初生時。彼所教化六十八拘胝天人大

衆皆成熟者。於彼命終。亦隨菩薩生此佛土。與是菩薩而爲眷屬。舍利子。當於爾時。此方世界有佛出世。名最高行如來。應。正等覺。明行圓滿。善逝。世間解。無上丈夫。調御士。天人師。佛。薄伽梵。其佛壽命滿足八十拘胝歳。爾時人壽量與佛等。舍利子。最高行如來應正等覺處世説法。一一歳中有一大會。一一大會皆有八十拘胝諸聲聞衆。其佛凡有八十拘胝聲聞大會。純是大阿羅漢。爾時菩薩爲王子時。名曰勇施。成就多聞。聰睿勝觀。與其眷屬六十八拘胝。如是大衆前後圍繞。往詣薄伽梵最高行如來應正等覺所住之處。既到彼已。頂禮佛足。繞無數匝。却坐一面。舍利子。爾時最高行如來。了達勇施王子增上信樂。即便開示本

行相應微妙勝法。時勇施王子聞佛開示如是法已。豁然意解。得清浄信。心清浄故。即與六十八拘胝眷屬。以信捨家。趣於非家。既出家已。盡其壽量浄修梵行。舍利子。時勇施王子。彼佛法中精進經行於菩薩道。其心將證無上菩提。時最高行如來便爲授記。告諸大衆。今此苾芻勇施菩薩摩訶薩者。次我滅後。當證阿耨多羅三藐三菩提。出現世間。名大精進如來。應。正等覺。明行圓滿。善逝。世間解。無上丈夫。調御士。天人師。佛。薄伽梵。舍利子。是最高行如來授彼記已。便般涅槃。勇施菩薩見佛滅度。戀慕增慼。恭敬供養如來舍利。廣起靈廟利益衆生。住持正法。開化無量。其後不久。證得阿耨多羅三藐三菩提。名大精進。舍利子。是大精進如來。壽量

半劫。其佛說法無量大會。一一集會有十二那庾多聲聞弟子。純阿羅漢。

舍利子。如是無倦精進菩薩摩訶薩。爲欲修行毗利耶波羅蜜多故。鄭重殷勤。尋求如是大菩薩藏微妙法門。聽聞受持。若讀若誦。思惟研究。開析義理。廣爲含生宣示演說。惟功不已。遂至成佛。名大精進如來應正等覺。出興于世。廣宣法化饒益衆生。如上所說。是故舍利子。若有善男子善女人。安住大乘微妙正行。欲疾證於阿耨多羅三藐三菩提者。應當奮發勇猛精進。鄭重殷勤。尋求如是菩薩藏法。即得奉遇。恭敬聽受。乃至廣爲含生宣說開闡。何以故。舍利子。勇猛精進菩薩摩訶薩。必因尋求大菩薩藏微妙法門。

方得成滿毗利耶波羅蜜多故。舍利子。是名菩薩摩訶薩勇猛精進勤修毗利耶波羅蜜多。爲衆生故行菩薩行。若諸菩薩摩訶薩精進修行是菩薩行。一切衆魔魔民天子。於此菩薩不能嬈亂。又不爲彼异道他論所能摧屈。

大寶積經卷第四十八

校注

①『之十四』，底本無，依龍藏、思溪藏及前後會名補。

②『藥』，龍藏作『醫』。

③『内』，龍藏作『肉』。

④『慧』，龍藏、思溪藏作『惠』。本卷下文例同，用*標識，不再出注。

⑤『天玉』，龍藏作『大王』。

⑥『我』，底本作『戒』，依龍藏、和裕本、上海佛學書局本改。

⑦『運』，龍藏、和裕本、上海佛學書局本作『連』。

⑧『室』，思溪藏作『定』。

〔印〕菩提流志◎譯　廣吉◎點校

大寶積經

第三册

第十二會餘～第十六會

綫裝書局

目録（第三册）

大寶積經卷第四十九

大唐三藏法師玄奘奉　詔譯

菩薩藏會第十二之十五・靜慮波羅蜜多品第十之一

復次舍利子。云何名爲菩薩摩訶薩精勤修學靜慮波羅蜜多。爲衆生故行菩薩行。舍利子。菩薩摩訶薩爲衆生故。具足勤修四種靜慮。何謂爲四。舍利子。菩薩摩訶薩離欲離惡不善法故。有尋有伺。離生喜樂。是名菩薩安住第一具足靜慮。又舍利子。菩薩摩訶薩滅尋伺故。内正等浄。心一趣體。無尋無伺。定生喜樂。是名菩薩安住第二具足靜慮。又舍利子。菩薩摩訶薩爲離喜故。便住於捨。正念正知。身正受樂。衆聖所說。有捨有念。樂住離喜。是名菩薩安住第三具足靜慮。又舍利子。菩薩摩訶薩爲斷樂故。斷苦爲先。及憂喜没。不苦不樂。捨念清浄。是名菩薩安住第四具足靜慮。舍利子。菩薩摩訶薩於是靜慮。定心清白。無有穢濁。離隨煩惱。不捨深定。而能發起一切靜慮種種作業。是名菩薩摩訶薩依靜慮波羅蜜多故。勤修如是四種靜慮。

復次舍利子。云何菩薩摩訶薩靜慮作業。所謂菩薩成就神通智業圓滿。舍利子。云何名爲菩薩神通。復以何等而爲智業。舍利子。言通智者。菩薩摩訶薩成就通智具足五種。何等爲五。所謂天眼作證智通。天耳作證智通。他心智作證智通。宿住憶念作證智通。如意足差別作證智通。舍利子。是名菩薩摩訶薩五種神通。菩薩於中具足成就智業圓滿。

復次舍利子。云何菩薩摩訶薩天眼性作證智通。云何神通智業圓滿。舍利子。菩薩摩訶薩修行靜慮波羅蜜多故。得是天眼智業圓滿。如是定心清净明白。又無濁穢離隨煩惱故。於含識死生作證智神通。其心善趣入①。舍利子。如是菩薩摩訶薩天眼清净。明亮顯照。超過於人。觀諸含識若死若生。好色惡色。善趣惡趣。若劣若勝。隨諸衆生業所積集悉能了知。如是以净天眼。見諸衆生成就身惡行。成就語惡行。成就意惡行。誹謗賢聖。發起邪見。彼由邪見業受因故。身壞終後。墮於惡趣生地獄中。如是衆生。成就身妙行。成就語妙行。成就意妙行。不謗賢聖。發起正見。彼以正見業受因故。身壞命終。往生善趣天世界中。舍利子。是名菩薩摩訶薩天眼清淨。超過於人。隨諸衆生業所積集悉能明見。

復次舍利子。菩薩摩訶薩修行靜慮波羅蜜多故。所獲天眼明徹最勝。過諸含生所得天眼。舍利子。由是菩薩所獲天眼極善明朗。徹視顯現所有色相。若粗若細。若勝若劣。若遠若近。如是諸境皆對目前悉能明見。又舍利子。菩薩摩訶薩由是眼故。一切有障諸色像等。經②菩薩眼徹視明朗皆無障礙。是故舍利子。此菩薩摩訶薩所獲天眼。於諸天中爲最爲勝。如是一切那伽。一切藥叉。健達縛。阿素洛。有學無學及阿羅漢。諸獨覺等所得之眼。菩薩於彼所得天眼作證智通。爲最爲上。爲尊爲勝。爲妙爲明。清徹第一。

復次舍利子。菩薩摩訶薩修行靜慮波羅蜜多故。所獲天眼。諸出離道之所發生。以是天眼極善明了徹視顯現故。所有十方無量無邊諸世界中。粗細勝劣。若近若遠。一切諸色如實明見。又以是眼於彼十方無邊無際諸世界中。所有含識生一切趣。除無色界。彼一切類皆能如實了知明見。又以是眼善知衆生所有業因及業果報。又善了知彼諸衆生所有諸根及諸根因。諸根差別。悉能分別如實了知。

復次舍利子。菩薩摩訶薩修行靜慮波羅蜜多故。又以是眼能觀十方無量無邊諸佛國土功德莊嚴。皆對目前悉能現見。既現見已。清淨修治所行戒聚。即以迴向所成佛土。清淨功德之所莊嚴。

舍利子。是名菩薩摩訶薩具足天眼。安住尸羅圓滿迴向。又舍利子。菩薩摩訶薩天眼清朗超過於人。如實明見一切諸佛及菩薩僧。既現見已。彼諸正士所有軌則。景行根念。正智威儀。聖法解脱智。住證得總持勝智。巧妙智慧。方便善權。趣入如是一切勝妙法行。菩薩悉能如實明見。便志勤修。速令圓滿。

復次舍利子。菩薩摩訶薩修行靜慮波羅蜜多故。所得天眼清净超人。無量功德之所成就。何以故。是眼無障。於一切色悉能見故。是眼無著。於一切色無執著故。是眼解脱。解脱一切隨眠見故。是眼清净。性清徹故。是眼無依。以諸境界無所依故。是眼無受。煩惱隨眠不執受故。是眼無翳。無疑惑故。是眼無縛。離障法故。是眼明了。證法明故。是眼依智。行非識故。是眼無染無恚無痴。遠離一切煩惱濁故。是眼隨順勝决擇分。以爲聖行之所根故。是眼無礙相。於一切衆生等放神光故。是眼清朗。離聚亂故。是眼無垢。性皎浄故。又舍利子。是菩薩眼。能引佛眼。性如虛空。無所退捨。是菩薩眼。無著無縛。於諸愛恚皆悉遠離。是菩薩眼行義境界。等行正法清浄智道。於諸衆生善能安住高廣大悲。是菩薩眼。於來求者無所恚礙。是菩薩眼。於犯戒者曾無譏毀。是菩薩眼。於諸愆失能隨守護。是菩薩眼。於彼懶惰能施策進。是菩薩眼。於心亂者示静慮分。是菩薩眼。於惡慧者施正慧眼。是菩薩眼。行邪道者開示正路。是菩薩眼。於彼下劣信樂衆生。示現如來廣大佛法。是菩薩眼。畢竟能趣一切智智。高廣神通妙覺現前。乃至道場無有退轉。舍利子。是名菩薩摩訶薩依靜慮波羅蜜多故。獲是天眼神通作證智業圓滿。

復次舍利子。云何菩薩摩訶薩修行靜慮波羅蜜多故。獲是天耳性作證智神通。復以何等神通智業具足圓滿。舍利子。菩薩摩訶薩以依靜慮波羅蜜多故。勤修獲得是天耳性。徹聽清浄超過於人。有二種聲。人非人等若遠若近。皆聞顯現。舍利子。是菩薩摩訶薩以天耳性。能聞十方無量無邊諸世界中一切聲響。所謂天聲。龍聲。藥叉聲。健達縛聲。阿素洛聲。揭路荼聲。緊捺洛聲。牟呼洛伽聲。人非人聲。及聞賢聖說法之聲。如來聲。獨覺聲。菩薩聲。聲聞聲。

如是等一切聲響。菩薩摩訶薩以天耳性徹聽之力。悉現聞知。又能了知諸弊惡趣所有音聲。地獄聲。畜生聲。焰魔界聲。如是等無量無邊一切聲響。菩薩摩訶薩以天耳性徹聽之力。悉能現聞。又諸小蟲蚊虻蠅蟻。乃至微細有命之類。隨所發聲。菩薩摩訶薩以天耳性悉能現聞。又舍利子。菩薩摩訶薩天耳清凈。若諸衆生於心所緣。起善不善發生語業。以天耳性悉能了知。又能了知。或有諸業善因攝受。或有諸業不善因攝受。如是一切悉能了知。菩薩摩訶薩又能了知。或有語業貪隨眠故。瞋恚發起。或有語業瞋隨眠故。貪欲發起。又能了知。或有語業貪瞋隨眠故。愚痴發起。或有語業痴隨眠故。貪瞋發起。又能了知。或有語業貪隨眠故。貪欲發起。或有語業瞋隨眠故。瞋恚發起。或有語業痴隨眠故。愚痴發起。如是一切隨有言説。音聲所顯。悉能了知。又能了知。或有語業意解清净方便染礙。或有語業方便清净意解染礙。如是一切所有音聲。菩薩摩訶薩以無礙天耳大神通智。隨諸遠近皆如實知。復次舍利子。菩薩摩訶薩修行静慮波羅蜜多故。天耳通智清净明達。十方世界聖及非聖。所有音聲皆悉聽聞。復能分别無有錯謬。雖聞聽已。於聖音聲不起欣愛。於非聖聲不生嫌嫉。又於聖聲聽聞知故。獲得大慈。於非聖聲聽聞知故。獲得大悲。又十方諸聲一時無量。菩薩摩訶薩以前後際分齊智力。天耳無亂皆如實知。復次舍利子。菩薩摩訶薩以净天耳周廣聽聞。盡於十方一切世界。如來游化刹土之處。佛薄伽梵説法言音。悉皆聽聞。既得聞已。念器不忘。一切能持不令流散。如處器中堅住不溢。如是舍利子。菩薩摩訶薩聞如來聲亦復如是。悉能了知堅不堅法。又舍利子。是菩薩摩訶薩爲聽法故。非於一佛所説法音而偏領受。於第二佛所説法音纏縛障礙。何以故。菩薩摩訶薩聞法無厭故。雖復前後一切如來所説法音。皆能任③持無有錯謬。又菩薩摩訶薩以浄天耳。悉能聽聞十方世界善不善聲。此諸聲中。有所④顯説時非時語。如是無量皆如實知。舍利子。何等名爲時非時語。舍利子。諸佛菩薩善知時宜。或時爲衆廣説法要。或時爲衆略説法要。菩薩摩訶薩如是諸聲皆悉聞已。以一音聲隨其所應廣略開演。又舍利子。菩薩摩訶薩能善了知。或有實可記法。若爲說者。恐惱他故。而不記別。或實非可記法。謂能引無義。菩薩摩訶薩妙能隨順利他方⑤便無量善巧。自浄其心而便授記。

復次舍利子。菩薩摩訶薩修行靜慮波羅蜜多故。天耳清浄徹聽之力。知諸聲相。或時具有如是相聲。應須隨喜而聽聞者。菩薩摩訶薩即便聽聞如是相聲。或時具有如是相聲。不應隨喜而聽聞者。菩薩摩訶薩便不聽聞如是相聲。又舍利子。菩薩摩訶薩若處大衆說法之時。衆生耳識不能清浄。便以神力加被於彼。令其解了說法音聲。若諸衆生於一切法皆欲領解。便令得聞如是法聲。若諸衆生不欣諸法。既無欲解。便令不聞如是法聲。

復次舍利子。菩薩摩訶薩修行静慮波羅蜜多故。獲得如是天耳通智。所聞音響無量無邊。又舍利子。天耳性者。能令諸法皆明净故。天耳性者。能令智慧性清徹故。天耳性者。能令菩薩自清净故。天耳性者。能令衆生性清净故。天耳性者極善審察。如其文字所説音詞而能聽聞明了通暢。又能悟入於五趣生所有含識種種言詞音聲差别。菩薩悉能同其類音而爲説法。舍利子。是菩薩摩訶薩天耳性通。唯能趣向如來天耳。必定不趣諸餘乘行。舍利子。是名菩薩摩訶薩修行静慮波羅蜜多故。獲天耳性徹聽神通智業圓滿。

復次舍利子。云何菩薩摩訶薩修行静慮波羅蜜多故。獲是他心作證智神通。何等復名他心神通智業圓滿。舍利子。菩薩摩訶薩以是清净他心智通。明了所及盡於十方諸世界中所有含識無量心相。菩薩悉能如實了知。若諸衆生前際心相。後際心相。現在心相。菩薩於中皆能曉了。舍利子。是菩薩摩訶薩具足如是他心通智故。以過去心智。悉能解入一切含識因及隨因差别之心。何以故。由能了知如是衆生。是廣大因所生心因。如是衆生。是中品因所生心因。如是衆生。是下劣因所生心因。如是一切皆如實知。菩薩摩訶薩又能了知。如是衆生有施欲解相應根。如是衆生有戒欲解相應根。如是衆生有忍欲解相應根。如是衆生有精進欲解相應根。如是衆生有静慮欲解相應根。如是衆生有智慧欲解相應根。如是一切諸根相應。菩薩悉能如實明了。菩薩摩訶薩又能了知。如是衆生有慈行根。如是衆生有悲行根。如是衆生有喜行根。如是衆生有捨行根。悉能了知如實分別。菩薩摩訶薩又能了知。如是衆生有佛乘行根。如是衆生有獨覺乘行根。如是衆生有聲聞乘行根。如是一切皆能了知。菩薩摩訶薩又如實知。如是衆生有强因力。趣向大乘善因成就。如是衆生有强緣力。趣向大乘緣因成就。皆能如實分別了知。菩薩摩訶薩又如實知。如是衆生有强因力。成就趣向大乘善因。然此衆生由方便因生下賤家。如是衆生有强方便力。雖不成就廣大善因。然此衆生更殖因力生廣大家。如是一切皆能了知。菩薩摩訶薩又能了知。如是衆生。

欲解清净。非方便净。如是衆生。方便清净。非欲解净。如是衆生。欲解清净。方便清净。如是衆生。非欲解净。非方便净。舍利子。菩薩摩訶薩以是通力故。如是一切皆能了知。

復次舍利子。菩薩摩訶薩修行静慮波羅蜜多時。獲是他心通智故。所有一切衆生。前際因根心行智。及隨諸行説法智。如是皆名菩薩摩訶薩他心通智。舍利子。菩薩摩訶薩具是智故。以彼後際心入智通悉能了知。如是衆生。於未來世當有戒因。於現在世而有施因。如是衆生。於未來世當有施因。於現在世而有戒因。如是衆生。於未來世當有精進因。於現在世而有忍因。如是衆生。於未來世當有忍因。於現在世有精進因。如是衆生。於未來世當有慧因。於現在世有靜慮因。如是衆生。於未來世當有靜慮因。於現在世而有慧因。如是一切無量因行。悉如實知明了通達。菩薩摩訶薩又能了知。如是衆生。於未來世當有出世行因。於現在世而有世間行因。如是衆生。於未來世當有世間行因。於現在世而有出世行因。如是一切悉能了知。菩薩摩訶薩又能了知。如是衆生。於未來世當有大乘因所生根。於現在世有獨覺乘因所生根。如是衆生。於未來世當有獨覺乘因所生根。於現在世而有大乘因所生根。如是衆生。於未來世當有大乘因所生根。於現在世有聲聞乘因所生根。如是衆生。於未來世當有聲聞乘因所生根。於現在世而有大乘因所生根。如是衆生。於未來世當有獨覺乘因所生根。於現在世有聲聞乘因所生根。如是衆生。於未來世當有聲聞乘因所生根。於現在世有獨覺乘因所生根。如是舍利子。如前所說諸有因行及以有緣。於未來世一切衆生當有是根。菩薩摩訶薩以他心智通力故。若因若行若緣。皆能如實分別了知。舍利子。當知是諸菩薩摩訶薩於未成熟諸衆生所。發起正勤方便化導不生厭倦。隨彼衆生心能悟入爲説正法。何以故。菩薩摩訶薩善知如是正法器已。即便爲説如是正法。説法之業常無差失。是故皆號之爲不虛説法者。

復次舍利子。菩薩摩訶薩修行靜慮波羅蜜多故。獲是他心智業通證。於現在世一切衆生心及心法次第生起。如是無量悉皆了知。舍利子。云何名爲心及心法次第轉起而能知耶。舍利子。菩薩摩訶薩於諸含識有貪心。如實知有貪心。離貪心。如實知離貪心。有瞋心。如實知有瞋心。離瞋心。如實知離瞋心。有痴心。如實知有痴心。離痴心。如實知離痴心。又復能知。由彼如是如是諸煩惱惑。覆障如是如是諸衆生心。菩薩摩訶薩皆於是等如實了知。既了知已。隨彼如是諸煩惱等。出離正法而爲宣説。

復次舍利子。菩薩摩訶薩既具如是他心通智。將欲説法往大衆中。先應觀察一切大衆諸根行等差別之相。既了知已。如彼衆生所應行行而爲説法。舍利子。當知是菩薩摩訶薩以了知衆生根心勝劣之智。能悉了知衆生根心勝劣之性。舍利子。當知如是菩薩不妄輕毀於自心相及他心相。何以故。由此菩薩摩訶薩以智簡集心相續故。如是以念簡集。以悟簡集。以趣簡集。以慧簡集。以覺簡集。心相續故。離煩惱習。相續斷絕。清淨無垢明徹。無染無濁無躁。擇照諸法。隨入衆生一切心行。如是簡集心相續故。舍利子。菩薩摩訶薩若能悟入如是一切心法智者。是名菩薩摩訶薩修行靜慮波羅蜜多故。獲是他心神通智業圓滿成就之法。

復次舍利子。云何菩薩摩訶薩修行靜慮波羅蜜多時。獲得宿住隨念作證智神通智業圓滿。舍利子。菩薩摩訶薩以具如是宿住隨念之智力故。盡於十方遍周世界所有衆生。非一種種諸宿住事。悉能隨念。如是一生十生。百生千生。若百千生。非一百生。非一千生。非一百千生。如是次第皆能了知。菩薩摩訶薩又能了知壞劫。成劫。若成壞劫。非一壞劫。非一成劫。非一成壞劫。如是無量皆能了知。菩薩摩訶薩又知如是衆生。曾於彼處。有如是名。有如是性。如是種類。如是色相。如是狀貌。如是形像。如是飲食。如是久住。受如是等苦樂之事。菩薩摩訶薩以宿住智皆能隨念。又能了知如是衆生。此處命終。彼處受生。彼處命終。此處受生。如是此彼命終。此彼受生。若自若他。如是一切所有行相。所有處所。非一種種諸宿住事。菩薩摩訶薩悉能隨念分別了知。

復次舍利子。是菩薩摩訶薩以依靜慮波羅蜜多故。宿住念力善能隨念前際所有自宿住事。悉能了知。又能隨念前際所有他諸有情。他數取趣。所受非一。無量種種諸宿住事。皆能隨念而得知之。菩薩摩訶薩又能隨念前際因生自善根因。又能隨念一切含識前際因生他善根因。如是一切隨念了知。舍利子。是菩薩摩訶薩宿住智力無量方便。以自善根迴向菩提。能令衆生各自憶識所有善根。又令衆生於菩提心勤行攝受。如是一切隨念能知。又能隨念先世所有諸苦樂因。善知此因。皆趣無常苦無我等。舍利子。是菩薩摩訶薩既知是已。於菩薩行。無色憍逸。無財憍逸。無眷屬憍逸。無自在憍逸。無有希求轉輪聖王憍逸。無有希求帝釋天主憍逸。無有希求梵世天⑥王憍逸。無有希求護世天王憍逸。無有希求諸處受生樂著憍逸。無有希求諸欲之王富樂憍逸。唯除爲欲成熟衆生便以願力故受諸有。舍利子。如是菩薩摩訶薩了知一切皆趣無常苦無我故。於過去世煩惱諸行。善能訶責輕毁厭惡。於現在世。更不容納如是煩惱。乃至命難重苦因緣。終不造作不善之法及諸惡業。舍利子。是菩薩摩訶薩以先所集一切善根。皆悉迴向阿耨多羅三藐三菩提。令其增廣現在所集諸善根等。爲欲攝受一切衆生。遠離一切不平等迴向故。是菩薩摩訶薩具如是等諸善根已。紹三寶種令不斷絶。皆爲迴向一切智智。舍利子。當知菩薩摩訶薩念定之力。乃能如是成就無量微妙善法。復次舍利子。菩薩摩訶薩修行静慮波羅蜜多故。獲是宿住妙緣隨念。極善安住住法界故。如是隨念堅固不動。方便善巧簡擇集故。如是隨念無有掉亂。已善修治靜慮業故。如是隨念無有躁擾。妙奢摩他善住持故。如是隨念無諸迷謬。毗鉢舍那善攝受故。如是隨念性無魯樸。善證清淨現妙智故。如是隨念能善憶持。久遠諸念無忘失故。如是隨念大寶伏藏。福德資糧善積集故。如是隨念不隨於他。智慧資糧善積集故。如是隨念已到彼岸。諸度資糧善積集故。如是舍利子。當知無量無邊諸妙善法。皆由念力所任*持故。於過去世及現在世。發起憶念無忘失法。舍利子。是名菩薩摩訶薩依靜慮波羅蜜多故。獲是宿住神通成就具足智業圓滿。復次舍利子。云何菩薩摩訶薩如意足作證智神通。何等復名如意足通智業圓滿。舍利子。菩薩摩訶薩依靜慮波羅蜜多故。獲是欲三摩地斷行成就修如意足。如是勤心觀三摩地斷行成就修如意足。舍利子。是菩薩摩訶薩依如是等欲勤心觀助發之⑦法。極善修治。極善成立。自在轉故。能善修習四如意足。舍利子。菩薩摩訶薩成就四種如意足已。隨其願欲。如意神通證得現前。能示非一種種神變。菩薩摩訶薩雖現無量神通變化。皆爲度脱諸衆生故而修習之。舍利子。是諸衆生。應見如是神通變化受調伏者。菩薩摩訶薩隨彼所應。即便顯示如是神通無量變化。或現色相。或現威力。或冥加被。衆生因是而從度脱。

復次舍利子。云何菩薩摩訶薩如意足通現諸色相調伏衆生。舍利子。是菩薩摩訶薩觀諸衆生由如是等諸色像現。若見若聞。方從調伏。菩薩即便隨其所念現斯色像。或現如來色像。或現獨覺色像。或現聲聞色像。或現天帝色像。或現梵王色像。或現護世天王色像。或現轉輪聖王色像。如是等諸餘色像。菩薩摩訶薩隨所化度皆能示現。乃至由現畜生色像。及餘一切而調伏者。即便示現如是色像。爲諸衆生宣説正法。

復次舍利子。云何菩薩摩訶薩如意足通現諸威力。舍利子。菩薩摩訶薩觀諸衆生恃⑧力增上慢忿恚憍逸極懷深重。由如是力得調伏者。菩薩摩訶薩隨其所應。便爲示現如是神力。或現摩訶諾伽那力。或現那羅延力四分之一。或現那羅延力全分之半。或現那羅延力具足全分。如是乃至漸致兼倍。令彼衆生調伏化度。舍利子。菩薩摩訶薩以靜慮波羅蜜多如意足神通力故。能以二指舉蘇迷盧最大山王。輕轉自在。猶如取一阿末羅果。復以山王擲置他方無邊世界。舍利子。如此山王。舉高一十六萬八千逾繕那。量廣八萬四千逾繕那量。四寶所成高廣第一。由是菩薩住如意足。雖擲异方。於菩薩力無損無減。又舍利子。菩薩摩訶薩住如意足故。又能以此三千大千世界。如是縱廣盡其際量。從水輪聚上至有頂。擎置掌中住經一劫。現諸威儀無有妨礙。舍利子。如是無量不可思議。菩薩摩訶薩悉能隨應示現神變。舍利子。菩薩摩訶薩化現成就如是大力。爲令力增上慢忿恚憍逸極重衆生。見聞菩薩顯現神變。所有恃力懷慢忿恚憍逸悉皆摧滅。菩薩了知既調伏已。隨其所應爲説法要。

復次舍利子。云何菩薩摩訶薩證得如意足通加被之智。舍利子。菩薩摩訶薩即以如是加被智力。隨所加念即便成就。舍利子。菩薩摩訶薩若欲加念深廣大海使如牛迹。即如其念令是大海量如牛迹。又欲加念微淺牛迹猶如大海。即如其念令是牛迹量同大海。又舍利子。菩薩摩訶薩若欲加念劫燒大火令成水聚。即如其念便成水聚。加念水災令成火災。即如其念火災便起。舍利子。以要言之。一切加念神足之門。菩薩摩訶薩隨念加之皆得成就。又舍利子。菩薩摩訶薩若有加念下中上法互相轉易。即隨其念皆得成就。又舍利子。菩薩摩訶薩凡所加念神通被物。貞固難壞不可轉變。一切世間無有能令搖動隱没。若沙門。若婆羅門。諸天帝釋。魔王梵王。及餘世間。皆無有能如法搖動及隱没者。唯除法主⑨諸佛世尊。舍利子。當知是菩薩摩訶薩以如是等加念持力。但爲尊重種種廣大奇特變現諸衆生等。爲宣正法故現威神。復次舍利子。菩薩摩訶薩修行靜慮波羅蜜多故。獲得如是如意神足無退自在。超過諸魔煩惱境界。趣入一切諸佛境界。是諸衆生不惱方便。一切善根資糧積集。一切魔王及魔軍衆。諸威德天⑩不能遮斷。舍利子。是名菩薩摩訶薩依靜慮波羅蜜多故。獲是如意足作證神通智業圓滿。

復次舍利子。云何菩薩摩訶薩依靜慮波羅蜜多故得是神通。此神通者何等義理。復以何等而名爲智。舍利子。菩薩摩訶薩若觀色像。名曰神通。若能了知色像盡法而不證盡。是名爲智。又舍利子。若能聽聞一切聲響。是名神通。若能了知聲響前際本不可說。是名爲智。又舍利子。若能了達衆生心行。是名神通。若能了知心性寂滅。不證彼滅。是名爲智。又舍利子。若能隨念過去邊際。是名神通。若能了知三世無礙。是名爲智。又舍利子。於諸佛土若往若來。是名神通。若知國土等虛空相。是名爲智。又舍利子。了法興起故。名爲神通。觀法平等。是名爲智。又舍利子。明達諸世間。故名神通。不雜諸世間。是名爲智。又舍利子。威勢映奪一切釋梵護世諸天。故名神通。了知一切聲聞緣覺其證下劣。是名爲智。舍利子。諸如是等若通若智。其德無量不可思議。是名菩薩摩訶薩依靜慮波羅蜜多故。精勤獲得如是神通智業圓滿。

復次舍利子。菩薩摩訶薩依靜慮波羅蜜多故。證得無邊深妙靜定。何以故。舍利子。菩薩摩訶薩乃至爾所無數煩惱積集心捨。菩薩於彼亦有爾所無數靜慮資糧功德安住其心。又舍利子。菩薩摩訶薩乃至爾所一切衆生。以煩惱心生諸散亂。菩薩於彼亦應積集爾所靜慮資糧功德。舍利子。是名菩薩摩訶薩所證靜慮無量無邊。皆由靜慮波羅蜜多之所發起。復次舍利子。菩薩摩訶薩所證之定極善深妙。菩薩應時安住於中平等引攝。是處説名三摩呬多。舍利子。云何名爲平等引攝。舍利子。三摩呬多者。引攝有情平等之性。故名此定三摩呬多。舍利子。三摩呬多者。引攝其心平等性故。又三摩呬多者。引攝欲解平等性故。又三摩呬多者。引攝方便平等性故。又三摩呬多者。引攝增上欲解平等性故。又三摩呬多者。引攝柁那平等性故。又能引攝尸羅。羼底。毗利耶。靜慮。般羅若平等性故。又三摩呬多者。引攝一切諸法平等性故。舍利子。是名菩薩摩訶薩三摩呬多。深妙靜慮引攝平等諸法性故。復次舍利子。菩薩摩訶薩依靜慮波羅蜜多故。所獲靜慮微密深妙。唯智能入。亦得名爲三摩半那。舍利子。何等名爲三摩半那。舍利子。如是妙定等諸法性。所以者何。若菩提平等。即是一切有情平等。若一切有情平等。即是諸法平等。若能平等證入是平等性。

是則名爲三摩半那。又舍利子。若空性平等。即諸法平等。若能證入是平等性。是則名爲三摩半那。如是無相無願及以無行性皆平等。即諸法平等。若能證入是平等性。是則名爲三摩半那。又舍利子。若心性平等。即諸法平等。若能證入是平等性。是則名爲三摩半那。舍利子。是名菩薩摩訶薩獲是靜慮三摩半那平等之性。皆因靜慮波羅蜜多故。

復次舍利子。菩薩摩訶薩依靜慮波羅蜜多故。獲是平等微妙靜慮。於諸含識有恩無恩。皆生平等。心無簡約。是故菩薩等心於地。等心於水。等心於火。等心於風。等心虛空。無有高下亦無萎屈。安住善住證無動搖。於諸威儀心恒在定。又不分別所住威儀。心性純熟。樂處深定。不掉不舉。無有飄轉。遠諸愚鈍。言無雜亂。知義知法。善識諸時。所謂迦羅吠羅及三摩耶。巧能隨順一切世間。而與世間性不相雜。超越世間利等八法。諸煩惱惑不能染污。離⑪憒鬧處遠於所行。唯常安止平等法性。不捨深定而現世間一切作業。舍利子。是名菩薩摩訶薩依靜慮波羅蜜多故證入如是無量功德。當知皆是妙慧方便之所發起。

復次舍利子。云何菩薩摩訶薩依靜慮波羅蜜多故證是妙慧及以方便。舍利子。菩薩摩訶薩以大悲力繫心於境爲度衆生。是名方便。證入寂靜最極寂靜。是名爲慧。又舍利子。若能證入佛智無礙。是名方便。無有一法而可慮知。是名爲慧。又舍利子。若能證入諸法攝觀。是名方便。若於法性無雜思惟。是名爲慧。又舍利子。平等證入佛身莊嚴而現在前。是名方便。觀察法身性無處所。是名爲慧。又舍利子。平等證入憶念諸佛所演言詞梵音聲等。是名方便。觀察法性不可言說。是名爲慧。又舍利子。平等證入其心安住金剛喻定。是名方便。念無散亂觀察法性。是名爲慧。又舍利子。若如是定安住本願成熟衆生。是爲方便。觀察衆生皆無我性。是名爲慧。又舍利子。若定緣彼增上境界。發起一切增上善根。是名方便。若能觀察無根無住。是名爲慧。又舍利子。若定修治佛土現前。是名方便。觀察國土與虛空等。是名爲慧。又舍利子。若定發起莊嚴道場。是名方便。若住寂靜慮知諸法。是名爲慧。又舍利子。若定發起轉正法輪。是名方便。若觀所轉法輪無起。是名爲慧。又舍利子。如是無量覺分資糧平等證入觀察現前。是名方便。如是無量諸惑寂滅。息除熱惱。如來所有靜慮妙樂。不與諸法而共相應。無有諸相諸相遍知。遠離一切所緣境界。如是皆入菩薩正定所有靜慮。舍利子。菩薩摩訶薩若能如是觀察具足。是名爲慧。舍利子。若菩薩摩訶薩成就如是無盡靜慮。與靜慮波羅蜜多相應故。一切惡魔不能得便。即名安住諸佛法器。舍利子。如是方便。如是妙慧。是名菩薩摩訶薩靜慮波羅蜜多具足成就。皆是妙慧方便之所發起。

復次舍利子。菩薩摩訶薩依靜慮波羅蜜多故。具足成就不退神通。善能建立智所作業。非彼慢力之所發起。游戲神通示現世間。一切作用安住神通。發起世間一切大事。又舍利子。此神通者爲大智相。具足世出世間微妙作用故。此神通者爲大慧相。現見世出世間一切諸法故。此神通者爲無盡相。隨遍一切如虛空故。此神通者等見諸色。色無色中平等見故。此神通者善能隨入音聲法門。前際音聲平等性故。此神通者能觀衆生一切心行。現見彼性故。此神通者善能隨念一切諸劫。分別了知前後際故。此神通者善能示現無量神變恒現在前。無加行相故。此神通者了知漏盡。觀待迦羅及三摩耶不過時故。此神通者是聖出世。於一切法決擇分故。又舍利子。如是神通微妙甚深。聲聞獨覺所不能測。如是神通有大威德。善能調伏一切有情。如是神通有大功業。證得灌頂一切諸法自在轉故。如是舍利子。是名菩薩摩訶薩依靜慮波羅蜜多故。獲是無退諸勝神通。善能建立智所作業。非彼慢力之所發起。

大寶積經卷第四十九

校注

①『入』，龍藏、思溪藏作『又』。

②『目』，龍藏作『自』。

③『任』，思溪藏作『住』。本卷下文例同，用*標識，不再出注。

④『有所』，龍藏作『所有』。

⑤『方』，底本污殘，依龍藏、思溪藏補。

⑥『天』，龍藏、思溪藏作『大』。

⑦『之』，龍藏、思溪藏作『定』。

⑧『恃』，龍藏、思溪藏無。

⑨『主』，龍藏作『王』。

⑩『天』，龍藏作『大』。

⑪『離』，底本作『雜』，依龍藏、思溪藏、和裕本、上海佛學書局本改。

大寶積經卷第五十

大唐三藏法師玄奘奉　詔譯

菩薩藏會第十二之十六・靜慮波羅蜜多①品第十之二

復次舍利子。菩薩摩訶薩修行靜慮波羅蜜多故。獲得如是無退神通。善能建立智所作業。舍利子。當知菩薩摩訶薩得是通智。由清浄心。鮮白心。明潔心。無濁心。離隨煩惱心。善調順心。善寂靜心。善修治心。如是心相之所由生。靜慮解脱三摩地三摩鉢底之所發起。舍利子。是菩薩摩訶薩處於世界。故作意生。非繫縛生。不由繫縛命終受生。何以故。是菩薩摩訶薩解脱一切虛妄分別故。解脱一切非真實煩惱縛故。解脱一切顛倒妄執所依止故。是故此菩薩摩訶薩隨現世界。解脱而生。解脱命終。解脱受生。舍利子。是菩薩摩訶薩現受生已。成辦大乘。圓滿一切諸佛正教。遍游十方廣求佛法。雖志有所求而無取無得。隨入諸佛法即爲一切法。隨入一切法即爲諸佛法。如是菩薩隨入佛法及一切法。然不隨彼法非法行。

舍利子。菩②薩摩訶薩若能如實求諸法時。安住無取及無得者。是則無有一法而可入於算數。何以故。一切諸法超過算數道故。若能了達法平等性。是則不執法與非法。何以故。一切諸法性無執故。若計於中而有義者。是則獲得廣大無義。若有善能不計於義。是則義與非義不現前故。不見義者。於一切處覺慧無礙。是菩薩摩訶薩若能如是了覺無礙。則爲獲得無障礙覺。若有無障礙覺。則於一切而無所著。若無所著則無所住。若無所住則無所乏。若無所乏則無痴無求。若無痴無求則無迷無惑。若無迷無惑則無我所。若無我所則無攝受。若無攝受則無所執。若無所執則無諍論。若無諍論是則無諍沙門之法。若有無諍沙門法者。是則一切無礙無障等虛空求。若能等彼虛空求者。則不繫屬欲界色界及無色界。若於諸處無繫屬者。則無色相及以形量。若其③無是色相形量。則能如是隨覺。若能如是隨覺。則能如是通達。舍利子。云何說名隨覺通達。舍利子。菩薩摩訶薩若能隨覺通達。是處無有少法可得。此則說名隨覺通達。舍利子。諸菩薩摩訶薩由平等證入如是隨覺通達故。説是菩薩摩訶薩依静慮波羅蜜多。成就希奇未曾有法。

復次舍利子。云何名爲菩薩摩訶薩成就希奇未曾有法。舍利子。菩薩摩訶薩依静慮波羅蜜多故。雖行大慈而恒觀無我。雖行大悲而知無衆生。雖行大喜而知無命者。雖行大捨而知無數取。雖廣行大施而心恒調順。雖緣境净戒而心常寂静。雖隨辱行忍而心無窮際。雖勤加精進而心能簡集。雖入諸静慮而正心觀察。雖遍行智慧而心無所行。雖行四念住而心無緣念亦無作意。雖行四正斷而心無生滅。雖行如意足而心無戲論。雖行净信而心無繫著。雖行正勤而心恒遠離。雖行於念而心恒自在。雖住三摩地而心證平等。雖行般羅若而心本無根④。雖行諸力而心無摧伏。雖行覺分而解析菩提。雖修道分而心無所修。雖行奢摩他而心恒寂滅。雖行毗鉢舍那而心無定觀。雖修行聖諦而畢竟遍知。雖成熟衆生而心本清净。雖攝受正法而不壞法性。雖净佛國土而心等虛空。雖證無生法而心無所得。雖行不退轉地而心性無退。雖獲諸妙相而知性無相。雖莊嚴道場而心游三界常處周輪。雖降伏魔軍而於諸含識無所摧伏。雖知諸法即菩提性而心隨覺了。雖轉法輪而心住法性無還無轉。雖復示現大般涅槃而於生死性心常平等。如是舍利子。是名菩薩摩訶薩平等證入隨覺通達。如是希奇未曾有法。當知修行静慮波羅蜜多之所成就。

復次舍利子。何等名爲菩薩摩訶薩依靜慮波羅蜜多修學菩薩靜慮之相。舍利子。菩薩靜慮不住自性。爲滿如是三摩地故。菩薩靜慮無有愛味。不爲貪著自安樂故。菩薩靜慮緣於大悲。爲斷一切衆煩惱故。菩薩靜慮定無退轉。緣於欲性增上性故。菩薩靜慮鎣發神通。了達衆生諸心行故。菩薩靜慮心欣愛悅。善能顯發心自在故。菩薩靜慮了知一切三摩鉢底。映蔽一切色無色界故。菩薩靜慮是爲寂靜。最勝寂靜。近於寂靜。映蔽聲聞獨覺定故。菩薩靜慮無有分別。極爲究滿妙清净故。菩薩靜慮行品最勝。習氣相續永除滅故。菩薩靜慮以慧超度。超度一切諸世間故。菩薩靜慮爲諸含生欲解導首。善能度脱諸含生故。菩薩靜慮紹三寶種令不斷絶。以佛静慮無窮盡故。菩薩静慮最爲高顯。三摩呬多常現前故。菩薩静慮自在而轉。諸有所作善圓滿故。菩薩静慮是爲大我。以妙智慧爲大我故。舍利子。如是無量菩薩静慮。皆是菩薩摩訶薩依静慮波羅蜜多之⑤所集起。

復次舍利子。菩薩摩訶薩静慮波羅蜜多。何等之法而爲前導。舍利子。静慮波羅蜜多者。心静觀智以爲前導。心住一緣以爲前導。心無散動以爲前導。其心安住以爲前導。心奢摩他以爲前導。心三摩地以爲前導。三摩地根以爲前導。三摩地力以爲前導。三摩地覺分以爲前導。正三摩地以爲前導。静慮解脱以爲前導。九次第定以爲前導。九滅除法以爲前導。一切善法以爲前導。伏煩惱怨以爲前導。三摩地蘊具足圓滿以爲前導。菩薩摩訶薩諸三摩地以爲前導。佛薄伽梵諸三摩地以爲前導。舍利子。如是等無量靜慮。皆爲靜慮波羅蜜多前導之法。舍利子。復有無量無邊證寂靜法。并是靜慮波羅蜜多之所前導。舍利子。是名菩薩摩訶薩靜慮波羅蜜多。菩薩摩訶薩爲阿耨多羅三藐三菩提故。當於是中發勤精進。具足修學。行菩薩行。爾時世尊欲重宣此義。而說頌曰。

靜慮解脱到彼岸　勤行此行多劫海　其心清淨無濁穢
不染世法喻蓮花　有大靜定名遍照　此定依修到彼岸
又名月光淨莊嚴　復名電光所嚴飾　或名高行或心勇
或定名爲無垢光　或戒德辦或無憂　或名諸法自在轉

或名法炬或法勇　或名山威法自在　或正法智自然超
或持正法妙清净　或名觀察他心定　或名正法寶光明
復名滅惑嚴勝幢　有定名爲摧魔力　或名斷疑及無著
或定名爲寂靜燈　或力高勝或十力　或名敬手大名稱
或名持山善安住　或蘇迷盧大明燈　或名無勝勝彼勝
或名智炬及慧行　或無邊智或自在　或名發慧寂靜定
或名月净日音聲　或那羅延摧高⑥慢　或善調龍師子吼
或名遠離種種想　或名旋轉或返還　或無瞋shùn眼力清净
或定名爲念諸佛　或名念法或念僧　或名智轉或入空
或名無相或無願　或金剛喻或靜地　或金剛地或高勝

或名山王或不瞚　或無邊轉或净音　或離煩惱或觀察
或虛空妙或如空　或發廣大諸功德　或趣覺慧或念慧
或辯無盡或相續　或無邊説詞無盡　或無壞⑦善作所作
或名觀察或衆悅　或名慈現或悲廣　或入歡喜或欣慶
或捨或脫二種礙　或名法光或法義　或金剛幢或智海
或解脫堅或衆喜　或名智炬無動定　或定名曰勝蓮花
或簡集法或無動　或名慧上及寂静　或無邊光或佛海
或名解脫或智授　或名如來妙莊嚴　或名無邊勝光焰
或名歡喜莊嚴土　或名悅豫衆生意　有定名爲一切時
順菩提道三摩地　或定名爲到彼岸　覺分花嚴施寶髻

或施甘露堅解脱　或風無動盛光明　或名海潮溝寶藏
諸那羅延山峰力　或名神通廣大義　妙善攝受三摩地
或定名爲大通照　諸佛如來之境界　證得如斯寂静定
及餘拘胝無有邊　修行静慮到彼岸　菩薩功德廣無量
行住恒游静慮境　其心無擾常澹怕 b6　若坐⑧若卧止定中
無有威儀不在定　處定能發大音聲　以諸法性恒寂静
無异分別無自在　無我無命無分別　如是及餘無涯際
無有數量功德海　聰睿菩薩愍含靈　修行静慮到彼岸

菩薩藏會第十二之十六·般若波羅蜜多品第十一之一

復次舍利子。云何菩薩摩訶薩般若波羅蜜多。菩薩摩訶薩爲阿耨多羅三藐三菩提故。依此勤修行菩薩行。舍利子。菩薩行般若波羅蜜多故。於菩薩藏微妙法門殷勤鄭重。聽聞受持。若讀若誦。思擇義理。既能通達。復爲他人廣宣敷演。開示其要。舍利子。若有菩薩摩訶薩聞我説已如法奉行。於菩薩藏微妙法門殷勤鄭重。聽聞受持。讀誦研尋。通達其義。爲他宣説廣開示已。當知是人證得如是無盡慧相。舍利子。如是慧者。爲何等相。云何入證。舍利子。所言慧者。以聞爲相。菩薩之人如理證入。是故説爲無盡慧相。又舍利子。如是之相。我當廣説。謂此相者。菩薩摩訶薩爲求正法。欲樂爲相。欲解爲相。方便爲相。善友爲相。無慢爲相。於多聞所恭敬爲相。尊重爲相。旋繞爲相。謙敬爲相。親覲爲相。諦聞爲相。承事爲相。思惟爲相。不亂爲相。珍寶想爲相。良藥想爲相。息諸病想爲相。捨念器爲相。趣覺爲相。樂大慧爲相。證入覺爲相。聞無厭足爲相。增益爲相。調順離薪爲相。親近多聞者爲相。於諸作事喜愛爲相。身調適爲相。心勇鋭爲相。又舍利子。菩薩摩訶薩於聽法衆無倦聽聞爲相。聽聞正義爲相。聽聞正法爲相。聽聞正行爲相。聽聞證智爲相。聽聞波羅蜜多爲相。聽聞菩薩藏法爲相。聽聞諸攝法爲相。聽聞方便善巧爲相。聽聞梵住爲相。聽聞神通爲相。聽聞正念正智爲相。聽聞念住爲相。聽聞正勝爲相。聽聞神足爲相。聽聞緣起爲相。聽聞無常爲相。聽聞苦法爲相。聽聞無我爲相。聽聞寂靜爲相。聽聞空爲相。聽聞無相爲相。聽聞無願爲相。聽聞無加行爲相。聽聞善根加行爲相。又舍利子。如是自在爲相。聞法爲相。對治雜染爲相。制伏一切煩惱想爲相。讚美智者爲相。親覲聖者爲相。遠離非聖爲相。聽聞聖者爲相。聽聞諸根爲相。聽聞修習隨念爲相。聽聞覺分爲相。聽聞聖八支道爲相。聽聞如來力。無所畏。大慈大悲大喜大捨。無礙辯才。十八不共佛法爲相。如是舍利子。當知菩薩摩訶薩若於此聽聞。即於此解了。若於此解了。即於此正行。何以故。舍利子。若菩薩摩訶薩於菩薩藏微妙法門。聞相趣入方便無量。吾今略說四十一種。舍利子。何等爲相。一者。若有菩薩於此法門生欲樂者。當知此菩薩摩訶薩即爲聽聞聞便解了。既解了已便行正行。二者。若有菩薩於此法門生於欲解。當知此人即是聽聞解了。行於正行。三者。若有菩薩於此法門方便趣入。當知此人即是聽聞解了。行於正行。四者。若有菩薩親近善友。此人即爲聽聞解了。行於正行。五者。若有菩薩於多聞所心無有慢。此人即爲聽聞解了。行於正行。六者。若有菩薩恭敬多聞。此人即爲聽聞解了。行於正行。七者。若有菩薩於多聞者生尊重心。此人即爲聽聞解了。行於正行。八者。若有菩薩於多聞所旋繞奉敬。此人即爲聽聞解了。行於正行。九者。若有菩薩於多聞所行謙下心。此人即爲聽聞解了。行於正行。十者。若有菩薩親近多聞。此人即爲聽聞解了。行於正行。十一。若有菩薩於多聞所攝耳諦聽。此人即爲聽聞解了。行於正行。十二。若有菩薩於多聞所承事迎逆⑨。此人即爲聽聞解了。行於正行。十三。若有菩薩於多聞所思惟義趣。心定不亂。此人即爲聽聞解了。行於正行。十四。若有菩薩於多聞所起珍寶想。此人即爲聽聞解了。行於正行。十五。若有菩薩於多聞所起良藥想。此人即爲聽聞解了。行於正行。十六。若有菩薩於多聞所能起息滅貪瞋痴想。此人則爲聽聞解了。行於正行。十七。若有菩薩於多聞所聞已能持。此人則爲聽聞解了。行於正行。十八。若有菩薩趣覺於法。此人則爲聽聞解了。行於正行。十九。若有菩薩於多聞所樂其智慧。此人則爲聽聞解了。行於正行。二十。若有菩薩於多聞所聞已覺悟。此人則爲聽聞解了。行於正行。二十一。若有菩薩聞無厭足。此人則爲聽聞解了。行於正行。二十二。若有菩薩聞説柁那便增長捨。此人則爲聽聞解了。行於正行。二十三。若有菩薩聞説尸羅便守護戒。此人則爲聽聞解了。行於正行。二十四。若有菩薩聞説羼底便能修忍。此人則爲聽聞解了。行於正行。二十五。若有菩薩聞説毗利耶便起正勤無倦精進。此人則爲聽聞解了。行於正行。二十六。若有菩薩聞説静慮便入静慮。其心不散。此人則爲聽聞解了。行於正行。二十七。若有菩薩聞説般羅若其心決定。便修智慧爲盡諸漏。此人則爲聽聞解了。行於正行。二十八。若有菩薩於多聞所生大歡喜。此人則爲聽聞解了。行於正行。二十九。若有菩薩聽聞法已身調適者。此人則爲聽聞解了。行於正行。三十。若有菩薩聽聞法已其心勇鋭。此人則爲聽聞解了。

行於正行。三十一。若有菩薩聞大乘經心生信欲。此人則爲聽聞解了。行於正行。三十二。若有菩薩聞攝法已其心趣入。此人則爲聽聞解了。行於正行。三十三。若有菩薩聞說念住。便即趣於身受心法。此人則爲聽聞解了。行於正行。三十四。若有菩薩聞說正勝。便於惡法已生未生。若背若捨。若彼善法已生未生。不捨覺轉。此人則爲聽聞解了。行於正行。三十五。若有菩薩聞說神足。即能奉行生身輕性。生心輕性。生欲輕性。此人則爲聽聞解了。行於正行。三十六。若有菩薩聞說靜慮。便靜思惟其心趣入。此人則爲聽聞解了。行於正行。三十七。若有菩薩聞諸法中不輕蔑行。便於衆生起大慈心。於入苦者起大悲心。於正法所起大喜心。於不善所起大捨心。此人則爲聽聞解了。行於正行。三十八。若有菩薩聞説根已。其心趣入於彼諸根。所謂信根。精進根。念根。慧根。三摩地根。此人則爲聽聞解了。行於正行。三十九。若有菩薩聞説覺分。其心趣入覺悟法性。此人則爲聽聞解了。行於正行。四十。若有菩薩聞説道支。其心趣入涅槃正路。此人則爲聽聞解了。行於正行。四十一。若有菩薩聞説如來力。無所畏。大慈大悲大喜大捨。無礙辯才。十八不共佛法及餘無量諸佛正法。皆聽聞已。其心趣入阿耨多羅三藐三菩提。此人如是如法聽聞。既聽聞已便能解了。既解了已行於正行。舍利子。我已説是四十一法趣入聞相。諸菩薩摩訶薩當於中學。舍利子。如是名爲菩薩摩訶薩修行般若波羅蜜多聞慧本相。

復次舍利子。菩薩摩訶薩修行般若波羅蜜多行菩薩行者。應於如是大菩薩藏微妙法門。鄭重聽聞。受持讀誦。思惟其義。通微妙法。⑩復爲他人廣分別說。是行資糧。舍利子。云何菩薩摩訶薩於如是法而起正行。舍利子。菩薩於法起正行者。所謂如說修行建立而住。是名於法而起正行。若復有能一切不取。是名於法而起正行。何以故。舍利子。若取於法。即名邪行。無處無位執取法人。由如是法能得出離。必無是處。何以故。無取行人。於法無行尚應生疑。無作用故。況取法行而非邪行。是故應當不取諸法而行正行。又舍利子。若於諸法無有障礙。是名正行。若於諸法不輕蔑者。是名正行。若於諸法不取不捨。不生不滅。是名正行。乃至若於諸法無合無散。是名正行。又舍利子。如我所説若有是處。無有少法而可見聞。亦無可説。如是一切諸法非可得見。非可執取。何以故。一切諸法皆是一相。所謂無相。

又舍利子。一切諸法性本無相。若有菩薩説於無相。是則無相還應可説。何以故。無相有相皆無相故。不可説言此爲有相。此爲無相。舍利子。若有菩薩摩訶薩能悟如是一切法相即是無相。不可得見。不可執取。如法了知。是名正行。菩薩摩訶薩勤修如是正法行已。當於諸法證入無障照明之慧。如是舍利子。是名菩薩摩訶薩般若波羅蜜多正行之相。爾時世尊欲重宣此義。而説頌曰。

安住正行聰睿者　於菩薩藏善決定　此人於法不起執
無執取行相如是　證得諸法不爲空　非於諸法空平等
又非空法有所執　無執正行相如是　於法無取亦無捨
亦非取法以爲法　無取是名諸法相　無取正行相如是
若於諸法智無礙　此智無有不焚燒　於焚燒智無所執
諸法正行相如是　智者安住遠離德　於法應起勤精進
若能依止軌則行　爾時當入清浄門　是清浄門通諸法
亦了有情諸欲解　智者雖知無所觀　而能演宣如是法
於甚深法了勝義　常於深義勝決擇　踴現無邊功德行
明智多聞如大海　於彼所説諸文義　究竟無能證得者

以彼文義俱無邊　真實正行恒無動

復次舍利子。菩薩摩訶薩修行般若波羅蜜多時。於菩薩藏微妙法門殷重聽聞。乃至爲他如法說已。當知是菩薩摩訶薩於一切法獲得光明。能破一切無明黑暗及諸翳膜。舍利子。如是光明即爲智慧。何以故。善不善法皆能明了。如實知故。是菩薩摩訶薩修如是法獲明慧已。乃至命難衆苦因緣。決定不造諸不善法。舍利子。是菩薩摩訶薩爲欲永滅不善法故。隨所聞法極善通達。既通達已。是則說爲牟尼寂靜。如是舍利子。是名菩薩摩訶薩修行般若波羅蜜多時正行之相。爾時世尊欲重宣此義。而說頌曰。

如人入暗室　覆蔽絶光明　雖有衆色像　非明眼所見

如是雖有人　内具諸明解　不聞於正法　善惡何能曉
多聞解了法　多聞不造惡　多聞捨無義　多聞得涅槃
善聽增長聞　聞能增長慧　慧能修净義　得義能招樂
聰慧得義已　證現法涅槃　净覺法相應　證得第一樂
聞菩薩藏已　正法善安住　爲世大光明　行菩提妙行

復次舍利子。菩薩摩訶薩爲欲修行般若波羅蜜多故。於能受持菩薩藏經正行人所。深起敬心善知識想。既生想已。又於大菩薩藏微妙法門。倍復尋求。令此法門轉增明净。舍利子。是菩薩摩訶薩爲求菩薩藏故。發生信欲。策勵正勤。撿攝其心。令定安住。是菩薩摩訶薩於四正斷方便修成。一切法中得無障礙。如是舍利子。

是名菩薩摩訶薩般若波羅蜜多正行之相。爾時世尊欲重宣此義。而説頌曰。

所謂説法者　即爲善知識　恭敬聽聞法　安住於正行
欲解常無退　精進常高勇　净慧常修治　於智常安住
自然達諸法　不隨於信行　以智觀於法　是爲諸佛説
智者分别句　趣義善加學　於白黑品等　常修常遠離
心曾無厭倦　於法無退没　身欲并輕安　速得心精進
由聞法增智　智增無退念　智恒依念住　了知净穢法
學於無上法　趣勝⑪念慧力　了衆生欲解　自學於長夜
學法已升進　極進智清净　了衆生欲解　如解便開示

復次舍利子。菩薩摩訶薩修行般若波羅蜜多時。於菩薩藏微妙法門。如是尋求通達覺慧。依是清净善法明門。菩薩常應如是修學。舍利子。若有菩薩摩訶薩於法修學。應作是念。二因二緣能發正見。何等爲二。所謂從他聞音。及以内自如理作意。彼復思惟。從他聞音。如理作意。爲何等相。尋重思惟。若有樂定修相應行諸菩薩等。未曾聽聞大菩薩藏微妙法門。又不聽聞聖法律教。但於三摩地中生知足想。當知是人以慢力故起增上慢。我説是人不能解脱生老病死。愁嘆憂苦諸熱惱等。既不脱諸熱惱等苦。豈得脱彼五門生死。爲之沉溺流轉不息。是諸衆生實非解脱。而便自謂我已解脱。實未離苦。而便自謂出離衆苦。是故如來依是人故如實說法。若能從他隨順聽聞。是則解脱諸老死等。復作是言。如我先聞薄伽梵說。

多聞解了法　多聞不造惡　多聞捨無義　多聞得涅槃

善聽增長聞　聞能增長慧　慧能修浄義　得義能招樂

聽慧得義已　證現法涅槃　聞法浄黠慧　證得第一樂

是故舍利子。諸菩薩摩訶薩如是思已。當於大菩薩藏微妙法門。及以聖法毗奈耶教。殷重聽聞。受持讀誦。廣爲他人敷演開示。復次舍利子。若諸含識於菩薩藏微妙法門。雖復聽聞而不如理方便作意。當知是人於彼聖道不能正行。是故如來依是人故說正法要。作如是言。若欲解脱生老病死。當具内自如理思惟。諸菩薩等應如是學。舍利子。云何名爲如理方便。何等菩薩如理作意而能修學。舍利子。菩薩摩訶薩如理方便者。無有一法若合若離。何以故。如理方便非方便故。又舍利子。菩薩摩訶薩若有安住如理方便及作意者。當知此相但是音聲。而此音聲性無所起。亦不轉起。及由彼故而發音聲。何以故。彼一切皆不可得故。又復菩薩觀是音聲前際後際。從何而生。滅往何所。如是觀察了不可得。又更推求如此聲者。爲在已說。爲在今說。爲在當說。又重推求如是聲者。若已所說。若今所說。若當所說。如是聲者。若爲斷故已說。若爲斷故今說。若爲斷故當說。如是聲者。若爲證故已說。若爲證故今說。若爲證故當說。是菩薩如是一切尋求聲已。都無得者。又更觀察。若過去相。若未來相。若現在相。如是觀已皆不可得。舍利子。若菩薩摩訶薩如是正觀察時。是名如理方便作意。是故如理方便菩薩摩訶薩。於如是觀應具修學。

復次舍利子。云何菩薩摩訶薩如理觀耶。諸菩薩等云何應學。舍利子。是菩薩摩訶薩觀一切法自性息滅。若如是觀。名如理觀。若觀諸法自性寂靜。是則名爲如理正觀。若觀諸法畢竟空寂。是則名爲如理正觀。若觀諸法入平等性。是則名爲如理正觀。若觀諸法畢竟無生。是則名爲如理正觀。若觀諸法畢竟不生。是則名爲如理正觀。若觀諸法畢竟不起。是則名爲如理正觀。若觀諸法畢竟寂滅。是則名爲如理正觀。舍利子。是菩薩摩訶薩作是觀時。亦不見有能觀之者。應如是觀。所謂非觀非不觀故。若有菩薩作是觀者。名如理觀。若他觀者。名非理觀。

復次舍利子。云何菩薩摩訶薩應學如是如理方便。舍利子。菩薩摩訶薩如理方便者。非於少法有愚迷故。如理方便者。非於少法而生障礙。如理方便者。無有少法非解脱門。如理方便者。無有爲斷少分法故發勤精進。如理方便者。不爲證少法故勇勵正勤。舍利子。菩薩摩訶薩應以如是如理正見。如其所見正觀諸法。舍利子。云何名爲如其所見正觀諸法。舍利子。謂無所見。名觀諸法。何等是爲無所見耶。舍利子。無所見者名爲無生。言無生者是爲無起。言無起者名無所照。是故如來依是正法説如是言。若有菩薩。

觀一切行見無生時。即是趣入正性決定。夫正見者。謂能趣入正性決定。舍利子。彼菩薩摩訶薩作是思惟。何因緣故。當得趣入正性決定。舍利子。菩薩摩訶薩應如是學。若觀我見爲平等者。即是一切諸法平等。若作是觀。當知趣入正性決定。是故諸菩薩摩訶薩若欲趣入正性決定者。當於如是大菩薩藏微妙法門。殷重聽聞。受持讀誦。研窮義趣。復應爲他如法廣説。便當於是法門如理方便作意修學。舍利子。如是名爲菩薩摩訶薩爲阿耨多羅三藐三菩提故。修行般若波羅蜜多行菩薩行。

大寶積經卷第五十

校注

①『多』，底本無，依龍藏、思溪藏補。
②『菩』上，龍藏、思溪藏有『諸』字。
③『其』，龍藏、思溪藏作『具』。
④『根』，龍藏、思溪藏作『相』。
⑤『之』，龍藏作『心』。
⑥『高』，龍藏作『憍』。
⑦『壞』，龍藏作『懷』。
⑧『坐』，龍藏作『行』。
⑨『逆』，龍藏作『送』。
⑩『微妙法』，龍藏作『達旨趣』。
⑪『趣勝』，龍藏、思溪藏作『勝趣』。

大寶積經卷第五十一

大唐三藏法師玄奘奉　詔譯

菩薩藏會第十二之十七・般若波羅蜜多品第十一之二

復次舍利子。菩薩摩訶薩修行般若波羅蜜多時。爲求如是深極妙善清白覺慧故。由是妙善浄法明門。精勤方便。如理證入。觀如理句。舍利子。云何名爲如理證入。復以何等爲如理句。舍利子。菩薩摩訶薩如理證入者。謂依奢摩他證入。毗鉢舍那證入。正行證入。如理證入。身遠離證入。心調順證入。非斷證入。非常證入。因緣證入。緣起證入。無有情無命者無數取者證入。未來已來若有若無證入。無有轉移因果不壞證入。雖修集空無相無願證入。而不取空無相無願證故。雖於三摩地三摩鉢底證入。而不以如是等力受生證故。雖取神通智證入。而不盡諸漏證故。雖觀察無生證入。而不正趣決定證故。雖觀衆生無我證入。而不捨大悲證故。雖觀一切有①生可怖證入。而故取諸有證故。雖於寂滅離欲證入。然於離欲法不作證故。雖捨樂妙欲證入。而不捨樂法證故。雖捨一切戲論思覺證入。而不捨善巧方便證故。舍利子。如是名爲如理證入。菩薩摩訶薩欲得如是如理證入。應當修學般若波羅蜜多故。

復次舍利子。菩薩摩訶薩修行般若波羅蜜多時。云何學是正法如理之句。舍利子。菩薩摩訶薩當如是知。如理句者。即出生句。即趣理句。即法門句。即面門句。即是因句。即積集句。即不相違句。即無諍②論句。即是捨句。即無執取句。即無弃捨句。即無戲論句。即無捨句。即無誹謗句。即無輕蔑句。即隨足句。即無諍句。即無退轉句。即無對治句。又舍利子。如理句者。實性之句。如性之句。非不如性句。真如之句。如理之句。三世平等句。離分別句。又舍利子。如理句者。色識無依住句。受想行識識無依住句。眼色眼識性無依住句。耳聲耳識性無依住句。鼻香鼻識性無依住句。舌味舌識性無依住句。身觸身識性無依住句。意法意識性無依住句。又舍利子。如理句者。即名依義句。即名依法句。即名依智句。即名依了義句。舍利子。如是等無量法門。是則名爲如理之句。是故如理證入正勤方便。菩薩摩訶薩作如是觀時。亦不見有能觀之者。應如理觀。所謂非觀非不觀故。若有菩薩作是觀者。名如理觀。若他觀者。名非理觀。舍利子。如理方便菩薩。非於少法而有愚迷。非於少法而生障礙。無有少法非解脱門。非爲斷少法故發勤精進。不爲證小法故勇勵正勤。應具如是如理正見。如其所見正觀諸法。何等正觀。謂無所見。無所見者即是無生。言無生者即是無起。言無起者名無所照。舍利子。如是次第轉法廣如前説。乃至名爲菩薩摩訶薩修行般若波羅蜜多故。

復次舍利子。菩薩摩訶薩修行般若波羅蜜多時。云何應學如理正觀。舍利子。是菩薩摩訶薩應作如是正觀諸法。所謂我如理故。

則觀諸法一切如理。我無我故。則觀諸法亦復無我。衆生無我故。則觀諸法亦復無我。舍利子。菩薩摩訶薩作是觀者。名如理觀。舍利子。云何菩薩摩訶薩修行如理方便。舍利子。當知是菩薩摩訶薩。不觀如理生死性與彼如理涅槃性共相交雜。作如是觀。是則名爲如理方便。又是菩薩觀煩惱性與涅槃性同一合相無有差异。亦不分別相應違背。作如是觀。是則名爲如理方便。亦得名爲如理正觀。舍利子。當知菩薩摩訶薩所有一切如理方便。皆於無量衆生處起。若衆生處不弃捨。於諸法不破壞。是名菩薩如理方便。舍利子。菩薩摩訶薩應知如是相。如是聞。如是如理證入。如是如理觀察。如是如理正見等流。是名菩薩如理正慧。舍利子。菩薩摩訶薩應當如是修行正行。皆爲成滿般若波羅蜜多故。
復次舍利子。菩薩摩訶薩修行般若波羅蜜多時。所有般若自性清浄。不與一切有爲行法而共同止。舍利子。何等諸法不與同止。舍利子。所謂如是般若不與無明而共同止。不與諸行而共同止。如是廣説。乃至不與老死而共同止。舍利子。如是般若不與身見而共同止。乃至不與身見爲本六十二見趣而共同止。如是般若不與高慢而共同止。不與下劣而共同止。不與世間八法而共同止。舍利子。如是般若不與蘊界處法而共同止。乃至不與一切所緣作意而共同止。如是般若不與慢同止。不與下慢邪慢同止。乃至不與隨煩惱等二十一法而共同止。如是般若不與微細下劣中上品貪同止。乃至不與一切煩惱而共同止。如是般若不與愚暗翳膜障蓋諸纏同止。乃至不與一切隨順退分諸法而共同止。如是般若不與欲諍穢濁煩惱魔同止。不與蘊魔死魔天魔同止。乃至不與一切魔業而共同止。如是般若不與執我同止。不與有情。命者。數取。養育。意生。摩納婆等同止。乃至不與住我見等而共同止。如是般若不與業障同止。不與煩惱障。法障。見障。報障。智障同止。乃至不與一切隨俗習氣而共同止。如是般若不與思惟分別同止。不與相貌所緣見聞念識同止。乃至不與一切結縛增益而共同止。如是般若不與慳捨同止。不與持犯忍恚勤怠靜亂愚慧同止。乃至不與一切波羅蜜多能治所治諸法智性而共同止。

如是般若不與遠離同止。不與住不遠離。邪性正性。善及不善。有罪無罪。生死涅槃同止。乃至不與一切相對治法而共同止。如是般若不與種種差別性同止。不與國土差別性。諸佛差別性。有情差別性。諸法差別性同止。乃至不與一切差別性而共同止。如是般若不與無智同止。不與智識世俗勝義。乃至不與一切有情相貌作意而共同止。如是般若不與慧不現行同止。不與無身無形無相無爲同止。乃至不與一切思惟心意識安住等法而共同止。舍利子。菩薩摩訶薩修行般若波羅蜜多時。所有般若微妙清净。不與如是無量無邊有爲行法而共同止。舍利子。如是名爲修行般若波羅蜜多。菩薩摩訶薩般若之相。應如是學。

復次舍利子。菩薩摩訶薩安住大乘大菩薩藏。修行般若波羅蜜多時。獲得般若分別善巧。當知是菩薩摩訶薩即以此法於諸法中。明了通達獲得善巧。舍利子。云何名爲如是般若分別善巧。舍利子。如是善巧無量無邊。吾今略説十種善巧。何等爲十。所謂蘊法善巧。界法善巧。處法善巧。諦法善巧。無礙解善巧。依趣善巧。資糧善巧。道法善巧。緣起善巧。一切法善巧。舍利子。如是十種微妙善巧所有分別。若通達者。是則名爲般若分別。菩薩摩訶薩於是善巧應當修學。

復次舍利子。云何菩薩摩訶薩修行般若波羅蜜多故。而能通達蘊法善巧。舍利子。蘊法善巧者。所謂依諸蘊法起於言説。何等言說。舍利子。如是言說。猶如幻化。陽焰。夢中。傳響。光影。是故如來以無礙辯。爲諸衆生說如是法。舍利子。我說此色喻如聚沫。何以故。舍利子。即此聚沫本無有我。亦無有情。無生者。無命者。無數取。無養育。無意生。無摩納婆。以聚沫性即色自性。菩薩摩訶薩於如是法善巧知之。是則名爲蘊法善巧。又舍利子。我說此受喻如水泡。何以故。舍利子。即此水泡本無有我。亦無有情。無生者。無命者。無數取。無養育。無意生。無摩納婆。以水泡性即受自性。菩薩摩訶薩於如是法善巧知之。是則名爲蘊法善巧。又舍利子。我說此想喻如陽焰。何以故。舍利子。即此陽焰本無有我。亦無有情。無生者。無命者。無數取。無養育。無意生。無摩納婆。以陽焰性即想自性。菩薩摩訶薩於如是法善巧知之。是則名爲蘊法善巧。又舍利子。我説此行喻如芭蕉。何以故。舍利子。即此芭蕉本無有我。亦無有情。無生者。無命者。無養育。無數取。無意生。無摩納婆。無作者。無受者。以芭蕉性即行自性。菩薩摩訶薩於如是法善巧知之。是則名爲蘊法善巧。又舍利子。我説此識喻如幻事。何以故。舍利子。即此幻事本無有我。亦無有情。無生者。無命者。無養育。無數取。無意生。無摩納婆。無作者。無受者。以幻事性即識自性。菩薩摩訶薩於如是法善巧知之。是則名爲蘊法善巧。舍利子。所言蘊者説名世間。世間之法即敗壞相。是故當知諸世間性即蘊自性。舍利子。何等名爲世間性耶。謂無常性。苦性。無我性。如是等性名爲蘊性。如是蘊性即世間性。菩薩摩訶薩若於是中善巧知者。是則名爲蘊法善巧。舍利子。若有菩薩摩訶薩爲欲修行般若波羅蜜多故。精勤修習蘊法善巧。

復次舍利子。云何菩薩摩訶薩修行般若波羅蜜多故。而能通達界法善巧。舍利子。界法善巧者。所謂法界即爲地界。何以故。以彼法界非堅鞕相故。又法界者即爲水界。何以故。以彼法界非濕潤相故。又法界者即爲火界。何以故。以彼法界非成熟相故。又法界者即爲風界。何以故。以彼法界非搖動相故。舍利子。菩薩摩訶薩若於是中如實了知。是則名爲界法善巧。又舍利子。言法界者即眼識界。何以故。以彼法界非照明相故。又法界者即耳識界。何以故。以彼法界非聞聲相故。又法界者即鼻識界。何以故。以彼法界非嗅香相故。又法界者即舌識界。何以故。以彼法界非嘗味相故。又法界者即身識界。何以故。以彼法界非覺觸相故。又法界者即意識界。何以故。以彼法界非分別相故。舍利子。菩薩摩訶薩若於是中如實了知。是則名爲界法善巧。又舍利子。如是我界與法界平等。有情界與法界平等。欲界色界及無色界與法界平等。生死界涅槃界與法界平等。如是乃至虛空界法界。及一切法界皆悉平等。舍利子。以何義故而得平等。謂由空平等故。一切法平等。無變异平等故。一切法平等。又舍利子。若有宣說有爲界證入無爲界證入。如是則有無量無邊。若諸菩薩摩訶薩作是簡擇證入法界。是則名爲界法善巧。舍利子。如是菩薩摩訶薩爲欲修行般若波羅蜜多故。應勤修習界法善巧。

復次舍利子。云何菩薩摩訶薩修行般若波羅蜜多故。而能通達處法善巧。舍利子。處法善巧者。眼爲是空無我我所。菩薩摩訶薩如實了知如是眼性。乃至意爲是空無我我所。菩薩摩訶薩如實了知如是意性。菩薩摩訶薩雖於諸處不積集不善。而積集於善。然於善不善中不起二相。如是了知。是名菩薩摩訶薩處法善巧。又舍利子。云何菩薩摩訶薩於眼處色處而能通達善巧了知。舍利子。謂於眼色觀見離欲。然於離欲而不作證。如是了知。是名菩薩處法善巧。如是耳聲鼻香舌味身觸意法。即此意法觀見離欲。

然於離欲而不作證。如是了知。是名菩薩處法善巧。又舍利子。諸佛如來說微妙法。或說聖處。或非聖處。言聖處者。堪受道法。非聖處者。遠離道法。菩薩摩訶薩安住於道。於離道住諸衆生所獲得大悲不捨道處。若有菩薩如是了知善通達者。是名菩薩摩訶薩處法善巧。舍利子。諸菩薩摩訶薩爲欲修行般若波羅蜜多故。應勤修學處法善巧。

復次舍利子。云何菩薩摩訶薩修行般若波羅蜜多故。而能通達諦法善巧。舍利子。當知菩薩摩訶薩有四種行入諦善巧。何等爲四。所謂苦智集智滅智道智。舍利子。云何名爲苦智乃至道智。謂於諸蘊本無生智。如是之智名爲苦智。於諸染愛永斷滅智。如是之智名爲集智。謂於一切無生無壞。如是之智名爲滅智。於一切時諸所緣法無有損益。如是之智名爲道智。舍利子。若菩薩摩訶薩於是四諦。以如是等智慧了知。雖復明達而不作證。何以故。爲欲成熟諸衆生故。如是具足名諦善巧。又舍利子。菩薩摩訶薩諦善巧者。復有三種。何等爲三。一者世俗諦。二者勝義諦。三者相諦。舍利子。世俗諦者。當知乃至世間所有語言文字音聲假說。如是等相名世俗諦。勝義諦者。所謂若於是處尚非心行。況復文字而能陳說。如是等法名勝義諦。相諦者。所謂諸相即是一相。如是一相即是無相。如是說者名爲相諦。舍利子。菩薩摩訶薩於世俗諦。爲衆生故說無厭倦。勝義諦者。於中作證而無退墮。於彼相諦。深達本性。了知無相。舍利子。是名菩薩摩訶薩爲欲修行般若波羅蜜多故。精勤修學諦法善巧。

復次舍利子。菩薩摩訶薩精勤修學諦善巧者。如實當知。復有一諦無有第二。何等一諦。所謂滅諦。舍利子。諸佛如來於此一諦。明了通達。無有增益。既通達已。爲處增益諸含生等。宣說如是一諦之法。令彼修學悟無增益故。舍利子。若有菩薩作如是知。是名菩薩摩訶薩諦法善巧。

復次舍利子。菩薩摩訶薩復應修學諦法善巧。舍利子。諦善巧者。謂善通達諸聖諦故。何等名爲通達聖諦。舍利子。苦聖諦者。謂五受蘊。其性實苦是名苦諦。菩薩摩訶薩於是諦中。通達五蘊皆爲苦相。夫苦相者即爲空相。如是則名爲苦聖諦。舍利子。集聖諦者。五受蘊因。隨眠愛見是名集諦。菩薩摩訶薩於此因法。若愛若見無有增益。無取無迷明了通達。如是則名爲集聖諦。舍利子。滅聖諦者。若五受蘊究竟滅盡。是名滅諦。菩薩摩訶薩觀是諦法。不生③前際。不往④後際。不住現在。明了通達。如是則名爲滅聖諦。舍利子。道聖諦者。若依彼道。證得苦智集智滅智。無第二智。是名道諦。菩薩摩訶薩於如是諦明了通達。無有分別。是則名爲趣苦滅行聖諦。是故舍利子。菩薩摩訶薩若於此諦以智觀察。亦令衆生觀察解了。是名菩薩摩訶薩諦法善巧。

復次舍利子。菩薩摩訶薩於是諦法。又應觀知如是四諦。云何苦諦。於諸一切能受所受皆是苦諦。於如是中善當簡擇。即此智性善簡擇覺。明了通達。是名菩薩苦聖諦。云何集諦。若從是因諸蘊集起皆是集諦。於如此因如實了知。是名菩薩苦集聖諦。云何滅諦。諸受永息無所覺受。是名滅諦。雖觀受滅而不作證。如是通達。是名菩薩苦滅聖諦。云何道諦。若善修習離受聖道。是名道諦。譬如船筏。不求於受。亦不求道。是名菩薩趣苦滅行聖諦。如是舍利子。若有菩薩摩訶薩如是現觀。依寂靜定發四種見。而此四見非畢竟净。若能通達如此法者。是名菩薩摩訶薩諦法善巧。

復次舍利子。菩薩摩訶薩於是諦法善巧通達。若證於滅則苦不生。觀無生智是名苦智。舍利子。有爲生緣觀察此有非有非有非無。如是之智名爲集智。舍利子。一切生者即是無生。了知此故都無所滅。此無滅智名盡滅智。舍利子。若如是道無所稱量。無所追尋。無所觀察。名廣大智。如是之智名爲道智。舍利子。菩薩摩訶薩於此諦法善能建立。而於諦智無所住著。是名菩薩摩訶薩諦法善巧。舍利子。菩薩摩訶薩爲欲修行般若波羅蜜多故。精勤修是諦法善巧。

復次舍利子。云何名爲菩薩摩訶薩修行般若波羅蜜多故。獲無礙解善巧。舍利子。菩薩摩訶薩以具修學般若波羅蜜多故。具足四種無障礙解。何等爲四。所謂義無礙解。法無礙解。詞無礙解。辯無礙解。舍利子。何等名爲義無礙解。舍利子。諸菩薩依般若波羅蜜多故。獲是義無礙解。謂一切法勝義處智。觀是智者即義無礙解。如是諸覺智。因智。緣智。和合智。遍隨行智。廣大緣生智。法性無雜智。如來隨入智。安住實際智。於空法中隨覺觀智。於無相法如所觀智。於無願法起願行智。於無加行起加行智。於一理趣觀入證智。於無有情觀入證智。於無我法觀入證智。於無命者一向入智。於無數取觀勝義智。於過去世觀無礙智。於未來世觀無邊智。於現在世觀一切處智。於諸蘊法觀如幻化智。於諸界法觀等毒蛇智。於諸處中觀如空燼智。於諸內法觀寂靜智。於諸外法觀無所行智。於諸境界觀無所有智。於諸念住觀安住智。於彼諸趣觀隨行智。於諸緣起觀現見智。於諸諦法觀通達智。於一切苦觀無生智。於一切集觀無加行智。於一切滅觀離相智。於一切道觀拔濟智。於諸法中觀句分析智。於諸根法觀證入智。於諸力法觀無屈伏智。於奢摩他觀所依處智。於毗鉢舍那觀明照智。於諸幻事觀虛集智。於諸陽焰觀迷亂智。於所夢事觀虛見智。於彼傳響觀緣合智。於彼光影觀無動智。於差別相觀一相智。於諸繫縛觀離縛智。於諸相續觀無相續智。於聲聞智觀隨聲入智。於獨覺智觀廣大緣生入一境智。於佛大乘觀知一切善根資糧能積集智。舍利子。諸如是等一切觀智。是名菩薩摩訶薩義無礙解。復次舍利子。菩薩摩訶薩復有義無礙解。所謂依趣之義。以諸法性之所依趣。何以故。以一切法遍皆是空。空性義者說名爲義。以一切法遍皆無相。無相義者說名爲義。以一切法遍皆無願。無願義者說名爲義。以一切法遍皆遠離。遠離義者說名爲義。以一切法遍無有情。無命者。無數取。無數取義。說名爲義。菩薩摩訶薩若能隨入如是相義。是則名爲義無礙解。舍利子。若有菩薩摩訶薩說是義者。當知是爲說無住法。說無盡法。即說一切之所顯說。即說一切智者諸無礙解所簡擇義。當知是人即爲諸佛世尊印可隨喜。當知此智是爲真慧。是爲實慧。是爲無异慧。是爲諸處簡擇無礙之慧。舍利子。菩薩摩訶薩如是了知。是則名爲義無礙解。

復次舍利子。云何菩薩摩訶薩法無礙解。舍利子。菩薩摩訶薩修行般若波羅蜜多故。獲是法無礙解者。謂諸法中隨證入智。何等名爲隨證入智。舍利子。謂諸法中有所證入。何等諸法。謂善不善。有罪無罪。有漏無漏。世間出世間。有爲無爲。染污清净。若有隨順生死及以涅槃。於如是等一切法中隨能證入法性平等。菩提平等。如是智性是則名爲法無礙解。

復次舍利子。法無礙解者。菩薩摩訶薩以如是解心智。證入如是貪行。如是入證假立貪行。或復證入方便貪行。或復證入堅固貪行。或復證入微薄貪行。或復證入非處貪行。或復證入營求貪行。或復證入宿世貪行。或復證入無邊异相貪行。或復證入現在衆緣貪行。又舍利子。菩薩摩訶薩了諸有情如是貪相。所謂或有衆生内貪非外貪。或有衆生外貪非内貪。或有衆生内外俱貪。又舍利子。或有衆生色貪非聲貪。或有衆生聲貪非色貪。或有衆生色聲俱貪。復次。或有衆生色貪非香貪。或有衆生香貪非色貪。或有衆生色香俱貪。復次。或有衆生色貪非味貪。或有衆生味貪非色貪。或有衆生色味俱貪。復次。或有衆生色貪非觸貪。或有衆生觸貪非色貪。或有衆生色觸俱貪。又舍利子。或有衆生聲貪非香貪。或有衆生香貪非聲貪。或有衆生聲香俱貪。復次。或有衆生聲貪非味貪。或有衆生味貪非聲貪。或有衆生聲味俱貪。復次。或有衆生聲貪非觸貪。或有衆生觸貪非聲貪。或有衆生聲觸俱貪。又舍利子。或有衆生香貪非味貪。或有衆生味貪非香貪。或有衆生香味俱貪。復次。或有衆生香貪非觸貪。或有衆生觸貪非香貪。或有

衆生香觸俱貪。又舍利子。或有衆生味貪非觸貪。或有衆生觸貪
非味貪。或有衆生味觸俱貪。又舍利子。或有衆生色聲貪非香貪。
或有衆生香貪非色聲貪。或有衆生色聲香俱貪。復次。或有衆生
色聲貪非味貪。或有衆生味貪非色聲貪。或有衆生色聲味俱貪。
復次。或有衆生色聲貪非觸貪。或有衆生觸貪非色聲貪。或有衆
生色聲觸俱貪。又舍利子。或有衆生聲香貪非味貪。或有衆生味
貪非聲香貪。或有衆生聲香味俱貪。復次。或有衆生聲香貪非觸
貪。或有衆生觸貪非聲香貪。或有衆生聲香觸俱貪。又舍利子。或
有衆生香味貪非觸貪。或有衆生觸貪非香味貪。或有衆生香味
觸俱貪。又舍利子。或有衆生色聲香貪非味貪。或有衆生味貪非

色聲香貪。或有衆生色聲香味俱貪。復次。或有衆生色聲香貪非觸貪。或有衆生觸貪非色聲香貪。或有衆生色聲香觸俱貪。又舍利子。或有衆生聲香味貪非觸貪。或有衆生觸貪非聲香味貪。或有衆生聲香味觸俱貪。又舍利子。或有衆生色聲香味貪非觸貪。或有衆生觸貪非色聲香味貪。或有衆生色聲香味觸俱貪。舍利子。如是等無量衆生。具各起是無量貪相。入於貪行。由菩薩摩訶薩證入是門故。入諸衆生二萬一千貪行門。二萬一千瞋行門。二萬一千痴行門。二萬一千等分行門。舍利子。若菩薩摩訶薩證入如是八萬四千煩惱行門者。當知如是菩薩摩訶薩具足成就心廣大智。及隨行説智。不增不減説智。不過時説智。根器有差別智。

立言不虛説智。舍利子。菩薩摩訶薩具足如是諸勝智故。是名菩薩摩訶薩法無礙解。

復次舍利子。云何菩薩摩訶薩詞無礙解。舍利子。菩薩摩訶薩修行般若波羅蜜多故。具足如是詞無礙解。所謂於諸言詞證入之智。獲是智已。而能了知諸天言詞。諸龍言詞。藥叉言詞。健達縛言詞。阿素洛言詞。揭路荼言詞。緊奈洛言詞。牟呼洛伽言詞。人言詞。非人言詞。乃至五道衆生一切含識所有言詞音聲籌議。菩薩悉能以智證入。又能以是言音。爲彼衆生宣説正⑤法。舍利子。是則名爲菩薩摩訶薩詞無礙解。又舍利子。復有詞無礙解。謂諸菩薩善能了知。如是言詞。唯應顯了如是之法。如是言詞。唯應隨辯如是之法。如是言詞。應以是字隱藏是法。菩薩摩訶薩又以是解。當應了知是一名言。是二名言。是多名言。又能了知是女名言。是男名言。是非男非女名言。又能了知是略名言。是廣名言。是好名言。是惡名言。又能了知過去名言。未來名言。現在名言。又能了知如是等相一字增益。如是等相多字增益。若諸菩薩能善了知。是則名爲詞無礙解。又舍利子。復有詞無礙解者。菩薩摩訶薩所發言詞。無量功德所共集成。何等是耶。舍利子。諸菩薩等所發言詞無有微弱。即此言詞善巧施設。無有繁重無有急速。詞極明了文義圓備。順悅大衆。種種美妙顯示深奧。世俗勝義之所莊嚴。自心智見通達無礙。諸佛印可悅豫衆生。舍利子。如是具足。是名菩薩摩訶薩訶無礙解。

復次舍利子。云何菩薩摩訶薩辯無礙解。舍利子。菩薩辯者。所謂菩薩摩訶薩修行般若波羅蜜多故。獲是言詞無礙辯。無滯記別辯。宣暢無斷辯。速辯迅辯。捷疾辯。不可動辯。不訥鈍辯。隨問對辯。無退怯辯。不相違辯。無諍論辯。可樂法辯。住忍力辯。妙甚深辯。種種差別辯。種種微妙辯。世俗勝義辯。建立一切布施。持戒。懷忍。正勤。静慮。般羅若辯。建立一切念住。正斷。神足。根。力。覺支。道分。奢摩他。毗鉢舍那辯。建立一切静慮解脱三摩地三摩鉢底諦⑥廣大智辯。一切聖人所乘辯。一切衆生心行辯。無謇jiǎn吃言辯。無梗澀言辯。無輕掉言辯。無粗獷言辯。愛潤音言辯。清净言辯。横逸言辯。無著言辯。教詔言辯。三摩呬多言辯。妙相應言辯。無關闠(yuè)言辯。美妙音言辯。柔滑音言辯。無致譏訶言辯。衆聖所贊言辯。舍利子。菩薩摩訶薩以如是等所有言辯。遍告無邊諸佛刹土。所發言音超過一切梵音言詞。如是言音明了清净。爲諸如來之所印可。是諸菩薩具足才辯。以是言音。愍諸有情及數取者。廣爲宣説微妙正法。能令是等出離生死。正⑦盡衆苦。舍利子。是名菩薩摩訶薩辯無礙解。舍利子。如是名爲無礙解善巧。由此無礙解善巧故。菩薩摩訶薩修行般若波羅蜜多。精勤修習無礙解善巧。

大寶積經卷第五十一

校注

①『有』，龍藏、思溪藏、和裕本作『衆』。
②『諍』，龍藏、思溪藏作『證』。
③『生』，底本作『失』，依龍藏、思溪藏改。
④『往』，思溪藏作『住』。
⑤『正』，龍藏、思溪藏作『證』。
⑥『諦』，龍藏、思溪藏作『辯』。
⑦『正』，龍藏、思溪藏作『永』。

大寶積經卷第五十二

大唐三藏法師玄奘奉　詔譯

菩薩藏會第十二之十八・般若波羅蜜多品第十一之三

復次舍利子。云何菩薩摩訶薩依趣善巧。舍利子。菩薩摩訶薩修行般若波羅蜜多故。於四依趣善能具足。何等爲四。所謂依趣於義。不依趣文。依趣於智。不依趣識。依趣於了義經。不依趣不了義經。依趣於法。不依趣數取趣者。舍利子。云何名爲依趣於義。不依趣文。復以何等爲文爲義。舍利子。所言文者。謂諸世間諸法作用傳習文詞。所言義者。謂所通達出世間法。所言文者。宣示可樂布施調順寂靜言詞。所言義者。謂所布施調順寂靜決定了知無朽壞智。所言文者。訶毁生死分別言詞。所言義者。生死不染徹見法性。所言文者。稱揚贊嘆涅槃功德。所言義者。謂諸法性涅槃無分別性。所言文者。隨順諸乘建立言説。所言義者。一理趣法善通達智。所言文者。宣説捨離諸所有法。所言義者。謂是三輪究竟清净。所言文者。宣説律儀身語意業受持學處杜多功德。所言義者。身語意業皆不可得。不由加行尸羅清净。所言文者。宣説忍受瞋恚裁忿憍慢傲逸。能行是忍名善丈夫。所言義者。謂善證得無生法忍。所言文者。演諸善根發起精進。所言義者。無取無捨。無住精進。所言文者。宣説静慮解脱等持等至。所言義者。滅盡定智。所言文者。一切聞持諸慧根本。所言義者。不可説義。所言文者。謂能開示三十七覺分聖道正法。所言義者。證得菩提分法正行之果。所言文者。謂能開示苦集道諦。所言義者。於滅作證。所言文者。開示無明爲初乃至老死。所言義者。謂無明滅故。乃至老死亦滅。所言文者。宣説止觀資糧正法。所言義者。明解脱智。所言文者。宣説貪瞋及痴等分行法。所言義者。謂無分別心解脱智。所言文者。開示一切障礙之法。所言義者。謂無障礙解脱之智。所言文者。開示三寶稱讚功德。所言義者。離欲法性。無爲無著功德正行。所言文者。宣説菩薩從初發心乃至道場修學功德發起正行。所言義者。謂刹那心相應證覺一切智智。舍利子。舉要言之。如來所演八萬四千法藏聲教。皆名爲文。諸離一切言音文字。理不可説。是名爲義。舍利子。是名菩薩摩訶薩修行般若波羅蜜多故。依趣於義。不依趣文。

復次舍利子。云何菩薩摩訶薩依趣於智。不依趣識。舍利子。菩薩摩訶薩依般若波羅蜜多故。善巧了知諸有言教數取趣義。是名爲識。此不應依。諸有言教如法性義。即是於智。此應依趣。又舍利子。是菩薩摩訶薩由二法善巧。便能修行般若波羅蜜多。何等爲二。謂識及智。舍利子。何等爲識。何等爲智。舍利子。所言識者。謂四識住。何等爲四。一者。色趣識所依止。二者。受趣識所依止。三者。想趣識所依止。四者。行趣識所依止。如是識住。是名爲識。不應依趣。所言智者。於五取蘊。識不安住。諸①蘊遍智。是名爲智。此應依趣。所言識者。謂能了知地界水界火界風界。如是了知。則名爲識。不應依趣。若有説言四種識住識不安住。此則名爲識之法性。若於法性不雜亂智。是名爲智。則可依趣。又復識者。所謂了別眼所識色。耳所識聲。鼻所識香。舌所識味。身所識觸。意所識法。如是了別是名爲識。所言智者。若於内處心慮寂静。若於外處尋伺不行。依趣於智。不於一法而生分別。如是等相名之爲智。又復識者。從所緣境而生於識。從諸作意而生於識。從遍分別而生於識。如是等相名之爲識。所言智者。無取無執。無緣無了別。無所分別。是名爲智。又復識者。於諸一切有爲行法。識所依趣。是名爲識。所言智者。於無爲法。無識能行。此無爲智。是名爲智。又復識者。有生有滅有②住之識。故名爲識。不應依趣。無生無滅亦無所住。是名爲智。此應依趣。舍利子。是名菩薩摩訶薩修行般若波羅蜜多故。依趣於智。不依趣識。

復次舍利子。云何名爲菩薩摩訶薩不依趣不了義經。依趣了義經。舍利子。諸菩薩等善能通達。即如先説所有廣文。是則名爲不了義經。如是廣文不應依趣。即如先説所有廣義。是則名爲了義經際。如是廣義則可依趣。又舍利子。何等經中以爲了義。何等經中名不了義。舍利子。菩薩摩訶薩依般若波羅蜜多故。善能分別。若諸經中宣説於道。如是言教名不了義。若諸經中宣説於果。如是言教名爲了義。若諸經中説世俗諦。名不了義。説勝義諦。名爲了義。若諸經中。宣説作業煩惱惑染。名不了義。若有宣説煩惱業盡。是名了義。若諸經中。宣説訶責染污之法。名不了義。若有宣説修治清浄。如是法者是名了義。若諸經中。有所宣説厭背生死欣樂涅槃。名不了義。若有宣説生死涅槃二無差別。是名了義。若諸經中。宣説種種文句差別。名不了義。若説甚深難見難覺。是名了義。若諸經中文句廣博。能令衆生心意踊躍。名不了義。若有宣説文句及心皆同灰燼。是名了義。若諸經中。宣説有我。有情。命者。養者。數取趣者。意生。摩納婆。作者。受者。又説立有種種受蘊無有主宰。如是言教。名不了義。不應依趣。若諸經中説空無相無願。無生無起。亦無出現。無有我。無有情。無命者。無養者。無數取趣者及三解脱門。如斯言教是名了義。則可依趣。舍利子。是名菩薩摩訶薩修行般若波羅蜜多故。依趣了義。不趣不了之義。

復次舍利子。云何名爲菩薩摩訶薩依趣於法。不依趣數取者。舍利子。菩薩摩訶薩依般若波羅蜜多故。於諸經教善能分別。諸有宣説不了義經。即爲補特伽羅義。如是言教不應依趣。諸有了義即如性法義。如是言教此應依趣。又舍利子。復以何等名爲依法。云何名爲數取趣者。舍利子。若有依止數取之見諸所緣法。如是之相名數取者。此數取見所緣法住性之法性。如是相者是名爲法。言數取者。所謂凡夫數取。善凡夫數取。隨信行數取。隨法行數取。第八數取。預流數取。一來數取。不還數取。阿羅漢數取。獨覺數取。菩薩數取。舍利子。復有一數取者出現於世。利益安樂無量衆生。悲愍世間。爲諸天人義利安樂。如是數取。所謂如來應正等覺。舍利子。如是一切數取名言。如來依世俗諦爲衆生說。若有衆生於此言教起於執著。如是等類不應依趣。何以故。如來欲令於彼正依趣故。佛薄伽梵說如是法。汝等依趣諸法實性。無宜依趣彼數取者。舍利子。何等是爲諸法實性。舍利子。所謂無有變异。無有增益。無作無不作。不住無根本。如是之相是名法性。又復於一切處通照平等。諸平等中善住平等。不平等中善住平等。於諸平等不平等中妙善平等。如是等相是名法性。又法性者無有分別。無有所緣。於一切法證得決定究竟體相。如是名爲諸法實性。舍利子。若有依趣法性之者。則諸法性無不依趣。菩薩摩訶薩由證入如是門故。於一切法依趣一切法性故。舍利子。如是名爲菩薩摩訶薩四種依趣。若有菩薩摩訶薩於此法中能通達者。是則說名依趣善巧。舍利子。如是名爲依趣善巧。菩薩摩訶薩爲欲修行般若波羅蜜多故。精勤修習依趣善巧。

復次舍利子。云何名爲菩薩摩訶薩資糧善巧。舍利子。當知菩薩摩訶薩修行般若波羅蜜多故。善能通達二種資糧。何者是耶③。謂福及智。舍利子。云何名爲福德資糧。所謂布施體性福所作事。尸羅體性福所作事。諸修體性福所作事。及大慈定大悲方便。菩薩摩訶薩住④福所作諸事業故。於諸善根若自若他。勵志奉修悉能興起。三世積集所有諸惡悉皆發露。又於一切衆生所有功德。一切學無學所有功德。一切獨覺所有功德。一切菩薩從初發心廣修諸行。得不退轉繫屬一生。如是等無量無邊菩薩摩訶薩所有功德。菩薩普皆心生隨喜。又於去來現在一切諸佛薄伽梵所。一切善根菩薩亦皆心生隨喜。舍利子。是菩薩摩訶薩又復善能隨喜俱生福所作事。復能勸請一切諸佛轉妙法輪。及諸賢聖令演勝法。勸請俱生福所作事。復能以諸善根迴向菩提。迴向俱生福所作事。是菩薩摩訶薩見有未發大菩提心諸菩薩等。方便教令發菩提心。若有已發菩提心者。說法示導教令成熟。諸貧窮者攝以財物。若疾病者施以醫藥。殷勤瞻視。恭敬承事。於暴惡者心生忍受。所犯戒品無有覆藏。發露諸過善能除罪。已般涅槃諸佛世尊。於一切時常修供養。於鄔波柁耶及阿遮利耶敬如大師。於正法所發勤精進。追尋請問。於説法師敬愛尊奉。猶如事佛。有説法會。雖去已遠多百逾繕那。要往其所。聽聞正法無有厭足。或有衆生來請疑滯。以無染心宣説浄法。於父母所承修供養。知恩了恩無有變悔。積集一切諸清浄福。修行建立情無厭倦。以諸律撿防護於身。身無詭詐。防護於語。發言和雅。防護於心。心無諂誑。欲攝梵福故。爲諸如來營構⑤制多。令丈夫相具圓滿故。積集無遮大祠法會。爲隨顯相令圓滿故。積集種種善根資糧。爲莊嚴身故。捨離憍慢。爲莊嚴語故。遠諸語過。爲莊嚴心故。遠離一切憎嫉覺慧。爲大莊嚴佛刹土故。化現神通轉變自在。爲欲莊嚴諸法相故。無上妙智善勝⑥清净。爲欲莊嚴大法衆故。遠離一切離間粗惡破壞語言。爲不取著一切法故。離妄分别。令説法者無憂戚故。歡喜授與善哉言詞。令説法者無唐捐故。遠離諸蓋。恭敬聽法。爲欲莊嚴菩提樹故。奉施諸佛清静⑦園林。爲欲莊嚴佛道場故。備修善根無有退轉。爲欲净除生死法故。不染一切諸業煩惱。爲欲獲得珍寶手故。修行布施一切珍寶。爲欲獲得無盡之財及無盡藏故。所愛重物先用行施。爲欲令諸衆生暫見便起清净信故。舒顔先問。遠諸顰(pín)蹙(cù)。爲欲獲得平掌相故。於諸衆生起平等照。爲放無邊諸光網故。於不學識諸衆生所。情不輕蔑。又無捨置。爲令受生得清净故。

常存積集清凈戒福。爲令胎藏得清凈故。於諸毁犯善能清凈。爲欲生於天人中故。修治清凈十善業道。遠離無知往還進止故。於諸教誡無妄分别。爲得法財富逸自在故。於深奥法性無藏吝。爲諸世間所瞻仰故。修治清凈增上欲解。爲得廣大法勝解故。於微少行而不修證。爲欲攝受一切福故。心恒思惟一切智者。爲七聖財得圓滿故。於佛正法信爲前導。爲欲攝受諸凈法故。於己身命曾無顧録。爲諸世間所委任故。於先所許必令果遂。爲令一切諸佛妙法得圓滿故。圓滿修習一切佛法。舍利子。若菩薩摩訶薩具足成就如是相者。是名菩薩摩訶薩福德資糧善巧。

復次舍利子。云何菩薩摩訶薩智德資糧善巧。舍利子。是菩薩摩訶薩修行般若波羅蜜多時。由住如是如是因緣法故。攝取於智。是故名曰智德資糧。舍利子。如是攝智。以何等法爲因爲緣。舍利子。當知菩薩摩訶薩欲無厭倦。精進尋求智隨行性。親近善友。趣諸佛智。不趣聲聞及獨覺智。於彼善友情無憍慢。恭敬愛重如愛大師。而是菩薩知彼善友具諸欲解。無有少分順智言說而不咨受彼善友者。又知菩薩是法器已。即爲宣説中無暫斷。是諸菩薩聞説如是正法資糧相應之行。精進尋思。方便修習。舍利子。諸如是相。此則名爲智德資糧相應正行。

復次舍利子。云何名爲菩薩摩訶薩正法資糧相應正行。舍利子。正法資糧者。所謂菩薩摩訶薩具修正行故。嗜欲饕(tāo)餮(tiè)善能節儉。

事緒緣務善能減約。言説談話善能遠離。於諸音聲善能弃捨。初夜後夜無有睡眠。精勤修習相應正行。是菩薩摩訶薩稱量理義。鄭重尋思故。心無濁穢。制伏諸蓋故。於所毀犯善知出離。無有諂詐現除悔故。無所追求。堅修正行故。隨順正法。趣向正法。俯臨正法。於法勇猛。常如救彼頭衣熾然故。勤求妙智無暫休息。不處愚暗故。無有慢緩。不弃善扼故。遠離憒鬧。常樂獨處故。宴默思惟。聖種知足故。不捨杜多所有功德。愛樂法樂故。常樂尋求出世間法。不思寶玩隨順世間文章咒術故。成就正念無忘失故。備甚深義。善隨行故。具足妙慧。道隨順故。堅固勇猛。防衛外緣故。內懷羞耻。慚愧莊嚴故。隨行佛趣。離非智故。捨愚痴膜。慧眼清凈善覺悟故。

覺慧寬廣。於如是覺無狹劣故。妙覺明顯。證現智故。舍利子。是菩薩摩訶薩所有功德不隨於他。於自功德無增上慢。於他功德不嫉不毀。善修行業不輕業報。由如是故。具足成滿業清浄智。舍利子。如是等相具足圓備。是名菩薩摩訶薩智德資糧善巧之行。復次舍利子。菩薩摩訶薩復有智德資糧善巧。謂能具足四種施法。便得成就智德資糧。何等爲四。一者。菩薩摩訶薩若見書寫如是經典。給施葉紙筆墨衆事。二者。菩薩摩訶薩請説法者演深妙義。三者。菩薩摩訶薩以諸利養恭敬名聞。贊頌稱揚奉説法者。四者。菩薩摩訶薩於説法師攝受正法。無有諂曲贊悦彼意。應施是言。善哉善哉。舍利子。若有菩薩摩訶薩行是四種清浄布施。當知善能積集智德資糧善巧。

復次舍利子。菩薩摩訶薩復有四種積集無盡智德資糧。何等爲四。一者。菩薩摩訶薩巧能守護説法者身。二者。巧能守護所有衆善。三者。巧能守護其所止處。四者。巧能守護彼説法者所有徒衆。舍利子。是爲菩薩摩訶薩四種積集智德資糧。

復次舍利子。菩薩摩訶薩復有四種任⑧持智德資糧善巧。何等爲四。所謂菩薩摩訶薩於説法者以法任*持。以智任*持。以財任*持。以菩提功德而用任*持。舍利子。是爲菩薩摩訶薩四種任*持智德資糧。

復次舍利子。菩薩摩訶薩復有五種勝力。能爲智德資糧善巧。何等爲五。所謂菩薩摩訶薩具足信力。爲欲成就信解心故。具足進力。求善知識成多聞故。具足念力。令菩提心無忘失故。具足定力。審諦觀察平等覺故。具足慧力。由久修習多聞力故。舍利子。是名菩薩摩訶薩五力智德資糧善巧之行。

復次舍利子。菩薩摩訶薩復有智德資糧善巧。謂具四種清淨尸羅。能善積集智德資糧。何等爲四。所謂菩薩摩訶薩樂法尸羅。求法尸羅。觀法尸羅。迴向菩提尸羅。舍利子。菩薩摩訶薩若具如是四種清淨尸羅。能善積集智德資糧善巧之行。

復次舍利子。菩薩摩訶薩復有智德資糧善巧。謂能具足四種忍法。能爲智德資糧善巧。何等爲四。一者。菩薩摩訶薩勤求法時。善能忍受一切粗惡非法言説。二者。菩薩摩訶薩勤求法時。善能堪忍一切風日寒熱飢渴。三者。菩薩摩訶薩勤求法時。於阿遮利耶。鄔波陀耶二勝師所。隨有訓誨頂戴領受。四者。菩薩摩訶薩勤求法時。善能信解於空無相無願之法。舍利子。如是四種含受忍法。能爲智德資糧之行。

復次舍利子。菩薩摩訶薩復有智德資糧善巧。謂能具足四種精進。能爲智德資糧善巧。何等爲四。所謂菩薩摩訶薩堅固精進聽聞正法。堅固精進任持正法。堅固精進演説正法。堅固精進修行正行。舍利子。如是四種堅固精進。能爲智德資糧之行。

復次舍利子。菩薩摩訶薩復有智德資糧善巧。謂能具足四種靜處。於法修習。能爲智德資糧善巧。何等爲四。一者。菩薩常樂行遠離法。二者。樂獨專一守靜山林。三者。常樂尋求神通靜慮。四者。常勤修行廣大佛智。舍利子。如是四種正法靜慮。能爲智德資糧之行。

復次舍利子。菩薩摩訶薩復有智德資糧善巧。謂能具足四種正法智慧光明。能爲智德資糧善巧。何等爲四。所謂菩薩摩訶薩修行如是智慧光明。不住於斷。不說於常。不違緣起。信解無我。舍利子。如是四種諸智⑨慧光明。能爲智德資糧正行。

復次舍利子。菩薩摩訶薩復有智德資糧善巧。謂能成就四種正法無上方便。能爲智德資糧善巧。何等爲四。所謂菩薩摩訶薩修行般若波羅蜜多故。隨順世間。隨順經典。隨順妙法。隨順净智。舍利子。如是四種正法方便。能爲智德資糧正行。

復次舍利子。菩薩摩訶薩復有智德資糧善巧。謂能進趣四種法道。能爲智德資糧善巧。何等爲四。所謂菩薩摩訶薩以依般若波羅蜜多故。具足修行到彼岸道。七覺分道。八聖支道。趣向一切智者智道。舍利子。如是四種正法之道。能爲智德資糧正行。

復次舍利子。菩薩摩訶薩復有智德資糧善巧。謂具四種無厭足法。則能善集智德資糧。何等爲四。所謂菩薩摩訶薩以修行般若波羅蜜多故。奉持正法無量聽聞無有厭足。爲衆説法無有厭足。觀察理義無有厭足。智慧方便無有厭足。舍利子。如是四種無厭足法。能集智德資糧正行。

復次舍利子。菩薩摩訶薩如是智德資糧善巧。隨遍入於一切行處。何以故。舍利子。當知布施由智資糧而成就故。如是持戒忍辱精進靜慮正慧。亦是智德資糧成就。乃至慈悲喜捨一切善法。亦因智德資糧成就。何以故。舍利子。菩薩摩訶薩所有發起堅固正行。皆依正⑩智。彼一切行智爲前導。由是菩薩具大智故。爲諸無智之所歸趣。一切惡魔不得其便。諸佛如來所共加護。將得趣入一切智智。舍利子。是爲菩薩智德資糧善巧之行。若諸菩薩摩訶薩成就如是福智二種資糧善巧。當知修行般若波羅蜜多故。獲是資糧善巧之力。

復次舍利子。云何菩薩摩訶薩念住善巧。舍利子。所謂菩薩摩訶薩修行般若波羅蜜多故。具足修習四種念住。則能成就方便善巧。舍利子。何等爲四。一者。於身隨身觀察修習念住。二者。於受隨受觀察修習念住。三者。於心隨心觀察修習念住。四者。於法隨法觀察修習念住。舍利子。菩薩摩訶薩修行般若波羅蜜多故。云何於身隨身觀察修習念住。舍利子。菩薩於身住隨身念。觀察是身前際過咎。是菩薩摩訶薩作是思惟。如是身者。顚倒業起因緣所生。本無主宰。無所攝受。如彼卉木叢林諸藥草等。從因緣生。本無主宰。無所攝受。此身又如館舍所起。皆由草木墻塹⑪衆緣所共合成。此身亦爾。但爲蘊界處等之所攝持。而其本性空。無有我無有我所。無常無恒。無有堅住。非不變法。我今不應於是身分妄有所計。是故我今當以如是不堅之身用貿堅身。何等身者名爲堅實。謂如來身是堅實身。我觀是身極爲虚僞。要當成辦如來之身。何以故。如來身者即是法身。金剛之身。不可壞身。堅固之身。超於三界最勝之身。又作是念。我此身者。無量過咎之所雜染。我當求證離諸過染如來之身。舍利子。是菩薩摩訶薩以諸覺慧簡擇力故。觀察是身四大種攝。爲諸隨眠所依窟宅。是故我今當以此身。爲諸衆生驅役給使。何以故。譬如世間外四大種。所謂地界。水火風界。以種種門無量差别衆具資財。饒益養育一切衆生。我今亦爾。用此四大所合成身。以種種門無量差别境界資財。當爲衆生之所受用。舍利子。是菩薩摩訶薩由依般若波羅蜜多觀察是身。有如是等大義用故。雖觀此身體性是苦。而不厭患如是苦身。雖觀是身究竟盡性。而不厭患流轉受生。雖觀是身其性無我。而無厭倦成熟衆生。雖觀是身我寂滅性。而不墮彼永捨寂滅。雖觀身空無相遠離。而不墮於遠離邊際。舍利子。是菩薩摩訶薩於此身法住隨身觀。觀察是身無實無堅。又於內身住隨身觀。隨內而行。於諸煩惱無復容受。又於外身住隨身觀。隨外而行。於諸煩惱不與共住。舍利子。是菩薩摩訶薩成就如是身念住已。其身清净無有染污。具足一切清净身業。得清净相莊嚴之身。既具如是莊嚴身故。爲諸天人之所歸仰。舍利子。是名菩薩摩訶薩修行般若波羅蜜多故。於此身法隨身觀察修習念住。
復次舍利子。菩薩摩訶薩修行般若波羅蜜多時。云何於受隨受觀察修習念住。舍利子。菩薩摩訶薩作是思惟。諸所有受一切皆苦。我於今者具覺慧力。於如是受當善決擇。以智決擇。以慧決擇。方便決擇。是菩薩摩訶薩既具如是勝決擇力。雖受於樂。當樂觸時。即於一切善道衆生起大慈心。不爲貪欲隨眠所惱。雖受於苦。當苦觸時。即於一切惡道衆生起大悲心。不爲瞋恚隨眠所惱。雖復受諸不苦不樂。當觸受時。不爲無明隨眠所惱。舍利子。是菩薩摩訶薩由依般若波羅蜜多。具足如是觀解力故。隨受而行修習念住。所受諸受。若苦若樂。不苦不樂。善能觀察諸受出離。又能令彼一切衆生證受遍智寂滅之法。又作是念。此諸衆生具煩惱故。無有智慧。不能了知諸受出離。何以故。若受樂時便生貪愛。若受苦時便生瞋恚。若受不苦不樂便起愚痴。而況我輩諸菩薩等隨智慧行。一切所受諸過失法皆已息滅。豈當於受更起煩惱。我於今者應具發起方便善巧及與大悲。攝諸衆生。令於諸受皆得息滅。舍利子。如是菩薩何因緣故。說於諸受而能不隨⑫。舍利子。謂於諸受智慧簡擇。能引於樂。不引於苦。舍利子。復以何等智慧簡擇。謂是菩薩觀察此中無能受者。若我。若有情。若命者。若數取等。於是觀察竟無能受。唯有受者。有何等受。所謂執受。攝受。取受。有得受。顛倒受。分別受。見隨眠受。眼想所生受乃至意想所生受。色想所生受乃至法想所生受。及彼種種眼觸⑬所生受。如是廣說。若内若外所有諸法。乃至諸觸緣所生受。若苦若樂。不苦不樂。如是等相是名爲受。

復次舍利子。諸佛如來分別諸受無量諸門差別之相。舍利子。如來或時說爲一受。所謂一心了別諸境。或說二受。謂内及外。或說三受。所謂過去了別。未來了別。現在了別。或說四受。所謂地水火風界⑭別。或說五受。所謂思惟如是五蘊。或說六受。所謂分別如是六處。或說七受。謂七識住。或說八受。所謂八邪方便之相。或說九受。所謂九位衆生所居。或說十受。所謂十善⑮業道等。舍利子。如是廣說。乃至無量一切諸受。隨所緣境。隨所作意。限量分齊。有爾所受。然諸如來説受無量。何以故。衆生無量故。隨有衆生各具如是無量諸受。舍利子。如是菩薩摩訶薩云何於受住隨受觀。舍利子。謂諸菩薩以清浄智。方便善攝一切衆生。所有諸受生滅住异。及善了知一切衆生善不善等所有受智。若諸菩薩如是隨觀。是名於受具足觀察。舍利子。如是名爲菩薩摩訶薩修行般若波羅蜜多故。於一切受隨受觀察修習念住。

復次舍利子。菩薩摩訶薩修行般若波羅蜜多時。云何於心隨心觀察修習念住。舍利子。是諸菩薩摩訶薩無有忘念。密護防守。離諸散亂。觀察於心生滅散壞。念念不住。於内於外不住不轉。是名菩薩正觀於心。舍利子。是菩薩摩訶薩復作是念。我憶最初曾所發心。如是諸心生已即滅。離散變壞。不可了知詣⑯何方所。又我所有無量諸心積集善根。生已即滅。離散變壞。無有方所。又我所有無量心相迴向菩提。而心體相不能自了。云何此心能作是念。我當證覺阿耨多羅三藐三菩提耶。何以故。以此心體不能了心。不能觀心。不能通達於自心故。舍利子。是菩薩摩訶薩復作是念。若菩提心由善根心無有失者。則善根心由迴向心無有迷失。若迴向心由菩提故無有失者。則阿耨多羅三藐三菩提爲無有失。是菩薩摩訶薩作是觀已。於無迷失不恐不怖。復作是念。此緣起法因果不壞。雖復是心法性無有自性。無有作用。無有主宰。然此諸法依止因緣而得生起。我當隨其所欲積集善根。既積集已修相應行。終不捨離是心法性。

復次舍利子。菩薩摩訶薩云何此中積集之相。舍利子。是諸菩薩摩訶薩作如是觀積集之相。是心本性猶如幻化。無有一法而可施者。是心法性而能布施一切衆生。迴向積集莊嚴佛土。是則名爲善根積集。又舍利子。是心本性如夢所見。其相寂靜。是心法性而能積集守護尸羅。皆爲迴向神通作用。是則名爲善根積集。又舍利子。是心本性猶如陽焰。究竟盡滅。是心法性而能修習一切可樂忍辱之力。迴向積集莊嚴菩提。是則名爲善根積集。又舍利子。心本性者。如水中月。究竟遠離積集之相。是心法性而能發起一切正勤。迴向成熟⑰無量佛法。是則名爲善根積集。又舍利子。心本性者。不可取得。不可睹見。是心法性。而能修習一切靜慮解脱三摩地三摩鉢底。迴向諸佛勝三摩地。是則名爲善根積集。又舍利子。觀此心性本非色相。無見無對。不可了知。是心法性而能修習一切慧句差別説智。迴向圓滿諸佛智慧。是則名爲善根積集。又舍利子。心無所緣。無生無起。是心法性而能建立無量善法攝受色相。如是名爲善根積集。又舍利子。心無所因。亦無所生。是心法性而能攝受覺分法因。是則名爲善根積集。又舍利子。心性遠離六種境界。亦不生起。是心法性而能引發菩提境界因所生心。是則名爲善根積集。舍利子。如是名爲菩薩摩訶薩依般若波羅蜜多故。於一切心隨心觀察修習念住。

復次舍利子。是菩薩摩訶薩又依般若波羅蜜多故。於一切心住隨心觀。爲求證得勝神通故。繫縛其心修學通智。得神通已。但以一心。而能善知一切心相。既了知已。依心自體宣説諸法。舍利子。如是住隨心觀菩薩摩訶薩。以大悲力制御其心。成熟*衆生而無厭倦。由是菩薩住隨心觀故。不爲心盡。不爲心滅。安住於心。但爲令心遠離生死相續結縛而安住心。又復以諸心念智力。安住諸法無生無起正決定性。而不退墮二乘地中。又以是力持心相續。乃至成滿一切佛法。一刹那心相應妙慧。覺悟阿耨多羅三藐三菩提。如是舍利子。是名菩薩摩訶薩依般若波羅蜜多。於一切心隨心觀察修習念住。

復次舍利子。菩薩摩訶薩修行般若波羅蜜多時。云何於法隨法觀察修習念住。舍利子。是菩薩摩訶薩以聖慧眼觀見諸法。乃至坐於道場。於其中間無有迷失。是菩薩於一切法住隨法觀。不見少法遠離於空。遠離無相。遠離無願。遠離無生。遠離無起。及以遠離無加行者。又重觀察。不見少法遠離緣起。舍利子。是菩薩摩訶薩安住如是隨法觀故。不觀於法及以非法。此中何者以之爲法。謂無我義。是名法義。無有情義。無命者義。無數取趣義。如是等義是名爲法。復以何等爲非法義。所謂我見。有情見。命者見。數取趣見。斷見。常見。有見。無有見。如是等見是名非法。又舍利子。舉要而言。一切諸法或名爲法。或名非法。何以故。若能了知如是諸法皆空無相及以無願。即一切法并名爲法。若有計著我及我所諸見隨眠。即一切法并名非法。舍利子。菩薩摩訶薩依般若波羅蜜多故。住隨法觀已。不見一法而非佛法。而非是佛。而非是道。而非解脱。而非出離者。是菩薩摩訶薩了知諸法皆出離已。又復獲得無障大悲。觀諸衆生所有煩惱。皆從虛假妄想而生。知諸煩惱體性自離。何以故。是諸煩惱等趣了義。無少煩惱可積可集。如是隨覺即是菩提。煩惱之性即菩提性。菩薩如是。雖安住念而無所住。非憶非忘。而能了知念所安住。何以故。所安住念即名法界。若住法界即住有情界。若住有情界即住虛空界。由如是故。說此諸法與虛空等。舍利子。如是住隨法觀菩薩摩訶薩依趣佛法故。信解諸法即是佛法。雖復發起如是盡智。而於無爲盡滅之法能不作證。雖復發起無生之智。愍諸含識而現受生。又不捨離無生實際。舍利子。是菩薩摩訶薩於諸法中安住念故。遍能攝受二乘諸法。雖於一切假立諸法安住於念。而此正念無散無失。乃至後際於一切法隨法觀察修習念住。能以無量言說所說不平等境。平等趣入一切佛法。能令一切衆生心喜。能摧一切堅固魔軍。因是證得自然大智。舍利子。是名菩薩摩訶薩修行般若波羅蜜多故。於一切法隨法觀察修習念住。是則名爲四種念住善巧之法。如是舍利子。菩薩摩訶薩欲得修行般若波羅蜜多者。應當修習念住善巧。

大寶積經卷第五十二

校注

①『諸』，龍藏、思溪藏作『識』。
②『有』，龍藏、思溪藏作『所』。
③『耶』，龍藏、思溪藏作『二』。
④『住』，龍藏、思溪藏作『作』。
⑤『構』，思溪藏作『攝』。
⑥『勝』，龍藏、思溪藏作『性』。
⑦『静』，龍藏、思溪藏作『净』。
⑧『任』，思溪藏作『住』。本卷下文例同，用*標識，不再出注。
⑨『智』，底本無，依龍藏、思溪藏補。
⑩『正』，龍藏、思溪藏作『止』。
⑪『塹』，龍藏、和裕本作『壁』。

⑫『能不隨』，龍藏、思溪藏作『不退墮』。
⑬『觸』，思溪藏作『識』。
⑭『界』下，龍藏、思溪藏有『差別了』三字。
⑮『善』下，龍藏、思溪藏有『諸』字。
⑯『詣』，思溪藏作『謂』。
⑰『熟』，思溪藏作『就』。本卷下文例同，用*標識，不再出注。
⑱『生』，龍藏作『住』。
⑲『之』，底本作『定』，依龍藏、思溪藏改。

大寶積經卷第五十三

大唐三藏法師玄奘奉　詔譯

菩薩藏會第十二之十九・般若波羅蜜多品第十一之四

復次舍利子。云何菩薩摩訶薩四正勝道善巧。舍利子。菩薩摩訶薩以修般若波羅蜜多故。道有四種。何等爲四。一者。未生惡不善法爲不生故。便生欲樂。勇猛策勵。發勤精進。攝持於心。平等安住。二者。已生惡不善法爲永斷故。便生欲樂。勇猛策勵。發勤精進。攝持於心。平等安住。三者。未生善法爲生起故。便生欲樂。勇猛策勵。發勤精進。攝持於心。平等安住。四者。已生善法。令住不忘。修習圓滿。便生欲樂。勇猛策勵。發勤精進。攝持於心。平等安住。舍利子。如是四種。又亦名爲四種正勝。

復次舍利子。云何名爲未生惡不善法爲不生故。乃至攝持於心平等安住。舍利子。所言未生惡不善法爲不生故便生欲樂勇猛策勵者。是謂如理作意故。發勤精進者。是謂不捨如理作意故。攝持於心平等安住者。是則名爲如理觀察。何以故。由如理方便故。惡不善法不復現行。舍利子。何等名爲惡不善法。復以何義惡不善法不復現行。舍利子。惡不善法。所謂尸羅戒所對治。定所對治。慧所對治。云何名爲戒所對治。舍利子。言①對治者。所謂犯戒。及餘一切發起②毀犯尸羅之法。諸妙戒聚之所對治。如是名爲戒所對治。舍利子。何等名爲定所對治。所謂違犯軌則。及餘一切引心亂法。諸妙定聚所對治法。如是名爲定所對治。舍利子。何等名爲慧所對治。所謂毀犯於見。及餘一切能引諸見纏障蓋法。諸妙慧聚之所對治。如是名爲慧所對治。舍利子。諸如是等。并得名爲惡不善法。若諸所有如理作意。不令如是惡不善法得生起者。是則名爲惡不善法不復現行。舍利子。是名菩薩摩訶薩第一正勝。

復次舍利子。云何名爲已生惡不善法爲永斷故。乃至攝持於心平等安住。舍利子。若諸惡不善法積集於心無方無處。及諸惡不善法現行覺心。依止於因緣所緣境而得生起。何等名爲緣境生起。所謂因淨妙相而起貪心。損壞相故而起瞋心。無明相故而起痴心。爾時菩薩便住如是如理思惟。不淨相故貪欲寂靜。慈愍相故瞋恚寂靜。緣起相故愚痴寂靜。是諸煩惱雖由作意永息滅故。假立言説名爲寂靜。而實寂靜無別可得。但爲斷滅平等性故。現觀諸法。即以此法而名正勝。舍利子。是名菩薩摩訶薩第二正勝。

復次舍利子。云何名爲未生善法爲欲生故。乃至攝持於心平等安住。舍利子。如是義者。文句無量。何以故。菩薩摩訶薩無量善法皆應積集。由是文句而有無量。舍利子。當知菩薩一切善根。樂欲爲本。由精進故。便能積集一切善根。何以故。由如是法攝持安住故。一切善根皆得究竟。舍利子。是名菩薩摩訶薩第三正勝。

復次舍利子。云何名爲已生善法。令住不忘修習圓滿。便生欲樂。乃至攝持於心平等安住。舍利子。如是義者。當知即是迴向菩提。

何以故。由迴向菩提。所有善根無復失壞故。所以者何。以彼菩薩不依三界而發心故。舍利子。若諸菩薩不依三界修習善根。又復迴向一切智者。當知所有一切善法。則爲究竟無能有盡。舍利子。是名菩薩摩訶薩第四正勝。舍利子。菩薩摩訶薩爲欲修行般若波羅蜜多故。精勤修習如是四種道分善巧。

復次舍利子。云何菩薩摩訶薩五分道善巧。舍利子。何等爲五。所謂信根。精進根。念根。定根。慧根。是名爲五。舍利子。云何名爲菩薩摩訶薩修行般若波羅蜜多信根。舍利子。如是信者信四種法。何等爲四。一者。信受如是處生死中世間正見。由此信故。菩薩摩訶薩依趣業報。乃至失命因緣。終不興意造諸惡業。二者。信受如是諸菩薩行。由此信故修行正行。終不起意樂證餘乘。三者。信受如是勝義了義甚深緣起。一切諸法無我無有情。但是言說之所假立。唯空無相無願之相。由此信故。有情見趣及諸隨眠不復增長。四者。信受如是力無畏等一切佛法。既信受已。離疑離惑。修集一切所有佛法。舍利子。如是等相。是名菩薩摩訶薩信根。舍利子。云何名爲菩薩摩訶薩修行般若波羅蜜多精進根。所謂信所信法由精進根而得生起。即以此法名精進根。舍利子。云何名爲菩薩摩訶薩修行般若波羅蜜多念根。所謂諸法由於精進之所積集。以念根力而不失壞。即以此法而爲念根。舍利子。云何名爲菩薩摩訶薩修行般若波羅蜜多定根。所謂諸法由念根力所不失壞。

即彼諸法以定根故。攝住一緣故名定根。舍利子。云何名爲菩薩摩訶薩修行般若波羅蜜多慧根。所謂諸法由定根故。攝住一緣。即彼諸法以慧根力。觀達明了故名慧根。舍利子。菩薩摩訶薩若具如是五增上根。無間相續修行正行。能速圓滿一切佛法。亦速趣入授記別地。舍利子。譬如外道具五通仙。若諸胎藏男女二形猶未生起。終不爲彼妄有授記。如來亦爾。若諸菩薩未具成就如是五根無間相續。終不爲彼而授記也。舍利子。如是等相。是名菩薩五分道法。菩薩摩訶薩爲欲修行般若波羅蜜多故。便能修習如是五分道善巧。

復次舍利子。菩薩摩訶薩以依般若波羅蜜多故。道善巧者復有五分。何等爲五。所謂信力。精進力。念力。定力。慧力。是名爲五。舍利子。云何名爲菩薩摩訶薩信力。舍利子。是諸菩薩清淨勝解忍③受決定。堅固難壞。不可制伏。設有惡魔化爲佛像。到菩薩所爲作障礙。令是菩薩於正法智及勝解脱。欲使遠離。情不欣④樂。又作是言。如是法者非佛正教。舍利子。假使四大之性互相轉變。終不能使成就信力勝解菩薩爲魔惑故。信力傾動。舍利子。如是名爲菩薩摩訶薩信力。

復次舍利子。云何菩薩摩訶薩精進力。舍利子。所謂菩薩發勤精進方便修習一切善法。於彼諸處獲得堅固住持之力。由是力故。乃至彼處所爲之事未終究竟。於其中間。無有一切天及世間。於是菩薩住持之力。能令移動不住本處。舍利子。如是名爲菩薩摩訶薩精進力。

復次舍利子。云何菩薩摩訶薩念力。舍利子。諸菩薩等於彼彼法由安住念。令心安住。無有能令移動散亂。是菩薩摩訶薩由念持力。善能摧滅一切煩惱。而無有能制伏此念。舍利子。如是名爲菩薩摩訶薩念力。

復次舍利子。云何菩薩摩訶薩三摩地力。舍利子。諸菩薩等安住遠離諸靜慮支。雖復觀察一切音聲。諸語業道及音聲刺。而不能障最初靜慮。是諸菩薩雖以如是一切善法。尋伺推求無量諸法。而不能障第二靜慮。是諸菩薩雖復安住所生歡喜。而不能障第三静慮。是諸菩薩雖爲成熟一切衆生。攝受正法不住於捨。而不能障第四静慮。舍利子。菩薩摩訶薩安住如是四種静慮。一切静慮所對治法不能制伏。又是菩薩雖於三摩地安住不捨。而不隨彼定力受生。舍利子。如是名爲菩薩摩訶薩三摩地力。

復次舍利子。云何菩薩摩訶薩慧力。舍利子。是智慧力堅固難伏⑤。所謂一切世間出世間法所不制伏。如是智力。又是菩薩生生之處。乃至世間已行正行。工⑥巧業處難作難解。而諸菩薩於彼一切。不由師教現前了知。舍利子。是諸菩薩又於一切出世間法。謂能救度諸世間者。菩薩摩訶薩以智慧力悉能攝受。不爲一切世間天人之所制伏。舍利子。是名菩薩摩訶薩慧力。如此等相。是則名爲菩薩摩訶薩五分道善巧。舍利子。是諸菩薩摩訶薩爲欲修行般若波羅蜜多故。精勤修習如是五分道善巧。

復次舍利子。云何菩薩摩訶薩修行般若波羅蜜多覺分善巧。舍利子。菩薩摩訶薩有七種覺分。何等爲七。所謂念覺分。擇法覺分。精進覺分。喜覺分。安覺分。等持覺分。捨覺分。是名菩薩摩訶薩七種覺分。舍利子。云何名爲菩薩摩訶薩念覺分。所謂諸菩薩由依如是正念力故。隨覺諸法。觀察諸法。尋思諸法。了達諸法。簡擇諸法。鑒照諸法。是菩薩摩訶薩由念力故。隨覺一切諸法體相。舍利子。何等名爲了達諸法自體相智。謂由念力覺一切法自體相空。若諸菩薩通達此者。是則名爲念覺分法。

復次舍利子。云何名爲菩薩摩訶薩擇法覺分。謂諸菩薩具足簡擇八萬四千諸法藏智。隨彼諸法應當簡擇。如是簡擇所謂了義。如是了義由不了義。不了義者由世俗義。世俗義者由勝義義。勝義義者由假施設。假施設者由勝決擇。此勝決擇是名簡擇。舍利子。若諸菩薩成就此者。如是名爲擇法覺分。

復次舍利子。云何名爲菩薩摩訶薩精進覺分。所謂菩薩即於如是念。擇法⑦。喜。安。定。捨智。攝受欣樂。勇猛勢力欲無退減。正勤策勵不捨善扼。爲道現觀所發正勤。舍利子。若諸菩薩成就此者。如是名爲精進覺分。

復次舍利子。云何名爲菩薩摩訶薩喜覺分。謂由菩薩於法生喜。

便喜悦法。由喜悦法故。心不沉没。不沉没故。生清浄喜。由喜清浄故。身心安隱。離諸煩惱。舍利子。若諸菩薩成就此者。如是名爲喜覺分法。

復次舍利子。云何名爲菩薩摩訶薩安覺分。所謂菩薩由身安故。獲得心安。由心安故。息諸煩惱。遠離一切所有蓋障。於所緣境。其心安住。如是便入於三摩地。舍利子。若諸菩薩成就此者。是則名爲安覺分法。

復次舍利子。云何名爲菩薩摩訶薩三摩地覺分。所謂菩薩以是定心覺知於法。非不定心。何以故。若心得定。覺了諸法。終不發起諸愛見等纏障邪覺。唯除於法平等實性。心定趣入覺一切法平等之性。舍利子。若諸菩薩成就此者。如是名爲三摩地覺分法。復次舍利子。云何名爲菩薩摩訶薩捨覺分法。所謂菩薩於能順憂喜分法。心無執著。於諸世法心不攝受。不高不下。安住不動。無欣無厭。無愛無恚。唯能隨順修習聖道。若諸菩薩成就此者。是則名爲捨覺分法。如是舍利子。菩薩摩訶薩欲於是等七覺分法通達善巧故。便樂修行般若波羅蜜多。精勤修習覺分善巧。

復次舍利子。云何菩薩摩訶薩修行般若波羅蜜多道分善巧。舍利子。菩薩摩訶薩具足如是八聖道分。何等爲八。所謂正見。正思惟。正語。正業。正命。正精進。正念。正三摩地。如是名爲諸菩薩等八聖道分。舍利子。云何名爲菩薩摩訶薩正見。舍利子。謂衆賢聖出世間見。如是見者。非我見起。非有情見起。非命者見起。非數取者見起。非斷見起。非常見起。非有見起。非無有見起。非善見起。非不善見起。乃至非涅槃見起。舍利子。若諸菩薩遠離此見。是則名爲菩薩正見。

復次舍利子。云何菩薩摩訶薩正思惟。舍利子。若諸菩薩由此思惟。則能發起貪瞋痴等一切煩惱。如是思惟終不發起。若諸菩薩由此思惟。便能生長戒聚。定聚。慧聚。解脱聚。⑧解脱智見聚等諸功德者。如是思惟。諸菩薩等恒常發起。舍利子。若有菩薩成就此法。是則名爲正思惟分。

復次舍利子。云何名爲菩薩摩訶薩正語。舍利子。謂諸菩薩如是語言。不自損惱。不損惱他。不與衆生共相交諍。由是菩薩成就是語。能入聖道。故說名爲菩薩正語。

復次舍利子。云何名爲菩薩摩訶薩正業。舍利子。謂諸菩薩終不造作黑黑報業。若業能感白浄果報。若業能盡一切諸業。如是業者方便發起。舍利子。是諸菩薩即以此業而爲白⑨業。業爲依趣。精勤方便修平等業。如是名爲菩薩正業。

復次舍利子。云何名爲菩薩摩訶薩正命。舍利子。謂諸菩薩所有聖種杜多功德。不諂不誑。無懷浮詐。於諸乞求性離逼切。易滿易養。於彼軌則奉而修行。不生慢緩。於他利養不興嫉妒。於自利養而生知足。於聖所開不深染著。而常清浄自守命行。舍利子。若諸菩薩成就此者。是則名爲菩薩正命。

復次舍利子。云何菩薩摩訶薩正精進。舍利子。是諸菩薩若於聖者所不開許。貪瞋痴等煩惱隨眠及諸邪行。於是法中發勤精進者。菩薩不樂行於精進。若諸正勤爲聖諦攝。趣入聖道。能至涅槃。引發正行。如是精進。爲諸菩薩所樂修學。即以此法名正精進。

復次舍利子。云何名爲菩薩摩訶薩正念。舍利子。謂有諸念極善安住。性非下劣。心善正直無有邪曲。能觀生死所有過患。與大涅槃爲歸趣路。若諸菩薩於如是念恒正憶持。爲令聖道不忘失故。即以此法名爲正念。

復次舍利子。云何名爲菩薩摩訶薩正三摩地。舍利子。三摩地者。

若於正性平等。則於一切法平等。諸菩薩等安住如是三摩地已。爲欲解脱一切衆生故。趣入正性。如是正定是無盡道。過去未來現在諸佛。爲諸菩薩證現觀故。宣説開示。是則名爲菩薩正定。舍利子。是名菩薩摩訶薩八聖道分。若諸菩薩摩訶薩爲欲修行般若波羅蜜多者。應勤修是八聖道分善巧。

復次舍利子。菩薩摩訶薩以修行般若波羅蜜多故。修道善巧。道善巧者。復有二種。何等爲二。謂奢摩他。及毗鉢舍那。是名爲二。舍利子。何等名爲奢摩他道。舍利子。謂諸菩薩其心寂静。深極寂静。最勝寂静。無有散亂。諸根憺怕⑩。不掉不舉。離諸躁擾及以惛沉。安静密護。離諸諂曲。調順堪能。樂常獨處。離彼喧鬧。樂遠離行。身無塵染。心無惑亂。於寂靜門思惟作意。離諸惡欲無所希望。遠諸大欲歡悦知足。正命清浄。正行圓滿。密護威儀知時知分。易養易滿善知其量。常樂思擇無高無下。弊鄙粗言性能堪忍。於相應門發心安住。樂處閑室。於静慮分作意緣念。生起大慈。引發大悲。安住大喜。修習大捨。從初静慮乃至八定次第證入。若諸菩薩成就此者。如是名爲奢摩他道。舍利子。菩薩摩訶薩復有無量諸奢摩他資糧正行。諸菩薩等於此資糧方便趣入。如是又名奢摩他道。

復次舍利子。云何名爲毗鉢舍那道。謂諸菩薩於妙慧分修習聖道。於諸法中發起如是無作觀智。又復發起無我。無有情。無命者。無數取觀智。於諸蘊中起法觀智。於諸界中起法界觀智。於諸處中起空聚落觀智。於諸眼中起照了觀智。於緣起中起不相違觀智。於諸見趣起遠離觀智。於諸因果起業報觀智。於所應得果起作證觀智。於所入正性起趣入觀智。舍利子。毗鉢舍那者。所謂於諸法中起如理見。於諸法中起真實見。於諸法中起不變异見。於諸法中而起空見。於諸法中起無相見。於諸法中起無願見。又舍利子。毗鉢舍那者。非以有因故觀。非以無因故觀。非以生滅住因故觀。非以有所得因故觀。何以故。菩薩於此都無所觀而復觀察。不見而見。見而不見。舍利子。若諸菩薩作是觀者。名如實觀。名真實見。亦名證得毗鉢舍那善巧方便。舍利子。菩薩摩訶薩於此觀中。雖復發起如是觀解。而不墮彼無所爲作。亦不遠離善根加行。

若諸菩薩成就是者。是名菩薩摩訶薩毗鉢舍那。舍利子。菩薩摩訶薩爲欲修行般若波羅蜜多故。精勤修習奢摩他毗鉢舍那道法善巧。

復次舍利子。菩薩摩訶薩道相如是。我若略説菩薩道者。則唯有一趣道善巧。舍利子。何等是耶。所謂菩薩獨一⑪衆表。無有與等。不假伴助。爲證阿耨多羅三藐三菩提故。由自攝受精進勢力。清净欲解。被堅固鎧。何以故。由是菩薩不由他悟。不緣於他。自所建立。自力所起。嚴備如是堅固甲鎧。舍利子。是諸菩薩興發是念。如是甲鎧。一切衆生所不能擐huàn。我今獨擐如是甲鎧。一切賢聖諸新發意未住正位諸菩薩等所未曾擐。我今獨擐。爾時菩薩又作是念。

我於今者嚴備如是。豈令布施自在度我。我當自在度彼布施。如是持戒忍辱精進靜慮及般若等。豈令自在而度於我。我當自在先度於彼。又作是念。我於今者。豈令波羅蜜多發起於我。我當發起波羅蜜多。如是廣説一切善根。皆當因我而便發起。不令善根發起於我。舍利子。若諸菩薩摩訶薩於如是法不假伴助。自能建立。謂我獨一無有等者。當坐堅固勝金剛座。自以勢力摧伏魔軍。用一刹那相應妙慧。當證無上正等菩提。舍利子。若諸菩薩起如是等欲解方便決定觀察。是名菩薩摩訶薩趣一道善巧。舍利子。菩薩摩訶薩爲欲修行般若波羅蜜多故。修習如是趣一道善巧。舍利子。諸如是等道善巧相。諸菩薩摩訶薩爲欲修行般若波羅蜜多故。修習如是道法善巧。

復次舍利子。云何菩薩摩訶薩緣起善巧。舍利子。謂諸菩薩依般若波羅蜜多修緣起者。處密静室作是思惟。如是世間純大苦聚。從於何所而得集起。既思惟已。便自了知。如是苦聚。由不如理作意集故。無明集起。無明集故。諸行集起。諸行集故。諸識集起。諸識集故。名色集起。名色集故。六處集起。六處集故。諸觸集起。諸觸集故。諸受集起。諸受集故。諸愛集起。諸愛集故。諸取集起。諸取集故。諸有集起。諸有集故。而生集起。生集起故。老死愁嘆憂苦逼惱皆悉集起。舍利子。菩薩摩訶薩復作是念。如彼諸法雖復集起。無作無用。無有主宰。如是諸法。諸善爲因。不動爲因。涅槃爲因。彼一切法從緣生起。無有主宰。亦復如是。若諸衆生下根爲因。中根爲因。上根爲因。諸業爲因。因果流轉亦復如是。舍利子。如是一切有所⑫取⑬法。因緣和合而得集起。菩薩一切悉能了知。如是名爲緣起善巧。舍利子。菩薩摩訶薩又作是念。由何滅故。彼諸法滅。既思惟已。便自了知。由不如理作意滅故。而無明滅。無明滅故。諸行便滅。諸行滅故。乃至純大苦聚滅。舍利子。若能了知如是法智。是則名爲緣起善巧。舍利子。是諸菩薩又作是念。因依正法。依止諸緣。依止和合。得修諸善。是法若由諸因和合。依止諸緣。則此法等不依止我。不依有情。不依命者。不依數取。是則此法不可稱量。舍利子。諸菩薩等若能如是如理觀察。是則名爲緣起善巧。又復觀察一切佛法皆菩提相緣所起相。觀諸緣起皆盡滅相。以能觀待諸衆生故。而不趣入畢竟寂滅。是則又名緣起善巧。舍利子。是諸菩薩摩訶薩爲欲修行般若波羅蜜多故。修習如是緣起善巧。

復次舍利子。云何菩薩摩訶薩一切法善巧。舍利子。菩薩摩訶薩修行般若波羅蜜多故。於一切法遍攝一切有爲無爲。菩薩摩訶薩於如是等有爲無爲一切諸法。應修善巧。舍利子。云何菩薩摩訶薩有爲善巧。所謂妙善身行。妙善語行。妙善意行。是則名爲有爲善巧。云何名爲無爲善巧。即以如是妙善身語及以意行。迴向畢竟無爲菩提。迴向無爲菩提妙觀。又復迴向於薩伐若⑭。是則名爲無爲善巧。

復次舍利子。菩薩摩訶薩有爲善巧者。即是積集五到彼岸。何等爲五。所謂布施持戒忍辱精進靜慮波羅蜜多。是名有爲。若由般若波羅蜜多無爲智故。則五到彼岸不可厭毀。如此妙智又能積集諸到彼岸資糧善法。信解無漏無上菩提。及以迴向一切智智。是則名爲無爲善巧。

復次舍利子。菩薩摩訶薩有爲善巧者。所謂以無礙光照諸衆生。以四攝法攝諸衆生。是名有爲。若觀諸法無我。無有情。無取。無執。於四攝法方便善巧。愛樂信受無爲等覺。及以迴向一切智智。是則名爲無爲善巧。

復次舍利子。菩薩摩訶薩有爲善巧者。所謂不斷能令生死相續結縛。而復永斷能令生死相續煩惱。任持菩提結縛相續。一分結縛不復現行。是名有爲善巧。若復修習空無相願。諸法正智。現觀善巧無上菩提。不由他緣。於無爲法而復作證。是則名爲無爲善巧。

復次舍利子。菩薩摩訶薩有爲善巧者。謂諸菩薩雖行三界。而不爲彼三界煩惱之所染污。如是名爲有爲善巧。雖具通達一切三界出離之法。而不墜墮出離界中。是則名爲無爲善巧。舍利子。菩薩摩訶薩一切法善巧者。是則名爲一切智智。若諸菩薩圓滿證入一切智智。即一切時智慧善巧。即此名爲諸法善巧。舍利子。菩薩摩訶薩爲欲修行般若波羅蜜多故。修習如是一切法善巧。如是舍利子。若有依菩薩藏修行般若波羅蜜多。菩薩摩訶薩爲欲修行般若波羅蜜多故。依慧分別善巧通達。修習如是十種善巧。復次舍利子。云何名爲菩薩摩訶薩妙慧。云何名爲到彼岸義。舍利子。所言慧者。謂能解了一切善法。是現見慧。隨順通達一切法故。是真量慧。如實通達一切法故。是通達慧。一切見趣諸纏縛法不爲障故。是離願慧。永離一切欲求願故。是安悅慧。永息一切諸熱惱故。是歡喜慧。緣法喜樂無斷絶故。是依趣慧。於諸義智皆現見故。是建立慧。建立一切覺品法故。是證相慧。隨其所乘證得果故。是了相慧。善能照了是智性故。是濟度慧。救度一切諸瀑流故。是趣入慧。能趣正性無生法故。是策勵慧。振發一切諸善法故。是清净⑮慧。離先隨眠煩惱濁故。是最勝慧。升陟一切諸法頂故。是微妙慧。以自然智隨覺法故。是離行慧。更無雜染三界法故。是攝受慧。一切賢聖所攝受故。是斷願慧。除遣一切相分别故。是捨逸慧。遠離一切愚黑暗故。是方便慧。安住一切瑜伽師地者所成就故。是發趣慧。當住一切聖智道故。是照明慧。除滅一切無明瀑流翳暗膜故。是施明⑯慧。開導一切猶如眼故。是無漏慧。慧眼超過邪僻路故。是勝義慧。照了如是大聖諦故。是無别慧。善調順故。是光明慧。諸智門故。是無盡慧。遍於一切隨行照故。是無滅慧。常廣見故。是解脱道慧。永斷一切取執縛故。是不離處慧。不與一切煩惱障法而同止故。舍利子。如是慧相。我今略説。當知菩薩摩訶薩更有無量無邊諸慧。何以故。舍利子。如是乃至一切衆生所有心行。當知菩薩摩訶薩亦有爾所慧業智行。如是乃至一切衆生所有欲解。當知菩薩摩訶薩亦有爾所慧觀察智。如是乃至一切衆生所有諸煩惱門。當知菩薩摩訶薩亦有爾所廣大慧門。如是乃至一切聲聞獨覺。及正等覺所有遍智。當知菩薩摩訶薩亦有爾所慧所行處。舍利子。如是等一切慧處。諸菩薩摩訶薩皆於其中精勤修學。是則名爲菩薩妙慧。

復次舍利子。云何名爲菩薩摩訶薩到彼岸義。舍利子。如是乃至一切所知諸妙善法能到彼岸者。當知皆是到彼岸義。又舍利子。如上廣說一切慧句。應知皆是到彼岸義。又諸菩薩修行差別圓滿之義。當知皆是到彼岸義。如是一切智智圓滿之義。當知皆是到彼岸義。於諸一切爲無爲法無執著義。當知皆是到彼岸義。能善覺悟無量生死大過失義。當知皆是到彼岸義。一切諸法有能開悟不覺者義。當知皆是到彼岸義。有能開示無窮盡法寶藏義者。當知是爲到彼岸義。無障解脱圓滿義者。當知是爲到彼岸義。覺悟布施持戒忍辱精進静慮慧平等義。當知是爲到彼岸義。最勝決擇善巧義者。當知是爲到彼岸義。遍行一切衆生界義。是則名爲到彼岸義。無生法忍圓滿之義。是則名爲到彼岸義。不退轉地究竟滿義。是則名爲到彼岸義。清净修治諸佛土義。是則名爲到彼岸義。成熟一切衆生義者。是則名爲到彼岸義。往詣道場升菩提座義。是則名爲到彼岸義。畢竟摧伏諸魔軍義。是則名爲到彼岸義。一切佛法皆圓滿義。是則名爲到彼岸義。於菩薩藏差別法門正安住義。是則名爲到彼岸義。舍利子。若於如是大菩薩藏微妙法門正修學已。⑰我説是等則於一切波羅蜜多皆得究竟。

復次舍利子。若有安住大乘諸善男子及善女人。皆當於是大菩薩藏微妙法門。殷勤請求。受持讀誦。通達義理。廣爲他説。分別顯示。何以故。舍利子。若有於是菩薩藏經。殷重聽聞。受持讀誦。乃至爲他分別解説者。當知是人必定獲得十種功德稱讚利益。何等爲十。一者。在在所生。一切微妙功巧業處究竟通達。二者。在所生處。常居高族。榮望當世。三者。所生之處。有大威嚴。勢力自在。四者。

凡所言令。一切皆從。無不信伏。五者。所生之處。具大豪富。六者。在所生處。恒爲天人所加愛敬。七者。生處人中。常爲輪王。得大自在。八者。所生常得爲天帝釋。九者。若生色界。爲大梵王。十者。在所生處。常不遠離大菩提心。舍利子。受持經者。則爲獲得十種功德稱讚利益。

復次舍利子。是諸善男子善女人等受持是經。殷重聽聞。讀誦解義。乃至爲他廣説開示。當知是人復得如是十種功德稱讚利益。何等爲十。一者。不與尼伽蘭陀邪論相雜。二者。不起我見。三者。無有情見。四者。無命者見。五者。無數取見。六者。不起斷見。七者。不起常見。八者。一切世務情無顧及。九者。恒發勝心。樂欲出家。十者。若聞經典。速能受持⑱。悟解深義。舍利子。是名獲得十種功德稱讃利益。

復次舍利子。是善男子善女人等受持是經。殷重聽聞。讀誦解義。乃至爲他廣分別説。當知是人復得如是十種功德稱讃利益。何等爲十。一者。成就正念。二者。成就正覺。三者。成就正趣。四者。成就志勇。五者。成就正慧。六者。得具無難。七者。憶本生事。八者。性薄貪欲。無猛利貪。不爲重貪之所燒惱。九者。性薄瞋恚。無猛利瞋。不爲重瞋之所燒惱。十者。性薄愚痴。無猛利痴。不爲重痴之所燒惱。舍利子。是名獲得十種功德稱讃利益。

復次舍利子。是善男子善女人等受持是經。殷重聽聞。讀誦解義。

乃至爲他廣分別説。當知是人復得如是十種功德稱贊利益。何等爲十。一者。成就機速慧。二者。成就捷辯慧。三者。成就猛利慧。四者。成就迅疾慧。五者。成就廣博慧。六者。成就甚深慧。七者。成就通達慧。八者。成就無著慧。九者。常現前見一切如來。既得見已。以清美頌而爲贊嘆。十者。善能如理請問如來。又能如理開釋疑難。舍利子。是名獲得十種功德稱贊利益。

復次舍利子。是善男子善女人等受持是經。讀誦解義。乃至爲他廣分別説。當知是人復獲如是十種功德稱贊利益。何等爲十。一者。常樂遠離諸不善友。二者。常樂親近諸善知識。三者。能緩諸魔所有繫縛。四者。摧殄諸魔所有軍陣。五者。善能訶厭一切煩惱。六者。於一切行心恒捐捨。七者。違背一切向惡趣道。八者。歸向一切趣涅槃道。九者。善説一切越度生死清净之地⑲。十者。巧能隨學一切菩薩所行軌則。又能奉行諸佛教敕。如是名爲十種功德稱贊利益。舍利子。若有善男子善女人。能於如是大菩薩藏微妙法門。殷重聽聞。受持讀誦。研尋義趣。明了通達。復能爲他廣説開示。當知是人則爲獲得如上功德稱贊利益。爾時世尊欲重宣此義。而説頌曰。

諸聰睿者慧無邊　妙能通達法及義　尊勝文詞善圓具
由持如是大經王　常獲豐饒法寶藏　恒欣悦意行法施
發生最上勝歡喜　由持如是大經王　多衆生聞説法者

證斯廣大勝功德　我當云何説是法　如持經者之所獲
證[20]獲如斯最勝慧　於正法所終無壞　由念發生微妙智
能説無上智依處　勤求善説正法句　最勝衆聖所稱讚
常聞發起超勝行　由持如是大經王　慧者聞已持深義
於諸文句無妄執　常隨理趣而觀照　增長妙智量無邊
無邊妙智無邊義　第一義解諒難思　遍游十方廣稱讚
聞經勝利無窮盡　極善微薄貪瞋痴　獲得第一心清淨
由聞如是大經王　功德勝利無邊際　雖獲勝財無放逸
稱量財義誰堅固　深達世財非有實　於財無戀趣非家
出詣閑静住中林　於彼惛沉常遠離　聽聞淨法曾無厭

靜慮正教無慳吝　請問疑難世導師　聞已爲他廣開釋

由斯增長微妙智　於白净法終無退

如是舍利子。諸菩薩摩訶薩爲欲修行般若波羅蜜多故。於是經典精勤修學。行菩薩行。是名菩薩摩訶薩於般若波羅蜜多方便修學正法之要。

大寶積經卷第五十三

校注

①『言』，思溪藏作『若』。
②『起』，龍藏、思溪藏作『趣』。
③『忍』，龍藏、思溪藏作『信』。
④『欣』，龍藏作『欲』。
⑤『伏』，龍藏、思溪藏作『拔』。
⑥『工』，龍藏、思溪藏作『善』。
⑦『法』，龍藏、思溪藏作『進』。
⑧『聚』，底本無，依龍藏、思溪藏補。
⑨『白』，龍藏、思溪藏作『自』。
⑩『憺怕』，『憺』，安然，澹泊；『怕』，恬淡。（《王力古漢語字典》）
⑪『一』，龍藏、思溪藏作『拔』。
⑫『有所』，龍藏作『所有』。
⑬『取』，龍藏、思溪藏作『因』。
⑭『薩伐若』，唐云一切智，舊曰薩婆若也。（唐·慧琳《一切經音義》）

⑮『净』，龍藏、思溪藏作『澄』。

⑯『明』，龍藏、思溪藏作『眼』。

⑰『學』，龍藏、思溪藏、和裕本作『覺』。

⑱『持』下，龍藏、思溪藏有『恒』字。

⑲『地』，龍藏、思溪藏作『施』。

⑳『證』，龍藏、思溪藏作『諸』。

大寶積經卷第五十四

大唐三藏法師玄奘奉　詔譯

菩薩藏會第十二之二十・大自在天授記品第十二

爾時佛告舍利子。往昔過去大蘊如來應正等覺。爲精進行童子。廣説如是四無量法。及説六波羅蜜多已。爾時彼佛復告精進行童子。云何菩薩摩訶薩隨攝法轉。童子當知。菩薩摩訶薩具足如來四攝之法。由是法故。菩薩摩訶薩恒處長夜攝諸衆生。何等爲四。所謂布施。愛語。利行。同事。如是名爲四種攝法。童子。云何名爲如是攝法。童子。所言施者具有二種。一者財施。二者法施。是爲布施。言愛語者。謂於一切諸來求乞或樂聞法。菩薩悉能愛語慰喻。

言利行者。謂能滿足若自若他所有意樂。言同事者。隨己所有智及功德。爲他演説攝受建立一切衆生。令其安住若智若法。復次童子。言布施者。於來乞求諸衆生所心意清淨。言愛語者。於來乞求諸衆生所善言安慰。言利行者。隨諸衆生所有義利皆令成熟。言同事者。於來乞求諸衆生所行平等心。成其義利。復次童子。言布施者。謂諸菩薩發意行捨。言愛語者。方便無斷。言利行者。深心無悔。言同事者。迴向大乘。復次童子。言布施者。謂隨慈心而行於捨。言愛語者。常不捨離歡喜之心。言利行者。成就大悲。心恒欣樂利衆生事。言同事者。修捨平等無有高下。心恒迴向一切智智。復次童子。言布施者。如法求財。常思行捨。拯濟貧乏。言愛語者。既施財已。重復安處令住法義。言利行者。自利利他。平等攝取。言同事者。爲欲利益諸衆生故。究竟發起一切智心。復次童子。言布施者。一切所有內外諸法悉皆捨離。言愛語者。於一切法功德智慧無所秘惜。言利行者。弃捨自利。專務利他。言同事者。總攝財物如置掌中。隨緣惠施情無憂戚。

復次童子。言法施者。如所聞法廣爲他說。言愛語者。以無染心分別開示。言利行者。謂爲於他授誦經典。乃至説法無有厭倦。言同事者。以不捨離一切智心。安置含生於正法所。復次童子。所言法施。若爲往返求聽法者。如佛正教不亂宣說。言愛語者。以微妙音開示正法。言利行者。謂以衣服飲食床敷醫藥及餘隨用什物衆具。於求法者及說法者。但有匱乏即便給施。言同事者。常起深心無間說法。復次童子。言法施者。由是菩薩了知法施諸施中上。常行法施。言愛語者。謂所演說利益之事。言利行者。演暢其義不依於文。言同事者。欲令圓滿一切佛法。常爲衆生如應敷化。復次童子。言布施者。所謂柁那波羅蜜多。言愛語者。所謂尸羅波羅蜜多及以羼底波羅蜜多。言利行者。所謂毗利耶波羅蜜多。言同事者。所謂靜慮波羅蜜多及般若波羅蜜多。復次童子。言布施者。謂初發心一切菩薩。言愛語者。謂已發行一切菩薩。言利行者。謂不退轉一切菩薩。言同事者。所謂繫屬一生諸大菩薩。復次童子。言布施者。爲欲堅固菩提根本。言愛語者。爲欲成就菩提萌芽。言利行者。爲欲開發菩提妙花。言同事者。爲欲成熟菩提勝果。如是童子。是名菩薩摩訶薩四種攝法。菩薩摩訶薩爲欲修行大菩提故。以如是等四攝之法。處於長夜攝受衆生。是名菩薩摩訶薩隨攝法轉。童子。如是攝法無量無邊。皆説名爲菩提之道。

舍利子。爾時薄伽梵大蘊如來應正等覺。爲是精進行童子開示如是大菩提道。時彼童子具於佛所聞是法已。又聞贊説過去未來現在諸佛。得大歡喜。即以上妙衣服。肴膳飲食。床敷醫藥。什物衆具。持以奉獻大蘊如來及聲聞衆。如是乃經九十六拘胝歲。供養恭敬尊重贊嘆。又復興①菩提大願。雖作如是無量功德。而大蘊如來未與童子授於阿耨多羅三藐三菩提記。舍利子。汝謂彼時精進行童子豈异人乎。勿作餘疑。即我身是也。我於彼佛所。以諸供養奉佛及僧。經爾所歲。又復起發大菩提願。然彼如來不授我記。汝於來世當得作佛。號釋迦牟尼如來應正等覺。舍利子。從大蘊如來滅度之後。經阿僧企耶劫。爾時有佛出興于世。名曰寶性如來。應。正等覺。明行圓滿。善逝。世間解。無上丈夫。調御士。天人師。佛。薄伽梵。舍利子。寶性如來有八十那庾多聲聞弟子共會說法。一切皆是大阿羅漢。諸漏已盡。無復煩惱。乃至其心自在。證得第一波羅蜜。時彼世中有轉輪聖王。名曰善見。七寶來應。所謂成就金輪乃至主將兵寶。是善見王。以其輪寶威四天下。正法治世。名爲法王。仁德育物。衆所欣重。國界人民居住寬博。所治大城名曰圓滿。東西長十二逾繕那。南北廣七逾繕那。安隱豐樂。人民熾盛。甚可愛樂。多諸財寶。資具充溢。爾時城中有大長者。名曰善慧。其家巨富。財寶充積。已曾供養過去諸佛。殖衆德本。舍利子。時薄伽梵寶性如來觀是長者深心欲解。作是思惟。此大長者善根已熟。堪爲如是大菩薩藏法門之器。又是諸佛正法之器。既了知已。便往其所現大神變。上住虛空。結加趺坐。爲彼長者開菩提道。又復贊説過去未來現在諸佛。舍利子。爾時善慧聞佛開示大菩薩道。又聞贊説三世佛已。獲得廣大歡喜净信。即以上妙衣服。肴膳飲食。及餘資具。以用奉獻寶性如來及弟子衆。經於千歲供養恭敬尊重贊嘆。又復興起阿耨多羅三藐三菩提微妙大願。雖作如是廣發衆行。然彼如來未爲授記。舍利子。汝謂爾時善慧長者豈异人乎。勿餘异疑。即我身是也。我於爾時雖以種種供養奉佛及僧。并起廣大菩提勝願。然彼如來不授我記。云於來世當得作佛。號釋迦牟尼如來應正等覺。舍利子。自寶性如來滅度之後。經阿僧企耶劫。有佛出世。名曰放光如來。應。正等覺。明行圓滿。善逝。世間解。無上丈夫。調御士。天人師。佛。薄伽梵。舍利子。以何義故。佛名放光。舍利子。當於爾時有王出世。名曰勝怨。所都大城名盛蓮花。安隱豐樂。人民熾盛。財寶衆具充積流溢。王有大臣。婆羅門種。名曰光主。其家巨富。財産倉庫具足盈滿。而是大臣爲勝怨王偏所愛重。欣慕其德。常所見遇情無厭逆。舍利子。時勝怨王割所王國四分之一。賜此大臣封以爲王。時光主王治于小國。以法御世。不行邪枉。舍利子。是光主王於後异時誕生太子。形貌端正。衆所樂觀。成就第一圓滿净色。以三十二大丈夫相具足莊嚴。又於王子一切身分皆放光明。猶如日輪之所照耀。因爲立號。名曰放光。舍利子。時光主王召集國中諸婆羅門善占相者。皆悉集已。便示王子令其相之。諸婆羅門既睹相已。便作是言。今此王子定當作佛。時光主王即以王子付諸養母。其後不久身相長大。聰睿明達。時净居天處色究竟天宫。以通智力知是王子將登正覺。便於彼没。來至放光王子菩薩所止處已。右繞菩薩。即於其前説是頌曰。

非謂安處大王宫　能生清净勝功德　要假仙幢袈裟相

果證無上妙菩提　盛壯須臾若流逝　迅速過於大猛風
不可憙樂弊衰老　摧壞世間之所愛　衰老能令薄勢力
難得欣樂趣非家　大仙今者極盛年　宜當及時發精進
善哉善哉大慧者　善哉善哉大超悟　善哉善哉速出家
定成堅固正等覺

舍利子。時放光菩薩摩訶薩爲净居天所開悟已。以清净信趣於非家。當出家夜。即成阿耨多羅三藐三菩提。時彼世尊便以如是廣大名稱出現世間。號曰放光如來。十號具足。爲諸天人之所讚頌。時勝怨王聞光主王子出家修行。證得無上正等菩提。名曰放光。即便往告光主王言。我聞卿子出家成佛。不審世尊大慈悲故

能來降不。若不垂愍至於此者。我當嚴備四種力軍。往如來所躬
事奉敬。舍利子。時光主王即集大臣守衛軍衆。具宣是事。諸大臣
言。王於今者應自往詣放光如來。咨問是事。大悲世尊愍衆生故。
爲欲往彼勝怨王所。爲不往耶。時光主王即便嚴駕。與諸大臣侍
衛導從。往如來所。既到彼已。頂禮佛足。即以上事具白世尊。時放
光如來告父王曰。大王當知。我今往詣勝怨王所。愍衆生故。舍利
子。時放光如來隨所樂欲別住一處勝怨王都。即與二十拘胝大
阿羅漢出詣彼國。爾時父王亦備四種强力軍衆隨從佛後。辦具
種種上妙衣服。肴膳飲食。床敷醫藥。及餘資具供佛及僧。乃至隨
逐如來到己王領國界之際。便禮佛足。繞無數匝。涕泣哽噎。辭退

而還。時勝怨王聞放光如來與諸大衆。將來詣此盛蓮花城。即便嚴飾所都大城。除去一切沙礫瓦石。清淨夷坦街巷道路。掃灑修治極令華麗②。又以香水重增沾灑。散布名花量齊人膝。以妙香瓶列薰③於道。敷置種種微妙寶衣。於上虛空張施幡蓋。作倡伎樂騰鬱充滿。舍利子。時勝怨王作如是等莊嚴綺飾盛蓮花城大王都已。又下嚴敕擊鼓宣令。於此王都城之內外。所有花鬘及塗香等。無令有人輒自受用并將出賣。一切皆當奉獻供養放光如來。若違此令當加重罰。舍利子。時勝怨王賫持種種花鬘。塗香末香。珍妙衣服。幢幡寶蓋。鼓擊種種諸妙音樂。又設羽儀現大嚴備。以王威勢出所都城。爲欲瞻仰彼如來故。并申禮拜陳諸供養。與四種④

軍及王城内所有婆羅門。長者居士。豪族類等。往詣佛所。既到彼已。時勝怨王最先頂禮彼如來足。復以種種花鬘。塗香末香。上妙衣服。幢幡寶蓋供養如來。自供養已。復令王子大臣及諸侍衛。婆羅門長者居士等。亦如大王廣修供養。舍利子。時勝怨王既供養已。具歡喜心。具妙善心。具離蓋心。具適悦心。與諸群臣而隨佛後。舍利子。爾時有婆羅門名曰珍寶。住大雪山王側。五百儒童以爲弟子。衆人所宗。名德遠被。善持藝術。於三毗陀經達到彼岸。又於尼揵茶書及計羅婆論。分別字論。伊底訶婆論。五分記論。隨順世論。祠祀咒論。丈夫相論。於是等論皆善通達。及以自宗師傅三明大教。曉其理趣。妙識開遮。舍利子。是婆羅門有一儒童近住弟子。

名曰迷伽。受學珍寶。備通幽旨。藝術經論并皆明達。智與師齊。堪爲導首。時彼迷伽白其師曰。大師當知。所學經論皆已通達。我今當返自所生地。云何奉酬大師恩德。時師告曰。伐瑳cuō迷伽。夫爲弟子欲報師恩。當以財寶方陳厚意。所謂何等。若辦五百羯利沙鉢那者。足表深心。舍利子。爾時迷伽儒童奉師教已。致敬右繞。辭退而行。遍游村城亭館。國邑王都。處處追⑤覓謝師財寶。既具集已。將陳酬報。漸漸往詣盛蓮花城。遥見王都種種嚴飾。明發華麗。甚可愛樂。即問傍人。今此王都有何盛事。榮飾周布莊嚴乃爾。傍人答曰。卿不知耶。今日放光如來應正等覺。與八十拘胝大阿羅漢。八萬四千諸大菩薩。將入此城。其中人民當行大施。當興大福。由斯

事故。致此莊嚴。時迷伽儒童忽聞如是佛名之聲。獲得廣大歡喜
净信。竊自惟忖。諸佛如來出世甚難。極難得值過烏曇花。又似盲
龜難遇浮孔。百千大劫時或一遇。我今奉見甚爲希有。定應以此
五百羯利沙鉢那。貿花散奉放光如來。當更求財用酬師德。舍利
子。當於爾時有一女人。賫持七莖殟鉢羅花。從市而來。迷伽告曰。
何處得此水生花來。女曰。我於某處賣花鬘所。以五百羯利沙鉢
那買得此花。迷伽告曰。今酬本價能與花不。女曰。不然。又曰。若不
許者。今有五百羯利沙鉢那。汝當獨取。此七莖花。二人當共。爲可
爾不。女曰。卿用此花爲作何等。告曰。將用奉散放光如來。女曰。如
卿所言。從今已往。於諸有趣常能降及爲我夫者。當以此花持用

相委。爾時迷伽便報女曰。止。止。女人勿作是說。何以故。汝女人性。掉動輕轉。多諸放逸。汝之所言。不足收采。又我當於阿僧企耶劫。修集佛法。廣行布施。或以金銀珍寶。珊瑚末尼。真珠琉璃。螺貝璧玉。象馬駝驢。牛羊群畜。乃至或捨大國王位。車輅lù服飾。內宮妃后。男女眷屬。或捨手足耳鼻。皮肉骨髓。髻中明珠。眼目頭首。大略而言。無有一切內外之物。於我施門而不捨者。或復有時當捨於汝。入佛法中以信出家。趣於非家。汝性掉動。輕轉放逸。或當爾時於我大捨而爲障礙。其女報曰。審如所言。我爲大利。縱使卿今賣我此身。乃至充一羯利沙鉢那者。終無异心於施留礙。或復割截我身段段捨施。定無留礙修集佛法。迷伽告曰。若能如是。此則爲可。

宜速與花。爾時女人持花授與迷伽取花。便即往詣放光佛所。遥見如來爲⑥無量百千拘胝那庾多衆生前後圍繞。威儀庠序。導衆而前。乃至以無量百千功德莊嚴從彼而來。於世尊所心生净信。以無量種清净歡喜深愛重心。前詣佛所。恭敬禮拜。不勝欣慶。又見多人以諸大價微妙衣服。爲供佛故敷施行道。便作是念。我今雖無上妙衣服。唯有所著弊鹿皮衣。當敷道中藉如來足。作是念已。脱衣布地。爾時諸人競取皮衣。遠弃他所。咸生嗤責。云何爲是含靈中寶。敷設如此弊鹿皮衣。時彼迷伽即便馳往四衢道邊泥濕之處。取鹿皮衣敷置其上。作如是念。放光如來大慈悲者。加哀憐我。以遍照眼及遍照智。賜觀所爲。希願以足蹈我衣上。爾時如來愍其所念。便以足趾蹈鹿皮衣。迷伽見已。心生慶悅。踴躍歡喜。即以所持嗢鉢羅花。用散佛上。於時復有無量天子住虛空中。以天曼陀羅花。嗢鉢羅花。鉢特摩花。拘貿陀花。奔荼利花及天栴檀末香。俱散佛上。作天音樂咏天清歌。遍滿虛空大興供養。時彼迷伽所散之花列住空中。乃復變成無量千數嗢鉢羅花。葉皆垂下。合成花蓋。隨佛而行。迷伽見已。倍復踴躍。心生淨信。於如來前。解十二年金色髮髻以布于地。便發無上菩提大願。若我來世當成如來應正等覺。審不虛者。唯願今者放光如來授手安慰。又發堅固勢力弘誓。作如是言。若使如來不以足趾蹈金色髮。授手安慰。及不授我菩提記者。我終不起。即於此地乾枯命終。舍利子。爾時

放光如來應正等覺。具遍照眼及遍照智。於三世中無事不達。知
彼迷伽意欲解已。便舉足趾躡其髮上。即便右顧如龍象回。告諸
聲聞一切大衆。汝等苾芻勿蹈其髮。所以者何。此儒童者。却後過
阿僧企耶劫。當成如來應正等覺。號釋迦牟尼。舍利子。是時迷伽
聞佛授記。歡喜踴躍。上升虛空高七多羅樹。證得百千那庾多拘
胝無動諸定。又以神通智力。觀見東方過殑伽沙等無量諸佛。皆
爲授記。作如是言。儒童當知。汝於來世經阿僧企耶劫。當得作佛。
號釋迦牟尼。如是南西北方四維上下。周遍十方。各如殑伽沙等
無量如來。皆如東方諸佛授記。舍利子。迷伽儒童既蒙諸佛授記
安慰已。從虛空下來詣佛所。以信捨家趣於非家。修習堅固清净

梵行。舍利子。汝今於此無生疑惑。謂彼往世迷伽儒童是餘人乎。勿作是觀。即我爲彼儒童菩薩。我於爾時以是五莖青色蓮花。奉散彼佛。復解金髮敷置道上。⑦興如是⑧行。便蒙授記。是故舍利子。若有菩薩摩訶薩欲得速受如來記者。當於如是大菩薩藏微妙法門。殷重聽聞。受持讀誦。通明義趣。廣爲他説分別開示。復應修行無相正行。何以故。我憶往昔未得値遇放光佛前。無有一切白净行法不修行者。雖作如是無量勤苦。然不蒙佛爲我授記。所以者何。由修諸行皆有相故。從是已後。我方於是大菩薩藏微妙法門。隨所聞已。安住正行。如是行者。謂無相行。無功用行。無所得行。行如是等無相行已。放光如來乃爲授記。舍利子。我憶往昔最初得見放光佛時。便得超過一切有相有功用行。又初見佛便能隨覺一切法性。又得通達一切諸法自性無生。從是已後。放光如來乃爲授記。作如是言。迷伽儒童。汝於來世過阿僧企耶劫。當得作佛。號釋迦牟尼如來應正等覺。舍利子。當授記時。我便證得無生法忍。舍利子。證得何等無生法忍。所謂證得一切色法無所得忍。證得受想行識法無所得忍。證得蘊界處法無所得忍。舍利子。言得忍者。是則名爲忍受諸法都無所得。何以故。非於證得如是忍時。世間之法而復現行。非异生法。非諸學法。非無學法。非獨覺法。非菩薩法。非諸佛法而復現行。所以者何。由一切法不現行故。説名得忍。由一切法畢竟無得。亦無所得。故名得忍。又是忍者。於一刹那盡一切相及諸所緣。故得名忍。又是忍者。不忍於眼。不壞於眼及諸所緣。故名得忍。不忍於耳鼻舌身意。不壞於意。如是忍者。無盡境界。如是忍者。非趣境界。故名得忍。是故舍利子。若有菩薩摩訶薩欲得速爲如來授記證是忍者。當於如是大菩薩藏微妙法門。殷重聽聞。受持讀誦。通達義趣。廣爲他說分別開示。安住正行。謂無相行。無功用行。無所得行。如是等法名爲正行。

爾時大衆中有長者子名那羅達多。從薄伽梵聞說如是大菩薩藏微妙法門。又聞讚嘆諸佛菩薩勝功德已。即從坐起。披一肩衣。以右膝輪安置于地。向佛合掌。頂禮恭敬。而白佛言。世尊先爲諸長者等廣說諸法相續不絕。如是開示。如是教導。皆令證得阿羅漢果。即於此生盡老死際。而未聞説大菩薩藏微妙法門。贊嘆諸佛菩薩功德。我幸大利。今具得聞。竊生是念。如是大乘。爲尊爲勝。爲上爲妙。爲無有上。更無過上。所謂阿耨多羅三藐三菩提。我今現前親聞佛説。受持領悟。開顯諸法。如是法者。分別諸法無所依執。無我我所。無有攝受。世尊。我作是念。如是妙法爲尊爲勝。爲上爲妙。爲無有上。更無過上。如是法者我當修集。世尊。我今思惟一切乘中爲無上者。所謂佛乘。諸佛如來亦説此乘最⑨爲第一。最爲無上。我從今日發起無上正等覺心。爲欲利安多衆生故。爲欲悲愍諸世間故。利益安樂無量天人。如佛建立諸大菩薩所有學處。我今皆當悉依隨學。説是語已。爾時世尊告長者子。善哉善哉。善男子。阿耨多羅三藐三菩提甚難證信。甚難修習。汝今乃能深發是意。時長者子白佛言。世尊。無上菩提雖復甚難證信修集⑩。然我今者發起如是勇猛精進。必當修集*阿耨多羅三藐三菩提。不以爲難。又我於此阿耨多羅三藐三菩提。奉修牢强。定無退轉。世尊。我於今者發大弘誓。假使發菩提心。如殑伽沙數。方證無上正等覺者。我於是事彌增精進。乃至如上一一發心。經如殑伽沙等劫。乃至隨是發菩提心。一一所發要由斬截殑伽沙等身分頭首。方能起者。是菩提心。雖復經履如是勤苦。我於是中倍加精進。終不放捨無上菩提。何以故。縱逢如是諸苦難事。猶應修集*。藉斯緣故必證菩提。何況爲證無上菩提。受諸安樂而不修學。所以者何。阿耨多羅三藐三菩提其性高廣。具足周大無上佛法。不可思議。不可稱量。無有涯際。不可宣説。雖復諸佛無障礙智。經歷百千拘胝那庾多劫。以諸言音説此菩提。非易可盡。爾時長者子那羅達多。即於佛前而説頌曰。

百千拘胝劫　乃發菩提心　雖衆苦所逼　不捨含生界
隨發菩提心　要斷諸身首　聚量高迷樓　我亦能堪忍
我安住菩提　利樂含生故　願我於來世　如今日世尊
遠彼聲聞乘　兼濟下乘⑪者　願我於來世　如今日世尊
此乘爲大乘　最上佛稱讚　我觀無與等　故欣樂菩提
爲拔濟危厄　爲脱三惡趣　爲求是如來　出世現成佛

爾時長者子那羅達多説是頌已。便自思惟。我今明達廣大佛法。如何不以教化妻子諸眷屬等。此非我宜。作是念已。即從坐起。頂禮佛足。右繞三匝。速疾還家。嚴辦種種諸供養具。與其七妻。男女奴婢各有七人。賫持千雙上妙衣服。及諸花香供養之具。又與五百樂人相隨。疾出王舍大城。爲欲奉見薄伽梵故。時王舍城有多人衆。見長者子與其眷屬速疾馳出。因而問曰。汝等今者有何匆遽。(jù)與諸眷屬將往何所。長者子言。諸善男子豈不知乎。今者如來應正等覺止鷲峰山。無量百千天人大衆前後圍繞。無數方便爲諸衆生。分别開示廣大佛法。故我今者率領眷屬。將往佛所。爲求如是廣大佛法。爲欲成辦不可思議不可稱量諸佛智慧。爲欲種殖無上正等菩提善根。汝等若欲成就廣大諸佛法者。可共同詣彼如來所。當共種是廣大佛法無上善根。爾時王舍城中人民之類。聞長者子説是語已。有十千人皆樂隨從往至佛所。時長者子那羅達多。與其眷屬及以隨從滿十千人。同時見佛。頂禮佛足。却住一面。時長者子與諸俱來所有大衆。賫持花鬘。塗香末香。衣蓋幢幡。作倡伎樂。歌咏讃嘆供養如來。復以千雙浄妙珍服以覆佛上。時長者子作是奉已。歡喜無量。即於佛前説伽他讃。其頌曰。

第一有情微妙者　成清净行上菩提　能發無邊勝智見
如是我今修供養　昔無量劫多修行　爲利衆生求大覺
證法自在現成佛　如是我今修供養　我與妻子眷屬衆

爲利含識求菩提　并及多千人民等　同共歸依大覺者

爾時長者子説是伽他贊嘆佛已。便白佛言。世尊。我今與此諸有情等至如來所。皆已安住阿耨多羅三藐三菩提。唯願世尊哀愍此等。復爲説法。當令一切於阿耨多羅三藐三菩提不復退轉。又我今者。欲於佛所種諸善根。唯願世尊現爲我證。當使如是善根力故。令諸衆生平等速證阿耨多羅三藐三菩提。又獲無量廣大佛法。亦如今者現在世尊。時長者子與諸眷屬。五百樂工十千人衆。一心同聲白佛言。世尊。我等今者於如來前。同共至誠歸依於佛。歸依於法。歸依於僧。唯願世尊憶持我等。是鄔波索迦始從今日乃至壽終。寧弃身命。不捨歸趣清淨信心。又復世尊憶持我等。

始從今日乃至菩提。爲阿耨多羅三藐三菩提故。發起增上勇猛之心。又復世尊憶持我等。唯願速證阿耨多羅三藐三菩提。爲諸衆生宣説正法。亦如今者如來無异。又復世尊憶持我等。唯願來世成佛之時。大衆圍繞。如今無异。又復世尊憶持我等。唯願來世度脱無量苦逼衆生。如今無异。時長者子及諸來衆并五百樂工作是誓已。復以種種微妙音樂供養如來。右繞三匝。爾時世尊愍此等故。上升虚空。結加趺坐。時五百樂工既睹如來現此神變。於世尊所倍生净信。以佛威力。諸音樂器不假攝持。自然上踴。住在空中。無所憑據。作衆伎樂。繁會充溢。右繞如來。時長者子俱來大衆咸睹神變。嘆未曾有。心生慶悦。踴躍歡喜。皆共合掌。致敬如來。

爾時空中周匝正等一踰繕那。復有無量百千音樂。亦無執持自然而現。猶如蜂房懸處虛空。作倡伎樂發微妙音。爾時長者子與其眷屬。及五百樂工十千城人。及以先來聽法衆内六十千人。諸苾芻衆千二百五十人。佛威力故。皆踴空中。又佛神力。於上空中。五百樂臺自然出現。是諸臺中皆說妙法。又有四大樂臺現於佛前。莊嚴雕飾。窮世瑰异。又有無量百千拘胝諸天子衆。列住空中。以天曼陀羅花而散佛上。佛神力故。所散之花。於虛空中變成八萬高妙花臺。時諸大衆睹上臺中。有如是等廣大莊嚴。於如來所倍生净信愛敬之心。嘆未曾有。爾時世尊知諸大衆其心清净。又復了知那羅達多及俱來衆增上意已。便現微笑如前廣說。乃至其光還從頂没。時長老阿難既睹微笑。披一肩衣。向佛合掌。恭敬作禮。白佛言。世尊。有何因緣現此微笑。我惟如來所現神相。非無因緣。佛告阿難。汝今當知。此長者子那羅達多。七婦男女并奴婢等三十六人。由供養我善根力故。當來之世經千拘胝劫。不墮惡趣。人天往返受諸快樂。過是劫已。值佛出世。名曰商主如來。應。正等覺。明行圓滿。善逝。世間解。無上丈夫。調御士。天人師。佛。薄伽梵。於是佛所供養恭敬。尊重讚嘆。廣修梵行。從是已後。復經二十拘胝劫不墮惡道。阿難當知。是長者子七婦七女及以七婢。自此命終便捨女身得成男子。恒與那羅達多不相捨離行菩薩道。於當來世同處一劫。得成阿耨多羅三藐三菩提。阿難當知。長者子那羅達多菩薩摩訶薩當成佛時。號平等心如來應正等覺。出現於世。十號具足。是大菩薩所有眷屬當成佛時。皆同一號。阿若末若如來應正等覺具足十號。是五百樂工以供養我善根力故。當來又經阿僧企耶劫不墮惡趣。又經於彼滿千拘胝轉輪聖王而爲翼從。阿難當知。是五百樂工大略而言。於是劫中得值十千諸佛。皆得親承供養。無空過者。從是已後。同一劫中。得成阿耨多羅三藐三菩提。皆號美音。是十千人以供養我善根力故。中四百人當得值遇慈氏如來。於彼佛所淨修梵行。得盡諸漏便般涅槃。所餘人等。當來又經殑伽沙等如是大劫不墮惡道。漸次得值千拘胝佛。於彼佛所廣修諸行。爾後一切得成阿耨多羅三藐三菩提。皆同一號。名甚希有。阿難當知。是六萬衆中具滿千人。於我滅後正法已盡。又過於彼刀兵中劫。慈氏如來未出現前。衆生壽命漸增長時。爾時贍部當有八萬獨覺出現於世。是一千人皆得值遇供養修善。於後復值慈氏如來還得供養。從是已後。經二十五拘胝那庾多劫不墮惡趣。最後人身諸善根力所覺曉故。净信捨家趣於非家。便得證悟緣覺菩提。阿難當知。於此衆中有十千人。具生聖見。餘千人等。同發阿耨多羅三藐三菩提心。復有六十那庾多諸天子等。遠塵離垢。於諸法中生净法眼。如是阿難。誰有見斯殊特勝利。而於佛所不生净信。愛樂恭敬。發希有心。唯除愚痴不肖之士。何以故。彼諸人等於如來所但修如是微細善根。乃能獲得如來大利[12]。或復證入無上涅槃。爾時世尊欲重宣此義。而說頌曰。

於佛所修諸供養　獲得如斯勝功德　若有希求高大果
當於導師修供養　若佛現在修供養　或復於佛涅槃後
供養馱都[13]如芥子　常得奉侍諸如來　若復欲修諸供養
如來住世或涅槃　供養馱都如芥子　行平等心果平等
若有具修平等心　供養平等人中上　當成平等之勝報
及證平等妙菩提　若有欲攝諸善趣　遮障絶除衆惡道
及欲趣向涅槃路　如是獲得不爲難　佛具最勝浄尸羅
佛具最勝三摩地　若生最勝浄信已　當獲最勝如來果
若修最勝諸供養　速登最勝之善道　及證最勝尊正見

能宣最勝微妙法　若樂人中聰睿者　親持諸佛清淨法
當修猛利正欲樂　多聞如理正思惟　有得轉輪之聖主
或爲帝釋梵天王　廣修無量勝功德　定趣無餘大寂滅

爾時世尊説是頌已。告長老舍利子。若有安住大乘諸善男子及善女人。欲疾證得阿耨多羅三藐三菩提者。當於如是大菩薩藏微妙法門。發生猛利清淨欲樂。殷重聽聞。受持讀誦通達義趣。廣爲他説分別開示。何以故。若於是經受持讀誦。乃至爲他分別説者。能令三寶永不斷絶。常不遠離四無量行。常勤修習六到彼岸。恒正方便以四攝法攝化衆生。舍利子。如是大乘大菩薩藏微妙法門。當知即是諸菩薩道。所以者何。是經典者。善能攝持阿耨多羅三藐三菩提故。舍利子。是經乃是諸菩薩等聖珍寶藏。我依是經正修學已。畢竟證得生死永斷。又證一切波羅蜜多。由證是故。即號無上正等覺者。舍利子。如來於一切波羅蜜多。皆已畢竟。如來於一切所作。皆已靜息。如來於無量諸地。皆已證得。又復更證無邊之地。何以故。由佛證是諸波羅蜜多故。而能究竟安住一切到彼岸法。是故諸菩薩摩訶薩應當於是大菩薩藏微妙法門。精進修行。如我所證。爾時世尊而說頌曰。

於業應知業　於報應知報　無業亦無報　是安隱涅槃

諸有爲皆苦　於中無有智　是故智生已　有爲皆解脱

爾時世尊説是頌已。長老舍利子及大苾芻。并諸天。人。健達縛。阿素洛等一切衆生。聞佛所說。皆大歡喜。信受奉行。

大寶積經卷第五十四

校注

①『興』下，龍藏有『發』字。
②『華麗』，龍藏作『莊嚴』。
③『薰』，龍藏、思溪藏作『重』。
④『種』，龍藏、和裕本作『衆』。
⑤『追』，思溪藏作『尋』。
⑥『爲』，龍藏作『與』。
⑦『興』，龍藏作『與』。
⑧『是』，龍藏作『來』。
⑨『最』，底本作『置』，依龍藏、思溪藏改。
⑩『集』，龍藏、和裕本作『習』。本卷下文例同，用*標識，不再出注。
⑪『下乘』，思溪藏作『一切』。
⑫『利』，底本作『我』，依龍藏改。
⑬『馱都』，如來體骨舍利之异名耳。（唐·慧琳《一切經音義》）

大寶積經卷第五十五

大唐三藏菩提流志奉　詔譯

佛爲阿難説處胎會第十三

如是我聞。一時佛在舍衛國祇樹給孤獨園。尊者阿難於日晡時從禪定起。與五百比丘俱詣佛所。合掌恭敬。頂禮佛足。却住一面。爾時世尊即告阿難及諸比丘。我有法要。初中後善。其義微妙純一無雜。具足清白梵行之相。所謂入母胎藏修多羅法。應當諦聽。善思念之。我今爲汝分別解説。阿難白佛言。唯然世尊。願樂欲聞。爾時世尊告阿難言。若有衆生欲入胎時。因縁具足便得受身。若不具足。則不受身。云何名爲縁不具足。所謂父母起愛染心。中陰現前求受生處。然此父母赤白和合。或前或後而不俱時。復於身中各有諸患。若如是者。則不入胎。其母胎藏或患風黃。血氣閉塞。或胎①閉塞。或肉增結。或有鹹病。或麥腹病。或蟻腰病。或如駝口。或車轅曲木。或如車軸。或車轂口。或如樹葉。或曲繞旋轉狀如藤笋。或胎藏内猶如麥芒。或精血多泄不暫停住。或滯不②流水。或胎藏路澀。或上尖下尖。或曲或淺。或復穿漏。或高或下。或復短小。及諸雜病。若如是者。不得入胎。若父母尊貴有大福德。中陰卑賤。或中陰尊貴有大福德。父母卑賤。或俱福德無相感業。若如是者。亦不受胎。如是中陰欲受胎時。先起二種顛倒之心。云何爲二。所謂父母和合之時。若是男者。於母生愛。於父生瞋。父流胤時謂是己有。

若是女者。於父生愛。於母生瞋。母流胤時亦謂己有。若不起此瞋愛心者。則不受胎。

復次阿難。云何得入母胎。所謂父母起愛染心。月期調順。中陰現前。無有如上衆多過患。業緣具足便得入胎。如是中陰欲入胎時。復有二種。云何爲二。一者。無有福德。二者。有大福德。其無福者。覺觀心起。所見境界。便作是念。我今值遇風寒陰雨。大衆憒閙。衆威來逼。便生恐怖。我今應當入於草室及以葉室。或隱墻根。或入山澤叢林窟穴。復更生於種種諸想。隨其所見便入母胎。大福德者。亦生是念。我今值遇風寒陰雨。大衆憒閙。衆威來逼。亦生恐怖。即上高樓。或登大閣。或入殿堂及以床座。亦生諸餘種種之想。隨其所見便入母胎。佛告阿難。如是中陰初受胎時。名歌羅邏。皆依父母不浄及過去業而得受身。如是之業及以父母諸緣之中。各不自生。和合力故而便受身。譬如以器盛酪及人③繩等。即便出蘇。諸緣之中皆不可得。和合力故蘇乃得生。歌羅邏身亦復如是。因緣力故便得受胎。

復次阿難。譬如依止青草牛糞及以棗酪而各生蟲。一一之中蟲不可得。因緣力故蟲乃得生。此蟲生時青黄赤白。各隨所依而作其色。是故當知。父母不浄而生此身。諸緣中求。皆不可得。亦不離緣。和合力故。而便受胎。此身生時。與其父母四大種性亦無差別。所謂地爲堅性。水爲濕性。火爲熱性。風爲動性。歌羅邏身。若唯地界。無水界者。譬如有人握乾麨灰終不和合。若唯水界。無地界者。譬如油水其性潤濕。無有堅實即便流散。若唯地水。無火界者。譬如夏月陰處肉團。無日光照則便爛壞。唯地水火。無風界者。則不增長。譬如有人及其弟子能善吹糖。諸有所作而令其内悉使空虚。若無風力終不成就。如是四大互相依持而得建立。是故當知歌羅邏身。因於父母四大業風而得生者亦復如是。衆緣之中皆不可得。和合力故而便受身。

復次阿難。譬如新浄種子善能藏積。不爲蟲食。無有爛壞乾焦穿穴。或復有人選擇良田潤沃之處。下此種子。令一日中。芽莖枝葉扶疎蔭映。花果滋茂。皆具足不。不也。世尊。佛告阿難。歌羅邏身亦復如是。皆從因緣次第生長。不得一時諸根具足。是故當知。雖從父母而有此身。諸緣中求皆不可得。和合力故而便受生。

復次阿難。譬如明眼之人。持日光珠置於日中。以乾牛糞而懸其上。去珠不遠火便出生。不即牛糞及以日光各能生火。亦不相離。因緣力故火便出生。從於父母所生之身亦復如是。歌羅邏身名之爲色。受想行識說之爲名。名色五陰剎那受身已經諸苦。我不贊嘆。況復長時輪迴諸有。譬如少糞猶尚臭穢。何況於多。如是五陰歌羅邏身。誰當愛樂。

復次阿難。如是之身處在母胎。凡經三十八七日已。方乃出生。第一七日處母胎時。名歌羅邏。身相初現猶如生酪。七日之中。內熱煎煮四大漸成。
第二七日處母胎時。所感業風名爲遍滿。其風微細。吹母左脅及以右脅。令歌羅邏身相漸現。狀如稠酪。或似凝酥。内熱煎煮便即轉爲安浮陀身。如是四大漸漸成就。
第三七日處母胎時。復感業風名爲藏口。由此風力令漸凝結。其安浮陀轉爲閉手。狀如藥杵而復短小。於其胎中内熱煎煮。如是四大漸漸增長。
第四七日處母胎時。復感業風名爲攝取。由此風力。能令閉手轉爲伽那。狀如温石。内熱煎煮四大漸增。
第五七日處母胎時。復感業風名爲攝持。由此風力。能令伽那轉爲般羅奢佉。諸疱開剖。兩胜兩肩及其身首而便出現。如春陽月天降時雨。樹木枝條而便出生。因業風力。諸疱現時。亦復如是。

第六七日處母胎時。復感業風名之爲飯。由此風力。四相出現。云何爲四。所謂兩膝兩肘。名爲四相。

第七七日處母胎時。復感業風名爲旋轉。由此風力。四相出現。所謂手足掌縵之相。其相柔軟。猶如聚沫。

第八七日處母胎時。復感業風名爲翻轉。由此風力。二十相現。所謂手足二十指相而便出生。如天降雨。樹木枝條漸得增長。業風力故。諸相④現前。亦復如是。

第九七日處母胎時。復感業風名爲分散。由此風力。現九種相。云何爲九。所謂眼耳鼻口大小便處。名爲九相。

第十七日處母胎時。復感業風名爲堅鞕。由此風力。即便堅實。復有一風名爲普門。吹其胎身。悉令脹滿猶如浮囊。

十一七日處母胎時。復感業風名曰金剛。由此風力。在於胎中。或上或下。令其身孔皆得通徹。又以風力。使懷胎者或復悲喜。行住坐卧。其性改常。運動手足。令胎身孔漸漸增長。於其口中而出黑血。復於鼻中出穢惡水。此風迴轉於諸根已。而便息滅。

十二七日處母胎時。復感業風名爲曲口。由此風力。左右脅間生大小腸。猶如藕絲及緊紡綫置在於地。十八周轉依身而住。復有一風名爲穿髮。由此風故。三百二十支節及百一穴生在身中。

十三七日處母胎時。復感業風名作飢渴。由此風力。胎身虛羸生飢渴想。其母飲食所有滋味。於身穴中及以臍輪資持潤益。爾時世尊以偈頌曰。

其子處母胎　已經十三七　身即覺虛羸　便生飢渴想
母所有飲食　滋益於胎中　由此身命存　漸漸而增長

十四七日處母胎時。復感業風名爲綫口。由此風力。生九百筋。於身前後及以左右而交絡之。
十五七日處母胎時。復感業風名爲蓮花。由此風力。生二十脉。飲食滋味流入此脉。潤益其身。何者二十。於身前後及以左右各有五脉。此一一脉皆有四十枝派小脉。如是等脉各各復有一百枝派。身前二萬名曰商佉。此云羸身後二萬名之爲力。身左二萬名爲安定。身右二萬名爲具勢。如是八萬大小支脉生於此身。其脉復有種種之色。所謂青黄赤白酥酪油色。是八萬脉。一脉一根。於其根上生於一孔。或復二孔乃至七孔。一一皆與毛孔相連。猶如藕根生諸孔穴。

十六七日處母胎時。復感業風名爲甘露。由此風力。令此眼耳鼻口胸臆心藏。四邊九孔之處。悉令開發。出入氣息上下通徹無有障礙。若有飲食滋潤其身。有停積處復能銷化從下流出。譬如窑師及其弟子。能善調泥安布輪繩下上迴轉。所造器物而得成就。此亦如是。皆由風力及善惡業。令眼耳等漸漸具足。

十七七日處母胎時。復感業風名髦牛面。由此風力。令其兩眼而得光潔。耳鼻諸根漸漸成就。譬如有鏡塵翳所覆。或取磚末及以油灰磨拭令净。是故當知。以業風力吹其眼等使得明净。亦復如是。

十八七日處母胎時。復感業風名大堅强。由此風力。令其諸根漸漸成就而復明净。猶如日月。雲霧覆蔽。猛風卒起吹令四散。而此日月忽然大明。以是業風吹其諸根。轉更明净。亦復如是。

十九七日處母胎時。由前風力。眼耳鼻舌四根成就。初入胎時已具三根。一者。身根。二者。命根。三者。意根。如是諸根。悉已具足。

二十七日處母胎時。復感業風名曰堅固。由此風力。能於身中生種種骨。於左脚中生二十骨。復於右脚亦生二十。足跟四骨。腨⑤有二骨。膝有二骨。髀有二骨。腰胯三骨。脊十八骨。肋二十四。胸十三骨。左右二手各二十骨。臂有四骨。肩有二骨。頷有二骨。髑髏四骨。及齒根等有三十二。譬如塑師及其弟子。先以堅木。後以繩纏。造諸形狀。雖未有泥。如是之時名爲骨相。以業風力生諸骨時亦復如是。是故當知於七日中。除其小骨大骨。生者數有二百。

二十一七日處母胎時。復感業風名爲生起。由此風力。能令其子生於身肉。譬如泥師及其弟子。能善調泥。泥諸墻壁。此由業風。能生身肉亦復如是。

二十二七日處母胎時。復感業風名曰浮流。由此風力。能生身血。

二十三七日處母胎時。復感業風名爲浄持。由此風力能生身皮。

二十四七日處母胎時。復感業風名曰持雲。由此風力。令其皮膚皆得調匀光色潤澤。

二十五七日處母胎時。復感業風名曰持城。由此風力。令其子身血肉增長漸漸滋潤。

二十六七日處母胎時。復感業風名曰生成。由此風力。便即能生髮毛爪甲。一一皆與諸脉相連。

二十七七日處母胎時。復感業風名爲曲藥⑥。由此風力。令其身相漸得成就。或於先世造諸惡業。於諸資具慳貪吝惜不肯惠施。或復不受父母師長教誨。由是業故而得種種不如意身。若以長大肥白柔軟之身爲端正者。而便受得短小瘦黑堅鞕之身。若以短小瘦黑堅鞕之身爲端正者。而便受得長大肥白柔軟之身。若於其身支分之中。高下多少疏密爲端正者。而便受得無有高下疏密不具足身。或復受得聾盲瘖瘂。手足攣躄。諸根不具。所有音聲人不喜聞。其身醜陋猶如餓鬼。以惡業故而受種種不如意身。父母親屬尚不憙見。況復餘人。若於前世造十善業。好行惠施。無有慳貪諂誑之心。父母師長所有言教即皆信受。以是因緣若得爲人。則不受於如上諸惡業身。而便獲得種種殊妙之身。顏容端正。諸相具足。所有言音而爲衆人之所愛樂。是故當知由善業故。便得如是勝妙果報。阿難。如是之身。若是男者。蹲居母腹右脅而坐。

兩手掩面向脊而住。若是女者。蹲居左脅。兩手掩面背脊而住。生藏之下。熟藏之上。内熱煎煮。五處繫縛如在革囊。其母多食。或復少食。甘食澀食。乾食膩食。辛鹹苦醋冷熱之食。或復淫欲。急行跳躑。久臥久坐。皆受苦惱。是故當知處母胎時。有如是等衆苦逼迫。我今略說。人中尚爾。何況地獄。難可爲喻。誰有智者。於生死海當樂此身。

二十八七日處母胎時。生於八種顛倒之想。何等爲八。一乘騎想。二樓閣想。三床榻想。四泉流想。五池沼想。六者河想。七者園想。八者苑想。是故名爲八種之想。

二十九七日處母胎時。復感業風名曰花條。由此風力。令此胎身光色潤澤。諸相分明。皆由過去所造諸業差別不同。隨其形類有種種色。或作白色。或復黑色。或不白不黑色。或作青色。或乾枯色。或潤澤色。如是色相而得成就。

三十七日處母胎時。復感業風名爲鐵口。由此風力髮毛爪甲皆得增長。亦復能現白黑諸光。從業緣起而生此相。

三十一七日乃至三十五七日處母胎時。身相長大漸漸增廣。人相具足。

三十六七日處母胎時。生厭離心。不以爲樂。

三十七七日處母胎時。便起五種不顛倒想。何者爲五。一不净想。二臭穢想。三囹圄想。四黑暗想。五厭惡想。其子處胎。生如是等厭離之心。

三十八七日處母胎時。復感業風名曰拘緣。由此風力即便迴轉。復有一風名爲趣下。能令其身頭向於下。長申兩臂漸欲出生。然其此子或於前世。曾經積集墮落之業。令其此身手脚縱橫不能轉側。惡業緣故。於母腹中而便捨命。母於此時受大苦惱。或復命終。若於前世修諸善業。作長壽因。臨欲生時。母子安隱。無有如上惡業諸苦。過於三十八七日已。欲出胎時。受種種苦方乃得生。是故當知。受此身者。實爲大苦。初出胎時。若男若女。適生墮地。或以手捧。或衣承接。或在床席。或在屋中。或復地上。或迴露處。或在日中。或冬夏時冷熱風觸此身。初生受大苦惱。如生剥牛觸於墻壁。

或復露地隨在之處。爲蟲所食。亦如有人而爲蚊虻諸蟲唼(shà)食。復加杖捶而鞭撻之。初出胎時。以暖水洗觸其身時。所受之苦亦復如是。兒既生已。漸漸增長。母身所出雜血之乳而養育之。我於諸餘經中。先已廣説。是故當知。此身皆是不净衆苦之所成就。誰有智者於生死中。而當愛樂如是之身。

復次阿難。初出胎時經於七日。八萬户蟲從身而生。縱横食噉。有二户蟲名爲舐髮。依髮食髮。有二⑦户蟲依眼食眼。有四户蟲。一名鞍乘。二名有髆。三名發病。四名圓滿。依頭食頭。有一户蟲名黑稻葉。依耳食耳。有一户蟲名爲藏口。依鼻食鼻。有二户蟲。一名遥擲。二名遍擲。依唇唼唇。有一户蟲名曰針口。依舌食舌。有一户蟲名爲利口。依於舌根而食舌根。有一户蟲名爲手圓。依腭食腭。有二户蟲。一名手綱。二名半屈。依止手掌食於手掌。有二户蟲。一名遠臂。二名近臂。依臂食臂。有二户蟲。一者名鐵。二名近鐵。依止咽喉食於咽喉。有二户蟲。一名金剛。二名大金剛。依心食心。有二户蟲。一者名羸。二名羸口。依肉食肉。有二户蟲。一名具色。二名具稱。依血啑血。有二户蟲。一名勇健。二名香口。依筋食筋。有二户蟲。一名不高。二名下口。依止脊骨食於脊骨。有一户蟲名曰脂色。依脂食脂。有一户蟲名曰黄色。依膽食膽。有一户蟲名曰真珠。依肺食肺。有一户蟲名之爲荻。依脾食脾。有五百户蟲。一百户蟲名之爲月。一百户蟲名爲月口。一百户蟲名爲輝耀。一百户蟲名爲輝面。一百户蟲名爲廣大。依止左邊而食左邊。復有五百户蟲亦如是名。依止右邊而食右邊。有四户蟲。一名小⑧穿。二名大穿。三名骨穿。四名骨面。依骨食骨。有四户蟲。一名大白。二名小白。三名吸力。四名虎道。依脉食脉。有四户蟲。一名意樂。二名師子力。三名兔腹。四名耽欲。依止生藏而食生藏。有二户蟲。一名勇猛。二名勇猛主。依止熟藏食於熟藏。有四户蟲。一名鹽口。二名網口。三名蘊口。四名鳥口。依小便處食小便處。有四户蟲。一名應作。二名大作。三名碎末。四名臆皺。依大便處食大便處。有二户蟲。一名黑面。二名可畏面。依脞食脞。有二户蟲。一名疾癩。二名小癩。依膝食膝。有一户蟲名爲愚根。依腨*食腨*。有一户蟲名爲黑頭。依脚食脚。阿難。我今爲汝略說。八萬户蟲依止此身晝夜食啖。亦復能令氣力虛羸顔容憔悴。種種病苦皆集此身。復令其心憂悲熱惱。雖有良醫亦生迷惑。不知何藥能治此病。誰有智者於生死海。而當愛樂如是之身。

復次阿難。從初生時乃至長大。衣食資養成立此身。然其壽命或經百年。或復短促。於百年中有三百時。謂春夏冬。春爲熱際。夏爲雨際。冬爲寒際。此三時中各有四月。一年之中有十二月。於百年中千二百月。黑月白月二千四百。凡經晝夜三萬六千。一日再食。七萬二千。或有不食亦在其數。所謂或病或醉。或時斷食。或復瞋恨睡眠調戲。諸餘事務及飲母乳。以此因緣名爲不食。如是之身。雖壽百年。必歸磨滅。誰有智者於生死海而當愛樂。

復次阿難。受於此身有二種苦云何爲二。一者。衆病集身名爲内苦。二者。人與非人之所逼惱名爲外苦。何者名爲衆病集身。所謂眼耳鼻舌咽喉牙齒胸腹手足。有諸病生。或復風癎涕唾。癲狂乾消。上氣肺逆。小便淋瀝。疥癩癰疽。痃癖痔瘻。惡瘡膿血。煎寒壯熱。種種諸病皆集此身。復有百一心黄之病。百一風病。百一痰病。風黄痰等和合共起復有百一。如是四百四病逼切其身名爲内苦。復有外苦加害此身。所謂或在牢獄撾打楚撻。杻械枷鎖繫縛諸苦。或劓耳鼻及刖手足。斫截其頭。不爲諸天之所守護。即令非人。諸惡鬼神。夜叉羅刹而得其便。復爲蚊虻蜂等毒蟲之所唼食。寒熱飢渴風雨并至。種種苦惱逼切其身。人中尚爾。况惡道苦。難可具說。是故當知。皆由過去諸不善業受如是報。若爲刀杖之所加害而造城壁及諸墻塹防衛其身。爲惡風雨蚊虻蜂螫而求屋舍。爲四百四病內苦外苦。而求飲食卧具醫藥田園室宅。金銀七寶。奴婢車乘。資生之具供給所須。不稱其心。便生苦惱。設獲珍財。慳貪吝惜。常加守護。或時散失。復生大苦。阿難。此五陰身。一一威儀行住坐卧。無不皆苦。若長時行。不暫休息。是名爲苦。住及坐卧各各長時。亦復皆苦。若長時行而得暫住。便生樂想。其實非樂。若長時住而得暫坐。若長時坐而得暫卧。妄生樂想。實無有樂。是故當知。此五陰身皆名爲苦。若復有人。或爲自利。或爲利他。若自他俱利。應當厭患如是諸苦。出家修學。則於涅槃解脫之法爲不唐捐。

若復有人。或以衣服。卧具醫藥。資生之具供養彼者。獲大果報威德名聞。

佛告阿難。於意云何。色是常耶。是無常耶。阿難白佛言。世尊。色是無常。佛言。若無常者。爲是苦耶。爲非苦耶。阿難答言。色即是苦。佛言。若無常苦是敗壞法。若有多聞諸聖弟子聞是說已。執於此身如是之色。即是於我及我所不。不也。世尊。色中無我。亦無我所。復次阿難。於意云何。受想行識爲是常耶。是無常耶。阿難白佛言。世尊。皆是無常。佛言。若無常者。爲是苦耶。爲非苦耶。阿難答言。如是四陰。即名爲苦。佛言。若無常苦是敗壞法。若有多聞諸聖弟子聞是說已。執於此身如是四陰。即是於我及我所不。不也。世尊。此四陰者。實無有我及以我所。

復次阿難。如是我者。不在過去現在未來。若內若外。若粗若細。若勝若劣。若近若遠。彼一切法。悉亦非我及以我所。阿難當知。以如實智而觀察之。諸法無我。若有多聞諸聖弟子作是觀已。便生厭離而得解脱。究竟涅槃。如是修學。證此法時⑨。生分已盡。梵行已立。所作已辦。不受後有。佛説是經已。尊者阿難遠塵離垢。得此法眼净。五百比丘不受諸法。漏盡意解。時諸大衆聞佛所説。皆大歡喜。信受奉行。

大寶積經卷第五十五

校注

①『胎』，龍藏作『脂』。
②『不』，底本作『下』，依思溪藏改。
③『人』，龍藏、思溪藏作『以』。
④『相』，龍藏、思溪藏作『根』。
⑤『腨』，底本作『膊』，依龍藏、思溪藏、和裕本改。本卷下文例同，用*標識，不再出注。
⑥『藥』，龍藏、思溪藏作『鑰』。
⑦『二』，龍藏作『一』。
⑧『小』，龍藏、思溪藏作『少』。
⑨『時』，龍藏、思溪藏作『身』。

大寶積經卷第五十六

大唐三藏義净譯

佛説入胎藏會第十四之一

如是我聞。一時薄伽梵在劫比羅城多根樹園。與大苾芻衆無量人俱。爾時世尊有弟①名曰難陀。身如金色。具三十相。短佛四指。妻名孫陀羅。儀容端正。世間罕有。光華超絶。人所樂見。難陀於彼纏綿戀著。無暫捨離。染愛情重。畢命爲期。世尊觀知受化時至。即於晨朝著衣持鉢。將具壽阿難陀爲侍者。入城乞食。次至難陀門首而立。以大悲力放金色光。其光普照難陀宅中皆如金色。于時難陀便作是念。光明忽照。定是如來。令使出看。乃見佛至。即便速返白難陀曰。世尊在門。聞此語已。即欲速出迎禮世尊。時孫陀羅便作是念。我若放去。世尊必定與其出家。遂捉衣牽不令出去。難陀曰。今可暫放。禮世尊已。我即却回。孫陀羅曰。共作要期。方隨意去。以妝②濕額而告之曰。此點未乾。即宜却至。若遲違者。罰金錢五百。難陀曰。可爾。即至門首。頂禮佛足。取如來鉢却入宅中。盛滿美食持至門首。世尊遂去。即與阿難陀。世尊現相不令取鉢。如來大師威嚴尊重不敢喚住。復更授與阿難陀。阿難陀問曰。汝向誰邊取得此鉢。答曰。於佛邊取。阿難陀曰。宜授與佛。答曰。我今不敢輕觸大師。默然隨去。世尊至寺。洗手足已。就座而坐。難陀持鉢以奉。世尊食已告曰。難陀。汝食我殘不。答言。我食。佛即授與。難陀食已。世尊告曰。汝能出家不。答言。出家。然佛世尊昔行菩薩道時。於父母師長及餘尊者所有教令曾無違逆。故得今時言無違者。即告阿難陀曰。汝與難陀剃除鬚髮。答曰。如世尊教。即覓剃髮人爲其落髮。難陀見已。告彼人曰。汝今知不。我當不久作轉輪王。汝若輒爾剃我髮者。當截汝腕。彼便大怖。裹收刀具。即欲辭出。時阿難陀便往白佛。佛便自去詣難陀處問言。難陀。汝不出家。答言。出家。是時世尊自持瓶水灌其頂上。凈人即剃。便作是念。我今敬奉世尊。旦爲出家。暮當歸舍。既至日晚。尋路而行。爾時世尊於其行路化作大坑。見已便念孫陀羅斯成遠矣。無緣得去。我今相憶或容致死。如其命在。至曉方行。憶孫陀羅愁苦通夜。爾時世尊知彼意已。告阿難陀曰。汝今宜去告彼難陀。令作知事人。即便往報。世尊令爾作知事人。問曰。云何名爲知事人。欲作何事。答曰。可於寺中撿挍衆事。問曰。如何應作。答言。具壽。凡知事者。若諸苾芻出乞食時。應可灑掃寺中田地。取新牛糞次第净塗。作意防守勿令失落。有平章事。當爲白僧。若有香花。應行與衆。夜閉門户。至曉當開。大小行處常須洗拭。若於寺中有損壞處。即應修補。聞是教已。答言。大德。如佛所言。我皆當作。時諸苾芻於小食時執持衣鉢。入劫比羅城爲行乞食。于時難陀見寺無人。便作是念。我掃地了。即可還家。遂便掃地。世尊觀知。以神通力令掃净處糞穢還滿。復作是念。我除糞穢。方可言歸。放帚收持糞穢無盡。復作是念。閉户而去。世尊即令閉一房竟更閉餘户。彼户便開。遂生憂惱。復作是念。縱賊損寺。此亦何傷。我當爲王。更作百千好寺倍過於是。我宜歸舍。若行大路。恐見世尊。作是思量。即趣小徑。佛知其念。從小道來。既遥見佛。不欲相遇。路傍有樹枝蔭低垂。即於其下隱身而住。佛令其樹舉枝高上。其身露現。佛問難陀。汝何處來。可隨我去。情生羞耻。從佛而行。佛作是念。此於其婦深生戀著。宜令捨離。爲引接故。出劫比羅城。詣室羅伐。既至彼已。住毗舍佉鹿子母園。佛念難陀愚痴染惑。尚憶其妻愛情不捨。應作方便令心止息。即告之曰。汝先曾見香醉山不。答言。未見。若如是者。捉我衣角。即就捉衣。于時世尊猶如鵝王。上升虚空至香醉山。將引難陀左右顧眄。於果樹下見雌獼猴。又無一目。即便舉面直視世尊。佛告難陀曰。汝見此瞎獼猴不。白佛言。見。佛言。於汝意云何。此瞎獼猴比孫陀羅。誰爲殊勝。答言。彼孫陀羅是釋迦種。猶如天女。儀容第一。舉世無雙。獼猴比之。千萬億分不及其一。佛言。汝見天宮不。答言。未見。可更捉衣角。即便執衣。還若鵝王上虛空界。至三十三天。告難陀曰。汝可觀望天宮勝處。難陀即往歡喜園。婇身園。粗身園。交合園。圓生樹。善法堂。如是等處。諸天苑園。花果浴池。游戲之處。殊勝歡娛悉皆遍察。次入善見城中。復見種種鼓樂絲竹微妙音聲。廊宇疏通。床帷映③設。處處皆有天妙婇女共相娛樂。難陀遍觀。見一處所。唯有天女而無天子。便問天女曰。何因餘處男女雜居。受諸快樂。汝等何故。唯有女人。不見男子。天女答曰。世尊有弟。名曰難陀。投佛出家。專修梵行。命終之後當生此間。我等於此相待。難陀聞已。踴躍歡欣。速還佛所。世尊問言。汝見諸天勝妙事不。答言。已見。佛言。汝見何事。彼如所見具白世尊。佛告難陀。見天女不。答言。已見。此諸天女比孫陀羅。誰爲殊妙。白言。世尊。以孫陀羅比此天女。還如香醉山内以瞎獼猴比孫陀羅。百千萬倍不及其一。佛告難陀。修净行者有斯勝利。汝今宜可堅修梵行。當得生天受斯快樂。聞已歡喜。默然而住。爾時世尊便與難陀即於天没。至逝多林。是時難陀思慕天宫而修梵行。佛知其意。告阿難陀曰。汝今可去告諸苾芻。不得一人與難陀同座而坐。不得同處經行。不得一竿置衣。不得一處安鉢及著水瓶。不得同處讀誦經典。阿難陀傳佛言教告諸苾芻。苾芻奉行皆如聖旨。是時難陀既見諸人不共同聚。極生羞愧。後於一時。阿難陀與諸苾芻在供侍堂中縫補衣服。難陀見已便作是念。此諸苾芻咸弃於我。不同一處。此阿難陀既是我弟。豈可相嫌。即去同坐。時阿難陀速即起避。彼言。阿難陀。諸餘苾芻事容見弃。汝是我弟。何乃亦嫌。阿難陀曰。誠有斯理。然仁行別道。我遵异路。是故相避。答曰。何謂我道。云何爾路。答曰。仁樂生天而修梵行。我求圓寂而除欲染。聞是語已。倍加憂慼。

爾時世尊知其心念。告難陀曰。汝頗曾見捺洛迦不。答言。未見。佛言。汝可捉我衣角。即便就執。佛便將去往地獄中。爾時世尊在一邊立。告難陀曰。汝今可去觀諸地獄。難陀即去。先見灰河。次至劍樹。糞屎。火④河。入彼觀察。遂見衆生受種種苦。或見以鉗拔舌。掠齒。抉目。或時以鋸劇解其身。或復以斧斫截手足。或以矛穳鑱chán身。或以棒打矟shuò刺。或以鐵鎚粉碎。或以鎔銅灌口。或上刀山劍樹。碓擣石磨。銅柱鐵床受諸極苦。或見鐵鑊。猛火沸騰。熱焰洪流煮有情類。見如是等受苦之事。復於一鐵鑊空煮炎熱。中無有情。睹此憂惶。問獄卒曰。何因緣故。自餘鐵鑊皆煮有情。唯此鑊中空然沸涌。彼便報曰。佛弟難陀。唯願生天專修梵行。得生天上暫受快樂。彼命終後入此鑊中。是故我今然鑊相待。難陀聞已。生大恐怖。身毛皆竪。白汗流出。作如是念。此若知我是難陀者。生叉鑊中。即便急走。詣世尊處。佛言。汝見地獄不。難陀悲泣雨泪。哽咽而言。出微細聲白言。已見。佛言。汝見何物。即如所見具白世尊。佛告難陀。或願人間或求天上。勤修梵行。有如是過。是故汝今當求涅槃。以修梵行。勿樂生天而致勤苦。難陀聞已。情懷愧耻。默無所對。爾時世尊知其意已。從地獄出至逝多林。即告難陀及諸苾芻曰。内有三垢。謂是淫欲。瞋恚。愚痴。是可弃捨。是應遠離。法當修學。

爾時世尊住逝多林未經多日。爲欲隨緣化衆生故。與諸徒衆往占波國。住揭伽池邊。時彼難陀與五百苾芻亦隨佛至。往世尊所。皆禮佛足。在一面坐。時佛世尊見衆坐定。告難陀曰。我有法要。初中後善。文義巧妙。純一圓滿清白梵行。所謂入母胎經。汝當諦聽。

至極作意。善思念之。我今爲説。難陀言。唯然世尊。願樂欲聞。佛告難陀。雖有母胎。有入不入。云何受生入母胎中。若父母染心共爲淫愛。其母腹净。月期時至。中蘊現前。當知爾時名入母胎。此中蘊形有其二種。一者。形色端正。二者。容貌醜陋。地獄中有。容貌醜陋如燒杌[wù]木。傍生中有。其色如烟。餓鬼中有。其色如水。人天中有。形如金色。色界中有。形色鮮白。無色界天元無中有。以無色故。中蘊有情。或有二手二足。或四足多足。或復無足。隨其先業應托生處。所感中有即如彼形。若天中有。頭便向上。人傍生。鬼横行而去。地獄中有。頭直向下。凡諸中有。皆具神通。乘空而去。猶如天眼遠觀生處。言月期至者。謂納胎時。難陀。有諸女人。或經三日。或經五日半月一月。或有待緣經久。期水方至。若有女人身無威勢。多受辛苦。形容醜陋。無好飲食。月期雖來速當止息。猶如乾地灑水之時即便易燥。若有女人身有威勢。常受安樂。儀容端正。得好飲食。所有月期不速止息。猶如潤地水灑之時即便難燥。云何不入。父精出時。母精不出。母精出時。父精不出。若俱不出。皆不受胎。若母不净父净。若父不净母净。若俱不净。亦不受胎。若母陰處爲風病所持。或有黄病痰癊。或有血氣胎結。或爲肉增。或爲服藥。或麥腹病蟻腰病。或産門如駝口。或中如多根樹。或如犁頭。或如車轅。或如藤條。或如樹葉。或如麥芒。或腹下深。或有上深。或非胎器。或恒血出。或復水流。或如鴉口常開不合。或上下四邊闊狹不等。或高下凹凸。或內有蟲食爛壞不净。若母有此過者。并不受胎。或父母尊貴。中有卑賤。或中有尊貴。父母卑賤。如此等類亦不成胎。若父母及中有俱是尊貴。若業不和合。亦不成胎。若其中有於前境處。無男女二愛。亦不受生。

難陀。云何中有得入母胎。若母腹净。中有現前。見爲欲事。無如上說衆多過患。父母及子有相感業。方入母胎。又彼中有欲入胎時。心即顛倒。若是男者。於母生愛。於父生憎。若是女者。於父生愛。於母生憎。於過去生所造諸業。而起妄想作邪解心。生寒冷想。大風大雨及雲霧想。或聞大衆鬧聲。作此想已。隨業優劣復起十種虛妄之想。云何爲十。我今入宅。我欲登樓。我升臺殿。我升床座。我入草庵。我入葉舍。我入草叢。我入林内。我入墻孔。我入籬間。難陀。其時中有作此念已。即入母胎。應知受生名羯羅藍。父精母血非是餘物。由父母精血和合因緣。爲識所緣依止而住。譬如依酪瓶鑽人功。動轉不已得有酥出。异此不生。當知父母不净精血羯羅藍身亦復如是。

復次難陀。有四譬喻。汝當善聽。如依青草蟲乃得生。草非是蟲蟲非離草。然依於草因緣和合。蟲乃得生。身作青色。難陀當知。父精母血羯羅藍身亦復如是。因緣和合。大種根生。如依牛糞生蟲。糞非是蟲。蟲非離糞。然依於糞。因緣和合。蟲乃得生。身作黄色。難陀當知。父精母血羯羅藍身亦復如是。因緣和合。大種根生。如依棗生蟲。棗非是蟲。蟲非離棗。然依於棗因緣和合。蟲乃得生。身作赤色。難陀當知。父精母血羯羅藍身亦復如是。因緣和合大種根生。如依酪生蟲。身作白色。廣說乃至因緣和合大種根生。

復次難陀。依父母不净羯羅藍故。地界現前。堅鞕爲性。水界現前。濕潤爲性。火界現前。温暖爲性。風界現前。輕動爲性。難陀。若父母不净羯羅藍身。但有地界。無水界者。便即乾燥悉皆分散。譬如手握乾麨灰等。若但水界。無地界者。即便離散。如油滴水。由水界故地界不散。由地界故水界不流。難陀。羯羅藍身有地水界。無火界者。而便爛壞。譬如夏月陰處肉團。難陀。羯羅藍身但有地水火界。無風界者。即便不能增長廣大。此等皆由先業爲因。更互爲緣。共相招感。識乃得生。地界能持。水界能攝。火界能熟。風界能長。難陀。又如有人。若彼弟子熟調沙糖。即以氣吹令其增廣。於内空虛猶如藕根。内身大種地水火風。業力增長亦復如是。難陀。非父母不净有羯羅藍體。亦非母腹。亦非是業。非因非緣。但由此等衆緣和會。方始有胎。如新種子。不被風日之所損壞。堅實無穴。藏舉合宜。下於良田。并有潤澤。因緣和合。方有芽莖枝葉花果次第增長。難陀。此之種子。非離緣合。芽等得生。如是應知。非唯父母。非但有業及以餘緣而胎得生。要由父母精血因緣和合。方有胎耳。難陀。如明眼人爲求火故。將日光珠置於日中。以乾牛糞而置其上。方有火生。如是應知。依父母精血因緣合故。方有胎生。父母不净成羯羅藍。號之爲色。受想行識即是其名。説爲名色。此之蘊聚可惡名色托生諸有。乃至少分刹那我不贊嘆。何以故。生諸有中是爲大苦。譬如糞穢少亦是臭。如是應知。生諸有中。少亦名苦。此五取蘊色受想行識。皆有生住增長及以衰壞。生即是苦。住即是病。增長衰壞即是老死。是故難陀。誰於有海而生愛味。卧母胎中受斯劇苦。

復次難陀。如是應知。凡入胎者。大數言之有三十八七日。初七日時胎居母腹。如擷xiē⑤如癰。卧在糞穢。如處鍋中。身根及識同居一處。壯熱煎熬。極受辛苦。名羯羅藍。狀如粥汁。或如酪漿。於七日中内熱煎煮。地界堅性。水界濕性。火界暖性。風界動性。方始現前。難陀。

第二七日胎居母腹。卧在糞穢。如處鍋中。身根及識同居一處。壯熱煎熬。極受辛苦。於母腹中。有風自起。名爲遍觸。從先業生。觸彼胎時名頞部陀。狀如稠酪。或如凝酥。於七日中内熱煎煮。四界現前。難陀。第三七日廣説如前。於母腹中。有風名刀鞘口。從先業生。觸彼胎時名曰閉尸。狀如鐵箸。或如蚯蚓。於七日中四界現前。難陀。第四七日廣説如前。於母腹中。有風名爲内門⑥。從先業生。吹擊胎箭。名爲健南。狀如鞋楦。或如温石。於七日中四界現前。難陀。第五七日廣説如前。於母腹中。有風名曰攝持。此風觸胎。有五相現。所謂兩臂。兩脞及頭。譬如春時天降甘雨。樹林鬱茂增長枝條。此亦如是。五相顯現。難陀。第六七日。於母腹中。有風名曰廣大。此風觸胎。有四相現。謂兩肘兩膝。如春降雨。萬草生枝。此亦如是。四相顯現。難陀。第七七日。於母腹中。有風名爲旋轉。此風觸胎。有四相現。謂兩手兩脚。猶如聚沫。或如水苔。有此四相。難陀。第八七日。於母腹中。有風名曰翻轉。此風觸胎。有二十相現。謂手足十指從此初出⑦。猶如新雨。樹根始生。難陀。第九七日。於母腹中。有風名曰分散。此風觸胎。有九種相現。謂二眼。二耳。二鼻并口。及下二穴。難陀。第十七日。於母腹中。有風名曰堅鞕。令胎堅實。即此七日。於母胎中。有風名曰普門。此風吹脹胎藏。猶如浮囊以氣吹滿。難陀。第十一七日。於母胎中。有風名曰疏通。此風觸胎。令胎通徹。有九孔現。若母行立坐卧作事業時。彼風旋轉虛通。漸令孔大。若風向上。上

孔便開。若向下時。即通下穴。譬如鍛師及彼弟子。以槖(tuó)扇時上下
通氣。風作事已。即便隱滅。難陀。第十二七日。於母腹中。有風名曰
曲口。此風吹胎。於左右邊作大小腸猶如藕絲。如是依身交絡而
住。即此七日。復有風名曰穿髮。於彼胎內作一百三十節無有增
減。復由風力作百一⑧禁處。難陀。第十三七日。於母腹中。以前風力
知有飢渴。母飲食時所有滋味。從臍而入藉以資身。難陀。第十四
七⑨日。於母腹中。有風名曰線口。其風令胎生一千筋。身前有二百
五十。身後有二百五十。右邊二百五十。左邊二百五十。難陀。第十
五七日。於母腹中。有風名曰蓮花。能與胎子作二十種脉。吸諸滋
味。身前有五。身後有五。右邊有五。左邊有五。其脉有種種名及種

種色。或名伴。或名力。或名勢。色有青黃赤白。豆蘇油酪等色。更有多色共相和雜。難陀。其二十脉。別各有四十脉以爲眷屬。合有八百吸氣之脉。於身前後左右各有二百。難陀。此八百脉。各有一百道脉眷屬相連。合有八萬。前有二萬。後有二萬。右有二萬。左有二萬。難陀。此八萬脉復有衆多孔穴。或一孔二孔乃至七孔。一一各與毛孔相連。猶如藕根有多孔隙。難陀。第十六七日。於母腹中。有風名曰甘露行。此風能爲方便。安置胎子二眼處所。如是兩耳兩鼻。口咽胸臆。令食入得停貯之處。能令通過出入氣息。譬如陶師及彼弟子。取好泥團安在輪上。隨其器物形勢安布令無差舛。此由業風能作如是。於眼等處隨勢安布。乃至能令通過出入氣息亦無爽失。難陀。第十七七日。於母腹中。有風名曰毛拂口。此風能於胎子眼耳鼻口咽喉胸臆食入之處。令其滑澤。通出入氣息。安置處所。譬如巧匠。若彼男女。取塵翳鏡。以油及灰。或以細土揩拭令浄。此由業風能作如是。安布處所無有障礙。難陀。第十八七日。於母腹中。有風名曰無垢。能令胎子六處清浄。如日月輪。大雲覆蔽。猛風忽起吹雲四散。光輪清浄。難陀。此業風力。令其胎子六根清浄。亦復如是。難陀。第十九七日。於母腹内。令其胎子成就四根。眼耳鼻舌。入母腹時先得三根。謂身命意。難陀。第二十七日。於母腹中。有風名曰堅固。此風依胎左脚生指節二十骨。右脚亦生二十骨。足跟四骨。腨⑩有二骨。膝有二骨。髀有二骨。腰髁有三骨。脊有十八骨。脅有二十四骨。復依左手生指節二十骨。復依右手亦生二十。腕有二骨。臂有四骨。胸有七骨。肩有七骨。項有四骨。頷有二骨。齒有三十二骨。髑髏四骨。難陀。譬如塑師或彼弟子。先用鞭木作其相狀。次以繩纏。後安諸泥。以成形像。此業風力安布諸骨亦復如是。此中大骨數有二百。除餘小骨。難陀。第二十一七日。於母腹中。有風名曰生起。能令胎子身上生肉。譬如泥師先好調泥。泥於墻壁。此風生肉亦復如是。難陀。第二十二七日。於母腹中有風名曰浮流。此風能令胎子生血。難陀。第二十三七日。於母腹內有風。名曰净持。此風能令胎子生皮。難陀。第二十四七日。於母腹中。有風名曰滋漫。此風能令胎子皮膚光悅。難陀。第二十五七日。於母腹中。有風名曰持城。此風能令胎子血肉滋潤。難陀。第二十六七日。於母腹中。有風名曰生成。能令胎子身生髮毛爪甲。此皆一一共脉相連。難陀。第二十七七日。於母腹中。有風名曰曲藥⑪。此風能令胎子髮毛爪甲悉皆成就。難陀。由其胎子先造惡業。慳澀吝惜。於諸財物堅固執著不肯惠施。不受父母師長言教。以身語意造不善業日夜增長。當受斯報。若生人間。所得果報皆不稱意。若諸世人以長爲好。彼即短。若以短爲好。彼即長。以粗爲好。彼即細。若以細爲好。彼即粗。若支節相近爲好。彼即相離。若相離爲好。彼即相近。若多爲好。彼即少。若少爲好。彼即多。愛肥便瘦。愛瘦便肥。愛怯便勇。愛勇便怯。愛白便黑。愛黑便白。難陀。又由惡業感得惡報。聾盲瘖瘂。愚鈍醜陋。所出音響人不樂聞。手足攣躄形如餓鬼。
親屬皆憎不欲相見。況復餘人。所有三業向人說時。他不信受。不
將在意。何以故。由彼先世造諸惡業。獲如是報。難陀。由其胎子先
修福業。好施不慳。憐愍貧乏。於諸財物無吝著心。所造善業日夜
增長。當受勝報。若生人間。所受果報悉皆稱意。若諸世人以長爲
好。則長。若以短爲好。則短。粗細合度。支節應宜。多少肥瘦。勇怯顏
色無不愛者。六根具足。端正超倫。詞辯分明。音聲和雅。人相皆具。
見者歡喜。所有三業向人說時。他皆信受。敬念在心。何以故。由彼
先世造諸善業。獲如是報。難陀。胎若是男。在母右脅蹲居而坐。兩
手掩面。向母脊住。若是女者。在母左脅蹲居而坐。兩手掩面。向母

腹住。在生藏下。熟藏之上。生物下鎮。熟物上刺。如縛五處插在尖摽。若母多食或時少食。皆受苦惱。如是若食極膩。或食乾燥。極冷極熱。鹹淡苦醋。或太甘辛。食此等時皆受苦痛。若母行欲。或急行走。或時危坐。久坐久卧。跳躑之時。悉皆受苦。難陀當知。處母胎中有如是等種種諸苦逼迫其身。不可具說。於人趣中受如此苦。何況惡趣地獄之中苦難比喻。是故難陀。誰有智者。樂居生死無邊苦海。受斯厄難。難陀。第二十八七日。於母腹中。胎子便生八種顛倒之想。云何爲八。所謂屋想。乘想。園想。樓⑫閣想。樹⑬林想。床座想。河想。池想。實無此境⑭。妄生分別。難陀。第二十九七日。於母腹中。有風名曰花條。此風能吹胎子。令其形色鮮白净潔。或由業力令色黧黑。或復青色。更有種種雜類顏色。或令乾燥無有滋潤。白光黑光隨色而出。難陀。第三十七日。於母腹中。有風名曰鐵口。此風能吹胎子髮毛爪甲令得生長。白黑諸光皆隨業現。如上所説。難陀。第三十一七日。於母腹中胎子漸大。如是三十二七。三十三七。三十四七日已來。增長廣大。難陀。第三十五七日。子於母腹支體具足。難陀。第三十六七日。其子不樂住母腹中。難陀。第三十七七日。於母腹中。胎子便生三種不顛倒想。所謂不净想。臭穢想。黑暗想。依一分説。難陀。第三十八七日。於母腹中。有風名曰藍花。此風能令胎子轉身向下。長舒兩臂。趣向産門。次復有風。名曰趣下。由業力故。風吹胎子。令頭向下。雙脚向上。將出産門。難陀。若彼胎子於前身中造衆惡業。并墮人胎。由此因緣將欲出時。手脚橫亂。不能轉側。便於母腹以取命終。時有智慧女人或善醫者。以暖蘇油。或楡皮汁及餘滑物。塗其手上。即以中指夾薄刀子。利若鋒芒。內如糞厠黑暗臭穢可惡坑中。有無量千蟲恒所居止。臭汁常流。精血腐爛。深可厭患。薄皮覆蓋。惡業身瘡。於斯穢處。推手令入。以利刀子臠割兒身。片片抽出。其母由斯受不稱意極痛辛苦。因此命終。設復得存。與死無异。難陀。若彼胎子善業所感。假令顛倒不損其母。安隱生出。不受辛苦。難陀。若是尋常無此厄者。至三十八七日將欲産時。母受大苦。性命幾死。方得出胎。難陀。汝可審觀。當求出離。

大寶積經卷第五十六

校注

①『弟』下，龍藏、思溪藏有『子』字。
②『妝』，底本作『莊』，依龍藏、思溪藏改。
③『映』，龍藏、思溪藏作『帳』。
④『火』，龍藏作『大』。
⑤『搰』，龍藏、思溪藏作『榾』。
⑥『門』，龍藏、思溪藏作『開』。
⑦『出』，龍藏、思溪藏作『生』。
⑧『百一』，龍藏作『一百』。
⑨『七』，底本污殘，依龍藏、思溪藏補。
⑩『腨』，底本作『膞』，依龍藏、思溪藏改。
⑪『藥』，龍藏、思溪藏作『鑰』。
⑫『樓』下，龍藏、思溪藏有『想』字。
⑬『樹』下，思溪藏有『想』字。
⑭『實無此境』，龍藏、思溪藏作『而實無此』。

大寶積經卷第五十七

大唐三藏義净譯

佛說入胎藏會第十四之二

爾時世尊復告難陀。汝今既知胎苦生苦。應識凡受胎生者是極苦惱。初生之時。或男或女。墮人手內。或在衣等。安在日中。或在陰處。或置搖車。或居床席懷抱之內。由是因緣。皆受酸辛楚毒極苦。難陀。如牛剥皮。近墻而住。被墻蟲所食。若近樹草。樹草蟲食。若居空處。諸蟲唼食。皆受苦惱。初生亦爾。以暖水洗。受大苦惱。如癩病人皮膚潰爛。膿血橫流。加之杖捶極受楚切。生身之後。飲母血垢而得長大。言血垢者。於聖法律中即乳汁是。難陀。既有如是種種極苦。無一可樂。誰有智者。於斯苦海而生愛戀。常爲流轉無有休息。生七日已。身内即有八萬户蟲縱横噉食。難陀。有一户①蟲。名曰食髮。依髮根住。常食其髮。有二户蟲。一名伏藏。二名粗頭。依頭而住。常食其頭。有一户蟲。名曰繞眼。依眼而住。常食於眼。有四户蟲。一名驅逐。二名奔走。三名屋宅。四名圓滿。依腦而住。常食於腦。有一户蟲。名曰稻葉。依耳食耳。有一户蟲。名曰藏口。依鼻食鼻。有二户蟲。一名遥擲。二名遍擲。依唇食唇。有一户蟲。名曰蜜葉。依齒食齒。有一户蟲。名曰木口。依齒根食齒根。有一户蟲。名曰針口。依舌食舌。有一户蟲。名曰利口。依舌根食舌根。有一户蟲。名曰手圓。依腭食腭。復有二户蟲。一名手網。二名半屈。依手掌食手掌。有二户蟲。一名短懸。二名長懸。依腕食腕。有二户蟲。一名遠臂。二名近臂。依臂食臂。有二户蟲。一名欲吞。二名已吞。依喉食喉。有二户蟲。一名有怨。二名大怨。依胸食胸。有二户蟲。一名螺貝。二名螺口。依肉食肉。有二户蟲。一名有色。二名有力。依血食血。有二户蟲。一名勇健。二名香口。依筋食筋。有二户蟲。一名不高。二名下口。依脊食脊。有二户蟲。俱名脂色。依脂食脂。有一户蟲。名曰黄色。依黄食黄。有一户蟲。名曰真珠。依腎食腎。有一户蟲。名曰大真珠。依腰食腰。有一户蟲。名曰未至。依脾食脾。有四户蟲。一名水命。二名大水命。三名針口。四名刀口。依腸食腸。有五户蟲。一名月滿。二名月面。三名暉曜。四名暉面。五名别住。依右脅食右脅。復有五蟲。名同於上。依左脅食左脅。復有四蟲。一名穿前。二名穿後。三名穿堅。四名穿住。依骨食骨。有四户蟲。一名大白。二名小白。三名重雲。四名臭氣。依脉食脉。有四户蟲。一名師子。二名備力。三名急箭。四名蓮花。依生藏食生藏。有二户蟲。一名安志。二名近志。依熟藏食熟藏。有四户蟲。一名鹽口。二名蘊口。三名網口。四名雀口。依小便道食尿而住。有四户蟲。一名應作。二名大作。三名小形。四名小束。依大便道食糞而住。有二户蟲。一名黑口。二名大口。依髀食髀。有二户蟲。一名癩。二名小癩。依膝食膝。有一户蟲。名曰愚根。依脛食脛。有一户蟲。名曰黑項。依脚食脚。難陀。如此之身。甚可厭患。如斯色類。常有八萬户蟲日夜噉食。由此令身熱惱羸瘦。疲困飢渴。又復心有種種苦惱。憂愁悶絶。衆病現前。無有良醫能爲除療。難陀。於大有海生死之中。有如是苦。云何於此而生愛樂。復爲諸神病之所執持。所謂天神龍神八部所持。及諸鬼神。乃至羯吒布單那。及餘禽獸諸魅所持。或爲日月星辰所厄。此等鬼神作諸病患。逼惱身心。難可具説。

佛告難陀。誰於生死樂入母胎。受極辛苦。如是生成。如是增長。飲母乳血及諸飲食。妄生美想漸至長成。假令身得安樂無病。衣食恣情。壽滿百歲。於此生中睡眠減半。初爲嬰兒。次爲童子。漸至成長。②憂悲患難。衆病所逼。無量百苦觸惱其身。難可説盡。身内諸苦難忍受時。不願存生。意便求死。如是之身。苦多樂少。雖復暫住。必當謝滅。難陀。生者皆死。無有常存。假使藥食資養壽命得延年歲。終歸不免死王所殺送往空田。是故當知。生無可樂。來世資糧應勤積集。勿作放逸。精修梵行。莫爲懶惰。於諸利行。法行。功德行。純善行。常樂修習。恒觀自身善惡二業。繫在於心。勿令後時生大追悔。一切所有愛樂之事皆悉別離。隨善惡業趣於後世。難陀。壽命百年有其十位。初謂嬰兒位。卧於襁褓。二謂童子。樂爲兒戲。三謂少年。受諸欲樂。四謂少壯。勇健多力。五謂盛年。有智談論。六謂成就。能善思量。巧爲計策。七謂漸衰。善知法式。八謂朽邁。衆事衰弱。九謂極老。無所能爲。十謂百年。是當死位。難陀。梗概大位略說如是。計准四月以爲一時。百年之中有三百時。於春夏冬各有其百。

一年十二月總有一千二百月。若半月爲數。總有二千四百半月。於三時中各有八百半月。總有三萬六千晝夜。一日再食。總有七萬二千度食。雖有緣不食。亦在其數。不食緣者。所謂瞋恨不食。遭苦不食。或求索不得。睡眠持齋掉戲不食。事務不食。食與不食而共合集。數有爾許。并飲母乳。人命百年。我已具說年月晝夜及飲食數。汝應生厭。難陀。如是生成長大身有衆病。所謂頭目耳鼻舌齒咽喉胸腹手足。疥癩癲狂。水腫咳嗽。風黄熱癊。衆多瘧病。支節痛苦。難陀。人身有如是病苦。復有百一風病。百一黄病。百一痰癊病。百一總集病。總有四百四病。從内而生。難陀。身如癰箭。衆病所成。無暫時停。念念不住。體是無常苦空無我。恒近於死。敗壞之法。

不可保愛。難陀。凡諸衆生復有如是生受苦痛。謂截手足眼耳鼻舌頭及支分。復受獄囚。枷鎖杻械。鞭打拷楚。飢渴困苦。寒熱雨雪。蚊虻蟻子。風塵猛獸及諸惡觸。種種諸惱無量無邊。難可具說。有情之類。常在如是堅鞕苦中。愛樂沉没。諸有所欲苦爲根本。不知弃捨更復追求。日夜煎迫。身心被惱。内起燒然無有休息。如是生苦老苦。病苦死苦。愛別離苦。怨憎會苦。求不得苦。五取蘊苦。四威儀中行立坐卧。亦皆是苦。若常行時不立坐卧。即受苦無樂。若常立時不行坐卧。若坐不行立卧。若卧不行立坐。皆受極苦而無安樂。難陀。此等皆是捨苦求苦。唯是苦生。唯是苦滅。諸行因緣相續而起。如來了知。故說有情生死之法。諸行無常。非真究竟。是變壞法。不可保守。當求知足。深生厭患。勤求解脱。難陀。於善趣中。有情之類生處不净苦劇如是。種種虛誑説不可盡。何况具説於三惡趣。餓鬼傍生地獄有情所受楚毒難忍之苦。

復次難陀。有其四種入於母胎。云何爲四。一者。有情正念入。正念住。正念出。二者。正念入。正念住。不正念出。三者。正念入。不正念住不正念出。四者。三皆不正念。誰是正念入住出。如有一類凡夫有情。性愛持戒。數習善品。樂爲勝事。作諸福行。極善防護。恒思質直。不爲放逸。有大智慧臨終無悔。即便受生。或是七生預流。或是家家。或是一來。或是一間。此人由先修善行故。臨命過時。雖苦來逼受諸痛惱。心不散亂。正念而終。復還正念入母胎内。了知諸法由業而生。

皆從因緣而得生起。常與諸魔作居止處。難陀應知。此身恒是一切不净窟宅。體非常住。是愚痴物誘誑迷人。此身以骨而作機關。筋脉相連通諸孔穴。脂肉骨髓共相纏縛。以皮覆上不見其過。於熱窟中不净充滿。髮毛爪齒分位差別。執我我所故。恒被拘牽不得自在。常出涕唾。穢污流汗③。黄水痰癊。爛壞脂膩。腎膽肝肺。大腸小腸。屎尿可惡。及諸蟲類周遍充滿。上下諸孔常流臭穢。生熟二藏蓋以薄皮。是謂行厠。汝應觀察。凡食啖時牙齒咀嚼。濕以涎唾咽入喉中。髓腦相和流津腹内。如犬咬枯骨妄生美想。食至臍間。嘔逆覆上還復却咽。難陀。此身元從羯羅藍。頞部陀。閉尸。健南。鉢羅奢佉不净穢物而得生長。嬰兒流轉。乃至老死輪迴繫縛。如黑暗坑。如臭壞井。常以鹹淡苦辛酸等食味而爲資養。又母腹火。燒煮身根不净糞鍋。常嬰熱苦。母若行立坐卧之時如被五縛。亦如火炙難可堪忍。無能爲喻。難陀。彼胎雖在如是糞穢坑中。衆多苦切。由利根故心不散亂。復有一類薄福有情。在母腹内或横或倒。由其先業因緣力故。或由母食冷熱鹹酸甘辛苦味不善調故。或飲漿水過量。或多行淫欲。或饒疾病。或懷愁惱。或時倒地。或被打拍。由是等緣母身壯熱。由身熱故胎亦燒然。由燒然故受諸苦惱。由有苦故便即動轉。由動轉故。或身横覆不能得出。有善解女人。以蘇油塗手。内母腹中。緩緩觸胎令安本處。手觸著時。胎子即便受大苦惱。難陀。譬如幼小男女。人以利刀削破皮肉。散灰於上。由

斯便有大苦惱生。胎子楚毒亦復如是。雖受此痛。由利根故正念
不散。難陀。此胎如是住母腹中。受如斯苦。又欲産時辛苦而出。由
彼業風令手交合。支節拳縮受大劇苦。欲出母胎身體青瘀。猶如
初腫難可觸著。飢渴逼迫。心懸熱惱。由業因緣被風推出。既出胎
已。被外風觸如割塗炭。手衣觸時皆受極苦。雖受此苦。由上利根
故正念不亂。於母腹中知入住出悉皆是苦。難陀。誰當樂入如是
胎中。
難陀。誰是於母腹正念入住。不正念出。難陀。如有一類凡夫有情。
性樂持戒。修習善品。常爲勝事。作諸福行。其心質直。不爲放逸。少
有智慧。臨終無悔。或是七生預流。或是家家。或是一來。或是一間。

此人先修善行。臨命終時。雖苦來逼受諸痛惱。心不散亂。復還正念入母胎中。了知諸法由業而生。皆從因緣而得生起。廣說如上。乃至出胎。雖受如是諸極苦楚。由是中利根故入住正念。不正念出。廣說如上。乃至誰當樂入如是胎中。

難陀。誰是正念入胎。不正住出。難陀。如有一類凡夫有情。性樂持戒。修習善品。常爲勝事。作諸福行。廣說如上。乃至臨終無悔。或是七生預流等。臨命終時。衆苦來逼。雖受痛惱心不散亂。復還正念入母胎中。由是下利根故。入胎時知。住出不知。廣說如上。乃至誰當樂入如是胎中。

難陀。誰是入住出俱不正念。如有一類凡夫有情。樂毀淨戒。不修善品。常爲惡事。作諸惡行。心不質直多行放逸。無有智慧。貪財慳吝。手常拳縮不能舒展。濟惠於人恒有希望。心不調順。見行顛倒。臨終悔恨。諸不善業皆悉現前。當死之時。猛利楚毒。痛惱逼切。其心散亂。由諸苦惱。不自憶識我是何人。從何而來。今何處去。難陀。是謂三時皆無正念。廣説如上。

難陀。此諸有情生在人中。雖有如是無量苦惱。然是勝處。於無量百千俱胝劫中。人身難得。若生天上。常畏墜墮。有愛別離苦。命欲終時。餘天告言。願汝當生世間善趣。云何世間善趣。謂是人天。人趣難得。遠離難處更復是難。云何惡趣。謂三惡道。地獄趣者。常受苦切極不如意。猛利楚毒難可譬喻。餓鬼趣者。性多瞋恚。無柔軟心。諂誑殺害以血塗手。無有慈悲。形容醜陋。見者恐怖。設近於人。受飢渴苦。恒被障礙。傍生趣者。無量無邊。作無義行。無福行。無法行。無善行。無淳質行。互相食啖。强者淩弱。有諸傍生。若生若長若死。皆在暗中不净糞屎垢穢之處。或時暫明。所謂蜂蝶蚊蟻蚤虱蛆蟲之類。自餘復有無量無邊。生長常暗。由彼先世是愚痴人。不聽經法。恣身語意。貪著五欲。造衆惡事。生此類中受愚迷苦。難陀。復有無量無邊傍生有情。生長及死皆在水中。所謂魚鱉黿yuán鼉tuó鱔④蛭蚌蛤蝦蟆之類。由先世業身語意惡。如上廣說。難陀。復有無量無邊傍生有情。聞屎尿香。速往其處以爲食飲。所謂猪羊鷄犬狐狢雕鷲烏⑤蠅蜣螂禽獸之類。皆由先世惡業所招。受如是報。難陀。

復有無量無邊傍生之類。常以草木及諸不净充其飲食。所謂象馬駝牛驢騾之屬。乃至命終由先惡業。受如是報。

復次難陀。生死有海。苦哉痛哉。猛焰燒然。極大炎熱。無一衆生不被燒煮。斯等皆由眼耳鼻舌身意熾盛猛火。貪求前境色聲香味觸法。難陀。云何名爲熾盛猛火。謂是貪瞋癡火。生老病死火。憂悲苦惱毒害之火。常自燒然。無一得免。難陀。懈怠之人多受衆苦。煩惱嬰纏作不善法。輪迴不息生死無終。勤策之人多受安樂。發勇猛心斷除煩惱。修習善法。不捨善軛。無休息時。是故汝今應觀此身。皮肉筋骨血脈及髓不久散壞。常當一心勿爲懈怠。未⑥證得者勤求證悟。如是應學。難陀。我不共世間作諸諍論。然而世間於我强爲諍論。所以者何。諸知法者不與他諍。離我我所。共誰爲論⑦。由無見解起妄執故。我證正覺。作如是語。我於諸法無不了知。難陀。我所言説有差异不。難陀言。不也。世尊。如來説者無有差异。佛言。善哉善哉。難陀。如來所説必無差异。如來是真語者。實語者。如語者。不异語者。不誑語者。欲令世間長夜安樂獲大勝利。是知道者。是識道者。是説道者。是開道者。是大導師。如來。應。正等覺。明行足。善逝。世間解。無上士。調御丈夫。天人師。佛。世尊。世間之人無知無信。常與諸根而爲奴僕。唯見掌中。不觀大利。易事不修。難者恒作。難陀。且止。如斯智慧境界。汝今應以肉眼所見而觀察之。知所見者皆是虚妄。即名解脱。難陀。汝莫信我。莫隨我欲。莫依我語。莫觀我相。莫隨沙門所有見解。莫於沙門而生恭敬。莫作是語。沙門喬答摩是我大師。然而但可於我自證所得之法。獨在靜處思量觀察。常多修習。隨於用心所觀之法。即於彼法觀想成就。正念而住。自爲洲渚。自爲歸處。法爲洲渚。法爲歸處。無別洲渚。無別歸處。難陀。云何苾芻自爲洲渚。自爲歸處。法爲洲渚。法爲歸處。無別洲渚。無別歸處。如是難陀。若有苾芻。於自內身隨觀而住。勤勇繫念得正解了。於諸世間所有恚惱常思調伏。是謂隨觀內身是苦。若觀外身及內外身。亦復如是。難陀。次⑧於集法。觀身而住。觀滅而住。復於集滅二法。觀身而住。即於此身能爲正念。或但有智。或但有見。或但有念。無依而住。於此世間知無可取。如是難陀。是謂苾芻於

自内身隨觀而住。外身内外身爲觀亦爾。次觀内受外受及内外
受而住。觀内心外心及内外心而住。觀内法外法及内外法而住。
勤勇繫念得正解了。於諸世間所有恚惱常思調伏。觀集法住。觀
滅法住。復於集滅二法觀法而住。即於此身能爲正念。或但有智。
或但有見。或但有念。於此世間知無可取。如是難陀。是謂苾芻自
爲洲渚。自爲歸處。法爲洲渚。法爲歸處。無別洲渚。無別歸處。難陀。
若有丈夫稟性質直。遠離諂誑。於晨朝時來至我所。我以善法隨
機教示。彼至暮時自陳所得。暮以法教。旦陳所得。難陀。我之善法
現得證悟。能除熱惱。善應時機。易爲方便。是自覺法。善爲覆護。親
對我前聞所説法。順於寂靜。能趣菩提。是我所知。是故汝今見有

自利。見有他利及二俱利。如是等法應常修學。於出家法謹愼行之。勿令空過。當獲勝果無爲安樂。受他供給衣食卧具病藥等物。令其施主獲大福利。得勝果報。尊貴廣大。如是難陀。應當修學。復次難陀。未有一色是可愛樂。能於後時不變壞者。無有是處。不起憂悲不生煩惱者。亦無是處。難陀。於汝意云何。此色是常。爲是無常。大德。體是無常。難陀。體既無常。爲是苦不。大德。是苦。若無常苦。即變壞法。我諸多聞聖弟子衆。計色是我。我有諸色。色屬於我。我在色中不。白言。不也。世尊。於汝意云何。受想行識是常無常。大德。皆是無常。難陀。體既無常。爲是苦不。大德。是苦。若無常苦。即變壞法。我諸多聞聖弟子衆。計受等是我。我有受等。受等屬我。我在受等中不。不也。世尊。是故應知凡是諸色。若過去。若未來。若現在。若内若外。若粗若細。若勝若劣。若遠若近。所有諸色皆非是我。我不有色。色不屬我。我不在色中。如是應以正念正慧而審觀察。受想行識。若過去。若未來。若現在。若内若外。若粗若細。若勝若劣。若遠若近。此等亦非是我。我亦非有此等。我亦非在此中。如是應以正念正慧而審觀察。若我多聞聖弟子衆。如是觀察。於色厭患。復於受想行識亦生厭患。若厭患已。即不染著。既無染著。即得解脱。既解脱已。自知解脱。作如是言。我生已盡。梵行已立。所作已辦。不受後有。爾時世尊説此法已。時具壽難陀遠塵離垢。得法眼浄。五百苾芻於諸有漏心得解脱。爾時世尊重説伽他告難陀曰。

若人無定心　即無清淨智　不能斷諸漏　是故汝勤修
汝常修妙觀　知諸蘊生滅　清淨若圓滿　諸天悉欣慶
親友共交歡　往來相愛念　貪名著利養　難陀汝應捨
勿親近在家　及於出家者　念超生死海　窮盡苦邊際
初從羯羅藍　次生於肉疱　肉疱生閉尸　閉尸生健南
健南暫轉變　生頭及四支　衆骨聚成身　皆從業因有
頂骨合九片　頷車兩骨連　齒有三十二　其根亦如是
耳根及頸骨　髆骨并鼻梁　胸臆與咽喉　總有十二骨
眼眶有四骨　肩髃亦兩雙　兩臂及指頭　總有五十骨
項後有八骨　脊梁三十二　此各有根本　其數亦四分

右脅邊肋骨　相連有十三　左脅相連生　亦有十三骨
此等諸骨鎖　三三相續連　二二相鈎牽　其餘不相續
左右兩腿足　合有五十骨　總三百十六　支柱於身肉
骨節相鈎綴　合成衆生體　實語者記説　正覺之所知
從足至於頂　雜穢不堅牢　由此共成身　脆危如葦舍
無梢唯骨立　血肉遍塗治　同機關木人　亦如幻化像
應觀於此身　筋脉更纏繞　濕皮相裹覆　九處有瘡門
周遍常流溢　屎尿諸不净　譬如倉與篅　盛諸穀麥等
此身亦如是　雜穢滿其中　運動骨機關　危脆非堅實
愚夫常愛樂　智者無染著　洟唾污⑨常流　膿血恒充滿

黄脂雜乳汁　腦滿髑髏中　胸鬲痰癊流　内有生熟藏
肪膏與皮膜　五藏諸腹胃⑩　如是臭爛等　諸不净同居
罪身深可畏　此即是怨家　無識耽欲人　愚痴常保護
如是臭穢身　猶如朽城郭　日夜煩惱逼　遷流無暫停
身城骨墻壁　血肉作塗泥　畫彩貪瞋痴　隨處而莊飾
可惡骨身城　血肉相連合　常被惡知識　内外苦相煎
難陀汝當知　如我之所説　晝夜常繫念　勿思於欲境
若欲遠離者　常作如是觀　勤求解脱處　速超生死海

爾時世尊説是入胎經已。具壽難陀及五百苾芻。皆大歡喜。信受奉行。難陀苾芻越生死海險難之處。能至安隱究竟涅槃。獲阿羅漢果。説自慶頌曰。

敬心奉澡浴　净水及塗香　并修諸福田　獲斯殊勝報

時諸大衆聞是説已。咸皆有疑。爲斷疑故。請大師曰。大德。難陀苾芻先作何業。由彼報得金色之身。具三十相以自嚴飾。望世尊身但少四指。於淫欲境極生愛著。大師哀愍。於生死海强拔令出。方便安置究竟涅槃。唯願爲説。佛告諸大衆。難陀苾芻先所作業。果報成熟。皆悉現前。廣説如餘。即説頌曰。

假使經百劫　所作業不亡　因緣會遇時　果報還自受

汝等諦聽。過去世時九十一劫。人壽八萬歲。有毗鉢尸佛如來。應供。正等覺。明行足。善逝。世間解。無上士。調御丈夫。天人師。佛。世尊。

出現於世。與六萬二千苾芻游行人間。至親慧城王所都處。往親慧林即於此住。時彼世尊有异母弟。於淫欲境極生愛著。其毗鉢尸如來應正等覺。於生死海勸令出家。方便安置究竟涅槃。時彼國王名曰有親。以法化世。人民熾盛。豐樂安隱。無諸詐僞賊盜疾疫。牛羊稻蔗在處充滿。王异母弟極耽淫染。王聞佛衆住親慧林。將諸王子。親侍大臣及内宫女。人民翊從。往詣佛所。頂禮佛足。退坐一面。爾時世尊爲彼王衆宣揚妙法。示教利喜。得殊勝解。其弟耽欲不肯出門。時大臣子及餘知友撫塵之類。詣而告曰。善友知不。王及王子。并諸内宫大臣人衆。往毗鉢尸佛所。躬行禮敬。聽受妙法。獲殊勝解。人身難得。汝已得之。如何今時耽著淫欲。不肯出門。彼聞責已。心生愧耻。俯仰相隨。同行而去。時佛弟苾芻。見諸徒侶共行而去。問曰。何故君等將此一人共伴而去。時彼同伴具以事白苾芻曰。我是佛弟。昔在家時。於諸欲境極生耽著。幸蒙大師强牽令出。安隱將趣究竟涅槃。更有如是愚痴之輩。與我相似。仁等慈悲强共將去。誠爲大善。今可往詣無上大師。得至佛所。必生深信。時彼同伴共至佛所。佛觀彼類稱根欲性而爲説法。既得聞已。深起信心。從座而起。偏袒右肩。合掌向佛。白言。世尊。唯願大師及諸聖衆。明至我家入温室澡浴。佛默然受。彼知受已。禮佛雙足。奉辭而去。遂至王所。伸恭敬已。白言。大王。我詣佛所聞法生信。於淫欲境起厭離心。奉請佛僧明至我家入温室浴。如來大師慈悲爲受。佛是人天所應供養。王今宜可灑掃街衢。嚴飾城郭。王作是念。佛來入城。我當嚴飾。然我之弟耽欲難諫。佛今調伏。實誠希有。答言。甚善。汝今可去營辦澡浴所須之物。我當隨力嚴飾城隍。弟生大喜。辭王而去。王告諸臣曰。當可唱令普告諸人。明日世尊將入城內。諸舊住者及遠方來。汝等諸人。咸當隨力嚴飾城郭。灑掃街衢。持諸香花。迎大師入。臣奉王教。普告令知。具宣王敕。時諸人衆於彼城中。除去瓦礫。遍灑香水。燒諸妙香。懸衆幡蓋。散花供養。如天帝釋歡喜之園。時彼王弟辦諸香湯及香油等。莊嚴浴室。敷置床座。毗鉢尸佛漸欲至城。王及諸臣。太子后妃。宮人婇女。及諸人衆。咸出奉迎。遙禮佛足。隨從入城。時彼王弟引佛世尊入温室

内。授香水等以充澡浴。見佛世尊身如金色三十二相。八十種好
周遍莊嚴。見已歡喜。生深信心。洗浴既竟。著衣服已。即便頂禮世
尊雙足。發是願言。我今幸遇最上福田。微申供養。願此善因。於未
來世身得金色。與佛無异。如世尊弟。於欲境中深生耽著。强拔令
出。得趣安隱究竟涅槃。願我當來得爲佛弟。獲金色身亦復如是。
我於欲境生耽著時。强牽令出愛染深河。得趣涅槃安隱之處。汝
等苾芻勿生异念。彼親慧王耽欲之弟。即難陀苾芻是。由於昔時
請毗鉢尸佛入浴室中香湯澡浴。净心發願。彼之善因。今爲佛弟。
身作金色。我於耽著淫欲之境。强拔令出。捨俗出家。究竟涅槃至
安隱處。

時諸大衆更復有疑。請世尊曰。大德。難陀苾芻曾作何業。今身感得三十大丈夫相。佛告諸大衆。彼所作業廣説如前。乃往過去於聚落中有一長者。大富多財。資生無乏。有一苑園。花果茂盛。流泉浴池。林木森竦。堪出家人栖隱之處。時有獨覺出現於世。哀愍衆生處於閑静。世間無佛。唯此福田。于時有一獨覺尊者。游行人間至斯聚落。周旋觀察屆彼園中。其守園人既見尊者。告言。善來。爲解勞倦。尊者住此。即於中夜入火光定。園人見已。作如是念。此之大德成斯勝行。即便夜起。往就家尊。告言。大家。宜於今者生慶喜心。於苑園中有一大德。來投我宿。成就妙行。具足神通。放大光明遍照園内。長者聞已。疾往園中。禮雙足已。作如是言。聖者。仁爲求食。我爲福因[11]。幸住此園。我常施食。彼見殷勤。即便爲受。住此園內入勝妙定解脱之樂。復作是念。我此臭身輪迴生死。所應作者并已獲得。宜入圓寂永[12]證無生。作是念已。即升虚空。入火光定。現諸神變。放大光明。上燭紅輝。下流清水。捨此身已。神識不生。永證無餘妙涅槃界。時彼長者取其尸骸焚以香木。復持乳汁而滅其火。收餘身骨置新瓶中。造窣堵波。懸諸幡蓋。深生敬信。灑三十種衆妙香水。并發大願。求諸相好。汝等諦聽。勿生异念。往時長者。即難陀是。由以勝妙供養敬信業故。今受果報。感得三十殊妙勝相。

時諸大衆更有疑念。重請世尊。大德。難陀苾芻曾作何業。若不出家弃塵俗者。必當紹繼力輪王位。佛告諸苾芻。難陀先世所造之業。果報熟時必當自受。廣如上説。過去世時此賢劫中。人壽二萬歲。有迦葉波佛出現世間。十號具足。在婆羅痆斯仙人墮⑬處施鹿林中。依止而住。時彼城中王名訖栗枳。以法化世。爲大法王⑭。廣如上説。王有三子。謂大中小。彼迦葉波佛施化事畢。猶如火盡入大涅槃。其王信敬取佛遺身。以諸香木栴檀沉水海岸牛頭天木香等。焚燒既訖。滅以香乳。收其舍利。置金寶瓶。造大窣堵波。皆用四寶。縱廣正等一踰繕那。高半踰繕那安相輪。時王之中子親上中蓋。汝等莁蒭勿生异念。時王中子者。即難陀是。由於昔時敬心供養。安置中蓋斯之善業。於二千五百生中。常爲力輪王。化一洲内。今此生中若不出家者。還作力輪王。得大自在。

時諸大衆更復有疑。請問世尊。大德。難陀苾芻曾作何業。於佛弟子善護根門最爲第一。佛言。此由願力。難陀苾芻於迦葉波佛時。捨俗出家。其親教師。彼佛法中善護根門稱爲第一。盡其形壽梵行自持。然於現身竟無證悟。於命終時。便發誓願。我於佛所。盡斯形壽梵行自持。然於現身竟無所證。願我以此修行善根。此佛世尊記未來世。有摩納婆當成正覺。號釋迦牟尼。我於彼佛教法之中。出家離俗。斷諸煩惱。獲阿羅漢。如親教師。於斯佛所善護根門最爲第一。我亦如是。於彼教中守護根門最爲第一。由彼願力。今於我所諸弟子中。善護根門最爲第一。如是苾芻。若純黑業得純黑報。若純白業得純白報。若雜業者當受雜報。是故汝等離純黑雜業。修純白業。如是應修。

大寶積經卷第五十七

校注

①『户』，底本作『尸』，依龍藏、思溪藏改。
②『成長』，龍藏作『長成』。
③『汗』，思溪藏作『污』。
④『鱔』，底本作『蟬』，依龍藏、思溪藏改。
⑤『烏』，思溪藏作『鳥』。
⑥『未』，底本污殘，依龍藏、思溪藏補。
⑦『論』，龍藏作『諍』。
⑧『次』，龍藏、思溪藏作『汝』。
⑨『污』，龍藏、思溪藏作『汗』。
⑩『腹』，龍藏、思溪藏作『腸』。
⑪『因』，龍藏、思溪藏作『田』。
⑫『永』，思溪藏作『示』。
⑬『墮』，龍藏、思溪藏作『隱』。
⑭『王』，思溪藏作『主』。

大寶積經卷第五十八

大唐于闐三藏實叉難陀譯

文殊師利授記會第十五之一

如是我聞。一時佛在王舍城耆闍崛山。與大比丘衆一千人俱。菩薩八萬四千。文殊師利菩薩。觀世音菩薩。得大勢菩薩而爲上首。復與七十二億諸天衆俱。悉皆趣向菩薩之道。復與四天大王。釋提桓因。梵天王等及其眷屬。各有五萬二千衆俱。亦皆趣於菩薩之道。有四阿修羅王。各與眷屬無量衆俱。復與七萬二千大龍王俱。其名曰難陀龍王。優波難陀龍王。婆留那龍王。娑竭羅龍王。持大地龍王。無熱惱龍王。高勝龍王。伏魔龍王。最勝龍王。月上龍王。

如是等而爲上首。復與無量夜叉王俱。其名曰金毗羅夜叉王。阿吒薄拘夜叉王。蘇支路摩夜叉王。妙意夜叉王。妙慧夜叉王。妙相夜叉王。普色夜叉王。不動夜叉王。有力夜叉王。大力夜叉王。如是等而爲上首。時王舍城國王大臣及諸四衆。天龍夜叉人非人等。各以衣服飲食。卧具醫藥。種種資具。於如來所恭敬尊重而爲供養。

爾時世尊於晨朝時著衣持鉢。與諸比丘及於天人百千之衆前後圍繞。向王舍城阿闍世宫。佛威神力。放百千種妙色光明。百千音樂同時俱奏。雨衆妙花。優鉢羅花。鉢曇摩花。拘勿頭花。芬陀利花。繽紛而下。是時如來以神通力。隨所行處涌出寶蓮。大如車輪。

白銀爲莖。真金爲葉。毗琉璃寶以爲其鬚。於花臺中有化菩薩結加趺坐。是諸菩薩與寶蓮俱繞王舍城。右旋七匝。而説頌曰。

釋種應供大商主　利樂含識令安隱　具大威德寂静心

爲世依怙當入城　若欲遠離老死苦　或樂游戲於天宫

或有欲破諸魔軍　應近妙辯人中主　難得聞名今出現

經百千劫修衆行　以大悲心游世間　如是之尊當入城

曾行無量無邊捨　男女妻室及王位　頭目耳鼻并手足

衣服飲食亦復然　已修無量施功德　證於無上一切智

以施調心固其行　戒净無缺大丈夫　成就無量忍功德

心恒恬怕（bó）當入城　俱胝劫行勝精進　念衆生苦忘疲倦

具足無量無比禪　彼梵音者當入城　智慧無量無倫匹
猶若虛空無邊際　最勝人尊戒亦然　備修衆行智清净
摧壞魔軍能濟拔　得住無憂不動位　無等法王轉法輪
彼釋師子當入城　若欲成佛出興世　三十二相以莊嚴
應發無等菩提心　於如來所興供養　若欲永捨貪恚痴
及以遠離諸煩惱　速當親近釋師子　施作種種諸供養
若欲速①成釋梵王　各千眷屬常隨從　恒受天宫諸快樂
彼應親近釋師子　欲爲四洲勝②輪王　所願七寶皆成就
最勝千子咸勇健　應當供養彼勝尊　欲爲長者邑中主
資財增廣無有量　眷屬色相悉超倫　彼應供養釋師子

已得解脱及當得　皆由聞佛寂靜法　難可值遇彼勝尊

應聽甘露無憂句

爾時王舍城中男女長幼無量衆生。聞此頌已即皆開悟。各賫香花。寶蓋幢幡。無量音樂。詣如來所一心瞻仰。踴躍歡喜。恭敬供養。於是世尊將欲入城。足蹈門閫。城中之地六種震動。雨衆妙花及諸音樂。城中衆生。盲者得視。聾者得聞。狂者得心。裸者得服。飢者得食。貧者得財。時彼衆生亦復不爲貪欲。瞋恚。愚痴。憍慢之所逼惱。慈心相向猶如父子。彼樂音中而説頌曰。

十力大丈夫　最勝人師子　利物入都城　群生獲安樂

盲瞽得見色　聾聵得聞聲　顛狂復本心　裸露蒙衣服

飢渴遇珍膳　貧窶得資財　又於虛空中　諸天百千億
同爲供養佛　競奏諸樂音　具德十力尊　今入此城内
城中六種動　所謂遍動等　衆生無怖想　皆獲大歡喜
而今此城中　一切諸衆生　不爲貪恚痴　慳嫉之所惱
欣悦充遍身　慈念而相向　願佛速入城　安樂諸群品
世尊入城時　普放大光明　人天咸奏樂　悦暢於心意
如是諸奇特　種種無有量　天人阿修羅　莫不皆瞻奉

時王舍城有菩薩長者之子。名摧過咎。於里巷中遥睹世尊。相好奇特。端嚴澄睟。諸根湛寂。觀者無厭。住奢摩他最上調伏。防護諸根如善調象。正念不亂如浄淵池。三十二相莊嚴其體。彼菩薩既見是已。生極尊重净信之心。便往佛所。稽首雙足。右繞三匝。却住一面。復有無量百千衆生同詣佛所。無數諸天住虚空中。合掌恭敬。尊重頂禮。

是時摧過咎菩薩白佛言。世尊。菩薩成就幾法。速得阿耨多羅三藐三菩提。隨其所願嚴净佛刹。於是世尊爲欲調伏諸衆生故。爲欲哀愍摧過咎故。往詣廛chán肆。於大衆中而告之言。善男子。菩薩成就一法。速得阿耨多羅三藐三菩提。隨其所願嚴净佛刹。善男子。何謂一法。此菩薩於一切衆生行大悲故。以勝志樂發菩提心。云何名爲以勝志樂發菩提心。應作是説。若有已發菩提心者。乃至微惡終更不作。何所不作。謂貪瞋痴。及以在家威儀調戲。悉皆遠離。若出家已。不復悕望名利恭敬。安住出家所修行法。云何出家所修行法。謂如實悟入一切諸法。云何所悟一切諸法。謂蘊界處。有爲無爲。云何悟入。謂觀察五蘊寂滅如幻。空無所有。如是悟時。不見悟入。無覺無思。一切分別悉皆寂滅。若於諸蘊如是悟入。即爲悟入一切諸法。是名出家所修行法。菩薩如是修此行時。亦不捨離一切衆生。何以故。是菩薩如自所觀爲衆生說。而亦不著法及衆生。善男子。是爲菩薩成就一法。速得阿耨多羅三藐三菩提。亦令佛刹具足圓滿。説此法時。摧過咎菩薩得無生忍。歡喜踴躍。上升虛空。高七多羅樹。於彼衆中。二千衆生發菩提心。一萬四千諸天及人遠塵離垢。於諸法中得法眼浄。於是世尊熙怡微笑。從其面門放種種色光照無量世界。照已還來。繞佛三匝。而從頂入。是時阿難即從座起。整理衣服。偏袒右肩。右膝著地。於世尊前而說頌曰。

自在力導師　到諸法彼岸　一切智人尊　何緣現微笑
善逝十力尊　能爲諸利益　三世悉明達　何緣現微笑
了衆生心行　上中下差別　知諸想無礙　願佛爲宣說
億那由諸天　咸來頂禮佛　願發微妙音　充濟諸渴仰
勝定到彼岸　智慧亦復然　遠離於錯謬　何緣現微笑
百千諸天衆　爲法故來集　無量諸比丘　合掌皆願聞
奏種種音樂　供養於如來　善哉佛世尊　願決衆疑惑

佛告阿難。汝今見此摧過咎菩薩升虛空不。阿難白言。唯然已見。佛言。善男子。此摧過咎却後過於六萬二千阿僧祇劫。於此世界當得成佛。號寂靜調伏音聲。劫名離熱惱。彼佛刹土功德莊嚴。及以聲聞菩薩之衆。亦如不動如來妙喜世界。等無差別。是時世尊與諸比丘到阿闍世王宮已。各隨次第。敷座而坐。時王即以種種飲食。手自斟酌。供養世尊及比丘僧。悉令充足。復以上妙衣服。奉獻如來。即於佛前踞③卑床座。而白佛言。世尊。忿恨瞋惱從何而生。愚痴無智由何而滅。佛告大王。忿恨瞋惱。我我所生。若不能知功德過失及我我所。名爲無智。若如實知彼我我所。此即非智非非智也。大王當知。一切諸行來無所從。去無所至。若無來去。則無生滅。若無生滅。彼智無智亦復皆無。何以故。無有少法而能了知生與非生。若離能知。是爲知也。時阿闍世王白佛言。世尊。希有如來應正等覺如是善説。我今寧可聞法中夭。不願徒生壽命相續。爾時世尊爲阿闍世勸發開曉。令歡喜已。從座而去。詣耆闍崛山。洗足已。敷座而坐。入于三昧。是時如來爲法施故。於晡時間。從三昧起。諸大菩薩及聲聞衆皆從定出。於是文殊師利與四萬二千趣菩薩乘諸天子俱。彌勒菩薩與五千菩薩衆俱。勇猛雷音菩薩與五百菩薩衆俱。如是一切菩薩及諸聲聞并阿闍世王。各將眷屬前後圍繞。詣如來所。頂禮佛足。退坐一面。時王舍城復有無量百千衆生。皆共往詣耆闍崛山。到如來所。頂禮佛足。退坐一面。於是舍利弗承佛威神。從座而起。偏袒右肩。右膝著地。合掌恭敬。而白佛言。如來前已於王舍城廛肆之內。爲摧過咎略説菩薩摩訶薩功德莊嚴。清浄佛刹。善哉世尊。唯願廣説。如諸菩薩行不退轉菩提之行。息諸煩惱。嚴浄佛刹。圓滿大願。具足修行諸波羅蜜。遠離聲聞辟支佛地。履踐如來所行之迹。降伏衆魔。制諸外道。具一切智。轉妙法輪。如是菩薩。乃至未得一切種智。而能決定利益安樂無量衆生。世尊。今此會中爲求菩提善男子善女人。聞是法已。歡喜修行。于時世尊作是思惟。今我所説。非但爲此現前會衆。是故宜應示現神變。作是念已。放百千億妙色光明。一一光明普照十方百千億土。彼諸佛土所有日月。天龍摩尼。電火光明。映蔽不現。而彼一切大小圍山。須彌山王。及餘諸山。叢林樹木。爲佛光明之所鑒徹。無能現影。是時如來復現威德謦咳之聲。其聲遍聞十方世界。爾時東方去此八十四恒河沙等佛刹。有世界名普光明。彼現有佛。號集吉祥王。而彼佛刹無有聲聞辟支佛名。唯是菩薩充滿其土。一一菩薩。各有百億不退菩薩而爲眷屬。時彼衆中有一菩薩名曰法上。以何義故名爲法上。謂彼菩薩於衆會前聞説法已。上升虚空。高七多羅樹。自隱其身。説菩薩藏法門。名陀羅尼金剛句。時彼會衆咸作念言。一切諸法但有其聲。何以故。即如法上菩薩不見身相。但聞其聲。此聲無體。如彼身相。既離見聞。則爲法性。説此法時。會中無量得忍菩薩。遥見彼土法上菩薩。又見此刹佛放光明。及聞其聲暨乎彼界。彼諸菩薩即時共詣集吉祥王如來所。頂禮佛足。却住一面。法上菩薩白佛言。世尊。以何因緣而現此瑞。未曾有也。佛言。善男子。西方去此過八十四恒河沙等佛刹。有世界名娑婆。彼現有佛。號釋迦牟尼。爲欲召集十方世界諸菩薩故。一切毛孔放此光明及謦咳聲。法上菩薩白佛言。世尊。我今欲往娑婆世界。禮覲供養釋迦如來及諸菩薩。并欲聽法。佛言。可往。今正是時。

爾時法上菩薩即作是念。今我以何神變往彼禮覲釋迦如來。作是念已。即入一切莊嚴身三昧。由是三昧威神力故。令此三千大千世界滿中妙花積至於膝。百千音樂同時倶作。寶幢幡蓋種種莊嚴。復以妙香普熏此界。猶如他化自在天宮。是時法上菩薩現神變已。即與六十三億大菩薩衆前後圍繞。譬如壯士屈伸臂頃。從彼土没。現此界中。到如來所。頭面禮足。右繞三匝。隨所來方。以願力故。化現蓮花而坐其上。

爾時南方去此過九十六億那由他佛刹。有世界名離塵。彼現有佛。號師子勇猛奮迅。而爲無量大菩薩衆恭敬圍繞。於彼衆中有一菩薩。名曰寶掌。以何義故名爲寶掌。謂彼菩薩於諸佛土化衆生時。欲以右手遍捫若干諸佛世界。即隨所欲而能成辦。從其手出佛法僧聲。施戒忍進禪慧慈悲喜捨之聲。出如是等百千億那由他法寶之聲。爾時寶掌菩薩見大光明。聞謦咳聲。詣彼佛所。白言。世尊。以何因緣而有此瑞。佛言。善男子。北方去此過九十六億那由他佛刹。有世界名娑婆。佛號釋迦牟尼。爲欲演説佛刹功德莊嚴法門。集諸菩薩。令聞此法攝受功德故現斯瑞。寶掌菩薩白佛言。世尊。我等欲往娑婆世界。禮覲供養釋迦如來及諸菩薩。并欲聽法。佛言。善男子。寧用去爲。何以故。彼娑婆世界。具足三毒苦惱衆生之所聚集。寶掌菩薩白佛言。世尊。彼釋迦如來應正等覺。見何義利。捨嚴浄刹。現穢土中。佛言。善男子。彼佛如來昔於長夜。作如是言。願我速得成就大悲。常於弊惡衆生之中。成等正覺。轉妙法輪。寶掌菩薩復白佛言。世尊。彼釋迦如來。乃能往昔發是大悲難發之願。現於如此惡世界中。如是慈尊甚爲難遇。我今當往禮覲供養。佛言。可爾。今正是時。然善男子。汝詣彼土。應當謹察。無自毀傷。所以者何。生彼世界諸菩薩等。雖爲難遇。其餘衆生心行險詖（bì）。難可調伏。寶掌白言。彼土雖有忿恨怨仇。無傷於我。假使一切衆生盡未來際。瞋恨罵辱。乃至刀杖瓦石打擲。悉能受之。終不加報。爾時師子勇猛奮迅如來。謂彼一切衆菩薩言。諸善男子。汝等若能如寶掌者。可與俱行。說是語時。於彼會中有七萬二千菩薩同聲白言。我等共往娑婆世界。寶掌菩薩即作是念。今我以何神變。往彼禮覲釋迦如來。復能安樂無量衆生。作是念已。即以右手覆此三千大千世界。雨諸飲食。衣服車乘。金銀琉璃。真珠珂貝。珊瑚璧玉。隨諸衆生心所悕望悉能充滿。樂聞法者即令得聞。復使無量聞法衆生證得真實。亦令無數病苦衆生受勝妙樂。是時寶掌菩薩現神變已。與諸菩薩於一念頃從彼土没。現此界中。到如來所。頂禮佛足。右繞三匝。隨所來方。以願力故。化現蓮花而坐其上。

爾時西方去此過七十二億那由他百千佛刹。有世界名摩尼藏。彼現有佛。號摩尼積王。其佛刹土清浄琉璃之所成就。無有聲聞及辟支佛。唯是清浄大菩薩衆。去來坐立於琉璃地。咸見如來分明顯現。如明鏡中睹其面像。是諸菩薩於彼地中見佛世尊。亦復如是。見已請法。佛便爲説往昔大願。彼諸菩薩聞法得忍。爾時如來於眉間毫相摩尼寶中。放大光明遍照彼刹。其中所有日月光明映蔽不現。以華開合而爲晝夜。於彼刹中有一菩薩。名勝智願。
遇斯光已。便詣佛所。白佛言。世尊。以何因緣而有此瑞。佛言。善男
子。東方去此過七十二億那由他百千佛刹。有世界名娑婆。佛號
釋迦牟尼。爲欲召集諸菩薩故而現斯瑞。時勝智願聞是語已。白
佛言。世尊。我等欲往娑婆世界。禮覲供養釋迦如來及諸菩薩。并
欲聽法。佛言。可往。今正是時。時勝智願作是念言。今我以何神變。
往彼禮覲釋迦如來。作是念已。即入三昧。令此三千大千世界三
惡道苦。悉皆消滅。得無上樂。譬如比丘得諸禪定。是時一切諸天
世人及以非人。不爲貪恚愚痴諸見。我慢忿恨。怒害慳嫉。憍諂覆
藏之所逼惱。皆發慈心。爾時勝智願菩薩現神變已。與四萬二千

菩薩。於一念頃從彼土没。現此界中。到如來所。頭面禮足。隨所來方。以願力故。化現蓮花而坐其上。

爾時北方去此過六萬三千佛刹。有世界名常莊嚴。彼現有佛。號娑羅起王。其佛刹土。初未曾聞女人之稱。一切皆是蓮花化生。袈裟隨體。時佛爲彼諸菩薩衆説佛種性印法門。何等名爲佛種性印。所謂最初發菩提心。從此即爲具菩薩戒。入菩薩藏。得陀羅尼。心無散亂。不離於捨。證入空性。正修無相。無所願求。性離貪染。於蘊界處而能證入。所作隨覺。樂求佛慧。於無生性真實了知。證於諸法而無分別。具足正見。斷於妄念。是故名爲佛種性印。時彼衆中有一菩薩。名相莊嚴星宿聚王。本願殊勝。若有衆生見其身者。

必定當得三十二相。時彼菩薩遇佛光明及聞其聲。便詣佛所。頂禮雙足。右繞三匝。白佛言。世尊。以何因緣而有此瑞。佛言。善男子。於此南方過六萬三千佛刹。有世界名娑婆。佛號釋迦牟尼。爲欲召集諸菩薩故而現此瑞。彼菩薩言。何故名爲娑婆世界。佛言。彼界堪忍貪恚愚痴及諸苦惱。是故名爲娑婆世界。彼菩薩言。娑婆世界諸衆生等。皆能忍受惡罵捶打諸惱亂耶。佛言。善男子。彼界衆生少能成就若斯功德。而多隨順貪恚愚痴怨恨纏縛。彼菩薩言。若如是者。彼界不應名娑婆也。佛言。相莊嚴星宿聚王。彼佛刹土亦有行菩薩乘諸善男子及善女人。已曾供養無量諸佛。成就忍辱。將護衆生。善自調伏。若有衆生以諸苦惱而來加害。悉能含忍。終不放逸貪恚愚痴。善男子。由有如此諸善丈夫。是故彼界名曰娑婆。又彼界中。亦有衆生具足衆惡。少能悔過。其心粗猛而無愧耻。不敬佛。不重法。不愛僧。當墮地獄畜生餓鬼。彼釋迦如來。於此下劣衆生之中。悉能忍受罵辱嫌恨誹謗惱亂惡言恐憎。心如大地。不可動摇。無所違逆。若得供養及以不得。心無高下。亦無憎愛。是故彼界名曰娑婆。爾時相莊嚴星宿聚王菩薩白佛言。世尊。我等今者得大善利。不生於彼弊惡下劣衆生之中。佛言。善男子。莫作是說。何以故。東北方有世界名妙莊嚴忍。彼現有佛。號大自在王。其土衆生。皆悉具足一向安樂。譬如比丘入於滅定。彼之安樂亦復如是。若有衆生於彼佛土。億百千歲修諸梵行。不如於此娑婆世界。一彈指頃於諸衆生起慈悲心。所獲功德尚多於彼。何況能於一日一夜住清净心。爾時相莊嚴星宿聚王菩薩白佛言。世尊。我等欲往娑婆世界。禮覲承事釋迦如來及諸菩薩。并欲聽法。佛言。可往。今正是時。爾時相莊嚴星宿聚王菩薩即作是念。今我以何神通之力。往彼禮覲釋迦如來。作是念已。於虚空中化成寶蓋。覆此三千大千世界。百千萬億珠纓寶幡周匝垂布。於其蓋中雨種種花。百千音樂自然而奏。復令此會比丘比丘尼。優婆塞優婆夷。天。龍。夜叉。乾闥婆。阿修羅。迦樓羅。緊那羅。摩睺羅伽。人非人等。各自見身具三十二相現寶蓋中。爾時相莊嚴星宿聚王菩薩現神變已。與十億菩薩。於一念頃從彼土没。現此界中。到如來所。頂禮雙足。右繞三匝。隨所來方。以願力故。化現蓮花而坐其上。如是乃至遍於十方。各有無量阿僧祇佛刹中。無量阿僧祇百千億菩薩。見大光明。聞謦咳聲。問彼世尊而來此土。頂禮佛足。各坐一面。亦復如是。又此界中。釋梵護世。大威德天。諸龍夜叉。乾闥婆。阿修羅。迦樓羅。緊那羅。摩睺羅伽等。皆見光明。咸來佛所。頂禮雙足。却坐一面。

爾時世尊現神變已。十方無量百千億那由他佛刹。所有菩薩來集會者。皆見此土功德莊嚴。并佛身量。菩薩聲聞及受用具。與自本刹悉皆同等。然知彼此刹無雜亂。爾時彌勒菩薩即從座起。整理衣服。偏袒右肩。右膝著地。合掌向佛。而說頌曰。

名振十方智無量　放大光明照世間　一切衆生共度量
莫測人尊勝智慧　十方無量億菩薩　爲求法故咸來集
而皆信樂諸法門　願佛演説令歡喜　如來戒定及智慧
名稱普聞十方國　演法無畏猶師子　光遍虚空如日照
一切天龍與羅刹　及諸比丘比丘尼　優婆塞衆優婆夷
合掌樂聞如來説　過去未來及現在　世尊於彼悉了知
以勝解力拔群迷　願决疑惑令開曉　云何菩薩智慧行
嚴净佛刹令光潔　云何諸願速成滿　今請如來爲宣説
云何無慳戒無缺　能忍駡辱諸難事　精進修行無懈倦
解脱無量苦衆生　專心樂入三昧門　游止清净禪宫殿

處世利益而無染　譬如蓮花不著水　云何智慧出世間

開闡甚深微妙法　降伏一切諸魔衆　速能具足奢摩他

大寶積經卷第五十八

校注

①『速』，龍藏、思溪藏作『逮』。

②『勝』，龍藏、思溪藏作『聖』。

③『踞』，龍藏、思溪藏作『處』。

大寶積經卷第五十九

大唐于闐三藏實叉難陀譯

文殊師利授記會第十五之二

爾時世尊告彌勒菩薩摩訶薩言。汝今爲佛嚴辦法座。我當升已。說往昔志樂所修諸行。善巧出生諸佛刹土功德莊嚴。趣向真實法門。爾時彌勒菩薩即作是念。今者世尊以何義故令我嚴座。不使阿難大目連等。如何弃捨彼諸聲聞。將非唯爲諸菩薩說。或彼聲聞及辟支佛。於此法門而非器故。以是世尊令我敷座。爾時彌勒菩薩即爲如來。以神通力。化作衆寶師子之座。高四萬由旬。周匝嚴麗。柔軟天衣以敷其上。從其座出種種光明。照此三千大千世界。爾時如來升其座已。令此世界六種震動。

爾時世尊告長老舍利弗。菩薩成就四法。能令所願皆得滿足。何等爲四。一者。發勝志樂。二者。於諸衆生起悲愍心。三者。發起精進。四者。承事善知識。

復次舍利弗。菩薩成就一法。令願不退嚴浄佛刹。何謂一法。是菩薩應當樂學不動如來爲菩薩時本所修行。立弘誓願。我當所在生處初生之時。若不出家。則爲欺誑十方諸佛。如是舍利弗。是諸菩薩應隨順學。若佛出世。若不出世。一切生處皆悉決定捨家出家。何以故。而諸菩薩最勝利益。所謂出家。舍利弗。樂出家者。則能攝取十種功德。何等爲十。一者。不著諸①欲。二者。樂阿蘭若。三者。行佛所行。四者。離凡夫行。五者。不著妻子及以財產。六者。離惡道因。七者。修善趣法。八者。宿世善根皆不損減。九者。恒爲諸天之所嘆羨。十者。一切鬼神恭敬守護。若菩薩常樂出家。獲得如是十種功德。是故舍利弗。菩薩志求菩提。欲度衆生。常當出家。是名菩薩成就一法。

復次舍利弗。菩薩成就二法。令願不退嚴浄佛刹。何等爲二。所謂菩薩不樂聲聞地。不求聲聞乘。不愛樂說聲聞乘處。不親近聲聞乘者。不學聲聞戒。不樂宣說共聲聞乘相應之法。亦不勸他行聲聞乘。於緣覺乘亦復如是。唯爲佛法。勸發衆生成就最上阿耨多羅三藐三菩提。是名爲二。舍利弗。若有勸他趣入佛乘。此菩薩則能攝取十種功德。何等爲十。一者。得清浄刹。無有聲聞及辟支佛。二者。得純一清浄諸菩薩衆。三者。諸佛世尊之所護念。四者。常爲諸佛稱名讚嘆而爲説法。五者。所發之心皆悉廣大。六者。若生天上當作帝釋或梵天王。七者。若生人中作轉輪王。八者。常見諸佛。九者。爲諸天人之所愛樂。十者。攝取無量無邊阿僧祇功德。何以故。舍利弗。若有能令三千大千世界所有衆生一切皆得阿羅漢果。或復置於緣覺之地。若復有能置一衆生於佛菩提。此之功德甚多於彼。何以故。舍利弗。不由聲聞緣覺出現。佛種不斷。世若無佛。則無聲聞及辟支佛。舍利弗。以佛出現令佛種不斷。亦復出生聲聞緣覺。是故舍利弗。菩薩令他住佛乘中。得如是等十種功德。

得清净剎。

復次舍利弗。菩薩成就三法。令願不退。攝受佛剎功德莊嚴。何等爲三。一者。尊重愛樂住阿蘭若。二者。無所染著而行法施。三者。堅固安住淨戒律儀。舍利弗。菩薩堅住戒律。得十無畏。何等爲十。一者。入聚落無畏。二者。衆中説法無畏。三者。飲食無畏。四者。出聚落無畏。五者。入寺無畏。六者。大衆中食無畏。七者。教授無畏。八者。親近和上阿闍梨無畏。九者。於自眷屬慈心教誨無畏。十者。受用衣服飲食卧具醫藥無畏。住戒律者所有言説。令他信受。舍利弗。是爲菩薩十種無畏。舍利弗。菩薩説法心無所著。則能攝受十種功德。何等爲十。一者。不生惡欲。二者。不求他人識知。三者。不起名聞心。四者。於檀越家心不繫著。五者。不占護他家。六者。於極下劣四事供養而生喜足。七者。説法令他信受。八者。善神守護。九者。不生邪覺。十者。起念佛心。是名爲十。舍利弗。菩薩尊敬愛樂住阿蘭若。成就十種功德利益。何等爲十。一者。遠離世俗言論。二者。專習閑靜。三者。心緣定境。四者。捨諸營務。五者。愛樂諸佛。六者。恒受禪定喜樂。七者。修梵行時無有障礙。八者。少用功力而得三昧。九者。所受教法未嘗忘失。十者。所聞法義皆悉了知。是名爲十。

復次舍利弗。菩薩成就四法。令願不退嚴淨佛刹。何等爲四。一者。如説能行。如行能説。二者。常自謙下。三者。遠離慳嫉。四者。見他得利。心生歡喜。是名爲四。舍利弗。是菩薩如行能説。有四種利益。何等爲四。一者。口中常出青蓮花香。二者。語業清淨。言無錯謬。三者。一切世間所共信受。四者。攝受諸佛圓滿音聲。是名爲四。舍利弗。菩薩謙下有四種利益。何等爲四。一者。遠離惡趣畜生等身。二者。受妙快樂。三者。潛謀暴賊俱不能害。四者。堪受人天恭敬禮拜。是名爲四。舍利弗。菩薩遠離慳嫉。有四種利益。何等爲四。一者。不忘施心。二者。於饑饉時。作大施主。三者。見持戒者來。承迎引納。四者。若受他施及施於他。無有一人而生嫉妒。是名爲四。舍利弗。菩薩見他得利生歡喜心。有四種利益。何等爲四。一者。常生是心。我攝衆生應與利樂。彼既自得故生歡喜。二者。所有財物。王難水火劫賊怨親無能侵奪。三者。隨所生處。財寶諸子皆悉具足。王不嫉忌。

何況餘人。四者。蓄用資財俱無窮盡。是名爲四。舍利弗。是菩薩成就四法。

復次舍利弗。菩薩成就五法。令願不退嚴浄佛刹。何等爲五。一者。彼菩薩詣説法者而問之言。修何等行能得佛刹清浄莊嚴。若得聞已。如説修行。二者。菩薩清浄持戒及願力故。生佛國中。生彼國已。觀察彼土種種莊嚴衆寶資具及諸聲聞菩薩大衆諸相微妙。於如來所恭敬尊重。白言。世尊。菩薩修何等行。得廣大佛刹清浄莊嚴。而彼如來知此菩薩志樂殊勝。即爲宣説如是功德成就佛刹。彼得聞已如法修行。三者。菩薩有智有行。應浄其智。應進其行。云何浄智。謂於能緣及所緣法。遠離聲聞緣覺智故。云何進行。謂如所聞必定修行。離不行故。四者。菩薩善知有因及知出離言。有因者。謂不正思惟。是四顛倒之所依止。爲生死因故。言出離者。謂正修行。於一切法不起分別。爲出離故。五者。菩薩了知諸佛體性及刹土性。俱但有名。名亦寂滅。如是了知。不起知想。是名爲五。復次舍利弗。菩薩成就六法。速得阿耨多羅三藐三菩提。亦能攝取一切世界最上佛刹。何等爲六。一者。此菩薩爲大施主。所有珍玩可愛樂物。歡喜布施。無所吝著。又作是念。我行大施。圓滿大乘。所謂求阿耨多羅三藐三菩提時。一切悉捨。心無所著。具足成就菩提資糧。捨自身命尚不生悔。何況財産及妻子等。舍利弗。何故如來名一切智。謂行菩薩行時。於自所有一切皆捨。以是義故。得菩提已。名一切智。二者。若菩薩在家出家。寧捨身命終不破戒。以此持戒。共諸衆生。迴向阿耨多羅三藐三菩提。如是持戒自覺歡喜。樂修梵行晝夜安樂。益加求法住正修行。厭怖三界希求出離。雖見出要顧念衆生。如我所苦。彼亦皆然。我當荷茲重擔攝取衆生。置於涅槃安樂之處。如是持戒。自覺喜時獲大悲心。乃至未得一切種智。不捨精進如救頭然。三者。菩薩被忍辱鎧。離於高慢得大忍力。若遇罵辱及捶打時。忍心成就。不生瞋恨。假使有棒如須彌山。有人執持。於億劫中常見打罵。而亦不生怨恨之心。何以故。彼諸衆生未隨佛學。而我方將隨佛修學。是故於彼所得打罵。便能增長爾所大悲。我當爲諸衆生被弘誓鎧。攝取衆生。令得解脱。

入於涅槃。是故我今不應瞋恨。菩薩正住如是忍時。則得成就十種具足。何等爲十。一者。種姓。二者。財産。三者。眷屬。四者。色相。五者。善捨。六者。善友。七者。得聞正法。八者。如說修行。九者。臨命終時得見諸佛。十者。既見佛已。生浄信心。是爲十種功德具足。四者。菩薩爲欲成就善法。堅固自課發起精進。又爲一一衆生。盡未來際於生死中。次第修行諸精進行而不疲倦。以自課業及此大悲。爲一切衆生。於爾所時。流轉生死不捨衆生。舍利弗。若有菩薩。十方各如恒沙世界滿中七寶。於念念中奉上如來。如是相續盡未來際。若有菩薩發大悲心。被精進鎧。而此功德復多於彼。舍利弗。菩薩具此精進。得十種勝志樂法。何等爲十。一者。離凡愚行。二者。攝受佛行。三者。見生死過。四者。住大悲心。五者。不退本願。六者。少諸疾病。七者。順諸佛教。八者。薄淫怒痴。九者。隨文了義。十者。修行成就。是名爲十。五者。菩薩作是思惟。諸佛如來心常在定。未曾失念。我應隨佛所行。若心散亂。終不能證佛所行處。是故應當捨離一切心所取著。亦捨一切利養恭敬。聚落城邑。飲食資生及諸親友。爲欲利益諸衆生故。不捨衆生。樂阿蘭若。住寂靜處。獨行無侶如犀一角。住靜處已起大慈心。初遍一方漸至十方普遍衆生。慈心遍已得入禪定。舍利弗。若有在家菩薩。以一切樂具。於恒沙劫。供養一切恒沙諸佛及比丘衆。若有出家菩薩。行於七步。向阿蘭若寂靜之處。而此福德甚多於彼。以能速得大菩提故。舍利弗。菩薩樂住寂静入禪定者。獲十種功德利益。何等爲十。一者。得念。二者。得慧。三者。修行。四者。迅辯。五者。得陀羅尼。六者。善知法生。七者。善知法滅。八者。戒聚無犯。九者。諸天供養。十者。不貪他好。是名爲十。六者。菩薩善知智慧等流。謂作是念。智慧以戒爲首。白法增長以慧爲首。是故菩薩應學智慧。世間所有難作難成。一切工巧。一切醫藥。皆悉遍學。而此智慧不能證入離欲寂滅。亦復不能趣向菩提。非向沙門。非婆羅門。非向涅槃。是故我今應更遍求法藥工巧。以如是智。令我得彼究竟寂滅。彼菩薩求諸法本。不見少法能起於法。以不見故住於寂滅。住寂滅故則無熱惱。無熱惱故了知生死。爲衆生故而受彼生。令諸衆生除滅苦故。是名爲六。

復次舍利弗。菩薩成就七法。令願不退嚴浄佛刹。何等爲七。一者。自捨一切②而施不可得故。二者。戒不缺犯。不計著戒故。三者。忍辱柔和而衆生不可得故。四者。發起精進。身心不可得故。五者。成就禪定。不住禪故。六者。智慧圓滿。無分別故。七者。隨念諸佛。遠離相故。是名爲七。

復次舍利弗。菩薩成就八法。令願不退嚴浄佛刹。何等爲八。一者。不樂涅槃。二者。施莊嚴具。三者。其心廣大。四者。尊敬法師。五者。不行邪命。六者。平等惠施。七者。不自矜高。八者。不淩蔑他。是名爲八。

復次舍利弗。菩薩成就九法。令願不退。嚴浄佛刹。何等爲九。一者。具身律儀。二者。具語律儀。三者。具意律儀。四者。滅諸貪欲。五者。滅諸瞋恚。六者。滅諸愚痴。七者。不行欺誑。八者。爲堅固友。九者。不輕慢善知識。是名爲九。

復次舍利弗。菩薩成就十法。令願不退嚴浄佛刹。何等爲十。一者。聞地獄苦。但起大悲。不生怖畏。二者。聞畜生苦。但起大悲。不生怖畏。三者。聞餓鬼苦。但起大悲。不生怖畏。四者。聞諸天衰惱。但起大悲。不生怖畏。五者。聞人中饑饉賊盜怨敵殺害。但起大悲。不生怖畏。六者。菩薩作如是念。我於此時當起精進。乃至未得清浄佛刹。終不懈慢。七者。令我刹中飲食衣服。隨念即得。八者。我佛刹中。諸衆生等壽命無量。九者。我佛刹中。諸衆生等無彼我心。十者。我佛刹中。所有衆生決定趣向無上菩提。是名爲十。

復次舍利弗。若菩薩執持妙花詣如來所。或佛塔所。興供養時。作是願言。如此妙花色香殊勝。見者欣悅。我成佛時。令我剎中。如是種種妙花遍布。及衆寶樹周匝莊嚴。乃至末香塗香。衣服飲食。寶蓋幢幡。金銀琉璃。真珠等寶。用供養時。亦應如是。迴向佛剎功德莊嚴。以彼菩薩住戒律故。隨心所願皆得成就。

復次舍利弗。菩薩不求自樂。喜他得樂。是故菩薩得菩提時。彼佛剎中所有衆生。悉皆具足一向快樂。

復次舍利弗。菩薩常應普皆攝取十善業道。悉以迴向一切種智。是故菩薩得菩提時。彼佛剎中所有衆生。初生即具十善業道。及出離智。

復次舍利弗。菩薩隨所至方勸諸衆生。悉皆令趣無上菩提。唯贊佛乘。不説二乘及所共法。是故菩薩得菩提時。彼佛刹中所有衆生。決定當得無上菩提。永離聲聞及辟支佛。無量菩薩充滿其國。復次舍利弗。菩薩於他利養終不遮斷。見他得利常生歡喜。是故菩薩得菩提時。彼佛刹中所有衆生。受用資具恒無斷絶。具足獲得大法光明。

復次舍利弗。菩薩若見比丘比丘尼有過犯者。終不發揚。但自安住正法之中。是故菩薩得菩提時。彼佛刹中。一切無有過失之名。何以故。以彼大衆皆得清净無過失法。

復次舍利弗。菩薩樂法求法不生熱惱。如所聞法正住修行。是故菩薩得菩提時。彼佛刹中衆生生者。求法樂法皆無熱惱。如所聞法隨順修行。

復次舍利弗。菩薩弦歌鼓吹種種音樂。供養佛塔。以此善根。迴向佛刹功德莊嚴。是故菩薩得菩提時。彼佛刹中百千音樂不鼓自鳴。

復次舍利弗。菩薩若見失念衆生。令得正念。是故菩薩得菩提時。令諸弟子得禪悦食。舍利弗。如是佛刹功德。具足如來辯才。或一劫或過一劫説不能盡。舍利弗。然我今者隨諸菩薩之所樂欲。如是略説。勝志樂者聞已趣向。當得圓滿佛刹功德。舍利弗。菩薩成就三法。速得阿耨多羅三藐三菩提。所求佛刹皆得成就。何等爲三。一者。大願殊勝。二者。住不放逸。三者。如所聞法起正修行。是名爲三。

爾時舍利弗白佛言。世尊。如來希有。善說此法。世尊住不放逸故。得菩提分法。住修行故。得大菩提。住勝願故。成就佛刹功德莊嚴。佛告舍利弗。如是如是。如汝所說。如我往昔以大願力成就佛刹。不放逸故得成菩提。舍利弗。若但言說。住於放逸而不修行。彼尚不能至聲聞地。何況能得阿耨多羅三藐三菩提。是故菩薩若欲自知是真菩薩。如菩薩所學。應如是學。

爾時會中四萬菩薩從座而起。合掌向佛。同聲白言。如佛所說③菩薩學處。我當隨學。住不放逸。修行成就。滿足大願。嚴淨佛刹。爾時世尊熙怡微笑。時舍利弗白佛言。世尊。以何因緣現此微笑。佛告舍利弗。汝見此諸善男子師子吼不。舍利弗言。唯然已見。佛言。舍利弗。此諸善男子過百千劫。各於异刹得阿耨多羅三藐三菩提。同號願莊嚴。亦如當來師子佛等。其土清浄如無量壽國。唯除壽量。舍利弗言。彼諸如來壽量幾何。佛言。彼一一佛皆壽十劫。

爾時師子勇猛雷音菩薩即從座起。偏袒右肩。右膝著地。合掌向佛。白言。是文殊師利童真菩薩。諸佛世尊常所稱嘆。久如當得阿耨多羅三藐三菩提。所得佛刹。當復云何。佛言。善男子。汝當自問文殊師利。時師子勇猛問文殊師利言。仁者何時當得阿耨多羅三藐三菩提。答言。善男子。何不問我趣菩提不。而乃問我成菩提耶。何以故。我於菩提尚不趣向。何況當得。問言。文殊師利。仁者豈不爲利衆生故趣菩提耶。答言。不也。何以故。衆生不可得故。若衆生是有。可爲利益趣向菩提。而衆生壽命及福伽羅皆無所有。是故我今不趣菩提。亦不退轉。師子勇猛言。文殊師利。仁者趣向諸佛法不。答言。不也。善男子。一切諸法皆趣向佛法。何以故。諸法無漏無繫。無形無相。爲趣向佛。如趣向佛。諸法亦然。善男子。而汝所問趣向佛法。我今問汝。隨汝意答。於意云何。爲色求菩提耶。爲色本性求。爲色如求。爲色自體求。爲色空求。爲色離求。爲色法性求菩提耶。善男子。於意云何。爲色得菩提耶。乃至爲色法性得菩提耶。答言。不也。文殊師利。色不求菩提。乃至色法性不求菩提。色不得菩提。乃至色法性亦不得菩提。文殊師利言。於意云何。受想行識求菩提。乃至識法性求菩提耶。識得菩提。乃至識法性得菩提耶。答言。不也。文殊師利。受想行識不求菩提。乃至識法性不求菩提。識不得菩提。乃至識法性不得菩提。文殊師利言。於意云何。離於五蘊。有我我所耶。答言。不也。文殊師利言。如是如是。善男子。更以何法而求菩提及得菩提。師子勇猛言。文殊師利。仁者所言衆皆誠信。而今乃説不求菩提。不得菩提。新發意菩薩聞此所説。必生驚怖。文殊師利言。善男子。一切諸法無有驚怖。於實際中亦無驚怖。如來爲於無驚怖者而演説法。若驚怖者。彼即生厭。若生厭者。彼則離欲。若離欲者。彼則解脱。若解脱者。則無菩提。若無菩提。

是則無住。彼若無住。是則無去。若無有去。是則無來。則無願求。若無願求。則不退轉。若不退轉。則爲退轉。退轉何法。所謂執我衆生命者及福伽羅。若斷若常。取相分別。悉皆退轉。彼若退轉。則不退轉。不退何法。謂空無相無願實際。及諸佛法皆不退轉。何謂佛法。謂不離不著及無所緣。無入無出。無有所行。亦無表示。但有其名。空無有生。無去無來。無染無净。無塵離塵。無我無分別。無④和合。無執取。平等無違是爲佛法。善男子。此諸佛法。非法非非法。何以故。以諸佛法無生處故。故彼新發意菩薩聞此説已。若生驚怖。速得菩提。若起分別。作如是念。而今我等所成菩提。隨有發心住於現證。乃得菩提。若不發心。終不能得。如是分別皆不生故。菩提及心俱不可得。不可得故則無分別。若無分別則無現證。何以故。現證所因不可得故。善男子。於意云何。虛空可得菩提耶。答言。不也。又言。善男子。如來豈不證⑤一切法同虛空耶。答言。如是如是。又言。善男子。如虛空。菩提亦爾。如菩提。虛空亦然。虛空菩提無二無別。若菩薩知此平等。則無有知。亦無不知。亦無不見。說此法時。一萬四千比丘盡諸有漏。心得解脱。十二那由他比丘遠塵離垢。於諸法中得法眼净。九萬六千衆生發菩提心。五萬二千菩薩得無生忍。爾時師子勇猛雷音菩薩白文殊師利言。仁者發菩提心來爲幾時耶。文殊師利言。止。善男子。莫生妄念。若有於無生法中說如是言。我發菩提心。我行菩提行。爲大邪見。善男子。我都不見有心發向菩提。以不見心及菩提故。是故無發。師子勇猛言。文殊師利。都不見心。是何句義。文殊師利言。善男子。是都不見。說名平等。又問。云何說爲平等。答言。善男子。如是平等。以種種性皆無所有。彼彼諸法一味故說。一味說者。所謂離故。無染無浄。不斷不常。不生不滅。無我無受。不取不捨。如是說法。不念我說。亦無分別。善男子。於此平等法中了知修行。是名平等。復次善男子。若菩薩入此平等。都不見有種種界若一若多。於平等中不見平等。於相違中不見相違。以彼本來性清浄故。

爾時師子勇猛雷音菩薩白佛言。世尊。此文殊師利不肯自說發心久近。此諸大衆皆樂欲聞。佛言。善男子。文殊師利是甚深忍者。

於甚深忍中。菩提及心皆不可得。以不可得。是故不說。然善男子。我今當說文殊師利發心久近。善男子。過去久遠過七十萬阿僧祇恒河沙劫。有佛名雷音如來應正等覺。出現于世。在於東方。去此過七十二那由他佛剎。有世界名無生。彼雷音如來於中說法。諸聲聞衆有八十四億那由他。諸菩薩衆二倍過前。善男子。彼時有王名曰普覆。七寶具足。王四天下。正法理化。爲法輪王。而於八萬四千歲中。以衣服飲食。宮殿臺觀。僮僕給侍。一一殊妙。恭敬供養雷音如來及諸菩薩聲聞大衆。其王親族。中宮婇女。王子大臣。唯務供養餘無所作。雖經多歲初無疲倦。過是已後。其王獨在靜處思惟。我今已集廣大善根。而猶未定所迴向處。爲求帝釋大梵天王轉輪王耶。爲求聲聞辟支佛耶。作是念已。空中諸天告言。大王。勿起如是狹劣之心。何以故。王之所集福德甚多。當發阿耨多羅三藐三菩提心。善男子。時普覆王聞是語已。歡喜念言。我今於此決定不退。何以故。天知我心而來告我。善男子。爾時彼王與諸大衆八十億那由他百千衆生。往詣雷音佛所。頂禮雙足。右繞七匝。曲躬恭敬。合掌向佛。而說頌曰。

我今問最勝　願當爲我說　云何得成就　最上人中尊
世間所依止　我已廣供養　以不決定心　未知迴向處
已修廣大福　當何所迴向　爲求梵天位　帝釋轉輪王
爲求於聲聞　及以辟支佛　我發此念時　空中天告我

大王汝勿起　狹劣迴向心　爲一切衆生　當興廣大願
利益世間故　應發菩提心　我今請世尊　於法自在者
願説菩提心　發起之方便　發菩提心已　當得如牟尼
唯願兩足尊　爲我具宣説

爾時雷音如來爲普覆王而説頌曰。

大王汝諦聽　我當次第説　一切因緣法　隨根欲所行
如其所有願　得如是果報　我亦於往昔　發起菩提心
爲諸衆生故　願當作利益　如我所作願　如昔所發心
得不退菩提　意願速圓滿　大王應堅固　修習於諸行
汝當得廣大　無上佛菩提

時普覆王聞佛所説。歡喜踴躍。得未曾有。於衆會前大師子吼。而説頌曰。

今對一切衆　發大菩提心　爲一一衆生　誓盡未來際
受無量生死　而作大饒益　備修菩薩行　救諸衆生苦
從今若違誓　起於貪欲心　及慳嫉怨恨　則誑十方佛
又我從今日　乃至成菩提　常當學諸佛　修行於梵行
隨順净戒律　遠離諸過咎　又我於菩提　亦不願速證
當盡未來際　廣利諸群生　嚴净諸佛刹　無量不思議
當令我名號　普聞十方界　我今自授記　決定當成佛
志樂勝清净　於此固無疑　我當净三業　不令起諸惡

我以此真實　成佛人中尊　若此心真實　地當六種動⑥
若我語誠諦　無有虛妄者　當使虛空中　音樂自然奏
若我無諂曲　及以怨恨心　由此真實故　當雨曼陀花

時普覆王說此頌已。心誠實故。十方億剎六種震動。於虛空中奏諸音樂。雨曼陀羅花。時二十億衆生隨從王者。皆大歡喜。而自慶言。我等當得最上菩提。即學彼王發菩提心。佛告大衆。爾時普覆王者。豈異人乎。今文殊師利菩薩是也。彼於往昔過七十萬阿僧祇恒河沙劫。初發菩提之心。次過六十四恒河沙劫。得無生法忍。能具足菩薩十地。如來十力⑦。佛地諸法悉皆圓滿。而未曾起一念之心。我當得佛。善男子。爾時二十億衆生隨逐彼王。於雷音佛所發菩提心者。皆由文殊師利勸發。令入布施持戒忍辱精進禪定智慧。今并證得阿耨多羅三藐三菩提。轉大法輪。作佛事已。而般涅槃。文殊師利皆悉供養彼諸如來。亦皆護持彼諸佛法。唯有一佛。號地持山。在此下方過四十恒河沙刹土。其佛世界名曰地持。亦有無數諸聲聞衆。佛壽無量。于今現在。說此文殊師利宿緣之時。衆中七千衆生發阿耨多羅三藐三菩提心。

大寶積經卷第五十九

校注

①『諸』，思溪藏作『語』。

②『切』，底本污殘，依龍藏、思溪藏補。

③『說』，龍藏、思溪藏作『記』。

④『無』，底本污殘，依龍藏、思溪藏補。

⑤『證』，龍藏、思溪藏作『說』。

⑥『地』，思溪藏作『城』。

⑦『力』，思溪藏作『方』。

大寶積經卷第六十

大唐于闐三藏實叉難陀譯

文殊師利授記會第十五之三

爾時師子勇猛雷音菩薩白文殊師利言。仁者已滿足十地及如來十力。一切佛法悉皆圓滿。何故不成阿耨多羅三藐三菩提。文殊師利言。善男子。無有圓滿諸佛法已更證菩提。何以故。已圓滿故。不應更證。師子勇猛言。云何圓滿諸佛法耶。答言。佛法圓滿如真如圓滿。真如圓滿如虛空圓滿。如是佛法真如虛空。亦無有二。善男子。如汝所言云何圓滿諸佛法者。如色圓滿乃至識圓滿。佛法圓滿亦復如是。師子勇猛言。何者是色等圓滿。文殊師利言。善男子。於意云何。汝所見色是常耶。是無常耶。答言。不也。文殊師利言。善男子。若法非常非無常。彼有增減耶。答言。不也。文殊師利言。善男子。若法不增不減。是名圓滿。云何圓滿。若於諸法不能了知。則生分別。若能了知。則無分別。若無分別。則無增減。若無增減。此則平等。是故善男子。若見色平等。即是色圓滿。受想行識及一切法圓滿。亦復如是。

爾時師子勇猛雷音菩薩白文殊師利言。仁者得法忍來。無一念心願成正覺。而今何故乃勸餘人令向菩提。文殊師利言。我實不曾勸一衆生令趣菩提。何以故。衆生無所有故。衆生性自離故。若衆生可得。則令向菩提。既不可得。故無所勸。何以故。平等無分別故。非以平等而求平等。亦無所起。是故常説。應觀諸行。來無所從。去無所至。是名平等。則是性空。於性空中而無所求。善男子。如汝問我得忍已來。無一念心當得菩提者。善男子。汝見彼心耶。而以此心得菩提耶。師子勇猛言。不也。文殊師利。何以故。以心非色。不可見故。菩提亦爾。但是名想。若心名。若菩提名。皆無所有。文殊師利言。善男子。如汝説我不生一念得菩提者。是密意説。何以故。以心本來無有生故。是故無生。既無有生。何得何證。師子勇猛問言。云何名爲平等證入。答言。於諸法中無繫著者。名平等證。言證入者。彼微細智亦不生滅。與真如無异。無可分別。是名證入。若正見修行者。於平等中無一法可得。離種種性亦不著一。是名證入。若以身證諸法無相。明了彼相所謂無相。而於身心亦不執著。是則名爲圓滿證入。師子勇猛問言。云何名得。文殊師利言。善男子。以世間言說。名之爲得。諸聖所得。非言能說。何以故。法無依止。離言說故。復次善男子。以無得爲得。亦非得非不得。說名爲得。

爾時師子勇猛雷音菩薩白佛言。世尊。善哉。願說文殊師利所得佛刹。佛言。善男子。汝當自問文殊師利。時彼菩薩白文殊言。仁者當得何等佛刹功德莊嚴。文殊師利言。善男子。若我求菩提。汝可問其所得佛刹。師子勇猛言。仁者豈不求菩提耶。文殊師利言。不也。何以故。若有所求。則有染著。若有所染。則有貪愛。若有所愛。彼則有生。彼若有生。是則有愛。若有所愛。終不於中而有出離。善男子。我爲是故不求菩提。何以故。菩提不可得故。以不可得。是故不求。善男子。然汝問我何等佛刹仁當得者。我不能説。何以故。對於如來一切智者。説自佛刹功德莊嚴。即爲菩薩自贊己德。佛告文殊師利。汝可自説。以何等願莊嚴佛刹。令諸菩薩聞已。決定成滿此願。時文殊師利受如來教。即從座起。偏袒右肩。右膝著地。合掌白佛言。世尊。我今承佛神力。當爲宣説。諸有欲求大菩提者。皆應諦聽。若聞此願。當如實學。令得圓滿。文殊師利當以右膝著地之時。十方各恒河沙等諸佛刹土六種震動。時文殊師利復白佛言。我從往昔百千億那由他阿僧祇劫已來。起如是願。我以無礙天眼。所見十方無量無邊諸佛刹中一切如來。若非是我勸發決定菩提之心。教授教誡。令修布施持戒忍辱精進禪定智慧。乃至令得阿耨多羅三藐三菩提。我於菩提終不應證。而我要當滿此所願。然後乃證無上菩提。時彼衆中諸菩薩等咸作是念。文殊師利無礙天眼見幾如來。是時世尊知諸菩薩心之所念。即告師子勇猛雷音菩薩言。善男子。譬如以此三千大千世界碎爲微塵。於意云何。此諸微塵。可以算計知其數不。答言。不也。世尊。佛言。善男子。文殊師利無礙天眼。見於東方無量諸佛復過是數。南西北方四維上下。亦復如是。時文殊師利白佛言。世尊。我有是願。以恒河沙等諸佛世界爲一佛刹。無量妙寶間錯莊嚴。若不爾者。我終不證無上菩提。復次世尊。我復有願。令我刹中有菩提樹。其量正等十大千界。彼樹光明遍此佛刹。復次世尊。我復有願。我坐菩提樹已。證得阿耨多羅三藐三菩提。乃至涅槃。於其中間不起此座。但以變化遍於十方無量無數諸佛刹土。爲諸衆生而演說法。復次世尊。我復有願。令我刹中無女人名。純菩薩衆。離煩惱垢。具净梵行。初生之時。袈裟隨體。結加趺坐。忽然而現。如是菩薩遍滿其刹。無有聲聞辟支佛名。唯除如來之所變化。往詣十方。爲諸衆生說三乘法。爾時師子勇猛雷音菩薩白佛言。世尊。文殊師利當來成佛名爲何等。佛言。善男子。此文殊師利成佛之時。名爲普見。以何義故而名普見。以彼如來。於十方無量百千億那由他諸佛刹中。普皆令見。若諸衆生見彼佛者。必定當得阿耨多羅三藐三菩提。普見如來雖未成佛。若我現在及滅度後有聞其名。亦皆必定當得阿耨多羅三藐三菩提。唯除已入離生之位及狹劣心者。文殊師利又白佛言。世尊。我復有願。如阿彌陀佛刹以法喜爲食。而我刹中菩薩初生起食念時。即便百味盈滿於鉢在右手中。尋作是念。若未供養十方諸佛。及施貧窮苦惱衆生餓鬼等類。令其飽足。而我決定不應自食。作此念時。得五神通乘空無礙。往於十方無量無數諸佛刹中。以食供養諸佛如來及聲聞衆。又於貧苦諸衆生類亦皆周給。復爲説法令離渴愛。於一念頃還至本處。復次世尊。我復有願。於我刹中諸菩薩等。初生之時所須衣服。於其手中。隨意皆出種種衣寶。鮮潔稱體應沙門服。便作是念。若未供養十方諸佛。不應自用。於一念中。往詣十方無量佛刹。以此衣寶獻諸佛已。還至本處方自受用。復次世尊。我復有願。我佛刹中諸菩薩衆。所得財寶及諸資具。要先分施諸佛聲聞。遍供養已然後受用。又我刹中。遠離八難及不善法。既無過咎。亦無禁戒。無有苦惱諸不悦意。時師子勇猛白佛言。世尊。而彼佛刹。名爲何等。佛言。彼刹名隨願積集清净圓滿。師子勇猛言。世尊。彼佛世界在何方所。佛言。在於南方。此娑婆世界。亦當在彼佛刹之中。文殊師利又白佛言。我復有願。我佛刹中。積集無量妙寶所成。復以無量摩尼妙寶。間錯莊嚴。其摩尼寶。於十方界所未曾有。甚爲難得。如是寶名。俱胝歲中説不能盡。隨諸菩薩樂見彼刹金爲體者。即見爲金。樂見銀體。即見爲銀。然於見金未曾損減。樂見頗梨琉璃。馬瑙赤真珠等無量諸寶。各隨所見皆不相礙。如是栴檀香體。阿伽羅香乃至赤栴檀等。各隨樂見亦復如是。又彼剎中。不以日月摩尼星火等光之所照見。彼諸菩薩皆以自身光明。照於千億那由他剎。又彼剎中。以花開爲晝。花合爲夜。隨諸菩薩所樂時節即皆應之。然無寒暑及老病死。若諸菩薩隨其所樂。欲證菩提即往餘剎。於兜率天壽盡降生而證菩提。此佛剎中無有涅槃。百千種樂於虛空中。雖不現相。而聞其音。此樂不出順貪愛聲。但出諸波羅蜜佛法僧聲。及菩薩藏法門之聲。隨諸菩薩所解妙法。皆悉得聞。又諸菩薩若欲見佛。隨所詣處經行坐立。應念即睹普見如來坐菩提樹。若諸菩薩於法有疑。但見彼佛。不待解釋。疑網皆斷。解了法義。爾時會中無量百千億那由他諸菩薩衆。同聲說言。若有得聞普見佛名。彼人便得最上善利。何况生於彼佛土者。若有得聞此文殊師利授記法門。及聞文殊師利名者。是則名爲面見諸佛。是時佛告諸菩薩言。如是如是。如汝所說。善男子。若有受持百千億諸佛名號。若復有稱文殊師利菩薩名者。福多於彼。何况稱於普見佛名。何以故。彼百千億那由他佛利益衆生。不及文殊師利於一劫中所作饒益。爾時衆中無量百千億那由他天。龍。夜叉。乾闥婆。阿修羅。迦樓羅。緊那羅。摩睺羅伽。人非人等。同聲唱言。南無文殊師利童真菩薩。南無普見如來應正等覺。說此語已。八萬四千億那由他衆生。發阿耨多羅三藐三菩提心。無量衆生善根成熟。於三乘中得不退轉。文殊師利又白佛言。我復有願。如我所見無量無數百千億那由他諸佛世尊。而彼諸佛所有佛刹功德莊嚴。如是一切皆令置我一佛刹中。唯除二乘及五濁等。世尊。若我自說佛刹功德種種莊嚴。過恒沙劫亦不能盡。如我所願。唯佛能知。佛言。如是。文殊師利。如來知見於三世中無有限礙。

爾時衆中有諸菩薩作如是念。文殊師利所得佛刹功德莊嚴。與阿彌陀佛刹爲等不耶。爾時世尊知彼菩薩心之所念。即告師子勇猛言。善男子。譬如有人析一毛爲百分。以一分毛於大海中取一滴水。此一滴水喻阿彌陀佛刹莊嚴。彼大海水喻普見如來佛剎莊嚴。復過於此。何以故。普見如來佛剎莊嚴不思議故。爾時師子勇猛白佛言。世尊。如是等類佛剎莊嚴。於三世佛剎頗更有不。佛言。有。善男子。東方去此過百億恒河沙世界。有佛剎名住最上願。彼中有佛。名普光常多功德海王。彼佛壽命無量無邊。常爲菩薩而演説法。善男子。彼佛剎土功德莊嚴。與普見佛剎等無有异。善男子。有四菩薩。被不思議弘誓之鎧。而於此願决定成滿。亦當得此佛剎莊嚴如普見如來。時師子勇猛言。願佛説彼菩薩名號及其住處。復願示彼普光常多功德海王如來佛剎。令此大衆多所利益。何以故。此諸菩薩若見聞已。於此所願當得成滿。佛言。善男子。汝等諦聽。當爲汝説。善男子。彼一菩薩名光明幢。在於東方無憂德佛刹。次名智上。在於南方智王如來佛刹。次名諸根寂靜。在於西方慧積如來佛刹。次名願慧。在於北方那羅延如來佛刹。爾時世尊以神通力。現普光常多功德海王如來佛刹。令此大會見彼如來及菩薩衆。并其佛刹功德莊嚴。昔所未見。亦未曾聞。而彼一切皆不思議。無量百千億那由他寶間錯莊嚴。於一劫中説彼功德亦不能盡。衆皆明見如觀掌中庵摩勒果。彼菩薩身長四萬二千由旬。佛身長八萬四千由旬。光明洞照如閻浮檀金山。成就廣大功德莊嚴。坐大菩提樹下。諸菩薩衆恭敬圍繞。現百千億諸變化事。往詣十方諸世界中。爲諸衆生而演説法。是時佛告諸菩薩言。善男子。汝等見彼如來佛刹莊嚴菩薩衆耶。時諸大衆同聲白言。唯然。已見。我等當學此菩薩行。如文殊師利之所修行。我等亦當成就如此莊嚴佛刹。爾時世尊熙怡微笑。從其面門放種種色光。照於無量無邊世界。照已還來。繞佛三匝。從其頂入。爾時彌勒菩薩白佛言。世尊。以何因緣現此微笑。佛告彌勒。此大衆中八萬四千菩薩。見彼佛刹莊嚴之事。雖皆發心當欲成就如是佛刹。然於其中。有十六善大丈夫。具勝志樂而發大心。彼能成滿。如文殊師利所起大願。餘諸菩薩亦速當得阿耨多羅三藐三菩提。所得佛刹功德莊嚴。如阿彌陀佛刹。彌勒當知。諸菩薩等。志樂既勝。所成亦大。志樂勝者。言我成就如文殊師利莊嚴佛土。其餘劣者。雖以信心亦作是語。以此語業。猶能弃捨六十億百千那由他劫生死流轉。亦得圓滿五波羅蜜。爾時彌勒菩薩見於四方光明幢等四大菩薩。各坐琉璃光明樓閣。有百千億諸天圍繞。雨花奏樂。現大神變。震動大地而來於此。時彌勒菩薩即白世尊。請問其事。佛言。善男子。此四菩薩爲見我故。四方如來各令至此。時彼菩薩既到佛所。頂禮佛足。右繞三匝。退坐一面。彼四菩薩光明遍照此之大會。爾時世尊告諸菩薩言。善男子。此四善大丈夫志願所趣。皆不思議。應當尊重請其法要。而彼所願。於諸菩薩最爲殊勝。若有善男子善女人得見之者。必定當得阿耨多羅三藐三菩提。弃捨二十億劫生死流轉。具足圓滿五波羅蜜。若有女人聞此菩薩名者。速得捨離女人之身。於是世尊即攝神力。而彼佛刹忽然不現。文殊師利白佛言。世尊。一切諸法皆悉如幻。何以故。譬如幻師幻爲隱現。諸法生滅亦復如是。而此生滅即無生滅。以無生滅是則平等。菩薩修此平等。便能證得無上菩提。智上菩薩白文殊師利言。於此菩提云何證得。文殊師利言。此菩提者非是可得。亦非可壞。非可住著①。智上白言。而此菩提非以住得。非不住得。何以故。以彼法性本來無生。非曾有。非當有。亦非可壞。是故無得。文殊師利謂智上等諸菩薩曰。云何名爲說一相法門。彌勒菩薩曰。若有不見蘊界處。亦非不見。無所分別。亦不見集散。是名說一相法門。

師子勇猛雷音菩薩曰。若不作種種分別。此是凡夫法。此是二乘法。此則不違法性。入於一相。所謂無相。是名說一相法門。
樂見菩薩曰。若有修真如行。而亦不作真如之想。於此甚深無所分別。是名說一相法門。
無礙辯菩薩曰。若能究竟盡於諸法。亦以此法爲他演說。是名說一相法門。
善思菩薩曰。若以思議入不思議。此不思議亦不可得。是名說一相法門。
妙離塵菩薩曰。若有不染一切相。亦非染非不染。無違無順。亦無②迷惑。非一非二亦非種種。不取不捨。是名說一相法門。
娑竭羅菩薩曰。若有能入如海難入甚深之法。而於此法亦不分別。雖爲他説而無説想。是名説一相法門。

月上菩薩曰。若於一切衆生。心行平等。猶如滿月。無衆生想。是名説一相法門。

離憂暗菩薩曰。云何拔衆生憂箭。謂我我所。是彼憂根。若能住我我所平等。是名説一相法門。

無所緣菩薩曰。若不攀緣欲界。色界。無色界。聲聞法。緣覺法及諸佛法。是名説一相法門。

普見菩薩曰。若説法時應説平等法。謂空法③平等。亦無空想及平等想。是名説一相法門。

净三輪菩薩曰。若説法時應净三輪。謂所爲衆生我不可得。亦不分別自爲法師。於所説法而無住著。如是説法。是名説一相法門。成就行菩薩曰。若有能説於一切法修平等行。所知如實。非文字説。以一切法離言説故。是名説一相法門。深行菩薩曰。若有能説了達一切甚深之法。亦不見彼能説所説及與所爲。是名説一相法門。

如是無量諸菩薩等。各以辯才演説一相法門。説此法門時。三十七億菩薩得無生法忍。八萬四千那由他百千衆生。發阿耨多羅三藐三菩提心。七千比丘不受諸法。盡諸有漏。心得解脱。九十六那由他諸天及人。於諸法中得法眼凈。

爾時師子勇猛雷音菩薩白佛言。世尊。此文殊師利。久如當得阿耨多羅三藐三菩提。彼佛壽命及菩薩衆。其數幾何。佛言。善男子。汝當自問文殊師利。時師子勇猛白文殊師利言。仁者久如當得菩提。文殊師利言。善男子。若虛空界爲色身時。我乃當得無上菩提。若幻人得菩提。我乃當得。若漏盡阿羅漢即是菩提。我乃當得。若夢響光影及以化人得菩提時。我乃當得。若月照爲晝。日照爲夜。我乃當得阿耨多羅三藐三菩提。善男子。汝之所問。應當問彼求菩提者。師子勇猛言。仁者豈不求菩提耶。答言。不也。何以故。文殊師利即是菩提。菩提即是文殊師利。所以者何。文殊師利但有名。菩提亦但有名。此名亦離無作故空。而彼空性即是菩提。爾時佛告師子勇猛言。汝頗見聞阿彌陀如來聲聞菩薩諸衆會耶。唯然聞見佛言。其數幾何。答言。非算數思議之所能及。佛言。善男子。如摩竭國量一斛油麻。舉取一粒。喻阿彌陀佛國聲聞菩薩。餘不舉者。喻文殊師利得菩提時菩薩衆會。復過是數。善男子。如以三千大千世界微塵數劫。比普見如來壽量劫數。百分千分。百千億分乃至算數譬喻所不能及。應知彼普見如來壽命。無有算數。亦無限量。如有一人以三千大千世界碎爲微塵。第二第三人亦碎大千世界以爲微塵④。復有一人取彼微塵。從此東行。過爾所微塵數世界。乃下一塵。又過爾所微塵數世界。復下一塵。如是次第盡諸微塵。復有第二人。亦持爾所微塵。從此南行如前下塵。次第展轉乃至塵盡。西方北方四維上下。各有一人。所下塵數亦復如是。

善男子。是諸世界可知數不。答言。不也。佛言。善男子。如是諸人。於
彼十方所經世界。若著微塵及不著者。盡末爲塵。於意云何。是諸
微塵可以算計知其數不。答言。不也。世尊。若有計量。心則迷亂。不
能了知。佛言。善男子。諸佛如來悉能了知彼微塵數。設過於此。如
來亦知。時彌勒菩薩白佛言。世尊。諸菩薩等爲求如是大智慧故。
於大地獄無量億劫受諸極苦。終不應捨如是大智。佛言。彌勒。如
是如是。如汝所說。何有於此大智慧中不生欲樂。唯除下劣及懈
怠者。説此智時。一萬衆生發菩提心。是時佛告師子勇猛言。善男
子。於意云何。如彼十人經十方界盡爲微塵。文殊師利當於爾所
微塵數劫行菩薩道。何以故。文殊師利大願不可思議。趣向亦不

可思議。得菩提已壽量亦不可思議。菩薩衆會亦不可思議。爾時
師子勇猛白佛言。世尊。文殊師利發趣甚大。所修之行亦復廣大。
乃於爾所微塵數劫。不生疲倦。文殊師利言。如是如是。善男子。如
汝所說。於意云何。虛空界有如是念。度於晝夜時節歲月劫數等
耶。答言。不也。文殊師利言。如是善男子。若有覺一切法等於虛空。
彼微細智無有分別。亦無是念。度於晝夜時節歲月諸劫數等。何
以故。彼於諸法無想念故。善男子。如虛空界無有疲倦及熱惱想。
何以故。設過恒河沙劫。而虛空界亦無生起。亦無燒滅。非可破壞。
何以故。以虛空界無所有故。如是善男子。若菩薩了一切法無所
有已。亦無熱惱及疲倦等。善男子。彼虛空名亦無燒滅熱惱疲倦。

亦不動搖。不生不老。不來不去。文殊師利名號亦爾。無有熱惱及疲倦等。何以故。名字性離故。說此法時。四大天王。釋提桓因。梵天王等。及餘大威德諸天子等。同聲唱言。是諸衆生聞此法門。獲大善利。何況受持讀誦。當知彼等所成善根極爲廣大。世尊。我等於此法門。受持讀誦。廣宣流布。爲欲護持此深法故。

爾時師子勇猛白佛言。世尊。若有得聞如此法門。受持讀誦思惟。及發如此功德莊嚴佛刹之心。得幾所福。佛言。善男子。如來以無礙佛眼。所見諸佛及彼刹土。若有菩薩以妙七寶滿彼諸刹。奉施供養一一如來。各盡未來際。令此菩薩安住淨戒。於一切衆生得平等心。若有菩薩於此莊嚴功德佛刹法門。受持讀誦。復能發心。

隨文殊師利所學。行於七步。此二功德。比前七寶布施功德。百分不及一。乃至算數譬喻所不能及。爾時彌勒菩薩白佛言。世尊。當何名此法門。我等云何奉持。佛言。此法門名爲諸佛游戲。亦名諸願究竟。亦名文殊師利功德莊嚴佛土。亦名令發菩提心菩薩歡喜。亦名文殊師利授記。如是受持。爾時十方諸來菩薩。爲欲供養此法門故。而雨衆花讚言。希有世尊。希有世尊。我等乃得聞是不思議文殊師利師子吼莊嚴法門。時諸菩薩説是語已。各還本土。説此法時。恒河沙等菩薩得不退轉。無量衆生善根成熟。爾時文殊師利即入菩薩出生光明普照如幻三昧。入三昧已。令此衆會。普見十方無量無邊諸佛刹中一切如來。一一佛前。皆有文殊師利説自佛刹功德莊嚴。衆會見已。於文殊師利殊勝大願生希有心。佛説是經已。彼一切菩薩。及諸比丘比丘尼。優婆塞優婆夷。天。龍。夜叉。乾闥婆。阿修羅。迦樓羅。緊那羅。摩睺羅伽。人非人等。聞佛所説。皆大歡喜。信受奉行。

大寶積經卷第六十

校注

①『著』，龍藏作『者』。

②『無』，龍藏作『不』。

③『法』，龍藏作『性』。

④『塵』下，思溪藏有『第三第四人亦碎大千世界以爲微塵』十五字。

大寶積經卷第六十一

北齊三藏那連提耶舍譯

菩薩見實會第十六之一①·序品第一

如是我聞。一時佛在迦毗羅國尼居陀林。與大比丘衆千二百五十人俱。其名曰優樓毗螺迦葉。伽耶迦葉。那提迦葉。摩訶迦葉。舍利弗。大目犍連。一切皆是大阿羅漢。諸漏已盡。無復煩惱。其心自在。心善解脱。慧善解脱。如大龍象。所作已辦。皆弃重擔。逮得己利。盡諸有結。於正教中心得善解。於一切法心無所礙。到於彼岸自得解脱。解脱眷屬自得調伏。調伏眷屬自得寂定。寂定眷屬自得度脱。度脱眷屬已到彼岸。彼岸眷屬已到陸地。陸地眷屬自得安隱。安隱眷屬自得寂滅。寂滅眷屬自破煩惱。破煩惱眷屬自得沙門。沙門眷屬自得息惡。息惡眷屬自婆羅門。婆羅門眷屬自除惡法。除惡法眷屬自了知諸法。了知諸法眷屬自能得度。能度[2]眷屬自具諸德。具諸德眷屬自無煩惱。無煩惱眷屬自離五支。離五支眷屬自得離障。離障眷屬自得靜意。靜意眷屬自具六通。具六通眷屬自離憎愛解脫。離憎愛解脫眷屬自守護一心。守護一心眷屬自念門具足。念門具足眷屬自依四依。四依眷屬自離種種諸見。離種種諸見眷屬自弃諸希望。弃諸希望眷屬自得盡行。盡行眷屬自得事訖。事訖眷屬自修。自修眷屬自無濁念。無濁念眷屬自斷有覺。斷有覺眷屬自倚身行。倚身行眷屬自得樂不動。樂不動眷屬自心善解脱。心善解脱眷屬自慧善解脱。慧善解脱眷屬自得賢聖。賢聖眷屬如是等比。得離枝葉除去皮膚。唯有心實堅固而住。

爾時世尊於其後夜露地而坐。時比丘衆四面圍繞。爾時世尊默然而住。觀比丘衆。告諸比丘。汝等諸人訪覓一人。堪能往化净飯王者。爾時慧命阿若憍陳如即從坐起。偏袒右肩。右膝著地。合掌向佛。即便作禮。白佛言。世尊。我當往化净飯王耶。佛言。汝止。憍陳如。汝今具足大師之德。不應往彼。時有慧命婆澀摸及大名耶輸陀。優樓毗螺迦葉。摩訶迦葉。舍利弗。大目連等。各白佛言。世尊。我等堪能往化净飯王也。佛告摩訶目連。汝等且止。汝等皆悉具足大師尊重之法。不應往化。爾時大德摩訶目連即作是念。世尊今者欲令誰往化浄飯王耶。爾時目連即入如實三昧。以三昧力莊嚴其心。即得見佛意之所念。在於慧命迦盧陀夷。欲令往化浄飯王耳。譬如重閣樓窗之中。日從東入光照西壁。如是目連見世尊心。專在迦盧陀夷。欲令化王。亦復如是。爾時慧命目連即從定起。往迦盧陀夷所。到已白言。世尊心念。知汝堪能往化浄飯王。迦盧陀夷。汝今應當發大勇猛速往化王。目連作是語已。時慧命迦盧陀夷白目連言。凡庶難化。何況國王。何以故。刹利種姓③灌頂大王。有自在力。難可化故。大目連。譬如聚積衆柴。若二若三乃至千載。如此柴聚經多年歲甚大乾燥。于時有人放火燒之。成大火聚。於意云何。此之火聚寧爲大不。目連言。甚大。若復有人更以無量蘇油溉灌。此火增盛不。大目連言。轉熾倍盛。於意云何。此火可近不。目連言。難可得近。如是大目連。刹利種姓灌頂大王。難可教化。不可得近。亦復如是。大目連。譬如狂象之牙可觸以不。目連言。不可觸也。如是大目連。灌頂刹利難可教化。亦復如是。時慧命目連復白優陀夷言。世尊心念。知汝堪能往化浄飯王也。優陀夷復白目連言。世尊實垂顧念。謂我堪能往化浄飯王耶。目連答言。世尊實誠念汝。謂汝堪能教化父王。爾時世尊自告優陀夷言。優陀夷。汝可入城教化父王。何以故。唯我與汝堪能教化浄飯王耳。優陀夷。我諸聲聞弟子之中。汝能教化諸邑聚落最爲第一。爾時世尊即以偈頌告優陀夷言。

諦聽優陀夷　汝能善教導　必令釋種喜　往化最勝王
王今受悟時　兼利諸天人　必得到彼岸　汝當速往化
釋種浄飯王　今懷恨亂濁　住念惠不行　猶如墜高崖
戀惜子④高位　慧心盡迷没　如商失重寶　追念生大苦
如天墜宮殿　追戀五欲樂　未知佛正法　悲哀大惱亂
自念失七寶　及與人四道⑤　憶此聖王位　口出非法言
王時悲亂言　不覺己及他　如奪精魂鬼　執持於人身
猶在鷄羅山　一切無所見　如是惱恨障　應見不復睹
亦如睡眠死　己心不自了　憂恨迷惑障　王不識自喜

如婦夫婿亡　悲泪生憂悔⑥　王今痴惱亂　哀戀生大苦

汝具巧方便　往化净飯王　摧倒邪慢幢　當建正法燈

更無有能化　净飯大王者　唯汝優陀夷　過去曾同行

優陀夷當知　曾有大國王　名曰增長實　聲名震十方

如法作國主　一切皆歸化　能以正法治　王領四天下

城邑悉滿中　花果香園苑　多諸賢聖衆　無有雜惡人

芳林甚稠密　地净無棘刺　多饒净妙等　花池莊嚴好

人民廣殷⑦盛　弃惡常善住　閉諸惡趣門　必升妙天道

彼王昔有子　曾廣供養佛　備修諸善根　具足諸功德

名曰妙堅惠　億衆所供養　常見色欲過　弃家樂閑静

父王敕子言　汝可受五欲　婇女自娛樂　游觀寶宮池
我今爲汝辦　玩弄無乏少　云何不愛⑧樂　汝當説其意
知諸趣善妙　汝愛⑨寶宅中　女寶常圍繞　妙境甚可樂
諸仙處閑林　猶捨退還家　受諸色欲樂　况汝無乏少
婇女衆圍繞　王臣皆隨從　臺館若天宮　應受五欲樂
諸女甚端正　美麗若天人　善奏歌舞樂　可以自娛意
目如優波葉　脣赤若含丹　面滿廣黛眉　平額姝咽頸
膺⑩平缺骨滿　臂⑪如象王鼻　掌如蓮花色　指圓牖纖好
舌薄廣紅赤　美言若甘露　齒素利齊密　珠瓔寶衣服
臍深腹不現　脊如金剛杵　髀股牖圓直　伊尼鹿王腨

行步如鵝王　皆各瞻視汝　盛年甚可愛　堪能存後嗣
汝及衆麗人　猶如春花開　盛年色未退　應當速受樂
堅慧白父王　王言非正理　若有如法語　所敕不敢違
王聽我今説　樂善真實語　乃至於夢中　不起淫欲想
父王今此言　智者所不許　愚者樂此事　明人常所厭
何故明目人　而羨盲瞽導　豈有岸上人　反樂沉溺者
何有解脱人　而復樂牢獄　豈有安樂人　欽羨衆苦者
我意觀父王　如盲溺獄者　如夢受五欲　復爲欲所溺
父王如盲冥　我目見殊勝　王爲欲所漂　我今甚厭賤
欲如毒藥器　亦如毒蛇頭　如利刀劍矟　亦如大猛火

王臣勸化時　堅慧悉不許　捐親及國土　弃欲而出家
如蛇脱故皮　亦如弃涕唾　遠離於過惡　絶望永出家
堅慧捨俗時　臣子隨出家　其人名月施　弃欲隨堅慧
童子出家已　并及大臣子　成就四梵住　具足五神通
深見五塵過　超絶於欲界　轉正妙法輪　直生梵天上
童子出家已　父王起嫌恨　月施詣王所　善化令王喜
優陀夷當知　昔時堅慧者　遠離於五欲　今即我身是
優陀夷當知　彼時增實王　豈爲异人乎　净飯王是也
優陀夷當知　隨我出家者　月施汝身是　亦曾化增實
是故優陀夷　今應化父王　必有大利益　昔曾教化故

爾時慧命優陀夷受佛教已。默然許可。時優陀夷過夜曉已至於食時。著衣持鉢入迦毗城。時有釋種一千餘人。集在王門。皆有所須。時净飯王聞佛如來到迦毗城在尼居林。起嫌恨意。此兒出家。退我種族富貴大樂。如其在家。應紹金輪王四天下。如法統領。民無逆命。七寶具足。其七者何。一曰輪寶。二曰象寶。三曰馬寶。四曰摩尼寶。五稱女寶。六曰主藏臣寶。七稱導師寶。具足千子。勇健難當。顔容美妙。能摧强敵。護四天下。不以刀杖料⑫理國土。如法治正自然泰平。我得輪王自在快樂。彼應尊重供養於我。以兒出家故。所應得者悉皆墜落。作是念已。敕諸釋種。一切不得至我兒所敬信聽法。若有犯者當斬其首。時有釋種名曰喜面。不在衆中不聞王教。見優陀夷即往其所。稽首白言。善來尊者。得平安耶。世尊安樂。少病少惱。起居輕利。在路不疲。供饌不乏也。時優陀夷報喜面言。如來安樂。少病少惱。起居輕利。在路不疲。飲食無乏。時有釋種名曰善覺。見喜面共優陀夷在屏處語。亦詣其所。白言。大德。自遠而來。比康吉耶。世尊起居安樂。少病少惱。在路不疲。供饌無乏耶。優陀夷答言。如來聖御安樂。在路不疲。無所乏少。爾時復有二釋種。一名無憂。二名離憂。見喜面。善覺共優陀夷在於屏處。亦復弃衆往詣其所。白優陀夷言。善來至此。氣力好耶。世尊起居安樂耶。遠涉途路得無疲耶。優陀夷報言。如來聖御安樂。涉路不疲。時二釋種重白言。如來途路何故無乏也。優陀夷報言。以四天王及天帝釋。諸梵天王常來供養。故無所乏。時諸釋種俱白優陀夷言。我等今欲詣佛。至世尊所供養聽法。恐不獲遂。何以故。浄飯大王向有敕旨。敕諸釋種。悉皆不聽至佛所供養聽法。如有犯者當斬其首。慮王憲故。不得禮拜供養。聽受正法。時優陀夷聞此語已。知其父王有大怨恨。我今作何方便至王所也。作是念已。我當舉高七多羅樹。於虛空中結加趺坐至於王所。爾時慧命優陀夷即入如實三昧。以其三昧莊嚴其心。復以神力舉高七多羅樹。於虛空中加趺而坐。飛空往詣浄飯王所。時王遥見優陀夷以神通力於虛空中加趺而來。從座而起。合掌恭敬。向優陀夷而說偈言。

染服大師從何來　成就威儀難見者　若有所須願速說

我今誠心必奉給
爾時慧命優陀夷以偈答曰。
我是大王子之子　大王即是我祖父　我爲如來行乞食
得食奉送大善逝　大王今日獲善利　王兒人天最尊上
威德光明照十方　猶如秋月日中時　如日處空離雲霧
光明晃曜普皆照　如是最勝王聖子　威德光顯聞十方
猶如秋日初出時　蔽諸螢火光普照　如是最勝王聖子
伏諸外道獨顯曜　猶如日中盛隆熾　淩於星辰故不現
如是最勝王聖子　降伏外道自光顯　猶如日中淩月明
令月失光明不現　是王聖子伏外道　如日盛明月隱照

如禽獸聞師子吼　水陸空行散還穴　驚奔逃走迷諸方
以師子聲難忍故　大聖如來震吼時　邪外道聞無我聲
假使無知至有頂　聞此無我皆悉怖　盲冥愚痴人天中
有目如來示明炬　爲作明燈除愚暗　興舉無上智光輪
顯示邪正等不等　教導世間道非道　爲失路者示其路
拔欲淤泥置岸上　如興雲蔭覆枯池　注雨充足原隰滿
如是大王仙聖子　興建法雨潤人天　如水沾地及山川
并諸百卉叢林樹　藥草條莖及枝蔓　諸花蓊蔚遍山好
如是十力四無畏　具足十八不共樹　一切智果花莊嚴
王仙聖子微妙身　如須彌山處大海　嚴好不動天樂居

如斯善逝大王子　沙門海中最第一　忉利天主舍脂夫
於天衆中奇特妙　如斯世尊大王子　沙門衆中最殊妙
吼説秘奥甚深法　以悲雲電遍一切　如來龍王降法雨
念處池水細注下　持戒威德如日輪　以三昧力除惱暗
智慧光滅煩惱愛　大牟尼日照世間　具足念處摩尼寶
戒定船筏渡彼岸　覺支寶礦禪浩滿　復求畢叉⑬入佛海
清净戒根堅難動　三昧樹葉念處枝　七覺花空堅樹身
無我堅固成佛樹　戒林中行大力者　三昧調伏德山依
三解脱門爲境界　佛十力牙是王子　正見無著牟尼尊
能降强敵勝牛王　恐怖種種諸外道　是大王子無畏吼

尸羅德藏妙莊嚴　禪定寂滅無量衣　具智牟尼解脱境
能施財物如長者　遠離諸惡集諸善　滅諸煩惱善慧根
慧施天人修羅等　光明晃曜王聖子　戒雲空慧以爲電
八支細⑭雨能潤澤　牟尼能與勝苗子　王子猶如大龍雨

爾時浄飯王以偈問曰。

勝士得來安樂耶　至於飲食無乏少
身無疲勞床卧具　如花在岸不蔫萎

爾時優陀夷以偈答曰。

禪定境界具神力　身心安樂遍充滿
牟尼神慮依寂止　猶如金蓮不枯燥

爾時淨飯王以偈問曰。

昔以旌鼓自驚悟　美音箏笛及簫瑟
妙好伎女以自娛　今獨林中不苦耶

爾時優陀夷以偈對曰。

禪定寂定爲境界　巧能修學三昧樂
行住坐卧依諸善　心常喜樂無苦惱

爾時淨飯王以偈問曰。

無價寶床常安卧　眠時美女衆在側
周圍廣設明燈樹　如何暗卧不悒戚

爾時優陀夷以偈答曰。

牟尼眠時卧聖床　慈爲氈褥悲樂枕

佛住喜心常怡悦　捨三有趣不悒戚

爾時净飯王以偈問曰。

諸健釋種常圍繞　博達多聞以爲伴

殿舍天宫中長養　如何今日樂林間

爾時優陀夷以偈對曰。

如法生子恒現前　同修寂止在其側

心好閑林修諸定　離畏導師樂山林

爾時净飯王以偈問曰。

童子昔日在宫時　以天浴池而澡沐

亦用香澤塗其身　今在林中誰爲洗

爾時優陀夷以偈對曰。

諸法池水戒善岸　牟尼自浴并浴他
己及諸子浮不濕　自度以訖及群生

爾時净飯王以偈問曰。

昔種種香常熏體　金綫真珠以嚴身
常著天子妙衣服　今在林間用何飾

爾時優陀夷以偈對曰。

功德鬘嚴戒香熏　禪定瓔珞慚愧衣
通明解脱自莊嚴　光明威德曜林中

爾時浄飯王以偈問曰。

昔以刀劍弓箭矛　健士執持常防衛
亦用寶蓋恒覆蔭　今獨林中誰守護

爾時優陀夷以偈對曰。

慈悲忍辱自防衛　聲聞弟子眷屬力
以功德法定無怖　十力雄猛四無畏

爾時浄飯大王以偈讚曰。

善哉善説我子德　久修善法不退轉
汝進食訖將飯去　我亦往詣牟尼王

爾時優陀夷復白王言。大王。婆伽婆是大衆師。善御群生。是大仙人。能善安住沙門衆中沙門中王。光明普照。譬如十五日夜。净月圓滿。衆星圍繞。光明甚盛照耀一切。世尊亦爾。在沙門衆中光明照耀。亦復如是。譬如秋日⑮。在於空中無諸雲翳。彼婆伽婆亦復如是。在大衆中光明照耀。亦復如是。譬如帝釋。天中之王。坐善法堂。諸天之中光明顯赫。彼婆伽婆在於衆中光明晃曜。亦復如是。譬如須夜摩天王⑯。兜率陀天王。化樂天王。他化自在天王。在天衆中光明顯耀。威德獨尊。彼婆伽婆於沙門衆中威德顯赫。亦復如是。猶如娑婆世界主大梵天王。與百億梵衆之所圍繞。光明晃耀。威德獨尊。彼婆伽婆在沙門衆中光明顯赫。威德尊勝。亦復如是。爾時净飯王聞説婆伽婆道德已。心作是念。此乃世尊聲聞弟子。猶有如是大神通。大威力。大功德。何况如來。復念太子本生之時。大地六種十八相動。動。遍動。等遍動。踴。遍踴。等遍踴。吼。遍吼。等遍吼。震。遍震。等遍震。起。遍起。等遍起。覺。遍覺。等遍覺。放大光明。無人扶持行於七步。空中二道流水注下洗浴其身。自然而有眞金聖座。於虛⑰空中化成天蓋。諸天禮拜。乃至未出家時。不爲五欲之所迷惑。凡有所作決定不退。隨說能作。一切時中堅固大力。不作妄語。不違信行。本作是言。我成阿耨多羅三藐三菩提。自度已訖。復當度王。時王念佛爲菩薩時本誓願故。說是偈言。

若有初生已　明智言不虛　所說事不异　智者誰不信

若有初生時　世親說無等　必作天人尊　智者誰不信

若有不能惜　寶聚如雪山　離於貪吝者　智者誰不信
若能於夢中　不作虛妄語　如說如修行　智者誰不信
如刀劍之語　不能惱令瞋　離於忿怒事　智者誰不信
無有能欺者　貪瞋亦不染　具足智慧王　智者誰不信
一切妙五欲　及以種種報　無有能繫縛　智者誰不信
種種希有事　及以衆妙物　無有能怖畏　智者誰不信
以諸美妙言　明人善巧說　無有能惑縛　智者誰不信
以諸順義語　諸欲决定句　於此不能縛　智者誰不信
以諸軍駕力　及以種種護　能出於妙城　智者誰不信
弃捨妙欲樂　爲求甘露行　悕望於菩提　智者誰不信

六年修苦行　勇猛無能當　求於勝菩提　智者誰不信
六年粗少食　求於勝菩提　利安諸世間　智者誰不信
六年爲魔擾　相續求短缺　不能得其便　智者誰不信
遠離五欲過　不求於他物　常利益世間　智者誰不信
不從他聞法　自然成菩提　寂定難可覺　智者誰不信
梵天自勸請　勤求佛世尊　如請而演説　智者誰不信
哀憐愍我故　來到尼俱園　爲度諸釋種　智者誰不信
如來自度已　度我於有海　憶念本誓願　智者誰不信
今正得利時　知佛一切智　爲憐愍我故　智者誰不信
我今當往詣　見人導師身　作是思念時　自省是人王

爾時浄飯王久思量已。白慧命優陀夷言。比丘。汝今至此。更何所須。時優陀夷以偈答言。

本爲利益大王故　我今乘通來至此　若於十力起一信
男女皆得趣善道　十力功德無邊際　大仙爲諸釋種來
欣欣之事今方至　人主應當發信心　大王名稱必增長
遍滿三千大千界　汝子既是人王藏　具足十力慈悲心
游行十方心無礙　如花在水不染著　自度四流諸有已
亦度人天四瀑河　安置無畏洲岸上　大王應當信導師
拔去四流三毒箭　亦降⑱群生勝醫師　於衆醫中最尊上
大王應當深敬信　亦能降伏諸軍衆　魔王眷屬惡親黨

證於寂滅妙菩提　大王應當深敬信　諸人天王咸勸請
爲度衆生説妙法　敷演無上甘露藥　人中牛王應當信
隱蔽一切外道衆　轉過稱量妙法輪　化度無量億衆生
大雄人王應當信　無明厚覆黑暗中　自眼清净復净他
説法能除諸盲翳　大雄人王應當信　老病死畏逼迫者
説除老病不死法　令世間衆升善趣　大雄人王應當信
三⑲火所燒世間衆　如地洞然以水滅　説於八正聖爲人
大雄牛王應當信　除斷三穢吐諸惡　能離世間三垢濁
游行十方甚奇妙　勇猛牛王應當信　如父愛子愍世間
十力大慈心普潤　起大悲愍度衆生　勇猛牛王應當信

難調能調婆伽婆　所應度者今悉度　能滅熾燃諸煩惱
勇猛大王應當信　衆生墮於三有海　猶如船舫能濟渡
十力大悲救世間　勇猛牛王應當信　無量功德端正身
大悲游行化世間　令久濁心得清净　勇猛大王應當信
如摩尼寶澄清水　游行世間净衆生　除斷群迷競亂濁
勇猛大王應當信　如摩尼珠性清净　能令智者心歡欣
世尊離惡心皎潔　令諸明人欣慕樂　於世間最起信心
能使天人離苦擔　捨諸有趣得寂滅　勇猛大王應當信
功德聚中說少分　如在虛空鳥一迹　佛功德岸我不知
大王應當深敬信

爾時浄飯王聞慧命優陀夷善説世尊爲菩薩時所修功德。即自念知如來本誓。我得度已必當度王。如是念已。深生敬信。復白慧命優陀夷言。比丘。汝今即是我子之子。汝可食竟速還佛所。將食奉佛。我今亦當往見世尊。爾時慧命優陀夷知浄飯王得於敬信。飯食已訖。即持肴饌奉上如來。爾時佛告諸比丘言。優陀夷教化浄飯王得於正信。諸比丘。今日諸天世人大得利益。爾時世尊讃嘆優陀夷言。善哉善哉。汝於今日得大福德。以浄飯王得敬信故。爾時佛告諸比丘言。迦盧陀夷化浄飯王所得功德。若是色者。十方世界恒沙佛刹所不容受。以功德聚廣大無量故。

大寶積經卷第六十一

校注

①『之一』，底本無，依龍藏、思溪藏補。
②『能』下，龍藏、思溪藏有『得』字。
③『姓』，思溪藏作『性』。
④『子』，龍藏作『于』。
⑤『道』，思溪藏作『通』。
⑥『悔』，龍藏、思溪藏作『惱』。
⑦『殷』，龍藏、思溪藏作『熾』。
⑧『愛』，龍藏作『受』。
⑨『愛』，龍藏、思溪藏作『受』。
⑩『膞』，思溪藏作『臂』。
⑪『臂』，思溪藏作『譬』。
⑫『料』，龍藏、思溪藏作『斷』。
⑬『叉』，思溪藏作『又』。
⑭『細』，龍藏、思溪藏作『絅』。

⑮『日』，龍藏、思溪藏作『月』。

⑯『王』，底本無，依龍藏、思溪藏補。

⑰『虛』，思溪藏作『處』。

⑱『降』，龍藏作『作』。

⑲『三』，龍藏作『一』。

大寶積經卷第六十二

北齊三藏那連提耶舍譯

菩薩見實會第十六之二·净飯王詣佛品第二

爾時世尊飯食澡手洗鉢器已。現其瑞相。即時毗沙門天王。以無量那由他百千億衆夜叉圍繞。譬如壯士屈申臂頃。一念之中從天宮没。佛前而現。頭面禮足。住立北方。於虛空中夜叉大衆前後圍繞。合掌恭敬佛及衆僧。提頭賴吒天王。以無量百千那由他乾闥婆衆前後圍繞。亦如壯士屈申臂頃。從天宮没。於如來前。頭面禮足。住在東方。於虛空中恭敬世尊及比丘衆。爾時毗樓勒叉天王。以無量百千那由他鳩槃茶衆之所圍繞。亦如壯士屈申臂頃。

從天宮没。在於佛前。頭面禮足。住於南方。在虚空中合掌恭敬如來及比丘衆。爾時西方毗樓博叉天王。以無量百千那由他諸龍前後圍繞。亦如壯士屈申臂頃。從天宮没。於如來前。頭面禮足。住在西方。於虚空中合掌恭敬如來及比丘衆。釋提桓因天王亦復如是。無量那由他百千圍繞。從三十三天没。住於佛前。頭面禮足。於虚空中。恭敬如來及比丘衆。夜摩天王。兜率陀天王。化樂天王。他化自在天王。娑婆世界主大梵天王。光音天王。遍净天王。廣果天王。净居天王。各以無量百千那由他天衆之所圍繞。於彼天没。住於佛前。頭面禮足。在虚空中恭敬如來及比丘衆。亦復如是。爾時毗摩質多阿修羅王。與六十那由他眷屬前後圍繞。猶如壯士屈申臂頃。於自宮没。住於佛前。頭面禮足。現恭敬相。却住一面。金翅鳥王亦與八萬六千迦樓羅衆眷屬圍繞。於自宮没。住於佛前。頭面禮足。及諸外道其有八億。從諸方來。而説偈言。

於净虚空中　十五夜滿月　超過諸星衆　光明獨顯耀
佛如净月輪　滅暗除三垢　能超諸外道　猶如空中月
秋日千光明　能除諸暗冥　超出明月光　開布蓮花池
佛光過於日　普照大千界　如來能開現　聲聞蓮花林
天主憍尸迦　住在善法堂　出過諸大①衆　金剛杵光耀
十力功德山　兩足尊勝王　超過諸外道　猶如釋天王
須夜摩天王　天衆所供養　住在天衆中　光赫坐寶座

十力無邊威　超過惡道趣　無畏光明德　顯説八正道
如兜率天王　在宮衆圍繞　超過諸天衆　宿善而光②耀
調御天人師　八部所供養　超過諸世間　無畏顯説法
如化樂天王　在於天宮中　超過諸天衆　功德獨光顯
佛超諸世間　離濁出三界　能調未調王　具十力光照
如自在天王　住居天宮中　超過諸天衆　宿善而晃曜
如是佛光明　具足十力行　超過天人衆　本善功德故
如大梵天王　超過諸梵衆　光耀説甜美　顯於八正路
如來勝梵天　沙門衆中王　光明照三界　轉於四諦法
知見衆集已　天人龍聽法　人中最勝王　吐宣八正語

虛空可度量　海可瓶量盡　須彌山可稱　佛德難可知

爾時净飯王白釋種言。諸仁者。如日欲出先現瑞相。所謂明星出時。當知日出不久。迦盧陀夷亦復如是。於佛如來一切種智先現瑞相。比丘所説如來功德。即是③一切智相。諸仁者。速辦好乘。我當往詣至如來所。時釋種臣言。善哉大王。今正是時。所須之具。今悉已辦。爾時大王敕諸臣言。從迦毗羅城乃至尼俱陀林。於其中間精治道路。以好軟沙遍布其地。散種種花。懸諸繒彩。作唱伎樂種種歌舞。爾時大王乘好車乘。出迦毗羅城。詣尼俱園。於彼乘後有八萬白象。以種種寶間錯莊嚴。於其象上各立七寶殿堂。甚奇微妙。於其象後。各嚴八萬寶馬。於其馬上各有金幢。其馬及幢。各以七寶莊嚴。微妙第一。是時城中有無量人嚴飾車乘。諸所服飾。青馬青車。青蓋嚴飾。執持青刀。衣服皆青。鞍韉鞦轡悉亦青色。各持青幢。一一車後。百青衣人之所圍繞。復有釋種等各各嚴飾種種好車。青黃白赤雜色莊嚴。雜色車馬雜色嚴飾。一一車馬皆有百人。雜色莊嚴。亦復如是。爾時世尊遥見王來。告諸比丘。汝若欲見三十三天游戲衆者。當觀釋種出迦毗羅城。何以故。釋種游行與天無异故。爾時世尊而説偈言。

其迦毗羅妙城中　净飯大王及眷屬　最勝人王今方至
諦聽諦聽我當説　象馬車乘過百千　種種莊嚴甚殊妙
從迦毗羅而引出　人王寶藏及諸乘　青馬青車青莊嚴

將從衣服悉青色　靴帽刀拂咸亦青　青鞭青轡青鈴綱
青衣人持青幢蓋　人馬皆青甚殊妙　黄馬黄車黄莊飾
將從衣服悉黄色　靴帽刀拂皆亦黄　黄鞭黄轡黄鈴綱
黄衣人持黄幢蓋　人馬皆黄甚殊妙　赤馬赤車赤莊飾
將從衣服悉赤色　靴帽刀拂皆亦赤　赤鞭赤轡赤鈴綱
赤衣人持赤幢蓋　人馬皆赤甚殊妙　白馬白車白莊嚴
將從衣服悉白色　靴帽刀拂皆亦白　白鞭白轡白鈴綱
白衣人持白幢蓋　人馬皆白甚微妙　雜色車馬雜莊嚴
將從衣服悉雜色　靴帽刀拂皆亦雜　雜色鞭轡雜鈴綱
雜色衣人持幢蓋　人馬皆雜甚微妙　彼諸車後莊嚴象

其數足滿八十千　金鞍金韉金莊飾　象背皆有七寶殿
種種莊飾妙龍馬　其數亦滿八十千　七寶莊嚴甚奇麗
衆妙服飾從車後　以諸妙花散御路　用五種香熏其地
懸諸瓶香并繒彩　壯士戲人歌舞輩　種種莊嚴遍其路
作諸音樂從王後

爾時净飯王及諸侍從至尼俱樹園。下車而入。步衆導從前後圍繞。爾時世尊知父王心深生怨恨。爲度王故。過於人上在虚空中自在游行。如來行時。娑婆世界主大梵天王在如來右。釋提桓因在如來左。須夜摩天王。兜率陀天王。化樂天王。他化自在天王。各各執持種種天蓋供養如來。爾時毗沙門王提頭賴吒天王在佛東面。偏袒右肩。右膝著地。合掌向佛。現恭敬相。毗樓勒叉王毗樓博叉王在佛西面。亦偏袒右肩。右膝著地。合掌向佛。現恭敬相。爾時四天王天。三十三天。夜摩天。兜率陀天。化樂天。他化自在諸天子等。在虛空中雨天優鉢羅花。旃檀末香。曼陀羅花。作天伎樂及以歌舞。復於虛空中雨諸香水。從昔以來。未曾見聞優鉢羅華。栴檀香末。供養如來。爾時世尊示現神通。以通力故。令人見天差別之相。時净飯王見諸天子供養如來。生希有心。復見嚴飾七寶重閣滿虛空中。見已。作是說言。如來本昔作童子時。不以四天下轉輪聖王生於顧戀。何以故。今在三千大千世界中爲大法王。統領天人。富貴自在。今此世尊爲正法王。我今於此爲人圍繞。世尊乃有天人侍衛。爾時净飯王偏袒右肩。右膝著地。頭面禮足。合掌向佛。而作是言。世尊初生之時。無人扶持而行七步。觀察十方而作是言。我於世間最尊最勝。當得度脱老病死邊。我於爾時頭面禮世尊足。復於後時至於田村。閻浮樹下坐於清涼。日雖西移。影初不動。復有六天童子合掌作禮。在如來前。我於爾時頭面作禮大牟尼足。我今第三復亦頭面禮世尊足。爾時净飯王而説偈言。

兩足世尊初生時　無人扶持行七步　自説我於世最勝
爾時我禮明智者　牟尼逾城至田村　閻浮樹影蔭不移
六天童子修供養　我時復禮世應供　今是第三稽首禮
恭敬憐愍世間尊　堪受人天微妙供　世無如佛何有勝

世尊本號悉達多　字爲父母所喜樂　始知如來名稱實

得願滿足獲甘露

爾時欲界諸天與世尊敷師子座。以天妙衣敷在座上及尼俱園。復以天劫波樹衣彌覆虛空。爾時世尊從空而下。在師子座加趺而坐。時浄飯王及諸眷屬。頭面禮足。退坐一面。欲色二界諸天子等亦頭面禮足。於虛空中退坐一面。爾時世尊而説偈言。

浄飯大王及眷屬　來詣世尊設供養　從迦毗羅妙城出

趣尼俱陀可樂園　佛與無量衆圍繞　阿修羅王及龍王

鳩槃茶王金翅王　乾闥婆王并眷屬　夜叉大王鬼神衆

緊那羅王悉皆集　欲界天王并天子　一切皆生欣喜心

六欲諸天既如是　梵輔梵身梵天衆　遍净④諸天并眷屬
乃至廣果净居天　沙門大衆婆羅門　僧佉衛世尼乾子
及餘一切諸外道　修行種種异術士　斯等諸方皆來集
如來示現自神力　令净飯王及釋種　獲得信心欣喜成
如來普爲一切衆　以微妙語善義句　世尊意在净飯王
現化種種勝神力　王本不許佛出家　相師本昔相童子
在家必作轉輪王　無量億衆所供養　滿足聖王七種寶
亦復具有四神通　如法正治護國土　王四天下刹利王
爾時菩薩發是言　我昔無量那由劫　於一切時常實語
大王諦聽我今説　大王昔來於我所　實自初無信敬心

欲以輪王令我作　以四天下生戀惜　譬如本昔有神龜
隨海水潮在陸地　其海潮水回還去　龜便墜墮深井中
井中舊鼈問海龜　汝本何處今至此　廣智海龜答井鼈
我遇海潮墜此井　其海潮水還源時　我行遲遲遂不及
以斯我今失時節　墮此小井共汝住　井鼈復問海龜言
其海多少井中水　豈復寬廣於此耶　爲大爲小願速説
廣智海龜答井鼈　無智住人穿鑿處　我於大海水中居
在彼經歷多年載　猶尚不知海處中　況復了達其彼岸
如是大王都不知　我之神通威德力　欲以輪王四天下
世間勢⑤貴戀惜我　我今現作法輪王　統領三千大千界

如法正治離刀仗　得於八部最勝供　我今稱頌昔日言

故來應現此大衆　以神通力修其心　用慈悲念召集衆

一切諸有皆雲會　莫不爲王得浄信

菩薩見實會第十六之二·阿修羅王授記品第三

爾時世尊現其瑞相。以是相故。時毗摩質多阿修羅王作是念言。我今最初供養世尊。時毗摩質多阿修羅王。與其徒衆六十那由他。婇⑥女眷屬亦六十那由他。以其海中無價寶珠。及餘海中所無⑦悉采供養。爾時阿修羅王化作六十那由他七寶車。一一寶車復化六十那由他調順之馬。一一調馬復化七寶鈴網莊飾馬上。復化真金鈴釧以飾馬脚。一一馬亦復化作七寶纏髻鬃尾。一一調馬復以真金鞦轡。彼諸調馬皆以七寶爲角。彼諸調馬車上七寶莊嚴。軒蓋皆用七寶。在虛空中隨車行住。一一軒蓋皆懸七寶旒蘇鈴帶。一一軒蓋皆化寶網彌覆其上。彼諸車馬軒蓋鈴網。爲風所吹。出微妙音。奪人視聽。猶如善擊⑧百伎音樂出種種聲。令人喜樂奪人心意。一一寶車在虛空中。去地六十由旬。一一車後作諸音樂。一一車上皆有阿修羅女。種種嚴飾在其車上。是諸女等。或有立舞。或有坐舞。或有唱歌。或身動轉。或散栴檀末香。或散優鉢羅末。或雨沉水末。或雨多摩羅拔。或雨天諸末香。或散阿修羅香末。或雨金末。或雨曼陀羅花。摩訶曼陀羅花。曼殊沙花。摩訶曼殊沙花。波盧沙迦花。摩訶波盧沙迦花。迦迦羅婆花。摩訶迦迦羅婆花。波吒梨花。摩訶波吒梨花。質多羅波吒梨花。摩訶質多羅波吒梨花。悉皆化作用供養佛。或散金花銀花。毗琉璃花。頗梨花。赤真珠花。馬瑙花。車渠花。或持七寶以散世尊。有散衣服。或以手環臂脚。印⑨釧寶冠寶鬘莊嚴之具。金鎖銀鎖真珠繩貫或長或短。或有七寶項⑩巾及諸瓔珞金銀耳璫。或以七寶盛髮之袋。以散於佛。或以頂鬘在臂鈴釧動搖發聲。或以七寶填鬘以金莊嚴。或以金填七寶莊嚴。有執金網。有捉金旒蘇。有持摩尼旒蘇。有持真珠旒蘇。或持金蓋銀蓋。或持毗琉璃蓋。有持七寶蓋者。或持種種寶幢。或持種種色幡。或雨香水者。皆爲供養佛故。或有合掌説偈讚嘆曰。

歸命丈夫調御師　歸命丈夫最勝士　歸命丈夫兩足尊

歸命丈夫無等倫　歸命明照世間者　歸命最上大智海
歸命具足功德林　歸命最勝微妙山　歸命具足功德聚
歸命滅除諸煩惱　歸命修諸凈行師　歸命凈行無斷絶
歸命無依不怯弱　歸命無懈無悼[11]動　歸命決定發精進
歸命決定滿足者

爾時阿修羅王亦復化作六十那由他七寶帳幕。甚奇微妙雜色莊嚴。一一帳幕浮游之下。亦復化作六十那由他七寶大地。彼諸地上亦復化作六十那由他樓櫓却敵。七寶合成微妙第一。一一却敵。亦復化作六十那由他重閣殿堂。七寶莊嚴。一一堂殿復有六十那由他門户窗牖。七寶莊飾。一一門户金門銀扇雜寶雕飾。

其諸門閫kǔn一一皆用毗琉璃寶。一一門樞皆用車渠。復以車渠爲柱。一一柱上以赤真珠以爲櫨栱。馬瑙爲地。其銀門者悉用金扇。毗琉璃爲閫。車渠雕鏤馬瑙爲樞。赤珠爲柱。白玉爲栱。頗梨爲地。毗琉璃門户。頗梨爲扇。金爲門閫。銀爲户樞。白玉爲柱。馬瑙爲栱。赤真珠爲地。頗梨門户。毗琉璃爲扇。馬瑙爲閫。赤珠爲樞。以金爲柱。銀爲基⑫栱。白玉爲地。馬瑙門户。白玉莊飾。赤真珠寶以爲閫扇。銀爲户樞。琉璃爲柱。金爲基*栱。頗梨爲地。赤真珠户。馬瑙莊飾。白玉閫扇。銀爲户樞。毗琉璃柱。頗梨基*栱。黄金爲地。白玉門户。馬瑙莊飾。金爲閫扇。毗琉璃樞。白銀爲柱。頗梨爲地。赤真珠寶以爲基*栱。彼諸門户。一一户中化作六十那由他師子之座。七寶合成。以諸天人阿修羅衣彌覆其上。或敷迦旃陵伽衣。或敷憍奢耶衣。其座兩頭置朱色枕。彼諸座前有七寶几。一一几上有於⑬六億阿修羅王種種衣服。所謂諸天樹衣。芻摩羅衣。憍奢耶衣。迦尸迦衣。一一師子座上。各各皆有二修羅女衆寶莊嚴。一一女人皆持七寶多羅樹葉以爲其扇。一一座中皆有化修羅子在於座上。兩女侠侍。持七寶扇。彼諸門户。亦復化作六十那由他七寶幢蓋。於金門户化作青幢黄柄。頗梨間錯。於銀門户化作黄幢赤真珠柄。白銀間錯。於毗琉璃門化作赤真珠幢。黄金爲柄。頗梨交錯。頗梨門户化作雜色寶幢。黄金爲柄。白銀交錯。青幢黄頭。黄幢青頭。赤幢白頭。白幢赤頭。雜色幢者七寶爲頭。彼諸寶幕及諸殿堂於虚空中。

三十三天伊羅婆那龍象在空游行。俱持毗陀羅⑭婆樹。梨耶多羅樹供養諸天。彼諸帳幕於虛空中右繞三匝。亦復如是。彼諸寶幕却敵之中。及以地上重閣殿堂。有諸門户。師子之座。莊嚴寶蓋。寶幢幡花。雨天真檀末香。天優波羅末香。沉水末香。復雨曼陀羅花。摩訶曼陀羅花。曼殊沙花。摩訶曼殊沙花。迦迦羅婆花。摩訶迦迦羅婆花。波吒梨花。摩訶波吒梨花。質多羅波吒梨花。摩訶質多羅波吒梨花。金花銀花。毗琉璃花。頗梨花。一切衆寶花。雨金雨銀。雨天樹衣。彼諸修羅王子手中悉持如是寶珠。以珠力故。隨意所須皆能降雨。爾時迦毗羅城四門之外。各各縱廣六十由旬。以阿修羅王威神之力。放光遍照六十由旬。上照六萬⑮由

繞佛三匝。猶如

旬。周圍遍滿供養之具。彼諸浮游帳幕繞佛而住。時迦毗羅城中積曼陀羅花舉高七丈。天上香水成泥。以佛神力。令其香氣遍滿三千大千世界。於此三千大千世界中所有住大乘者。彼諸衆生聞其香氣。乃至初發阿耨多羅三藐三菩提心。得不退轉。況復久修。時毗摩質多阿修羅王乘七寶車繞佛三匝。以妙天真檀末以散佛上。而説讚曰。

我今歸依婆伽婆　能施天人無畏者　歸依最勝不可動
悕望無上妙菩提　我今歸依婆伽婆　心喜不墮三惡趣
是故我今歸依佛　悕求無譬妙菩提　我今歸依婆伽婆
能除生死大苦海　能斷曠野離惱浄　堪能引導衆生師

我今歸依婆伽婆　以此歸依不求生　老死所逼大苦惱
世尊爲諸天人歸

爾時毗摩質多阿修羅王以偈嘆佛。右繞三匝。時彼諸馬瓔珞莊嚴。彼諸車莊嚴。彼諸阿修羅阿修羅女莊嚴。彼諸幡幢寶蓋鈴網等爲風所吹。出深妙聲。稱心奪聽。譬如具足百伎音樂。善巧奏擊。出深妙音。稱意音聲。甚可聽采。奪人耳目。如是諸馬莊嚴瓔珞乃至鈴網。爲風所吹出微妙音。如巧奏擊百種音聲甚可愛樂。爾時毗摩阿修羅王繞佛三匝。雨天真檀末香。優鉢羅末。沉水末香。多摩羅末⑯。種種阿修羅香末從空而下。雨天曼陀羅花。摩訶曼陀羅花。曼殊沙花。摩訶曼殊沙花。波盧沙迦花。摩訶波盧沙迦花。迦迦羅婆花。摩訶迦迦羅婆花。波吒梨花。摩訶波吒梨花。質多羅波吒梨花。摩訶質多羅波吒梨花。復有種種化花。雨金花銀花。毗琉璃花乃至七寶衆花。從空而下。雨天香水。阿修羅香水。從空而下。以香水故。迦毗羅城内外縱廣六十由旬。悉成香泥。以其泥香遍滿三千大千世界。所有菩薩聞其香者。於阿耨多羅三藐三菩提得不退轉。

爾時毗摩質多阿修羅王繞佛三匝。以佛神力於虛空中。作天伎樂及阿修羅音聲。彼諸音樂。以佛神力。其音遍滿三千大千世界。皆悉聞知。所有住大乘者聞其聲已。悉於阿耨多羅三藐三菩提得不退轉。無量百千阿修羅女。或歌或舞。或奏音樂。或身動轉。又散天真檀末。優鉢羅末。沉水末。多摩羅拔香。曼陀羅花。摩訶曼陀羅花。曼殊沙花。摩訶曼殊沙花。波盧沙花。摩訶波盧沙花。迦迦羅婆花。摩訶迦迦羅婆花。波吒梨花。摩訶波吒梨花。質多羅樹花。摩訶質多羅樹花。金花銀花。毗琉璃花。衆寶雜花。又雨化花以散佛上。又散諸天衣服。臂脚鈴釧。以散佛上。腰瓔珞。手臂瓔珞。指環項*巾。七寶之鬘。金鎖銀鎖。真珠之貫。摩尼瓔珞。半月珠瓔。於兩肩上七寶衣瓔。種種寶瓔。兩耳璫璖。盛髮寶袋。莊嚴頂冠。種種旒蘇。種種香旒蘇。種種真珠旒蘇。種種摩尼旒蘇。或雨天種種寶蓋金末香水。又阿修羅女手把赤真珠以散佛上。又捉寶散者。又捉種種珠散者。皆爲供養佛故。毗摩質多阿修羅王與其眷屬皆悉相順。

而說偈言。

我常如是心　值遇佛世尊　歸依如來故　未來常供養

爾時波羅陀阿修羅王所設供養。亦如毗摩質多阿修羅王等無有异。乘七寶車。右繞三匝。以偈贊佛。

我禮得實十力士　亦禮離怖無畏者　决定得於不共法
歸命導引諸世間　我禮斷除結縛者　亦禮出離生死道
我禮到岸住陸地　將導貧乏衆生師　我禮深智不思議
與衆和合不悼*動　於諸趣中心解脱　猶如蓮花不著水
牟尼本修諸空法　離諸揀擇得無相　於一切處無所願
我禮如空無所依

爾時善臂阿修羅王所設供養廣大無量。如毗摩阿修羅王等無有异。乘衆寶輦。右繞三匝。散諸金粟。以偈贊曰。

大牟尼尊無等倫　天上天下亦無比　佛知衆生如陽焰
非真實有唯想轉　於此無作無受者　亦無士夫空無我
離諸所作無體性　説於一切寂定法　於善逝法得信解
觀一切法悉平等　彼當得作導師子　順佛言教如父説
我今贊嘆所得福　唯佛智解能照知　我以福德悉無餘
迴施衆生皆作佛

爾時復有跋墀(chí)毗盧遮那阿修羅王所設供養。亦如毗摩質多阿修羅王等無有异。乘七寶車。繞佛三匝。散以銀花。説偈嘆曰。

我今禮佛妙好相　度生死海到彼岸　自身得度復度他
安置彼岸無畏處　唯佛大慧知群生　倒見叢林無智者
迷惑焰水計爲實　無等悲心皆已知　世尊妙人見衆生
如幻陽焰如光影　牟尼如法生善子　三有中行不染污⑰
大自在人知非實　知諸法性彼此空　愚痴如夢受欲樂
佛子知已修諸行

爾時羅睺羅阿修羅王所設供養。亦如毗摩質多阿修羅所設供養。乘七寶車。繞佛三匝。以質多羅波吒梨花以散佛上。説偈贊曰。

大仙如來神妙身　超過一切諸天人　既如須彌比芥子
復似大海譬牛迹　如來顔容甚端正　衆相莊嚴第一最

超過一切色中上　如日出現螢息照　世尊無量威德聚
超過一切威德者　令諸威德不能現　如日出時螢光隱
大聖世尊智慧海　超過遍覆三有界　蔽諸外道令不現
如日盛明月光没

爾時睒婆利阿修羅王所設供養。亦如毗摩質多阿修羅王。修供養已。乘七寶車。繞佛三匝。用摩訶波吒梨花以散於佛。説偈讚曰。

樂奢摩他智慧者　能除三毒貪瞋痴　引導衆生出世間
猶如甘雨滅塵焰　世尊熾燃正法眼　亦如蘇投大盛火
能斷煩惱疑網盡　亦如火燒大壙野　顔容端正甚微妙
衆相莊嚴最第一　超過一切諸妙色　如日出時螢光隱

如來秉持諸善根　無量億萬那由劫　能除煩惱及惡業

如食甘露去身毒　吹除一切無明冥　如夜明炬照黑暗

如來示現正法眼　猶如珠師顯寶價

爾時樂戰阿修羅王所設供養。亦如毗摩質多阿修羅王。設供養已。乘七寶車。繞佛三匝。散衆寶花。以偈讚曰。

難調惡心佛能調　如勇健士降勝敵　善得柔軟心自在

我禮心調無畏者　能調諸根離怨對　離畏無畏得安隱

世尊煩惱不更發　消伏毒害悉無餘　那羅延力善修慈

於愛憎中心平等　如來知諸衆生相⑱　不爲六道之所攝

離諸想⑲心竭有愛　放智慧光破諸暗　於諸法中心不著

牟尼超過無等倫

爾時善目阿修羅王所設供養。亦如毗摩質多阿修羅王。修供養已。乘七寶車。繞佛三匝。奉衆寶藏以獻於佛。説偈嘆曰。

大雄久已知　諸法真實相　所謂法名者　各各和合假
一切諸法體　種種求不得　所言此法者　説唯是假名
離名名體性　諸相亦如是　無相亦無名　已離三種法
所言解説者⑳　實無可顯説　説者説亦無　解者亦復然
如是知於法　無上牟尼子　於諸法不著　修行大名稱

爾時伏三界阿修羅王所設供養。亦如毗摩質多阿修羅王。修供養已。乘七寶車。繞佛三匝。用真珠瓔珞以奉如來。説偈嘆曰。

我今嘆佛離怨敵　顏容端正戒智力　一切世間無如佛
以無比身伏仇對　色力光明照三有　修諸善業得端正
以布施力得其相　八十種好悉嚴淨　淨持戒力無能動
明人思量所不得　佛持戒心清淨故　人中師子所作成
如來智力更無比　以無怖畏勝三界　如師子王衆中吼
超過一切諸外道

爾時毗盧遮那阿修羅王所設供養。亦如毗摩質多阿修羅王。設供養已。乘七寶車。繞佛三匝。手執衆寶以散如來。復以偈頌而贊嘆曰。

諸衆皆集牟尼所　淨心瞻仰如來面　一切現前睹世尊

斯則如來不共相　佛以一音演説法　種種隨心各皆解
世尊説應衆生機　斯則如來不共相　佛以一音演説法
衆生隨類各得解　稱意所欲知其義　斯則如來不共相
佛以一音演説法　或有修進或調伏　或有獲得無學果
斯則如來不共法㉑

爾時目真鄰陀阿修羅王所設供養。亦如毗摩質多阿修羅王。修供養已。乘七寶車。繞佛三匝。手執赤真珠以散佛上。説偈讚曰。

欣喜净心敬信佛　離於慠慢無邪見　順佛阿含不放逸
是爲修行無比子　諸法自性不可得　如夢行欲悉皆虚
但隨想起非實有　世尊知法亦如是　如秋時雲水中月

迷惑無智愚衆生　不能惑著明智人　深樂佛法精進者
妙人最妙不錯悟　於佛法中不放逸　分別諸法悉如夢
得見如實妙三昧

爾時毗摩質多阿修羅王等有六十那由他阿修羅。設供養已。皆各合掌作禮而住。欣欣踴躍。情意充滿。喜樂稱心。菩提之心流注不絶。

爾時世尊知彼諸阿修羅信心供養已。如諸佛法示現微笑相。從其面門放無量色光。青黄赤白紅紫頗梨。亦如金銀及以雜色。從口出已。繞佛三匝。還從頂入。爾時慧命馬勝比丘從坐而起。偏袒右肩。右膝著地。合掌向佛。爲佛作禮。以偈問曰。

雄猛牟尼現瑞相　愍世間者非無因　人中最勝願爲說

大仙所現之因緣　憐愍世間現瑞應　見諸修羅勝供養

欲授修羅決定記　令我等輩得欣欣　朝有勝心無有疑

此衆中有發心者　世尊知其信根已　人中師子現此瑞

朝日誰發清淨心　誰於人中生勝信　世尊知其信根已

現此最妙之瑞相　今此大衆皆有疑　皆見如來現微笑

誰復朝日降魔怨　現此瑞相爲此人　善哉降怨大仙尊

願斷大衆心猶預　願尊速說勿踟躕　斷此大衆之疑網

爾時世尊以偈答馬勝比丘曰。

善哉比丘所問義　我所現瑞利世間　我說果報無有餘

汝今一心善諦聽　諸阿修羅供養佛　爲求無上勝菩提
修羅心意無所依　如手在空不障礙　此等供養世尊已
阿修羅衆心清净　大智皆捨修羅道　於人天中久受樂
此等於其未來世　值遇恒沙人師子　於善名劫得成佛
如來皆號爲善名　數滿六十那由他　名振十方照世間
演說無依無著法　廣能度勝[22]天人衆　彼諸佛土甚嚴净
佛知世間離五濁　净佛國土三千界　滿足六十那由他
彼國無諸三惡趣　以欣喜心土田净　彼佛雄猛除諸難
演說無上大乘法　彼等諸佛得壽命　住世六十那由劫
演說無所依止法　一一導師皆亦然　彼諸如來滅度後

世間智者盡皆滅　滿足六十那由劫　彼佛正法住在世
是諸如來各各度　如恒河沙衆生聚　彼諸如來等無量
土壽法住亦如是　彼諸善逝能成熟　六十那由衆生數
皆令安住大乘中　各各紹繼三寶種　今此授記爲修羅
利世間者大仙説　天人聞斯授記已　身心踴躍得净信

大寶積經卷第六十二

校注

①『大』，龍藏作『天』。

②『光』，龍藏、思溪藏作『晃』。

③『即是』，底本污殘，依龍藏、思溪藏補。

④『净』，龍藏、思溪藏作『勝』。

⑤『勢』，龍藏、思溪藏作『豪』。

⑥『婇』，龍藏作『婦』。

⑦『無』，龍藏、思溪藏作『有』。

⑧『擊』，底本污殘，依龍藏、思溪藏補。

⑨『印』，底本作『鉀』，依龍藏、思溪藏改。

⑩『項』，龍藏、思溪藏作『頂』。本卷下文例同，用*標識，不再出注。

⑪『悼』，龍藏、思溪藏作『掉』。本卷下文例同，用*標識，不再出注。

⑫『基』，龍藏作『枅』。本卷下文例同，用*標識，不再出注。

⑬『於』，龍藏、思溪藏作『施』。

⑭『陀』，思溪藏作『阿』。

⑮『萬』，底本作『力』，依龍藏、思溪藏改。
⑯『末』下，龍藏、思溪藏有『香』字。
⑰『污』，龍藏、思溪藏作『行』。
⑱『相』，龍藏、思溪藏作『想』。
⑲『想』，思溪藏作『惡』。
⑳『説』，龍藏作『脱』。
㉑『法』，龍藏作『相』。
㉒『勝』，龍藏、思溪藏作『脱』。

大寶積經卷第六十三

北齊三藏那連提耶舍譯

菩薩見實會第十六之三・本事品第四

爾時慧命摩訶迦葉。見諸阿修羅王供養佛已。生希有心。作是思惟。世尊本修菩薩行時。作何善根。得是果報。時迦葉即入如實三昧。以其三昧嚴心力故。憶念過去阿僧祇阿僧祇劫。如來所修一切功德。於彼彼道彼彼生中所修善根。皆爲滿足無上菩提。以此善根得住不退轉地。彼諸善根皆得念知。爾時迦葉憶念如來大善根時。作如是心。如佛所習善根廣大。如來一一發心善根。如十方世界恒沙刹土。其中衆生皆得人身。得人身已。衆生如恒沙劫。

供養善逝亦如修羅。一一衆生如恒沙劫供養如來已。不能報如來一發心善根。爾時慧命摩訶迦葉從三昧起。以偈讚曰。

一一如來牟尼尊　發心廣大向菩提　此修羅等所供養
佛迦羅分不及一　世尊應供人中上　如須彌山真檀聚
人天中勝所供養　由度功德彼岸故　人中師子應受供
過諸恒河沙數等　譬如大海滿中水　香水和合而供養
具足功德應受供　多於恒河沙數等　積滿花聚而供養
猶如斫迦婆羅山　自然大士應受供　如須彌山燈明炷
大海以爲香油器　以燈供養諸勝者　應受供養大威勢
多於恒河沙數等　造立塔廟而供養　由度功德彼岸故

人中堅固應受供　以諸廣大勝寶蓋　其蓋遍覆三千界
經於那由他劫數　憐愍世間人中尊　無邊功德應受供
以諸寶幢所供養　遍滿十方諸世界　於不思議億劫數
以廣大幡而供養　滿恒河沙諸世界　經於無量億劫數
供養如來人師子　起於分別作譬喻　大論師中師子子
諦聽諦聽諸天人　我及諸來在此衆　若如恒河沙數等
諸有十方世界衆　一切皆當得作佛　具足十力人師子
彼佛頭數如恒沙　一一皆有恒沙頭　於一一頭如恒沙
各各皆有恒沙口　彼於一一無量口　有於無量沙數舌
以舌讚嘆於如來　彼諸如來説不盡　功德彼岸不可到

一切智智不可量　由度功德彼岸故

爾時世尊告諸比丘言。善哉善哉。諸比丘。我諸聲聞端直而住。有智有法。亦如梵天。乃能入我功德海中。何以故。如來具足無量功德。具足不思議功德。諸比丘。如來功德聚不可思議。諸比丘。如來功德聚若是色者。一一發心所得功德。如恒河沙等世界中所不容受。何以故。諸比丘。如來一一發心功德。一切智所攀緣處。如恒①沙等諸佛。如恒沙等劫。不能思量。説不可盡。何以故。如來本修菩薩行時。無一發心不爲利益一切衆生。衆生所攝者。無一發心不爲一切衆生。衆生界無邊際。其中衆生亦無邊際。所有衆生界無邊際。如來一一發心功德亦無邊際。何以故。如衆生界無邊際。如衆生界不可量。如來一一發心功德聚不可窮盡。皆爲憐愍利益安樂一切衆生故。是故發心。假使一切衆生供養時。不能報如來一②發心功德。何以故。彼諸衆生供養如來。皆爲悕望雜食世報故。菩薩本發心。離於雜食求世報心。爲利益安樂衆生故。欲令衆生背於生死趣向涅槃。如來本修菩薩行時。爲利益安樂衆生。離於雜食③不求世報。佛告諸比丘。於過去世無量無邊流轉生死。阿僧祇不可思議無始世界。不可説劫中。有佛號曰因陀幢王。出現於世。如來。應供。正遍知。明行足。善逝。世間解。無上士。調御丈夫。天人師。佛。婆伽婆。彼佛如來以一一發心。如恒沙等世界中。曾爲衆生作利益安樂思量發心。比丘。彼因陀幢如來作佛時。恒河沙世界同一佛刹。其因陀幢如來應供正遍知國土嚴浄。離於惡趣及以八難。是因陀幢如來應供正遍知。其國土中所有衆生住正定聚。其邪定衆生。增上慢衆生一向皆無。不浄身業。不浄口業。不浄意業一切皆無。亦無惡趣煩惱作惡趣業。何以故。因陀幢如來教是衆生。令其發心止一切惡。以其善法授令修學。是因陀幢如來國土中。曾得五種樂。所謂一得欲樂。二得出家樂。三得禪樂。四得三摩跋提樂。五得無上菩提樂。彼諸衆生雖受其樂而不貪著。譬如蜜蜂但取其味不取花色。彼諸衆生亦復如是。雖受其樂而不取著。譬如飛鳥空中而行不著其空。如是衆生雖受其樂而不取著。亦復如是。是因陀幢如來應供正遍知。其佛土中所有衆生。無有憂苦。唯有喜樂。亦無不苦不樂受。愚癡無故。唯有稱心之樂。何以故。彼諸衆生本修善故。由彼因陀幢如來本修菩薩行時。現諸相好。令彼衆生不作一切惡。安置衆生修習善法。彼等次第離諸惡道。安於善處。彼等於一切種不善業。一向悉無。其所作業得果報時。心不欣樂生苦受者。無有是處。不作惡業不受苦果故。愚癡無故。不苦不樂受亦無。彼因陀幢如來佛土中。一切時恒無惡風暴雨。亦無毒熱。彼諸衆生時節變易苦。一切皆無。彼因陀幢如來本修菩薩行時。彼佛土中其諸衆生。一切身業智。上首智。順轉演說開示正顯。如是一切口業智。上首智。順轉演說開示正顯。如是一切意業智。上首智。順轉演說開示正顯。如是彼諸衆生從彼菩薩聞已。彼諸衆生一切身業。一切口業。一切意業智上首智順轉迴向。以善業故。愚痴報不生。以其愚痴故。受不苦④不樂受。彼諸衆生於彼佛土中。苦受。不苦不樂受。一向皆無。以離愚痴故。彼諸衆生生彼國土時。其因陀幢如來教化已。於法敬重。若游行時。思量於法。愛欲於法。染著於法。彼等心生愛欲染著。於法游行時無有苦受。行住坐卧睡寤。乃至無有威儀之苦。彼諸衆生在國土中無惡可順。以無惡故。無苦可生。於善無著。以是因緣。彼諸衆生善順無故。變易苦無。於諸法中不生貪著。是故壞苦不生。亦無怨憎會苦。何以故。由彼衆生於一切衆生中。得住平等心現前。是故無有怨憎會苦。亦無愛別離苦。何以故。由彼衆生於一切法不著故。其愛别離苦從愛而生。是故無有愛别離苦。苦苦亦無。何以故。於樂受不生著故。唯有行苦。所謂無常苦。何以故。彼佛唯說第一義故。彼佛住世經恒沙劫。於彼佛刹。無一衆生與佛競論者來生其國。何以故。由彼如來本行菩薩時。成熟衆生故。

佛告諸比丘。於意云何。能以下善根。少善根。不善習善根。不善相應善根。非大精進善根。非善趣善根。非善發善根。非善迴向善根。可能利益如是等衆生。能與樂除苦耶。可能净如是廣大國土。成熟如是多衆生耶。諸比丘言。不也。世尊。佛復告諸比丘言。於意云何。可以下心。怯弱不善根相應心。非精進心。非善集⑤根心。非善趣心。非善發善根心。非善迴向心。可能利益如是等衆生。思惟與樂能除苦耶。可能嚴净如是廣大佛剎。成熟如是多衆生耶。諸比丘言。不也。世尊。佛復告諸比丘言。於意云何。可以下信。少信。羸信。怯弱信。不善相應信。非精進信。非善集善根信。非善趣信。非善發善根信。非善迴向信。能利益如是等衆生。除苦與樂耶。能嚴净如是廣大佛剎。成熟如是多衆生耶。諸比丘言。不也。世尊。佛復告諸比丘。於意云何。可以下戒。少戒。羸戒。非精進戒。非善集善根戒。非善趣戒。非善發善根戒。非善迴向戒。能利益如是等衆生。除苦與樂耶。能嚴净如是廣大佛剎。成熟如是多衆生耶。諸比丘言。不也。世尊。佛復告諸比丘言。於意云何。頗以下精進。少精進。羸精進。怯弱精進。非相應精進。非精進精進。非善集善根精進。非善趣精進。非善發善根精進。非善迴向精進。能利益如是等衆生。除苦與樂耶。及能嚴净如是廣大佛剎。成熟如是多衆生耶。諸比丘言。不也。婆伽婆。佛復告諸比丘。於汝意云何。頗以下念。少念。羸念。怯弱念。非相應善根念。非精進念。非善集善根念。非善趣念。非善發善根念。非善迴向念。能利益衆生及思惟與樂耶。及能嚴净如是廣大佛剎。成熟多衆生耶。諸比丘言。不也。世尊。佛復告諸比丘言。於汝意云何。頗以下定。少定。羸定。怯弱定。非相應善根定。非精進定。非善集善根定。非善趣定。非善發善根定。非善迴向定。能利益衆生思惟與樂耶。能嚴净如是廣大佛剎。及能成熟如是多衆生耶。諸比丘言。不也。世尊。佛復告諸比丘言。於汝意云何。頗以下慧。少慧。羸慧。怯弱慧。非相應善根慧。非精進慧。非善集善根慧。非善趣慧。非善發善根慧。非善迴向慧。能利益衆生思惟與樂耶。能嚴淨如是廣大佛剎。及能成熟如是多衆生耶。諸比丘言。不也。世尊。佛告諸比丘言。諸比丘。實如是。不以少善根。少戒。少信。少精進。少念。少定。少慧。能利益衆生及思惟與樂離苦耶。能嚴淨廣大佛剎。成熟如是多衆生耶。

佛告諸比丘。於意云何。彼時因陀幢如來。汝知誰也。如來問已。諸比丘默然不答。當於爾時。東方過如恒沙等諸佛世界。有世界名曰月光莊嚴。彼土有佛。號高威德王如來應供正遍知。今現住世。文殊師利在彼衆中。即知釋迦牟尼心念已。即白高威德王佛言。

今釋迦如來在娑婆世界説法。世尊。我今往彼見釋迦如來。禮拜聽法。供養恭敬。作是請已。時高威德王如來告文殊師利。任意而去。今正是時。爾時文殊師利童子從座而起。偏袒右肩。右膝著地。頭面禮高威德王如來。右繞三匝。譬如壯士屈申臂頃。時文殊師利在彼月光莊嚴世界中沒。釋迦牟尼佛前出。頭面接足。敬禮如來。却坐一面。白佛言。世尊。昔時因陀幢如來者。今即世尊是也。何以故。由是世尊具足不可思議諸善方便。能成熟衆生。浄佛國土。恒不疲倦。亦無厭足故。世尊安置衆生住菩薩乘亦無厭足。若有實語人作正語者。勝中之勝。勝中之妙。勝中上首。最勝中最勝言。佛如是者。當知釋迦牟尼佛真實無异。時文殊師利而説偈言。

雄猛巧方便　憐愍諸世間　現大威神力　成熟衆生故
已於過去世　曾作八億佛　猶自有神力　無心取正覺
六十一三千　清净佛國土　淺識不知佛　牟尼巧方便
不捨初發心　彼彼處處現　更於未來世　示現無量佛

菩薩見實會第十六之三·伽樓羅王授記品第五⑥

爾時復有八億六千萬金翅鳥王。見諸阿修羅供養世尊及得授記已。於如來所生無等敬信。踴躍欣喜。爲供養故。化作八億六千萬殿堂。純以諸天七寶莊飾。甚奇微妙。一一殿堂七重鉤欄。四寶所成。微妙第一。所謂金銀琉璃頗梨。金鉤欄者。金爲尋梁及作衆柱。銀爲曲棲。銀鉤欄者。銀爲尋梁及作衆柱。金爲曲棲。毗琉璃鉤欄。以毗琉璃而爲梁柱。頗梨爲樽。頗梨鈎欄。頗梨梁柱。毗琉璃樽。彼諸殿堂。周匝四面垂七寶鈴。所謂金銀琉璃。頗梨真珠。車璖馬瑙。其寶精奇。微妙第一。是諸殿堂。復以七寶羅網覆上。所謂金網。銀網。毗琉璃網。頗梨寶網。赤真珠網。車璖之網。馬瑙網等。微妙第一。復更化作八億六千萬七寶之蓋。微妙奇特。所謂金銀乃至馬瑙。復更化作八億六千萬七寶妙幢。所謂金銀乃至馬瑙。青幢黄頭。黄幢青頭。赤幢白頭。白幢赤頭。雜色之幢純色爲頭。純色之幢雜色爲頭。復更化作八億六千萬七寶妙幡。有種種色。嚴净第一。復更化作八億六千萬七寶之帳。所謂金銀乃至馬瑙。寶綫織成。微妙第一。爾時諸金翅鳥王持是八億六千萬七寶殿堂。八億六千萬七寶之蓋。八億六千萬七寶之幢。八億六千萬七寶之幡。八億六千萬七寶之帳。悉以奉獻如來世尊。既奉獻已。彼諸鳥王及供養具。於虛空中繞佛三匝。譬如哩羅婆那象王於三十三天。頂戴諸天乘空而游。詣波利質多羅樹。彼諸鳥王持是殿堂蓋幢幡帳。飛騰虛空。繞佛三匝。亦復如是。爾時彼諸鳥王敬繞佛已。却住一面。曲躬合掌。衆共一音。以偈讚曰。

歸命出離生死者　歸命救度生死人　歸命無等堅固士

歸命無上無等聖　願我當得堅固身　三十二相自嚴飾

復有八十隨形好　唯願我等如導師　願我圓光具威德

形顏功德皆成就　願得第一佛威儀　令他心淨證寂滅

願具持戒三摩提　亦得諸佛上智慧　願悉作佛度群有
如佛今作世導師　世尊我願具十力　亦到十八不共岸
成佛智慧過世間　如今如來上中上　亦知衆生無體性
如幻如夢無所依　宣說如響如虛空　如佛今日爲衆說

爾時世尊知諸鳥王得敬信已。現微笑相。是時慧命馬勝比丘見佛微笑。以偈問曰。

人中無上勝導師　非是無事現微笑　愍世間者爲我說
現此微笑何因緣　彼諸鳥王已供佛　寶殿幢幡空中現
令此天人生希奇　願兩足尊說是義　一切大衆合掌住
深心清浄皆欣喜　願聞金翅未來果　願兩足尊說此義

人中最勝若說已　一切大衆皆無疑　大衆離疑得無畏
如來智能令欣喜　大衆欣喜得無畏　離諸過惡心清淨
彼衆樂聞如來說　猶如弟子受師言　願斷大衆心所疑
願佛攝受令欣躍　大衆欣喜皆來集　願說金翅當來果

爾時世尊以偈答慧命馬勝言。

十力真實超一切　八枝⑦梵聲悉具足　降伏諸根爲馬勝
說於金翅未來果　善哉馬勝問是義　我現微笑愍世間
諦聽彼報以悅意　心當欣喜除疑網　鳥王於我設妙供
爲求無上菩提果　十種智力四無畏　得彼法故成導師
復求十八不共法　此等金翅供善逝　亦求堅固不壞身

三十二相八十好　求佛净戒三摩提　諸佛境界大智慧
成就净土度世間　金翅求此供養我　彼等信心供我已
智者能離畜生趣　當必得生於天上　此是惡道最後身
彼等後如恒沙劫　常生人中及天上　供養無量諸佛已
當得作佛伏諸根　彼佛國土無惡趣　具足身相離八難
彼佛同名普端正　其劫名曰須彌幢　八億四千萬歲中
憐愍世間故住世　彼時一切諸善逝　住壽佛事皆悉同
彼佛離熱度煩惱　一一諸佛八十會　一一會中八億人
離於憍慢得自在　以彼本有金色身　大力常懷憍慢故
後⑧成佛時爲衆生　除斷憍慢轉法輪　彼等過去已曾爲

修極苦行仙人衆　其數八億六千萬　凡所修行爲神通
彼諸仙人得通時　嘆己苦行爲希有　不犯禁戒具功德
居住林中生憍慢　以慢故生金翅中　以通心故具神力
戒清净故得見佛　以慢故忘菩提心　如是佛授菩提記
及説金翅本所生　大衆聞已皆欣喜　喜已皆成菩提器

菩薩見實會第十六之三・龍女授記品第六

爾時九億六千萬龍女。見諸阿修羅伽樓羅供養世尊及授記已。心生欣喜。彼得欣喜踴悦稱心。於世尊所起心供養。化作九億六千萬蓋。皆七寶成。毗琉璃網以覆其上。赤真珠寶以爲網緣。金爲蓋莖。毗琉璃寶以爲蓋子。數有百千。雜寶旒蘇垂下四面。化作九億六千萬馬。青馬青色青形青光。諸莊嚴具一切皆青。毗琉璃寶以爲韁鞚kòng。於上虛空中。化作大威德摩尼寶車。於其車上復有寶殿。縱廣正等六十由旬。其殿遍覆諸來大衆。其殿四面化作九億六千萬衆寶旒蘇。周遍垂下。甚奇微妙。其諸光彩奪人心目。化作寶網彌覆殿上。復有寶鈴懸殿四厢。化作七寶鶬cāng鴰白鴿。以次飛行繞殿四面。又復化作九億六千萬種諸龍音樂。時諸龍女乘彼青馬。各擲寶蓋。於虛空中自然游行。是諸龍女各取樂器。奏諸音聲。繞佛三匝。以天旃檀末天沉水末多摩羅葉末。天真金末及諸龍花。并復化作種種之花而散佛上。復以優波羅花旒蘇。種種雜色衆花旒蘇。種種無量雜香旒蘇。種種無量雜色之衣。種種無量雜色瓔珞。以用散佛。廣設供養。亦如彼諸阿修羅王。爾時九億六千萬龍女作音樂時。以佛神力。其聲遍滿三千大千佛之世界。其中衆生聞是聲者。於阿耨多羅三藐三菩提得不退轉。於大威德衆寶殿中。及寶旒蘇衆鳥行間。諸寶鈴網。微風吹擊。出妙音聲。其聲和雅甚可愛樂。譬如百伎音樂。善巧學人之所擊作。所出音聲和雅可愛。於彼大威德殿乃至鈴網所出之聲。亦復如是。此聲亦遍三千大千佛之世界。其中衆生若聞聲者。於阿耨多羅三藐三菩提亦不退轉。爾時彼諸龍女復更雨於種種天花。種種天香。與水俱下。其香花氣順風逆風。不順不逆皆悉能去。以香水故。於迦毗羅城縱廣正等六十由旬。皆成香泥。其香泥氣。遍滿三千大千世界。其中衆生聞是香氣。亦於阿耨多羅三藐三菩提得不退轉。爾時彼諸龍女供養佛已。及九億六千萬蓋。九億六千萬馬。九億六千萬音樂。一切衆寶莊嚴供具⑨。於虚空中頭面禮佛。右繞三匝。却住一面。曲躬合掌。以偈贊曰。

諸龍女⑩等有智慧　心意踴悦生欣喜　供養釋迦牟尼佛
願求安隱大菩提　化作九億六千萬　寶蓋及與妙莊嚴
供養善逝善調心　出離一切諸障礙　復化九億六千萬
妙馬及與莊飾具　馬與莊嚴皆青色　亦復更有青色幢
彼馬一切空中行　詣於佛所作供養　龍女*咸有信敬心
頭面頂禮如來足　於龍宫中化音樂　爲供養故而持來

來已奉上釋迦文　應受供養大導師　善逝令彼音樂聲
遍滿三千大千界　無量衆生得聞已　皆悉不退菩提心
彼諸龍女於空中　化作一大衆寶殿　縱廣由旬有六十
遍覆十方一切衆　寶名威德熾然光　普照十方大千界
彼諸龍女大衆前　净心欣喜供養佛　生於踴悦無等心
爲求安隱菩提果　願令我等當作佛　利益一切衆生故
我等願於無量衆　説法度諸煩惱纏　亦如十力大導師
現救苦惱衆生等　一切諸法如幻焰　亦如水沫不堅實
又如注雨所起泡　當知諸法無有主　衆生如像亦如影
如是觀察世間已　唯願我等爲衆説　法性真如及實際

如佛無過善見法　虛僞妄相誑愚者　如幻莊嚴無有實
唯能惑亂諸凡夫　衆生於法迷無智　不知諸法如實性
導師已見彼彼⑪法　復能令他衆生解　虛空興雲遍覆地
見彼空雲猶如影　彼無體實無所依　亦復如影無有實
如是衆生無體性　唯能誑惑諸根門　佛智如是見有趣
但能誑惑無智者　世間尊重以此業　於智慧人作利益
如來示現無體性　一切衆生真實故　唯以實法悦預子
生死泥中作橋梁　愚痴實法非境界　由於著聲不求義
以佛無邊⑫我歸依　具足示現真實者　能與愚夫作親救
歸趣舍宅善知識　如是爲求大菩提　我等供養尊導師

願得作佛覺寤他　我[13]益世間猶如佛

爾時世尊知諸龍女得深信已。現微笑相。爾時慧命馬勝比丘以偈問曰。

於世智中勝智者　最勝導師現微笑　尊重堅固德如山

今現微笑非無因　人中最上勝尊主　願爲說此笑因緣

天人龍鬼若得聞　於佛皆生大欣喜　世間導師於世間[14]

常知一切因緣法　無有一法佛不解　因緣種類佛悉知

唯願善逝見爲說　如佛所知笑因緣　一切大衆若得聞

皆生欣喜除疑網　如來妙法有大利　此等大衆必當獲

大衆若得寂定心　由味妙法利益故　佛力令斷分別已

唯樂菩提聽佛說　若得聞於笑因緣　當必成就於佛道
若人於法情有疑　其心掉動生苦惱　現今此會大衆是
不知微笑因緣故　大衆堪能斷疑網　唯願導師令除滅
速爲衆說度我等　以何因緣現微笑　誰於今日心清浄
誰於今日降魔怨　誰於佛所生敬信　誰於今日供養佛
唯願導師大衆前　演說誰有如是力　我等聞已生喜心
生喜心已得安樂　此諸大衆咸敬禮　一切皆有疑網心
願說笑因生喜故　唯願世尊斷衆疑　此諸天人得聞已
大衆當得無疑網　若得聞於如來說　一切當得欣喜心

爾時世尊以偈答慧命馬勝言。

善哉善哉慧馬勝　能問如來笑因緣　見諸龍女供養已
我愍世間故微笑　我今爲汝說彼果　離諸過惡至心聽
我今所爲現微笑　汝馬勝等聽我語　此諸龍女心無著
求大菩提修進行　以智慧修世間空　決定安住菩提道
於此無作無受者　亦無生者養育者　但有諸法無餘事
其法亦妄如焰像　以知恩故供養我　能以智慧知真實
善哉佛解諸世間　所謂能見空無主　彼樂此空善修習
雖設供養猶如幻　於勝菩提所發願　觀彼菩提亦無著
此以無等供養佛　亦觀衆生空寂已　永離龍道惡趣身
與彼帝釋天中住　在忉利天極受樂　盡彼天子壽命已

無能毀訾彼名稱　復得生彼夜摩天　居止夜摩天宮時
具受彼天勝妙樂　諸佛子等住彼中　乃⑮至盡彼天壽量
此諸佛子具受樂　盡彼夜摩天壽已　復得往生兜率天
與彼處天同其類　爲諸天女常圍繞　具受彼天勝妙樂
心無所著住善道　譬如蓮花水不污　彼天能以大智慧
觀察一切世間空　猶如畫石字不滅　彼念不失亦如是
彼諸天子居彼天　具受彼中勝妙樂　於彼善道盡壽已
當更往生化樂天　彼得善名無能毀　爲諸天女勝供養
雖住天宮心無著　乃至盡彼天壽限　於彼化樂天宮中
具受彼天勝樂報　彼智慧者命盡已　於一切法得究竟

往生他化自在天　作大商主信清净　住彼天中心無染
如是住時愛樂法　彼等居彼天宫殿　受彼極妙五欲樂
無愚痴者住善道　乃至盡彼限壽量　雖受天欲見其過
樂求寂定及涅槃　修習獲得禪定已　命終即生梵天中
於梵宫中善知禪　受彼禪果寂滅樂　智慧無等住一劫
願求無上大菩提　住彼梵宫一劫時　善住威儀求智慧
方便以利益世間　廣作無邊無有量　智住梵宫樂在禪
於禪不著而寂滅　知著禪樂亦是過　諸根寂定求菩提
於一切處心信解　皆得安住菩薩行　知諸禪定虚誑相
唯求寂滅大涅槃　彼諸佛子於彼中　求於安隱菩提果

在彼梵宫心清净　思利世間善調心　諸梵天等自然教
彼説梵教非出世　唯有諸佛菩提道　究竟能得出世間
梵天當時生信已　發心安住於佛法⑯　知⑰彼梵天自然教
非是究竟出世道　於善逝法彼相應　爲於世間説是法
如彼法眼所説果　令彼聞者速能知　彼等住彼梵宫時
作諸利益世間已　能令無量那由他　億衆安住菩提道
彼於無量那由劫　當得供養一切佛　後於未來星宿劫
諸根寂静當作佛　諸天人龍阿修羅　金翅夜叉乾闥婆
鳩槃茶鬼緊那羅　一切大衆皆欣喜　彼等一切佛教化
於佛法中得力已　皆悉欣喜合指掌　稽首頂禮於佛足

大寶積經卷第六十三

校注

①『恒』，底本作『洹』，依龍藏、思溪藏改。

②『一』，底本污殘，依龍藏、思溪藏補。

③『食』，底本污殘，依龍藏、思溪藏補。

④『苦』，底本污殘，依龍藏、思溪藏補。

⑤『集』，龍藏作『習善』，思溪藏作『習』。

⑥『五』，底本污殘，依龍藏、思溪藏補。

⑦『枝』，龍藏、思溪藏作『伎』。

⑧『後』，思溪藏作『彼』。

⑨『供具』，龍藏、思溪藏作『其莖』。

⑩『女』，底本作『婦』，依龍藏、思溪藏改。本卷下文例同，用*標識，不再出注。

⑪『彼』，龍藏、思溪藏作『岸』。

⑫『邊』，龍藏、思溪藏作『過』。

⑬『我』，龍藏、思溪藏作『利』。

⑭『間』，底本作『聞』，依龍藏、思溪藏改。

⑮『至』，底本污殘，依龍藏、思溪藏補。

⑯『法』，龍藏、思溪藏作『道』。

⑰『彼』，底本作『本』，依龍藏、思溪藏改。

大寶積經卷第六十四

北齊三藏那連提耶舍譯

菩薩見實會第十六之四·龍王授記品第七

爾時難陀。優波難陀龍王等九億諸龍。見諸龍女設妙供養。及聞龍女得授記已。生希有心。未曾有心。作是思惟。乃至如來世尊應正遍知。希有未有。以是如來知諸衆生機根。深信如來。無有少分不見不聞不證。如來正法。是其善說。能令大衆聞已現知。無有時節。隨機授法必令得果。令諸智者現得證知。乃至女人動轉輕躁智慧淺短。猶得解佛所説深法。況餘智者。善能安住如來法中諸弟子衆。如諸女人欲心增上。瞋心增上。痴心增上。猶能得知如來所說。是故難陀。優波難陀龍王及諸龍等。於如來所生希有心。生未有心。爲供養故。遍閻浮提諸山大海。興雲遍覆一切世間。普雨香水以成香泥。彼香泥氣充滿三千大千佛刹。其中衆生聞香氣者。皆不退於阿耨多羅三藐三菩提。於迦毗羅城縱廣正等六十由旬。雨赤真珠。遍覆其地。復以無價種種衆寶。周匝遍覆尼拘陀園。復以龍華化成妙堂。縱廣正等六十由旬。椽柱梁壁皆用七寶。復更化作無量樂器。爲供養故擊出妙音。於彼龍花微妙堂中。化作九億種種雜色衆花旒蘇。懸於堂上。以毗琉璃網覆諸寶柱。以無價寶遍布堂下。其寶柔軟。譬如三十三天般籌緘婆羅石。其石之色如毗琉璃。石觸柔軟如迦遮鄰提迦衣。微妙可樂繫人眼目。

令諸天人愛戀繫念。彼諸寶等亦復如是。彼諸種種摩尼寶中。或有出於涼冷光焰。有出青水。有出赤水。有出白水。有出黃水。或復有出雜色之水。或復有出涼樂之風。或有寶珠隨諸衆生所須之事。皆悉出之。或復有寶出於腴澤。或有摩尼堪爲明鏡。一切大衆皆現其中。於迦毗羅大城之中所出人民。隨其多少皆現寶中。一切大衆皆悉睹見佛及聲聞。作此種種神通變化。以彼摩尼寶神力故。於其地中出於種種雜色寶蓋。及以種種雜色寶幢。亦有種種雜色寶幡。復出種種雜花旒蘇。亦有種種雜香旒蘇。復有種種雜寶旒蘇。復出種種真珠旒蘇。復出種種雜色龍幡。復出種種衆寶鈴網。復出種種雜色良馬。諸所出者皆是龍力。爾時難陀。優波難陀龍王及九億龍。驅彼良馬隨而步行。右繞三匝。以妙迦遮鄰提迦柔軟之寶而散世尊。於彼堂下地中所出種種衆寶。上升虛空。雨於如來及聲聞上。復以諸龍無量樂器。於虛空中自然出好微妙音聲。供養於佛。爾時九億諸龍繞佛三匝已。在於佛前合掌默然。念佛功德。瞻仰如來。目不暫捨。樂佛功德。深心安住阿耨多羅三藐三菩提故。彼等少時合掌默然。念佛功德已。偏袒右肩。右膝著地。合掌向佛。五體投地。爲佛作禮。衆共一音。以偈贊曰。

久修威儀百福相　悲心離垢行具足　弃捨無盡衆寶地
世尊出於迦毗城　於六年中修苦行　如來不得甘露道
善逝意猶不退悶　以其久修智慧故　如來真是天人師

爲世間故修苦行　世人聞已尚不堪　况復能以目親睹
牟尼過去捨頭目　如聖所集菩提心　我等聞是不生樂
由聞如來苦行故　如佛本作忍辱仙　爲迦利王截手足
及劓耳鼻不生恚　我等聞是不能忍　如佛以身上秤盤
爲鳥歸投不捨弃　我等聞已亦不樂　如來過去甚勤苦
何故我等心不樂　以世尊行極苦故　於如來所作惡者
墮惡道時佛復悲　具足聖慧大導師　云何能行不害心
修習道行無瘡疣　唯願佛説安樂行　今此龍衆已發心
求於善逝菩提行　如佛所説悉能行　唯願速説菩提道
此諸龍衆甚渴仰　唯求不死不生處　願説如來安隱行

令此衆生易受化

爾時世尊見諸龍衆設其供養及聞發願。知深信已。佛於爾時現微笑相。諸佛法爾。若現微笑。即於面門放種種色無量光明。其光遍照上至梵天。照已還來。從佛頂入。爾時慧命馬勝比丘以偈問曰。

善哉沙門大牟尼　非是無因現微笑　慈悲導師唯願說
無等善慧笑因緣　大衆瞻仰求欲聞　世尊無量功德行
於笑生疑心不樂　唯願法王斷衆疑　誰於釋迦佛法中
今生敬信心欣喜　誰令今日魔波旬　心意迷亂不欣樂
誰於今日能恭事　功德法父大導師　誰作第一勝供養

願釋師子上上說　此諸大衆合指掌　皆悉對佛瞻仰住
唯願導師除疑網　爲衆演說笑因緣　大衆聞已生欣喜
能知世尊正法教　大智世尊令衆喜　隨順正教善安住

爾時世尊以偈答慧命馬勝曰。

深廣智慧大衆師　說時梵音具八種　清淨其心離穢濁
諦聽我說笑因緣　此諸龍王敬信心　於我設供超一切
是等爲求佛菩提　利益一切世間故　悲心增上觀衆生
無有導師云何樂　我云何得大菩提　成熟衆生不疲勞
深樂寂定具智慧　乘安樂乘心清淨　於空無相及無願
無量劫來久已修　其心平等觀世間　如佛所得智慧相

慈悲喜心皆平等　爲令世間安隱故　第一悲心憐愍者
當得作佛稱其意　彼等觀察世間已　當成導師號無怨
彼等當得甘露時　無有魔怨亦無餘　恒常演説無我法
一向無有世俗説　彼諸如來具大悲　令諸衆生入佛智
是諸善逝説法時　一切衆生皆信解　彼等世世修道時
成熟衆生不爲難　彼所成熟聞法已　當得解脱證甘露
諸聞法者悉解脱　是諸衆生皆端嚴　一切衆生皆能知
彼諸如來所説法　一切鬼神及畜生　無有不解彼佛語
一切皆得念法已　能解如來甘露法　無有衆生聞佛説
當時不生愛樂心　愛樂彼佛所説者　一切皆悉得甘露

彼時所有受化者　當得解脱生老病　及解脱死憂悲苦
聞佛説已心無垢　如是釋迦牟尼佛　説諸龍意答佛子
如彼堅智心中轉　爲得無等菩提故　如來授彼諸龍記
大衆聞已皆欣喜　大衆喜已歸依佛　一切皆悉心寂静

菩薩見實會第十六之四·鳩槃茶授記品第八

爾時復有諸鳩槃茶一億八千萬。見諸阿修羅。伽樓羅。龍女龍王等。供養如來聞授記已。稱其心意。踴躍欣喜。生希有心。得未曾有。如來世尊功德智慧微妙殊勝。得如是等希有供養。不恡不喜。以佛智慧於諸智慧最尊勝故。譬如大海不增不減。何以故。以深廣故。如是世尊得勝供養。心無增減。亦復如是。何以故。於一切法無所疑故。爾時一億八千萬鳩槃茶等。爲供養故。化作一億八千萬蓋。皆是七寶之所成就。金綫寶蓋。銀綫寶蓋。毗琉璃綫衆寶之蓋。頗梨珠綫衆寶之蓋。赤真珠綫衆寶之蓋。馬瑙珠綫衆寶之蓋。車璖珠綫衆寶之蓋。彼諸鳩槃茶於衆寶蓋懸寶旒蘇。有種種色。金綫寶蓋銀綫旒蘇。銀綫寶蓋金綫旒蘇。毗琉璃蓋頗梨旒蘇。頗梨寶蓋毗琉璃綫以爲旒蘇。赤真珠蓋車璖旒蘇。車璖寶蓋赤真珠綫以爲旒蘇。馬瑙寶蓋頗梨旒蘇。又復化作一億八千萬衆寶之車。亦種種色。甚奇微妙。所謂金銀琉璃。頗梨真珠。車璖馬瑙。於其車上。復更化作一億八千萬衆寶之蓋。與車相連。一一寶蓋皆有百子。其諸蓋莖皆用金銀及以頗梨毗琉璃等。於彼寶蓋。復化種種寶花旒蘇。嚴飾其蓋。所謂金花旒蘇。銀花旒蘇。毗琉璃花以爲旒蘇。頗梨旒蘇。赤寶旒蘇。龍珠旒蘇。赤真珠花以爲旒蘇。復以赤真珠網彌覆其上。又復化作鳩槃茶樂。出種種聲而用樂佛。復更化作一億八千萬衆寶色馬。調伏駿疾以駕其車。爾時鳩槃茶等各乘寶車。繞佛三匝。以七寶花而散佛上。爾時彼諸鳩槃茶等從車而下來至佛前。頭面禮已。復繞三匝。曲躬合掌。住立一面。以偈贊曰。

不增不減大牟尼　譬如須彌諸山王　受此無上供養者
如來以得無畏故　觀諸衆生但有名　及但有用不取著
導師以修寂滅定　是故智者無貢高　牟尼知世猶如幻

亦如夢中受欲樂　復似水月春時焰　如是觀察悉無餘
譬如乾城無有實　於十方求不可得　其城無實但有名
佛見世法悉如是　一切人天所供養　寶車寶蓋及音樂
幢花旒蘇合掌等　世尊觀知如影響　我等設是供養已
願我當來得作佛　亦願我知世如夢　知已説法如世尊
我等見諸苦惱者　生老病死之所逼　願知無比①佛菩提
説令聞者得解脱　於諸無智衆生所　願得菩提爲説法
演説無有垢濁法　無道衆中爲作導

爾時世尊知諸鳩槃茶等深生信已。現微笑相。爾時慧命馬勝比丘以偈問曰。

佛非無因現微笑　不怪一切爲希有　如來不怪而現笑
我今願聞此因緣　一切天人皆有疑　見佛口中現微笑
唯願斷除諸疑網　演説世尊微笑事　誰於正法得深信
誰能如法見慈父　誰佛所贊行供養　人中勝者我願聞
今日誰於有爲行　見其過患能弃捨　今日誰能住實際
清净心者我願聞　誰能降魔及眷屬　誰能令佛心欣喜
誰能得深有爲底　我願得聞斷疑心　一切大衆合掌住
爲聞如來笑因緣　願斷一切衆生疑　兩足尊者説彼記

爾時世尊以偈答慧命馬勝言。

善哉馬勝問是義　汝於世間大利益　以汝問笑因緣故

諦聽馬勝我今說　鳩槃茶衆供養我　於寂滅法心得住
彼等見我不驚怪　心生希有起願求　彼等今日供養我
其心簡擇寂滅法　以深心信起大悲　於失道者能作道
愍衆生故供養我　爲失道者起慈心　此等賢智作是已
得捨鬼身生忉利　天主恒以慈悲心　在天數數教導彼
彼於諸法得無疑　得爲帝釋親眷屬　彼於無量恒沙劫
一一國土行佛行　被大弘誓堅固鎧　供養具大正法者
彼於無量諸國土　心無疲倦令清凈　利益大衆作導師
當得作佛號不怪　彼於諸國行行時　是國人必知成佛
以此方便未來世　雖度衆生無怪心　爲求無上安隱道

净諸國土都不怪　於所作事心無著　於大菩提亦如是
所問笑因我已答　衆生疑心皆得斷　大衆離疑得欣喜
以定得知彼供養

菩薩見實會第十六之四・乾闥婆授記品第九

爾時復有三億六千萬乾闥婆衆。見諸阿修羅。迦樓羅。龍女龍王。鳩槃茶等。供養世尊聞受記已。稱其心意。欣喜踴悦。生希有心。得未曾有。嘆言希有未曾有事。乃至如來所説法界無有變异。而示有作善根增長。雖無作者而示作業。彼乾闥婆等於此法中如是知已。於如來所心生尊重。發阿耨多羅三藐三菩提心。彼欣喜已。爲供佛故。化作三億六千萬頭哩羅婆那大龍象王。皆有六牙。一一牙上化作七池。一一池中化七蓮花。一一蓮花化作千葉。一一葉上化七玉女。一一葉間化七侍女。以天諸寶爲莊嚴具而用莊飾。復執天香而用供養。復於一一嚹羅婆那象王頭上。化作三億六千萬蓋。七寶旒蘇懸蓋四邊。七寶羅網以覆蓋上。復於一一嚹羅婆那象王頭上。化作三億六千萬帳。皆是諸天妙香所成。繒彩旒蘇懸帳四邊。化作三億六千萬頭嚹羅婆那大象王已。彼乾闥婆等各乘其象鼓天音樂。於虛空中旋繞如來三十六匝。以天旃檀末。天沉水末。天多摩羅葉末。天真金末。曼陀羅花。摩訶曼陀羅花。曼殊沙花。摩訶曼殊沙花。波樓沙花。摩訶波樓沙花。迦迦羅婆花。摩訶迦迦羅婆花。又復化作七寶之花而散佛上。彼乾闥婆等散香花時。是香花氣逆風順風縱横皆去。復雨種種天妙香水。雨香水時。於迦毗羅城縱廣正等六十由旬。皆成香泥。其香泥氣。充滿三千大千世界。其中衆生聞香氣者。皆悉不退阿耨多羅三藐三菩提。奏音樂時。其諸音聲。遍滿三千大千世界。其中衆生聞此聲者。亦得不退阿耨多羅三藐三菩提。如是一一諸乾闥婆。各於三億六千萬象王頭上設其供養。令諸玉女有作樂者。有作歌者。有作舞者。彼諸玉女作歌舞時。令諸大衆一心觀望。復有玉女動身手者。散旃檀末者。散沉水末者。廣作供養。如阿修羅所設之事等無异也。爾時乾闥婆等各乘㗌羅婆那大象王頭。於虚空中繞佛三十六匝已。各從象下復繞三匝。頭面禮佛。曲躬合掌。在一面住。以偈贊曰。

世尊勝慧出有頂　自既出已復度他　一切世間無如佛
相好光顏極端正　人中最妙無邊稱　示現世間不思議
不見一法性相异　而令衆生住於善　無有變异真如法
但有言説無餘義　無有用事及用者　雖然佛化諸群生
不來不去亦不生　佛能演説如是法　雖説諸法體性空
世雄而令修習道　無有一法能自作　世間明者説有作
諸法各各不覺知　世尊示現一切作　如車多集衆分支
彼支不知自能作　其車功用現可見　佛説諸法亦如是
諸法各各不相教　亦不迭互相覺寤　一切亦復不相依

法本不生亦不死　佛爲世諦如是説　世諦諸法不全無
如世諦法體性住　如是知已爲衆説　世尊如是説諸法
大悲所作甚奇特　諸法體性不可見　如來方便説其性②
我等願作無邊稱　具百福相大導師　大悲利益諸世間
願作世親如今佛　我等願於暗障者　隨順貪駛欲流者
渴愛所纏百苦者　救濟度脱如世尊　我等願於衆苦者
不見彼岸魔縛者　走如猿猴輕躁者　救濟度脱如世尊
我等願於盲冥者　六趣往來疲勞者　於己自壞業果者
救濟度脱如世尊
爾時世尊知彼三億六千萬乾闥婆衆深生信已。現微笑相。爾時慧命馬勝比丘以偈問曰。

無邊威德現微笑　導師如是非無因　願佛速説此因緣
斷除衆生諸疑網　今見世尊微笑已　大衆皆悉爲疑網
一切願聞微笑義　唯願大悲斷衆疑　誰於佛法生敬信
能得離於諸疑網　佛知衆生深信已　人天勝者故現笑
誰有智慧能隨順　如來所説真如法　知其念慧解行已
在大衆中現微笑　一切大衆無异心　唯欲樂聞雄猛説
合十指掌在首頂　一心瞻仰如來面　離諸穢濁無憂慮
世眼現在故欣喜　爲除一切心疑惑　願大悲説笑因緣

爾時世尊以偈答慧命馬勝言。

我所現笑爲世故　善哉汝問正是時　大衆善根當增長
爲我微笑授記事　馬勝諦聽我所說　導師所現此微笑
我今當正說彼義　汝應欣喜聽我說　乾闥婆王敬信佛
其心清净生欣喜　依於實法入法已　於佛正法生希奇
諸法寂滅安不動　此等大衆趣實際　如乾闥城如是入
供養於我無有等　如是諸法無有生　一切亦復不盡滅
大衆思惟如幻住　未能解了生疑惑　不可說法方便說
我以真實故如是　彼等入我正法已　乘大龍象供養佛
觀察菩提無生滅　乾闥婆王供養我　悲愍愚迷衆生等
是故求大一切智　彼等發願當作佛　令諸愚迷失智者

入真實法安住已　使得不死寂滅句　此等作是供養已
捨離鬼身心喜悦　定得往生天宫中　恒與帝釋相親近
得值多億那由他　供養無垢諸善逝　從一佛刹至一刹
於諸佛所得聞法　彼等修净佛行已　所得佛土亦清净
化無量衆發道心　令其增長佛種子　知諸世間性空已
亦以此法教導他　令衆安住一切智　住世無量那由劫
彼佛同號無邊慧　一一諸佛住於世　皆悉無量那由劫
演説佛道令他聞　如是釋迦牟尼佛　説乾闥婆供養報
與其授記令得聞　馬勝所問笑因緣　大衆聞已皆欣喜
知彼佛記甚可樂　聞是無等佛記已　皆悉歸依釋迦文

大寶積經卷第六十四

校注

①『比』，底本作『死』，依龍藏改。

②『性』，龍藏、思溪藏作『住』。

大寶積經卷第六十五

北齊三藏那連提耶舍譯

菩薩見實會第十六之五・夜叉授記品第十

爾時復有八億夜叉。見諸阿修羅。伽樓羅。龍女。龍王。鳩槃荼。乾闥婆等。供養如來聞授記已。欣喜踴悅。皆得稱心。生希有心。得未曾有。知佛世尊智慧無盡。最尊最勝。無所挂礙。不可思議。復更得聞法門次第。於佛世尊作導師想。復於佛所作無盡慧想。彼諸夜叉知佛智慧無有盡已。於佛正法生愛樂心。彼於佛法甚愛樂已。爲供養故。發勤精進。亦以偈讚曰。

我等今讚利世者　以佛智力具足故　無盡無量如大海

故人師子身無等　須彌可得知輕重　虛空可得知廣狹
如來所有智慧力　一切不能得測量　知諸衆生敬信心
是故應受①皆已度　於其度者知所趣　故佛無比亦無等
隨彼所修善惡界　一切生處受其身　知彼根信所應受
故佛無比亦無等　貪欲惡行瞋恚行　及以痴行佛悉知
憍慢嫉妒亦如是　故佛無比亦無等　衆生於此多所失
如來善知彼業道　世尊知彼甚捷利　故佛無比亦無等
善逝善見諸世間　隨其方面所失者　及以語言所喪失
世尊見彼悉無餘　於六道中幾時住　隨彼多少所受苦
及其所受種種身　世尊一切悉知見　隨其煩惱力所起

造作方便及與業　隨業所受種種苦　導師一切悉了知
隨其所求解脱道　於佛法中已出家　精勤修學聖道已
盡諸煩惱佛悉知　於佛法中有凡夫　雖得出家不知義
誹謗明人微妙法　世尊亦復善見彼　彼諸誹謗正法人
業行所得衆苦惱　隨其地獄久近住　如來亦能具足知
於佛深得敬信已　出家受持正法藏　觀察諸法皆悉空
斷除一切諸有道　不願一切諸趣身　觀察此身猶如幻
知諸音聲亦如響　堅住道者佛亦知　贊嘆無等大導師
我今所得福德聚　以此福德願成佛　亦願衆生成自然

爾時世尊知夜叉衆深心信已。現微笑相。爾時慧命馬勝比丘以偈問曰。

人中師子所現笑　唯願説其笑因緣　一切諸佛非無因
而現微笑人中月　今此大衆皆懷疑　以見導師微笑故
唯願世尊除其疑　皆令此衆得欣喜　今於佛所得信者
及知微妙正法者　其心堅固不動者　願佛宣説令彼聞
此諸大衆皆懷疑　一切瞻仰如來面　今日當有何等事
唯願世尊斷彼疑　今日誰現大神力　今日誰發大精進
今日佛共誰親友　於此大衆願顯現　善哉牟尼愍世間
唯願斷除諸疑惑　天人大衆若得聞　今日必當大欣喜

爾時世尊以偈答慧命馬勝曰。

善哉馬勝汝所問　今當大利諸世間　由汝能問笑因緣
故嘆汝善解我意　我今盡當答彼義　汝當一心專諦聽
知諸夜叉心意已　我爲世間現微笑　夜叉諸衆心敬信
以知菩提寂滅故　嘆佛真實功德已　發心趣向大菩提
爲知諸法空寂故　除遣一切所有相　於諸趣中願捨已
發心趣向大菩提　以禪定力知諸陰　但是世諦不取著
不著諸有如蓮花　發心趣向大菩提　於諸有中障礙事
彼見空故不爲縛　知佛菩提無上已　彼等能修菩提行
諸生老死皆悉空　此即無上菩提道　知法自性空寂已
能得安隱大菩提　知陰自性空寂已　寂靜菩提性亦離②

所修菩提行亦空　此智能知非凡了　能觀智慧性自空
所觀境界皆寂滅　知者亦空知是已　是人能修菩提道
當知空亦性自空　相願亦復無體性　若有人能如是知
是人能修真實行　天人大衆聞是已　心生欣喜獲利益
一切於佛敬信已　心住菩提寂静句　今此殊勝供養已
夜叉之衆心清净　此諸智者捨鬼道　於善趣中久受樂
彼於未來多億佛　以神通力一念中　於多佛土修供養
即於佛所獲得忍　於諸世界不起相　智者能以神力往
觀此世間猶如化　智者游行無所著　此等勇猛供諸佛
當得無上大菩提　亦得無上净佛土　其中當度無量衆

彼等當成世間解　一切同號無邊智　名聞十方壽千劫
寂滅智慧壽命等　彼等所有聲聞衆　猶如静夜諸星宿
彼悉易得大菩提　一切無有苦難事　天人大衆聞是已
爲於菩提心踴悅　其心堅固發精勤　以精進力持諸行

菩薩見實會第十六之五・緊那羅授記品第十一③

爾時復有八億緊那羅衆。大樹緊那羅王以爲上首。見諸阿修羅。伽樓羅。龍女。龍王。鳩槃荼。乾闥婆。夜叉等。供養如來及聞授記已。甚生希有未曾有心。作是思量。此實希有未曾有事。以其衆生不可得故。無命者故。無生者故。無有人故。無摩那婆故。無養育故。無壽者故。無有我故。亦無我所故。以諸陰故名爲衆生。一切諸陰亦不可得。以其界故名爲衆生。一切諸界亦不可得。以有入故名爲衆生。一切諸入亦不可得。以有業故得有果報。而彼行業亦不可得。無上菩提亦不可得。一切菩薩亦不可得。一切諸佛亦不可得。世尊雖爾。而復與諸菩薩授記。以何義故。如來與諸菩薩授記示其名號。顯現業報説其當來菩薩大衆。復顯諸佛神通之力。又復説於正法之力。亦復顯現莊嚴佛土。宣説衆生有業有報。又復説於清净佛刹。示④顯菩薩游諸佛國。從一佛土至一佛土。復演菩薩往彼供養。亦説供養殊勝神變。又列供具微妙希有。又復説於經若干劫當得作佛。其佛住世經若干劫。其佛當有若干聲聞。彼佛滅後正法住世經若干劫。何故如來捨諸衆生入般涅槃。爾時大樹緊那羅王生此疑已。與八億緊那羅衆從座而起。偏袒右肩。右膝著地。合掌向佛。以偈問曰。

我等聞佛所記已　甚生疑惑大智慧　既説授記復言空

我於二説不能解　既説空寂離自性　法界平等無變動

而復如來受供養　此事云何衆中月　佛既説於無有生

而復説發菩提心　於無量智二種説　此言秘密我不解

云何言滅不可得　而人師子説有死　唯願如實爲記説

除斷我疑令無餘　云何佛説猶如幻　又復顯示生天中

於釋師子如是説　此秘密教我不解　佛説諸法無所依

而復説依善知識　此是世尊秘密語　我實不解人中雄

云何說於無所堪　復教衆生修諸業　降伏怨敵天中尊
秘密之說我不解　云何佛說性自空　復言觀空得解脫
我今於此不能解　願無邊智斷我疑　云何佛說事盡滅
復說諸法性寂滅　我今唯願無等等　開顯此等秘密說
云何端正修伽陀　顯示諸法如虛空　而愚痴人毀謗法
死必墮於大地獄　大雄恒說諸天道　又復說於諸餘趣
既言此等由作業　復道無有作業者　不可勝者所宣說
種種差別不可知　我今於此生疑惑　唯願世尊見除斷
既言善業無可集　復說修行得菩提　沙門法王如是說
此亦我等不能解　云何說法不可盡　而言謗者罪可畢

無量智慧願開示　我於是中大有疑　如來既説真際法
復言顛倒及施等　無翳净眼滅罪者　此義唯願爲我説
餘無有能爲我等　宣釋如是所疑事　唯有如來能斷除
是故我敬一切智

爾時世尊聞大樹緊那羅王等問諸疑已。以偈答曰。

汝言説空復授記　於此二事不能解　諸法若是不空者
佛不爲其説授記　以何因緣如是説　諸法若有體性者
一切常住不可轉　彼應不減亦不增　諸法體性本自空
猶如平正清净鏡　能現一切諸色像　如是當知一切法
法界無有變异相　汝於一切供養物　一一諸分當觀察

何等分中而有相　法界常住無變异　智者應當如是觀
諸凡夫人悉迷惑　無智慧故不能解　汝言佛説無有生
復説發心爲難解　汝等今當一心聽　十力所説秘密義
凡夫没溺生死河　亦復繫心著彼處　心常懷於想顛倒
故受生死諸苦惱　從本已來未聞法　我若爲彼定説者
凡夫愚人於此法　轉復增長諸疑惑　彼聞菩提勝利益
其心專注於彼果　其心又復生味著　自然勝智無能過⑤
汝言無滅復有死　此二我今不能知　於此一心應諦聽
我當爲汝真實説　爲彼計常諸衆生　是故如來説於滅
恒見諸有皆衰壞　無有一法是常者　汝言諸法猶如幻

復言生天懷疑者　學人凡夫善趣等　是法不定故如幻
如汝所言無有依　復言依止善知識　欲求弃捨依止故
善友爲説無所依　汝言畢竟無堪能　復言有作我不解
當觀車爲衆分成　亦觀車有所作事　若復有人著於我
亦復取於我所爲　我爲是等説無堪　雖復如是非無作
汝言一切性自空　復疑觀空得解脱　顛倒愚痴無智者
不能了知體性空　從於妄想分别生　虚妄攀緣故被縛
爲化如是衆生故　善逝説於性非有　如汝所説事盡滅
一切諸法性亦滅　迷惑無智諸衆生　妄分别故生渴愛
譬如渴者見陽焰　以憶想故增長渴　愚人復爲虚妄害

於無所有起分別　渴者妄生見水想　陽焰之處水本無
妄想所害諸衆生　於諸不净起净想　愚痴凡夫愛所縛
彼穢惡中性無净　譬如陽焰似水相　彼中體性實無水
如是身中無净色　身色亦復性非净　愚痴凡夫顛倒見
妄作净想而被縛　雖説諸法如虚空　亦説謗者墮地獄
愚人聞之生怖畏　智者雖聞心安隱　世間體性自空寂
愚痴無智起我想　彼等若聞性空教　怖畏不得更受生
彼等毁謗妙空法　皆由計著我見故　如人繫縛於虚空
是無智人墮地獄　我本所説諸善趣　及爲世間説餘道
説有作業而不失　亦奪其執有作者　一切諸趣猶如夢

我爲汝説如是知　夢中無有去來相　顛倒見者著去來
我既演説有作業　十方推求無作者　譬如猛風吹諸樹
其樹相觸則火出　其風及樹不作念　言謂我等能出火
雖復如是而火生　當知有業無作者　汝言福德無積聚
復云善得菩提果　我今真實爲汝説　汝當專諦至心聽
譬如世人得長壽　其命至於百餘歲　然彼歲數無聚積
一切緣集亦如是　汝言諸法無有盡　復言我説業可畢
觀空法者無有窮　隨世法故業有盡　我雖説有實際法
顛倒亦非實際外　顛倒愚痴衆生輩　不能了知真實際
緊那羅王當諦聽　爲具智慧勤進者　一切諸相皆一相

所謂無相應當知　若能解入於一字　我爲智者說菩提
一切諸法皆無作　此說阿字總持門　一切菩薩之所行
無邊之相我已說　此亦能入一切法　所謂阿字總持門
一切諸法皆寂滅　示阿字門令得入　樹緊那羅應當知
此亦阿字總持門　一切諸法無分別　入此法門已宣說
緊那羅王應當知　此亦阿字總持門　一切諸法無自性
示阿字門令得入　樹緊那羅應當知　此亦阿字總持門
一切諸法無有邊　以阿字門說諸法　緊那羅王應當知
此亦阿字總持門　盡無盡法我已說　應說一切法無盡
一切十方⑥諸如來　已說無盡總持門　一切諸法無有門

物無有故現非有　此亦即是總持門　由是能入阿字門
於諸不可思議法　諸佛依實能顯示　樹緊那羅應當知
此亦阿字陀羅尼　一切諸法無所趣　我爲智者説菩提
此亦即是總持門　是阿字門應當入　一切諸法無有來
若不修者則不得　此亦是其總持門　是阿字門應當入
諸法假名皆當有　推其自性不可得　此亦是其總持門
是阿字門應當入　一切諸法無自性　推其自性不可得
此亦是其總持門　是陀羅尼佛所説　一切諸法不可得
以法自性⑦無故然　此亦是其總持門　是阿字門應當入
樹緊那羅應當聽　一切諸法離思念　此亦是其總持門

是陀羅尼善逝說　諸佛世尊已顯示　法無實故無障礙
此亦是其總持門　當入阿字陀羅尼　一切諸法無障礙
無有能障諸法者　此亦是其總持門　入阿字門我已說
一切諸法無有生　智者當知唯一相　彼一切法無生者
當知是法無有名　一切諸法無有生　其生本來不可得
此亦是其總持門　是阿字門應當入　若法無實無生者
不可睹見不可示　諸法自性不可得　是故無有能見者
一切諸法無有比　是故一相無有相　譬如虛空無有等
一切諸法亦復然　一切諸法無增減　非一非二非燋惱
亦非是冷復非熱　以非有故不可見　無有曲相及直相

亦復無有明暗相　亦無見聞諸相等　是無所有陀羅尼
非是諂曲非正直　無有捲舒諸相等　亦無瞋恚及欣喜
復無起作與寂滅　無有入相及出相　無進無退無來往
亦復無眠及無寤　離覺知相應當知　非是其眼復非盲
無有能見及暗障　亦無開相及閉相　非是調伏非不調
非是掉動及止息　亦非世間非涅槃　非是真實非虛妄
如是當知佛境界　爲欲調伏世間故　斷除汝疑我無疑
第一義中無人能　除斷一切他疑網

爾時大樹緊那羅王。聞佛說於總持之門。心大欣喜。既欣喜已。發勇猛心。即時化作八億重閣。此諸重閣或在樹上。或蓮花上。或在山上。皆是七寶之所莊嚴。彼諸重閣。皆以種種衆寶之蓋。種種寶幢而用莊嚴。復以種種寶花旒蘇。種種雜色繒彩旒蘇而爲莊飾。爾時大樹緊那羅王。并及八億緊那羅衆。持香山中所有水陸一切諸花。以散佛上。既散佛已。一一各升七寶重閣。繞佛三匝。復以水陸所有諸花重散如來。復繞三匝。爾時大樹緊那羅王及與八億緊那羅衆。從重閣下。復繞三匝。頂禮佛足。一心合掌。瞻仰世尊。目不暫捨。却住一面。思念如來過去現在無量功德。爾時世尊知大樹緊那羅王及八億衆深心樂欲。現微笑相。爾時慧命馬勝比丘以偈問曰。

善逝非是無緣笑　天人所供如實説　衆睹佛笑悉懷疑

衆[8]見最勝如初月　妙色世尊誰今日　於無二法起勝慧
我於今日懷疑惑　唯願人尊除我疑　誰於佛法得浄心
如來由彼現微笑　唯願如來爲記説　言説中勝斷我疑
是時一切諸大衆　若[9]聞佛説皆欣喜　願除彼等諸疑惑
如佛所教皆能行　是故最勝兩足尊　除斷疑惑爲記説
願爲緊那羅王等　及爲一切諸衆生

爾時世尊復以偈頌答馬勝言。

善哉馬勝知時問　我今爲汝分別説　由汝問故我顯示
衆人當得佛功德　汝當清浄專一心　聽希有事勿亂意
所謂善逝最勝智　無有障礙大知見　緊那羅王設疑問

爲利一切諸衆生　我今説彼當來果　諦聽我當斷汝疑
樹緊那羅八億等　王及臣民諸眷屬　是等於我供養已
從此命終生天上　從此已後九億劫　流轉在於人天中
具足修習五神通　得智自在心自在　彼於那由他佛刹
是人師子遭[10]化生[11]　身處天宮而不動　恒受禪悦安隱樂
彼於九十千萬劫　在於人天流轉已　各各自於佛刹中
皆得成於無上道　其劫號曰常照曜　於彼劫中成佛道
此皆一生補處人　彼智慧者當得佛　彼佛國土無一人
非是修行成熟者　皆是一生補處人　無求聲聞二乘者
一切皆是大菩薩　爲世明者悉生彼　悉是一生補處人

後當皆得成佛道　彼土諸大菩薩衆　安住弘誓大願中
我於無量諸佛刹　皆悉修治令清净　彼菩薩願甚廣大
於長夜中善思量　以其清净信樂心　各自修治己佛刹
彼諸佛土妙莊嚴　遠離一切諸煩惱　其地遍有諸宫林
解脱一切諸惡道　所有諸過及八難　彼佛國土悉皆無
既修清净佛刹已　衆生便即易調伏　如是世尊天中天
爲緊那羅説授記　彼時一切諸大衆　聞已心皆大欣喜

大寶積經卷第六十五

校注

①『受』，龍藏、思溪藏作『度』。
②『離』，底本作『難』，依龍藏、思溪藏、和裕本改。
③『十』，底本污殘，依龍藏、思溪藏補。
④『示』，龍藏、思溪藏作『亦』。
⑤『過』，龍藏、思溪藏作『通』。
⑥『方』，龍藏、思溪藏作『力』。
⑦『性』，底本污殘，依龍藏、思溪藏補。
⑧『衆』，龍藏作『今』。
⑨『若』，思溪藏作『善』。
⑩『遭』，龍藏、思溪藏作『遺』。
⑪『生』，龍藏、思溪藏作『往』。

大寶積經卷第六十六

北齊三藏那連提耶舍譯

菩薩見實會第十六之六・虛空行天授記品第十二

爾時復有八萬虛空行天。見阿修羅。伽樓羅及龍女。龍王。鳩槃茶。乾闥婆。夜叉。緊陀羅等。供養如來并聞授記。皆大欣喜。踴躍無量。於佛法中深心愛樂。爲供養佛故。起勇猛心。彼虛空行天。於迦毗羅城外。周遍八方①六十②由旬。雨曼陀羅花遍布其地。至於人膝。雨曼陀羅花遍布地已。持供養佛。繞佛三匝。即以偈頌而贊佛言。

諸根寂靜微笑面　救護一切諸衆生　善逝具足大慈悲
故爲世尊人師子　如來大衆皆安住　於佛法中及涅槃

導師世尊勝妙足　我今頭面而頂禮　如十五日月盛滿
世人皆禮星中月　如是一切諸天衆　睹佛笑面咸敬禮
積集無量大福聚　亦復成就智慧身　具足無量大威德
故我頂禮世間親　具足十力功德山　於諦無畏離三垢
成就十八不共法　明見無疑説中勝　具足三十二種相
八十種好而自嚴　其心勝上如帝幢　故我頂禮無等等
已能究竟持戒力　禪力決定不傾動　執持最上智慧劍
最勝勇健降天魔　於智慧力到彼岸　調御聲聞心無吝
其心寂静游諸方　度脱一切諸天人　世尊人中勝師子
得於最上寂滅法　惟然十力願我等　亦當得此勝妙法

願我亦當天人中　爲諸世間所信樂　願如世尊等無异
了知衆生心樂欲　願我得利諸世間　以憐愍心大悲心
墮生死海苦衆生　願我皆能得度脱　願我於諸天人中
得作無上大導師　我當解脱諸有趣　爲百苦逼諸衆生

爾時世尊知虛空行天深心信樂已。即便微笑。時馬勝比丘即以偈頌而問佛言。

佛牟尼王非無緣　三界照明現微笑　唯願十力爲我説
爲何衆生現喜相　見佛如來最勝面　現微笑相令衆喜
一切大衆皆懷疑　願聞佛説笑因緣　願大導師速爲説
微笑因緣利益事　願爲除斷衆疑網　沙門中王爲宣説

孰能令佛現微笑[3]　誰於佛所上供養　令誰能達生死底

願人師子除我疑　誰於今日動魔宫　令魔狂亂心不安

誰於今日令天衆　悉皆欣喜大踴躍　唯願爲我速宣説

除斷一切世疑網　大衆若得聞佛説　一切皆悉大欣喜

爾時世尊即以偈頌答馬勝言。

馬勝汝今請問我　虚空行天受記事　汝今問我大利益

無量世間諸人天　十力師子若無問　不得爲説佛子記

汝於今日問如來　廣利一切世間故　是空行天於我所

以欣喜心供養我　過於阿僧祇劫數　滅除煩惱得成佛

從於此間終没已　便即生於天勝處　於無量億諸佛所

悉以④香花修供養　於彼佛所發道心　亦復增進菩提意
以諸⑤無量勝妙偈　讚人師子自然智　此等當於未來世
無量無邊諸佛所　以勝香花而供養　亦以妙偈而讚佛
那羅延身菩薩等　供養讚嘆諸佛已　於當來世欣喜劫
得成最勝無上智　其佛號曰花幢尊⑥　名稱普聞無譏毀
彼等八萬天神衆　皆同一劫得作佛　彼佛剎中無地獄
亦無餓鬼及畜生　彼土亦無修羅趣　無有一切八難等
此空行天成佛時　彼土一切諸人民　彼諸衆生壽無量
果報猶如忉利天　其國不聞惡道名　何況而有作惡者
彼時衆生皆如法　一切悉是調伏衆　彼佛度人無量億

其數過於恒河沙　爲説無依無著法　十力度脱彼衆生
彼佛入般涅槃已　廣布舍利起佛塔　彼佛一一諸舍利
於中皆現佛身相　名稱無毁諸身分　爲彼衆生示神變
無量億數諸衆生　皆發無上菩提心　導師如是智方便
爲彼空行天授記　一切大衆聞記已　皆悉欣喜大踴躍

菩薩見實會第十六之六・四天王授記品第十三

爾時九萬四天王天。見阿修羅。伽樓羅。龍女。龍王。鳩槃茶。乾闥婆。夜叉。緊陀羅等。供養如來并聞授空行天記。皆大欣喜。踴躍無量。於佛法中深心信樂。譬如有人乘於瓦船。入於河中。心作是念。如此瓦船不久當壞。未没以來。可速度岸。以免水難。如是九萬四天王天亦復如是。睹佛威神。爲得佛法故。起深信樂。發勇猛心。供養如來。爾時四天王天并四天王。變化九萬七寶妙帳。雜色種種。端妙希奇。廣大嚴麗。其中多有赤真珠帳。火珠寶帳。琉璃寶帳。天金色帳。金剛珠帳。化作如是九萬七寶帳已。於虛空中繞佛三匝。又復化作九萬天樂。於虛空中亦復旋轉繞佛三匝。又復化作曼陀羅花。摩訶曼陀羅花。曼殊沙花。摩訶曼殊沙花。迦迦羅婆花。摩訶迦迦羅婆花。持此化花而散佛上。復繞三匝。即以偈頌而讚佛言。

諸天有九億⑦　悉於導師所　皆一心合掌　願樂佛功德

無掉亦無没　無貪亦無悔　無舉亦無下　故禮兩足尊

斷除諸有種　亦滅無明暗　拔除煩惱刺　能摧我慢山

佛善拔毒箭　能滅諸瘡疣　善修不逸行　身圓滿無減
滅除諸煩惱　解脱一切縛　斷除諸結使　出離諸憒閙
空及無相法　是佛之所行　一切諸有中　其心無願樂
除斷渴愛根　弃捨無明暗　於諸四顛倒　悉皆能遠離
佛能知實際　世間無知者　凡夫聞生懼　如鹿怖獵師
墮身見衆生　於空不能知　無明所覆蔽　著世間繫縛
如實見真如　觀世猶空拳　爲世顯實智　由彼獲浄眼
顯示諸陰空　名色亦復然　界法體非有　諸入亦如是
此法及餘法　以名字而説　此名字諸法　佛説悉皆空
譬如大幻師　化作種種像　無衆生施設　無命亦無人

如是諸陰界　諸根十二入　皆從幻化生　如來作是說
譬如善畫師　畫作白象身　枝節皆相似　高下亦復然
實無高下相　但惑愚者眼　是法界平等　愚者自迷惑
佛皆爲顯示　如掌庵羅果　智者不迷惑　善學諸佛教
如來大智慧　爲世間智炬　轉於妙法輪　教化諸群生
當願開覺我　無上寂菩提　轉於妙法輪　如佛今所轉
我等於世間　迷失道路者　當爲說妙法　如今佛所說

爾時世尊知彼四天王天深心所念。即便微笑。其佛口中出於種種五色光明。爾時馬勝即以偈頌問如來言。

佛非無因緣　而現微笑相　大雄佛世尊　願爲說笑緣

睹佛現微笑　一切諸會衆　悉懷大疑惑　人尊應當知
誰今壞魔衆　誰今得除疑　誰於法決定　唯願人尊説
誰今得供佛　誰奉佛教行　此衆皆懷疑　願導師爲説
兩足尊説記　衆生若⑧聞已　悉皆除疑網　唯願導師説
復令諸衆生　依於種智道　速逮得菩提　是故應説記

爾時世尊復以偈答馬勝言。

善哉汝馬勝　爲衆故請佛　其微笑因緣　諦聽爲汝説
爲愍諸世間　當一心專聽　諸天滿九萬　悉皆住我前
以清净信心　已曾供養佛　復以偈讚嘆　了知諸空法
於法得决定　安住我法中　此等諸天衆　曾供八億佛

復於當來世　無量億佛所　供養彼諸佛　求於無上道
於無量億佛　若不供養者　彼於菩提樹　終不坐取證
彼等當來世　得成於佛道　號名曰大持　於世間最上
彼諸世間燈　各有聲聞衆　八十衆會集　知見無障礙
彼等成佛已　彼土諸衆生　一切皆壽命　具足八億歲
彼佛無量智　無數億比丘　皆遠塵離垢　悉住最後身
彼佛滅度後　爲彼功德者　莊嚴彼佛刹　造⑨作無量塔
彼無量千衆　及百那由他　供養彼塔廟　利益世間人
或發菩提心　或有證涅槃　彼佛滅度已　正法久住世
經於八億歲　無量那由他　彼諸法王子　受持護法故

四天王天衆　彼佛授記已　爲利益世間　成熟衆生故
大衆得聞已　心皆大欣喜　踴躍無有量　奉順如來教

菩薩見實會第十六之六・三十三天授記品第十四

爾時復有八億忉利諸天。其天帝釋最爲上首。見阿修羅。伽樓羅。龍女。龍王。鳩槃茶。乾闥婆。夜叉。緊那羅。虛空行天。乃至四天王天。供養如來及聞授記。皆大欣喜。踴躍無量。於佛法中深心信樂。深信樂已。爾時帝釋及忉利天。起勇猛心。供養如來。即便化作八億七寶重閣。種種雜色。端嚴殊特。精妙希奇。皆悉垂布赤珠瓔珞。琉璃瓔珞。雜⑩瓔珞。火珠寶瓔珞。一一重閣皆有百級莊嚴幢門。一一級中皆悉復有四小重閣。莊飾窗牖及師子座。幢幡。帳蓋。寶鈴。羅網。有天童女端嚴第一。侍重閣所及師子座。擊諸天樂。又復化作八億善調馬車。天莊嚴具而嚴飾之。所謂寶幢。幡蓋及諸音樂。於一切迦毗羅大城。周遍縱廣六十由旬。散曼陀羅花。摩訶曼陀羅花。曼殊沙花。摩訶曼殊沙花。迦迦羅婆花。摩訶迦迦羅婆花。波盧使迦花。摩訶波盧使迦花。遍布其地。至於人膝。爾時帝釋又復化作八億伊羅龍象。一一龍象有八億頭。一一象頭各有六牙。一一牙上有七花池。一一池中有七蓮花。一一蓮花皆有千葉。一一葉中有七天女。一一天女有七侍女。種種莊嚴。於重閣間。安置龍象寶車隨後。供養如來。天重閣上雨天栴檀末。天沉水末。天真金末。雨天曼陀羅花。摩訶曼陀羅花。曼殊沙花。摩訶曼殊沙花。波盧沙

花。摩訶波盧沙花。迦迦羅婆花。摩訶迦迦羅⑪花。金花。銀花。毗琉璃
花。種種雜色波吒梨花。如是化作一切種種勝妙寶花。而散佛上。
彼天童女或作音樂。或歌或舞。或動其身。如阿修羅中廣説。又復
化作八億善調馬王。種種莊嚴而乘其上。復以種種天諸供具而
散佛上。復有八億諸天音樂。在虛空中自然而作。復於八億寶車
之上。一一各有一化天女。彼八億天女或歌或舞。或作音樂。或動
其身。如修羅中廣説。彼伊羅龍王頭中所化天女悉作音樂。如阿
修羅供養中廣説。爾時八億天女悉供養佛。爾時彼八億天作如
是念。是化天女供養如來。一切諸法亦復如是。如佛所説。彼知一
切法如幻化已。於諸法中無有疑網。彼諸法中得無疑已。繞佛三

匝。頂禮佛足。却住一面。彼於諸法知如幻已。亦知自身同於幻化。知彼供養及以如來亦同於幻。佛所説法亦復如是。於諸幻法得無疑已。即以偈頌而贊佛言。

此諸化人設供養　一切諸人亦復然　帝釋天等及諸法
一切悉皆如幻化　如來導師亦如幻　聲聞衆從法化生
於佛所説悉無疑　能解如來所説記　如來世尊所説法
愚痴凡夫不能了　如來所説諸法等　一切悉皆猶如幻
若諸學人及無學　佛弟子衆調伏者　此等亦復如幻化
我於此法得無疑　世尊若人樂寂默　獨一無惱如騏驎
此等一切悉同幻　我於此法亦無疑　若行佛行菩薩行

利益衆生不放逸　彼是菩薩如來子　一切悉皆如幻化
善逝導師自然智　十[12]力大悲智無量　智慧自在世間最
彼佛如是亦如幻　如佛世尊所説法　清涼寂靜無所依
得涅槃法及涅槃　彼等亦復猶如幻　善逝如法無所有
一切猶如幻化性　於此佛法及智慧　我等於中悉無疑
我等常願得如佛　見一切法亦如幻　我等行此佛境界
願得成佛無有疑

爾時世尊知八億三十三天深心信樂已。即便微笑。爾時慧命馬勝即以偈頌請問佛言。

名稱無比具諸德　如來現笑非無因　如來今日爲何笑

唯願爲説除我疑　衆見如來現微笑　見已衆皆懷猶預
唯願除彼衆疑惑　令衆勿懷諸疑網　彼諸天衆皆欣喜
贊嘆如來及供養　如來現笑今爲誰　願佛爲説令衆喜
諸德清凈猶如月　應供養者願爲説　如來所説彼若聞
此等欣喜得成佛　如此諸天大衆等　知一切法猶如幻
諸天修學無障礙　唯願十力説此事　一切大衆若除疑
以欣喜心修菩提　起增上欲不下劣　衆聞即發勇猛心

爾時世尊以偈頌答馬勝言。

馬勝汝今問如來　善合時機大利益　佛知天衆欣喜已
我現笑緣今當説　汝爲天衆問笑因　今大利益諸衆生

我今爲汝説笑因　以清净心善諦聽　如是諸天大衆等
知一切法猶如幻　無量無礙智見慧　當來離暗得作佛
過去流轉生死中　曾供諸佛如恒沙　於彼佛所數修習
一切諸法猶如幻　今復於我設勝供　亦知諸法同幻化
此於佛法深信樂　當來之世必成佛　於此佛法所作福
無有失壞及障礙　天⑬衆於我供養已　復知諸法猶如幻
當來世⑭近住劫中　得成最勝説中勝⑮　彼勝福者皆同號
名因陀羅幢王佛　彼佛宣説如幻法　度脱無量億衆生
是故汝等捨放逸　修一切法應如幻　是不逸者我所化
爲滿菩提分法故　精進由如救頭然　速求寂滅勝菩提

菩薩見實會第十六之六・夜摩天授記品第十五

爾時復有四億夜摩天衆。見阿修羅。伽樓羅。龍女。龍王。鳩槃茶。乾闥婆。夜叉。緊那羅。虛空行天。四天王天。忉利天等。供養如來并聞授記。皆大欣喜。踴躍無量。爾時夜摩天衆。知佛如來以無礙智授彼記已。即於佛法起信樂心。起信樂已。即作是念。如是佛法甚奇微妙。若證佛法者。無有不知。無有不見。無不簡擇。無有不證。於已生未生現生。或已滅當滅現滅。若業及報。皆如實知。甚奇如來。能知世諦及第一義。善知此二更無有餘。彼佛世尊於其空法善能知見。善知簡擇。善證相應。故名薩波若。何謂世諦。一切世俗生死所行。於此諸法悉能曉知。第一義者。無有言說。無有知者。非心所行。以無知故。無能說者。無顯示者。無開說者。無有聞者。以無說故。
亦無知者。無生無示。無有見者。無有施設。無有取著。無有覺知。無
有能到。亦無所到。無能親近。無能惻量。無有建立。無有弃捨。無有
所作。亦無能作。無譽無毀。無利無衰。無稱無譏。無苦無樂。非色非
非色。非數非非數。非明非非明。非有煩惱非離煩惱。非世間非涅
槃。非覺非觀。非進非退。無動無作。無有戲論。過諸戲論。所說色相
不可得。受想行識亦不可得。眼相不可得。耳鼻舌身意諸相亦復
如是。色相不可得。聲香味觸法相不可得。眼識相不可得。耳鼻舌
身意識相⑯亦不可得。眼觸相不可得。耳鼻舌身及意觸相亦復如
是。眼觸生受亦不可得。耳鼻舌身意觸生受亦復如是。色思覺相

亦不可得。乃至法思覺相亦復如是。意相不可得⑰。空相不可得。地界水界火界風界識界亦不可得。欲界相不可得。色界相不可得。無色界相不可得。有爲相不可得。無爲相不可得。如是等若彼彼法言説無能説者。如是如是法名不可説法也。佛法最勝。無聞愚痴凡夫衆生不能知故。聞已驚怖。彼於佛法心生怖畏。於一切智智便即退失。諸天世人應當憐愍。如此衆生常處生死。恒爲苦切。爾時夜摩天觀諸世間煩惱衆生已。爲得佛法故。爲供養如來故。起勇猛心。所設供具過忉利天。而供養佛。供養佛已。頂禮佛足。右繞三匝。却住一面。爾時夜摩天即以偈頌而嘆佛言。

佛見諸陰皆空寂　於其界入亦復然　諸根聚積皆離相

如來如實悉了知　世間智者於實法　不從他聞自然解
所謂世諦及真諦　離此更無第三法　如來悲愍於一切
爲利世間說俗諦　如來宣說於世間　爲諸衆生顯六趣
地獄畜生及餓鬼　人天之道及修羅　下劣之家及勝家
所有貧家及富家　奴僕之屬及婢使　男女等類及二根
所有世間諸六道　佛無比身悉已說　觀於世諦諸法已
佛爲利世故宣說　衆生樂著於生死　不能離於世八法
所謂利衰及毀譽　所有稱譏及苦樂　得利便即生欣喜
失利心即生瞋惱　餘如所說應當知　世間皆隨此八法
於俗諦中說真者　彼顛倒慧應當知　不净樂中說樂净

於無我中説爲我　無常法中説爲常　住此相中而取著
聞於如來所説教　恐怖誹謗不信受　誹謗如來實教已
墜墮極苦地獄中　凡愚貪求世樂故　轉受無邊百種苦
若有於其佛法中　如實觀察不顛倒　弃捨諸有入涅槃
猶如蛇脱其故皮　一切諸法體性無　空無有相第一義
若聞此法生愛樂　必得無上勝菩提　如來如實説此法
除斷天衆諸疑惑　悉發無上菩提心　爲度一切衆生故
如此天衆發心已　皆悉欣喜心清净　得聞最勝佛法已
此諸天衆皆成佛

爾時世尊知彼四億夜摩天衆深心信樂。即便微笑。爾時馬勝即以偈頌問如來曰。

佛爲世間故現笑　一切時衆皆生疑　唯願世尊說笑因
令此衆會皆欣喜　聞於諸天授記已　一切皆悉大踴躍
有智慧者發勇猛　於佛法中如說行　此佛如來諸勝衆
具足有佛功德器　善哉宣說美妙言　爲攝如是大衆故
聞佛功德心喜樂　此諸大衆必當得　聞於如來授記已
如法當勤修精進　善哉人尊說中勝　於疑惑衆二心者
唯願世尊速爲說　時衆一心樂欲聞　彼夜摩天授勝記
願人師子速爲說　此諸大衆皆欣喜　一切悉發菩提心

爾時世尊即以偈頌答馬勝曰。

為利世間故現笑　馬勝合時善咨問　利益無量諸大衆
聞佛如來功德故　樂著貪瞋諸衆生　於佛功德無樂惠
其心愚痴所惑亂　當没生死大海中　若於佛法深信樂
曾於先佛已請問　與大悲心相應者　是人能得佛功德
若人見彼衰惱逼　勝人於彼起悲心　彼諸衆生聞佛德
頂受佛教如花鬘　我諸衆會大清浄　於先佛所曾修福
彼於如來功德所　頂受猶如婆師鬘　夜摩天衆先佛所
曾修持戒除貪著　厭離煩惱心清浄　於穢衆生起悲心
於無量佛曾親近　其數猶如恒河沙　彼曾修習無量善
為求無上菩提故　知衆生没煩惱已　於苦衆生起悲心

於人師子利世者　問諸法門無有量　我今導師爲彼説
聞者悉得成佛道　知彼衆生煩惱鈎　爲説最上勝妙法
彼勝丈夫大導師　爲彼衆生説空法　彼聞諸佛所説已
悉皆了知諸法空　所謂空無諸法相　説無自性無相法
如是了知諸佛法　悉皆安住佛功德　此等勝妙供養我
如法各自受記莂　當於來世星宿劫　悉皆得成無上道
如是如來無增減　其數滿足四十億　其佛同號淨智尊
開悟無量諸衆生　大仙降伏諸怨者　答於馬勝所咨問
滿夜摩天所願求　大衆天人皆欣喜

大寶積經卷第六十六

校注

①『方』，龍藏、思溪藏作『萬』。

②『十』，龍藏、思溪藏作『千』。

③『微』，底本作『喜』，依龍藏、思溪藏改。

④『以』，底本作『知』，依龍藏、思溪藏改。

⑤『諸』，龍藏、思溪藏作『説』。

⑥『尊』，底本污殘，依龍藏、思溪藏補。

⑦『億』，龍藏作『萬』。

⑧『若』，底本污殘，依龍藏、思溪藏補。

⑨『造』，底本作『遣』，依龍藏、思溪藏改。

⑩『雜』下，龍藏、思溪藏有『珠』字。

⑪『羅』下，龍藏有『婆』字。

⑫『十』，龍藏作『千』。

⑬『天』，思溪藏作『大』。

⑭『世』，龍藏、思溪藏作『力』。

⑮『勝』，龍藏、思溪藏作『月』。

⑯『相』，底本無，依龍藏、思溪藏補。

⑰『意相不可得』，龍藏、思溪藏無。

大寶積經卷第六十七

北齊三藏那連提耶舍譯

菩薩見實會第十六之七·兜率陀天授記品第十六

爾時八億兜率陀天。見諸阿修羅。伽樓羅乃至夜摩天等。供養如來聞授記已。欣喜踴躍。作如是念。於何等法。世尊與授阿耨多羅三藐三菩提記。爲色受記。受想行識得授阿耨多羅三藐三菩提記耶。彼等諸天復作是念。非與色①記。亦復非與受想行識阿耨多羅三藐三菩提記。何以故。色既不生。菩提亦不生。云何無生色能寤無生菩提。如是乃至識亦不生。云何無生識能寤無生菩提。色既不滅。菩提亦不滅。云何不滅色能寤不滅菩提。如是乃至識亦不滅。云何不滅識能寤不滅菩提。色無分別。菩提亦無分別。云何無分別色能寤無分別菩提。如是乃至識亦無分別。云何無分別識能寤無分別菩提。色既無二。菩提亦無二。云何無二色能寤無二菩提。如是乃至識亦無二。云何無二識能寤無二菩提。色既無作。菩提亦無作。云何無作色能覺無作菩提。如是乃至識亦無作。云何無作識能覺無作菩提。色既不可得。菩提亦不可得。云何不可得色能覺不可得菩提。如是乃至識陰不可得。菩提亦不可得。云何不可得識能覺不可得菩提。如是於彼不可得諸②法中。何者是佛。何者是菩提。何者是菩薩。何者是授記。色陰空。受想行識亦復皆空。何以故。性自空故。如是佛空。菩提空。菩薩空。授記空。何以故。自體空故。如是性空一切法中所言佛者。但名。但用。但[3]是世諦。但是言説。但是施設。所言色陰。受想行識亦但名用。世俗[4]言説及以施設。智者於此不應取著。譬如有人於其夢中受五欲樂。彼人寤已不見彼樂。憶念不得五欲樂故。便生苦惱。如是住於菩薩乘者。若有取著。不會菩提。不證菩提故。不得其味。以不得味故。心生苦惱。何以故。如是諸法如夢不實。彼法義别。愚痴凡夫取解各异。一切諸法當如是知。何法是佛。何法是菩薩。何法是菩提。彼諸佛法皆不可得。凡夫不可得。凡夫法亦不可得。聲聞不可得。聲聞法亦不可得。辟支佛不可得。辟支佛法亦不可得。菩薩不可得。菩薩法亦不可得。佛不可得。佛法亦不可得。菩提不可得。涅槃亦不可得。我等於此諸法之中。解了無疑。爾時兜率陀天於斯法中既無疑慮。於世尊所樂修供養。所作供養勝夜摩天。頂禮佛足。右繞三匝。却住一面。即以偈頌讚世尊曰。

所有住佛功德者　如來爲其說行法　彼得三種解脫門
無等境界中修行　無色亦無受想行　無其受者亦無心
斯則無礙智境界　樂離欲陰人師子　彼諸智慧妙丈夫
不取發於菩提想　離陰已獲勝善根　於佛功德無疑慮
志願無上大菩提　然於菩提離取著　是故內心無憂喜
名爲佛子修聖行　同佛見法悉平等　是故於法無所畏
智者於此世間處　求佛功德起修行　簡擇色相無所著

弃捨一切有相心　於彼三有不起願　觀察諸有悉皆空
能知五陰各不生　如來授記及菩提　菩提心等亦無生
作是説者非愚惑　如來功德及生死　此諸佛法悉無生
如是知者人中勝　是爲真實如來子　若能知是陰不滅
界入及以如來法　佛與菩提及授記　斯等諸法皆不滅
若爲菩提修行者　當知彼亦是不滅　知諸世間不滅故
彼求菩提不爲難　五陰界入與菩提　佛及菩薩皆無作
如是了知爲佛子　彼人能持佛正法　陰界諸入皆無覺
菩提與佛并菩薩　及以授記悉無覺　如是知者爲佛子
五陰界入性空寂　佛與菩提及授記　如來真子修行者

斯等亦皆自性空　陰界諸入悉虛妄　兩足世尊及菩提

行者授記亦虛妄　如是了知爲佛子　非是依止非不依

亦非有法非無法　非是有爲非無爲　如是了知爲佛子

世尊如是見世間　我等如是知佛心　即爲勝妙供養佛

及以一切賢聖衆　我等讚佛所得福　唯佛世尊能了知

以斯功德施群生　願皆成佛具衆相

爾時世尊聞彼兜率諸天讚已。及知深信。即爲天衆而現微笑。爾時慧命馬勝以偈問曰。

得大勢力無上士　以其因力現笑光　願佛説是微笑因

令⑤衆得聞皆欣喜　以見如來微笑故　此諸大衆悉懷疑

衆會殷勤普瞻仰　咸皆一心欲聽聞　猶如世間有病人
唯思醫師及良藥　如是大衆於佛所　願樂欲聞說授記
斯等皆有深智慧　志求菩提無所著　一切恭敬悉瞻仰
唯希如來爲記莂　世尊於此起大悲　以佛智力斷疑網
是故大衆得欣喜　咸皆願求佛功德　世尊今正授記時
唯願除滅諸疑惑　如來久已離怨敵　願斷衆邪外道論

爾時世尊即以偈答慧命馬勝言。

汝今啓請如來義　問其微笑正是時　爲利世間故致問
必當饒益諸衆生　知諸天衆心樂欲　故我現是微笑光
以知佛法勝妙故　於我便作上供養　彼皆如實見世間

隨順聖教得證法　已到三種解脱門　非諸世間所能知
過去已供無量佛　亦曾問是深義趣　於彼佛所久修空
今⑥故於斯顯空義　是故今者於此處　便得值遇佛世尊
以空讚嘆無上士　利益一切諸世間　如斯世間悉無生
諸佛菩提及授記　所有修行菩提者　彼等一切亦無生
衆生悉同有此法　如是知已得菩提　過去曾學菩提心
彼於此義能解了　如是世間亦不滅　斯諸天衆善通達
明智照了悉無疑　是故彼天皆作佛　決定必得無依處
於法不取離分別　一切世間皆無作　彼於斯義能了知
一切法體離自性　天衆心浄無疑惑　菩提及與菩提心

一切皆空無自性　兜率諸天堅固慧　皆悉安住無所依
故得菩提不爲難　必當速成無上智　於其未來星宿劫
當得度脱無邊衆　彼天一切皆成佛　同號名曰擇法王
如來於此諸天衆　知其心樂爲記説　一切天人聞説已
咸皆踴躍稱心意

菩薩見實會第十六之七·化樂天授記品第十七

爾時化樂天王爲首。與其眷屬七億化樂諸天衆等。見諸阿修羅。伽樓羅乃至見諸兜率天等。供養如來聞授記已。欣喜踴躍。咸皆稱心。得住實際。於真如中無有疑惑。從坐而起。偏袒右肩。右膝著地。頭面作禮。向佛合掌。异口同音。而白佛言。世尊。如我解佛所説義。一切諸法是真實際。無邊際。無礙際。無住際。無盡際。不二際。非際實際。世尊。所言實際者。不顛倒故。無邊際者。無限量故。無礙際者。離對治故。無住際者。離自性故。無盡際者。無有生故。不二際者。謂一味故。言非際者。是非有故。世尊。彼實際者遍一切處。無有一法而非實際。世尊。謂菩提者亦是實際。世尊。何者是菩提。一切法是菩提。離自性故。乃至五無間業亦是菩提。何以故。菩提無自性。五無間業亦無自性。是故無間業亦是菩提。世尊。言菩提者。如無餘涅槃性。亦如無間業性。何以故。一切法即是無餘涅槃性。亦是無間業性。是故無餘涅槃界即是菩提。世尊。若有衆生住生死者可求涅槃。於實際中無住生死求涅槃者。何以故。實際無二故。世尊。我等於此解了無疑。若於此法無疑慮者。當知是人已曾過去於諸佛所。得授阿耨多羅三藐三菩提記。

爾時世尊聞化樂天王及諸七億化樂天等。説授記已。欲令大衆心喜悦故。而現微笑。爾時慧命馬勝以偈問曰。

憐愍世者現微笑　而不説其笑因緣　天人導師非無因

現此奇特微笑相　既見世尊笑光已　今⑦諸大衆悉懷疑

唯願説其微笑因　斷除一切諸疑網　斯等若蒙如來説

聞已咸生希有心　爲彼衆會净真路　趣向菩提作因緣

若有衆生疑慮者　是人難得妙菩提　唯願大智斷疑惑

精勤速證無上道　世尊此諸大衆等　志求菩提離諸惡

得聞諸天授記已　決定當成大法王　是故世尊願憐愍
除斷一切疑惑心　授此諸天菩提記　令諸大衆皆欣喜

爾時世尊以偈答慧命馬勝曰。

哀愍世間故現笑　馬勝汝今問我義　我悉與彼天授記
汝等咸各净心聽　此諸化樂天衆等　自說⑧授記得菩提
衆中既作師子吼　能壞外道諸邪見　譬如空中雨衆石
必墮大地無有疑　如是佛子離疑惑　自知定當成佛道
猶如日没至夜時　當知日⑨出必不久　如是佛子備衆行
定知必當具十力　又如日在正中時　觀諸色像皆明了
如是佛子具衆行　自知必得薩婆若　喻若日光至没時

眾人咸知日不見　如是佛子皆自知　決定當得最勝智
譬如眾流趣其下　智者當知歸大海　如是佛子具明慧
定知必得上菩提　如人以石擲虛空　決定墮地無疑慮
如是佛子悉自知　不久當得世間解　智者法爾有此見
以知法故不致疑　自知分有佛功德　必定近於自然智
假使諸魔那由眾　現佛言汝不作佛　不能沮壞其心意
已自善解真法故　決定於彼佛功德　咸各自說得授記
於斯諸天授記事　如來悉生隨喜心　此天所修菩薩行
悉自了知不由他　彼等自說成善逝　世尊於此皆隨喜
是故馬勝若有人　欲得無上菩提者　可於此法應勤求

必獲最勝安隱處　自成正覺寤斯理　隨義如實能了知
親近供養善知識　彼證菩提不爲難　若有千劫修苦行
皮膏血肉無戀惜　若能解了斯義趣　此福廣大勝於彼
過去所有一切佛　未來憐愍衆生者　及以現在諸世尊
悉依此法成佛道　化天於我供養已　咸皆善知第一義
曾供過去諸如來　寤斯義理當成佛　諸佛所有勝三昧
及以現在所住定　彼天深得佛境界　由本先世久修習
馬勝化樂天子等　於彼三昧無有疑　清浄佛法既善學
今於佛道現修行　是故於理生信解　當正勤求離苦邊
常應親近多聞者　必得無上大菩提　聞佛所説妙法已

化樂諸天衆會等　皆悉欣喜除疑網　流注趣向大涅槃

菩薩見實會第十六之七·他化自在天授記品第十八

爾時他化自在天王爲首。與其眷屬八十那由他諸天衆等。見諸阿修羅。伽樓羅。龍女龍王。鳩槃茶。乾闥婆。夜叉。緊那羅。訶羅伽闍天。四天王。忉利天。夜摩天。兜率陀天。化樂天等。供養如來聞授記已。欣喜踴悦。皆得稱心。异口同聲而白佛言。世尊。化樂諸天所説實際者。我等尚不見實。況復見際。何以故。世尊。若見實者。可言見際。何以故。是人行於二處。住如是乘者。若善男子善女人。應爲彼説此二種法。此二法者。非真境界。世尊。若善男子善女人。於不二法不信不入。雖復如是。此人發心望得菩提。當知是人行於非徑。

何以故。此於菩提非道行故。世尊。若有衆生求菩提者。是人不見一法可覺。何以故。無有少法可得覺寤阿耨多羅三藐三菩提故。世尊。彼法非過去非未來非現在。非有爲非無爲。非有非無。非可識非可知非可捨非可修非可證。謂菩提者。彼法非與餘法作對治。餘法亦不與彼法作對治。何以故。彼法非雜煩惱非離煩惱。法體不可得。性自離故。此法不與彼法作對治。彼法亦不與此法作對治。何以故。一切諸法離諸相故。是故彼法非可知非可識非可捨非可修非可證。世尊。色生者。離生相故。彼亦非可知乃至非可證。受想行識亦復如是。世尊。色滅者。離色相故。彼亦非可知乃至非可證。受想行識亦復如是。世尊。過去者。離過去相故。彼亦非可知乃至非可證。未來者。離未來相故。彼亦非可知乃至非可證。現在者。離現在相故。彼亦非可知乃至非可證。世尊。有爲者。離有爲相故。彼亦非可知乃至非可證。無爲者。離無爲相故。彼亦非可知非可識非可捨非可修非可證。世尊。如是等乃至爲陰所攝。或過去所攝。現在所攝。未來所攝。或有爲所攝。無爲所攝。此等諸法皆不可得。以不得故。是故彼法非可知非可識非可捨非可修非可證。世尊。若有如是爲求菩提發心修行善男子善女人。彼皆名爲住菩薩乘。爾時他化自在諸天。咸各說已所知法已。以偈贊曰。

世尊善說盡有邊　永不暫受六趣身　世間無智畏生死

發心欲度生死岸　彼諸陰體不可得　以陰性相本自空

一切法空皆無相　是故諸法離對治　自體即空無有物
無有可知及修捨　亦復非是可證法　如來説有即非有
相求菩提不可得　助道諸法亦如是　取心求佛不可得
菩薩相求亦不得　堅著諸相愚痴輩　彼等望得寤菩提
顛倒境界取相行　無智非行菩提道　入佛境界離衆相
名爲智者如法行　遠離諸相及無相　亦離於空及不空
彼能寤解無上道　於諸外道非境界　亦非聲聞所能知
又非緣覺之所趣　心得解脱净無垢　羅漢於法相應者
及諸一切辟支佛　非彼智慧之境界　彼句非爲相心知
及修少空亦不解　若有解空説空者　亦説諸法無自性

彼受佛教無毀呰　是名善修空寂靜　能寤難寤菩提道
世尊於彼真導師　讚佛二足最尊已　所獲無量諸功德
迴施一切諸群生　成佛覺寤未覺者

爾時世尊知彼八十那由他他化自在天及以天王等得深信已。欲令大衆增益善根。故現微笑。爾時慧命馬勝以偈問曰。

二足世尊現微笑　以知他化深信故　未曾演說笑因緣
唯願如來爲解釋　大聖今者非無因　現是希有微笑相
願佛開顯因緣義　滅除大衆諸疑惑　由見世尊微笑故
今此衆會悉懷疑　憐愍一切世間者　唯願敷演分別說
此衆咸皆背生死　合掌恭敬求涅槃　斯等靡不懷猶豫

無礙説者願斷除　悉皆正信善逝法　心得開解離取著
咸有浄信尊重心　善哉牟尼願解説　勇猛精進於佛法
遠離疑網登聖路　一切諸佛游此道　是故願除大衆疑

爾時世尊以偈答慧命馬勝曰。

汝爲憐愍大衆故　以偈問我正是時　具足辯才有巧便
乃能問此微笑義　以問如來現笑故　必當利益無量衆
是故一切衆會等　皆得住於勝菩提　知彼他化深信已
故我現是微笑光　一切隨順如來教　爲求菩提修妙行
觀察世法離諸相　如見陽焰非真實　愚者見焰謂是水
欲求菩提勿同彼　取相貪樂凡夫境　無智常怖於無相

愚痴執相捨正路　離相能獲妙菩提　妄想思量虛僞法
隨所分別即被縛　智者觀相悉皆空　得上寂滅陀羅尼
執相凡愚住惡心　彼皆無智歸六趣　輪迴逼迫受衆苦
都由愚痴住相故　著相衆生見諸陰　佛與菩提⑩及菩薩
智者離相見空已　能得無上大菩提　住相之類增煩惱
能觀無相得除結　所謂結者即是相　觀結無相即斷除
若有分別求道者　分別於道爲障礙　智者雖復行於欲
彼欲即爲無相行　諸法無體不可得　分別諸法説言空
若離分別得無相　彼即菩提更無餘　聞於善逝説是語
大衆除疑得無畏　頂受牟尼所説法　如智頂戴瞻蔔花

斯諸天衆獲無畏　於我設供最無上　亦知諸法佛境界

當作世間大導師

菩薩見實會第十六之七·諸梵天等授記品第十九

爾時六千萬諸梵衆天。見諸阿修羅。伽樓羅乃至他化自在天等供養如來。聞授記已。欣喜踴躍。皆得稱心。彼於世諦禪以喜悦爲食。亦於佛法中得智慧明。宿殖善根故。已曾親承供養諸佛故。及深信清净故。於甚深法獲得法忍。彼諸天等。知諸法無作非無作。非生非不生。非有非不有。非起非不起。非滅非不滅。非依非不依。非清非濁。非憎非愛。非賢非愚。非知非不知。非見非不見。非受非不受。非惻非不惻。非無非非無。非物非非物。非可得非不可得。非去非來。非趣非不趣。非空非不空。非相非不相。非願非不願。彼諸梵天。於一切法心無所著。亦無所住。於非用中不作非用想。於非不用中亦不作非不用想。於語言中無語言想。於非語言中⑪。亦無非語言想。於有作中無有⑫作想。於無作中亦無無作想。於凡夫不作凡夫想。於非凡夫亦不作非凡夫想。於凡夫法不作凡夫法想。於非凡夫法亦不作非凡夫法想。於聲聞不作聲聞想。於非聲聞亦不作非聲聞想。於聲聞法不作聲聞法想。於非聲聞法亦不作非聲聞法想。於緣覺不作緣覺想。於非緣覺亦不作非緣覺想。於緣覺法不作緣覺法想。於非緣覺法亦不作非緣覺法想。於菩薩不作菩薩想。於非菩薩亦不作非菩薩想。於菩薩法不作菩薩法想。於非菩薩法亦不作非菩薩法想。於佛不作佛想。於非佛亦不作非佛想。於佛法不作佛法想。於非佛法亦不作非佛法想。於涅槃不作涅槃想。於非涅槃亦不作非涅槃想。於生死不作生死想。於非生死亦不作非生死想。如是彼天一切皆悉離諸分別。定心清淨。彼等既得清淨心故。以寂滅法說偈讚佛。

大聖甚深寂滅智　修行寂滅到彼岸　演說寂滅度衆生
亦自常行寂滅法　菩提寂滅善清淨　斯法牟尼之境界
速得寂滅勝甘露　以是今得盡諸有　恒說寂滅微妙道
是彼智者所行處　八正之路滅惱濁　拔濟一切諸群生
善修寂滅證菩提　乃是先佛之所行　修彼能到安隱城

過去諸佛所證知　是諸如來修學法　導師如是化世間
若人能行有學法　獲得無學勝菩提　一心趣向寂滅道
諸根寂静久修習　當得爲佛世間解　那羅延力度群生
若知寂滅甘露者　能盡一切諸有相　是爲真實如來子
寂滅能除世間畏　彼等所設供養佛　勝上希有最殊特
所説寂滅盡煩惱　於諸無相最第一　世間寂滅離諸相
所謂寂滅即涅槃　衆生輪轉受諸苦⑬　遠離寂滅取相故
牟尼諸法不思議　即是菩提一切智　已度淤泥到彼岸
故佛於此無疑慮　若有離陰得解脱　於佛大乘不願樂
欲求菩提思滅度　於其五陰生怖畏　離欲净心求涅槃

彼等如是簡擇智　於法取相凡夫境　是謂如來之所說
若取寂滅即是縛　以是不得一切智　若有於其五陰相
不生存執取著心　彼能利益釋迦法　是名喜樂無相行
能獲無名安隱處　逮得菩提佛境界　降魔諍論滅煩惱
速得成就一切智　我等贊嘆無上士　所獲寂滅諸功德
唯佛大智能了知　迴施衆生願成佛

爾時娑婆世界主大梵天王。知諸梵天贊嘆佛已。對佛正立。以實功德而贊頌言。

法王已知一切法　不實虛誑如空拳　亦如秋雲及電光
是故大聖離取心　猶如夢中飢餓人　餐食百味甘美膳

夢人飢食皆不實　如來見法亦如是　又如夢中燋渴人
得飲清淨涼冷水　夢渴飲水皆虛妄　佛見諸法亦如是
無⑭作無受無衆生　無其作業及得報　亦無得受果報者
世尊於此無疑慮　譬如美言得人愛　然彼語言無可取
亦無言説及聽者　大聖了知皆不實　如聞箜篌美妙音
其聲亦無真實性　世尊如是見諸陰　知陰無體不可得
猶如摩尼性自淨　繫之衣上隨色變　諸法自體本清淨
虛妄分別增倒染　譬如無垢鮮白衣　隨受染色種種變
諸法如是性自淨　隨所分別而染污　猶如有人聞貝聲
尋其貝聲從何來　其聲非自非他性　大仙見法亦如是

如人思美肴膳食　其食衆緣所合成　觀食各各無自性
如來見法皆如是　譬如衆緣號爲城　推其城體無自性
如是衆緣皆悉空　法王見法亦如斯　喻若有人擊鼓聲
雖能令人心欣喜　聲及衆緣皆悉空　大聖見法亦如是
譬如有人打鼓時　其聲不從十方來　聲滅亦不向諸方
世尊見法皆如是　如是彼人擊鼓已　其鼓不生憎愛心
亦不分別衆緣性　佛見諸法皆若斯　又如彼人打妙鼓
聲不作心生他喜　及以衆緣皆亦然　導師見法皆如是
如人擊彼妙鼓時　鼓亦不生苦樂想　亦不觀察衆緣性
如來見法皆如是　猶如有人擊妙鼓　聲不即緣亦不離

及彼伎緣亦復然　牟尼見法皆如是

爾時世尊知諸梵天。大梵王等深心敬信。及以寂滅讚頌佛已。又見大衆欲生善根。即便微笑。爾時慧命馬勝以偈問曰。

既見如來口中出　離垢清净微笑光　世間天人大衆等
一切咸生希有心　以見世尊微笑故　諸來大衆普懷疑
皆悉瞻仰如來面　殷勤願樂欲聽聞　願佛開示笑因緣
蕩除大衆疑惑心　最勝牟尼非無因　而現希有微笑相
諸佛所現微笑光　必爲利益諸世間　今者爲誰現此笑
唯願敷演分別説　大衆得⑮聞必欣喜　由知微笑因緣故
斯諸大衆皆合掌　一心瞻仰樂欲聞　是故願佛爲解釋

必當斷滅諸疑惑　導師爲彼諸來衆　願垂演説微笑因
衆會若聞必喜悦　以得洗除疑網故　衆心堅固皆清浄
專念希仰如來德　大衆瞻仰世尊顔　猶如睹見初生月
具八妙聲如梵天　一心渴仰願速聞　天人衆等聞佛説
必得除疑住正法　梵音演説義相應　得聞甚深出世法
佛智善巧能悦豫　故令大衆增踴躍　此衆心浄離疑結
能樂如來一切智　精進勇猛有力人　乃能志求無上道
是故導師愍世間　唯願解説令衆喜　善哉世尊平等心
憐愍一切諸衆生　令諸大衆增善根　安心不動求佛智

爾時世尊即以偈答慧命馬勝曰。

憐愍一切諸世間　故我現是微笑光　汝當諦聽説彼因
其義甚深微妙句　此諸衆會若得聞　發勤精進修善業
當得利益諸衆生　於佛妙法起勝行　斯諸梵衆皆欣喜
如來法中悉無疑　那由他劫久修行　猶如恒河沙劫數
於諸境界悉不著　心如虛空無障礙　雖樂常修菩薩行
而不速取菩提證　此等復於未來世　無量億劫恒沙數
天衆清淨無垢穢　得大勢力住世間　然後當成一切智
爲大法王有威力　具足功德盡諸有　觀諸世間悉空寂
彼佛如本久修行　壽命限量亦如是　斯諸善逝住世時
能於苦惱度衆生　彼佛國土無倫匹　世界嚴淨甚滋茂

無量那由劫數中　如來演説不可盡　彼佛刹土嚴净事
無量佛説亦不盡　彼佛同號大智力　國土皆悉名最勝
爲衆演説不動法　不可思議無所依　彼佛世界衆生等
咸皆修治諸善根　無一衆生受後有　生死之中重生者
彼等當時有一苦　於其世間便顯現　唯畏諸行皆無常
令諸衆生起厭離　爾時彼國衆生輩　離老病死諸苦相
一切依於一教法　同厭無常修勝行　彼諸衆生當爾時
耳更不聞餘音聲　唯聞不净無常苦　無我寂滅空無相
甘露涅槃及菩提　安隱清凉無上樂　斯等如是勝妙音
恒常數數而得聞　爾時更無餘聲響　若樹若壁及露地

或復空中及寺廟　但聞如是微妙句　聞已一切皆得道
便於生死得解脱　皆是如來神力故　具八功德妙音聲
爾時無有雜毒心　所謂離欲及瞋恚　亦無愚痴出惡聲
粗言逼惱來經耳　一切厭背於生死　趣向涅槃大正路
彼土一切悉當空　佛及衆生皆滅度　斯是彼佛大神力
發弘志願不思議　曾於過去那由劫　爲求菩提修道行
彼國所有諸衆生　一切悉皆當作佛　此諸梵天發廣願
皆由觀察寂滅句　悉得證知甚深義　解了如來吉祥路
其所修學皆通達　於諸世間爲導師　彼能觀察衆生空
不生疲倦懈怠心　是故巧⑯入諸法性　修集菩薩勝妙行

大寶積經卷第六十七

校注

①『色』下，龍藏、思溪藏有『授』字。
②『諸』，思溪藏作『識』。
③『但』，龍藏、思溪藏無。
④『俗』，龍藏作『諦』。
⑤『令』，思溪藏作『今』。
⑥『今』，思溪藏作『爾』。
⑦『今』，龍藏作『令』。
⑧『説』，龍藏、思溪藏作『能』。
⑨『日』，龍藏作『月』。
⑩『與菩提』，底本污殘，依龍藏、思溪藏補。
⑪『中』，底本無，依龍藏補。

⑫『有』，底本作『其』，依龍藏、思溪藏改。

⑬『諸苦』，底本污殘，依龍藏、思溪藏補。

⑭『無』，底本污殘，依龍藏、思溪藏補。

⑮『得』，思溪藏作『時』。

⑯『巧』，龍藏、思溪藏作『乃』。

大寶積經卷第六十八

北齊三藏那連提耶舍譯

菩薩見實會第十六之八・光音天得授記品第二十

爾時五十八千萬光音諸天。見諸阿修羅。伽樓羅乃至梵天等。供養如來聞授記已。欣喜踴躍。皆得稱心。偏袒右肩。右膝著地。向佛合掌。恭敬作禮。白佛言。世尊。有三昧名照耀一切法。若菩薩摩訶薩學是三昧。一切法中悉得光明。得入菩薩法門。菩薩摩訶薩解了知已。得無邊辯。無礙辯。相續辯。種種辯。美妙辯。真善辯。相應辯。解脱辯。微細辯。不共辯。甚深辯。乃至得於如來之辯。世尊。何者名爲照耀一切法三昧。菩薩入此諸法門故。念諸覺觀。知一切法無覺離覺。是無覺法遍一切處。無有一法能覺察者。何以故。性自離故。若法無性。云何能覺知一切法。無其覺已。入阿字門。得上辯才。彼菩薩入阿字門已。得無邊辯。阿字無邊。阿字非普遍。阿字無作。阿字非有爲。阿字非成就。阿字非事。阿字無所依。阿字無動轉。阿字非略。阿字非廣。阿字非分別。阿字非衆事成。阿字不可穿。阿字非色。阿字不可示。阿字不可觀。阿字無有能見者。阿字非可思。阿字不定住。阿字非可知。阿字非能知。阿字非可測。阿字不能自示現。阿字亦不能示他。阿字非思議。阿字不去。阿字不來。阿字非近。阿字非遠。阿字非言說。阿字亦非可說法。阿字非名。阿字非用。阿字非現前。阿字非覆障。阿字非移轉。阿字非可改。阿字非差別。阿字無二。阿字非生。阿字非虛妄。阿字非真實。阿字不可說。阿字非生滅。阿字非清净。阿字亦非可净法。阿字非執持。阿字非攝他。阿字非弃捨。阿字不爲他法作。阿字亦不作他法。阿字不生。阿字不滅。阿字不能生他法。亦復不能滅諸法。阿字非生非不生。阿字不與生法作生因。亦復不作不生緣。阿字非依非不依。阿字非假非不假。阿字非却非不却。阿字非許非不許。阿字非可得亦非不可得。阿字非空非不空。阿字非分別非不分別。阿字非相非不相。阿字非願非不願。世尊。一切諸法皆如是相。所謂無相。一切諸法皆同一實。所謂無實。皆同一趣。所謂無趣。皆同一入。所謂無入。皆同一假。所謂無假。皆同一用。所謂無用。一切諸法皆同一說。所謂無說。世尊。諸法無起。不可得故。諸法非有。以無有故。諸法無生。以不生故。諸法無滅。以不滅故。無爲法者。無有作故。世尊。一切法皆同[1]一如。當如是知。世尊。是諸不生法。彼法事用。云何得知。世尊。譬如有人夢中所作。當知諸法亦復如是。何以故。夢所作事。不生不起。亦非有故。夢雖不實。非無假名說有夢作。一切諸法皆亦如是。世尊。譬如響聲唯有假名。諸法但假亦復如是。世尊。喻若幻人但是假名。當知諸法亦復如是。世尊。譬如陽炎但假名字。諸法假名亦復如是。世尊。如鏡中像但有名用。當知諸法亦復如是。世尊。爲悅豫凡愚說有夢事。夢中所作皆非真實。響幻炎影亦復如是。但有假名。皆無實作。世尊。我等如是解知如來所說法義。爾時光音諸天以偈贊佛。

世尊善知此法義　及餘種種無邊法　如來所有諸佛子
得父資財常游戲　世間少智莫能入　由常計著我心故
十方求我不可得　我體本來性自空　如空陽炎非實水
愚痴見彼作水想　都由無智生迷惑　虛妄顛倒計我人
彼痴愚惑如來教　是故不解深義趣　凡夫心識如炎水
不能了知諸陰義　心樂生死著苦箭　諸根駃②流所漂溺
斯等畢竟無自性　爲痴覆蔽妄受苦　彼皆失智心迷亂
於諸苦中生樂想　心常顛倒順三毒　是諸煩惱甚可怖
貪欲瞋恚及愚痴　斯諸結使常隨逐　深樂受故生渴愛

愚痴不識故受苦　無智隨順諸煩惱　如人痴負怨家行
聞佛所説空教門　於空反畏失解脱　譬如怯人執持刀
應得安隱反生畏　大智世尊所説法　謂是微妙阿字門
能生真實勝智慧　猶如平地生大樹　降諸魔怨那由衆
能寤安隱妙菩提　以彼八正大船筏　於諸有海度群生
世尊所有諸佛子　了知如來勝教法　速滅煩惱諸怨敵
疾證無上大菩提　既自解脱離毒心　見餘毒者施智藥
得到究竟彼岸果　獲大安樂無爲處　一切諸法皆悉空
諸餘外論妄分別　明人弃惡就正路　皆由本來久修學
心無所著即解脱　諸法體性自如是　彼能如是了知者

成佛大力那羅延　無有繫縛及縛者　諸法性空皆亦無
真如寂滅及非如　非是垢穢亦非净　煩惱無相亦無斷
以其本來性自空　如是能知真實法　彼人當得一切智
自證解脱復度他　此等不生亦不滅　世間天人皆迷惑
如春禽獸見炎水　虚妄分别起渴心　想見男女受苦惱
以業種種生諸趣　由心作故有差别　造業有報及以受
彼業無有能作者　我等如是解佛法　是諸如來妙境界
是故如來心調伏　諸根寂静能忍辱　世尊如法得供養
清净無垢盡諸穢　具足衆德離暗冥　唯佛能施三界眼
我今贊佛所獲福　唯有出世大導師　二足世尊功德聚

能知我等所得報　以此微妙勝善根　迴施一切諸群生
願彼當於未來世　悉得成就一切智

爾時世尊知光音天深信心已。及知修行辯才具足。欲令大衆功德善根當復漸漸勝進增長故。是時如來即現微笑。爾時慧命馬勝即以偈頌問世尊曰。

大悲善逝非無因　而現希有微笑相　能利世間無上士
正覺智慧超群生　兩足世尊功德聚　憐愍衆生願演說
爲誰而現此微笑　殊勝光顯於世間　一切衆生若得聞
心意決定大喜悅　修行善業證佛果　得離生死到涅槃
斯諸世間天人衆　生死苦惱之所逼　願度群生於有海

演説八正大船路　如是得聞大仙説　具八功德最勝道
世間於是生欣喜　樂修諸善願成佛　勇猛精進有大力
内心清净離諸疑　當傳如來所説法　是佛真子順聖教
此諸衆會無餘念　一心瞻仰大瞿曇　唯願敷演授記事
令其決斷疑惑心　合掌恭敬正意住　咸皆願樂欲聽聞
善哉願説甘露味　諸有渴法當得飲　是等一切諸會衆
心净愛樂勝功德　瞻仰如來最勝顏　猶如嬰兒觀母面
大慧願授此天記　開現微笑因緣事　得聞如來授記已
世間當獲大利益　誰於牟尼增善根　及以發願得滿足
剋獲微妙功德藏　我今樂聞彼受記　大衆必生欣喜心

聞佛所説授記故　決定當具念慧力　及得修行三昧定

爾時世尊即以偈答惠命馬勝言。

善哉馬勝所問事　辯才應機正是時　斯即如來神通力
以是汝今生智慧　爲利世間故增辯　是故汝今能致問
我今爲彼説授記　寂静諸根一心聽　此諸勝慧光音天
過去已供無量佛　見是世間孤無救　發心安住欲作佛
修治真實微妙行　必定當成一切智　爲求佛道諸衆生
如迷失徑教正路　如是得聞世尊教　其聲最勝無等等
樂佛功德智慧人　必得究竟到彼岸　彼有智力知善惡③
決定當獲佛菩提　欣喜已發菩提願　如婦生男稱其心

此天爲求菩提者　示其出世真正路　於不可説那由劫
修習菩薩勝妙行　所化衆生過衆星　安置於佛菩提已
當來具足世間解　自然成就一切智　彼等妙土不可説
世界寬廣有百億　是諸妙刹甚清净　無量種種勝莊嚴
彼佛國土諸衆生　無三惡趣及八難　一切皆發菩提心
咸各得住不退轉　彼諸如來國土中　亦復無有小乘法
衆生悉皆求佛道　便得進趣不退地　是諸刹土衆生類
一切壽命悉齊等　經於十億恒沙劫　皆由值遇諸佛故
若教那由刹衆生　悉得入於小涅槃　若復有人化一人
或男或女入大乘　初福比此功德聚　算數譬喻不能及

是故若住大乘者　應當轉化於餘人　馬勝以是因緣故
如來出世甚爲難　猶如優曇極難值　無邊大智如是説
以巧深智善知識　善解方便示正路　安隱無上勝菩提
若人求者應親近　從佛口聞如是語　具足微妙甚深義
一切大衆皆欣喜　踴躍充滿稱心意　那由諸天住空中
皆散天衣旋轉下　欣喜贊聲滿虚空　敬禮無比大神力
清净妙智度世間　能滅衆生煩惱熱　佛説甘露滅三毒
如阿伽陀消衆毒　得聞智慧斷諸結　世間迷惑多苦惱
於其有趣當得脱　從佛得聞勝法故

菩薩見實會第十六之八·遍净天授記品第二十一

爾時十二那由他遍净諸天等。見諸阿修羅。伽樓羅乃至光音天等。供養如來聞授記已。欣喜踴躍。皆得稱心。自現威力。而白佛言。世尊。有三昧名超過一切法。菩薩摩訶薩得是三昧已。於諸攀緣及一切事。皆生樂受。不生苦受。假使於其地獄事中。受諸苦惱。皆生樂想。或復於其畜生道中。受畜生報。亦生樂想。或復餓鬼道中。受飢餓苦。亦生樂想。或復於彼阿修羅道中。亦生樂想。或復人中所受諸苦。亦起樂想。不生苦想。假使截手及以截足。割耳劓鼻。或復鞭打杖刺入身。或復牢獄繫閉。或復倒懸。或復裁割猶如衣帛。或復裹繫及以束縛。或復切膾。或復鍾搗猶如甘蔗。或復蹉踏破如蘆葦。或復火燒如蘇油炷。或復然身喻若明炬。或與師子虎狼爲食。或復釅(yàn)醋及以辛汁澆灌口鼻。或復蒸煮及以火炙。或與狂象踐踏其身。或復挑目。或以矛矟穿刺高舉。假使瞋怒來截其首。如是一切悉生樂想。何以故。由彼菩薩於其長夜修菩薩行時。發如是願。若有衆生施我食者。願彼一切得涅槃樂。若有與我洗浴身體。禮拜奉迎。尊重供養。若有衆生罵辱於我④。復有人人⑤讚嘆於我。若有衆生鞭打斫刺奪我身命。願彼一切得涅槃樂。乃至覺寤無上菩提。彼菩薩成就如是心。具足如是業。亦復具足如是願。於一切衆生皆起樂想。常能修集無間不斷。以是業報故。得一切法樂善取⑥三昧。彼菩薩得此三昧時。不爲衆魔之所動壞。亦不爲魔事之所繫縛。當知是菩薩得五種自在。何等爲五。一者。壽命自在。二者。生自在。三者。業自在。四者。覺觀自在。五者。衆具果報自在。彼菩薩摩訶薩。若欲過一生證阿耨多羅三藐三菩提者。以彼三昧力故即便能得。若不樂速證無上菩提。能住無量阿僧祇劫度脱衆生。何以故。當知彼菩薩住於大乘。與諸菩薩常爲導師。攝受一切諸餘菩薩。是大菩薩厭離諸趣。爲衆生故。亦復生於一切趣中。究竟一切菩薩所學。爲般若波羅蜜之所攝受。具足一切巧方便力。知諸魔業。得法究竟。彼諸菩薩承佛威神。於一切法皆得盡知。

爾時遍净諸天即以偈頌贊世尊曰。

我等一切遍净天　於諸佛法皆盡知　頭面歸敬天人師

諸根寂静知⑦寂滅　解了諸義智所供　已度生死牟尼尊
我今贊嘆大導師　能善導他非他導　諸法性相非究竟
亦復無有依住處　如來善知妄想事　猶如幻師知幻術
智人解了語言音　喻若深谷諸響聲　世尊如是善知見
一切世間天人等　無有衆生及以命　亦復無人無壽者
大智觀察一切想　了達衆想悉歸空　二足世尊慈無等
恒常行慈不暫捨　一切世間諸天人　不能測知如來智
導師演説緣衆生　所謂慈心是善修⑧　了知一切諸衆生
無有衆生及命者　我等於此無垢濁　其心清净離疑惑
是故於佛勝智慧　應受供者令供養　於其十方世界中

求苦畢竟不可得　如來無上天中天　説於衆生起慈心
斯即是其世尊教　我今得解亦如佛　是故我於世間解
今得供養應供者　既無衆生亦無苦　是故無有可救度
已得遣除心憂悶　便獲欣喜大踴悦　如是佛教不思議
我等已得如實知　是故我今供養佛　願得如來無上智
佛於諸趣不見苦　涅槃亦復不可得　增上弃捨於生死
以此饒益諸世間　無苦無趣無衆生　亦無涅槃而可依
如是得知佛法已　是故我等今供養　佛具慈悲及喜捨
轉爲世間常演説　而復不見有衆生　得住於四無量心
不見有其放逸者　亦復不見不放逸　如是知佛教法已

我今供養大導師　於身離身無上士　觀身畢竟不可得
雖然亦非不有說⑨　而說有念失念者　善逝常說修學念
所謂觀身正念處　我等如是知佛法　今得供養救度者
世尊觀受不可得　以受無有體性故　亦復觀察於受者
畢竟無其真實性　又復觀彼修念者　究竟亦復不可得
我等如是知佛性⑩　今得供養天人師　觀心及以心數法
畢竟無體不可得　亦復不見有修念　及以正住念處者
佛說念與心和合　樂求解脱應修學　我等如是知佛教
今得供養正遍知　如來不見有諸法　亦復不見修法者
大聖所說修習念　彼念亦復性自空　復說念與法和合

欲求解脱應當修　我等如是知佛法　今得供養一切智
念處一尚不可得　何况而復有三四　所謂於彼念住處
彼諸念處皆悉無　是故真求不可得　畢竟無受苦樂者
我等如是知聖教　今得供養佛世尊　牟尼所説四正勤
若有比丘專修習　斯即能爲解脱路　當得出於生死海
而無解脱無縛者　無佛無教及菩提　然復不壞假名用
是故我今供大聖　佛説四種如意足　勝妙安隱解脱道
寂静諸根衆生輩　修行此道得涅槃　如意及足修行者
真實觀察不可得　而非斷絶示有作　智慧境界不可見
如是世尊教法中　我等於此皆悉知　其心清净無垢穢

皆得遠離諸疑惑
是故妙智無倫匹
出世能趣解脱道
無根及以修根者
是故今得供養佛
此能盡滅煩惱縛
煩惱及佛皆亦無
大仙所説七種善
趣向涅槃大正路
我等於斯無疑惑

以斯即爲上供養
我今悉得修供養
慎莫放逸常勤修
亦無解脱及脱者
導師所説五種力
令諸縛者得解脱
我等於此無疑慮
菩提分法最勝道
無有繫縛及解脱
是故今得供養佛

供養堪受勝供者
世間解者説五根
是爲趣向涅槃路
我等於此悉無疑
非邪能趣涅槃城
彼諸力體性自空
是故今得供如來
能解一切衆生縛
亦無受縛得脱者
世尊説此八正路

顯示一切諸群生　是諸煩惱苦之本　修學聖道能斷除
斯等二法離對治　所謂聖路及煩惱　諸天於此悉無疑
故今供養應供者　修奢摩他及舍那　斯道能盡諸苦邊
令⑪受諸苦習氣垢　世尊曠劫已蕩除　奢摩他及舍那果
是等一切皆悉空　天衆於此離疑網　是故我等今供養
佛說不净治貪欲　慈心對治於瞋恚　毗婆舍那痴對治
如來顯示諸衆生　斯皆無作無暫停　是故無垢亦無净
我等於是悉無疑　常樂供養大導師　如來所說十不善
斯等名之爲業道　殺生偷盜及邪淫　妄語兩舌與惡口
綺語貪欲及瞋恚　最後第十名邪見　佛說此等爲不善

是諸衆生惡業道　既無衆生亦無害　自餘九業亦如是
無有對治諸善惡　以彼自性空寂故　然復非無十力教
以其不壞法體性　我於佛慧亦不疑　是故今⑫供無上智
若有修此如來法　是人即爲真佛子　彼人處處皆受樂
恒常遠離諸苦惱　如是善逝勝智慧　安隱引導諸群生
我等於此離疑心　今悉供養應供者

爾時遍淨諸天偈讚佛已。咸皆默然。却住一面。爾時世尊見彼天衆默然而住。及知彼天深信心已。而現微笑。爾時慧命馬勝以偈問曰。

今佛世尊最勝智　爲利世間現微笑　十力世雄超一切

而能化伏諸大衆　善解諸法大導師　所現微笑非無因

心無所乏世間解　唯願解説微笑義　此諸大衆皆一心

無其亂想住正念　喜心瞻仰功德山　唯樂聽聞恭敬住

於佛自在大論師　若得聞説必欣喜　善解諸法決定智

當得作佛導群生　若人於佛生净信　必成大智世間最

測知微妙甘露句　是人能觀於十方　誰於未來世劫中

當得作佛愍世間　微妙言辭大導師　唯願説彼令衆喜

若於聖雄沙門所　生其敬信尊重心　亦住正法生信慧

一切諸魔不能動　若能生信得決定　即是佛子從心生

唯願世尊演説彼⑬　以是大衆得除疑　若有於其衆生所

慈心普覆遍世間　智慧堅固當成佛　便得安住一切智
百福莊嚴無上士　唯願開演除疑網　誰欲受持世尊法
如來爲其現微笑　願得聞佛善巧說　具八功德微妙音
先自得趣於善道　後能引導諸群生　如是善逝微妙法
佛子得住於彼中　世尊佛種不斷絶　必得久住於世間

爾時世尊即以偈答慧命馬勝言。

馬勝汝今問笑光　我爲利益諸世間　汝獲福德稱其心
斯福無量不可盡　妙士乃能應時問　以是大利諸衆生
汝及一切大衆等　欣喜一心聽我說　斯等遍净諸天衆
於我法中悉無疑　一切欣喜净信心　以偈贊頌我功德

此天曾於過去世　供養千億那由佛　亦於彼佛問斯義
一切法中得無疑　由彼往昔因緣故　今以偈頌贊嘆我
亦復净心當贊嘆　賢劫一切諸如來　當於優波羅劫中
成佛大力那羅延　教化不思那由衆　引導入於涅槃城
彼諸大仙成佛時　所得名稱甚微妙　我今爲汝説彼佛
一心寂静善諦聽　同其劫中悉作佛　號曰法幢等正覺
咸皆救度不思議　那由他衆入涅槃　彼諸如來滅度已
焚身廣布諸舍利　以此舍利皆起塔　遍滿佛刹如散花
爾時一切佛舍利　各各皆悉廣流布　彼佛一一涅槃後
咸皆饒益於世間　不思那由衆生輩　供養彼佛舍利已

當得甘露妙涅槃　三世諸佛之所贊　若有稱彼諸佛名
所獲微妙勝善根　當得成就有學道　值佛轉獲殊勝果
猶如無量難思衆　皆於我所種善根　欣喜信樂清净心
當得值遇彌勒佛　如是彼佛聲聞衆　從佛復至諸佛所
常得值佛入衆會　皆由供養彼舍利　得聞如斯佛語已
一切大衆生希有　勝妙功德有威神　遍净諸天清信士
及諸大衆普欣喜　悉皆流注向菩提　得知如來大勢力
咸各頂禮世尊足

大寶積經卷第六十八

校注

①『切』下，龍藏有『諸』字。

②『駃』，龍藏、思溪藏、和裕本作『駛』。

③『惡』，龍藏、思溪藏作『根』。

④『我』下，龍藏有『或』字。

⑤『人』，龍藏無。

⑥『取』，龍藏作『最』。

⑦『知』，龍藏作『如』。

⑧『修』，龍藏、思溪藏作『根』。

⑨『有説』，龍藏、思溪藏作『説念』。

⑩『性』，龍藏、思溪藏作『法』。

⑪『令』，龍藏作『示』，思溪藏作『爾』。

⑫『今』，底本污殘，依龍藏、思溪藏補。

⑬『彼』，龍藏作『法』。

大寶積經卷第六十九

北齊三藏那連提耶舍譯

菩薩見實會第十六之九・廣果天授記品第二十二

爾時八億廣果諸天。見諸阿修羅。伽樓羅。龍及龍女。鳩槃茶。乾闥婆。夜叉。緊那羅。摩睺羅伽。訶羅伽闍天。四天王天。三十三天。夜摩天。兜率陀天。化樂天。他化自在天。梵摩天。光音天。遍净天等。供養如來聞授記已。欣喜踴躍。皆得稱心。入一一法門。從一一法門見無量法門。於一切法門得無量無量辯。不斷辯。相應辯。解脱辯。無著辯。無礙辯。微細辯。甚深辯。種種辯。美妙辯。相續辯。於諸辯才皆悉知已。於如來所敬信尊重。而作是言。

世尊。有陀羅尼名無量門。若有菩薩修集是陀羅尼者。當知得彼不斷辯等。於一切境界中心不迷惑。是諸境界無有一法非陀羅尼。是菩薩摩訶薩得是陀羅尼時。於諸法中悉得陀羅尼解。辯才無礙。若菩薩住是無量法門陀羅尼時。於五陰入十二入入十八界入。於諸根入。四諦入。十二因緣入。於衆生入及非衆生入。於有入非有入。於取相入非取相入。於依入非依入。於空入。於我入。於相入非相入。於願入非願入。於有爲入無爲入。如是一切處得不壞辯才。是菩薩於陰入中得陀羅尼。所謂色陰者。即非成就。何以故。無有少色法得成就者。何以故。地①界性非成就。如是水火風界性亦非成就。何以故。地性離故。若法無體性。是名非成就。如是水火風性自離故。以法無體性。是故非成就。如是色非成就。以非成就故。不可説名過去現在及以未來。何以故。色非有法故。是故不可得。若色不生者即是不滅。以不生滅故。即不可説。復有如是説。所有過去色現在未來色。此等和合名爲色陰。其色體性亦不可得。何有過去現在未來。是故色陰非是可説。受想行識亦復如是。是故陰入即是陀羅尼入。以陀羅尼入故。陰不可得。以陰不可得故。陀羅尼亦不可得。以陀羅尼入不可得。唯是但名但用但假。但是世俗。但是言説。但是施設。非陰非色亦非色入。亦非陀羅尼體性可得。何以故。所謂陰等非是作法。以非作法故。無有積聚。以積聚故。得名爲陰。譬如世間多物積聚。假名城屋舍宅殿堂。重閣樓闕。窗牖欄楯。城壁女墻。却敵寮孔。周迴具足名之爲城。彼色性即不可得。無有積聚。以無積聚故。即便無色亦無色陰。受想行識亦復如是。性不可得。無有積聚。以無積聚故。即便無識亦無識陰。彼諸陰入應如是知。彼眼入者是誰入。謂苦入。何者是眼。謂清凈四大所造色名爲眼。何等是四大。謂清凈地界。水火風界。彼凈地界性自離故。以法體不可得。彼即非成就。如是清凈水火風界體性自離。以法體不可得。彼即非成就。如是眼入非成就。是故不可說言過去現在未來。何以故。眼入非物。以非物故。不生不滅。若不生滅者。即是不可說。如是眼不生滅。入亦不生滅。以不生滅故。即是不可說。應當如是知。唯是但名但用但假。但是世俗。但是言說。彼名名體亦離自性。何以故。無有一法得名爲眼。名爲入。名爲苦。以名不可得。是故眼入亦不可得。以眼不可得即是陀羅尼入。是陀羅尼入亦不可得。何以故。性自離故。但名但用。但假施設世俗言說。如是以眼入入得陀羅尼。得陀羅尼已。便得辯才。當知耳鼻舌身意。色聲香味觸法亦皆如是。於彼界入得陀羅尼眼。眼體不可得。界體不可得。何以故。眼離眼性故。界離界性故。以法體不可得。彼即非物。以非物故。即非成就。非成就者。不生不滅。以不生滅故。彼即非過去非現在非未來。但名但用但假。但世俗但言說但施設。彼名離名自性。乃至施設亦離施設自性。若法無自性不可得者。即是非物。以非物故。即非成就。非成就者。即非生滅。以不生滅故。彼即非過去非現在非未來。若於三世所不攝者。彼名即非相。亦非想。非用非假。非有爲非可説。非來非去。非可爲他説。非可顯示。非可知非可識。非黑非白。非窟宅離窟宅故。非至非可至故。非得非可得故。非證非可證故。非凡夫亦非凡夫地。非聲聞亦非聲聞地。非縁覺亦非縁覺地。非菩薩亦非菩薩地。非佛亦非佛地。非地亦非非地。此即是真如。不异如。非非如。寂滅無相。但用但假。謂如來者。但世俗故。説名如來。非第一義有如來也。何以故。彼法不可得故無如來。於彼界入。應當入如是眼耳鼻舌身意界。法界意識界。如是一切餘界亦應知。應當如是廣入法界。

世尊。彼法界説言陰時。而不壞彼法界本性。説言入時。説言界時。

説言四諦時。説言十二因緣時。亦不壞本法界體性。彼法界隨所
説處。一切諸法建立名字。皆不壞彼法界體性。世尊。譬如地界。隨
其所在作异名字。而不壞彼本地界性。世尊。如是法界隨其所在
作异名字。亦復不壞法界本性。如是水火風界亦復如是。世尊。譬
如虛空。隨其所在差别异用。而不壞彼虛空體性。世尊。如是法界
隨其所在差别名用。而不壞彼法界體性。
世尊。入諸根時即是入法界。言諸根者。所謂眼根耳根鼻根舌根
身根意根。男根女根命根。樂根苦根喜根憂根捨根。信根精進根
念根定根慧根。未知欲知根知根知已根。彼眼眼體不可得根。根
體不可得。何以故。是眼離眼自性故。以法無體性。彼即非物。以非

物故。即非成就。非成就者。彼即不生。若不生者。即是不滅。以不生滅故。不可說言彼是過去現在未來。若於三世中不生滅者。彼即非眼亦非眼根。云何有用。應如是知。

世尊。譬如空拳虛誑無物。但有名字乃至言說。於第一義中空拳亦無。如是眼及眼根。猶如空拳虛妄非實。而現虛相誑惑凡夫。但有名字乃至言說。於第一義眼及眼根俱不可得。如是世尊得一切智已。爲度衆生故。說名爲根。彼等諸根於第一義。性自離故。根體皆空。其法體空者。用亦虛妄。非有非實。誑惑凡愚。離自性故。不生不滅。不生滅者。不得說言彼是過去現在未來。若於三世中無者。彼即無名無相。非可說非可爲他說。非生非可生。非已知非當知。非已聞非當聞。非識非可識。非已證非當證。非已得非當得。非已見非當見。非已到非當到。何以故。彼非有故。世尊。譬如有人於其夢中受樂喜笑。囈語游戲。是人爾時從寐寤已。憶念夢中受樂游戲。念已求之不見不得。何以故。彼人夢中受樂喜笑囈語游戲。尚自無實。何況寤時。若見若得。無有是處。世尊。如是諸根猶如夢中受樂游戲。實不可得。如是一切諸法體性亦不可得。以不可得故。不可說言彼是過去現在未來。若於三世中不可得者。彼即不可說。一切諸根當如是知。世尊。若入法界。即入一切法。入一切法。即是入法界。世尊。入四諦法。即是入法界。何等爲四。謂苦集滅道。世尊亦說一切諸法皆悉是空。非衆生。非命。非福伽羅。非想非相。我等於此法中無有疑慮。世尊。以無衆生故。亦復無苦。何以故。衆生無處。苦諦亦無。以無苦故集諦亦無。何以故。無如是因而無果者。世尊。以無集故滅諦亦無。何以故。無集諦故亦無斷集。以無滅故道諦亦無。何以故。無有是道不斷集者。

世尊。道果者謂是滅諦。彼煩惱不可得斷。煩惱滅亦不可得。以滅不可得故。道亦不可得。無有如是道而無其果。此四聖諦但是分別虛妄非有。以非有故。不可說言過去現在及以未來。若於三世中不可得者。彼即非生非滅。非相非想。非設非可設。非示非可示。非顯非可顯。非語言非可語言。非言辭非可言詞。非說非可說。非見非可見。非知非可知。非識非可識。非測非可測。非達非可達。非到非可到。非得非可得。非聞非可聞。非見非可見。非對非可對。非證非可證。非白非黑。非明非暗。非去非來。非淺非深。非清非濁。非畏非安。非縛非解。非憎非愛。非煩惱非清浄。非智非非智。非路非非路。非壞非非壞。非攝受非非攝受。非生死非非生死。非可得非不可得。非衆生非非衆生。非命非非命。非壽者非非壽者。非我非非我。非物非非物。非空非不空。非相非非相。非願非不願。非依非不依。非有爲非無爲。非斷非常。非邪非正。非實非妄。非妄想非非妄想。非處非非處。非宅非非宅。非知非不知。非捨非修。非生死非涅槃。非覺非不覺。非凡夫境界。非聲聞境界。非緣覺境界。非菩薩境界。非佛境界。非境界非非境界。非作非不作。如是入諦即是入法界。入法界已即得陀羅尼。得陀羅尼已即得辯才。入十二因緣即是入法界。無明緣行。行緣識。識緣名色。名色緣六入。六入緣觸。觸緣受。受緣渴愛。渴愛緣取。取緣有。有緣生。生緣老死憂悲苦惱。是衆苦大聚。如是無明滅則行滅。乃至憂悲苦惱滅。衆苦大聚滅。世尊。彼無明無明體不可得。何以故。性自離故。若法無體性。彼即非物。以非物故。即非成就。非成就者。非生非滅。非生滅者。即非過去非現在非未來。若於三世中不可得者。無名無形。無相無想。亦非差别。唯是但名但假但用。但世俗但言説。爲教化一切凡夫衆生故。彼無明於第一義實不可得。不可得者。即非差别。用亦不可説。

世尊。若是但名乃至但施設。彼即非實。唯是虛妄。言說分別。覺觀非定。但是戲論。彼無明若無自性者。云何能生行。無明無故。行亦不生。以不生故。彼即不老不病不死不流轉即不生。何以故。若不生者云何有老。以無老故。乃至不生。若不生不死者。即是一切過現未來諸佛菩提。但世俗名字。非第一義。所言無明即是菩提。當知諸有支亦復如是。如是入十二因緣。當知即是入於法界。世尊。如來不生。一切諸法亦不生。是故一切法即是如來。如來不滅。一切諸法亦不滅。是故一切法即是如來。世尊。如來無相。一切諸法亦無相。是故一切法即是如來。略而言之。如是無相不可得。非垢非净。非愛非憎。法界不可識。亦復不可知。

世尊。真如者即是如來。一切諸法即是真如。是故一切法即是如來。世尊。實際者即是如來。一切諸法即是實際。是故一切法即是如來。世尊。隨所法中即有如來。於其法中即有一切法。是故一切法即是如來。

世尊。若有人言如來得阿耨多羅三藐三菩提者。彼諸衆生是計著見。何以故。如來不二菩提亦不二。不二者不能覺寤於不二。世尊。若復有人作如是言。如來轉於無上法輪。彼諸衆生是執著見。何以故。如來非進退。

世尊。若復有人作如是言。如來滅度無量衆生。彼等一切皆是執見。何以故。一切諸法實無衆生。是故無有得滅度者。

世尊。若復有人作如是言。如來利益無量衆生。彼等一切是取著見。何以故。如來不爲利益衆生。亦復不爲不利衆生出現於世。

世尊。若復有人於未來世作如是言。如來捨壽。彼諸衆生皆是執見。何以故。法界無攝受亦無捨故。

世尊。若復有人作如是言。如來入於無餘涅槃界。彼諸衆生是計著見。何以故。法界非生死亦非涅槃。

世尊。若復有人於我所説法能決定知者。彼諸衆生於阿耨多羅三藐三菩提皆不退轉。

世尊。假使法界有其變异。是諸善男子善女人能如是信者。必定當覺無上菩提。無有變退。

爾時八億廣果諸天。於世尊所演説自己所證法已。頭面禮足。右繞三匝。却住一面。合掌而立。异口同聲以偈讚佛。

敬禮善逝知法者　那羅延力大導師　憐愍一切勝牟尼
方便示現於真實　既自了知一切法　如實顯示諸世間
稽首無量功德身　智慧最勝無上士　如是真實微妙法
聖説相應無有异　世尊無等大醫王　能令衆生法眼净
敷演八種真聖路　爲得無上大菩提　歸敬無量功德身
智慧最勝無上士　顯示菩提正直道　畢定趣向大涅槃
獲得無等勝菩提　寂滅安隱最堅固　度脱多億那由他
輪迴生死苦衆生　頂禮無量功德身　智慧最勝無上士

觀察五陰悉空無　陰體畢竟不可得　彼陰即體離諸觀
唯誑愚惑痴衆生　凡夫於此悉被縛　猶如獮猴膠所粘
智者於斯得解脱　游行無礙如空風　諸界即體性自空
一切智人如是説　彼空亦空無自性　究竟求之不可得
凡夫於此皆被縛　都由不知真實性　智者觀察得解脱
於其三界無所著　諸入無體自空寂　一切智人如是説
猶如空拳虛非實　誑惑愚痴衆生輩　凡夫妄起取著心
皆由於法生疑惑　墜落生死皆喪壞　猶如商人没巨海
彼等諸根性自空　畢竟推求不可得　譬如鏡中現面像
其像無實畢竟空　凡愚無智於此著　正由不知真實法

猶如衆鳥入羅網　亦如淵中所釣魚　衆生無體離生相
依真求之不可得　譬如壁上彩畫像　究竟無實衆生性②
凡夫無智而取著　皆由不知真實義　智者觀彼得解脱
猶如卵生出於縠(què)　因緣生法悉無常　皆悉空寂離攀緣
譬如夢中所受樂　非實誑惑痴凡夫　愚無智慧爲彼縛
由不思量妄分別　智人觀察得解脱　猶如飛鳥出籠網
如佛功德不思議　一切諸法亦如是　諸法無相如牟尼
法體寂滅如涅槃　諸法無依如如來　於其三界不取著
是故所有成佛者　皆由得知此義故　諸法無怖如世尊
不起自身及他想　諸法難思如導師　唯佛能知導群生

法無分別如善逝　非是凡夫心所行　是諸如來妙境界
唯佛大聖能了知　若有無智作是言　佛證無等大菩提
若復有人作是言　世尊已轉妙法輪　若復有人作是言
善逝已度那由衆　彼悉爲見之所縛　皆由不知真實性
若人謂佛如是説　殺害行陰及與命　若言十力入涅槃
利益無量衆生已　彼人一切皆執見　入於魔羅之所縛
不能解知真如法　以不知故不知佛　若有善知是非者
彼皆能知大導師　當獲無上功德聚　成佛憐愍於世間
斯即真如無變易　一切諸法離疑惑　人中無上最勝尊
我等已知如是義　如是廣果諸天衆　咸皆於法得盡知

對佛導師自演説　現已内心净信解　一切欣喜無疑慮
各自見已當成佛　此是如來微妙法　彼即自受導師記
爾時世尊知廣果諸天深信具足。於佛法中決定無疑。欲令大衆種善根故。而現微笑。爾時慧命馬勝以偈問世尊言。
智慧導師功德山　非是無因而現笑　我從善逝親自聞
世尊現笑必有因　如來示此微笑相　令衆皆受清涼樂
天人修羅大導師　唯願演説笑因緣　今見如來從面門
所現微笑甚清涼　此諸衆會悉懷疑　一心瞻仰如來面
大悲最勝人中上　願説希有微笑因　世間若得從佛聞
決定必除疑惑心　世尊彼等諸天衆　咸皆演説自授記

以何功德獲何果　願說成佛神通事　開演微妙梵音聲
唯願普斷諸有疑　一切大衆聞佛說　皆悉踴悅甚欣喜
斯等合掌皆一心　净信瞻仰恭敬住　佛子天衆各思惟
悕求無上大菩提　是諸衆會有疑惑　唯願如來爲除斷
必當得力知是非　具足成就一切智　得聞如來八種音
天衆靡不皆喜悅　當得護持如來教　隨順正法如說行
觀察知彼天心已　無上大智願解說　以是大衆生欣喜
於佛法中得信解　今於導師願得聞　天衆過去所修行
若蒙如來解說已　所願皆悉得滿足　廣果諸天如法行
必得成就一切智　當度世間諸群生　顯示真如法體性

爾時世尊即以偈答慧命馬勝曰。

善哉馬勝汝知時　今者問我正是宜　我爲廣果諸天輩
於此大衆現微笑　今當爲汝分别説　咸皆一心共諦聽
所現微笑因緣義　汝及大衆悉得聞　如來具足一切智
觀察因緣有三種　二足德聚正觀已　而現微笑示世間
有樂住於涅槃者　少智微淺願聲聞　復有樂住默然者
志求辟支佛菩提　復有樂求世導師　成佛大力那羅延
我觀彼等深信已　隨所樂欲而度脱　爲求聲聞示現者
當知是其最下笑　應當知我中品笑　爲求辟支而示現
馬勝當知此上笑　爲諸天衆授佛記　我説此三解笑因

所謂最下及中上　善解世間勝導師　而作微笑現瑞相
佛知衆生欲三乘　願樂求證於聖果　爲求聲聞現笑者
微笑光明從足没　爲求辟支所示現　當知笑光入臍輪
爲受無上十力者　其光從佛頂上入　馬勝汝今應當知
微笑因緣有三種　我向所現微笑光　彼光於我頂上没
當知先所現微笑　悉爲無上菩提記　我今當更爲汝説
微笑復有三種因　善哉馬勝及大衆　一心静意俱諦聽
前現微笑爲佛者　其光即從頂上入　有光少時住身腰
須臾没者爲辟支　我現微笑放光明　暫時在於足前住
斯光隨乘而變現　當知此爲聲聞人　今復更説微笑因

馬勝諦聽有三種　導師所放諸光明　出已圍繞於十力
其光既出皆疏散　還復速聚繞身腰　漸漸轉復更增廣
亦還右繞於如來　有光初停後廣大　漸漸右繞於我身
彼光悉遍世尊形　與身俱等無有异　其光莊嚴佛身相
暉赫猶如真金聚　牟尼所放微笑光　當知此光記剎土
有光出已猶如蓋　於上遍覆世尊身　有光如花空中住
其光照曜於導師　彼光一切皆右旋　三匝圍繞如來身
當知此光記壽命　出世大智現斯瑞　斯等三種微笑光
善逝隨根差別現　馬勝汝今應當知　此是三種微笑因
世間導師所現相　善知衆生深信樂　今於如來教法中

汝等聞此得除疑　是諸廣果天衆等　其數滿足有八億
廣説微妙正法門　各於异刹得成佛　壽命具足無有量
經由多劫住於世　是故如來現斯瑞　廣大光明五種色
此諸天衆於過去　三十有六僧祇劫　常得值遇諸世尊
親承供養習諸善　又復經於三十六　阿僧祇劫廣修行
斯等大士住世間　供養如來未曾倦　思惟救度衆生故
數數勤修供養佛　供養世尊應其宜　悕求無上大菩提
彼諸天衆未來世　當得作佛那羅延　成妙牟尼功德山
其劫號曰勝金幢　是諸如來各自住　清净莊嚴國土中
彼佛同號日光輪　具足無量功德聚　一一如來各住世

經於無量那由劫　此諸善逝所集衆　無量無邊不可數
一一導師成佛時　所有聲聞弟子輩　十力住經那由劫
算數彼衆不可盡　若有算師悉共聚　亦算彼衆不能盡
當時所有諸菩薩　倍多於彼聲聞衆　皆悉發心住佛乘
願得當成一切智　於其清淨國土中　悉當成佛具十力
是諸菩薩所修行　皆如本師無有异　彼諸如來滅度後
正法興顯久住世　經於十二那由劫　爲諸佛子所護持
此諸佛法熾盛時　有發無上菩提心　其數過於恒河沙
皆悉勤修菩薩行　彼諸善逝滅度已　所有一切聲聞衆
斯衆皆悉得涅槃　過於大海諸沙數　如是彼諸佛正法

具足興顯於世間　饒益無量諸衆生　彼教如法大興盛
如是聞佛所説已　一切大衆皆信解　必當得成佛世尊
廣能利益諸群生　是時衆會悉欣喜　頭面禮拜如來足
無等恭敬於善逝　如法供養天人師　是故踴躍發精進
猶如有人救頭燃　常應親近善知識　勤修般若波羅蜜
此是見實勝進行　汝等比丘應修習　當成無上二足尊
功德如山利世間

大寶積經卷第六十九

校注

①『地』下，底本衍『地』，依龍藏、思溪藏删。

②『性』，龍藏作『相』。

大寶積經卷第七十

北齊三藏那連提耶舍譯

菩薩見實會第十六之十[1]・净居天子讚偈品第二十三之一

爾時净居諸天子知無量衆生得住菩提。於佛法中無有疑慮已。稱意踴悦。各以妙偈讚佛功德。

爾時信施天子以偈讚曰。

所愛妻子施　并捨所重身　乃至王位財　我禮檀度者

爾時樂持戒天子以偈讚曰。

如來本持戒　一切無所著　獲果到彼岸　我禮戒度者

爾時樂忍天子以偈讚曰。

佛昔修忍辱　堪受解支節　初無悔惱心　我禮忍度者

爾時樂精進天子以偈讚曰。

不退勇健首[2]　精進有大力　已得上菩提　我禮進度者

爾時樂禪天子以偈讚曰。

佛本修禪定　世間所不知　三際得平等　我禮禪度者

爾時威德天子以偈讚曰。

大雄於般若　相續而修行　獲得無盡慧　我禮智度者

爾時界慧天子以偈讚曰。

布施及愛語　利益與同事　以此度衆生　我禮大導師

爾時净慧天子以偈讚曰。

於大慈悲喜　長夜常修習　以是濟群生　歸命大船師

爾時净心天子以偈贊曰。

以度無諍行　調心大牟尼　能調未調者　我禮調御師

爾時無垢慧天子以偈贊曰。

廣心柔軟心　心調及諸根　知諸衆生心　我禮悉知者

爾時净意天子以偈贊曰。

具足正念者　安住堅惠中　明達悉了知　禮覺覺他者

爾時莊嚴心天子以偈贊曰。

佛久心清净　亦净佛國土　及净群生慧　我禮净法王

爾時無勝天子以偈贊曰。

所願無能壞　降伏魔怨力　滿足諸大願　悦喻[3]諸天[4]衆

爾時速營事天子以偈贊曰。

如來速知法　亦疾净衆生　已見難見法　我禮速事者

爾時堅精進天子以偈贊曰。

處處悉解脱　離痴無諸漏　已度彼岸住　我禮堅固力

爾時樂威儀天子以偈贊曰。

離欲無諸過　除暗得漏盡　爲世勝福田　我禮應供者

爾時善住天子以偈贊曰。

世尊住正法　三界所供養　一道安隱行　是故我敬禮

爾時無動天子以偈贊曰。

佛如堅固山　不爲風所動　毀譽常平等　是故今敬禮

爾時得平等天子以偈贊曰。

大雄色殊勝　具三十二相　有大深智慧　我禮端正智

爾時深慧天子以偈贊曰。

非身大身者　安住真如法　顯説於實際　世間無與等

爾時無等礙慧天子以偈贊曰。

究竟同不二　勇健能伏魔　不疑於深義　照法到彼岸

爾時喜意天子以偈贊曰。

喜意本勇健　所學皆通利　弃捨此三界　如蛇脱故皮

爾時定意天子以偈贊曰。

譬如暗室燈　油盡故明滅　智者如是滅　由聞佛法故

爾時住舍摩他天子以偈贊曰。

如來普觀察　爲欲所結縛　佛能斷彼羂　由執智劍故

爾時多舍摩他天子以偈贊曰。

定心及定行　定威儀境界　佛能滅煩惱　我禮伏怨者

爾時無畏舍摩他天子以偈贊曰。

學佛舍摩他　菩薩得名稱　正定導引故　成就定心佛

爾時定食天子以偈贊曰。

寂滅一切法　大雄所演説　解彼大智者　疾成於如來

爾時常觀天子以偈贊曰。

常觀諸衆生　悉隨如來學　獲得勝菩提　滿足大智慧

爾時持德天子以偈贊曰。

如來智彼岸　菩薩修學故　成世大威德　能見無量法

爾時造光天子以偈贊曰。

彼得不思光　當獲無垢樂　照世如來所　得聞智境界

爾時無垢光天子以偈贊曰。

諸法無分別　以善方便故　修習如是智　故成妙丈夫

爾時無所住天子以偈贊曰。

無住無觸嬈　諸法無所覺　不覺於自他　佛依真實見

爾時宅慧天子以偈贊曰。

諸法無窟宅　導師如是見　爲衆生説故　隨順取法相

爾時無依慧天子以偈贊曰。

諸法無所依　遠離於彼此　如來顯真實　如掌庵羅果

爾時虛空行天子以偈贊曰。

知法如虛空　不生亦不滅　佛見法如是　故能離世間

爾時無積聚天子以偈贊曰。

無求亦無慢　無覺無不覺　依真無自性　是佛見世間

爾時修慧天子以偈贊曰。

猶如巧幻師　幻作種種事　非實而見實　故佛無與等

爾時喜悟天子以偈贊曰。

譬如鏡中像　雖見非真實　佛如是見法　不迷於世間

爾時除疑天子以偈讚曰。

佛如呼聲響　諸法亦復然　說聞俱非實　是佛見世間

爾時無礙辯天子以偈讚曰。

安住正法者　辯才深妙說　世尊久證法　故能具足辯

爾時無障智天子以偈讚曰。

依真無自性　一切法如是　如來如實知　故能除暗冥

爾時無憂天子以偈讚曰。

無憂亦無惱　無靜⑤無嬈濁　諸法無垢染　佛見真實性

爾時行具足天子以偈讚曰。

無來亦無去　諸法無所有　如來真實見　如是爲世説

爾時勝慧天子以偈贊曰。

無染亦無净　非愚⑥亦非智　諸法無能所　佛依如實見

爾時得無礙天子以偈贊曰。

非明亦非暗　非色非非色　非縛非解脱　佛慧如實見

爾時勇目天子以偈贊曰。

非局亦非遍　非有亦非無　如夢受五欲　佛見法如實

爾時不瞬天子以偈贊曰。

不生亦不滅　亦不住中間　迷彼無智者　唯佛見真實

爾時住空天子以偈贊曰。

非人非衆生　非用非世財　隨説故有用　佛能真實見

爾時住無相天子以偈贊曰。

所用一切法　彼皆悉無相　諸法性相離　導師如是見

爾時無願天子以偈贊曰。

因法空無相　以是不起願　假設有願求　唯佛如實知

爾時三昧流注天子以偈贊曰。

已得解脱門　無有解脱者　煩惱本亦無　佛見真實性

爾時無毀天子以偈贊曰。

捨弃一切惡　集諸功德聚　故佛無毀呰　亦無毀呰事

爾時電雲天子以偈贊曰。

猶如雷電雲　降雨充大地　佛注正法雨　充足諸群生

爾時不唐願天子以偈贊曰。

世尊辭無上　能轉正法輪　明達深法理　具足一切智

爾時具智慧天子以偈贊曰。

無生亦無滅　諸法自性爾　如來善知故　亦復轉教他

爾時師子吼天子以偈贊曰。

如來師子吼　演說空法時　外道皆怖畏　如獸畏師子

爾時業無放逸天子以偈贊曰。

現前無放逸　佛修成菩提　導師於正法　無逸到彼岸

爾時住無放逸天子以偈贊曰。

安住不放逸　增益佛正法　十力及餘行　佛法不思議

爾時無放逸生天子以偈贊曰。

會於無放逸　助道得生長⑦　以此濟群生　佛亦自解脱

爾時成無放逸天子以偈贊曰。

無逸得成就　諸有依解脱　聲聞及菩薩　皆從如是學

爾時不逸行天子以偈贊曰。

所有諸佛子　常不放逸行　能取一切智　善觀世間故

爾時無逸護天子以偈贊曰。

佛修菩提時　守護不放逸　逮得勝菩提　大悲莊嚴故

爾時住不放逸天子以偈贊曰。

若住不放逸　揀擇一相法　佛子大勇健　當得父遺財

爾時樂不放逸天子以偈贊曰。

勇健樂不逸　能破煩惱山　是等以佛智　疾滅高慢聚

爾時堅持不放逸天子以偈贊曰。

守護無放逸　昔求一切智　阿僧祇億劫　佛心無疲倦

爾時舍摩他現前天子以偈贊曰。

法寂自性爾　是諸佛境界　智者依彼住　能趣勝菩提

爾時依舍摩他天子以偈贊曰。

諸佛依舍摩　依而不取著　衆生煩惱滅　如雨淹諸塵

爾時住舍摩他天子以偈贊曰。

諸佛住舍摩　不動如大山　天魔不能壞　心寂故歸命

爾時舍摩他調伏天子以偈贊曰。

舍摩所調伏　佛子無譏毀　億魔不能動　離欲如羅漢

爾時修舍摩他天子以偈贊曰。

大雄昔修習　舍摩他定時　無有知佛心　依何得禪定

爾時舍摩他上首天子以偈贊曰。

佛轉正法輪　奮得舍摩他　餘法悉依彼　以是獲菩提

爾時留舍摩他天子以偈贊曰。

佛説舍摩他　是爲心籠網　衆生墮迷獄　佛教降伏心

爾時舍摩他境界天子以偈贊曰。

諸佛妙境界　是爲舍摩他　修此得無礙　成就大導師

爾時滿足舍摩他天子以偈贊曰。

以禪充滿心　復更修集⑧慧　故佛得菩提　復能安衆生

爾時重舍摩他天子以偈贊曰。

不見有餘道　唯在佛法中　獲得大智慧　成就無上士

爾時欣毗婆舍那天子以偈贊曰。

佛依毗舍那　能視一切法　菩薩隨順學　成就自然智

爾時生毗婆舍那天子以偈贊曰。

到智彼岸故　成就大醫王　顯示四真諦　皆由毗舍那

爾時住毗婆舍那天子以偈贊曰。

住毗婆舍那　如實知諸法　勇健證菩提　能成大導師

爾時修盡毗婆舍那天子以偈贊曰。

大士以智慧　修習勝菩提　不生識境界　成就大導師

爾時樂毗婆舍那天子以偈贊曰。

智者依真實　觀察如此法　能獲無等果　成佛號導師

爾時勤習毗婆舍那天子以偈贊曰。

勤修智慧故　能立諸苦行　彼成難降伏　不爲邪道壞

爾時毗婆舍那天子以偈贊曰。

所有諸佛子　觀察法相故　彼知⑨法相已　成就調御師

爾時修毗婆舍那天子以偈贊曰。

如來於長夜　修習勝智慧　能成一切智　度脱無量衆

爾時殊勝行天子以偈讚曰。

佛修一切智　成就大導師　以法濟世間　越渡駃⑩流水

爾時住毗婆舍那天子以偈讚曰。

住毗婆舍那　觀察一切法　出生諸佛法　地生尼拘樹

爾時持毗婆舍那天子以偈讚曰。

世尊諸佛子　攝受勝智慧　得上菩提已　能度諸衆生

爾時游戲毗婆舍那天子以偈讚曰。

游戲於諸法　得佛無所畏　無怯亦無怖　勝智大牟尼

爾時隨順毗婆舍那天子以偈讚曰。

大雄於諸法　皆會毗舍那　觀察無自性　是即佛菩提

爾時毗婆舍那堅固天子以偈贊曰。

諸佛智堅固　於法無所畏　觀見群生苦　能起大悲心

爾時毗婆舍那天子以偈贊曰。

以智趣菩提　有智能善學　彼得勝菩提　度脱諸衆生

爾時修空天子以偈贊曰。

修習於空法　智者悟菩提　能壞諸牢獄　亦度結縛者

爾時解空天子以偈贊曰。

世尊解空故　不見於身命　無緣無自性　依是爲世説

爾時空境界天子以偈贊曰。

一切佛境界　諸法性自空　大雄於中學　愍濟衆生故

爾時信空天子以偈讚曰。

如來離臭穢　怖畏亦久度　不著於諸法　如風無所依

爾時樂空天子以偈讚曰。

修習空法者　能樂佛境界　彼即供養佛　亦成無上供

爾時空建立天子以偈讚曰。

修習空法故　導師得建立　通達空法已　成就世間親

爾時向空天子以偈讚曰。

佛知無一法　不是涅槃者　諸法趣涅槃　此是佛菩提

爾時空成就天子以偈讚曰。

已得空寂定　佛子得成就　彼等供養佛　是修空法者

爾時趣空天子以偈贊曰。

所有歸空者　有智非愚痴　無著斷煩惱　離垢得菩提

爾時滿足空天子以偈贊曰。

佛法得滿足　成就難降伏　所有修空者　能利益世間

爾時住空天子以偈贊曰。

安住佛法中　能修空智者　無量諸魔衆　不能動彼等

爾時樂無相天子以偈贊曰。

喜樂於無相　不著有相中　揀擇諸法已　佛能超世間

爾時無相行天子以偈贊曰。

習行無相時　清淨寂滅行　離相衆生等　魔不知彼趣

爾時無相境界天子以偈贊曰。

無相佛境界　如來於中修　無相難證解　我禮定行者

爾時渴樂無相天子以偈贊曰。

此等一切衆　渴樂⑪無相法　悕求父資財　供養天人師

爾時修無相行天子以偈贊曰。

如來於無相　晝夜常修行　天人及鬼神　不知佛所趣

爾時無相解脱天子以偈贊曰。

大雄住無相　思量一切法　導師所修學　是故我敬禮

爾時無相游戲天子以偈贊曰。

大慈現游戲　常依無相法　成熟衆生故　住於佛智中
爾時無相成就天子以偈贊曰。
善修離相者　能得佛菩提　亦能供養佛　如子恭敬父
爾時久樂無相天子以偈贊曰。
彼愛佛正法　即是衆生塔　所有弃相者　得住於師處
爾時無相道天子以偈贊曰。
衆生諸所歸　依道得濟度　無著寂滅行　如來最無上
爾時信無相天子以偈贊曰。
信解無相者　寂滅離諸怨　我禮一切佛　自度度他者
爾時趣無願天子以偈贊曰。

世尊所有願　求之不可得　彼等離所作　是佛出世間

爾時修無願天子以偈贊曰。

於有不起願　修行寂滅心　斷除渴愛縛　是佛離世間

爾時無願生天子以偈贊曰。

彼得大精進　於有離愛染　是等如來子　悉禮自己父

爾時從無願生天子以偈贊曰。

彼等不起願　於有而壞有　所能斷愛者⑫　佛子離譏毀

爾時無願解脱天子以偈贊曰。

無願得解脱　不求離諸縛　放捨不起願　佛子持威德

爾時出無願天子以偈贊曰。

出離憂曠野　拔斷愛染根　彼等禮如來　得除飢渴者

爾時必定無願天子以偈贊曰。

善知有苦者　亦知世樂妄　佛是彼等父　彼爲導師子

爾時向無願天子以偈贊曰。

於有見苦者　彼人得調伏　我禮善調伏　破有調御師

爾時超無願天子以偈贊曰。

超度有曠野　得住安隱處　普禮大導師　已伏煩惱怨

爾時被無願鎧天子以偈贊曰。

戰勝破怨敵　最强難伏者　降諸魔衆已　勇健不求有

爾時無願力天子以偈贊曰。

大力於解脱　能斷諸魔縛　是諸佛子等　觀魔如網⑬草

爾時觀身天子以偈讚曰。

諸有觀此身　彼能樂佛法　無身無作者　是等隨順法

爾時念身天子以偈讚曰。

所有念此身　穢惡不清浄　已知身如實　敬禮大導師

爾時厭患身天子以偈讚曰。

繫念於内身　觀見不浄相　彼得離身苦　調伏故敬禮

爾時捨身天子以偈讚曰。

捨此膿血身　如蛇脱故皮　敬禮於非身　是大如來身

爾時厭惡身天子以偈讚曰。

厭惡膿血身　不净甚臭穢　捨此不净身　歸敬天人師

爾時患身疲勞天子以偈贊曰。

所患爛壞身　佛子求清净　彼得⑭悉禮佛　所修正法身

爾時怖身天子以偈贊曰。

觀知此四大　猶如惡毒蛇　彼等超度身　敬禮大導師

爾時見身過天子以偈贊曰。

現前見身過　是得智慧眼　悉照此三有　智者依佛慧

爾時不樂身天子以偈贊曰。

所有不樂身　不依法相住　無著於諸結　彼等禮調御

爾時於有起怨想天子以偈贊曰。

於有如怨想　修觀壞諸有　佛子如是學　智生悟菩提

爾時壞有天子以偈贊曰。

於有見過已　能知滅無畏　佛子勤求道　獲得父遺財

爾時弃有天子以偈贊曰。

所修弃諸有　樂住大涅槃　心净離衆結　我禮大導師

爾時斷有天子以偈贊曰。

斷除⑮有根本　照達三千界　世尊諸子等　所學悉通利

爾時度有天子以偈贊曰。

已度於有海　濟拔孤獨者　於此三界中　彼等不在數

爾時破有天子以偈贊曰。

佛子修道者　能破於三有　彼是供養佛　以化衆生故

爾時於有解脱天子以偈贊曰。

有流得解脱　究竟住後際　大雄出世間　敬禮斷有者

爾時滅有天子以偈贊曰。

滅除有根本　度有到彼岸　已斷於後際　世間無如佛

爾時住後際天子以偈贊曰。

如來後際住　寂滅到彼岸　度有一切智　覺了未寤者

爾時於有住後際天子以偈贊曰。

佛於後際住　説彼三有因　不見有諸結　後能不生有

爾時得滅有天子以偈贊曰。

知有空寂已　能解三有因　精進不怯弱　我禮平等者

爾時度有到彼岸天子以偈贊曰。

度有到彼岸　拔除有根源　救度諸群生　導師愍一切

爾時於受無惱天子以偈贊曰。

於受無貢高　無思亦無慮　禪事悉知解　觀受如水泡

爾時解受天子以偈贊曰。

如來知諸受　本來無自性　凡夫所著處　如夢受欲樂

爾時觀受天子以偈贊曰。

有智觀諸受　能取於善道　不生未來受　如是見導師

爾時離受天子以偈贊曰。

受及所受者　佛見無自性　能即爲衆說　難知甚深句

爾時決定知受天子以偈讚曰。

諸受但世諦　第一義中無　如來說眞實　除斷世間疑

爾時善解受天子以偈讚曰。

世尊善知受　猶如空中雲　誰迷無智者　獨佛能實解

爾時通達受天子以偈讚曰。

如來達諸受　解受到彼岸　知受無我所　說法最⑯爲上

爾時度受天子以偈讚曰。

世尊已久度　最難三受海　捨離惡污泥　佛智號無上

爾時斷受天子以偈讚曰。

導師於諸受　了知出世間　超離污染泥　不著於諸有

爾時思受天子以偈贊曰。

如來念諸受　由受苦世間　衆生煩惱縛　佛知真實性

爾時解心天子以偈贊曰。

佛心伏煩惱　亦降諸魔怨　依真無所破　故佛號牟尼

爾時識心天子以偈贊曰。

佛久識心相　猶如巧幻師　幻作種種像　故佛號應供

爾時心行天子以偈贊曰。

大雄已修行　能斷心所緣　億劫阿僧祇　心性不可得

爾時攝心天子以偈贊曰。

躁動難調伏　無體而住窟　佛斷速疾心　故能受勝供

爾時揀擇心天子以偈贊曰。

佛已揀擇心　衆生爲心縛　佛能真實知　如幻師教子

爾時修心境界天子以偈贊曰。

所行心境界　導師決定見　如夢受五欲　迷彼愚痴者

爾時心自在天子以偈贊曰。

調伏作業已　心無分別事　如來見心相　世間所不知

爾時心勇天子以偈贊曰。

所言心勇者　能破魔軍衆　以心見心者　觀心不疲倦

爾時建立天子以偈贊曰。

如來觀衆生　於法建立者　以心能知心　彼則真佛子

爾時定心天子以偈讚曰。

所有伏心者　彼能行寂滅　是等離諸縛　不爲魔所惱

爾時柔軟心天子以偈讚曰。

勇健柔軟心　調伏衆生輩　所樂佛法者　不著於諸欲

爾時净心天子以偈讚曰。

善心樂清净　審思而作業　聞佛正法已　無疑於深義

爾時住法天子以偈讚曰。

所有向法心　深樂不退没　彼是真佛子　已到調伏地

爾時思惟法天子以偈讚曰。

思惟於法界　境界無非一　一切法界浄　諸佛所學處

爾時法界建立天子以偈贊曰。

法界所建立　是大慈悲心　能住一相中　彼是真佛子

爾時法界境界天子以偈贊曰。

世尊説法界　是爲諸佛土　大士所行處　此智不思議

爾時法界生天子以偈贊曰。

法界所出生　是智難思議　不疑深佛法　亦知諸根性

爾時入法界天子以偈贊曰。

入深法界者　解法無與等　是力不思議　亦得諸妙願

爾時法界無畏天子以偈贊曰。

已得無畏法　是住安隱處　所有辯才力　無能與等者

爾時善解法界天子以偈讚曰。

如來解法界　亦達一切智　示現法界相　如掌庵羅果

爾時住法界天子以偈讚曰。

世尊住法界　見法真實性　不依亦不離　不取復不捨

爾時法界行天子以偈讚曰。

如來行法界　寂靜如虛空　境界大牟尼　敬禮慈悲父

爾時歸法界天子以偈讚曰。

隨其種種門　世尊説法界　彼彼法門中　無心亦無色

爾時法界精進天子以偈讚曰。

世尊説精進　能知於法界　因修精進故　覺智到彼岸

爾時法界充滿天子以偈贊曰。

大慈以正法　充飽諸世間　能知法界者　彼得住菩提

爾時徹法界天子以偈贊曰。

世尊徹深法　故能觀世間　法界悉知已　我禮天人師

爾時住智處天子以偈贊曰。

是處人中上　如來智所得　法界及十方　導師所行處

爾時住處天子以偈贊曰。

法界是住處　衆智所行道　諸有一切法　悉作⑰一相解

爾時知⑱處天子以偈贊曰。

世尊知*法界　已作一相修　衆生諸欲性　佛亦悉了知

爾時出處天子以偈讚曰。

能取一切智　是謂諸佛子　於此法界處　惟智所能知

爾時學處天子以偈讚曰。

所習法界者　安住菩提中　得達自然處　疾成於如來

爾時非處學天子以偈讚曰。

所見非處者　能樂如來教　千億衆魔軍　不能迷惑彼

爾時知非處天子以偈讚曰。

所有知非處　智者得欣喜　我等修菩提　億魔不能動

爾時深密處天子以偈讚曰。

善學深智處　安住正法中　能乘魔波旬　如車駕調馬

爾時善非處天子以偈贊曰。

非處善法界　習學於一相　若魔能惱者　佛説無是處

爾時住處天子以偈贊曰。

是處及非處　示現愚痴者　如來自覺已　復爲衆生説

爾時善取天子以偈贊曰。

彼因所取事　及昔所作業　彼因修業處　世尊皆悉知

爾時巧業天子以偈贊曰。

貪欲及恚痴　佛亦知因業　爲因爲業者　如來悉知彼

爾時知當來天子以偈贊曰。

知彼當來世　衆生所作業　彼因所作事　是處佛悉知

爾時思現在天子以偈贊曰。

普及十方界　衆生業與因　處及因業事　導師悉了知

爾時力境界天子以偈贊曰。

若業若與因　處所及出生　如來無不知　故稱天人師

爾時樂力天子以偈贊曰。

因業及處所　三世果報中　彼有所作事　如來皆悉知

爾時力主天子以偈贊曰。

因業⑲所作事　報因及因緣　處所性自離　是佛無有等

爾時力吉祥天子以偈贊曰。

因業所作事　處因緣世諦　所受用果報　佛知彼悉空

爾時力悅天子以偈贊曰。

因業所作事　俗諦因緣處　佛自悉知已　說彼無自性

爾時力游戲天子以偈贊曰。

因緣所作事　處因緣世諦　不由自他生　佛知從緣起

大寶積經卷第七十

校注

①『之十』，底本無，依龍藏、思溪藏補。
②『首』，龍藏、思溪藏作『者』。
③『喻』，龍藏作『豫』。
④『天』，底本污殘，依龍藏、思溪藏補。
⑤『静』，龍藏作『諍』。
⑥『愚』，底本污殘，依龍藏、思溪藏補。
⑦『長』，龍藏、思溪藏作『天』。
⑧『集』，龍藏、和裕本作『習』。
⑨『彼知』，龍藏作『知彼』。
⑩『駃』，龍藏、思溪藏、和裕本作『駛』。
⑪『渴樂』，底本污殘，依龍藏、思溪藏補。
⑫『者』，龍藏、思溪藏作『縛』。
⑬『網』，龍藏作『細』。
⑭『得』，龍藏、思溪藏作『等』。

⑮『斷除』，底本污殘，依龍藏、思溪藏補。

⑯『説法最』，底本污殘，依龍藏、思溪藏補。

⑰『作』，底本污殘，依龍藏、思溪藏補。

⑱『知』，底本污殘，依龍藏、思溪藏補。本卷下文例同，用*標識，不再出注。

⑲『業』，底本污殘，依龍藏、思溪藏補。

大寶積經卷第七十一

北齊三藏那連提耶舍譯

菩薩見實會第十六之十一[1]·净居天子贊偈品第二十三之二

爾時力生天子説偈贊曰。

若諸因緣業　及所得果報　此體性悉空　佛説如師子

爾時隨順力天子説偈贊曰。

若以業因緣　增長於諸果[2]　兩足尊能知　是故佛無等

爾時順行力天子説偈贊曰。

修習如是界　造作如是業　當還獲是報　佛眼悉能知

爾時力起天子説偈贊曰。

修習如是界　成就如是性　佛知諸衆生　如觀手五指

爾時力行天子說偈讚曰。

修習如是界　還值如是友　如是相親近　勝丈夫悉知

爾時力加天子說偈讚曰。

加持於彼界　導師能了知　親近於諸友　人尊悉照見

爾時決定界天子說偈讚曰。

彼界彼要期　彼友彼相應　佛悉決定知　故能除疑惑

爾時正定界天子說偈讚曰。

彼界彼相續　隨所住世間　所行及諸趣　勝人皆悉知

爾時學界天子說偈讚曰。

於彼諸界中　導師智能知　彼智體性空　勝智如是説

爾時乘界天子説偈贊曰。

修習於彼界　隨機時住世　佛悉如實知　故號無比身

爾時隨順界天子説偈贊曰。

修習於彼界　隨所得功德　依因及果報　佛知悉無餘

爾時共界住天子説偈贊曰。

隨所修習界　隨其所向道　佛悉知無餘　故爲智所敬

爾時智行天子説偈贊曰。

隨所修習界　隨其所向道　佛知衆生行　故號學智者

爾時行無畏天子説偈贊曰。

正定及邪定　及不定衆生　於此三聚中　佛能决定知

爾時乘行天子說偈贊曰。

若正定衆生　堪趣涅槃者　佛爲世間日　於中智無礙

爾時解脱行天子說偈贊曰。

若有諸衆生　住於不定聚　墮於諸惡道　亦爲說涅槃

爾時力期會天子說偈贊曰。

佛者但假名　力智亦如是　及四無畏等　但隨言說有

爾時見實天子說偈贊曰。

無佛及佛法　亦無餘智聚　顯示第一義　如來如實知

爾時力住天子說偈贊曰。

住於佛法力　因是得無畏　自在隨所欲　悉是諸佛子

爾時法無畏天子說偈贊曰。

世諦及真諦　顯示此二種　彼於真諦中　言説不可得

爾時智尊天子説偈贊曰。

法言説各异　法相亦復异　是言説無相　佛智③是法相

爾時行精進天子説偈贊曰。

非處不定衆　或向於异趣　邪定一切處　大牟尼悉知

爾時信力天子説偈贊曰。

修習於彼界　如起信樂心　見貪以爲净　牟尼悉了知

爾時不净乘天子説偈贊曰。

不實妄分別　增長貪欲界　信則行彼道　牟尼如實知

爾時慈乘行天子說偈贊曰。

不實妄分別　增長瞋恚界　信則乘彼道　牟尼悉了知

爾時乘因緣道天子說偈贊曰。

不實妄分別　增長愚痴界　信則乘彼道　牟尼悉了知

爾時乘捨天子說偈贊曰。

有不活畏者　增長於嫉妒　信彼則習行　牟尼悉了知

爾時習近善知識天子說偈贊曰。

近於善惡友　還增彼惡界　還成於彼信　瞿曇悉了知

爾時識堅固天子說偈贊曰。

流轉於世間　隨所修習界　隨順信於彼　佛知悉無餘

爾時行堅固天子説偈讚曰。

流轉於生死　修習如是行　隨順信於彼　佛知悉無餘

爾時信根天子説偈讚曰。

若有諸衆生　隨所修習界　佛悉能了知　故號無礙智

爾時根行天子説偈讚曰。

佛了知諸根　隨其方便起　攀緣及境界　隨所入如生

爾時乘根天子説偈讚曰。

身苦所逼迫　由貪著渴愛　斷滅諸渴愛　唯佛智爲勝

爾時根境界天子説偈讚曰。

教下根衆生　遠離於色愛　教利者觀察　兩足尊所説

爾時根勝天子説偈贊曰。

下根住空閑　能滅於貪欲　正觀於渴愛　兩足尊能知

爾時根決定天子説偈贊曰。

於先起愛欲　佛觀無所得　知無知寂滅　故名爲勝根

爾時不離根天子説偈贊曰。

遠離不忿怒　是離瞋對治　是下根所行　佛知衆生欲

爾時信根天子説偈贊曰。

行慈除瞋恚　能起衆生智　彼能滅恚界　人尊悉能知

爾時求根天子説偈贊曰。

不瞋無過惡　慈行性寂滅　净穢不可得　故號人中尊

爾時根順行天子説偈讚曰。

行於邪分別　爲他説邪行　惑重無方便　佛見倒④解脱

爾時智起天子説偈讚曰。

貪瞋恚痴等　取著於前事　違彼得智明　大名稱悉知

爾時離智愛天子説偈讚曰。

貪瞋及愚痴　及明暗事中⑤　其性不可得　兩足尊悉知

爾時持威德天子説偈讚曰。

衆生所得智　隨得智多少　隨所成智器　如來悉能知

爾時求根天子説偈讚曰。

以智知於智　遠離諸煩惱　天人師悉知　故我稽首禮

爾時一向樂根天子説偈贊曰。

國土及時節　觀察法方便　煩惱穢及净　如來悉知空

爾時智幢天子説偈贊曰。

衆生根欲信　上中下差别　縛解及智慧　悉見無覺知

爾時根幢天子説偈贊曰。

諸根上中下　煩惱智及受　調伏不調伏　佛説悉無相

爾時修根天子説偈贊曰。

禪解脱煩惱　正受三摩提　起清净衆生　如來悉能知

爾時力速疾天子説偈贊曰。

得禪寂滅故　於諸法自性　悉皆能了知　故號一切智

爾時力鎧天子說偈贊曰。

若法及自性　能說於此法　能如實正受　故不著三世

爾時樂力天子說偈贊曰。

煩惱邪分別　起生於四種　能知業所生　故號無比人

爾時知力天子說偈贊曰。

能知清淨法　對治於煩惱　能宣說於業　故號佛無比

爾時力士⑥天子說偈贊曰。

於禪解脱起　三摩提正受　煩惱及清淨　佛悉說虛假

爾時力生天子說偈贊曰。

禪解脱清净　三昧及正受　彼從不逸生　佛於此悉知

爾時力增長天子説偈贊曰。

大雄於此中　能於禪等轉　知入捨無礙　如風行於空

爾時知前際天子説偈贊曰。

於無數億劫　住於諸有中　不爲有過染　故號勝丈夫

爾時住前際天子説偈贊曰。

於無數億佛　已曾修供養　爲求無上道　是故我歸依

爾時見前際天子説偈贊曰。

曾於過去世　種種奉施佛　於其種種辯　人尊悉獲得

爾時前際善巧天子説偈贊曰。

昔流轉世間　如法學如行　曾見無量佛　故能深解法

爾時學前際天子説偈讚曰。

諸佛法王所　大雄昔修行　於佛邊學已　故禮知衆行

爾時本方便具足天子説偈讚曰。

於無量億劫　無邊諸佛行　修行勝精進　爲求佛智故

爾時本方便決定天子説偈讚曰。

一切法決定　多億劫觀察　一切法無入　但説緣和合

爾時思前際天子説偈讚曰。

於無量億劫　導師曾修行　知於處非處　故名解世間

爾時簡擇前際天子説偈讚曰。

住於處非處　觀察於業因　界根禪解脱　佛悉能知彼

爾時觀察前際天子說偈贊曰。

過去曾觀察　增長智慧力　十力大雄猛　以智觀世間

爾時前際境界天子說偈贊曰。

大雄本修行　知一切衆生　净行不净行　故能治衆生

爾時觀察前際行天子說偈贊曰。

先觀於衆生　過去之所行　信樂及與界　然後治衆生

爾時信力天子說偈贊曰。

我今信如來　不可思議劫　觀察本所行　心悉無所著

爾時智信天子說偈贊曰。

於無數億劫　思佛昔所行　善男子無能　測盡如來德

爾時觀後際善巧天子說偈贊曰。

如來以佛眼　觀十方衆生　初生及與死　種種業相應

爾時學後際天子說偈贊曰。

若因及以業　隨趣向佛道　牟尼悉知彼　故號一切智

爾時識生死天子說偈贊曰。

若衆生以界　熏習造諸業　衆生及業習　佛了知無覺

爾時知生死天子說偈贊曰。

近如是朋友　造作如是業　趣向如是道　牟尼悉了知

爾時所須善巧天子說偈贊曰。

能知於所須　隨其如⑦作業　如是作業已　如來悉了知

爾時事善巧天子說偈贊曰。

依於如是事　造作如是業　佛悉能知彼　皆是佛境界

爾時知事天子說偈贊曰。

隨所執著事　能有所造作　佛了諸根故　悉能知彼業

爾時智善巧天子說偈贊曰。

若智及與事　佛知彼妄想　隨彼如執著　佛亦知無餘

爾時修作善巧天子說偈贊曰。

隨執著造業　由於煩惱故　佛悉能知彼　故爲世間歸

爾時趣善巧天子說偈贊曰。

隨趣如造業　隨業得彼果　隨所緣作業　佛眼悉了知

爾時攀緣善巧天子説偈贊曰。

能知於所緣　隨緣業成熟　於諸趣受報　佛悉知無失

爾時習氣善巧天子説偈贊曰。

知惡業習氣　善業亦復然　知過去所行　衆生趣趣中

爾時業善巧天子説偈贊曰。

能知三種業　現未及過去　衆生於趣中　凡於中迷惑

爾時報善巧天子説偈贊曰。

少作得多報　多作得少報　及知多少等　外道於中惑

爾時學業天子説偈贊曰。

知於現報業　亦知生報業　及以後報業　佛眼悉能了

爾時知現法業天子説偈讚曰。

若現世作業　現在則受報　佛悉能了知　凡夫不能解

爾時知生報天子説偈讚曰。

若作如是業　於异生得報　彼大智悉知　衆生不能了

爾時知後報天子説偈讚曰。

若業多億劫　然後得受報　或復過於彼　如來悉了知

爾時知業不熟天子説偈讚曰。

若所造作業　其業緣未熟　未得於果報　如來悉了知

爾時觀業未熟天子説偈讚曰。

如來善觀業　若業相應時　生於諸衆生　悉皆能善說

爾時善知業熟天子說偈贊曰。

彼業若成熟　能與當來報　佛能如實知　亦知彼智空

爾時業熟決定天子說偈贊曰。

一切智了達　輕業及以重　能知衆生欲　故得爲我尊

爾時知業輕重天子說偈贊曰。

趣惡道衆生　隨其業如見　彼業若輕重　智者悉了知

爾時知衆生行天子說偈贊曰。

見衆生所行　及輕重諸業　雄猛隨順知　外道不能了

爾時觀衆生行天子說偈贊曰。

觀於衆生行　宣說於業報　如器恒河水　投鹽於一兩

爾時學業天子說偈讚曰。

若受於思業　佛說業究竟　亦學無學報　勝仙已宣說

爾時樂佛智天子說偈讚曰。

佛勝眼所見　三界中愚智　隨業受於報　見微細頂禮

爾時說業盡天子說偈讚曰。

生死衆生所　世尊大導師　悉了知無餘　故禮智無畏

爾時無所得天子說偈讚曰。

若業生及死　衆生各趣趣　彼報由如夢　兩足尊悉知

爾時求煩惱天子說偈讚曰。

貪欲瞋恚痴　兩足尊悉盡　猶如夢渴人　飲於清冷⑧水

爾時離分別天子說偈贊曰。

從於分別生　貪欲瞋恚痴　猶如夢中戲　歸命勝說者

爾時滅分別天子說偈贊曰。

若滅於分別　則名盡煩惱　如夢見雲散　人尊顯現此

爾時觀察漏盡天子說偈贊曰。

如夢見天雨　起漏亦如是　大雄能顯示　起漏之因緣

爾時觀察夢天子說偈贊曰。

如夢見大⑨雨　起漏亦如是　大雄能顯示　凡迷惑生漏

爾時觀如夢天子說偈贊曰。

如夢見天雨　隨順起諸漏　大雄能顯示　凡迷生諸漏

爾時如自性知天子說偈讚曰。

如女夢生子　生已還復死　生喜亦生悲　佛觀世亦然

爾時思量夢天子說偈讚曰。

如夢見斬首　盡漏亦如是　自解亦教他　故禮悉解者

爾時修習慧天子說偈讚曰。

見法能解了　如夢遇愛事　遠離彼非實　如是悦世間

爾時智心天子說偈讚曰。

聞於如來法　以空法自悦　如夢中說夢　如是曉世間

爾時欣⑩喜意天子說偈讚曰。

禪定者能令　世間天人喜　觀察於諸趣　猶如鏡中像

爾時決定慧天子說偈贊曰。

聞於如來法　由如箜篌音　渡人天疑海　故禮人中王

爾時幻喜天子說偈贊曰。

如人作幻化　迷惑於愚人　智者終不迷　知幻不實故

爾時除相天子說偈贊曰。

觀於一切世　猶如夢作幻　我於中無疑　以聞佛法故

爾時學幻天子說偈贊曰。

如幻師作幻　自於幻不迷　以知幻虛故　佛觀世亦然

爾時觀妄想天子說偈贊曰。

妄想生世間　大導師悉知　如精進念佛　夢中即見佛

爾時滅妄想天子說偈贊曰。

非事能生欲　皆由妄想起　不實妄起欲　人尊如實知

爾時識解天子說偈贊曰。

猶如深谷聲　其響無有實　是故不著世　如是觀世間

爾時說善巧天子說偈贊曰。

彼聲無有實　而於中聽聞　人尊宣說此　救拔諸凡愚

爾時如說行善巧天子說偈贊曰。

於法別義中　衆生异妄取　能行者知法　於中除疑惑

爾時順義行天子說偈贊曰。

若義及法實　無有能了者　無説亦無證　牟尼作是説

爾時法假名行天子説偈贊曰。

煩惱垢漏習　皆想妄分别　穢污及清净　但假名言説

爾時分别善巧天子説偈贊曰。

一切但名字　謂煩惱漏等　穢污及清净　大智之所説

爾時無依慧天子説偈贊曰。

於三界不著　其心如虚空　離惡真福田　頂禮心寂滅

爾時不下劣天子説偈贊曰。

非色非非色　非欲非涅槃　佛心無所依　其猶如虚空

爾時無欲天子説偈贊曰。

離於欲界愛　色無色亦然　解脱於貪礙[11]　頂禮愛盡者

爾時遠離愛天子説偈贊曰。

於有無有中　佛永斷遠離　於三界無著　頂禮牟尼王

爾時障愛天子説偈贊曰。

障蔽於三界　行於丈夫行　能解脱衆生　歸命救濟者

爾時解脱渴愛天子説偈贊曰。

遠離於結使　於後盡生滅　身心皆清净　頂禮無熱[12]親

爾時知自性天子説偈贊曰。

大雄解自在[13]　知法中無事　無縛亦無解　頂禮見實者

爾時出淤泥天子説偈贊曰。

遠離愛欲泥　亦離於諸有　無取亦無捨　頂禮盡後有

爾時吐弃資緣天子説偈贊曰。

弃垢及資緣　捨罪亦遠愛　亦離於諸蓋　歸命大導師

爾時弃欲天子説偈贊曰。

弃捨利不利　無著行決定　出離於魔網　頂禮無著者

爾時樂利益天子説偈贊曰。

若自及他道　遠離惱熱者　大雄見彼道　頂禮無礙見

爾時得名稱天子説偈贊曰。

與佛智相應　如説如觀者　彼能除煩惱　頂禮解世間

爾時無畏天子説偈贊曰。

於諸法決定　無能當對者　師子吼無畏　智海吼亦然

爾時一切處無所畏天子說偈讚曰。

善度一切處　遠離諸毒箭　無畏不怯弱　我禮最勝者

爾時無所希天子說偈讚曰。

非天乾闥婆　非魔及與梵　能有難問者　故佛如師子

爾時師子游步天子說偈讚曰。

佛於法無畏　曉了諸法故　無礙故無著　無能難問者

爾時無怖天子說偈讚曰。

如山林師子　無怖亦無畏　摧伏諸禽獸　林中而大吼

世尊如是吼　驚怖諸外道　天龍乾闥婆　不見敵對者

爾時一切處超勝天子説偈贊曰。

一切三界中　悉皆都無有　力敵於佛者　故爲我歸依

爾時師子慧天子説偈贊曰。

大智見一切　於諸法無畏　世間無與等　我禮無所畏

爾時稱順生天子説偈贊曰。

自知是正覺　如法無能難　若有能難者　世間悉無有

爾時持藏天子説偈贊曰。

佛作師子吼　開顯諸法藏　億梵聞説已　悉發菩提心

爾時順威儀天子説偈贊曰。

彼衆得大利　順佛威儀者　發菩提心已　必作勝導師

爾時順樂法天子說偈贊曰。

彼世大衆生　得聞佛法已　能發菩提心　必成妙丈夫

爾時浄心天子說偈贊曰。

得聞佛說已　世間無與比　千億衆生等　發勝菩提心

爾時清浄流天子說偈贊曰。

人王於長夜　佛學善修習　故佛身清浄　嚴相三十二

爾時無漏心天子說偈贊曰。

佛得盡漏故　而作師子吼　得上智慧山　無能難問者

爾時順衆生天子說偈贊曰。

三界中悉無　天人及修羅　言佛漏不盡　故佛具十力

爾時巧盡漏天子說偈贊曰。

大勝沙門漏　皆悉盡無餘　於是無能難　故佛是我父

爾時常精進天子說偈贊曰。

於人王能難　言有餘煩惱　世間不可得　故佛自在父⑭

爾時寂滅行天子說偈贊曰。

佛已斷貪瞋　愚痴及習氣　亦滅惡業行　我禮寂滅者

爾時方便行天子說偈贊曰。

若以方便觀　斷盡諸煩惱　彼佛滿足智　是故我頂禮

爾時方便解天子說偈贊曰。

無量巧方便　導師於中修　斷彼諸煩惱　皆悉盡無餘

爾時方便慧天子説偈贊曰。

導師照世間　巧慧無有盡　故斷諸煩惱　及以習氣等

爾時修寂滅天子説偈贊曰。

斷諸煩惱故　習氣悉無餘　於是佛大智⑮　不動無所畏

爾時觀道理天子説偈贊曰。

佛斷煩惱盡　及滅諸習氣　照明如佛者　世間更無比

爾時斷使天子説偈贊曰。

佛斷諸習氣　無有腥臭事　故佛一切智　天中最勝慧

爾時住邊天子説偈贊曰。

佛今最後身　已斷生因緣　由盡諸漏故　世親得無畏

爾時無量智天子說偈贊曰。

大雄斷種子　焚燒苦惱芽　枯涸憂枝蔓　我禮離惱者

爾時出坑澗天子說偈贊曰。

世尊一切智　已離無明坑　佛行已得浄　故佛得無畏

爾時度有天子說偈贊曰。

已度於有海　導師所作辨　亦捨於彼岸　自利得無畏

爾時入涅槃天子說偈贊曰。

佛已得寂滅　悉破諸煩惱　乃至少習氣　世親皆悉無

爾時法幢天子說偈贊曰。

佛建正法幢　摧折憍慢幢　大雄已顯示　無量諸法行

爾時法性天子說偈贊曰。

性與諸子⑯本　牟尼達諸法　善友於群生　我禮最勝海

爾時法充天子說偈贊曰。

渴樂於佛法　故得無所畏　無著諸佛子　而作師子吼

爾時求法天子說偈贊曰。

爲求諸法故　佛子得發心　及見佛無畏　有知求菩提

爾時渴法天子說偈贊曰。

渴樂佛法故　多億衆生輩　聞佛無畏已　深發大精進

爾時法起天子說偈贊曰。

見佛說法勝　建立於正法　無畏布施已　佛子求菩提

爾時持法天子説偈贊曰。

世尊所説法　甚深難可見　佛子得聞已　求無上菩提

爾時無吝天子説偈贊曰。

身命及餘財　佛子無吝惜　聞佛師子吼　悉求妙菩提

爾時無异慧天子説偈贊曰。

聞佛説法已　心思無有异　於佛無畏所　求法持律儀

爾時無异行天子説偈贊曰。

聞法王吼已　不趣於异路　遠離於二乘　求無上菩提

爾時近住天子説偈贊曰。

見佛師子吼　諸子得聞已　定得勝菩提　當成如來身

爾時近辯天子說偈讚曰。

於佛世尊所　得聞辯才已　如來妙法中　深生喜樂心

爾時得辯才天子說偈讚曰。

佛吼無畏時　所說不可毀　信樂心決定　終無退轉意

爾時常喜天子說偈讚曰。

十力吼無畏　所有諸佛子　一切時欣喜　心調求菩提

爾時無怯弱心天子說偈讚曰。

常喜不怯弱　世尊諸佛子　樂求勝菩提　以聞佛語故

爾時無礙心天子說偈讚曰。

彼等求佛心　終不有退轉　欣喜微妙心　聞佛善說故

爾時巧知無邊法天子說偈贊曰。

以修正法故　白法黨不減　導師知非處　不生厭足心

爾時巧說法天子說偈贊曰。

修行黑法黨　若不退減者　世尊知非處　故佛無所畏

爾時法性無畏天子說偈贊曰。

黑法體性爾　必當穢净法　彼不污心者　佛知彼非處

爾時巧相應天子說偈贊曰。

黑法及白法　二异不相合　佛說於彼義　故佛是我師

爾時巧知善不善天子說偈贊曰。

大雄皆悉知　諸法不雜聚　妄想分別故⑰　於善法中退

爾時如說行滿足天子說偈讚曰。

行於煩惱者　終不生白法　不生白法故　當知必退減

爾時樂解脫天子說偈讚曰。

若樂解脫者　修行於黑法　佛說彼有障　故佛一切智

爾時浄心天子說偈讚曰。

心樂解脫者　須知煩惱事　大雄說此法　故佛應受供

爾時見煩惱天子說偈讚曰。

行於煩惱中　不識煩惱者　彼不知正法　善逝如是說

若言行諸惡　不退善法者　於解脫非器　兩足尊所說

爾時調伏天子說偈讚曰。

離欲及憒鬧　亦離瞋痴等　如佛所説法　應當如是修
煩惱及白法　愚痴不知者　佛於彼非師　大仙如是説
爾時勤修解脱天子説偈贊曰。
佛説對治法　爲除煩惱故　行彼不盡惑　無能擊難者
爾時向解脱天子説偈贊曰。
佛説如是法　爲斷煩惱故　若修不滅惑　無能擊難者
爾時方便相應天子説偈贊曰。
佛是説法者　爲諸聲聞等　若修不證者　無能擊難佛
爾時趣解脱天子説偈贊曰。
佛説如是法　爲欲斷煩惱　若不滅惑者　無能擊難佛

爾時無畏功德天子説偈贊曰。

爲滅煩惱故　佛説不净觀　若不盡滅者　無能擊難佛

爾時善發心必修天子説偈贊曰。

慈能斷瞋恚　修慈若不斷　無能擊難佛　世尊得無畏

爾時净目天子説偈贊曰。

佛説能修彼　智慧除愚痴　若彼不斷者　無能擊難佛

爾時滅覺觀天子説偈贊曰。

爲覺對治故　説於安般念　修彼不滅者　無能擊難佛

爾時尊重無相天子説偈贊曰。

爲斷吾我故　佛説空寂滅　以彼不滅者　於是無能難

爾時斷我慢天子説偈贊曰。

爲斷憍慢故　佛説無相法　若修不滅者　不見能難佛

爾時浄身天子説偈贊曰。

深心信清浄　一切煩惱盡　修彼不斷者　無能擊難者⑱

爾時深解想天子説偈贊曰。

對治及朋黨　求於煩惱道　無畏難佛者　如來初不見

爾時解用天子説偈贊曰。

世尊但名用　此彼盡不盡　無畏問難者　彼亦但假名

爾時調伏身業天子説偈贊曰。

以智善解已　身業得流行　世尊悉遍知　故號一切智

爾時知身天子說偈讚曰。

身業甚清净　大雄悉無餘　憐愍群生者　我禮世間親

爾時身業簡擇天子說偈讚曰。

善簡擇身業　憐愍衆生等　照世而造作　故號勝丈夫

爾時善見身業天子說偈讚曰。

身業得清净　導師悉觀見　憐愍諸群生　故等⑲一切智

爾時善觀身天子說偈讚曰。

善觀得清净　身業得相應　憐愍群生故　勝丈夫游行

爾時成就語言天子說偈讚曰。

具甘美功德　離於綺澀語　智慧相圍繞　世親而演說

爾時時語天子説偈贊曰。

依時義相應　遠離無益事　佛言無不忠　衆生悉受行

爾時成就智慧天子説偈贊曰。

不惱愍衆生　成相應不濁　不壞於因果　佛本如是説

爾時不相違天子説偈贊曰。

乃至爲身命　未曾有妄語　是故佛功德　於世無有礙

爾時實語天子説偈贊曰。

佛行實語因　以是世瞻仰　至心樂聽聞　爲得佛法故

爾時從實生天子説偈贊曰。

世尊以實語　漸備成菩提　諸法真實性　世尊皆悉知

爾時實精進天子說偈贊曰。

於諸有爲法　如性真實見　世尊皆悉知　諸法真實相

爾時簡擇業天子說偈贊曰。

於己及與他　知身口意業　以其智清净　故號佛無等

爾時觀察意業天子說偈贊曰。

人王心意業　所有思量事　悲念於衆生　故禮慇世者

爾時巧覺觀意天子說偈贊曰。

世尊心緣處　是心皆調柔　悲念於衆生　故禮慇世者

爾時巧方便天子說偈贊曰。

衆生心所緣　意業所起作　種種智慧生　世尊悉知彼

爾時解慧天子説偈贊曰。

意業是佛地　愍觀衆生故　方便智清净　佛智無體性

爾時巧知過去天子説偈贊曰。

佛知過去世　若人所行業　戒忍精進智　佛皆悉知彼

爾時觀察過去天子説偈贊曰。

觀察過去行　能知多億佛　過去所行處　求勝菩提故

爾時本行具足天子説偈贊曰。

憶念本行事　億劫阿僧祇　佛心無所著　佛本所行處

爾時觀察本行天子説偈贊曰。

阿僧祇億佛　導師悉曾問　出生三昧方⑳　種種成佛法

爾時本行生天子說偈贊曰。

無量阿僧衹　導師三昧門　過去諸佛所　曾問亦修行

爾時觀察本住天子說偈贊曰。

生死中多過　應供非應供　觀已化衆生　度脱於盲冥

爾時厭過去世天子說偈贊曰。

彼此相食啖　亦曾相戲樂　迭互相殺害　世尊皆悉知

爾時知未來境界天子說偈贊曰。

導師未來時　智慧無有礙　衆生信業報　諸趣佛能知

爾時從本行來天子說偈贊曰。

世尊於過去　智慧無障礙　善業三摩提　離趣知諸趣

爾時巧知未來天子說偈贊曰。

佛於未來時　智慧無障礙　終死及生處　於業報亦爾

爾時離有法天子說偈贊曰。

世尊王三界　三世中說勝　佛智常無礙　善知有境界

爾時用行天子說偈贊曰。

衆生業行趣　及受果報事　此等但假名　世尊如是說

爾時觀察現在天子說偈贊曰。

世尊王現在[21]　智慧終不礙　於無數佛土　牟尼皆悉知

爾時現在無畏天子說偈贊曰。

世尊正觀察　三世悉平等　究竟無所有　迷惑凡夫智

爾時智無所住天子說偈贊曰。

導師如是見　三世無所住　以依於法性　諸法無事故

爾時教三世天子說偈贊曰。

過去及未來　陰生必敗壞　無事無自性　導師所顯說

爾時意無著天子說偈贊曰。

世尊說三世　皆悉無堅牢　如幻亦如焰　說言猶如響

爾時三世自在富天子說偈贊曰。

世尊於三世　常勤增智慧　知諸行如幻　諸根無所著

爾時欲到彼岸天子說偈贊曰。

大雄於其夜　得證上菩提　世尊勤進欲　至今不退減

爾時欲作精進天子説偈贊曰。

世燈所有欲　常不有退減　世尊諸子等　甚樂精進欲

爾時建立欲作天子説偈贊曰。

世尊從欲起　猶如水中蓮　不爲世所染　如蓮處於水

爾時欲解脱天子説偈贊曰。

欲及世間親　此二名法界　不二無二體　世尊皆悉見

爾時精進生天子説偈贊曰。

以精進威德　剋證大菩提　於其是非法　終不捨精進

爾時念具足天子説偈贊曰。

佛於一切處　發心皆隨順　於其善惡法　佛念不損減

爾時攝心天子說偈贊曰。

世親常攝心　知諸衆生行　隨其所修行　而爲其說法

爾時敬重般若天子說偈贊曰。

世尊智慧海　邊際不可得　經億僧祇劫　佛說不可盡

爾時學解脫天子說偈贊曰。

無等佛世尊　解脫不損減　解脫及脫者　佛求不能得

爾時會解脫智天子說偈贊曰。

世尊解脫者　等解脫知見　解真實不減　以知無自性

爾時觀察身天子說偈贊曰。

佛於然燈始　常修真實行　三業無過失　故嘆號爲佛

爾時深行天子說偈讚曰。

世尊無過失　不如餘衆生　知諸法自性　佛自性不惑

爾時大慧天子說偈讚曰。

佛於一切種　心念不迷惑　其念常現前　譬如油滿鉢

爾時心不散亂天子說偈讚曰。

乃至少許時　心念終不亂　佛得不共法　衆生悉不知

爾時善解智慧天子說偈讚曰。

若有思量捨　善逝無此事　世尊不共法　其法不思議

爾時超一切天子說偈讚曰。

於是三界中　知其一切法　一切無如佛　故號難降伏

爾時堅持天子說偈讚曰。

無上堅固士　於法無所畏　等同一切佛　能覺未覺者

大寶積經卷第七十一

校注

①『第十六之十一』，底本無，依龍藏、思溪藏補。
②『諸果』，思溪藏作『識界』。
③『智』，龍藏作『知』。
④『倒』，龍藏、思溪藏作『而』。
⑤『事中』，龍藏作『中事』。
⑥『士』，龍藏、思溪藏作『生』。
⑦『如』，龍藏作『所』。
⑧『冷』，龍藏、思溪藏作『泠』。
⑨『大』，龍藏、和裕本作『天』。
⑩『欣』，龍藏、思溪藏作『歡』。
⑪『礙』，龍藏、思溪藏作『痴』。
⑫『熱』，龍藏、思溪藏作『怨』。
⑬『在』，龍藏作『性』。
⑭『父』，思溪藏作『天』。

⑮『智』，龍藏作『者』。

⑯『子』，龍藏作『了』。

⑰『故』，思溪藏作『說』。

⑱『者』，龍藏作『佛』。

⑲『等』，龍藏、思溪藏作『號』。

⑳『方』，龍藏作『力』。

㉑『世』，底本作『王』，依龍藏、思溪藏改。

大寶積經卷第七十二

北齊三藏那連提耶舍譯

菩薩見實會第十六之十二①·遮羅迦波利婆羅闍迦外道品第二十四

爾時遮羅迦波利婆羅闍迦外道八千人。見諸阿修羅。迦樓羅。龍女及諸龍。鳩槃茶。乾闥婆。夜叉。緊那羅。摩睺羅伽。空行諸天。四天王天。三十三天。夜摩天。兜率陀天。化樂天。他化自在天。梵天。光音天。遍浄天。廣果天。浄居天等供養世尊。及聞讚嘆。生希有心。聞此法門便生疑慮。聞未曾②法。彼外道等白佛言。瞿曇。我等聞此昔未聞法。聞已不樂。遮羅迦波利婆羅闍迦外道。亦不樂在家。我於此法復生疑慮。不生敬信。都由昔來未聞此法。是故我於瞿曇沙門所亦有因緣。何以故。以沙門瞿曇作如是神通變化。作如是神通變化已。以其變化故。我等見此諸天等得微妙身。及見大衆歸伏瞿曇者至多。以知瞿曇善説法故。是故於瞿曇所復生微信。瞿曇復爲廣果天説如是法。言一切法是如來者。我等於此甚生疑慮。云何一切法名爲如來。我等於瞿曇所如是生信。唯有瞿曇知我等意。如是如是。爲我等説。令使我等解此所説義。得離疑網。從坐而起。作是請已。世尊如是答於彼等。是以我今還問汝等。隨汝意答。外道白佛。善哉瞿曇。瞿曇問我。我今當説。佛即問彼。汝等知不。云何胎入母腹。如是問已。外道答佛。瞿曇。我諸論中。聞説三種因緣和合胎入母腹。父母相近生於貪染。思量欲事。思故行欲。是故胎入。如是成胎。佛言。汝等外道。於意云何。父母思時。彼貪爲從母心起耶。外道言。不也。瞿曇。佛言。可從於母思量起耶。外道言。不也。瞿曇。佛言。彼貪可從父心起耶。外道言。不也。瞿曇。佛言。爲從於父思量起耶。外道言。不也。瞿曇。佛言。於意云何。彼父貪欲可入母腹耶。外道言。不也。瞿曇。佛言。於意云何。父心入母腹耶。外道言。不也。瞿曇。佛言。於意云何。父分別入母腹耶。外道言。不也。瞿曇。佛言。於意云何。彼胎從天終已來入母腹耶。外道言。不知也。瞿曇。佛言。於意云何。彼胎爲從地獄終已來入母腹耶。外道言。不知也。瞿曇。佛言。於意云何。彼胎爲從畜生終已來入母腹耶。外道言。不知也。瞿曇。佛言。於意云何。彼胎爲從餓鬼終已來入母腹耶。外道言。不知也。瞿曇。佛言。於意云何。彼胎爲從阿修羅終已。來入母腹耶。外道言。不知也。瞿曇。佛言。於意云何。彼胎可非色來入母腹耶。外道言。不知也。瞿曇。佛言。於意云何。彼胎爲是色來入母腹耶。外道言。不知也。瞿曇。佛言。於意云何。受想行識來入母腹耶。外道言。不知也。瞿曇。作是答已。佛告外道作如是言。外道。此法甚深。寂滅善說。微妙難測。非思量境界。難可顯示。非汝所知。是諸外道。异見异忍异種樂欲。於非正處精進修行。於异見中决定趣向。佛言。外道。若善男子善女人。遇如是善知識。於甚深法中得生眼目。外道。譬如有人患其眼根。得遇良醫治瘥眼目。以其净眼現身能睹昔未見色。如是外道。若有善男子善女人。不具信等五根。遇善知識慧眼得净。以净慧眼得見深法。是故汝等諸外道輩。本昔長夜邪論誑惑而作异見。於其非法取善法相。於非解脱取解脱相。於非出處生其出相。汝師自壞。亦壞汝等。外道。如人自盲。復語餘盲。我將汝去。智者當知。此等二人於其非路。必有墜落遭其辛苦。外道如是。若沙門。若婆羅門。實非導師自稱導師。實非正覺言我正覺。實不能知出世之道。言我能知。實不能見出世之道。言我能見。實不能知淺度之處。言我能知。實非教師言我是師。彼所教者是爲邪教。自非正覺所教寤者亦是邪覺。實不解出言我能解。彼所教出者是爲邪出。實不知道言我知道。其所示者。皆是邪道。實不知淺處。言我知處。其所度者反令困厄。外道。譬如牧牛人不知淺處。驅牛入水。於深處而度。彼牛捨此未到彼岸。於其中流而受困厄。無有救護。何以故。由牧牛人不知淺處。外道如是。汝等實非導師作導師想。其所化者反受困厄。外③道。我是導師實堪化導。其所化者。正化彼等。我是正覺。所言不虛。我所寤者。令其正寤。我是能出所言不虛。所教出者令其正出。我見出道④。復能示他。其所導者示其正路。我知淺處。所言不虛。是以我所度者。令其正度。我知教化法。是以能化他。我知佛法。能覺寤他。我知出法。令他得出。由我正見故。復能正示他。我知可度處故。能度於他。所將度者。令得好道。汝等外道樂解脱者。我是導師今在現前。汝等應來。我能正寤。具解出法。善見出道。能作淺度處。汝等一心諦聽善思。悉生樂願正念現前。

心當流注發勤精進。爲未證法。令得證故。未逮得法。令獲得故。昔
未行道。令進路故。昔未到處。令得到故。爲未伏魔。令降伏故。昔未
求伴者。令求伴侶故。爲未得法方便。令得方便故。
外道。如我所說。三法和合而得受胎。我今當說。汝等外道一心諦
聽。當爲汝等說受胎法門。外道。我言母者。是其過去作業之緣。我
言父者。是其過去作業之因。我言乾闥婆者。謂是業招識。外道。我
言迦羅羅者。謂是業安置。外道。我言母腹者。業安識依處所。識住
腹已。生得增長。漸漸廣闊。外道。譬如藥草叢林。依於大地而得增
長。漸漸廣闊。外道。如是。彼識入母腹已。增長廣闊亦復如是。彼母
腹中嬰孩成長。方得産生。生已漸增。既得長大。行宿時性。隨終來

處。彼過所行。此現習起。彼是智知。非愚能了。共住交友。常恒觀察。

方知其性。

外道諦聽。彼人若從地獄終來生人中者。當有是相。智者應知。其

聲嘶破騾聲。匆急聲。怖畏聲。高聲。淺聲。小心常怖。數數戰悚。其毛

數竪。夢中多見大火熾然。或見山走。或見火聚。或見釜鑊沸涌。或

見有人執杖而走。或見己身爲矛矟所刺。或見羅刹女。或見群狗。

或見群象來逐己身。或見己身馳走四方而無歸處。其心少信。無

有親友。外道。有如是等無量衆相。我今略説如是等相。是名從地

獄終來生人間。此智所知。非愚能惻。外道諦聽。彼人若從畜生終

來生人中者。當有是相。智者應知。暗鈍少智。懈怠多食。樂食泥土。

其性怯弱。言語不辯。樂與痴人而爲知友。憙黑暗處。愛樂濁水。喜噛草木。喜以脚指剜掘於地。喜樂動頭驅遣蠅虻。常喜昂頭。欠故空嗺。常喜拳脚隨宜卧地不避穢污。常喜空嗅。喜樂裸形。常喜虚詐异言异作。多喜綺語。夢泥塗身。或夢見己身於田野食草。或夢見己身爲衆蛇纏繞。或夢見己身入於山谷叢林之中。外道。有如是等無量衆相。我今略説如是等相。是名從畜生終來生人間。智者能知。非愚能惻。外道諦聽。彼人若從餓鬼終來生人中者。當有是相。智者應知。其頭髮黄。怒目直視。常喜飢渴。慳貪嫉妒。喜饒⑤飲食。喜背説人。身體饒毛。眼精光赤。多思衆食。貪樂積聚。不欲割捨。不樂見善人。所見財物其心欲盗。乃至得其少許財物即便欣喜。

常求財利。樂不净食。見他資産便生妒嫉。復於他財生己有想。見他受用便生吝惜。聞説好食心生不樂。乃至巷路見遺落果及以五穀。便生貪心采取收斂。外道。有如是等無量衆相。我今略説如是等相。是名從餓鬼中終來生人間。智者能知。非愚能惻。外道諦聽。若從阿修羅終生人中者。當有是相。智者應知。高心我慢。常喜忿怒。好樂鬥諍。挾怨不忘。起增上慢。其身洪壯。眼白如犬。齒長多露。勇健大力。常樂戰陣。亦喜兩舌破壞他人。疏齒高心輕蔑他人。所造書論。他人雖知語巧⑥微密。亦有智力及煩惱力。樂自養身。外道。有如是等無量衆相。我今略説如是等相。是名從阿修羅終來生人間。智者能知。非愚所惻。

外道諦聽。若從人終還生人中者。當有是相。智者應知。其人賢直。親近善人。毀呰惡人。好惜門望。篤厚守信。樂好名聞及以稱譽。愛樂工巧。敬重智慧。具慚羞耻。心性柔軟。識知恩養。於善友所心順無違。好喜捨施。知人高下。善觀前人有益無益。善能答對領其言義。善能和合亦能乖離。善能作使宣傳言語。於種種語能善通達。憶持不忘。亦復能知是處非處。外道。有如是等無量衆相。我今略説如是等相。是名從人中終還生人間。智者能知。非愚能惻。外道諦聽。若從天中終生人間者。當有是相。智者應知。爲人端正。樂好清浄。喜著花鬘及以香熏。樂香塗身。常喜洗浴。所樂五欲。簡擇好者。不喜於惡。喜樂音聲及以歌舞。純與上人而爲交友。不與下人而爲朋黨。好喜樓閣高堂寢室。樂慈爲道⑦。含笑不瞋。吐言柔美。言語善巧。令人喜悦。喜樂瓔珞及好衣服嚴身之具。常樂出入行來暢步。所作精勤終不懈怠。外道。有如是等無量衆相。我今略説如是等相。是名從天中終生於人間。此智能知。非愚能惻。

外道。若善男子若善女人。欲超此相。應近善知識。順彼人意。彼所作者即隨作之。彼善知識。令彼超度爲其説法。外道。從地獄終生人間者。地獄已前作人身時。造諸過惡。起瞋恚故。便作殺害。以其彼業牽墮地獄。彼在地獄受種種苦。後生人間猶有習氣。是人既知如是相已。必須自知。我從地獄來生⑧人間。是人爲捨地獄因緣。應求善知識。遇知識已。彼善知識。爲除瞋業故説慈悲。亦説慈悲相應助道。以此等行。能除彼人餘殘習氣地獄因緣。彼善知識。或爲是人説慈悲相應尸波羅蜜。斷除彼人瞋恚過惡。是人修慈悲時。六波羅蜜當得滿足。增長福德。外道。從畜生終來生人間者。畜生已前作人身時。修行積習愚痴之法。以習痴故。便行惡業。由作彼業。生畜生中。彼人本受畜生身時。與諸畜生久居住故。行畜生儀式。彼從畜生終已。由有習氣畜生行法。是人得人身已。聞如是法。見己身行。應當自知。我本必從畜生中終來生人間。是人爲捨畜生行故。應求知識。彼善知識爲除是人愚痴業故。説十二因緣。以是法故。愚痴得除。彼善知識。或爲彼人説般若波羅蜜。既聞般若波羅蜜故。彼人愚痴體性自離。作是觀時便生智慧。外道。從餓

鬼終生人間者。餓鬼已前作人身時。修行積習慳貪之法。是人修
行慳貪法故。堅持不捨。彼業力故。生餓鬼中。與諸餓鬼久居住故。
行餓鬼業。彼從餓鬼終已。由有習氣餓鬼行法。是人得人身已。聞
如是法。見己身行。應當自知。我本必從餓鬼中終來生人間。是人
爲捨餓鬼行故。應求⑨知識。彼善知識。爲除彼人慳貪業故。爲說布
施。以是法故。慳貪得除。彼善知識。或爲彼説與施相應助菩提法。
令其慳貪悉得斷除。彼善知識。或爲彼人説檀波羅蜜。是人修行
檀波羅蜜故。六度得滿。彼善知識。或爲彼人説一切法皆悉平等。
是人以修法平等故。般若波羅蜜得滿。以修般若波羅蜜故。流注
趣向一切智處。外道。於阿修羅中終生人間者。阿修羅已前作人

身時。多作善根。行於憍慢。彼以慢故而作諸業。修行積習憍慢業已。彼業力故。生阿修羅中。與諸修羅久居住故。行阿修羅業。從修羅終已。由有習氣修羅行法。是人得人身已。聞如是法。見己身行。當須自知。我本必從修羅中終來生人間。是人爲捨修羅行故。應求知識。彼善知識。爲除彼人憍慢業故。爲說聖住處。以是法故。令彼得除憍慢之業。或爲彼人説空法門。以是空法。令其彼人慢業得除。亦除吾我。得無我解。或爲彼説因緣和合故有諸法。以和合故而有所作。若無和合亦無所作。作是觀已。慢使及業悉得除斷。或爲彼人説諸法一相。修行彼故。般若波羅蜜得滿。修般若波羅蜜滿已。速證一切智。終不退轉。外道。於人中終生人間者。彼人昔作人身之時。修行積習十善業道。作彼業已。數數修行。以彼業力還生人中。昔作人時與人久居。行人儀式。今歸得人。由有習氣。是人得聞如是法已。應當自知。我本必從人中終已還生人中。是人爲超彼習氣故。應求知識。彼善知識爲其彼人説無常想。以無常想令除習氣。彼善知識。或爲是人説生死過。涅槃至樂。聞此法已。是人能得厭生死過。欣涅槃樂。彼善知識。或爲是人説六波羅蜜。既得聞已。能發無上菩提之心。彼善知識。或爲是人説善方便。是人以此善方便故。即能堅持六波羅蜜。速證一切智。終不退轉。外道。從天中終生人間者。天身已前作人身時。所修梵行布施持戒。皆希來報。是人如是修行積習作業久訖。以是業力生於天上。得生天已。與天久居。行天儀式。從天終已。由有習氣諸天行法。是人得人身已。聞如是法。見已身行。應當自知。我本必從天中終來生人間。彼人爲超天中習氣。應求知識。彼善知識。教其彼人修持梵行不期來報。說於求報是其過惡。但爲顯說修淨梵行無所依著。得福無量。教行布施不期來報。說於求報是其過惡。但爲顯說行於布施無所依著。得福無量。教行持戒不期來報。說於求報是其過惡。但爲顯說受持禁戒無所依著。功德無量。彼善知識。或爲彼說善巧方便。是人以此善方便故。能行六波羅蜜。行六波羅蜜已。六波羅蜜漸得滿足。速證一切智。終不退轉。

外道。從地獄終得人身者。彼應依善知識。依知識已。應聽三世佛平等法。聞平等法已。應發勤精進。依城邑聚落與大衆共居。具四部處。更互相於論量佛法學問難答。三世法平等得現在前。解一切法無有自性。修此解故。煩惱漸除。外道。從畜生中終生人間者。彼應依善知識親近多聞。以近多聞斷除愚痴。是人雖復求多聞人及諸經論。作非有想。是人觀察非有想已。自然解證無自性法。是人以此三世法平等自然現前。速證一切智。終不退轉。外道。從餓鬼終生人間者。彼應依善知識修行布施。除其慳貪。作諸功德。以修捨故。心不積聚。是人以此三世法平等自然現前。作一相解。所言一相即是無相。是人修此無相解故。速證一切智。終不退轉。外道。從阿修羅終生人間者。彼應依善知識與煩惱魔戰。何者是煩惱魔。所謂憍慢。是時彼人應當觀察。何者是慢。是其誰慢。誰受是慢。誰以此慢起煩惱使。誰捨此慢。是人如是推求之時。無慢可得。亦不見有人攝受慢者。彼人如是觀察義故。無慢可得。無起慢者。與慢相應境界。亦不可得。亦不見有人能捨慢者。如是觀已。無一法可得。復作是觀。以惡攝受。自誑己身。他亦如是。作是觀時。能見諸法悉無自性。以見諸法無自性故。見法非有。以非有故。知不成就。不成就故。知即不生。若不生者。知彼不滅。若不生不滅者。彼非可說。若解不可說者。則非過去非現在非未來。三世不可得。若法三世不可得者。當知未曾有得有失。外道。當知此是一切法平等。以此一切法平等。當知一切法是真如不變不异。如來亦真如不變不异。以一切法即是真如。是故觀慢得知。是人從人中終得生人間。以有憍慢習氣力故。乃至從彼地獄中終得生人間。以慢習故。得知此相。若無慢習。不可得説此從人來。乃至此從地獄中來。外道。此名離慢智慧。彼相要以具巧方便乃能得知。又爲般若波羅蜜加持此人。方乃得知。爾時八千諸外道等聞説此法。得無生法忍。彼等得住無生忍已⑩。從坐而起。頂禮佛足。却住一面。彼諸外道却住一面已。异口同音。説偈贊曰。

導師智力所建立　知諸道趣不由他　知諸衆生游諸趣
如見掌中庵羅果　由諸見趣濁世間　譬如雲霧障虛空
以是群愚常流轉　譬如衆盲失正路　世間爲常爲無常

復言有常亦無常　又言非常非不常　譬如盲象入城行
言世有邊復無邊　復言亦有亦無邊　又言非邊非無邊
以是流轉如籠鳥　又言即身是神我　又言離身有神我
妄想分別所纏縛　如鳥被網心生苦　又言自在天所化
有言非因之所生　一切衆生見取覆　譬如雲霧障於月
由如籠中卵生鳥　於諸孔中常欲出　見取衆生如是痴
彼不解脱如籠鳥　又禮梵王及世主　及禮童子并圍紐
又禮方海毗沙門　如賊被捉求諸神　猶如貧人遇債主
求與債主立保證　如是世間著見取　愚痴求天希欲樂
佛見衆生依真實　譬如見手掌五指　於諸趣中受百苦

譬如群賊入牢獄　世尊於彼生慈悲　修諸道行知諸趣

世尊已説出獄法　如王生子放大赦　愍世不思僧祇劫

修諸苦行得菩提　見取所壞愚痴輩　佛令彼等得解脱

以是善逝人師子　於諸法中得自在　我等見取失正路

佛於見取拔我等　以是世尊具大力　具足無畏無怨對

衆中大吼如師子　我等亦願得彼法　以彼能動於三界

亦以彼法普遍照　以彼授記諸衆生　亦願我等值遇彼

世尊知彼諸外道等得其深信。如作微笑。現瑞光明。爾時慧命馬勝比丘以偈問佛。

佛愍世間現微笑　以見此等外道衆　唯願如來説彼因

所現微笑有何義　善解因者非無因　而現微笑瑞光明
善哉能現微笑光　大衆悉皆瞻仰佛　世尊大衆悉懷疑
以見善逝現笑光　悉皆猶如觀滿月　瞻佛願說微笑因
誰於今日設勝供　誰於今日悅慈父　誰今得住佛功德
善哉大智願演說　大衆聞之必欣喜　皆由外道得授記
唯願導師普爲說　於何乘中如得道　善哉牟尼除心惑
於其疑者斷疑網　以是大衆得欣喜　一向趣佛不退轉

爾時世尊以偈答馬勝曰。

善哉馬勝巧知時　能問如來降怨者　憐愍世間作是說
能問導師自然士　我當說彼現笑事　一心諦聽所作因

汝宜欣喜聽我説　今[11]説笑義所爲者　此諸外道皆調伏
捨諸惡見住善見　睹是世間見取惱　悉起悲心求菩提
一切見取悉得捨　以知不濁正見故　從我得聞無礙記
悉皆樂求一切智　過去佛所得記[12]已　供養大慈兩足尊
具足二億諸佛所　以求無上菩提故　佛所行檀亦不少
亦净持戒修禪定　净修智慧發精進　於諸群生修忍辱
常修習六波羅蜜　簡擇智慧求菩提　馬勝請問降怨者
發心樂求佛菩提　彼諸苦惱由惡黨　依止有惡見取中
彼等今見勝導師　捨諸惡見悉無餘　以得真解如來教
隨順佛法起深信　彼於當來多億佛　皆悉供養求菩提

於其未來星宿劫　皆得作佛同一號　號曰普聞高名稱

彼等大智度世間　彼佛國土甚清净　種種莊嚴無與等

彼離惡見衆生輩　純求菩提賢聖處　彼國衆生離惡趣

是時亦無一切難　彼等諸佛得壽命　皆悉同壽八萬歲

衆生聞彼佛名者　皆悉不退上菩提　若有衆女聞佛名

彼女皆悉得男身　如是世尊降怨者　與諸外道所授記

一切天人聞記彼　無不欣喜生敬信

大寶積經卷第七十二

校注

①『第十六之十二』，底本無，依龍藏、思溪藏補。
②『曾』，龍藏作『聞』。
③『厄。外』，底本污殘，依龍藏、思溪藏補。
④『出道』，龍藏、思溪藏作『道故』。
⑤『饒』，龍藏、和裕本、上海佛學書局本作『饞』。
⑥『巧』，思溪藏作『功』。
⑦『道』，思溪藏作『首』。
⑧『生』，底本污殘，依龍藏、思溪藏補。
⑨『求』下，龍藏、思溪藏有『善』字。
⑩『已』，底本污殘，依龍藏、思溪藏補。
⑪『今』，思溪藏、和裕本作『令』。
⑫『記』，思溪藏作『信』。